S0-ADK-494

THE Dead Sea Scrolls CONCORDANCE

THE Dead Sea Scrolls CONCORDANCE

Volume One

The Non-Biblical Texts from Qumran

[PART TWO]

by

MARTIN G. ABEGG, JR.

with

JAMES E. BOWLEY *&*

EDWARD M. COOK

& in Consultation with

EMANUEL TOV

LEIDEN/BOSTON · 2003

This book is printed on acid-free paper.

LIBRARY OF CONGRESS CATALOGING-IN-PUBLICATION DATA

Abegg, Martin G., Jr.
The Dead Sea scrolls concordance / by Martin G. Abegg, Jr., with James E. Bowley and Edward M. Cook, in consultation with Emanuel Tov.
v. cm.
Contents: 1. The non-biblical texts from Qumran.
ISBN 90-04-13284-8 (cloth)
1. Dead Sea scrolls—Concordances. I. Bowley, James E. II. Cook, Edward M. III. Tov, Emanuel. IV. Title.

BM487.A72 2003
296.1'55—dc21

2003041899

ISBN 90 04 12521 3 (Part One), 90 04 13284 8 (Part Two)
and 90 04 13285 6 (Set)

PRINTED IN THE NETHERLANDS

CONTENTS

PART I

PART II

APPENDICES

DEDICATED TO

THE EDITH C. BLUM FOUNDATION

IN GRATITUDE FOR ITS ONGOING SUPPORT

OF THE RESEARCH AND PUBLICATION OF THE DEAD SEA SCROLLS.

HEBREW CONCORDANCE

נ–ת

נ

nun, fourteenth letter of the alphabet נ

1QS X,4		ואות **נ** למפתח חסדיו עולם
4Q**360** right,3	(XXXVI)	] / **נ** נ◦[
KhQ**3** 2	(XXXVI)	ש] ת ש ש / ל ם ן ס ע פ צ ק ר / א

please, now interjection **נָא-1, נָה**

4Q**88** X,6	(XVI)	יהללו **נא** כל כוכבי נשף
4Q**158** 1-2,6	(V)	[ו]יאמ[ר הגי]ד **נא** לי מ[ה
4Q**180** 2-4ii6	(V)	]ה **נא** ואד◦ה ◦◦עת◦[
4Q**185** 1-2i13	(V)	] ועתה שמעו **נא** עמי והשכילו / לי פתאום
4Q**266** 1a-b,19	(XVIII)	הודיענו **נא** א[
4Q**302** 2ii2	(XX)	]◦ / הבינו **נא** בזאת החכמים
4Q**364** 4b-eii4	(XIII)	]אמ**נא** מצאתי[חן בעיניכה נחשתי
4Q**382** 9,6	(XIII)	ויואמר אליה]אל אלישע שיבנה**נה** פה[
4Q**418** 221,4	(XXXIV)	]**נא** ודעו משפטו
4Q**504** 1-2ii7	(VII)	אנא אדני עשה **נא** כמוכה כגדול כוחכה
4Q**504** 1-2ii11	(VII)	ישוב **נא** אפכה וחמתכה מעמכה
4Q**504** 1-2vi11	(VII)	ישוב **נא** אפכה וחמתכה ממנו
4Q**504** 6,6	(VII)	ז]כור **נא** כיא עמכה כולנו

נֹא אָמוֹן ← נֹ׳ אָמוֹן

to be lovely, befitting verb **נאה**

11Q**13** II,15	(XXIII)	מה]**נאוו** / על הרים רגל[י] מבש[ר

נְאוּם ← נְאֻם

נֵאכָר ← נֵכָר

utterance noun **נְאֻם, נְוּאם, נְאוּם**

CD XIX,8		ועל גבר עמיתי **נאם** אל
4Q**169** 3-4i9	(V)	הנני אלי[כה] / **נא**[ם יהוה צבאות
4Q**169** 3-4ii10	(V)	הנני אליך **נאם** יהוה צ[באו]ת
4Q**175** 9	(V)	ויאמר **נאום** בלעם בנבעור
	(V)	ו**נאם** הגבר / שהתם העין
4Q**175** 10	(V)	**נואם** שומע אמרי אל וידע דעת עליון
4Q**177** 10-11,2	(V)	מפ]תחת פתוחה **נואם** יהוה אשר / [

faithfulness, firmness noun **נאמנות**

CD VII,5		ברית אל **נאמנות** להם / לחיותם אלף דור
CD XIV,2		ברית אל **נאמנות** להם להנצילם
CD XIX,1		] / **נאמנות** להם לחיותם לאלפי דורות
4Q**159** 2-4,9	(V)	יואמר ובקרוה / **נאמנות**

to despise, reject verb **נאץ**

CD I,2		ומשפט יעשה בכל **מנאציו**
1QS V,19		וכול **מנאצי** דברו ישמיד מתבל
1QH[a] XII,12		כי אתה אל **תנאץ** כל מחשבת / בליעל
1QH[a] XII,22		ואקומה על **מנאצי** וידי על כול בוזי
1QH[a] XV,22		ותרם קרני על כול **מנאצי**
1Q**25** 4,6	(I)	ה]מ[ה ו]**נאצו** ולוא [
4Q**162** II,8	(V)	ואת אמרת קדוש / ישראל **נאצו**
4Q**258** I,11	(XXVI)	וכל **מנאצ**]י דברו להשמיד מתבל
4Q**266** 2i8	(XVIII)	ומשפט יעשה / בכול **מנא**[צו
4Q**268** 1,10	(XVIII)	ו]משפט יעשה בכול **מנאציו**
4Q**299** 71,3	(XX)	] / **נאצתה** ו[
4Q**371** 8,1	(XXVIII)	]שה **ינאץ** מצ[ות
4Q**381** 13,1	(XI)	]◦ מא בעלת ומא **נאצת** ו◦◦[
4Q**381** 19i6	(XI)	]**נאצו** [
4Q**382** 12,6	(XIII)	]◦ **נאצו** והגדו לי אל[
4Q**382** 47,4	(XIII)	]ה **לנאץ**[
4Q**382** 122,2	(XIII)	]**לנאצ**[

contempt, disgrace noun **נְאָצָה, נָצָה**

1QH[a] XIV,2		] / לבי **בנאצות** ◦◦[
4Q**175** 28	(V)	וע]שו חנופה בארץ **ונצה** גדולה
4Q**219** II,24	(XIII)	וכול] / [מעשיהמה טומאה **ונאצ**]ה
4Q**221** 4,4	(XIII)	כי משפט / מות הואה [ו]**נאצ**[ה היאה
4Q**379** 22ii14	(XXII)	[ועשו חנופה] בארץ **ונאצה** גדלה

to prophesy verb **נבא**

CD VI,1		**וינבאו** שקר להשיב את ישראל
3Q**4** 3	(III)	] / [י]שע[יה]**נבא** ע[ל יהודה וירושלם
4Q**267** 2,6	(XVIII)	**וינבאו** שקר לה[ש]יב את / [ישר]אל
4Q**269** 4i2	(XVIII)	ו]**ינבאו** / [שקר להשיב את ישראל
4Q**385** 2,5	(XXX)	[ויאמר]בן אדם **הנבה** על העצמות
4Q**385** 2,6	(XXX)	ויאמר שנית **הנבא** ויעלו עליהם גדים
4Q**385** 2,7	(XXX)	ויאמר שוב **אנבא** על ארבע רוחות השמים
4Q**385**b 1,2	(XXX)	בן] / [אדם **הנב**]**א** ואמרת הנה בא יום אבדן
4Q**386** 1i4	(XXX)	ויאמר בן אדם **הנ**]**בא** על העצמות
PAM 44.102 66,4	(XXXIII)	] **הנבא**[

Nebo proper noun **נְבאוֹ**

← כְּפַר נְבוֹ

4Q**364** 19a-b,13	(XIII)	[ויחנו בהרי העברים לפנ]י **נבאו**

prophecy noun **נְבוּאָה**

4Q**165** 1-2,1	(V)	**הנ**[**ב**]**ואות**[
4Q**458** 15,2	(XXXVI)	]**הנבואה** א[
11Q**5** XXVII,11	(IV)	כול אלה דבר **כנבואה**

נבוד ← כָּבוֹד

נְבוּזַרְאֲדָן ← נְבוּזַרְדָן

Nebuzaradan proper noun **נְבוּזַרְדָן**

4Q**385**a 18ia-b,4	(XXX)	אל]מלך בבל[ ]בהכות **נבוזרדן** רב הטבחים

spring noun **נבוך**

1QH[a] XI,15		ברתוח תהומות על **נבוכי** מים
4Q**432** 5,3	(XXIX)	[בר]תות תהו[מות על **נבו**]**כי** [מי]ם

Nebuchadnezzar proper noun **נְבוּכַדְנֶאצַּר**

CD I,6		לתיתו אותם ביד **נבוכדנאצר** מלך בבל
4Q**266** 2i11	(XVIII)	לתתו אותם ביד / **נב**[וכדנא]**צר** מל[ך] בבל

insightful (?) noun **נְבוֹנוּת**

4Q**384** 21,1	(XIX)	נ]**בונות** ע[ינים

to look verb **נבט**

1QS III,3		וחושכ **יביט** לדרכי אור
1QS III,7		יכופרו כול / עוונותו **להביט** באור החיים
1QS XI,3		ובנפלאותיו **הביטה** עיני
1QS XI,6		בהויא עולם / **הביטה** עיני תושיה
1QS XI,19		ו**להביט** בעומק רזיכה

1QpHab I,5		למה תראני און וע]מל תביט
1QpHab I,16		וה]בי[טו] / [והתמהו תמהו
1QpHab V,2		והבט אל עמל לוא תוכל
1QpHab V,8		למה תביטו בוגדים
1QpHab XI,3		למען הבט אל מועדיהם
1QH^{a} IV,27		ואל כול ברית אדם אביט [
1QH^{a} XII,11		למע<ן> הבט אל / תעותם
1QH^{a} XVIII,3		בחוכ[מתכה] / [ ]◦יכה לא יביט כול
1QH^{a} XVIII,20		]ובהביטי בכבודכה אספרה / נפלאותיכה
1QH^{a} XIX,17		[ונפל]אותי[כ]ה גליתה לי ואביט [
1QH^{a} XXI,4		איכ]ה אביט בלוא גליתה עיני
1QH^{a} 2ii11		]יה ולכול מביט / [
2Q21 1,5	(III)	ויואמר יהוה אלוהי]ם מה אביט אליך
4Q162 II,4	(V)	ואת פעל יהוה / לא הביטו
4Q176 14,4	(V)	]א הבטתה א{{ו}}לינו[
4Q257 III,5	(XXVI)	וחושך י[בי]ט ל[דרכי]אור
4Q257 III,10	(XXVI)	יכופרו כול עוונותו] / [להבי]ט בא[ור החיים
4Q298 3-4ii10	(XX)	ובקד[מ]וניות תביטו לדעת
4Q300 1aii-b,1	(XX)	ואז תדעו אם הבטתם
4Q300 1aii-b,2	(XX)	וברזי עד לא הבטתם
4Q300 1aii-b,3	(XX)	]כי לא הבטתם בשורש חוכמה
4Q416 2i5	(XXXIV)	הבט ברז נהיה / [וקח מולדי ישע
4Q416 2iii15	(XXXIV)	וכל שורשי עולה / תביט
4Q417 1i2	(XXXIV)	] ◦◦◦ הבט [ו]ברזי פלא[י אל הנוראים
4Q417 1i3	(XXXIV)	והבט[ברז נהיה ומעשי קדם
4Q417 1i18	(XXXIV)	ואתה בן מבין הבט ⟦ ⟧ ברז נהיה
4Q418 9+9a-c,16	(XXXIV)	וכול שורשי עולה / תביט
4Q418 43-45i14	(XXXIV)	ואתה בן מבין הב]ט ברז נהיה[
4Q418 123ii5	(XXXIV)	[ו]אתה מבין בהביטכה בכול אלה
4Q427 1,1	(XXIX)	ונסתרותיכה גלי]תה ל[י]ואביט[
4Q436 1ii1	(XXIX)	ותבט א[ת כול] / [דרכיכה
4Q501 5	(VII)	הביטה וראה חרפת בני / [עמכה
4Q509 16,6	(VII)	ל]וא הביטו כי א[תה] / [
4Q525 5,13	(XXV)	] / יביטו אוהבי אלוהים יצניעו בה

Nebat proper noun **נְבָט**

4Q398 11-13,2	(X)	הקללות / [ש]באוו בימי [יר]ובעם בן נבט

נָבִי ← נָבִיא

prophet noun **נָבִיא, נָבִי**

CD III,21		הקים אל להם ביד יחזקאל הנביא
CD IV,13		כאשר דבר אל ביד ישעיה הנביא
CD VII,10		כתוב בדברי ישעיה בן אמוץ הנביא
CD VII,17		וכיון הצלמים הם ספרי הנביאים
CD XIX,7		הדבר אשר כתוב ביד זכריה הנביא
1QS I,3		וביד כול עבדיו הנביאים
1QS VIII,16		ולאשר גלו הנביאים ברוח קודשו
1QS IX,11		עד בוא נביא ומשיחי אהרון וישראל
1QpHab II,9		לפשור את כול / דברי עבדיו הנביאים[
1QpHab VII,5		כול רזי דברי עבדיו הנבאים
1QpHab VII,8		ויתר על כול / אשר דברו הנביאים
1QH^{a} XII,16		ויבאו / לדורשכה מפי נביאי כזב
4Q88 VIII,14	(XVI)	חלמת / נביים תתבעך
4Q158 6,6	(V)	קול דברי אמו[ר] להמה נביא[
4Q166 II,5	(V)	[בפי] / עבדיו הנביאים
4Q174 1-2i15	(V)	כתוב בספר ישעיה הנביא לאחרית [ה]ימים
4Q174 1-2i16	(V)	כתוב עליהמה בספר יחזקאל הנביא
4Q174 1-3ii3	(V)	כתוב בספר דניאל הנביא להרשי[ע רשעים
4Q175 5	(V)	נבי אקים לאהסה מקרב אחיהסה
4Q175 7	(V)	ישמע אל דברי אשר ידבר הנבי בשמי
4Q177 1-4,9	(V)	ג]מול נביאי יהודה[
4Q177 5-6,2	(V)	הנ]ביא אכול השנה שפ[יח
4Q177 5-6,5	(V)	כתוב] עליהם בספר י[הנב]יא
4Q177 7,3	(V)	אש]ר כתוב בספר יחזקאל הנ[ביא
4Q177 12-13i1	(V)	ועצה מחכם ודבר] מנביא / [
4Q265 1,3	(XXXV)	] כתוב בס[פר] ישעיה הנביא
4Q265 7,8	(XXXV)	ספר אל ביד עבדיו] / [הנ]ביאים
4Q266 3iii18	(XVIII)	[וכיניי הצלמי]ם המה ספר[י] הנביא[ים]
4Q285 7,1	(XXXVI)	כאשר כתוב בספר]ישעיהו הנביא
4Q292 2,4	(XXIX)	ביד כול עבדיכ הנבאים / [
4Q375 1i1	(XIX)	]יצוה אלוהיכה אליכה מפי הנביא
4Q375 1i4	(XIX)	והנביא אשר יקום ודבר בכה / [סרה
4Q375 1i6	(XIX)	כיא צדיק הואה נביא / [נ]אמן הואה
4Q379 36,2	(XXII)	]◦ נביאים ◦[
4Q381 69,4	(XI)	וינתם לכם ברוחו נביאים
4Q382 31,5	(XIII)	הנ]ביאים ◦[
4Q383 6,1	(XXX)	] / הנב[יא
4Q385a 18ia-b,2	(XXX)	ויצא]ירמיה הנביא מלפני יהוה
4Q385a 18ia-b,6	(XXX)	וילך ירמיה הנביא / [עמהם עד]הנהר
4Q385a B,1	(XXX)	יר]מיהו הנב[יא
4Q390 2i5	(XXX)	ואשלח בי]ד עבדי הנביאים
4Q397 14-21,10	(X)	בספר מושה [ו]בספר[י הנ]ביאים ובדוי[ד
4Q397 14-21,15	(X)	בספר]מושה ובס[פרי הנביאי]ם שיבואו [
4Q418 221,2	(XXXIV)	] נביאים ולהבין כול פותיים[
4Q504 1-2iii13	(VII)	אשר כתב מושה ועבדיכה / הנביאים
11Q5 XXII,5	(IV)	חסדי נביאיך / תזכורי
11Q5 XXII,14	(IV)	וחלמות נביאים תתבעך
11Q5 XXVIII,8	(IV)	שלח נביאו למושחני את שמואל / לגדלני
11Q5 XXVIII,13	(IV)	ל[דוי]ד משמשחו נביא אלוהים
11Q13 II,15	(XXIII)	ביד ישע]יה הנביא אשר אמר[מה
11Q13 II,17	(XXIII)	פשרו ההרים[המה] הנביאי[ם]המה א[
11Q19 LIV,8		אם יקום בקרבכה נביא או חולם חלום
11Q19 LIV,11		לוא / תשמע אל דבר הנביא ההוא
11Q19 LIV,15		והנביא ההוא או חולם החלום
11Q19 LXI,2		והומת הנביא ההוא
11Q19 LXI,3		ואשר ידבר הנביא בשם יהוה
11Q19 LXI,4		בזדון דברו הנביא לוא תגור / ממנו

prophetess noun **נְבִיאָה**

PAM 43.677 6,2	(XXXIII)	]◦ נביאה ל◦[

to fade, wither, droop verb **נבל-1**

1QH^{a} XVI,26		לפני / חום יבול עליו
1QH^{a} XVIII,32		ויבול כנץ לפני ◦◦◦

to disgrace, be foolish verb **נבל-2**

4Q169 3-4iii1	(V)	[ונ]בלתיך ושמתיך / כאורה
4Q445 3,2	(XXIX)	] אני עזובה ומנובלה[
4Q184 1,15	(V)	]◦ להביל בפחז

foolish adjective **נָבָל-1**

CD X,18		אל ידבר איש דבר / נבל ורק
1QS VII,9		ואשר ידבר בפיהו דבר נבל שלושה חודשים
4Q165 6,3	(V)	כי נ[בל נבלה ידבר ולבו יעשה און
4Q266 10ii3	(XVIII)	ואשר ידבר בפיה[ו] דבר נבל
4Q270 6v3	(XVIII)	וביום השבת אל ידבר איש] דבר נבל ורק
4Q371 1a-b,10	(XXVIII)	ונבלי[ם יו]שבים[בארצם ועושים] / [להמה
11Q14 2,1	(XXIII)	]טי הגוי הנב[ל

jar noun 1-נֵבֶל

4Q**472** 1,5	(XXXVI)	ויביאו ?] / זהב ופז מנבלי[

harp noun 2-נֵבֶל

1QS X,9		וכנור נבלי לתכון קודשו
1QM IV,5		יכתובו רנות / אל בנבל עשור
1QH[a] XIX,23		ואז / אזמרה בכנור ישועות ונבל שמ[חה
4Q**162** II,3	(V)	והיה כנור ונבל ותוף וחליל יין משתיהם
4Q**258** IX,8	(XXVI)	ו]אכה נבל[י] לתכון[קודשו
4Q**260** III,1	(XXVI)	אכה נבל[י] ל[תכון קודשו
4Q**427** 1,5	(XXIX)	ואז אזמרה בכנור] ישועות ונבל[שמחה

carcass, corpse noun נְבֵלָה

4Q**162** II,9	(V)	ותהי נבלתם כסחה בקרב החוצות
4Q**176** 1-2i3	(V)	וראה נבלת כוהניכה[
4Q**251** 12,4	(XXXV)	נב]לות וטרפה אשר לא חיה
4Q**365** 17a-c,1	(XIII)	והאוכל]מנ[בל]תם ◦[כבס בגדיו
4Q**397** 1-2,3	(X)	נבלתה [לוא יגש לטהרת המקדש]
4Q**398** 1-3,1	(X)	ואף על ע]ור נבלת [הבהמה] הטהורה
11Q**19** XLVIII,6		כול / נבלה בעוף ובבהמה לוא תואכלו
11Q**19** LI,4		הנושא מעצמותמה ומנבלתמה עור ובשר
11Q**19** LXIV,11		ולוא תלין נבלתמה על העץ

foolishness, shame noun נַבְלוּת

1QS X,22		ולוא ישמע בפי / נבלות וכחש עוון
4Q**163** 26,2	(V)	כיא] / [נבל] נבלות[ידבר
4Q**166** II,10	(V)	ועתה אגלה את נבלותה לעיני מאה[ביה
4Q**260** V,3	(XXVI)	ולוא ישמע בפי / נבלות וכחש עוון

to flow, utter, pour out verb נבע

1QM XIX,7		]בנות עמי הבענה בקול רנה
1QH[a] XVI,18		פיתאום יביעו מחובאים בסתר [
4Q**301** 1,1	(XX)	א]ביעה רוחי
4Q**418** 228,2	(XXXIV)	]◦ המשילה אם הבעתה [
4Q**427** 7i17	(XXIX)	הביעו בשמחות עולמים
4Q**431** 2,3	(XXIX)	בלוא דעת הופיע אור ושמחה תביע
4Q**492** 1,7	(VII)	בנות עמי הבענה[ב]קול רנה
4Q**525** 2ii+3,2	(XXV)	ולוא יביעו בדרכי אולת
4Q**525** 24ii1	(XXV)	ונ]בון תביע אמרה [

south, Negeb noun נֶגֶב

4Q**365** 32,4	(XIII)	ויומר אליהם[עלו זה]בנגב[
4Q**365** 32,10	(XIII)	ועלו לנגב ויבואו / [?
4Q**522** 8,1	(XXV)	יהוד]ה ושמע[ו]ן [את ההר ו]את הנג[ב
11Q**19** XXXI,10		ועשיתה בית לכיור נגב מזרח מרובע
11Q**19** XXXVIII,14		ואורך לכול / רוחותיה לנגב ולים
11Q**19** XXXIX,12		[ר]אובן יוסף ובנימין לנגב / דרום

to tell, declare verb נגד

CD IX,12		ולא יגיד ואשם
1QM X,1		ואשר הגיד לנו
1QM XI,5		כאשר הגדתה / לנו מאז
1QM XI,8		וביד משיחיכה / חוזי תעודות הגדתה לנו
1Q**22** 1i6	(I)	[כי] מגיד / אנו[כי] אשר יעזבו[ני
1Q**30** 7,2	(I)	] כי יוגד[
4Q**158** 1-2,6	(V)	וישאל י[ע]קוב [ו]יאמ[ר הגי]ד נא לי
4Q**160** 1,4	(V)	]להגיד את המשא לעלי
4Q**171** 3-10iv5	(V)	]◦◦ אליהם הגיד
4Q**174** 1-2i10	(V)	[וה]גיד לכה יהוה כיא בית יבנה לכה
4Q**177** 1-4,10	(V)	ה]גיד כיא לעולם יברכם[
4Q**216** I,12	(XIII)	אנכי מגיד לך / [בהר הזה
4Q**222** 2,3	(XIII)	[אני אבוא] וא[ג]יד לו
4Q**223-224** 2v20	(XIII)	ו]יגיד[להמה את חלומותיו
4Q**223-224** 2v21	(XIII)	וי]גיד על[יו למלך
4Q**228** 1i3	(XIII)	ואגיד]ה לכמה אשר תדעו / [
4Q**271** 3,15	(XVIII)	[ולוא] יגיד עלי[ה] / [
4Q**300** 1aii-b,1	(XX)	והגידו החידה בטרם נדבר
4Q**364** 11,6	(XIII)	ויגידו לו לאמור עוד יה[וסף חי
4Q**371** 3,1	(XXVIII)	ה]גדתי ל[
4Q**372** 1,25	(XXVIII)	] / את אלהי ואגיד חסדי[ך
4Q**372** 1,28	(XXVIII)	ולהגיד דברי צדק[ך
4Q**372** 3,5	(XXVIII)	להג]יד משפט כי דברי מנפת[ימת]קו
4Q**372** 3,7	(XXVIII)	ודברו בי להגיד מי◦[
4Q**372** 8,1	(XXVIII)	]◦ה להגיד[
4Q**378** 26,2	(XXII)	]ה ה[ג]יד לנו איש האלהים מפי ◦[
4Q**381** 1,1	(XI)	הגדתי ונפלאתו אשיחה
4Q**382** 12,6	(XIII)	]◦ נאצו והגדו לי אל[
4Q**426** 1ii3	(XX)	] / יתבונן ואגידה לכמה[
4Q**455** 2	(XXXVI)	] בכל אמנה הגידו את ◦[
4Q**475** 3	(XXXVI)	והגיד להמה את כול ה[משפטים ?]
4Q**499** 3,2	(VII)	]◦הגיד[
4Q**509** 5-6ii5	(VII)	] / פלגתה ותגד[
4Q**521** 7+5ii7	(XXV)	ונגידה לכם צדקות אדני אשר[
11Q**5** XIX,9	(IV)	להגיד אמונתכה לתהלתכה אין חקר
11Q**5** XXVIII,6	(IV)	והגבעות לוא יגידו
11Q**5** XXVIII,7	(IV)	כי מי יגיד ומי ידבר ומי יספר
11Q**6** 4-5,10	(XXIII)	לה[גיד] / [אמונתכה לתהלתכה אין חקר
11Q**13** 5,2	(XXIII)	]והוא[ה] יגיד[
11Q**19** LI,7		אני מגיד לכה בהר הזה
11Q**19** LV,18		והגידו לכה עליו
11Q**19** LVI,1		ודרשתה והג[ידו לכה את] / הדבר
11Q**19** LVI,2		והגי]דו לכה את המשפט
11Q**19** LVI,3		התורה אשר יגידו לכה
11Q**19** LVI,4		ויגידו לכה באמת / מן המקום
11Q**19** LVI,7		התורה אשר יגידו לכה ימין / ושמאול

in front of, opposite preposition נֶגֶד

1QS X,11		ופשעי לנגד עיני כחוק חרות
1QS XI,1		ולהשיב ענוה לנגד רמי רוח
1QM XV,2		וחנו נגד מלך הכתיים
		ונגד כול חיל / בליעל הנועדים עמו
1QM XVI,3		על עומדם נגד מחני כתיים
1QH[a] IX,33		לספר נפלאותיכה לנגד כול מעשיכה
1QH[a] X,15		ואהיה לרוח קנאה לנגד כל דורשי חל[קות]
1QH[a] X,24		והגבירכה בי נגד בני / אדם
1QH[a] XI,23		ולספר נפלאותיכה לנגד כול מעשיכה
1QH[a] XII,15		ומכשול עוונם שמו לנגד פניהם
1QH[a] XII,28		והפלא לנגד רבים בעבור כבודכה
1QH[a] XIII,11		כי אתה אלי סתרתני נגד בני אדם
1QH[a] XIII,15		ולמען הגבירכה בי לנגד בני אדם
1QH[a] XVIII,10		ואין לנגד כבודכה
1QH[a] XX,31		כיא צדקתה ואין לנגדכה
1QH[a] 5,8		אנינם לכלה ונגד כול מעשיכ[ה
1Q**26** 1,8	(XXXIV)	]ל[א ת]גדלכה נגד כול[
3Q**15** I,8	(III)	בירך קרקעו סתום בחליא / נגד הפתח
3Q**15** II,7	(III)	בבור שנגד השער המזרחי
3Q**15** XI,6	(III)	ראש הסלע הצופא מערב / נגד נגת צדוק
4Q**167** 1,2	(V)	]נגד[
4Q**176** 1-2ii5	(V)	וחומותיך נג[די תמיד
4Q**221** 11,2	(XIII)	]◦ משפר נג[ד

Reference	Vol.	Text
4Q258 IX,11	(XXVI)	ופ]שעי לנגד עיני / [כחוק חרות
4Q299 7,5	(XX)	ואין לענה] / לנגדו מנוטר [לנ]ק[ו]ם
4Q300 6,5	(XX)	ואי]ן לענה לנגדו[
4Q300 7,2	(XX)	]ואין לענה לנגדו מנוקם לנטור בלוא[
4Q302 3ii7	(XX)	ולא עמד לנגדך להוכח / עמך
4Q322a 1,6	(XXVIII)	]◦ ונגד אר[
4Q381 31,4	(XI)	]◦תך אספרה נגד יראיך [
4Q381 31,5	(XI)	כי רבו צררי נגדך אתה ידעתם
	(XI)	ולשנאי נפשי לנגד ע[יני]ך כפיתה
4Q381 33+35,5	(XI)	ואגילה בך נגד ירא[יך]
4Q381 33+35,8	(XI)	]קרוב ישעי לנגד עיניך
4Q418 127,3	(XXXIV)	ולחומי רשף נגד מו[
4Q418 128+129,2	(XXXIV)	] / נגד הת[ ]◦[
4Q418 135,2	(XXXIV)	]יודיע נגד / [
4Q423 4,3	(XXXIV)	אגדל]כה נג[ד כול
4Q430 3	(XXIX)	ומכשול עוונם שמו ל[נ]גד פני[הם]
4Q432 3,2	(XXIX)	ות[שם שומ]רי אמת נגד עוני
4Q434 1ii2	(XXIX)	] / עשיתה להם נגד בני אדם
4Q481a 3,2	(XXII)	] לנגדו / [
4Q501 9	(VII)	ולוא שמוכה לנגדמה
4Q504 1-2iii3	(VII)	]ש הן / כול הגוים [כא]י[ן נגדכה]
4Q508 41,1	(VII)	] נגד כול חטאתנו[
4Q525 2ii+3,7	(XXV)	וישיתה]לנגד עיניו לבלתי לכת בדרכי[

to shine verb **נגה**

Reference	Vol.	Text
4Q385 6,6	(XXX)	] / נגה מרכבה וארבע חיות חית[
4Q416 2iii10	(XXXIV)	כי יגיה אל ת[אר]הו בכו[ל דרכיכה
4Q418 9+9a-c,9	(XXXIV)	יגיה אל ת[ארהו בכו[ל דרכיכה
4Q418 9+9a-c,10	(XXXIV)	כי יגיה אל ת[ארהו ב[כול דרכיכה

נֹגַהּ ← נוֹגַהּ

נגוע(ים) ← נֶגַע

to push, gore verb **נגח**

Reference	Vol.	Text
1QSb V,27	(I)	תנכח כפ[ר
4Q381 46a+b,7	(XI)	קרנים קרנים / ברזל לנגח בה רבים ונגחו[
	(XI)	קרנים קרנים / ברזל לנגח בה רבים ונגחו[

goring adjective **נַגָּח**

Reference	Vol.	Text
4Q158 10-12,3	(V)	אם נוד[ע] כ[יא שור נג]ח[
4Q251 8,4	(XXXV)	ואם שור נ]גח הוא מאתמול / [שלשום

leader, ruler noun **נָגִיד**

Reference	Vol.	Text
4Q504 1-2iv7	(VII)	ל{{ד}}היו{{ד}}ת / כרעי נגיד על עמכה
11Q5 XXVIII,11	(IV)	וישימני נגיד לעמו

stringed music, mocking song noun **נְגִינָה**

Reference	Vol.	Text
1QS X,9		אזמרה בדעת וכול נגינתי לכבוד אל
1QH^{a} X,11		ואני הייתי נגינה לפושעים
1QH^{a} XIII,30		ויהמו / בכנור ריבי ובנגינות יחד תלונתם
4Q258 IX,8	(XXVI)	וכל נגינתי לכבוד אל[

נגיע(ים) ← נֶגַע

to play music verb **נגן**

Reference	Vol.	Text
11Q5 XXVII,10	(IV)	ושיר / לנגן על הפגועים ארבעה

to touch, strike verb **נגע**

Reference	Vol.	Text
CD X,13		אין בו די / מרעיל אשר נגע בו הטמא
CD XII,17		כפי / טמאתם יטמא הנ[ו]גע בם
CD XIV,15		ולזקן אשר / [יכר]ע ולאיש אשר ינו[ג]ע
CD XV,5		בניהם אשר יגיעו / לעבור על הפקודים
1QS V,13		אל יבוא במים לגעת בטהרת אנשי הקודש
1QS VI,16		לוא יגע בטהרת / הרבים
1QS VI,20		אל יגע במשקה הרבים
1QS VII,19		ברשונה {{◦}}לוא יגע בטהרת הרבים
1QS VII,20		ובשנית לוא יגע {{בטהרת}} משקת הרבים
1QS VIII,17		אל יגע בטהרת אנשי הקודש
1QSa II,3	(I)	וכול איש מנוגע באחת מכול טמאות
1QSa II,4	(I)	וכול איש מנוגע באלה
1QSa II,5	(I)	וכול מנוגע בבשרו נכאה רגלים או / ידים
1QSa II,6	(I)	עור או חרש או אלם או מום מנוגע בבשרו
1QSa II,10	(I)	ל]א יבוא האיש כיא מנוגע / [ה]וא
1QpHab IX,1		] / נגועו במשפטי רשעה
1QM VII,4		או איש מנוגע בטמאת / בשרו
1QM XVII,11		ובהגיע / אנשי [הבינים ליד מע]רכת כתיים
1QH^{a} XVI,29		ועם / מתים יחפש רוחי כי הגיעו לשחת ח[יי
1QH^{a} XIX,21		ויבואו בלבבי ויגעו בעצמי ◦[
1Q25 2,1	(I)	◦[לה]גיע [
1Q39 10,1	(I)	] הגיע / [
4Q163 21,14	(V)	ומלאכיו] חנס יגיעו
4Q249g 3-7,3	(XXXVI)	וכול מנ]וגע[בבשרו נכא רגלים או ידים]
4Q258 I,7	(XXVI)	[וא]שר לא יגעו לטהרת אנשי / [הקד]ש
4Q265 4ii6	(XXXV)	ולא י]גע במשקה הרבים]
4Q266 10i8	(XVIII)	ו[ל]איש אשר ינוגע
4Q270 2ii12	(XVIII)	] / או ינוגע בנגע צרעת או זוב טמ[אה
4Q272 1ii7	(XVIII)	] / בו הנוגע בו ור[חץ
4Q272 1ii10	(XVIII)	]הנדה וכ[ול] / [הנו]גע בה[
4Q274 1i4	(XXXV)	לשבעת הימים אל תגע בזב
	(XXXV)	ובכול כלי [א]שר יגע בו הזב
4Q274 1i5	(XXXV)	ואם נגעה תכבס בגדיה ורחצה
4Q274 1i6	(XXXV)	וגם אל תגע בכול אשה[זב]ה ◦דם
4Q274 1i7	(XXXV)	אל יג[ע בזב זוב טמ]א בדוה בנדתה
4Q274 1i8	(XXXV)	כי הנה דם / הנדה כזוב ואשר נוגע בו
	(XXXV)	ה[איש הנ]וגע באדם מכול / הטמאים האלה
4Q274 2i3	(XXXV)	אל יגע בטהרה עד אשר ישנה
4Q274 2i4	(XXXV)	עד אשר ישנה / [כו]ל נוגע בשכבת הזרע
4Q274 2i7	(XXXV)	[ולבש כו]ל הבגד אשר לוא נגעה בו
	(XXXV)	רק אל יגע בו את לחמו
	(XXXV)	והנוג[ע] / [במ]ש[כבו ובמ]ושבו
4Q274 2i8	(XXXV)	אמ לוא נגע בו ב[גדו ורחץ] במים
4Q274 2ii6	(XXXV)	] / והנוגע בו[
4Q274 3i8	(XXXV)	[אם נ]גע הטמא בהמה
4Q274 3ii8	(XXXV)	אם יגע ב{{ה}} הט[מא אל יוכלו]
4Q277 1i2	(XXXV)	]נוגע / [
4Q277 1ii5	(XXXV)	והנוגע[ב]לחת מי הנדה יט[מא
4Q277 1ii10	(XXXV)	וכל אשר יגע [בו] / [איש הזב את]זובו
4Q277 1ii12	(XXXV)	]נגעו [ב]זובו כמגע טמאת[ו]
4Q277 2,4	(XXXV)	כו]ל הנוגע בהם [
4Q278 5	(XXXV)	]אם לוא נגע בו / [
4Q278 6	(XXXV)	יום ? הש]לישי בנוגעו / [
4Q284 2i2	(XXXV)	]בכול אשר נגע ב[
4Q284a 1,3	(XXXV)	וכול / [אשר] איננו נוגע במשקי הרבים
4Q299 15,2	(XX)	]לוא יגע[
4Q372 3,10	(XXVIII)	להשמידו ביד גוים כל הנגעים בנחל[תו
4Q385a 11ii1	(XXX)	]יגעו בית] בבית
4Q394 3-7i7	(X)	] / ומגיע[י]ם בה א[ת]יהם
4Q416 2ii16	(XXXIV)	אל תגע פן תכשל והרפתכה תרבה מאודה
4Q417 1i23	(XXXIV)	אל תוגע בעולה[

ח]בריו לחזק לבב נג[ועים ?	**4Q421** 9,2	(XX)
וכול איש מנו[גע בטמאת בשרו	**4Q491** 1-3,6	(VII)
ובהגיעם למ[ערכת כתיאים כדי] / ה[ט]ל[	**4Q491** 11ii20	(VII)
להגיעם בטהרת [הקו]דש	**4Q513** 2ii1	(VII)
ולוא / יהיה נוגעים בהמה	**11Q19** XXXII,15	
וכול צרוע / ומנוגע לוא יבואו לה	**11Q19** XLV,18	
ובכול עיר ועיר תעשו מקומות למנוגעים	**11Q19** XLVIII,14	
ויטהרו לערב / מהמת לגעת בכול טהרתמה	**11Q19** XLIX,21	
איש אשר יגע על פני השדה בעצם אדם	**11Q19** L,5	
וכול האדם אשר יגע בו יכבס בגדו	**11Q19** L,8	
וכול הנוגע בו טמא עד הערב	**11Q19** L,12	
כול איש אשר יגע בהמה במותמה	**11Q19** L,21	
ולוא תגע לכה בטהרה עד / שבע שנים	**11Q19** LXIII,14	

blow, skin blemish, plague noun **נֶגַע**

ואם / משפט לתורת נגע יהיה באיש	CD XIII,5	
ולפקודת נגועיהם עם / קצי שלומם	1QS III,14	
וכול נגועיהם ומועדי צרותם	1QS III,23	
לרוב נגועים ביד כול מלאכי חבל	1QS IV,12	
לענותו / בנגע לכלה במרורי נפש	1QpHab IX,11	
]◦ בנגיעי ב[ני אדם	1QHa IV,8	
]לפניו כול נגע מכשול מחוקי בריתך	1QHa VIII,24	
ופקודת שלומם עם / {עם} כול נגיעיהם[	1QHa IX,18	
חסדיכה חזקתה רוח אנוש לפני נגע ◦◦[	1QHa IX,32	
]◦◦◦◦ משפטי נגיעי	1QHa IX,33	
ומאמצי [כוח] / לפני [נג]ע	1QHa X,7	
ורוחי החזיקה במעמד לפני נגע	1QHa XII,36	
ותהי לכאיב אנוש ונגע נמאר בתכמי עבדכה	1QHa XIII,28	
ומ[וד]ע לב[י] / בנגיעים	1QHa XVI,27	
כי פרח נגעי / למרורים		
וממכאוב לנגע ומחבלים / למשברים	1QHa XVII,6	
ובנגיעי רציתי כי יחלתי לחסדיכה	1QHa XVII,10	
ולפני נגע העמדתה רוחי	1QHa XVII,12	
ונגיעי למרפא ע[ולם	1QHa XVII,25	
ואין / נגע בלוא ידעתה ◦[	1QHa XVIII,19	
באפכה כול משפטי נגע	1QHa XIX,8	
] ואין נגע להחלות	1QHa XIX,22	
]תקומם לפני נגעי ולהשמר / [	1QHa XXII,6	
]מעשי נדה לתחלויים ומשפטי נגע וכלה[	1QHa 3,16	
] נגע ובברכות ◦[	1QHa 21,4	
] / וירצו את עוונם בנגיעי[הם	**4Q183** 1ii7	(V)
מכסיה אפלות נשף ועדיה נגועי שחת	**4Q184** 1,5	(V)
ויורדת בו[נרפא] / הנגע	**4Q266** 6i13	(XVIII)
]כול {{נגע}} / [	**4Q266** 6ie,2	(XVIII)
ואם משפט לתורת נ]גע יהיה[באיש	**4Q267** 9iv1	(XVIII)
] / או ינוגע בנגע צרעת	**4Q270** 2ii12	(XVIII)
וי[ורדת בו נרפא מן] / [הנ]גע	**4Q272** 1ii2	(XVIII)
טמא טמא / יקרא כול ימי היות[ו בו הנ]גע	**4Q274** 1i4	(XXXV)
]◦ הכול ונגע ◦[	**4Q279** 3,1	(XXVI)
] / והיה בעת הנגע[	**4Q284** 4,6	(XXXV)
בנגעי]ם ובמחוללות וצוה כוהן / [השם	**4Q285** 7,5	(XXXVI)
וא]ין כול נגע[ומכשול בעדתכם	**4Q285** 8,9	(XXXVI)
וראה(ו)] / [הכוהן והנ]ה נהפך הנג[ע ללבן	**4Q365** 19,3	(XIII)
צרעת ממא]רת הנג[ע טמא הוא	**4Q365** 20,1	(XIII)
ומכה גד[ו]לה ונגעים לאין [	**4Q368** 10i8	(XXVIII)
[ואף בהיות לה[ב]ה ט]מאות נ[גע	**4Q397** 6-13,10	(X)
]◦ נגע ◦[	**4Q415** 19,3	(XXXIV)
ועל כול נגע בר[ך	**4Q417** 1ii9	(XXXIV)
] / ואם נגע יפגשכה ואי[ן	**4Q417** 2i25	(XXXIV)
ו]אם נגע יפגשכה / [ואין	**4Q418** 7b,8	(XXXIV)
]נגעכה ומכת[	**4Q418** 87,8	(XXXIV)
]נגועים [	**4Q418** 303,4	(XXXIV)
] על נגועי משפ[ט	**4Q420** 2,4	(XX)
]◦ות נגועים [	**4Q422** III,6	(XIII)
]ואשכחה נגע מכאובי[	**4Q427** 2,2	(XXIX)
כלה עוון שבת נגע לאין מחל[ה	**4Q427** 7ii6	(XXIX)
ומשפטי נ]גע וכל[ת עולם	**4Q427** 12,1	(XXIX)
ונגע נמאר / [בתכמי]עבדכה	**4Q429** 2,11	(XXIX)
כלה עוון שבת נגע לאין מחלה	**4Q431** 2,5	(XXIX)
ומכו]ל נגע צוה לבלת[י הנגף]	**4Q434** 1i11	(XXIX)
]בארץ חם ונגועי / [	**4Q454** 3	(XXIX)
ונבואה בצרות / [ונגי]עים ונסויים	**4Q504** 1-2v18	(VII)
ובנגיעיכה לוא געלה נפשנו	**4Q504** 1-2vi7	(VII)
באשמת קצי נגוע[י] עוונות	**4Q510** 1,7	(VII)
באשמ]ת קצי נגועי / [עוונות	**4Q511** 10,4	(VII)
]◦ה מנגע הנדה [ ]◦ה כיא[	**4Q512** 34,17	(VII)
] בנגע נדה להבדל[מן] / [	**4Q512** 1-6,16	(VII)
ויתאפק ביסוריה ובנגועיה ירצה תמ[י]ד	**4Q525** 2ii+3,4	(XXV)
] / נגע בדרכיכה	**4Q525** 14ii6	(XXV)
טהרני יהוה מנגע רע	11Q5 XXIV,12	(IV)
מקומות למנוגעים / בצרעת ובנגע ובנתק	**11Q19** XLVIII,15	
] / את עריכמה בנגע הצרעת וטמאו	**11Q19** XLIX,4	
ועל פיהמה יהיה כול ריב וכול נגע	**11Q19** LXIII,4	

to strike, defeat verb **נגף**

שלושה גורלות יחזקו בני אור לנגוף רשעה	1QM I,13	
וחצוצרות המרדף בהנגף אויב	1QM III,2	
ועל חצוצרות המרדף יכתובו נגף אל	1QM III,9	
לנצח המלחמה עד הנגף האויב	1QM IX,2	
ובהנגפם לפניהם יתקעו הכוהנים	1QM IX,3	
]ל[נ]גפים לפניהם	1QM XVII,15	
]ת תנגף רשעה[	**4Q285** 4,1	(XXXVI)
ואם ינגף ב[	**4Q415** 11,10	(XXXIV)
כי]א נגף באפלה וה[יה	**4Q418** 167a+b,7	(XXXIV)
ויגוף בדב[ר את/כול] / מקניהםה	**4Q422** III,8	(XIII)
ויד אל תגוף [ ]◦[	**4Q491** 1-3,4	(VII)
] / ועם התנגפי[	**4Q511** 18iii9	(VII)
]לבם ונגפו לפני[	6Q9 32,2	(III)
וי]גף / [	6Q9 44i2	(III)

plague, strike noun **נֶגֶף**

]באבן נגף [ ]	1Q38 1,2	(I)
] / [ ]שלח[ ]נגפו וחרה אפו בס[	**4Q415** 11,8	(XXXIV)
]ל נגף מכשול[	**4Q418** 168,2	(XXXIV)

to pour verb **נגר**

וילכו ברכי / כמים מוגרים במורד	1QHa XII,34	
וינגר כמים לבי וימס / כדונג / בשרי	1QHa XVI,32	
] / שאלו מים ואין מגיר[	**4Q179** 1ii8	(V)

to approach, participate verb **נגש**

יגישו לי חלב ודם	CD IV,2	
ויגשו לזמה ויתגברו להון ולבצע	CD VIII,7	
ויגשו לזמה ויתגברו להון ולבצע	CD XIX,19	
ולפי שכלו / להגישו	1QS IX,16	
ברחמיו הגישני ובחסדיו יבוא / משפטי	1QS XI,13	
ובן שלושים שנה יגש לריב ריב / ומ[ש]פט	1QSa I,13	(I)
ובגשתם למלחמה יכתובו על אותותם	1QM IV,7	
ובגשתם למלחמה יכתובו על אותותם	1QM IV,11	
ונגש כוהן הרואש ועמד לפני המערכה	1QM XVI,13	

Text	Reference	Vol.
ונגש שם כוהן הרו[אש]◦הו◦ [	1QM XIX,11	
וכן **הגישני** לבינתך	1QHa VI,13	
וכן **הוגשתי** ביחד כול אנשי סודי	1QHa VI,18	
לפי / שכלו **אגישנו**	1QHa VI,19	
ולהגישני ברצונך כגדול חסדיך	1QHa VIII,21	
]◦כשכלם / **הגשתם** ולפי ממשלתם ישרתוכה	1QHa XX,23	
] / **וה[גישו**	4Q**158** 7-8,12	(V)
לפי טובו והפלא כבודו **הגיש** מבני תבל	4Q**181** 1,3	(V)
] **גשה**[נא	4Q**234** 3	(XXXVI)
] / **יגיש** את דמו אל [	4Q**253**a 1ii2	(XXII)
ולפי שכלו **להגישו** וכן אהבתו עם שנאתו	4Q**258** VIII,1	(XXVI)
[ויתעלמו איש בשאר בשר]ו **ויגשו** / [לזמה	4Q**266** 3iv4	(XVIII)
אל **יגש** לעבודת [הקודש	4Q**266** 5ii6	(XVIII)
יג]ישו לי] חלב ודם [ ] / [	4Q**270** 1aii1	(XVIII)
והגיש[ה]שנת ה[יובל] / [	4Q**271** 3,2	(XVIII)
את נבלתה לוא **י]גש** לטהרת ה[קודש	4Q**398** 1-3,2	(X)
וחנם תעבוד **נוגשיכה**	4Q**416** 2ii17	(XXXIV)
ד]רכיו **ולגיש** ניחוח א[שה	4Q**419** 1,6	(XXXVI)
] **הגיש** לפניו / ויאר על [ה]שמ[ים	4Q**422** II,9	(XIII)
שבתה] / [מדה]בה שבת **נוגש** בזעם [	4Q**431** 2,2	(XXIX)
גם הוא **הגישם** כי ערבו את רוחם	4Q**434** 1i11	(XXIX)
נג]שתי אני לנוגהו [	4Q**468**b 1	(XXXVI)
והיו כול המערכו[ת]**הנגשות** למלחמת האו[יב	4Q**491** 1-3,14	(VII)
ונגש הכוהן החרוש למלחמה	4Q**491** 10ii13	(VII)
ונגש כוה[ן הרא]וש וע[מד לפני המער]כ[ה	4Q**491** 11ii11	(VII)
[ו]לכול מערכות הבנים לוא **יגשו**	4Q**493** 6	(VII)
]◦ **הגשתנו** [	4Q**504** 10,1	(VII)
]גיש לפניכה רשית מעשי[כה	4Q**509** 131-132ii7	(VII)
[וה]יה [אי]ש או אשה[ ] **בהנגשו**[	4Q**512** 40-41,2	(VII)
]הגיש[	4Q**513** 8,2	(VII)
]מגשת ה[	4Q**513** 32,3	(VII)
ואדם מפאר עליון / ירצה **כמגיש** מנחה	11Q**5** XVIII,8	(IV)
ונגש הכוהן וידבר אל העם	11Q**19** LXI,15	
ונגשו הכוהנים בני לוי כי בהמה	11Q**19** LXIII,3	

נֵד ← נֵיד

to freely offer verb **נדב**

Text	Reference	Vol.
ולהבי את כול **הנדבים** לעשות חוקי אל	1QS I,7	
וכול **הנדבים** לאמתו יביאו כול דעתם	1QS I,11	
הסרכ לאנשי היחד **המתנדבים** לשוב מכול רע	1QS V,1	
לכפר לכול **המתנדבים** לקודש	1QS V,6	
יבוא בברית אל לעיני כול **המתנדבים**	1QS V,8	
ולרוב אנשי בריתם / **המתנדבים** יחד לאמתו	1QS V,10	
על פי בני אהרון **המתנדבים** ביחד	1QS V,21	
המתנדבים לשוב ביחד לבריתו	1QS V,22	
וכולה **מתנדב** מישראל	1QS VI,13	
ולכ[ו]ל **המתנדבים** לוסף על בחירי / [אל	1Q**14** 8-10,7	(I)
[כ]ול אנשי היחד **המתנדבי[ם**	1Q**31** 1,1	(I)
וכול **המת[נדב** מישראל	4Q**256** XI,8	(XXVI)
אנשי התורה **המתנדים** להשיב מכל רע	4Q**258** I,1	(XXVI)
לכל / **המתנדב** לקדש באהרן	4Q**258** I,5	(XXVI)
בני אהרון **המתנדבים** להקים את בריתו	4Q**258** II,1	(XXVI)
רוב ישראל **המתנדבים** לשוב ביחד	4Q**258** II,2	(XXVI)
רו]ב יש[ראל **המתנדבי]ם** לשבת יחד	4Q**261** 1a-b,2	(XXVI)
]דבים[	4Q**365** U,1	(XIII)
ומה **יתנדב** ואתם [	4Q**368** 10i6	(XXVIII)
ויתנדב[	4Q**433**a 2,5	(XXIX)
כ]ה **המנודבים** תועים ואין משיב שבורים	4Q**501** 3	(VII)
] / **נדבי** א[	11Q**11** V,3	(XXIII)

freewill offering, willingness noun **נְדָבָה**

Text	Reference	Vol.
על משפט **הנדבות**	CD XVI,13	
כניחות צדק ותמים דרכ **כנדבת** מנחת רצון	1QS IX,5	
וכול הנעשה בו ירצה **בנדבה**	1QS IX,24	
כולם יהיו אנשי **נדבת** מלחמה	1QM VII,5	
] **בנדבת** / [לב	1QHa VI,24	
ואהבכה **נדבה** ובכול לב[י אברכ]ך	1QHa VI,26	
] ואהבכה **בנדבה** ובכול לב	1QHa VII,10	
וחלבי זבחים ותרומות **ונדבת** שפתים	4Q**258** VII,5	(XXVI)
ותמים]דרך **כנדב[ת** מנחת ר]צון	4Q**258** VII,6	(XXVI)
וכ]ל הנעשה בו ירצה **כנדבה**	4Q**258** VIII,8	(XXVI)
על / משפט **הנדבות**	4Q**271** 4ii13	(XVIII)
ולשלמים ולתודות **ולנדבות** ולעולות	4Q**365** 23,7	(XIII)
לבד מנד]ריכם **ונדבותיכם** לעלתיכם	4Q**366** 4i7	(XIII)
ולא להוסיף נדר **ונדב[ה]**	4Q**416** 2iv7	(XXXIV)
]ונדבות רצונכה אשר צויתה / ◦[	4Q**509** 131-132ii6	(VII)
לבד **מנדבותמה** לכול אשר יקריבו	11Q**19** XXIX,5	
כאשר נדרתה **נדבה** בפיכה	11Q**19** LIII,13	

to flee, wander verb **נדד**

Text	Reference	Vol.
]◦◦ל◦ מלכי צבאות **ידו[דון** ידודון	1Q**16** 3-7,3	(I)
כי מפ]ני חרבות **נדד** מפני[	4Q**165** 5,5a	(V)
והיה כול רואיך **ידודו** ממך	4Q**169** 3-4iii2	(V)
ידודו פתאי אפרים מתוך קהלם	4Q**169** 3-4iii5	(V)
]תמר **ידוד** הצ[די]ק	4Q**177** 12-13i9	(V)
מבני אהרון אשר **ינדד** לעב[וד את הגואים	4Q**266** 5ii8	(XVIII)
] / מה **נדדת**[	4Q**425** 4ii1	(XX)
] / **אתנודד** וביום נחרצת ? [	4Q**525** 23,2	(XXV)

to put away verb **נדה**

Text	Reference	Vol.
]◦ **מנודה** / [	4Q**512** 1-6,17	(VII)

impurity noun **נִדָּה**

Text	Reference	Vol.
כל המונם ומעשיהם **לנדה** לפניו	CD II,1	
התגוללו בפשע אנוש ובדרכי **נדה**	CD III,17	
לטמא / את עיר המקדש **בנדתם**	CD XII,2	
ולוא יטהר במי **נדה**	1QS III,4	
יטהר / בשרו להזות במי **נדה**	1QS III,9	
וטהרת כבוד מתעב כול גלולי **נדה**	1QS IV,5	
ודרכי **נדה** בעבודת טמאה	1QS IV,10	
ויז עליו רוח אמת כמי **נדה**	1QS IV,21	
והתגולל / ברוח **נדה** להבין ישרים	1QS IV,22	
וכול מעשיהם **לנדה** / לפניו	1QS V,19	
נדות ונפתלות מדעת לבי	1QS X,24	
ובצדקתו יטהרני **מנדת** / אנוש	1QS XI,14	
ודרכי / ת[ו]עבות פעל בכול **נדת** טמאה	1QpHab VIII,13	
וזעומים המה בכול עבודת **נדת** טמאתם	1QM XIII,5	
כי **בנדה** התגוללתי ומסוד ◦[	1QHa IV,19	
סוד הערוה ומקור **הנדה** כור העוון	1QHa IX,22	
להתקדש / לכה מכול תועבות **נדה**	1QHa XIX,11	
ומחמר קו]רצתי / למקור **נדה** וערות קלון	1QHa XX,25	
]מעשי **נדה** לתחלויים ומשפטי נגע וכלה[	1QHa 3,16	
]מיא **נדה** בש[ר]ו ביום [ה]שבת / [	4Q**251** 1-2,6	(XXXV)
להזות עליו] / מי **[נדה**	4Q**255** 2,4	(XXVI)
וכול מע]ש[יה]ם [ל]**נדה** לפ[ני]ו	4Q**256** IX,13	(XXVI)
ולו]א יטהר במי **נדה**	4Q**257** III,6	(XXVI)
ומעשיהם **לנד[ה**]ל[פניו	4Q**258** I,11	(XXVI)
כימי **נדת** דותה תטמא	4Q**265** 7,15	(XXXV)
[אשר י]קרב [ ] / [אליה ע]ון **נדה** עלו	4Q**266** 6ii2	(XVIII)
[כ]י[מי] **נדת** [ראותה	4Q**266** 6ii6	(XVIII)

Reference	Period	Text
4Q266 6iii2	(XVIII)	] את מי **הנ֯דה** [
4Q271 2,12	(XVIII)	במי]**ה֯נדה** בקץ הרשע ‹מ?›איש טה֯[ור
4Q272 1ii8	(XVIII)	שב[עת ימים תהיה **בנד**]**ת** ב[
4Q272 1ii9	(XVIII)	]**ה֯נדה** וכ[ול] / [הנו]ג֯ע בה֯[
4Q272 1ii15	(XVIII)	] ובמי **הנדה֯**[
4Q274 1i7	(XXXV)	אל יג[ע בזב זוב טמ]א בדוה **בנדתה**
	(XXXV)	כי אם טהרה מ֯[**נד**]**תה**
4Q274 1i8	(XXXV)	כי הנה דם / **הנדה** כזוב
4Q277 1ii5	(XXXV)	והנוג֯[ע ב]לחת מי **הנדה** יט[מא
4Q277 1ii6	(XXXV)	ואל יז] / איש א֯[ת] מ֯י **הנדה** ע֯ל ט֯מ֯אי נ֯[פש
4Q277 1ii8	(XXXV)	וה֯[מקבלים] / [א]ת֯ מי [**הנ**]**דה**
4Q277 1ii9	(XXXV)	בז]ר֯וק עליהם [הכו]ה֯ן א֯ת מי **הנדה** לטהר֯[ם
4Q284 1,7	(XXXV)	]מ֯י **נדה** להת֯[קד]ש֯ / [
4Q284 2ii1	(XXXV)	] / עזב֯[הו] **בנדת֯**[
4Q284 3,3	(XXXV)	מי]**נ֯דה** וענה ואמר ברוך את֯[ה אל
4Q284 8,1	(XXXV)	]ת **נדה** [
4Q286 7ii4	(XI)	וזעומים המה במחשבות **נדת** [ט]מאתמה
4Q367 1a-b,7	(XIII)	ואם נקבה תלד] / ו֯טמאה שבעים **כ֯נדתה**
4Q374 2ii3	(XIX)	] במעלליהם **ובנדת** מעשי ה֯[
4Q378 1,1	(XXII)	]◦**נדה** לפניך[
4Q381 46a+b,6	(XI)	ושנאי[ם] / **כנדה** תזנוח
4Q381 69,2	(XI)	היתה]כל הארץ **לנדת** טמאה בנדת טמאה
	(XI)	היתה]כל הארץ לנדת טמאה **בנדת** טמאה
4Q414 2ii-4,8	(XXXV)	להבדל ? מכל] / אנשי **נ֯ד֯ה** כ֯א[שמתם
4Q414 17,2	(XXXV)	]◦ **בנד**[**ה**
4Q417 4ii2	(XXXIV)	] / **נדה** להפ֯תח֯[
4Q418 20,2	(XXXIV)	]**נ֯דה** השכ֯י֯ל
4Q419 1,11	(XXXVI)	] / תשחרו ותועבת **נדה** ב◦[
4Q428 10,4	(XXIX)	ובחיק אומנתי] / לרוב **נדה**
4Q502 295,2	(VII)	]**נדה** ◦[
4Q507 1,3	(VII)	ו֯עד היותנו צעדינו עם **נדה** י֯ב֯[
4Q509 184i13	(VII)	]◦ **נ֯ד֯ה֯** / [
4Q511 2ii8	(VII)	ו֯ט֯מאים **כנדתם** [
4Q511 18ii7	(VII)	וכול מעשי **נדה** שנתי
4Q511 43,7	(VII)	] / לבבם **כנדת** תוע֯[בותיהם
4Q512 33+35,9	(VII)	]◦וה **בנד**[**ה**
4Q512 34,17	(VII)	]◦ה מנגע **הנדה** [ ]◦ה כ֯י֯א֯[
4Q512 29-32,9	(VII)	ותטהרנ֯י מ֯ערות **נדה** ו֯תכפר֯ ל֯בוא [
4Q512 1-6,9	(VII)	] / ו‹‹מ››{{ו}}**נדות** טמאה
4Q512 1-6,10	(VII)	]◦ק֯ד֯◦[ ] / **נדה** להתקדש לכה ו֯[
4Q512 1-6,11	(VII)	]**נ֯דה** ולוא יוכ[ל כול
4Q512 1-6,16	(VII)	] בנגע **נדה** להבדל֯[מן] / [
4Q513 30,1	(VII)	]כ֯ו֯ל **נדתם** [
4Q525 18,4	(XXV)	]ו**בנדת** ל֯[ב
11Q19 XLV,10		ולוא יבואו **בנדת** טמאתמה אל מקדשי
11Q19 XLVIII,16		ולנשים בהיותמה **בנדת** טמאתמה
11Q19 XLVIII,17		אשר לוא יטמאו בתוכם / **בנדת** טמאתם
11Q19 XLIX,18		וביום השלישי יזו עליהמה מי **נדה**
11Q19 LXVI,13		אחיהו בן אביה או בן אמו כי **נדה** היא

to banish, drive away verb **נדח-1**

Reference	Period	Text
1QM XIV,9		לוא **הדיחונ֯**[ו] / מבריתכה
1QHa XII,8		כי֯א֯ **ידיחני** מארצי / כצפור מקנה
1QHa XII,9		וכול רעי ומודעי **נדחו** ממני
4Q200 6,8	(XIX)	לפני] / [הגוים] אשר אתמה **נדחים** בחמה
4Q381 79,4	(XI)	ל֯[א י֯שפט עולה כי **נדחתי** ◦◦◦[
4Q382 21,2	(XIII)	]ב **נדח** ◦[
4Q382 23,2	(XIII)	]**נ֯ד֯ח֯** ו֯מ֯שפ֯ט כו֯ל֯ ◦◦לת[
4Q481b 1	(XXII)	י]ש֯י֯ב **נדחיו** לארץ / [
4Q491 8-10i7	(VII)	לוא ה[**ד֯**]**יחונ֯**[ו] מבריתך
4Q504 1-2v12	(VII)	בכול / [ה]ארצות אשר **הדחתם** שמה
4Q509 12i-13,1	(VII)	**ה֯מנו֯ד֯חים** התועים מבל֯י֯[משיב
4Q509 183,6	(VII)	]**הדחתי** ב֯[
4Q513 18,2	(VII)	]◦[י]**דיחנ֯**[ו
11Q5 XVIII,6	(IV)	הרחוקים מפתחיה / **הנדחים** {{◦◦◦◦}} ממבואיה
11Q19 LIV,17		ופדיתיכה / מבית עבדים **להדיחכה**
11Q19 LV,3		**וידיחו** את כו֯ל [י]ו֯שב֯י֯ / עירמה
11Q19 LXIV,14		את שיו או את חמורו / **נדחים**
11Q20 XVI,7	(XXIII)	ומת כי בקש לה[**ד֯**]**יחכה** ⟦ ⟧[

willing, noble adjective **נָדִיב**

Reference	Period	Text
CD VI,4		שרים כרוה / **נדיבי** העם במחוקק
CD VI,8		**ונדיבי** העם הם / הבאים לכרות את הבאר
1QSb III,27	(I)	ובמעשייכה יש֯[פוט כו]ל֯ **נדיב֯ים**
1QM X,5		ידברו לכול עתודי המלחמה **נדיבי** לב
1QHa 47,2		] / ◦**נדיבים** לוא כ֯[
1Q25 1,7	(I)	] / בוז על **נדיבים** [
4Q267 2,10	(XVIII)	שרי֯ם כ֯רוה / **נדיב֯י** [העם] במחוקק
4Q415 2i+1ii7	(XXXIV)	]◦ **נדיבים** / [
4Q416 2iii11	(XXXIV)	ועם **נדיבים** הושיבכה
4Q418 9+9a-c,11	(XXXIV)	עם **נדיבים** / ה֯ו֯[שיב]כה
4Q418 149,2	(XXXIV)	]**נדיבים** וב֯[
4Q418 177,5	(XXXIV)	]אתה רש **ונדיבים** י֯◦[
4Q438 3,2	(XXIX)	] / **נדיביכה** ובבחיריכה לוא ה֯תעברת֯י֯
4Q472 2,4	(XXXVI)	] / **נדיבים** לכבוד וד◦[
4Q491 11i12	(VII)	בל ישב֯ו בו כול מלכי קדם **ונדיביהמה** ל֯ו֯[א
4Q504 Verso 2vii1	(VII)	]**נ֯דיב֯י֯ם֯** / [
PAM 43.693 12,1	(XXXIII)	] **נד֯יב֯**[

to drive away, destroy verb **נדף**

Reference	Period	Text
4Q178 2,4	(V)	]ת֯ורה **ינדפ**[
4Q381 46a+b,8	(XI)	ו]**ינדפו** [מ]ל֯פ֯נ֯י֯ ב◦◦[
PAM 43.692 48,2	(XXXIII)	]תו **נדפ**◦[

to vow verb **נדר**

Reference	Period	Text
CD XVI,13		אל **ידור** אי֯ש֯ ל֯מזבח מאום אנוס
CD XVI,18		]י֯ענ֯ש / **ה֯נודר** [
4Q271 4ii13	(XVIII)	אל **ידור** איש ל֯מ֯[זבח מאום אנוס
4Q271 4ii16	(XVIII)	]**ה֯נו֯ד֯ר** א֯[ת] / [
4Q275 2,4	(XXVI)	**נ**]**ד֯רו֯** לא להמית איש֯[
4Q416 2iv8	(XXXIV)	וכל שבועת אסרה **לנ֯ד֯ר** נ֯ד֯[ר
11Q19 LIII,10		כאשר הקדשתה או **נדרתה** בפיכה
11Q19 LIII,11		וכי אם **תדור** נדר לוא תאחר לשלמו
11Q19 LIII,12		ואם תחדל ולוא **תדור** לוא יהיה בכה חטאה
11Q19 LIII,13		כאשר **נדרתה** נדבה בפיכה
11Q19 LIII,14		לעשות / כאשר **נדרתה**
		ואיש כי **ידור** נדר לי
11Q19 LIII,16		ואשה כי **תדור** נדר לי

vow noun **נֶדֶר**

Reference	Period	Text
CD VI,15		ולהנזר מהון הרשעה הטמא **בנדר** ובחרם
4Q88 X,9	(XVI)	חג חגיך **נד**[**ר**]**י֯ך** שלם
4Q258 I,12	(XXVI)	ושבעות וחרמים **ונדרים** בפיהם [
4Q266 3ii21	(XVIII)	ו[להנזר מהון הרשעה הטמא ב]**נדר** וב[חרם
4Q366 4i7	(XIII)	תעשו ליהוה במועדיכם לבד **מנד**[**ר**]**יכם**
4Q416 2iv7	(XXXIV)	ולא להוסיף **נדר**
4Q416 2iv8	(XXXIV)	וכל שבועת אסרה לנ֯ד֯ר **נ֯ד֯**[**ר**
4Q418 52+53,2	(XXXIV)	]כ֯ל֯ **נדרה֯**[
4Q418 130,3	(XXXIV)	] / [ ] **ת֯נ֯דר**[
11Q19 XXIX,6		לכול נסכיהמה/**נדריהמה** ← נֶסֶךְ-1

וכול **נדריכה** תשא — 11Q19 LIII,9
וכי אם תדור **נדר** לוא תאחר לשלמו — 11Q19 LIII,11
ואיש כי ידור **נדר** לי או ישבע / שבועה — 11Q19 LIII,14
ואשה כי תדור **נדר** לי או אסרה אסר — 11Q19 LIII,16
ושמע אביה את **נדרה** או / את האסר — 11Q19 LIII,17
וקמו / כול **נדריה** וכול אסרה — 11Q19 LIII,19
ביום שומעו כול **נדריה** — 11Q19 LIII,20
וכול **נדר** אלמנה וגרושה — 11Q19 LIV,4

נָה ← נָא

to drive, lead verb **נהג-1**
וינהג לבן את חנה אם אמי — 4Q215 1-3,8 (XXII)
את צואנכה **נהג** — 4Q223-224 2i51 (XIII)
]◦ עלינו **ונהגה** אלינו כיא / [— 4Q377 2i10 (XXVIII)

light noun **נְהוֹר**
וזהרי הוד **נה[ור]**◦ אורים ומאורי פלא — 4Q286 1ii3 (XI)

to guide, lead verb **נהל**
]בימין עוזכה **לנהל** ◦ל[— 1QH[a] XXIII,7
]תושים **ינהל** ורעבים יעשר — 4Q521 2ii+4,13 (XXV)

roaring, groaning noun **נְהָמָה**
ונהמתי עד תהום תבוא — 1QH[a] XVIII,33
] / **כנהמ[ת** ים — 4Q162 III,2 (V)

river noun **נָהָר**
← אֲרַם נַהֲרַיִם
ולוא יתקדש בימים / **ונהרות** — 1QS III,5
]◦ה חוג ימים ומקוי **נהרות** ומבקע תהומות — 1QM X,13
וכול **נהרות** עדן [ישקו את ד]ל[י]ותיו — 1QH[a] XIV,16
ואני הייתי לבזאי {{◦}}**נהרות** / שוטפים — 1QH[a] XVI,14
ארני מע]לה עליה[ם] את מי **הנהר** ה[עצומים — 4Q163 2-3,1 (V)
[במים] אתך אני **ובנ[הר]ות** לוא ישטפוך — 4Q176 3,3 (V)
ולוא יתקד[ש] / [בימים ונ]**הר[ו]ת** — 4Q257 III,7 (XXVI)
ולא] / [יתקד]ש בימים **ונהרות**[— 4Q262 1,2 (XXVI)
]◦ה **בנהרי**[— 4Q381 6,2 (XI)
]מת **נהרי** / [— 4Q385a 17a-ei4 (XXX)
ירמיה הנביא / [עמהם עד]**הנהר** — 4Q385a 18ia-b,7 (XXX)
א]ת **הנהר** / [— 4Q387a 6,2 (XXX)
כ[ל בני י]שראל על **נהר** סור במעמד ד[— 4Q389 1,7 (XXX)
נה]ר כבר ואראה[— 4Q391 65,4 (XIX)
] / **ונהרי** אור [— 4Q405 15ii-16,2 (XI)
]**ונהר** מ◦[— PAM 43.677 12,1 (XXXIII)

to forbid, hinder, annul verb **נוא**
להניא את שבועתה — CD XVI,10
אל / **יניא** איש שבועה — CD XVI,11
להקים היא ⟦ ⟧ ואם **להניא**
אם לעבור ברית היא **יניאה** — CD XVI,12
להניא את שבועתה — 4Q271 4ii11 (XVIII)
אל **יניא** איש ש[בועה — (XVIII)
א]ם להקים היא ואם / **להניא** — 4Q271 4ii12 (XVIII)
אם לעבור ברית היא **יניא[ה** — (XVIII)
מוצא פיכה וברצונכה **הניא[ה** — 4Q416 2iv9 (XXXIV)
מוצא פיכה ובר]צונכה **הניאה**[— 4Q418 10a-b,10 (XXXIV)
]ש **ולהניא** לבבם מכול מעשה — 4Q471 2,4 (XXXVI)
]הים **ינוא**[— 4Q511 144,1 (VII)
ואם / **הנא** יאנה אביה אותה ביום שומעו — 11Q19 LIII,20

ואם / הנא **יאנה** אביה אותה ביום שומעו — 11Q19 LIII,20
ואנוכי אסלח לה כי **הניאה** — 11Q19 LIII,21

נוֹאם ← נְאֻם

to bear fruit verb **נוב**
לא ישתה מי קודש בל **ינובב** פריו — 1QH[a] XVI,13
בה]רי מרום **ינובב** פרי[ו — 4Q262 B,3 (XXVI)
והארץ **[תנו]בב** ל[כם פרי עדנים — 4Q285 8,7 (XXXVI)
ליום ביום לאכל פריה **תנובב**[הארץ — 4Q381 1,8 (XI)
]בחרט זהב **מנובב**[— 4Q382 25,4 (XIII)
והארץ **תנובב** לכם פרי / [ע]דנים — 11Q14 1ii10 (XXIII)

brightness, bright light noun **נוֹגַהּ, נֹגַהּ**
בשביבי **נוגהו** יבערו כול בנ[י] עולה — 1QH[a] XIV,18
בתוך בכול / מאזרי {{◦}}**נוגה** — 4Q184 1,8 (V)
ושביבי **נוגה** וזהרי הוד נה[ור]◦ אורים — 4Q286 1ii3 (XI)
ומעשי / **[נ]וגה** ברוקמת כבוד — 4Q405 20ii-22,11 (XI)
נג]שתי אני **לנוגהו** [— 4Q468b 1 (XXXVI)
]מלך עלי ואור **נגהו** על ◦[— 4Q468b 3 (XXXVI)
תהיה עדי **נגה** באהבתכ לאלהיכ — 11Q22 1,2 (XXIII)

to wander, mourn verb **נוד**
ואמרו / שודדה נינוה מי **ינוד** לה — 4Q169 3-4iii6 (V)
פשרו א]שר **ינודו** אנ[שי — 4Q177 5-6,8 (V)

to succeed verb **נוה-1**
ולוא / **ינוה** אשר הרחיב כשאול נפשו — 1QpHab VIII,4

pasture, dwelling noun **נָוֶה**
] **בנוה** ◦[— PAM 43.677 17,2 (XXXIII)

pasture, dwelling noun **נָוָה**
ג[ן **נאו]ת** / [— 4Q423 1-2i2 (XXXIV)

to rest, be placed verb **נוח-1**
וכול העם **יניח[ו]** קול התרועה — 1QM XVII,14
בקובעה כסף **מנח** הרב — 3Q15 IX,10 (III)
ואל ביתו לוא יבוא **להניח[ו** — 4Q159 1ii5 (V)
ונח]ה עלו ר[וח] / [יהוה — 4Q161 8-10,11 (V)
ו**[הניחו]תי** לכה מכול אויביכה — 4Q174 1-2i7 (V)
יניח להמה מכ[ול] / בני בליעל — (V)
ויום / הששי **נחה** התבה על הרי הוררט — 4Q252 I,10 (XXII)
והנ]יחוהו למשמרת / [— 4Q276 8 (XXXV)
]לו **יניחו** להמה[הגוים — 4Q371 1a-b,3 (XXVIII)
ולא **אניח** לו — 4Q386 1ii4 (XXX)
וכל אפלה לפנו **נחה** — 4Q392 1,5 (XXIX)
זבח] / השל[מים] **שמניחים** אותה מיום ליום — 4Q394 3-7i13 (X)
]◦ **יניח**[— 4Q466 1 (XXXVI)
]ים ברוך הא[ל]**הניחנו** ◦[— 4Q504 3ii2 (VII)
]נו כי **תניח**[— 4Q509 189,4 (VII)
[אשר] יהיו **מניחים** [ש]ם עליהמה — 11Q19 XXXII,10
]אשר עליהמה **ומני[חים** — 11Q19 XXXIII,4
ולוא **יני[חו]** / ממנו שנה לשנה אחרת — 11Q19 XLIII,4
לאחיהמה / אשר **הניחו** בעריהמה — 11Q19 LVIII,15

legato (?) noun **נוֹחַ**
הכוהנים תרועה שנית קול **נוח** וסמוך — 1QM VIII,7
בחצוצרות המשוב / קול **נוח** מרודד סמוך — 1QM VIII,14

Noah proper noun **נוֹחַ, נֹחַ**

CD III,1		בה תעי בני **נח** ומשפחותיהם בה הם נכרתים
4Q**176** 8-11,10	(V)	כימי **נוח** זות לי אשר / [נשבעתי
4Q**176** 8-11,11	(V)	מ]עב[ור מי] **נוח** אל ארץ
4Q**180** 2-4i7	(V)	]אמר **נוח** / [
4Q**252** I,1	(XXII)	[ב]שנת ארבע מאות ושמונים לחיי **נוח**
	(XXII)	בא קצם **לנוח**
4Q**252** I,4	(XXII)	בשנת שש מאות שנה / לחיי **נוח**
4Q**252** I,13	(XXII)	ויפ]תח **נוח** את חלון התבה
4Q**252** I,21	(XXII)	ו]יסר **נוח** את מכסה התבה[
4Q**252** II,1	(XXII)	באחת ושש מאות שנה לחיי **נוח**
4Q**252** II,2	(XXII)	ביום ההוא יצא **נוח** מן התבה
4Q**252** II,4	(XXII)	אחת ושש 〚 〛 **נוח** מן התבה
4Q**252** II,5	(XXII)	ויקץ **נוח** מיינו
4Q**252** II,7	(XXII)	כי ברך אל את בני **נוח** ובאהלי שם ישכון
4Q**253** 1,4	(XXII)	]וק להודיע **לנו**[ח
4Q**254**a 3,2	(XXII)	]◦◦ **נוח** יצא מן התבה למועד ימים ימימה
4Q**266** 2ii21	(XVIII)	בה תעו בני] **נוח**
4Q**508** 3,2	(VII)	]ומרבכ[ו]תקם **לנוח** ◦[
5Q**13** 1,7	(III)	]ה **ובנוח** רציתה מ◦[

in front of, opposite preposition **נוֹכַח, נֹכַח**

4Q**276** 5	(XXXV)	שבע / [פעמים א]ל **נוכח** א[ו]הל מועד
4Q**364** 1a-b,6	(XIII)	ויעתר ישחק ליהוה] / **לנכח**[ ]אשת[ו
4Q**364** 17,4	(XIII)	ואת המנורה **נכח** השלחן
4Q**365** 8a-b,2	(XIII)	ואת] / המנורה **נוכח** השולחן[
11Q**19** VIII,2		]**נוכח** אר◦◦[
11Q**19** XXXIII,10		מצפונו ומדרומו זה **נוכח** זה

foreign adjective **נוֹכְרִי, נָכְרִי**

1Q**22** 1iii6	(I)	את הנ[**וכרי** יגוש ואת אחיו] ל[ו]א [יגוש
4Q**251** 12,5	(XXXV)	]ל[ ]◦ת **לנכרי**[ ]וחלבה לעש[ות
4Q**366** 5,5	(XIII)	[וא]כלה או מכר **לנכ**[**רי**
4Q**443** 6ii2	(XXIX)	] / **נוכרי** ◦[
11Q**19** XLVIII,6		ובבהמה לוא תואכלו כי מכור **לנוכרי**
11Q**19** LVI,15		לוא תתן עליכה איש **נוכרי**

to slumber, be drowsy verb **נום**

4Q**265** 4ii2	(XXXV)	[י]**נום** עד שלוש פעמים
4Q**266** 10ii7	(XVIII)	ו]**ה**[**נם**] עד שלוש פע[מים על מושב] אחד
4Q**378** 17,2	(XXII)	]בן **נום** / [
4Q**424** 3,5	(XXXVI)	ומספר **לנם** נרדם ברוח ש[
11Q**5** XXIV,16	(IV)	**נמתי** / [ואי]שנה חלמתי גם [הקיצותי

to increase verb **נון**

1QH[a] 5,8		] / רבה **אנינם** לכלה ונגד כול מעשי[ה

Nun proper noun **נון**

4Q**226** 4,1	(XIII)	כי יהושע ב[ן] **נון** הוא עובר לפ[ני

to flee verb **נוס**

1QM III,5		להפיץ אויב **ולהניס** כול משנאי / צדק
4Q**163** 23ii5	(V)	כיא על סוס **ננוס** על כן תנוסון
	(V)	כיא על סוס ננוס על כן **תנוסון**
4Q**163** 23ii7	(V)	מפני גערת / חמשה **תנוסון**
4Q**285** 4,7	(XXXVI)	**וינוס**[ ] מפני ישראל בעת ההיאה[
4Q**427** 7ii5	(XXIX)	אבד] / אבל **ונס** יגון
6Q**9** 33,3	(III)	]**וינוס** משם אל מלך מואב[
PAM 43.677 29,1	(XXXIII)	◦[**נוס** [

to shake, roam verb **נוע**

4Q**370** 1i3	(XIX)	וי]**נעו** כל / סוסדי אר[ץ
4Q**374** 2ii7	(XIX)	[י]תמוגגו **ויתנועעו** לבם
4Q**374** 2ii9	(XIX)	ויתמוגגו **ויתנ**[**ו**]**עעו** חגו לק[ול
4Q**378** 3i6	(XXII)	ה]ארץ ועד קציה **והניעכה** / [

to wave, extend, spread verb **נוף-1**

← **הָנֵף**

1QM XVII,9		התחזקו במצרף אל עד **יניף** ידו
1QH[a] IV,26		[אודך אדוני כי]**הניפותה** רוח קודש[ך]
1QH[a] XV,7		ורוח / קודשכה **הניפותה** בי בל אמוט
1QH[a] XVI,22		**בהניפי** יד לעזוק / פלגיו
1QH[a] XVI,33		ותשבר זרועי מקניה [ואי]ן **להניף** יד
1QH[a] 2i9		ועל עפר **הניפותה** רוח / [קודשכה
1QH[a] 2i13		רוח קו]דשכה **הניפותה** לכפר אשמה / [
11Q**19** XIX,4		**והניפ**[**ו** הכוהנים
11Q**19** XX,16		**וניפו** אותמה תנופה
11Q**20** I,18	(XXIII)	**וניפו** המקריבים[את האילים

נוֹף ← נֹף

נופך ?

4Q**418** 302,4	(XXXIV)	] / **נופך**[

Nothos proper noun **נותוס**

4Q**477** 2ii5	(XXXVI)	ואת חנניה **נותוס** הוכיחו אשר הואה[

to sprinkle verb **נזה**

1QS III,9		**להזות** במי נדה ולהתקדש במי דוכי
1QS IV,21		**ויז** עליו רוח אמת כמי נדה
4Q**257** III,12	(XXVI)	**להזות** [במי נדה ולהתקדש במי] / [דוכי
4Q**265** 7,3	(XXXV)	] / [א]ל **יז** איש מזרע אהרון מ[י נדה
4Q**269** 8ii4	(XVIII)	כיא אם **הוזו** כמ[שפט] / [הטהרה
4Q**271** 2,11	(XVIII)	כי]אם **הוזו** כמשפט / [הטהרה
4Q**274** 2i1	(XXXV)	כאש]ר **יזו** עליו את [ה]רי[א]שונה
4Q**274** 2i2	(XXXV)	אל **יז** בשבת כי / [אמר שמור את] השבת
4Q**276** 4	(XXXV)	**והזה** מרמה באצבע[ו] שבע / [פעמים
4Q**277** 1ii7	(XXXV)	ועלול אל **יז** על הטמא
4Q**394** 3-7i17	(X)	**והמזה** את [מי] / החטאת
4Q**394** 3-7i19	(X)	בשל שא יהיה הטהר **מזה** על הטמה
4Q**395** 9	(X)	**והמזה** את[מי החטאת
4Q**414** 13,5	(XXXV)	] / ור[ח]ץ במים **והזה** ע[ל
4Q**512** 1-6,7	(VII)	ואח[ר ה]**וזותו** את מימ[י הזיה
11Q**19** XVI,3		**ויזו**[מן הדם אשר על המזבח
11Q**19** XLIX,18		וביום השלישי **יזו** עליהמה מי נדה
11Q**19** XLIX,20		וביום השביעי / **יזו** שנית
11Q**19** L,3		עד אשר **יזו** את הש[נית] / ביום השביעי
11Q**19** L,14		וביום השלישי **יזה** ויכבס בגדיו ורחץ
11Q**19** L,15		וביום השביעי **יזה** שנית וכבס בגדיו ורחץ

consecrated adjective **נָזִיר**

4Q**472** 2,3	(XXXVI)	] / [ב]לישנה דבי ליחד **נזיר**[י

to flow verb **נזל**

1QH[a] XVI,4		נ]תתני במקור **נוזלים** ביבשה ומבוע מים

to dedicate, consecrate, separate verb **נזר**

CD VI,15		**ולהנזר** מהון הרשעה הטמא
CD VII,1		**להזיר** מן הזונות / כמשפט
CD VIII,8		ויבחרו איש בשרירות לבו ולא **נזרו** מעם

Reference	Vol.	Text
CD XIX,20		ויבחרוֹ אִישׁ בשרירות לבו ולא נזרו מעם
4Q183 1ii5	(V)	] / כול הון רשעה וינזרו מדר[ך
4Q266 1a-b,1	(XVIII)	להנזֹר מדר[כי רשעה] / [
4Q418 81+81a,2	(XXXIV)	והנזר מכול תעבות נפֹשׁ[
4Q512 69,2	(VII)	] / וֹתצונו להנזר מןֹ[

consecration, crown noun נֵזֶר

Reference	Vol.	Text
1QSb IV,28	(I)	וישימכה] נזר לקודש קֹודשים
4Q161 8-10,19	(V)	כ]סא כבוד נזר ק[ודש] ובגדי רוקֹמוֹ[ת
4Q509 97-98ii3	(VII)	] / נזר יֹפ∘[

נַח ← נוֹחַ

to lead verb נחה-1

Reference	Vol.	Text
1QS IX,18		כרוחו כתכון העת להנחותֹם בדעה
4Q256 XVIII,1	(XXVI)	כרוחו וכ]תֹכון העת להנחותם בדעה
4Q259 III,16	(XXVI)	]כרוחו וכתכונו העת להנחותם / ברעֹהֹ[
4Q408 3+3a,7	(XXXVI)	ב]כֹל גֹבוֹרה הֹנחֹה להוצי את[

comfort noun נִחוּמִים

Reference	Vol.	Text
4Q417 1ii4	(XXXIV)	] / ∘נחומים לפֹ[

copper, bronze noun נְחוּשָׁה, נְחֻשָׁה

Reference	Vol.	Text
1QSb V,26	(I)	[ו]ישם קרניכה ברזל ופרסותיכה נחושה
4Q365 25a-c,3	(XIII)	ואת ארצכם כנחו]שה
4Q378 11,7	(XXII)	אב]ניה ברזל ומה[ר]יה נחושה / [
4Q381 46a+b,7	(XI)	]קוה ופרסותם תשים נחשה

copper, bronze noun נְחֹשֶׁת, נְחֹשֶׁת

Reference	Vol.	Text
1QM V,4		וכולם מחזיקים מגני נחושת מרוקה
1QM V,5		מחברת מעשה חושב זהב וכסף ונחושת
1QM V,8		גדיל שפה בזהב וכסף ונחושת
4Q269 8ii2	(XVIII)	הזהב ו]הכסף והנחשת [והבדיל והעופרת
4Q365 11i3	(XIII)	את תרומת יהוה זה]ב וכסף וֹנחושתֹ
4Q365 12ai8	(XIII)	וחשוקיהמה זהב ואדניהמה חמשה נח]וֹשת
4Q365 12a-bii9	(XIII)	ויצפו אותו נחושת
4Q365 12a-bii12	(XIII)	ויעשו למזבח מכבר מעשה / רֹשׁתֹ נֹ[חושת
4Q415 7,2	(XXXIV)	] / וֹבריחיכה נחושֹ[ת
4Q468m 2	(XXXVI)	] אשר כֹנחושֹ[
11Q11 V,9	(XXIII)	[ויסגור דל]תי נחושת
11Q19 III,7		נחו]שת וברזל ואבני גזית לבֹ[
11Q19 III,15		נחו]שת טהור וֹהמכבֹר א[שר] מלמעלה
11Q19 III,16		]שׁתֹ נחושת ∘[
11Q19 III,17		∘[נחו]שת
11Q19 XXXIV,1		נתו?]נִים ? בלוח נחו[שת
11Q19 XLIX,15		וכול כלי עין ברזל ונחושת
11Q20 XII,14	(XXIII)	]בֹה שלנחושת[
11Q20 31,1	(XXIII)	]נחושת / [
11Q21 1,3	(XXIII)	]נחושת ברֹזֹ[

to inherit, possess verb נחל

Reference	Vol.	Text
1QS IV,15		ובמפלגיהן ינחלו כול צבאותם לדורותם
1QS IV,26		וינחילן לבני איש לדעת טוב
1QS XI,7		וינחי{{∘}}לֵם בגורל / קדושים
1QSb III,28	(I)	ינחילכה רשיתֹ [כול מעד]נים
1QH[a] IV,15		ולהנחילם בכול כבוד אדם
1QH[a] VI,6		לשפו]ט תבל ולנחול בכול ∘[
1Q34bis 3ii3	(I)	ולא הבין זרע האד[ם] בכל אשר הנחלתו
4Q159 1ii1	(V)	]נֹחל ליֹ[
4Q177 1-4,12	(V)	]ת וינח[ילהו
4Q180 1,9	(V)	]עולה ולהנחיל רשעה כל ∘[
4Q181 2,4	(V)	] / אוהבי עולה ומנחילי אשמה ∘[
4Q184 1,8	(V)	הוי היה לכול נוחליה
4Q184 1,11	(V)	וכול נוחליה ירדו שחת
4Q228 1i12	(XIII)	]מֹתֹ וינחיל[
4Q258 XII,4	(XXVI)	וינחי]לם בגו[רל קדושים
4Q299 3aii-b,14	(XX)	]∘שבו כי לבנו בחן וינחילנו[
4Q377 1i4	(XXVIII)	]הֹ להנחיל לעינֹיֹ[ ]קֹ∘[
4Q378 3ii+4,10	(XXII)	חזק וא[מץ כ]יֹ תנחיל את[העם הזה
4Q380 6,1	(XI)	] נֹחלֹ כֹיֹ עֹ∘∘[
4Q412 4,1	(XX)	]עֹשרי יֹנחֹיל[
4Q416 2iii7	(XXXIV)	ואחריתכה תנחל / שמֹחה
4Q417 1i16	(XXXIV)	וינחילוֹנוֹ לאנוש עם עַם רוח
4Q417 2i11	(XXXIV)	ודע מי נוֹחל כבוד ועֹמֹל
4Q418 55,6	(XXXIV)	על ב]נה הוא פלג לנוחלי אמת / [
4Q418 55,12	(XXXIV)	והם אחוזת עולם ינחלו הלוא ראיתם
4Q418 81+81a,14	(XXXIV)	בֹוֹ יתהלכו כול נוחלי ארץ
4Q418 169+170,1	(XXXIV)	]ם [ ]נחלֹ∘[
4Q418 185a+b,4	(XXXIV)	]תנחל כֹ[בו]דֹ[
4Q487 16,3	(VII)	]ישר ינחלנה ואל יֹ∘[
4Q502 314,1	(VII)	הנ]חילנוֹ[
4Q521 11,3	(XXV)	]ים ינחלוה[
4Q525 13,2	(XXV)	תנ]חֹל ברעי עין תתן לֹהֹ[ם ?
4Q525 13,4	(XXV)	]גאוה תנחל ובתכמיה[
4Q525 13,5	(XXV)	]כול נוחליה תא [[ ]]
4Q525 14ii14	(XXV)	] / תנחל כבוד
	(XXV)	ואם נספיתה למנוחות עד יֹנחלוֹ[ה כול
4Q525 33,1	(XXV)	]ם תנחלוֹ[
6Q20 7	(III)	] / וֹהתנחלֹ[תם

torrent, brook, wadi noun נַחַל-1

Reference	Vol.	Text
1QH[a] XI,29		וילכו נחלי בליעל עַל כול אגפי רום
1QH[a] XI,31		ושורשי חלמיש לנחלי זפת
1QH[a] XI,32		ויבקעו לאבדון נחלי בליעל
1QH[a] XVI,17		ויהיו לנחל שוטף עֹל
1QH[a] XVII,5		ודמעתי כנחלי מים
3Q15 V,12	(III)	בקבר שבנחל הכפא / בביאה
3Q15 X,3	(III)	בכיֹרגר מזקות שרוו מהנחל / הגדול
4Q251 18,4	(XXXV)	וערפו שמה את עגל]הֹ בֹ[נח]ל חלף
4Q286 5,10	(XI)	וֹכֹול נחלים יארי מצוֹלוֹת [
4Q364 21a-k,13	(XIII)	ויעלו ההרה ויבואו] עד נחל [אשכול
4Q364 23a-bi14	(XIII)	ונ]עבור את נחֹ[ל] / [זרד
4Q364 24a-c,14	(XIII)	[לוא קרבת]ה כול יד נחל היבוק
4Q365 32,12	(XIII)	ויבואו עד נחל אֹשכול
4Q365 32,14	(XIII)	למקום ההואה קראו נחל אשכֹ[ו]לֹ
4Q365 37,3	(XIII)	]מֹנחל ארנון ויחנוֹ[
4Q365 X,2	(XIII)	∘[הֹנחֹל עדֹ ∘[
4Q378 11,4	(XXII)	]טובה ורחבה ארץ נחלי מים / [
4Q428 5,7	(XXIX)	ושורשי ח]לֹ[מיש לנח]לֹיֹ זֹפֹתֹ[
4Q432 6,4	(XXIX)	[וי]לֹ[כו נח]לֹ[י]בליעל על כוֹ[ל אגפי רום
4Q433a 3,9	(XXIX)	]נחלי זפת לאכול מ[
4Q498 2,2	(VII)	]וֹנחליֹ מֹ[ים
4Q521 7+5ii3	(XXV)	וכל מקוה מים ונחלים
4Q522 9i+10,17	(XXV)	∘[נחלֹ[
6Q20 3	(III)	] / ארץ נחל[י מים
11Q19 LXIII,2		אֹתֹ / העגל[ה] אל נחל איתן
11Q19 LXIII,5		על ראוש העגלה {{∘}}הערופה בנחל

possession, inheritance, allotment noun נַחֲלָה-1

Reference	Vol.	Text
CD I,16		ולסיע גבול אשר גבלו ראשנים בנחלתם

ל]פִּי רוב **נחלת** איש באמ[ת	(XXXIV)	4Q**418** 172,5
]ה**נחלה** [	(XXXIV)	4Q**418** 185a+b,2
]◦ נהיה הודיע אל **נח**[**לת**	(XXXIV)	4Q**418** 201,1
]**נחלת** קוד[ש	(XXXIV)	4Q**418** 234,1
נח]**ל֯ת** אדם [	(XXXIV)	4Q**418** 251,1
הו]א֯ פלג [**נ**]**ח֯לת** כל מושלים	(XXXIV)	4Q**423** 5,3
וב**נחלת**ו / [המשילכ֯ה	(XXXIV)	4Q**423** 8,2
נ]**חלת**ו ואחר תשלח [ידכה	(XXXIV)	4Q**423** 12,2
] / ישר ו**נחלה** ואל֯[	(XX)	4Q**426** 1ii6
]**נ֯ח֯לת**ו ⟦ ⟧ (◦)[	(XX)	4Q**426** 11,1
וי]ו֯רש ל**נחלת**י	(XXIX)	4Q**439** 1i+2,3
]◦תנה לרבים ל**נחלה**	(XIX)	4Q**462** 1,7
] אל **נחלת**◦[	(VII)	4Q**487** 23,3
אל תתן לזרים **נחלת**נו	(VII)	4Q**501** 1
כיא / [אנחנו עצור]י עמכה ועזובי **נחלת**כה	(VII)	4Q**501** 2
] / **נחלת֯**ו בעצ֯[	(VII)	4Q**502** 21,5
] / ו**נחלת**כה נ[	(VII)	4Q**509** 10ii-11,6
] / [ג]ו֯רלו רשית ביעקוב ו**נ֯חלת** אל[והי]ם֯[	(VII)	4Q**511** 2i5
]ת֯ו ו֯**נ֯ח֯ל֯ת֯**ו֯[	(VII)	4Q**511** 38,1
] / **נחלה** ומ֯◦[	(VII)	4Q**511** 43,3
]**נ֯חל֯ת֯**[	(VII)	4Q**513** 32,1
ו**נחלות**{{ו}}ם יואכלון	(XXV)	4Q**524** 6-13,4
ו**נ֯חל֯**[ה] ל֯[וא יהיה להמה] / [בקרב אחיהמה	(XXV)	
נח]**ל֯ת**כה / [	(XXV)	4Q**525** 14i26
]◦ו֯[**נ**]**ח֯ל֯ת**כה בת◦[	(XXV)	4Q**525** 14ii1
] **נחלת** ◦[	(III)	5Q**13** 23,5
ומ**נחלת** מלכי צדק כי֯[א	(XXIII)	11Q**13** II,5
ו֯המה **נ֯ח֯ל֯**[**ת** מלכי צ]דק	(XXIII)	
העמים אשר אנוכי נותן לכה **נחלה**		11Q**19** LXII,13
האדמה אשר אנוכי / נותן לכה **נחלה**		11Q**19** LXIV,13

to comfort, relent verb **נחם**

לוא **אנחם** בנכאים עד תום דרכם		1QS X,21
] / ו**נ֯ח֯ם** על [		1QH^{a} VIII,26
] / ובדעתי אלה **נחמ**[תני]◦◦◦[		1QH^{a} XIII,3
ו**אנחמה** על המון עם		1QH^{a} XIV,7
ובצוקותי **נחמת**ני ובסליחות אשתעשע		1QH^{a} XVII,13
ו**אנחמה** על פשע ראשון		
וביגוני **נחמת**ני כיא נש<ע>נתי ברחמיכה		1QH^{a} XIX,32
] אתה **מ֯נחם** אבל[ים		1QH^{a} 21,3
מאין אבקשה **מנחמים** לך	(V)	4Q**169** 3-4iii6
] / פצחו הרים כיא **נחם** אלה֯[ים עמו	(V)	4Q**176** 1-2ii2
לוא **א֯נ֯ח֯ם** בנכוחים עד תום / ד֯[רכ]ם	(XXVI)	4Q**260** V,1
]◦ **להתנ֯ח֯ם֯** / [	(XX)	4Q**302** 3c,1
נ]**חמתה** / [	(XXIX)	4Q**427** 8i20
]ל֯מחץ מכתי **מנחמי** כו֯[ח	(XXIX)	4Q**432** 3,3
]כ֯ה **להנחם** על אבלה עניה ה◦[	(XXIX)	4Q**434** 2,1
ורב {טו} טוב **ינחמם** טוב הש◦[	(XXIX)	4Q**434** 2,4
כאיש אשר אמו **תנחמנו** כן ינחמם בירושל[ים	(XXIX)	4Q**434** 2,6
כאיש אשר אמו תנחמנו כן **ינחמם** בירושל[ים	(XXIX)	
ולנצח לריח בה **לנחם** דלים בעת צרתמה	(XXIX)	4Q**436** 1a+bi1
לפני ובילדי צדק **נחמת֯נ֯**י	(XXIX)	4Q**437** 2i12
] / **מנח֯ם** נכשלים בפשעיהם[	(VII)	4Q**509** 12i-13,5
] / **לנ֯ח֯**[**ם**] ה[אבלים	(XXIII)	11Q**13** II,20

נִחֻמִים ← נִחוּמִים

Nahamani proper noun **נַחֲמָנִי**

] / לאלעזר בן **נחמ֯ני**[	(XXXVI)	KhQ**1** 3

וכתבוהו במקומו כפי **נ֯ח֯ל֯ת**ו בגורל הא֯[ור]		CD XIII,12
במפלגיהן לפי **נחלת** איש בין רוב למועט		1QS IV,16
וכפי **נחלת** איש באמת יצדק		1QS IV,24
ומפרד עמים מושב משפחות / ו**נחלת** ארצות֯[		1QM X,15
מלא ארצכה כבוד ו**נחלת**כה ברכה		1QM XII,12
מלא ארצכה כבוד ו**נחלת**כה ברכה		1QM XIX,4
וכרוב **נחלת**ו אהבנו		1QH^{a} VI,19
מחיה בעמכה ושארית ב**נחלת**כה		1QH^{a} XIV,8
]ש הרביתה **נ֯חל֯ת֯**ו֯ / בדעת אמתכה		1QH^{a} XVIII,28
ה]רבות אשמה / ב**נחלת**ו [		1QH^{a} 2ii16
ולהם כול **נחלת** / אדם	(V)	4Q**171** 1+3-4iii1
עדת האביונים ה֯[ ]ם **נחלת** כול ה֯[ ]◦ל[	(V)	4Q**171** 1+3-4iii10
ועם / בחירו ישמחו ב֯**נ֯חלת** א֯מ֯ת֯	(V)	4Q**171** 3-10iv12
פשרו על י]ורשי ה**נחלה֯**[	(V)	4Q**173** 1,7
]**נ֯חלת** ידו כי לוא יצדק[	(V)	4Q**176** 18,1
]**נ֯חלת**נו היתה כמדבר ארץ	(V)	4Q**179** 1i12
ואין **נחלת**ה בתוך בכול֯ / מאזרי {{◦}}נוגה	(V)	4Q**184** 1,7
וכתבוהו במקומו כפי **נח**]**לת֯**ו בגורל הא֯ו֯[ר]	(XVIII)	4Q**267** 9iv9
וי]ר֯שו ב**נחלת**ם כי הוא א֯ל֯[נאמן	(XXVI)	4Q**275** 2,2
] / מ**נחלת**ו לע[ולם	(XXVI)	4Q**275** 3,5
כל ש֯ב֯ט֯ ◦◦ל[הם]חלק ו**נחלה֯**[	(XXXVI)	4Q**281**f 1
]◦◦ה֯ ב**נחלת**כ כיא / [	(XXIX)	4Q**292** 2,2
משפטי כסיל ו**נחלת** חכמ[ים	(XX)	4Q**301** 2a,1
והם עמכה]ו֯**נ֯חלת**כה	(XIII)	4Q**364** 26c-d,4
תביאמו ותטעמו] / בהר **נחלת**כה	(XIII)	4Q**365** 6b,2
הארץ אשר֯ / [א]נ֯וכי נותן לכמה ל**נחלה**	(XIII)	4Q**365** 23,5
פלגתה **נחלת**ו לשכן שמכה שמה[	(XIII)	4Q**369** 1ii1
להשמידו ביד גוים כל הנגעים ב**נחל**[**ת**ו	(XXVIII)	4Q**372** 3,10
אל תעזוב עמך [ו**נ**]**ח֯לת**ך	(XXIX)	4Q**393** 3,3
ו֯תע[ז]ו֯ב עמך ו**נחלת**ך	(XXIX)	4Q**393** 3,4
ומקו]י֯ מים כ֯רמים וזיתים[ ]**נ֯ח֯לת** ע֯ם [	(XXIX)	4Q**393** 3,9
] בגבולםוב**נחלת**ם / [	(XI)	4Q**400** 1i13
הרבה לו **נחלה** ב֯דעת אמתו	(XX)	4Q**413** 1-2,2
] / מ**נחלת**[	(XXXIV)	4Q**415** 1ii4
כ]י֯א לוא ימוש זרעכה / מ**נחלת**[	(XXXIV)	4Q**415** 2i+1ii6
נ]**חלת**כה֯[	(XXXIV)	4Q**415** 15,1
ואל תערבהו ב**נחלת**כה פן יוריש גויתכה	(XXXIV)	4Q**416** 2ii18
אביון אתה אל תתאו ז֯ו֯ל֯ת֯ **נחלת**כה	(XXXIV)	4Q**416** 2iii8
[נ]ה֯י֯ה֯ דרוש מולדיו ו֯א֯ז תדע / **נחלת**ו	(XXXIV)	4Q**416** 2iii10
וב**נחלת** / כבוד המשילכה	(XXXIV)	4Q**416** 2iii11
] / כבודכה ב**נחל֯ת֯**כה֯ ◦◦◦[	(XXXIV)	4Q**416** 2iv11
] / ב**נחלת**כה פן ⟦ ⟧[	(XXXIV)	4Q**416** 2iv12
]של֯ו֯מכה וב**נחלת**כה[	(XXXIV)	4Q**416** 3,1
]◦◦ כי מ֯אתו **נחלת** כל חי	(XXXIV)	4Q**416** 3,2
ואתה מבין שמחה ב**נחלת** אמת	(XXXIV)	4Q**416** 4,3
כפי **נ֯חלת**ו בה יר[שע	(XXXIV)	4Q**417** 1i24
ו**נחלת**כה קח מ֯מנו	(XXXIV)	4Q**417** 2i18
] / ואל תערב הון ב**נחלת֯**[כה	(XXXIV)	4Q**417** 2ii+23,23
ואז / תדע **נחלת**ו ובצדק ת֯ת֯הלך ב֯ו֯	(XXXIV)	4Q**418** 9+9a-c,9
{{וא֯ז [תדע]**נ֯ח֯**[**ל**]**ת֯**ו֯ ו֯ב֯צ֯ד֯ק֯ ת֯ת֯הלך	(XXXIV)	4Q**418** 9+9a-c,10
וב**נחלת** כבוד המשילכה֯ רצ[ונו	(XXXIV)	4Q**418** 9+9a-c,12
ו֯ב֯[ני] / שמים אשר חיים עולם **נחלת**ם	(XXXIV)	4Q**418** 69ii13
ויורישם איש **נחלת**ו	(XXXIV)	4Q**418** 81+81a,3
והוא חלקכה ו**נחלת**כה בתוך בני אדם[	(XXXIV)	
וב**נ**]**ח֯לת**ו המשיל֯כ֯/מ֯ה	(XXXIV)	
ב֯ט֯ר֯ם תקח **נחלת**כה מידו כבד קדושיו	(XXXIV)	4Q**418** 81+81a,11
] / כי אל פלג **נ֯חל֯ת֯**[ם בכו]ל֯[חי]	(XXXIV)	4Q**418** 81+81a,20
] / ובאמת תמלא **נ֯**[**ח**]**לת**כה	(XXXIV)	4Q**418** 88ii8
]ל֯ חב֯ל֯ ב**נחלת** אב ו֯א֯ל֯[	(XXXIV)	4Q**418** 138,2
יו]ס֯י֯ף על **נחלת**ו֯ [	(XXXIV)	4Q**418** 162,3

we personal pronoun נַחְנוּ

← אֲנַחְנוּ

2Q29 1,2 (III)]ם ונחנו בל◦[

to practice divination verb נחש

11Q19 LX,18 ומעונן ומנחש ומכשף חובר חבר

serpent noun 1-נָחָשׁ

4Q163 8-10,12 (V) כיא משרש נ]חש י[צא] / [צפע
4Q223-224 2iv4 (XIII)]אין לבני הא[דם] / [ולנ]חשים שבועה נא[מנה
4Q254 5-6,4 ויהי דן נח[ש עלי דרך

נְחֻשָׁה ← נְחוּשָׁה

wind, gale noun נַחְשׁוֹל

1QH[a] X,12 ויהמו כנחשולי ימים

destruction, carnage noun נחשיר

1QM I,9 ונחשיר חזק לפני אל / ישראל
1QM I,10 בו יתקרבו לנחשיר גדול
1QM I,13]נחשיר במלחמה

נְחֹשֶׁת ← נְחוֹשֶׁת

rest, quiet noun 2-נַחַת

4Q163 23ii3 (V) בשובה ונ[חת תושעון]

to stretch out, turn aside verb נטה

1QS XI,2 לאנשי / מטה שולחי אצבע ומדברי און
1QM VIII,8 ונטו ידם בכלי המלחמה
1QH[a] IX,9 ואתה נטיתה שמים / לכבודכה
1Q17 4 (I) ויט מן הדרך ליומ[ה בלילה
4Q162 II,8 (V) ויט ידו עליו ויכהו
4Q184 1,14 (V) ואיש[ע]צום ותכשילהו ישרים להטות דרך
4Q184 1,16 (V) ולהטות פעמיהם מדרכי צדק
4Q254 5-6,1 (XXII) ויט[שכמו לסבול
4Q266 11,17 (XVIII) וארור את הנוטה ימין / [ושמאול מן ה]תורה
4Q299 18,3 (XX)]אהב[ ]מהטות[
4Q364 9a-b,3 (XIII) ויט א[ליה אל הדרך
4Q364 23a-bi1 (XIII) נ]טה בשדה ובכר[ם ול]וא / [נשתה מי בור
4Q365 6ai12 (XIII) ויט מושה / [את ידו על הים
4Q416 2ii7 (XXXIV) כל אי]ש לא יטכה
4Q417 2ii+23,10 (XXXIV)] / איש לוא יטכה ברצו[ן] שחר
4Q418 138,4 (XXXIV)]לוא יטכה וכל חפציכה[
4Q428 21,4 (XXIX) ואמרו ברוך אל הדעות הנ]וטה / [שמים
4Q434 1i2 (XXIX) ויט אוזניו אל / {{ש}}זעקתם
4Q438 5,3 (XXIX)]עלי ואטה שכמי[
4Q443 1,3 (XXIX)]אנה תט ס[
4Q491 14-15,6 (VII) כיא יד] אל נטויה על כול הגואים
4Q525 5,11 (XXV)] / הולכי תמים יטו עולה
11Q5 XXI,13 (IV) הטיתי כמעט / אוזני
11Q5 XXIV,4 (IV) הט אוזנכה ותן לי את שאלתי
11Q5 XXVI,14 (IV) בתבונתו נטה שמים
11Q19 LI,13 ולוא יקחו שוחד ולוא / יטו משפט
כי השוחד מטה משפט ומסלף דברי הצדק
11Q19 LI,17 ויטה משפט צדק יומת
11Q19 LVII,19 ולוא יטה משפט / ולוא יקח שוחד
11Q19 LVII,20 ולוא יקח שוחד להטות משפט צדק

to lift verb נטל

CD XI,10 אל יטול בבית מושבת / סלע ועפר
4Q271 5i6 (XVIII) אל יטול בבית מושבת סלע ועפר

to plant verb נטע

1QH[a] XVI,5 נט]עתה מטע ברוש ותדהר
4Q249q 1 (XXXVI)]נטעו[
4Q266 6iv4 (XVIII)]◦◦ם ו◦[ ]טע איש בשנה הרביעית
4Q374 2ii5 (XIX) ויטע ל[נ]ו בחירו בארץ חמדות
4Q385a K,2 (XXX)]]ם והנוט[
4Q394 8iv12 (X) מטע]ת עצי המאכל [הנ]טע / [בארץ ישראל
4Q396 1-2iii2 (X) מ]טעת עצ[י]המאכל הנטע / בארצ ישראל
4Q433a 2,3 (XXIX)] / נטע שעשועים נטע בעד[נ]ו ובכרמו ◦[
4Q504 1-2ii13 (VII) ולטעת תורתכה בלבנו / [לבלתי סור ממנה
4Q504 8,6 (VII) בג]ן עדן אשר נטעתה המשלת[ה אותו
6Q11 6 (III)]ואמרתה הגפן הנטעת אשמ[ר
11Q19 LI,20 ונוטעים להמה אשרות
11Q19 LII,1]◦◦◦ לוא תטע [לכה אשרה
11Q20 33,2 (XXIII)]יטעו בא[

plant noun נֶטַע

4Q266 6iv2 (XVIII) כול הלולי] / נטעי הכר[ם
4Q433a 2,3 (XXIX)] / נטע שעשועים נטע בעד[נ]ו ובכרמו ◦[

to drip, preach verb נטף

CD I,14 איש הלצון אשר הטיף לישראל / מימי כזב
CD IV,19 הצו הוא מטיף / אשר אמר הטף יטיפון
CD IV,20 הצו הוא מטיף / אשר אמר הטף יטיפון
הצו הוא מטיף / אשר אמר הטף יטיפון
CD VIII,13 כי / שוקל רוח ומטיף כזב הטיף להם
כי / שוקל רוח ומטיף כזב הטיף להם
CD XIX,25 ושקל {{ספת}} סופות ומטיף אדם / לכזב
1QpHab X,9 פשר הדבר על מטיף הכזב
1Q14 8-10,4 (I)]פשרו על מטיף הכזב
4Q269 3,1 (XVIII)]מטיף / [הכזב אשר אמר הטף ייטיפון

Natoph (?) proper noun נָטֹף

3Q15 IX,1 (III) בשובך שבשולי הנטף

to keep, bear a grudge verb נטר

CD VII,2 ולא לנטור / מיום ליום
CD VIII,5 ונקום וניטור / איש לאחיו
CD IX,2 לא תקום ולא תטור את בני עמך
CD IX,4 להבזותו נוקם הוא ונוטר
CD IX,5 אם נוקם הוא לצריו ונוטר הוא לאויביו
CD XIII,18 אל יטור להם[
CD XIX,18 ונקום ונטור איש לאחיהו
1QS VII,8 ואשר יטו{{◦}}ר לרעהו
1QS X,19 לוא א{{טור}}תפוש {{באפ לשבי}} ← תפש
1QS X,20 לוא אטור באפ לשבי פשע
4Q174 4,2 (V) נ]וטרים להמה בקנאתמה / [
4Q200 9,2 (XIX)]ותטר לשלל[
4Q260 IV,10 (XXVI) לוא] / אטור לש[ב]י פשע
4Q266 7i3 (XVIII)]◦ / ועלו אל יטור איש אל[
4Q266 9iii8 (XVIII) אל יטור לה[ם ?] באף וע[ברה]
4Q266 10ii1 (XVIII) ואם בדבר מות ינטור ולו[י]שוב / [עוד
4Q270 6iii17 (XVIII) [לא תקום ולא] תטור את בני עמך
4Q270 6iii18 (XVIII) להב]זתו נוקם הוא [ונו]טר
4Q270 6iii19 (XVIII) א]ם נוקם הוא ל[צרו ו]נוטר הוא לאויבו
4Q286 13,2 (XI)]ל ואל יטו[ר

4Q**299** 7,5 (XX) ואין לענה] / לנגדו מנוֹטר [לנ]ק[ו]ם

4Q**300** 7,2 (XX)]ואין לענה לנגדו מנוקם ל**נטור** בלוא[משפט

4Q**525** 13,3 (XXV)]**יטורו** לשפוך דם ב◦[

to forsake verb **נטשׁ**

4Q**165** 5,5 (V) חרב **נטושה** מפ[ני קשת דרוכה

4Q**504** 7,10 (VII)]שׁ ואל **תטושנו** / [ואל תעזובנו

4Q**525** 2ii+3,5 (XXV) ולוא **יטושנה** בעוני מצר[יו/פו]

Thebes, No-amon proper noun **נֹא אָמוֹן**

4Q**169** 3-4iii8 (V) התיטיבי **מני** אמ[ון הישבה ב]יארים

heap noun **נֵיד**

4Q**379** 12,2 (XXII) המים] היורדים עמדו **נֹיֹד** / [

soothing odor noun **נִיחוֹחַ**

1QS III,11 אז ירצה בכפורי **ניחוח** לפני אל

1QS VIII,9 ולקריב ריח **ניחוח** ובית תמים

1QS IX,5 ותרומת / שפתים למשפט **כניחוח** צדק

1QSb III,1 (I) וריח **ני[חוח** זבחיכה יריח

1QM II,5 לערוך מקטרת **ניחוח** לרצון אל

4Q**179** 1i6 (V) ◦] תפארתנו **וניחוח** אין בו במ◦[

4Q**220** 5 (XIII) על המזבח אשה ריח **ניחוח** לפני האלהים

4Q**220** 9 (XIII) מנחתו ונסכו לריח **ניח[וח**

4Q**255** 2,8 (XXVI) אז ירצה בכפורי **ניחוח**

4Q**258** VII,5 (XXVI) למ[שפ]ט **כניחוח** / [צדק ותמים]דרך

4Q**259** II,17 (XXVI) ו]ל[ק]ר[יב]**ניחוח** ובית / תמים ואמת

4Q**265** 7,9 (XXXV) ובחיר]י / רצון וריח **ניחוח** לכפר על ה[א]רץ

4Q**266** 11,4 (XVIII) ולו אריח בריח **ניחוחכם**

4Q**270** 7i18 (XVIII) ולא אריח בריח **ני]חותכם**

4Q**299** 79,7 (XX) ריח **נ[יחוח** לזכרון נב◦[

4Q**365** 25a-c,16 (XIII) ולוא אריח ב[ריח **ניחוחכם**

4Q**419** 1,6 (XXXVI) ולגיש **ניחוח** א[שה

4Q**496** 7,1 (VII) מקטרת **נ[יחו]ח** לרצ[ו]ן [אל

4Q**503** 77i4 (VII) ◦] **וניחוח** / [

4Q**512** 29-32,10 (VII) ו]דם עולת רצונכה וזכרון **ניחו[ח**

4Q**512** 29-32,11 (VII)]מקטרת קודשכ[ה **וני]ח[ו]ח** רצונכה[

6Q**16** 1,1 (III)] **כניחוח** ◦[

11Q**5** XVIII,9 (IV) ברוב עולות כקטורת {{ריח}} **ניחוח**

11Q**19** XIV,7 ריח] **ניחוח** ליהוהברא[שי חודשיכמה

11Q**19** XV,13 עולה היא] אשה ריח **ניחוח** לפני יהוה[

11Q**19** XVI,10 [עו]לה הוא אשה ריח **ניחוח** ל[פני יהוה

11Q**19** XX,8 אשה ריח **ני[ח]ו[ח]** / [לפני יהוה

11Q**19** XXII,8 אשי ריח] / **ניחוח** ל[יהוה

11Q**19** XXIII,17 מנחתו ונסכו אשי ריח **ניחוח** ליהוה

11Q**19** XXVIII,02 והקרבתמה] אשי ריח **ניחו[ח** ליהוה

11Q**19** XXVIII,6 [ו]לשעיר אשה / ריח **ניחוח** הוא ליהוה

11Q**19** XXXIV,14 על המזבח אשה ריח **ניחוח** לפני יהוה

11Q**20** I,19 (XXIII) עולה היא אשה ריח **ניחוח**[לפני יהוה

PAM 43.698 21,1 (XXXIII)]ריח **ניח[וח**

Nineveh proper noun **נִינְוֵה**

2Q**33** 2,1 (III)]על **נינו[ה**

4Q**169** 3-4iii6 (V) ואמרו / שודדה **נינוה** מי ינוד לה

cave noun **ניקרה**

3Q**15** I,12 (III) עד **ניקרת** הטבילה

to scourge verb **נכא**

4Q**428** 10,8 (XXIX) ורוח נעוה בלוא] / דעת **הכאתה** מתכמי

broken adjective **נָכֵא**

1QS X,21 לוא אנחם **בנכאים** עד תום דרכם

1QSa II,5 (I) וכול מנוגע בבשרו **נכאה** רגלים

1QM XI,10 **ונכאי** רוח תבעיר כלפיד אש

to strike, defeat verb **נכה**

CD XI,6 אל ירם את ידו **להכותה** באגרוף

CD XIX,8 **הך** את הרעה ותפוצינה הצאן

1QpHab III,1] / ובמישור ילכו **לכות** ולבוז את ערי הארץ

1QH[a] XIII,15 בלי ה[כו]תה נפש עבדכה

1QH[a] XVI,23 לעזוק / פלגיו **יכו** שרשיו בצור חלמיש ו[

1Q**22** 1i9 (I) [**להכו]ת** אותם [מכה] רבה בקרב [ה]ארץ

4Q**158** 9,3 (V)] **יכה** איש את עבד[ו

4Q**158** 10-12,5 (V)]**והוכה** ומת אין לו דמים

4Q**162** II,8 (V) ויט ידו עליו **ויכהו** וירגזו / ההרים

4Q**166** II,12 (V)] / פשרו אשר **הכם** ברעב ובערום

4Q**167** 2,3 (V) אשר ישלח ידו **להכות** באפרים / [

4Q**169** 3-4i5 (V) פשרו]על כפיר החרון אשר **יכה** בגדוליו

4Q**182** 2,2 (V)]◦ה **להכותם** ◦[

4Q**225** 1,3 (XIII)]ם **ויכא** אותם ב◦◦◦◦◦◦[

4Q**251** 4-7i3 (XXXV) [**וה]כה**[איש את רעהו באבן

4Q**251** 4-7i4 (XXXV) וה[תהלך בחוץ ונקה **המ]כה**

4Q**252** IV,1 (XXII) ותלד לו את עמלק הוא אשר **הכ[ה]** / שאול

4Q**258** IX,8 (XXVI) ו[**אכה** נבל[י] לתכון[קודשו

4Q**260** III,1 (XXVI) **אכה** נבל[י] ל[תכון קודשו

4Q**271** 5i3 (XVIII) [אל ירם איש את] ידו **להכותה** באגרוף

4Q**273** 6,2 (XVIII)]א הואה אשם **והכה** [

4Q**364** 24a-c,7 (XIII) **ונ[כ(ה)**]או[תו ואת בניו

4Q**385**a 18ia-b,4 (XXX)]**בהכות** נבוזרדן רב הטבחים / [

4Q**416** 2i19 (XXXIV) **י[כנו** / [בשבט

4Q**417** 2i27 (XXXIV) ואז] / **לא יכנו** בשבט [

4Q**420** 1aii-b,4 (XX) איש] עניו **ונכי** שכלו ל[ו]א ישוב א[חור]

4Q**458** 1,9 (XXXVI) **ויך** את עץ הרשע / [

4Q**522** 8,2 (XXV) ודן לוא **הכה** גם הוא את[

4Q**522** 9i+10,4 (XXV) ו]**יכו** את כול בקעת מצפא את / [

11Q**11** IV,4 (XXIII)] / **יככה** יהוה מ[כה גדול]ה

11Q**16** 2,3 (XXXVI) או]יביו **ויך** ממלכות[

11Q**19** LII,6 ולוא **תכה** אם / על בנים

11Q**19** LV,6 **הכה** תכה את כול יושבי / העיר ההיא

הכה **תכה** את כול יושבי / העיר ההיא

11Q**19** LV,8 ואת / כול בהמתה **תכה** לפי חרב

11Q**19** LVIII,12 ושברום **והכום** לפי {{◦}}חרב

11Q**19** LXII,9 ונתתיה בידכה **והכיתה** את זכורה לפי חרב

PAM 43.682 1,2 (XXXIII)] **הך** ארצה [

right, straight adjective **נָכוֹחַ, נָכֹחַ**

2Q**18** 2,3 (III) ולא לרבים היא **נ]כח** / [

4Q**260** V,1 (XXVI) לוא אנחם **בנכוחים** עד תום / ד[רכ]ם

uprightness noun **נְכוֹחָה**

1QH[a] X,15 ובעל / [של]ום לכול חוזי **נכוחות**

נֹכַח ← נוֹכַח

נָכֹחַ ← נָכוֹחַ

נְכֹחָה ← נְכוֹחָה

deceit noun **נֵכֶל**

1QpHab III,5 **ובנכל** ומרמה / ילכו עם כול העמים

property noun נֶכֶס

4Q262 A,1 (XXVI)] / נִכְסוֹ לכול קו[ושי

to recognize, disguise, treat as foreign verb נכר

1QSb III,19 (I) להכ[י]רכה ממקור / [עולם
1QH^a VI,19 וש[וח]ד ר[שעים] לא אכיר
1QH^a XIII,13 ורנת יגוני הכרתה באנחתי
1QH^a XV,13 וכול מענה לשון הכרתה
1QH^a XVI,13 כי ראה בלא הכיר / ויחשוב בלא האמין
1QH^a XXVII,9 והכר[נו משפטיכה בהמון רחמים
1QH^a 8,6] / והכירום [
1Q16 3-7,2 (I)]◦◦ הכירו ב◦◦◦◦◦[ ]שמרו[
4Q175 16 (V) ואת אחיו לוא הכיר ואת בנו לוא / ידע
4Q378 6ii6 (XXII)] / הכרנתי ו[אמר [
4Q381 13,2 (XI)]◦שנך הלוא תכיר הלוא תדע כ[י
4Q381 45a+b,2 (XI) ואפחד ממך ואטהר / מתעבות הכרתי
4Q381 69,8 (XI)]ו[להפיר ברית כרת לכם ולהנכר ו[לא [
4Q398 11-13,3 (X)]ו[אנחנו מכירים שבאו מקצת הברכות
4Q427 1,3 (XXIX) ואכירה א[בל חטאה ויגון אשמה
4Q427 7ii15 (XXIX) והכרנו מ[שפטיכה בהמון] / רחמי{{כה}}ם
4Q502 1,1 (VII) א]דם מכיר[
4Q511 127,2 (VII) ל]וא תכיר ◦◦[
11Q19 LI,12 ולוא יכירופנים במשפט ולוא יקחו שוחד

foreigner noun נֵכָר, נֵאכָר

CD XI,2 אל ישלח את בן הנכר לעשות את חפצו
CD XIV,15 ולאשר ישבה לגוי נכר
4Q174 1-2i4 (V) ועמוני ומואבי וממזר ובן נכר וגר
4Q266 10i8 (XVIII) ולאשר ישבה לג[וי] נכר
4Q371 1a-b,9 (XXVIII)] בגוי נכר[ובכול תבל מפצפצים]
4Q372 1,11 (XXVIII)] / בגוי נאכר ובכל תבל מפצפצים
4Q372 1,15 (XXVIII) ו[בכל זה יוסף [נתן] / ביד בני נאכר
4Q385a 5a-b,9 (XXX) גאון מרשיעי / [ברי]ת[וע]בדי נכר
4Q387 3,6 (XXX) גאון מרישיעי ברית ועבדי נאכר
4Q387a 4,7 (XXX)]ואל בן נ[כר
4Q501 1 (VII) נחלתנו ויגיענו לבני נכר
4Q504 1-2v3 (VII) ו[יעבודו] אל נכר בארצם
4Q513 2ii2 (VII)] / בעלות לבני הנכר[
4Q525 5,8 (XXV) וגורלכמה לבני נכר
11Q19 LVII,11 ומן גוי נכר אשר לוא יתפש בידמה
11Q19 LXIV,7 ומשלים את עמו לגוי נכר

(indeterminate) נכר

4Q391 28,2 (XIX)]תכו נכר[

נָכְרִי ← נוֹכְרִי

leopard noun נָמֵר

1QpHab III,6 וקול מנמרים סוסו וחדו / מזאבי ערב

standard, banner noun נֵס

1QM III,15 ע]ל אות השבט יכתובו נס אל
1QH^a X,13 ותשימני נס לבחירי צדק
1QH^a XIV,34 ותולעת מתים נשאו נס לח◦◦[
4Q163 23ii8 (V) כתרן על רואש הר / ו[כנס על גבעה
PAM 43.673 6,1 (XXXIII)]נשא נס[

נסא ← נשא

נסג ← נשג

to test, try verb נסה

1QH^a X,14 לבחון / [אנשי] אמת ולנסות אוהבי מוסר
1QH^a XIV,26 ומשקלת אמ[ת] ל[נ]סות אבני בחן
4Q174 6-7,3 (V) ואוריכה לאיש חסידכה אשר נס[י]תו[במסה
4Q175 15 (V) ואורך לאיש חסידך אשר / נסיתו במסה
4Q422 A,1 (XIII)]ת תתנסו [
4Q480 1i5 (XXII)]וניסה / [
11Q19 LIV,12 כי / מנשה אנוכי אתכמה

testing noun נִסּוּי

1QS I,18 ואימה ומצרפ / נסוים בממשלת בליעל
4Q215a 1ii3 (XXXVI) ו[צדתמציק ו[נסוי שחת
4Q504 1-2v18 (VII) [ונגי]עים ונסויים בחמת המציק
4Q504 1-2vi7 (VII) ולוא מאסנו / בנס[ו]יכה
4Q525 5,3 (XXV)]◦י נסויה וב[

trial, test noun נִסָּיוֹן

1QH^a IV,22 ענותו ביסוריך ובנס[יוניך

to pour out verb נסך-1

4Q393 1ii-2,3 (XXIX) הנה בעונתינו נסכנ[ו] / בט[מאת
4Q504 7,15 (VII)] ו[י]נסכוה וימצאוכה / [
11Q19 XXI,10 [כי החלו] לנסך נסך שכר יין חדש

libation, liquid offering noun נֶסֶךְ-1

4Q219 I,37 (XIII) עם מ[נח]תו ונ[סכ]ה ל[ניחוח] ל[חם
4Q220 9 (XIII) עם מנחתו ונסכו לריח ני[ח]וח לחם
4Q366 3,4 (XIII)] / [ומנחתם ונס]כיהם לפרים ולאי[לם
4Q366 3,5 (XIII) [מלבד עולת התמי]ד מנחתה ונסכה
4Q366 3,8 (XIII) עולת התמיד ומנ]חתה ונסכה
4Q366 4i5 (XIII) ומנחתם ונסכיהם / [לפר לאיל ולכבשים
11Q17 IX,5 (XXIII)]לם ור[י]ח נסכיהם למס[
11Q19 XIII,12a נסכו יין רב[יעית ההין]
11Q19 XIV,14 ויי]ן לנסך[מחצית ההין ריח ניחוח ליהוה
11Q19 XV,9 ומנחתו ונסכו כמ[שפט
11Q19 XVI,9 ואת מנחתו ואת נס[כו כמשפטמה
11Q19 XVI,18 ואת] / [מנ]חתו ואת נ[סכ]ו יקט[י]ר המזבח
11Q19 XVII,14 אחד לחטאת ומנחתמה ונסכמה / [כמש]פט
11Q19 XVIII,5 מנחתו ונ[ס]כו כמשפט
11Q19 XVIII,6 ו]יין לנסך רביעית ההין
11Q19 XIX,14 ו[הביאות]מה יין חדש לנסך ארבעה הינים
11Q19 XX,8 על המזבח]עם מנחתמה ונסכמה
11Q19 XX,9 כול מנחה אשר קרב עמה נסך כ[משפט]
11Q19 XXI,10 [כי החלו] לנסך נסך שכר יין חדש
11Q19 XXII,7 [ומנחתמה]ונסכמה יקטירו על החלב[ים
11Q19 XXIII,5 ומנחת]מה ונסכמה כמ[שפט
11Q19 XXIII,17 עם מנחתו ונסכו אשי ריח ניחוח ליהוה
11Q19 XXIV,5 את ? מנ]חת שמנו ונסך [יינו
11Q19 XXIV,8 ומנח]תה ונסכה עליה חוקו[ת עולם]
11Q19 XXV,6 ו]מנחתמה ו[נסכ]יהמה כמשפטמ[ה
11Q19 XXV,14 ומנחתמה ונסכמה / כמשפטמה
11Q19 XXVI,8 ואת מנחת / נסכו יקטיר על מזבח העולה
11Q19 XXVIII,010 ונס[ך רביעית / [ההין יין
11Q19 XXVIII,8 ומנחתם ונסכם כמשפט לפרים
11Q19 XXVIII,11 למנחתמה ונסכמה לפרים / [ולאילים
11Q19 XXIX,1 ומנחתמה] / ונסכ[מה לפר לאיל ולכבשים
11Q19 XXIX,3 לעלותיכמה ו[נסכי]כמה [ולשלמיכמה ?]
11Q19 XXIX,6 לכול נסכיהמה/נדריהמה ← נֶדֶר
11Q19 XXXIV,13 ומנחת סולתו עליו / ויין נסכו אצלו

Text	Vol.	Reference
ומנחתמה ונסכמה כ[משפט	(XXIII)	11Q**20** III,22
שלישית הה]ין שמן לאיל על הנסך הזה	(XXIII)	11Q**20** IV,6
מנחתמ]ה ונסכמה כמשפט לפרים ולאיל	(XXIII)	11Q**20** IV,9
א]ת האילים ואת הנסך	(XXIII)	11Q**20** IV,11
עם מנחתמ]ה ונסכמה / [אשה ריח ניחוח	(XXIII)	11Q**20** IV,18
ומנחתסה ונ{{ש}}<<ס>>כמה[כמשפ]ט	(XXIII)	11Q**20** V,24

to tear out, journey verb **נסע**

Text	Vol.	Reference
ולסור / מנתיבות צדק ולסיע גבול		CD I,16
ולסור מנתיבות צדק ו]להסיע גבול	(XVIII)	4Q**266** 2i19
]ל יסעו א[ל	(XXXVI)	4Q**285** 6,3
ויסעו[מחור הגדגדה ויחנו ביוט(י)בתה	(XIII)	4Q**364** 19a-b,2
ויס[עו מהור] / [ההר ויחנו בצלמונה	(XIII)	4Q**364** 19a-b,8
וי]סעו מצלמ[ו]נה ויחנו בפו[נון	(XIII)	4Q**364** 19a-b,9
ויסעו מעל[מון דבלתים]	(XIII)	4Q**364** 19a-b,12
ויסעו מה[רי העברים]	(XIII)	4Q**364** 19a-b,13
ונסע[מחורב ונלך את כול המדבר	(XIII)	4Q**364** 21a-k,5
[ו]יראו והנה מצרים נסעים אחריהמ[ה	(XIII)	4Q**365** 5,1
] / ויסע מושה א[ת ישרא]ל מים	(XIII)	4Q**365** 6aii+6c,8
] / נסע[	(XXII)	4Q**481**d 1ii1

sin, perverseness noun **נעויה**

Text	Vol.	Reference
ולאחרו כנעוותו		1QS V,24
ומשפטו אוכיח כנעוותי ופשעי		1QS X,11
{{◦◦◦◦}}עם נעוות לבבי / לסוד רמה		1QS XI,9
]◦◦ מעשי ונעוית לבבי		1QH[a] IV,19
]נעויתם / [	(III)	3Q**9** 2,3
ולאחרו כנעותיו	(XXVI)	4Q**258** II,4
[ולאחרו כ]נעוי[תו	(XXVI)	4Q**261** 1a-b,6
]לכל נעויתכה	(XXXIV)	4Q**416** 2i7
] / לכול נעוותכה	(XXXIV)	4Q**417** 2i13
ואין נעוות בלוא דעת	(XXIX)	4Q**427** 7ii4
[ואין נ]עוות בלוא דעת	(XXIX)	4Q**431** 2,3
] לנו בנעוות[נו	(XXIX)	4Q**471**c 1,5
ל]הזכיר את נעויתם וא[ת	(XXXVI)	4Q**477** 1,2
ומוכיחי / צדק עם נעוותי	(VII)	4Q**511** 18ii9

youth noun **נְעוּרִים**

Text	Vol.	Reference
ומן נע[וריו] / [לל]מדהו בספר ההגי	(I)	1QSa I,6
]ה ומנעורי הופעתה לי בשכל משפטכה		1QH[a] XVII,31
]מנעורי בדמים ועד / [	(I)	1Q**35** 1,10
ואשת נעורים כיא[ת]מאס	(V)	4Q**176** 8-11,8
יצר עישאו אשר ר]ע מן נעוריו	(XIII)	4Q**223-224** 2i49
[ומן נעו]ר[י]ו[ילמדוהו בספר ההגי	(XXXVI)	4Q**249**e 1i-3,4
ומנעורי בד[מים ועד שיבה בעוון	(XXIX)	4Q**428** 10,4
]◦יכה מנעור[	(XXIX)	4Q**443** 1,4
כי מנעורי ידעתיה	(IV)	11Q**5** XXI,13
חטאת נעורי הרחק ממני	(IV)	11Q**5** XXIV,11
על נפשה / בבית אביה בשבועה בנעוריה		11Q**19** LIII,17

pleasant adjective **נָעִים**

Text	Vol.	Reference
וכל עץ נעים נחמד להשכיל	(XXXIV)	4Q**423** 1-2i1
הלוא גן נ[עים / [הוא ונחמד	(XXXIV)	

to shake verb **נער-2**

Text	Vol.	Reference
המבין בכל ש[כל הנער] ב[כל גבורה	(XXXVI)	4Q**408** 3+3a,7

boy, youth noun **נַעַר**

Text	Vol.	Reference
לברוך בן נריה ואלישע / לגחזי נערו		CD VIII,21
ולנע[ר א]שר אין לו דורש		CD XIV,16
ונ]ער ז[עטו]ט אל / יבוא אי[ש		CD XV,16
יאבדו רבים בחרב / נערים אשישים וזקנים		1QpHab VI,11
וכול נער זעטוט ואשה לוא יבואו למחנותם		1QM VII,3
נ]ער קטנ[	(XXXVI)	4Q**250**b 2
[אל] יואכל נער זעטוט ואשה [בזב]ח הפסח	(XXXV)	4Q**265** 3,3
[ו]חגר או פסח או חרש או נער זעטוט	(XVIII)	4Q**266** 8i8
ולנער אשר אין {{ו}}ל<ו> דורש	(XVIII)	4Q**266** 10i9
והנע]ר איננו[אתנו	(XIII)	4Q**364** 10,1
כי עבדכה ערב]את הנער[מעם אבי(ו)	(XIII)	4Q**364** 10,3
] ונערימ תעתעו ◦[	(XXIX)	4Q**450** 1,2
]ידכה לנער וא[ל תעש לו מאומה	(XIX)	4Q**464** 6,3
ואשה ונער זעטוט וכול איש מנו[גע	(VII)	4Q**491** 1-3,6
] אשישיהם ונערים / [	(VII)	4Q**502** 6-10,4
בחורים] / ובתולות נערים ונע[רות	(VII)	4Q**502** 19,3
]נערים תעתעו בם / [	(VII)	4Q**509** 16,5
]תו נער [	(III)	6Q**9** 60,2
אני נער בטרם תעיתי ובקשתיה	(IV)	11Q**5** XXI,11

girl noun **נַעֲרָה-1**

Text	Vol.	Reference
] / אל יקח איש בתו נ[ערה לאיש זר	(XXXV)	4Q**251** 17,7
בחורים] / ובתולות נערים ונע[רות	(VII)	4Q**502** 19,3
א]בי הנערה ו[	(VII)	4Q**502** 108,3
ולקח אבי הנערה או אמה		11Q**19** LXV,9
והוציאו / את בתול הנערה אל הזקנים		11Q**19** LXV,10
ואמר אבי הנערה / אל הזקנים		
ונתנו לאבי הנערה כי הוציא שם רע		11Q**19** LXV,15
ו]יומתו את הנערה על דבר אשר לוא זעק[ה		11Q**19** LXVI,2
ולנערה לוא תעשו דבר		11Q**19** LXVI,6
אין לנערה חטא מות		
כי בשדה מצאה זעקה / הנערה המאורשה		11Q**19** LXVI,8
כי יפתה איש נערה / בתולה		
ונתן האיש השוכב עמה לאבי הנערה		11Q**19** LXVI,10

height noun **נֹף**

Text	Vol.	Reference
ותעלני מאהלי מות ות[ ]◦ לנפי כל [	(XI)	4Q**381** 31,2

Noph proper noun **נֹף**

Text	Vol.	Reference
]שריר ולא מי◦[ ]◦עופ◦◦ בנף [	(XXXIII)	PAM 43.679 1,3

to breathe, set aflame, smelt verb **נפח**

Text	Vol.	Reference
וככסף מזוקק בכור נופחים לטהר שבעתים		1QH[a] XIII,16
ויפחו רוח / [בהרוגים ויהי כן]	(XXX)	4Q**385** 2,7
] / עברה כי עליהמה ינפח כור א[	(XXXIV)	4Q**416** 4,2
וככסף מזוקק בכור] / נופחים	(XXIX)	4Q**429** 1ii3
נ]ופחים [	(XXIX)	4Q**433**a 3,3
]בנפח בם[	(XXXVI)	4Q**458** 4,2
נשמת חיים נ]פחתה באפו	(VII)	4Q**504** 8,5
] ויפחלו ◦◦[	(XXXIII)	PAM 43.691 9,2

giants, Nephilim noun **נְפִילִים**

Text	Vol.	Reference
מש]פט אף ונפילי בש◦◦◦◦ל◦יכה [	(I)	1Q**36** 16,3
ואלה הנ]פ[יל]ים וירב[חמס בארץ	(XXIII)	11Q**12** 7,1

turquoise noun **נֹפֶךְ**

Text	Vol.	Reference
והטור השני נפך ספיר ויה[לום	(XIII)	4Q**365** 12biii10

to fall verb **נפל**

Text	Vol.	Reference
בלכתם בשרירות / לבם נפלו עידי השמים		CD II,18
וכהרים גויותיהם כי נפלו		CD II,19
והקימותי את סוכת דוד הנפלת		CD VII,16

Text	Reference	Volume
ואם **תפיל** אל בור / ואל פחת אל יקימה	CD XI,13	
נפש אדם אשר **תפול** אל {{מים}} מקום מים	CD XI,16	
כמי שלא **נפל** גורלו בתוך למודי אל	CD XX,4	
[ו]ל[ה]**פיל** גורלות לכול חי	1QS IV,26	
ומפיל גורל עם מלאכי פנים	1QSb IV,26	(I)
ונפל אשור ואין עוזר לו	1QM I,6	
וביום **נפול** בו כתיים	1QM I,9	
יד גבורת אל במלחמה **להפיל** כול חללי מעל	1QM III,8	
יכתובו / זיקי דם **להפיל** חללים באף אל	1QM VI,3	
מחזיקי מגן וכידן **להפיל** חללים במשפט אל	1QM VI,5	
יצאו / זרקות המלחמה **להפיל** חללים	1QM VIII,11	
יחלו ידם **להפיל** בחללים	1QM IX,1	
ובנפול החללים יהיו הכו[הנ]ים מריעים	1QM IX,7	
להפיל גדודי בליעל שבעת / גוי הבל	1QM XI,8	
ונפל אשור בחרב לוא איש	1QM XI,11	
ובגורל אור **הפלתנו** / לאמתכה	1QM XIII,9	
סדרו שם המערכה לפני **נפול** חללי האויב	1QM XIV,3	
ואתה הקימותה / **נופלים** בעוזכה	1QM XIV,11	
יחלו ידם **להפיל** בחללי כתיים	1QM XVI,8	
וחללי הבינים יחלו **לנפול** ברזי אל	1QM XVI,11	
יחלו **להפיל** בחלליהם	1QM XVII,14	
ונפלו בני יפת לאין קום	1QM XVIII,2	
]**נפלו** שם בחרב אל	1QM XIX,11	
בכול אלה ◦מצ◦ה מענה לשון **להתנפל**	1QHa VIII,15	
ופחים טמנו לנפשי **נפלו** בם	1QHa X,29	
ותפל לאיש גורל עולם עם רוחות / דעת	1QHa XI,22	
ויפרו לאין תקוה **בנפול** קו על משפט	1QHa XI,27	
כי לוא **הפלתה** גורלי בעדת שו	1QHa XV,34	
ותפלה **להתנפל** והתחנן תמיד מקצ לקצ	1QHa XX,4	
ויתפלל לפני יהוה **ויתנפ**[ל לפני	2Q21 1,4	(III)
ורוב / פגרי אשמה **יפולו** בימיהם	4Q169 3-4ii6	(V)
ומוש[לים] / **יפולו** [מ]עם לשונם	4Q169 3-4ii10	(V)
וידרוכו קשתם **לפיל** עני ואביון	4Q171 1-2ii15	(V)
כיא **יפ**[ול] ל[וא] / יוטל	4Q171 1+3-4iii14	(V)
והקימותי את סוכת דויד **הנופלת**	4Q174 1-2i12	(V)
היאה סוכת / דויד **הנופל**[ת	4Q174 1-2i13	(V)
מחזה שדי יחזה **נופל** וגלו עין	4Q175 11	(V)
]רזי **הפיל** גורל[	4Q176 16,2	(V)
מ]לאו איש לפי גורלו אשר **הפ**[י]ל[ ]ל[	4Q181 1,5	(V)
]◦רה **נפל** ג[	4Q200 8,2	(XIX)
ואבדו רבי]ם ילכדו **ונפלו** [ביד אויב	4Q216 II,7	(XIII)
כיא ימצא]חלל אשר **יפול** ב[שדה	4Q251 18,3	(XXXV)
]◦ **יפל** לב◦[	4Q254 3,2	(XXII)
אם **נפל** לו [ש]כלו ודרשה שנה [אחת	4Q265 4ii4	(XXXV)
אל יעל איש בהמה אשר **תפול** / אל המים	4Q265 6,5	(XXXV)
ואם נפש אדם היא אשר **תפול** אל המים	4Q265 6,6	(XXXV)
אשר **הנפ**{{י}}ל שמו מן האמת ו[	4Q266 5ii10	(XVIII)
ואם **יפול** אל בור ואל פחת אל [יקימה	4Q270 6v18	(XVIII)
ואם **תפול** אל בור / [ואל פחת אל יקימה	4Q271 5i8	(XVIII)
וכול נפש אדם אשר **תפול** / [אל מקום מים	4Q271 5i10	(XVIII)
יחל **להפיל** את תחנונו	4Q274 1i1	(XXXV)
כלי חרש אשר **יפ**[ו]**ל** [שרץ לתוכו יטמא]	4Q274 3ii10	(XXXV)
]**נפל** ו◦בל◦[	4Q281b 2	(XXXVI)
]כי **נפלו** ◦[ ] מקו[	4Q281c 3	(XXXVI)
ולבנון באדיר י]**פול**	4Q285 7,2	(XXXVI)
[**יפו**]**ל** עליו במותם יטמ[א	4Q365 16,1	(XIII)
] **נפלה** בהמה בכל / [	4Q372 4,6	(XXVIII)
]**נפלת**[	4Q381 36,1	(XI)
]שה ואני **נפל**[**תי**	4Q382 111,6	(XIII)
]ה **ונפל**[	4Q382 133,1	(XIII)
הנופ]ל[ים בחרב	4Q385a 5a-b,5	(XXX)
ו]ערב **יפולו** בשער[י]מצרים	4Q385b 1,5	(XXX)
]ם[**הנו**]**פלים** בח[רב	4Q387 3,2	(XXX)
]ה בקרבך **יפלו** כל ה◦[	4Q391 25,1	(XIX)
]ההוא **בנפול**[	4Q391 55,3	(XIX)
יפולו לפנו ה[כרו]בים	4Q405 20ii-22,7	(XI)
פן יאמר בבזני **ונפ**]ל[ה	4Q416 2ii11	(XXXIV)
]תני פן יומר בזני **ונפלה** א[	4Q418 8,11	(XXXIV)
]ה **ונפ**[ו]לה[	4Q418 55,1	(XXXIV)
ובכול[א]ל[ים] / **הפיל** גורלכה	4Q418 81+81a,5	(XXXIV)
להרימ כושלים **ונופליהמה**	4Q427 7i19	(XXIX)
גבור[ת]ם **ויפולו** מגבור[תם	4Q428 6,1	(XXIX)
להפ[יל גורלות לכול רוחות עולה	4Q428 17,1	(XXIX)
ויורו לאין] / תקוה **בנפול** קו על משפ[ט	4Q432 6,2	(XXIX)
ויפולו[מגבורתם	4Q432 7,3	(XXIX)
כי לוא **הפ**]ל[**תה** גורלי בעדת שו]	4Q432 12,4	(XXIX)
וידי **נופלי**[**ם** / לקומם לעשות כלי דעת	4Q436 1a+bi1	(XXIX)
יחלו ידמה **להפי**]**ל** בחללי האשמה	4Q491 1-3,13	(VII)
יחלו] / חללי המצרף **לנפול** ב[רזי] אל	4Q491 10ii11	(VII)
וחללי הבינים יחלו **לנפול**[ברזי אל	4Q491 11ii9	(VII)
יחלו **להפ**]י**ל** בחללי האשמה	4Q491 11ii23	(VII)
יחלו ידמה **להפי**]**ל** בחללים	4Q491 18,4	(VII)
מ]עפר **ונופל**[**ים**	4Q491 23,3	(VII)
אשר **נפלו** שם גבורי כת[י]ים והמו[ן אשור	4Q492 1,9	(VII)
אשר **נפלו** שם בחר[ב]אל[	4Q492 1,10	(VII)
] / [מ]בלי אומץ **הנופלים** מבלי[מקים	4Q509 12i-13,2	(VII)
]◦יניך מעליך **יפלו** [	5Q14 2	(III)
]תיכם **תפלו** בכול תפל[	5Q14 3	(III)
] **הנופלים** אשר [	6Q9 30,2	(III)
]ל[ ]**יפלו** ל[	6Q18 4,3	(III)
כי **יפול** הנופל / ממנו	11Q19 LXV,6	
כי יפול **הנופל** / ממנו		
]**והפלתי** ◦[	PAM 43.677 14,1	(XXXIII)

storm noun **נֶפֶץ**

Text	Reference	Volume
נפץ וזרם להשחית רבים	1QHa X,27	
וככלות] / **נפצ** יד עם הק[דש	4Q248 9	(XXXVI)

soul, person, self noun **נֶפֶשׁ**

Text	Reference	Volume
ויגודו על **נפש** צדיק	CD I,20	
ובכל הולכי / תמים תעבה **נפשם**	CD I,21	
וכל **נפש** אדם אשר תפול	CD XI,16	
אל ישקץ איש את **נפשו** / בכל החיה	CD XII,11	
עד כל **נפש** / החיה אשר תרמוש במים	CD XII,12	
א]ל תורת משה בכל לב ו[בכל] / **נפש**	CD XV,10	
לשוב אל תורת משה בכל לב ובכל **נפש**	CD XV,12	
יקום האיש על **נפשך** לשוב אל / תורת משה	CD XVI,1	
יקום האיש על **נפשו** לשוב / אל תורת משה	CD XVI,4	
כל שבועת אסר אשר יקום איש על **נפשו**	CD XVI,7	
[יק]ים איש על **נפשו** ל[ס]ור [מן התו]רה	CD XVI,9	
כיא געלה / **נפשו** ביסורי דעת	1QS III,1	
ובענות **נפשו** לכול חוקי אל	1QS III,8	
ולרוח עולה רחוב **נפש**	1QS IV,9	
ויקם על **נפשו** בשבועת אסר	1QS V,8	
ככול אשר צוה בכול / לב ובכול **נפש**	1QS V,9	
ואשר יקים בברית על **נפשו**	1QS V,10	
ומובדל על **נפשו** מן טהרת רבים	1QS VII,3	
וכן לנוקם **לנפשו** כול דבר	1QS VII,9	
ולהון חמס לוא תאוה **נפשי**	1QS X,19	
ואם יפתח צרתי ומשחת יחלצ **נפשי**	1QS XI,13	

Reference	Vol.	Text
1QpHab VIII,4		ולוא / ינוה אשר הרחיב כשאול **נפשו**
1QpHab IX,11		לענותו / בנגע לכלה במרורי **נפש**
1QpHab IX,14		קצוות עמים רבים וחוטי[**נפ]שכה**
1QpHab X,2		ואשר / אמר קצות עמים רבים וחוטי **נפשכה**
1QM XIV,10		שמרתה **נפש** פדותכה
1QH[a] VI,17		ובשבועה הקימותי על **נפשי** לבלתי חטוא לך
1QH[a] VII,10		ובכול לב ובכול **נפש** בררתי ◦◦◦◦[
1QH[a] VII,16		ולפתוח כול צרת **נפשו** לישועת עולם
1QH[a] VII,18		וימאסו בבריתך[ואמת]ך תעבה **נפשם**
1QH[a] VIII,19		**ונפש** עבדך ת[עב]ה כול / מעשה עולה
1QH[a] X,7		ותסמוך **נפשי** בחזוק מותנים / ואמוץ כוח
1QH[a] X,20		אודכה אדוני כי שמתה **נפשי** בצרור החיים
1QH[a] X,21		כי עריצים בקשו **נפשי** בתומכי / בבריתךה
1QH[a] X,23		ובחסדיכה תושיע **נפשי** כיא מאתכה מצעדי
1QH[a] X,24		והמה מאתכה גרו / על **נפשי**
1QH[a] X,28		ותחזק **נפשי** בבריתך
1QH[a] X,29		ופחים טמנו **לנפשי** נפלו בם
1QH[a] X,31		אודכה אדוני כיא עינכה עמ[דה] על **נפשי**
1QH[a] X,32		פדית[ה] **נפש** אביון אשר חשבו להתם דמו
1QH[a] X,34		ואתה אלי עזרתה **נפש** עני
1QH[a] X,35		ותפד **נפשי** מיד אדירים
1QH[a] XI,6		] עתה **נפש[י**
		וישימו **נפש[י]** כאוניה ב[מ]צולות ים
1QH[a] XI,19		אודכה אדוני כי פריתה **נפשי** משחת
1QH[a] XI,25		ותגור **נפש** אביון עם מהומות רבה
1QH[a] XII,21		ואשר **כנפשכה** יעמודו לפניכה
1QH[a] XIII,12		כי בצרת **נפשי** לא עזבתני
		ושועתי שמעתה במרורי **נפשי**
1QH[a] XIII,13		ותצל **נפש** עני במעון אריות
1QH[a] XIII,14		פן יטרפו **נפש** עני ורש
1QH[a] XIII,15		כחרב אל תערה בלי ה[כו]תה **נפש** עבדכה
1QH[a] XIII,17		וכול היום ידכאו **נפשי**
1QH[a] XIII,18		ואתה אלי תשיב {{**נפשי**}} סערה לדממה
		ונפש אביון פלטתה כ◦[
1QH[a] XIII,34		כי עששו מכעס עיני **ונפשי** במרורי יום
1QH[a] XIII,39		ונחלי] / [ב]ל[י]על אפפו **נפשי** ל◦[
1QH[a] XIV,23		המו רוח עועיים[לאין] דממה להשיב **נפש**
1QH[a] XIV,24		**ונפ[שי** תגיע]עד שערי מות
1QH[a] XV,23		ואתה א]לי עזרתה **נפשי**
1QH[a] XVI,29		]תתעטף **נפשי** יומם
1QH[a] XVI,32		**ונפשי** עלי תשתוחח לכלה
1QH[a] XVII,7		תשוחח **נפשי** בנפלאותיכה
1QH[a] XVII,8		מקץ / לקץ תשת[ע]שע **נפשי** בהמון רחמיכה
1QH[a] XVII,28		ורחוב / עולם בצרת **נפש[י**
1QH[a] XVII,33		ומשמר שלומכה לפלט **נפשי**
1QH[a] XVIII,29		**]נפש** עבדכה תעבה הון / ובצע
1QH[a] XVIII,31		ואמתכה / תשעשע **נפשי**
1QH[a] XIX,7		וברוב טובכה / תשתעשע **נפשי**
1QH[a] XIX,30		שמח **נפש** עבדכה באמתכה
1QH[a] XX,1		]◦ תרחב **נפשי**[
1QH[a] 11,9		] קודש וכאשר **בנפשך** ל[
1Q**22** 1ii9	(I)	הש[מרו מא]דה **לנפשותיכם**
1Q**22** 1iv7	(I)	**]הנפש** אשר ה[ואה] / [
1Q**27** 1i4	(I)	**ונפשמה** לוא מלטו מרז נהיה
1Q**34**bis 2+1,2	(I)	כאשר ענינו **נפ]שותינו** לתקופ[
1Q**37** 1,2	(I)	]יהם אשר גמלו **לנפשם** רעה ו[
3Q**15** I,5	(III)	**בנפש** בן רבה השלשי
4Q**159** 1ii6	(V)	אשר נתנו איש כפר **נפשו** מחצית[השקל]
4Q**159** 2-4,5	(V)	] / דבר בישראל על **נפש** על פיהם ישאלו
4Q**162** II,5	(V)	לכן הרחיבה שאול **נפשה** ופערה פיה
4Q**163** 4-7i12	(V)	]◦◦ **נפש**[
4Q**163** 14,7	(V)	]את **נפשו**[
4Q**165** 6,4	(V)	ולהמ[ית] **נ[פש** רעב ומשקה צמא יחסיר
4Q**174** 1-2i9	(V)	למ[**נ]פשו** לבליעל במשגת א[ ]◦מה
4Q**177** 12-13i3	(V)	**]ונפשי** נבהלה מאדה
	(V)	עד מתי חונני חלצה **נפ[שי**
4Q**177** 26,1	(V)	]◦ **נפשי**[
4Q**184** 2,1	(V)	**]נפשכה** ◦[
4Q**185** 1-2ii1	(V)	**נ]פשכם** כחסדיו הטבים
4Q**225** 2i1	(XIII)	]ת תכרת **הנ[פש]** ההיא / [מקרב ע]מיה[
4Q**251** 13,3	(XXXV)	]◦[**]נפש[ו**]◦ שלם [ישלם
4Q**251** 14,3	(XXXV)	]ת **נפשו** לשמ ל[ ]◦ ◦◦[
4Q**251** 18,4	(XXXV)	שמה את עגל]ה ב[נח]ל חלף **הנפש** את [
4Q**251** 18,6	(XXXV)	]כול אשר לא **נפש** עליו מות בק[בר יקבר
4Q**255** 1,2	(XXVI)	בכול לב ובכ]ול **נפש** לעשות / [הטוב
4Q**255** 2,3	(XXVI)	ובענות] / **נפשו** לכול חוקי אל
4Q**257** III,1	(XXVI)	כ[י]א ג[ע]לה **נפשו**[ביסורי דעת]
4Q**258** I,6	(XXVI)	הבא לעצת / [היח]ד יק[י]ם על **נפשו** באסר
	(XXVI)	ל[שוב א]ל [ת]ורת מש[ה]בכל לב ובכל **נפש**
4Q**260** IV,7	(XXVI)	ולהון חמ[ס לוא תאוה]**נפשי**
4Q**265** 6,6	(XXXV)	ואם **נפש** אדם היא אשר תפול אל המים
4Q**266** 2i24	(XVIII)	ובכל הולכי תמים תעבה] **נפשמה** / [
4Q**266** 8i3	(XVIII)	לשוב אל תורת מוש[ה]בכול לב ובכול **נפש**
4Q**266** 11,2	(XVIII)	על **הנפש** אשר תחטא בשיגגה
4Q**266** 11,7	(XVIII)	כי געלה **נפשו** ביסורי הצדק
4Q**267** 6,7	(XVIII)	ו]אם תלקוט **נפש** אחת
4Q**269** 8ii4	(XVIII)	אשר יטמאו **ל]נפש** אדם
4Q**270** 2ii9	(XVIII)	וכסף הערכים לפדוי **נפשם**
4Q**270** 6v19	(XVIII)	וכל **נפש** אד[ם אשר תפול אל מקום מים
4Q**270** 7i17	(XVIII)	על **הנפש** אשר תח[טא בשגגה
4Q**271** 2,11	(XVIII)	אשר יטמאו **לנפש** [אדם
4Q**271** 4ii4	(XVIII)	יקים האיש] / על **נפשו** לשוב א[ל] תורת מושה
4Q**271** 4ii6	(XVIII)	יקים [האיש ע]ל **נפשו** לש[וב אל תור]ת מושה[
4Q**271** 4ii8	(XVIII)	יקי]ם א[יש ע]ל **נפשו** לעשות / דבר
4Q**271** 4ii9	(XVIII)	יקים אי]ש על **נפשו** לסור / את התורה
4Q**271** 5i10	(XVIII)	וכול **נפש** אדם אשר תפול / [אל מקום מים
4Q**274** 1i9	(XXXV)	כאשר יטמא **לנפ[ש** האדם ור]חץ וכבס
4Q**277** 1ii6	(XXXV)	ואל יז] / איש א[ת] מי הנדה על טמאי **נ[פש]**
4Q**277** 1ii8	(XXXV)	ויט[ה]רו מטמאת **הנפש** ב[אדם ?
4Q**278** 7	(XXXV)	כטמאת ? **הנ]פש** מגע המשכב / [
4Q**284** 4,5	(XXXV)	] / **לנפש** אדם אשר ימות ב[
4Q**288** 1,4	(XI)	אל יקום **ל]נפשו** כול דבר כי ◦[
4Q**288** 1,5	(XI)	ואל יושע **לנ[פשו**
4Q**299** 23,4	(XX)	]◦ **נפש**[
4Q**300** 3,4	(XX)	**ונפשם** לא מלטו מרז נ[היה
4Q**300** 7,3	(XX)	]ש משפט **נפשו** כי[א]צדיק בכל[דרכיו
4Q**302** 3ii5	(XX)	**]בנפש** חפצה ⟦ ⟧ / [
4Q**306** 2,4	(XXXVI)	בכול לבבם] / ובכל **נפשם**
4Q**332** 1,6	(XXXVI)	מ]רורי **הנפש** ◦[
4Q**365** 25a-c,15	(XIII)	וגעלה **נפשי** אתכם
4Q**365** 34,2	(XIII)	[וא]ם **נפש** אחת תחט[א בשגגה
4Q**365** 38,2	(XIII)	נפש] / [ב]**נפ** ע{{ל}} בע[ין]שן בשן[
4Q**369** 1ii11	(XIII)	תדבק **נפשכה** לע[
4Q**370** 1i1	(XIX)	ופרי טוב השביע **כלנפש**
4Q**370** 1ii8	(XIX)	] / מפני פחדו ותשמח **נפ[שכם**
4Q**375** 1i3	(XIX)	בכול / [לבכה ובכו]ל **נפשכה**
4Q**381** 31,5	(XI)	ולשנאי **נפשי** לנגד ע[יני]ך כפיתה
4Q**381** 33+35,10	(XI)	ולא תראה בטוב **נפשי**
4Q**381** 45a+b,2	(XI)	ואתן **נפשי** להכנע מלפנ[יך
4Q**382** 144,2	(XIII)	**]נפש**[

Reference	Vol.	Text
4Q**384** 6,1	(XIX)	] **נֿפֿשׁ** [
4Q**385** 4,2	(XXX)	]תחת דוני / שמח את **נפשי**
4Q**385** 6,2	(XXX)	] / בלב טוב ובנֿ[**פש** חפצה
4Q**385**a 1a-bii6	(XXX)	] / ואתנה **נפש** איביו בכפֿו[
4Q**385**a 15i6	(XXX)	]לשון **נפֿשם** / [
4Q**389** 8ii4	(XXX)	חקתי מאסו ותרתי געלה **נפשם**
4Q**391** 9,2	(XIX)	]ר טמאו **נפש**[
4Q**391** 55,4	(XIX)	]**נפשות** בניכמ וֿ◦ [ ]◦ אֿובדות[
4Q**392** 1,3	(XXIX)	] / וֿבבריתו תֿדבק **נפשם**
4Q**397** 14-21,14	(X)	בכ]לֿ לבבכה ובֿ[כו]לֿ **נֿפשֿ**[כה]בֿאחריתֿ[
4Q**398** 14-17i8	(X)	בכל לבבך / [ובכו]ל **נפש**[ך בֿאחרי]תֿ [העת]
4Q**414** 7,1	(XXXV)	] / **נפֿש** ◦◦ [
4Q**415** 2ii5	(XXXIV)	] / ואוֿיבת **לנפשך** וֿבֿ[
4Q**416** 2ii15	(XXXIV)	וגם אל תשפל **נפשכה** לֿאשר לא ישוה בכה
4Q**416** 2ii17	(XXXIV)	[אל תמ]כֿור **נֿפשכה** בהון
4Q**417** 2i22	(XXXIV)	ואל מנוח **לנפשכֿהֿ** [עד]הֿשיבכה
4Q**418** 8,17	(XXXIV)	אל תמכור נ]**פשכה** [בהון
4Q**418** 12,2	(XXXIV)	תמכור נ]**פשכה**[
4Q**418** 81+81a,2	(XXXIV)	והנזר מכול תעבות **נפֿשֿ**[
4Q**418** 127,1	(XXXIV)	ודאבה **נפשכה** מכול טוב למוֿת[
4Q**418** 127,2	(XXXIV)	ואותה **נפשכה** כי תבוֿא בפתחיה
4Q**418** 237,2	(XXXIV)	] **נפש** ול[
4Q**422** I,8	(XIII)	לאדם לרדות ? בכול **הנפ**]**שֿ** החיה
4Q**423** 8,1	(XXXIV)	אשר שנא והנזר מכול תעבו]ת **נפש**
4Q**426** 11,4	(XX)	**נ]פשוֿ** אש[ר ?
4Q**428** 3,3	(XXIX)	ואתה אלי עזרתה] **נפש** עֿנֿיֿ[
4Q**434** 1i1	(XXIX)	ברכי **נפשי** את אדוני {{מ}}על כול נפלאותיו
	(XXIX)	וברוך שמו כי הציל **נפש** אביון
4Q**437** 1,1	(XXIX)	[ברכי]**נפשי** את אדוני על כול נפֿל[אותיו
4Q**437** 2i2	(XXIX)	וירדֿוֿפֿוֿ **נֿפֿ**[**שי**
4Q**437** 2i5	(XXIX)	ותשמור **נפשי** בגוים
4Q**437** 2i6	(XXIX)	בצרת **נפש**[י לוא] / [עזבתני
4Q**437** 2i11	(XXIX)	ומשאול העלֿוֿת **נפֿ**[**ש**]יֿ חיים נתתה[לפני]
4Q**437** 2i16	(XXIX)	ד]בֿקהֿ **נפש**[י אח]רֿיך
4Q**437** 2ii15	(XXIX)	] / [ע]ל **נֿפשם** לעובדך יאבתֿ[י
4Q**438** 3,1	(XXIX)	וֿאֿדֿבקה על **נפשֿיֿ** כֿ[ ]◦ ⟦ ⟧[
4Q**438** 4ii2	(XXIX)	ולדב]קֿ **בנפשך** צוֿיתני
4Q**438** 5,2	(XXIX)	]מֿוֿרֿ עֿוֿרֿף חשק **נפשי** וֿאוהבֿיֿ[
4Q**449** 1,6	(XXIX)	]עֿוֿ **נפֿשנוֿ**[ ]◦ ◦[
4Q**450** 1,4	(XXIX)	]רֿאבון **נפש** וֿ[
4Q**468**e 3	(XXXVI)	]פותלאיס **והנפש** אשר ◦[
4Q**477** 2i2	(XXXVI)	] **נפשמה** ולהוכיח אֿ[ת
4Q**487** 5,6	(VII)	]ת **נפש** מעמֿ[
4Q**498** 1i1	(VII)	חו]בֿב **כנפשי** / [
4Q**499** 47,1	(VII)	]דֿבקֿ **נפשֿ**[
4Q**504** 1-2ii13	(VII)	]◦בֿנו בכול לב ובכול **נפש**
4Q**504** 1-2vi7	(VII)	ובנגיֿעיכה לוא געלה **נפשנו**
4Q**504** 1-2vi8	(VII)	בכול צרת {{ת}}<<נ>>פ֯י֯שנו
4Q**504** 5ii7	(VII)	] / וכאשר בֿ**נפש**[כה
4Q**505** 120,1	(VII)	]תֿ **נפש**[
4Q**512** 1-6,3	(VII)	]**נפש** בכפוֿ[רי רצונכה
4Q**512** 76,3	(VII)	]◦ל **נפשוֿ** עד[
4Q**525** 2ii+3,6	(XXV)	ובענות **נפשו** לוא יגעֿלֿ[נה
4Q**525** 14i10	(XXV)	**נפ]שכה** / [
4Q**525** 14i13	(XXV)	]**נֿפש** / [
4Q**525** 14ii12	(XXV)	בכול לבכה ובכול] / **נפשכה**
6Q**9** 29,1	(III)	]**נֿפֿשֿ**[
6Q**9** 57,3	(III)	וית]קע **נפש** שניה[
6Q**21** 1	(III)	] / **נפשוֿתי**[
11Q**5** XVIII,1	(IV)	] / לטובים **נפשת**כמה
11Q**5** XVIII,15	(IV)	מעת רעה יציל **נפש**[ם
11Q**5** XIX,3	(IV)	כי בידכה **נפש** כול / חי
11Q**5** XIX,8	(IV)	שאגה **נפשי** להלל א֯ת֯ שמכה
11Q**5** XXI,16	(IV)	חריתי / **נפשי** בה
	(IV)	טרתי **נפשי** בה
11Q**5** XXII,15	(IV)	תשמח **נפשי** בכבודך
11Q**5** XXIV,5	(IV)	בנה **נפשי** ואל תמגרה
11Q**5** XXVIII,5	(IV)	אמרתי אני **בנפשי** ההרים
11Q**11** III,9	(XXIII)	ו]להרוג **נפש** / [
11Q**19** XV,14		למלא על **נפשות**מה שב[עת ימי המלואים
11Q**19** XXV,11		ותענו בו את **נפשותי**כמה
		כי כול **הנפש** אשר לוא / תתענה
11Q**19** XXXIX,8		ונתן כופר ?]**נֿפֿשוֿ** ליהוה מחצית השקל
11Q**19** XLV,17		וכול טמא **לנ֯פ֯ש** לוא יבואו לה
11Q**19** XLVIII,9		ושרטת על **נפש** לוא תתנו בבשרכמה
11Q**19** LI,9		ולוא ישקצו / את **נפשות**מה בכול
11Q**19** LIII,2		כי א]וֿתה **נפשכה** לאכול ב[שר
11Q**19** LIII,6		כי הדם הוא **הנפש**
		ולוֿא תואכל את **הנפש** עם הבשר
11Q**19** LIII,15		לאסור אסר על **נפשו**
11Q**19** LIII,16		או אסרה אסר על **נפשה** / בבית אביה
11Q**19** LIII,18		או / את האסר אשר אסרה על **נפשה**
11Q**19** LIII,19		וכול אסרה אשר אסרה על **נפשה** יקומו
11Q**19** LIII,21		ואסריה / אשר אסרה על **נפשה** לוא יקומו
11Q**19** LIV,4		כול אשר אסרה על **נפשה** / יקומו עליה
11Q**19** LIV,13		בכול בלבבכם ובכול **נפשכמה**
11Q**19** LIV,20		או ריעיכה אשר **כנפשכה** בסתר
11Q**19** LIX,9		ואת תורתי געלה **נפשמה** עד יאשמו
11Q**19** LIX,10		בכול לבבמה ובכול **נפשמה**
11Q**19** LIX,19		ומיד / מבקשי **נפשו** לשאתה
11Q**19** LX,13		הוא גר שמה בכול אות **נפשו**
11Q**19** LXI,12		**נפש** בנפש עין בעין שן בשן
		נפש **בנפש** עין בעין שן בשן
11Q**19** LXVI,7		ורצחו **נפש** כן הדבר הזה
11Q**20** I,20	(XXIII)	למלוֿ{{אֿ}} על **נפשות**מה שבעת ימיֿ[ם]
11Q**20** VII,25	(XXIII)	]◦◦◦ יעשה **לנפש** / [
11Q**20** XII,9	(XXIII)	וכול ט]מֿא **לנפש** לוא / [יבואו לה
11Q**20** XV,3	(XXIII)	ולוא ישקצו] / את **נפשותי**המה
11Q**20** XVI,2	(XXIII)	או ריעיכה א]שר **כנפשכה** בסתר[
PAM 43.670 2ii1	(XXXIII)	] / **נפש**[
PAM 43.677 20,1	(XXXIII)	]**נֿפֿש**[
PAM 43.692 57,2	(XXXIII)	]**נפשֿ**[

honeycomb noun **נֹפֶת**

Reference	Vol.	Text
4Q**372** 3,5	(XXVIII)	כי דברי **מנפתֿ**[ימת]קֿוֿ

Naphtali proper noun **נַפְתָּלִי**

Reference	Vol.	Text
4Q**223-224** 2iv21	(XIII)	ויצא יהודה]רֿאֿשון **ונפתלי** וגדֿ[עמו
4Q**365** 29,1	(XIII)	נשיא לבני **נפת**]לֿ[י] אחירעֿ[בן עינן
4Q**365**a 2ii3	(XIII)	] / שער **נפתלי** ששים ושלוש מאות באמה
	(XIII)	ומשער **נפתלי** עד שער אשר
11Q**19** XXXIX,13		דן **נפֿתלֿיֿ** וֿאֿשֿרֿ לצפון
11Q**19** XLI,9		וֿככה משער דן עד / שער **נפתלי**
		וֿמשער **נפתלי** / עד שער אשר
11Q**20** VI,15	(XXIII)	וביום הששי דן] / **ונפתלי**
11Q**20** XI,17	(XXIII)	ומשער **נפ]תֿליֿ**[עד] / [

blossom noun **1-נֵץ**

Reference	Vol.	Text
1QH[a] XVIII,32		ויבול **כנץ** לפני ◦◦◦
11Q**5** XXI,12	(IV)	גם גרע **נץ** בבשול ענבים

to stand, set verb **נצב-1**

Reference	Vol.	Text
CD II,3		חכמה ותושייה **הציב** לפניו
4Q**175** 23	(V)	ובצעירו **יציב** דלתיה
4Q**175** 26	(V)	**ויצ]יבו** לה חומה ומגדלים
4Q**266** 2ii4	(XVIII)	חוכמה ותושייה] / **הציב** לפנו
4Q**365** 7ii3	(XIII)	וכול העם **נצבים** על[יך
4Q**379** 22ii9	(XXII)	בבכר[ו ייסדנה] / ובצ]עי[רו י]**ציב**דלתיה
4Q**379** 22ii12	(XXII)	**ויציבו** לה חומה ומגדלים לעשות[
4Q**384** 20,4	(XIX)	]**בנצובים** ⟦ ⟧[
4Q**440** 3i15	(XXIX)	]רים [ ]◦ בכו[ל] **נצב**◦[
4Q**471** 2,8	(XXXVI)	]שנא אל **ויציב** ל[
4Q**491** 1-3,11	(VII)	[ובע]לות המערכה **הנצבה** למלחמת היום
11Q**13** II,10	(XXIII)	אלוהים [נ]**צב** בע[דת אל

to struggle verb **נצה-1**

Reference	Vol.	Text
4Q**158** 9,4	(V)	וכ]יא **ינצו**[

נָצָה ← נְאָצָה

to direct, oversee, triumph verb **נצח**

Reference	Vol.	Text
1QM VIII,1		תהיינה מריעות **לנצח** אנשי הקלע
1QM VIII,9		קול חד טרוד **לנצח** מלחמה
1QM VIII,12		קול חד טרוד **לנצח** ידי מלחמה
1QM VIII,16		קול תרועה / גדולה **לנצח** מל[חמה
1QM IX,2		מריעים בחצוצרות / החללים **לנצח** המלחמה
		והכוהנים מריעים **לנצח** מלחמה
1QM XII,5		ועם בחירי שמים **נוצ[חים**
1QM XVI,7		קול חד טרוד **לנצח** מלחמה
1QM XVI,9		והמלחמה **מתנצחת** בכתיים
1QM XVII,15		והמל[חמ]ה **מ[תנצח]ת** בכ[תיים
4Q**171** 3-10iv23	(V)	] / **למנצח** על [שושנ]ים[לבני קרח
4Q**177** 5-6,12	(V)	]ך {{ר}}או **למנצח** על ה[שמינית
4Q**382** 15,5	(XIII)	⟧ ⟦ **למנצח** י[
4Q**443** 2,3	(XXIX)	ע]דיו **ומנצח** לעד [
4Q**491** 11ii6	(VII)	קול חד ט]ר[ו]ד **לנצח** מלחמה
4Q**491** 11ii8	(VII)	] / [ו]המלחמה **מתנצחת** בכתיאים
11Q**19** LVIII,11		והיה אם **נצחו** / את אויביהמה

forever, splendor noun **נֵצַח-1**

Reference	Vol.	Text
CD III,20		המחזיקים בו לחיי **נצח**
1QS IV,1		וכול דרכיה שנא **לנצח**
1QS IV,7		ושמחת עולמים בחיי **נצח**
1QS IV,12		באפ עברת אל נקמ{{ות}}<<ה>> לזעות **נצח**
1QS IV,19		ואז תצא **לנצח** אמת תבל
1QS XI,12		משפטי בצדקת אל תעמוד **לנצחים**
1QSb IV,26	(I)	ולכול קצי **נצח** כיא / [אמת כול מ]שפטיו
1QM IV,13		יכתובו על אותותם ישועות אל **נצח** אל
1QHa IX,16		לכול ימי עולם / ודורות **נצח** למ[עשיהם
1QHa IX,19		למספר דורות עולם / ולכול שני **נצח** [
1QHa IX,24		בחרת זכרון לכול קצי **נצח**
1QHa XII,13		ומחשבת לבכה תכון **לנצח**
1QHa XII,22		והולכי בדרך לבכה / יכונו **לנצח**[
1QHa XII,25		ותוצא **לנצח** משפטם
1QHa XV,15		ו]ל[א] להשבת **לנצח**
1QHa XV,31		וכול דרכיכה יכונו **לנצח** / נצחים
1QHa XV,32		וכול דרכיכה יכונו לנצח / **נצחים**
1QHa XVII,25		למרפא ע[ולם]**נצח**
1QHa XXI,14		]במכון עולם לאור אורתום עד **נצח**
1QHa 5,7		] / ועדן לדורי **נצח**
4Q**177** 10-11,9	(V)	פ]שר הדבר **לנצח** לב אנשי / [
4Q**228** 1i9	(XIII)	חי]י **נצח**
4Q**257** V,5	(XXVI)	ושמחת עולמים בחי]י **נצ[ח**
4Q**286** 1ii12	(XI)	]רורי **נצח** ו◦[
4Q**289** 1,2	(XI)	]ארורות **נצ[ח** כלמו]ת כלה[
4Q**299** 6i4	(XX)	ברק]ים עשה **לנצח** גשמים / [
4Q**403** 1i25	(XI)	]**נצח** / בשבעה ד[ברי פלא
4Q**418** 238,4	(XXXIV)	י]מי **נצח** ◦[
4Q**427** 7i16	(XXIX)	ולשון **נצח** הרימו לבד קולכמה
4Q**427** 7ii11	(XXIX)	ושמחת עולם במכוניהמה כבוד **נצח**
4Q**433** 1,4	(XXIX)	]ל**נצח** והמלכ[ים]אתה משפיל
4Q**436** 1a+bi1	(XXIX)	ו**לנצח** לריח בה לנחם דלים
4Q**511** 2i4	(VII)	שמחת] / [ע]ולמים וחיי **נצח** לאיר אור [
4Q**525** 15,4	(XXV)	ארורות **נצח** וחמת תנינים[
5Q**16** 1,3	(III)	]ארורות **נצח** ◦◦[
6Q**18** 2,2	(III)	]חיי **נצח** וכב[וד

pillar noun **נְצִיב-1**

Reference	Vol.	Text
4Q**381** 31,7	(XI)	כי אדר **נציב** כבודם ועידם / [

נציה ?

Reference	Vol.	Text
4Q**186** 1ii4	(V)	וה[נ]ה **נצי[ו]ת** / ושוקיו ארוכות ודקות

to take away, deliver verb **נצל**

Reference	Vol.	Text
CD IV,18		**והניצל** מזה יתפש / בזה
CD XIV,2		**להנצילם** מכל מוקשי שחת
1QpHab VIII,2		אשר / **יצילם** אל מבית המשפט
1QpHab IX,13		לשום / במרום קנו **לנצל** מכף רע
1QpHab XII,14		והמה לוא **יצילום** ביום המשפט
1QM XIV,11		]לכול גבוריהם אין **מציל**
1QHa X,31		**ותצילני** מקנאת מליצי כזב
1QHa XI,5		]◦ פיכה **ותצילני** מ[
1QHa XIII,13		**ותצל** נפש עני במעון אריות
1QHa XV,17		] אין צדקות **להנצל** מפ[
1Q**14** 8-10,8	(I)	אשר **ינצל[ו]** מיום / [משפט
1Q**38** 4,5	(I)	]**במוצל[י**
4Q**158** 1-2,8	(V)	**ויצילכה** מכול חמס ו◦[
4Q**162** III,1	(V)	ואין **מ[ציל**
4Q**166** II,9	(V)	**והצלתי** צמרי ופישתי מלכסות את[ערותה]
4Q**166** II,11	(V)	ואיש] / לוא **יצילנה** מידי
4Q**171** 1-2ii9	(V)	**ונצלו** מכול פחי / בליעל
4Q**171** 3-10iv21	(V)	] / יושיעם אל ו[י]**צילם** מיד ר[שעי
4Q**174** 9-10,6	(V)	] / **להציל**[
4Q**185** 1-2ii3	(V)	שמעתי בני **יצל** תמרו דברי יהוה
4Q**219** II,22	(XIII)	**ולהצ]ילך** [מ]כול רשף
4Q**381** 33+35,6	(XI)	] **להציל** אנ[
4Q**381** 44,3	(XI)	ל]קויך **ומציל** לבטוחים[בך
4Q**382** 143,1	(XIII)	]ש **ויצילו**[
4Q**398** 11-13,7	(X)	שהיא ירא[ta התו]רה היה **מצול**[ ]מצרות
4Q**398** 14-17ii2	(X)	[ו]אף / היא [נ]**צל** מצרות רבות
4Q**399** 1i9	(X)	ואף היא] **מצול** / [מצרות רבות
4Q**422** II,3	(XIII)	] **נצלו** על[הארצ
4Q**434** 1i1	(XXIX)	וברוך שמו כי **הציל** נפש אביון
4Q**434** 1i4	(XXIX)	וימול עורלות לבם **ויצילם** למען חסדו
4Q**434** 1i8	(XXIX)	] / אדם **הצילם** שפעת גיים לא שפטם
4Q**434** 1ii1	(XXIX)	ומ]כול צרה **ה[צל]תם** ◦[
4Q**434** 1ii2	(XXIX)	**ותצילם** למענך[
4Q**437** 2i4	(XXIX)	אברך שמך בחיי אשר **הצלתני** מקוש גוי[ם]
4Q**437** 2i10	(XXIX)	] / [ומטיט]**הצלתני** פן אטבע בו
4Q**438** 4ii6	(XXIX)	]ונפלאותיך אשר **הצל**◦[
4Q**491** 8-10i9	(VII)	[ולכול גבוריהמה אי]ן **מציל**

4Q**498** 4,1	(VII)	]**צִיל** הֹ[
4Q**504** 1-2ii16	(VII)	]°° **והצלתנו** מחטוא לכה
4Q**504** 1-2vi12	(VII)	**והצילה** את עמכה ישרֹ[אל מכול] / הארצות
4Q**504** 1-2vii2	(VII)	] / אשר **הצילנו** מכוֹל צרה אמןֹ[אמן
4Q**525** 32,2	(XXV)	]פשע **ותֹצילנֹ**[
11Q**5** XVIII,15	(IV)	מעת רעה **יציל** נפש[ם
11Q**5** XVIII,16	(IV)	**ומצי]ל** [תמימים מיד רשעים
11Q**5** XIX,10	(IV)	**ותצילני** / יהוה כרוב רחמיכה
11Q**13** II,13	(XXIII)	**ויצי]לֹ**[מה מיד]בֹליעל
11Q**13** II,25	(XXIII)	אשר **יצי]ל**[מה מי]דֹ בליעל
PAM 43.686 67,1	(XXXIII)	] / **מצילֹ**[

blossom noun **נצן**

4Q**525** 2iii5	(XXV)	] / **ונצני** ארגמון עם[

vine noun **נִצְפָּה**

4Q**386** 1ii5	(XXX)	**ומנצפה** לא יהיה תירוש

to sparkle, bloom verb **נצץ**

4Q**500** 1,2	(VII)	בכ]איכה **ינצו** ו°[
11Q**5** XXIV,13	(IV)	יבש / שרשיו ממני ואל **ינצו** ע[ל]יו בי

to watch, keep verb **נצר**

4Q**175** 17	(V)	כי שמר אמרתכה ובריתך **ינצר**
4Q**184** 1,15	(V)	ולבחורי צדק / **מנצור** מצוה
4Q**426** 1i5	(XX)	**ולנוצרֹ**[י אמ]תֹ אמרי / [
4Q**436** 1a+bi4	(XXIX)	**ותנצור** תורתכה לפני
4Q**525** 5,9	(XXV)	]יֹראי אלוהים **יצורו** דרכיה

shoot, sprout noun **נֵצֶר**

1QH[a] XIV,15		]עֹד עולם לגדל **נצר** לעופי מטעת עולם
1QH[a] XV,19		ולגדל **נצר** להעיז בכוח ו°[
1QH[a] XVI,6		והיו להפריח **נצר** למטעת עולם
1QH[a] XVI,8		**ובנצר** עליו ירעו כול חֹ[י]תֹ יער
1QH[a] XVI,10		ומפריח **נצר** קֹ[ו]דֹש למטעת אמת
4Q**161** 8-10,11	(V)	[ויצא חטר מגזע] ישי **ונצר** משרֹ[שיו יפרה
4Q**302** 2ii8	(XX)	]ל **מנצרו** לרבת / [

to designate verb **נקב**

4Q**364** 4b-eii5	(XIII)	]ויאמר **נקובֹני**[שכרכה עלי ואתנה

female noun **נְקֵבָה**

CD IV,21		ויסוד הבריאה זכר **ונקבה** ברא אותם
4Q**216** VII,2	(XIII)	זכר **ונקֹ[בה** עשה אתם
4Q**265** 7,16	(XXXV)	ואם **נקבה** תלד וטמאה [שבעים
4Q**274** 1i7	(XXXV)	והסופר אם זכר ואםֹ **נקבה** אל יגֹ[ע בזב
4Q**414** 7,11	(XXXV)	] / **נקבה** והדוֹ[ה ?
4Q**415** 9,7	(XXXIV)	] / יחד ממשל זכר את **נֹ[קבה**
4Q**415** 9,11	(XXXIV)	] / **נקבה** וכמוזנֹי[
4Q**418** 236,2	(XXXIV)	]אֹם **נקבה** [
4Q**512** 14ii1	(VII)	] / **נקבהֹ**[

speckled adjective **נָקֹד**

4Q**364** 4b-eii23	(XIII)	[על הצואן עקודים **נקו]דֹים**[וברודים

to be unpunished, clean, free verb **נקה**

CD V,15		הקרוב אליהם / לא **ינקה**
4Q**266** 5i1	(XVIII)	]**תֹנק[ה]אֹ** °[
4Q**271** 2,5	(XVIII)	]תֹ ואז **ינקה** / [
4Q**416** 2iii5	(XXXIV)	ושמ[ ]חה לכה אם **תנקה** ממנו
4Q**417** 1i24	(XXXIV)	] / בה לא **ינקה**
4Q**418** 102a+b,5	(XXXIV)	מ]עֹוֹן תועבה **תנקה** ובשמחת אמת תשת[
4Q**418**a 11,5	(XXXIV)	] / לוא **ינקה** [
4Q**504** 6,14	(VII)	]הֹ **ונקת** ולוא תנקֹ[ה
	(VII)	]הֹ ונקת ולוא **תנקֹ[ה**
4Q**512** 29-32,20	(VII)	] **תנֹקה** עד משפט[
5Q**19** 2,2	(III)	] כי **תֹ[נ]קֹו** °°[

נָקִי ← נָקִיא

clean, innocent adjective **נָקִיא, נָקִי**

CD XV,13		**נקֹיאֹים** הםֹ ממנו אם ימעֹל
4Q**266** 8i3	(XVIII)	**נקיאים** / הם [ממנו]אֹם ימעל
4Q**284**a 2,6	(XXXV)	]°° **נקיאים** [
11Q**19** LXIII,7		ואל תתן דם **נקי** בקרב עמכה ישראל
11Q**19** LXIII,8		ואתה תבער / את דם **נקי** מישראל

to avenge verb **נקם**

CD I,17		להסגירם לחרב **נקמת** נקם / ברית
CD VIII,5		**ונקום** וניטור / איש לאחיו
CD IX,2		ואשר אֹ{{ש}}<<מֹ>>ר לא **תקום** ולא תטור
CD IX,4		או ספר לזקניו להבזותו **נוקם** הוא ונוטר
CD IX,5		ואין כתוב כי אם **נוקם** הוא לצריו
CD XIX,13		והנשארים הסגרו לחרב **נוקמת** נקם ברית
CD XIX,18		**ונקום** ונטור איש לאחיהו
CD XIX,24		הֹבא עליהם **לנקם** נקמֹה
1QS II,6		יתנכה / אל זעוה ביד כול **נוקמי** נקם
1QS V,12		**ולנקום** נקם באלות ברית
1QS VII,9		וכן **לנוקם** לנפשו כול דבר
4Q**225** 1,8	(XIII)	]הֹ עומד **ויקם** הֹוֹ[אה
4Q**257** II,2	(XXVI)	יתֹנֹכה אל זֹעוה ביד כול **נוקמ[י]** / [נקם
4Q**269** 6,1	(XVIII)	**ונֹקֹ[ום** ונטור איש לאחיהו]
4Q**270** 6iii18	(XVIII)	או ספר [לזקנו להב]זֹתו **נוקם** הֹוֹאֹ [ונו]טר
4Q**270** 6iii19	(XVIII)	[ואין כתוב כי א]םֹ **נוקם** הואֹ ל[צרו
4Q**280** 2,3	(XXIX)	יתנכה] / אֹל לזעוה ביד **נוקמי** נקם
4Q**299** 7,5	(XX)	ואין לענה] / לנגדו מנוטֹר **[לנ]קֹ[ו]ם**
4Q**299** 53,7	(XX)	] לאל **לנקום** נקֹםֹ[
4Q**300** 7,2	(XX)	]ואין לענה לנגדו **מנוקם** לנטור בלוֹאֹ[משפט
4Q**302** 3ii6	(XX)	]**יקום** אלהים מידכם בֹמעלכם
4Q**364** 13a-b,8	(XIII)	אך אם יום או יומים יעמו]ד לא **יקום**
4Q**372** 2,4	(XXVIII)	המ]לֹמֹדֹ ידו למלחמה **הנוקםֹ**[
4Q**439** 1ii2	(XXIX)	] / **והתנק[ם**
4Q**505** 122,2	(VII)	]°ה **נֹקם** הֹ[
11Q**13** II,13	(XXIII)	ומלכי צדק **יקום** נקֹםֹ משפטֹי א[ל

vengeance noun **נָקָם**

CD I,17		בריתו להסגירם לחרב נקמת **נקם** / ברית
CD XIX,13		והנשארים הסגרו לחרב נוקמת **נקם** ברית
1QS II,6		יתנכה / אל זעוה ביד כול נוקמי **נקם**
1QS V,12		ולנקום **נקם** באלות ברית
1QS IX,23		ועתי ליום **נקם**
1QS X,19		לוא א{{טוֹרֹ}}תפוש {{בֹאֹפֹ לשבֹיֹ}} עד יום **נקם**
1QM III,7		יכתובו זכרון **נקם** במועד / אל
1QM VII,5		ועתודים ליום **נקם**
1QM XV,6		והתהלך הכוהן החרוץ למועד **נקם**
4Q**260** IV,8	(XXVI)	לֹ[ו]א אתפוש עֹ[ד יום **נק]םֹ**
4Q**280** 2,3	(XXIX)	יתנכה] / אֹל לזעוה ביד נוקמי **נקם**
4Q**299** 53,7	(XX)	] לאל לנקום **נקֹםֹ**[
4Q**418** 126ii6	(XXXIV)	להשיב **נקם** לבעליו
4Q**418** 159ii1	(XXXIV)	] / **נקם** °[

4Q471 2,10 (XXXVI)]עברת **נקם**[
4Q491 10ii15 (VII)] / **נקם** לאכול באלים ובא{{ל}}נשים
11Q13 II,13 (XXIII) ומלכי צדק יקום **נקֿםֿ** משפֿטֿי א[ל

vengeance noun **נְקָמָה**
CD VIII,12 הבא לעשות / בהם **נקמה**
CD XIX,24 הֿבא עליהם לנקם **נקמֿה**
1QS I,11 בני חושך איש כאשמתו / **בנקמת** אל
1QS II,9 ישא פני אפו **לנקמתכה**
1QS IV,12 באפ עברת אל **נקמ**{{ות}}<<ה>> לזועות נצח
1QpHab IX,2 **ונקמות** בגוית בשרו
1QM III,6 יכתובו סדרי דגלי אל **לנקמת** אפו
1QM IV,12 יכתובו על אותותם / מלחמת אל **נקמת** אל
4Q169 3-4i7 (V) **נק]מות** בדורשי החלקות
4Q400 1i18 (XI) **ובנקמת** קנאתו / [
4Q449 1,4 (XXIX)]קנאת משפטי אמתכה **ונקמתֿ**[
4Q501 8 (VII) ועשה בהמה **נקמה** / [כיא
4Q511 35,1 (VII) ומשפט **נקמות** לכלֿוֿת רשעה

to cut down verb **נקף-1**
4Q161 8-10,6 (V) ואשר אמ]ר **ונֿקֿפו** סובכי [ה]יער בברזל
4Q266 6iii7 (XVIII)] **ובנק[וף]** / [הזית ופר]י תבואותו
4Q270 3ii15 (XVIII) **[וב]נֿקוף** הזיֿת [ופרי תבואתו
4Q285 7,1 (XXXVI) **ונֿוקֿפֿ[ו]** / [סבכי היער בברזל

to surround verb **נקף-2**
1QpHab IV,7 ובעם רב **יקיפום** לתפושם

shaking (?) noun **נֹקֶף**
4Q266 6iii8 (XVIII) אם [שלמה הי]אֿ **נֿקֿפֿהֿ** / [אחת מ]שֿל[ו]שֿיֿם ש[
4Q267 6,5 (XVIII) **נק]פֿו** אחד משלושים
4Q270 3ii15 (XVIII) אם] שלמה הֿיֿא **נקפה**[אחד] / [משלו]שֿיֿםֿ [

to snare, seize verb **נקש**
4Q487 14,2 (VII) י]**קֿוֿש** ללכוד ו°[
4Q512 64,7 (VII)]מֿ[ ]**התקש** בגור[ל

lamp noun **נֵר-1**
11Q19 IX,12 ואל מול פניה י]אירו כול **נרותיה**
11Q20 V,22 (XXIII)]השמן הזה יבעירו **בנרות** / [בה

נֵרִיָּה ← נֵרִיָּה

Neriah proper noun **נֵרִיָּה**
CD VIII,20 הדבר אשר אמר ירמיהו לבֿרוך בן **נריה**

to lift, carry, take verb **נשא, נסא**
CD III,18 כפר בעד עונם **וישא** לפשעם
CD IX,8 ולא **תשא** עליו חטא
CD XI,9 אל **ישא** איש / עליו סמנים לצאת ולביא
CD XI,11 אל **ישא** האומן את היונק
CD XII,7 וגֿם אל **ישא** מהונם כל
CD XIII,14 אֿל **ישא** ואֿל יתֿ[ן] לבני השחֿר
CD XV,4 ולא **ישא** חֿטֿא / ויֿמֿות
1QS II,4 **וישא** פני חסדיו לכה לשלום
1QS II,9 **ישא** פני אפו לנקמתכה
1QS V,14 פן **ישיאנו** / עוון אשמה
1QS VI,1 ולוא / **ישא** עליו עוון
1QS X,8 {{**אשא**}} / {{°°}} אזמרה בדעת
1QS X,9 וחליל שפתי **אשא** בקו משפטו
1QSa I,20 (I) **ולשאת** משא עדה
1QSb II,2 (I)]יכה **ישא** / [פניו
1QSb II,3 (I) י]חונכה **יש[א]** / [פניו
1QSb III,1 (I) **ישא** אדוני פניו אליכה
1QSb III,2 (I) **[יש]אֿ** / פניו אל כול עדתכה
1QSb III,3 (I) **ישא** ברושכה] עטרת
1QSb III,4 (I) **יש]א** פניו
1QSb IV,23 (I)] / **ולשאת** ברוש קדושים
1QSb V,23 (I) **י]שֿ[אכ]הֿ** אדוני לרום עולם
1QpHab VIII,6 הלוא כולם משל עליו **ישאו**
1QM XIV,16 רומה רומה אל אלים **והנשא** בעוֿ[ז
1QM XVIII,1]**בֿהֿ[נ]שא** יד אל הגדולה על בליעל
1QHa VI,19 ולא **אשא** פני רע
1QHa VIII,25 א[רו]ך א[פי]םֿ °°° חסד ואמת **ונושא** פשע [
1QHa XIV,34 ותולעת מתים **נשאו** נס לה°°[
1QHa XVII,4 ערשי בקינה **תשא** [מתי] בֿקול אנחה
1QHa XVIII,25 עץ ר]ענן על פלגי מים **לשת** עלה
1Q19 13-14,2 (I) **י]נשא** בהדר כבוד ותפארתֿ[
2Q21 1,5 (III) ואיך **אש[א]** פני [אליך
4Q175 9 (V) **וישא** משלו ויאמר נאום בלעם בנבעור
4Q176 1-2i7 (V) כול גיא **ינשא** / [וכול הר וגב]עֿהֿ ישפלו
4Q179 1ii11 (V) וכתם טוב עדים **נושאי**{{ם}} הלבו]שים
4Q185 1-2i11 (V) ויבש °°° וציצו **תשא** רוח
4Q185 1-2ii11 (V)]יאמר המתמֿ°°°בה **ישאֿנה**[
4Q222 1,3 (XIII) אז **נשאהֿ**[פניה השמימה
4Q225 2i5 (XIII) **שֿא** צפא את הכוכבים
4Q225 2i14 (XIII)]**ויֿשא** אבֿ[רהם] אתֿ / [עי]נֿיֿ[ו
4Q258 IX,9 (XXVI) וחליל / [שפתי **א]שא** בק[ו מ]שפטו
4Q260 III,1 (XXVI) וחליל שפתי **א]שא** בֿקו משפטוֿ
4Q265 6,7 (XXXV) וכלי לא **ישא** / [להעלותו ביום] השבת
4Q266 7i4 (XVIII)]**נֿוֿשה** עוו[ן] / [ופשע
4Q267 9iii2 (XVIII) וגם אל **ישֿאֿ** איֿ[ש] מֿהונם [כול
4Q270 6v16 (XVIII) [א]ל **ישא** [
4Q271 5i5 (XVIII) [אל] **ישא** איש / [עליו סמנים
4Q274 2i4 (XXXV) **והנושא** אותֿוֿ / [יטב]וֿל
4Q274 2i5 (XXXV) והכלי אשר **ישאנה** יטבול / [במי]םֿ
4Q276 3 (XXXV) ו<נ>**שֿאֿ** את דמה בכלי חרש
4Q277 1ii13 (XXXV) **והנושא** [את ב]גדיו וֿ[רח]ץ וטמא
4Q286 7i5 (XI) **והנשא** מלכותכה בתוך עֿ[מי]םֿ / [
4Q287 5,10 (XI)]באמת צֿדקכה **בהנש[א** מלכותכה
4Q299 33,3 (XX)]°שוי ואם **ינשא**[
4Q364 11,3 (XIII) עשרהֿ חמורים **נושאי[ם** מטוב ? מצרים
4Q365 26a-b,5 (XIII) **שא** את רו[א]ש עדת בֿ[ני ישראל]
4Q365 32,13 (XIII) **וישאו** במוט בשנֿי[ם]
4Q377 2i8 (XXVIII) **וישא** קולו / [
4Q382 82,2 (XIII)]**נֿשֿאֿ**[
4Q389 2,3 (XXX) **ואשאבֿ**[כאשר ישא איש את בנו
4Q391 77,4 (XIX)]**ויֿשא** בֿנימ לֿ[
4Q394 3-7i16 (X) בשל שלוא י[היו] / **מסיאֿ[י]םֿ** את העם עוון
4Q394 3-7ii14 (X) בשל שלוא יהיו] / **משיאים** את העםֿ עוון
4Q397 1-2,3 (X) **[הנוש]אֿ** א{ו}ת{{ה}} נבלתֿהֿ [לוא יגש
4Q398 1-3,1 (X) ע]וֿר נבלת [הבהמה] הטהורה **[ה]נושה** / [
4Q398 14-17ii1 (X) **[נשו]אֿיֿ** עוֿנֿות
4Q417 2i23 (XXXIV)]אל תכזב / לו למה **תשה** עון
4Q417 16,2 (XXXIV)] כנפיהן **משא**[
4Q418 7b,6 (XXXIV) למה **ת]שא** עוון וגם / [מחרפה
4Q421 1aii-b,9 (XX)]נטֿ[ ]**לשֿאתֿ** / עול חכמֿ[ה
4Q443 1,15 (XXIX) **ת]שא** עוון כי°[
4Q471a 7 (XXXVI)] **תתנשאו** ⟦ ⟧
4Q481a 3,5 (XXII) **נ]שא** ביהודה / [

Reference	Vol.	Text
4Q491 8-10i13	(VII)	והנשא בעוז מלך המ[לכים
4Q504 1-2ii7	(VII)	אש[ר נ]שאת[ה] / לאבותינו בהמרותם
4Q504 Verso 2vii8	(VII)	]קודשו וישא / [
4Q504 6,6	(VII)	ותשאנו פלא[י]ם / [
4Q504 6,8	(VII)	וישאהו {{א}}על[אברתו
4Q504 7,13	(VII)	א]שר נשאתה / [לאבותינו
4Q509 53,2	(VII)	] ותשא ל◦[
4Q513 2ii5	(VII)	נשא עוון כי החל כו[
4Q524 5,2	(XXV)	והכום לפי חרב ונ]שא א[ת שללמה
4Q524 6-13,2	(XXV)	ומיד מבקשי נפשו לש]אתה
11Q13 II,11	(XXIII)	ופני רשע[י]ם תש[או ס]לה
11Q13 III,10	(XXIII)	] / גדר ולשאת עמוד וכפר ◦[
11Q13 7,9	(XXIII)	י]שאנו [
11Q19 XXVI,13		ונשא השעיר את כול עוונות
11Q19 XXXV,7		לשאת / עוון אשמה למות
11Q19 XXXV,14		ובכול אלו/י אשמות לשאת / חטא אשמה
11Q19 XXXIX,10		וכאשר ישאו ממנו את מחצית הש[ק]ל
11Q19 XLIII,14		ואם לוא יוכלו / לשאתו ימכרוהו בכסף
11Q19 LI,4		וכול הנושא מעצמותמה ומנבלתמה
11Q19 LIII,9		וכול נדריכה תשא ובאתה אל המקום
11Q19 LVII,15		ואשה לוא ישא מכול / בנות הגויים
11Q19 LVII,18		ואם מתה ונשא / לו אחרת מבית אביהו
11Q19 LVIII,12		והכום לפי {{◦}}חרב ונשא את שללמה
11Q19 LIX,19		ומיד / מבקשי נפשו לשאתה
PAM 43.673 6,1	(XXXIII)	]נשא נס[
PAM 43.683 74,1	(XXXIII)	]◦נשא או [

to reach, overtake, obtain verb **נשג, נסג**

Reference	Vol.	Text
CD VI,10		וזולתם לא ישיגו עד עמד / יורה הצדק
1QS VI,14		ואם ישיג מוסר יביאהו / בברית
1QS VII,8		ואם לוא תשיג ידו לשלמו
1QH[a] IV,9		א]שר לא השיגום במ◦[
1QH[a] XIII,29		וישיגוני במצרים לאין מנוס
1Q22 1i10	(I)	והשיגום ע[ד] אובדם ועד / הש[מד]ם
4Q88 VIII,11	(XVI)	צדק עולמים תסיגי
4Q184 1,14	(V)	לראו[ת לא]יש / צדיק ותשיגהו
4Q266 6ii12	(XVIII)	[ו]אם לוא השיגה יד[ה די שה
4Q267 7,5	(XVIII)	] / ואם לוא הש[יגה
4Q271 3,2	(XVIII)	וידו לוא ה]שיגה דיו לה[שיב לו]
4Q274 2i6	(XXXV)	ואמ במחנה יהיה איש אשר לוא השיגה ידו
4Q300 9,1	(XX)	]סודות לא השיגוהו ◦[
4Q418 126ii13	(XXXIV)	ואם לוא ת{{ס}}שיג ידו למחסורכה
4Q418 188,7	(XXXIV)	]פן ישוגו בדברי[קודש
4Q426 4,3	(XX)	לו]א ישג יה◦[
4Q525 2ii+3,3	(XXV)	אשרי אדם השיג חוכמה
4Q525 15,8	(XXV)	]לוא ישיגו אורחות חיים
11Q5 XXII,13	(IV)	צדק עולמים תשיגי

נָשִׂי ← נָשִׂיא-1

leader, prince noun **נָשִׂיא-1, נָשִׂי**

Reference	Vol.	Text
CD V,1		ועל הנשיא כתוב / לא ירבה לו נשים
CD VII,20		השבט הוא נשיא כל העדה
1QSb V,20	(I)	למשכיל לברך את נשיא העדה
1QM III,3		יכתובו נשיאי אל
1QM III,15		יכתובו נס אל ואת שם נשי הש[בט
1QM III,16		]◦ שם הנשיא הרבוא ואת שמות ש◦[
1QM IV,1		יכתובו תרומת אל ואת שם נשי מררי
1QM V,1		ועל מ[ ]◦ נשיא כול העדה יכתבו שמו[
4Q161 5-6,3	(V)	]נשיא העדה ואחר יס[ו]ר מעלה[ם
4Q266 3iii21	(XVIII)	השבט ה[וא נ]שי [כו]ל [העדה
4Q269 5,4	(XVIII)	השבט הואה] / [נשי]א כ[ול העדה
4Q285 4,2	(XXXVI)	נשי]א העדה וכול ישר[אל
4Q285 4,6	(XXXVI)	ורדף אחריהם נש]יא העדה עד הים ה[גדול
4Q285 4,10	(XXXVI)	]וביאוהו לפני נשיא[העדה
4Q285 7,4	(XXXVI)	]◦ והמיתו נשיא העדה צמ[ח] / [דויד
4Q364 7,2	(XIII)	שכם בן חמור החוי]נשיא הארץ ת◦◦[
4Q365 35ii4	(XIII)	מטה לנשי אחד ל[ב]ית אבותם[
4Q376 1iii1	(XIX)	ואם במחנה יהיה הנשיא אשר לכול העדה
4Q376 1iii3	(XIX)	] / לנשיא [
4Q400 1ii14	(XI)	] / מלך נשיאי[
4Q400 3ii+5,2	(XI)	] / לנשיאי משנה ◦[
4Q401 3,3	(XI)	תג]בר[ ]שבע לנשיא[י
4Q401 14ii6	(XI)	] / נשיאי מ[
4Q401 23,1	(XI)	]◦ נשיא קו[דש
4Q403 1i1	(XI)	תהלת רומם בלשון] / השלישי לנשיאי רוש
4Q403 1i6	(XI)	תהלת[זמר בל]שון השביעי לנש[יאי רוש]
4Q403 1i10	(XI)	לנשיאי ר[וש יברך]בשם כ[בו]ד אלוהים
4Q403 1i17	(XI)	הרביעי] / בנש[יאי רו]ש יברך בש[ם] הו[ד
4Q403 1i19	(XI)	החמיש[י] / בנש[יאי רוש] יברך בשם [הוד
4Q403 1i21	(XI)	הששי בנשיאי רוש יברך בשם[גבורות] אלים
4Q403 1i23	(XI)	[השב]יעי בנשיאי רוש / יברך בשם קודשו
4Q403 1i26	(XI)	וכול נשיאי[רוש יברכו יח]ד ל[א]ל[ו]הי אלים
4Q403 1ii20	(XI)	ורוממוהו ראשי נשיאים במנה פלאיו
4Q403 1ii21	(XI)	{{ראשי נשיאי כוה}}[נות פלא
4Q405 3i12a	(XI)	]לנשיאי רוש / [
4Q405 3ii6	(XI)	] / בנשיאי רוש יברך בשם ה[וד המלך
4Q405 8-9,5	(XI)	ראש]י נשיאי / [כו]הונות פל[א]
4Q405 13,2	(XI)	[החמי]שי בנש[יאי] / [משני]פלא
4Q405 13,5	(XI)	הששי במשני / [נשי]אי פלא
4Q405 13,7	(XI)	והשבי]עי[ב]נשיאי מש[ני פלא
4Q423 5,2	(XXXIV)	]ד ונשיא עמכה / [
4Q491 1-3,4	(VII)	]כול נש[יאי
4Q491 1-3,5	(VII)	]העדה וכ[ול]הנשיא[ים
4Q496 10,3	(VII)	] / ה[אות] [הנ]שי [הגדולה] אשר ברוש[
4Q496 10,4	(VII)	ו]א[ת שם ישראל] ואת [שם] הנשי [ו]ארו[ן
11Q5 XXVI,15	(IV)	ויעל נשיא[ים מ]קצה
11Q19 XXI,5		נשיאי הדגלים בר[י]שונ[ה] / [
11Q19 XLII,14		לזקני / העדה לנשיאים לראשי בתי האבות
11Q19 LVII,12		ושנים עשר / נשיי עמו עמו
11Q20 V,9	(XXIII)	ישראל נ]שיאי הדגלים ברישונה / [
11Q20 V,23	(XXIII)	]ם שרי האלפים עם נשיאי / [

נשא-1 ← נשה

to blow verb **נשב**

Reference	Vol.	Text
4Q185 1-2i10	(V)	ופרח כציץ חסדו נשב[ה]רוחו
4Q216 V,6	(XIII)	ומלאכי הרוחות הנושבי]ם

to forget verb **נשה-1**

Reference	Vol.	Text
4Q436 1ii3	(XXIX)	ורום עינים התנ◦◦תה ממני [רוח שקר]

to lend out verb **נשה, נשא-1**

Reference	Vol.	Text
CD X,18		אל ישה ברעהו כל
4Q262 A,2	(XXVI)	] / רום נושים[
4Q382 109,1	(XIII)	]והשאתה בם[
4Q416 2i18	(XXXIV)	]◦ב אל תסתר מנו]שה בכה]
4Q417 2i22	(XXXIV)	לנפשכה [עד]השיבכה לנוש[ה בכה משיו
4Q417 2i23	(XXXIV)	וגם מחרפה לנ[ושה בכה
4Q417 2ii+23,6	(XXXIV)	] / לנושה בו[

Reference		Text
4Q417 2ii+23,7	(XXXIV)	] / לנושה בקה בעד רעיכה
11Q13 II,3	(XXIII)	כול בעל משה יד אשר ישה[ברעהו
PAM 43.663 46,2	(XXXIII)	] / נשה [

to charge interest verb **נשך-2**

Reference		Text
1QpHab VIII,14		ויקוםו / {{ו}}נ[ש]כיך ויקיצו מזעזיעיכה

interest noun **נֶשֶׁךְ**

Reference		Text
4Q267 4,10	(XVIII)	ואת כספו בנש[ך ואת אוכ]לו בתרבית

chamber noun **נִשְׁכָּה**

Reference		Text
4Q365a 2ii9	(XIII)	ולחוצה מזה הנשכה ר[וחב
11Q19 XLI,17		תעשה פנימה נשכות / [וחדרים ופרורים
11Q19 XLII,3		וכן תעשה] לכול הנשכות ולחדריה[מה]
11Q19 XLII,5		[תעשה שמונה] עשרה נשכה וחדריהמה
11Q19 XLII,9		ונשכות בנוית וחדריהמה ופרוריהמה
11Q19 XLIV,6		תח[לק] / שמונה ומאה נשכה וחדריהמה
11Q19 XLIV,8		ארבע וחמשים נשכה וחדריהמה
11Q19 XLIV,10		משער שמעון עד הפנה / השנית נשכותמה
11Q19 XLIV,12		שער ראובן / שתים וחמשים נשכות וחדריהמה
11Q19 XLV,6		ומטהרים את / הנשכות זואת אחרי זאות[
11Q20 XI,22	(XXIII)	]נשכה / [

to remove, take off verb **נשל**

Reference		Text
1Q29 2,4	(I)	]ואחר יעלה וננש[ל

breath noun **נְשָׁמָה**

Reference		Text
1QS V,17		חדלו לכם מן האדם אשר נשמה באפו
4Q381 29,3	(XI)	מנש]מת רוח אפך יאבדו כל בש[ר
4Q385 6,8	(XXX)	]◦◦ ב[אח]ת היה נשמה ופניהם זה בעקר ז[ה
4Q401 3,1	(XI)	] נשמות[
11Q5 XIX,4	(IV)	נשמת כול בשר אתה נתתה
11Q6 4-5,6	(XXIII)	נשמת כול בשר אתה [נתתה
11Q19 LXII,14		לוא תחיה / כול נשמה

twilight noun **נֶשֶׁף**

Reference		Text
4Q88 X,6	(XVI)	וארץ / יחד יהללו נא כל כוכבי נשף
4Q162 II,2	(V)	ירדפו מאחרי בנשף יין / ידלקם
4Q184 1,5	(V)	] / מכסיה אפלות נשף ועדיה נגועי שחת
4Q428 20,4	(XXIX)	[אתה אל הדעות ב]פי [עוז]מנשף ל[

to kiss verb **נשק-1**

Reference		Text
CD XIII,3		על / פיהו ישקו כולם

(indeterminate) **נשק**

Reference		Text
PAM 43.678 57,1	(XXXIII)	]◦נשק ◦[

eagle noun **נֶשֶׁר**

Reference		Text
1QpHab III,8		מרחוק / יעופו כנשר חש לאכול
1QpHab III,11		לאכול[את]כול העמים כנשר
4Q385 6,9	(XXX)	ודמות] / הפ[נים אחד ארי אח]ד נשר
4Q392 6-9,7	(XXIX)	] / [כנש]ר יראה פ[ורש כנפיו
4Q504 6,7	(VII)	על כנפי]נשרים ותביאנו אליכה
	(VII)	וכנשר יעיר קנו[על] / [גוזליו

to cut verb **נתח**

Reference		Text
11Q19 XXXIV,9		ומנתחים / אותמה לנתחיהמה

piece noun **נֵתַח**

Reference		Text
11Q19 XXXIV,10		ומנתחים / אותמה לנתחיהמה
11Q19 XXXIV,10		ומולחים את הנתחים במלח
11Q19 XXXIV,12		ופר ונתחיו אצלו

path noun **נְתִיבָה**

Reference		Text
CD I,16		ולסור / מנתיבות צדק
1QH[a] IX,12		מאורות לרזיהם / כוכבים לנתיבות[ם
1QH[a] XII,4		ובנתיבות אשר בחרתה מ◦◦◦◦[
1QH[a] XIV,24		ואין / נתיבת לישר דרך על פני מים
1QH[a] XV,14		וכאמתכה לישר פעמי לנתיבות צדקה
1QH[a] 3,3		]נתיבות שלום ועם בשר להפליא[
4Q166 I,7	(V)	]◦ בסירים ונתיבותיה / [
4Q184 1,10	(V)	ונתיבו[תי]ה אשמות פשע
4Q270 2ii20	(XVIII)	ונתיבות שחת אפתחה ל[עיניכם
4Q400 1ii10	(XI)	] / לשבע נתיבו[ת

temple servant noun **נָתִין**

Reference		Text
4Q340 1	(XIX)	אלה הנתינ[ים] / אשר כונו בש[מותיהם]
4Q523 1-2,7	(XXV)	]נתו/ינים ◦[← נתן

to pour out, gush verb **נתך**

Reference		Text
CD XX,3		הוא האיש הנתך בתוך כור
4Q238 1	(XXVIII)	] מתלש נתכת מא◦[
4Q424 1,5	(XXXVI)	כי כעופרת כן ינתך ולא יעמוד לפני אש
4Q433a 3,2	(XXIX)	]נתך פ◦[
4Q437 9,3	(XXIX)	נתכ]ת חמת אל על רוב טורד[

to give, put, set verb **נתן**

Reference		Text
CD I,4		ויתנם לחרב
CD I,5		ולא נתנם לכלה
CD I,6		לתיתו אותם ביד נבוכדנאצר מלך בבל
CD IV,16		ויתנם פניהם לשלושת מיני / הצדק
CD XIII,14		ואל ית[ן] לבני השחר
CD XIV,13		ונתנו על יד המבקר
CD XIV,14		והשופטים / ממנו יתנו בעד [יתו]מים
1QS II,5		יתנכה / אל זעוה ביד כול נוקמי נקם
1QS II,17		יתן גורלו בתוך ארורי עולמים
1QS IV,17		ויתן איבת עולם בין מפלגותם
1QS IV,18		ובחכמת כבודו נתן קץ להיות עולה
1QS XI,7		לאש{{◦}}ר בחר אל נתנם לאוחזת עולם
1QSa I,19	(I)	לפי כוחו יתנו משאו ב[עבו]דת העדה
1QSb III,5	(I)	שלו]ם ע[ו]לם יתן לכה ומלכות [
1QSb III,26	(I)	ויתנכה מקומכה [במעון] / קודש
1QSb V,18	(I)	וכבודכה לוא י[תן לאחר
1QSb V,25	(I, XXVI)	יתן[לכה רוח עצ]ה וגבורת עולם
1QpHab II,8		מפי / הכוהן אשר נתן אל ב[לבו בינ]ה
1QpHab IV,8		ובאמה ופחד / ינתנו בידם
1QpHab V,4		וביד בחירו יתן אל את משפט כול הגוים
1QpHab IX,6		ולאחרית הימים ינתן הונם עם שללם
1QpHab IX,10		נתנו אל ביד אויביו לענותו
1QpHab X,3		אשר יתן אל את / משפטו בתוך עמים
1QM I,17		]◦ם יתנו יד בכל[
1QM XII,11		תן ידכה בעורף אויביכה
1QM XIV,6		ונותן לנמוגי ברכים חזוק מעמד
1QM XIX,3		תן ידכה בעורף אויביך
1QH[a] IV,17		[אודך אדוני כי]ה מרוחות אשר נתתה בי
1QH[a] IV,20		]◦ נתתי לך
1QH[a] V,25		ידעתי / ברוח אשר נתתה בי [
1QH[a] VI,8		אודך]אדוני הנותן בלב עב[דך]בינה / [
1QH[a] VIII,20		ואחלה פניך ברוח אשר נתתה [בי]
1QH[a] X,7		ותתן מענה לשון לער[ול] שפתי

Reference	Vol.	Text
1QH^{a} X,37		ובתעודות **נׄנתנו** לאזנים / [
1QH^{a} XI,35		וצבא השמים **יתנו** ב͏קולם
1QH^{a} XII,26		**ותתן** מוראם על עמכה ומפץ
1QH^{a} XIII,6		**ותתׄןׄ** [
1QH^{a} XV,10		[ו]אתה אלי **נתת**<נ>י לעפים לעצת קודש
1QH^{a} XVI,4		כי **נ]תתני** במקור נוזלים ביבשה
1QH^{a} XVI,14		**ויתן** י[ ]◦ח עולם
1QH^{a} XVII,10		**ותתן** / תחנה בפי עבדכה
1QH^{a} XVIII,22		ולא **נתתה** / משעני על בצע
1QH^{a} XVIII,27		ולבני אמתכה **נתתה** שׂכׄל[
1QH^{a} XIX,4		**ותתן** בפי הודות
1QH^{a} XIX,27		א]שר **נתתה** לעׄבׄדׄךׄ / שכל דעה
1QH^{a} XX,12		ידעתיכה אלי ברוח / אשר **נתתה** בי
1QH^{a} XXI,12		**נ]תׄתה** באוזן עפר
1QH^{a} 2i5		כרוב חסדיכה **תן** משמר צדקכה / [
1QH^{a} 3,14		י]צׄרׄ העפר ידעתי ברוח אשר **נתתה** בי ◦◦[
1Q**22** 1ii10	(I)	**ל]תת** לכם את / [התבו]אׄהׄ
1Q**30** 2,1	(I)	]לׄפניכה **לתת**[
1Q**34**bis 3i5	(I)	**ונתתה** רשעים [כ]ופרנו
1Q**34**bis 3ii6	(I)	**ותׄ[תנ]ם** להבדל לך לקודש מכול העמים
2Q**20** 1,3	(III)	היו **נותנים** ⟦ ⟧ כב[ודם לבני ישראל]
2Q**22** II,4	(III)	] / **יתנם** למׄשפׄטׄ וכל[
4Q**158** 10-12,8	(V)	כיא **יתן** איש אל[
4Q**159** 1ii6	(V)	]כסף הערכים אשר **נתנו** איש ͏כפר נפשו
4Q**159** 1ii7	(V)	רק פׄ[עם] אחת **יתננו** כול ימיו
4Q**161** 8-10,8	(V)	פשרו על ה]כתיאים אשר **ינת[נו]** ביד גדולו[
4Q**166** II,1	(V)	אנוכי **נתתי** לה הדגן [והתירוש]
4Q**169** 3-4i12	(V)	אשר / **[י]תנוהו** ע[
	(V)	א]פרים **ינתן** ישראל לׄ[
4Q**171** 1-2ii19	(V)	ואחר[י] כן **ינתנו** ביד עריצי גואים למשפט
4Q**171** 1+3-4iii9	(V)	ולוא ישלם / וצדיק חונן **ונותן**
4Q**171** 3-10iv9	(V)	**לתתו** / ביד עריצ[י] גואׄיׄםׄ
4Q**175** 3	(V)	מי **ינתן** ויהיה לבבם ͏זה͏ להם
4Q**175** 5	(V)	**ונתתי** דברי / בפיהו
4Q**176** 4-5,1	(V)	**וא]תׄןׄ** אדם תׄח[תיך ולאמים תחת נפשך]
4Q**176** 16,3	(V)	ב]ית קודש **ולתת** מילת איש ל[
4Q**183** 1ii4	(V)	] / רצון **ויתן** להם לב אחד ללכ[ת
4Q**185** 1-2ii2	(V)	ולמה **תתנו** / [ ]כׄם לשאׄ◦[
4Q**185** 1-2ii8	(V)	אשרי אדם **נתנה** לו / מׄןׄ א◦[
4Q**185** 1-2ii14	(V)	כן **תתן** לאבתיׄו כן ירשנהׄ[
4Q**215** 1-3,2	(XXII)	ויפרקׄהׄו **ויתן** לו את חנה אחת מאמהותי[ו
4Q**215** 1-3,3	(XXII)	**ויתן** את שמה זלפה בשם העׄיר
4Q**215** 1-3,10	(XXII)	**ונתון** לו את בלהה אמי
4Q**216** II,14	(XIII)	**ונתׄ[תי** אותם ביד הגוי]םׄ לשׄ[בי]
4Q**219** II,26	(XIII)	**ונתנכה** בייד פשעיכה
4Q**221** 1,2	(XIII)	**וניׄתׄנׄכׄ[ה** ביד פשעיכה]
4Q**221** 7,1	(XIII)	[והמצרי] **נׄתׄןׄ** [הכול לפנו
4Q**222** 1,6	(XIII)	אשר **נתן** לי [א]תׄ יׄ[ע]קׄ[וב בן טהור
4Q**223-224** 2ii10	(XIII)	ביד ( ) יעקוב ͏**ינתן**͏
4Q**223-224** 2iii5	(XIII)	ואתן את בכורתי ליעקוב **]תׄנתׄןׄ**[לו
4Q**223-224** 2v6	(XIII)	**ויתן** אתׄ[יוסף בית הסוהר
4Q**223-224** 2v27	(XIII)	**וי]תׄן** אלוהׄ[ים ליוסף חן וחסד]לפני פרעוהׄ[
4Q**223-224** 2v31	(XIII)	**]ויׄתׄן** את [הטבעת בידו
4Q**225** 2ii1	(XIII)	**ו[י]תׄןׄ** [את העצים על ישחק בנו
4Q**226** 1,4	(XIII)	]◦עׄלׄ◦ האותות **[נ]תתי** לך ותשב [
4Q**226** 4,3	(XIII)	**נת]תׄיׄ** לך את כול [
4Q**251** 8,2	(XXXV)	**ונתן** שבׄ[תו ורפו]א ירפא
4Q**251** 24,1	(XXXV)	**ונ]תׄנו** עליׄוׄ[
4Q**252** II,8	(XXII)	ארץ **נתן** לאברהם אהׄבו
4Q**252** V,4	(XXII)	כי לו ולזרעו **נתנה** ברית מלכות עמו
4Q**252** V,7	(XXII)	]◦ **נתן** / [
4Q**252** VI,1	(XXII)	**יתן** מעדני יׄ[
4Q**254** 14,2	(XXII)	]אשר **נת[ן** ?
4Q**257** II,2	(XXVI)	**יתׄנׄכה** אל זׄעוה ביד כול נוקמ[י] / [נקם
4Q**266** 2i9	(XVIII)	מי]שׂראל וממקדשו / **ויתנם** [לחרב
4Q**266** 2i10	(XVIII)	ולא / **נתנם** לׄ[כלה
	(XVIII)	**לתתו** אותם ביד / נבׄ[וכדנא]צׄר מל[ך] בבל
4Q**266** 10i6	(XVIII)	**וינתן** [על יד] המבקר
4Q**266** 10i7	(XVIII)	והשופטי<<ם>> / [ממנו **ית]נׄוׄ** בעד פצ[ועים
4Q**266** 11,11	(XVIII)	בחרׄתה לזרעם **נתתה** חוקי אמתכה
4Q**267** 4,9	(XVIII)	]ל אל **יתׄ[ן]** הׄ[ו]א א[ת] / [
4Q**267** 4,10	(XVIII)	ואת אוכ]לׄוׄ בתרביׄת אל **ית[ן]** / [
4Q**268** 1,11	(XVIII)	]מׄישׂראׄל [ו]ממקדשו **ויתנׄם** [לחרב
4Q**270** 4,9	(XVIII)	א]לׄ **יתן** איש אׄ[ת] / [
4Q**270** 5,14	(XVIII)	[ואם את בתו **ית]ןׄ** איש לאיׄשׁ[
4Q**271** 3,6	(XVIII)	**]◦תן** / [
4Q**271** 3,9	(XVIII)	וגם אל **יתנהׄ** לאשר לוא הוכן לה
4Q**275** 1,6	(XXVI)	**לת]תׄ** להם יׄ◦[
4Q**282**b 3	(XXXVI)	]◦ **אׄתׄנם** ◦[
4Q**285** 8,6	(XXXVI)	**ולׄתׄתׄ**[לכם פרי תנובות דגן] / [תירוש וי]צׄהר
4Q**287** 5,8	(XI)	חיל ה]מׄוׄןׄ גׄויים **לת[ת**
4Q**298** 3-4i4	(XX)	**]נתן** אל / [
4Q**299** 6i6	(XX)	]יׄאמׄר להם **ויתנו** / [
4Q**299** 6i15	(XX)	**]נתׄן** ממשל לחזק / [
4Q**299** 66,4	(XX)	]◦ **יתנו**[
4Q**305** 1ii2	(XX)	] / **נתן** לאדם דע[ת
4Q**332** 2,1	(XXXVI)	**ל]תׄת** לו יקר בערבׄ[ים
4Q**364** 4a,2	(XIII)	כי שנואה]אנכי **ויתן** / [
4Q**364** 4b+ei9	(XIII)	ותואמר רחׄל אל לאה **ת]נׄיׄ** / [
4Q**364** 4b-eii9	(XIII)	[ויואמר מ]ה **אתן** לׄכׄה[
4Q**364** 9a-b,8	(XIII)	**ויתן** להׄ[ויבוא אליה ותהר לו
4Q**364** 11,2	(XIII)	ולבנימ͏י͏ם **נתן** שלושׁ[מאות כסף
4Q**364** 17,5	(XIII)	ואת השלחן **תתן** על צלעו צפונה [
4Q**364** 21a-k,15	(XIII)	אשר יהוה אלוהינו **נ]וׄתן** לנו
4Q**364** 23a-bi13	(XIII)	לארץ ירוש]תו אשר **נתׄן**[יהוה] / [להמה
4Q**364** 24a-c,6	(XIII)	**וי[תנהו** ?
4Q**364** 24a-c,13	(XIII)	ה]כׄול **נתן** יהׄ[וה]
4Q**364** 25a-c,1	(XIII)	יהוה אלוהיכם] **נתן** לכׄ[מה את הארץ הזואת
4Q**364** 25a-c,5	(XIII)	יהוה א]לׄ[והיכ]םׄ **נותן** להמה[?
4Q**364** 25a-c,6	(XIII)	ושבתם איש לירשתו]אשר **נתתי** לכמה[
4Q**364** 32,2	(XIII)	**ונתתי** בכׄ[סף וצרתה] / [הכסף בידכה
4Q**364** 32,4	(XIII)	**ונת]ת** הכסׄף[בכול אשר] / [תאוה נפשכה
4Q**365** 6aii+6c,6	(XIII)	] / וׄרוממנה למרומם[פ]דׄות **נתת◦**[
4Q**365** 23,5	(XIII)	הארץ אשׁר / [א]נׄוכי **נותן** לכמה לנחלה
4Q**365** 25a-c,15	(XIII)	**ונתתי** אׄ[ת עריכם חורבה]
4Q**366** 2,1	(XIII)	כאשר **י]תׄןׄ** [מום באדם כן ינתן בו
4Q**368** 9,4	(XXVIII)	]כׄבׄוד **יתן** יהוה אלהים לׄ[ ]הׄ
4Q**370** 1i7	(XIX)	וא]ת קשתו **נתׄןׄ**[בענן
4Q**372** 1,4	(XXVIII)	] / עליון **ויתנם** בׄיד הגוים ל[
4Q**372** 1,22	(XXVIII)	עת תשמידם מכל תבל **ויתנו**[
4Q**372** 2,5	(XXVIII)	**הנו]תׄןׄ** לוׄ שכל להבין לבנות ◦[
4Q**372** 2,7	(XXVIII)	כי **נתן** לך עוז לגבׄ[ר
4Q**372** 2,8	(XXVIII)	**]ויתנׄם** ביד עמו במשׁפׄ[טים
4Q**372** 3,8	(XXVIII)	ולא **יתן** לגוי אחר חקיו
4Q**372** 23,3	(XXVIII)	]י **נתן** לׄ[
4Q**374** 2ii6	(XIX)	**[ו]יתננו** לאלוהים על אדירים
4Q**378** 6ii1	(XXII)	ב]חנני **ויתנׄ**[
4Q**378** 11,3	(XXII)	] הנשבע לאברהם **לתת** / [
4Q**378** 12,3	(XXII)	**]נתן** יהוה אלוהׄ[ים
4Q**378** 20ii5	(XXII)	] / **ולתת** הון ל[

א]שלחה נותן אֹ[	(XIX)	4Q470 2,2
]וֹהואה נותן [לפניכה את החיים	(XXII)	4Q473 2,2
ל]שֹאֹ[ו]ל את יהוה כיא[י]תֹ[ן לה]בֹןֹ[אחר	(XXXVI)	4Q474 4
עד אשר יֹתֹן לכה[משאלות לבכה	(XXXVI)	4Q474 7
] יתן לו / [	(VII)	4Q487 8,1
אל תתן לזרים נחלתנו	(VII)	4Q501 1
נ]תֹתה להסה לבֹ[לדעת]	(VII)	4Q504 18,2
] / [נ]תֹתהֹ לנוֹ כוֹ◦[	(VII)	4Q506 131-132,5
נת]תה לו בט[וב] / [לב]בֹם	(VII)	4Q506 131-132,8
ונתתֹ[ה רשעים כופרנו	(VII)	4Q508 1,1
]אשר נתתה להֹ◦[	(VII)	4Q508 40,1
נ]תֹתה ב◦[	(VII)	4Q509 78,2
]תֹ בינתו נתן [ב]לב[בי	(VII)	4Q511 48-49+51,1
]יֹתן ושר[	(VII)	4Q511 144,2
]מֹה ונתוֹן את[י]דֹוֹ לש[	(VII)	4Q512 21-22,1
ברוך אתה] / א[ל ישרא]ל אשֹר נֹתתה ל[נו	(VII)	4Q512 1-6,8
]◦ נתנ◦[	(VII)	4Q513 28,3
]וֹנתןֹ [	(VII)	4Q520 39,1
ויתן כ◦[	(XXV)	4Q521 12,1
]נֹתֹתֹנֹ[ו	(XXV)	4Q522 9ii1
וה[נ]הֹ נתתיו עבד ע[ם בני יש]רֹא[ל	(XXV)	4Q522 9ii11
]נתו/ינימֹ ◦[← נָתִין	(XXV)	4Q523 1-2,7
ונתתי [א]ת כול אויביו לפניו	(XXV)	4Q524 6-13,2
אשר דב]רֹ בחוכמה אשר נתן לו אלוה[ים	(XXV)	4Q525 1,1
תנ]חֹל ברעי עין תתן לֹהֹ[ם ?	(XXV)	4Q525 13,2
וא]ל תתן [	(XXV)	4Q525 14ii20
אשמת]כֹהֹ יתנכה / [	(III)	5Q11 1i4
]ואת לוי ה[ ]◦תה ותתן לו לאגוד / [	(III)	5Q13 2,7
]נתנוהו ביד[	(III)	6Q9 33,2
כי להודיע כבוד יהוה נתנה חוכמה	(IV)	11Q5 XVIII,3
נשמת כול בשר אתה נתתה	(IV)	11Q5 XIX,4
ועלה היתה לי למלמדי אתן / הודי	(IV)	11Q5 XXI,14
הט אוזנכה ותן לי את שאלתי	(IV)	11Q5 XXIV,4
למי אזעקה ויתן לי	(IV)	11Q5 XXIV,14
ויתן / לו יהוה רוח נבונה	(IV)	11Q5 XXVII,3
כנבואה אשר נתן לו מלפני העליון	(IV)	11Q5 XXVII,11
ולתת לכם פרֹ[י] / תֹנוֹבות דגן תירוש ויצהר	(XXIII)	11Q14 1ii9
]בֹ עוונותיו ותתן[	(XXXVI)	11Q16 2,4
ונתת]ה עלֹ שתי המערכות[לבונה] / [זכה		11Q19 VIII,9
ובעורככה את ה]לחם תתן עליו לבונה		11Q19 VIII,12
ונתתה / [את המנורה לפני הדביר		11Q19 IX,12
ונ]תֹנו מן הדם [על תנוך אוזנו		11Q19 XVI,2
ויתן מדמו באצבעו על קרנות הֹ[מזבח		11Q19 XVI,16
ה]כֹוהנים ויתנו עשֹ[רות ?		11Q19 XVII,1
ועל כול קורבנכמה תתנו מלח		11Q19 XX,13
ונתנו בני ישראל לכוהֹ[נ]יֹםֹ / איל אחד		11Q19 XXII,11
ונתֹ[ן מ]דֹמו באצבעו על ארבע קרנות מזבֹ[ח]		11Q19 XXIII,12
ונתנמה על רואש השעיר		11Q19 XXVI,12
נתו?]נֹיםֹ ? בלוח נחו[שת		11Q19 XXXIV,1
ושרטת על נפש לוא תתנו בבשרכמה		11Q19 XLVIII,9
בין ארבע / ערים תתנו מקום לקבור בהמה		11Q19 XLVIII,14
שופטים ושוטרים תתן לכה בכול שעריכה		11Q19 LI,11
וירשתה / את הארץ אשר אנוכי נותן לכמה		11Q19 LI,16
ונותנים אבני משכיות להשתחות עליהמה		11Q19 LI,21
ומבקריכה כברכתֹי אשר אתן / לכה		11Q19 LIII,3
ונתן אליכה אות או / מופת		11Q19 LIV,8
בֹאֹחֹ[ת עריכה אשר א]נוכי נותן לכה		11Q19 LV,2
למען אשוב מחרון אפי ונתתי לכה / רחמים		11Q19 LV,11
באחד שעריכה אשר / אנוכי נותן לכה		11Q19 LV,16
כי תבוא אל הארץ אשר אנוכי נותן לכה		11Q19 LVI,12
] פז ותתן לי / [	(XI)	4Q381 19i4
ואתן נפשי להכנע מלפנֹ[יך	(XI)	4Q381 45a+b,2
ואל תתנני במשפט עמך אלהי [	(XI)	4Q381 45a+b,4
]בֹ ולֹ[ ]◦◦ ותנתן לי קרן[	(XI)	4Q381 46a+b,2
וינתם לכם ברוחו נביאים	(XI)	4Q381 69,4
]ילה לתתֹם ביד כול גו◦◦[	(XIII)	4Q382 31,2
]◦נות[ן	(XIII)	4Q382 81,2
]יֹוֹ בֹ◦◦◦ חיכה הנתתה להם בֹיד מושהֹ[	(XIII)	4Q382 104,7
אני יהוה] הגואל עמי לתת להם הברית	(XXX)	4Q385 2,1
] / ואתנה נפש איביו בכפֹו[	(XXX)	4Q385a 1a-bii6
ואת ישראל אשבר ונֹ[תתו לחרב	(XXX)	4Q387 2iii2
]וֹאתננה להם[	(XXX)	4Q387a 4,2
ואת ישראל אשבור ונתתו לחרב	(XXX)	4Q388a 7ii5
כאשר]אֹמרו תנה לנו מלך אשר[	(XXX)	4Q389 5,2
והסתרתי פני מהמה ונתתים ביד איביהם	(XXX)	4Q390 1,9
ונתתים / [ביד מל]אכי המשטמות	(XXX)	4Q390 2i6
]◦ אתן נימ ◦[	(XIX)	4Q391 26,1
אבות]יֹנוֹ לֹתת[לנו	(XXIX)	4Q392 6-9,3
לתת לנו הקימות לאברהם לישראל	(XXIX)	4Q393 3,7
לתֹתֹ לנו בתים מֹלאים / [כול טוב	(XXIX)	4Q393 3,8
כי על [אלה]אֹנחנו נותנים א[ת	(X)	4Q397 14-21,9
כי על כול אלה אנחנו נות]נֹים את / [	(X)	4Q398 14-17i1
]◦תתי ◦[	(XXXVI)	4Q408 12,1
] / תן הדות לשמוֹ[	(XX)	4Q412 1,8
נת]תֹהֹ כל חייכה בוֹ	(XXXIV)	4Q416 2ii5
מֹהר תן אשר / ◦ לו	(XXXIV)	
למכבדיכה תן הדר	(XXXIV)	4Q416 2iii10
ועוד לוא נתן הגוֹי לרוח בשר	(XXXIV)	4Q417 1i17
וֹלתת טרףֹ לכֹ[ול חי	(XXXIV)	4Q417 2ii+23,3
]◦םֹ מות יֹתנו באיֹש ונתֹ[	(XXXIV)	4Q417 3,1
למכבדכֹה}} / תן ה[ד]ר	(XXXIV)	4Q418 9+9a-c,11
]הֹ תןֹ[	(XXXIV)	4Q418 19,1
] / וטובתֹי לכה אתן	(XXXIV)	4Q418 81+81a,6
]תן שכל [	(XXXIV)	4Q418 149,6
] / ויתנם שֹ[ ]אשֹר לֹ[כו]ל עֹמֹו	(XXXVI)	4Q419 1,7
] ◦[ ]וֹעליו יֹתֹןֹ[ ]לֹ[ ]◦ ◦[	(XIII)	4Q422 II,5
הכו]לֹ נֹתֹן[	(XIII)	4Q422 II,13
וכוחה לא תתן לכה ◦[ ] / [	(XXXIV)	4Q423 1-2i3
]אֹ לא נתן ⟦ ⟧[	(XXXIV)	4Q423 6,2
] / תֹן[	(XX)	4Q425 4ii1a
]נתן אל בלבבי דעַה ובינה	(XX)	4Q426 1i4
ו]לֹ[המיר בהולל יצר סמוך אשר] / נתֹ[תה	(XXIX)	4Q428 3,6
אשר נתתהֹ[לעבדכה] / [שכל דעה	(XXIX)	4Q428 12i4
]לֹתֹת מפץ אֹ[	(XXIX)	4Q433a 3,3
וביד עריצֹיםֹ לא נתנם	(XXIX)	4Q434 1i5
] / ויתן לפניהם מחשכים לאור	(XXIX)	4Q434 1i9
וְכַלֵב אֹ[ח]רֹ נתן להם וילכו בדֹ[רך]	(XXIX)	4Q434 1i10
לעשות כלי דעת לתת לחכמים דעה	(XXIX)	4Q436 1a+bi2
]הֹ ולבֹ[נד]כֹה נתתה לי יֹצֹ[ר	(XXIX)	4Q436 1ii4
ומשאול העלֹוֹת נפֹ[ש]יֹ חיים נתֹתה[לפני]	(XXIX)	4Q437 2i11
] ותנם ביד ידידיכה לכל[ה	(XXIX)	4Q451 2
] / נתן למלאכים ואת◦[	(XXXVI)	4Q459 1,3
]הֹנותן לכה כֹ[וח	(XXXVI)	4Q460 5,2
]הֹי בהמה ויתנםֹ בֹידֹ רֹ[	(XXXVI)	4Q461 1,2
]◦◦בעבודה קשה ויתנו עלֹ ◦◦◦[	(XXXVI)	4Q461 1,3
ויתנם לש{{ו}}מהֹ וֹ[	(XXXVI)	4Q461 1,4
]◦תנה לרבים לנחלה	(XIX)	4Q462 1,7
]והנה נתנו במצרים שנית בקצ ממלכה	(XIX)	4Q462 1,13
]◦ר אמר לתת לו אֹ[ת הארץ	(XIX)	4Q464 7,3
]◦לֹתֹת בארץ / [	(XXXVI)	4Q468f 3

Text	Volume	Reference
לוא **תתן** עליכה איש נוכרי		11Q**19** LVI,15
ועל שרי המֱאות **הנתונים** בערי / ישראל		11Q**19** LVIII,4
ונתנו / ממנו למלך מעשרו		11Q**19** LVIII,12
ונתתי את כול אויביו לפניו		11Q**19** LIX,19
ונתתיה למעלה ולוא למטה		11Q**19** LIX,20
כי תבוא אל הארץ אשר אנוכי **נותן** לכה		11Q**19** LX,16
ונתתיה בידכה והכיתה את זכורה לפי חרב		11Q**19** LXII,9
אשר אנוכי **נותן** לכה		11Q**19** LXII,11
מערי העמים אשר אנוכי **נותן** לכה נחלה		11Q**19** LXII,13
ואל **תתן** דם נקי בקרב עמכה ישראל		11Q**19** LXIII,7
ונתתי אותמה בידכה		11Q**19** LXIII,10
האדמה אשר אנוכי / **נותן** לכה נחלה		11Q**19** LXIV,13
את בתי **נתתי** ֗לֶאיש הזה ֗לאשה֗		11Q**19** LXV,11
ונתנו לאבי הנערה כי הוציא שם רע		11Q**19** LXV,15
ונתן האיש השוכב עמה לאבי הנערה		11Q**19** LXVI,10
ונתנ[ו על קרנות המזבח באצבעם]	(XXIII)	11Q**20** I,25
הארץ] / אשר אנוכי **נותן** לכ֯מ[ה לרשתה	(XXIII)	11Q**20** XV,7
]◦י **יתן** עשה א◦[	(XXXIII)	PAM 43.680 15,1
] / **ינתן**[	(XXXIII)	PAM 43.683 92,1
]◦ו **ויתן** ק◦[	(XXXIII)	PAM 43.685 58,2
נ]תתי [	(XXXIII)	PAM 43.691 40,3
]◦בם 〚 〛 **ואתן**[	(XXXIII)	PAM 43.697 75,2
] **תת** ע◦[	(XXXIII)	PAM 43.698 51,2
]גנבי **ויתן** / [	(XXXIII)	PAM 44.102 31i2
] / בירחו **נתן** חני ב[ן	(XXXVI)	KhQ**1** 2

Nathan proper noun **נָתָן**

Text	Volume	Reference
] / [יהוס]פ בנ **נתן**[	(XXXVI)	KhQ**2** 3

to break down verb **נתץ**

Text	Volume	Reference
]בית **ונתץ**[	(XXXV)	4Q**249** 1,3
כי] / [את מזבחו]תיהםה **תתוצון**		11Q**19** II,6

to tear off verb **נתק**

Text	Volume	Reference
כי נאסרתי בעבותים / לאין **נתק**		1QH[a] XIII,37
◦◦◦◦◦ ◦◦ע◦◦ **יתקו** בזקי מכשול		1QH[a] XVI,35
כי נאסרתי בעבותים] / [לאין נ]**תק**	(XXIX)	4Q**429** 3,11
] / משורשיו לוא **ינתקו** מערוגת בשמו	(XXIX)	4Q**433**a 2,9

scale, scalp noun **נֶתֶק**

Text	Volume	Reference
ומשפט **נתק** הרוש והז[קן]	(XVIII)	4Q**266** 6i5
ואת **הנתק** לא יגלחו	(XVIII)	4Q**266** 6i9
ואת] **הנתק** לוא יגלחו [למען יספ]ור [הכוהן]	(XVIII)	4Q**272** 1i18
ומשפט **נתק** הר[וש והזקן	(XVIII)	4Q**273** 4ii10
מקומות למנוגעים / בצרעת ובנגע **ובנתק**		11Q**19** XLVIII,15
והצרוע אשר בו צרעת נושנת או **נתק**		11Q**19** XLVIII,17

to jump verb **נתר-2**

Text	Volume	Reference
כרעים מעל רגליו **לנתור** בהמה על הארץ		11Q**19** XLVIII,5

to release verb **נתר-3**

Text	Volume	Reference
יתר כל חרצובות קשריהם		CD XIII,10
ית[ר] / [כול חרצובות קשריהם	(XVIII)	4Q**267** 9iv6
מתיר אסורים פוקח עורים זוקף כפ[ופים]	(XXV)	4Q**521** 2ii+4,8
ואת חק חסד{{יך}}ך **ואתר** אותם ב[	(XXV)	4Q**521** 2iii1

to remove, exile verb **נתש**

Text	Volume	Reference
ו[דלי]ם ישב[יע]**נתושים** ינהל	(XXV)	4Q**521** 2ii+4,13

ס

samek, fifteenth letter of the alphabet ס

Text	Volume	Reference
ש ש / ל ם ן **ס** ע פ צ ק ר	(XXXVI)	KhQ**3** 2

seah (dry measure) noun **סְאָה**

Text	Volume	Reference
]וכול הלקט[עד סאה לבית ה]**סא[ה]**	(XVIII)	4Q**266** 6iii5
[וכל הלקט] עד **סאה** לבית הסאה	(XVIII)	4Q**270** 3ii13
[וכל הלקט] עד סאה לבית **הסאה**	(XVIII)	
ונפרס] **מסאה** לבית סאה מעשרה בה	(XVIII)	4Q**270** 3ii17
ונפרס] מסאה לבית **סאה** מעשרה בה	(XVIII)	
והסאה / [שלושת העש]רנים	(VII)	4Q**513** 1-2i4

tread (?) noun **סְאוֹן**

Text	Volume	Reference
כיא **בסאון** רשע מחרשו וגוֹאֱלים / בשובתו		1QS III,2
כ[יא ב]**סאון** רש[ע] / מחרשו	(XXVI)	4Q**257** III,3
]◦דים המגוללים **בסאון**[	(XXV)	4Q**525** 21,6

gallery, porch noun **סב**

Text	Volume	Reference
בקבר שתחת **הסבין** ככ 40	(III)	3Q**15** XI,8

to drink heavily verb **סבא**

Text	Volume	Reference
אל תהי זולל **וסו]בא** ומא[ומה אין בכיס	(XXV)	4Q**525** 25,4
ואננו שומע בקולנו זולל **וסבא**		11Q**19** LXIV,5

Saba (?) proper noun **סָבָא-1**

Text	Volume	Reference
]ור[ ]◦**בא** ואפ[ק וא]שקלון / [	(XXV)	4Q**522** 9i+10,9

to go around, surround, turn verb **סבב**

Text	Volume	Reference
תסוב עליכה כוס ימין יהוה		1QpHab XI,10
והמגן **מוסב** מעשי גדיל שפה		1QM V,5
עד הנגף האויב **והסבו** עורפם		1QM IX,2
כ◦[י]**סבו** המגדל לשלושת רוחות הפנים		1QM IX,13
חנו עלי גבורים **סבבום** בכל / כלי מלחמותם		1QH[a] X,25
כי **סבבוני**[בהוות] לבם		1QH[a] XIII,31
אנחה ויגון / **יסובבוני** ובושת על פנים		1QH[a] XIII,35
]עם וזרע **ויסב** ◦עמו וי[	(XXX)	4Q**385**a 16a-b,3
]**סב** יומר צב[	(XXXIV)	4Q**418** 145,2
כי **סבבוני** בה[וות לבם	(XXIX)	4Q**429** 3,4
אנחה ויגון י[**סובבוני** ובושת על פנים	(XXIX)	4Q**429** 3,8
]וצרות כיא **יסובוכ**[ה	(XXXVI)	4Q**460** 7,8
סבבונו חילכיא עמכה בלשון שקרמה	(VII)	4Q**501** 4
]**תסוב[בו]**ן את[	(XXV)	4Q**523** 1-2,8
בלכתמה לוא י]**סבו** לכול ע[	(XXIII)	11Q**17** VII,7

all around, environs, surrounding adverb, noun **סָבִיב**

Text	Volume	Reference
סב]יב לו על פנ[יהם	(I)	1QSb IV,21
ות]היה **סביב** משרת בהיכל / מלכות	(I)	1QSb IV,25
מזה ומזה לצמיד / **סביב** אבני חפץ		1QM V,9
לוא יראה **סביבות** כול מחניהם		1QM VII,7
]◦ם **בסביביה** פן ◦נדב[		1QH[a] XI,41
ואנשי [עצ]תי סוררים / ומלינים **סביב**		1QH[a] XIII,25
]◦ם **בסביביה** פן ◦נדב[		1QH[a] 25,2
סביב נכרתו צריך ציון	(XVI)	4Q**88** VIII,6
מים **סביב** לה אשר חילה ים	(V)	4Q**169** 3-4iii10
ואת הבירה כ]ול **סביבות**[יה	(XIII)	4Q**223-224** 2iii3
וזרקתה את הדם על המזבח] / **סביב**	(XIII)	4Q**365** 9bii4

4Q**385**a 17a-eii5 (XXX) מים **סביב** לך ח[ילך] ים
4Q**403** 1ii7 (XI)] / מתהלך **סביב** רוחות קודש קודשים ◦[
4Q**403** 1ii9 (XI) ורוחות אלוהים בדני להבת אש **סביבה** ל֯[
4Q**405** 6,7 (XI) רוחות אלוהים **סביבה** למעון / [
4Q**405** 7,6 (XI)]ו֯ל **סב֯יב֯**[ ]◦ל◦[
4Q**405** 19,6 (XI) מחוקקי / **סביב** ללבני [כ]ב֯ודם
4Q**405** 20ii-22,10 (XI) **ס֯ב֯יב** מראי שבולי אש בדמות חשמל
4Q**432** 7,2 (XXIX) בס]**ב֯יבו** ⟦ ⟧ פן יורה גבו֯[ר
4Q**434** 1i12 (XXIX) ו֯י֯חן מלאכו **סבי[ב]** ש֯מ֯ר֯ם֯[
4Q**434** 4,2 (XXIX) וחסדיך לי צ]נ֯ה **סביב**
4Q**437** 2i5 (XXIX) וחסדיך לי צנה **סביב**
4Q**491** 1-3,6 (VII)]מ֯ים **סביבה** מ֯חוץ ◦[
4Q**491** 1-3,8 (VII) וכול] / ערוה לוא יראה **סביבות**{{יה}}מ[ה
4Q**525** 17,5 (XXV)]גבר[ ] **סביב**◦[
11Q**5** XXII,10 (IV) **סביב** נכרתו / צריך ציון
11Q**5** XXVI,10 (IV) חסד ואמת **סביב** פניו
11Q**17** VI,6 (XXIII) בדני צורות אלוהים מ]חוקק **סב[י]ב**[
11Q**19** XXIII,14 וזרק את דמו על יסו[ד] / עזרת המזבח **סביב**
11Q**19** XXX,10]ת אשר **מסבי֯ב֯** עולה מעלות א[
11Q**19** XXXII,12 [ו]עשיתה תע֯ל֯ה֯ **ס֯בי֯ב֯** לכיו֯ר אצל֯ ב֯יתו֯
11Q**19** XXXIV,8 ו֯זורקים אות֯ו֯ ע֯ל יסוד המזבח **סביב**
11Q**19** XXXV,8 וקדשת{{מ}}ה את **ס֯[בי]ב** למזבח
11Q**19** XXXV,10 ועשיתה מקום למערב ההיכל **סביב**
11Q**19** XXXVIII,12 ועשית֯ה֯ [ח]צר שנית **ס֯ב֯[י]ב֯** ל֯[חצר הפנ]י֯מית
11Q**19** XL,7 רו]חב **סביב** לחצר התיכונה
11Q**19** XLVI,5 ועשיתה רובד **סביב** לחוץ מחצר החיצונה
11Q**19** XLVI,9 ועשיתה חיל **סביב** למקדש
11Q**19** LII,18 רחוק ממקדשי / **סביב** שלושים רס
11Q**19** LVI,13 אשימ֯ה֯ עלי מלך ככול הגואים אשר **סביבותי**
11Q**20** I,26 (XXIII) י֯שפוכו **סביב** על ארבע פנות עזרת ה֯[מזבח

thicket noun **סְבַךְ, סובך**
4Q**161** 8-10,2 (V) וניקפו] **ס֯בכי** [היער] בברזל
4Q**161** 8-10,6 (V) ונ֯י֯קפו **סובכי** [ה]י֯ער בברזל

to bear a load verb **סבל**
4Q**200** 2,2 (XIX)]**וסבול** אותכה במע֯י֯[ה
4Q**525** 5,12 (XXV)] / **יסיבלו** ערומים יכרו דרכיה

burden noun **סֹבֶל**
4Q**161** 2-4,10 (V) והיה ביום ההואה] י֯סור **סב**[לו מעל שכמך]

to increase verb **סגה**
4Q**523** 3,1 (XXV) י]**ס֯ת֯גון** ט/מ[

possession noun **סְגוּלָּה, סְגֻלָּה**
4Q**299** 60,3 (XX)] **סגולה** מכול [העמים
4Q**381** 76-77,5 (XI) ישרא]ל עם **סגלתו** [

סְגֻלָּה ← סְגוּלָּה

to shut, hand over verb **סגר**
CD I,17 **להסגירם** לחרב נקמת נקם / ברית
CD III,10 **ויסגרו** / לחרב בעזבם את ברית
CD VI,12 ויהיו **מסגירי** / הדלת
CD VI,13 אשר אמר אל מי בכם **יסגור** דלתי
CD VII,13 וכל הנסוגים **הו֯סגרו** לחרב
CD VIII,1 וה֯נסוגים **הסגירו** לחרב
CD XIII,6 ואם פתי הוא הוא **יסגירנו**
CD XIX,13 והנשארי֯ם **הסגרו** לחרב נוקמת נקם ברית
1QM XI,2 איש גבור חיל / **הסגרת֯ה** ביד דויד עבדכה
1QM XI,13 כיא ביד אביונים **תסגיר** [או]יבי כול הארצות
1QH[a] XI,18 **ויסגרו** דלתי שחת בעד הרית עול
1QH[a] XIII,9 **ותסגור** פי כפירים אשר / כחרב שניהם
1QH[a] XIII,14 ואתה אלי **סגרתה** בעד {{ל}}ש{{ו}}ניהם
1Q**27** 1i5 (I) כי יהית **בהסגר** מולדי עולה
4Q**266** 2i21 (XVIII) **להסגירם** לחר[ב נוקמת נקם ברית
4Q**266** 3ii18 (XVIII) הו]א **מסי֯גר**{{◦}} הדלת
4Q**266** 3iii23 (XVIII) והנסוגים **ה֯[סגיר]ו֯** לחרב
4Q**269** 7,6 (XVIII) **והס֯[גירו** הכוהן] / [שבעת ימים
4Q**271** 5ii21 (XVIII)] / הוא **יסגירנו** [כי להם המשפט
4Q**272** 1i lft margin (XVIII) כאשר א]מר **והסגיר**[ו הכוהן
4Q**273** 4ii2 (XVIII)] / אמר [**והס]ג֯[י]ר֯ו֯**]
4Q**299** 8,9 (XX) **ה]ס֯גיר** בעד ע֯ד מים ל֯בל[תי
4Q**377** 2i9 (XXVIII) ו]י֯שיב חרון א֯[פו **ותסג]ר֯**מרים מעינו
4Q**381** 45a+b,3 (XI) ועלי יזמו֯ / **להסגירני**
4Q**390** 1,9 (XXX) ונתתים ביד איביהם **והסגרת֯**[ים] / לחרב
4Q**390** 2i4 (XXX) **להסגירם** לחרב שבוע֯ שני֯ם֯[
4Q**418** 126ii7 (XXXIV)] / **ולסגור** בעד רשעים
4Q**418** 201,2 (XXXIV)]**ו֯יסגר** בעד כול בני ע[ולה
4Q**418**c 4 (XXXIV)]**סגו֯ר** ◦[
4Q**422** II,5 (XIII) **ויס]גור** אל בעדם [
4Q**422** III,9 (XIII) ובהמתם ל֯[מו]ת֯ **הסגי֯ר**
4Q**512** 67,2 (VII)] י֯מי **הסג֯ר**[ו
11Q**19** XXXIV,5] / [ופותח?]ים **וסוגרים** את הגלגלים
11Q**19** XLIX,2 **והסגר?]ת֯מה** אותמה ש֯[בעת ימים ?

socket noun **סְגֹר**
1QM V,7 מזה **הסגר** והלוהב חצי האמה
ובסגר שלושה צ֯מידים מפותחים
1QM V,9 **והסגר** מחורץ בין הצמידים

fissure, crack noun **סֶדֶק**
3Q**15** V,5 (III) **בסדק** שבסככא מזר֯[ח] / אשיח שלומו

to order, arrange verb **סדר**
1QM V,3 סרך **לסדר** דגלי המלחמה
1QM V,4 למערכה האחת **סדו**{{כ}}ר֯י֯ם בסרך
1QM V,16]**יסדרו** שבע המערכות מערכה אחר מערכה
1QM VII,9 **ובסדר** מערכות המלחמה לקראת אויב
1QM XIV,3 מקום עומדם אשר **סדרו** שם המערכה
1QM XV,5 **וסדר** שם / את כול המערכות ככ◦[
1QM XVII,10 יתקעו֯ הכוהנים להם **לסדר** דגלי המערכה
4Q**491** 1-3,13 (VII) **וסדר** ג֯<<ם>>{{מע}}<<ה>>וא [את מער]כ֯ו֯ת֯י֯ו֯[
4Q**491** 11ii19 (VII) יתקעו הכוהנים **לסדר** מלח֯מה שנית

order, formation noun **סֵדֶר**
1QM III,1] / {{**סדרי** המלחמה וחצוצרות}}
סדרי המלחמה וחצוצרות מקראם
1QM III,6 ועל חצוצרות **סדרי** המלחמה
יכתובו **סדרי** דגלי אל לנקמת אפו
1QM V,3 ושבעה **סדרי** / פנים למערכה האחת
1QM VI,8 ושבעה **סדרי** פרשים יעמודו גם המה
מזה ומזה יעמודו **סדריהם**
1QM VIII,5 קול מרודד ידי **סדר** מלחמה
1QM VIII,6 והראשים יהיו נפשטים **לסדריהם**
ובעומדם שלושה **סדרים**
1QM IX,10 סרך לשנות **סדר** דגלי המלחמה
1QM XV,14 **ו֯ס֯ד֯ר֯[י]** ק֯[ד]ושים / [ ]◦רים ליום [
1QM XVI,5 ותקעו להם הכוהנים / תרועה **סדר**

4Q**404** 7,2 (XI)]ל סדרי[
4Q**491** 11ii3 (VII) ותקעו להמה הכוהנים תרו]עות סד[ר
PAM 43.674 10,1 (XXXIII)]סדר יקום[
PAM 43.680 30,1 (XXXIII)] / סדר[

plank noun **סְדֵרָה**
11Q**17** I,5 (XXIII)] סדרו[תיו
(XXIII) סדרו]תיו מבני[ת

סֹהַר ← סוֹהַר

סובך ← סְבַךְ

to turn back, change verb **סוג-1, שׂוג**
CD V,20 ובקץ חרבן הארץ עמדו מסיגי הגבול
CD VII,13 וכל הנסוגים הוסגרו לחרב
CD VIII,1 והנסוגים הסגירו לחרב
CD XIX,15 היו שרי יהודה כמשיגי / גבול
1QS II,12 עוונו ישים לפניו להסוג בו
1QS II,16 ונכרת מתוכ כול בני אור בהסוגו / מאחרי אל
1QS VIII,12 אל יסתרהו מאלה מיראת רוח נסוגה
4Q**259** III,3 (XXVI) אל י[ס]תרה[ו] / [מ]אלה[מיראת ר]וח נס[וגה
4Q**266** 1a-b,4 (XVIII)]למסיגי גבול וכלה יעשה [לפועלי] / רשעה
4Q**266** 3ii7 (XVIII) [ובקץ חרבן הארץ ע]מדו מסגי גבול
4Q**266** 3iii23 (XVIII) והנסוגים ה[סגיר]ו לחרב
4Q**267** 2,4 (XVIII) [ובקץ חורבן]הא[רץ עמדו] מסיגי [ג]בול
4Q**271** 1,2 (XVIII)]משסיגי הגב[ו]ל[
4Q**280** 3,2 (XXIX)]מ{{ש}}סיגי הגב[ו]ל[
4Q**416** 2iii8 (XXXIV) ואל תתבלע בה פן תסיג / גבולכה
4Q**416** 2iv6 (XXXIV) ואשר ימשול בה זולתכה הסיג גבול חייהו
4Q**424** 3,9 (XXXVI) [וה]וא בעל ריב לכול מסיגי גבול [
4Q**491** 11ii15 (VII) ולהסיג לב נמס לחזק ל[ב
4Q**517** 61,1 (VII)]תושג[
4Q**521** 2ii+4,2 (XXV) [וכל א]שר בם לוא יסוג ממצות קדושים

secret counsel, council, foundation noun **סוֹד**
CD XIV,10 בעול בכל / סוד אנשים
CD XIX,35 לא יחשבו בסוד עם
1QS II,25 בעצת קודש ובני סוד עולמים
1QS IV,1 אחת תעב סודה וכול דרכיה שנא לנצח
1QS IV,6 אלה סודי רוח לבני אמת תבל
1QS VI,19 הגורל / לקרוב לסוד היחד על פי הכוהנים
1QS VIII,5 בית קודש לישראל וסוד קודש / קודשים
1QS XI,7 ומקוה / גבורה עמ מעין כבוד מסוד בשר
1QS XI,8 ועם בני שמים חבר סודם לעצת יחד
וסוד מבנית קודש למטעת עולם
1QS XI,9 ואני לאדם רשעה ולסוד בשר עול
1QS XI,10 חטאתי {{∘∘∘∘}}עם נעוות לבבי / לסוד רמה
1QH^{a} IV,19 כי בנדה התגוללתי ומסוד ∘[
1QH^{a} V,3] בשר וסוד רוחו[ת
1QH^{a} V,20 ולהשכיל בסוד[פלאך ה]גדול
1QH^{a} V,21]ה סודו ערות קלן ∘∘[
1QH^{a} VI,18 וכן הוגשתי ביחד כול אנשי סודי
1QH^{a} VI,21 ולא אביא בסוד א[מתך
1QH^{a} IX,22 ומגבל המים / סוד הערוה ומקור הנדה
1QH^{a} IX,27 כול מעשי הצדקה / וסוד האמת
1QH^{a} IX,38 ובסוד אמ[תכה
1QH^{a} X,10 סוד אמת ובינה לישרי דרך
1QH^{a} X,22 והמה סוד שוא לעדת בליעל
1QH^{a} XI,21 לאשר / יצרתה מעפר לסוד עולם
1QH^{a} XII,25 ויערוכו לכה / בסוד קדושים
1QH^{a} XII,28 ובסוד פלאכה הגברתה עמדי
1QH^{a} XIII,9 וסוד אמת אמצתה בלבבי
1QH^{a} XIII,24 בשפת עול כול נצמדי סודי
1QH^{a} XIII,26 ולמען / אשמתם סתרת מעין בינה וסוד אמת
1QH^{a} XIV,5] / מעדת [שו]א ומסוד חמס
1QH^{a} XIV,26 כי אתה / תשים סוד על סלע
1QH^{a} XV,9 ותכן על סלע / מבניתי ואושי עולם לסודי
1QH^{a} XV,34 ובסוד נעלמים לא שמתה חוקי
1QH^{a} XVIII,4 ובסוד אמ[תכה] / תודיענו
1QH^{a} XIX,4 כיא / [הבינ]ותני בסוד אמתכה
1QH^{a} XIX,9 כי הודעתם בסוד אמתכה / וברזי פלאכה
1QH^{a} XIX,12 להרים מעפר תולעת מתים לסוד ע[ולם]
1QH^{a} XIX,16 כי הודעתני סוד אמת ∘∘∘[
1QH^{a} XX,12 ונאמנה שמעתי לסוד פלאכה ברוח קודשכה
1QH^{a} XXIV,14]א להכין בסוד עמכה / [
1QH^{a} 63,2]ים ובסוד קד[ושים
1Q**38** 8,1 (I)]ן בסוד עצתכה [
1Q**46** 1,1 (I)] / סוד ∘∘[
4Q**180** 1,10 (V)]∘ משפטים ומשפט סוד[ ]∘[
4Q**181** 1,2 (V) לפי מרלאתם מסוד בני ש[מים] וארץ
4Q**228** 1i6 (XIII)]אש בוערת אוכלת בסוד רשעה / [
4Q**257** V,3 (XXVI) אלה סודי רוח / [לבני אמת תבל
4Q**259** III,17 (XXVI) ואם תיתם דרך סוד / היחד
4Q**266** 10i2 (XVIII) בעול]בכול ס[ו]ד / [אנשים
4Q**267** 9v14 (XVIII) בעול בכול סו]ד אנשי[ם
4Q**286** 1ii2 (XI) ואופניהמה וכול סודי[המה] / מוסדי אש
4Q**286** 1ii4 (XI) ורום כבוד סוד קודש ומק[ור ז]והר
4Q**286** 1ii6 (XI)] / ומעשי פלאים סוד חוכמא ותבנית דעה
4Q**286** 1ii7 (XI) ועצת קודש וסוד אמת אוצר שכל מבני צדק
4Q**286** 2,2 (XI)]בסוד[יהמה ובמ]משלותמה גבורי אלים
4Q**286** 5,12 (XI) כ]ול סודיהמה א[
4Q**286** 7i6 (XI) ס]וד אלי טוהר עם כול ידעי עולמים
4Q**299** 14,3 (XX)]∘ליה ובסוד ∘[
4Q**300** 9,1 (XX)]סודות לא השיגוהו ∘[
4Q**332** 2,4 (XXXVI)]ביסוד באה שלמציון ∘[
4Q**400** 1i11 (XI)]רבו בם לפי סוד[
4Q**400** 1ii9 (XI)] / כבודו בסוד אל[ים
4Q**401** 5,4 (XI)] / בסוד א[לוהים
4Q**401** 36,1 (XI)]סודי [
4Q**403** 1i34 (XI) ומלך מלכ[ים]לכול סודי עולמים
4Q**403** 1ii19 (XI) סוד שני במעון פלא בשבע[
4Q**403** 1ii22 (XI) במקדש פלא לשבעת סודי קודש כ[
4Q**405** 8-9,2 (XI) סו]ד / שני במעוני פלא ב[שבע
4Q**415** 6,1 (XXXIV)] / [ ]סוד אנשי[ם
4Q**415** 6,6 (XXXIV) ס]וד אנשים למ∘[
4Q**417** 1i8 (XXXIV)]כיא אל הדעות סוד אמת
4Q**417** 1i20 (XXXIV) [הב]ינה בין רוב למעט ובסודכמה[
4Q**418** 43-45i6 (XXXIV) כיא]אל הדעות סוד אמת
4Q**418** 43-45i15 (XXXIV) הבינ]ה בין רב ל[מעט]ובסוד[כמה
4Q**418** 69ii15 (XXXIV)]בסוד אילים כול [
4Q**418** 140,3 (XXXIV)]לה אל תעש סוד[
4Q**418**a 12,2 (XXXIV)] סוד אמ[ת
4Q**428** 19,7 (XXIX) ובסו]ד קדוש[ים יתרוממו
4Q**429** 2,7 (XXIX) [מעי]ן[בינה ו]ס[וד אמת
4Q**429** 4ii7 (XXIX) כי אתה תשים] / סודי ⟦ ⟧[על סלע
4Q**437** 6,1 (XXIX)]ברז סוד פ[לאכה
4Q**439** 1i+2,2 (XXIX) ולהעבי]ר בברית אנשי סודי
4Q**443** 1,8 (XXIX)]ים ומן בני סוד∘[
4Q**486** 5 (VII)]בסודכם / [

Reference	Period	Text
4Q**491** 10ii17	(VII)	ועד֗ שאו֯ל֯ תו{{ק֗ד}}֯כל֯ וסוד רשעה [
4Q**502** 19,1	(VII)	וישב֗ עמו֗ בסוד ק֯[דושים
4Q**502** 23,4	(VII)	י]שבו בסו֯[ד
4Q**502** 24,4	(VII)	ו]עמדה בסוד זקני֯[ם] ז֯ק֗נ֗ו֗[ת
4Q**502** 116,2	(VII)	]ס֗וד מ֯[
4Q**502** 177,1	(VII)	] בסו֗[ד
4Q**511** 10,11	(VII)	בסוד אילים ואנשים ישפוט
4Q**511** 26,3	(VII)	]מבני אדם ומסוד֗[בשר
4Q**511** 28-29,3	(VII)	[ש]מתה דעת בסוד עפרי לה[ללכה
4Q**511** 44-47,2	(VII)	כ]ו֯ל סודי / ◦י֯ת ט֗◦◦[
4Q**511** 52-59,5	(VII)	ומאתכה ס֗וד לכול יראיכה ב֗[
4Q**511** 63-64ii1	(VII)	]◦ה֯ב בסודי / [
4Q**511** 63iii2	(VII)	ובלבי סוד רישית כ֯ול מעשי איש
4Q**512** 36-38,13	(VII)	]ה לכה סוד אנש[ים
4Q**525** 2ii+3,10	(XXV)	ובתו]ך֗/ובסו]ד֗ אחים יפרי֗[ד ← תָּוֶךְ
4Q**525** 15,6	(XXV)	יור]י֗שך [ ]ס֯ודו להבי גו֗פ֗ר֗ית

prison noun סוֹהַר

Reference	Period	Text
4Q**223-224** 2v7	(XIII)	ויהי שמ]ה בית הס֗[והר

fir tree verb סוח

Reference	Period	Text
3Q**15** XI,4	(III)	כלי דמע סוח דמע סנה ותכן אצלם
3Q**15** XI,10	(III)	כלי דמע א<ר>ז דמע סוח / ⟦ ⟧ בתכן אצלן

סוּחָה ← סְחָה

to anoint verb סוּךְ-2

Reference	Period	Text
11Q**19** XXII,15		ויסוכו מן השמן החדש

booth, tent, (Feast of) Tabernacles noun סוּכָּה, סֻכָּה, שׂ(ו)כָּה

Reference	Period	Text
CD VII,15		ספרי התורה הם סוכת / המלך
CD VII,16		והקימותי את סוכת דוד הנפלת
CD XI,8		ואם בסוכה יהיה אל יוצא ממנה
4Q**174** 1-2i12	(V)	והקימותי את סוכת דויד הנופלת
	(V)	היאה סוכת / דויד הנופל֯[ת
4Q**266** 3iii17	(XVIII)	] / שׂ֯[וכת דויד
4Q**271** 5i4	(XVIII)	וא֗[ם בסו]כ֯ה יהיה / [אל יוצא ממנה
4Q**319** 77,4	(XXI)	חג הסכו]ת֯ ר◦◦[
4Q**320** 4iii9	(XXI)	[בֿ4 ביד]ע֗יה חג הסכות
4Q**320** 4iv4	(XXI)	ב[4 ב]מימן חג הסכות
4Q**320** 4iv13	(XXI)	[ב4 בשכניה חג הס]כות
4Q**320** 4v7	(XXI)	[ב4]ב֗ישבאב חג הסכות
4Q**320** 4vi2	(XXI)	ב4 בפצצ חג הסכו֗[ת]
4Q**321** V,2	(XXI)	בידעיה ב֯וא֯[חג ה]ס֯ו֯כו֯ת
4Q**321** V,7	(XXI)	במימ֗ין / [בוא חג] ה֗ס֗ו֗כות֗
4Q**321** VI,2	(XXI)	[בשכני]ה בוא חג ה֯[ס]וכות
4Q**321** VI,6	(XXI)	בישבאב בוא חג] / [הסוכו]ת֗
4Q**321** VI,9	(XXI)	בפ]צץ בוא ח֯ג֯ הסכו֗ת֗
4Q**365** 23,1	(XIII)	[בסו]כות תשבו שבעת ימים
	(XIII)	כול האזרח בישראל ישב בסוכות
4Q**365** 23,2	(XIII)	כי֯[בס]וכות הושבתי את אבותיכם
4Q**368** 2,14	(XXVIII)	וחג ה]ס֗ו֯כ֯ו֯ת / [תקופת השנה
4Q**479** 3,2	(XXII)	] / וכסוכה[
11Q**19** XI,13		וביום הכפורים ובח]ג הסוכות
11Q**19** XLII,12		מקום לסוכות גבהים שמונה אמות
		והיו הסוכות / נעשות עליהמה
11Q**19** XLII,13		בכול שנה ושנה בחג הסוכות
11Q**19** XLII,17		עולת המועד אשר / לחג הסוכות שנה בשנה
11Q**19** XLIV,6		ושתי סוכותיהמה / אשר מעל הגג
11Q**19** XLIV,8		וחדריהמה והסוכה / אשר מעלהמה
11Q**19** XLIV,10		נשכותמה וחדריהמה וסוכ֯ו֯ת֯ה֯מה
11Q**19** XLIV,12		וחמשים נשכו֯ת וחדריהמה וסוכ֯ו֯תמה

ladder noun סוּלָּם

Reference	Period	Text
CD XI,17		אל יעלה איש בסולם וחבל וכלי
4Q**270** 6v20	(XVIII)	אל] / י֗עלה א֯יש֯ בס֗ולם וב֗חבל וכלי
4Q**271** 5i11	(XVIII)	אל יעלה [אי]ש בסולם וחבל וכלי

choice flour noun סוֹלֶת, סֹלֶת

Reference	Period	Text
4Q**220** 4	(XIII)	על המז֗[בח]ע֗מ סולת מנחתו בלולה ב֯[ש]מ֗[ן]
11Q**19** XIII,12		תעשה בין הערבים ?] / סולת בלולה֗ [בשמן
11Q**19** XIV,2		[ומנ]ח֗ה סולת בלול֯[ה שלושה עשרונים
11Q**19** XIV,15		ושני] / עשרונים סולת מנחה ב֗ל֗ו֗ל֗ה֗[בשמן
11Q**19** XVIII,5		ונ]ס֗כו כמשפט עשרון סולת / [בלולה בשמן
11Q**19** XVIII,14		[לחם סו]ל֯[ת] חמץ חדש בכורים ליהוה
11Q**19** XVIII,15		שני]עשרונים סולת תה[יה]ה֗חלה האחת
11Q**19** XXXIV,12		ומנח֗ת סולתו עליו
PAM 43.693 72,2	(XXXIII)	]ס֗לת חל֯[ות

סומה ← סִימָה

horse noun סוּס-1

Reference	Period	Text
1QpHab III,6		וקול מנמרים סוסו וחדו / מ֯ז֯אבי ערב
1QpHab III,10		ידושו את הארץ בסוס[יהם] ובבהמתם
1QM VI,12		סוסים זכרים קלי רגל ורכי פה
1Q**37** 3,2	(I)	]סוסי[
4Q**163** 23ii5	(V)	כיא ע֗ל סוס ננוס על כן תנוסון
4Q**163** 25,5	(V)	[הוי היורדים] מצרים על סוסים [ישענו
4Q**169** 3-4ii3	(V)	וקול רעש אופן וסוס דהר ומרכבה מרקדה
4Q**254** 5-6,5	(XXII)	שפי]פ֯ון עלי א֗ו֯[רח הנושך] / עקב֯[י]ס֗ו֗ס֗[
4Q**365** 5,2	(XIII)	] / א֗לפים ס֗ו֗ס֗ ושש מאות֗ [רכ]ב֗[
6Q**10** 15,3	(III)	]סוסיהם[
11Q**19** LVI,16		רק לוא / ירבה לו סוס
11Q**19** LVI,17		למען / הרבות לו סוס וכסף וזהב
11Q**19** LVIII,7		ואמ מלך ורכב וסוס ועם רב
11Q**19** LXI,13		וראיתה סוס ורכב ועם רב ממכה

to come to an end verb סוף

Reference	Period	Text
4Q**265** 7,10	(XXXV)	] / וספ֗ה במשפט קצי עולה

end noun סוֹף

Reference	Period	Text
1QH[a] XXI,15		]◦ סוף וקצי שלום לאין ח[קר
4Q**171** 1-2ii6	(V)	פשרו על כול הרשעה לסוף / ארבעים השנה
4Q**252** I,8	(XXII)	ובסוף חמשים / ומאת יום חסרו המים
4Q**268** 1,2	(XVIII)	]ה֗ איזה תחלתו ואיזה סופו וה֗[
4Q**319** IV,16	(XXI)	אות ס֗[וף היובל
4Q**319** VI,7	(XXI)	אות֗ [שכניה בש]שית סוף א֯ות֯ [הי]ו֗[בל הששי
4Q**319** VI,15	(XXI)	אות שנה בששית סו֗ף֗[גמול] / בש֗[נית
4Q**319** VI,16	(XXI)	]בחמישית אות סוף היובל֯
4Q**319** 17,2	(XXI)	] ולסופי מ֯[
4Q**418** 211,4	(XXXIV)	תוא]ב֗ד עולה כיא יבו֯א סוף [
4Q**418**c 8	(XXXIV)	רז] נהיה כי אין סו֗[ף
11Q**5** XXI,12	(IV)	באה לי בתרה ועד / סופה אדורשנה
11Q**13** II,7	(XXIII)	ויו]ם הכפ]ו֗רים ה[וא]ה ס֗[וף]ה֗[יו]בל העשירי
11Q**13** 7,7	(XXIII)	]סוף הי֯[ובל

(Sea of) Reeds proper noun סוּף-1

Reference	Period	Text
1QM XI,10		וכשלישי מרכבותיו בים סו[ף]
4Q**491** 18,5	(VII)	י]ם֯ סוף ◦[

Suph proper noun **סוּף-2**

4Q**364** 20a-c,2 (XIII) בערבה]מול **סופ** בי֯[ן פ(א)ר(א)ן ובין תופל

whirlwind, storm noun **סוּפָה-1, סֻפָה**

CD XIX,25 כי הולך רוח ושקל {{**ספת**}} סופות
כי הולך רוח ושקל {{ספת}} **סופות**
4Q**167** 11-13,6 (V) [כי] ר֯וח יזרעו **סופות֯** [יקצרו
4Q**167** 11-13,9 (V)]**ה֯ס[ופות**

to turn aside, depart, remove verb **סוּר, שׂוּר**

CD I,13 בדור אחרון בעדת בוגדים / הם **סרי** דרך
CD I,15 להשח גבהות עולם ו**לסור** / מנתיבות צדק
CD VII,12 אשר / באו מיום **סור** אפרים מעל יהודה
CD VII,13 **שר** אפרים מעל יהודה
CD VIII,4 מאשר לא **סרו** מדרך / בוגדים
CD VIII,16 וכן המשפט לשבי ישראל **סרו** מדרך העם
CD X,9 אמר **לסור** את / דעתם
CD XIV,1 אשר לא באו מיום **סור** אפרים מעל יהודה
CD XVI,5 **יסור** מלאך המשטמה מאחריו
CD XVI,9 [יק]ים איש על נפשו **ל[ס]ור** [מן התו]רה
CD XIX,17 ולא **סרו** מדרך בוגדים
CD XIX,29 כן / משפט לשבי ישראל **סרו** מדרך העם
CD XIX,34 ושבו ויבגדו **ויסורו** מבאר מים החיים
1QS I,15 ולוא **לסור** מחוקי אמתו
1QS III,10 ולוא **לסור** ימין ושמאול
1QS VI,15 לשוב לאמת ו**לסור** מכול עול
1QS VIII,17 אשר **יסור** מכול המצוה דבר ביד רמה
1QS IX,20 ולוא **הסר** דרכו / מכול עול
1QSa I,2 (I) אשר **סר[ו** מלכת ב]דרך / העם
1QM I,6 **וסרה** ממשלת כתיים להכניע רשעה
1QM XVIII,11 **להסיר** ממ[ש]לת אויב לאין עוד
1QM XVIII,16] / **להסיר** ב◦[
1QH[a] VII,11] **סור** מכול אשר צויתה
1QH[a] XIV,18 מעין אור למקור / עולם לאין **הסר**
1QH[a] XV,15 לאין **ה[סר** ו]ל[א] להשבת לנצח
1QH[a] XXIV,12]ף **אסיר** עד קץ רצונכה / ולשלו[ח
4Q**161** 2-4,10 (V) והיה ביום ההואה] **יסור** סב[לו מעל שכמך]
4Q**161** 5-6,3 (V)]נשיא העדה ואחר **יס[ו]ר** מעלה[ם
4Q**174** 1-2i14 (V)]**סרי** מדרך[
4Q**219** I,36 (XIII) היותרת על ה]כבד עם הכליות **תסירנה**
4Q**220** 8 (XIII) היותרת הכבד עמ הכליות **תסיר**[נה
4Q**252** I,21 (XXII) ו]**יסר** נוח את מכסה התבה[
4Q**252** V,1 (XXII) לו]א **יסור** שליט משבט יהודה
4Q**255** 2,6 (XXVI) ול[א]**לסור** ימין / ושמאול
4Q**258** VIII,5 (XXVI) איש אשר לא **הסיר** דרכיו מכול עול
4Q**266** 6ic,1 (XVIII)]◦ש[ר] {{**יסורו**}} / [
4Q**266** 8iii8 (XVIII) אל ביושבי הארץ אמר] **לה[סיר** את דעתם
4Q**267** 9v3 (XVIII) לוא באו [מ]יום **סור** א[פ]רים מעל / [יהודה
4Q**269** 10ii7 (XXXVI) לוא באו מיום] / **סו[ר** א]פר[ים מעל יהודה
4Q**270** 6ii18 (XVIII) [לשוב א]ל תור[ת מושה **יסו]ר** מלאך המשט[מה
4Q**271** 4ii9 (XVIII) אשר יקים אי]ש על נפשו **לסור** / את התורה
4Q**364** 23a-bi2 (XIII)]ל[וא]**נסור** ימין ושמאול
4Q**364** 26bi7 (XIII) **וסרתמה** / [מהר מן הדרך אשר צוה יהוה
4Q**385**a 1a-bii3 (XXX)]א איבו **ואסי[רה**
4Q**392** 1,2 (XXIX) להחיד איש לאלהים ולא **לסור** מכ[ול
4Q**398** 14-17i5 (X) [כתו]ב ש**ת[סור** מהדרך וקר]תך [הרע]ה
4Q**402** 3ii8 (XI)] / **מסיר** שנ[
4Q**420** 1aii-b,5 (XX) איש]נאמן לוא **יסור** מדרכי צדק[
4Q**436** 1ii1 (XXIX) זנות עינים **הסירותה** ממני
4Q**436** 1ii2 (XXIX) זעף אף **הסירותה** [ממני
4Q**487** 14,1 (VII)] **יסור** מש◦[
4Q**496** 3,6 (VII)]**וסרה** ממשלת [כתיים
4Q**504** 8,8 (VII) ותקם עליו לבלתי **ס[ור**
4Q**525** 2ii+3,12 (XXV) ו]עתה בנים ש[מעו מוסר ? וא]ל **תסור[ו**
11Q**13** II,12 (XXIII)]◦ים **בסו[רמ]ה** מחוקי אל ל[הרשיע]
11Q**13** II,22 (XXIII)]ר **הוסרה** מבליעל ותש[וב
11Q**13** II,24 (XXIII) **הסרים** מלכת [בד]רך העם
11Q**19** VIII,11 **בהסירכ[ה]** / [את הלחם הישן
11Q**19** XX,6 [ואת יותרת הכבד על]הכליות **יסירנה**
11Q**19** XXIII,16 ואת יותרת הכבד עם הכליות / **יסירנה**
11Q**19** LVI,7 לוא **תסור** מן התורה אשר יגידו לכה
11Q**19** LVI,19 ולוא / **יסירו** לבבו מאחרי
11Q**19** LXIII,12 **והסירותה** / את שלמות שביה מעליה

Sur proper noun **סוּר-2**

4Q**389** 1,7 (XXX) על נהר **סור** במעמד ד[

סות ← שׂוּת

refuse noun **סְחָה**

4Q**162** II,9 (V) ותהי נבלתם **כסחה** בקרב החוצות

to press out, squeeze verb **סחט**

4Q**284**a 1,8 (XXXV) [**ויסח]ט** בטהרה ונ[גמר]ה עבודתם

to trade verb **סחר**

4Q**411** 1ii2 (XX)] / יהוה פן **יסח[ר**

סחרה ?

4Q**341** 2 (XXXVI)]טיכל / **סחרה** א[◦◦◦]א◦ס◦◦ס◦◦ס◦ / תירקוס [

treasure noun **סִימָה**

4Q**523** 1-2,9 (XXV)]צרותיהו **סו/ימות**[

Sinai proper noun **סִינַי**

1Q**22** 1i4 (I) הת[ו]רה אשר צוית[י אותכה] בהר **ס[י]ני**
4Q**365** 26a-b,4 (XIII) [וידבר יהוה אל מושה ב]מדבר **סיני**
4Q**374** 2i7 (XIX)]**סיני** / [
4Q**377** 2ii6 (XXVIII)] / לנו מהר **סינ[י**

thorn, hook noun **סִיר-2**

4Q**166** I,7 (V)]◦ **בסירים** ונתיבותיה / [
4Q**439** 1i+2,5 (XXIX)]והנה כול עירי נהפכה **לסירים**[

white pine noun **סִירָא**

3Q**15** XI,14 (III) לאה דמ<ע> **סירא** / בתכן אצלם

סִירָה ← סִירָא

סֻכָּה ← סוּכָּה

סכו ?

4Q**265** b,5 (XXXV)]הנתו◦ות **בסכו** [
4Q**379** 26,2 (XXII)]אל **סכו** בבית אל / [

Succoth proper noun **סֻכּוֹת, שֻׂכּוֹת**

4Q**171** 13,4 (V) אחלקה שכם] / [ועמק **סכ]ות** אמדדה
4Q**522** 9i+10,14 (XXV)]חקר וקטר[ון] ואפרנים ואת **שכות** / [

Sikkuth proper noun **סִכּוּת**

CD VII,14 — כאשר אמר והגליתי את **סכות** מלככם

to shut away verb **סכך-1**

4Q179 2,7 (V) — **וכמסככה** כול אורחו[ת]י[ה

to weave verb **סכך-2**

4Q434 1i11 (XXIX) — שלח **ויסך** בער[ם

Secacah proper noun **סְכָכָא, סְכָכָה**

3Q15 IV,13 (III) — ביגר של גי **הסככא**

3Q15 V,2 (III) —] / **סככא** מן הצפון תח[ת האבן] / הגדולא

3Q15 V,5 (III) — בסדק **שבסככא** מזר[ח] / אשיח שלומו

3Q15 V,13 (III) — בקבר שבנחל הכפא / בביאה מירחו **לסככא**

סְכָכָה ← סְכָכָא

סכל ← שׂכל-1

folly noun **סִכְלוּת**

1QS VII,14 — ואשר ישחק **בסכלות** להשמיע קולו

4Q266 10ii12 (XVIII) — וה{{ש}}ס[ו]ח[ק **בסכלו[ת** להשמיע קולו

4Q270 7i4 (XVIII) — והסוח]ק **בסכלות** להרים שמיע [קולו

basket noun **סַל**

11Q19 XV,3a — [ו]**סלי** לחם לכול אי[לי המלואים

11Q19 XV,12 — המקריבים את] / האילים ואת **סלי** הלחם

11Q20 I,13 (XXIII) — **והסלים** לשבעת[ימי] / [המלואים יום ויום

11Q20 I,17 (XXIII) — וחלת מצה אחת מ[ן **הסל**

to weigh verb **סלא**

4Q179 1ii9 (V) —] / **המסלאים** [ ]∘∘ת∘∘[

to value verb **סלה-2**

4Q425 2+4i4 (XX) —]עים **סולה** ∘[

selah ? **סֶלָה**

4Q381 21,2 (XI) —]ב **סלה** [

4Q381 24a+b,3 (XI) —] / עד לכלה **סלה**

4Q381 33+35,6 (XI) —]∘ [ ] לכה **סלה**

11Q11 VI,3 (XXIII) — [את כול [בני בל]יעל אמן אמן] **סלה** [

11Q13 II,11 (XXIII) — ופני רשע[י]ם תש[או **ס]לה**

Salu proper noun **סָלוּא**

4Q372 3,12 (XXVIII) — זמרי בן **סלוא** וחמשת מלכי מדין נהרגו[

to forgive verb **סלח**

1QS II,8 — ולוא **יסלח** לכפר עוויניך

1QHa VI,24 —]רים **הסולח** לשבי פשע

4Q256 III,2 (XXVI) — ולוא **יסלח** לכפר עוונכה

4Q364 18,5 (XIII) — [וי]ואמ[ר י]הוה **סל[חתי** כדבריכה

4Q365 34,4 (XIII) — לכפר] / עליו ו[נ]**סלח** לו

4Q398 14-17ii2 (X) — [ו]אף / היא [נ]צל מצרות רבות **ונסלוח** לו

4Q416 2iv10 (XXXIV) — **סלח** לה[ ]למענכה אל תרב[

4Q504 4,7 (VII) — **וסלח**[נא]לעווננו ולח[טתנו

11Q5 XIX,13 (IV) — **סלחה** יהוה לחטאתי / וטהרני

11Q6 4-5,14 (XXIII) — **סלחה** יהוה לח[טאתי וטהרני

11Q19 XXVI,10 — על כול עם הקהל / **ונסלח** להמה

11Q19 XXVII,2 —] / על כול בני ישראל **ונסלח** להמה[

11Q19 LIII,21 — ואנוכי **אסלח** לה כי הניאה

11Q19 LIV,3 — ואנוכי **אסלח** [ל]ה

forgiveness noun **סְלִיחָה**

CD II,4 — ורוב **סליחות** / לכפר בעד שבי פשע

1QS II,15 — הצמאה עם הרווה לאין / **סליחה**

1QHa IV,18 — ו**סליחות** על פשעי ראשונים

1QHa XIII,2 —] / **סליחותיכה** והמו[ן [רחמיכה

1QHa XIV,9 — תשפטם בהמון רחמים ורוב **סליחה**

1QHa XV,18 — להנצל מפ[ ] / [בל]וא **סליחה**

1QHa XV,30 — וכול בני / אמתכה תביא **בסליחות** לפניכה

1QHa XV,35 — ותקראני לחסדיכה **ולסליחו[תיכה**

1QHa XVII,13 — ובצוקותי נחמתני **ובסליחות** אשתעשע

1QHa XVII,34 — ועם מצעדי / רוב **סליחות**

1QHa XVIII,16 — ואני]אשתעשעה **בס[ליחותיכה**

1QHa XVIII,21 — ה]מון רחמיכה **ולסליחותיכה** / אקוה

1QHa XIX,9 — ובטובכה רוב **סליחות**

1QHa XIX,31 — ולחסדיכה אקוה **ולסליחות[יכה**

4Q266 1c-f,1 (XVIII) — רוב **סל]יחות** ה[

4Q269 1,1 (XVIII) — **סל]יחות** / [לכפר בעד שבי פשע

4Q282l 2 (XXXVI) —] / **סליחה[**

4Q286 7ii10 (XI) — בלוא **סלי]חות** באף עברת[א]ל

4Q287 6,9 (XI) — בלוא] **סליחות** בא[ף עברת אל

4Q392 6-9,1 (XXIX) — **[סליח]ות** ורחום∘∘[

4Q393 1ii-2,8 (XXIX) — ותמיד על **סל[יחתך** בטח]ו / גוים

4Q400 1i18 (XI) — ח]סדיו **לסליחות** רחמי עולמים

4Q409 2,2 (XXIX) —] / **סליחה[**

4Q417 2i16 (XXXIV) — ובלי **סליחה[** א]יכה [יקום לפניו

4Q418a 22,5 (XXXIV) — ובלי **ס[ל]י]חה[** א]יכ[ה

4Q427 7ii16 (XXIX) — והפלא **סליחות** מה בשר לאלה

4Q491 23,4 (VII) —]מי **סליחו[ת**

PAM 43.674 7,1 (XXXIII) —]א **סליחה** / [

to exalt verb **סלל**

4Q177 1-4,10 (V) — **ונסלו** להם לעולם

סֻלָּם ← סוּלָּם

rock noun **סֶלַע-1**

CD X,12 — וכל גבא **בסלע** אשר אין בו די / מרעיל

CD XI,11 — אל יטול בבית מושבת / **סלע** ועפר

1QS XI,4 — משען ימיני **בסלע** עוז דרך פעמי

1QS XI,5 — כיא אמת אל היאה / **סלע** פעמי

1QHa XII,3 — ותקם] על **סלע** רגלי ∘∘∘∘ פעמי∘[

1QHa XIV,26 — כי אתה / תשים סוד על **סלע**

1QHa XV,8 — ותכן על **סלע** / מבניתי

1QHa XVII,28 — אתה]מנוסי משגבי **סלע** עוזי ומצודתי

3Q15 II,11 (III) — מן המזרח / בשן **הסלע** ברין של כסף שש

3Q15 XI,5 (III) — בהבסה ראש **הסלע** הצופא מערב

4Q160 3-4ii3 (V) — ו]העמד להמה **סלע** למרואש

4Q271 5i6 (XVIII) — אל יטול בבית מושבת **סלע** ועפר

4Q381 24a+b,7 (XI) — **סלעי** ומצודתי ומפלט[י

4Q522 9ii4 (XXV) — והואה יקח] / את **סלע** ציון

5Q13 26,2 (III) —] דבש מ**סלע** ∘[

locust noun **סָלְעָם**

11Q19 XLVIII,3 — הארבה למינו **והס[ל]עם**/**והסו[ל]עום** למינו

to subvert, overturn verb **סלף**

11Q19 LI,13 — כי השוחד מטה משפט **ומסלף** דברי הצדק

סֹלֶת ← סוֹלֶת

spice noun **סַם**

4Q**365** 12a-bii6 (XIII) ואת קטורת **הסמים** טהור מ[עש]ה[ר]וק[ח]
11Q**19** III,10 מזבח] קטורת **הסמים** ואת השולח[ן

to be blind verb **סמה**

4Q**394** 8iii19 (X) ואף ע]ל **הסומ[י]ם** / [שאינם רואים להזהר

to lean, support, be firm verb **סמך**

1QS IV,5 ומחשבת / קודש ביצר **סמוכ** ורוב חסדים
1QS VIII,3 לשמור אמונה בארצ ביצר **סמוכ** ורוח נשברה
1QS X,25 אשוכ בעדה גבול **סמוכ** לשמור אמנים
1QM VIII,7 תרועה שנית קול נוח **וסמוך** ידי מפשע
1QM VIII,14 בחצוצרות המשוב / קול נוח מרודד **סמוך**
1QH[a] IX,35 והיו ליצר **סמוך**[
1QH[a] X,7 **ותסמוך** נפשי בחזוק מותנים
1QH[a] X,9 ויצר **סמוך** לכול נמהרי לב
1QH[a] X,36 ולהמיר בהולל יצר **סמוך** אשר / ה[
1QH[a] XV,6 אודכה אדוני כי **סמכתני** בעוזכה
1QH[a] XVII,32 ובאמת נכון **סמכתני**
1QH[a] XXIII,13 ליצר אשר **סמכתה** בעוזכה
1Q**22** 1iv9 (I)]**וסמך** את יד[יו
4Q**161** 8-10,18 (V) או]יבו ואל **יסומכנו** ב[
4Q**184** 1,15 (V) **סמוכי** ◦[ ]◦ להביל בפחז
4Q**259** II,11 (XXVI) לשמור א]מונה בארצ ביצר **סמוך**
4Q**369** 1ii8 (XIII) וכבוד שחקים **סמכת**[ה עליו
4Q**437** 2i14 (XXIX) אותך אדוני זכרתי **ונסמך** לבי ל[פני]ך
4Q**438** 4ii2 (XXIX) ולדב]ק בנפשך צויתני יצר **סמוך**[
4Q**478** 2 (XXII)] **והסמך**[
11Q**5** XIX,13 (IV) ועל חסדיכה אני **נסמכתי**
11Q**6** 4-5,14 (XXIII) ועל חסדיכה אני **נסמכת**]י
11Q**19** XV,18 **וסמכו** זקני הכוהנ[ים את ידיהמה]

spice, medicine noun **סַמָּן**

CD XI,10 אל ישא איש / עליו **סמנים**
4Q**270** 6v15 (XVIII) אל ישא] / א[י]ש עלו **סמנים**

cassia tree, shrub noun **סנה**

3Q**15** XI,4 (III) כלי דמע סוח דמע **סנה** ותכן אצלם

help noun **סַעַד**

4Q**385**a 17a-eii7 (XXX) לוב **בסעדך** והיא בגולה תלך בש[בי] / [

to storm verb **סער**

4Q**381** 46a+b,6 (XI) כנדה תזנזח ורוח **סוערת** [
1QH[a] 3,6 איכה אעמוד לפני רוח **סוע[רה**

storm noun **סַעַר**

4Q**418** 34,2 (XXXIV)]**וסער** הרוח ◦[

storm noun **סְעָרָה**

1QH[a] XIII,18 ואתה אלי תשיב {{נפשי}} **סערה** לדממה
4Q**429** 1ii5 (XXIX) ואתה] / [א]ל[י ת]שב **סערה** ל[דממה

threshold noun **סַף-2**

3Q**15** II,12 (III) ביאתו תחת **הסף** הגדול
3Q**15** XII,2 (III) האבן השחורא בידן תחת **סף** / הבור
11Q**19** XXXVI,9 מן **הס{{◦}}ף** עד המשקוף

to take away, dwindle verb **ספה**

1QS II,14 **ונספתה** רוחו הצמאה עם הרווה
1QpHab XI,14 וילך בדרכי / הרויה למען **ספות** הצמאה
4Q**163** 21,10 (V) למען **ס[פות** חטאת] / [על חטאת
4Q**525** 14ii14 (XXV) ואם **נספיתה** למנוחות עד ינחלו[ה כול

סְפָה ← סוּפָה-1

scribal craft noun **סְפוֹרוֹת**

4Q**418** 148ii7 (XXXIV)] / דעת ובכול **ספורות** אנש[ים

to share in, pour out verb **ספח, שׂפח**

CD IV,11 אין עוד **להשתפח** לבית יהודה
1QpHab XI,2 הוי משקה רעיהו **מספח** / חמתו אף שכר

scab noun **סַפַּחַת, שַׂפַּחַת**

4Q**266** 6i lft margin (XVIII)]{{**שפח[ת]** גבחת ת◦חבה}} / [
4Q**266** 6i1 (XVIII) וא]ם [שפל ה]שת [א]ו **השפח[ת**
4Q**269** 7,1 (XVIII)]מה היא **והספחת** מכתעץ / [ואבן
4Q**272** 1i1 (XVIII) שאת א]ו **ספחת** או ב[הרת
4Q**272** 1i8 (XVIII) [נרפא הנגע ? טהורה ? ה]**ספחת**
4Q**272** 1i9 (XVIII) ואם שפל השאת או **הס[פחת**
4Q**273** 4ii4 (XVIII) ה]**ספחת** [לא יראנה הכהן] / לעור ה[ב]שר
4Q**273** 4ii6 (XVIII)] / או **הספחת** בשפה ע◦[

סָפִיחַ-1 ← שָׂפִיחַ

sapphire noun **סַפִּיר**

4Q**164** 1,1 (V) ויסדתיך **בספי[רים**
4Q**164** 1,3 (V)] / עדת בחירו כאבן **הספיר** בתוך האבנים[
4Q**365** 12biii10 (XIII) והטור השני נפך **ספיר** ויה[לום

to cover, hide verb **ספן**

4Q**174** 11,1 (V)]**הספון** ע[

to stand at the threshold, visit verb **ספף**

4Q**525** 14ii9 (XXV)] / יחד ומשנאיכה **י{{ש}}סתופפ[ו**

to recount, tell verb **ספר**

CD IX,4 או **ספר** לזקניו להבזותו נוקם הוא ונוטר
CD XIII,8 **ויספר** לפניהם נהיות עולם בפרתיה
1QS I,21 והכוהנים **מספרים** את צדקות אל
1QS I,22 והלויים **מספרים** / את עוונות בני ישראל
1QS IX,26 ובכול אשר יהיה **יספ[ר** חסדיו
1QS X,23 וצדקות אל **תספר** לשוני תמיד
1QS X,24 בעצת תושיה **אספ{{ת}}ר** דעת ← סתר
1QpHab II,1 לוא תאמינו כיא] / **יסופר**
1QpHab II,9]בידם **ספר** אל את / כול הבאות על עמו
1QM XIII,9 **ולס[פר**]מעשי אמתכה
1QH[a] IV,17 א[מ]צאה מענה לשון **לספר** צדקותיך
1QH[a] V,17] בם בעבור / **יספרו** כבודך בכול ממשלתך
1QH[a] IX,23 ואשמיעה בלא **סופר**
1QH[a] IX,25 ומה **יספר** אנוש חטאתו
1QH[a] IX,30 **ולספר** נפלאותיכה בכול מעשי אמתכה
1QH[a] IX,33 **לספר** נפלאותיכה לנגד כול מעשיכה
1QH[a] XI,23 **ולספר** נפלאותיכה לנגד כול מעשיכה
1QH[a] XIV,11 **לספר** לדורות עולם נפלאותיכה
1QH[a] XVIII,14 כי הודעתנ[י א]ל[ה]**לספר** / נפלאותכה
1QH[a] XVIII,20]ובהביטי בכבודכה **אספרה** / נפלאותיכה
1QH[a] XIX,6 **ואספרה** כבודכה בתוך בני אדם

Text	Vol.	Reference
ומי בכול מעשיכה יוכל לספר [		1QH^{a} XIX,24
ול]ספר ברוב חסדיכה		1QH^{a} XIX,28
לספר כול כבודכה		1QH^{a} XX,30
לספר לבֿשֿר גבורוֿתֿ		1QH^{a} XXI,8
לה]ללכה ולספר כול כבודכה		1QH^{a} 2i4
] / ספרתי וע[		1QH^{a} 8,8
ולספ]ר נפלאֿ[ותיך		1QH^{a} 10,4
ובהפלא נספרה יחד ברעת[אל		1QH^{a} 10,8
] בֿנֿך ולספר [		1QH^{a} 36,2
]מֿספֿר המש[פחות/יח ← מִסְפָּר-1	(I)	1Q**29** 5-7,6
]לכה ולספר רֿזי[	(I)	1Q**30** 4,1
] / וספרֿנֿו ◦[	(I)	1Q**36** 25ii3
כבר / סֿפרתי לך א[י]כֿכֿה עֿזֿבֿתים	(XIX)	4Q**200** 4,6
ושמה ספרֿ[ו את גודלו	(XIX)	4Q**200** 6,8
ואספ]ר לפנו מחלקת עתו	(XIII)	4Q**228** 1i4
ובכל אשר יהיה יס]פר [	(XXVI)	4Q**258** VIII,10
ו]צֿדקות אלתס[פר] / לֿשוני תמֿ[יד	(XXVI)	4Q**260** V,5
וגבורות] פלאו {{◦}} אֿסֿפר{ר}ה לכֿ[ם	(XVIII)	4Q**266** 1a-b,6
למען אשר / י{{ש}}ספור הכוהן	(XVIII)	4Q**266** 6i10
או ספר [לזקנו להב]זֿתו נוקם הוֿאֿ [ונו]טר	(XVIII)	4Q**270** 6iii18
את כול מומיה יספר לו	(XVIII)	4Q**271** 3,8
[למען יספ]וֿר [הכוהן] / [את השערות המתות	(XVIII)	4Q**272** 1i18
]מֿיֿמֿיֿ ספרה את דֿםֿ ◦◦◦◦◦ עד אשר יֿ[	(XVIII)	4Q**273** 5,5
והסופר אם זֿכר ואֿם נקבה אל יגֿ[ע	(XXXV)	4Q**274** 1i7
[ ] הסֿופר א◦[	(XXXVI)	4Q**282**q 1
פתֿרֿ[י]הֿםֿ[אספ]רֿ בֿעֿבור תבֿינו	(XX)	4Q**298** 3-4ii9
י]דֿע ונספרוֿ רישֿ[ונות	(XX)	4Q**299** 4,4
]וֿנספרהֿ[	(XX)	4Q**299** 26,2
]◦תך אספֿרֿהֿ נגד ירֿאיך [	(XI)	4Q**381** 31,4
] יֿספרוֿ [	(XIX)	4Q**384** 5,1
ואנשים יספרו הוד מלכותו כדעתם	(XI)	4Q**400** 2,3
כבוד מלך אלוהים יספרו במעוני עומדם	(XI)	4Q**400** 2,5
וקול ברך מכול מפלגיו מֿספרה רקיעי כבודו	(XI)	4Q**405** 23i7
] / [כ]ול מומֿיה ספר לו	(XXXIV)	4Q**415** 11,6
]ספרו[	(XXXIV)	4Q**416** 1,9
]◦ספרֿ[	(XXXIV)	4Q**416** 21,1
ותוכחתו ספר מהר ואל תעֿבור על פשעיכה	(XXXIV)	4Q**417** 2i4
כו]לֿ מומיה ספר לו	(XXXIV)	4Q**418** 167a+b,6
]מוֿתֿ ספרו לכה ◦◦[	(XXXIV)	4Q**418**a 6,3
] וֿיספרםֿ [	(XXXVI)	4Q**419** 8ii3
]סֿפֿר והיה חינֿם אל ישאב ממנו ◦[	(XX)	4Q**421** 11,3
ומֿספר לנם נרדם ברוח שֿ[	(XXXVI)	4Q**424** 3,5
ומה יחשֿ[ב עפר ואפר] / לספר אלה	(XXIX)	4Q**427** 7ii17
וֿלֿ[ספ]רֿ נֿפֿלֿ[אותיכה] / [	(XXIX)	4Q**427** 8i6
ו]בֿהפלא נספרה יחד בעדת אל	(XXIX)	4Q**427** 8i10
] ספור [	(XXIX)	4Q**445** 6,1
]ם סופרים[	(XXXVI)	4Q**461** 2,1
ומחיה לבריתכה] ולספר[מעשי אמתכה	(VII)	4Q**491** 7,2
[כול הו]דֿות המלחמה יספרו שמה	(VII)	4Q**491** 8-10i17
מיא הוֿ[א]כֿבֿאֿיֿ ים ישוֿבו{{ם}}‹‹סֿפֿ››ר / [	(VII)	4Q**491** 11i15
ס]פר{{ם}} כולֿ[	(VII)	4Q**502** 32,3
ולמען נספר גבורתכה לדורותֿ / עולם	(VII)	4Q**504** 1-2vi9
יֿ]שראלֿ [ ] לספר דורות עולם / [	(VII)	4Q**504** 7,3
]יסֿפֿרֿ◦ ◦[	(VII)	4Q**509** 192,1
]לספר ◦[	(VII)	4Q**511** 26,5
ובמועדי תעודותי אספרה / נֿפלאותיכה	(VII)	4Q**511** 63-64ii2
] / לספור לֿ[ו שבעת ימי ר]חֿץ	(VII)	4Q**514** 1i3
ולספר / רוב מעשיו נודעה לאדם	(IV)	11Q**5** XVIII,3
ולוא תספר חסדכה תולעה	(IV)	11Q**5** XIX,1
וֿסֿופר / ונבון ותמים בכול דרכיו	(IV)	11Q**5** XXVII,2
מי יגיד ומי ידבר ומי יספר את מעשיֿ אדון	(IV)	11Q**5** XXVIII,7
וספרתה / [לכמה] שֿבֿעֿ שבֿתות תמימות		11Q**19** XVIII,10
תס]פורו עד ממוחרת השבת השביעית		11Q**19** XVIII,12
תספורו / [חמשים] יום והביאותמה מנחה		
[וספר]תֿמֿהֿ לכמה מיום הביאכמה את המנחה		11Q**19** XIX,11
תספורו חמשים יום / ו[הביאות]מה יין חדש		11Q**19** XIX,13
וסֿפֿר[תמ]ה [לכמ]ה מיוֿם הזה שבעה שבועות		11Q**19** XXI,12
תספורו חמשים יום והקרבתמה שמֿן חדש		11Q**19** XXI,14
וספר לו שבעת ימים לטהרתו		11Q**19** XLV,15
תספורו חמשים[יום וה]קֿ[ר]בֿתמה / [יין חדש	(XXIII)	11Q**20** IV,2

document, scroll noun סֵפֶר

Text	Vol.	Reference
ודויד לא קרא בספר התורה החתום		CD V,2
ספרי התורה הם סוכת / המלך		CD VII,15
וכיון הצלמים הם ספרי הנביאים		CD VII,17
ואהרן ומישראל / ששה מבוננים בספר ההגו		CD X,6
אל ימש איש כהן מבונן בספר ההגי		CD XIII,2
וֿעד בן ששים מבונן בספר / הֿהֿגֿיֿ		CD XIV,7
הנה הוא מדוקדק על ספר מחלקות העתים		CD XVI,3
ויֿכתב סֿפֿרֿ זֿכֿרון לֿפֿניֿו ליראֿיֿ אֿלֿ		CD XX,19
לקרוא בספר ולדרוש משפט		1QS VI,7
הואה קורה בספר או מברכ		1QS VII,1
באחד מֿן הכוהנים הכתובים בספר		1QS VII,2
ומן נע[וריו] / [לל]מֿדהו בספר ההגי	(I)	1QSa I,7
ס]פר סרך עתו עם כול דברי הודותם		1QM XV,5
] על ספר [	(I)	1Q**22** 1iv8
] סֿפר [ ]לֿ[	(I)	1Q**25** 12,4
ס]פרים חומשים ◦[	(I)	1Q**30** 1,4
כי]כן כתוב בספר מושֿ[ה	(III)	2Q**25** 1,3
]◦ הֿסֿפֿרֿיֿםֿ[	(III)	2Q**25** 2,4
שם קלל / בו ספר אחד תחתו	(III)	3Q**15** VI,5
כלי דמע וספרין אל תבֿםֿ	(III)	3Q**15** VIII,3
כתו]בֿ בֿספר זכֿריה מֿפֿ[	(V)	4Q**163** 8-10,8
[יתנו א]ותו אל יודע ספר לֿאֿ[מור קרא נא זה]	(V)	4Q**163** 15-16,3
]סֿפריֿ[	(V)	4Q**171** 3-10iv26
ב]אֿחרית הימים כאשר כתוב בספר / [	(V)	4Q**174** 1-2i2
] / אשר כתוב בספר ישעיה הנביא	(V)	4Q**174** 1-2i15
אשר כתוב עליהֿמה בספר יחזקאל הנביא	(V)	4Q**174** 1-2i16
אש]ר כתוב בספר דניאל הנביא	(V)	4Q**174** 1-3ii3
ומן ספר ישעיה תנחֿומיםֿ[	(V)	4Q**176** 1-2i4
]תקעֿו שופר בגבעה השופר הואה ספר[	(V)	4Q**177** 1-4,13
הו]אה ספר התורה שנית אשרֿ[	(V)	4Q**177** 1-4,14
אשר כתוב] עליהם בספר יֿ[הנב]יא	(V)	4Q**177** 5-6,5
עליה]ם בספר הֿ[	(V)	4Q**177** 5-6,9
]אֿשר כתוב עליהם בספר[	(V)	4Q**177** 5-6,11
אש]רֿ כֿתוב בספר יחזקאל הנ[ביא	(V)	4Q**177** 7,3
]ספר[	(V)	4Q**177** 18,2
אשר כ]תֿוב עליהם בספר ירמֿ[יה	(V)	4Q**182** 1,4
מדרֿש ספֿר מֿושה	(XXXV)	4Q**249** Verso 1
ומן נעוריו] / [ילמד]וֿה[ו] בסֿ[פר ההגי	(XXXVI)	4Q**249**a 1,5
]לו לדרוש ולקרא בספר ב[שב]תֿ / [	(XXXV)	4Q**251** 1-2,5
]םֿ לֿ[ח]יֿו ספר סרכ היחד	(XXVI)	4Q**255** 1,1
או הוא] / [קורא בספ]רֿ אוֿ[מברך	(XXVI)	4Q**261** 4a-b,3
אל יגיה איש מגל]תֿ ספרֿ לֿקֿ[רוא] בכתבו	(XXXV)	4Q**264**a 1,4
] כתֿוב בס[פר] ישעיה הנביא	(XXXV)	4Q**265** 1,3
בשבתם לקרוא] / [מן] הֿספר [י]נום	(XXXV)	4Q**265** 4ii2
[וכיניי הצלמי]ם המה ספר[י] הנביא[ים]	(XVIII)	4Q**266** 3iii18
[ששה מבו]ננים ⟦ ⟧ בספר ההגֿי	(XVIII)	4Q**266** 8iii5
איש מאלה ?] / לוא יקרא בֿסֿ[פר התורה]	(XVIII)	4Q**267** 5iii5
ומישֿרֿ[א]לֿ [ששה] / מֿבוֿננים בספר ההגֿ[י	(XVIII)	4Q**270** 6iv17

4Q**271** 4ii5 (XVIII) הנה הוא[מדו]קדק על ספר[מח]ל[קות העתים
4Q**273** 2,1 (XVIII) איש מאלה]לא ‹י›קרא ב**ספר** התו[רה
4Q**381** 31,8 (XI)]◦◦◦◦ מ**ספר** החי[י]ם[
4Q**381** 61,1 (XI)]חו מ**ספר** [
4Q**397** 14-21,10 (X) ואף] / [כתב]נו אליכה שתבין ב**ספר** מושה
(X) [ו]ב**ספר**[י הנ]ביאים ובדוי[ד
4Q**397** 14-21,11 (X)] / [במעשי] דור ודור וב**ספר** כתוב [
4Q**397** 14-21,15 (X) [וכתוב בספר]מושה ובס[**פרי** הנביאי]ם
4Q**398** 11-13,4 (X) הברכות והקללות / שכתוב בס[**פר** מו]שה
4Q**398** 14-17i2 (X) כתב]נום [שתבין בס]**פר** מושה
4Q**398** 14-17i3 (X) [וב]**ספר** כתוב / [
4Q**417** 1i15 (XXXIV) ו**ספר** זכרון כתוב לפניו
4Q**417** 1i16 (XXXIV) והואה חזון ההגוי ל**ספר** זכרון
4Q**421** 8,2 (XX) מ]גלת **ספר** לקרוא[
4Q**434** 2,13 (XXIX)]ך **ספר** חוקיך
4Q**491** 17,4 (VII)]◦**ספר** התהלים ואח[
4Q**504** 1-2vi14 (VII) כול הכתוב ב**ספר** החיים[
4Q**525** 10,1 (XXV)]מה מ**ספר** ואין[
6Q**9** 21,3 (III) הכתובים בס]**פר** התור[ה
11Q**19** LVI,4 הדבר / אשר יואמרו לכה מ**ספר** התורה
11Q**19** LVI,21 וכתבו / לו את התורה הזואת על **ספר**

(indeterminate) ספר
4Q**418** 284,1 (XXXIV)]ו**ספר**[
PAM 43.698 52,2 (XXXIII)] **ספר** [

ספרות ← ספורות

to stone verb סקל
4Q**221** 4,6 (XIII) כי א]ם / להמיתו ול**סק**[**לו** ולרגמו באבן
4Q**251** 8,3 (XXXV) והומת השור ו**סקלהו**
4Q**365** 7i3 (XIII) לעמ הזה עוד מעט ו**יסוקלוני**
11Q**19** LV,21 או את האשה ההיא ו**סקלת**מה באבנים
11Q**19** LXVI,2] / ו**סקלום** באבנים[ו]יומתו את הנערה

rebellion, falsehood noun סָרָה-**2**
CD V,21 ותישם הארץ כי דברו **סרה** על מצות אל
CD XII,3 ודבר **סרה** כמשפט האוב והידעוני
4Q**177** 1-4,14 (V) וידברו עליו **סרה** ויש◦◦[
4Q**267** 2,5 (XVIII) כי דברו עצה **סרה** על מצוות אל
4Q**267** 4,13 (XVIII) דבר]**סרה** כ[
4Q**270** 2ii14 (XVIII) או ידבר] / **סרה** על משיחי רוח הקדש
4Q**271** 5i18 (XVIII) ודבר **סרה** כ[משפט] / [האוב והידעוני
4Q**408** 11,5 (XXXVI)]ל[ ]המדבר **סרה** [
11Q**19** LIV,15 כי דבר **סרה** / על יהוה אלוהיכה
11Q**19** LXI,8 אם יקום עד חמס באיש לענות / בו **סרה**

to order, rank, arrange verb סרך
1QM II,1 ואת ראשי הכוהנים **יסרוכו** אחר כוהן הראש
1QM II,6 את כול אלה **יסרוכו** במועד שנת השמטה
1QM VII,1 ו**סורכי** המחנות יהיו מבן {{◦◦}}חמ{{◦}}שים
4Q**421** 1ai3 (XX)]ל◦ ל**סרך** הכול איש לפני רע[הו]
4Q**471** 1,3 (XXXVI) ואת ראשי הכהנים **יסרוכ**]ו והיו עמו תמיד

rule, policy; list, order noun סֶרֶךְ
CD VII,6 ואם מחנות ישבו כ**סרך** הארץ
CD VII,8 וכמשפט / היסורים כ**סרך** התורה
CD X,4 וזה **סרך** לשפטי העדה
CD XII,19 **סרך** מושב ערי ישראל
CD XII,22 וזה **סרך** מושב / [ה]מ[חנו]ת
CD XIII,7 וזה **סרך** המבקר למחנה
CD XIV,3 ו**סרך** מושב כל המחנות
CD XIV,12 ו[זה] **סרך** הרבים להכין כל חפציהם
CD XIX,2 ואם מחנות ישבו כ**סרך** / הארץ
CD XIX,4 וכמשפט היסודים כ**סרך** התורה
1QS I,1]שים לחיו [ספר **סר**]**כ** היחד
1QS I,16 וכול הבאים ב**סרכ** היחד יעבורו בברית
1QS II,20 הכוהנים יעבורו / ברשונה ב**סרכ** לפי רוחותם
1QS II,21 וכול העם יעבורו בשלישית ב**סרכ** זה אחר זה
1QS V,1 וזה ה**סרכ** לאנשי היחד
1QS V,23 וכתבם ב**סרך** איש לפני רעהו
1QS VI,8 {{ה}}‹‹ו››זה ה**סרך** למושב הרבים
1QS VI,22 יכתובהו ב**סרך** תכונו בתוך אחיו
1QSa I,1 (I) וזה ה**סרך** לכול עדת ישראל באחרית הימים
1QSa I,6 (I) וזה ה**סרך** לכול צבאות העדה
1QSa I,21 (I) רק ב**סרך** הצבא יכתוב משפחתו
1QSa I,23 (I) ולהוציא אתכול העדה איש ב**סרכו**
1QM III,3 ועל חצוצרות המסורות יכתובו **סרך** אל
1QM III,13 **סרך** אותות כול העדה למסורותם
1QM IV,6 ואחריהם כול **סרך** פרוש שמותם
1QM IV,9 **סרך** אותות העדה
1QM IV,11 ופרוש שמותם יכתובו עם כול **סרכם**
1QM V,3 **סרך** לסדר דגלי המלחמה
1QM V,4 סדו{{כ}}רים ב**סרך** מעמד איש אחר איש
1QM VI,10 ואלף וארבע מאות רכב לאנשי **סרך** המערכות
1QM VI,11 ויהיו הפרשים על רכב אנשי ה**סרך**
1QM VI,14 ופרשי ה**סרך** יהיו מבן ארבעים שנה
1QM VII,1 ואנשי ה**סרך** יהיו מבן ארבעים שנה
1QM VII,17 מערכה ומערכה יצאו ככול ה**ס**[**רך**
1QM VIII,14 כ**סרך** הזה יתקעו ה[כו]הנים
1QM IX,10 **סרך** לשנות סדר דגלי המלחמה
1QM XIII,1 והלויים וכול זקני ה**סרך** עמו
1QM XV,4 והלויים וכול אנשי ה**סרך** עמו
1QM XV,5 ס]פר **סרך** עתו עם כול דברי הודותם
1QM XVI,3 את כול ה**סרך** הזה יעשו [
1QM XVIII,6] ה**סרך** וברכו שם את אל ישראל
4Q**180** 1,4 (V) זה **סרך** ט[
4Q**186** 2i1 (V)] / **סרכ**◦[ע]יניו בין שחורות וב[ין] הגמריות
4Q**186** 2i3 (V) ויושבות על **סרכ**מה והואה לוא ארוך
4Q**186** 2i6 (V)]יושבות על **סרכ**מה ורוח ל[ו
4Q**255** 1,1 (XXVI)]ם ל[ח]יו ספר **סרכ** היחד
4Q**256** II,1 (XXVI) וכול הבאים]ב**סרך** היחד יעבורו [ ]א בבר[ית]
4Q**258** II,2 (XXVI) ולהכתב איש לפני רעה ב**סרך**
4Q**266** 5ii14 (XVIII) וזה **סרך** מושב [ערי ישראל
4Q**266** 10i5 (XVIII) ו]זה **סרך** הרבי[ם] להכין כול / [חפציהם
4Q**270** 6iv15 (XVIII) וזה **סרך** לשופטי העדה [עד] / עשרה אנשים
4Q**284** 1,6 (XXXV)] **סרך** הדות לישראל / [
4Q**287** 4,1 (XI)] שנה בשנה ב**סר**[**ך**
4Q**491** 1-3,6 (VII) וזה ה**סרך** בחנותמה וב[
4Q**491** 1-3,17 (VII) הכוהנים ו]הלויים ואנ[שי ה**סר**]**ך**
4Q**491** 1-3,19 (VII) ככול ה**סרך** [הזה
4Q**491** 8-10i17 (VII)]שמה ל**סרך**
4Q**493** 9 (VII) וככול ה**סרך** הזה הל[ויים] / להם מר[י]עים
4Q**496** 10,2 (VII)] / **ס**[**רך** אותות כול] העדה[

to be rebellious, stubborn verb סרר
CD I,13 כפרה **סורירה** / כן סרר ישראל
CD I,14 כפרה סורירה / כן **סרר** ישראל
CD II,6 בי כל מלאכי חבל על **סררי** דרך
CD XI,7 אם / **סוררת** היא אל יוציאה מביתו

Text		Reference
ולוא ארחם / על כול **סוררי** דרכ		1QS X,21
ואנשי [עצ]תׄי **סוררים** / ומלינים סביב		1QH[a] XIII,24
[אר]חׄם על כול **סוררׄי** דרך	(XXVI)	4Q**260** V,1
אם **סוררת** היׄ[א אל יוצי]אׄה / [מביתו	(XVIII)	4Q**271** 5i3
]**בסררׄי** / [	(XI)	4Q**381** 37,3
כי יהיה לאׄישׁ בׄן **סׄוׄרר** ומורהׄ/ומורר		11Q**19** LXIV,2
בננו זה **סורר** / ומורר ואננו שומע בקולנו		11Q**19** LXIV,4

סרר ← שׂרר

Sethur proper noun **סְתוּר**

Text		Reference
למטה אשר **סׄתור** בן מיׄ[כאל	(XIII)	4Q**365** 32,2

to close, conceal verb **סתם**

Text		Reference
בירך קרקעו **סתום** בחליא	(III)	3Q**15** I,7
]**תסתם** מׄכם / [	(XX)	4Q**299** 3c,2
ואם תפתחו החזון / **תסתׄ[ם** מכם	(XX)	4Q**300** 1aii-b,4
ברוך א[ל ישראל] / **הסותׄםׄ**[	(VII)	4Q**503** 1-6iii7
]**הׄסׄתם**[	(VII)	4Q**503** 75,1

to hide, conceal verb **סתר**

Text		Reference
הסתיר פניו מישראל		CD I,3
ויסתר את פניו מן הארץ		CD II,8
לגלות / להם **נסתרות** אשר תעו בם		CD III,14
ולוא דרשהו בחוקוהי לדעת **הנסתרות**		1QS V,11
וכול דבר **הֲנסתר** מישראל		1QS VIII,11
אל **יסתרהו** מאלה מיראת רוח נסוגה		1QS VIII,12
ולסתר את עצת התורה בתוכ אנשי העול		1QS IX,17
תושיה אשר **נסתרה** מאנֳש דעה ומזמת ערמה		1QS XI,6
בעצת תושיה **אסְפֳ{{ת}}ר** דעת ← **ספר**		1QS X,24
[אודך אדוני כי]**מנסתרות** אש[ר		1QH[a] IV,9
ולוא **נסתרו** ולא נעדרו מלפניכה		1QH[a] IX,25
]◦◦ **תסתירני** מהוות מׄהׄומׄהׄ א◦◦ ד◦◦◦ / [		1QH[a] XI,38
כי אתה אלי **סתרתני** נגד בני אדם		1QH[a] XIII,11
ולמען / אשמתם **סתרת** מעין בינה		1QH[a] XIII,26
למטעת אמת **סותר** בלוא / נחשב		1QH[a] XVI,10
] לא **נסתר** עמל מעיני		1QH[a] XIX,19
לחתום רז]ים ולגלוׄת **נסתרות**		1QH[a] XXVI,1
פשרו אשר **יסתי]ר** אל את פניו מ◦[ ]◦[	(V)	4Q**167** 2,6
עד אנה **תסת]יר** פניכה ממני	(V)	4Q**177** 10-11,8
וא]ל **תׄסׄתׄרׄ** / את פניך ממני	(XIX)	4Q**200** 1i5
ואל **תס[תר** פניך מן כול] / [ע]נׄוׄ	(XIX)	4Q**200** 2,6
אףׄ ממׄכׄה לוא **יׄסׄ[תר** פני אלהי]םׄ	(XIX)	4Q**200** 2,7
ואסתׄ[ר פנ]יׄ מהם	(XIII)	4Q**216** II,14
והסת]יׄרׄ אׄתׄ [פ]נׄו ממכה וניׄתׄנׄכׄ[ה	(XIII)	4Q**221** 1,2
וכל דבר] **נ[סתר** מיש]ראל	(XXVI)	4Q**258** VI,5
ולסתר עצתו בתוך אנשי העול	(XXVI)	4Q**258** VIII,2
אׄל **י[ס]תרה[ו]** / [מ]אׄלׄהׄ[	(XXVI)	4Q**259** III,2
ולסתיר את עׄ[צת] / התׄוׄרׄהׄ[	(XXVI)	4Q**259** III,14
הׄסתיר פׄ[ניו מי]שׂראל וממקדשו	(XVIII)	4Q**266** 2i8
ויסתר את [פנו מן הארץ	(XVIII)	4Q**266** 2ii8
ויׄגל ע[יניה]מׄה **בנסתרות**	(XVIII)	4Q**268** 1,7
הסת[יר פניו]מׄיׄשׂראׄל [ו]ממקדשו	(XVIII)	4Q**268** 1,11
] / **נסתרה** מכול תומכׄ[י	(XX)	4Q**299** 6ii4
הנסת]רׄות ממכה ו[י]צא לפני כׄ[ול ראשי אבות	(XIX)	4Q**375** 1ii8
] **הסתרׄ**[	(XI)	4Q**381** 62,1
ופני **מסתרים** מישראל / [	(XXX)	4Q**387** 2ii9
והסתרתי [פני] / [מיש]רׄאל	(XXX)	4Q**387** 2iii4
וא]סתיר ֺפני[ ] מׄ[הם	(XXX)	4Q**388a** 6,2
על כן **הסתרתי** / פני מ[הם	(XXX)	4Q**389** 8ii4
והסתרתי פני מהמה	(XXX)	4Q**390** 1,9
[ו]**בׄהׄסתר** פׄ[ני] / מהם	(XXX)	4Q**390** 1,10
אלוהינו **הׄסתר** / פׄניׄךׄ מחטׄ[או]תׄיׄנׄ[ו	(XXIX)	4Q**393** 1ii-2,4
] / השמיעו **נסתרות** [	(XI)	4Q**401** 14ii7
]ת יוׄ[ד]עׄי בבינת **נׄסׄ[תרות**	(XI)	4Q**401** 17,4
]◦בׄ אל **תסתר** מנֳשׁׄ[ה בכה]	(XXXIV)	4Q**416** 2i18
ובכושר מבינות נׄוׄדׄ[עו **נס]תׄרי** / מחשבתו	(XXXIV)	4Q**417** 1i11
] / **יסתר** כול וגם לוא נהיו בלוא רצונו	(XXXIV)	4Q**418** 126ii5
] **הסתׄ[ר**	(XXXIV)	4Q**418** 269,2
כי **נסתרה** חכמת לבו	(XXXVI)	4Q**424** 3,6
[ל]חׄתומ רזים ולגלות **נסתרות**	(XXIX)	4Q**427** 7i19
ומלכ]דׄת **נסתרה** / [	(XXIX)	4Q**428** 13,3
נ]סׄתרי תורתך וׄ◦◦[	(XXIX)	4Q**433** 2,2
ובׄתוך לאומים לׄאׄ[ ]םׄ **ויסתירם** ב[	(XXIX)	4Q**434** 1i8
ולו]אׄ **הסתרתה** פניך מן תחנוני	(XXIX)	4Q**437** 2i7
באשפתיך **הסׄתׄ[רתני** ובצל ידך] / [החביא]ני	(XXIX)	4Q**437** 2i8
בסתׄ[ר] כפך **הסתרתנׄי**	(XXIX)	4Q**437** 2i9
נס]תׄרות אשר / [	(XXIX)	4Q**438** 4ai2
[לכול דורש ?] **נסתרות** ואוזניהמה פתח	(XIX)	4Q**463** 1,4
] גם אל **יסתׄ[ר**	(VII)	4Q**487** 2,4
]וׄאׄתה ידעתה **הׄנסתרׄות** וׄהׄנׄגׄל[ות	(VII)	4Q**508** 2,4
]**הנסתרוׄ[ת**	(VII)	4Q**509** 212,1
]תׄחנן עׄל כול **נסתר[ו]תׄ** אשמׄ[ה	(VII)	4Q**512** 34,15
]◦◦ [להו]דׄיע **נסתר[ות**	(III)	5Q**13** 1,11
]ואשׁר / מׄוׄרׄיׄהׄמה הׄחׄבאׄו **וׄסׄתׄרׄ[ו]**	(XXIII)	11Q**13** II,5
ואסתיר פני מהמה		11Q**19** LIX,7

secret noun **סֵתֶר**

Text		Reference
עמ אנשי שחת ברוח **הסתר**		1QS IX,22
פיתאום יביעו מחובאים **בסתר** [		1QH[a] XVI,18
עם אנשי השחת ברוח **הסתר**	(XXVI)	4Q**258** VIII,6
ע[ם אנשי השחת]בׄרׄ[ו]חׄ[ ]**הׄסתר**	(XXVI)	4Q**259** IV,3
]**בׄסתר** ממנו יה[	(XI)	4Q**380** 5,2
[ו]אין **סתר** מׄלׄפנו	(XXIX)	4Q**392** 1,4
]ת **בסתרׄ** מלפני{{ו}} היׄוׄם / [	(XX)	4Q**426** 1i12
ותשימני לחץ ברור **בסתׄ[ר]** כפך הסתרתנׄי	(XXIX)	4Q**437** 2i9
]◦◦ׄ אׄלׄ **בסתר** שׁדי ◦[	(VII)	4Q**511** 8,6
אשת חיקכה או ריעיכה אשר כנפשכה **בסתר**		11Q**19** LIV,20
במקום רחוק **וסתר** / מהעיר		11Q**19** LXVI,4
אשת חיקכה או ריעיכה א]שר כנפשכה **בסתר**[	(XXIII)	11Q**20** XVI,2

ע

'ayin, sixteenth letter of the alphabet ע

Reference	Vol.	Text
KhQ3 2	(XXXVI)	ש / ל ם ן ס ע פ צ ק ר / א

עָאֵף ← עָיֵף

cloud noun **עָב-2**

Reference	Vol.	Text
1QM X,12		] **עבים** הבורא ארץ
1QM XII,9		ופרשינוׄ[כ]עננים וכ**עבי** טׄל לכסות ארץ
4Q286 3,4	(XI)	]מׄלׄאׄכׄי עׄ[נ]נׄי מטר [ו]עׄרׄפׄלי מים **עבי** / [
4Q381 14+5,2	(XI)	]◦ים עננים **עבים** שלׄגׄ [ ] וׄבׄרׄד

to be thick, to plaster verb **עבא**

Reference	Vol.	Text
3Q15 I,13	(III)	בשׄוׄא **המעבא** של מנס

to work, serve, honor verb **עבד**

Reference	Vol.	Text
CD V,4		ויושׄ[ע והזקנים אשר **עבדו** את העשתרת
CD XX,21		בין **עבד** אׄל לאשר לא עׄבׄדׄוׄ
		בין עבדׄ אׄל לאשר לא **עׄבׄדׄוׄ**
1QSa I,13	(I)	**לעבוד** את עבודת העדהׄ
1QSb V,28	(I)	וכול לא]ומים **יעובדוכה**
1QpHab XII,13		פסלי הגוים אשר יצרום **לעובדם**
1QpHab XIII,2		הגוים / אשר **עבדו** את האבן ואת העׄץ
1QpHab XIII,3		יכלה אל את כול **עובדי** העצבים
1QH[a] IV,14		]נׄה **לעׄ[ו]בׄדיך** באמונה[
1QH[a] VIII,27		] / **לעובדך** [ולעשות את ה]טוב
1QH[a] 2ii13		]**עׄבדת**ה מבני / אל ש◦[
4Q158 4,2	(V)	] / העם ממצרים **תעבדׄ**[ון
4Q159 2-4,2	(V)	לׄ[וׄא **יעובדו** הגויים בזר[ים
4Q163 11i2	(V)	]ה **עובדי** / [
4Q177 7,5	(V)	]עׄי האנשים אשר **עבדו** אׄלׄ[הים אחרים
4Q216 II,6	(XIII)	**ויעבודו** את אׄ[להיהם
4Q223-224 2iii14	(XIII)	ו◦[**עבוד** את האלוהים בכול לבו
4Q254 5-6,1	(XXII)	ויהי למס]**עובד**
4Q254 5-6,3	(XXII)	] / **עובד** ◦[
4Q266 5ii8	(XVIII)	אשר ינדר **לעׄבׄ**[וד את הגואים
4Q266 13,3	(XVIII)	ר]אים **עובד** אׄ[ת
4Q270 2i9	(XVIII)	] **יעבוד** או ישלׄ◦[
4Q281a 3	(XXXVI)	] לׄ◦◦בׄ ◦ד **הׄעׄבׄידׄנׄוׄ** דׄרׄבׄ ◦[
4Q306 1,7	(XXXVI)	] / על י◦◦◦ אשר **יעׄ[בׄ]דו** בם ◦[
4Q364 28a-b,8	(XIII)	**ולעבודׄ**[את יהוה אלוהיכה בכול לבבכה
4Q365 2,7	(XIII)	אמר יהוה שלח את עמי **ויעובדוני**
4Q365 28,1	(XIII)	[כול]הׄבׄאׄ **לׄעׄבוד** עבודת עבודה[
4Q366 2,4	(XIII)	ונמכר לך לא **תׄ[עבד** בו עבדת עבד
4Q366 2,5	(XIII)	[יהי]הׄ עמך עד שנת היובל **יעבד** עמׄ[ך
4Q372 1,3	(XXVIII)	וׄכבדו את **עבדיׄ**[הפסל
4Q372 8,8	(XXVIII)	]כל **עובדיה**םׄ[
4Q381 1,11	(XI)	]◦[ ] ◦**לעבד** לאדם ולשרתו והׄ[
4Q381 33+35,11	(XI)	[במקו]ם קׄ[ודשך] לׄאׄ **עׄבׄדׄתׄ**[יך]לׄי [
4Q382 9,4	(XIII)	]ים **ועובדים** לצבא השמיםׄ[
4Q386 2,2	(XXX)	]נו **ונעבדׄ**[
4Q387 2ii1	(XXX)	]ותחזקו **לעבדני** בכל לבבכם
4Q387 2iii6	(XXX)	[ושב]וׄ כהני ירושלים **לעבוד** אלהים אחרים[
4Q388a 7ii7	(XXX)	ושבו כהני ירושלים] / **לעבוד** אלהים אחׄ[רים
4Q416 2ii17	(XXXIV)	וחנם **תעבוד** נוגשיכה
4Q416 2iii17	(XXXIV)	ו◦צׄרׄ עׄל הׄרוח כן **עובדם**
4Q417 2ii+23,22	(XXXIV)	] / עבד ברוח וחנם **תעׄ[בוד**
4Q418a 12,4	(XXXIV)	]וׄכׄל **יעבוד** [
4Q423 1-2i2	(XXXIV)	ובו המשילכה **לעבדו** ולשמרו
4Q426 10,3	(XX)	◦]תעב כול **עובדׄיׄ**[
4Q437 2ii15	(XXIX)	] / [ע]לׄ נׄפשם **לעובדך** יאבתׄ[
4Q462 1,12	(XIX)	**ויעבודו** ויתקימו ויזעקו אל •• •• ◦[
4Q464 3ii4		**ועבדום** ועׄנׄ[אותם ארבע מאות שנה
4Q504 1-2v3	(VII)	וׄי**עבודׄוׄ** אל נכר בארׄצם
4Q504 1-2v19	(VII)	**העבדנו** צׄוׄרׄ בׄחט[תנו]
4Q504 1-2v20	(VII)	[ולוא]**הׄעׄבׄדתנו** להועיל מדרכי[נו
4Q504 1-2vi15	(VII)	] / **לעובדכה** ולהודות לׄ[שם קודשכה
4Q509 189,5	(VII)	**ע]וׄבׄדכה** בא[
4Q512 40-41,4	(VII)	**עבו]דׄ** לכה / [ב]טהרת צדק[
4Q521 5i+6,4	(XXV)	יעשה אד]נׄי לוׄ [א]שׄר לׄ[וא **יעבׄוׄד** עמ אלה
11Q19 LII,8		לוא **תעבוד** בבכור שורכה
11Q19 LIV,10		נלכה **ונעבודה** אלוהים אחרים
11Q19 LIV,14		ואותו **תעבודון** ואותו תיראו
11Q19 LIV,21		נלכה **ונעבודה** אלוהים אחרים
11Q19 LV,4		נלכה **ונעבודה** אלוהים אשר לוא ידעתמה
11Q19 LV,17		והלך **ועבד** אלוהים אחרים
11Q19 LIX,3		**ועבדו** שמה אלוהים מעשי ידי אדם
11Q19 LXII,8		הנמצאים בה יהיו / לכה למס **ועבדוכה**
11Q19 LXIII,1		**עׄבׄדׄ** בהׄ אשרׄ[לוא משכה בעול
11Q19 LXIII,2		אשר לוא יזרע ולוא **יעבד**

servant, slave noun **עֶבֶד-1**

Reference	Vol.	Text
CD XI,12		אל ימרא איש את **עבדו** ואת אמתו
CD XII,10		ואת **עבדו** ואת אמתו אל ימכור
1QS I,3		וביד כול **עבדיו** הנביאים
1QS IX,22		ועמל כפים **כעבד** למושל בו
1QS XI,16		ברוך אתה אלי הפותח לדעה / לב **עבדכה**
1QSb I,27	(I)	כוׄ]ל קצי **עׄ{{ב}}בׄדׄ**[יו הנביאים] / [
1QpHab II,9		לפשור אׄת כול / דברי **עבדיו** הנׄבׄיאׄיםׄ[
1QpHab VII,5		הודיעו אל את / כול רזי דברי **עבדיו** הנבאים
1QM XI,2		הסגרתׄה ביד דויד **עבדכה**
1QH[a] IV,11		] **עבדך** מכול פשעיו ◦[
1QH[a] IV,23		] **עבדך** מחטוא לך
1QH[a] IV,25		כי רוח בשרׄ[לׄ]**עׄבדך**
1QH[a] IV,26		כי]הניפותה רוח קודשׄ[ך] על **עבדך** [
1QH[a] V,24		ואני **עבדך** ידעתי / ברוח אשר נתתה בי
1QH[a] VI,8		אודך]אׄדוני הנותן בלב **עבׄ[דך**]בׄיׄנה
1QH[a] VI,11		]לׄ **עׄבדך** [ ]◦ת אנוש
1QH[a] VI,25		ואני **עבדך** חנותני ברוח דעה ◦[
1QH[a] VIII,19		ונפש **עבדך** תׄ[עב]הׄ כול / מעשה עולה
1QH[a] VIII,21		[בי]ׄ להשלים / חׄסׄדיך עם **עבדׄ**[ך] לׄ[עד]
1QH[a] VIII,23		] התערב ברוח **עבדך**
1QH[a] VIII,27		אל תשב פני **עבדך** [
1QH[a] XIII,15		אל תערה בלי הׄ[כו]תה נפש **עבדכה**
1QH[a] XIII,28		וננגע נמאר בתכמי **עבדכה** להכשילׄ[רוח]
1QH[a] XV,16		ואתה ידעתה יצר **עבדכה** כי לא ◦[
1QH[a] XVII,11		ותתן / תחנה בפי **עבדכה**
1QH[a] XVIII,29		]נׄפׄש **עבדכה** תעבה הׄוׄן / ובצע
1QH[a] XIX,27		א]שר נתתה **לעׄבׄדׄךׄ** / שכל דעה
1QH[a] XIX,30		שמח נפש **עבדכה** באמתכה
1QH[a] XIX,33		ותשם בפי **עבׄדׄכׄה** הׄוׄדׄוׄת ◦[
1QH[a] XXIII,6		ותאמנה בׄאׄ[וזני] / **עבדכה** עד עולם [
1QH[a] XXIII,10		מק]ור פתחתה בפי **עבדכה**
1QH[a] 4,16		] ותפגע **בעבדכה** זות למענכה
1Q25 5,4	(I)	]לׄ **לעבדים** [
1Q36 17,3	(I)	]◦אבו◦ם אׄל **עׄבׄדיׄו** בו◦◦[

Reference	Vol.	Text
4Q158 1-2,17	(V)	] / ללכת עׄבׄדׄים והנה המה שלושי[ם
4Q158 9,3	(V)	] יכה איש את עבד[ו
4Q159 2-4,3	(V)	ויצו עליהיהם לבלתי ימכׄר ממכרת עבד
4Q160 3-4ii1	(V)	]עׄבׄדׄכה לוא עצרתי כוח עד זואת
4Q166 II,5	(V)	אשר שלח אליהׄם [בפי] / עבדיו הנביאים
4Q176 1-2i9	(V)	ואתה ישראל עבׄ[די י]עק[ו]בׄ
4Q176 1-2i11	(V)	ואמר] לכה עבדי אתה[בחרתיכה
4Q176 8-11,15	(V)	בלי]עׄל לענות את עבׄדׄיו בו[
4Q252 II,6	(XXII)	ויומר ארור כנען עבד עבדים יהייה לאחיו
	(XXII)	ויומר ארור כנען עבד עבדים יהייה לאחיו
4Q254 1,4	(XXII)	ויאמר ארור כנען] / עבד עבדים [יהיה
	(XXII)	ויאמר ארור כנען] / עבד עבדים [יהיה
4Q264 3	(XXVI)	ברוך אתה אלי הפותח לדעה]לב עבדך
4Q270 6v17	(XVIII)	אל ימר איש] / אׄת עבדו ואת אמׄ[ת]ׄו
4Q271 5i7	(XVIII)	אלימר את עבדו ואת / [אמתו
4Q281a 4	(XXXVI)	] יכאוׄ ◦כׄוב עׄבדיׄ[
4Q292 2,4	(XXIX)	]תׄה לׄהׄם ביד כׄול עבדיכ הנבאים / [
4Q365 2,8	(XIII)	הנני]מׄשלח בכה ובעבדׄיׄכׄ[ה ובע]מׄכה
4Q373 1a+b,2	(XXVIII)	] / כל עבדיו את עוג א[
4Q378 19ii5	(XXII)	] / וכעבדים אל יד אדונׄ[יהם
4Q378 22i2	(XXII)	]עׄמׄך ביד ישוע משרת עבדך משה / [
4Q379 19,2	(XXII)	]עבדי [י]עׄקבׄ לשלׄ◦[ ]בת◦◦◦[
4Q381 19i5	(XI)	]מׄלכותך לעבדך / [
4Q381 33+35,5	(XI)	וחסדיך לעבד קׄרׄבׄ לך
4Q381 33+35,6	(XI)	כי [תשפט] / עבדיך בצדקך וכחׄסׄדׄיך
4Q381 48,10	(XI)	]עׄבׄדׄ[
4Q385a 5a-b,9	(XXX)	[בימיהם גאון מרשיעי] / [ברי]תׄ[וע]בׄדׄי נכר
4Q387 3,6	(XXX)	]בׄימיהם גאון מרישיעי בריתׄ ועבדי נאכר
4Q390 2i5	(XXX)	ואשלח בי]דׄ עבדי הנביאים
4Q416 2ii17	(XXXIV)	טוב היותכה עבד ברוח וחנם תעבוד נוגשיכה
4Q417 2ii+23,18	(XXXIV)	] / כי אתה עבׄ[ד
4Q417 2ii+23,19	(XXXIV)	] / דמׄה לו לעבׄ[ד
4Q417 2ii+23,20	(XXXIV)	] / ואז תהיה לו לעׄ[בד
4Q417 2ii+23,22	(XXXIV)	] / עבד ברוח וחנם תעׄ[בוד
4Q418 8,15	(XXXIV)	]לעבד משכיל
4Q418 21,2	(XXXIV)	ואתה דמה לו]לעבד משכׄיׄל[
4Q421 9,3	(XX)	]לׄ[כ]לות כל עבדי רׄ[שע ?
4Q421 12,2	(XX)	]◦ וכול עבד ואמה לוא יוכל במׄ[קדש אל
4Q428 14,6	(XXIX)	ותפת]חׄ פי עבׄ[דכה
4Q429 2,12	(XXIX)	ונגע נמאר / [בתכמי]עבדכה להכשיל רוח
4Q460 9i5	(XXXVI)	כ]יׄא לוא אתה עזבתה לעבדכה / [
4Q462 1,6	(XIX)	] לעבדים ליעקוב באׄהׄבׄ[ה
4Q464 3i3	(XIX)	]◦ עבד / [
4Q471 2,5	(XXXVI)	ע]בׄדי חושׄכׄ כיא משפטׄיׄ[
4Q504 1-2iii12	(VII)	אשר כתב מושה ועבדיכה / הנביאים
4Q504 1-2v14	(VII)	[כ]כׄוׄל אשר צויתה ביד מושה עבדכה
4Q504 6,12	(VII)	]פני מושה עבׄ[דכה
4Q505 122,1	(VII)	]מׄושה עב[דכה
4Q512 28,1	(VII)	א]ניׄ עבׄ[דכה
4Q512 70-71,1	(VII)	]◦ עׄבדכ[ה] ◦◦◦[
4Q521 9,2	(XXV)	]◦ים ובׄ[ע]בד אׄ[דני
4Q522 9ii11	(XXV)	וה[נ]הׄ נתתיו עבד ע[ם בני יש]רׄא[ל
11Q11 III,11	(XXIII)	]◦עבדיׄ יהו[ה] / [
11Q19 LIV,17		ופדיתיכה / מבית עבדים להדיחכה מן הדרך
KhQ1 14	(XXXVI)	] / חסדיׄ עבד חׄ[ני

עֲבֹדָה ← עֲבוֹדָה

Obadiah proper noun **עֹבַדְיָה**

Reference	Vol.	Text
4Q380 1ii8	(XI)	⟦ ⟧ / תהלה לעבדיה ⟦ ⟧ א◦◦◦[
4Q382 1,4	(XIII)	עו]בׄדׄיׄהׄ באׄ[רץ]ישׄרׄאׄל לׄ[
4Q382 2,4	(XIII)	עוב]דׄיהׄ ◦לׄ◦[
4Q382 4,1	(XIII)	עו]בׄדׄיׄ[ה

thick adjective **עבה**

→ עבא

Reference	Vol.	Text
4Q186 1iii4	(V)	ואצבעות / ידיו עׄבות ושוקיו עבות
	(V)	ואצבעות / ידיו עׄבות ושוקיו עבות
4Q186 1iii5	(V)	ואצבעות רגליו עבות וקצרות

work, service noun **עֲבוֹדָה, עֲבֹדָה**

Reference	Vol.	Text
CD X,19		אל ידבר בדברי המלאכה והעבודה
CD X,20		לעשות את עבודת חפצו / השבת
CD XI,23		ולא ישביתו את העבׄודׄה כולׄה
CD XIV,16		כל עבודת החׄבׄרׄ ולא / [
CD XX,7		אל {{ית}} יאות איש עמו בהון ובעבודה
1QS III,26		]◦הן כול עבודה ועל דרכיהן
1QS IV,9		ושפול ידים בעבודת צדק
1QS IV,10		ודרכי נדה בעבודת טמאה
1QS V,14		ואשר לוא ייחד עמו בעבודתו
1QSa I,13	(I)	לעבוד את עבודת העדׄה
1QSa I,16	(I)	אשר יצא הגורל להתי[צב]בעׄבודוׄתׄ
1QSa I,18	(I)	יחזק מתנו למעמ[ד לצב]ואת / עבודת מעשו
1QSa I,19	(I)	לפי כוחו יתנו משאו ב[עבו]דׄת העדה
1QSa I,22	(I)	ובעבודת המס יעשה עבודתו כפי מעשו
	(I)	ובעבודת המס יעשה עבודתו כפי מעשו
1QSa II,1	(I)	והלויים בתו[ך מחל]קת עבוׄדתו
1QpHab VII,11		אשר לוא ירפו ידיהם מעבודת / האמת
1QpHab X,11		בעבור כבודה לוגיע רבים בעבודת שוו
1QM II,9		בחמש ושלושים שני העבודה
1QM II,16		]◦ת התרועה לכול עבׄודתם לׄ[
1QM XIII,5		וזעומים המה בכול עבודת נדת טמאתם
1QHa IX,12		זקים וברקים לעבודתם
1QHa IX,16		פלגתה עבודתם בכול דוריהם
1QHa IX,27		ולבני האדם עבודת העוון ומעשי הרמיה
1QHa X,33		חשבו להתם דמו / לשפוך על עבודתכה
1QHa X,36		לעזוב עבודתכה מפחד הוות רשׁעׄיׄם
1QHa XIV,19		]◦◦◦ בעבודת צדק
1Q36 15,4	(I)	]ל עבודת ◦[
1Q43 2	(I)	עבו]דׄת כול מלאכׄ[ה/ת
4Q215a 1ii9	(XXXVI)	ועבודת הצדק פלג גׄבולותם / בדורותם
4Q258 I,9	(XXVI)	ואש[ר לא יוחד עמו בהון וב]עׄבודה
4Q264a 1,6	(XXXV)	אל ידבר]בׄכול דברי עׄבודה או בהון
4Q266 5ii4	(XVIII)	]◦ אחו הכהנים בׄעׄבׄוׄדה [וא]ל[
4Q266 5ii6	(XVIII)	אל יגש לעבודת [הקודש
4Q267 5iii7	(XVIII)	אחיו] / [הכוהנים בעבו]דׄה ואלׄ[
4Q271 5i16	(XVIII)	ולוא ישביתו את העבודהׄ [כולה]
4Q284a 1,8	(XXXV)	ונ[גמר]ה עבודתם ויאׄכׄ[לו בטהרה]
4Q286 3,3	(XI)	] בׄ[כ]וׄלׄ עבודתמ[ה
4Q289 1,1	(XI)	ע]בׄוׄדׄתמה במ◦[
4Q299 6i3	(XX)	]◦םׄ עבודׄתם יחזקו / [
4Q299 6i18	(XX)	]◦ עׄבׄוׄדת גבר / [
4Q299 6i19	(XX)	עב]וׄדׄתׄו / [
4Q299 10,8	(XX)	]אׄתם לתכן כול עבודתׄ[
4Q299 55,5	(XX)	עבו]דׄת קודשו ולכפרׄ עׄל ◦◦[
4Q299 68,3	(XX)	ע]בודתו ל[
4Q299 83,5	(XX)	עבו]דׄת קוד[ש
4Q299 88,1	(XX)	ע]בודׄתׄ [
4Q300 1ai4	(XX)	מע]שׄה אׄף ועבודת / [
4Q301 1,3	(XX)	ואנשי מחשבת לכול עׄבודת מעשׄי[הם

Reference	Vol.	Text
4Q**365** 27,2	(XIII)	[ואת מיתרי]ו לכול **עבודתו**
4Q**365** 28,1	(XIII)	[כול]הבא לעבוד **עבודת** עבודה[
	(XIII)	לעבוד עבודת **עבודה**[ ] עבו[דה ?]
	(XIII)	לעבוד עבודת עבודה[ ] **עבו[דה** ?]
	(XIII)	**וע]ב[ודת** משא באוהל מועד
4Q**365** 28,3	(XIII)	ביד] / [מו]שה איש איש על **עבדתו**
4Q**365** 30,1	(XIII)	והיו לעבוד את]**עבודת** / [יהוה
4Q**366** 4i4	(XIII)	כל מלאכת **ע]בודה** לא תעשו
4Q**408** 3+3a,9	(XXXVI)	] / **לעבדת**ם לברך את שמ קדשך
4Q**410** 2,1	(XXXVI)	]∘ לכול **עבודה**[
4Q**416** 1,10	(XXXIV)	] / משמים ישפוט על **עבודת** רשעה
4Q**416** 2ii9	(XXXIV)	אם **עבודתו** יפקוד לכה [אל מנוח בנפשכה
4Q**416** 2ii12	(XXXIV)	]∘ו אם ברצונו תחזיק **עבודתו**
4Q**417** 2ii+23,12	(XXXIV)	] / [**עבוד]תו** [יפקוד לכה
4Q**417** 2ii+23,16	(XXXIV)	] / [ו]גם[בר]צונו ת[ח]זיק **ע[בודתו**
4Q**418** 8,13	(XXXIV)	תחזיק]**עבודתו** וחכמת אטי[
4Q**418** 47,2	(XXXIV)	**ע]בודתם** היעצל כי[
4Q**418** 103ii7	(XXXIV)	**ועבודת**כה כחור[ש] / בשור ובח[מו]ר
4Q**418** 121,2	(XXXIV)	]**עבודת** רשע[ה] ∘[
4Q**418** 137,3	(XXXIV)	]צדק במשכרתכה כי **לעבודת**כה[
4Q**418** 147,5	(XXXIV)	]תבונן **בעבו**[
4Q**418** 148ii5	(XXXIV)	] / דעת **עבודת**כה ומשמה ת[
4Q**418** 244,2	(XXXIV)	] **בעבודת**כה ונא[
4Q**423** 5,6	(XXXIV)	**ובעבודת**כה השכ[ל ברעת ה]טוב
4Q**428** 3,1	(XXIX)	[להתם דמו לשפוך על **עב]ודת**כה
4Q**428** 3,5	(XXIX)	לוא[החתותני לעזוב] / **עבו[דת**כה
4Q**428** 25,3	(XXIX)	] **ועבוד[ת**
4Q**461** 1,3	(XXXVI)	]∘∘**בעבודה** קשה ויתנו על ∘∘∘[
4Q**471**a 6	(XXXVI)	משפט צדק תשאלו **ועבודת** / [
4Q**479** 1,3	(XXII)	] / את **עבודת**[
4Q**504** 4,3	(VII)	ה]ארץ **ועבודת** כול ה∘∘[
4Q**506** 131-132,8	(VII)	] / [הא]רץ **וע[בודת** כול ה∘∘
4Q**509** 140,2	(VII)	]ש **עבוד**∘[
4Q**509** 279,1	(VII)	]∘בר **עבוד**[
4Q**511** 18ii6	(VII)	ו∘∘ה **עבודת** רשעה כיא / א[לו]היםּ עני
4Q**511** 63-64ii4	(VII)	ובהנכון לכול **עבודת** אמת
4Q**511** 63iii3	(VII)	ומשפטים לכול **עבודת** מעשיהם
4Q**521** 2ii+4,3	(XXV)	התאמצו מבקשי אדני **בעבדתו**
5Q**13** 1,10	(III)	]בת **עבודת**[
11Q**19** XIV,10		כול מלאכת **ע[בודה** לוא תעשו
11Q**19** XVII,11		כול מלאכת **עבודה** לוא תעשו בו
11Q**19** XVII,16		כול מלאכת **עבודה** לוא תעשו בו
11Q**19** XIX,8		כול מלאכת **עבו[דה** לוא] / [יעשה
11Q**19** XXV,9		לוא תעשו בו כול מלאכת **עב[ודה]**
11Q**20** III,25	(XXIII)	כול מל]אכת **עבודה** לוא י[עשו

pregnant noun עֻבּוּרָה

Reference	Vol.	Text
4Q**418** 211,3	(XXXIV)	]ם בכול **עובורת**מה הלו[א

cord, rope noun עֲבוֹת

Reference	Vol.	Text
1QH[a] XIII,36		כי נאסרתי **בעבותים** / לאין נתק
1QH[a] XXIV,10		יתהלכון קודש]ים **כעבותי** רוח
4Q**365** 12biii14	(XIII)	שרשרות גבלות מעשי] / **ע[ב]ות** זהב טהור

fuller (?) noun עבט

Reference	Vol.	Text
3Q**15** XI,9	(III)	בקבר בני **העבט** הירחי

loans noun עַבְטִט

Reference	Vol.	Text
1QpHab VIII,8		עד מתי יכביד עלו / **עבטט**

עַבְטִיט ← עַבְטִט

to pass, transgress, join verb עבר-1

Reference	Vol.	Text
CD I,20		**ויעבירו** ברית ויפירו חוק
CD X,1		אשר לא מלאו ימיו **לעבור** / על הפקודים
CD X,3		לעד **עובר** דבר מן המצוה ביד רמה
CD XV,3		ואם ישבע **ועבר** וחלל את השם
CD XV,4		אם **עבר** אשם הוא והתודה והשיב
CD XV,6		אשר יגיעו / **לעבור** על הפקודים
CD XVI,12		אם **לעבור** ברית היא יניאה ואל יקימנה
1QS I,16		וכול הבאים בסרכ היחד **יעבורו** בברית
1QS I,18		**ובעוברם** בברית יהיו הכוהנים / והלויים
1QS I,20		**העוברים** בברית אומרים אחריהם אמן אמן
1QS I,24		[וכו]ל **העוברים** בברית מודים אחריהם
1QS II,10		וכול **העוברים** בברית אומרים אחר המברכים
1QS II,11		ארור בגלולי לבו **לעבור** / הבא בברית הזות
1QS II,19		הכוהנים **יעבורו** / ברשונה בסרכ
1QS II,20		והלויים **יעבורו** אחריהם
1QS II,21		וכול העם **יעבורו** בשלישית בסרכ
1QS V,7		להרשיע כול **עוברי** חוק
1QS V,14		כיא טמא בכול **עוברי** דברו
1QS VIII,22		אשר **יעבר** דבר מתורת מושה ביד רמה
1QpHab IV,9		אז חלף רוח **ויעבר** וישם זה כוחו / לאלוהו
1QpHab IV,11		בית אשמ[תם]**יעבורו** איש / מלפני רעיהו
1QpHab VIII,17		]על הכוהן אשר מרד / [ו]**ע[ב]ר** חוקי[אל
1QH[a] XII,27		להכרית במשפט כול / **עוברי** פיכה
1QH[a] XIV,21		וערל וטמא ופריץ / בל **יעוברנה**
1QH[a] XIV,35		**ומעביר** שוט שוטף בל יבוא במבצר [
1QH[a] XVI,8		ומרמס גיזעו לכל **עוברי** / דרך
1QH[a] XX,24		]ב ממכה / לוא **לעבור** על דברכה
1Q**14** 6,4	(I)	אש]ר **עברו**[
1Q**15** 2a	(I)	בטרם לדת חק]כמוץ **עבר** [י]ום ∘∘
1Q**22** 1i8	(I)	והיו לפ[ח ו]מוקש **ויע[ברו** כול מקרא קו]דש
1Q**22** 1i9	(I)	המ]ה **עוברים** / את [הי]רדן שמה [לרש]תה
1Q**22** 1ii2	(I)	כא]שר א[תה] **עובר** את ה[ירדן]
1Q**34**bis 3ii2	(I)	]∘ ואין **לעבור** חוקיהם
4Q**158** 1-2,11	(V)	כאשר **עבר** את פנוא[ל
4Q**161** 5-6,5	(V)	]בא אל עיתה **עבר** [במגרון]
4Q**163** 2-3,2	(V)	וחלף ביהודה שטף] **ועב[ר]**
4Q**167** 7-9,1	(V)	[והמה כאדם **ע]ברו** ברית
4Q**171** 3-10iv13	(V)	**אעבור** על פ[ניו והנה אינ]נו
4Q**173** 5,1	(V)	**ע]ברו** מ∘∘[
4Q**176** 8-11,11	(V)	אשר / [נשבעתי מ]**עב[ור** מי] נוח אל ארץ
4Q**215**a 1ii4	(XXXVI)	כיא שלם קצהרשע וכול עולה **ת[עבו]ר**
4Q**226** 3,4	(XIII)	]∘ ולא **תע[בור**
4Q**226** 4,1	(XIII)	כי יהושע ב]ן נון הוא **עובר** לפ[ני
4Q**226** 6,4	(XIII)	]מיום **עוברם** את ה[ירדן
4Q**226** 6,6	(XIII)	]**לעוברם** את[הירדן
4Q**248** 5	(XXXVI)	[וה]**עביר** ∘∘∘∘ רוח[ב]ארצותיהם
4Q**251** 15,2	(XXXV)	וה]חרימו לכוהן **לעוברו**[
4Q**252** II,12	(XXII)	] / האש **בעברו**[
4Q**256** II,1	(XXVI)	וכול הבאים]בסרך היחד **יעבורו** [ ]א בבר[ית]
4Q**256** III,3	(XXVI)	]וכול **העוברים** בברית
4Q**257** III,1	(XXVI)	לוא י[**עבור** ביח]ד אמ[תו] כ[י]א ג[ע]לה נפשו[
4Q**266** 6ie,3	(XVIII)	]**לעבור** / [
4Q**266** 11,13	(XVIII)	אשר את **עובריהם** ארותה
4Q**266** 11,14	(XVIII)	אתה ארותה את **עובריהם** ואנו הקימונו
4Q**267** 9v5	(XVIII)	כיא פ[ת]א[ים] **עבר[ו]** / ויענשו
4Q**270** 2ii17	(XVIII)	ישכב עם זכר] / משכבי אשה [[ ]] **עוברי** א[ת
4Q**270** 2ii18	(XVIII)	] / בם חקק אל **להעביר** בח[רון אפו

(indeterminate) עבר

]עברם ◦[(I) 1Q29 14,2
]עבר [(VII) 4Q502 148,1

wrath noun עֶבְרָה

אשר תשפוך עליהם העברה CD VIII,3
עליהם אשפך כמים עברה CD XIX,16
באפ עברת אל נקמ{{ות}}<<ה>> לזעות נצח 1QS IV,12
יכתובו אף אל בעברה על / בליעל 1QM IV,1
] / כאש עברתו באלילי מצרים 1QM XIV,1
וביום]עברה בז[ע]ף אף וחר[ון (XIII) 4Q223-224 2ii52
] באף וע[ברה] / [ע]ל פשעיהם[(XVIII) 4Q266 9iii8
בלוא סלי]חות באף עברת[א]ל (XI) 4Q286 7ii10
]לחכי עלידי חרב ביום עברה (XI) 4Q381 31,7
ל[ו]א ירחם בממשלת עברת כל[ת חרו]נו (XI) 4Q405 23i12
]בעברה אם תאין ידכה (XXXIV) 4Q416 2i21
] / עברה כי עליהמה ינפח כור א[(XXXIV) 4Q416 4,2
]עברה אם / [תאין ידכה (XXXIV) 4Q418 7b,12
]◦ לעברתו וכאב על [ב]נ[ו]ת◦[(XXXIV) 4Q418 86,1
]עים לאף עברה [(XXXIV) 4Q418 147,3
]עברתכה / [(XXXIV) 4Q423 7,2
ועברתו לא ה[ו]קר עליהם (XXIX) 4Q434 1i5
] / איביהם[ ]פח[ ]ש עברתו להב◦[(XXIX) 4Q434 1i13
]עברת נקם[(XXXVI) 4Q471 2,10

pregnant noun עֲבָרָה

או ישחט בהמה וחיה עבר[ה (XVIII) 4Q270 2ii15
]א כן והדבר כתוב עברה (X) 4Q396 1-2i4

עֲבָרִים ← עִי הָעֲבָרִים

עֲבֹת ← עֲבוֹת

calf noun עֵגֶל

] / כי שו[בבי]ם היה ע[גל שמרון (V) 4Q167 11-13,5
על מזבח העולה [ו]את העגל[י]ם[(XIII) 4Q365 23,6
אחד ארי אח]ד נשר ואחד עגל (XXX) 4Q385 6,9
]הם כעגל[(XXXIII) PAM 43.675 27,3

larva noun עגל

מעגלי הדבורים עד כל נפש / החיה CD XII,12

heifer noun עֶגְלָה-1

וערפו שמה את עגל]ה ב[נח]ל (XXXV) 4Q251 18,4
העגלה והאיל והע[ז (XXII) 4Q252 II,11
את / העגל[ה] אל נחל איתן 11Q19 LXIII,2
וערפו שמה את העגלה
ירחצו את ידיהמה על ראוש העגלה 11Q19 LXIII,5

cart noun עֲגָלָה

] / [עגל]ות על[פי]פרעו (XIII) 4Q364 11,1

roundness (?) noun עגלה

ומחזיקים בידם מגני עגלה 1QM VI,15

forever, everlasting noun עַד-1, עוד

ובכול עלילותיה ירצה לעד 1QS IV,1
ופרות זרע עם כול ברכות עד 1QS IV,7
וחרפת / עד עמ כלמת כלה 1QS IV,13
ובמועד / פקודה ישמידנה לעד 1QS IV,19

א[שר] / לא מלאו ימו לעבור[על הפקודים (XVIII) 4Q270 6iv14
לעד] / [עו]בר דבר מן המצו[ה ביד רמה (XVIII) 4Q270 6iv15
לו]א מלאו ימיו לעבור על הפ[קודים אל (XVIII) 4Q271 2,13
אם לעבור ברית היא יניא[ה (XVIII) 4Q271 4ii12
כו]ל עוב[רי (XX) 4Q299 48,1
] / בכול עוברי פיה[ו (XX) 4Q299 59,3
] / כי יעברו [מיום] ליום (XXXVI) 4Q306 1,2
ואם אתה]לוא ת[עבור] / [אלי את הגל הזה (XIII) 4Q364 5a-bi7
ויואמר]לוא תעב[ור ב]י פן / [בחרב אצא (XIII) 4Q364 23a-bi3
ונפן ונעבו]ר דרך מדבר מואב (XIII) 4Q364 23a-bi6
ונ]עבור את נח[ל] / [זרד (XIII) 4Q364 23a-bi14
עד אשר] עברנו / [את נחל זרד ? (XIII) 4Q364 23a-bi15
וירשתם]את הארץ אשר אתמ עברי[ם]שמה (XIII) 4Q364 30,6
עד י[עבור 〚 〛 עמכה יהוה 〚 〛 (XIII) 4Q365 6b,1
[ויואמר יהוה אל מו]שה עבור לפני העם (XIII) 4Q365 7i4
וה[עב]רתמה שופ[ר] / [תרועה (XIII) 4Q365 24,3
ביום הכפורים תע[בי]רו שופר תרועה (XIII) 4Q365 24,4
[ו]ל[ב]המות בשדה ולעובר ולשב וי[(XXVIII) 4Q368 10ii6
]◦ים כלם כיעבר [(XIX) 4Q370 1i5
ע]ברו ביבשה בחדש / [הרא]שון (XXII) 4Q379 12,3
]ואנחו עבר[י]ם[(XXII) 4Q379 16,3
]הו ואין לעבור פיהו (XI) 4Q381 14+5,3
]א תעבור לכול ע◦[(XXXVI) 4Q410 1,2
הכשר עבור לו והנקשר ◦[(XXXIV) 4Q417 2i2
ואל תעבור על פשעיכה (XXXIV) 4Q417 2i4
ואל תעבור על[פש]עיכה (XXXIV) 4Q417 2i14
ושב אפו ועבר על חטאותכה (XXXIV) 4Q417 2i15
ושב אפו וע[בר (XXXIV) 4Q418 7a,1
ומרמס גיזעו לכול עו]ברי / [דרך (XXIX) 4Q432 13,1
]רע ל[העב]יר ממני ורו[ב (XXIX) 4Q437 4,3
ותעב[יר ממני א]ת / [רוח (XXIX) 4Q437 4,5
רע להעב]יר ממני ורוב רח[מים (XXIX) 4Q438 4ii3
]עבר חט[א (XXIX) 4Q438 7,2
ולהעבי]ר בברית אנשי סודי (XXIX) 4Q439 1i+2,2
ועברו שמה לפני[(VII) 4Q491 1-3,9
הנצבה למלחמת היום ההואה לעבור לכול[(VII) 4Q491 1-3,11
להחריבה / מעובר ומשב (VII) 4Q504 1-2v6
] / ימה עברת[ם ? (XXV) 4Q521 1ii4
והעברתמה שו[פר ב]כול [א]רץ (XXIII) 11Q13 II,25
יעשה את את הרע בעיני / לעבור בריתי 11Q19 LV,17
לוא ימצא בכה מעביר בנו ובתו / באש 11Q19 LX,17
לוא תואכל עד יעבורו שבע שנים 11Q19 LXIII,15

to be angry verb עבר-2

ובבחיריכה לוא התעברתי ו◦◦◦◦[(XXIX) 4Q438 3,2

side, edge; beyond noun עֵבֶר-1

וחול תוגר ומשא אשר בעבר פורת 1QM II,11
זהב טהור חוברת בו לשני עבריו 1QM V,12
שבע מאות / פרשים לעבר האחד 1QM VI,9
ושבע מאות לעבר השני
וכן / יעמודו לכול ע[ב]רי המחנה 1QM VI,10
] מ[ ]י עברי המערכה [1QM IX,11
ומשני עברי הא[ופנים שבלי אש] (XXX) 4Q385 6,11
] / כבוד משני עבריהם[(XI) 4Q405 15ii-16,5
] / עבריהם ישמיעו [(XI) 4Q405 15ii-16,6
]ו מבין כול דגליה[ם] בעבר[יהם (XI) 4Q405 20ii-22,14
]עבריהם[(XI) 4Q405 80,2

הברכנו כחוק חרות ל**עד**	1QS X,6	
אם / אמוט חסדי אל ישועתי ל**עד**	1QS XI,12	
להתיצב / לפניכה ל**עד**	1QS XI,17	
לברית / עולם א[שר ת]עמוד ל**עד**	1QSb I,3	(I)
] יסד שלומכה לעולמי **עד**	1QSb III,21	(I)
[ע]ם עת ע[ולם ו]עם כול קצי **עד**	1QSb V,18	(I)
]מועדי קודש ותקופות שנים וקצי / **עד**	1QM X,16	
ל]עולמי **עד**	1QH^a IV,28	
]ה קודש מקדם ע[ולם]לעולמי **עד**	1QH^a V,7	
ו]שמחת **עד** למעשה [	1QH^a V,12	
לכול קצי עולם / ופקודת **עד**	1QH^a V,16	
] ואתה תהיה / לעולמי **עד**	1QH^a V,19	
וכול עולה / [ו]רשע תשמיד ל**עד**	1QH^a VI,16	
] ותשנא עולה ל**עד**	1QH^a VI,25	
לישועת עולם ושלום **עד** ואין מחסור	1QH^a VII,16	
ול**עד** הם ישרתוך	1QH^a VII,24	
ידעתה {{כול}} מעשיהם / לעולמי **עד**[	1QH^a IX,8	
ולא תשוב עד כלה ונחרצה ל**עד**	1QH^a XI,36	
כנפשכה יעמודו לפניכה ל**עד**	1QH^a XII,21	
להעמידם לפניכה לעולמי **עד**	1QH^a XV,31	
] צדקתכה תכון ל**עד**	1QH^a XVI,2	
נתתה שכל[ ]◦ **עד**	1QH^a XVIII,27	
ולהתיצב במעמד לפניכה עם צבא **עד**	1QH^a XIX,13	
כולם יהולל / שמכה לעולמי **עד**	1QH^a XIX,25	
ואמתכה תופיע / לכבוד **עד**	1QH^a XIX,27	
וא[יננ]ו עוד כן יתם הרשע ל**עד**	1Q**27** 1i6	(I)
ואין שם ל**ע**[**ד**] אולת	1Q**27** 1i7	(I)
לעול[ם] / תהיה כבודכה לעול[ם וע]**ד**	4Q**88** X,14	(XVI)
צדיק[ם ירשו ארץ וישכנו ל]**עד** עליה	4Q**171** 3-10iv2	(V)
יהוה ימלוך עולם ו**עד**	4Q**174** 1-2i3	(V)
ו◦[ ] ל**עד** ונאספו כול בני א[ור	4Q**177** 12-13i11	(V)
ע]ד עולמי **עד**	4Q**215**a 1ii7	(XXXVI)
וקדשתי אתו לי] / לעולם ו**עד**	4Q**216** VII,12	(XIII)
אברכנו כח[וק]חרות ל**עד**	4Q**256** XIX,4	(XXVI)
אברכנו כחק / [ח]רות ל**עד**	4Q**258** IX,4	(XXVI)
להתי]צב לפניך ל**עד**	4Q**264** 4	(XXVI)
ובר]וך שם קודשו ל]ע[ו]למי **עד**[	4Q**285** 8,3	(XXXVI)
שם קוד]שכה הנכבד לעולמי **ע**[**ד**	4Q**293** 1,3	(XXIX)
]שו ◦◦רזי **עד** / [	4Q**299** 3c,5	(XX)
וברזי **עד** לא הבטתם	4Q**300** 1aii-b,2	(XX)
כן יתם] / [הר]שע ל**עד**	4Q**300** 3,6	(XX)
יהוה ימלוך עולם ו**עד**	4Q**365** 6b,3	(XIII)
]בכול תעודות **עד**	4Q**369** 1i7	(XIII)
לע]שות חמדו ל**עוד** כרם [	4Q**372** 2,6	(XXVIII)
להיות עמו עד עלמי **עד**[	4Q**372** 3,9	(XXVIII)
לוא נבראו {{ל}}מעולם ול**עד** ◦◦◦◦[	4Q**377** 2ii12	(XXVIII)
]לעלמי ומן **עד**[	4Q**379** 1,6	(XXII)
]א לכל עלמי **עד** / [	4Q**379** 14,3	(XXII)
]ם ו**עד** בכל ברכות[	4Q**379** 15,1	(XXII)
] ו**עד** [	4Q**379** 32,1	(XXII)
וכן א[כרת] / משמחת **עוד**	4Q**381** 33+35,10	(XI)
]בקדושי**עד** קדושי קדושים	4Q**400** 1i3	(XI)
בם יתקדשו כול קדושי **עד**	4Q**400** 1i15	(XI)
[וב]רך לכול ברוכי **עד**	4Q**403** 1i29	(XI)
כיא הוא]אלוהים לכול מרנני {{דעת}} **עד**	4Q**403** 1i37	(XI)
כ]ול ימי **עד**	4Q**410** 1,7	(XXXVI)
] / בכל קצי **עד**	4Q**416** 1,14	(XXXIV)
פקודתם לכול קצי עולם ופקודת / **עד**	4Q**417** 1i8	(XXXIV)
לעו]לם [ו]ל**עד**[ ]הואה יד[	4Q**417** 20,4	(XXXIV)
]בכול קצי **עד**	4Q**418** 2+2a-c,6	(XXXIV)
לעו]לם ו**ע**[**ד**	4Q**418** 40,2	(XXXIV)
]**עד** והם אחזת עולם ינחלו	4Q**418** 55,12	(XXXIV)
הלוא באמת ישעשע ל**עד**	4Q**418** 69ii12	(XXXIV)
] / בכבוד עולם ושלום **עד**	4Q**418** 126ii8	(XXXIV)
הוא חי עולם וכב[ו]דו ל**ע**[**ד**	4Q**419** 1,10	(XXXVI)
וצדקתכה תכין] / ל**עד**	4Q**428** 10,10	(XXIX)
ואמת]כה תופיע לכבוד **עד** ושלום עו[לם]	4Q**428** 12i3	(XXIX)
] / **עד** ⟦ ⟧[	4Q**428** 26,4	(XXIX)
שבת פחד נפתח מקור לברכת **עד**	4Q**431** 2,4	(XXIX)
כי]א כסאו לעולם ו**עד** וכבודו ◦[	4Q**434** 2,7	(XXIX)
ע]דיו ומנצח ל**עד** [	4Q**443** 2,3	(XXIX)
לעולמי] **עד** אמן אמן	4Q**509** 4,5	(VII)
לעול]מי **עד** ולנו בוש[ת הפנים	4Q**509** 18,1	(VII)
ושופט בצד[ק מ]הויי **עד**	4Q**511** 10,10	(VII)
וברוך שמכה / לעולמי **עד** אמן אמן	4Q**511** 63iv3	(VII)
כי יכבד את חסידים על כסא מלכות **עד**	4Q**521** 2ii+4,7	(XXV)
[ו?]עמו ישכון ל**עד**	4Q**522** 9ii9	(XXV)
ואם נספיתה למנוחות **עד**	4Q**525** 14ii14	(XXV)
לעול]ם ו**עד**[?] / [	4Q**577** 7,1	(XXV)
]ל**עד** / [	5Q**13** 2,4	(III)
וברוך שם קודש[ו] / לעולמי **עד**	11Q**14** 1ii5	(XXIII)
]מלך כול קדושי **עד** / [	11Q**17** 30,4	(XXIII)
[ו]שכנתי / אתמה לעולם ו**עד**	11Q**19** XXIX,8	
והיה קודש קודשים לעולם ו**עד**	11Q**19** XXXV,9	
בתוך בני ישראל לעולם ו**עד**	11Q**19** XLV,14	
בתוך מקדשי לעו[לם] / ו**עד**	11Q**19** XLVI,4	
]לעולמי **עד**[	PAM 43.676 45,2	(XXXIII)

until, as far as preposition עַד-3, עֲדֵי

את פניו מן הארץ / מי **עד** תומם	CD II,9
ונהיית **עד** מה יבוא בקציהם	CD II,10
נכשלו בם מלפנים ו**עד** הנה	CD II,17
עד אשר חרה אפו בם	CD II,21
הקים אל את בריתו לישראל **עד** עולם	CD III,13
לא עמד כמהו למלפנים ו**עד** / הנה	CD III,19
עד שלים / הקץ השנים האלה	CD IV,8
ויטמון / נגלה **עד** עמוד צדוק	CD V,5
לא ישיגו **עד** עמד / יורה הצדק	CD VI,10
יכתבהו בידו **עד** עשותו / עוד לפני אחד	CD IX,18
עובר דבר מן המצוה ביד רמה **עד** זכו לשוב	CD X,3
עד עשרה אנשים ברורים / מן העדה	CD X,4
מבני חמשה / ועשרים שנה **עד** בני ששים שנה	CD X,7
לסור את / דעתם **עד** לא ישלימו את ימיהם	CD X,10
ושמרוהו **עד** שבע שנים	CD XII,5
מעגלי הדבורים **עד** כל נפש / החיה	CD XII,12
במיניהם יבאו באש או במים / **עד** הם חיים	CD XII,15
בקץ הרשעה **עד** עמוד משוח אהרן / וישראל	CD XII,23
עד עשרה אנשים למועט	CD XIII,1
מבן שלושים שנה ו**עד** בן ששים	CD XIV,7
מבן שלשים שנה [**ע**]**ד** בן חמשים שנה	CD XIV,9
ואל יודיעהו איש את / המשפטים **עד** עמדו	CD XV,11
ויל[מ]ד / **עד** שנה תמימה	CD XV,15
לעשות דבר מן התורה **עד** מחיר מות	CD XVI,8
ל[ס]ור [מן התו]רה **עד** מחיר מות	CD XVI,9
עד עמוד משיח מאהרן ומישראל	CD XX,1
יוכיחוהו אנשי / דעות **עד** יום ישוב	CD XX,5
עד תם כל אנשי המלחמה	CD XX,14
ולחושבי / שמו ◦**עד** יגלה {{צ}} ישע	CD XX,20
חסדו גמל עלינו מעולם ו**עד** עולם	1QS II,1
להתהלכ בם **עד** מועד פקודתו	1QS III,18

לפי רזי אל **עד** קצו	1QS III,23	
בהויות חושכ **עד** / כלותם לאין שרית	1QS IV,13	
כיא אל שמן בד בבד **עד** קצ / אחרון	1QS IV,16	
בממשלת עולה **עד** / מועד משפט נחרצה	1QS IV,19	
עד הנה יריבו רוחי אמת ועול	1QS IV,23	
כיא בד בבד שמן אל **עד** קצ נחרצה	1QS IV,25	
לוא יגע בטהרת / הרבים **עד** אשר ידרושהו	1QS VI,17	
לרוחו ומעשו **עד** מולאת לו שנה תמימה		
במשקה הרבים **עד** / מולאת לו שנה שנית	1QS VI,20	
ותנם **עד** שלוש פעמים על מושב אחד	1QS VII,11	
ואל ידע בכול עצתם **עד** אשר יזכו מעשיו	1QS VIII,18	
לוא שגג עוד **עד** מולאת לו שנתים / ימים	1QS VIII,26	
עד בוא נביא ומשיחי אהרון וישראל	1QS IX,11	
לוא א{{טור}}תפוש {{באפ לשבי}} **עד** יום נקם	1QS X,19	
ולוא ארצה **עד** הכון משפט	1QS X,20	
לוא אנחם בנכאים **עד** תום דרכם	1QS X,21	
ומעל אנשים **עד** תום / פשעם רקים	1QS X,23	
יקהילו אתכול הבאים מטף **עד** נשים	1QSa I,4	(I)
כי יו]עדו **עד** עשרא אנש[ים]	1QSa II,22	(I)
ולוא לו **עד** מתי יכביד עלו / עבטט	1QpHab VIII,7	
הלוך ואור **עד** תום כול מועדי חושך	1QM I,8	
מחושה **עד** תומה לפדות עולמים	1QM I,12	
בני אשור ופרס והקדמוני **עד** המדבר הגדול	1QM II,12	
כול בני חושך לוא ישוב אפו **עד** כלותם	1QM III,9	
ארבע גודלים וארבעה טפחים **עד** הבטן	1QM V,13	
מבן שלושים שנה **עד** בן חמש וארבעים	1QM VI,14	
מבן ארבעים שנה ו**עד** בן חמשים		
מבן ארבעים שנה ו**עד** בן חמשים	1QM VII,1	
מבן {{◦◦}}חמ{{◦}}שים שנה ו**עד** בן {{◦◦}}ששים		
מבן ארבעים שנה ו**עד** בן חמשים	1QM VII,2	
מבן חמש ועשרים שנה ו**עד** בן שלושים	1QM VII,3	
ללכת למלחמה **עד** שובם	1QM VII,4	
לנצח אנשי הקלע **עד** כלותם	1QM VIII,1	
ידי מפשע **עד** קורבם / למערכת האויב	1QM VIII,7	
לנצח ידי מלחמה **עד** השליכם למערכת	1QM VIII,12	
לנצח המלחמה **עד** הנגף האויב	1QM IX,2	
על ידי המלחמה **עד** החרם	1QM IX,7	
לוא תשוב **עד** / כלות אשמה	1QM XI,10	
] / **עד** תום כול מקוד[	1QM XVI,1	
לקול החצוצרות **עד** התיצבם איש על מעמדו	1QM XVI,5	
ושנן כלי מלחמתה ולוא יכהו **עד** [	1QM XVII,1	
במצרף אל **עד** יניף ידו	1QM XVII,9	
לקול החצוצרות / **עד** התיצ[בם	1QM XVII,11	
[ב]ל[י]לה ההוא למנוח **עד** הבוקר	1QM XIX,9	
ובבוקר יבואו **עד** מקום המערכה / [		
מ]תאפקים **עד** [	1QHa VI,4	
ורוב נפלאותיך מעולם ו**עד** ע[ולם	1QHa VI,23	
]**עד** עולם [	1QHa VIII,3	
כיא באו בנים **עד** משברי מות	1QHa XI,8	
ותשוט בשביבי להוב **עד** אפס כול שותיהם	1QHa XI,30	
ותאוכל **עד** תהום / רבה	1QHa XI,31	
ולא תשוב **עד** כלה ונחרצה לעד	1QHa XI,36	
כיא / לא יחשבונ[י **ע]ד** הגבירכה בי	1QHa XII,23	
ותגבר **עד** לאין מספר	1QHa XII,27	
והוא בעוון / מרחם ו**עד** שבה באשמת מעל	1QHa XII,30	
]◦◦ אתחזקה בבריתכה **עד** [	1QHa XII,39	
ותורתכה חבתה ב[י]**עד** קץ / הגלות ישעכה	1QHa XIII,11	
]**עד** עולם לגדל נצר לעופי מטעת עולם	1QHa XIV,15	
] / **עד** שחקי[ם] ושרשיו עד תהום	1QHa XIV,16	
] / עד שחקי[ם] ושרשיו **עד** תהום		
יזרו[ ]על תבל לאין אפס ו**עד** שאול [	1QHa XIV,17	
]לאש בוערת בכול אנשי / אשמה **עד** כלה	1QHa XIV,19	
ונפ[שי תגיע]**עד** שערי מות	1QHa XIV,24	
ונעוז בחומה נ{{ס}}שגבה **עד** פלט	1QHa XIV,25	
ויעצו[מ]ו מקצה **עד** קצה / ◦◦◦	1QHa XIV,31	
כאש בוער עצור בע[צמי] **עד** ימימיה	1QHa XVI,30	
ולכלות בשר **עד** מועדים	1QHa XVI,31	
]לי לפלט **עד** עולם	1QHa XVII,29	
ובברות קודשכה תשעשעני ו**עד** היום [	1QHa XVII,32	
ו**עד** שיבה אתה תכלכלני	1QHa XVII,34	
אודכה אדוני כי] הגברתה **עד** אין מס[פר]	1QHa XVII,38	
ונהמתי **עד** תהום תבוא	1QHa XVIII,33	
ומספד מרורים **עד** כלות עולה	1QHa XIX,22	
למי נחשבתי **עד** זות	1QHa XXI,11	
]במכון עולם לאור אורתום **עד** נצח	1QHa XXI,14	
ותאמנה בא[וזני] / עבדכה **עד** עולם [	1QHa XXIII,6	
]ף אסיר **עד** קצ רצונכה	1QHa XXIV,12	
]ה תמיד **עד** פלט	1QHa 2i6	
ע]ד כלה ופח לפח יטמונו	1QHa 3,8	
] / **[ע]ד** עולם	1QHa 5,4	
] **עד** [	1QHa 27,1	
] / [כי באה עד יהודה נגע **ע]ד** שער עמי	1Q**14** 11,3	(I)
נגע ע]ד שער עמי **עד**[ירושלם		(I)
והשיגום **ע[ד]** אובדם ועד / הש[מד]ם	1Q**22** 1i10	(I)
והשיגום ע[ד] אובדם ו**עד** / הש[מד]ם		(I)
[במדבר אבו]תיכם **עד** יום[עש]ור לחודש	1Q**22** 1iii10	(I)
]**עד** עולם לפניו לכפר ה[	1Q**27** 6,3	(I)
]וכול בינות **עד**[	1Q**29** 13,2	(I)
]מנעורי בדמים ו**עד** / [	1Q**35** 1,10	(I)
מן הצפון / אמות שש **עד** ניקרת הטבילה	3Q**15** I,12	(III)
מעל החריץ של שלומ / ו **עד** הרגם הגדול	3Q**15** V,9	(III)
חפור אמות שלוש **עד** הטור	3Q**15** VII,15	(III)
] / **עד** היום הזה ועד דורות עולם[	4Q**158** 1-2,9	(V)
] / עד היום הזה ו**עד** דורות עולם[		(V)
] / על שתי כפות הירך **עד** ה[יום הזה	4Q**158** 1-2,13	(V)
] / **[ע]ד** עול[ם	4Q**158** 4,8	(V)
]חמור **עד** שה חיים אחד שנים ישלם	4Q**158** 10-12,6	(V)
עד יהוה יבוא דבר שניהמה[	4Q**158** 10-12,10	(V)
לוא עצרתי כוח **עד** זואת	4Q**160** 3-4ii1	(V)
]ו**עד** גבול ירושלים[	4Q**161** 5-6,13	(V)
תנוסון **עד** אם נותרתמה כתרן על רואש הר	4Q**163** 23ii7	(V)
[אלך אשובה אל מקומי **ע]ד** אשר [י]אשמו	4Q**167** 2,5	(V)
מאנתיכוס **עד** עמוד מושלי כתיים	4Q**169** 3-4i3	(V)
כול נחלת / אדם ולזרעם **עד** עולם	4Q**171** 1+3-4iii2	(V)
ועמוני ומואבי וממזר ובן נכר וגר **עד** עולם	4Q**174** 1-2i4	(V)
נ]ואש **עד** דברי תנחומים	4Q**176** 8-11,13	(V)
]רה **עד** עת המצ[רף הבאה	4Q**177** 5-6,3	(V)
עד אנה אשיתה / [עצות בנפשי	4Q**177** 10-11,8	(V)
עד אנה[ירום איבי עלי	4Q**177** 10-11,9	(V)
ועתה יהוה **עד** מתי חונני חלצה נפ[שי	4Q**177** 12-13i3	(V)
]◦הם **עד** עשרה צדיקים בעיר	4Q**177** 12-13i5	(V)
וארץ ליחד רשעה **עד** / קצה	4Q**181** 1,2	(V)
]ש ו**עד** עשר פעמים[	4Q**185** 1-2i6	(V)
וציצו תשא רוח **עד** איקום לע[	4Q**185** 1-2i11	(V)
ל]קרת בנו **עד** ◦[	4Q**200** 5,1	(XIX)
והוא]ה מרחם מוריד **עד** שאולה תחתיה	4Q**200** 6,6	(XIX)
ע]ד עולמי עד	4Q**215**a 1ii7	(XXXVI)
שנים ועשרים ראשי אנשים] / מאדם **עד** אליו	4Q**216** VII,15	(XIII)
וכל[הנ]ברא **עד** היום א[שר	4Q**217** 2,3	(XIII)
יקומו מע]תה **עד** י[ו]ם / [המשפט הגדול	4Q**221** 3,2	(XIII)

מתאבל על אשתו **עד** [אשר דבקו אלו	(XIII)	4Q**221** 5,6
ואתה תשנאני אותי ואת]בׄנׄי **עׄ[ד]** / [עול]ם	(XIII)	4Q**223-224** 2iv5
]הׄבריאה **עד** יום הׄבריאׄהׄ[החדשה	(XIII)	4Q**225** 1,7
]**עדׄ** שלושה ע∘[	(XIII)	4Q**226** 6,2
[הבאים מטף [**עׄ[ד** נשים	(XXXVI)	4Q**249**a 1,1
] / **עׄד** יום בא לחם הבכורים אל ∘[	(XXXV)	4Q**251** 9,6
]**עד** ∘[	(XXXV)	4Q**251** 19,1
מאה ועשרים / שׄנה **עד** קץ מי מבול	(XXII)	4Q**252** I,3
עד יום עשרים וששה בחודש / השלישי	(XXII)	4Q**252** I,6
עד יום ארבעה עשר בחודש השביעי	(XXII)	4Q**252** I,8
והמים היו[ ]הׄלוך וחסור **עד** החודש [הע]שירי	(XXII)	4Q**252** I,11
עד בוא משיח הצדק צמח / דויד	(XXII)	4Q**252** V,3
נתנה ברית מלכות עמו **עד** דורות עולם	(XXII)	4Q**252** V,4
לוא יגע ב]טׄהרת הרבים **עדׄ**[אׄ]שׄ[ר ידרושהו	(XXVI)	4Q**256** XI,12
לא הלך עוד / בשגגה **עד** מלאות לו שנתים	(XXVI)	4Q**258** VII,2
בעצ]תׄ היחד **עד** מלאות לו / [עשר שנים	(XXVI)	4Q**259** II,5
לׄ[ו]א אתפוש **עׄ[ד** יום נק[םׄ	(XXVI)	4Q**260** IV,8
לוא אנׄחׄם בנכוחים **עד** תום / דׄ[רכ]ם	(XXVI)	4Q**260** V,1
ומעל]אׄנשים **עׄ[ד** ת]וׄם פׄשׄעׄם[רקים]	(XXVI)	4Q**260** V,6
]תׄחת דליתו ישתו **עדׄ**[	(XXVI)	4Q**262** B,1
]שחקים ודליותו **עדׄ**[	(XXVI)	4Q**262** B,2
לקרוא] / [מן] הׄספר [י]נום **עד** שלוש פעמים	(XXXV)	4Q**265** 4ii2
לא] / [ה]יה לה **עד** אשר לא הובאה אצ[לו	(XXXV)	4Q**265** 7,13
]**עד** תום ה̣מועד פקודה ב[רוח עולה]	(XVIII)	4Q**266** 1a-b,2
]**עׄד** אׄשר / [יבוא בם	(XVIII)	4Q**266** 2i1
ונהיות] / **עד** מה ⟦ ⟧ יבוא בקציהם	(XVIII)	4Q**266** 2ii10
ואל תׄ[בו] / אׄלׄ המקדׄש **עד** בו השמש	(XVIII)	4Q**266** 6ii4
]וׄבעוללתו **עד** עשרה גׄ[רגרים	(XVIII)	4Q**266** 6iii7
וילמד / **עד** שנה תמימה	(XVIII)	4Q**266** 8i6
]∘ אנוס / הואׄ [**ע]ד** אשרׄ יוסרׄ	(XVIII)	4Q**266** 8ii5
לו[דבר / אמת עם רעה ו**עד** [	(XVIII)	4Q**266** 8ii6
במיניהם יבואו באש או במי]ם **עד** הם הׄ[יים]	(XVIII)	4Q**266** 9ii1
יש]פׄטו בם **עד** ממודׄ מׄשיח אהרון וישרׄאל	(XVIII)	4Q**266** 10i12
ו]הׄ[נם] ע̣ד̣ שלוש פעׄ[מים על מושב] אחד	(XVIII)	4Q**266** 10ii7
]**עד** אשר לו [	(XVIII)	4Q**266** 14a,1
]**עד** עׄשרה גרגרׄים העוללת / [	(XVIII)	4Q**267** 6,2
מׄבׄן שלושים שנה ו**עדׄ** בן ששים / [שנ]הׄ	(XVIII)	4Q**267** 9v11
מבן [ש]לׄוׄשׄיםׄ [ש]נה / [ו**ע]דׄ** בן הׄמשׄ[ים שנה	(XVIII)	4Q**267** 9v14
ויבינו בכול נהיות **עד** מה יבוא במה	(XVIII)	4Q**268** 1,8
נכשלו בם מלפני]הׄ ו**עׄ[ד** / [הנה	(XVIII)	4Q**270** 1i2
ועול]לות הכרׄם [**ע]דׄ** עׄשׄ[רה גרגרים]	(XVIII)	4Q**270** 3ii12
[וכל הלקט] **עד** סאה לבית הסאה	(XVIII)	4Q**270** 3ii13
ופרט אין בה] וׄבעוללה **עד** עשרה גׄ[רגרים]	(XVIII)	4Q**270** 3ii14
אׄם לא דבר אׄ[מת ע]ם רעהוׄ **עד** אשׄ[ר	(XVIII)	4Q**270** 6iii14
[מבן ח]מׄש וׄעשרים שנה וׄ**עׄ[ד** בן ששים] שנה	(XVIII)	4Q**270** 6iv17
לסור אׄ]ת דׄעתׄםׄ **עדׄ** אׄשרׄ לא [ישלי]מו	(XVIII)	4Q**270** 6iv19
לעשות / דבר מן התורה **עד** מחיר מות	(XVIII)	4Q**271** 4ii9
לסור / את התורה **עד** מחיר מות	(XVIII)	4Q**271** 4ii10
ושמרוהו **עדׄ** [שבע] / [שנים	(XVIII)	4Q**271** 5i20
]מׄיׄמׄיׄ ספרה אתׄ דׄםׄ ∘∘∘∘∘ **עד** אשר יׄ[	(XVIII)	4Q**273** 5,5
אל יגע בטהרה **עד** אשר ישנה	(XXXV)	4Q**274** 2i3
מאדם **עד** כול כלי יטבול	(XXXV)	4Q**274** 2i4
והתיסרו **עד** השבוע [השביעי	(XXVI)	4Q**275** 2,1
והזקנים עמו **עד**[	(XXVI)	4Q**275** 3,1
[ויט]מא **עד** ה[ער]בׄ	(XXXV)	4Q**277** 1ii5
[ויט]מה **עד** [ה]ערב	(XXXV)	4Q**277** 1ii13
וׄ[רח]ץ וטמא **עד** ה[ע]רׄב	(XXXV)	
ל̣גלעמ̣[**עד** אשר יער[ם לבד]	(XXXV)	4Q**284**a 1,7
וירדף אחריהם נש]יא העדה **עד** הים הׄ[גדול	(XXXVI)	4Q**285** 4,6
בכול עונות מעמדמה **עד** תוממה [לעד	(XI)	4Q**286** 7ii6

ה]סׄגיר בער **עׄד** מים לׄבל[תי	(XX)	4Q**299** 8,9
]מׄעולם הוא וׄ**עׄ[ד** עולם	(XX)	4Q**300** 9,3
]**עד** מלאׄ[ת	(XX)	4Q**301** 7,2
וׄיׄגבה **עד** לשמים[ ]לׄ[	(XX)	4Q**302** 2ii3
]כולמעשיהם **עד** ק∘[	(XX)	4Q**303** 6
] / [ ]וד **עד** אשר יפקחו	(XXXVI)	4Q**306** 2,6
] / **עד** ת∘∘ר∘[	(XXXVI)	4Q**307** 1,8
ביסוד / [הבריא]הׄ מערב **עׄד** בוקר	(XXI)	4Q**320** 1i3
ואומר אליכם ב]אׄתמה **עד** הר[האמורי	(XIII)	4Q**364** 21a-k,7
ויבואו] **עׄד** נחל [אשכול	(XIII)	4Q**364** 21a-k,13
]וׄהׄ[עיר] אשר בתוׄך הׄ[נחל ו]**עד** הׄגׄלׄעׄדׄ	(XIII)	4Q**364** 24a-c,12
מארץ מצרים עד בוא]כׄמׄהׄ [**ע]ד** / [	(XIII)	4Q**364** 26ai5
]∘מ **עד** בׄ[וקר ?	(XIII)	4Q**364** G,1
לוא תוסיפו(ן) לראו]תׄו עׄ[וד **ע]דׄ** עולם	(XIII)	4Q**365** 6ai3
] / **עדׄ** יׄ[עבור ⟦ ⟧ עמכה יהוה ⟦	(XIII)	4Q**365** 6b,1
נצבים עׄלׄ[יך מן (ה)בוק]רׄ וׄ**עׄ[ד** (ה)ערב	(XIII)	4Q**365** 7ii3
תחת כרכובו מלמט]הׄ **עד** חציו	(XIII)	4Q**365** 12a-bii12
יהיה על] / [המשכן כמר]אׄהׄ אש **עד** בוקרׄ[	(XIII)	4Q**365** 31a-c,4
ממׄדׄבר צין **עד** רחוב לבו חמת	(XIII)	4Q**365** 32,10
ע]דׄ חברון ושׄמׄהׄ אׄחימון וששי ותלמי	(XIII)	4Q**365** 32,11
ויבואו **עד** נחל אׄשכול	(XIII)	4Q**365** 32,12
]מׄים **עד** ביתׄ[	(XIII)	4Q**365** 37,5
]∘ הׄנחל **עדׄ** ∘[	(XIII)	4Q**365** X,2
ומשער זבולון **עד** שער גד	(XIII)	4Q**365**a 2ii1
]וׄמש[ער ג]דׄ **עׄ[ד**	(XIII)	
ומן הפנה הזואת **עד** שער דן	(XIII)	4Q**365**a 2ii2
ומשער נפתלי **עד** שער אשר	(XIII)	4Q**365**a 2ii3
ומשער אשר **עד** פנת מזרח{{ה}}	(XIII)	4Q**365**a 2ii4
שמונה ועשרים באמה **עד** {{המשקופ	(XIII)	4Q**365**a 2ii6
[יהי]הׄ עמך **עד** שנת היובל יעבד עמׄ[ך	(XIII)	4Q**366** 2,5
לאׄ[ת]בׄוא **עד** מלאות[ימי טהרה	(XIII)	4Q**367** 1a-b,6
לא תלין פעלת]שׄכיר אתך **עד** בקׄ[ר	(XIII)	4Q**367** 2a-b,12
]משפטו **עד** קץ משפט נחרצה / [	(XIII)	4Q**369** 1i6
] / ו**עד** עולם הוא ירחם [	(XIX)	4Q**370** 1ii6
ושברים את כׄל עצמיו **עד** עת קׄץ לו	(XXVIII)	4Q**372** 1,15
להיות עמו **עד** עלמי עדׄ[	(XXVIII)	4Q**372** 3,9
]אׄהו **עד** עת יכ[	(XXVIII)	4Q**372** 7,2
]**עׄדׄ** השׄ[מים	(XXVIII)	4Q**372** 16,1
ושבתה **עד** יהוה אלוהיכה בכול / [לבכה	(XIX)	4Q**375** 1i2
ונגש **ע]דׄ** לארון העדות	(XIX)	4Q**375** 1ii7
תגלה לעיני כול הקהל **עד** כלות הכוהן לדבר	(XIX)	4Q**376** 1ii2
]**וׄעׄ[ד]** עוׄ[ל]םׄ	(XXVIII)	4Q**377** 1ii7
מקצה ה]ארץ ו**עד** קציה	(XXII)	4Q**378** 3i6
]ו**עד** לכלה ועד למעול / [	(XXII)	4Q**378** 3i7
]ועד לכלה ו**עד** למעול / [	(XXII)	
]שה ו**עד** ה∘[	(XXII)	4Q**378** 8,2
]יש הׄ[ח]סׄדׄים ו**עד** לעלמיה זכור [	(XXII)	4Q**378** 26,6
]∘תׄ **עד** למ[	(XXII)	4Q**378** 26,7
מׄןׄ החדש ה∘[ ]∘י **עד** חׄדׄש קציר חטים	(XXII)	4Q**379** 12,7
] בצוׄרות **עד** ∘ש∘הׄ כ∘[	(XXII)	4Q**379** 28,4
יה]וה מעולם ו**עד** / [	(XI)	4Q**380** 1i3
עדׄ[מתי] / תחפצו לעש[ו]תׄ רעה	(XI)	4Q**380** 1ii5
ואין מכבה **עד** י[	(XI)	4Q**381** 24a+b,2
] / **עד** לכלה סלה	(XI)	4Q**381** 24a+b,3
]∘ת לאבתינא יפוׄצו לרב **עד** א[ ]∘∘נׄיׄ	(XI)	4Q**381** 46a+b,4
כי יׄהוׄהׄ שלחני **עד**[יריחו	(XIII)	4Q**382** 11,1
]∘∘∘ ויבוא **עד** א[	(XXX)	4Q**383** 3,3
]**עׄדׄ** אשׄ[ר	(XIX)	4Q**384** 3,3
]לׄמשפחותם **עדׄ**[	(XIX)	4Q**384** 8,4
במקום קבו]רׄתם ישכבו **עד** אשרׄ[	(XXX)	4Q**385** 3,5

תס]פורו **עד** ממוחרת השבת השביעית	11Q**19** XVIII,12	
ע]**ד** ממוחרת השבת השביעית	11Q**19** XIX,13	
ואת האזרוע **עד** עצם השכם	11Q**19** XX,16	
מגדו[ל ו]**עד** [קטן] / [יחלו לשתות יין חדש	11Q**19** XXI,6	
עד ממוחרת השבת / השביעית	11Q**19** XXI,13	
אשכין / עליו את כבודי **עד** יום הברכה/הבריה	11Q**19** XXIX,9	
ו[ע]שרים באמה מן הס{{◦}}ף **עד** המשקוף	11Q**19** XXXVI,9	
ומפנת השער **עד** המקצוע השני	11Q**19** XXXVI,12	
וילד **עד** יום / אשר ישלים חוק[	11Q**19** XXXIX,7	
מן פנה למזרח צפון **עד** שער שמעון	11Q**19** XXXIX,14	
ומשער {{שמעון}} הזה **עד** שער {{◦◦◦◦◦}} לוי	11Q**19** XXXIX,15	
ומשער לוי **עד** שער יהודה	11Q**19** XXXIX,16	
לשעריו מחוץ לעומת המוסד / **עד** עטרותיו	11Q**19** XL,11	
מן הפנה **עד** / שער שמעון	11Q**19** XL,13	
ומשער שמעון **עד** שער לוי	11Q**19** XL,14	
ומשע[ר] לוי **עד** שער יהודה	11Q**19** XL,15	
מן הפנה] הזואת / **עד** ש[ער יששכר	11Q**19** XLI,3	
ו]מן הפנה הזואת **עד** / שער דן	11Q**19** XLI,7	
משער דן **עד** / שער נפתלי	11Q**19** XLI,8	
ומשער נפתלי / **עד** שער אשר	11Q**19** XLI,10	
ומשער / אשר **עד** פנת {{של?}} המזרח	11Q**19** XLI,11	
שמונה ועשרים באמה **עד** המשקוף	11Q**19** XLI,15	
[וגובהה ארבע עשרה באמה] **עד** המשקוף	11Q**19** XLII,2	
עד {{ע}}העלות את עולת המועד	11Q**19** XLII,16	
אוכלים את הדגן / **עד** השנה השנית	11Q**19** XLIII,7	
עד השנה השנית **עד** יום חג הבכורים		
והיין מיום / מועד התירוש **עד** השנה השנית	11Q**19** XLIII,8	
עד השנה השנית **עד** יום מועד / התירוש		
מיום מועדו **עד** השנה השנית	11Q**19** XLIII,9	
משער] / [שמעו]ן **עד** שער יהודה	11Q**19** XLIV,4	
משער יהודה **עד** / הפנה	11Q**19** XLIV,7	
משער שמעון **עד** הפנה / השנית	11Q**19** XLIV,9	
המקצוע אשר אצל בני יהודה **עד** שער ראובן	11Q**19** XLIV,11	
ומשער / ראובן **עד** שער יוסף	11Q**19** XLIV,13	
ומשער יוסף **עד** שער בנימין	11Q**19** XLIV,14	
ומשער בנימין **עד** פנת המערב לבני בנימין	11Q**19** XLIV,15	
מן הפנה / הזאת **עד** שער יששכר	11Q**19** XLIV,16	
עד אשר [יש]לים שלושת ימים	11Q**19** XLV,8	
טמא לנפש לוא יבואו לה **עד** אשר יטהרו	11Q**19** XLV,17	
ומנוגע לוא יבואו לה **עד** אשר יטהרו	11Q**19** XLV,18	
]◦ה **עד** אשר יזו את הש[נית]	11Q**19** L,3	
וכול הנוגע בו טמא **עד** הערב	11Q**19** L,12	
ולוא יטהרו עוד **עד** / לעולם	11Q**19** L,18	
הנוגע בהמה ב]מותמה יטמא / **ע**[**ד** ה]ערב	11Q**19** LI,3	
בטיי לכה ולבניכה אחריכה **עד** עולם	11Q**19** LIII,7	
מבן / עשרים שנה ו**עד** בן ששים שנה	11Q**19** LVII,3	
ולוא יצא **עד** יבוא לפני הכוהן הגדול	11Q**19** LVIII,18	
לוא יצא מעצת לבו **עד** אשר ישאל	11Q**19** LVIII,20	
געלה נפשמה **עד** יאשמו כול אשמה	11Q**19** LIX,9	
ולוא תגע לכה בטהרה **עד** / שבע שנים	11Q**19** LXIII,14	
לוא תואכל **עד** יעבורו שבע שנים	11Q**19** LXIII,15	
והיה עמכה **עד** דרוש	11Q**19** LXIV,15	
ואת הקב]ה ואת האזרוע [**ע**]**ד** עצם השכם	11Q**20** IV,26	(XXIII)
כול העם מגדול ו]**עד** קטן יחלו לשתות	11Q**20** V,10	(XXIII)
מן הפנה הז]ואת **עד** ש[ער] / [דן	11Q**20** XI,16	(XXIII)
ע]**ד** יום / [	11Q**20** XIV,1	(XXIII)
]ו וטמ[א] / **עד** ה[ערב	11Q**20** XIV,23	(XXIII)
ממ]כה מקצי הארץ ו**עד** קצ[י הארץ]	11Q**20** XVI,4	(XXIII)
]חטא **עד** ע[	PAM 43.661 1,1	(XXXIII)
]ה ו**עד** ד◦[	PAM 43.668 3,2	(XXXIII)
ויתבהלו הימים מהר **עד** אשר יאמרו	4Q**385** 4,2	(XXX)
]ם בארצ[ות] איבי[כ]ם[ ]**עד** שנת[	4Q**387** 1,9	(XXX)
מעל[ו]בני]**עד** שלמות עשרה / יבלי שנים	4Q**387** 2ii3	(XXX)
]◦ל ממלכה **עד** היום הזה וי◦◦◦◦[	4Q**392** 2,3	(XXIX)
אין להאכילם מהקו[ד]שים / **עד** בוא השמש	4Q**396** 1-2iv1	(X)
בימי [יר]ובעם בן נבט ו**עד** גל[ו]ת ירושלם	4Q**398** 11-13,2	(X)
] / א[ ]שה **עד** לש[	4Q**415** 2ii6	(XXXIV)
וא]ל תנומה לעיניכה **עד** עשותכה / מצו[תיו	4Q**416** 2ii9	(XXXIV)
]אל תשקוט **עד** תום רשעה	4Q**416** 3,3	(XXXIV)
וכול עולה תתם **עד** ישלם [קץ האמת	4Q**418** 2+2a-c,5	(XXXIV)
]◦◦ אכרים **עד** כול א[	4Q**418** 103ii2	(XXXIV)
] **עד** תום עו[לה	4Q**418** 113,1	(XXXIV)
ונכי שכלו ל[ו]א ישוב א[חור] / **עד** י[	4Q**420** 1aii-b,5	(XX)
]תנלוים **עד**[	4Q**420** 2,2	(XX)
ונכי שכלו לוא ישו]ב אחור **עד** / [	4Q**421** 1aii-b,15	(XX)
]לו **עד** ל[	4Q**421** 10,2	(XX)
למען דעת א[נשי ישר]אל **עד** דו[רות]עולם	4Q**422** III,7	(XIII)
] / ואל יביאני **עד**[	4Q**426** 1ii7	(XX)
ו**עד** שחקים יגבירהו בקומה	4Q**427** 7ii9	(XXIX)
]י **עד** פל[ט	4Q**427** 14,2	(XXIX)
אטומם] / אוזן בלמודיכה **עד** אשר[השכלתני	4Q**428** 10,7	(XXIX)
עד תום כל ח[צי מלחמות רשעה]	4Q**429** 4ii12	(XXIX)
{{מ}}על כול נפלאותיו **עד** עולם	4Q**434** 1i1	(XXIX)
]ה ו**עד** אחרונות לוא	4Q**440** 3i25	(XXIX)
]**עד** למשפט תעמידני [	4Q**443** 2,6	(XXIX)
] **עד**קץ[	4Q**443** 4,3	(XXIX)
]ה **עד** תום ממשלתה / [	4Q**444** 1-4i+5,7	(XXIX)
] / ביום ו**עד** ערב מ◦◦◦[	4Q**448** III,2	(XI)
]◦נו ו**עד** היום הזה[	4Q**449** 1,2	(XXIX)
]ים **עד** קצה	4Q**461** 1,4	(XXXVI)
מ]וסדות תבל **עד** נ[	4Q**461** 1,7	(XXXVI)
]ה ו**עד** די[	4Q**463** 3,2	(XIX)
]◦ **עד** עולם כיא הואה / [	4Q**464** 3i7	(XIX)
]**עד** קץ[	4Q**464**a 5	(XIX)
]ה פרוש קציהם[ ]**עד** ק[	4Q**468**dd 2	(XXVIII)
]◦ו **עד** אשר יתן לכה[משאלות לבכה	4Q**474** 7	(XXXVI)
]◦ המערכה **עד** שובמה	4Q**491** 1-3,7	(VII)
] / ו**עד** שאול תו{{קד}}כל	4Q**491** 10ii17	(VII)
[וב]בוקר יבואו **עד** מקום המערכה	4Q**492** 1,9	(VII)
]◦ים **עד** ◦[	4Q**502** 109,2	(VII)
]הואה לילת ה[ ]ולעו **עד** אתחב◦◦ו◦[	4Q**503** 39,2a	(VII)
להשיב / אל לבבם לשוב **עו**ד**ך**	4Q**504** 1-2v13	(VII)
כעשותכה נפלאות מעולם ו**עד** / עולם	4Q**504** 1-2vi10	(VII)
] / ו**עד** היותנו צעדינו עם נדה יב[	4Q**507** 1,3	(VII)
מ]הויי עד / [**ע**]**ד** נהיי עולמים	4Q**511** 10,11	(VII)
] תעניית ו**עד** תום[	4Q**511** 121,2	(VII)
] תנקה **עד** משפט[	4Q**512** 29-32,20	(VII)
] / תפלה **עד** ◦◦[	4Q**512** 65,3	(VII)
]◦ל נפשו **עד**[	4Q**512** 76,3	(VII)
{{וזיד}} <<**עד**>> {{מ}}<<ב>>טמאתו הרישנה	4Q**514** 1i8	(VII)
]◦ **עד** דור ו[דור	4Q**524** 25,4	(XXV)
ע]**ד** ערב וב[	5Q**13** 27,6	(III)
]ומה **עד** הגול[ה	6Q**9** 1,2	(III)
]**עד** גת ועד [עקרן	6Q**9** 30,1	(III)
]עד גת ו**עד** [עקרן		(III)
מן הב]קר **עד** הערב ◦[	6Q**11** 4	(III)
]◦[ ] **עד** שמח[	6Q**18** 2,6	(III)
ו**עד** / סופה אדורשנה	11Q**5** XXI,11	(IV)
]**עד** עולם וא[	11Q**11** IV,10	(XXIII)
מארם עד]בהמה ו**עד** ח[יה ועד עוף	11Q**12** 7,2	(XXIII)

] רֿון **עד** אפֿ[	PAM 43.677 9,4	(XXXIII)
ועד [	PAM 43.685 10,1	(XXXIII)
]◦ **עד** עי◦[	PAM 43.691 22,1	(XXXIII)
]בֿ **עד** אֿ[	PAM 43.692 22,1	(XXXIII)
]**ועד** קצהֿ[	PAM 44.102 40,1	(XXXIII)

witness noun **עֵד, עֵיד**

דבר אשר לא בהוכח לפני **עדים**	CD IX,3	
ועל ההון יקֿבלו שני / **עידים** נאמנים	CD IX,23	
ואל יקוֿבֿל / **עוֹד** לשופטים	CD X,1	
אל יאמן איש על רעֿהו / **לעד**	CD X,3	
אשר לוא בתוכחת לפני **עדים**	1QS VI,1	
וסוד קודש / קודשים לאהרון **עדי** אמת	1QS VIII,6	
] / [ברע]כֿה **עד** שקר	4Q**158** 7-8,2	(V)
ואשלחה אלֿ[יהם] **עדים** לֿ[העיד בהם	4Q**216** II,12	(XIII)
אשר לא בהוכח לפני **עֿ[דים**	4Q**258** II,6	(XXVI)
וסוד] קדש קדשים לאהרוֿ[ן / **עֿדי** אמת	4Q**259** II,15	(XXVI)
אשר לא] / [בהו]כֿחֿ לפניֿ **עֿדֿים**	4Q**263** 2	(XXVI)
לפני] **עדים** שֿ[נים ?	4Q**266** 12,2	(XVIII)
[דבר אש]ר / [לא בהוכח ע]ל פי **עדים**	4Q**270** 6iii18	(XVIII)
ועל ההוֿ[ן יקבלו ש]ני **עֿדים** נאמֿנֿ[ים]	4Q**270** 6iv12	(XVIII)
וֿעל פיֿ **עֿד** אחד לה[בדיל מן הטהרה	4Q**270** 6iv13	(XVIII)
ואל יקובל **ע**[**ד** לשופט]ים ל[המֿיתֿ על פיהוֿ		(XVIII)
בהו]כֿיחו לפני **עֿ[דים**	4Q**286** 14,3	(XI)
] ושפט אמת **ועד** נאמן	4Q**381** 76-77,9	(XI)
ואין מספר **לעדיכם**	4Q**381** 76-77,11	(XI)
[ולעמוד במ]שפטי **עדים** ב[מכון עולם	4Q**427** 10,4	(XXIX)
ע[**דֿיו** ומנצח לעד [	4Q**443** 2,3	(XXIX)
] וריב לי **ועדיו** יעידו בֿ[	4Q**443** 2,7	(XXIX)
ותשנה בזווה **ועדה** ובגדיה[	4Q**462** 1,16	(XIX)
ועדים עמנו במעמד {{בֿמֿעֿ}} יומם[	4Q**503** 11,4	(VII)
]◦ֿ אור **ועד**[**ים**	4Q**503** 13,2	(VII)
]ֿר **ועדים** לנו	4Q**503** 15-16,5	(VII)
]אֿור **ועדים** עמֿ[נו	4Q**503** 65,3	(VII)
ועל]פי שלושה **עדים** [יומת	4Q**524** 14,3	(XXV)
לוא יקום **עד** אחד באיש לכול עוון	11Q**19** LXI,6	
על פי שנים / **עדים**	11Q**19** LXI,7	
או על פי שלושה **עדים** יקום דבר		
אם יקום **עד** חמס באיש לענות / בו		
והנה **עד** שקר העיד שקר	11Q**19** LXI,9	
והנה עד שקר **העיד** שקר		
על פי שנים **עדים**	11Q**19** LXIV,8	
ועל פי שלושה **עדים** / יומת		
] / **לעד** יהוֿ[ה	PAM 43.679 10,1	(XXXIII)

עֹד ← עוֹד

(indeterminate) עד

] **עד** ◦[	1QSb 14,2	(I)
]וֿרות **עֿד** / [	4Q**511** 103,2	(VII)

to adorn verb **עדה-2**

צרחנה בקול רנה **עדינה** עדי כבוד	1QM XII,15	
עדינהֿ עדי כבוד ור[ד]ינה במלכות / [	1QM XIX,7	
עדינה [עדי כבוד ורדינה במלכות	4Q**492** 1,7	(VII)

congregation, nation noun **עֵדָה-1**

בדור אחרון **בעדת** בוגדים / הם סרי דרך	CD I,12	
ויחר אף / אל **בעדתם**	CD II,1	
ויחר אף אל / **בעדתם**	CD III,9	
השבט הוא נשיא כל **העדה**	CD VII,20	
אשר חרה אף אל בכל **עדתו**	CD VIII,13	
וזה סרך לשפטי **העדה**	CD X,4	
עשרה אנשים ברורים / מן **העדה** לפי העת	CD X,5	
מבן / ששים שנה ומעלה לשפוט את **העדה**	CD X,8	
לבֿלתי הֿיות עשוק ורצוץ **בעדתו**	CD XIII,10	
וכל הנוסף **לעדתו** יפקדהו למעֿשיו	CD XIII,11	
להביֿא איש אל **העדה** זוֿלֿתֿ פי המבקר	CD XIII,13	
על פיהו יבאו באי **העדה** / איש בתרו	CD XIV,10	
לכוב אשר חרה אף אל בכל **עדתו**	CD XIX,26	
וכן המשפט / לכל באי **עדת** אנשי תמים	CD XX,2	
בהופע מעשיו ישלח **מעדה**	CD XX,3	
להבדל **מעדת** / אנשי העול	1QS V,1	
החוקים האלה להיחד **לעדת** קודש	1QS V,20	
וזה הסרך לכול **עדת** ישראל באחרית הימים	1QSa I,1	(I)
וזה הֶסרך לכול צבאות **העדה**	1QSa I,6	(I)
בתוך משפ[ח]תו ליחד **בעד[ת]** קודש	1QSa I,9	(I)
יבוא להת[יצ]ב ביסודות **עדת** / הקודש	1QSa I,12	(I)
לעבוד את עבודת **העדהֿ**	1QSa I,13	(I)
וכול {{ש}}רוֹשׁ אבות **העדה**	1QSa I,16	(I)
[לצא]ת ולבוא לפני **העדה**	1QSa I,17	(I)
יתנו משאו ב[עבו]דת **העדה**	1QSa I,19	(I)
אל יבוא בגורל להתיצב על **עדת** ישראל	1QSa I,20	(I)
לרי[ב מ]שפט ולשאת משא **עדה**		(I)
להביא ולהוציא אתכול **העדה** איש בסרכו	1QSa I,23	(I)
על יד ראשי / [א]בֿות **העדה**	1QSa I,24	(I)
[וכול ר]אשי אבות **העדה**	1QSa I,25	(I)
כול / חֿ[כמי]**העדה** והנבונים	1QSa I,28	(I)
לבֿלתי / החזיק מעמד בתוך **העדה**	1QSa II,5	(I)
לבלתי התחזק בתוך **העדה**	1QSa II,7	(I)
להתיצב [ב]תֿוך **עדת** אֿ[נ]שי השם	1QSa II,8	(I)
כיא מלאכי / קודש [**בעד**]תם	1QSa II,9	(I)
יבוא[הכוהן]רואש כול **עדת** ישראל	1QSa II,12	(I)
וכול / ראשי א[בות **הע**]**דה**	1QSa II,16	(I)
[ואחר יבר]כו כול **עדת** היחד	1QSa II,21	(I)
[יש]אֿ / פניו אל כול **עדתכה**	1QSb III,3	(I)
למשכיל לברך את נשיא **העדה** אשר [	1QSb V,20	(I)
ולקים **עדה** בשקר / בעבור כבודה	1QpHab X,10	
יתקרבו לנחשיר גדול **עדת** אלים	1QM I,10	
] / אבות **העדה** שנים וחמשים	1QM II,1	
ואבות **העדה** אחריהם להתיצב תמיד	1QM II,3	
לכפר בעד כול **עדתו**	1QM II,5	
וכול ראשי אבות **העדה** בחרים להם	1QM II,7	
ועורכיה כול **העדה** יחד	1QM II,9	
על חצוצרות מקרא **העדה** יכתובו קרואי אל	1QM III,2	
{{יכתובו}} ראשי אבות **העדה**	1QM III,4	
ממלחמת האויב לבוא אל **העדה** ירושלים	1QM III,11	
סרך אותות כול **העדה** למסורותם	1QM III,13	
סרך אותות **העדה**	1QM IV,9	
יכתבו על אות הראישונה **עדת** אל		
אות כול **העדה** אורך ארבע עשרה אמה	1QM IV,15	
] / ועל מ[ ]◦ נשיא כול **העדה** יכתבו שמו[	1QM V,1	
] בכבוד מלכותכה **ועדת** קדושיכה	1QM XII,7	
וגבור המלח[מה] **בעדתנו**	1QM XII,9	
כיא הֿמה **עדת** רשעה ובחושך כול מעשיהם	1QM XV,9	
בראתם עם צבא רוחיך **ועדת**[קודשיך	1QH^{a} V,14	
והמה סוד שוא **לעדת** בליעל	1QH^{a} X,22	
ומעדת דורשי חלקות	1QH^{a} X,32	
ולבוא ביחד עם **עדת** בני שמים	1QH^{a} XI,22	
] / **מעדת** [שו]א ומסוד חמס	1QH^{a} XIV,5	

1QHa XV,34		כי לוא הפלתה גורלי **בעדת** שו
1QHa 5,3		] / [ ]ות עם **עדת** קדושיכה בהפלא[
1QHa 11,10		] לשמך תבו[ ] **בעדת** ק[ודש
1Q22 1i2	(I)	[הקהל א]ת כול **הע[ד]ה**
1Q22 1iv1	(I)	] / ו]**בעדת** אלים [ובסוד קד]ושים
3Q9 3,4	(III)	]**ובעדתנו** ⟦ ⟧[
4Q161 5-6,3	(V)	]נשיא **העדה** ואחר יס[ו]ר מעלה[ם
4Q162 II,10	(V)	היא **עדת** אנשי הלצון אשר בירושלים
4Q163 23ii10	(V)	לאחרית הימים על **עדת** ד[ורשי] החלקות
4Q164 1,3	(V)	] / **עדת** בחירו כאבן הספיר
4Q169 3-4ii5	(V)	לא ימוש מקרב **עדתם** חרב גוים
4Q171 1-2ii5	(V)	פשרו / המה **עדת** בחירו עושי רצונו
4Q171 1-2ii9	(V)	פשרו על / **עדת** האביונים
4Q171 1+3-4iii5	(V)	] / **עדת** בחירו אשר יהיו רשים ושרים ◦[
4Q171 1+3-4iii10	(V)	פשרו על **עדת** האביונים
4Q171 1+3-4iii16	(V)	ו[אשר] הכינו לבנות לו **עדת**[
4Q171 3-10iv19	(V)	ונכרתו / מתוך **עדת** היחד
4Q177 9,4	(V)	]המה **עדת** דורשי ה[חלקות
4Q181 1,4	(V)	להתחשב עמו ב[סוד] / [א]לים **לעדת** קודש
4Q249e 1i-3,7	(XXXVI)	בתו[ך משפחתו **בעד]ת** קוד[ש
4Q249e 1ii1	(XXXVI)	[**העד]ה**[לשרי]ם ולשופטים
4Q249g 3-7,8	(XXXVI)	כיא מלאכי / [קודש **בע]דתם**[
4Q249g 3-7,17	(XXXVI)	עם חכמי **עד]ת**[הקודש] / [ישבו לפניהם
4Q249i 1,2	(XXXVI)	[יבוא הכוהן רואש כול]**עד[ת** ישראל
4Q256 IX,2	(XXVI)	ולהבדל **מעדת** א[נשי העול
4Q258 I,2	(XXVI)	בכל אשר צוה / ולבדל **מעדת** אנשי העול
4Q266 2ii1	(XVIII)	ויחר אף אל **ב[ע]דתם** [להשם
4Q266 8i9	(XVIII)	א[ל יבו] איש / [מ]אלה אל תוך **העדה**
4Q266 8iii4	(XVIII)	ו[זה סרך לשופטי] **העדה**
	(XVIII)	[עד עשרה אנ]שים ברורים מן **העד[ה]**
4Q266 10i3	(XVIII)	על פי[ה]ו יבואו [בא]י **הע[ד]ה**
4Q266 10i4	(XVIII)	אשר] יהיה לכול [האר]ם לדבר **לעדה**
4Q267 5iii6	(XVIII)	]**עדה** ז[ת
4Q267 9iv10	(XVIII)	ל]הביא איש אל **[הע]דה**
4Q269 2,3	(XVIII)	ויחר אף]אל **בעדתם**
4Q270 6iv15	(XVIII)	וזה סרך לשופטי **העדה**
4Q270 6iv16	(XVIII)	[עד] / עשרה אנשים ברורי[ם מן **הע]דה**
4Q270 6iv18	(XVIII)	מבן ששים שנה [ומעלה לשפו]ט את **העדה**
4Q270 7i14	(XVIII)	ואשר ילו[ן] על האבות / [ישלח] מן **העדה**
4Q285 4,2	(XXXVI)	נשי]א **העדה** וכול ישר[אל
4Q285 4,6	(XXXVI)	וירדף אחריהם נש[יא **העדה** עד הים ה[גדול
4Q285 7,4	(XXXVI)	◦] והמיתו נשיא **העדה** צמ[ח] / [דויד
4Q285 10,2	(XXXVI)	]מתוך [ה]**עדה**[
4Q299 76,3	(XX)	] / כול אבות **העדה**[
4Q365 7i4	(XIII)	וקח אתכה מזקני **העדה**
4Q365 26a-b,5	(XIII)	שא את רו[א]ש **עדת** ב[ני ישראל
4Q365 31a-c,15	(XIII)	והיו לכה למקרא]**העדה**
4Q369 1ii9	(XIII)	] ומלאך שלומכה **בעדתו**
4Q375 1ii6	(XIX)	וכ]פר בעד כול **העדה**
4Q375 1ii9	(XIX)	ו[י]צא לפני כ[ול ראשי אבות] / **העדה**
4Q376 1iii1	(XIX)	ואם במחנה יהיה הנשיא אשר לכול **העדה**
4Q377 2ii3	(XXVIII)	וי[אמר שמ]עי / **עדת** יהוה
4Q377 2ii9	(XXVIII)	] / הקהל {{**העד[ה]**}}]ענו
4Q378 26,3	(XXII)	]**ועדת** עליון הק[ש]יבו לקול מ[ושה
4Q381 76-77,7	(XI)	**עד]ת** קדוש קדושים גורל מלך מלכים ◦[
4Q400 1i4	(XI)	**בעדה** לכול אלי / [
4Q401 11,3	(XI)	מלכי]צדק כוהן **בעד[ת** אל
4Q403 1ii24	(XI)	לראשי **עדת** המלך בקהל ◦[
4Q405 23i3	(XI)	וכול **עדת** משרתי / [
4Q418 59i2	(XXXIV)	]**עדתם** / [
4Q427 7i14	(XXIX)	שירו למלכ / [הכבוד שמחו **בע]דת** אל
4Q427 7ii9	(XXIX)	ועמ אלים **בעדת** יחד ורפ◦[
4Q427 8i10	(XXIX)	ו]בהפלא נספרה יחד **בעדת** אל
4Q431 2,8	(XXIX)	ועם אלים **בעדת** / [⟦ ⟧ יחד
4Q437 2i1	(XXIX)	]**מעדת** דורשי מ◦[
4Q457b I,5	(XXIX)	] / **עדת** אל ג[
4Q466 3	(XXXVI)	◦] **עדת** יהוה[
4Q491 1-3,1	(VII)	] / קורח **ועדתו** לב[
4Q491 1-3,5	(VII)	]**העדה** וכ[ול]הנשיא[ים
4Q491 11i11	(VII)	ועצת אביונים **לעדת** עולמים ◦[
4Q491 11i12	(VII)	כסא עוז **בעדת** אלים
4Q491 11i14	(VII)	עם אלים את{{ת}}חשב ומכוני **בעדת** קודש
4Q491 16,2	(VII)	]וב[ין כול **העדה** א◦[
4Q496 10,2	(VII)	] / ס[רך אותות כול] **העדה**[
4Q509 3,5	(VII)	ח]סדיכה על **עדתנו** כש[עירים על הארץ
4Q511 2ii3	(VII)	] / **ועדת** ממזרים כ[ו]ל ◦◦[
5Q17 1,2	(III)	]כול **העד[ה**
6Q30 3	(III)	**עד]ת** בוגד[ים
11Q13 II,10	(XXIII)	אמר אלוהים [נ]צב **בע[דת** אל
11Q14 1ii13	(XXIII)	[אין]כול[נגע מ]כשול **בעדתכם**
11Q14 1ii15	(XXIII)	ומלאכי / [קודשו מתיצבי]ם **בעדתכם**
11Q19 XXXIX,6		]להשתחוות לפני כול **ע[ד]ת** בני / ישראל [
11Q19 XLII,14		בכול שנה ושנה בחג הסוכות לזקני / **העדה**
11Q20 V,19	(XXIII)	וכפ]ר בו על כול **העדה** לפני / [יהוה
PAM 43.665 25,2	(XXXIII)	]**העדה** ו◦[
PAM 43.685 2,1	(XXXIII)	]**עדת**[

Adullam proper noun **עֲדוּלָּם**

4Q522 9i+10,12	(XXV)	ו]את קעילה את **עדולם** ואת / [

testimony, law noun **עֵדוּת, עֵידוּת**

CD III,15		ומועדי / כבודו **עידות** צדקו ודרכי אמתו
CD XX,31		ומשפטי / צדקו **ועדוות** אמתו
1Q22 1ii1	(I)	וש[מרתה חוקי] **ועדוותי** [ומצוותי
4Q287 9,13	(XI)	מאו[ס **בעד**{{י}}**יות** צדקכ[ה
4Q364 17,3	(XIII)	את / הכפרת על הארון **העדו**{{ו}}**ת**
4Q372 1,28	(XXVIII)	לא להכיחי **עדותיך** ולהגיד דברי צדק[ך
4Q375 1ii7	(XIX)	ונגש ע[ד] לארון **העדות**
4Q379 18,6	(XXII)	]**בעדו[ת]** עליון השכלת כ◦[
4Q418 120,1	(XXXIV)	] **עדות** קל[
4Q471 2,2	(XXXVI)	ל]שמר **עדות** בריתנו[
4Q522 22-25,3	(XXV)	[עלו שבטים] שבטי יה **עדות** לישרא[ל

ornament noun **עֲדִי**

1QM XII,15		עדינה **עדי** כבוד
1QM XIX,7		עדינה **עדי** כבוד
1Q34bis 3i4	(I)	ל]דשן **בעדי** שמים
4Q179 1ii11	(V)	] / וכתם טוב **עדים** נושאי{{ם}} הלבו[שים
4Q184 1,5	(V)	] / מכסיה אפלות נשף **ועדיה** נגועי שחת
4Q381 31,7	(XI)	כי אדר נציב כבודם **ועידם** / [
11Q22 1,2	(XXIII)	תהיה **עדי** נגה באהבתכ לאלהיכ
PAM 43.673 22,2	(XXXIII)	]ת **ועדי** ל◦[

עֲדִי ← עַד-3

עֲדֻלָּם ← עֲדוּלָּם

עֲדֻלָּמִי ← עודולמי

luxury, delight; garden (?) noun עֵדֶן-1

Reference	Vol.	Text
1QS X,15		ארים ידי להדשן **בעדני** תנובת תבל
1QH^{a} V,23		ותמ◦◦◦◦[ר]וב **עדנים** עם שלום / עולם
1QH^{a} XVIII,30		וברום **עדנים** לא ◦[
1QH^{a} 5,7		] / **ועדן** לדורי נצח
4Q**256** XX,3	(XXVI)	ארים ידי]להדשן **בעדני** תנובת / [תבל
4Q**258** X,3	(XXVI)	ארים ידי להדשן] / **בעדני** תנ[ובת תבל
4Q**418** 138,3	(XXXIV)	]◦ושכה מראבון **ובעדנ**[י
4Q**418**a 25,2	(XXXIV)	] / **ועדן**[
4Q**433**a 2,3	(XXIX)	] / נטע שעשועים נטע **בעד**[**נ**]ו ובכרמו ◦[
4Q**577** 8,1	(XXV)	]**עדני**[
11Q**14** 1ii11	(XXIII)	והארץ תנובב לכם פרי / [**ע**]**דנים**

Eden proper noun עֵדֶן-2

Reference	Vol.	Text
1QH^{a} XIV,16		וכול נהרות **עדן** [ישקו את ד]ל[י]ותיו
1QH^{a} XVI,20		]◦ר עולם **לעדן** כבוד ופר[
4Q**216** VI,3	(XIII)	ואת ה]יערים ואת גן **ע**[**ד**]**ן**[
4Q**265** 7,12	(XXXV)	עד] / אשר לא הובא אל גן **עדן**
4Q**265** 7,14	(XXXV)	[כי] קדוש גן **עדן**
4Q**428** 8,4	(XXIX)	וכול נהרות] **עדן** ת[לחלחנה] / [דליו]תיו
4Q**484** 7,1	(VII)	]**עדן**[
4Q**504** 8,6	(VII)	בג]ן **עדן** אשר נטעתה המשלת[ה אותו

(indeterminate) עדן

Reference	Vol.	Text
PAM 43.691 13,1	(XXXIII)	]**לעדן** לקדוש[

Adphi (?) proper noun עדפי

Reference	Vol.	Text
4Q**341** 13	(XXXVI)	עקילא / עלי **עדפי**

to be missing verb עדר-2

Reference	Vol.	Text
1QH^{a} IX,25		ולא **נעדרו** מלפניכה
4Q**164** 1,6	(V)	] / **הנעדרות** מהמה כשמש{{ל}} בכול אורו
4Q**384** 17,5	(XIX)	]**נעדר** מ◦[
4Q**511** 127,3	(VII)	]כול **נעדר**◦[
4Q**522** 11,1	(XXV)	]◦ים **נעדר** א[

flock noun עֵדֶר-1

Reference	Vol.	Text
CD XIII,9		וישקוד לכל מדהובם כרועה **עדרו**
4Q**171** 1+3-4iii6	(V)	] / צון בתוך **עדריהם**
4Q**267** 9iv6	(XVIII)	וישקוד לכול מדהו]בם כרעה **עדרו**
4Q**385**a 16a-b,2	(XXX)	]בר עם **לעדרי** ע[

thickness noun עוֹבִי

Reference	Vol.	Text
11Q**19** V,3		]**עובי** שלוש[

Og proper noun עוֹג

Reference	Vol.	Text
4Q**364** 20a-c,6	(XIII)	ואת **ע**]**וג** מ[לך] הב[שן]
4Q**373** 1a+b,2	(XXVIII)	] / כל עבדיו את **עוג** א[

flute noun עוּגָב

Reference	Vol.	Text
11Q**5** XXVIII,4	(IV)	ידי עשו **עוגב** ואצבעותי כנור

to stand up, hold up verb עוד-1

Reference	Vol.	Text
1QH^{a} XII,22		בתומכי בכה **אתעודדה** ואקומה על מנאצי
1QH^{a} XII,36		עם / המון רחמיכה **התעודדתי** ואקומה
4Q**382** 23,1	(XIII)	]◦[ ]אתג[ ]ה **ואתועדדה** [

to warn, testify verb עוד-2

Reference	Vol.	Text
CD IX,20		ואם שנים הם והם **מעידים** על / דבר אחר
CD XIX,30		את הראשנים / אשר **העידו** על העם
1QSa I,11	(I)	ובכן תקבל **להעיד** עליו משפטות התורא
4Q**227** 2,3	(XIII)	א]רץ אל תוך בני האדם **ויעד** על כולם / [
4Q**266** 13,4	(XVIII)	]◦ **יעיד** את רעה [
4Q**377** 1i7	(XXVIII)	לכול יש[רא]ל לשל[ ] **ויעיד** ול◦צ◦ / [
4Q**390** 1,4	(XXX)	אשר אנוכי מצוך אשר / **תעיד** בהם
4Q**443** 2,7	(XXIX)	וריב לי ועדיו **יעידו** ב[י
11Q**5** XXVIII,5	(IV)	ההרים לוא **יעידו** / לו והגבעות לוא יגידו

again, still, longer adverb עוֹד, עֹד

Reference	Vol.	Text
CD IV,11		אין **עוד** להשתפח לבית יהודה
CD IX,19		יכתבהו בידו עד עשותו / **עוד** לפני אחד
CD X,7		ואל יתיצב **עוד** מבן / ששים שנה ומעלה
CD XX,23		ושבו **עוד** / אל דרך העם בדברים מעטים
1QS I,6		ולוא ללכת **עוד** בשרירות לב אשמה
1QS VII,2		ולוא ישוב **עוד** על עצת היחד
1QS VII,17		ולוא ישוב **עוד**
1QS VII,24		לוא ישוב אל עצת היחד **עוד**
1QS VIII,23		ולוא ישוב **עוד**
1QS VIII,26		אמ לוא שגג **עוד** עד מולאת לו שנתים / ימים
1QS IX,1		לוא ישוב **עוד**
1QpHab VII,5		כיא **עוד** חזון / למועד יפיח לקץ
1QM XVIII,11		להסיר ממ[ש]לת אויב לאין **עוד**
1QH^{a} XII,20		וחוזי תעות לא ימצאו **עוד**
1QH^{a} XIV,30		וכול בני אשמה לא יהיו **עוד**
1QH^{a} XX,10		ולוא יהיה **עוד** כי אל ה{{ו}}ד{{ו}}עות / הכינה
1QH^{a} XX,18		א]ין **עוד** מדהבה
1QH^{a} XXVII,1		] / **עוד** [השמיעו]ואמ[ורו
1QH^{a} 5,5		] / ◦◦ לוא יהיו **עוד**
1Q**27** 1i6	(I)	וכתום כעשן וא[יננ]ו **עוד**
1Q**27** 1i7	(I)	וכול תומכי רזי פלא אינמה **עוד**
4Q**161** 2-4,8	(V)	[כיא] **עוד** מע[ט מזער
4Q**161** 5-6,8	(V)	**עוד** [היום בנב לעמד]
4Q**163** 23ii17	(V)	ולוא יכניף **ע**[**וד** מוריכה
4Q**169** 3-4ii1	(V)	אשר לא ישמע קולם **עוד** בגוים
4Q**169** 3-4iii7	(V)	ולא יוסיפו **עוד** לתעות [ה]קהל
4Q**169** 3-4iii8	(V)	ופת[אים] / לא יחזקו **עוד** את עצתם
4Q**171** 1-2ii5	(V)	**ועוד** מעט ואין רשע
4Q**174** 1-2i5	(V)	ולוא ישמוהו **עוד** זרים
4Q**176** 8-11,11	(V)	כן נשבעתי מקצוף עליך **עד** ומגעור בך
4Q**176** 8-11,14	(V)	]אין **עוד** מעת[
4Q**200** 4,4	(XIX)	ו]אף אמי איננה מאמנת אשר תראנ[י] **עוד**
4Q**215** 1-3,5	(XXII)	ותקרא **עוד** בלהה[
4Q**223-224** 2i52	(XIII)	והוא עו]שה[**עו**]**ד** זמה כאיש / [מרחם עלינו
4Q**252** I,15	(XXII)	ויחל **עוד** שבעת ימים א[חרים]
4Q**252** I,19	(XXII)	ולוא] / יספה לשוב **עוד**
4Q**252** I,21	(XXII)	לוא יספ[ה] / שוב **עוד**
4Q**258** VII,1	(XXVI)	אם לא הלך **עוד** / בשגגה
4Q**258** VII,2	(XXVI)	וליד הרמה לא ישוב **עוד**
4Q**261** 6a-e,3	(XXVI)	ו[לא ישוב] **עוד**
4Q**265** 4ii7	(XXXV)	[עד] **עוד** שנה תמימה
4Q**266** 6ii2	(XVIII)	ואם ראתה [**עו**]**ד** והיאה לו [בעת] / [נדתה]
4Q**266** 8iii7	(XVIII)	ואל ית[י]צ[ב] / **עוד** [מבן ששים שנה ומע]לה
4Q**267** 4,3	(XVIII)	]ה◦[ ]שך[ ]◦◦ **עוד** / [
4Q**267** 9vi2	(XVIII)	ויצא ולוא ישו]ב **עוד**
4Q**267** 9vi5	(XVIII)	ויצא ו]ל[וא ישו]ב **עוד**
4Q**270** 6iv18	(XVIII)	ולא יתיצב **עוד** מבן ששים שנה [ומעלה
4Q**270** 7i7	(XVIII)	ולא] ישוב **ע**[**וד**
4Q**270** 7i13	(XVIII)	ויצא ולא ישוב **עוד**
4Q**284** 5,4	(XXXV)	]**עוד** / [
4Q**291** 3,2	(XXIX)	יו]דוך תמיד יהל[ל]וך **ועוד** / [

4Q299 3aii-b,6 (XX)] / מעשה אשר לוא יעשה עוד כיא אם [
4Q299 31,3 (XX)]◦ עוד ◦◦◦[
4Q300 1aii-b,5 (XX) עו]ד לא תהיה[
4Q364 11,6 (XIII) ויגידו לו לאמור עוד יה[וסף חי
4Q364 B,2 (XIII)] / עוֹ[ד◦[
4Q365 6ai3 (XIII) לוא תוסיפו(ן) לראו]תו ע[וד ע]ד עולם
4Q365 7i3 (XIII) מה אעשה לעמ הזה עוד מעט ויסוקלוני
4Q374 2ii8 (XIX)]למרפאויגבירו לב[ם] עוד ודעת[
4Q382 30,3 (XIII) ע]וד לפניכ[ה
4Q416 1,13 (XXIV) וכל עולה תתם עוד ושלם קץ האמ[ת
4Q416 2i16 (XXIV)]ולא תאמין עוד [
4Q416 2i20 (XXIV)]כה ואפס עוד
4Q417 1i17 (XXIV) ועוד לוא נתן הגוי לרוח בשר
4Q417 2i18 (XXIV) ואל תוסף עו[ד
4Q417 2i20 (XXIV) ואל תוסף עוד פ[ן
4Q417 2i23 (XXIV) ולוא תאמין ע[וד לרעהו
4Q417 2i28 (XXIV) ואפס] / עו[ד
4Q418 7b,11 (XXIV)]ואפין עוד / [וגם אתה
4Q418 43-45i13 (XXIV) ועו[ד לוא נתן הגוי לרוח בשר
4Q418 69ii8 (XXIV) ובני עולה לוא ימצאו עוד[
4Q418 122i6 (XXIV) לו]א ישוה בעמלכה או למה עוד / [
4Q418 199,2 (XXIV) אל] תוסף עוד[
4Q427 2,3 (XXIX) [ומוסר א]כזרי לא אזכור עוד
4Q427 7ii7 (XXIX) [ואשמ]ה לוא[תהיה]עו[ד
4Q428 10,9 (XXIX) ואין] / לי עוד למכשול עוון
4Q428 12i3 (XXIX) ועול]ה לוא / תמצא עו[ד
4Q431 2,6 (XXIX) ואשמה לוא ת]היה עוד
4Q434 1ii5 (XXIX)] / עוד כי א[ ]◦ קרתם ב◦[
4Q446 1,2 (XXIX) ולו]א עוד יכריתנה מ◦◦[
4Q475 4 (XXXVI) ולוא יהיה עוד אשמות בארץ
4Q503 1-6iii12 (VII) ועו[ד] / המספ[ר
4Q504 4,12 (VII)]◦ר ◦◦ עוד חזק לבנו לעשות[
4Q512 66,2 (VII)] / לוא עוד[
4Q512 66,3 (VII)] / עוד ולוא[
4Q514 1i7 (VII) ואל יאכל <<זו>>{{עו}}ד בטמאתו ← זיד
4Q521 10,3 (XXV) עו]ד רשע ביניהם / [
5Q18 2,3 (III)]◦ ועוד ◦◦למ◦[
6Q9 59,2 (III)]וא עודנו[
11Q11 IV,9 (XXIII) ע]וד בארץ / [
11Q19 XLIII,11 לוא יאכל עוד / כי קדש
11Q19 L,3] / נטמאו אין עו[ד
11Q19 L,7 טמא הוא עוד / טמאתו בו
11Q19 L,18 ולוא יטהרו עוד עד / לעולם
11Q19 LV,10 והיתה לתל עולם לוא תבנה עוד
11Q19 LVI,11 ולוא יזידו עוד בישראל
11Q19 LVI,18 לוא / תוסיף לשוב בדרך הזואת עוד
11Q19 LIX,15 אכרית זרעו ממשול עוד על ישראל
11Q19 LXI,11 ולוא יוסיפו עוד לעשות כדבר הזה
11Q20 XIV,6 (XXIII) אין עוד / [

עוד ← עַד, עַד-1, עַד-3

Adullamite proper noun **עודולמי**

4Q364 9a-b,10 (XIII) את גדי העזים ? ביד רעהו] / העודו[למי

to twist, commit iniquity verb **עוה**

1QS I,24 נעוינו / [פ]שענו [חט]אנו הרשענו
1QH^a V,21]ה ורוח נעוה משלה / בו
1QH^a VIII,7 ר]וח נעוה מעול [
1QH^a IX,22 ונעוה בלא / בינה
1QH^a XI,21 ורוח נעוה טהרתה מפשע רב
1QH^a XV,27] ברוב רחמיכה לנעוי לב
1QH^a XIX,12 ומרוח נעוה לבינתכה
4Q281a 2 (XXXVI)]◦ כי ◦◦מו אל תעוינו ◦[
4Q400 1i16 (XI)]לכול נעוי דרך
4Q425 6,4 (XX)]יעוה ובלשונו[
4Q427 2,1 (XXIX) רוח התוע]ה ונעוה בדעת לבי[
4Q428 9,2 (XXIX) וברוב רחמיכה]לנעו[י] / [לב

ruin noun **עַוָּה**

11Q5 XIX,15 (IV) ודעת חונני אל אתקלה / בעווה

עָוֹל ← עָוֶל

iniquity, guilt, punishment noun **עָווֹן, עָוֹן**

CD I,8 ויבינו בעונם
CD III,18 ואל ברזי פלאו כפר בעד עונם
CD IV,10 הקים אל לראשנים לכפר / על עונותיהם
CD XIV,19 משי]ח אהרן וישראל ויכפר עונם [
1QS I,23 והלויים מספרים / את עוונות בני ישראל
1QS II,8 ולוא יסלח לכפר עווניך
1QS II,12 ומכשול עוונו ישים לפניו
1QS II,17 בחסונו / מאחרי אל בגלוליו ומכשול עוונו
1QS III,7 דרכי איש יכופרו כול / עוונותו
1QS III,8 ליחד באמתו יטהר מכול / עוונותו
1QS III,22 וכול חטאתם ועוונותם ואשמתם
1QS V,15 ובהו{{◦}}גן פן ישיאנו / עוון אשמה
1QS VI,1 ולוא / ישא עליו עוון
1QS VIII,3 ורוח נשברה ולרצת עוון בעושי משפט
1QS X,22 ולוא ישמע בפי / נבלות וכחש עוון
1QS XI,9 עוונותי פשעי חטאתי {{◦◦◦◦}}עם
1QS XI,12 ואמ אכשול בעוון בשר
1QS XI,14 וברוב טובו יכפר בעד כול עוונותי
1QpHab IV,8 והרסום בעוון היושבים / בהם
1QpHab VIII,12 והון עמים לקח לוסיף עליו עוון אשמה
1QpHab IX,9 אשר בעוון מורה / הצדק ואנשי עצתו
1QH^a IV,12]דברתה ביד מושה ל[שאת פשע] עוון
ולכפר בע[ד עוו]ן ומעל
1QH^a IV,15 ולהשליך כול ע[וונותיה]ם
1QH^a VI,24 הסולח לשבי פשע ופוקד עון רשעים
1QH^a IX,22 ומקור הנדה כור העוון ומבנה החטאה
1QH^a IX,25 ומה יוכיח על עוונותיו
1QH^a IX,27 ולבני האדם עבודת העוון ומעשי הרמיה
1QH^a IX,32 טהרתה מרוב עוון / לספר נפלאותיכה
1QH^a X,10 ואהיה על עון רשעים / דבה בשפת עריצים
1QH^a XII,15 ומכשול עוונם שמו לנגד פניהם
1QH^a XII,29 והוא בעוון / מרחם
1QH^a XII,37 כי תכפר עוון ולטה[ר]אנוש מאשמה
1QH^a 35,1] עוון ◦◦[
1QH^a 45,2 נת]עב לשחת בעת עוונו◦[
1Q22 1iii7 (I) [לכפר לכם] את עוו[נו]תיכם
4Q163 23ii20 (V)] / על עון ע[
4Q169 3-4iii4 (V) ורבים יבינו בעוונם
4Q171 1-2ii4 (V) כיא כול הממרים / לשוב מעונם יכרתו
4Q176 1-2i6 (V) כיא / נרצה עוונה
4Q179 1i2 (V)]של כל עוונותינו
4Q183 1ii7 (V)] / וירצו את עוונם בנגיע[הם
4Q183 1ii8 (V)] / עוונם [ ]][
4Q223-224 60,2 (XIII)]עוון ◦◦◦[
4Q225 1,1 (XIII)]ל מעוון הזונות א◦◦[

Text	Vol.	Reference
באמת[ו] יטה[ר מכול] / **עונותו**	(XXVI)	4Q**255** 2,2
והלויים מספרים את ע]**וונות** בני י[שראל	(XXVI)	4Q**256** II,6
ולוא יסלח לכפר **עוונכה**	(XXVI)	4Q**256** III,2
ולוא יסלח לכפר **עו]ונכה**	(XXVI)	4Q**257** II,5
ויכ]פר / [בעד כול **עוונ]ותי**◦	(XXVI)	4Q**258** XIII,2
[ורוח נ]שברה ולרצות **עו[ון** במעשי משפט	(XXVI)	4Q**259** II,12
ולוא ישמע בפי / נבלות וכחש **עוון**	(XXVI)	4Q**260** V,3
ויבינו] ב[**עו]נם** וידעו / כי אשמים המה	(XVIII)	4Q**266** 2i12
[אשר י]קרב [ ] / [אליה **ע]ון** נדה עלו	(XVIII)	4Q**266** 6ii2
]ונושה **עוו[ן]** / [ופשע]	(XVIII)	4Q**266** 7i4
]לם **עונם** מ[	(XVIII)	4Q**266** 16a,4
פ]קוד **עוון**[	(XVIII)	4Q**267** 13,2
[ויב]ינו **בעוו[נמה** וידעו כי] / [אשמים המה	(XVIII)	4Q**268** 1,15
ואל יעזוב ל[ו כול] **עוונותיו**	(XVIII)	4Q**271** 3,3
ש]בי **עון** ישובו[	(XXXVI)	4Q**285** 10,7
] / **מעון** ודרשו מ[	(XIX)	4Q**370** 1ii1
] / ויטהרם **מעונם** [	(XIX)	4Q**370** 1ii3
]ו **עון** ל[	(XXVIII)	4Q**372** 7,7
לא]תכחד **עוני** לידעי בינה	(XI)	4Q**381** 31,6
]משפטכה **ועוון** עמכה מעלה לרו[ם	(XIII)	4Q**382** 104,8
]**העונות** לדו[	(XIX)	4Q**384** 9,3
עד] אשר ישלימו **עונם**	(XXX)	4Q**389** 8ii5
וזה להם האות בשלם / **עונם**	(XXX)	4Q**389** 8ii6
הנה **בעונותינו** נסכנ[ו] / בט[מאת	(XXIX)	4Q**393** 1ii-2,3
וכו]ל **עונותינו** מחה	(XXIX)	4Q**393** 1ii-2,5
שלוא י[היו] / מסיא[י]ם את העם **עוון**	(X)	4Q**394** 3-7i16
שלוא יהיו] / םשיאים את העם **עוון**	(X)	4Q**394** 3-7ii14
] / [נשו]אי **עונות**	(X)	4Q**398** 14-17ii1
וגם **מעוון** לדעתי[	(XX)	4Q**412** 1,3
]אל תכזב / לו למה תשה **עון**	(XXXIV)	4Q**417** 2i23
אל תכזב לו למה ת]שא **עוון**	(XXXIV)	4Q**418** 7b,6
מ]**עוון** תועבה תנקה	(XXXIV)	4Q**418** 102a+b,5
שפ]וט **עוון** [	(XXXIV)	4Q**418** 123ii8
ט]הרהו **מעוון** משפט א[ל]	(XXXVI)	4Q**424** 2,2
כלה **עוון** שבת נגע לאין מחל[ה	(XXIX)	4Q**427** 7ii6
ואין] / לי עוד למכשול **עוון**	(XXIX)	4Q**428** 10,9
ולוא יכירו] / [כול מעשי צ]דקכה **לעוון**[	(XXIX)	4Q**428** 19,6
ומכשול **עוונם** שמו ל[נ]גד פני[הם]	(XXIX)	4Q**430** 3
כלה **עוון** שבת נגע לאין מחלה	(XXIX)	4Q**431** 2,5
ות[שם שומ]רי אמת נגד **עוני**	(XXIX)	4Q**432** 3,2
שפטם ברוב רחמו משפטי **עונו**	(XXIX)	4Q**434** 1i7
וירצו את **עונם** ואת עון אבותם	(XXIX)	4Q**434** 1ii3
וירצו את עונם ואת **עון** אבותם	(XXIX)	
וכול יגוני ראיתה **ועונות**[י	(XXIX)	4Q**437** 2i7
ת]שא **עוון** כי◦[	(XXIX)	4Q**443** 1,15
] **העון** עמו וגם רוח פארה עמ[ו	(XXXVI)	4Q**477** 2ii4
] **עונתו** ◦[	(XXII)	4Q**481**d 3,2
ע]וונתם י[	(VII)	4Q**502** 19,7
הן **בע]וונותינו** נמכרנו	(VII)	4Q**504** 1-2ii15
כיא גם / [הו]געני אל **בעווננו**	(VII)	4Q**504** 1-2v19
אשר נכנע לבנו רצינו את **עווננו**	(VII)	4Q**504** 1-2vi5
ואת **עוון** / אבותינו במעלנו	(VII)	
[ואל תז]כור לנו **עוונות** רשונים	(VII)	4Q**504** 4,6
וסלח[נא]**לעווננו** ולח[טתנו] / [	(VII)	4Q**504** 4,7
]ן / **בעוונ[** ו]אין רופא [	(VII)	4Q**509** 12i-13,4
קצי נגוע[י] **עוונות** ולוא לכלת עולם	(VII)	4Q**510** 1,7
]◦ **עוונותי**[	(VII)	4Q**511** 56,3
עוו]נות הרשונ[ים	(VII)	4Q**512** 23,2
]◦**עוון** אשמה / [	(VII)	4Q**512** 15i-16,1
] **עוון** / [	(VII)	4Q**512** 15i-16,10
]**מעוננ**[ו	(VII)	4Q**512** 85,2
נשא **עוון** כי החל כו[	(VII)	4Q**513** 2ii5
] / על כסא **עון** ועל במות כנס[תם	(XXV)	4Q**525** 14ii2
ע]ל **העוון** ה[זה	(XXV)	4Q**525** 19,5
ועוונותי לשאול מכרוני	(IV)	11Q**5** XIX,10
וטהרני **מעווני**	(IV)	11Q**5** XIX,14
לעזוב להמה[משא]כול **עוונותי**המה	(XXIII)	11Q**13** II,6
]ב **עוונותיו** ותתן[	(XXIII)	11Q**16** 2,4
והתודה על רואשו את כול **עוונות** בני ישראל		11Q**19** XXVI,11
ונשא השעיר את כול **עוונות**		11Q**19** XXVI,13
לשאת / **עוון** אשמה למות		11Q**19** XXXV,8
ומטמא הבית **בעוון** / החטאה		11Q**19** LI,14
ונשא את] / **עונה** א[ישה הפרמה		11Q**19** LIV,2
ומכול ערוות ומכול **עוון** ואשמה		11Q**19** LVIII,17
לוא יקום עד אחד באיש לכול **עוון**		11Q**19** LXI,6
]תם **בעונ**[	(XXXIII)	PAM 43.679 7,3

to seek refuge verb **עוז**

Text	Vol.	Reference
ונעוז בחומה נ{{ס}}שגבה עד פלט		1QH^a XIV,25
להרים לב[י] / ו**להעיז** בכוח		1QH^a XV,17
להציץ / מטע ולגדל נצר **להעיז** בכוח		1QH^a XV,19
[נדדה]מדמנה ישבי הגבים **העיזו**	(V)	4Q**161** 5-6,8

might noun **עוֹז, עֹז-1**

Text	Vol.	Reference
ומשפט **עוז** לצדקת אל		1QS X,25
משען ימיני בסלע **עוז**		1QS XI,4
וכמגדל **עו[ז]** בחומה / נשגבה	(I)	1QSb V,23
] **בעז** [פי]כה בשבטכה תחריב ארץ	(I)	1QSb V,24
כיא בכוחכה **ובעוז** חילכה הגדול		1QM XI,5
ואתה הקימותה / נופלים **בעוזכה**		1QM XIV,11
רומה אל אלים והנשא **בעו[ז**		1QM XIV,16
[ורב חס]ד ומעשי ימין **עוזך**		1QH^a IV,18
ורוחות **עוז** לחוקיהם		1QH^a IX,10
כיא הייתה לי לחומת **עוז**		1QH^a XI,37
וחומת **עוז**[		1QH^a XIII,37
לבנות[חומת] / **עוז** ללוא תתזעזע		1QH^a XIV,27
ובריחי **עוז** ללוא ישוברו		1QH^a XIV,28
אודכה אדוני כי סמכתני **בעוזכה**		1QH^a XV,6
ותשימני כמגדל **עוז** כחומה נשגבה		1QH^a XV,8
אתה]מנוסי משגבי סלע **עוזי** ומצודתי		1QH^a XVII,28
]בימין **עוזכה** לנהל ◦ל[		1QH^a XXIII,7
ליצר אשר סמכתה **בעוזכה**		1QH^a XXIII,13
]**עוז** עמכה ומ[	(V)	4Q**160** 5,2
ויצ]יבו לה חומה ומגדלים לעשות **לעוז** רשע	(V)	4Q**175** 26
] / בכל **עוז** כחו ובכל [	(V)	4Q**185** 1-2ii15
ורישית אוני יתר שאת ויתר **עוז**	(XXII)	4Q**252** IV,4
]ם **בעוז** הדרמה	(XI)	4Q**286** 2,1
]◦ קנאת משפט **בעוז** / [	(XI)	4Q**286** 2,3
כי נתן לך **עוז** לגב[ר	(XXVIII)	4Q**372** 2,7
מ]לך יהודה שמע אל[הי]◦שיך ◦◦מ◦ת **עזי**[	(XI)	4Q**381** 31,4
]ובזרע **עזך** [	(XI)	4Q**381** 86,3
גבו]רתם לגבורי **עוז** / [	(XI)	4Q**402** 1,4
זמר **עוז** [לאלו]הי קו[דש]	(XI)	4Q**403** 1i6
שבע תהלי ר]נ[ו]ת **עוזו**	(XI)	4Q**403** 1i9
בשב[עה דב]רי פלא למגני **עוז**	(XI)	4Q**403** 1i25
זמרו לאלוהי **עז** / במנת רוח רוש	(XI)	4Q**403** 1i39
] / למגני **עוז** וב[רך	(XI)	4Q**405** 3ii17
פל]אי זמרת **עו[ז**	(XI)	4Q**405** 64+67,1
ואז תדע בכבוד **ע[וזו** ע]ם רזי פלאו	(XXXIV)	4Q**417** 1i13
[הקדי]שו שמו בשפתי **עוז**	(XXIX)	4Q**427** 7i16

ולהליץ יחד בש[וא] **עול**	4Q184 1,2	(V)
] / **בעול** נגעלי הוה תמכו שוח	4Q184 1,3	(V)
והיאה ראשית כול דרכי **עול**	4Q184 1,8	(V)
מעגלותיה משגות / **עול**	4Q184 1,10	(V)
]הר ממכה **עול** צי◦[	4Q184 3,4	(V)
ולהבדל מ[כו]ל אנשי ה**עול**	4Q256 IX,8	(XXVI)
אשר לוא הסיר דר]כו מכול **עול**[	4Q256 XVIII,4	(XXVI)
ולבדל מעדת אנשי ה**עול**	4Q258 I,2	(XXVI)
ולהבדל מכל אנשי] ה**עול**	4Q258 I,7	(XXVI)
ולסתר עצתו בתוך אנשי ה**עול**	4Q258 VIII,2	(XXVI)
אשר לא הסיר דרכיו מכול **עול**	4Q258 VIII,5	(XXVI)
ל[ה]ב[ד]ל מבני / [ה**עו**]**ל**	4Q266 3ii21	(XVIII)
הלוא כול העמי]ם שנאו **עול**	4Q299 1,1	(XX)
מתי] / תחפצו לעש[ו]ת רעה פן יובד **עו**[**ל**]	4Q380 1ii6	(XI)
ואז תדע אמת ו**עול** חכמה / [ואול]ת ת[	4Q417 1i6	(XXXIV)
ואיש **עול** אל תחשוב עזר	4Q417 2i7	(XXXIV)
] / **עול** תשפוט ובכוח ידיכה ת[	4Q418 88ii4	(XXXIV)
א]בד כ[ו]ל **עול**[	4Q418c 5	(XXXIV)
בני]**עול** ובני צד[ק	4Q468b 5	(XXXVI)
ש]וב **עוֻל** ו[	4Q525 28,5	(XXV)
ו**עול** נכרתו ממך	11Q5 XXII,7	(IV)
או מי זה מלט / ב**עולו**	11Q5 XXII,10	(IV)
ולוא אור / [**עו**]**ל** ולוא צדקה[	11Q11 V,8	(XXIII)
עד מתי ת]שפוטו **עוול**	11Q13 II,11	(XXIII)

yoke noun **עוֹל, עֹל**

פשרו אשר המה מחלקים את **עולם**	1QpHab VI,6	
[ואם יצמד] / [עמו ו]חרש **עול** אחד	4Q223-224 2iv11	(XIII)
]ל [ ]אשר [**ע**]**ול** מצר[ים	4Q385 3,7	(XXX)
ובני ישראל / [זעקים מפ]ני **על** כבד	4Q389 8ii3	(XXX)
]לשאת / **עול** חכמ[ה	4Q421 1aii-b,10	(XX)
וצוארי הביאותי ב**עולך** ומוסר[	4Q438 3,3	(XXIX)
]**עלי** ואטה שכמי[	4Q438 5,3	(XXIX)
ולשנניה וב**עול** כבד / ובחסור כול	11Q19 LIX,2	
ומזעיקים מפני **עול** כבד	11Q19 LIX,6	

evil, malice, injustice noun **עַוְלָה**

ולרוח **עולה** רחוב נפש	1QS IV,9	
תועבת אמת עלילות **עולה**	1QS IV,17	
ותועבת **עולה** כול דרכי אמת		
ובחכמת כבודו נתן קצ להיות **עולה**	1QS IV,18	
כיא התגוללה בדרכי רשע בממשלת **עולה**	1QS IV,19	
להתם כול רוח **עולה** מתכמי / בשרו	1QS IV,20	
ואין **עולה** יהיה לבושת כול מעשי רמיה	1QS IV,23	
וכן ישנא **עולה**	1QS IV,24	
משפט רשעה {{בתמים דרך}} ואין **עולה**	1QS VIII,10	
ואפיא לוא / אשיב מאנשי **עולה**	1QS X,20	
]דור **עול**[**ה**	1QSb III,7	(I)
ויכונן קריה ב**עולה**	1QpHab X,6	
וכול **עולה** / [ו]רשע תשמיד לעד	1QH[a] VI,15	
] ותשנא **עולה** לעד	1QH[a] VI,25	
] ולתעב כול דרך **עולה**	1QH[a] VI,26	
כיא / אל אמת אתה וכול **עולה** ת[תעב	1QH[a] VII,25	
ונפש עבדך ת[עב]ה כול / מעשה **עולה**	1QH[a] VIII,20	
ובכול מעש[י **עו**]**ל**[**ה**	1QH[a] VIII,23	
] הוסיפו ערמה / צדיקים השביתו **עולה**	1QH[a] IX,36	
ישרתה בלבבי]כול מעשי **עול**[**ה**	1QH[a] X,3	
וצידים לבני **עולה**	1QH[a] XIII,8	
] **עולה** ובחוק / [אפי לרוב נדה	1QH[a] XV,36	
ומספד מרורים עד כלות **עולה**	1QH[a] XIX,22	

ומודיע **עוז** ידו / [ל]חתום רזים	4Q427 7i18	(XXIX)
וכול מחשביהמה מ[כין ב]**עוזו**	4Q427 7ii23	(XXIX)
לעשות אבני בחן] / לב[ני]ת **עוז** ללו [	4Q429 4ii9	(XXIX)
ובר[י]חי **עוז**[ללו ישוברו	4Q429 4ii11	(XXIX)
]ו **עוז**[	4Q443 3,4	(XXIX)
]י מגן **עוזי**[	4Q449 2,2	(XXIX)
ומלכים בחיל **עוזם** ושרים[	4Q460 8,3	(XXXVI)
]בכלי מלחמתם ובעררי **עוזם** [	4Q460 8,4	(XXXVI)
]ה **ועז** פניה ותשנה בזיוה ועדה ובגדיה[	4Q462 1,16	(XIX)
] / **עז** לנו ב◦ל[	4Q481d 1ii3	(XXII)
רו]מה אל אלים והנשא ב**עוז** מלך המ[לכים	4Q491 8-10i13	(VII)
עו]למים כסא **עוז** בעדת אלים	4Q491 11i12	(VII)
ואל תתעצלו להודיע **עוזו** ותפארתו	11Q5 XVIII,2	(IV)
להודיע לפותאים **עוזו**	11Q5 XVIII,4	(IV)
אמריהמה להודיע **עוזו**	11Q5 XVIII,12	(IV)
בזוכרי **עוזכה** יתקף / לבי	11Q5 XIX,12	(IV)
זמר]ת **עוז** ל[אלוהי קודש]	11Q17 III,3	(XXIII)
] / **עוז** [	PAM 43.664 8,1	(XXXIII)

Uzzielite proper noun **עֻזִּיאֵלִי**

[ומשפח]ות החברוני ומשפחות **העוזיאלי**	4Q365 27,3	(XIII)

iniquity noun **עֲוָיָה**

ודעת ח]ונני אל אתקלה ב**ע**[**ויה**	11Q6 4-5,15	(XXIII)

to do wrong verb **1-עול**

]**יעולו**[	4Q525 42,1	(XXV)

to nurse verb **2-עול**

ועלה היתה לי למלמדי אתן / הודי	11Q5 XXI,14	(IV)

nursing child noun **עוּל**

ותגל / עליהם כמרחמת על **עולה**	1QH[a] XVII,36	
] / **לעוליהן** ובת עמי אכזריה[	4Q179 1ii4	(V)

iniquity noun **עָוֶל, עָוֶל**

הנה רוחות / האמת ו**העול**	1QS III,19	
וממקור חושך תולדות **העול**		
וביד מלאך / חושכ כול ממשלת בני **עול**	1QS III,21	
עד הנה יריבו רוחי אמת ו**עול** בלבב גבר	1QS IV,23	
וכירשתו בגורל **עול** ירשע בו	1QS IV,24	
להבדל מעדת / אנשי **העול**	1QS V,2	
להבדל מכול אנשי **העול**	1QS V,10	
ולסור מכול **עול**	1QS VI,15	
האלה יבדלו מתוך מושב הנשי **העול**	1QS VIII,13	
עד אשר יזכו מעשיו מכול **עול**	1QS VIII,18	
לוא הזכו דרכם להבדל מ**עול**	1QS IX,9	
ולסתר את עצת התורה בתוכ אנשי **העול**	1QS IX,17	
ולוא הסר דרכו / מכול **עול**	1QS IX,21	
ואני לאדם רשעה ולסוד בשר **עול**	1QS XI,9	
מאת / אל יד מלחמה בכול בשר **עול**	1QM IV,3	
ר]וח נעוה מ**עול** [	1QH[a] VIII,7	
ומה ישיב **עוֻל** על משפט הצדק לכה	1QH[a] IX,26	
ויסגרו דלתי שחת בעד הרית **עול**	1QH[a] XI,18	
ויליזו עלי בשפת **עול** כול נצמדי סודי	1QH[a] XIII,24	
]להתהלך / בדרך לבכה לאין **עול**	1QH[a] XIV,7	
]ל◦◦◦ל **עול** יצר נתעב / [	1QH[a] 2i17	
]◦ ב**עול** ותמו כול יצר רמיה	1QH[a] 3,9	
הלוא כול / העמים שנאו **עול**	1Q27 1i9	(I)
]**העול** ברחו[	4Q172 4,2	(V)

Text	Reference	
ו**עולה** לֹ֯[וא תמצא עוד]	1QH[a] XIX,26	
]ם **עולה** בקצ / כלֹ֯[	1QH[a] 2ii10	
]**עׄולות** עמים / לחזקם[	1QH[a] 2ii14	
ואפס יצר **עולה** ומעשי רמיה [	1QH[a] 3,10	
]ל **עולה** ורמיה יגורו	1QH[a] 3,15	
] / רׄוחות **עולה** אשר יושדו לאבל [	1QH[a] 5,6	
ֻכי יהיה֯ בהסגר מולדי **עולה**	1Q**27** 1i5	(I)
ותמאס בם כי לא תחפץ / **בעׄ[ול]הׄ**	1Q**34**bis 3ii5	(I)
ובני]**עׄולה** לוא / ימצאו[	4Q**88** IX,7	(XVI)
ולוא יוסי]ף בן **עולהׄ**[לענות]ׄ	4Q**174** 1-2i1	(V)
]**עולה** ולהנחיל רשעה כל ◦[	4Q**180** 1,9	(V)
] / אוהבי **עולה** ומנחילי אשמה ◦[	4Q**181** 2,4	(V)
ו◦[ ]**עׄולהׄ** ◦[ ]ב◦[ ]כור[	4Q**215**a 1ii2	(XXXVI)
כיא שלם קצהרשע וכׄול **עׄולה** תׄ[עבו]רׄ	4Q**215**a 1ii4	(XXXVI)
] מע[ ]בׄה במשפט עתי **עולה** / [	4Q**228** 1i5	(XIII)
ר]מיה להגלות **ועוׄ[לה**	4Q**238** 2	(XXVIII)
וׄאפי לו[א אשיב] / מאנשי **עולהׄ**	4Q**260** IV,9	(XXVI)
] / וספה במשפט קצי **עולה** והמׄ[	4Q**265** 7,10	(XXXV)
במשפטכם לשפט אמת ואין **עולהׄ**[	4Q**381** 76-77,12	(XI)
ל]אׄ ישפט **עולה** כי נדחתי ◦◦◦[	4Q**381** 79,4	(XI)
וכל **עולה** תתם עוד	4Q**416** 1,13	(XXXIV)
וכל שורשי **עולה** / תביט	4Q**416** 2iii14	(XXXIV)
אל תוגע **בעולהׄ**[	4Q**417** 1i23	(XXXIV)
וכול **עולה** תתם עד ישלם [קץ האמת]	4Q**418** 2+2a-c,5	(XXXIV)
וכול שורשי **עולה** / תביט	4Q**418** 9+9a-c,15	(XXXIV)
ובני **עולה** לוא ימצאו עׄוד[	4Q**418** 69ii8	(XXXIV)
] עד תום **עוׄ[לה**	4Q**418** 113,1	(XXXIV)
בעו]לה התהלכתה ואנ◦[	4Q**418** 147,4	(XXXIV)
]ויסגר בעד כול בני **ע[ולה**	4Q**418** 201,2	(XXXIV)
תוא]בׄד **עולה** כיא יבוא סוף [	4Q**418** 211,4	(XXXIV)
] **עולה**[	4Q**418** 220,2	(XXXIV)
]**עׄולהׄ** ◦[	4Q**418**a 16b+17,1	(XXXIV)
ואנחה **ועו]לׄ[ה** לוא תמצא עוד	4Q**427** 1,7	(XXIX)
ואנחה **ועול]הׄ** לוא / תמצא עׄ[וד	4Q**428** 12i2	(XXIX)
בשביבי נוגהו יבערו כל ב]נׄיׄ **עׄולׄ[ה**	4Q**429** 4i5	(XXIX)
] / ואנו **בעולה** מרחם	4Q**507** 1,2	(VII)
כי לוא תחפ]ץׄ **בעׄולהׄ**[	4Q**509** 97-98i5	(VII)
וכול בני **עולה** לוא יתׄכלכלו	4Q**511** 1,8	(VII)
וׄעׄולה בתכמי בׄשרי / [	4Q**511** 28-29,4	(VII)
ולוא יתמוכו / בדרכי **עולה**	4Q**525** 2ii+3,2	(XXV)
] / הולכי תמים ישו **עולה**	4Q**525** 5,11	(XXV)

עוֹלָה, עֹלָה-1, הוֹלָה noun **burnt offering**

Text	Reference	
אל יעל איש למזבח בׄשבת / כי אם **עולת** השבת	CD XI,18	
אל ישלח / איש למזבח **עולה** ומנחה	CD XI,19	
ולרצון לארצ מבשר **עולות** ומחלבי זבח	1QS IX,4	
אלה יתיצבו על **העולות** ועל הזבחים	1QM II,5	
] / ויעל את **העולהׄ** על המזב[ח	4Q**158** 4,4	(V)
] / עליו את **עולותיכ֯מָ֯ה** ואת שלמיכ֯מָ֯ה	4Q**158** 7-8,7	(V)
[ואם תז]בׄח **עלה** זׄבׄ[ח] שלמים	4Q**220** 3	(XIII)
[ואת כל]בׄשר **העׄלה** תקטׄ[י]ר על המזׄ[בח	4Q**220** 4	(XIII)
והעלהו ליׄ **לעולה** על אחד ההריםׄ[	4Q**225** 2i12	(XIII)
ואיה השה] / **לעׄלה**	4Q**225** 2ii3	(XIII)
] / **עולתו** לרצון כאשר נקח[	4Q**253** 2,4	(XXII)
ולרצׄוןׄ לאר[ץ מבשר] **עלות** וחלבי זבחים	4Q**258** VII,5	(XXVI)
לשורר בהם על כול]**העולות** והזבחים	4Q**264**a 1,3	(XXXV)
]**עׄולה** ◦◦[	4Q**270** 4,21	(XVIII)
[וי]עׄשו את מזבח **ההולה** עצי שטים	4Q**365** 12a-bii7	(XIII)
תקריבו ע{{ש}}צ֯ים **לעולה**	4Q**365** 23,5	(XIII)
לערוך אותם על מזבח **העולהׄ**	4Q**365** 23,6	(XIII)
וׄלתוׄדוׄת ולנדבות **ולעולות** דבר יוםׄ[	4Q**365** 23,7	(XIII)
]◦ות הכבשיםׄ אשר **לעולה** / [	4Q**365**a 1,6	(XIII)
]מׄלבד **עולת** התׄ[מיד (ו)מנחתה ונסכה	4Q**366** 3,2	(XIII)
והׄקרבתם **עולה** ליהוה / [אשה ריח ניחח	4Q**366** 4i4	(XIII)
ושעיר ח]טׄאת אחד מלבד **עולת** התמיד	4Q**366** 4i6	(XIII)
מנד]רׄיכם ונדבותיכם **לעלתׄיכם** ולמנחׄתיכם	4Q**366** 4i7	(XIII)
תביאׄ[כבש בן] / שנתו **לעלה**	4Q**367** 1a-b,9	(XIII)
אחד] / חטאת ואחד **עלה**	4Q**367** 2a-b,2	(XIII)
] / ואקחה מידו **עול[ה**	4Q**385**a 1a-bii7	(XXX)
למשכיל שיר **עולת** השבת השביעׄית	4Q**403** 1i30	(XI)
] / למשכיל שיר **עולת** השׄבת השמינית	4Q**403** 1ii18	(XI)
] / למׄשׄכׄיׄל שׄיׄר **עׄוׄלׄתׄ** השׄבׄת הׄשׄ[	4Q**406** 1,4	(XI)
[מועד העצים בקורבן] עׄצים **לעולה**	4Q**409** 1i4	(XXIX)
כ]וׄל **העולות** והזבחים אׄ[	4Q**421** 13,2	(XX)
]בׄ**עלת** תור [	4Q**445** 1,2	(XXIX)
]עשהו **עולהׄ**[	4Q**464** 6,4	(XIX)
למנחת] התמיד **ולעולות** כׄתׄוׄב תבׄוׄ[	4Q**493** 14	(VII)
]**וׄעולתו** וׄברך וענ[ה] ואמר	4Q**512** 29-32,8	(VII)
וׄדם **עולת** רצׄוׄנׄכׄהׄ וׄזכרון ניחו[ח	4Q**512** 29-32,10	(VII)
כמדשן מזבח ברוב **עולות**	11Q**5** XVIII,9	(IV)
לשורר לפני המזבח על **עולת** / התמיד	11Q**5** XXVII,5	(IV)
וכ]לׄ **[עו]ל[ו]תהם** יע[ל על המזבח	11Q**12** 7a,2	(XXIII)
וכול מזבח **העול[ה**	11Q**19** III,14	
המקריב את העולה עור] / **העוׄ[לה]**	11Q**19** XIII,14	
] / [מ]לׄ[בד **עו]לׄ[ת** החודש	11Q**19** XIV,13	
את שוק הימין] / **עׄולה** מן האיל	11Q**19** XV,6	
והקטירו הכול המזבחה על] / **העולה**	11Q**19** XV,14	
[עו]לה הוא אשה ריח ניחוח לׄ[פני יהוה	11Q**19** XVI,10	
עולה ליה<<ו>>ה פרים שנים ואיל וכבשים	11Q**19** XVII,13	
והקטירו] את **עול[ת** הבכורים ?] / [	11Q**19** XIX,2	
העו]לׄה יעשום [	11Q**19** XX,3	
על מזבח **העולה** בכורים לפני יהוה	11Q**19** XXI,16	
העצי]םׄ ? **עולה** ליהׄ[וה	11Q**19** XXIII,3	
על הׄ[מ]זבח אחר **עולת** הת[מיד ונסכה]	11Q**19** XXIII,8	
ואחריה יקטׄיר את **עולת** מטה יהודה	11Q**19** XXIII,10	
באצבעו על ארבע קרנות מזבׄ[ח] / **העולה**	11Q**19** XXIII,13	
ואחר **העולה** הזואת יעשה עולת מטה יהודה	11Q**19** XXIV,10	
ואחר העולה הזואת יעשה **עולת** מטה יהודה		
כׄאשׄ[ר] / עשה **לעולת** הלויים	11Q**19** XXIV,11	
כׄן יעשה **לעולת** בני יהודה אחר הלׄויׄיׄםׄ		
וביום השני יעשה **עולת** בנימין לראישונה	11Q**19** XXIV,12	
ואחריהׄ / יעשה **עולת** בני יׄ֯ה֯וׄסׄף	11Q**19** XXIV,13	
וביום השלישי יעשה / את **עולת** ראובן לבד	11Q**19** XXIV,14	
ואת **עולת** שמעון לבד		
וביום הרביעי / יעשה **עולת** יששכר לבד	11Q**19** XXIV,15	
ועולת זבולון לבד		
וביום החמישי / יעשה **עולת** גד לבד	11Q**19** XXIV,16	
ועולת אשר לבד		
לבד **מעול]ת** התמיד [ועו]לׄתׄ החודש	11Q**19** XXV,7	
לבד מעול]ת התמיד **[ועו]לׄתׄ** החודש		
והקרבתמה בו **עולה** / ליהוה	11Q**19** XXV,12	
תקריבו / אליםׄ שנׄיםׄ **לעולה**	11Q**19** XXV,16	
מנחת / נסכו יקטיר על מזבח **העולה**	11Q**19** XXVI,8	
הכבשים כמש]פטמה / על מזבח **העולהׄ**	11Q**19** XXVII,4	
ונרצתה **ה[ע]ולה** לבני ישראל חׄוקות עולם		
ונדבותיכמה ?] / **לעלוׄתׄיׄכׄמׄהׄ** וׄלׄנׄסׄכׄיׄכׄמׄהׄ	11Q**19** XXIX,3	
] **עולות** [דבר יום] בׄיומו	11Q**19** XXIX,4	
ולהקׄטיר על המזבח / **העו[לה**	11Q**19** XXXII,8	
כי מדם **הׄעולה** מתערב במה	11Q**19** XXXII,15	
את **עולת** המועד אשר / לחג הסוכות	11Q**19** XLII,16	

שנאת **עולם** / עמ אנשי שחת ברוח הסתר — 1QS IX,21
ואות נ למפתח חסדיו **עולם** — 1QS X,4
רום כבוד וגבורת כול לתפארת **עולם** — 1QS X,12
ואורת לבבי ברז / נהיה והויא **עולם** — 1QS XI,4
בהויא **עולם** / הביטה עיני תושיה — 1QS XI,5
לאש{{◦}}ר֯ בחר אל נתנם לאוחזת **עולם** — 1QS XI,7
וסוד מבנית קודש למטעת **עולם** — 1QS XI,8
ויבחר בם לברית / **עׄולם** — (I) 1QSb I,3
ואת] מׄקור **ע[ו]לםׄ** / אשר ל[וא יכזׄ]בׄ — (I)
מקו]ר֯ **עולם** ולוא י[עצור מים חיים — (I) 1QSb I,6
] **עׄולם** יביאכהׄ [— (I) 1QSb I,26
]**עׄולם** ◦[— (I) 1QSb I,28
] / וברית **עולם** יחונכה וירׄנ[ׄנכה — (I) 1QSb II,25
יחונכה] / [ב]אמת **עולםׄ** [— (I) 1QSb II,28
וי]קׄדש זרעכה בכבוד **עולם** — (I) 1QSb III,4
שלו]םׄ **עׄ[ו]לם** יתן לכה — (I) 1QSb III,5
] יסר שלומכה ל**עולמי** עד — (I) 1QSb III,21
ברכותׄ [**עול]םׄ** עטרת רואשכה — (I) 1QSb IV,3
ועצת יחד [עם קדושים] לׄעת **עולם** — (I) 1QSb IV,26
] / [ע]ם עׄת **עׄולם** ו]עם כול קצי עד — (I) 1QSb V,18
להקים מלכות עמו ל**עול[ם** — (I) 1QSb V,21
י]שׄ[אכ]הׄ אדוני לרום **עולם** — (I) 1QSb V,23
יתן] לכה רוח עצ]ה וגבורת **עולם** — (I) 1QSb V,25
וכלת **עולמים** לכול גורל בליעל — 1QM I,5
מחושה עד תומה לפדות **עולמים** — 1QM I,12
או חגר או איש אשר מום **עולם** בבשרו — 1QM VII,4
להשמיד אויב במלחמת אל לכלת / **עולמים** — 1QM IX,6
ולעשות לכה שם **עולם** בעם / [— 1QM XI,14
] בׄכול מועדי **עולמים** / ולפקוד צ◦[— 1QM XII,3
ועדת קדושיכה בתוכנו לעזר **עולמי[ם** — 1QM XII,7
וי]שראל למלוך **עולמים** — 1QM XII,16
וגורל אל לאור / [**עולמ]ים** — 1QM XIII,6
אל אבותינו שמכה נברכה ל**עולמים** — 1QM XIII,7
ותקימה לזרעם / למועׄ[ד]י **עולמים** — 1QM XIII,8
]◦יתנו לכה עם **עולמים** — 1QM XIII,9
למעמד **עולמים** לכלות כול בני חושך — 1QM XIII,16
]עתים ומועדי תעודות **עולמים** — 1QM XIV,13
וגורל אל בפדות **עולמים** — 1QM XV,1
]**עׄולמים** ⟦ ⟧[— 1QM XVII,3
]ל בכול נהיי **עולמים** — 1QM XVII,5
וישלח עזר **עׄולׄמׄים** לגׄורׄל [פ]דׄותו — 1QM XVII,6
באור **עולמים** / להאיר בשמחה בׄרית
וכול בני אמתו יגילו בדעת **עולמים** — 1QM XVII,8
ועל כול ◦[ ]ל ממשלתו במגפת **עולמים** / [— 1QM XVIII,1
]תנו יד חסדיכה עמנו בפדות **עולמים** — 1QM XVIII,11
למתנ]כה וישראל למלכות **עׄולמים** — 1QM XIX,8
ולשמך הברכה ל**עול[ם** — 1QH^a IV,20
ל]**עולמי** עד — 1QH^a IV,28
]שׄי **עולם** / [— 1QH^a V,2
]ה קודש מקדם **ע[ולם**]לׄעולמי עד — 1QH^a V,7
]ה קודש מקדם ע[ולם]ל**עולמי** עד
וחסדי **עולם** לכול ◦◦◦◦◦ לשלום — 1QH^a V,11
] / [מע]שׂיהם כבוד **עולם** ◦◦[— 1QH^a V,12
[כ]כול מחשבותך לכול קצי **עולם** — 1QH^a V,15
כי אתה הכינותמה מקדם **עולם** — 1QH^a V,16
ול[הק]ים נהיות **עולם** — 1QH^a V,18
] ו֯אתה תהיה / ל**עולמי** עד — 1QH^a V,19
ואות היהׄ]**עׄולם** ומופת דורות — 1QH^a V,22
ר]וב עדנים עם שלום / **עולם** ואורך ימים — 1QH^a V,24
] קודש לדורות **ע[ולם]** וכול / [— 1QH^a VI,6

לעשות אותו **עולה** או זבח שלמים — 11Q19 LII,15
וזרקו את דמו על יסוד מזבח ה**עולה** — 11Q19 LII,21
הכוהנים] יהיו מקריבים ליהוה **עולהׄ**[מן האיל — (XXIII) 11Q20 I,14
עולה היא אשה ריח ניחוח[לפני יהוה — (XXIII) 11Q20 I,19
על ה]**עׄולה** למלו{{אׄ}} על נפשותמה — (XXIII) 11Q20 I,20
ברובע]היום יקרׄ[יבו את **עול]תׄ** הבכורׄ[ים — (XXIII) 11Q20 III,21
אחר]ה**עולה** יעשום / [— (XXIII) 11Q20 IV,13
על מזבח ה**עו]לׄ[ה** בכ]וׄרׄים / [לׄפני יהוה — (XXIII) 11Q20 V,17
עולה הואה אשה ריח / [ניחוח ליהוה — (XXIII) 11Q20 V,21
[הקריבו בחג] / העצים **עולה** ליה[וה — (XXIII) 11Q20 VI,16
ומנחתמה ונסכמה כמשפט] / **עול[ה** הוא — (XXIII) 11Q20 VI,18
עו]לת התמיד — (XXIII) 11Q20 VII,23
ע(ו)]לה ומנח[ה — (XXXIII) PAM 43.663 37,1

child noun **עוֹלוֹל**

]וׄכשעשע **עולול** בחיֵק / אומניו — 1QH^a XV,21

עוֹלֵל ← עֹלֵל

gleaning noun **עוֹלֵלָה, עֹלֵלָה**

ו**עללות** הכׄ[רם עד עשרה גרגרי]םׄ — (XVIII) 4Q**266** 6iii4
עד עשרה גרגרי]םׄ [ה**על]לׄת** / [— (XVIII)
]וׄ**בעוללתו** עד עשרה גׄ[רגרים — (XVIII) 4Q**266** 6iii7
]עד עׄשרה גרגרׄים ה**עוללת** / [— (XVIII) 4Q**267** 6,2
ו**עול]לות** הכרׄם [ע]ד֯ עׄשׂ[רה גרגרים] — (XVIII) 4Q**270** 3ii12
[ע]ד֯ עׄשׂ[רה גרגרים] / [ה**ע]וׄלׄלתׄ** — (XVIII) 4Q**270** 3ii13
וׄ**בעוללה** עד עשרה גׄ[רגרים — (XVIII) 4Q**270** 3ii14

forever, everlasting, age, ancient times noun **עוֹלָם, עֹלָם**

בתוהו לא דרך להשח גבהות **עולם** — CD I,15
לא בחר אל בהם מקדם **עולם** — CD II,7
ופרוש קציהם לכול / הוי **עולמים** — CD II,10
יבוא בקציהם לכל שני **עולם**
ויכתבו אוהבים / לאל ובעלי ברית ל**עולם** — CD III,4
הקים אל את בריתו לישראל עד **עולם** — CD III,13
ויספר לׄפניהם נהיות **עולם** בפרתיה — CD XIII,8
והבׄא בׄבׄרית לכל ישראל לחוק **עולם** — CD XV,5
ורחמי חסדו גׄמל עלינו מ**עולם** ועד עולם — 1QS II,1
ורחמי חסדו גׄמל עלינו מעולם ועד **עולם**
ויחונכה בדעת **עולמים** — 1QS II,3
וישא פני חסדיו לכה לשלום **עולמים** — 1QS II,4
וזעום אתה / באפלת אש **עולמים** — 1QS II,8
משפטיו יבערו בו לכלת **עולמים** — 1QS II,15
יתן גורלו בתוך ארורי **עולמים** — 1QS II,17
מבית מעמדו ביחד אל / לעצת **עולמים** — 1QS II,23
אׄיׄש לרעהו בעצת קודש ובני סוד **עולמים** — 1QS II,25
והיתה לו לברית / יחד **עולמים** — 1QS III,12
אהב אל לכול / ⟦ ⟧ מו]עדי **עולמים** — 1QS IV,1
ורוב רחמים וטוב **עולמים** ושכל — 1QS IV,3
עם כול ברכות עד ושמחת **עולמים** — 1QS IV,7
וכליל כבוד / עם מדת הדר באור **עולמים** — 1QS IV,8
לשחת **עולמים** באפ עברת אל — 1QS IV,12
בין רוב למועט לכול קצי **עולמים** — 1QS IV,16
ויתן איבת **עולם** בין מפלגותם — 1QS IV,17
כיא בם בחר אל לברית **עולמים** — 1QS IV,22
מוסד אמת לישראל ליחד ברית / **עולם** — 1QS V,6
{{מ}}שפטים / גדולים לכלת **עולם** — 1QS V,13
היחד באמת {{ל}} למׄטׄעת **עולם** — 1QS VIII,5
להקם {{◦◦◦◦◦}} ברית לחו{{◦◦}}קות **עולם** — 1QS VIII,10
לאמת / **עולם** לכפר על אשמת פשע — 1QS IX,4

ורוב נפלאותיך **מעולם** ועד עْ[ולם	1QH^{a} VI,23	
ורוב נפלאותיך מעולם ועד **עْ[ולם**	1QH^{a} VI,23	
ולפתוח כול צרת נפשו לישועת **עולם**	1QH^{a} VII,16	
] **עולם** לדעת כْוֹל את כבודך	1QH^{a} VII,20	
]עْד **עוֹלْם** [	1QH^{a} VIII,3	
ולשומרי מْ[צ]וֹתיْ[ך] / לפניך **[לעו]לם**	1QH^{a} VIII,23	
] / **עולם** א◦[	1QH^{a} IX,3	
ובחכמתכْ[ה] ה[כינותה דורות]**עולם**	1QH^{a} IX,7	
ידעתה {{כול}} מעשיהם / **לעולמי** עדْ[	1QH^{a} IX,8	
] לרוחות **עולם** בממשלותْם	1QH^{a} IX,11	
אשר יצרת בתבל לכ͏ֻל ימי **עולם**	1QH^{a} IX,15	
למספר דורות **עולם** / ולכול שני נצח [	1QH^{a} IX,18	
ותקופות מספר שני **עולם** בכול מועדיהם	1QH^{a} IX,24	
לפי שכלם יברכוכה **לעולמי** [עד]	1QH^{a} IX,31	
] לכה בכבוד **עולם** עם כול [	1QH^{a} XI,4	
ובריחי **עולם** בעד כול רוחי אפעה	1QH^{a} XI,18	
ומשאול אבדון / העליתני לרום **עולם**	1QH^{a} XI,20	
לאשר / יצרתה מעפר לסוד **עולם**	1QH^{a} XI,21	
ותפל לאיש גורל **עולם** עם רוחות / דעת	1QH^{a} XI,22	
וْיתמוגגו וירעדו אושי **עולם**	1QH^{a} XI,35	
ותנח ב]דרך **עולם** ו͏ֻבנתיבות אשר בחרתה	1QH^{a} XII,4	
לספר לדורות **עולם** נפלאותיכה	1QH^{a} XIV,11	
]עْד **עולם** לג͏ֻד͏ֻל נצר לעופי מטעת עולם	1QH^{a} XIV,15	
לג͏ֻד͏ֻל נצר לעופי מטעת **עולם**		
ו]היה מעין אור למקור / **עולם**	1QH^{a} XIV,18	
ושערי **עולם** להוציא כלי מלחמות	1QH^{a} XIV,31	
ותכן על סלע / מבניתי ואושי **עולם** לסודי	1QH^{a} XV,9	
כי אתה לי למאור **[עו]לם**	1QH^{a} XV,25	
להעמידם לפניכה **לעולמי** עד	1QH^{a} XV,31	
כי אל **עולם** אתה וכול דרכיכה יכונו לנצח		
והיו להפריח נצר למטעת **עולם**	1QH^{a} XVI,6	
ויהי למקור **עולם**	1QH^{a} XVI,8	
ועם עצי **עולם** / לא ישתה מי קודש	1QH^{a} XVI,12	
ויתן י[ ]◦ח **עולם**	1QH^{a} XVI,14	
]◦ר **עולם** לעדן כבוד ופרْ[	1QH^{a} XVI,20	
ונגיעי למרפא **ע[ולם**	1QH^{a} XVII,25	
וכשלוני לגבורת / **עולם**	1QH^{a} XVII,26	
ורחْוב / **עולם** בצרת נפשْ[י	1QH^{a} XVII,28	
]לי לפלט עד **עולם**	1QH^{a} XVII,29	
ולבי נפתח למקור **עולם**	1QH^{a} XVIII,31	
להרים מעפר תולעת מתים לסוד **עْ[ולם]**	1QH^{a} XIX,12	
בפْי כולם יהולל / שמכה **לעולמי** עד	1QH^{a} XIX,25	
ואמתכה תופיע / לכבוד עד ושלום **עול{ו}ם**	1QH^{a} XIX,27	
]◦ הדר כבודכה לאור **עוֹלْ[ם**	1QH^{a} XX,15	
ק]ודש / [ ]◦ **עולם** ומקוי כבוד	1QH^{a} XX,29	
ונהיות **עולם** חקותה בלב / [האבן	1QH^{a} XXI,12	
ולעמוד / [לפני משפטי עירים]במכון **עולם**	1QH^{a} XXI,14	
ותאמנה בْאْ[וזני] / עבדכה עד **עולם** [	1QH^{a} XXIII,6	
לנד]כْאי רוח ואבלים לשמחת **עולם**	1QH^{a} XXIII,15	
אף לכלת] / **עולם**	1QH^{a} XXVII,4	
ושמחת **עולם** במכוניהْ[ם	1QH^{a} XXVII,5	
ע]וֹלם ואין תשׁ͏ֻבת חושך	1QH^{a} 2i11	
] / [ע]ד **עוֹלם**	1QH^{a} 5,4	
]בْמדה לכול שני **עْו[לם**	1QH^{a} 11,2	
]◦ **עוֹלם** מי חוש[ב	1QH^{a} 16,6	
]◦◦אْ ◦**עולמי** [	1QH^{a} 23,2	
] **עלמיْ[ם**	1Q**19**bis 2,6	(I)
]ם חוקו[ת **עול]ם** לדורות[יכם	1Q**22** 1iv4	(I)
]עْד **עולם** לפניו לכפר ה[	1Q**27** 6,3	(I)
ואנו נודה לשמך **לעולם** / [	1Q**34**bis 3i6	(I)
להודיעם יסורי כבוד ומעלי **עולם**	1Q**34**bis 3ii7	(I)
עם] עْצי **ע[ו]לם** לוא ישתה	1Q**35** 2,2	(I)
]◦ **עולם** עם קדושיכה	1Q**36** 1,3	(I)
עו]לْם הכביר המודיע אלהْ[	1Q**36** 1,4	(I)
]**עולמים** [	1Q**36** 2,3	(I)
עו]למיْם [	1Q**40** 8,2	(I)
]**עולמים** ותש[	1Q**40** 9,2	(I)
] **עْולם** ונ[ ]אْלْ◦[ ] יא[	1Q**51** 1	(I)
]למו בשלום [ה]**עולמ[ים**	1Q**51** 4	(I)
ל]**עולם** יהללוכ[ה	3Q**6** 1,3	(III)
צדק **עוֹלמים** תסיגי / ◦◦◦	4Q**88** VIII,11	(XVI)
ואתה יהוה **לעוֹל[ם]**	4Q**88** X,13	(XVI)
תהיה כבוْדْכה **לעْוֹלْ[ם** וע]ד	4Q**88** X,14	(XVI)
] / עד היום הזה ועד דורות **עולْם**[	4Q**158** 1-2,9	(V)
] / [ע]דْ **עול[ם**	4Q**158** 4,8	(V)
] / [ ]**עْולם** ואשר כْ[תוב	4Q**165** 6,2	(V)
ולהם כול נחלת / אדם ולזרעם עד **עולם**	4Q**171** 1+3-4iii2	(V)
אשר יכרתו ונשמْדْ[ו] / **לעולם**	4Q**171** 1+3-4iii13	(V)
] / משْ[פט עולים **לעו]לْם** נשמדו	4Q**171** 3-10iv1	(V)
יהוה ימלוך **עולם** ועד	4Q**174** 1-2i3	(V)
עד]**עْולם** ועמْוני ומואבי	4Q**174** 1-2i4	(V)
וממזר ובן נכר וגר עד **עולם**		(V)
]**עולם** תמיד עליו יראה	4Q**174** 1-2i5	(V)
והכינותי את כסא ממלכתו / **[לעו]לْםْ**	4Q**174** 1-2i11	(V)
למעאן יטב להמ ולבניהם **לעולם**	4Q**175** 4	(V)
ובחסדי **עולמ** רחמתיכה	4Q**176** 8-11,10	(V)
דור]ות **עולמים** ◦[	4Q**176** 17,2	(V)
ב]לْיעל ונסלוْ להם **לעולם** וברכםْ[	4Q**177** 1-4,10	(V)
ה]גْיْד כיא **לעולם** יברכם[		(V)
]לْ[ו] ולזרْעו [עד] **עולם**	4Q**177** 1-4,13	(V)
לעדת קודש במעמד לחיי **עולם**	4Q**181** 1,4	(V)
]לחיי **עْ[ו]ל[ם**	4Q**181** 1,6	(V)
ותשׁכון באהלי דומה בתוך מוקדי **עולם**	4Q**184** 1,7	(V)
] / וחסדיו **עْלמיה** וישْוֹעותْ ◦[	4Q**185** 1-2ii13	(V)
]◦ **לעולْ[ם**	4Q**185** 4i1	(V)
עו]לْ[מים וא]ל תْסْתْרْ / [את פניך ממני	4Q**200** 1i5	(XIX)
[ברוך אלהים]חْי אשר לכול **העולמים**	4Q**200** 6,5	(XIX)
ע]דْ **עולמי** עْדْ	4Q**215**a 1ii7	(XXXVI)
וקדשתי אתו לי] / **לעולם** ועד	4Q**216** VII,12	(XIII)
]לכל שْ[ני]**העולם** מן הבריאْ[ה	4Q**217** 2,2	(XIII)
]**עْוֹלْםْ** אודיْעْ ◦◦◦[	4Q**217** 12,4	(XIII)
וכ]ל הْעשה בוْ מלאכה ונכרתْהْ **[לע]וْ[ל]םْ**	4Q**218** 3	(XIII)
וْאתْ [שאר זר]עכה לכול דורות **עולמים**	4Q**219** II,33	(XIII)
[ול]אْ אשחית דרכי **לעולם**	4Q**222** 1,3	(XIII)
וברוך שמו לעולמי] / **[עו]לْמים**	4Q**222** 1,6	(XIII)
]**עْולמْי[ם**	4Q**222** 5,2	(XIII)
אותו ואת זרעו עד] **עْ[ולם**	4Q**223-224** 2iii8	(XIII)
אותי ואת]בْני עْ[ד] / **[עול]ם**	4Q**223-224** 2iv6	(XIII)
]◦ כْי קודשْ[ב]**עْ[ו]לםْ** עולמים ◦[	4Q**226** 1,7	(XIII)
]◦ כْי קודשْ[ב]עْ[ו]לםْ **עולמים** ◦[		(XIII)
לא ידור רוחי באדם **לעולם**	4Q**252** I,2	(XXII)
וטפ͏ֻי͏ֻה ושאר ◦[ ]**עולם**	4Q**252** III,6	(XXII)
נתנה ברית מלכות עמו עד דורות **עולם**	4Q**252** V,4	(XXII)
וْהיْתה [לו לברית] / [יח]דْ **עולמיْ[ם**	4Q**255** 2,9	(XXVI)
וזעום אתה באפלת אש]**עْולמים**	4Q**256** III,2	(XXVI)
שנאת **עْ[ולם** עם] / אנْ[שי השחת	4Q**256** XVIII,5	(XXVI)
ואות / למפתח חסْ[די **עו]לْ[ם**	4Q**256** XIX,3	(XXVI)
להקים ברית לחקות **עולם**	4Q**258** VI,3	(XXVI)
ל[י]סדْ רוח קודש לאמת **עולם**	4Q**258** VII,4	(XXVI)
שנאת **עולם** עם אנשי השחת ברוח הסתר	4Q**258** VIII,6	(XXVI)

וברך לידו]עי עולמ[י]ם[	(XI)	4Q403 1i11
לכול] טהורי עולמים	(XI)	4Q403 1i13
עם כול הויי / [עול]מ[י]ם	(XI)	4Q403 1i23
בשבעה ד[ברי פלא ל]שלום עולמים	(XI)	4Q403 1i26
ברו]כי עו[ל]מ[ים	(XI)	4Q403 1i27
ומלך מלכ[ים]לכול סודי עולמים	(XI)	4Q403 1i34
]למוצא שפתיו כול רוחי עולמים	(XI)	4Q403 1i35
לזמרות פלא בשמחת עול[מים]	(XI)	4Q403 1i40
]להוד[ות עולמי ע]ולמים רקיע רוש מרו[מ]ים	(XI)	4Q403 1i43
רו]חי קוד[ש עו]למים ממעל	(XI)	4Q403 1i44
רוחות אלוהים מראי עו[למים	(XI)	4Q403 1ii8
כול קדושי] / עולמים שניים בכוהני קורב	(XI)	4Q403 1ii19
בכול ידועי] / עולמים ורוממוהו	(XI)	4Q403 1ii20
]ל[שלו]ם[ ]עולמים[	(XI)	4Q404 2,8
עו]למים ה[ ]ע◦[	(XI)	4Q404 2,10
]קודש עולמים ממעל / [	(XI)	4Q404 5,2
למוצא שפתיו כול רוח]י עולמים	(XI)	4Q405 4-5,3
]◦ עולמי עולמים רקי[ע ר]אשי מרומ[ים	(XI)	4Q405 6,4
]◦ עולמי עולמים רקי[ע ר]אשי מרומ[ים	(XI)	
]בכול ידועי / [ע]ולמים	(XI)	4Q405 8-9,4
לכול ג]בורי שכל בדעת עולמים	(XI)	4Q405 13,5
דברי פלא לת]מיד עם כול הויי עולמים	(XI)	4Q405 13,6
]עולמים / [ודמו]ת אלוהים חיים	(XI)	4Q405 14-15i4
רוחי אלי עולמים כול[ ]◦ ◦◦[	(XI)	4Q405 19,3
] / אמת וצדק עולמ[ים	(XI)	4Q405 20ii-22,5
בל ימוטו לעולמים אלוהי / [	(XI)	4Q405 23i4
שב]עת עולמי[	(XI)	4Q405 66,3
] / [ ]ות עול[מ]ים והיו[ם	(XXXV)	4Q414 13,10
]עולמים[	(XXXV)	4Q414 14,2
] / עול[מים	(XXXV)	4Q414 32ii2
]ב עולם וזרע / קודשכה לוא[	(XXXIV)	4Q415 2i+1ii4
ובמותכה יפר[ח לעו]לם זכרכה	(XXXIV)	4Q416 2iii7
]◦◦ ◦◦ל◦◦◦[עו]לם לתש[	(XXXIV)	4Q417 1i4
לכול קצי עולם ופקודת / עד	(XXXIV)	4Q417 1i7
ולאבליהמה שמחת עולם	(XXXIV)	4Q417 2i12
] / שמכה יפרח לעו[לם	(XXXIV)	4Q417 4ii3
] / עולם תשובת[כמה	(XXXIV)	4Q417 5,3
לעו]לם [ו]לעד[ ]הואה יד[	(XXXIV)	4Q417 20,4
ובמותכה יפרח [לעו]ל[ם] זכרכה[	(XXXIV)	4Q418 9+9a-c,6
לעו]לם וע[ד	(XXXIV)	4Q418 40,2
והם אחזת עולם ינחלו הלוא ראיתם	(XXXIV)	4Q418 55,12
ולשחת עולם תשובתכם	(XXXIV)	4Q418 69ii6
]יצרחו על ריבכם וכול נהיה עולם	(XXXIV)	4Q418 69ii7
] / ולא עיף בכול {{נ}}שני עולם	(XXXIV)	4Q418 69ii12
וב[ני] / שמים אשר חיים עולם נחלתם	(XXXIV)	4Q418 69ii13
הלוא באור עולם יתהל[כו	(XXXIV)	4Q418 69ii14
ואתה כמקור עולם הלל ◦[	(XXXIV)	4Q418 81+81a,1
] / אהבהו ובחסד {{עולם}}	(XXXIV)	4Q418 81+81a,8
] / עם כול קצים הדרו פארתו למטעת עו[לם	(XXXIV)	4Q418 81+81a,13
] / בכבוד עולם ושלום עד	(XXXIV)	4Q418 126ii8
] עולם ואין[ ]ליכה[	(XXXIV)	4Q418 126ii16
] / עולם ◦[ ]ביש◦[	(XXXIV)	4Q418 148ii9
]שחת עולם והיה לכה כב[וד	(XXXIV)	4Q418 162,4
נהי]ות עולם / [	(XXXIV)	4Q418 190,3
התבו]נן בנהיי ע[ולם	(XXXIV)	4Q418 238,3
]◦ עולם [	(XXXIV)	4Q418 250,2
] / הוא חי עולם וכב[ו]דו לע[ד	(XXXVI)	4Q419 1,10
] / תבואות לכול קצי עולם ◦◦[	(XXXVI)	4Q419 8ii6
]ם באיבת ע[ולם	(XX)	4Q421 1ai1
]◦מח[ר]אות לדור[ות] / עולם לחרא[	(XIII)	4Q422 II,11
ואות למפתח חסדי עולם / לראשי מועדים	(XXVI)	4Q258 IX,1
עצת היחד / [באמת למ]שפט עולם[	(XXVI)	4Q259 II,14
ל[הקם ברית לחוקו]ת ע[ו]לם	(XXVI)	4Q259 II,18
שנאת עו]לם ע[ם אנשי השחת	(XXVI)	4Q259 IV,3
ואות נאמנה ? למפתח חסדי]עולם	(XXVI)	4Q260 II,4
לא בחר אל בהם] / מקדם עולם	(XVIII)	4Q266 2ii7
ויספר לפניהם נהיות]עולם[בפ]תריהם	(XVIII)	4Q267 9iv5
]ות עולם המה	(XVIII)	4Q273 5,4
] / מנחלתו לע[ולם	(XXVI)	4Q275 3,5
ובר]וך שם קודשו ל]ע[ו]למי עד[	(XXXVI)	4Q285 8,3
וחסדי אמת ורחמי עולמים ורזי פל[אים]	(XI)	4Q286 1ii8
עם כול ידעי עולמים	(XI)	4Q286 7i6
שם כבודכה בכול [קצי עו]ל[מים] אמן אמן	(XI)	4Q286 7i7
ופקודתמה / לשחת עולמים אמן אמן	(XI)	4Q286 7ii5
[לכול עדי עולמי]ם אמן א[מן]	(XI)	4Q286 7ii10
]המה לאל עול[ם	(XI)	4Q286 8,1
]עולם ו◦◦[	(XI)	4Q286 8,2
הל]ליה מעולם ולעולמי[	(XXIX)	4Q291 3,4
הל]ליה מעולם ולעולמי[	(XXIX)	
שם קוד]שכה הנכבד לעולמי ע[ד	(XXIX)	4Q293 1,3
ו[אור]עולמי[ם לאין] חקר ב[	(XX)	4Q298 1-2i4
בעבור תבינו בקץ / עולמות	(XX)	4Q298 3-4ii10
] / עולם ומזמות כול מעשה	(XX)	4Q299 3aii-b,10
] / הו[אה מק]דם עולם	(XX)	4Q299 3aii-b,12
הואה שמו ולע[ולם	(XX)	
]כול שכל מעולם הוא לוא ישנה[	(XX)	4Q299 8,8
]מעולם הוא וע[ד עולם	(XX)	4Q300 9,3
]לאור עולם ושמי טוה[ר	(XX)	4Q303 4
לוא תוסיפו(ן) לראו]תו ע[וד ע]ד עולם	(XIII)	4Q365 6ai3
יהוה ימלוך עולם ועד	(XIII)	4Q365 6b,3
] / לזרעו לדורותם אחזת עולמים	(XIII)	4Q369 1ii4
] / באור עולמים ותשימהו לכה בן בכו[ר	(XIII)	4Q369 1ii6
] / ועד עולם הוא ירחם [	(XIX)	4Q370 1ii6
להיות עמו עד עלמי עד[	(XXVIII)	4Q372 3,9
]◦א לעולם [	(XXVIII)	4Q372 24,3
]וע[ד] עו[ל]ם[	(XXVIII)	4Q377 1ii7
אשר לוא נבראו {{ל}}מעולם	(XXVIII)	4Q377 2ii12
]עולם עלילותיו כי לעלמיה / [	(XXII)	4Q378 6i6
]עולם עלילותיו כי לעלמיה / [	(XXII)	
]יש ה[ח]סדים ועד לעלמיה זכור [	(XXII)	4Q378 26,6
]עולמים את לוי ידיד◦[	(XXII)	4Q379 1,2
]לעלמי ומן עד[	(XXII)	4Q379 1,6
]חרם לו לעולם[ ]◦◦ / [	(XXII)	4Q379 3i6
]א לכל עלמי עד / [	(XXII)	4Q379 14,3
יה]וה מעולם ועד / [	(XI)	4Q380 1i3
ותהי לי תכחתך ל[שמחת] / עלם	(XI)	4Q381 33+35,4
]כול מעולם[	(XIII)	4Q382 15,4
]לעולם[	(XIII)	4Q382 49,4
]לעולם להופיע אי◦[	(XIII)	4Q382 49,6
לא[היתה מן]העולם	(XXIX)	4Q392 6-9,4
]עולמים וממקור הקודש	(XI)	4Q400 1i7
]◦◦[ח]סדיו לסליחות רחמי עולמים	(XI)	4Q400 1i18
] / עולמים ⟦ ⟧[	(XI)	4Q400 1ii12
]◦ עולמי[	(XI)	4Q401 7,1
]עולמי[	(XI)	4Q401 8,1
שב]עה בחוקי עולמ[ים	(XI)	4Q401 12,2
עו]למים א[	(XI)	4Q401 17,2
]עולמים[	(XI)	4Q401 23,3
עו]לם / [	(XI)	4Q401 34,1
[ומזמותיו היו כול תעודות עולמ]ים	(XI)	4Q402 4,13

Reference	Vol.	Text
4Q422 III,7	(XIII)	למען דעת א[נשי ישר]אל עד דו[רות]עולם
4Q427 7i15	(XXIX)	ר]וממו יחד בצבא עולם
4Q427 7i17	(XXIX)	הביעו בשמחות עולמים
4Q427 7i20	(XXIX)	ולהשפיל נועדות רומ גאים עולם
4Q427 7ii6	(XXIX)	ומרפא בכול קצי עולם
4Q427 7ii10	(XXIX)	] / אפ לכלת עולם
4Q427 7ii11	(XXIX)	ושמחת עולם במכוניהמה כבוד נצח
4Q427 8i18	(XXIX)	]לעולם ומ[ק]ור ברכה / [
4Q427 8ii9	(XXIX)	] / עם רחות עו[לם
4Q427 8ii20	(XXIX)	הדר כבודכה לאור] / עו[לם
4Q427 9,1	(XXIX)	עול]ם ומק[וי כבוד ומקור דעת
4Q427 10,3	(XXIX)	[ונהיות עול]ם חקותה בלב[האבן
4Q428 1,3	(XXIX)	]◦יכה לעולמ[י עד
4Q428 8,2	(XXIX)	וגזעם פרח כציץ יציץ להו]ד עולם
4Q428 12i3	(XXIX)	ואמת]כה תופיע לכבוד עד ושלום עו[לם]
4Q429 4i4	(XXIX)	והיה מעין אור למק]ור עולם ל[אין] / [הסר
4Q431 2,5	(XXIX)	[ומרפא בכו]ל [קצי] עולם
4Q431 2,9	(XXIX)	]ל[כ]ל[ו]ת עולם וכושלי ארץ
4Q432 5,6	(XXIX)	ו]יפחת[ו שערי] / [עו]ל[ם תח]ת מעש[י אפעה
4Q432 5,7	(XXIX)	[ובריחי עו]לם בע[ד כול רוחי אפעה
4Q433a 2,1	(XXIX)	] / למו[עדי]עולמים ⟦ ⟧[
4Q433a 2,6	(XXIX)	] / פארה לדורות עולמים
4Q434 1i1	(XXIX)	{{מ}}על כול נפלאותיו עד עולם
4Q434 2,7	(XXIX)	עליה / [לעו]לם ישכו[ן
	(XXIX)	כי]א כסאו לעולם ועד
4Q436 1a+bi3	(XXIX)	שכל עולם אשר / [שמת]ה לפני
4Q440 1,3	(XXIX)	]רים לשלושת עולמי חושך
4Q440 1,5	(XXIX)	] עולמים להאיר שב[עתים
4Q440 3i16	(XXIX)	] ולבשר שלום ע[ול]ם / [
4Q442 1	(XXIX)	]◦שבע יחיה לעולם אודה / [
4Q442 3	(XXIX)	]◦◦[ע]ולמים / [
4Q443 11,4	(XXIX)	]לעולם[
4Q462 1,10	(XIX)	וקץ האור בא ומשלו לעולם
4Q464 3i7	(XIX)	]◦ עד עולם כיא הואה / [
4Q468i 4	(XXXVI)	]לנו מעולם כיא אבותינו / [
4Q471c 1,2	(XIX)	]עולמים וישימנו[
4Q475 6	(XXXVI)	ו]שקטה הארץ לעולמים
4Q481e 2	(XXII)	]ל[עו]לם יהיה וזרעו לדרות אחריה[ם
4Q487 7,6	(VII)	] עולמים ולה[
4Q487 39,2	(VII)	ע]ולמים[
4Q491 1-3,4	(VII)	לש]{{מחת}} לכלת עולמים[
4Q491 1-3,5	(VII)	] / קודשו בש[מ]חת עולם
4Q491 7,1	(VII)	ותקימה לזרעם למועדי עולמי]ם[
4Q491 8-10i11	(VII)	ומועדי תעודות עולמים
4Q491 8-10i16	(VII)	]בכול מועדי עולמים ⟦ ⟧[
4Q491 11i11	(VII)	ועצת אביונים לעדת עולמים ◦[
4Q491 11i12	(VII)	עו]למים כסא עוז בעדת אלים
4Q491 11i21	(VII)	]בשמחת עולמים ואין כ◦[
4Q491 13,3	(VII)	עול]מ[י]ם[
4Q491 13,9	(VII)	]עול◦[
4Q491 14-15,11	(VII)	] עולמים יחד ע[ם אלים
4Q491 26,1	(VII)	עול]מי עולמים ◦[
	(VII)	עול]מי עולמים ◦[
4Q492 1,8	(VII)	וישראל למלכות עולמים
4Q502 24,3	(VII)	הר]בות חייך בתוך עם עולמי[ם
4Q502 27,1	(VII)	]רוחי עולמים ז◦◦[
4Q502 51,2	(VII)	עו]למים[
4Q502 63,2	(VII)	]ת עולמים[
4Q502 105-106,3	(VII)	]י עולם[ ] ◦[
4Q502 156,2	(VII)	ע]ולמים[
4Q503 1-6iii8	(VII)	ע]ולם ולהודות לו[
4Q503 1-6iii16	(VII)	]◦[ע]ולם [עליכה] / ישראל[
4Q503 28,3	(VII)	] עולמים ⟦ ⟧[
4Q503 37-38,12	(VII)	שלום עליכה ישראל בכול מועדי] / [ע]ולם
4Q503 51-55,3	(VII)	ע]ולמים [
4Q503 64,8	(VII)	[ברוך אל ישראל בכול]מ[ו]ע[ד]י עולמים
4Q504 1-2ii11	(VII)	ואת רוב חסדכ[ה] / לדורות עולם
4Q504 1-2iv4	(VII)	להיות[שמכ]ה שם לעולם
4Q504 1-2vi10	(VII)	ולמען נספר גבורתכה לדורות / עולם
	(VII)	כעשותכה נפלאות מעולם ועד / עולם
4Q504 1-2vi11	(VII)	כעשותכה נפלאות מעולם ועד / עולם
4Q504 1-2vii9	(VII)	כול בריאותיו תמיד לעולמ[י עד אמן אמן]
4Q504 3ii13	(VII)	] / לעולם ותכרות אתנו ברית בחו[רב
4Q504 5i3	(VII)	]שם עולם ולרא[ו]ת / [
4Q504 7,3	(VII)	י]שראל [ ] לספר דורות עולם / [
4Q504 8,2	(VII)	ואתה חי עול[מים
4Q504 8,11	(VII)	] לדורות עולם[
4Q505 124,4	(VII)	לעול]ם ותקם לנ[ו ברית בחורב
4Q507 3,2	(VII)	דו]רות עולם אמן אמן[
4Q508 2,3	(VII)	ותקימהום עלינו מועד תענית חוק עו[לם
4Q509 4,3	(VII)	]◦ עולם וישמחנו[
4Q509 7,3	(VII)	] / כי מעולם שנאתה ◦[
4Q509 17,2	(VII)	ר]חמנו מעולם[
4Q509 17,3	(VII)	]ה מעולם [
4Q509 18,1	(VII)	לעול]מי עד ולנו בוש[ת הפנים
4Q509 24,1	(VII)	]עולמי ◦[
4Q509 35,3	(VII)	]◦ולם [
4Q509 49ii1	(VII)	לעול[מי עד אמן אמן
4Q509 73i2	(VII)	]עולם / [
4Q509 155,1	(VII)	]ועולמים[
4Q509 204,2	(VII)	]עולמים / [
4Q510 1,7	(VII)	ולוא לכלת עולם
4Q510 2,3	(VII)	]ה עולמים וכול רוחי [
4Q510 2,4	(VII)	א]ש עולמים בוערת בסו[
4Q511 2i4	(VII)	שמחת] / [ע]ולמים וחיי נצח
4Q511 3,1	(VII)	]בעולמ[י]ם כיא[
4Q511 10,5	(VII)	קצי נגועי / [עוונות ולוא לכלת עול]ם
4Q511 10,11	(VII)	בצד[ק מ]היי עד / [ע]ד נהיי עולמים
4Q511 11,9	(VII)	עו]למים כיא אחרו[ן
4Q511 14,2	(VII)	]י עול[ם
4Q511 15,2	(VII)	]עולמים[
4Q511 23,3	(VII)	]עולמים [
4Q511 35,3	(VII)	יקדי[ש] / אלוהים לו למקדש עולמים
4Q511 63iv3	(VII)	וברוך שמכה / לעולמי עד אמן אמן
4Q511 101,1	(VII)	]רומם עולמ[ים
4Q511 120,2	(VII)	ע]ולמים / [
4Q511 137,3	(VII)	]◦י עולמי[ם
4Q512 1-6,4	(VII)	]ל בלוחות עולם
4Q512 1-6,10	(VII)	ע]ולמ[ים] כיא / [
4Q512 226,4	(VII)	]עולמים [
4Q520 1,4	(VII)	]עולמי / [
4Q520 18,1	(VII)	]◦עולמי[
4Q521 2ii+4,9	(XXV)	ול[ע]לם אדבק [במ]יחלים
4Q524 2,2	(XXV)	ולוא יטהרו עוד עד ל]עולם[
4Q525 24ii6	(XXV)	] / עולם יצעדו[
4Q577 7,1	(XXV)	לעול]ם ועד[
5Q19 1,3	(III)	]◦י עלם ◦◦[
6Q18 2,5	(III)	]לחי עולמים ויהי[
6Q18 2,8	(III)	]בתשבוחות ע[ולמים
6Q18 3,2	(III)	]ת עולמים[

6Q18 5,4 (III) לעו]למים לוא יכלו[
11Q5 XXII,2 (IV) אני אהבתיך ברוך לעולמים זכרך
11Q5 XXII,13 (IV) צדק עולמים תשיגי
11Q11 IV,10 (XXIII)]עד עולם וא[
11Q11 VI,2 (XXIII) ל]עולם / [את כול [בני בל]יעל אמן אמן]
11Q13 II,20 (XXIII)]ל[ה]שכילמה בכול קצי הע]ולם
11Q14 1ii5 (XXIII)] וברוך שם קודש[ו] / לעולמי עד
11Q17 V,8 (XXIII)]כסאי עולמים [
11Q17 VI,4 (XXIII) דביר[י] פלא רוחי א]ל[י] עולמים[כול
11Q17 VII,7 (XXIII)] / [אמת ו]צדק עולמ]ים
11Q17 VIII,5 (XXIII) פל]אי פלאיהם בכוח אלוהי / [עול]מים
11Q17 IX,6 (XXIII)]עולמים ב[הוד ו]הדר ל◦[
11Q19 VIII,13 מאת בני ישראל ברית עו]לם לדורותם
11Q19 IX,14 תמי]ד חוקות עול]ם לדורו]תמה
11Q19 XVIII,8 חו]קות עולם יהיה זה להמה
11Q19 XIX,8 חוקות עו]לם לדורותם
11Q19 XIX,9 וחג בכורים לזכרון לעול[ם]
11Q19 XXI,9 [חוק] עולם לדורותי[ה]מה בכול מושבותיהמה
11Q19 XXII,14 חוקות עולם לדורותיהמה שנה בשנה
11Q19 XXV,8 חוקות עולם לדורותיכ[מה בכול מושבותיכמה]
11Q19 XXVII,4 חוקות עולם / לדורותי[ה]מה
11Q19 XXIX,7 ואנוכי אהיה להם לעולם
11Q19 XXIX,8 [ו]שכנתי / אתמה לעולם ועד
11Q19 XXXV,9 והיה קודש קודשים לעולם ועד
11Q19 XXXIX,8 מחצית השקל חוק עולם / לזכרון
11Q19 XLV,14 יהוה שוכן בתוך בני ישראל לעולם ועד
11Q19 XLVI,3 ל]היות בתוך מקדשי לעו[לם] / ועד
11Q19 XLVII,3 וש[כנתי אתמ?]ה לעולם
11Q19 L,19 ולוא יטהרו עוד עד / לעולם
11Q19 LIII,7 ייטב לכה ולבניכה אחריכה עד עולם
11Q19 LV,10 והיתה לתל עולם לוא תבנה עוד
11Q19 LIX,15 כי לעולם אכרית זרעו
11Q19 LIX,18 על כסא מלכות / ישראל לעולם
11Q20 IV,24 (XXIII) ולוא ת]שבית ברית מלח ל[עולם
11Q20 V,4 (XXIII) ל]חוק עולם להמה ולזרעמה / [
11Q20 VI,7 (XXIII) חוקות] / עולם לדורותיהמה[שנה בשנה
PAM 43.676 26,2 (XXXIII)]◦ לעולם
PAM 43.676 45,2 (XXXIII)]לעולמי עד[
PAM 43.677 37,3 (XXXIII)]לעולם כ◦[
PAM 43.680 44.,2 (XXXIII)] עולמים[
PAM 43.700 47,3 (XXXIII)] עולמים[
KhQ1 5 (XXXVI)] / מהיום הזה ל<ע>ול[ם

station, position noun **עוֹמֶד, עֹמֶד**

CD XI,1 וירד לרחוץ ישתה על עומדו
1QM XIII,1 וברכו על עומדם את אל ישראל
4Q286 1ii1 (XI) והדומי רגלי כבודכה ב[מ]רומי עומדכה
4Q405 23i6 (XI) הללוהו אלוה[י]ם [ ]לת עומדם
4Q414 13,8 (XXXV)] / [ ]◦ שנית על עמדו
4Q491 11ii1 (VII) ביום ההואה על עו]מ[דם נגד מחני כתיאים
4Q491 26,2 (VII) ע]ל עומדם [
4Q492 1,12 (VII)]◦ יחד בעומדם על חללי[כתיים
4Q512 27,3 (VII) ועמ]ד על עומד[ו

עוּמָּה ← לְעֻמַּת

depth noun **עֹמֶק**

1QS XI,19 ולהביט בעומק רזיכה
1QH^a V,8 בע]בור כבודך ובעומק ◦[
4Q266 15,4 (XVIII)]◦ עומק ותחת כב[וד
4Q440 3i23 (XXIX) עומ]ק רזיכה הנוראים / [

sheaf noun **עוֹמֶר, עֹמֶר-1**

4Q320 4iv8 (XXI) ב1 בשכניה הנף העמר
4Q320 4v2 (XXI) ב1 [ביש]באב הנף העמר
4Q320 4v11 (XXI) [ב]1 בפצצ הנף העמר
4Q320 4vi7 (XXI) ב1 בגמול הנף העמר
4Q321 V,4 (XXI) ב[מ]ימי[ן ב]וא הנף העומר
4Q321 V,9 (XXI) בשכנ[י]ה בוא הנף העומר
4Q321 VI,7 (XXI) בפ[צין בו]א הנף העומר
4Q513 3-4,2 (VII)]הנף עמר [
11Q19 XI,10 וביום הנף העומר / [ובפסח השני
11Q19 XVIII,10 פעם / [אחת] ביום הניפת העומר
11Q19 XVIII,11 מיום הביאכמה את העומר / [התנופה

omer (a measure) noun **עוֹמֶר, עֹמֶר-2**

4Q415 11,3 (XXXIV) [לאיפה ואי]פה לעומר ועומר [
(XXXIV) [לאיפה ואי]פה לעומר ועומר [
4Q418 167a+b,4 (XXXIV) לוא [לאיפה ו]איפה לעמר ועומ[ר
(XXXIV) לוא [לאיפה ו]איפה לעמר ועומ[ר
4Q418a 15,4 (XXXIV)]לעומר ועומר לא[יפה ואיפה
(XXXIV)]לעומר ועומר לא[יפה ואיפה

עָוֹן ← עָווֹן

period of time, duration of cohabitation noun

עוֹנָה

4Q177 5-6,13 (V)]המה העונה השמינית[
4Q286 7ii6 (XI) בכול עונות מעמדמה עד תוממה [לעד
4Q491 1-3,15 (VII) עם מלא עונתם הראישונים ישובו וק[מו
4Q491 1-3,16 (VII) ומלאה המ[ע]רכה השנית את עונתה
4Q493 8 (VII) ובמלא עונותם יתקעו להם בחצו[צ]רות
4Q493 10 (VII) הל[וויים] / להם מר[ו]עים בעונותה
4Q502 1,9 (VII)]◦ עונת ש◦[

עוֹנִי ← עָנִי, עֳנִי

עֲוָעִים ← עִוְעִים

distortion noun **עִוְעִים**

1QH^a XIV,23 המו רוח עועיים[לאין] דממה
1QH^a XV,5 ורוח עועיים תבלעני

to fly verb **עוף-1**

1QpHab III,8 מרחוק / יעופו כנשר חש לאכול
1QH^a XI,27 בהתעופף כול חצי שחת לאין השב
1QH^a XVI,31 ויתעופפו עלי משברים
1QH^a XXIV,9]צו יעופפו בה כול / מלאכי של[ום
4Q163 8-10,13 (V) ופריו שרף[מעופף
4Q392 6-9,6 (XXIX)]◦ יעוף[
4Q428 15,1 (XXIX)]יע[ו]פפו בה [כול] / [מלאכי שמים
4Q432 6,1 (XXIX) בהת[עופף כול חצי שחת לאין השב
4Q525 15,5 (XXV) ובו יעופפו רשפ[י]מות
11Q19 XLVI,1 ולו]א יעוף [כול] / עוף טמא על מקד[שי
11Q19 XLVIII,5 לנתור בהמה על הארץ ולעוף בכנפיו

bird noun **עוֹף**

CD XII,9 אל ימכר איש בהמה / ועוף טהורים לגוים
1QH^a XVI,9 ודליתו לכול עוף כנף
1QH^a XVI,19 ויבש מצולה לכול חיה ועו[ף

לחיה ולבהמה ולכל **עוף**	(XIII)	4Q**220** 2
ב]המות **ועוף** ורמש ודג [י]מים	(XI)	4Q**287** 3,3
⟦ ? ⟧]כל **עוף** טהור ת[אכלו	(XIII)	4Q**366** 5,4
]◦ **ועוף** וכל אשר להם לאכל	(XI)	4Q**381** 1,9
]◦**עוף** ואנשי[ם	(XI)	4Q**381** 75,2
] אלי חיות **ועוף** הקבצו[	(XI)	4Q**381** 76-77,1
]**עופ** [	(XIII)	4Q**382** 132,1
]תלוי על העץ **ועוף** / [השמים	(XXX)	4Q**385**a 15i3
]מם חיה **ועוף** כיא / [	(XXXIV)	4Q**418** 206,3
כעו]ף אסו[ר עד] / [קץ רצונכה	(XXIX)	4Q**428** 15,5
ויכרות להם ברית לשלום עם **עוף** / [הש]מים	(XXIX)	4Q**434** 7b,2
והעוף[המעופף בשמי]נו	(VII)	4Q**502** 6-10,6
והעוף על המזבח יעשה התורים		11Q**19** XXXV,15
] **העוף** ולתורים לבני היונה [		11Q**19** XXXVIII,10
ולו]א יעוף [כול] / **עוף** טמא על מקד[שי		11Q**19** XLVI,2
[את אלה משרץ]**העוף** תוכלו		11Q**19** XLVIII,3
אלה משרץ **העוף** תואכלו		11Q**19** XLVIII,4
כול / נבלה **בעוף** ובבהמה לוא תואכלו		11Q**19** XLVIII,6
ומכס תרומתמה **לעוף** ולחיה ולדגים		11Q**19** LX,4
ומן הציד **לעוף** ולחיה ולדגים		11Q**19** LX,8

עוֹפִי ← עֳפִי

lead (metal) noun **עוֹפֶרֶת**

כ]**עופרת** במים אדירי[ם		1QH[a] XVI,19
וה]בדיל **והעו[פרת** אשר עשו הגוים פ[סל	(XVIII)	4Q**271** 2,9
אל / תבוא בכור כי **כעופרת** כן ינתך	(XXXVI)	4Q**424** 1,5
בר]זל **ועופר[ת**	(XXV)	4Q**525** 28,4

Uz proper noun **עוּץ-2**

ילחמו בשאר בני ארם **בעוץ** וחול תוגר ומשא		1QM II,11
]**בעוץ** / [	(VII)	4Q**496** 5-6,4

might noun **עוֹצֶם**

כוש **עוצמה**[ומצרים ואין קצה] / [	(V)	4Q**169** 3-4iii11

to blind verb **עור-1**

ומסלף דברי הצדק **ומעור** / עיני חכמים		11Q**19** LI,13

to arouse, stir up, uncover verb **עור-2**

הראשנים אשר **היעירו** אחריו		CD VIII,17
חרב **עורי** על / רועי		CD XIX,7
אומר]לעצ הקיצה **ע[ורי**]ל[א]בן דומם		1QpHab XII,15
וכול בני אמתו **יעורו** להתם[בני] / רשעה		1QH[a] XIV,29
באף **יעורר** קנאה ולכלה [		1QH[a] XVII,3
ויע[ורר עליו] / [יהוה צבאות שוט	(V)	4Q**161** 2-4,8
עורי[עורי לבשי עוזך] ציון	(V)	4Q**176** 8-11,2
] / על אשר **הערותי**[	(XXX)	4Q**383** 1,4
בכן **אעיר** ע[ל]יהם חמ[ה]	(XXX)	4Q**386** 1ii8
דורשי אמת **יעורו** למשפטכ[ם	(XXXIV)	4Q**418** 69ii7
עור קדש / על יונתן המלכ	(XI)	4Q**448** II,1
וכנשר **יעיר** קנו[על] / [גוזליו]ירחף	(VII)	4Q**504** 6,7

skin, leather noun **עוֹר**

[אם י]הפוך החזיר את **ע[ורו**	(XIII)	4Q**223-224** 2iv7
צרעת]היאה האוחז{{ת}}ה **בעור** החי	(XVIII)	4Q**266** 6i3
לוא יראנה הכוה]ן **לעור** הב[שר	(XVIII)	4Q**269** 7,9
] **בעור** הח[י	(XVIII)	4Q**269** 7,12
]אל יבא איש כול **ע[ור** ובגד]	(XVIII)	4Q**269** 8ii3
אל יב[א איש]כול **עור** ובגד	(XVIII)	4Q**271** 2,10
לוא יראנה הכוהן **לעור** הבש[ר]	(XVIII)	4Q**272** 1i8
היא האוח]זה **בעור** החי	(XVIII)	4Q**272** 1i11
[לא יראנה הכהן] / **לעור** ה[ב]שר	(XVIII)	4Q**273** 4ii5
ובשר כי] / [יהיה בו]**בעורו** שחין ונרפ[א	(XIII)	4Q**365** 19,4
ויעלו עליהם גדים ויקרמו **עור** / [מלמעלה	(XXX)	4Q**385** 2,6
ויעלו עליהם גדי]ם ויקרמו **עור** / [עליהם	(XXX)	4Q**386** 1i6
ואף] / [על **עו]רות** הבק[ר והצאן	(X)	4Q**394** 3-7ii2
מן] / [**עורות**]יהם כלי[ם	(X)	4Q**394** 3-7ii3
] / **עורות** ה[בקר	(X)	4Q**395** 12
ואפ על **עור[ות** ועצמות הבהמה הטמאה	(X)	4Q**397** 1-2,1
[מן עצמותמה] ומן **ע[ו]ר[ות**]מה ידות כ[לים	(X)	4Q**397** 1-2,2
ואף על **ע]ור** נבלת [הבהמה] הטהורה	(X)	4Q**398** 1-3,1
וראה חרפת בני / [עמכה כיא נכמר]**עורנו**	(VII)	4Q**501** 6
ואת בשר הפר] / ואת **עורו** עם פרשו		11Q**19** XVI,11
ואת בשרו ואת **עורו** ואת פרשו / ישרופו		11Q**19** XXVI,8
ופושטים את **עורות** הפרים מעל לבשרםה		11Q**19** XXXIV,9
כול **עור** בהמה טהורה		11Q**19** XLVII,7
כי **בעורות** אשר יזבחו / במקדש בהמה		11Q**19** XLVII,11
ולוא יגאלו את מקדשי **בעורות**		11Q**19** XLVII,13
כי כטהרת בשרו כן יטהרו **העורות**		11Q**19** XLVII,15
וכול טהרת המקדש **בעורות** המקדש תביאו		11Q**19** XLVII,17
ולוא תטמאו / את מקדשי ועירי **בעורות**		11Q**19** XLVII,18
ובגדים ושקים **ועורות** יתכבסו		11Q**19** XLIX,16
ובגדים **ועורות** וכול / מעשה עזים		11Q**19** L,16
מעצמותמה ומנבלתמה **עור** ובשר וצפורן		11Q**19** LI,4

blind adjective **עִוֵּר**

ויהיו **כעורים** וכימגששים דרך		CD I,9
פסח או **עור** או חרש או אלם או מום מנוגע	(I)	1QSa II,6
וכול פסח או **עור** או חגר		1QM VII,4
] / אש[ר אמר משג]ה **ע[ור**	(XVIII)	4Q**267** 7,12
אשר אמ]ר משגה **עור** בדרך	(XVIII)	4Q**271** 3,9
מתיר אסורים פוקח **עורים** זוקף כפ[ופים]	(XXV)	4Q**521** 2ii+4,8
כול איש **עור** / לוא יבואו לה		11Q**19** XLV,12
מום פסח או **עור** או כול מום רע		11Q**19** LII,10

(indeterminate) **עור**

]◦וחך **כעור** כמגרן	(XXIX)	4Q**433** 1,3

raven noun **עוֹרֵב, עֹרֵב-1**

ואם ילבינו]**העורבים** ככא[ת	(XIII)	4Q**223-224** 2iv11
העו]רב ויצא יצוא	(XXII)	4Q**254**a 3,4
]◦◦ לפניו כי **העו[רב]** יצוא יצא	(XXII)	4Q**254**a 3,5
ואת]כ[ל] **ערב**[ל]מינו[	(XIII)	4Q**366** 5,1

blindness noun **עִוָּרוֹן**

ופרוש קציהם **לעורון** / ישראל מכל אלה		CD XVI,2
ולשון גדופים **עורון** עינים וכבוד אוזן		1QS IV,11
]**ובעורון** ובתמהון / [	(V)	4Q**166** I,8
וכאלים יפחדו מהם **בעורונם**	(V)	4Q**166** II,6
והתה[ל]כתם בש[געון]**ובעורון**	(XXX)	4Q**387** 2ii4
כיא תרפאנו משגעון **ועורון** ותמהון / [לבב	(VII)	4Q**504** 1-2ii14
]ל תעות **עורון** ה[	(VII)	4Q**513** 3-4,4

foreskin noun **עוֹרְלָה, עָרְלָה**

{יאאם} ‹כיא אם› למול ביחד **עורלת** יצר		1QS V,5
ואל ישנאהו [**בעור]ל[ת**] לבבו		1QS V,26
כיא לוא מל את **עורלת** לבו		1QpHab XI,13
]◦רי **ערלות** לישרם בדור הא[חרון	(V)	4Q**177** 9,8
וביום השמיני ימול בשר] **ערלת**[ו]	(XVIII)	4Q**266** 6ii6

לוא תואכל בשר שור ושה ועז בתוך עירי — **11Q19** LII,19
ושעיר עׄ[זים לחטאת — **11Q20** I,11 (XXIII)
שעירי] / **עזים** שנים לׄ[— **11Q20** VI,17 (XXIII)

עֹז-1 ← עוֹז

עֲזָאזֵל ← עֲזָזֵאל

to forsake, leave verb **עזב-1**

כי במועלם אשר **עזבו**הו הסתיר פניו — CD I,3
ויסגרו / לחרב **בעזבם** את ברית אל — CD III,11
ויעזבם לו אל — CD V,6
ויעזבם ויפנו בשרירות לבם — CD VIII,19
ויעזבם ויפנו בשרירות לבם — CD XIX,33
לעזוב למו הון ועמל כפים — 1QS IX,22
ויעזוב את אל ויבגוד בחוקים — 1QpHab VIII,10
] / **עזוב** מכול חוקיך — 1QH[a] VII,12
ובגדפותם לא החתותני / **לעזוב** עבודתכה — 1QH[a] X,36
וגודל אף / על **נעזבים** — 1QH[a] XI,28
ואני אמרתי בפשעי **נעזבתי** מבריתכה — 1QH[a] XII,35
] / אודכה אדוני כי לא **עזבתני** בגורי בעם — 1QH[a] XIII,5
ולא **עזבתני** בזמות יצרי — 1QH[a] XIII,6
כי בצרת נפשי לא **עזבתני** — 1QH[a] XIII,12
ברוך אתה אדוני כי לא **עזבתה** יתום — 1QH[a] XIII,20
כי יש מקוה לשבי פשע **ועוזבי** חטאה בה[— 1QH[a] XIV,6
ואהיה כאיש **נעזב** ב◦[— 1QH[a] XVI,27
ולא **עזבתה** / תקותי — 1QH[a] XVII,11
ולכול **הנעזב** ממנה [— 1QH[a] XVII,18
ואמי עליכה **עזבתני** — 1QH[a] XVII,35
]**עזבתם** ביד / כול מכ[— 1QH[a] 2ii16
]דכה אל **תעזובני** בקצי / [— 1QH[a] 4,18
[כי] מגיד / אנו[כי] אשר **יעזבו**[ני — **1Q22** 1i7 (I)
]◦יה לוא **עזבו** [ה]וקיכה [— **1Q38** 2+12,1 (I)
פשר הדבר אשר **עזבם** / [— **4Q162** I,2 (V)
]**עזבו** את אל ו[י]לכו בחוקות[— **4Q167** 7-9,2 (V)
ועזבו את מתעיהם ונלוו על ישראל — **4Q169** 3-4iii5 (V)
הרף מאף **ועזוב** חמה — **4Q171** 1-2ii1 (V)
ואל לוא **יעזבם** / בידם — **4Q171** 1-2ii14 (V)
ולוא[ראיתי צדיק] / **נעזב** — **4Q171** 1+3-4iii18 (V)
ואל לוא **יע**[**זבנו**] — **4Q171** 3-10iv9 (V)
ותאמר ציון / **עזבני** ···· — **4Q176** 1-2ii3 (V)
כיא כאשה **עזובה** / [ועצובת] רוח קראך ···· — **4Q176** 8-11,7 (V)
[ברגע] קטנה **עזבתיך** — **4Q176** 8-11,9 (V)
[ ]◦ים שרתי כל לאומ[ים] שוממה **כעזובה** — **4Q179** 2,5 (V)
וכל [בנ]ותיה **עזובות** — (V)
[כ]אשה **עז**[ו]**בה** כעצובה וכעזובת [בע]ל[ה] — **4Q179** 2,6 (V)
[כ]אשה עז[ו]בה כעצובה **וכעזובת** [בע]ל[ה] — (V)
כבר / ספרתי לך א[י]ככה **עזבתים** — **4Q200** 4,6 (XIX)
למען יד]עו דורותם כי לא **עזבתים** — **4Q216** I,13 (XIII)
] / [רע בעיניו ע]ל אשר **עזבת**[י אותו — **4Q222** 2,1 (XIII)
ויע[**זוב** את בגדו בידי — **4Q223-224** 2v4 (XIII)
]**יעזוב** את[— **4Q253** 3,3 (XXII)
ולעזוב למו הון ובצע / [ועמל כפים — **4Q258** VIII,6 (XXVI)
לעז[**וב**] / למו הו[ן ועמל כפים — **4Q259** IV,3 (XXVI)
◦] ואל **יעזוב** ל[ו כול] עוונותיו — **4Q271** 3,3 (XVIII)
] / **עזבו**[הו] בנדת[— **4Q284** 2ii1 (XXXV)
עוז[**ב** הון[ו]בצע [— **4Q285** 10,3 (XXXVI)
] / **יעזוב** קנאת מדנים — **4Q300** 2ii3 (XX)
ואלהי אל **תעזבני** ביד הגוים — **4Q372** 1,16 (XXVIII)
וללמד לפשעים חקיך ולכל **עזביך** תור[תך — **4Q372** 1,27 (XXVIII)

וביום השמ[יני ימול בשר **ער**[**ל**]**תו** — **4Q367** 1a-b,4 (XIII)
וימול **עורלות** לבם ויצילם למען חסדו — **4Q434** 1i4 (XXIX)
מולה **עורלת**[לבנו — **4Q504** 4,11 (VII)
]מולה **ע**[**ורלת** לבנו — **4Q509** 287,1 (VII)

עוֹרְמָה ← עָרְמָה

(back of) neck noun **עוֹרֶף, עֹרֶף**

וכבוד אוזן קושי **עורף** וכובוד לב — 1QS IV,11
למול ביחד עורלת יצר **ועורף** קשה — 1QS V,5
באפ או בתלונה / או **בעורפ** [קשה — 1QS V,26
ואשר ישוב את / רעהו בקשי **עורפ** — 1QS VI,26
עד הנגף האויב והסבו **עורפם** — 1QM IX,2
תן ידכה **בעורף** אויביכה — 1QM XII,11
תן ידכה **בעורף** אויביך — 1QM XIX,3
]◦לם ורוח **עורף** קשה לדממ◦[— 1QH[a] VIII,5
]ה אשר יקשו את **עורפם**[— **4Q182** 1,2 (V)
והכניעו] / את **עורפם** ל[היות עבדים — **4Q223-224** 2iv30 (XIII)
קשי]**עורפ**מה ותמשל את האדם[— **4Q287** 4,2 (XI)
]**עורף** ◦◦ קודק[וד כ]ל [ה]מולת עמים — **4Q301** 1,4 (XX)
כי עם]קשה **עורפ** / [אתה ? — **4Q364** 26ai3 (XIII)
ובק]שי **ערף** אלוהינו הסתר / פניך — **4Q393** 1ii-2,4 (XXIX)
עורף קשה / [שלחתה ממני — **4Q435** 2i3 (XXIX)
ע[**ורף** קשה שלחתה ממני — **4Q436** 1ii2 (XXIX)
]מור **עורף** חשק נפשי — **4Q438** 5,2 (XXIX)
] כיא חזק **עורפם** / [— **4Q468i** 2 (XXXVI)
]ח **עורף** [— **4Q487** 18,3 (VII)
ואשר] / [קשו]**בעורפם** — **4Q504** 4,7 (VII)
ואשר ק]שו **בעורפם** — **4Q506** 131-132,13 (VII)

Oshel proper noun **עושל**

אש]ר גרים את חדיתא ואת **עושל** / [— **4Q522** 9i+10,7 (XXV)

עוֹשֶׁר ← עֹשֶׁר

to sustain verb **עות**

ולעות לעאף דבר — 1QH[a] XVI,36

strong, mighty adjective **עַז**

]לאין חקר במים **עזים** מדרך בק[ע — **4Q392** 2,4 (XXIX)
]◦**עזה** ותהלוכ[ה — **4Q491** 14-15,2 (VII)

goat (f.) noun **עֵז**

]שור[ו]כשב **ועז** אשר לא שלמו [שבעת ימים — **4Q251** 12,1 (XXXV)
העגלה והאיל **והע**[**ז** — **4Q252** II,11 (XXII)
]ושעיר **עז**[**ים** אחד אשר] / לחטאת — **4Q375** 1ii5 (XIX)
] בירעות **עזי**[**ם** — **4Q388a** 2,2 (XXX)
[ישחט]מחוץ למחנה שור וכשב **ועז** — **4Q394** 3-7ii15 (X)
]◦ותם [כ]בשים **וע**[**זים** — **4Q502** 6-10,5 (VII)
ושעיר **עזים** אחד לחטאת — **11Q19** XVII,14
והקריבו שעיר]**עזים** לחטאת ל[— **11Q19** XVIII,4
ש]עירי **עזים** שנ[ים — **11Q19** XXIII,4
ושחטו לפניו את שעיר **העזים** לראישונה — **11Q19** XXIII,11
שעיר / **עזים** אחד לחטאת — **11Q19** XXV,14
ושעיר **עזים** אחד [לחטא]ת — **11Q19** XXVIII,4
ושעיר **עזים** אחד לחטאת — **11Q19** XXVIII,8
ושעיר **עזים** אחד לחטאת — **11Q19** XXVIII,11
וכול / מעשה **עזים** כמשפט התורה הזואת — **11Q19** L,17
ולוא תזבח לי שור ושה **ועז** והמה מלאות — **11Q19** LII,5
לוא תזבח שור ושה **ועז** טהורים — **11Q19** LII,13

4Q**378** 3ii+4,11 (XXII) ולוא] / ירפכה ולוא יעזב[כה
4Q**379** 18,2 (XXII)]◦בי על [ע]זבי אל
4Q**379** 27,3 (XXII)] / עזבתנו ול[
4Q**381** 79,6 (XI) א]להי אל תעזב[ני
4Q**382** 9,7 (XIII) וחי נפש]כה אם אעזובכה [
4Q**382** 38,7 (XIII)]צ כי עזב ◦ [
4Q**382** 49,10 (XIII)]עזבכה ולו[א
4Q**382** 104,4 (XIII)] עזבתם ביד מלכיה[ם
4Q**385**a 3a-c,5 (XXX) ו[תאמרו]עזבתנ[ו אלהינו
4Q**387** 1,2 (XXX) ותא]מרו עזב[תנו אלהינו
4Q**387** 2iii5 (XXX) וזה להם האות ביום עזבי את הארץ[
4Q**388**a 5,1 (XXX)] עזבוני[
4Q**388**a 7ii6 (XXX) ו]עזבתי את הארץ בה[שמה
4Q**389** 8ii6 (XXX) [כי] עזבתי את הארץ ברום לבבם
4Q**390** 1,7 (XXX) ויבינו בכול אשר / עזבו הם ואבותיהם
4Q**390** 2i8 (XXX) קצפתי עליהם במועלם / [אשר עז]בוני
4Q**393** 3,3 (XXIX) אל תעזוב עמך [ונ]חלתך
4Q**393** 3,4 (XXIX) ותע[ז]וב עמך ונחלתך
4Q**414** 11ii6 (XXXV)] / עזבת[
4Q**418** 33,2 (XXXIV)]תעזוב פן / [
4Q**418** 183a+b,2 (XXXIV)]תעזוב שכבת [זרע
4Q**434** 1i4 (XXIX) ויכן לדרך רגלם בר[ו]ב צרתם לא עזבם
4Q**445** 3,2 (XXIX)] אני עזובה ומנובלה[
4Q**460** 9i5 (XXXVI) כ]יא לוא אתה עזבתה לעבדכה / [
4Q**460** 9i8 (XXXVI) יו]כיח בעוזביכה אלוהיכה ישראל
4Q**501** 2 (VII) כיא / [אנחנו עצור]י עמכה ועזובי נחלתכה
4Q**504** 1-2v10 (VII) ולוא עזבתנו / בגוים
4Q**521** 9,3 (XXV)]בה תעזוב ב[י]ד משיח[
4Q**525** 2ii+3,5 (XXV) ובעת צוקה לוא יעוזבנה
4Q**525** 5,8 (XXV) אל] / [ת]עזובו לז[רים חל]קכמה
6Q**10** 21,2 (III)]אשר עזב[
11Q**5** XIX,6 (IV) ולוא עזב חסדו מהמה
11Q**6** 4-5,8 (XXIII) ולוא ע]זב חסדו מהם
11Q**13** II,6 (XXIII) וקרא להמה דרור לעזוב להמה[משא
11Q**19** LVII,7 אשר לוא יעוזבוהו לבדו

Gaza proper noun עַזָּה
4Q**468**g 3 (XXXVI)] / ואדום ועזה ואש[קלון

grappling iron (?) noun עזה
3Q**15** X,9 (III) המערבי / אבן שהזדוגא בעזת שתין

strength noun עֱזוּז
4Q**451** 3 (XXIX)]ובמופתיכה ועזוז ימינכ[ה

עזוז ←עִזַּז

to be strong verb עזז
CD XX,33 ויעז לבם ויתגברו / על כל בני תבל
4Q**266** 4,7 (XVIII) ויע]ז לבם [
4Q**381** 46a+b,5 (XI) ו[ ]עת / לוא יעז אנוש

mighty adjective עִזֵּז
4Q**379** 6,3 (XXII)]מה כי כל עזזי ר◦◦[

Azazel proper noun עֲזָאזֵל
4Q**180** 1,7 (V)] / פשר על עזזאל והמלאכים אש[ר
4Q**180** 1,8 (V) ועל עזזאל[
11Q**19** XXVI,13 ושלחו / לעזזאל המדבר ביד איש עתי

עָזִיאֵלִי ← עוּזִּיאֵלִי

to dig around verb עזק
1QH[a] XVI,22 בהניפי יד לעזוק / פלגיו

to help, rescue verb עזר
1QS III,24 ומלאכ אמתו עזר לכול / בני אור
1QpHab V,11 ולוא עזרוהו על איש הכזב
1QM I,6 ונפל אשור ואין עוזר לו
1QM XIII,10 ושר מאור מאז פקדתה לעוזרנו וב◦[
1QH[a] X,34 ואתה אלי עזרתה נפש עני ורש
1QH[a] XIII,6 ותעזור משחת חיי
1QH[a] XV,23 ואתה א]לי עזרתה נפשי
4Q**160** 3-4ii2 (V) ועזרתה היה לו
4Q**177** 12-13i7 (V)]מלאך אמתו יעזור לכול בני אור
4Q**177** 12-13i9 (V) ויד אל הגדולה עמהמה לעוזרם
4Q**299** 59,4 (XX)] / עוזרי רשעה[
4Q**379** 32,5 (XXII)]ל עוזרי ולש◦[
4Q**381** 15,3 (XI) כי אתה א]להי עזרת לי
4Q**418** 178,2 (XXXIV) ב]ביתכה תעזור ⟦ ⟧[
4Q**460** 8,6 (XXXVI)]◦ך אדיר לעוזרנו וש[
4Q**470** 3,4 (XIX) ל]החלימם ולעזרם ברוח ג[בורתו
4Q**495** 2,2 (VII) ושר מאור מאז] / פקדתה לעזרנו
PAM 43.698 42,1 (XXXIII)]לעזור ◦[

help noun עֵזֶר-1
1QM I,2 ועמהם בעזר מרשיעי ברית
1QM IV,13 ישועות אל נצח אל עזר אל משענת אל
1QM XII,7 ועדת קדושיכה בתוכנו לעזר עולמי[ם
1QM XIII,8]כה בקרבנו לעזר שארית
1QM XVII,6 וישלח עזר עולמים לגורל [פ]דותו
1QH[a] VI,29]◦ הוא ותבן בעזר את ◦◦[
4Q**303** 10 (XX) ו]עשה לו עזר כ[נגדו
4Q**416** 2iii21 (XXXIV) בהתחברכה יחד התהלך עם עזר בשרכה[
4Q**417** 2i7 (XXXIV) ואיש עול אל תחשוב עזר
4Q**418** 10a-b,4 (XXXIV) [בהתחברכה יחד התהלך]עם עזר[בשרכה
4Q**418**a 16b+17,3 (XXXIV)]◦ה עם עזר ב[שרכה
4Q**491** 11ii14 (VII)]נאמן ועזר פדותו [
4Q**502** 24,2 (VII)]ברוך אל ישראל אשר עזר[
4Q**511** 125,3 (VII)]עזר ע◦◦[
5Q**25** 2,1 (III)]שמים בעזרי וב◦[
11Q**13** II,14 (XXIII) ובעזרו כול אלי [הצדק

(indeterminate) עזר
4Q**382** 17,2 (XIII)]עזר ◦[

help noun עֶזְרָה-1
1QM I,16]◦ קדושים יופיע בעזרת[
1QM XIII,13 ונגילה בעזר[תכה וב]שלומכה
1QM XIII,14 ומיא מלאך ושר כעזרת פ◦[
1QM XVI,11] לעזרת בני חושך
4Q**372** 1,18 (XXVIII) לכל גוי ועם / לכל עזרה
4Q**381** 24a+b,8 (XI) ויענני אלהי עזרתי[

precinct, border, ledge noun עֲזָרָה
4Q**394** 3-7i10 (X) את] / בשר זבחיהם ומ[ ]ים בעזר[ה
11Q**19** XVI,17 יזרוק ע[ל אר]בע פנות עזרת המזבח
11Q**19** XXIII,13 ועל ארבע פנות עזרת המזבח
11Q**19** XXIII,14 וזרק את דמו על יסו[ד] / עזרת המזבח
11Q**19** XXXVII,4] / [החצר] הפנימית לעזרת ה[מז]בח

11Q**20** I,26 (XXIII) על ארבע פנות **עזרת** ה[מזבח

pen noun **עֵט**

4Q**171** 3-10iv26 (V)] ולשוני **עט** / [סופר מהיר

to wrap, cover verb **עטה-1**

4Q**512** 18,2 (VII) בג]דיו **ועט[ה**

to be faint, feeble verb **עטף-2**

1QH[a] XVI,29]**תתעטף** נפשי יומם ולילה
4Q**437** 2i8 (XXIX)] / [כיא מלפ]נ[י] **יעטף** רוחי

to crown, surround, adorn verb **עטר**

2Q**18** 2,12 (III) ועטר]ת תפארת **תעטרנה**
4Q**370** 1i1 (XIX) [ו]**יעטר** הרים תנו[בה
4Q**372** 3,8 (XXVIII) ולא **יעטרם** לכל זר
11Q**5** XIX,7 (IV) **מעטר** חסידיו / חסד ורחמים
11Q**5** XXVI,13 (IV) **מעטר** הרים תנובות

crown, cornice noun **עֲטָרָה-1**

1QSb IV,3 (I) ברכות [עול]ם **עטרת** רואשכה
2Q**18** 2,12 (III) **ועטר]ת** תפארת תעטרנה
4Q**369** 1ii8 (XIII) **ע[טרת**]שמים וכבוד שחקים סמכת[ה עליו
4Q**381** 31,7 (XI) האמרים פענה שרגו **עטרת** ראשי
4Q**382** 43,2 (XIII) **ע]טרת** תפארת[
11Q**19** XVII,1 ה]כוהנים ויתנו **עט[רות** ?
11Q**19** XL,11 לעומת המוסך / עד **עטרותיו**

ruin noun **עִי**

1Q**14** 8-10,10 (I) ושמתי שומרון ל]**עי** [ה]שדה
4Q**372** 1,8 (XXVIII) וישימו את] / ירושלים **לעיים**
XQ**7** 3 (XXXVI)]◦ **עיכה** וכול / [

Iye-abarim proper noun **עִי הָעֲבָרִים**

4Q**364** 19a-b,10 (XIII) ויסעו מאובות וי]חנו **בעי הע[ברים]**
4Q**364** 19a-b,11 (XIII) ויסעו **מעי העברי]ם** ויחנו בדיבון ג[ד

עיד ← עֵד

עיד ← עֲדִי, עִיר

עידות ← עֵדוּת

עִיֵי ← עִי הָעֲבָרִים

infant noun **עילול**

4Q**169** 3-4iv2 (V) גם] / **עיליליה** ירוטשו בראש כל חוצות
4Q**169** 3-4iv4 (V)] / נשיו **עילוליו** וטפו ילכו בשבי

Elam proper noun **עֵילָם**

1QM II,13 בשנה השמינית ילחמו בבני / **עילם**

to eye verb **עין**

4Q**511** 18ii7 (VII) כיא / א[לו]היים **עני**

eye, spring noun **עַיִן**

CD II,14 ואגלה **עיניכם** לראות
CD II,16 לתור במחשבות יצר אשמה **ועני** זנות
CD III,6 ולעשות איש הישר **בעיניו**
CD VIII,7 ויעשו איש הישר **בעיניו**
CD IX,18 וידיעהו / **לעיניו** בהוכיח למבקר
CD XV,16 וכל פת[י שו]גה / וכהה **עינים** לבל[תי
CD XIX,20 ויעשו {{את}} / איש הישר **בעיניו**
1QS I,6 ללכת עוד בשרירות לב אשמה **ועיני** זנות
1QS III,3 **בעין** תמימים / לוא יתחשב
1QS IV,11 ולשון גדופים עורון **עינים** וכבוד אוזן
1QS V,5 לתעות אחר לבבו / **ועינוהי** ומחשבת יצרו
1QS V,8 יבוא בברית אל **לעיני** כול המתנדבים
1QS X,11 ופשעי לנגד **עיני** כחוק חרות
1QS XI,3 ובנפלאותיו הביטה **עיני**
1QS XI,6 בהויא עולם / הביטה **עיני**
1QSa II,7 (I) מום מנוגע בבשרו / לראות **עינים**
1QpHab V,1 טהור **עינים** / מראות ברע
1QpHab V,6 טהור **עינים** מראות / ברע
1QpHab V,7 לוא זנו אחר **עיניהם** בקץ / הרשעה
1QM XI,15 ולהתקדש **לעיני** שאר הגוים
1QM XVII,2 אשר התקדש אל במשפטם **לעיני** [
1QH[a] IV,24 ולעשות] הטוב **בעיניך**
1QH[a] VI,16 ונגלתה צדקתך **לעיני** כול מעשיך
1QH[a] VI,18 [ו]לבלתי עשות מכול הרע **בעיניך**
1QH[a] VII,20 שפטים גדולים / **לעיני** כול מעשיך
1QH[a] VIII,27 [ולעשות את ה]טוב **בעיניך**
1QH[a] X,31 אודכה אדוני כיא **עינכה** עמ[דה] על נפשי
1QH[a] XIII,34 כי עששו מכעס **עיני** ונפשי במרורי יום
1QH[a] XV,2 שעו **עיני** מראות / רע
1QH[a] XVII,5 **עיני** כעש בכבשן
כלו למנוח **עיני** [
1QH[a] XIX,1]עמל **מעיני** ויגון[
1QH[a] XIX,19] לא נסתר עמל **מעיני**
1QH[a] XXI,4 איכ]ה אביט בלוא גליתה **עיני**
1QH[a] XXIII,7 להופיע / **לעיני** כול שומעי[כה
1Q**53** 2 (I)]לו **ועין** ◦◦◦
4Q**159** 2-4,2 (V)] / **לעיני** ישר[אל ל]וא יעבודו הגויים
4Q**161** 8-10,13 (V) [ולוא] למראה **ע[יניו** / [ישפוט
4Q**162** I,6 (V)]**עיניהם** / [
4Q**166** II,10 (V) ועתה אגלה את נבלותה **לעיני** מאה[ביה
4Q**166** II,13 (V) להיות לקלו[ן] / וחרפה **לעיני** הגואים
4Q**175** 10 (V) ונאם הגבר / שתתם **העין**
4Q**175** 11 (V) מחזה שדי יחזה נופל וגלו **עין**
4Q**181** 2,5 (V)] / **לעיני** כול יודעיו ◦◦ש[
4Q**184** 1,13 (V)]ת ת◦◦◦[ ]**עיניה** הנה והנה ישכילו
4Q**184** 2,5 (V)]ורום **עינים** לב ערל[
4Q**185** 1-2ii12 (V)]מים ורשף **עינים** ושמחת לבב ע◦[
4Q**186** 2i1 (V) סרכ◦[**ע]יניו** בין שחורות וב[ין] הגמריות
4Q**200** 5,4 (XIX) ע]ל **עיניו** וחרוק [
4Q**200** 5,5 (XIX) חוריו]ת **עיניו** וירא את[בנו
4Q**216** II,14 (XIII) ויחלו לעשות הרע] / **בעיני**
4Q**225** 2ii1 (XIII)]וישא אב[רהם] את / **[עי]ני[ו**
4Q**251** 8,1 (XXXV) כי יכה איש את עבדו או את שפחתו]**בעין**
4Q**257** III,5 (XXVI) **בעין** תמימים לוא יתח[שב]
4Q**258** IX,11 (XXVI) ופ]שעי לנגד **עיני** / [כחוק חרות
4Q**266** 8i7 (XVIII) וכול פתי ושוגה וכה **עינים** לבלתי ראות
4Q**267** 5iii2 (XVIII)]וכול כהה **[עיני]ם** או [
4Q**268** 1,7 (XVIII) ויגל **ע[יניה]מה** בנסתרות
4Q**270** 1i1 (XVIII) במ]חשבות יצר אשמה **וע[יני]** זנות
4Q**274** 3i1 (XXXV) ב]גלות אל את אישון **עינו**
4Q**281**a 1 (XXXVI) ולוא טהרה ◦◦] **[עיני**
4Q**282**c 7 (XXXVI)]**עיניו** / [
4Q**287** 8,13 (XI) **ועיני** זנות ופעולת [
4Q**299** 65,4 (XX)]◦◦◦ מעלים **עין**

4Q306 2,5 (XXXVI)] / עינים התורה הולכת ומר◦[
4Q364 3ii3 (XIII)] / מותכה ועל עינ֯[ך ?
4Q364 26bi9 (XIII) ואשברם לעי]נ֯י֯כם
4Q364 30,4 (XIII) [אשר עשה לעינ]י֯כמ
4Q365 6aii+6c,12 (XIII) [ו]ה֯ישר בעי֯נ֯ו תעשה
4Q365 38,2 (XIII) נפש] / [ב]נ֯פ עין{{ל}} בע֯[ין]שן בשן[
(XIII) נפש] / [ב]נ֯פ עי{{ל}} בע֯[ין]שן בשן[
4Q366 4ii9 (XIII)] / עינ֯י [ ]חים[ ]◦◦ [
4Q368 1,6 (XXVIII) וגם מצאת חן ב]ע֯י֯[ני
4Q368 10i7 (XXVIII)]ל◦◦ גדו֯לים המפלי לעיניכם בארץ֯[
4Q369 1ii3 (XIII)] / עינכה עליאה
4Q370 1i2 (XIX) אז עשו הרע בעיני אמר יהוה
4Q376 1ii2 (XIX) תגלה לעיני כול הקהל
4Q377 1i3 (XXVIII)]צדקתי לע֯י֯ני כול ◦[
4Q377 1i4 (XXVIII)]ה֯ להנחיל לעי֯נ֯[ ]ק֯[
4Q377 2i9 (XXVIII) ותסג]ר֯מרים מעינו
4Q379 8,2 (XXII)]ע֯ין [
4Q381 10-11,2 (XI)]ו֯רע בעיניו כי השחיתו מ◦[
4Q381 31,5 (XI) ולשנאי נפשי לנגד֯ ע֯[יני]ך כפ֯יתה
4Q381 33+35,8 (XI)]ק֯רוב ישעי לנגד עיניך
4Q382 6,1 (XIII)] לי כ֯י ע֯יני[
4Q384 21,1 (XIX) נ]בונ֯ו֯ת ע֯[ינים
4Q385a 6,2 (XXX) ויר]או בעיניהם ◦[
4Q390 1,4 (XXX) ויעשו גם הם את הרע בעיני
4Q390 1,9 (XXX) הכול ויעשו / הרע בעיני
4Q390 1,12 (XXX) ו֯יעשו [את] הר֯ע ב֯עינ֯[י]
4Q390 2i8 (XXX) ויעשו הרע בעיני
4Q390 3,3 (XXX)]◦ בעינ֯י וא[
4Q391 55,3 (XIX)]ת ע֯י֯ני[
4Q413 1-2,3 (XX) ומראה עינו בל יחיה
4Q416 2ii9 (XXXIV) וא]ל תנומה לעיניכה עד עשותכה / מצו[תיו
4Q416 2ii11 (XXXIV) שא ע]י֯נ֯[י]כה ו֯ראה כי רבה קנאת / [אנוש
4Q417 1i27 (XXXIV) אחר[י] ל֯בבכמ֯[ה] ו֯אחרי֯ {{ו}}עי[נ]יכמה[
4Q422 III,10 (XIII) ויבא ארבה֯ לכסות עין הא֯[רצ]
4Q424 1,10 (XXXVI) איש רע עין אל תמשל בהו֯[נך
4Q424 3,3 (XXXVI) איש שוע עינים אל תשלח לחזות לישרים
4Q425 1+3,7 (XX)]◦◦◦ איש ב֯ל֯י֯[על] איש שוע עינ֯י֯ם[
4Q434 1i2 (XXIX) פקח עיניו אל דל
4Q434 1i3 (XXIX) ויפקח עיניהם לראות את דרכיו
4Q435 2i2 (XXIX)]ז֯נות עינים / [הסירותה ממני
4Q436 1ii1 (XXIX) זנות עינים הסירותה ממני
4Q436 1ii3 (XXIX) ור֯ו֯ם עינים התנ◦◦תה מ֯מני
4Q439 1i+2,3 (XXIX) על כן עיני מקור מים / [
4Q470 1,6 (XIX)]אכרתה עמך֯[בר]י֯ת]לעיני הקהל / [
4Q491 1-3,2 (VII)] / לעיני כול קהל ל֯[
4Q502 319,2 (VII)] עינ֯[
4Q503 45-47,3 (VII)]כ◦ ו֯ע֯י֯נ֯י֯[
4Q504 1-2ii12 (VII) נפלאותיכה אשר עשיתה לעני גוים
4Q504 1-2iii5 (VII) ו֯בנים / שמתנו לכה לע֯יני כול הגוים
4Q504 1-2v10 (VII) הוצאתנו לעיני הגוים
4Q504 3ii7 (VII) עין]בעין נרא֯יתה בקרבנו[
4Q504 3ii19 (VII)]ה֯מ֯ה בידינ֯ו֯ לעינ֯י֯נ֯ו֯[
4Q504 5ii6 (VII) עשות] / הרע בעיניכה
4Q504 7,18 (VII)]עינים / [
4Q506 125+127,3 (VII) וימצ]א֯ו֯ ח֯ן בע֯[יניכה
4Q509 157,2 (VII) י]ש֯וע֯ו֯ ע֯י֯נ֯י֯[
4Q509 184i3 (VII)] לע֯יני ע֯מכה / [
4Q511 42,9 (VII)]לעין לוא ינח֯[
4Q511 195,1 (VII)]עינ֯י֯ם֯[
4Q521 8,12 (XXV)] עיני / [

4Q525 2ii+3,7 (XXV) וישיתה]לנגד עיניו לבלתי לכת בדרכי[
4Q525 13,2 (XXV) תנ]ח֯ל ברעי עין תתן ל֯ה֯[ם ?
5Q14 2 (III)]◦יניך מעליך יפלו [
5Q17 3,1 (III)] / ע֯ין ◦[
11Q5 XVIII,14 (IV) הנה / עיני יהוה על טובים תחמל
11Q15 2,4 (XXIII)] לעיני בח֯ו֯ר֯[
11Q19 XLVIII,8 ולוא תשימו קורחה בין עיניכמה / למת
11Q19 LI,14 ומעור / עיני חכמים
11Q19 LV,16 אשה אשר יעשה את הרע בעיני
11Q19 LIX,14 והמלך אשר / זנה לבו ועינו ממצוותי
11Q19 LXI,12 לוא / תחוס עינכה עליו
נפש בנפש עין בעין שן בשן יד ביד
נפש בנפש עין בעין שן בשן יד ביד
11Q19 LXIII,6 לוא שפכו את הדם הזה ועינינו לוא ראו
11Q25 1,2 (XXIII)] / ולא עינכ֯[ה
PAM 43.675 18,1 (XXXIII)] עיני [
PAM 43.676 4,2 (XXXIII)]ו֯רנו ע֯ין[
PAM 43.688 103,1 (XXXIII)]◦עיני֯ך֯[

En (?) proper noun **עַיִן**

KhQ2 4 (XXXVI)] / [ב]ניו מעין[

En-cubar (?) proper noun **עֵין כּוּבָר**

4Q522 9i+10,6 (XXV)]בא ואת מנו את עין כובר / [ואת

En-sidon proper noun **עֵין צִידוֹן**

5Q9 4,1 (III) א]ת עין צידון [

En-kibbuzoth proper noun **עֵין קִבּוּצוֹת**

4Q522 9i+10,2 (XXV)]ב֯ ואת עין קבו֯צ֯ו֯ת א֯ת צ֯ו֯ר֯ / [ואת

weary adjective **עָיֵף, עָאֵף**

1QH[a] XV,10 [ו]אתה אלי נתת‹נ› לעפים לעצת קודש
1QH[a] XVI,36 לחיות רוח כושלים ולעות לעאף דבר
4Q418 69ii12 (XXXIV)] / ו֯לא עיף בכול {{נ}}שני עולם
4Q433 1,8 (XXIX)]נ֯י בעיף֯[

עַיִן ← עֵץ

city noun **עִיר-1**

CD X,21 אל יתהלך חוץ לעירו
CD XI,5 לרעותה חוץ מעירו
CD XII,1 אל ישכב איש עם אשה בעיר המקדש
CD XII,2 לטמא / את עיר המקדש בנדתם
CD XII,19 סרך מושב ערי ישראל
CD XX,22 אשר יצאו מ֯ע֯י֯ר֯ ה֯קדש
1QpHab III,1 לכות ולבוז את ערי הארץ
1QpHab X,6 הוי / בונה עיר בדמים
1QpHab X,10 התעה רבים / לבנות עיר שוו
1QpHab XII,9 וחמס ארץ המה ערי יהודה
1QM XI,7 והאביד שריד מ֯עיר
1QM XII,13 והגלנה כול ערי יהודה
1QM XIX,5 והגלנה כול ערי יהו[דה
1QH[a] XI,7 וכעיר מבצר מלפנ֯[י אויב
1QH[a] XIV,25 ואהיה / כבא בעיר מצור
1Q22 1ii2 (I) ל[תת] ל֯כ֯ה֯ [ער]ים גדולות / [וטובו]ת
2Q22 I,3 (III) לתפש ערי מבצרים
4Q161 5-6,12 (V) ובכול ערי ה◦[
4Q167 15,2 (V) ויהודה] / ה֯רבה ער֯י֯[ם
4Q169 3-4ii1 (V) הוי עיר הדמים כולה [כחש

Text	Reference	
פשרו היא עיר אפרים דורשי החלקות	4Q169 3-4ii2	(V)
ערים ומשפחות יובדו בעצתם	4Q169 3-4ii9	(V)
]ערי המזרח כי השול[י]ם[	4Q169 3-4ii12	(V)
גם את תבקשי] / מעוז בעיר מאויב	4Q169 3-4iv7	(V)
] / אויביהם בעיר[	4Q169 3-4iv8	(V)
ארור היש אשר יבנה את העיר הזות	4Q175 22	(V)
לב[שי בגדי תפארתך י]רושלים עיר הקודש	4Q176 8-11,2	(V)
]◦הם עד עשרה צדיקים בעיר	4Q177 12-13i5	(V)
]◦כ◦[ ]◦◦תים ירושלים עיר / [	4Q179 1i8	(V)
ובאי מועד אין בם כל ערי / [	4Q179 1i11	(V)
] / [איכה ישבה] בדד העיר[	4Q179 2,4	(V)
]ברחובות עיר תתעלף	4Q184 1,12	(V)
בשם העיר אשר נשבה אל[יה	4Q215 1-3,3	(XXII)
כה ישרף את ארצו ואת] ער[יו	4Q223-224 2ii53	(XIII)
ויקבצו מאכל לעיר ב]ע[יר	4Q223-224 2v25	(XIII)
ואת[ה] / אל עיר המקדש	4Q248 7	(XXXVI)
א]ל ע[ר]י המקלט[	4Q251 3,1	(XXXV)
וגם / העיר הזאת[	4Q252 III,3	(XXII)
] / בבית או בעיר ◦[	4Q264a 2-3,7	(XXXV)
אנשי] / הקוד[ש במחני]הם [ו]עריהם	4Q266 5ii15	(XVIII)
סרך מוש]ב ערי ישראל	4Q266 9ii5	(XVIII)
לרעותה חוץ מעירו	4Q271 5i2	(XVIII)
אל] ישכב איש עם אשה בעיר המקדש	4Q271 5i17	(XVIII)
ונ]ל[כ]וד את כול עריו ב[עת ההיא	4Q364 24a-c,8	(XIII)
ושלל]הערימ אשר לכדנו	4Q364 24a-c,11	(XIII)
קרבת]ה כול יד נחל היבוק ו[ער]י ההר[	4Q364 24a-c,14	(XIII)
ומה הערים אשר הואה יושב בהן	4Q365 32,7	(XIII)
] ואת כל ערי[	4Q372 2,9	(XXVIII)
]העיר א[	4Q372 6,1	(XXVIII)
כי ילכו לעיר לצור עליה	4Q376 1iii2	(XIX)
א[רור הא]יש אשר יב[נ]ה את [העי]ר הזאת	4Q379 22ii8	(XXII)
]◦◦◦◦◦ערים[	4Q382 153,1	(XIII)
הוא חוצה לירושלים]הוא מחנה / ער[י]הם	4Q394 3-7ii18	(X)
]והנה כול עירי נהפכה לסירים[	4Q439 1i+2,5	(XXIX)
]בכלי מלחמתם ובערי עוזם [	4Q460 8,4	(XXXVI)
ואת / ציון עיר קודשכה ובית תפארתכה	4Q504 1-2iv12	(VII)
בע]רי מושב[ותם]	4Q512 7-9,3	(VII)
(ה)ע[יר אשר יצאו[משם	4Q522 2,3	(XXV)
והוציאהו א]ל[ ]זקנ[י]עירו[	4Q524 14,6	(XXV)
]אשר בתוך העיר למ[זרח ?	11Q19 XLIV,2	
לוא יבוא אל כול עיר / המקדש	11Q19 XLV,11	
ולוא יטמאו את העיר אשר אני שוכן	11Q19 XLV,13	
אחר יבוא אל עיר / המקדש	11Q19 XLV,16	
יהיה / מבדיל בין מקדש הקודש לעיר	11Q19 XLVI,10	
ועשיתה להמה מקום יד חוץ מן העיר	11Q19 XLVI,13	
יוצאים שמה / לחוץ לצפון המערב לעיר	11Q19 XLVI,14	
לכול רחוק / מן העיר שלושת אלפים אמה	11Q19 XLVI,16	
ועשיתה / שלושה מקומות למזרח העיר	11Q19 XLVI,17	
[והיו]עריהמה טהורות	11Q19 XLVII,3	
והעיר / אשר אקדיש לשכין שמי		
בהמה טהורה אשר יזבחו / בתוך עריהמה	11Q19 XLVII,8	
כי בעריהמה יהיו עושים / בהמה מלאכתמה		
ואל עיר מקדשי לוא יביאו	11Q19 XLVII,9	
ולוא תטמאו את העיר אשר / אנוכי משכן	11Q19 XLVII,10	
וכול / אוכלמה לעיר מקדשי	11Q19 XLVII,13	
ולוא תטהרו עיר / מתוך עריכמה	11Q19 XLVII,14	
ולוא תטהרו עיר / מתוך עריכמה	11Q19 XLVII,15	
עיר / מתוך עריכמה לעירי		
ואם בעריכמה תזבחוהו	11Q19 XLVII,16	
וטהר / לעריכמה	11Q19 XLVII,17	
ולוא תטמאו / את מקדשי ועירי בעורות	11Q19 XLVII,18	
בין ארבע / ערים תתנו מקום לקבור בהמה	11Q19 XLVIII,14	
ובכול עיר ועיר תעשו מקומות למנוגעים		
ובכול עיר ועיר תעשו מקומות למנוגעים		
ובנתק אשר לוא יבואו לעריכמה וטמאום	11Q19 XLVIII,15	
] / את עריכמה בנגע הצרעת וטמאו	11Q19 XLIX,4	
ואדם כי ימות בעריכמה	11Q19 XLIX,5	
לוא תואכל בשר שור ושה ועז בתוך עירי	11Q19 LII,19	
וידיחו את כול [י]ושבי / עירמה	11Q19 LV,4	
הכה תכה את כול יושבי / העיר ההיא	11Q19 LV,7	
ושרפתה באש את העיר	11Q19 LV,9	
ושרי עשרות בכול עריהמה	11Q19 LVII,5	
ועל שרי המאות הנתונים בערי / ישראל	11Q19 LVIII,4	
ושתי הידות יהיו שומרים / את עריהמה	11Q19 LVIII,9	
ומחצית העם לוא יכרתו מעריהמה	11Q19 LVIII,11	
לאחיהמה / אשר הניחו בעריהמה	11Q19 LVIII,15	
ובכול זה יהיו עריהמה לשומה	11Q19 LIX,4	
כי / תקרב אל עיר להלחם עליה	11Q19 LXII,6	
וכול אשר יהיה בעיר	11Q19 LXII,10	
כן תעשה / לערים הרחוקות ממכה	11Q19 LXII,12	
אשר לוא מערי הגואים האלה / המה		
רק מערי העמים אשר אנוכי נותן לכה	11Q19 LXII,13	
והורידו זקני]העיר ההיא	11Q19 LXIII,1	
וכול זקני העיר ההיא	11Q19 LXIII,4	
והוציאוהו אל / זקני עירו	11Q19 LXIV,4	
ואמרו אל זקני עירו בננו זה סורר / ומורר		
ורגמוהו כול אנשי עירו באבנים	11Q19 LXIV,5	
ופרשו השלמה לפני זקני העיר ההיא	11Q19 LXV,13	
ולקחו זקני העיר / ההיא את האיש ההוא		
[והוציאו את שניהמה אל שער] העיר ההיא	11Q19 LXVI,1	
על דבר אשר לוא זעק[ה] / בעיר	11Q19 LXVI,3	
וסתר / מהעיר והחזיק בה	11Q19 LXVI,5	
] / עריה[מה טהורות	11Q20 XIII,10	(XXIII)
] / לבוא אל עירי [	11Q21 3,2	(XXIII)
] / עיר [	PAM 43.674 16,1	(XXXIII)

watcher noun **עִיר**

Text	Reference	
נפלו עידי השמים בה נאחזו	CD II,18	
] וגם על העירים ויכתוב את כול / [	4Q227 2,4	(XIII)
נפלו] / עירי ה[שמים בה נאחזו	4Q266 2ii18	(XVIII)

Esau proper noun **עֵישָׂאו, עֵשָׂו, עֵישָׂיו, עֵשָׂיו**

Text	Reference	
השבע את עשו אשר ל[וא] / [תענה את יעקב	1Q18 1-2,2	(I)
י[וד]ע אתה את יצר עשו אשר הו[א] / [רע	1Q18 1-2,3	(I)
אל לבן בורח מלפני עישיו אחיהו	4Q215 1-3,7	(XXII)
לעשות כאשר] / [עשה]אחי עשו	4Q222 1,2	(XIII)
השבע את עי]שאו אשר לו[א] ירע את יעקוב	4Q223-224 2i48	(XIII)
[אהבתי בראשונה את]עישאו הרבה[מיעקוב	4Q223-224 2ii4	(XIII)
וגבור / [ונכבד מהולל משומר עיש]או	4Q223-224 2ii12	(XIII)
כ]ן כול שומרי עישאו		(XIII)
וילך] לוא עישאו לארץ[הר]שעיר	4Q223-224 2iii12	(XIII)
והכה את]עישאו / [אחיהו אל שדו	4Q223-224 2iv18	(XIII)
תמנע היתה פילגש לאליפז בן עשיו	4Q252 IV,1	(XXII)
וירא עישאו כי [ברך ישחק את יעקוב	4Q364 3ii7	(XIII)
י]עקוב לע[שו	4Q464 7,5	(XIX)

עֵישָׂיו ← עֵישָׂאו

Aiath proper noun **עַיָּת**

Text	Reference	
]בא אל עיתה עבר [במגרון]	4Q161 5-6,5	(V)

spider noun **עַכָּבִישׁ**
CD V,14 קורי / **עכביש** קוריהם

mouse noun **עַכְבָּר**
4Q**372** 9,4 (XXVIII)]◦ מכל חולד **ע]כבר**
11Q**19** L,20 החולד ו**העכבר** והצב למינו

Acco proper noun **עַכּוֹ**
4Q**161** 5-6,11 (V) חר]דה בעלותו מבקעת **עכו** ללחם בי◦[

Achon proper noun **עכון**
3Q**15** IV,6 (III) בין שני הבינין שבעמק **עכון**

Achor proper noun **עָכוֹר**
3Q**15** I,1 (III) בחריבה שבעמק **עכור** תחת / המעלות
4Q**522** 3,3 (XXV) צפ]ון מעמק **עכור**[

to consume verb **עכל**
4Q**512** 65,1 (VII)] / **יתעכ[ל**]◦ע◦[

to rattle verb **עכס**
11Q**5** XXII,5 (IV) וברחובות תפארתך **יעכסו**

to trouble verb **עכר**
4Q**285** 4,8 (XXXVI) ו]עמוד עליהם **ונעכרו** עליהם[
4Q**477** 2ii6 (XXXVI)] / [**להע]כיר** את רוח היח[ד

now adverb **עַכְשָׁו**
4Q**225** 2ii7 (XIII)] / שמחים ואומרים **עכשו** יאבד

upon, over, above, against preposition **עַל-2, עֲלֵי**
CD I,13 היא העת אשר היה כתוב **עליה**
CD I,20 ויגודו **על** נפש צדיק
CD II,6 כל מלאכי חבל **על** סררי דרך
CD III,5 הלכו בשרירות לבם להיעץ **על** / מצות אל
CD IV,2 בתעות בני ישראל / **מעליהם**
CD IV,10 לכפר / **על** עונותיהם
CD IV,11 כי אם לעמוד איש **על** / מצודו
CD IV,14 פחד ופחת ופח **עליך** יושב הארץ
CD IV,15 אשר אמר **עליהם** לוי בן יעקב
CD V,1 **ועל** הנשיא כתוב / לא ירבה לו נשים
CD V,12 פתחו פה **על** חוקי ברית אל
CD V,21 כי דברו סרה **על** מצות אל ביד משה
CD VII,5 בתמים קדש **על** פי כל יסורו ברית אל
CD VII,7 והתהלכו **על** פי התורה
CD VII,10 להשיב גמול רשעים / **עליהם**
CD VII,11 יבוא **עליך** ועל עמך ועל עמך אביך
יבוא עליך **ועל** עמך ועל בית אביך
יבוא עליך ועל עמך **ועל** בית אביך
CD VII,12 מיום סור אפרים **מעל** יהודה
CD VII,13 שר אפרים **מעל** יהודה
CD VIII,3 אשר תשפוך **עליהם** העברה
CD VIII,9 אמר אל **עליהם** חמת תנינים יינם
CD IX,3 אשר יביא **על** רעהו דבר
CD IX,8 ולא תשא **עליו** חטא
על השבועה אשר / אמר לא תושיעך ידך
CD IX,9 איש אשר ישביע **על** פני השדה
CD IX,20 והם מעידים **על** / דבר אחר
CD IX,22 **ועל** ההון יקבלו שני / עידים נאמנים
CD IX,23 **ועל** אחד להבדיל הטהרה
CD X,1 להמית **על** פיהו
CD X,2 לעבור / **על** הפקודים ירא את אל
אל יאמן איש **על** רעהו / לעד
CD X,10 **על** הטהר במים
CD X,14 **על** הש[ב]ת לשמרה כמשפטה
CD X,18 אל ישפוכו **על** הון ובצע
CD X,21 אל יתהלך חוץ לעירו {{א}} **על** אלף באמה
CD XI,1 וירד לרחוץ ישתה **על** עומדו
CD XI,3 אל יקח איש **עליו** בגדים צואים
CD XI,10 אל ישא איש / **עליו** סמנים
CD XI,15 אל יחל איש את השבת **על** הון ובצע בשבת
CD XII,4 לא יומת כי **על** בני האדם / משמרו
CD XII,19 **על** המשפטים האלה להבדיל בין הטמא לטהור
CD XIII,2 **על** / פיהו ישקו כולם
CD XIII,4 לצאת ולבוא **על** פיהו כל באי המחנה
CD XIII,9 וירחם **עליהם** כאב לבניו
CD XIV,1 לא באו מיום סור אפרים **מעל** יהודה
CD XIV,10 **על** פיהו יבאו באי העדה
CD XIV,13 ונתנו **על** יד המבקר
CD XV,6 אשר יגיעו / לעבור **על** הפקודים
בשבועת הברית יקימו **עליהם**
CD XV,12 וכאשר יקים אותו **עליו** לשוב אל תורת משה
CD XV,14 וצוה **עליו** ויל[מ]ד / עד שנה תמימה
CD XVI,1 **על** כן יקום האיש על נפשך
יקום האיש **על** נפשך לשוב אל / תורת משה
CD XVI,3 הנה הוא מדוקדק **על** ספר מחלקות העתים
CD XVI,4 וביום אשר יקום האיש **על** נפשו
CD XVI,6 **על** כן נימול {{ב}} אברהם ביום דעתו
CD XVI,7 כל שבועת אסר אשר יקום איש **על** נפשו
CD XVI,9 כל אשר / [יק]ום איש **על** נפשו
CD XVI,10 **[ע]ל** שבועת האשה אשר אמ[ר לאיש]ה
CD XVI,13 **על** משפט הנדבות אל ידור איש למזבח
CD XIX,4 ויתהלכו **על** פי התורה
CD XIX,6 ובחקים להשיב גמול רשעים **עליהם**
CD XIX,7 חרב עורי **על** / רועי ועל גבר עמיתי
CD XIX,8 חרב עורי על / רועי **ועל** גבר עמיתי
CD XIX,9 והשיבותי ידי **על** הצוערים
CD XIX,12 להתות התיו **על** מצחות נאנחים ונאנקים
CD XIX,16 כמשיגי / גבול **עליהם** אשפך כמים עברה
CD XIX,22 אשר / אמר אל **עליהם** חמת תנינים יינם
CD XIX,24 הבא **עליהם** לנקם נקמה
CD XIX,30 אשר העידו **על** העם אחרי אל
CD XX,9 אשר שמו גלולים **על** לבם
CD XX,11 כי דברו תועה **על** חקי הצדק
CD XX,23 וישענו **על** אל בקץ מעל ישראל
CD XX,28 לצאת / ולבוא **על** פי התורה
CD XX,30 ולא ירימו יד **על** חקי קדשו
CD XX,34 ויתגברו / **על** כל בני תבל
1QS I,22 ומשמיעים כול חסדי רחמים **על** ישראל
1QS II,1 ורחמי חסדו גמל **עלינו** מעולם ועד עולם
1QS III,11 ואין / לצעוד **על** אחד מכול דבריו
1QS III,25 **ועליהון** יסד כול מעשה
1QS III,26 **ועל** דרכיהן [כו]ל [ ]◦ודה
1QS IV,5 ורוב חסדים **על** כול בני אמ
1QS IV,18 וקנאת / ריב **על** כול משפטיהן
1QS IV,21 ויז **עליו** רוח אמת כמי נדה
1QS V,2 ומשובים **על** פי בני צדוק הכוהנים
ועל פי רוב אנשי / היחד
1QS V,3 **על** פיהם יצא תכון הגורל
1QS V,6 והנלוים **עליהם** ליחד

Reference		Text
1QS V,7		ואלה תכון דרכיהם על כול החוקים האלה
1QS V,8		ויקם על נפשו בשבועת אסר
1QS V,10		ואשר יקים בברית על נפשו
1QS V,16		לוא ישיב איש מאנשי / היחד על פיהם
1QS V,18		ולוא ישען איש הקודש על כול מעשי / הבל
1QS V,21		ומעשיו בתורה על פי בני אהרון
1QS V,22		אשר צוה לעשות ועל פי ר{{ו֯}}ב ישראל
1QS VI,1		ולוא / ישא עליו עוון
		וגמ אל יביא איש על רעהו דבר לפני הרבים
1QS VI,7		{על יפות} ‹חליפות› איש לרעהו
1QS VI,12		וכיא האיש / המבקר על הרבים
1QS VI,13		ועמד האיש על רגלוהי
1QS VI,14		להוסיפ על עצת היחד
1QS VI,16		ונשאלו / הכול על דבריו
		וכאשר יצא הגורל על עצת הרבים
1QS VI,18		ישאלו הרבים על דבריו לפי שכלו
1QS VI,19		לקרוב לסוד היחד על פי הכוהנים
1QS VI,20		אל יד האיש / המבקר על מלאכת הרבים
		ועל הרבים לוא יוציאנו
1QS VI,21		השנה השנית יפקודהו על פי הרבים
1QS VI,24		ישפטו בם במדרש יחד על פי הדברים
1QS VI,27		יזכיר דבר בשם הנכבד על כול ה◦[
1QS VII,2		ולוא ישוב עוד על עצת היחד
1QS VII,3		ומובדל על נפשו מן טהרת רבים
1QS VII,11		וחנם עד שלוש פעמים על מושב אחד
1QS VII,17		והאיש אשר ילון על יסוד היחד ישלחהו
		ואמ על רעהו ילון / אשר לוא במשפט
1QS VII,21		שנתים ימים ישאלו הרבים על דבריו
1QS VII,22		בעצת היחד {{◦◦◦◦◦◦}} על מלואת עשר שנים
1QS VIII,19		וקרבהו / בעצה על פי הרבים
1QS VIII,25		ולוא ישאל על כול עצה שנתים ימים
1QS VIII,26		ובעצה [ע]ל֯ [פ]י֯ [ה]ר֯ב֯ים
1QS IX,1		כיא על {{◦◦}} שגגה אחת יענש שנתים
1QS IX,2		לתמים דרכו ועצתו על פי הרבים
1QS IX,4		לכפר על אשמת פשע ומעל חטאת ולרצון
1QS IX,7		ועל פיהם יצא
1QS IX,14		להחזיק על פי / רצונו כאשר צוה
1QS X,1		ובהאספו על מעון חוקו
1QS X,2		כיא יפתח אוצרו וישתהו עלת
1QS X,16		ועל חסדיו אשען כול היום
1QS X,21		ולוא ארחם / על כול סוררי דרכ
1QS XI,18		ואין אחר זולתכה להשיב על עצתכה
1QSa I,2	(I)	להתה]לך / על פי משפט בני צדוק
1QSa I,11	(I)	ובכן תקבל להעיד עליו משפטות התורא
1QSa I,20	(I)	אל יבוא בגורל להתיצב על עדת ישראל
1QSa I,23	(I)	יעמודו איש במעמדו / על פי בני אהרון
	(I)	איש בסרכו על יד ראשי / [א]ב֯ות העדה
1QSa I,24	(I)	כול צבאותם על פי בני צדוק הכוהנים
1QSb II,28	(I)	] על כול צא֯צ֯[איכה
1QSb IV,21	(I)	סב]י֯ב לו על פנ֯[יהם
1QSb V,6	(I)	] / ב֯יחד עליכה֯ [
1QSb V,29	(I)	ופרשו [ק]ליכה֯ על / [
1QpHab I,3		הבא]ות עליהם / [אזעק אליכה חמס
1QpHab I,4		פשרו אשר יז]ע֯קו על / [
1QpHab I,10		]על כן תפוג תורה
1QpHab I,14		ע]ל֯ כן יצא המשפט / [מעוקל
1QpHab II,3		ועל הבוג[דים בברית] החדשה
1QpHab II,7		בשומעם את כול הבא֯[ות ע]ל֯ הדור האחרון
1QpHab II,10		ספר אל את / כול הבאות על עמו וע֯[ל
		ספר אל את / כול הבאות על עמו וע֯[ל
1QpHab II,12		פשרו על הכתיאים א[שר המ]ה֯ קלים
1QpHab II,16		] / ע֯ל[
1QpHab III,4		פשרו על הכתיאים אשר פחדם
1QpHab III,4		ו֯א֯מ֯ת֯ם֯ על כול / ה֯גואים֯
1QpHab III,9		פ֯[שר]ו֯ על הכתיאים אשר / ידושו את הארץ
1QpHab IV,2		פשרו אשר / ילעיגו על רבים
		ובזו על נכבדים במלכים
1QpHab IV,5		פשרו על מושלי הכתיאים
		אשר יבזו על / מבצרי העמים
1QpHab IV,6		ובלעג ישח{{ו}}קו עליהם
1QpHab IV,10		פשרו֯[ע]ל מו֯שלי הכתיאים
1QpHab V,9		פשרו על בית אבשלום / ואנשי עצתם
1QpHab V,11		ולוא עזרוהו על איש הכזב
1QpHab V,14		על כן ישמח / [ויגי]ל֯[
1QpHab VI,2		ואשר אמר על כן יזבח לחרמו
1QpHab VI,7		ואת / מסם מאכלם על כול העמים
1QpHab VI,8		על כן יריק חרבו תמיד
1QpHab VI,10		פשרו על הכתיאים אשר יאבדו רבים
1QpHab VI,11		ועל פרי / בטן לוא ירחמו
1QpHab VI,12		על משמרתי אעמודה
1QpHab VI,13		ואתיצבה על מצורי
1QpHab VI,14		ומה[ישיב ע]ל ת{{ו֯}}כחתי
1QpHab VI,15		[ויומר כתוב חזון ובא]ר֯ על הלוחות
1QpHab VII,1		הבאות על / {{על}} הדור האחרון
1QpHab VII,2		הבאות על / {{על}} הדור האחרון
1QpHab VII,4		פשרו על מורה הצדק
1QpHab VII,7		ויתר על כול / אשר דברו הנביאים
1QpHab VII,10		פשרו על אנשי האמת / עושי התורה
1QpHab VII,12		בהמשך עליהם הקץ האחרון
1QpHab VII,15		פשרו אשר יכפלו עליה֯ם֯ / [
1QpHab VIII,1		פשרו על כול עושי התורה בבית יהודה
1QpHab VIII,6		הלוא כולם משל עליו ישאו
1QpHab VIII,7		ולוא לו עד מתי יכביד עלו / עבטט
1QpHab VIII,8		פשרו על הכוהן הרשע
1QpHab VIII,9		אשר / נקרא על שם האמת בתחלת עומדו
1QpHab VIII,12		והון עמים לקח לוסיף עליו עון אשמה
1QpHab VIII,16		פ֯[שר הדבר]ע֯ל הכוהן אשר מרד
1QpHab IX,4		פשרו על כוהני ירושלם / האחרונים
1QpHab IX,9		פשרו על הכוהן ה֯[ר]שע
1QpHab IX,12		בעבור [א]שר הרשיע / על בחירו
1QpHab IX,16		[פשר הדב]ר֯ על הכ֯[והן] אשר ◦[
1QpHab X,9		פשר הדבר על מטיף הכזב
1QpHab X,15		לדעת את כבוד יהוה כמים / יכסו על הי֯ם֯[
1QpHab XI,4		פשרו על הכוהן הרשע
1QpHab XI,10		והרעל / תסוב עליכה כוס ימין יהוה
1QpHab XI,11		וקיקלון / על כבודכה
1QpHab XI,12		פשרו על הכוהן אשר גבר קלונו מכבודו
1QpHab XII,2		פשר הדבר על הכוהן הרשע
1QpHab XII,3		גמולו אשר גמל על אביונים
1QpHab XII,11		כיא בטח יצר יצריו עליהו
1QpHab XII,12		פשר הדבר על כול / פסלי הגוים
1QpHab XIII,1		פשרו על כול הגוים / אשר עבדו את האבן
1QM II,5		אלה יתיצבו על העולות
		ועל הזבחים לערוך מקטרת ניחוח
1QM II,13		תחלק המלחמה על כול בני חם
1QM II,14		תחלק המלחמה על כו֯ל֯[בני יפ]ת֯
1QM II,17		]ועשרות על ה֯[
1QM III,2		על חצוצרות מקרא העדה
1QM III,3		ועל חצוצרות מקרא ה{{ס}}שרים
		ועל חצוצרות המסורות

]אל **על** כול הג[וים	1QM XV,13
]◦ט **על** כול בשר	
] אל ישראל קרא חרב **על** כול הגואים	1QM XVI,1
ה]הואה **על** עומדם נגד מחני כתיים	1QM XVI,3
עד התיצבם איש **על** מעמדו	1QM XVI,5
עד התיצ[בם אי]ש **על** מעמד[ו]	1QM XVII,11
]ובה[נ]שא יד אל הגדולה **על** בליעל	1QM XVIII,1
ועל כול ◦[ ]ל ממשלתו במגפת עולמים	
]◦ משאת יד אל ישראל **על** כול המון בליעל	1QM XVIII,3
ונחלקו **על** כול מ[	1QM XVIII,4
ע]**ל**[ח]ללי כתי[ים	1QM XIX,13
וסליחות **על** פשעי ראשונים	1QH[a] IV,18
ולה[תפל]ל ולהתחנן **על** / [	
חזק מ◦[ ]ד **על** רוחות / [רשעה	1QH[a] IV,23
כי]הניפותה רוח קודש[ך] **על** עבדך [	1QH[a] IV,26
] ולהתאפק **על** עלילות רשע	1QH[a] VI,9
ולפי / קורבי קנאתי **על** כול פועלי רשע	1QH[a] VI,14
ובשבועה הקימותי **על** נפשי לבלתי חטוא	1QH[a] VI,17
] רקיע **על** כנפי רוח ויפ◦[	1QH[a] VI,30
ואחזקה **על** רבים מ◦◦[	1QH[a] VII,11
ולהגדיל **עליו** / בהמון רחמיך	1QH[a] VII,15
ע]**ל** פשעי ולבקש רוח[	1QH[a] VIII,15
] / ונחם **על** [	1QH[a] VIII,26
ואני **על** דבריך קר◦◦[	1QH[a] VIII,28
ועל פי רצ[ונכה נ]היה כול	1QH[a] IX,20
ומה יוכיח **על** עוונותיו	1QH[a] IX,25
ומה ישיב עול **על** משפט הצדק לכה	1QH[a] IX,26
ותשם דברים **על** קו	1QH[a] IX,28
ואהיה **על** עון רשעים / דבה בשפת עריצים	1QH[a] X,10
ועלי קהלת רשעים תתרגש	1QH[a] X,12
[וכול]אנשי רמיה **עלי** יהמו	1QH[a] X,16
והמה מאתכה גרו / **על** נפשי	1QH[a] X,24
ואני אמרתי חנו **עלי** גבורים	1QH[a] X,25
אודכה אדוני כיא עינכה עמ[דה] **על** נפשי	1QH[a] X,31
חשבו להתם דמו / לשפוך **על** עבודתכה	1QH[a] X,33
וחבל נמרץ **על** משבריה להחיל בכור הריה	1QH[a] XI,8
וירועו / אושי קיר כאוניה **על** פני מים	1QH[a] XI,13
ברתוח תהומות **על** נבוכי מים	1QH[a] XI,15
ומכמרת חלכאים **על** פני מים	1QH[a] XI,26
ויפרו לאין תקוה בנפול קו **על** משפט	1QH[a] XI,27
וגורל אף / **על** נעזבים	1QH[a] XI,28
ומתך חמה **על** נעלמים	
וילכו נחלי בליעל **על** כול אגפי רום	1QH[a] XI,29
וארץ / תצרח **על** ההווה הנהיה בתבל	1QH[a] XI,33
ויתהוללו כול אשר **עליה**	
ותקם] **על** סלע רגלי ◦◦◦◦ פעמי◦[	1QH[a] XII,3
זממו **עלי** בליעל להמיר תורתכה	1QH[a] XII,10
ואקומה **על** מנאצי	1QH[a] XII,22
וידי **על** כול בוזי	
ותתן מוראם **על** עמכה	1QH[a] XII,26
ורוב רחמיו **על** כול בני / רצונו	1QH[a] XII,32
בקום רשעים **על** בריתך	1QH[a] XII,34
וחלכאים **על** דברכה	1QH[a] XII,35
] / **על** פי רצונכה	1QH[a] XIII,4
פורשי מכמרת **על** פני מים	1QH[a] XIII,8
וירבו ולא / פצו **עלי** פיהם	1QH[a] XIII,11
וימהרו **עלי** רשעי עמים במצוקותם	1QH[a] XIII,17
ואני הייתי **על** ע[	1QH[a] XIII,22
ג[ם או]כלי לחמי / **עלי** הגדילו עקב	1QH[a] XIII,24
ויליזו **עלי** בשפת עול כול נצמדי סודי	

ועל חצוצרות אנשי / השם	1QM III,3
ועל חצוצרות המחנות	1QM III,4
ועל חצוצרות מסעיהם	1QM III,5
ועל חצוצרות סדרי המלחמה	1QM III,6
ועל חצוצרות מקרא אנשי הבנים	1QM III,7
ועל חצוצרות החללים	1QM III,8
ועל חצוצרות המארב	
ועל חצוצרות המרדף	1QM III,9
יכתובו **על** חצוצרות המשוב אסף אל	1QM III,10
ועל חצוצרות דרך המשוב / ממלחמת האויב	
על האות הגדולה אשר בראש כול העם	1QM III,13
על אותות ראשי המחנות	1QM III,14
ע]**ל** אות השבט יכתובו נס אל	1QM III,15
ועל אות[	1QM III,17
] / **ועל** אות מררי יכתובו תרומת אל	1QM IV,1
ועל אות הא[ל]ף יכתובו אף אל	
אף אל בעברה **על** / בליעל	
ועל אות המאה יכתובו מאת / אל	1QM IV,2
ועל אות החמשים יכתובו חדל / מעמד	1QM IV,3
על אות העשרה יכתובו רנות / אל	1QM IV,4
וב{{ב}}לכתם למלחמה יכתובו **על** אותותם	1QM IV,6
ובגשתם למלחמה יכתובו **על** אותותם	1QM IV,7
ובשובם מן המלחמה יכתובו **על** אותותם	1QM IV,8
בצאתם למלחמה יכתבו **על** אות הראישונה	1QM IV,9
על אות השנית מחני אל	
על השלישית / שבטי אל	
על הרביעית משפחות אל	1QM IV,10
על החמישית דגלי אל	
על הששית קהל אל	
על השביעית קריאי / אל	
על השמינית צבאות אל	1QM IV,11
ובגשתם למלחמה יכתובו **על** אותותם	
ואת כול פרוש / שמותם יכתובו **עליהם**	1QM IV,13
ובשובם מן המלחמה יכתובו **על** אותותם	
ועל מ[ ]◦ נשיא כול העדה יכתבו שמו[	1QM V,1
להשלים מערכת פנים **על** אלף איש	1QM V,3
ועל לוהב הזרק יכתובו ברקת חנית	1QM VI,2
ועל השלט השני יכתובו / זיקי דם	
ועל הזרק השלישי יכתובו שלהובת חרב	1QM VI,3
ויהיו הפרשים **על** רכב אנשי הסרך	1QM VI,11
והרוכבים **עליהם** אנשי חיל למלחמה	1QM VI,13
מהלך **על** פני כול אנשי המערכה	1QM VII,12
מ]לחמה **על** חמשים מגן	1QM VII,15
המערכה / הראישונה להתיצב **על** מעמדם	1QM VIII,3
]◦ו **על** מעמדם במערכת / [	1QM VIII,17
ונחל[קו] **על** כול האויב לרדף כלה	1QM IX,6
והרכב / משיבים **על** ידי המלחמה	1QM IX,7
דגלי המלחמה לערוך המעמד **על** ר◦[	1QM IX,10
ועל דרוך מעט וראשים יוצאים	1QM IX,11
ועל כול מגני המגדלות	1QM IX,14
יכתובו **על** הראישון מיכ[א]ל [	1QM IX,15
על שלישי]שריאל **על** הרביעי רפאל	
אתמה קרבים היום למלחמה **על** אויביכמה	1QM X,3
כיא תבוא מלחמה / בארצכמה **על** הצר	1QM X,7
ורגלכה **על** במותי חלל	1QM XII,11
]ם **על** השמים אדוני[	1QM XII,18
וברכו **על** עומדם את אל ישראל	1QM XIII,1
ואחר העלותם מ**על** החללים לבוא המחנה	1QM XIV,2
]דת מלחמה {{על}} בכול הגויים	1QM XV,1
הכוהן החרוץ למועד נקם **על** פי / כול אחיו	1QM XV,6

Reference	Vol.	Text
1QH^{a} XIII,31		ויהם **עלי** לבי
1QH^{a} XIII,35		ויגון / יסובבוני ובושת **על** פנים
1QH^{a} XIV,7		ואנחמה **על** המון עם
1QH^{a} XIV,7		**ועל** שאון מֿמֿלכות בהאספם
1QH^{a} XIV,15		ויצל צל **על** כול תֿבֿ[ל
1QH^{a} XIV,17		וֿ◦◦◦ יֿזֿרוֿ[ ]**על** תבל לאין אפס
1QH^{a} XIV,23		וֿכול משבריהם **עלי**
1QH^{a} XIV,24		ואין / נתיבת לישר דרך **על** פני מים
1QH^{a} XIV,26		כי אתה / תשים סוד **על** סלע
		וכפיס **על** קו משפט
1QH^{a} XV,4		ותכמי **עלי** כאוניה בזעף / חרישית
1QH^{a} XV,8		ותכן **על** סלע / מבניתי
1QH^{a} XV,22		ותרם קרני **על** כול מנאצי
1QH^{a} XV,23		כמוץ לפני רוח וממשלתֿי **על** ב◦◦ ◦[
1QH^{a} XV,29		ואין / להשיב **על** תוכחתכה כול ‸צבי‸ רוח
1QH^{a} XVI,9		וירמו **עליו** כול ע[צי] מים
1QH^{a} XVI,15		כי גרשו **עלי** רפשם
1QH^{a} XVI,17		ויהיו לנחל שוטף **עֿ**[ל
1QH^{a} XVI,21		]ם לפנות **על** קו נכון
1QH^{a} XVI,22		ומטע / עציהם **על** משקלת השמש
1QH^{a} XVI,28		יה]מה **עלי** כיורדי שאול
1QH^{a} XVI,31		ויתעופפו **עֿלֿיֿ** משברים
1QH^{a} XVI,32		ונפשי **עלי** תשתוחח לכלה
1QH^{a} XVII,4		] / משברי מות ושאול **על** יצועי
1QH^{a} XVII,13		ואנחמה **על** פשע ראשון
1QH^{a} XVII,21		]תגבר צרי **עלי** למכשול ל◦[
1QH^{a} XVII,30		ומבטן]אמי גמלתה **עלי**
1QH^{a} XVII,35		אבי לא ידעני ואמי **עליכה** עזבתני
1QH^{a} XVII,36		ותגל / **עליהם** כמרחמת על עולה
		ותגל / עליהם כמרחמת **על** עולה
1QH^{a} XVIII,23		ולא נתתה / משעני **על** בצע ובהוֿ[ן
1QH^{a} XVIII,24		חיל גבורים **על** רוב עד◦◦[
1QH^{a} XVIII,25		עץ ר]ענן **על** פלגי מים לשת עלה
1QH^{a} XX,24		]בֿ ממֿכֿה / לוא לעבור **על** דברכה
1QH^{a} XX,31		ואין להשיב / **על** תוכחתכה
1QH^{a} XX,32		ומה אדבר **על** זות
1QH^{a} XXIII,11		ובלשונו / חקקתה **על** קו [
1QH^{a} XXIV,12		ואתה / אדם **על** ◦[
1QH^{a} 2i8		‸ו‸**על** הבנים תבחנני / [
1QH^{a} 2i9		**ועל** עפר הניפותה רוח / [קודשכה
1QH^{a} 2ii19		] / **על** [
1QH^{a} 3,4		]ופעמי **על** מטוני פחיה
1QH^{a} 4,5		]וֿרֿת יצפו **ועל** משמרתםֿ[
1QH^{a} 4,13		]להשען **על** טובכה
1QH^{a} 4,14		] ולבבי כדונג ימס **על** פשע וחֿטֿאֿהֿ / [
1QH^{a} 4,20		] **על** ◦[
1QH^{a} 5,12		] / וביושבי האדמה **על** האדמה
1QH^{a} 16,3		ר]חמיו **על** אביונ[ים
1QH^{a} 48,4		]רש **על** ידי גבורתֿ[
1Q**14** 8-10,4	(I)	]פשרו **על** מטֿיף הֿכזב
1Q**14** 8-10,6	(I)	פשרו **ע**]**לֿ** מוֿרֿי הצדֿק
1Q**14** 8-10,7	(I)	ולכ[ו]ל המתנדֿבים לוסף **על** בחירֿי / [אל
1Q**14** 17-19,5	(I)	פשרו] **עלֿ** הדור ה[א]חרוֿ[ן
1Q**16** 9-10,1	(I)	פשרו **על** כול מלֿ[כי כתיאים
1Q**18** 1-2,1	(I)	ע]מי **על** מותך 〚 〛[
1Q**19** 1,3	(I)	כי השחית כול בשר א]ת דרכו **עֿל** הארץֿ[
1Q**22** 1i1	(I)	[ויקרא] **על** מוֿשהֿ [אלוהי]םֿ
1Q**22** 1i10	(I)	והיהֿ [א]שר יבואו **עֿ**[**לי**]הם כול הקלל[ות]
1Q**22** 1ii10	(I)	להמטר **עֿ**[**ליכֿ**]ם מטר
1Q**22** 1iv8	(I)	] **על** ספר [
1Q**25** 1,7	(I)	] / בוז **על** נדיבים [
1Q**25** 12,3	(I)	] נלוו **עלי**[הם
1Q**26** 2,3	(I)	]◦ ארץ **ועל** פיהו [
1Q**27** 1i4	(I)	ולוא / ידעו מה אשר יבוא **עליהמה**
1Q**27** 6,2	(I)	]שיֿהֿמֿהֿ [י]כפר **על** שגג◦◦◦◦ל [
1Q**29** 5-7,1	(I)	ה]דֿברים האלה **על** פי כול ◦[
1Q**30** 1,5	(I)	]ויותר **על** ארבעת ◦[
1Q**34**bis 2+1,3	(I)	]כֿרביבים **עלֿי** [דשא
1Q**58** 2,1	(I)	] **על** 〚 〛[
2Q**22** II,2	(III)	] / כי רחמיו **על** ישרא[ל
2Q**23** 1,2	(III)	]והוי **עליכה** והוי[על
2Q**33** 2,1	(III)	]**על** נינו[ה
2Q**33** 2,2	(III)	]**ועל** ◦◦[
3Q**4** 3	(III)	] / [י]שע[יה]נבא **ע**[**ל** יהודה וירושלם
3Q**5** 1,2	(III)	כיא מכה **על** מכה ומהו[מה על מהומה]
3Q**5** 1,3	(III)	[וצרה] **על** צרה ושמועה רעה על שמועהֿ[
	(III)	[וצרה] על צרה ושמועה רעה **על** שמועהֿ[
3Q**6** 1,2	(III)	] ושירם יערב **על**[יכה
3Q**7** 2,2	(III)	] / **עליוֿ**[
3Q**10** 1,2	(III)	**ע**]**ל** פני כו[ל
3Q**15** V,8	(III)	מ**על** החריץ של שלומ / ו
3Q**15** VII,14	(III)	**על** פי יציאת המים של הכוז / בא
3Q**15** VIII,5	(III)	בגי החיצונא בתך חרֿהֿ / **על** האבן
3Q**15** XI,17	(III)	]בית המשכב המערבי / טיֿף **על** מֿ[
3Q**15** XII,11	(III)	וקברין **על** פיה משנא הכתב הזא
4Q**88** VIII,8	(XVI)	באף תשבוחתך ציון מ**על** כל / תֿבל
4Q**88** VIII,13	(XVI)	קחיֿ חֿזוֿןֿ [נ]אֿמֿר **עֿליכי**
4Q**158** 1-2,13	(V)	] / **על** שתי כפות הירך עד הֿ[יום
4Q**158** 4,4	(V)	] / ויעל את העולהֿ **על** המזב[ח
4Q**158** 4,5	(V)	וֿחצ[י ה]דם זרק **על** הֿ[מזבח
4Q**158** 7-8,7	(V)	] / **עליו** את עולותיכ‸מ‸ה ואת שלמיכ‸מ‸ה
4Q**158** 7-8,9	(V)	] / **עֿליו** 〚 〛
4Q**158** 10-12,5	(V)	אם זרחה השמש **עליו** דמים[
4Q**159** 1ii6	(V)	] / [**ע**]**ל**[
4Q**159** 1ii16	(V)	**ע**]**ל** העם ועל בֿ[ג]די[הם
	(V)	ע]ל העם **ועל** בֿ[ג]די[הם
4Q**159** 2-4,3	(V)	ויצו **עליהיהם** לבלתי ימכרֿ ממכרת עבד
4Q**159** 2-4,5	(V)	] / דבר בישראל **על** נפש על פיהם ישאלו
	(V)	] / דבר בישראל על נפש **על** פיהם ישאלו
4Q**159** 2-4,6	(V)	אל יהיו כלי גבר **על** אשה
4Q**159** 2-4,8	(V)	כי יוצו איש שם רע **על** בתולת ישרֿאל
4Q**159** 2-4,9	(V)	ואם לוא כחש **עליה** והומתה
4Q**160** 5,3	(V)	]יֿראתכה **על** ◦◦ל[
4Q**161** 5-6,3	(V)	]נשיא העדה ואחר יס[ו]ר מ**על**הֿ[ם
4Q**161** 8-10,11	(V)	ונח]ה **עלו** רֿ[וח] / [יהוה
4Q**161** 8-10,23	(V)	]וכאשר יורוהו כן ישפוט **ועל** פיהם[
4Q**162** II,8	(V)	**על** כן חרה אף יהוה בעמו
	(V)	ויט ידו **עליו** ויכהו
4Q**163** 1,4	(V)	כאשר כ]תֿוב **עליוֿ** בֿיֿרֿ[מיה
4Q**163** 2-3,1	(V)	[ולכן הנה אדני מע]לה **עליהֿ**[ם] את מֿי הנהר
4Q**163** 2-3,2	(V)	ועלה] **על** כל אפיקו
	(V)	והלך **על** כל גדו[תיו
4Q**163** 4-7i7	(V)	מב]לעים **על** כן / [
4Q**163** 4-7ii4	(V)	פשר הדבר **על** חֿבֿלֿ בבל[
4Q**163** 8-10,1	(V)	[פשר הדב]רֿ **על** כלֿה בבל[
4Q**163** 8-10,3	(V)	מאז[שכבת לוא יעלה] / [הכרת] **עלימו**
4Q**163** 13,3	(V)	לאחר]ית הימים **עֿלֿ**[
4Q**163** 20,2	(V)	פשרו] **עֿלֿ** מֿלֿ[א]כיו וֿ[
4Q**163** 23ii5	(V)	ותֿ[אמרו] / לֿוֿאֿ כיא **עֿל** סוס ננוס
	(V)	**על** כן תנוסון

ו**על** קל נרכב	(V)	4Q**163** 23ii5
על כן / יקלו רודפיכמה	(V)	
עד אם נותרתמה כתרן **על** רואש הר	(V)	4Q**163** 23ii7
וכנס **על** גבעה	(V)	4Q**163** 23ii8
לאחרית הימים **על** עדת ד[ורשי] החלקות	(V)	4Q**163** 23ii10
] / **על** עון ע[	(V)	4Q**163** 23ii20
] / [הוי היורדים] מצרים **על** סוסים [ישענו	(V)	4Q**163** 25,5
ו**על** פרשים כיא עצמ[ו מאד	(V)	4Q**163** 25,6
] / [פשרו] **על** העם אשר יב[טחו	(V)	4Q**163** 25,8
פשרו **על** שנים עשר[	(V)	4Q**164** 1,4
פשרו **על** ראשי שבטי ישראל	(V)	4Q**164** 1,7
פשר הדבר **ע**[**ל**	(V)	4Q**165** 5,2
פשרו **על**[ ]◦[	(V)	4Q**165** 6,6
וחרפה לעיני הגואים אשר נשענו **עליהם**	(V)	4Q**166** II,13
פשרו **ע**]**ל** כוהן האחרון	(V)	4Q**167** 2,3
]**על**[	(V)	4Q**167** 5-6,2
פשר]ו **על** מצרים[	(V)	4Q**167** 17,1
ולכלותם מ**על** פני [הארץ	(V)	4Q**169** 1-2,4
פשרו]**על** כפיר החרון אשר יכה בגדוליו	(V)	4Q**169** 3-4i5
פשרו **על** כפיר החרון / [	(V)	4Q**169** 3-4i6
כי לתלוי חי **על** העץ [יק]רא	(V)	4Q**169** 3-4i8
פשרו **על** ממשלת דורשי החלקות	(V)	4Q**169** 3-4ii4
פשר[ו **ע**]**ל** מתעי אפרים	(V)	4Q**169** 3-4ii8
וגלית / שולי[ך] **על** פניך	(V)	4Q**169** 3-4ii11
והשלכתי **עליך** שקוצים	(V)	4Q**169** 3-4iii1
פשרו **על** דורשי החלקות	(V)	4Q**169** 3-4iii3
ושנאום וכארום **על** זדון אשמתם	(V)	4Q**169** 3-4iii4
ועזבו את מתעיהם ונלוו **על** ישראל	(V)	4Q**169** 3-4iii5
רשע[י חיל]ה בית פלג הנלוים **על** מנשה	(V)	4Q**169** 3-4iv1
ו**על** נכבדיה יורו גורל	(V)	4Q**169** 3-4iv2
פשרו **על** מנשה לקץ האחרון	(V)	4Q**169** 3-4iv3
פשרו **על** רשעי א[פרים	(V)	4Q**169** 3-4iv5
פש[רו **ע**]**ל**[	(V)	4Q**169** 3-4iv7
[פשר]ו **על** איש הכזב אשר התעה רבים	(V)	4Q**171** 1-2i18
פשרו **על** כול השבים / לתורה	(V)	4Q**171** 1-2ii2
ואין רשע / ואתבוננה **על** מקומו	(V)	4Q**171** 1-2ii6
פשרו **על** כול הרשעה לסוף / ארבעים השנה	(V)	
והתענגו **על** רוב שלום	(V)	4Q**171** 1-2ii8
פשרו **על** / עדת האביונים	(V)	
זומם רשע לצדיק וחורק **ע**[**ליו** שניו	(V)	4Q**171** 1-2ii12
פשרו **על** עריצי הברית אשר בבית יהודה	(V)	4Q**171** 1-2ii13
פשרו **על** רשעי אפרים ומנשה	(V)	4Q**171** 1-2ii17
ובאנשי עצתו בעת המצרף הבאה **עליהם**	(V)	4Q**171** 1-2ii18
פשר[ו] **על** שרי ה[רש]עה	(V)	4Q**171** 1+3-4iii7
פשרו **על** עדת האביונים	(V)	4Q**171** 1+3-4iii10
פשרו **על** הכוהן מורה ה[צדק	(V)	4Q**171** 1+3-4iii15
פשר] / הדבר **על** מור[ה הצדק	(V)	4Q**171** 1+3-4iii19
וישכנו ל]עד **עליה**	(V)	4Q**171** 3-10iv2
פשרו **על** [הכו]הן הרשע	(V)	4Q**171** 3-10iv8
] אעבור **על** פ[ניו והנה אינ]נו	(V)	4Q**171** 3-10iv13
פשרו] **על** א[י]ש הכזב[אשר	(V)	4Q**171** 3-10iv14
]◦ ל◦[ ]**על** בח[יר]י אל[	(V)	
פשרו **ע**[**ל**] / [	(V)	4Q**171** 3-10iv16
] / למנצח **על** [שושנ]ים[	(V)	4Q**171** 3-10iv23
פשרו]**על** מורה[הצדק	(V)	4Q**171** 3-10iv27
]תוכן כבגד **על** הא[	(V)	4Q**172** 2,2
[ברכת י]הוה **על**[יכ]ם	(V)	4Q**173** 4,2
[צויתי שפטים] **על** עמי ישראל	(V)	4Q**174** 1-2i2
]עולם תמיד **עליו** יראה	(V)	4Q**174** 1-2i5
ולחשוב **עליהמה** מחשבות און למ[	(V)	4Q**174** 1-2i9
והמה אשר כתוב **עליהמה** בספר יחזקאל	(V)	4Q**174** 1-2i16
ור]זנים נוסדו יחד **על** יהוה ועל / [משיחו	(V)	4Q**174** 1-2i18
ור]זנים נוסדו יחד על יהוה ו**על** / [משיחו	(V)	
נס]יתו[במסה תרי]בהו **על** מי מריבה	(V)	4Q**174** 6-7,3
ישימו קטורה] באפכה וכליל **על** מזבחכה[	(V)	4Q**174** 6-7,5
פשרו] / **על** שבי[	(V)	4Q**174** 9-10,5
]בתו **עליה**[	(V)	4Q**174** 17,3
נסיתו במסה ותרבהו **על** מי מריבה	(V)	4Q**175** 15
ישימו קטורה באפך וכליל **על** מזבחך	(V)	4Q**175** 18
ושפכו ד]ם כמים **על** חל בת ציון	(V)	4Q**175** 29
וריבה עם ממלכות **על** דם[	(V)	4Q**176** 1-2i2
דברו **על** לב ירושלים וק[ראו אליה	(V)	4Q**176** 1-2i5
כן נשבעתי מקצוף **עליך** עד ומגעור בך	(V)	4Q**176** 8-11,11
]כה **על** מכה בו[	(V)	4Q**176** 14,5
]◦ר **על** אוהבו ועל שומרי מצ[ותו	(V)	4Q**176** 16,4
]◦ר על אוהבו ו**על** שומרי מצ[ותו	(V)	
]◦ **על** כול א[יש	(V)	4Q**176** 17,3
]שים **עליהמה** י[	(V)	4Q**176** 19,3
]ויהי קצף גדול **על** מעשי הדור / [	(V)	4Q**176** 20,2
] ולאיבו להבער **עליהים** / [	(V)	4Q**176** 20,3
והמה אשר כתוב **עליהם** באחרית [הימים	(V)	4Q**177** 1-4,7
וידברו **עליו** סרה	(V)	4Q**177** 1-4,14
או]תות{{ת}} גדולות **על** ה[	(V)	4Q**177** 1-4,15
ויעקוב עומד **על** הגתות	(V)	
ושמח **על** רדת[	(V)	
]ה ההוללים אשר י[ ]בא **על** אנשי הי[חד	(V)	4Q**177** 5-6,1
אשר כתוב] **עליהם** בספר י[הנב]יא	(V)	4Q**177** 5-6,5
]ויכינו חצים **ע**[**ל** יתר	(V)	4Q**177** 5-6,8
]אשר כתוב **עליהם** בספר[	(V)	4Q**177** 5-6,11
למנצח **על** ה[שמינית	(V)	4Q**177** 5-6,12
]הימים אשר יקבצו **עליה**[ם	(V)	4Q**177** 7,4
א]שר **עליהם** כתוב	(V)	4Q**177** 10-11,3
]איש **על** מצורו בעומדם / [	(V)	4Q**177** 10-11,6
]למים **על** / [	(V)	4Q**177** 12-13i3
ואחיהמה במחשבל בליעל ויחזק **עליו**[	(V)	4Q**177** 12-13i6
וחפץ אין בו האמונים **עלי** תול[ע	(V)	4Q**179** 1ii10
וכל בנותיה כאבלות **על** על בע[לן	(V)	4Q**179** 2,8
וכל בנותיה כאבלות על **על** בע[לן	(V)	
]ו **על** לחיה על בניה / [	(V)	4Q**179** 2,9
]ו על לחיה **על** בניה / [	(V)	
פשר **על** הקצים אשר עשה אל	(V)	4Q**180** 1,1
פשר **על** עזזאל והמלאכים אש[ר	(V)	4Q**180** 1,7
ו**על** עזזאל[	(V)	4Q**180** 1,8
]**על** פניו / [	(V)	4Q**180** 2-4i2
אשר כ]תוב **על** האר◦[	(V)	4Q**180** 5-6,2
אש]ר כתוב **על** פרעה[	(V)	4Q**180** 5-6,5
]אחרית הימים **על** {{ע}}[	(V)	4Q**182** 1,1
אשר כ]תוב **עליהם** בספר ירמ[יה	(V)	4Q**182** 1,4
]ב ◦[ ]גול **עליו** וה[	(V)	4Q**184** 2,3
והוא כצל י◦◦◦◦ **על** האו[ר	(V)	4Q**185** 1-2i13
אשרי אדם יעשנה ולא יאל **על**[ ]ו[	(V)	4Q**185** 1-2ii13
הואה ילוד **עליו** / ברגל השור	(V)	4Q**186** 1ii8
ויושבות **על** סרכמה	(V)	4Q**186** 2i3
]יושבות **על** סרכמה	(V)	4Q**186** 2i6
] / **עלי** אין כשר לה[תלות	(XIX)	4Q**200** 1ii3
ע]**ל** עיניו וחרוק [	(XIX)	4Q**200** 5,4
] **על**פני[	(XXXVI)	4Q**215**a 4,2
בבו]א **על**[י]ה[ם] כל הדברים / [האלה	(XIII)	4Q**216** I,15
לשים א[ת שמי]**עליו**[	(XIII)	4Q**216** II,10
ונ[ברכהו] / **על** כל [מ]עשיו	(XIII)	4Q**216** V,11

אשר צוה / לעשות על פי רוב ישראל	(XXVI)	4Q258 II,2
וגם אל יבא איש על רעהו דבר לרבים	(XXVI)	4Q258 II,5
כי על שגגה אחת יענש שנתים	(XXVI)	4Q258 VII,2
לתמים דרכו ולעצתו על פי הרבים	(XXVI)	4Q258 VII,3
לכפר על אשמת פשע / [ומע]ל חטא[ת	(XXVI)	4Q258 VII,4
והנם עד שלוש פעמים] / [ע]ל מושב אחד	(XXVI)	4Q259 I,8
ו[בבחירי העת להחזיק]על פי רצונו	(XXVI)	4Q259 III,11
ועל חסד[יו אשען] / כול היום	(XXVI)	4Q260 IV,2
[אר]ם על כול סוררי דרך	(XXVI)	4Q260 V,1
המשפטים א[שר ישפטו על פי[הדברים	(XXVI)	4Q261 3,2
יטו אל תחשוכי פשרו ע]ל[	(XXXV)	4Q265 1,6
יבינהו האיש] / המבקר על היחד	(XXXV)	4Q265 4ii6
אל] / [יד האי]ש המבקר על הרבים ∘∘[	(XXXV)	4Q265 4ii8
וריח ניחוח לכפר על הא[רץ מנ]חה ?	(XXXV)	4Q265 7,9
והיאה העת] / אשר היה [כתו]ב עליה[	(XVIII)	4Q266 2i17
ו]גו[ר]ו על / [נפש צדיק	(XVIII)	4Q266 2i23
ואם לו ליוסף מן המ[ית] / על המיתות	(XVIII)	4Q266 6i12
א[ו א]שר יעלה [ע]ל[ו] מחשבת [זמ]ה	(XVIII)	4Q266 6i15
]על / [	(XVIII)	4Q266 6ie,1
י]קרב [ ] / [אליה ע]ון נדה עלו	(XVIII)	4Q266 6ii2
]{{על}} / [הלקט] ועללות הכ[רם עד	(XVIII)	4Q266 6iii3
] / למבק[ר א]שר על המחנה ⟦ ⟧[	(XVIII)	4Q266 7iii3
וכא[שר] / יקים עלו לשוב אל תורת מוש[ה	(XVIII)	4Q266 8i3
ויצוהו עלו וילמד / עד שנה תמימה	(XVIII)	4Q266 8i5
לצאת ול]בו על פיהו	(XVIII)	4Q266 9ii14
] באף ועב[רה] / [ע]ל פשעיהם[	(XVIII)	4Q266 9iii9
] / על הרבים וקבל את משפטו	(XVIII)	4Q266 11,1
כאשר אמר ביד / מושה על הנפש	(XVIII)	4Q266 11,2
ועל ישראל כתוב אלכה לי	(XVIII)	4Q266 11,3
במשפטים / האלה על פי כול החוקים	(XVIII)	4Q266 11,6
וידבר בו הכוהן המופקד[ע]ל הרבים	(XVIII)	4Q266 11,8
ונכתב דברו על פני המבקר כחרת	(XVIII)	4Q266 11,16
הנה הכו]ל[ע]ל [מ]דר[ש התורה	(XVIII)	4Q266 11,20
ע]ליהם / [	(XVIII)	4Q266 17,3
כי דברו עצה סרה על מצוות אל	(XVIII)	4Q267 2,5
]לצא[ת] ולבוא ע[ל פי] / [התורה	(XVIII)	4Q267 3,6
למבק]ר אשר על המ[חנה	(XVIII)	4Q267 8,4
אשר י[ש]ביע [ע]ל / [פני השדה	(XVIII)	4Q267 9i4
ועל[י]הם / [ירחם כאב לבניו	(XVIII)	4Q267 9iv5
לוא באו [מ]יום סור א[פ]רים מעל / [יהודה	(XVIII)	4Q267 9v3
וכן ישבו וכ[ן ישאלו על [כול	(XVIII)	4Q268 2,2
] / על קרו[	(XVIII)	4Q270 2ii1
אין להשיבה וחומשה עליה או י[	(XVIII)	4Q270 2ii10
או ידבר] / סרה על משיחי רוח הקדש	(XVIII)	4Q270 2ii14
[וכל אשר]עליה שם רע [בבתוליה	(XVIII)	4Q270 5,20
ויצ]והו עלו וילמדה[ו] עד שנה תמימה	(XVIII)	4Q270 6ii7
י]ביא על רעהו[[דבר אש]ר / [לא בהוכח	(XVIII)	4Q270 6iii17
[דבר אש]ר / [לא בהוכח ע]ל פי עדים	(XVIII)	4Q270 6iii18
ועל פי עד אחד לה[בדיל מן הטהרה	(XVIII)	4Q270 6iv13
ואל יקובל ע]ד לשופט[ים ל]המית על פיהו	(XVIII)	
אל יאמן איש על רעה[ו לעד] / [עו]בר	(XVIII)	4Q270 6iv14
⟦ ⟧ על הטהר במים	(XVIII)	4Q270 6iv20
אל ישא] / א[י]ש עלו סמנים לצת ולבוא	(XVIII)	4Q270 6v15
ישאלו הרבים] / על דב[רו	(XVIII)	4Q270 7i10
ואשר ילו[ן] על האבות / [ישלח] מן העדה	(XVIII)	4Q270 7i13
[ואם] על האמות ונענש עשר[ת] ימים	(XVIII)	4Q270 7i14
וידיעהו לכוה[ן המ]ופקד ע[ל הרבים	(XVIII)	4Q270 7i16
כ[א]שר / א[מ]ר ביד משה על הנפש	(XVIII)	4Q270 7i17
וע]ל / ישראל כתוב אלכה לי	(XVIII)	
המו[אס במשפטי]ם / האלה על פי כל החוקים	(XVIII)	4Q270 7i20

וע[ל כל]אשר בא[רץ כל] / [הצמח	(XIII)	4Q216 VI,13
ו]כול החלב אשר עליהן	(XIII)	4Q219 I,35
והייה משמרוה ע[ל הטוב	(XIII)	4Q219 II,21
ואת דמם תזרוק על המזב[ח	(XIII)	4Q220 3
[ואת כל]בשר העלה תקט[י]ר על המז[בח	(XIII)	4Q220 4
ת]קטיר הכול על המזבח	(XIII)	4Q220 5
חלב] / [זבח הש]ל[מ]ים תקטיר על האש	(XIII)	4Q220 6
האש אשר על המזבח	(XIII)	
וא]ת ה[ח]לב אשר על הקרבים	(XIII)	4Q220 7
כיא מכה על מכה ומהומה ע]ל [מהומה	(XIII)	4Q221 3,6
ואין כפורים לכ]פר על / האיש	(XIII)	4Q221 4,4
והואה] / היה מתאבל על אשתו	(XIII)	4Q221 5,6
ותקרב] / עלו מרמה[	(XIII)	4Q221 7,10
א]ת בני ישר[א]ל באש ר על[	(XIII)	4Q221 8-9,2
[רע בעיניו ע]ל אשר עזבת[י אותו	(XIII)	4Q222 2,1
ולנחם אותו עליה כי מתאבל / על[י]ה	(XIII)	4Q223-224 2iii18
[ותכוב ע]ליו לפני אר[וניו	(XIII)	4Q223-224 2v2
הרעב אשר יהי]ה על כו[ל הארץ	(XIII)	4Q223-224 2v19
וי]גיד על[יו למלך	(XIII)	4Q223-224 2v21
שבע שנים תבאנה שבע ע]ל כול א[ר]ץ	(XIII)	4Q223-224 2v23
וימשילהו]על כול ארץ מצרים	(XIII)	4Q223-224 2v29
וירכיבהו על המרכבה ה[שנית	(XIII)	
ע]ל שפת ה[ים	(XIII)	4Q225 1,10
[וספור את]הח{{כ}}ל אשר על שפת הים	(XIII)	4Q225 2i6
והעלהו לי לעולה על אחד ההרים[	(XIII)	4Q225 2i12
ויק[ום וי]ל[ך] מן הבארות על ה[ר מוריה]	(XIII)	4Q225 2i13
] / מלאכי קודש עומדים בוכים על[המזבח	(XIII)	4Q225 2ii5
ושר המשטמה ⟦ ⟧ אסור ע[ליהם	(XIII)	4Q225 2ii13
מצוה]עליך לרדת מצרים	(XIII)	4Q226 1,3
ויעד על כולם / [	(XIII)	4Q227 2,3
] וגם על העירים	(XIII)	4Q227 2,4
] / יצא על ∘[	(XXXVI)	4Q249m 5
]הכרת עליו מתוך[עמו	(XXXV)	4Q251 3,2
]ית עליו איש[	(XXXV)	4Q251 13,1
] / על העריות[	(XXXV)	4Q251 17,1
]∘ה חליפה היא כל אשר הכרת ע[ליו	(XXXV)	4Q251 18,5
]כול אשר לא נפש עליו מות בק[בר יקבר	(XXXV)	4Q251 18,6
ונ]תנו עליו[	(XXXV)	4Q251 24,1
ומי מבול היו על הארץ	(XXII)	4Q252 I,3
ויהי הגשם על / הארץ	(XXII)	4Q252 I,5
ויגברו המים על הארץ חמשים ומאת יום	(XXII)	4Q252 I,7
ויום / הששי נחה התבה על הרי הורדט	(XXII)	4Q252 I,10
וידע נוח כיא קלו המים] / מעל הארץ	(XXII)	4Q252 I,18
וחמלתי ע]ליהם כאשר / [יחמול איש על בנו	(XXII)	4Q253a 1i3
]הצדק ועל ∘∘ [	(XXII)	4Q253a 1i5
] / על הפתחים והח[לונים	(XXII)	4Q254 1,2
ויהי דן נח[ש עלי דרך שפי]פון עלי או[רח	(XXII)	4Q254 5-6,4
ע]ל ב[רכות	(XXII)	4Q254 7,5
ואין לצעד על אחד [מכול דבריו	(XXVI)	4Q255 2,7
מדרש למשכיל על[אנשי התורה	(XXVI)	4Q256 IX,1
ומשיבים] / על פי הרבים לכול דבר לתורה[	(XXVI)	4Q256 IX,3
והנלוים עליהם ליחד	(XXVI)	4Q256 IX,6
מדרש למשכיל על אנשי התורה	(XXVI)	4Q258 I,1
בתור[ה] ובהון ומשיבים על פי הרבים	(XXVI)	4Q258 I,2
והנלוי[ם] ע[לי]הם ליחד	(XXVI)	4Q258 I,5
הבא לעצת / [היח]ד יק[י]ם על נפשו באסר	(XXVI)	4Q258 I,6
מן / התו[רה ע]ל[פי] עצת אנש[י] היח[ד	(XXVI)	4Q258 I,7
לא ישיב א]יש מאנשי היחד על פיהם	(XXVI)	4Q258 I,8
ולא ישענו על [כל מע]שי ההבל	(XXVI)	4Q258 I,10
ואת מעשיהם בתורה על פי בני אהרון	(XXVI)	4Q258 II,1

הנה הכול כ[תוב] / על מדרש [ה]תורה (XVIII) 4Q**270** 7ii15
לו]א מלאו ימיו לעבור על הפ[קודים (XVIII) 4Q**271** 2,13
למה יביא עליו את משפט / [הארור (XVIII) 4Q**271** 3,8
ממאמר המבקר אשר על / [הרבים (XVIII) 4Q**271** 3,14
אותה יעשה כמ[ש]פט [ולוא] יגיד עלי[ה (XVIII) 4Q**271** 3,15
ועל הבר[י]ת ה[זות ? דבר ביד מושה] (XVIII) 4Q**271** 4ii2
על כן יקים האיש] / על נפשו לשוב (XVIII) 4Q**271** 4ii4
הוא[מדו]קדק על ספר[מח]ל[קות העתים (XVIII) 4Q**271** 4ii5
וביום אשר יקים [האיש ע]ל נפשו לש[וב (XVIII) 4Q**271** 4ii6
ע]ל כן נמול [אברהם בי]ום דע[תו (XVIII) 4Q**271** 4ii7
שב[ועת אסר אשר יקי]ם א[יש ע]ל נפשו (XVIII) 4Q**271** 4ii8
אשר יקים אי]ש על נפשו לסור / את התורה (XVIII) 4Q**271** 4ii9
על / משפט הנדבות (XVIII) 4Q**271** 4ii12
[אל יחל איש את השב]ת על הון ובצע (XVIII) 4Q**271** 5i10
וש[כב] / עליו או אשר ישב עליו (XXXV) 4Q**274** 1i5
וש[כב] / עליו או אשר ישב עליו (XXXV)
כאש]ר יזו עליו את [ה]רי[א]שונה (XXXV) 4Q**274** 2i1
ואם יח]ול עליו השביעי ביומ השבת (XXXV) 4Q**274** 2i2
אותו / [יטב]ול והבגד אשר תהיה עליו (XXXV) 4Q**274** 2i5
אם יבואו עליה מ[ים כאשר ירד] / הגשם (XXXV) 4Q**274** 3ii7
כאשר ירד] / הגשם עליה (XXXV) 4Q**274** 3ii8
ואל יז] / איש א[ת] מי הנדה על טמאי נ[פש] (XXXV) 4Q**277** 1ii6
כיא איש כוהן טהור [יזה] / [על]יהן (XXXV) 4Q**277** 1ii7
כי[א מ]כפר הוא על הטמ[א] (XXXV)
ועלול אל יז על הטמא (XXXV)
[בז]רוק עליהם [הכו]הן את מי הנדה (XXXV) 4Q**277** 1ii9
]יו וכבירות יחוס עליו וכ[כ]ה[(XXVI) 4Q**279** 5,3
[ומ]קימי מזמתכה בלבבמה לזום על ברית אל[(XXIX) 4Q**280** 2,6
]עליהם / [(XXXVI) 4Q**282**f 1i1
]מעליו / [(XXXVI) 4Q**282**f 1i3
]ם ועל ⟦ ? ⟧[(XXXVI) 4Q**285** 1,1
[וחציכה מיד ימינכה אפיל]על הרי י[שראל (XXXVI) 4Q**285** 4,4
ו]יעמוד עליהם ונעכרו עליהם[(XXXVI) 4Q**285** 4,8
ו]יעמוד עליהם ונעכרו עליהם[(XXXVI)
]עליו[(XXXVI) 4Q**285** 6,5
ושם] / קודשו נקרא ע[ליכם (XXXVI) 4Q**285** 8,11
]◦ על פני[(XI) 4Q**286** 4,3
]ה על משיחי רוח קוד[שו (XI) 4Q**287** 10,13
] / ועליכם החי ◦[(XX) 4Q**299** 6ii2
ר]ם על כול גואים ישרא[ל (XX) 4Q**299** 10,3
]◦ על כול מספרם ◦[(XX) 4Q**299** 10,6
]ה על מ◦[(XX) 4Q**299** 27,2
] וריב על חזק ע[(XX) 4Q**299** 53,8
עבו]דת קודשו ולכפר על ◦◦[(XX) 4Q**299** 55,5
]עליהם ל[(XX) 4Q**299** 55,6
]◦ על פ[(XX) 4Q**299** 72,4
]לזכר קדושים על [(XX) 4Q**299** 74,3
ולוא ידעו מה אשר יבוא] / עליהם (XX) 4Q**300** 3,4
]ם טוביך על כול / [(XX) 4Q**302** 1i5
] / החשך על כן נ◦[(XX) 4Q**304** 2
] / על י◦◦◦ אשר יע[ב]דו בם ◦[(XXXVI) 4Q**306** 1,7
]ם על ◦[(XXI) 4Q**324a** B,3
בשמונה עשר בו שבת ע[ל יויריב (XXI) 4Q**325** 1,1
בעשרים וחמשה בו שבת על ידעיה (XXI) 4Q**325** 1,2
] / [בששה בשבת] על ידעיה (XXI) 4Q**325** 1,4
] / מותכה ועל עיני[ך ? (XIII) 4Q**364** 3ii3
על כן קראו [שמו גלעד (XIII) 4Q**364** 5a-bi2
] / על[דרך תמנתה (XIII) 4Q**364** 9a-b,1
ותסר צעיפה] / מעליה[(XIII) 4Q**364** 9a-b,9
] / [עגל]ות על[פי]פרעו (XIII) 4Q**364** 11,1

וכי יז]יד איש על[רעהו להורגו בערמה] (XIII) 4Q**364** 13a-b,2
אם יקום והתה]לך בחוץ על מש[ענתו (XIII) 4Q**364** 13a-b,6
ונתתה את] / הכפרת על הארון (XIII) 4Q**364** 17,3
נכח השלחן [ע]ל[צ]ל[ע ה]מש[כן תימנה] (XIII) 4Q**364** 17,4
ואת השלחן תתן על צלעו צפונה [(XIII) 4Q**364** 17,5
ויחנו על ה[ירדן] / [מבית הישמות (XIII) 4Q**364** 19a-b,14
ומים לוא]שתיתי על כ[ו]ל חטאותיכם (XIII) 4Q**364** 26bi11
]הדברים אשר היו על הלו[חות הראישונים (XIII) 4Q**364** 26bii+e,5
ויכת]וב על הלו[חות כמכתב הראישון (XIII) 4Q**364** 26bii+e,8
ולמען תארי]כו ימים על האדמ[ה (XIII) 4Q**364** 30,7
]על ◦[(XIII) 4Q**364** C,1
וגם ה[אדמה א]שר המה על[יה (XIII) 4Q**365** 2,9
את ארץ גושן אשר עמ]י יושב עליה (XIII) 4Q**365** 2,10
] / ל[א]בק על כ[ול ארץ מצרים (XIII) 4Q**365** 3,1
ונטה את י]דכה על הים ובקעהו (XIII) 4Q**365** 6ai5
וישב] / [יה]וה עליהמה (XIII) 4Q**365** 6b,4
וילון העם ע[ל מושה (XIII) 4Q**365** 6aii+6c,10
וכול העם נצבים על[יך מן (ה)בוק]ר (XIII) 4Q**365** 7ii3
] / [הכפ]ורת על הארון [העדות (XIII) 4Q**365** 8a-b,1
ועל תנוך אוזן בניו הימנית (XIII) 4Q**365** 9bii1
ועל ב[והן ידם הימנית (XIII)
ולקחתה מן] / הדם אשר על המזבח (XIII) 4Q**365** 9bii2
ועשו קרנותיו על ארבע פנותיו (XIII) 4Q**365** 12a-bii8
והאבנים על שמות בני ישר[אל] (XIII) 4Q**365** 12biii12
על שמותם פתוחי] / חות[ם]איש על שמו (XIII) 4Q**365** 12biii13
על] שתי טבעות על קצוות[החושן (XIII) 4Q**365** 13,1
[יפו]ל עליו במותם (XIII) 4Q**365** 16,1
וישבתם עליה לבטח (XIII) 4Q**365** 23,5
לערוך אותם על מזבח העולה (XIII) 4Q**365** 23,6
ויספתי עליכם מכה]שבע על חטאותיכם (XIII) 4Q**365** 25a-c,5
ויסרתי]אתכמ{{ה}} שבע על חטאותיכם[(XIII) 4Q**365** 25a-c,13
ו]את מסך פתח החצר אשר על המש[כן (XIII) 4Q**365** 27,1
ע[ל פי יהוה פקד אותם (XIII) 4Q**365** 28,2
איש איש על עבדתו ועל משאו (XIII) 4Q**365** 28,3
איש איש על עבדתו ועל משאו (XIII)
ולפי ה]עלות הענן מעל הא[והל (XIII) 4Q**365** 31a-c,5
וע[ל פי יהוה יחנו (XIII) 4Q**365** 31a-c,6
בהאריך הענן על המשכן לשכון] עליו (XIII) 4Q**365** 31a-c,11
על פי יהוה יחנו ו]על פי יה[וה יסעו] (XIII) 4Q**365** 31a-c,12
ואת העם היושב עליה (XIII) 4Q**365** 32,5
קראו נחל אשכ[ו]ל [ע]ל[אודות] / [האשכול (XIII) 4Q**365** 32,14
והכנעני יוש]ב על הי[ם ועל יד]הירדן (XIII) 4Q**365** 33a-b,2
וכפר הכוה[ן ע]ל[הנפש השוגגת בחטאה (XIII) 4Q**365** 34,3
לכפר] / עליו ונ[סלח לו (XIII) 4Q**365** 34,4
אשר המה מל[ינים]עליכ[ם (XIII) 4Q**365** 35ii2
[כ]יא תצא [למלחמה ע]ל א[ויביך (XIII) 4Q**365** 38,3
]ון על שפת[(XIII) 4Q**365** W,2
]ה מנחת הקורבנים הבאה עליה / [(XIII) 4Q**365**a 2i4
] / על[(XIII) 4Q**365**a 5ii6
על דם טהרה (XIII) 4Q**367** 1a-b,8
[וכ]פר עליה הכו[הן וטהרה (XIII) 4Q**367** 1a-b,13
חמישיתו [יסף]⟦ ⟧ עליו (XIII) 4Q**367** 3,8
]ועל[ ]◦◦◦[(XXVIII) 4Q**368** 9,5
] / [ו]הם על משכבו (XXVIII) 4Q**368** 10i6
] / היאה צבי תבל ארצכה ועליה שע[(XIII) 4Q**369** 1ii2
] / עינכה עליאה וכבודכה יראה שם ל[(XIII) 4Q**369** 1ii3
ו]שפך אכל על פניהם (XIX) 4Q**370** 1i1
]וירעם עליהם בכח[ו (XIX) 4Q**370** 1i3
עלכן נ[מחו] כלאש[ר ב]חרבה (XIX) 4Q**370** 1i6
] / יצמחו וכצל ימיהם ע[ל הארץ (XIX) 4Q**370** 1ii5

Text	Period	Reference
ועל / [נכבדיה ירו]גורל	(XXX)	4Q**385**a 17a-eii8
קינות] / [**ע**]**ל** ירושלים	(XXX)	4Q**385**a 18ii5
ויאמר בן אדם הנ]בא **על** העצמות	(XXX)	4Q**386** 1i4
ויקרמו עור ויע]לֿ[ו] **עליהם** גדים	(XXX)	4Q**386** 1i7
שוב הנבא]**עֿל** ארבע רחות / [השמים	(XXX)	4Q**386** 1i8
ואת בני אוציא ממף **ועל** ש[א]רם אהפך	(XXX)	4Q**386** 1ii6
אעיר **עֿ**[**ל**]יהם חמ[ה] / מֿ[אר]בע רחות השמי[ם	(XXX)	4Q**386** 1ii8
וֿ[ה]קימותי **עֿליה** אחרים מעם אחר	(XXX)	4Q**387** 2ii6
ע]**לֿ**[כן] / [	(XXX)	4Q**387** 2ii12
על שם אלהי ישראל יקראו	(XXX)	4Q**387** 3,5
להלחם אֿ[י]ש ברעהו / **על** התורה	(XXX)	4Q**387** 3,8
על התורה ו**על** הברית	(XXX)	
על כן יללו ביום [	(XXX)	4Q**387** A,4
] **מעליו** ◦[	(XXX)	4Q**387**a 5,2
]מֿן הארץ **עלֿ**[	(XXX)	4Q**388** 6,6
]ובקשו **על** כ[ל	(XXX)	4Q**389** 1,3
כֿ[ל בני י]שראל **על** נהר סור	(XXX)	4Q**389** 1,7
]תם **עליהם** ואשבעה ב◦[	(XXX)	4Q**389** 2,5
על כן הסתרתי / פני מ[הם	(XXX)	4Q**389** 8ii4
]◦ כי אלה יבואו **עליהם**[	(XXX)	4Q**390** 2i3
ולא יבינו כי קצפתי **עליהם** במועלם	(XXX)	4Q**390** 2i7
] / **מעליה**[	(XXX)	4Q**390** 2ii4
] / בקרב הארץ **על** א◦[	(XXX)	4Q**390** 2ii9
וֿיֿפרֿעהֿ לֿ[ ]לכל עֿמו **על** ◦[	(XIX)	4Q**391** 6-7,2
]כֿל כעסו **עלֿ**[י]רעם ⟦ ⟧ את◦[	(XIX)	4Q**391** 6-7,3
]◦ופיו **על** ש◦[	(XIX)	4Q**391** 8,1
]**על** הארץ ויעלוֿ אפרֿ[	(XIX)	4Q**391** 25,2
]**ועליך** קינות ובכי [	(XIX)	4Q**391** 25,3
תהֿדֿףֿ **על** / עלפו עמך	(XXIX)	4Q**393** 1ii-2,7
וֿתמֿיד **על** סל[יחתך בטח]ו / גֿוֿים	(XXIX)	4Q**393** 1ii-2,8
ועל מי תאיר פניך	(XXIX)	4Q**393** 3,5
עליו אחר / השבת / וֿ[יו]םֿ השנֿ[י]	(XXI)	4Q**394** 1-2ii6
ע[**ל**]וֿ אֿחר [ה]שֿ[בת ויום השני	(X)	4Q**394** 3-7i1
וכו]לםֿ **עלֿ**[	(X)	4Q**394** 3-7i5
ועל זבחֿ הגוים [אנחנו חושבים	(X)	4Q**394** 3-7i11
] / שהמנֿ[חה נאכלת] **עלֿ** הֿחלבים	(X)	4Q**394** 3-7i14
ואפ **על** טהרֿתֿ פרת החטאֿתֿ	(X)	4Q**394** 3-7i16
בשל שא יהיה הטהר מזה **על** הטמה	(X)	4Q**394** 3-7i19
[**וע**]**לֿ** שא כתוב[איש כי ישחט במחנה	(X)	4Q**394** 3-7ii14
ואין לבו]אֿ **עליהם** / [	(X)	4Q**394** 8iii13
ואף **ע**]**לֿ** הסומֿ[י]םֿ / [שאינם רואים	(X)	4Q**394** 8iii19
[וא]ף **על** החרשים שלוא שמעו חוק	(X)	4Q**394** 8iv2
[ו]אֿף **על** המוצקות אנחֿנֿוֿ אומרֿ[ים]	(X)	4Q**394** 8iv5
ו]הֿבשר **עליהם**	(X)	4Q**394** 8iv9
]◦כפר **על**[יה]םֿ כי על[	(X)	4Q**394** 9,3
]**ועל** ◦[	(X)	4Q**394** 10,1
ואף **על** טהֿרת פֿרתֿ החטֿ[את	(X)	4Q**395** 8
וֿאפ **על** החר[שים שלוא]שמעו חוק	(X)	4Q**396** 1-2ii3
וֿאֿפ **עֿ**[**ל** מ]טעתֿ עֿצֿ[י]הֿמאכל	(X)	4Q**396** 1-2iii2
ואפ **על** הצרועים אֿנֿחנו / א[ומרים	(X)	4Q**396** 1-2iii4
ועל [טמאת נפש] / האדם אנחנו אומרים	(X)	4Q**396** 1-2iv1
ועל הזונות הנעסה בתוך העם	(X)	4Q**396** 1-2iv4
ועל בהֿ[מתו הטהורה] / כתוב	(X)	4Q**396** 1-2iv5
ועל לבוש[ו כתוב שלוא] / יהיה שעטנז	(X)	4Q**396** 1-2iv6
ואפ **על** עורֿ[ות ועצמות הבהמה הטמאה	(X)	4Q**397** 1-2,1
וא]פֿ **על** העֿ[	(X)	4Q**397** 1-2,4
ו]הֿבשר **ע**[**ליהם**	(X)	4Q**397** 6-13,3
וֿאֿפֿ **על** מטעֿ[ת] / [עצי המאכל הנטע בארץ	(X)	4Q**397** 6-13,4
ו**עֿ**[**ל** העושה ביד רמה כתוב	(X)	4Q**397** 6-13,9
ועל הזנות הנֿעֿ[ס]ה בתוכ הע[ם	(X)	4Q**397** 6-13,12

Text	Period	Reference
] ישראל **על** בנ[י	(XXVIII)	4Q**371** 8,2
והוא **על** אם הדרֿכים יֿעמוד	(XXVIII)	4Q**372** 1,9
ועשים להם בֿמה **על** הר גבה	(XXVIII)	4Q**372** 1,12
וישעירו בדֿברי פיהם לגֿדֿף **על** אהל ציון	(XXVIII)	4Q**372** 1,13
עם אויב יושב **עליה** וכֿ◦[	(XXVIII)	4Q**372** 1,20
ופתח פיהו **על** / כל בני אהביך	(XXVIII)	
] המבטיח עמו **על** [ ]◦רֿת◦[	(XXVIII)	4Q**372** 2,11
יע]רֿב **עליו** שיחֿ[	(XXVIII)	4Q**372** 3,4
]**עליהם** לא ישמעו[	(XXVIII)	4Q**372** 8,5
[ו]יתננו לאלוהים **על** אדירים	(XIX)	4Q**374** 2ii6
אשר יוצק **עֿל** רֿ[ו]אשו שמן המשיחה	(XIX)	4Q**375** 1i9
האבן השמאֿלֿית אשר **על** צדוֿ / השמאלי	(XIX)	4Q**376** 1ii1
או כי ילכו לעיר לצוֿר **עליה**	(XIX)	4Q**376** 1iii2
]◦ **עלינו** ונהגה אלינו כיא / [	(XXVIII)	4Q**377** 2i10
] / **ועל** הֿאֿרץ עמד על הֿהר	(XXVIII)	4Q**377** 2ii8
] / ועל הֿאֿרץ עמד **על** הֿהר	(XXVIII)	
ויכס / **עליו** הֿענן כיא ◦[	(XXVIII)	4Q**377** 2ii11
יהו]ה אלוהיך באו **עלידה** / [	(XXII)	4Q**378** 3i8
]אֿ תפלה **על** חטאתינו / [	(XXII)	4Q**378** 6i4
הוי אחי **עליכמה** / [	(XXII)	4Q**378** 6i7
] / **עליכה** אדני וב[	(XXII)	4Q**378** 6ii7
ע]**ל** פני / [	(XXII)	4Q**378** 13i2
]דך ביד משה **על** ישוע למען עמך / [	(XXII)	4Q**378** 22i3
והיורדן סלֿא מיֿ[ם] **עֿל** כל גדותיו	(XXII)	4Q**379** 12,6
]◦בי **על** [ע]ֿ[ז]בי אל וברבֿ דֿ[ב]רי[ך	(XXII)	4Q**379** 18,2
] לדרך ואשענה **עליך** ואת[	(XXII)	4Q**379** 18,3
]ל ה◦◦[ ]◦ות [ ]שֿבֿה **על** ◦◦ותכם ◦[	(XXII)	4Q**379** 19,3
]לֿ[ ]◦ אלהינו **על** כֿל[	(XXII)	4Q**379** 32,4
[כי ש]םֿ יהוה נקרא **עליה**	(XI)	4Q**380** 1i5
[וכבדו] נראה **על** ירושלם / [ב]ציון	(XI)	4Q**380** 1i6
]בֿהדר תשוף **על** יהודה וֿיֿ[	(XI)	4Q**381** 17,2
]בֿ **על** יֿדֿ[	(XI)	4Q**381** 18,3
תגיר]לחכֿי **עלידי** חרב ביום עֿברהֿ	(XI)	4Q**381** 31,7
ואני אכחש לפניך **על** חֿ[ט]יֿ[	(XI)	4Q**381** 33+35,9
ה]וא הרימני למעלה **על** גוי [	(XI)	4Q**381** 33+35,10
ועלי יזמוֿ / להסגירני	(XI)	4Q**381** 45a+b,2
] / מתיעצים **עלי** פתחו לשן שקֿ[ר	(XI)	4Q**381** 45a+b,5
]**עלי** [	(XI)	4Q**381** 46a+b,1
] / וכעננים יפרשו **על** פֿ[ני הארץ	(XI)	4Q**381** 46a+b,4
ופֿשעים כדמן / **עֿלפני** אדֿמה ירמסו	(XI)	4Q**381** 46a+b,8
]**עלֿ** / [	(XI)	4Q**381** 53i1
להשמידם **מעליה**	(XI)	4Q**381** 69,3
ולעשות **עליה** עם / [	(XI)	
]רֿשו שבו **על** הארץ אז תטהר	(XI)	4Q**381** 69,6
] **על** רשעה וֿלהמיר דבריו פיהו מֿעלא[	(XI)	4Q**381** 69,9
שמ]יֿם וארץ ולעליון **על** כל גוי הארץ	(XI)	4Q**381** 76-77,16
]**עליך** / [	(XI)	4Q**381** 96,2
]ם **על** ◦[	(XIII)	4Q**382** 32,1
]ה **על** ע◦◦[	(XIII)	4Q**382** 106,4
] / **על** אֿשר הערותי[	(XXX)	4Q**383** 1,4
] / אם גמל **עֿלֿ**[	(XIX)	4Q**384** 13,2
]**עֿליהם** / [	(XXX)	4Q**385** 1,3
[ויאמר]בן אדם הנבה **על** העצמות	(XXX)	4Q**385** 2,5
ויעלו **עליהם** גדים ויקרמו עור / [מלמעלה	(XXX)	4Q**385** 2,6
ויאמֿר שוב אנבא **על** ארבע רוחות השמים	(XXX)	4Q**385** 2,7
ויעֿ[מד]וֿ **על**[רגליהם	(XXX)	4Q**385** 3,2
על שתים תלך החיה האחת	(XXX)	4Q**385** 6,7
] / [**ע**]**לֿ**[ ]לֿ[ ]◦◦ בֿ[אח]ת היה נשמה	(XXX)	4Q**385** 6,8
ע]**לֿ**[ראשם רקיע כעין] / הֿקֿרֿחֿ	(XXX)	4Q**385** 6,13
]תֿלוי **על** העץ ועוף / [השמים	(XXX)	4Q**385**a 15i3

] / **ועל** הנשי[ם	(X)	4Q**397** 14-21,4
כי **על** [אלה]אנחנו נותנים א[ת	(X)	4Q**397** 14-21,9
והיא כי / [יבו]א **עליך** [כול הדברים] האלה	(X)	4Q**398** 14-17i6
] רומה רם **על**[	(XI)	4Q**401** 14i4
לגבור **על** כול[אלוהים] בשבע גבורות פלאה	(XI)	4Q**403** 1i2
ואין במה דולג **עלי** חוק	(XI)	4Q**405** 23i10
ולוא **על** אמרי / מלך בלי יתכו־נו	(XI)	
מורא מלך אלוהים נורא **על** [כו]ל אלוהים [	(XI)	4Q**405** 23i13
] / **על** מזב[ח	(XXIX)	4Q**409** 1ii8
וארדה **על** אר[ר]ה תדבק [ב]כה / [	(XXXVI)	4Q**410** 1,4
]**עליכה** ואין לכה שמה שלום [	(XXXVI)	4Q**410** 1,5
]ר משא **ועל** בית י[	(XXXVI)	4Q**410** 1,9
[ש]ים מוסר **על** שפתיכה[	(XX)	4Q**412** 1,5
] **על** מלי כ[	(XX)	4Q**412** 3,2
] / ור[ח]ץ במים והזה **ע**[ל	(XXXV)	4Q**414** 13,5
] / [ ]◦ שנית **על** עמדו	(XXXV)	4Q**414** 13,8
וצבא השמים הכין **ע**[ל	(XXXIV)	4Q**416** 1,7
] / משמים ישפוט **על** עבודת רשעה	(XXXIV)	4Q**416** 1,10
]**על**[	(XXXIV)	4Q**416** 2i8
וחמל **עליכה** כאיש על יחידו	(XXXIV)	4Q**416** 2ii13
וחמל עליכה כאיש **על** יחידו	(XXXIV)	
אל תקח הון / פן יוסיף **על** רישכה	(XXXIV)	4Q**416** 2iii6
וי̇צר **על** הרוח כן עובדם	(XXXIV)	4Q**416** 2iii17
] / הפר **על** מוצא פיכה	(XXXIV)	4Q**416** 2iv9
] / עברה כי **עליהמה** ינפח כור א[	(XXXIV)	4Q**416** 4,2
כי חרות מחוקק לאל **על** כול ע◦◦[	(XXXIV)	4Q**417** 1i15
והתהלכו הפקוד **על** מעש[י	(XXXIV)	4Q**417** 1i19
] / הלל אל **ועל** כול נגע בר[ך	(XXXIV)	4Q**417** 1ii9
ואל תעבור **על** פשעיכה	(XXXIV)	4Q**417** 2i4
ואל תעבור **על**[פש]עיכה	(XXXIV)	4Q**417** 2i14
ועבר **על** חטאותכה	(XXXIV)	4Q**417** 2i15
]**עליו** כמשפט הצו[ן	(XXXIV)	4Q**417** 3,2
] / [**ע**]**ל** רבכמה ו[כול	(XXXIV)	4Q**417** 5,4
[ו]תחמל **על** תנוב[תה	(XXXIV)	4Q**417** 19,5
[ישפו]ט **על** [עבודת רש]עה	(XXXIV)	4Q**418** 2+2a-c,2
וחמ]ל **עליכה** כאיש [על יחידו	(XXXIV)	4Q**418** 8,14
]**על** דמכה[	(XXXIV)	4Q**418** 36,2
]**על** אמת להכין כול[דרכיהם	(XXXIV)	4Q**418** 55,6
וישקדו **על** / [	(XXXIV)	4Q**418** 55,9
]**על**[	(XXXIV)	4Q**418** 66,3
ומה יאנחו מתים **על** כ[ל יומ]ם	(XXXIV)	4Q**418** 69ii5
מחשכיה[ ]יצרחו **על** ריבכם	(XXXIV)	4Q**418** 69ii7
ו]שוקד[ים] / **על** כול דעה	(XXXIV)	4Q**418** 69ii11
] **על** כול ע[	(XXXIV)	4Q**418** 73,2
]**על** כול רוח[	(XXXIV)	4Q**418** 76,1
וקח ברז נהיה **על** [מ]שקל קצים	(XXXIV)	4Q**418** 77,4
וברחמים **על** כול שומרי דברו	(XXXIV)	4Q**418** 81+81a,8
אף מאנשי רצון ולפקוד **על**[	(XXXIV)	4Q**418** 81+81a,10
]◦ לעברתו וכאב **על** [ב]נ[ו]ת◦[	(XXXIV)	4Q**418** 86,1
]ה **על** כול ע◦[	(XXXIV)	4Q**418** 91,2
א]ל תשלח ידכה **על** / [	(XXXIV)	4Q**418** 96,3
] / יחמול **על** הונו היה ל◦[	(XXXIV)	4Q**418** 101ii4
יו]סיף **על** נחלתו [	(XXXIV)	4Q**418** 162,3
אשר תעשו **על** פי כול המשפ[טים	(XXXVI)	4Q**419** 1,1
] **על** נגועי משפ[ט	(XX)	4Q**420** 2,4
]וזרעם **על** תנחומ[ים	(XX)	4Q**420** 2,5
ע]**ל** כול דב[ר	(XX)	4Q**420** 6,1
] / פעמיהם **על**[	(XX)	4Q**421** 1aii-b,7
] / הרפאמה **על**[	(XX)	4Q**421** 1aii-b,8
]ר **על** תוצ[אות	(XX)	4Q**421** 3,1
ע]**ל** אמתו יוצי[א דברו	(XX)	4Q**421** 3,3
ו]יקום **עליו** וישכחו[חוקיו	(XIII)	4Q**422** I,11
צדיק ? ב]דורו **ע**[**ל** הארצ ?	(XIII)	4Q**422** II,2a
] נצלו **על**[הארצ	(XIII)	4Q**422** II,3
ע]**ל** הארצ כיא[	(XIII)	
] ◦[ ]**ועליו** יתן[ ]ל[ ]◦ ◦[	(XIII)	4Q**422** II,5
]קו **על** הארצ / תחת כול השמ[ים	(XIII)	4Q**422** II,6
ל]עלות מים **על** האר[צ	(XIII)	4Q**422** II,7
היה ה[גשם] **ע**[**ל**] [הארצ	(XIII)	4Q**422** II,8
המי]ם גב[רו]**על**[הארצ	(XIII)	
] הגיש לפניו / ויאר **על** [ה]שמ[ים	(XIII)	4Q**422** II,10
להאיר **ע**]**ל** שמים ואר[צ	(XIII)	4Q**422** II,12
ועל פיהו הרתה כל[רחם	(XXXIV)	4Q**423** 3,3
להלל] / [ו]להודות לאל **על** כו[ל	(XX)	4Q**425** 4ii4
ברעת לכול מעשיו וטוב **על** פניהמה	(XXIX)	4Q**427** 7ii13
] **על** [	(XXIX)	4Q**427** 13ii2
וג]ורל א[ף **ע**]**ל**[נעזבים	(XXIX)	4Q**428** 5,2
והתאזרו]**על** תבל לאי[ן] / [	(XXIX)	4Q**428** 8,5
פן תהלכו פע]מי **על** מטמוני פחים	(XXIX)	4Q**428** 13,7
פורשי מכמרת **ע**]**ל**[פני] מים	(XXIX)	4Q**429** 1i2
לאין] / תקוה בנפול קו **על** משפ[ט	(XXIX)	4Q**432** 6,2
[וי]ל[כו נח]ל[י]בליעל **על** כו[ל אגפי רום	(XXIX)	4Q**432** 6,4
ואקומה על מנאצי וי]די **ע**[**ל** כול בוזי]	(XXIX)	4Q**432** 9,1
]גל **עליה**[	(XXIX)	4Q**432** 24,1
]דה **על** [	(XXIX)	4Q**433** 1,9
למשכיל מ[ש]ל **על** כבוד ר[	(XXIX)	4Q**433**a 2,2
] / וכפותיו **על**משענת רום השמים	(XXIX)	4Q**433**a 2,5
]◦מט **על** [	(XXIX)	4Q**433**a 3,2
ברכי נפשי את אדוני {{מ}}**על** כול נפלאותיו	(XXIX)	4Q**434** 1i1
ועברתו לא ה[ו]קר **עליהם**	(XXIX)	4Q**434** 1i5
]כה להנחם **על** אבלה עניה ה◦[	(XXIX)	4Q**434** 2,1
כן ינחמם בירושל[ים כחתן] **על** כלה	(XXIX)	4Q**434** 2,6
עליה / [לעו]לם ישכו[ן	(XXIX)	
]חסדך **עלי** / [	(XXIX)	4Q**434** 2,11
ותחזק **על** לב / [נדכה]ללכת בדרכיכה	(XXIX)	4Q**436** 1a+bi4
ותחזק **עלי** {{◦}} לרדוף אחרי דרכיכ[ה]	(XXIX)	4Q**436** 1a+bi6
[ברכי]נפשי את אדוני **על** כול נפל[אותיו	(XXIX)	4Q**437** 1,1
ועל קו מ[שפ]ט שמחת / [את נפשי	(XXIX)	4Q**437** 2i12
זכרתיך **על**[יצו]עי באשמרות	(XXIX)	4Q**437** 2i16
] / [**ע**]**ל** נפשם לעובדך יאבת[י	(XXIX)	4Q**437** 2ii15
]הקימותי **עליהם**[ ]ל[	(XXIX)	4Q**437** 2ii16
על כול אלה א[ברך	(XXIX)	4Q**437** 4,6
נתכ]ת חמת אל **על** רוב טורד[	(XXIX)	4Q**437** 9,3
]לנו **על**[	(XXIX)	4Q**437** 9,5
ואדבקה **על** נפשי כ[	(XXIX)	4Q**438** 3,1
על כול / אלה אבר[ך	(XXIX)	4Q**438** 4ii5
]**על** רוב[	(XXIX)	4Q**438** 11,1
על כן עיני מקור מים / [	(XXIX)	4Q**439** 1i+2,3
]אל רב **עלי** מיד ר[	(XXXVI)	4Q**440**a 3
]◦כה והפרי **על**[	(XXIX)	4Q**443** 1,9
]ו **על** כול תבל וב◦[	(XXIX)	4Q**443** 5,2
] / **על**[	(XXIX)	4Q**443** 13,2
ה]וכנתי **על**[	(XXIX)	4Q**445** 5,2
]◦בכה בל ישאלו **על** פ◦[	(XXIX)	4Q**446** 2,5
] / סרות **על** [	(XI)	4Q**448** I,3
ועל מפארו י[גדיל חסדו	(XI)	4Q**448** I,8
] / עור קדש / **על** יונתן המלכ	(XI)	4Q**448** II,2
ועל ממלכתכ / יתברכ שמכ	(XI)	4Q**448** II,8
] / **על** שמכ שנקרא[	(XI)	4Q**448** III,5
] / **על** יום מלחמה ו◦[	(XI)	4Q**448** III,7

Text		Ref.
] שלום עליכה / [ישראל	(VII)	4Q**503** 56i-58,12
[ובצאת השמש להאיר] על הארץ יברכו[	(VII)	4Q**503** 64,7
שלום ע]ליכה [ישרא]ל[	(VII)	4Q**503** 65,5
]עלי[	(VII)	4Q**503** 98,3
]ושלום עלי[כה ישראל	(VII)	4Q**503** 152,1
] עלי◦[	(VII)	4Q**503** 187,1
ותחס / עליהמה באהבתכה אותם	(VII)	4Q**504** 1-2ii9
וחמתכה מעמכה ישראל על כול חט[אתם]	(VII)	4Q**504** 1-2ii11
כיא נקרא שמכה עלינו	(VII)	4Q**504** 1-2ii12
עלכן שפכתה אלינו את חמתכה	(VII)	4Q**504** 1-2iii10
ל{{ד}}היו{{ד}}ת / כרעי נגיד על עמכה	(VII)	4Q**504** 1-2iv7
וישב על כסא ישראל לפניך / כול הימים	(VII)	
וגם ארצם / שממה על אויביהמה	(VII)	4Q**504** 1-2v4
[כי]א יצקתה את רוח קודשכה עלינו	(VII)	4Q**504** 1-2v15
ותשלי]ך מ[ע]לינו כול פשעי[נו]	(VII)	4Q**504** 1-2vi2
]כה עלפנינו לבלתי נ◦[	(VII)	4Q**504** 3ii9
] / על כול החו[ק]ים והמשפטים הא[לה	(VII)	4Q**504** 3ii14
]◦ר למענכה ועל דבר[	(VII)	4Q**504** 4,17
ויקח וישאהו {{א}}על[אברתו ← אל	(VII)	4Q**504** 6,8
ותקם עליו לבלתי ס[ור	(VII)	4Q**504** 8,8
]◦◦ נראה עלינו[	(VII)	4Q**504** 10,3
פסחת]ה עלבתינו [	(VII)	4Q**505** 125,2
] ותקימהום עלינו מועד תענית חוק עו[לם	(VII)	4Q**508** 2,3
]כפר על[	(VII)	4Q**508** 7,1
]◦ו לכה לכפר[על]יו ע[ל]כול ◦◦◦ / [	(VII)	4Q**508** 30,1
]◦ו לכה לכפר[על]יו על]כול ◦◦◦ / [	(VII)	
]◦◦◦◦ ◦◦בים אשר על [	(VII)	4Q**509** 1-2,9
ח]סריכה על עדתנו כש[עירים על הארץ	(VII)	4Q**509** 3,5
]רחמהם על תעניתם / [	(VII)	4Q**509** 16,3
] / עלי[	(VII)	4Q**509** 73ii1
]ם עלי ארץ להיות ק◦[	(VII)	4Q**509** 131-132ii8
]◦עלינו [	(VII)	4Q**509** 183,11
א]פקוד על פרי ג[ודל לבב	(VII)	4Q**509** 275,1
וממש[לתו] / על כול גבורי כוח	(VII)	4Q**510** 1,3
ע]ליה יגילו[	(VII)	4Q**511** 27,2
]אדם על / צדיק ב[	(VII)	4Q**511** 44-47,5
]על כול מופתי גבר	(VII)	4Q**511** 48-49+51,5
] / על ב◦◦[	(VII)	4Q**511** 99,3
]תחנן על כול נסתר[ו]ת אשמ[ה	(VII)	4Q**512** 34,15
ועמ]ד על עומדו[	(VII)	4Q**512** 27,3
וכסה את בגדיו וברך ע[ל ברכיו	(VII)	4Q**512** 11,4
] אשמתם ועל ה[	(VII)	4Q**512** 1-6,12
ולכפר {{במה}} בהם לרצון על י[שראל	(VII)	4Q**513** 2ii4
] לעשות זכרון ע[ל	(VII)	4Q**513** 3-4,4
]◦ן עליו◦[	(VII)	4Q**517** 25,1
ועל ענוים רוחו תרחף	(XXV)	4Q**521** 2ii+4,6
כי יכבד את חסידים על כסא מלכות	(XXV)	4Q**521** 2ii+4,7
] / נכון באים אבות על בנים	(XXV)	4Q**521** 2iii2
ויאר]ך ימים רבים על מלכותו	(XXV)	4Q**524** 6-13,3
ולוא רגל על לשונו	(XXV)	4Q**525** 2ii+3,1
בש[בטו על מי]שרים	(XXV)	4Q**525** 2ii+3,10
] / על כסא עון ועל במות כנס[תם	(XXV)	4Q**525** 14ii2
] / על כסא עון ועל במות כנס[תם	(XXV)	
] / לבכה והתענגתה על א[לוהים	(XXV)	4Q**525** 14ii10
ועל במות[י א]ויביכה תדרוך	(XXV)	4Q**525** 14ii11
ע]ל העוון ה[זה	(XXV)	4Q**525** 19,5
]על מי דן ו◦[	(III)	5Q**9** 5,3
] / על השבועה אשר [	(III)	5Q**12** 3
] / על פני השדה א[שר	(III)	5Q**12** 4
]◦ה ויוסד על[	(III)	5Q**13** 1,3

Text		Ref.
] / וכבודו עליהמה ירא[ה	(XXIX)	4Q**457b** II,6
] / ויצדקו והלך על הרום ה[	(XXXVI)	4Q**458** 2ii5
] על הימ[	(XXXVI)	4Q**458** 9,1
כיא יוכיח על הזנית ומי / [	(XXXVI)	4Q**460** 9i7
וכול זמתכה ישיב על עמ[	(XXXVI)	4Q**460** 9i10
]◦בעבודה קשה ויתנו על ◦◦◦[	(XXXVI)	4Q**461** 1,3
]ם עליו	(XXXVI)	4Q**461** 4,4
]מעלי[ו	(XXXVI)	4Q**461** 4,5
היה האור עמהם ועלינו היה[	(XIX)	4Q**462** 1,9
על כן יואמר[ו	(XIX)	4Q**462** 1,10
]את אויביהמה עליהמ[ה	(XIX)	4Q**463** 2,5
] / פשר ע[ל	(XIX)	4Q**464** 3ii7
]מלך עלי ואור נגהו על ◦[	(XXXVI)	4Q**468b** 3
]מלך עלי ואור נגהו על ◦[	(XXXVI)	
]ערותו לשו[ם]◦ר על ערות [	(XXVIII)	4Q**468cc** 5
]◦ על נו◦[	(XIX)	4Q**470** 3,8
]ול שליש על פי נש[	(XXXV)	4Q**472a** 3
]ל◦ על מעש[ה	(XXXV)	4Q**472a** 4
ורעה] / יב[ו]א [ע]ליכה והשמידכה [	(XXII)	4Q**473** 2,5
בבן אהוב ל[א]ב[י]ו[ ]על כול[אחיו	(XXXVI)	4Q**474** 2
מ]חני הרבים על[	(XXXVI)	4Q**477** 2i3
]◦א והנה מכה על מכה [	(XXII)	4Q**481c** 7
ע]ל הארץ[	(VII)	4Q**483** 1,2
]חמו על / [	(VII)	4Q**487** 8,2
גם]חמה על מעמדמה	(VII)	4Q**491** 1-3,15
ש]מחה על / [	(VII)	4Q**491** 8-10i13
מ]עליכה יפוצו כול בני חושך	(VII)	4Q**491** 8-10i14
ובעומדם איש] / על מצבו יתקעו הכוהנים	(VII)	4Q**491** 11ii20
יתקעו הכוהנים תרועה שנית על ידי התקרב	(VII)	
ובעומדם לדגליהמה אי[ש] על [מצבו	(VII)	4Q**491** 13,4
כיא יד] אל נטויה על כול הגואים	(VII)	4Q**491** 14-15,6
ככה יעשו ע[ל	(VII)	4Q**491** 17,5
ע]ל עומדם [	(VII)	4Q**491** 26,2
בעומדם על חללי[כתיים	(VII)	4Q**492** 1,12
ג]בורתו על כול[הג]וים [	(VII)	4Q**492** 2,1
] על חצוצרו[ת ה]שבתות [כתוב	(VII)	4Q**493** 13
ע]ל חצו[צרות	(VII)	4Q**496** 9,2
וע]ל חצוצ[רות מקרא	(VII)	4Q**496** 12,3
]או וע[ל	(VII)	4Q**496** 17,1
ויתגברו על עני ואביון	(VII)	4Q**501** 9
]חסדים ע[ל	(VII)	4Q**502** 16,2
]◦ על כול בני[	(VII)	4Q**502** 48,2
]רק על [	(VII)	4Q**502** 132,1
]להאיר על הארץ יברכו	(VII)	4Q**503** 1-6iii12
[ובצאת] השמש להאיר על האר[ץ יברכו	(VII)	4Q**503** 10,1
ש]לום עליכה[ישראל	(VII)	4Q**503** 15-16,7
[ובצאת השמש להאיר]על הארץ יברכו[	(VII)	4Q**503** 24-25,3
[ובצאת השמש להאיר ע]ל[הא]רץ יברכו[	(VII)	4Q**503** 29-32,7
שלום אל[ע]ליכה ישראל	(VII)	4Q**503** 29-32,11
ובצ[א]ת השמש על ה[ארץ יברכו	(VII)	4Q**503** 33II-36,1
] / של[ום] עליכה ישראל[	(VII)	4Q**503** 33II-36,5
] / [ובצאת הש]מש על ה[ארץ יברכו	(VII)	4Q**503** 33II-36,10
שלום] עליכה י[שראל	(VII)	4Q**503** 33II-36,13
שלום עליכה[ישראל	(VII)	4Q**503** 39,3
שלו]ם עלי[כ]ה[ישרא]ל בפי כול לש[וני	(VII)	4Q**503** 42-44,3
]ישו[ע]תכה שלום ע[ליכה י]שראל	(VII)	4Q**503** 48-50,6
[ובצאת השמש לה]איר על[ה]ארץ יברכו	(VII)	4Q**503** 48-50,7
]אל על כו[ל	(VII)	4Q**503** 48-50,8
שלום על[יכה ישראל] / [	(VII)	4Q**503** 51-55,6a
שלום עליכה [ישראל]	(VII)	4Q**503** 51-55,10

]שבועה על / [	(III)	5Q13 2,11
] על ברית אל[	(III)	5Q13 28,3
]ים ועל ימים גם על ◦[	(III)	5Q14 1
]ים ועל ימים גם על ◦[	(III)	5Q14 1
]◦יניך מעליך יפלו [	(III)	5Q14 2
]י על◦[	(III)	6Q9 22,1
] עלי[	(III)	6Q9 22,5
]על[	(III)	6Q13 1
]◦[ ]עליו[	(III)	6Q18 6,1
]◦ל עלינו[	(III)	6Q18 8,3
]עליכה[	(III)	6Q18 14,3
ותפארתו על כול מעשיו	(IV)	11Q5 XVIII,7
על אוכלסה בשבע נאמרה	(IV)	11Q5 XVIII,11
ועל שתותמה בחבר / יחדיו	(IV)	
הנה / עיני יהוה על טובים תחמל	(IV)	11Q5 XVIII,14
ועל מפאריו יגדל חסדו	(IV)	
ועל חסדיכה אני נסמכתי	(IV)	11Q5 XIX,13
ויתאבלו עליך תמיד	(IV)	11Q5 XXII,8
קחי חזון / דובר עליך	(IV)	11Q5 XXII,14
על כן שאלתי מלפניכה שלמה	(IV)	11Q5 XXIV,14
ושיר לשורר לפני המזבח על עולת / התמיד	(IV)	11Q5 XXVII,5
ושיר / לנגן על הפגועים ארבעה	(IV)	11Q5 XXVII,10
]אשר יעש[ו]על / [כול אי]ש חטא	(XXIII)	11Q11 III,6
ועל כול א[דם רשע	(XXIII)	11Q11 III,7
] / ובחרון אפו[ישלח]עליך מלאך תקיף[	(XXIII)	11Q11 IV,5
[כול דב]רו אשר[בלוא] רחמ[ים] עליך	(XXIII)	11Q11 IV,6
]על כול אלה אשר[יורידו]ך לתהום	(XXIII)	11Q11 IV,7
לדויד ע[ל	(XXIII)	11Q11 V,4
וישם מדמו ע]ל בשר [הקרבן	(XXIII)	11Q12 7a,1
פשרו]לאחרית הימים על השבויים	(XXIII)	11Q13 II,4
לכפר בו על כול בני [אור	(XXIII)	11Q13 II,8
]◦ם עלי[המ]ה הת[ ]לפ[י]כ[ול עש]ותמה	(XXIII)	
כאשר כתוב / עליו בשירי דויד	(XXIII)	11Q13 II,10
ועליו אמ[ר ו]עלי[ה] / למרום	(XXIII)	
ועליו אמ[ר ו]עלי[ה] / למרום שובה	(XXIII)	
פשרו על בליעל ועל רוחי גורלו	(XXIII)	11Q13 II,12
פשרו על בליעל ועל רוחי גורלו	(XXIII)	
מה]נאוו / על הרים רגל[י] מבש[ר	(XXIII)	11Q13 II,16
]הואה הכתוב עליו אשר [	(XXIII)	11Q13 II,19
כאשר כתוב עליו[אומר לצי]ון מלך אלוהיך	(XXIII)	11Q13 II,23
] / התורה[ע]ליהמה[	(XXIII)	11Q13 III,6
להוריד על ארצכםה / גשמי ברכה	(XXIII)	11Q14 1ii8
ושם קודשו נקרא עליכם	(XXIII)	11Q14 1ii15
]על מרום כסא[	(XXIII)	11Q17 VII,2
בי]ת לשום שמי עליו כ[ול		11Q19 III,4
ה]כפרת אשר עליו זהב טהור[		11Q19 III,9
למ]עלה מעל כול ◦[		11Q19 VII,6
ונתת]ה על שתי המערכות[לבונה] / [זכה		11Q19 VIII,9
ביום השבת ע]ל מזבח הקטורת		11Q19 VIII,11
ובעורככה את ה]לחם תתן עליו לבונה		11Q19 VIII,12
ועשי]תמה מעל השער / [		11Q19 X,9
על] / העולה למלא על נפשותמה		11Q19 XV,14
ויקריב פר] / [אחד ע]ל כול הע[ם]		11Q19 XV,17
[אחד ע]ל כול הע[ם] ואחד על הכוה[נים		
] / [את כול] החלב אשר על הקרב		11Q19 XVI,7
ואת החלב אשר עליה[נה		11Q19 XVI,8
ויתן מדמו באצבעו על קרנות ה[מזבח		11Q19 XVI,16
ואת כול] / דמו יזרוק ע[ל אר]בע פנות		11Q19 XVI,17
] וישמחו כי כופר עליהמה[		11Q19 XVII,2
יכפר ע]ל עם הקהל מכול אשמת[ם]		11Q19 XVIII,7

ש[לישית] ההין על המטה	11Q19 XIX,15
ויקריבו על היין {{הזה}} ביום הזה	
ואת חלבם]יקטירו על המ[זבח	11Q19 XX,4
ואת כול החל[ב] אשר על הק[רבים]	11Q19 XX,5
ואת החלב [אשר] ע[ליהנה]	11Q19 XX,6
[וכול מנחה א]שר קרב עליה לבונה	11Q19 XX,10
ויקטירו על המזבח	11Q19 XX,11
ועל כול קורבנכמה תתנו מלח	11Q19 XX,13
יין חדש על מזבח יהוה שנה בשנ[ה]	11Q19 XXI,10
השמן הזה ראשית ה?]יצהר על מזבח העולה	11Q19 XXI,16
וא]ת חלבמה יקטירו על מזבח ה[עולה	11Q19 XXII,6
[ומנחתמה]ונסכמה יקטירו על החלבי[ם	11Q19 XXII,7
יכפרו / [ע]ל [כו]ל [יצ]הר הארץ לפני יהוה	11Q19 XXII,16
[והקריבום ברובע היו?]ם על ה[מ]זבח	11Q19 XXIII,8
ונת[ן מ]דמו באצבעו על ארבע קרנות מזב[ח]	11Q19 XXIII,12
ועל ארבע פנות עזרת המזבח	11Q19 XXIII,13
וזרק את דמו על יסו[ד] / עזרת המזבח	
את / הקרב ואת אשר על הקרבים	11Q19 XXIII,15
ואת החלב אשר עליהמה	11Q19 XXIII,16
ואת אשר על הכסלים	
ויקטר / הכול על המזבח עם מנחתו	11Q19 XXIII,17
ומנח]תה ונסכה עליה חוקות[עולם]	11Q19 XXIV,8
יקריב הכוהן הגדול עליו ועל בית אביהו	11Q19 XXV,16
יקריב הכוהן הגדול עליו ועל בית אביהו	
וכפר בו על כול עם הקהל	11Q19 XXVI,7
ואת מנחת / נסכו יקטיר על מזבח העולה	11Q19 XXVI,8
ויכפר בו על כול עם הקהל	11Q19 XXVI,9
והתודה על רואשו את כול עוונות בני ישראל	11Q19 XXVI,11
ונתנמה על רואש השעיר	11Q19 XXVI,12
] / על כול בני ישראל ונסלח להמה[	11Q19 XXVII,2
הכבשים כמש]פטמה / על מזבח העולה	11Q19 XXVII,4
בבית אשר א[שכין] / שמי עליו	11Q19 XXIX,4
מ]קדשי בכבודי אשר אשכין / עליו	11Q19 XXIX,9
]בבית אשר תבנה [לשמ?]י/ו / עלי◦[	11Q19 XXX,5
]אשמתם לכפר על העם	11Q19 XXXII,6
ולהקטיר על המזבח / העו[לה	11Q19 XXXII,7
יהיו מניחים [ש]ם עליהמה / את בגדיהמה	11Q19 XXXII,10
באי]ם [בה]ם למעלה מעל לבית המ[	11Q19 XXXII,11
]אשר עליהמה ומני[חים	11Q19 XXXIII,4
את הקרבים ואת / הרגלים על המזבח	11Q19 XXXIII,15
וזורקים אותו על יסוד המזבח סביב	11Q19 XXXIV,8
ופושטים את עורות הפרים מעל לבשרםה	11Q19 XXXIV,9
ומקטירים אותמה על / האש	11Q19 XXXIV,11
האש אשר על המזבח	11Q19 XXXIV,12
ונתחיו אצלו ומנחת סולתו עליו	
ויין נסכו אצלו וממנו עליו	11Q19 XXXIV,13
הכול / על המזבח אשה ריח ניחוח	11Q19 XXXIV,14
והעוף על המזבח יעשה התורים	11Q19 XXXV,15
היא] עליה לבונה ול◦◦◦◦[	11Q19 XXXVIII,8
ל[ח]צר הזואת על שמ[ות] / בני יש[ר]אל	11Q19 XXXIX,11
ועל גג השלישית / תעשה עמודים	11Q19 XLII,10
והיו הסוכות / נעשות עליהמה	11Q19 XLII,13
למועד יום הקרב שמן חדש על המזבח	11Q19 XLIII,10
ושתי סוכותיהמה / אשר מעל הגג	11Q19 XLIV,7
ותדריהמה והסוכה / אשר מעלהמה	11Q19 XLIV,9
ולו]א יעוף [כול] / עוף טמא על מקד[שי	11Q19 XLVI,2
על פי פתחי השערים כולמה	11Q19 XLVI,6
משרץ העוף תואכלו ההולכים על ארבע	11Q19 XLVIII,4
אשר / יש לו כרעים מעל רגליו	11Q19 XLVIII,5
לנתור בהמה על הארץ	

ושרטת **על** נפש לוא תתנו בבשרכמה	11Q19 XLVIII,9	
וכול אוכל אשר יוצק **עליו** מ[י]ם	11Q19 XLIX,7	
וביום השלישי יזו **עליהמה** מי נדה	11Q19 XLIX,18	
ובאדם אשר לוא הטמא **על** / [	11Q19 XLIX,21	
איש אשר יגע **על** פני השדה בעצם אדם מת	11Q19 L,5	
ונותנים אבני משכיות להשתחות **עליהמה**	11Q19 LI,21	
בכול ארצכה להשתחו[ות] **עליה**	11Q19 LII,3	
ולוא תכה אם / **על** בנים	11Q19 LII,7	
רק הדם לוא תואכל / **על** הארץ תשופכנו	11Q19 LII,12	
ולוא תחסום שור **על** דישו		
במקום אשר אבחר לשום שמי **עליו**	11Q19 LII,16	
וזרקו את דמו **על** יסוד מזבח העולה	11Q19 LII,21	
לבלתי אכול הדם **על** הארץ תשופכנו	11Q19 LIII,5	
אל המקום אשר אשכין / שמי **עליו**	11Q19 LIII,10	
או ישבע / שבועה לאסור אסר **על** נפשו	11Q19 LIII,15	
או אסרה אסר **על** נפשה / בבית אביה	11Q19 LIII,16	
או / את האסר אשר אסרה **על** נפשה	11Q19 LIII,18	
וכול אסרה אשר אסרה **על** נפשה יקומו	11Q19 LIII,19	
נדריה ואסריה / אשר אסרה **על** נפשה	11Q19 LIII,21	
כול אשר אסרה **על** נפשה / יקומו עליה	11Q19 LIV,4	
כול אשר אסרה על נפשה / יקומו **עליה**	11Q19 LIV,5	
לוא תוסיף **עליהמה** ולוא / תגרע מהמה	11Q19 LIV,6	
כי דבר סרה / **על** יהוה אלוהיכה	11Q19 LIV,16	
והגידו לכה **עליו** / ושמעתה את הדבר הזה	11Q19 LV,18	
הדבר אשר **עליו** ב[אתה לדרוש/עליתה [לדרוש	11Q19 LVI,2	
ועשיתה **על** פי התורה אשר יגידו לכה	11Q19 LVI,3	
ו**על** פי הדבר / אשר יואמרו לכה		
המקום אשר אבחר לשכין שמי **עליו**	11Q19 LVI,5	
ו**על** פי המשפט אשר יואמרו לכה	11Q19 LVI,6	
ואמרתה אשימה **עלי** מלך ככול הגואים	11Q19 LVI,13	
שם תשים **עליכה** מלך אשר אבחר בו	11Q19 LVI,14	
מקרב אחיכה תשים **עליך** מלך		
לוא תתן **עליכה** איש נוכרי	11Q19 LVI,15	
והיה בשבתו **על** כסא ממלכתו	11Q19 LVI,20	
וכתבו / לו את התורה הזואת **על** ספר	11Q19 LVI,21	
ולוא יקח **עליה** אשה אחרת	11Q19 LVII,17	
וה{{◦}}יה כי ישמע המלך **על** כול גוי	11Q19 LVIII,3	
ושלח **על** שרי האלפים ועל שרי המיאות	11Q19 LVIII,4	
ושלח על שרי האלפים ו**על** שרי המיאות		
לצאת עמו למלחמה **על** / אויביהם	11Q19 LVIII,5	
וכי אם תחזק המלחמה **עליו**	11Q19 LVIII,10	
ו{{ע}}אם יצא למלחמה **על** / אויביו	11Q19 LVIII,15	
על פיהו יצא ועל פיהו יבוא	11Q19 LVIII,19	
על פיהו יצא ו**על** פיהו יבוא		
והצליח בכול דרכיו אשר יצא **על** פי המשפט	11Q19 LVIII,21	
וששתי **עליהמה** / והייתי להמה לאלוהים	11Q19 LIX,12	
לוא ימצא לו איש יושב **על** כסא / אבותיו	11Q19 LIX,14	
אכרית זרעו ממשול עוד **על** ישראל	11Q19 LIX,15	
איש יושב מבניו **על** כסא מלכות / ישראל	11Q19 LIX,17	
ויארך ימים רבים **על** מלכותו	11Q19 LIX,21	
חלק כחלק / יואכלו לבד ממכר **על** האבות	11Q19 LX,15	
ולכול חטא אשר יחטא **על** פי שנים / עדים	11Q19 LXI,6	
או **על** פי שלושה עדים יקום דבר	11Q19 LXI,7	
לוא / תחוס עינכה **עליו**	11Q19 LXI,12	
כי / תצא למלחמה **על** אויביכה	11Q19 LXI,13	
כי / תקרב אל עיר להלחם **עליה**	11Q19 LXII,6	
ועשתה עמכה מלחמה / וצרתה **עליה**	11Q19 LXII,9	
ו**על** פיהמה יהיה כול ריב	11Q19 LXIII,4	
ירחצו את ידיהמה **על** ראוש העגלה	11Q19 LXIII,5	
כי תצא למלחמה **על** אויביכה	11Q19 LXIII,10	
והסירותה / את שלמות שביה מ**עליה**	11Q19 LXIII,13	
ותליתמה אותו **על** העץ וימת	11Q19 LXIV,8	
על פי שנים עדים ועל פי שלושה עדים		
על פי שנים עדים ו**על** פי שלושה עדים	11Q19 LXIV,8	
ותליתמה גם אותו **על** העץ / וימות	11Q19 LXIV,10	
ולוא תלין נבלתמה **על** העץ	11Q19 LXIV,11	
כי / מקוללי אלוהים ואנשים תלוי **על** העץ	11Q19 LXIV,12	
או **על** הארץ ? / אפרוחים או בצים	11Q19 LXV,2	
והאם רובצת **על** האפרוחים או על הבצים	11Q19 LXV,3	
והאם רובצת על האפרוחים או **על** הבצים		
לוא תקח את האם **על** הבנים	11Q19 LXV,4	
והוציא **עליה** שם רע	11Q19 LXV,8	
כי הוציא שם רע **על** בתולת ישראל	11Q19 LXV,15	
ו]ומתו את הנערה **על** דבר אשר לוא זעק[ה]	11Q19 LXVI,2	
ואת האיש **על** דבר אשר ענה את אשת רעהו	11Q19 LXVI,3	
כיא כאשר יקום / איש **על** רעהו	11Q19 LXVI,7	
וה]קריבו **על** המ[זבח לכול יום ויום]	11Q20 I,10	(XXIII)
ואת החלב אשר **עלי**[הנה	11Q20 I,15	(XXIII)
למלו{{א}} **על** נפשותמה שבעת ימי[ם]	11Q20 I,20	(XXIII)
ישפוכו סביב **על** ארבע פנות עזרת ה[מזבח	11Q20 I,26	(XXIII)
ע]**ל**[עם הקהל מכול] / [	11Q20 III,11	(XXIII)
שלישית ההין **על** / [המטה	11Q20 IV,3	(XXIII)
שלישית הה]ין שמן לאיל **על** הנסך הזה	11Q20 IV,6	(XXIII)
ואת חלבמה יקט]ירו **על** המזבח	11Q20 IV,14	(XXIII)
ולוא תבו]א **ע**[**ל**]י[ו ה]שמש	11Q20 IV,23	(XXIII)
ביו]ם הזה יכפרו **על** התירוש	11Q20 V,11	(XXIII)
וכפ]ר בו **על** כול העדה לפני / [יהוה	11Q20 V,19	(XXIII)
כי ביום הזה יכפרו **ע**[**ל** כול יצהר הארץ	11Q20 VI,8	(XXIII)
[יהיו באים אליהם למע]לה מ**ע**[**ל**]לבית[	11Q20 IX,2	(XXIII)
וכול אשר יפול] / **עליו** מ[המה	11Q20 XIV,20	(XXIII)
ולוא תחוס עינ]כה **עליו**	11Q20 XVI,5	(XXIII)
ולוא תחמל **ע**[**ליו**		(XXIII)
]ים את[ ] **עליהם** / [	11Q20 31,3	(XXIII)
]**עליכה** כיא [	11Q27 1,1	(XXIII)
] ו**על** יצוע[י	11Q30 11,1	(XXIII)
]◦ **על** ז◦◦[	PAM 43.670 45,1	(XXXIII)
] **על** [	PAM 43.670 51,1	(XXXIII)
]ם **עליה** / [	PAM 43.672 59,2	(XXXIII)
]מ**עלי**[	PAM 43.672 60,1	(XXXIII)
]ב **על** כי [	PAM 43.674 15,2	(XXXIII)
]◦ **על** ◦[	PAM 43.674 56,2	(XXXIII)
]רי **על** ◦[	PAM 43.675 4,1	(XXXIII)
]◦הו **עליו** לב ל◦[	PAM 43.677 9,5	(XXXIII)
]רי ימם **על**[	PAM 43.677 20,3	(XXXIII)
] **על** המ◦ [	PAM 43.677 27,2	(XXXIII)
] **על** עי[	PAM 43.680 24,1	(XXXIII)
] **על** יור[	PAM 43.680 28,2	(XXXIII)
]עליון **ע**[**ל** כל	PAM 43.682 30,1	(XXXIII)
]ו **על** י[	PAM 43.685 56,1	(XXXIII)
] **על** ◦◦[	PAM 43.689 4,3	(XXXIII)
] **על** ה[	PAM 43.691 17,1	(XXXIII)
ו**על** מ◦[	PAM 43.695 4,1	(XXXIII)
] **על** ת[	PAM 43.698 10,1	(XXXIII)
] לב **על** {{◦}}קש[ה	PAM 43.700 24,2	(XXXIII)

עֹל ← עול

to go up, arise, sacrifice verb **עלה**

ויע[ל או]הב בשמרו מצות אל	CD III,2
עלו ורשו את רוחם ולא שמעו	CD III,7

העולה מזה יתפש בזה		CD IV,18
ויעלו מעשי דויד מלבד דם אוריה		CD V,5
אל יעלה איש בסולם		CD XI,17
אל יעל איש למזבח בשבת		CD XI,17
והנגלות עשו ביד רמה לעלות אפ למשפט		1QS V,12
להעלות איש לפי שכלו		1QS V,24
בח]לה יעלה ויגרהו בחרמו		1QpHab V,13
ומשם יעלנו למשפט		1QpHab X,4
ואחר המלחמה יעלו משם / ◦◦[		1QM I,3
ואחר העלותם מעל החללים		1QM XIV,2
ומשאול אבדון / העליתני לרום עולם		1QHa XI,20
והפלתה] עם נמהרי / צדק להעלות משאון		1QHa XIII,22
ופלגיו / יעל קוץ ודרדר לשמיר ושית		1QHa XVI,25
[הקהל א]ת כול הע[ר]ה ועלה א[ל הר נבו]	(I)	1Q22 1i2
]ואחר יעלה וננש[ל	(I)	1Q29 2,4
] / ויעל את העולה על המזב[ח	(V)	4Q158 4,4
והעלהו / [אל ה]שמים הואה [	(V)	4Q160 3-4ii2
חר]דה בעלותו מבקעת עכו ללחם ב◦[	(V)	4Q161 5-6,11
ואשר אמר יעלה שמיר / [ושית	(V)	4Q162 I,3
הנה אדני מע]לה עליה[ם] את מי הנהר	(V)	4Q163 2-3,1
כי מעלה הלוחית / [ב]בכי יעלה ב[ו	(V)	4Q165 4,2
והשודד] שודד ע[לי עילם	(V)	4Q165 5,7
ומרכבה מרקדה פרש מעלה להוב	(V)	4Q169 3-4ii3
אוי לנו כי אף אל עלה[	(V)	4Q179 1ii1
את כול]המעשה הזה והעלהו	(XIX)	4Q200 6,1
והואה מעלה מתהו[ם]	(XIX)	4Q200 6,6
חצים] / עלו למע[לה לרקיע	(XIII)	4Q216 V,13
[ויכל לד]בר אתו ויעלה[מעליו	(XIII)	4Q223-224 1i4
ויעלו בראו[שו קר]נים כקרני א[יל]	(XIII)	4Q223-224 2iv7
עול העובד עליהם] להע[לות מס ליעקוב	(XIII)	4Q223-224 2iv32
והעלהו לי לעולה על אחד ההרים[	(XIII)	4Q225 2i12
עליתה / משכבי אביכה	(XXII)	4Q252 IV,4
אז חללתה יצועיו עלה	(XXII)	4Q252 IV,5
ל[ה]עלות איש כפי שכל[ו]	(XXVI)	4Q258 II,4
אל יעל איש בהמה אשר תפול / אל המים	(XXXV)	4Q265 6,5
ישלח לו את בגדו להעלותו בו	(XXXV)	4Q265 6,7
ור[ו]ח החיים עולה ויורדת	(XVIII)	4Q266 6i12
א]ש[ר] יעלה [ע]ל[ו] מחשבת [זמ]ה	(XVIII)	4Q266 6i15
אל]יע[ל איש למזבח בשבת]	(XVIII)	4Q266 9i3
אל] / יעלה איש בסולם	(XVIII)	4Q270 6v20
אל יעלה [אי]ש בסולם	(XVIII)	4Q271 5i11
אל יעל איש / [למזבח בשבת	(XVIII)	
והנה רו]ח החיים עולה ויורדת	(XVIII)	4Q272 1i7
ורוח החיים עולה וי[ורדת	(XVIII)	4Q272 1ii1
] / יעלו ביחוש ◦[	(XXVI)	4Q275 3,2
וחמשה בו שבת על ידעיה ועלו[	(XXI)	4Q325 1,2
ויעלו מצ[רים ויבואו ארצ(ה) כנען	(XIII)	4Q364 11,5
ויואמר יהוה אל מושה על[ה אלי] ההר	(XIII)	4Q364 14,3
]לעלות א[ל הר] האלוהים	(XIII)	4Q364 14,5
אנה אנחנו] / [עו]לים	(XIII)	4Q364 21a-k,18
ונעלה דרך הבשן למלחמה	(XIII)	4Q364 24a-c,15
ועלה אלי ההר	(XIII)	4Q364 26bii+e,4
ולפי ה]עלות הענן מעל הא[והל	(XIII)	4Q365 31a-c,5
ועלו לנגב ויבואו / [?	(XIII)	4Q365 32,10
]מכיר ועליתה אתה ואהרון / [	(XXVIII)	4Q368 5,4
ואחר נעלה / [הענן ?	(XIX)	4Q376 1ii2
]◦ת כי חרה לו עלה / באפ[ו עשן	(XI)	4Q381 24a+b,10
] תושיעני ותעלני מאהלי מות	(XI)	4Q381 31,2
]עלה בעת [	(XI)	4Q381 41,2
]משפטכה ועון עמכה מעלה לרו[ם	(XIII)	4Q382 104,8
]◦ יעלה ◦[	(XIII)	4Q382 150,1
ויאמר שנית הנבא ויעלו עליהם גדים	(XXX)	4Q385 2,6
ויקרמו עור ויע]ל[ו] עליהם גדים	(XXX)	4Q386 1i7
מלבד העולים רישונה מארץ שבים	(XXX)	4Q390 1,5
]על הארץ ויעלו אפר[	(XIX)	4Q391 25,2
]מ עולה מרוחותיכם[	(XIX)	4Q391 56,4
שלוא יעשה את המצוה] ונעלה ממנו	(X)	4Q396 1-2iii9
שלוא] / [יעשה את המצוה ונעל]ה ממנו	(X)	4Q397 6-13,9
כ]יא זאת תעלה ז[א]ת[	(XXXIV)	4Q418 167a+b,3
] / יעלו הרים וירדו תהמו[ת נפשם	(XXXIV)	4Q418b 1,3
ל]עלות מים על האר[צ	(XIII)	4Q422 II,7
ומשאול העלות נפ[ש]י חיים נתתה[לפני]	(XXIX)	4Q437 2i11
]◦ ציון תעלינה[	(XXII)	4Q481 2,2
ו]יעל אלישע ויראו / [בני הנביאים	(XXII)	4Q481a 2,3
[ובע]לות המערכה הנצבה למלחמת היום	(VII)	4Q491 1-3,11
]ם יעלה / [	(XXV)	4Q521 2i+3,11
ועלתה [יבמתו השערה אל הזקנים]	(XXV)	4Q524 15-22,8
ברקים למט]ר עשה ויעל נשיא[ים מ]קצה	(IV)	11Q5 XXVI,15
עלו העצים את דברי והצואן את מעשי	(IV)	11Q5 XXVIII,6
וכ]ל [עו]ל[ו]תהם יע[ל על המזבח	(XXIII)	11Q12 7a,2
ואחר יעלו את האיל אחד		11Q19 XVIII,9
והעלה את / דמו למזבח במזרק		11Q19 XXIII,11
[ו]שחט את השעיר אשר על[ה עליו הגורל		11Q19 XXVI,5
]ת אשר מסביב עולה מעלות א[		11Q19 XXX,10
]אשמתם לכפר על העם ובעלות[ם] / [		11Q19 XXXII,6
אשר יהיו מעלים במה את הקרבים		11Q19 XXXIII,14
עולים מסבות לתוך הפרור השני		11Q19 XLII,8
ולשרי המאיות אשר יהיו עולים		11Q19 XLII,15
עד {{ע}}העלות את עולת המועד		11Q19 XLII,16
אשר יהיו עולים בני ישראל אליו		11Q19 XLVI,7
אשר עליו ב[אתה לדרוש/עליתה [לדרוש ← בוא		11Q19 LVI,2
כי אנוכי עמכה המעלכה מארץ מצרים		11Q19 LXI,14
]ברובע הי[ו]ם תעלה זואת / [	(XXIII)	11Q20 VII,22
] עלו רשו [	(XXXIII)	PAM 43.680 38,1
ה]מעלכה ◦[	(XXXIII)	PAM 43.680 47,2
]תעלה[	(XXXIII)	PAM 43.689 34,1
]ה עלו [	(XXXIII)	PAM 43.696 84,2

leaf noun **עָלֶה**

ובנצר עליו ירעו כול ח[י]ת יער		1QHa XVI,8
לפני / חום יבול עליו ולא נפתח עם מבו[ע		1QHa XVI,26
עין ר]ענן על פלגי מים לשת עלה		1QHa XVIII,25
ותבוא אליו ועלי זית טרף בפיה	(XXII)	4Q252 I,16
] עפיו ועליו ואבו יהיו בו	(XXIX)	4Q433a 2,8
יבש / שו[ר]שיו ממני ואל ינצו ע[ל]יו בי	(IV)	11Q5 XXIV,13

עֹלָה-1 ← עוֹלָה

charge, pretext noun **עִלָּה**

ושנאה ושם לה עלות דברים		11Q19 LXV,7
והנה שנאה והוא שם / לה עלות דברים		11Q19 LXV,12

(indeterminate) עלה

]ם עלה[	(III)	2Q28 3,2

youth noun **עֲלוּמִים**

] / עלומיה שוממו בני ◦[	(V)	4Q179 1ii5

עָלֵז ← עָלִיז

Eli proper noun **עֵלִי**

4Q160 1,3 (V)]שמואל שכב לפני **עלי** ויקום ויפתח
4Q160 1,4 (V)]להגיד את המשא **לעלי** ויען עלי ו[
4Q160 1,4 (V)]להגיד את המשא לעלי ויען **עלי** ו[
4Q341 13 (XXXVI) יטריסיסי / עקילא / **עלי** עדפי / [

עֲלֵי ← עַל-2

עֲלִיָּאה ← עֲלִיָּה

roof chamber noun **עֲלִיָּה, עֲלִיָּאה**

3Q15 X,1 (III) באמת ה[מים] / דרום **בעליאה** השנית
11Q19 VI,6 וארבע]ה שערים **לעליה** לארבע [רוחותיה
11Q19 XXXI,6 **ובעלית** הב[ית הזה תעשה שע]ר פתוח
11Q19 XXXI,7 ה]היכל אשר יהיו באים בו **לעלית** ההיכל

upper, highest, Most High adjective **עֶלְיוֹן-1**

CD XX,8 ובעבודה / כי ארורהו כל קדושי **עליון**
1QS IV,22 להבין ישרים בדעת **עליון** וחכמת בני שמים
1QS X,12 ולאל אומר צדקי / **ולעליון** מכין טובי
1QS XI,15 להודות לאל צדקו **ולעליון** תפארתו
1QH^a XII,31 לאל **עליון** כול מעשי צדקה
1QH^a XIV,33 כי לאל **עליון** ה[
3Q15 I,8 (III) בחליא / נגד הפתח **העליון** ככרין תשע מאת
3Q15 XII,4 (III) תחת המעלהא של השית **העליונא**
4Q88 VIII,15 (XVI) רומי ורחבי / [ציון שבחי **ע]ל[יון** פודך
4Q175 10 (V) נואם שומע אמרי אל וידע דעת **עליון**
4Q216 V,4 (XIII) ברא את השמ]ים **העליונים** ואת האר[ץ
4Q219 II,21 (XIII) ונרצית] / [לפני יהו]ה אל **עליון**
4Q219 II,32 (XIII) יחוק] / [אתכה אל **ע]ליון** אלוהי ואלו<ה>יכה
4Q221 1,5 (XIII) ושמור משמר[ת אל **ע]ליון**[ועשה] / [רצונו
4Q222 1,4 (XIII) ותברך את {{ע}}אל **עליון** ק[ונה שמים וארץ
4Q285 8,4 (XXXVI) יברך] אתכם אל **ע]ליון** ויאר פניו אליכם
4Q291 1,3 (XXIX)]◦לברך שם אל ◦◦ **עליו[ן**
4Q372 1,4 (XXVIII)] / **עליון** ויתנם ביד הגוים
4Q378 26,1 (XXII)]ויוד[ע] דעת **עליון** ומ[
4Q378 26,3 (XXII)]ערת **עליון** הק[ש]יבו לקול מ[ושה
4Q378 26,4 (XXII)]אלהים **עליו[ן**
4Q379 18,6 (XXII)]ובעדו[ת] **עליון** השכלת כ◦[
4Q381 76-77,16 (XI) שמ]ים וארץ **ולעליון** על כל גוי הארץ
4Q422 II,9 (XIII) ולמען / דעת כבוד **על[יון**
4Q433 1,7 (XXIX) **ע]ליון** יהלל[
4Q434 2,10 (XXIX)]ברוך שם **עליו[ן**
4Q438 6,2 (XXIX)]**עליון** ובשם קודשו חסו תו◦[
4Q457b II,3 (XXIX)] / יעשה **עליון** בשמים [
4Q457b II,7 (XXIX) ויאומרו **לעליו[ן**
4Q460 9i4 (XXXVI) מלאה ה]ארץ אשמות למרום **עליון**
4Q461 3,3 (XXXVI)]**לעליון**[
4Q482 1,1 (VII)]◦**עליו[ן**
4Q482 8,2 (VII) א]ל **עליון**[
4Q491 14-15,7 (VII) לאל **עלי]ון** המלוכה ולעמו הישועה
4Q492 1,13 (VII)]◦◦ לאל **עליון** ו[ ]ל◦◦[ ] ◦◦[
4Q522 9i+10,15 (XXV) את]בית חורון התחת[ו]ן **והעל[יון**
4Q522 9i+10,16 (XXV) א]ת גולת **עליונה** [וא]ת התח[תונ]ה / [
4Q525 2ii+3,4 (XXV) ויתהלך / בתורת **עליון** ויכן לדרכיה לבו
4Q525 15,3 (XXV) ובחלה[ל]ת ירדולל פתן **בעליו[ן**
11Q5 XVIII,1 (IV) ולתמימים לפאר **עליון**
11Q5 XVIII,6 (IV) כי **עליון** הואה אדון / יעקוב
11Q5 XVIII,7 (IV) ואדם מפאר **עליון** / ירצה כמגיש מנחה
11Q5 XVIII,12 (IV) שיחתם בתורת **עליון** אמריהמה להודיע עוזו
11Q5 XXII,15 (IV) רומי ורחבי ציון / שבחי **עליון** פודך
11Q5 XXVII,11 (IV) כנבואה אשר נתן לו מלפני **העליון**
11Q14 1ii4 (XXIII) ברוכים א[תם] / בשם אל **עליון**
11Q14 1ii7 (XXIII) יברך אתכם אל **עליון** ויאר פניו אליכם
PAM 43.682 30,1 (XXXIII)]**עליון** ע[ל כל
PAM 43.698 79,1 (XXXIII)]רצון **עליון** [

exultant adjective **עָלִיז**

4Q162 II,6 (V) וירד הדרה והמנה ושאנה **עליז** בא

deed noun **עֲלִילָה**

CD V,16 ויחר אפו **בעלילותיהם**
1QS IV,1 ובכול **עלילותיה** ירצה לעד
1QS IV,17 תועבת אמת **עלילות** עולה ותועבת עולה
1QS IV,21 ולטהרו ברוח קודש מכול **עלילות** רשעה
1QM XI,4 ולוא כמעשינו אשר הרעונו **ועלילות** פשעינו
1QH^a VI,9] ולהתאפק על **עלילות** רשע
1QH^a VII,24]ולא תקח כופר **לעלילות** רשעה
4Q378 6i6 (XXII)]עולם **עלילותיו** כי לעלמיה / [
4Q434 7a,2 (XXIX)]**בעלילותיך** / [
4Q436 1a+bi3 (XXIX) וישרים יוסיפו לקח להתבונן / **בעלילותיכה**
4Q437 2i16 (XXIX) אח]ריך **בעלילותיך** אשיח
4Q504 6,5 (VII)]ור א◦[ ]ת **בעלילותיכה** תמיד

עֲלִילִיָּה ← עֲלִילְלִיָּה

deed noun **עֲלִילְלִיָּה**

1QH^a VIII,17 ור[ב] **העלילליה** אשר מעשיך הכול
1QH^a 10,5 **עלי]לליה** לפי שכלם

to act severely, glean verb **עלל-1**

4Q177 1-4,7 (V) **הת]עוללו** ברוחי[
4Q277 1ii7 (XXXV) **ועלול** אל יז על הטמא

child noun **עֹלֵל**

4Q385a 17a-eii8 (XXX)]**ועלליה** י[רטש]ו[ ]בראש[הר]ים

עֹלָה ← עוֹלָה

to conceal, deceive verb **עלם**

CD VIII,6 **ויתעלמו** איש בשאר בשרו
CD XIX,18 **ויתעלמו** איש / בשאר בשרו
1QH^a XI,28 אף / על נעזבים ומתך חמה על **נעלמים**
1QH^a XII,13 והמה **נעלמים** זמות בליעל / יחשובו
1QH^a XV,34 ובסוד **נעלמים** לא שמתה חוקי
1Q35 1,8 (I)]◦ וביד **נעלמים** לוא / [
4Q169 3-4iv5 (V) גם את תשכרי] / ותהי **נעלמה**
4Q299 65,4 (XX)]◦◦◦ **מעלים** ע[ין
4Q424 1,4 (XXXVI) עם **נעלם** אל תקח חוק
4Q432 6,3 (XXIX) אף על נעזבים ומתך חמה על] / **נעלמים**
11Q19 LXIV,14 או את חמורו / נדחים **והתעלמתה** מהמה

youth noun **עֶלֶם**

4Q225 3i11 (XIII)]**עלמ[**] וחכם / [
4Q282g 4 (XXXVI)]◦◦אך **עלם** ◦◦◦◦ / [

עֶלֶם ← עוֹלָם

Almon-diblathaim proper noun עַלְמֹן דִּבְלָתַיִם

4Q**364** 19a-b,12	(XIII)	ויחנו **בעלמון דבל**]תים
	(XIII)	ויסעו מעל[מון דבלתים]

to cover, faint, hide verb **עלף**

4Q**184** 1,12	(V)	]ברחובות עיר **תתעלף**
4Q**393** 1ii-2,8	(XXIX)	על / **עלפו** עמך למען הר[ונך ר]ב

to exult verb **עלץ**

4Q**437** 2i15	(XXIX)	**ויעלוץ** לבבי בכה תרום ק[רני
4Q**511** 109,2	(VII)	] / **עלץ** ל[

people noun **עַם**

CD I,21		ויסיסו לריב **עם**
CD V,16		כי לא **עם** בינות הוא
CD VI,4		חפרוה שרים כרוה / נדיבי **העם** במחוקק
CD VI,8		ונדיבי **העם** הם / הבאים לכרות את הבאר
CD VI,16		ולגזול את עניי **עמו** להיות אלמ[נו]ת שללם
CD VII,11		אשר אמר יבוא עליך ועל **עמך**
CD VIII,8		בשרירות לבו ולא נזרו **מעם**
CD VIII,10		התנינים הם מלכי **העמים**
CD VIII,16		לשבי ישראל סרו מדרך **העם**
CD IX,2		ולא תטור את בני **עמך**
CD XIX,20		ולא נזרו **מעם** / ומחטאתם
CD XIX,23		התנינים / מלכי **העמים** ויינם הוא דרכיהם
CD XIX,29		לשבי ישראל סרו מדרך **העם**
CD XIX,30		הראשנים / אשר העידו על **העם** אחרי אל
CD XIX,35		לא יחשבו בסוד **עם**
CD XX,24		ושבו עוד / אל דרך **העם** בדברים מעטים
1QS II,21		וכול **העם** יעבורו בשלישית בסרכ זה
1QS VI,9		ושאר / כול **העם** ישבו איש בתכונו
1QSa I,3	(I)	אשר סר[ו מלכת ב]דרך / **העם**
1QSb III,23	(I)	ולב]חון כול משפטיו בתוך **עמו**
1QSb III,28	(I)	וממזל שפתיכה כול [שרי] / **עמים**
1QSb IV,23	(I)	ולשאת ברוש קדושים **ועמכה**
1QSb IV,27	(I)	וישימכה קוד[ש] **בעמו**
1QSb V,21	(I)	ה[י]חד יחדש לו להקים מלכות **עמו** לעול[ם
1QSb V,27	(I)	ותרמוס **עמ]ים** כטיט חוצות
1QpHab II,10		ספר אל את / כול הבאות על **עמו**
1QpHab III,6		ומרמה / ילכו עם כול **העמים**
1QpHab III,11		לאכול[את]כול **העמים** כנשר
1QpHab IV,3		ושרים יתעתעו וקלסו **בעם** רב
1QpHab IV,6		הכתיאים אשר יבזו על / מבצרי **העמים**
1QpHab IV,7		**ובעם** רב יקיפום לתפושם
1QpHab IV,14		כו]ל **העמים** / ל[
1QpHab V,3		הדבר אשר לוא יכלה אל את **עמו** ביד הגוים
1QpHab V,5		ובתוכחתם / יאשמו כל רשעי **עמו**
1QpHab VI,7		מאכלם על כול **העמים** שנה בשנה
1QpHab VIII,5		ויקבצו אלו כול **העמים**
1QpHab VIII,12		והון **עמים** לקח לוסיף עליו עון אשמה
1QpHab VIII,15		וישלוכה כול יתר **עמים**
1QpHab IX,4		וישלוכה כול / יתר **עמים**
1QpHab IX,5		יקבוצו הון ובצע משלל **העמים**
1QpHab IX,7		כיא המה יתר **העמים**
1QpHab IX,14		יעצתה בשת / לביתכה קצוות **עמים** רבים
1QpHab X,2		ואשר / אמר קצות **עמים** רבים
1QpHab X,4		יתן אל את / משפטו בתוך **עמים** רבים
1QpHab X,7		הלוא / הנה מעם יהוה צבאות יגעו **עמים**
1QM I,3		בשוב גולת בני אור ממדבר **העמים**
1QM I,5		]אה עת ישועה **לעם** אל
1QM I,12		והיאה עת / צרה ע[ ]ל **עם** פדות אל
1QM III,13		אשר בראש כול **העם** יכתובו עם אל
		אשר בראש כול העם יכתובו **עם** אל
1QM VI,6		ובקדושי **עמו** יעשה חיל
1QM VIII,9		וכול **עם** השופרות יריעו / קול אחד
1QM IX,1		וכול **העם** יחשו מקול התרועה
1QM X,2		ועמד הכוהן ודבר אל **העם**
1QM X,9		ומיא --- **כעמכה** ישראל
		אשר בחרתה לכה מכול **עמי** הארצות
1QM X,10		**עם** קדושי ברית ומלומדי חוק
1QM X,14		]עו בלת לשון ומפרד **עמים** מושב משפחות
1QM XI,13		וביד כורעי עפר להשפיל גבורי **עמים**
1QM XI,14		ולעשות לכה שם עולם **בעם** / [
1QM XII,1		ובחירי **עם** קודש / שמתה לכה ב◦[
1QM XII,15		בנו]ת **עמי** צרחנה בקול רנה
1QM XIII,7		ואנו **עם** [ ]ל[ ]◦ וברית [כ]רתה לאבותינו
1QM XIII,9		]◦יתנו לכה **עם** עולמים
1QM XIV,5		ותעודות / ישועה **לעם** פדותו
1QM XIV,12		ואנו **עם** קודשכה במעשי אמתכה נהללה
1QM XVI,1		ובקדושי **עמו** יעשה גבורה
1QM XVI,7		והלוים וכול **עם** / השופרות יריע[ו
1QM XVI,9		וכול / **העם** יחשו קול התרועה
1QM XVI,15		]ל[ב]ב **עמו** יבחן במצרף
1QM XVII,13		[והלויים וכו]ל **עם** השופרות יריעו
1QM XVII,14		וכול **העם** יניח[ו] קול התרועה
1QM XVIII,7		כיא / הגדלתה עם **עמכ[ה]**◦ להפליא
1QM XIX,7		]בנות **עמי** הבענה בקול רנה
1QH[a] VI,1		] **בעמך** וח◦◦[
1QH[a] X,19		בערול שפה / ולשון אחרת **לעם** לא בינות
1QH[a] XII,6		והמה **עמכה** [יתעו]
1QH[a] XII,11		שננתה בלבבי בחלקות / **לעמכה**
1QH[a] XII,16		ולשון אחרת ידברו **לעמך** / להולל ברמיה
1QH[a] XII,26		ותתן מוראם על **עמכה**
		ומפץ לכול **עמי** הארצות
1QH[a] XIII,5		לא עזבתני בגורי **בעם** ◦◦◦ [
1QH[a] XIII,17		וימהרו עלי רשעי **עמים** במצוקותם
1QH[a] XIII,21		**ועם** ענוים בטאטאיי רגלי[כם
1QH[a] XIV,7		ואנחמה על המון **עם**
1QH[a] XIV,8		יד]עתי אשר / תרים למצער מחיה **בעמכה**
1QH[a] XXIV,14		]א להכין בסוד **עמכה** / [
1QH[a] 2ii14		]עולות **עמים** / לחזקם[
1Q**14** 11,3	(I)	נגע ע]ד שער **עמי** עד[ירושלם
1Q**22** 1ii1	(I)	[היו]ם הזה [תהיה **לע]ם** לאלוהי [אלוהי]ך
1Q**27** 1i9	(I)	הלוא כול / **העמים** שנאו עול
1Q**27** 1i11	(I)	איפה **עם** אשר לוא / גזל הו[ן] ל[אחר
1Q**27** 1ii10	(I)	] / לכול **העמים** ונס◦[
1Q**27** 9-10,3	(I)	] / שמעו מלכי **עמ[ים**
1Q**34**bis 3ii5	(I)	ותבחר לך **עם** בקץ רצונך
1Q**34**bis 3ii6	(I)	לך לקודש מכול **העמים**
2Q**21** 1,6	(III)	]ל[עשו]ת **עם** אחד ב[מ]עשיך[הגדולים
4Q**158** 4,2	(V)	] / **העם** ממצרים תעבד[ון
4Q**158** 4,7	(V)	] / אתם להי[ות] להמה ול[**ע]ם** לאלוהים ◦[
4Q**158** 7-8,5	(V)	] / וישובו **העם** איש לאהליו
4Q**158** 7-8,14	(V)	] / [והפ]דה **לע[ם**
4Q**159** 1ii16	(V)	ע]ל **העם** ועל ב[ג]די[הם
4Q**160** 3-4ii2	(V)	]קוו אלוהי **לעמכה**
4Q**160** 3-4ii4	(V)	ובזעם שונאי **עמכה** תגביר תפארת
4Q**160** 3-4ii5	(V)	וידעו כול **עמי** ארצותיכה[
4Q**160** 3-4ii6	(V)	י]בינו רבים כיא **עמכה** הואה[
4Q**160** 5,2	(V)	]עוז **עמכה** ומ[

לקראתנ]ו̇ה הוא[ו]כול עמו למלחמה א[דרעי (XIII) 4Q364 24a-c,16
אל ת]ירא אותו ואת כול עמו (XIII) 4Q364 24a-c,18
]כוה אמר יהוה שלח את עמי ויעובדוני (XIII) 4Q365 2,7
ובעבדיכ[ה ובע]מכה ובביתכה (XIII) 4Q365 2,8
וילון העם ע[ל מושה ל]אמור מה נשתה (XIII) 4Q365 6aii+6c,10
מה אעשה לעם הזה עוד מעט ויסוקלוני (XIII) 4Q365 7i3
עבור לפני העם וקח אתכה מזקני העדה (XIII) 4Q365 7i4
ויע]מוד העם א[ל מושה מן הבוקר עד הערב (XIII) 4Q365 7ii1
כול אשר הוא עושה לעם (XIII) 4Q365 7ii2
וכול העם נצבים על[יך (XIII) 4Q365 7ii3
ונכרת] מעמיו (XIII) 4Q365 10,2
הארץ מה היאה ואת העם היושב עליה (XIII) 4Q365 32,5
]וכול העם המלחמה[(XIII) 4Q365 37,2
]העם לחוין מהמה ולוא נראים / [(XIII) 4Q365a 5i3
ואין אתה צריך לכל גוי ועם / לכל עזרה (XXVIII) 4Q372 1,17
עם אויב יושב עליה וכ°[(XXVIII) 4Q372 1,20
]ויתנם ביד עמו במשפ[טים (XXVIII) 4Q372 2,8
] המבטיח עמו על [ ]°רת°[(XXVIII) 4Q372 2,11
]ם מלין לעמך[(XIX) 4Q374 7,2
]ת עמו מא[(XIX) 4Q374 16,2
ורחבה [מא]רצות עמ[י]ם [א]חרים ° °°° (XXVIII) 4Q377 1i9
]שע את עמי / [(XXII) 4Q378 13i4
]עמך ביד ישוע משרת עבדך משה (XXII) 4Q378 22i2
]דך ביד משה על ישוע למען עמך / [(XXII) 4Q378 22i3
בליעל] / [עומד]לה[יו]ת פח יקוש לעמו (XXII) 4Q379 22ii10
]לעם ואני ש[(XI) 4Q381 24a+b,9
]לם בראותו כי התעיבו עמי [הא]רץ / [(XI) 4Q381 69,1
להשמידם מעליה ולעשות עליה עם / [(XI) 4Q381 69,3
ישרא]ל עם סגלתו [(XI) 4Q381 76-77,5
להיות לוא לעם למשל בכל[(XI) 4Q381 76-77,15
ועמי יאשמו יחד עמהם ה[(XI) 4Q381 79,3
] עם יה°[(XI) 4Q381 84,1
]° עם °[(XIII) 4Q382 42,2
ו]הכשלתה בעמ°[ ]°°° ל°[ ]°°[(XIII) 4Q382 104,4
]משפטכה ועוון עמכה מעלה לרו[ם (XIII) 4Q382 104,8
] / ויבושו עמכ[ה (XIII) 4Q382 105,4
]י ועמכה[(XIII) 4Q382 119,2
]°כעם הזה °[(XIII) 4Q382 127,1
וי]אמר ברוך עמ[(XXX) 4Q383 4,2
א]שמת כול הע[ם (XIX) 4Q384 10,6
[כי אני יהוה] הגואל עמי לתת להם הברית (XXX) 4Q385 2,1
וי[ח]יו עם רב אנשים ויברכו את יהוה (XXX) 4Q385 2,8
ויקומו כל העם ויע[מד]ו על[רגליהם (XXX) 4Q385 3,2
והיו עמי ה[(XXX) 4Q385 6,1
]בר עם לעדרי ע[(XXX) 4Q385a 16a-b,2
]עם וזרע ויסב °עמו וי[(XXX) 4Q385a 16a-b,3
]עם וזרע ויסב °עמו וי[(XXX)
]עמו מבני ישרא[ל (XXX) 4Q385c F,2
ויעמדו על רג[ל]יהם ע[ם רב אנש]י[ם (XXX) 4Q386 1i9
בן בליעל יחשב לענות את עמי (XXX) 4Q386 1ii3
ו[ה]קימותי עליה אחרים מעם אחר (XXX) 4Q387 2ii6
] / [את ישרא]ל מעם (XXX) 4Q387 2iii1
]ם לגוי וגוי עם ועם [(XXX) 4Q387a 9,2
]ם לגוי וגוי עם ועם [(XXX)
ובימ[ו אעביר] / את ישראל מעם (XXX) 4Q388a 7ii4
[ובימו אעביר את ישרא]ל מעם (XXX) 4Q389 8ii10
]° ויפרעה ל[ ]לכל עמו על °[(XIX) 4Q391 6-7,2
] העם[(XIX) 4Q391 22,1
על / עלפו עמך למען חר[ונך ר]ב (XXIX) 4Q393 1ii-2,8
] / לעמיכה למען[(XXIX) 4Q393 1ii-2,11

]בשובם ממדבר הע[מים (V) 4Q161 5-6,2
] / [כו]ל העמים תשפוט חרבו (V) 4Q161 8-10,21
לכן גלה עמי מבלי דעת (V) 4Q162 II,4
על כן חרה אף יהוה בעמו (V) 4Q162 II,8
] / חקות עמים ה°ת°[(V) 4Q163 4-7ii5
כי אם יהיה עמכה י[שראל כחול הים (V) 4Q163 4-7ii13
[כ]יא עם בציון [ישב בירושלם (V) 4Q163 23ii15
[פשרו] על העם אשר יב[טחו (V) 4Q163 25,8
]ך העם וא[(V) 4Q163 27,2
עצת היחד [ב]כוהנים והע[ם (V) 4Q164 1,2
מדבר] העמים והלחמ[(V) 4Q165 5,6
[פ]שר[ו א]שר היו בעמים[(V) 4Q167 11-13,4
מלכים שרים כוהנים ועם עם גר נלוה (V) 4Q169 3-4ii9
על שרי ה[רש]עה אשר הונו את עם / קודשו (V) 4Q171 1+3-4iii7
אשר / [צויתי שפטים] על עמי ישראל (V) 4Q174 1-2i2
ויסרני מלכת בדרך] / העם הזה (V) 4Q174 1-2i16
ועם יודעי אלוה יחזיקו (V) 4Q174 1-3ii4a
]ומי {{ה}}עמי°[(V) 4Q174 15,2
שמעת את קול דברי / העם הזה (V) 4Q175 2
בליעל / עומד להיות פ[ח י]קוש לעמו (V) 4Q175 24
ועשה פלאכה והצדק בעמכה והיו[(V) 4Q176 1-2i1
ואני אענה אתו אמרתי] עמי והואה / [(V) 4Q176 15,4
]מיהודה בכול העמ[י]ם[(V) 4Q177 9,6
]עם צדיק ורשע אויל ופת[י (V) 4Q177 9,7
] / לעוליהן ובת עמי אכזריה[(V) 4Q179 1ii4
] ועתה שמעו נא עמי והשכילו / לי פתאום (V) 4Q185 1-2i13
]לפניו תצא רעה לכל עם (V) 4Q185 1-2ii8
וכל עמו גאל / והרג ש°°°°[(V) 4Q185 1-2ii10
ויורישנה לצאצאיו ידעתי לעמ[ש]וב / [(V) 4Q185 1-2ii15
]קודש / ולעמ°[(V) 4Q185 4ii2
הנה אני מבדיל לי] / עם בתווך עממי (XIII) 4Q216 VII,10
הנה אני מבדיל לי] / עם בתווך עממי (XIII)
תכרת הנ[פש] ההיא / [מקרב ע]מיה[(XIII) 4Q225 2i2
]בני לוי ועם האר[ץ (XXXVI) 4Q247 5
וככלות] / נפץ יד עם הק[דש (XXXVI) 4Q248 9
אשר סרו מלכת] / [בדרך ה]עם (XXXVI) 4Q249g 1-2,3
ולזרעו נתנה ברית מלכות עמו (XXII) 4Q252 V,4
דן ידין ע]מו כאח[ד] ש[בטי ישראל] (XXII) 4Q254 5-6,3
הו]°א חקוק קצ חרון לעם לא ידעהו (XVIII) 4Q266 2i3
] / להורות עמו בישוד עם (XVIII) 4Q266 5ii9
] / להורות עמו בישוד עם (XVIII)
בנ]י עמו כי א[ם] / בהוכח ענות צדק (XVIII) 4Q266 7i3
ועושה הכול אשר יסרתה / [ע]מים (XVIII) 4Q266 11,10
ואנו עם פדותכה וצון מרעיתכה (XVIII) 4Q266 11,13
או] / אשר יגלה את רז עמו לגואים (XVIII) 4Q270 2ii13
[לא תקום ולא] תטור את בני עמך (XVIII) 4Q270 6iii17
]עמים וגוים באר[ץ (XXVI) 4Q275 1,5
]ם חרתה טהרת אמת לעמכה לה[(XXXV) 4Q284 3,4
והנשא מלכותכה בתוך ע[מי]ם / [(XI) 4Q286 7i5
הלוא כול העמי[ם שנאו עול / [וביד כולמה (XX) 4Q299 1,1
ומה [עמים כ[י] ברעם ומעש[יהמה (XX) 4Q299 3aii-b,16
] / עמים מההיא אשר[(XX) 4Q299 6ii8
] וכול מלכי עמי[ם (XX) 4Q299 60,4
יש]ראל ועמ[(XX) 4Q299 68,1
] כול העמים °°[(XX) 4Q299 79,8
כ]ל [ה]מולת עמים עם °°°[(XX) 4Q301 1,4
[ונ]כבד אל בעם קודשו (XX) 4Q301 3a-b,6
]°° ובקרב עממים / [(XX) 4Q302 1i12
[האמורי ו]את עמו מלחמה[לקראתינו ? (XIII) 4Q364 24a-c,5
] / [? הוא]ה וכול עמו למלחמה (XIII) 4Q364 24a-c,6

והיו / כוהנים **עם** צדקו צבאו	(VII)	4Q**511** 35,4
]תוך **עמו** [	(VII)	4Q**512** 34,14
]**עם** קודש[	(VII)	4Q**512** 29-32,2
בע]רי מושב[ותם] / ולהיות **עם**[קודש	(VII)	4Q**512** 7-9,4
] / [ו]**לעמכה**[	(VII)	4Q**512** 45-47ii4
] / **עם** קוד[ש	(VII)	4Q**512** 48-50,3
כאשר [לקח]תנו לכה **לעם** [ ]◦ ה◦[	(VII)	4Q**512** 48-50,6
]**לעם** [	(VII)	4Q**512** 80,2
כאשר] / [יקי]ם המחיה את מתי **עמו**	(XXV)	4Q**521** 7+5ii6
ו?]**עמו** ישכון לעד	(XXV)	4Q**522** 9ii9
וה[נ]ה נתתיו עבד **ע[ם** בני יש]רא[ל	(XXV)	4Q**522** 9ii11
יהיה משפט הכ]והנים מ[את ה]**עם**	(XXV)	4Q**524** 6-13,5
[כי יהיה] איש רכיל **בעמו**	(XXV)	4Q**524** 14,2
[ויקלל את **ע]מו** את בני ישראל[	(XXV)	4Q**524** 14,4
ע]מך אשר תברך ה[	(XXV)	4Q**528** 2
] / את **עמי** [	(III)	6Q**21** 2
ועמים יהדרו את כבודכה	(IV)	11Q**5** XXIV,9
וישימני נגיד **לעמו** ומושל בבני / בריתו	(IV)	11Q**5** XXVIII,11
]**עמו** ת◦ו רפואה / [	(XXIII)	11Q**11** II,7
למלכי צדק ולצב[איו **ע]ם** קדושי אל	(XXIII)	11Q**13** II,9
ו]עלי[ה] / למרום שובה אל ידין **עמים**	(XXIII)	11Q**13** II,11
הסרים מלכת [בד]רך **העם**	(XXIII)	11Q**13** II,24
] / הדם **לעם** [		11Q**19** XIII,10
ויקריב פר] / [אחד ע]ל כול **הע[ם]**		11Q**19** XV,17
ויקח הפר השני אשר **לעם**		11Q**19** XVI,14
יכפר ע]ל **עם** הקהל מכול אשמת[ם]		11Q**19** XVIII,7
ואחריהמה כול **העם** מגדו[ל ו]עד [קטן]		11Q**19** XXI,6
ונכרתה **מעמיה**		11Q**19** XXV,12
וכפר בו על כול **עם** הקהל		11Q**19** XXVI,7
ויכפר בו על כול **עם** הקהל		11Q**19** XXVI,9
ו[נ]כרתו מתוך / **עממה**		11Q**19** XXVII,8
ורציתים והיו לי **לעם**		11Q**19** XXIX,7
לכפר על **העם**		11Q**19** XXXII,6
ולוא] / יהיו מקדשים את **עמי** בבגדי הקודש		11Q**19** XXXIII,7
ולחטאות **העם** ולאשמותמה		11Q**19** XXXV,12
לוא / ישוגו הכוהנים בכול חטאת **העם**		11Q**19** XXXV,14
כי **עם** קדוש אתה ליהוה אלוהיכה		11Q**19** XLVIII,7
כי **עם** קדוש אתה ליהוה אלוהיכהמה		11Q**19** XLVIII,10
ושפטו את **העם** / משפט צדק		11Q**19** LI,11
וכול / **העם** ישמעו ויראו		11Q**19** LVI,11
ולוא ישיב את **העם** מצרים למלחמה		11Q**19** LVI,16
ושנים עשר / נשיי **עמו** עמו		11Q**19** LVII,12
ישמע המלך על כול גוי **ועם**		11Q**19** LVIII,3
ושלחו עמו מעשר **העם** {{העם}}		11Q**19** LVIII,5
ושלחו עמו מעשר העם {{**העם**}}		
ואם **עם** רב בא לארץ ישראל		11Q**19** LVIII,6
ואמ מלך ורכב וסוס **ועם** רב		11Q**19** LVIII,7
ושלחו לו מחצית **העם** את אנשי / הצבא		11Q**19** LVIII,10
ומחצית **העם** לוא יכרתו מעריהמה		11Q**19** LVIII,11
ויצא עמו חמישית **העם** אנשי המלחמה		11Q**19** LVIII,16
והייתי להמה לאלוהים להמה יהיו לי **לעם**		11Q**19** LIX,13
וראיתה סוס ורכב **ועם** רב ממכה		11Q**19** LXI,13
ונגש הכוהן וידבר אל **העם**		11Q**19** LXI,15
והוסיפו ה]שו[פטים] / לדבר אל **העם**		11Q**19** LXII,3
ככלות השופטים / לדבר אל **העם**		11Q**19** LXII,5
ופקדו שרי צב{{ו}}אות בראוש **העם**		
והיה כול **העם** הנמצאים בה		11Q**19** LXII,7
רק מערי **העמים** אשר אנוכי נותן לכה		11Q**19** LXII,13
כפר **לעמכה** ישראל אשר פדיתה / יהוה		11Q**19** LXIII,6
ואל תתן דם נקי בקרב **עמכה** ישראל		11Q**19** LXIII,7

אל תעזוב **עמך** [ונ]חלתך	(XXIX)	4Q**393** 3,3
ותע[ז]וב **עמך** ונחלתך	(XXIX)	4Q**393** 3,4
ומקו]י מים כרמים וזיתים[ ]נחלת **עם** [	(XXIX)	4Q**393** 3,9
בשל שלוא י[היו] / מסיא[י]ם את **העם** עוון	(X)	4Q**394** 3-7i16
בשל שלוא יהיו] / משיאים את **העם** עוון	(X)	4Q**394** 3-7ii14
ואתם יודעים שמקצת] **העם** / [	(X)	4Q**394** 8iii16
]היה ◦[ ]◦◦◦ **העם**[	(X)	4Q**394** 9,2
ועל הזונות הנעסה בתוך **העם**	(X)	4Q**396** 1-2iv4
שמק]צת **העם**[	(X)	4Q**397** 5,5
ועל הזנות הנע[ס]ה בתוכ **הע[ם**	(X)	4Q**397** 6-13,12
[ואתם יודעים ש]פרשנו מרוב **הע[ם**	(X)	4Q**397** 14-21,7
שחשבנו לטוב לך **ולעמך**	(X)	4Q**398** 14-17ii3
]דעת **עמ** בינות כבודי אלוהים	(XI)	4Q**400** 1i6
] / לכה **לעם** טה[ור	(XXXV)	4Q**414** 7,3
] / מטהר **עמו** במימי רוחץ[	(XXXV)	4Q**414** 13,7
] / **עם** אולת לוא תשוה לרוש[	(XXXIV)	4Q**415** 9,5
וינחילוננו לאנוש עם **עם** רוח	(XXXIV)	4Q**417** 1i16
]**עמו** יש[ראל	(XXXIV)	4Q**417** 24,1
ויתנם ש[ ]אשר ל[כו]ל **עמו** ו[	(XXXVI)	4Q**419** 1,7
כל ר]וש אבות[יכ]ה ◦[ ]ר ונשיא **עמכה** / [	(XXXIV)	4Q**423** 5,2
וימהרו עלי רשעי] / **עמים** במצוקותיהמה[	(XXIX)	4Q**429** 1ii4
]תיך **עמך** בבי◦[	(XXIX)	4Q**438** 1,2
ל]אסף צדי[קי]**עמי** ולהקים דרך / חיים [	(XXIX)	4Q**439** 1i+2,1
על יונתן המלכ / וכל קהל **עמכ** / ישראל	(XI)	4Q**448** II,3
וכול זמתכה ישיב על **עם**[	(XXXVI)	4Q**460** 9i10
וישראל נגזל אליה **מעם** עריצ [	(XXXVI)	4Q**460** 9i11
כי בתוכנו היה **עם** החביב יעק[וב	(XIX)	4Q**462** 1,11
אהפך] אל **עמים** שפה ברורה / [	(XIX)	4Q**464** 3i9
] יחזר **עמכה** תמ◦[	(XXXVI)	4Q**468**bb 2
שופ]ט **עמו** בצדק ול[	(XIX)	4Q**471**c 1,3
] **לעמו** [	(XIX)	4Q**471**c 2,1
ו]אנו **עמכה** [ב]מעשי אמתכה נהלל[ה שמכ]ה	(VII)	4Q**491** 8-10i10
ו[ענה ואמר יקום א]ל ולב **עמו** יבחן במצרף	(VII)	4Q**491** 11ii12
והיתה לאל[המלוכ]ה **ולעמו** הישוע[ה	(VII)	4Q**491** 11ii17
]וכול **עם** השופרות יר[י]עו בק[ול גדול	(VII)	4Q**491** 11ii22
ו]ענו כול **העם** והרימו קול[אח]ד	(VII)	4Q**491** 13,8
לאל עלי]ון המלוכה **ולעמו** הישועה	(VII)	4Q**491** 14-15,7
ע]ם קודשו ממלכות כו[הנים	(VII)	4Q**491** 16,3
בנות **עמי** הבענה[ב]קול רנה	(VII)	4Q**492** 1,7
] / **עם**[אל ו]א[ת שם ישראל]	(VII)	4Q**496** 10,4
] **ועמי**[	(VII)	4Q**496** 24,2
זכור כיא / [אנחנו עצור]י **עמכה**	(VII)	4Q**501** 2
סבבונו חילכיא **עמכה** בלשון שקרמה	(VII)	4Q**501** 4
הר]בות חייך בתוך **עם** עולמי[ם	(VII)	4Q**502** 24,3
אנו **עם** קודשו[	(VII)	4Q**503** 1-6iii20
ואנו **עם** קודשו מרוממים הלילה[	(VII)	4Q**503** 11,3
] **עמו** ◦[	(VII)	4Q**503** 215,12
ישוב נא אפכה וחמתכה **מעמכה** ישראל	(VII)	4Q**504** 1-2ii11
כיא אהבתה / את ישראל מכול **העמים**	(VII)	4Q**504** 1-2iv5
ל{{ד}}היו{{ד}}ת / כרעי נגיד על **עמכה**	(VII)	4Q**504** 1-2iv7
אש{{ב}}ר נקדשתה בתוך **עמכה** ישראל	(VII)	4Q**504** 1-2iv9
לכבד את **עמכה** ואת / ציון עיר קודשכה	(VII)	4Q**504** 1-2iv11
ותחון את **עמכה** ישראל בכול / [ה]ארצות	(VII)	4Q**504** 1-2v11
והצילה את **עמכה** ישר[אל	(VII)	4Q**504** 1-2vi12
ז]כור נא כיא **עמכה** כולנו	(VII)	4Q**504** 6,6
] לעיני **עמכה** / [	(VII)	4Q**509** 184i3
]**בעמים** בש[	(VII)	4Q**509** 192,2
ומסל[ת ק]ודשו לקדושי **עמו**	(VII)	4Q**511** 2i6
ו]לשרתו בגורל **עם** כסאו	(VII)	4Q**511** 2i10
]◦ **עמו** [	(VII)	4Q**511** 19,2

ומפיל גורל **עם** מלאכי פנים	(I)	1QSb IV,26
] / **[ע]ם** עֹתֹ עֹ[ולם ו]עם כול קצי עד	(I)	1QSb V,18
] / [ע]ם עֹתֹ עֹ[ולם ו]**עם** כול קצי עד	(I)	
]הֿבוגדים **עם** איש / הכזב		1QpHab II,1
ובֿנכל ומרמה / ילכו **עם** כול העמים		1QpHab III,6
וב]חֿרֹן אף וזעף / אפים ידברו **עם** כֿוֹלֹ[		1QpHab III,13
ויוסיפו את הונם **עם** כול שללם		1QpHab VI,1
ולאחרית הימים ינתן הונם **עם** שללם		1QpHab IX,6
הלוא / הנה מ**עם** יהוה צבאות		1QpHab X,7
כתיי אשור ו**עמ**הם בעזר מרשיעי ברית		1QM I,2
וראשי משמרותם **עם** פקודיהם יתיצבו		1QM II,4
כבוד אל **עם** כול פרוש שמותם		1QM IV,8
ופרוש שמותם יכתובו **עם** כול סרכם		1QM IV,11
יצאו **עם** אלף מערכת אנשי הבינים		1QM VI,9
היוצאים / למלחמה **עם** אנש[י] הֿבנים		1QM VI,12
כיא מלאכי קודש **עם** צבאותם יחד		1QM VII,6
יצאו **עמ**המה שבעה לויים		1QM VII,14
ו**עם** / כול מערכה ומערכה יצאו		1QM VII,16
ו**עם** קול התֿרוֿעה יצאו / זרקות המלחמה		1QM VIII,10
ו**עם** / הטל הראישון יריעו הֿ[		1QM VIII,14
כיא אלוהיכם הולך **עמ**כם להלחם לכם		1QM X,4
להלחם לכם **עם** אויביכם להושיע / אתכמה		
וכול צאצאיה **עם** פרֿ[ים		1QM X,13
לאלפיהם ולרבואותם יחד **עם** קדושיכה [		1QM XII,4
בריב משפטיכה ו**עם** בחירי שמים נוֹצֹ[חים		1QM XII,5
ומלך הכבוד אתנו **עם** קדושים		1QM XII,8
וצבא רוחיו **עם** צעדינו		1QM XII,9
והלויים וכול זקני הסרך **עמ**ו		1QM XIII,1
ו**עם** / אביונים יד גבורתכה		1QM XIII,13
ו**עם** / כול דורותינו הפלתה חסדיכה		1QM XIV,8
ומועדי תעודות עולמים **עם** מ[בו]א יומם		1QM XIV,13
ונגד כול חיל / בליעל הנועדים **עמ**ו		1QM XV,3
והלויים וכול אנשי הסרך **עמ**ו		1QM XV,4
ס]פר סרך עתו **עם** כול דברי הודותם		1QM XV,5
ו**עם** צאת הקול יחלו ידם		1QM XVI,8
כיא / הגדלתה **עם** עמכֹ[ה]◦ להפליא		1QM XVIII,7
]הפלתה **עמ**נו הפלא ופֹלא		1QM XVIII,10
]תנו יד חסדיכה **עמ**נו בפדות עולמים		1QM XVIII,11
]◦ד **עם** רוב טוב [		1QH^{a} V,5
עם צבא רוחיך ועדת[קודשיך		1QH^{a} V,14
[וכול] / צבאותיו **עם** הארץ		1QH^{a} V,15
ותמ◦◦◦◦[ר]וב עדנים **עם** שלום / עולם		1QH^{a} V,23
]מֹעשיהם **עם** תענ◦[		1QH^{a} VI,7
]◦◦ **עם** ◦◦א / [		1QH^{a} VIII,8
להשלים / חֹסֹדיך **עם** עבדֹ[ך] ל[עד]		1QH^{a} VIII,21
ופקודת שלומם **עם** / {עם} כול נגיעיהם[		1QH^{a} IX,17
ופקודת שלומם עם / {**עם**} כול נגיעיהם[		1QH^{a} IX,18
] לכה בכבוד עולם **עם** כול [		1QH^{a} XI,4
יגיח / מכור הריה פלא יועץ **עם** גבורתו		1QH^{a} XI,10
וכו]ל חצי שחת / **עם** מצעדם		1QH^{a} XI,17
להתיצב במעמד **עם** / צבא קדושים		1QH^{a} XI,21
ולבוא ביחֿד **עם** עדת בני שמים		1QH^{a} XI,22
ותפל לאיש גורל עולם **עם** רוחות / דעת		
ו**עם** חלכאים בגורל		1QH^{a} XI,25
ותגור נפש אביון **עם** מהומות רבה		
והוות מדהבה **עם** מצעדי		
ו**עם** שרירות לבם יתורו		1QH^{a} XII,15
כי זכרתי אשמותי **עם** מעל אבותי		1QH^{a} XII,34
ובזוכרי כוח ידכה **עם** / המון רחמיכֹהֹ		1QH^{a} XII,35
] / ליום **עם** חד◦◦◦[		1QH^{a} XIII,1

כי / יהיה איש רכיל ב**עמ**ו		11Q**19** LXIV,7
ומשלים את **עמ**ו לגוי נכר		
ועושה רעה ב**עמ**ו		
ויקלל את **עמ**ו <<ו>>את בני ישראל		11Q**19** LXIV,10
] / ל**עממים**[	(XXIII)	11Q**25** 1,1
]הֿ**עמים** / [	(XXXIII)	PAM 43.672 63,2

with preposition **עִם**

כי ריב לו **עם** כל בשר ומשפט יעשה בכל		CD I,2
ארך אפים **עמ**ו ורוב סליחות / לכפר בעד		CD II,4
היוצאים מארץ יהודה והנלוים **עמ**הם		CD IV,3
ושוכבים **עם** הרואה את דם זובה		CD V,7
אל ישכב איש **עם** אשה בעיר המקדש		CD XII,1
אשר באו **עמ**ו בברית אברהם		CD XII,11
אשר יהיו **עם** המת בבית		CD XII,18
למשכיל להתהלך בם **עם** כל חי		CD XII,21
דברו / **עם** המבקר אשר לרבים		CD XV,8
אשר כֹרֹת / משה **עם** ישראל		CD XV,9
]◦◦◦ / **עמ**כם בֹרֹיֹתֹ וֹעם כל ישראל		CD XVI,1
]◦◦◦ / עמכם בֹרֹיֹתֹ וֹ**עם** כל ישראל		
אל {{ית}} יאות איש **עמ**ו בהון ובעבודה		CD XX,7
אשר שבו / **עם** אנשי הלצון ישפטו		CD XX,11
אֹשר שבו / **עֹם** איש הכזב		CD XX,15
וֹ**עמ**הֹם כל מרֹשֹיֹעֹי / יֹהֹודה		CD XX,26
ונספתה רוחו הצמאה **עם** הרוה		1QS II,14
ו**עם** ישרים לוא יתחשב		1QS III,1
ולפקודת נגועיהם **עם** / קצי שלומם		1QS III,14
ופרות זרע **עם** כול ברכות עד		1QS IV,7
וכליל כבוד / **עם** מדת הדר באור עולמים		1QS IV,8
וחרפת / עד **עמ** כלמת כלה באש מחשכים		1QS IV,13
ואשר לוא ייחד **עמ**ו בעבודתו ובהו{{◦}}נֹןֹ		1QS V,14
א]שר יֹתערב / **עמ**ו בטהרתו או בהונו		1QS VII,25
ואהבת חסד והצנע לכת איש **אמ** רעהו		1QS VIII,2
ולהתהלכ **עם** כול ב{{◦}}מדת האמת		1QS VIII,4
ו**עם** עצתו לכול / דבר		1QS VIII,23
אל יתערב הונם **עם** הון אנשי הרמיה		1QS IX,8
למשכיל להתהלכ בם **עם** כול חי		1QS IX,12
וכן אהבתו **עם** שנאתו		1QS IX,16
ולהתרובב **עמ** אנשי השחת		
למשכיל בעתים האלה לאהבתו **עם** שנאתו		1QS IX,21
שנאת עולם / **עמ** אנשי שחת ברוח הסתר		1QS IX,22
] שפתים יברכנו / **עם** קצים אשר חקקא		1QS X,1
ברשית ממשלת אור **עמ** תקופתו		
ובתקופתו **עם** האספו מפני אור		1QS X,2
עם האספם למעון כבוד		1QS X,3
לימי חודש יחד תקופתם **עם** / מסרותם		
עם מבוא יום ולילה אבואה בברית אל		1QS X,10
ו**עם** מוצא ערב ובוקר אמר חוקיו		
ו**עם** משכב יצועי ארננה לו		1QS X,14
ובמכון צרה **עם** בוקה / אברכנו		1QS X,15
ובידו תום דרכי **עמ** ישור לבבי		1QS XI,2
ומקוה / גבורה **עמ** מעין כבוד		1QS XI,7
ו**עם** בני שמים חבר סודם		1QS XI,8
למטעת עולם **עם** כול / קצ נהיה		
חטאתי {{◦◦◦◦}}**עם** נעוות לבבי / לסוד רמה		1QS XI,9
בכול נפלאותיכה **עם** כוח / גבורתכה		1QS XI,19
ולפי שכלו **עם** תום דרכו יחזק מתנו	(I)	1QSa I,17
ואנושי החיל **עם** / [שרי השב]טים	(I)	1QSa I,28
ראשי א[בות הע]דֹה **עם** חכמֹ[י עדת הקודש	(I)	1QSa II,16
]םֹ מבשר ו**עם** מלאכי ק[ודש	(I)	1QSb III,6

Text	Vol.	Reference
ותשמני / במגור **עם** דיגים רבים		1QH^a XIII,8
והפלתה] **עם** נמהרי / צדק		1QH^a XIII,21
ובנגינות יחד תלונתם **עם** שאה ומשואה		1QH^a XIII,30
]כלאי **עם** תהום נחשב לאין[		1QH^a XIII,38
גליתה אוזני [למו]סר מוכיחי צדק **עם** [		1QH^a XIV,4
אנשי עצתכה ובגורל יחד **עם** מלאכי פנים		1QH^a XIV,13
יועץ בליעל / **עם** לבבם [		1QH^a XIV,22
עם תום כול חר[בות] / מלחמות רשעה		1QH^a XIV,28
כי בליעל **עם** הופע יצר / הויתם		1QH^a XV,3
נט]עתה מטע ברוש ותדהר **עם** תאשור		1QH^a XVI,5
ועם עצי עולם / לא ישתה מי קודש		1QH^a XVI,12
בל ינובב פריו **עם** [ ]◦ע שחקים		1QH^a XVI,13
ובידי פתחתה מקורם **עם** מפלגי[ה		1QH^a XVI,21
ולא נפתח **עם** מבו[ע		1QH^a XVI,26
]מגור **עם** חוליים ומ[וד]ע לב[י] / בנגיעים		
ועם / מתים יחפש רוחי		1QH^a XVI,28
ותוכחת צדקכה **עם** ◦◦ותי		1QH^a XVII,33
ועם מצעדי / רוב סליחות		
ואין זולתך / ואין **עמ**כה בכוח		1QH^a XVIII,10
ואפחדה בשומעי משפטיכה **עם** גבורי / כוח		1QH^a XVIII,34
וריבכה **עם** צבא קדושיכה ב[		1QH^a XVIII,35
אודכה אלי כי הפלתה **עם** עפר		1QH^a XIX,3
ואשמת מעל להוחד **ע**[ם] בני אמתך		1QH^a XIX,11
ובגורל **עם** / קדושיכה		
ולהתיצב במעמד לפניכה **עם** צבא עד		1QH^a XIX,13
ורוחי [אמת] להתחדש **עם** כול / נהיה		
ועם ידעים ביחד רנה		1QH^a XIX,14
עם מבוא אור / ממע[ונתו		1QH^a XX,4
ואין אחר **עמו**		1QH^a XX,11
ואין צדיק **עמ**כה [		1QH^a XX,19
הבי]אותה בברית **עמ**כה		1QH^a XXI,9
] השבתה להביא בברית **עמ**כה		1QH^a XXI,13
ועם [אלים בעדת יחד		1QH^a XXVII,3
ומליצי דעת **עם** כול צעודי		1QH^a 2i6
ב]ני אלים להחיד **עם** בני שמים / [		1QH^a 2i10
]רתים **עם** צבאכה ומתהלכים / [		1QH^a 2i14
]נתיבות שלום **ועם** בשר להפליא[		1QH^a 3,3
ע]רב ובוקר **עם** ◦[		1QH^a 4,3
] / [ ]ות **עם** עדת קדושיכה בהפלא[		1QH^a 5,3
ועם ידעים [נוס]רה לכה ונר[ננה		1QH^a 10,7
בכו]ח **עם** גבוריכה		1QH^a 10,8
] וצאצאינו הודע[תה **ע**]ם בני איש		1QH^a 10,9
ע]**מי** על מותך ⟦ ⟧[	(I)	1Q**18** 1-2,1
וידעו [כי] אמת נע[שתה] **עמ**הם	(I)	1Q**22** 1i11
] **עמ**ה[ם	(I)	1Q**22** 12,4
] / **עם** כול שפטי[	(I)	1Q**27** 9-10,4
]◦ עולם **עם** קדושיכה ובגו[רל / [	(I)	1Q**36** 1,3
בני] אדם **עם**[	(I)	1Q**36** 20,1
]באבן נגף ⟦ ⟧ ו]**עם** ל◦◦ים ◦◦◦◦[	(I)	1Q**38** 1,2
] ◦◦ **עם** [	(I)	1Q**70** Verso 7,2
ועשיתי ק]לעי המזור **עם** קשתות	(III)	2Q**22** I,2
]ש **מעמו** דין לרתוק ב[	(III)	2Q**28** 2,2
]בהאבקו **עמו** [ו]יאחזהו	(V)	4Q**158** 1-2,4
ול]וא ידבר **ע**[**מנו**	(V)	4Q**158** 6,2
] / ראיתמה כי מן השמים דברתי **עמ**כמה	(V)	4Q**158** 7-8,6
]◦גרתי **עמו** מועדי ונלויתי לו מ◦[	(V)	4Q**160** 7,2
]**עמו** יצא אחד מכוהני השם	(V)	4Q**161** 8-10,24
] / **עם** [	(V)	4Q**169** 1-2,5a
מלכים שרים כוהנים ועם **עם** גר נלוה	(V)	4Q**169** 3-4ii9
ומוש[לים] / יפולו [מ]**עם** לשונם	(V)	4Q**169** 3-4ii10
כול מבצריך] / תאנים **עם**[בכורים	(V)	4Q**169** 3-4iv9
]להיות **ע**[**ם**] / עדת בחירו	(V)	4Q**171** 1+3-4iii4
ועם / בחירו ישמחו בנחלת אמת	(V)	4Q**171** 3-10iv11
]בהיותו **עמ**ם[	(V)	4Q**172** 4,1
הואה צמח דויד העומד **עם** דורש התורה	(V)	4Q**174** 1-2i11
הנבי בשמי אנוכי / אדרוש **מעמו**	(V)	4Q**175** 8
וריבה **עם** ממלכות על דם[	(V)	4Q**176** 1-2i2
] כיא לוא **עם** מ[	(V)	4Q**177** 8,3
ויד אל הגדולה **עמ**המה לעוזרם	(V)	4Q**177** 12-13i9
] / ונגוללה **עם** המתים ◦[	(V)	4Q**179** 1ii2
] / בנות ציון {{היקרים}} הרכות **עמם** ◦◦[	(V)	4Q**179** 1ii13
לאשמה ביחד **עם** ס◦[ ]ע◦[ ]ל	(V)	4Q**181** 1,1
להתחשב **עמו** ב[סוד] / [א]לים	(V)	4Q**181** 1,3
ובגורל **עם** קדושיו ב[	(V)	4Q**181** 1,4
]**עם** אישוני פחז ו◦[	(V)	4Q**184** 3,5
ו◦[ ]◦בה יכילה **ועמה**[	(V)	4Q**185** 1-2ii12
ועצבת]רבה **עמי**	(XIX)	4Q**200** 1i4
יה]יה **עמך**	(XIX)	4Q**200** 2,5
] / **עם** אחיות אבי בלהה א[	(XXII)	4Q**215** 1-3,1
]ושכנתי **ע**[**מם**] / [בכול עולמי עולמים	(XIII)	4Q**216** IV,5
וזה **עם** זה נעשו יחד לקדש[ולברכה	(XIII)	4Q**216** VII,16
ואת היותרת על ה]כבד **עם** הכליות תסירנה	(XIII)	4Q**219** I,36
לפני האלוהי]ם **עם** מ[נח]תוה ונסכוה	(XIII)	4Q**219** I,37
תקט[י]ר על המז[בח]**עמ** סולת מנחתו	(XIII)	4Q**220** 4
]ואת היותרת הכבד **עמ** הכליות תסיר[נה	(XIII)	4Q**220** 8
לפני הא]להי[ם] **עם** מנחתו ונסכו	(XIII)	4Q**220** 9
לצפון הבירה וחמשיה]ם **עמם**	(XIII)	4Q**221** 6,3
וא[ין] **עמו** ישר כי / [ירצה הוא אחרי מותך	(XIII)	4Q**223-224** 2i49
ויודע אתה את כול אשר עש]ה **עמנו**	(XIII)	4Q**223-224** 2i50
ועש]ה **עמנו** רע	(XIII)	4Q**223-224** 2i51
ואין לעשות **עמכ**[ה אחוה	(XIII)	4Q**223-224** 2iv6
אז אעשה **עמכה**[אחוה	(XIII)	4Q**223-224** 2iv8
ואם] יעשו / [הזאבי]ם שלם **עם** הטלים	(XIII)	4Q**223-224** 2iv9
[יצאו למזרח הבירה וחמשיהם **ע**]**מם**	(XIII)	4Q**223-224** 2iv23
לצפון הבירה וחמ]שיהם **עמם**	(XIII)	4Q**223-224** 2iv24
] נכרתה **עם** אברהם ו◦מל ◦[	(XIII)	4Q**225** 1,4
ואתה מושה בדברי **עמ**[כה	(XIII)	4Q**225** 1,6
] / ◦עת **עם** טעיכם [	(XIII)	4Q**228** 1ii4
ותפשה **עם** כ[ל אוצרותיה]	(XXXVI)	4Q248 7
ראשי אבות העדה]**עם** חכמ[י עדת הקודש]	(XXXVI)	4Q**249**f 1-3,6
הוכיחו אשר / שכב **עם** בלהה פילגשו	(XXII)	4Q**252** IV,6
]התורה **עם** אנשי היחד	(XXII)	4Q**252** V,5
] / מאורות מזבול קודשו **עם** האספם	(XXVI)	4Q**256** XIX,1
לימי חדש יחד / תקופותיהמה **עם** מסרו[ת]ם	(XXVI)	4Q**256** XIX,2
ועם י[שרים לוא] יתח[שב]	(XXVI)	4Q**257** III,2
ו]כליל כבוד **ע**[**ם**] מדת הדר	(XXVI)	4Q**257** V,5
וכן אהבתו **עם** שנאתו	(XXVI)	4Q**258** VIII,1
ולא יתרובב **עם** אנשי השח{{ע}}ת	(XXVI)	
שנאת עולם **עם** אנשי השחת ברוח הסתר	(XXVI)	4Q**258** VIII,6
ותרומת שפתים י]ברכנו **עם** [קצים]	(XXVI)	4Q**258** VIII,10
בראשית ממשלת אור **ע**]**ם** ת[קופתו	(XXVI)	4Q**258** VIII,11
ע[**ם** מבוא] יום[ו]ל[י]לה אבואה בברית אל	(XXVI)	4Q**258** IX,9
ואימה ובמכון צרה] / **ע**[**ם** בוקה אברכנו	(XXVI)	4Q**258** X,4
והתהלך **עם** כול / [במדת] האמת	(XXVI)	4Q**259** II,12
למש[כיל להתהלך בה]ם **עם** כול חי	(XXVI)	4Q**259** III,7
וכן אה]בתו **עם** שנאתו	(XXVI)	4Q**259** III,13
בעתים האלה לאהבתו] / **עם** שנאת[ו	(XXVI)	4Q**259** IV,3
שנאת עו]לם **ע**[**ם** אנשי השחת	(XXVI)	
יחד] תקופתו / **עם** האספו מ[פני אור	(XXVI)	4Q**260** II,2
עם[מבוא יום ולילה אבואה בברית אל	(XXVI)	4Q**260** III,2

Text	Vol.	Reference
וע]ם מוצא ערב / ובוקר א[ומר חוקיו	(XXVI)	4Q260 III,2
ואימה [ובמכון] צרה עם בוקא [אברכנו]	(XXVI)	4Q260 IV,1
ולהתבונן]בכל נפלאותיך עם כוח גבורתך	(XXVI)	4Q264 7
] / להלחם עמו ◦[	(XXXV)	4Q264a 2-3,8
]ם עם ◦[	(XVIII)	4Q266 5i6
ושלם ה[אונס אם לו] דבר / אמת עם רעה	(XVIII)	4Q266 8ii6
אשר יהי]ו עם / [המת בבית אחד	(XVIII)	4Q266 9ii4
ידרוש שלומו {{והמשתלח}} ואשר יאות עמו	(XVIII)	4Q266 11,15
אל] ישכב א[יש ע]ם [אשה] / [	(XVIII)	4Q266 12,6
או אלמנה אשר]ישכב אחר עמה / [	(XVIII)	4Q270 2i17
אל ישכב איש] עם אשה / [	(XVIII)	4Q270 4,13
]ישכב עם / [	(XVIII)	4Q270 4,20
אם לא דבר א[מת ע]ם רעהו	(XVIII)	4Q270 6iii14
על] פי הד[ברי]ם האלה כרתי עמכה ברית	(XVIII)	4Q271 4ii3
כרתי עמכה ברית ועם[ישראל	(XVIII)	
אל] ישכב איש עם אשה בעיר המקדש	(XVIII)	4Q271 5i17
] / והזקנים עמו עד[	(XXVI)	4Q275 3,1
ע]ם רעיהו[	(XXVI)	4Q279 4,3
] עם בחירי[	(XXXVI)	4Q285 1,4
א]שר עמו [	(XXXVI)	4Q285 2,2
כיא אל ע[מכם	(XXXVI)	4Q285 8,10
ס]וד אלי טוהר עם כול ידעי עולמים	(XI)	4Q286 7i6
ורשעתכ]ה עם כול ג[ורלי שאו]ל	(XI)	4Q286 7ii9
וע[ם חרפות שח]ת / [עם כל]מות כלה	(XI)	
]בדין מועדי חום עם קצ[י	(XX)	4Q299 5,3
]א עם כול צב[א	(XX)	4Q299 9,4
]בו עם מלך[	(XX)	4Q299 53,12
]◦ע עמו מכוהן ◦[	(XX)	4Q299 67,3
]ל עם אשמה[	(XX)	4Q299 70,4
]עם יודע[י	(XX)	4Q300 6,3
וחוקרי שורשי בינה עם תומכי ר[זי פלא	(XX)	4Q301 1,2
כ]ל [ה]מולת עמים עם ◦◦◦[	(XX)	4Q301 1,4
ולא עמד לנגדך להוכח / עמך	(XX)	4Q302 3ii8
] / עמו ויוא[מר שלחני	(XIII)	4Q364 5bii8
כי שריתה עמ א[לוהים ועם אנשים ותוכל	(XIII)	4Q364 5bii11
והנער יעל ע]מ אחיהו	(XIII)	4Q364 10,5
ממרים הייתם] / עמ יהוה [מיום דעתי אתכם	(XIII)	4Q364 26aii5
לוא תוסרו לי והלכתם] עמ[י קרי ?]	(XIII)	4Q365 25a-c,7
בזואת לוא תשמעו ל]י והלכתם עמי בקרי	(XIII)	4Q365 25a-c,12
[וכי ימוך]אחיך עמך	(XIII)	4Q366 2,4
כתושב] / [יהי]ה עמך עד שנת היובל	(XIII)	4Q366 2,5
עד שנת היובל יעבד עמ[ך	(XIII)	
ע]ם משה הדברים / [האלה	(XXVIII)	4Q368 1,2
ואתה לא הודעתני]את אשר תשלח עמי	(XXVIII)	4Q368 1,5
וגם יהודה יחד עמו	(XXVIII)	4Q372 1,9
] / להיות יחד עם שני אחיו	(XXVIII)	4Q372 1,10
ומכל אחי אשר / נלוו עמי	(XXVIII)	4Q372 1,20
]◦מה עם כ[	(XXVIII)	4Q372 3,2
] / [ב]ניהם אשר כרת עם יעקב להיות עמו	(XXVIII)	4Q372 3,9
כרת עם יעקב להיות עמו עד עלמי עד[	(XXVIII)	
א]מת עמי ברוח מש[פט	(XXVIII)	4Q372 13,2
]◦ עם גבורה וא[	(XXVIII)	4Q372 17,1
] / ועשיתי קלעי מזור ע[ם קשתות	(XXVIII)	4Q373 1a+b,7
ובאתה עם השבט ההואה	(XIX)	4Q375 1i7
ויצא עמו בלשנות אש	(XIX)	4Q376 1ii1
] / אויבו וישראל עמו	(XIX)	4Q376 1iii2
]פנים עם אל פנים כא[שר	(XXVIII)	4Q377 1ii5
וידבר ע[ם]קהל ישראל פנים עם אל פנים	(XXVIII)	4Q377 2ii6
וידבר ע[ם]קהל ישראל פנים עם אל פנים	(XXVIII)	
כאשר ידבר / איש עם רעהו	(XXVIII)	4Q377 2ii7
ומושה איש האלוהים עם אלוהים בענן	(XXVIII)	4Q377 2ii10
]◦◦ אשר כ[רת]ה עם אברהם / [	(XXII)	4Q378 22i4
]◦◦◦◦ן אין עמו / [	(XXII)	4Q379 22i7
] / עמו רבים [	(XXII)	4Q379 31ii6
] / עמהם ב◦[	(XXII)	4Q379 31ii7
]ל עם ◦◦ל◦[ ]כה [	(XI)	4Q381 10-11,4
עשה עמי / [אות לטובה	(XI)	4Q381 15,2
לך זרע עם / [גבורה תעז ידך	(XI)	4Q381 15,5
]כל עמך לג[	(XI)	4Q381 31,9
ואל תתנני במשפט עמך אלהי [	(XI)	4Q381 45a+b,4
וידברעמכם להשכיל אתכם	(XI)	4Q381 69,5a
ויעמד בהתוכח ע[מו	(XI)	4Q381 76-77,10
ועמי יאשמו יחד עמהם ה[	(XI)	4Q381 79,3
]ה עם איש[	(XIX)	4Q384 3,2
ואף אני מ[לל]תי עמהם[	(XXX)	4Q385 3,3
]ם [ ]עם הח[	(XXX)	4Q387 4i5
הברית אשר כ[רתי ע]ם אברהם ועם יצחק[	(XXX)	4Q388a 7ii2
הברית אשר כ[רתי ע]ם אברהם ועם יצחק[	(XXX)	
]תם ואתהלכה עמהם ב◦[	(XXX)	4Q389 2,7
הברית אשר כרתי]עם אברה[ם] וע[ם י]צחק	(XXX)	4Q389 8ii8
הברית אשר כרתי]עם אברה[ם] וע[ם י]צחק	(XXX)	
וע[ם י]צחק ועם / [יעקוב	(XXX)	
ואין עמו להבדיל בין האור / לחשך	(XXIX)	4Q392 1,5
ועמו אור לאין חקר	(XXIX)	4Q392 1,7
הלוא נשכיל במה עמנו לע[שות נפ]לאות	(XXIX)	4Q392 1,8
שלוא י]בואו {{לט}} עם טהרת הקוד[ש	(X)	4Q396 1-2iii5
ועתה בהיות טמאתם עמהם	(X)	4Q396 1-2iii7
[הצרועים באים ע]ם טהרת הקודש לבית	(X)	4Q396 1-2iii8
ואף] / את [זרע]ם עם הזונות	(X)	4Q396 1-2iv11
ועתה] / [בהיות טמאתם ע]מהם	(X)	4Q397 6-13,8
ומלבוא ע[מהם]לגב אלה	(X)	4Q397 14-21,8
שר[א]ינו / עמך ערמה ומדע תורה	(X)	4Q398 14-17ii4
ומפיהם הורות כול קדושים עם משפטי / [	(XI)	4Q400 1i17
]רו לש[וני] דעת עם חוק [	(XI)	4Q400 2,11
] בבואם עם אלוה[י] / [	(XI)	4Q402 1,2
] ועם [	(XI)	4Q402 10,2
ל[ת]מיד עם כול הויי / [עול]מ[י]ם	(XI)	4Q403 1i22
בה תשבחות כול / אלוהים עם הדר	(XI)	4Q403 1i33
] / לתמיד עם כול [	(XI)	4Q405 3ii14
לת]מיד עם כול הויי עולמים	(XI)	4Q405 13,6
תמיד עם כבוד מרכבות / [ה]פלא	(XI)	4Q405 20ii-22,11
] / עם משקל תכינה רוחם בש[	(XXXIV)	4Q415 11,9
ואז תשכב עם האמת ובמותכה יפר[ח	(XXXIV)	4Q416 2iii7
ועם נדיבים הושיבכה	(XXXIV)	4Q416 2iii11
בהתחברכה יחד התהלך עם עזר בשרכה[	(XXXIV)	4Q416 2iii21
ואתה ליחד עם אשת חיקכה	(XXXIV)	4Q416 2iv5
]בכול דרכיהם עם פקודתם לכול קצי עולם	(XXXIV)	4Q417 1i7
נור[עו נס]תרי / מחשבתו עם התהלכו[ת]מים[	(XXXIV)	4Q417 1i12
ואז תדע בכבוד ע[וזו ע]ם רזי פלאו	(XXXIV)	4Q417 1i13
וינחילונו לאנוש עם עם רוח	(XXXIV)	4Q417 1i16
] / [י]וסרו בכה כו[ל]◦◦יהן עם פעולת[	(XXXIV)	4Q417 1i26
] / רשע מעשיו עם פקדתו	(XXXIV)	4Q417 2i8
ודע במה תתהלך עמו [	(XXXIV)	
]בשר עם תענית [	(XXXIV)	4Q417 3,4
]עמה התהלך ב◦◦[	(XXXIV)	4Q417 14,3
עם נדיבים / הו[שיב]כה	(XXXIV)	4Q418 9+9a-c,11
[בהתחברכה יחד התהלך]עם עזר[בשרכה	(XXXIV)	4Q418 10a-b,4
תכיר מעשה בכו]ל דרכיהמה עם פקודות[ם	(XXXIV)	4Q418 43-45i5
] / עם כול קצים הדרו	(XXXIV)	4Q418 81+81a,13
]עצתך עם אוש[	(XXXIV)	4Q418 95,2

Text	Vol.	Reference
וג]ם̇ הונכה **עם** בשרכה[	(XXXIV)	4Q**418** 103ii9
]שם **עם** כול צמחי אדמה	(XXXIV)	4Q**418** 107,5
]נ̇י עשב **עם** שר̇[ ]שר̇ש̇[	(XXXIV)	4Q**418** 107,6
] כר̇נמה **עם** [	(XXXIV)	4Q**418** 107,7
] / [ ]ד̇ה שקול מעשיכה **עם** קצ[	(XXXIV)	4Q**418** 123ii6
ובכוח אל ורוב כבודו **עם** טובו [	(XXXIV)	4Q**418** 126ii9
ואתה באמת התהלך **עם** כ̇ול ד̇ו̇ר̇ש̇י ◦	(XXXIV)	4Q**418** 126ii11
]◦ה **עם̇** [	(XXXIV)	4Q**418** 131,1
]מ̇ים **עם** ב̇[	(XXXIV)	4Q**418** 131,2
]**ע̇ם**[	(XXXIV)	4Q**418** 151,2
]**ע̇ם̇**[	(XXXIV)	4Q**418** 152,1
]**עם** פקו̇[דתו]ובהתח̇[לכו	(XXXIV)	4Q**418** 169+170,2
]בתמים דרך **עם** קץ [	(XXXIV)	4Q**418** 172,4
]◦ו̇ אליך **עם** עשתרותי[ה	(XXXIV)	4Q**418** 172,6
]◦כה **עם** מרעי̇תכה ובמר[עית	(XXXIV)	4Q**418** 172,10
ע[**ם̇** כול זק[ני	(XXXIV)	4Q**418**a 3,2
]◦ה **עם** עוז̇ ב̇[שרכה	(XXXIV)	4Q**418**a 16b+17,3
] / מהמה דרכיהם **עם** פקוד[ת	(XXXVI)	4Q**419** 8ii4
ובאתה לפני אלהיכה **ע̇**[**ם̇** ראשית פרי בטנכה	(XXXIV)	4Q**423** 3,4
יפקוד לאבות ובנים[לגרי̇[ם **עם** כל אזרחים	(XXXIV)	4Q**423** 5,4
ובע̇ב̇ו̇דתכה השכ̇[ל בדעת ה]טוב **עם** הרע	(XXXIV)	4Q**423** 5,6
]ך̇ [[ ]] **עם** פורס̇ א̇[ל	(XXXVI)	4Q**424** 1,2
עם נעלם אל תקח חוק	(XXXVI)	4Q**424** 1,4
ו**עם** מתמ̇[ו]ט̇ט אל / תבוא בכור	(XXXVI)	
כ̇[י̇]א̇ אני **עם** אלים מעמד̇[י]	(XXIX)	4Q**427** 7i11
ו**עם** אלים בעדת יחד ורפ◦[	(XXIX)	4Q**427** 7ii9
ואנחנו ביחד נועדנו ו]**ע̇ם** ידעים נוסרה לכה	(XXIX)	4Q**427** 8i9
ו]בהפלא נספרה יחד בעדת אל ו**עם** / [	(XXIX)	4Q**427** 8i10
וצאצאינו]הודעתה **עם** בני איש	(XXIX)	4Q**427** 8i11
] / **עם** רחות עו̇[לם	(XXIX)	4Q**427** 8ii9
]ו**עם** בשר [להפלי]א כאלה	(XXIX)	4Q**428** 13,6
יועץ̇[בליע]ל̇ **עם** לבב̇[ם]	(XXIX)	4Q**429** 4i11
ו**עם** אלים בעדת / [[ ]] יחד	(XXIX)	4Q**431** 2,8
וכול חצי] / [ש]ח̇ת **עם** מצעדם̇[	(XXIX)	4Q**432** 5,5
ו**עם** רשעים לא שפטם	(XXIX)	4Q**434** 1i5
ויכרות להם ברית לשלום **עם** עוף / [הש]מ̇ם	(XXIX)	4Q**434** 7b,2
]ו̇עמדו **עמו** מ◦[	(XXXVI)	4Q**458** 1,6
]ל את הממשלה לבדו **עמו**	(XIX)	4Q**462** 1,9
היה האור **עמהם** ועלינו היה[	(XIX)	
]◦אך **עם̇** [	(XIX)	4Q**464** 2,3
] / ו̇שכב **עם̇** [אבותיו	(XIX)	4Q**464** 3ii5
]אכרתה **עמך̇**[בר]י̇[ת]ל̇עיני הקהל / [	(XIX)	4Q**470** 1,6
והיו **עמו** תמיד ו̇ש̇[רתו] / [לפניו	(XXXVI)	4Q**471** 1,3
] / **עם** כול מלאכ̇[י חבל ?	(XXII)	4Q**473** 2,7
כ̇[ו̇ל ה[ב]אים **ע**[**ם**	(XXXVI)	4Q**474** 9
]צדק **עם** רז̇[	(XIX)	4Q**476**a 1,1
] **עמו** ◦[	(XXXVI)	4Q**477** 2ii4
] העון **עמו** וגם רוח פארה עמ̇[ו	(XXXVI)	
] העון עמו וגם רוח פארה **עמ̇**[ו	(XXXVI)	
]**ע̇מו** וגם אשר איננו ח◦[	(XXXVI)	4Q**477** 2ii7
◦ ואהיה **עמו** ואת[	(XXII)	4Q**481**d 3,3
◦ **עמו** [	(XXII)	4Q**481**d 7,2
]**עם** כול[	(VII)	4Q**487** 37,1
] / ושר מלאכיו **עם̇**[צבאות]מה	(VII)	4Q**491** 1-3,3
עם מלא עונתם הראישונים ישובו	(VII)	4Q**491** 1-3,15
תעודות עולמים **עם** [מבוא יומם] ולילה	(VII)	4Q**491** 8-10i11
אני **עם** אלים את{{ת}}חשב	(VII)	4Q**491** 11i14
כ̇[י̇א אניא **עם** אלים אח̇ש̇[ב	(VII)	4Q**491** 11i18
ו]כ̇בודיא̇ **עם** בני המלך	(VII)	
ו[**ע**]**ם** צ̇[א]ת הקול יחלו ידמ[ה	(VII)	4Q**491** 11ii7
לסדר מלחמה שנית **עם** כת̇י̇[אים	(VII)	4Q**491** 11ii19
ע]**ם** א̇לים נש◦[	(VII)	4Q**491** 13,1
] עולמים יחד **ע̇**[**ם** אלים	(VII)	4Q**491** 14-15,11
] ובתהל[ה] יחד **עם** בני אלים[	(VII)	4Q**491** 24,4
וישב̇ **עמו̇** בסוד ק̇[דושים	(VII)	4Q**502** 19,1
] / **עם** כולנ̇ו̇ יחד ואני ת̇[רנן לשוני	(VII)	4Q**502** 19,4
]**עם** כול דגלי יר[חים	(VII)	4Q**502** 27,3
] **עם** כוכב̇[י השמים	(VII)	4Q**502** 27,4
]**עם** זקני [	(VII)	4Q**502** 110,1
נ̇הלל[ה שמכה] / **עם** כול דגלי [אור	(VII)	4Q**503** 7-9,4
]**ע̇ם** דגלי אור	(VII)	4Q**503** 10,2
]נו ועדים **עמנו** במעמד {{ב̇מ̇ע̇}} יומם[	(VII)	4Q**503** 11,4
ו̇**עמנ̇**[ו] ברנו{{ד}}<<ת>> כבודכה ב̇[	(VII)	4Q**503** 29-32,10
] / [מ]הללים **עמנו** ◦[	(VII)	4Q**503** 37-38,21
אל]י̇ם אשר[**ע**]**ם̇** בנ̇י צדק ו̇צדק̇[	(VII)	4Q**503** 48-50,8
] לילה להיות מ̇הללים̇[ ] **ע̇מנו**	(VII)	4Q**503** 64,5
]א̇ו̇ר ועדים **עמ̇**[נו	(VII)	4Q**503** 65,3
]ם **עמנ̇ו** ה̇[י]ו̇ם [	(VII)	4Q**503** 66,1
]**עמנ̇ו**[	(VII)	4Q**503** 78,2
]**עמנ̇**[ו	(VII)	4Q**503** 98,1
]◦ו̇ **עם** דג̇[לי	(VII)	4Q**503** 100,2
]ן̇ **עמנ̇**[ו	(VII)	4Q**503** 164,2
]ד̇נות **ע̇ם** ◦[	(VII)	4Q**503** 178,1
שלום עליכה] / [ישראל] **עם** תק[ופת השנה	(VII)	4Q**503** 215,9
ואבן יקרה / **עם** כו̇{{ו̇}}ל̇ חמדת ארצם	(VII)	4Q**504** 1-2iv11
פנ]י̇ם אל פ̇נ̇י̇[ם ד]ברתה **עמ̇**[ו	(VII)	4Q**506** 125+127,2
] / ו̇עד היותנו צעדינו **עם** נדה י̇ב̇[	(VII)	4Q**507** 1,3
◦]קודש **עמכול** [	(VII)	4Q**508** 18,2
] / [ה]נ̇כ̇ה שוכב **עם** א̇ב̇[ותיכה	(VII)	4Q**509** 5-6ii7
◦[ ] קודש **עם** כ̇[	(VII)	4Q**509** 32,4
]גורל אלוהים **עם** מל̇א̇[כי]מאורות כב̇ו̇דו	(VII)	4Q**511** 2i8
יח]ד̇ **עם** קדוש[יו	(VII)	4Q**511** 8,9
ומוכיחי / צ̇ד̇ק **עם** נעוותי	(VII)	4Q**511** 18ii9
] / ו̇**ע̇ם** התנ̇ג̇פ̇י̇[	(VII)	4Q**511** 18iii9
] כיא **עם** כול / [	(VII)	4Q**511** 22,2
ו**עם** כול / [אנ]ש̇י ב̇ר̇י̇ת̇ ד̇◦◦[	(VII)	4Q**511** 63-64ii4
] / א̇[יצ]ד̇ק̇ **עם** [	(VII)	4Q**512** 51-55ii2
בטמאתו הרישנ{{י̇}}ה̇**ע̇ם** אשר לא החל	(VII)	4Q**514** 1i7
ואל י̇[ש]תה **עם** כול א̇י̇[ש]א̇שר י̇ע̇רוך / [	(VII)	4Q**514** 1i10
]**ע̇מנ̇ו** ב◦מ̇◦◦ת[	(VII)	4Q**517** 9,1
ל̇[ו̇א יעבו̇ד̇ **עם** אלה	(XXV)	4Q**521** 5i+6,4
[ו(י)ט(י)ב עם ר]עהו ו**עם** שכנ̇[ו]	(XXV)	4Q**521** 5i+6,5
ונתן האי]ש השוכב **עמה̇**[לאבי הנערה	(XXV)	4Q**524** 15-22,1
]אשר בא **עמכם** ת◦◦◦◦[	(XXV)	4Q**524** 25,6
ו**עם** מלכים תוש[יבהו	(XXV)	4Q**525** 2ii+3,9
או] / **עם** כול אבני חפצ[	(XXV)	4Q**525** 2iii3
] / ונצני ארגמון **עם**[	(XXV)	4Q**525** 2iii5
ותולעת] / שני **עם** כול בגדי [	(XXV)	4Q**525** 2iii6
]ו̇רוב שלו̇ם [**ע**]**ם̇**[ ] כול ברכות̇[עד	(XXV)	4Q**525** 11-12,1
]**ע̇ם** כ̇ול רוח̇[י/ות	(XXV)	4Q**525** 11-12,4
] / **עם** כול[	(XXV)	4Q**525** 30,1
] / **ע̇ם** [הרויה	(III)	5Q**11** 1ii3
אש]ר̇ ישכב **עם̇**[	(III)	6Q**15** 5,2
עשה **עמנו** יהוה / כטובכה	(IV)	11Q**5** XIX,4
ישמחו אחי **עמי**	(IV)	11Q**5** XIX,17
] / **עם** [תרח אביו בחרן שני שבועי שנים	(XXIII)	11Q**12** 8,2
ויהוה **ע**]**מ̇כה** ויש[מרכה מכול רע	(XXIII)	11Q**12** 9,5
כיא אל **עמכם** ומלאכי / [קודשו מתיצבי]ם̇	(XXIII)	11Q**14** 1ii14
◦ **עם** כול מוצאי [	(XXIII)	11Q**17** X,8
הכול על החלבים] / **עם** שוק התרומה		11Q**19** XV,11

11Q**19** XVI,11		בשר הפר] / ואת עורו **עם** פרשו ישרופו
11Q**19** XVI,13		וכרעיו] / **עם** כול קרביו
11Q**19** XX,8		ויק[טירו] / [הכול על המזבח]**עם** מנחתמה
11Q**19** XX,9		כול מנחה אשר קרב **עמה** נסך כ[משפט]
11Q**19** XXIII,15		ואת יותרת הכבד **עם** הכליות / יסירנה
11Q**19** XXIII,17		ויקטר / הכול על המזבח **עם** מנחתו
11Q**19** XXIV,3		]החזה **עם** ה֯[
11Q**19** XXVI,11		כול עוונות בני ישראל **עם** / כול אשמתמה
11Q**19** XXIX,10		כברית אשר כרתי **עם** יעקוב בבית אל
11Q**19** XLV,11		כיא ישכב **עם** אשתו שכבת זרע
11Q**19** L,13		לתוך הבית יבוא **עמה** יטמא שבעת ימים
11Q**19** LIII,6		ולוא תואכל את הנפש **עם** הבשר
11Q**19** LVII,6		אלף אלף / מן המטה להיות **עמו**
11Q**19** LVII,9		והיו **עמו** תמיד / יומם ולילה
11Q**19** LVII,12		ושנים עשר / נשיי עמו **עמו**
11Q**19** LVII,13		אשר יהיו יושבים **עמו** יחד למשפט
11Q**19** LVII,18		כי / היאה לבדה תהיה **עמו** כול ימי חייה
11Q**19** LVIII,5		ושלחו **עמו** מעשר העם {{העם}}
		לצאת **עמו** למלחמה על / אויביהם
11Q**19** LVIII,6		ויצאו **עמו**
11Q**19** LVIII,7		ושלחו / **עמו** חמישית אנשי המלחמה
11Q**19** LVIII,8		ושלחו **עמו** שלישית אנשי המלחמה
11Q**19** LVIII,16		ויצא **עמו** חמישית העם אנשי המלחמה
11Q**19** LIX,18		והיתי **עמו** והושעתיהו מיד שונאיו
11Q**19** LX,3		יקדישו לי **עם** כול קוד[ש] / הלוליהמה
11Q**19** LX,21		תמים תהיה **עם** יהוה אלוהיכה
11Q**19** LXI,14		כי אנוכי **עמכה** המעלכה מארץ מצרים
11Q**19** LXII,8		ואם לוא תשלים **עמכה**
		ועשתה **עמכה** מלחמה / וצרתה עליה
11Q**19** LXIV,15		והיה **עמכה** עד דרוש
11Q**19** LXVI,5		והחזיק בה ושכב **עמה**
		והומת האיש השוכב **עמה** לבדו
11Q**19** LXVI,9		והיא רויה לו מן החוק ושכב **עמה**
11Q**19** LXVI,10		ונתן האיש השוכב **עמה** לאבי הנערה
11Q**20** V,23	(XXIII)	]ם שרי האלפים **עם** נשיאי / [
PAM 43.676 13,1	(XXXIII)	]◦ו **עם** ◦[
PAM 43.680 12,3a	(XXXIII)	]◦לך מלאכי֯◦◦ **עמ֯ה֯ם** [
PAM 43.682 33,2	(XXXIII)	] חי **עמך֯**[

(indeterminate) עם

2Q**23** 5,3	(III)	]ר **עם** שמ[
4Q**302** 3ii11	(XX)	] / **ע֯מ֯** ◦◦◦◦ת֯ [ ]ל֯[
4Q**391** 14,2	(XIX)	]**עם**[
4Q**415** 28ii2	(XXXIV)	] / **ע֯ם֯**[
4Q**418** 69ii2	(XXXIV)	]מות **עם** / [
4Q**418** 81+81a,11	(XXXIV)	] / **עמכה** ב֯טרם תקח נחלתכה מידו
4Q**428** 23,2	(XXIX)	]דו **עם** ל֯[
4Q**500** 2,1	(VII)	]**ע֯ם** [
4Q**502** 52,1	(VII)	]**ע֯ם֯**[
4Q**502** 104,2	(VII)	] **עמכה** [
4Q**502** 138,1	(VII)	]ם֯ **ועם**[
4Q**502** 212,1	(VII)	]◦ **עם** ◦◦[
4Q**502** 285,2	(VII)	] **ע֯ם֯** [
4Q**503** 29-32,4	(VII)	]ל֯ **עם** ז֯כ֯[
4Q**503** 119,2	(VII)	]**עם** [
4Q**509** 1-2,11	(VII)	]כ֯ה **עמכה** ב֯[
4Q**509** 22,2	(VII)	]ו֯ **עמכה֯**[
4Q**509** 131-132ii15	(VII)	] / **עם** נה֯[
4Q**511** 109,3	(VII)	] / **עם** ◦ל[
4Q**511** 117,1	(VII)	]◦ם **ע֯ם** / [
4Q**512** 111,2	(VII)	]**ע֯ם֯** כ֯[
4Q**512** 197,1	(VII)	]ך֯ **ע֯ם֯**[
4Q**517** 39,1	(VII)	] **עם** / [
4Q**519** 22,5	(VII)	]ר֯ **ע֯ם֯**[
4Q**522** 6,2	(XXV)	]ת **עמכה** ◦[
6Q**11** 2	(III)	]ה֯ **ע֯ם֯**[
PAM 43.682 35,1	(XXXIII)	]ר֯ש **עם**[
PAM 43.697 95,1	(XXXIII)	]ם֯ **עם** ⟦ ⟧[

to stand, go up verb **עמד**

CD I,14		**בעמוד** איש הלצון אשר הטיף לישראל
CD II,8		ויתעב את דורות [ע]מדם
CD III,19		בית נאמן בישראל אשר לא **עמד** כמהו
CD IV,4		קריאי השם **העמדים** באחרית הימים
CD IV,11		כי אם **לעמוד** איש על / מצודו
CD V,5		ויטמון / נגלה עד **עמוד** צדוק
CD V,17		כי מלפנים **עמד** / משה ואהרן
CD V,20		ובקץ חרבן הארץ **עמדו** מסיגי הגבול
CD VI,10		וזולתם לא ישיגו עד **עמד** / יורה הצדק
CD VII,20		**ובעמדו** וקרקר / את כל בני שת
CD XII,23		עד **עמוד** משוח אה֯ר֯ן / וישראל
CD XIII,5		ובא הכהן **ועמד** במחנה
CD XV,11		ע֯ד **עמדו** ל֯פ֯נ֯י ה֯מ֯בקר[
CD XX,1		עד **עמ֯ו֯ד֯** משיח מאה֯ר֯ן ומישראל
CD XX,5		עד יום ישוב **לעמד** במעמד אנשי תמים קדש
1QS VI,13		**ועמד** האיש על רגלוהי
1QS VI,15		ואחר בבואו **לעמוד** לפני הרבים
1QS XI,12		בצדקת אל **תעמוד** לנצחים
1QSa I,22	(I)	ובני לוי **יעמודו** איש במעמדו
1QSb I,3	(I)	ויבחר בם לברית / ע֯ולם א֯[שר **ת**]**עמוד** לעד
1QSb I,9	(I)	**יע**]**מוד** קודש[ו] / [
1QpHab VI,12		על משמרתי **אעמודה**
1QpHab VIII,9		אשר נקרא על שם האמת בתחלת **עומדו**
1QM V,16		⟦ ⟧ / **ובעמוד** ה֯[
1QM V,17		אשר **יעמודו** שם אנ֯ש[י] / [
1QM VI,1		**ועמדו** בין המערכ֯ות
1QM VI,4		**ועמדו** בין שתי המערכות
1QM VI,8		ושבעה סדרי פרשים **יעמודו** גם המה
		מזה ומזה **יעמודו** סדריהם
1QM VI,10		וכן / **יעמודו** לכול ע֯[ב]ר֯י֯ המחנה
1QM VII,18		[**ועמ**]**ד֯ו** בין שתי ה֯מ֯ע֯ר֯כ֯ו֯ת֯ ו◦◦[
1QM VIII,4		**ועמדו** בין המערכות ולידם
1QM VIII,6		**ובעומדם** שלושה סדרים
1QM VIII,18		]ם֯ **ו֯ע֯מ֯ד֯** / [
1QM IX,4		**ועמדו** ששה דגלים והדגל המתקרב
1QM X,2		**ועמד** הכוהן ודבר אל העם
1QM XIV,3		ושבו אל מקום **עומדם** אשר סדרו שם
1QM XV,4		**ועמד** כוהן הראש ואחיו הכ֯[והנים]
1QM XVI,3		ה]הואה על **עומדם** נגד מחני כתיים
1QM XVI,4		**ועמדו** ראשים בין המערכות
1QM XVI,6		**ובעומדם** ליד מערכת כתיים
1QM XVI,12		**ועמדו** בין המערכות
1QM XVI,13		ונגש כוהן הרואש **ועמד** לפני המערכה
1QM XVIII,5		לבוא ביום ההואה **יעמוד** כוהן הרואש
$1QH^a$ VIII,22		] בשות[ ] / **עמדי**◦[
$1QH^a$ X,8		**ותעמד** פעמי בגבול רשעה
$1QH^a$ X,25		כיא בחסדכה **עמדי**
$1QH^a$ X,29		ורגלי «**עמדה** במישור»
$1QH^a$ X,31		אודכה אדוני כיא עינכה **עמ֯**[**דה**] ע֯ל נפשי
$1QH^a$ XII,21		ואשר כנפשכה **יעמודו** לפניכה לעד

]◦◦
]**יענ**
]ואין כ
]ומי יכלו
אם ישבע ל
]ה **עומד** ויקב
] / מלאכי קודש
] / **עמדתה** ותתבו
בעמוד איש הלצ[ון א
כי מלפ]נים **עמ[ד** מושו
[ובקץ חרבן הארץ **ע]מדו**
]לישראל **בעומד** [ ]ד / [
עד] / **עמדו** לפני המבקר
עד **ממוד** משיח אהרון וישראל
עמ]דתה / [ותתבונן
] / [לי]שראל **בעומד** [
ו]**יעמוד** עליהם ונעכרו עליהם[
ולא **עמד** לנגדך להוכח / עמך
אם יום או יומים **יעמו]ד** לא יקום
]ת◦◦ה ⟦ ⟧ **ויעמוד** מאחריהמה
ויע]מוד העם א[ל מושה מן הבוקר עד הערב ,
.VIII)] ◦ת **ואעמוד** / [
XXVIII) והוא על אם הדרכים **יע]מוד** לעש[ות
(XXVIII) לא יניחו להם] / הגוים יתד **עומדת** בגי החזון
(XXVIII) והוא על אם הדרכים **יעמוד** לע[שות
(XXVIII)] / המרחיקם שבעה ראסות לא **עמד**[
(XXVIII) ארור האיש אשר לוא **יעמוד**
(XXVIII)] / ועל הארץ **עמד** על ההר
ii10 (XXVIII)] / **ויעמודו** מרוחק
6ii2 (XXII)] / **לעמוד** לפני אלוה ולפני[
78 11,2 (XXII) **ה]עמיד** דבריו אשר דבר / [
Q**378** 19ii3 (XXII)] / ו[י]**עמיד** אלהי[ם
4Q**379** 12,2 (XXII) המים] היורדים **עמדו** נד / [
4Q**379** 22ii10 (XXII) ומחתה לכל שכנ[י]ו **ועמ[ד]** / [

וברוחו **העמידם** למשל .
]◦ **יעמדו** ב[
תורות ומצות בברית **העמיד**
מי בכם ישיב דבר **ויעמד** בהת
]לקץ **יעמוד** איש חיל[
ויקומו כל העם **ויע[מד]ו** על[רגליה
תעמידנו לשארית להם לתת הקימות ל
כבוד מלך אלוהים יספרו במעוני **עומדם**
] **עמדו** לפני[
בהרומם ירוממו פלא ובשוכן / [**יעמ]ודו**
]**בעומדם** [
.IV)] / לוא **יעמוד** כול ומי יצדק במשפטו
.XVI)]ויבחר בזרע אהרון **להע[מיד** אותם
XXXVI) ולא **יעמוד** לפני אש
(XXIX) כיא **העמדתנו** לרצ[ונכה
(XXIX)]◦ **העמדתני** כזאת לעצר[ת א]ל[
(XXIX)] / **ואעמודה** [
(XXIX) ב]מוסר **והעומדים** אחריהם אשר / [
(XXIX)]י **ונעמודה** יח[ד
,6 (XXIX)]עד למשפט **תעמידני** [
1,6 (XXXVI)]**ועמדו** עמו מ◦[
60 9i12 (XXXVI) **יע]מוד** לפניכה ישראל
Q**462** 1,14 (XIX) ומצרים לבזה וחורבה **ויעמידוה**[
4Q**464**a 2 (XIX)]ם **ועמד** ושפ[ט
4Q**478** 1 (XXII)]לא **יעמוד**[
4Q**491** 1-3,11 (VII)]◦ ה[מל]חמה **יעמדו** שלוש מערכות
4Q**491** 1-3,15 (VII) הר]אישונה ת[צא למלחמה]והשנית **עומ[דת**
4Q**491** 1-3,16 (VII) ושבו **וע[מדו** על מעמדמה]
4Q**491** 10ii13 (VII) **ועמד** [ל]פני[המערכה
4Q**491** 11ii11 (VII) ונגש כוה[ן הרא]וש **וע[מד** לפני המער]כ[ה
4Q**491** 11ii13 (VII) ואתם התחזקו ו]**עמודו** בפרץ
4Q**491** 13,4 (VII) **ובעומדם** לדגליהמה אי[ש] על [מצבו
4Q**491** 14-15,3 (VII) ואנו הננו **עומדים** להתקרב [
4Q**491** 22,2 (VII) ו]**בעומ[דם**
4Q**493** 1 (VII) והכוהנים בני אהרון **יעמודו** לפני [ה]מערכות
4Q**493** 4 (VII) **ועמ[דו** מזה ו]מזה למל◦ת / ליד החרף
4Q**502** 24,4 (VII) ו]**עמדה** בסוד זקני[ם] זקנו[ת
4Q**502** 223,1 (VII)]**עומד**[
4Q**503** 33i+34,16 (VII) **וע]מדנו** לגו[רלנו
4Q**503** 33i+34,20 (VII) ברו]ך אתה אל ישראל אשר **העמדת**[
4Q**503** 33II-36,4 (VII)] / בשמחתו **ע[ומ]דים** [
4Q**504** 5ii2 (VII)] / קודש **עומד** לפניכ[ה
4Q**504** 10,2 (VII)] ובתוכנו **עו[מד**
4Q**505** 124,7 (VII)]קדוש **עומד** לפנ[יכה
4Q**509** 133,2 (VII)]**עמוד** כי לכ[
4Q**512** 27,3 (VII) **ועמ]ד** על עומד[ו
4Q**520** 1,1 (VII)]**להעמיד** / [
5Q**13** 4,1 (III) **יע]מוד** לפני המבקר [
8Q**5** 2,6 (III)]וכול הרוחות לפניכה **ע[ומדות**
11Q**17** VII,3 (XXIII) לו]א יתמהמהו **בעומדם** [
11Q**19** XV,15 ואם הכוהן הגדול יהיה **עומד**[לשרת
11Q**19** XXXV,10 סביב פרור עמודים **עומדים** / לחטאת
11Q**19** LVI,9 לבלתי / שמוע אל הכוהן **העומד** שמה
11Q**19** LX,11 במה בחרתי מכול שבטיכה / **לעמוד** לפני
11Q**19** LX,14 ישרת **העומדים** שמה לפני
11Q**19** LXI,8 **ועמדו** שני האנשים אשר להמה הריב לפני
PAM 43.689 1,1 (XXXIII)]רי **עומד** [

with preposition עמד

1QH[a] XII,28 ובסוד פלאכה הגברתה **עמדי**

1QH[a] XVII,19] / עמדי ולא ה◦[
4Q381 31,4 (XI) אספֿרֿה נגד יראיך [ ] ◦◦◦◦[ ]עמדי ◦◦[
4Q381 31,6 (XI) אלהי ישעי צפנים ימי עמדֿי
PAM 43.678 7,2 (XXXIII)]◦מֿר עֿמדי ל◦[

עֹמֶד ← עוֹמֶד

עֻמָּה-1 ← לְעוּמַּת

pillar, phase (of moon) noun עַמּוּד
1QM V,10 מחורץ בין הצמידים כמעשי / עמוד מחשבת
3Q15 IV,1 (III) בבור הגדול שבֿ[ ]◦קה בעמוד / בצפונו
3Q15 VI,1 (III) [ב]מערת העמוד של שני / [ה]פתחין
3Q15 XI,3 (III) בקבר צדוק תחת עמוד האכסדרן
4Q186 1ii6 (V) והואה מן העמוד השני
4Q186 2i7 (V)]עֿמוד השני שמונה וא[חת
4Q365 6ai9 (XIII) ויסע ע]מֿוד ה[ענן מ]מֿחנֿה מֿצרים
4Q365 12ai5 (XIII) ויעש לה ארבעה עמ]וֿדי שטים
4Q365 12ai7 (XIII) (ו)את עמו]דֿיהם / [חמשה
4Q403 1i41 (XI) עמודי משא לזבול רום רומים
4Q470 3,5 (XIX)]ובעמוד האש פעמים[רבות
4Q504 6,10 (VII)]◦ אתה בקרבנו בעמוד אש וענן בֿ[
4Q505 128,2 (VII) בקרב]נֿו בעמוֿ[ד
4Q506 126,2 (VII) בע]מֿוד ענן בוֿע[
11Q13 III,10 (XXIII)] / גדר ולשֿאת עֿמוד וכֿפר ◦[ ]אֿ[
11Q19 X,4]עמוד ? / [
11Q19 X,11]ומלֿ[מ]עלה מֿזה עֿמודים / [
11Q19 XXX,9 ועמוד בתוך באמצע מרובע
11Q19 XXXI,9 וגגו מבית / [ומ]בחוץ ועמודו ומעלותיו
11Q19 XXXIV,2]◦◦◦ ובין העמוד לע[מוד
]◦◦◦ ובין העמוד לע[מוד
11Q19 XXXIV,3]אֿשר בין הֿעמודים [
11Q19 XXXIV,15 יורדות מן מקרת שני עשר העמודים
11Q19 XXXV,10 פֿרור עמודים עומדים / לחטאת ולאשם
11Q19 XLII,11 ועל גג השלישית / תעשה עמודים
ומקורים בקורות מעמוד אל עמוד
ומקורים בקורות מעמוד אל עמוד

Ammon proper noun עַמּוֹן
1QM I,1 בגדוד אדום ומואב ובני עמון / וחֿ◦[

Ammonite proper noun עַמּוֹנִי
4Q174 1-2i4 (V) עד]עֿולם ועֿמֿוני ומואבי וממזר ובן נכר
4Q394 8iii9 (X) ועל העמו]נֿי והֿסואבי / [והממזר ופצוע

deep adjective עָמוֹק, עָמֹק
1QM X,11 מגולי אוזן ושומעי עמוקותֿ [
4Q184 4,2 (V)]◦◦[ע]מוקיֿ[
4Q266 1a-b,8 (XVIII)] / בעמקתֿ [
4Q266 2i5 (XVIII) וישמעו עמוקות ויבינו / [בכול נהיות
4Q300 6,6 (XX)]מֿה עמוק לא[יש
4Q463 1,4 (XIX) ואוזניהמה פתח ויֿשמעו עֿ[מקות

Gomorrah proper noun עֲמוֹרָה
4Q172 4,3 (V)]פחז עמורהֿ[
4Q252 III,2 (XXII) עמו]רה וגם / העיר הזאתֿ[

sheaf noun עָמִיר
1QM XI,10 ונכאי רוח תבֿעיר כלפיד אש בעמיר

neighbor, friend, community noun עָמִית
CD XIX,8 חרב עורי על / רועי ועל גבר עמיתי
1QS VI,26 לפֿרוע את יסוד עמיתו באמרות את פי רעהו
4Q271 3,5 (XVIII) או קנה מיד]עֿמֿיתך
(XVIII) לוא תונו איש את עמיתו

to labor verb עמל
4Q417 2i10 (XXXIV) ואל תשחֶֽת באבלכה פֿן תעמֿל בחיֿכ[ה

trouble, acquisition, harm noun עָמָל-1
1QS IX,22 לעזוב למו הון ועמל כפים
1QpHab I,5 למה תראני און וע]מֿל תֿבֿיט
1QpHab V,2 והבט אל עמל לוא תוכל
1QpHab VIII,2 יצילם אל מבית המשפט בעבור עמלם
1QpHab X,12 ולהרותם / במ[ע]שי שקר להיות עמלם לריק
1QH[a] XVIII,32 ◦◦◦◦[◦◦◦◦◦ ◦◦◦◦◦ עמל ויבול כנץ לפני ◦◦◦
1QH[a] XIX,1]עֿמֿל מעיני ויגוֿן[
1QH[a] XIX,19] לא נסתר עמל מעיני
4Q408 3+3a,11 (XXXVI)]◦ מֿעֿמֿל לברך [את שמ קדשך
4Q417 2i11 (XXXIV) ודע מי נוחל כבוד ועֿמֿל
4Q418 55,3 (XXXIV)]◦ בעמל נכרה דרכיה נרגיע / [
4Q418 78,3 (XXXIV)]לֿ לעמל [
4Q418 122i6 (XXXIV) לו]אֿ ישוה בעמלכה או למה עוד / [
4Q418a 16,3 (XXXIV) ע]מֿל מדהביכה זֿ◦[
4Q504 1-2vi12 (VII) וראה עֿ[נינו] / ועמלנו ולחצנו
11Q15 1,5 (XXIII)]כבודו ומעשיו ועמלו בֿ[

Amalek proper noun עֲמָלֵק
4Q252 IV,1 (XXII) ותלד לו את עמלק הוא אשר הכֿ[ה] / שאול
4Q252 IV,2 (XXII) תמחה אתזכר עמלק / מתחת השמים

to be deep verb עמק
4Q511 30,2 (VII)] / ויעמקוֿ[השמים ושמי ה]שֿמֿים

valley, Emek noun עֵמֶק
3Q15 I,1 (III) בחריבה שבעמק עכור תחת / המעלות
3Q15 IV,6 (III) בין שני הבינין שבעמק עכון
4Q522 3,3 (XXV) צפ]וֿן מעמק עכור[

עָמֹק ← עָמוֹק

עֹמֶק ← עוֹמֶק

(indeterminate) עמק
4Q167 1,1 (V)]עֿמק[

עֹמֶר-1 ← עוֹמֶר

עֹמֶר-2 ← עוֹמֶר

עֲמֹרָה ← עֲמוֹרָה

Amramite proper noun עַמְרָמִי
4Q365 27,2 (XIII) לקחת משפחות הֿעמרמי וֿמֿ[שפחות היצהרי]

grape noun עֵנָב
4Q365 32,9 (XIII) והימים ימי בכורות ענבים
4Q365 32,13 (XIII) [ויכרתו מש]םֿ זמורה ואשכול ענבים אחד בה
4Q479 3,1 (XXII)] / עֿנבֿיםֿ[
11Q5 XXI,12 (IV) גם גרע נץ בבשול ענבים ישמחו לב

ולוא יאוכ[ל]ו כול **ענב** פר[י] ב[ו]סר		11Q19 XXI,7

to enjoy verb **ענג**

וענוים ירשו ארץ **והתענגו** על רוב שלום	(V)	4Q171 1-2ii8
ואחר **יתענגו** כול ב[ ]י הארץ	(V)	4Q171 1-2ii10
וב]קודשו **יתענגו** ו[מקול]לו / יכרתו	(V)	4Q171 1+3-4iii11
הת]ענגתה בחי[	(XXXIV)	4Q418 149,4
והתענגתה על א[לוהים]בהחניפ{{ת}}[ם(ה)	(XXV)	4Q525 14ii10

to answer, testify verb **ענה-1**

בדבר מות / **ענה** בו		CD IX,7
וענו ואמרו ארור אתה בכול מעשי רשע		1QS II,5
באי הברית **יענו** ואמרו אחריהם אמן אמן		1QS II,18
ויענני יהוה / [ויומר כתוב חזון		1QpHab VI,14
אב[ן]מקיר תזעק [ו]כפיס מעץ **יע[ננה]**		1QpHab IX,15
וענו ואמרו ברוך אל ישראל		1QM XIII,2
וענו ואמרו ברוך אל ישראל		1QM XIV,4
וענה ואמר חזקו ואמצו		1QM XV,7
וענה ואמר [		1QM XVI,15
וענו ואמרו ברוך שמכה אל [אלי]ם		1QM XVIII,6
כי אתה אל **תענה** להם לשופטם		1QH[a] XII,18
] **יענה** נכבדתה מכול א[לים		1QH[a] 11,8
]להגיד את המשא לעלי **ויען** עלי ו[	(V)	4Q160 1,4
וענתה ה[תעודה אל] / התעודה הזאת	(XIII)	4Q216 II,4
וענו ואמרו ארור / [א]תה[בכו]ל[מעשי רשע	(XXVI)	4Q257 II,1
כי א[ם] / בהוכח **ענות** צדק אליה[ם	(XVIII)	4Q266 7i4
וענה / [וא]מר ברוכ את אונ הו	(XVIII)	4Q266 11,8
]יענה האיש[	(XVIII)	4Q266 52,2
]ענה ◦[	(XVIII)	4Q270 6iii21
]◦ת **וענה** ואמר [	(XXVI)	4Q275 1,4
וענה ואמר ברוך את[ה אל ישראל	(XXXV)	4Q284 3,3
וענו ואמרו ארור [ב]ליעל ב[מ]חשבת	(XI)	4Q286 7ii2
ו]**ענו** ויאמרו / [	(XI)	4Q286 9,4
]ענתה בי צר[ותי ביום מחר	(XIII)	4Q364 4b-eii13
ויען אליבה[וי]אמר שמ[עי]עדת יהוה	(XXVIII)	4Q377 2ii3
] / הקהל {{העד[ה]}}]**ענו** ורעדודיה אחזתם	(XXVIII)	4Q377 2ii9
] / אקרא ליהוה **ויענני** אלהי עזרתי[	(XI)	4Q381 24a+b,8
] / **יענה** בארץ לוא נוש[בת	(XXX)	4Q383 1,3
]ענו]כל ישראל ◦[	(XXXVI)	4Q408 2,2
י]**ענו** כל / [ישראל	(XXXVI)	4Q408 3+3a,5
וענה ואמר ברוך א[תה אל ישראל	(XXXV)	4Q414 2ii-4,6
ע[נה ואמר ברוך אתה אל] / ישראל	(XXXV)	4Q414 11ii2
וע[נה ואמר ברוך אתה אל ישראל]	(XXXV)	4Q414 13,8
כי אתה אל] **תענה** ב[ה]ם [לשופטם	(XXIX)	4Q430 7
[**וע]נו** ואמרו ברוך [אל]י[שראל	(VII)	4Q491 8-10i2
וענה ואמ[ר	(VII)	4Q491 10ii14
ו]**ענו** כול העם והרימו קו[ל[אח]ד	(VII)	4Q491 13,8
ו]**ענה** ואמר אליהמה חזקו ואמצו[	(VII)	4Q491 14-15,5
וענה וא[מר] / [ברוך אל ישראל	(VII)	4Q502 6-10,2
] **ו]ענה** / [	(VII)	4Q502 96,4
אל ישר]אל **ו[ע]נו**	(VII)	4Q502 101,1
וענ[ו ואמרו] / ברוך א[ל ישראל	(VII)	4Q503 1-6iii1
וענו [וא]מרו ברוך א[ל ישראל]	(VII)	4Q503 1-6iii6
וענו [	(VII)	4Q503 17,1
וענו[ואמרו ברוך אל ישראל	(VII)	4Q503 29-32,12
וענו ואמרו ב[רוך אל ישראל	(VII)	4Q503 29-32,22
וענו ואמר[ו ברוך אל ישראל]	(VII)	4Q503 33i+34,18
וענו ואמ[רו ברוך אל ישראל	(VII)	4Q503 42-44,4
]**וענו** [ואמרו]ברוך [	(VII)	4Q503 45-47,6
וענו וא[מרו] ברוך אל יש[ראל]	(VII)	4Q503 48-50,7
וענו ואמרו ברוך אל ישראל [	(VII)	4Q503 51-55,12
וענו[ואמרו	(VII)	4Q503 51-55,17
]וענו ואמרו ב[רוך אל ישראל	(VII)	4Q503 65,1
וע[נו ואמרו	(VII)	4Q503 74,5
וענו ואמרו[ברוך	(VII)	4Q503 84,3
וענו [	(VII)	4Q503 152,3
]וענו וא[מרו	(VII)	4Q503 221,1
י]שועתו **יענה**[	(VII)	4Q511 38,3
]◦ **יענו** למ[	(VII)	4Q511 123,3
וענ[ה] ואמר ברוך אתה[אל ישראל	(VII)	4Q512 29-32,8
וּבר]ך **וענה** ואמ[ר ברוך] / [את]ה אל ישראל	(VII)	4Q512 1-6,1
וברך]**וענה** ואמר / [ב]רוך את אל ישר[אל	(VII)	4Q512 40-41,2
וברך] / **וענה**[ואמר ברוך אתה אל ישראל	(VII)	4Q512 48-50,2
] / וברך **וענה** ואמ[ר ברוך אתה אל ישראל	(VII)	4Q512 51-55ii8
] **וענ[ה**	(VII)	4Q512 192,1
] / ולפי שומעכה **ענה** כמוהו	(XXV)	4Q525 14ii22
וענה נכון בתוך שרים	(XXV)	4Q525 14ii25
]ל **וענה** / [	(III)	6Q24 4,2
קראתי יהוה **ויענני** [וירפא את] שבר לבי	(IV)	11Q5 XXIV,16
וענה ואמר	(XXIII)	11Q14 1ii3
ולוא **אענה** / אותמה מפני רוע מעלליהמה		11Q19 LIX,6
אם יקום עד חמס באיש **לענות** / בו סרה		11Q19 LXI,7
והנה עד שקר העיד שקר / **ענה** באחיהו		11Q19 LXI,10
והיה אם / שלום **תענכה** ופתחה לכה		11Q19 LXII,7
וענו ואמרו ידינו / לוא שפכו את הדם הזה		11Q19 LXIII,5
] / **וענהו** בכבוד	(XXXIII)	PAM 43.679 10,4
]**וענה** ואמ[ר	(XXXIII)	PAM 43.698 21,2

to be afflicted, violate, humble verb **ענה-2**

]**יענוהו** ובאהבת חסד אל יטור להם[		CD XIII,18
נתנו אל ביד אויביו **לענותו** / בנגע		1QpHab IX,10
והשתחוו לך כול **מעניך**		1QM XII,14
]כלה בכל **מענינו**	(I)	1Q34bis 3i6
] **ענה** בה ונענש שני מנים	(V)	4Q159 2-4,9
בלי]על **לענות** את עבדיו בו[	(V)	4Q176 8-11,15
ויאמר יהוה בן בליעל יחשב **לענות** את עמי	(XXX)	4Q386 1ii3
מ]ענות שכל[י	(XXIX)	4Q445 2,1
ועבדום **וענו** אותם ארבע מאות שנה	(XIX)	4Q464 3ii4
ובישרים] / [תעשה כלה]בכול **מענינו**	(VII)	4Q508 1,2
]יפגעו **לענות** ב[	(VII)	4Q511 11,4
ותענו בו את נפשותיכמה		11Q19 XXV,11
הנפש אשר לוא / **תתענה** בעצם היום הזה		11Q19 XXV,12
או אשר לוא **יתענו** בו		11Q19 XXVII,7
על דבר אשר **ענה** את אשת רעהו		11Q19 LXVI,3
תחת אשר **ענה** לוא יוכל לשלחה		11Q19 LXVI,11

עֹנָה ← עוֹנָה

(indeterminate) verb **ענה**

]ה **ענה** א[	(XIX)	4Q391 38,2
] **ת-ענה**[	(XXXVI)	4Q468y 2

meek, humble, oppressed adjective **עָנָו, עָנָיו**

[ו]להוכיח במישור ל[**ע]נוי** ארץ	(I, XXVI)	1QSb V,22
אוה]בי רחמים **וענוי** רוח מזוקקי / [		1QH[a] VI,3
ועם **ענוים** בטאטאיי רגלי[כם		1QH[a] XIII,21
וענו]ים ישמיעו יחד / בקול רנה		1QH[a] XIX,25
ו[ ]◦ טובכה לבשר **ענוים** לרוב רחמיכה		1QH[a] XXIII,14
יוכלו / **ענוים** וישבעו [י]ראי יהוה	(XVI)	4Q88 IX,14
הכ]תיאים אש[ר] יכת[ו] בית ישראל **וענוי** / [	(V)	4Q161 8-10,3

Reference	Group	Text
4Q165 7,2	(V)	]ענוי[
4Q171 1-2ii8	(V)	וענוים ירשו ארץ והתענגו על רוב שלום
4Q178 11,2	(V)	] ולענוי[
4Q184 1,16	(V)	להשנות ח[וק] להפשיע / ענוים מאל
4Q200 2,7	(XIX)	ואל תס[תר פניך מן כול] / [ע]נו
4Q372 1,17	(XXVIII)	למען לא יבדו ענוים ורשים
4Q420 1aii-b,4	(XX)	איש] עניו ונכי שכלו ל[ו]א ישוב א[חור]
4Q424 2,3	(XXXVI)	חנ]ף אל תערבהו בתוך ענו[י
4Q434 1i2	(XXIX)	כי הציל נפש אביון ואת / ענו לא בזא
4Q434 1i3	(XXIX)	ברוב רחמיו חנן ענוים
4Q438 9,2	(XXIX)	] צדק ענו◦[
4Q521 2ii+4,6	(XXV)	ועל ענוים רוחו תרחף
4Q521 2ii+4,12	(XXV)	כי ירפא חללים ומתים יחיה ענוים יבשר

humility noun עֲנָוָה

Reference	Group	Text
1QS II,24		הכול יהיו ביחד אמת וענות טוב
1QS III,8		וברוח יושר וענוה תכופר חטתו
		ובענות נפשו לכול חוקי אל
1QS IV,3		ורוח ענוה ואורך אפים ורוב רחמים
1QS V,3		לעשות אמת יחד וענוה / צדקה ומשפט
1QS V,25		וענוה ואהבת חסד לאיש
1QS IX,22		וענוה לפני / הרודה בו
1QS XI,1		ולהשיב ענוה לנגד רמי רוח
1QH[a] IV,22		ולשוב לו ענותו ביסוריך
4Q177 12-13i8	(V)	ושממה היא עת ענות המ◦[
4Q178 6,3	(V)	] / וענות[
4Q255 2,2	(XXVI)	וברוח ישר וענו[ה תכופ]ר חט[תו
4Q257 III,11	(XXVI)	וברוח יושר וענו]ה תכופ[ר חטאתו
4Q258 I,3	(XXVI)	ולעשות ענוה וצדקה ומשפט ואהבת[חסד
4Q258 VIII,7	(XXVI)	וענוה לפני הרודה בו
4Q259 II,11	(XXVI)	ביצר סמוך ובענוה / [ורוח נ]שברה
4Q266 9iii7	(XVIII)	וטפם [ברו]ח ע[נ]וה ובא[הבת חסד]
4Q286 1ii8	(XI)	רב] / חסדים וענות טוב וחסדי אמת
4Q298 3-4ii8	(XX)	]ואהבו חסד הוסיפו / ענוה
4Q374 1a-b,3	(XIX)	]ל◦ם ענוה[ ]בהתחברו [
4Q379 10,3	(XXII)	] / בענותי ובישרת[
4Q436 1ii2	(XXIX)	ע]ורף קשה שלחתה ממני ותשמו ענוה
4Q525 2ii+3,6	(XXV)	ובענות נפשו לוא יגעל[נה
4Q525 10,4	(XXV)	] וענוה ויושר ולחטאת ולת[ום
4Q525 14ii20	(XXV)	] / בענות צדק הוצא אמרי[כה
4Q525 27,1	(XXV)	]י ענוה י[

poor, afflicted adjective עָנִי, עוֹנִי

Reference	Group	Text
CD VI,16		ולגזול את עניי עמו
CD VI,21		ולהחזיק ביד עני ואביון וגר
CD XIV,14		וממנו יחזיקו ביד עני ואביון ולזקן
CD XIX,9		והשומרים אותו הם עניי הצאן
1QM XIV,7		ובעניי רוח[
1QH[a] VI,4		] עוני וברורי מצרף [
1QH[a] IX,36		]א עני האריכו / אפים
1QH[a] X,34		ואתה אלי עזרתה נפש עני
1QH[a] XIII,13		ותצל נפש עני במעון אריות
1QH[a] XIII,14		פן יטרפו נפש עני ורש
1Q34bis 3ii8	(I)	]ש עני ור[
1Q45 1,1	(I)	]◦ עני ◦[
1Q45 2,2	(I)	]◦ת עני ◦[
4Q163 21,7	(V)	וידעו]כן עניי הצואן ה[שמרים] / [אותי
4Q171 1-2ii15	(V)	וידרוכו קשתם לפיל עני ואביון
4Q186 1ii9	(V)	עני יהיה וזה בהמתו שור
4Q186 2i2	(V)	ובת קולו עניה ושניו / דקות
4Q215a 1ii2	(XXXVI)	]כור[עונ]י / וצדתמציק
4Q266 10i7	(XVIII)	וממנו י]חזקו בעד[הע]ני והאביון / [ולזקן
4Q367 2a-b,9	(XIII)	כרמך לא תל]קט לע[ני ולגר תעזב אתם
4Q417 2i14	(XXXIV)	היה כאיש עני בריבך משפטו[
4Q418a 22,3	(XXXIV)	]עני בריבך משפטו[
4Q428 3,3	(XXIX)	ואתה אלי עזרתה] נפש עני[ורש
4Q448 I,9	(XI)	גואל] / עני מיד צרים[
4Q501 9	(VII)	ויתגברו על עני ואביון
11Q5 XVIII,15	(IV)	ברכו את] יהוה גואל עני מיד / זר[ים

affliction noun עֳנִי, עוֹנִי

Reference	Group	Text
1QM XVIII,8		]א ענינו כטובכה בנו
4Q434 2,1	(XXIX)	]כה להנחם על אבלה עניה ה◦[
4Q504 1-2vi11	(VII)	וראה ע[נינו] / ועמלנו ולחצנו
4Q525 2ii+3,5	(XXV)	ולוא יטושנה בעוני מצר[יו/פו]

עָנָיו ← עָנָו

to practice witchcraft verb ענן

Reference	Group	Text
1Q25 4,3	(I)	יפ]תח ואל יעונו ב[
11Q19 LX,18		קוסם קסמים ומעונן ומנחש ומכשף

cloud noun עָנָן-1

Reference	Group	Text
1QM XII,9		ופרשינו[כ]עננים וכעבי טל לכסות ארץ
4Q169 1-2,1	(V)	בסופה ובשערה דרכו ו]ענן א[בק רגליו
4Q286 3,4	(XI)	]מלאכי ע[נג]י מטר [ו]ערפלי מים
4Q287 2,4	(XI)	]◦מה מלאכי אש ורוחי ענן ◦[
4Q365 6ai11	(XIII)	ויה[י] הענן חושך / [?
4Q365 31a-c,5	(XIII)	ולפי ה]עלות הענן מעל הא[והל
4Q365 31a-c,6	(XIII)	[אשר ישכון ש]מה הענן יחנו בני[ישראל]
4Q365 31a-c,7	(XIII)	ובהאריך ה]ענן[על המשכן ימים רבים
4Q377 2ii10	(XXVIII)	ומושה איש האלוהים עם אלוהים בענן
4Q377 2ii11	(XXVIII)	ויכס / עליו הענן כיא ◦[
4Q381 14+5,2	(XI)	]◦ים עננים עבים שלג [ ] וברד
4Q381 46a+b,4	(XI)	] / וכעננים יפרשו על פ[ני הארץ
4Q418 70,2	(XXXIV)	]◦עננים וער[פל
4Q457a I,3	(XXIX)	] / עננ◦[ ]ו[
4Q504 6,10	(VII)	בקרבנו בעמוד אש וענן ב[
4Q506 126,2	(VII)	בע]מוד ענן בוע[
4Q515 11,1	(VII)	]עננ◦[
PAM 43.682 12,2	(XXXIII)	]◦ ענן ⟦ ⟧[

omen (?) noun ענני

Reference	Group	Text
4Q513 3-4,5	(VII)	]אשר הר[א]ה ענני[

branch noun עָנָף

Reference	Group	Text
1QH[a] XVIII,26		לשת עלה / ולהרבות ענף
4Q409 1i11	(XXIX)	הלל וברך ו]הודא בענפי עצ
4Q426 1i11	(XX)	]ה ואוכל טוב ענפיה / [

necklace noun עֲנָק-1

Reference	Group	Text
4Q525 26,4	(XXV)	ע]נקי הדר ⟦ ⟧[

Anak proper noun עֲנָק-2

Reference	Group	Text
4Q365 32,11	(XIII)	אחימון וששי ותלמי ילידי הענק

to punish, fine verb ענש

Reference	Group	Text
CD III,4		ויענשו לפני / משגותם
CD XIV,2		כי פתאום ונענשו
CD XIV,21		ונ]ענש ימים ששה

עֶסְרִין ← עֶשְׂרִים

עֶסְרָן ← עֶשְׂרִים

עפח ← עָפָר

foliage noun **עֳפִי, עוֹפִי**

לגדל נצר ל**עופי** מטעת עולם — 1QHa XIV,15
]ים להרבות **עפי** / [— 4Q302 2ii7 (XX)
]**עֹפִי** שיח ◦◦◦◦[— 4Q302 10,2 (XX)
]◦◦ ימי חייהם[ ] / ב**עֹפִי** עץ החיים — 4Q385a 17a-eii3 (XXX)
] / **עֹפִיו** ועליו ואבו יהיו בו — 4Q433a 2,8 (XXIX)

to swell verb **עפל**

הנה **עופלה** לוא יושרה / [נפשו בו] — 1QpHab VII,14

eyelids noun **עַפְעַפַּיִם**

ו**עפעפיה** בפחז תרים לראו[ת לא]יש / צדיק — 4Q184 1,13 (V)

dust, dirt noun **עָפָר**

אל יטול בבית מושבת / סלע ו**עפר** — CD XI,11
והאבנים / וה**עפר** אשר יגואלו — CD XII,16
והואה מ**עפר** מגבלו ולחם רמה מדורו — 1QS XI,21
והואה מציֹרוק / חמר קורצ ול**עפר** תשוקתו — 1QS XI,22
ויצבור **עפר** וילכדהו — 1QpHab IV,4
וביד כורעי **עפר** להשפיל גבורי עמים — 1QM XI,13
ו**עפר** / [רגליך ילחכו — 1QM XII,14
]לה[רי]ם לכה מ**עפר** / ולהשפיל מאלים — 1QM XIV,14
והוא / מבנה **עפר** ומגבל מים ◦[— 1QHa V,21
כי ישכיל [ ]◦ **עפר** איך יוכל להכין צעדו — 1QHa VII,21
ויושבי **עפר** / כיורדי ימים — 1QHa XI,13
יש מקוה לאשר / יצרתה מ**עפר** לסוד עולם — 1QHa XI,21
וכזוחלי **עפר** יורו לחתו[ף מבלגות] פתנים — 1QHa XIII,27
ושוכבי **עפר** הרימו תרן — 1QHa XIV,34
חמר] / קורץ ול**עפר** תשובתו — 1QHa XVIII,4
ואני **עפר** ואפר מה אזום בלוא חפצתה — 1QHa XVIII,5
ומה אפהוא שב ל**עפרו** כי יעצור כ[ו]ח — 1QHa XVIII,12
אודכה אלי כי הפלתה עם **עפר** — 1QHa XIX,3
להרים מ**עפר** תולעת מתים לסוד ע[ולם] — 1QHa XIX,12
ואני מ**עפר** לקח[תי ומחמר קו]רצתי — 1QHa XX,24
וערות קלון מקוי **עפר** ומגבל[מים — 1QHa XX,25
ותשובת **עפר** ליצר חמר בקץ ע◦◦[— 1QHa XX,26
]◦ב**עפר** / אל אשר לקח משם
ומה ישיב **עפר** ו◦◦[— 1QHa XX,27
ומה אפהו שב אל **עפרו** — 1QHa XX,31
ותגלה לב **עפר** להשמר / [— 1QHa XXI,9
ע]פר ולב האבן — 1QHa XXI,11
נ]תתה באוזן **עפר** — 1QHa XXI,12
ואני יצר ה**עפר** ◦◦[— 1QHa XXI,16
ש]ב אל **עפרו** — 1QHa XXII,4
] / ותגל אוזן **עפר**[ ]ת ול[— 1QHa XXIII,4
ולמליץ באלה / ל**עפר** כמוני — 1QHa XXIII,12
כיא מ**עפר** לוקחתי — 1QHa 2i4
כיא מה **עפר** בכפ[ים — 1QHa 2i7
ועל **עפר** הניפותה רוח / [קודשכה — 1QHa 2i9
]אשמר ביצר **עפר** מהתפרד — 1QHa 3,5
אני י]צר ה**עפר** — 1QHa 3,14
ושב אל **עפרו** מה ◦◦[— 1QHa 4,11
התנערי / [מ**ע]פר** ק[ו]מי [— 4Q176 12-13,3 (V)

אשר ל[א במשפט [**ונענ]ש** ◦ח[— CD XIV,22
]**יענש** / הנודר [— CD XVI,17
ונענשו את רביעית לחמו — 1QS VI,25
ונ{{א}}**נעש** שנה אח[ת ומובדל — 1QS VI,27
ונענש שנה / אחת ומובדל על נפשו — 1QS VII,2
ונענש ששה חודשים — 1QS VII,3
ונענש ששה חודשים — 1QS VII,4
ונענש שנה אחת / ומובדל
ונענש ששה חודשים — 1QS VII,5
ונענש שלושה חודשים — 1QS VII,6
ונענש ששים יום — 1QS VII,8
ונענש {{ששה חודשים}} שנה אחת
ונענש עשרת ימים — 1QS VII,11
ונענש שלושים יום — 1QS VII,12
ונענש ששה חודשים
ונענש שלושים יום — 1QS VII,13
ונענש שלושים יום — 1QS VII,14
ונענש שלושים / יום
ונענש עשרת ימים — 1QS VII,15
והבדילהו שנה אחת מטהרת הרבים **ונענש** — 1QS VII,16
ונענש ששה חודשים — 1QS VII,18
ונענש שתי שנים — 1QS VII,19
כיא על {{◦◦}} שגגה אחת **יענש** שנתים — 1QS IX,1
ונענש שני מנים / ושלח כול ימיו — 4Q159 2-4,9 (V)
כי על שגגה אחת **יענש** שנתים — 4Q258 VII,2 (XXVI)
ונענש עש[רת ימים — 4Q259 I,8 (XXVI)
ונענש שלושים יום — 4Q259 I,9 (XXVI)
ונע]נש [ש]שה חו[דשים — 4Q259 I,10 (XXVI)
ונענש ששים יום — 4Q259 I,13 (XXVI)
ונענש שלשים י[ום — 4Q259 I,14 (XXVI)
ונענ]ש את רבי]עית לח[מו — 4Q261 3,4 (XXVI)
ונע]נש[עש]רת ימים — 4Q261 5a-c,4 (XXVI)
ונע]נש[עש]רת [ימים — 4Q261 6a-e,1 (XXVI)
ש]נה[א]חת מטה[רת הרבים ו]**נענש** — 4Q261 6a-e,2 (XXVI)
] / **ונענש** שלושה חודשים א[ת מחצית לחמו — 4Q265 4i6 (XXXV)
ונענש במה את מחצית לחמו — 4Q265 4i10 (XXXV)
ונענש שלושים יום — 4Q265 4i11 (XXXV)
ונענש שלוש[ים יום — 4Q265 4ii1 (XXXV)
ונענש מאה יום — 4Q266 10ii1 (XVIII)
ונע[נ]ש / ש[שה חודשים] — 4Q266 10ii2 (XVIII)
ונענש ע[שר]ים / [יום — 4Q266 10ii3 (XVIII)
[והובדל]שלושים יום [ו]**נענש** עשרת ימים — 4Q266 10ii6 (XVIII)
והובדל שלו]שים / [יו]ם **ונענש** עשרה — 4Q266 10ii12 (XVIII)
והובדל] / [ש]לושים **ונענש** חמשת [עשר] ימים — 4Q266 10ii13 (XVIII)
ונענש] עשרה ימים — 4Q266 10ii14 (XVIII)
כיא פ[ת]אי[ם] עבר[ו] / **ויענשו** — 4Q267 9v6 (XVIII)
והובדל שלושה חדשים **ונענ]ש** עשרים [יו]ם — 4Q269 11i6 (XXXVI)
ונע]נש עשרת ימים — 4Q270 7i5 (XVIII)
[ו]הו[בדל שתי שנים]רש[ונ]**ענש** ששים [יום — 4Q270 7i9 (XVIII)
ונענש עשר[ת] ימים — 4Q270 7i14 (XVIII)
מוש]ב **ונע[נש** — 4Q270 8,1 (XVIII)
י]ענש [— 4Q286 14,4 (XI)
] / **וענשתי**◦[— 4Q509 225,1 (VII)
וענשו אותו מאה כסף — 11Q19 LXV,14

עֶסֶר ← עֶשֶׂר

עֶסְרָא ← עֶשְׂרֵא

עֶסְרֵה ← עֶשְׂרֵא

4Q200 1i2 (XIX)]◦◦◦ עֹפר / [
4Q225 2i6 (XIII) ואת עפר הארץ כי אם / [יהיו נמ]נים אלה
4Q248 6 (XXXVI) [ו]בא למצרים ומכר את עפרה
4Q265 6,3 (XXXV) י[תלב]ש איש בבגדים א[שר]בהם עפר
4Q266 9ii2 (XVIII) העצים והאבני]ם והעפר א[שר] / [יגואלו
4Q267 1,5 (XVIII)]ה עפר ואפר / [
4Q271 5i6 (XVIII) אל יטול בבית מושבת סלע ועפר
4Q298 3-4i3 (XX)] עפר / [
4Q299 6i13 (XX)]כי מעפר מבניתם / [
4Q364 26bii+e,1 (XIII) [לעפ]ר ואשליך את [עפרו אל הנחל
4Q365 2,2 (XIII) ובכול עפר הארץ היה כנים
4Q400 2,7 (XI) [מה] תרומת לשון עפרנו בדעת אל]ים
4Q427 7ii8 (XXIX) וירם מעפר אביון ל[רום עולם]
4Q428 13,3 (XXIX)]עפר [ ]תחה נה[ומלכ]ת נסתרה / [
4Q428 13,8 (XXIX) אי]כה אשמר ביצר עפר מה[ת]פרד
4Q428 14,1 (XXIX) ולמליץ בא]לה לעפר[כמוני
4Q429 2,10 (XXIX) וכ[זוחלי] / עפר יורו לחתוף מבלגות פתנים
4Q431 2,7 (XXIX) וירם מעפר אביון / [[ ]] לרום עולם
4Q432 5,1 (XXIX) [ויושבי עפ]ר כיו[רדי י]מים
4Q487 1ii2 (VII)] / ברהו לעפר כי[
4Q491 10ii16 (VII)] / בשר כאם עפה
4Q491 23,3 (VII) מ]עפר ונופל]ים
4Q497 2,6 (VII)]עפר[
4Q504 8,9 (VII)]בשר הואה ולעפר ה[
4Q511 16,3 (VII) אש]אוכלת במוסרי עפרו[
4Q511 28-29,3 (VII) למען כבודכה / [ש]מתה דעת בסוד עפרי
4Q511 30,5 (VII) ומי בשליש] / יכול עפר הארץ
4Q511 42,7 (VII)]עפרה ואדעה מחשבתכה[
11Q19 LII,12 תשופכנו כמים וכסיתו בעפר
11Q19 LIII,6 תשופכנו כמים וכסיתו / בעפר

עֹפֶרֶת ← עוֹפֶרֶת

tree, wood noun **עֵץ, עֵיץ**

CD XI,19 ומנחה ולבונה ועץ ביד איש טמא
CD XII,15 וכל העצים והאבנים / והעפר
1QpHab IX,15 אב[ן]מקיר תזעק [ו]כפיס מעץ יע[ננה]
1QpHab X,1 להיות אבניה בעשק וכפיס עֵיצה בגזל
1QpHab XII,15 הוי / הו[י אומר]לעצ הקיצה
1QpHab XIII,2 עבדו את האבן ואת העץ
1QH[a] X,26 ולהוב חנית באש אוכלה עצים
1QH[a] XI,29 להתם כול עץ לח / ויבש מפלגיהם
1QH[a] XVI,5 עצי / חיים במעין רז
1QH[a] XVI,6 מחובאים בתוך כול עצי מים
1QH[a] XVI,9 וירמו עליו כול ע[צי] מים
1QH[a] XVI,12 ועם עצי עולם / לא ישתה מי קודש
1QH[a] XVI,22 ומטע / עציהם על משקלת השמש לא[
1QH[a] XVI,25 ב]שפתו יהפכו כעצי באושים
1Q35 2,2 (I) עם] עצי ע[ו]לם לוא ישתה
3Q15 II,5 (III) בתי העצין ובתכו / בור ב[ו]
4Q88 IX,11 (XVI) עצי / פרי ב◦◦ גפניהם
4Q163 23i17 (V)]בעץ / [
4Q169 3-4i8 (V) כי לתלוי חי על העץ
4Q176 24,2 (V)]◦ן עיצים ◦[
4Q251 10,7 (XXXV) ותבואת עץ / [וכול עץ מאכל
4Q264a 2-3,6 (XXXV)] / ועץ וכול גוש ◦[
4Q266 6aiii3 (XVIII)]עץ פר[י
4Q266 6iv2 (XVIII) ו]כול {{עצי הפרי}} וכל עצי המ[אכל
(XVIII) ו]כול {{עצי הפרי}} וכל עצי המ[אכל
4Q269 7,1 (XVIII)]מה היא והספחת מכתעץ / [ואבן
4Q270 3iii15 (XVIII)] / [לפ]רי העץ [
4Q271 2,3 (XVIII) ומעשר הבת לפרי]ה[ע]ץ
4Q271 5i13 (XVIII) ומנחה ולבונה] ועץ [ביד איש טמא
4Q286 5,5 (XI)] פרי[מ]ה עצי רום וכול ארזי לבנ]ון
4Q302 2ii3 (XX) אם יהיה / לאיש עץ טוב ו◦גבה עד לשמים[
4Q325 2,7 (XXI) אחריו מועד קרבן הע]צים
4Q364 26bii+e,4 (XIII) ועשיתה ארון ע]ץ
4Q365 6aii+6c,11 (XIII) יהוה] / עץ ויש[לך אל[המי]ם
4Q365 12a-bii7 (XIII) [וי]עשו את מזבח ההולה עצי שטים
4Q365 23,5 (XIII) תקריבו ע{{ש}}צים לעולה
4Q365 23,9 (XIII) יקריבו את העצים שנים [
4Q365 32,8 (XIII) היש בה עץ אם אין בה
4Q365a 2ii9 (XIII)] / עץ ארז ורחב הקיר שתים אמות
4Q365a 2ii11 (XIII)] / עצי ארז ופתחה שלוש אמות רוחב
4Q367 3,6 (XIII) מעש]ר הארץ מזרע הארץ מפרי [[ ]] העץ
4Q381 1,6 (XI)] / עץ וכול פר[י כר]ם
4Q382 54,1 (XIII)]ים לעץ אל[
4Q385 2,10 (XXX) ומקץ י]מים יכף עץ ויזקף[
4Q385a 15i3 (XXX)]תלוי על העץ ועוף / [השמים
4Q385a 17a-eii3 (XXX)]◦◦ ימי חייהם[ ] / בעפי עץ החיים
4Q394 8iv12 (X) ואף על מטע]ת עצי המאכל
4Q396 1-2iii2 (X) ואפ ע[ל מ]טעת עצ[י]המאכל
4Q409 1i4 (XXIX) בימי / [מועד העצים בקורבן] עצים לעולה
4Q409 1i11 (XXIX) הלל וברך ו]הודא בענפי עצ
4Q422 I,10 (XIII) ל[ב]לתי אכול מעצ הד[עת טוב ורע
4Q423 1-2i1 (XXXIV) וכל עץ נעים נחמד להשכיל
4Q458 1,9 (XXXVI) ויך את עצ הרשע / [
11Q5 XXVIII,6 (IV) עלו העצים את דברי והצואן את מעשי
11Q12 5,3 (XXIII) לכן] / [נכתב על ע]ץ הדעת
11Q19 XXIII,3 העצי]ם ? עולה ליה[ו]ה
11Q19 XXXVIII,7]כול עץ אשר יבוא ל[חצר הפנימית ?
11Q19 XLI,16 ומקורים / באדשכים עץ ארז
11Q19 XLIII,4 וליצהר] / [ובמועד קורבן ה]עצים
11Q19 XLIX,3]ם ובעץ ארז ובאזוב ובח[וט
11Q19 XLIX,15 וכול כלי עץ ברזל ונחושת
11Q19 LIX,3 מעשי ידי אדם עץ ואבן כסף / וזהב
11Q19 LXIV,8 ותליתמה אותו על העץ וימת
11Q19 LXIV,9 והמה יתלו אותו העץ
11Q19 LXIV,10 ותליתמה גם אותו על העץ / וימות
11Q19 LXIV,11 ולוא תלין נבלתמה על העץ
11Q19 LXIV,12 מקוללי אלוהים ואנשים תלוי על העץ
11Q19 LXV,2 בכול עץ או על הארץ ? / אפרוחים
11Q20 VI,12 (XXIII) יקריבו] / למזב[ח את העצי]ם[
11Q20 VI,16 (XXIII) [הקריבו בחג] / העצים עולה ליה[וה

to grieve, hurt verb **עצב-1**

4Q179 2,6 (V) [כ]אשה עז[ו]בה כעצובה וכעוזבת [בע]ל[ה]

idol noun **עָצָב**

1QpHab XIII,3 יכלה אל את כול עובדי העצבים
2Q23 1,8 (III) לא]תתהללו בעצביכם / [

pain noun **עֶצֶב-2**

4Q509 16,2 (VII)]בכול עצב[יהם

spine noun **עָצֶה**

11Q19 XX,7 ואת האליה לעומת העצה

counsel, council, congregation noun **עֵצָה-1**

CD V,17 הם גוי אבד עצות מאשר אין בהם בינה

]תו ו**בעצתו** להרשיע ולהאשים	1QM XIII,11	
]ו**לעצתך** פקד א◦ / [	1QH^a VIII,7	
]גדול **העצה**[	1QH^a IX,5	
ועצתכה היא תקום	1QH^a XII,13	
ואנשי [**עצ**]**תי** סוררים / ומלינים סביב	1QH^a XIII,24	
ותביאני **בעצת** [קודשכה	1QH^a XIV,5	
וכיישיר אמתכה להכינם **בעצתכה** לכבודכה	1QH^a XIV,10	
ל◦◦◦ / אנשי **עצתכה** בתוך בני אדם	1QH^a XIV,11	
א[מתכה וכ]בודכה / לכול אנשי **עצתכה**	1QH^a XIV,13	
[ו]אתה אלי נתת<נ>י לעפים **לעצת** קודש	1QH^a XV,10	
] / **עצה** ו◦[	1QH^a 8,4	
על בחירי / [אל עושי התורה] **בעצת** היחד	1Q**14** 8-10,8	(I)
]ך בסוד **עצתכה** [	1Q**38** 8,1	(I)
רוח חכמ]ה ובינה רוח **עצ**[**ה** וגבורה]	4Q**161** 8-10,12	(V)
חכמי יועצי] / פרעוה **ע**[**צה** נבערה	4Q**163** 11ii3	(V)
[הוי בנים סוררים נאם] יהוה לעשות **עצ**[**ה**	4Q**163** 21,9	(V)
פשרו / [אש]ר יסדו את **עצת** היחד [ב]כוהנים	4Q**164** 1,2	(V)
ולוא / [הבינו] **עצתו**	4Q**168** 1,6	(V)
] / [אנשי **עצ**]**תם** ואבדו מלפני[	4Q**169** 1-2,8	(V)
בקש לבוא ירושלים **בעצת** דורשי החלקות	4Q**169** 3-4i2	(V)
אשר יכה בגדוליו ואנשי **עצתו** / [	4Q**169** 3-4i5	(V)
ואף בגוית בשרם יכשולו **בעצת** אשמתם	4Q**169** 3-4ii6	(V)
ערים ומשפחות יובדו **בעצתם**	4Q**169** 3-4ii9	(V)
דורשי / החלקות אשר תובד **עצתם**	4Q**169** 3-4iii7	(V)
ופת[אים] / לא יחזקו עוד את **עצתם**	4Q**169** 3-4iii8	(V)
לכלות את עושי התורה אשר **בעצת** היחד	4Q**171** 1-2ii14	(V)
לשלוח יד / בכוהן ובאנשי **עצתו**	4Q**171** 1-2ii18	(V)
מאשרי [ה]איש אשר לוא הלך **בעצת** רשעים	4Q**174** 1-2i14	(V)
המה בני צדוק וא[נ]שי **עצת**[מ]ה	4Q**174** 1-2i17	(V)
]◦ אחריהמה **לעצת** היחד		(V)
א]נשי **עצתו** וידברו עליו סרה	4Q**177** 1-4,14	(V)
] לאנשי **עצתו** המה החרב	4Q**177** 1-4,16	(V)
]ר את **עצת** היחד והואה[	4Q**177** 14,5	(V)
הנגלה מן התורה על פי] / **עצת** אנשי היחד	4Q**256** IX,8	(XXVI)
וכוח[ו והו]נ[ו ל]וא יבוא[ו **בעצת** יחד	4Q**257** III,3	(XXVI)
[כי בר]וח **עצת**]אמת אל[דרכי איש	4Q**257** III,9	(XXVI)
וכל הבא **לעצת** / [היח]ד יק[י]ם על נפשו	4Q**258** I,5	(XXVI)
ע]ל[פי] **עצת** אנש[י] היח[ד	4Q**258** I,7	(XXVI)
והבדילהו מן הטהרה ומן **העצה** ומן המשפט	4Q**258** VII,1	(XXVI)
ושב במדרש **ובעצה**		(XXVI)
יבחן לתמים דרכו **ולעצתו** על פי הרבים	4Q**258** VII,3	(XXVI)
ולסתר **עצתו** בתוך אנשי העול	4Q**258** VIII,2	(XXVI)
וכול איש אשר יהיה **בעצ**[**ת** היחד	4Q**259** II,5	(XXVI)
בהיות אלה ב]ישראל נכונה **עצת** היחד	4Q**259** II,13	(XXVI)
יבדלו[ל]קודש בתוך **עצת** אנ[שי] / [היחד	4Q**259** III,1	(XXVI)
ולסתיר את ע[**צת**] / התורה[	4Q**259** III,14	(XXVI)
ויהי **עצתו** ליח]ד ומשפטו	4Q**261** 3,1	(XXVI)
במושב ה]רבי[ם]אשר לא **בעצה**	4Q**261** 5a-c,3	(XXVI)
ואין אחר זולתך להשיב על **עצ**[**תך**	4Q**264** 6	(XXVI)
מה ישיב חמר ויוצר י]ד **לעצת** מה יבין	4Q**264** 10	(XXVI)
[וא]יש אשר יבוא לה[וסי]ף אל **עצת** ה[יח]ד	4Q**265** 4ii3	(XXXV)
[ב]היות **בעצת** היחד חמשה ע[שר אנשים	4Q**265** 7,7	(XXXV)
נכונה **עצת** היח]ד באמת למטעת עולם	4Q**265** 7,8	(XXXV)
עם] בלא בינות הוא[גוי אוב]ד **עצות** [המה	4Q**266** 3ii4	(XVIII)
] / מישראל את **עצת** בני אהרון המ◦[	4Q**266** 5ii12	(XVIII)
לכול לוק[ח אשה] / והואה **בעצה**	4Q**266** 9iii5	(XVIII)
ואש]ר [יצ]חה את רעהו שלו **בעצה**	4Q**266** 10ii2	(XVIII)
לאיש הנפ]טר / [אשר] לו **בעצת** הר[ב]י[ם	4Q**266** 10ii7	(XVIII)
כי דברו **עצה** סרה על מצוות אל	4Q**267** 2,5	(XVIII)
לוא יגדפו כי אם **בע**]**צת** חבר [י]שראל	4Q**267** 9iii3	(XVIII)

לא / יגדפו כי אם **בעצת** חבור ישראל	CD XII,8	
]**עצה** וכן למגרש והוא ייס[	CD XIII,17	
איש לפי רוחו ישפטו **בעצת** / הקדש	CD XX,24	
להיחד **בעצת** אל ולהתהלכ לפניו	1QS I,8	
איש / כגורלו **בעצת** אל	1QS I,10	
וכול הונם **כעצת** צדקו	1QS I,13	
מעמדו ביחד אל / **לעצת** עולמים	1QS II,23	
ומחשבת צדק / איש לרעהו **בעצת** קודש	1QS II,25	
וכוחו והונו לוא יבואו **בעצת** יחד	1QS III,2	
במשפטי / אל לבלתי התיסר ביחד **עצתו**	1QS III,6	
כיא ברוח **עצת** אמת אל דרכי איש		
כול הבא **לעצת** היחד / יבוא בברית אל	1QS V,7	
אשר יהיה שם עשרה אנשים **מעצת** החיד	1QS VI,3	
וכן ישאלו **לעצתם** לכול דבר	1QS VI,4	
וכן ישאלו למשפט ולכול **עצה**	1QS VI,9	
להשיב איש את מדעו / **לעצת** היחד	1QS VI,10	
לוא במעמד האיש השואל את **עצת** / היחד	1QS VI,12	
המתנדב מישראל / להוסיפ על **עצת** היחד	1QS VI,14	
וכאשר יצא הגורל על **עצת** הרבים	1QS VI,16	
ובקורבו **לעצת** היחד		
ויהי **עצתו** / ליחד ומשפטו	1QS VI,22	
ולוא ישוב עוד על **עצת** היחד	1QS VII,2	
הנפ{{◦}}טר במושב הרבים / אשר לוא **בעצה**	1QS VII,11	
וכול איש אשר יהיה **בעצת** היחד	1QS VII,22	
לוא ישוב אל **עצת** היחד עוד	1QS VII,24	
] / **בעצת** היחד שנים עשר איש	1QS VIII,1	
בישראל / נכונה {{ה}}**עצת** היחד באמת	1QS VIII,5	
יבדלו קודש בתוכ **עצת** אנשי היחד	1QS VIII,11	
ואל ידע בכול **עצתם** עד אשר יזכו מעשיו	1QS VIII,18	
וקרבהו / **בעצה** על פי הרבים	1QS VIII,19	
כול הבא **בעצת** הקודש ההולכים בתמים	1QS VIII,21	
ישלחהו **מעצת** היחד / ולוא ישוב עוד	1QS VIII,22	
ועם **עצתו** לכול / דבר	1QS VIII,23	
והובדל מן הטהרה ומן **העצה**	1QS VIII,24	
ולוא ישאל על כול **עצה** שנתים ימים	1QS VIII,25	
במושב במדרש **ובעצה** [ע]ל [פ]י [ה]רבים	1QS VIII,26	
לתמים דרכו **ועצתו** על פי הרבים	1QS IX,2	
ומכול **עצת** התורה לוא יצאו	1QS IX,9	
ולסתר את **עצת** התורה בתוכ אנשי העול	1QS IX,17	
בעצת תושיה אספ{{ת}}ר דעת	1QS X,24	
ועם בני שמים חבר סודם **לעצת** יחד	1QS XI,8	
ואין אחר זולתכה להשיב על **עצתכה**	1QS XI,18	
מה ישיב חמר ויוצר יד **ולעצת** מה יבין	1QS XI,22	
המה אנושי **עצתו** אשר שמרו בריתו	1QSa I,3	(I)
לכול הקהל למשפט או / **לעצת** יחד	1QSa I,26	(I)
אלה ה<א>נשים הנקראים **לעצת** היחד	1QSa I,27	(I)
קיראי מועד הנועדים **לעצת** היחד בישראל	1QSa II,2	(I)
דב[ר לאחד מ]אלה לדבר אל **עצת** הקודש	1QSa II,9	(I)
מו]שב אנשי השם [קריאי]מועד **לעצת** היחד	1QSa II,11	(I)
ועצת כול בשר בידכה יברך	1QSb III,28	(I)
]כה ◦◦◦ברת בידכה / אנשי **עצת** אל	1QSb IV,24	(I)
ועצת יחד [עם קדושים] לעת עולם	1QSb IV,26	(I)
יתן[לכה רוח **עצ**[**ה** וגבורת עולם	1QSb V,25	(I)
ובעצה כול מחשבתם להרע	1QpHab III,5	
אשר **בעצת** בית אשמ[תם]יעבורו	1QpHab IV,11	
פשרו על בית אבשלום / ואנשי **עצתם**	1QpHab V,10	
אשר מאס את / התורה בתוך כול **עצתם**	1QpHab V,12	
אשר בעוון מורה / הצדק ואנשי **עצתו**	1QpHab IX,10	
כיא הלבנון הוא / **עצת** היחד	1QpHab XII,4	
יכתובו תעודות אל **לעצת** קודש	1QM III,4	

4Q273 6,1	(XVIII)	]לֹא בעצת התורה ה[
4Q286 1ii7	(XI)	מְקוֹר עׄרֹמה / ועצת קודש וסוד אמת
4Q286 7ii1	(XI)	] / עצת היחד יומרו כולמה ביחד
4Q286 7ii8	(XI)	ובכול מזמות תוע]בה ועצת רשע[תכה
4Q289 1,1	(XI)	וע]צת רשע[
4Q398 14-17ii5	(X)	ובקש מלפניו שיתקן / את עצתך
	(X)	והרחיק ממך מחשב{{ו}}ת רעה ועצת בליעל
4Q415 6,3	(XXXIV)	] / רישכה ב◦צתכה[
4Q418 95,2	(XXXIV)	]עצתך עם אוש[
4Q443 2,5	(XXIX)	ותראני עצ[תכה
4Q491 11i11	(VII)	]מים ועצת אביונים לעדת עולמים ◦[
4Q511 23,1	(VII)	]דו ועצת[
4Q511 48-49+51,1	(VII)	בעצת אל כיא[
4Q515 1,2	(VII)	]ועצה ◦[
5Q18 1,2	(III)	]בעצתך [ ][
11Q19 LVII,15		ולוא יעשה כול דבר / לכול עצה
11Q19 LVIII,20		לוא יצא מעצת לבו עד אשר ישאל

tree noun עֵצָה-3

4Q502 6-10,7	(VII)	וכו]ל פרי עצה ומימינו[

(indeterminate) noun עצה

4Q502 305,1	(VII)	]שו עצת [

mighty adjective עָצוּם

1QM XI,5		ולוא כוחנו ועצום ידינו עשה חיל
4Q184 1,14	(V)	ואיש[ע]צום ותכשילהו
4Q393 3,8	(XXIX)	גוים גדולים] גבורי{{ם}} החיל ועצומי כח
4Q433a 1,5	(XXIX)	]◦ק ותשבוחות בפי עצו[ם
4Q434 6,3	(XXIX)	] / עשה[ ]ם בעצום עו[ ]◦[
4Q481b 2	(XXII)	ר]ב ועצום מחניהם / [

spine noun עציה

11Q20 I,16	(XXIII)	ואת האלי]ה לעומת עציהה

to hesitate, be sluggish verb עצל

4Q418 47,2	(XXXIV)	ע]בודתם היעצל כי[
4Q418 55,11	(XXXIV)	]הכאנוש הם כי יעצל ובן אדם כי ידמה
11Q5 XVIII,2	(IV)	ואל תתעצלו להודיע עוזו ותפארתו

sluggard adjective עָצֵל

4Q424 1,6	(XXXVI)	] / ביד עצל אל תפקד אט

Azla proper noun עצלא

3Q15 IV,9	(III)	בשית האדמא שבשולי העצ / לא

to be mighty verb עצם-1

1QH[a] XIV,31		ויעצו[מ]ו מקצה עד קצה / ◦◦◦
1QH[a] XXII,13		]היצר ◦◦◦ אתה עצמתה וי◦פה [
4Q163 25,6	(V)	ועל פרשים כיא עצמ[ו מאד

to shut the eyes verb עצם-3

4Q163 15-16,1	(V)	ויעצם את[עיניכמה את הנביאים

bone noun עֶצֶם-1

1QH[a] XIII,7		אריות שוברי עצם אדירים
1QH[a] XIII,35		ויבוא בעצמי / להכשיל רוח
1QH[a] XV,4		ועצמי יתפרדו
1QH[a] XVI,30		ויפרח כאש בוער עצור בע[צמי]
1QH[a] XIX,21		ויבואו בלבבי ויגעו בעצמי ◦[
1Q34bis 3i3	(I)	]ם בעצמותם חרפה לכל בשר
4Q265 7,12	(XXXV)	ועצם [מעצמיו לוקחה לאשה
4Q372 1,15	(XXVIII)	ושברים את כל עצמיו עד עת קץ לו
4Q377 1i2	(XXVIII)	] עצם השמים [ ]ות ה[
4Q385 2,5	(XXX)	[ויאמר]בן אדם הנבה על העצמות
	(XXX)	ואמרת ויק◦בו עצם אל עצמו
	(XXX)	ואמרת ויק◦בו עצם אל עצמו
4Q386 1i4	(XXX)	ויאמר בן אדם הנ]בא על העצמות
4Q394 8iv9	(X)	שהם / אוכלים מקצת [ע]צמות המק[דש
4Q396 1-2i6	(X)	ונשים]ל[ו]קח[ים להיו]תם עצם / [
4Q396 1-2iv2	(X)	אנחנו אומרים שכול עצם ש[היא חסרה]
4Q397 5,2	(X)	ונשים לוקחים ולהיו]תמה עצם אחת [
4Q397 6-13,3	(X)	[שהם אוכלים מקצת ע]צמות המ[קדש
4Q420 1aii-b,6	(XX)	עצ]מותיו וכפיו בצדק נגא[ל] / בבינה
11Q5 XIX,16	(IV)	ויצר / רע אל ירשו בעצמי
11Q19 XX,16		ואת האזרוע עד עצם השכם
11Q19 XXV,12		אשר לוא / תתענה בעצם היום הזה
11Q19 L,5		אשר יגע על פני השדה בעצם אדם מת
11Q19 LI,4		וכול הנושא מעצמותמה ומנבלתמה
11Q20 IV,26	(XXIII)	ואת האזרוע [ע]ד עצם השכם

עֹצֶם-1 ← עוֹצֶם

to restrain, withhold verb עצר

1QSb I,6	(I)	ולוא י[עצור מים חיים ל]צמאים
1QH[a] XII,11		ויעצורו משקה דעת מצמאים
1QH[a] XVI,23		ובעת חום יעצור / מעוז
1QH[a] XVI,28		וכאיב אנוש לאין עצור [
1QH[a] XVI,30		ויפרח כאש בוער עצור בע[צמי] עד ימימיה
1QH[a] XVIII,11		בכול מעשי פלאכה הגדולים יעצור כוח
1QH[a] XVIII,12		אפהוא שב לעפרו כי יעצור כ[ו]ח
1QH[a] XIX,35		] / ואעצו[ר
1QH[a] XXII,3		ולוא יעצורו לדעת בכול / [
1QH[a] 10,4		]לא יעצרו כוח לדעת {{ב}}כבוד[
1Q22 1ii10	(I)	[ו]עצר את השמים [ממ]עלה
4Q160 3-4ii1	(V)	]עבדכה לוא עצרתי כוח עד זואת
4Q378 26,5	(XXII)	]מפתים גדולים ובחמה יעצר[
4Q501 2	(VII)	כיא / [אנחנו עצור]י עמכה

assembly noun עֲצָרָה

4Q433 1,6	(XXIX)	]◦ העמדתני כזאת לעצר[ת א]ל[
11Q19 XI,13		ובח]ג הסוכות ובעצרת / ◦◦◦[

heel, footprint noun עָקֵב

1QH[a] XIII,24		ג]ם או]כלי לחמי / עלי הגדילו עקב
4Q254 5-6,5	(XXII)	שפי]פון עלי או[רח הנושך] / עקב[י]סוס[

עָקֵב ← עָקוֹב

uneven, deceitful adjective עָקוֹב

4Q176 1-2i8	(V)	הר וגב]עה ישפלו והיה העקוב ל[מי]שור[
4Q418 8,12	(XXXIV)	ועקוב הלב מ[כול

Akila (?) proper noun עקילא

4Q341 12	(XXXVI)	יטריסיסי / עקילא / עלי ערפי

to uproot, hamstring verb עקר

PAM 43.677 15ii3	(XXXIII)	] / תעקר[

barren adjective עָקָר

4Q179 2,7 (V) כל ארמונתיה וחו[מותיה] / כעקרה
4Q509 283,1 (VII)]◦עקרה [

root, main part noun עִקָּר

4Q385 6,8 (XXX) ופניהם זה בעקר ז[ה

עֶקְרוֹן ← עֶקְרֹן

Ekron proper noun עֶקְרֹן

6Q9 31,2 (III) ע[קרן ◦]

to pledge, exchange verb ערב-1

4Q415 8,2 (XXXIV)]אל תערב / [
4Q416 2ii18 (XXXIV) ואל תערבהו בנחלתכה פן יוריש גויתכה
4Q417 2ii+23,23 (XXXIV)] / ואל תערב הון בנחלת[כה
4Q418 87,7 (XXXIV)]ערוב זר ב[
4Q418 88ii3 (XXXIV)] / השמר לכה למה תערב רמ[
4Q424 2,3 (XXXVI) חנ]ף אל תערבהו בתוך עוו[
4Q434 1i11 (XXIX) גם הוא הגישם כי ערבו את רוחם

to mix, interfere verb ערב-2

CD XI,4 אל יתערב איש מרצונו / בשבת
1QS VI,17 וגם הואה אל יתערב בהון הרבים
1QS VI,22 ולמשפט ולטוהרה ולערב את הונו
1QS VII,24 ואיש מאנשי היח[ד א]שר יתערב / עמו
1QS VIII,23 ולוא יתערב איש מאנשי הקודש בהונו
1QS IX,8 אל יתערב הונם עם הון אנשי הרמיה
1QSb IV,2 (I)] / ימנה [אתו ו]התערב לו וכלי[ל
1QH[a] VIII,23] התערב ברוח עבדך
4Q258 VII,8 (XXVI) אל יתע[רב הונם עם] הון[אנשי הר]מי[ה
4Q271 2,6 (XVIII)]שדה המעורב / ◦[
4Q271 5i1 (XVIII) אליתערב [איש מרצ]ונו / [בשבת
4Q274 1i5 (XXXV) א]ל תתערב בשבעת / ימיה
4Q368 9,1 (XXVIII) ה]תערבו באלהי[ם
4Q397 14-21,8 (X) [ו]מהתערב בדברים האלה
4Q418 103ii6 (XXXIV) ב]מסחורכה אל תערוב אשר[לרעכה
4Q477 2ii6 (XXXVI) את רוח היח[ד ו]גם לערב א[ת
4Q513 10ii3 (VII) [ו]אין לערב במ◦[
11Q19 XXXII,15 כי מדם העולה מתערב במה
11Q19 XXXV,12 ולוא יהיו מערבים כולו אלה / באלה
11Q19 XXXVII,11 ולוא [י]תע[רבו] זבחי / שלמי בני ישראל
11Q19 XLV,4 ולוא [יהי]ו מתערבים אלה באלה
11Q20 X,3 (XXIII) ולוא יתע]רבו זבחי שלמי בני יש[ראל

to be pleasant verb ערב-3

3Q6 1,2 (III)] ושירם יערב על[יכה
4Q186 1i6 (V)] / מעורבים ולוא שאר היש[
4Q186 2ii2 (V) מ]עורב / [
4Q372 3,4 (XXVIII) יע]רב עליו שיח[
4Q372 3,5 (XXVIII) דברי מנפת[ימת]קו ומיין יערבו לש[וני

to go down (sun), be evening verb ערב-5

4Q269 8ii5 (XVIII) אשר יעריב א[ת] / [שמשו

evening noun עֶרֶב-1

1QS X,10 ועם מוצא ערב ובוקר אמר חוקיו
1QpHab III,7 וקול מנמרים סוסו וחדו / מזאבי ערב
1QM XIV,14 מ[בו]א יומם ולילה / ומוצאי ערב ובוקר
1QH[a] XX,5 בפנות ערב ומוצא / אור
1QH[a] 4,3 ע]רב ובוקר עם ◦[
1Q17 4 (I) ויבוא] למ[קום בער]ב ויט מן הדרך לימ[ה
4Q260 III,2 (XXVI) וע]ם מוצא ערב / ובוקר
4Q277 1ii2 (XXXV) [ואסף] איש טהור מכול טמאת ערב
4Q277 1ii5 (XXXV) [ויט]מא עד ה[ער]ב
4Q277 1ii13 (XXXV) כמגע טמאת[ו] / [ויט]מה עד [ה]ערב
(XXXV) ו[רח]ץ וטמא עד ה[ע]רב
4Q320 1i3 (XXI) ביסוד / [הבריא]ה מערב עד בוקר
4Q325 1,2 (XXI)]בערב בעשרים וחמשה בו שבת
4Q408 3+3a,10 (XXXVI) אשר בר[ת]ה את הערב אות
4Q408 7,1 (XXXVI) ב]ערב בער[ב
(XXXVI) ב]ערב בער[ב
4Q448 III,2 (XI)] / ביום ועד ערב מ◦◦◦[
4Q491 8-10i11 (VII) ומוצא[י ע]ר[ב] / [ובוקר
4Q502 27,2 (VII)] משרתי]ם לכה תמיד[ע]רב ובוקר ע◦[
4Q503 1-6iii6 (VII) בחמשה[לחודש בע]רב יברכו
4Q503 11,2 (VII) ובשני]ם עשר לחודש בערם [יברכו
4Q503 28,2 (VII) ב]ראם ערב ו[בוקר
4Q503 29-32,12 (VII)] / [בש]בעה עשר לחו[דש ב]ערב יברכו
4Q503 33i+34,18 (VII) [ביום אחד ועשרים ל]חודש ב[ע]רב יברכו
4Q503 39,3 (VII) דג]לי ערב ובוקר מלי◦ שלומנו
4Q503 42-44,4 (VII) ל]חודש[ב]ערב יבר[כ]ו
4Q503 64,1 (VII) לחודש]בערב[יברכו
4Q503 72,8 (VII) לחודש] בערב [
4Q503 76,1 (VII) לחודש בע]רב יברכ[ו
4Q503 143,2 (VII) ע]רב [
5Q13 27,6 (III) ע]ד ערב ובו[
6Q11 4 (III) מן הב]קר עד הערב ◦[
11Q19 XIII,14 הכבש השני תעשה בין הער]בים
11Q19 XVII,7 וזבחו לפני מנחת הערב
11Q19 XLIX,20 ויטהרו לערב / מהמת
11Q19 L,4 וטהר[לע]רב כבוא השמש
11Q19 L,9 ורחץ וטהר / לערב
11Q19 L,12 הנוגע בו טמא עד הערב
11Q19 LI,3 הנוגע בהמה ב[מותמה יטמא / ע]ד ה]ערב

woof noun עֵרֶב-1

4Q365 20,2 (XIII) או את הער]ב בצמר[או בפשתים

Arabia proper noun עֲרַב

4Q332 2,1 (XXXVI) ל]תת לו יקר בערב[י]ם
4Q385b 1,4 (XXX) וכוש ו[פו]ל[ ] ואדירי ערב
4Q385b 1,5 (XXX) וגם מן ב[ני] / [הברית ו]ערב יפולו

desert noun עֲרָב

4Q165 5,4 (V) משא] / [בערב] ביער בערב תלינו

sweet adjective עָרֵב

4Q88 VIII,7 (XVI) ערבה / באף תשבוחתך ציון
11Q5 XXII,11 (IV) ערבה באף תשבחתך ציון

עֹרֵב-1 ← עוֹרֵב

Oreb proper noun עֹרֵב-2

4Q161 2-4,9 (V) שוט כמכת מדין בצור עו]רב

עָרֹב ← עָרוֹב

desert plain, wilderness noun עֲרָבָה-3

1QS VIII,14 פנו דרך •••• ישרו בערבה מסלה

Reference		Text
1QM X,13		וחוקי מפלגיה / למדבר וארץ ערבה
4Q259 III,5	(XXVI)	פ[נו דרך האמת יש]רו בערבה מסלה
4Q364 19a-b,15	(XIII)	עד אבל הש]טים בערבות [מ]וא[ב

עֲרֵבָה ← עֲרוּבָּה

pledge noun עֵרָבוֹן

Reference		Text
4Q364 9a-b,10	(XIII)	לקחת]הערבון מ[יד האשה

to expose, pour out verb ערה

Reference		Text
4Q171 3-10iv13	(V)	[ראי]תי רשע עריץ מתע[רה כאזרח רענן]
4Q284a 1,7	(XXXV)	מו]רו לגלעמ עד אשר יער[ם לבד]

swarm noun עָרוֹב

Reference		Text
4Q365 2,9	(XIII)	ומלאו בתי מצרים את ה]ערוב
4Q422 III,8	(XIII)	וכנים בכול גבול[ם]ערוב [בב]תיהםה

pledge, token noun עֲרוּבָּה

Reference		Text
4Q267 4,10	(XVIII)	בע]רובות ואת כספו בנש[ך

bed noun עֲרוּגָה

Reference		Text
4Q433a 2,9	(XXIX)	] / משורשיו לוא ינתקו מערוגת בשמו

nakedness, impurity noun עֶרְוָה

Reference		Text
CD V,10		ואם תגלה בת האח את ערות אחי / אביה
1QS VII,14		והואה / פוח ונראתה ערותו
1QM VII,7		וכול ערות דבר רע לוא יראה
1QM X,1		ולהשמר מכול ערות דבר רע
1QH[a] V,21		]ה סודו ערות קלן ◦◦[
1QH[a] IX,22		ומגבל המים / סוד הערוה ומקור הנדה
1QH[a] XX,25		ומחמר קו]רצתי / למקור נדה וערות קלון
4Q251 1-2,7	(XXXV)	] בי[ו]ם הששי בשר ער[וה] / [
4Q251 17,4	(XXXV)	אל יגלה] / איש את ערות אחות א[מו
4Q251 17,6	(XXXV)	] / אל יגל איש ערות [
4Q387 A,2	(XXX)	]בערותם לקרוב איש אל שאר בשרו[
4Q416 2iv5	(XXXIV)	עם אשת חיקכה כי היא שאר ער[ותכה
4Q468cc 5	(XXVIII)	]ערותו לשום[ ]◦ר על ערות [
	(XXVIII)	]ערותו לשום[ ]◦ר על ערות [
4Q491 1-3,8	(VII)	וכול] / ערוה לוא יראה סביבות{{יה}}מ[ה
4Q512 36-38,17	(VII)	]נכה מכול ערו[ת]בשרנו לה[
4Q512 29-32,9	(VII)	ותטהרני מערות נדה
4Q513 13,1	(VII)	]ומערות אבי{{א}} / [
11Q19 LVIII,17		ומכול ערוות ומכול עוון ואשמה

uncircumcision noun ערול

Reference		Text
1QH[a] X,7		ותתן מענה לשון לער[ול] שפתי
1QH[a] X,18		וימירום בערול שפה / ולשון אחרת

naked adjective עָרוֹם, עָרֹם

Reference		Text
1QS VII,12		ואשר יהלכ לפני רעהו ערום
1Q14 11,2	(I)	]אויביו שלל וע[רום
4Q166 II,12	(V)	אשר הכם ברעב ובערום
4Q177 8,2	(V)	]חד ערומי ◦[
4Q270 7i2	(XVIII)	ואשר יהלך] / [לפני רעהו ערו]ם בבית
	(XVIII)	ה[לך] ע[רום לפני הבריאות]
PAM 43.674 53,2	(XXXIII)	] ערם [

crafty, prudent adjective עָרוּם

Reference		Text
4Q525 5,12	(XXV)	ערומים יכרו דרכיה ובמעמקיה

Aroer proper noun עֲרוֹעֵר-2

Reference		Text
4Q364 24a-c,11	(XIII)	מערוער אש[ר] / [על שפת נחל ארנון
4Q379 3i1	(XXII)	]ערוער [

bare, nakedness, exposure noun עֶרְיָה

Reference		Text
CD V,9		ומשפט העריות לזכרים / הוא כתוב
4Q251 17,1	(XXXV)	] / על העריות[

clouds noun עֲרִיפִים

Reference		Text
4Q162 III,3	(V)	והנה חשך צר ואור חשך] / בער[יפיה

ruthless adjective עָרִיץ

Reference		Text
1QpHab II,6		המה עריצ[י הבר]ית
1QH[a] IX,39		] / [וער]יצים יחרו[קו שנים
1QH[a] X,11		ואהיה על עון רשעים / דבה בשפת עריצים
1QH[a] X,21		כי עריצים בקשו נפשי
4Q171 1-2ii13	(V)	פשרו על עריצי הברית אשר בבית יהודה
4Q171 1-2ii19	(V)	ואחר[י] כן ינתנו ביד עריצי גואים
4Q171 1+3-4iii12	(V)	המה עריצי הב[רית ר]שעי ישראל
4Q171 3-10iv1	(V)	המה עריצי / [
4Q171 3-10iv10	(V)	לתתו / ביד עריצ[י] גואים
4Q171 3-10iv13	(V)	[ראי]תי רשע עריץ מתע[רה כאזרח רענן]
4Q434 1i5	(XXIX)	וביד עריצים לא נתנם
4Q460 9i11	(XXXVI)	וישראל נגזל אליה מעם עריצ [
4Q487 6,2	(VII)	]חר עריצים[

עֲרִירִי ← עֲרִרִי

to arrange, prepare verb ערך

Reference		Text
1QS VI,4		והיה כיא יערוכו השולחן לאכול
1QSa II,17	(I)	וערוך השולחן / היחד
1QM II,5		לערוך מקטרת ניחוח לרצון אל
1QM II,9		בחמש ושלושים שני העבודה תערך המלחמה
		ועורכיה כול העדה יחד
1QM VII,3		ושומרי הכלים / ועורך הצידה
1QM IX,10		לשנות סדר דגלי המלחמה לערוך המעמד
1QH[a] XII,24		ויערוכו לכה / בסוד קדושים
1Q27 12,2	(I)	] / היש ערכ◦[
4Q184 1,16	(V)	להביא זד[ו]ן ◦[ ]במה בל ערוכי[ם
4Q249g 3-7,19	(XXXVI)	לשתות התירוש ו]ער[וך השולחן] / [היחד
4Q249h 3,1	(XXXVI)	וע]רוכ[השולחן היחד
4Q261 2a-c,4	(XXVI)	והיה כי יער]וכו / [השלחן לאכול
4Q365 23,6	(XIII)	אשר תבנו לי בארץ לערוך אותם
4Q381 15,3	(XI)	אתה א]להי עזרת לי ואערכה לך אלהי
4Q491 1-3,8	(VII)	]ובצאתמה לערוך המלחמה [להכ]ניע[אויב
4Q491 1-3,16	(VII)	]בערוך המלחמה ומלאה המ[ע]רכה השנית
4Q496 4,2	(VII)	ת]ערוך המל[ח]מ[ה
4Q496 5-6,1	(VII)	תערוך המלחמה שש שנ]ים י[עורכוה
4Q506 155,1	(VII)	] עורכי[
4Q514 1i10	(VII)	ואל י[ש]תה עמ כול א[ש]אשר יערוך / [
11Q19 IX,13		וערכו הכוהנים בני / [אהרון את הנרות
PAM 43.678 11,2	(XXXIII)	]יערך ◦[

valuation noun עֵרֶךְ

Reference		Text
4Q159 1ii6	(V)	]כסף הערכים אשר נתנו איש כפר נפשו
4Q266 8ii3	(XVIII)	ונענש הנודר חמ]ישית / כסף ערכו[
4Q270 2ii9	(XVIII)	וכסף הערכים לפדוי נפשם
4Q513 17,3	(VII)	הער]כים א[שר
PAM 43.668 4,1	(XXXIII)	] / כערכ[

couch noun עֶרֶשׂ

1QHa XVII,4 — ערשי בקינה תשא
4Q184 1,5 (V) — ערשיה {{יֹצוֹעֹיֹהֹ}} יצועי שחֹתֹ[
5Q16 2,2 (III) —]זדון ערשיו וצ[

עשׂ ← עֶשְׂרִים

grass, plant noun עֵשֶׂב

4Q266 6i7 (XVIII) — כי כעשב / הוא אשר [י]שֹׂ הֹרחש תחתו
4Q418 107,6 (XXXIV) —]נׄי עשב עם שׂרֹ[ ]שׂרֹשׂ[
4Q504 16,2 (VII) —]◦אֹכל עשב [
4Q509 3,7 (VII) — וכרביבים על ע]שֹׂבֹ במועדי דשא

to do, make verb 1-עשׂה

CD I,2 — ומשפט יעשה בכל מנאציו
CD I,12 — את אשר עשה בדור אחרון
CD II,20 — ויהיו כלא היֹו בעשותם את / רצונם
CD II,21 — ולא שמרו את מצות עשיהם
CD III,6 — ולעשות איש הישר בעיניו ויאכלו
CD III,8 — ולא שמעו / לקול עשיהֹם מצות יוריהם
CD III,12 — לעשות איש את רצונו
CD III,15 — אשר יעשה / האדם וחיה בהם
CD IV,8 — וכל הבאים אחריהם / לעשות כפרוש התורה
CD VI,14 — אם לא ישמרו לעשות כפרוש התורה
CD VIII,7 — ויעשו איש הישר בעיניו
CD VIII,11 — ראש מלכי יון הבא לעשות / בהם נקמה
CD IX,18 — עד עשותו / עוד לפני אחד
CD X,14 — אל יעש איש ביום / {{ממֹ}} השישי
CD X,19 — בדברי המלאכה והעבודה לעשות למשכים
CD X,20 — לעשות את עבודת חפצו / השבת
CD XI,2 — לעשות את חפצו ביום השבת
CD XIII,15 — ואל יעש איש חֹבֹרֹ למקֹחֹ ולֹממכרֹ
CD XIII,16 — ועשהֹ ◦◦◦◦הֹ ולא ישֹ[ ]◦לֹ[ ]חֹ אשׁ◦ / [
CD XV,10 — לעשות בכ[ל ק]ץ [הרש]עֹ
CD XVI,8 — לעֹשֹׂות דבֹרֹ מֹן התורה עד מחיר מות
CD XIX,19 — ויעשו {{אתֹ}} / איש הישר בעֹינֹיֹוֹ
CD XX,2 — ויקוץ מעשות פקודי ישרֹים
CD XX,21 — וֹעֹשֹׂהֹ חֹסֹדֹ לֹאֹלֹפֹיֹםֹ לֹאהביו
1QS I,2 — ובכול נפש]לֹעשות הטוב והישר לפניו
1QS I,5 — ולעשות אמת וצדקה ומשפט / בארצ
1QS I,7 — ועיני זנות / לעשות כול רע
ולהבי את כול הנדבים לעשות חוקי אל
1QS I,16 — לעשות / ככול אשר צוה
1QS II,19 — ככה יעשו שנה בשנה
1QS IV,25 — עד קצ נחרצה ועשות חדשה
1QS V,3 — לעשות אמת יחד וענוה / צדקה
1QS V,12 — והנגלות עשו ביד רמה לעלות אפ למשפט
לעשות בם {{מ}}שפטים / גדולים
1QS V,20 — וכיא יבוא בברית לעשות ככול החוקים
1QS V,22 — את כול חוקיו אשר צוה לעשות
1QS VII,5 — או יעשה רמיה במדעו
1QS VIII,2 — הנגלה מכול / התורה לעשות אמת וצדקה
1QS VIII,3 — ולרצת עוון בעושי משפט / וצרת מצרפ
1QS VIII,15 — לעשות ככול הנגלה עת בעת
1QS VIII,24 — ואם בשגגה יעשה והובדל מן הטהרה
1QS IX,1 — ולעושה ביד רֹמה לוא ישוב עוד
1QS IX,13 — לעשות את רצון אל ככול הנגלה
1QS IX,15 — ואיש כרוחו כן לעשות משפטו
1QS IX,20 — ולהשכילם כול הנמצא לעשות בעת הזואת
1QS IX,23 — לעשות רצון בכול משלח כפים

uncircumcised adjective עָרֵל

1QHa XIV,20 — וערל וטמא ופריץ / בל יעוברנה
1QHa XXI,5 — כיא לערל אוזן נפתח דבר
4Q184 2,5 (V) —]ורום עינים לב ערלֹ[
4Q429 4i9 (XXIX) — ו]עֹרֹל וטמֹ[א ופריץ] / [בל יעוברנה]
4Q458 2ii4 (XXXVI) —] / ותבלע את כל הערלים

עָרְלָה ← עוֹרְלָה

עָרֹם ← עָרוֹם

craftiness, discernment noun עָרְמָה, עוֹרְמָה

CD II,4 — ערמה ודעת הם ישרתוהו
1QS IV,6 — והצנע לכת / בערמת כול וחבא לאמת
1QS IV,11 — ללכת בכול דרכי חושכ וערמת רוע
1QS X,25 — ובערמת דעת אשוכ בֹעֹדֹה גבול סמוכ
1QS XI,6 — דעה ומזמת ערמה מבני אדם
1QpHab VII,14 — כאשר חקק / להֹם ברזי ערמתו
1QHa IX,35 —] הוסיפו ערמה / צדיקים השביתו עֹולה
1QHa X,9 — ומרפא לכול / שבי פשע ערמה לפתיים
4Q215a 1ii11 (XXXVI) —]השכל ערמה ותושיה נבחנו
4Q266 2ii4 (XVIII) — וערמֹ[ה ודעת הם ישרתוהו
4Q286 1ii6 (XI) — ומקור {{מ}}בינה מֹקֹוֹרֹ עֹרֹמֹה / ועצת קודש
4Q299 3aii-b,5 (XX) — כי] / אם חוכמת עורמת רוע
4Q398 14-17ii4 (X) — שֹרֹ[א]יֹנֹוֹ / עמך ערמה ומדע תורה
4Q417 1i9 (XXXIV) — ולכל[ע]רמה יצרה וממשלת מעשיה
4Q423 22,2 (XXXIV) —]עֹרמה והוןֹ[
4Q427 10,1 (XXIX) — [מפחי מש]פֹט לערמת רֹ[חמיכה
4Q427 11,2 (XXIX) — על מטמוני פחים ומ]פֹרשי רשת וערמֹ[ת
4Q428 6,2 (XXIX) —] / חֹכמֹים בערמתם וֹ[אני בתומכי בבריתכה
4Q432 7,4 (XXIX) — חכמים בערמ]תם ואני בתומ[כי בבריתכה
4Q491 11i10 (VII) — הכיֹנה מאז אמֹתֹו ורזי ערמתו בכוֹ[ל
4Q502 16,3 (VII) — והצנ]ע לכֹתֹ בערֹמֹתֹ [
4Q525 23,5 (XXV) — (כ)אשר] / צוה אל באנשי ערמתֹ[

juniper noun עַרְעָר

1QHa XVI,24 — ואם אשיב יד יהיה כערעֹ[ר בערבה

to break the neck verb 2-ערף

11Q19 LXIII,2 — וערפו שמה את העגלה
11Q19 LXIII,5 — על ראוש העגלה {{◦}}הערופה בנחל

עֹרֶף ← עוֹרֶף

thick darkness noun עֲרָפֶל

4Q216 V,7 (XIII) — [ו]מלאֲכי רוחות הֹ[עננים] / לערֹ[פל ולאלגביש
4Q286 3,4 (XI) —]מֹלֹאֹכֹיֹ עֹ[ננ]יֹ מטר [ו]עֹרֹפליֹ מים עבי / [
4Q418 70,2 (XXXIV) —]◦עֹננים וֹער[פל

to dread, tremble verb ערץ

1QM X,4 — ואל תחפֹ[זו וא]לֹ תערוצו מפניהם
1QM XV,8 — ואל תחפזו ואל תערוצו מפניהם
4Q185 1-2i15 (V) —]◦יערץ לבבכם מפני פחדו

to strip verb ערר

4Q416 1,12 (XXXIV) — ותהמות פחדו ויתערערו כל רוח בשר
4Q421 13,5 (XX) —] אל יער איש אֹ[

childless adjective עֲרִירִי

4Q225 2i3 (XIII) — הנני באֹ ערֹרֹיֹ וֹאלי[עזר] / [בן ביתי] הואה

ואת המשפטים אשר תלמדם **ועשו** בארץ (V) 4Q158 7-8,4
כי מן השמים דברתי עמכמה לוא **תעש**[ון (V) 4Q158 7-8,6
] / **תעשה** לי לוא תבנה אתהנה גזית (V) 4Q158 7-8,8
ו]**עשה** איש ממנה גורן וגת (V) 4Q159 1ii3
] / יומת אשר **עשה** ביד רמה (V) 4Q159 2-4,6
[הוי בנים סוררים נאם] יהוה **לעשות** עצ֯[ה (V) 4Q163 21,9
] ה֯רביתי וזהב {{ה◦◦}} **עשו֯** לבעל (V) 4Q166 II,2
א]ע֯שה לכה[אפרים] מה [אעשה לכה (V) 4Q167 5-6,3
והיא] חרש **עשה**[ו ולוא אלהים הוא (V) 4Q167 11-13,3
[אולי **יעש]ה** זרים יבלעוה֯[ו (V) 4Q167 11-13,7
] / **לעש]ות]** ב֯הם משפט (V) 4Q169 1-2,4
במצליח דרכו באיש / [**עוש]ה֯** מזמות (V) 4Q171 1-2i18
פשרו / המה עדת בחירו **עושי** רצונו (V) 4Q171 1-2ii5
אשר / יזומו לכלות את **עושי** התורה (V) 4Q171 1-2ii14
פשרו על] / **עוׄשה** התורה (V) 4Q171 1-2ii22
ביד עריצ[י] גואי֯ם **לעשות** בו[משפט (V) 4Q171 3-10iv10
]**לעשות֯**[ ]◦ע֯י משפט[(V) 4Q171 3-10iv15
ועשו את כול התורה֯[(V) 4Q174 1-3ii2
]כול אשר צונו **עשו** את כול֯[(V) 4Q174 11,2
ומגדלים **לעשות** לעוז רשע (V) 4Q175 26
וע]שו חנופה בארץ (V) 4Q175 28
ועשה פלאכה והצדק בעמכה (V) 4Q176 1-2i1
]כבעלך **עושיך** ···· / [צבאות] שמו (V) 4Q176 8-11,6
ע]שו התורה ו[(V) 4Q176 17,7
]יש אל **עושה** ◦[(V) 4Q176 21,4
]◦ת התורה **עושי** היחד ס◦[(V) 4Q177 5-6,16
פשר על הקצים אשר **עשה** אל קץ֯ (V) 4Q180 1,1
י֯זכרו נפלאים **עשה** / במצרים (V) 4Q185 1-2i14
]◦יערץ לבבכם מפני פחדו / **ועשו** ר֯◦[(V) 4Q185 1-2ii1
אשרי אדם **יעשנה** (V) 4Q185 1-2ii13
]ם **עשה** לביתו֯ וי◦[(V) 4Q185 1-2iii11
] / לשון י֯ודע דברה אלהים **עשה** ידי֯ב֯[(V) 4Q185 1-2iii13
]◦**עשה** דברי ברי֯[ת (V) 4Q185 3,3
כי **בעשות** ה֯[אמת (XIX) 4Q200 2,5
רוב כרוב היה] / [**עוש]ה֯** ממנו צד֯[קו]ת֯ (XIX) 4Q200 2,8
בעש]ו֯ת֯ך֯ צדקה֯ שימה ט֯ו֯ב֯ה֯[(XIX) 4Q200 2,9
א֯שר נשבע רעואל **לעשות** לשרה בתו (XIX) 4Q200 4,2
שבעה]מעשים גדו֯לים **ע֯]שה** ביום הראשון] (XIII) 4Q216 V,11
עשה {עשה} ביום השל[ישי] (XIII) 4Q216 VI,4
עשה {**עשה**} ביום השל[ישי] (XIII)
ואחרי כל אלה] / **עשה** את האדם (XIII) 4Q216 VII,2
ארבעה] / המנים האלה **ע֯שה** ב[יום הששי (XIII) 4Q216 VII,4
] / **עשוים** ששת ימים [(XIII) 4Q216 VII,7
וזה עם זה **נעשו** יחד לקדש[ולברכה (XIII) 4Q216 VII,16
[וכ]ל ה֯**עשה** ב֯ו מלאכה ונכר֯ת֯ה֯ [לע]ו֯[ל]ם֯ (XIII) 4Q218 3
ואלו<ה>יכה **לעשות** רצונוה (XIII) 4Q219 II,32
לכ]פר על / ה֯איש אשר **יעש]ה** את הרעה (XIII) 4Q221 4,5
כול איש] / [אש]ר֯ **יעשנה** בישראל (XIII) 4Q221 4,8
[ואל]י֯א֯מרו לרובן **נעש**[ו חיים (XIII) 4Q221 4,9
אש]ר֯ **עשתה֯** / [(XIII) 4Q221 18,1
לע]שותו ⟦ ⟧ / [(XIII) 4Q221 18,2
ויודע אתה את כול אשר **עש]ה** עמנו (XIII) 4Q223-224 2i50
בכול לבו עזבנו **ועש]ה֯** עמנו רע (XIII) 4Q223-224 2i51
והוא **עו]שה֯** עו]ר֯ זמה (XIII) 4Q223-224 2i52
בכול לבו] / הוא מכבדנו **ועושה** רצוננ֯ו֯ (XIII) 4Q223-224 2ii4
לוא[י]עמוד ולוא **יע[שה]** / [את הטוב (XIII) 4Q223-224 2ii9
אבל אנכי אה]ב את **העו]שה֯** רצוננו / [(XIII) 4Q223-224 2ii13
[וי]א֯ומר **אעשה** א֯ת א֯שר [תואמרי לי (XIII) 4Q223-224 2ii16
ואין ל֯**ע֯שות** ע֯מכ֯[ה אחוה (XIII) 4Q223-224 2iv6
[וצאו]ן אז **אעשה** עמכה] אחוה (XIII) 4Q223-224 2iv8

וכול **הנעשה** בו ירצה בנדבה 1QS IX,24
ובצו]ק֯ה יברכ **עושיו** ובכול אשר יהיה 1QS IX,26
ומבלעדיו לוא **יעשה** 1QS XI,11
ובלו֯ רצונכה לוא **יעשה** כול 1QS XI,17
ובעבודת המס **יעשה** עבודתו (I) 1QSa I,22
וכחוק הזה **יעש[ו]** / לכול מע[רכת (I) 1QSa II,21
ותעש אדם כדגי הים 1QpHab V,12
פשרו על אנשי האמת / **עושי** התורה 1QpHab VII,11
פשרו על כול **עושי** התורה בבית יהודה 1QpHab VIII,1
שערוריות מחלים / רעים **עשו** בו 1QpHab IX,2
והבהמות המה פתאי יהודה **עושה** / התורה 1QpHab XII,4
בטח יצר יצריו עליהו / **לעשות** אלילים 1QpHab XII,12
ובקדושי עמו **יעשה** חיל 1QM VI,6
ובארץ אשר **יעשה** כמעשיכה הגדולים 1QM X,8
ולוא כוחנו ועצום ידינו **עשה** חיל 1QM XI,5
והיה אויב ירשה וישראל ⟦ ⟧ **עשה** חיל 1QM XI,7
ותעש להמה כפרעוה / וכשלישי מרכבותיו 1QM XI,9
ולעשות לכה שם עולם בעם / [1QM XI,14
ע]שותכה שפטים בגוג 1QM XI,16
ושול / שללכה **עושי** חיל 1QM XII,11
ואתה / **עשיתה** בליעל לשחת 1QM XIII,11
ובקדושי עמו **יעשה** גבורה 1QM XVI,1
את כול הסרך הזה **יעשו** [1QM XVI,3
ואתה אל הצ֯ד֯ק **עשיתה** למ֯ע֯ן֯ שמכה 1QM XVIII,8
וש]ו֯ל שללכה **עושי** חיל 1QM XIX,3
וחזקתה חוקיך [בהם] **לעשות** / [1QH[a] VI,5
[ו]ל֯בלתי **עשות** מכול הרע בעיניך 1QH[a] VI,18
]◦ך הכינותם **לעשות** בם שפטים גדולים 1QH[a] VII,19
]היו ולא **יעשה** כול / [1QH[a] VIII,6
הנה הואלתה **לעש֯]ות** בי] / חסד 1QH[a] VIII,17
כי אתה **עשיתה** את כו[ל אלה] 1QH[a] VIII,18
כיא מבלעדיכה לא] **יעשה** כול 1QH[a] IX,8
נ]ה֯יה כול ומבלעדיך לא **יעשה** 1QH[a] IX,20
ולא לאדם [לכבוד]כ֯ה֯ **ע֯שיתה** 1QH[a] XII,38
ולמענכה **עשי֯]תה]** לג֯ד֯ל תורה 1QH[a] XIV,10
ומבלעדיכה לא **יעשה** כול 1QH[a] XVIII,9
רק לכבודכה **עשיתה** כול אלה 1QH[a] XVIII,12
ואדעה כיא לכה **עשיתה** אלה אלי 1QH[a] XXI,6
לכ]ב֯ודכה **עשיתה** כול אלה 1QH[a] 2i5
] **עשיתם** ומבלעדיכה לוא י֯ע֯ש֯ה֯[1QH[a] 3,13
] עשיתם ומבלעדיכה לוא **י֯ע֯ש֯ה֯**[
מי **עשה** כול אלה 1QH[a] 11,5
ויודע אתה כול אשר **עש]ה֯** מיום (I) 1Q18 1-2,4
אשר / אנו[כי] מ֯צוך היום [**לע]ש֯ות** אותם (I) 1Q22 1i9
וידעו [כי] אמת **נע]שתה]** עמהם (I) 1Q22 1i11
[אנוכי] מצוך [הי]ו֯ם אשר **ת֯]עשה** אותם (I) 1Q22 1ii2
[הבו לכם חכמים אשר י]**עשו** לבאר / [לכם (I) 1Q22 1ii8
הש]מרו מא]דה לנפשותיכם [**לעשו]ת֯** [אותם (I) 1Q22 1ii9
אשר] צוה[אלוהים] **לעשות** אותם (I) 1Q22 1ii11
ו]יה֯י כי [שמוע תשמעו] **לעשות** [את המצוה (I) 1Q22 1iii4
וידבר] מושה [לאמור] **תעשו** [(I) 1Q22 1iv3
לע]ש֯ות כו[ל (I) 1Q29 5-7,5
]◦[ ]◦צה בכול **עושי** (I) 1Q36 7,1
]ר֯ **עשיתה֯**[(I) 1Q36 22,1
עש]י֯תה כל אל֯[ה (I) 1Q38 4,4
]ל[**עשו]ת֯** עם אחד ב֯[מ]ע֯ש֯יך[הגדולים (III) 2Q21 1,6
]◦ר **תעשו** כל / [(III) 2Q23 1,4
] **לעשות**[(III) 2Q23 6,5
]ע֯ושא אלה / [(III) 3Q9 2,2
] **לעשות** מ[(III) 3Q11 2,1

ויע]**שו** כן [ה]חורטומים בלהטיהמה	(XIII)	4Q**365** 2,3
] / [**עו]שה** גאות ⟦ ⟧[	(XIII)	4Q**365** 6aii+6c,7
[ו]הישר בעינו **תעשה**	(XIII)	4Q**365** 6aii+6c,12
מה **אעשה** לעמ הזה עוד מעט ויסוקלוני	(XIII)	4Q**365** 7i3
את כול אשר הוא **עושה** לעמ	(XIII)	4Q**365** 7ii2
ו[**יע]ש** / [את הבריח התיכון	(XIII)	4Q**365** 12ai1
[וי]**עשו** את שמן המשוחה קודש	(XIII)	4Q**365** 12a-bii6
[וי]**עשו** את מזבח ההולה עצי שטים	(XIII)	4Q**365** 12a-bii7
ועשו קרנותיו על ארבע פנותיו	(XIII)	4Q**365** 12a-bii8
ויעשו את כול כלי המזבח	(XIII)	4Q**365** 12a-bii9
ויעשו למזבח מכבר מעשה / רשת נ[חושת	(XIII)	4Q**365** 12a-bii11
[וי]**עשו** / את הבד[ים עצי שטים	(XIII)	4Q**365** 12a-bii13
ויעשו / [את בגדי הקודש אשר לאהרון	(XIII)	4Q**365** 12biii1
]כתפות **עשו** לוא חוברות אל שני קצותיו	(XIII)	4Q**365** 12biii5
ויעשו את החושן	(XIII)	4Q**365** 12biii7
ויעשו את החשן כמעשי אפוד	(XIII)	
הי[ה] כפול **ע[שה** את החשן]	(XIII)	4Q**365** 12biii8
ו]**יעש[ו** על החשן שרשרות גבלות	(XIII)	4Q**365** 12biii13
ויעשו שתי משב[צות זהב	(XIII)	4Q**365** 12biii14
ויעש[ו שתי טבעות זהב	(XIII)	4Q**365** 13,2
כול התועבו]ת האלה[**עשו**[אנשי הארץ	(XIII)	4Q**365** 22a-b,3
את ידיהם על רואש הפרים **וע]שה** את / [	(XIII)	4Q**365** 30,2
] / [עוד] **לעשות** כדברו[הרע הזה	(XIII)	4Q**365** 38,1
ובין שער לשער **תעשה**[	(XIII)	4Q**365**a 2ii7
כל מלאכת ע]בודה לא **תעשו**	(XIII)	4Q**366** 4i4
]ת[ו]עבה [**ע]שו** שנ[יהם	(XIII)	4Q**367** 3,4
]**עשה** / [ ]ל·· גדולים המפלי לעיניכם	(XXVIII)	4Q**368** 10i6
וישבע כל אשר **עשה** רצוני	(XIX)	4Q**370** 1i1
והני הם אז **עשו** הרע בעיני	(XIX)	4Q**370** 1i2
ויעש אל [	(XIX)	4Q**370** 1i7
]ם [ ]**עשו** ושחקים [	(XIX)	4Q**370** 1i9
] ציון **ויעש[ו**	(XXVIII)	4Q**371** 1a-b,4
והוא על אם הדרכים יע]מוד **לעש[ות**	(XXVIII)	4Q**371** 1a-b,7
]אשר [**תע]שה** ל[	(XXVIII)	4Q**371** 6,5
] / את **עושה**[ ]··ה זרים[	(XXVIII)	4Q**372** 1,2
והוא על אם הדרכים יעמוד **לע[שות**	(XXVIII)	4Q**372** 1,9
ועשים להם במה על הר גבה	(XXVIII)	4Q**372** 1,12
עשה אתה בי משפט	(XXVIII)	4Q**372** 1,17
ואקום **לעשות** משפט וצ[דקה	(XXVIII)	4Q**372** 1,23
לע]שות חמדו לעוד כרם [	(XXVIII)	4Q**372** 2,6
ראו מה **עשה** למדין א[	(XXVIII)	4Q**372** 3,11
]חכמה **ועשיתי** / [	(XXVIII)	4Q**372** 4,3
]ו **ויעשהו** נ[ ]ם וית[	(XXVIII)	4Q**372** 7,6
]תי ולא **עשה** [	(XXVIII)	4Q**372** 12,3
] / **ועשיתי** קלעי מזור ע[ם קשתות	(XXVIII)	4Q**373** 1a+b,7
]לאפיר **ויעשה[ו**	(XIX)	4Q**374** 4,2
וע[שיתה כו]ל [אשר] ידבר [א]ליכה	(XIX)	4Q**376** 1ii3
האיש אשר לוא יעמוד וישמור **ויע[שה**	(XXVIII)	4Q**377** 2ii4
]כאשר **עשיתה** / [	(XXII)	4Q**378** 3i10
חומה ומגדלים **לעשות**[לעוז רשע]	(XXII)	4Q**379** 22ii12
[י]**עשה** לכם אדם א·[	(XI)	4Q**380** 1ii1
] / **עושה** טוב[ה] ושנאי רעים	(XI)	4Q**380** 1ii5
עד[מתי] / תחפצו **לעש[ו]ת** רעה	(XI)	4Q**380** 1ii6
] / נפלאות הוא ביומי **עשה** שמים וארץ	(XI)	4Q**381** 1,3
עשה עמי / [אות לטובה	(XI)	4Q**381** 15,2
צפנים ימי עמדי ומה **יעשה** אנוש	(XI)	4Q**381** 31,6
להשמידם מעליה **ולעשות** עליה עם / [	(XI)	4Q**381** 69,3
]רוחיו **לעשות** בכם משפטי אמת	(XI)	4Q**381** 76-77,13
]· שלם פיכה **ולעשות** [	(XIII)	4Q**382** 38,3
יהיה] / [מלך והוא גד]פן **וע]שה** תעבות	(XXX)	4Q**385**a 4,6
ואם] **יעשו** / [הזאבי]ם שלם עם הטלים	(XIII)	4Q**223-224** 2iv8
[אהב]ת[י אותכה **ואע]שה** [עמכה שלום	(XIII)	4Q**223-224** 2iv12
]·י שנים **עשית** מן השבוע[	(XIII)	4Q**226** 1,5
]**כעשות**[	(XIII)	4Q**226** 3,1
]· **יעשה** ושים ל··[	(XIII)	4Q**226** 4,2
] / **יעשו** ואת ישר מ·[	(XIII)	4Q**228** 1ii3
לבלתי **עש]ו[ת** את כל] / [מצותי	(XXXVI)	4Q**249**j 1,2
]·ת לנכרי[ ]וחלבה **לעש[ות**	(XXXV)	4Q**251** 12,5
וידע את אשר **עשה** / לו בנו הקטן	(XXII)	4Q**252** II,5
ובכ]ול נפש **לעשות** / [הטוב והישר לפניו	(XXVI)	4Q**255** 1,2
בכול מעשי טוב]**ולעש[ות** אמת] / [	(XXVI)	4Q**255** 1,6
בכול הנמצא **לעשות** / [בעת הזואת	(XXVI)	4Q**256** XVIII,3
לתורה ולהון **ולעשות** ענוה וצדקה	(XXVI)	4Q**258** I,3
אשר צוה / **לעשות** על פי רוב ישראל	(XXVI)	4Q**258** II,2
אשר צוה בי[ד משה **לע]שות** כל[הנגלה]	(XXVI)	4Q**258** VI,7
להשכילם בכל הנמצא **לעשות**	(XXVI)	4Q**258** VIII,4
וכ]ל **הנעשה** בו ירצה כנדבה	(XXVI)	4Q**258** VIII,8
לע]שות רצון אל ככול הנגלה	(XXVI)	4Q**259** III,8
כאשר צוה]וכול **הנעשה**	(XXVI)	4Q**260** I,2
את כל ח]וקו אשר צוה **לע[שות**	(XXVI)	4Q**261** 1a-b,1
וכלה **יעשה** [לפועלי] / רשעה [	(XVIII)	4Q**266** 1a-b,4
ומשפט **יעשה** / בכול מנא[צו	(XVIII)	4Q**266** 2i7
את אשר] / **עשה** בד[ור א]חרון	(XVIII)	4Q**266** 2i16
[ואל י]**עש** [איש למקח ולממכר] / [ד]בר	(XVIII)	4Q**266** 9iii1
ובידיך הכול **ועושה** הכול	(XVIII)	4Q**266** 11,9
ומשפטי קודשכה אשר **יעשה** האדם וחיה	(XVIII)	4Q**266** 11,12
המשפטים אשר **יעשו** בכול קץ / [הפקודה	(XVIII)	4Q**266** 11,18
ו]משפט **יעשה** בכול מנאציו	(XVIII)	4Q**268** 1,10
והעופרת א]שר **עשו** הגואים פ[סל]	(XVIII)	4Q**269** 8ii2
[אשר י]דעה **לעשות** מעשה בד[בר	(XVIII)	4Q**270** 5,18
אשר ידעה **לעשות** מעשה {{מ}}בדבר	(XVIII)	4Q**271** 3,11
ובלוקחו אותה **יעשה** כמ[ש]פט	(XVIII)	4Q**271** 3,15
אשר יקי]ם א[יש ע]ל נפשו **לעשות** / דבר	(XVIII)	4Q**271** 4ii8
וארורים **עוש[י** מחשבות רשעתמה]	(XXIX)	4Q**280** 2,5
]·· **נעשה** ע·[	(XXXVI)	4Q**282**b 4
[וארורים כ]ול **עוש[י** מחשבות רשע]תמה	(XI)	4Q**286** 7ii11
] / מעשה אשר לוא **יעשה** עוד	(XX)	4Q**299** 3aii-b,6
] / דבר **עושו**	(XX)	4Q**299** 3aii-b,7
ומה {ו}הוא אשר **יעשה** ג[בר	(XX)	
] / המרה את דבר **עושו** ימחה שמו	(XX)	4Q**299** 3aii-b,8
ומכין כול מחשבת **עושה** כול[הנהיות	(XX)	4Q**299** 3aii-b,11
ברק]ים **עשה** לנצח גשמים / [	(XX)	4Q**299** 6i4
] / אש[ר מ]על **ועשה**[	(XX)	4Q**299** 7,6
]**עשה** ·[	(XX)	4Q**299** 16,1
]אשר **יעשה**[	(XX)	4Q**299** 57,3
] / ··· **עושי**[	(XX)	4Q**299** 59,5
] **עשה**[	(XX)	4Q**299** 99,2
]בכלו[ת]קץ רשעה **ועשות**[	(XX)	4Q**301** 3a-b,8
] / **לעשות** ל[	(XX)	4Q**302** 1ii7
ועשה פרי שמן ··· ·· / יורה ומלקוש	(XX)	4Q**302** 2ii4
ו]**עשה** לו עזר כ[נגדו	(XX)	4Q**303** 10
] / **עשה** ···[	(XX)	4Q**304** 3
ולא **יעשו** את[המצות	(XXXVI)	4Q**306** 1,1
]לו **עשה** לעת לו מקרא[	(XIII)	4Q**364** 15,4
[ואת המ]שכן **תע[שה** עשר יריעות	(XIII)	4Q**364** 16,1
את כול הדברים אשר **תע]שון**	(XIII)	4Q**364** 21a-k,4
וע[שית]ה ל[ו כאשר עשיתה] / [לסיחון	(XIII)	4Q**364** 24a-c,19
כן **יע]שה** יהוה לכ[ול הממלכות	(XIII)	4Q**364** 25a-c,8
ואעש]ה אותכה / [לגוי עצום ורב	(XIII)	4Q**364** 26bi4
ועלה אלי ההר **ועשיתה** ארון ע[ץ	(XIII)	4Q**364** 26bii+e,4

Text	Vol.	Reference
וע]שה חסד[	(XXX)	4Q**385**a 7,2
ויצום את אשר **יעשו** בארץ שביא[ם]	(XXX)	4Q**385**a 18ia-b,7
ולא יעשו]כאשר **עשו** הם ומלכיהם	(XXX)	4Q**385**a 18ia-b,10
ותזיז לא **יעשה** דבש [	(XXX)	4Q**386** 1ii5
י]ה[יה מלך וה]וא גדפן **ועשה** תעבות	(XXX)	4Q**387** 2ii8
] / **עשו**[	(XXX)	4Q**388** 3ii1
יקום מלך [לגו]ים גדפן **ועשה** רעות	(XXX)	4Q**388**a 7ii3
ולעשו]ת כתועבות[הגוים	(XXX)	4Q**388**a 7ii7
[כ]י[מאסתים ו]שבו **ועשו** רעה ר[ב]ה	(XXX)	4Q**389** 8ii7
י]קום מלך לגוים גדפן [**וע]שה** רעות ו[	(XXX)	4Q**389** 8ii9
ויעשו גם הם את הרע בעיני	(XXX)	4Q**390** 1,4
ככל אשר **עשו** ישראל / בימי ממלכתו	(XXX)	
ויפרו הכול **ויעשו** / הרע בעיני	(XXX)	4Q**390** 1,8
ו]ישוב[ו] / **ויעשו** [את] הרע בעינ[י]	(XXX)	4Q**390** 1,12
] / **נעשה** כן ◦[	(XXX)	4Q**390** 2i3
במועלם / [אשר עז]בוני **ויעשו** הרע בעיני	(XXX)	4Q**390** 2i8
]ת **עשה**[	(XIX)	4Q**391** 33,2
הלוא נשכיל במה עמנו לע[**שות** נפ]לאות	(XXIX)	4Q**392** 1,8
והרע[בעיניך **עשי]תי** למען תצדק בדבר[י]ך	(XXIX)	4Q**393** 1ii-2,2
]◦י◦נו **עשיתה** כ[	(XXIX)	4Q**393** 4,4
ואין לה]תיכם [ו]**לעשותם** / [עצם אחת	(X)	4Q**394** 8iii14
ולוא שמע לוא / [י]דע **לעשות**	(X)	4Q**394** 8iv4
ולוא שמע לוא י[דע]**לעשות**	(X)	4Q**396** 1-2ii5
ועל הזונות **הנעסה** בתוך העם	(X)	4Q**396** 1-2iv4
וא]ין להתיכמה ולעש[**ות**מה עצם אחת	(X)	4Q**397** 5,4
ועל הזונות **הנע[ס]ה** בתוכ הע[ם	(X)	4Q**397** 6-13,12
]שר **עשו** ה[	(X)	4Q**398** 5,2
ונחשבה לך לצדקה **בעשותך** הישר	(X)	4Q**398** 14-17ii7
ונחשבה לך לצדקה בע]**שותך** הישר	(X)	4Q**399** 1ii4
כ[ו]ל אלה **עשה** פל[א במזמת חסדובל	(XI)	4Q**402** 4,11
עושה ראי[שונ]ות [לעתותיהם	(XI)	4Q**402** 4,13
בידעים נגלי פלא]להבין לפני ע[**שותו**	(XI)	4Q**402** 4,14
]אליכם שמה **לעשות** א[ת	(XXXVI)	4Q**408** 3+3a,2
]◦[ ]**עשיתנו** / [	(XXXV)	4Q**414** 1ii-2i7
כיא אתה **עשיתה** אתי ע[	(XXXV)	4Q**414** 13,1
וא]ל תנומה לעיניכה עד **עשותכה** / מצו[תיו	(XXXIV)	4Q**416** 2ii9
סליחה] / **יעשה** כיא מה הואה יתיד	(XXXIV)	4Q**417** 2i6
] / [עד]**עשותכה** מצו[ותיו	(XXXIV)	4Q**417** 2ii+23,13
] / וכן **תעשה**[	(XXXIV)	4Q**417** 13,3
]**הנעשה** [ ] ◦ה[	(XXXIV)	4Q**417** 20,1
כי]א הוא **עשה** כול	(XXXIV)	4Q**418** 81+81a,2
]משפט צדק **תע[שה**	(XXXIV)	4Q**418** 121,1
כי אל **עשה** כול חפצי אוט	(XXXIV)	4Q**418** 127,5
]לה אל **תעש** סוד[	(XXXIV)	4Q**418** 140,3
]**עושכה** כי[	(XXXIV)	4Q**418**a 2,2
] כול **נעש**[	(XXXIV)	4Q**418**a 20,3
אשר **תעשו** על פי כול המשפ[טים	(XXXVI)	4Q**419** 1,1
ביד משה ואשר **יעשה**[	(XXXVI)	4Q**419** 1,2
]ללכת בדרכי אל / **לעשות** צדקה[	(XX)	4Q**421** 1aii-b,13
וכול]צבאם **עשה** בדבר[ו	(XIII)	4Q**422** I,6
מכול מלאכתו ? אש]ר **עשה** ורוח קודש[ו	(XIII)	4Q**422** I,7
] / והע[**ושה**	(XIII)	4Q**422** II,5
]**יעשו** ידיו ואספ [	(XIII)	4Q**422** 9,1
]ל[א]**יעשה** [	(XXXVI)	4Q**424** 2,6
ובמשקל[ ]לא **יעשה** פעלתו	(XXXVI)	4Q**424** 3,1
איש רחמ[ים **יעש]ה**[ ]צדקה לאביונ◦[	(XXXVI)	4Q**424** 3,9
ובמ[ש]קל לוא י[**עשה** פעלתו	(XX)	4Q**425** 1+3,6
ה]שמיעו ואמ[ו]רו גדול אל ע[**ושה** פלא]	(XXIX)	4Q**427** 7ii7
בעוזו ארץ בגבורתו **עו]שה** / [	(XXIX)	4Q**428** 21,5
השמיעו ואמורו גדול אל **עושה** / [פלא	(XXIX)	4Q**431** 2,6

Text	Vol.	Reference
] / פארה לדורות עולמים **ולעשות** פר[י	(XXIX)	4Q**433**a 2,6
] / **עשיתה** להם נגד בני אדם	(XXIX)	4Q**434** 1ii2
] / **עשהו**[ ]ם בעצום עז[ ]◦[	(XXIX)	4Q**434** 6,3
וידי נופלי[ם / לקומם **לעשות** כלי דעת	(XXIX)	4Q**436** 1a+bi2
בעלילותיכה אשר **עשיתה** בשני קדם	(XXIX)	4Q**436** 1a+bi3
]כולנו **להעשות**נו כיא / [	(XXIX)	4Q**440** 3i21
] / **יעשה** עליון בשמים [	(XXIX)	4Q**457b** II,3
] / מלכיה **לעשות** בידי[	(XXIX)	4Q**457b** II,4
ל]**עשות** רצונו ולשמור חקיו	(XXXVI)	4Q**461** 1,8
ואת אשר **עשתה** לה כן טמאת הע◦[	(XIX)	4Q**462** 1,17
]**עשהו** עולה[	(XIX)	4Q**464** 6,4
]◦◦ **לעשות** ולהעשות את כל התורה / [	(XIX)	4Q**470** 1,4
]◦◦ לעשות **ולהעשות** את כל התורה / [	(XIX)	
לע]**שות** ו◦[	(XIX)	4Q**470** 1,7
]ל מלאכי שלום **לעשו**[ת	(XXXVI)	4Q**474** 8
] / לוא **עשה**[	(XXII)	4Q**479** 1,6
ככה **יעשו** ע[ל	(VII)	4Q**491** 17,5
ואתה **עשיתה**[בליעל לשחת מלאך משטמה	(VII)	4Q**495** 2,3
בהמון כוחכה **ועשה** בהמה נקמה	(VII)	4Q**501** 8
]**לעשות** זרע[	(VII)	4Q**502** 1,4
אנא ארני **עשה** נא כמוכה כגדול כוחכה	(VII)	4Q**504** 1-2ii7
נפלאותיכה אשר **עשיתה** לעני גוים	(VII)	4Q**504** 1-2ii12
]לות אתה **עשיתם** / [	(VII)	4Q**504** 1-2ii18
כיא / אתה **עשיתה** את כול אלה	(VII)	4Q**504** 1-2vi4
אנא אדוני **כעשותכה** נפלאות מעולם	(VII)	4Q**504** 1-2vi10
]◦ו **לעשות** / [	(VII)	4Q**504** 3i17
]◦ר ◦◦ עוד חזק לבנו **לעשות**[	(VII)	4Q**504** 4,12
]ת **עשיתה** / [	(VII)	4Q**504** 5i2
הנפ]לאים אשר **עשיתה** / [	(VII)	4Q**504** 7,2
ע]**שות** הר[ע בעיניכה	(VII)	4Q**506** 124,5
] **עשות**[	(VII)	4Q**506** 148,2
] / **עשית**[ה	(VII)	4Q**509** 12ii3
ולוא ידעוכה]**לעשות** {{לעשות}} / [דברכה	(VII)	4Q**509** 97-98i3
ולוא ידעוכה]לעשות {{**לעשות**}} / [דברכה	(VII)	
] / את אלה לוא **יעשה**[ ]ארם[	(VII)	4Q**511** 30,6
לוא י]**עשה** כול [	(VII)	4Q**511** 42,2
]**עשה** ל◦[	(VII)	4Q**511** 52-59,3
]**ועשו** ו◦[	(VII)	4Q**511** 136,1
] **לעשות** זכרון ע[ל	(VII)	4Q**513** 3-4,4
]◦ **עושים** ומגאלי[ם] / [	(VII)	4Q**513** 13,3
ונכבדות שלוא היו **יעשה** אדני כאשר ד[בר]	(XXV)	4Q**521** 2ii+4,11
כ]ל[כם]**העושים** את הטוב לפני אדנ[י	(XXV)	4Q**521** 7+5ii4
עו]שי זמה בואו אלי ה◦[	(XXV)	4Q**525** 22,2
]אדני לאבי לו **תעשה** ל◦[	(XXV)	4Q**526** 1
]**לעשות** מש[פט	(XXV)	4Q**577** 2,3
]לבדם כאשר **עש**[	(III)	5Q**13** 1,5
ה]אלה **יעשו** שנה בשנה	(III)	5Q**13** 4,4
]**עושי**[	(III)	5Q**13** 10,1
עשה עמנו יהוה / כטובכה	(IV)	11Q**5** XIX,4
ברוך יהוה **עושה** צדקות מעטר חסידיו	(IV)	11Q**5** XIX,7
ברוך **עושה** / ארץ בכוחו	(IV)	11Q**5** XXVI,13
ברקים למט]ר **עשה** ויעל נשיא[ים מ]קצה	(IV)	11Q**5** XXVI,15
ידי **עשו** עוגב ואצבעותי כנור	(IV)	11Q**5** XXVIII,4
מי ע[**שה** את האותות] / ואת המופ[תים	(XXIII)	11Q**11** III,2
הוא[ה אשר] / **עשה** את ה[אלה בגבור]תו	(XXIII)	11Q**11** III,4
]אשר **יעש[ו**]על / [כול אי]ש חטא	(XXIII)	11Q**11** III,6
את כול החטאות]אשר **יעשו** ב[שמים]	(XXIII)	11Q**12** 1,2
כול בני אדם **לעשו]ת**כה רע[	(XXIII)	11Q**12** 9,6
עלי[המ]ה הת[ ]לפ[י]כ[ול **עש]ות**מה	(XXIII)	11Q**13** II,8
כי נורא הוא אשר אנ]י **עוש[ה** עמכה		11Q**19** II,1

] ו{{י}}את כול כליו **יעשו** זהב טהו[ר — 11Q**19** III,8
]ת **ועשית**[— 11Q**19** V,13
ועש[י]תה פרוכת זהב[— 11Q**19** VII,13
וצפיתה אותו זהב טהור] **ועשית[ה** לו זר] / [— 11Q**19** VIII,6
ועשי]תמה מעל השער / [— 11Q**19** X,9
וכן **ת]עשה** כול / שׁורות/קירות ? ◦ב◦[— 11Q**19** XII,11
תע]שה לו / [— 11Q**19** XII,13
]ועשיתה ע[— 11Q**19** XII,15
] / **תעשה** [— 11Q**19** XIII,3
לבד הוא **יעשה** לכפ[ר עליכמה — 11Q**19** XIV,11
בדמו ובחלבו כאשר **עשה** לפר הראישו[ן — 11Q**19** XVI,15
[**ועש]ו** [בארב]עה עשר בחודש הראישון — 11Q**19** XVII,6
מבן עשרי[ם] שנה ומעלה **יעשו** אותו — 11Q**19** XVII,8
כול מלאכת עבודה לוא **תעשו** בו חג מצות — 11Q**19** XVII,11
כול מלאכת עבודה לוא **תעשו** בו — 11Q**19** XVII,16
העו]לה **יעשום** [— 11Q**19** XX,3
ואחר העולה הזואת **יעשה** עולת מטה יהודה — 11Q**19** XXIV,10
כאש[ר] / **עשה** לעולת הלויים — 11Q**19** XXIV,11
כן **יעשה** לעולת בני יהודה אחר הלויים
וביום השני **יעשה** עולת בנימין לראישונה — 11Q**19** XXIV,12
ואחריה / **יעשה** עולת בני יהוסף — 11Q**19** XXIV,13
וביום השלישי **יעשה** / את עולת ראובן לבד
וביום הרביעי / **יעשה** עולת יששכר לבד — 11Q**19** XXIV,15
וביום החמישי / **יעשה** עולת גד לבד — 11Q**19** XXIV,16
לוא **תעשו** בו כול מלאכת עב[ודה] — 11Q**19** XXV,9
וע]שה לד[מו כאשר עשה לדם] / הפר — 11Q**19** XXVI,6
אחר **יעשה** את הפר ואת ה[אי]ל — 11Q**19** XXVII,3
ולוא **יעשו** בו כול מלאכה — 11Q**19** XXVII,6
וכול האיש / אשר **יעשה** בו מלאכה — 11Q**19** XXVII,7
ולוא **תעשו** כול / מלאכה — 11Q**19** XXVII,9
כ]כה **יעשו** ל[ארבעה עשר] / [ה]כבשים — 11Q**19** XXVIII,011
ל**]עשות** — 11Q**19** XXX,3
ועשי[תה בית] / למעלות מס[בה
ועשי]תה את מסבה צפון להיכל — 11Q**19** XXX,5
ועשיתה רוחב קירו ארבע / אמות[— 11Q**19** XXX,7
ודרך **עשוי** / בשער הזה {{א}}לפתח[גג — 11Q**19** XXXI,6
ועשה ככול אשר אנוכי מדבר אליכה — 11Q**19** XXXI,9
ועשיתה בית לכיור נגב מזרח מרובע — 11Q**19** XXXI,10
]ושערים **עשו** לה מהמזרח ומהצפון — 11Q**19** XXXI,12
ועשי[ת]ה ? בקיר הבית / הזה — 11Q**19** XXXII,8
[ו**]עשיתה** תעלה סביב לכיור אצל ביתו — 11Q**19** XXXII,12
ועשיתמה בית למזרח בית ה[כ]יו[ר] — 11Q**19** XXXIII,8
וכול הבית הזה כולו קירו **עשוי** חלונים — 11Q**19** XXXIII,11
ועשיתה שלשלות יורדות מן מקרת — 11Q**19** XXXIV,15
ועשיתה מקום למערב ההיכל — 11Q**19** XXXV,10
והעוף על המזבח **יעשה** התורים — 11Q**19** XXXV,15
] פנות ? הפרור התחתון **עשוים** ◦◦◦◦ — 11Q**19** XXXVII,6
וע[ש]יתמה בח[צר פ]נימה ב[י]ת מ[ו]שבות — 11Q**19** XXXVII,8
מקומות **עשוים** לכוהנים לז[ב]חיהמה — 11Q**19** XXXVII,10
עשית[ה] להמה מקום [לכירים] — 11Q**19** XXXVII,13
]שיתמה ◦◦◦◦[— 11Q**19** XXXVIII,2
ועשיתה [ח]צר שנית סב[י]ב — 11Q**19** XXXVIII,12
ותאים **עשוים** לקיר בחוץ — 11Q**19** XXXVIII,15
ועשיתה חצר שליש[י]ת [— 11Q**19** XL,5
ותאים **[ע]שוים** בין לשעריו — 11Q**19** XL,10
ובין {{ע}} שער לשער **תעשה** פנימה — 11Q**19** XLI,17
ובית מעלות **תעשה** אצל קירות השערים — 11Q**19** XLII,7
ועל גג השלישית / **תעשה** עמודים — 11Q**19** XLII,11
והיו הסוכות / **נעשות** עליהמה — 11Q**19** XLII,13
ועשיתה רובד סביב לחוץ מחצר החיצונה — 11Q**19** XLVI,5
ושתים / עשרה מעלה **תעשה** לו — 11Q**19** XLVI,7
ועשיתה חיל סביב למקדש — 11Q**19** XLVI,9
ועשיתה להמה מקום יד חוץ מן העיר — 11Q**19** XLVI,13
ועשיתה / שלושה מקומות למזרח העיר — 11Q**19** XLVI,16
כי בעריהמה יהיו **עושים** / בהמה — 11Q**19** XLVII,8
ולוא **תעשו** כאשר הגויים עושים — 11Q**19** XLVIII,11
כאשר הגויים **עושים** בכול מקום המה
ובכול עיר ועיר **תעשו** מקומות למנוגעים — 11Q**19** XLVIII,14
כמשפט התורה הזואת **תעשו** להמה — 11Q**19** L,17
ומעור / עיני חכמים **ועושה** אשמה גדולה — 11Q**19** LI,14
לוא **תעשו** בארצכמה כאשר הגואים — 11Q**19** LI,19
כאשר הגואים **עושים** בכול מקום
וא]בן / [מ]שכית [לו]א **תעשה** לכה — 11Q**19** LII,3
תזבחנו **לעשות** אותו עולה או זבח שלמים — 11Q**19** LII,15
ועשיתה הישר והטוב / לפני — 11Q**19** LIII,7
נדבה בפיכה **לעשות** / כאשר נדרתה — 11Q**19** LIII,13
ככול היוצא מפיהו / **יעשה** — 11Q**19** LIII,16
תשמור **לעשות** לוא תוסיף עליהמה — 11Q**19** LIV,6
אמת נכון הדבר / **נעשתה** התועבה הזואת — 11Q**19** LV,6
אנוכי מצוכה / היום **לעשות** הישר והטוב — 11Q**19** LV,14
איש או אשה אשר **יעשה** את הרע בעיני — 11Q**19** LV,16
אמת נכון הדבר **נעשתה** התועבה הזואת — 11Q**19** LV,20
ועשיתה על פי התורה אשר יגידו לכה — 11Q**19** LVI,3
ושמרתה **לעשות** / ככול אשר יורוכה — 11Q**19** LVI,5
יואמרו לכה / **תעשה** לוא תסור מן התורה — 11Q**19** LVI,7
והאיש אשר לוא ישמע **ויעש** בזדון — 11Q**19** LVI,8
ולוא **יעשה** כול דבר / לכול עצה — 11Q**19** LVII,14
ואת מצוותי ישמור **ויעש** / הישר והטוב — 11Q**19** LIX,16
לוא תלמד **לעשות** / כתועבות הגויים — 11Q**19** LX,16
כי תועבה המה לפני כול **עושה** / אלה — 11Q**19** LX,19
שקר / ענה באחיהו **ועשיתה** לו כאשר זמם — 11Q**19** LXI,10
ועשיתה לו כאשר זמם **לעשות** לאחיהו
ולוא יוסיפו עוד **לעשות** כדבר הזה — 11Q**19** LXI,11
ואם לוא תשלים עמכה **ועשתה** עמכה מלחמה — 11Q**19** LXII,8
כן **תעשה** / לערים הרחוקות ממכה מאודה — 11Q**19** LXII,11
לוא ילמדוכה **לעשות** ככול התועבות — 11Q**19** LXII,16
לעשות ככול התועבות אשר **עשו** לאלוהיהם
ועשיתה הישר והטוב לפני — 11Q**19** LXIII,8
וגלחתה את ראושה **ועשיתה** את צפורניה — 11Q**19** LXIII,12
ועושה רעה בעמו / ותליתמה אותו — 11Q**19** LXIV,7
כי תבנה בית חדש / **ועשיתה** מעקה לגגו — 11Q**19** LXV,6
ולנערה לוא **תעשו** דבר — 11Q**19** LXVI,6
כול מל]אכת עבודה לוא **י[עשו** — 11Q**20** III,25 (XXIII)
אחר]העולה **יעשום** / [— 11Q**20** IV,13 (XXIII)
]◦◦◦ **יעשה** לנפש / [— 11Q**20** VII,25 (XXIII)
שערים **]עשו** לה / [מהמזרח מהצפון — 11Q**20** VIII,11 (XXIII)
וע]שי[תה שלושה מקומות למזרח העיר — 11Q**20** XIII,1 (XXIII)
ומעור עיני חכמים] / **ועושה** אשמה גדול[ה — 11Q**20** XV,6 (XXIII)
]◦ ככה **יעש[ו** — 11Q**21** 2,3 (XXIII)
] **עשוה** [— PAM 43.665 34,1 (XXXIII)
]לעשות[— PAM 43.680 2,1 (XXXIII)
]◦י יתן **עשה** א◦[— PAM 43.680 15,1 (XXXIII)
]ים **עשה** ◦[— PAM 43.683 7,1 (XXXIII)
] **ונעשה[** — PAM 43.692 92,2 (XXXIII)
]ה **לעשות[** — PAM 43.695 73,1 (XXXIII)
] **יעשה** ◦◦[— PAM 44.102 15,2 (XXXIII)

(indeterminate) עשׂה

]עשה וא◦[ ]ל[— 1QH[a] VII,26
]עשה[— 4Q**299** 17i1 (XX)

]**עשה** / [(XIII) 4Q**365**a 5i9
]**עשה**[(XXXVI) 4Q**408** 9,1

עֵשָׂו ← עֵישָׂאו

tenth noun **עָשׂוֹר**

יכתובו רנות / אל בנבל **עשור** 1QM IV,5
[במדבר אבו]תיכם עד יום[**עש**]**ור** לחודש (I) 1Q**22** 1iii10

עֵשָׂיו ← עֵישָׂאו

tenth adjective **עֲשִׂירִי**

]הלוך וחסור עד החודש [**הע]שירי** (XXII) 4Q**252** I,11
]**בעשירי**[(XXI) 4Q**319** 20,1
באמר ל30 ב23 **בעשירי** (XXI) 4Q**320** 1ii1
ביכין ל30 ב30 **בעשירי** (XXI) 4Q**320** 2,12
בחמשה באמר בשלושה וע[ש]רים **בעש**[**ירי** (XXI) 4Q**321** I,3
בששה בי]שו[ע ב]שלושה **בעשירי** (XXI) 4Q**321** IV,5
העשירי בחופה (XXI) 4Q**321** V,3
העשירי בחזיר (XXI) 4Q**321** V,7
העשירי / [במלאכיה (XXI) 4Q**321** VI,9
בחמשה באמר בשלושה ועשרים] / **בעשירי** (XXI) 4Q**321a** II,3
בשנים בקוץ בשלושה עשר **בעשירי** (XXI) 4Q**321a** V,5
יום רב]עי בחז[י]ר[זה א]חד **בע**[**שירי**] (XXI) 4Q**323** 1
רביעי [ב]מלכיה זה אחד בחודש **העשירי** (XXI) 4Q**324**a 1ii3
] / בא[רבע]ה **בע**[**ש**]**ירי** ביאת מי[מ]ין (XXI) 4Q**324**a 1ii4
]תחת השבט **העשירי** / [יהיה קדש לי]הוה (XIII) 4Q**367** 3,9
ס[וף]ה[יו]בל **העשירי** / לכפר בו (XXIII) 11Q**13** II,7

ten numeral **עֶשֶׂר, עֶסֶר**

על מלואת **עשר** שנים 1QS VII,22
עשר שנים[ ]בוא בטב (I) 1QSa I,8
ו**בעשר** השנים אשר אחריהם תחלק המלחמה 1QM II,13
ו**בעשר** השנים הנותרות תחלק המלחמה 1QM II,14
ובמזקא שבו ככרין **עסר** (III) 3Q**15** II,9
בבואך / לסמול רגמות **עסר** (III) 3Q**15** X,6
]ש ועד **עשר** פעמים[(V) 4Q**185** 1-2i6
]**עשר** שני[ם (XXXVI) 4Q**249**e 1i-3,6a
ז]ה **עש**[**ר** (XXI) 4Q**324**c 1,3
] / רוחב החדר **עשר** באמה (XIII) 4Q**365**a 2ii8
]ל**עשר** אמות[(XIII) 4Q**365**a 4,3
עולת השבת השביעית בשש **עשר** לחודש (XI) 4Q**403** 1i30
במוש]בותם וב**עשר** ה[שנים (VII) 4Q**496** 13,3
עשרים אמה ? רח]ב **עשר** באמה 11Q**19** IV,9
] **עשר** אמות כול גובה הכיור 11Q**19** VI,5
]האמה ו**עשר** ◦[11Q**19** VII,4
] / [ו]**עשר** א[מות 11Q**19** XIII,2
רו]חב **עשר** אמות 11Q**19** XLII,4

ten, -teen numeral **עָשָׂר**

] / בעצת היחד שנים **עשר** איש 1QS VIII,1
הראש ומשנהו ראשים שנים **עשר** 1QM II,1
לשרת תמיד שנים **עשר** אחד / לשבט 1QM II,2
ושמות שנים **עשר** ש[בטי ישרא]ל 1QM III,14
ושמות שנים **עשר** שבטי ישראל 1QM V,1
ושמות שנים **עשר** שרי שבטיהם 1QM V,2
בחו[דש ע]שתי / **עש**[**ר**] באחד ל[חו]דש (I) 1Q**22** 1i2
[ביום **ע]שר** לחודש / [כול עבודה ת]אסר (I) 1Q**22** 1iii10
וביום **ע**[**שר** ל]חודש יכופר[(I) 1Q**22** 1iii11
] / למספר שנים **עשר** שבטי[ישראל (V) 4Q**158** 4,3
ונשפטו לפני שנים ה**עשר** האלה ◦[(V) 4Q**159** 2-4,4
פשרו על שנים **עשר**[(V) 4Q**164** 1,4
שלמו להמה ארבע[ת] **עשר** ימי [החתנה] (XIX) 4Q**200** 4,1
באחד בשבת בשבעה **עשר** בו (XXII) 4Q**252** I,4
עד יום ארבעה **עשר** בחודש השביעי (XXII) 4Q**252** I,8
ה[וא יו]ם שבעה **עשר** בחודש השביעי (XXII) 4Q**252** I,10
יום עשרים] / וארבעה לעשתי **עשר** החודש (XXII) 4Q**252** I,17
ובשבעה **עשר** יום לחודש השני (XXII) 4Q**252** II,1
]שנים / **עשר** אנשים[(XXII) 4Q**252** III,2
ב]שבעה **עשר** לחודש / [(XXII) 4Q**254a** 3,1
ונענש] / את מחצית לחמו חמשה **ע**[**שר** ימים (XXXV) 4Q**265** 4i5
[ב]היות בעצת היחד חמשה **ע**[**שר** אנשים (XXXV) 4Q**265** 7,7
ונענש חמשת] / [**ע]שר** [ימי]ם (XXXVI) 4Q**269** 11ii+15,2
השנה ו]שנים **עשר** חודשיה / [(XXXV) 4Q**284** 1,4
בשנים **עשר** בו תגל[ה ארבע (XXVIII) 4Q**317** 1+1aii15
] / בשלושה **עשר** בו תגל[ה שש (XXVIII) 4Q**317** 1+1aii18
] / [בח]משה **עשר** [בו תגלה שבע (XXVIII) 4Q**317** 1+1aii19
[בש]ב[עה] **עשר**[בו תגלה תשע (XXVIII) 4Q**317** 1+1aii22
ב{{ש}}<<ת>>ש[ע]ה **ע**[**שר** בו תגלה (XXVIII) 4Q**317** 1+1aii24
] / בתשעה 20 **עשר**[בו תגלה (XXVIII) 4Q**317** 1+1aii25
בו ת]כסה **עש**[**ר** וכן תבוא ליום (XXVIII) 4Q**317** 3,27
ב]ע[ש]תי **עשר** ב[ו (XXVIII) 4Q**317** 6,6
[בשמ]נה בו תגלה **ע**[**שר** וכן תבוא ללילה (XXVIII) 4Q**317** 7ii18
תכסה **ע**]**שר** וכן ת[ב]ו[א ליום (XXVIII) 4Q**317** 9,5
תכסה]שתים **עשר** וכן[תבוא ליום (XXVIII) 4Q**317** 9,7
תכס]ה שלושה **עשר**[וכן תבוא ליום (XXVIII) 4Q**317** 9,8
תכסה]ארבעה **עשר**[וכן תבוא ליום (XXVIII) 4Q**317** 9,9
] / [ב]שלשה **ע**[**שר** בו (XXVIII) 4Q**317** 17,2
] / [בא]רבעה **עש**[**ר** בו (XXVIII) 4Q**317** 17,3
] / [בח]משה **עשר**[בו (XXVIII) 4Q**317** 17,4
] / בשבעה **עש**[**ר** (XXVIII) 4Q**317** 21,3
] / בשמנה **עשר**[(XXVIII) 4Q**317** 21,4
עש]**ר** בו ת◦[(XXVIII) 4Q**317** 24,3
ע]**שר** בו ת[(XXVIII) 4Q**317** 27,5
עש]**ר** ב[ו (XXVIII) 4Q**317** 51,2
]**עשר**[(XXVIII) 4Q**317** 52,2
ביחזקאל ל29 ב22 בעשתי [**ע**]**שר** (XXI) 4Q**320** 1ii2
ביריב ל30 ב22 בשנים **עשר** החדש (XXI) 4Q**320** 1ii3
בידעיה ל29 ב2 בעשתי **עשר** החדש (XXI) 4Q**320** 2,13
במימ]ן ל30 ביום שנים בשנים **עשר** החדש (XXI) 4Q**320** 2,14
[באחד בידעיה בשני]ם **עשר** בוא (XXI) 4Q**321** I,1
בארבעה] / [בשכניה בעשתי **ע**]**שר** בוא (XXI) 4Q**321** I,3
ביחזקאל בשנים ועשרים בעשתי **עשר** החודש (XXI) 4Q**321** I,4
ביויריב בשנ[י]ם ועשרים בשנים **עשר** החודש (XXI) 4Q**321** I,5
בחמשה בחופה בתשעה] **עשר** בשלישי (XXI) 4Q**321** I,8
[שבת בבלגא] / בארבעה **עשר** בתשיעי (XXI) 4Q**321** II,5
בדלי]ה בשנים **עשר** בעשת[י עשר החודש (XXI) 4Q**321** II,7
בש[ני]ם[ ]**עשר** בשנים עשר החודש (XXI) 4Q**321** II,8
בש[ני]ם[ ]עשר בשנים **עשר** החודש (XXI)
[ודוקה באחד במעוזיה בתשע]ה **עשר** בוא (XXI) 4Q**321** III,6
שבת בידעיה בשנים בעשתי **עשר** החודש (XXI)
ודו]קה בארבעה באביה בשמונה **עשר** בוא (XXI) 4Q**321** III,7
ודוקה באחד ביקים בתשעה **עשר** ב[וא] (XXI) 4Q**321** IV,5
[שבת בישבאב בשנים בעשתי **ע**]**שר** החודש (XXI) 4Q**321** IV,6
ודוקה בשל[ושה באמר בת]שעה **עשר** בוא (XXI)
[בשנים בפצץ בשנים בשנים] **עשר** החודש (XXI) 4Q**321** IV,7
בארב[עה ביחזק]אל בשמונה **עש**[**ר**] / [בוא (XXI)
עשתי **עשר** החודש בחזיר (XXI) 4Q**321** V,3
שנים **עשר** החודש בגמול (XXI)
[שני]ם **עשר** הח[וד]ש [בידעיה (XXI) 4Q**321** V,8

4Q**321** VI,3	(XXI)	שנים] / **עשׂ[ר]** החודש ב[מי]מין [
4Q**321** VI,6	(XXI)	עש]תי **עשר** חו[דש] ⟦ ⟧ במ[לאכיה
4Q**321** VII,5	(XXI)	עשתי **עשׂ[ר** ה]חודש בחופה
4Q**321a** II,2	(XXI)	ודוקו בארבעה בשכניה] / באחד **עשר** [בוא
4Q**321a** II,6	(XXI)	בשנים] / ועשרים בשנים **עשׂ[ר** החודש
4Q**321a** V,3	(XXI)	שבת ב[חרי]ם בארבעה **ע[שר** בתשיעי
4Q**321a** V,5	(XXI)	בשנים בקוץ בשלושה **עשר** בעשירי
4Q**321a** V,7	(XXI)	בחופהא בתשעה ועשרים {{**עשר**}} בוא
4Q**321a** V,8	(XXI)	בבלגא בשנים עשר] / בשנים **עשר** החודש
4Q**323** 2	(XXI)	באחד[**ע]שר** ב[ו ביאת פתחיה]
4Q**324** 1,3	(XXI)	בארבעה **ע]שר** בה [ביאת ישבאב]
4Q**324** 1,7	(XXI)	]◦ברית באחד **עשׂר** בשביעי ביאת[הפצץ]
4Q**324**a 1ii4	(XXI)	באחד **עשר** בוא הק[וץ]
4Q**324**d 2,3	(XXVIII)	]בחמשה **עשר** בו חג / [השבועים
4Q**324**d 3ii4a	(XXVIII)	]**עשר** בו יו[ם ה]כפורים[
4Q**324**d 3ii4	(XXVIII)	באחד **עשׂר**[ב]ו שבת ב[חמשה עשר בו
4Q**325** 1,1	(XXI)	בשמונה **עשר** בו שבת ע[ל יויריב
4Q**325** 1,5	(XXI)	]בששה **עשר** בו שבת מלכיה
4Q**325** 2,5	(XXI)	בארב]עה **עשׂר** / [בו שבת גמול
4Q**332** 1,2	(XXXVI)	ביא]ת ידעיה בששה **עשׂ[ר** בו
4Q**334** 3,2	(XXI)	]ששה **עשׂ[ר]** / [
4Q**334** 5,1	(XXI)	]**עשׂר** בי[ום
4Q**334** 6,1	(XXI)	] / בששה **ע[שר** בו
4Q**334** 7,2	(XXI)	**ע]שר** בו / [
4Q**365** 12biii13	(XIII)	]איש על שמו לשנים **העשר** בני יש[ר]א[ל
4Q**366** 3,3	(XIII)	[וביום השני]פרים שנים **ע[שר**
4Q**366** 3,6	(XIII)	[וביום השליש]י פרים עשתי **עשׂר**[
4Q**379** 1,5	(XXII)	]שנים **עשר** מט◦ות [ישראל
4Q**391** 65,6	(XIX)	ש]לושה **עשר** ◦ [
4Q**394** 1-2iii5	(XXI)	בשםונה / **עשר** בו שבת
4Q**404** 3,2	(XI)	בששה **עש]ר** לחוד[ש
4Q**421** 1ai15	(XX)	]**עשר** / [
4Q**458** 4,3	(XXXVI)	שנ]ים **עשר** וי[
4Q**503** 1-6iii4	(VII)	] / **עשר** דג[לי
4Q**503** 1-6iii9	(VII)	]היום ארבעה **ע[שר**
4Q**503** 1-6iii13	(VII)	ימים אחד **ע]שר** לחגי שמחה ומועדי כ[בוד]
4Q**503** 1-6iii14	(VII)	כיא ה[יו]ם[ההואה בח]משה **עשר** שער[י אור
4Q**503** 11,2	(VII)	ובשני]ם **עשר** לחודש בערם [יברכו
4Q**503** 17,3	(VII)	ש]נים **עשר**[
4Q**503** 15-16,15	(VII)	]שנים **עשׂר**[
4Q**503** 19,2	(VII)	**ע]שר** שערי אור [
4Q**503** 29-32,12	(VII)	[בש]בעה **עשר** לחו[דש ב]ערב יברכו
4Q**503** 39,2	(VII)	כיא שלושה **עשׂ[ר**]גורלות חושך [
4Q**503** 51-55,5	(VII)	]**עשר** שערי כבו[ד
4Q**511** 2i7	(VII)	שם [י]שראל [בש]נים **עשר** מחנות קדוש[
11Q**19** XVII,6		[ועש]ו [בארב]עה **עשר** בחודש הראישון
11Q**19** XVII,10		ובחמשה **עשר** לחודש הזה מקרא קו[דש]
11Q**19** XIX,3		ונסכמה כמשפט ?]שנים **עש[ר**
11Q**19** XIX,16		ביום הזה / [ליהוה שנים] **עשר** אילים
11Q**19** XX,2		כבשים בני שנה ארב]עה **עשר** [
11Q**19** XXII,3		כבשי]ם ב[ני שנה] ארבעה **עשׂ[ר**
11Q**19** XXIII,7		לכול ? מ]טה ומטה [ש]נים **עשר** בני יעקו[ב
11Q**19** XXVII,10		ובחמשה **עשר** יום לחודש הזה
11Q**19** XXVIII,3		וביום] / השני פרים שנים **עשר** [אלים שנים
11Q**19** XXVIII,4		כבשים ארבעה] / **עשר** ושעיר עזים אחד
11Q**19** XXVIII,7		וביום השלישי / [פ]רים עשתי **עשר**
		כבשים [א]רבעה **עשׂר** / ושעיר עזים אחד
11Q**19** XXVIII,10		כבשים בני שנה ארבעה **עשר**
11Q**19** XXXIV,15		יורדות מן מקרת שני **עשר** העמודים
11Q**19** LVII,6		להיות עמו שנים **עשר** אלף איש מלחמה
11Q**19** LVII,11		ושנים **עשר** / נשיי עמו עמו
11Q**19** LVII,12		ומן הכוהנים שנים **עשר**
11Q**19** LVII,13		ומן הלויים / שנים **עשר**
11Q**20** IV,4	(XXIII)	ביום הזה עולה]ליהוה שנים [**ע]שר** אילים
11Q**20** V,7	(XXIII)	לכול המטות שנים **ע]שׂר** שבטי ישראל
11Q**20** V,24	(XXIII)	כבשים ארבעה **עש]ר** ומנחתםה
PAM 44.102 29,1	(XXXIII)	]עשתי **עשׂ[ר(ה)**

(indeterminate) עשׂר

4Q**317** 67,2	(XXVIII)	**ע]שר**[

עֲשָׂרָא ← עֲשָׂרָה

ten, -teen numeral **עֶשְׂרֵא, עֶשְׂרֵה, עֶסְרֵה, עֶסְרֵא**

1QM IV,15		אות כול העדה אורך ארבע **עשרה** אמה
		שלוש וע]**שרה** אמה
1QM IV,16		]שתים **עשרה** אמה
		אות הרבוא עשתי **עש[רה**
3Q**15** I,4	(III)	וכלוה / משקל ככרין ש**בעשרה**
3Q**15** II,8	(III)	רחוק אמות ח<מ>ש **עסרא** בו כלין
3Q**15** III,6	(III)	חפר אמות שש **עסרה**
3Q**15** VI,13	(III)	חפר אמות / שתים **עסרה**
3Q**15** VIII,6	(III)	חפור אמות שבע / **עסרא** תחתיה
3Q**15** VIII,15	(III)	חפור / אמות אחת **עסרה**
3Q**15** IX,2	(III)	משח משולו / אמות שלוש <**עש**>**רא**
3Q**15** IX,8	(III)	חפור אמות שש **עסרה**
3Q**15** X,13	(III)	חפור רגמות שתין **עסרה**
4Q**274** 1i2	(XXXV)	ורחוק מן / הטהרה שתים **עשרה** באמה
4Q**317** 1ai32	(XXVIII)	ארב]ע **עשׂרא** / [
4Q**317** 1+1aii1	(XXVIII)	] / [עשתי **ע]שׂרא** ו[כן תבוא ליום
4Q**317** 1+1aii3	(XXVIII)	[בח]משה בו[תכסה שתים] / [**ע]שׂרא**
4Q**317** 1+1aii28	(XXVIII)	בתוך הרקיע] / ממעל ארבע **ע[שרא** וחצי]
4Q**317** 2,25	(XXVIII)	ב]ו תכסה שלוש **עשׂרא** וכן ת[בוא ליום
4Q**317** 2,28a	(XXVIII)	] / [א]רבע **עשׂרא** וחצי]
4Q**317** 3,33a	(XXVIII)	] / ארבע **עשרא** וחצי]
4Q**317** 4,26	(XXVIII)	ע]ש[תי **ע]שׂרא** וכן תב[וא ללילה
4Q**317** 4,27	(XXVIII)	שתי]ם **עשרא** וכן[תבוא ללילה
4Q**317** 4,28	(XXVIII)	שלו]ש **עשׂרא** וכן ת[בוא ללילה
4Q**317** 4,29	(XXVIII)	ארבע]**עש[ר]א** וכן ת[בוא ללילה
4Q**317** 4,31a	(XXVIII)	ארבע **ע]שׂרה** וחצי ◦[
4Q**317** 6,5	(XXVIII)	]**עשרא** וכן ת[בוא
4Q**317** 9,6	(XXVIII)	תכסה]עשתי **עשרא** וכן[תבוא ליום
4Q**317** 22,4a	(XXVIII)	ארבע **עשר]א** וחצ[י
4Q**317** 24,4a	(XXVIII)	ארבע **ע]שׂרא** ו[חצי
4Q**364** 4b-eii3	(XIII)	] / [ארבע]ה **עשרה** ש[נה ?
4Q**405** 20ii-22,6	(XI)	שיר עולת]ה[ש]בת שתים **עשרא**[
4Q**464** 7,1	(XIX)	]◦ היו בני חמש **עשרא**[שנה
4Q**513** 1-2i3	(VII)	[השקל מעה שתים]**עשרה** זוזי[ם שנים
6Q**9** 1,1	(III)	]אחת **עשרא** [
11Q**19** IV,11		ש]תים **עשרה** באמה
11Q**19** V,9		ורוחב]השער שתים **עשרה**[באמה
11Q**19** VI,7		ורוחב השער שתים] **עשׂרה** [באמ]ה
11Q**19** XXX,9		ממקצוע אל מקצוע / שתים **עשׂ[ה** באמה]
11Q**19** XXXVI,8		רוחב השער ארבע [**עש]רה** באמה
11Q**19** XXXVI,10		מן המשקוף ארבע **עשרה** באמה
11Q**19** XLI,14		ורוחב פתחי השערים ארבע **עשרה** באמה
11Q**19** XLII,5		שמונה] **עשׂרה** נשכה
11Q**19** XLVI,6		רחב / ארבע **עשרה** באמה
11Q**19** XLVI,7		ושתים / **עשרה** מעלה תעשה לו

ע]שרה / [	11Q20 40,1	(XXIII)
]שר עשרת	PAM 43.677 22,4	(XXXIII)
] עשרות	PAM 43.699 59,1	(XXXIII)

tenth part noun **עִשָּׂרוֹן, עִשָּׂרֹן**

ש]לושת העשרונים ◦[	4Q159 1ii14	(V)
]◦ת העשרון ל[	4Q251 10,3	(XXXV)
ביום אחד תרומה בה עשרון / [אחד	4Q270 3ii18	(XVIII)
עשרון אחד תהיה האחת / [	4Q270 3ii20	(XVIII)
] מגורן יורד את העשרון מן הח[ומר	4Q271 2,1	(XVIII)
והסאה / [שלושת העש]רנים	4Q513 1-2i5	(VII)
ומנחתו עש]רון / סולת בלולה [בשמן	11Q19 XIII,11	
[ועשרון] עשרון מנ[חה סולת בלולה	11Q19 XIV,5	
ושני] / עשרונים סולת מנחה בלולה] בשמן	11Q19 XIV,15	
כמשפט עשרון סולת / [בלולה בשמן	11Q19 XVIII,5	
שני]עשרונים סולת תה[יה]החלה האחת	11Q19 XVIII,15	

עשרח ← עֶשְׂרָה

twenty numeral **עֶשְׂרִים, עֶסְרִין, עֶסְרִם, עֶשְׂרִין, עֶשְׂרִם**

וכימגששים דרך / שנים עשרים	CD I,10	
וביסודי הברית מבני חמשה / ועשרים שנה	CD X,7	
ובן] עשרים שנ[ה יעבר] / [על] הפקודים	1QSa I,8	(I)
כיאם לפי מילואת לו עש[רי]ם שנה	1QSa I,10	(I)
ובן חמשועשרים שנה יבוא להת[יצ]ב	1QSa I,12	(I)
הנקראים לעצת היחד מבן עש	1QSa I,27	(I)
וראשי המשמרות ששה ועשרים במשמרותם	1QM II,2	
ומלחמת המחלקות ב{{ע}}תש ועשרים	1QM II,10	
כולם יהיו מבן חמש ועשרים שנה	1QM VII,3	
שמונה ועשרים אלף / אנשי מלחמה	1QM IX,4	
] / משה אמות עסרן [ואר]בע	3Q15 VII,6	(III)
חפור אמות / עשרין וארבע	3Q15 VIII,13	(III)
וכלין כופרין עסרין	3Q15 X,11	(III)
ככרין 71 מנין עסרין	3Q15 XII,9	(III)
עשרים גרה השקל ב[שקל הקודש]	4Q159 1ii7	(V)
] / [ ]◦ הוליד ישחק את עשרים ה[	4Q180 1,5	(V)
וש<נ>ים ועשרים מ[יני מעשה נעשו	4Q216 VII,15	(XIII)
וכלה חמשה וע]שרים שבועי שנים	4Q223-224 2iii11	(XIII)
יש]ב בחרן עשר[י]ם [ש]נה	4Q225 2i2	(XIII)
ובן עש]רים [שנה] / [יעבר על הפקודים	4Q249d 4	(XXXVI)
[ובן חמ]ש ועשרים שנה יבוא להתיצב	4Q249e 1i-3,8	(XXXVI)
ויחתכו ימיהם מאה ועשרים / שנה	4Q252 I,2	(XXII)
עד יום עשרים וששה בחודש / השלישי	4Q252 I,6	(XXII)
כעוורים וכמגששים דרך] שנ[י]ם עשר[ים]	4Q266 2i13	(XVIII)
וביס]ודי הברית מב[ני חמש [ו]עשרים [שנה	4Q266 8iii6	(XVIII)
ונענש ע]שר[י]ם / [יום	4Q266 10ii3	(XVIII)
ונענ]ש עשרים [יו]ם	4Q269 11i6	(XXXVI)
[מבן ח]מש ועשרים שנה וע[ד בן ששים] שנה	4Q270 6iv17	(XVIII)
] / בעשרים 1 בו [תגלה	4Q317 1+1aii26	(XXVIII)
] / באחד 2 ועשרי[ם בו	4Q317 1+1aii27	(XXVIII)
ב{{שנים}}<<שלוש>>ה וע]שרים בו תכסה	4Q317 1+1aii30	(XXVIII)
בשלושה 4 ועשרי[ם בו תכסה שתים	4Q317 1+1aii32	(XXVIII)
בחמשה ועשרי[ם בו תכסה שתים	4Q317 1+1aii33	(XXVIII)
]עשרי[ם בו תכסה	4Q317 10,2	(XXVIII)
]ועשר[ים]בו תכ[סה	4Q317 10,3	(XXVIII)
ו]עשרים בו ת[כסה	4Q317 10,4	(XXVIII)
ועש]רים בו תכסה[	4Q317 10,5	(XXVIII)
]ועשרים בו[תכסה	4Q317 10,6	(XXVIII)
]ועשר[ים	4Q317 22,1	(XXVIII)
בשנים באבי[ה בחמישה] ועש[רים בשמיני	4Q321 I,1	(XXI)

עֶשְׂרֵה ← עֶשְׂרָא

ten, -teen numeral **עֲשָׂרָה, עושרה, עֲשָׂרָא**

עד עשרה אנשים ברורים	CD X,4	
עד עשרה אנשים למועט	CD XIII,1	
ומיאות וחמשים / ועשרות	CD XIII,2	
ובמקום עשרה אל ימש איש כהן		
לאלפים ומאות / וחמשים ועשרות	1QS II,22	
ובכול מקום אשר יהיה שם עשרה אנשים	1QS VI,3	
במקום אשר יהיו שם העשרה איש	1QS VI,6	
ולמדבר בתוך דברי רעהו / עשרת ימים	1QS VII,10	
ונענש עשרת ימים	1QS VII,11	
ונענש עשרת ימים	1QS VII,15	
לשרי מאות שרי ח[מ]שים / [שרי] עשרות	1QSa I,15	(I)
למאות] / ולחמשים ולעשרות	1QSa II,1	(I)
כי יו]עדו עד עשרא אנש[ים]	1QSa II,22	(I)
]ועושרות על ה[	1QM II,17	
שר המאה ואת שמות שרי עשרותיו	1QM IV,3	
שר החמשים ואת שמות שרי עושרותיו	1QM IV,4	
על אות העשרה יכתובו רנות / אל		
ואת שם שר העשרה	1QM IV,5	
אות העשרה ש◦◦[	1QM IV,17	
של]וש לעשרת המנים[	4Q159 1ii10	(V)
עשר]ה אנשים / וכוהנים שנים	4Q159 2-4,3	(V)
]◦הם עד עשרה צדיקים בעיר	4Q177 12-13i5	(V)
]◦◦◦ מעשר[ה	4Q185 1-2ii5	(V)
לשרי מאות] / [שרי חמשים שר]י עשר[ות	4Q249c 3	(XXXVI)
יום אחד בשבת הוא יום עשרה	4Q252 I,13	(XXII)
ונענש עש]רת ימים	4Q259 I,8	(XXVI)
ובכל מקום אשר יהיה ש]ם עשרה[אנשים]	4Q261 2a-c,2	(XXVI)
ונע]נש [עש]רת ימים	4Q261 5a-c,4	(XXVI)
ונע]נש [עש]רת [ימים]	4Q261 6a-e,1	(XXVI)
ונענש ע]שרת י[מ]ים	4Q265 4i3	(XXXV)
]ובעוללתו עד עשרה ג[רגרים	4Q266 6iii7	(XVIII)
[ו]נענש עשרת ימים	4Q266 10ii6	(XVIII)
ו[נענש] עשרה ימים	4Q266 10ii8	(XVIII)
והובדל שלו]שים / [יו]ם ונענש עשרה	4Q266 10ii12	(XVIII)
]עד עשרה גרגרים העוללת / [	4Q267 6,2	(XVIII)
ונענש] עש]רה	4Q269 11i7	(XXXVI)
ונענש עשר]ה / [ימים	4Q269 11ii+15,2	(XXXVI)
ועול]לות הכרם [ע]ד עש]רה גרגרים]	4Q270 3ii12	(XVIII)
ובעוללה עד עשרה ג[רגרים]	4Q270 3ii14	(XVIII)
[עד] / עשרה אנשים ברורי[ם	4Q270 6iv16	(XVIII)
ונענש עשר[ת] ימים	4Q270 7i14	(XVIII)
בעשרה בו תג[לה שתים	4Q317 1+1aii12	(XXVIII)
]בעשרה בו[	4Q317 6,4	(XXVIII)
] / [בע]שרה בו תגלה ש[תים עשרא	4Q317 7ii20	(XXVIII)
יום ששי בח]זיר שהוא עשרה בשביעי	4Q324 1,6	(XXI)
]א בעשר[ה בחודש הששי	4Q332 1,1	(XXXVI)
]בעשרה ב[ו] / [	4Q334 3,4	(XXI)
כזואת] / עשרה חמורים נושיא[ם	4Q364 11,3	(XIII)
כף א]חת עש[רה זהב מלאה קטורת	4Q365 29,3	(XIII)
]עשרה ולימה עש[רה/רים	4Q365a 3,4	(XIII)
]עשרה ולימה עש[רה/רים ← עֶשְׂרִים	4Q365a 3,4	(XIII)
[וביום הרביעי]פרים עשרה[אילם שנים	4Q366 3,9	(XIII)
]עד שלמות עשרה / יובלי שנים	4Q387 2ii3	(XXX)
ול]מאיות ולחמשים ולעוש[ר]ות	4Q491 1-3,10	(VII)
ובעשרה בחודש הזה / יום כפורים הוא	11Q19 XXV,10	
וביום הר[בי]עי / פרים עשר[ה] אלים שנים	11Q19 XXVIII,10	
ושרי מאות ושרי חמשים / ושרי עשרות	11Q19 LVII,5	

4Q**321** I,3 (XXI) בחמשה באמר בשלושה וע[ש]רים בעש[ירי
4Q**321** I,4 (XXI) בשנים ועשרים בעשתי עשר החודש
4Q**321** I,5 (XXI) בשנ[י]ם ועשרים בשנים עשר החודש
4Q**321** I,6 (XXI) בשנים במלאכיה בע[שרים בוא
4Q**321** I,7 (XXI) בארב[ע]ה בישוע [ב]עשרים בשני
4Q**321** II,6 (XXI) בארבע[ה בי]כין בתשעה ועש[רים בוא]
4Q**321** II,7 (XXI) ודו]קה בששה יויר[יב בת]שעה ועשרים ב[וא
4Q**321** II,8 (XXI) ודוק[ה]שבת[ב]מימין בשמונה ועשרים [בו]א
4Q**321** III,3 (XXI) באחד בחר[ים בארבעה ועשרי]ם בוא
4Q**321** III,4 (XXI) בארבעה באלישיב בשנים ועש[רים בוא
4Q**321** IV,1 (XXI) באחד ב[בלג]א באר[בעה] וע[שרי]ם בו[א]
4Q**321** IV,2 (XXI) בשנים בפתחיה] בשלושה ועשרים בוא
4Q**321a** I,6 (XXI) בשלושה בבלגא בשמו]נה ועשרים ברביעי
4Q**321a** II,6 (XXI) בשנים] / ועשרים בשנים עש[ר החודש
4Q**321a** III,2 (XXI) בחמשה בפצץ בששה וע]שרים / [בוא
4Q**321a** III,7 (XXI) בא]ל[ישי]ב בשנים ועשר[ים] / [בוא
4Q**321a** V,6 (XXI) בארבעה בישוע בתשעה] / ועשרים בוא
4Q**321a** V,7 (XXI) בששה בחופהא בתשעה ועשרים {{עשר}} בוא
4Q**321a** V,9 (XXI) ב[ש]שה בפתחיה בעשרים[בראשון
4Q**323** 3 (XXI) [ב]עשר[ים וחמשה בו] / [ביאת יכין
4Q**324** 1,3 (XXI) ברית בע[שרים] / [ואחד בה ביאת בלג]ה
4Q**324** 1,4 (XXI) בעשרים [ושמונה ב]ה ביאת אמ[ר]
4Q**324**a 1ii1 (XXI) ב]ע[שרים ואחד] / [בו]א ב[א]ת ש[עור]ים[
4Q**324**a 1ii2 (XXI) ואחד] / [בו]א ב[א]ת ש[עור]ים[ ]בעשרים
4Q**324**e 3,1 (XXVIII)]עשרי[ם
4Q**324**e 4b,2 (XXVIII) ע]שרים[
4Q**325** 1,2 (XXI) בעשרים וחמשה בו שבת על ידעיה
4Q**325** 1,3 (XXI) [מוע]ד שעורים בעשרים וששה בו אחר שבת
4Q**325** 1,5 (XXI) בעשרים ושלושה ב[ו
4Q**325** 2,3 (XXI) בעשרי]ם ושלושה בו שבת / [פתחיה
4Q**332** 2,3 (XXXVI)]ה שהוא [ע]שרים בחודש[
4Q**333** 1,1 (XXXVI)]◦ עשרים / [
4Q**334** 4,5 (XXI) שירות שמונה / [ודברי ת]שבוחות עשר[י]ם
4Q**334** 5,2 (XXI)]◦ה ועשר[ים
4Q**364** 18,6 (XIII)]מן בן ע[שרים ?
4Q**365** 26a-b,6 (XIII) מבן עשר[ים שנה ומעלה] / [כול יוצא צבא
4Q**365**a 2ii6 (XIII) וגובהמה שמונה ועשרים באמה
4Q**365**a 2ii8 (XIII) ואורכו עשרים באמה
4Q**365**a 2ii10 (XIII)] / עשרים באמה והקיר שתים אמות
4Q**365**a 3,4 (XIII)]עשרה ולימה עש[רה/רים ← עֲשָׂרָה
4Q**365**a 5i5 (XIII)]בשת הרביעי[בא]רבע ועשרים / [
4Q**377** 2i6 (XXVIII)]ל המאסף מבן עשרים שנה / [
4Q**394** 1-2i3 (XXI) בעשרים / ושלושה / בו שבת
4Q**394** 1-2ii3 (XXI) [ב]עשרים / ושמונה / ב[ו] שבת
4Q**394** 1-2iii6 (XXI) בעשרים / וחםשה / בו שבת
4Q**394** 1-2iv5 (XXI) בעשרם / ושלושא / בו שבת
4Q**394** 1-2v3 (XXI) בעשרים / ושנים / בו מועד
4Q**401** 1-2,1 (XI)] ועשרים בח[ודש
4Q**403** 1ii18 (XI) בשלושה וע[שרים לחודש השני
4Q**471** 1,5 (XXXVI) וראשי המשמרות ששה ועש]רים
4Q**491** 4,2 (VII) מב]ן עשרים [ש]נה [ו]מעלה לה[
4Q**494** 5 (VII) וראשי המשמרות ששה] / [וע]שרים
4Q**496** 5-6,2 (VII) ומלחמת המחלקו]ת בתשע וע[שרים
4Q**503** 33II-36,6 (VII) [ביום שני]ם וע[שרים]ל[חודש בערב
4Q**503** 33II-36,12 (VII) [בשנים וע]שרים ש[ערי אור
4Q**503** 33II-36,14 (VII) [ביום שלושה ו]עש[רים לחודש בערב
4Q**503** 37-38,20 (VII) חמשה] / [ו]עשרים שערי[אור
4Q**513** 1-2i2 (VII) [השקל גרה עש]רים בשק[ל הקודש
11Q**19** IV,12] אחת ועשרים אמה [
11Q**19** IV,13]◦◦ עשרים באמה מרבע [
11Q**19** V,5 ועשרים באמ]ה בשמונה ועשר[ים באמה
11Q**19** VI,3]◦ם ש[מונה ועשרי]ם באמ[ה
11Q**19** XII,9 ועש]רים [באמה מפ]נה[אל]פנה
11Q**19** XVII,8 מבן עשרי[ם] שנה ומעלה יעשו אותו
11Q**19** XXX,6 מפנה אל פנה עשרים באמה
11Q**19** XXXI,10 מרובע לכול רוחותיו אחת ועשרים / אמה
11Q**19** XXXI,12 וגבה / [ע]שרים אמה[
11Q**19** XXXVI,7 ורוח]ב ת[איו] שש / ועשרים באמה
11Q**19** XXXVI,9 וגובהמה / שמונה ו[ע]שרים באמה
11Q**19** XXXVI,12 לחצר עשרים / ומאה באמה
11Q**19** XXXVIII,15 וגובה שמונ[ה] / ועשרים באמה
11Q**19** XXXIX,9 לזכרון במושבותיהמה עשרים גרה השקל
11Q**19** XXXIX,11 אחר יבואו מבן / עשרים [שנה ומעלה ?
11Q**19** XXXIX,15 והשער / שמונה ועשרים באמה
11Q**19** XXXIX,16 והשער שמונה ועשרים באמה
11Q**19** XLI,15 וגובהמה / שמונה ועשרים באמה
11Q**19** LVII,3 ראוש] בני ישראל מבן / עשרים שנה

עֶשְׂרִין ← עֶשְׂרִים

עֶשְׂרִם ← עֶשְׂרִים

עִשָּׂרֹן ← עִשָּׂרוֹן

moth noun **1-עָשׁ**

1QH[a] XVII,5 עיני כעש בכבשן
4Q**475** 5 (XXXVI) והיתה כול תבל כעש

rich adjective **עָשִׁיר**

4Q**468**r 1,2 (XXXVI)] לעשיר ור◦[

to smoke verb **עשן**

PAM 43.685 52,3 (XXXIII)]ויעשנו ל[

smoke noun **1-עָשָׁן**

1QM XV,10]ל מחסיהם וגבורתם כעשן נמלח
1Q**27** 1i6 (I) וכתום כעשן וא[יננ]ו עוד
4Q**163** 4-7i14 (V) [בסבכי היער ויתאבכו גא]ות עשן
4Q**171** 1+3-4iii7 (V) כלו כעשן כולו
4Q**171** 1+3-4iii8 (V) אשר יובדו כעשן האוד [בר]וח

to oppress verb **1-עשק**

CD XIII,10 לבלתי היות עשוק ורצוץ בעדתו
1QH[a] 16,2 ע]שוקים ◦◦[
1Q**22** 1i5 (I) את הכול / היט[יב] אשר א[עשו]ק מהם
1Q**27** 1i10 (I) מי גוי חפץ אשר יעושקנו חזק ממנו
1Q**27** 1i11 (I) מי גוי אשר לוא עשק רעה[ו]
4Q**267** 9iv7 (XVIII) לבלתי ה]יות עשוק ורצוץ [בעדתו]
4Q**299** 54,2 (XX)]ם עשוק וגזול ב◦◦◦[
4Q**390** 2i9 (XXX) ויעשוקו איש את רעהו את מקדשי
4Q**418** 146,2 (XXXIV) לו]א תעשוק ש[כר שכיר ?

oppression noun **עֹשֶׁק**

1QpHab I,6] אל בעשק ומעל
1QpHab X,1] / להיות אבניה בעשק וכפיס עצה בגזל
1QH[a] 45,5]איש זודן במרבי מעל וע[שק
4Q**525** 16,6 (XXV)] / במעל ועשק[

to be rich verb **עשר**

4Q**521** 2ii+4,13 (XXV)]נתושים ינהל ורעבים יעשר / ונב[ונים ?

riches noun עֹשֶׁר, עוֹשֶׁר

4Q412 4,1 (XX)]עשרי ׳ינחיל[
4Q421 5,2 (XX)]עשר לדעת ו◦[
11Q16 2,5 (XXIII)]◦ה לו והון ועוש[ר

to become weak verb עשש

1QHa XIII,34 כי עששו מכעס עיני
4Q432 11,2 (XXIX) [כי עש]שו [מכעס עיני

plate, panel noun עֶשֶׁת

3Q15 I,5 (III) בנפש בן רבה השלשי עשתות / זהב 100
3Q15 II,4 (III) בדיבר / השלישי עשתות זהב ששין וחמש

one adjective עַשְׁתֵּי

1QM IV,16 אות הרבוא עשתי עש[רה
1Q22 1i1 (I) בח[ו]דש ע[שתי / עש[ר] באחד ל[חו]דש
4Q252 I,14 (XXII) הוא יום עשרה / בעש[תי עשר] החודש
4Q252 I,17 (XXII) לעשתי עשר החודש באחד בשב[ת
4Q317 1+1aii13 (XXVIII) בעש[תי עשר בו תגלה שלוש]
4Q317 3,28 (XXVIII)] בו תכסה ע[שתי עשרא וכן תבוא ליום
4Q317 4,26 (XXVIII) ע[ש]תי ע]שרא וכן תב]וא ללילה
4Q317 6,6 (XXVIII) ב[ע[ש]תי עשר בו[
4Q317 9,6 (XXVIII) תכסה]עשתי עשרא וכן[תבוא ליום
4Q317 28,2 (XXVIII)]בעשת[י עשר בו
4Q320 1ii2 (XXI) ביחזקאל ל29 בכ22 בעשתי [ע]שר
4Q320 2,13 (XXI) בידעיה ל29 בכ2 בעשתי עשר החדש
4Q321 I,4 (XXI) ביחזקאל בשנים ועשרים בעשתי עשר החודש
4Q321 II,7 (XXI) בדלי[ה בשנים עשר בעשת[י עשר החודש
4Q321 III,6 (XXI) שבת בידעיה בשנים בעשתי עשר החודש
4Q321 V,3 (XXI) עשתי עשר החודש בחזיר
4Q321 V,7 (XXI) ע[שתי עשר] החודש ביכין
4Q321 VI,2 (XXI) עש[תי עשר החודש ב]יויריב
4Q321 VI,6 (XXI) עש[תי עשר חו[דש] [ ] במ[לאכיה
4Q321 VII,5 (XXI) עשתי עש[ר ה]חודש בחופה
4Q324d 7i3 (XXVIII) בע[שת[י] / [
4Q366 3,6 (XIII) [וביום השליש]י פרים עשתי עשר[אילם שנים
4Q394 1-2iii2 (XXI) [ש]ב[ת] / בע[שתי עשר] / בו שבת
11Q19 XXVIII,7 וביום השלישי / [פ]רים עשתי עשר
PAM 44.102 29,1 (XXXIII)]עשתי עש[ר(ה)

Ashtaroth proper noun עַשְׁתָּרוֹת

4Q364 20a-c,7 (XIII) [אשר יושב]ב[עשתרו]ת באדרעה[

Ashtoreth proper noun עַשְׁתֹּרֶת

CD V,4 והזקנים אשר עבדו את העשתרת

young noun עַשְׁתְּרֶת

4Q415 5+3,1 (XXXIV)]◦שתרו[ת
4Q418 172,6 (XXXIV)]◦ו אליך עם עשתרותי[ה

time, age, era, occasion noun עֵת

CD I,13 היא העת אשר היה כתוב עליה
CD X,5 עשרה אנשים ברורים / מן העדה לפי העת
CD X,15 מן העת אשר יהיה גלגל השמש
CD XII,21 עם כל חי למשפט עת ועת
עם כל חי למשפט עת ועת
CD XVI,3 ספר מחלקות העתים / ליובליהם
1QS I,14 ולוא לקדם עתיהם
1QS VIII,4 ב{{◦}}מדת האמת ובתכון העת
1QS VIII,15 לעשות ככול הנגלה עת בעת
לעשות ככול הנגלה עת בעת
1QS IX,5 בעת ההיאה יבדילו אנשי / היחד
1QS IX,12 עם כול חי לתכון עת ועת
עם כול חי לתכון עת ועת
1QS IX,13 רצון אל ככול הנגלה לעת בעת
רצון אל ככול הנגלה לעת בעת
השכל הנמצא לפי העתים ואת / חוק העת
1QS IX,14 השכל הנמצא לפי העתים ואת / חוק העת
ובבחירי העת להחזיק על פי / רצונו
1QS IX,18 איש כרוחו כתכון העת
1QS IX,19 {{ה}}היאה עת פנות הדרכ / למדבר
1QS IX,20 ולהשכילם כול הנמצא לעשות בעת הזואת
1QS IX,21 ואלה תכוני הדרכ למשכיל בעתים האלה
1QS X,26 אחלקה / חוק בקו עתים ו[
1QSb IV,26 (I) ועצת יחד [עם קדושים] לעת עולם
1QSb V,18 (I)] / [ע]ם עת ע[ולם ו]עם כול קצי עד
1QM I,5]אה עת ישועה לעם אל
1QM I,11 והיאה עת / צרה ע[ ]ל עם פדות אל
1QM XIV,13]עתים ומועדי תעודות עולמים
1QM XV,1] / כיא היאה עת צרה לישר[אל
1QM XV,5 ס]פר סרך עתו עם כול דברי הודותם
1QM XVIII,3 בעת ההיאה יריעו הכוהנים /]
1QHa XVI,23 ובעת חום יעצור / מעוז
1QHa XX,8 תמיד בכול / מולדי עת יסודי קצ
1QHa 45,2 נת]עב לשחת בעת עוונו◦[
4Q88 IX,10 (XVI) פריה [תתן]בעתה
4Q162 I,4 (V)]עת ואשר {{ואשר}} / [אמר
4Q162 II,2 (V) והיה / בעת פקדת הארץ
4Q163 27,1 (V)]העתים הא[
4Q166 II,8 (V) לכן אשוב ולקחתי דגני בעתו
4Q171 1-2ii18 (V) בעת המצרף הבאה עליהם
4Q172 1,2 (V)]בעת רעב ואשר[אמר
4Q174 1-3ii1 (V) היאה עת המצרף הב]אה
4Q174 4,3 (V)]היאה העת אשר יפתח בליעל / [
4Q175 21 (V) בעת אשר כלה ישוע להלל ולהודות
4Q176 8-11,14 (V)]אין עוד מעת[
4Q177 1-4,5 (V)]◦ באחרית הימים בעת אשר יבקש ◦[
4Q177 5-6,3 (V)]ה עד עת המצ[ר]ף הבאה
4Q177 12-13i8 (V) ושממה היא עת ענות המ◦[
4Q185 1-2ii5 (V) ולא לעתת מפחד ומפח יקוש / [
4Q215a 1ii5 (XXXVI) [כיא] / באה עת הצדק ומלאה הארץ דעה
4Q216 I,11 (XIII) הגיד לו את מ]חלקות [הע]תים לתור[ה]
4Q217 2,1 (XIII)]מחלקות העתים לתורה ול[תעודה
4Q221 5,2 (XIII) בעת [א]שר ראה את בנו מחו[קים בו
4Q223-224 2v4 (XIII)]בעת אשר א[חזתי] / [אותו בבגדו
4Q228 1i2 (XIII) אות]ם [במחל]ק[ו]ת העתים /]
4Q228 1i4 (XIII) ואספ]ר לפנו מחלקת עתו וכל / [
4Q228 1i5 (XIII)] מע[]בה במשפט עתי עולה / [
4Q228 1i7 (XIII)]ת במחלקת עתה ימצאנה / [
4Q228 1ii4 (XIII)] / ◦עת עם טעיכם [
4Q256 XVIII,1 (XXVI) וכ]תכון העת להנחותם בדעה
4Q258 VI,8 (XXVI) לע]שות כל[הנגלה] / ע[ת בעת
4Q258 VII,6 (XXVI) בעת ההיא יבדלו בית אהרון
4Q258 VIII,3 (XXVI) וכתכון / העת ל[הנחות]ם בדעה
4Q258 VIII,4 (XXVI) היא עת פנות הדרך למדבר
(XXVI) בעת / הזואת להבדל]מכל איש
4Q258 VIII,5 (XXVI) תכוני הדרך למשכיל בעת[ים] / [האלה
4Q259 III,7 (XXVI) לתכון עת [לעת] / ולמש[קל איש ואיש
4Q259 III,9 (XXVI) ו[למוד את כול השכל] הנמצא לפני העתים
4Q259 III,10 (XXVI) ואת[חוק] / העת[להבדיל ול]שקול

Text	Group	Reference
וכתכונו **העת** להנחותם / בדעה[	(XXVI)	4Q**259** III,16
בכול / [הנמצא לעשות] **בעת** ה[זואת	(XXVI)	4Q**259** IV,1
עשרה אנ]שים ברורים מן העד[ה] לפי **העת**	(XVIII)	4Q**266** 8iii4
עשרה אנשים ברורי[ם מן הע]דה לפי **העת**	(XVIII)	4Q**270** 6iv16
]◦ מועדי **עתיה** [	(XXXV)	4Q**284** 3,1
] / והיה **בעת** הנגע[	(XXXV)	4Q**284** 4,6
וינוס]ו מפני ישראל **בעת** ההיאה[	(XXXVI)	4Q**285** 4,7
]ו ושבו אל היבשה **בעת** ההי[אה	(XXXVI)	4Q**285** 4,9
[טל ו]מטר יו[ר]ה ומלקו[ש] **בעתו**	(XXXVI)	4Q**285** 8,6
]**עת** קץ ל[	(XXXVI)	4Q**285** 9,2
]◦◦◦דם **עת** בעת / [	(XX)	4Q**299** 6i11
]◦◦◦דם עת **בעת** / [	(XX)	
]לו עשה **לעת** לו מקרא[	(XIII)	4Q**364** 15,4
ושברים את כל עצמיו עד **עת** קץ לו	(XXVIII)	4Q**372** 1,15
] / **עת** תשמידם מכל תבל	(XXVIII)	4Q**372** 1,22
] **עת** כי נתן לך עוז	(XXVIII)	4Q**372** 2,7
]ב◦ [ ]אהו עד **עת** יכ[	(XXVIII)	4Q**372** 7,2
בעת אשר כ[ל]ה ישׁ[ו]ע[ל]ה[לל ולה]וד[ו]ת	(XXII)	4Q**379** 22ii7
ואתה תשיתני **לעתות** ולמיש[	(XI)	4Q**381** 33+35,2
]עלה **בעת** [	(XI)	4Q**381** 41,2
בספר מ]חלקות **העת[ים**	(XIX)	4Q**384** 9,2
בעת[ה] / ישליכנה [	(XXX)	4Q**386** 1iii1
ב]**עת** ה[היא	(XXX)	4Q**388**a 3,1
ו]אף כתוב ש{{ב}}**מעת** שיגלה וכבס	(X)	4Q**396** 1-2iii6
בשל שתשמח באחרית **העת**	(X)	4Q**398** 14-17ii6
בכול **עת** פן ישבעכה	(XXXIV)	4Q**417** 2i1
]עין **בעת** [	(XXXIV)	4Q**417** 26,2
] / **עת** ה◦[	(XXXIV)	4Q**418** 45ii15
רש]עה יתהלכו[ ]**מעת** ל[עת] / [	(XXXIV)	4Q**418** 47,3
] **העת** ופקודת[	(XXXIV)	4Q**418** 68,2
] / ישוה **עת** בעת דורשם	(XXXIV)	4Q**418** 103ii4
] / ישוה עת **בעת** דורשם	(XXXIV)	
] / כי כולם ידרשו **לעתם**	(XXXIV)	4Q**418** 103ii5
] ירוצו **מעת** ש[	(XXXIV)	4Q**418** 229,2
]◦**עת** מ[	(XXXIV)	4Q**418** 249,1
ואסוף תבואתכה **בעתה**	(XXXIV)	4Q**423** 5,5
] / **ובעת** קבץ ימצא חנף	(XXXVI)	4Q**424** 1,12
לנחם דלים **בעת** צרתמה	(XXIX)	4Q**436** 1a+bi1
]היר כיא **עת** צר[ה	(XXXVI)	4Q**460** 7,11
ב]**עת** ההיא יאמר מ[יכ]אל אל צדקיה / [	(XIX)	4Q**470** 1,5
]ל**עת** צויתם לבלתי / [	(XXXVI)	4Q**471**a 1
והכוהנים בכול **עת** המריעים בחצוצרות[	(VII)	4Q**491** 1-3,17
נרוממ[ה] / [תפארתכה בכול **עתי**]ם	(VII)	4Q**491** 8-10i11
והיאה **עת**[ישועה	(VII)	4Q**496** 3,4
זכורה אדוני מועד רחמיך **ועת** שוב[	(VII)	4Q**508** 2,2
[אשר צויתה לטמאי ע]**תים**	(VII)	4Q**512** 1-6,2
ומי רחץ לטהרת **עתים**[	(VII)	4Q**512** 1-6,5
ואת ארון העדות עד קץ] / **העתים**	(XXV)	4Q**522** 9ii3
ובעת צוקה לוא יעוזבנה	(XXV)	4Q**525** 2ii+3,5
אל תעוזבנ]ה **בעת** צ[ו]ק[ה	(XXV)	4Q**525** 5,2
בעת מוטך תמצא מ[שען	(XXV)	4Q**525** 14ii7
מעת רעה יציל נפש[ם	(IV)	11Q**5** XVIII,15
] / שכרכם **בעתו**	(IV)	11Q**5** XXII,1
בשם יהו[ה קרא בכו]ל **עת** / אל השמ[ים	(XXIII)	11Q**11** V,4
ע]**תים** פש[רו	(XXIII)	11Q**13** 6,4
טל ומטר יורה ומלקוש **בעתו**	(XXIII)	11Q**14** 1ii9
] **ובעת** אש[ר		11Q**19** XXXIII,2
ל]**עת** תצא הראישונה		11Q**19** XLV,6
]**בעתו** מפני[	(XXXIII)	PAM 43.698 25,2
] / **עת** הו[	(XXXVI)	KhQ**2** 2

now adverb **עַתָּה, אַתָּה, עַתָּהא**

Text	Group	Reference
ועתה שמעו כל יודעי צדק		CD I,1
ועתה שמעו אלי כל באי ברית		CD II,2
ועתה בנים שמעו לי ואגלה עיניכם		CD II,14
ועתה היום אץ לנו		1QM XVIII,12
] **עתה** נפש[י		1QH[a] XI,6
]◦ **עתה** א[		1QH[a] 49,2
] **ועתה** א[ל	(I)	1Q**40** 6,3
ו]**עתה** / [	(III)	2Q**22** I,4
ועתה אגלה את נבלותה לעיני מאה[ביה	(V)	4Q**166** II,10
כיא] / **עתה** תצאי מקר[יה	(V)	4Q**168** 1,3
אראנו ולוא **עתהא** / אשורנו ולוא קרוב	(V)	4Q**175** 11
]**עתה** הנה הכול כתוב בלוחות	(V)	4Q**177** 1-4,12
ועתה יהוה עד מתי חונני	(V)	4Q**177** 12-13i3
] **ועתה** שמעו נא עמי	(V)	4Q**185** 1-2i13
ועתה מבקש / [אני אות]כה אבי	(XIX)	4Q**200** 4,4
מע]**תה** עד י[ו]ם / [המשפט הגדול	(XIII)	4Q**221** 3,2
ועתה אני אוהב את יעקוב מ[עישאו	(XIII)	4Q**223-224** 2ii5
ועתה לב[י יפעם על מעשיו	(XIII)	4Q**223-224** 2ii6
מ[ע]**ת**[ה ועד עולם כול ימי חייכם	(XIII)	4Q**223-224** 2ii50
ואתה י[פקד] / [פרעוה פ]קידי[ם	(XIII)	4Q**223-224** 2v24
ויאמר **ע[תה** ידעתי כי	(XIII)	4Q**225** 2ii9
ויומר אליו **עת[ה** ידעתי	(XXII)	4Q**252** III,8
]**ועתה** שמעו כול יודעי / [צ]דק	(XVIII)	4Q**266** 2i6
ועתה שמ[עו אלי כול באי ברית	(XVIII)	4Q**266** 2ii2
] / **ועתה** שמעו לי כול יודעי צדק	(XVIII)	4Q**268** 1,9
ועתה שמעו לי כל יודעי צדק	(XVIII)	4Q**270** 2ii19
ועתה / האזינ[ו חכמים]	(XX)	4Q**298** 3-4ii3
]**ועתה**[	(XX)	4Q**299** 44.3
ועתה מ◦[	(XX)	4Q**299** 62,3
] **ועתה** פ[	(XX)	4Q**299** 80,2
]**ועתה**[מתי אעשה גם אנוכי לביתי]	(XIII)	4Q**364** 4b-eii8
ועת[ה ישב נא] / [עבדכה תחת הנער	(XIII)	4Q**364** 10,4
ועתה יגדל[נא כוח אדוני	(XIII)	4Q**364** 18,2
ועתה ישראל מה[יהוה אלוהיכה שואל	(XIII)	4Q**364** 28a-b,6
]**עתה** ◦[	(XIII)	4Q**364** I,1
]**ועתה** אם / [נא מצאתי חן בעיניך	(XXVIII)	4Q**368** 1,6
] / **ועתה** היום [	(XXII)	4Q**378** 3ii+4,4
ועתה בהיות טמאתם עמהם	(X)	4Q**396** 1-2iii7
ועתה אני את א[דני]ברוח / [ראיתי	(XXXVI)	4Q**410** 1,7
ועתה / חסד [	(XX)	4Q**413** 1-2,3
ועתה אוילי לב מה טוב ללוא / [	(XXXIV)	4Q**418** 69ii4
ו]**עתה** אלי[	(XX)	4Q**426** 6,1
] **עתה** א[	(VII)	4Q**487** 18,4
ועתה הקימות[ה נופלים בעוז]כה	(VII)	4Q**491** 8-10i8
כיא **עתה** חר[	(VII)	4Q**491** 10ii16
ועתה כיום הזה / אשר נכנע לבנו	(VII)	4Q**504** 1-2vi4
]**עתה** [	(VII)	4Q**509** 26,3
ועתה האמורי שם	(XXV)	4Q**522** 9ii9
ועתה נ[ש]כינה את א[הל מ]ועד	(XXV)	4Q**522** 9ii12
ו]**עתה** בנים ש[מעו מוסר ?	(XXV)	4Q**525** 2ii+3,12
] / **ועתה** מבין שמעה לי	(XXV)	4Q**525** 14ii18

עַתָּה ← אַתָּה

עַתָּהא ← עַתָּה

ready verb **עָתוּד**

Text	Group	Reference
וכולם **עתודים** בס[		1QM VI,16
ותמימי רוח ובשר **ועתודים** ליום נקם		1QM VII,5

1QM X,5 ו[ש]וטרינו ידברו לכול עתודי המלחמה

ram verb עַתּוּד

11Q5 XVIII,8 (IV) כמגיש מנחה כמקריב עתודים ובני בקר

ready adjective עִתִּי

1QS IX,23 ולהיות איש מקנא לחוק ועתי ליום נקם
4Q258 VIII,7 (XXVI) ולהיות איש מקנא לחוק ועתי ליום [נקם
4Q259 IV,5 (XXVI) ול[היות] / איש מק[נא לחוק ועת]י ליום[נקם
11Q19 XXVI,13 ושלחו / לעזאזל המדבר ביד איש עתי

ready adjective עָתִיד

1QSa I,27 (I) להיות כול הבא / עת[יד ל]הנה

to burn verb עתם

4Q163 4-7i14 (V) [בעברת יהוה צ]באות [נת]עם /]

supplication (?) noun עתרה

4Q173 1,4 (V) ע]תרות מורה הצדק[

פ

pe, seventeenth letter of the alphabet פ

KhQ3 2 (XXXVI) ש / ל ם ן ס ע פ צ ק ר / א

corner, side noun פֵּאָה

1QM XI,6 ומחץ פאתי מואב וו קרקר כול בני שית
4Q175 13 (V) ומחץ / פאתי מואב וקרקר את כול בני שית
PAM 43.673 5,2 (XXXIII)]◦ת מפא[ת ?

פאיר ?

1QHa XII,1]ם פאיר◦◦ה◦◦[

to beautify, glorify verb פאר-2

1QHa V,23] בהדרך תפארנו ותמ◦◦◦◦[
4Q448 I,8 (XI) ועל מפארו י[גדיל חסדו
11Q5 XVIII,1 (IV) ולתמימים לפאר עליון
11Q5 XVIII,7 (IV) ואדם מפאר עליון / ירצה
11Q5 XVIII,14 (IV) ועל מפאריו יגדל חסדו / מעת רעה
11Q5 XXII,6 (IV) ובמעשי חסידיך תתפארי

headdress noun פְּאֵר, פֵּר

1QM VII,11 ופרי מגבעות בראשיהם בגדי מלחמה
4Q408 3+3a,5 (XXXVI) ב]הפיע פארי כבדו מזבול קד[ש

branch, glory noun פֹּארָה

CD VI,7 כי דרשוהו ולא הושבה / פארתם בפי אחד
1QHa XVI,22]נו לפארת כבוד
4Q418 81+81a,13 (XXXIV) כול קצים הדרו פארתו למטעת עו[לם
4Q433a 2,6 (XXIX)] / פארה לדורות עולמים
4Q477 2ii4 (XXXVI) וגם רוח פארה עמ[ו
4Q501 5 (VII) כ]ה ופארתכה לילוד אשה

improper sacrificial meat noun פִּגּוּל

11Q19 XLVII,14 יגאלו את מקדשי בעורות זבחי / פגוליהמה
11Q19 XLVII,18 ועירי בעורות פגוליכמה
11Q19 LII,18 כי בשר פגול / הוא

to meet, encounter, fall upon verb פגע

1QHa IV,5] פוגעות פתע פתאו[ם] כדונ[ג ימס
1QHa 4,16] ותפגע בעבדכה זות למענכה
4Q422 III,8 (XIII)]ערוב [בב]תיהסה ו[יפג]ע בכול פ[ ]הסה
4Q468k 4 (XXXVI)]פגועים [
4Q510 1,6 (VII)] / והפוגעים פתע פתאום לתעות רוח בינה
4Q511 11,4 (VII)]יפגעו לענות ב[
4Q511 11,8 (VII)]הפגועים ה◦◦[
11Q5 XXVII,10 (IV) ושיר / לנגן על הפגועים ארבעה
11Q11 V,2 (XXIII)]הפגוע[ים

occurrence noun פֶּגַע

4Q504 1-2iv13 (VII) ואין שטן / ופג{{ר}}ע רע כיאם שלום

corpse noun פֶּגֶר

1QM XI,1 ובכוח ידכה רוטשו פגריהם לאין קובר
1QM XIV,3 יכבסו בגדיהם ורחצו / מדם פגרי האשמה
4Q165 3,1 (V) יורדי אל אבני] בור כפגר [מובס
4Q169 3-4ii4 (V) ורוב חלל וכבוד פגר ואין קץ לגויה

4Q**169** 3-4ii6 (V) ורוב / **פגרי** אשמה יפולו בימיהם
4Q**491** 14-15,9 (VII)] ולהשליך כול **פגר**[יהמה

to strike, befall verb **פגש**

4Q**417** 2i25 (XXXIV)] / ואם נגע **יפגשכה** ואין[
4Q**418** 7b,8 (XXXIV) ודע מאגרכה ו]אם נגע **יפגשכה** / [ואין

to redeem, release verb **פדה**

CD XVI,8 עד מחיר מות אל **יפדהו**
1QH[a] IV,20] צדקתך **ופדה** / [
1QH[a] X,32 **פדית**[ה] נפש אביון אשר חשבו להתם
1QH[a] X,35 **ותפד** נפשי מיד אדירים
1QH[a] XI,19 אודכה ארוני כי **פדיתה** נפשי משחת
1Q**45** 1,2 (I)] **פדית**[ה
4Q**158** 7-8,14 (V)] / [**והפ**]**דה** לע[ם
4Q**171** 1-2ii18 (V) ואל **יפדם** / מידם
4Q**270** 2ii8 (XVIII) **ופדו**[י בכור הבה]מה הטמאה
(XVIII) **ופדוי** בכ[ור אדם וראשית גז] / הצון
4Q**270** 2ii9 (XVIII) וכסף הערכים **לפדוי** נפשם
4Q**368** 2,12 (XXVIII) כל בכור בניך **תפ**]**דה**
4Q**374** 3,2 (XIX)]◦ **לפדותך**[
4Q**504** 4,7 (VII) אתה **פדיתנו** וסלח[נא]לעווננו
4Q**511** 36,3 (VII)]**לפדויים** כיא אלוהי[ם
6Q**9** 59,1 (III)] **יפדכמ**[ה
11Q**5** XXII,15 (IV) שבחי עליון **פודך** תשמח נפשי בכבודך
11Q**19** LIV,16 **ופדיתיכה** / מבית עבדים
11Q**19** LIX,11 **ופדיתים** מכף שונאיהמה
11Q**19** LIX,12 והביאותים / לארץ אבותיהמה **ופדיתים**
11Q**19** LXIII,6 לעמכה ישראל אשר **פדיתה** / יהוה

redemption noun **פְּדוּת**

1QM I,12 והיאה עת / צרה ע[ ]ל עם **פדות** אל
מחושה עד תומה **לפדות** עולמים
1QM XI,9 שבעת / גוי הבל ביד אביוני **פדותכה** [
1QM XIV,5 ותעודות / ישועה לעם **פדותו**
1QM XIV,10 שמרתה נפש **פדותכה**
1QM XV,1 וגורל אל **בפדות** עולמים
1QM XVII,6 וישלח עזר עולמים לגורל [**פ**]**דותו**
1QM XVIII,11]תנו יד חסדיכה עמנו **בפדות** עולמים
4Q**266** 11,13 (XVIII) ואנו עם **פדותכה** וצון מרעיתך
4Q**269** 16,11 (XXXVI) ואנו עם **פדו**]**תכה** / [וצון מרעיתכה
4Q**365** 6aii+6c,6 (XIII)] / ורוממנה למרומם[**פ**]**דות** נתת◦[
4Q**446** 1,5 (XXIX)]וכו אביוני **פדותו**[
4Q**446** 3,2 (XXIX)]◦◦[ ]**פדותיך** ◦[
4Q**468**y 4 (XXXVI)]**פדו**[ת
4Q**491** 8-10i8 (VII) שמרתה נפש]**פדותכה**
4Q**491** 11ii14 (VII)]נאמן ועזר **פדותו** [
4Q**503** 1-6iii8 (VII) ו]**פדותנו** בראשי[ת
4Q**511** 63-64ii1 (VII) מ]עשי אלוהי **פדותי** ◦◦◦די◦[

Paddan Aram proper noun **פַּדַּן אֲרָם**

4Q**364** 3ii8 (XIII) ושלח אותו] / **פ**[**דן**] **ארם**

mouth noun **פֶּה**

CD V,12 ובלשון / גדופים פתחו **פה** על חוקי ברית אל
CD VI,7 ולא הושבה / פארתם **בפי** אחד
CD VII,5 בתמים קדש על **פי** כל יסורו ברית אל
CD VII,7 והתהלכו על **פי** התורה
CD X,1 ואל יקובל / עוד לשופטים להמית על **פיהו**
CD X,5 עשרה אנשים ברורים / מן העדה **לפי** העת
CD XII,16 לגאולי שמן בהם **כפי** / טמאתם
CD XIII,3 על / **פיהו** ישקו כולם
CD XIII,4 לצאת ולבוא על **פיהו** כל באי המחנה
CD XIII,12 וכתבוהו במקומו **כפי** נחלתו בגורל הא[ור]
CD XIII,13 להביא איש אל העדה זולת **פי** המבקר
CD XIV,10 על **פיהו** יבאו באי העדה / איש בתרו
CD XV,15 **ולפי** דעתו היותו אויל ומשוגע
CD XVI,15 אל] יקדש איש את מאכל / **פ**[יהו
CD XIX,4 ויתהלכו על **פי** התורה
CD XX,4 **כפי** מעלו {{יח}} יוכיחוהו אנשי / דעות
CD XX,6 ובהופע מעשיו **כפי** מדרש התורה
CD XX,24 איש **לפי** רוחו ישפטו בעצת / הקדש
CD XX,28 לצאת / ולבוא על **פי** התורה
1QS II,9 ולוא יהיה לכה שלום **בפי** כול אוחזי אבות
1QS II,20 יעבורו / ברשונה בסרכ **לפי** רוחותם
1QS III,23 ופשעי מעשיהם בממשלתו / **לפי** רזי אל
1QS IV,16 פעולת / מעשיהם במפלגיהן **לפי** נחלת איש
1QS IV,24 **וכפי** נחלת איש באמת יצדק
1QS IV,26 ו]ל[ה]פיל גורלות לכול חי **לפי** רוחו
1QS V,2 ומשובים על **פי** בני צדוק הכוהנים
ועל **פי** רוב אנשי / היחד
1QS V,3 על **פיהם** יצא תכון הגורל
1QS V,16 לוא ישיב איש מאנשי / היחד על **פיהם**
1QS V,21 בין איש לרעהו **לפי** שכלו ומעשיו בתורה
על **פי** בני אהרון המתנדבים ביחד
1QS V,22 ועל **פי** ר{{ו}}ב ישראל המתנדבים לשוב
1QS V,23 איש לפני רעהו **לפי** שכלו ומעשיו
1QS V,24 להעלות איש **לפי** שכלו ותום דרכו
1QS VI,18 על דבריו **לפי** שכלו ומעשיו בתורה
1QS VI,19 לקרוב לסוד היחד על **פי** הכוהנים
1QS VI,21 יפקודהו על **פי** הרבים
1QS VI,24 ישפטו בם במדרש יחד על **פי** הדברים
1QS VI,26 באמרות את **פי** רעהו הכתוב לפנוהי
1QS VII,9 ואשר ידבר **בפיהו** דבר נבל
1QS VIII,19 וקרבהו / בעצה על **פי** הרבים
1QS VIII,26 ובעצה [ע]ל [**פ**]**י** [ה]רבים
1QS IX,2 ועצתו על **פי** הרבים
1QS IX,7 ועל **פיהם** יצא
1QS IX,13 כול השכל הנמצא **לפי** העתים
1QS IX,14 ולשקול בני הצדוק **לפי** רוחום
להחזיק על **פי** / רצונו כאשר צוה
1QS IX,15 **ולפי** שכלו / להגישו
1QS IX,25 [ו]בכול אמרי **פיהו** ירצה
1QS X,21 ולוא ישמע **בפי** / נבלות וכחש עוון
1QS X,23 בהודות אפתח **פי** וצדקות אל תספר
1QSa I,2 (I) להתה]לך / על **פי** משפט בני צדוק
1QSa I,7 (I) **וכפי** יומיו ישכילוהו בחוקי הברית
1QSa I,10 (I) כיאם **לפי** מילואת לו עש[רי]ם שנה
1QSa I,15 (I) [על **פ**]**י** בני / [אהר]ון הכוהנים
1QSa I,17 (I) **ולפי** שכלו עם תום דרכו
1QSa I,19 (I) וברובות שני איש **לפי** כוחו
1QSa I,22 (I) ובעבודת המס יעשה עבודתו **כפי** מעשו
1QSa I,23 (I) יעמודו איש במעמדו / על **פי** בני אהרון
1QSa I,24 (I) על **פי** בני צדוק הכוהנים
1QSa II,10 (I) [ו]דורש[והו]**מפיהו**
1QSa II,14 (I) וישבו / ל[פניו איש] **לפי** כבודו
1QSa II,15 (I) ראש / א[לפי ישראל אי]ש **לפי** כבודו
1QSa II,16 (I)]ישבו לפניהם איש **לפי** / כבודו
1QpHab II,2] מורה הצדקה **מפיא** / אל
1QpHab II,7 הבא[ות ע]ל הדור האחרון **מפי** / הכוהן

1QM II,8		לצאת לצבא **כפי** תעודות המלחמה
1QM VI,12		סוסים זכרים קלי רגל ורכי **פה** וארוכי רוח
1QM XIV,6		ולפתוח **פה** לנאלמים לרנן בגבורׄ[ת
1QM XV,6		הכוהן החרוץ למועד נקם על **פי** / כול אחיו
1QH^a VI,11		כי **לפי** רוחות תׄבׄ[ד]ילם בין / טוב לרשע[
1QH^a VI,13		ו**לפי** / קורבי קנאתי על כול פועלי רשע
1QH^a VI,14		כי כול קרוביך לא ימרו **פיך**
1QH^a VI,18		**לפי** / שׄכלו אגישנו
1QH^a VI,20		כי אם **לפׄ**[י קרבך אי]ש / [אה]בׄנו
1QH^a VIII,4		]◦להקׄ◦שׄ◦ **בׄפׄי** כׄל מעשׄ◦◦ ◦מל◦[
1QH^a IX,20		ועל **פי** רׄצׄ[ונכה נ]הׄיה כול
1QH^a IX,31		ולהלל שמכה / **בפה** כול יודעיכה
		לפי שכלם יברכוכה לעולמי [עד]
1QH^a X,17		אשר הכינותה **בפי** ותלמדנו בינה
1QH^a X,34		וחרפה **בפי** כל דורשי רמיה
1QH^a XI,5		]◦ **פיכה** ותצילני מ[
1QH^a XII,16		ויבאו / לדורשכה **מפי** נביאי כזב
1QH^a XII,27		להכרית במשפט כול / עוברי **פיכה**
1QH^a XIII,4		] / על **פי** רצונכה
1QH^a XIII,9		ותסגור **פי** כפירים אשר / כחרב שניהם
1QH^a XIII,11		ולא / פצו עלי **פיהם**
1QH^a XIV,9		ורוב סליחה ו**כפיכׄה** להורותם
1QH^a XIV,14		והם ישיבו **בפי** כבודכה
1QH^a XV,11		ואין **פה** לרוח הוות
1QH^a XV,21		ויפצו **פה** כיונ[ק
1QH^a XVI,16		ואתה אלי שמתה **בפי** כיורה גשם
1QH^a XVI,35		ולשון הגברתה **בפי** בלא נאספה
1QH^a XVII,11		ותתן / תחנה **בפי** עבדכה
1QH^a XVIII,7		ומה אדבר בלא פתחתה **פי**
1QH^a XVIII,20		ואני **לפי** דעתי באמתׄ[כה
1QH^a XVIII,27		וׄ**לפי** דעתם יכבדוׄ / איש מרעהו
1QH^a XVIII,29		ו**לפי** דעתו ו◦ב◦[
1QH^a XIX,4		ותתן **בפי** הודות ובלשוני / [תהל]ה
1QH^a XIX,7		ואני ידעתי כי אמת **פיכה** ובידכה צדקה
1QH^a XIX,24		**בפׄי** כולם יהולל / שמכה לעולמי עד
1QH^a XIX,25		יברכוכה **כפי** שכׄלׄ[ם
1QH^a XIX,33		ותשם **בפי** עבדׄכׄה הׄוׄדׄוׄת ◦[
1QH^a XX,9		לכול / ממשלתם בתכון נאמנה **מפי** אל
1QH^a XX,22		ובקץ כבודכה יגילו ו**לפי** מׄ[
1QH^a XX,23		ו**לפי** ממשלתם ישרתוכה למפלג[יהם
1QH^a XX,33		ומה / אדבר כיא אם פתחתה **פי**
1QH^a XXII,10		ואדעה כיא אמת / **פיכה** [
1QH^a XXIII,10		מק]ור פתחתה **בפי** עבדכה
1QH^a 10,5		עלי]לליה **לפי** שכלם
		ו**כפי** דעתכׄ[ה בכ]בודכה ◦[
1QH^a 11,4		]◦ ◦רוחם בׄנׄי איש **לפי** שכלו וׄח[
1Q**22** 1ii6	(I)	הוציא את הדב]רׄיׄםׄ [הא]לה **מפיה**[ו]
1Q**26** 2,3	(I)	]◦ ארץ ועל **פיהו** [
1Q**27** 1i9	(I)	הלוא **מפי** כול לאומים שמע האמת
1Q**29** 5-7,1	(I)	ה]דׄברים האלה על **פי** כול ◦[
1Q**30** 1,6	(I)	] ופשריהם **לפי**[
1Q**31** 1,2	(I)	] / **פיהם** ישקו כול ◦◦[
2Q**22** I,1	(III)	כי שברו י]הוה אלהינׄ[ו ל]**פי** [חרב
2Q**25** 1,1	(III)	ימ]לׄא **פיהם**[
2Q**33** 3,2	(III)	]◦בה אל **פי** מׄ[
3Q**14** 2,3	(III)	] **פיכה** [
3Q**15** I,11	(III)	**מפי** גל פתחו בשולי האמא
3Q**15** VII,14	(III)	על **פי** יציאת המים של הכוז / בא
3Q**15** VIII,8	(III)	ביגר של **פי** צוק הקדרוׄת
3Q**15** IX,12	(III)	לכפר נׄבוׄ ב / מ‹ז›רח כל**פיהם**
3Q**15** IX,14	(III)	בשית שבצפון **פי** הצוק של בית / תמר
3Q**15** XII,6	(III)	**בפי** המבוע של בית שם
3Q**15** XII,11	(III)	וקברין על **פיה** משנא הכתב הזא
4Q**159** 1ii5	(V)	] / השדה יׄאכׄל **בפיהו**
4Q**159** 2-4,5	(V)	דבר בישראל על נפש על **פיהם** ישאלו
4Q**161** 8-10,23	(V)	]וכאשר יורוהו כן ישפוט ועל **פיהם**[
4Q**162** II,5	(V)	ופערה **פיה** לבלי חוק
4Q**164** 1,1	(V)	]ך כול ישראל **כפיך** בעוך
4Q**175** 6	(V)	ונתתי דברי / **בפיהו**
4Q**181** 1,2	(V)	ומחלים רעים / בבשר **לפי** גבורות אל
	(V)	ולעומׄת רשעׄם **לפי** מׄרׄדׄאֹתם
4Q**181** 1,3	(V)	לעומת רחמי אל **לׄפי** טובו
4Q**181** 1,5	(V)	מ]לאו איש **לפי** גורלו אשר הׄפ[י]ל[
4Q**222** 1,4	(XIII)	ותפתח **פיה** ותברך את {{ע}}אל עליון
4Q**249**f 1-3,7	(XXXVI)	הקודש] / [ישבו לפניהם איש **לפ**]יׄ כבודׄ[ו
4Q**249**g 3-7,9	(XXXVI)	[אל עצת הקודש ידורשוהו מ]**פׄי**[הו
4Q**252** I,16	(XXII)	ועלי זית טרף **בפיה**
4Q**256** IX,3	(XXVI)	ומשיבים] / על **פי** הרבים לכול דבר
4Q**258** I,2	(XXVI)	ומשיבים על **פי** הרבים לכל דבר
4Q**258** I,8	(XXVI)	לא ישיב א]יש מאנשי היחד על **פיהם**
4Q**258** I,12	(XXVI)	ושבעות וחרמים ונדרים **בפיהם** [
4Q**258** II,1	(XXVI)	על **פי** בני אהרון המתנדבים
4Q**258** II,2	(XXVI)	אשר צוה / לעשות על **פי** רוב ישראל
	(XXVI)	בסרך איש **לפי** שכלו / ומעשיו בתורה
4Q**258** II,4	(XXVI)	לֽהֽעלות איש **כפי** שכלׄ[ו]
4Q**258** VII,3	(XXVI)	ולעצתו על **פי** הרבים
4Q**258** VIII,1	(XXVI)	ו**לפי** שכלו להגישו
4Q**259** III,10	(XXVI)	ול]שׄקול את בני הׄצדק **לפי** רׄ[ו]חמה
4Q**259** III,11	(XXVI)	להחזיק]עׄל **פי** רצונו כאשר צוה
4Q**260** V,2	(XXVI)	ולוא ישמע **בפי** / נבלות וכחש עוון
4Q**260** V,5	(XXVI)	בהודׄ[ות אפ]תׄ[ח]⟦ ⟧ **פי**ׄ[
4Q**261** 3,2	(XXVI)	א]שר ישפטו עׄל **פׄי**ׄ[הדברים
4Q**266** 5i13	(XVIII)	]◦◦ איש {ל} **לפי** רוחׄ[ו יקר]בו / [
4Q**266** 5i14	(XVIII)	]וׄת יׄרֹחק{{◦}}ו **לפי** המבקר
4Q**266** 8i6	(XVIII)	וילמד / עד שנה תמימה ו**לפי** דעתה יקרב
4Q**266** 8iii4	(XVIII)	עשרה אנ]שים ברורים מן העד[ה] **לפי** העת
4Q**266** 9ii14	(XVIII)	ויצא הגורל לצאת ול]בׄו עׄל **פיהו**
4Q**266** 10ii3	(XVIII)	ואשר ידבר **בפיה**ׄ[ו] דׄבר נבל
4Q**266** 11,6	(XVIII)	על **פי** כול החוקים הנמצאים בתורת מושה
4Q**267** 2,14	(XVIII)	ולוא הושבה פארתם] / **בפׄי** אחד
4Q**267** 5ii7	(XVIII)	] / [איש **לפ**]יׄ רוחוׄ [יקרבו
4Q**270** 2ii15	(XVIII)	בׄ[חוזי אמתו בהמרותו] / את **פי** אל
4Q**270** 6ii7	(XVIII)	ו]**לׄפׄ**[י] דׄעׄתׄ[ו] יׄקׄ[רב
4Q**270** 6iii18	(XVIII)	[דבר אש]ר / [לא בהוכח ע]ל **פי** עדים
4Q**270** 6iv13	(XVIII)	וׄעל **פי** עׄדׄ אחד להׄ[בדיל מן הטהרה
	(XVIII)	ל]המׄיׄת על **פיה**וׄ אׄ[שר] / לאׄ מלאו ימו
4Q**270** 6iv16	(XVIII)	עׄשׄרׄה אנשים בׄרורי[ם מן הע]דׄה **לפי** העׄת
4Q**270** 7i20	(XVIII)	על **פי** כל החוקים הנֽמצ{{וׄ}}אׄיׄ[ם
4Q**271** 4ii3	(XVIII)	על] **פי** הדׄ[ברי]םׄ האׄלה כרתי עמכה
4Q**279** 5,5	(XXVI)	]◦ איש **לפי** רוחו
4Q**280** 2,4	(XXIX)	ולוא יהיה לכה שלו[ם] **בפי** כול אוחזי אבוׄ[ת
4Q**282**j 5	(XXXVI)	] וׄ**פה** / [
4Q**299** 3aii-b,8	(XX)	ימחה שמו **מפי** כולׄ[
4Q**299** 6ii14	(XX)	] / **לפי** תׄבאוׄת ומה בׄ◦[
4Q**299** 22,1	(XX)	]מׄ**פי**[
4Q**299** 59,3	(XX)	] / בכול עוברי **פיה**ׄ[ו
4Q**299** 76,2	(XX)	]מׄ**פיהו** לפת[וח
4Q**303** 13	(XX)	]ל **לפי**[
4Q**364** 21a-k,16	(XIII)	ותמרו] / את **פי**[יהוה אלוהיכם
4Q**365** 31a-c,12	(XIII)	על פי יהוה יחנו ו]עׄל **פׄי**ׄ יהׄ[וה יסעו]

] את פי יהוה אלהיכם	(XXVIII)	4Q368 9,2
ישעי[רו ב]דברי פ[יה]מה לג[דף	(XXVIII)	4Q371 1a-b,12
וישעירו בדברי פיהם לגדף על אהל ציון	(XXVIII)	4Q372 1,13
ופתח פיהו על / כל בני אהביך	(XXVIII)	4Q372 1,20
[ו]לבב ללמד בינה פה[להג]יד משפט	(XXVIII)	4Q372 3,5
] / אמת וכל אמרי פי צ[דק	(XXVIII)	4Q372 3,6
] / יהוה פתח פי ומאתו [ד]ברי לשוני	(XXVIII)	4Q372 3,7
כי שברו יהוה אלהינו לפי[חרב	(XXVIII)	4Q373 1a+b,6
אשר]יצוה אלוהיכה אליכה מפי הנביא	(XIX)	4Q375 1i1
]◦◦ בפי מושה משיחו	(XXVIII)	4Q377 2ii5
וכמלאכ ידבר מפיהו כיא מי מבש[ר]כמוהו	(XXVIII)	4Q377 2ii11
ה[ג]יד לנו איש האלהים מפי ◦[	(XXII)	4Q378 26,2
] / פי ולפתאים ויבינו	(XI)	4Q381 1,2
עשה שמים וארץ ובדבר פיו [	(XI)	4Q381 1,3
ולפי דבריו ◦◦◦◦כל [	(XI)	4Q381 1,6
ואין לעבור פיהו	(XI)	4Q381 14+5,3
והצליחני ברוח פי[ך	(XI)	4Q381 48,3
ולהמיר דבריו פיהו מעלא[	(XI)	4Q381 69,9
ותשכילו לחכמה מפי תצא ותבינ[ו	(XI)	4Q381 76-77,8
]תם פיהם / [	(XI)	4Q381 96,1
מו]צא פיכה[	(XIII)	4Q382 7,3
]◦ שלם פיכה ולעשות [	(XIII)	4Q382 38,3
דב]רי פי[	(XIII)	4Q382 48,4
] / [כי]פי יהוה דבר אלה	(XXX)	4Q385 4,7
]ם זורע לחם לפי תבא[תו	(XXX)	4Q387a 9,3
ל]פי חטאתם[	(XXX)	4Q387a 9,4
]לפי חרבתיכ[ם	(XXX)	4Q388 6,4
]◦ופיו על ש◦[	(XIX)	4Q391 8,1
ול[דר]וש דברי פיה[ו	(XXIX)	4Q392 1,3
]רבו בם לפי סוד[	(XI)	4Q400 1i11
ומפיהם הורות כול קדושים	(XI)	4Q400 1i17
ובכול מרומי רום תהלי פלא לפי כול[	(XI)	4Q400 2,4
לאמרי פיהו יהיו כ[ול אלי רום	(XI)	4Q403 1i35
דעת רנות פלאו / בפי כול הוגי [בו	(XI)	4Q403 1i37
וירצו דעתם במשפטי פיהו	(XI)	4Q403 1i39
] / ולפי שבועי ד[ברי	(XI)	4Q403 1ii30
לאמרי] / פיהו יהי[ו כול אלי רום	(XI)	4Q405 4-5,3
ורוממ[ו]הו כפי הכבוד	(XI)	4Q405 20ii-22,7
] / בכול פיכה הלל ◦[	(XX)	4Q412 1,7
וכפי גועלו / כל רע[	(XX)	4Q413 1-2,2
כי ממוצא פיכה נ[פרשה טהרת כול	(XXXV)	4Q414 2ii-4,7
] / ולפי זה נ[ ]מכ◦ ה◦[	(XXXIV)	4Q415 9,10
כי לפיא רוחות ית[כנו	(XXXIV)	4Q415 11,5
] / לפי צבאם למ[שור במשורה	(XXXIV)	4Q416 1,4
] / לפי מחסור צבאם	(XXXIV)	4Q416 1,6
] / הפר על מוצא פיכה	(XXXIV)	4Q416 2iv9
]מזל שפתיו לפי רוחו	(XXXIV)	4Q416 7,3
כפי נחלתו בה יר[שע	(XXXIV)	4Q417 1i24
] / פיהו יהיה כול	(XXXIV)	4Q417 2i20
]ל ופיכמ[ה	(XXXIV)	4Q417 6,1
]א◦ ולפי השכ[ל	(XXXIV)	4Q417 20,6
ועל]פיהו / [יהיה כול	(XXXIV)	4Q418 7b,3
]ה לפי[	(XXXIV)	4Q418 20,3
ול]פי דעתם יכבדו איש מרעהו	(XXXIV)	4Q418 55,10
ולפי שכלו ירבה הדרו	(XXXIV)	
ואיש כפי חפצ[ו	(XXXIV)	4Q418 103ii5
]◦ לפי [	(XXXIV)	4Q418 110,1
]פיהו ואל ישים מחפצו	(XXXIV)	4Q418 126ii14
ל]פי רוב נחלת איש באמ[ת	(XXXIV)	4Q418 172,5
] פי [	(XXXIV)	4Q418 221,1
אשר תעשו על פי כול המשפ[טים	(XXXVI)	4Q419 1,1
]ב פיהם[	(XXXVI)	4Q419 2,1
]ש בפיה[ו	(XX)	4Q421 2,1
ועל פיהו הרתה כל[רחם	(XXXIV)	4Q423 3,3
]ם לפי [	(XXXIV)	4Q423 20,2
בפ]י כולמה [יהו]לל שמכ[ה לעולמי עד	(XXIX)	4Q427 1,6
יהללוכה לפי שכלם]וכפי דעתמה	(XXIX)	4Q427 8i7
ותפת]ח פי עב[דכה	(XXIX)	4Q428 14,6
[אתה אל הדעות ב]פי [עוז]מנשף ל[	(XXIX)	4Q428 20,4
]◦ק ותשבוחות בפי עצו[ם	(XXIX)	4Q433a 1,5
] / בפיהם בלש[ון]◦ אלם הע[	(XXIX)	4Q434 6,2
ותשם פי כחרב חדה	(XXIX)	4Q436 1a+bi7
]ם ותפתח פי[	(XXIX)	4Q443 1,13
]ר בפי לוא תבחן[	(XXIX)	4Q443 2,4
]ת פיך ותראני עצ[תכה	(XXIX)	4Q443 2,5
מיראי אל בדעת אמתו פתח פי	(XXIX)	4Q444 1-4i+5,1
ישפוט] יהוה דברי פיכה	(XXXVI)	4Q460 9i10
]ול שליש על פי נש[	(XXXV)	4Q472a 3
]ורה והללו בכל פיהם[	(XXII)	4Q481c 5
]בזו לדברי פיכה [לא שמעו	(XXII)	4Q481e 1
]◦ ופה[	(VII)	4Q487 11,1
]רחוב פי אשמת◦[	(VII)	4Q487 15,3
]שבט לפיא פקודיו לדבר יום [ביומו]	(VII)	4Q491 1-3,8
כול שבטי י]שראל לפיא פק[ודיהמה	(VII)	4Q491 20,2
]רי פיכה[	(VII)	4Q499 22,1
שלו]ם עלי[כ]ה[ישרא]ל בפי כול לש[וני	(VII)	4Q503 42-44,3
נ]שאת[ה] / לאבותינו בהמרותם את פיכה	(VII)	4Q504 1-2ii8
]בפיה מן ◦[	(VII)	4Q509 228,2
להתהלך[ב]גורל / [אלוהים]לפי כבוד[ו	(VII)	4Q511 2i10
בכנור ישועות / [יפת]חו פה לרחמי אל	(VII)	4Q511 10,9
ובפי יפחד [כול רוחות] / ממזרים	(VII)	4Q511 48-49+51,2
בלוא פתח]תה פי מה [אדבר	(VII)	4Q511 75,2
על] / פיכה נפרשה טהרת כול [	(VII)	4Q512 42-44ii4
]חוקי פיכ[ה	(VII)	4Q512 82,2
]בפיהו ושנת[	(VII)	4Q513 17,2
ככול אשר יצא מ]פיה ⟦ ? ⟧	(XXV)	4Q524 3,1
ועל]פי שלושה עדים [יומת	(XXV)	4Q524 14,3
]◦ ופים[	(XXV)	4Q524 31,2
]◦ פה בלוא[	(XXV)	4Q525 7,3
]ומפיהם[	(XXV)	4Q525 13,1
] / ולפי שומעכה ענה כמוהו	(XXV)	4Q525 14ii22
]◦ה בפי[	(III)	5Q13 10,2
]לפ[י]כ[ול עש]ותמה	(XXIII)	11Q13 II,8
על פי פתחי השערים כולמה		11Q19 XLVI,6
כאשר הקדשתה או נדרתה בפיכה		11Q19 LIII,10
כאשר נדרתה נדבה בפיכה		11Q19 LIII,13
ככול היוצא מפיהו / יעשה		11Q19 LIII,15
ככול אשר יצא מפיה		11Q19 LIV,5
תכה את כול יושבי / העיר ההיא לפי חרב		11Q19 LV,7
ואת / כול בהמתה תכה לפי חרב		11Q19 LV,8
ועשיתה על פי התורה אשר יגידו לכה		11Q19 LVI,3
ועל פי הדבר / אשר יואמרו לכה		
ועל פי המשפט אשר יואמרו לכה		11Q19 LVI,6
והכום לפי {{◦}}חרב ונשא את שללמה		11Q19 LVIII,12
על פיהו יצא ועל פיהו יבוא		11Q19 LVIII,19
על פיהו יצא ועל פיהו יבוא		
אשר יצא על פי המשפט אשר / [		11Q19 LVIII,21
על פי שנים / עדים		11Q19 LXI,6
או על פי שלושה עדים יקום דבר		11Q19 LXI,7
והכיתה את זכורה לפי חרב		11Q19 LXII,9

11Q19 LXIII,4 — ועל פיהמה יהיה כול ריב וכול נגע
11Q19 LXIV,8 — על פי שנים עדים
ועל פי שלושה עדים / יומת
PAM 43.700 36,2 (XXXIII) —] / מפׄיׄנו [

here adverb **פֹּה**
4Q382 9,6 (XIII) — ויואמר אליה]אל אלישע שיבנהנה פׄהׄ[

פהך ← הפך

to faint, decline verb **פוג**
1QpHab I,10 —]על כן תפוג תורה
4Q364 11,7 (XIII) — ויפג לב[ו] כי לו[א האמין להמה

to testify verb **פוח-2**
1QpHab VII,6 — כיא עוד חזון / למועד יפיח לקץ

clad in rags adjective **פּוּחַ**
1QS VII,14 — והואה / פוח ונראתה ערותו

Put proper noun **פּוּט**
4Q385b 1,3 (XXX) — ותהי חלחלה[ ]בפוט ותהי חרב במ[צרים]

Pul proper noun **פּוּל-1**
4Q385b 1,4 (XXX) — ת]תקלקל וכוש ו[פו]ל[ ] ואדירי ערב

פונון ← פּוּנֹן

Punon proper noun **פּוּנֹן**
4Q364 19a-b,9 (XIII) — וי]סׄעׄו מצלמ[ו]נׄה ויחנו בפׄוׄ[נון

to scatter, overflow verb **פוץ**
CD XIX,8 — הך את הרעה ותפוצינה הצאן
1QM III,5 — יכתובו גבורות אל להפיץ אויב
4Q200 5,2 (XIX) — ומר]ורת הדג בידו ונפוץ [בעיניו] / [
4Q216 II,15 (XIII) — ו]אפיצם בכל הגוי[ם]
4Q370 1i4 (XIX) — ופצו כל תהמו[ת מ]מים אׄדׄרׄיׄםׄ
4Q372 1,11 (XXVIII) — ובכל תבל מפצפצים
4Q381 46a+b,4 (XI) —]ת לאבתינא יפׄוׄצו לרב עד א[
4Q392 6-9,5 (XXIX) — נפ[וצותינו קב]ץ אשר לא[
4Q434 5,1 (XXIX) —]אׄפיצם[
4Q491 8-10i14 (VII) — מ]עׄליכה יפוצו כול בני חושך
4Q509 3,4 (VII) —]ונפוצות[י]נׄוׄ {{לׄ[תקופת}} ת]קׄ[ב]ץ

to obtain, find verb **פוק-2**
4Q424 3,7 (XXXVI) — איש ידע יפׄיק חכמה [
4Q525 5,10 (XXV) — נבונים יפׄיקו[
4Q525 14ii19 (XXV) —] / הפק דעת לבטנכה

Euphrates proper noun **פְּרָת**
1QM II,11 — וחול תוגר ומשא אשר בעבר פורת

to skip, gallop, scatter verb **פוש**
1QpHab III,7 — פשו ופרשו פרשו מרחוק / יעופו

פותי ← פֶּתִי-1

Potlais proper noun **פותלאיס**
4Q468e 3 (XXXVI) —]פותלאיס והנפש אשר ◦[

refined gold noun **פַּז**
4Q381 19i4 (XI) —] פז ותתן לי / [
4Q427 7i12 (XXIX) —]ר לא בפז אכ◦◦◦ לי
4Q431 1,8 (XXIX) — לוא] / בפז כ◦◦[
4Q472 1,5 (XXXVI) — ויביאו ?] / זהב ופז מנבלין[
4Q491 11i18 (VII) — לוׄא [פ]זׄ ולוׄא כתם אופירים / [

to scatter verb **פזר**
4Q88 VIII,7 (XVI) — התפזרו כול מסנאיך
4Q177 12-13i8 (V) —]ולפזור[ם] באׄרׄץׄ ציה
4Q381 28,1 (XI) —]לפניו וׄ[ב]גׄחׄלׄיׄ אשׄ יפזורׄ[
4Q510 1,3 (VII) — ומכות גבורׄ[ת]ו יבהלו ויתפזרׄוׄ כול
11Q5 XXII,11 (IV) — ויתפזרו כול משנאיך

snare noun **פַּח-2**
CD IV,14 — פחד ופחת ופח עליך יושב הארץ
1QH^a X,8 — ואהיה פח לפושעים
1QH^a X,29 — ופחים טמנו לנפשי נפלו בם
1QH^a XI,26 — בהפתח כל פחי שחת
1QH^a XXI,10 —] מפחי משפט לעומת רחמיכה
1QH^a 3,4 —]ופעמי על מטוני פחיה ומפרש[י רשת
1QH^a 3,8 — ופח לפח יטמונו צמי רשעהׄ [
ופח לפח יטמונו צמי רשעהׄ [
1Q22 1i8 (I) — והיו לפׄ[ח ו]מוקש
4Q171 1-2ii9 (V) — ונצלו מכול פחי / בליעל
4Q175 24 (V) — עומד להיות פ[ח י]קוש לעמו
4Q185 1-2ii5 (V) — ולא לעתת מפחד ומפח יקוש / [
4Q379 22ii10 (XXII) — [עומד] לׄהׄ[י]ת פח יקוש לעמו
4Q428 13,7 (XXIX) — על מטמוני פחים ומפרשי / [רשת

to fear, dread verb **פחד**
1QS IV,2 — ולפחד לבבו במשפטי / אל
1QH^a XVIII,34 — ואפחדה בשומעי משפטיכה
1QH^a 4,9 — ואני פחדתי ממשפטכהׄ[
4Q166 II,6 (V) —] / וכאלים יפחדו מהם בעורונם
4Q381 31,8 (XI) — ו]מׄפׄחׄדׄיׄ יתמו [ו]צׄררי יכׄלוׄ
4Q381 45a+b,1 (XI) — ואפחד ממך ואטהר / מתעבות הכרתי
4Q416 1,11 (XXXIV) —] / קצה ויפחדו
4Q416 1,12 (XXXIV) — ותהמות פחדו ויתערערו כל רוח בשר
4Q418 2+2a-c,3 (XXXIV) —]ויׄפחדו [וי]רׄעו כול אשר התׄ[גללו] בה
4Q418 2+2a-c,4 (XXXIV) — ותהום פחדו ויתרׄ[
4Q446 2,4 (XXIX) —]◦◦רׄיׄ כבודו וׄיׄפׄחׄדׄוׄ מ◦[
4Q460 9i2 (XXXVI) — ולפניכה אפחד כיא כפחׄדׄ אׄלׄוׄהׄים
4Q510 1,4 (VII) — לפחד ולב[הל] / כול רוחי מלאכי חבל
4Q511 3,6 (VII) — וׄפחדו כול ◦[
4Q511 8,4 (VII) — למשכיל ש]יר שני לפחד מׄיׄראיׄ[
4Q511 12,2 (VII) — י]תׄפׄחדו כול [
4Q511 48-49+51,2 (VII) — ובפיׄ יׄפחד [כול רוחות] / ממזרים

dread, awe, fear noun **פַּחַד-1**
CD IV,14 — לאמר פחד ופחת ופח עליך
1QS I,17 — לשוב מאחרו מכול פחד ואימה ומצרפ
1QS X,15 — ברשית פחד ואימה
1QSb V,19 (I) — וישים / [א]לׄ פחדכה [על] כול
1QpHab III,4 — אשר פחדם וׄאׄמׄתׄםׄ על כול / הׄגׄוׄאׄיׄםׄ
1QpHab IV,7 — לתפושם ובאמה ופחד / ינתנו בידם
1QH^a X,36 — לעזוב עבודתכה מפחד הוות רשׄעׄיׄם
1QH^a XIX,1 — בפחדׄ ◦◦הׄ◦[
1QH^a XX,16 —]פׄחד רשעה ואין רמיה [
4Q169 3-4ii5 (V) — וחרחור בינותם וגלות מפחד אויב

4Q**185** 1-2i15 (V)]◦יערין לבבכם מפני **פחדו**
4Q**185** 1-2ii5 (V) ולא לעתת **מפחד** ומפח יקוש / [
4Q**256** II,2 (XXVI) לשוב מאחרו] מכול **פ֯[חד** וא]ימה ומצרף֯
4Q**260** IV,1 (XXVI) [בר]א֯שית **פ֯ח֯ד** ואימה [ובמכון] צרה
4Q**300** 2ii2 (XX)] / שקר מה **פחד**[לאדם
4Q**370** 1ii8 (XIX)] / מפני **פחדו** ותשמח נפ֯[שכם
4Q**374** 10,2 (XIX)]◦ממך **ופחדך**[
4Q**378** 14,5 (XXII) **פח]ד֯ך** ויראתך [
4Q**427** 7ii5 (XXIX) שבת **פחד** נפתח מקור לב[רכת עד]
4Q**431** 2,4 (XXIX) שבת **פחד** נפתח מקור לברכת עד
4Q**460** 9i2 (XXXVI) כיא **כפח֯ד֯** א֯ל֯ו֯ה֯ים זממ[ת]֯י / [
4Q**511** 63iii5 (VII) ולה֯[ר]ים בקול **פחד** הוי֯ לכול מפר֯יה֯ / [
4Q**525** 2ii+3,5 (XXV) ולוא ישכחנה [בימי/יום]**פ֯חד**
4Q**525** 14ii12 (XXV) וא֯ל יבואכה **פחד** ◦[

to be insolent, unstable verb **פחז**

4Q**177** 1-4,7 (V)]◦◦ה **פוח֯[זים**
4Q**184** 1,2 (V) לבה יכין **פחוז** וכליותיה מק֯[
4Q**252** IV,4 (XXII) **פחזתה** כמים אל תותר
4Q**383** A,3 (XXX)]א֯בות֯ם בוזז֯י אמותם **הפוחזים** [

lewdness noun **פַּחַז**

4Q**172** 4,3 (V)]**פחז** עמורה֯[
4Q**184** 1,13 (V) וע֯פעפיה **בפחז** תרים לראו[ת לא]י֯ש֯ / צדיק
4Q**184** 1,15 (V)]◦ להביל **בפחז** והולכי ישר להשנות ח[וק]
4Q**184** 3,5 (V)]עם אישוני **פחז** ו֯◦[
4Q**511** 24,5 (VII)]**פחז** ו֯[
5Q**16** 4,3 (III)]ש֯ונ֯ו **פ֯חז** ◦[

coal, fire noun **פֶּחָם**

4Q**433**a 3,8 (XXIX)]**ב֯פחם** ומאזרי להב[ת אש
4Q**525** 17,2 (XXV)]ר֯יו **פחם֯**[

to break through, pierce verb **פחת**

CD V,3 כי לא {{**נפחת**}} נפתח בישראל
4Q**432** 5,5 (XXIX) ו]**י֯פחת֯[ו** שערי] / [עו]ל֯[ם

pit noun **פַּחַת**

CD IV,14 לאמר פחד **ופחת** ופח עליך יושב הארץ
CD XI,14 ואם תפיל אל בור / ואל **פחת**
4Q**270** 6v18 (XVIII) ו֯אם יפול אל בו֯ר ואל **פחת**

topaz noun **פִּטְדָה**

4Q**365** 12biii10 (XIII) טור אודם] / **פטדה֯** וברקת הטור האחד

hammer noun **פַּטִּישׁ**

4Q**481**b 5 (XXII)] **מפטיש** כ֯ול / [

to leave, separate verb **פטר**

1QS VII,10 וכן לאיש הנפ{{◦}}**טר** במושב הרבים
1QS VII,12 ואם יז{{◦}}קפ֯ו / **ונפטר** ונענש שלושים יום
4Q**259** I,7 (XXVI) וכן לאיש] / **ה֯נ֯פ֯ט֯[ר]** ממוש הרבים
4Q**266** 10ii6 (XVIII) לאיש **הנפ]טר** / [אשר] ל֯ו֯ בעצת הר֯[ב]י֯[ם
4Q**266** 10ii8 (XVIII) ו֯אם [יזקפו] **ונפט֯ר** [במושב
4Q**491** 1-3,8 (VII) יהיו] מהמה **פטורי֯[ם** {{להכני]ע֯ או֯י֯}} בג[ו]ר֯ל

first-born noun **פֶּטֶר**

4Q**368** 2,11 (XXVIII) וכל מקנך הזכ]ר֯ **פטר֯** ש[ור ו]שה
(XXVIII) **ו֯פ֯ט֯ר֯** חמו֯ר / [תפדה בשה

concubine noun **פִּילֶגֶשׁ**

4Q**221** 4,10 (XIII) אחר שכבו] / [עם **פילג]ש֯** א֯ב֯יה֯ו [יעקוב
4Q**252** IV,1 (XXII) תמנע היתה **פילגש** לאליפז בן עשיו
4Q**252** IV,6 (XXII) הוכיחו אשר / שכב עם בלהה **פילגשו**

Phinehas proper noun **פִּינְחָס**

4Q**522** 9ii7 (XXV) יכהן שם ראישו֯ן֯ מ֯[בני **פינ]ח֯ס**[ואהרון ?
6Q**13** 4 (III)] / מבני **פינחס** וש[

knocking noun **פִּיק**

4Q**177** 14,3 (V) ו]**פ֯יק**[ב]רכים וחלחלה בכול מת֯נ֯[ים

פֵּירוּשׁ ← פֵּרוּשׁ

פֵּישֶׁת ← פֵּשֶׁת

פִּיתְאוֹם ← פִּתְאוֹם

to be wonderful verb **פלא**

1QS X,16 **בהפלא** מודה ובגבורתו אשוחח
1QS XI,3 **ובנפלאותיו** הביטה עיני
1QS XI,19 ולהתבונן בכול **נפלאותיכה**
1QpHab VII,8 דברו הנביאים כיא רזי אל **להפלה**
1QM XIV,9 ועם / כול דורותינו **הפלתה** חסדיכה
1QM XIV,14 ורזי **נפלאותיכה** במרומי֯[כה
1QM XVIII,7 כיא / הגדלתה עם עמכ֯[ה]◦ **להפליא**
1QM XVIII,10]**הפלתה** עמנו הפלא ו֯פלא
]הפלתה עמנו **הפלא** ו֯פלא
1QH^{a} VI,23 ורוב **נפלאותיך** מעולם ועד ע֯[ולם
1QH^{a} IX,30 ולספר **נפלאותיכה** בכול מעשי אמתכה
1QH^{a} IX,33 לספר **נפלאותיכה** לנגד כול מעשיכה
1QH^{a} IX,34 כול **נפלאותיכה** אשר הגברתה ◦[
1QH^{a} XI,23 ולספר **נפלאותיכה** לנגד כול מעשיכה
1QH^{a} XII,28 **והפלא** לנגד רבים בעבור כבודכה
1QH^{a} XIII,15 לנגד בני אדם **הפלתה** / באביון
1QH^{a} XIV,11 לספר לדורות עולם **נפלאותיכה**
1QH^{a} XVII,7 למשברים תשוחח נפשי **בנפלאותיכה**
1QH^{a} XVII,39] שמכה **בהפלא** מ◦◦[
1QH^{a} XVIII,4 כי תשכילנו **בנפלאות** כאלה
1QH^{a} XVIII,15 כי הודעתנ֯[י א]ל֯[ה]לס֯פ֯ר֯ / **נפלאותכה**
1QH^{a} XVIII,21]ובהביטי בכבודכה אספרה / **נפלאותיכה**
1QH^{a} XIX,3 אודכה אלי כי **הפלתה** עם עפר
1QH^{a} XIX,15 אודכה אלי ארוממכה צורי **ובהפלא**[
1QH^{a} XIX,17] / [**ונפל]א֯ותי֯**[כ]ה גליתה לי
1QH^{a} XIX,28 לע֯ב֯ד֯ך֯ / שכל דעה להבין **בנפלאותיכה** ע֯[
1QH^{a} XXI,7 ל]**ה֯פליא** ובמחשבתכה להגביר
1QH^{a} XXII,3 **נפלאו]תיכה** ולוא יעצורו לדעת
1QH^{a} 2i16]**ה֯פלתה** אלה לכבודכה ומצידוק / [
1QH^{a} 3,3]נ֯ת֯י֯בות שלום ועם בשר **להפליא֯**[
1QH^{a} 5,3]ות עם ע֯ד֯ת֯ קדושיכה **בהפלא**[
1QH^{a} 10,3]**הפליא[תה**
1QH^{a} 10,4 ולספ]ר **נפלא֯[ותיך**
1QH^{a} 10,8 **ובהפלא** נספרה יחד בדעת[אל
1QH^{a} 10,10 **בה]פלא** מאדה [
4Q**181** 1,3 (V) **והפלא** כבודו הגיש מבני תבל
4Q**181** 2,7 (V)] / אלה **נפלאי** מדע֯[
4Q**185** 1-2i14 (V) יזכרו **נפלאים** עשה / במצרים
4Q**256** XX,4 (XXVI) **בהפלא֯** מודה ובגבורתו / [אשוחח
4Q**260** IV,2 (XXVI) **ב֯הפלא** מאדה֯ ובגבורות֯[יו א]ש֯וחח֯
4Q**264** 7 (XXVI) ולהתבונן]ב֯כל **נפלאותיך** עם כוח֯ ג֯ב֯ו֯ר֯ת֯ך֯

Text	Vol.	Reference
]◦נפלאות[	(VII)	4Q509 147,5
]ונפלאו[ת	(VII)	4Q509 237,2
יהללוהו בהפלא נוראות	(VII)	4Q511 35,5
ובמועדי תעודותי אספרה / נפלאותיכה	(VII)	4Q511 63-64ii3
[בשבע זמרות נפל]אותיה לברך ל[מלך	(XXIII)	11Q17 III,4
שבע תהלי] / [הודות נפל]אותיהו	(XXIII)	11Q17 III,7
]נפלא◦[	(XXXIII)	PAM 43.668 89,2

wonder noun **פֶּלֶא**

Text	Vol.	Reference
ואל ברזי פלאו כפר בעד עונם		CD III,18
ויבינם בגבורות פלאו		CD XIII,8
וכן להשכילם ברזי פלא ואמת		1QS IX,18
משפטי אור ללבבי מרזי פלאו		1QS XI,5
אפ הואה בן הֲאדם במעשי פלאכה		1QS XI,20
]ה ובשלום לגבורת פלא		1QM XI,9
]מעשי אמתכה ומשפטי גבורות פלאכה		1QM XIII,9
ויקרא כושלים ל[גבורו]ת פלא		1QM XIV,5
אל ישראל מרים ידו ב[ ]ת פלאו / [		1QM XV,13
]הפלתה עמנו הפלא ופלא		1QM XVIII,10
בסוד אמתך] וברזי פלאך ◦[		1QH^a V,8
כיא גליתה אוזני לרזי פלא		1QH^a IX,21
ומליץ דעת ברזי פלא לבחון / [אנשי] אמת		1QH^a X,13
יגיח / מכור הריה פלא יועץ עם גבורתו		1QH^a XI,10
כי הודעתני ברזי / פלאכה		1QH^a XII,28
ובסוד פלאכה הגברתה עמדי		
ומה יצר חמר להגדיל פלאות		1QH^a XII,29
וגבורי פלא משר{{י}}תיכה		1QH^a XIII,21
וברזי פלאכה הודעתני		1QH^a XV,27
להתבונן במעשי פלאך / הגדולים		1QH^a XV,32
ולמכשולי גבורת פלא		1QH^a XVII,27
ומי / בכול מעשי פלאכה הגדולים		1QH^a XVIII,11
ותשכילני במעשי פלאכה		1QH^a XIX,4
וברזי פלאכה השכלתם		1QH^a XIX,10
ונאמנה שמעתי לסוד פלאכה ברוח קודשכה		1QH^a XX,12
ג]דול והואה פלא		1QH^a XXII,2
ש]מועות פלאכה להופיע / לעיני כול		1QH^a XXIII,6
]פלא רזיכה גליתה / לב◦[		1QH^a 2ii8
פל]אכה מה נשיב		1QH^a 10,3
] כפלא [	(I)	1Q25 5,1
וכול תומכי רזי פלא אינמה עוד	(I)	1Q27 1i7
ועשה פלאכה והצדק בעמכה	(V)	4Q176 1-2i1
וכן להשכילם ברזי פלא ואמת	(XXVI)	4Q258 VIII,3
וכן להשכילם ב]רזי פלא	(XXVI)	4Q259 III,17
אף הוא בן ה]אדם במעשי פלאך	(XXVI)	4Q264 8
וגבורות] פלאו {{◦}} אספר[ר]ה לכ[ם	(XVIII)	4Q266 1a-b,6
] פלא וכ◦◦◦[	(XVIII)	4Q273 9,1
נה[ור]י אורים ומאורי פלא / [הו]ד והדר	(XI)	4Q286 1ii3
ורום תפארת פ[לא] / [הוד]ות	(XI)	4Q286 1ii4
ומעשי פלאים סוד חוכמא ותבנית דעה	(XI)	4Q286 1ii6
ורחמי עולמים ורזי פל[אים] / בהדר[אותמ]ה	(XI)	4Q286 1ii8
אול]מי כבודמה דלתות פלאיהמה [	(XI)	4Q287 2,3
פל[א]י / [	(XI)	4Q287 2,11
]ין פלאכה כי מאז חקקתה למו	(XIII)	4Q369 1i5
מלפני כבוד אלוהים ומקולות הפלא[	(XXVIII)	4Q377 2ii9
]◦ פלאות ה[	(XI)	4Q381 38,2
]◦ה והפלא ע◦ל◦[	(XIII)	4Q382 55,2
]וא כי פלא[י]ם כל מעשי אל	(XXIX)	4Q392 1,7
להלל כבודכה פלא באלי דעת	(XI)	4Q400 2,1
פ[לא] / מאלוהים{{ים}} ואנשים	(XI)	4Q400 2,2
ובכול מרומי רום תהלי פלא לפי כול[	(XI)	4Q400 2,4

Text	Vol.	Reference
]א{{ס◦ר◦◦}} נפלאות אל אש[ר	(XX)	4Q303 3
]ל◦◦ גדולים המפלי לעיניכם בארץ[	(XXVIII)	4Q368 10i7
] / גבורת יהוה זכרו נפל[אות	(XIX)	4Q370 1ii7
אל גדול קדוש גבור ואדיר נורא ונפלא[	(XXVIII)	4Q372 1,29
]תשיר נפלא[ות	(XXVIII)	4Q377 1ii9
] וראים נפלאתו / [	(XXII)	4Q379 4,2
] / הגדתי ונפלאתו אשיחה	(XI)	4Q381 1,1
] / נפלאות הוא ביומי עשה שמים וארץ	(XI)	4Q381 1,3
]אשיח בנפלאתיך כי אל [	(XI)	4Q381 31,2
והפלא מראשונה / [	(XI)	4Q381 69,2
]אדני האדונים גבור ונפלא ואין כמהו	(XI)	4Q381 76-77,14
לע[שות נפ]לאות ומפתים לאין מספר	(XXIX)	4Q392 1,8
] לנפלאותי[	(XI)	4Q401 9,1
] / רזי]נפלאותיו[	(XI)	4Q401 14ii2
]ם לנפלאות[	(XI)	4Q401 29,2
בש[בעה זמרי] / נ[פ]ל[א]ותי[ה	(XI)	4Q403 1i7
בשבעת ד[ברי]כ[ב]ו[ד]נ[פלאותו	(XI)	4Q403 1i13
יברך בשם [הוד]נפלאותיו	(XI)	4Q403 1i19
נפלאו]תיה וזמר [	(XI)	4Q404 1,2
]ע פלא נפלא הוד / [	(XI)	4Q404 5,3
] / דברי כבוד נפלאותו לכול טהו[רי	(XI)	4Q405 3ii3
] / נפלאותו לכול יודעי רזי ◦[	(XI)	4Q405 3ii9
]י פלא נפלא[ ]הוד [	(XI)	4Q405 6,6
ו]פלא אל[ה]כבוד באור / [	(XI)	
נפל]אות מלאכי תפארת ורוחי / [	(XI)	4Q405 17,5
נ]פלאות אל תסכילו[ ] ◦[	(XXXIV)	4Q417 20,2
]הפלא[	(XXXIV)	4Q418 96,1
]{{ל}}בהפלא [	(XXXIV)	4Q418 241,2
] נפ[ל]אות למצרים[	(XIII)	4Q422 III,6
ברכו המפלי גאות ומודיע עוז ידו	(XXIX)	4Q427 7i18
יומרו ברוך אל ה[מפ]לי [פ]לאות גאות	(XXIX)	4Q427 7ii12
בהמון] / רחמי{{כה}}ם והפלא סליחות	(XXIX)	4Q427 7ii16
] / שמע נפלאות{{יכה}}	(XXIX)	4Q427 7ii20a
לדעת כבוד]כה ול[ספ]ר נפל[אותיכה] / [	(XXIX)	4Q427 8i6
ו]בהפלא נספרה יחד בעדת אל	(XXIX)	4Q427 8i10
בי]חד רנה גדול אל המפלי / [	(XXIX)	4Q427 8i13
]ועם בשר [להפלי]א כאלה	(XXIX)	4Q428 13,6
בעדת קדושי]כה בהגדל והפלא לאל [	(XXIX)	4Q428 20,3
{{מ}}על כול נפלאותיו עד עולם	(XXIX)	4Q434 1i1
על כול נפל[אותיו עד עולם	(XXIX)	4Q437 1,1
כי את כבודך ונ[פלא[ות]יך א[שר הצל	(XXIX)	4Q437 4,7
]ונפלאותיך אשר הצל◦[	(XXIX)	4Q438 4ii6
נ]פלאות כיא יוכיח על הוניח	(XXXVI)	4Q460 9i7
] / פלא את[	(XXII)	4Q473 1,2
בכל נפל[אותיו	(XXII)	4Q480 1ii1
]ות נפלאות צ[	(VII)	4Q487 2,6
נ]פלאות[	(VII)	4Q487 10,3
אל ה[ח]סדים המ[פ]ליא חסדיך בנו	(VII)	4Q491 8-10i6
]ה{{מ}}<<פ>>לה נוראות[	(VII)	4Q491 11i8
ברו[ך] אל ישראל המפל[יא	(VII)	4Q503 15-16,8
] נפלאותיו[	(VII)	4Q503 139,2
]ו נפלאות / [	(VII)	4Q504 1-2i8
את נפלאותיכה אשר עשיתה לעני גוים	(VII)	4Q504 1-2ii12
כעשותכה נפלאות מעולם ועד / עולם	(VII)	4Q504 1-2vi10
הנפ[ל]אים אשר עשיתה / [	(VII)	4Q504 7,2
]א◦ נפלאות מקדם ונוראות[משנות עולמים	(VII)	4Q504 8,3
נפ[לאותיכה / [	(VII)	4Q504 26,3
] / נפלאותיכה[	(VII)	4Q505 127,2
ואנו נספרה נ[פלא]ו]תיכה לדור ודו[ר	(VII)	4Q509 3,8
נפ[לאות{{כ}}יכה / [	(VII)	4Q509 131-132i13

] / הפלא ◦[(XI) 4Q405 12,2
בנש[יא׳] / [משני]פלא יברך בשם נפלאותו (XI) 4Q405 13,3
במשני / [נשי]א׳ פלא יברך בשם גב[ורות (XI) 4Q405 13,5
בשבעה דברי גבורות פלאו (XI)
]דמות פלא רוח קוד[ש]קודשים (XI) 4Q405 14-15i2
והלל פלאיהם לאל אלים[(XI) 4Q405 14-15i3
ב]תוך רוחי הדר מעשי רוקמות פלא (XI) 4Q405 14-15i6
]פרכות דבירי הפלא (XI) 4Q405 15ii-16,5
]◦ פלא מביתה ליקרה הדביר[(XI) 4Q405 15ii-16,6
]◦◦◦ פלא[(XI) 4Q405 15ii-16,7
] פלאים [ ]◦תמו◦[(XI) 4Q405 17,2
ת]הלי פלא בדממת ק[ול (XI) 4Q405 18,5
לבדני]כבוד מדרס / דבירי פלא (XI) 4Q405 19,3
מעשי רו[חות] רקיע פלא / ממולח טוהר (XI)
כ[ו]ל מעשי]הם ק[וד]שי דבקי פלא[(XI) 4Q405 19,5
מתחת לד[בירי] הפלא קול דממת שקט (XI) 4Q405 19,7
פל]איהם / [(XI) 4Q405 20i2
] / [שני פ]לא ורוממ[ו]הו כפי הכבוד (XI) 4Q405 20ii-22,7
ברוקמת כבוד צבעי פלא ממולח טוה (XI) 4Q405 20ii-22,11
עם כבוד מרכבות / [ה]פלא (XI) 4Q405 20ii-22,12
בהרומם ירוממו פלא ובשוכן / [יעמ]ודו (XI)
]◦ פלא בל ימוטו לעולמים אלוהי / [(XI) 4Q405 23i4
במעמד פלאיהם רוחות (XI) 4Q405 23ii7
אלה ראשי לבושי פלא לשרת[(XI) 4Q405 23ii10
]פלא מלכות[(XI) 4Q405 24,1
כ]ול פלאו [(XI) 4Q405 30,3
פ]לא רוחי כ[(XI) 4Q405 31,2
פל]או זמרת עו[ז (XI) 4Q405 64+67,1
]◦[ ]◦ת פלא ◦◦ל◦◦[(XI) 4Q406 2,3
[ו]ברז פלא[י אל הנוראים תשכיל (XXXIV) 4Q417 1i2
ע]ם רזי פלאו וגבורות מעשיו (XXXIV) 4Q417 1i13
הבט ברזי פלא]י אל הנוראים תשכיל (XXXIV) 4Q418 43-45i1
עם רזי פל]או וגבורו[ת מעשיו (XXXIV) 4Q418 43-45i10
] ברז פלא[(XXXIV) 4Q418 219,2
]◦ב פלא[(XXXIV) 4Q418a 21,2
]ולהק[ים פל]אות כבוד (XXIX) 4Q427 7i21
ברוך אל ה[מפ]לי [פ]לאות גאות (XXIX) 4Q427 7ii12
]ברז סוד פ[לאכה (XXIX) 4Q437 6,1
ויקרא כושלים / [ל]גבורות פלא (VII) 4Q491 8-10i3
ורזי פל[אות]כה במ[רומיכה] (VII) 4Q491 8-10i12
וחזק את ידיהמה בגבורות פלאו (VII) 4Q491 10ii14
ותשאנו פלא[י]ם / [(VII) 4Q504 6,6
רננו צדיקים באלוהי פלא (VII) 4Q510 1,8
[רננו צדיקים]] ? [[באלוהי פלא (VII) 4Q511 10,7
]גבורות פלאו[(VII) 4Q511 19,5
]רזי פלאו / [(VII) 4Q511 44-47,6
]פלא ◦[(VII) 4Q511 166,2
ו]הם יודעים / [רזי פל]או אשר אינם [(XXIII) 11Q11 III,8
סוד שני ב]מעוני פל[א בשבע (XXIII) 11Q17 II,5
ראשי נשיאי כהונות פ[לא למלכ[י צדק ? (XXIII) 11Q17 II,7
ל[מלך הקודש שבע בשבע ז]מרות פל[א (XXIII) 11Q17 III,4
בשבעה] / [דברי]פלא לברך[(XXIII) 11Q17 III,11
בשבעה] / [דברי פ]לא [ו]ברך לכ[ול (XXIII) 11Q17 III,12
רק]יע / [מר]אי פלא כ[(XXIII) 11Q17 IV,6
]ברני פ[לא (XXIII) 11Q17 V,5
מעש[י רוחו]ת רקיע פלא מ[מולח] / טוה[ר (XXIII) 11Q17 VI,4
]פלאי הוד וה[דר (XXIII) 11Q17 VI,10
ג]בורת פלא[(XXIII) 11Q17 VII,6
]שני פל[א] / [ור]וממוהו [כפי הכבוד (XXIII) 11Q17 VII,9
]פלא דעת ובינ[ה (XXIII) 11Q17 VIII,2

]בעד לרום הפלא / [(XI) 4Q400 3i1
]◦ שב[עה] / דברי פלא[(XI) 4Q400 3ii+5,6
]◦ פלא / [(XI) 4Q401 4,1
להלל כבודכה פלא [באלי דעת (XI) 4Q401 14i7
ונו[ראים למו]סדי אנשים פלא (XI) 4Q401 14i8
] / פ[ל]א ור[(XI) 4Q402 2,1
] / [פ]לא פ[(XI) 4Q402 2,2
]מעשי חדשות פל[א] (XI) 4Q402 4,11
כ[ו]ל אלה עשה פל[א במזמת חסדו בל (XI)
פ]לא ◦[(XI) 4Q402 7,4
] פלא ◦[(XI) 4Q402 11,3
מ]לאכי רום שבעה בשבעה דברי רומי פלא (XI) 4Q403 1i1
על כול[אלוהים] בשבע גבורות פלאה (XI) 4Q403 1i2
ל[מ]ל[ך] הכבוד / בשבעת הו[ד]ות פלאיה (XI) 4Q403 1i4
ש[בעה בש]ב[עה דב]רי הדות פל{{ו}}א (XI)
שבעה בש[בעה דברי] רנות / פלא (XI) 4Q403 1i6
בשב]עה ד[ב]רי פל[א (XI) 4Q403 1i11
]יברכ בשב[ע]ה דברי פלא (XI) 4Q403 1i16
לכול[נועד]י צדק[בשבעה ד]ברי פלא[(XI)
בשבעה / [ד]ברי גבורות פלאו (XI) 4Q403 1i22
לכול תמימי דרך ב[ש]בעה דברי פלא (XI)
לכול חוכי לו בשבעה דבר[י]פלא (XI) 4Q403 1i23
ממיסדי ד[עת] בשב[עה]דברי קודש פלא[ו (XI) 4Q403 1i24
בשב[עה דב]רי פלא למגני עוז (XI) 4Q403 1i25
רננו מרנני [ב]רונן באלוהי פלא (XI) 4Q403 1i36
והגו כבודו בלשון כול הוגי דעת רנות פלאו (XI)
לזמרות פלא בשמחת עול[מים] (XI) 4Q403 1i40
] / רוחות פלא (XI) 4Q403 1ii10
וכול מחשבי הדביר יחושו בתהלי פלא (XI) 4Q403 1ii13
] / פלא דביר לדביר בקול המוני קודש (XI) 4Q403 1ii14
וברכו פלא כרוביהם ואופניה[ם (XI) 4Q403 1ii15
סוד שני במעון פלא בשבע[(XI) 4Q403 1ii19
ורוממוהו ראשי נשיאים במנה פלאו (XI) 4Q403 1ii20
שבעת גבולי פלא בחוקות מקדשיו (XI) 4Q403 1ii21
במקדש פלא לשבעת סודי קודש (XI) 4Q403 1ii22
מלאכי מלך במעוני פלא (XI) 4Q403 1ii23
] / שבע רזי דעת ברז הפלא (XI) 4Q403 1ii27
] / בתהלי פלא בדב[רי פ]לא[(XI) 4Q403 1ii31
] / בתהלי פלא בדב[רי פ]לא[(XI)
] / הפלא [[ ]] (XI) 4Q403 1ii32
] / הפלא והלל לאדון כול איל[י (XI) 4Q403 1ii33
] / ראוש פלאיו להלל גדול[(XI) 4Q403 1ii34
] / פלא ת[הלת הודות ב]ל[שון החמישי (XI) 4Q403 1ii37
]ש ותהלי פלא ◦[(XI) 4Q403 2,3
]דברי פלא וברך לכול[(XI) 4Q404 2,1
]פלאיו וברך לכול תמימ[י] דרך (XI) 4Q404 2,3
לכול חוכי לו [בש]בעה דברי פ[לא (XI) 4Q404 2,4
]ע פלא נפלא הוד / [(XI) 4Q404 5,3
]מקדשי פלא רוחות אלוהים / [(XI) 4Q404 5,5
] פלא [(XI) 4Q404 6,4
]פלאו[(XI) 4Q404 13,1
] / [ד]ברי פלא וברך בשבעה דבר[י (XI) 4Q405 3ii2
] / [י]ברך בשבעה דברי פלא (XI) 4Q405 3ii5
] / הוד להודי פלא הशש[י (XI) 4Q405 3ii11
] / דברי פלא לש[לום (XI) 4Q405 3ii18
פלא בשמח[ת] / [(XI) 4Q405 6,1
]י פלא נפלא[ ]הוד [(XI) 4Q405 6,6
]ל מקדש[י]פלא רוחות אלוהים סביבה (XI) 4Q405 6,7
בכוהני ק]ור[ב סו]ד / שני במעוני פלא (XI) 4Q405 8-9,3
ראש[י] נשיאי / [כו]הנות פל[א] ל[מלכ (XI) 4Q405 8-9,6

11Q17 VIII,2 (XXIII)]רקיעי **פל[א]** / [
11Q17 VIII,3 (XXIII)]כֹול תבנית רוחי **פל[א]** / [
11Q17 VIII,4 (XXIII) **פל]אי** פלאיהם בכוח אלוהי / [עול]מים
(XXIII) פל]אי **פלאיהם** בכוח אלוהי / [עול]מים
11Q17 VIII,6 (XXIII)] מארבעת מוסדי רקיע / **הֿפלא**
11Q17 VIII,7 (XXIII)]למוֹסדֿי **פלא** / למשא מ[
11Q17 IX,6 (XXIII)]◦ **פלא** ותבנית חשני / [
11Q17 29,3 (XXIII)]**פֿלאיהם** כול[

(indeterminate) פלא
6Q10 26,2 (III)]**פֿלא**◦[

פֶּלֶאִי ← פֶּלִי

to divide, apportion verb פלג
1QHa V,19 וברזי שכלכה **פלג[תה]** כול אלה
1QHa IX,16 **פלגתה** עבודתם בכול דוריהם
1QHa IX,18]ה **ותפלגֶ** לכול צאצאיהם
4Q299 8,2 (XX)]◦ **פלג** שכלֿם[
4Q369 1ii1 (XIII) שמכה **פלגֿתה** נחלתו לשכן שמכה שמה[
4Q402 3ii9 (XI)] / מרום **ופל[ג**
4Q402 4,2 (XI)]ים **ויפלג** דעת[
4Q418 55,6 (XXXIV) על ב]ינה הוא **פלג** לנוחלי אמת / [
4Q418 81+81a,20 (XXXIV)] / כי אל **פלג** נחלתֿ[ם בכו]לֿ[חי]
4Q423 5,3 (XXXIV) הו]א **פלג** [נ]חלת כל מושלים
4Q426 2,2 (XX)]◦ ולוֿ[א] **יֿפלגֿ**[
4Q509 5-6ii5 (VII)] / **פלגתה** ותגדֿ[
4Q511 42,3 (VII)]◦י תעודתיֿ **פלגתה** ליא[

stream, division noun פֶּלֶג-1
1QHa XI,30 להתם כול עץ לח / ויבש **מפלגיהם**
1QHa XVI,23 בהניפי יד לעזוק / **פלגיו**
1QHa XVI,24 **ופלגיו** / יעל קוץ ודרדר
1QHa XVIII,25 עץ ר]ענן על **פלגי** מים
4Q215a 1ii9 (XXXVI) בטרם הבראם ועבודת הצדק **פלג** גֿבולותם
4Q428 5,5 (XXIX) [לה]תֿם [כול עץ] לֿח[ויב]שׁ **מפלגֿיהם**[
4Q500 1,5 (VII)]מֿטעכה **ופלגיֿ** כבודכה בֿ[

Peleg proper noun פֶּלֶג-2
4Q169 3-4iv1 (V) הם רשעֿ[י חיל]ה בית **פלג** הנלוים על מנשה
CD XX,22 בית **פֿלג** אשר יצאו מעֿיֿר הֿקדש

(indeterminate) פלג
1Q18 3,1 (I)]קח **פלג**[

to escape, deliver verb פלט
1QSb I,7 (I) **יפ]לטכה** מכול [
1QHa XI,10 **ויפלט** גבר ממשברים
1QHa XIII,18 ונפש אביון **פלטתה** כ◦[
4Q171 3-10iv20 (V) וימלטם **ויפלטםֿ** מרֿשעיםֿ[
4Q381 24a+b,7 (XI) סלעי ומצודתי **ומפלטֿ**[◦

fugitive, survivor noun פָּלֵט
1QHa XI,28 וחבלי מות אפפו לאין **פלט**
1QHa XIV,25 ונעוז בחומה נ{{ס}}שֹגבה עד **פלט**
1QHa XIV,32 ואֿ[ין] **פֿלט** ליצר אשמה לכלה ירמוסו
1QHa XVII,29]לי **לפלט** עד עולם
1QHa XVII,33 ומשמר שלומכה **לפלט** נֿפֿשי
1QHa 2i6]ה תמיד עד **פלט**
4Q427 14,2 (XXIX)]◦ עד **פלֿ[ט**

פְּלֵטָה ← פְּלֵיטָה

wonderful adjective פֶּלִי
4Q487 28,2 (VII)]ין **פלי** [

fugitive noun פָּלִיט
4Q217 12,3 (XIII)]שֿיר וישבֿו ◦◦ **פל[י]טֿ[י**
4Q390 1,10 (XXX) והשארתי מהםֿ **פליטים**

escape noun פְּלֵיטָה, פְּלֵטָה
CD II,7 לאין שארית / **ופליטה** למו
CD II,11 למען התיר **פליטה** לארץ
1QS IV,14 לאין שרית **ופליטה** למו
1QM I,6 להכֿניעֿ רשעה לאין שארית **ופלטה**
3Q11 2,3 (III)]◦ ואין **פלי[טה**
4Q257 V,13 (XXVI) לאין שרית **ופליט]ה** למו
4Q280 2,5 (XXIX) וזעום אתה לאין **פליטה**
4Q374 2ii4 (XIX) ואין לֿ[כם] שרית **ופליטה**
4Q468g 4 (XXXVI)] / בני קטורא **פלטתֿ**[

judge noun פָּלִיל
4Q158 9,5 (V)] **בפלילים**[

to pray verb פלל
1QHa IV,18 **ולה[תפל]ל** ולהתחנן על / [
2Q21 1,4 (III) **ויתפלל** לפני יהוה ויתנפֿ[ל לפני
4Q364 26bii+e,2 (XIII) **ואתפלל** לפני יהוה ארבעים [יום

to clear a way, level verb פלס-1
4Q424 1,7 (XXXVI) כי לא **יפלס** כל ארחותיך
4Q424 3,4 (XXXVI) כי ריב אנשים לא **יפלס** כזורה לרוחֿ[
4Q425 1+3,10 (XX)]בים לו **לפֿלֿ[ס**
4Q426 1ii11 (XX)] / **יפלסֿ**[

balance noun פֶּלֶס
4Q511 30,5 (VII) וישקֿ[ו]ל **בפלסֿ**[ ]הרים וגֿבֿעֿותֿ במֿוזֿנ[ים

פלע ← גַּר פלע

horror noun פַּלָּצוּת
1QHa XI,11 וחבלי מרץ במולדיהם **ופלצות** להורותם
1QHa XI,12 ומשברי שחת לכול מעשי **פלצות**

to writhe verb פלש
6Q9 35,1 (III)]**פלשיֿ** [

Philistia proper noun פְּלֶשֶׁת
1QM I,2]**פלשת** ובגדודי כתיי אשור
4Q223-224 2iv24 (XIII) ויה[רוגו הם את גבורי] **פלשת**
4Q462 1,14 (XIX) יו]שֿבי **פלשת** ומצרים לבזה וחורבה

Philistine proper noun פְּלִשְׁתִּי
1QM XI,3 ואת / **פלשתיים** הכנ[י]עֿ פעמים רבות
4Q371 7,5 (XXVIII)]בר **הפלשֿ**[ ]◦◦[
6Q9 32,1 (III) א]ת **פלשתיים** ◦◦[
11Q5 XXVIII,13 (IV) אזי ראֿ[י]תי **פלשתי** / מחרף ממֿ[ערכות
11Q14 2,2 (XXIII) קומה גב]ור שבה **פלֿ[שתים**

lest subordinating conjunction פֶּן
1QS V,14 ובהו{{◦}}גֿן **פן** ישיאנו / עוון אשמה

בכול משפטיהמה **פן** ישגו במ[שגותיהמ]ה	(I)	1QSa I,5
]◦ם בסביביה **פן** ◦נדב[		1QH[a] XI,41
פן יטרפו נפש עני ורש		1QH[a] XIII,14
]◦ם בסביביה **פן** ◦נדב[		1QH[a] 25,2
פ]ן יפרוץ בהמה / [	(V)	4Q**158** 5,4
פן / [בחרב אצא לקראתכה	(XIII)	4Q**364** 23a-bi3
פן / [יואמרו הארץ אשר הו]ציאתנ[ו משם	(XIII)	4Q**364** 26c-d,1
]השמר לך **פן** תכרות / [ברית ליושב הארץ	(XXVIII)	4Q**368** 2,3
פ]ן יהיה לך למוקש בקרבכם	(XXVIII)	4Q**368** 2,4
מתי] / תחפצו לעש[ו]ת רעה **פן** יובד עו[ל]	(XI)	4Q**380** 1ii6
] / יהוה **פן** יסח[ר	(XX)	4Q**411** 1ii2
] / **פן** תפרעי ברית קוד[ש	(XXXIV)	4Q**415** 2ii4
]פן[ ]ם בכול אור◦[	(XXXIV)	4Q**415** 5+3,2
לאשר אין כוחכה אל תגע **פן** תכשל	(XXXIV)	4Q**416** 2ii16
ואל תערבהו בנחלתכה **פן** יוריש גויתכה	(XXXIV)	4Q**416** 2ii18
ואתה רוש **פן** / ⟦ ⟧ תבוז חייכה	(XXXIV)	4Q**416** 2ii20
אל תשלח ידכה בו **פן** תכוה	(XXXIV)	4Q**416** 2iii4
אל תקח הון / **פן** יוסיף על רישכה	(XXXIV)	4Q**416** 2iii6
ואל תתבלע בה **פן** תסיג / גבולכה	(XXXIV)	4Q**416** 2iii8
] / בנחלתכה **פן** ⟦ ⟧[	(XXXIV)	4Q**416** 2iv12
] / בכול עת **פן** ישבעכה	(XXXIV)	4Q**417** 2i1
וכרוחו דבר בו **פן** י◦[	(XXXIV)	
ואל תשסח באבלכה **פן** תעמל בחיכ[ה	(XXXIV)	4Q**417** 2i10
ואל תוסף עוד **פ]ן**	(XXXIV)	4Q**417** 2i20
אל תסתר מנוגע בכה] / **פן** יגלה חר[פ]תכה	(XXXIV)	4Q**417** 2i26
]תני **פן** יומר בזני ונפלה א[	(XXXIV)	4Q**418** 8,11
אל תקח ה]ון **פן**[יוסף על רישכה	(XXXIV)	4Q**418** 9+9a-c,4
]עיכה **פן** ◦[	(XXXIV)	4Q**418** 32,3
]תעזוב **פן** / [	(XXXIV)	4Q**418** 33,2
משפ]טיו **פן** [	(XXXIV)	4Q**418** 34,1
]שה לכה ו**פן** תאוכל ושבעתה ו◦[	(XXXIV)	4Q**418** 184,3
]פן ישוגו בדברי[קודש	(XXXIV)	4Q**418** 188,7
פ]ן ישפ[	(XXXIV)	4Q**418** 189,1
]והשמר לכה **פן** תשיב ללוי כוה[ן] / [	(XXXIV)	4Q**423** 5,1
בס]ביבו ⟦ ⟧ **פן** יורה גבו[ר	(XXIX)	4Q**432** 7,2
]ל **פן** ישחיתם[	(XXIX)	4Q**434** 1i12
] / [ומטיט]הצלתני **פן** אטבע בו	(XXIX)	4Q**437** 2i10
ומשבולת גוים **פן** [ת]שוטפני ומ[	(XXIX)	
אל] / תשובב בדברי רעיכה **פן** י[כ]ין לכה[	(XXV)	4Q**525** 14ii21
] / **פן** תלכד בשפתותיכה[ונו]קשתה יחד	(XXV)	4Q**525** 14ii27
] / הפך **פן** יהגו באמרי[	(XXV)	4Q**525** 23,7
הש]מר לכה **פן** תכרות בר[ית ליושב הארץ]		11Q**19** II,4
[אשר אתה]בא אליהם **פן** יהיו למו[קש		11Q**19** II,5
השמר **פן** תכרות[ברית ליושב הארץ]		11Q**19** II,12
וישוב אל / ביתו **פן** ימס את לבב אחיו		11Q**19** LXII,4

פִּנָּא ← פִּנָּה

to turn, abandon, prepare verb **פנה**

ויעזבם וי**פנו** בשרירות לבם		CD VIII,19
ויעזבם וי**פנו** בשרירות לבם		CD XIX,33
ללכת למדבר ל**פנות** שם את דרכ הואהא		1QS VIII,13
כאשר כתוב במדבר **פנו** דרך ••••		1QS VIII,14
{{ה}}היאה עת **פנות** הדרכ / למדבר		1QS IX,19
]ם ל**פנות** על קו נכון		1QH[a] XVI,21
ב**פנות** ערב ומוצא / אור		1QH[a] XX,5
בתקופתו ל**פנות** בוקר		1QH[a] XX,6
קול קורה / במדבר **פנו** דרך ••••	(V)	4Q**176** 1-2i7
היא עת **פנות** הדרך למדבר	(XXVI)	4Q**258** VIII,4
כאש[ר] / כתוב [במד]בר **פ[נו** דרך האמת	(XXVI)	4Q**259** III,5
אל ת[**פנו** אל האליל(י)ם	(XIII)	4Q**367** 2a-b,6
וי]**פנו** אחרי י[	(XXX)	4Q**388**a 2,4
] / ל**פנות** [ ]ל[ ]◦ם ב[	(XXXVI)	4Q**472** 2,5
]ה**פנו** ◦[	(XXXIII)	PAM 43.689 83,1

front, face; before noun, preposition **פָּנֶה**

הסתיר **פניו** מישראל		CD I,3
ומעשיהם לנדה ל**פניו**		CD II,1
ותושייה הציב ל**פניו**		CD II,3
ויסתר את **פניו** מן הארץ		CD II,8
ולמלא / **פני** תבל מזרעם		CD II,12
וגבורי חיל נכשלו בם מל**פנים** ועד הנה		CD II,17
ויענשו ל**פני** / משגותם		CD III,4
פתח ל**פניהם** ויחפרו באר למים רבים		CD III,16
לא עמד כמהו למל**פנים** ועד / הנה		CD III,19
ויתנם **פניהם** לשלושת מיני / הצדק		CD IV,16
כי אם למיל**פנים** פקד / אל את מ[ע]שיהם		CD V,15
כי מל**פנים** עמד / משה ואהרן		CD V,17
דבר אשר לא בהוכח ל**פני** עדים		CD IX,3
איש אשר ישביע על **פני** השדה		CD IX,9
אשר לא ל**פנים** השפטים או מאמרם		CD IX,10
עד עשותו / עוד ל**פני** אחד		CD IX,19
וניתפש ל**פני** / אחד שלם משפטו		
ויספר ל**פניהם** נהיות עולם בפרתיה		CD XIII,8
עד עמדו ל**פני** המבקר[		CD XV,11
ויכתב ספר זכרון ל**פניו** ליראי אל		CD XX,19
ויתודו ל**פני** אל [ח]טאנו / רשענו		CD XX,28
]לעשות הטוב והישר ל**פניו**		1QS I,2
ולהתהלכ ל**פניו** תמים		1QS I,8
יעבורו בברית {{א}}ל**פני** אל		1QS I,16
הרשענו אנו [וא]בותינו מל**פנינו**		1QS I,25
וישא **פני** חסדיו לכה לשלום עולמים		1QS II,4
ישא **פני** אפו לנקמתכה		1QS II,9
ומכשול עוונו ישים ל**פניו** להסוג בו		1QS II,12
אז ירצה בכפורי ניחוח ל**פני** אל		1QS III,11
ול**פני** היותם הכין כול מחשבתם		1QS III,15
ולישר ל**פניו** כול דרכי צדק אמת		1QS IV,2
וכול מעשיהם לנדה / ל**פניו**		1QS V,20
וכתבם בסרך איש ל**פני** רעהו לפי שכלו		1QS V,23
אל יביא איש על רעהו דבר ל**פני** הרבים		1QS VI,1
אשר לוא בתוכחת ל**פני** עדים		
ואיש כתכונו ישבו ל**פניו**		1QS VI,4
וגם אל ידבר ל**פני** תכונו הכתוב / לפניו		1QS VI,10
וגם אל ידבר לפני תכונו הכתוב / ל**פניו**		1QS VI,11
ואחר בבואו לעמוד ל**פני** הרבים		1QS VI,15
את פי רעהו הכתוב ל**פנוהי**		1QS VI,26
ואשר יהלכ ל**פני** רעהו ערום		1QS VII,12
ויצא מל**פני** / הרבים ללכת בשרירות לבו		1QS VII,23
וענוה ל**פני** / הרודה בו		1QS IX,22
ובתקופתו עם האספו מ**פני** אור		1QS X,2
מ**פני** כול לוא יזד עזרע		1QS XI,4
להתיצב / ל**פניכה** לעד		1QS XI,17
וילוד אשה מה ישב ל**פניכה**		1QS XI,21
[לצא]ת ולבוא ל**פני** העדה	(I)	1QSa I,17
ל**פני** בני צדוק הכוהנים	(I)	1QSa II,3
וישבו ל**פניו** ראשי / א[לפי ישראל	(I)	1QSa II,14
]ישבו ל**פניהם** איש לפי / כבודו	(I)	1QSa II,16
ברשת / הלחם ו[התירוש] ל**פני** הכוהן	(I)	1QSa II,19
ושלח]ידו בלחם ל**פנים**	(I)	1QSa II,20
ישא אדוני **פניו** אליכה	(I)	1QSb III,1

[יש]אֹ / **פניו** אל כול עדתכה	1QSb III,3	(I)
סב]יֹב לו על **פנ**ֹ[יהם	1QSb IV,21	(I)
ואתה / כמלאך **פנים** במעון קודש	1QSb IV,25	(I)
ומפיל גורל עם מלאכי **פנים**	1QSb IV,26	(I)
ולהאיר **פני** רבים / [בשכל חיים	1QSb IV,27	(I)
ולהתהלך ל**פניו** תמים בכול דרכֹיֹ [	1QSb V,22	(I)
ל**פ**[**ניכה** יקדמו וישתחוו	1QSb V,28	(I)
כולוֹ לחמס יבוא מגמת / **פניהם** קדים	1QpHab III,9	
]יעבורו איש / מל**פני** רעֵהו	1QpHab IV,12	
הס מל**פניו** כול הרץ	1QpHab XIII,1	
קרב ונחשיר חזק ל**פני** אל / ישראל	1QM I,9	
להיות משרתים / בתמיד ל**פני** אל	1QM II,2	
ולהדשן ל**פניו** תמיד / בשולחן כבוד	1QM II,5	
בהמלא צבאם להשלים מַערֶכת **פנים**	1QM V,3	
ושבעה סדרי / **פנים** למערכה האחת	1QM V,4	
מרוקה כמעשה / מראת **פנים**	1QM V,5	
ומלובן כמראת **פנים** מעשי חרש מֹ[ח]שבת	1QM V,11	
]ל מֹגֹנֹיֹ ה**פנים** ◦◦◦◦◦ ◦◦◦◦ [	1QM V,18	
יהיה מהלך על **פני** כול אנשי המערכה	1QM VII,12	
מן הלויים ל**פני** / הכוהנים והלויים	1QM VII,14	
לנצח מלחמה / ובהנגפם ל**פניהם**	1QM IX,3	
אנשי הבינים מתוך / מערכות ה**פנים**	1QM IX,4	
מן המערכה מאה מגן ומאה **פני** המגדל	1QM IX,13	
י]סבו המגדל לשלושת רוחות ה**פנים**		
לשול את כול / אויבינו ל**פ**ֹ[**ינ**]ֹוּ	1QM X,2	
ואל תחפֹ[זו וא]ל תערוצו מ**פניהם**	1QM X,4	
ונזכרתמה ל**פני** אלוהיכם	1QM X,7	
סדרו שם המערכה ל**פני** נפול חללי האויב	1QM XIV,3	
ואל תחפזו ואל תערוצו מ**פניהם**	1QM XV,8	
ונגש כוהן הרואש ועמד ל**פני** המערכה	1QM XVI,13	
]ל[נ]גפים ל**פניהם**	1QM XVII,15	
ל]הֹיות זרעם ל**פניך** כול הימים	1QH^a IV,14	
ולא אשא **פני** רע	1QH^a VI,19	
] לא תהיה ל**פניך**	1QH^a VII,25	
ואחלה **פניך** ברוח אשר נתתה [בי]	1QH^a VIII,20	
ולשומרי מֹ[צ]וֹוֹתיֹ[ך] / ל**פניך** [לעו]לם ◦[	1QH^a VIII,23	
]ו ואל י◦[ ]ל**פניו** כול נגע מכשול	1QH^a VIII,24	
אל תשב **פני** עבדך [	1QH^a VIII,27	
] אין מספר וקנאתכהֹ / ל**פני** ח◦◦ מ◦◦[	1QH^a IX,6	
הכול / חקוק ל**פניכה** בחרת זכרון	1QH^a IX,24	
ולוא נסתרו ולא נעדרו מל**פניכה**	1QH^a IX,25	
חזקתה רוח אנוש ל**פני** נגע ◦◦[	1QH^a IX,32	
ומאמצי [כוח] / ל**פני** [נג]ע	1QH^a X,7	
א]לי האירותה ‸**פני**‸ ◦◦◦◦ [	1QH^a XI,3	
וכעיר מבצר מל**פנ**ֹ[י אויב	1QH^a XI,7	
וירועו / אושי קיר כאוניה על **פני** מים	1QH^a XI,13	
ומכמרת חלכאים על **פני** מים	1QH^a XI,26	
אודכה אדוני כי‸א‸ האירותה **פני** לבריתכה	1QH^a XII,5	
ומכשול עוונם שמו לנגד **פניהם**	1QH^a XII,15	
ואשר כנפשכה יעמודו ל**פניכה** לעד	1QH^a XII,21	
ולא טחתה בבושת **פני** / כול הנדרש[י]םֹ לי	1QH^a XII,23	
ובי האירותה **פני** רבים	1QH^a XII,27	
וימס לבבי כדונג מ**פני** אש	1QH^a XII,33	
ורוחי החזיקה במעמד ל**פני** נגע	1QH^a XII,36	
ל**פנ**]יכה כי אמת אתה	1QH^a XII,40	
פורשי מכמרת על **פני** מים	1QH^a XIII,8	
ויחשך מאור **פני** לאפלה	1QH^a XIII,32	
ויגון / יסובבוני ובושת על **פנים**	1QH^a XIII,35	
ובגורל יחד עם מלאכי **פנים**	1QH^a XIV,13	
ואין / נתיבת לישׂר דרך על **פני** מים	1QH^a XIV,24	

ותחזקני ל**פני** מלחמות רשעה	1QH^a XV,7	
להתהלך ל**פניך** בגבול / [צדיק]יֹם	1QH^a XV,14	
ובעלי / רבי כמוץ ל**פני** רוח	1QH^a XV,23	
ומי יצדֹק ל**פניכה** בהשפטו	1QH^a XV,28	
ולא יוכל כול להתיצב ל**פני** ח{{◦}}מתדה	1QH^a XV,29	
בני / אמתכה ‸תביא‸ בסליחות ל**פניכה**	1QH^a XV,30	
ובהמון ר[ח]מיכה / להעמידם ל**פניכה**	1QH^a XV,31	
ל**פני** / חום יבול עליו	1QH^a XVI,25	
ול**פני** נגע העמדתה רוחי	1QH^a XVII,12	
] ואם לבושת **פנים** כוֹ[	1QH^a XVII,20	
בו]שת **פנים** וכלמה לנרגני בי	1QH^a XVII,22	
להתיצב ל**פני** כבודכה	1QH^a XVIII,11	
ויבול כנץ ל**פני** ◦◦◦	1QH^a XVIII,32	
ולהתיצב במעמד ל**פניכה** עם צבא עד	1QH^a XIX,13	
ובקצ / האספו ‸אֵל‸ מְעֻונתו מ**פני**{{**ת**}} אור	1QH^a XX,7	
כיא ל**פני** אפכֹ[ה	1QH^a XX,18	
ומה יתיצב ל**פני** מוכיח בו◦◦[	1QH^a XX,28	
ול‸הֲ‸תיצב ל**פני** אפכה	1QH^a XX,30	
]תֹקומם ל**פני** נגעי	1QH^a XXII,6	
ועומד ל**פניכה** [	1QH^a XXIII,10	
]◦בות מל**פניכה** כיא נכונו באמתכה	1QH^a 2i15	
איכה אעמוד ל**פני** רוח סוע[רה	1QH^a 3,6	
]כֹחות ל**פניכה**	1QH^a 4,9	
] ל**פניך** [ ]תהו ויצר חֹ[מר	1QH^a 11,7	
כדו]נֹג מ**פ**ֹ**נ**ֹ[י הא]שֹ	1Q**14** 1-5,4	(I)
ב]בורחו מל**פני** [שאול	1Q**16** 1,1	(I)
]לֹ**פניו** בירושלים	1Q**16** 9-10,2	(I)
ותבוא צעק]תֹםֹ לֹ**פני** אל ו[	1Q**19** 1,4	(I)
גלו מש]פֹטנו ל**פ**ֹ[**ני** עליון	1Q**19**bis 2,2	(I)
וגלה הרשע מ**פני** הצדק	1Q**27** 1i5	(I)
כגלות [ח]ושך מ**פני** / אור		(I)
]עֹד עולם ל**פניו** לכפר ה[	1Q**27** 6,3	(I)
]לֹ**פניכה** לתת[	1Q**30** 2,1	(I)
]מרננים ל**פני**[כה	1Q**30** 3,2	(I)
ורשע לא יכון לֹ**פניך**	1Q**34**bis 3ii5	(I)
] ל**פני** / [	1Q**35** 1,3	(I)
] ל**פניכה** כול הימֹ[ים	1Q**39** 1,3	(I)
ויתפלל ל**פני** יהוה	2Q**21** 1,4	(III)
ואיך אש[א] **פני** [אליך	2Q**21** 1,5	(III)
] / ל**פני**[	2Q**29** 3,1	(III)
]מלאך ה**פנים** [	3Q**7** 5,3	(III)
ע]ל **פני** כו[ל	3Q**10** 1,2	(III)
ויעמוד מושה ל**פני**[	4Q**158** 7-8,5	(V)
בע]ל הבית ל**פני** האלוהים	4Q**158** 10-12,9	(V)
ונשפטו ל**פני** שנים העשר האלה ◦[	4Q**159** 2-4,4	(V)
]שמואל שכב ל**פני** עלי	4Q**160** 1,3	(V)
]**פ**ֹ**נ**ֹ**י** יהֹי ע[	4Q**160** 7,1	(V)
]יחלתי **פניה** רכוש והון ומחיר[	4Q**160** 7,3	(V)
ובחרתי לשכוב ל**פני** יצועֹ[	4Q**160** 7,4	(V)
]◦יֹם בברחו מל**פ**ֹ**נ**ֹ**י**ֹ ל◦[	4Q**161** 8-10,9	(V)
לחובת הארץ מ**פני** החרב והרעב	4Q**162** II,1	(V)
אלף אחד [מ**פ**]**ני** גערת אחד	4Q**163** 23ii6	(V)
מ**פני** גערת / חמשה תנוסון		(V)
כי מ**פ**]**ני** חרבות נדד מפניֹ[	4Q**165** 5,5a	(V)
כי מפ]ני חרבות נדד מ**פני**ֹ[		(V)
חרב נטושה מ**פ**[**ני** קשת דרוכה	4Q**165** 5,5	(V)
ע]דֹ אשר [י]אשמו ובקשו **פני**	4Q**167** 2,5	(V)
פשרו אשר יסתי]ר אל את **פניו** מ◦[	4Q**167** 2,6	(V)
]ל**פ**ֹ**נ**ֹ[י	4Q**167** 33,2	(V)
ולכלותם מעל **פני** [הארץ	4Q**169** 1-2,4	(V)

[אנשי עצ]תם ואבדו מלפני[	(V)	4Q**169** 1-2,8
]הארץ ממנו ומלפני[	(V)	4Q**169** 1-2,10
]בישראל מלפנים כי לתלוי חי על העץ	(V)	4Q**169** 3-4i8
וגלית / שולי[ך] על פניך	(V)	4Q**169** 3-4ii11
אעבור על פ[ניו והנה אינ]נו	(V)	4Q**171** 3-10iv13
מקטירים בוא לוא / לפניו מעשי תורה	(V)	4Q**174** 1-2i7
עד אנה תסת]יר פניכה ממני	(V)	4Q**177** 10-11,8
]◦◦◦ם ולע[מ]וד לפני ◦[	(V)	4Q**178** 1,1
] / מלפני חורף בדל ידיהן[	(V)	4Q**179** 1ii6
] / ימשו תכלת ידי קמה מפ[ני	(V)	4Q**179** 1ii12
]על פניו / [	(V)	4Q**180** 2-4i2
]ואין כח לעמוד לפניה	(V)	4Q**185** 1-2i7
]ומי יכלכל לעמוד לפני מלאכיו	(V)	4Q**185** 1-2i8
]◦יערץ לבבכם מפני פחדו	(V)	4Q**185** 1-2i15
]לפניו תצא רעה לכל עם	(V)	4Q**185** 1-2ii8
] / אליה כי פני[	(V)	4Q**185** 1-2iii1
אל לבן בורח מלפני עישיו אחיהו	(XXII)	4Q**215** 1-3,7
] עלפני[	(XXXVI)	4Q**215**a 4,2
ואסתי[ר פנ]י מהם ונת[תי אותם ביד הגוי]ם	(XIII)	4Q**216** II,14
ויאמר אל מלאך ה]פנים להכתיב / [למושה	(XIII)	4Q**216** IV,6
המשרתים לפניו מלאכי]הפנים	(XIII)	4Q**216** V,5
על המזבח אשה ריח ניחוח לפני האלהים	(XIII)	4Q**220** 5
והסת]יר את [פ]נו ממכה	(XIII)	4Q**221** 1,2
כיא כאבק לפנ[י רוח	(XIII)	4Q**223-224** 2ii12
כול שומרי עישאו ל[פ]נ[י] אלוהי / [אברהם	(XIII)	
[ותכזב ע]ליו לפני אד[וניו	(XIII)	4Q**223-224** 2v2
ו[יפת]רם לפנ[י פרעוה	(XIII)	4Q**223-224** 2v22
וי]תן אלוה[ים ליוסף חן וחסד]לפני פרעוה[	(XIII)	4Q**223-224** 2v27
כי יהושוע ב]ן נון הוא עובר לפ[ני	(XIII)	4Q**226** 4,1
]◦ לפני מושה ◦[	(XIII)	4Q**227** 1,2
ואספ]ר לפנו מחלקת עתו וכל / [	(XIII)	4Q**228** 1i4
לפנ]י ויאמר [ישחק אל יעקב] / [	(XXXVI)	4Q**234** 2
]פנ[י	(XXXVI)	4Q**249**z 71,2
]לפני[	(XXXVI)	4Q**250** 3
] / פניכה לא[	(XXII)	4Q**254** 8,4
]◦◦ לפניו כי העו[רב] יצוא יצא	(XXII)	4Q**254**a 3,5
וכול מע]שיה]ם [ל]נדה לפ[ני]ו	(XXVI)	4Q**256** IX,13
ולהכתב איש לפני רעה בסרך	(XXVI)	4Q**258** II,2
אשר לא בהוכח לפני ע[דים	(XXVI)	4Q**258** II,6
וענוה לפני הרודה בו	(XXVI)	4Q**258** VIII,7
ובתקופת]ו[עם האספו מפ]ני אור	(XXVI)	4Q**258** VIII,12
ויצא מלפנ]י הרבים ללכת / [בשרירות לבו	(XXVI)	4Q**259** II,6
כול השכל] הנמצא לפני העתים	(XXVI)	4Q**259** III,9
וענוה]לפני הרודה בו	(XXVI)	4Q**259** IV,4
ולכת[ב] / [איש לפנ]י רע[הו בסרך	(XXVI)	4Q**261** 1a-b,3
אשר לא] / [בהו]כח לפני עדים	(XXVI)	4Q**263** 2
להתי]צב לפניך לעד	(XXVI)	4Q**264** 4
את פי] / רעהו הכתוב לפניו	(XXXV)	4Q**265** 4i7
ובעמדו] / ל[פ]ני הרבים ונשאלו [עלי]ו	(XXXV)	4Q**265** 4ii5
אשר עזבוהו] הסתיר פ[ניו מי]שראל	(XVIII)	4Q**266** 2i8
כול המונם ומעשיהם לנדה] / לפנו	(XVIII)	4Q**266** 2ii2
חוכמה ותושייה] / הציב לפנו	(XVIII)	4Q**266** 2ii4
כי למ{{ל}}פנ[ים פקד אל] את מעשי[הם	(XVIII)	4Q**266** 3ii3
כי מלפ]נים עמ[ד מושה ואה]רון	(XVIII)	4Q**266** 3ii5
] / לפני ה[מבק]ר ה[	(XVIII)	4Q**266** 7iii2
עד] / עמדו לפני המבקר	(XVIII)	4Q**266** 8i2
ואשר יהלך לפני רע[הו ערום בבית	(XVIII)	4Q**266** 10ii9
במרד מלפני / הרבים ישתלח	(XVIII)	4Q**266** 11,7
ונכתב דברו על פני המבקר כחרת	(XVIII)	4Q**266** 11,16
]א פניכה[	(XVIII)	4Q**266** 55,1

[מלפני]ם [עמד מושה ואהרון	(XVIII)	4Q**267** 2,1
]לפני[	(XVIII)	4Q**267** 8,2
]ך לפני [	(XVIII)	4Q**267** 8,3
ו]גבורי ח[יל נכשלו בם מלפני]ם	(XVIII)	4Q**270** 1i2
]ל[פנ]יהם וכול חוקיה[ם	(XXXV)	4Q**274** 3i2
ושח[ט את] / [ה]פרה [ל]פניו	(XXXV)	4Q**276** 3
]◦ר מלפני ח[ ] / [	(XXXVI)	4Q**282**k 1i4
] / וטהורים לפניכה ב[	(XXXV)	4Q**284** 4,4
וינוס]ו מפני ישראל בעת ההיאה[	(XXXVI)	4Q**285** 4,7
]ויביאוהו לפני נשיא[העדה	(XXXVI)	4Q**285** 4,10
וענה] / [ואמר]לפני [כול בני י]שראל	(XXXVI)	4Q**285** 8,2
]◦ על פני[	(XI)	4Q**286** 4,3
בהו]כיחו לפני ע[דים	(XI)	4Q**286** 14,3
ולהוד]ות לפניו	(XI)	4Q**289** 1,6
[מ]חשבת בית מולדים פתח לפ[ניהם	(XX)	4Q**299** 3aii-b,13
]◦ לפני ◦◦[	(XX)	4Q**299** 38,1
]משה פנים אבני[	(XX)	4Q**299** 74,2
וגלה הרשע מפני הצדק	(XX)	4Q**300** 3,5
]◦ מיא בכם דורש פני אור ומא[ור] / [	(XX)	4Q**301** 2b,4
]מפניך ◦◦[	(XX)	4Q**302** 1a,2
כי תבוא] / [על שכרי לפ]ניכה	(XIII)	4Q**364** 4b-eii14
[האלוהים אשר הת]הלכו א[בותי]לפניו	(XIII)	4Q**364** 12,3
[ויחנו בהרי העברים לפנ]י נבאו	(XIII)	4Q**364** 19a-b,13
נתן יהו]ה אלוהינו לפ[ניכה את הארץ	(XIII)	4Q**364** 21a-k,8
ואתפלל לפני יהוה ארבעים [יום	(XIII)	4Q**364** 26bii+e,2
והתיצבתה לפני פרע[וה]	(XIII)	4Q**365** 2,6
לעמוד לפני מושה] / מפני ה[שח]ין	(XIII)	4Q**365** 3,3
ה]הולך לפני מחנה ישראל	(XIII)	4Q**365** 6ai8
[ויואמר יהוה אל מו]שה עבור לפני העם	(XIII)	4Q**365** 7i4
[ויתנום על כתפות האפוד א]ל מול פניו	(XIII)	4Q**365** 13,2
אש מעל המזבח מ]ל[פ]ני יהוה[	(XIII)	4Q**365** 21,2
וחברון ש[בע] / [שנים נבנ]תה לפני צען	(XIII)	4Q**365** 32,12
וינח מושה את] / [ה]מטות לפני יהוה[	(XIII)	4Q**365** 35ii5
ממשפחות] / בני יהוסף לפני[מושה	(XIII)	4Q**365** 36,4
{{יו}}לפנימה באים מקיר החצר	(XIII)	4Q**365**a 2ii5
לא תשא פני דל ולא תהדר]פני גדו[ל	(XIII)	4Q**367** 2a-b,14
ודבר יהוה אל משה פנים] אלפנים	(XXVIII)	4Q**368** 1,3
הנני גורש מפניכם את / [האמרי והכנעני	(XXVIII)	4Q**368** 2,2
ו]שפך אכל על פניהם	(XIX)	4Q**370** 1i1
] / מפני פחדו ותשמח נפ[שכם	(XIX)	4Q**370** 1ii8
יש]ראל כי נשבר לפניו[	(XXVIII)	4Q**372** 2,12
ובהאירו פנו אליהם [ ]למרפאויגבירו	(XIX)	4Q**374** 2ii8
לפני / [ה]כוהן המשיח	(XIX)	4Q**375** 1i8
ואה[רון יזה מן הדם] / לפני פרוכת [הקודש	(XIX)	4Q**375** 1ii7
ו[י]צא לפני כ[ול ראשי אבות] / העדה	(XIX)	4Q**375** 1ii8
]פנים עם אל פנים כא[שר	(XXVIII)	4Q**377** 1ii5
]פנים עם אל פנים כא[שר	(XXVIII)	
וידבר ע[ם]קהל ישראל פנים עם אל פנים	(XXVIII)	4Q**377** 2ii6
וידבר ע[ם]קהל ישראל פנים עם אל פנים	(XXVIII)	
ורעדודיה אחזתם מלפני כבוד אלוהים	(XXVIII)	4Q**377** 2ii9
]◦נדה לפניך[	(XXII)	4Q**378** 1,1
] / לעמוד לפני אלוה ולפני[	(XXII)	4Q**378** 6ii2
] / לעמוד לפני אלוה ולפני[	(XXII)	
ע]ל פני / [	(XXII)	4Q**378** 13i2
]גלים לפניו ואתם לשנ◦ה תה◦[	(XXII)	4Q**379** 13,1
שועתי ל]פניו באזניו תבוא	(XI)	4Q**381** 24a+b,9
]לפניו ו[ב]גחלי אש יפזר[	(XI)	4Q**381** 28,1
] לפניך תש[	(XI)	4Q**381** 31,2
] / לישע פניך אקוה	(XI)	4Q**381** 33+35,9
ואני אכחש לפניך על ח[ט]י	(XI)	

Reference	Vol.	Text
4Q**381** 45a+b,2	(XI)	ואתן נפשי להכנע מלפנ[יך
4Q**381** 46a+b,4	(XI)	] / וכעננים יפרשו על פ[ני הארץ
4Q**381** 46a+b,5	(XI)	ובחרים כמנחת תטהר לפניך
4Q**381** 46a+b,6	(XI)	ויראיך לפניך תמיד
4Q**381** 46a+b,8	(XI)	ופשעים כדמן / עלפני אדמה ירמסו
	(XI)	ו]ינדפו [מ]לפני ב◦◦[
4Q**381** 50,3	(XI)	]לפניו יזכרו כי נורא אתה ◦[
4Q**382** 30,3	(XIII)	ע]וד לפניכ[ה
4Q**382** 49,8	(XIII)	בבו]שת פנים ובכלמה[
4Q**384** 20,1	(XIX)	ל]פניו וישבו[
4Q**385** 4,4	(XXX)	ויאמר יהוה אלי לא אש[י]ב פניך יחזקאל
4Q**385** 6,8	(XXX)	ופניהם זה בעקר ז[ה
4Q**385** 6,9	(XXX)	ודמות] / הפ[נים אחד ארי אח]ד נשר
4Q**385**a 1a-bii4	(XXX)	] / בשחרו פני ולא רם לבבו ממני
4Q**385**a 4,7	(XXX)	ופני[מסתרים מישראל]
4Q**385**a **18i**a-b,2	(XXX)	ויצא]ירמיה הנביא מלפני יהוה
4Q**387** 2ii2	(XXX)	ובק]ש[ו] פ[נ]י בצר להם
4Q**387** 2ii9	(XXX)	ופני מסתרים מישראל / [
4Q**388**a 3,2	(XXX)	]בהתהלככם בשג[גה] מלפ[ני
4Q**388**a 6,2	(XXX)	וא]סתיר פני[ ] מ[הם
4Q**388a** D,2	(XXX)	ומלאך יה]וה הלך לפני מ[חנה ישראל
4Q**388a** H,1	(XXX)	] / לפנ[י
4Q**389** 8ii3	(XXX)	ובני ישראל / [זעקים מפ]ני על כבד
4Q**389** 8ii5	(XXX)	על כן הסתרתי / פני מ[הם
4Q**390** 1,2	(XXX)	] / [ו]מפ[ני וא]שוב[ונתתים]ביד בני אהר[ון
4Q**390** 1,9	(XXX)	והסתרתי פני מהמה ונתתים ביד איביהם
4Q**390** 1,10	(XXX)	[ו]בהסתר פ[ני] / מהם
4Q**392** 1,4	(XXIX)	[ו]אין סתר מלפנו
4Q**392** 1,5	(XXIX)	וכל אפלה לפנו נחה
4Q**392** 1,9	(XXIX)	]מלפנו יצאים המא[רות] / [
4Q**393** 1ii-2,5	(XXIX)	אלוהינו הסתר / פניך מחט[או]תינ[ו
4Q**393** 1ii-2,7	(XXIX)	וא[ל רו]ח נשברה מלפניך
4Q**393** 3,5	(XXIX)	ואזר כח ועל מי תאיר פניך
4Q**393** 3,8	(XXIX)	ולהוריש / ל[פ]ניהם[גוים גדולים]
4Q**398** 14-17ii4	(X)	ובקש מלפניו שיתקן / את עצתך
4Q**398** 14-17ii7	(X)	בעשותך הישר והטוב לפנו
4Q**399** 1ii1	(X)	ובקש] מלפניו / [שיתקן את עצתך
4Q**399** 1ii4	(X)	בע]שותך הישר לפניו
4Q**400** 1i4	(XI)	] משרתי פנים בדביר כבודו
4Q**400** 1i8	(XI)	משרתי פני מלך קודש / [קודשים
4Q**401** 1-2,3	(XI)	] עמדו לפני[
4Q**401** 12,3	(XI)	קוד]ש קודשים לפ[ני
4Q**402** 4,14	(XI)	]להבין לפני ע[שותו
4Q**402** 4,15	(XI)	ה]מה לפני[היותם ממחשבתו
4Q**405** 15ii-16,4	(XI)	] / בדביר פנו רוקמות[
4Q**405** 20ii-22,7	(XI)	יפולו לפנו ה[כרו]בים
4Q**405** 23ii2	(XI)	] / קרבו מלכ בשרתם לפ[ני
4Q**405** 23ii8	(XI)	מחזקות מעמד קודשם לפני[
4Q**405** 59,2	(XI)	]פנים[
4Q**408** 16,3a	(XXXVI)	]◦לפנ[
4Q**414** 1ii-2i4	(XXXV)	להיות]טהורים לפניכה / תמ[י]ד[
4Q**414** 8,2	(XXXV)	ל]פניכה ב[מועדי
4Q**414** 11ii4	(XXXV)	] / לפניכה מכול[
4Q**414** 12,2	(XXXV)	] / להתהלך לפ[ניכה
4Q**414** 13,2	(XXXV)	] / רצו[נ]כה להטהר לפנ[יכה
4Q**415** 11,7	(XXXIV)	]תהיה לו כמכשול לפניו ◦[
4Q**416** 2ii3	(XXXIV)	ו]בחרפת[ו] תכסה פניכה
4Q**416** 2ii7	(XXXIV)	ברצון שחר פניו וכלשונו / דבר
4Q**416** 2iii18	(XXXIV)	]הדר פניהמה / למען חייכה
4Q**417** 1i15	(XXXIV)	וספר זכרון כתוב לפניו / לשמרי דברו
4Q**417** 2i15	(XXXIV)	[כי]א לפני [אפו
4Q**417** 2ii+23,5	(XXXIV)	ובח[רפת]נו תכסה פניכ[ה
4Q**417** 2ii+23,10	(XXXIV)	איש לוא יטכה ברצו[ן] שחר פנ[יו
4Q**418** 8,7	(XXXIV)	ברצונו שחר פני[ו וכלשונו דבר
4Q**418** 35,3	(XXXIV)	]שחר פנ[יו
4Q**418** 43-45i12	(XXXIV)	וספר לאל זכרון כתוב לפ]ניו
4Q**418** 158,5	(XXXIV)	יהדרו נדיבים] ? / פ{{ו}}ניכה
4Q**418** 167a+b,7	(XXXIV)	] / [יהיה לו]כמכשול לפנ[יו
4Q**418** 230,4	(XXXIV)	]פני[
4Q**418**a 22,4	(XXXIV)	]כיא לפני אפו ל[וא יעמוד
4Q**421** 1ai3	(XX)	]ל◦ לסרך הכול איש לפני רע[הו] / [
4Q**421** 2,3	(XX)	כו]ל[א]יש לפני[רעהו
4Q**421** 13,1	(XX)	]כיא אמ אלפ[ני]המה[יפלו ?
4Q**422** II,9	(XIII)	] הגיש לפניו / ויאר על [ה]שמ[ים
4Q**424** 1,4	(XXXVI)	] / [מ]סתר מפני זרם
4Q**424** 1,5	(XXXVI)	ולא יעמוד לפני אש
4Q**426** 1i12	(XX)	]ת בסתר מלפני{{ו}} היום / [
4Q**427** 2,4	(XXIX)	]ל[ ]ה לפניכה כש[
4Q**427** 7ii13	(XXIX)	וטוב על פניהמה בדעתמה ברוב חס[דיו
4Q**427** 8ii13	(XXIX)	ובקצ האספו] / אל מעונתו מפני אור
4Q**427** 9,2	(XXIX)	ולהתיצב]לפני אפכ[ה
4Q**427** 11,3	(XXIX)	ומתך דונ]ג בהמס לפני אש[
4Q**429** 3,5	(XXIX)	[ויחשך]מאור פני לאפלה
4Q**430** 3	(XXIX)	ומכשול עוונם שמו ל[נ]גד פני[הם]
4Q**432** 6,1	(XXIX)	] / חלכאים [על] פני מים
4Q**434** 1i9	(XXIX)	ויתן לפניהם מחשכים לאור
4Q**435** 4,1	(XXIX)	] / פנ]
4Q**435** 5,2	(XXIX)	ועדת] / [אנשי]מופת הושבתה לפ[ני
4Q**436** 1a+bi4	(XXIX)	אשר / [שמת]ה לפני
	(XXIX)	ותנצור תורתכה לפני
4Q**437** 2i7	(XXIX)	ולו]א הסתרתה פניך מן תחנוני
4Q**437** 2i8	(XXIX)	[כיא מלפ]נ[י] יעטף רוחי בצר לי
4Q**437** 2i12	(XXIX)	[ועדת אנשי]מופת הוש[בת] לפני
4Q**460** 9i2	(XXXVI)	ולפניכה אפחד כיא כפחד אלוהים זממ[ת]י
4Q**460** 9i12	(XXXVI)	יע]מוד לפניכה ישראל
4Q**462** 1,16	(XIX)	ועז פניה ותשנה בזיוה
4Q**462** 1,18	(XIX)	נ]שנאתה כאשר היתה לפני הבנותה[
4Q**472** 1,4	(XXXVI)	] / את כול רעו מש[מ]רי פני מלך [
4Q**472** 1,6	(XXXVI)	] / ולוא שחרו פניו[
4Q**476** 2,6	(XXIX)	] / כבוד לפני מלך ל◦[
4Q**482** 3,1	(VII)	]פני אל ◦[
4Q**491** 1-3,9	(VII)	ועברו שמה לפני[
4Q**491** 10ii13	(VII)	ועמד [ל]פני[המערכה
4Q**493** 1	(VII)	והכוהנים בני אהרון יעמודו לפני [ה]מערכות
4Q**501** 6	(VII)	וזלעופות אחזונו מלפני לשון
4Q**502** 6-10,17	(VII)	]מפני[ ]ל[
4Q**502** 47,2	(VII)	]ם לפניו ו[
4Q**502** 58,2	(VII)	] לפני [
4Q**502** 87,2	(VII)	ל]פני כול מ[
4Q**502** 98,2	(VII)	]ד לפניו כו[ל
4Q**503** 1-6iii7	(VII)	]ח לפניו בכול מפלג כבודו
4Q**503** 1-6iii19	(VII)	]שן לפניו[ ]◦ם ערנ◦[
4Q**504** 1-2iii3	(VII)	ואפס נחשב[ו] לפניכה
4Q**504** 1-2iv7	(VII)	וישב על כסא ישראל לפניך / כול הימים
4Q**504** 3ii9	(VII)	]כה עלפנינו לבלתי נ◦[
4Q**504** 3ii17	(VII)	]פנים אל פנים דבר[ת]ה אות[ו
	(VII)	]פנים אל פנים דבר[ת]ה אות[ו
4Q**504** 5ii2	(VII)	] / קודש עומד לפניכ[ה
4Q**504** 6,11	(VII)	קוד]שכה הולך לפנינו
4Q**504** 6,12	(VII)	]◦[ ]פני מושה עב[דכה

הזה בחצר החיצונה / **לפני** יהוה	11Q**19** XXII,14	
יכפרו / [ע]ל̇ [כו]ל̇ [יצ]הר הארץ **לפני** יהוה	11Q**19** XXII,16	
ושחטו **לפניו** את שעיר העזים לראישונה	11Q**19** XXIII,11	
חוקו̇ת[עולם] / לדורותיכמה **לפני** יהוה	11Q**19** XXIV,9	
אשה ריח ניחוח ל]**פני** יהוה	11Q**19** XXV,4	
אשה ריח ניחוח **לפני** יהוה	11Q**19** XXXIV,14	
ושולחנות / **לפנ̇י** המושבות בפרור הפנימי	11Q**19** XXXVII,9	
]להשתחוות **לפני** כול ע̇[ד]ת בנ̇י / ישרא̇ל [	11Q**19** XXXIX,6	
איש אשר יגע על **פני** השדה בעצם אדם מת	11Q**19** L,5	
ולוא יכירו**פנים** במשפט ולוא יקחו שוחד	11Q**19** LI,12	
לפני תואכלנו שנה כשנה	11Q**19** LII,9	
ואכלתה / ושמחתה **לפני**	11Q**19** LII,16	
ועשיתה הישר והטוב / **לפני**	11Q**19** LIII,8	
וזבחתה שמה **לפני** כאשר הקדשתה	11Q**19** LIII,10	
לעשות הישר והטוב **לפני** יהוה אלוהיכה	11Q**19** LV,14	
העומד שמה לשרת **לפני**	11Q**19** LVI,9	
על ספר מל**פני** הכוהנים	11Q**19** LVI,21	
ולוא יצא עד יבוא **לפני** הכוהן הגדול	11Q**19** LVIII,18	
מתאנחים / ומזעיקים מ**פני** עול כבד	11Q**19** LIX,6	
ולוא אענה / אותמה מ**פני** רוע מעלליהמה	11Q**19** LIX,7	
ואסתיר **פני** מהמה		
ואין מושיע מ**פני** רעתמה אשר הפרו בריתי	11Q**19** LIX,8	
ויעש / הישר והטוב **לפני**	11Q**19** LIX,17	
ונתתי את כול אויביו **לפניו**	11Q**19** LIX,19	
מ̇כול שבטיכה / לעמוד **לפני**	11Q**19** LX,11	
הלויים ישרת העומדים שמה **לפני**	11Q**19** LX,14	
כי תועבה המה **לפני** כול עושה / אלה	11Q**19** LX,19	
האלה אנוכי מורישם מל**פניכה**	11Q**19** LX,20	
האנשים אשר להמה ה̇ריב **לפני**	11Q**19** LXI,8	
ו**לפני** הכוהנים והלויים		
ו**לפני** / השופטים אשר יהיו בימים ההמה		
כי בהמה בחרתי לשרת **לפני** ולברך בשמי	11Q**19** LXIII,3	
ועשיתה הישר והטוב **לפני** יהוה אלוהיכה	11Q**19** LXIII,8	
[כ]י̇ יקר̇[א קן צ̇פור **לפניכה** ב̇ד̇ר̇ך̇	11Q**19** LXV,2	
ופרשו השלמה **לפני** זקני העיר ההיא	11Q**19** LXV,13	
ואת] / [סלי הלחם תנופה ל]**פני** יהוה	11Q**20** I,19	(XXIII)
בו על כול העדה **לפני** / [יהוה	11Q**20** V,19	(XXIII)
]**לפני**◦ ◦◦[	PAM 43.674 63,1	(XXXIII)
]מ**פני** מצבת̇[	PAM 43.675 1,2	(XXXIII)
]**לפני** ע◦[	PAM 43.676 40,3	(XXXIII)
] ו̇**לפני** ה◦[	PAM 43.685 14,1	(XXXIII)
]כ**פנים** וע[	PAM 43.686 13,2	(XXXIII)
]בעתו מ**פנ̇י**[	PAM 43.698 25,2	(XXXIII)
] **לפנ̇י** [	PAM 43.698 77,1	(XXXIII)

פִּנָּה, פִּנָּא **corner** noun

היאה חומת הבחן **פנת** יקר בל / יזדעזעו	1QS VIII,7	
]תדו̇חו̇[ן] מאבן **פנת** / [	2Q**23** 1,6	(III)
בחצ[ר]◦יאט תחת ה**פנא** הדרו / מית	3Q**15** III,1	(III)
תחת ה**פנא** האחרת המזרח / ית	3Q**15** III,5	(III)
ביאתא / תחת ה**פנא** המערבית	3Q**15** III,10	(III)
בדוק תחת **פנת** המשמרה / המזרחית	3Q**15** VII,11	(III)
מתחת **פנת** האסטאן הדרומית	3Q**15** XI,2	(III)
היאה חומ̇ת הבחן **פ̇[נת** יקר ב]ל̇ [יזדעזעו	4Q**259** II,16	(XXVI)
ועשו קרנותיו על ארבע **פנותיו**	4Q**365** 12a-bii8	(XIII)
ומ̇ן ה**פנה** הזואת עד שער דן	4Q**365**a 2ii2	(XIII)
ומשער אשר עד **פנת** מזרח{{ה}}	4Q**365**a 2ii4	(XIII)
וכול **פנות** מבניתו	4Q**403** 1i41	(XI)
וכול **פנו̇[ת** / [	4Q**405** 6,2	(XI)
] / קודש מעשי **פנו̇[תו**	4Q**405** 20ii-22,4	(XI)

]◦ים ב**פניכה**[	4Q**504** 6,19	(VII)
] / **פני** [	4Q**504** 14,4	(VII)
]ק̇דוש עומד **לפנ̇[יכה**	4Q**505** 124,7	(VII)
פנ]י̇ם אל פ̇נ̇י̇[ם ד]ב̇רתה עמ̇[ו	4Q**506** 125+127,2	(VII)
פנ]י̇ם אל **פ̇נ̇י̇[ם** ד]ב̇רתה עמ̇[ו		(VII)
ל**פ]נ̇י̇כה** אלה ידענו	4Q**506** 131-132,10	(VII)
]נ̇ו לשמח **לפנ̇י̇[כה**	4Q**508** 20,2	(VII)
]מל**פניכה** ו̇ת̇◦◦◦ א̇ר̇ץ̇ במועדי / [	4Q**508** 30,2	(VII)
]י̇חיד מ̇ל**פניכה** ◦◦[	4Q**509** 7,4	(VII)
]ב **לפניכה̇**[	4Q**509** 21,1	(VII)
]**לפני** / [	4Q**509** 131-132i19	(VII)
]ג̇י̇ש **לפניכה** רשית מעש̇י̇[כה	4Q**509** 131-132ii7	(VII)
]**ל̇פניכה̇**[	4Q**509** 191,2	(VII)
] / ובו̇שת **פנים** למ̇ספר אב[	4Q**511** 2ii4	(VII)
ל]**פני** גבורתו[ ]◦◦[	4Q**511** 15,4	(VII)
]ים **פני** אלוהים / [	4Q**511** 73,2	(VII)
ואני עומד]**ל̇פ̇ניכה** במו̇ע̇[ד	4Q**512** 29-32,6	(VII)
]י̇ **לפניכה** א[	4Q**512** 28,3	(VII)
]ם̇ **לפני** כול ש̇מ̇[	4Q**512** 76,2	(VII)
]◦ר̇ **לפני** [	4Q**518** 31,3	(VII)
]ה̇עושים את̇ הטוב **לפני** אדנ̇[י	4Q**521** 7+5ii4	(XXV)
ונתתי [א]ת כול אויביו **לפניו**	4Q**524** 6-13,2	(XXV)
] / ידמ[ה] בתא̇ר **פניהו**[	4Q**525** 2iii4	(XXV)
] / תה̇[ל]ל̇ ו̇מ**פני** דברך יתג̇ב̇[רו	4Q**525** 14ii4	(XXV)
לפנים שמע אמרם	4Q**525** 14ii24	(XXV)
] / אחוז תכמי מל**פני** אל̇ו̇[הים	4Q**525** 23,1	(XXV)
]ל̇**פני̇ם̇**[	4Q**525** 39,1	(XXV)
] / על **פני** ה̇שדה א̇[שר	5Q**12** 4	(III)
]ב̇רו̇ח̇מה **לפניכה** / [	5Q**13** 2,9	(III)
יע]מ̇ו̇ד ל̇**פנ̇י** המבקר [	5Q**13** 4,1	(III)
]◦ר̇ **לפניך** ול◦[	5Q**19** 1,2	(III)
]◦ ה**פני̇[ם**	6Q**9** 29,2	(III)
]לבם ונגפו **לפנ̇י̇**[	6Q**9** 32,2	(III)
]**לפ̇נ̇**◦[	6Q**10** 20,2	(III)
ל]**פני** הדר[	6Q**18** 6,2	(III)
]ו̇כול הרוחות **לפניכה** ע[ומדות	8Q**5** 2,6	(III)
ו**פני** לוא השי̇ב̇ותי	11Q**5** XXI,16	(IV)
ואל תפרע **לפני** / רשעים	11Q**5** XXIV,5	(IV)
כי לוא יצדק **לפניכה** כול חי	11Q**5** XXIV,7	(IV)
על כן שאלתי מל**פניכה** שלמה	11Q**5** XXIV,14	(IV)
מה יוסיף אומ[צם] מ̇ל**פ̇[נ]יכה** יהוה מבטחי	11Q**5** XXIV,15	(IV)
לפניו הדר / ילך	11Q**5** XXVI,9	(IV)
חסד ואמת סביב **פניו**	11Q**5** XXVI,10	(IV)
ותמים בכול דרכיו **לפני** אל ואנשים	11Q**5** XXVII,3	(IV)
ושיר לשורר **לפני** המזבח על עולת / התמיד	11Q**5** XXVII,5	(IV)
כנבואה אשר נתן לו מל**פני** העליון	11Q**5** XXVII,11	(IV)
כול זר̇[ע הקודש]אשר ה̇ת̇[י]צ̇בו **לפני**[ו	11Q**11** III,5	(XXIII)
אם לוא / [ייראו]מל**פני** יהוה ל̇[	11Q**11** III,9	(XXIII)
פניך פני / [שו]א̇ וקרנ̇י̇ך̇ קרני חל[ו]ם̇	11Q**11** V,6	(XXIII)
פניך **פני** / [שו]א̇ וקרנ̇י̇ך̇ קרני חל[ו]ם̇		(XXIII)
ו**פני** רשע[י]ם̇ תש[או ס]לה	11Q**13** II,11	(XXIII)
ויאר **פניו** אליכם ויפתח לכם	11Q**14** 1ii7	(XXIII)
]◦◦ **פניכה** ◦[	11Q**15** 3,1	(XXIII)
]א **פני̇ו̇**[	11Q**17** VII,2	(XXIII)
ו**פניהם** א̇[ש אל אחיו / [	11Q**19** VII,12	
היא] / אשה ריח ניחוח **לפני** יהו̇ה̇[	11Q**19** XV,13	
[פסח ליהוה] וזבחו **לפני** מנחת הערב	11Q**19** XVII,7	
הזה בחצר החיצו]נה **לפני** יהו̇ה̇	11Q**19** XXI,3	
וישמחו בני ישראל **לפ̇[ני** י̇הוה	11Q**19** XXI,8	
בכורים **לפני** יהוה	11Q**19** XXI,16	

11Q17 VII,6 (XXIII) מ]עשי פנות[
11Q17 X,8 (XXIII) פנ]ות מבניתו ולכול ז[בולי
11Q19 XII,9 ועש]רים [באמה מפ]נה[אל]פנה
ועש]רים [באמה מפ]נה[אל]פנה
11Q19 XII,13]◦◦◦ / וקר◦?[ ]יו ופנו]תיו
11Q19 XVI,17 דמו יזרוק ע[ל אר]בע פנות עזרת המזבח
11Q19 XXIII,13 ועל ארבע פנות עזרת המזבח
11Q19 XXX,6 מפנה אל פנה עשרים באמה
מפנה אל פנה עשרים באמה
לעומת ארבע פנותיו
11Q19 XXXVI,4] / [עד פנ]ת השע[ר עשרים ומאה באמה
11Q19 XXXVI,12 ⟦ ⟧ ומפנת השער עד המקצוע השני
11Q19 XXXVII,6] פנות ? הפרור התחתון
11Q19 XXXIX,14 מדה מן פנה למזרח צפון עד שער שמעון
11Q19 XL,8 כאלף ושש [מאות ב]אמה מפנה לפנה
כאלף ושש [מאות ב]אמה מפנה לפנה
11Q19 XL,13 מן הפנה עד / שער שמעון
11Q19 XLI,7 ו]מן הפנה הזואת עד / שער דן
11Q19 XLI,11 ומשער / אשר עד פנת {{של?}} המזרח
11Q19 XLIV,8 משער יהודה עד / הפנה
11Q19 XLIV,9 משער שמעון עד הפנה / השנית
11Q19 XLIV,15 ומשער בנימין עד פנת המערב לבני בנימין
מן הפנה / הזאת עד שער יששכר
11Q20 I,26 (XXIII) על ארבע פנות עזרת ה[מזבח
11Q20 32,3 (XXIII)]פנות[

Penuel proper noun **פְּנוּאֵל-2**

4Q158 1-2,11 (V)] / לו השמש כאשר עבר את פנוא[ל

within adverb **פְּנִימָה**

11Q19 III,13 לה]ביא בהמה אש פנימה
11Q19 XXII,9 בקיר הבית / הזה בת[ים ? פני]מה
11Q19 XXXIII,11 עשוי חלונים פנימה אטומים
11Q19 XXXVI,14 והשערים באים פנימה אל תוך החצר
11Q19 XXXVII,8 וע[ש]יתמה בת[צר פ]נימה ב[י]ת מ[ו]שבות
11Q19 XLI,13 ולפנימה באים מקיר החצר
11Q19 XLI,17 ובין {{ע}} שער לשער תעשה פנימה נשכות

inner adjective **פְּנִימִי**

11Q19 XI,14]חצר הפ[נ]ימית
11Q19 XX,12 הנותר מהמה יוכלו בחצר / [הפני]מ[י]ת
11Q19 XXXVI,14 השערים האלה אשר / לחצר הפנימית
11Q19 XXXVII,4] / [החצר] הפנימית לעזרת ה[מז]בח
11Q19 XXXVII,9 בפרור הפנימי אצל קיר [החצר] החיצון
11Q19 XXXVIII,12 ועשיתה [ח]צר שנית סב[י]ב ל[חצר הפנ]ימית
11Q20 X,1 (XXIII) בפרור]הפנימי אצל ק[י]ר החצר ה[חיצון]

jewels noun **פְּנִינִים**

4Q525 2iii7 (XXV)] / ובזהב ופנינים ו[

tax (?) noun **פַּס**

4Q523 3,2 (XXV) א]ל ? יבטלון פסי[

to pass over, leap, limp verb **פסח**

4Q503 1-6iii5 (VII)] / בפוסחו[
4Q505 125,2 (VII) פסחת]ה עלבתינו [

Passover, passover sacrifice noun **פֶּסַח**

4Q265 3,3 (XXXV) נער זעטוט ואשה [בזב]ח הפסח
4Q319 13,1 (XXI) ב5 ביחזקאל הפסח]השני
4Q319 13,4 (XXI) ב5 במ]עוזיה הפסח[
4Q320 4iii2 (XXI) ב3 בשבת בני מעוזיה הפסח
4Q320 4iii4 (XXI) ב5 בשערים הפסח[השני]
4Q320 4iii12 (XXI) [ב30] בשערים הפס[ח]
4Q320 4iv7 (XXI) ב3 באביה הפסח
4Q320 4iv9 (XXI) ב5 ביק[י]ם הפסח ה[שני]
4Q320 4v1 (XXI) [ב30 בשבת בני יקי]ם הפסח
4Q320 4v3 (XXI) ב[5 בא]מר הפסח השני
4Q320 4v10 (XXI) ב3 באמר הפסח
4Q320 4v12 (XXI) [ב]5 ביחזקאל הפסח השני
4Q320 4vi6 (XXI) ב3 ביחזקאל הפס[ח]
4Q320 4vi8 (XXI) [ב5] במעוזיה הפסח ה[שני]
4Q321 V,4 (XXI) בשעורים בוא הפסח
4Q321 V,5 (XXI) באביה] / בוא הפסח השני
4Q321 V,9 (XXI) באביה בוא / הפסח
(XXI) ביקים בוא הפסח [הש]ני
4Q321 VI,3 (XXI) ביקים בוא ה[פ]סח
4Q321 VI,7 (XXI) באמר]בוא הפסח
4Q321 VI,8 (XXI) ביחזקאל בוא / הפסח [ה]שני
4Q329a 4 (XXI) מעדיה בשלשה / [באביה הפס]ח
4Q329a 5 (XXI) מעדיה / [בשלשה ביקים הפ]סח
4Q365 23,7 (XIII)]ם לפסחים ולשלמים ולתודות ולנדבות

lame adjective **פִּסֵּחַ**

1QSa II,6 (I) נכאה רגלים או / ידים פסח או עור
1QM VII,4 וכול פסח או עור או חגר
4Q266 8i8 (XVIII) [ו]חגר או פסח או חרש או נער זעטוט
11Q19 LII,10 ואם יהיה / בו מום פסח או עור

to hew verb **פסל**

1QpHab XII,10 כיא פסל יצרו / מסיכה
4Q364 26bii+e,3 (XIII) ויואמר יהוה אלי פסלכה שני[לוחות אבנים

idol, graven image noun **פֶּסֶל**

1QpHab XII,10 מה הועיל פסל כיא פסל יצרו / מסיכה
1QpHab XII,13 פשר הדבר על כול / פסלי הגוים
1Q14 8-10,11 (I) ויסדיה אגלה וכו]ל [פסי]ל[יה]
4Q269 8ii2 (XVIII) והעופרת א]שר עשו הגואים פ[סל]
4Q270 3iii21 (XVIII) והעפרת אשר עשו] / [ה]גואים פסל
4Q271 2,9 (XVIII) והעו[פרת אשר עשו הגוים פ]סל
4Q385a 18ii9 (XXX) ואל תלכו] / אחרי פ[ס]ילי הגוים
11Q19 II,7 ואת פסילי א[להיהמה תשרופון] / [באש
PAM 43.678 59,2 (XXXIII)]פסיל[ים
PAM 43.682 2,2 (XXXIII)]◦ פסלי ◦[ ]◦[ ]

work, wage, result noun **פְּעוּלָּה, פְּעֻלָּה**

1QS III,16 כמחשבת כבודו ימלאו פעולתם
1QS IV,15 וכול פעולת / מעשיהם במפלגיהן
1QS IV,25 והואה ידע פעולת מעשיהן
1QHa VI,12]◦תם פעולתם
1QHa VII,22 אתה יצרתה רוח ופעולתה הכינות[ה
1QHa IX,9 אתה יצרתה / כול רוח ופעו[לתה הכינות[ה
4Q180 1,2 (V) ונהיה כטרם בראם הכין פעולות[יהם
4Q215a 1ii9 (XXXVI)] / פעולתם בטרם הבראם
4Q287 8,13 (XI) ועיני זנות ופעולת [
4Q413 1-2,1 (XX) ובפעולות / בני אד[ם
4Q417 1i14 (XXXIV) ואתה / מבין רוש פעלתכה בזכרון הע[ת
4Q417 1i26 (XXXIV) כו[ל]◦◦הן עם פעולת[
4Q418 69ii13 (XXXIV) האמור יאמרו יגענו בפעולות אמת
4Q418 107,4 (XXXIV) ופעולתכה בחפצי [

4Q418 108,2 (XXXIV)]ם פעולתמה[
4Q418 130,2 (XXXIV)] / חולים פעולת[
4Q418 137,5 (XXXIV)]◦ פעלתכה יום תע◦[
4Q423 5,3 (XXXIV) והוא פעולת / [מעשיהמה ידע
4Q424 3,1 (XXXVI) ובמשקל[ ]לא יעשה פעלתו
4Q426 1ii4 (XX)] / ואתבוננו בפעול{{ו}}ת אנו[ש
4Q435 2ii4 (XXIX)] / פעולות און[
4Q436 1a+bi8 (XXIX)]מוסר בל יהגו בפעולות אדם
4Q504 1-2ii19 (VII)]◦ם ופעולתם
4Q511 63iii2 (VII) ומולות פעולות / תמימי דרך
4Q521 1ii3 (XXV)] / ופעלת[
5Q13 5,1 (III)]◦פעולתמה ◦◦◦מה [

to do, make verb **פעל**

1QpHab VIII,13 ודרכי / ת[ו]עבות פעל בכול נדת טמאה
1QpHab XII,8 אשר פעל בה הכוהן הרשע מעשי תועבות
1QH[a] VI,14 ולפי / קורבי קנאתי על כול פועלי רשע
1QH[a] XIX,33 ברוך את[ה] / אדוני כי אתה פעלתה אלה
4Q88 X,12 (XVI) ויתפרדו כול[פו]עלי / און
4Q412 1,1 (XX) [ואת]ה אל תפע[ל
4Q412 1,2 (XX) אל תפע[ל]◦ האר◦[
6Q16 2,2 (III) פו]עלי רשע [

work noun **פֹּעַל**

4Q162 II,3 (V) ואת פעל יהוה / לא הביטו
4Q175 19 (V) ברך •••• חילו ופעל ידו תרצה

פְּעֻלָּה ← פְּעוּלָּה

beat, foot, time, occurrence noun **פַּעַם**

1QS III,9 ויהכין פעמיו להלכת תמים
1QS VII,11 וחנם עד שלוש פעמים על מושב אחד
1QS XI,4 דרכ פעמי מפני כול לוא יזד עזרע
1QS XI,5 כיא אמת אל היאה / סלע פעמי
1QS XI,13 ויכן לדרכ פעמי
1QSb IV,1 (I) ופע[מי רגל]יכה ירצה ו[
1QM VI,1] / שבע פעמים ושבו למעמדם
1QM VI,4 כול אלה יטילו שבע פעמים
1QM VIII,2 עד כלותם להשליך שבע / פעמים
1QM VIII,13 למערכת / ⟦ ⟧ האויב שבע פעמים
1QM XI,3 ואת / פלשתיים הכנ[י]ע פעמים רבות
וגם ביד מלכינו הושעתנו פעמים רבות
1QM XVIII,7 ושערי ישועות פתחתה לנו פעמים רבות
1QH[a] X,8 ותעמד פעמי בגבול רשעה
1QH[a] XV,14 לישר פעמי לנתיבות צדקה
1QH[a] XVI,34 ואין לשלוח פעם ולא מצעד לקול רגלי
1QH[a] 3,4]ופעמי על מטוני פחיה
4Q88 VIII,9 (XVI) פעמים רבות אזכרך / [לברכ]ה ציון
4Q159 1ii7 (V) רק פ[עם] אחת יתננו כול ימיו
4Q184 1,16 (V) ולהטות פעמיהם מדרכי צדק
4Q185 1-2i6 (V)]ש ועד עשר פעמים[
4Q255 2,4 (XXVI) ופ[עמיו יהכין] / להלכ תמימ
4Q265 4ii2 (XXXV) [מן] הספר [י]נום עד שלוש פעמים
4Q266 10ii7 (XVIII) ו]ה[נם] עד שלוש פע[מים
4Q269 8i3 (XVIII) ש]לוש פ[עמים
4Q270 3iii19 (XVIII)] / ממשפטי הי[חד] של[וש פעמי]ם ב[
4Q271 2,7 (XVIII)]חד שלוש פעמים
4Q292 2,3 (XXIX) הוסף כה]ם מהם אלף פעמים
4Q365 24,2 (XIII) שבע שנים שבע] פעמים
4Q381 10-11,3 (XI)] רחמון הוא ולא בפעם ה◦[
4Q421 1aii-b,7 (XX)] / פעמיהם על[
4Q428 13,7 (XXIX) פן תהלכו פע]מי על מטמוני פחים
4Q470 3,5 (XIX)]ובעמוד האש פעמים[רבות
11Q5 XXII,12 (IV) פעמים רבות אזכירך לברכה
11Q19 XVIII,9 ואחר יעלו את האיל אחד פעם / [אחת]
11Q19 XXI,12 מיום הזה שבעה שבועות שבע פעמים
11Q19 XXII,16 לפני יהוה פעם אחת בשנה
11Q19 XXVII,5 פעם אחת בשנה יהיה היום הזה
PAM 43.677 39,2 (XXXIII)]פעם א[

פענה ?

4Q381 31,7 (XI) האמרים פענה שרגו עטרת ראשי

to open verb **פער**

4Q162 II,5 (V) ופערה פיה לבלי חוק

to open, free verb **פצה**

1QH[a] XIII,11 ולא / פצו עלי פיהם
1QH[a] XV,21 ויפצו פה כיונ[ק
4Q200 6,7 (XIX) ומה אשר יפצה מידו
4Q511 42,4 (VII) ובשמיני אפצה[פי

to be cheerful, exuberant verb **פצח-1**

4Q176 1-2ii2 (V)] / פצחו הרים כיא נחם אלה[ים עמו

to divide verb **פצל**

4Q266 5ii2 (XVIII) ו]לא פצל דברו להשמיע [קולו
4Q267 5iii4 (XVIII)]לוא פצל[דב]ריו ל[השמיע קולו

to bruise, wound verb **פצע**

4Q266 10i7 (XVIII) והשופטי<<ם>> / [ממנו ית]נו בעד פצ[ועים
4Q397 5,1 (X) והמואבי ו]הממזר ופ[צוע הדכה
4Q525 15,9 (XXV)]פצועי שר[ף י]ומת[ו

to shatter verb **פצץ**

1QH[a] XV,22 ויתפ[צצו ש]ארית אנשי מלחמתי

Pizzez proper noun **פִּצֵּץ**

4Q319 VII,7 (XXI) בששית] / הפצץ[הקוץ יחזקאל ישוע
4Q319 70,2 (XXI) הפ]צץ[
4Q320 1ii8 (XXI) שבת בפצצ ל30 ב18 בר[ביעי]
4Q320 4v11 (XXI) [ב]1 בפצצ הנף העמר
4Q320 4vi2 (XXI) ב4 בפצצ חג הסכו[ת]
4Q321 I,8 (XXI) שב]ת בפצץ / [בשמונה עשר ברביעי
4Q321 VI,7 (XXI) בפ[צץ בו]א הנף העומר
4Q321 VI,9 (XXI) בפ]צץ בוא חג הסכות
4Q321a V,1 (XXI) בארבעה בפ]צץ ב[חמשה עשר בשביעי
4Q323 2 (XXI) [בארבעה בו ביאת הפ]צצ
4Q328 1 (XXI) [ישב]אב בששית הפצץ אלה רשי השנים
4Q329 2a-b,3 (XXI) הששית] הפצץ הקו[ץ יחזקאל ישוע]

to number, appoint, punish, visit verb **פקד**

CD I,7 ביד נבוכדנאצר מלך בבל / פקדם
CD V,15 כי אם למילפנים פקד / אל את מ[ע]שיהם
CD VII,9 וכל המואסים בפקד אל את הארץ
CD VIII,2 לא יחזיקו באלה לפוקדם לכלה ביד בליעל
CD VIII,3 הוא היום / אשר יפקד אל
CD X,2 לעבור / על הפקודים ירא את אל
CD XIII,11 וכל הנוסף לעדתו יפקדהו למעשיו
CD XIV,3 יפקדו כלם בשמותיהם

והכהן אשר יפקד / אש הרבים CD XIV,6
אשר יגיעו / לעבור על הפקודים CD XV,6
יפקדוהו בשבועת הברית CD XV,8
בפקד אל את הארץ CD XIX,6
לפקדם לכלה ביד בליעל CD XIX,14
הוא היום אשר יפקד אל CD XIX,15
ויפקוד אחריכה כלה 1QS II,6
ולפקוד את כול חוקיו אשר צוה 1QS V,22
ולהיות / פוקדם את רוחם 1QS V,24
ידורשהו האיש הפקוד ברואש הרבים 1QS VI,14
יפקודהו על פי הרבים 1QS VI,21
ובן] עשרים שנ[ה יעבר] / [על] הפקודים (I) 1QSa I,9
ויפקוד כול קודש[י]כה (I) 1QSb III,2
ובצדק פקדו כול חוקיו (I) 1QSb III,24
וראשי משמרותם עם פקודיהם יתיצבו 1QM II,4
]◦ לפקודיהם / [1QM II,16
ולפקוד צ◦[ ]◦יריכה לאלפיהם 1QM XII,4
]צבא מלאכים בפקודינו 1QM XII,8
ושר מאור מאז פקדתה לעוזרנו וב◦[1QM XIII,10
וכול ראשי המערכות ופקוד[הם 1QM XIX,12
הסולח לשבי פשע ופוקד עון רשעים 1QH[a] VI,24
]ולעצתך פקד א◦ / [1QH[a] VIII,7
ומעמד צדק א◦◦◦◦◦◦◦ אשר הפקדתה בו 1QH[a] VIII,14
ובידי פקד מ[שפטכה] (I) 1Q26 1,7
ואתה י[פקד] / [פרעוה פ]קידי[ם (XIII) 4Q223-224 2v24
ובן שנא[יעבר על הפק]ודים (XXXVI) 4Q249e 1i-3,6
וה]פקדת[י עליכם בהלה א]ת הש[חפת (XXXVI) 4Q249j 1,4
להקים את בריתו ולפקוד את כל חקיו (XXVI) 4Q258 II,1
ולהיות פוקדים את רוחם (XXVI) 4Q258 II,3
ולהיות פוקדי]ם א[ת רוחם] (XXVI) 4Q261 1a-b,4
אותם ביד / נב[וכדנא]צר מל[ך] בבל פקדם (XVIII) 4Q266 2i11
ל[פ]קידם [לכלה ב]יד / [ב]ליעל (XVIII) 4Q266 3iii24
[הוא הי]ום אשר יפקדו [אל] (XVIII) 4Q266 3iii25
וידבר בו הכוהן המופקד[ע]ל הרבים (XVIII) 4Q266 11,8
את אשר יפק]ידו [בכו]ל קצי החרון (XVIII) 4Q266 11,19
כ]ול המ[ח]נות יפקדו [כו]ל[ם] בשמ[ות]יהם (XVIII) 4Q267 9v6
והכוהן אשר / [יפ]קד ברואש ה[רב]ים (XVIII) 4Q267 9v11
פ]קוד עוון[(XVIII) 4Q267 13,2
א[ותם ביד נבוכדנאצר] / [מלך בבל]פקדם (XVIII) 4Q268 1,14
את אשר יפקי]דו / [בכול קצי החרון (XXXVI) 4Q269 16,17
וידיעהו לכוהן [המ]ופקד ע[ל הרבים (XVIII) 4Q270 7i16
א]ת אשר [יפ]קידו בכל קצי החרון (XVIII) 4Q270 7ii13
לו]א מלאו ימיו לעבור על הפ[קודים (XVIII) 4Q271 2,13
] / בפקדו כל[ה (XXVI) 4Q275 3,6
]ה יפקדו ראושי [(XI) 4Q286 17a,2
]רצה ופקוד[(XX) 4Q299 60,2
[כול יוצא צבא בי]שראל תפקוד אותם (XIII) 4Q365 26a-b,7
ויהיו] / פקודיהם שמונת אלפים (XIII) 4Q365 28,2
ופקדו אשר[צוה יהוה את מושה] (XIII) 4Q365 28,3
ויפקדהו / להראות בטוב ⟦ ⟧ (XI) 4Q380 1i9
לפ]קוד ◦[(XXX) 4Q387 1,10
ו]רננו כול פקודיהם אחד א[ח]ד במעמד[ו] (XI) 4Q405 20ii-22,14
כי כיס / צפונ[י]כה פק[דתה לנושה (XXXIV) 4Q416 2ii5
אם עבודתו יפקוד לכה [אל מנוח בנפשכה (XXXIV) 4Q416 2ii9
]◦ים פוקד לכה / אל תשלח ידכה בו (XXXIV) 4Q416 2iii3
ואם שמו בראו[שכ]ה למות הפקידהו (XXXIV) 4Q416 2iii6
]אשר פקיד[(XXXIV) 4Q416 5i1
]אשר לא פוקד לכה / [(XXXIV) 4Q416 5i2
]ת כול חי והתהלכו הפקוד על מעש[י (XXXIV) 4Q417 1i19
] / ופקוד כול דרכיכה ע◦[ ]ש [(XXXIV) 4Q417 1ii11

כיא כיס צ]פוניכה פקדת[ה לנושה (XXXIV) 4Q418 8,4
] / פקדו לכה[אל תשלח] ידכה ב[ו (XXXIV) 4Q418 9+9a-c,2
ואם שמו] / ברושכה למות[הפקי]דהו (XXXIV) 4Q418 9+9a-c,5
ואיפת אמת פו[ק]ד[ה עליכה (XXXIV) 4Q418 81+81a,9
להשיב אף מאנשי רצון ולפקוד על[(XXXIV) 4Q418 81+81a,10
ומשם תפקוד טרפכה ו[(XXXIV) 4Q418 81+81a,16
] / [ ]◦ פוקד לכה השמר מאד מ[(XXXIV) 4Q418 123ii7
]פקדמה[(XXXIV) 4Q418 173,6
וביד]ו פקד[משפט (XXXIV) 4Q423 4,3a
יפקוד לאבות ובנים[לגרי]ם (XXXIV) 4Q423 5,4
אם אתה א]יש אדמה פקוד מועדי הקי[ץ (XXXIV) 4Q423 5,5
] / ביד עצל אל תפקד אט (XXXVI) 4Q424 1,6
לבי פקדתה וכליותי שננתה (XXIX) 4Q436 1a+bi5
[על לבי פקד]תה תורתכה (XXIX) 4Q436 1a+bi6
פקדם ל[ב]רכה[ ]◦◦[(XI) 4Q448 III,4
ופקודים להיות אנ[שי]ממ[(VII) 4Q491 1-3,7
לפיא פקודיו לדבר יום [ביומו] (VII) 4Q491 1-3,8
כול שבטי י]שראל לפיא פק[ודיהמה (VII) 4Q491 20,2
ושר מאור מאז] / פקדתה לעזרנו (VII) 4Q495 2,2
ל{{מ}}פקודכה בצר לנו (VII) 4Q504 1-2v16
]◦ פקודיה[(VII) 4Q504 23,2
א]פקוד על פרי ג[ודל לבב (VII) 4Q509 275,1
ויפקו]ד אחריכה / [(III) 5Q11 1i5
ופקד{{ו}} / בראשיהמה שרי אלפים 11Q19 LVII,3
ופקדו שרי צב{{ו}}אות בראוש העם 11Q19 LXII,5
]ה ופקדו ראושי[(XXXIII) PAM 43.698 7,2

פְּקֻדָּה ← פְּקוּדָּה

פִּקְּרוֹן ← פִּקָּדוֹן

deposit noun פִּקָּדוֹן

]לפקדן ט◦[(XXV) 4Q523 1-2,11

punishment, visitation noun פְּקוּדָּה, פְּקֻדָּה

אלה מלטו בקץ הפקודה הראשון CD VII,21
אלה ימלטו בקץ הפקדה CD XIX,10
כאשר היה בקץ פקדת הראשון CD XIX,11
ולפקודת נגועיהם עם / קצי שלומם 1QS III,14
להתהלכ בם עד מועד פקודתו 1QS III,18
ופקודת כול הולכי בה 1QS IV,6
ופקודת / כול הולכי בה 1QS IV,11
ובמועד / פקודה ישמידנה לעד 1QS IV,19
לכול חי לפי רוחו ב◦[ ]הפקודה 1QS IV,26
לכול קצי עולם / ופקודת עד 1QH[a] V,16
ופקודת שלומם עם / {עם} כול נגיעיהם[1QH[a] IX,17
והרעב והיה / בעת פקדת הארץ (V) 4Q162 II,2
]הם דור הפקודה / [(V) 4Q166 I,10
]עד תום המועד פקודה ב[רוח עולה] / [(XVIII) 4Q266 1a-b,2
ופקודתמה / לשחת עולמים אמן אמן (XI) 4Q286 7ii4
]בפקודת[(XI) 4Q286 16,2
]אלוהים ירוצו לפקוד[תו] (XI) 4Q402 4,9
וכל פקודתמה י[(XXXIV) 4Q416 1,9
]◦◦ כי מאתו נחלת כל חי ובידו פק◦[(XXXIV) 4Q416 3,2
] ופקודת מעשה ואז [(XXXIV) 4Q416 7,2
]בכול דרכיהם עם פקודתם (XXXIV) 4Q417 1i7
לכול קצי עולם ופקודת / עד (XXXIV)
וחקוק כול הפקודה (XXXIV) 4Q417 1i14
] / רשע מעשיו עם פקדתו (XXXIV) 4Q417 2i8
פ]קודת / [(XXXIV) 4Q418 17,1

Reference	Group	Text
4Q418 43-45i5	(XXXIV)	עם פקודותׄ[ם לכול קצי עולם
4Q418 68,2	(XXXIV)	] העת ופקודת[
4Q418 68,3	(XXXIV)	]ופקודות / [
4Q418 113,2	(XXXIV)	]הׄ ופקודת שׁ[לום
4Q418 126ii6	(XXXIV)	להשיב נקם לבעלי און ופקודת שׁ[
4Q418 169+170,2	(XXXIV)	]עִם פקוׄ[דתו]ובהתהׄ[לכו
4Q418 209,2	(XXXIV)	]דת רש[
4Q418a 21,1	(XXXIV)	]פׄקוׄד[
4Q419 8ii4	(XXXVI)	] / מהמה דרכיהם עם פקוד[ת
4Q502 16,4	(VII)	תב]לׄ[ופקו]דׄת כוׄלׄ[

precepts noun פִּקּוּדִים

Reference	Group	Text
CD XX,2		ויקוץ מעשות פקודי ישרים

to open (eyes, ears) verb פקח

Reference	Group	Text
4Q306 2,6	(XXXVI)	] / [ ]וד עד אשר יפקחו וראו[
4Q434 1i2	(XXIX)	ולא שכח צרת דלים פקח עיניו אל דל
4Q434 1i3	(XXIX)	ויפקח עיניהם לראות את דרכיו
4Q511 16,5	(VII)	]תיהם ופוקח או[זנים
4Q521 2ii+4,8	(XXV)	עד / מתיר אסורים פוקח עורים

overseer noun פָּקִיד

Reference	Group	Text
4Q223-224 2v25	(XIII)	ואתה י[פקד] / [פרעוה פ]קידי[ם
4Q281e 5	(XXXVI)	]פקיד חי[ל
4Q289 1,4	(XI)	]◦◦ הכוהן [הפ]קיד ברואש[הרבים

bull noun פַּר

Reference	Group	Text
1QSb V,27	(I)	תנכח כפׄ[ר
4Q366 3,3	(XIII)	[וביום השני]פרים שנים ע[שר
4Q366 3,4	(XIII)	[ומנחתם ונס]כיהם לפרים ולאי[לם
4Q366 3,6	(XIII)	[וביום השליש]י פרים עשתי עשר[
4Q366 3,7	(XIII)	[ומנחתם ונסכי]הם לפרים ולאׄ[י]לׄ[ם
4Q366 3,9	(XIII)	[וביום הרביעי]פרים עשרה[
4Q376 1i2	(XIX)	פ]ר בן בקר ואיל [
11Q19 XVI,14		ויקח הפר השני אשר לעם
11Q19 XVI,15		כאשר עשה לפר הראישו[ן
11Q19 XVI,16		כן יעשה] לפר הקהל
11Q19 XVII,13		עולה ליה<<ו>>ה פרים שנים
11Q19 XVII,15		ומנחתמה ונסכמה / [כמש]פט לפרים
11Q19 XXIII,6		]פר אחד איל אחד כב[ש אחד בן שנתו
11Q19 XXIV,7		וככה יעשו לפר ו]לפר ולאיל ואיל
11Q19 XXV,13		עולה / ליהוה פר אחד איל אחד
11Q19 XXV,15		ונסכמה / כמשפטמה לפר לאיל
11Q19 XXVI,7		כאשר עשה לדם] / הפר אשר לו
11Q19 XXVI,9		ואת פרשו / ישרופו אצל פרו
11Q19 XXVII,3		אחר יעשה את הפר ואת ה[אי]ל
11Q19 XXVIII,3		וביום] / השני פרים שנים עשר
11Q19 XXVIII,5		ונסכ]מה / כמשפטמה לפרים ולאל[ים]
11Q19 XXVIII,7		וביום השלישי / [פ]רים עשתי עשר
11Q19 XXVIII,8		ומנחתם ונסכם כמשפט לפרים / לאילים
11Q19 XXVIII,10		וביום הר[בי]עי / פרים עשר[ה]
11Q19 XXVIII,11		למנחתמה ונסכמה לפרים / [ולאילים
11Q19 XXXIV,6		ואוסרים את ראשי הפרים אל הטבעות
11Q19 XXXIV,9		ופושטים את עורות הפרים מעל לבשרםה
11Q19 XXXIV,12		על / האש אשר על המזבח פר ופר
		על / האש אשר על המזבח פר ופר
11Q20 I,25	(XXIII)	אחר ישחטו את] / הפר[לפני יהוה
	(XXIII)	]ולקחו זקני הכוהני[ם] מדם הפר
11Q20 IV,9	(XXIII)	מנחתמ]ה ונסכמה כמשפט לפרים

פֵּר ← פְּאֵר

wild donkey noun פֶּרֶא

Reference	Group	Text
PAM 43.663 46,3	(XXXIII)	[/ פראׄ[
PAM 43.682 26,2	(XXXIII)	]◦פרא [

to separate verb פרד

Reference	Group	Text
CD VII,12		בהפרד שני בתי ישראל
1QHa XV,4		ועצמי יתפרדו
1QHa 5,2		]◦◦◦[ ]הפרידם ממעמד ◦[
1QHa 5,14		[/ ולוא להפרד [
2Q20 2,1	(III)	]פרידו הׄ[
4Q88 X,12	(XVI)	ויתפרדו כול[פו]עלי / און
4Q169 3-4iii7	(V)	ונפרדה כנסתם
4Q415 11,11	(XXXIV)	] / ואם נפרדה בהריתכה קח מו[לדיה
4Q416 2iv3	(XXXIV)	לא המשיל בה מאמה הפרידה
4Q416 2iv4	(XXXIV)	לאחר יפריד ובניכה[
4Q418 37,4	(XXXIV)	]◦[ ]כו תפרד[
4Q418 172,8	(XXXIV)	]◦ד מחיות {{וב}}השדה
4Q418 235,2	(XXXIV)	]פרד[
4Q419 5,1	(XXXVI)	]נו נפרדה ◦[
4Q428 13,8	(XXIX)	אי]כה אשמר ביצר עפר מה[ת]פרד
4Q525 2ii+3,10	(XXV)	ובתו]ך/ובסו]ד אחים יפרי[ד

mule noun פֶּרֶד

Reference	Group	Text
4Q418 103ii7	(XXXIV)	[/ למה יהיה כלאים כבפרד

to bear fruit, produce verb פרה

Reference	Group	Text
1QS IV,7		ופרות זרע עם כול ברכות עד
1QHa XII,14		שורש פורה רוש ולענה במחשבותם
4Q158 1-2,7	(V)	ויאמר לו יפרכה יה[וה וירב]כה[
4Q223-224 1i1	(XIII)	והפריתכ[ה והרביתיכה במאוד מאוד
4Q257 V,4	(XXVI)	ופ[ר]ות זרע / [עם כול ברכות עד
4Q433a 2,4	(XXIX)	] / שריגיו ותפרינה ותרבינה דליותיו באׄ[

cow noun פָּרָה-1

Reference	Group	Text
CD I,13		כפרה סורירה / כן סרר ישראל
4Q276 3	(XXXV)	ושח[ט את] [ה]פרה [ל]פניו
4Q276 7	(XXXV)	ואס]ף את אפר הפרה / [
4Q277 1ii3	(XXXV)	הכוהן המכפר בדם הפרה
4Q394 3-7i16	(X)	ואף על טהרת פרת החטאת
4Q395 8	(X)	ואף על טהרת פרת החט[את

explanation noun פרוט

Reference	Group	Text
3Q15 XII,12	(III)	ומשחותיהם ופרוט כל / אחד ואח[ד]

veil, curtain noun פָּרֹכֶת, פָּרֹכֶת

Reference	Group	Text
4Q266 5ii7	(XVIII)	] / מבית לפרוכת ואל יגיל
4Q364 17,2	(XIII)	והבדילה] / הפרכת לכמה בין הקדש
4Q364 17,4	(XIII)	וש[מתה את השלחן מחוץ] / ל[פ]רכת
4Q375 1ii7	(XIX)	ואה[רון יזה מן הדם] / לפני פרוכת [הקודש
4Q405 15ii-16,3	(XI)	ת]פארת בפרוכת דביר המלך ◦◦[
4Q405 15ii-16,5	(XI)	]פרכות דבירי הפלא
4Q476 3ii7	(XXIX)	] / הפרו]כת
11Q19 VII,13		ועש[י]תה פרוכת זהב[
11Q19 VII,14		]היה הפרוכ[ת

stoa (?) noun פַּרְוָר

Reference	Group	Text
11Q19 V,13		] פרור [
11Q19 XXXV,9		ולהיכל ולכיור / ולפרור

לכו]ל קצים יפרח / [(XXXIV) 4Q415 2i+1ii8
ובמותכה יפר֯]ח לעו]ל֯ם זכרכה (XXXIV) 4Q416 2iii7
] / שמכה יפרח לע֯ו]לם (XXXIV) 4Q417 4ii3
ובמותכה יפרח [לעו]ל֯[ם] זכרכה[(XXXIV) 4Q418 9+9a-c,6
כחמת תנינים פורחת ל֯ק֯צים (XXIX) 4Q429 2,9

flower noun פֶּרַח

] / [אמלל בשן ו]כרמל ופרח לבנן אמלל (V) 4Q169 1-2,5
ופרח֯ לבנון היא[(V) 4Q169 1-2,7
ויקין שורשו ויבש פרחו (XVIII) 4Q266 6i8
וגביעיה כפתור]יה ו֯פ֯רח֯י[ה] / [ממנה יהיו 11Q19 IX,2
בקנה האחד כפתור] ופרח֯ [ושלושה גביעים 11Q19 IX,5

fallen grape noun פֶּרֶט

]פרט[(XVIII) 4Q266 6iii6

fruit noun פְּרִי

היותי חוק חרות בלשוני לפרי תהלה 1QS X,8
ופרי קודש בלשוני 1QS X,22
ועל פרי / בטן לוא ירחמו 1QpHab VI,11
וכול צאצאיה עם פר֯]ים 1QM X,13
ותכן פרי שפתים בטרם היותם 1QHa IX,28
ואת֯[ה א]ל שכתה בעד פריו ברז גבורי כוח 1QHa XVI,11
בל ינובב פריו עם [ ]◦ע שחקים 1QHa XVI,13
ומטע פרי [1QHa XVI,20
] פרי ב֯ר֯כה ו[(I) 1Q26 2,4
והארץ / פריה [תתן]בעתה (XVI) 4Q88 IX,10
עצי / פרי ב◦◦ ג֯פ֯נ֯יה֯ם (XVI) 4Q88 IX,12
שכר פרי הבטן] פשרו֯ הפר֯[י (V) 4Q173 2,1
לוא ימצאו בשפתי / ופרי קודש בלשונ֯י (XXVI) 4Q260 V,4
בה]ר֯י מרום ינובב פר֯י֯[ו (XXVI) 4Q262 B,3
]ע֯ץ פר[י (XVIII) 4Q266 6aiii3
ופר]֯י תבואתו אם [שלמה הי]א֯ (XVIII) 4Q266 6iii8
]לה מפר[י] / [(XVIII) 4Q266 6biii2
ו]כול {{עצי הפרי}} וכל ע֯צ֯י֯ ה֯מ֯[אכל (XVIII) 4Q266 6iv2
] / [לפ]ר֯י העץ[(XVIII) 4Q270 3iii15
] פרי[מ]ה֯ עצי ר֯ו֯ם וכול א֯ר֯זי ל֯ב֯נ֯[ון (XI) 4Q286 5,5
ו֯עשה֯ פרי שמן ◦◦◦ ◦◦ / יורה ומלקוש ◦◦[(XX) 4Q302 2ii4
ולקחתם / [בי]כ֯ו֯רה מפרי הארץ (XIII) 4Q365 32,9
מזרע הארץ מפרי [ ] העץ / [ליהוה הו]א֯ (XIII) 4Q367 3,6
ופרי טוב השביע כלנפש (XIX) 4Q370 1i1
וכל פר֯[י כר]ם֯ וכל תבואות שדה (XI) 4Q381 1,6
לאכל פריה תנובב֯[הארץ (XI) 4Q381 1,8
]א ותשיש בפרי / [(XXXIV) 4Q415 2i+1ii6
]ל֯ פרי / [(XXXIV) 4Q415 8,3
] / אשר פריו֯[(XXXIV) 4Q415 21,2
]י֯ן ופרי לשונו֯[(XXXIV) 4Q416 18,2
] / מעשיכה ואמונה בפרי ש֯[פתיכה (XXXIV) 4Q418 148ii8
על ? האר]צ המשילו לאכול פר[י האדמה (XIII) 4Q422 I,9
ב]חנמל לה֯[אביד כו]ל֯ פרי אוכ֯[ל]ם (XIII) 4Q422 III,10
]ו֯כל פרי תנובה֯ {{ו֯כל}} וכל עץ נעים (XXXIV) 4Q423 1-2i1
ובאתה לפני אלהיכה ע]ם֯ ראשית פרי בטנכה (XXXIV) 4Q423 3,4
] בפרי בטנו ד֯ל֯◦◦[(XXXIV) 4Q423 3a,3
] / בפרי שפתו (XXXVI) 4Q424 1,10
] / פארה לדורות עולמים ולעשות פר[י (XXIX) 4Q433a 2,6
ובפריו לוא יראה באוש[ים (XXIX) 4Q433a 2,7
]◦ם לאכול / פריה וטובה (XXIX) 4Q434 2,5
]◦כה והפרי על[(XXIX) 4Q443 1,9
] / ופרי תבואה֯[(XXXVI) 4Q468c 6
וכו]ל פרי עצה ומימינו֯[(VII) 4Q502 6-10,7

סביב פ֯רור עמודים עומדים / לחטאת 11Q19 XXXV,10
] פ֯נ֯ות ? הפרור ה֯תחתון ע֯ש֯ו֯י֯ם֯ ◦◦◦◦ 11Q19 XXXVII,6
ל֯פ֯נ֯י֯ המושבות בפרור הפ֯נימי 11Q19 XXXVII,9
לכול הנשכות ולחדריה[מה] / ו֯פרו֯[ר 11Q19 XLII,4
אצל קירות השערים בתוך / הפרור 11Q19 XLII,8
עולים מסבות לתוך הפרור השני
ונשכות בנוית וחדריהמה ופרוריהמה 11Q19 XLII,9

list; explanation, exactness noun פֵּרוּשׁ, פֵּירוּשׁ

ופרוש קציהם לכל / הוי עולמים CD II,9
ובפרוש שמו שמותיהם CD II,13
הנה פרוש / שמותיהם לתולדותם CD IV,4
ושני / התגורדם ופירוש מעשיהם CD IV,6
לעשות כפרוש התורה אשר התוסרו CD IV,8
אם לא ישמרו לעשות כפרוש התורה CD VI,14
ולשמור א֯ת יום השבת כפרושה CD VI,18
להרים את הקדשים כפירושיהם CD VI,20
והבינו / המבקר בפרוש התורה CD XIII,6
וזה פר֯ו֯ש֯ מ֯ו֯ש֯ב֯ ה֯[CD XIV,17
וזה פרוש המשפטים א֯ש֯ר֯ [CD XIV,18
ופרוש קציהם לעורון / י֯ש֯ר֯א֯ל מכל אלה CD XVI,2
ואחריהם כול סרך פרוש שמותם 1QM IV,6
ואחריהם כול פרוש שמותם 1QM IV,7
אל כבוד אל עם כול פרוש שמותם 1QM IV,8
ופרוש שמותם יכתובו עם כול סרכם 1QM IV,11
ואת כול פרוש / שמותם יכתובו עליהם 1QM IV,12
ופרושה ומשחותיה֯ם ופרוט כל אחד ואח[ד] (III) 3Q15 XII,12
וחוזי אמת] / בפרוש שמותי[הם (XVIII) 4Q266 2ii13
[לעשות] כפרו֯[ש התורה (XVIII) 4Q266 3i2
זה פרוש / [מושב המחנות (XVIII) 4Q266 10i10
וזה פרוש / [המשפטים (XVIII) 4Q266 10i11
והז֯ה֯ פרוש המשפטים אשר יעשו בכול קץ[(XVIII) 4Q266 11,18
] / וז֯ה֯ פרוש[(XVIII) 4Q267 7,3
והבינו המבקר [ב֯פ֯רוש התו[רה (XVIII) 4Q267 9iv2
להרים את הקדשים] / כ֯פרושיהם (XVIII) 4Q269 4ii2
וזה פרוש / [המשפטים אשר ישפטו בם (XXXVI) 4Q269 11i1
זה פרוש המ֯ש֯פ֯ט֯ים֯ אש֯[ר] / [יעשו בכל] ק֯[ץ (XVIII) 4Q270 7ii12
וז֯ה֯ פרו֯[ש (XVIII) 4Q271 3,5
]ה֯ פרוש קצ֯יה֯ם֯[ ]ע֯ד֯ ק[(XXVIII) 4Q468dd 2
להרים את] / [הקדשי]ם כפרו[שיהם (III) 6Q15 4,1

Perizzite proper noun פְּרִזִּי

והכנעני והחתי וה]פרזי ו֯[החוי והיבוסי (XXVIII) 4Q368 2,3
ואת הגרגש]י ואת הפ֯[רזי ואת החוי 11Q19 II,3
והיבוסי והגרגשי והפרזי כאשר צויתיכה 11Q19 LXII,15

to bud, sprout, break out verb פרח 1-

כחמת תנינים פורחת לקצים 1QHa XIII,27
] / פרח כצי֯[ץ 1QHa XIV,15
והיו להפריח נצר למטעת עולם 1QHa XVI,6
להשריש טרם יפריחו 1QHa XVI,7
ומפריח נצר ק֯[ו]ד֯ש למטעת אמת 1QHa XVI,10
כי פר֯ח֯ נגעי / למרורים 1QHa XVI,27
ויפרח כאש בוער עצור בע֯[צמי] 1QHa XVI,30
ואפרחה כ֯ש֯ו֯שנה֯ 1QHa XVIII,31
ופרח֯ כציץ חסדו (V) 4Q185 1-2ii10
] / [כלה כול] אשר פרח ◦◦◦י֯ם֯[(XIII) 4Q222 3,2
]ם והפ֯ר֯יח֯ [(XXXV) 4Q265 5,2
ו֯פר֯[ח הנגע מתחת הש]ער (XVIII) 4Q266 6i7
והנה] / פ֯ר֯ח֯ מטה א֯[הר]ו֯ן֯ לב֯י֯[ת לוי (XIII) 4Q365 35ii6

4Q**502** 20,3 (VII) מ]עיו לפרי ב[טן
4Q**502** 50,2 (VII)]פריו[
4Q**502** 163,3 (VII)]◦ בפרי בט[ן
4Q**503** 221,2 (VII)]◦פרי בט[נ
4Q**504** 6,2 (VII)]ת ופרי מחשבת אש[
4Q**509** 275,1 (VII) א]פקוד על פרי ג[ודל לבב
4Q**517** 16,5 (VII)]◦פרי / [
4Q**521** 2ii+4,10 (XXV) ופר[י מעש]ה טוב לאיש לוא יתאחר
11Q**14** 1ii9 (XXIII) ולתת לכם פר[י] / תנובות דגן תירוש ויצהר
11Q**14** 1ii10 (XXIII) והארץ תנובב לכם פרי / [ע]דנים
11Q**19** XXI,7 ולוא יאוכ]ל[ו] כול ענב פר[י] ב[ו]סר
11Q**20** 33,3 (XXIII)]פרי בא◦[
PAM 44.102 11,1 (XXXIII)]◦◦◦ פריה [

פריל ?
4Q**504** 9,5 (VII)]רצה פריל כ◦[

violent adjective **פָּרִיץ**
1QH[a] XIV,20 וערל וטמא ופריץ / בל יעוברנה

פָּרֹכֶת ← פָּרוֹכֶת

to divide, remain (?) verb **פרס**
4Q**267** 6,6 (XVIII) ונפרס / [מסאה לבית סאה מעשרה בה
4Q**424** 1,2 (XXXVI) ‖ ‖ עם פורס א[ל

Persia proper noun **פָּרַס**
1QM II,12 ובשביעית ילחמו בכול בני אשור ופרס

hoof noun **פַּרְסָה**
1QSb V,26 (I) [ו]ישם קרניכה ברזל ופרסותיכה נחושה
4Q**381** 46a+b,7 (XI)]קוה ופרסותם תשים נחשה

peristyle noun **פרסטל**
3Q**15** I,7 (III) בבור הגדול שבחצר / הפרסטלין

to let go, neglect verb **פרע**
CD VIII,8 ויפרעו ביד רמה / ללכת בדרך רשעים
CD XIX,21 ויפרעו ביד רמה ללכת בדרכי רשעים
1QS VI,26 ודבר בקוצר אפים לפרוע את יסוד עמיתו
4Q**182** 1,3 (V)]ויפרעו ביד רמה להחל[
4Q**266** 10ii4 (XVIII) י]דבר בתוך דב[רי רעהו ו]פרע
4Q**270** 4,5 (XVIII) ופרע / [הכהן את ראשה
4Q**391** 6-7,2 (XIX)]◦ ויפרעה ל[ ]לכל עמו
4Q**415** 2ii4 (XXXIV)] / פן תפרעי ברית קוד[ש
11Q**5** XXIV,5 (IV) ואל תמגרה ואל תפרע לפני / רשעים

long hair noun **פֶּרַע-1**
4Q**171** 1-2i15 (V)]אוהבי פרע ומתעים / [

פרע ← גר פלע

פַּרְעֹה ← פַּרְעוֹה

פַּרְעוֹ ← פַּרְעוֹה

Pharaoh proper noun **פַּרְעוֹה, פַּרְעֹה, פַּרְעוֹ**
1QM XI,9 ותעש להמה כפרעוה
4Q**163** 11ii3 (V) חכמי יועצי] / פרעוה ע[צה נבערה
4Q**180** 5-6,5 (V) אש]ר כתוב על פרעוה[
4Q**223-224** 2v17 (XIII) ושכח לספר לפרעו]ה את[אשר אמר לו]
4Q**223-224** 2v27 (XIII) ליוסף חן וחסד]לפני פרעוה[
4Q**364** 11,1 (XIII)] / [עגל]ות על[פי]פרעו
4Q**365** 2,4 (XIII) ויואמרו החרטומים אל פרעוה
4Q**365** 2,5 (XIII) ויחזק לב פרע]וה ולוא שמע אליהמה
4Q**365** 2,6 (XIII) והתיצבתה לפני פרע[וה]
4Q**365** 4,2 (XIII)] / לב פרע[וה
4Q**365** 6ai6 (XIII) ו]אני ה[נני מחזק א]ת לבב פרעוה
4Q**365** 6ai7 (XIII) ואכבדה בפ]רעוה[ובכו]ל חילו
4Q**374** 2ii6 (XIX) ומחיג[ה]לפרעה עב[
4Q**422** III,6 (XIII) וישלחם אל פרעוה[
4Q**422** III,7 (XIII) ויביאו דברו / אל פרעוה לשלח א[ת עמם
4Q**422** III,11 (XIII) ויח[זק]אל את לב [פרעו]ה לבלתי[ש]לח[ם
4Q**464**a 4 (XIX)]מילדות לפרעוה[

to break through verb **פרץ-1**
CD XX,25 וכל אשר פרצו את גבול התורה
4Q**158** 5,4 (V) פ]ן יפרוץ בהמה / [
4Q**162** I,1 (V) ויהי לבער פר]ץ גדרו
4Q**418** 126ii15 (XXXIV)]◦דכה למותר ופרץ מקניכ[ה

breach noun **פֶּרֶץ-1**
CD I,19 ויצפו / לפרצות ויבחרו בטוב הצואר
4Q**491** 11ii13 (VII) ואתם התחזקו ו]עמודו בפרץ

Perez proper noun **פֶּרֶץ-2**
4Q**522** 9ii3 (XXV) כי הנה בן נולד לישי בן פרץ בן יה[ודה

to redeem verb **פרק**
4Q**215** 1-3,2 (XXII) וילך בשבי וישלח לבן ויפרקהו

joint, plunder noun **פֶּרֶק**
4Q**169** 3-4ii1 (V) הוי עיר הדמים כולה [כחש פר]ק מלאה
4Q**385** 2,5 (XXX) ויקבו עצם אל עצמו ופרק / [אל פרקו
4Q**386** 1i5 (XXX) ויקרבו עצם אל עצמו ו]פרק אל פרקו
(XXX) ויקרבו עצם אל עצמו ו]פרק אל פרקו

to break, destroy, frustrate verb **פרר-1**
CD I,20 ויעבירו ברית ויפירו חוק
1QH[a] V,18 ולברוא / חדשות להפר קימי קדם
1QH[a] X,26 ויפרו חצים לאין מרפא
1QH[a] XI,27 ויפרו לאין תקוה בנפול קו
1QH[a] 3,5]אשמר ביצר עפר מהתפרר
4Q**249**j 1,3 (XXXVI) להפ[רכם את בריתי
4Q**381** 69,8 (XI)]ולהפיר ברית כרת לכם
4Q**385**a 3a-c,9 (XXX)]ותפרו הכל ביד / [רמה
4Q**387** 1,5 (XXX)]ר ותפרו הכל ב[י]ד [רמה
4Q**390** 1,8 (XXX) ויפרו הכול ויעשו / הרע בעיני
4Q**390** 2i5 (XXX) ו]בזבל ההוא יהיו / מפרים את כול חקותי
4Q**390** 2i6 (XXX) שנים שבעים מיום הפר ה]אלה
(XXX) וה]ברית אשר יפרו
4Q**410** 1,10 (XXXVI) וה[וא]הפר ת[ורת אל
4Q**416** 2iv9 (XXXIV)] / הפר על מוצא פיכה
4Q**427** 7i23 (XXIX)] רחמים למפרי טוב גודלו ומקור
4Q**443** 1,16 (XXIX)]◦דוך ויפר[ו
4Q**463** 1,3 (XIX) [ולא געלתים לכלות]ם להפר בריתי
4Q**504** 1-2v8 (VII) לכלותם להפר בריתכה אתם
4Q**504** 1-2vi7 (VII) לוא געלה נפשנו להפר / את בריתכה
4Q**509** 300,1 (VII)]ופר [
4Q**511** 63iii5 (VII) ולה[ר]ים בקול פחד הוי לכול מפריה / [

Reference	Vol	Text
11Q19 LIV,3		ואשה [י]פרנו ביום שומעו
11Q19 LIX,8		ואין מושיע מפני רעתמה אשר הפרו בריתי

to spread out verb **פרש**

Reference	Vol	Text
1QSb V,29	(I)	ופרשו [ק]ליכה על / [
1QpHab III,7		פשו ופרשו פרשו מרחוק / יעופו כנשר
1QH^a X,29		והם רשת פרשו לי תלכוד רגלם
1QH^a XI,26		ויפרשו כול מצודות רשעה
1QH^a XIII,8		פורשי מכמרת על פני מים
1QH^a 3,1		פר]שה רשת[שוא
1QH^a 3,4		]ופעמי על מטוני פחיה ומפרש[י רשת
4Q184 3,3	(V)	פ]רוש אליו כפיכה בתפ[לה
4Q299 6i10	(XX)	]מטברו פרש / [
4Q381 46a+b,4	(XI)	] / וכעננים יפרשו על פ[ני הארץ
4Q392 6-9,7	(XXIX)	] / [כנש]ר יראה פ[ורש כנפיו
4Q405 23ii5	(XI)	] / אפודיהם יפרוש[ו
4Q418 126ii4	(XXXIV)	] / פרשם באמת הוא שמם
4Q427 11,2	(XXIX)	[פעמי על מטמוני פחים ומ]פרשי רשת
4Q428 13,4	(XXIX)	]ה נפרשה רשת שוחה[
4Q428 13,7	(XXIX)	פע]מי על מטמוני פחים ומפרשי / [רשת
4Q504 6,8	(VII)	יפרוש כנפיו ויקח וישאהו {{א}}על[אברתו
4Q512 42-44ii6	(VII)	]ה[פ]רוש כפי[ם]אי לה[
11Q5 XXIV,3	(IV)	פרשתי כפי / למעון קודשכה
11Q19 VII,11		פורשים כנפים[על מקום הארון]
11Q19 LXV,13		ופרשו השלמה לפני זקני העיר

to explain, separate verb **פרש**

Reference	Vol	Text
4Q177 1-4,11	(V)	]מפורשים בשמות לאיש ואיש ◦[
4Q397 14-21,7		[ואתם יודעים ש]פרשנו מרוב הע[ם
4Q414 2ii-4,7	(XXXV)	כי ממוצא פיכה נ[פרשה טהרת כול
4Q417 1i9	(XXXIV)	וברז נהיה / פרש את אושה ומעשיה◦◦◦[
4Q417 1i10	(XXXIV)	וכול א]ת כ[ו]ל◦◦בא◦[פ]רש למ[ב]ינתם
4Q417 1i11	(XXXIV)	להתהלך / ב[יצר]מבינתם ויפרש לא◦[ ]◦◦[
4Q417 14,4	(XXXIV)	]שמות פרש אל לוי[
4Q512 42-44ii4	(VII)	על[/ פיכה נפרשה טהרת כול [

horseman, horse noun **פָּרָשׁ**

Reference	Vol	Text
1QpHab III,7		פשו ופרשו פרשו מרחוק / יעופו כנשר
1QM VI,8		ושבעה סדרי פרשים יעמודו גם המה
1QM VI,9		ומזה יעמודו סדריהם שבע מאות / פרשים מאתים פרשים יצאו
1QM VI,11		ויהיו הפרשים על רכב אנשי הסרך
1QM VI,14		ופרשי הסרך יהיו מבן ארבעים שנה
1QM XII,9		ופרשינו[כ]עננים וכעבי טל
4Q163 25,6	(V)	ועל פרשים כיא עצמ[ו מאד
4Q169 3-4ii3	(V)	ומרכבה מרקדה פרש מעלה להוב
4Q365 6ai7	(XIII)	חילו ברכבו ובפרשיו
4Q491 1-3,3	(VII)	]קזה לרכב ו{{ל}}פר[שים

dung noun **פֶּרֶשׁ-1**

Reference	Vol	Text
11Q19 XVI,11		ואת עורו עם פרשו ישרופו
11Q19 XXVI,8		ואת עורו ואת פרשו / ישרופו אצל פרו

copy noun **פַּרְשֶׁגֶן**

Reference	Vol	Text
4Q465 3	(XXXVI)	פר]שגן האגר[ת

פְּרָת ← פּוֹרָת

to strip, raid, spread out verb **פשט**

Reference	Vol	Text
1QM VII,2		וכול מפשיטי החללים ושוללי השלל
1QM VIII,6		והראשים יהיו נפשטים לסדריהם
1QM XVII,10		והראשים נפשטים לקול התצוצרות
4Q368 5,5	(XXVIII)	]לאהרון ולאלעזר בנו והפשטת[ה] / [
11Q19 XXXII,13		ו/למחלה יורדת [ופוש]טת אל תוך הארץ
11Q19 XXXIV,9		ופושטים את עורות הפרים מעל לבשרםה
PAM 43.692 4,1	(XXXIII)	]◦כי פשט[

to transgress, rebel verb **פשע**

Reference	Vol	Text
1QS I,25		נעוינו / [פ]שענו [חט]אנו הרשענו
1QH^a X,8		ואהיה פח לפושעים ומרפא
1QH^a X,11		ואני הייתי נגינה לפושעים
4Q171 3-10iv17	(V)	ופושעים / נשמדו יחד
4Q184 1,15	(V)	להשנות ח[וק] להפשיע / ענוים מאל
4Q372 1,27	(XXVIII)	וללמד לפשעים חקיך
4Q418 222,3	(XXXIV)	]להוכיח פושעים ולה◦◦[
4Q491 8-10i15	(VII)	פ]ושעים / [
PAM 43.693 52,1	(XXXIII)	]פשעו ב◦[

transgression, rebellion noun **פֶּשַׁע**

Reference	Vol	Text
CD II,5		ורוב סליחות / לכפר בעד שבי פשע
CD III,17		והם התגוללו בפשע אנוש ובדרכי נדה
CD III,18		ברזי פלאו כפר בעד עונם וישא לפשעם
CD XIII,19		פ]שעיהם ואת אשר איננו נקשר בש[
CD XX,17		ושבי פשע יעקב שמרו ברית אל
1QS I,23		וכול פשעי אשמתם וחטאתם
1QS III,22		ועוונותם ואשמתם ופשעי מעשיהם בממשלתו
1QS IX,4		לכפר על אשמת פשע ומעל חטאת
1QS X,11		ומשפטו אוכיח כנעותי ופשעי לנגד עיני
1QS X,20		לוא אטור באף לשבי פשע
1QS X,24		ומעל אנשים עד תום / פשעם
1QS XI,3		ובצדקותו ימח פשעי
1QS XI,9		עוונותי פשעי חטאתי {{◦◦◦◦}}עם נעוות לבבי
1QM XI,4		אשר הרעונו ועלילות פשעינו
1QH^a IV,11		] עבדך מכול פשעיו ◦[
1QH^a IV,15		[לשאת כול [פ]שע ולהשליך כול ע[וונותיה]ם
1QH^a IV,18		וסליחות על פשעי ראשונים
1QH^a VI,24		]רים הסולח לשבי פשע ופוקד עון רשעים
1QH^a VIII,15		ע]ל פשעי ולבקש רוח[
1QH^a VIII,25		חסד ואמת ונושא פשע [
1QH^a X,9		ומרפא לכול / שבי פשע
1QH^a XI,21		ורוח נעוה טהרתה מפשע רב
1QH^a XII,19		בגבורתכה[כ]גלוליהם וכרוב פשעיהם
1QH^a XII,35		ואני אמרתי בפשעי נעזבתי מבריתכה
1QH^a XIII,36		כרזי פשע משנים מעשי אל באשמתם
1QH^a XIV,6		ואדעה כי יש מקוה לשבי פשע
1QH^a XV,5		ורוח עועיים תבלעני מהוות פשעם
1QH^a XV,30		לטהרם מפשעיהם ברוב טובכה
1QH^a XVII,13		ואנחמה על פשע ראשון
1QH^a XIX,10		ולמען כבודכה טהרתה אנוש מפשע
1QH^a XXI,1		פ]שע ילוד א[שה] / [
1QH^a XXII,4		ואני איש פשע ומגולל / [
1QH^a XXIV,8		] ורזי פשע להשנות / בשר ב[
1QH^a 4,14		ולבבי כדונג ימס על פשע וחטאה / [
1Q14 8-10,1	(I)	]בפשע / [יעקב כול זאת
1Q27 1i2	(I)	א]מת ◦◦◦רזי פשע / [
1Q36 2,5	(I)	◦] רוחות פשע ה[
3Q9 3,2	(III)	אש]מת פשע[
4Q159 1ii2	(V)	ולכפר לכול פשעיה[ם
4Q179 1i15	(V)	פ]שעינו ◦[
4Q184 1,4	(V)	] / מוסדי חושך רוב פשעים בכנפיה [

Reference	Vol.	Text
4Q**184** 1,10	(V)	ונתיבו[תי]ה אשמות פשע
4Q**219** II,26	(XIII)	ונתנכה בייד פשעיכה
4Q**258** VII,4	(XXVI)	לכפר על אשמת פשע / [ומע]ל[חטא]ת
4Q**258** IX,11	(XXVI)	ופ]שעי לנגד עיני / [כחוק חרות
4Q**260** IV,10	(XXVI)	לוא] / אטור לש[ב]י פשע
4Q**260** V,6	(XXVI)	ומעל]אנשים ע[ד ת]ום פשעם[
4Q**266** 2ii5	(XVIII)	לכפר] / בעד כל שבי פ[שע
4Q**266** 9iii9	(XVIII)	באף וע[ברה] / [ע]ל פשעיהם[
4Q**299** 18,1	(XX)	]ישלים פשע[
4Q**299** 71,1	(XX)	] / שבי פש[ע
4Q**300** 1aii-b,1	(XX)	החר]טמים מלמדי פשע
4Q**381** 33+35,4	(XI)	כי פשעי רבו ממני ו◦[
4Q**381** 45a+b,2	(XI)	] הרבו פשעה ועלי יזמו / להסגירני
4Q**381** 46a+b,7	(XI)	ופשעים כדמן / עלפני אדמה ירמסו
4Q**382** 46,1	(XIII)	]◦◦ ה◦◦א פשע[
4Q**385c** B,2	(XXX)	]ו פשע[
4Q**387**a 3,3	(XXX)	]◦ לפשע[
4Q**390** 8,2	(XXX)	]שקר ופש[ע
4Q**393** 1ii-2,6	(XXIX)	ולפשעים דרכיך / וחטאים השב אליך
4Q**400** 1i16	(XI)	ויכפרו רצונו בעד כול שבי פשע
4Q**402** 1,5	(XI)	]◦ לכול יסודי פשע / [
4Q**417** 2i4	(XXXIV)	ואל תעבור על פשעיכה
4Q**417** 2i14	(XXXIV)	ואל תעבור על[פש]עיכה
4Q**429** 3,10	(XXIX)	כרזי פש]ע משנים[מעשי אל באשמתם
4Q**432** 10,1	(XXIX)	ואני אמרת]י בפש[עי נעזבתי מבריתכה]
4Q**504** 1-2ii15	(VII)	הן בע]וונותינו נמכרנו ובפשעינו קרתנו / [
4Q**504** 1-2vi2	(VII)	ותשלי]ך מ[ע]לינו כול פשעינ[ו]
4Q**504** 4,19	(VII)	]◦ו פשע[
4Q**504** 5ii5	(VII)	] / בפשעינו ולתור בש[
4Q**509** 12i-13,5	(VII)	] / מנחם נכשלים בפשעיהם[
4Q**510** 1,8	(VII)	[כי א]ם לקץ תעניות פשע]
4Q**511** 18ii9	(VII)	ושופטי אמונה בכול פשעי / אשמתי
4Q**512** 29-32,9	(VII)	אשר] / [הצלתני מכו]ל פשעי
4Q**512** 70-71,2	(VII)	ש]בי פשע לסו[
4Q**525** 32,2	(XXV)	]פשע ותצילנ[
11Q**5** XXIV,11	(IV)	ופשעי אל יזכרו לי

to interpret verb **פשר**

Reference	Vol.	Text
1QpHab II,8		בינ]ה לפשור את כול / דברי עבדיו
1Q**22** 1i3	(I)	פש[ור לראשי א]בות ללו[י]ים

interpretation, meaning noun **פֵּשֶׁר**

Reference	Vol.	Text
CD IV,14		פשרו / שלושת מצודות בליעל
1QpHab II,5		וכן פשר הדבר[על הבו]גדים
1QpHab II,12		פשרו על הכתיאים א[שר המ]ה קלים
1QpHab III,4		פשרו על הכתיאים אשר פחדם
1QpHab III,9		פ[שר]ו על הכתיאים אשר / ידושו
1QpHab III,15		[פש]רו[
1QpHab IV,1		פשרו אשר / ילעיגו על רבים
1QpHab IV,5		פשרו על מושלי הכתיאים
1QpHab IV,10		פשרו[ע]ל מושלי הכתיאים
1QpHab IV,14		וישם]זה כוחו לאלוהו / פשרו[
1QpHab V,3		פשר הדבר אשר לוא יכלה אל
1QpHab V,7		פשרו אשר לוא זנו אחר עיניהם
1QpHab V,9		פשרו על בית אבשלום / ואנשי עצתם
1QpHab VI,3		פשרו אשר המה / זבחים לאותותם
1QpHab VI,6		פשרו אשר המה מחלקים את עולם
1QpHab VI,10		פשרו על הכתיאים אשר יאבדו רבים
1QpHab VII,4		פשרו על מורה הצדק אשר הודיעו
1QpHab VII,7		פשרו אשר יארוך הקץ האחרון
1QpHab VII,10		פשרו על אנשי האמת / עושי התורה
1QpHab VII,15		פשרו אשר יכפלו עליהם / [
1QpHab VIII,1		פשרו על כול עושי התורה
1QpHab VIII,8		פשרו על הכוהן הרשע
1QpHab VIII,16		פ[שר הדבר]על הכוהן אשר מרד
1QpHab IX,4		פשרו על כוהני ירושלם / האחרונים
1QpHab IX,9		פשרו על הכוהן ה[ר]שע
1QpHab X,3		פשרו הוא בית המשפט
1QpHab X,9		פשר הדבר על מטיף הכזב
1QpHab X,15		פשר הדבר[אשר] / בשובם ◦[
1QpHab XI,4		פשרו על הכוהן הרשע
1QpHab XI,12		פשרו על הכוהן אשר גבר קלונו
1QpHab XII,2		פשר הדבר על הכוהן הרשע
1QpHab XII,7		פשרו הקריה היא ירושלם
1QpHab XII,12		פשר הדבר על כול / פסלי הגוים
1QpHab XIII,1		פשרו על כול הגוים / אשר עבדו
1Q**14** 8-10,4	(I)	]פשרו על מטיף הכזב
1Q**15** 4	(I)	פשר / [הדבר על כול יושבי] ארץ יהודה
1Q**16** 3-7,3	(I)	פשרו בי[ת היא
1Q**16** 9-10,1	(I)	פשרו על כול מל[כי כתיאים
1Q**16** 9-10,3	(I)	פשרו חיית ק[נה היא
1Q**30** 1,6	(I)	] ופשריהם לפי[
4Q**159** 5,1	(V)	פשר[
4Q**159** 5,5	(V)	פשר הדבר[
4Q**161** 8-10,22	(V)	פשרו אשר[
4Q**162** I,2	(V)	פשר הדבר אשר עזבם / [
4Q**162** II,1	(V)	פשר הדבר לאחרית הימים
4Q**163** 4-7ii4	(V)	פשר הדבר על חבל בבל[
4Q**163** 4-7ii8	(V)	פשרו למעוט האדם[
4Q**163** 4-7ii14	(V)	פשר הדבר לאחרית ה[ימים
4Q**163** 4-7ii17	(V)	פשרו למיעט[
4Q**163** 22,1	(V)	]פשר הדבר[
4Q**163** 23ii10	(V)	פשר הדבר לאחרית הימים
4Q**163** 28,2	(V)	פש]רו אשר י[
4Q**163** 29,3	(V)	]מה פשרו[
4Q**164** 1,4	(V)	פשרו על שנים עשר[
4Q**164** 1,7	(V)	פשרו על ראשי שבטי ישראל
4Q**165** 1-2,3	(V)	פשר הדבר[
4Q**165** 5,2	(V)	פשר הדבר ע[ל
4Q**165** 6,6	(V)	פשרו על[ ]◦[
4Q**166** II,12	(V)	פשרו אשר הכם ברעב ובערום
4Q**166** II,15	(V)	פשרו אשר / [
4Q**167** 2,1	(V)	פ[שרו
4Q**167** 7-9,1	(V)	[והמה כאדם ע]ברו ברית פשר[ו
4Q**167** 10,2	(V)	שם זנות לאפרים נטמא] / ישראל פש[רו
4Q**167** 11-13,4	(V)	[פ]שר[ו א]שר היו בעמים[
4Q**167** 11-13,9	(V)	פשר[ו
4Q**167** 16,1	(V)	פ]שרו אשר[
4Q**167** 19,1	(V)	]פשר ה◦[
4Q**169** 1-2,3	(V)	פ]שרו הים הם כל הכ[תיים
4Q**169** 1-2,11	(V)	ומי] / [יקום]בחרון אפו פ[שרו
4Q**169** 3-4i6	(V)	פשרו על כפיר החרון / [
4Q**169** 3-4i10	(V)	פש]רו רובכה הם גדודי חילו
4Q**169** 3-4ii2	(V)	פשרו היא עיר אפרים דורשי החלקות
4Q**169** 3-4ii4	(V)	פשרו על ממשלת דורשי החלקות
4Q**169** 3-4ii8	(V)	פשר[ו ע]ל מתעי אפרים אשר בתלמוד
4Q**169** 3-4ii11	(V)	פשרו ◦[
4Q**169** 3-4iii3	(V)	פשרו על דורשי החלקות
4Q**169** 3-4iii6	(V)	פשרו [על] דורשי / החלקות
4Q**169** 3-4iii9	(V)	פשרו אמון הם מנשה

[פ]שׁ֯ר֯ו הם אנשי [ח]יׄלה גבור[י מ]לחמתה	(V)	4Q169 3-4iii11
פשרו הם רשע֯[י ח]יל[ה] בית פלג	(V)	4Q169 3-4iv1
פשרו̇ על מנשה לקץ האחרון	(V)	4Q169 3-4iv3
פשרו על רשעי אׄ[פר]ים	(V)	4Q169 3-4iv5
פש[רו ע]ל[	(V)	4Q169 3-4iv7
]פשרו[	(V)	4Q170 1-2,2
פשרו על כול השבים / לתורה	(V)	4Q171 1-2ii2
פשרו / המה עדת בחירו עושי רצונו	(V)	4Q171 1-2ii4
פשרו על כול הרשעה	(V)	4Q171 1-2ii6
פשרו על / עדת האביונים	(V)	4Q171 1-2ii8
פשרו על עריצי הברית	(V)	4Q171 1-2ii13
פשרו על רשעי אפרים ומנשה	(V)	4Q171 1-2ii17
פשרו אׄ[שר] יחים ברעב	(V)	4Q171 1+3-4iii3
פשר[ו	(V)	4Q171 1+3-4iii5a
פשר[ו] על שרי ה[רש]עה	(V)	4Q171 1+3-4iii7
פשרו על עדת האביונים	(V)	4Q171 1+3-4iii10
פׄשרו על הכוהן מׄורה ה[צדק	(V)	4Q171 1+3-4iii15
פשרו על [הכו]הׄן הרשע	(V)	4Q171 3-10iv8
פשרו ע[ל] / [	(V)	4Q171 3-10iv16
פש]ר֯ו היאה הׄצׄ◦◦[	(V)	4Q172 1,3
] פשר֯[	(V)	4Q172 14,1
פשרו֯ הפר֯[	(V)	4Q173 2,1
פשר הדב[ר	(V)	4Q174 1-2i14
פ]שר הדבר[	(V)	4Q174 1-2i19
]◦פשר הדבר אשר יׄעמוד איש מב◦[	(V)	4Q177 1-4,6
פ]שׁ֯ר הׄדׄבׄר לנצח לב אנשי / [	(V)	4Q177 10-11,9
פשר על הקצים אשר עשה אל	(V)	4Q180 1,1
] / פׄשר על עזזאל והמלאכים אש[ר	(V)	4Q180 1,7
פשרו אשר הוכיחו אשר / שכב	(XXII)	4Q252 IV,5
] / פשר ע֯[ל	(XIX)	4Q464 3ii7
פשרו על בליעל ועל רוׄחי גורלו	(XXIII)	11Q13 II,12
פׄשרו ההרׄיׄם [המה] הׄנביאׄי[ם]המה	(XXIII)	11Q13 II,17
ע]תים פשׂ[רו	(XXIII)	11Q13 6,4

linen, flax noun **פֵּשֶׁת, פֵּישֶׁת**

והצלתי צמרי ופישתי מלכסות את֯[ערותה]	(V)	4Q166 II,9
ולבוש צמר {ו}וׄפׄשתים יחדיו	(XVIII)	4Q271 3,10
כלוב[ש שעטנז]בצמר ובפשתים	(XXXIV)	4Q418 103ii7

flax, wick noun **פִּשְׁתָּה**

]לפשתה ◦[	(XXXIII)	PAM 43.673 5,1

suddenly adverb **פִּתְאוֹם, פִּיתְאוֹם, פִּתְאֹם**

] פוגעות פתע פתאו[ם] כדונ[ג ימס		1QH[a] IV,5
פיתאום יביעו מחובאים בסתר [		1QH[a] XVI,18
] / פיתאו[ם	(V)	4Q178 5,2
והשכילו / לי פתאום	(V)	4Q185 1-2i14
והפוגעים פתע פתאום לתעות רוח בינה	(VII)	4Q510 1,6
פ]תאם / [	(XXV)	4Q525 14i8
]פתאום ב◦[	(XXV)	4Q525 26,2

פִּתְאֹם ← פִּתְאוֹם

decree, decision noun **פִּתְגָּם**

]פתגם לאחרית הימים לבוא ◦[	(V)	4Q161 5-6,10
]בארוך אפים ישיב פתגם וש֯[	(XX)	4Q420 1aii-b,2

to be foolish, entice, deceive verb **פתה-1**

]מ◦ יתפתה בו בדרשו אתו		CD XV,11
לדורשכה מפי נביאי כזב מפותי תעות		1QH[a] XII,16
והמה נצמדי תעודתי פותו במ◦[		1QH[a] XIV,19
]◦י◦ אנושי ברית פותו בם		1QH[a] 4,8
ולפתות בחלקות בני איש	(V)	4Q184 1,17
ל֯מה [יתפ]תה בה בדרשה אותו	(XVIII)	4Q266 8i2
וכ]ל פׄותה ושוגה ו֯[כה עינים	(XVIII)	4Q270 6ii8
] / אל תפתכה מחשבת יׄצר רע[	(XXXIV)	4Q417 1ii12
אל תפתכה מ֯◦[	(XXXIV)	4Q417 1ii13
לדורשכה מפי נביא[י] כזב מפותי תעות	(XXIX)	4Q430 4
כי יפתה איש נערה / בתולה		11Q19 LXVI,8

engraving noun **פִּתּוּחַ**

מפ]תׄחת פתוחה נואם יהוה אשר / [	(V)	4Q177 10-11,2

to open verb **פתח-1**

פתח לפניהם ויחפרו באר למים רבים		CD III,16
כי לא {{נפתח}} נפתח בישראל		CD V,3
ובלשון / גדופים פתחו פה על חוקי ברית		CD V,12
אל פתח כלי טוח בשבת		CD XI,9
כיא יפתח אוצרו		1QS X,2
ובהפתח צרה אהללנו		1QS X,17
בהודות אפתח פי		1QS X,23
כיא ממקור דעתו פתח אורו		1QS XI,3
ואם יפתח צרתי ומשחת יחלץ נפשי		1QS XI,13
ברוך אתה אלי הפותח לדעה / לב עבדכה		1QS XI,15
יפתח לכה מן השמ֯[י]ם	(I)	1QSb I,4
בהפתח שערי המלחמה לצאת אנשי הבנים		1QM III,1
בהפתח שערי המלחמה לצאת למערכת האויב		1QM III,7
פתחי / שער[י]ך תמיד		1QM XII,13
ולפתוח פה לנאלמים לרנן בגבורׄ[ת		1QM XIV,6
ופתחו שערי המ[לחמה		1QM XVI,4
ושערי ישועות פתחתה לנו פעמׄים רבות		1QM XVIII,7
ולפתוח כול צרת נפשו לישועת עולם		1QH[a] VII,16
לפתוח מקור דעת לכול מבינים		1QH[a] X,18
ובהתרגשם יפתחו ש[או]ל [ואבדון		1QH[a] XI,16
ויפתחו שערי[שאול לכול] מעשי אפעה		1QH[a] XI,17
בהפתח כל פחי שחת		1QH[a] XI,26
[ודברי]בׄליעל פתחו / לשון שקר		1QH[a] XIII,26
ואת אלי / מרחב פתחתה בלבבי		1QH[a] XIII,33
וידרוך גבור קשתו ויׄפתׄח מצור [		1QH[a] XIV,30
ויפתח למים חיים וגזעו		1QH[a] XVI,7
ולא יכוב לפתוח / השמׄים לא ימושו		1QH[a] XVI,16
] / ובידי פתחתה מקורם עם מ֯פלגי[ה		1QH[a] XVI,21
ולא נפתח עם מבׄו֯[ע		1QH[a] XVI,26
ומה אדבר בלא פתחתה פי		1QH[a] XVIII,7
ולבי נפתח למקור עולם		1QH[a] XVIII,31
ואני נפתח לי מקור לאבל מרורים [		1QH[a] XIX,19
פתחתה משבר֯י וביגוני נחמתני		1QH[a] XIX,32
[פ]תחתה לתוכׄי דעת ברז שכלכה		1QH[a] XX,13
ומה / אדבר כיא אם פתחתה פי		1QH[a] XX,33
כיא לערל אוזן נפתח דבר		1QH[a] XXI,5
]◦◦◦◦ה אפתח [		1QH[a] XXI,17
מק]ור פתחתה בפי עבדכה		1QH[a] XXIII,10
ותפתׄח מק[ור] להוכיח ליצר חמר		1QH[a] XXIII,12
ולפתח מ[קו]ר֯ אמתכה ליצר		1QH[a] XXIII,13
]הׄואׄ [ ]◦ה נפתחה דרך ל[		1QH[a] 3,2
]ל֯◦ פתחתה לבבי לבינתכה		1QH[a] 4,12
] פתח ל◦חות [		1QH[a] 64,2
יפ]תח ואל יעונ֯ו ב[	(I)	1Q25 4,3
בשית שבצׄח בצפון כחלת פתחא צפון	(III)	3Q15 XII,10
ויקום ויפתח את ד[לתות	(V)	4Q160 1,3

Text	Volume	Reference
חרב **פתחו** רשעים וידרוכו קשתם	(V)	**4Q171** 1-2ii15
]היאה העת אשר **יפתח** בליעל / [	(V)	**4Q174** 4,3
שובי ירושלם **התפתחי** / [מוסרי צוארך	(V)	**4Q176** 8-11,3
ותפתח פיה ותברך את {{ע}}אל עליון	(XIII)	**4Q222** 1,4
] / **אפתח** [	(XXXVI)	**4Q249m** 6
וארבות השמים **נפתחו**	(XXII)	**4Q252** I,5
ויפ]תח נוח את חלון התבה	(XXII)	**4Q252** I,13
ובהפ[תח צרה אהללנו	(XXVI)	**4Q258** X,6
]**ובה[פתח]** / צרה אהללנו	(XXVI)	**4Q260** IV,3
בהוד[ות **אפ]ת[ח**][ ][פי[	(XXVI)	**4Q260** V,5
וא]זנם **פתחו** וישמעו עמוקות	(XVIII)	**4Q266** 2i5
ואוזנמה **פתח** ו[ישמעו עמוקות]	(XVIII)	**4Q268** 1,7
ונתיבות שחת **אפתחה** ל[עיניכם	(XVIII)	**4Q270** 2ii20
אל **יפתח** כלי טוח בשבת	(XVIII)	**4Q271** 5i5
ותש[ ]ל [מ]חשבת בית מולדים **פתח** לפ[ניהם	(XX)	**4Q299** 3aii-b,13
]**פתח** בפ∘∘[	(XX)	**4Q299** 37,3
] כבוד **לפתוח**[	(XX)	**4Q299** 75,2
]מפיהו **לפת]וח**	(XX)	**4Q299** 76,2
ואם **תפתחו** החזון / תסת[ם מכם	(XX)	**4Q300** 1aii-b,3
]ים **נפתח** נ[	(XX)	**4Q300** 8,3
]מלה **פתחנו** ∘∘∘ [	(XXVII)	**4Q348** 17
כל ארבות השמים **נפתחו**	(XIX)	**4Q370** 1i4
ולוא **יפ]תחו** המון מים	(XIX)	**4Q370** 1i8
ופתח פיהו על / כל בני אהביך	(XXVIII)	**4Q372** 1,20
] / יהוה **פתח** פי ומאתו [ד]ברי לשוני	(XXVIII)	**4Q372** 3,7
] / מתיעצים עלי **פתחו** לשן שק[ר	(XI)	**4Q381** 45a+b,5
כי הוא / **פתח** רח[מיו	(XXXIV)	**4Q416** 2ii1
כי הוא **פתח** רחמיו[	(XXXIV)	**4Q417** 2ii+23,2
] / נדה **להפתח**[	(XXXIV)	**4Q417** 4ii2
שפתיכה **פתח** מקור לברך קדושים	(XXXIV)	**4Q418** 81+81a,1
ואתה שכל[**פ]תח** לכה	(XXXIV)	**4Q418** 81+81a,9
] / **פתח** [ ]שיר כול קדושים	(XXXIV)	**4Q418** 81+81a,12
]ארובות השמי[ם]**נפ[ת]חו** ח∘[	(XIII)	**4Q422** II,6
]**יפתח** אוצ[ר(ו) ?	(XX)	**4Q426** 7,3
שבת פחד **נפתח** מקור לב[רכת עד]	(XXIX)	**4Q427** 7ii5
נפ]תחה דרך[	(XXIX)	**4Q428** 13,5
ותפת]ח פי עב[דכה	(XXIX)	**4Q428** 14,6
ואתה אלי מרחב] / [**פ]תחתה** בלבבי	(XXIX)	**4Q429** 3,6
ודלתי] / [נחושת לאי]ן **פתוח**	(XXIX)	**4Q429** 3,12
שבת פחד **נפתח** מקור לברכת עד	(XXIX)	**4Q431** 2,4
לבי פקד]תה תורתכה וכליותי **פתחתה**	(XXIX)	**4Q436** 1a+bi6
ולשוני **פתחתה** לדברי קודש	(XXIX)	**4Q436** 1a+bi7
] / [מו]טותיהם **ולפתוח** חורצ[בות	(XXIX)	**4Q437** 2ii14
ביום ה]רביעי **פתחתה** מאור גדול	(XXIX)	**4Q440** 1,1
]ם **ותפתח** פי[	(XXIX)	**4Q443** 1,13
מיראי אל ברעת אמתו **פתח** פי	(XXIX)	**4Q444** 1-4i+5,1
ואוזניהמה **פתח** וישמעו ע[מקות	(XIX)	**4Q463** 1,4
]נ[**פתחו** [ו]לא א∘∘∘ י[	(XIX)	**4Q464** 5ii5
]מה ואל **יפתח** א[	(VII)	**4Q487** 16,2
ומיא יגוד{{ו}}ני[א **בפת]חי** פיא	(VII)	**4Q491** 11i17
ואחרי כן **יפתחו** א[ת] הש[ערי]ם	(VII)	**4Q493** 2
] **פתחתה**[	(VII)	**4Q499** 1,5
בכנור ישועות / [**יפת]חו** פה לרחמי אל	(VII)	**4Q511** 10,9
אלי חתמתה בעד כולם ואין **פותח**	(VII)	**4Q511** 30,3
]∘ כיא בירכה **לפתו[ח**	(VII)	**4Q511** 42,8
ואני תרנן לשוני צדקכה כיא **פתחתה**	(VII)	**4Q511** 63iii1
בלוא **פתח]תה** פי מה [אדבר	(VII)	**4Q511** 75,2
]**פתח** פ[	(VII)	**4Q511** 156,2
] / בני תמ]ותה **ופתח**[קברות	(XXV)	**4Q521** 7+5ii8
] / **ופ[תח** ?	(XXV)	**4Q521** 7+5ii9
ידי **פתח[תי**	(IV)	**11Q5** XXI,17
ויפתח לכם את / אוצרו הטוב	(XXIII)	**11Q14** 1ii7
הב[ית הזה תעשה שע]ר **פתוח** לגג ההיכל		**11Q19** XXXI,6
] / [**ופותח**?]ים וסוגרים את הגלגלים		**11Q19** XXXIV,5
ופותחים / את הגלגלים ופושטים את עורות		**11Q19** XXXIV,8
והפתוחים יטמאו לכול אדם מישראל		**11Q19** XLIX,9
והיה אם / שלום תענכה **ופתחה** לכה		**11Q19** LXII,7

to engrave verb **פתח-2**

Text	Volume	Reference
ובסגר שלושה צמידים **מפותחים**		**1QM** V,7
מפ]תחת פתוחה נואם יהוה אשר / [	(V)	**4Q177** 10-11,2
[ודמו]ת אלוהים חיים **מפותח**	(XI)	**4Q405** 14-15i5
]ם תפארת **לפתוחי** [	(XI)	**4Q405** 23ii1
כמעשי אורג **פתוחי** צורות הדר	(XI)	**4Q405** 23ii7

opening, doorway, entrance noun **פֶּתַח**

Text	Volume	Reference
ולב נמס **לפתח** תקוה		**1QM** XI,9
בחליא / נגד **הפתח** העליון	(III)	**3Q15** I,8
מפי גל **פתחו** בשולי האמא מן הצפון	(III)	**3Q15** I,11
[ב]מערת העמוד של שני / [ה]**פתחין** צופא מזרח	(III)	**3Q15** VI,2
[ב]**פתח** הצפוני	(III)	**3Q15** VI,3
חפר **בפתח** / אמות תשע	(III)	**3Q15** VI,9
בעזת שתין / הו **הפתח**	(III)	**3Q15** X,10
שעריה שערי מות **בפתח** ביתה תצעד	(V)	**4Q184** 1,10
] / על **הפתחים** והח[לונים	(XXII)	**4Q254** 1,2
ועשיתה] / מסכה **לפתח** האוהל[	(XIII)	**4Q365** 8a-b,3
ו]את מסך **פתח** החצר אשר על המש[כן	(XIII)	**4Q365** 27,1
ורוחב **פתחי** השערי[ם	(XIII)	**4Q365a** 2ii5
ופתחה שלוש אמות רוחב ה[	(XIII)	**4Q365a** 2ii11
אל **פתח** אהל מו[עד אל] / [ה]כה[ן	(XIII)	**4Q367** 1a-b,9
אל **פתח** א[הל מועד ונתנם אל הכהן	(XIII)	**4Q367** 2a-b,1
במבואי אלי דעת **בפתחי** כבוד	(XI)	**4Q405** 23i8
פתחי מבואי ושערי מוצא	(XI)	**4Q405** 23i9
כי תבוא **בפתחיה** וקברת וכס[תה	(XXXIV)	**4Q418** 127,2
ממד[בר ל]**פתח** תקוה	(XXIX)	**4Q434** 7b,2
לחסרי לבב גדולתו הרחוקים **מפתחיה**	(IV)	**11Q5** XVIII,5
מפתחי צדיקים נשמע קולה	(IV)	**11Q5** XVIII,10
]∘ **ולפתחי** מבואי / [	(XXIII)	**11Q17** X,7
בשער הזה {{א}}**לפתח**[גג ? ה]היכל		**11Q19** XXXI,7
ורוחב **פתחי** השערים ארבע עשרה באמה		**11Q19** XLI,14
ופ[תחה] / [שלוש אמות רוחב		**11Q19** XLII,2
על פי **פתחי** השערים כולמה		**11Q19** XLVI,6
על פי]**פתחי** השער[י]ם כולמה]	(XXIII)	**11Q20** XII,19

(indeterminate) **פתח**

Text	Volume	Reference
פתח∘[	(III)	**3Q14** 1,1
פ]תח בה[	(XXXIV)	**4Q418** 227,4

פְּתַחָה ← **פְּתַחְיָה**

Pethahiah proper noun **פְּתַחְיָה, פְּתַחָה**

Text	Volume	Reference
אלישיב ב[ל][ג]ה **פתחיה** מ[עוזיה שעורים	(XXI)	**4Q319** 9,2
[בא **בפת]חיה** ל29 ב27 בחמשי	(XXI)	**4Q320** 1i10
ו]דוקה שבת ב[**פתחה** / [בתשעה בוא]	(XXI)	**4Q321** I,4
ב]שנים **בפתחיה** בש[לושה עשר בעשירי]	(XXI)	**4Q321** II,6
בשבעה עשר ב]ראישון שבת [**בפ]תחיה**	(XXI)	**4Q321** III,8
החמישי **בפ[ת]חיה**	(XXI)	**4Q321** V,5
ודוקו] / שבת **בפתחיה** [בתשעה בוא	(XXI)	**4Q321a** II,5
ב[ש]שה **בפתחיה** בעשרים[בראשון	(XXI)	**4Q321a** V,9
מי[מ]ן] {{**פתחיה**}} פתחיה אב[יה יכין]	(XXI)	**4Q328** 4

4Q**328** 4	(XXI)	מי]מ֯[ין] {{פתחיה}} **פתחיה** אב֯[יה יכין]

simple, naive, ignorant noun פֶּתִי-1, פותִי

CD XIII,6		ואם **פתי** הוא הוא יסגירנו
CD XIV,2		להנצילם מכל מוקשי שחת כי **פתאום** ונענשׁ֯
CD XV,15		וכל **פת֯**[י שו]ג֯ה / וכ֯ה֯ה֯ ע֯י֯נ֯י֯ם֯ ל֯ב֯ל֯[תי
1QSa I,19	(I)	וכול איש **פותי** / אל יבוא בגורל
1QpHab XII,4		והבהמות המה **פתאי** יהודה עושה / התורה
1QH[a] V,2		] ולהבין **פו֯תאים**[
1QH[a] X,9		ומרפא לכול / שבי פשע ערמה **לפתיים**
1Q**14** 7,3	(I)	]**הפתא֯**[ים
1Q**14** 8-10,5	(I)	[אשר הואה יתעה את ה]**פ֯ת֯אים**
1Q**14** 20-21,1	(I)	]◦ ◦[**הפת]אים** [
4Q**169** 3-4iii5	(V)	ידודו **פתאי** אפרים מתוך קהלם
4Q**169** 3-4iii7	(V)	**ופת[אים]** / לא יחזקו עוד את עצתם
4Q**177** 9,7	(V)	]עם צדיק֯ ורשע אויל **ופת**[י
4Q**266** 8i7	(XVIII)	וכול **פתי** ושוגה וכה עינים
4Q**267** 9v5	(XVIII)	כי֯א֯ **פ[ת]א֯י[ם]** עבר֯[ו] / ויענשו
4Q**300** 8,4	(XX)	]◦◦עו להולכי **פתי** בכ֯ל֯ [
4Q**301** 1,3	(XX)	]ה֯ו֯לכי **פותי** ואנשי מחשבת
4Q**372** 6,4	(XXVIII)	]ר֯ם **לפתאיה**ם֯[
4Q**381** 1,2	(XI)	] / פי **ולפתאים** ויבינו ולאין לב ידעון
4Q**418** 221,2	(XXXIV)	] נ֯ב֯יאים ולהבין כ֯ו֯ל֯ **פ֯ותיים**[
4Q**418** 223,3	(XXXIV)	]ב֯יו֯ם **ופתא֯י**ה[
4Q**424** 1,13	(XXXVI)	] / **פתיים** כי בלע יבלעם
4Q**439** 1i+2,7	(XXIX)	] / [ ]◦ו צדיקי **פותיים** אש֯[ר
4Q**469** 3,3	(XXXVI)	צ]ד֯יקי **פתאים** אב ◦[
11Q**5** XVIII,3	(IV)	עוזו ותפארתו / לכול **פותאים**
11Q**5** XVIII,4	(IV)	מעשיו נודעה לאדם להודיע **לפותאים** עוזו

cord noun פָּתִיל

11Q**17** IX,7	(XXIII)	**פ]ת֯ילי** תפ֯ארת[

to twist, wrestle verb פתל

1QS X,24		**ונפתלות** מדעת לבי
4Q**364** 4b+ei1	(XIII)	**נפתל]ת֯י** / [עם אחותי (ו)גם יכולתי
4Q**525** 14ii28	(XXV)	ד֯ב֯ר֯י תופלה א֯[שר תועבו]ת֯ ממני **ונפתלו**[

Ptolemy proper noun פתלמיס

4Q**578** 2	(XXV)	]**פ֯תלמ֯יס**[
4Q**578** 3	(XXV)	**פתל]מ֯יס** ב֯נו֯[
4Q**578** 4	(XXV)	]◦ה **פתל[מיס**

adder noun פֶּתֶן

CD VIII,10		חמת תנינים יינם / וראש **פתנים** אכזר
CD VIII,11		וראש **הפתנים** הוא ראש מלכי יון
CD XIX,22		חמת ת֯נ֯ינים יינם וראש **פ֯תנים** אכזר
CD XIX,23		וראש **פתנים** הוא ראש / מלכי יון
1QH[a] XIII,27		יורו לחת֯ו֯[ף מבלגות] **פתנים** / לאין חבר
4Q**381** 26,1	(XI)	]**פ֯תנים** ותנ֯[ינים / [
4Q**429** 2,10	(XXIX)	יורו לחתוף מבלגות **פתנים** לאי֯ן / [חב]ר֯
4Q**525** 15,2	(XXV)	] **פתנים** ב[
4Q**525** 15,3	(XXV)	ובחל֯ח֯[ל]ה֯ ידולל **פתן** בעלי֯ו֯[ן

suddenly adverb פֶּתַע

1QH[a] IV,5		] פוגעות **פתע** פתאו[ם] כדונ[ג ימס
4Q**510** 1,6	(VII)	והפוגעים **פתע** פתאום לתעות רוח בינה

to interpret verb פתר

4Q**223-224** 2v22	(XIII)	ו[**יפת]ר֯ם** לפנ֯[י פרעוה

explanation noun פתר

CD XIII,8		ויספר לפ֯ניה֯ם נהיות עולם **בפרתיה**
4Q**266** 9ii19	(XVIII)	[ויספר לפניהם נהיות עולם ב]**פ֯[תריהם**
4Q**267** 9iv5	(XVIII)	ויספר לפניהם נהיות]ע֯ו֯ל֯ם֯[**בפ]תריהם**
4Q**298** 3-4ii9	(XX)	י]מ֯י תעודה אשר / **פת֯ר֯[י]**ה֯ם֯[אספ]ר

צ

sade, eighteenth letter of the alphabet צ

KhQ3 2 (XXXVI) ל ם ן ס ע פ צ ק ר / א א ב ג

צֵאָה ← צוֹאָה

צאוֹן ← צוֹאן

צאִי ← צוֹאִי

צאֹן ← צוֹאן

offspring noun **צֶאֱצָא**

1QSb II,28 (I)] על כול **צאצ[איכה**
1QM X,13 וכול **צאצאיה** עם פר[ים
1QM XII,10 להשקות משפט לכול **צאצאיה**
1QH[a] V,15 וכול **צאצאיה** בימים ובתהומות
1QH[a] IX,18 ותפלגה לכול **צאצאיהם** למספר דורות
1QH[a] X,38]◦חת לכול **צאצאי**[הם] / [
1QH[a] 10,9] **וצאצאינו** הודע[תה ע]ם בני איש
4Q174 4,1 (V)]המבלעים את **צאצאי** / [
4Q177 1-4,12 (V)]א את **צאצ[אי**
4Q178 4,4 (V)]**צאצאי**◦[
4Q185 1-2ii15 (V) ויורישנה **לצאצאיו** ידעתי לעמ[ש]וב
4Q299 6i9 (XX)]◦◦ כל **צאצאיה** / [
4Q374 2ii4 (XIX) ל[כם] שרית ופליטה **ולצאצאיהם** מ◦[
4Q418 47,4 (XXXIV)]ובכל **צאצא[יהם**
4Q418 264,1 (XXXIV) כו]ל **צאצ[אי**
4Q428 3,8 (XXIX)] / [שחת]לכול **צאצאי**[עם
4Q468c 1 (XXXVI)] / **וצאצ[א**

lizard noun **צָב-2**

11Q19 L,20 החולד והעכבר **והצב** למינו

to wage war, serve verb **צבא**

1QSa I,17 (I) יחזק מתנו למעמ[ד **לצב]ואת** / עבודת מעשו

host, army, war, service noun **צָבָא, צָבָה**

1QS IV,15 ובמפלגיהן ינחלו כול **צבאותם** לדורותם
1QSa I,6 (I) וזה הסרך לכול **צבאות** העדה
1QSa I,21 (I) רק בסרך **הצבא** יכתוב משפחתו
1QSa I,24 (I) ולשופטים ולשוטרים למספר כול **צבאותם**
1QSb IV,25 (I) לכבוד אלוהי **צבא[ות** תעבוד לעולם
1QpHab X,7 הלוא / הנה מעם יהוה **צבאות** יגעו עמים
1QM II,8 לצאת **לצבא** כפי תעודות המלחמה
לוא יחלוצו לצאת **לצבא** כיא שבת / מנוח
1QM IV,11 על השמינית **צבאות** אל
1QM V,3 בהמלא **צבאם** להשלים מערכת פנים
1QM VII,6 כיא מלאכי קודש עם **צבאותם** יחד
1QM X,11]◦[ ] מפרש שחקים **צבא** מאורות
1QM XII,1 **וצבאות** מלאכים בזבול קודשכה
1QM XII,2]◦פר שמות כול **צבאם** אתכה
1QM XII,8 גבו[ ]**צבא** מלאכים בפקודינו
1QM XII,9 **וצבא** רוחיו עם צעדינו
1QM XIX,1 ומלך הכבוד אתנו **וצ[בא**
1QH[a] V,14 בטרם בראתם עם **צבא** רוחיך
1QH[a] V,15 [וכול] / **צבאותיו** עם הארץ
1QH[a] XI,22 להתיצב במעמד עם / **צבא** קדושים
1QH[a] XI,35 **וצבא** השמים יתנו בקולם
1QH[a] XV,29 ואין / להשיב על תוכחתכה כול **צבי** רוח
1QH[a] XVIII,35 וריבכה עם **צבא** קדושיכה ב[
1QH[a] XIX,13 ולהתיצב במעמד לפניכה עם **צבא** עד
1QH[a] XXI,8] **צבא** דעת לספר לבשר גבורות
1QH[a] 2i14]רתים עם **צבאכה** ומתהלכים / [
1Q16 3-7,3 (I)]◦◦ל◦ מלכי **צבאות** ידו[דון ידודון
4Q163 4-7i14 (V) [בעברת יהוה **צ]באות** [נת]עם / [
4Q163 8-10,6 (V) [כיא יהו]ה **צבאות** יע[ץ
4Q169 3-4ii10 (V) הנני אליך נאם יהוה **צ[באו]ת**
4Q215a 2,6 (XXXVI)]ר **צב[א**
4Q227 2,5 (XIII) ואת דרכי **צבאם** ואת[החוד]שים / [
4Q249e 1ii2 (XXXVI) ולשופטים למספר] / כול **צבא[ותם**
4Q265 6,8 (XXXV) [להעלותו ביום] השבת ואם **צבא** [
4Q299 9,4 (XX)]א עם כול **צב[א**
4Q365 26a-b,7 (XIII) בי]שראל תפקוד אותם **לצבאותם**
4Q369 8,4 (XIII)]**צבא** רו◦[
4Q372 6,3 (XXVIII)]יד לכל **צבא**[
4Q381 1,10 (XI) וכל **צבאיו** ומלא[כיו]ר◦[
4Q382 9,4 (XIII)]ים ועובדים **לצבא** השמים[
4Q385 2,8 (XXX) ויברכו את יהוה **צבאות** אש[ר] / [חים
4Q385 3,3 (XXX) [ולהל]ל את יהוה **צבאות**
4Q416 1,4 (XXXIV)] / לפי **צבאם** למ[שור במשורה
4Q416 1,6 (XXXIV)] / לפי מחסור **צבאם**
4Q416 1,7 (XXXIV) **וצבא** השמים הכין ע[ל
4Q416 3,7 (XXXIV)]◦ **בצבא**◦[
4Q418 126ii1 (XXXIV) ל]וא ישבות אחד מכול **צבאם** ה[
4Q418 132,2 (XXXIV)]ר **צבאם** ◦[
4Q422 I,6 (XIII) השמים והארץ וכול]**צבאם** עשה בדבר[ו
4Q427 7i15 (XXIX) ר]וממו יחד **בצבא** עולם הבו גדול לאלנו
4Q434 2,8 (XXIX) והיה בו **צב[א** השמ]ים
4Q471 2,3 (XXXVI)]ור כול **צבאותם** באורכ אפ[ים
4Q491 5-6,1 (VII) ו]**צבא** [מ]ל[אכי]ם בזבול קוד[שכה
4Q491 17,2 (VII)]מה ולכול **צבא[ות**
4Q503 65,2 (VII)]**צבאות** אלים[
4Q511 35,4 (VII) והיו / כוהנים עם צדקו **צבאו** ומשרתים
4Q522 9ii14 (XXV) ש]ר **צבא** מש[מרות ?
4Q523 1-2,3 (XXV)]**הצבאים** גנבו[
11Q11 V,8 (XXIII)]שר **הצבה** יהוה [יוריד]ך / [לשאו]ל תחתית
11Q13 II,9 (XXIII) **ולצב[איו** ע]ם קדושי אל לממשלת משפט
11Q19 LV,18 לשמש או לירח או לכול **צבא** השמים
11Q19 LVIII,11 ושלחו לו מחצית העם את אנשי / **הצבא**
11Q19 LXII,5 ופקדו שרי **צב{{ו}}אות** בראוש העם
PAM 43.679 3,2 (XXXIII)]◦ **צבא**[
PAM 43.686 15,2 (XXXIII)] כול **צבא**[

צָבָה ← צָבָא

will, desire (?) noun **צבות**

1QH[a] XVIII,18] / **מצבותכה** ובלא ◦[

beauty noun **צְבִי-1**

4Q299 79,5 (XX)]ארץ **צביו** והוא ◦[
4Q369 1ii2 (XIII)] / היאה **צבי** תבל ארצכה

gazelle noun **צְבִי-2**

11Q19 LII,11 והטהור בכה יחדיו **כצבי** וכאיל
11Q19 LIII,4 והטמא בכה יחדיו **כצבי** / וכאיל

dyed cloth noun צֶבַע

4Q405 20ii-22,11	(XI)	ברוקמת כבוד צבעי פלא ממולח טוה
4Q405 23ii8	(XI)	בתוך כבוד מראי שני צבעי אור
4Q405 23ii9	(XI)	] / [מ]לכ רוחי צבעי[טוהר
4Q405 49,2	(XI)	]כל צבע[
11Q17 IX,7	(XXIII)	]ממולח טוהר צבעי / [

to heap up verb צבר

1QpHab IV,4		ויצבור עפר וילכדהו

side noun צַד

1QH[a] XVII,6		] עמד לי / מרחוק וחיי מצד
3Q15 VI,11	(III)	במשכן המלכא בצד / המערבי
3Q15 X,8	(III)	בים של גי איך בצדו המערבי
3Q15 X,12	(III)	תחת יד אבשלום מן הצד / המערבי
4Q376 1ii1	(XIX)	האבן השמאלית אשר על צדו / השמאלי
11Q19 IX,3		וששה קנים יוצאים] משני צדיה
PAM 43.676 40,2	(XXXIII)	]בו בצד[

hunting, provisions noun צֵדָה, צֵידָה

1QM VII,3		ועורך הצידה כולם יהיו מבן חמש ועשרים
4Q215a 1ii3	(XXXVI)	]כור[עונ]ו / וצדתמציק ונסוי שחת
5Q16 3,4	(III)	]לטרוף צד[ה

Zadok proper noun צָדוֹק

CD IV,1		הכהנים והלוים ובני / צדוק
CD IV,3		ובני צדוק הם בחירי / ישראל קריאי השם
CD V,5		ויטמון / נגלה עד עמוד צדוק
1QS V,2		ומשובים על פי בני צדוק הכוהנים
1QS V,9		לכול הנגלה ממנה לבני צדוק הכוהנים
1QSa I,2	(I)	להתה]לך / על פי משפט בני צדוק הכוהנים
1QSa I,24	(I)	על פי בני צדוק הכוהנים
1QSa II,3	(I)	לפני בני צדוק הכוהנים
1QSb III,22	(I)	למ[שכיל לברך] את בני צדוק הכוהנים
3Q15 XI,3	(III)	פנת האסטאן הדרומית / בקבר צדוק
3Q15 XI,6	(III)	הסלע הצופא מערב / נגד נגת צדוק
4Q163 22,3	(V)	]בני צדוק[
4Q174 1-2i17	(V)	המה בני צדוק וא[נ]שי עצת[מ]ה
4Q266 5i16	(XVIII)	]בני צדוק הכהנים הנה המ[ה] / [

צדוק ← צֶדֶק

righteous, just adjective צַדִּיק, צַדִּק

CD I,19		ויצדיקו רשע וירשיעו צדיק
CD I,20		ויפירו חוק ויגודו על נפש צדיק
CD IV,7		ויצדיקו צדיק וירשיעו רשע
CD XI,21		ותפלת צדקם כמנחת רצון
CD XX,20		ושבתם וראיתם בין צדיק / ורשע
1QS I,26		] אמת וצדיק [א]ל[ישראל ו]משפטו
1QpHab I,12		כיא רשע מכתי]ר את הצדיק
1QpHab V,9		ותחריש בבלע / רשע צדיק ממנו
1QH[a] VI,15		כי אתה צדיק ואמת כול בחיריך
1QH[a] VII,15		רק אתה [ברא]תה / צדיק ומרחם הכינותו
1QH[a] VIII,19		כי אתה רשמתה רוח צדיק
1QH[a] IX,36		] הוסיפו ערמה / צדיקים השביתו עולה
1QH[a] XII,38		כי אתה בראתה צדיק ורשע ◦◦[
1QH[a] XV,12		למשפט תרשיע להבדיל בי בין צדיק לרשע
1QH[a] XV,15		להתהלך לפניך בגבול / [צדיק]ים
1QH[a] XX,19		ואין צדיק עמכה [
1QH[a] 5,13		תריב להצד[יק]הצדיק ולהר[שיע הרשע
1Q34bis 3i2	(I)	]◦◦ בגורל צד[י]ק ולרשעים ג[ו]רל / [
1Q34bis 3i3	(I)	וצדיקים / [
1Q34bis 3i5	(I)	בין צד]יק לרשע
1Q51 3	(I)	]ם [ו]ל[ה]תהלך [צד]יק בכול [
4Q171 1-2ii12	(V)	זומם רשע לצדיק וחורק ע[ליו שניו
4Q171 1-2ii21	(V)	טוב מעט לצדיק מהמון רשעים רבי[ם
4Q171 1+3-4iii9	(V)	לוה רשע ולוא ישלם / וצדיק חונן ונותן
4Q171 3-10iv2	(V)	צדיקי[ם ירשו ארץ וישכנו ל]עד עליה
4Q171 3-10iv7	(V)	צופה רשע לצדיק ומבקש[להמיתו
4Q171 3-10iv8	(V)	[הכו]הן הרשע אשר צ[ופ]ה הצד[יק
4Q173 5,4	(V)	זה] השער לאל צדי[קים יבאו בו
4Q174 1-3ii4a	(V)	] / וצדיקים [ויתלב]נו
4Q177 9,7	(V)	]עם צדיק ורשע אויל ופת[י
4Q177 12-13i5	(V)	]◦הם עד עשרה צדיקים בעיר
4Q177 12-13i9	(V)	]תמר ידוד הצ[די]ק ויד אל הגדולה עמהמה
4Q184 1,14	(V)	בפחז תרים לראו[ת לא]יש / צדיק
4Q227 1,1	(XIII)	]כול הצדיקים [
4Q227 2,6	(XIII)	א]שר לוא ישגו הצ[דיקים
4Q252 III,3	(XXII)	] צדיקים / אנוכ[י] לא[
4Q253a 1i4	(XXII)	ושבתם וראיתם]בין צדיק לרשע
4Q271 5i14	(XVIII)	[ותפלת]צדיקים כמנחת / [רצון
4Q299 3aii-b,3	(XX)	] / וכול מעשה צדיק הטמ[אה
4Q299 3aii-b,4	(XX)	] / חכם וצדיק כי לוא לאיש[
4Q299 53,5	(XX)	]משפט כיא צדיק[
4Q299 55,2	(XX)	המשפ]טים הצדיקים[
4Q300 7,3	(XX)	כי[א]צדיק בכל[דרכיו
4Q302 1i4	(XX)	אלהים צדיק / [
4Q369 1ii10	(XIII)	]לו חוקים צדיקים כאב לב[ן
4Q372 3,3	(XXVIII)	]צדיקים[
4Q375 1i6	(XIX)	ואמר לוא יומת כיא צדיק הואה
4Q388a 1,2	(XXX)	הצ]דיקים ל[
4Q408 3+3a,6	(XXXVI)	בר]וך {{יהוה}} [ה]צדיק בכל דרכיך
4Q412 1,6	(XX)	צ]דיק ? למבקשי[בינה
4Q415 32,2	(XXXIV)	]ך כלא צד[
4Q416 1,15	(XXXIV)	] / להכון צדק בין טוב לרע ל[
4Q417 2i13	(XXXIV)	דב[ר]משפטיכה כמושל צדיק
4Q418 2+2a-c,7	(XXXIV)	]ל להבין צדיק בין טוב לרע[
4Q418 7a,2	(XXXIV)	ומי צ]דיק במשפטיו ו[בלי סליחה איכה]
4Q418 177,6	(XXXIV)	]הלכו כול צ[דיקי
4Q418a 22,2	(XXXIV)	כמו]של צדיק ואל תקח[
4Q420 2,9	(XX)	צ]דיקים[
4Q424 3,2	(XXXVI)	כי לא יבין משפטם להצדיק צדיק
4Q439 1i+2,1	(XXIX)	ל]אסף צדי[קי]עמי ולהקים דרך / חיים
4Q439 1i+2,7	(XXIX)	]◦ו צדיקי פותיים אש[ר
4Q440b 3	(XXXVI)	]בט לוחצר צדי[קים
4Q444 1-4i+5,10	(XXIX)	צ]דיקים ארו[
4Q469 3,3	(XXXVI)	צ]דיקי פתאים אב ◦[
4Q491 11i9	(VII)	בכו]ח גבורתו ירננ[ו]צד[יקי]ם
4Q491 11i20	(VII)	]צדיקים באלוהי [
4Q508 1,1	(VII)	ותנובת] / [ארץ לדע]ת בין צדיק לרשע
4Q510 1,8	(VII)	רננו צדיקים באלוהי פלא
4Q511 44-47,1	(VII)	כיא לצדיקים [
4Q511 44-47,6	(VII)	]אדם על / צדיק ב[
4Q511 63iii4	(VII)	להצדיק / צדיק באמתכה
4Q512 34,16	(VII)	]◦ הצדיק בכול מע[שי]כ[ה
4Q521 1ii6	(XXV)	] / רבו צדיקי[ם
4Q521 2ii+4,5	(XXV)	כי אדני חסידים יבקר וצדיקים בשם יקרא
4Q521 14,2	(XXV)	בין צדי]ק לרש[ע
11Q5 XVIII,10	(IV)	כקטורת {{ריח}} ניחוח מיד / צדיקים
	(IV)	מפתחי צדיקים נשמע קולה

Text	Vol.	Reference
ה]שמש אש[ר יזרח] / [על ה]צדיק לה[	(XXIII)	11Q**11** V,11
הצ]דיק לבוא[	(XXIII)	11Q**11** V,12

to be just verb **צדק**

Text	Vol.	Reference
ויצדיקו רשע וירשיעו צדיק		CD I,19
ויצדיקו צדיק וירשיעו רשע		CD IV,7
להצדיק איש את אחיו לתמך צעדם		CD XX,18
ולוא יצדק במתור שרירות לבו		1QS III,3
וכפי נחלת איש באמת יצדק		1QS IV,24
]כה ויצדיקכה מכול ◦◦◦[	(I)	1QSb IV,22
] ולהצדיק משפט אמתכה בכול בני איש		1QM XI,14
רק בטובך / יצדק איש		1QH^{a} V,23
ואדעה כי לא יצדק איש מבלעדיך		1QH^{a} VIII,20
ואת]ה צדקתה בכול מעשיכה		1QH^{a} IX,6
ומי יצדק לפניכה בהשפטו		1QH^{a} XV,28
ומשפטכה אצדיק כי ידעתי / באמתכה		1QH^{a} XVII,9
כי לא יצדק / כול במש[פ]טכה		1QH^{a} XVII,14
אנוש מאנוש יצדק וגבר [מגב]ר / ישכיל		1QH^{a} XVII,15
כיא צדקתה ואין לנגדכה		1QH^{a} XX,31
תריב להצד[יק]הצדיק		1QH^{a} 5,13
]נחלת ידו כי לוא יצדק[	(V)	4Q**176** 18,1
[ו]לוא יצדק במתו[ר]שרירות / לבו	(XXVI)	4Q**257** III,4
ויצדיקו / [רשע וירשיעו צדיק	(XVIII)	4Q**266** 2i22
]את חוקו הצדיקו ב[	(XVIII)	4Q**266** 5ic-d,3
] / יצדיק יהוה ש[	(XIX)	4Q**370** 1ii2
] יצדק[	(XIII)	4Q**382** 17,1
ואתה להם ותצדק ◦[	(XIII)	4Q**382** 104,2
]ך והמצדקי[ם	(XXX)	4Q**388**a 7ii10
והרע[בעיניך עשי]תי למען תצדק בדבר[י]ך	(XXIX)	4Q**393** 1ii-2,2
ומצדי[ק]ו] / בשם כבודו	(XI)	4Q**403** 1i28
] / יצדק כמוכה הואה	(XXXIV)	4Q**417** 2i5
ומי יצדק במשפטו	(XXXIV)	4Q**417** 2i16
כי לא יבין משפט להצדיק צדיק	(XXXVI)	4Q**424** 3,2
ומי כאמתכה ומי י]צדק	(XXIX)	4Q**428** 9,3
] / ויצדקו והלך על הרום ה[	(XXXVI)	4Q**458** 2ii5
אשר[ע]ם בני צדק וצדק[	(VII)	4Q**503** 48-50,8
] / תצדק למ◦[	(VII)	4Q**504** 1-2iii20
]◦ תצדק ל◦[	(VII)	4Q**509** 198,3
להצדיק / צדיק באמתכה	(VII)	4Q**511** 63iii3
] / א[יצ]דק עם [	(VII)	4Q**512** 51-55ii2
וכול בשר אל <<י>>צדק א[ל	(XXV)	4Q**525** 10,5
כי לוא יצדק לפניכה כול חי	(IV)	11Q5 XXIV,7
] / יצדק[	(XXXIII)	PAM 43.690 13,1

righteousness, justice, Zedek noun **צֶדֶק**

← מַלְכִּי צֶדֶק

Text	Vol.	Reference
ועתה שמעו כל יודעי צדק		CD I,1
ויקם להם מורה צדק להדריכם בדרך לבו		CD I,11
ולסור / מנתיבות צדק		CD I,16
ומועדי / כבודו עידות צדקו		CD III,15
ויתנם פניהם לשלושת מיני / הצדק		CD IV,17
עד עמד / יורה הצדק באחרית הימים		CD VI,11
כי דברו תועה על חקי הצדק		CD XX,11
ואין שופט ואין / מוכיח בצדק		CD XX,17
ומשפטי / צדקו ועדוות אמתו		CD XX,31
והאזינו לקול מורה צדק		CD XX,32
ולא ישיבו / את חקי הצדק		CD XX,33
וכול הונם כעצת צדקו		1QS I,13
ואהבת חסד ומחשבת צדק / איש לרעהו		1QS II,24
כיא געלה / נפשו ביסורי דעת משפטי צדק		1QS III,1
ביד שר אורים ממשלת כול בני צדק		1QS III,20
ובמלאך חושך תעות / כול בני צדק		1QS III,22
ולישר לפניו כול דרכי צדק אמת		1QS IV,2
בכול מחשבת מעשה וקנאת משפטי צדק		1QS IV,4
ושפול ידים בעבודת צדק		1QS IV,9
ותרומת / שפתים למשפט כניחוח צדק		1QS IX,5
להבדיל ולשקול בני הצדוק לפי רוחום		1QS IX,14
ולהוכיח דעת אמת ומשפט צדק		1QS IX,17
ולאל אומר צדקי / ולעליון מכין טובי		1QS X,11
]◦צדק אהבת חסד לנוכנעים		1QS X,26
וחטאת בני אדם להודות לאל צדקו		1QS XI,15
הכן בצדק כול מעשיו		1QS XI,16
] / ויחוננכה במשפט צדק [	(I)	1QSb II,26
ובצדק פקדו כול חוקיו	(I)	1QSb III,24
והיה / צדק אזור [מותניכה	(I)	1QSb V,26
] הוא מורה הצדק / [		1QpHab I,13
אשר נדמו בתוכחת מורה הצדק		1QpHab V,10
מורה הצדק אשר הודיעו אל		1QpHab VII,4
ואמנתם / במורה הצדק		1QpHab VIII,3
אשר בעוון מורה / הצדק ואנשי עצתו		1QpHab IX,10
אשר / רדף אחר מורה הצדק לבלעו		1QpHab XI,5
ו[בני צ]דק יאירו לכול קצוות תבל		1QM I,8
ולהניס כול משנאי / צדק ומשוב חסדים		1QM III,6
יכתובו על אותותם אמת אל צדק אל		1QM IV,6
ובר[ו]כים / כול משרתיו בצדק		1QM XIII,3
ישמח צדק במרומים		1QM XVII,8
ואתה אל הצדק עשיתה למענך שמכה		1QM XVIII,8
]צדק / [		1QH^{a} V,9
] וצדק כול מעשיך		1QH^{a} V,25
] / ומעמד צדק א◦◦◦◦◦◦◦ אשר הפקדתה בו		1QH^{a} VIII,14
ונבעתה במשפטי צדק		1QH^{a} IX,23
ומה ישיב עול על משפט הצדק לכה		1QH^{a} IX,26
בכול מעשי אמתכה ומש[פטי]צדקכה		1QH^{a} IX,30
ומוכי]חי {{אמת}} צדק בכל ח◦[		1QH^{a} X,4
ותשימני נס לבחירי צדק		1QH^{a} X,13
כי אמת אתה וצדק כול מ[עשיכה		1QH^{a} XII,40
והפלתה] עם נמהרי / צדק להעלות משאון		1QH^{a} XIII,22
אלי] / גליתה אוזני [למו]סר מוכיחי צדק		1QH^{a} XIV,4
◦◦◦] בעבודת צדק		1QH^{a} XIV,19
ותוכחת צדקכה עם ◦◦ותי		1QH^{a} XVII,33
ומשפט בכול מעשיכה וצדק ◦[		1QH^{a} XVIII,36
ואדעה / [כי] לכה הצדק		1QH^{a} XIX,18
ידענוכה] / אל הצדק והשכלת[נו באמתכה		1QH^{a} XXVII,8
כרוב חסדיכה תן משמר צדקכה / [		1QH^{a} 2i5
מש]פט צדק ◦[		1QH^{a} 5,1
]◦תם ולך חמד ובצדק תשימ[		1QH^{a} 11,6
] צדק כי[		1QH^{a}44.,2
פשרו ע]ל מורי הצדק	(I)	1Q14 8-10,6
וגלה הרשע מפני הצדק	(I)	1Q27 1i5
והצדק יגלה כשמש תכון / תבל	(I)	1Q27 1i6
]◦נתה אמת וצדק[	(I)	1Q**36** 15,2
] / צדקכה [	(I)	1Q**36** 25ii4
צדק עולמים תסיגי	(XVI)	4Q88 VIII,11
] גלה את תורת הצ[דק	(V)	4Q**165** 1-2,3
ע]תרות מורה הצדק[	(V)	4Q**173** 1,4
מ]ורה הצ[דק	(V)	4Q**173** 2,2
]◦ה זבח הצד[ק	(V)	4Q**174** 9-10,1
ועשה פלאכה והצדק בעמכה	(V)	4Q**176** 1-2i1
ולבחורי צדק / מנצור מצוה	(V)	4Q**184** 1,14
ולהטות פעמיהם מדרכי צדק	(V)	4Q**184** 1,16

Text	Reference	Vol.
ויצרופו בם לבחירי צדק	4Q**215**a 1ii3	(XXXVI)
[כיא] / באה עת הצדק	4Q**215**a 1ii5	(XXXVI)
וחוקי האמת ותעודת [ה]צדק	4Q**215**a 1ii6	(XXXVI)
ועבודת הצדק פלג גבולותם / ברורותם	4Q**215**a 1ii9	(XXXVI)
כיא בא ממשל הצדק הטוב	4Q**215**a 1ii10	(XXXVI)
עד בוא משיח הצדק צמח / דויד	4Q**252** V,3	(XXII)
]הצדק ועל ◦◦ [	4Q**253**a 1i5	(XXII)
ושפול ידים בעבודת]צדק	4Q**257** V,7	(XXVI)
ולהוכיח דעת אמת ומשפט צדק	4Q**258** VIII,2	(XXVI)
וחטאת ב]ני א[דם] / [להודות לאל צ]דקו[	4Q**258** XIII,3	(XXVI)
ול]שקול את בני הצדק לפי ר[ו]חמה	4Q**259** III,10	(XXVI)
ו]להוכיח דעת אמת ומשפט / צדק	4Q**259** III,16	(XXVI)
הכן ב[צד]ק כל מעש[יו]	4Q**264** 3	(XXVI)
]ועתה שמעו כול יודעי / [צ]דק	4Q**266** 2i7	(XVIII)
כי א[ם] / בהוכח ענות צדק אליה[ם	4Q**266** 7i4	(XVIII)
[לשופטים]⟦ ⟧ / לשפוט צד[ק	4Q**266** 8ii4	(XVIII)
כי געלה נפשו ביסורי הצדק	4Q**266** 11,7	(XVIII)
ועתה שמעו לי כול יודעי צדק	4Q**268** 1,9	(XVIII)
ועתה שמעו לי כל יודעי צדק	4Q**270** 2ii19	(XVIII)
כי געלה נפשו] / ביסורי הצדק	4Q**270** 7i21	(XVIII)
וסוד אמת אוצר שכל מבני צדק	4Q**286** 1ii7	(XI)
מלאכ]י צדקכה ב◦[	4Q**286** 12,3	(XI)
מחשב]ת צדק / [	4Q**286** 20,1	(XI)
במעו[ני פלאיהמה מ]לאכי צדקכה	4Q**287** 2,13	(XI)
]באמת צדקכה בהנש[א מלכותכה	4Q**287** 5,10	(XI)
מאו]ס בעד{{י}}ות צדקכ[ה	4Q**287** 9,13	(XI)
[ורוד]פי צדק הבי[נ]ו במלי	4Q**298** 1-2i2	(XX)
ג]בורי צדק [	4Q**299** 72,2	(XX)
מ]שפטי צדק[	4Q**299** 80,3	(XX)
וגלה הרשע מפני הצדק	4Q**300** 3,5	(XX)
יתם] / [הר]שע לעד והצדק יגל[ה] כש[מש	4Q**300** 3,6	(XX)
מ]רשע ומה רם לגבר מצדק[	4Q**300** 7,1	(XX)
]צדק ◦◦◦[	4Q**300** 11,1	(XX)
]ובידו משפט כלם וצד[ק	4Q**300** 11,2	(XX)
להכיחי עדותיך ולהגיד דברי צדק[ך	4Q**372** 1,28	(XXVIII)
וכל אמרי פי צ[דק]	4Q**372** 3,6	(XXVIII)
מ]שפט וצדק[	4Q**372** 18,3	(XXVIII)
כי [תשפט] / עבדיך בצדקך וכחסדיך [	4Q**381** 33+35,6	(XI)
]◦ד צדק[	4Q**381** 84,3	(XI)
]◦הדבר צדק ◦[	4Q**382** 38,4	(XIII)
]ה[צ]דק בה שפטכ[ה	4Q**382** 49,7	(XIII)
] / צדק ⟦ ⟧[	4Q**400** 1ii18	(XI)
]צדק / [	4Q**401** 10,1	(XI)
]כי צדק[	4Q**401** 22,3	(XI)
וברך לכול[נועד]י צדק[	4Q**403** 1i16	(XI)
בשבע]ה דברי צדק לרחמי [כ]ב[ודו]	4Q**403** 1i18	(XI)
וברך לכול נו[עדי]צד[ק	4Q**403** 1i25	(XI)
ו]ברכו לנועדי צדק וכול ברוכיו[	4Q**403** 1i27	(XI)
וכול רוחות צדק יודו באמתו	4Q**403** 1i38	(XI)
צד]ק מהללי◦[	4Q**404** 2,7	(XI)
]מלך אמת [ו]צדק כול קירותו / [	4Q**404** 5,6	(XI)
]צדק / [	4Q**404** 8,2	(XI)
]אי צדק / [	4Q**404** 8,3	(XI)
וברך לכול[נועדי צ]דק בש[בעה	4Q**405** 3ii5	(XI)
] / בשבעה דברי צדק לרח[מי	4Q**405** 3ii8	(XI)
[רו]חי דעת אמת[ו]צדק בקודש[ק]ודשים	4Q**405** 19,4	(XI)
]צדק / [	4Q**405** 20i1	(XI)
] / אמת וצדק עולמ[ים	4Q**405** 20ii-22,5	(XI)
]צדק[	4Q**405** 69,1	(XI)
]י צד[ק	4Q**405** 70,2	(XI)
]י צדק[	4Q**405** 72,1	(XI)
]וצדק לנד◦[	4Q**405** 72,2	(XI)
]צדק ק[	4Q**405** 89,2	(XI)
ועתה בני שמע] / לי צדק הגה בהמה[	4Q**412** 1,6	(XX)
מ]שפטי צד[ק	4Q**412** 3,1	(XX)
] / ולהיות בטהרת צ[דק	4Q**414** 13,4	(XXXV)
בטהרת] / צדק[	4Q**414** 27-28,4	(XXXV)
ובצדק תתהלך כי יגיה אל ת[אר]הו	4Q**416** 2iii10	(XXXIV)
]◦◦ צדקו א◦[	4Q**417** 11,3	(XXXIV)
]צדק [ ]◦◦[ ]◦ויישחר[	4Q**417** 19,2	(XXXIV)
]ל[ ]ל מצוה יתהלך בצדק את רע[הו	4Q**417** 19,4	(XXXIV)
ואז / תדע נחלתו ובצדק תתהלך בו	4Q**418** 9+9a-c,9	(XXXIV)
{{ואז [תדע]נח[ל]תו ובצדק תתהלך	4Q**418** 9+9a-c,10	(XXXIV)
] ואנשי {{קודש}} צדק לוא[	4Q**418** 76,2	(XXXIV)
]חפץ ואמת צדק [ ]כול מעשיו ו◦[	4Q**418** 102a+b,2	(XXXIV)
] צדק[	4Q**418** 112,1	(XXXIV)
]משפט צדק תע[שה	4Q**418** 121,1	(XXXIV)
ומשקל צדק תכן אל כול מ[	4Q**418** 126ii3	(XXXIV)
כ]י במוזני צדק שקל כול תכונם	4Q**418** 127,6	(XXXIV)
]צדק במשכרתכה כי לעבודתכה[	4Q**418** 137,3	(XXXIV)
] / בצדקו ובכוח גבו[רתו	4Q**418** 159ii3	(XXXIV)
] / השען במעשה צ[דק	4Q**418** 159ii4	(XXXIV)
]ה בם כי כמוזני צד[ק	4Q**418** 167a+b,2	(XXXIV)
כ]ול הדרים בה ואבלי צדק[	4Q**418** 176,2	(XXXIV)
מש]פט צדק י◦[	4Q**418** 214,2	(XXXIV)
ובמחקר צדק / ימצא תוצ[אותיה	4Q**420** 1aii-b,3	(XX)
איש]נאמן לוא יסור מדרכי צדק[	4Q**420** 1aii-b,5	(XX)
וכפיו בצדק נגא[ל] / בבינה כל[	4Q**420** 1aii-b,6	(XX)
ובמחקר צ]דק ימצא / תוצאותיה	4Q**421** 1aii-b,14	(XX)
]כיא מלאכת צ[דק]היאה אל יחל[	4Q**421** 11,4	(XX)
]שופט צדק אל לכל[	4Q**423** 6,4	(XXXIV)
]◦ראג לכ[ו]ל חסרי הון בני צדק[	4Q**424** 3,10	(XXXVI)
ידענוכה אל הצדק והשכלנו[באמתכה	4Q**427** 7ii14	(XXIX)
]צדק[ ] ◦[	4Q**427** 16,1	(XXIX)
ולוא יכירו] / [כול מעשי צ]דקכה	4Q**428** 19,6	(XXIX)
ומוכיחי צדק[בכול חמסי] / [	4Q**432** 3,2	(XXIX)
ובילדי צדק נחמתני	4Q**437** 2i12	(XXIX)
ללכת באה]בת חסד ובמשפט צדק	4Q**438** 4ii4	(XXIX)
]ען [ ] צדק ענו◦[	4Q**438** 9,2	(XXIX)
]ומשפטי צדק[	4Q**440** 2,3	(XXIX)
י]שעכה ובצד[קכה	4Q**443** 1,12	(XXIX)
] / בצדק[	4Q**443** 6ii4	(XXIX)
ורוח דעת ובינה אמת וצדק שם אל בל[בבי	4Q**444** 1-4i+5,3	(XXIX)
]◦ן צדקכה / [	4Q**454** 2	(XXIX)
בני]עול ובני צד[ק	4Q**468**b 5	(XXXVI)
משפט צדק תשאלו ועבודת / [	4Q**471**a 6	(XXXVI)
שופ]ט עמו בצדק ול[	4Q**471**c 1,3	(XIX)
משפ]ט צדק [	4Q**471**c 2,2	(XIX)
ציו]ן[? י]בחר ובחיי צדק[	4Q**475** 1	(XXXVI)
]צדק עם רז[	4Q**476**a 1,1	(XXIX)
]בצדק / [	4Q**491** 11i9	(VII)
]ם לבני צד[ק	4Q**502** 1,10	(VII)
] בתוך אשישי צדק / [	4Q**502** 6-10,9	(VII)
אשי]שי צ[דק	4Q**502** 12,1	(VII)
] / צדק [	4Q**503** 7-9,7	(VII)
צ]דק	4Q**503** 33II-36,21	(VII)
]ל[ ]◦רן צד[ק	4Q**503** 37-38,24	(VII)
כול צבאות אל]ים אשר[ע]ם בני צדק	4Q**503** 48-50,8	(VII)
] / כתר צד[ק	4Q**509** 97-98ii2	(VII)
] / צדק ל◦◦[	4Q**509** 97-98ii4	(VII)

4Q**511** 1,5	(VII)	יגילו לאלוהי צדק ברנ[ות]ישועות
4Q**511** 9,1	(VII)	]צדק[
4Q**511** 10,10	(VII)	ושופט בצד[ק מ]הויי עד
4Q**511** 18ii9	(VII)	ומוכיחי / צדק עם נעוותי
4Q**511** 35,4	(VII)	והיו / כוהנים עם צדקו צבאו ומשרתים
4Q**511** 43,4	(VII)	] / ומשפטי צד[ק
4Q**511** 48-49+51,2	(VII)	] / הודות צדקו ו◦[
4Q**511** 52-59,2	(VII)	מ]קור הטוהר מקוי הכבוד גדול הצד[ק
4Q**511** 63-64ii4	(VII)	ותרומת מזל שפתי צדק
4Q**511** 63iii1	(VII)	ואני תרנן לשוני צדקכה כיא פתחתה
4Q**511** 151,2	(VII)	]◦ בצד[ק
4Q**511** 157,1	(VII)	]וצדק[
4Q**512** 29-32,19	(VII)	]ת צדק ו[
4Q**512** 15ii3	(VII)	]◦[ ]צדק [
4Q**512** 40-41,5	(VII)	עבו]ד לכה / [ב]טהרת צדק[
4Q**512** 72,2	(VII)	]צדק בי◦[
4Q**513** 23,2	(VII)	]צדק[
4Q**525** 14ii20	(XXV)	] / בענות צדק הוצא אמרי[כה
4Q**525** 23,9	(XXV)	] / צדק וכצור מכ[שול
5Q**19** 3,2	(III)	]◦ה צדק[
6Q**16** 3,3	(III)	] מצד[ק
6Q**18** 5,2	(III)	מל]אכי צדק במע[
11Q**5** XXII,9	(IV)	מי זה אבד צדק או מי זה מלט / בעולו
11Q**5** XXII,13	(IV)	צדק עולמים תשיגי
11Q**5** XXVI,11	(IV)	אמת / ומשפט וצדק מכון כסאו
11Q**17** VI,5	(XXIII)	רוחי דעת אמת] וצדק[בקודש קודשים
11Q**17** VII,7	(XXIII)	] / [אמת ו]צדק עולמ[ים
11Q**19** LI,12		ושפטו את העם / משפט צדק
11Q**19** LI,13		השוחד מטה משפט ומסלף דברי הצדק
11Q**19** LI,15		צדק צדק תרדוף למען תחיה
		צדק צדק תרדוף למען תחיה
11Q**19** LI,17		ויטה משפט צדק יומת
11Q**19** LVII,20		ולוא יקח שוחד להטות משפט צדק
PAM 43.678 18,2	(XXXIII)	]וצדק ח◦[
PAM 43.680 32,2	(XXXIII)	]◦וחלי צדק[

צדק ← צַדִּיק

(indeterminate) צדק

4Q**511** 66,2	(VII)	]◦ן צדק◦[

righteousness, justice noun צְדָקָה

CD VIII,14		ואשר אמר משה לא בצדקתך
CD XIX,27		ואשר אמר משה / לישראל לא בצדקתך
CD XX,20		◦עד יגלה {{צ}} ישע וצדקה ליראי אל
1QS I,5		ולעשות אמת וצדקה ומשפט / בארצ
1QS I,21		והכוהנים מספרים את צדקות אל
1QS V,4		לעשות אמת יחד וענוה / צדקה ומשפט
1QS VIII,2		לעשות אמת וצדקה ומשפט ואהבת חסד
1QS X,23		וצדקות אל תספר לשוני תמיד
1QS X,25		לשמור אמנים ומשפט עוז לצדקת אל
1QS XI,3		ובצדקותו ימח פשעי
1QS XI,5		וממקור צדקתו משפטי
1QS XI,6		מקור צדקה ומקוה / גבורה
1QS XI,12		בצדקת אל תעמוד לנצחים
1QS XI,14		בצדקת אמתו שפטני
		ובצדקתו יטהרני מנדת / אנוש
1QpHab II,2		] מורה הצדקה מפיא / אל
1QH^a IV,17		א[מ]צאה מענה לשון לספר צדקותיך
1QH^a IV,20		אתה הצדקה ולשמך הברכה לעול[ם
1QH^a IV,20		] צדקתך ופדה / [
1QH^a VI,16		ונגלתה צדקתך לעיני כול מעשיך
1QH^a VIII,18		לך אתה הצדקה
1QH^a IX,26		אתה אל הדעות כול מעשי הצדקה
1QH^a XII,30		ואני ידעתי כי לוא לאנוש צדקה
1QH^a XII,31		לאל עליון כול מעשי צדקה
1QH^a XII,37		ולטה[ר]אנוש מאשמה בצדקתכה
1QH^a XV,14		וכאמתכה לישר פעמי לנתיבות צדקה
1QH^a XV,17		] אין צדקות להנצל מפ[
1QH^a XV,19		כי ב]צדקתכה העמדתני / לבריתכה
1QH^a XVI,2		] צדקתכה תכון לעד כי לא [
1QH^a XIX,7		ואני ידעתי כי אמת פיכה ובידכה צדקה
1QH^a XIX,31		וטהרני / בצדקתכה
1QH^a XXI,2		] צדקתכה / [
1QH^a 45,1		] צדקה וע[
4Q**161** 2-4,3	(V)	כליון חר]וץ ושוטף צד[קה
4Q**176** 20,1	(V)	לוא בא]מת ולוא בצדקה / [
4Q**178** 4,3	(V)	]צדקה ול◦◦[
4Q**200** 2,6	(XIX)	]צדקות ואל תס[תר פניך
4Q**200** 2,8	(XIX)	היה] / [עוש]ה ממנו צד[קו]ת
4Q**200** 2,9	(XIX)	בעש]ותך צדקה שימה טובה[
4Q**223-224** 2ii49	(XIII)	ויאהבו איש איש את אחיו ברחמים וב]צדקה
4Q**225** 2i8	(XIII)	ותחשב לו צדקה
4Q**258** I,3	(XXVI)	ולעשות ענוה וצדקה ומשפט ואהבת[חסד
4Q**259** II,10	(XXVI)	לעשות]אמת צדקה ומשפט / [ואהבת חסד
4Q**260** V,5	(XXVI)	בהוד[ות אפ]ת[ח]⟦ ⟧ פי[ו]צדקות
4Q**364** 4b-eii13	(XIII)	]וענתה בי צד[קתי ביום מחר
4Q**372** 1,23	(XXVIII)	] / ואקום לעשות משפט וצ[דקה
4Q**377** 1i3	(XXVIII)	]צדקתי לעיני כול ◦[
4Q**382** 39,2	(XIII)	]צדקה [
4Q**398** 14-17ii7	(X)	ונחשבה לך לצדקה בעשותך הישר והטוב
4Q**418** 143,2	(XXXIV)	]צדקה[
4Q**420** 1aii-b,8	(XX)	]ל[עשות צ]דקה[
4Q**421** 1aii-b,13	(XX)	]ללכת בדרכי אל / לעשות צדקה[
4Q**422** L,1a	(XIII)	]את צדקתו / [
4Q**424** 3,9	(XXXVI)	איש רחמ[ים יעש]ה[ ]צדקה לאביונ◦[
4Q**427** 7i22	(XXIX)	] בחסד צדקה וברוב רחמימ תחנה / [
4Q**435** 5,3	(XXIX)	ו]במשקל[ ]צדקה חיית[ה את רוחי
4Q**437** 2i13	(XXIX)	ובמשקל]צדקה חיית את רוחי
4Q**475** 7	(XXXVI)	וידרישו את כולה וצ[דקה ?] / [
4Q**504** 1-2vi3	(VII)	אתה אדוני הצדקה
4Q**504** 11,4	(VII)	] וצדקה / [
4Q**511** 20i1	(VII)	בצד]קתו יטה[רני] / [
4Q**521** 7+5ii7	(XXV)	ונגידה לכם צדקות אדני אשר[
5Q**18** 2,4	(III)	] צדקת [
11Q**5** XIX,3	(IV)	וצדקתכה תשכילם
11Q**5** XIX,5	(IV)	כרוב רחמיכה וכרוב צדקותיכה
11Q**5** XIX,7	(IV)	ברוך יהוה עושה צדקות מעטר חסידיו
11Q**5** XIX,11	(IV)	כרוב רחמיכה וכרוב צדקותיכה
11Q**6** 4-5,5	(XXIII)	וצדקתכ[ה] / [תשכילם
11Q**6** 4-5,7	(XXIII)	כרוב רחמ]יכה וכרוב צדקותיכ[ה
11Q**11** V,8	(XXIII)	ולוא אור / [עו]ל ולוא צדקה[
11Q**11** V,13	(XXIII)	אשר הצ]דקה לו[

Zedekiah proper noun צִדְקִיָּה

4Q**247** 4	(XXXVI)	צד]קיה מלך יהודה [יגלה
4Q**398** 11-13,2	(X)	וצדקיה מלך יהוד[ה] / [ש]יב[י]אם ב[
4Q**470** 1,3	(XIX)	יב]וא צדקיה ביום [הה]וא בב[רי]ת / [
4Q**470** 1,5	(XIX)	ב]עת ההיא יאמר מ[יכ]אל אל צדקיה / [

צָהֹב ← צוֹהָב

to cry aloud verb **צהל-1**

4Q265 1,4 (XXXV) פצחי רנה ו]**צהלי** לא חלה
4Q422 G,2a (XIII)]**יצהלו** [

noon noun **צָהֳרַיִם**

4Q171 1-2i12 (V)]**צׄהׄרים** / [

precept noun **צַו**

CD IV,19 הלכו אחרי **צו** הצו הוא מטיף
הלכו אחרי צו **הצו** הוא מטיף
4Q384 17,4 (XIX)]ׄל **צו** ◦◦◦[

excrement noun **צֹו**

4Q472a 2 (XXXV)]◦◦◦ למכׄסׄי **צו** אם לואׄ[

excrement noun **צוֹאָה**

11Q19 XLVI,15 אשר תהיה **הצואה** יורדת אל תוכמה

filthy adjective **צוֹאִי**

CD X,11 אל / ירחץ איש במים **צואים**
CD XI,3 אל יקח איש עליו בגדים **צואים**
4Q265 6,2 (XXXV) אלׄ[יקח איש עליו בגדי]ׄם **צואיׄם**

flock, sheep noun **צוֹאן, צוֹן, צֹאן, צאון**

CD XIX,8 הך את הרעה ותפוצינה **הצאן**
CD XIX,9 והשומרים אותו הם עניי **הצאן**
4Q158 7-8,7 (V) עולותיכמֱה ואת שלמיכמֱה את **צואניכמֱה**[
4Q163 21,7 (V) וידעו]כן ענׄיׄ **הצואן** הׄ[שמרים] / [אותי
4Q171 1+3-4iii6 (V)] / **צון** בתוך עדריהם
4Q177 5-6,15 (V)]הׄרוג בקר ושחוט **צואן** א[כול בשר
4Q223-224 2i5 (XIII) האמורי סבבו את בניכה ו]אׄת **צואנכׄה** / [
4Q223-224 2i51 (XIII) את **צואנכה** נהׄגׄ ואת כול / [מקניכה
4Q223-224 2iv8 (XIII) [**וצאו]ן** אז אעשה עמכה[אחוה
4Q223-224 3ii2 (XIII) הנה חמיך עולה לגוז[/ **צא]ונו** בתמנה
4Q251 10,6 (XXXV) אך בכור השו]רׄ ו]הׄ**צאן**
4Q266 11,13 (XVIII) ואנו עם פרותכה **וצון** מרעיתךָה
4Q270 2ii8 (XVIII) ומעשר בהׄ[מתם מן הבקר] / **והצון**
4Q270 2ii9 (XVIII) וראשית גז] / **הצון** וכׄסף הערכים
4Q364 4b-eii11 (XIII) [אעבור]בכול **צואנכה**[היום
4Q364 4b-eii20 (XIII) ויעקוב רועה את] / **צואן** לבן[הנותרות
4Q364 32,5 (XIII) וב]**צוא]ן** (ו)ביין ובשכר]
4Q367 3,9 (XIII) וכל / [מעשר בקר] **וׄצׄוׄאׄן**
4Q396 1-2iii4 (X) ומעשר הבקר / **והצון** לכוׄהׄנׄיׄם הוא
4Q397 6-13,5 (X) ומעשר הבקר]**והצׄו]ן** לׄ[כוהנים [הוא]
4Q415 13,3 (XXXIV)]וׄהמועל **בצא]ונו**
4Q417 3,2 (XXXIV)]עׄליו כמשפט **הצוׄ[ן**
4Q418 172,13 (XXXIV) בי]דכה משפט **הצאן** ובל[שונכה
4Q418 181,1 (XXXIV)] **וצאן** בׄ
4Q418 239,2 (XXXIV) בידכה מש]פט **הצאוׄ]ן** / [
4Q433a 3,6 (XXIX)]◦ל להבת אׄ[ש]בטירות **צאוׄ[ן**
4Q464 7,6 (XIX)]לׄבׄיא מאה **צוׄא]ן**
11Q5 XXVIII,4 (IV) וישימני / רועה **לצונו** ומושל בגדיותיו
11Q5 XXVIII,6 (IV) עלוׄ העצים את דברי **והצואן** את מעשי
11Q5 XXVIII,11 (IV) ויקחני / מאחר **הצואן** וימשחני בשמן הקודש
11Q19 XLIII,15 ויין ושמן ובקר **וצאון**
11Q19 LII,7 אשר יולד בבקריכה **ובצואנכה**
11Q19 LII,9 ולוא תגוז בכור / **צואנכה**
11Q19 LIII,3 וז]בׄ[חת]ׄה **מצואנכה** ומבקריכה

neck noun **צַוָּאר, צַוָּר**

CD I,19 ויבחרו בטוב **הצואר** ויצדיקו רשע
4Q266 2i22 (XVIII) יבחרו בטוב ה]**צור** ויצדיקו / [רשע
4Q438 3,3 (XXIX)] / [ר]כה **וצוארי** הביאוׄתי בעולך ומׄוׄסרׄ[

to hunt verb **צוד**

CD XVI,15 אשר אמר איש אׄתׄ רׄעׄיׄהׄוׄ **יצׄ[ו]דו** חרם
4Q271 4ii15 (XVIII) אשר אמר איש א[ת] רׄעהוׄ / **יצ[ודו]** חרׄם
11Q19 LX,5 ולדגים אחד מאלף / א{{◦}}שר **יצודו**

to command verb **צוה**

CD XV,14 יוׄ[דיעה]ׄ המבׄקׄרׄ אוׄתו **וצוה** עליו
1QS I,3 כאשר / **צוה** ביד מושה
1QS I,17 לעשות / ככול אשר **צוה**
1QS III,10 כאשר **צוה** למועדי תעודתיו
1QS V,1 ולהחזיק בכול אשר **צוה** לרצונו
1QS V,8 לשוב אל תורת מושה ככול אשר **צוה**
1QS V,22 ולפקוד את כול חוקיו אשר **צוה** לעשות
1QS VIII,15 היאה מדרש התורה אׄ[ש]רׄ **צוה** ביד מושה
1QS VIII,21 ההולכים בתמים דרכ כאשר **צוה**
1QS IX,15 להחזיק על פי / רצונו כאשר **צוה**
1QS IX,24 ובכול ממשלו כאשר **צוה**
1QS IX,25 ולוא יתאוה בכול אשר לוא **צוהׄ**
1QSb III,24 (I) עמו ולהורותם / כאשר **צוה**
1QH[a] VII,11] סור מכול אשר **צויתה**
1QH[a] VII,19 ולא רצו בכול אשר / **צויתה**
1QH[a] XIV,20 ואתה אל **צויתם** להועיל מדרכיהם
1Q22 1i3 (I) **וצויתהׄ** [א]ת בני / ישראׄ[ל ד]בׄרׄיׄ התׄ[ו]רה
1Q22 1i4 (I) אשר **צויתׄ[י** אותכה] בׄהר ס[י]ני
(I) **לצוות** א[ותם] באוזניה[ם]
1Q22 1i6 (I) כ[י] לוא [יא]הׄבו / כׄאׄשׄ[ר] **צויתי** [אותם]
1Q22 1i9 (I) [ומועדים] את אשר / אנו[כי] **מׄצוך** היום
1Q22 1ii2 (I) [ומצוותי א]שׄרׄ / [אנוכי] **מצוך** [הי]ׄום
1Q22 1ii8 (I) ו**לצוו[ת** את] הׄדׄ[רך אש]ר תלכו בה
1Q22 1ii11 (I) אשר] **צוה[** אלוהים] לעשות אותם
1Q22 45,2 (I)]אשר **צ[וה**
1Q34bis 3i1 (I)] **וצו[ה**
2Q20 3,2 (III)]◦**צוה** [
4Q158 4,1 (V)]**צוה** לכהׄ[
4Q159 2-4,3 (V) **ויצו** עליהיהם לבלתי ימכרׄ ממכרת עבד
4Q163 12,8 (V) כא]שר **צוׄהׄ**[
4Q174 11,2 (V)]כול אשר **צונו** עשו את כוׄלׄ[
4Q175 6 (V) וידבר אליהםה את כול אשר **אצונו**
4Q178 1,2 (V)]אשׄר **צוה** בצר למו בא[
4Q216 II,5 (XIII) כל אשר **א]צוך** וׄיׄ[ל]כו אחר] / [הג]וׄיׄם
4Q219 I,12 (XIII) **ויׄצוׄהו** לאמור אני זׄקׄ[נתי
4Q221 4,3 (XIII) ואתׄה / **צו** את בׄני [ישראל
4Q223-224 2iii9 (XIII) ויכל / [**לצוו]תׄ[**ם] ול[ברכם
4Q255 1,3 (XXVI) כאשר] **צוה** בידׄ מׄושה
4Q256 IX,2 (XXVI) ולהחזיק בכול] / אשר **צוה**
4Q258 I,1 (XXVI) ולהחזיק בכל אשר **צוה**
4Q258 II,1 (XXVI) ולפקוד את כל חקיו אשר **צוה** / לעשות
4Q258 VI,7 (XXVI) היא מדרש התור]ה אשר **צוה** בי[ד משה
4Q259 III,6 (XXVI) הואה[מד]רׄ[ש התורה אש]רׄ **צׄוה** ביד משה
4Q259 III,11 (XXVI) להחזיק]עׄל פי רצונו כאשר **צוה**
4Q261 1a-b,1 (XXVI) ולׄ[פקוד את כל ח]וׄקׄו אשר **צוה** לׄעׄ[שות]
4Q266 1c-f,2 (XVIII) כאשר]**צוה** ביד מושׁ[ה
4Q266 6i9 (XVIII) **וצוָה** הכוהן וגלחו את ה{{ב}}רוׄשׄ{{ר}}
4Q266 8i5 (XVIII) **ויצוהו** עלו וילמד / עד שנה תמימה
4Q270 6ii7 (XVIII) **ויצ]וׄהו** עלו וילמדהׄוׄ[עד שנה תמימה

בנגעי]ם ובמחוללות **וצוה** כוהן / [השם — 4Q**285** 7,5 (XXXVI)
סרו מהר מן הדרך אשר **צו]ו̇תים** — 4Q**364** 26bi1 (XIII)
ואת בניכמה **תצוומ** למען תחזקו — 4Q**364** 30,5 (XIII)
זה הדב]ר̇ אשר **צו̇ה̇** יהוה / [לאמור — 4Q**365** 11i2 (XIII)
]כאשר **צוה̇ו̇** יהוה את מושה — 4Q**365** 12biii2 (XIII)
כאשר **צ̇ו̇ה̇** / יהוה את מ{{ות}}שה̥ — 4Q**365** 12biii6 (XIII)
צו את בני ישראל לאמור בבואכמה — 4Q**365** 23,4 (XIII)
ככל אשר **צוה** יהוה / [את משה — 4Q**366** 4i8 (XIII)
כול אשר]**י̇צוה** אלוהיכה אליכה — 4Q**375** 1i1 (XIX)
ויצום את אשר יעשו בארץ שבי̇א[ם] — 4Q**385**a **18i**a-b,7 (XXX)
לדברים אשר **צוהו** אלהים / [לעשות — 4Q**385**a **18i**a-b,8 (XXX)
ולא יתהלכו[בדר]כי אשר אנוכי **מצ̇ו̇ך** — 4Q**390** 1,3 (XXX)
ואת כל מצותי אשר **אצוה** א̇[ותם — 4Q**390** 2i5 (XXX)
] / בלוא ̥**צות**̥ נבונות בשר — 4Q**417** 1ii14 (XXXIV)
]ם **צו̇ה** [— 4Q**418** 179,2 (XXXIV)
] / **ויצו̇** ◦[— 4Q**419** 1,8 (XXXVI)
] **צוכה** [— 4Q**423** 7,5 (XXXIV)
כאשר **צו]ה̇** ביד מש[ה — 4Q**423** 11,2 (XXXIV)
ואתה אל]**צ̇[ו]ו̇תם**[להועיל מדר]כ̇י̇ה̇[מ]ה̇ — 4Q**429** 4i8 (XXIX)
ומכו]ל נגע **צוה** לבלת̇[י הנגף] — 4Q**434** 1i11 (XXIX)
ולדבק בנפשך **צ]ויתני** — 4Q**437** 4,2 (XXIX)
ולדב]ק̇ בנפשך **צו̇יתני** — 4Q**438** 4ii2 (XXIX)
]ל̇עת **צוית̇ם̇** לבלתי / [— 4Q**471**a 1 (XXXVI)
א]ש̇ר **צוה** לנ̇[ו — 4Q**502** 5,2 (VII)
]ה אל ישראל אשר **צוה** לבני [— 4Q**502** 14,4 (VII)
[כ]כ̇ו̇ל אשר **צויתה** ביד מושה עבדכה — 4Q**504** 1-2v14 (VII)
]ק̇יכ̇ה תורה̇ אשר **צו̇[יתה** — 4Q**504** 4,8 (VII)
עשות] / הרע בעיניכה **צ̇ו̇י̇ת̇**[— 4Q**504** 5ii6 (VII)
א]ש̇ר **צוית̇[ה** — 4Q**506** 129,2 (VII)
] / [א]שר **צ̇ויתו̇** א̇ל[— 4Q**509** 1-2,10 (VII)
] לנו **ות̇צו̇**[— 4Q**509** 31,6 (VII)
]ו̇נדבות ר̇צונכה אש̇ר **צויתה** / ◦[— 4Q**509** 131-132ii6 (VII)
] / **ו̇תצונו** להנזר מ̇ן[— 4Q**512** 69,2 (VII)
(כ)אשר] / **צוה** אל באנשי ערמ̇ת[— 4Q**525** 23,5 (XXV)
]ה **ויצו** [— 4Q**577** 4,5 (XXV)
]כ̇שנה **ת̇צוהו** להזר̇[— 5Q**13** 1,12 (III)
א]ת̇ אשר **צו̇[ה** — 5Q**13** 9,2 (III)
כול הדברים אשר / אנוכי **מצוכה** — 11Q**19** LIV,6
להדיחכה מן הדרך אשר **צויתכה** ללכת בה — 11Q**19** LIV,17
מצוותי אשר אנוכי **מצוכה** / היום לעשות — 11Q**19** LV,13
ב̇ש̇[מי אשר ל]וא **צוי̇[תיו** ל]ד̇ב̇ר̇ — 11Q**19** LXI,1
והגרגשי והפרזי כאשר **צויתיכה** — 11Q**19** LXII,15
]ל̇ **צוה** א◦[— PAM 43.680 54,2 (XXXIII)
]◦דיך **וא̇[צ]וך** ◦[— PAM 43.682 2,1 (XXXIII)

yellow adjective **צוֹהָב**

והפך מרא{{ת}}ה לדק **צוהב** — 4Q**266** 6i7 (XVIII)

burial chamber, tomb noun **צויה**

ברו̇י̇ של השוא **בצויה** שבא — 3Q**15** VIII,14 (III)

to fast verb **צום**

וישמע בליעל] / אלשר **צום** ש̇ם̇[— 4Q**226** 7,7 (XIII)
] **יצומ̇[ו** — 4Q**513** 5,1 (VII)

fast, fasting noun **צוֹם**

ולכשילם ביום **צום** שבת מנוחתם — 1QpHab XI,8
וצום ביום [הכפורים — 4Q**265** 7,4 (XXXV)
לשוב אל אל בבכי **ובצום** — 4Q**266** 11,5 (XVIII)
כלמות חרפה מנעוליו **צומי** שחת[— 4Q**525** 15,7 (XXV)

צוֹן ← צֹאן

granite noun **צוֹנָם**

]אבן **צונם** / [— 4Q**186** 1ii2 (V)

to flow verb **צוף**

]**ה̇צי̇פנו** ר̇[— 4Q**374** 12,2 (XIX)
] / **צפ** וש◦[— 4Q**479** 1,7 (XXII)

to flourish, blossom verb **צוץ-1**

ובהמון] חסדכה אוחיל **להציץ** / מ̇טע — 1QH[a] XV,18

to oppress verb **צוק-1**

עונ]י̇ / ו̇צדת**מציק** ו̇נסוי שחת — 4Q**215**a 1ii3 (XXXVI)
[ונגי]עים ונסויים בחמת **המצי̇ק** — 4Q**504** 1-2v18 (VII)

gorge noun **צוֹק**

ביגר של פי **צוק** הקדרו̇ה̇ — 3Q**15** VIII,8 (III)
בשית שיבצפון פי **הצוק** של בית / תמר — 3Q**15** IX,14 (III)

anguish, distress noun **צוּקָה**

ובצו]ק̇ה יברכ עושיו — 1QS IX,26
]ו̇אהיה **בצוקה** כמו אשת לדה מבכריה — 1QH[a] XI,7
ויוספוה **לצוקה** וישוכו בעדי בצלמות — 1QH[a] XIII,33
ובצוקותי נחמתני ובסליחות אשתעשע — 1QH[a] XVII,13
ד]רוש ה̇תורה **בצוקה** ו◦[— 4Q**159** 5,6 (V)
ויוספוהו **לצו̇[קה** וישוכו בעדי בצלמות — 4Q**429** 3,6 (XXIX)
ובעת **צוקה** לוא יעוזבנה — 4Q**525** 2ii+3,5 (XXV)
אל תעוזבנ]ה̇ בעת **צ̇[ו]ק̇[ה** — 4Q**525** 5,2 (XXV)

to besiege, bind verb **צור-1**

כי ילכו לעיר **לצוֹר** עליה — 4Q**376** 1iii2 (XIX)
ועשתה עמכה מלחמה / **וצרתה** עליה — 11Q**19** LXII,9

to harass verb **צור-2**

ויואמר יהוה]א̇ל̇[י]אל **ת̇צר̇** / [את מואב — 4Q**364** 23a-bi7 (XIII)

rock noun **צוּר-1**

יהוה] / למשפט שמתו **וצור** למוכיחו יסדתו — 1QpHab V,1
לעזוק / פלגיו יכו שרשיו **בצור** חלמיש ו[— 1QH[a] XVI,23
]◦ אודכה אלי ארוממכה **צורי** — 1QH[a] XIX,15
אין אלוה מ̇בלעדיו ואין **צור** כמוהו [— 4Q**377** 2ii8 (XXVIII)
] **בצו̇רות** עד ◦ש◦ה̇ כ◦[— 4Q**379** 28,4 (XXII)
]◦**צור** לב̇[— 4Q**481**d 2,2 (XXII)
העבדנו **צ̇ו̇ר̇** ב̇חט[תנו] — 4Q**504** 1-2v19 (VII)
] / צדק **וכצור** מכ[שול — 4Q**525** 23,9 (XXV)
]ו̇כמ̇י **צו[ר** — 4Q**525** 28,2 (XXV)

form noun **צוּר-4**

] / אמתו **צורי** ב̇ד̇[ני — 4Q**400** 3ii+5,3 (XI)
צורי̇ רוחות / מאירים — 4Q**405** 19,4 (XI)

Tyre proper noun **צוֹר**

]**צור** וצידון[— 4Q**522** 7,2 (XXV)
ואת עין קבו̇צו̇ת א̇ת **צ̇ו̇ר̇** / [ואת — 4Q**522** 9i+10,2 (XXV)

distress noun **צור**

ויהיו להם לנגף] / **ולצור** ול[עני] ו̇ל̇[מוקש — 4Q**216** II,7 (XIII)

form, design noun **צוּרָה**

1QM V,5 **וצורת** מחברת מעשה חושב
1QM V,8 כמעשי **צורת** מחשבת
ומחברת **הצ[ו]רה** מזה ומזה
1QM V,14 מעשה חושב **צורת** ריקמה
1QM VII,11 **וצורת** ריקמה מעשה חושב
4Q**402** 6,2 (XI)] **צורות**[
4Q**405** 19,4 (XI) **[צ]ורות** אלוהים חיים
4Q**405** 19,5 (XI) רוחי]רוקמה{{ות}} ב]ת֯ני **צורות** אלוהים
4Q**405** 19,6 (XI) **צורות** כבוד למעשי ל[בנ]י הוד והד[ר
4Q**405** 19,7 (XI) **וצורות** ברניהם מלאכי קודש
4Q**405** 23ii7 (XI) כמעשי אורג פתוחי **צורות** הדר
11Q**17** V,6 (XXIII)]הם **וצורות** [
11Q**17** VI,6 (XXIII)]**צורות**[כבוד] / למע֯[שי לבני הוד והדר
11Q**17** VI,7 (XXIII) **וצו]רת** ברניהם מל[אכי קודש
11Q**17** IX,8 (XXIII)]מו **לצורות**[

need noun **צוֹרֶךְ**

11Q**19** XLVII,9 עושים / בהמה מלאכתמה לכול **צורכי**המה

shiny, smooth noun **צח**

3Q**15** XII,10 (III) בשית שב**צח** בצפון כחלת

to accuse, revile verb **צחה**

1QS VII,4 והאיש אשר **יצחה** בלוא משפט את רעהו
4Q**265** 4i8 (XXXV) ואיש אשר **יצ[ח]ה** את רעהו
4Q**266** 10ii2 (XVIII) ואש]ר [**יצ]חה** את רעהו שלו
4Q**385a** F,2 (XXX)] **אצחך** א◦[

parched adjective **צִחֶה**

4Q**162** II,5 (V) וכבדו מתי רעב / והמנו **צחי** צמא

parched, rocky land noun **צחיאה**

3Q**15** IX,15 (III) פי הצוק של בית / תמר **בצחיאת** גר פלע

צחר ?

1Q**70** Recto 5,1 (I)]**אצחר** ◦◦[

(indeterminate) צי

4Q**163** 13,5 (V)]◦ **צי** ◦[

hunting, game noun **1-צַיִד**

11Q**19** LX,8 ומן **הציד** לעוף ולחיה ולדגים אחד מן המאה

hunter noun **צַיָּד**

1QH[a] XIII,8 **וצידים** לבני עולה
4Q**429** 1i2 (XXIX) **וצידים** / [לבני עולה

צֵידָה ← צֵדָה

Sidon proper noun **צִידוֹן**

← עין צידון
4Q**522** 7,2 (XXV)]צור **וצידון**[
4Q**522** 8,4 (XXV) את **צ]ידון** ואת כב[ו]ל֯[
4Q**522** 9i+10,8 (XXV) **וצ]ידון** אשר / [
5Q**9** 2,1 (III)]את **צידון** [

dry adjective **צִיָּה, צִיָּה**

1QH[a] XVI,4 ומבוע מים בארץ **ציה** ומשקי / גן
4Q**177** 12-13i8 (V)]ולפזר[ם] בארץ **ציה**

4Q**286** 5,2 (XI) וכול אפיקים ארץ **צי֯[ה**
4Q**378** 19ii6 (XXII)] / **וביצא** במדבר למקנה לכ֯[

Zion proper noun **צִיּוֹן**

1QM XII,13 **ציון** שמחי מאדה והופיעי ברנות ירושלים
1QM XIX,5 **ציון** שמחי מואדה והגלנה כול ערי יהו[דה
1Q**25** 1,8 (I)]ל◦ר **בציו[ן**
1Q**25** 9,1 (I)] **ציון** [
1Q**25** 11,1 (I) ◦] **צי[ון**
4Q**88** VIII,6 (XVI) סביב נכרתו צריך **ציון**
4Q**88** VIII,8 (XVI) ערבה / באף תשבוחתך **ציון**
4Q**88** VIII,10 (XVI) פעמים רבות אזכרך / [לברכ]ה **ציון**
4Q**161** 2-4,7 (V) אל תירא עמי] / [יש]ב **ציון**[
4Q**161** 5-6,9 (V) [ינפף]ידו הר בת **ציון** גבעת ירושלים[
4Q**163** 23ii15 (V)] / [כ]יא עם **בציון** [ישב בירושלם
4Q**174** 1-2i12 (V)]**בצי[ון** בא]חרית הימים כאשר כתוב
4Q**175** 29 (V) ושפכו ד]ם כמים על חל בת **ציון**
4Q**176** 8-11,2 (V) עורי[עורי לבשי עוזך] **ציון**
4Q**176** 24,3 (V)]**ציון** ◦◦[
4Q**177** 12-13i10 (V) ובאו **ציון** בשמחה וירושלים[
4Q**179** 1ii13 (V)] / בנות **ציון** {{היקרים}} הרכות עממ ◦◦[
4Q**180** 5-6,4 (V)]א הר **ציון** ירושל[ם
4Q**371** 1a-b,4 (XXVIII)] **ציון** ויעש[ו
4Q**372** 1,13 (XXVIII) בדברי פיהם לגדף על אהל **ציון**
4Q**380** 1i7 (XI) [וכבדו] נראה על ירושלם / [ב]**ציון**
4Q**448** I,10 (XI) אוה] / משכנו **בציון** ב[וחר לנצח בירושלים
4Q**475** 1 (XXXVI) **ציו]ן** ? ◦]בחר ובחי◦ צדק[
4Q**481** 2,2 (XXII) ◦] **ציון** תעלינה[
4Q**492** 1,5 (VII)] **ציון** שמחי מאוד [והגלנה כול ערי יהודה
4Q**504** 1-2iv12 (VII) לכבד את עמכה ואת / **ציון** עיר קודשכה
4Q**522** 9ii2 (XXV) לבו]א[**לצי[ו]ן** להשכין שם את אהל מו[עד
4Q**522** 9ii4 (XXV) והואה יקח] / את סלע **ציון**
11Q5 XXII,1 (IV) אזכירך לברכה **ציון** בכול מודי
11Q5 XXII,2 (IV) גדולה תקותך **ציון**
11Q5 XXII,9 (IV) לוא תובד תקותך / **ציון**
11Q5 XXII,11 (IV) סביב נכרתו / צריך **ציון**
(IV) ערבה באף תשבחתך **ציון**
11Q5 XXII,14 (IV) רומי ורחבי **ציון** / שבחי עליון
11Q13 II,16 (XXIII) [א]ומר **לציון** [מלך]אלוהיך
11Q13 II,23 (XXIII) כאשר כתוב עליו[אומר **לצי[ו]ן** מלך אלוהיך
(XXIII) **[צי]ון** ה[יאה] / [עדת כול בני הצדק

צִיָּה ← צִיָּה

Zin proper noun **צִין**

4Q**365** 32,10 (XIII) וי]תורו את הארץ ממדבר **צין**

flower, rosette noun **1-צִיץ**

1QH[a] XIV,15] / פרח **כצי[ץ**
4Q**185** 1-2i10 (V) ופרח **כציץ** חסדו נשב[ה
4Q**185** 1-2i11 (V) **וציצו** תשא רוח עד איקום לע[
4Q**372** 12,2 (XXVIII)]ם **ציץ** ומצנפת[

envoy noun **2-צִיר**

4Q**169** 3-4ii1 (V)] / ומלאכיו הם **צירו** אשר לא ישמע קולם

pain noun **3-צִיר**

1QH[a] XI,7 כיא נהפכו **צירי**ה
1QH[a] XI,11 ובמולדיו יהפכו כול **צירים** / בכור הריה
1QH[a] XIII,30 וחבלים **כצירי** / יולדה

4Q**429** 3,3	(XXIX)	וחבלים [כצי]רֿי [יולדה

shadow noun צֵל

1QH^a XIV,15		ויצל צל על כול תֿבֿ[ל
4Q**163** 21,12	(V)	ולחסו]ת בצל מצֿ[רים
4Q**163** 21,13	(V)	והחסו]תֿ בצל מצרי[ם לכלמה
4Q**185** 1-2i13	(V)	והוא כצל י◦◦◦ על האוֿ[ר
4Q**370** 1ii5	(XIX)	וכצל ימיהם עֿ[ל הארץ
11Q**5** XIX,12	(IV)	אני את / שמכה אהבתי ובצלכה חסיתי
PAM 43.696 17,1	(XXXIII)	]◦ צל / [

shade noun צִלָּה

4Q**502** 6-10,6	(VII)	]שבות[רו]מֿש בֿצֿלתנו

to prosper, succeed, rush verb צלח

CD XIII,21		]לה לא יצליחו לשבת בארץ ◦[
1Q**27** 1ii5	(I)	] / לוא יצלח לכול
4Q**171** 1-2i17	(V)	ואל תחר במצליח דרכו
4Q**219** II,29	(XIII)	ועשה]רֿצונוה ותצלח בכול
4Q**221** 1,7	(XIII)	[ועשה רצונו ות]צלח בֿכול}
4Q**221** 7,2	(XIII)	וכול אשר עשה] / אֿלוהים מצלֿיֿחֿ
4Q**299** 2,1	(XX)	]לֿא יצֿלֿחֿ[לכול
4Q**381** 48,3	(XI)	וֿהצליחני ברוח פי[ך
4Q**416** 8,1	(XXXIV)	ל]בבו ולצלֿ[וח
4Q**438** 4ii2	(XXIX)	]הצלחתֿ / [
11Q**19** LVIII,21		והצליח בכול דרכיו אשר יצא

to get dark, shade verb צלל-3

1QH^a XIV,15		ויצל צל על כול תֿבֿ[ל
4Q**286** 5,3	(XI)	א]רזה מצולֿי יערים

image noun צֶלֶם-1

CD VII,15		ואת כיון צלמיכם מאהלי דמשק
CD VII,17		וכיניי הצלמים
		וכיון הצלמים הם ספרי הנביאים
4Q**266** 3iii18	(XVIII)	[וכיניי הצלמי]ם המה ספר[י] הנביא[ים]
4Q**269** 5,1	(XVIII)	[וכניי] הצ[למים המה ספרי הנביאים
PAM 43.677 13,2	(XXXIII)	]לֿ◦◦[ ]◦ צלֿם נ◦[

Zalmonah proper noun צַלְמוֹנָה

4Q**364** 19a-b,9	(XIII)	וי]סֿעֿו מצלמֿ[ו]נֿהֿ ויחנו בפוֿ[נון

deep darkness noun צַלְמָוֶת

1QH^a XIII,33		וישוכו בעדי בצלמות ואוכלה בלחֿם אנחה
4Q**509** 189,3	(VII)	]◦ צלמֿוֿת וֿמֿ◦[

צַלְמֹנָה ← צַלְמוֹנָה

side, rib noun צֵלָע-1

4Q**364** 17,4	(XIII)	נכח השלחן [ע]ל[צ]ל[ע ה]מֿש[כן תימנה]
4Q**364** 17,5	(XIII)	ואת השלחן תתן על צלעו צפונה [

to thirst verb צמא

4Q**437** 2i15	(XXIX)	]צמאה / [נפשי לכה ד]בֿקה נפש[י

thirst noun צָמָא

1QH^a XII,11		ולצמאם ישקום חומץ
4Q**162** II,5	(V)	וכבדו מתי רעב / והמנו צחי צמא
4Q**365** 7i2	(XIII)	[ב]נֿיֿנֿו [וא]תֿ מֿ[קני]נֿו בֿצֿמֿאֿ
4Q**387** 3,9	(XXX)	ולא / ללֿ[ח]ם וצמא ול[א] למֿים[
4Q**504** 1-2iii8	(VII)	]חוליים ֫רעים ורֿעב וצמא ודבר וחרב / [

thirsty adjective צָמֵא

1QSb I,6	(I)	ולוא י[עצור מים חיים ל]צֿמאים
1QH^a XII,11		ויעצורו משקה דעת מצמאים

thirst noun צִמְאָה, צִמָּה

1QS II,14		הצמאה עם הרווה לאין / סליחה
1QpHab XI,14		בדרכי / הרויה למען ספות הצמאה
4Q**302** 2ii5	(XX)	] בֿחֿרֿוֿ◦ ובצמה

thirsty ground noun צִמָּאוֹן

4Q**392** 6-9,4	(XXIX)	וצמאון[כלכלנו] / [כא]ב לבֿנֿוֿ

join verb צמד

1QH^a XIII,24		ויליזו עלי בשפת עול כול נצמדי סודי
1QH^a XIV,19		והמה נצמדי תעודתי פותו במ◦[

צִמָּה ← צִמְאָה

to grow, sprout verb צמח

CD I,7		ויצמח מישראל ומאהרן שורש מטעת
4Q**185** 1-2i10	(V)	]כי הנֿה / כח[צ]יר יצמח מארֿצו
4Q**216** VI,9	(XIII)	למען ירפא כל ה]צֿמח וגדל באֿ[רץ
4Q**268** 1,14	(XVIII)	ויֿ[צמח מישרא]לֿ ומא[הרו]ן שוֿרֿ[ש מטעת
4Q**269** 7,7	(XVIII)	[שבעת ימים עד אשר יצ]מח הבשר
4Q**272** 1i6	(XVIII)	והסגירו עד] אֿשר יצֿמח [הבשר
4Q**272** 1i7	(XVIII)	[ו]הֿבשר צמחֿ / [נרפא הנגע ?
4Q**273** 4ii4	(XVIII)	[ו]הֿבשר צמח נרפא מןֿ[הנגע ?
4Q**370** 1ii5	(XIX)	] / יצֿמחֿו וכצל ימיהם עֿ[ל הארץ
4Q**423** 1-2i3	(XXXIV)	האדמה] קוץ ודֿרֿדר תצמיח לכה
4Q**423** 1-2i6	(XXXIV)	] בכל חפציכה כי כל תצמיחֿ[לכה
4Q**511** 65,1	(VII)	] צומחי [

branch, sprout noun צֶמַח

4Q**174** 1-2i11	(V)	הואה צמח דויד העומד עם דורש התורה
4Q**252** V,3	(XXII)	עד בוא משיח הצדק צמח / דויד
4Q**285** 7,3	(XXXVI)	] צמח דויד ונשפטו את / [
4Q**285** 7,4	(XXXVI)	]◦ והמיתו נשיא העדה צמֿ[ח] / [דויד
4Q**418** 58,3	(XXXIV)	]◦◦ וכל {{נֿ◦◦ה}} ֫צמחיה֫ באמ[
4Q**418** 107,5	(XXXIV)	]שם עם כול צמחי אדמה כי כל[ם] ידרשֿ[ו
11Q**14** 1i11	(XXIII)	צמ]חֿ / [דויד

bracelet, band noun צָמִיד-1

1QM V,7		ובסגר שלושה צֿמידים מפותחים
1QM V,8		הצֿ[ו]רה מזה ומזה לצמיד / סביב אבני חפץ
1QM V,9		והסגר מחורץ בין הצמידים כמעשי / עמוד

snare noun צַמִּים

1QH^a 3,8		ע]דֿ כלה ופח לפח יטמונו צמי רשעהֿ [
4Q**428** 13,4	(XXIX)	ובד]רֿכֿיֿה צמי אֿ[בדון] / [

wool noun צֶמֶר

4Q**166** II,9	(V)	והצלתי צמרי ופישתי מלכסות אתֿ[ערותה]
4Q**271** 3,10	(XVIII)	ש]וֿר וחמור ולבוש צמר {ו}וֿפֿשתים יחדיו
4Q**365** 20,2	(XIII)	השתי או את הער]בֿ בצמרֿ[או בפשתים
4Q**418** 103ii7	(XXXIV)	והייתה כלוב[ש שעטנז]בצמר ובפשתים
4Q**524** 14,5	(XXV)	לוא]תלבוש שטנז צ[מר ופשתים יחדו

צִן ← צִין

shield noun צִנָּה-2

4Q**434** 4,2 (XXIX) וחסדיך לי צ]נ֯ה סביב
4Q**437** 2i5 (XXIX) וחסדיך לי **צנה** סביב

to be humble, careful verb צנע

1QS IV,5 **והצנע** לכת / בערמת כול גלולי נדה
1QS V,4 צדקה ומשפט ואהבת חסד **והצנע** לכת
1QS VIII,2 וצדקה ומשפט ואהבת חסד **והצנע** לכת
4Q**256** IX,4 (XXVI) וצדקה ומשפט ואהבה] / חסד **והצנע** לכת
4Q**258** I,3 (XXVI) וצדקה ומשפט ואהבת֯]חסד וה[**צנע** לכת
4Q**298** 3-4ii5 (XX) ודורש[י] משפט **הצניע** / לכת
4Q**408** 15,1 (XXXVI) **ה]צנע** ל֯[כת
4Q**416** 2ii10 (XXXIV) ואם יש **להצ֯[ניע**
4Q**418** 8,10 (XXXIV)]ואם יש **להצניע**[ ]ד מ֯ע[
4Q**424** 1,6 (XXXVI) כי לא **יצניע** מלאכתך ואל תשלח דבר֯[ ]
4Q**438** 4ii4 (XXIX) ובמשפט צדק **ולהצניע** ל֯לכ֯ת / בדרכי אל
4Q**502** 16,3 (VII) **והצנ]ע** לכת֯ בערמ֯ת [
4Q**525** 5,13 (XXV)] / יביטו אוהבי אלוהים **יצניעו** בה

to walk, deviate verb צעד

1QS I,13 ולוא **לצעוד** בכול אחד
1QS III,11 ואין / **לצעוד** על אחד מכול דבריו
4Q**184** 1,10 (V) ש֯עריה ש֯ע֯רי מות בפתח ביתה **תצעד**
4Q**185** 1-2ii4 (V) אל **תצעד֯ו**[
4Q**219** II,25 (XIII) **ות]צעד** במסלותם ואשמתה אשמת מ֯ו֯ת֯[
4Q**255** 2,7 (XXVI) ואי֯ן **לצעוד** ע֯ל אחד [מכול דבריו
4Q**525** 24ii6 (XXV)] / עולם **יצעדו**[

step, walk noun צַעַד

CD XX,18 ל֯תמך֯ **צעד֯ם** בדר֯ך֯ א֯ל֯
1QS XI,10 ואנוש לוא יכין **צעדו**
1QM XII,9 וצבא רוחיו עם **צעדינו**
1QH^a VII,13 ולא יוכל אנוש להכין **צעדו**
1QH^a VII,21]◦ עפר איך יוכל להכין **צעדו**
1QH^a 2i6 ומליצי דעת עם כול **צעודי**
4Q**301** 6,2 (XX)]ד֯ ה֯[ו]נו **וצעד** כבו[דו
4Q**426** 1ii5 (XX)] / **צעדו** איש ידע ◦[
4Q**507** 1,3 (VII)] / ו֯עד היותנו **צעדינו** ע֯ם נדה י֯ב֯[

little, young, lowly adjective צָעִיר-1

4Q**175** 23 (V) בבכורו / ייסדנה **ובצעירו** יציב דלתיה
4Q**379** 22ii9 (XXII) בבכר֯[ו ייסדנה] / ו֯ב֯[צ]ע֯י֯[רו י]ציבדלתיה֯
4Q**417** 2i10 (XXXIV)] / כיא מה **צעיר** מרש
11Q**5** XXVIII,3 (IV) קטן הייתי מ֯אחי **וצעיר** מבני אבי
PAM 43.692 83,1 (XXXIII)]◦◦ **צעי֯ר֯** [

Zoan proper noun צֹעַן

4Q**365** 32,12 (XIII) ש֯[בע] / [שנים נבנ]תה לפני **צען** מצרים

cry noun צְעָקָה

1Q**19** 1,4 (I) ויצעקו ותבוא **צעק]ת֯ם** לפני אל ו[

to be insignificant verb צער

CD XIX,9 והשיבותי ידי על **הצוערים**

pain, grief noun צַעַר

4Q**491** 11i16 (VII) מיא יש[**]צערים** כמוני

(indeterminate) צער

4Q**391** 18,1 (XIX) **]צער** [

overlaid (?) adjective צַף

11Q**19** IV,14 **צ]ף֯** זה]ב֯ [

צפא ← צפה-1

to watch, wait verb צפה-1, צפא

CD I,18 **ויצפו** / לפרצות ויבחרו בטוב הצואר
1QS IX,25 ל֯משפט אל **יצפה** תמיד / [
1QpHab VI,13 **ואצפה** לראות מה ידבר / בי
1QH^a VI,5 **]וצופים** ל֯ישועתך [
1QH^a XX,21] / ל֯תוכחתכה ולטובכה **יצפו**
1QH^a 4,5]ו֯רת **יצפו** ועל משמרת֯ם֯[
3Q**15** VI,2 (III) **צופא** מזרח / [ב]פתח הצפוני
3Q**15** VI,8 (III) הכנא / של הרגם **הצופא** / למזרח
3Q**15** VIII,10 (III) בשלף של השוא **הצופא** / מערב בדרום
3Q**15** VIII,12 (III) מערב בדרום בצריח / **הצופא** צפון
3Q**15** IX,4 (III) בתכלת השני גב צריח **הצופא** / מזרח
3Q**15** IX,7 (III) בצריחי החורון ב<צ>ריח **הצופא** ים / בזרב
3Q**15** XI,5 (III) בהבסה ר֯אש הסלע **הצופא** מערב
4Q**171** 3-10iv7 (V) **צופה** רשע לצדיק ומבקש[להמיתו
4Q**171** 3-10iv8 (V) אשר **צ֯[ו]פ[ה** הצד[יק ומבקש] להמיתו[
4Q**225** 2i5 (XIII) ש֯א **צפא** את הכוכבים וראה / [וספור
4Q**258** VIII,9 (XXVI) ולמשפ]ט אל **יצפה** ת[מיד
4Q**511** 42,5 (VII) ד]ורות אשמתי **ואצפה** אל [

to overlay verb צפה-2

4Q**365** 12ai2 (XIII) ואת הקרשים **צ֯פ֯ה** / [זהב
4Q**365** 12a-bii9 (XIII) **ויצפו** אותו נחושת
4Q**365**a 2ii7 (XIII)] / **ומצופים** זהב
(XIII) ודלתותי֯המה **מצופות** זהב טהוב
11Q**19** V,11 והכול **מצופה** [זהב טהור
11Q**19** XIII,6] / **מצופים** [
11Q**19** XXXI,8 [כו]ל֯ בית המסבה הזואת **צפו** זהב
11Q**19** XXXVI,11 ומקורה כיור / ארז **מ֯צופ֯ה** זהב טהור
ודלתותיו **מצופות** זהב טוב
11Q**19** XXXIX,3]ודלתותיה **מצופו[ת** ז]ה֯ב֯ / [טוב ?]◦◦[
11Q**19** XLI,16 ומקורים / באדשכים עץ ארז **ומצופים** זהב
ודלתותיהמה **מצופות** / זהב טהור
11Q**20** IX,1 (XXIII) **]מצופות** זהב אש]ר יהיו מניחים עליהמה

(indeterminate) verb צפה

PAM 43.672 54,1 (XXXIII) **]וצפה** ש֯◦[
PAM 43.680 16,2 (XXXIII) **]וצפה** ◦◦◦ם [

north noun צָפוֹן-1

CD VII,14 והמחזיקים / נמלטו לארץ **צפון**
1QM I,4 בחמה גדולה להלחם במלכי **הצפון**
2Q**23** 1,9 (III)]נו הנה ממזרח **ומצפון** / [
3Q**15** I,11 (III) פתחו בשולי האמא מן **הצפון**
3Q**15** III,8 (III) בשית שבמלה **מבצפונו**
3Q**15** III,12 (III) שבמלה ממזרחו / **בצפון**
3Q**15** IV,2 (III)]◦קה בעמוד / **בצפונו**
3Q**15** IV,11 (III) בשית המזרחית **שבצפון** כח / לת
3Q**15** V,2 (III)] / סככא מן **הצפון** ת֯ח֯[ת האבן] / הגדולא
3Q**15** VIII,12 (III) בצריח / הצופא **צפון**
3Q**15** IX,14 (III) **שיבצפון** פי הצוק של בית / תמר
3Q**15** XII,10 (III) בשית שבכ֯ח **בצפון** כחלת פתחא צפון
(III) בשית שבכ֯ח בצפון כחלת פתחא **צפון**
4Q**176** 4-5,3 (V) [אמ]ר֯ **לצפון** [תני ולתימן] אל תכלאי
4Q**274** 1i2 (XXXV) ומערב **צפון** לכול בית מושב

4Q364 17,5 (XIII) ואת השלחן תתן על צלעו צפונה [
4Q387 4i2 (XXX)]מלכי הצפון שנים[
4Q397 3,2 (X) בצ]פון המחנה[
4Q522 3,3 (XXV) צפ]ון מעמק עכור[
11Q19 XXX,5 ועשי]תה את מסבה צפון להיכל
11Q19 XXX,7 מקיר / [ה]היכל שבע אמות במערב צפונו
11Q19 XXXI,12 מהמזרח ומהצפון / ומהמערב
11Q19 XXXIII,10 ושנים שערים לו מצפונו ומדרומו
11Q19 XXXVIII,14 לנגב ולים ולצפון
11Q19 XXXIX,13 דן נפתלי ואשר לצפון
11Q19 XXXIX,14 מן פנה למזרח צפון עד שער שמעון
11Q19 XL,9 ולדרום ולים ולצ[פו]ן
11Q19 XL,12 ושלושה לים ושלושה לצפון
11Q19 XLVI,14 יהיו יוצאים שמה / לחוץ לצפון המערב
11Q20 X,6 (XXIII) ואת החטאות במקצ]ע המזרחי צפונה
PAM 43.674 12,1 (XXXIII)] את צפון[
PAM 43.675 31,6 (XXXIII)]צפון / [

northern adjective **צְפוֹנִי-1, צָפֹנִי**
3Q15 II,14 (III) שבמזרח כחלת במקצע / הצפני
3Q15 VI,3 (III) [ב]פתח הצפוני חפור / [א]מות שלוש
3Q15 VII,4 (III) האשיח הצפו[ני הגד]ול / בארבע רוח[ות

bird noun **צִפּוֹר-1, צִפֹּר**
← בֵּית צִפּוֹר
1QH^a XII,9 כיא ידיחני מארצי / כצפור מקנה
4Q177 5-6,9 (V) כצ]פור ממקומו וגל[ה
4Q370 1i6 (XIX) האדם וה[בהמה וכל]צפר כל כנף
4Q392 6-9,5 (XXIX) [כא]ב לבנו וכצפור לאפ[רוחה
4Q511 97,1 (VII)]צפור כנף י[
11Q19 LXV,2 [כי] יקר[א קן]צפור לפניכה בדרך

finger/toe nail noun **צִפּוֹרֶן**
11Q19 LI,4 ובשר וצפורן וכבס / בגדיו ורחץ במים
11Q19 LXIII,12 וגלחתה את ראושה ועשיתה את צפורניה

to hide verb **צפן**
4Q381 31,6 (XI) אלהי ישעי צפנים ימי עמדי
4Q416 2ii5 (XXXIV) כי כיס / צפוניכה פק[דתה לנושה בכה
4Q418 8,4 (XXXIV) כיא כיס צ]פוניכה פקדת[ה לנושה בכה
4Q527 1 (XXV) אשר היו נצפנים לחג אד[ו]ני

צָפֹנִי ← צְפוֹנִי-1

adder noun **צֶפַע**
4Q525 15,5 (XXV)]צפע ובו יעופפו רשפ[י]מות

adder noun **צִפְעוֹנִי**
CD V,14 וביצי צפעונים ביציהם
4Q266 3ii2 (XVIII) [וביצי צפע]ונים ב[י]צי[ה]ם

צִפֹּר ← צִפּוֹר-1

frog noun **צְפַרְדֵּעַ**
4Q422 III,8 (XIII) הצפרדעים בכול ארצ[ם

צִפֹּרֶן ← צִפּוֹרֶן

pouring out noun **צִקּוֹן**
4Q504 1-2v17 (VII) [ולל]חש בצקון מוסרכה

narrow, distress adjective, noun **צַר-1**
1QSb V,23 (I, XXVI)] צר לדורשי[
1QH^a XVII,21]תגבר צרי עלי למכשול לי[
1QH^a XVII,25 ובוז צרי לי לכליל כבוד

adversary noun **צַר-2**
CD IX,5 ואין כתוב כי אם נוקם הוא לצריו
1QM X,7 על הצר הצורר אתכמה
1QM XII,11 מחץ גוים צריכה
4Q88 VIII,6 (XVI) סביב נכרתו צריך ציון
4Q381 24a+b,5 (XI)] / גאל ליהודה מכל צר ומאפרים ◦[
4Q448 I,9 (XI) גואל] / עני מיד צרים[
4Q458 1,10 (XXXVI)]ל[ ]הצרים לבזה / [
4Q492 1,4 (VII) מחץ גוים] / צריכה
11Q5 XXII,11 (IV) סביב נכרתו / צריך ציון

צַר-2 ← צוֹר

to burn verb **צרב**
1Q14 22,3 (I)]ים צרב ◦[
4Q299 71,2 (XX)] / צרב לכם ומ[
4Q418 37,3 (XXXIV)] את צורב[

Zeredah proper noun **צְרֵדָה**
5Q9 6,2 (III)]וד ואת צרדה[

distress noun **צָרָה-1**
CD IV,5 וקץ מעמדם ומספר צרותיהם
1QS III,23 ומועדי צרותם בממשלת משטמתו
1QS VII,1 ואם קלל או להבעת מצרה
1QS VIII,4 ולרצת עוון בעושי משפט / וצרת מצרף
1QS X,15 ואימה ובמכון צרה עם בוקה / אברכנו
1QS X,17 ובהפתח צרה אהללנו
1QS XI,13 ואם יפתח צרתי ומשחת יחלצ נפשי
1QM I,12 והיאה עת / צרה ע[ ]ל עם פדות אל
ובכול צרותמה לוא נהיתה כמוה
1QM XV,1] / כיא היאה עת צרה לישר[אל
1QH^a VII,16 ולפתוח כול צרת נפשו לישועת עולם
1QH^a XIII,12 כי בצרת נפשי לא עזבתני
1QH^a XVII,28 ורחוב / עולם בצרת נפש[י
3Q5 1,3 (III) ומהו[מה על מהומה] / [וצרה] על צרה
4Q166 II,14 (V) והמה / לוא יושיעום מצרותיהם
4Q260 IV,1 (XXVI) ואימה [ובמכון] צרה עם בוקא [אברכנו]
4Q260 IV,4 (XXVI)]ובה[פתח] / צרה אהללנו
4Q261 4a-b,2 (XXVI) [ואם קלל או להבעת מ]צרה[
4Q378 3i3 (XXII) ו]מצאוכה צרות רבות וכול / [
4Q380 7i3 (XI)]◦למה ביום צרה / [
4Q388a C,2 (XXX)]צרה / [
4Q398 11-13,7 (X) התו]רה היה מצול[ ]מצרות
4Q398 14-17ii2 (X) [ו]אף / היא [נ]צל מצרות רבות
4Q416 3,4 (XXXIV)]לא תובד צרה כי גדלים רחמי אל
4Q434 1i2 (XXIX) ולא שכח צרת דלים פקח עיניו אל דל
4Q434 1i4 (XXIX) ויכן לדרך רגלם בר[ו]ב צרתם לא עזבם
4Q434 1ii1 (XXIX) ברעת[ם וב]צר[ת]ם ומ[כ]ול צרה ה[צל]ם
(XXIX) ובצר[ת]ם ומ[כ]ול צרה ה[צל]ם ◦[
4Q435 2i3 (XXIX)] / צרה[
4Q436 1a+bi1 (XXIX) לנחם דלים בעת צרתמה
4Q437 1,2 (XXIX) ולוא שכח צרת ד[לים פקח עיניו אל דל
4Q437 2i6 (XXIX) בצרת נפש[י לוא] / [עזבתני
4Q460 7,7 (XXXVI)]מכול מצוקחת וצרות

4Q**460** 7,8	(XXXVI)	]וֹ**צרות** כיא יסובוכֿ[ה
4Q**460** 7,11	(XXXVI)	]חֿיר כיא עת **צר**[ה
4Q**491** 36,1	(VII)	] והיתה **צרֿ**[ה
4Q**496** 1-2,3	(VII)	ובכו]ל **צרותם** / [
4Q**504** 1-2v17	(VII)	ונבוֿאה **בצרות** / [ונגי]עים ונסויים
4Q**504** 1-2vi8	(VII)	בכול **צרת** {{ת}}<<נ>>פַ֯ישנו
4Q**504** 1-2vii2	(VII)	] / אשר הצילנו מכוֿל **צרה** אמן[אמן
4Q**511** 11,2	(VII)	מו]עֿדי **צֿרוֿתֿ** [
4Q**525** 2ii+3,6	(XXV)	]כי בה יהגה תמיד **ובצרתו** ישוחחֿ[בה ?
PAM 43.686 14,2	(XXXIII)	] **צרה** ק◦[

bundle noun **צְרוֹר-1**

1QH[a] X,20		אודכה אֿדוֿני כי שמתה נפשי **בצרור** החיים
4Q**419** 8i2	(XXXVI)	]**צרור** / [החיים

to cry, shout verb **צרח**

1QM XII,15		בנו]תֿ עמי **צרחנה** בקול רנה
1QH[a] XI,33		וארץ / **תצרח** על ההווה הנֿהיה בתבל
4Q**418** 69ii7	(XXXIV)	מחשכיהֿ[ ]יֿ**צרחו** על ריבכם

burial chamber noun **צְרִיחַ**

3Q**15** II,5	(III)	**בצריח** שבחצר בֿתי העצין
3Q**15** VIII,11	(III)	**בצריח** / הצופא צפון
3Q**15** IX,4	(III)	בתכלת השני גב **צריח** הצופא / מזרח
3Q**15** IX,7	(III)	**בצריחי** החורון ב<צ>ריח הצופא ים
	(III)	בצריחי החורון ב<**צ**>**ריח** הצופא ים

necessary adjective **צָרִיךְ**

4Q**372** 1,17	(XXVIII)	ואין אתה **צריך** לכל גוי ועם / לכל

צֹרֶךְ ← צוֹרֶךְ

to have a skin blemish verb **צרע**

4Q**394** 8iv14	(X)	ואף על **הצ]רועימ** אֿ[נחנו] / [אומרים
4Q**396** 1-2iii4	(X)	ואפ על **הצרועים** אֿנֿחנו / א[ומרים
4Q**397** 6-13,8	(X)	**הצ[רועים** באים עם] טהרת הֿ[קוד]שֿ לביתֿ
11Q**19** XLV,17		וכול **צרוע** / ומנוגע לוא יבואו לה
11Q**19** XLVI,18		זה מזה אשר יהיו / באים **המצורעים** והזבים
11Q**19** XLVIII,17		**והצרוע** אשר בו צרעת נושנת

skin blemish noun **צָרַעַת**

4Q**266** 6i5	(XVIII)	**צ]רעת** ממארת היא
4Q**266** 6i13	(XVIII)	זה משפט [תור]ת **הצרֿעֿת** לבני אהרון
4Q**270** 2ii12	(XVIII)	] / או ינוגע בנגע **צרעת** או זוב טמ[אה
4Q**272** 1ii2	(XVIII)	זה [משפט **הצ]רֿעֿ[ת** לב]ני אהרון
11Q**19** XLVIII,15		ועיר תעשו מקומות למנוגעים / **בצרעת**
11Q**19** XLVIII,17		והצרוע אשר בו **צרעת** נושנת או נתק
11Q**19** XLIX,4		] / את עריכמה בנגע **הצרעת** וטמאו

to refine verb **צרף**

4Q**174** 1-3ii4	(V)	ויתלב]נו **ויצטרפו** ועם יודעי אלוה יחזיקו
4Q**177** 10-11,10	(V)	]לבוחנם **ולצורפם** / [
4Q**215**a 1ii3	(XXXVI)	**ויצרופו** בם לֿבחירי צֿדק
4Q**416** 2iii13	(XXXIV)	ובכלֿ[ ]◦ **צרוף** לבכה וברוב בינהֿ
4Q**418** 9+9a-c,14	(XXXIV)	] **צרוף** לבֿכה וברוב בינהֿ מחשבתיכה
4Q**487** 2,5	(VII)	]◦ **צרוף** בתורתֿ[

to bind, restrict, distress verb **צרר-1**

1QpHab V,6		אשר שמרו את מצוותו / **בצר** למו
1QH[a] XI,9		והרית גבר **הצרה** בחבליה
4Q**166** I,3	(V)	]יֿ**צור** / [
4Q**167** 2,5	(V)	ובקשו פני **בצר** / [להם ישחרנני
4Q**178** 1,2	(V)	]אשרֿ צוה **בצר** למו בא[
4Q**380** 2,4	(XI)	ויזעקו אל]יֿהוה **בצר**לֿ֯הם ממצֿ[וקותיהם
4Q**387** 2ii2	(XXX)	ובק]ש[ו] פֿ[נ]יֿ **בצר** להם ולֿאֿ אדרש להם
4Q**437** 2i8	(XXIX)	מלפ]נֿ[י] יעטף רוחי **בצר** לי שמעתהֿ קולי
4Q**504** 1-2v16	(VII)	ברכו֯תיכה לנו ל{{מֿ}}פקוֿדכה **בצר** לנו

to be hostile verb **צרר-2**

1QM X,7		על הצר **הצורר** אתכמה
4Q**294** 5	(XXXVI)	]מֿכול **צוֿרֿ[רים**
4Q**381** 31,5	(XI)	כֿיֿ רֿבו **צררי** נגדך אֿתֿהֿ ידעתם
4Q**381** 31,8	(XI)	ו]מֿפֿחֿדֿי יתמו [ו]**צֿררי** יכלוֿ
4Q**504** 1-2vi16	(VII)	] / מכול **צוֿר**{{עֿ}}**ר**יהמהֿ[

ק

qof, nineteenth letter of the alphabet ק
KhQ3 2 (XXXVI) ל ם ן ס ע פ צ ק ר / א א ב ג ד ה

pelican noun **קָאַת**
4Q223-224 2iv11 (XIII) ואם ילבינו]העורבים כקא[ת

קֵבָא ← קֵבָה

stomach noun **קֵבָה, קֵבָא**
4Q524 6-13,6 (XXV) ואת הלחיים ואת ה]קבה ורשי[ת דגנ]ם
11Q19 XXII,10 ו]את / הלחיים ואת הקבה לכוהנים יהיה
11Q20 IV,26 (XXIII) ואת הלחיים ואת הקב]ה ואת האזרוע
11Q20 V,2 (XXIII) האזרועו]ת והלחיים והקבאות למנות / [

קִבּוּצוֹת ← עַיִן קִבּוּצוֹת

grave noun **קְבוּרָה**
4Q385 3,5 (XXX) במקום קבו]רתם ישכבו עד אשר[

to receive, take verb **קבל**
CD IX,22 ועל ההון יקבלו שני / עידים נאמנים
CD IX,23 ואל יקובל / עוד לשופטים
1QSa I,11 (I) ובכן תקבל להעיד עליו משפטות התורא
4Q88 VIII,12 (XVI) ברכות נכבדים תקבלי
4Q171 1-2ii9 (V) עדת האביונים אשר יקבלו את מועד התעות
4Q266 11,1 (XVIII) וקבל את משפטו מרצונו
4Q270 7i16 (XVIII) וקב]ל את משפטו מר[צונ]ו
4Q332 2,5 (XXXVI)] להקביל את[
4Q332 2,7 (XXXVI)]להקביל[
4Q394 8iv7 (X) והמקבל מהמה כהמ / לחה אחת
4Q396 1-2ii9 (X) והמקבל מהמה כהם ל[חה אחת
4Q418 36,3 (XXXIV)]א יקבל [
4Q424 3,7 (XXXVI) איש שכל יקבל מוס[ר]
4Q462 1,15 (XIX)]מיר לרומם לרשע בעבור תקבל טמ[אה/את
4Q577 3,1 (XXV) ל]וא יקבל[(ו)
11Q5 XXII,13 (IV) וברכות נכבדים תקבלי

cup (?) noun **קֻבַּעַת**
4Q176 6-7,2 (V) את קבע]ת כוס ח[מתי

to gather verb **קבץ**
1QpHab VIII,5 ויקבצו אלו כול העמים
1QpHab VIII,11 ויגזול ויקבוץ הון אנשי חמס
1QpHab IX,5 אשר יקבוצו הון ובצע משלל העמים
4Q169 3-4i11 (V) הוא ההון אשר קב[צו כוה]ני ירושלים
4Q171 13,6 (V)]ונקבצו[
4Q176 8-11,9 (V) וברחמים גדולים אקבצך
4Q177 7,4 (V)]הימים אשר יקבצו עליה[ם
4Q177 19,5 (V)]דריו אקבוץ חרון[
4Q381 76-77,1 (XI)] אלי חיות ועוף הקבצו[
4Q386 1ii3 (XXX) ומתי תקבצם
4Q392 6-9,5 (XXIX) אש]ר לקנה נפ[וצותינו קב]ץ אשר לא[
4Q418 7b,7 (XXXIV) וב]מחסורכה יקבוץ / [ידו כחכה
4Q481c 8 (XXII)]ש וקבצנו [
4Q491 16,4 (VII) יקב]צו כול ישראל ירו[שלי]ם
4Q509 3,4 (VII)]ונפוצות[י]נו {{ל[תקופת}} ת]ק[בץ
4Q515 19,1 (VII)] קבצו [
4Q525 21,8 (XXV) ב]קבוץ חרון ובארך [אפים
4Q525 22,5 (XXV) ב]הדריו אקבוץ חרון[
4Q525 24ii7 (XXV)] / אוספיו יקבו[צו
4Q528 3 (XXV) (ת)ק]בוץ[יר]איך ב[ני ?]ישראל
11Q19 LV,8 ואת כול שללה תקבוץ אל תוך / רחובה

gathering noun **קבץ**
4Q424 1,12 (XXXVI)] / ובעת קבץ ימצא חנף

to bury verb **קבר**
1QM XI,1 ובכוח ידכה רוטשו פגריהם לאין קובר
4Q176 1-2i4 (V)] / ואין קובר
4Q223-224 2iii12 (XIII) ויק[ברו אותו שני בניו עישאו ויעקוב
4Q223-224 2iii16 (XIII) ויקבר[אותה במערת המכפלה
4Q225 3ii13 (XIII)] / ויקבורו[
4Q418 127,2 (XXXIV) כי תבוא בפתחיה וקברת וכס[תה
4Q492 1,10 (VII) אם מ]תו רוב חלל[י]ם לאין מ[קב]ר
11Q12 5,1 (XXIII) [ריאשון נק]בר ב[ארמה
11Q19 XLVIII,12 המה / קוברים את מתיהמה
וגם בתוך בתיהמה המה קוברים
11Q19 XLVIII,13 אשר תהיו קוברים את מתיכמה בהמה
11Q19 XLVIII,14 תתנו מקום לקבור בהמה
11Q19 LXIV,11 כי קבור תקוברמ{{ה}} ביום ההוא
כי קבור תקוברמ{{ה}} ביום ההוא

grave noun **קֶבֶר**
3Q15 III,11 (III) בקבר שבמלה ממזרחו
3Q15 V,12 (III) בקבר שבנחל הכפא
3Q15 XI,3 (III) מתחת פנת האסטאן הדרומית / בקבר צדוק
3Q15 XI,8 (III) שבשילוחו חרם {ב} / בקבר שתחת הסבין
3Q15 XI,9 (III) בקבר בני העבט הירחי
3Q15 XII,11 (III) וקברין על פיה משנא הכתב הזא
4Q251 18,6 (XXXV) אשר לא נפש עליו מות בק[בר יקבר
4Q285 10,5 (XXXVI)] להם קברי[ם
4Q385 3,6 (XXX) מקב]ריכם ומן הארץ [
11Q19 L,6 או בדם אדם מת או בקבר וטהר
11Q19 L,11 הוא בתוכה מת תטמא כקבר

to bow down verb **קדד**
4Q520 1,3 (VII)] ויקוד / [

to burn verb **קדה**
1QH[a] IV,13 ואש [יקד]ה בשאול תחתיה
4Q267 6,6 (XVIII) רפוס הש]דה או קדה בשרפ

Kedah (?) proper noun **קדה**
5Q9 1,2 (III)] ואת קדה את[

antiquity noun **קְדוּמִים**
1QH[a] 16,7] קדומים ⟦ ⟧ [

holy adjective **קָדוֹשׁ, קָדֹשׁ**
CD XX,8 כי ארורוהו כל קדושי עליון
1QS III,7 וברוח קדושה ליחד באמתו
1QS XI,8 וינחי{{}}לם בגורל / קדושים
1QSb I,5 (I) ויוריכ]ה בדעת קדוש[ים] / [
1QSb III,26 (I) וישימכה מכלול הדר בתוך / קדושים
1QSb IV,1 (I)]אנוש וקדוש[י

Reference		Text
1QSb IV,23	(I)	] / ולשאת ברוש **קדושים** ועמכה לב֯[רך
1QM I,16		]◦ **קדושים** יופיע בעזרת֯[
1QM III,5		המחנות / יכתובו שלום אל במחני **קדושיו**
1QM VI,6		וב**קדושי** עמו יעשה חיל
1QM IX,8		להתגאל בדם טמאתם כיא **קדושים** המה
1QM X,10		עם **קדושי** ברית ומלומדי חוק
1QM X,12		ומשא רוחות וממשלת **קדושים** אוצרות כב[
1QM XII,1		] / כיא רוב **קדושים** [א]לה בשמים
1QM XII,4		ולרבואותם יחד עם **קדושיכה** [
1QM XII,7		ועדת **קדושיכה** בתוכנו לעזר עולמי[ם
1QM XII,8		כיא **קדוש** אדוני ומלך הכבוד אתנו
		ומלך הכבוד אתנו עם **קדושים**
1QM XV,14		ו֯סדר֯[י] **ק֯[ד]ושים** / [ ]◦רים ליום [
1QM XVI,1		וב**קדושי** עמו יעשה גבורה
1QM XVIII,2		] ו֯ת֯רועת **קדושים** ברדף אשור
1QM XIX,1		כיא **קדוש** אדירנו ומלך הכבוד אתנו
1QH[a] V,7		]**קדושים** / [
1QH[a] XI,22		להתיצב במעמד עם / צבא **קדושים**
1QH[a] XII,25		ויערוכו לכה / בסוד **קדושים**
1QH[a] XIV,13		ואין מליץ בנים ל**ק[דושיכה**
1QH[a] XVIII,35		וריב֯לה עם צבא **קדושיכה** ב[
1QH[a] XIX,12		בני אמתך ובגורל עם / **קדושיכה**
1QH[a] 5,3		] / [ ]ות עם ע֯ד֯ת **קדושיכה** בהפלא[
1QH[a] 24,2		]דת **קדוש** [
1QH[a] 63,2		]ים ובסוד **קד[ושים**
1Q19bis 2,1	(I)	**קדוש֯[** הש[מים
1Q22 1iv1	(I)	ו֯בעדת אלים [ובסוד **קד]ו֯שים** וב[
1Q26 3,1	(I)	] **ק֯ד֯ו֯ש֯י** ה֯ח֯י֯ם֯ [
1Q36 1,3	(I)	]◦ עולם עם **קדושיכה** ובג֯ו֯[רל / [
4Q160 3-4ii7	(V)	**קדו]שיכה** אשר הקדשת֯[ה
4Q162 II,7	(V)	ואת אמרת **קדוש** / ישראל נאצו
4Q163 18-19,2	(V)	] / [ואב]וני אדם ב**קד֯[וש** ישראל יגילו
4Q163 23ii3	(V)	כ[ו]ה אמר [יה]וה **קדוש** [י]שראל בשובה
4Q163 25,7	(V)	ולוא שעו על[/ [**ק]ד֯ו֯ש** ישראל
4Q174 1-2i4	(V)	וגר עד עולם כיא **קדושי** שם / י◦[ ]ה֯[
4Q176 1-2ii1	(V)	אשר ג]אמן **קדוש** יש[ראל
4Q176 8-11,7	(V)	וגאליכי **קדוש** יש[ראל
4Q176 22,1	(V)	] וגם אף ב**מ֯קדוש**[
4Q177 12-13i10	(V)	]א֯ו אל ו**קדושו** שמו ובאו ציון בשמחה
4Q181 1,4	(V)	ובגורל עם **קדושיו** ב֯[
4Q185 1-2i4	(V)	]ט֯הור ו**קדוש**[
4Q200 7ii3	(XIX)	בכי יברכו את שמו הק[**דוש** ל֯[עולם
4Q216 VII,16	(XIII)	ברוך וקדש וזה ברוך] / ו**קדש**
4Q218 2	(XIII)	כי] / **ק֯דוש** הוא [מ]כל הימים
4Q226 1,6	(XIII)	] היובל הזה כי **קדש** הוא[
4Q251 4-7i1	(XXXV)	]**ק֯דש** כ֯י ◦[
4Q262 A,1	(XXVI)	נ֯כ֯ס֯ו לכול **קד֯[ושי**
4Q265 7,14	(XXXV)	[כ֯י] **קדוש** גן עדן
4Q266 15,3	(XVIII)	]ל **קדושי** קודש[
4Q270 4,8	(XVIII)	המים] ה**קדושים** / [
4Q270 4,19	(XVIII)	[מן ה**קד֯[ש** לחמ֯ו / [
4Q274 1i6	(XXXV)	ל[ו]א֯ ת֯גאל את מח֯נ֯י **קד[שי** ישראל
4Q284 2ii2	(XXXV)	] / **קדושי֯ם** ולו֯[א
4Q286 12,4	(XI)	**קד]ו֯שי** קדו֯[שים
	(XI)	קד]ו֯שי **קדו֯[שים**
4Q299 64,2	(XX)	]ג֯י֯ם **קדו[ש**
4Q299 72,1	(XX)	הו]א **קדוש** הו֯א֯[
4Q299 74,3	(XX)	]לז֯כ֯ר **קדושי֯ם** על [
4Q320 3i10	(XXI)	ה]ב֯ריאה **קדש** / [
4Q320 3ii11	(XXI)	] / **קדש** [הרישון 30 גמול]
4Q372 1,29	(XXVIII)	כי אל גדול **קדוש** גבור ואדיר
4Q381 31,3	(XI)	]◦ב֯מ֯ק֯ם **קדש֯[** סלה
4Q381 76-77,7	(XI)	ער]ת **קדוש** קדושים גורל מלך מלכים ◦[
	(XI)	ער]ת קדוש **קדושים** גורל מלך מלכים ◦[
4Q382 15,8	(XIII)	] **ק֯ד֯וש** ישראל ◦◦[
4Q396 1-2iv8	(X)	[ב]גלל שהם **קדושים**
	(X)	ובני אהרון **ק[דושי** קדושים]
4Q398 9,2	(X)	קד]ש **ק[דשים**
4Q400 1i2	(XI)	]ה אלוהי כול **קדושי** קדושים
	(XI)	]ה אלוהי כול קדושי **קדושים**
4Q400 1i3	(XI)	]ב**קדושי**עד קדושי קדושים
	(XI)	]בקדושיעד **קדושי** קדושים
	(XI)	]בקדושיעד קדושי **קדושים**
4Q400 1i10	(XI)	י]ס֯דם [ל]ו֯ ל**קד֯[ושי** קדושים
4Q400 1i15	(XI)	בם יתקדשו כול **קדושי** עד
4Q400 1i17	(XI)	ומפיהם הורות כול **קדושים** עם משפטי / [
4Q400 1i19	(XI)	יסד לו כוהני קורב **קדושי** קדושים / [
	(XI)	יסד לו כוהני קורב קדושי **קדושים** / [
4Q400 1ii6	(XI)	] / **קדושי** קודש קודש֯[ים
4Q400 1ii15	(XI)	] / **קדושים**[
4Q400 2,1	(XI)	ותשבוחות מלכותכה ב**קדושי** ק֯[דושים]
	(XI)	ותשבוחות מלכותכה בקדושי **ק֯[דושים]**
4Q401 14i7	(XI)	ותשבוחות]מלכותכה ב**קדשי** קדושים
	(XI)	ותשבוחות]מלכותכה בקדשי **קדושים**
4Q401 16,3	(XI)	]**קדושי** קורב / [
4Q401 22,1	(XI)	]**קדושי֯** ◦◦[
4Q402 4,6	(XI)	ודעת **קדו[שי** קדושים
4Q402 5,2	(XI)	]ב**קדו[שי**
4Q402 9,4	(XI)	**קדו]ש֯י** קו֯[רב
4Q403 1i7	(XI)	ו]זמר֯[ל]מ֯ל֯[ך הק]**דוש** שבעה
4Q403 1i24	(XI)	יברך בשם קודשו לכול **קדושים**
4Q403 1i28	(XI)	וברך לכול **קדו]ש֯ים** מברכ[יו
4Q403 1i31	(XI)	יקדילו **קדושי** אלוהים למלך הכבוד
	(XI)	המקדיש בקודעו לכול **קדושו**
4Q403 1i40	(XI)	וגיל בכול **קדושים** לזמרות פלא
4Q403 1i45	(XI)	ממעל / [מ]כ֯ול **ק֯דו֯[שים**
4Q404 19,2	(XI)	]ש **קדו[שים**
4Q405 8-9,2	(XI)	כו]ל **קדושי֯[** עולמים שניים
4Q405 18,2	(XI)	]ל֯כלכל **קדושים** דביר מ◦[
4Q405 23ii4	(XI)	] / **קדוש** מקדש כול [
4Q405 23ii6	(XI)	] / **ק֯דושים** רצון [ ]◦[
	(XI)	]◦[ ]ר֯וחות **קד֯[ושי**
4Q405 23ii7	(XI)	◦ / **ק֯דשי֯**הם במעמד פלאיהם ר֯וחות
4Q405 23ii11	(XI)	] / ראשי ממלכות ממלכות **קדושים**
4Q405 45,2	(XI)	◦ **קדושי֯[**
4Q417 1i17	(XXXIV)	כ֯[י]א֯ / כתבנית **קדושים** יצרו
4Q418 8,6	(XXXIV)	בכול הון אל]תאמר רוח **קדושה**
4Q418 48,2	(XXXIV)	]**ק֯דוש** [
4Q418 81+81a,1	(XXXIV)	שפתיכה פתח מקור לברך **קדושים**
4Q418 81+81a,4	(XXXIV)	כאשר שמכה ל**קדוש** קודשים[
4Q418 81+81a,11	(XXXIV)	ב֯ט֯רם תקח נחלתכה מידו כבד **קדושיו**
4Q418 81+81a,12	(XXXIV)	] / פתח [ ]ש֯יר כול **קד֯ו֯שים**
4Q427 7i10	(XXIX)	ידיד המ]ל֯ב֯ רע ל**קדושים**
4Q428 19,7	(XXIX)	ובסו]ד֯ **קדוש[ים** יתרוממו
4Q431 1,6	(XXIX)	] / ידיד המלכ רע ל**קד֯[ושים**
4Q448 II,1	(XI)	עור **קדש** / על יונתן המלכ
4Q457b II,5	(XXIX)	] / אלוהינו כול **קדושים**[
4Q491 11i9	(VII)	ירננ֯[ו]צ֯ד֯[יק]ים ויגילו **קדושים** ב֯[
4Q496 15,4	(VII)	כי]א֯ה **ק[דושים**
4Q502 19,1	(VII)	וישב֯ עמ֯ו בסוד **ק֯[דושים**

4Q502 71,1 (VII) ק]**דוש**[
4Q503 40ii-41,7 (VII) בפי] / כול **קדו]שים**
4Q503 82,2 (VII)]ים **וקדוש[ים**
4Q504 3ii15 (VII)]◦ים **וקדושים** ו◦[
4Q504 4,10 (VII) ממלכת]כוהנים וגוי **קדוש** [
4Q504 6,16 (VII) **קדו]שים** וטהור[ים
4Q505 124,7 (VII)]**קדוש** עומד לפנ[יכה
4Q509 168,1 (VII) ק]**דוש**[
4Q509 218,2 (VII)]**קדוש** / [
4Q510 1,2 (VII) אל אלים אדון לכול **קדושים**
4Q510 2,2 (VII) א]לוהי ישע **וקדושי**[
4Q511 2i6 (VII) ומסל[ת ק]ודשו **לקדושי** עמו
4Q511 2i7 (VII) שם [י]שראל [בש]נים עשר מחנות **קדוש**[
4Q511 8,8 (VII)]◦ני **בקדושיו**[
4Q511 8,9 (VII) יח]ד עם **קדוש[יו**
4Q511 15,6 (VII)]יר ומעשיו **הקדוש[ים**
4Q511 35,2 (VII) **ובקדושים** יקד[ש] / אלוהים לו
4Q511 43,5 (VII)] / תעב **קדוש** א◦[
4Q512 51-55ii9 (VII)] / הטהורים [ו]**הקד[ושים**
4Q521 2ii+4,2 (XXV) א]שר בם לוא יסוג ממצות **קדושים**
4Q521 2ii+4,14 (XXV)]◦ וכלם **כקד[ושים** ?
6Q15 4,1 (III) להרים את] / [**הקדשי]ם** כפרו[שיהם
11Q5 XXVI,9 (IV) גדול **וקדוש** יהוה קדוש קדושים לדור ודור
(IV) גדול וקדוש יהוה **קדוש** קדושים לדור ודור
(IV) גדול וקדוש יהוה קדוש **קדושים** לדור ודור
11Q11 V,6 (XXIII) [הילוד מ]אדם ומזרע **הקד[ושי]ם**
11Q13 II,9 (XXIII) למלכי צדק ולצב[איו ע]ם **קדושי** אל
11Q17 IX,4 (XXIII)]◦ לזבחי **קדושים**[
11Q17 30,4 (XXIII)]מלך כול **קדושי** עד / [
11Q19 XVI,5 ולאמו לוא]יטמא כי **קדו[ש** הוא ליהוה
11Q19 XLIII,12 באש ישרף לוא יאכל עוד / כי **קדש**
11Q19 XLVIII,7 תועבה לוא / תואכלו כי עם **קדוש** אתה
11Q19 XLVIII,10 כי עם **קדוש** אתה ליהוה אלוהיכהמה
11Q19 LI,8 וקדשתמה והיו **קדושים**
11Q19 LI,10 הבדלתי להמה לטמאה והיו / **קדושים**
PAM 43.691 13,1 (XXXIII)]לערן **לקדוש**[

to kindle verb קדח
CD V,13 כלם **קדחי** אש ומבערי זיקות
6Q15 2,1 (III) [כלם **ק]ד[חי]** אש ומ[בערי זיקות

fever noun קַדַּחַת
4Q249k 1 (XXXVI) [ואת **הקד]חת** מכל[ות עינים

east, forward noun קָדִים
1QpHab III,9 כולו לחמס יבוא מגמת / פניהם **קדים**

קדל ← גדל

to come before, meet, advance verb קדם
CD XI,23 ובהרע חצוצרות הקהל / **יתקדם** או יתאחר
1QS I,14 ולוא **לקדם** עתיהם ולוא להתאחר
4Q266 2i2 (XVIII)]כי אין [**להת[ק]ד[ם** ו]להתאחר ממועדיהם
4Q268 1,4 (XVIII) ואי]ן **לקדם** [ו]ל[א]חר ממועדיה[מה
4Q271 5i16 (XVIII) וב[הרע] / [חצוצרות הקהל **י]תקדם** או יתאחר
4Q504 7,12 (VII)]שת **קדמנו** / [
4Q521 7+5ii14 (XXV)] / **וקדמו** שמים[

east, ancient times noun קֶדֶם
CD II,7 כי לא בחר אל בהם **מקדם** עולם
CD XIX,3 כסרך / הארץ אשר היה **מקדם**
1QH^{a} V,7]ה קודש **מקדם** ע[ולם]לעולמי עד
1QH^{a} V,16 כי אתה הכינותמה **מקדם** עולם
1QH^{a} V,17]שר **קדם** ולברוא / חדשות
1QH^{a} V,18 להפר קימי **קדם** ול[הק]ים נהיות עולם
4Q266 2ii7 (XVIII) כי לא בחר אל בהם] / **מקדם** עולם
4Q299 3aii-b,12 (XX)] / הו[אה **מק]דם** עולם הואה שמו
4Q299 83,2 (XX)]**בקדם** ◦[
4Q300 8,2 (XX)]מה **קדם** ומה אח[ור
4Q381 83,2 (XI)]◦ **קדם**[
4Q386 1ii8 (XXX) כאשר היתה בימי [ ] **קדם**
4Q393 3,6 (XXIX) יהוה בחרתה באבותינו **למקדם**
4Q416 1,14 (XXXIV) כי אל אמת הוא **ומקדם** שנ[י] עולם
4Q418 43-45i2 (XXXIV) והבט ברז נהיה מעשי]**קדם** למה נהיה
4Q436 1a+bi3 (XXIX) אשר עשיתה בשני **קדם** שני דור ודור
4Q491 11i12 (VII) בל ישבו בו כול מלכי **קדם**
4Q504 8,3 (VII)]◦א◦ נפלאות **מקדם** ונוראות[משנות עולמים
11Q19 XXXVIII,13 ואורך לרוח **הקדם** שמונים וארבע מאות
11Q19 XXXIX,12 שמעון לוי ויהודה **בקדם** מזרח
PAM 43.67844.ii1 (XXXIII) **מקדם**[

eastern, former adjective קַדְמוֹנִי, קַדְמֹנִי-1
1QM II,12 אשור ופרס **והקדמוני** עד המדבר הגדול
1Q27 1i3 (I) **ובקדמוניות** לוא התבוננו
4Q298 3-4ii10 (XX) **ובקד[מ]וניות** תביטו לדעת
4Q398 14-17i4 (X) **וקדמניות** ◦מ◦ / [כתו]ב שת[סור מהדרך
4Q418 148ii6 (XXXIV)] / בינה **לקדמוניות** שים ל◦[

קַדְמֹנִי-1 ← קַדְמוֹנִי

scalp, head noun קָדְקֹד, קוֹדְקוֹד
4Q301 1,4 (XX)]עורף ◦◦ **קודקוד** כ]ל [ה]מולת עמים
4Q374 14,2 (XIX)]ותם מורה **קדקד**[

Kidro(n) proper noun קִדְרוֹה
3Q15 VIII,8 (III) ביגר של פי צוק **הקדרוה**

קִדְרוֹן ← קִדְרוֹה

blackness noun קַדְרוּת
1QH^{a} XIII,31 **קדרות** לבשתי ולשוני לחך תדבק

to consecrate verb קדש
CD X,17 שמור את / יום השבת **לקדשו**
CD XVI,14 אל] **יקדש** איש את מאכל / פ[יהו
CD XVI,16 ואל / **יקדש** איש מכל ◦[
CD XVI,17]אחזתו / **יקדש** ל[
1QS III,4 ולוא **יתקדש** בימים / ונהרות
1QS III,9 להזות במי נדה **ולהתקדש** במי דוכי
1QSa I,26 (I) **וקדשום** שלושת ימים
1QSb III,4 (I) **וי]קדש** זרעכה בכבוד עולם
1QSb IV,28 (I) כיא [אתה **תק]דש** לו ותכבד שמו
1QM XI,15 ולהתגדל **ולהתקדש** לעיני שאר הגוים
1QM XVII,2 בני אהרון אשר **התקדש** אל במשפטם
1QH^{a} VII,17 ומרחם **הקדשתם** ליום הרגה
1QH^{a} VIII,2] **קדש** בל יטה[ ] לאש[
1QH^{a} XIX,10 **להתקדש** / לכה מכול תועבות נדה
1Q22 41,3 (I)] **מקד[ש**
1Q38 4,2 (I)]כה **ומוקדש[י**
1Q69 41,1 (I)] / **יקדש**[

4Q**158** 5,5 (V)]◦ ההר וק[דשתו
4Q**160** 3-4ii7 (V) קדו]שיכה אשר הקדשת[ה
4Q**163** 18-19,6 (V) בקרבו] יקדישׁ[ו ש]מי וה[קדישו
(V) בקרבו] יקדישׁ[ו ש]מי וה[קדישו
4Q**216** II,9 (XIII) ואת קדשי] / אשר הקדישו לי בת[וכם
4Q**218** 1 (XIII) לקד[שו ולבלתי עשות בו
4Q**255** 2,4 (XXVI) להזות עליו] / מי נדה ולהתקדש במי דוכי
4Q**257** III,6 (XXVI) ולוא יתקד[ש] / [בימים ונ]הר[ות
4Q**262** 1,2 (XXVI) ולא] / [יתקד]ש בימים ונהרות[
4Q**266** 6iv5 (XVIII) [כי]קדשו בש[נה הזאת
4Q**271** 4ii14 (XVIII) אל יקדש איש את מא[כל פיהו
4Q**271** 4ii15 (XVIII) אל יקדש איש [מכול
4Q**276** 4 (XXXV) בכלי חרש אשר / קד]ש במזבח
4Q**284** 1,7 (XXXV)]מי נדה להת[קד]ש / [
4Q**299** 59,1 (XX)] / יקדש ◦[ ]◦[
4Q**365** 9bii3 (XIII) וקדש אהרון ובנ[דיו
4Q**377** 2ii11 (XXVIII)]בהקדשו וכמלאכ ידבר מפיהו
4Q**382** 104,1 (XIII) ו]לקדשו[
4Q**393** 3,5 (XXIX) ולא יטהרו ויתקדשו / ויתרוממו
4Q**400** 1i15 (XI) בם יתקדשו כול קדושי עד
4Q**400** 1ii21 (XI)] / להתקדש בא[
4Q**403** 1i31 (XI) למלך הכבוד המקדיש בקודעו לכול קדושו
4Q**403** 1ii11 (XI)] / וקדש[ ]לשבעת קודשי רום
4Q**405** 74,2 (XI)]יקדש ודעת מ[
4Q**418** 81+81a,4 (XXXIV) ואתה / בזה כבדהו בהתקדשכה לו
4Q**418** 103ii3 (XXXIV)] / [ ]דש הבא בטנאיכה
4Q**418** 103ii9 (XXXIV) ותבוא[ת] / ה[כרם] יקד[ש יחדו ?
4Q**423** 3,5 (XXXIV) לאמר וקדשתי כול[פטר רחם לאלהים
4Q**423** 8,3 (XXXIV) כאשר שמכה לק]דש קודשים לכל / [תבל
4Q**427** 7i16 (XXIX) [הקדי]שו שמו בשפתי עוז
4Q**476** 1,5 (XXIX) לק]דש מנוח שבת[ביו]ם[השביעי
4Q**503** 29-32,3 (VII) ברוך אל ישראל אשר] / קדש לו[
4Q**503** 138,2 (VII)]קדש[
4Q**504** 1-2iv9 (VII) אש{{ב}}ר נקדשתה בתוך עמכה ישראל
4Q**504** 3ii6 (VII)]◦ליכה יתקדש בכבוד[
4Q**508** 13,2 (VII)]מכה במועדי כבוד ולקד[ש] / [
4Q**509** 131-132ii10 (VII)]ר הקדשת[
4Q**511** 35,2 (VII) ובקדושים יקדי[ש] / אלוהים לו
4Q**512** 33+35,5 (VII)]להתקדש / [
4Q**512** 1-6,10 (VII)]◦◦קד◦◦[ ] / נדה להתקדש לכה ו[
4Q**512** 1-6,13 (VII)]ר ותקדשהו [בכול] / כפור[י]רצונכ[ה
4Q**512** 51-55ii10 (VII)] / אתה קדשתה ל[כה
4Q**513** 18,3 (VII) יק]דיש השמט[ה
4Q**521** 8,10 (XXV)]ל[התקד]ש ודבר אדני ו[
11Q**19** XXVII,9 וקדשתמה אותו לזכרון בכול מושבותיכמה
11Q**19** XXIX,8 ואקדשה [את מ]קדשי בכבודי
11Q**19** XXX,1]ואקדש[ה ?] / [את מקדש בכבודי
11Q**19** XXXIII,7 ולוא] / יהיו מקדשים את עמי
11Q**19** XXXV,8 וקדשת{{מ}}ה את ס[בי]ב למזבח
11Q**19** XLIII,11 וכול אשר / נותר ממועדיהמה יקדש באש
11Q**19** XLVI,11 וקדשו את מקדשי
11Q**19** XLVII,4 והעיר / אשר אקדיש לשכין שמי
11Q**19** LI,8 יהוה שוכן / בתוך בני ישראל וקדשתמה
11Q**19** LII,8 בבקריכה ובצואנכה / הזכרים תקדיש לי
11Q**19** LII,19 אשר אנוכי מקדש / לשום שמי בתוכה
11Q**19** LIII,10 כאשר הקדשתה או נדרתה בפיכה
11Q**19** LX,3 וכול קודשיהמה אשר יקדישו לי
11Q**19** LX,7 הדגן והתירוש והיצהר אשר / הקדישו לי
11Q**20** XII,22 (XXIII)]וקדשו את מ[קדשי
PAM 43.680 39,3 (XXXIII)] / לקדש[
PAM 43.688 51,1 (XXXIII)]לי לקד[ש

קֹדֶשׁ ← קוֹדֶשׁ

קָדֹשׁ ← קָדוֹשׁ

Kadesh proper noun **2-קָדֵשׁ**
CD III,7 ויכרת זכורם במדבר להם בקדש

Kadesh-barnea proper noun **קָדֵשׁ-2 בַּרְנֵעַ**
4Q**389** 2,4 (XXX) את בנו עד] / [בואם אל]קדש ברנע
4Q**470** 3,7 (XIX)]ה ק◦מ[ ]ל קדש ב[רנע

to assemble verb **קהל**
1QSa I,4 (I) בבוא{י}ם יקהילו אתכול הבאים
1QM XI,16 ובכול קהלו הנק[ה]ל[ים]ל[
1QM XIX,10 וחיל כול הגוים הנקהלים אם[
4Q**266** 11,17 (XVIII) [יושבי] המחנות יקהלו בחודש השלישי

assembly noun **קָהָל**
CD VII,17 המלך / הוא הקהל
CD XI,22 ובהרע חצוצרות הקהל / יתקדם או יתאחר
CD XII,6 ואחר / יבוא אל הקהל
CD XIV,18 ק]הל ⟦ ⟧
1QSa I,25 (I) ואם תעודה תהיה לכול הקהל
1QSa II,4 (I) אל יבוא בקהל אל{ה}
1QM IV,10 על הששית קהל אל
1QM XI,16 ובכול קהלו הנק[ה]ל[ים]ל[
1QM XIV,5 וקהל גויים אסף לכלה אין שארית
1QM XV,10 וכול קהל / [ה]מונם ◦◦[
1QH[a] X,30 מקהלם אברכה שמכה
1Q**29** 3-4,3 (I) קה/כו]ל ישראל [← כול
1Q**29** 5-7,3 (I)] הקהל ⟦ ⟧[
4Q**169** 3-4iii5 (V) ידודו פתאי אפרים מתוך קהלם
4Q**169** 3-4iii7 (V) ולא יוסיפו עוד לתעות [ה]קהל
4Q**173** 3,2 (V) פשרו] אשר יהיו ק[הל
4Q**266** 3iii18 (XVIII) הק]הל [וכיניי הצלמי]ם המה
4Q**266** 10i11 (XVIII) וא]לה יסדות אוש[י] הקהל
4Q**269** 11i1 (XXXVI) ואלה יסדות אושי הקה]ל
4Q**271** 5i21 (XVIII) ואחר יב]וא לקהל
4Q**376** 1ii2 (XIX) השמאלי תגלה לעיני כול הקהל
4Q**377** 2ii3 (XXVIII) והקשב כול הקהל ◦◦◦◦[ ]ם [
4Q**377** 2ii6 (XXVIII) וידבר ע[ם]קהל ישראל פנים עם אל פנים
4Q**377** 2ii9 (XXVIII) הקהל {{העד[ה]}}]ענו ורעדודיה אחזתם
4Q**394** 8iii10 (X) שהם באים] בקהל / [
4Q**403** 1ii24 (XI) לראשי עדת המלך בקהל ◦[
4Q**412** 1,2 (XX)] / [? קה]לרבים אל תפע[ל
4Q**412** 1,9 (XX)] / בקהל רבים מ[
4Q**427** 7i18 (XXIX) ואין / [ה]שבת השחוו ביחד קהל
4Q**438** 2,2 (XXIX)] / לקהל רב◦[
4Q**448** II,3 (XI) על יונתן המלכ / וכל קהל עמכ / ישראל
4Q**470** 1,6 (XIX)]אכרתה עמך[בר]י[ת]לעיני הקהל / [
4Q**491** 1-3,2 (VII)] / לעיני כול קהל ל[
4Q**491** 8-10i3 (VII) וקהל גו[אים]אסף לכלה
6Q**18** 14,2 (III)]קהלנו ב[
11Q**5** XVIII,10 (IV) ומקהל חסידים / זמרתה
11Q**19** XVI,15 ויכפר בו[על כול עם] / הקהל
11Q**19** XVI,16 כן יעשה] / לפר הקהל
11Q**19** XVI,18 ואת נ[סכ]ו יקט[י]ר המזבח חטאת קהל הוא
11Q**19** XVIII,7 יכפר ע]ל עם הקהל מכול אשמת[ם]

וכפר בו על כול עם הֿ**קהל**		11Q**19** XXVI,7
חטאת ה**קהל** הוא		11Q**19** XXVI,9
ויכפר בו על כול עם הֿ**קהל**		
לכפר על כול עם ה]**ק֯הל**	(XXIII)	11Q**20** IV,8
]ה**קהל֯**[	(XXXIII)	PAM 43.670 32,1

assembly noun קְהִלָּה

עדת אלים ו**קהלת** / אנשים		1QM I,10
ועלי **קהלת** רשעים תתרגש		1QH^{a} X,12

Kohath proper noun קְהָת

ל**קחת** משפחות העמרמי ו֯מ֯[שפחות היצהרי]	(XIII)	4Q**365** 27,2
ומשער יוסף עד שער בנימין לבני **קהת**		11Q**19** XLIV,14

line, measuring line noun קַו-1

וחליל שפתי אשא ב**קו** משפטו		1QS X,9
אחֹלקה / חוק ב**קו** עתים ו֯[		1QS X,26
ותשם דברים על **קו**		1QH^{a} IX,28
ותוצא **קוים** לרזיהם		1QH^{a} IX,29
ויפרו לאין תקוה בנפול **קו** על משפט		1QH^{a} XI,27
תשים סוד על סלע וכפיס על **קו** משפט		1QH^{a} XIV,26
]ם לפנות על **קו** נכון		1QH^{a} XVI,21
ובלשונו / חקקתה על **קו** [		1QH^{a} XXIII,11
וחליל] / [שפתי א]שא ב**ק**[**ו** מ]שפטו	(XXVI)	4Q**258** IX,9
וחליל שפתי א]שא ב֯**קו** משפטו֯	(XXVI)	4Q**260** III,1
ויורו לאין] / ת֯קוה בנפול **קו** על משפ֯[ט	(XXIX)	4Q**432** 6,2
ו**קו** חרון לכול֯[בליעל	(XXIX)	4Q**432** 6,3
ועל **קו** מ֯[שפ]ט שמחת / [את נפשי	(XXIX)	4Q**437** 2i12

קוא ?

] ב**קוא**ו ⟦ ⟧	(XXXVI)	4Q**471**a 6

Kobah proper noun קובעה

ב**קוב֯עה** כסף מנח הרב	(III)	3Q**15** IX,10

קודע ← קוֹדֶשׁ

קוֹדְקוֹד ← קָדְקֹד

holiness, holy object noun קוֹדֶשׁ, קֹדֶשׁ

ויודיעם ביד משיחו רוח **קדש**ו		CD II,12
שבתות **קדש**ו ומועדי / כבודו		CD III,14
ופירוש מעשיהם ⟦ ⟧ ה**קודש** שונים		CD IV,6
וגם את רוח **קדשיה**ם טמאו		CD V,11
וגם / במשיחו ה**קודש**		CD VI,1
לטהור ולהודיע בין / ה**קודש** לחול		CD VI,18
להרים את ה**קדשים** כפירושיהם		CD VI,20
ולא ישקץ / איש את רוח **קדשי**ו		CD VII,4
כל המתהלכים / באלה בתמים **קדש**		CD VII,5
[ ]ו֯ת / **קודש** הוא		CD XII,1
ולהודיע בין ה**קודש** לחול		CD XII,20
לכל באי עדת אנשי תמים ה**קדש**		CD XX,2
ישוב לעמד במעמד אנשי תמים **קדש**		CD XX,5
אשר יתהלכו / בו אנשי תמים ה**קדש**		CD XX,7
בית֯ פ֯לג אשר יצאו מ֯ע֯י֯ר֯ ה֯**ק֯דש**		CD XX,22
לֿפי רוחו ישפטו בעצ֯ת / ה֯**ק֯ד֯ש**		CD XX,25
ולא ירימו יד על חקי **ק֯דש**ו		CD XX,30
ב֯ישועת֯ו כי חסו בשם **קדש**֯ו		CD XX,34
א֯י֯ש לרעהו בעצת **קודש**		1QS II,25
וקנאת משפטי צדק ומחשבת / **קודש**		1QS IV,5
ולטהרו ברוח **קודש** מכול עלילות רשעה		1QS IV,21
לכפר לכול המתנדבים ל**קודש** באהרון		1QS V,6
לגעת בטהרת אנשי ה**קודש**		1QS V,13
ולוא ישען איש ה**קודש** על כול מעשי / הבל		1QS V,18
להיחד לעדת **קודש**		1QS V,20
למ֯ט֯עת עולם בית **קודש** לישראל		1QS VIII,5
וסוד **קודש** / קודשים לאהרון		
וסוד קודש / **קודשים** לאהרון		1QS VIII,6
יחישו ממקומם ⟦ ⟧ מעון **קודש** קודשים		1QS VIII,8
יחישו ממקומם ⟦ ⟧ מעון קודש **קודשים**		
ֺיבדלוֺ **קודש** בתוכ עצת אנשי היחד		1QS VIII,11
ו֯כאשר גלו הנביאים ברוח **קודש**ו		1QS VIII,16
אל יגע בטהרת אנשי ה**קודש**		1QS VIII,17
אשר ילכו בם אנשי התמים **קודש**		1QS VIII,20
כול הבא בעצת ה**קודש**		1QS VIII,21
ולוא יתערב איש מאנשי ה**קודש**		1QS VIII,23
ואחר יכתוב בתכונו ליחד **קודש**		1QS IX,2
התכונים האלה ליסוד רוח **קודש**		1QS IX,3
אנשי / היחד בית **קודש** לאהרון		1QS IX,6
להיחד **קודש** קודשים		
להיחד קודש **קודשים**		
והון אנשי ה**קודש** ההולכים בתמים		1QS IX,8
באופיע / מאורות מזבול **קודש**		1QS X,3
בהתחדשם יום גדול ל**קודש** קודשים		1QS X,4
בהתחדשם יום גדול לקודש **קודשים**		
וימי **קודש** בתכונם לזכרון במועדיהם		1QS X,5
וכנור נבלי לתכון **קודש**ו		1QS X,9
ומעון **קודש** רום כבוד		1QS X,12
ופרי **קודש** בלשוני		1QS X,22
וסוד מבנית **קודש** למטעת עולם		1QS XI,8
ולהשכיל / בכול מחשבת **קודש**כה		1QS XI,19
בתוך משפ[ח]תו ליחד בעד[ת] **קודש**	(I)	1QSa I,9
להת[יצ]ב ביסודות עדת / ה**קודש**	(I)	1QSa I,13
כיא מלאכי / **קודש** [בעד]תם	(I)	1QSa II,9
לדבר אל עצת ה**קודש**	(I)	
ומחזקי בב֯[רי]ת֯ **קודש**ו	(I)	1QSb I,2
ק]**ודש** יר[	(I)	1QSb I,8
יע]מוד **קודש**[ו] / [	(I)	1QSb I,9
]**ק֯ו֯ד֯ש**֯ו ◦[	(I)	1QSb I,10
] / י֯ח֯ונכה ברוח **קודש** וחס֯[ד	(I)	1QSb II,24
ויפקוד כול **קודש**[י]כה ובמו֯[עדי	(I)	1QSb III,2
ועם מלאכי ק[**ודש**	(I)	1QSb III,6
יברככה אדוני מ[מעון קו]**דש**ו	(I)	1QSb III,25
ויתנכה מקומכ֯ה֯ [במעון] / **קודש**	(I)	1QSb III,27
ברכות֯ [עול]מ֯ עטרת רואשכה **קוד**[**ש**	(I)	1QSb IV,3
ואתה / כמלאך פנים במעון **קודש**	(I)	1QSb IV,25
וישימכה **קוד**[**ש**] ב֯עמו	(I)	1QSb IV,27
וישימכה] נזר ל**קודש** ק֯ודשים	(I)	1QSb IV,28
וישימכה] נזר לקודש **ק֯ודשים**	(I)	
לו ותכבד שמו ו**קודשי**ו	(I)	
] / ולהקים בריתו **קודש**֯[	(I, XXVI)	1QSb V,23
ובשם **קודש**ו יגברכה	(I)	1QSb V,28
] את ש֯[ם] **ק֯ודש**ו		1QpHab II,4
תעודות אל לעצת **קודש**		1QM III,4
כיא מלאכי **קודש** עם צבאותם יחד		1QM VII,6
ורואי / מלאכי **קודש** מגולי אוזן		1QM X,11
]מועדי **קודש** ותקופות שנים		1QM X,15
הכנ[י]ע֯ פעמים רבות בשם **קודש**כה		1QM XI,3
בזבול **קודש**כה לה[ודות אמת]כה		1QM XII,1
ובחירי עם **קודש** / שמתה לכה ב◦[		

Reference	Vol.	Text
1QM XII,2		כול צבאם אתכה במעון **קודשכה**
1QM XIII,2		ברוך אל ישראל בכול מחשבת **קודשו**
1QM XIV,12		ואנו עם **קודשכה** במעשי אמתכה
1QH^a IV,26		[אודך אדוני כי]הניפותה רוח **קודש**[ך]
1QH^a V,7		]ה **קודש** מקדם ע[ולם]לעולמי עד
1QH^a V,14		]◦ רקיע **קודשך** [וכול] / צבאותיו
1QH^a VI,6		] **קודש** לדורות ע[ולם] וכול / [
1QH^a VI,13		ר]וח **קודשך** וכן הגישני לבינתך
1QH^a VII,23		]קֿודשך ואדעה כי בם בחרתה
1QH^a VII,26		וא◦[ ]לֿ[ ] **קודשך** [
1QH^a VIII,11		] / ברוח קו[**דשך**
1QH^a VIII,12		] / רוח **קוד**[שך
1QH^a VIII,16		ולהתחזק ברוח ק[**ודשך**]
1QH^a VIII,21		לטהרני ברוח **קודשך**
1QH^a IX,11		בטרם / היותם למלאכי קֹ[**ודשכה**
1QH^a XI,34		ויהם זבול **קודשו** באמת / כבודו
1QH^a XIV,20		להועיל מדרכיהם בדרך **קודֿ**[שכה
1QH^a XV,7		ורוח / **קודֿשכה** הניפותה בי בל אמוט
1QH^a XV,10		אלי נתת<נ>י לעפים לעצת **קודש**
1QH^a XVI,10		ומפריח נצר קֹ[ו]**דֿש** למטעת אמת
1QH^a XVI,12		ברז גבורי כוח / ורוחות **קודש**
1QH^a XVI,13		ועם עצי עולם / לא ישתה מי **קודש**
1QH^a XVII,32		וּֿברוח **קודֿשכה** תשעשעני
1QH^a XX,2		אשכנ]הֿ לבטח במעון **קוֿ**[דש
1QH^a XX,12		שמעתי לסוד פלאכה ברוח **קוֽדשכה**
1QH^a XX,28		ק]**ודש** / [ ]◦ עולם
1QH^a XXII,1		במעון קו]**דש** אשר בשמים / [
1QH^a XXIV,10		יתהלכון **קודש**]**וֿם** כעבותי רוח
1QH^a 2i13		רוח קו]**דשכה** הניפותה לכפר אשמה / [
1QH^a 11,9		] **קוֿדש** וכאשר בנֿפֿשך לֿ[
1QH^a 11,10		לשמך תב[ ] בעדת קֹ[**ודש**
1Q**19** 11,2	(I)	]ל **הקוֽדֿ**[ש
1Q**22** 1i8	(I)	ויעֿ[ברו כול מקרא קו]**דש**
1Q**30** 1,2	(I)	מ]שֿיח **הקודש** [
1Q**34**bis 3ii6	(I)	ותֿ[תנ]ם להבדל לך **לקודש** מכול העמים
1Q**34**bis 3ii7	(I)	ודברי / [רוח] **קודשֿך** במעשי ידיֿך
1Q**39** 1,6	(I)	]◦ים ברוח **קודשכה** [
4Q**158** 13,2	(V)	ק]**וֿדש** הוא קודש קדשים / [
	(V)	ק]וֿדש הוא **קודש** קדשים / [
	(V)	ק]וֿדש הוא קודש **קדשים** / [
4Q**159** 1ii12	(V)	שק]ל **הקודש** מחצ[ית
4Q**161** 8-10,19	(V)	כ]סא כבוד נזר ק[**ודש**] ובגדי רוקֿמֿוֿ[ת
4Q**171** 1+3-4iii8	(V)	שרי ה[רש]עֿה אשר הונו את עם / **קודשו**
4Q**171** 1+3-4iii11	(V)	וב]**קודשו** יתענגו וֿ[מקול]לֿוֿ / יכרתו
4Q**171** 3-10iv25	(V)	רו]ח **קודש** כיא / [
4Q**176** 8-11,2	(V)	לב[שי בגדי תפארתך י]רֿושלים עֿיר **הקודש**
4Q**176** 16,3	(V)	ב]ית **קודש** ולתת מילת איש ל[
4Q**179** 1i7	(V)	]חֿצרות **קודשנו** היו / [
4Q**181** 1,4	(V)	לעדת **קודש** במעמד לחיי עולם
4Q**185** 4i3	(V)	]**קודש** / ולֿעֿמֿי[
4Q**215**a 1ii11	(XXXVI)	ותושיה נבחנו במחֿשֿ[בת]קֿ[ו]**דֿשֿ**[ו
4Q**215**a 2,1	(XXXVI)	**קודשו** יסדם ל[
4Q**216** V,5	(XIII)	לפניו מלֽאֽכי]הֿפנים ומלֽאֽכֿי הקֿוֿ[**דש**]
4Q**216** VII,16	(XIII)	וזה עם זה נעשו יחד **לקדשֿ**[ולברכה
4Q**225** 2ii5	(XIII)	] / מלאכי **קוֽדש** עומדימ בוכים על[המזבח
4Q**226** 1,7	(XIII)	]◦ כי **קודשֿ**[ב]עֿ[ו]לֿם עולמים ◦[
4Q**226** 7,6	(XIII)	ומלאכי **הקדש** מ[
4Q**248** 9	(XXXVI)	וככלות] / נֿפצ יד עם הקֿ[**דש**
4Q**249**e 1i-3,7	(XXXVI)	בגו]רל בתוֿ[ך משפחתו בעד]תֿ **קוד**[ש
4Q**251** 15,1	(XXXV)	קדש **קד**]**שים** הוא והֿיֿ[ה
4Q**255** 2,1	(XXVI)	וברוח **קודשו** ליחד באֿמֿתֿ[ו] יטהֿ[ר
4Q**256** IX,9	(XXVI)	וֿ[אשר לוא יגעו לטהרת אנשי] / **הקודֿשֿ**
4Q**256** IX,11	(XXVI)	ואל יואכל] / [איש מא]נֿשי הֿקֿ**ודש** [מהונם
4Q**256** XIX,1	(XXVI)	] / מאורות מזבול **קודשו**
4Q**256** XIX,2	(XXVI)	בהתחדשם יום גדול **לקודש** קודשים
	(XXVI)	בהתחדשם יום גדול לקודש **קודשים**
4Q**257** V,1	(XXVI)	ומחשבֿת ק[ו]**דֿש** / [ביצר סמוך
4Q**258** I,5	(XXVI)	לכל / המֿתֿנֿדֿבֿ **לקדש** באהרֿן
4Q**258** I,8	(XXVI)	[וא]שֿרֿ לא יגעו לטהרת אנשי / [**הקד**]**ש**
4Q**258** I,9	(XXVI)	ואל יואכל איש מאנשי **הקדש** / [מהונם
4Q**258** VI,2	(XXVI)	ובל יחישו ממ]קומם מעון **קודש** קודשים
	(XXVI)	ובל יחישו ממ]קומם מעון קודש **קודשים**
4Q**258** VII,3	(XXVI)	ונכתב בתכונו ליחד **קודש**
4Q**258** VII,4	(XXVI)	ל[י]סֿד רוח **קודש** לאמת עולם
4Q**258** VII,6	(XXVI)	בעת ההיא יבדלו בית אהרון **לקודש**
4Q**258** IX,1	(XXVI)	בהתחדשם יום גדול **לקודש** קודשים
	(XXVI)	בהתחדשם יום גדול לקודש **קודשים**
4Q**258** IX,3	(XXVI)	וימי / **קודש** בתכונם
4Q**259** II,14	(XXVI)	וסוד] **קדש** קדשים לאהרֽוֿןֿ
	(XXVI)	וסוד] קדש **קדשים** לאהרֽוֿןֿ
4Q**259** II,17	(XXVI)	וב]לֿ יחישו ממקומם / מעֿוז **קודש** קו[ד]שֿים
	(XXVI)	וב]לֿ יחישו ממקומם / מעֿוז קודש **קוֿ**[**ד**]**שֿים**
4Q**259** III,1	(XXVI)	יבדלו] **לֿקודש** בתוך עֿצֿת אנֿ[שי] / [היחד
4Q**260** II,5	(XXVI)	בראשית ירחים למועדיהם וימי **קוד**]**שֿ**
4Q**260** V,4	(XXVI)	לֿוא ימצאו בשפתי / ופרי **קודש** בלשונֿי
4Q**265** 7,14	(XXXV)	וכול הֿאב אשר בתוכו **קודשֿ**
4Q**265** 7,17	(XXXV)	בכול **קודש** [לא תגע
4Q**266** 5i9	(XVIII)	המחזי]קֿים בשם **קוד**[**שו**
4Q**266** 5ii7	(XVIII)	ואל יֽיֽכל את **קודש** הֿ[קודשים
4Q**266** 5ii11	(XVIII)	בשרירות לבו לאכול מן **הקודש**[
4Q**266** 5ii15	(XVIII)	אנשי] / **הקודֿ**[**ש** במחני]הֿם [ו]עֿריהם
4Q**266** 6ii3	(XVIII)	והיאה אל תוכל **קודש**
4Q**266** 6iv3	(XVIII)	[יהיו] / כמשפֿטם [בארמ]תֿ **הקודש**
4Q**266** 8i9	(XVIII)	כי מלאכֿ[י] **הקודֿ**[**ש** בתוכם]
4Q**266** 11,12	(XVIII)	ומשפטי **קודֿשכה** אשר יעֿשה הֿאדם וחיה
4Q**266** 13,1	(XVIII)	]◦**הקודֿשֿ** [
4Q**266** 15,3	(XVIII)	]ל קדושי **קודש**[
4Q**267** 2,6	(XVIII)	וגם במשיחי **הקודש**
4Q**267** 5ii2	(XVIII)	המחזיקים בשם] / [הקו]**דֿש**
4Q**268** 3,3	(XVIII)	]◦ה את **הקודֿ**[**ש**
4Q**269** 9,4	(XVIII)	אל יבא איש אשה בברי]תֿ **קוד**[**ש**]
4Q**270** 2ii11	(XVIII)	לטמא את רוח **קודשו** ◦[
4Q**270** 2ii14	(XVIII)	או ידבר] / סרה על משיחי רוח **הקדש**
4Q**270** 5,17	(XVIII)	אל יבא אֿיֿשֿ[אשה בברי]תֿ **הקודֿ**[**ש**]
4Q**271** 3,11	(XVIII)	אל יבא איש / [אשה בברית ? הקו]**דש**
4Q**274** 2i9	(XXXV)	ולכול **הקודשים** יכבס אֿ[יש] במים
4Q**276** 1	(XXXV)	בגדים]אשר לוא שרת בם **בקודשֿ** / [
4Q**284** 5,1	(XXXV)	]הֿ**קודש** אשר / [
4Q**284** 5,2	(XXXV)	]הֿ **לקודש** / [
4Q**285** 8,11	(XXXVI)	ושם] / **קודשו** נקרא עֿ[ליכם
4Q**286** 1ii2	(XI)	ומדֿרֿ[ך] / **קודשכה** ומרכבות כבודכה
4Q**286** 1ii4	(XI)	ורום כבוד סוד **קודש** ומקֿ[ור ז]וֿהר
4Q**286** 1ii7	(XI)	מֿקֿוֿרֿ עֿרֿמֿה / ועצת **קודש** וסוד אמת
4Q**286** 1ii9	(XI)	ושבועי **קודש** בתכונמה ודגלי חודשים [
4Q**286** 2,4	(XI)	יברכו בי]חֿד כולמה את שם **קודשכה** / [
4Q**286** 2,5	(XI)	קו]**דש** קודשים ואֿרֿ[ו] / [
	(XI)	קו]דש **קודשים** ואֿרֿ[ו] / [
4Q**286** 11,3	(XI)	]תֿ **קודֿ**[**ש**
4Q**286** 17b,1	(XI)	בשקל **הקוד**]**שֿ** בנֿי אֿ[הרון
4Q**287** 2,5	(XI)	זו]הר רֿוקמת רוחי **קודש** קודֿ[שים

4Q**287** 2,5	(XI)	זו]הר רוקמת רוחי קודש קוד[שים
4Q**287** 2,6	(XI)	]∘∘∘[ ]ם ורקיעי קודש[
4Q**287** 2,7	(XI)	ירננו רוחי קודש]קודשים בכול מועד[י
4Q**287** 2,9	(XI)	וכול משרתי ק[ודש
4Q**287** 2,13	(XI)	רוחי]קודשכה במעו[ני פלאיהמה
4Q**287** 3,1	(XI)	ויברכו את שם קודשכה בברכות[
4Q**287** 10,13	(XI)	]ה על משיחי רוח קוד[שו
4Q**289** 1,5	(XI)	מלאכי]הקודש בתוך כול [עדתם
4Q**291** 1,5	(XXIX)	]ת קודשו ברוך אתה {{אל}}[
4Q**293** 1,1	(XXIX)	]⟦ ⟧ קוד[ש
4Q**293** 1,3	(XXIX)	שם קוד]שכה הנכבד לעולמי ע[ד
4Q**299** 53,2	(XX)	]בקודשו ∘∘[
4Q**299** 55,1	(XX)	] קודש ∘∘∘∘[
4Q**299** 55,5	(XX)	עבו]דת קודשו ולכפר על ∘∘[
4Q**299** 83,5	(XX)	עבו]דת קוד[ש
4Q**301** 3a-b,6	(XX)	[ונ]כבד אל בעם קודשו ונהדר ה[ואה] / [
4Q**301** 3a-b,7	(XX)	ונהדר[הואה ברום קו]דשו
4Q**302** 1i10	(XX)	ק]דשו ישרא[ל] / [
4Q**320** 3i9	(XXI)	]∘ שני הקדש / [
4Q**364** 17,2	(XIII)	הפרכת לכמה בין הקדש ובין קדש הקדשים[
	(XIII)	בין הקדש ובין קדש הקדשים[
	(XIII)	בין הקדש ובין קדש הקדשים[
4Q**364** 17,3	(XIII)	על הארון העדו{{ו}}ת בקד הקדשים
	(XIII)	על הארון העדו{{ו}}ת בקד הקדשים
4Q**365** 10,1	(XIII)	קוד]ש [ ]ת[]ה[י]א לכמה [הי]א ליה[וה
4Q**365** 12a-bii6	(XIII)	[וי]עשו את שמן המשוחה קודש
4Q**365** 12biii1	(XIII)	ותולעת השני עשו בגדי]שרד בקודש
4Q**365** 27,5	(XIII)	שומר]י משמרת קודש
4Q**367** 3,7	(XIII)	[ליהוה הו]א קדש ליהוה
4Q**380** 1i4	(XI)	]קדשים / [כי ש]ם יהוה נקרא עליה
4Q**381** 33+35,11	(XI)	ואני לאזכרתיך [במקו]ם ק[דשך]
4Q**381** 48,8	(XI)	] / קדשך ותשבר א∘[
4Q**382** 98,2	(XIII)	]קודש[
4Q**388**a 7ii9	(XXX)	] / [ו]קדש הקדשי[ם
	(XXX)	] / [ו]קדש הקדשי[ם
4Q**390** 2i2	(XXX)	ומזבחי וא]ת מקדש הקד[ש
4Q**394** 8iv8	(X)	ואין להבי למחני הק[ו]דש כלבימ
4Q**394** 8iv10	(X)	כי / ירושלים היאה סחנה הקדש
4Q**394** 8iv15	(X)	[שלוא יבואו עם טהרת הקו]דש
4Q**396** 1-2iii5	(X)	שלוא י]בואו {{לט}} עם טהרת הקוד[ש]
4Q**396** 1-2iii8	(X)	[הצרועים באים ע]ם טהרת הקודש לבית
4Q**396** 1-2iii11	(X)	אין להאכילם מהקו[ד]שים
4Q**396** 1-2iv5	(X)	והמה ב[ני זרע] / קדש
	(X)	משכתוב קודש ישראל
4Q**397** 6-13,2	(X)	ואין להבי למחני הק]ודש כלבים
4Q**397** 6-13,3	(X)	כי ירושלים היאה]מחנה הקודש
4Q**397** 6-13,8	(X)	הצ[רועים באים עם] טהרת ה[קוד]ש לבית
4Q**397** 6-13,12	(X)	והמה בני זרע קדש] כשכתוב קודש [ישראל]
4Q**397** 6-13,15	(X)	והם מתוככים ומטמאים את זרע הקוד]ש
4Q**398** 9,2	(X)	קד]ש ק[דשים
4Q**400** 1i7	(XI)	וממקור הקודש למקדשי קודש / [קודשים
	(XI)	וממקור הקודש למקדשי קודש / [קודשים
4Q**400** 1i8	(XI)	משרתי פני מלך קודש / [קודשים
4Q**400** 1i10	(XI)	בק]ודש קודשים / [
	(XI)	בק]ודש קודשים / [
4Q**400** 1i12	(XI)	]קודש קודשים כו[הני
	(XI)	]קודש קודשים כו[הני
4Q**400** 1i14	(XI)	וא[י]ן טמא בקודשיהם
4Q**400** 1i15	(XI)	וחוקי קוד]שים חרת למו
4Q**400** 1ii6	(XI)	] / קדושי קודש קודש[ים
4Q**400** 1ii6	(XI)	] / קדושי קודש קודש[ים
4Q**400** 1ii16	(XI)	] / קודשי[
4Q**400** 2,6	(XI)	וכוהנתנו מה במעוניהם וק[ודשנו
4Q**400** 2,7	(XI)	] / קודש[י]הם [מה] תרומת לשון עפרנו
4Q**400** 2,9	(XI)	ק]ודש ובינתו מכול ידע[י
4Q**400** 2,10	(XI)	]ה קודש קודש ראיש[ון
	(XI)	]ה קודש קודש ראיש[ון
4Q**400** 3ii+5,1	(XI)	] / זמרות קודשו [
4Q**401** 6,4	(XI)	]שרי קודש / [
4Q**401** 6,5	(XI)	קוד]ש קודשים / [
	(XI)	קוד]ש קודשים / [
4Q**401** 12,1	(XI)	]∘ש בקודש[קודשים
4Q**401** 12,3	(XI)	קוד]ש קודשים לפ[ני
	(XI)	קוד]ש קודשים לפ[ני
4Q**401** 16,5	(XI)	]ב הללוהו קודש / [
4Q**401** 17,3	(XI)	קו]דשים כ[
4Q**401** 23,1	(XI)	]∘ נשיא קו[דש
4Q**401** 31,3	(XI)	]י קו[דש
4Q**401** 32,3	(XI)	]קודש[
4Q**401** 35,2	(XI)	ק]ודש קודשים ירום[
	(XI)	ק]ודש קודשים ירום[
4Q**403** 1i6	(XI)	לנש[יאי רוש] זמר עוז [לאלו]הי קו[דש]
4Q**403** 1i9	(XI)	שבע[תהלי זמירו]ת קודשו
4Q**403** 1i24	(XI)	יברך בשם קודשו לכול קדושים
	(XI)	ממיסדי ד[עת] בשב[עה]דברי קודש פלא[ו
4Q**403** 1i31	(XI)	למלך הכבוד המקדיש בקודעו לכול קדושו
4Q**403** 1i41	(XI)	באלה יהללו כול י[סודי קוד]ש קודשים
	(XI)	באלה יהללו כול י[סודי קוד]ש קודשים
4Q**403** 1i42	(XI)	טוהר טהורים למקדש קודש[ו]
4Q**403** 1i44	(XI)	רו]חי קוד[ש] קודשים אלוהיםחיים[
	(XI)	רו]חי קוד[ש] קודשים אלוהיםחיים[
	(XI)	רו]חי קוד[ש עו]למים
4Q**403** 1ii1	(XI)	רוקמת רוח קודש קודשי[ם
	(XI)	רוקמת רוח קודש קודשי[ם
4Q**403** 1ii7	(XI)	] / מתהלך סביב רוחות קודש קודשים ∘[
	(XI)	] / מתהלך סביב רוחות קודש קודשים ∘[
4Q**403** 1ii8	(XI)	] / קודש ק[וד]שים רוחות אלוהים
	(XI)	] / קודש ק[וד]שים רוחות אלוהים
4Q**403** 1ii11	(XI)	וקדש[ ]לשבעת קודשי רום
4Q**403** 1ii14	(XI)	דביר לדביר בקול המוני קודש
4Q**403** 1ii16	(XI)	והללוהו בדביר קודש[
4Q**403** 1ii22	(XI)	לשבעת סודי קודש כ[
4Q**403** 1ii27	(XI)	לשבעת גבולי קוד[ש קדשים
4Q**403** 2,1	(XI)	קודש קוד]שים[ ]א[
4Q**403** 2,4	(XI)	]קודש בד[ ]∘[
4Q**403** 3,2	(XI)	קו]דש קודש[ים
	(XI)	קו]דש קודש[ים
4Q**404** 5,1	(XI)	] רוח קודש קודשים / [
	(XI)	] רוח קודש קודשים / [
4Q**404** 5,2	(XI)	]קודש עולמים ממעל / [
4Q**404** 5,7	(XI)	]בקודש [
4Q**405** 6,2	(XI)	קודש]ים [עמודי] משא[ל]זבול רו[ם רומ]ים
4Q**405** 6,5	(XI)	]רוחי קוד[ש]קדשים[ ]אלוהים חיים
	(XI)	]רוחי קוד[ש]קדשים[ ]אלוהים חיים
	(XI)	רו[חי]ק[ודש] / [
4Q**405** 6,8	(XI)	]∘ל[ ]∘∘ת בקדש קדשים ∘∘[
	(XI)	]∘ל[ ]∘∘ת בקדש קדשים ∘∘[
4Q**405** 7,2	(XI)	]ק[ודש] קוד[שים
	(XI)	]ק[ודש] קוד[שים
4Q**405** 11,2	(XI)	קוד]ש קדשים ש[

]לבבכה קו[דש	(XXXIV)	4Q418 236,3
]דברי קודש כחוק [	(XX)	4Q421 13,4
אש]ר עשה ורוח קודש[ו	(XIII)	4Q422 I,7
כאשר שמכה לק]דש קודשים	(XXXIV)	4Q423 8,3
פן ישוגו ב]דרכי קודש / [	(XXXIV)	4Q423 9,3
] / [ב]כול מחשבת קוד[ש(ו)	(XX)	4Q425 4ii3
ותכנע אלים מ]מכון קוד[שכה]	(XXIX)	4Q428 15,3
] / קודש ◦[	(XXIX)	4Q431 1,1
]תן שירותיו קודש ל◦[	(XXIX)	4Q433a 1,4
ולשוני פתחתה לדברי קודש	(XXIX)	4Q436 1a+bi7
[ורוח קוד]ש שמתה בלבבי	(XXIX)	4Q436 1ii1
ובשם קודשו חסו תו◦[	(XXIX)	4Q438 6,2
ומרות קודשו ◦[	(XXIX)	4Q444 1-4i+5,1
]קודש[	(XXIX)	4Q456 2,2
ק]רא לשון הקודש / [	(XIX)	4Q464 3i8
קו]דש קוד[שים	(XXXVI)	4Q468b 6
קו]דש קוד[שים	(XXXVI)	
] / קוד[ש	(XXIX)	4Q476 3ii6
] קוד[ש	(XXIX)	4Q476a 2,2
] / קודשו בש[מ]חת עולם	(VII)	4Q491 1-3,5
כיא מלאכי קודש במערכותמה יח[ד	(VII)	4Q491 1-3,10
ו]צבא [מ]ל[אכי]ם בזבול קוד[שכה	(VII)	4Q491 5-6,1
ומכוני בעדת קודש	(VII)	4Q491 11i14
מע]ון הקודש [מ]יא לבוז נחשב ביא	(VII)	4Q491 11i15
]במעון הקודש זמרוה[ו	(VII)	4Q491 11i20
ע]ם קודשו ממלכות כו[הנים	(VII)	4Q491 16,3
קו]דשכה [	(VII)	4Q497 14,3
] לשער מרום הקודש [	(VII)	4Q500 1,4
]לו מהיות קוד[ש	(VII)	4Q502 1,6
קו]דשים מודה לאל[	(VII)	4Q502 2,2
]קודש [	(VII)	4Q502 6-10,13
]אשישי [קו]דש קודשים / [	(VII)	
]אשישי [קו]דש קודשים / [	(VII)	
]◦ קוד[ש	(VII)	4Q502 25,4
] קודש[	(VII)	4Q502 33,1
]ת קודש[	(VII)	4Q502 44,3
]◦ קוד[ש	(VII)	4Q502 51,3
] הקוד[ש	(VII)	4Q502 64,1
]ה מועדי ק[ודש	(VII)	4Q502 76,2
קו]דש קודשי[ם	(VII)	4Q502 97,3
קו]דש קודשי[ם	(VII)	
קוד]ש קודשים[	(VII)	4Q502 97,4
קוד]ש קודשים[	(VII)	
]◦ קודשו [	(VII)	4Q502 97,5
]קודש קו[דשים	(VII)	4Q502 100,2
]קודש קו[דשים	(VII)	
ק]ודש [	(VII)	4Q502 191,2
]קודש◦[	(VII)	4Q502 196,1
ק]ודש[	(VII)	4Q502 211,1
אנו עם קודשו[	(VII)	4Q503 1-6iii20
ואנו עם קודשו מרוממים הלילה[	(VII)	4Q503 11,3
קודש קו]דשים במרומ[ים	(VII)	4Q503 15-16,2
ש]ם קודשו [	(VII)	4Q503 15-16,3
]◦◦ו וכבוד בקוד[ש קודשים	(VII)	4Q503 15-16,4
]ר ועדים לנו בקוד קודשים[	(VII)	4Q503 15-16,5
]ר ועדים לנו בקוד קודשים[	(VII)	
]קודשכה [	(VII)	4Q503 15-16,13
קוד]שכה[	(VII)	4Q503 15-16,18
קודש]קודשים[	(VII)	4Q503 23,1
קוד]ש ק[ודשים	(VII)	4Q503 24-25,1

קוד]ש קדשים ש[	(XI)	4Q405 11,2
]דמות פלא רוח קוד[ש]קודשים	(XI)	4Q405 14-15i2
]דמות פלא רוח קוד[ש]קודשים	(XI)	
רוחי קורב קודש קודשים ב[	(XI)	4Q405 14-15i4
רוחי קורב קודש קודשים ב[	(XI)	
בד]בירי כבוד מבנית / [מקדש קו]דש קודשים	(XI)	4Q405 14-15i7
בד]בירי כבוד מבנית / [מקדש קו]דש קודשים	(XI)	
] קודש קודשים / [	(XI)	
] קודש קודשים / [	(XI)	
]בדבירי קודש מושבי / [	(XI)	4Q405 17,6
קו]דשים ברוח דממת אלוהי[ם	(XI)	4Q405 18,3
] / ושבחהו ברני אלוהים רוחי ק[ודש קודשים	(XI)	4Q405 19,2
אמת[ו]צדק בקודש[ק]ודשים	(XI)	4Q405 19,4
אמת[ו]צדק בקודש[ק]ודשים	(XI)	
כ[ו]ל[מעשי]הם ק[וד]שי דבקי פלא[	(XI)	4Q405 19,5
וצורות בדניהם מלאכי קודש	(XI)	4Q405 19,7
]כרובי קודש אופני אור	(XI)	4Q405 20ii-22,3
] / קודש מעשי פנו[תו	(XI)	4Q405 20ii-22,4
ובלכת האופנים ישובו מלאכי קודש יצא	(XI)	4Q405 20ii-22,9
כמראי אש רוחות קודש קדשים	(XI)	4Q405 20ii-22,10
כמראי אש רוחות קודש קדשים	(XI)	
והללו קודש בהשיב דרכיהם	(XI)	4Q405 20ii-22,12
ובכול מוצאי מלאכי קודש לממשלתם	(XI)	4Q405 23i8
בצאת ובמבוא בשע[ר]י קודש	(XI)	4Q405 23i10
מראי שני צבעי אור רוח קודש קדשים	(XI)	4Q405 23ii8
מראי שני צבעי אור רוח קודש קדשים	(XI)	
מחזקות מעמד קודשם לפני[	(XI)	
ממלכות קדושים למלך הקודש	(XI)	4Q405 23ii11
[ ]קות מסרותם בכול [ ]ר[ ] קוד[ש	(XI)	4Q405 23ii13
]◦ קוד[ש	(XI)	4Q405 26,1
]קוד{{ד}}ש[	(XI)	4Q405 27,2
קו]דש[ק]ודשי[ם	(XI)	4Q405 41,3
קו]דש[ק]ודשי[ם	(XI)	
]קוד[ש	(XI)	4Q405 43,4
שב]עת גבולי קו[דש	(XI)	4Q405 44.1
]◦◦ קודש[	(XI)	4Q405 74,3
קוד]ש קו[דשים	(XI)	4Q405 85,1
קוד]ש קו[דשים	(XI)	
]קודשיהם / [	(XI)	4Q407 1,2
מ]לאכי קודש / [	(XI)	4Q407 1,3
]בקודע[	(XI)	4Q407 1,5
]קודש [	(XI)	4Q407 2,2
ב]הפיע פארי כבדו מזבול קד[ש	(XXXVI)	4Q408 3+3a,5
לברך את שמ קדשך	(XXXVI)	4Q408 3+3a,9
בר]ך את שם קודשו	(XXIX)	4Q409 1i7
ותטהרנו לחוקי קודש[כה	(XXXV)	4Q414 2ii-4,1
] / קודשכה[	(XXXV)	4Q414 11ii5
]קודשי[	(XXXV)	4Q414 21,3
] / קודשכה לוא[	(XXXIV)	4Q415 1ii3
]ב עולם וזרע / קודשכה לוא[	(XXXIV)	4Q415 2i+1ii5
] / פן תפרעי ברית קוד[ש	(XXXIV)	4Q415 2ii4
אל תמר רוח קודשכה	(XXXIV)	4Q416 2ii6
] / ק[וד]שכה כיא א[י]ן מחיר שוה[	(XXXIV)	4Q417 2ii+23,9
כיא מלאכי קודש[ ]ל[ו] בשמים / [	(XXXIV)	4Q418 55,8
] ואנשי {{קודש}} צדק לוא[	(XXXIV)	4Q418 76,2
]ורוחי קודש[	(XXXIV)	4Q418 76,3
כאשר שמכה לקדוש קודשים[	(XXXIV)	4Q418 81+81a,4
וכול הנקרא לשמו קודש◦[	(XXXIV)	4Q418 81+81a,12
מש]פט קדש[	(XXXIV)	4Q418 174,2
]נחלת קוד[ש	(XXXIV)	4Q418 234,1

Reference	Vol.	Text
4Q503 24-25,1	(VII)	קוד]ש ק[ודשים
4Q503 26,3	(VII)	קו]דשו [
4Q503 27,5	(VII)	קוד]ש קו[דשים
	(VII)	קוד]ש קו[דשים
4Q503 29-32,23	(VII)	קודש קו]דשים והלילה ◦[
4Q503 33i+34,3	(VII)	] קודש / [
4Q503 37-38,14	(VII)	ברוך] / אלוהי כול קודש[ים
4Q503 37-38,15	(VII)	] / קודש ומנוח לנ[ו
4Q503 37-38,19	(VII)	ברוך אלוהי כול] / [קו]דשים ◦◦מ[
4Q503 40ii-41,5	(VII)	]מנוח קודש [
4Q503 40ii-41,7	(VII)	] קודשים ◦[
4Q503 62,3	(VII)	]◦קודש ל[
4Q503 68,5	(VII)	] קודש[
4Q503 70-71,3	(VII)	]◦ מועדים וקוד[ש
4Q503 74,4	(VII)	]◦ קוד[ש
4Q503 116,1	(VII)	] קוד[ש
4Q503 162,1	(VII)	] ק[ו]דש[
4Q503 165,2	(VII)	]קוד[ש
4Q504 1-2iv12	(VII)	ואת / ציון עיר קודשכה ובית תפארתכה
4Q504 1-2v15	(VII)	[כי]א יצקתה את רוח קודשכה עלינו
4Q504 1-2vii5	(VII)	ברכו] / את שם קודשו תמיד בש[
4Q504 1-2vii6	(VII)	] / כול מלאכי{{ם}} רקיע קודש ו[
4Q504 1-2vii11	(VII)	שם] / קודשו הרננו ל{{ה}}אל נ◦◦[
4Q504 Verso 2vii7	(VII)	]◦◦◦◦ אל קודשיהם / [
4Q504 Verso 2vii8	(VII)	]קודשו וישא / [
4Q504 3ii8	(VII)	]א ודברי קודשך שמענ[ו
4Q504 3ii10	(VII)	שם קו]דשכה הגדול[
4Q504 4,5	(VII)	אלה ידענו באשר חנואת[נו]רוח ק[ודש
4Q504 4,16	(VII)	ברוך]אדוני שם קודשכ[ה
4Q504 5ii2	(VII)	] / קודש עומד לפניכ[ה
4Q504 6,11	(VII)	קוד]שכה הולך לפנינו
4Q506 131-132,11	(VII)	ידענו / [בא]שר [חנו]את[נו רוח] הקודש
4Q508 18,2	(VII)	]◦קודש עמכול [
4Q508 25,1	(VII)	]קוד[ש
4Q509 27,3	(VII)	] קוד[ש
4Q509 31,3	(VII)	]קודשכה[
4Q509 32,4	(VII)	]◦[ ] קודש עם כ[
4Q509 58,6	(VII)	]◦ קוד[ש]◦◦◦[
4Q509 97-98i7	(VII)	ותתנם להבדל ל]כה לקודש / [מכול העמים
4Q509 131-132i5	(VII)	]קודשכ[ה] / [
4Q509 131-132ii16	(VII)	] / קוד[ש
4Q511 2i2	(VII)	הללו את שם] / קודשו
4Q511 2i6	(VII)	ומסל[ת ק]ודשו לקדושי עמו
4Q511 41,2	(VII)	]ת לכרובי קודש[
4Q512 29-32,2	(VII)	]עם קודש[
4Q512 29-32,11	(VII)	]מקטרת קודשכ[ה וני]ח[ו]ח רצונכה[
4Q512 1-6,3	(VII)	]אפר קודש [
4Q512 48-50,3	(VII)	] / עם קוד[ש
4Q512 64,6	(VII)	]וחוקי קוד[שכה
4Q513 2ii1	(VII)	להגיעם בטהרת [הקו]דש כיא טמאים[המה
4Q515 3i1	(VII)	]קודשו / [
4Q518 32,3	(VII)	]קודש [
4Q521 8,8	(XXV)	היכ]ל וכל כלי קדשו / [
4Q524 6-13,8	(XXV)	וכול קו]ד[שיהמה אשר יקדישו לי
6Q15 3,4	(III)	ביד מש]ה וג[ם]במשיחי הקודש[
11Q5 XXIV,4	(IV)	פרשתי כפי / למעון קודשכה
11Q5 XXVIII,11	(IV)	וימשחני בשמן הקודש
11Q14 1ii4	(XXIII)	] וברוך שם קודש[ו] / לעולמי עד
11Q14 1ii6	(XXIII)	וברוכים כול / מלאכי קודשו
11Q14 1ii15	(XXIII)	ושם קודשו נקרא עליכם
11Q17 I,6	(XXIII)	]שי קוד[ש
11Q17 IV,9	(XXIII)	דמות פלא רוח קו]דש קודשים
	(XXIII)	דמות פלא רוח קו]דש קודשים
11Q17 VII,5	(XXIII)	כרו]בי קוד[ש אופני אור
11Q17 VIII,8	(XXIII)	]ק[ו]דש / קודשי[ם
11Q17 VIII,9	(XXIII)	]ק[ו]דש / קודשי[ם
11Q17 IX,5	(XXIII)	]ם הטוהר ברוח קוד[ש] / [
11Q17 IX,9	(XXIII)	קו]דשו / [
11Q17 X,5	(XXIII)	]קודש מלך / הכבוד לכול מעשי אמת[ו
11Q17 X,6	(XXIII)	]הו משאי קודש / לכסאי כבודו
11Q17 X,7	(XXIII)	מר]כבות הדרו ולדבירי קו[דשו
11Q17 29,3a	(XXIII)	]קודש קודש[ים
	(XXIII)	]קודש קודש[ים
11Q17 29,4	(XXIII)	]קודש קוד[שים
	(XXIII)	]קודש קוד[שים
11Q17 29,5	(XXIII)	קו]דשי[ם
11Q17 32,2	(XXIII)	]◦ת קודשו פ◦◦ת ד◦[
11Q19 IV,7		]ה הרחב וקומת הק[ודש ?
11Q19 XVII,9		ואכלוהו בלילה / בחצרות [ה]קודש
11Q19 XVII,10		ובחמשה עשר לחודש הזה מקרא קו[דש]
11Q19 XXVII,8		שבת שבתון מקרא קודש יהיה לכמה
11Q19 XXXII,12		] / בבואם לשרת בקודש
11Q19 XXXIII,7		מקדשים את עמי בבגדי הקודש
11Q19 XXXV,1		[אל ? קוד]ש הקודשי[ם לוא יבוא ?
		[אל ? קוד]ש הקודשי[ם לוא יבוא ?
11Q19 XXXV,3		ק]ודש / [
11Q19 XXXV,9		והיה קודש קודשים לעולם ועד
		והיה קודש קודשים לעולם ועד
11Q19 XLIII,16		בימי המעשה לאונמה כי קודש הוא
11Q19 XLIII,17		ובימי הקודש יאכל
11Q19 XLVI,10		יהיה / מבדיל בין מקדש הקודש לעיר
11Q19 XLVII,4		ומקד[שי בתוכה] תהיה קודש
11Q19 LIII,9		רק קודשיכה וכול נדריכה תשא
11Q19 LX,1		[ואכלו בקוד?]ש הק[ודשים ?
		[ואכלו בקוד?]ש הק[ודשים ?
11Q19 LX,3		וכול קודשיהמה אשר יקדישו לי
		עם כול קוד[ש] / הלוליהמה
11Q20 VII,24	(XXIII)	]ן שבתון זכרון מקרא קודש / [
PAM 43.676 6,3	(XXXIII)	]◦יסו קוד[ש ?
PAM 43.678 52,2	(XXXIII)	] קדש[
PAM 43.679 11,4	(XXXIII)	]◦ם קודשך[
PAM 43.694 43,1	(XXXIII)	]◦ קודשו [

to wait for, hope verb **קוה-1**

Reference	Vol.	Text
1QH[a] XVIII,22		ולסליחותיכה / אקוה
1QH[a] XIX,31		ולחסדיכה אקוה ולסליחות[יכה]
4Q160 3-4ii2	(V)	]קוו אלוהי לעמכה
4Q171 1-2ii4	(V)	וקואי יהוה המה ירשו ארץ
4Q381 33+35,9	(XI)	] / לישע פניך אקוה
4Q381 44,3	(XI)	ל]קויך ומציל לבטוחים[בך
4Q427 7i20	(XXIX)	[לש]ב לכת קוי דעות
4Q521 2i+3,9	(XXV)	]קויך לתשועה / [
11Q5 XIX,16	(IV)	ולכה קויתי / כול היום
11Q5 XXII,8	(IV)	כמה קוו לישועתך

line noun **קָוֶה**

Reference	Vol.	Text
4Q381 46a+b,7	(XI)	]קוה ופרסותם תשים נחשה

Kawik (?) proper noun **קווך**

Reference	Vol.	Text
4Q340 6	(XIX)	הרתו[ ] / קווך טו[ביה ?

voice, sound noun קוֹל

Reference	Vol.	Text
CD III,8		ולא שמעו / לקול עשיהם מצות יוריהם
CD XX,28		וישמעו לקול מורה
CD XX,32		והאזינו לקול מורה צדק
1QS VII,14		ואשר ישחק בסכלות להשמיע קולו
1QM I,11		נלחמים יחד לגבורת אל בקול המון גדול
1QM VI,13		ובעולים לשמוע [ק]ולות
1QM VIII,5		ותקעו הכוהנים בחצוצרות קול מרודד
1QM VIII,7		תרועה שנית קול נוח וסמוך ידי מפשע
1QM VIII,9		בשש חצוצרות / החללים קול חד טרוד
1QM VIII,10		והלויים וכול עם השופרות יריעו / קול אחד
		ועם קול התרועה יצאו / זרקות המלחמה
1QM VIII,11		קול השופרות יחישו
1QM VIII,12		ובח[צו]צרות יהיו / הכוהנים מריעים קול חד
1QM VIII,14		הכוהנים בחצוצרות המשוב / קול נוח מרודד
1QM VIII,15		]רות קול תרועה / גדולה לנצח מל[חמה
1QM IX,1		וכול העם יחשו מקול התרועה
1QM X,10		]◦ ושומעי קול נכבד ורואי / מלאכי קודש
1QM XII,15		בנו]ת עמי צרחנה בקול רנה
1QM XVI,5		]ים לקול החצוצרות עד התיצבם איש
1QM XVI,7		ח]צוצרות החללים קול חד טרוד
1QM XVI,8		]קול גדול
		ועם צאת הקול יחלו ידם
1QM XVI,9		וכול / העם יחשו קול התרועה
1QM XVII,10		והראשים נפשטים לקול החצוצרות
1QM XVII,14		[ועם צאת קו]ל[הת]רועה
		וכול העם יניח[ו] קול התרועה
1QM XIX,7		]בנות עמי הבענה בקול רנה
1QH[a] VIII,6		] להאזין קול נכבד [ ]◦ש[
1QH[a] X,16		יהמו כקול המון מים רבים
1QH[a] X,27		וכהמון מים רבים שאון קולם נפץ
1QH[a] XI,13		ויהמו שחקים בקול המון
1QH[a] XI,16		ומשברי מים בהמון קולם
1QH[a] XI,17		חצי שחת / עם מצעדם לתהום ישמיעו קולם
1QH[a] XI,35		וצבא השמים יתנו בקולם
1QH[a] XVI,34		ולא מצעד לקול רגלי
1QH[a] XVI,36		ואין להרים / קול [לש]ון לימודי◦◦
1QH[a] XVII,4		ערשי בקינה תשא [מטתי] בקול אנחה
1QH[a] XIX,26		וענו]ים ישמיעו יחד / בקול רנה
3Q15 IX,11	(III)	בקול המים הקרובין לכפר נבו
4Q158 6,6	(V)	] / את קול דברי אמו[ר] להמה נביא[
4Q161 5-6,7	(V)	צהלי] קולכי בת גלים
4Q169 3-4ii1	(V)	לא ישמע קולם עוד בגוים
4Q169 3-4ii3	(V)	לא ימוש טרף וקול שוט וקול רעש
	(V)	לא ימוש טרף וקול שוט וקול רעש
4Q175 1	(V)	שמעת את קול דברי / העם הזה
4Q176 1-2i6	(V)	קול קורה / במדבר פנו דרך ••••
4Q186 2i2	(V)	]והיאה תרגל ובת קולו עניה
4Q216 V,7	(XIII)	ומלאכי הקולו[ת] / ולמלאכי הרוחות[
4Q259 I,14	(XXVI)	ואשר ישחק[בסכלות להשמיע] / קולו
4Q266 1a-b,16	(XVIII)	לא שמעו] / לקול מושה [
4Q365 6aii+6c,12	(XIII)	אם ש[מ]ו[ע תש]מע [לק]ול יהוה אלוהיכה
4Q374 2ii9	(XIX)	ויתמוגגו ויתנ[ו]עעו חגו לק[ול
4Q374 15,1	(XIX)	]קולה ⟦ ⟧[
4Q377 2i8	(XXVIII)	]ל איש החסידים וישא קולו / [
4Q377 2ii9	(XXVIII)	מלפני כבוד אלוהים ומקולות הפלא[
4Q378 26,3	(XXII)	]ועדת עליון הק[ש]יבו לקול מ[ושה
4Q381 24a+b,10	(XI)	וקו[לי מהיכלו ישמע
4Q385 6,14	(XXX)	וי]הי קול[מעל רקיע
4Q385a 18ia-b,8	(XXX)	[וישמעו] בקול ירמיה לדברים
4Q401 14ii3	(XI)	] / קול רנות[
4Q402 4,9	(XI)	]אלוהים ירוצו לפקוד[תו] וקול המון[
4Q403 1ii11	(XI)	וקול ברך מראשי דבירו [
4Q403 1ii12	(XI)	] / וקול הברך {{נשמע}} נכבד
4Q403 1ii14	(XI)	] / פלא דביר לדביר בקול המוני קודש
4Q405 6,10	(XI)	]ת קול / [
4Q405 14-15i3	(XI)	ק]ול ברך למלך מרוממים
4Q405 15ii-16,7	(XI)	]דו למלך הכבו[ד] בקול רנה[
4Q405 18,4	(XI)	]דביר ימהרו מקול הכבו[ד
4Q405 18,5	(XI)	ת]הלי פלא בדממת ק[ול
4Q405 19,7	(XI)	מתחת לד[בירי] הפלא קול דממת שקט
4Q405 20ii-22,7	(XI)	קול דממת אלוהים / [נשמע
4Q405 20ii-22,8	(XI)	ברים כנפיהם קול[דממ]ת אלוהים
4Q405 20ii-22,12	(XI)	וקול דממת ברכ בהמון לכתם
4Q405 20ii-22,13	(XI)	קול גילות רנה השקיט
	(XI)	[ו]קול תשבוח[ות] / [
4Q405 23i7	(XI)	וקול ברך מכול מפלגיו
4Q405 23i8	(XI)	ומהללים שעריו / בקול רנה
4Q405 79,1	(XI)	] בקול[
4Q412 4,3	(XX)	]ם אקרא וק[ולי
4Q418 116,1	(XXXIV)	]◦מים ובהמון קו[לם
4Q418 174,1	(XXXIV)	]קול{{כה}} ל◦[
4Q427 7i16	(XXIX)	ולשון נצח הרימו לבד קולכמה
4Q428 12i2	(XXIX)	ובכול]קצים / ישמיעו [י]חד[ב]ק[ו]ל רנה
4Q432 5,4	(XXIX)	ומשברי] / [מים] בהמון קול[ם
4Q437 2i8	(XXIX)	בצר לי שמעתה קולי
4Q491 11ii7	(VII)	יריעו תרועת מלחמה] / בקול גדול
	(VII)	ו[ע]ם צ[א]ת הקול יחלו ידמ[ה להפיל
4Q491 11ii22	(VII)	]וכול עם השופרות יר[י]עו בק[ול גדול
4Q491 13,6	(VII)	בח]צוצרות החללים קול חד טרוד
4Q491 13,8	(VII)	ו]ענו כול העם והרימו קול[אח]ד
4Q491 18,2	(VII)	ק]ול אח[ד
4Q491 22,1	(VII)	] לק[ול
4Q492 1,7	(VII)	בנות עמי הבענה[ב]קול רנה
4Q493 6	(VII)	ותקעו בקול חד לצאת אנ[שי] / המלחמה
4Q499 7,3	(VII)	]בו אם לשמ[ו]ע בקולכ[ה
4Q504 1-2v13	(VII)	ולשמוע בקולכה / [כ]כול אשר צויתה
4Q509 50,1	(VII)	]בקולכה [
4Q511 63iii5	(VII)	ולה[ר]ים בקול פחד הוי לכול מפריה / [
5Q16 6,2	(III)	]ל◦ ולקול[
6Q9 21,1	(III)	לשמו]ע בקולו ול[שמור
11Q5 XVIII,10	(IV)	מפתחי צדיקים נשמע קולה
11Q5 XIX,6	(IV)	שמע / יהוה בקול אוהבי שמו
11Q17 VI,8	(XXIII)	מתחת לדב]ירי ה[פלא] / קול [דממת שקט
11Q17 VIII,6	(XXIII)	ישמ[י]עו מקול משא אלוהים[
11Q17 28,5	(XXIII)	] / כבודו קול ה[
11Q19 LIV,14		ובקולו תשמעון / ובו תדבקון
11Q19 LV,13		אם תשמע בקולי לשמור כול מצוותי
11Q19 LXIV,2		סורר ומורה/ומורר איננו שומע בקול אביו
		איננו שומע בקול אביו ובקול אמו
11Q19 LXIV,5		ואננו שומע בקולנו זולל וסבא
PAM 43.699 18,1	(XXXIII)	]ומקול ◦[
PAM 43.699 48,1	(XXXIII)	]קולות[

to arise, stand verb קום

Reference	Vol.	Text
CD I,11		ויקם להם מורה צדק להדריכם
CD II,11		ובכולם הקים לו קריאי שם
CD III,13		אשר נותרו מהם הקים אל את בריתו
CD III,21		כאשר / הקים אל להם ביד יחזקאל הנביא
CD IV,9		כברית אשר הקים אל לראשנים

ויקומו למלחמות איש[(V) 4Q183 1ii2
וציצו תשא רוח עד אי̊ק̊ום לע[(V) 4Q185 1-2i11
ויק̊[ום וי]ל̊[ך] מן הבארות על ה̊[ר (XIII) 4Q225 2i13
וכל הבא לעצ̇ת / [היח]ד יק̇[י]ם̇ על נפשו (XXVI) 4Q258 I,6
בני אהרון המתנדבים להקים את בריתו (XXVI) 4Q258 II,1
ואמת בישרא]ל להקים ברית לחקות עולם (XXVI) 4Q258 VI,3
ו̊כ̊א̊[שר] / יקים עלו לשוב אל תורת מוש[ה (XVIII) 4Q266 8i3
כי לו ה̊[קים את דברו (XVIII) 4Q266 8ii7
ואנו הקימונו ויצא המשתלח (XVIII) 4Q266 11,14
ויקם / [מאה]ר̊ון נבונים ומישראל חכמים̇ (XVIII) 4Q267 2,7
יען אשר לוא]ה̊קים את מצות אל (XVIII) 4Q267 9i2
ויזכור אל ברית ראישונים וי]ק̊ם (XVIII) 4Q269 4i3
] / [כא]שר הק[ים (XVIII) 4Q270 3iii14
וכאשר י]ק̊[ים עלו לשוב אל תורת משה (XVIII) 4Q270 6ii5
]כי לא הק̊ים את̊[דברו לדבר א]מ̊ת (XVIII) 4Q270 6iii15
]כן יקום [(XVIII) 4Q270 8,2
וביום אשר יקים [האיש ע]ל נפשו (XVIII) 4Q271 4ii6
אם יקים את ד̊[בריו (XVIII) 4Q271 4ii7
תשמור להקים כול שב̇[ועת אסר (XVIII) 4Q271 4ii8
אשר יקי]ם̊ א̊[יש ע]ל נפשו (XVIII)
עד מחיר מות אל יקי[מהו (XVIII) 4Q271 4ii10
לוא ידענה א]ם להקים היא ואם / להניא (XVIII) 4Q271 4ii11
[ומ]ק̊ימי מ̊זמתכה בלבב̇מה (XXIX) 4Q280 2,6
]זאת הקים[(XXXVI) 4Q282o 1
ומקימי מזמתמ̇ה [בלבבמה (XI) 4Q286 7ii11
וחר]ו̇ן אף̇ והתקומם בלוא̊ / [(XI) 4Q286 20,10
ומק[ימי מזמתמה בלבבמה (XI) 4Q287 6,10
[ויהי בי]ום כלות מושה להקים את המ̊[שכן (XIII) 4Q365 28,5
ואק̇ום לעשות משפט וצ̊[דקה (XXVIII) 4Q372 1,23
והנביא אשר יקום ודבר בכה / [סרה (XIX) 4Q375 1i4
וכיא יקום השבט / [אשר] הואה ממנו (XIX) 4Q375 1i5
ויאמרו קום א̇[להי (XI) 4Q381 24a+b,6
וירה ובשקטה במקום [אלהים למשפט (XI) 4Q381 50,4
]כן אד̊[ם] ו̊ק̇ם̇ א̊◦[(XIII) 4Q382 40,1
ויקומו כל העם ויע̊[מד]ו̊ על[רגליהם (XXX) 4Q385 3,2
וא]ק̊ימה לב̇[(XXX) 4Q385a 1a-bii1
ו̊[ה]קימותי ע̊ליה אחרים מעם אחר (XXX) 4Q387 2ii6
בימים] / ההמה יקום מלך [לגו]י̇ם גדפן (XXX) 4Q388a 7ii3
בימים ההמה י]קום מלך לגוים גדפן (XXX) 4Q389 8ii9
]◦ ק̊ומך [(XIX) 4Q391 9,4
לתת לנו הקימות לאברהם לישראל (XXIX) 4Q393 3,7
] / ו̇הק̇ם̇ לו חוק כפור[(XXXV) 4Q414 13,3
ו]יקום עליו וישכחו[חוקיו (XIII) 4Q422 I,11
]ולהק̊[ים פל]א̊ו̊ת̊ כבוד (XXIX) 4Q427 7i21
וידי נופלי̊[ם / לקומם לעשות כלי דעת (XXIX) 4Q436 1a+bi2
]הקימותי עליהם[ ]ל̇[(XXIX) 4Q437 2ii16
ולהקים דרך / חיים [(XXIX) 4Q439 1i+2,1
ויעבודו ויתקימו ויזעקו אל •••• ◦[(XIX) 4Q462 1,12
במצרים שנית בקצ ממלכה ויתקי̊[מו (XIX) 4Q462 1,13
] / י̊ק̊ום[(XXII) 4Q479 3,5
] קום [(VII) 4Q484 19,1
אורבים יהי[ו מרח]ו̊ק ולוא יקו̊[מו] / [(VII) 4Q491 1-3,12
ואחר יקום הא̊[ו]ר̊ב ממקומו (VII) 4Q491 1-3,13
הראישונים ישובו וק̇[מו (VII) 4Q491 1-3,15
ועתה הקימות̊[ה נופלים בעוז]כ̊ה (VII) 4Q491 8-10i8
]ם להקים קרן מע̊[(VII) 4Q491 11i22
]ר̇ לקום / [(VII) 4Q502 96,3
ובריתכה הקימותה לדויד (VII) 4Q504 1-2iv6
ותקם עליו לבלתי ס[ור (VII) 4Q504 8,8
ותקם ל̊נ̊[ו ברית בחורב (VII) 4Q505 124,4

ויקם בליעל את יחנה ואת / אחיהו CD V,18
ויקם מאהרן נבונים ומישראל / חכמים CD VI,2
והקימותי את סוכת דוד הנפלת CD VII,16
דרך כוכב מיעקב וקם שבט / מישראל CD VII,19
יען אשר לא הקים את מצות אל CD IX,7
ואל פחת אל יקימה בשבת CD XI,14
בשבועת הברית יקימו עליהם CD XV,6
וכאשר יקים אותו עליו CD XV,12
על כן יקום האיש על נפשך CD XVI,1
וביום אשר יקום האיש על נפשו CD XVI,4
אם יקים את דבריו CD XVI,5
ואשר אמר מוצא שפתיך / תשמור להקים CD XVI,7
כל שבועת אסר אשר יקום איש על נפשו
כל אשר / [יק]ו̊ם א̇יש על נפ̇שו CD XVI,9
[מן התו]ר̇ה ע̊ד מחיר מות אל יקימהו
לא̊ [י]דענ̊ה ה̇ם להקים היא 〚 〛 ואם להניא CD XVI,11
לעבור ברית היא י̇ניאה ואל יקימ̇נה CD XVI,12
ו̇אמנה אשר קימו בארץ דמשק CD XX,12
ויקם על נפשו בשבועת אסר 1QS V,8
ואשר יקים בברית על נפשו 1QS V,10
המתנדבים ביחד להקים / את בריתו 1QS V,21
ואמת בישראל / להקם {{◦◦◦◦◦}} ברית 1QS VIII,10
בראשית צאת ובוא / לשבת וקום 1QS X,14
והקם לבן אמתכה כאשר רציתה 1QS XI,16
ויקימו באמת̇ [את בריתו] (I) 1QSb III,24
להקים מלכות עמו לעול[ם (I) 1QSb V,21
] / ולהקים בריתו קודש̊[(I) 1QSb V,23
כיא אל הקימכה לשבט / למושלים (I) 1QSb V,27
]כ̊יא הנני מקים את / הכשראים 1QpHab II,10
ויקומו / {{ו}}נ̇[ש]כ̊יך ויקיצו מזעזיעיכה 1QpHab VIII,13
ולקים עדה בשקר / בעבור כבודה 1QpHab X,10
דרך כוכב מיעקוב קם שבט מישראל 1QM XI,6
]ק̇מי ארץ בריב משפטיכה 1QM XII,5
קומה גבור שבה שביכה 1QM XII,10
ותקימה לזרעם / למועו[ד]◦ עולמים 1QM XIII,7
ואתה הקימותה / נופלים בעוזכה 1QM XIV,10
ונפלו בני יפת לאין קום 1QM XVIII,2
]הקימותה / [לשאת כול]פ̊שע $1QH^a$ IV,14
ול[הק]ים נהיות עולם $1QH^a$ V,18
ובשבועה הקימותי על נפשי $1QH^a$ VI,17
כל מחשבת / בליעל ועצתכה היא תקום $1QH^a$ XII,13
ואקומה על מנאצי $1QH^a$ XII,22
בקום רשעים על בריתך $1QH^a$ XII,34
התעודדתי ואקומה ורוחי החזיקה במעמד $1QH^a$ XII,36
ואיכה אתקומם[$1QH^a$ XX,35
]ת̊קומם לפני נגעי $1QH^a$ XXII,6
]◦ה הקמ[(I) 1Q18 4,2
] / להקים ◦[(III) 2Q28 1,3
ויקום ויפתח את ד[לתות (V) 4Q160 1,3
והקימותי את זרעכה אחריכה (V) 4Q174 1-2i10
והקימותי את סוכת דויד הנופלת (V) 4Q174 1-2i12
מחץ מתנים קמיו ומשנאיו מן י]קומון (V) 4Q174 6-7,6
נבי אקים לאהסה מקרב אחיהסה (V) 4Q175 5
דרך כוכב מיעקוב ⸢ויקום⸣ שבט מישראל (V) 4Q175 12
מחץ ⸢מתנים⸣ קמו ומשנאו / בל יקומו (V) 4Q175 19
מחץ ⸢מתנים⸣ קמו ומשנאו / בל יקומו (V) 4Q175 20
התנערי מעפר קומ]י שובי ירושלם (V) 4Q176 8-11,3
התנערי] / [מע]פר ק[ו]מי [(V) 4Q176 12-13,3
ויקום משמה ללכת̇[(V) 4Q177 1-4,13
] / ימשו תכלת ידי קמה מפ̊[ני (V) 4Q179 1ii12

4Q508 2,3 (VII)] ותקימהום עלינו מועד תענית חוק עוֹ[לם
4Q508 3,2 (VII)]וֹמֹרבם[ו]תקם לנוח ◦[
4Q521 7+5ii6 (XXV) כאשר] / [יקי]ם המחיה את מתי עמו
4Q525 18,3 (XXV)]◦ קמתה[
5Q13 5,3 (III) י]שראל בהקימו [
11Q13 II,24 (XXIII) המה]מקימ[י] הברית הסרים מלכת [בדר]ךְ
11Q19 LI,20 ומקימים להמה מצבות
11Q19 LII,2 ולוא תקים לכה מצבה
11Q19 LIII,18 וקמו / כול נדריה
11Q19 LIII,19 אסרה אשר אסרה על נפשה יקומו
11Q19 LIII,21 ואסריה / אשר אסרה על נפשה לוא יקומו
11Q19 LIV,3 לענות נפש] / אישה יקי[מנו]
11Q19 LIV,5 כול אשר אסרה על נפשה / יקומו עליה
11Q19 LIV,8 אם יקום בקרבכה נביא או חולם חלום
11Q19 LXI,6 לוא יקום עד אחד באיש
11Q19 LXI,7 או על פי שלושה עדים יקום דבר
אם יקום עד חמס באיש לענות / בו
11Q19 LXVI,6 כיא כאשר יקום / איש על רעהו
PAM 43.674 10,1 (XXXIII)]סדר יקום[
PAM 43.692 58,1 (XXXIII)]◦ תקום לש[
PAM 43.693 27,1 (XXXIII)]הקים[

height noun **קוֹמָה**

1QM XIV,11 ורמי קומה תגד[ע
1QH[a] XXVII,3 וגבוה בקומה / ועם [אלים בעדת יחד
1Q25 6,3 (I)] קומה ולחכו [
4Q161 8-10,1 (V) ורמי הקו]מה [גדועי]ם
4Q161 8-10,5 (V) רמי] הקומה גדועים המה גבורי כת[יאים
4Q365 12a-bii8 (XIII) ושלוש אמות קומתו
4Q427 7ii9 (XXIX) ועד שחקים יגבירהו בקומה
4Q431 2,8 (XXIX) ועד ש]חקים יגביה בקומה
4Q474 13 (XXXVI)]כול קומתם [
4Q491 8-10i8 (VII) ורמי קומה תגדע ל[השפילם]
11Q5 XXVIII,9 (IV) ויפי המראה הגבהים בקומתם
11Q19 IV,7]ה הרחב וקומת הק[ודש ?
11Q19 VII,9]◦◦◦קומתו והכפרת אשר מלמ[עלה

to loathe, dread verb **קוץ-1**

CD XX,2 ויקוץ מעשות פקודי ישרים

thorn noun **קוֹץ-1**

1QH[a] XVI,25 ופלגיו / יעל קוץ ודרדר לשמיר ושית ◦[
4Q423 1-2i3 (XXXIV) האדמה] קוץ ודרדר תצמיח לכה

Koz proper noun **קוֹץ-3**

← בֵּית הַקֹּץ
4Q320 1i7 (XXI) [שבת ה]קוץ ל30 בשני
4Q321 I,7 (XXI) ו[דוקה בחמשה ב]קוץ בשבעה / [בוא
4Q321 VI,8 (XXI) החמישי בק[ו]ץ[
4Q321a V,5 (XXI) בוא דוקו שנית] / בשנים בקוץ
4Q324a 1ii4 (XXI) באחד עשר בוא הק[וץ]
4Q325 1,6 (XXI) בשלושים בו שבת הקוץ
4Q329 2a-b,3 (XXI) הששית] הפצץ הקו[ץ יחזקאל ישוע]

shortness noun **קוֹצֶר**

1QS VI,26 בקשי עורף ודבר בקוצר אפים

web noun **קוּר**

CD V,13 ומבערי זיקות קורי / עכביש קוריהם
CD V,14 ומבערי זיקות קורי / עכביש קוריהם

nearness noun **קוֹרֶב**

4Q400 1i8 (XI)]כוה[ני] קורב משרתי פני מלך קודש
4Q400 1i17 (XI)] דעת בכוהני קורב
4Q400 1i19 (XI) יסד לו כוהני קורב קודשי קדושים / [
4Q401 15,3 (XI)] קורב מש[רתי
4Q401 16,3 (XI)]קדושי קורב / [
4Q402 9,4 (XI) קדו]שי קו[רב
4Q403 1ii19 (XI) שניים בכוהני קורב סוד שני במעון פלא
4Q403 1ii24 (XI)] / רוש מכוהן קורב לראשי עדת המלך
4Q405 8-9,2 (XI) שניים בכוהני ק]ורב סו[ד / שני במעוני פלא
4Q405 8-9,5 (XI)]◦ שבע / [כהונ]ות קורבו [
4Q405 14-15i4 (XI) רוחי קורב קודש קודשים ב[
4Q405 20ii-22,1 (XI)]ורי כול כוהני קורב [
11Q17 III,10 (XXIII) לברך כול] / [כוהני]קורב במע[ון פלא

offering noun **קוֹרְבָּן, קָרְבָּן**

4Q365a 2i4 (XIII)]ה מנחת הקורבנים הבאה עליה / [
4Q394 1-2v9 (XXI) אח[ריו] / קרב[ן העצים]
4Q421 13,6 (XX)]ש בכו[ו]ל הקר[בנות
11Q5 XXVII,7 (IV) ולקורבן השבתות שנים וחמשים שיר
(IV) ולקורבן ראשי / החודשים
11Q12 7a,3 (XXIII) ותעל מנח]תם וקורבנם לר[צון לפני יהוה
11Q19 XX,13 ועל כול קורבנכמה תתנו מלח
PAM 43.688 108,1 (XXXIII)]וכל קרב[ן ?

beam noun **קוֹרָה**

4Q348 18 (XXVII)]שמעון משוק הקורות ◦◦ח◦ ◦◦[
4Q403 1i43 (XI) כול ק[ורותו]וקירותו כו[ו]ל / [מבנ]יתו
11Q19 XLII,11 עמודים ומקורים בקורות מעמוד אל עמוד

Korah proper noun **קוֹרַח**

4Q418a 3,3 (XXXIV)]ט קורח ואש◦[
4Q423 5,1 (XXXIV)]ה את משפט קורח
4Q491 1-3,1 (VII) קורח ועדתו לב[

baldness noun **קוֹרְחָה**

11Q19 XLVIII,8 ולוא תשימו קורחה בין עיניכמה / למת

snare noun **קוֹשׁ-1**

4Q437 2i4 (XXIX) אשר הצלתני מקוש גוי[ם] / [
4Q523 1-2,1 (XXV) וי]ק/שע[ו] לך[← ישע

hardness noun **קוֹשִׁי**

1QS IV,11 וכבוד אוזן קושי עורף וכובוד לב
1QM XIV,7]תם לבב קושי
4Q384 21,2 (XIX)]קושי [לב
4Q491 8-10i5 (VII) [ובעניי רוח ר]שות לבב קושי
4Q497 1,4 (VII) קו]שי לבב[

small adjective **קַט**

4Q385 6,3 (XXX)] / וחבא כמעט ק[ט

קְטוּרָא ← קְטוּרָה

incense noun **קְטוֹרָה**

4Q175 18 (V) ישימו קטורה באפך וכליל על מזבחך

Keturah proper noun **קְטוּרָה, קְטוּרָא**

1QM II,13 בתשיעית ילחמו בבני ישמעאל וקטורה
4Q468g 4 (XXXVI)] / בני קטורא פלשת[

4Q**496** 13,1 (VII) יל]חמו בב[נ]ׄ אשמעל וק[טורה

incense noun קְטוֹרֶת
4Q**365** 12a-bii6 (XIII) ואת קטורת הסׄמׄים טהור מׄ[עש]הׄ[ר]וֹׄקׄ[ח]
11Q**5** XVIII,9 (IV) כקטורת {{רֹׄיׄחׄ}} ניחוח מיד / צדיקים
11Q**19** III,10 מזבח] קׄטורת הסמים ואת השולחׄ[ן
11Q**19** VIII,11 ביום השבת ע]לׄ מזבח הקטורת

small, young adjective 1-קָטָן
1QS V,23 הכול איש לרעהו הקטן לגדול
1QS VI,2 וישמעו הקטן לגדול למלאכה ולממון
4Q**176** 8-11,9 (V) [ברגע] קטנה עזבתיך
4Q**250**b 2 (XXXVI) נ]ער קטנ[
4Q**252** II,6 (XXII) אשר עשה / לו בנו הקטן
4Q**258** II,3 (XXVI) הכול איש לרעה[ו]הׄקטן לגדול
4Q**261** 1a-b,4 (XXVI) ומעשו בׄתׄורׄ[ה] / [להשמע] הקטןׄ[לגדול
4Q**263** 3 (XXVI) [וישמ]ע הׄקטׄן לגדול למלכאה ולהׄ[ון
4Q**266** 1a-b,18 (XVIII) לעשות] / קטנה וגדולה ל◦[
4Q**364** 21a-k,1 (XIII) כקטן כגדול תשמׄ[עון
4Q**425** 1+3,4 (XX)]שקׄר קטן כ◦[
4Q**491** 13,2 (VII)]הׄקטן בכם ירדוף אלׄ[ף
4Q**502** 55,3 (VII)]קטןׄ[
4Q**522** 9ii6 (XXV) ובנו הקׄטןׄ[הואה יבננו
11Q**5** XXVIII,3 (IV) הללויה לדויד בן ישי קטן הייתי מןׄאחי
11Q**20** V,10 (XXIII) כול העם מגדול ו]עׄד קטן יחלו לשתות

Katanath proper noun קטנת
5Q**9** 6,1 (III)]וׄאת קטנׄ◦[

to burn, sacrifice verb קטר
1QpHab VI,3 ויקטר למכמרתו
4Q**174** 1-2i6 (V) להיות מקטירים בוא לוא / לפניו
4Q**219** I,33 (XIII) ואת חלב זבח השלמים תק]טׄיׄר / [על האש
4Q**219** I,36 (XIII) והקטרתׄ[ה] / [הכול לריח ניחוח
4Q**219** II,13 (XIII) ורחצתה במים בטרם ת]לׄך להקטירׄ / [
4Q**220** 4 (XIII) [ואת כל]בׄשר העׄלה תקטׄ[י]ר על המזׄ[בח
4Q**220** 5 (XIII) ת]קׄטירׄ הכול על המזבח
4Q**220** 6 (XIII) חלב] / [זבח הש]לׄ[מ]יׄם תקטיר על האש
4Q**409** 1ii5 (XXIX)] / בהקטׄ[ר
4Q**524** 6-13,4 (XXV)]]א]שׄי]◦[··· יקטי[רון]
11Q**19** XVI,6 [והקריב על המז]בח והקטיר אׄ[ת חלב
11Q**19** XVI,18 ואת] / [מנ]חׄתו ואת נׄ[סכ]ו יקט[י]רׄ המזבח
11Q**19** XX,4 ואת חלבם]יׄקׄטירו על המ[זבח
11Q**19** XX,7 ויקׄ[טירו] / [הכול על המזבח]עם מנחתמה
11Q**19** XX,11 ויׄקטירו על המזבח
11Q**19** XXII,6 וא]ת חלבמה יקׄטירו על מזבחׄ הׄ[עולה
11Q**19** XXII,7] / [ומנחתמה]ונסכמה יקטירו על החלבי[ם
11Q**19** XXIII,10 ואחריה יקטׄיׄר את עולת מטה יהודה
11Q**19** XXIII,11 וכ[אשר הוא] / מקטיר ושחטו לפניו
11Q**19** XXIII,14 ואת חלבו יקטיר המזבח
11Q**19** XXIII,16 ויקטר / הכול על הׄמזבח עם מנחתו
11Q**19** XXIV,4]יׄ הכרעים ויק[טירו
11Q**19** XXVI,8 ואת מנחת / נסכו יקטיר על מזבח העולה
11Q**19** XXXII,7 ולהקׄטיר על המזבח / העו[לה
11Q**19** XXXIII,15 ובכלותמה לקטׄיׄר
11Q**19** XXXIV,11 ומקטירים אותמה על / האש
11Q**19** XXXIV,13 והקטירוׄ הכוהנים בני אהרון
11Q**19** LII,21 ואת חלבו יקטירו
11Q**20** II,7 (XXIII)]ויקטי[ר על] / [המזבח עולה
11Q**20** IV,14 (XXIII) ואת חלבמה יקט]ירו על המזבח

Kitron proper noun קִטְרוֹן
4Q**522** 9i+10,14 (XXV)]חקר וקטרׄ[ון] ואפרנים ואת שכׄות / [

קְטֹרֶת ← קְטוֹרֶת

to vomit verb קיא
4Q**385**a 12,3 (XXX)]קאה את תעׄ[בות

swift (?) noun קילה
4Q**491** 8-10i9 (VII) ולקיׄלׄתמה אין מנוס וׄלׄנׄכׄ[בדיהמה

standing, being noun קַיָּם
1QH[a] V,18 ולברוא / חדשות להפר קימי קדם
4Q**521** 1ii7 (XXV)] / וקימים[

to lament verb קין
4Q**374** 9,2 (XIX) ק]יׄנה אשר קונן ◦[
4Q**385**a 18ii4 (XXX) ויהי ירמיה מקונן ◦[

Cain proper noun קַיִן
11Q**12** 1,7 (XXIII) ויקח קין את אחותׄ[ו] / [און לו לאשה

lament, dirge noun 1-קִינָה
1QH[a] XVII,4 ערשי בקינה תשא [מטתי] בׄקול אנחה
1QH[a] XIX,22a ואנחה בכנור קינה לכול אבל יגׄ[ון
4Q**374** 9,2 (XIX) ק]יׄנה אשר קונן ◦[
4Q**391** 25,3 (XIX)]ועליך קינות ובכי [
4Q**427** 1,4 (XXIX) ו]אנחה בכנורׄ קׄ[ינה]לכול אב[ל יגון
4Q**481**a 3,3 (XXII)]ךׄ בקינה וייאמר / [

to awake, move verb 2-קִיץ
1QpHab XII,15 אומר]לׄעׄצ הקיצה עׄ[ורי]לׄ[א]בן דומם
4Q**270** 2ii16 (XVIII) או אשר ישכב עם] / אשה הרה מקיץ דם
4Q**272** 1ii12 (XVIII)] / תקוץ [דם זובה ?

summer noun קַיִץ
1QS X,7 מועד קציר לקיצ ומועד זרע למועד דשא
4Q**216** V,8 (XIII) ול]חׄום ולחרף ולקיׄץ[ולכל] / רוחות
4Q**423** 5,5 (XXXIV) אם אתה א]יׄש אדמה פקוד מועדי הקיץ
4Q**512** 33+35,3 (VII) ו]מׄוׄעד ק[צ]יׄר ֻוקיׄץֻ ור[אש ח]ודש א / [

קַיִץ ← קֵץ

disgrace noun קִיקָלוֹן
1QpHab XI,10 וקיקלון / על כבודכה

wall noun 1-קִיר
1QpHab IX,15 כיא / אבׄ[ן]מׄקיר תזעק
1QH[a] XI,13 וירועו / אושי קיר כאוניה על פני מים
1QH[a] XV,9 וכול קירותי לחׄומת בחן
4Q**249** 2,3 (XXXV)] והׄ[ק]יׄר[
4Q**365**a 2ii5 (XIII) ֻבאיםֻ מקיר החצר שש ושלושים באמה
4Q**365**a 2ii9 (XIII) ורחב הקיר שתים אמות
4Q**365**a 2ii10 (XIII) והקיר שתים אמות רוחבוׄ ◦[
4Q**365**a 3,3 (XIII) תב]נׄה את הקיר שבע א[מות
4Q**403** 1i43 (XI) כול קׄ[ורותו]וקירותו כׄ[ו]לׄ / [מבנ]יתו
4Q**404** 5,6 (XI) כול קירותו / [
4Q**424** 1,3 (XXXVI) ותפל טח קירו
4Q**497** 2,3 (VII)]קיר[
11Q**19** IV,9 וקירותׄ[יו רחב

11Q19 XII,12 — וכן ת]עשה כול / שורות/קירות ? ◦ב◦[← שׁוּרָה
11Q19 XXX,6 — ורחוק מקיר / [ה]היכל שבע אמות
11Q19 XXX,7 — ועשיתה רוחב קירו ארבע / אמות[
11Q19 XXXI,8 — קירותיו ושעריו וגגו מבית / [ומ]בחוץ
11Q19 XXXI,11 — ורחב הק[י]ר שלוש אמות
11Q19 XXXII,8 — ועשי[ת]ה ? בקיר הבית / הזה
11Q19 XXXIII,9 — [ו]ר[ח]וק קירו מק[י]רו שבע אמות
[ו]ר[ח]וק קירו מק[י]רו שבע אמות
11Q19 XXXIII,11 — וכול הבית הזה כולו קירו עשוי חלונים
11Q19 XXXVI,5 — ו[רו]חב קי[רו] שבע אמות
11Q19 XXXVII,9 — בפרור הפנימי אצל קיר [החצר] החיצון
11Q19 XXXVIII,14 — ורוחב קירה [אר]בע אמות
11Q19 XXXVIII,15 — ותאים עשוים לקיר בחוץ
11Q19 XL,9 — ורוחב הקיר שבע אמות
11Q19 XLI,12 — ויוצאים השערים מקיר החצר לחוץ
11Q19 XLI,13 — ולפניסה באים מקיר החצר
11Q19 XLII,7 — ובית מעלות תעשה אצל קירות השערים
11Q19 XLIX,12 — וקירותיו לדלתותיו יגרודו
11Q20 X,1 (XXIII) — בפרור]הפנימי אצל ק[י]ר החצר ה[חיצון]
PAM 43.691 2,2 (XXXIII) —]קירות [

Kish proper noun קִישׁ

PAM 43.686 11,1 (XXXIII) —]ר קיש[

swift adjective קַל

1QSb V,29 (I) — ופרשו [ק]ליכה על / [
1QpHab II,12 — הכתיאים א[שר המ]ה קלים וגבורים
1QM VI,12 — סוסים זכרים קלי רגל ורכי פה
1QM XIV,11 — ולקליהם אין מנוס
4Q163 23ii5 (V) — ועל קל נרכב
4Q171 1-2i19 (V) — כיא בחרו בקלות ולוא שמ[עו] למליץ דעת
4Q373 1a+b,4 (XXVIII) —] / מגן כמגדל הקל ברגל[יו
4Q388 6,7 (XXX) —]נני קל ורכבו[

to dishonor verb קלה-2

11Q5 XIX,14 (IV) — ודעת חונני אל אתקלה / בעווה
11Q6 4-5,15 (XXIII) — ודעת ח]וננני אל אתקלה בע[ויה

shame noun קָלוֹן, קָלֹן

1QpHab XI,9 — שבעתה / קלון מבוד שתה גם אתה
1QpHab XI,12 — פשרו על הכוהן אשר גבר קלונו מכבודו
1QpHab XI,15 — ל[כול את ק]ל[ו]נו ומכאוב / [
1QH^{a} V,21 —]ה סודו ערות קלן ◦◦[
1QH^{a} XX,25 — וערות קלון מקוי עפר ומגבל[מים
4Q166 II,12 (V) — הכם ברעב ובערום להיות לקלו[ן]
4Q169 3-4ii11 (V) — והראת גוים מער[ך] וממלכות {{◦◦◦}} קלונך
4Q425 5,1 (XX) —]◦[ ]◦[ ]ש ק[ל]ון / [

to curse, be easy, light, swift verb קלל

1QS II,4 — והלויים מקללים את כול אנשי / גורל בליעל
1QS II,10 — אומרים אחר המברכים והמקללים אמן אמן
1QS VII,1 — ואם קלל או להבעת מצרה
1QpHab III,6 — וקול מנמרים סוסו וחדו / מזאבי ערב
1Q26 1,6 (I) — ונ[קלו]תה בכול מעשיכה במ[
4Q163 23ii6 (V) — על כן / יקלו רודפיכמה
4Q171 1+3-4iii9 (V) — כיא מבורכ[ו יר]שו ארץ ומקוללו[ו יכר]תו
4Q171 1+3-4iii11 (V) — וב]קודשו יתענגו ו[מקול]לו / יכרתו
4Q252 I,14 (XXII) — וישלח את היונה לראות הקלו המים
4Q252 II,7 (XXII) — ולוא / קלל את חם כי אם בנו
4Q257 II,1 (XXVI) — והלויים מקללים את כול אנשי גורל בל[י]על
4Q267 5iii3 (XVIII) —]וכול אשר נקל בל[שונו
4Q270 2ii13 (XVIII) — או יקלל א[ת עמו
4Q381 40,2 (XI) —]הנקלי[ם
4Q385b 1,4 (XXX) — ת]תקלקל וכוש ו[פו]ל[
4Q391 2,1 (XIX) — ויקלקל יומ[
4Q391 38,4 (XIX) —]קללי שמ◦[
4Q416 2ii21 (XXXIV) — וגם אל תקל כלי [
4Q418a 24,2 (XXXIV) —] / תקל[
4Q511 11,3 (VII) —]ה ו[מ]קלל לכול ◦[
4Q521 7+5ii5 (XXV) —] / [מברכים ולו]א כאלה מקלל[ים]
5Q11 1i2 (III) — מקל]לים / [
11Q19 LXIV,10 — ויקלל את עמו <<ו>>את בני ישראל
11Q19 LXIV,12 — כי / מקוללי אלוהים

urn noun קלל-1

3Q15 VI,4 (III) — שם קלל / בו ספר אחד

קְלָלָא ← קְלָלָה

curse noun קְלָלָה, קְלָלָא

1Q22 1i10 (I) — והיה [א]שר יבואו ע[לי]הם כול הקלל[ות]
4Q176 21,2 (V) —]בכול קללת[
4Q216 I,16 (XIII) — בכל משפטי]הם ו[בכל]קללותם
4Q387a 6,1 (XXX) —]קללתם / [
4Q391 33,4 (XIX) —]ל קללה [
4Q397 14-21,13 (X) — באח]רית הימים הבר[כה ו]הקללה
4Q398 11-13,1 (X) — ואף הקללות / [ש]באו בימי [יר]ובעם
4Q398 11-13,3 (X) — שבאו מקצת הברכות והקללות
4Q398 14-17i7 (X) — באחרי[ת] הימים הברכה / [וה]קללא
4Q468dd 3 (XXVIII) — כ]ול הקללה[ ]ל[
11Q11 IV,10 (XXIII) —]בקללת האב[דון] / [
PAM 43.686 30,4 (XXXIII) —] / הקלל[ה/ות

קָלֹן ← קָלוֹן

to mock verb קלס

1QpHab IV,1 — והוא במלכים] / יקלס ורזנים משחק לו
1QpHab IV,3 — ושרים יתעתעו וקלסו בעם רב

derision noun קֶלֶס

1QM XII,8 —]◦נו בוז למלכים לעג / וקלס לגבורים
1QH^{a} X,10 — ותשימני חרפה / וקלס לבוגדים
4Q184 1,2 (V) —] / וקלס תחל[י]ק ולהליץ יחד בש[וא]

sling noun קֶלַע-1

2Q22 I,2 (III) — ועשיתי ק]לעי המזור עם קשתות
4Q373 1a+b,7 (XXVIII) — ועשיתי קלעי מזור ע[ם קשתות

slinger noun קַלָּע

1QM VIII,1 — לנצח אנשי הקלע עד כלותם להשליך

kiln, furnace noun קָמִין

1Q70bis 4 (I) —]◦ קמין ו◦[

to take a handful verb קמץ

11Q19 XX,10 — או חרבה יקמוצו ממנה את / [אזכר]תה

nest noun קֵן

1QpHab IX,13 — לשום / במרום קנו לנצל מכף רע
1QH^{a} XII,9 — ידיחני מארצי / כצפור מקנה

Text	Vol.	Reference
וכצפור לאפ[רוחה אש]ר לקנה	(XXIX)	4Q**392** 6-9,5
וכנשר יעיר קנו[על] / [גוזליו	(VII)	4Q**504** 6,7

to be jealous, zealous verb קנא

Text	Vol.	Reference
ולהיות איש מקנא לחוק		1QS IX,23
לוא אקנא ברוח / רשעה		1QS X,18
ולהיות איש מקנא לחוק	(XXVI)	4Q**258** VIII,7
ול[היות] / איש מק[נא לחוק	(XXVI)	4Q**259** IV,5
לוא אקנ[א]ב[רוח] / רשעה	(XXVI)	4Q**260** IV,6
על הר גובה להק[ניא את י[שר]אל	(XXVIII)	4Q**371** 1a-b,11
על הר גבה להקניא את ישראל	(XXVIII)	4Q**372** 1,12
איש חיל יקנא ל◦[	(XXXVI)	4Q**424** 3,8
מע[נ]ה ומקנאת בלוא[	(XXV)	4Q**525** 6ii1
ואשחקה קנאתי בטוב ולוא אשוב	(IV)	11Q**5** XXI,15

jealous adjective קַנָּא

Text	Vol.	Reference
כי]יהוה קנא שמו אלקנא / [הוא	(XXVIII)	4Q**368** 2,6
כי]יהוה קנא שמו אלקנא / [הוא	(XXVIII)	
כי יהוה קנא] / [שמו] אל קנא הוא		11Q**19** II,12

jealousy, zeal noun קִנְאָה

Text	Vol.	Reference
וקנאת משפטיו יבערו בו		1QS II,15
וקנאת משפטי צדק ומחשבת / קודש		1QS IV,4
קצור אפים ורוב אולת וקנאת זדון		1QS IV,10
וקנאת / ריב על כול משפטיהן		1QS IV,17
]אחך וקנאת משפ[טך		1QH[a] V,5
ולפי / קורבי קנאתי על כול פועלי רשע		1QH[a] VI,14
] אין מספר וקנאתכה / לפני ח◦◦ מ◦◦[		1QH[a] IX,5
ואהיה לרוח קנאה לנגד כל דורשי חל[קות]		1QH[a] X,15
ותצילני מקנאת מליצי כזב		1QH[a] X,31
ומדנים לרעי קנאה ואף לבאי בריתי		1QH[a] XIII,23
באף יעורר קנאה ולכלה [		1QH[a] XVII,3
[וה]יה לרוב חסד וקנאת כלה		1QH[a] XX,14
] לכה חמה וקנאה נו◦[		1QH[a] 3,17
ובאש קנ]אתו תאכ[ל כל הארץ	(I)	1Q**15** 1
נ]וטרים להמה בקנאתמה / [	(V)	4Q**174** 4,2
]בקנאתמה ובמשטמ[תמה	(V)	4Q**177** 9,5
] קנ[אה/ת	(XXXV)	4Q**249** 8,2
קצור אפים ורוב אולת וקנ]את זדון	(XXVI)	4Q**257** V,8
באף או בתלונה או בקנאת רשע	(XXVI)	4Q**258** II,5
]◦ קנאת משפט בעוז / [	(XI)	4Q**286** 2,3
] באף ובקנאת[רוח] / [	(XI)	4Q**286** 20,9
]◦ ל◦◦ באף ובקנאת ר◦[	(XI)	4Q**288** 1,6
] / יעזוב קנאת מדנים[	(XX)	4Q**300** 2ii3
מנח]ת הקנאות ולימין השער הזה	(XIII)	4Q**365**a 2i5
לסליחות רחמי עולמים ובנקמת קנאתו / [	(XI)	4Q**400** 1i18
וראה כי רבה קנאת / [אנוש	(XXXIV)	4Q**416** 2ii11
וראה כיא]רבה קנאת אנוש	(XXXIV)	4Q**418** 8,12
וברחמים על כול שומרי דברו וקנאתו[	(XXXIV)	4Q**418** 81+81a,8
] / וכול קנאתו[	(XXXIV)	4Q**418**a 10,3
כיא ראינו קנאתכה בכוח גבורתכה	(XXIX)	4Q**427** 7ii15
חרונו חמתו ובאש קנאת לא שפטם	(XXIX)	4Q**434** 1i6
]קנאת משפטי אמתכה ונקמת[	(XXIX)	4Q**449** 1,4
[ואת קנא]תכה בכול חרון אפכה	(VII)	4Q**504** 1-2iii11
וחרוני אפ{{ו}}<<כ>>ה באש קנאתכה	(VII)	4Q**504** 1-2v5

to acquire, create verb קנה

Text	Vol.	Reference
ומדברי און ומקני הון		1QS XI,2
ותברך את {{ע}}אל עליון ק[ונה שמים וארץ	(XIII)	4Q**222** 1,4
ואחר ימכו[רו] / מהם לקנ[	(XVIII)	4Q**266** 6iv4

reed, shoulder, branch, shaft noun קָנֶה

Text	Vol.	Reference
זר]וע נשברת מקניה ותטבע בבץ רגלי		1QH[a] XV,2
ותשבר זרועי מקניה [ואי]ן להניף יד		1QH[a] XVI,33
פשרו חיית ק[נה היא	(I)	1Q**16** 9-10,3
]מקנה באחד [	(XVIII)	4Q**266** 16a,3
]כול הקנה / [		11Q**19** IX,9
]◦ ל◦◦[ ]והקנים יה◦[	(XXIII)	11Q**21** 2,2

possession noun קִנְיָן

Text	Vol.	Reference
ויתרוממו במקנה וקנין		1QH[a] XVIII,25

jar noun קַסְוָה, קַשְׂוָה

Text	Vol.	Reference
מנקיאות / קסאות כל שש מאות ותשעה	(III)	3Q**15** III,4
לכלי המזבח למזרקים ולקשואות ולמחתות		11Q**19** XXXIII,13

to practice divination verb קסם

Text	Vol.	Reference
מעביר בנו ובתו / באש קוסם קסמים		11Q**19** LX,18

divination noun קֶסֶם

Text	Vol.	Reference
מעביר בנו ובתו / באש קוסם קסמים		11Q**19** LX,18

Keilah proper noun קְעִילָה

Text	Vol.	Reference
ו]את קעילה את עדולם ואת / [	(XXV)	4Q**522** 9i+10,12

tattoo noun קַעֲקַע

Text	Vol.	Reference
וכתבת קעקע לוא תכתובו / בכמה		11Q**19** XLVIII,9

dish noun קְעָרָה

Text	Vol.	Reference
] לוא ימוש מן המקדש קער[ותיו		11Q**19** III,11

bowl (?) noun קַעֲרוּרָה

Text	Vol.	Reference
]הקערורת ה[	(XXXV)	4Q**249** 2,6

to congeal, stiffen verb קפא

Text	Vol.	Reference
] / קפאו ארור[ים	(XXV)	4Q**521** 7+5ii13

to shut verb קפץ-1

Text	Vol.	Reference
ואם]יקפוץ ידו[ונאספה רוח כול] / בשר	(XXXIV)	4Q**416** 2ii2
ובמחסורכה יקפץ ידו	(XXXIV)	4Q**417** 2i24
] / [אם] יקפוץ ידו ונאספה רו[ח כול בשר	(XXXIV)	4Q**417** 2ii+23,4
א]ם יקפוץ [ידו ונאספה רוח כול בשר]	(XXXIV)	4Q**418** 8,1
] / יק{{ו}}פוץ ידו ממחסורכה	(XXXIV)	4Q**418** 88ii5
] / אם יקפוץ ידו ונאספה רוח כול [בשר	(XXXVI)	4Q**419** 8ii7

time, end, era noun קֵץ, קֵיץ

Text	Vol.	Reference
ובקץ חרון שנים שלוש מאות / ותשעים		CD I,5
ומספר ופרוש קציהם לכל / הוי עולמים		CD II,9
ונהיית עד מה יבוא בקציהם לכל שני עולם		CD II,10
וקץ מעמדם ומספר צרותיהם		CD IV,5
עד שלים / הקץ השנים האלה		CD IV,9
ובשלום הקץ למספר השנים / האלה		CD IV,10
ובקץ חרבן הארץ עמדו מסיגי הגבול		CD V,20
להתהלך במה בכל קץ הרשיע		CD VI,10
לעשות כפרוש התורה לקץ הרשע		CD VI,14
אלה מלטו בקץ הפקודה הראשון		CD VII,21
המתהלכים באלה בקץ הרשעה		CD XII,23
וכן / המשפט בכל קץ הרשע		CD XV,7
הנמצא לעשות בכ[ל ק]ץ [הרש]ע		CD XV,10
ופרוש קציהם לעורון / ישראל מכל אלה		CD XVI,2
אלה ימלטו בקץ הפקדה		CD XIX,10

CD XIX,11		כאשר היה בקץ פקדת הראשון
CD XX,15		ובקץ ההוא יחרה / אף אל
CD XX,23		וישענו על אל בקץ מעל ישראל
1QS I,14		מכול דברי אל בקציהם
1QS III,15		ולפקודת נגועיהם עם / קצי שלומם
1QS III,23		בממשלתו / לפי רזי אל עד קצו
1QS IV,13		וכול קציהם לדורותם באבל יגון
1QS IV,16		איש בין רוב למועט לכול קצי עולמים
		אל שמן בד בבד עד קצ / אחרון
1QS IV,18		ובחכמת כבודו נתן קצ להיות עולה
1QS IV,25		בד בבד שמן אל עד קצ נחרצה
		פעולת מעשיהן לכול קצי / [מועד]ן
1QS X,1		] שפתים יברכנו / עם קצים אשר חקקא
1QS X,5		לראשי / מועדים בכול קצ נהיה
1QS XI,9		למטעת עולם עם כול / קצ נהיה
1QSb I,27	(I)	כו]ל קצי ע{{ב}}בד[יו הנביאים] / [
1QSb IV,26	(I)	לעת עולם ולכול קצי נצח
1QSb V,18	(I)	] / [ע]ם עת ע[ולם ו]עם כול קצי עד
1QSb 16,1	(I)	] קצי כו[ל
1QpHab V,7		אשר לוא זנו אחר עיניהם בקץ / הרשעה
1QpHab VII,2		ואת גמר הקץ לוא הודעו
1QpHab VII,6		יפיח לקץ ולוא יכזב
1QpHab VII,7		פשרו אשר יארוך הקץ האחרון
1QpHab VII,12		בהמשך עליהם הקץ האחרון
1QpHab VII,13		כיא / כול קיצי אל יבואו לתכונם
1QpHab XI,6		ובקץ מועד מנוחת / יום הכפורים
1QM I,4		ובקצו יצא בחמה גדולה
1QM I,5		וקץ ממשל לכול אנשי גורלו
1QM I,8		אל יאיר רום גודלו לכול קצי / ◦[
1QM X,15		ותקופות שנים וקצי / עד
1QM XI,8		הגדתה לנו ק[צי] מלחמות ידיכה
1QH^{a} IV,10		] וממשפט קצי[עולה
1QH^{a} V,15		לכול קצי עולם / ופקודת עד
1QH^{a} V,26		] / קציך מועד[ ]ל[
1QH^{a} IX,16		] בקציהם פלגתה עבודתם
1QH^{a} IX,24		לפניכה בחרת זכרון לכול קצי נצח
1QH^{a} XI,28		וקץ חרון לכול בליעל
1QH^{a} XIII,11		]עד קץ / הגלות ישעכה לי
1QH^{a} XIII,27		כחמת תנינים פורחת לקצים
1QH^{a} XIV,29		ואז תחיש חרב אל בקץ משפט
1QH^{a} XIV,31		] / למרחב אין קץ
1QH^{a} XVI,31		להתם כוח לקצים ולכלות בשר
1QH^{a} XVII,7		מקץ / לקץ תשת[ע]שע נפשי בהמון רחמיכה
1QH^{a} XVII,8		מקץ / לקץ תשת[ע]שע נפשי בהמון רחמיכה
1QH^{a} XVII,24		ותחבא אמת לק[ץ
1QH^{a} XX,4		והתחנן תמיד מקצ לקצ
		והתחנן תמיד מקצ לקצ
1QH^{a} XX,6		ובקצ / האספו אל מעונתו
1QH^{a} XX,8		תמיד בכול / מולדי עת יסודי קצ
1QH^{a} XX,22		ובקץ כבודכה יגילו
1QH^{a} XX,26		ותשובת עפר ליצר חמר בקץ ע◦◦[
1QH^{a} XXI,15		]◦ סוף וקצי שלום לאין ח[קר
1QH^{a} XXII,5		ואני בקצי חרון / [
1QH^{a} XXII,10		ואני בקצי אתמוכה / בברי[תכה
1QH^{a} XXIV,12		]ף אסיר עד קצ רצונכה
1QH^{a} XXIV,14		ורוב בשר להרשיע / בקץ[
1QH^{a} 2ii10		]ם עולה בקצ / כל[
1QH^{a} 4,18		]דכה אל תעזובני בקצי / [
1QH^{a} 5,11		] / לבכה וקצ תעודה השכלתה לב◦[
1QH^{a} 10,6		] לאין השבת ◦◦◦ לקץ ישמיעו
1QH^{a} 58,5		]ד קצ משפטכ[ה
1QH^{a} 59,3		] קצ תעי[
1Q27 2,2	(I)	]לקץ כול די◦[
1Q34bis 3ii5	(I)	ותבחר לך עם בקץ רצונך
1Q36 2,2	(I)	]קצכה[
2Q33 1,1	(III)	]ם קצו [
4Q166 I,9	(V)	]ר וקץ מועלם לוא / [
4Q166 I,12	(V)	]אסף בקצי חרון כיא / [
4Q169 3-4ii4	(V)	ואין קץ לגויה וכשלו וגויתם
4Q169 3-4ii6	(V)	ואין קץ לכלל חלליהם
4Q169 3-4iii3	(V)	באחרית הקץ יגלו מעשיהם הרעים
4Q169 3-4iv3	(V)	פשרו על מנשה לקץ האחרון
4Q173 1,5	(V)	כו]הן לאחרית הק[ץ
4Q177 1-4,10	(V)	ימ]לאו קצים[
4Q177 1-4,11	(V)	ש]נותיהם וקץ מעמדם י[
4Q180 1,1	(V)	פשר על הקצים אשר עשה אל
	(V)	אשר עשה אל קץ להתה[לך
4Q180 1,3	(V)	] / קץ לקצו והוא חרות ל[
	(V)	] / קץ לקצו והוא חרות ל[
4Q180 1,4	(V)	] / [ ]ל[ ]קצי ממשלותם
4Q215a 1ii4	(XXXVI)	כיא שלם קצהרשע וכול עולה ת[עבו]ר
4Q215a 1ii6	(XXXVI)	] / בא קצהשלום וחוקי האמת
4Q249p 9	(XXXVI)	ב]קץ הקצ[ים
	(XXXVI)	ב]קץ הקצ[ים
4Q252 I,1	(XXII)	ארבע מאות ושמונים לחיי נוח בא קצם
4Q252 I,3	(XXII)	ימיהם מאה ועשרים / שנה עד קץ מי מבול
4Q252 I,12	(XXII)	ויהי מקץ ארבעים יום
4Q252 I,18	(XXII)	ומקץ שבעת ימים אחר[ים שלח א]ת ה[יונה
4Q252 I,20	(XXII)	ומקץ שלוש[ים ואחד ימים משלח את היונ]ה
4Q252 II,2	(XXII)	יצא נוח מן התבה לקץ שנה / תמימה
4Q256 XIX,3	(XXVI)	לר]אשי מועדים בכול קץ נהיה
4Q257 VI,5	(XXVI)	בד בבד שמן אל עד] / ק[ץ נחרצה
4Q258 IX,2	(XXVI)	לראשי מועדים בכל קץ נהיה
4Q265 7,10	(XXXV)	] / וספה במשפט קצי עולה והמ[
4Q266 2i3	(XVIII)	הו]◦א חקוק קצ חרון לעם
4Q266 3i2	(XVIII)	עד שלו]ם [ה]ק[ץ] / [כמספר] ל[שנים]
4Q266 8i1	(XVIII)	[הנמצא לעשות בכו]ל קץ [הרשע
4Q266 11,4	(XVIII)	אלכה לי / אל קצי [ה]שמים
4Q266 11,18	(XVIII)	המשפטים אשר יעשו בכול קץ / [הפקודה
4Q266 11,19	(XVIII)	את אשר יפק]דו [בכו]ל קצי החרון
4Q268 1,5	(XVIII)	וה[וא] חקק קצי ח[רון לעם
4Q269 8ii5	(XVIII)	[הטהרה במי הנדה ב]קץ הרש[ע
4Q270 2ii18	(XVIII)	להעביר בח[רון אפו בק]ץ [
4Q270 7ii13	(XVIII)	המשפטים אש[ר] / [יעשו בכל] קץ [הפקודה
	(XVIII)	א]ת אשר [יפ]קידו בכל קצי החרון
4Q271 2,12	(XVIII)	במי]הנדה בקץ הרשע
4Q271 4i12	(XVIII)	הנמצא לעשות בכול]קץ
4Q285 9,2	(XXXVI)	]עת קץ ל[
4Q286 7i4	(XI)	]וברכות אמת בקצי מ[ועד] / [
4Q298 3-4ii9	(XX)	בעבור תבינו בקץ / עולמות
4Q299 5,3	(XX)	]בדין מועדי חום עם קצ[י
4Q301 3a-b,8	(XX)	]בכלו[ת]קץ רשעה ועשות[
4Q302 2iii2	(XX)	] / קצי ◦[
4Q369 1i4	(XIII)	]וני כול מו[עדי]הם בקציהם / [
4Q369 1i6	(XIII)	]משפטו עד קץ משפט נחרצה / [
4Q369 3,4	(XIII)	]כול ממשלותך בקציהם ◦◦[ ]ל[
4Q369 4,1	(XIII)	ק]צי ממ[שלה
4Q372 1,15	(XXVIII)	ושברים את כל עצמיו עד עת קץ לו
4Q378 3i6	(XXII)	מקצה ה]ארץ ועד קציה והניעכה / [
4Q382 31,3	(XIII)	]לקצ יעמוד איש חיל[

פשרו]ל[ה]שכילמה בכול קצי הע[ולם (XXIII) 11Q13 II,20

או הרחוקים ממ]כה מקצי הארץ (XXIII) 11Q20 XVI,4

ועד קצ]י הארץ[(XXIII)

קץ ← בֵּית הַקֵּץ

קָצָא ← קָצֶה

to cut off, shear verb **קצה**

יעצתה בשת / לביתכה **קצות** עמים רבים 1QpHab IX,14

ואשר / אמר **קצות** עמים רבים 1QpHab X,2

end noun **קָצֶה, קָצָא**

ויעצו[מ]ו **מקצה** עד קׄצׄה / ◦◦◦ 1QH[a] XIV,31

ויעצו[מ]ו מקצה עד **קׄצׄה** / ◦◦◦

שׁ[מים] וארץ ליחד רשעה עד / **קצה** (V) 4Q181 1,3

אלכה לי אל **קצה** הש[מים (XVIII) 4Q270 7i18

הקרשים מן הקצה אל **הקצ]א** (XIII) 4Q365 12ai2

מ]**קצה** הארץ[(XXX) 4Q388 6,5

] / **קצה** ויפחדו (XXXIV) 4Q416 1,11

ויעל נשיא[ים מ]**קׄצה** (IV) 11Q5 XXVI,15

מהקצה מזה ומז]ה **הקצה** השני 11Q19 VII,11

]ועד **קצה̇**[(XXXIII) PAM 44.102 40,1

end, era noun **קָצָה**

ו]בני צ[דק יאירו לכול **קצוות** תבל 1QM I,8

] / בכול **קצותם**[(V) 4Q181 2,9

]כ̇תפות עשו לוא חוברות אל שני **קצותיו** (XIII) 4Q365 12biii5

על] שתי טבעות על **קצוות**[החושן (XIII) 4Q365 13,1

כ]ו̇ל **קצוו[ת]** / [(VII) 4Q511 63i4

shortened adjective **קָצוּר**

ורוב חנף **קצור** אפים ורוב אולת 1QS IV,10

harvest noun **קָצִיר-1**

מועד **קציר** לקיץ ומועד זרע 1QS X,7

]**והקציר**[(XVIII) 4Q266 6aiii2

]מש **קציר** לרע◦[(XVIII) 4Q270 3i20

עד חׄדׄש **קציר** חטים / [ ]ל◦◦◦[(XXII) 4Q379 12,7

ו]מׄוׄעד **קׄ[צ]יׄר** וקיץ ור[אש ח]ודש א / [(VII) 4Q512 33+35,3

]**ובקציר** באת̇[(III) 6Q11 3

to scrape verb **קצע-1**

קצו]ע בו לה[(XXXV) 4Q249 2,8

to be angry verb **קצף**

כׄן נשבעתי **מׄקצוף** עליך עד ומגעור בך (V) 4Q176 8-11,11

ו̇יׄקצף והכלבים אוכלים[מקצת עצמות (XXXVI) 4Q306 1,5

ולא יבינו כי **קצפתי** עליהם במועלם (XXX) 4Q390 2i7

wrath noun **קֶצֶף-1**

בשצף **קצף** ◦◦[(V) 4Q176 8-11,9

]ויהי **קצף** גדול על מעשי הדור / [(V) 4Q176 20,2

]**קצף** גדו[ל (XXXVI) 4Q306 3,4

to cut off verb **קצץ**

ויקיץ שורשו ויבש פרחו (XVIII) 4Q266 6i8

to reap verb **קצר-1**

ולא] **תקצור** את[ה תרדך זית (I) 1Q14 17-19,2

ו]אין **קץ** לבריח[יך] (XXX) 4Q385a 17a-eii6

לכו]ל **קצים** יפרח / [(XXXIV) 4Q415 2i+1ii8

ו̇שלם **קץ** האמׄ[ת (XXXIV) 4Q416 1,13

] / בכל **קצי** עד (XXXIV) 4Q416 1,14

עד תום רשעה כי חרון בכל **ק[ץ** (XXXIV) 4Q416 3,3

כי גדלים רחמי אל ואין **קׄץׄ**[(XXXIV) 4Q416 3,4

קׄ[ ]חרון כי אוהב ◦[(XXXIV) 4Q416 4,1

עם פקודתׄם לכול **קצי** עולם ופקודת / עד (XXXIV) 4Q417 1i7

]בׄכול **קצי** עד כיא אל אמת הוא[(XXXIV) 4Q418 2+2a-c,6

ויעפ[נו] / בכול **קציׄםׄ** (XXXIV) 4Q418 69ii14

ו̇קח ברז נהיה ע̇ל̇ [מ]ש̇קל **קצים** ומדׄתׄ[(XXXIV) 4Q418 77,4

] / עם כול **קׄצׄים** הדרו̇ פארתו (XXXIV) 4Q418 81+81a,13

] / למבוא שנים ומוצא **קצים** [ ]◦[(XXXIV) 4Q418 123ii2

] / **קׄצו** אשר גלה אל אוזן מבינים (XXXIV) 4Q418 123ii4

] / [ ]ד̇ה שקול מעשיכה עם **קצ**[(XXXIV) 4Q418 123ii6

]בתמים דרך עם **קץ** [(XXXIV) 4Q418 172,4

שח]ת ואבדון אשר **בקׄצהׄו** לוא[(XXXIV) 4Q418 177,2

] / **קצ◦**[(XXXIV) 4Q418 207,2

]בׄוד כיא קח משפט **קצ◦**[(XXXIV) 4Q418 228,3

]**כקצי** שדה תד̇[(XXXIV) 4Q418 243,4

]**קׄצׄי** [(XXXIV) 4Q418a 12,1

]**קץ** שלום י̇ז̇[ ]◦[(XXXIV) 4Q418c 9

] / תׄבואות לכול **קׄצׄי** עולם ◦◦[(XXXVI) 4Q419 8ii6

[בכ]ו̇ל **קצים** השׄמׄיעו הגידנה הביעו (XXIX) 4Q427 7i17

ומרפא בכול **קצי** עולם (XXIX) 4Q427 7ii6

לספר אלה **מקצ לקצ** (XXIX) 4Q427 7ii17

לספר אלה **מקצ לקצ** (XXIX)

ובכול]**קׄצים** / ישמיעו [י]חׄדׄ[ב]קׄ[ו]ל̇ רנה (XXIX) 4Q428 12i1

וקץ תעודה השכלתה̇[לבשר (XXIX) 4Q428 18,2

כחמת תנינים פורחת **לקׄצׄים** (XXIX) 4Q429 2,9

] **עדקׄץׄ**[(XXIX) 4Q443 4,3

]ים עד **קצה** (XXXVI) 4Q461 1,4

עבר **ק]ץ** החושך (XIX) 4Q462 1,10

וקץ האור בא ומשלו לעולם (XIX)

]והנה נתנו במצרים שנית **בקצ** ממלכה (XIX) 4Q462 1,13

]עד **קץ**[(XIX) 4Q464a 5

]ה̇ פרוש **קציה̇ם**[ ]ע̇ד̇ ק[(XXVIII) 4Q468dd 2

בכו]ל **קצים** נ̇[(VII) 4Q491 23,2

ק]ץׄ ל̇קׄץ ◦[(VII) 4Q499 10,2

ק]ץ ל̇קׄץ ◦[(VII)

ק]ץׄ שמחה להלל שמו / [(VII) 4Q502 6-10,3

◦[ ]ה̇ זׄכׄרׄתה **קצי**[(VII) 4Q508 3,4

]ח̇נו **בקץ** ה[(VII) 4Q509 1-2,5

]ה ד̇מנו **בקצ** [ ]◦[(VII) 4Q509 5-6ii2

ק]ץ הרשעה[(VII) 4Q509 205,2

ונ◦◦תם **בקץ** ממשל[ת] / רשעה (VII) 4Q510 1,6

באשמת **קצי** נ̇גוע[י] עוונות (VII) 4Q510 1,7

[כי א]ם **לקץ** תעניות פשע[(VII) 4Q510 1,8

ר̇וחות ממשלתה תמיד יב[רכו]הו **בקציהם** (VII) 4Q511 1,3

ק]צׄי רשעתה ופ◦[(VII) 4Q511 3,3

ונ◦◦תם ב]**קׄץ** ממשלת רשעה̇ (VII) 4Q511 10,3

באשמ]ת **קצי** נגועי / [עוונות (VII) 4Q511 10,4

כי אם **לקׄץׄ** / [תעניות פשע (VII) 4Q511 10,5

ואני מירא אל **בקצי** דורותי (VII) 4Q511 35,6

כי אם ל]**קׄץ** ממשלתם[(VII) 4Q511 35,8

]**בקצו** / [(VII) 4Q511 111,4

] **מ̇קׄץ**[(VII) 4Q518 31,1

]**קׄץ** אחרׄיתׄ[(III) 5Q16 3,5

ו]**בקץ** היו[בל] / [השמיני (XXIII) 11Q12 2,2

כיא / הואה **הקׄץׄ** לׄשנת הרצון (XXIII) 11Q13 II,9

4Q173 4,1	(V)	שלא] מֹלא כפו **קוצר** וֹ[חצנו מעמר

to be short verb **קצר-2**

4Q418 7b,4	(XXXIV)	ואל תוסף עוד פן **תק**[**צֹיר** חייכה
4Q504 7,6	(VII)	]הֹיאה לוא **תקצר** / [
6Q21 3	(III)	] / **לקצור** לֹ[

קָצֵר ← קוֹצֵר

short adjective **קָצֵר**

4Q186 1iii5	(V)	ואצבעות רגליו עבות **וקצרות**
4Q186 2i4	(V)	והואה לוא ארוך / ולוא **קצר**
4Q424 1,12	(XXXVI)	**קצר** אפיֹ[ם אל
4Q477 2ii4	(XXXVI)	הוכיחו אשר] / הואה **קצר** אפים [

end part noun **קְצָת**

4Q394 3-7i4	(X)	] / אלה **מקצת** דברינו [
4Q394 8iv9	(X)	שהם / אוֹכלים **מקצת** [ע]צֹמות המֹקֹ[דש
4Q396 1-2iv9	(X)	[וא]תֹם יודעים **שמקצת** הֹכהנים
4Q397 5,5	(X)	שמק]**צת** העםֹ[
4Q397 23,3	(X)	]מקצ[**ת** דברינו
4Q398 11-13,3	(X)	שבאוו **מקצת** הברכות והקללוֹתֹ
4Q398 14-17ii3	(X)	אנחנו כתבנו אליך / **מקצת** מעשי התורה
4Q398 14-17ii6	(X)	במצאך **מקצת** דברינו כֹן

to call, read verb **קרא-1**

CD V,2		ודויד לא **קרא** בספר התורה החתום
CD VI,6		אשר **קרא** אל את כולם שרים
1QS II,8		לוא יחונכה אל **בקוראכה**
1QS VI,7		**לקרוא** בספר ולדרוש משפט
1QS VII,1		הואה **קורה** בספר או מברכ
1QSa I,4	(I)	**וקראו** בא[וזניהמה]את / [כ]ול חוקי הברית
1QSa I,27	(I)	אלה ה‹א›נשים **הנקראים** לעצת היחד
1QpHab VII,3		למען ירוץ **הקורא** בו
1QpHab VIII,9		הכוהן הרשע אשר / **נקרא** על שם האמת
1QM III,2		על חצוצרות מקרא העדה יכתובו **קרואי** אל
1QM XIV,5		**ויקרא** כושלים לֹ[גבורו]תֹ פֹלא
1QM XV,4		**וקרא** באוזניהם / את תפלת מועד המלחֹ[מה
1QM XVI,1		] אל ישראל **קרא** חרב על כול הגואים
1QH[a] XV,35		**ותקראני** לחסדיכה ולסליחוֹ[תיכה
1Q22 1i11	(I)	**ויקרא** מושה לאלעזר בן / [אהרון]
4Q158 3,1	(V)	**ויקרא** יעקוב[
4Q163 26,1	(V)	[לוא] **יקר**[**א** עוד לנבל נדיב
4Q165 5,3	(V)	**קר**]**א** משעיר שומר מה מלֹ[ילה
4Q169 3-4i8	(V)	כי לתלוי חי על העֹץ [**יק**]**רא** הנני אלי[כה]
4Q176 1-2i5	(V)	דברו על לב ירושלים וקֹ[**ראו** אליה
4Q176 1-2i6	(V)	קול **קורה** / במדבר פנו דרך ••••
4Q176 8-11,7	(V)	א]לֹ[והי כו]ל [הא]רץ **יקרא**
4Q176 8-11,8	(V)	כאשה עזובה / [ועצובת] רֹוח **קראך** ••••
4Q177 5-6,6	(V)	**קרא**] להם כאשר [אמר
4Q215 1-3,4	(XXII)	**ותקרא** חנה את שמה בלהה
4Q215 1-3,5	(XXII)	**ותקרא** עוד בלהֹה[
4Q223-224 2ii14	(XIII)	וֹתשלֹח רֹ[בקה] **וֹתקרא**[את] / [עישאו
4Q225 2i9	(XIII)	**ויקרא** את שמו יסחק
4Q251 1-2,5	(XXXV)	]לו לדרוש **ולקרא** בספר ב[שב]תֹ / [
4Q256 III,2	(XXVI)	לוא[יחונכה אל **בקור**]**אכה**
4Q264a 1,4	(XXXV)	אל יגיה איש מגל]תֹ ספר לֹ[**קֹ**]**רוא**[בכתבו
4Q264a 1,5	(XXXV)	אך] **יֹקֹרֹאוֹ** [ו]למדו בם
4Q267 5iii5	(XVIII)	איש מאלה ?] / לוא **יקרא** בסֹ[פר התורה]
4Q273 2,1	(XVIII)	איש מאלה]לֹא ‹י›**קרא** בספר התו[רה
4Q274 1i4	(XXXV)	טמא טמא / **יקרא** כול ימי היותֹ [בו הנ]גֹע
4Q274 3i1	(XXXV)	ב]גֹלות אל אתֹ אישון עֹינו **וקרא** / [
4Q280 2,3	(XXIX)	לוא יחונכה אל [ב]**קוראכ**הֹ
4Q282i 3	(XXXVI)	]**נקרא** בה[
4Q285 8,11	(XXXVI)	ושם] / קודשו **נקרא** עֹ[ליכם
4Q299 3aii-b,2	(XX)	אביון] / מה **נקרא** הֹ[
4Q299 3aii-b,3	(XX)	ומה]**נֹקרא** לאדֹ[ם
4Q299 80,1	(XX)	]◦◦ **קרא** אֹ[
4Q300 5,3	(XX)	]אֹביון מה **נקרא** / [
4Q300 5,4	(XX)	ומה **נקרא** לאֹדם / [
4Q364 3ii4	(XIII)	**ויקרא** [ישחק אל רבקה אשתו
4Q364 4a,1	(XIII)	ו]**תֹקרא** אתֹ / [שמו ?
4Q364 5a-bi1	(XIII)	וי]עֹקוב **קרא** [לו גלעד
4Q364 5a-bi2	(XIII)	על כן **קראו** [שמו גלעד
4Q365 10,3	(XIII)	ראה הנה **קראתי** בשם לבצלאל / [בן אורי
4Q365 32,3	(XIII)	**ויקרֹא** מוֹשֹ[ה ל(י)הושע בן נון יהושוע
4Q365 32,14	(XIII)	למקום ההואה **קראו** נחל אשכֹ[ו]לֹ
4Q372 1,16	(XXVIII)	ויזעֹ[ק וקלו] / **יקרא** אל אל גבור
4Q380 1i5	(XI)	[כי ש]םֹ יהוה **נקרא** עליה
4Q381 15,9	(XI)	]כי בשמך אלהי **נקרא**
4Q381 24a+b,8	(XI)	] / **אקרא** ליהֹוֹהֹ ויענני אלהי
4Q385a 5a-b,8	(XXX)	על שם אלהי] / [יש]רֹאל **יקראו**
4Q387 3,5	(XXX)	על שם אלהי ישראל **יקראו**
4Q387 A,3	(XXX)	]**ק**[**ר**]**אתי** לבכי ולמספד
4Q389 1,6	(XXX)	**קֹראוֹ** הדברים[האלה לפני] / כֹ[ל בני י]שראל
4Q391 62ii3	(XIX)	] / **קרא** בֹשמך ◦◦◦◦[
4Q403 2,2	(XI)	]ים **קֹרואי** רֹוֹ[ם רומים
4Q407 1,4	(XI)	]**בקרו**[**אי**] / [
4Q412 4,3	(XX)	]ם **אקרא** וֹקֹ[ולי
4Q417 13,2	(XXXIV)	] / **קרא** שמםֹ בֹ[
4Q418 81+81a,12	(XXXIV)	וכול **הנקרא** לשמו קודש◦[
4Q421 8,2	(XX)	מ]גֹלת ספר **לקרוֹא**[
4Q428 10,1	(XXIX)	**ותקראני**[לחסדיכה ולסליחותיכה
4Q434 1ii5	(XXIX)	] / עוד כי אֹ[ ]◦ **קרתם** ב◦[
4Q438 9,1	(XXIX)	] **ויקרא** ש◦[
4Q448 III,5	(XI)	] / על שמכ **שנקרא**[
4Q460 7,4	(XXXVI)	]ר **ויקרא** את שמו ◦[
4Q464 3i8	(XIX)	**ק**]**רֹא** לשון הקודש / [
4Q470 3,1	(XIX)	ו]**יקראו** וֹ[
4Q496 8,9	(VII)	יכתו]בו **קרוֹ**[**אי** אל
4Q503 72,3	(VII)	]**הקורא**[
4Q504 1-2ii12	(VII)	כיא **נקרא** שמכה עלינו
4Q504 1-2ii15	(VII)	ובפשעינו **קרתנו** / [
4Q504 1-2iii5	(VII)	כיא **קרתה** / [לי]שראל בני בכורי
4Q504 1-2iii13	(VII)	שֹ]לחתה לֹ[**קר**]**תנו** הרעה באחרית / הימים
4Q505 126,2	(VII)	]בנים **קראתנ**[ו
4Q521 2ii+4,5	(XXV)	וצדיקים בשם **יקרא**
4Q525 20,3	(XXV)	שֹ]לוֹם **תקרא** ולהֹשמֹ[יע
11Q5 XXIV,3	(IV)	יהוה **קראתי** אליכה הקשיבה אלי
11Q5 XXIV,16	(IV)	**קראתי** יהוה ויענני
11Q11 II,2	(XXIII)	]הֹ שלומה[ ]**ויקרֹא**
11Q11 II,8	(XXIII)	על]שמך נשען **וקרֹ**[**א**] / [
11Q12 1,5	(XXIII)	]ותלד לו בן **ויקרא** את שמ[ו שת
11Q13 II,6	(XXIII)	**וקרא** להמה דרור לעזוב להמהֹ[
11Q14 1ii15	(XXIII)	ושם קודשו **נֹקרא** עליכם
11Q17 VIII,10	(XXIII)	] / **וקרא**[**ו**
11Q19 LIX,6		**וקראו** ולוא אשמע
11Q19 LXII,6		**וקראתה** אליה לשלום
PAM 43.678 70,1	(XXXIII)	]◦ **יקרא** בֹ[
PAM 44.102 31i1	(XXXIII)	]**קֹרֹא** א◦ / [

to encounter, meet verb קרא-2

1QM VII,9		לקראת אויב מערכה לקראת מערכה
		לקראת אויב מערכה לקראת מערכה
4Q158 1-2,14	(V)	] / אל אהרון לאמור לך לקרא[ת
4Q481a 2,4	(XXII)	ויבאו לקרת / [אלישע וישתחוו לו ארצה
4Q509 5-6ii3	(VII)	]◦◦בנו לקראתנו כול[
11Q5 XXVIII,9	(IV)	יצאו אחי לקראתו יפי התור ויפי המראה
11Q19 LXV,2		[כ]י יקר[א קן]צפור לפניכה בדרך

to come near, offer verb קרב

CD V,9		אל / אחות אמך לא תקרב שאר אמך היא
1QS VI,16		יצא הגורל על עצת הרבים יקרב או ירחק
		ובקורבו לעצת היחד לוא יגע בטהרת
1QS VI,19		ואם יצא לו הגורל / לקרוב לסוד היחד
		ורוב אנשי בריתם יקר{{י}}בו גמ את הונו
1QS VI,22		ואם יצא לו / הגורל לקרבו ליחד
1QS VII,21		ואם יקרבהו ונכתב בתכונו
1QS VIII,9		ולקריב ריח ניחוח
1QS VIII,18		וקרבהו / בעצה על פי הרבים
1QS IX,15		ואיש כבור כפיו לקרבו ולפי שכלו / להגישו
1QSa I,9	(I)	ולוא י[קרב] / אל אשה לדעתה
1QM I,10		בו יתקרבו לנחשיר גדול עדת אלים
1QM VIII,7		ידי מפשע עד קורבם / למערכת האויב
1QM IX,4		ועמדו ששה דגלים והדגל המתקרב
1QM X,2		לאמור בקרבכם למלחמה
1QM XVI,6		התק]רב ובעומדם ליד מערכת כתיים
1QM XVI,13		ולמתקרבי[ם במ]לחמה יתקעו לשוב
1QM XVII,11		בחצוצרות תרועה שנית יידי התקרב
1QH[a] VI,14		ולפי / קורבי קנאתי על כול פועלי רשע
1Q36 7,3	(I)	את] נקרבכה ואת נרח[קכה
4Q249e 1i-3,8a	(XXXVI)	[ולוא יקר]ב לאשתו
4Q259 II,17	(XXVI)	ו]ל[ק]ר[יב]ניחוח
4Q259 III,12	(XXVI)	]ואיש כבור כפיו לקרבו
4Q266 5i13	(XVIII)	]◦◦ איש {ל} לפי רוח[ו יקר]בו / [
4Q266 6ii1	(XVIII)	[אשר י]קרב [ ] / [אליה ע]ון נדה עלו
4Q266 8i6	(XVIII)	ולפי דעתה יקרב
4Q266 12,5	(XVIII)	]אל [י]קרב[
4Q267 8,1	(XVIII)	יק]רב לבר[ית
4Q267 9vi4	(XVIII)	ו]אשר יקרב לזנות / [לאשתו
4Q270 2i18	(XVIII)	או יק]רב אל אשתו ביום / [השבת
4Q270 6ii7	(XVIII)	ו]לפ[י] דעת[ו] יק[רב
4Q270 7i12	(XVIII)	ואשר יקר[ב] / לזנות לאשתו
4Q285 8,12	(XXXVI)	] / ל[י]חד ובקרבכם [
4Q364 24a-c,14	(XIII)	[לוא קרבת]ה כול יד נחל היבוק
4Q365 23,5	(XIII)	וישבתם עליה לבטח תקריבו ע{{ש}}צים לעולה
4Q365 23,8	(XIII)	ולכול מלאכת הבית יקרי[בו
4Q365 23,9	(XIII)	יקריבו את העצים שנים [
4Q365 23,10	(XIII)	]◦◦י המקריבים ביום הריש[ו]ן לוי ◦[
4Q365 36,3	(XIII)	ויקרב[ו ראשי האבות למשפח(ו)ת
4Q366 4i4	(XIII)	והקרבתם עולה ליהוה / [אשה ריח ניחח
4Q367 1a-b,10	(XIII)	והק]ריב[ו לפני]יהוה[
4Q385 2,5	(XXX)	ואמרת ויק◦בו עצם אל עצמו
4Q387 A,2	(XXX)	]בערותם לקרוב איש אל שאר בשרו[
4Q400 1i20	(XI)	כוהני מרומי רום ה[קר]בים / [
4Q401 17,5	(XI)	]◦ת יסדם לו לקרו[ב
4Q405 23ii2	(XI)	] / קרבו מלכ בשרתם לפ[ני
4Q448 III,3	(XI)	] / לקרוב להיות ב[
4Q481d 2,4	(XXII)	]קרב כלדבר לאכל [
4Q491 11ii20	(VII)	יתקעו הכוהנים תרועה שנית על ידי התקרב
4Q491 14-15,3	(VII)	ואנו הננו עומדים להתקרב [
4Q491 14-15,8	(VII)	ט]מאתו יתקרבו אליכ[ם] אלים ב[
4Q493 7	(VII)	לצאת אנ[שי] / המלחמה להתקרב
4Q513 24,2	(VII)	] להקריב[
11Q5 XVIII,8	(IV)	כמקריב עתודים ובני בקר / כמדשן מזבח
11Q19 XIII,17		ובימי הש[בתות] תקריבו שני [כבשים
11Q19 XVII,12		והקרבתמה בכול יום ויום
11Q19 XVIII,16		ראושי ה]מט[ו]ת לשבטי ישראל ויקריבו / [
11Q19 XIX,15		ויקריבו על היין {{הזה}}
11Q19 XX,9		]והקריבו כול מנחה
		אשר קרב עמה נסך כ[משפט]
11Q19 XX,10		[וכול מנחה א]שר קרב עליה
11Q19 XXI,14		והקרבתמה שמן חדש
11Q19 XXIII,9		וה[קרי]ב הכוהן הגד[ו]ל את[עולת הלויים]
11Q19 XXV,1		] יקריב ע[
11Q19 XXV,4		והק[רבתמה פר] / [בן בקר אחד
11Q19 XXV,12		והקרבתמה בו עולה / ליהוה
11Q19 XXV,15		ולחטאת הכפורים תקריבו / אלים שנים
11Q19 XXV,16		אחד יקריב הכוהן הגדול עליו
11Q19 XXVIII,03		[והקרב]תם ביום ה[ראישון פרים בני בקר
11Q19 XXIX,5		לכול אשר יקריבו / לכול נסכיהמה/נדריהמה
11Q19 XLIII,10		יום הקרב שמן חדש על המזבח
11Q19 XLV,18		וכאשר יטהר והקריב את / [
11Q19 LXI,14		והיה כקרובכה למלחמה
11Q19 LXII,6		כי / תקרב אל עיר להלחם עליה
11Q19 LXV,8		את האשה הזואת לקחתי ואקרבה / אליה
11Q20 I,10	(XXIII)	וה]קריבו על המ[זבח לכול יום ויום]
11Q20 I,14	(XXIII)	יהיו מקריבים ליהוה עולה[
11Q20 I,18	(XXIII)	ויניפו המקריבים[את האילים
11Q20 I,22	(XXIII)	ויקרי[ב פרים שנים אחד על] / [כול העם
11Q20 I,23	(XXIII)	ויקרב את אשר [ל]כוהנים ברישונה[
11Q20 III,21	(XXIII)	ברובע]היום יקר[יבו את עול]ת הבכור[ים
11Q20 IV,2	(XXIII)	וה]ק[ר]בתמה / [יין חדש לנסך
11Q20 IV,10	(XXIII)	ברובע היום יקריבו / [
11Q20 IV,11	(XXIII)	ויקריבו / [שלמים

war, battle noun קְרָב

1QM I,9		וביום נפול בו כתיים קרב ונחשיר חזק
1QM XIII,14		כי]א מאז יעדתה לכה יום קרב ר◦◦[ ]◦ה / [

entrails, midst noun קֶרֶב

CD XX,26		יכרתו מקרב המחנה
1QM X,1		כיא אתה בקרבנו אל גדול ונורא
1QM XIII,8		]כה בקרבנו לעזר שארית
1Q22 1i9	(I)	[להכו]ת אותם [מכה] רבה בקרב [ה]ארץ
1Q25 13,1	(I)	] בקרב [
3Q15 VII,8	(III)	במערא שאצלה בקר[ב]ו ל / בית הקץ
4Q88 X,10	(XVI)	כי אין / בקרבך בליעל
4Q162 II,9	(V)	ותהי נבלתם כסחה בקרב החוצות
4Q169 3-4ii5	(V)	אשר לא ימוש מקרב עדתם חרב גוים
4Q175 5	(V)	נבי אקים לאהסה מקרב אחיהסה
4Q220 7	(XIII)	וא]ת ה[ח]לב אשר על הקרבים
4Q302 1i12	(XX)	]◦◦ ובקרב עממים / [
4Q368 2,4	(XXVIII)	פ]ן יהיה לך למוקש בקרבכם
4Q374 2ii7	(XIX)	ויתנועעו לבם וימסו קרבי[ה]ם
4Q390 2ii9	(XXX)	] / בקרב הארץ על א◦[
4Q391 25,1	(XIX)	]ה בקרבך יפלו כל ה◦[
4Q393 1ii-2,6	(XXIX)	וכונן בקרבנו יצר אמונות
4Q504 3ii7	(VII)	עין]בעין נראיתה בקרבנו[
4Q504 6,10	(VII)	]◦ אתה בקרבנו בעמוד אש וענן ב[
4Q509 194,3	(VII)	]◦כה בקרבנ[ו

11Q**5** XXII,7	(IV)	יגילו בניך בקרבך וידידיך אליך נלוו
11Q**19** XVI,7		[את כול] החלב אשר על הקרב
11Q**19** XVI,13		ראושו וכרעיו] / עם כול קרביו
11Q**19** XX,5		וׄאת כול החל[ב] אשר על הקׄ[רבים]
11Q**19** XXIII,15		החלב המכסה את / הקרב
		ואת אשר על הקרבים ואת יותרת הכבד
11Q**19** XXXIII,14		אשר יהיו מעלים במה את הקרבים
11Q**19** XXXIV,11		ומרחצים את / הקרבים ואת הכרעים
11Q**19** LIV,8		אם יקום בקרבכה נביא או חולם חלום
11Q**19** LIV,18		ובערת / הרע מקרבכה
11Q**19** LV,3		יצאו אׄנׄשׁ[י]ם [ב]נׄי [בלי]על מקרבכה
11Q**19** LV,15		אם ימצא בקרבכה באחד שעריכה
11Q**19** LVI,14		מקרב אחיכה תשים עליך מלך
11Q**19** LXI,10		ובערתה הרע מקרבכה
11Q**19** LXI,11		לעשות כדבר הזה בקרבכה
11Q**19** LXIII,7		ואל תתן דם נקי בקרב עמכה ישראל
11Q**19** LXIV,6		ובערתה הרע מקרבכה
11Q**19** LXVI,4		ובערתה / הרע מקׄרׄבכה
11Q**20** IV,15	(XXIII)	ואת כול החלב אשר על ה]קׄרבים

approaching adjective קָרֵב

1QM X,3		שׁמׄעׄה ישראל אתמה קרבים היום למלחמה
11Q**19** LXI,15		ואמר אליהמה שמע ישראל אתמה קרבים

קָרֹב ← קָרוֹב-1

קָרְבָּן ← קוֹרְבָּן

to befall. happen, meet verb קרה-1

4Q**179** 1i3	(V)	]◦יׄהׄוׄרה לקרותנו כל אלה ברוע [
4Q**200** 5,1	(XIX)	ל]קׄרׄת בנׄו עד ◦[
4Q**397** 14-21,12	(X)	כתוב ש[תסור] מהדׄ[ר]ך וקרתׄ[כה] הרׄעׄה
4Q**398** 14-17i5	(X)	[כתו]בׄ שׁתׄ[סור מהדרך וקר]תׄךׄ [הרע]הׄ

to lay beams verb קרה-2

4Q**365**a 2ii6	(XIII)	ומן}} המשקופ ומקירים֯[
11Q**19** XXXVI,10		ומקורה כיור / ארז מצׄופׄהׄ זהב טהור
11Q**19** XLI,15		ומקורים / באדשכים עץ ארז ומצופים זהב
11Q**19** XLII,11		ועל גג השלישית / תעשה עמודים ומקורים
11Q**19** XLVI,14		לצפון המערב לעיר בתים ומקורים
11Q**20** XII,25	(XXIII)	לצפון המערב לעיר בתים ומקו]רׄים

seminal emission noun קָרֶה

11Q**19** XLV,7		וא[יש] כי יהיה לו מקרה לילה
11Q**19** XLVI,18		והאנשים אשר יהיה להמה מקרה

near adjective קָרוֹב-1, קָרֹב

CD V,14		הקרוב אליהם / לא ינקה
CD XI,14		אל ישבית אׄיש בׄמקום קרוב / לגוים בשבת
1QH[a] VI,14		כי כול קרוביך לא ימרו פיך
3Q**15** IX,11	(III)	בקול המים הקרובין לכפר נׄבוׄ
4Q**175** 12	(V)	ולוא עתהא / אשורנו ולוא קרוב
4Q**271** 5i9	(XVIII)	אל ישבות איש במקום קרוב לגוים בשבת
4Q**287** 5,12	(XI)	] קרוׄ[בי]ם אליכה וזר[ע
4Q**299** 7,2	(XX)	]קרוב [
4Q**381** 33+35,5	(XI)	וחסדיך לעבד קׄרׄבׄ לך וׄהׄ[
4Q**381** 33+35,8	(XI)	]קׄרוב ישעי לנגד עיניך
4Q**400** 1i6	(XI)	כבודי אלוהים ⟦ ⟧ לקרובי דעת / [
4Q**403** 1i18	(XI)	ו]ברך לכול אׄ[לי קרו]בׄי{{ם}} דעת אמ[תו
4Q**476** 2,3	(XXIX)	]קׄ[ר]וׄבי אל ל◦[
4Q**504** 1-2vi13	(VII)	מכול] / הארצות הׄקרובות והרחוקות
6Q**15** 2,2	(III)	הקרב אליהֶ֯[ם לא ינקה
11Q**13** II,10	(XXIII)	[נ]צׄב בעׄ[דת אל]בׄקרוב אלוהים ישפוט
11Q**19** LII,14		בכול שעריכה קרוב למקדשי
11Q**19** LII,18		לוא תזבח ⟦ ⟧ קרוב למקדשי
11Q**19** LXIII,4		וכול זקני העיר ההיא הקרובה אל החלל
11Q**19** LXIV,14		ואם לוא קרוב אחיכה / אליכה

קֹרַח ← קוֹרַח

ice, frost noun קֶרַח

4Q**216** V,7	(XIII)	ולשלג ולברד ולק]רׄח ומלאֲכי הקולוׄ[ת]
4Q**385** 6,14	(XXX)	ראשם רקיע כעין] / הׄקׄרׄחׄ הנור[א
4Q**473** 2,6	(XXII)	] / וירקון שלג קרחׄ וברׄ[ד

קָרְחָה ← קוֹרְחָה

hostility noun קֶרִי

CD XX,29		בׄלׄכׄתׄנוׄ קרי בחקי הבׄרׄיׄתׄ
4Q**365** 25a-c,12	(XIII)	ל]יׄ והלכתׄם עׄמי בקרי
4Q**504** 1-2vi6	(VII)	ואשר הלכֶנ֯ו בקרי

called adjective קָרִיא

CD II,11		ובכולם הקים לו קריאי שם
CD IV,4		ובני צדוק הם בחירי / ישראל קריאי השם
1QSa II,2	(I)	אלה / אנושי השם קיראי מועד
1QM II,7		אנשי השם / קריאי המועד
1QM IV,10		על השביעית קריאי / אל
4Q**266** 2ii11	(XVIII)	ובכולם הקים לו] / קריאים ⟦ ⟧[
4Q**275** 1,2	(XXVI)	בחירי ישרא]לׄ קריאי השם[
4Q**385**a 3a-c,3	(XXX)	ק]רׄיאי השם ◦[
4Q**491** 19,4	(VII)	קרי]אי השם אנ[שי

city noun קִרְיָה

1QpHab IX,8		וחמס ארׄץ קריה וכול יׄושביׄ בה
1QpHab X,6		הוי / בונה עיר בדמים ויכונן קריה בעולה
1QpHab XII,1		מדמי אדם וחמס ארץ קריה וכול יושבי בה
1QpHab XII,7		ואשר אמר מדמי / קריה וחמס ארץ
		פשרו הקריה היא ירושלם
4Q**168** 1,3	(V)	כיא] / עׄתׄהׄ תצאי מקרׄ[יה ושכנת בשדה
4Q**184** 1,12	(V)	]בׄרחובות עיר תתעלף ובשערׄי קריות תתיצב
4Q**364** 24a-c,13	(XIII)	הק]רׄיׄהׄ אשר[?
4Q**458** 2i4	(XXXVI)	]וׄברח בקרׄ[י]הׄ / [

to cover verb קרם

4Q**385** 2,6	(XXX)	ויעלו עליהם גדים ויקרמו עור / [מלמעלה
4Q**386** 1i6	(XXX)	ויעלו עליהם גדי]ם ויקרמו עור / [עליהם

to shine verb קרן

4Q**368** 3,5	(XXVIII)	] רים קׄרן / [

horn noun קֶרֶן

1QSb V,26	(I)	[ו]ישם קרניכה ברזל ופרסותיכה נחושה
1QM I,4		ואפו להשמיד ולהכרית את קרן / ◦[
1QM V,14		ויד הכידן קרן ברורה מעשה חושב
1QH[a] XV,22		ותרם קרני על כול מנאצי
1QH[a] XV,23		ותרם קרני / למעלה
1Q**14** 13,1	(I)	ק]רׄנים[
4Q**173** 5,3	(V)	עד קרנ]ות המזבח יבׄ[או
4Q**174** 6-7,1	(V)	]ל להאביד את קרן [

4Q**223-224** 2iv7 (XIII) ויעלו בראו[שו קר]נֿיֿם כקרני אֿ[יל]
(XIII) ויעלו בראו[שו קר]נֿים **כקרני** אֿ[יל]
4Q**293** 1,2 (XXIX)] בֿיקר **קרֿן**[
4Q**365** 12a-bii8 (XIII) ועשו **קרנותיו** על ארבע פנותיו
4Q**365** 12a-bii9 (XIII) [ממנו היו ק]**רֿנותֿיו** ויצפו אותו נחושת
4Q**381** 46a+b,2 (XI) ולֿ[ ]∘∘ ותנתן לי **קרן**[
4Q**381** 46a+b,6 (XI) **קרנים** קרנים / ברזל לנגח בה רבים
(XI) קרנים **קרנים** / ברזל לנגח בה רבים
4Q**388** 4,1 (XXX)]**קֿרנֿוֿ** [
4Q**437** 2i15 (XXIX) ויעלוץ לבבי בכה תרום **קֿ[רני**
4Q**491** 4,4 (VII)]∘ֿן אויב להֿ[ ]∘∘ **קרן** אש[מה
4Q**491** 11i22 (VII)]ם להקים **קרן** מעֿ[
11Q**11** V,7 (XXIII) פניך פני / [שוֿ]ו **וקרנֿיֿך** קרני חלֿ[וֿ]םֿ
(XXIII) פניך פני / [שוֿ]ו וקרנֿיֿך **קרני** חלֿ[וֿ]םֿ
11Q**19** XII,13 (XXIII)]∘∘∘ו / **וקר∘**?[ ]יֿוֿ ופנֿוֿ[תיו
11Q**19** XVI,16 (XXIII) ויתן מדמו באצבעו על **קרנות** הֿ[מזבח
11Q**19** XXIII,12 (XXIII) ונתֿ[ן מ]דֿמו באצבעו על ארבע **קרנות** מזבֿ[ח]

to tear verb קרע
CD XII,13 כי אם **נקרעו** / חיים ונשֿ[פֿ]ךֿ דֿמֿםֿ
4Q**266** 11,5 (XVIII) וֿבֿמקוםֿ כתוב **קרעו** לבבכם ואל בגדיכםֿ
4Q**270** 7i19 (XVIII) כתוב] / **קרעו** לבבכם ואל בֿגדיכם
4Q**387** 2ii5 (XXX) ומתםֿ הדורֿ[ ]ההוא אֿ[**קרע**]אֿת הממלכה
4Q**387** 2ii8 (XXX) ועשה תעבות **וקרעתי** / [את] ממלכֿ[תו
4Q**387** 3,7 (XXX) **ויתקרע** ישראל בדור הה[וא]
4Q**389** 8ii1 (XXX) ועשה תעבות **וקרע]תי** את מֿ[מלכתו

to mold, pinch verb קרץ
1QS XI,22 והואה מצירוק / חמר **קורצ** ולעפר תשוקתו
1QH[a] XVIII,4 חמר] / **קורץ** ולעפר תשובתו
1QH[a] XX,24 ואני מעפר לקחֿ[תי ומחמר קו]**רֿצתֿי**
4Q**511** 28-29,4 (VII)]ואני מצירוק יצר / [חמר]**קֿורצתי**

floor noun קַרְקַע-1
3Q**15** I,7 (III) שבחצר / הפרסטלין בירך **קרקעו**
3Q**15** I,14 (III) בירדך אל סמל / גבה מן **הקרקע**
3Q**15** X,4 (III) שרוו מהנחל / הגדול **בקרקעו**
11Q**19** XLIX,12 **קרקעו** וקירותיו לדלתותיו יגרודו

to shatter, crush verb קרר-1
CD VII,20 **וקרקר** / את כל בני שת
1QM XI,6 ומחץ פאתי מואב וו **קרקר** כול בני שית
4Q**175** 13 (V) ומחץ / פאתי מואב **וקרקר** את כול בני שית

board noun קֶרֶשׁ
4Q**365** 12ai2 (XIII) ואת **הקרשים** צֿפֿה / [זהב
4Q**365a** 5i6 (XIII)]**קֿרשי**ֿ[
4Q**365a** 5i7 (XIII) **קר]שים** מלמטה / [

קַשְׂוָה ← קְסָוָה

to attend, listen verb קשב
CD XX,18 **ויקשב** / אל אל דֿבֿריהֿם וישמֿע
4Q**161** 5-6,7 (V) צהלי] קֿולכי בת גלים **הקשיבֿ[י** לישה
4Q**177** 14,4 (V)]**הקשיבה** רנתי האזינה לֿ[תפלתי
4Q**253a** 1i1 (XXII) **ויקשב** / [יהוה וישמע ויכתב ספר זכרון
4Q**377** 2ii3 (XXVIII) **והקשב** כול הקהל ∘∘∘∘[ ]בֿ [
4Q**378** 26,3 (XXII)]ועדת עליֿוֿן **הֿקֿ[ש]יבו** לקול מֿ[ושה
4Q**381** 85,2 (XI) ה]חֿרש ושועתי **הקשב**[
4Q**382** 8,2 (XIII)]**קֿשיבֿוֿ**[

4Q**385a** 15i2 (XXX) אליֿ]הם אשר לא **הקשיבו** / [
4Q**504** 1-2v21 (VII) ו]לוא **הקשבנו** אֿ[ל מצוותיכה]
4Q**525** 10,3 (XXV) ועתה] **הֿ[קֿ]שיבו** לי כול בני הֿ[
4Q**525** 14ii23 (XXV) טרם תשמע את מליהם **הֿ[קשיבה**
11Q**5** XXIV,3 (IV) יהוה קראתי אליכה **הקשיבה** אלי

to be hard verb קשה
4Q**182** 1,2 (V)]ה אשר **יקשו** את עורפם[
4Q**506** 131-132,13 (VII) [בכוֿ]לֿ גמוֿ[לם הרע ואשר קֿ]**שו** בעוֿרפם

hard, difficult adjective קָשֶׁה
1QS V,5 למול ביחד עורלת יצר ועורפ **קשה**
1QH[a] VIII,5]∘לם ורוח עורף **קשֿהֿ** לדממֿ[
4Q**174** 4,4 (V)]לבית יהודה **קשות** לשוטמם / [
4Q**364** 26ai3 (XIII) כי עם]**קשה** עורפ / [אתה ?
4Q**435** 2i3 (XXIX) עורף **קשה** / [שלחתה ממני
4Q**436** 1ii2 (XXIX) עֿ[ורף **קשה** שלחתה ממני
4Q**461** 1,3 (XXXVI)]∘בעבודה **קשה** ויתנו עלֿ ∘∘∘[
4Q**468cc** 4 (XXVIII)]הֿמֿה **קשה** ⟦ ⟧∘[
11Q**5** XXIV,10 (IV) ואל תביאני **בקשות** ממני
PAM 43.700 24,2 (XXXIII)] לב עֿלֿ {{∘}}**קש]ה**

cucumber noun קִשּׁוּת
4Q**274** 3i9 (XXXV)] או **קשוֿתֿ** בשלה ואוֿ[שֿ]אשר ישֿ∘ / [

stubbornness noun קְשִׁי
1QS VI,26 ואשר ישוב את / רעהו **בקשי** עורפ
4Q**393** 1ii-2,4 (XXIX) ובק]**שי** ערף

to bind, conspire verb קשר
CD XIII,19 ואת אשר אֿינֿנוֿ **נקשר** בשֿ[
4Q**417** 2i2 (XXXIV) הכשר עבור לוֿ **והנקשר** ∘[

conspiracy, fetter noun קֶשֶׁר
CD XIII,10 יתר כל חרצובות **קשריהם** לבֿלתי הֿיות עשוק
4Q**266** 5i10 (XVIII) כי ביהודה נֿמֿ[צא **קשֿ]ר** / [לשוב
4Q**267** 5ii3 (XVIII) כי ביהודה] / [נמצא] **קשר** לשוב

to gather verb קשש
1Q**15** 2 (I) **התקו[ששו** וקו]שֿ[ו] ∘ / [
(I) התקו[ששו **וקו]שֿ[ו]** ∘ / [

bow noun קֶשֶׁת
1QM VI,16]**וֿקשת** וחצים וזרקות מלחמה
1QM IX,11]לֿ[ ]∘ גליל כֿפים ומגדלות / **וקשת** ומגדלות
1QH[a] XIV,30 וידרוך גבור **קשתו** ויֿפתח מצור [
2Q**22** I,2 (III) ועשיתי ק]לעי המזור עם **קשתות**
4Q**171** 1-2ii15 (V) וידרוכו **קשתם** לפיל עני ואביון
4Q**171** 1-2ii16 (V) חרבם תבוא בלבם **וקשתותיהם** תשברנה
4Q**223-224** 2iv18 (XIII) אז דרך יעקוב את **קשֿ]תֿו** והשליךֿ[את החץ
4Q**254** 7,2 (XXII) ותשֿ]ב באיתן **קשתֿ[ו**
4Q**370** 1i7 (XIX) ואֿ[ת **קשתו** נתֿ[ן בענן לֿ]מען יזכור ברית
4Q**391** 36,3 (XIX)]דות הוא **קשת** ∘[∘∘∘
4Q**437** 2i3 (XXIX) תבוא חר]בם בלבם **וקשתותיהם** תשברנה

ר

resh, twentieth letter of the alphabet ר

KhQ3 2	(XXXVI)	ם ן ס ע פ צ ק ר / א א ב ג ד ה ו

to see verb **ראה**

← ירא-1

Reference	Vol.	Text
CD II,14		ואגלה עיניכם לראות ולהבין במעשי / אל
CD V,7		ושוכבים עם הרואה את דם זובה
CD IX,17		אשר ימעל / איש בתורה וראה רעיהו
CD IX,22		וביום ראות האיש יודיעה למבקר
CD XX,20		וְשַׁבְתֶּם וּרְאִיתֶם בֵין צדיק / ורשע
CD XX,34		וכפר אל בעדם וראו בישועתו
1QS VII,14		ונראתה ערותו ונענש שלושים יום
1QSa II,7	(I)	או מום מנוגע בבשרו / לראות עינים
1QSb V,4	(I)	] / רואיכה מ[
1QpHab V,2		טהור עיַנִים / מראות ברע והבט אל עמל
1QpHab V,6		הוא אשר אמר טהור עינים מראות / ברע
1QpHab VI,13		ואצפה לראות מה ידבר / בי
1QM VII,7		וכול ערות דבר רע לוא יראה סביבות
1QM X,10		]◦ ושומעי קול נכבד ורואי / מלאכי קודש
1QH[a] V,17		כי הראיתם את אשר לא ◦[
1QH[a] XV,2		שעו עיני מראות / רע
1QH[a] XVI,13		כי ראה בלא הכיר
1QH[a] XXI,3		]◦א ראיתי זות / [
1Q19 3,4	(I)	וכאשר ראה למך את֯[
1Q25 1,3	(I)	] / וירא ו◦[
4Q158 4,6	(V)	] / אשר היראתי אל אברהם
4Q158 7-8,6	(V)	] / ראיתמה כי מן השמים דברתי עמכמה
4Q162 II,4	(V)	ומעשי ידו לא ראו
4Q162 III,8	(V)	] / ראו ר֯[או ואל תדעו ?
	(V)	] / ראו ר֯[או ואל תדעו ?
4Q163 17,1	(V)	[ ]ר֯אנו ומי [יודענו
4Q167 34,1	(V)	]ם֯ ורא ◦[
4Q169 3-4ii11	(V)	וגלית / שולי[ך] על פניך והראת֯ ג֯וים מער֯[ך]
4Q169 3-4iii2	(V)	והיה כול רואיך ידודו ממך
4Q171 1-2ii12	(V)	כיא ראה / כיא בא יומו
4Q171 3-10iv11	(V)	בהכרת רשעים תר֯[אה
	(V)	] אשר יראו במשפט רשעה
4Q171 3-10iv13	(V)	[ראי]ת֯י֯ ר֯שע ע֯ריץ מ֯ת֯ע֯[רה
4Q174 1-2i5	(V)	]עולם תמיד עליו יראה
4Q175 11	(V)	אראנו ולוא עתהא / אשורנו
4Q176 1-2i3	(V)	] / ירושלים וראה נבלת כוְהניכה[
4Q177 5-6,12	(V)	]ך {{ר}}או למנצח על ה[שמינית
4Q180 2-4ii9	(V)	]ואראה כיא הכול[
4Q184 1,13	(V)	וע֯פעפיה בפחז תרים לראו[ת לא]י֯ש֯ / צדיק
4Q200 4,4	(XIX)	ו]אף אמי איננה מאמנת אשר תראנ֯[י] ע֯וד
4Q200 5,5	(XIX)	וירא את֯[בנו
4Q200 6,3	(XIX)	איכה֯ נ֯ראה֯ [להמה מלאך] / [אלהים
4Q216 V,10	(XIII)	אז ר֯אינו מעשיו
4Q221 5,2	(XIII)	בע֯ת [א]שר ראה את בנו מחז[יקים בו
4Q223-224 2v8	(XIII)	יען]א֯שר רא֯[ה כי יהוה אתו
4Q225 2i5	(XIII)	וראה / [וספור את]הת֯{{כ}}ול
4Q238 4	(XXVIII)	א]ר֯ד ואראה [
4Q252 I,12	(XXII)	יום רביעי / לשבת נר֯א֯ו ראשי ההרים
	(XXII)	מ֯ק֯ץ ארבעים יום להר֯אות ראשי / ההר֯[ים
4Q252 I,14	(XXII)	וישלח א֯ת היונה לראות הקלו המים

Reference	Vol.	Text
4Q252 I,22	(XXII)	וירא והנה [חרבו פני האדמה
4Q266 2ii14	(XVIII)	ואג]ל֯[ה עיניכם לר]או֯[ת ולהבין במעשי אל
4Q266 4,8	(XVIII)	וכפ֯[ר אל בעדם]וראו ביש[ועתו
4Q266 6i2	(XVIII)	וראה הכהן אותו כמראי הבשר
4Q266 6i4	(XVIII)	] וראה הכוהן ביום השביעי
4Q266 6i10	(XVIII)	וראה אם יו{{ש}}סף מן / {{כ}} החי
4Q266 6ii2	(XVIII)	ואם ראתה [עו]ר֯
4Q266 8i7	(XVIII)	וכה עינים לבלתי ראות / [ו]ח֯גר או פסח
4Q266 13,3	(XVIII)	ר]ו֯אים עובד א֯[ת
4Q269 7,7	(XVIII)	וראה֯ ה֯כוהן֯[ביום ה]ש֯ביעי
4Q269 9,7	(XVIII)	אל יקחה איש כיא אם בראו]ת֯ נשים
4Q270 4,2	(XVIII)	]הרואה אם יראה אשת / [רעהו
	(XVIII)	]הרואה אם יראה אשת / [רעהו
4Q270 5,21	(XVIII)	אל יקחה] / [איש כי א]ם֯ בראות נש[י]ם
4Q270 6ii8	(XVIII)	ו֯[כה עינים לבלתי ר]אות ו֯[חגר או פסח
4Q272 1i8	(XVIII)	לוא֯ יראנה הכוהן לעור הב֯ש[ר]
4Q272 1i14	(XVIII)	ו]ר֯אה הכוהן וה֯[נה] / [באה הרוח
4Q282p 3	(XXXVI)	]ת֯ראה / [
4Q285 6,1	(XXXVI)	]י֯ר֯א֯ו֯[
4Q285 8,9	(XXXVI)	שדפון וירקון] / לוא יר֯א֯ה֯ בתבוא֯[תיה
4Q286 1ii9	(XI)	ורחמי עולמים ורזי פל֯[אים] / בהר[אותמ]ה֯
4Q300 1ai1	(XX)	]◦ראות / [
4Q306 2,6	(XXXVI)	] / [ ]וד עד אשר יפקחו וראו[
4Q320 1i1	(XXI)	]ל֯הראותה מן המזרח / [
4Q364 3ii1	(XIII)	אותו תרא֯ה֯ [
4Q364 3ii2	(XIII)	] / תראה בשלום [
4Q364 3ii7	(XIII)	וירא עישאו כי [ברך ישחק את יעקוב
4Q364 24a-c,3	(XIII)	]ראה ה֯[חלותי תת לפניכה את סיחון
4Q364 25a-c,7	(XIII)	עיניכה]ה֯רואות את כול֯[אשר עשה יהוה ?
4Q364 26bi6	(XIII)	ואר]א֯ והנה / [חטאתמה ליהוה אלוהיכם
4Q364 30,3	(XIII)	כי עיניכ]מ֯ה הרואות את כול מ֯ע֯[שה יהוה
4Q365 5,1	(XIII)	[ו֯]יר֯א֯ו והנה מצרים נסעים אחריהמ֯[ה
4Q365 6ai2	(XIII)	כי כא[שר] ר֯איתמה / [את מצרים היום
4Q365 6ai3	(XIII)	לוא תוסיפו(ן) לראו]ת֯ו ע֯[וד ע]ד֯ עולם
4Q365 10,3	(XIII)	ראה הנה קראתי בשם לבצלאל
4Q365 18,3	(XIII)	[אחרי]ה֯ראותו אל[הכוהן לטהרתו
4Q365 32,5	(XIII)	וראית]ם֯ א֯ת הארץ מה היאה
4Q365a 5i3	(XIII)	ו֯לוא נראים / [
4Q365a 5i4	(XIII)	]ם֯ לוא נראים האופנים אל החוץ
4Q368 1,4	(XXVIII)	רא]ה֯ [א]ת֯ה֯ א֯ומר / [אלי העל את העם
4Q368 2,12	(XXVIII)	ולא יראו / [פני ריקם
4Q369 1ii3	(XIII)	וכבודכה יראה שם ל[
4Q372 3,11	(XXVIII)	ראו מה עשה למדין א[
4Q372 22,2	(XXVIII)	]לראות֯[
4Q377 2ii7	(XXVIII)	וכא֯[ש]ר֯ ◦◦ש֯ ◦[ ]ר֯ הראנו באש בעורה
4Q379 4,2	(XXII)	] וראים נפלא֯ת֯ו֯ / [
4Q379 13,2	(XXII)	ראו מ֯◦[
4Q380 1i6	(XI)	[וכבדו] נראה על ירושלם / [ב]ציון
4Q380 1i10	(XI)	ויפקדה֯ו֯ / ל֯הראות בט֯וב ⟦ ⟧ / [בח]י֯ר֯י֯ו֯
4Q381 33+35,10	(XI)	ולא ת֯ר֯אה בטוב נפשי
4Q381 69,1	(XI)	]לם בראותו כי התעיבו עמי [הא]ר֯ץ / [
4Q385 2,2	(XXX)	[ואמרה יהוה] ראיתי רבים מישראל
4Q385 2,4	(XXX)	אני אראה[ ]את בנ֯י ישראל
4Q385 6,5	(XXX)	] / המראה אשר ראה יחזק֯[אל
4Q385a 6,2	(XXX)	ויר]או בעיניהם ◦[
4Q386 1ii2	(XXX)	ואמר ראיתי יהוה והנה חרבה
4Q388 6,8	(XXX)	ו]יראו את ה◦[
4Q391 9,3	(XIX)	]דרך ואראה זקנים[
4Q391 36,2	(XIX)	]ר֯אה ואומר אלי֯ו֯[
4Q391 65,4	(XIX)	נה]ר ככר ואראה֯ [

לבני] / הכוהנ[ים] **ראו** להזהיר בדבר הזה	(X)	4Q**394** 3-7i15
כי לבני / [אהרן]**ראואי** [להיות	(X)	4Q**394** 3-7ii1
הכו[הנ]ים **ראואי**[להשׁ]מ[ר בכול הד]ברים[	(X)	4Q**394** 3-7ii13
ותערובת / [א]שמ אינם **רואימ**	(X)	4Q**394** 8iv1
כי שלוא **ראה** ולוא שמע לוא / [י]דע	(X)	4Q**394** 8iv3
כי לבני הכוהנים] / **ראוי** לה[ז]הר בדבר	(X)	4Q**395** 7
כי לבני] / אהרן **ראוי** להיו[ת] מ[	(X)	4Q**395** 11
הסומים] שאינם / **רואים** להזהר מכל תערו[בת	(X)	4Q**396** 1-2ii2
ותערובת א]שם אינם / **רואים**	(X)	4Q**396** 1-2ii3
כי שלוא **ראה** ולוא שמע לוא י[דע	(X)	4Q**396** 1-2ii5
ש**ר[א]ינו** / עמך ערמה ומדע תורה	(X)	4Q**398** 14-17ii3
ש**ראינו** / [עמך ערמה ומדע תורה	(X)	4Q**399** 1i11
יקרא מש]ה אל כל ישראל **בראתם**[	(XXXVI)	4Q**408** 3+3a,4
בראתם כי טוב האור וב[הכירם	(XXXVI)	4Q**408** 3+3a,9
לברך [את שמ קדשך ב]**ראתם**[	(XXXVI)	4Q**408** 3+3a,11
ה]חזון כ[י ר]**איתי** / [	(XXXVI)	4Q**410** 1,9
] / **להראות**[	(XX)	4Q**411** 1ii15
] / ואם **תראה**[	(XXXIV)	4Q**415** 21,3
וראה כי רבה קנאת / [אנוש	(XXXIV)	4Q**416** 2ii11
ואז **יראה** אל ושב אפו	(XXXIV)	4Q**417** 2i15
]יצ◦[כה ור]**אה** כיא[	(XXXIV)	4Q**417** 2ii+23,15
והם אחזת עולם ינחלו הלוא **ראיתם**	(XXXIV)	4Q**418** 55,12
]כול **ראוי**[	(XXXIV)	4Q**418** 74,2
וקח תולדות[א]דם **וראה** בכוש[ר	(XXXIV)	4Q**418** 77,2
ואפלה ב[בתי]הסה בלי**רא**[ה] איש את אחיו[	(XIII)	4Q**422** III,9
כיא **ראינו** קנאתכה בכוח גבורתכה	(XXIX)	4Q**427** 7ii15
טועמיו ובפריו לוא **יראה** באוש[ים	(XXIX)	4Q**433**a 2,7
ויפקח עיניהם **לראות** את דרכיו	(XXIX)	4Q**434** 1i3
] / באויבי **רא**[תה עיני	(XXIX)	4Q**435** 2ii5
וכול יגוני **ראיתה** ועונות[י	(XXIX)	4Q**437** 2i7
ותראני עצ[תכה	(XXIX)	4Q**443** 2,5
מש]כילי תבונה המה **רואים**[	(XXIX)	4Q**446** 2,3
] / **ויראו** מסנ[איך	(XI)	4Q**448** I,5
] / וכבודו עליהמה **ירא**[ה	(XXIX)	4Q**457b** II,6
] **וראה** יהוה את שיבתם א[	(XXXVI)	4Q**461** 1,10
] / **ראיתה**[	(XXII)	4Q**473** 1,4
ויראו / [בני הנביאים אשר ביריחו	(XXII)	4Q**481**a 2,3
וכול] / ערוה לוא **יראה** סביבות{{יה}}מ[ה	(VII)	4Q**491** 1-3,8
]ל בל **יראו** [	(VII)	4Q**499** 4,2
הביטה **וראה** חרפת בני / [עמכה	(VII)	4Q**501** 5
ה]**ראנו**[ ]◦◦[	(VII)	4Q**502** 35,3
ה]**ראנו** שמ[חה	(VII)	4Q**502** 100,3
וכול הגוים **ראו** את כבודכה	(VII)	4Q**504** 1-2iv8
וראה ע[נינו] / ועמלנו ולחצנו	(VII)	4Q**504** 1-2vi11
עין]בעין **נראיתה** בקרבנו[	(VII)	4Q**504** 3ii7
]שם עולם ול**רא**[ו]ת / [	(VII)	4Q**504** 5i3
]ר **ראו** הא / [	(VII)	4Q**504** 7,17
]◦◦ **נראה** עלינ[ו	(VII)	4Q**504** 10,3
[ועינים] **לראות** ואוזנ[ים לשמוע] / [	(VII)	4Q**504** 18,3
]**ראינו** א[	(VII)	4Q**504** 21,1
]לבלתי **הרא**[ות	(VII)	4Q**508** 19,2
]לוא **תראו**[	(VII)	4Q**511** 11,7
]**להראות**[	(VII)	4Q**512** 28,5
אשר] / **רא**[ה]לו להאכילם	(VII)	4Q**513** 2ii3
]אשר **הר**[**א**]ת ענני[	(VII)	4Q**513** 3-4,5
]**ראו** [א]ת כל א[שר עשה	(XXV)	4Q**521** 7+5ii1
]ל◦ הואה **מראם**[	(XXV)	4Q**522** 11,3
מ]יום **ורואם** מעטו[	(III)	5Q**13** 24,3
ו]**ירא** את[ ] ד[	(III)	6Q**9** 58,2
אזראו כול מלאכיו	(IV)	11Q**5** XXVI,12
וירננו כי {{ה}}**הראם** את אשר לוא ידעו	(IV)	11Q**5** XXVI,12
הכול **ראה** {{ו}}אלוה	(IV)	11Q**5** XXVIII,7
אזי **רא**[י]**תי** פלשתי / מחרף	(IV)	11Q**5** XXVIII,13
שדפון וירקון לוא **יראה** בתבואתיה	(XXIII)	11Q**14** 1ii12
]◦כה **ותראה** מק◦[	(XXIII)	11Q**15** 1,3
] **לראות** פ[		11Q**19** III,16
ולוא תהיה **נראה** לכול רחוק		11Q**19** XLVI,15
וראיתה סוס ורכב ועם רב ממכה		11Q**19** LXI,13
ועינינו לוא **ראו**		11Q**19** LXIII,6
וראיתה בשביה אשה יפת תואר		11Q**19** LXIII,11
לוא **תראה** את שור אחיכה או את שיו		11Q**19** LXIV,13
והיא **רויה** לו מן החוק		11Q**19** LXVI,9
]**יראה** [	(XXXIII)	PAM 43.667 77,1
] **כראות** [	(XXXIII)	PAM 43.670 8,3
]ה **וראי**◦[	(XXXIII)	PAM 43.673 28,1
]**ראינו**[	(XXXIII)	PAM 43.685 24,2
] **וירא** [	(XXXIII)	PAM 43.692 4,2

Reuben proper noun **רְאוּבֵן, רוּבֵן**

[ואל]יאמרו **לרובן** נעש[ו חיים וכפורים	(XIII)	4Q**221** 4,9
ויצאו שמעון ובנימין וחנוך] בן **רוב**[ן למערב]	(XIII)	4Q**221** 6,4
ויצא **ראובן** / [וישׂשכר וזבולון לצפון הבירה	(XIII)	4Q**223-224** 2iv23
ברכות יעקוב **ראובן** בכורי אתה	(XXII)	4Q**252** IV,3
]**ראובן** הוא / ראשית ער◦◦[	(XXII)	4Q**252** IV,6
ראו]**בן** ושמעו[ן וב]יום הרב[יעי	(XIII)	4Q**365** 23,11
ו]את **ראובן** ואת י[הודה	(XXII)	4Q**379** 1,3
] געל **ראובן**[	(XXXVI)	4Q**458** 12,4
וביום השלישי יעשה / את עולת **ראובן** לבד		11Q**19** XXIV,14
[ר]**אובן** יוסף ובנימין לנגב / דרום		11Q**19** XXXIX,12
ולבני **ראובן** / מן המקצוע		11Q**19** XLIV,10
עד שער **ראובן** / שתים וחמשים נשכות		11Q**19** XLIV,11
ומשער / **ראובן** עד שער יוסף לבני יוסף		11Q**19** XLIV,13

ראוש ← ראש-1

רִאישׁוֹן, רִישׁוֹן, רִאשׁוֹן, רִאשׁן, רִשׁוֹן, רִישׁן, רִאישׁן, רִיאשׁוֹן adjective **first**

ובזכרו ברית **ראשנים** השאיר שאירית	CD I,4
ולסיע גבול אשר גבלו **ראשנים** בנחלתם	CD I,16
בו הבו באי הברית **הראשנים**	CD III,10
התורה אשר התוסרו בו **הראשנים**	CD IV,8
כברית אשר הקים אל **לראשנים**	CD IV,9
הראשונה היא הזנות השנית ההין	CD IV,17
בהושע ישראל את **הראשונה**	CD V,19
ויזכר אל ברית **ראשנים**	CD VI,2
אלה מלטו בקץ הפקודה **הראשון**	CD VII,21
באהבת אל את / **הראשנים**	CD VIII,17
בשמותיהם הכהנים **לראשונה**	CD XIV,3
איש אחר אחיהו הכהנים **לראשונה**	CD XIV,5
כאשר היה בקץ פקדת **הראשון**	CD XIX,11
באהבת אל את **הראשנים**	CD XIX,29
לכל המאס **בראשונים** / ובאחרונים	CD XX,8
והתיסרו במשפטים **הראשונים**	CD XX,31
הכוהנים יעבורו / **ברשונה** בסרכ	1QS II,20
הכוהן ישלח ידו **לרשונה** להברך	1QS VI,5
הכוהן ישלח ידו **לרשונה** / להברכ	
הכוהנים ישבו **לרשונה** והזקנים בשנית	1QS VI,8
ברשונה {{◦}}לוא יגע בטהרת הרבים	1QS VII,19
ונשפטו במשפטים **הרשונים**	1QS IX,10
בשנה **הראישונה** ילחמו בארם נהרים	1QM II,10
יכתבו על אות **הראישונה** עדת אל	1QM IV,9

עשו ישראל / בימי ממלכתו הרישונים (XXX) 4Q390 1,5
מלבד העולים רישונה מארץ שבים (XXX)
] הרישון [(XIX) 4Q391 66,2
[למשכיל שיר עולת השב]ת הראישונה (XI) 4Q400 1i1
בארבעה לחודש הראישון (XI)
]ה קודש קודש ראיש[ון (XI) 4Q400 2,10
עושה רא[שונ]ות [לעתותיהם (XI) 4Q402 4,13
]ראשונים ובינו בשני ד[ור ו]דור (XX) 4Q413 1-2,4
] / לראשון לשלישי ולש[ביעי (XXXV) 4Q414 2ii-4,2
יצ]א הגורל הרישון וכן יצאו / [(XX) 4Q421 1ai4
א]מר לרישון לאמור[(XXXVI) 4Q458 1,7
ושלך המלאך הריש[ו]ן / [(XXXVI) 4Q458 1,8
]ריאשו[ן]◦◦[(XIX) 4Q463 2,6
המערכה[הר]אישונה ת[צא למלחמה (VII) 4Q491 1-3,15
עם מלא עונתם הראישונים ישובו (VII)
ולמערכה הראיש[ונה (VII) 4Q491 10ii12
]רשון ה[(VII) 4Q497 5,3
]◦[ ] רשון[(VII) 4Q503 28,1
[ואל תז]כור לנו עוונות רשונים (VII) 4Q504 4,6
]תזכו[ר לנו עוונות]אבותינו הרישנים (VII) 4Q506 131-132,12
ר]אשון ◦[(VII) 4Q509 160,2
עוו]נות הרשונ[ים (VII) 4Q512 23,2
]הרשונים ו[(VII) 4Q512 1-6,12
]ם רשון[(VII) 4Q512 77,2
אל יאכל עוד] / בטמאתו הרישונה (VII) 4Q514 1i5
יאכל <<וז>>{{עו}}ד בטמאתו הרישנ{{ה}}העם (VII) 4Q514 1i7
{{וזוד}} <<עד>> {{מ}}<<ב>>טמאתו הרישנה (VII) 4Q514 1i8
וצדוק הכוהן] / יכהן שם ראישון (XXV) 4Q522 9ii7
ויזכור אל ברית ריאשוני[ם (III) 6Q15 3,5
את שמו חנוך][ ] זה ריאשו[ן] (XXIII) 11Q12 3,2
ריא]שון הוא[ה] / [כתב תעודה (XXIII) 11Q12 4,2
בשבוע היובל הראישון אחר תש[עה ה]יובלים (XXIII) 11Q13 II,7
ויקריב את אשר] / [לכוהני]ם בריאש[ונה] 11Q19 XV,18
כאשר עשה לפר הראישו[ן 11Q19 XVI,15
[ועש]ו [בארב]עה עשר בחודש הראישון 11Q19 XVII,6
הכוהנים ישתו שמה] ראישונים 11Q19 XXI,4
נשיאי הדגלים בר[א]שונ[ה] / [11Q19 XXI,5
הגד[ו]ל את[עולת הלויים] / לראישונה 11Q19 XXIII,10
ושחטו לפניו את שעיר העזים לראישונה 11Q19 XXIII,11
וביום השני יעשה עולת בנימין לראישונה 11Q19 XXIV,12
ובבואו ?] / יצא הרישון מימ[י]ן 11Q19 XLV,4
זואת אחרי זואת[ל]עת תצא הראישונה 11Q19 XLV,6
ורחץ / ביום הראישון 11Q19 XLV,9
ויכבס בגדיו ביום הראישון 11Q19 XLIX,17
ורחץ ב{{מ}}ים הראישון 11Q19 L,14
והיצהר אשר / הקדישו לי לראישונה 11Q19 LX,7
ויקרב את אשר [ל]כוהנים ברישונה[(XXIII) 11Q20 I,23
הכוהנ]ים ישתו שמה ריאשונים (XXIII) 11Q20 V,8
נ]שיאי הדגלים ברישונה / [(XXIII) 11Q20 V,9
ידכה תהיה בו ברא]ישונה להמיתו (XXIII) 11Q20 XVI,6
ונענש שתי שני]ם ברא[שונה (XXIII) 11Q29 3
]רישונ[(XXXIII) PAM 43.665 57,2
רא]שונה [(XXXIII) PAM 43.678 56,2

רִאשׁן ← רִאשׁוֹן

רְאס ← רס

ראש-1, רוש, רואש, ראוש noun **head, top, chief, beginning**

חמת תנינים יינם / וראש פתנים אכזר CD VIII,10

הדגל הראישון ישליך אל / מערכת האויב 1QM VI,1
הדגל / הראישון מחזיק חנית ומגן 1QM VI,5
ובאו ליד המערכה / הראישונה 1QM VIII,3
ועם / הטל הראישון יריעו ה[1QM VIII,15
יכתובו על הראישון מיכ[א]ל [1QM IX,15
וסליחות על פשעי ראשונים 1QH^a IV,18
ואנחמה על פשע ראשון 1QH^a XVII,13
]רישוני[ם (I) 1Q30 5,2
כי]א אתה למרישונה ב◦[(V) 4Q160 6,2
ואשובה אל אישי הרא[י]שון (V) 4Q166 I,15
כאשר בראישונה ולמן היום (V) 4Q174 1-2i1
כאשר השמו בראישונה / את מקד[ש (V) 4Q174 1-2i5
] / ראישונה את זלפה (XXII) 4Q215 1-3,3
וזאת התעודה והתורה הראש[ונה (XIII) 4Q216 VII,17
והיו]ה בשבוע הרישון לשלושה וא[רבעים (XIII) 4Q219 II,35
ויצא יהודה]ראשון ונפתלי וגד[עמו (XIII) 4Q223-224 2iv21
ברבי]עי באחד בחודש הריאשון (XXII) 4Q252 I,22
בשבוע הראיש[ו]ן נברא האדם (XXXV) 4Q265 7,11
ו]להסיע גבול / אשר גבלו רישו[נים (XVIII) 4Q266 2i20
כברית אשר הקים אל לרישוני[ם (XVIII) 4Q266 3i3
בהר[שע ישראל] / [את הרישו]נה (XVIII) 4Q266 3ii7
אל[ה מ]ל[טו בקץ] / [הפקודה] הרישון (XVIII) 4Q266 3iii23
במזמ[תו]בהרשע י[שראל את] / [הריאש]ונה (XVIII) 4Q267 2,3
ויזכור אל ברית רי[שו]נים (XVIII) 4Q267 2,7
הכוהנים [לרא]ש[ונה והלויים] שניים (XVIII) 4Q267 9v7
הכוהנים / [ל]ראישונה [והלויים שניים (XVIII) 4Q267 9v9
ובזכרו] / [ברית ראשונים ה[שאיר ש]ארית (XVIII) 4Q268 1,12
בו חבו] באי הברית הראישונים (XVIII) 4Q269 2,5
התי]סרו בו הרישונים (XVIII) 4Q270 1bii3
את ידם / [לבר]ך לריאשונה [(XVIII) 4Q271 2,5
כאש[ר יזו עליו את [ה]רי[א]שונה (XXXV) 4Q274 2i1
י]דע ונספרו ריש[ונות (XX) 4Q299 4,4
]בראשו[נה (XXI) 4Q319 73,6
ב4 בשבת / [ג]מול לחודש הרישון (XXI) 4Q320 1i4
לחודש הרישון בשנה / [הרישו]נה (XXI) 4Q320 1i5
במלכיה ל29 ב20 ברישון (XXI) 4Q320 1ii5
השנה הרישונה מועדיה (XXI) 4Q320 4iii1
] הרישון [(XXI) 4Q320 10,1
הראשון בשנים במלאכיה בע[שרים בוא (XXI) 4Q321 I,6
בששה ביקים בשבעה עשר ב[ר]אשון (XXI) 4Q321 III,8
השנה הרא]שונה החוד[ש הראש]ון בג[מול (XXI) 4Q321 IV,8
השנה הרא]שונה החוד[ש הראש]ון בג[מול (XXI)
הראשון בידעי[ה] (XXI) 4Q321 V,4
הראש[ו]ן ב[מימי]ן (XXI) 4Q321 V,8
הר[אשון] ב[ישבאב (XXI) 4Q321 VI,7
]רישו[ן (XXI) 4Q324c 2,1
[בשנה]הראישנה גמול אליש[יב] מועזי[ה] (XXI) 4Q328 2
[הריש]ונה בחו[דש] הרישו[ן] [גמול דליה (XXI) 4Q329 2a-b,4
[הריש]נה בחו[דש] הרישו[ן] [גמול דליה (XXI)
מימין באחד בחודש הר[אשון (XXI) 4Q330 1ii1
בחוד]ש הראש[ון (XXI) 4Q330 2,4
ב]חודש הראשו[ן (XXI) 4Q330 3,2
ואפסול] / [שני לוחות]אבנים כראיש[ונים ? (XIII) 4Q364 26bii+e,7
]◦◦ המקריבים ביום הריש[ו]ן לוי ◦[(XIII) 4Q365 23,10
] / הראשנות וללמד לפשעים חקיך (XXVIII) 4Q372 1,27
]◦◦ הראשנות][ ][(XXVIII) 4Q372 9,1
בחדש / [הרא]שון בשנת הא[חד (XXII) 4Q379 12,4
והפלא מראשונה / [(XI) 4Q381 69,2
לא יתהלכו בדרכי / [הכהנים ה]ראשנים (XXX) 4Q387 3,5
ועשו רעה ר[ב]ה מן הרע[ה] הראשנה (XXX) 4Q389 8ii7

וראש הפתנים הוא ראש מלכי יון		CD VIII,11
וראש הפתנים הוא **ראש** מלכי יון		
והכהן אֹשר יפֹקד / **אש** הֹרבים		CD XIV,7
חמת תֹנֹינים יינם **וראש** פֹתנים אכזר		CD XIX,22
וראש פתנים הוא ראש / מלכי יון		CD XIX,23
וראש פתנים הוא **ראש** / מלכי יון		
ידורשהו האיש הפקוֹד **ברואש** הרבים		1QS VI,14
ושלמו {{ב∘∘∘∘∘}} / **ברושו**		1QS VII,7
לראשי / מועדים בכול קצ נהיה		1QS X,4
בראשי {{∘}} שנים ובתקופת מועדיהם		1QS X,6
וברוש שבועיהם למועד דרור		1QS X,8
ולהתיצב **ברואשי** אלפי ישראל	(I)	1QSa I,14
וכול {{ש}}**רוֺשֺ** אבות העדה	(I)	1QSa I,16
איש בסרכו על יד **ראשי** / [א]בֹות העדה	(I)	1QSa I,23
[וכול **ר]אשי** אבות העדה	(I)	1QSa I,25
יבוא[הכוהן **]רואש** כול עדת ישראל	(I)	1QSa II,12
וישבו לפניו **ראשֺיֺ** / א[לפי ישראל	(I)	1QSa II,14
וכול / **ראשי** א[בות הע]דֹה	(I)	1QSa II,16
ישא **ברושכה**[עטרת	(I)	1QSb III,3
ברכותֹ [עול]םֹ עטרת **רואשכה**	(I)	1QSb IV,3
] / ולשאת **ברוש** קדושים	(I)	1QSb IV,23
ואת **ראשי** הכוהנים יסרוכו		1QM II,1
אחר כוהן **הראש** ומשנהו		
ראשים שנים עשר להיות משרתים / בתמיד		
וראשי המשמרות ששה ועשרים במשמרותם		1QM II,2
ואחריהם **ראשי** הלויים לשרת תמיד		
וראשי משמרותם איש במעמדו ישרתו		1QM II,3
וראֹשי השבטים ואבות העדה אחריהם		
וראשי משמרותם עם פקודיהם יתיצבו		1QM II,4
וכול **ראשי** אבות העדה בחרים להם		1QM II,7
אנשי / השם {{יכתובו}} **ראשי** אבות הֹעדה		1QM III,4
על האות הגדולה אשר **בראש** כול העם		1QM III,13
על אותות **ראשי** המֹחנות		1QM III,14
בֹתוך הלהב ושפֹוֹד אל / **הראש**		1QM V,11
וספות ישר אל **הראוש** שתים מזה ושתים מזה		1QM V,12
]∘∘חֹות ובתי **ראשים** ושוקים		1QM VI,15
ופרי מגבעות **בראשיהם** בגדי מלחמה		1QM VII,11
והראשים יהיו נפשטים לסדריהם		1QM VIII,6
וראשים יוצאים וכנפיםֹ[		1QM IX,11
להשיב גמול / רשעים **בֹרֹאֹשׁ** אשֹ[		1QM XI,14
ועמד כוהן **הראש** ואחיו הכֹ[והנים]		1QM XV,4
ועמדו **ראשים** בין המערכות		1QM XVI,4
הכוהנים / תרועה סדר **והראשיםֹ**[		1QM XVI,5
ונגש כוהן **הרואש** ועמד לפני המערכה		1QM XVI,13
והראשים נפשטים לקול החצוצרות		1QM XVII,10
ביום ההואה יעמוד כוהן **הרואש** והכוהנים		1QM XVIII,5
וה[לויי]םֹ אשר / אתו **ורא[שי**		1QM XVIII,6
ונגש שם כוהן **הרוֹ[אש**]∘הֹוֹ ∘[		1QM XIX,11
וכול **ראשי** הֹמערכות ופקודֹ[הם		1QM XIX,12
רא]שֹׁי בית יעֹ[קוב	(III)	3Q5 3,3
ברוש אמת המיםֹ ∘[	(III)	3Q15 V,1
בהבסה **רֺאֺש** הסלע הצופא מערב / נגד	(III)	3Q15 XI,5
ו]הֹעמד להמה סלע **למרואש**	(V)	4Q160 3-4ii3
]∘ **בֹרֹאֹשֹׁ**[	(V)	4Q163 12,2
ואת] / **[ר]אשיכמה** החֹ[זים] כסה	(V)	4Q163 15-16,2
עֹדֹ אם נותרתֹמה כתרן על **רואש** הר	(V)	4Q163 23ii7
פשרו על **ראשי** שבטי ישראל	(V)	4Q164 1,7
גם] / עילוליה ירוטשו **בראש** כל חוצות	(V)	4Q169 3-4iv2
] / עדת בחירו אשר יהיו **רשים** ושרים ∘[	(V)	4Q171 1+3-4iii5
]לרֹאשי אבל שוב תֹ∘[	(V)	4Q177 1-4,9
] / **וראושו**[	(V)	4Q186 1iii2
כדברו] / [אליו עלה]אל **ראש** ההֹ[ר	(XIII)	4Q216 I,4
ויעלו **בראו[שו** קר]נֹיםֹ כקרני אֹ[יל]	(XIII)	4Q223-224 2iv7
וכול **ראֹ[שי** אבות העדה	(XXXVI)	4Q249e 1ii3
יבוא הכוהן **ר]וֹש** כוֹ[ל עדת ישראל]	(XXXVI)	4Q249h 1-2,7
בו יום רביעי / לשבת נרֹאו **ראשי** ההרים	(XXII)	4Q252 I,12
מֹקֹץ ארבעים יום להרֹאות **ראשי** / ההרֹ[ים	(XXII)	
למפתח חסֹ[די עו]לֹ[ם **לר]אשי** מועדים	(XXVI)	4Q256 XIX,3
למפתח חסדי עולם / **לראשי** מועדים	(XXVI)	4Q258 IX,2
בראשי שנים ובתקו[פת מועדיהם	(XXVI)	4Q258 IX,4
למפתח חסדי]עֹוֹלֹם / **לֹרֹ[א]שֹׁי** מועדים	(XXVI)	4Q260 II,5
ומשפט נתק **הרוש** והז[קן] / [	(XVIII)	4Q266 6i5
וה]נֹא באה הרוח **ברוש** אֺוֺ {ו}בזקן	(XVIII)	4Q266 6i6
וגלחו את ה{{ב}}<<ר>>**וֺשֺ**{{ר}} ← **בָּשָׂר**	(XVIII)	4Q266 6i9
והכֹוהן אשר / [יפ]קד **ברואשֹׁ** הֹ[רב]יֹם	(XVIII)	4Q267 9v11
ומֹשפֹטֹ נתק **הרֹ[וש** והזקן	(XVIII)	4Q273 4ii10
]הֹ יפקדו **ראושיֹ** [	(XI)	4Q286 17a,2
]אז י[ ]∘∘ הכוהן [הפ]קיד **ברואשֹ**[הרבים	(XI)	4Q289 1,4
גמו]לֹ **רֹ[ו]ש** כל השנים / [	(XXI)	4Q320 3i12
רוש החודש ה]שֹׁ[ני	(XXI)	4Q325 1,3
רוש החודש / [[ ] [ ]] השלישי	(XXI)	4Q325 1,6
רו]ש הֹחודֹ[ש	(XXI)	4Q325 3,2
בששית הפצץ אלה **רשי** השנים	(XXI)	4Q328 1
וישת על] **ראוש** [אפרים והוא הצעיר	(XIII)	4Q364 12,1
שא את **רוֹ[א]שֹׁ** עדת בֹ[ני ישראל]	(XIII)	4Q365 26a-b,5
איש] למטה אֹישֹ **רואש** לבית אבותו יהֹ[י]וֹ[	(XIII)	4Q365 26a-b,8
]ראשו באבן המז[ור	(XXVIII)	4Q372 2,13
אשר יוצק עֹל **רֹ[ו]אשו** שמן המשיחה	(XIX)	4Q375 1i9
] / מעלה **לראֹשיֹ**[נו	(XXII)	4Q378 6ii5
]תֹ ∘∘תֹ **לֹרֹאֹשֹׁיֹ** [	(XI)	4Q381 17,1
האמֹרים פענהֹ שרגו עטרת **ראשי**	(XI)	4Q381 31,7
]וֹעלליה יֹ[רטש]וֹ[ ]**בֹראשֹׁ**[הר]ים	(XXX)	4Q385a 17a-eii8
וא]רֹים **ראשיכם** בהוציאֹיֹ אֹ[תכם מארץ	(XXX)	4Q389 2,2
כי] ירושלימ היאֹ **רֹאש** / מֹ[חנות ישראל	(X)	4Q394 8iv11
כי יר]ושלים היא **ראש** / [מ]חֹנות ישראל	(X)	4Q396 1-2iii1
]בֹכול **ראֹ[שי**	(XI)	4Q401 1-2,4
]תם **ברוש** ה∘[	(XI)	4Q401 3,2
השלי]שי בכוהני **רוש** מֺבֺר[ך	(XI)	4Q401 13,3
] / **לֹרֹאשי** ממשׁלות ∘[	(XI)	4Q401 14i6
תהלת רומם בלשון] / השלישי לנשיאי **רוש**	(XI)	4Q403 1i1
לנשיאי **רֹ[וש** יברך]בֹשֹׁםֹ כ[בו]ד אלוהים	(XI)	4Q403 1i10
בנש[יאי **רו]שֹׁ** יברך בש[ם] הוֹ[ד המ]לֹך	(XI)	4Q403 1i17
הששי בנשיאי **רוש** יברך בשם[גבורות] אלים	(XI)	4Q403 1i21
[השב]יֹעי בנשיאי **רוש** / יברך בשם קודשו	(XI)	4Q403 1i23
ראשי תושבחות / כול אלוהים	(XI)	4Q403 1i31
כיא הוֹ[א אל אלים]לכול **ראשי** מרומים	(XI)	4Q403 1i34
זמרו לאֹלוהי עז / במנת רוח **רושֹׁ**	(XI)	4Q403 1i40
]להוֹדֹ[ות עולמי ע]וֹלמים רקיע **רוש** מרוֹ[מ]יֹם	(XI)	4Q403 1i43
] / מראיֹ תֹבנית כבוד **לראשי** ממלכות	(XI)	4Q403 1ii3
]לה **לדוש** אלוהי [	(XI)	4Q403 1ii5
ומשכן **רוש** רום כבוד מלכותו דֹבֹיֹרֹ[	(XI)	4Q403 1ii10
וקול ברך **מראשי** דבירו [	(XI)	4Q403 1ii11
] / **רֹאשי** תבנית אלוהים	(XI)	4Q403 1ii16
ורוממוהו **רֹאשי** נשיאים במנה פלאיֹו	(XI)	4Q403 1ii20
בחוקות מקדשיו {{**ראשי** נשיאי כוה}}[נות	(XI)	4Q403 1ii21
] / **רוש** מכוהן קורב	(XI)	4Q403 1ii24
לראשי עֺדֺת המלך בקהל ∘[	(XI)	
] / **ראוש** פלאיו להלל גדולֹ[	(XI)	4Q403 1ii34
]רוש יבֹרך בשם גבורו[ת] אלֹ[ים	(XI)	4Q404 2,2
ר]וש יברך בֹ[שם	(XI)	4Q404 2,5

4Q**405** 3i12**a**	(XI)	]לנשיאי **רוש** / [
4Q**405** 3ii6	(XI)	] / בנשיאי **רוש** יברך בשם ה[וד המלך
4Q**405** 4-5,2	(XI)	כיא הוא אל אלים לכול **רא**]**שי** מרומים
4Q**405** 6,4	(XI)	]◦ עולמי עולמים רקי[ע **ר**]**אשי** מרומ[ים
4Q**405** 7,4	(XI)	]**רא**[**שי**]ם במעמד ◦[
4Q**405** 8-9,5	(XI)	**ראש**]**י** נשיאי / [כו]הונות פל[א]
4Q**405** 23ii10	(XI)	אלה **ראשי** לבושי פלא לשרת[
4Q**405** 23ii11	(XI)	] / **ראשי** ממלכות ממלכות קדושים
4Q**405** 23ii12	(XI)	**בראשי** תרומות לשוני דעת[
4Q**405** 24,2	(XI)	] רוחי הוד והדר **רא**[**שי**
4Q**405** 34,3	(XI)	]**רואש** פנ◦[
4Q**405** 36,2	(XI)	] **ברוש**[
4Q**405** 81,1	(XI)	]**ראשי**[
4Q**415** 9,5	(XXXIV)	] / עם אולת לוא תשוה **לרוש**[
4Q**416** 2iii6	(XXXIV)	ואם שמו **בראו**[**שכה** למות
4Q**416** 2iii11	(XXXIV)	כי מראש הרים **ראו**[**שכה**
4Q**418** 9+9a-c,5	(XXXIV)	ואם שמו] / **ברושכה** למות[
4Q**418** 9+9a-c,11	(XXXIV)	כיא מראש הרי[ם **רא**]**שכה**
4Q**418** 43-45i1	(XXXIV)	ברזי פלא]י אל הנוראים תשכיל **ראש** ◦[
4Q**418** 126ii7	(XXXIV)	ולהרים **ראוש** דלים [
4Q**418** 138,3	(XXXIV)	]◦**ושכה** מדאבון ובעדנ[י
4Q**418**c 10	(XXXIV)	**ר**]**אש** הכרמל תש[
4Q**423** 5,2	(XXXIV)	]וג ◦◦קכה[כל **ר**]**וש** אבות[יכ]ה ◦[ ]ד
4Q**491** 11ii11	(VII)	ונגש כוה[ן **הרא**]**וש** וע[מד לפני המער]כ[ה
4Q**492** 1,11	(VII)	וכו]ל **ראשי** המערכות [ופקודיהם
4Q**494** 2	(VII)	והכוהנים והלויים **וראשי** ה[שבטים
4Q**494** 4	(VII)	יסרוכו אחר] / כוהן **הרואש** ומשנהו
	(VII)	**ראשים**[שנים עשר להיות משרתים בתמיד
4Q**494** 6	(VII)	] / [ואח]ריהם **ראש**[**י** השבטים ואבות העדה
4Q**496** 10,3	(VII)	[הנ]שי [הגדולה] אשר **ברוש**[
4Q**503** 33i+34,19	(VII)	]והלילה לנו **רוש** ממשל ח[ושך
4Q**503** 70-71,2	(VII)	]◦ים [ו]**ראשי** ◦[
4Q**508** 32,2	(VII)	]**ראשי** חודש[ים
4Q**511** 2i3	(VII)	] / **ורוש** ממשלות השבית לאין [
4Q**511** 71,3	(VII)	]◦שי **רוש** בב[
4Q**512** 33+35,3	(VII)	ו]מועד ק[צ]יר וקיץ **ור**[**אש** ח]ודש א / [
4Q**525** 2ii+3,9	(XXV)	ועטרת פז ז]הב [תשית על **ראו**]**שו**
4Q**525** 14ii3	(XXV)	] / בלבם וירימו **רואשכה** [
4Q**525** 20,1	(XXV)	]◦ **ובראש**[
6Q**9** 23,4	(III)	]**ראוש**[
11Q**5** XXVII,7	(IV)	שנים וחמשים שיר ולקורבן **ראשי** / החודשים
11Q**17** VIII,9	(XXIII)	]◦ **רוש**[
11Q**19** X,12		]ים ארגמן אדום **וראשי** / [
11Q**19** XI,9		בשבתות **ובראשי** / [החודשים
11Q**19** XIV,7		ריח] / ניחוח ליהוה **ברא**[**שי** חודשיכמה
11Q**19** XIX,16		שנים] עשר אילים כול **ראשי** אלפי ישראל
11Q**19** XXIV,1		]את **הראו**[**ש**
11Q**19** XXVI,11		והתודה על **רואשו** את כול עוונות בני ישראל
11Q**19** XXVI,12		ונתנמה על **רואש** השעיר
11Q**19** XXXIV,6		] / ואוסרים את **ראשי** הפרים אל הטבעות
11Q**19** XLII,14		לנשיאים **לראשי** בתי האבות לבני ישראל
11Q**19** LVII,4		ופקד{{ו}} / **בראשיהמה** שרי אלפים
11Q**19** LIX,20		ולוא למטה **לראוש** / ולוא לזנב
11Q**19** LXII,5		ופקדו שרי צב{{ו}}אות **בראוש** העם
11Q**19** LXIII,5		החלל / ירחצו את ידיהמה על **ראוש** העגלה
11Q**19** LXIII,12		וגלחתה את **ראושה** ועשיתה את צפורניה
11Q**20** I,24	(XXIII)	וסמכו זקני הכוהנים] / [את ידיהמה על **ראו**]**שו**
11Q**30** 8,1	(XXIII)	] תהיה **לראו**[**ש**
PAM 43.661 82,1	(XXXIII)	]◦ **ראש**◦[
PAM 43.663 44.,1	(XXXIII)	] **ראש**[
PAM 43.698 7,2	(XXXIII)	]ה ופקדו **ראושי**[

ראש-2 ← רוש

רֵאשׁ ← רֵישׁ

רִאשׁוֹן ← רִאישׁוֹן

רֵאשִׁית, רֵשִׁית, רֵישִׁית, רֵשְׁת noun **beginning, first, best**

1QS VI,5		להברך **בראשית** הלחם
1QS VI,6		להברכ **בראשית** הלחם
1QS X,1		אשר חקקא **ברשית** ממשלת אור
		ברשית / אשמורי חושכ
1QS X,5		בכול קצ נהיה **ברשית** ירחים למועדיהם
1QS X,13		**בר**{{◦}}**שית** משלח ידי
		אברכ שמו **בראשית** צאת ובוא / לשבת
1QS X,15		**ברשית** פחד ואימה ובמכון צרה
1QSa II,18	(I)	אל ישלח]איש את ידו **ברשת** / הלחם
1QSa II,19	(I)	כיא[הוא מ]ברך את **רשית** הלחם
1QSb III,28	(I)	ינחילכה **רשית** [כול מעד]נים
1QM I,1		**ראשית** משלוח יד בני אור
1QH[a] XX,6		בפנות ערב ומוצא / אור **ברשית** ממשלת חושך
4Q**184** 1,8	(V)	והיאה **ראשית** כול דרכי עול
4Q**251** 9,2	(XXXV)	כי אם [הניף הכוהן] / **ראשיתם** הבכורים
4Q**251** 9,3	(XXXV)	כי [תירוש] / הואה **ראשית** המלאה
4Q**252** IV,4	(XXII)	ראובן בכורי אתה / **ורישית** אוני יתר שאת
4Q**252** IV,7	(XXII)	]ראובן הוא / **ראשית** ער◦◦[
4Q**256** XIX,3	(XXVI)	בכול קץ נהיה **בראשית** ירחים למועדיהם
4Q**256** XX,1	(XXVI)	**בריש**[**ית** משלח ידי ורגלי אברך
4Q**258** VIII,11	(XXVI)	אל מעון חק[ו]**בראשית** [אשמורות] / [חשך
4Q**258** IX,2	(XXVI)	בכל קץ נהיה **בראשית** ירחים למועדיהם
4Q**260** II,1	(XXVI)	] / **בראשית** א[ש]מורות [חושך
4Q**260** IV,1	(XXVI)	[**בר**]**אשית** פחד ואימה [ובמכון] צרה
4Q**270** 2ii7	(XVIII)	**ראש**]**ית** כל אשר להם ומעשר בה[מתם
4Q**313** 2,2	(XXXVI)	**כרא**]**שית** הו[א לכוהנים
4Q**396** 1-2iii3	(X)	]המאכל הנטע / בארצ ישראל **כראשית** הוא
4Q**397** 6-13,5	(X)	המאכל הנטע בארץ ישרא]ל **כראשית** [הוא
4Q**422** III,12	(XIII)	[ויך בכורם]**רשית** לכו[ל אונם
4Q**423** 3,4	(XXXIV)	ובאתה לפני אלהיכה ע]ם **ראשית** פרי בטנכה
4Q**427** 8ii12	(XXIX)	ומוצא] / אור **ברשית** ממשלות ח[ושך
4Q**503** 1-6iii8	(VII)	ו]פדותנו **בראשי**[**ת**
4Q**509** 8,5	(VII)	]**בראשית** ד[
4Q**509** 131-132ii7	(VII)	]גיש לפניכה **רשית** מעשי[כה
4Q**511** 2i5	(VII)	] / [ג]ורלו **רשית** ביעקוב ונחלת אל[והי]ם[
4Q**511** 63-64ii3	(VII)	**ברישית** כול מחשבת לבב / דעת
4Q**511** 63iii2	(VII)	ובלבי סוד **רישית** כול מעשי איש
4Q**524** 6-13,6	(XXV)	ואת ה]קבה **ורשי**[**ת** דגנ]ם תירושם וי[צהרם
4Q**524** 6-13,7	(XXV)	ורשית] / [גז צואנם **ורש**]**ית** כול
11Q**19** XXII,9		ואת חזי התנופה **ולראשית**[את האזרוע
11Q**20** VI,3	(XXIII)	ואת חזי] / התנופה **ולר**[**אשית** את האזרוע
11Q**20** 33,1	(XXIII)	]**ראשית** [

רִאשֹׁן ← רִאישׁוֹן

רַב-1 adjective **great, many, much**

CD II,16		כי **רבים** / תעו בם
CD III,16		ויחפרו באר למים **רבים**
CD XIII,7		ישכיל את **הרבים** במעשי / אל
CD XIV,7		והכהן אשר יפקד / אש **הרבים**
CD XIV,12		ו[זה] סרך **הרבים** להכין כל חפציהם

ותגור נפש אביון עם מהומות **רבה**		1QH^{a} XI,25
ותאוכל עד תהום / **רבה**		1QH^{a} XI,32
ובי האירותה פני **רבים**		1QH^{a} XII,27
והפלא לנגד **רבים** בעבור כבודכה		1QH^{a} XII,28
ותשמני / במגור עם דיגים **רבים**		1QH^{a} XIII,8
] / **רבה** אינם לכלה ונגד כול		1QH^{a} 5,8
]**רבים** בבסר כי כול רוחות[		1QH^{a} 45,6
[להכו]ת אותם [מכה] **רבה** בקרב [ה]ארץ	(I)	1Q**22** 1i9
]לכבוד **רב**[	(I)	1Q**38** 2+12,2
ונפלו]חללים **רבים** [	(III)	2Q**23** 1,11
בקובעה כסף מנח ה**רב**	(III)	3Q**15** IX,10
פעמים **רבות** אזכרך / [לברכ]ה ציון	(XVI)	4Q**88** VIII,9
] / **רבים** ◦[ ] ויהללו את / שם יהוה[	(XVI)	4Q**88** IX,4
י]בינו **רבים** כיא עמכה הואה[	(V)	4Q**160** 3-4ii6
]גה ו**רבים** יוב[דו	(V)	4Q**161** 2-4,4
] / לבגוד **רבים** הוא[	(V)	4Q**163** 4-7ii6
ויבטחו על רכב] / [כ]יא **רב**	(V)	4Q**163** 25,6
] / [יאב]דו בו **רבים** רום רשעה	(V)	4Q**169** 1-2,6
ושפת מרמה יתעו **רבים** / מלכים שרים	(V)	4Q**169** 3-4ii8
ו**רבים** יבינו בעוונם	(V)	4Q**169** 3-4iii4
איש הכזב אשר התעה **רבים** באמרי / שקר	(V)	4Q**171** 1-2i18
לצדיק מהמון רשעים **רבי**[ם	(V)	4Q**171** 1-2ii21
ו**רבים** / יובדו ברעב ובדבר	(V)	4Q**171** 1+3-4iii3
וכבוד **רב** כתוב ב[	(V)	4Q**176** 8-11,13
ועצבת]**רבה** עמי	(XIX)	4Q**200** 1i4
ואבדו **רבי**]ם ילכדו ונפלו [ביד אויב	(XIII)	4Q**216** II,7
ביום ההוא / נבקעו כול מעינות תהום **רבה**	(XXII)	4Q**252** I,5
ומשיבים] / על פי ה**רבים** לכול דבר לתורה[	(XXVI)	4Q**256** IX,3
ובמושב]ה**רבים** אל יד[בר איש	(XXVI)	4Q**256** XI,6
לוא יגע ב]טהרת ה**רבים**	(XXVI)	4Q**256** XI,12
ומשיבים על פי ה**רבים** לכל דבר / לתורה	(XXVI)	4Q**258** I,2
ואל יבא איש על רעהו דבר ל**רבים**	(XXVI)	4Q**258** II,5
ובמושב] / ה**רבים** אל ידב[ר איש כל דבר	(XXVI)	4Q**258** III,2
אשר יש אתו דבר לדבר] / ל**רבים**	(XXVI)	4Q**258** III,3
ולעצתו על פי ה**רבים** ונכתב בתכונו	(XXVI)	4Q**258** VII,3
לאיש] / הנפט[ר] ממוש ה**רבים**	(XXVI)	4Q**259** I,7
ואיש אשר ירוק אל תוך מושב] / ה**רבים**	(XXVI)	4Q**259** I,11
ויצא מלפנ]י ה**רבים** ללכת / [בשרירות לבו	(XXVI)	4Q**259** II,6
]ל**רבים**[	(XXVI)	4Q**261** 4a-b,6
וכן לנפטר במושב ה]**רבי**[ם]אשר לא בעצה	(XXVI)	4Q**261** 5a-c,3
ואשר ירוק אל תוך מו]שב ה**רבים**	(XXVI)	4Q**261** 5a-c,7
כי **רבים**[ ]בני / [שוממה מבני בעולה	(XXXV)	4Q**265** 1,4
[ויש]ן במושב ה**רב**[ים] ונענש שלוש[ים יום	(XXXV)	4Q**265** 4ii1
ה[יח]ד [ידורשהו הפקיד] / [על] ה**רבים**	(XXXV)	4Q**265** 4ii4
ובעמדו] / ל[פ]ני ה**רבים** ונשאלו [עלי]ו	(XXXV)	4Q**265** 4ii5
אל] / [יד האי]ש המבקר על ה**רבים** ◦◦[	(XXXV)	4Q**265** 4ii8
ו]זה סרך ה**רבי**[ם] להכין כול / [חפציהם	(XVIII)	4Q**266** 10i5
הנפ]טר / [אשר] לו בעצת ה**ר**[**ב**]י[ם	(XVIII)	4Q**266** 10ii7
] / על ה**רבים** וקבל את משפטו	(XVIII)	4Q**266** 11,1
במרד מלפני / ה**רבים** ישתלח	(XVIII)	4Q**266** 11,8
הכוהן המופקד[ע]ל ה**רבים**	(XVIII)	
והכוהן אשר / [יפ]קד ברואש ה[**רב**]ים	(XVIII)	4Q**267** 9v11
ממאמר המבקר אשר על ה**רבי**]ם	(XVIII)	4Q**269** 9,8
ואיש] אשר ימאס [א]ת משפט ה**רבים**	(XVIII)	4Q**270** 7i11
בכול אשה[זב]ה ◦דם לימים **רב**[**ים**]	(XXXV)	4Q**274** 1i6
[אשר] איננו נוגע במשקי ה**רבים**	(XXXV)	4Q**284**a 1,3
לאמור]**ר**[**ב** לכמה שבת בהר]	(XIII)	4Q**364** 20a-c,9
או רפה המעט הואה ואם **רב**	(XIII)	4Q**365** 32,6
גם רחמיך **רבים** וחסדיך גדלים	(XXVIII)	4Q**372** 1,19
ו]מצאוכה צרות **רבות** וכול / [	(XXII)	4Q**378** 3i3

דברו / עם המבקר אשר ל**רבים**		CD XV,8
דבר לפני ה**רבים**		1QS VI,1
וה**רבים** ישקודו ביחד		1QS VI,7
{{ה}}‹‹ו››זה הסרך למושב ה**רבים**		1QS VI,8
ולכול עצה ודבר אשר יהיה ל**רבים**		1QS VI,9
ובמושב ה**רבים** אל ידבר איש כול דבר		1QS VI,11
אשר לוא להפצ ה**רבים**		
וכיא האיש / המבקר על ה**רבים**		1QS VI,12
וכול איש אשר יש אתו דבר לדבר ל**רבים**		
ואמר יש אתי דבר לדבר ל**רבים**		1QS VI,13
האיש הפקוד ברואש ה**רבים** לשכלו		1QS VI,14
בבואו לעמוד לפני ה**רבים** ונשאלו / הכול		1QS VI,15
וכאשר יצא הגורל על עצת ה**רבים**		1QS VI,16
לוא יגע בטהרת / ה**רבים** עד אשר ידרושהו		1QS VI,17
וגם הואה אל יתערב בהון ה**רבים**		
ישאלו ה**רבים** על דבריו לפי שכלו		1QS VI,18
האיש / המבקר על מלאכת ה**רבים**		1QS VI,20
ועל ה**רבים** לוא יוציאנו		
אל יגע במשקה ה**רבים** עד / מולאת לו שנה		
השנית יפקודהו על פי ה**רבים**		1QS VI,21
ויבדילהו מתוכ טהרת **רבים** שנה אחת		1QS VI,25
ומובדל על נפשו מן טהרת **רבים**		1QS VII,3
ואשר ישכוב וישן במושב ה**רבים**		1QS VII,10
לאיש הנפ{{◦}}טר במושב ה**רבים**		
ואיש אשר ירוק אל תוכ מושב ה**רבים**		1QS VII,13
והבדילהו שנה אחת מטהרת ה**רבים**		1QS VII,16
ואיש ב**רבים** ילכ רכיל		
{{◦}}לוא יגע בטהרת ה**רבים**		1QS VII,19
{{◦}}לוא יגע בטהרת הרבים / ⟦ ⟧ {{**רבים**}}		1QS VII,20
לוא יגע {{בטהרת}} משקה ה**רבים**		
ישאלו ה**רבים** על דבריו		1QS VII,21
ויצא מלפני / ה**רבים** ללכת בשרירות לבו		1QS VII,24
]ה**רבים** והיה משפטו כמוהו לשל[חו		1QS VII,25
וקרבהו / בעצה על פי ה**רבים**		1QS VIII,19
ובעצה [ע]ל [פ]י [ה]**רבים**		1QS VIII,26
דרכו ועצתו על פי ה**רבים**		1QS IX,2
להכנ]יע לכה לא[ומי]ם **ר**[**ב**]ים	(I)	1QSb III,18
ולהאיר פני **רבים** / [בשכל חיים	(I)	1QSb IV,27
וגבורים / במלחמה לאבד **רבים**[		1QpHab II,13
פשרו אשר / ילעיגו על **רבים**		1QpHab IV,2
ושרים יתעתעו וקלסו בעם **רב**		1QpHab IV,3
ובעם **רב** יקיפום לתפושם		1QpHab IV,7
לחריב ארצות **רבות**		1QpHab VI,8
הכתיאים אשר יאבדו **רבים** בחרב		1QpHab VI,10
כי אתה שלותה גוים **רבים**		1QpHab VIII,15
כי אתה שלותה גוים **רבים**		1QpHab IX,3
יעצתה בשת / לביתכה קצוות עמים **רבים**		1QpHab IX,14
ואשר / אמר קצות עמים **רבים**		1QpHab X,2
יתן אל את / משפטו בתוך עמים **רבים**		1QpHab X,4
אשר התעה **רבים** / לבנות עיר שוו		1QpHab X,9
בעבור כבודה לוגיע **רבים** בעבודת שוו		1QpHab X,11
ואת / פלשתיים הכנ[י]ע פעמים **רבות**		1QM XI,3
ביד מלכינו הושעתנו פעמים **רבות**		
ושערי ישועות פתחתה לנו פעמים **רבות**		1QM XVIII,7
ואחזקה על **רבים** מ◦◦[		1QH^{a} VII,11
יוצר ה[כ]ול ור[**ב**] העליליה		1QH^{a} VIII,17
עלי יהמו כקול המון מים **רבים**		1QH^{a} X,16
וכהמון מים **רבים** שאון קולם		1QH^{a} X,27
וזרם להשחית **רבים**		
ורוח נעוה טהרתה מפשע **רב**		1QH^{a} XI,21

Text	Reference	Vol.
] / עמו רבים [	4Q379 31ii6	(XXII)
קרנים / ברזל לנגח בה רבים ונגחו[	4Q381 46a+b,7	(XI)
] כי רבים שפטיכם ואין מספר לעדיכם	4Q381 76-77,11	(XI)
מעמים ר]בים ומגויים גדולים	4Q381 76-77,15	(XI)
]את רבות וגדולות[	4Q382 12,2	(XIII)
]כי הרב[	4Q382 114,1	(XIII)
[ואמרה יהוה] ראיתי רבים מישראל	4Q385 2,2	(XXX)
וי[ח]יו עם רב אנשים ויברכו את יהוה צבאות	4Q385 2,8	(XXX)
[והממלכה]תשוב לגוים רבים	4Q385a 4,8	(XXX)
]בהכות נבוזרדן רב הטבחים / [	4Q385a 18ia-b,4	(XXX)
ויעמדו על רג]ל[יהם ע]ם רב אנשי[ם]	4Q386 1i9	(XXX)
]לל[תשוב]לגוים רבים	4Q387 2ii10	(XXX)
והממלכה תשוב לגוים רבים	4Q389 8ii2	(XXX)
ו]שבו ועשו רעה ר[ב]ה מן הרע[ה] הראשנה	4Q389 8ii7	(XXX)
]רבה / [	4Q393 1i9	(XXIX)
למען חר[ונך ר]ב	4Q393 1ii-2,8	(XXIX)
[ו]אף / היא [נ]צל מצרות רבות ונסלוח לו	4Q398 14-17ii2	(X)
] / [? קה]לרבים	4Q412 1,2	(XX)
] / בקהל רבים מ[	4Q412 1,9	(XX)
שא ע]ינ[י]כה וראה כי רבה קנאת / [אנוש	4Q416 2ii11	(XXXIV)
שא] / [עיניכה וראה כיא]רבה קנאת אנוש	4Q418 8,12	(XXXIV)
]ורבת אולת א[ ]ל[	4Q418 243,2	(XXXIV)
וירא אל כיא ?] רבה ו◦[	4Q422 II,1	(XIII)
]◦ינות רבה [	4Q422 D,1	(XIII)
בעד אש]מתם / יכפר ורב {טו} טוב ינחמם	4Q434 2,4	(XXIX)
] / לקהל רב◦[	4Q438 2,2	(XXIX)
] / [ר]בה וצוארי הביאותי בעולך	4Q438 3,3	(XXIX)
]◦[ ]ע רב [	4Q440a 1	(XXXVI)
]אל רב עלי מיד ר[	4Q440a 3	(XXXVI)
]ק[ ]וילכו רבים[	4Q440b 2	(XXXVI)
בקהל] / רבים השמי[עו תפארתו	4Q448 I,6	(XI)
]◦תנה לרבים לנחלה	4Q462 1,7	(XIX)
] / גפם מגפא רבא [	4Q468g 2	(XXXVI)
]◦ רוח ומשענתו[ ]לאין רבה מ◦[	4Q468cc 6	(XXVIII)
מ]חני הרבים על[	4Q477 2i3	(XXXVI)
] / הרבים [	4Q477 2ii3	(XXXVI)
ר]ב ועצום מחניהם / [	4Q481b 2	(XXII)
]כי רבים רחמיך ומרב אשמ[תם	4Q481c 6	(XXII)
תהום] / רבה ואבדון והמים	4Q504 1-2vii8	(VII)
אענה] / הימדו בשועל אנשים מי רבה	4Q511 30,4	(VII)
אל חנון ורחום]וארוך אפים רב החסד	4Q511 52-59,1	(VII)
ויאר]ך ימים רבים על מלכותו	4Q524 6-13,3	(XXV)
]כה רבה למעלה מכול[	8Q5 2,4	(III)
פעמים רבות אזכירך לברכה	11Q5 XXII,12	(IV)
וישמעו רבים מעשיכה	11Q5 XXIV,9	(IV)
ואחריו המון מים רבים	11Q5 XXVI,10	(IV)
יורידו]ך לתהום רבה / [ולשאול] התחתיה	11Q11 IV,7	(XXIII)
וחשך / [בתהום ר]בה מואדה [לוא	11Q11 IV,9	(XXIII)
ואם עם רב בא לארץ ישראל	11Q19 LVIII,6	
ואמ מלך ורכב וסוס ועם רב	11Q19 LVIII,7	
] / [ו]יבזרום בארצות רבות והיו[ל]ש[מה	11Q19 LIX,2	
ויארך ימים רבים על מלכותו	11Q19 LIX,21	
וראיתה סוס ורכב ועם רב ממכה	11Q19 LXI,13	
] רבים מת◦[	PAM 43.676 37,1	(XXXIII)

רֹב ← רוֹב

רִב ← רִיב

to increase, be many, great verb **רבב-1**

Text	Reference	Vol.
]ומרבב[ו]תקם לנוח ◦[	4Q508 3,2	(VII)

to be many, great verb **רבה-1**

Text	Reference	Vol.
ועל הנשיא כתוב / לא ירבה לו נשים	CD V,2	
וברובות שני איש לפי כוחו	1QSa I,19	(I)
ויומרו הוי המרבה ולוא לו	1QpHab VIII,7	
ואדעה כי ברצו[נכה] באיש הרביתה ◦◦◦[	1QH^{a} VIII,13	
על פלגי מים לשת עלה / ולהרבות ענף	1QH^{a} XVIII,26	
]ש הרביתה נחלתו / בדעת אמתכה	1QH^{a} XVIII,28	
ה]רבות אשמה / בנחלתו [	1QH^{a} 2ii15	
]איש זודן במרבי מעל וע[שק	1QH^{a} 45,5	
]ובשר הרבה אכלתמה / [	2Q23 1,3	(III)
] הרביתי וזהב {{◦◦ה}} עשו[לבעל	4Q166 II,2	(V)
ויבן היכלות ויהודה] / הרבה ערי[ם	4Q167 15,2	(V)
[אהבתי בראשונה את]עשאו הרבה[מיעקוב	4Q223-224 2ii4	(XIII)
כי הרב]ה הרע מעשיו	4Q223-224 2ii5	(XIII)
]ים להרבות עפי / [	4Q302 2ii7	(XX)
]ל מנצרו לרבת / [	4Q302 2ii8	(XX)
כי רבו צררי נגדך	4Q381 31,5	(XI)
כי פשעי רבו ממני ו◦[	4Q381 33+35,4	(XI)
]ואני הרביתי אשמה	4Q381 33+35,9	(XI)
] הרבו פשעה ועלי יזמו / להסגירני	4Q381 45a+b,2	(XI)
]◦ מ הרבה[	4Q391 19,2	(XIX)
כי באהבת]אל את איש הרבה לו נחלה	4Q413 1-2,2	(XX)
אל תגע פן תכשל וחרפתכה תרבה מאודה	4Q416 2ii16	(XXXIV)
סלח לה[ ]למענכה אל תרב[	4Q416 2iv10	(XXXIV)
] אם רבה / [	4Q416 5i3	(XXXIV)
] / וחרפתכה תרבה מ[אודה	4Q417 2ii+23,21	(XXXIV)
ולפי שכלו ירבה הדרו	4Q418 55,10	(XXXIV)
וכבודכה הרבה מואדה	4Q418 81+81a,5	(XXXIV)
]ואורך ימיכה ירבו מורה ושכ[	4Q418 137,4	(XXXIV)
]ירבה מא[וד	4Q418 246,2	(XXXIV)
לבלתי[ש]לח[ם]ולמען הרבות מופתים	4Q422 III,11	(XIII)
]תרבה[	4Q423 13,1	(XXXIV)
ותפרינה ותרבינה דליותיו בא[	4Q433a 2,4	(XXIX)
והרבה רחמי[ו ה]חביאם בגוים ו[	4Q434 1i7	(XXIX)
כיא הרביתה להכעיס לא[לוהיכה	4Q460 9i12	(XXXVI)
הר]בות חייך בתוך עם עולמי[ם	4Q502 24,3	(VII)
ותרב{{רנו}} ⟦ ⟧ אותנו בשני דורותינו	4Q504 1-2iii7	(VII)
] / רבו צדיקי[ם	4Q521 1ii6	(XXV)
הטיתי כמעט / אוזני והרבה מצאתי לקח	11Q5 XXI,14	(IV)
ואלה הנ]פ[יל]ים וירב[חמס בארץ	11Q12 7,1	(XXIII)
והרביתיכה כאשר דברתי לאבותיכה	11Q19 LV,12	
רק לוא / ירבה לו סוס	11Q19 LVI,16	
למען / הרבות לו סוס וכסף וזהב	11Q19 LVI,17	
ולוא ירבה לו נשים	11Q19 LVI,18	
וכסף וזהב לוא ירבה לוא מואדה	11Q19 LVI,19	
ופדיתים והרביתים וששתי עליהמה	11Q19 LIX,12	

רַבָּה ← בֶּן רַבָּה

ten thousand noun **רִבּוֹא**

Text	Reference	Vol.
]◦ שם הנשיא הרבוא ואת שמות ש◦[	1QM III,16	
אות הרבוא עשתי עש[רה	1QM IV,16	
לאלפיהם ולרבואותם יחד עם קדושיכה [	1QM XII,4	
] הרבוא[	4Q496 57,4	(VII)

rain, showers noun **רְבִיבִים**

Text	Reference	Vol.
וכזרם רביבים להשקות משפט לכול צאצאיה	1QM XII,10	

וכזרם **רביבים** להשקות משפט לכ֯[ול 1QM XIX,2
]כ֯רביבים על֯י [דשא (I) 1Q34bis 2+1,3

fourth adjective **רביע**

ובני ישראל שלשתם והגר **רביע** CD XIV,4
ובני ישראל / שלושתם והגר **רביע** CD XIV,6

fourth adjective **רְבִיעִי, רְבִעִי**

ונענשו את **רביעית** לחמו 1QS VI,25
ברביעית ובחמישית ילחמו בבני ארפכשד 1QM II,11
על **הרביעית** משפחות אל 1QM IV,10
על שלישי]שריאל על **הרביעי** רפאל 1QM IX,15
והר]מ֯ון והזית בשנה **ה֯רביעי֯ת** (XXXV) 4Q251 10,8
חסרו המים שני ימים יום **ה֯רביעי** ויום החמישי (XXII) 4Q252 I,9
באחד בו יום **רביעי** / לשבת (XXII) 4Q252 I,11
והנה [חרבו פני האדמה **ברבי[עי** (XXII) 4Q252 I,22
ונענ]ש֯[את **רבי[ע֯י֯ת֯** לח֯[מו (XXVI) 4Q261 3,4
]טע איש בשנה **ה֯ר֯ב֯ע֯י֯ת** ל֯[ו יוכ]ל֯ (XVIII) 4Q266 6iv4
ובני]ישראל של֯ש֯י֯ם / [ו]ה֯ג֯ר **ר֯ב֯יע֯י** (XVIII) 4Q267 9v10
ו]ה֯גורל **הרביעי** לג֯ר֯[ים (XXVI) 4Q279 5,6
אות / [שכניה **בר]ביעית** (XXI) 4Q319 IV,16
אות שכניה **בר[ביעית** (XXI) 4Q319 V,3
אות שכיה / **ברביעית** (XXI) 4Q319 V,10
אתות]◦[ ]היובל[**הרב[י֯עי** אתות 17 (XXI) 4Q319 V,12
]בשנה **הרביעית** (XXI) 4Q319 V,13
אות שכניה] / **ב֯ר֯ב֯יעת** (XXI) 4Q319 V,16
[או]ת֯ שכניה **ברביעית** (XXI) 4Q319 VI,3
]אות / גמו֯ל **ב[ר]ב֯יעית** (XXI) 4Q319 VI,6
אות שכניה **ברביעי]ת֯** (XXI) 4Q319 VI,11
אות ג]מ֯ול **ברביעית** (XXI) 4Q319 VI,14
]ל ◦רי **הרביעי** / [(XXI) 4Q319 10,4
]**ר֯ב֯י[עי** (XXI) 4Q319 21,1
]ישב֯[אב]**הר֯ב֯[יע֯י** (XXI) 4Q319 22,2
]◦◦◦ **רב֯י֯[עית** (XXI) 4Q319 28,1
]ב ב◦[ ]**בר[ב֯יע֯י◦[** (XXI) 4Q319 61,3
]**ר֯ביע֯[י** (XXI) 4Q319 70,3
]**ר֯ב֯יע֯[ית** (XXI) 4Q319 71,4
הרב֯[יעית מועדיה (XXI) 4Q319 77,5
בבלג]ה לו30 ב29 **ברביעי** (XXI) 4Q320 1i9
בפצצ לו30 ב18 **ב֯ר֯[ביעי]** (XXI) 4Q320 1ii8
הרבעי 30 [אלישיב] (XXI) 4Q320 3ii14
הרביעית בארבעה בשכנ]יה באחד בראשון (XXI) 4Q321 III,7
הרבי[ע֯[י באלי]שי֯ב (XXI) 4Q321 V,1
[ה]**ר֯ב֯יעי** [בב]ל֯ג֯א (XXI) 4Q321 V,5
הרביע[י֯ ב]פתחיה (XXI) 4Q321 VI,1
הר֯[ביעי] בחרים (XXI) 4Q321 VI,8
בשלושה בבלגא בשמו]נה ו֯עשרים **ב֯ר֯ב֯יעי** (XXI) 4Q321a I,6
ושלו]ש֯ה ב֯ה ב֯א֯ת י֯ק֯ים ויום **ר]ביעי** ביקים (XXI) 4Q322 1,3
יום **רב]י֯עי** בחו]ר֯[זה א]חד בע֯[שירי] (XXI) 4Q323 1
יו֯ם **ר֯ב֯יעי** [ב]מ֯לכ֯יה ז֯ה אחד בחו֯דש העשירי (XXI) 4Q324a 1ii3
י]שוע יום **רביע[י** (XXI) 4Q324c 1,2
י]ום **הרב[יעי**]ת֯ק֯ו֯פ֯[ה (XXVIII) 4Q324d 3ii3
] / יום **ר[ביעי** (XXVIII) 4Q324d 7ii3
ר]ב֯יעי ב[(XXVIII) 4Q324d 8,2
באחד **ברביע[י** בו שבת (XXI) 4Q326 1
ב15 בו] / חג המצות יום **רביע[י** (XXI) 4Q326 3
ברבעית מ֯עדיה / [בשלשה ביקים הפ]סח (XXI) 4Q329a 4
והטור **הרביעי** תרשיש◦ שהם וישפה[(XIII) 4Q365 12biii11
ראו]ב֯ן ושמעו[ן וב]יום **הרב֯[יעי** (XIII) 4Q365 23,11
]ב֯שת **הר֯ב֯יע֯[י** בא]רבע ועשרים / [(XIII) 4Q365a 5i5

תהלת שבח בלשון **הרבי֯[עי]** לגבור (XI) 4Q403 1i2
] / תשבחות [ב]ל֯שון **הרביע֯[י** (XI) 4Q403 1ii36
ולשון ה]**ר֯ב֯[י]עי** תגבר / שבעה֯ (XI) 4Q405 11,3
]◦◦◦ בלשון **הרביע֯[י** (XI) 4Q406 3,3
ביום ה]**רביעי** פתחתה מאור גדול (XXIX) 4Q440 1,1
תפלה ביו]ם **הרביעי** (VII) 4Q504 3ii5
]**ר֯ביע֯י֯[** (VII) 4Q506 157,2
ותלד לו את חנוך בקץ היוב]ל **הרביעי** (XXIII) 11Q12 1,8
נסכו יין **רב֯[יעית** ההין] 11Q19 XIII,12a
ו]יין לנסך **רביעית** ההין / [11Q19 XVIII,6
וביום **הרביעי** / יעשה עולת יששכר לבד 11Q19 XXIV,14
וביום **הר[בי]עי** / פרים עש֯ר֯[ה] אלים שנים 11Q19 XXVIII,9
]◦◦סה דור **רבי[עי]** בן / י֯ש֯ר֯א֯ל֯ [11Q19 XXXIX,5
וביום **הרביעי** יששכר[וז]ב֯ולון (XXIII) 11Q20 VI,14

to breed verb **רבע-1**

כתוב שלוא **לרבעה** כלאים (X) 4Q396 1-2iv6
כתוב של[וא] **ל֯הרביע֯[ה** כלאים (X) 4Q397 6-13,13

to be square verb **רבע-2**

]**ר֯בו֯ע** ושלוש אמות קומתו (XIII) 4Q365 12a-bii8
רבוע הי[ה] כפול ע֯[שה את החשן] (XIII) 4Q365 12biii8
]◦◦ עשרים באמה **מרבע** [11Q19 IV,13
ועשי]תה את מסבה צפון להיכל בית **מרובע** 11Q19 XXX,5
ועמוד בתוך באמצע **מרובע** 11Q19 XXX,9
ו֯עשיתה בית לכיור נגב מזרח֯ **מרובע** 11Q19 XXXI,10

רֶבַע-1 ← רוֹבַע

רְבִעִי ← רְבִיעִי

רבעים ← אַרְבָּעִים

to lie down, rest verb **רבץ**

והאם **רובצת** ע֯ל ה֯א֯פ֯רו֯ח֯י֯ם או על הבצים 11Q19 LXV,3

רבק ?

] / **רבק** ל סמ / [(XXXVI) 4Q360 bottom,1

Rebekah proper noun **רִבְקָה**

]◦ה דבורה אשר הניקה את **רב֯[קה** (XXII) 4Q215 1-3,1
ו֯תשלח֯ **ר֯[בקה]** ו֯תקרא֯[את] / [עישאו (XIII) 4Q223-224 2ii14
בקחתו את **רבקה֯[** בת בתואל הארמי (XIII) 4Q364 1a-b,4

clod noun **רֶגֶב**

]**רגבי֯ם֯** (XXXIII) PAM 43.685 50,1

to quake, agitate, be excited verb **רגז**

ויכהו **וירגזו** / ה֯ה֯ר֯י֯ם ותהי נבלתם כסחה (V) 4Q162 II,8
וילכו ויואמר אליהמה אל] / **תתרג֯זו** בדרך (XIII) 4Q364 11,5

to slander, spy out verb **רגל**

והבטן **מרוגלת** הנה / והנה חמשה טפחים 1QM V,13
ויבואו עד נחל א֯שכול **וירגלו** אותה (XIII) 4Q365 32,12
ולוא **רגל** על לשונו (XXV) 4Q525 2ii+3,1

to curl (?) verb **רגל**

]והיאה **תרגל** ובת קולו עניה (V) 4Q186 2i2

foot noun רֶגֶל

1QS VI,13 ועמד האיש על **רגלוהי**
1QS X,13 בר{{◦}}שית משלח ידי ו**רגלי** אברכ שמו
1QSa II,5 (I) וכול מנוגע בבשרו נכאה **רגלים** או / ידים
1QSb IV,1 (I) ופע[מי **רגל**]יכה ירצה ו[
1QM VI,12 סוסים זכרים קלי **רגל** ורכי פה וארוכי רוח
1QM XII,11 ו**רגלכה** על במותי חלל
1QM XIX,3 תן ידכה בעורף אויביך ו**רג[ל]ך**[
1QHa X,29 והם רשת פרשו לי תלכוד **רגלם**
ו**רגלי** <<עמדה במישור>>
1QHa XII,3 ותקם] על סלע **רגלי** ◦◦◦◦ פעמי◦[
1QHa XIII,21 ועם ענוים בטאטאיי **רגלי**[כם
1QHa XV,2 ותטבע בבץ **רגלי**
1QHa XV,25 ותכן **רגלי** במישו[ר לנצח]
1QHa XVI,34 [ו**רג]לי** נלכדה בכבל
ולא מצעד לקול **רגלי**
4Q**184** 1,3 (V) **רגליה** להרשיע ירדו
4Q**186** 1ii5 (V) ואצבעות **רגליו** / דקות וארוכות
4Q**186** 1ii9 (V) הואה ילוד עליו / ב**רגל** השור
4Q**186** 1iii5 (V) ואצבעות **רגליו** עבות וקצרות
4Q**186** 2i5 (V) ושוקיו חלקות וכפות **רגליו** / [
4Q**258** X,2 (XXVI) בראשית משלח ידי / ו**רגלי** אברך] שמו
4Q**286** 1ii1 (XI) והדומי **רגלי** כבודכה ב[מ]רומי עומדכה
4Q**364** 30,2 (XIII) ואת כול היקום / [אשר **ברג]לי**המה
4Q**365** 15a-b,6 (XIII) אשר לו] / [ארבע **]רגלים**[ש]קץ הא[ו לכמה
4Q**373** 1a+b,4 (XXVIII) הקל **ברגל**[יו
4Q**385** 6,7 (XXX) תלך החיה האחת ושתי **רגל**[יה
4Q**386** 1i9 (XXX) ויעמדו על **רג]ל**[יהם ע]ם רב אנש[ם]
4Q**391** 10,3 (XIX)]אנשים ו**רגליה**ם[
4Q**391** 36,1 (XIX)]ל **רגלי** •••• ויא[מר
4Q**403** 1ii2 (XI)] / במותי דעת ובהדום **רגליו** ג[
4Q**404** 6,3 (XI) הדום]**רגליו** ג[
4Q**418** 88ii6 (XXXIV)] / לכף **רגליכה** כיא אל דורש בי[ן
4Q**428** 10,5 (XXIX) ואתה] / אלי כוננתה **רגלי** בדרך[לבכה
4Q**434** 1i4 (XXIX) ויכן לדרך **רגלם** בר[ו]ב צרתם לא עזבם
4Q**435** 1,2 (XXIX) ויכן לדרך] / **רגלם**[ברוב צרתם לוא עזבם
4Q**436** 1a+bi8 (XXIX) **רגלי** חזקתה / [
4Q**445** 4,3 (XXIX)]**רגלי** תמימות[
4Q**492** 1,7 (VII) ועפר] / **רגליך** ילחכו
4Q**504** 21,2 (VII)]**רגליכה**[
4Q**515** 4,1 (VII)]**ברגליכם**[
4Q**525** 14ii11 (XXV) ויוציאכה] / למרחב **רגלכה**
4Q**525** 29,2 (XXV)] / **רגל** והתחזקו[
11Q**5** XIX,2 (IV) יודו לכה כול מוטטי **רגל**
11Q**5** XXI,13 (IV) דרכה **רגלי** במישור כי מנעורי ידעתיה
11Q**13** II,16 (XXIII) מה]נאוו / על הרים **רגל[י]** מבש[ר
11Q**17** X,7 (XXIII) לכסאי כבודו ולהדום **ר**[גליו
11Q**19** XXVI,10 ורחץ את ידיו ואת **רגליו** מדם החטאת
11Q**19** XXXIII,15 במה את הקרבים ואת / ה**רגלים** על המזבח
11Q**19** XLVIII,5 אשר יש לו כרעים מעל **רגליו**
11Q**19** LXI,12 שן בשן יד ביד **רגל** ברגל
שן בשן יד ביד רגל **ברגל**

to stone verb רגם

11Q**19** LXIV,5 ו**רגמו**הו כול אנשי עירו באבנים

cairn (?), stone, heap noun רגם

3Q**15** V,9 (III) עד **הרגם** הגדול / אמות ששין
3Q**15** VI,8 (III) במערא של הכנא / של **הרגם** הצופא / למזרח

pace (unit of measure) noun רגמה

3Q**15** X,6 (III) בבואך / לסמול **רגמות** עסר
3Q**15** X,13 (III) מן הצד / המערבי חפור **רגמות** שתין עסרה

to murmur, grumble verb רגן

CD III,8 וי**רגנו** באהליהם ויחר אף אל
1QHa XVII,22 בו]שת פנים וכלמה ל**נרגני** בי
4Q**364** 21a-k,16 (XIII) ו**תרגנ]ו** בא[וה]ליכמ[ה

grumbling, backbiting noun רֶגֶן

1QHa XIII,23 ואף לבאי בריתי ו**רגן** ותלונה לכול נועדי

to be at rest, disturb verb רגע

4Q**184** 1,12 (V) ובשערי קריות תתיצב ואין ל**הרג[יעה**
4Q**418** 54,3 (XXXIV)]**נרגיעה**[ ] / [
4Q**418** 55,3 (XXXIV)]◦ בעמל נכרה דרכיה **נרגיע** / [

to be in tumult verb רגש

1QHa X,12 ועלי קהלת רשעים **תתרגש**
ויהמו כנחשולי ימים **בהרגש** גליהם
1QHa XI,15 ו**יתגרשו** לרום גלים / ומשברי מים
1QHa XI,16 וב**התרגשם** יפתחו ש[או]ל [ואבדון
4Q**174** 1-2i18 (V) [למה **רגש]ו** גויים ולאומים יהג[ו ריק
4Q**432** 5,3 (XXIX) על נבו]כי [מי]ם **י[ת]רגשו** לרו[ם גלים

רדב ?

PAM 43.678 10,1 (XXXIII)] **ורדב**[

to subdue verb רדד

1QM VIII,5 ותקעו הכוהנים בחצוצרות קול **מרודד**
1QM VIII,14 בחצוצרות המשוב / קול נוח **מרודד** סמוך

to rule, oppress verb רדה-1

1QS IX,23 וענוה לפני / **הרודה** בו
1QM XII,15 ו**רדינה** ב[מ]ל[כות
1QM XIX,7 **ור[ד]ינה** במלכות / [
4Q**256** XVIII,7 (XXVI) בו[וענוה לפני] / **הר[ודה** בו
4Q**258** VIII,7 (XXVI) וענוה לפני **הרודה** בו
4Q**259** IV,4 (XXVI) וענוה]לפני **הרודה** בו
4Q**301** 2b,3 (XX)]בלוא חוזק **וירד** בו בשוט בלוא מחיר

to sleep soundly verb רדם

4Q**424** 3,5 (XXXVI) ומספר לנם **נרדם** ברוח ש[
4Q**458** 13,1 (XXXVI)]**נרדם** [
4Q**458** 13,2 (XXXVI)]**נרדם** ◦[

to pursue verb רדף

CD I,21 וי**רדפו**ם לחרב ויסיסו לריב
1QS X,18 אשיב לאיש גמול / רע בטוב **ארדפ** גבר
1QpHab XI,5 הכוהן הרשע אשר / **רדף** אחר מורה הצדק
1QM IX,5 כול אלה **ירדופו** להשמיד אויב במלחמת אל
1QM XVIII,12 ועתה היום אץ לנו ל**רדוף** המונם
4Q**162** II,2 (V) שכר **ירדפו** מאחרי בנשף יין / ידלקם
4Q**163** 23ii6 (V) על כן / יקלו **רודפיכמה**
4Q**216** II,13 (XIII) ואת מבקשי [ה]תורה **ירדופ]ו**
4Q**298** 1-2i2 (XX) [**ורוד]פי** צדק הבי[נ]ו במלי
4Q**298** 3-4ii7 (XX) ואנשי / אמת **רדפ]ו** צדק
4Q**299** 8,7 (XX)]יצר בינה לכול **רודפי** דעת וה◦[
4Q**365** 25a-c,1 (XIII) ונסתם ואין **רוד]פ** אתכם[
4Q**372** 7,3 (XXVIII)] ו **מרדפיהם** [

וירדפו אחר כול שורשי בינה	(XXXIV)	4Q**418** 55,9
ואתם בחירי אמת ורודפי[	(XXXIV)	4Q**418** 69ii10
ושקדנו לרדוף דעת ◦[	(XXXIV)	4Q**418** 69ii11
]◦ נרדפ[ו	(XXXIV)	4Q**418** 78,2
] / אל תמשילהו ברודפידעת	(XXXVI)	4Q**424** 3,2
]ה ◦ול למלכי ארץ רוד[ף] / [	(XX)	4Q**426** 1i13
ותחזק עלי {{◦}} לרדוף אחרי דרכיכ[ה	(XXIX)	4Q**436** 1a+bi6
]טמנו לי ללכודני וירדופו נפ[שי	(XXIX)	4Q**437** 2i2
]הקטן בכם ירדוף אל[ף	(VII)	4Q**491** 13,2
ו]ירדפו	(III)	6Q**9** 29,3
]◦מרדפות והמשפטים[	(III)	8Q**5** 2,5
צדק צדק תרדוף למען תחיה		11Q**19** LI,15
] איש רדפ[	(XXXIII)	PAM 43.673 19,3

pursuit (?) noun **רֶדֶף**

ונחל[קו] על כול האויב לרדף כלה	1QM IX,6
] ותרועת קדושים ברדף אשור	1QM XVIII,2

Rahab proper noun **רַהַב**

]את רהב[	(XXXIII)	PAM 43.692 39,1

רוֹאשׁ ← רֹאשׁ-1

multitude, abundance, greatness noun **רוֹב, רֹב**

ורוב סליחות / לכפר בעד שבי פשע		CD II,4
וכל אשר נגלה מן התורה לרוב / המחנה		CD XV,13
ורוח ענוה ואורך אפים ורוב רחמים		1QS IV,3
ונשענת ברוב חסדו		1QS IV,4
ורוב חסדים על כול בני אמת		1QS IV,5
ורוב שלום באורך ימים		1QS IV,7
כחש ורמיה אכזרי / ורוב חנף קצור אפים		1QS IV,10
קצור אפים ורוב אולת וקנאת זדון		
ופקודת / כול הולכי בה לרוב נגועים		1QS IV,12
במפלגיהן לפי נחלת איש בין רוב למועט		1QS IV,16
]על פי רוב אנשי / היחד המחזקים בברית		1QS V,2
ולרוב אנשי בריתם / המתנדבים יחד לאמתו		1QS V,9
ועל פי ר{{ו}}ב ישראל המתנדבים לשוב ← ריב		1QS V,22
על פי הכוהנים ורוב אנשי בריתם		1QS VI,19
וברוב טובו יכפר בעד כול עוונותי		1QS XI,14
בי]ן רוב למועט [זה על] זה יכבדו	(I)	1QSa I,18
תגלה להם הדעת כמי / הים לרב		1QpHab XI,2
] / כיא רוב קדושים [א]לה בשמים		1QM XII,1
ולהנחילם בכול כבוד אדם [ו]רוב ימים		1QH[a] IV,15
]◦ד עם רוב טוב [		1QH[a] V,5
בטובך / יצדק איש וברוב רח[מיך		1QH[a] V,23
ותמ◦◦◦◦[ר]וב עדנים עם שלום / עולם		
[וא]ני ידעתי ברוב טובך		1QH[a] VI,17
לפי / שכלו אגישנו וכרוב נחלתו אהבנו		1QH[a] VI,19
ורוב נפלאותיך מעולם ועד ע[ולם		1QH[a] VI,23
טהרתה מרוב עוון / לספר נפלאותיכה		1QH[a] IX,32
בגבורתכה[כ]גלוליהם וכרוב פשעיהם		1QH[a] XII,19
ורוב רחמיו על כול בני / רצונו		1QH[a] XII,32
ורוב סליחה וכפיכה להורותם		1QH[a] XIV,9
ואין]תקוה ברוב ◦◦◦		1QH[a] XIV,32
ואני נשענתי ברו[ב רחמיכה		1QH[a] XV,18
] ברוב רחמיכה לנעוי לב		1QH[a] XV,27
לטהרם מפשעיהם ברוב טובכה		1QH[a] XV,30
ותוחלה ברוב כוחכה		1QH[a] XVII,14
ועם מצעדי / רוב סליחות		1QH[a] XVII,34
לחסדכה בגדול טובכה ורו[ב רחמיך		1QH[a] XVIII,16
חיל גבורים על רוב עד◦◦[		1QH[a] XVIII,24
וב]רוב דגן תירוש ויצהר		
וברוב טובכה / תשתעשע נפשי		1QH[a] XIX,6
ובטובכה רוב סליחות		1QH[a] XIX,9
ול]ספר ברוב חסדיכה		1QH[a] XIX,28
ורוב אמתכה והמו[ן] / חסדיכה		1QH[a] XIX,29
[וה]יה לרוב חסד וקנאת כלה		1QH[a] XX,14
]◦ טובכה לבשר ענוים לרוב רחמיכה / [		1QH[a] XXIII,14
ורוב בשר להרשיע / בקץ[		1QH[a] XXIV,13
כרוב חסדיכה תן משמר צדקכה / [		1QH[a] 2i5
]רוב כוח הנכבד[ים	(I)	1Q**29** 3-4,5
פש]רו רובכה הם גדודי חילו	(V)	4Q**169** 3-4i10
להוב / וברק חנית ורוב חלל וכבוד פגר	(V)	4Q**169** 3-4ii4
ורוב / פגרי אשמה יפולו בימיהם	(V)	4Q**169** 3-4ii5
מרוב זנוני זונה טובת חן בעלת כשפים	(V)	4Q**169** 3-4ii7
והתענגו על רוב שלום	(V)	4Q**171** 1-2ii8
]יהם ברוב הברורי[ם	(V)	4Q**177** 9,3
] / מוסדי חושך רוב פשעים בכנפיה [	(V)	4Q**184** 1,4
הרבה לחיות ו]רוב ימו / [מכאוב ועמל	(XIII)	4Q**221** 3,5
] רוב[ ]פ / [	(XXVI)	4Q**255** A,1
ורו]ב שלום באו[רך ימי]ם	(XXVI)	4Q**257** V,4
אשר צוה / לעשות על פי רוב ישראל	(XXVI)	4Q**258** II,2
[ועל פי רו]ב יש[ראל המתנדבי]ם לשבת יחד	(XXVI)	4Q**261** 1a-b,2
וברוב טו[בו] / [יכפר בעד כל עונותי	(XXVI)	4Q**264** 1
וכול אשר נגלה מן התורה לרוב המחנה	(XVIII)	4Q**266** 8i4
[וכל אשר נגלה מן התור]ה לרוב המח[נה	(XVIII)	4Q**270** 6ii6
פרי תנובות דגן] / [תירוש וי]צהר לרוב	(XXXVI)	4Q**285** 8,7
ה]בינה יצר לבנ[ו] ברוב שכל גלה אוזננו	(XX)	4Q**299** 8,6
]יחד רובם אם[	(XX)	4Q**299** 20,3
[וגדו]ל הואה ברוב חמת[ו	(XX)	4Q**301** 3a-b,4
]◦כי על [ע]זבי אל וברב ד[ב]רי[ך	(XXII)	4Q**379** 18,2
ר]ב חסדיך	(XI)	4Q**381** 46a+b,2
]◦ת לאבתינא יפוצו לרב עד א[	(XI)	4Q**381** 46a+b,4
]◦◦◦ ארך אפיכה ורוב כול ◦◦◦[	(XIII)	4Q**382** 104,9
]רוב[	(XIII)	4Q**382** 116,1
[ואתם יודעים ש]פרשנו מרוב הע[ם	(X)	4Q**397** 14-21,7
]רוב כוח הנכבד[ים	(XXXVI)	4Q**408** 2,4
וברוב בינה / מחשבותיכה	(XXXIV)	4Q**416** 2iii13
] / [הב]ינה בין רוב למעט	(XXXIV)	4Q**417** 1i20
] / [ע]ל רבכמה ו[כול	(XXXIV)	4Q**417** 5,4
וברוב בינה מחשבתיכה	(XXXIV)	4Q**418** 9+9a-c,14
הבינ]ה בין רב ל[מעט	(XXXIV)	4Q**418** 43-45i15
כ]בוד ורוב הדר אתם [	(XXXIV)	4Q**418** 69ii14
ושבעתה ברוב טוב ומחכמת ידיכה[	(XXXIV)	4Q**418** 81+81a,19
] / בחיכה ושלומכה לרוב שני[	(XXXIV)	4Q**418** 88ii2
ובכוח אל ורוב כבודו עם טובו [	(XXXIV)	4Q**418** 126ii9
]◦נתכה[ר]וב שכל[	(XXXIV)	4Q**418** 158,6
ל]פי רוב נחלת איש באמ[ת	(XXXIV)	4Q**418** 172,5
בר]וב שכלו ◦[ ] / [	(XXXIV)	4Q**423** 5,8
]◦◦רו רוב [	(XXXIV)	4Q**423** 16,2
] בחסד צדקה וברוב רחמים תחנה / [	(XXIX)	4Q**427** 7i22
ברוב חס[דיו והמון] / רחמיו	(XXIX)	4Q**427** 7ii13
] / לרו[ב חסד וקנאת כלה	(XXIX)	4Q**427** 8ii19
ובחיק אומנתי / לרוב נדה	(XXIX)	4Q**428** 10,4
ו]רוב בשר[להרשיע בקצי חרונכה]	(XXIX)	4Q**428** 15,7
ברוב רחמיו חנן ענוים	(XXIX)	4Q**434** 1i3
בר[ו]ב צרתם לא עזבם	(XXIX)	4Q**434** 1i4
שפטם ברוב רחמו	(XXIX)	4Q**434** 1i7
ר]וב כבודך [	(XXIX)	4Q**434** 1i14
]רע ל[העב]יר ממני ור[ו]ב	(XXIX)	4Q**437** 4,3

4Q**437** 9,3 (XXIX) נתכ]ת חמת אל על **רוב** טורד[
4Q**438** 4ii3 (XXIX) להעב]יר ממני **ורוב** רח[מים
4Q**438** 11,1 (XXIX)]על **רוב**[
4Q**468**e 2 (XXXVI) ה]רוג את **רוב** הגבר[ים
4Q**481**a 3,4 (XXII)]**רב** ואדון ולוא / [
4Q**481**c 6 (XXII)]כי רבים רחמיך **ומרב** אשמ[תם
4Q**492** 1,10 (VII) אם מ]תו **רוב** חלל[י]ם לאין מ[קב]ר
4Q**504** 1-2ii10 (VII) ואת **רוב** חסדכ[ה] / לדורות עולם
4Q**508** 22-23,2 (VII) **ר]וב** רחמיכה[
4Q**509** 183,5 (VII)]ה **וברוב** [
4Q**511** 17,4 (VII)] **רוב** אונים לוא ◦[
4Q**511** 52-59,7 (VII)] **ברוב** [
4Q**511** 108,1 (VII) אור]ך אפים **רוב** / [
4Q**512** 24-25,2 (VII)]לתם **לרוב**◦◦[ ]ם[
4Q**525** 11-12,1 (XXV)]**ורוב** שלום [ע]ם[ ] כול ברכות[עד
4Q**525** 14ii13 (XXV) [ו]**ברוב** שלום תת[הלך
11Q**5** XVIII,4 (IV) ולספר / **רוב** מעשיו נודעה לאדם
11Q**5** XVIII,9 (IV) כמרשן מזבח **ברוב** עולות
11Q**5** XIX,5 (IV) עשה עמנו יהוה / כטובכה **כרוב** רחמיכה
(IV) כרוב רחמיכה **וכרוב** צדקותיכה
11Q**5** XIX,11 (IV) ותצילני / יהוה **כרוב** רחמיכה
(IV) כרוב רחמיכה **וכרוב** צדקותיכה
11Q**5** XXII,4 (IV) וישישו **ברוב** כבודך
11Q**6** 4-5,7 (XXIII) כרוב רחמ]יכה **וכרוב** צדקותיכ[ה
11Q**13** III,4 (XXIII)] / **ורוב**
11Q**14** 1ii10 (XXIII) פר[י] / תנובות דגן תירוש ויצהר **לרוב**

terrace noun **רוֹבֶד**

11Q**19** IV,4]ים **ורובד** {{הי}} בין ה[
11Q**19** IV,5]ין השני **רובד** ◦[
11Q**19** XLVI,5 ועשיתה **רובד** סביב לחוץ מחצר החיצונה

רוּבֵן ← רְאוּבֵן

fourth noun **רוֹבַע**

4Q**266** 7ii7 (XVIII)]**רובעו** [ ] / [
11Q**20** IV,10 (XXIII) **ברובע** היום יקריבו / [
11Q**20** VII,22 (XXIII)]**ברובע** הי[ו]ם תעלה זואת / [

to be saturated, drink verb **רוה**

1QH[a] 58,6] **לרוות** בשמ[
3Q**15** X,3 (III) בכירגר מזוקות **שרוו** מהנחל / הגדול
4Q**299** 6i12 (XX)]י **להרות** לכול / [
4Q**381** 78,6 (XI)]י **ורותה** הא[רץ

watered adjective **רָוֶה**

3Q**15** VIII,14 (III) **ברוי** של השוא בצויה שבא

רווה ← רְוָיָה

to be released, be relieved, smell verb **רוח**

4Q**200** 1i4 (XIX) אמור **להרויח** / [מן
4Q**266** 11,4 (XVIII) ולו **אריח** בריח ניחוחכם
4Q**436** 1a+bi1 (XXIX) ולנצח **לריח** בה לנחם דלים

relief, interval noun **רֶוַח**

1QM V,17 מערכה אחר מערכה / **ורוח**[
1QM VII,6 **ורוח** יהיה / בין כול מחניהמה
4Q**491** 1-3,11 (VII) **ורוח** ישימו בין המערכות[ובין המערכות]
4Q**491** 13,7 (VII) ואין **רוח** ביניהמה

spirit, breath, wind noun **רוּחַ**

CD II,12 ויודיעם ביד משיחו **רוח** קדשו
CD III,3 ולא בחר / ברצון **רוחו**
CD III,7 ורשו את **רוחם** ולא שמעו / לקול עשיהם
CD V,11 וגם את **רוח** קדשיהם טמאו
CD VII,4 ולא ישקץ / איש את **רוח** קדשיו
CD VIII,13 כי / שוקל **רוח** ומטיף כזב הטיף להם
CD XII,2 כל איש אשר ימשלו בו **רוחות** בליעל
CD XIX,25 כי הולך **רוח** ושקל {{ספת}} סופות
CD XX,24 איש לפי **רוחו** ישפטו בעצת / הקדש
1QS II,14 ונספתה **רוחו** הצמאה עם הרווה
1QS II,20 יעבורו / ברשונה בסרכ לפי **רוחותם**
1QS III,6 כיא **ברוח** עצת אמת אל דרכי איש
1QS III,7 **וברוח** קדושה ליחד באמתו יטהר
1QS III,8 **וברוח** יושר וענוה תכופר חטתו
1QS III,14 בתולדות כול בני איש / לכול מיני **רוחותם**
1QS III,18 וישם לו שתי **רוחות** להתהלכ בם
הנה **רוחות** / האמת והעול
1QS III,24 וכול **רוחי** גורלו להכשיל בני אור
1QS III,25 והואה ברא **רוחות** אור וחושכ
1QS IV,3 **ורוח** ענוה ואורך אפים ורוב רחמים
1QS IV,4 **ורוח** דעת בכול מחשבת מעשה
1QS IV,6 אלה סודי **רוח** לבני אמת תבל
1QS IV,9 **ולרוח** עולה רחוב נפש ושפול ידים
1QS IV,10 וקנאת זדון מעשי תועבה **ברוח** זנות
1QS IV,20 מבני איש להתם כול **רוח** עולה
1QS IV,21 ולטהרו **ברוח** קודש מכול עלילות רשעה
ויז עליו **רוח** אמת כמי נדה
1QS IV,22 והתגולל / **ברוח** נדה להבין ישרים
1QS IV,23 עד הנה יריבו **רוחי** אמת ועול
1QS IV,26 ו]ל[ה]פיל גורלות לכול חי לפי **רוחו** ב◦[
1QS V,21 ודרשו / את **רוחום** ביחד בין איש לרעהו
1QS V,24 ולהיות / פוקדם את **רוחם** ומעשיהם
1QS V,26 או בעורף [קשה או בקנאת] **רוח** רשע
1QS VI,17 עד אשר ידרושהו **לרוחו**
1QS VII,18 והאיש אשר תזוע **רוחו** מיסוד היחד
1QS VII,23 ושבה **רוחו** לבגוד ביחד
1QS VIII,3 ביצר סמוכ **ורוח** נשברה ולרצת עוון
1QS VIII,12 אל יסתרהו מאלה מיראת **רוח** נסוגה
1QS VIII,16 וכאשר גלו הנביאים **ברוח** קודשו
1QS IX,3 ככול התכונים האלה ליסוד **רוח** קודש
1QS IX,14 ולשקול בני הצדוק לפי **רוחום**
1QS IX,15 ואיש **כרוחו** כן לעשות משפטו
1QS IX,18 איש **כרוחו** כתכון העת
1QS IX,22 שנאת עולם / עמ אנשי שחת **ברוח** הסתר
1QS X,18 לוא אקנא **ברוח** / רשעה
1QS XI,1 להודיע] / לתועי **רוח** בינה
ולהשיב ענוה לנגד רמי **רוח**
וברוח נשברה לאנשי / מטה שולחי אצבע
1QSb II,24 (I)] / יחונכה **ברוח** קודש וחס[ד
1QSb V,24 (I) **וברוח** שפתיכה / תמית רשע
1QSb V,25 (I) וגבורת עולם **רוח** דעת ויראת אל
1QpHab IV,9 אז חלף **רוח** ויעבר
1QM VI,12 ורכי פה וארוכי **רוח** ומלאים בתכון ימיהם
1QM VII,5 ותמימי **רוח** ובשר ועתודים ליום נקם
1QM IX,13 י]סבו המגדל לשלושת **רוחות** הפנים
1QM X,12 ומשא **רוחות** וממשלת קדושים
1QM XI,10 ונכאי **רוח** תבעיר כלפיד אש
1QM XII,9 וצבא **רוחיו** עם צעדינו
1QM XIII,2 וזעמו / שם את ב[לי]על ואת כול **רוחי** גורלו

וארורים כול **רוחי** גורלו	1QM XIII,4	
וכול **רוחי** אמת בממשלתו	1QM XIII,10	
וכול **רוחי** / גורלו מלאכי חבל	1QM XIII,11	
ובעניי **רוחׄ**[	1QM XIV,7	
ורוחי [ח]בׄלו גערתה ממׄ[נו	1QM XIV,10	
] כול **רוחי** רש[עה	1QM XV,14	
] **מׄרוח** / [	1QH[a] IV,2	
] משפט **מרוח** דורש[כה] נת◦◦◦ / [	1QH[a] IV,6	
] מצוה **מרוח** כו[	1QH[a] IV,7	
]הׄ **מרוחות** אשר נתתה בי	1QH[a] IV,17	
חזק מ◦[ ]ר על **רוחות** / [רשעה	1QH[a] IV,23	
כי **רוח** בשׄר[ל]עׄבדך	1QH[a] IV,25	
[אודך אדוני כי]הניפותה **רוח** קודש[ך]	1QH[a] IV,26	
] בשר וסוד **רׄוׄחׄוׄ**[ת	1QH[a] V,3	
בטרם בראתם עם צבא **רוחיך**	1QH[a] V,14	
]◦א **רוח** בשר להבין / בכול אלה	1QH[a] V,19	
]◦ה **ורוח** נעוה משלה / בו	1QH[a] V,21	
ואני עבדך ידעתי / **ברוח** אשר נתתה בי [	1QH[a] V,25	
ר]וחיך ו[	1QH[a] V,28	
אוה]בי רחמים וענוי **רוח** מזוקקי / [	1QH[a] VI,3	
כי לפי **רוחות** תׄבׄ[ד]ילם בין / טוב לרשע[	1QH[a] VI,11	
ר]וח קודשך וכן הגישני לבינתך	1QH[a] VI,13	
ואני עבדך חנותני **ברוח** דעה ◦[	1QH[a] VI,25	
] רקיע עׄל כנפי **רׄוח** וׄיפׄ◦[	1QH[a] VI,30	
ואדעה כי בידך יׄצׄר כול **רוח** [	1QH[a] VII,13	
אתה יצרתה **רוח** ופעולתה הכינוׄתׄ[ה	1QH[a] VII,22	
]◦לם **ורוח** עורף קשׄה לדממ◦[	1QH[a] VIII,5	
ר]וח נׄעׄוה מעוׄלׄ [	1QH[a] VIII,7	
] / **ברוח** קו[דשך	1QH[a] VIII,11	
] / **רוח** קוד[שך	1QH[a] VIII,12	
ע]ל פשעי ולבקש **רוח**[	1QH[a] VIII,15	
] / ולהתחזק **ברוח** ק[ודשך]	1QH[a] VIII,16	
ותחונני **ברוח** רחמיך ו◦[	1QH[a] VIII,18	
כי אתה רשמתה **רוח** צדיק	1QH[a] VIII,19	
ואחלה פניך **ברוח** אשר נתתה [בי]	1QH[a] VIII,20	
לטהרני **ברוח** קודשך	1QH[a] VIII,21	
] התערב **ברוח** עבדך	1QH[a] VIII,23	
אתה יצרתה / כול **רוח** ופׄעוׄ[לתה הכינות]הׄ	1QH[a] IX,9	
תכ]נׄתה לרצונכה **ורוחות** עוז לחוקיהם	1QH[a] IX,10	
] **לרוחות** עולם בממשלותׄם	1QH[a] IX,11	
ותתנם לממשלה] **לרוח** אדם אשר יצרת	1QH[a] IX,15	
ומבנה החטאה **רוח** התועה ונעוה	1QH[a] IX,22	
אתה בראתה / **רוח** בלשון ותדע דבריה	1QH[a] IX,28	
ומבע **רוח** שפתים במדה	1QH[a] IX,29	
ומבעי **רוחות** לחשבונם להודיע / כבודכה		
וגדול חסדיכה חזקתה **רוח** אנוש לפני נגע	1QH[a] IX,32	
ואהיה **לרוח** קנאה לנגד כל דורשי חל[קות]	1QH[a] X,15	
ובריחי עולם בעד כול **רוחי** אפעה	1QH[a] XI,18	
ורוח נעוה טהרתה מפשע רב	1QH[a] XI,21	
ותפל לאיש גורל עולם עם **רוחות** / דעת	1QH[a] XI,22	
כי אם **ברוח** יצר אל לו / להתם דרך	1QH[a] XII,31	
ורוחי החזיקה במעמד לפני נגע	1QH[a] XII,36	
ויבוא בעצמׄיׄ / להכשיל **רוח** ולכלות כוח	1QH[a] XIII,36	
המו **רוח** עועיים[לאין] דממה	1QH[a] XIV,23	
ורוח עועיים תבלעני מהוות פשעם	1QH[a] XV,5	
ורוח / קודׄשכה הניפותה בי בל אמוט	1QH[a] XV,6	
ואין פה **לרוח** הוות	1QH[a] XV,11	
ובעלי / רבי כמוץ לפני **רוח**	1QH[a] XV,23	
להשיב על תוכחתכה כול צבי **רוח**	1QH[a] XV,29	
ברז גבורי כוח / **ורוחות** קודש	1QH[a] XVI,12	
ועם / מתים יחפש **רוחי** כי הגיעו לשחת ח[יי	1QH[a] XVI,29	
לחיות **רוח** כושלים ולעות לעאף דבר	1QH[a] XVI,36	
ולפני נגע העמדתה **רוחי**	1QH[a] XVII,12	
כי אתה יסדתה **רוחי** וׄתדע מזמתי		
ובשר מיצר חׄ[מר] יכבד **ורוח** מרוח תגבר	1QH[a] XVII,16	
ובשר מיצר חׄ[מר] יכבד ורוח **מרוח** תגבר		
וׄבׄרוח קודשכה תשעשעני	1QH[a] XVII,32	
ואדון לכול **רוח** ומושל בכל מעשה	1QH[a] XVIII,8	
כי אתה יצרתה **רׄוׄ[ח** עבדכה	1QH[a] XVIII,22	
ומרוח נעוה לבינתכׄהׄ	1QH[a] XIX,12	
ורוחי [אמת] להתחדש עם כול / נהׄיה	1QH[a] XIX,13	
ברוח / אשר נתתה בי	1QH[a] XX,11	
ונאמנה שמעתי לסוד פלאכה **ברוח** קודשכה	1QH[a] XX,12	
לנד]כׄאי **רוח** ואבלים לשמחת עולם	1QH[a] XXIII,15	
יתהלכון קודש]יׄם כעבותי **רוח**	1QH[a] XXIV,10	
כיא השפיל גבהות] / **רוחׄ** לאין שרית	1QH[a] XXVII,2	
ועל עפר הניפותה **רוח** / [קודשכה	1QH[a] 2i9	
]לׄ[ ]◦ כן **רוחם** להושיע / עׄ[	1QH[a] 2ii7	
איכה אעמוד לפני **רוח** סוע[רה	1QH[a] 3,6	
ברוח אשר נתתה בי ◦◦[	1QH[a] 3,14	
ורוחות רשעה תבית מא[	1QH[a] 5,4	
] / **רׄוחות** עולה אשר יושדו לאבל [	1QH[a] 5,6	
]רׄבים בבסר כי כול **רוחותׄ**[	1QH[a] 45,6	
] **ורוח** זׄיׄדוׄתׄ[	1Q**29** 14,1	(I)
]◦ **רוחות** פשע הׄ[	1Q**36** 2,5	(I)
]לכול **רוחׄ**[	1Q**36** 15,5	(I)
]רע **רוחיכה** לגבר אושׄיׄ[	1Q**36** 17,2	(I)
]◦ים **ברוח** קודשכה [	1Q**39** 1,6	(I)
]◦ **ברוחׄ**[	1Q**69** 37,1	(I)
] **ברׄוׄחׄ**[	3Q**9** 1,1	(III)
האשיח הצפו[ני הגד]ול / בארבע **רוח[ות**	3Q**15** VII,5	(III)
]ר וכול **הרוחות** / [	4Q**158** 14i2	(V)
ונח]ה עלו **רׄ[וח]** / [יהוה רוח חכמ]ה ובינה	4Q**161** 8-10,11	(V)
רוח חכמ]ה ובינה **רוח** עצ[ה וגבורה]	4Q**161** 8-10,12	(V)
רוח דע[ת] / [ויראת יהוה		(V)
ו]לוא **רוחי** למען סׄ[פות חטאת] / [על חטאת	4Q**163** 21,10	(V)
[כי] **רׄוח** יזרעו סופוׄת [יקצרו	4Q**167** 11-13,6	(V)
אשר יובדו כעשן האוׄד [**בר]וׄח**	4Q**171** 1+3-4iii8	(V)
רו]ח קודש כיא / [	4Q**171** 3-10iv25	(V)
כיא כאשה עזוׄבה / [ועצובת] **רׄוׄח**	4Q**176** 8-11,8	(V)
]**ורוחותיהם** ◦[	4Q**176** 21,3	(V)
הת]עׄוללו **ברוחׄיׄ**[	4Q**177** 1-4,7	(V)
עד עשרה צדיקים בעיר כיא **רוח** אמת ה◦[	4Q**177** 12-13i5	(V)
עמהמה לעוׄזרם מכול **רוחו[ת**	4Q**177** 12-13i9	(V)
]**הׄרוח**[	4Q**178** 1,6	(V)
] / תועי **רוח** ובלשון האמת ◦[	4Q**183** 1ii6	(V)
]בן אדם **ורוחו** ◦[	4Q**184** 4,4	(V)
]י **רוחתיו**	4Q**185** 1-2i9	(V)
]**רוחו** / ויבש ◦◦◦ וציצו	4Q**185** 1-2i10	(V)
וציצו תשא **רוח** עד איׄןׄקום לע[	4Q**185** 1-2i11	(V)
]◦ר / ולא ימצא **מׄרוח**	4Q**185** 1-2i12	(V)
רוח לו בבית האור שש	4Q**186** 1ii7	(V)
ורוח לו בבית / [החושך ש]מׄונה	4Q**186** 1iii5	(V)
]יושבות על סרכמה **ורוח** לׄ[ו	4Q**186** 2i6	(V)
[ו]מלאכי **רוחות** הׄ[עננים]	4Q**216** V,6	(XIII)
וׄלמלאכי **הרׄוׄחׄוׄתׄ**[הסערים	4Q**216** V,8	(XIII)
ולכל] / **רוחות** בריותו [אשר עשה בשמים	4Q**216** V,9	(XIII)
] / **רוחו** ◦[	4Q**225** 3ii14	(XIII)
[וה]עׄביר ◦◦◦◦ **רוח**[ב]אׄרצׄותיהם	4Q**248** 5	(XXXVI)
ואלוהים / אׄמר לא ידור **רוחי** באדם	4Q**252** I,2	(XXII)

Text	Vol.	Reference
שוב הנבא]על ארבע **רחות** / [השמים	(XXX)	4Q**386** 1i8
מ[אר]בע **רחות** השמי[ם	(XXX)	4Q**386** 1ii9
]◦**רוח** באו[	(XXX)	4Q**387**a 8,2
]מ עולה מ**רוחותי**כם[	(XIX)	4Q**391** 56,4
[כי ב]מרום [עשה **ר]וחות** וברקים [מלאכיו	(XXIX)	4Q**392** 1,9
ורוח חדשה / ברא בנו וכונן בקרבנו	(XXIX)	4Q**393** 1ii-2,5
וא[ל **רו]ח** נשברה מלפניך תהדף	(XXIX)	4Q**393** 1ii-2,7
לכול מעשי **רוח** ומשפטי / [	(XI)	4Q**400** 1i5
] / ב◦ [ ]◦◦ **רוח** כול ר◦[	(XI)	4Q**400** 1ii5
כול **רוחי** עולמים [בר]צון דעתו	(XI)	4Q**403** 1i35
ושופט בגבורתו לכול **רוחי** בין	(XI)	4Q**403** 1i37
וכול **רוחות** צדק יודו באמתו	(XI)	4Q**403** 1i38
זמרו לאלוהי עז / במנת **רוח** רוש	(XI)	4Q**403** 1i40
[ושבחוה]ו **רוחי** אלוה[ים	(XI)	4Q**403** 1i43
רו]חי קוד[ש] קודשים אלוהיםחיים[	(XI)	4Q**403** 1i44
רו]חי קוד[ש עו]למים	(XI)	
] / אורתום רוקמת **רוח** קודש קודשי[ם	(XI)	4Q**403** 1ii1
מראי תבנית כבוד לראשי ממלכות **רוח**[י	(XI)	4Q**403** 1ii3
] / מתהלך סביב **רוחות** קודש קודשים ◦[	(XI)	4Q**403** 1ii7
] / קודש ק[וד]שים **רוחות** אלוהים	(XI)	4Q**403** 1ii8
] / **ורוחות** אלוהים ברני להבת אש	(XI)	4Q**403** 1ii9
] / **רוחות** פלא	(XI)	4Q**403** 1ii10
] **רוח** קודש קודשים / [	(XI)	4Q**404** 5,1
]מקדשי פלא **רוחות** אלוהים / [	(XI)	4Q**404** 5,5
למוצא שפתיו כול **רוח**]י עולמים	(XI)	4Q**405** 4-5,3
]**רוחי** קוד[ש]קדשים[ ]אלוהים חיים	(XI)	4Q**405** 6,5
]אלוהים חיים **רו[חי**]ק[ודש] / [	(XI)	
]ל מקדש[י]פלא **רוחות** אלוהים	(XI)	4Q**405** 6,7
ר]וח כב[וד	(XI)	4Q**405** 14-15i1
]דמות פלא **רוח** קוד[ש]ק[ודשים	(XI)	4Q**405** 14-15i2
]ם אולמי מבואיהם **רוחי** קורב קודש קודשים	(XI)	4Q**405** 14-15i4
מפותח באלמי מבואי מלך ברני **רוח** אורים[	(XI)	4Q**405** 14-15i5
מ]לך בדני א[ור] כבוד **רוחי** / [	(XI)	
ב]תוך **רוחי** הדר מעשי רוקמות פלא	(XI)	4Q**405** 14-15i6
]יהם **רוחי** דעת ובינה אמת / [	(XI)	4Q**405** 17,3
נפל]אות מלאכי תפארת **ורוחי** / [	(XI)	4Q**405** 17,5
]**רוחות**[	(XI)	4Q**405** 18,1
קו]דשים **ברוח** דממת אלוהי[ם	(XI)	4Q**405** 18,3
ושבחהו בדני אלוהים **רוחי** ק[ודש קודשים	(XI)	4Q**405** 19,2
מדרס / דבירי פלא **רוחי** אלי עולמים	(XI)	4Q**405** 19,3
מעשי **רו[חות]** רקיע פלא / ממולח טוהר	(XI)	
[**רו]חי** דעת אמת[ו]צדק בקודש[ק]ודשים	(XI)	4Q**405** 19,4
[צ]ורות אלוהים חיים צורי **רוחות** / מאירים	(XI)	
כמראי אש **רוחות** קודש קדשים	(XI)	4Q**405** 20ii-22,10
רוחות [א]לוהים חיים מתהלכים תמיד	(XI)	4Q**405** 20ii-22,11
וכול **ר[וחי]** רקי[ע]י / הטוהר יגילו בכבודו	(XI)	4Q**405** 23i6
ומהללים כול **רוחות** / אלוהים בצאת	(XI)	4Q**405** 23i9
]◦[ ]◦[ ]**רוחות** קד[ושי	(XI)	4Q**405** 23ii6
במעמד פלאיהם **רוחות** רוקמה כמעשי אורג	(XI)	4Q**405** 23ii7
מראי שני צבעי אור **רוח** קודש קדשים	(XI)	4Q**405** 23ii8
רוחי צבעי[טוהר]בתוך מראי חור	(XI)	4Q**405** 23ii9
ודמות **רוח** כבוד כמעשי אופירים	(XI)	
] **רוחי** הוד והדר רא[שי	(XI)	4Q**405** 24,2
]ורנן **ברוחי**[	(XI)	4Q**405** 25,2
פ]לא **רוחי** כ[	(XI)	4Q**405** 31,2
]ת **רוחי** [	(XI)	4Q**405** 35,1
]ם **רוח** מרוח[	(XI)	4Q**405** 43,2
]ם רוח **מרוח**[	(XI)	
]**רוחי** [	(XI)	4Q**405** 57,1
]ת **רוחות** ב◦◦[	(XI)	4Q**406** 5,2

Text	Vol.	Reference
וברוח קודשו ליחד באמת[ו]	(XXVI)	4Q**255** 2,1
וברוח ישר וענו[ה תכופ]ר חט[תו	(XXVI)	4Q**255** 2,2
]הכל **רוחות** בני איש / [	(XXVI)	4Q**255** A,4
[כי **בר]וח** ע[צת]אמת אל[דרכי איש	(XXVI)	4Q**257** III,9
אלה סודי **רוח** / [לבני אמת תבל	(XXVI)	4Q**257** V,3
ולהיות פוקדים את **רוח**ם ומעשיהם / בתורה	(XXVI)	4Q**258** II,3
כתכונים האלה ל[י]סד **רוח** קודש	(XXVI)	4Q**258** VII,4
ומשפט צדק לבחירי דרך איש **כרוחו**	(XXVI)	4Q**258** VIII,2
שנאת עולם עם אנשי השחת **ברוח** הסתר	(XXVI)	4Q**258** VIII,6
מיראת **ר]וח** נס[וגה	(XXVI)	4Q**259** III,3
ול]שקול את בני הצדק לפי **ר[ו]ח**מה	(XXVI)	4Q**259** III,10
לבח[ירי דרך איש]**כרוחו** וכתכונו העת	(XXVI)	4Q**259** III,16
ע[ם אנשי השחת]**בר[ו]ח**[ ]הסתר	(XXVI)	4Q**259** IV,3
]◦◦ איש {ל} לפי **רוח**[ו יקר]בו / [	(XVIII)	4Q**266** 5i13
וה]נא באה **הרוח** ברוש או {ו}בזקן	(XVIII)	4Q**266** 6i6
ור[ו]ח החיים עולה ויורדת בו[	(XVIII)	4Q**266** 6i12
וטפם [**ברו]ח** ע[נ]וה ובא[הבת חסד]	(XVIII)	4Q**266** 9iii7
] / [איש לפ]י **רוחו** [יקרבו	(XVIII)	4Q**267** 5ii7
]**והר[וחו]ת** או אשר יחלל את השם / [	(XVIII)	4Q**270** 2i11
] / בשמותם לטמא את **רוח** קודשו ◦[	(XVIII)	4Q**270** 2ii11
או ידבר] / סרה על משיחי **רוח** הקדש	(XVIII)	4Q**270** 2ii14
כו]ל איש אשר ימשולו בו **רוחות** בליעל	(XVIII)	4Q**271** 5i18
וכול מכה בבוא **הרו[ח** ואחזה] / [בגיד	(XVIII)	4Q**272** 1i2
והנה **רו]ח** החיים עולה ויורדת	(XVIII)	4Q**272** 1i7
ורוח החיים עולה וי[ורדת בו	(XVIII)	4Q**272** 1ii1
וראה] / הכהן והנה באה **הרו[ח**	(XVIII)	4Q**273** 4ii11
]◦ איש לפי **רוחו**	(XXVI)	4Q**279** 5,5
וכול **רוחי** משאי מקד[ש] / [	(XI)	4Q**286** 2,1
]◦◦ וכול **רוחי** ממשלות / [	(XI)	4Q**286** 3,5
וארורים כול **רו[חי** גו]רלו במחשבת רשעמה	(XI)	4Q**286** 7ii3
ארור אתה מלא]ך השחת **ורו[ח** האב]דון	(XI)	4Q**286** 7ii7
ח]סדו **וברוח**[	(XI)	4Q**286** 14,1
]◦מה מלאכי אש **ורוחי** ענן ◦[	(XI)	4Q**287** 2,4
זו]הר רוקמת **רוחי** קודש קוד[שים	(XI)	4Q**287** 2,5
וארורים כ]ול **רוחי** [גורלו במחשבת רשעמה	(XI)	4Q**287** 6,3
]ה על משיחי **רוח** קוד[שו	(XI)	4Q**287** 10,13
] / ממנו כי אם **רוח** ◦ע[	(XX)	4Q**299** 6ii7
]**רוח**כם[	(XX)	4Q**299** 16,2
א]ביעה **רוחי** ולמיניכם אחלקה דברי אליכם[	(XX)	4Q**301** 1,1
]ת◦ כל **רוח** בינתו לוא ידע[ו	(XX)	4Q**301** 4,2
]**רוח** סי[	(XX)	4Q**301** 9,2
] / [א]ת **רוחו** ואמץ[את לבבו	(XIII)	4Q**364** 24a-c,1
בא]מה ואורך **לרוח** / [	(XIII)	4Q**365**a 2i8
א]ורך לכול **רוחותיה** / [	(XIII)	4Q**365**a 2i9
א]מת עמי **ברוח** מש[פט	(XXVIII)	4Q**372** 13,2
]◦ **ברוח** גבורה[	(XXVIII)	4Q**372** 16,2
וברוחו העמידם למשל	(XI)	4Q**381** 1,7
ארבע **רוחות** בש[מים	(XI)	4Q**381** 14+5,3
מנש]מת **רוח** אפך יאבדו כל בש[ר	(XI)	4Q**381** 29,3
ואתה אלהי תשלח **רו[ח]**ך	(XI)	4Q**381** 33+35,4
ורוח סוערת [	(XI)	4Q**381** 46a+b,6
[מ]לפני ב◦◦[ ] בם **ורוח**ך ◦◦◦ ◦לה / [	(XI)	4Q**381** 46a+b,8
והצליחני **ברוח** פי[ך	(XI)	4Q**381** 48,3
וינתם לכם **ברוחו** נביאים להשכיל וללמד	(XI)	4Q**381** 69,4
]**רוחיו** לעשות בכם משפטי אמת	(XI)	4Q**381** 76-77,13
]יב **רוחנו**[	(XIII)	4Q**382** 6,3
] כי לכול **רוחות** ויש◦[	(XIII)	4Q**382** 31,4
]משיב **רוחו** כי[	(XIII)	4Q**382** 46,2
ויאמר שוב אנבא על ארבע **רוחות** השמים	(XXX)	4Q**385** 2,7
ויפחו **רוח** / [בהרוגים ויהי כן]	(XXX)	

ועתה אני את א[דני]ברוח / [ראיתי	(XXXVI)	4Q410 1,7
] / רוחה המשל בה כ[	(XXXIV)	4Q415 9,8
]מבינים כי לפיא רוחות ית[כנו	(XXXIV)	4Q415 11,5
] / עם משקל תכינה רוחם בש[	(XXXIV)	4Q415 11,9
] / [רו]חכה ◦[	(XXXIV)	4Q415 12,2
]ואת רוחו בא[	(XXXIV)	4Q415 24,2
כל רוח[	(XXXIV)	4Q416 1,1
ותהמות פחדו ויתערערו כל רוח בשר	(XXXIV)	4Q416 1,12
ובדבריכה אל תמעט]רוחכה	(XXXIV)	4Q416 2ii6
בכל הון אל תמר רוח קודשכה	(XXXIV)	
טוב היותכה עבד ברוח	(XXXIV)	4Q416 2ii17
ורוחכה אל תחבל / בו	(XXXIV)	4Q416 2iii6
וי֯צר על הרוח כן עובדם	(XXXIV)	4Q416 2iii17
השב רוחכה לרצונכה	(XXXIV)	4Q416 2iv8
]מזל שפתיו לפי רוחו וקח[	(XXXIV)	4Q416 7,3
]◦ ברוח◦ [	(XXXIV)	4Q416 16,2
וינחילוננו לאנוש עם עם רוח	(XXXIV)	4Q417 1i16
ועוד לוא נתן הגוי לרוח בשר	(XXXIV)	4Q417 1i17
ידע בין / [טו]ב לרע כמשפט [ר]וחו[	(XXXIV)	4Q417 1i18
וכרוחו דבר בו פן י◦[	(XXXIV)	4Q417 2i1
וגם את רוחו לא תבלע	(XXXIV)	4Q417 2i3
ונאספה רו[ח כול בשר	(XXXIV)	4Q417 2ii+23,4
] / עבד ברוח וחנם תע[בוד	(XXXIV)	4Q417 2ii+23,22
] / הרוח[	(XXXIV)	4Q417 13,5
בכול הון אל]תאמר רוח קדושה	(XXXIV)	4Q418 8,6
ורוחכ[ה אל תחבל בו	(XXXIV)	4Q418 9+9a-c,5
ברוחה המשי[ל להתהלך ברצונכה	(XXXIV)	4Q418 10a-b,8
]וסער הרוח ◦[	(XXXIV)	4Q418 34,2
]מוד וכול רוח בינה[	(XXXIV)	4Q418 58,2
]כול רוח ב[ינה	(XXXIV)	4Q418 73,1
]על כול רוח[	(XXXIV)	4Q418 76,1
]ורוחי קודש[	(XXXIV)	4Q418 76,3
] / [מזל שפתיו לפי]רוחו וקח ברז נהיה	(XXXIV)	4Q418 77,4
א]ו הבדילכה בכול / רוח בשר	(XXXIV)	4Q418 81+81a,2
בכבוד עולם ושלום עד ורוח חיים להבדיל[	(XXXIV)	4Q418 126ii8
]וחמה ליפי מראיה [מבינים	(XXXIV)	4Q418 167a+b,5
] / [ ]תכנתה ביחד רוחמ[ה	(XXXIV)	4Q418 167a+b,6
]◦ הרוח ומשקל[	(XXXIV)	4Q418 172,2
שמ]עה רוחו ומזל שפתו א[ל	(XXXIV)	4Q418 222,2
]כול רוח [	(XXXIV)	4Q418 286,1
ר]וחכה בעל מכון ◦[	(XXXIV)	4Q418a 16b+17,2
אם יקפוץ ידו ונאספה רוח כול [בשר	(XXXVI)	4Q419 8ii7
מכול מלאכתו ? אש]ר עשה ורוח קודש[ו	(XIII)	4Q422 I,7
כי ריב אנשים לא יפלס כזורה לרוח[	(XXXVI)	4Q424 3,4
ומספר לנם נרדם ברוח ש[	(XXXVI)	4Q424 3,5
]משל ברוחו[	(XX)	4Q425 5,3
]לרוחו לוא יש[	(XX)	4Q426 11,3
כיא השפיל גבהות רוח לאין שרית	(XXIX)	4Q427 7ii8
] / עם רחות עו[לם	(XXIX)	4Q427 8ii9
לסוד פלאכה] / ברוח[קודשכה	(XXIX)	4Q427 8ii18
]◦ וגם רוחו[ת	(XXIX)	4Q428 19,2
[בתכמי]עבדכה להכשיל רוח ולהתם / [כוח	(XXIX)	4Q429 2,12
] / במדה רוחם	(XXIX)	4Q434 1i10
גם הוא הגישם כי ערבו את רוחם	(XXIX)	4Q434 1i11
]ותשם לי רוח ארוך / [אפים	(XXIX)	4Q435 2i4
ורום עינים התנשית] לי רוח שקר אבדת	(XXIX)	4Q435 2i5
[כיא מלפ]נ[י] יעטף רוחי	(XXIX)	4Q437 2i8
ובמשקל]צדקה חיית את רוחי	(XXIX)	4Q437 2i13
]אנוש או ר{{ו}}ח / [	(XXIX)	4Q438 4ii3
ותעביר ממני את רו]ח ◦מחיתה	(XXIX)	4Q438 4ii5
ורוח ישועות הלבשתני	(XXIX)	4Q438 4ii5
לכו]ל רוח ומבינתכה לכול / [	(XXIX)	4Q440 3i18
בדעת אמתו פתח פי ומרוח קודשו ◦[	(XXIX)	4Q444 1-4i+5,1
ויהיו לרוחי ריב במבניתי חוק[י אל	(XXIX)	4Q444 1-4i+5,2
ורוח דעת ובינה אמת וצדק	(XXIX)	4Q444 1-4i+5,3
ולהלחם ברוחי רשעה ולוא ◦◦[	(XXIX)	4Q444 1-4i+5,4
מ]מזרים ורוח הטמאה / [	(XXIX)	4Q444 1-4i+5,8
]◦יד רוחי אמת[	(XXIX)	4Q444 6,4
אשר בארבע / רוחות שמים	(XI)	4Q448 II,6
]ממשלת רוחי גורלו במש◦◦[	(XXIX)	4Q449 1,3
]◦ רוח ומשענתו[ ]לאין רבה מ◦[	(XXVIII)	4Q468cc 6
ל]החלימם ולעזרם ברוח ג[בורתו	(XIX)	4Q470 3,4
] העון עמו וגם רוח פארה עמ[ו	(XXXVI)	4Q477 2ii4
] / [להע]כיר את רוח היח[ד	(XXXVI)	4Q477 2ii6
]◦◦◦ רוח [	(VII)	4Q487 4,1
ובא[חור ובפנים א]רבעת הרוחו[ת	(VII)	4Q491 1-3,14
]ש וכול רוחי גורל[ו	(VII)	4Q491 14-15,10
]רוחי עולמים ז◦◦[	(VII)	4Q502 27,1
] ורוח[	(VII)	4Q502 238,1
[כי]א יצקתה את רוח קודשכה עלינו	(VII)	4Q504 1-2v15
אלה ידענו באשר חנואת[נו]רוח ק[ודש	(VII)	4Q504 4,5
]את רוח [	(VII)	4Q504 4,20
]רוח כול חי[	(VII)	4Q504 6,22
ולב[הל] / כול רוחי מלאכי חבל	(VII)	4Q510 1,5
ורוחות ממזרים שדאים לילית אחים	(VII)	
והפוגעים פתע פתאום לתעות רוח בינה	(VII)	4Q510 1,6
וכול רוחי [	(VII)	4Q510 2,3
ובכול / רוחות ממשלתה תמיד יב[רכו]הו	(VII)	4Q511 1,3
ורוחי רשע / לו יתהלכו בם	(VII)	4Q511 1,6
והפוגעים פתע פתאום ל]תעות רוח / [בינה	(VII)	4Q511 10,2
]◦◦ה רוחי הבלים ל[	(VII)	4Q511 15,5
רו]ח רעה ה[ ] בו[	(VII)	4Q511 15,7
]ורוח בינתי ו◦◦ה עבודת רשעה	(VII)	4Q511 18ii6
]רוחות ◦[	(VII)	4Q511 24,2
ואיכה]יוכל איש לתכן את ריח[אלוהים]	(VII)	4Q511 30,6
לפחד] / בגבורתו כו[ל]רוחי ממזרים	(VII)	4Q511 35,7
] / רוחי חבל למל[	(VII)	4Q511 43,6
]◦◦◦◦ ריבי כול / רוחי ◦◦[	(VII)	4Q511 48-49+51,8
]ו כולכם רוח[י	(VII)	4Q511 60,2
ר]וח רעה[	(VII)	4Q511 81,3
רוח]י ממזרי[ם	(VII)	4Q511 182,1
]מרוח ב[	(VII)	4Q513 31,2
ועל ענוים רוחו תרחף	(XXV)	4Q521 2ii+4,6
] / לבלתי הבן מרוח מתע[ת/תעת ?	(XXV)	4Q525 6ii2
לבלתי ?] / דעת מרוח מוהלת ע[	(XXV)	4Q525 6ii3
]מרוח נטרד[ת	(XXV)	4Q525 7,5
]ממזל רוח שפת[י(ה)	(XXV)	4Q525 8,2
מרו]ח מתרמ[מת ?	(XXV)	4Q525 9,2
]מרוח [	(XXV)	4Q525 9,5
]עם כול רוח[י/ות	(XXV)	4Q525 11-12,4
]רוח[	(XXV)	4Q525 47,1
]ברוחמה לפניכה / [	(III)	5Q13 2,9
]ל[ ] לרוח◦[	(III)	5Q13 4,5
]◦◦ ברוח[	(III)	5Q13 23,6
י]חזקו ברוח דעת[	(III)	6Q18 5,3
]◦י ורוח[	(III)	6Q18 21,2
]וכול הרוחות לפניכה ע[ומדות	(III)	8Q5 2,6
רוח אמונה ודעת חונני אל אתקלה	(IV)	11Q5 XIX,14
אל תשלט בי שטן ורוח טמאה	(IV)	11Q5 XIX,15
ויתן / לו יהוה רוח נבונה ואורה	(IV)	11Q5 XXVII,4

Text	Vol.	Reference
הרו]חות[ ]והשדים [	(XXIII)	11Q**11** II,3
פשרו על בליעל ועל רוחי גורלו אש[ר	(XXIII)	11Q**13** II,12
מיד]בליעל ומיד כול ר[וחי גורלו]	(XXIII)	11Q**13** II,13
והמבשר הו[אה]משיח הרו[ח]	(XXIII)	11Q**13** II,18
]אתה בראתה כול רוח ו̇ל◦◦[	(XXIII)	11Q**15** 1,6
מעש[י רוחו]ת רקיע פלא מ̇[מולח] / טוה[ר	(XXIII)	11Q**17** VI,4
]רוחות אל[והים	(XXIII)	11Q**17** VII,5
]כול תבנית רוחי פל[א] / [	(XXIII)	11Q**17** VIII,3
]ם הטוהר ברוח קוד[ש] / [	(XXIII)	11Q**17** IX,5
] רוחות [	(XXIII)	11Q**17** 29,2
רוחבו ארבע / אמות לכול רוחותיו[		11Q**19** XXX,10
לכול רוחותיו אחת ועשרים / אמה		11Q**19** XXXI,10
ארבעים / [באמה] לכול רוח ורוח		11Q**19** XXXVI,5
לכול רוח ורוח/ורוחותיו [כמדה הזואת]		
ואורך לרוח הקדם שמונים וארבע מאות		11Q**19** XXXVIII,13
ואורך לכול / רוחותיה לנגב ולים ולצפון		11Q**19** XXXVIII,14
לכול רוח ורוח כמדה הזואת		11Q**19** XL,8
לכול רוח ורוח כמדה הזואת		
[והאיש אשר תזוע]רוחו לבגוד ב[אמת	(XXIII)	11Q**29** 2
]רוח / [	(XXXIII)	PAM 43.678 39i2
]ורות[	(XXXIII)	PAM 43.692 81,3
]◦ רוחו [	(XXXIII)	PAM 43.700 74,1
] כי רוח קד[	(XXXIII)	PAM 44.102 36,1

width noun רוֹחַב, רֹחַב, רחוב

Text	Vol.	Reference
אורך המגן אמתים וחצי ורוחבו אמה וחצי		1QM V,6
ורוחבו ארבע אצבעות		1QM V,13
]ש◦◦ רוחב [ ]שר בר◦[		1QH^{a} V,4
וה]יו מטות כנפו מלא רחב ארצכ[ה	(V)	4Q**163** 2-3,3
וחמ[שים אמה] / רוחבה ושלשים[	(XXII)	4Q**254**a 1-2,3
יהיה כפול זרת]אורכו וזרת ר[וחבו	(XIII)	4Q**365** 9a-bi2
זרת אורכו וזרת רחובו כפול	(XIII)	4Q**365** 12biii9
ורוחב פתחי השערי[ם	(XIII)	4Q**365**a 2ii5
] / רוחב החדר עשר באמה	(XIII)	4Q**365**a 2ii8
ורחב הקיר שתים אמות	(XIII)	4Q**365**a 2ii9
ולחוצה מזה הנשכה ר[וחב	(XIII)	
שתים אמות רוחבו ◦[	(XIII)	4Q**365**a 2ii10
ופתחה שלוש אמות רוחב ה[	(XIII)	4Q**365**a 2ii11
]ם לוא נראים האופנים אל החוץ ורחב / [	(XIII)	4Q**365**a 5i4
]רחוב פי אשמת◦[	(VII)	4Q**487** 15,3
סביב לקירות ? ה]בית רחבים אר[בע		11Q**19** IV,3
]ה הרחב וקומת הק[ודש ?		11Q**19** IV,7
עשרים אמה ? רח]ב עשר באמה		11Q**19** IV,9
אמתים וחצי אורכה ואמה וחצי] רוחבה		11Q**19** VII,10
ועשיתה רוחב קירו ארבע / אמות[		11Q**19** XXX,7
רוחבו ארבע / אמות לכול רוחותיו[		11Q**19** XXX,9
ורחב הק[י]ר שלוש אמות וגבה / [ע]שרים		11Q**19** XXXI,11
ורוחב השערים ארבע אמות		11Q**19** XXXI,13
]רוחב [ב]אמה		11Q**19** XXXII,9
שתי אמות רוחבמה בשתי אמות וגובהמה		11Q**19** XXXIII,12
ו]השער רחב ארבעים / [באמה]		11Q**19** XXXVI,4
ו[רו]חב קי[רו] שבע אמות		11Q**19** XXXVI,5
ורוח]ב ת[איו] שש / ועשרים באמה		11Q**19** XXXVI,6
רוחב השער ארבע [עש]רה באמה		11Q**19** XXXVI,8
ל[חצר הפנ]ימית רחוב מאה באמה		11Q**19** XXXVIII,12
וככה רוחב ואורך לכול / רוחותיה		11Q**19** XXXVIII,13
ורוחב קירה [אר]בע אמות		11Q**19** XXXVIII,14
רו]חב סביב לחצר התיכונה		11Q**19** XL,7
ורוחב הקיר שבע אמות		11Q**19** XL,9
ורוחב השערים חמשים באמה		11Q**19** XL,12
ורוחב פתחי השערים ארבע עשרה באמה		11Q**19** XLI,14
רו]חב עשר אמות		11Q**19** XLII,4
רחב / ארבע עשרה באמה		11Q**19** XLVI,5
ועשיתה חיל סביב למקדש רחב מאה באמה		11Q**19** XLVI,9

far adjective רוֹחֵק

Text	Vol.	Reference
] / ויעמודו מרוחק	(XXVIII)	4Q**377** 2ii10
] / [ו]כול מרוחקי מלך מ[	(XXIX)	4Q**476** 2,4

abundance noun רְוָיָה

Text	Vol.	Reference
ונספתה רוחו הצמאה עם הרווה		1QS II,14
וילך בדרכי / הרויה למען ספות הצמאה		1QpHab XI,14

to be high, exalted verb רום

Text	Vol.	Reference
להרים את הקדשים כפירושיהם		CD VI,20
ויפרעו ביד רמה / ללכת בדרך רשעים		CD VIII,8
לעד עובר דבר מן המצוה ביד רמה		CD X,3
אל ירם את ידו להכותה באגרוף		CD XI,6
ויפרעו ביד רמה ללכת בדרכי רשעים		CD XIX,21
ולא ירימו יד על חקי קדשו		CD XX,30
ולוא ירום ממקום גורלו		1QS II,23
והנגלות עשו ביד רמה לעלות אפ למשפט		1QS V,12
אשר יסור מכול המצוה דבר ביד רמה		1QS VIII,17
אשר יעבר דבר מתורת מושה ביד רמה		1QS VIII,22
ולעושה ביד רמה לוא ישוב עוד		1QS IX,1
ובטרם ארים ידי להדשן בעדני תנובת תבל		1QS X,15
ולהשיב ענוה לנגד רמי רוח		1QS XI,1
וכאשר משל / בישראל רם לבו		1QpHab VIII,10
ורוממו שמו ביחד שמחה		1QM XIV,4
ולהרים במשפט / לב נמס		1QM XIV,5
ורמי קומה תגד[ע		1QM XIV,11
ובגבורותיכה נרוממה ת◦[		1QM XIV,13
]לה[רי]ם לכה מעפר		1QM XIV,14
רומה רומה אל אלים		1QM XIV,16
רומה רומה אל אלים		
אל ישראל מרים ידו ב[ ]ת פלאו / [		1QM XV,13
כדי הטל ירימו איש ידו בכלי / מלחמתו		1QM XVI,6
להרים באלים משרת מיכאל		1QM XVII,7
כדי הטל ירימו איש ידו בכלי מלחמתו		1QM XVII,12
ותרם / מבשר כבודו		1QH^{a} VII,16
יבקעו / אפעה ושוא בהתרומם גליהם		1QH^{a} X,28
[כי יד]עתי אשר / תרים למצער מחיה		1QH^{a} XIV,8
ושוכבי עפר הרימו תרן		1QH^{a} XIV,34
]◦ נשענתי להרים לב[י] / ולהעיז בכוח		1QH^{a} XV,16
ותרם קרני על כול מנאצי		1QH^{a} XV,22
ואתה א]לי עזרתה נפשי ותרם קרני / למעלה		1QH^{a} XV,23
וירמו עליו כול ע[צי] מים		1QH^{a} XVI,9
ואין להרים / קול [לש]ון לימודי◦◦		1QH^{a} XVI,35
ויתרוממו במקנה וקנין		1QH^{a} XVIII,25
להרים מעפר תולעת מתים		1QH^{a} XIX,12
]◦ אודכה אלי ארוממכה צורי ובהפלא[		1QH^{a} XIX,15
ולגלות נסתרות לה[רים כושלים] / [ונופליהם		1QH^{a} XXVI,1
ויר[ם מעפר אביון לרום עולם		1QH^{a} XXVII,2
וכושלי ארצ יר[ים לאין מחיר		1QH^{a} XXVII,4
וברום רשעה למ[		1QH^{a} 5,7
]רומם / [		1QH^{a} 7,12
] / יתרומ[מו		1QH^{a} 8,3
] / רומם ◦[		1QH^{a} 46ii2
[השמר] למה ירום [לב]בכה	(I)	1Q**22** 1ii4
]תרימו ◦[	(I)	1Q**25** 1,9

רומי ורחבי / [ציון שבחי ע]ל[יון	(XVI)	4Q**88** VIII,14
תרם ידך / תגבר ימינך	(XVI)	4Q**88** X,10
] / יומת אשר עשה ביד **רמה**	(V)	4Q**159** 2-4,6
ולכן **ירום** / לרחמכמה	(V)	4Q**163** 23ii8
ושמור דרכו ו[י]**רוממכה** לרשת / ארץ	(V)	4Q**171** 3-10iv10
]הזיד ביד **רמה** / [	(V)	4Q**171** 3-10iv15
]י ישמח [ ]ו[ ] **ארים**[ ]וושבת[	(V)	4Q**176** 8-11,16
]ויפרעו ביד **רמה** להחל[	(V)	4Q**182** 1,3
ועפעפיה בפחז **תרים** לראו[ת לא]יש / צדיק	(V)	4Q**184** 1,13
כיא בא ממשל הצדק הטוב **וירם** כסא ה[	(XXXVI)	4Q**215**a 1ii10
וליד **הרמה** לא ישוב עוד	(XXVI)	4Q**258** VII,2
] / [דבר מן המצוה בי]ד **ר**[**מה**	(XVIII)	4Q**266** 8iii3
]מחא **להרים** [את הקודשים ?	(XVIII)	4Q**270** 2ii5
ל]**הרים** אחת בשנה	(XVIII)	4Q**270** 3ii20
לפני] השלמו לישראל אל [י]**רם** איש	(XVIII)	4Q**270** 3ii21
והסוח]ק בסכלות **להרים** שמיע[קולו	(XVIII)	4Q**270** 7i4
אל יבדל איש **להרים** לשה [אח]ד מן המאה	(XVIII)	4Q**271** 2,3
ט]הרתם ו[**רוממ**]תם	(XXXV)	4Q**284** 7,2
]ך לבלתי **רום** / מת[כונה	(XX)	4Q**298** 3-4ii2
ר]**ם** על כול גואים ישרא[ל	(XX)	4Q**299** 10,3
רע לאדם מ[רשע ומה **רם** לגבר מצדק[	(XX)	4Q**300** 7,1
] / **ורוממנה** למרומם[פ]ורות נתת◦[	(XIII)	4Q**365** 6aii+6c,6
] / ורוממנה **למרומם**[פ]ורות נתת◦[	(XIII)	
]**הרימות** למעל[ה	(XXVIII)	4Q**372** 16,3
]ת **ירוממ**[**ו**	(XXVIII)	4Q**372** 17,3
] / אמות וחצי **רמו** ושתים [אמות רחבו	(XXVIII)	4Q**373** 1a+b,3
] / **וירוממו** גוים באף[	(XIX)	4Q**374** 2ii2
]◦י **ירימו** בחגים / [	(XXII)	4Q**379** 3i3
על שמי]ם **רומה** יהוה ואלה[י	(XI)	4Q**381** 33+35,2
ותהי לי תכחתך ל[שמחת] / עלם **ולרממך**	(XI)	4Q**381** 33+35,4
ה]וא **הרימני** למעלה על גוי [	(XI)	4Q**381** 33+35,10
ו[ ]עת / לוא יעז אנוש ולא **ירום** [	(XI)	4Q**381** 46a+b,5
ולא **רם** לבבו ממני ש[	(XXX)	4Q**385**a 1a-bii4
] / [ותפרו הכ]ל ביד **ר**[**מה**	(XXX)	4Q**388**a 3,7
וא]**רים** ראשיכם בהוציא[י א]תכם	(XXX)	4Q**389** 2,2
]**לרום** ע◦[	(XIX)	4Q**391** 19,3
ויתקדשו / **ויתרוממו** למעלה לכול	(XXIX)	4Q**393** 3,6
] / **ורוממו** כבודו ◦[	(XI)	4Q**400** 1ii13
יספרו הוד מלכותו כדעתם **ורוממו**[	(XI)	4Q**400** 2,3
]ל[ר]נתנו **נרוממה** לאלוהי דעת[	(XI)	4Q**400** 2,8
] רומה **רם** על[	(XI)	4Q**401** 14i4
אלוהי אלי]ם **ירומ**[**מו**] / [	(XI)	4Q**401** 16,1
]**ורוממו**[	(XI)	4Q**401** 27,1
ק]ודש קודשים **ירום**[	(XI)	4Q**401** 35,2
מרי]**מים** תרוע[ה	(XI)	4Q**402** 8,2
וברך ל[כ]ול **מרימי** / משפטיו	(XI)	4Q**403** 1i24
הרמים בכול / אלי דעת	(XI)	4Q**403** 1i30
ו]**רוממו** רוממו למרום אלוהים	(XI)	4Q**403** 1i33
ורוממוהו ראשי נשיאים במנה פלאו	(XI)	4Q**403** 1ii20
מ]לך **מרוממים**[	(XI)	4Q**403** 3,1
] וברך לכול **מ**[**רימי**	(XI)	4Q**404** 2,6
]בכול ידועי / [ע]ולמים **ורוממ**[והו	(XI)	4Q**405** 8-9,4
ק]ול ברך למלך **מרוממים**	(XI)	4Q**405** 14-15i3
] / [שני פ]לא **ורוממ**[**ו**]הו כפי הכבוד	(XI)	4Q**405** 20ii-22,7
וב[ר]כו **בהרומם**	(XI)	
]והמון רנה **ברים** כנפיהם	(XI)	4Q**405** 20ii-22,8
בהרומם ירוממו פלא ובשוכן / [יעמ]ודו	(XI)	4Q**405** 20ii-22,12
בהרומם **ירוממו** פלא ובשוכן / [יעמ]ודו	(XI)	
לוא **ירומו** ממשלוחתו / לוא ישפל[ו]	(XI)	4Q**405** 23i11
]**ירומו** וכ[	(XI)	4Q**405** 40,2

]◦ול **ירום** ומה[	(XI)	4Q**405** 44,2
] / **ברומ**[**ם**	(XI)	4Q**405** 83,3
]ת אשר **רמות** לוא ◦[ ]◦[	(XXXVI)	4Q**410** 1,3
כי מראש **הרים** רא[שכה	(XXXIV)	4Q**416** 2iii11
כיא מראש **הרי**[**ם** רא]שכה	(XXXIV)	4Q**418** 9+9a-c,11
ולהרים ראוש דלים [	(XXXIV)	4Q**418** 126ii7
] / כסא אשר **רם** בהוד[י]עם [	(XXXVI)	4Q**419** 1,9
]לוא **רם** בכו[ל	(XXXVI)	4Q**419** 2,2
] / בכור **ארים** ש[	(XX)	4Q**426** 1ii2
ר]**וממו** יחד בצבא עולם	(XXIX)	4Q**427** 7i15
ולשון נצח **הרימו** לבד קולכמה	(XXIX)	4Q**427** 7i16
ולגלות נסתרות **להרים** כושלים ונופליהמה	(XXIX)	4Q**427** 7i19
וירם מעפר אביון ל[רום עולם]	(XXIX)	4Q**427** 7ii8
וכושלי ארצ **ירים** לאין מחיר	(XXIX)	4Q**427** 7ii10
וירם מעפר אביון	(XXIX)	4Q**431** 2,7
ויעלוץ לבבי בכה **תרום** ק[רני	(XXIX)	4Q**437** 2i15
]מיר **לרומם** לרשע בעבור תקבל טמ[אה/את	(XIX)	4Q**462** 1,15
ואין[שארי]ת ו[**להרי**]**ם** במשפט לב [נמס	(VII)	4Q**491** 8-10i3
ורמי קומה תגדע ל[השפילם]	(VII)	4Q**491** 8-10i8
ו[בגב]ורתכה **נרוממ**[**ה**] / [תפארתכה	(VII)	4Q**491** 8-10i10
להרים ל[כה מעפר	(VII)	4Q**491** 8-10i12
רומה **רו**]**מה** אל אלים	(VII)	4Q**491** 8-10i13
ולוא **ירומם** זולתי ולוא יבוא ביא	(VII)	4Q**491** 11i13
כד[י ה[ט]ל **ירימ**[**ו** אי]ש ידו בכלי מ[לחמתו	(VII)	4Q**491** 11ii5
כדי] ה[ט]ל[**ירי**]**מו** ידם איש בכלי מלחמתו	(VII)	4Q**491** 11ii21
כדי הטל **ירימו** ידמה [איש בכלי מלחמתו	(VII)	4Q**491** 13,5
ו[ענו כול העם **והרימו** קול[אח]ד	(VII)	4Q**491** 13,8
]ה **ורוממו** את גבורות[	(VII)	4Q**491** 16,5
ואנו עם קודשו **מרוממים** הלילה[	(VII)	4Q**503** 11,3
מרו]**ממים** / [	(VII)	4Q**503** 33i+34,2
] **ירוממו** / [	(VII)	4Q**504** Verso 2vii2
מ]שפטיו **וירים**[	(VII)	4Q**504** 9,6
י]**רוממו**[ה] כ[ו]ל תמימי דרך	(VII)	4Q**510** 1,9
ורוממוהו כול יודעי [צדק	(VII)	4Q**511** 2i2
י]**רוממוהו** כול תמימי דרך	(VII)	4Q**511** 10,8
]ם **ירוממו**[	(VII)	4Q**511** 27,3
ולה[**ר**]**ים** בקול פחד הוי לכול מפריה	(VII)	4Q**511** 63iii5
יר]**וממו**[	(VII)	4Q**511** 81,1
]ונה **רם** [	(VII)	4Q**511** 90,2
]**ירוממוה**[ו	(VII)	4Q**511** 124,1
בלוא ?] / גאוה **ומרימת** לוא[	(XXV)	4Q**525** 6ii6
מרו]ה **מתרמ**[**מת** ?	(XXV)	4Q**525** 9,2
] / בלבם **וירימו** רואשכה [	(XXV)	4Q**525** 14ii3
]ע בו **יתרוממו** ויתהלכו[	(XXV)	4Q**525** 21,5
]**תרומ**[	(XXV)	4Q**525** 41,1
רומי ורחבי ציון / שבחי עליון	(IV)	11Q5 XXII,14
[**ור**]**וממוהו** [כפי הכבוד	(XXIII)	11Q17 VII,10
בהרומם קול דממת אלוהים נשמע	(XXIII)	
ומרוממים גבורות אלו[הי	(XXIII)	11Q17 VIII,5
וירימו ליהוה תרומה / [מן האילם		11Q19 XX,14
וירימו מ[ן האילים ומן הכבשים		11Q19 XXII,8
ולוא **ירום** לבבו מהמה		11Q19 LVII,14
] **הרם** ◦[	(XXXIII)	PAM 43.673 28,2
]ת **לרום**[	(XXXIII)	PAM 43.676 4,1
] **רם** [	(XXXIII)	PAM 43.699 46,2

height noun **רוּם**

ובניהם אשר **כרום** ארזים גבהם	CD II,19
ושקר גוה **ורום** לבב כחש	1QS IV,9
מקור דעת ומעון קודש **רום** כבוד	1QS X,12

1QSb V,23 (I) י]שׂ[אכ]ה אדוני **לרום** עולם
1QM I,8 ובמועד אל יאיר **רום** גודלו
1QH[a] XI,15 וׄיׄתגׄרשו **לרום** גלים / ומשברי מים
1QH[a] XI,20 ומשאול אבדון / העליתני **לרום** עולם
1QH[a] XI,29 וילכו נחלי בליעל עַל כול אגפי **רום**
1QH[a] XVIII,30 **וברום** עדנים לא ◦[
1QH[a] XVIII,32 ומשענתי במעוז **מרום**
1QH[a] XXVI,2 ולהש]פיל נועדות **רום** גאׄ[ם עולם]
4Q169 1-2,6 (V)] / [יאב]דׄוׄ בו רבים **רום** רשעה
4Q184 2,5 (V)]**ורום** עינים לב ערלׄ[
4Q184 2,6 (V)]ם **רום** לבב ואף אף הׄ[
4Q262 A,2 (XXVI)] / **רום** נושים[
4Q286 1ii4 (XI) ומאורי פלא / [הו]ד והדר **ורום** כבוד
(XI) ומקׄ[ור ז]והר **ורום** תפארת פ[לא] / [הוד]ות
4Q286 5,5 (XI)] פרי[מ]ה עצי **רׄוׄם** וכול ארׄזי לׄבנׄ[ון
4Q382 104,8 (XIII)]מׄשפׄטכה ועוון עׄמכה מעלה **לרו[ם**
4Q389 8ii6 (XXX) [כי] עזבתי את הארץ **ברום** לבבם ממני
4Q400 1i20 (XI)]לׄ[ ] אלים כוהני מרומי **רום** הׄ[קר]בים / [
4Q400 1ii1 (XI) **רום** מלכׄוׄתׄ[כה
4Q400 1ii4 (XI)] / בשעׄרי מרומי **רום**[
4Q400 2,4 (XI) ובכול מרומי **רום** תהלי פלא לפי כולׄ[
4Q400 3i1 (XI)]בעד **לרום** הפלא / [
4Q401 14i4 (XI)] **רומה** רם על[
4Q401 26,2 (XI)]**רום** ◦[
4Q403 1i1 (XI) לאלוהיׄ[מ]לׄאׄכׄיׄ **רום** שבעה
(XI) בשבעה דברי **רומי** פלא
4Q403 1i8 (XI) שבע תהלי **רום** מלכו[תו
4Q403 1i9 (XI) תׄ[ולדות ראשי **רו[ם** יברכו] / [שבעה
4Q403 1i10 (XI) בשבעה דברי פלא דברי **רו[ם**
4Q403 1i14 (XI) [בנשיאי רוש יברך בשם] **רום** מלכותׄו
(XI) [לכול **רו]מׄיׄ** [ד]עׄתׄ בשׄ[בעת ד]בׄרי ר[וׄ]םׄ
(XI) [לכול רו]מׄיׄ [ד]עׄתׄ בשׄ[בעת ד]בׄרי **ר[וׄ]םׄ**
4Q403 1i19 (XI) בשבעה דׄ[ברי]**רׄוׄם** / אמתׄ[ו
4Q403 1i33 (XI) רוממו למרום אלוהים מאׄלי **רום**
4Q403 1i34 (XI) ואלוהות כבודו מעל / לכול מרומי **רום**
4Q403 1i41 (XI) לזבול **רום** רומים וכול פנות מבניתו
(XI) לזבול רום **רומים** וכול פנות מבניתו
4Q403 1ii10 (XI) ומשכן רוש **רום** כבוד מלכותו דׄבׄיׄרׄ[
4Q403 1ii11 (XI)] / וקדשׄ[לׄשבעת קׄ[ו]דשי **רום**
4Q403 1ii21 (XI)] / **רום** שבעת גבולי פלׄא בחוקות מקדשיו
4Q403 2,2 (XI)]ים קׄרואי **רׄו[ם** רומים
4Q404 18,2 (XI)] **רוםׄ**[
4Q405 2,3 (XI)]**רׄוׄם** ◦[
4Q405 3ii4 (XI)] / **רום** מלכותו לכול רומי דעת
(XI)] / רום מלכותו לכול **רומי** דעת
(XI) לכול רומי דעת בׄשבעת דׄ[ברי **רו[ם**
4Q405 6,2 (XI) לׄ[זׄבׄול **רוׄ[ם** רומ]יׄםׄ וכול פנוׄ[ת] / [
(XI) לׄ[זׄבׄול רוׄ[ם **רומ]יׄםׄ** וכול פנוׄ[ת] / [
4Q405 13,3 (XI) בׄשבעה דברי **רֻוםֻ** טוהרׄ [
4Q405 32,2 (XI)]שי **רום**[
4Q427 7i20 (XXIX) ולהשפיל נועדות **רום** גאים עולם
4Q428 5,4 (XXIX) וילכו] / [נחלי בליעל על כול]אגפי **רום**
4Q431 2,7 (XXIX) כי השפיל גבהות]**רום** לאין שרית
4Q432 5,3 (XXIX) יׄ[ת]גׄרשו **לרו[ם** גלים ומשבריׄ] / [מים]
4Q433a 2,5 (XXIX)] / וכפותיו עלמשענת **רום** השמים
4Q436 1ii3 (XXIX) גבה לב **ורׄוׄם** עינים התנ◦◦תה ממׄני
4Q458 2ii5 (XXXVI) ויצדקו והלך על **הרׄוׄםׄ** הׄ[
4Q511 10,12 (VII) ואנשים ישפוט / **ברום** שמים תוכחתו
4Q511 41,1 (VII)]במרומי **רׄוׄם** מעׄוׄנׄ ש◦[
4Q525 15,2 (XXV) תבוא **רוםׄ**[

11Q5 XXI,16 (IV) טרתי נפשי בה **וברומיה** לוא / אשלה
11Q17 III,6 (XXIII) שבע]תהלי **רו[ם** מלכותו

protruding (?) adjective **רומה**

4Q186 1iii3 (V)]ושניו **רומות** לאבר

high praise noun **רוֹמָם**

1QM IV,8 יכתובו על אותותם **רומם** אל גדל אל
4Q403 1i1 (XI) לנשיאי רוש **רומם** לאלוהיׄ[מ]לׄאׄכׄיׄ רום
4Q403 1i33 (XI) ו]רׄוממו **רוממו** למרום אלוהים מאׄלי רום
4Q403 1ii25 (XI)] / ותשבחות **רומם** למלך הכבוד
4Q487 1i3 (VII)]ה **ורׄוׄמם** / [
4Q511 35,6 (VII) ואני מירא אל בקצי דורותיׄ **לרומם** שם
4Q511 101,1 (VII)]**רׄוממׄ** עׄולמׄ[ים

song of rejoicing noun **רונן**

4Q403 1i36 (XI) רננו מׄרנניׄ [ב]**רׄונן** באלוהי פלא
4Q404 4,3 (XI)] / [**ברו]נׄןׄ** באלׄ[והי

to shout, sound verb **רוע**

CD XI,22 **ובהרע** חצוצרות הקהל / יתקדם או יתאחר
1QM VIII,1 החצוצרות תהיינה **מריעות** לנצח אנשי הקלע
1QM VIII,8 והכוהנים **יריעו** בשש חצוצרות / החללים
1QM VIII,9 וכול עם השופרות **יריעו** / קול אחד
1QM VIII,12 ובח[צו]צׄרות יהיו / הכוהנים **מריעים** קול חד
1QM VIII,15 ועם / הטל הראישון **יריעו** הׄ[
1QM IX,1 והכוהנים יהיו **מריעים** בחצוצרות / החללים
1QM IX,2 והכוהנים **מריעים** לנצח מלחמה
1QM IX,7 יהיו הכׄוׄ[הנ]ים **מריעים** מרחוק
1QM X,7 **והריעות[מה]** בחצוצרות
1QM XVI,8 והלוים וכול עם / השופרות **יריע[ו**]תׄ מׄ[
1QM XVI,9 [והכוהני]ם יהיו **מריעים** בחצוצרות החללים
1QM XVII,12 והכוהנים **יריעו** בחצוצרות / החלליםׄ
1QM XVII,13 וכו]ל עם השופרות **יריעו** תרועת מלחמה
1QM XVII,15 והכוהנים / יהיו **מריעים** בׄ[חצוצרות החלליׄ]םׄ
1QM XVIII,3 בעת ההיאה **יריעו** הכוהנים / [
1QH[a] XI,33 וכול מחשביה **ירועו**
4Q165 4,1 (V)] / [יׄ]**רׄיעו** וׄ[נפשו ירעה לו
4Q285 3,3 (XXXVI) יו]כל **לריע** בהםׄ[
4Q416 1,11 (XXXIV) **וירׄוׄעו** כל אשר התגללו בה
4Q418 2+2a-c,3 (XXXIV)]וׄיׄפחדו [וי]**רׄעׄו** כול אשר התׄ[גללו] בה
4Q418 69ii9 (XXXIV) ואז] / במשפטכם **יריׄעו** מוסדי {{ה}}רקיע
4Q491 1-3,17 (VII) והכוהנים בכול עת הֻ**מרׄיׄעים** בחצוצרות[
4Q491 11ii21 (VII) והכוהנים **ירׄ[יעׄ]וׄ** בחׄצׄ[וצר]וׄתׄ הׄ[חללים
4Q491 11ii22 (VII)]וכול עם השופרות **ירׄ[י]עו** בקׄ[ול גדול
4Q491 22,3 (VII) י]**רׄיׄעו**[
4Q493 2 (VII) **והריעו** בחצוצרות הזכרון
4Q493 3 (VII) והכוהנים **יריעו** בחצוצרות המלחמׄהׄ[
4Q493 10 (VII) הׄלׄ[ויים] / להם **מׄרׄ[י]עׄים** בעונׄתׄה

evil noun **רוֹעַ**

1QS IV,11 ללכת בכול דרכי חושך וערמת **רוע**
1QH[a] XV,3 השם לבבי ממחשבת **רוע**
4Q179 1i3 (V)]◦הׄוׄדה לקרותנו כל אלה **ברוע** [
4Q299 3aii-b,5 (XX) כיׄ] / אם חוכמת עורמת **רוע**
4Q477 2ii7 (XXXVI)]◦פ הׄוׄכׄ[י]חׄו אשר **רוע** ◦[
11Q19 LIX,7 ולוא אענה / אותמה מפני **רוע** מעלליהמה

to run verb **רוץ**

1QpHab VI,15 ובא]רׄ על הלוחות למען **ירוׄץׄ** / [הקורא בו

ואשר אמר למען ירוץ הקורא בו		1QpHab VII,3
]אלוהים ירוצו לפקוד[תו	(XI)	4Q**402** 4,9
מבינותם ירוצו א[לו]הים כמראי גחלי[אש	(XI)	4Q**403** 1ii6
לוא ירוצו מדרך ולוא יתמהמהו מגבולו	(XI)	4Q**405** 23i11
] ירוצו מעת ש[	(XXXIV)	4Q**418** 229,2

colorful weaving, embroidery noun רִיקְמָה

רוקמה,

ואבני חפץ אבדני ריקמה מעשה חרש מחשבת		1QM V,6
אבני חפץ בדני ריקמה מעשי חרש מחשבת		1QM V,9
מעשה חושב צורת ריקמה בזהב ובכסף		1QM V,14
ותולעת שני וצורת ריקמה מעשה חושב		1QM VII,11
כ]סא כבוד נזר ק[ודש] ובגדי רוקמו[ת	(V)	4Q**161** 8-10,19
כי אין לאמ[ו]ת רוקמה בתוך / [העדה	(XVIII)	4Q**270** 7i14
זו]הר רוקמת רוחי קודש קוד[שים	(XI)	4Q**287** 2,5
] / [כ]מעשי רוק[מה	(XI)	4Q**402** 2,3
אורתום רוקמת רוח קודש קודשי[ם	(XI)	4Q**403** 1ii1
]◦ רוקמותם ורננו / [	(XI)	4Q**405** 14-15i3
ב]תוך רוחי הדר מעשי רוקמות	(XI)	4Q**405** 14-15i6
] / בדביר פנו רוקמות[	(XI)	4Q**405** 15ii-16,4
רוחי]רוקמת{{ות}}[ב]דני צורות אלוהים	(XI)	4Q**405** 19,5
ומעשי / [נ]וגה ברוקמת כבוד צבעי פלא	(XI)	4Q**405** 20ii-22,11
במעמד פלאיהם רוחות רוקמה כמעשי אורג	(XI)	4Q**405** 23ii7
]◦ים רוקמה הלכנו כי לוקח[	(XIX)	4Q**462** 1,5
]ים[ ]רוקמות[ם	(XXIII)	11Q**17** IV,10
]רוקמ[ה בדני צורות אלוהים	(XXIII)	11Q**17** VI,6
ומעשי נוגה]ברוקמת כב[וד צבעי פלא	(XXIII)	11Q**17** VII,13
]רוקמה כמ[עשי אורג	(XXIII)	11Q**17** IX,7

to be poor verb רוש

עזרתה נפש עני ורש / מיד חזק ממנו		1QH[a] X,34
פן יטרפו נפש עני ורש		1QH[a] XIII,14
כי לא עזבתה יתום ולא בזיתה רש		1QH[a] XIII,20
למען לא יבדו ענוים ורשים	(XXVIII)	4Q**372** 1,17
אל תתכבד במחסורכה ואתה רוש	(XXXIV)	4Q**416** 2ii20
]כה / וזכור כי ראש אתה [	(XXXIV)	4Q**416** 2iii2
אביון אתה אל תאמר רש אני	(XXXIV)	4Q**416** 2iii12
ואם רש אתה כשה◦[	(XXXIV)	4Q**416** 2iii19
] / כיא מה צעיר מרש	(XXXIV)	4Q**417** 2i10
[אביון א]תה אל תאמר רש אני	(XXXIV)	4Q**418** 9+9a-c,13
]אתה רש ונדיבים י◦[	(XXXIV)	4Q**418** 177,5
] רש הוא וא[ביון	(XXXIV)	4Q**418** 249,3

bitter and poisonous herb, venom noun רוֹשׁ

שורש פורה רוש ולענה במחשבותם		1QH[a] XII,14
שורש פורה רו]ש ולענה [ב]מחשב[ו]תם[	(XXIX)	4Q**430** 2

רוש ← ראש-1

mystery, secret noun רָז

ואל ברזי פלאו כפר בעד עונם		CD III,18
מעשיהם בממשלתו / לפי רזי אל עד קצו		1QS III,23
בערמת כול וחבא לאמת רזי דעת		1QS IV,6
ואל ברזי שכלו ובחכמת כבודו		1QS IV,18
וכן להשכילם ברזי פלא		1QS IX,18
ואורת לבבי ברז / נהיה והויא עולם		1QS XI,3
אור בלבבי מרזי פלאו		1QS XI,5
ולהביט בעומק רזיכה		1QS XI,19
כול רזי דברי עבדיו הנבאים		1QpHab VII,5
אשר דברו הנביאים כיא רזי אל להפלה		1QpHab VII,8
כאשר חקק / להם ברזי ערמתו		1QpHab VII,14
יכתובו / רזי אל לשחת רשעה		1QM III,9
ובכול רזי שטמתו לוא הדיחונ[ו] / מבריתכה		1QM XIV,9
ורזי נפלאותיכה במרומי[כה		1QM XIV,14
וחללי הבינים יחלו לנפול ברזי אל		1QM XVI,11
כיא מאז שמעתם / ברזי אל [		1QM XVI,16
ומלא מצרפיו רזיו למעמדכם		1QM XVII,9
] ורזי מחשבת ורז◦◦[		1QH[a] V,6
בסוד אמתך] וברזי פלאך ◦[		1QH[a] V,8
וברזי שכלכה פלג[תה] כול אלה		1QH[a] V,19
מאורות לרזיהם / כוכבים לנתיבות[ם		1QH[a] IX,11
לאוצרות / מחשבת לחפציה[ם]לרזיהם		1QH[a] IX,13
כיא גליתה אוזני לרזי פלא		1QH[a] IX,21
ותוצא קוים לרזיהם ומבעי רוחות לחשבונם		1QH[a] IX,29
לבחירי צדק ומליץ דעת ברזי פלא		1QH[a] X,13
]ני ברזי [		1QH[a] XI,40
כי הודעתני ברזי / פלאכה ובסוד פלאכה		1QH[a] XII,27
וברז חבתה בי ילכו רכיל		1QH[a] XIII,25
ברזי פשע משנים מעשי אל באשמתם		1QH[a] XIII,36
השכלתני באמתכה / וברזי פלאכה הודעתני		1QH[a] XV,27
עצי / חיים במעין רז		1QH[a] XVI,6
ובלא נודע חותם רזו		1QH[a] XVI,11
ואתה[א]ל שכתה בעד פריו ברז גבורי כוח		
כי ברז חכמתכה הוכחתה בי		1QH[a] XVII,23
וברזי פלאכה השכלתם		1QH[a] XIX,10
[פ]תחתה לתוכי דעת ברז שכלכה		1QH[a] XX,13
[ל]השכיל בכול רזיכה ולשיב דבר [		1QH[a] XX,20
] ורזי פשע להשנות / בשר ב[		1QH[a] XXIV,8
[ומודיע עוז ידו לחתום רז]ים		1QH[a] XXVI,1
]פלא רזיכה גליתה / לב◦[		1QH[a] 2ii8
]וישמורהו לרזי חפצו		1QH[a] 3,7
]ני ברזי [		1QH[a] 25,1
]ברז נה[יה	(I)	1Q**26** 1,1
] כאשר גלה אוזנכה ברז נהי[ה	(I)	1Q**26** 1,4
א]מת ◦◦◦רזי פשע / [	(I)	1Q**27** 1i2
ולוא ידעו רז נהיה	(I)	1Q**27** 1i3
ונפשמה לוא מלטו מרז נהיה	(I)	1Q**27** 1i4
וכול תומכי רזי פלא אינמה עוד	(I)	1Q**27** 1i7
]ם רזי תהום וחקר[י	(I)	1Q**27** 13,3
]לכה ולספר רזי[	(I)	1Q**30** 4,1
]ברזיכה [	(I)	1Q**36** 9,2
א]נשי משמרת לרזיכה [	(I)	1Q**36** 16,2
]ע רזיכה [	(I)	1Q**40** 1,2
]רזי הפיל גורל[	(V)	4Q**176** 16,2
וכן להשכילם ברזי פלא	(XXVI)	4Q**258** VIII,3
וכן להשכילם ב]רזי פלא	(XXVI)	4Q**259** III,17
או] / אשר יגלה את רז עמו לגואים	(XVIII)	4Q**270** 2ii13
ורחמי עולמים ורזי פל[אים] / בהר[אותמ]ה	(XI)	4Q**286** 1ii8
] / כול רז ומכין כול מחשבת	(XX)	4Q**299** 3aii-b,11
]כול רז וחבלי כול מעשה ומה [	(XX)	4Q**299** 3aii-b,15
]שו◦◦רזי עד / [	(XX)	4Q**299** 3c,5
גב]ורות רזי אור ודרכי חוש[ך	(XX)	4Q**299** 5,2
]תומכי ר[זי	(XX)	4Q**299** 43,2
וברזי עד לא הבטתם ובבינה לא השכלתם	(XX)	4Q**300** 1aii-b,2
ונפשם לא מלטו מרז נ[היה	(XX)	4Q**300** 3,4
]לה אתכם תומכי רזים א[	(XX)	4Q**300** 8,5
]ה ולא היה מה רז אם[	(XX)	4Q**300** 8,7
וחוקרי שורשי בינה עם תומכי ר[זי פלא	(XX)	4Q**301** 1,2
]לרזי[	(XIII)	4Q**369** 1i2
]ברז[	(XXX)	4Q**385**a 3a-c,8

4Q401 14ii2 (XI)] / רזֹ[י]נפלאותיו[
4Q401 17,6 (XI)]◦ ורזי ◦[
4Q403 1ii27 (XI)] / שבע רזי דעת ברז הפלא
(XI)] / שבע רזי דעת ברז הפלא
4Q405 3ii9 (XI)] / נפלאותו לכול יודעי רזי ◦[
4Q415 6,4 (XXXIV)] / ברז נהיה בחן אלה ו◦[
4Q415 24,1 (XXXIV)]◦יה ברז נ[היה
4Q416 2i5 (XXXIV) הבט ברז נהיה / [וקח מולדי ישע
4Q416 2ii8 (XXXIV) וברזיכה השמר / [לנפש]כה
4Q416 2iii9 (XXXIV) וברז [נ]היה דרוש מולדיו
4Q416 2iii14 (XXXIV) רז נהיה דרוש והתבונן בכל דרכי אמת
4Q416 2iii18 (XXXIV) וכאשר / גלה אוזנכה ברז נהיה כבדם
4Q416 2iii21 (XXXIV)] / מרז נהיה בהתחברכה
4Q416 17,3 (XXXIV) ר]ז נהיה 〚 〛 ודע / [
4Q417 1i2 (XXXIV)] ◦◦◦ הבט [ו]ברזי פלא[י אל הנוראים תשכיל
4Q417 1i8 (XXXIV) וברז נהיה / פרש את אושה ומעשיה
4Q417 1i13 (XXXIV) ואז תדע בכבוד ע[וזו ע]ם רזי פלאו
4Q417 1i18 (XXXIV) ואתה בן מבין הבט 〚 〛 ברז נהיה
4Q417 1i21 (XXXIV)]ציכה ברז נהיה[ ]◦[
4Q417 1i25 (XXXIV)] / בן משכיל התבונן ברזיכה ובאוש[
4Q417 1ii3 (XXXIV)] / ברז נה[י]ה[
4Q418 10a-b,1 (XXXIV) וכאשר גלה או]זנכה ברז נ[היה כבדם
4Q418 17,4 (XXXIV)]ר רז / [
4Q418 43-45i4 (XXXIV) יום ו]לילה הגה ברז נהיה[ודרוש תמיד
4Q418 43-45i14 (XXXIV) ואתה בן מבין הב]ט ברז נהיה[
4Q418 43-45i16 (XXXIV)]ברז נהיה[ ]ל[
4Q418 77,2 (XXXIV)]רז נהיה וקח תולדות[א]דם
4Q418 77,4 (XXXIV) לפי]רוחו וקח ברז נהיה על [מ]שקל קצים
4Q418 123ii4 (XXXIV) אשר גלה אל אוזן מבינים ברז נהיה[
4Q418 172,1 (XXXIV)]רז נהיה[
4Q418 177,7a (XXXIV) את]ה דע רזיו כ◦[
4Q418 184,2 (XXXIV) א]שר גלה אזנכה ברז נהיה ביום[
4Q418 190,2 (XXXIV) גלה אוז]ניכה ברז / [נהיה
4Q418 219,2 (XXXIV)] ברז פלא[
4Q427 7i19 (XXIX) [ל]חתום רזים ולגלות נסתרות
4Q427 7i21 (XXIX) [להת]ם רזי ה[וד]ולהק[ים פל]אות כבוד
4Q428 11,2 (XXIX) ובסוד] רזי[כה לוא יביט כול]
4Q432 1,1 (XXIX) מאורות]לרזיה[ם כוכבים] / [לנתיבותיהם
4Q437 6,1 (XXIX)]ברז סוד פ[לאכה
4Q440 3i23 (XXIX) עומ]ק רזיכה הנוראים / [
4Q464a 3 (XIX)]◦◦דת ברז להמה[
4Q491 8-10i12 (VII) ורזי פל[אות]כה במ[רומיכה]
4Q491 11i10 (VII) הכינה מאז אמתו ורזי ערמתו
4Q491 11ii13 (VII) כיא מאז שמעתם ברז[י אל
4Q511 2ii6 (VII)] / [רז]י אלוהים מיא ידע[
4Q511 44-47,6 (VII)]רזי פלאו / [
4Q511 48-49+51,7 (VII) הואה / ידע וברזיו ◦◦[
4Q511 63i6 (VII)]◦י ברזי / [

lean adjective רָזֶה

4Q365 32,8 (XIII) [ומ]ה הארץ השמנה אם רזה היש

to rule verb רזן

1QpHab IV,1 והוא במלכים] / יקלס ורזנים משחק לו
1Q39 10,2 (I)]טע רוזנים / [
4Q174 1-2i18 (V) ית]יצבו[מלכי ארץ ור]וזנים נוסדו יחד

to be wide, enlarge verb רחב

1QS IV,9 ולרוח עולה רחוב נפש ושפול ידים
1QpHab VIII,4 ולוא / ינוה אשר הרחיב כשאול נפשו
1QH[a] XX,1]◦ תרחב נפשי[
4Q88 VIII,14 (XVI) רומי ורחבי / [ציון שבחי ע]ל[יון פודך]
4Q162 II,5 (V) לכן הרחיבה שאול נפשה
4Q173 5,5 (V) מר]חיבי שמות וחריב[ות
4Q265 1,5 (XXXV) הרחי[בי] מקום אוה[לך]
4Q417 2i9 (XXXIV) ואל לכה לבדכה תרחב [נפשכה בראשכה
4Q426 9,3 (XX)]ירחיב[
11Q5 XXII,14 (IV) רומי ורחבי ציון / שבחי עליון פודך

wide, spacious adjective רָחָב-1

4Q186 1i5 (V)] / רחבים וגלגלים[
4Q377 1i9 (XXVIII) ארץ]טובה ורחבה [מא]רצות עמ[י]ם [א]חרים
4Q378 11,4 (XXII)]טובה ורחבה ארץ נחלי מים / [

רֹחַב ← רוֹחַב

רְחֹב-1 ← רְחוֹב

רְחֹב-2 ← רְחוֹב

(indeterminate) רחב

4Q517 19,1 (VII)] לרחב[

Rehob proper noun רְחוֹב

4Q365 32,10 (XIII) ממדבר צין עד רחוב לבו חמת

square, street, expanse noun רְחוֹב, רְחֹב-1

1QH[a] XVII,27 ורחוב / עולם בצרת נפשי[
4Q179 1i9 (V)]◦ לחיה ואין ◦[ ]ורחובותיה / [
4Q184 1,12 (V)]ברחובות עיר תתעלף
4Q184 6,1 (V)]ברחובותי[ה
4Q491 12,3 (VII)]ערים לרחובי [
11Q5 XXII,5 (IV) וברחובות תפארתך יעכסו
11Q19 LV,9 ואת כול שללה תקבוץ אל תוך / רחובה

רחוב ← רוֹחַב

compassionate noun רַחוּם

1QH[a] VIII,25] ורחום א[רו]ך א[פי]ם ◦◦◦ חסד ואמת
4Q392 6-9,1 (XXIX) [סליח]ות ורחום◦◦[

far adjective רָחוֹק, רָחֹק

CD X,16 גלגל השמש / רחוק מן השער מלואו
1QpHab III,7 פשו ופרשו פרשו מרחוק / יעופו
1QM IX,7 יהיו הכו[הנ]ים מריעים מרחוק
1QH[a] XVII,6] עמד לי / מרחוק וחיי מצד
3Q15 II,8 (III) השער המזרחי / רחוק אמות ה<מ>ש עסרא
4Q163 13,2 (V)]כי הרחקות ◦[
4Q274 1i1 (XXXV) ורחוק מן / הטהרה שתים עשרה באמה
4Q274 1i2 (XXXV) לכול בית מושב ישב רחוק כמדה הזות
4Q299 7,3 (XX)] / [מה הוא רחו]ק לאיש ממעש[ה
4Q299 7,4 (XX)] / מול איש והוא רחוק מ◦[
4Q300 6,4 (XX)]והוא רחו[ק
4Q376 1iii3 (XIX)] השדה רחוקה[
4Q414 15,2 (XXXV)]ם רחק[
4Q491 1-3,12 (VII) שלוש מערכות אורבים יהי[ו מרח]וק
4Q496 15,3 (VII) מר]חוק ו[לוא
4Q504 1-2vi13 (VII) מכול] / הארצות הקרובות והרחוקות
4Q522 9ii12 (XXV) נ[ש]כינה את א[הל מ]ועד רחוק מן ל[וז
11Q5 XVIII,5 (IV) לחסרי לבב גדולתו הרחוקים מפתחיה

כמה רחקה מרשעים אמרה	(IV)	11Q5 XVIII,13
ורחוק מקיר / [ה]היכל שבע אמות		11Q19 XXX,6
רחוק מהמזבח חמשים אמה		11Q19 XXXI,11
[ו]ר[ח]וק קירו מק[י]רו שבע אמות		11Q19 XXXIII,9
רחוק / מן העיר שלושת אלפים אמה		11Q19 XLVI,15
רחוק ממקדשי / סביב שלושים רס		11Q19 LII,17
כן תעשה / לערים הרחוקות ממכה		11Q19 LXII,12
בשדה מצאה האיש את האשה במקום רחוק		11Q19 LXVI,4
] / רחוק מ[ן	(XXIII)	11Q20 XIII,4
ר]חוק את[	(XXXIII)	PAM 43.677 40,1

millstones noun רֵחַיִם

ואת כול כליו רחים ומדוכה		11Q19 XLIX,14

washing noun רְחִיצָה

ולוא יטהר / [בכל מי]רחיצה	(XXVI)	4Q262 1,3

Rachel proper noun רָחֵל-2

] / [ ]ואחת לרחל	(XXII)	4Q215 1-3,9
וכאשר היתה רחל לוא ילדה בנים °°[	(XXII)	
]אה[ב י]הוה מאודה רחל[	(XXXVI)	4Q474 5

to have compassion, love verb רחם

וירחם עליהם כאב לבניו		CD XIII,9
ולוא ארחם / על כול סוררי דרכ		1QS X,20
ועל פרי / בטן לוא ירחמו		1QpHab VI,12
ותגל / עליהם כמרחמת על עולה		1QH^a XVII,36
אל]מנותו לוא ירחם / [	(V)	4Q163 4-7i8
ולכן ירום / לרחמכמה	(V)	4Q163 23ii9
ובחסדי עולמ רחמתיכה אמר גואלך ••••	(V)	4Q176 8-11,10
והוא]ה מרחם מוריד עד שאולה תחתיה	(XIX)	4Q200 6,6
[אר]חם על כול סוררי דרך	(XXVI)	4Q260 V,1
כמצות]מה יוכיחנו וירחם / [	(XI)	4Q286 20,2
] / ועד עולם הוא ירחם [	(XIX)	4Q370 1ii6
וימסו קרבי[ה]ם [ו]ירחם בכ°[	(XIX)	4Q374 2ii7
ל[ו]א ירחם בממשלת עברת כל[ת חרו]נו	(XI)	4Q405 23i12
]ל[רח]ם עליה	(XXXVI)	4Q474 5
רחמנו / [ואל]תזכו[ר לנו עוונות]אבותינו	(VII)	4Q506 131-132,11
א]שר רחמנו בע°[	(VII)	4Q508 22-23,1
]רחמהם על תעניתם / [	(VII)	4Q509 16,3
ר]חמנו מעולם[	(VII)	4Q509 17,2
ונתתי לכה / רחמים ורחמתיכה והרביתיכה		11Q19 LV,12

womb noun רֶחֶם

ומרחם הכינותו למועד רצון		1QH^a VII,15
ומרחם הקדשתם ליום הרגה		1QH^a VII,17
והוא בעוון / מרחם ועד שבה באשמת מעל		1QH^a XII,30
מאבי / ידעתני ומרחם [הקדשתני		1QH^a XVII,30
]ולרחמ[		1QH^a 49,1
ואנו בעולה מרחם ומשדים בא[שמה	(VII)	4Q507 1,2

merciful adjective רַחֲמוֹן

] רחמון הוא ולא בפעם ה°[	(XI)	4Q381 10-11,3
]ם אלהי כי רחמון וחנון אתה [	(XI)	4Q381 47,1

compassion noun רַחֲמִים

ומשמיעים כול חסדי רחמים על ישראל		1QS I,22
] / ורחמי חסדו גמל עלינו מעולם		1QS II,1
ארור אתה לאין רחמימ כחושך מעשיכה		1QS II,7
ואורך אפים ורוב רחמים וטוב עולמים		1QS IV,3
ברחמיו הגישני ובחסדיו יבוא / משפטי		1QS XI,13
הושעתנו פעמים רבות / בעבור רחמיכה		1QM XI,4
וברוב]רחמיך / [כאשר]דברתה		1QH^a IV,11
בטובך / יצדק איש וברוב רח[מיך		1QH^a V,23
אוה]בי רחמים וענוי רוח מזוקקי / [		1QH^a VI,3
] / רחמי[		1QH^a VII,5
ולהגדיל עליו / בהמון רחמיך		1QH^a VII,16
ותחונני ברוח רחמיך ו°[ ]ור כבודך		1QH^a VIII,18
ואתה ברחמיכה / וגדול חסדיכה		1QH^a IX,31
ורוב רחמיו על כול בני / רצונו		1QH^a XII,32
ובזוכרי כוח ידכה עם / המון רחמיכה		1QH^a XII,36
כי נשענ[תי] / בחסדיכה והמון רחמיכה		1QH^a XII,37
ובחסדיך תשפטם בהמון רחמים		1QH^a XIV,9
] ברוב רחמיכה לנעוי לב		1QH^a XV,27
ברוב טובכה ובהמון ר[ח]מיכה		1QH^a XV,30
] ובהמון רחמיכה לכול משפטי / [		1QH^a XV,35
] לאין רחמים		1QH^a XVII,3
לקץ תשת[ע]שע נפשי בהמון רחמיכה		1QH^a XVII,8
ומשרי הגריתי רחמיך / לי		1QH^a XVII,30
רוב סליחות והמון [רח]מים בהשפטכה בי		1QH^a XVII,34
ברוך אתה אדוני אל הרחמים [ורב ה]חסד		1QH^a XVIII,14
ה]מון רחמיכה ולסליחותיכה / אקוה		1QH^a XVIII,21
ורחמיכה לכול בני רצונכה		1QH^a XIX,9
]ה וכלה בלוא רחמיך		1QH^a XIX,18
ברוך אתה אל הרחמים		1QH^a XIX,29
כיא נש<ע>נתי ברחמיכה		1QH^a XIX,32
] מפחי משפט לעומת רחמיכה		1QH^a XXI,10
טובכה לבשר ענוים לרוב רחמיכה / [		1QH^a XXIII,14
ר]חמיו על אביונ[ים		1QH^a 16,3
] / כי רחמיו על ישרא[ל	(III)	2Q22 II,2
וברחמים גדולים אקבצך	(V)	4Q176 8-11,9
א]לוהי הרחמים ואל ישרא[ל	(V)	4Q177 1-4,9
לעומת רחמי אל לפי טובו	(V)	4Q181 1,3
אר]ור אתה לאין רחמים כחושך / [מעשיכה	(XXVI)	4Q256 III,1
]רחמים [	(XVIII)	4Q266 4,13
לאין / רחמים ארו[ר אתה	(XXVI)	4Q275 3,4
]ברחמים ו[	(XXXVI)	4Q285 10,8
וענות טוב וחסדי אמת ורחמי עולמים	(XI)	4Q286 1ii8
] רחמי[	(XXIX)	4Q292 1,3
]הואה בהמון רחמיו	(XX)	4Q301 3a-b,5
גם רחמיך רבים וחסדיך גדלים	(XXVIII)	4Q372 1,19
] / רחמיו ולא יתן לגוי אחר חקיו	(XXVIII)	4Q372 3,8
]°° ח]סדיו לסליחות רחמי עולמים	(XI)	4Q400 1i18
בשבע]ה דברי צדק לרחמי [כ]ב[ודו]	(XI)	4Q403 1i18
בשבעה דבר]י פלא ל[מ]שוב ר[חמי] חסדיו	(XI)	4Q403 1i23
] / בשבעה דברי צדק לרח[מי	(XI)	4Q405 3ii8
] / רחמי חסדו הש[ביעי	(XI)	4Q405 3ii15
בשבעה דב[רי טוב לרחמי כבודו	(XI)	4Q405 13,2
כי הוא / פתח רח[מיו	(XXXIV)	4Q416 2ii1
כי גדלים רחמי אל ואין קץ[	(XXXIV)	4Q416 3,4
] / גדולים רחמי א[ל	(XXXIV)	4Q417 1ii8
כי הוא פתח רחמיו[	(XXXIV)	4Q417 2ii+23,2
וברחמים על כול שומרי דברו	(XXXIV)	4Q418 81+81a,8
וכל רחמי הור[ת	(XXXIV)	4Q423 1-2i5
]וכרחמי אב / [	(XXXIV)	4Q423 7,3
]ל כ[ל מע]שיו ורחמיו / [	(XXXIV)	4Q423 7,4
איש רחמ[ים יעש]ה[ ]צדקה לאביונ°[	(XXXVI)	4Q424 3,9
]וכלה בלוא רחמיכה	(XXIX)	4Q427 1,2
] בחסד צדקה וברוב רחמימ תתנה / [	(XXIX)	4Q427 7i22
] רחמים למפרי טוב גודלו ומקור	(XXIX)	4Q427 7i23

4Q427 7ii14 (XXIX) והמון] / **רחמיו** לכול בני אמתו
4Q427 7ii16 (XXIX) והכרנו מ֯[שפטיכה בהמון] / **רחמי{{כה}}ם**
4Q427 10,1 (XXIX) [מפחי מש]פט לערמת **ר֯[חמיכה**
4Q428 10,2 (XXIX) ובהמון **רחמיכה** לכ֯[ול משפטי צדק
4Q432 12,1 (XXIX) ובהמון **ר]ח֯מיכה** ל֯[העמידם לפניכה
4Q434 1i3 (XXIX) ברוב **רחמיו** חנן ענוים
4Q434 1i7 (XXIX) שפטם ברוב **רחמו** משפטי עונו
(XXIX) והרבה **רחמי֯[ו** ה]חביאם בגוים ו֯[
4Q435 1,5 (XXIX) שפטם ברוב] / **[רח]מי֯[ו** משפטי עונו
4Q438 4ii3 (XXIX) להעב]י֯ר ממני֯ ורוב **רח[מים**
4Q481c 6 (XXII)]כי רבים **רחמיך** ומרב אשמ[תם
4Q504 7,11 (VII)]ך֯ **וברחמיכה** / [
4Q508 2,2 (VII) זכורה אדוני מועד **ר֯חמיך** ועת ש֯וב[
4Q508 22-23,2 (VII) ר]ו֯ב **רחמיכה֯**[
4Q509 9-10i10 (VII)]**רחמינו**[
4Q509 145,2 (VII)]◦**[ר]ח֯מיכה֯**[
4Q511 10,9 (VII) בכנור ישועות / [ופת]חו פ֯ה **לרחמי** אל
4Q512 33+35,7 (VII)] **לרחמ֯[יכה**
11Q5 XIX,5 (IV) כטובכה כרוב **רחמיכה** וכרוב צדקותיכה
11Q5 XIX,8 (IV) עושה צדקות מעטר חסידיו / חסד **ורחמים**
11Q5 XIX,11 (IV) ותצילני / יהוה כרוב **רחמיכה**
11Q6 4-5,7 (XXIII) כרוב **רחמ]יכה** וכרוב צדקותיכ[ה
11Q6 4-5,9 (XXIII) [עושה צדקות מעטר חסידיו] חסד **ורחמים**
11Q11 IV,6 (XXIII) [כול דב]רו אשר[בלוא] **רחמ[ים]** עליך
11Q17 X,3 (XXIII)]**רחמיו** ביקר ◦[
11Q19 LV,12 ונתתי לכה / **רחמים** ורחמתיכה

to flutter, hover verb **רחף**

4Q402 7,3 (XI) **מ]ר֯חפות** במ◦[
4Q504 6,8 (VII) על] / [גוזליו]**י֯רחף** יפרוש כנפ֯יו
4Q521 2ii+4,6 (XXV) ועל ענוים רוחו **תרחף**

to wash, bathe verb **רחץ**

CD X,11 אל / **ירחץ** איש במים צואים
CD XI,1 וירד **לרחוץ** ישתה על עומדו
1QM XIV,2 **ורחצו** / מדם פגרי האשמה
4Q251 12,7 (XXXV) **ר]ח֯ץ** ב◦[
4Q265 f,2 (XXXV) לא **יר]ח֯ץ** טמא יה֯[
4Q272 1ii7 (XVIII)] / ב֯ו הנוגע בו **ו֯ר[חץ**
4Q274 1i3 (XXXV) **ורחץ** במים ויכבס בגדיו
4Q274 1i5 (XXXV) וא֯ם נגעה תכבס בגדיה **ורחצה** ואחר תוכל
4Q274 1i9 (XXXV) כאשר יטמא לנפ[ש האדם **ור]ח֯ץ** וכבס
4Q274 2i1 (XXXV) **ורחץ** ויכבס טרם / [יוכל
4Q274 2i6 (XXXV) **ור֯ח֯[ץ]** / [ולבש כו]ל הב֯גד
4Q277 1ii13 (XXXV) **ו֯[רח]ץ֯** וטמא עד ה[ע]ר֯ב
4Q284 2i4 (XXXV)] **ורחץ** את֯ בש֯[רו במים
4Q414 13,5 (XXXV)] / **ור֯[ח]ץ** במים והזה ע֯ל[
4Q414 13,7 (XXXV)] / מטהר עמו במימי **רוחץ֯**[
4Q512 15i-16,3 (VII)]**ו֯רחץ** / [
4Q512 19,1 (VII) **ור]חץ** / [
4Q512 56-58,1 (VII) **רח]צ֯תנ֯י** במ֯י [
4Q512 74,3 (VII)] / **ורח֯[ץ**
4Q514 1i3 (VII) **ו֯רחץ** וכבס ב֯[ו]ם֯ טהרת֯[ו
4Q514 1i5 (VII) ב֯יום ט]ה֯רתם **ירחצו** / וכבסו במים וטהרו
4Q514 1i9 (VII) ביום / ט[הרת]ם **ירחצו** וכבסו במים וטהרו
11Q19 XXVI,10 **ורחץ** את ידיו ואת רגליו
11Q19 XXXIV,10 **ומרחצים** את / הקרבים ואת הכרעים
11Q19 XLV,8 וכבס בגדיו **ורחץ** / ביום הראישון
11Q19 XLV,9 וביום השלישי יכבס בגדיו **ו֯רחץ**
11Q19 XLV,16 **ורחץ** את כול בשרו במים חיים
11Q19 XLIX,17 וכול אשר בא אל הבית **ירחץ** במים
11Q19 XLIX,18 יזו עליהמה מי נדה **וירחצו** ויכבסו
11Q19 XLIX,20 **וירחצו** ויכבסו בגדיהמה וכליהמה
11Q19 L,8 יכבס בגדו **ורחץ** וטהר / לערב
11Q19 L,14 וכבס בגדיו / **ורחץ** ב{{מ}}ים הראישון
וביום השלישי יזה ויכבס בגדיו **ורחץ**
11Q19 L,15 וכבס בגדיו **ורחץ** ובאה השמש / וטהר
11Q19 LI,3 ויכבס בגדיו **ורחץ** [במים ובאה] השמש וטהר
11Q19 LI,5 וכבס / בגדיו **ורחץ** במים ובאה השמש
11Q19 LXIII,5 הקרובה אל החלל / **ירחצו** את ידיהמה

washing, bathing noun **רַחַץ**

1QS III,5 ולוא יטהר בכול מי **רחצ**
4Q257 III,7 (XXVI) ולוא יט]ה֯ר֯ [בכו]ל֯[מי **רח]ץ֯**[
4Q512 1-6,5 (VII) ו֯מי **רחץ** לטהרת עתים[
4Q512 42-44ii5 (VII)] / ב֯ל י֯טהרו במי **רח[ץ**]
4Q514 1i3 (VII)] / לספור ל[ו שבעת ימי **ר]ח֯ץ**

to be far verb **רחק**

CD IV,12 נבנתה הגדר **רחק** החוק
1QS I,4 **לרחוק** מכול רע / ולדבוק בכול מעשי טוב
1QS V,15 כיא **ירחק** ממנו בכול דבר
כיא כן כתוב מכול דבר שקר **תרחק**
1QS VI,16 על עצת הרבים יקרב או **ירחק**
1QHa VI,21 **וכרחקך** אותו כן אתעבנו
1Q36 7,3 (I) את] נ֯קרבכה ואת **נרח֯[קכה**
4Q255 1,5 (XXVI) כול אשר מא]ס֯ **לר֯[חוק** מכול] / [רע
4Q266 5i14 (XVIII)]ו֯ח **יִרְחַק{{◦}}ו** לפי המבקר
4Q372 19,3 (XXVIII)]ים **המר[חיק]ם** שבעת ראסות
4Q373 1a+b,5 (XXVIII)] / **המרחיקים** שבעה ראסות
4Q379 26,3 (XXII)]◦[ ]◦◦◦ **כ֯י ירחקו** / [
4Q387 2iii3 (XXX) **ורחקתי** את האד֯ם֯[
4Q388a 7ii6 (XXX) [והשמותי את הארץ] / **ורחקתי** את האדם֯[
4Q397 23,1 (X) עצת]כה **וה[רחיק**
4Q398 14-17ii5 (X) **והרחיק** ממך מחשב{{ו}}ת רעה
4Q455 3 (XXXVI)]מ֯שקר **ירחק֯** מ֯הזכירו[
4Q469 1,3 (XXXVI)] / **הרחקתי** מ֯◦◦[
11Q5 XXIV,11 (IV) חטאת נעורי **הרחק** ממני ופשעי אל יזכרו
11Q19 LIII,1 וכי **ירח]ק** [ממכה המקום

רָחֵק ← רוֹחֵק

רָחֹק ← רָחוֹק

to be moved, aroused verb **רחש**

4Q171 3-10iv24 (V) **רח]ש֯** ל[ב]◦ דבר טוב

worm noun **רחש**

4Q266 6i8 (XVIII) כי כעשב / הוא אשר [י]ש֯ **ה֯רחש** תחתו
4Q272 1i16 (XVIII) כי כעשב] הוא אשר֯ [ ]◦ **הרחש** / [תחתו

to dash in pieces verb **רטש**

1QM XI,1 ו֯בכוח ידכה **רוטשו** פגריהם לאין קובר
4Q169 3-4iv2 (V) גם] / עילוליה **ירוטשו** בראש כל חוצות
4Q385a 17a-eii8 (XXX)]עלליה י֯**[רטש]ו֯** [ב֯ראש֯[הר]ים

רִיאשׁוֹן ← רִאשׁוֹן

to strive, contend verb **ריב**

1QS IV,23 עד הנה **יריבו** רוחי אמת

Text	Vol.	Reference
ואשר לוא להוכיח ולהתרובב עמ אנשי השחת		1QS IX,16
ובן שלושים שנה יגש לריב ריב / ומ[ש]פט	(I)	1QSa I,13
] תריב ריבי		1QH^{a} XVII,23
תריב להצד[יק]הצדיק		1QH^{a} 5,13
]תריבו[	(I)	1Q**36** 2,1
]תריב[	(I)	1Q**36** 10,1
אשר נס]יתו[במסה תרי]בהו על מי מריבה	(V)	4Q**174** 6-7,3
אשר / נסיתו במסה ותרבהו על מי מריבה	(V)	4Q**175** 15
וריבה עם ממלכות על דם[	(V)	4Q**176** 1-2i2
] / ונריבה ו°[	(V)	4Q**185** 4ii3
וכ]י יריבון א[נשים] / [וה]כה[איש את רעהו	(XXXV)	4Q**251** 4-7i2
ולא יתרובב עם אנשי הַשַׁחַ{{ע}}ת	(XXVI)	4Q**258** VIII,1
] / במשפט יריב א[ת	(XX)	4Q**299** 59,2
] / °°° ונריבה ריב°[	(XX)	4Q**299** 59,7
]וא וריב רב[	(XX)	4Q**299** 62,2
וי[ח]ל[ו] להריב אלה באלה	(XXX)	4Q**390** 2i6
היה כאיש עני בריבך משפטו[	(XXXIV)	4Q**417** 2i14
דרוש משפטיו מיד כול יריבכה בכול מו°[	(XXXIV)	4Q**418** 81+81a,7

strife, dispute noun רִיב, רִב

Text	Vol.	Reference
כי ריב לו עם כל בשר		CD I,2
וירדפום לחרב ויסיסו לריב עם		CD I,21
לדבר למבקר ידבר / לכל ריב ומשפט		CD XIV,12
וקנאת / ריב על כול משפטיהן		1QS IV,18
והנלוים עליהם ליחד ולריב ולמשפט		1QS V,6
ועל פי ר{{י}}ב ישראל המתנדבים לשוב ← רוב		1QS V,22
וריב אנש שַׁחַת לוא א{{טור}}תפוש		1QS X,19
ובן שלושים שנה יגש לריב ריב / ומ[ש]פט	(I)	1QSa I,13
להתיצב על עדת ישראל לרי[ב מ]שפט	(I)	1QSa I,20
]° וריב / [		1QpHab I,8
על אותותם / מלחמת אל נקמת אל ריב		1QM IV,12
]קמי ארץ בריב משפטיכה		1QM XII,5
ואהיה איש ריב למליצי תעות		1QH^{a} X,14
]דני לריב / ומדנים לרעי קנאה		1QH^{a} XIII,22
ויהמו / בכנור ריבי ובנגינות יחד תלונתם		1QH^{a} XIII,30
ויהפך לי לחמי לריב ושקוי לבעל מדנים		1QH^{a} XIII,35
ובעלי / רבי כמוץ לפני רוח		1QH^{a} XV,23
ולא יז[כה ב]ריבכה		1QH^{a} XVII,15
] תריב ריבי		1QH^{a} XVII,23
וריבכה עם צבא קדושיכה ב[		1QH^{a} XVIII,35
]ל ריבכה ובידי פקד מ[שפטכה]	(I)	1Q**26** 1,7
ור[יב אנשי] / שחת ל[ו]א אתפוש	(XXVI)	4Q**260** IV,7
[למבקר ידבר] לכול ר[יב ומשפט	(XVIII)	4Q**266** 10i5
]החריש משא הריב וא°°[	(XXIX)	4Q**291** 1,2
] וריב על חזק ע[	(XX)	4Q**299** 53,8
]כיא בו יום הריב °[	(XX)	4Q**300** 9,2
ולהשיב דבר בריבך	(XX)	4Q**302** 3ii8
היה בעל ריב לחפצכה	(XXXIV)	4Q**417** 2i12
]יצרחו על ריבכם וכול נהיה עולם	(XXXIV)	4Q**418** 69ii7
ואם לריב א[	(XXXIV)	4Q**418** 87,15
]עני בריבך משפטו[	(XXXIV)	4Q**418**a 22,3
]ת הריב והמה לו[	(XXXVI)	4Q**419** 6,2
כי ריב אנשים לא יפלס כזורה לרוח[	(XXXVI)	4Q**424** 3,4
[וה]וא בעל ריב לכול מסיגי גבול [	(XXXVI)	4Q**424** 3,9
ויהמו בכנור ריבי] ובנגינות יחד תלונתם	(XXIX)	4Q**429** 3,2
] וריב לי ועדיו יעידו ב[י	(XXIX)	4Q**443** 2,7
ויהיו לרוחי ריב במבניתי חוק[י אל	(XXIX)	4Q**444** 1-4i+5,2
]°°°° ריבי כול / רוחי °°[	(VII)	4Q**511** 48-49+51,7
שני האנשים אשר להמה הריב לפני		11Q**19** LXI,8
ועל פיהמה יהיה כול ריב וכול נגע		11Q**19** LXIII,4
] ריב [	(XXXIII)	PAM 43.675 51,1

odor noun רֵיחַ

Text	Vol.	Reference
ולקריב רֵיחַ ניחוח ובית תמים ואמת בישראל		1QS VIII,9
וריח ני[חוח זבחיכה יריח	(I)	1QSb III,1
המזבח אשה ריח ניחוח לפני האלהים	(XIII)	4Q**220** 5
עם מנחתו ונסכו לריח ני[ח]וח	(XIII)	4Q**220** 9
וריח ניחוח לכפר על ה[א]רץ	(XXXV)	4Q**265** 7,9
ולו אריח בריח ניחוחכם	(XVIII)	4Q**266** 11,4
ולוא אריח ב]ריח ניחוחכם	(XIII)	4Q**365** 25a-c,16
]°ל ריח[	(VII)	4Q**499** 6,3
כקטורת {{ריח}} ניחוח מיד / צדיקים	(IV)	11Q**5** XVIII,9
]ריח מנחותם °°°[	(XXIII)	11Q**17** IX,4
]לם ור[י]ח נסכיהם למס[	(XXIII)	11Q**17** IX,5
אשה רי]ח [ניחוח] ל[יהוה]		11Q**19** XIII,15
עולה היא] / אשה ריח ניחוח לפני יהוה[		11Q**19** XV,13
[עו]לה הוא אשה ריח ניחוח ל[פני יהוה		11Q**19** XVI,10
אשה ריח ני[ח]ו[ח] / [לפני יהוה		11Q**19** XX,8
עם מנחתו ונסכו אשי ריח ניחוח ליהוה		11Q**19** XXIII,17
הבשר לריח [ניחוח אשה] / [הוא ליהוה		11Q**19** XXIV,6
והקרבתמה] / אשי ריח ניחו[ח ליהוה		11Q**19** XXVIII,02
על] / המזבח אשי ר[יח ניחוח הוא ליהוה		11Q**19** XXVIII,2
[ו]לשעיר אשה / ריח ניחוח הוא ליהוה		11Q**19** XXVIII,6
על המזבח אשה ריח ניחוח לפני יהוה		11Q**19** XXXIV,14
עולה היא אשה ריח ניחוח[לפני יהוה	(XXIII)	11Q**20** I,19
עולה הואה אשה ריח / [ניחוח ליהוה	(XXIII)	11Q**20** V,21
] וריח[	(XXXIII)	PAM 43.669 50,2
]° לריח[ניחח ?	(XXXIII)	PAM 43.672 76,1
]ריח ניח[וח	(XXXIII)	PAM 43.698 21,1

ריח ← רוּחַ

רֵיעַ ← רֵעַ-2

to empty, draw out verb ריק

Text	Vol.	Reference
על כן יריק חרבו תמיד / להרוג גוים		1QpHab VI,8
וארבות השמים ה[רי]קו מטר[	(XIX)	4Q**370** 1i5

emptiness, vanity noun רִיק

Text	Vol.	Reference
ולאומים בדי ריק ייעפו		1QpHab X,8
במ[ע]שי שקר להיות עמלם לריק		1QpHab X,12
ואכלהו] / [איביכ]ם לריק	(XXXVI)	4Q**249**k 2
ותם לריק כוחכמה	(XIII)	4Q**365** 25a-c,3
ות]ם לריק כו[חכה	(XXXIV)	4Q**423** 3,1
]לריק[	(XXXIV)	4Q**423** 17,2
] וריק [	(XXIII)	11Q**11** 4,2

רֵיק ← רֵק

vainly adverb רֵיקָם

Text	Vol.	Reference
]°°ה ריקם °[ ] / [	(XXXIV)	4Q**418** 96,4

poverty noun רֵישׁ, רֵאשׁ

Text	Vol.	Reference
] / רישכה ב°צתכה[	(XXXIV)	4Q**415** 6,3
]°ן בראשכה / [כי מה צעיר מרש	(XXXIV)	4Q**416** 2i4
אל תקח הון / פן יוסיף על רישכה	(XXXIV)	4Q**416** 2iii6
ושמו הלל תמיד כי מראש הרים ראֻשכה	(XXXIV)	4Q**416** 2iii11
כבוד אביכה ברישכה / ואמכה במצעריכה	(XXXIV)	4Q**416** 2iii15
אשה לקחתה ברישכה קח מולדי[	(XXXIV)	4Q**416** 2iii20
ושמו הלל תמיד כיא מראש הרי[ם רא]שכה	(XXXIV)	4Q**418** 9+9a-c,11

4Q418 148ii4 (XXXIV)] / ⟦ ⟧ איש רׄו◦ אתׄהׄ[
4Q525 15,1 (XXV)]אׄגר ריש ובמׄ֯ס[כנות ?

רִישׁוֹן ← רִאישׁוֹן

רֵישִׁית ← רֵאשִׁית

רִישֹׁן ← רִאישׁוֹן

tender adjective רַךְ
1QM VI,12 סוסים זכרים קלי רגל ורכי פה וארוכי רוח
4Q179 1ii13 (V)] / בנות֯ ציון {{היקרים}} הרכות עׄמׄם ◦◦[
11Q19 LXII,3 ואמרו מי האיש הירא ורׄך הלבב

weakness, feebleness noun רֹךְ
4Q525 6ii4 (XXV)] / ברך ומכשלת בלו[א

to mount and ride verb רכב
1QM VI,13 והרוכבים עליהם אנשי חיל למלחמה
1QM IX,5 והרוכבים ששת אלפים
4Q163 23ii5 (V) על כן תנוסון ועל קל נרכב
4Q223-224 2v29 (XIII) וירכיבהו עׄל המרכבה הׄ[שנית

chariot noun רֶכֶב
4Q365 5,2 (XIII)] / אׄלפים סׄוס ושש מאותׄ [רכ]בׄ[
4Q365 6ai7 (XIII) ובכו]לׄ חילו ברכבו ובפרשיו
4Q388 6,7 (XXX)]נני קל ורכבו[
4Q491 1-3,3 (VII)]קׄזה לרכב ו{{ל}}פרׄ[שים
11Q19 LVIII,7 ואמ מלך ורכב וסוס ועם רב
11Q19 LXI,13 וראיתה סוס ורכב ועם רב ממכה

horseman, driver noun רַכָּב
1QM VI,10 ואלף וארבע מאות רכב לאנשי סרך
1QM VI,11 ויהיו הפרשים על רכב אנשי הסרך
כול הרכב היוצאים / למלחמה
1QM VI,13 עליהם אנשי חיל למלחמה מלומדי רכב
1QM VI,15 ועד בן חמשים והמה / ורׄכׄ[ב
1QM VIII,4 ולידם אנשי הרכב / מימין ומשמאול
1QM IX,6 והרכב / משיבים על ידי המלחמה

goods noun רְכוּשׁ
4Q160 7,3 (V)]יחלתי פניה רכוש והון ומחיר[

slander, gossip noun רָכִיל
1QS VII,15 והאיש אשר ילכ רכיל ברעהו
1QS VII,16 ואיש ברבים ילכ רכיל לשלח הואה מאתם
1QH[a] XIII,25 וברז חבתה בי ילכו רכיל לבני הוות
4Q266 1a-b,17 (XVIII)] / רכיל ֯בחוק[י֯] ומצׄות אלׄ[
4Q524 14,2 (XXV) [כי יהיה] איש רכיל בעמו
11Q19 LXIV,7 כי / יהיה איש רכיל בעמו

to be soft, weak verb רכך
1QM X,3 אל תיראו ואל ירך לבבכמה
4Q223-224 2iv7 (XIII) ואת שערו כצמר י]רׄך

to trade verb רכל
11Q20 XII,12 (XXIII)]רׄוכל ואל המקדש / [לוא יבוא

to murmur verb רכן
1QS XI,1 ולהשכיל רוכנים בלקח

to deceive verb רמה-2
1QS VII,6 ואם / ⟦ ⟧ ברעהו ֯יתרמה֯
1QS VII,6 ואם בהון היחד יתרמה לאבדו

height noun רָמָה-1
1QH[a] XXIV,13]רמות כוח ורוב בשר להרשיע / בקׄ[

worm noun רִמָּה
1QS XI,10 נעוות לבבי / לסוד רמה והולכי חושכ
1QS XI,21 והואה מעפר מגבלו ולחם רמה מדורו
4Q264 9 (XXVI) והוא מעפר מגבלו ולחם ר]מׄהׄ מדורו
11Q5 XIX,1 (IV) כי לוא רמה תודה לכה
11Q6 4-5,3 (XXIII) כי] לוא רמה תודה לכׄ[ה]

pomegranate noun רִמּוֹן-1, רִמֹּן
4Q251 10,8 (XXXV) [וכול עץ מאכל התאנה והר]מׄון והזית
4Q284a 1,4 (XXXV) ואת התאניםׄ {{ואׄת הׄרמׄנׄאיםׄ}}
4Q365a 2i3 (XIII)]מה[ ]הׄתׄאנים והרמונימ / [

spear noun רֹמַח
1QM V,6 ובידם רמח / וכידן
1QM V,7 אורך הרמח שבע אמות מזה הסגר
1QM VI,15 ורמח ארוך שׄמׄוׄנׄהׄ אׄמׄ[ות
1QM IX,12 ורמחיהם אׄ[רו]ך שמונה אמות
4Q372 19,2 (XXVIII)]רׄמח כארז הׄ[
4Q381 78,3 (XI)]ר חרבות ורמחׄיׄםׄ[
4Q390 2ii8 (XXX)] / וברמחים לבק[ש

deceit, negligence noun רְמִיָּה
1QS IV,9 ורום לבב כחש ורמיה אכזרי / ורוב חנפ
1QS IV,23 ואין עולה יהיה לבושת כול מעשי רמיה
1QS VII,5 או יעשה רמיה במדעו ונענש ששה חודשים
1QS VIII,22 יעבר דבר מתורת מושה ביד רמה או ברמיה
1QS IX,8 אל יתערב הונם עם הון אנשי הרמיה
1QH[a] VI,14 קנאתי על כול פועלי רשע ואנשי רמיה
1QH[a] IX,27 עבודת העוון ומעשי הרמיה
1QH[a] X,16 [וכול]אׄנשי רמיה עלי יהמו
1QH[a] X,34 לבוז / וחרפה בפי כל דורשי רמיה
1QH[a] XII,7 ומליצי רמיה הׄתׄעׄום וילבטו בלא בינה
1QH[a] XII,10 והמה מליצי / כזב וחוזי רמיה
1QH[a] XII,17 ידברו לעמך / להולל ברמיה כול מעשיהם
1QH[a] XII,21 ולא רמיה בׄמזמת לבכה
1QH[a] XX,16]פׄחד רשעה ואין רמיה [
1QH[a] 3,9 ותמו כול יצר רמיה
1QH[a] 3,10 ואפס יצר עולה ומעשי רמיה [
1QH[a] 3,15]ל עולה ורמיה יגורו וחדל זדוׄ[ן
4Q238 2 (XXVIII) ר]מיה להגלות ועוׄ[לה
4Q249 1,14 (XXXV)]רׄמיהׄ[
4Q257 V,7 (XXVI) ושקר גוה ורום לב]בׄ כחש ורמיה אכזׄ[רי]
4Q258 VII,8 (XXVI) יתע[רב הונם עם] הון[אנשי הר]מי[ה
4Q286 20,5 (XI) מעשי] רׄמׄ[י]הׄ / [
4Q288 1,2 (XI) מ]עׄשי רמיה הׄ[
4Q427 7ii4 (XXIX)] / [כלת]הׄ רׄמׄיׄהׄ ואׄיׄןׄ נעוות בלוא דעת
4Q525 24ii2 (XXV)] / לבב האזינו לי ורׄמׄ[יה

to be exalted verb רמם-2
4Q521 2iii6 (XXV)] / ואׄתׄ שבטׄ[ו ו]ירׄממׄו[

רִמֹּן ← רִמּוֹן-1

to trample verb **רמס**

		Vol.
לכלה **ירמוסו** ואין שאר̇[ית	1QH[a] XIV,32	
עד עמוד מושלי כתיים ואחר **תרמס** / [	4Q**169** 3-4i3	(V)
] / חיות **וירמסו**ויו בהמות	4Q**368** 10ii7	(XXVIII)
ופשעים כדמן / ע̇לפני אד̇מה **ירמסו**	4Q**381** 46a+b,8	(XI)

to crawl, creep verb **רמש**

		Vol.
עד̇ כל נפש / החיה אשר **תרמוש** במים	CD XII,13	
בכול הנפ]ש̇ החיה וה**רמש**[ת על הארץ	4Q**422** I,8	(XIII)
]שבות[**רו]מ̇ש** ב̇צ̇לתנו והעוף̇[המעופף	4Q**502** 6-10,6	(VII)

creeping thing noun **רֶמֶשׂ**

		Vol.
בכל החיה וה**רמש** לאכל מהם	CD XII,12	
ותעש אדם כדגי הים / כ**רמש** למשל בו	1QpHab V,13	
ובחיה ובכל **הרמש** ה̇[רומש על הארץ	4Q**216** VII,3	(XIII)
ב]המות ועוף **ורמש** ודג̇ [י]מ̇ים וכול ◦◦	4Q**287** 3,3	(XI)
ר]מש ארץ אשר א̇[	4Q**468a** 3	(XXXVI)
]◦ה במקנינו ו**מרמש** / [	4Q**502** 6-10,5	(VII)

shout of joy, song, exultation noun **רִנָּה-1**

		Vol.
על אות העשרה יכתובו **רנות** / אל בנבל עשור̇	1QM IV,4	
ציון שמחי מאדה והופיעי ב**רנות** ירושלים	1QM XII,13	
בנו]ת̇ עמי צרחנה בקול **רנה**	1QM XII,15	
]בנ̇ו̇ת̇ ע̇מי הבענה בקול **רנה**	1QM XIX,7	
להלל שמכה ביחד **רנ̇ה**	1QH[a] XI,23	
ורנת יגוני הכרתה באנחתי	1QH[a] XIII,13	
[תהל]ה ומזל שפתי במכון **רנה**	1QH[a] XIX,5	
ועם ידעים ביחד **רנה**	1QH[a] XIX,14	
וענו]ם ישמיעו יחד / בקול **רנה**	1QH[a] XIX,26	
] **ר̇נה**[גדול אל המפלי גאות	1QH[a] 10,11	
]◦ בהמון **רנה** [	1QH[a] 23,3	
]הקשיבה **רנתי** האזינה ל[תפלתי	4Q**177** 14,4	(V)
ושאת בעדם] / **רנה** ותפלה	4Q385a 18ii4	(XXX)
]**ברנה** כי[	4Q**388a** D,1	(XXX)
]ל̇[**ר]נתנו** נרוממה לאלוהי דעת[	4Q**400** 2,8	(XI)
] / קול **רנו̇ת̇**[	4Q**401** 14ii3	(XI)
בשבעה **רנות̇**[פלאיה ו]ר̇נ̇ן למ̇[לך ה]ט̇וב	4Q**403** 1i5	(XI)
בש̇[בעה דברי] **רנות** / פלא		(XI)
שבע תהלי **ר]נ̇[ו]ת** עוזו	4Q**403** 1i9	(XI)
בלשון כול הוגי דעת **רנות** פלאו	4Q**403** 1i36	(XI)
] / [דע]ת **רנות̇**[	4Q**404** 4,4	(XI)
] / **רנה̇**[	4Q**405** 10,1	(XI)
]ר̇ו למלך̇ ה̇כבו̇[ד] ב̇ק̇ול **ר̇נ̇ה̇**[	4Q**405** 15ii-16,7	(XI)
קול דממת אלוהים / [נשמע]והמון **רנה**	4Q**405** 20ii-22,8	(XI)
קול גילות **רנה** השקיט	4Q**405** 20ii-22,13	(XI)
ומהללים ש̇עריו / בקול **רנה**	4Q**405** 23i8	(XI)
ה̇ש̇מ̇יעו הגי̇ד**רנה** הביעו בשמחות עולמים	4Q**427** 7i17	(XXIX)
בי]ח̇ד **רנה** גדול אל ה̇מ̇פלי / [	4Q**427** 8i13	(XXIX)
ובכול]ק̇צים / ישמיעו [י]ח̇ד̇ ב]ק̇[ו]ל̇ **רנה**	4Q**428** 12i2	(XXIX)
ה]שמיעו בהגיא **רנה** [	4Q**491** 11i21	(VII)
בנות עמי הבענה[ב]ק̇ול **ר̇נ̇ה**	4Q**492** 1,7	(VII)
ו̇עמנ̇[ו] **ברנו**{{ד}}<<ת>> כבודכה ב̇[	4Q**503** 29-32,10	(VII)
]**רנות** ע̇ם ◦[	4Q**503** 178,1	(VII)
]**ר̇נה** זכ[	4Q**504** 34,1	(VII)
יגילו לאלוהי צדק **בר̇נ̇[ות**]ישועות	4Q**511** 1,5	(VII)
י]גילו באלוהים **רנה̇**	4Q**511** 28-29,2	(VII)
]**ברנה̇**[ ]ל̇[ ]ל̇[	4Q**511** 98,1	(VII)
להלל̇ א̇ת̇ שמכה להודות **ברנה** / חסדיכה	11Q5 XIX,8	(IV)
להלל את שמכה להודות]**ברנה** חסדיכה	11Q6 4-5,10	(XXIII)
] / **ברנות** כול̇[	11Q**17** 28,4	(XXIII)
]משמע **רנה**[	11Q**17** 35,1	(XXIII)
] / **רנה** ו̇[	PAM 43.696 61,2	(XXXIII)

to sing for joy verb **רנן**

		Vol.
ועם משכב יצועי **ארננה** לו	1QS X,14	
צרה אהללנו ובישועתו **ארננה** יחד	1QS X,17	
] / וברית עולם יחונכה **וירנ̇[**ינכה	1QSb II,25	(I)
ירננו כולם את תהלת המשוב	1QM XIV,2	
ולפתוח פה לנאלמים **לרנן** בגבור[ת	1QM XIV,6	
ועם י̇דעים [נוס]דה ל̇כה̇ ונר**[ננה**	1QH[a] 10,7	
]**מרננים** לפני[כה	1Q30 3,2	(I)
]**מר̇נ̇נ̇**[ ]◦◦[	4Q**177** 7,1	(V)
ועם משכב יצועי] **ארננה** לו	4Q**256** XX,2	(XXVI)
צרה אהללנו ובישוע]תו **א̇[רננה** יחד	4Q**256** XX,6	(XXVI)
]**ו̇רנ̇ן** ◦[ ]◦	4Q**286** 2,7	(XI)
א]ר̇ננה בכל י◦[	4Q**372** 15,3	(XXVIII)
]מהלל[י]ם **ומר̇ננים**[	4Q**379** 16,2	(XXII)
א]ר̇ננה ואגילה בך נגד יראי[ך]	4Q**381** 33+35,5	(XI)
ו]ר̇נ̇ן למ̇[לך ה]ט̇וב שבעה בש̇[בעה	4Q**403** 1i5	(XI)
רננו מ̇רנני [ב]ר̇ונן באלוהי פלא	4Q**403** 1i36	(XI)
רננו **מ̇רננ̇י** [ב]ר̇ונן באלוהי פלא		(XI)
כיא הוא]אלוהי̇ם לכול **מרנני** {{דעת}} עד	4Q**403** 1i37	(XI)
]**רננו̇**	4Q**404** 4,2	(XI)
רננ̇ו מ̇ר̇[נני ברונן באלוהי פלא	4Q**405** 4-5,4	(XI)
רננ̇ו **מ̇ר̇[נני** ברונן באלוהי פלא		(XI)
]◦ רוקמותם **ורננו** / [	4Q**405** 14-15i3	(XI)
[והו]ד̇ רקיע האור **ירננו**	4Q**405** 20ii-22,9	(XI)
ו]ר̇ננו כול פקודיהם אחד א̇[ח]ד̇ במעמד[ו]	4Q**405** 20ii-22,14	(XI)
]**ורנן** ברוח̇י̇[	4Q**405** 25,2	(XI)
הרנינו באה̇ל̇י̇ ישועה הללו במעון / [קודש	4Q**427** 7i14	(XXIX)
ונרננה / [ברוב רחמיכה	4Q**427** 8i9	(XXIX)
]ם̇ **ירננו** לזמר ולהלל ל̇[	4Q**428** 20,1	(XXIX)
בכו]ח̇ גבורתו **ירננ̇ו̇** [צ̇ד̇[יקי]ם	4Q**491** 11i9	(VII)
ואני **ת̇[רנן** לשוני	4Q**502** 19,4	(VII)
שם / קודשו **הרננו** ל{{ה}}אל נ̇◦◦[	4Q**504** 1-2vii11	(VII)
רננו צדיקים באלוהי פלא	4Q**510** 1,8	(VII)
ו̇אני **תרנן** לשוני צדקכה	4Q**511** 63iii1	(VII)
] **ורני** א[ל	6Q18 13,3	(III)
אזראו כול מלאכיו **וירננו**	11Q5 XXVI,12	(IV)
]**י̇רנו** ע̇י̇ן[	PAM 43.676 4,2	(XXXIII)
] **ר̇ון** עד אפ̇[	PAM 43.677 9,4	(XXXIII)
]**מרננים** [	PAM 43.679 11,2	(XXXIII)

rejoicing (?) noun **רֶנֶן**

		Vol.
[תהלת]**רנן** / ב̇לשון הששי ל̇א̇ל [ה]ט̇וב	4Q**403** 1i4	(XI)

ris (700 feet) noun **רֶס, רָאס**

		Vol.
שור ושה קרוב] / [למ]קדש שלושים **רס**	4Q**265** 7,6	(XXXV)
] / המרחיקם שבעה **ראסות** לא̇ עמד̇[	4Q**373** 1a+b,5	(XXVIII)
רחוק ממקדשי / סביב שלושים **רס**	11Q**19** LII,18	

bad, evil adjective **רַע**

		Vol.
לרחוק מכול **רע** / ולדבוק בכול מעשי טוב	1QS I,4	
ועיני זנות / לעשות כול **רע**	1QS I,7	
וישמורכה מכול **רע**	1QS II,3	
המתנדבים לשוב מכול **רע**	1QS V,1	
לוא אשיב לאיש גמול / **רע** בטוב ארדף גבר	1QS X,18	
מילואת לו עש[רי]ם̇ שנה בדעתו̇ [טוב] / **ורע**	1QSa I,11	(I)
טהור ע̇י̇נים / מראות **ברע**	1QpHab V,2	
אשר אמר טהור עינים מראות / **ברע**	1QpHab V,7	

1QpHab IX,2 שערוריות מחלים / **רעים** עשו בו
1QpHab IX,12 הוי הבוצע בצע **רע** לביתו לשום / במרום
1QpHab IX,13 במרום קנו לנצל מכף **רע** יעצתה בשת
1QM VII,7 וכול ערות דבר **רע** לוא יראה
1QM X,1 ולהשמר מכול ערות דבר **רע**
1QH[a] V,9]אתה גליתה דרכי ◦◦◦ מעשי **רע**
1QH[a] VI,18 [ו]לבלתי עשות מכול **הרע** בעיניך
1QH[a] VI,19 ולא אשא פני **רע** וש[וח]ד ר[שעים] לא אכיר
1QH[a] XV,3 שעו עיני מראות / **רע** אוזני משמוע דמים
3Q**5** 1,3 (III) ושמועה **רעה** על שמועה[רעה
3Q**5** 4,2 (III)]נו **הרעי**◦◦[
4Q**159** 2-4,8 (V) כי יוצו איש שם **רע** על בתולת ישראל
4Q**169** 3-4iii3 (V) באחרית הקץ יגלו מעשיהם **הרעים**
4Q**171** 1-2ii23 (V)]◦ה / **לרעות** כיא אזרוע[ות רשעים תשברנה
4Q**181** 1,1 (V) ומחלים **רעים** / בבשר לפי גבורות אל
4Q**223-224** 2i49 (XIII) עישאו אשר **ר]ע** מן נעוריו
4Q**223-224** 2i51 (XIII) לבו עזבנו ועש]ה עמנו **רע**
4Q**223-224** 2ii5 (XIII) כי הרב]ה **הרע** מעשיו ו[אין בו אמת
4Q**255** A,3 (XXVI)]**רע** להשכיל / [
4Q**258** I,1 (XXVI) המתנדים להשיב מכל **רע**
4Q**260** IV,5 (XXVI) לוא אש[יב] / לאיש גמול **רע**
4Q**269** 9,6 (XVIII) וכול אשה אשר עליה ש]ם **רע** בבתולי[ה
4Q**270** 5,20 (XVIII) [וכל אשר] עליה שם **רע** [בבתוליה
4Q**271** 3,13 (XVIII) וכול / [אשר עליה ש]ם **רע** בבתוליה
4Q**281**e 2 (XXXVI)]◦ידע **הרע** ◦[
4Q**300** 2ii5 (XX)] / **רע** זולתו אהוב[
4Q**300** 10,2 (XX) מ]שפט מה **רע** לאיש◦◦◦◦ וא◦[
4Q**303** 8 (XX)]ר ושכל טוב **ורע** ל[
4Q**305** 1ii3 (XX)] / **ורע**[ ]לדעת[
4Q**365** 3,2 (XIII) ועל הבהמה לשחין פורח אבעבועות] / **רעות**
4Q**365** 32,7 (XIII) הטובה / [ה]יאה ואם **רעה**
4Q**367** 3,10 (XIII) ל[א יבקר ⟦ ⟧]בין טוב **לרע**
4Q**368** 10i8 (XXVIII)] מחלים / **רעים** ומכה גד[ו]לה
4Q**370** 1i2 (XIX) והני הם אז עשו **הרע** בעיני אמר יהוה
4Q**372** 1,28 (XXVIII)] / **ורע** אשר לא להכיחי עדותיך
4Q**380** 1ii5 (XI)] / עושה טוב[ה] ושנאי **רעים**
4Q**381** 10-11,2 (XI)]**ורע** בעיניו כי השחיתו מ◦[
4Q**390** 1,4 (XXX) ויעשו גם הם את **הרע** בעיני
4Q**390** 1,9 (XXX) ויפרו הכול ויעשו / **הרע** בעיני
4Q**390** 1,12 (XXX) ויעשו [את] **הרע** בעינ[י
4Q**390** 2i8 (XXX) במועלם / [אשר עז]בוני ויעשו **הרע** בעיני
4Q**393** 1ii-2,2 (XXIX) **והרע**[בעיניך עשי]תי למען תצדק בדבר[י]ך
4Q**393** 3,4 (XXIX) ללכת איש בשרירות לבו / **[הר]ע**
4Q**393** 3,5 (XXIX) ללכת איש / בשררו[ת] לבו **הרע**
4Q**399** 1ii2 (X) והרחיק ממך] מחשבת **רע**
4Q**410** 1,6 (XXXVI) {{מ}}באמת טוב ומה {{מ}}בה◦◦[ ]**רע** / [
4Q**413** 1-2,3 (XX) וכפי גועלו / כל **רע**[
4Q**416** 1,15 (XXXIV)] / להכון צדק בין טוב **לרע** ל[
4Q**417** 1i18 (XXXIV) כי לא ידע בין / [טו]ב **לרע**
4Q**417** 1ii12 (XXXIV)] / אל תפתכה מחשבת יצר **רע**[
4Q**418** 2+2a-c,7 (XXXIV)]ל להבין צדיק בין טוב **לרע**[
4Q**418** 150,3 (XXXIV)]ע **הרע** ל◦[
4Q**418** 243,3 (XXXIV) אל]תשלח שרש **רע** מכ[
4Q**422** I,12 (XIII)]ביוצר **רע** ולמעש[י רשעה
4Q**423** 1-2i7 (XXXIV) מואס]**הרע** יודע הטוב / [
4Q**423** 5,6 (XXXIV) השכ[ל בדעת ה]טוב עם **הרע** / [
4Q**424** 1,10 (XXXVI) איש **רע** עין אל תמשל בהו[נך
4Q**427** 7i6 (XXIX) וחדל]**הרע** / [ידמה בי
4Q**428** 2,2 (XXIX) ואתה גליתה דרכי אמת ומעש]י **רע**
4Q**431** 1,2 (XXIX) וחדל [ה]**רע** ידמה ב[י

4Q**436** 1a+bi10 (XXIX) יצר **רע** גער[תה מן כליותי
4Q**437** 4,3 (XXIX)]**רע** ל[העב]יר ממני ורו[ב
4Q**438** 1,3 (XXIX)]◦ **לרע**[ ]ממעי[ן
4Q**461** 4,2 (XXXVI)]**הרעים**[
4Q**468**i 3 (XXXVI)]צר לבני **הרע** השיבונו / [
4Q**471** 2,7 (XXXVI) למאוס בטו]ב ולבחור **ברע** ולה[
4Q**485** 2,3 (VII)]**לרע** ל◦[
4Q**487** 14,3 (VII)]ים **רע** יחשוב[
4Q**491** 11i16 (VII) ומיא [כו]ל **רע** הדמה ביא
4Q**504** 1-2iii8 (VII)]חוליים **רעים** ורעב וצמא ודבר וחרב
4Q**504** 1-2iv13 (VII) ואין שטן / ופג{{ר}}ע **רע** כיאם שלום וברכה
4Q**504** 4,6 (VII) לנו עוונות רשונים בכול גמולם **הר[ע**
4Q**504** 5ii6 (VII) עשות] / **הרע** בעיניכה
4Q**506** 124,5 (VII) ע]שות **הר[ע** בעיניכה
4Q**509** 276,1 (VII)] / מכול **רע** ◦[
4Q**511** 15,7 (VII) רו]ח **רעה** ה[ ] בו[
4Q**511** 81,3 (VII) ר]וח **רעה**[
4Q**525** 5,6 (XXV)]א[ל]תדרשוה בלב **ר]ע**
4Q**525** 13,2 (XXV) תנ]חל **ברעי** עין תתן לה[ם ?
4Q**525** 14ii12 (XXV) וחלצכה מכול **רע** ואל יבואכה פחד ◦[
11Q**5** XVIII,15 (IV) מפאריו יגדל חסדו / מעת **רעה** יציל נפש[ם
11Q**5** XIX,16 (IV) ויצר / **רע** אל ירשו בעצמי
11Q**5** XXIV,6 (IV) גמולי **הרע** ישיב ממני דין האמת
11Q**5** XXIV,12 (IV) טהרני יהוה מנגע **רע** ואל יוסף לשוב אלי
11Q**12** 9,6 (XXIII) בכה כול בני אדם לעשו]תכה **רע**[
11Q**14** 1ii13 (XXIII) וחיה **רעה** שבתה מן / [הארץ
11Q**19** LII,4 ושה אשר יהיה בו כול מום **רע**
11Q**19** LII,10 עור או כול מום **רע** לוא תזבחנו לי
11Q**19** LIV,18 ובערת / **הרע** מקרבכה
11Q**19** LV,16 איש או אשה אשר יעשה את **הרע** בעיני
11Q**19** LVI,10 ובערתה **הרע** מישראל
11Q**19** LXI,10 ובערתה **הרע** מקרבכה
11Q**19** LXIV,6 ובערתה **הרע** מקרבכה
11Q**19** LXV,8 והוציא עליה שם **רע**
11Q**19** LXV,15 כי הוציא שם **רע** על בתולת ישראל
11Q**19** LXVI,4 ובערתה / **הרע** מקרבכה

רֵעַ-2, רֵיעַ noun **friend, companion, fellow**

CD VIII,6 ושנוא איש את **רעהו**
CD IX,3 אשר יביא על **רעהו** דבר
CD IX,8 אשר אמר לו הוכח / תוכיח את **רעיך**
CD IX,17 אשר ימעל / איש בתורה וראה **רעיהו**
CD X,2 אל יאמן איש על **רעהו** / לעד
CD X,18 אל ישה **ברעהו** כל
CD XVI,15 הוא אשר אמר איש את **רעיהו** יצ[ו]דו חרם
CD XIX,18 ושנא איש את **רעהו**
CD XX,10 כמשפט **רעיהם** אשר שבו / עם אנשי הלצון
CD XX,18 אז נידברו איש / אל **רעהו** להצדיק
1QS II,25 ואהבת חסד ומחשבת צדק / איש **לרעהו**
1QS V,21 ביחד בין איש **לרעהו** לפי שכלו ומעשיו
1QS V,23 וכתבם בסרך איש לפני **רעהו** לפי שכלו
להשמע הכול איש **לרעהו** הקטן לגדול
1QS V,25 להוכיח / איש את **רעהו** בא[מ]ת וענוה
1QS VI,1 וגמ אל יביא איש על **רעהו** דבר לפני הרבים
1QS VI,2 כול הנמצא איש את **רעהו**
1QS VI,7 תמיד {על יפות} ‹חליפות› איש **לרעהו**
1QS VI,10 אל ידבר איש בתוך דברי **רעהו** טרם יכלה
1QS VI,26 ואשר ישוב את / **רעהו** בקשי עורפ
באמרות את פי **רעהו** הכתוב לפנוהי
1QS VII,4 אשר יצחה בלו משפט את **רעהו** בדעהא

Text	Reference	Vol.
ואשר ידבר את **רעהו** במרום	1QS VII,5	
ואם / ⟦ ⟧ **ברעהו** יתרמה	1QS VII,6	
ואשר יטו{{◦}}ר **לרעהו**	1QS VII,8	
ולמדבר בתוכ דברי **רעהו** / עשרת ימים	1QS VII,9	
ואשר יהלכ לפני **רעהו** ערום	1QS VII,12	
והאיש אשר ילכ רכיל **ברעהו**	1QS VII,15	
ואמ על **רעהו** ילון / אשר לוא במשפט	1QS VII,17	
ואהבת חסד והצנע לכת איש אמ **רעהו**	1QS VIII,2	
ילכו בם אנשי התמים קודש איש את **רעהו**	1QS VIII,20	
לה{{◦}}לכ תמים איש את **רעהו**	1QS IX,19	
[זה על] זה יכבדו איש **מרעהו**	1QSa I,18	(I)
]באיש **לרעהו**	1QSb IV,24	(I)
]יעבורו איש / מלפני **רעהו**	1QpHab IV,12	
הוי משקה **רעיהו** מספח / חמתו	1QpHab XI,2	
וכול **רעי** ומודעי נדחו ממני	1QH[a] XII,9	
]דני לריב / ומדנים **לרעי** קנאה	1QH[a] XIII,23	
ולפי דעתם יכבדו / איש **מרעהו**	1QH[a] XVIII,28	
יהיה לו את אחיו] יש[מיט ידו **בר]עהו**	1Q**22** 1iii5	(I)
מי גוי אשר לוא עשק **רעה[ו]**	1Q**27** 1i11	(I)
לוא תחמוד אשת **ר[עכה**	4Q**158** 7-8,2	(V)
אי]ש את **רעהו** באבן[	4Q**158** 9,2	(V)
ו]כיא ישאל אי[ש מעם] **רעהו** בהמה	4Q**158** 10-12,13	(V)
]**רעיכה**[	4Q**177** 29,1	(V)
כי כול]מבקש ר[עה]**לרעהו** ביד[ו יפול	4Q**223-224** 2ii51	(XIII)
ואם יהיה אריה ל]שור **רע** ומאמ[י]ן	4Q**223-224** 2iv10	(XIII)
]◦א[י]ש **ברעהו** [	4Q**251** 18,1	(XXXV)
להלך תמים איש את **רעהו**	4Q**256** XVIII,2	(XXVI)
ולהכתב איש לפני **רעה** בסרך	4Q**258** II,2	(XXVI)
להשמע הכול איש **לרעה[ו**]הקטן לגדול	4Q**258** II,3	(XXVI)
להוכיח איש את **רעהו** ואהבת חסד	4Q**258** II,4	(XXVI)
ואל ידבר איש אל **רעהו** באף	4Q**258** II,5	(XXVI)
וגם אל יבא איש על **רעהו** דבר לרבים		(XXVI)
כל הנמצא את **רעהו**	4Q**258** II,6	(XXVI)
לה[לך תמים איש]את **רעיו**	4Q**259** III,18	(XXVI)
ולכת[ב] / [איש לפנ]י **רע[הו** בסרך	4Q**261** 1a-b,3	(XXVI)
ואיש אשר ימרה את פי] / **רעהו**	4Q**265** 4i7	(XXXV)
[ושנו]א איש [את] **רעהו**	4Q**266** 3iv4	(XVIII)
אם לו] דבר / אמת עם **רעה**	4Q**266** 8ii6	(XVIII)
ואש]ר [יצ]חה את **רעהו** שלו בעצה	4Q**266** 10ii2	(XVIII)
ואשר יהלך לפני **רע[הו** ערום בבית	4Q**266** 10ii9	(XVIII)
והאיש]אשר ילך[רכיל] / [**בר]עה[ו**	4Q**266** 10ii15	(XVIII)
]◦ יעיד את **רעה** [	4Q**266** 13,4	(XVIII)
אם לא דבר א[מת ע]ם **רעהו** עד אש[ר	4Q**270** 6iii14	(XVIII)
מבאי הב[רית אשר י]ביא על **רעהו** [דבר	4Q**270** 6iii17	(XVIII)
אל יאמן איש על **רעה[ו** לעד]	4Q**270** 6iv14	(XVIII)
כי הוא] אשר אמר איש א[ת] **רעהו**	4Q**271** 4ii14	(XVIII)
ע]ם **רעיהו**[	4Q**279** 4,3	(XXVI)
ר]עהו הכתוב אחרי[ו	4Q**279** 5,2	(XXVI)
איש] את **רעיו** [	4Q**288** 2,1	(XI)
] / לב **רעו** ואורב מ◦[	4Q**299** 6ii12	(XX)
]◦ ו[שפט]תי ב[י]ן איש **לרעהו** ובין אב לבנו	4Q**377** 1i6	(XXVIII)
כאשר ידבר / איש עם **רעהו**	4Q**377** 2ii7	(XXVIII)
להלחם א[י]ש **ברעהו** / על התורה	4Q**387** 3,7	(XXX)
ואי]ש אשר **לר[ע]הו** יגזולו	4Q**390** 2i9	(XXX)
ויעשוקו איש את **רעהו** את מקדשי יטמאו		(XXX)
ולוא תאמין ע]וד **לרעהו**	4Q**417** 2i23	(XXXIV)
] / לנושה בדה בעד **רעיכה**	4Q**417** 2ii+23,7	(XXXIV)
]ל[ ]ל מצוה יתהלך בצדק את **רע[הו**	4Q**417** 19,4	(XXXIV)
ול]פי דעתם יכבדו איש **מרעהו**	4Q**418** 55,10	(XXXIV)
]◦פות **רעיכה**[	4Q**418**a 18,2	(XXXIV)
לסרך הכול איש לפני **רע[הו]** / [	4Q**421** 1ai3	(XX)
]**רע** לי בכבו[ד	4Q**427** 4,2	(XXIX)
ידיד המ]לכ **רע** לקדושים	4Q**427** 7i10	(XXIX)
] / ידיד המלכ **רע** לקד[ושים	4Q**431** 1,6	(XXIX)
]לח **מרעהו** / [	4Q**458** 11,3	(XXXVI)
] / את כול **רעו** מש[מ]רי פני מלך [	4Q**472** 1,4	(XXXVI)
[ו(י)יט(י)ב עמ **ר]עהו** ועמ שכנ[ו]	4Q**521** 5i+6,5	(XXV)
למען] אחי **ורעי** אר[ברה]	4Q**522** 22-25,5	(XXV)
אל] / תשובב בדברי **רעיכה** פן י[כ]ין לכה[	4Q**525** 14ii21	(XXV)
או אשת חיקכה או **ריעיכה** אשר כנפשכה	11Q**19** LIV,20	
על דבר אשר ענה את אשת **רעהו**	11Q**19** LXVI,3	
כיא כאשר יקום / איש על **רעהו**	11Q**19** LXVI,7	
]מי את **ורע**[	PAM 43.700 68,1	(XXXIII)

רֹעַ ← רוֹעַ

hungry adjective **רָעֵב**

Text	Reference	Vol.
ב]ימי **רעבות**[	1Q**42** 6,1	(I)
]נתושים ינהל **ורעבים** יעשר / ונב[ונים ?	4Q**521** 2ii+4,13	(XXV)

hunger, famine noun **רָעָב**

Text	Reference	Vol.
לחובת הארץ מפני החרב **והרעב**	4Q**162** II,1	(V)
וכבדו מתי **רעב** / והמנו צחי צמא	4Q**162** II,4	(V)
]**רעב** נחרו[	4Q**163** 56,1	(V)
] / פשרו אשר הכם **ברעב** ובערום	4Q**166** II,12	(V)
למען / יובדו בחרב **וברעב** ובדבר	4Q**171** 1-2ii1	(V)
ובימי **רעב** יש[בע]ו כיא רשעים / יובדו	4Q**171** 1+3-4iii2	(V)
פשרו א[שר] יחים **ברעב** במועד ה[תע]ות	4Q**171** 1+3-4iii3	(V)
ורבים / יובדו **ברעב** ובדבר	4Q**171** 1+3-4iii4	(V)
]בעת **רעב** ואשר[אמר	4Q**172** 1,2	(V)
ושלחתי **רעב** ב[אר]ץ	4Q**387** 3,8	(XXX)
]חוליים רעים **ורעב** וצמא ודבר וחרב / [	4Q**504** 1-2iii8	(VII)

to tremble verb **רעד**

Text	Reference	Vol.
ויתמוגגו **וירעדו** אושי עולם	1QH[a] XI,35	

trembling noun **רַעַד**

Text	Reference	Vol.
ואני **רעד** ורתת אחזוני	1QH[a] XII,33	

trembling noun **רְעָדָה**

Text	Reference	Vol.
ויתהולל לבי בחלחלה ומותני **ברעדה**	1QH[a] XVIII,33	

trembling noun **רעודיה**

Text	Reference	Vol.
ורעודיה אחזתם מלפני כבוד אלוהים	4Q**377** 2ii9	(XXVIII)

evil noun **רָעָה**

Text	Reference	Vol.
ויבדילהו אל **לרעה**	1QS II,16	
ורעת מרורים בהויות חושכ עד / כלותם	1QS IV,13	
כי אמ שבו **מרעתם**	1QS V,14	
לשלם גמול **רעתם** לכול גוי הבל	1QM VI,6	
]יהם אשר גמלו לנפשם **רעה** ו[	1Q**37** 1,2	(I)
] **רעות** ה[	4Q**163** 12,9	(V)
אשר לוא ימאנו לשוב **מרעתם**	4Q**171** 1-2ii3	(V)
]לפניו תצא **רעה** לכל עם	4Q**185** 1-2ii8	(V)
ויזכר] / את כול **הרעות** אשר הי[ו נחבאות	4Q**221** 5,3	(XIII)
כי א]ין אתו **רעה** / [כי אם טוב	4Q**223-224** 2i53	(XIII)
כי כול]מבקש **ר[עה**]לרעהו ביד[ו יפול	4Q**223-224** 2ii51	(XIII)
כי לוא תעשה עליה] / [את]**הרעה**	4Q**223-224** 2iii8	(XIII)
וכול יום יבקשו א]לה לאלה / [**רע]ה**	4Q**223-224** 2iv5	(XIII)
[ויבדילהו אל]**לרעה** מתוך בני הא[ור	4Q**280** 2,1	(XXIX)

4Q364 10,6 (XIII) פן אראה]ברעה אשר / [תמצא את אבי ?
4Q364 10,7 (XIII)]אותי ברעת / [
4Q370 1ii4 (XIX)] / רעתם בדעתם בי[ן טוב לרע
4Q380 1ii6 (XI) עד[מתי] / תחפצו לעש[ו]ת רעה
4Q388a 6,4 (XXX)] רעו[ת
4Q388a 7ii1 (XXX) ועשו רעה ורבה הר]עה מ[ן הראשונה
4Q388a 7ii3 (XXX) יקום מלך [לגו]ים גדפן ועשה רעות
4Q389 8ii7 (XXX) ו]שבו ועשו רעה ר[ב]ה מן הרע[ה] הראשנה
(XXX) ו]שבו ועשו רעה ר[ב]ה מן הרע[ה] הראשנה
4Q389 8ii9 (XXX) י]קום מלך לגוים גדפן [וע]שה רעות
4Q397 14-21,9 (X) [י]מצא בידנו מעל ושקר ורעה
4Q397 14-21,12 (X) ש[תסור] מהד[ר]ך וקרת[כה] הרעה
4Q398 14-17i5 (X) שת[סור מהדרך מהדרך וקר]תך [הרע]ה
4Q398 14-17ii5 (X) והרחיק ממך מחשב{{ו}}ת רעה ועצת בליעל
4Q434 1ii1 (XXIX) ברעת[ם וב]צר[ת]ם[ומ]כול
4Q504 1-2iii13 (VII) אש[ר ש]לחתה ל[קר]תנו הרעה
4Q509 188,4 (VII)]הרעות האלה ו◦[
4Q509 188,5 (VII) ג]מול רעתנו אשר [
4Q511 5,2 (VII)]רעתו ◦[
4Q525 2ii+3,13 (XXV) חפ]שיות רעת[
4Q525 10,7 (XXV)]כול[ישרא]ל רעת ה[אדם ?
11Q19 LIX,8 ואין מושיע מפני רעתמה אשר הפרו בריתי
11Q19 LXIV,7 ומשלים את עמו לגוי נכר ועושה רעה בעמו
PAM 43.676 12,1 (XXXIII)]נר כן הרעה[

to shepherd, pasture, feed verb **רעה-1**

CD XI,5 אל ילך איש אחר הבהמה לרעותה חוץ מעירו
CD XIII,9 וישקוד לכל מדהובם כרועה עדרו
CD XIX,8 חרב עורי על / רועי ועל גבר עמיתי
הך את הרעה ותפוצינה הצאן
1QHa XVI,8 ובנצר עליו ירעו כול ח[י]ת יער
1Q34bis 3ii8 (I)]ל[ה]ם רועה נאמן מ◦[
4Q254 7,3 (XXII) רוע]ה אבן ישראל[
4Q266 4,11 (XVIII)] / אל את רו[עה אחד] ורעם ב[מרעה
(XVIII)] / אל את רו[עה אחד] ורעם ב[מרעה
4Q267 9iv6 (XVIII) וישקוד לכול מדהו]בם כרעה עדרו
4Q271 5i2 (XVIII) אל ילך א]יש אחר בהמה לרעותה חוץ מעירו
4Q386 1iii5 (XXX)] / חרבה[ו]רעו[
4Q504 1-2iv7 (VII) ל{{ד}}היו{{ד}}ת / כרעי נגיד על עמכה
4Q509 10ii-11,3 (VII)] / רעיתה וב[
11Q5 XXVIII,4 (IV) וישימני / רועה לצונו ומושל בגדיותיו

to be a companion verb **רעה-2**

4Q163 2-3,4 (V)]ע[ ]ם התרה היא רצין רע[ו
4Q509 12i-13,6 (VII) תז]כור / יגון ובכי תתרעה אסירי[ם

Reuel proper noun **רְעוּאֵל**

4Q200 4,2 (XIX) אשר נשבע רעואל לעשות לשרה בתו
4Q200 4,6 (XIX) ויומר רעואל לטוביה בני

beloved noun **רַעְיָה**

4Q502 1,7 (VII)] רעייתו אש[ר

to shake, ripple verb **רעל-1**

1QpHab XI,9 שתה גם אתה והרעל

to cover verb **רעל-2**

CD X,11 במים צואים ומעוטים מדי מרעיל איש
CD X,13 בסלע אשר אין בו די / מרעיל

to thunder verb **רעם-1**

1QHa XI,34 כיא ירעם אל בהמון כוחו
4Q370 1i3 (XIX)]וירעם עליהם בכח[ו
4Q391 6-7,3 (XIX)]כל כעסו על[י]רעם ⟦ ⟧ את◦[
4Q418 69ii9 (XXXIV) יריעו מוסדי {{ה}}רקיע וירעמו כול צ[

green adjective **רַעֲנָן**

1QHa XVIII,25 עץ ר]ענן על פלגי מים

to be/do evil verb **רעע-1**

1QpHab III,5 ובעצה כול מחשבתם להרע
1QM XI,4 ולוא כמעשינו אשר הרעונו
1Q27 1ii4 (I)] / כי אם המטיב והמרע
4Q170 1-2,1 (V) לוא ייטי]ב יהוה ול[ו]א ירע
4Q171 1-2ii2 (V) ואל / תחר אך להרע כיא מרעים יכרתו
(V) ואל / תחר אך להרע כיא מרעים יכרתו
4Q223-224 2i48 (XIII) עי]שאו אשר לו[א] ירע את יעקוב
4Q477 2ii2 (XXXVI) וגם אש]ר היה מרע[
4Q511 37,4 (VII) י]רועו כול מחשביה וכו[ל אשר עליה
11Q11 V,12 (XXIII)]הרע לו ש[ד

to break verb **רעע-2**

1QHa XI,12 וירועו / אושי קיר כאוניה על פני מים
1QHa XII,33 ורתת אחזוני וכול גרמי ירועו
1QHa XV,4 וירועו כול אושי מבניתי
4Q511 3,7 (VII) שמי]ם וארץ ירועו מ[
4Q511 20ii3 (VII)] / ירועו ◦[

to shake, quake verb **רעש-1**

4Q381 24a+b,10 (XI) ות]רעש הארץ [ותגעש
4Q418 212,1 (XXXIV)]תרעש ממל[כה] / [

trembling, rumbling noun **רַעַשׁ**

4Q169 3-4ii3 (V) וקול שוט וקול רעש אופן וסוס דהר
4Q412 1,7 (XX)]רעשכה[

to heal verb **רפא**

CD XII,5 ואם ירפא ממנה ושמרוהו עד שבע שנים
4Q177 10-11,3 (V) א]שר עליהם כתוב ורפאתי את / [
4Q251 4-7i4 (XXXV) רק שב[תו יתן] ורפוא / [ירפא
4Q251 8,2 (XXXV) ונתן שב[תו ורפו]א ירפא
(XXXV) ונתן שב[תו ורפו]א ירפא
4Q271 5i20 (XVIII) ואם ירפא ממנה ושמרוהו עד [שבע] / [שנים
4Q273 4ii4 (XVIII) [ו]הבשר צמח נרפא מן[הנגע ?
4Q365 6aii+6c,14 (XIII) [לוא אשים עליכה כי אני יהוה רופ]אכה
4Q365 19,4 (XIII) ובשר כי] / [יהיה בו]בעורו שחין ונרפ[א
4Q391 12,2 (XIX)]רפא אתכמ[
4Q421 1aii-b,8 (XX)] / הרפאמה על[
4Q504 1-2ii14 (VII) כיא תרפאנו משגעון ועורון
4Q509 12i-13,4 (VII)]ן / בעוונ[ו]אין רופא [
4Q521 2ii+4,12 (XXV) כי ירפא חללים ומתים יחיה ענוים יבשר
4Q525 21,1 (XXV) מ]חשכים ואתרפ[

healing noun **רְפְאוּת**

4Q286 1ii5 (XI) הדר תשבוחות וגדול נוראות ורפאו[ת

Rephael proper noun **רְפָאֵל**

1QM IX,15 על שלישי]שריאל על הרביעי רפאל
1Q19bis 2,4 (I) מיכאל ואוריאל רפ]אל וגבריאל [
11Q11 V,3 (XXIII) ר]פאל שלמ[ם אמן אמן סלה]

to spread verb **רפד**

4Q255 B,4 (XXVI)]רפד / [

to sink, fail, leave alone verb **רפה**

← רפא

1QpHab VII,11 אשר לוא ירפו ידיהם מעבודת / האמת
2Q18 2,8 (III) והתחזקתה ואל תר]פה
4Q171 1-2ii1 (V) הרף מאף ועזוב חמה
4Q364 26bi3 (XIII) הרף ממני / [ואשמידם
4Q378 3ii+4,11 (XXII) ולוא] / ירפכה ולוא יעזב[כה
4Q416 2ii8 (XXXIV) וחוקיכה אל תרף וברזיכה השמר / [לנפש]כה

weak adjective **רָפֶה**

1QM XIV,6]רפות ללמד מלחמה
4Q365 32,6 (XIII) החזק הו[א[ה] / [יה]יה או רפה
4Q491 8-10i4 (VII) וידי]ם רפות ללמד מלחמה

remedy noun **רְפוּאָה**

4Q511 20i4 (VII)]◦ ורפואות / [
11Q11 II,7 (XXIII)]עמו ת◦ו רפואה / [

Rephaiah proper noun **רְפָיָה**

4Q377 2i4 (XXVIII) למ]טה בנימין רפיה / [

to trample verb **רפס**

4Q270 3ii16 (XVIII)]נו ואם רפוס השדה או[

mire noun **רֶפֶשׁ**

1QH[a] X,12 בהרגש גליהם רפש / וטיט יגרישו
1QH[a] XI,32 ויהמו מחשבי תהום בהמון גורשי רֶ[פֶ]שׁ
1QH[a] XVI,15 {{◦}}גְהרות / שוטפים כי גרשו עלי רפשם

רץ ← אֶרֶץ

to accept, pleased with verb **רצה-1**

CD II,15 ולבחור את אשר רצה ולמאוס כאשר שנא
1QS III,11 אז ירצה בכפורי ניחוח לפני אל
1QS IV,1 ובכול עלילותיה ירצה לעד
1QS IX,24 וכול הנעשה בו ירצה בנדבה
1QS IX,25 [ו]בכול אמרי פיהו ירצה
1QS X,13 וארצה כאשר ישופטני
1QS X,20 ולוא ארצה עד הכון משפט
1QS XI,16 כאשר רציתה לבחירי אדם
1QSb IV,1 (I) ופע[מי רגל]יכה ירצה ו[
1QpHab VII,16 ו]ל[וא] ירצו במשפטם ◦[
1QH[a] VII,18 ולא רצו בכול אשר / צויתה
1QH[a] XVII,10 ובנגיעי רציתי כי יחלתי לחסדיכה
1QH[a] 62,2] / רצו [
4Q166 I,4 (V)]וירצו / [
4Q167 16,3 (V)]אל ל[וא] רצה[
4Q175 19 (V) ברך •••• חילו ופעל ידו תרצה
4Q255 2,8 (XXVI) אז ירצה בכפורי ניחוח
4Q258 VIII,8 (XXVI) וכ]ל הנעשה בו ירצה כנדבה
4Q282e 1i5 (XXXVI)]ירצה איש / [
4Q299 60,2 (XX)]רצה ופקוד[
4Q387 1,8 (XXX) והארץ]רצתה את ש[ב]ת[ו]ת[י]ה בהשמה[
4Q398 10,1 (X)]רצה מ[
4Q403 1i39 (XI) וירצו דעתם במשפטי פיהו
4Q416 1,10 (XXXIV) וכל בני אמתו ירצו ל[
4Q416 6,1 (XXXIV)]במשפטיך כן רצה [
4Q424 1,9 (XXXVI) הלוז ילוז בשפתיו אחר אמת לא ירצה [
4Q424 3,8 (XXXVI) איש ישר ירצה במשפט
4Q443 2,2 (XXIX)]לוא רצית ומע[
4Q504 3ii18 (VII)]רציתו וימצאו[חן בעיניכה
4Q504 4,2 (VII) א]שר רציתה [ל]דורות[
4Q506 125+127,3 (VII)]◦ רציתו[וימצ]או חן בע[יניכה
4Q506 131-132,7 (VII) אשר] / [רצי]תה היו[
4Q522 9ii7 (XXV)]ואותו[יר]צה ב[כול ימי חיו
4Q525 2ii+3,4 (XXV) ובנגועיה ירצה תמ[י]ד
5Q13 1,7 (III)]ה ובנות רציתה מ◦[
11Q5 XVIII,8 (IV) ואדם מפאר עליון / ירצה כמגיש מנחה
11Q16 2,2 (XXIII) כיא רציתה [בו
11Q19 XXVII,4 ונרצתה ה[ע]ולה לבני ישראל
11Q19 XXIX,7 ורציתים והיו לי לעם ואנוכי אהיה להם
PAM 43.694 46,1 (XXXIII)]רוצה לע[

to restore, make amends verb **רצה-2**

1QS VIII,3 ורוח נשברה ולרצת עוון בעושי משפט
4Q176 1-2i6 (V) כיא מלאה צבא]ה כיא / נרצה עוונה
4Q183 1ii7 (V)] / וירצו את עוונם בנגיע[ה]ם
4Q259 II,12 (XXVI) [ורוח נ]שברה ולרצות עו[ון במעשי משפט
4Q434 1ii3 (XXIX)] / וירצו את עונם ואת עון אבותם
4Q504 1-2vi5 (VII) רצינו את עווננו ואת עון / אבותינו

favor, will noun **רָצוֹן, רָצֹן**

CD II,21 ויהיו כלא היו בעשותם את / רצונם
CD III,3 ולא בחר / ברצון רוחו
CD III,11 ויבחרו ברצונם ויתורו אחרי שרירות / לבם
CD III,12 לעשות איש את רצונו
CD III,15 וחפצי רצונו אשר יעשה / האדם וחיה בהם
CD XI,4 אל יתערב איש מרצונו / בשבת
CD XI,21 ותפלת צדקם כמנחת רצון
1QS V,1 ולהחזיק בכול אשר צוה לרצונו
1QS V,9 הכוהנים שומרי הברית ודורשי רצונו
1QS V,10 המתנדבים יחד לאמתו ולהתלכ ברצונו
1QS VIII,6 עדי אמת למשפט וב{{◦}}חירי רצון
1QS VIII,10 והיו לרצון לכפר בעד הארצ
1QS IX,4 ולרצון לארצ מבשר עולות
1QS IX,5 ותמים דרכ כנדבת מנחת רצון
1QS IX,13 לעשות את רצון אל ככול הנגלה
1QS IX,15 להחזיק על פי / רצונו כאשר צוה
1QS IX,23 לעשות רצון בכול משלח כפים
1QS IX,24 וזולת רצון אל לו יחפצ
1QS XI,17 ובלו רצונכה לוא יעשה כול
1QS XI,18 וכול הנהיה ברצונכה היה
1QSb I,1 (I) ירא[י] אל עושי את רצונו שומרי מצוותיו
1QM II,5 הזובחים לערוך מקטרת ניחוח לרצון אל
1QM XVIII,14]◦יכה ומועדים לרצונכה וגמול[
1QH[a] IV,23 ומכשול בכול דברי רצונך
1QH[a] VI,10 ולברך / [את שם קודשך ודבר]י רצונך[
1QH[a] VI,13 כי ברצונכה בא[דם]ה ב[
1QH[a] VII,15 ומרחם הכינותו למועד רצון להשמר בבריתך
1QH[a] VIII,13] / ואדעה כי ברצו[נכה] באיש הרביתה ◦◦◦[
1QH[a] VIII,19 ואני בחרתי להבר כפי כרצו[נ]ך
1QH[a] VIII,21 ולהגישני ברצונך כגדול חסדיך [
1QH[a] VIII,22] מעמד רצ[ונך] אשר בח[ר]תה לאוהביך
1QH[a] IX,8 ולא יודע בלוא רצונכה
1QH[a] IX,10 תכ]נתה לרצונכה ורוחות עוז לחוקיהם
1QH[a] IX,15 וכו[ל אשר בם / תכ[נ]תה לרצונכ[ה
1QH[a] IX,20 ועל פי רצ[ונכה נ]היה כול
1QH[a] XII,33 ורוב רחמיו על כול בני / רצונו

1QHa XIII,4		] / על פי רצונכה ובידכה משפט כולם
1QHa XVIII,2		]ל ובלוא רצונכה לא יהיה
1QHa XVIII,6		ומה אתחשב / באין רצונכה
1QHa XVIII,9		ולא יודע בלוא רצונכה
1QHa XVIII,22		אתה יצרתה ר֯ו֯[ח עבדכה וברצו]נכה הכינותני
1QHa XIX,9		ורחמיכה לכול בני רצונכה
1QHa XXIV,12		]ף אסיר עד קצ רצונכה
1QHa XXVII,13		כיא העמדתנו] / לרצ[ונכ]ה֯ ב֯[גבול עולה
1QHa 2i8		]רצונכה ו֯על הבנים תבחננני
1QHa 10,2		רצו]נכה [
1QHa 65,4		] / ברצונכ[ה
1Q29 5-7,2	(I)	ואח]ר֯ ידרוש הכוהן לכול רצונו כ֯[ול
1Q34bis 3ii5	(I)	ותבחר לך עם בקץ רצונך
4Q171 1-2i13	(V)	]ת רצון / [
4Q171 1-2ii5	(V)	פשרו / המה עדת בחירו עושי רצונו
4Q171 1-2ii25	(V)	פשרו על אנשי] / רצונ[ו]◦[
4Q183 1ii4	(V)	] / רצון ויתן להם לב אחד ללכ[ת
4Q200 2,1	(XIX)	]ר֯צו֯נ֯[ה ו]אל ת[וגה רוחה
4Q219 II,29	(XIII)	ועשה]ר֯צונה ותצלח בכול
4Q219 II,32	(XIII)	לעשות רצונה ול[ברך את זרעכה]
4Q220 3	(XIII)	[ואם תז]ב֯ח עלה ז֯ב[ח] שלמים לרצון ת֯[ז]בחנו
4Q223-224 2ii4	(XIII)	כי בכול לבו] / הוא מכבדנו ועושה רצונו֯
4Q223-224 2ii13	(XIII)	אנכי אה[ב את העו]ש֯ה֯ רצוננו / [
4Q226 7,2	(XIII)	] / לר֯צון ויברך יהוה[את ישחק
4Q253 2,4	(XXII)	] / עולתו לרצון כאשר נקח[
4Q258 VII,5	(XXVI)	ולר֯צו֯ן לאר[ץ מבשר] עלות
4Q258 VII,6	(XXVI)	ותמים]דרך כ֯נ֯ד֯ב֯[ת מנחת ר]צון
4Q258 VIII,8	(XXVI)	וזולת רצון [אל] / [לא יחפץ
4Q259 II,15	(XXVI)	ו֯בחיר֯[י] רצ[ו]ן֯[לכפר בעד] הארצ֯[
4Q259 III,8	(XXVI)	לע[ש֯ו֯ת רצון אל ככול הנגלה
4Q259 III,11	(XXVI)	ו֯[בבחירי העת להחזיק]ע֯ל פי רצונו
4Q265 7,9	(XXXV)	עדי אמת ובחירי] / רצון וריח ניחוח
4Q266 11,1	(XVIII)	וקבל את משפטו מרצונו
4Q268 1,6	(XVIII)	ו֯הוא ה֯כ֯י֯ן [מועדי] רצון לדורשי מצוותיו
4Q269 2,6	(XVIII)	ויבחרו] ב֯רצונם ו֯יתורו א֯ח֯ר֯[י]
4Q270 7i16	(XVIII)	וקב[ל את משפטו מר[צונ]ו֯
4Q271 5i1	(XVIII)	אליתערב [איש מרצ]ונו / [בשבת
4Q284 5,3	(XXXV)	הבר]ו֯לנו ברצונו֯ / [
4Q291 1,4	(XXIX)	]◦ מצותיו ובוחרי֯ רצ[ונו
4Q298 1-2i4	(XX)	א֯[נשי] / [רצו]נו ו֯[אור]עולמי֯[ם
4Q299 79,4	(XX)	]◦ו֯ רצונו הל[
4Q332a 1	(XXVIII)	]◦ם כרצו֯[נו/ה/ם
4Q364 X,2	(XIII)	ר]צון ו֯[
4Q370 1i1	(XIX)	וישבע֯[ו] כ֯ל אשר עשה רצוני אמר י֯[ה]וה
4Q372 1,24	(XXVIII)	לעשות] / רצון בראי ולזבח זבחי[תודה
4Q380 1i9	(XI)	[זכ]רו יהוה ברצנו ויפקדה֯ו֯ / ל֯הראות בט֯וב
4Q393 3,4	(XXIX)	כ֯רצונך אלוהי ה[י]ה֯ הוא
4Q400 1i16	(XI)	ו֯יכפרו רצונו בעד כול שבי פשע
4Q403 1i20	(XI)	וברך] לכול נמהרי רצונו
4Q403 1i34	(XI)	{{ברצון}} / {{דעת}} לאמרי פיהו
4Q403 1i35	(XI)	[בר]צון דעתו כול מעשיו / במשלחם
4Q404 4,2	(XI)	[ברצ]ו֯ן [ד]עתו [כול מעשיו במשלחם
4Q405 3ii10	(XI)	] / נמהרי רצונו בשבעה [
4Q405 4-5,3	(XI)	בר֯צ֯[ון דעתו כול מעשיו במשלחם]
4Q405 13,4	(XI)	ו]ברך לכול נמהר֯י֯ / [רצו]ן֯ אמתו
4Q405 23ii6	(XI)	] / ק֯דושים רצון [ ]◦[ ]◦◦◦[ ]◦[ ]◦◦◦[
4Q412 4,2	(XX)	כ]ר֯צונו ברא [
4Q414 1ii-2i4	(XXXV)	ולכפר לנו / ברצונכה [
4Q414 2ii-4,9	(XXXV)	] / [ד]ר֯כי רצונ֯[כה
4Q414 8,4	(XXXV)	]כ֯פור רצ[ונכה
4Q414 13,2	(XXXV)	] / רצ֯ו֯[נ]כה להטהר לפנ[יכה
4Q416 2ii7	(XXXIV)	ברצון שחר פניו וכלשונו / ד֯ב֯ר
4Q416 2ii12	(XXXIV)	]◦ו֯ אם ברצונו תחזיק עבודתו
4Q416 2iii12	(XXXIV)	רצונו שחר תמיד
4Q416 2iv7	(XXXIV)	ב֯[רוחה] / ה֯משילך להתהלך ברצ֯ו֯נ֯כ֯ה
4Q416 2iv8	(XXXIV)	ונדב[ה] / השב רוחכה לרצונכה
4Q416 2iv9	(XXXIV)	וברצונכה הניא[ה מב]ל֯[י עשות מוצא]
4Q416 17,2	(XXXIV)	]רצונכה / [
4Q417 1ii10	(XXXIV)	ו֯ב֯רצונו היו ו֯הואה מבין ◦[
4Q417 2ii+23,10	(XXXIV)	] / א֯יש֯ ל֯וא יטכה ברצו[ן] ש֯ח֯ר פ֯נ֯[יו
4Q417 2ii+23,16	(XXXIV)	[ו]גם [בר]צ֯ו֯נו ת[ח]ז֯י֯ק ע[בודתו
4Q418 8,7	(XXXIV)	איש לוא יטכ]ה ברצונו שחר פני֯[ו
4Q418 9+9a-c,12	(XXXIV)	ובנחלת כבוד המשילכ֯ה רצ[ונו ש]ח֯ר תמיד
4Q418 10a-b,9	(XXXIV)	השב רוחכ]ה֯ [ל]ר֯צ֯[ו]נ֯כה
4Q418 10a-b,10	(XXXIV)	[הפר על מוצא פיכה וב]ר]צ֯ונכה הניאה֯[
4Q418 81+81a,10	(XXXIV)	להשיב אף מאנשי רצון ולפקוד ע֯ל֯[
4Q418 126ii5	(XXXIV)	וגם לוא נהיו בלוא רצונו ומחוכ֯[מתו
4Q418 204,3	(XXXIV)	] / כ֯י לרצו֯[נ
4Q427 7ii19	(XXIX)	כיא העמדתנו לרצ[ונכה
4Q436 1a+bi7	(XXIX)	[לעשות כול רצו]נ֯כה
4Q459 1,1	(XXXVI)	לבנון לב֯[ ] הגביהו רצון[
4Q461 1,8	(XXXVI)	ל]ע֯שות רצונו ולשמור חקיו ו֯◦[
4Q468dd 1	(XXVIII)	]כ֯ין ו֯מועדי הרצ[ון אש]ר֯ חק[ק
4Q496 7,1	(VII)	מקטרת נ[י]ח[ו]ח֯ ל֯ר֯צ֯[ו]ן֯ [אל
4Q504 11,2	(VII)	]ת רצון / [
4Q509 32,3	(VII)	ש[מ֯חי רצון במועדי֯[
4Q509 131-132ii6	(VII)	]נדבות ר֯צונכה אשר צויתה / ◦[
4Q512 29-32,10	(VII)	ו֯דם עולת ר֯צ֯ו֯נ֯כ֯ה֯ ו֯זכרון ניחו[ח
4Q512 29-32,11	(VII)	]מ֯קטרת קודשכ֯[ה וני]ח֯[ו]ח֯ רצונכה[
4Q512 14ii2	(VII)	] / ברצונ֯[
4Q512 1-6,14	(VII)	ותקדשהו [בכול] / כ֯פו֯ר֯[י]רצונכ[ה
4Q512 40-41,5	(VII)	] וברצון / [טו]ב֯כ֯ה֯ ב֯◦◦ל֯[
4Q512 136,2	(VII)	ר]צונכ֯[ה
4Q513 2ii4	(VII)	ולכפר {{במה}} ב֯הם֯ לרצון על י֯[שראל
4Q513 13,2	(VII)	] לכפורי רצון / [
4Q521 2iii3	(XXV)	] / אשר ברכת֯ אדני ברצונו֯[
11Q12 7a,3	(XXIII)	וקורבנם לר[צון לפני יהוה אלהיו
11Q13 II,9	(XXIII)	כיא / הואה הק֯ץ ל֯שנת הרצון למלכי צד֯ק
11Q17 IX,3	(XXIII)	מנחו]ת רצון המ[
11Q19 XXIX,6	(XXIII)	ו֯ל֯כול מ֯תנותמה אשר יביאו לי לרצון לה[מה]
11Q19 LIX,20		ומשל בהמה / כרצונו והמה לוא ימשולו בו
PAM 43.698 79,1	(XXXIII)	]ר֯צון עליון [

to murder verb **רצח**

CD VI,17		להיות אלמ֯[נו]ת שללם / ואת יתומים ירצחו
4Q266 3ii23	(XVIII)	להיות אלמנ[ו]ת שלל[ם ואת יתומים] / [ירצח]ו֯
11Q19 LXVI,7		כאשר יקום / איש על רעהו ורצחו נפש

Rezin proper noun **רְצִין**

4Q163 2-3,4	(V)	]ע֯[ ]ם התרה היא ר֯צ֯י֯ן רע֯[ו

רָצֹן ← רָצוֹן

to crush verb **רצץ**

CD XIII,10		לב֯לתי ה֯יות עשוק ורצוץ בעדתו
4Q267 9iv7	(XVIII)	לבלתי ה]יות עשוק ורצו֯ץ֯ [בעדתו]

only, still, however adverb **רַק-2**

1QS IX,7		רק בני אהרון ימשלו במשפט ובהון
1QSa I,21	(I)	רק בסרך ה֯צבא יכתוב משפחתו

1QH^a V,22 רק בטובך / יצדק איש
1QH^a VII,14 רק אתה [ברא]תה / צדיק
1QH^a XVIII,12 רק לכבודכה עשיתה כול אלה
4Q159 1ii7 (V) רק פֿ[עם] אחת יתננו כול ימיו
4Q251 4-7i4 (XXXV) ונקה המ[כ]ה רק שב֯[תו יתן]
4Q251 16,2 (XXXV) רק זונה / [וחללה לוא יאכלו את לחם
4Q274 2i3 (XXXV) רק אל יגע בטהרה עד אשר ישנה
4Q274 2i7 (XXXV) רק אל יגע בו את לחמו
4Q418 210,1 (XXXIV)] רק לכ[
4Q504 1-2iii4 (VII) רק בשמכה[הז]כרנו
11Q19 LII,11 רק הדם לוא תואכל / על הארץ
11Q19 LIII,5 רק חזק לבלתי אכול הדם
11Q19 LIII,9 רק קודשיכה וכול נדריכה תשא
11Q19 LVI,15 רק לוא / ירבה לו סוס
11Q19 LXII,9 רק / הנשים והטף והבהמה
11Q19 LXII,13 רק מערי העמים אשר אנוכי נותן לכה

empty adjective רֵק
CD X,18 אל ידבר איש דבר / נבל ורק
1QS X,24 עד תום / פשעם רקים אשבית משפטי
4Q270 6v3 (XVIII) אל ידבר איש] דבר נבל ורק

to leap verb רקד
4Q169 3-4ii3 (V) וסוס דהר ומרכבה מרקדה פרש מעלה

hammered, flat object noun רִקּוּעַ
1QH^a XI,31 וברקוע יבשה יסודי הרים לשרפה

to mix spice or ointment verb רקח
4Q365 12a-bii6 (XIII) קטורת הסמים טהור מ[עש]ה[ר]וק[ח]

expanse, sky noun רָקִיעַ
1QH^a V,14]◦ רקיע קודשך [וכול] / צבאותיו
1QH^a VI,30] רקיע על כנפי רוח ויפ◦[
4Q169 1-2,2 (V) פשרו] / ה[סופות והשערו]ת ר[קי]עי שמיו
4Q287 2,6 (XI)]◦◦◦[ ]ב ורקיעי קודש[
4Q293 1,4 (XXIX)]ם ורקיעי[
4Q317 1+1aii8 (XXVIII) אורה ליום בתוך] / הרקיע ממע[ל
4Q317 3,33 (XXVIII)] / [הר]קיע
4Q317 7ii5 (XXVIII)] / הר[קיע
4Q317 23,3 (XXVIII) בתוך הר]קיע[ממעל
4Q403 1i42 (XI)]ל[מש]א יחד רקיע {{זו}} טוהר טהורים
4Q403 1i43 (XI)]להוד[ות עולמי ע]ולמים רקיע רוש מרו[מ]ים
4Q405 6,3 (XI) ואור למשא יח[ד רקי]ע טוהר[
4Q405 6,4 (XI)]◦ עולמי עולמים ר[קי]ע ר]אשי מרומ[ים
4Q405 19,3 (XI) מעשי רו[חות] רקיע פלא / ממולח טוהר
4Q405 20ii-22,8 (XI) מברכים ממעל לרקיע הכרובים
4Q405 20ii-22,9 (XI) [והו]ד רקיע האור ירננו {{מ}}מתחת מושב
4Q405 23i6 (XI) וכול ר[וחי] רקי[ע] / הטוהר יגילו בכבודו
4Q405 23i7 (XI) וקול ברך מכול מפלגיו מספרה רקיעי כבודו
4Q418 69ii9 (XXXIV) ואז] / במשפטכם ירועו מוסדי {{ה}}רקיע
4Q418 69ii15 (XXXIV)] / ברקיע[
4Q428 5,6 (XXIX) באושי]חמר [האוכל] וברקיע יב[שה]
4Q503 1-6iii1 (VII)]רקיע השמ[י]ם יברכו
4Q504 1-2vii6 (VII)] / כול מלאכי{{ם}} רקיע קודש ו[
11Q17 IV,5 (XXIII) רק]יע / [מר]אי פלא כ[
11Q17 VI,4 (XXIII) מעש[י רוחו]ת רקיע פלא מ[מולח] / טוה[ר
11Q17 VIII,2 (XXIII)]רקיעי פל[א] / [
11Q17 VIII,5 (XXIII)] מארבעת מוסדי רקיע / הפלא
11Q17 X,5 (XXIII) ובהדר / תשבוחותו בכול רקי[עי
11Q17 X,8 (XXIII) ו]להיכלי כבודו ולרקיעי / [

wafer noun רָקִיק
11Q19 XV,10 וחלת] / לחם שמן אחת ורק[יק אחד
11Q20 I,17 (XXIII) וחלת לחם שמן אחת ורקיק[אחד

רִקְמָה ← רוקמה

to hammer, stamp verb רקע
4Q365 12biii3 (XIII) וירקעו את / [פחי הזהב ? פתילים

רָקֻעַ ← רִקּוּעַ

to spit verb רקק
1QS VII,13 ואיש אשר ירוק אל תוך מושב הרבים

to permit, direct verb רשה
CD XI,20 מן הטמאות להרשותו לטמא את המזבח
4Q271 5i13 (XVIII) טמא באח]ת מן הטמאות לה[רשותו]

רִשׁוֹן ← רִאשׁוֹן

power, authority noun רָשׁוּת
1QM XII,4] מלאכיכה לרשות יד / במלחמה [
4Q491 1-3,3 (VII) עמ[צבאות]מה לרשות יד[ב]מלחמ[ה
4Q491 8-10i5 (VII) [ובעניי רוח ר]שות לבב קושי

wickedness noun רשיע
CD VI,10 להתהלך במה בכול קץ הרשיע

רֵשִׁית ← רֵאשִׁית

to inscribe verb רשם
1QH^a VIII,19 כי אתה רשמתה רוח צדיק

to be wicked, condemn, transgress verb רשע
CD I,19 ויצדיקו רשע וירשיעו צדיק
CD IV,7 ויצדיקו צדיק וירשיעו רשע
CD XX,26 ועמהם כל מרשיעי / יהודה ביומי מצרפותיו
CD XX,29 [ח]טאנו / רשענו גם אנחנו גם אבותינו
1QS I,25 [פ]שענו [חט]אנו הרשענו אנו [וא]בותינו
1QS IV,24 וכירשתו בגורל עול ירשע בו
1QS V,7 ולמשפט / להרשיע כול עוברי חוק
1QpHab IX,11 בעבור [א]שר הרשיע / על בחירו
1QpHab X,5 ובתוכם ירשיענו ובאש גופרית ישפטנו
1QM I,2 ועמהם בעזר מרשיעי ברית
1QM XIII,11]תו ובעצתו להרשיע ולהאשים
1QH^a V,22 ואם ירשע ואות היה[ ]עולם
1QH^a XV,12 כי כול גרי למשפט תרשיע
1QH^a XVII,9 וארשיעה דינו ומשפטכה אצדיק
1QH^a XXIV,13 ורוב בשר להרשיע / בקץ[
1QH^a 2ii6] ממזרים להרשיע בבשר / י◦[
1QH^a 5,13 להצד[יק]הצדיק ולהר[שיע הרשע
1QH^a 45,7]הרשיעו בחייהם [
1Q34bis 3ii4 (I) ידעוך / [בכ]ול דברך וירשיעו מכול
4Q171 3-10iv7 (V) ולוא י]רשיענו בהשפטו
4Q174 1-3ii3 (V) כתוב בספר דניאל הנביא להרש[יע רשעים
4Q184 1,3 (V) רגליה להרשיע ירדו וללכת באשמות[פשע
4Q266 3ii6 (XVIII) בהר[שע ישראל] / [את הרישו]נה
4Q267 2,2 (XVIII)]בהרשע י[שראל את] / [הריאש]ונה

הכ]ו֯ה֯ן **הרשע**	(V)	4Q**163** 30,3
] / [**ר]שעי** הגוא[ים	(V)	4Q**167** 10,3
]מדור **לרשעי** גוים	(V)	4Q**169** 3-4i1
פשרו הם **רשע[י** חיל]ה בית פלג	(V)	4Q**169** 3-4iv1
פשרו על **רשעי** א֯[פרים	(V)	4Q**169** 3-4iv5
ועוד מעט ואין **רשע** / ואתבוננה על מקומו	(V)	4Q**171** 1-2ii5
ולוא ימצא בארץ כול איש / [**ר]שע**	(V)	4Q**171** 1-2ii8
זומם **רשע** לצדיק וחורק ע֯[ליו שניו	(V)	4Q**171** 1-2ii12
חרב פתחו **רשעים** וידרוכו קשתם לפיל עני	(V)	4Q**171** 1-2ii15
פשרו על **רשעי** אפרים ומנשה	(V)	4Q**171** 1-2ii17
טוב מעט לצדיק מהמון **רשעים** רב֯י֯[ם	(V)	4Q**171** 1-2ii21
ובימי רעב יש֯[בע]ו֯ כיא **רשעים** / יובדו	(V)	4Q**171** 1+3-4iii2
לוה **רשע** ולוא ישלם / וצדיק חונן ונותן	(V)	4Q**171** 1+3-4iii8
המה עריצי הב֯[רית **ר]שעי** ישראל	(V)	4Q**171** 1+3-4iii12
וזרע **ר֯[שעים** נכרת]	(V)	4Q**171** 3-10iv1
צופה **רשע** לצדיק ומבקש[להמיתו	(V)	4Q**171** 3-10iv7
פשרו על [הכו]ה֯ן **הרשע** אשר צ֯[ופ]ה הצד[יק	(V)	4Q**171** 3-10iv8
ב֯הכרת **רשעים** ת֯ר֯[אה	(V)	4Q**171** 3-10iv11
[ראי]ת֯י **ר֯שע** עריץ מ֯ת֯ע֯[רה כאזרח רענן]	(V)	4Q**171** 3-10iv13
ויפלטמ֯ **מ֯ר֯שעי֯ם֯**[ויושיעם כיא חסו בו	(V)	4Q**171** 3-10iv20
יושיעם אל ו[י]צילם מיד **ר]שעי**	(V)	4Q**171** 3-10iv21
[ה]איש אשר לוא הלך בעצת **רשעים**	(V)	4Q**174** 1-2i14
]עם צדיק **ורשע** אויל ופת[י	(V)	4Q**177** 9,7
ואל י֯תהלל[ו] **ר֯שעים** ל֯א֯מור לא י֯מ֯נה / לי	(V)	4Q**185** 1-2ii9
]∘∘[ ] **הרש֯[ע**	(XXXVI)	4Q**249k** 4
ושבתם וראיתם]בין צדיק **לרשע**	(XXII)	4Q**253a** 1i4
ו]להשיב **לרשעים** / [גמולם	(XXVI)	4Q**258** VI,1
ו]ל֯[ה]ש֯[י]ב֯ **לרשעים** / ג֯מולם	(XXVI)	4Q**259** II,15
כי] כתוב זבח **רשעים** תעו֯ב֯ה֯	(XVIII)	4Q**271** 5i14
וארור **הרש[ע** בכול קצי] ממשלותיו	(XI)	4Q**286** 7ii5
מה]**ר֯שע** משנוא[	(XX)	4Q**300** 7,4
]ל֯כל **ורשעים** יכב[ו	(XI)	4Q**381** 50,2
] ואת / **הרשע** אהרג במף	(XXX)	4Q**386** 1ii6
]ו֯ה֯**רשעים** י֯ר֯ש[יע]ו֯ ו֯א֯מ֯[	(X)	4Q**398** 11-13,5
ולסגור בעד **רשעים** ולהרים ראוש דלים [	(XXXIV)	4Q**418** 126ii7
]ת֯ **רש**[	(XXXIV)	4Q**418** 209,2
]**רשע** לכ֯[	(XXXVI)	4Q**419** 7,3
ה]ו֯ן֯ **רשעים** / [	(XX)	4Q**420** 1ai4
להצדיק צדיק ולהרשיע **ר֯[שע]**	(XXXVI)	4Q**424** 3,2
שו]מרי כול מצוותיו וזרע **רשעים** / [	(XX)	4Q**426** 1i2
ועם **ר֯שעים** לא שפטם	(XXIX)	4Q**434** 1i5
ולאומים י֯כ֯ר֯ו֯ת **ורשעים**∘ [	(XXIX)	4Q**434** 2,2
ועם] / [**ר]שעי[ם** לוא שפטם	(XXIX)	4Q**435** 1,3
]שבאי **רשעים**[	(XXII)	4Q**481** 1,3
]ף ביד **רשע**[	(VII)	4Q**491** 25,2
ותנובת] / [ארץ לדע]ת֯ בין צדיק **לרשע**	(VII)	4Q**508** 1,1
ולהרשיע **רשע** ⟦ ⟧ באשמתו	(VII)	4Q**511** 63iii4
בין צדי]ק֯ **לרש֯[ע**	(XXV)	4Q**521** 14,2
ר]שעים תשמ֯[יע]ם֯	(XXV)	4Q**525** 21,3
כמה רחקה **מרשעים** אמרה	(IV)	11Q**5** XVIII,13
ואל תפרע לפני / **רשעים**	(IV)	11Q**5** XXIV,6
ופני **רשע[י]ם** תש[או ס]לה	(XXIII)	11Q**13** II,11

wickedness, wicked deed noun רֶשַׁע

← מַלְכִּי רֶשַׁע

כפרוש התורה לקץ **הרשע**	CD VI,14
וכן / המשפט בכל קץ **הרשע**	CD XV,7
הנמצא לעשות בכ֯[ל ק]ץ֯ [**הרש]ע֯**	CD XV,10
ארור אתה בכול מעשי **רשע** אשמתכה	1QS II,5
כיא בסאון **רשע** מחרשו וגואלים / בשובתו	1QS III,2

ועמהם]כול **מרש[עי** יהודה	(XVIII)	4Q**267** 3,3
וירשיע[ו רשע / [	(XVIII)	4Q**270** 1bii2
[והורד]בימיהם גאון **מרישיעי** ברית	(XXX)	4Q**387** 3,6
]ו֯ה֯רשעים **י֯ר֯ש֯[יע]ו֯** ו֯א֯מ֯[	(X)	4Q**398** 11-13,5
כפי נחלתו בה **יר]שע**	(XXXIV)	4Q**417** 1i24
להצדיק צדיק ו**להרשיע** ר֯[שע]	(XXXVI)	4Q**424** 3,2
להצדיק] / [צדיק] ו**לה֯[ר]ש֯[יע** רשע	(XXIX)	4Q**428** 18,5
]מי **ירשי֯[ע**	(XXIX)	4Q**443** 3,2
ו**בהתרשע** אנשי / [ממשלתו	(VII)	4Q**491** 8-10i7
]**הר֯שענו** אשר [	(VII)	4Q**496** 32,4
]א֯ **ה֯רשע֯נו** [	(VII)	4Q**508** 3,1
הר]שענו ב[	(VII)	4Q**509** 146,5
מעשי / אשמה **ארשי֯ע**[	(VII)	4Q**511** 48-49+51,6
ו**להרשיע** רשע ⟦ ⟧ באשמתו	(VII)	4Q**511** 63iii4

wicked, guilty adjective רָשָׁע

ויצדיקו **רשע** וירשיעו צדיק		CD I,19
ואגלה אזנכם בדרכי / **רשעים**		CD II,3
ויצדיקו צדיק וירשיעו **רשע**		CD IV,7
להשיב גמול **רשעים** / עליהם		CD VII,9
ויפרעו ביד רמה / ללכת בדרך **רשעים**		CD VIII,9
כי כתוב זבח / **רשעים** תועבה		CD XI,21
להשיב גמול **רשעים** עליהם		CD XIX,6
ו֯י֯פ֯ר֯ע֯ו֯ ב֯י֯ד֯ ר֯מ֯ה ללכת בדרכי **רשעים**		CD XIX,21
ו֯ר֯א֯י֯ת֯ם֯ ב֯ין צדיק / **ורשע** בין עב֯ד֯ א֯ל		CD XX,21
ולהשב / **לרשעים** גמולם		1QS VIII,7
וברוח שפתיכה / תמית **רשע**	(I, XXVI)	1QSb V,25
] בממשלת / הכתיאים **ורש[עים**		1QpHab II,14
ובתוכחתם / יאשמו כל **רשעי** עמו		1QpHab V,5
ותחריש בבלע / **רשע** צדיק ממנו		1QpHab V,9
פשרו על הכוהן **הרשע**		1QpHab VIII,8
פשרו על הכוהן **ה֯[ר]שע**		1QpHab IX,9
פשרו על הכוהן **הרשע**		1QpHab XI,4
פשר הדבר על הכוהן **הרשע**		1QpHab XII,2
אשר פעל בה הכוהן **ה֯רשע֯** מעשי תועבות		1QpHab XII,8
ואת **הרשעים** מן הארץ		1QpHab XIII,4
יכתובו חד֯ל֯ / מעמד **רשעים** [ב]גבורת אל		1QM IV,4
להשיב גמול / **רשעי֯ם֯** ב֯ר֯א֯ש֯ א֯ש֯[		1QM XI,14
] / **רשע** ואתמה זכורו משפח֯[נדב ו]א֯ב֯[י]ה֯וא		1QM XVII,2
ו]תמו **רשעים** ואני הבינותי		1QH^{a} IV,21
] / **ורשע** ש[		1QH^{a} V,27
לפי רוחות ת֯ב֯[ד]י֯לם בין / טוב **לרשע**[		1QH^{a} VI,12
וש[וח]ד֯ **ר֯[שעים** לא אכיר		1QH^{a} VI,19
ופוקד עון **רשעים**		1QH^{a} VI,24
ורשעים בראתה ל[קץ ח]ר֯ונכה		1QH^{a} VII,17
ואהיה על עון **רשעים** / דבה בשפת עריצים		1QH^{a} X,10
ועלי קהלת **רשעים** תתרגש		1QH^{a} X,12
בעבור הכבדכה במשפט **רשעים**		1QH^{a} X,24
לעזוב עבודתכה מפחד הוות **רשע֯י֯ם֯**		1QH^{a} X,36
בקום **רשעים** על בריתך		1QH^{a} XII,34
כי אתה בראתה צדיק **ורשע** ∘∘[		1QH^{a} XII,38
וימהרו עלי **רשעי** ע֯מ֯ים במצוקותם		1QH^{a} XIII,17
ל֯ה֯בדיל בי בין צדיק **לרשע**		1QH^{a} XV,12
רשעי[ם גברו ב֯ארץ ו֯[	(I)	1Q**19** 1,2
]**ר֯שע** ושר גוה [	(I)	1Q**29** 13,3
]∘∘ בגורל צד[י]ק **ולרשעים** ג֯[ו]ר֯ל / [	(I)	1Q**34**bis 3i2
בין צד]י֯ק **לרשע**	(I)	1Q**34**bis 3i5
ונתתה **רשעים** [כ]ופרנו וב֯[וג]ד֯ים / [	(I)	
ורשע לא יכון לפני֯ך	(I)	1Q**34**bis 3ii5
להשבית **רשעים** / מן הארי֯[	(XVI)	4Q**88** IX,6

Reference	Group	Text
1QS IV,9		ושפול ידים בעבודת צדק **רשע** ושקר גוה
1QS IV,19		כיא התגוללה בדרכי **רשע** בממשלת עולה
1QS V,26		בעורפ [קשה או בקנאת] רוח **רשע**
1QM XIII,5		כול רוחי גורלו במחשבת / 〚 〛 **רשעם**
1QHa VI,9		] ולהתאפק על עליׄלוׄת **רשע**
1QHa VI,14		קנאתי על כול פועלי **רשע** ואנשי רמיה
1QHa VI,16		וכול עולה / [ו]**ר֯שע** תשמיד לעד
1QHa 2ii4		]◦◦◦ **רשע** / [
1Q27 1i5	(I)	וגלה ה**רשע** מפני הצדק כגלות [ח]ושך
1Q27 1i6	(I)	וא[יננ]ו עוד כן יתם ה**רשע** לעד
1Q27 1i11	(I)	מי / יחפץ כי יגזל ב**רשע** הונו
4Q158 14i6	(V)	ואת [**רש]ע** / [
4Q175 26	(V)	לעשות לעוז **רשע** / [ורעה גדלה]בישראל
4Q181 1,2	(V)	לפי גבורות אל ולעומת **רשעם**
4Q215a 1ii3	(XXXVI)	ויתמ כול **רשעם** / בעבור חס[ד]יו
4Q215a 1ii4	(XXXVI)	כיא שלם קצה**רשע** וכול עולה ת[עבו]ר
4Q223-224 2ii6	(XIII)	כי] / [כו]ל דרכיו ח[מ]ס ו**רשע**
4Q256 II,13	(XXVI)	ארור אתה בכול מעשי **רש]ע** אשמתכה[
4Q257 III,3	(XXVI)	כ[יא ב]סאון **רש[ע]** / מחרשו
4Q258 II,5	(XXVI)	באף או בתלונה או בקנאת **רשע**
4Q263 1	(XXVI)	] / [בקנאת **רש]ע**
4Q266 3ii20	(XVIII)	כפרוש התורה לקץ ה**ר]שע**
4Q269 8ii5	(XVIII)	במי הנדה ב]קץ ה**רש[ע**
4Q270 1bii2	(XVIII)	וירשיע]ו **רשע** / [
4Q271 2,12	(XVIII)	במי]הנדה בקץ ה**רשע**
4Q286 7ii3	(XI)	וארורים כול רו[חי גו]רלו במחשבת **רשעמה**
4Q289 1,1	(XI)	וע]צת **רשע**[
4Q300 3,5	(XX)	וגלה ה**רשע** מפני הצדק כגולו[ת חושך
4Q300 3,6	(XX)	ואיננו עוד כן יתם] / [ה**ר]שע** לעד
4Q300 7,1	(XX)	מה רע לאדם מ]**רשע** ומה רם לגבר מצדק[
4Q417 2i8	(XXXIV)	] / **רשע** מעשיו עם פקדתו
4Q421 9,3	(XX)	]ל[כ]לות כל עבדי **ר[שע** ?
4Q425 5,4	(XX)	]**רשע** ו◦[
4Q425 6,5	(XX)	] **רשע** ◦ה◦[
4Q458 1,9	(XXXVI)	ויך את עצ ה**רשע** / [
4Q462 1,15	(XIX)	]מיר לרומם ל**רשע** בעבור תקבל טמ[אה/את
4Q510 2,1	(VII)	]דם בגורל **רשע** וכול[
4Q511 1,6	(VII)	ורוחי **רשע** / לו יתהלכו בם
4Q521 10,3	(XXV)	עו]ד **רשע** ביניהם / [
4Q525 22,4	(XXV)	**רש]ע** יתגוללו 〚 〛 הל[וא
6Q16 2,2	(III)	פו]עלי **רשע** [

(indeterminate) רשע

Reference	Group	Text
4Q173 4,3	(V)	]**רשע**[
PAM 43.686 37,3	(XXXIII)	]**רשע** ומ[

wickedness noun רִשְׁעָה

Reference	Group	Text
CD VI,15		ולהנזר מהון ה**רשעה** הטמא בנדר
CD VIII,5		ויתגוללו בדרכי זונות ובהון **רשעה**
CD XII,23		המתהלכים באלה בקץ ה**רשעה**
CD XIX,17		ויתגללו בדרכי זנות ובהון ה**רשעה**
1QS IV,21		ולטהרו ברוח קודש מכול עלילות **רשעה**
1QS V,11		אנשי העול ההולכים / בדרכ ה**רשעה**
1QS VIII,10		ולחרוצ משפט **רשעה** {{בתמים דרך}}
1QS X,19		לוא אקנא ברוח / **רשעה**
1QS XI,9		ואני לאדם **רשעה** ולסוד בשר עול
1QSa I,3	(I)	אשר שמרו בריתו בתוך **רשעה**
1QpHab V,8		זנו אחר עיניהם בקץ / ה**רשעה**
1QpHab IX,1		] ל[ ] / נגועו במשפטי **רשעה**
1QM I,6		וסרה ממשלת כתיים להכניע **רשעה**
1QM I,13		שלושה גורלות יחזקו בני אור לנגוף **רשעה**
1QM III,9		המארב יכתובו / רזי אל לשחת **רשעה**
1QM XI,10		תבעיר כלפיד אש בעמיר אוכלת **רשעה**
1QM XIV,7		ובתמימי דרך יתמו כול גויי **רשעה**
1QM XV,2		וכלה לכול גוי **רשעה**
1QM XV,9		כיא המה עדת **רשעה** ובחושך כול מעשיהם
1QM XV,14		] כול רוחי **רש[עה**
1QM XVII,6		ולהשפיל שר ממשלת / **רשעה**
1QHa IV,10		מח]שבות **רשעה** נער◦[
1QHa VII,24		]ולא תקח כופר לעלילות **רשעה**
1QHa X,8		ותעמד פעמי בגבול **רשעה**
1QHa XI,24		כיא התיצבתי בגבול **רשעה**
1QHa XI,26		ויפרשו כול מצודות **רשעה**
1QHa XIV,22		]◦◦ מחשבת **רשעה** יתגוללו באשמה
1QHa XIV,29		עם תום כול חר[בות] / מלחמות **רשעה**
1QHa XIV,30		בני אמתו יעורו להתם[בני] / **רשעה**
1QHa XV,7		ותחזקני לפני מלחמות **רשעה**
1QHa XX,16		]פחד **רשעה** ואין רמיה [
1QHa XXII,5		]אשמת **רשעה**
1QHa 3,8		ופח לפח יטמונו צמי **רשעה** [
1QHa 5,4		ורוחות **רשעה** תבית מא[
1QHa 5,7		וברום **רשעה** למ[
1QHa 45,4		]ב**רש<ע>תם** ולשלחם גוי ב[
4Q163 4-7i13	(V)	[כיא בערה כאש **רשע]ה** שמיר [ושית ת]אכל
4Q169 1-2,6	(V)	] / [יאב]דו בו רבים רום **רשעה** כי הב[
4Q171 1-2i16	(V)	]**רשעה** ביד אל[והי]ם
4Q171 1-2ii6	(V)	פשרו על כול ה**רשעה** לסופ / ארבעים השנה
4Q171 1+3-4iii7	(V)	פשר[ו] על שרי ה[**רש]עה**
4Q171 3-10iv11	(V)	] אשר יראו במשפט **רשעה**
4Q180 1,9	(V)	]עולה ולהנחיל **רשעה** כל ◦[
4Q181 1,2	(V)	בני ש[מים] וארץ ליחד **רשעה** עד / קצה
4Q183 1ii5	(V)	] / כול הון **רשעה** וינזרו מדר[ך
4Q223-224 63,1	(XIII)	]**רשעה** [
4Q228 1i6	(XIII)	]אש בוערת אוכלת בסוד **רשעה** / [
4Q249g 1-2,4	(XXXVI)	אשר שמרו בריתו] / [בתוך]**רש[ע]ה**
4Q260 IV,7	(XXVI)	לוא אקנ[א]ב[רוח] / **רשעה**
4Q266 1a-b,5	(XVIII)	וכלה יעשה [לפועלי] / **רשעה** [
4Q266 3ii6	(XVIII)	במזמ]תו {{בה**רשעה**}} בהר[שע ישראל]
4Q269 6,1	(XVIII)	בדרכי זנות ובהון הר]**שעה**
4Q285 4,1	(XXXVI)	]ת תנגפ **רשעה**[
4Q286 7ii8	(XI)	ובכול מזמות תוע]בה ועצת **רשע[תכה**
4Q286 7ii11	(XI)	[וארורים כ]ול עוש[י מחשבות **רשע]תמה**
4Q287 6,10	(XI)	[וארורים כול עושי מחשבות **רש]עתמה**
4Q299 59,4	(XX)	] / עוזרי **רשעה**[
4Q301 3a-b,8	(XX)	]בכלו[ת]קץ **רשעה** ועשות[
4Q301 7,3	(XX)	**רש]עת** לבו ל◦[
4Q379 22ii13	(XXII)	לעוז רשע] / [בארץ **ר]ש{{ה}}עה** גדלה
4Q381 69,9	(XI)	] על **רשעה** ולהמיר דבריו פיהו
4Q416 1,10	(XXXIV)	] / משמים ישפוט על עבודת **רשעה**
4Q416 3,3	(XXXIV)	]אל תשקוט עד תום **רשעה**
4Q418 2+2a-c,2	(XXXIV)	[ישפו]ט על [עבודת **רש]עה**
4Q418 47,3	(XXXIV)	**רש]עה** יתהלכו[ ]מעת ל[עת] / [
4Q418 69ii8	(XXXIV)	וכ]ול מחזיקי **רשעה** יבש[ו
4Q418 121,2	(XXXIV)	]עבודת **רשע[ה**] ◦[
4Q428 17,1	(XXIX)	[**רשע]ה** להפ[יל גורלות לכול רוחות עולה
4Q428 19,5	(XXIX)	] **רשעתם** בחכמ[ת כבודכה
4Q429 4i12	(XXIX)	[ויכינו מחשבת]**רשעה** וית[גול]ל[ו] באשמתם
4Q431 2,1	(XXIX)	] ותמה **רשעה** [
4Q444 1-4i+5,4	(XXIX)	ולהלחם ברוחי **רשעה** ולוא ◦◦[
4Q491 8-10i5	(VII)	ובתמימ[י] דרך יתם כול גואי **רשעה**

4Q491 10ii17 (VII)] / ועד שאול תו{{קד}}כל וסוד רשעה [
4Q496 8,7 (VII) בהנגף ר]שעת[אויב
4Q499 2,5 (VII)]רשעה[
4Q509 205,1 (VII) ר]שעה ל[
4Q509 205,2 (VII) ק]ץ הרשעה[
4Q510 1,7 (VII) ונ◦◦תם בקץ ממשל[ת] / רשעה
4Q511 3,3 (VII) ק]צי רשעתה ופ◦[
4Q511 10,3 (VII) ונ◦◦תם ב]קץ ממשלת רשעה
4Q511 12,1 (VII)]◦די רשע[ה
4Q511 18ii6 (VII) ו◦◦ה עבודת רשעה כיא / א[לו]הים עני
4Q511 27,4 (VII)]ר לרשעה[
4Q511 35,1 (VII) ומשפט נקמות לכלות רשעה
4Q511 35,9 (VII) ר]שע[ה
4Q518 40,1 (VII)]רשעה [

flash, plague noun **רֶשֶׁף-1**
4Q185 1-2ii12 (V)]מים ורשף עינים ושמחת לבב ע◦[
4Q219 II,22 (XIII) ולהצ]ילך [מ]כול רשף
4Q381 76-77,4 (XI) ר]שף וכלה ואין ח[קר
4Q418 127,3 (XXXIV) והייתה למאכל שן ולחומי רשף נגד מו[
4Q425 2+4i5 (XX) ר]שף / [
4Q525 15,5 (XXV) ובו יעופפו רשפ[י]מות במבואו תצע[

רֵשִׁת ← רֵאשִׁית

net noun **רֶשֶׁת**
1QH[a] X,29 והם רשת פרשו לי תלכוד רגלם
1QH[a] 3,1 פר]שה רשת[שוא
4Q365 12a-bii12 (XIII) ויעשו למזבח מכבר מעשה / רשת נ[חושת
4Q381 31,1 (XI)] ברשת זו טמ[נו]◦◦ ◦◦[
4Q427 11,2 (XXIX) [פעמי על מטמוני פחים ומ]פרשי רשת
4Q428 13,4 (XXIX)]ה נפרשה רשת שוחה[ובד]רכיה צמי א[בדון]

to boil verb **רתח**
1QH[a] XI,15 ברתוח תהומות על נבוכי מים
4Q432 5,3 (XXIX) [בר]תוח תהו[מות על נבו]כי [מי]ם

to bind verb **רתק**
2Q28 2,2 (III)]ש מעמו דין לרתוק ב[

trembling noun **רְתֵת**
1QH[a] XII,33 ואני רעד ורתת אחזוני וכול גרמי ירועו

שׂ

s(h)in, twenty-first letter of the alphabet **שׂ**
KhQ3 1 (XXXVI) ש] ת ש ש / ל ם ן ס ע פ

dignity, majesty noun **שְׂאֵת-1**
1QpHab III,3 ונורא הוא ממנו משפטו ושאתו יצא
4Q252 IV,4 (XXII) ורישית אוני יתר שאת ויתר עוז

שְׂאֵת-2 ← שֵׂת

gray hair noun **שֵׂבָה, שֵׂיבָה**
1QH[a] XII,30 והוא בעוון / מרחם ועד שבה באשמת מעל
1QH[a] XVII,34 ועד שיבה אתה תכלכלני

to satisfy, fill verb **שׂבע**
1QpHab VIII,4 והוא כמות לוא ישבע
1QpHab XI,8 שבעתה / קלון מבוד שתה גם אתה
1Q22 1ii4 (I) א]שר לו[א] / [ח]צבתה ואכל[ת]ה ושבעתה
4Q88 IX,14 (XVI) יוכלו / ענוים וישבעו [י]ראי יהוה / [
4Q166 II,3 (V) וי]שבעו וישכחו את אל המ◦[
4Q171 1+3-4iii2 (V) ובימי רעב יש[בע]ו כיא רשעים / יובדו
4Q181 2,3 (V)] / [א]ת ישראל בשבעים השביע ל[
4Q216 II,3 (XIII) אתנה ארץ זבת חלב ודב]ש ואכלו ושב<ע>ו
4Q286 6,3 (XI)]להשביעמה [
4Q299 6ii16 (XX) ולוא יש[בע
4Q370 1i1 (XIX) ופרי טוב השביע כלנפש
(XIX) יוכלו וישבעו כל אשר עשה רצוני
4Q416 2ii18 (XXXIV) אל תשביע לחם / ⟦ ⟧ ואין כסות
4Q418 81+81a,19 (XXXIV)] / תמלא ושבעתה ברוב טוב
4Q418 184,3 (XXXIV)]שה לכה ופן תאוכל ושבעתה ו◦[
4Q504 1-2iv14 (VII)] / ויוא[כ]לו וישבעו וידשנו[
4Q521 2ii+4,13 (XXV) ו[דלי]ם ישב[יע]נתושים ינהל

satisfied, full adjective **שָׂבֵעַ**
2Q19 5 (III) ויתם את ימי חייו]זקן ושבע ימים [

abundance noun **שָׂבָע**
11Q5 XVIII,11 (IV) על אוכלסה בשבע נאמרה
4Q181 2,3 (V)] / [א]ת ישראל בשבעים השביע ל[

abundance noun **שָׂבְעָה**
1QpHab III,12]כול העמים כנשר / ואין שבעה

to hope, inspect verb **שׂבר**
4Q437 2i14 (XXIX) שברתי / [לישועתך אדו]ני את◦[ ]◦ זכרתי

to be exalted, high, strong verb **שׂגב**
1QSb V,24 (I) וכמגדל עו[ז] בחומה / נשגבה
1QH[a] XIV,25 ונעוז בחומה נ{{ס}}שגבה עד פלט
1QH[a] XV,8 ותשימני כמגדל עוז כחומה נשגבה

field noun **שָׂדֶה**
CD IX,9 איש אשר ישביע על פני השדה
CD X,20 אל יתהלך איש בשדה
CD X,23 ומן האובד / בשדה ⟦ ⟧ ואל יאכל
1Q14 8-10,10 (I) ושמתי שומרון ל]עי [ה]שדה / [למטעי כרם

1Q**22** 1iii1 (I) ולבהמה ולחית] ה**ש[דה]** / [תהיה לאכו]ל
4Q**158** 10-12,7 (V) אם כול **השדה** יבעה
(V) מיטב **שדהו** ומיטב כרמו י[שלם
4Q**159** 1ii5 (V)] / **השדה** יאכל בפיהו
4Q**251** 14,2 (XXXV) **ושדה** החרם תהיה אחזת [הכוהן
4Q**267** 6,6 (XVIII) רפוס **הש]דה** או קרה בשרפ
4Q**270** 3i21 (XVIII) ג]ן **ושדה** ל[
4Q**270** 3ii16 (XVIII) ואם רפוס **השדה** או[
4Q**270** 7i2 (XVIII) יהלך] / [לפני רעהו ערו]ם בבית או **בשדה**
4Q**271** 2,6 (XVIII)]**שדה** המעורב / ◦[
4Q**274** 3ii9 (XXXV) אל יוכלו] / **בשדה** בכול מודו
4Q**364** 23a-bi1 (XIII) נ]טה **בשדה** ובכר[ם
4Q**365** 25a-c,6 (XIII) [ו(ה)שלחתי בכם את חית **הש]דה**
4Q**366** 1,9 (XIII) ושלח את] בעירו ובער **בשדה** אחר
4Q**366** 1,10 (XIII) מיטב **שדהו** ומיטב / [כרמו ישלם
4Q**367** 2a-b,8 (XIII) לא תכ]ל[ה פאת]**שדך**[לקצר
4Q**368** 10ii6 (XXVIII)] / [ו]ל[ב]המות **בשדה** ולעובר ולשב וי[
4Q**376** 1iii3 (XIX)] **השדה** רחוקה[
4Q**381** 1,6 (XI) וכל פר[י כר]ם וכל תבואות **שדה**
4Q**396** 1-2iv7 (X) ושלוא לזרוע **שדו** וכ[רמו כלאים]
4Q**418** 19,4 (XXXIV)]**שדכה** [
4Q**418** 172,8 (XXXIV)]◦ד מחיות {{וב}}**השדה** ומגוזל ◦[
4Q**418** 172,9 (XXXIV)]◦בער **בשדה** אחר ישל[ם
4Q**418** 243,4 (XXXIV)]כקצי **שדה** תד[
4Q**420** 1aii-b,7 (XX)]ל[ ]**שדותיו** גבולו[
4Q**513** 18,4 (VII)]◦ מן **השד[ה**
5Q**12** 4 (III)] / על פני **השדה** א[שר
11Q**19** L,5 איש אשר יגע על פני **השדה** בעצם אדם מת
11Q**19** LVII,21 ולוא יחמוד / **שדה** וכרם וכול הון
11Q**19** LXVI,4 ואם **בשדה** מצאה האיש את האשה
11Q**19** LXVI,7 כי **בשדה** מצאה

שְׂדֵרָה ← סְדֵרָה

sheep noun **שֶׂה**

4Q**158** 10-12,4 (V) אם יגנוב איש שור או **שה** וטבחו או מ[כרו
4Q**158** 10-12,6 (V)]חמור עד **שה** חיים אחד שנים ישלם
4Q**158** 10-12,11 (V)]או שור או **שה** או כול בהמה לשמור[
4Q**271** 2,3 (XVIII) אל יבדל איש להרים **לשה** [אח]ד מן המאה
4Q**364** 4b-eii12 (XIII) וכו]ל **שה** חום[בכשבים
4Q**364** 4b-eii14 (XIII) כול **שה** א[שר איננו נקוד וטלוא בעזים]
4Q**368** 2,11 (XXVIII) וכל מקנך הזכ]ר פטר ש[ור ו]**שה**
11Q**19** LII,4 ולוא / תזבח לי שור **ושה**
11Q**19** LII,5 ולוא תזבח לי שור **ושה** ועז והמה מלאות
11Q**19** LII,6 ושור **ושה** אותו ואת בנו לוא תזבח
11Q**19** LII,13 לוא תזבח שור **ושה** ועז טהורים
11Q**19** LII,19 לוא תואכל בשר שור **ושה** ועז בתוך עירי
11Q**19** LXIV,13 את שור אחיכה או את **שיו** או את חמורו

שׂוג ← סוג-1

to grow (?) verb **שׂוג**

1QH[a] XVI,9 כול ע[צי] מים כי במטעתם **יתשגשגו**

to hedge, enclose, protect verb **שׂוּךְ**

1QS X,25 ובערמת דעת **אשוכ** בעדה גבול סמוכ
1QH[a] X,21 **ותשוך** בעדי מכול מוקשי שחת
1QH[a] XIII,33 ויוספוה לצוקה **וישוכו** בעדי בצלמות
1QH[a] XVI,11 ואתה[א]ל **שכתה** בעד פריו ברז גבורי כוח
4Q**381** 1,4 (XI) ואפיקים **שך** אור ותיה אגמים וכל בלעה
4Q**426** 1ii8 (XX)] / **תשוך** בעדי[

שׂוּכָה ← סוּכָה

שׂוכל ← שֶׂכֶל

disquieting thought noun **שׂועף**

4Q**385**a 13a-b,6 (XXX)]◦◦ל **השועפים**[

שׂור ← סור

to rejoice verb **שׂוּשׂ, סוס**

CD I,21 וירדפום לחרב **ויסיסו** לריב עם
CD XX,33 בשמעם אתם **ישישו** וישמחו
1QM XIII,13 **ונשישה** בישועתכה ונגילה בעזר[תכה
1QH[a] XVIII,30] **שש** לבי בבריתכה ואמתכה
4Q**415** 2i+1ii6 (XXXIV)]א **ותשיש** בפרי / [
11Q**5** XXII,4 (IV) המתאוים ליום ישעך **וישישו** ברוב כבודך
11Q**19** LIX,12 ופדיתים והרביתים **וששתי** עליהמה

to entice, mislead verb **שׂות**

11Q**19** LIV,19 ואם **ישיתכה** אחיכה בן אביכה

שׂחט ← סחט

to play verb **שׂחק, סחק**

1QS VII,14 ואשר **ישחק** בסכלות להשמיע קולו
1QpHab IV,4 והוא / לכול מבצר **ישחק**
1QpHab IV,6 ובלעג **ישח{{ו}}קו** עליהם
4Q**171** 1-2ii12 (V) יה]וה **ישחק** לו כיא ראה / כיא בא יומו
4Q**259** I,13 (XXVI) ואשר **ישחק**[בסכלות להשמיע] / קולו
4Q**266** 10ii12 (XVIII) וה{{ש}}**ס[וח]ק** בסכלו[ת להשמיע קולו
4Q**269** 11ii+15,1 (XXXVI) **והשוח[ק** בסכלות להשמיע קולו
4Q**270** 7i4 (XVIII) **והסוח]ק** בסכלות להרים שמיע [קולו
4Q**380** 3,2 (XI)]ק **ישחק**[
11Q**5** XXI,15 (IV) זמותי **ואשחקה** קנאתי בטוב ולוא אשוב

to be hostile towards verb **שׂטם**

4Q**174** 4,4 (V)]לבית יהודה קשות **לשוטמם** / [
4Q**225** 2i10 (XIII) **וישטים** את אברהם בישחק

malevolence, enmity, hatred noun **שׂטמה**

1QM XIV,9 ובכול רזי **שטמתו** לוא הדיחונ[ו] / מבריתכה

adversary, accuser, Satan (?) noun **שָׂטָן**

1QSb I,8 (I)]ל **שטן** [
1QH[a] 4,6]תגער בכול **שטן** משחית
1QH[a] 45,3]◦ם כול **שטן** ומשחית[
4Q**504** 1-2iv12 (VII) ואין **שטן** / ופג{{ר}}ע רע
11Q**5** XIX,15 (IV) אל תשלט בי **שטן** ורוח טמאה

שֵׂיבָה ← שֵׂבָה

whitewash noun **שִׂיד**

4Q**299** 65,2 (XX)]◦ינו **שיד** הואה[

to meditate, speak verb **שׂיח**

1QS X,16 בהפלא מודה ובגבורתו **אשוחח**
1QH[a] IX,35 שמעו / חכמים **ושחי** דעת ונמהרים
1QH[a] XIV,11 ובגבורות[יכה **יש]וחחו** / לאין השבת

Text	Reference	Vol.
תשוחח נפשי בנפלאותיכה	1QH^a XVII,7	
ובגבורתכה אשוחחה כול / היום תמיד	1QH^a XIX,5	
]ה ותשיח[	1Q14 17-19,1	(I)
בהפלא מאדה ובגבורות[יו א]שוחח	4Q260 IV,2	(XXVI)
] / הגדתי ונפלאתו אשיחה	4Q381 1,1	(XI)
]אשיח בנפלאתיך כי אל [	4Q381 31,2	(XI)
] / ובאמונתו ישיחו כול היום	4Q418 126ii10	(XXXIV)
אח]ריך בעלילותיך אשיח	4Q437 2i16	(XXIX)
בה יהגה תמיד ובצרתו ישוחח[בה ?	4Q525 2ii+3,6	(XXV)
] ישיחו ◦[	PAM 43.665 5,1	(XXXIII)

bush noun שִׂיחַ-1

Text	Reference	Vol.
]עפי שיח ◦◦◦◦[	4Q302 10,2	(XX)

complaint, speech, meditation noun שִׂיחַ-2

Text	Reference	Vol.
יע]רב עליו שיחי[	4Q372 3,4	(XXVIII)
לפניכ]ה נשפוך ש[יחנו	4Q509 1-2,4	(VII)
ואל] / תשפוך שיח טרם תשמע את מליהם	4Q525 14ii23	(XXV)

meditation, speech noun שִׂיחָה

Text	Reference	Vol.
] / שיחתך אם [	4Q266 1a-b,20	(XVIII)
שיחתם בתורת עליון אמריהמה להודיע עוזו	11Q5 XVIII,12	(IV)

to put, set, make verb שִׂים

Text	Reference	Vol.
אשר שמו גלולים על לבם	CD XX,9	
{{וישים}} וילכו בשרירות / לבם		
ומכשול עוונו ישים לפניו להסוג בו	1QS II,12	
וישם לו שתי רוחות להתהלך בם	1QS III,18	
כיא אל שמן בד בבד עד קצ / אחרון	1QS IV,16	
כיא בד בבד שמן אל עד קץ נחרצה	1QS IV,25	
ובהיותם אשים / גבולי לבלתי שוב	1QS X,10	
וישימכה מכלול הדר בתוך / קדושים	1QSb III,25	(I)
וישימכה קוד[ש] בעמו	1QSb IV,27	(I)
[ו]ישם קרניכה ברזל ופרסותיכה נחושה	1QSb V,26	(I)
ויעבר וישם זה כוחו / לאלוהו	1QpHab IV,9	
יהוה] / למשפט שמתו וצור למוכיחו יסדתו	1QpHab V,1	
לשום / במרום קנו לנצל מכף רע	1QpHab IX,12	
ואם [א]ורב ישימ[ו] ל[מערכ]ת / ◦[	1QM IX,17	
ובחירי עם קודש / שמתה לכה ב◦[	1QM XII,2	
] / ושם שלומם בדלק ◦[	1QM XVII,1	
ותשם דברים על קו	1QH^a IX,28	
ות]שם [אמת נגד עוני	1QH^a X,4	
ותשימני חרפה / וקלס לבוגדים	1QH^a X,9	
ותשימני נס לבחירי צדק	1QH^a X,13	
שמתה בלבבו לפתוח מקור דעת	1QH^a X,18	
אודכה אדוני כי שמתה נפשי בצרור החיים	1QH^a X,20	
כי מאתך מצעדי וישימוני לבוז / וחרפה	1QH^a X,33	
וישימו נפש[י] כאוניה ב[מ]צולות ים	1QH^a XI,6	
ומכשול עוונם שמו לנגד פניהם	1QH^a XII,15	
ותשמני / במגור עם דיגים רבים	1QH^a XIII,7	
כי אתה / תשים סוד על סלע	1QH^a XIV,26	
ותשימני כמגדל עוז כחומה נשגבה	1QH^a XV,8	
] ותשימני אב לבני חסד	1QH^a XV,20	
ובסוד נעלמים לא שמתה חוקי	1QH^a XV,34	
ואתה אלי שמתה בפי כיורה גשם	1QH^a XVI,16	
ויצר בשר לא שמתה לי מעוז	1QH^a XVIII,23	
ותשם בפי עבדכה הודות ◦[	1QH^a XIX,33	
ולך חמד ובצדק תשימ[	1QH^a 11,6	
וישי]מ[ה מראשותיו תחת האלון	1Q17 5	(I)
] / להמה וישימ[ו	1Q25 1,5	(I)
] / ובשומרון ישים [	1Q25 1,6	(I)
אלה המשפטים [אשר] תש[ים	4Q158 7-8,9	(V)
ושמתים ליער ואכלתם ח[ית השדה]	4Q166 II,19	(V)
עליך שקוצים [ונ]בלתיך ושמתיך / כאורה	4Q169 3-4iii1	(V)
תורתכה לישראל ישימו קטורה באפך	4Q175 18	(V)
]שמתיה להיות[	4Q176 23,2	(V)
וקדושו שמו ובאו ציון בשמחה	4Q177 12-13i10	(V)
בעש]ותך צדקה שימה טובה[	4Q200 2,9	(XIX)
לשים א[ת שמי]עליו[וישכן	4Q216 II,10	(XIII)
]◦ יעשה ושים ל◦◦[	4Q226 4,2	(XIII)
מת]חת שם / [	4Q298 3-4i7	(XX)
] / שם גבולות[	4Q298 5ii10	(XX)
] ישים[	4Q299 82,2	(XX)
]לשום לט[וב	4Q300 4,4	(XX)
וש[מתה את השלחן מחוץ] / ל[פ]רכת	4Q364 17,3	(XIII)
ושמת[י פדות בין עמי ובין עמכה	4Q365 2,11	(XIII)
שמה שם לו חוק ו[משפט	4Q365 6aii+6c,11	(XIII)
כול המחלים אשר ש[מ]תי במ[צרים]	4Q365 6aii+6c,13	(XIII)
ותשימהו לכה בן בכו[ר	4Q369 1ii6	(XIII)
]◦ה כי בם כבודכ[ה שמת]ה ◦[	4Q369 1ii12	(XIII)
ת[ש]ימני ותהי לי תכחתך	4Q381 33+35,3	(XI)
]קוה ופרסותם תשים נחשה	4Q381 46a+b,7	(XI)
]וישימו כדל[	4Q382 25,5	(XIII)
]אשים[	4Q391 20,1	(XIX)
[ש]ים מוסר על שפתיכה[	4Q412 1,5	(XX)
ואם שמו בראשכה למות הפקידהו	4Q416 2iii6	(XXXIV)
כאשר שמכה לקדוש קודשים[לכול]תבל	4Q418 81+81a,4	(XXXIV)
וישימכה לו בכור ב[	4Q418 81+81a,5	(XXXIV)
הוא שמם ולחפציהם ידרש[ו	4Q418 126ii4	(XXXIV)
ואל ישים מחפצו כי אל י◦[	4Q418 126ii14	(XXXIV)
] / בינה לקדמוניות שים ל◦[	4Q418 148ii6	(XXXIV)
לוא יסוד מדרכי צדק]וישמ / [לבו	4Q421 1aii-b,16	(XX)
]וישימכה לו כבכור	4Q423 8,4	(XXXIV)
ותשימני במגורי / [עם דיגים רבים	4Q429 1i1	(XXIX)
ומכשול עוונם שמו ל[נ]גד פני[הם	4Q430 3	(XXIX)
ות[שם שומ]רי אמת נגד עוני	4Q432 3,2	(XXIX)
וישם אויביהם כדמן	4Q434 7b,3	(XXIX)
] ותשם [לב ט]הור תחתיו	4Q435 2i1	(XXIX)
ורוח קודש שמ]תה בלבב[י	4Q435 2i2	(XXIX)
]ותשם לי רוח ארוך / [אפים	4Q435 2i4	(XXIX)
שכל עולם אשר / [שמת]ה לפני	4Q436 1a+bi4	(XXIX)
ותשם פי כחרב חדה	4Q436 1a+bi7	(XXIX)
ותשם / [עליהמה]מוסר		(XXIX)
האבן ג[ע]רתה ממני ותשם לב טהור תחתיו	4Q436 1a+bi10	(XXIX)
[ורוח קוד]ש שמתה בלבבי	4Q436 1ii1	(XXIX)
ע]ורף קשה שלחתה ממני ותשמו ענוה	4Q436 1ii2	(XXIX)
ותשימני לחין ברור בסת[ר] כפך	4Q437 2i9	(XXIX)
ובינה אמת וצדק שם אל בל[בבי	4Q444 1-4i+5,3	(XXIX)
] / וישם מים מ◦[	4Q464 5ii2	(XIX)
]ערותו לשום[ ]◦ר על ערות [	4Q468cc 5	(XXVIII)
]עולמים וישימנו[	4Q471c 1,2	(XIX)
ורוח ישימו בין המערכות[ובין המערכות]	4Q491 1-3,11	(VII)
ואם אורב ישימו למערכת	4Q491 1-3,12	(VII)
ש[מ]תה על / [	4Q491 8-10i13	(VII)
] / ותשימ◦◦ לכ[	4Q499 48,1	(VII)
ולוא שמוכה לנגדמה	4Q501 9	(VII)
ובנים / שמתנו לכה לעיני כול הגוים	4Q504 1-2iii5	(VII)
]שמתה שימה / [	4Q504 7,9	(VII)
] ישים ק[	4Q504 9,4	(VII)
שם [י]שראל [בש]נים עשר מחנות קדוש[	4Q511 2i7	(VII)

4Q**511** 28-29,3 (VII) למען כבודכה / [**ש**]**מתה** דעת בסוד עפרי
4Q**511** 63iii1 (VII) ובשפתי **שמתה** מקור / תהלה
4Q**525** 14ii18 (XXV) ועתה מבין שמעה לי ו**שים** לבכה לא[מרי פי
11Q**5** XXVIII,3 (IV) וצעיר מבני אבי ו**ישימני** / רועה לצונו
11Q**5** XXVIII,5 (IV) **ואשימה** ליהוה כבוד
11Q**5** XXVIII,11 (IV) **וישימני** נגיד לעמו
11Q**19** III,4 בי]ת **לשום** שמי עליו כ[ול
11Q**19** XLVIII,8 ולוא **תשימו** קורחה בין עיניכמה / למת
11Q**19** LII,16 במקום אשר אבחר **לשום** שמי עליו
11Q**19** LII,20 עירי אשר אנוכי מקדש / **לשום** שמי בתוכה
11Q**19** LVI,13 ואמרתה **אשימה** עלי מלך ככול הגואים
11Q**19** LVI,14 שם **תשים** עליכה מלך אשר אבחר בו
מקרב אחיכה **תשים** עליך מלך
11Q**19** LXV,6 ולוא **תשום** דמים בביתכה כי יפול הנופל
11Q**19** LXV,7 ובעלה ושנאה **ושם** לה עלות דברים
11Q**19** LXV,11 והוא **שם** / לה עלות דברים

treasure noun **שִׂימָה**
4Q**504** 7,9 (VII)]שמתה **שימה** / [

שְׂכוֹת ← סְכוֹת

hired adjective **שָׂכִיר**
4Q**367** 2a-b,12 (XIII) לא תלין פעלת]**שכיר** אתך עד בק[ר

to be wise, prudent, understand verb **שׂכל-1, סכל**
← מַשְׂכִּיל
CD XIII,7 וזה סרך המבקר למחנה **ישכיל** את הרבים
1QS IV,22 וחכמת בני שמים ל**השכיל** תמימי דרכ
1QS IX,18 וכן ל**השכילם** ברזי פלא
1QS IX,20 ול**השכילם** כול הנמצא לעשות בעת הזואת
1QS XI,1 ול**השכיל** רוכנים בלקח
1QS XI,18 ול**השכיל** / בכול מחשבת קודשכה
1QSa I,7 (I) וכפי יומיו **ישכילו**הו בחוקי הברית
1QM X,10 ומלומדי חוק **משכילי** בינ[ה
1QH[a] V,20 ול**השכיל** בסוד[פלאך ה]גדול
1QH[a] VII,21 כי **ישכיל** [ ]◦ עפר איך יוכל להכין
1QH[a] XV,26 אוד[כה אדוני] כי **השכלתני** באמתכה
1QH[a] XVII,16 וגבר [מגב]ר / **ישכיל** ובשר מיצר ח[מר] יכבד
1QH[a] XVIII,4 כי **תשכיל**נו בנפלאות כאלה
1QH[a] XVIII,6 ואיכה **א**{{כ}}**ש**<כ>**יל** בלא יצרתה / לי
1QH[a] XVIII,7 ואיכה אשיב בלוא **השכלתני**
1QH[a] XIX,4 ו**תשכיל**ני במעשי פלאכה
1QH[a] XIX,10 וברזי פלאכה **השכלתם**
1QH[a] XX,20]ה / [ל]**השכיל** בכול רזיכה
1QH[a] XX,33 ואיכה אבין כיא אם **השכלתני**
1QH[a] XXVII,8 ו**השכלת**[נו באמתכה מלך הכבוד
1QH[a] 5,11 וקצ תעודה **השכלתה** לב◦[
1QH[a] 10,2]**שכלתי**[
4Q**184** 1,13 (V)]ת ת◦◦◦[ ]עיניה הנה והנה **ישכילו**
4Q**185** 1-2i13 (V) ועתה שמעו נא עמי ו**השכילו** / לי פתאום
4Q**215**a 1ii6 (XXXVI) ותעודת [ה]צדק ל**השכיל**[
4Q**255** A,3 (XXVI)]רע ל**השכיל** / [
4Q**256** XVIII,1 (XXVI) וכן ל**הש**[**כי**]**ל**[ם] / [ברזי פלא ואמת
4Q**256** XVIII,3 (XXVI) ל**השכילם** בכול הנמצא לעשות
4Q**258** VIII,3 (XXVI) וכן ל**השכילם** ברזי פלא ואמת
4Q**258** VIII,4 (XXVI) ל**השכילם** בכל הנמצא לעשות
4Q**264** 6 (XXVI) ול**השכיל** בכל מחשבת / [קדשך
4Q**300** 1aii-b,2 (XX) עד לא הבטתם ובבינה לא **השכלתם**
4Q**378** 8,3 (XXII)]**השכילו** וער[
4Q**379** 18,6 (XXII)]ובעדו[ת] עליון **השכלת** כ◦[
4Q**381** 15,8 (XI) כי הודעת<נ>י ו**השכיל** כי השכלתני / [
(XI) כי הודעת<נ>י והשכיל כי **השכלתני** / [
4Q**381** 24a+b,11 (XI)]ם **השכיל** ושכל / [
4Q**381** 44,4 (XI)] **תשכיל**ה בו כי אין כמ[וך
4Q**381** 45a+b,1 (XI) ואבינא ואין מבין **אשכיל** ולו ◦[ ]◦◦[
4Q**381** 47,3 (XI)]מבינך ו**אשכילה** [
4Q**381** 69,4 (XI) ברוחו נביאים ל**השכיל** וללמד אתכם
4Q**381** 69,5a (XI) וידברעמכם ל**השכיל** אתכם
4Q**381** 69,7 (XI)] ל**השכיל** בכם אם תהיו לוא
4Q**381** 76-77,8 (XI)]◦◦ דברי ו**תשכילו** לחכמה מפי תצא
4Q**381** 79,5 (XI)]◦ת תעואת ל**השכיל** ל[
4Q**381** 80,1 (XI)]ל**שכיל** אלי[
4Q**392** 1,8 (XXIX) הלוא **נשכיל** במה עמנו לע[שות נפ]לאות
4Q**416** 2ii15 (XXXIV) ואתה דמה לו לעבד **משכי**]**ל**
4Q**417** 1i25 (XXXIV)] / בן **משכיל** התבונן ברזיכה
4Q**417** 20,2 (XXXIV) נ]פלאות אל **תסכילו**[ ] ◦[
4Q**418** 8,15 (XXXIV)]לעבד **משכיל**
4Q**418** 20,2 (XXXIV)]נדה **השכי**[**ל**
4Q**418** 21,2 (XXXIV) ואתה דמה לו]לעבד **משכיל**[
4Q**418** 43-45i1 (XXXIV) הבט ברזי פלא]י אל הנוראים **תשכיל** ראש ◦[
4Q**418** 69ii2 (XXXIV)]ו**תשכיל**[
4Q**418** 81+81a,20 (XXXIV) בכו]ל[חי] וכול חכמי לב **השכלו**[
4Q**418** 165,3 (XXXIV)]**שכילו** בינ[ה
4Q**418** 174,3 (XXXIV) יש]**כילו**[
4Q**418** 197,2 (XXXIV)]**שכילו** בכול ולא[
4Q**418**a 2,1 (XXXIV)]י**שכילם** ◦[
4Q**418**c 7 (XXXIV) להש]**כילו** ול◦[
4Q**420** 2,9 (XX)]מה בלבב מ[**שכילים** ?
4Q**421** 1aii-b,10 (XX) אי]ש **משכיל** ונבון / ידלם ישח[
4Q**423** 1-2i1 (XXXIV) {{[וכל]}} וכל עץ נעים נחמד ל**השכיל**
4Q**423** 1-2i2 (XXXIV) ונחמד]ל[ה]**שכיל** מ[וא]דה
4Q**423** 5,6 (XXXIV) ובעבודתכה **השכ**[**ל** בדעת ה]טוב עם הרע
4Q**427** 7ii14 (XXIX) ו**השכלנו**[באמתכה מלך] / הכבוד
4Q**428** 18,2 (XXIX) וקץ תעודה **השכלתה**[לבשר
4Q**446** 2,3 (XXIX) **מש**]**כילי** תבונה המה רואים[
4Q**447** 2 (XXIX)]**תשכילנו** [
4Q**525** 1,2 (XXV) לדע]ת חוכמה ומו[סר] ל**השכיל**[
4Q**525** 5,9 (XXV)] / [י]**שכילו** במתק
11Q**5** XVIII,5 (IV) ל**השכיל** לחסרי לבב גדולתו
11Q**5** XIX,3 (IV) וצדקתכה **תשכילם**
11Q**13** II,20 (XXIII) פשרו]ל[ה]**שכילמה** בכול קצי הע[ולם
PAM 43.696 77,2 (XXXIII) ה]**שכיל**[

understanding noun **שֶׂכֶל, שׂוכל**
CD XIII,11 יפקדהו למעשיו ו**שוכלו** וכוחו וגבורתו
1QS II,3 ויאר לבכה ב**שכל** חיים
1QS IV,3 ורוב רחמים וטוב עולמים ו**שכל** ובינה
1QS IV,18 ואל ברזי **שכלו** ובחכמת כבודו נתן קצ
1QS V,21 לפי **שכלו** ומעשיו בתורה
1QS V,23 וכתבם בסרך איש לפני רעהו לפי **שכלו**
1QS V,24 להעלות איש לפי **שכלו** ותום דרכו
1QS VI,14 הפקוד ברואש הרבים ל**שכלו** ולמעשיו
1QS VI,18 על דבריו לפי **שכלו** ומעשיו בתורה
1QS IX,13 ולמוד את כול ה**שכל** הנמצא לפי העתים
1QS IX,15 כבור כפיו לקרבו ולפי **שכלו** / להגישו
1QSa I,17 (I) ולפי **שכלו** עם תום דרכו יחזק מתנו
1QH[a] IV,21 אשר בחרתה [תתם] דרכו וב**שכל** / [
1QH[a] V,19 וברזי **שכלכה** פלג[תה] כול אלה
1QH[a] VI,3] **שכל** ומבקשי בינה ב[

Reference	Vol.	Text
1QHa VI,19		לפי / שׂכלו אנישנו
1QHa VI,27		] שכליך כי מידך היתה זאת
1QHa IX,31		לפי שכלם יברכוכה לעולמי [עד]
1QHa XVII,31		ומנעורי הופעתה לי בשכל משפטכה
1QHa XVII,41		]שׂכלו והללו[
1QHa XVIII,27		ולבני אמתכה נתתה שכל[
1QHa XIX,25		יברכוכה כפי שכל[ם
1QHa XIX,28		א]שר נתתה לעבדך / שכל דעה
1QHa XX,13		[פ]תחתה לתוכי דעת ברז שכלכה
1QHa XX,22		]◦כשכלם / הגשתם ולפי ממשלתם ישרתוכה
1QHa 10,5		עלי]לליה לפי שכלם
1QHa 11,4		]◦ ◦רוחם בני איש לפי שכלו וח[
4Q**215**a 1ii11	(XXXVI)	ומודה גבה[ ]השכל ערמה ותושיה
4Q**258** II,2	(XXVI)	בסרך איש לפי שכלו / ומעשיו בתורה
4Q**258** II,4	(XXVI)	להעלות איש כפי שכל[ו]
4Q**258** VIII,1	(XXVI)	]כבר כ[פיו לקרבו] / ולפי שכלו להגישו
4Q**261** 1a-b,3	(XXVI)	[איש לפנ]י רע[הו בסרך לפי]שׂכלו
4Q**265** 4ii4	(XXXV)	אם נפל לו [ש]כלו ודרשה שנה [אחת
4Q**267** 9iv8	(XVIII)	לעדתו יפקדהו]למעשיו ושכלו ו[כוח]
4Q**286** 1ii7	(XI)	וסוד אמת אוצר שׂכל מבני צדק
4Q**299** 8,2	(XX)	]◦ פלג שכל[ם
4Q**299** 8,6	(XX)	ה]בינה יצר לבנ[ו] ברוב שכל גלה אוזננו
4Q**299** 8,8	(XX)	]כול שכל מעולם הוא לוא ישנה[
4Q**303** 8	(XX)	]ר ושכל טוב ורע ל[
4Q**372** 2,5	(XXVIII)	הנו]ת[ן] לו שכל להבין לבנות ◦[
4Q**381** 24a+b,11	(XI)	]ם השכיל ושכל / [
4Q**401** 35,1	(XI)	ש]כל ודעה יודעי[
4Q**403** 1i21	(XI)	בשם[גבורות] אלים לכול גבורי שכל
4Q**405** 3ii13	(XI)	] / שכל בשבעה דב[רי
4Q**405** 13,5	(XI)	בשם גב[ורות אלים לכול ג]בורי שכל
4Q**405** 23ii13	(XI)	]דעת בינתו ובשכל [כב]ודו◦◦◦[
4Q**408** 3+3a,1	(XXXVI)	]שכ[ל
4Q**408** 3+3a,7	(XXXVI)	המבין בכ[ל ש]כל הנער[
4Q**417** 20,6	(XXXIV)	]א◦ ולפי השכ[ל
4Q**418** 55,10	(XXXIV)	ולפי שכלו ירבה הדרו
4Q**418** 81+81a,9	(XXXIV)	ואתה שכל[פ]תח לכה
4Q**418** 149,6	(XXXIV)	]תן שכל [
4Q**418** 158,6	(XXXIV)	]ל[ ]◦נתכה[ר]ב שכל[
4Q**420** 1aii-b,4	(XX)	איש] עניו ונכי שכלו ל[ו]א ישוב א[חור]
4Q**423** 5,7	(XXXIV)	א]יש שכל את בעל אולת ה[
4Q**423** 5,8	(XXXIV)	בר]ב שכלו ◦[ ] / [ ]
4Q**424** 3,7	(XXXVI)	איש שכל יקבל מוס[ר]
4Q**426** 7,2	(XX)	]שׂכל יחש[ב
4Q**436** 1a+bi3	(XXIX)	שכל עולם אשר [שמת]ה לפני
4Q**445** 2,1	(XXIX)	מ]עונת שכל[י
4Q**502** 2,4	(VII)	]לה שכל ובינה בתוך[
PAM 43.697 75,1	(XXXIII)	]ם שכל [

to hire verb **שׂכר**

Reference	Vol.	Text
CD XI,12		ואת אמתו ואת שוכרו בשבת

wage noun **שָׂכָר-1**

Reference	Vol.	Text
CD XIV,12		שכר / שני ימים לכל חדש למעט
4Q**391** 4,2	(XIX)	]את שכרך ותת[
4Q**418** 146,2	(XXXIV)	לו]א תעשוק ש[כר שכיר ?

wage noun **שֶׂכֶר**

Reference	Vol.	Text
4Q**163** 11ii2	(V)	כול עושי] / שכר אגמ[י נפש

insolence noun **שלה**

Reference	Vol.	Text
4Q**468**i 5	(XXXVI)	נא]דרו מכול שלת לבם / [

garment noun **שַׂלְמָה-1, סַלְמָה**

Reference	Vol.	Text
4Q**159** 2-4,7	(V)	] / יכס בשלמות אשה ואל ילבש כתונת אשה
11Q**19** XLIX,18		וירחצו ויכבסו סלמותמה
11Q**19** LXIII,13		והסירותה / את שלמות שביה מעליה
11Q**19** LXV,13		ופרשו השלמה לפני זקני העיר ההיא

left noun **שְׂמֹאול, סְמוֹל, סְמֹל, שְׂמֹאל**

Reference	Vol.	Text
1QS I,15		ולוא לסור מחוקי אמתו ללכת ימין ושמאול
1QS III,10		ולוא לסור ימין ושמאול
1QS VII,15		והמוציא את יד שמאולו לשוח בה
1QM VI,8		המה לימין המערכה ולשמאולה
1QM VIII,5		אנשי הרכב / מימין ומשמאול
1QM IX,14		למגדל אחד ל[ימין ו]אחד לשמאול
3Q15 I,13	(III)	בירד אל סמל / גבה מן הקרקע
3Q15 X,6	(III)	באשיח שיבית הכרם בבואך / לסמול
4Q**163** 4-7i16	(V)	]שמאול ולוא ישבת / [
4Q**255** 2,7	(XXVI)	ול]א [לסור ימין / ושמאול
4Q**302** 1ii11	(XX)	] / ושמאל [
4Q**364** 23a-bi2	(XIII)	דרך המלך נלך]ל[וא]נסור ימין ושמאול
4Q**364** HH,1	(XIII)	]שמא[ול ?
4Q**365** 6b,5	(XIII)	לה[מה חומה מ]ימינם ומשמאולם
4Q**491** 1-3,14	(VII)	והמאסף מימין ומשמאול ובא[חור ובפנים
4Q**504** 1-2ii14	(VII)	ללכת]מימין ושמאול
11Q**19** XLIV,5		וכ[ו]ל ימין שער לוי ושמאולו לבני אהרון
11Q**19** XLV,3		ויצאו ? ה]שני יהיה בא לשמאול[
11Q**19** LVI,8		אשר יגידו לכה ימין / ושמאול

שמאל ← שמל

שְׂמאל ← שְׂמאוֹל

left adjective **שְׂמָאלִי**

Reference	Vol.	Text
4Q**266** 10ii13	(XVIII)	[והמוציא את י]דו השמ[אלית] / [לש]ח בה
4Q**270** 7i5	(XVIII)	[והמוציא את ידו הש]מאלית לשח בה
4Q**376** 1ii1	(XIX)	האבן השמאלית אשר על צדו / השמאלי
4Q**376** 1ii2	(XIX)	האבן השמאלית אשר על צדו / השמאלי

to rejoice verb **שמח**

Reference	Vol.	Text
CD XX,33		בשמעם אתם ישישו וישמחו
1QpHab V,14		כן יוב]ל לחרמו על כן ישמח / [ויגי]ל[
1QM XII,13		ציון שמחי מאדה והופיעי ברנות ירושלים
1QM XIII,12		ואנו בגורל אמתכה נשמחה ביד / גבורתכה
1QM XVII,8		ישמח צדק במרומים
1QM XIX,5		ציון שמחי מואדה והגלנה כול ערי יהו[דה
1QHa XIV,25		ואשמ[חה ב]אמתכה אלי
1QHa XIX,30		שמח נפש עבדכה באמתכה
1QHa 47,1		]ה נשמחה [
1Q**34**bis 2+1,4	(I)	ברוך אדוני אשר שמחנ[ו
3Q6 1,1	(III)	]כול אשר ישמחו[בכה
4Q**88** X,7	(XVI)	שמחה יהודה שמחתכה / שמחה שמחתכה
4Q**88** X,8	(XVI)	שמחה יהודה שמחתכה / שמחה שמחתכה
4Q**163** 8-10,11	(V)	אל תש[מחי / [פלשת כ]ולך
4Q**171** 3-10iv12	(V)	ועם / בחירו ישמחו בנחלת אמת
4Q**176** 8-11,16	(V)	]◦ ישמח [ ]י[ ] אריב[ ]וישבת[
4Q**177** 1-4,15	(V)	ויעקוב עומד על הגתות ושמח על רדת[
4Q**200** 7i1	(XIX)	]אז שמחי ודוצי / [על בני הצדיקים
4Q**225** 2ii7	(XIII)	] / שמחים ואומרים עכשו יאבד

]ל̇ ישמח בא̇[	(XXXV)	4Q**265** 2,2
ושמחת בחגך אתה ובנך	(XIII)	4Q**366** 4i10
] / מפני פחדו ותשמח נפ̇[שכם	(XIX)	4Q**370** 1ii8
]ו̇תשמחהו ב̇שנ̇י̇ם̇[עשר	(XXII)	4Q**379** 1,1
[בח]י̇ר̇י̇ו̇ לש̇[מח בשמחת גויו] / [	(XI)	4Q**380** 1i11
]◦ה שמח מ[	(XIII)	4Q**382** 22,2
]תחת דוני / שמח את נפשי	(XXX)	4Q**385** 4,2
]בשל שת̇[שמח	(X)	4Q**397** 23,2
ועצת בליעל / בשל שתשמח באחרית העת	(X)	4Q**398** 14-17ii6
]ל̇ו / [ו]תשמח בחכ̇[מה/ת	(XX)	4Q**411** 1ii1
ואתה מבין שמחה בנחלת אמת	(XXXIV)	4Q**416** 4,3
ואל תשסח̮ באבלכה פ̇ן תעמ̇ל בחי̇כ[ה	(XXXIV)	4Q**417** 2i10
]מ̇חכה / [	(XXXIV)	4Q**418** 69ii1
איש אמת יש[מח במש]ל̇	(XXXVI)	4Q**424** 3,8
] ישמחו̇[	(XXIX)	4Q**428** 24,2
]נ̇ו תירוש אז ישמח אל [	(XXIX)	4Q**433**a 1,6
ועל קו מ̇[שפ]ט שמחת / [את נפשי	(XXIX)	4Q**437** 2i12
] / שמח ד̇ויד להשיב [	(XXIX)	4Q**457b** II,2
י]שמחו ו̇[ירננו	(XXXVI)	4Q**472** 1,2
שמח]ה̇ בבן א̇הוב ל̇[א]כ̇[י]ו̇[	(XXXVI)	4Q**474** 2
] ציון שמחי מא̇וד [והגלנה כול ערי יהודה	(VII)	4Q**492** 1,5
שמ]ח̇נו בתע[ודת	(VII)	4Q**502** 6-10,16
אש]ר̇ שמחנו̇[	(VII)	4Q**502** 33,2
ש]מחי̇ [	(VII)	4Q**502** 43,2
]באור כ̇בודו וישמחנ[ו	(VII)	4Q**503** 21-22,1
]אור י̇שמחו ב̇[	(VII)	4Q**503** 29-32,8
]נ̇ו לשמח לפני̇[כה	(VII)	4Q**508** 20,2
ברו]ך אדוני̇ א̇שר שמח̇[נו	(VII)	4Q**509** 3,9
]◦ ע̇ול̇ם̇ וישמחנו[	(VII)	4Q**509** 4,3
[שיר המעלות לדוי]ד̇ שמחתי ב[אומרים לי	(XXV)	4Q**522** 22-25,1
ישמ̇חו אחי עמי ובית אבי	(IV)	11Q**5** XIX,17
]◦לם אשמחה בכה	(IV)	11Q**5** XIX,18
גם גרע נץ בבשול ענבים ישמחו לב	(IV)	11Q**5** XXI,12
שבחי עליון פודך תשמח נפשי בכבודך	(IV)	11Q**5** XXII,15
] ו̇י̇שמחו כי כופר עליהמה[		11Q**19** XVII,2
וישמחו ויש[		11Q**19** XVII,4
וישמחו בני ישראל לפ[ני] י̇הוה		11Q**19** XXI,8
ושמחו בי̇[ום הזה] / [כי החלו] לנסך		11Q**19** XXI,9
וישמחו / [כול בני ישראל		11Q**19** XXII,16
ת̇שמחו ביום הזה לוא תעשו בו כול		11Q**19** XXV,9
ואכלתה / ושמחתה לפני		11Q**19** LII,16
וישמח̇ו / [בני ישראל לפני יהוה	(XXIII)	11Q**20** V,11
ושמחו / [ביום הזה במועד החלו לנסך נסך	(XXIII)	11Q**20** V,12
]ל̇שמ̇ח / [	(XXXIII)	PAM 43.694 51,1

joyful, rejoicing adjective שָׂמֵחַ

ויצא מאתוה שמח	(XIII)	4Q**219** II,34
במטתו ביו]ם̇ הזה שמח	(XIII)	4Q**223-224** 2iii10
שמ]חים ל◦[	(VII)	4Q**503** 24-25,6
ש]מ̇חי רצון במועדי̇[	(VII)	4Q**509** 32,3

joy noun שִׂמְחָה, סִמְחָה

ושמחת עולמים בחיי נצח		1QS IV,7
] לשלום וברכה כבוד ושמחה ואורך ימים		1QM I,9
עזר אל משענת אל / שמ̇חת̇ אל הודות אל		1QM IV,14
לכלות כול בני חושך ושמחה ל̇[		1QM XIII,16
ורוממו שמו ביחד שמחה		1QM XIV,4
להאיר בשמחה ב̇רית ישראל		1QM XVII,7
כבוד עולם ◦◦[ו]ש̇מחת עד למעשה [		1QH^a V,12
]ומשמיעי שמחה לאבל יג[וני]		1QH^a X,5
ותהי תוכחתכה לי לשמחה ו̇ששון		1QH^a XVII,24
ואז / אזמרה בכנור ישועות ונבל שמ[חה		1QH^a XIX,23
ואבלים לשמחת עולם		1QH^a XXIII,15
ושמחת עולם במכוניה̇[ם		1QH^a XXVII,5
]בשמחה ו[		1QH^a 54,1
שמחה יהודה שמחתכה / שמ̇חה שמחתכה	(XVI)	4Q**88** X,7
שמחה יהודה שמחתכה / שמ̇חה שמחתכה	(XVI)	4Q**88** X,8
וקדושו שמו ובאו ציון בסמחה וירושלים[	(V)	4Q**177** 12-13i10
]שמ[ח]ה̇ לוא נשמ{{ש}}עה בה	(V)	4Q**179** 1i13
ורשף̇ ע̇י̇נ̇י̇ם ושמחת לבב ע◦[	(V)	4Q**185** 1-2ii12
]שמחה[	(XXXVI)	4Q**307** 5,1
וכן א[כרת] / משמחת עוד	(XI)	4Q**381** 33+35,10
]ת שמחתם̇ ◦[	(XIX)	4Q**391** 1,1
ל̇[מזמו]ר בשמחת אלוהים וגיל בכול קדושים	(XI)	4Q**403** 1i40
לזמרות פלא בשמחת ע̇ו̇ל̇[מים]	(XI)	
]ב̇שמחת[	(XI)	4Q**404** 4,10
פל]א̇ בשמח̇[ת] / [	(XI)	4Q**405** 6,1
ושמ[ ]חה לכה אם תנקה ממנו	(XXXIV)	4Q**416** 2iii5
ואחריתכה תנחל / שמ̇ח̇ה	(XXXIV)	4Q**416** 2iii8
] / מ̇שמחתכ̇ה ה̇[	(XXXIV)	4Q**417** 1ii7
ולאבליהמה שמחת עולם	(XXXIV)	4Q**417** 2i12
ש]מחת ל̇ץ̇[	(XXXIV)	4Q**418** 100,1
ובשמחת אמת תשת[	(XXXIV)	4Q**418** 102a+b,5
ש]מ̇חת[	(XXXIV)	4Q**418** 105,3
הגידנה הביעו בשמחות עולמים	(XXIX)	4Q**427** 7i17
הופיע אור וש̇[מחה תביע	(XXIX)	4Q**427** 7ii4
ושמחת ע̇ול̇ם̇ במכוני̇ה̇מה כבוד נצח	(XXIX)	4Q**427** 7ii11
הופיע אור ושמחה ת̇ב̇י̇ע̇	(XXIX)	4Q**431** 2,3
ויד אל תגוף [ ]◦[לש]{{מחת̇}} לכלת עולמים[	(VII)	4Q**491** 1-3,4
] / קודשו ב̇ש̇[מ]ח̇ת עולם	(VII)	4Q**491** 1-3,5
]ב̇שמח̇ת̇ עולמים ואין כ̇◦[	(VII)	4Q**491** 11i21
]שמ̇ח̇ת̇ ◦[	(VII)	4Q**491** 20,4
]כ̇בו̇ד [ו]שמ̇[חה	(VII)	4Q**496** 3,9
ש]מחת יח̇[ד	(VII)	4Q**502** 4,3
ק]ץ̇ שמחה להלל שמו / [	(VII)	4Q**502** 6-10,3
א̇[שר נתן לנו מ]ו̇עד לשמחתנו	(VII)	4Q**502** 6-10,8
]טים לשמחת [יחד	(VII)	4Q**502** 22,3
]ו̇ר בשמח[ת יחד	(VII)	4Q**502** 35,1
]שמחת[	(VII)	4Q**502** 43,3
שמ]חתנו̇[	(VII)	4Q**502** 86,2
] שמחה [	(VII)	4Q**502** 94,3
]ב̇שמחת̇ / [	(VII)	4Q**502** 96,5
]ה̇ לשמחת[	(VII)	4Q**502** 98,3
ה]ר̇אנו̇ שמ̇[חה	(VII)	4Q**502** 100,3
] ושמחת י̇[ח]ד ל[	(VII)	4Q**502** 105-106,2
] שמחת[	(VII)	4Q**502** 307,1
אחד ע]שר לחגי שמחה ומועדי כ[בוד]	(VII)	4Q**503** 1-6iii13
ש]מ̇ח̇ת̇[נו	(VII)	4Q**503** 29-32,18
אשר] / חדש[תה] שמחתנו באו̇ר̇[היומם	(VII)	4Q**503** 33II-36,2
] / בשמ̇חתו ע[ומ]ד̇ים [	(VII)	4Q**503** 33II-36,4
] שמחתנו וש◦[	(VII)	4Q**503** 48-50,4
והלילה לנו]ש̇לישי̇ ב̇מו̇[עדי שמ]חתנו	(VII)	4Q**503** 48-50,5
ש]מחתנו / [	(VII)	4Q**503** 56i-58,4
]ב̇שמחת[	(VII)	4Q**503** 91,2
]◦ שמ̇כה בשמחה̇[	(VII)	4Q**512** 24-25,3
]בשמחה[	(VII)	4Q**512** 18,3
ת]היה שמחה̇[	(XXV)	4Q**525** 19,2
]◦[ ] עד שמח[	(III)	6Q**18** 2,6

Text	Vol.	Reference
יהיו אנשי אמת יראי אלוהים / שונאי בצע		11Q19 LVII,9
ופריתים מכף שונאיהמה		11Q19 LIX,11
והושעתיהו מיד שונאיו ומיד / מבקשי נפשו		11Q19 LIX,18
יקח איש אשה ובעלה ושנאה		11Q19 LXV,7
בתי נתתי ֯לאיש הזה ֯לאשת֯ והנה שנאה		11Q19 LXV,11

hatred noun **שִׂנְאָה**

Text	Vol.	Reference
וכן אהבתו עם שנאתו		1QS IX,16
בעתים האלה לאהבתו עם שנאתו		1QS IX,21
שנאת עולם / עמ אנשי שחת ברוח הסתר		
למשכיל בעתים האלה לאהבתו עם שנ]אתו	(XXVI)	4Q256 XVIII,5
שנאת ע֯[ולם עם] / אנ[שי השחת	(XXVI)	
וכן אהבתו עם שנאתו	(XXVI)	4Q258 VIII,1
בעת[ים] / [האלה לאהבתו עם]שנאתו	(XXVI)	4Q258 VIII,6
שנאת עולם עם אנשי השחת	(XXVI)	
וכן אה]בתו עם שנאתו	(XXVI)	4Q259 III,13
בעתים האלה לאהבתו] / ע֯ם֯ ש֯נ֯א֯ת֯[ו	(XXVI)	4Q259 IV,3
ומשנאתו / [אותם הוציאם להמיתם	(XIII)	4Q364 26c-d,3

barley noun **שְׂעוֹרָה, שְׂעֹרָה**

Text	Vol.	Reference
] / [מוע]ד֯ שעורים בעשרים וששה בו	(XXI)	4Q325 1,3
ב26 בו מועד ש[עורים אחר השבת	(XXI)	4Q326 4
בב]קעה ובהר ארץ חטה ושער֯[ה] / [	(XXII)	4Q378 11,5

male goat noun **שָׂעִיר-2**

Text	Vol.	Reference
]מ֯ן֯ שנ֯י֯ הש[עירים	(I)	1Q22 1iv11
ושע]י֯ר חטאת א֯ח֯ד֯ מלבד֯ / [עולת התמיד	(XIII)	4Q366 4i2
]ש֯עיר ע֯[זים אחד אשר] / לחטאת	(XIX)	4Q375 1ii5
ותזבחו[את זבחיכם ל]שעירים ו֯[	(XXX)	4Q385a 3a-c,7
ותזבחו את זבחיכ]ם֯ לשעירים ות[	(XXX)	4Q387 1,4
ותזבחו את] / [זבחיכם ל]שעירים ו֯[	(XXX)	4Q388a 3,6
]כ֯ב֯ש֯ים֯ ו֯לשע[יר		11Q19 XIV,18
] / שנה שבעה וש[עיר עזים לחטאת		11Q19 XV,2
ושעיר עזים אחד לחטאת		11Q19 XVII,14
ולאלים ו֯ל֯[כב]שים ולשעיר		11Q19 XVII,15
ש[עירי עזים שנ[ים		11Q19 XXIII,4
ושחטו לפניו את שעיר העזים לראישונה		11Q19 XXIII,11
{{ }} שעיר / עזים אחד לחטאת		11Q19 XXV,13
לאיל ולכבשים ולשעיר		11Q19 XXV,15
[ו]שחט את השעיר אשר על[ה עליו הגורל		11Q19 XXVI,5
ובא אל / השעיר החי		11Q19 XXVI,11
ונתנמה על רואש השעיר		11Q19 XXVI,12
ונשא השעיר את כול עוונות		11Q19 XXVI,13
ושעיר עזים אחד [לחטא]ת		11Q19 XXVIII,4
[ו]לשעיר אשה / ריח ניחוח הוא ליהוה		11Q19 XXVIII,5
ושעיר עזים אחד לחטאת		11Q19 XXVIII,8
לאילים ו֯לכבשים ולשעיר		11Q19 XXVIII,9
ושעיר עזים אחד לחטאת		11Q19 XXVIII,11
ולשעירים / ולחטאות העם ולאשמותמה		11Q19 XXXV,11
כבשים בני שנה]שבעה ושעיר ע֯[זים לחטאת	(XXIII)	11Q20 I,11
] ושעי֯ר עזים לחטאת]	(XXIII)	11Q20 III,9
ושעיר / [עזים אחד לחטאת	(XXIII)	11Q20 IV,7

goat, demon, satyr noun **שָׂעִיר-3**

Text	Vol.	Reference
תחת]י֯ות המלאה שעירים / [	(III)	2Q23 1,7
שע]ירים או ידרוש באוב ובידעונים	(XVIII)	4Q270 2i10

soft rain noun **שָׂעִיר-4**

Text	Vol.	Reference
ח]ס֯ר֯י֯פ֯ה֯ על ערדתנו כש[עירים על הארץ	(VII)	4Q509 3,5

to take the left verb **שׂמל**

Text	Vol.	Reference
]ו֯ישמילנו [	(XX)	4Q299 63,3

to hate verb **שׂנא, סנא**

Text	Vol.	Reference
ואת אשר שנא התעה		CD II,13
ולמאוס כאשר שנא		CD II,15
וניטור / איש לאחיו ושנוא איש את רעהו		CD VIII,6
ובשונאו את בוני החיץ חרה אפו		CD VIII,18
ונטור איש לאחיהו ושנא איש את רעהו		CD XIX,18
ושונא ומתעב אל את בוני החיץ		CD XIX,31
ולשנוא את כול אשר מאס		1QS I,4
ולשנוא כול בני חושך איש כאשמתו		1QS I,10
וכול דרכיה שנא לנצח		1QS IV,1
וכן ישנא עולה		1QS IV,24
ואל ישנאהו [בעור]ל֯[ת] לבבו		1QS V,26
]שנאתה אין ש[ארית	(I)	1QSb I,7
ולהניס כול משנאי / צדק		1QM III,5
ומשוב חסדים במשנאי אל		1QM III,6
ולמאוס בכול אשר שנא֯[תה		1QH[a] IV,24
] ותשנא עולה לעד		1QH[a] VI,25
ויבחרו באשר שנאתה		1QH[a] VII,19
הלוא כול / העמים שנאו עול	(I)	1Q27 1i9
התפזרו כול מסנאיך	(XVI)	4Q88 VIII,7
ובזעם שונאי עמכה תגביר תפארת	(V)	4Q160 3-4ii4
ורבים יבינו בעוונם ושנאום וכארום	(V)	4Q169 3-4iii4
מחוץ ֯מתנים ֯קמו ומשנאו / בל יקומו	(V)	4Q175 19
]◦ם שנא֯ו֯ת֯ ◦[	(V)	4Q176 14,2
]ש{{ו}}נאנו שברנו[	(V)	4Q176 14,3
]◦שנא֯[	(V)	4Q176 40,1
] / כמשונאה יש◦[	(V)	4Q179 1ii3
[וירדו בכם]שונאיכ֯[ם ונסתם	(XXXVI)	4Q249k 3
[ושנו]א֯ איש [את] ר֯עה֯ו֯	(XVIII)	4Q266 3iv4
אנש֯[י]א֯מת ושונאי בצע]	(XXVI)	4Q275 2,3
הלוא כול העמי]ם֯ שנאו עול	(XX)	4Q299 1,1
]שנאיכה לוא יוכל֯[ו	(XX)	4Q299 62,4
מה]ר֯שע משנוא֯[	(XX)	4Q300 7,4
] / אבד֯ה֯ תקות שונה ונש[כח/ונש]בת	(XIII)	4Q365 6aii+6c,4
] / אבדו במים אדירים ש֯ו֯נ֯ה֯[	(XIII)	4Q365 6aii+6c,5
]שנא [	(XXII)	4Q378 25,1
] / עושה טוב[ה] ושנאי רעים	(XI)	4Q380 1ii5
]ש֯נאי ויאמר [	(XI)	4Q381 24a+b,8
ולשנאי נפשי לנ֯ג֯ד֯ ע֯[ינ]ך כפיתה	(XI)	4Q381 31,5
ושנאי[ם] / כנדה תזנוח	(XI)	4Q381 46a+b,5
כי] / התועבה שנואה ה֯יא֯ה֯	(X)	4Q397 14-21,7
וא֯תה אל תבטח למה תש֯נ֯א֯	(XXXIV)	4Q416 2ii14
וגם אי֯ן֯ שונ֯א֯ [ברעיכה לבלתי הריעכה	(XXXIV)	4Q417 2i7
ואתה הבדל מכול אשר שנא	(XXXIV)	4Q418 81+81a,2
] / שנא[	(XXIX)	4Q434 1i14
] / ויראו מסנ֯[איך	(XI)	4Q448 I,5
נ]שנאתה כאשר היתה לפני הבנותה[	(XIX)	4Q462 1,18
]שנא אל ויציב ל֯[	(XXXVI)	4Q471 2,8
]לונו אכלו שנאינו [	(XXII)	4Q481c 4
במשנא]י֯ אל [	(VII)	4Q496 12,1
]ל֯ משנאינ֯ו֯ ו֯א֯יכ֯ה֯[	(VII)	4Q508 40,2
] / כ֯י֯ מעולם֯ שנאתה ◦[	(VII)	4Q509 7,3
ש]נאתה / [	(VII)	4Q509 131-132i17
וכול֯ מעשי נדה שנתי	(VII)	4Q511 18ii7
] / ובל תבואכה חרפת שונא ו֯[	(XXV)	4Q525 14ii8
ומשנאיכה י{{ש}}ת֯חופפ֯[ו	(XXV)	4Q525 14ii9
ויתפזרו כול משנאיך	(IV)	11Q5 XXII,11

Seir proper noun שֵׂעִיר-1

1Q14 12,2 (I)]◦◦ כבודו משעיר[
4Q165 5,3 (V) קר]א משעיר שומר מה מל[ילה
4Q223-224 2iii12 (XIII) וילך] לוא עישאו לארץ[הר]שעיר
4Q364 20a-c,3 (XIII) אחד עשר יום מחורב ד]רך הר ש]עיר
4Q364 23a-bi5 (XIII) אחינו בני עישיו היושב]ים בשעיר

שער ← שער-3

hair noun שֵׂעָר

4Q186 1iii4 (V) ושוקיו עבות ומלאות [ש]ער לאחת
4Q266 6i7 (XVIII) ופר]ח הנגע מתחת הש]ער
4Q272 1i15 (XVIII)]◦ מתחת השער / [והפך מראהו לדק צוהב
4Q512 24-25,5 (VII)]ל[ ]◦ נר[ ]בשערו[
11Q5 XXVIII,10 (IV) הגבהים בקומתם / היפים בשערם

hair noun שַׂעֲרָה

4Q266 6i10 (XVIII) י{{ש}}ספור הכוהן את השערות המיתות

storm noun שְׂעָרָה

4Q169 1-2,2 (V) פשרו / ה]סופות והשערו]ת ר[קי]עי שמיו

שְׂעָרָה ← שְׂעוֹרָה

Seorim proper noun שְׂעֹרִים

4Q319 9,4 (XXI) פתחיה דליה שעור]ים אביה י[קים חזיר]
4Q320 1i12 (XXI) [שבת בשעורי]ם ל29 ב25 בשביעי
4Q320 4iii4 (XXI) ב5 בשערים הפס[ח השני]
4Q320 4iii12 (XXI) [ב30] בשערים הפס[ח]
4Q320 4iv2 (XXI) ב4 בשערים יום [הז]כרו[ן]
4Q321 IV,9 (XXI) ב]שעורים [בוא הפסח השני
4Q321 V,4 (XXI) בשעורים בוא הפסח
4Q321 VI,1 (XXI) הששי בש]עורים
4Q321a IV,11 (XXI) ודוקו באחד] / [בשעו]רים בחמשה בוא
4Q324a 1ii2 (XXI) ב]א[ת ש]עור]ים[ ]בעשרים
4Q328 3 (XXI) ב]שנית [י]דעיה בלגה ש[עו]רים ח[זיר]
4Q329 1,1 (XXI) יויריב]ידעיה חרים שעו[רים מלכיה מימין]
4Q329 2a-b,1 (XXI)] / שעורים [חזיר
PAM 43.675 8,2 (XXXIII)]שעור[ים ?

lip, speech, edge noun שָׂפָה, סָפָה

CD XVI,6 ואשר אמר מוצא שפתיך / תשמור להקים
1QS IX,5 ותרומת / שפתים למשפט כניחוח צדק
1QS IX,26] שפתים יברכנו / עם קצים
1QS X,6 תרומת שפתים הברכנו כחוק חרות לעד
1QS X,8 בלשוני לפרי תהלה ומנת שפתי
1QS X,9 וחליל שפתי אשא בקו משפטו
1QS X,14 ואברכנו תרומת מוצא שפתי ממערכת אנשים
1QS X,22 וכזבים לוא ימצאו בשפתי
1QS X,24 עד תום / פשעם רקים אשבית משפתי
1QSb III,27 (I) וממזל שפתיכה כול [שרי] / עמים
1QSb V,24 (I) וברוח שפתיכה / תמית רשע
1QM V,5 והמגן מוסב מעשי גדיל שפה
1QM V,8 כמעשי / גדיל שפה בזהב וכסף ונחושת
1QM V,12 וספות ישר אל הראוש שתים מזה ושתים מזה
1QHa IX,28 ותכן פרי שפתים בטרם היותם
1QHa IX,29 ומבע רוח שפתים במדה
1QHa X,7 ותתן מענה לשון לער[ול] שפתי
1QHa X,11 ואהיה על עון רשעים / דבה בשפת עריצים
1QHa X,18 וימירום בערול שפה / ולשון אחרת
1QHa XII,16 והם בל[ו]עג שפה ולשון אחרת ידברו לעמך
1QHa XIII,24 ויליזו עלי בשפת עול כול נצמדי סודי
1QHa XV,11 כי תאלמנה שפתי / {שפתי} שקר
1QHa XV,12 כי תאלמנה שפתי / {שפתי} שקר
1QHa XVI,25 ב]שפתו יהפכו כעצי באושים
1QHa XVI,36 נאלם כול שפתי / מפ◦◦[ ]בזקי משפט
1QHa XIX,5 ובלשוני / [תהל]ה ומזל שפתי במכון רנה
1Q27 1i10 (I) היש שפה ולשון מחזקת בה
4Q169 3-4ii8 (V) ולשון כזביהם ושפת מרמה יתעו רבים
4Q171 12,1 (V)] / בשפת ע[
4Q225 1,10 (XIII) ע]ל שפת ה]ים
4Q225 2i6 (XIII) [וספור את]הח{{כ}}ול אשר על שפת הים
4Q256 XIX,4 (XXVI) תרומת שפתים אברכנו כח[וק]חרות לעד
4Q258 VII,5 (XXVI) ותרומות ונדבת שפתים למ[שפ]ט
4Q258 IX,3 (XXVI) תרומת]שפת[ים] אברכנו כחק / [ח]רות לעד
4Q258 IX,7 (XXVI) ב[לשוני לפרי]תהלה ומ[נת]שפתי
4Q260 V,3 (XXVI) [ומ]רמות וכזבים לוא ימצאו בשפתי
4Q270 6ii19 (XVIII) וא]שר אמר מוצא ש]פתיך תשמור
4Q271 4ii8 (XVIII) ואש]ר אמר מוצא / שפתיך תשמור
4Q298 1-2i3 (XX) ש[מע]ו למלי בכול / [מ]וצא שפת[י
4Q299 1,2 (XX) היש שפה ולשון / [מחזקת בה
4Q365 W,2 (XIII)]ון על שפת[
4Q381 31,8 (XI)]לם שפתי שאלה ס[ ]◦◦ [
4Q401 14ii8 (XI)] / למוצא שפתי מלך ב[
4Q403 1i35 (XI)]למוצא שפתיו כול רוחי עולמים
4Q405 15ii-16,1 (XI)] / גדיל שפה[
4Q412 1,5 (XX)] / [ש]ים מוסר על שפתיכה[
4Q416 2iv10 (XXXIV) מב]ל[י עשות מוצא] / שפתיכה
4Q416 7,3 (XXXIV)]מזל שפתיו לפי רוחו וקח[
4Q418 81+81a,1 (XXXIV)] / שפתיכה פתח מקור לברך קדושים
4Q418 148ii8 (XXXIV)] / מעשיכה ואמונה בפרי ש[פתיכה
4Q418 222,2 (XXXIV) שמ]עה רוחו ומזל שפתו א[ל
4Q424 1,8 (XXXVI) איש לוז שפתים אל תאמ[ין
4Q424 1,9 (XXXVI)] / משפטך הלוז ילוז בשפתיו
4Q424 1,10 (XXXVI)] / בפרי שפתו ⟦ ⟧
4Q427 7i16 (XXIX) [הקדי]שו שמו בשפתי עוז
4Q427 7ii22 (XXIX) והטיתה] / אוז[ן]למוצא שפתינו
4Q428 7,1 (XXIX) [ויליזו עלי]בשפת[עול כול נצמדי סודי
4Q428 21,4 (XXIX) והטיתה אוזן] / [ל]מוצא שפתינו
4Q431 1,5 (XXIX) מזל] / שפתי מי יכיל מ[בלשון יעודני
4Q436 1a+bi8 (XXIX) בל יהגו בפעולות אדם בשחת שפתיו
4Q440a 2 (XXXVI)]שפתי לוא מ◦[
4Q440a 4 (XXXVI)] בשפתי ולשוני[
4Q445 4,4 (XXIX) ש]פתי[ ]ל[
4Q464 3i9 (XIX) אהפך] אל עמים שפה ברורה / [
4Q491 11i17 (VII)]ומזל שפתי מיא יכיל
4Q511 18ii5 (VII) ו]ב]מוצא שפתי ולוא בליעל
4Q511 63-64ii4 (VII) ותרומת מזל שפתי צדק
4Q511 63iii1 (VII) ובשפתי שמתה מקור / תהלה
4Q525 8,2 (XXV)]ממזל רוח שפת[י(ה)
4Q525 14ii26 (XXV)] / בשפתיכה ומתקל לשון השמר מואדה
4Q525 14ii27 (XXV)] / פן תלכד בשפתותיכה[
11Q19 LIII,13 מוצא שפתיכה תשמור

שפח ← ספח

שְׂפַחַת ← סַפַּחַת

second growth noun שָׂפִיח

4Q177 5-6,2 (V) הנ]ביא אכול השנה שפ[יח

4Q177 5-6,2 (V) פשר הדב]ר **השפיח** הו[אה

sackcloth noun **שַׂק**

11Q19 XLIX,16 ובגדים **ושקים** ועורות יתכבסו

prince, chief, Sar noun **שַׂר**

CD V,18 מלפנים עמד / משה ואהרן ביד **שר** האורים
CD VI,3 ויחפורו את הבאר באר חפרוה **שרים** כרוה
CD VI,6 אשר קרא אל את כולם **שרים**
CD VIII,3 היו **שרי** יהודה אשר תשפוך עליהם העברה
CD XIX,15 כאשר דבר היו **שרי** יהודה כמשיגי / גבול
CD XX,16 כאשר אמר אין מלך ואין **שר** ואין שופט
1QS III,20 ביד **שר** אורים ממשלת כול בני צדק
1QSa I,14 (I) ולהתיצב ברואשי אלפי ישראל **לשרי** מאות
(I) לשרי מאות **שרי** ח[מ]שים / [שרי] עשרות
1QSa I,24 (I) על יד ראשי / [א]בות העדה **לשרים**
1QSa I,29 (I) וכול שופטיהם ושוטריהם **ושרי** האלפים
(I) ושרי האלפים **ושרי**[למאות] / ולחמשים
1QSb IV,24 (I) ולוא ביד **שר** יד[
1QpHab IV,3 **ושרים** יתעתעו וקלסו בעם רב
1QM III,3 ועל חצוצרות מקרא ה{{ס}}**שרים**
1QM IV,1 ואת שם נשי מררי ואת שמות **שרי** אלפיו
1QM IV,2 ואת שם **שר** האלף ואת שמות שרי מאיותיו
שם שר האלף ואת שמות **שרי** מאיותיו
1QM IV,3 בכול בשר עול ואת שם **שר** המאה
ואת שמות **שרי** עשרותיו
1QM IV,4 ואת שם **שר** החמשים
ואת שמות **שרי** עושרותיו
1QM IV,5 ואת שם **שר** העשרה
1QM V,2 ושמות שנים עשר **שרי** שבטיהם
1QM XIII,10 **ושר** מאור מאז פקדתה לעוזרנו
1QM XIII,14 ומיא מלאך **ושר** כעזרת פ◦[
1QM XVII,5 להכניע ולהשפיל **שר** ממשלת / רשעה
1QHa XIV,14 ויהיו **שריכה** בגור[ל עולם
1QHa XVIII,8 הנה אתה **שר** אלים ומלך נכבדים
1Q29 13,3 (I)]רשע **ושר** גוה [
4Q169 3-4ii9 (V) יתעו רבים / מלכים **שרים** כוהנים
4Q171 1+3-4iii5 (V) אשר יהיו רשים **ושרים** ◦[
4Q171 1+3-4iii7 (V) פשר[ו] על **שרי** ה[רש]עה
4Q225 2i9 (XIII) ויבוא **שר** המ[ש]טמה / [אל אל]והים
4Q225 2ii13 (XIII) **ושר** המשטמה ⟦ ⟧ אסור ע[ליהם
4Q225 2ii14 (XIII)] / **שר** המ[ש]טמה
4Q226 7,7 (XIII) וישמע בליעל] / **אלשר** צום שב[
4Q249c 3 (XXXVI) לשרי מאות] / [שרי חמשים **שר**]י עשר[ות
4Q249e 1ii1 (XXXVI) **לשרי**[ם] ולשופטים למספר] / כול צבא[ותם
4Q266 3ii5 (XVIII) עמ[ד מושה ואה]רון ביד **ש[ר** ה]אור[ים
4Q267 2,1 (XVIII) [עמד מושה ואהרון ביד]**שר** הא[ורים
4Q267 2,9 (XVIII) באר חפ[ר]וה **שרים** כרוה / נדיבי [העם]
4Q267 2,13 (XVIII) אשר קר[א] / אל א[ת כ]ולם **שרי[ם]**
4Q299 9,2 (XX)]◦ **שרים** לי זרח א[ר]ן למ[
4Q301 2b,2 (XX) והוא למש[ל]◦[ ]מה **שר** [
4Q368 5,2 (XXVIII)]**שרי** הש[בטים ו]כול[ש]פטיהם / [
4Q369 1ii7 (XIII)] / כמוהו **לשר** ומושל בכול תבל ארצכה
4Q378 3ii+4,7 (XXII) ושרי] / המאיות **שרי** הח[משים ושרי העשרות
4Q378 19ii7 (XXII)] / [כו]ל **שרי** א[
4Q400 1i12 (XI) ה]מה **שרי** / [
4Q401 6,4 (XI)]**שרי** קודש / [
4Q403 1ii23 (XI)] / **השר** מלאכי מלך במעוני פלא
4Q417 2i5 (XXXIV) כיא הואה {{כיא הואה}} **שר** בש[רים
(XXXIV) כיא הואה {{כיא הואה}} שר **בש[רים**
4Q418 122i2 (XXXIV)]ת **שר** / [
4Q418 140,4 (XXXIV)] תדע **שר** {{מ}}בשר[ים
(XXXIV)] תדע שר {{מ}}**בשר[ים**
4Q426 4,4 (XX) ב]חר **בשרים** ת[
4Q460 8,3 (XXXVI) ומלכים בחיל עוזם **ושרים**[
4Q491 1-3,3 (VII)] / **ושר** מלאכיו עם[צבאות]מה
4Q491 1-3,9 (VII) ה[כוהנ]ים והלויי[ ]ם וכול **שרי** המחנות
4Q491 1-3,19 (VII)]**שרי** המחנות[
4Q522 9ii14 (XXV) **ש[ר** צבא מש[מרות ?
4Q525 14ii25 (XXV) וענה נכון בתוך **שרים** ובש[
11Q11 II,4 (XXIII) **וש[ר** המשט]מה / [
11Q11 V,8 (XXIII)]**שר** הצבה יהוה [יוריד]ך / [לשאו]ל
11Q19 XXII,2 הדגלי?]ם **שרי** האלפ[ים
11Q19 XLII,15 לבני ישראל / **ולשרי** האלפים ולשרי המאיות
ולשרי האלפים **ולשרי** המאיות
11Q19 LVII,4 ופקד{{ו}} / בראשיהמה **שרי** אלפים
שרי אלפים **ושרי** מאיות ושרי חמשים
שרי אלפים ושרי מאיות **ושרי** חמשים
11Q19 LVII,5 ושרי חמשים / **ושרי** עשרות
11Q19 LVIII,4 ושלח על **שרי** האלפים ועל שרי המאיות
ושלח על שרי האלפים ועל **שרי** המאיות
11Q19 LXII,5 ופקדו **שרי** צב{{ו}}אות בראוש העם
11Q20 V,5 (XXIII)]**שרי** האלפים [מן] האילים
11Q20 V,23 (XXIII)]ם **שרי** האלפים עם נשיא / [
PAM 43.699 40,1 (XXXIII)] **שר** שט[

to weave verb **שׂרג**

4Q381 31,7 (XI) האמרים פענה **שרגו** עטרת ראשי

woven, service noun **שְׂרָד**

4Q365 12biii1 (XIII) ותולעת השני עשו בגדי]**שרד** בקודש

Sardite (?) proper noun **שׂרדי**

5Q9 5,2 (III)] ואת **שרדי** את[

to strive verb **שׂרה**

4Q364 5bii11 (XIII) כי **שריתה** עמ א[לוהים ועם אנשים ותוכל

princess noun **שָׂרָה-1**

4Q179 2,5 (V)] / [ ]◦ים **שרתי** כל לאומ[ים] שוממה כעזובה

Sarah proper noun **שָׂרָה-2**

4Q200 4,2 (XIX) אשר נשבע רעואל לעשות **לשרה** בתו
4Q364 1a-b,3 (XIII)] / אשר י[לדה] לו **שרה** אשת[ו
4Q365 1,1 (XIII) [ותרא **ש]רה** את בן הגר המצרית

Serah proper noun **שֶׂרַח**

4Q509 234,1 (VII)] **שרח**[

cutting, incisions noun **שָׂרֶטֶת**

11Q19 XLVIII,9 **ושרטת** על נפש לוא תתנו בבשרכמה

Sariel proper noun **שׂריאל**

1QM IX,15 על שלישי]**שריאל** על הרביעי רפאל

twig, vine noun **שָׂרִיג**

1Q69 56,1 (I)]**שריג**[
4Q433a 2,4 (XXIX)] / **שריגיו** ותפרינה ותרבינה דליותיו

שׁ

s(h)in, twenty-first letter of the alphabet שׁ

KhQ3 1	(XXXVI)	ש]ת ש ש / ל ם ן ס ע פ צ
KhQ3 4	(XXXVI)	ה ו ז ח ט / י כ ש ט

who, which, that subordinating conjunction **שֶׁ, שֶׁא, שֶׁי**

CD XX,4		ישלח מעדה / כמי **שלא** נפל גורלו
3Q15 I,1	(III)	בחריבה **שבעמק** עכור תחת / המעלות
3Q15 I,6	(III)	בבור הגדול **שבחצר** / הפרסטלין
3Q15 II,1	(III)	בבור המלה **שתחת** המעלות
3Q15 II,5	(III)	בצריח **שבחצר** בתי העצין
3Q15 II,7	(III)	בבור **שנגד** השער המזרחי
3Q15 II,9	(III)	ובמזקא **שבו** ככרין עסר
3Q15 II,10	(III)	בבור **שתחת** החומא מן המזרח
3Q15 II,13	(III)	בברכא **שבמזרח** כחלת במקצע / הצפני
3Q15 III,8	(III)	בשית **שבמלה** מבצפונו
3Q15 III,11	(III)	בקבר **שבמלה** ממזרחו
3Q15 IV,1	(III)	בבור הגדול **שב**[ ]◦קה בעמוד / בצפונו
3Q15 IV,6	(III)	בין שני הבינין **שבעמק** עכון
3Q15 IV,9	(III)	בשית הארמא **שבשולי** העצ / לא
3Q15 IV,11	(III)	בשית המזרחית **שבצפון** כח / לת
3Q15 V,5	(III)	בסדק **שבסככא** מזר[ח] / אשיח שלומו
3Q15 V,12	(III)	בקבר **שבנחל** הכפא / בביאה מירחו
3Q15 VI,14	(III)	ביגר **שבמגזת** הכוהן / הגדול
3Q15 VII,8	(III)	במערא **שאצלה** בקר[ב]ו ל / בית הקץ
3Q15 VIII,1	(III)	[בא]מא **שבדרך** מזרח בית / אחצר
3Q15 VIII,2	(III)	בית / אחצר **שמזרח** אחזר
3Q15 VIII,14	(III)	ברוי של השוא בצויה **שבא**
3Q15 IX,1	(III)	בשובך **שבשולי** הנטף משח משולו
3Q15 IX,14	(III)	בשית **שיבצפון** פי הצוק של בית תמר
3Q15 IX,16	(III)	בצחיאת גר פלע / כל **שבה** חרם
3Q15 IX,17	(III)	בשובך **שבמצד** באמת ה[מים]
3Q15 X,3	(III)	בכידגר מזקות **שרוו** מהנחל / הגדול
3Q15 X,5	(III)	באשיח **שיבית** הכרם בבואך / לסמול
3Q15 X,9	(III)	בצדו המערבי / אבן **שהזדונא** בעזת שתין
3Q15 XI,7	(III)	תחת המסמא ה / גדולא **שבשילוחו** חרם
3Q15 XI,8	(III)	בקבר **שתחת** הסבין
3Q15 XI,14	(III)	בביאתך לימומית / **שלו** כלי דמע
3Q15 XII,10	(III)	בשית **שבצח** בצפון כחלת פתחא צפון
4Q266 10i1	(XVIII)	וה]מבקר **שלכול** / [המחנות
4Q266 10ii2	(XVIII)	ואש]ר [יצ]חה את רעהו **שלו** בעצה
4Q302 8,3	(XX)	]**שהיו** ⟦ ⟧
4Q322 1,3a	(XXI)	]◦ בסיו[יו]ם שני בחפה **שהו**[א שנים בתשיעי
4Q322a 1,9	(XXVIII)	]**שהיא**[
4Q324 1,6	(XXI)	יום ששי בח]זיר **שהוא** עשרה בשביעי
4Q332 2,3	(XXXVI)	]ה **שהוא** [ע]שרים בחודש[
4Q333 1,3	(XXXVI)	בי]חזקאל **שהוא** / [
4Q394 3-7i4	(X)	]ל **שהם** מ[קצת דברי] / [ה]מעשים
4Q394 3-7i5	(X)	דברי] / [ה]מעשים **שא** א[נ]חנו חושבים
4Q394 3-7i9	(X)	ועל זבח החטאת] / **שהם** מבשלים [אות]ה
4Q394 3-7i12	(X)	אל הי[ ]**שא** היא[כ]מי שזנת אליו
	(X)	אל הי[ ]שא היא[כ]מי **שזנת** אליו
4Q394 3-7i13	(X)	מנחת זבח] / השל[מים] **שמניחים** אותה
4Q394 3-7i14	(X)	] / **שהמנ**[חה נאכלת] על החלבים
4Q394 3-7i15	(X)	בשל **שלוא** י[היו] / מסיא[י]ם את העם עוון
4Q394 3-7i19	(X)	בשל **שא** יהיה הטהר מזה על הטמה

survivor noun **שָׂרִיד-1**

1QM XI,7		והאביד **שריד** מעיר והיה אויב ירשה
4Q364 24a-c,10	(XIII)	הח]רמנו לוא השארנו **שריד**

Seraiah proper noun **שְׂרָיָה**

4Q382 5,3	(XIII)	]**שריה** בן ◦[

to burn verb **שָׂרַף-1, סרף**

4Q159 1ii17	(V)	י]שראל **שרף** מוש[ה
4Q223-224 2ii53	(XIII)	ובאש בוערת ואוכלת] / **כש**[**רפו** את סדום
4Q368 2,5	(XXVIII)	ופסיליהם **תש**]**רפון** באש
4Q394 3-7i17	(X)	השוחט אותה **והסורף** אותה
4Q394 3-7ii19	(X)	**ושור**[**פים** שם את החטאת
4Q458 1,5	(XXXVI)	]**שרופות** אש [
11Q19 XVI,11		ואת עורו עם פרשו **ישרופו** מחו[ץ לעיר
11Q19 XVI,12		שמה **ישר**[**ופו** אותו על ראושו
11Q19 XVI,13		**ושרפו** כולו שמה לבד מחלבו
11Q19 XXVI,9		ואת עורו ואת פרשו / **ישרופו** אצל פרו
11Q19 XLIII,11		נותר ממועדיהמה יקדש באש **ישרף**
11Q19 LV,9		**ושרפתה** באש את העיר

fiery serpent, burning noun **שָׂרָף-1**

4Q267 6,6	(XVIII)	רפוס הש]דה או קדה **בשרפ**
4Q525 15,3	(XXV)	]**שרף** ובחלח[ל]ה ידולל פתן בעליו[ן
4Q525 15,9	(XXV)	]פצועי **שר**[**ף** י]מת[ו
4Q525 24ii8	(XXV)	] / **שרף** וכול שות◦[

burning noun **שְׂרֵפָה**

1QM XIV,18		ש]או[ל תוקד **לשרפ**[**ת**
1QH^a XI,31		וברקוע יבשה יסודי הרים **לשרפה**
4Q179 1i5	(V)	]היה **לשרפת** אש והפכה [
4Q266 6iii10	(XVIII)	ואם רפוס השדה או יקדה **בשרפ**]**ה** ◦[ ]
4Q276 6	(XXXV)	ואת שני ה]תולע אל תוך **שרפתה**
4Q491 17,6	(VII)	]**לשרפת** כ[לה

to rule verb **שָׂרַר, סרר**

4Q374 16,4	(XIX)	]**תשתררו**[
4Q416 1,4	(XXXIV)	] / לפי צבאם **למ**[**שור** במשורה
4Q418 1,1	(XXXIV)	לפי צבאם **ולמ**]**שור** במשורה ול◦[
4Q421 8,1	(XX)	]◦ **שורר** ב[
4Q448 I,3	(XI)	] / **סרות** על [

joy noun **שָׂשׂוֹן**

1QH^a XVII,24		ותהי תוכחתכה לי לשמחה **וששון**

swelling, skin blemish noun **שֵׂת, שְׂאֵת-2**

4Q266 6i1	(XVIII)	וא[ם] [שפל ה]**שת** [א]ו השפח[ת
4Q269 7,10	(XVIII)	ואם שפ[ל **השת** או [הספחת
4Q272 1i9	(XVIII)	] ואם שפל **השאת** או הס[פחת

4Q**394** 3-7ii14 (X) [וע]ל̊ **שא** כתוב[איש כי ישחט במחנה
4Q**394** 3-7ii16 (X) וא̊נ̊חנו חושבים̇ **שהמקדש**[משכן אוהל מועד
4Q**394** 8iv2 (X) [וא]ף על החרשים **שלוא** שמעו חוק [ומ]שפט
4Q**394** 8iv3 (X) כ̇י **שלוא** ר̇אה ולוא שמע̊ לוא / [י]ד̇ע
4Q**394** 8iv5 (X) אנח̇נ̊ו̊ אומ̇ר[ים] **שהמ** שאין בהמ / [ט]הרה
(X) אנח̇נ̊ו̊ אומ̇ר[ים] שהמ **שאין** בהמ / [ט]הרה
4Q**394** 8iv8 (X) כלבימ **שהם** / או̊כלימ מקצת [ע]צ̊מ̇ות
4Q**394** 8iv11 (X) ו̇היא המקו̇ם̊ / **שבחר** בו מ̊כל שב̊טי̇ [ישראל
4Q**395** 6 (X)] / **שהמ**[נחה נא]כ̊ל̊ת̊ [על החלבים
4Q**396** 1-2i3 (X) אנח]נ̊ו חושבים **שא**יאכל את הולד / [
4Q**396** 1-2i5 (X) וכרו]ת השפכת **שהם** באים / [בקהל
4Q**396** 1-2ii1 (X) ואף על הסומים] **שאינם** / רואים להזהר
4Q**396** 1-2ii5 (X) כי **שלוא** ראה ולוא שמע לוא י]דע
4Q**396** 1-2ii7 (X) אנחנו] / אומרים **שהם** שאין בהם [טהרה
(X) אנחנו] / אומרים שהם **שאין** בהם [טהרה
4Q**396** 1-2ii10 (X) כל̇בים **שהם** אוכ̇ל[ים מקצת עצמות המקדש
4Q**396** 1-2iii1 (X) היא המקום] / **שבחר** בו מכל שבטי י̊[שראל
4Q**396** 1-2iii6 (X) ו]אף כתוב **ש**{{ב}}מ̣ע̣ת שיגלח וכבס
(X) ו]אף כתוב ש{{ב}}מ̣ע̣ת **שיגלח** וכבס
4Q**396** 1-2iii10 (X) כת]וב **שהואה** בוזה ומג[ד]ף̇
4Q**396** 1-2iv2 (X) אנחנו אומרים **שכול** עצם ש[היא חסרה]
(X) שכול עצם **ש**[היא חסרה] / ו̇שלמה
4Q**396** 1-2iv5 (X) והמה ב[ני זרע] / קדש מ**שכתוב** קודש ישראל
4Q**396** 1-2iv6 (X) כתוב **שלוא** לרבעה כלאים
4Q**396** 1-2iv7 (X) שלוא] / יהיה **שעטנז** ו**שלוא** לזרוע̇ שדו
4Q**396** 1-2iv8 (X) וכ̊[רמו כלאים] / [ב]גלל **שהם** קדושים
4Q**396** 1-2iv9 (X) [וא]ת̇ם יודעים **שמקצת** ה̊כה̇נים וה̊[עם
4Q**397** 1-2,4 (X)]ת̊ **שהמ**̇[ה
4Q**397** 6-13,11 (X) ועל] / [טמאת נפש]האדם **שאנחנו** א̊[ומ]ר̊ים
(X) שאנחנו א̊[ומ]ר̊ים **שכול**̇[עצם שהיא חסרה
4Q**397** 6-13,12 (X) והמה בני זרע קדש] כ̇**שכתוב** קו̇דש [ישראל̇]
4Q**397** 6-13,13 (X) כתוב **של**̇[וא] ל̊ה̇רביע̇[ה כלאים
(X) שלוא יהיה] **שעטנז** ו**של**̇[וא לזרוע] / [שדו
4Q**397** 6-13,14 (X) וכרמו כלאי]ם̇ ב̇[ג]ל̇ל **שה**̇[מה קדושים
4Q**397** 14-21,2 (X)]**ש**̊י̇בו̇א̊[ו
4Q**397** 14-21,10 (X) ואף̇] / [כתב]נ̊ו אליכה **שתבין** בספר מו̇שׁ̊ה
4Q**397** 14-21,12 (X) ואפ כתוב **ש**[תסור] מהד̊[ר]ך
4Q**397** 14-21,15 (X) בספר]מושה ובס̊[פרי הנביאי]ם **שיבוא**̊ [
4Q**397** 14-21,16 (X) הברכ]ות **ש**[באוו
4Q**397** 22,2 (X)]**שיבא**[ו
4Q**397** 23,2 (X)]ב̇של **שת**̇[שמח
4Q**398** 11-13,3 (X)]ו̊אנחנו מכ̇יר̇ים̇ **שבאוו** מקצת̇ הבר̇כות
4Q**398** 11-13,4 (X) והקללו̊ת̊ / **שכ**̇ת̇וב בס̊[פר מו]שה
(X) וזה הו̇א אחרית̇ הימים **שישובו** בישרא̊ל̊
4Q**398** 11-13,6 (X) והתבנן במעשיהמ̊ה̊ **שמי** מהם / שהיא ירא̇[
4Q**398** 11-13,7 (X) שמי מהם / **שהיא** ירא̇[את
4Q**398** 14-17i5 (X) [כתו]ב̊ **ש**ת̊[סור מהדרך וקר]ת̇ך̇ [הרע]ה̇
4Q**398** 14-17ii1 (X) זכור [את] דו̊י̇ד **שהיא** איש חסדים
4Q**398** 14-17ii3 (X) מקצת מעשי התורה **שחשבנו** לטוב לך
(X) ולעמך **שר**̊[א]י̊נ̊ו̊ / עמך ערמה ומדע תורה
4Q**398** 14-17ii4 (X) ובקש מלפניו **שי**̊ת̊ק̊ן̊ / את עצתך
4Q**398** 14-17ii6 (X) בשל **שתשמח** באחרית העת
4Q**399** 1i11 (X) **שראינו** / [עמך ערמה ומדע תורה
4Q**448** III,5 (XI)] / על שמכ **שנקרא**[
4Q**468**l 2 (XXXVI) אז]ן̊ משמוע מה **ש**[היה
4Q**521** 2ii+4,11 (XXV) ונכב̮דות **שלוא** היו יעשה אדני
4Q**522** 9i+10,10 (XXV) ב?]גליל ושנים **שב**̊[שפל]ת השרון
11Q**5** XXVIII,13 (IV) תחלת גב[ו]ר̇ה ל[דוי]ד מ**שמשחו** נביא אלוהים
11Q**20** XII,14 (XXIII)]ב̊ה **שלנחושת**[

שֶׁא ← שֶׁ

to draw verb **שׁאב**

CD XI,1 ואל **ישאב** אל / כל כל
4Q**421** 11,3 (XX) והיה חינם̇ אל **ישאב** ממנו ◦[

to roar verb **שׁאג**

4Q**172** 9,2 (V)]**שואגים**̇[
11Q**5** XIX,8 (IV) **שאגה** נפשי להלל א̮ת̮ שמכה
11Q**6** 4-5,9 (XXIII) **שאג**[ה] / [נפשי להלל את שמכה

devastation noun **שׁאָה**

1QHa XIII,30 ובנגינות יחד תלונתם עם **שאה** ומשואה
1QHa XVII,6 ואני מ**שאה** {{א}}למש{{ו}}אה וממכאוב לנ̊גע
4Q**577** 5,2 (XXV)]ם̊ **שאה**[

Sheol noun **שְׁאוֹל**

1QpHab VIII,4 ולוא / ינוה אשר הרחיב כ**שאול** נפשו
1QM XIV,18 ש]א̊ו̊ל תוקד לשרפ̊[ת
1QHa IV,13 ואש [יקד]ה ב**שאול** תחתיה
1QHa XI,9 ובחבלי **שאול** יגיח / מכור הריה
1QHa XI,16 ובהתרגשם יפתחו **ש**[או]ל [ואבדון
1QHa XI,19 ומ**שאול** אבדון / העליתני לרום עולם
1QHa XIV,17]על תבל לאין אפס וע̊ד **שאול** [
1QHa XVI,28 יה]מה עלי כיורדי **שאול**
1QHa XVII,4] / משברי מות ו**שאול** על יצועי
1QHa XVIII,34 ובחדרי **שאול** תחפש יחד
4Q**162** II,5 (V) לכן הרחיבה **שאול** נפשה
4Q**184** 1,10 (V) בפתח ביתה תצעד **שאו**̊[לה] / כ̊[ו]ל̊[
4Q**200** 6,6 (XIX) והוא]ה̊ מרחם מוריד עד **שאולה** תחתיה
4Q**286** 7ii9 (XI) ורשעתכ]ה עם כול ג̇[אולי **שאו**]ל
4Q**381** 10-11,5 (XI)] ויו◦[ ]◦ ב**שאול** תחת̊יה וא[
4Q**426** 5,1 (XX)]ח̊דרי **שא**[ול
4Q**426** 8,3 (XX)]◦ **שא**ו̮ל̮ה[
4Q**428** 18,4 (XXIX) וגם] / ב**שאו**̊ל̊ תחתי[ה] ת̊ש̊פ̊ו̊[ט
4Q**432** 5,4 (XXIX) והתרגשם יפתחו **שאו**]ל̊[ואבדון
4Q**437** 2i11 (XXIX) ומ**שאול** העלו̊ת נפ̇[ש]י̊ חיים נתתה[לפני]
4Q**491** 8-10i15 (VII) באבדו̮נ̮י̊ **שאול** ת̊ו̊ק̊[ד לשרפת עולמים
4Q**491** 10ii17 (VII)] / ועד̊ **שאו**ל̮ תו{{ק̊ד}}כל̮
5Q**16** 1,4 (III)]ב̊עד **שאול** ובאספיו יש[
11Q**5** XIX,10 (IV) ועוונותי ל**שאול** מכרוני
11Q**11** V,9 (XXIII) יהוה [יוריד]ך / [ל**שאו**]ל תחתית

Saul, Shaul proper noun **שָׁאוּל**

4Q**252** IV,2 (XXII) עמלק הוא אשר הכ̇[ה] / **שאול**
PAM 43.691 54,2 (XXXIII) ו]הנה **שא**̊[ול

destruction noun **שָׁאוֹן-1, שָׁאן**

1QHa XIII,22 להעלות מ**שאון** יחד כול {{נמה}} אביוני חסד

noise noun **שָׁאוֹן-2**

1QHa X,27 וכהמון מים רבים **שאון** קולם נפץ
1QHa XIV,7 ועל **שאון** מ̊מ̊ל̊כות בהאספם
4Q**162** II,6 (V) וירד הדרה והמנה ו**שאנה** עליז בא

שְׁאֵירִית ← שְׁאֵרִית

to ask verb **שׁאל**

CD XIV,6 וכן ישבו וכן **ישאלו** לכל
1QS VI,4 וכן **ישאלו** לעצתם לכול דבר

וכן ישאלו למשפט ולכול עצה 1QS VI,9
האיש הנשאל ידבר בתרו 1QS VI,11
לוא במעמד האיש השואל את עצת / היחד 1QS VI,12
ונשאלו / הכול על דבריו 1QS VI,15
לו שנה בתוך היחד ישאלו הרבים על דבריו 1QS VI,18
לו שנתים ימים ישאלו הרבים על דבריו 1QS VII,21
ונכתב בתכונו ואחר ישאל אל המשפט
ולוא ישאל על כול עצה שנתים ימים 1QS VIII,25
וישאַל י[ע]קוב [ו]יאמ[ר הגי]ד נא לי (V) 4Q**158** 1-2,6
ו]כיא ישאל אי[ש מעם] רעהו בהמה (V) 4Q**158** 10-12,13
על נפש על פיהם ישאלו ואשר ימרה[(V) 4Q**159** 2-4,5
] / שאלו מים ואין מגיד[(V) 4Q**179** 1ii8
]ל[ו]שנה תמימה ישא[לו הרבים על דבריו (XXVI) 4Q**256** XI,13
ונכתב בת]כונ[הו] ואחר ישאל / [אל המשפט (XXVI) 4Q**259** II,4
וכן]ישא[לו לעצתם לכל דבר (XXVI) 4Q**261** 2a-c,4
ובעמדו] / ל[פ]ני הרבים ונשאלו [עלי]ו (XXXV) 4Q**265** 4ii5
וכן ישבו וכ]ן ישאלו על [כול (XVIII) 4Q**268** 2,2
ישא]לו /] (XVIII) 4Q**273** 4i11
] / שאול ומ◦[(XXII) 4Q**379** 22ii4
]ו וישאלוני דברים א◦ ידבר א[(XIX) 4Q**391** 55,5
]שאל טרפכה כי הוא / פתח רח[מיו (XXXIV) 4Q**416** 2i22
]לשאל טרפכה / [כיא הוא פתח רחמיו (XXXIV) 4Q**418** 7b,13
] ושאול תשא[ל (XXXIV) 4Q**418** 87,9
] ושאול תשא[ל (XXXIV)
] / ולשאו[ל (XXXIV) 4Q**418** 207,3
]◦בכה בל ישאלו על פ◦[(XXIX) 4Q**446** 2,5
משפט צדק תשאלו ועבודת / [(XXXVI) 4Q**471**a 6
ל]שא[ו]ל את יהוה כיא[י]ת[ן לה]בנ[(XXXVI) 4Q**474** 4
ושאלתה ודרשתה וחקרתה היטב 11Q**19** LV,5
ושאל לו במשפט האורים / והתומים 11Q**19** LVIII,18
עד אשר ישאל במשפט האורים / והתומים 11Q**19** LVIII,20
חובר חבר שואל אוב / וידעונים 11Q**19** LX,18

request noun שְׁאֵלָה

]לם שפתי שאלה ס[ ]◦◦ [(XI) 4Q**381** 31,8
ותן לי את שאלתי ובקשתי / אל תמנע ממני (IV) 11Q**5** XXIV,4
על כן שאלתי מלפניכה שלמה (IV) 11Q**5** XXIV,14

שָׁאן ← שָׁאוֹן-1

שְׁאָן ← בֵּית שָׁן

to pant, trample verb שׁאף

]ב שואפי לצון שא[פו (XXIX) 4Q**433**a 3,7
]ב שואפי לצון שא[פו (XXIX)

to remain verb שׁאר

ובזכרו ברית ראשנים השאיר שאירית CD I,4
והנשארים ימסרו לחרב CD XIX,10
והנשארים הסגרו לחרב נוקמת נקם ברית CD XIX,13
] / בליעל ונשאר ש[(V) 4Q**174** 1-3ii2
⟦ ⟧ וכול הנשא[רים (XVIII) 4Q**266** 5i12
] / וכ[ו]ל [הנ]שארים [(XVIII) 4Q**267** 5ii6
ובזכרו] / [ברית] ראישונים ה[שאיר ש]ארית (XVIII) 4Q**268** 1,12
] / יהיה כול הגר הנש[אר (XXXVI) 4Q**307** 1,6
הח]רמנו לוא השארנו שריד (XIII) 4Q**364** 24a-c,10
]הנשארה / [(XXVIII) 4Q**368** 6,2
והמן הטמא זרע לא ישאר (XXX) 4Q**386** 1ii4
ו]כל הנשאר בארץ מצ[רים (XXX) 4Q**389** 1,4
והשארתי מהם פליטים למע[ן] אשר לא י[כ]ל[ו (XXX) 4Q**390** 1,10
והנשארים ישמעו ויראו 11Q**19** LXI,11
ואת השכם הנשאר מן האזרוע / [(XXIII) 11Q**20** V,3

remnant noun שְׁאָר

ושאר / כול העם ישבו איש בתכונו 1QS VI,8
ובשלישית / ילחמו בשאר בני ארם 1QM II,11
ולהתגדל ולהתקדש לעיני שאר הגוים 1QM XI,15
ש[אר ישוב שאר יעקוב אל אל גבור] (V) 4Q**163** 4-7ii12
] / מעורבים ולוא שאר היש[(V) 4Q**186** 1i6
ושלליה / וטפיה ושאר ◦[(XXII) 4Q**252** III,6
ואת בני אוציא ממף ועל ש[א]רם אהפך (XXX) 4Q**386** 1ii6
] / יתכן שארכה לחפצך ◦[(XXXVI) 4Q**424** 1,11
וחצו מחצית השאר בין תופשי המלחמה 11Q**19** LVIII,14

flesh, relative noun שְׁאֵר, שֵׁיר, שֵׁר

אל / אחות אמך לא תקרב שאר אמך היא CD V,9
את ערות אחי / אביה והיא שאר CD V,11
ולא ימעל איש בשאר בשרו CD VII,1
ויתעלמו איש בשאר בשרו / ויגשו לזמה CD VIII,6
ויתעלמו איש / בשאר בשרו ויגשו לזמה CD XIX,19
ויתעלמו איש בשא]ר בשרו[ויגשו לזמה] (XVIII) 4Q**269** 6,2
ולא אניח לו ומשרו לא יהיה (XXX) 4Q**386** 1ii4
]בערותם לקרוב איש אל שאר בשרו[(XXX) 4Q**387** A,2
עם אשת חיקכה כי היא שאר ער[ותכה (XXXIV) 4Q**416** 2iv5
עם אשת]חיקכה כיא היא ש[אר ערותכה (XXXIV) 4Q**418** 10a-b,7
וגם אוהב את שיר בשרו (XXXVI) 4Q**477** 2ii8

remnant noun שְׁאֵרִית, שֵׁרִית, שְׁאֵירִית, שֵׁרִת

השאיר שאירית / לישראל ולא נתנם לכלה CD I,4
ומתעבי חק לאין שאירית / ופליטה למו CD II,6
עד / כלותם לאין שרית ופליטה למו 1QS IV,14
לכלת עולם לאין שרית 1QS V,13
]שנאתה אין ש[ארית (I) 1QSb I,7
להכניע רשעה לאין שארית ופלטה 1QM I,6
ובכול אנשי גורלו לאין שארית 1QM IV,2
]כה בקרבנו לעזר שארית ומחיה לבריתכה 1QM XIII,8
וקהל גויים אסף לכלה אין שארית 1QM XIV,5
ולכול גבוריהם אין מעמד ואנו שא[רית 1QM XIV,8
כול דורותינו הפלתה חסדיכה לשאר[ית 1QM XIV,9
למצער מחיה בעמכה ושארית בנחלתכה 1QH[a] XIV,8
ליצר אשמה לכלה ירמוסו ואין שאר[ית 1QH[a] XIV,32
ויתפ[צצו ש]ארית אנשי מלחמתי 1QH[a] XV,22
כיא השפיל גבהות] / רוח לאין שרית 1QH[a] XXVII,2
]שרית ופ[(V) 4Q**158** 1-2,2
והמתי ברעב שרשך וש]ארית[ך יהרג] (V) 4Q**163** 8-10,14
]לשארית לבניכם אחריכם (V) 4Q**185** 1-2ii2
לאין שרת [ופליטה לסוררי דרך (XVIII) 4Q**266** 2ii6
ובזכרו] / [ברית] ראישונים ה[שאיר ש]ארית (XVIII) 4Q**268** 1,12
ארור אתה] / לאין שרית (XXIX) 4Q**280** 2,5
ואין ל[כם] שרית ופליטה (XIX) 4Q**374** 2ii4
] ושרית לו ימצא לה [(XI) 4Q**381** 33+35,1
תעמידנו לשארית להם (XXIX) 4Q**393** 3,7
כיא השפיל גבהות רוח לאין שרית (XXIX) 4Q**427** 7ii8
כי השפיל גבהות]רום לאין שרית (XXIX) 4Q**431** 2,7
ואין[שארי]ת ו[להרי]ם[במשפט לב]נמ[ס (VII) 4Q**491** 8-10i3
]ושאר[ית (VII) 4Q**491** 17,7
לאין ש]ארי[ת ו]את[שם (VII) 4Q**496** 16,6
]לאין שרית[(VII) 4Q**496** 18,2

שְׁבָבִים ← שִׁיבָבִים

to take captive verb **שבה**

CD XIV,15		ולאיש אשר ינו[ג]ע ולאשר ישבה לגוי נכר
1QM XII,10		קומה גבור שבה שביכה איש כבוד
4Q**215** 1-3,3	(XXII)	בשם העיר אשר נשבה אל[יה
4Q**266** 5ii5	(XVIII)	איש] / מבני אהרון אשר ישבה לגואים [
4Q**266** 10i8	(XVIII)	ו[ל]איש אשר ינוגע ולאשר ישבה לגוי נכר
4Q**385**a 18ia-b,3	(XXX)	[וילך עם ה]שבאים אשר נשבו מארץ
	(XXX)	[וילך עם ה]שבאים אשר נשבו מארץ
4Q**481** 1,3	(XXII)	]שבאי רשעים[
4Q**510** 7,3	(VII)	]תשבכה[
11Q**13** II,4	(XXIII)	פשרו]לאחרית הימים על השבויים אשר[
11Q**14** 2,2	(XXIII)	קומה גב]ור שבה פל[שתים
11Q**19** LXIII,10		ונתתי אותמה בידכה ושביתה את שביו

agate noun **שְׁבוֹ**

4Q**365** 12biii11	(XIII)	והטור השלישי לשם] / שבו ואחלמה

stream noun **שבול**

4Q**405** 20ii-22,10	(XI)	סביב מראי שבולי אש בדמות חשמל

ears of grain noun **שִׁבּוֹלֶת**

1QM V,9		בדני ריקמה מעשי חרש מחשבת ושבולת
1QM V,10		ושבולת זהב טהור בתוך הלהב
1QM V,11		ומראי שבולת / זהב טהור חוברת בו

flood noun **שִׁבֹּלֶת**

4Q**437** 2i10	(XXIX)	]הצלתני פן אטבע בו ומשבולת גוים

week, seven noun **שָׁבוּעַ, שׁוּבוּעַ, שָׁבֻעַ**

CD XVI,4		העתים / ליובליהם ובשבועותיהם
1QS X,7		מועדי שנים לשבועיהם
1QS X,8		וברוש שבועיהם למועד דרור
2Q**20** 1,1	(III)	וירבו הרבה עשרה]שבו[עי] שנים
4Q**219** II,35	(XIII)	והיי]ה בשבוע הרישון לשלושה וא[רבעים היובל
4Q**219** II,37	(XIII)	לעשות א]ת חג[השבו]ע[ו]ת
4Q**223-224** 2iii11	(XIII)	וכלה חמשה וע]שרים שבועי שנים
4Q**226** 1,5	(XIII)	]◦י שנים עשית מן השבוע[
4Q**247** 2	(XXXVI)	ואחריו יב]וא השבוע החמ[ישי
4Q**258** IX,6	(XXVI)	מועדי ש[ני]ם לשבעיה[ם ובראש ש]בעיהם
	(XXVI)	ובראש ש]בעיהם למועדי דרור
4Q**265** 7,11	(XXXV)	בשבוע הראיש[ון נברא האדם
4Q**275** 2,1	(XXVI)	והתיסרו עד השבוע [השביעי
4Q**284** 1,3	(XXXV)	ש]בת לכול [שב]ועי / [
4Q**286** 1ii9	(XI)	ושבועי קודש בתכונמה ודגלי חודשים [
4Q**319** 12,2	(XXI)	[בו 1 בי]שוע חג השבו[עים
4Q**320** 4iii5	(XXI)	בו 1 בישוע חג השבועים
4Q**320** 4iv1	(XXI)	בו 1 ב[חפ]א [חג הש]בועים
4Q**320** 4v4	(XXI)	[בו 1 ביכ]ין[חג] השבועים
4Q**321** V,1	(XXI)	בישוע בוא חג השבוע[ים
4Q**321** V,5	(XXI)	ובחו[פה] בוא חג השבועים
4Q**321** VI,1	(XXI)	בחזיר / [בוא חג]השבוע[ים
4Q**321** VI,8	(XXI)	ביויריב בוא חג הש]בועים
4Q**324**b 5,1	(XXI)	שב]ועות[
4Q**324**b 5,2	(XXI)	שב]ועות[
4Q**330** 1ii2	(XXI)	] / בשבוע ששי שנה[
4Q**367** 1a-b,7	(XIII)	ואם נקבה תלד] / וטמאה שבעים כנדתה
4Q**390** 2i4	(XXX)	להסגירם לחרב שבוע שנים[
4Q**401** 9,2	(XI)	]יו שובועיה[ם
4Q**401** 13,2	(XI)	שו]בוע שני יהלל שבעה ל[
4Q**403** 1i27	(XI)	ב[שם קודשו ב]כול / שובועי ת[עודותם
4Q**403** 1ii30	(XI)	] / ולפי שובועי ד[ברי
4Q**404** 2,9	(XI)	ב]כול שובועי תעודו[תם
4Q**404** 11,2	(XI)	]◦ בשובוע[
4Q**405** 3ii19	(XI)	] / [ב]כול[ ]שו[בועי
4Q**502** 23,5	(VII)	ש]בוע[
4Q**503** 42-44,5	(VII)	]שבועות כבודו ו[ה]ל[י]לה לנו[
4Q**512** 33+35,1	(VII)	ולמועד שבת בש[בתו]ת לכול שבועי / [
4Q**519** 21,3	(VII)	ש]בועי שנת[
11Q**12** 1,4	(XXIII)	ו]בארבעה לשבוע הח[מישי] / [שמחו
11Q**12** 1,11	(XXIII)	ותלד עוד תשעה בנים ובשבו]ע הח[מישי]
11Q**13** II,7	(XXIII)	ו[כן יהי]ה הדבר הזה / בשבוע היובל
11Q**13** III,17	(XXIII)	] / השבוע[
11Q**19** XIX,9		עבו[דה לוא] / [יעשה חג ש]בועות הוא
11Q**19** XIX,12		שבעה שבועות שבע שבתות תמימות
11Q**19** XXI,12		מיום הזה שבעה שבועות שבע פעמים
11Q**20** IV,1	(XXIII)	את ל]חם הבכורים שבעה שבו[עות
11Q**20** V,14	(XXIII)	מיום]הזה שבעה שבועות שבע / [פעמים

oath noun **שְׁבוּעָה, שְׁבֻעָה**

CD VIII,15		ומשמרו את השבועה
CD IX,8		על השבועה אשר / אמר לא תושיעך ידך
CD IX,12		ישביע בעליו / בשבועת האלה
CD XV,1		כי אם שבועת הבאים / באלות הברית
CD XV,6		בשבועת הברית יקימו עליהם
CD XV,8		המבקר אשר לרבים יפקדוהו בשבועת הברית
CD XVI,7		כל שבועת אסר אשר יקום איש על נפשו
CD XVI,10		[ע]ל שבועת האשה
		אשר אמ[ר לאיש]ה להניא את שבועתה
CD XVI,11		אל / יניא איש שבועה
CD XIX,28		ומשמרו את השבועה
1QS V,8		ויקם על נפשו בשבועת אסר
1QH[a] VI,17		ובשבועה הקימותי על נפשי לבלתי חטוא
1Q**22** 41,2	(I)	ש]בועות [
4Q**221** 5,4	(XIII)	ולוא זכר את השבועה אשר[נשבע לאביו
4Q**223-224** 2iv2	(XIII)	חטאת]ה בשבוע[ה]
4Q**223-224** 2iv4	(XIII)	]אין לבני הא[דם] / [ולנ]חשים שבועה נא[מנה
4Q**258** I,12	(XXVI)	]ם גוים ושבעות וחרמים ונדרים בפיהם
4Q**270** 6iv3	(XVIII)	ישביע בעלו בשבו]עת ה[אלה
4Q**271** 4ii8	(XVIII)	להקים כול שב[ועת אסר
4Q**271** 4ii11	(XVIII)	אמר לאישה / להניא את שבועתה
	(XVIII)	אל יניא איש ש[בועה אשר לוא ידענה
4Q**416** 2iv8	(XXXIV)	וכל שבועת אסרה לנדר נד[ר
4Q**418** 128+129,4	(XXXIV)	] / בשבו[ ]ל[
4Q**438** 5,1	(XXIX)	]◦[ ]שבועה ה◦[
4Q**504** 6,18	(VII)	הש]ב[ו]עה אשר נשב[עתה
5Q**12** 3	(III)	] / על השבועה אשר [
5Q**13** 2,11	(III)	]שבועה על / [
11Q**11** I,3	(XXIII)	]שבועה[
11Q**19** LIII,15		או ישבע / שבועה לאסור אסר על נפשו
11Q**19** LIII,17		בבית אביה בשבועה בנעוריה
11Q**19** LIV,2		כול נדר] או כול שבועת א[סר

captivity noun **שְׁבוּת**

4Q**485** 1,4	(VII)	] ושב שבות◦[

to praise verb **שבח-1**

4Q**385**a 2,2	(XXX)	]◦בים וישבחו [
4Q**403** 1i2	(XI)	ושבח לאלוהי / גבורות שבעה
4Q**403** 1i32	(XI)	כול אלוהים שבחו לאלוה[י ת]שבחות הוד
4Q**405** 19,2	(XI)	] / ושבחהו בדני אלוהים רוחי ק[ודש קודשים

4Q474 3 (XXXVI) השת]בֹה בבן ידיד[
4Q502 6-10,10 (VII)]◦ה מודה לאל ומשתבח / [
11Q5 XXII,15 (IV) רומי ורחבי ציון / שבחי עליון פודך

to still verb **שבח-2**

4Q381 15,4 (XI) משל בגא]ות הים ואתה תשבח גליו

praise noun **שֶׁבַח**

4Q403 1i2 (XI) תהלת שבח בלשון הרבי]עי[
11Q5 XIX,16 (IV) כי אתה יהוה שבחי ולכה קויתי / כול היום

(indeterminate) verb **שבח**

4Q266 17,1 (XVIII)]◦ר ושובחה / [

scepter, rod, tribe noun **שֵׁבֶט**

CD VII,19 דרך כוכב מיעקב וקם שבט / מישראל
CD VII,20 השבט הוא נשיא כל העדה
1QSa I,15 (I) [שרי] עשרות שופטים ושוטרים לשבטיהם
1QSa I,29 (I) ואנושי החיל עם / [שרי השב]טים
1QSb V,24 (I)] בעז [פי]כה בשבטכה תחריב ארץ
1QSb V,27 (I) כיא אל הקימכה לשבט / למושלים
1QM II,3 לשרת תמיד שנים עשר אחד / לשבט
וראשי השבטים ואבות העדה אחריהם
1QM II,7 מכול שבטי ישראל יתלוצו / להם אנשי חיל
1QM III,14 ושמות שנים עשר ש]בטי ישרא]ל כתולדותם
ראשי המחנות אשר לשלושת השבטים
1QM III,15 ע]ל אות השבט יכתובו נס אל
ואת שם נשי הש]בט
1QM IV,10 על השלישית / שבטי אל
1QM V,1 ושמות שנים עשר שבטי ישראל כתולדותם
1QM V,2 ושמות שנים עשר שרי שבטיהם
1QM VI,11 ששת אלפים חמש מאות לשבט
1QM XI,6 דרך כוכב מיעקוב קם שבט מישראל
4Q158 4,3 (V)] / למספר שנים עשר שבטי ישראל
4Q161 2-4,7 (V) ב]שבט [יככה ומטהו ישא עליך
4Q163 8-10,12 (V) כיא נשבר שבט [מכך
4Q164 1,7 (V) פשרו על ראשי שבטי ישראל לא]חרית הימים
4Q171 13,5 (V) [פשרו על גלע]ד וחצי שבט] מנשה
4Q175 12 (V) דרך כוכב מיעקוב ויקום שבט מישראל
4Q249c 4 (XXXVI) ושופטים] / [ושוטרים לשב]טיהם[
4Q251 4-7i5 (XXXV) עבדו או את אמת]ו בשבט / ◦[
4Q252 V,1 (XXII) לו]א יסור שליט משבט יהודה
4Q254 5-6,3 (XXII) דן ידין ע]מו כאח]ד ש]בטי ישראל[
4Q266 3iii21 (XVIII) דרך [כוכב מיעקב] / [וקם שב]ט מישראל
(XVIII) השבט ה]וא נ]שי [כו]ל [העדה
4Q281f 1 (XXXVI) [לכהני]ם לויים כל שבט ◦◦ל[הם]חלק ונחלה[
4Q332 2,2 (XXXVI) בת]שעה לשבט זה[
4Q367 3,9 (XIII) כל אש]ר יעבר [ ]]תחת השבט העשירי
4Q368 5,2 (XXVIII)]שרי הש]בטים ו]כול[ש]פטיהם / [
4Q375 1i5 (XIX) וכיא יקום השבט / [אשר] הואה ממנו
4Q375 1i7 (XIX) ובאתה עם השבט ההואה
4Q375 1i8 (XIX) המקום אשר יבחר אלוהיכה באחד שבטיכה
4Q394 8iv11 (X) המקום / שבחר בו מכל שבטי [ישראל
4Q396 1-2iii1 (X) המקום] / שבחר בו מכל שבטי י]שראל
4Q397 3,5 (X) המקום אשר בחר בו] מכול שב]טי ישראל
4Q417 2i27 (XXXIV) ואז] / לא יכנו בשבט [
4Q418 7b,10 (XXXIV)]ואז לוא [יכנו] בשבט / [
4Q471 1,4 (XXXVI) וראשים שנים עשר ל]כול שבט ושב[ט]
(XXXVI) וראשים שנים עשר ל]כול שבט ושב[ט]
4Q471 1,6 (XXXVI) ה]לוים שנים / [עשר אחד לכול שבט ושב]ט
4Q491 1-3,8 (VII) בג[ו]רל {{ל}}שבט ושבט לפיא פקודיו
(VII) בג[ו]רל {{ל}}שבט ושבט לפיא פקודיו
4Q491 1-3,9 (VII) היום ההואה מכול שבטיהמה[י]אצאו מחוצה
4Q494 1 (VII) [ראשי ה]שב[טי]ם ◦◦[
4Q496 10,5 (VII)] / לשלושת הש[בט]י[ם
4Q504 1-2iv5 (VII) ותבחר בשבט / יאודה
4Q521 2iii6 (XXV)] / ואת שבט[ו ו]ירממו[
4Q522 22-25,3 (XXV) ששם] / [עלו שבטים] שבטי יה
4Q525 2ii+3,10 (XXV) בש]בטו על מי]שרים
5Q10 2,2 (III)] השבט[
11Q19 XVIII,16 [והביאומה ראושי ה]מט[ו]ת לשבטי ישראל
11Q19 LX,10 כי במה בחרתי מכול שבטיכה
11Q20 V,7 (XXIII) לכול המטות שנים ע]שר שבטי ישראל

captivity, captive noun **שְׁבִי, שְׁבִיא**

1QpHab III,14 ויאסוף כח]ול שבי / [פש]רו[
1QM XII,10 קומה גבור שבה שביכה איש כבוד
4Q163 4-7ii15 (V)] / ילכו בש[בי
4Q166 I,16 (V)]בשוב שבי / [
4Q169 3-4ii5 (V) לא ימוש מקרב עדתם חרב גוים שבי
4Q169 3-4iv4 (V) וטפו ילכו בשבי גבוריו ונכבדיו בחרב[
4Q174 9-10,5 (V) פשרו] / על שבי[
4Q215 1-3,2 (XXII) וילך בשבי וישלח לבן ויפרקהו
4Q216 II,14 (XIII) ונת[תי אותם ביד הגוי]ם לש[בי]
4Q385a 4,9 (XXX) [זעקים מפני על כבד ב]ארצות ש[בים
4Q385a 17a-eii7 (XXX) והיא בגולה תלך בש[בי] / [
4Q385a 18ia-b,7 (XXX) ויצום את אשר יעשו בארץ שביא[ם]
4Q389 8ii3 (XXX) [זעקים מפ]ני על כבד בארצות שבים
4Q390 1,5 (XXX) מלבד העולים רישונה מארץ שבים
11Q19 LXIII,10 ושביתה את שביו / וראיתה בשביה אשה
11Q19 LXIII,13 והסירותה / את שלמות שביה מעליה

captured adjective **שָׁבִי**

4Q176 8-11,4 (V) התפתחי / [מוסרי צוארך ש]ביה[בת ציון

שְׁבִיא ← שְׁבִי

flame noun **שָׁבִיב**

1QH[a] XI,30 ותשוט בשביבי להוב עד אפס כול שותיהם
1QH[a] XIV,18 בשביבי נוגהו יבערו כול בנ[י עולה
4Q286 1ii3 (XI) מוסרי אש ושביבי נוגה
4Q428 5,5 (XXIX) ותשוט]בשבי[בי להוב]
4Q432 6,5 (XXIX) ותשו]ט בש]ביבי להוב

captivity noun **שִׁבְיָה**

11Q19 LXIII,11 וראיתה בשביה אשה יפת תואר

path noun **שְׁבִיל**

1QH[a] XV,15 בגבול / [צדיק]ים לשבילי כבוד
4Q184 1,9 (V) ואורחותיה שבילי חטאת
4Q266 2ii3 (XVIII) ומכול שבילי חט]אים אזיר אתכם
4Q275 1,1 (XXVI) הול]כים את שבילי ה[

seventh adjective **שְׁבִיעִי**

1QM I,14]ובגורל השביעי יד אל הגדולה מכנעת / [
1QM II,12 ובשביעית ילחמו בכול בני אשור ופרס
1QM IV,10 על השביעית קריאי / אל
4Q216 VII,8 (XIII)] / ונשבותה ביום הש[ביעי מכל מלאכה
4Q219 I,11 (XIII) ובשנה] / [הששית בשבוע] השביעי
4Q252 I,8 (XXII) עד יום ארבעה עשר בחודש השביעי

ואם ישבע ועבר וחלל את השם — CD XV,3
ואם באלות הברית ישביעוהו / השפטים
אחת בקש]ה אב[ק]ש ממך השבע את עשו — (I) 1Q18 1-2,2
כ]יא נשב[עתי ל]בית [עלי — (V) 4Q160 1,1
כן נשבעתי מקצוף עליך עד — (V) 4Q176 8-11,11
אשר נשבע רעואל לעשות לשרה בתו — (XIX) 4Q200 4,2
אם ישבע לוא[י]עמוד — (XIII) 4Q223-224 2ii9
אי]ש אשר י[ש]ביע [ע]ל / [פני השדה — (XVIII) 4Q267 9i4
אשר גנב בו יש[ביע ב[על]יו / [בשבועת האלה — (XVIII) 4Q267 9i6
איש א]שר ישב[י]ע[על פני השדה — (XVIII) 4Q270 6iv2
]ישביע ∘∘[— (XX) 4Q299 29,4
] / אשר נ[שבע להמה — (XIII) 4Q364 18,1
]להשביע חכ[— (XXVIII) 4Q372 6,2
] הנשבע לאברהם לתת / [— (XXII) 4Q378 11,3
]תם עליהם ואשבעה ב∘[— (XXX) 4Q389 2,5
בכול עת פן ישבעכה — (XXXIV) 4Q417 2i1
הש[ב]ו]עה אשר נשב[עתה — (VII) 4Q504 6,18
]שבעו [— (III) 6Q9 58,1
] משב[יע — (XXIII) 11Q11 I,7
בגבור]תו משביע לכול מ[לאכיו] — (XXIII) 11Q11 III,4
]משביע[— (XXIII) 11Q11 IV,1
או ישבע / שבועה לאסור אסר על נפשו — 11Q19 LIII,14
] וישבעום ע∘∘[— (XXXIII) PAM 43.675 1,3

seven numeral **שֶׁבַע-1, שִׁבְעָה**

← שִׁבְעָתַיִם, בְּאֵר שֶׁבַע

ושמרוהו עד שבע שנים — CD XII,5
ושבעה סדרי / פנים למערכה האחת — 1QM V,3
אורך הרמח שבע אמות מזה הסגר — 1QM V,7
]יסדרו שבע המערכות מערכה אחר מערכה — 1QM V,16
] / שבע פעמים ושבו למעמדם — 1QM VI,1
ישליך אל / מערכת האויב שבעה זרקות — 1QM VI,2
כול אלה יטילו שבע פעמים — 1QM VI,4
ושבעה סדרי פרשים יעמודו — 1QM VI,8
שבע מאות / פרשים לעבר האחד
ושבע מאות לעבר השני — 1QM VI,9
שבעה / כוהנים מבני אהרון לובשים בגדי שש — 1QM VII,9
יצאו עמהמה שבעה לויים — 1QM VII,14
ובידם שבעת שופרות היובל
עד כלותם להשליך שבע / פעמים — 1QM VIII,1
השליכם למערכת / [ ] האויב שבע פעמים — 1QM VIII,13
כולם שבע מערכות — 1QM IX,4
להפיל גדודי בליעל שבעת / גוי הבל — 1QM XI,8
וכלוה / משקל ככרין שבעשרה — (III) 3Q15 I,4
והאצרה שבע ומעסר / שני — (III) 3Q15 I,10
חפור אמות שבע ככ 32 — (III) 3Q15 V,14
חפור אמות שבע / [ ] ככ 22 — (III) 3Q15 VII,12
חפור אמות שבע / עסרא תחתיה כסף — (III) 3Q15 VIII,5
וגב שעת שבע / בדין אסתרין ארבע — (III) 3Q15 IX,2
חפור אמות / שבע ככ 9 — (III) 3Q15 IX,13
ה]מה שבע מחלקות / שבי יש[ראל — (V) 4Q171 3-10iv23
]ור שבע[— (XXXVI) 4Q249p 8
באחד בשבת בשבעה עשר בו — (XXII) 4Q252 I,4
ה[וא יו]ם שבעה עשר בחודש השביעי — (XXII) 4Q252 I,10
ויחל עוד שבעת ימים א[חרים] — (XXII) 4Q252 I,15
ומקץ שבעת ימים אחר[ים שלח א]ת ה[יונה — (XXII) 4Q252 I,18
ובשבעה עשר יום לחודש השני — (XXII) 4Q252 II,1
בשבעה / [ ] אחת ושש [ ] — (XXII) 4Q252 II,3
ב]שבעה עשר לחודש / [— (XXII) 4Q254a 3,1
]ם שבעה בזוהר ה[— (XXVI) 4Q262 B,4

ה[וא יו]ם שבעה עשר בחודש השביעי — (XXII) 4Q252 I,10
וראה הכוהן ביום השביעי — (XVIII) 4Q266 6i4
וראה [הכוהן] ביום ה]שביעי — (XVIII) 4Q269 7,7
וראה הכוהן ביום השב]יעי — (XVIII) 4Q272 1i12
] / הכוה[ן בי]ום השביע[י — (XVIII) 4Q273 4ii3
ואם יח]ול עליו השביעי ביומו השבת — (XXXV) 4Q274 2i2
בבוא] / שמש היום השביעי [— (XXXV) 4Q284 2ii4
]∘ בבוא שמש היום הש[ביעי — (XXXV) 4Q284 3,2
ה]שביעי אתות 16 מזה בש[מ]טה / [אתות — (XXI) 4Q319 VI,17
בשב]יעית ג[מול — (XXI) 4Q319 18,1
בשעורי]ם ל29 ב25 בשביעי — (XXI) 4Q320 1i12
[בעשרה ב]שביעי — (XXI) 4Q320 4iii8
בארבע]ה במימין בחמשה עשר]בשביעי — (XXI) 4Q321 II,3
באחד בישוע בחמשה]בשביעי — (XXI) 4Q321 III,4
באחד ביכין בחמשה בשביעי — (XXI) 4Q321 IV,2
השבי[עי] / במועזיה הואה יום הזכרון — (XXI) 4Q321 V,1
הש[ביעי ביכי]ן הואה יו]ם [הזכרון — (XXI) 4Q321 VI,5
השביעי / באמר הואה יום הזכר[ון — (XXI) 4Q321 VI,8
בחמש]ה בש[ביעי — (XXI) 4Q321a III,7
[יום רביעי באמר זה א]חר בשביעי — (XXI) 4Q324 1,5
שהוא עשרה בשביעי זה יום / [הכפורים — (XXI) 4Q324 1,6
]∘ברית באחד עשר בשביעי ביאת[הפצץ] — (XXI) 4Q324 1,7
]שביעי / [— (XXVIII) 4Q324d 7i2
בחוד]ש השביעי / [— (XXXVI) 4Q333 1,5
וחנוך] בנו חנוך דור שביע[י] — (XIII) 4Q369 1i10
ביובל השביעי / לחרבן הארץ — (XXX) 4Q390 1,7
]שביעי[— (XIX) 4Q391 60,2
תהלת[זמר בל]שון השביעי לנש[יאי רוש] — (XI) 4Q403 1i6
[השב]יעי בנשיאי רוש / יברך בשם קודשו — (XI) 4Q403 1i23
למשכיל שיר עולת השבת השביעית — (XI) 4Q403 1i30
] / רחמי חסדו הש[ביעי — (XI) 4Q405 3ii15
תגב[ר] שבעה בלשון ה[שב]יעי לו — (XI) 4Q405 11,5
ובלשון השביעי ת[גבר — (XI)
והשבי]עי[ב[נ]שיאי מש[ני פלא — (XI) 4Q405 13,7
] / לראשון לשלישי ולש[ביעי — (XXXV) 4Q414 2ii-4,2
]∘בר משביעי מ[— (XXIII) 11Q17 30,3
וביום השביעי / [עצרת] ל[יה]וה — 11Q19 XVII,15
תס]פורו עד ממוחרת השבת השביעית — 11Q19 XVIII,12
[תהיינה ע]ד ממוחרת השבת השביעית — 11Q19 XIX,13
תהיינה עד ממוחרת השבת / השביעית — 11Q19 XXI,14
ויכבס ביום / השביעי בגדיו — 11Q19 XLV,16
וביום השביעי / יזו שנית וירחצו ויכבסו — 11Q19 XLIX,19
יזו את הש[נית] / ביום השביעי — 11Q19 L,4
וביום השביעי יזה שנית וכבס בגדיו — 11Q19 L,15
תהיינה עד ממוחרת השבת ה]שביעית — (XXIII) 11Q20 IV,2
תהיינה עד ממו]חרת השבת השביעית — (XXIII) 11Q20 V,15
ויכבס ביו]ם השביעי / [בגדיו — (XXIII) 11Q20 XII,8
יו]ם השביעי / [— (XXIII) 11Q20 XIV,2

שִׁבֹּלֶת-1 ← שִׁבּוֹלֶת

שִׁבֹּלֶת-2 ← שִׁבּוֹלֶת

(indeterminate) noun **שבלת**

]שבלת[— (XXXVI) XQ7 6

to swear verb **שבע**

איש אשר ישביע על פני השדה — CD IX,9
אשר גנב בו ישביע בעליו / בשבועת האלה — CD IX,11
] / ישבע וגם באלף ולמד וגם באלף ודלת — CD XV,1

וטמאה **שבעת** ימים כימי נדת דותה	(XXXV)	4Q**265** 7,15
]**שבע**◦ [	(XXXV)	4Q**265** f,1
החי אל המת ב**שבעת** הימים טמא הואה	(XVIII)	4Q**266** 6i11
והיאה לו [בעת] / [נדתה] **שבעת** ימים	(XVIII)	4Q**266** 6ii3
וילדה זכר [וטמאה א]ת **שבעת** [הימים]	(XVIII)	4Q**266** 6ii5
]**שבע** ש[נים	(XVIII)	4Q**266** 12,8
ב]**שבעת**[הימי]ם [ ] / [	(XVIII)	4Q**269** 7,5
דם **שב**[**עת** ימים תהיה בנד]תה ב[	(XVIII)	4Q**272** 1ii8
ת]שב א[ת] / **שבעת** הימים[	(XVIII)	4Q**272** 1ii9
והזבה דם ל**שבעת** הימים אל תגע בזב	(XXXV)	4Q**274** 1i4
א]ל תתערב ב**שבעת** / ימיה	(XXXV)	4Q**274** 1i5
מכול / הטמאים האלה ב**שבעת** ימי טה[רתו	(XXXV)	4Q**274** 1i9
והזה מדמה באצבע[ו] **שבע** / [פעמים	(XXXV)	4Q**276** 4
]◦ מנשמים **שבעה** / [	(XXXVI)	4Q**282**g 3
וב]מליאות לו **שבעת** [ימים	(XXXV)	4Q**284** 2i3
] / ממאכל **שבעת** [הימים	(XXXV)	4Q**284** 2ii3
] / ב**שבעה** בו תכס[ה ארבע עשרא	(XXVIII)	4Q**317** 1+1aii5
[ב**ש**]**ב**[**עה**] עשר[בו תגלה תשע	(XXVIII)	4Q**317** 1+1aii22
] / [ב**שבע**]**ה** בו תגלה ת[שע	(XXVIII)	4Q**317** 7ii17
] / ב**שבעה** עש[ר	(XXVIII)	4Q**317** 21,3
ו]דוקה / [בשלושה בחרים ב]**שבעה** בוא	(XXI)	4Q**321** I,7
ו[דוקה בחמשה ב]קוץ ב**שבעה** / [בוא	(XXI)	
שבת בחזיר ב**שבע**[**ה**] / [בששי	(XXI)	4Q**321** IV,1
ש]בת במלכיה ב**שבע**[**ה**] / [בששי	(XXI)	4Q**321a** III,5
ודוקו בשלושה בבלגא] / ב**שב**[**עה** בוא	(XXI)	4Q**321a** IV,7
בעשרים]ו**שבעה** בחודש[השביעי	(XXXVI)	4Q**332** 1,3
[בסו]כות תשבו **שבעת** ימים	(XIII)	4Q**365** 23,1
והיו לכה ימי[**ש**]**ב**[**ע**] / [?	(XIII)	4Q**365** 24,2
ויספתי עליכם מכה]**שבע** על חטאותיכם	(XIII)	4Q**365** 25a-c,5
ויסרתי]אתכמ{{ה}} **שבע** על חטאותיכם[	(XIII)	4Q**365** 25a-c,13
וחברון **ש**[**בע**] / [שנים נבנ]תה לפני צען	(XIII)	4Q**365** 32,11
] / **שבע** אמות	(XIII)	4Q**365**a 2ii5
תב]נה את הקיר **שבע** א[מות	(XIII)	4Q**365**a 3,3
כבשים בני שנ]ה **שבעה** תמימם	(XIII)	4Q**366** 4i5
וילדה זכר[וטמאה] **שב**[**עת**] / [ימים	(XIII)	4Q**367** 1a-b,3
חג המצות תש]מרו **שבעת** הימים	(XXVIII)	4Q**368** 2,9
] / המרחיקם **שבעה** ראסות לא עמד[	(XXVIII)	4Q**373** 1a+b,5
]**שבע** מאו[ת	(XXX)	4Q**385**a 12,2
וחוק בחוק יגברו ל**שבעה** / [	(XI)	4Q**400** 1i9
] / מלך אלוהים ל**שבעת** מ[	(XI)	4Q**400** 1ii7
] / ל**שבע** נתיבו[ת	(XI)	4Q**400** 1ii10
]ל אלוהים **שבעה** / [	(XI)	4Q**400** 3i3
]ב**שבעה** / [	(XI)	4Q**400** 3i9
ש]**בע** / [	(XI)	4Q**400** 3i12
] / ו**שבעה** דברי[	(XI)	4Q**400** 3ii+5,4
]◦ **שב**[**עה**] / דברי פלא[	(XI)	4Q**400** 3ii+5,5
תג]בר[ ]**שבע** לנשיא[י	(XI)	4Q**401** 3,3
] / **שבע** בש[בעה	(XI)	4Q**401** 5,3
] / שבע ב**ש**[**בעה**	(XI)	
]◦◦[ ]**שבעה** / [	(XI)	4Q**401** 6,2
]ם **שב**[**עה**	(XI)	4Q**401** 8,2
שב]**עה** בחוקי עולמ[ים	(XI)	4Q**401** 12,2
שו]בוע שני יהלל **שבעה** ל[	(XI)	4Q**401** 13,2
רומם לאלוהי[מ]לאכי רום **שבעה**	(XI)	4Q**403** 1i1
ב**שבעה** דברי רומי פלא	(XI)	
על כול[אלוהים] ב**שבע** גבורות פלאה	(XI)	4Q**403** 1i2
ושבח לאלוהי / גבורות **שבעה**	(XI)	4Q**403** 1i3
ב**שבע**[**ה**]דברי תשבו[ח]ות פלא	(XI)	
ל[מ]ל[ך] הכבוד / ב**שבעת** הו[ד]ות פלאיה	(XI)	4Q**403** 1i4
יודה לאל הנכבד **ש**[**בעה**	(XI)	
ב**ש**]**ב**[**עה** דב]רי הדות פל{{ו}}א	(XI)	4Q**403** 1i4
הששי לאל [ה]טוב ב**שבעה** רנות[פלאיה	(XI)	4Q**403** 1i5
ו]רנן למ[לך ה]טוב **שבעה**	(XI)	
ב**ש**[**בעה** דברי] רנות / פלא	(XI)	
ב**ש**[**בעה** זמרי] / נ[פ]ל[א]ות[ה	(XI)	4Q**403** 1i6
ו]זמר[ל]מל[ך הק]דוש **שבעה**	(XI)	4Q**403** 1i7
שב]**ע** תה[לי ברכותיו	(XI)	
שב]**ע** / [תהל]י גדל[צדקו	(XI)	
שב]**ע** ת[הלי הודות] / [נפלאותיו	(XI)	4Q**403** 1i8
שבע[תהלי זמירו]ת קודשו	(XI)	4Q**403** 1i9
ב**שב**]**עה** ד[ב]רי פל[א	(XI)	4Q**403** 1i11
ב]**שב**[**עה**] דבר[י פלא	(XI)	4Q**403** 1i12
וברך ב]**שבעה** דברי [פלא]	(XI)	
ב**שבעת** ד[ברי]כ[ב]ו[ד	(XI)	4Q**403** 1i13
ב**ש**[**בעת** ד]ברי ר[ו]ם	(XI)	4Q**403** 1i14
]יברכ ב**שב**[**ע**]**ה** דברי פלא	(XI)	4Q**403** 1i16
ב[**שב**]**עה** דברי ה[וד	(XI)	4Q**403** 1i17
]ב**שב**[**עה**] / דבר[י פלא	(XI)	
ב**שבע**]**ה** דברי צדק לרחמי [כ]ב[ודו]	(XI)	4Q**403** 1i18
ב**שבעה** ד[ברי]רום / אמת[ו	(XI)	4Q**403** 1i19
ב**שבעה**[דברי פלא	(XI)	4Q**403** 1i20
ב**שבעה** [דב]רי הוד / [ל]הודי[פלא]	(XI)	
ב**שבעה** / [ד]ברי גבורות פלאו	(XI)	4Q**403** 1i21
ב[**ש**]**בעה** דברי פלא ל[ת]מיד	(XI)	4Q**403** 1i22
ב**שבעה** דבר[י]פלא	(XI)	4Q**403** 1i23
ב**שב**[**עה**]דברי קודש פלא[ו	(XI)	4Q**403** 1i24
ב**שב**[**עה** דב]רי פלא למגני עוז	(XI)	4Q**403** 1i25
ב**שבעה** ד[ברי פלא ל]שלום עולמים	(XI)	4Q**403** 1i26
] / וקדש[ ]ל**שבעת** קודשי רום	(XI)	4Q**403** 1ii11
סוד שני במעון פלא ב**שבע**[	(XI)	4Q**403** 1ii19
] / רום **שבעת** גבולי פלא בחוקות מקדשיו	(XI)	4Q**403** 1ii21
] / כוה[נות]**שבע** במקדש פלא	(XI)	4Q**403** 1ii22
ל**שבעת** סודי קודש כ[	(XI)	
ודעת בינתם ל**שבע**[	(XI)	4Q**403** 1ii23
] / **שבע** רזי דעת ברז הפלא	(XI)	4Q**403** 1ii27
ל**שבעת** גבולי קוד[ש קדשים	(XI)	
ולשון משניו תגבר] / **שבע**משלישי ל[ו	(XI)	4Q**403** 1ii28
ולש]ון השל[ישי ת]גבר **שבע**[**ה** מרביעי לו	(XI)	
]◦ ב**ש**[**בעה**	(XI)	4Q**403** 1ii46
וברך לכול תמימ[י] דרך ב**שבע**[**ה**	(XI)	4Q**404** 2,3
וברך לכול חוכי לו [ב**ש**]**בעה** דברי פ[לא	(XI)	4Q**404** 2,4
] ב**שבעה**[	(XI)	4Q**404** 11,1
ש]**בעה** ◦[	(XI)	4Q**404** 16,3
]**שבעה** [ ]עו[	(XI)	4Q**404** 16,4
{{ב]**שבעה**}} / [	(XI)	4Q**405** 3i13
ש]**בעה** בשבעה / [	(XI)	4Q**405** 3i15
ש]בעה ב**שבעה** / [	(XI)	
ש]**בע** ג[בורות] / [	(XI)	4Q**405** 3i16**a**
] / [ד]ברי פלא וברך ב**שבעה** דבר[י	(XI)	4Q**405** 3ii2
לכול רומי דעת ב**שבעת** ד[ברי רו]ם	(XI)	4Q**405** 3ii4
] / [י]ברך ב**שבעה** דברי פלא	(XI)	4Q**405** 3ii5
וברך לכול[נועדי צ]דק ב**ש**[**בעה**	(XI)	
] / וברך ליסודי ה[ו]ד ב**שבע**[**ה**	(XI)	4Q**405** 3ii7
] / ב**שבעה** דברי צדק לרח[מי	(XI)	4Q**405** 3ii8
] / נמהרי רצונו ב**שבעה** [	(XI)	4Q**405** 3ii10
] / שכל ב**שבעה** דב[רי	(XI)	4Q**405** 3ii13
] / דעת ב**שבעה** ד[ברי	(XI)	4Q**405** 3ii16
]ב**שבעת** מ◦[	(XI)	4Q**405** 7,3
שב]**עת** דבירי כהונו[ת	(XI)	4Q**405** 7,7
]דה **שב**[**ע**	(XI)	4Q**405** 7,11

והסגר?]תמה אותמה ש[בעת ימים ? 11Q19 XLIX,2
אשר ימות בו המת יטמא / שבעת ימים 11Q19 XLIX,6
וכול הבא אל הבית יטמא / שבעת ימים 11Q19 XLIX,7
וכול כליו שבעת ימים 11Q19 L,12
יבוא עמה יטמא שבעת ימים 11Q19 L,13
ולוא תגע לכה בטהרה עד / שבע שנים 11Q19 LXIII,15
לוא תואכל עד יעבורו שבע שנים
איל אחד כבשים בני שנה]שבעה (XXIII) 11Q20 I,11
האילים והסלים לשבעת[ימי] / [המלואים (XXIII) 11Q20 I,13
למלו[{א}] על נפשותמה שבעת ימי[ם (XXIII) 11Q20 I,20
את ל]חם הבכורים שבעת שבו[עות (XXIII) 11Q20 IV,1
איל אחד וכבש]ים בני שנה שבעה (XXIII) 11Q20 IV,7
וספרתמה לכמה מיום]הזה שבעה שבועות (XXIII) 11Q20 V,14
שבעה שבועות שבע / [פעמים (XXIII)
רוחב השערים ארבע אמות וגובהמה]שבע (XXIII) 11Q20 VIII,12

שָׁבֻעַ ← שָׁבוּעַ

(indeterminate) שבע

]◦שבע יחיה לעולם אודה / [(XXIX) 4Q442 1
]שבע ◦[(XXXIII) PAM 43.693 64,1

שְׁבֻעָה ← שְׁבוּעָה

seventy numeral **שִׁבְעִים, שִׁבְעִין**

וכסף ככרין שבעין (III) 3Q15 II,6
כסף ככ שבעין (III) 3Q15 IV,12
ויבוא חרן ואב[רם ש]בעים שנה (XXII) 4Q252 II,9
]שבעים ◦[(XXVIII) 4Q322a 1,8
כסף א]חד שבעי[ם שקל בשקל הקודש] (XIII) 4Q365 29,2
]◦ שבעים יחלקו / [(XXX) 4Q385a 11i4
]שבעים שנה [(XXX) 4Q390 1,2
וי[ח]ל[ו] להריב אלה באלה שנים שבעים (XXX) 4Q390 2i6
לשלושת עולמי חושך שבי[עים (XXIX) 4Q440 1,3
] / שבעים[(XXIII) 11Q11 2ii7
וגובהמה שבעים / באמה 11Q19 XL,12
לשבט לוי] / שבעים[ומאתים נשכה 11Q19 XLV,2

שִׁבְעִין ← שִׁבְעִים

seven-fold adverb **שִׁבְעָתַיִם**

וככסף מזוקק בכור נופחים לטהר שבעתים 1QH[a] XIII,16
והופעתי באור שבעתים בא[ור 1QH[a] XV,24
כסף צרוף בעליל לארץ מזק[ק שבעתים (V) 4Q177 10-11,1
] עולמים להאיר שב[עתים (XXIX) 4Q440 1,5
ולזע[ף] / אפי אלוהים במזוקקי שבעתים (VII) 4Q511 35,2

to break verb **שבר-1**

ביצר סמוכ ורוח נשברה ולרצת עוון 1QS VIII,3
וברוח נשברה לאנשי / מטה 1QS XI,1
אריות שוברי עצם אדירים 1QH[a] XIII,7
וזקים ללוא ישוברו 1QH[a] XIII,37
ובריחי עוז ללוא ישוברו 1QH[a] XIV,28
זר]ע נשברת מקניה 1QH[a] XV,2
מותני היה לבהלה ותשבר זרועי מקניה 1QH[a] XVI,33
נש]ברי ל[ב (V) 4Q161 7,1
כיא נשבר שבט [מכך (V) 4Q163 8-10,12
] שבר[(V) 4Q163 47,1
וקשתותיהם תשברנה (V) 4Q171 1-2ii16
]ש{{ו}}נאנו שברנו[(V) 4Q176 14,3

]◦ שבע / [כהונ]ות קורבו [(XI) 4Q405 8-9,4
ה]רב[י]עי תגבר / שבעה בלשון החמישי לו (XI) 4Q405 11,4
החמישי תגבר ש[בעה בלשון הששי]לו (XI)
הששי / תגב[ר] שבעה בלשון ה[שב]עי לו (XI) 4Q405 11,5
]טוהר בשבעה דברי רום טוהר [(XI) 4Q405 13,3
נמהרי / [רצו]ן אמתו בשבעה דב[רי פלא (XI) 4Q405 13,4
וברך לכול מודי]לו בשבעה דברי הוד (XI)
בדעת עולמים בשבעה דברי גבורות פלאו (XI) 4Q405 13,5
]לכול ה[וכי]ל[ו]בשב[עה] / [ד]ב[רי פלא (XI) 4Q405 13,6
]לשש[י]שבע[(XI) 4Q405 28,2
] ושב[עה (XI) 4Q405 32,1
]ו בשב[עה (XI) 4Q405 33,1
]לשבעתת[(XI) 4Q405 34,2
שב]עת גבולי קו[דש (XI) 4Q405 44.1
]בשבעה זמרות[פלא (XI) 4Q405 64+67,2
]שבע תהלי גד[ל (XI) 4Q405 64+67,3
]שבע[(XI) 4Q405 64+67,4
]ת בשבעה[(XI) 4Q405 66,1
שב]עת עולמי[(XI) 4Q405 66,3
] שבע[(XI) 4Q405 68,1
ש]בעה[(XI) 4Q405 71,1
]ע בשבע דעת [(XI) 4Q405 74,1
]שבעת[(XI) 4Q406 2,2
ת]שעה וארבעים גורלות אור שבע[(XXIX) 4Q440 1,2
] שבע / [(XXXVI) 4Q468f 5
]שבעת ימי[ם (VII) 4Q502 97,2
] / בשבעה ל[חודש בערב יברכו (VII) 4Q503 7-9,6
] / [בש]בעה עשר לחו[דש ב]ערב יברכו (VII) 4Q503 29-32,12
] / [ובמילא]ת לו שבעת ימי טה[רתו (VII) 4Q512 11,2
]איר שבעה[(VII) 4Q519 1,5
ויהי בשב[עה לשבוע הששי] (XXIII) 11Q12 9,2
]ושבע ◦◦[(XXIII) 11Q17 I,8
]ע שבע תהלי בר[כות כבוד (XXIII) 11Q17 III,5
שב]ע תה[לי גדל] / [צדקו (XXIII)
]שבעה בש[בעה דברי פלא (XXIII) 11Q17 III,8
]שבעה בש[בעה דברי פלא (XXIII)
]מו◦◦◦ משבעה / [(XXIII) 11Q17 30,2
]בשי ◦◦◦◦◦ שבע[(XXIII) 11Q17 30,6
]◦◦◦ שבע [11Q19 VIII,3
] / שנה שבעה וש[עיר עזים לחטאת 11Q19 XV,2
למלא על נפשותמה שב[עת ימי המלואים 11Q19 XV,14
לוא תעשו בו חג מצות שבעת ימים / ליהוה 11Q19 XVII,11
והקרבתמה בכול יום ויום לשבעת הימים 11Q19 XVII,12
ואיל וכבשים בני שנה שבעה / תמימים 11Q19 XVII,13
וספרתה / [לכמה] שבע שבתות תמימות 11Q19 XVIII,11
שבעה שבועות שבע שבתות תמימות 11Q19 XIX,12
שבעה שבועות שבע שבתות תמימות
וספר[תמ]ה [לכמ]ה מיום הזה שבעה שבועות 11Q19 XXI,12
שבעה שבועות שבע פעמים
שבע שבתות תמימות תהיינה 11Q19 XXI,13
איל אחד כבשי]ם ב[ני] שנה שבע[ה תמימים 11Q19 XXV,5
איל אחד כבשים בני שנה שבעה {{ }} 11Q19 XXV,13
איל] / [אחד וכב]שים שב[עה 11Q19 XXIX,012
ורחוק מקיר / [ה]היכל שבע אמות 11Q19 XXX,7
השערים ארבע אמות וגובהמה שבע 11Q19 XXXI,13
ו]ר[ח]וק קירו מק[י]רו שבע אמות 11Q19 XXXIII,9
ו[רו]חב קי[רו] שבע אמות 11Q19 XXXVI,5
ורוחב הקיר שבע אמות 11Q19 XL,9
מקיר החצר לחוץ שבע אמות 11Q19 XLI,12
וספר לו שבעת ימים לטהרתו 11Q19 XLV,15

Reference	Vol.	Text
4Q223-224 2v1	(XIII)	ו֯י[שביר את הדלת
4Q223-224 2v5	(XIII)	ויש]בֿיר את מוֿצ֯[א
4Q259 II,12	(XXVI)	ובענוה / [ורוח נ]שברה ולרצות עוֿ[ון
4Q365 25a-c,2	(XIII)	ושברׄתי את / [גאון עוזכם
4Q371 7,5	(XXVIII)	]בר הפלׄש[ ]◦◦[
4Q372 1,15	(XXVIII)	ושברים את כל עצמיו
4Q372 2,12	(XXVIII)	יש]ר֯אל כי נשבר לפניו[
4Q372 19,4	(XXVIII)	ולוא שניתֿ[כי שב[רו יהוה אלהינו
4Q373 1a+b,6	(XXVIII)	] / ולוא שניתי כי שברו יהוה אלהינו
4Q381 48,8	(XI)	ותשבר א◦[
4Q387 2iii1	(XXX)	בימוֿ אשבר֯ את ממלכת [מצרים
4Q387 2iii2	(XXX)	ואת ישראל אשבר ונֿ[תתו לחרב
4Q388a 7ii4	(XXX)	בימו אשבור את מלכות מצרים[
4Q388a 7ii5	(XXX)	ואת ישראל אשבור ונתתו לחרב
4Q389 8ii10	(XXX)	בימו] אׄשבור אׄ[ת מ]מֿלכת / [מצרים
4Q393 1ii-2,7	(XXIX)	ואׄ[ל רו]חֿ נשברה מלפניך תחׄדׄףׄ
4Q437 2i3	(XXIX)	חר]בם בלבם וקשתותיהם תשברנה ◦[
4Q501 3	(VII)	ואין משיב שבורים ואין חובש / [כפופים
4Q509 12i-13,3	(VII)	] / מֿבלי מֿבֿי֯ן הנשברים מבלי֯[חובש
11Q19 L,18		וכול כלי / חרש ישברו כי טמאים המה
11Q19 LVIII,12		והיה אם נצחו / את אויביהמה ושברום

break, fracture noun שֶׁבֶר-1

Reference	Vol.	Text
11Q5 XXIV,16	(IV)	ויענני [וירפא את] שבר לבי

to cease, rest verb שבת

Reference	Vol.	Text
CD XI,14		אל ישבית אׄיש בֿמקום קרוב / לגוים בשבת
CD XI,23		ולא ישביתו את העבוׄדה כולהׄ
1QS X,24		רקים אשבית משפתי
1QHa IX,36		] הוסיפו ערמה / צדיקים השביתו עוׄלה
1QHa XIV,12		ובגבורות[יכה יש]אׄחחו / לאין השבת
1QHa XV,15		לאין הֿ[סר ו]לֿ[א] להשבת לנצח
1QHa XVI,32		כי נשבת מעוזי מגויתי
1QHa XVII,40		לא]ין השבת ◦[
1QHa XIX,24		וחליל תהלה לאין / השבת
1QHa XXI,13		] השבתה להביא בברית עמכה
1QHa XXIII,2		] / אורכה לאין השבֿ[ת
1QHa 10,6		] לאין השבֿתֿ ◦◦◦ לקץ ישמיעו
4Q88 IX,6	(XVI)	להשבית רשעים / מן הארץֿ[
4Q163 4-7i16	(V)	]שמאול ולוא ישבׄתׄ / [
4Q166 II,14	(V)	והשבתי כוׄל משושה / חֿ[גה חד]שה
4Q171 3-10iv14	(V)	ויב]קש לשבית את / [
4Q216 V,2	(XIII)	וכל אשר ברא]וׄישבת בים [השביעי]
4Q216 VII,6	(XIII)	את יום] / השבת אשר שבת ב[ו
4Q216 VII,8	(XIII)	] / ונשבותה ביום השׄ[ביעי מכל מלאכה
4Q219 II,30	(XIII)	ולו ישביׄתֿ[שמי] / [ושמכה מתח]תֿ השמים
4Q267 9ii8	(XVIII)	] / ישבֿ[ות איש במקום
4Q271 5i9	(XVIII)	אל ישבות איש במקום קרוב
4Q271 5i16	(XVIII)	ולוא ישביתו את העבודהֿ [כולה]
4Q303 2	(XX)	]מֿים וישביתו מעל נֿ[
4Q365 6aii+6c,4	(XIII)	] / אבדהׄ תקות שונה ונש[כח/ונשׄ[בת ← שכח
4Q372 3,4	(XXVIII)	ל]השבית מהם[
4Q408 7,2	(XXXVI)	י]שביתוֿ[
4Q415 22,2	(XXXIV)	]לוא ישבֿוֿ[ת
4Q417 20,3	(XXXIV)	]לׄ מעשה ואׄ[ל] תשבות ◦[
4Q418 70,3	(XXXIV)	]ר֯ ושבתו כ[
4Q418 113,3	(XXXIV)	]לׄלׄים ושבתֿה[
4Q418 126ii1	(XXXIV)	ל]וא ישבות אחד מכול צבאם ה[
4Q427 7i18	(XXIX)	ואין / [ה]שבת השחוׄז בׄיחׄד קהל
4Q427 7ii5	(XXIX)	הופיע שלום שבת פחד נפתח מקור
4Q427 7ii6	(XXIX)	כלה עוון שבת נגע לאין מחל[ה
4Q427 7ii11	(XXIX)	ואין השבת[לעולמי עד]
4Q428 20,2	(XXIX)	לאין השׄ[בֿתֿ ואני יצר החמר[
4Q431 2,2	(XXIX)	שבתה] / [מדה]בה שבת נוגש בזעׄםׄ [
4Q431 2,4	(XXIX)	[ונס יגון ה]ופיע שלום שבת פחד נפתח מקור
4Q431 2,5	(XXIX)	כלה עוון שבת נגע לאין מחלה
4Q511 2i3	(VII)	] / וׄרוש ממשלוׄתׄ הׄשבית לאין [
8Q5 1,3	(III)	ומה תשביׄתוׄ אורׄ להׄ[ ]◦◦ל[
8Q5 2,2	(III)	]◦ר וׄתשביׄ[תו
11Q14 1ii13	(XXIII)	וחיה רעה שבתה מן / [הארץ
11Q19 XX,13		ולוא תשב[י]ת / [ברית מלח לעולם]
11Q20 IV,24	(XXIII)	ולוא ת]שבית ברית מלח ל֯עולם

idleness, cessation noun שֶׁבֶת

Reference	Vol.	Text
4Q251 4-7i4	(XXXV)	ונקה המ]כה רק שבֿ[תו יתן] ורפוא / [ירפא
4Q251 8,2	(XXXV)	לחפשי ישלחנֿ[ו ונתן שבֿ[תו ורפו]א ירפא

sabbath noun שַׁבָּת

Reference	Vol.	Text
CD III,14		תעו בם כל ישראל ⟦ ⟧ שבתות קדשו
CD VI,18		ולשמור אׄת יום השבת כפרושה
CD X,14		על השׄ[ב]ת לשמרה כמשפטהׄ
CD X,17		אשר אמר שמור את / יום השבת לקדשו
		וביום השבת אל ידבר איש דבר / נבל
CD X,21		לעשות את עבודת חפצו / השבת
CD X,22		אל יאכל איש ביום השבת כי אם המוכן
CD XI,2		לעשות את חפצו ביום השבת
CD XI,5		אל יתערב איש מרצונו / בשבת
CD XI,9		אל פתח כלי טוח בשבת
CD XI,10		לצאת ולביא בשבת
CD XI,11		לצאת ולבוא בשבת
CD XI,12		את עבדו ואת אמתו ואת שוכרו בשבת
CD XI,13		אל יילד איש בהמה ביום השבת
CD XI,14		ואל פחת אל יקימה בשבת
CD XI,15		אל ישבית אׄיש בֿמקום קרוב / לגוים בשבת
		אל יחל איש את השבת על הון ובצע בשבת
		אל יחל איש את השבת על הון ובצע בשבת
CD XI,17		אל יעל איש למזבח בׄשבת
CD XI,18		כי אם עולת השבת
		כי כן כתוב מלבד שבתותיכם
CD XII,4		וכל אשר יתעה / לחלל את השבת
1QpHab XI,8		ולכשילם ביום צום שבת מנוחתם
1QM II,4		לחודשיהם ולשבתות ולכול ימי השנה
1QM II,8		כיא שבת / מנוח היאה לישראל
1Q22 1i8	(I)	ויעׄ[ברו כול מקרא קו]דש ושבת הׄברית
1Q22 1iii1	(I)	[מקץ שבע ש]נׄים את שבתׄ [הארץ תעשה
1Q27 4,1	(I)	]עֿוׄ שבת [
4Q166 II,15	(V)	חֿ[גה חד]שה ושבתה וכול מועדיה
4Q216 VI,7	(XIII)	ליֿמֿ[ים] ולֿ[ש]בֿתוׄת ולׄ[חדשים] / [ולמועדים
4Q216 VII,6	(XIII)	יום] / השבת אשר שבת ב[ו
4Q249l 4	(XXXVI)	]שבתֿ[
4Q251 1-2,4	(XXXV)	אל]יוצא איש ממקומו כל השבת
4Q251 1-2,5	(XXXV)	לדרוש ולקרא בספר ב[שבֿ]תׄ / [
4Q251 1-2,6	(XXXV)	]מיא נדה בש[ר]וֿ ביום [ה]שׄבת / [
4Q252 I,4	(XXII)	בחודש השני באחד בשבת בשבעה עשׂר בו
4Q252 I,7	(XXII)	בחודש / השלישי יום חמשה בשבת
4Q252 I,8	(XXII)	בחודש השביעי בשלושה בשבת
4Q252 I,12	(XXII)	באחד בו יום רביעי / לשבת
4Q252 I,13	(XXII)	יום אחד בשבת הוא יום עשרה
4Q252 I,17	(XXII)	לעשתי עשר החודש באחד בשבֿ[ת
4Q252 I,20	(XXII)	לשנים עשר] החודש[באחד] / בשבת

Reference		Text
4Q252 II,2	(XXII)	לחודש השני / יבשה הארץ באחד בשבת
4Q252 II,3	(XXII)	שלוש מאות ששים וארבעה באחד בשבת
4Q264a 1,7	(XXXV)	]ביום הש[ב]ת ואל יד[בר ד]בר
4Q265 6,1	(XXXV)	] / השׁ[בת
4Q265 6,2	(XXXV)	ביום השבת אל[יקח איש עליו בגדי]ם צואים
4Q265 6,4	(XXXV)	או [גז] / ביום 〚 〛 השבת
4Q265 6,5	(XXXV)	ומאכ[ל] / ביום 〚 〛 השבת
4Q265 6,6	(XXXV)	אשר תפול / אל המים ביום השבת
4Q265 6,7	(XXXV)	אשר תפול אל המים / [ביום] השבת
4Q265 6,8	(XXXV)	וכלי לא ישא / [להעלותו ביום] השבת
4Q265 7,2	(XXXV)	יו]ם שבת ולא[
4Q266 9i1	(XVIII)	על הון ובצע] בש[בת
4Q270 6v15	(XVIII)	לצת ולבוא בש[בת
4Q270 6v17	(XVIII)	ואת אמ[ת]ו ביום השב[ת
4Q270 6v19	(XVIII)	על] / הון ובצע בשבת
4Q270 6v21	(XVIII)	כי כן] / כתוב מלבד שבתותיכם
4Q271 5i5	(XVIII)	אל יפתח כלי טוח בשבת
4Q271 5i6	(XVIII)	לצא]ת ולבוא [ב]שבת
4Q271 5i7	(XVIII)	לצאת ולבוא בשבת
4Q271 5i8	(XVIII)	ואת / [אמתו ואת שכירו ב]ש[בת
	(XVIII)	א]ל יילד איש בהמה בשבת
4Q271 5i9	(XVIII)	אל יקימה בש]בת
	(XVIII)	אל ישבות איש במקום קרוב לגוים בשבת
4Q271 5i10	(XVIII)	[אל יחל איש את השב]ת
	(XVIII)	על הון ובצע בשבת
4Q271 5i12	(XVIII)	כי כ]ן כתוב מלבד שבתותיכם
4Q271 5i19	(XVIII)	וכול אשר יתעה לחלל את השבת
4Q274 2i2	(XXXV)	ואם יח]ול עליו השביעי ביומ השבת
	(XXXV)	אל יז בשבת כי / [אמר שמור את] השבת
4Q274 2i3	(XXXV)	אל יז בשבת כי / [אמר שמור את] השבת
4Q284 1,3	(XXXV)	ש]בת לכול [שב]ועי / [
4Q286 1ii11	(XI)	]ושבתות ארץ במחל[קותמה
4Q317 1+1aii10	(XXVIII)	[וכן יחל להגלות] / באחד לשבת
4Q317 2,29	(XXVIII)	וכן] / [י]חל להגלות בארבעה לשבת
4Q317 4,32	(XXVIII)	וכן יחל] / [להכסות]בארבעה לשבת
4Q317 9,11	(XXVIII)	]לשבת 〚 〛[
4Q319 IV,10	(XXI)	]אורה בארבעה בשב[ת
4Q319 55,1	(XXI)	]שבתו[ת
4Q319 88,2	(XXI)	]שבתות ◦[
4Q320 1i3	(XXI)	מערב עד בוקר ב4 בשבת
4Q320 1ii8	(XXI)	שבת בפצצ ל30 ב18 בר[ביעי]
4Q320 1ii13	(XXI)	שבת בבל[גה ל29 ב14 בתשיעי]
4Q320 2,13	(XXI)	שבת בידעיה ל29 ב2 בעשתי
4Q320 3i11	(XXI)	ב4] בשבת / [
4Q320 4ii10	(XXI)	הימים ולשבתת / לחדשים
4Q320 4ii14	(XXI)	ב4 / בשבת בני גמול
4Q320 4iii2	(XXI)	ב3 בשבת בני מעוזיה הפסח
4Q321 I,8	(XXI)	שב]ת בפצץ / [בשמונה עשר ברביעי
4Q321 II,4	(XXI)	ודו]קה שבת באביה בשנים בוא
4Q321 II,8	(XXI)	ודוק[ה]שבת[ב]מימין בשמונה ועשרים [בו]א
4Q321 III,3	(XXI)	שבת במלא[כיה בשבעה בששי
4Q321 III,5	(XXI)	ודוקה שבת י[חזקאל באחד ועשרים בוא
4Q321 III,6	(XXI)	שבת בידעיה בשנים בעשתי עשר
4Q321 III,8	(XXI)	שבת [בפ]תחיה בשלושים בשני
4Q321 IV,1	(XXI)	שבת בחזיר בשבע[ה] / [בששי
4Q321 IV,4	(XXI)	ודוקה שבת באביה באחד / [ועשרים בוא
4Q321a II,5	(XXI)	ודוקו] / שבת בפתחיה [בתשעה בוא
4Q321a III,5	(XXI)	ש]בת במלכיה בשבע[ה] / [בששי
4Q321a IV,10	(XXI)	ש[בת במימין בשמונה עשר ברביעי
4Q321a V,3	(XXI)	שבת ב[חרי]ם בארבעה ע[שר בתשיעי

Reference		Text
4Q321a V,8	(XXI)	ודוקו שבת [בפצץ בשמונה ועשרים בוא
4Q324b 3,1	(XXI)	ש]בת[
4Q324b 3,2	(XXI)	]שבת [
4Q324b 3,3	(XXI)	ש]בת[
4Q324b 3,4	(XXI)	ש]בת[
4Q324b 4,1	(XXI)	שב]ת[ו]ת[
4Q324b 4,2	(XXI)	שב]תות[
4Q324b 5,3	(XXI)	ש]בת [
4Q324d 2,2	(XXVIII)	]◦ בארעה[עשר]בו שב[ת
4Q324d 3ii2	(XXVIII)	ב]ו שבת ה[
4Q324d 3ii4	(XXVIII)	] / באחד עשר[ב]ו שבת ב[חמשה עשר בו
4Q324d 4,3	(XXVIII)	] שבת ◦◦[
4Q324d 6,2	(XXVIII)	בו שב]ת ב[
4Q324d 11,1	(XXVIII)	]שבת ב◦[
4Q324d 11,2	(XXVIII)	]◦ שבת[ ]בע◦[
4Q324e 5,2	(XXVIII)	]שבת[
4Q324e 9,1	(XXVIII)	ש]בת ◦[
4Q324e 11,2	(XXVIII)	]בו שבת[
4Q324g 1,1	(XXVIII)	]◦שבת[
4Q325 1,1	(XXI)	בשמונה עשר בו שבת ע[ל יויריב
4Q325 1,2	(XXI)	בעשרים וחמשה בו שבת על ידעיה
4Q325 1,3	(XXI)	בעשרים וששה בו אחר שבת
4Q325 1,4	(XXI)	בשנים בו שבת חרים
	(XXI)	בתשעה בו שבת / [שעורים
4Q325 1,5	(XXI)	]בששה עשר בו שבת מלכיה
4Q325 1,6	(XXI)	בשלושים בו שבת הקוץ
4Q325 1,7	(XXI)	השלישי אחר שבת
4Q325 2,2	(XXI)	ב]תשעה בו שבת חזיר
4Q325 2,3	(XXI)	בעשרי]ם ושלושה בו שבת / [פתחיה
4Q325 3,1	(XXI)	ש]בת ב[לגה
4Q326 2	(XXI)	בא11 בו שב[ת
4Q326 4	(XXI)	ב25 בו] / שבת
4Q329a 1	(XXI)	מעדיה] ב[שלשה ב]שבת / [מעזיה הפסח
4Q337 1	(XXI)	] / בשב[ת
4Q337 2	(XXI)	] / בשבת[
4Q337 4	(XXI)	] / ובשב[ת
4Q365 24,3	(XIII)	] ? שבת]ות השנים[תשע וארבעים]שנה
4Q382 142,3	(XIII)	]כול שבת [
4Q387 1,8	(XXX)	והארץ]רצתה את ש[ב]תו[תי]ה בהשמה[
4Q388a 4,2	(XXX)	]שבתות הש[נים
4Q390 1,8	(XXX)	הארץ ישכחו חוק ומועד ושבת וברית
4Q394 1-2i5	(XXI)	ושלושה / בו שבת
4Q394 1-2ii2	(XXI)	[ו]אח[ד] / [ב]ו שבת
4Q394 1-2ii5	(XXI)	ושמונה / ב[ו] שבת
4Q394 1-2ii7	(XXI)	עליו אחר / השבת
4Q394 1-2iii1	(XXI)	[ברביעי] / [ש]ב[ת] / בע[שתי עשר]
4Q394 1-2iii3	(XXI)	בע[שתי עשר] / בו שבת
4Q394 1-2iii5	(XXI)	בשסונה / עשר בו שבת
4Q394 1-2iii8	(XXI)	וחסשה / בו שבת
4Q394 1-2iii11	(XXI)	בחמ[שי] / [ש]ב[ת]
4Q394 1-2iv4	(XXI)	[ב]שש אשר / בו שבת
4Q394 1-2iv7	(XXI)	ושלושא / בו שבת
4Q394 1-2v2	(XXI)	[ואחד] / בו שבת
4Q394 1-2v7	(XXI)	אח[ר הש]בת / אח[ריו] / קרב[ן העצים]
4Q394 3-7i1	(X)	[ושמונה בו]שבת
	(X)	ע[ל]ו אחר [ה]ש[בת
4Q400 1i1	(XI)	[למשכיל שיר עולת השב]ת הראישונה
4Q403 1i30	(XI)	למשכיל שיר עולת השבת השביעית
4Q403 1ii18	(XI)	למשכיל שיר עולת השבת השמינית
4Q405 8-9,1	(XI)	למשכיל שיר עולת ה]שבת השמינ[ית

4Q405 20ii-22,6 (XI)]למשׁ[כיל שיר עולת]הֹ[ש]בֹּתֹ שתים עשרא[
4Q406 1,4 (XI)] / לֹמֹשֹׂכֹיל שֹׁיֹר עֹוֹלֹתֹ הֹשֹׁבֹּתֹ הֹשֹׁ[
4Q476 1,5 (XXIX) לק]דֹּשׁ מנוח שבתֹ[ביו]םֹ[השביעי
4Q493 13 (VII)] על חצוצרו[ת]הֹשבתות [כתוב
4Q503 62,2 (VII)]בשבתות [
4Q504 1-2vii4 (VII)] / הודות ◦◦ ביום השבת
4Q512 33+35,1 (VII)] ולמועד שבת בש[בתו]תֹ לכול שבועי / [
(VII)] ולמועד שבת בש[בתו]תֹ לכול שבועי / [
4Q513 3-4,3 (VII)]ביום שבת לֹ◦◦[
(VII)]אֹ[ ] מלבד שבתות[
11Q5 XXVII,7 (IV) ושלוש / מאות ולקורבן השבתות
11Q19 XI,9 מועדי יהוה] בֹּשבתֹוֹת ובראשי / [החודשים
11Q19 XIII,17 ובימי הש[בתות] תקֹריבו שֹׁנֹי [כבשים בני שנה
11Q19 XVIII,11 וספרתה / [לכמה] שֹׁבֹעֹ שֹׁבֹּתֹוֹת תמימות
11Q19 XVIII,12 תס]פורו עד ממוחרת השבת השביעית
11Q19 XIX,12 שבעה שבועות שבע שבתות תמימות
11Q19 XIX,13 ע]ד ממוחרת השבת השביעית תספורו
11Q19 XXI,13 תשעה / וארבֹעים יום שֹבֹעֹ שבתות תמימות
עד ממוחרת השבת / השביעית תספורו
11Q19 XXVII,6 כי שבת שבתון יהיה [לה]מֹהֹ
11Q19 XXVII,8 שבת שבתון מקרא קודש יהיה לכמה
11Q19 XLIII,2]בימי השבתות ובימ[י
11Q20 V,15 (XXIII) עד ממו]חרת השבת השביעית / [תספורו

rest noun שַׁבָּתוֹן

4Q385a A,1 (XXX) שבת]שבתון הוא [
11Q19 XXV,9 שבתון יהיהֹ / לכמה היום הזה
11Q19 XXVII,6 יעשו בֹו כֹול מֹלאכה כי שבת שבתון יהיה
11Q19 XXVII,8 שבת שבתון מקרא קודש יהיה לכמה
11Q20 VII,24 (XXIII)]ןֹ שבתון זכֹרון מקרא קודש / [
PAM 44.102 35,1 (XXXIII)]שבתון הואֹ [

to err verb שׁגג

1QS VIII,26 אמ לוא שגג עוד עד מולאת לו שנתים / ימים
1QS IX,1 אכ השוגג / יבחן שנתים ימים לתמים דרכו
4Q266 5ii3 (XVIII)]לֹמה ישוג בדבר מות [
11Q19 XXXV,14 למען לוא / ישוגו הכוהנים בכול חטאת העם

unintentional error noun שְׁגָגָה, שִׁיגָגָה

1QS VII,3 ואם בשגגה דבר ונענש ששה חודשים
1QS VIII,24 ואם בשגגה יעשה והובדל מן הטהרה
1QS IX,1 כיא על {{◦◦}} שגגה אחת יענש שנתים
1Q27 6,2 (I)]שֹׁיהֹמֹהֹ [י]כפר על שגג◦◦◦◦ל [
4Q258 VII,2 (XXVI) אם לא הלך עוד / בשגגה עדֹ מלאות לו שנתים
(XXVI) כי על שגגה אחת יענש שנתים
4Q266 11,2 (XVIII) אשר תחטֹא בשׁיגגה אשר יביאו את / חטתוֹ
4Q388a 3,2 (XXX)]בהתהלככם בשג[גה] מלפ[ני
4Q508 6,1 (VII)] שגגֹ[

to err verb שׁגה

CD XV,14 וֹהֹוֹאֹ שֹׁגֹהֹ בֹו יוֹ[דיעה]וֹ המבקֹר אותו
CD XV,15 וכל פֹתֹ[י שו]גהֹ / וֹכֹהֹהֹ עֹיֹנֹיֹםֹ לֹבֹלֹ[תי
1QSa I,5 (I) פן ישגו במ[שגותיהמ]הֹ
4Q184 1,9 (V) שבילי חטאת מעגלותיה משגות / עול
4Q184 1,17 (V)] / במעגלי יושֹר להשגות אנוש בדרכי שוחה
4Q227 2,6 (XIII) א]שר לוא ישגו הצֹ[דיקים
4Q266 8i5 (XVIII) והו[א שג]הֹ בה יודיעהו המבקר אותו
4Q266 8i7 (XVIII) וכול פתי ושוגה וכה עינים לבלתֹי ראות
4Q266 9iii4 (XVIII) ועשה בעצה ?] / וֹלו ישוגו
4Q267 7,12 (XVIII)] / אשֹ[ר אמר משג]ה עֹ[ור
4Q267 14,1 (XVIII)]מֹשגה / [
4Q269 10ii1 (XXXVI) ולוֹ[א] יֹ[שוגו וכן לכול לוקח אשה
4Q270 6ii8 (XVIII) וכ]לֹ פֹותה ושוגה וֹ[כה עינים לבלתי ר]אות
4Q271 3,9 (XVIII) אשר אמ]רֹ משגהֹ עור בדרך
4Q286 13,1 (XI)]שֹׁגה בשובֹ[ו
4Q306 1,1 (XXXVI) אשר ישגו ולא יעׂשו את[המצות
4Q417 1ii14 (XXXIV) נבונות rCb אל תשגכ[ה
4Q512 29-32,3 (VII)] משגה [

to be mad verb שׁגע

CD XV,15 וֹלֹפי דעתֹו היֹותו אויֹל ומשוגע
4Q266 8i7 (XVIII) וכול היותו אויל / [ומ]שוגעֹ אל יבו

madness noun שִׁגָּעוֹן

4Q387 2ii4 (XXX) והֹתֹהֹ[ל]כתם בֹשֹׁ[געון]ובעורון
4Q425 1+3,8 (XX)]◦שים כֹ[ ]אוילי לב וֹ[ש]גֹעֹוֹנֹוֹ[ ]◦◦◦[
4Q504 1-2ii14 (VII) כיא תרפאנו משגעון ועורון ותמהון / [לבב

offspring, increase noun שֶׁגֶר

4Q509 131-132ii11 (VII)] אֹתֹ שגר [

breast noun שַׁד

1QH[a] XVII,30 ומשדי הוֹרֹיתי רחמיך / לי
4Q507 1,2 (VII) ואנו בעולה מרחם ומשדים באֹ[שמה

demon noun שֵׁד

4Q386 1iii4 (XXX)] / מדור שדים[
4Q510 1,5 (VII) ורוחות ממזרים שדאים לילית אחים
11Q11 I,10 (XXIII)]אֹת השד[
11Q11 II,3 (XXIII) הרו]חותֹ[ ]והשדים [
11Q11 II,4 (XXIII)] אלהֹ [הש]דים
11Q11 V,12 (XXIII)]הֹרע לו ש[ד

violence, destruction noun שֹׁד-2

4Q417 4ii4 (XXXIV)] / לבֹיתכה שד◦כֹהֹ[
4Q446 2,2 (XXIX) ובוז]מֹבֹוֹז ושד משד וגבֹ◦ר◦[
(XXIX) ובוז]מֹבֹוֹז ושד משד וגבֹ◦ר◦[

שׁדא ← שׁדה

to devastate verb שׁדד

1QH[a] 5,6] / רֹוחות עולה אשר יושדו לאבל [
4Q165 5,7 (V) והשודד] שודד ע[לי עילם
4Q169 3-4iii6 (V) ואמרו / שודדה נינוה מי ינוד לה
4Q385b 1,6 (XXX)]בֹחרב מצרֹ[ים]תֹשֹׁדד◦[
4Q428 17,2 (XXIX) לכול רוחות עולה אשר] / [יוש]דו לאב[ל

destruction noun שׁדדה

4Q184 1,8 (V) ושדדה לכ[ול] / תוֹמכי בה

box, chest noun שׁדה, שׁדא

3Q15 I,3 (III) שדת כסף וכלוה / משקל ככרין שבעשרה
3Q15 XII,5 (III) שדא אחת וכלכליה וכסף ככ 60

Shaddai proper noun שַׁדַּי

4Q175 11 (V) אשר / מחזה שדי יחזה נופל וגלו עין
4Q252 III,12 (XXII)] / אל שדי יבֹ[רך
4Q511 8,6 (VII)]◦◦ֹ אֹלֹ בסתר שׁדי ◦[
4Q511 116,3 (VII)]שדי / [

quiet (?) noun **שדך**

Reference	Period	Text
4Q**386** 1ii7	(XXX)	כאשר יאמרו היה השל[ו]ם וה**שדך**

blight, scorching noun **שִׁדָּפוֹן**

Reference	Period	Text
4Q**88** IX,9	(XVI)	ואין **שדפ֯[ון** בג]ב֯ליהם
11Q**14** 1ii12	(XXIII)	ולוא מוחלה **שדפון** וירקון לוא יראה

onyx noun **שֹׁהַם-1**

Reference	Period	Text
4Q**365** 12biii11	(XIII)	והטור הרביעי תרשיש◦ **שה֯ם** וישפה[מוסבות

opened adjective **שתתם**

Reference	Period	Text
4Q**175** 10	(V)	בלעם בנבעור ונאם הגבר / **שתתם** העין

שָׁו ← שָׁוְא

worthlessness, deception, destruction noun **שָׁוְא, שָׁוְו, שָׁו**

Reference	Period	Text
1QpHab X,10		אשר התעה רבים / לבנות עיר **שוו** בדמים
1QpHab X,11		לוגיע רבים בעבודת **שוו**
1QH^{a} X,22		והמה סוד **שוא** לעדת בליעל
1QH^{a} X,28		יבקעו / אפעה ו**שוא** בהתרומם גליהם
1QH^{a} XIV,5		] / מעדת [**שו]א** ומסוד חמס
1QH^{a} XV,34		כ֯י֯ לוא ֗הפלתה֗ גורלי ב֗עדת **שו**
4Q**173** 1,2	(V)	**שו]א** לכ֯ם[משכימי קום מאחרי שבת
4Q**184** 1,2	(V)	וקלס תחל֯[י]ק ולהליץ יחד ב**ש[וא]** עול
11Q**11** V,7	(XXIII)	פניך פני / [**שו]ו֯** וקרנ֯יך֯ קרני חל[ו]ם֯
PAM 43.689 40,1	(XXXIII)	]**שוא**[

Sheva proper noun **שְׁוָא**

Reference	Period	Text
3Q**15** VIII,10	(III)	בשלף של ה**שוא** הצופא / מערב בדרום
3Q**15** VIII,14	(III)	ברו֯י של ה**שוא** בצויה שבא

hole noun **שוא**

Reference	Period	Text
3Q**15** I,13	(III)	ב**שו֯א** המעבא של מנס

שׁוֹאָה ← שֹׁאָה

to turn, return, repent, restore verb **שוב**

Reference	Period	Text
CD II,5		ורוב סליחות / לכפר בעד **שבי** פשע
CD IV,2		הכהנים הם **שבי** ישראל
CD VI,1		וינבאו שקר ל**השיב** את ישראל מאחר / אל
CD VI,5		וחופריה הם / **שבי** ישראל
CD VI,6		ולא **הושבה** / פארתם בפי אחד
CD VII,9		בפקד אל את הארץ ל**השיב** גמול רשעים
CD VIII,16		וכן המשפט ל**שבי** ישראל סרו מדרך העם
CD IX,13		כל אשם **מושב** אשר אין בעלים
		והתורה **המישב** לכהן
CD IX,19		ו**שב** והודיע למבקר
		אם **ישוב** וניתפש לפני / אחד שלם משפטו
CD X,3		ביד רמה עד זכו ל**שוב**
CD XV,4		והתודה ו**השיב** ולא ישא חטא / ו֯י֯מות
CD XV,7		לכל **השב** מדרכו הנשחתה
CD XV,9		את הבר֯[י]ת֯ ל**ש֯[וב** א]ל֯ ת֯ו֯ר֯ת֯ משה בכל לב
CD XV,12		ל**שוב** אל תורת משה בכל לב
CD XVI,1		יקום האיש על נפשך ל**שוב** אל / תורת משה
CD XVI,4		יקום האיש על נפשו ל**שוב** / אל תורת משה
CD XIX,6		ובחקים ל**השיב** גמול רשעים עליהם
CD XIX,9		ו**השיבותי** ידי על הצוערים
CD XIX,29		כן / משפט ל**שבי** ישראל סרו מדרך העם
CD XIX,34		ו**שבו** ויבגדו ו֯יסורו מבאר מים החיים
CD XX,5		עד יום **ישוב** לעמד במעמד אנשי תמים קדש
CD XX,10		כמשפט רעיהם אשר **שבו** / עם אנשי הלצון
CD XX,14		אשר **שבו** / ע֯ם איש הכזב כשנ֯ים ארבעים
CD XX,17		◦ ו**שבי** פשע י֯ע֯ק֯ב֯ שמרו ברית אל
CD XX,20		ו֯**ש֯ב֯ת֯ם֯** ו֯ר֯א֯י֯ת֯ם֯ ב֯ין צדיק֯ / ורשע
CD XX,23		ו**שב֯ו֯** עו֯ד / א֯ל֯ ד֯ר֯ך֯ העם
CD XX,32		ולא **ישיב֯ו֯** / א֯ת֯ ח֯קי הצדק
1QS I,17		ולוא ל**שוב** מאחרו מכול פחד ואימה
1QS III,1		לוא חזק ל**משוב** חיו ועם ישרים לוא יתחשב
1QS V,1		לאנשי היחד המתנדבים ל**שוב** מכול רע
1QS V,2		ו**משובים** על פי בני צדוק הכוהנים
1QS V,8		בשבועת אסר ל**שוב** אל תורת מושה
1QS V,14		כיא לוא יטהרו / כי אמ **שבו** מרעתם
1QS V,15		ואשר לוא **ישיב** איש מאנשי / היחד
1QS V,22		המתנדבים ל**שוב** ביחד לבריתו
1QS VI,9		ל**השיב** איש את מדעו / לעצת היחד
1QS VI,15		ל**שוב** לאמת ולסור מכול עול
1QS VI,25		ואשר **ישוב** את / רעהו בקשי עורפ
1QS VII,2		ולוא **ישוב** עוד על עצת היחד
1QS VII,17		לשלח הואה מאתם / ולוא **ישוב** עוד
		ישלחהו ולוא **ישוב**
1QS VII,19		אמ **ישוב** ונענש שתי שנים
1QS VII,23		ו**שבה** רוחו לבגוד ביחד
1QS VII,24		לוא **ישוב** אל עצת היחד עוד
1QS VIII,6		ול**השב** / לרשעים גמולם
1QS VIII,23		ישלחהו מעצת היחד / ולוא **ישוב** עוד
1QS IX,1		ולעושה ביד ר֯מה לוא **ישוב** עוד
1QS X,11		ובהיותם אשים / גבולי לבלתי **שוב**
1QS X,17		לוא **אשיב** לאיש גמול / רע
1QS X,19		לוא א{{ט֯ו֯ר֯}}תפו֗ש֗ {{ב֯א֯פ֯ ל֯**ש֯ב֯י֯**}} ֗עד יו֗ם נקם
1QS X,20		ואפיא לוא / **אשיב** מאנשי עולה
		לוא אטור באפ ל**שבי** פשע
1QS XI,1		ול**השיב** ענוה לנגד רמי רוח
1QS XI,18		ואין אחר זולתכה ל**השיב** על עצתכה
1QS XI,22		מה **ישיב** חמר ויוצר יד
1QSb V,29	(I)	]כה טרף ואין **משי[ב**
1QpHab X,16		פשר הדבר[אשר] / ב**שובם** ◦[
1QM I,3		]לכול גדודיהם ב**שוב** גולת בני אור
1QM I,13		יתאזרו חיל בליעל ל**משוב** גורל / [ ]◦
1QM III,2		וחצו֗צ֗רות המאסף ב**שוב** המלחמה
1QM III,9		לוא **ישוב** אפו עד כלותם
1QM III,10		וב**שובם** מן המלחמה לבוא המערכה
1QM IV,8		וב**שובם** מן המלחמה יכתובו על אותותם
1QM IV,13		וב**שובם** מן המלחמה יכתובו על אותותם
1QM VI,1		] / שבע פעמים ו**שבו** למעמדם
1QM VI,4		כול אלה יטילו שבע פעמים ו**שבו** למעמדם
1QM VII,4		ללכת למלחמה עד **שובם**
1QM IX,7		והרכב / **משיבים** על ידי המלחמה
1QM X,5		להחזיק בגבורת אל ול**שוב** כול / מסי לבב
1QM XI,10		לוא **תשוב** עד / כלות אשמה
1QM XI,13		להשפיל גבורי עמים ל**השיב** גמול / רשעים
1QM XIV,3		ו**שבו** אל מקום עומדם
1QM XIV,12		ולנכבדיהם / **תשיב** לבוז
1QM XV,9		ואל תערוצו מפניהם ואל / **תשובו** אחור
1QM XVI,13		ולמתקרב֯י֯[ם במ]ל֯ח֯מ֯ה֯ י֯תקעו ל**שוב**
1QH^{a} IV,22		ול**ש֯וב** לו ענותו ביסוריך
1QH^{a} V,24		ו]דברך לא **ישוב** אחור
1QH^{a} V,25		ודב֯ר֯ך֯ לא **ישוב** אחור
1QH^{a} VI,21		]**שבו** / [אל ב]ר֯יתך
1QH^{a} VI,24		וגדול / [ ]ר֯ים הסולח ל**שבי** פשע
1QH^{a} VIII,26		] ושומרי מצו[ותיך]**שבים** אליך באמונה

אל **תשב** פני עבדך [1QH^a VIII,27
ומה **ישיב** עוֺל על משפט הצדק לכה 1QH^a IX,26
ומרפא לכול / **שבי** פשע ערמה לפתיים 1QH^a X,9
בהתעופף כול חצי שחת לאין **השב** 1QH^a XI,27
ולא **תשוב** עד כלה ונחרצה לעד 1QH^a XI,36
ואתה אלי **תשיב** {{נפשי}} סערה לדממה 1QH^a XIII,18
ואדעה כי יש מקוה **לשבי** פשע 1QH^a XIV,6
והם **ישיבו** בפי כבודכה 1QH^a XIV,14
המו רוח עועיים[לאין] דממה **להשיב** נפש 1QH^a XIV,23
ואין / **להשיב** על תוכחתכה כול צֺבֺי רוח 1QH^a XV,29
ואם **אשיב** יד יהיה כערֺ[ר בערבה 1QH^a XVI,24
ואשיבה למבלעי דבר 1QH^a XVII,8
ואיכה **אשיב** בלוא השכלתני 1QH^a XVIII,7
ומה אפהוא **שב** לעפרו כי יעצור כֺ[ו]חֺ 1QH^a XVIII,12
[ל]השכיל בכול רזיכה **ולשיב** דבר [1QH^a XX,20
ומה **ישיב** עפר ו◦◦[1QH^a XX,27
ואין **להשיב** / על תוכחתכה 1QH^a XX,30
ומה אפהו **שב** אל עפרו 1QH^a XX,31
ש]ב אל עפרו 1QH^a XXII,4
]איש **ותשיב**הו ובמה ית[1QH^a XXII,12
אל **תשב** ידכה [1QH^a XXIII,9
ואין מליץ] / **לֺהֺשֺיֺב** דבר כֺ[פיכה 1QH^a XXVII,12
]ומאור גליתה ולוא **להשיב** / [1QH^a 2i12
] אני במשפט **ושב** אל עפרו מה ◦◦[1QH^a 4,11
פל]אכה מה **נשיב** כי גמלתנו ו◦[1QH^a 10,3
]ב **בֺשובך** ◦◦[1QH^a 24,1
ומזה יודע לכמה כי לוא **ישוב** אחור 1Q27 1i8 (I)
]**להשיב** אשמֺ[3Q9 1,3 (III)
לך אמור להמה **שובוֺ** לֺ[כמה 4Q158 7-8,3 (V)
] / **וישובו** העם איש לאהליו 4Q158 7-8,5 (V)
]**בֺשובם** ממדבר הע[מים 4Q161 5-6,2 (V)
בכל זאת לא **שב** / [אפו ועוד ידו נטויה] 4Q162 II,9 (V)
בכול זאת לוא] **שב** אפו 4Q163 4-7i18 (V)
וידו הנטויה] / [ומי **ישי]ב**נה היאה מ◦[4Q163 8-10,7 (V)
]ל לכרמל **ושבו** הֺ[4Q163 21,3 (V)
]**בשוב** שבי / [4Q166 I,16 (V)
] / לכן **אשוב** ולקחתי דגני בעתו 4Q166 II,8 (V)
[**ישו]בו** וישכ[ח ישראל את עשהו 4Q167 15,1 (V)
]אֺשר **ישובֺ**[4Q167 18,2 (V)
פשרו על כול **השבים** / לתורה 4Q171 1-2ii2 (V)
אשר לוא ימאנו **לשוב** מרעתם 4Q171 1-2ii3 (V)
כיא כול הממרים / **לשוב** מעונם יכרתו 4Q171 1-2ii4 (V)
פשרו על] / **שבי** המדבר 4Q171 1+3-4iii1 (V)
ה]מֺה שבע מחלקות / **שֺבֺי** ישֺ[ראל 4Q171 3-10iv24 (V)
] / **לשוב** יחד לתורה בֺ[4Q171 11,1 (V)
]**שובם**ֺ[4Q172 9,1 (V)
ושבו ובנו את / [העיר הזות 4Q175 25 (V)
התנערי מעפר קומ]י **שובי** ירושלם 4Q176 8-11,3 (V)
]לרֺאשי אבל **שוב** תֺ◦[4Q177 1-4,9 (V)
]**יֺשובון** וב◦◦[4Q177 19,6 (V)
]לֺם **ושבי** י◦[4Q178 3,3 (V)
]**ישובון** וכול נוחליה ירדו שחת 4Q184 1,11 (V)
ויורישנה לצאצאיו ידעתי לעמ[**ש]וב** 4Q185 1-2ii15 (V)
]שֺיר **וישבֺוֺ** פל[י]טֺ[י 4Q217 12,3 (XIII)
ושֺ]ב מנא] / [ו]בֺא למצרים 4Q248 5 (XXXVI)
וֺהפך בארצות גוים **ושב** למצרֺיֺ[ם 4Q248 8 (XXXVI)
תכלינה] / כל אלֺהֺ **יֺשוֺבֺוֺ** בֺנֺיֺ[ישראל 4Q248 10 (XXXVI)
ולוא] / יספה **לשוב** עוד הוא יום אחֺ[ד 4Q252 I,19 (XXII)
אשר לוא יסֺפֺ[ה] / **שוב** עוד 4Q252 I,21 (XXII)
ויצא יצוא **וישוב** להודיע לדורות האֺ[חרונים] 4Q254a 3,4 (XXII)
כי העוֺ[רב] יצוא יצא **וישֺ[וב** 4Q254a 3,5 (XXII)
יקים על נפשו] / באסֺר **לשוב** אל תֺורת משה 4Q256 IX,7 (XXVI)
לוא]חֺזקֺ[ל]**מֺשיב** חיו 4Q257 III,2 (XXVI)
על אנשי התורה המתנדים **להשיב** מכל רע 4Q258 I,1 (XXVI)
ומשיבים על פי הרבים לכל דבר 4Q258 I,2 (XXVI)
על פי רוב ישראל המתנדבים **לשוב** ביחד 4Q258 II,2 (XXVI)
ו]**להשיב** לרשעים / [גמולם 4Q258 VI,1 (XXVI)
ושב במדרש ובעצה אם לא הלך עוד / בשגגה 4Q258 VII,1 (XXVI)
וליד הרמה לא **ישוב** עוד 4Q258 VII,2 (XXVI)
]ובהיותם **אשיב** / [גבולי לבלתי שוב 4Q258 IX,10 (XXVI)
ו]לֺ[ה]**שֺ[י]בֺ** לרשעים / גֺמולם 4Q259 II,15 (XXVI)
ובהיותם אשים גבולי ל]בלתי **שוב** / [4Q260 III,3 (XXVI)
לוא **אשֺ[יב]** / לאיש גמול רע 4Q260 IV,4 (XXVI)
לוא] / אֺטור **לשֺ[ב]** יֺ פשע 4Q260 IV,10 (XXVI)
] / {{אפֺרֺ}} **ישיבו** את ◦[4Q266 1a-b,22 (XVIII)
לכפר] / בעד כל **שבי** פֺ[שע 4Q266 2ii5 (XVIII)
יתהל]כו בם ⟦ ⟧ כול **שבי** ישראל ◦[4Q266 5i15 (XVIII)
]הֺ **שב** הֺדֺםֺ[4Q266 6id,1 (XVIII)
וֺכֺאֺ[שר] / יקים עלו **לשוב** אל תורת מוש[ה 4Q266 8i3 (XVIII)
בי]ךֺ רֺ[מה עד זכו ל]**שֺוב** ⟦ ⟧ 4Q266 8iii3 (XVIII)
ואםֺ בֺדבר מות ינטור ולוֺ[י]**שוב** / [עוד 4Q266 10ii1 (XVIII)
כתוב **לשוב** אל אל בבכי ובצום 4Q266 11,5 (XVIII)
]◦הֺיֺ **שוֺבֺ** / [ישיבו את 4Q267 1,4 (XVIII)
ויֺנבאו שקר **להֺ[ש]יֺב** את / [ישר]אל 4Q267 2,6 (XVIII)
וחופריה] הֺמה **שבי** יֺ[שרא]ל 4Q267 2,11 (XVIII)
[נמצא] קשר **לשוב** [על עונות אבותם 4Q267 5ii3 (XVIII)
ויצא ולוא **ישו]בֺ** עוד 4Q267 9vi2 (XVIII)
והשיבו לאיש / [אשר לקחו ממנו 4Q267 9vi3 (XVIII)
ויצא ו]לֺ[וא **ישו]ב** עוד 4Q267 9vi5 (XVIII)
וא]חזה בגיד וֺ[**ש]בֺ** הדם / [למעלה 4Q269 7,2 (XVIII)
[וכל אשם מושב אשר] / אין **להשיב**הֺ 4Q270 2ii10 (XVIII)
לשלח הוא ולא] **ישוב** עֺ[וד 4Q270 7i7 (XVIII)
והשיבו לאיש אשר לקחו מ[מנו 4Q270 7i12 (XVIII)
ויצא ולא **ישוב** עוד 4Q270 7i13 (XVIII)
[ישלח] מן העדה ולא **ישוֺבֺ** 4Q270 7i14 (XVIII)
וידו לוא ה]שֺיגה דיו **לה[שיב** לו] 4Q271 3,2 (XVIII)
יקים האיש] / על נפשוֺ **לשוב** א[ל] תורת מֺושה 4Q271 4ii4 (XVIII)
יקים [האיש ע]ל נפשו **לשֺ[וב** אל תור]תֺ מושֺהֺ[4Q271 4ii6 (XVIII)
עד אשר י]**שובֺ** הדם לגיד[4Q272 1i6a (XVIII)
] כֺיֺ **שבֺה** וכסתה ◦[4Q273 5,2 (XVIII)
]וֺ **ושבו** אל היבשה בעֺת הֺהֺיֺ[אה 4Q285 4,9 (XXXVI)
ש]בי עוֺן ישובוֺ[4Q285 10,7 (XXXVI)
ש]בי עוֺן **ישובוֺ**[(XXXVI)
]שֺגה **בשובֺ**[ו 4Q286 13,1 (XI)
] **בשובו** [4Q288 2,2 (XI)
דרֺ[ש]וֺ[א]לֺהֺ וֺ**הֺשיבֺ**[ו לאורח]חֺיים 4Q298 1-2i3 (XX)
]◦ **השיב** ל◦[4Q299 58,2 (XX)
] / **שבי** פשֺ[ע 4Q299 71,1 (XX)
להוכח / עֺמך **ולהשיב** דבר בריבך 4Q302 3ii8 (XX)
עד] / אשר **נֺשֺ[וב** אליכמה 4Q364 14,6 (XIII)
ותשו]בֺ[ו ות]בֺכֺ[ו לפני יהוה 4Q364 22,1 (XIII)
כרתו משמה בני י]שֺראל **וישובֺוֺ**[מתור] / [4Q365 32,15 (XIII)
ולשמֺ[יר ול]שית ואין **להשב** יגע ו◦[4Q368 10ii5 (XXVIII)
] / [ו]לֺ[ב]המות בשדה ולעוברֺ **וֺלשב** וי[4Q368 10ii6 (XXVIII)
]**שיבנו** ל◦[4Q374 11,2 (XIX)
ושבתה עד יהוה אלוהיכה בכול / [לבבכה 4Q375 1i2 (XIX)
ושב אלוהיכה מחרון אפו הגדול 4Q375 1i3 (XIX)
ודבר בכה / [סרה **להש]יֺבכה** מאחרי אלוהיכה 4Q375 1i5 (XIX)
ו]**יֺשיב** חרון אֺ[פו ותסג]רֺמרים מעינו 4Q377 2i9 (XXVIII)
ושבו ובנו אֺ[ת] / [העיר ה]זאת 4Q379 22ii11 (XXII)

4Q**381** 15,1	(XI)	]◦ לבבי תשיב ווֹ[
4Q**381** 69,5a	(XI)	להשכיל אתכם ולהשיב ממעשי ישבי / [
4Q**381** 76-77,9	(XI)	אם יֵשֵׁ בכם כח להשיבנו ◦[
4Q**381** 76-77,10	(XI)	מי בכם ישיב דבר ויעמד בהתוכח ע[מו
4Q**382** 21,4	(XIII)	י]שיב◦ דבר כי אשר[
4Q**382** 46,2	(XIII)	]מֹשיב רוחו כיֹ[
4Q**384** 4,3	(XIX)	]ישיב לו ◦[ ]לֹ[
4Q**384** 20,3	(XIX)	]אל השבים[
4Q**385** 1,2	(XXX)	]תֹשובו / [
4Q**385** 2,7	(XXX)	ויאמֹר שוב אנבא על ארבע רוחות השמים
4Q**385** 4,4	(XXX)	ויאמר יהוה אלי לא אש[י]ב פניך יחזקאל
4Q**385**a 4,8	(XXX)	[והממלכה]תשוב לגוים רבֹים
4Q**385a** J,1	(XXX)	]ואם ישוב ה◦[
4Q**387** 2iii6	(XXX)	[ושב]וֹ כהני ירושלים לעבוד אלהים אחרים[
4Q**388**a 7ii1	(XXX)	ושבו[ועשו רעה ורבה הר]עה
4Q**389** 8ii2	(XXX)	והממלכה תשוב לגוים רֹבים
4Q**389** 8ii7	(XXX)	ו]שבו ועשו רעה רֹ[ב]הֹ
4Q**390** 1,2	(XXX)	וא]שוב[ונתתים]ביד בני אהר[ון
4Q**390** 1,11	(XXX)	ו]ישובֹ[ו] / וֹיֹעשו [את] הרֹעֹ
4Q**393** 1ii-2,7	(XXIX)	וחטאים השב אליך
4Q**397** 14-21,14	(X)	[והשיבותה אל לבב]כֹה ושבתֹ[ה אלו
4Q**398** 11-13,4	(X)	וזה הוֹא אחריתֹ הימים שישובו בישראֹלֹ
4Q**398** 11-13,5	(X)	]ולוא ישובו אֹחֹו[ר
4Q**398** 14-17i7	(X)	[והשיבות]הֹ אל ל[בב]ך
	(X)	ושֹבֹתֹה אלו בכל לבבך
4Q**400** 1i16	(XI)	וֹיכפרו רצונו בעד כול שבי פשע
4Q**403** 1i23	(XI)	בשבעה דבר[י]פלא לֹ[מ]שוב רֹ[חמי] חסדיו
4Q**405** 13,7	(XI)	]בֹשֹבֹ[עה] / [ד]בֹרֹ[י פלא למשו]בֹ[רחמי חסדו
4Q**405** 20ii-22,9	(XI)	ובלכת האופנים ישובֹו מלאכי קודש יצא
4Q**405** 20ii-22,12	(XI)	והללוֹ קודש בהֹשיב דרכיהם
4Q**405** 23i12	(XI)	לוא ישפוט במושבי אפ כבֹודו
4Q**414** 13,6	(XXXV)	] / [ ]תם ואחר ישוב ◦◦[
4Q**416** 2iii4	(XXXIV)	כֹא[שר לקח]תֹו כן השיבהו
4Q**416** 2iii9	(XXXIV)	ואֹם[ ]וֹשיבכה לכבודכה התהלך
4Q**416** 2iv8	(XXXIV)	ונדב[ה] / השב רוחכה לרצונכה
4Q**417** 2i15	(XXXIV)	ואז יראה אל וֹשב אפו ועבֹר על חטאותֹכֹה
4Q**417** 2i22	(XXXIV)	[עד]הֹשיבכה לנוֹשׂ[ה בכה משיו
4Q**418** 7a,1	(XXXIV)	ואז יראה]אל וֹשב אפו וֹע[בר
4Q**418** 81+81a,10	(XXXIV)	ובידכה להשיב אף מאנשי רצון
4Q**418** 97,3	(XXXIV)	]הֹ לֹא ימצא אל ישיֹבֹ[
4Q**418** 126ii6	(XXXIV)	] / משפט להשיב נקם לבֹעליֹֽ און
4Q**418** 172,12	(XXXIV)	]◦שיבה למה תדמהֹ[
4Q**419** 8ii5	(XXXVI)	] / לחושך ומאוצרו ישב[
4Q**419** 8ii8	(XXXVI)	א]לֹ אדמֹתם ישובוןֹ[
4Q**420** 1aii-b,1	(XX)	לוא ישיב בטרם ישמֹ[ע]
4Q**420** 1aii-b,2	(XX)	]בארוך אפים ישיב פתגם
4Q**420** 1aii-b,4	(XX)	איש] עניו ונכי שכלו ל[ו]א ישוב א[חור]
4Q**421** 1aii-b,15	(XX)	אֹ[יש עניו ונכי שכלו לוא ישו]ב אחור
4Q**421** 5,1	(XX)	א]ם ישיבֹ[
4Q**423** 5,1a	(XXXIV)	]וֹהשמר לכה פֹן תשׁיֹב ללוֹיֹ כוֹהֹ[ן] / [
4Q**426** 5,6	(XX)	]לוֹאֹ ישוֹבֹ[
4Q**427** 7i20	(XXIX)	[לש]ב לכת קוי דעות
4Q**427** 7ii18	(XXIX)	ואין מליץ להשיבֹ[דבר כפיכה
4Q**427** 7ii20	(XXIX)	] / כוח {{להשיב לכה}} כֹ[אלה
4Q**429** 1ii5	(XXIX)	ואתה] / [א]לֹ[י ת]שב סערֹהֹ ל[דממה
4Q**429** 4ii3	(XXIX)	המו רוח עועיים לאין דממה] / להשיבֹ[נפש
4Q**443** 1,14	(XXIX)	]◦ שובבים ע[
4Q**457b** II,2	(XXIX)	] / שמח דֹויד להשיב [
4Q**460** 9i10	(XXXVI)	וכול זמתכה ישיב על עמֹ[
4Q**461** 1,9	(XXXVI)	]◦ להשיב אל יהוה אלוהיהמה[
4Q**468**i 3	(XXXVI)	]צֹר לבני הרע הֹשיבונו / [
4Q**481**b 1	(XXII)	י]שׁיֹב נדחיו לארץ / [
4Q**485** 1,4	(VII)	] וֹשב שבוֹת◦[
4Q**487** 6,1	(VII)	]שׁוֹבֹ מֹד◦[
4Q**491** 1-3,7	(VII)	]◦ המערכה עֹדֹ שובמה
4Q**491** 1-3,15	(VII)	עם מלא עונתם הראישונים ישובו וקֹ[מו
4Q**491** 1-3,16	(VII)	המ[ע]רֹכה השנית את עונתהֹ ושבו וע[מדו
4Q**491** 8-10i17	(VII)	ואחר ישובו אל מהֹ[נותמה
4Q**491** 11i15	(VII)	מיא הוֹ[א]כֹבֹאֹיֹ ים ישוֹבו{{ם}}<<סֹףֹ>>ר / [
4Q**491** 11ii11	(VII)	ולמתקרבים במלחמה] / [י]תקעו לשוב
4Q**491** 14-15,6	(VII)	ואל תשו]בו אחורֹ[
4Q**493** 11	(VII)	וב]שובם יתק[עו להם בחצוצרות] / הֹמֹאֹ[סף
4Q**501** 3	(VII)	ואין משיב שבורים ואין חובש / [כפופים
4Q**504** 1-2ii11	(VII)	ישוב נא אפכה וחמתכה מעמכה
4Q**504** 1-2v6	(VII)	להֹחריבה / מעובר ומשב
4Q**504** 1-2v12	(VII)	להשיב / אל לבבם לשוֹב עוֹדך
4Q**504** 1-2v13	(VII)	להשיב / אל לבבם לשוֹב עוֹדך
4Q**504** 1-2vi11	(VII)	ישוב נא אפכה וחמתכה ממנו
4Q**504** Verso 2vii9	(VII)	]בריֹתוֹ וֹיֹשב / [
4Q**508** 1,3	(VII)	וזה א]שר נשיב לכהֹ [ברוך
4Q**508** 2,2	(VII)	זכורה אדוני מועד רֹחמיך ועת שׁוֹב[
4Q**509** 148,3	(VII)	]שוֹבוֹ א[
4Q**511** 52-59,3	(VII)	] משפטים למעֹשי כול ומשיב ברכות [
4Q**512** 65,2	(VII)	] / ושב מכול[רע
4Q**512** 70-71,2	(VII)	ש]בֹיֹ פשעֹ לֹסוֹ[
4Q**525** 10,6	(XXV)	א]םֹ תטיב יטיבֹ לכה וֹלֹ[וא]תשוב [
4Q**525** 14ii21	(XXV)	אל] / תשובֹב בדברי רעיכה פן י[כ]וֹן לכהֹ[
4Q**525** 14ii24	(XXV)	לפנים שמע אמרם ואחר תשיב בֹ[דברי
4Q**525** 22,6	(XXV)	]וֹשובון ובֹמֹ◦[
4Q**525** 28,5	(XXV)	ש]וב עוֶֽל וֹ[
11Q**5** XXI,15	(IV)	ואשחקה קנאתי בטוב ולוא אשוב
11Q**5** XXI,16	(IV)	חריתי / נפשי בה ופני לוא השיֹבֹותי
11Q**5** XXIV,6	(IV)	גמולי הרע ישיב ממני דין האמת
11Q**5** XXIV,12	(IV)	טהרני יהוה מנגע רע ואל יוסף לשוב אלי
11Q**13** II,6	(XXIII)	נחֹלֹ[ת מלכי צ]דק אשר / ישיבמה אליהמה
11Q**13** II,11	(XXIII)	ו]עֹלי[ה] / למרום שובה אל ידין עמים
11Q**13** II,22	(XXIII)	]ר הוסרה מבליעל ותשֹ[וב
11Q**19** LV,11		למען אשוב מחרון אפי ונתתי לכה / רחמים
11Q**19** LVI,16		ולוא ישיב את העם מצרים למלחמה
11Q**19** LVI,18		לוא / תוסיף לשוב בדרך הזואת עוד
11Q**19** LIX,9		אחר ישובו / אלי בכול לבבםה
11Q**19** LXII,3		וישוב אל / ביתו פן ימס את לבב
11Q**19** LXIV,14		השב תשיבמה לאחיכה
		השב תשיבמה לאחיכה
PAM 43.682 45,1	(XXXIII)	]וֹשיב מי ◦[
PAM 43.684 98,1	(XXXIII)	]ואם ישוב יהֹ[וה

returning, repentance noun **שׁוּבָה**

1QS III,3		בסֹאון רשע מחרשו וגוֹאֳלים / בשובתו
4Q**163** 23ii3	(V)	כ[ו]הֹ אמר [יה]וה קדוש [י]שראל בשובה
4Q**381** 52,2	(XI)	]בשובתֹם[

שובוע ← שָׁבוּעַ

dovecote noun **שׁוֹבָךְ**

3Q**15** IX,1	(III)	בשובך שבשולי הנטף
3Q**15** IX,17	(III)	בשובך שבמצד בֹאמֹת הֹ[מים]

to be like, compare verb **1-שוה**

1QH[a] VII,23		ואני ידעתי כיא / לא ישוה כול הון באמתך

1Q27 1ii2 (I)]לו **שוו** חשבונו֯ת
1Q27 1ii8 (I)] / דמי וכ֯[ול מח]יר לוא **ישוה** ב◦[
4Q269 7,6 (XVIII) ואחר י]**שוה** [ב]ן [כאשר] אמר
4Q272 1i6a (XVIII) ואח]ר **ישוה** [
4Q299 2,3 (XX) **יש]וה** בה מה֯[
4Q415 9,5 (XXIV)] / עם אולת לוא **תשוה** לרוש֯[
4Q416 2ii4 (XXIV) מהר]שלם ואתה **תשוה** בו
4Q416 2ii7 (XXIV) כי אין מחיר **שוה** [בה
4Q416 2ii15 (XXIV) אל תשפל נפשכה לאשר לא **ישוה** בכה
4Q417 2ii+23,9 (XXIV) כיא א[י]ן מחיר **שוה**[
4Q418 8,4 (XXIV) וא]תה **ת]שוה** בו כיא כיס צ֯[פוניכה פקדת]ה
4Q418 19,3 (XXIV)]◦ **תשוה** ב◦[
4Q418 37,2 (XXIV) **]שוה** בה וא[
4Q418 103ii4 (XXIV)] / **ישוה** עת בעת דורשם
4Q418 122i6 (XXIV) לו]א **ישוה** בעמלכה או למה עוד / [
4Q418 175,2 (XXIV) **]תשוה**[
4Q418a 10,2 (XXIV)] / יש **שו**[
4Q431 1,3 (XXIX) [ו]מ֯י **ישו]ה** לי ← ישב (4Q471b 1a-d,4)
4Q525 2iii1 (XXV)] / **ישוה** בה כול היו֯ם[

שָׁוְו ← שָׁוְא

to sink down, gesture verb **שוח**

1QS VII,15 והמוציא את יד שמאולו **לשוח** בה
1QH[a] XVI,32 ונפשי עלי **תשתוחח** לכלה
1QH[a] XVII,9 **ולמשתוחיחי** בי תוכחת
4Q259 I,15 (XXVI)]ו֯ה֯[מוציא את יד שמאולו] / **לשו֯ח** ב֯[ה
4Q266 10ii14 (XVIII) [והמוציא את י]דו השמ֯[אלית] / [**לש]ו֯ח** בה
4Q270 7i5 (XVIII) [והמוציא את ידו הש]מ֯אלית **לשח** בה
4Q435 5,1 (XXIX) **ושח]תי** ממע֯[מקיה ומשאול העלותה נפשי

corruption noun **שׁוּחַ**

4Q184 1,3 (V)] / בעול נגעלי הוה תמכו **שוח**

bribe, gift noun **שׁוֹחַד, שֹׁחַד**

1QH[a] VI,19 ולא אשא פני רע **וש]וח]ד** ר֯[שעים] לא אכיר
1QH[a] VI,20 בהון אמתך **ובשוחד** כול משפטיך
4Q219 II,20 (XIII) ולו תקח **ש]ו[חד** וכופר ב֯[דם האדם
4Q437 9,1 (XXIX)] **שוחד** ב֯[
11Q19 LI,12 ולוא יקחו **שוחד** ולוא / יטו משפט
11Q19 LI,13 כי **השוחד** מטה משפט ומסלף דברי הצדק
11Q19 LI,17 והאיש / אשר יקח **שוחד**
11Q19 LVII,20 ולוא יטה משפט / ולוא יקח **שוחד**
11Q20 XV,5 (XXIII) ולוא יקחו **שוחד** ו[לוא יטו משפט
PAM 43.688 4,2 (XXXIII) **]שחד** וא[

pit noun **שׁוּחָה-1**

1QH[a] X,17 ויהפוכו **לשוחה** חיי גבר אשר הכינותה בפי
4Q184 1,17 (V) במעגלי יושר להשנות אנוש בדרכי **שוחה**
4Q428 13,4 (XXIX)]ה נפרשה רשת **שוח֯ה**[

to spread, lash out verb **שׁוט-1**

1QH[a] XI,30 **ותשוט** בשביבי להוב עד אפס כול שותיהם
1QH[a] XI,36 ומלחמת גבורי / שמים **תשוט** בתבל
1Q22 1iii9 (I) כי ה]ו **שטים** / [במדבר אבו]ת֯יכם
4Q432 6,5 (XXIX) **ותשו]ט** בש֯[ביבי להוב
4Q525 9,4 (XXV) **]משוטטות**[

whip noun **שׁוֹט-1**

4Q169 3-4ii3 (V) לא ימוש טרף וקול **שוט** וקול רעש אופן
4Q301 2b,3 (XX) וירד בו **בשוט** בלוא מחיר

flood noun **שׁוֹט-2**

1QH[a] XIV,35 ומעביר **שוט** שוטף בל יבוא במבצר֯ [

officer, foreman noun **שׁוֹטֵר**

1QSa I,15 (I) [שרי] עשרות שופטים **ושוטרים** לשבטיהם
1QSa I,24 (I) ולשופטים ו֯**לשוטרים** למספר כול צבאותם
1QSa I,29 (I) וכול שופטיהם **ושוטריהם** ושרי האלפים
1QM VII,1 **והשוטרים** / יהיו גם הם מבן ארבעים שנה
1QM VII,14 ושלושה **שוטרים** מן הלויים לפני / הכוהנים
1QM VII,16 ו֯[ ]לויים **שוטרים**
1QM X,5 ו֯[**ש]וטרינו** ידברו לכול עתודי המלחמה
4Q378 3ii+4,8 (XXII) לשופטים] / **ולשוטרים** [ ]ל֯[
11Q19 LI,11 שופטים **ושוטרים** תתן לכה בכול שעריכה
11Q20 XV,4 (XXIII) שופטים **ושוטרים**] תתן לכה בכול שעריכה

edge, skirt noun **שׁוּל**

3Q15 I,11 (III) מפי גל פתחו **בשולי** האמא מן הצפון
3Q15 IV,9 (III) בשית הארמא **שבשולי** העצ / לא
3Q15 IX,1 (III) בשובך **שבשולי** הנטף
(III) משח **משולו** / אמות שלוש <עש>רא
4Q169 3-4ii11 (V) וגלית / **שולי]ך** על פניך
4Q169 3-4ii12 (V)]ערי המזרח כי **השול]י֯ם**[

table noun **שׁוּלְחָן, שֻׁלְחָן**

1QS VI,4 והיה כיא יערוכו **השולחן** לאכול
1QSa II,17 (I) ו֯[אם **לשול]חן** יחד יועד[ו
(I) ועריך **השולחן** / היחד [ומסוך ה]תירוש
1QM II,6 ולהדשן לפניו תמיד / **בשולחן** כבוד
4Q364 17,4 (XIII) ואת המנורה נכח **השלחן** [ע]ל֯[צ]ל֯[ע ה]מ֯שׁ[כן
4Q364 17,5 (XIII) ואת **השלחן** תתן על צלעו צפונה [
4Q365 8a-b,2 (XIII) ואת] / המנורה נוכח **השולח֯ן**[על ?
5Q16 2,3 (III) **]שלחניו** מלא֯[
11Q19 III,10 מזבח] ק֯טורת הסמים ואת **השולח]ן**
11Q19 IX,13 המנורה לפני הדביר נוכח **השולח]ן**
11Q19 XXXVII,8 **ושולחנות** / לפני֯ המושבות

שומה ← שַׁמָּה-1

Samaria proper noun **שׁוֹמְרוֹן**

1Q25 1,6 (I)] / **ובשומרון** ישים֯ [

to cry for help verb **שוע**

1QpHab I,1 עד אנה יהוה **]שועתי** ולוא / [תשמע

noble noun **שׁוֹעַ-1**

4Q165 6,3 (V) ולכילי] / [ ]לא יאמר **שוע**

cry for help noun **שַׁוְעָה**

1QM X,17 אוזנ]כה אל **שועתנו** כיא ◦[
1QH[a] XIII,12 **ושועתי** שמעתה במרורי נפשי
4Q381 85,2 (XI) ה]תרש **ושועתי** הקשב[
4Q434 1i2 (XXIX) דלים פקח עיניו אל דל **ושועת** יתומים שמע

hollow of the hand noun **שֹׁעַל**

4Q511 30,4 (VII) אענה] / הימדו **בשועל** אנשים מי רבה

rubbed adjective **שׁוּף**

CD XI,4 בגז כי אם / כיבסו במים או **שופים** בלבונה

4Q**271** 5i1 (XVIII) [בגז כי אם כב]סֿ במים או **שופים** בלבונה

maidservant noun **שופחה, שִׁפְחָה**

4Q**266** 12,7 (XVIII) ה]**שופחה** [החרופה
4Q**270** 4,14 (XVIII) ה]**שופחה** החרופה ∘∘אֿ / [
4Q**364** 4b+ei5 (XIII) ותלד זלפ]הֿ **שפחת** לאה / [בן שני ליעקוב

trumpet, horn noun **שׁוֹפָר**

1QM VII,14 שבעה לויים ובידם שבעת **שופרות** היובל
1QM VIII,9 והלויים וכול עם ה**שופרות** יריעו / קול אחד
1QM VIII,11 קול ה**שופרות** יחישו
1QM XVI,8 והלוים וכול עם / ה**שופרות** יריע]ו
1QM XVII,13 [והלויים וכו]ל עם ה**שופרות** יריעו
4Q**158** 5,2 (V)]ה**שופר** / [
4Q**177** 1-4,13 (V)]תקֿעֿו **שופר** בגבעה השופר הואה ספר[
(V)]תקֿעֿו שופר בגבעה ה**שופר** הואה ספר[
4Q**177** 12-13ii4 (V)] / **שופר** ב∘[
4Q**365** 24,3 (XIII) וה[עב]רתמה **שופֿ[ר]** / [תרועה בחודש השביעי
4Q**365** 24,4 (XIII) ביום הכפורים תע[ב]יֿרוֿ **שופר** תרועה
4Q**491** 11ii22 (VII)]וכול עם ה**שופרות** ירֿ[י]עו בקֿ[ול גדול
11Q**13** II,25 (XXIII) והעברתמה **שו[פר** ב]כֿולֿ [א]רֿץ

thigh noun **שׁוֹק**

1QM VI,15]∘∘תות ובתי ראשים ו**שוקים**
4Q**186** 1ii5 (V) וה[נ]הֿ נצֿיֿ[ו]ת / ו**שוקיו** ארוכות ודקות
4Q**186** 1iii4 (V) ואצבעות / ידיו עֿבות ו**שוקיו** עבות ומלאות
4Q**186** 2i5 (V) ידיו דקות / ואֿרֿו[כ]ות ו**שוקיו** חלקות
11Q**19** XV,11 עם **שוק** התרומה אש[ר לימין
11Q**19** XX,15 ומן הכבשים את **שוק** הימין ואת החזה
11Q**19** XXII,9 ומן הכבשים תרומה ?] / את **שוק** הימין
11Q**20** IV,25 (XXIII) ומן הכֿבֿשֿים את **שוק** הימֿין / [ואת החזה
11Q**20** V,1 (XXIII) ולכוהנים י]היה **שוק** התרומה וחזה / [התנופה
11Q**20** 39,1 (XXIII)]**ושוק**[

street, market noun **שׁוּק**

4Q**348** 18 (XXVII)]שמעון מ**שוק** הקורות ∘∘ח∘ ∘∘[

to behold verb **שׁור-1**

4Q**175** 12 (V) ולוא עתהא / **אשור**נו ולוא קרוב

ox noun **שׁוֹר**

4Q**158** 10-12,4 (V)] אם יגנוב איש **שור** או שה
4Q**158** 10-12,11 (V)]אֿו **שור** או שה או כול בהמה
4Q**186** 1ii9 (V) הואה ילוד עליו / ברגל ה**שור**
(V) וזה בהמתו **שור** / [
4Q**223-224** 2iv10 (XIII) ואם יהיה אריה ל]**שור** רע ומאֿמֿ[י]ן
4Q**251** 8,3 (XXXV) יגח שור איש או [א]שה והומת ה**שור** וסקלהו
4Q**251** 10,6 (XXXV) אך בכור ה**שו]ר** ו]הֿצאן
4Q**251** 12,1 (XXXV)]**שור**[ו]כשב ועז אשר לא שלמו
4Q**267** 7,13 (XVIII)] / **שוֿ[ר** וחמור ו]ל[ב]וֿ[ש
4Q**271** 3,10 (XVIII) כי / [הוא כלאים **ש]וֿר** וחמור
4Q**368** 2,11 (XXVIII) וכל מקנך הזכ]רֿ פטר **ש]ור** ו]שה
4Q**394** 3-7ii15 (X) או] / [ישחט]מֿחוץ למחֿנה **שוֿר** וכשב ועז
4Q**418** 103ii8 (XXXIV) ועבודתכה כחֿור[ש] / ב**שור** ובח[מו]רֿ [י]חד[ו
11Q**19** LII,4 ולוא / תזבחֿ לֿי **שור** ושה
11Q**19** LII,5 ולוא תזבח לי **שור** ושה ועז
11Q**19** LII,6 ו**שור** ושה אותו ואת בנו לוא תזבח
11Q**19** LII,8 לוא תעבוד בבכור **שור**כה
11Q**19** LII,12 ולוא תחסום **שור** על דישו
11Q**19** LII,13 ולוא תחרוש ב**שור** ובחמור יחדיו
11Q**19** LII,13 לוא תזבח **שור** ושה ועז טהורים
11Q**19** LII,19 לוא תואכל בשר **שור** ושהֿ ועז
11Q**19** LXIV,13 לוא תראה את **שור** אחיכה או את שיו

Shur proper noun **שׁוּר-2**

4Q**365** 6aii+6c,8 (XIII) וילכו במדברֿ **ש]ור** שלושת ימים

courses of stone noun **שׁוּרָה**

11Q**19** XII,12 וכן ת]עשה כול / **שוֿרֿוֿתֿ**/קֿיֿרֿוֿתֿ ? ∘ב∘] ← קיר-1

root noun **שׁוֹרֶשׁ, שֹׁרֶשׁ**

CD I,7 ויצמח מישראל ומאהרן **שורש** מטעת
1QHa XI,31 ו**שורשי** חלמיש לנחלי זפת
1QHa XII,14 **שורש** פורה רוש ולענה במחשבותם
1QHa XIV,16] / עד שחֿקֿ[י]ם ו**שרשיו** עד תהום
1QHa XVI,7 ו**שורשיהם** ליוב[ל] ישלחו
1QHa XVI,10 ואל יובל לא ישלחו **שורש**
1QHa XVI,23 יכו **שרשיו** בצור חלמיש ו[
4Q**161** 8-10,11 (V) [ויצא חטר מגזע] יֿשי ונצר מ**שר[שיו** יפרה
4Q**266** 2i11 (XVIII) [ויצמח מישראל] וֿמֿאֿהֿ[רו]ן **שֿ[ו]רֿש** / [מט]עת
4Q**266** 6i8 (XVIII) ויקיץ **שורשו** ויבש פרחו
4Q**268** 1,14 (XVIII) ויֿ[צמח מישרא]לֿ ומא[הרו]ן **שוֿרֿ[ש** מטעת
4Q**298** 2ii1 (XX)] / **שורשיה** יצֿ[או
4Q**300** 1aii-b,3 (XX)]כי לא הבטתם ב**שורש** חוכמה
4Q**301** 1,2 (XX) וחוקרי **שוֿרֿשי** בינה עם תומכי רֿ[ז]י פלא
4Q**301** 2b,1 (XX) הֿחידה לכמה חֿו<ק>רי בֿ**שור{{ש}}שי** בינה
4Q**416** 2iii14 (XXXIV) וכל **שורשי** עולה / תביט
4Q**418** 9+9a-c,15 (XXXIV) וכול **שוֿרשי** עולה / תביט
4Q**418** 55,9 (XXXIV) וירדפו אחר כול **שורשי** בינה
4Q**418** 107,6 (XXXIV)]נֿי עשב עם שרֿ[ ]**שרֿשֿ**[
4Q**418** 243,3 (XXXIV) אל]תשלח **שרש** רעֿ מֿכֿ[
4Q**428** 8,4 (XXIX) ודליותיו] / [עד ש]חקים ו**שורשי]**ו עד תהום
4Q**433a** 2,9 (XXIX)] / מ**שורשיו** לוא ינתקו מערוגֿת בֿשֿמֿו
11Q**5** XXIV,13 (IV) יבש / **שֿרֿשיו** ממני ואל ינצו ע[ל]יו בי

lily, Shoshannim noun **שׁוֹשַׁן-1**

4Q**171** 3-10iv23 (V)] / למנצח על [**שושנ]יֿםֿ**] לבני קרח

lily noun **שׁוֹשַׁנָּה**

1QHa XVIII,31 ואפרחה כֿ**שֿוֿשנהֿ** ולבי נפתח למקור עולם

שות ← **שִׁית**

to gaze verb **שזף**

4Q**381** 17,2 (XI)]בֿהדר **תשזף** על יהודה ויֿ[

to twist verb **שזר**

1QM VII,10 באבנט בד שש **משוזר** תכלת / וארגמן
4Q**365** 8a-b,3 (XIII) וארגמן ותו]לעת שנ[י]ושש **מושזר**
4Q**365** 12biii3 (XIII) וארגמן ו]תֿולעת שני ושש **משזר**
4Q**365** 12biii6 (XIII) וארגמן ותולעת שני ושש **משזר**
4Q**365** 12biii8 (XIII) ארֿגמן ותולעת שני ושש **משוזר**

שחד ← **שֹׁחַד**

to bow down verb **שחה**

← **חוה**

4Q**427** 7i18 (XXIX) ואין / [ה]שֿבת **השחֿוֿוֿ** בֿיֿחֿדֿ קהל

black adjective **שָׁחוֹר**

3Q**15** XII,2	(III)	תחת האבן **השחורא** בידן תחת סף / הבור
4Q**186** 2i1	(V)	ע]יניו בין **שחורות** וב[ין] הגמריות

to bow down, be humble verb **שחח**

CD I,15		ויתעם בתוהו לא דרך **להשח** גבהות עולם
1Q**25** 3,1	(I)	] **תשחו** [
1Q**25** 4,7	(I)	י]**שחו** והשפלה [
4Q**266** 2i19	(XVIII)	ויתעם בתהו / ולוא דרך **להשח** גבהו[ת עולם

to slaughter verb **שחט-1**

4Q**177** 5-6,15	(V)	]הרוג בקר **ושחוט** צואן א[כול בשר
4Q**270** 2ii15	(XVIII)	בהמרותו] / את פי אל או **ישחט** בהמה
4Q**276** 2	(XXXV)	] וחיב את הבגדים **ושח[ט** את] / [ה]פרה
4Q**381** 31,6	(XI)	ואתה להם **תשחט**
4Q**394** 3-7i17	(X)	ואפ על טהרת פרת החטאת / **השוחט** אותה
4Q**396** 1-2i1	(X)	אי]נם **שוחטים** במקדש
11Q**19** XXII,4		**ושחטו** בני לוי א[ת
11Q**19** XXIII,11		**ושחטו** לפניו את שעיר העזים
11Q**19** XXVI,5		[ו]**שחט** את השעיר אשר על[ה עליו

boil, sore noun **שְׁחִין**

4Q**365** 3,3	(XIII)	לעמוד לפני מושה] / מפני ה[**שח]ין**
4Q**365** 19,4	(XIII)	כי] / [יהיה בו]בעורו **שחין** ונרפ[א

lion noun **שַׁחַל**

4Q**167** 2,2	(V)	כי אנוכי **כשחל** [לא]פ[רי]ם

consumption noun **שַׁחֶפֶת**

4Q**249**j 1,4	(XXXVI)	וה]פקדת[י עליכם בהלה א]ת **הש[חפת**

to beat fine verb **שחק**

4Q**434** 7b,3	(XXIX)	וכאפר **ישחקם** אדום ומואב

cloud, sky noun **שַׁחַק**

1QM X,11		]◦[ ] מפרש **שחקים** צבא מאורות
1QH[a] XI,13		ויהמו **שחקים** בקול המון
1QH[a] XIV,16		] / עד **שחקי[ם]** ושרשיו עד תהום
1QH[a] XVI,13		בל ינובב פריו עם [ ]◦ע **שחקים**
4Q**262** B,2	(XXVI)	]**שחקים** ודליותו עד[
4Q**369** 1ii8	(XIII)	וכבוד **שחקים** סמכת[ה עליו
4Q**370** 1i9	(XIX)	]ם [ ]עשו **ושחקים** [
4Q**374** 7,3	(XIX)	]**שחקים** ומעלה[
4Q**381** 19i3	(XI)	]◦ מעזי **ובשחקיך** / [
4Q**382** 6,4	(XIII)	]לה **לשחק[ים**
4Q**402** 4,10	(XI)	]אלוהים במלחמת **שחקים**
4Q**427** 7ii9	(XXIX)	ועד **שחקים** יגבירהו בקומה
4Q**428** 8,4	(XXIX)	ודליותיו] / [עד ש]**חקים** ושורשי[ו עד תהום
4Q**431** 2,8	(XXIX)	לרום עולם ועד ש]**חקים** יגביה בקומה
PAM 43.678 30,1	(XXXIII)	] **השחק**[

to seek diligently verb **שחר-2**

4Q**167** 3,2	(V)	]לילה **לשח[ר**
4Q**184** 1,1	(V)	]א תועות **תשחר** תמיד[ל]שנן דברי[ה
4Q**385**a 1a-bii4	(XXX)	] / **בשחרו** פני ולא רם לבבו
4Q**387**a 5,3	(XXX)	] **בשחרו** [
4Q**416** 2ii7	(XXXIV)	ברצון **שחר** פניו
4Q**416** 2iii12	(XXXIV)	רצונו **שחר** תמיד
4Q**417** 1i12	(XXXIV)	אלה **שחר** תמיד
4Q**417** 2ii+23,10	(XXXIV)	] / איש לוא יטכה ברצו[ן] **שחר** פנ[יו
4Q**417** 19,2	(XXXIV)	]צדק [ ]◦◦[ ]◦**וישחר**[
4Q**418** 8,7	(XXXIV)	איש לוא יטכ]ה ברצונו **שחר** פני[ו
4Q**418** 9+9a-c,12	(XXXIV)	ובנחלת כבוד המשילכה רצ[ונו **ש]חר** תמיד
4Q**418** 35,3	(XXXIV)	]**שחר** פנ[יו
4Q**418** 55,5	(XXXIV)	ולא **שחרו** בינ[ה וברצון אל לו]א בחרו
4Q**418** 57,2	(XXXIV)	] **ישח[ר**
4Q**418** 69ii10	(XXXIV)	]**משח[רי** בינה ו]שוקד[ים] / על כול דעה
4Q**419** 1,11	(XXXVI)	] / **תשחרו** ותועבת נדה ב◦[
4Q**472** 1,6	(XXXVI)	] / ולוא **שחרו** פניו[
4Q**487** 36,1	(VII)	] **לשחר** [
4Q**525** 2ii+3,3	(XXV)	ולוא **ישחרנה** בלב מרמה

dawn noun **שַׁחַר-1**

CD XIII,14		ואל ית[ן] לבני **השחר** כי / אם כף לכף
1QH[a] XII,6		**וכשחר** נכון לאור[תו]ם הופעתה לי
4Q**216** V,10	(XIII)	ובכל את התהו[מות] / מאפלה **ושחר** ו[אור
4Q**298** 1-2i1	(XX)	[דבר]י משכיל אשר דבר לכול בני **שחר**
4Q**298** 5ii8	(XX)	] / **השחר** וק[
4Q**379** 27,2	(XXII)	] / ואבו **שחר**[
11Q**5** XXVI,11	(IV)	מבדיל אור מאפלה **שחר** הכין בדעת / לבו

to destroy, corrupt, be spoiled verb **שחת**

CD XV,7		לכל השב מדרכו **הנשחתה**
1QpHab IV,13		יבואו / **לשחית** את הא[רץ
1QM III,9		יכתובו / רזי אל **לשחת** רשעה
1QH[a] X,27		נפץ וזרם **להשחית** רבים
1QH[a] XI,38		[ותצילני מכו]ל **משחיתים** וכול [
1QH[a] 4,6		]תגער בכול שטן **משחית** ומר[
1QH[a] 45,3		]◦ם כול שטן **ומשחית**[
4Q**222** 1,3	(XIII)	[ול]א **אשחית** דרכי לעולם
4Q**364** 28a-b,2	(XIII)	(ו)לוא אבה] / [יה]וה **השחי[תכה** ?
4Q**372** 3,6	(XXVIII)	לא **ישחיתו** מעדיהם
4Q**381** 10-11,2	(XI)	]ורע בעיניו כי **השחיתו** מ◦[
4Q**433** 1,5	(XXIX)	] תשפיל מש[לי כל]תבל **תהשח[ית**
4Q**434** 1i12	(XXIX)	שמרם[ ]ל פן **ישחיתם**[
4Q**434** 2,2	(XXIX)	] / גיים ל[ש]**חת** ולאומים יכרות
4Q**443** 1,11	(XXIX)	]ה למשל **וישח[יתו**
4Q**464** 5ii4	(XIX)	] / **להשחית** הארץ כי דר[כם
4Q**481**d 1i3	(XXII)	]או **משחית** / [
4Q**504** 1-2iii17	(VII)	] / **וישחיתו** בה[
4Q**509** 146,6	(VII)	נ]**שחתות**[
4Q**509** 200,2	(VII)	**מש]חיתים**[
4Q**511** 1,6	(VII)	כיא א[ין] **משחית** בגבוליהם
4Q**525** 8,3	(XXV)	]משפט **משחית**[
4Q**525** 26,3	(XXV)	]◦ **משחית** כחומ[ס
4Q**577** 6,2	(XXV)	י]**שחיתו**[
4Q**577** 7,2	(XXV)	ל/ו]**השחיתו** / [
4Q**577** 7,5	(XXV)	]**שחית** כול / [
5Q**10** 1,1	(III)	] **משוחת** לא[דוני
11Q**12** 7,3	(XXIII)	וכולם ה]**שחיתו** דרכם וה[קתם

pit, destruction, perdition noun **שַׁחַת**

CD VI,15		ולהבדל / מבני **השחת** ולהנזר מהון הרשעה
CD XIV,2		להנצילם מכל מוקשי **שחת** כי פתאום
1QS IV,12		ביד כול מלאכי חבל **לשחת** עולמים
1QS IX,16		ולהתרובב עמ אנשי **השחת**
1QS IX,22		שנאת עולם / עמ אנשי **שחת** ברוח הסתר
1QS X,19		וריב אנש **שחת** לוא א{{טור}}תפוש
1QS XI,13		ואם יפתח צרתי **ומשחת** יחלצ נפשי
1QM XIII,11		ואתה / עשיתה בליעל **לשחת** מלאך משטמה

1QH^a V,11		עולם לכול ◦◦◦◦◦ לשלום **ושחת** כי ◦[
1QH^a X,21		ותשוך בעדי מכול מוקשי **שחת**
1QH^a XI,12		ומשברי **שחת** לכול מעשי פלצות
1QH^a XI,16		וכו]ל חצי **שחת** / עם מצעדם
1QH^a XI,18		ויסגרו דלתי **שחת** בעד הרית עול
1QH^a XI,19		אודכה אדוני כי פדיתה נפשי **משחת**
1QH^a XI,26		בהפתח כל פחי **שחת**
1QH^a XI,27		בהתעופף כול חצי **שחת** לאין השב
1QH^a XIII,6		ותעזור **משחת** חיי
1QH^a XVI,29		כי הגיעו **לשחת** ח[יי
1QH^a 45,2		נת]עב **לשחת** בעת עוונו◦[
4Q**184** 1,5	(V)	ועדיה נגועי **שחת**
	(V)	ערשיה {{יצועיה}} יצועי **שחת**[
4Q**184** 1,11	(V)	וכול נוחליה ירדו **שחת**
4Q**215**a 1ii3	(XXXVI)	וצדתמציק ונסוי **שחת** ויצרופו בם
4Q**228** 1i8	(XIII)	]מקשי **שחת** ומלאך שלומו / [
4Q**258** VIII,1	(XXVI)	ולא יתרובב עם אנשי **השח{{ע}}ת**
4Q**258** VIII,6	(XXVI)	שנאת עולם עם אנשי **השחת** ברוח הסתר
4Q**259** III,14	(XXVI)	ול[וא יתרובב עם א]נשי **השחת**
4Q**260** IV,8	(XXVI)	ור[יב אנשי] / **שחת** ל[ו]א אתפוש
4Q**267** 9v5	(XVIII)	להנצילם מכול מו]קשי **[הש]חת**
4Q**270** 2ii20	(XVIII)	ונתיבות **שחת** אפתחה ל[עיניכם
4Q**286** 7ii5	(XI)	ופקודתמה / **לשחת** עולמים אמן אמן
4Q**286** 7ii7	(XI)	ארור אתה מלא]ך **השחת** ורו[ח האב]דון
4Q**286** 7ii9	(XI)	וע[ם חרפות **שח]ת** / [עם כל]מות כלה
4Q**418** 69ii6	(XXXIV)	]ל נוצרתם **ולשחת** עולם תשובתכם
4Q**418** 102a+b,1	(XXXIV)	]◦ה **בשחת**[
4Q**418** 162,4	(XXXIV)	]**שחת** עולם והיה לכה כב[וד
4Q**418** 177,2	(XXXIV)	**שח]ת** ואבדון אשר בקצהו לוא[
4Q**428** 4,2	(XXIX)	[ומש]ברי **שחת** לכול[מעשי פלצות
4Q**428** 5,1	(XXIX)	בהתעופף כול ח]צי **שחת** ל[אין השב
4Q**432** 5,5	(XXIX)	וכול חצי] / **[ש]חת** עם מצעדם[
4Q**436** 1a+bi8	(XXIX)	בל יהגו בפעולות אדם **בשחת** שפתיו
4Q**525** 15,7	(XXV)	מנעוליו צומי **שחת**[

acacia noun **שִׁטָּה**

4Q**365** 12ai5	(XIII)	ויעש לה ארבעה עמ]ודי **שטים** / [ויצפם זהב
4Q**365** 12a-bii7	(XIII)	[וי]עשו את מזבח ההולה עצי **שטים**

שִׁטִּים ← אָבֵל-2 שִׁטִּים

שַׁטְנֵז ← שַׁעַטְנֵז

to overflow, rinse verb **שטף**

1QH^a XIV,35		ומעביר שוט **שוטף** בל יבוא במבצר [
1QH^a XVI,15		{{◦}}נהרות / **שוטפים** כי גרשו עלי רפשם
1QH^a XVI,17		ויהיו לנחל **שוטף** ע[ל
4Q**161** 2-4,3	(V)	כליון חר]וץ **ושוטף** צד[קה
4Q**277** 1ii11	(XXXV)	[וא]ין יד[יו] **שט[ו]פות** במים י[טמא]
4Q**278** 1	(XXXV)	]**שטף** / [
4Q**379** 12,6	(XXII)	מלא מי[ם] על כל גדותיו **ושוטף** / [ב]מימיו
4Q**391** 33,3	(XIX)	]א **וישטפ**[
4Q**437** 2i10	(XXIX)	ומשבולת גוים פן **[ת]שוטפני** ומ[

to rule verb **שטר**

4Q**299** 1,4	(XX)	]בית מולדים **נשטרה** / [

שֵׁי ← שֶׁ

gift, tribute noun **שַׁי**

1Q**16** 9-10,1	(I)	[מהיכלך על ירושלם לך יובילו מלכי]ם **שי**

broken to fragments noun **שְׁבָבִים**

4Q**167** 11-13,5	(V)	] / כי **שי[בבי]ם** היה ע[גל שמרון

repentance, restoration noun **שִׁיבָה-1**

4Q**257** III,4	(XXVI)	ב]סאון רש[ע] / מחרשו וגא[ולי]ם **בש[י]בתו**
4Q**433**a 1,3	(XXIX)	]**בשיבת**[ו ו]יציא ◦◦[
4Q**461** 1,10	(XXXVI)	] וראה יהוה את **שיבתם** א[

Shiloh proper noun **שִׁילוֹ**

4Q**382** 38,8	(XIII)	]**שילו** ◦◦לם ⟦ ⟧[
6Q**9** 15,1	(III)	]**שילו** ב[

water outlet noun **שילוח**

3Q**15** XI,7	(III)	תחת המסמא ה / גדולא **שבשילוחו** חרם

שֵׁילָל ← שֵׁלָל

to sing verb **שיר**

4Q**377** 1ii9	(XXVIII)	]**תשיר** נפלא[ות
4Q**427** 7i13	(XXIX)	זמרו ידידים **שירו** למלכ / [הכבוד
4Q**434** 1i10	(XXIX)	מליהם במשקל תכן **וישרם** כחלילים
11Q**5** XXVII,5	(IV)	ושיר **לשורר** לפני המזבח על עולת / התמיד

song noun **שִׁיר**

3Q**6** 1,2	(III)	] **ושירם** יערב על[יכה
4Q**381** 31,9	(XI)	]נני **שיר** ותוד[ה
4Q**400** 3ii+5,8	(XI)	למשכיל **ש[יר** עולת השבת
4Q**401** 1-2,1	(XI)	למשכיל **ש[יר** עולת השבת
4Q**403** 1i30	(XI)	למשכיל **שיר** עולת השבת השביעית
4Q**403** 1ii18	(XI)	למשכיל **שיר** עולת השבת השמינית
4Q**406** 1,4	(XI)	למשכיל **שיר** עולת השבת הש[
4Q**418** 81+81a,12	(XXXIV)	] / פתח [ ]**שיר** כול קדושים
4Q**427** 3,4	(XXIX)	[למשכיל {{[**שיר**}} [מזמור]**ש[י]ר** ל[
	(XXIX)	[למשכיל {{[שיר}} [מזמור]**ש[י]ר** ל[
4Q**448** I,1	(XI)	הללויה מזמו[ר] **שיר**[
4Q**511** 2i1	(VII)	למשכיל **שיר**[
4Q**511** 8,4	(VII)	למשכיל **ש]יר** שני לפחד מיראיו[
11Q**5** XXVII,5	(IV)	**ושיר** לשורר לפני המזבח
11Q**5** XXVII,7	(IV)	ולקורבן השבתות שנים וחמשים **שיר**
11Q**5** XXVII,8	(IV)	ולים הכפורים שלושים **שיר**
11Q**5** XXVII,9	(IV)	ויהי כול **השיר** אשר דבר
	(IV)	**ושיר** / לנגן על הפגועים ארבעה
11Q**13** II,10	(XXIII)	כאשר כתוב / עליו **בשירי** דויד
11Q**17** VII,9	(XXIII)	[למש]כיל **שיר**[עולת השבת שתים עשרא
PAM 43.685 21,2	(XXXIII)	] / יודך **בשי[ר**
PAM 43.692 25,1	(XXXIII)	] **שיר** וא[

שֵׁיר ← שְׁאֵר

song noun **שִׁירָה**

4Q**334** 2,1	(XXI)	**[שי]רות** [
4Q**334** 4,3	(XXI)	ובי]ום **שירות** / [
4Q**334** 4,4	(XXI)	]בלילה **שירות** שמונה
4Q**334** 6,2	(XXI)	] / וביום **ש[ירות**
4Q**334** 7,3	(XXI)	ובי]ום **שירות** / [
4Q**334** 7,5	(XXI)	**שירו]ת** / [
4Q**334** 8i4	(XXI)	**שירו]ת** / [

4Q**433**a 1,4	(XXIX)	]תן **שירותיו** קודש ל◦[

שֵׁישׁ ← שֵׁשׁ-3

שִׁישִׁי ← שִׁשִּׁי

to put, set verb **שִׁית**

1QS X,2		כיא יפתח אוצרו **וישתהו** עלת
4Q**177** 10-11,8	(V)	עד אנה **אשיתה** / [עצות בנפשי יגון
4Q**381** 33+35,2	(XI)	ואתה **תשיתני** לעתות ולמיש[
4Q**422** III,9	(XIII)	**ישי[ת** חו]שכ בארצם ואפלה ב[בתי]הסה
4Q**471**a 8	(XXXVI)	] **ותשיתו** [

thorn noun **שַׁיִת**

1QH[a] XVI,25		יעל קוץ ודרדר לשמיר **ושית** ◦[
4Q**368** 10ii5	(XXVIII)	] / ולשמ[יר ול]**שית** ואין להשב יגע ו◦[
4Q**368** 10ii8	(XXVIII)	] / לבער **ושית** ולו[ ]ת◦◦ ◦◦ עו[ ]ל[

ditch, pit noun **שִׁית**

3Q**15** III,8	(III)	**בשית** שבמלה מבצפונו
3Q**15** IV,9	(III)	**בשית** האדמא שבשולי העצ / לא
3Q**15** IV,11	(III)	**בשית** המזרחית שבצפון כח / לת
3Q**15** IX,14	(III)	**בשית** שיבצפון פי הצוק של בית / תמר
3Q**15** XII,4	(III)	תחת המעלהא של **השית** העליונא
3Q**15** XII,10	(III)	**בשית** שבצח בצפון כחלת

Sheth proper noun **שֵׁית, שׁוּת, שֵׁת-3**

CD VII,21		ובעמדו וקרקר / את כל בני **שת**
1QM XI,6		פאתי מואב וו קרקר כול בני **שית**
4Q**175** 13	(V)	פאתי מואב וקרקר את כול בני **שית**
4Q**266** 3iii22	(XVIII)	ובעומדו] / [וקרקר א]ת כול בני **שית**
4Q**417** 1i15	(XXXIV)	] בני **שות** וספר זכרון כתוב לפניו

to lie down verb **שׁכב**

CD V,7		**ושוכבים** עם הרואה את דם זובה
CD XII,1		אל **ישכב** איש עם אשה בעיר המקדש
1QS VII,10		ואשר **ישכוב** וישן במושב הרבים
1QH[a] XIV,34		**ושוכבי** עפר הרימו תרן
4Q**160** 1,3	(V)	]שמואל **שכב** לפני עלי
4Q**160** 7,4	(V)	ובחרתי **לשכוב** לפני יצוע[
4Q**221** 7,4	(XIII)	ותבקש ממנו] / [א]שר **ישכב**[עמה
4Q**221** 7,9	(XIII)	ולוא] / א[ב]ה **לשכ[ב** עמה
4Q**223-224** 2v2	(XIII)	כי איננו] **שוכב** אצלה
4Q**223-224** 2v3	(XIII)	עתה אהב[תה לאונסנ]י **לשכוב** אצ[לי
4Q**252** IV,6	(XXII)	הוכיחו אשר / **שכב** עם בלהה פילגשו
4Q**254** 14,3	(XXII)	]◦**לשכב**[
4Q**259** I,6	(XXVI)	]ואשר **ישכב**[וישן במושב הרבים
4Q**266** 10ii5	(XVIII)	[ואשר **ישכ]ב** [ו]ישן ב[מו]ש[ב הרבים
4Q**266** 12,6	(XVIII)	אל] **ישכב** א[יש ע]ם [אשה] / [
4Q**270** 2i17	(XVIII)	או אלמנה אשר]**ישכב** אחר עמה / [
4Q**270** 4,20	(XVIII)	]**ישכב** עם / [
4Q**270** 5,19	(XVIII)	או אלמנה אשר **נשכב[ה** מאשר התארמ]ל[ה]
4Q**271** 3,12	(XVIII)	או אלמנה אשר **נשכבה** מאשר התארמלה
4Q**271** 5i17	(XVIII)	אל] **ישכב** איש עם אשה בעיר המקדש
4Q**274** 1i1	(XXXV)	משכב יג[ו]ן **ישכ[ב** ו]מושב אנחה ישב
4Q**274** 1i4	(XXXV)	**וש[כב]** / עליו או אשר ישב עליו
4Q**278** 3	(XXXV)	א]ל **ישכב** איש / [
4Q**381** 48,5	(XI)	**וישכבו** ממבטח[
4Q**385** 3,5	(XXX)	במקום קבו]רתם **ישכבו** עד אשר[
4Q**390** 5,1	(XXX)	]ה **ישכ[בו**
4Q**416** 2iii7	(XXXIV)	ואז **תשכב** עם האמת
4Q**464** 3ii5	(XIX)	] / **ושכב** עם [אבותיו
4Q**508** 2,6	(VII)	קומנ]ו **ושוכבנו** תת[
4Q**509** 5-6ii7	(VII)	] / [ה]נכה **שוכב** עם אב[ותיכה
4Q**524** 15-22,1	(XXV)	ונתן האי]ש **השוכב** עמה[לאבי הנערה
6Q**15** 5,2	(III)	אש]ר **ישכב** עם[
11Q**19** XLV,11		ואיש כיא **ישכב** עם אשתו שכבת זרע
11Q**19** LXVI,5		והחזיק בה **ושכב** עמה
		והומת האיש **השוכב** עמה לבדו
11Q**19** LXVI,9		**ושכב** עמה / ונמצא
11Q**19** LXVI,10		ונתן האיש **השוכב** עמה לאבי הנערה
11Q**20** XII,4	(XXIII)	ואיש]כי **ישכב** / [עם אשתו שכבת זרע

emission noun **שִׁכְבָה**

4Q**274** 1i8	(XXXV)	ואם תצ[א מאיש] **שכבת** הזרע מגעו יטמא
4Q**274** 2i4	(XXXV)	[כו]ל נוגע **בשכבת** הזרע מאדם
4Q**284** 1,8	(XXXV)	]**שכבת** הזרע / [
4Q**418** 183a+b,2	(XXXIV)	]תעזוב **שכבת** [זרע
11Q**19** XLV,11		ואיש כיא ישכב עם אשתו **שכבת** זרע

to forget verb **שׁכח**

1Q**22** 1ii4	(I)	**ושכ[חתה** א]שר אנוכי [מצו]ך היום
4Q**166** II,3	(V)	וי]שבעו **וישכחו** את אל המ◦[
4Q**167** 15,1	(V)	**וישכ[ח** ישראל את עשהו
4Q**176** 1-2ii4	(V)	גם אלה **תשכח[נה** ואנכי לוא אשכחך
4Q**176** 8-11,6	(V)	כיא בשת / [עלומי]כי **תשכחי**[
4Q**177** 10-11,8	(V)	עד אנה יהו]ה **תשכח**[ני נצח
4Q**216** II,16	(XIII)	**ושכ[חו** חודש ושבת] / [ומועד ויובל
4Q**365** 6aii+6c,4	(XIII)	] / אבדה תקות שונה **ונש[כח**/ונש[בת ← **שבת**
4Q**390** 1,8	(XXX)	**ישכחו** חוק ומועד ושבת וברית
4Q**390** 2i10	(XXX)	[את שבתותי יחללו]את[מו]עדי **יש[כח]ו**
4Q**422** I,11	(XIII)	ו]יקום עליו **וישכחו**[חוקיו
4Q**427** 2,2	(XXIX)	]**ואשכחה** נגע מכאובי[
4Q**434** 1i2	(XXIX)	ולא **שכח** צרת דלים
4Q**436** 1a+bi5	(XXIX)	וכליותי שננתה בל **ישכחו** חוקיכה
4Q**437** 1,2	(XXIX)	ולוא **שכח** צרת ד[לים
4Q**437** 2i6	(XXIX)	חוקיכה לוא **שכחתי**
4Q**475** 2	(XXXVI)	] / [חוקותיו ?]**שכחום** ולוא ידורשום
4Q**478** 3	(XXII)	]◦ ולא **ישכח** את[
4Q**509** 18,2	(VII)	]**שכחנו** בריתכ[ה
4Q**525** 2ii+3,5	(XXV)	ולוא **ישכחנה** [בימי/יום]פחד
11Q**5** XXII,9	(IV)	ולוא **תשכח** תוחלתך
11Q**5** XXIV,10	(IV)	זכורני ואל **תשכחני** ואל תביאני בקשות ממני

שכיה ← שְׂכַנְיָה

to be bereaved verb **שׁכל**

4Q**179** 2,8	(V)	]◦יה **כמשכלות** / ליחידיהן
4Q**285** 8,8	(XXXVI)	ואין **משכלה** [ב]א[רצכ]ם
4Q**365** 25a-c,6	(XIII)	**ושכ[לה** אתכם והכריתה את בהמת]כם
11Q**14** 1ii11	(XXIII)	ואין **משכלה** בארצכם

to rise early verb **שׁכם**

← מַשְׁכִּים

4Q**162** II,2	(V)	הוי **משכימי** בבקר שכר ירדפו מאחרי
4Q**365** 2,6	(XIII)	ויואמר] יהוה אל מושה **השכם** בבוקר
11Q**19** XVII,9		**והשכימו** והלכו איש לאוהלו[

shoulder noun **שְׁכֶם-1**

1QM XIV,7		ואמוץ מתנים **לשכם** מכים

4Q**416** 2iii13 (XXXIV) בכל מוסר הבא שכמכה ובכל[
4Q**438** 5,3 (XXIX)]עלי ואטה שכמי[
4Q**491** 8-10i5 (VII) ואומץ מ[תנים] / לשכם[מכי]ם
11Q**19** XX,16 ואת האזרוע עד עצם השכם
11Q**19** XXII,11 וללויים / את השכם
11Q**19** LX,7 והשכם מאת זובחי הזבח
11Q**20** IV,26 (XXIII) ואת האזרוע [ע]ד עצם השכם
11Q**20** V,3 (XXIII) ואת השכם הנשאר מן האזרוע / [

Shechem proper noun **שְׁכֶם-2**

4Q**464** 7,8 (XIX)]אן בנות שכ[ם

to dwell verb **שׁכן**

1QH[a] XX,2 אשכנ]ה לבטח במעון קו[דש
4Q**180** 2-4ii1 (V)]◦ין הוא אשר שכן ◦[
4Q**184** 1,7 (V) ותשכון באהלי דומה בתוך מוקדי עולם
4Q**216** IV,5 (XIII) עד אשר ארד]ושכנתי ע[מם]
4Q**252** II,7 (XXII) ובאהלי שם ישכון
4Q**368** 3,6 (XXVIII)]עם השכנתה / [
4Q**369** 1ii1 (XIII) פלגתה נחלתו לשכן שמכה שמה[
4Q**385**a 17a-eii4 (XXX) היכן חלקך אמון ה[ש]כנה ביארי[ם]
4Q**405** 20ii-22,12 (XI) בהרומם ירוממו פלא ובשוכן / [יעמ]ודו
4Q**418** 184,4 (XXXIV)]הלשכון[
4Q**426** 11,2 (XX)]הפכה{{נ}} ישכון ל[
4Q**426** 12,4 (XX)]וכול שוכני[
4Q**434** 2,7 (XXIX) עליה / [לעו]לם ישכון[
4Q**504** 6,9 (VII)]◦[ש]כנו בדד ובגוים לוא נתחשב
4Q**508** 2,1 (VII)]◦ ושכנתה בתוכנו[
4Q**522** 9ii2 (XXV) לוא [יכל]נ[ו לבו]א[לצי]ון להשכין שם
4Q**522** 9ii8 (XXV) כי] ידיד יהו[ה]ישכון לבטח י[רושלם
4Q**522** 9ii9 (XXV) לכל] / [ה]ימים[ו?]עמו ישכון לעד
4Q**522** 9ii12 (XXV) ועתה נ[ש]כינה את א[הל מ]ועד רחוק מן ל[וז
4Q**525** 24ii5 (XXV)] / ביתי שוכן בה[
5Q**25** 2,2 (III)]◦◦◦ אז ישכון[
11Q**19** XXIX,3] בבית אשר א[שכין] / שמי עליו
11Q**19** XXIX,7 [ו]שכנתי / אתמה לעולם ועד
11Q**19** XXIX,8 בכבודי אשר אשכין / עליו את כבודי
11Q**19** XLV,12 עיר / המקדש אשר אשכין שמי בה
11Q**19** XLV,13 את העיר אשר אני שוכן / בתוכה
11Q**19** XLV,14 כי אני יהוה שוכן בתוך בני ישראל
11Q**19** XLVI,4 ועד כול הימים אשר א[ני שוכ]ן בתוכם
11Q**19** XLVI,12 ויראו ממקדשי / אשר אנוכי שוכן בתוכמה
11Q**19** XLVII,3 [והיו]עריהמה טהורות וש[כנתי
11Q**19** XLVII,4 והעיר / אשר אקדיש לשכין שמי
11Q**19** XLVII,11 את העיר אשר / אנוכי משכן את שמי
11Q**19** XLVII,18 אשר אנוכי שוכן בתוכה
11Q**19** LI,7 כי אני יהוה שוכן / בתוך בני ישראל
11Q**19** LIII,9 ובאתה אל המקום אשר אשכין / שמי עליו
11Q**19** LVI,5 מן המקום אשר אבחר לשכין שמי עליו
11Q**19** LX,13 אל המקום אשר אבחר לשכן / שמי
11Q**20** XII,6 (XXIII) ולוא יטמאו את העיר אשר אני]שוכן בתוכה
11Q**20** XII,17 (XXIII) ועד כול הימים אשר]אני שוכן[בתוכם]
11Q**21** 1,6 (XXIII) בבית אשר]אשכין[שמי
PAM 43.697 76,1 (XXXIII) י]שכון / [
PAM 44.102 10,2 (XXXIII)]שכנו [

neighbor noun **שָׁכֵן**

4Q**175** 24 (V) לעמו ומחתה לכול שכניו
4Q**379** 22ii10 (XXII) לעמו ומחתה לכל שכנ[י]ו
4Q**521** 5i+6,5 (XXV) [ו(י)יט(י)ב עמ ר]עהו ועמ שכנ[ו]

Shecaniah proper noun **שְׁכַנְיָה**

4Q**319** IV,13 (XXI) או]ת שכניה אחר השמטה
4Q**319** IV,14 (XXI) את שכניה [בששית
4Q**319** IV,15 (XXI) או]ת ש[כניה] ב[ח]מישית
4Q**319** IV,18 (XXI)]ה שכ[נ]יה בשנה השלישית
(XXI) א]ות שכניה / [בשנית
4Q**319** IV,19 (XXI) אות שכניה אחר הש[מטה
4Q**319** V,3 (XXI) אות שכניה בר[ביעית
4Q**319** V,4 (XXI) אות]שכ[נ]יה[אות סוף] / היובל
4Q**319** V,6 (XXI) שכניה[בשנה הש]ני[ת
(XXI) אות שכניה / אחר השמטה
4Q**319** V,7 (XXI) אות] שכיה בשמטה
4Q**319** V,9 (XXI) אות / שכניה אות [ב]חמ<<י>>שית
(XXI) אות שכיה / ברביעית
4Q**319** V,10 (XXI)]שכניה בשלישית
4Q**319** V,11 (XXI) אות שכ[ניה בשנית
(XXI) אות שכניה / אחר השמטה
4Q**319** V,13 (XXI) אות שכניה / [בש]מטה
4Q**319** V,15 (XXI) אות שכניה בחמ[ישית
4Q**319** V,17 (XXI) א]ות ש[כניה בשנית
4Q**319** VI,2 (XXI) א[ות]שכניה ב[חמישית
4Q**319** VI,3 (XXI) [או]ת שכניה ברביעית
4Q**319** VI,4 (XXI) אות שכניה ב[שנית
4Q**319** VI,5 (XXI) אות שכניה אחר [ה]ש[מטה
4Q**319** VI,6 (XXI) אות שכניה בשמ[טה
4Q**319** VI,13 (XXI) אות שכניה[אחר] / השמט[ה
4Q**319** VI,14 (XXI) אות שכניה בש[מטה
4Q**319** VII,5 (XXI) ברביעית] / שכניה [דליה יקים יויריב
4Q**319** 10,3 (XXI)]אמר שכניה[
4Q**319** 15i2 (XXI) יד]עיה שכניה / [
4Q**319** 15i3 (XXI)] שכניה / [
4Q**319** 15i4 (XXI)] שכניה / [
4Q**319** 15i5 (XXI)]שכניה / [
4Q**319** 51,2 (XXI) או]ת שכ[ניה
4Q**319** 61,1 (XXI)]שכניה ◦◦[
4Q**319** 73,3 (XXI) שכ]ניה ב1 חוד[ש
4Q**319** 77,3 (XXI) י]ום בשכ[ניה
4Q**320** 1ii12 (XXI) ב6 בשכניה ל0[3 ב15 בשמיני]
4Q**320** 4iv8 (XXI) ב1 בשכניה הנף העמר
4Q**321** II,4 (XXI) בששה בשכניה בחמשה[עשר בשמיני
4Q**321** III,7 (XXI) הרביעית בארבעה בשכנ[יה באחד בראשון
4Q**321** V,9 (XXI) בשכנ[י]ה בוא הנף העומר
(XXI) השו[ני] בשכניה
4Q**321** VI,2 (XXI) [בשכני]ה בוא חג ה[ס]וכות
4Q**322** 1,2 (XXI)] / [ביאת שכניה] בי[ב]שכניה ז[ה
4Q**324**i 1a,1 (XXVIII) שכ]ניה אלי[שיב

to be drunk verb **שׁכר**

1QpHab XI,3 אף שכר למען הבט אל מועדיהם
4Q**391** 5,3 (XIX)]ל לשכור מכ[
4Q**391** 37,2 (XIX)]שכר ה◦ [
4Q**418**b 1,4 (XXXIV) ויחגו כשכור וכול ח[וכמתם תתבלע

alcoholic beverage noun **שֵׁכָר**

4Q**162** II,2 (V) הוי משכימי בבקר שכר ירדפו מאחרי
11Q**5** XXII,1 (IV)] / שכרכם בעתו
11Q**19** XXI,10 [כי החלו] לנסך נסך שכר יין חדש

of possessive particle **שֶׁל**

3Q**15** I,9 (III) בתל של כחלת כלי דמע בלגין ואפודת

3Q15 I,10 (III) הכל **של** הדמע והאצרה שבע
3Q15 I,13 (III) בשׂוא המעבֹא **של** מנס בירד אל סמל / גבה
3Q15 II,11 (III) בשן הסלע בדין **של** כסף שש
3Q15 III,2 (III) תשע כלי כסף וזהב **של** / דמע
3Q15 IV,13 (III) ביגר **של** גי הסככא
3Q15 V,6 (III) מזרֿ[ח] / אשיח שלומו כאלין **של** / דמע
3Q15 V,8 (III) מעל החריץ **של** שלומ / ו עד הרגם הגדול
3Q15 VI,1 (III) [ב]מערת העמוד **של** שני / [ה]פתחין
3Q15 VI,7 (III) במערא **של** הכנא / של הרגם הצופא
3Q15 VI,8 (III) במערא של הכנא / **של** הרגם הצופא
3Q15 VII,3 (III) באמא **של** קיֿ∘[
3Q15 VII,10 (III) חפר אמות שש / בדין **של** כסף שש
3Q15 VII,14 (III) על פי יציאת המים **של** הכוז / בא
3Q15 VIII,8 (III) ביגר **של** פי צוק הקדרוהֿ
3Q15 VIII,10 (III) בשלף **של** השוא הצופא / מערב בדרום
3Q15 VIII,14 (III) ברוֿי **של** השוא בצויה
3Q15 IX,14 (III) שיבצפון פי הצוק **של** בית / תמר
3Q15 X,8 (III) בים **של** גי איך בצדו המערֿבֿי
3Q15 XII,4 (III) בהר גריזין תחת המעלהא **של** השית העליונא
3Q15 XII,6 (III) בפי המבוע **של** בית שם כל<י> כסף
3Q15 XII,7 (III) וכלי זהב / **של** דמע
3Q15 XII,8 (III) בביבא הגדולא **של** הברֿך כלבית הברֿך
4Q222 1,7 (XIII) כי שלכה] / [הוא]ה ו**של**כֿ[ה יהי זרעו
4Q385 6,9 (XXX) אח]דֿ נשר ואחד עגל ואחד **של** אדם
4Q394 3-7i15 (X) ב**של** שלוא יֿ[היו] / מסיאֿ[י]םֿ את העם
4Q394 3-7i19 (X) ב**של** שא יהיה הטהר מזה על הטמה
4Q395 10 (X) בֿשֿ[**ל** שא יהיה הטהר מזה על הטמא
4Q397 23,2 (X)]בֿ**של** שתֿ[שמח
4Q398 14-17ii6 (X) ב**של** שתשמח באחרית העת

flame, blade noun שַׁלֶּבֶת, שַׁלְהוֹבֶת

1QM VI,3 יכתובו **שלהובת** חרב אוכלת חללי און
1QHa XVI,30 עד ימימיה תואכל **שלבת**ה / להתם כוח

snow noun שֶׁלֶג

4Q381 14+5,2 (XI)]∘ים עננים עבים **שלג**ֿ [ ] וֿבֿרֿד וכל ∘[
4Q473 2,6 (XXII)] / וירקון **שלג** קרחֿ וברֿ[ד

to be at ease, mislead, neglect verb שלה

4Q522 9ii11 (XXV) והתומים] / מאתכה ו**השלוני**
4Q522 22-25,4 (XXV) [שאלו שלם י]רֿושלם **ישליו**[
11Q5 XXI,17 (IV) בה וברומיה לוא / **אשלה**

שֵׁלָה ← שִׁילוֹ

שַׁלְהֶבֶת ← שַׁלֶּבֶת

שַׁלְהוֹבֶת ← שַׁלֶּבֶת

שלוג ?

4Q186 2ii3 (V)]**שלוג** /]

prosperity, tranquillity noun שַׁלְוָה

1QHa XX,2 ב]ש{{∘}}קט ו**שלוה** / [עם רוחות עולם
4Q383 3,2 (XXX)]תֿים ו**שלוה** כי כֿיֿ∘[
4Q503 69,1 (VII)] **שלות** שקֿ[ט

of Shiloah adjective שלוחי

3Q15 X,15 (III) בים֯ בֿית חֿמים **שלוחֿי** לתחת / השקתֿ

peace, welfare, completeness noun שָׁלוֹם, שָׁלֹם

CD IV,10 וב**שלום** הקץ למספר השנים / האלה
CD VI,21 ולדרוש איש את **שלום** / אחיהו
1QS II,4 וישא פני חסדיו לכה ל**שלום** עולמים
1QS II,9 ולוא יהיה לכה **שלום** בפי כול אוחזי אבות
1QS II,13 לאמור **שלום** יהי לי
1QS III,15 ולפקודת נגועיהם עם / קצי **שלומ**ם
1QS IV,7 ורוב **שלום** באורכ ימים
1QSb III,5 (I) **שלו**]**ם**ֿ עֿ[ו]לם יתן לכה
1QSb III,21 (I)] יסד **שלומ**כה לעולמי עד
1QM I,9] ל**שלום** וברכה כבוד ושמחה
1QM III,5 יכתובו **שלום** אל במחני קדושיו
1QM III,11 יכתובו גילות אל במשוב **שלום**
1QM IV,14 שֿמחתֿ אל הודות אל תהלת אל **שלום** אל
1QM XI,9]הֿ וב**שלום** לגבורת פלא
1QM XII,3 וברית **שלומ**כה חרתה למו
1QM XIII,13 ונגילה בעזֿ[תכה וב]**שֿלומ**כה
1QM XVII,7 להאיר בשמחה בֿרית ישראל **שלום** וברכה
1QHa V,11 וחסדי עולם לכול ∘∘∘∘∘ ל**שלום**
1QHa V,23 ר]וב עדנים עם **שלום** / עולם ואורך ימים
1QHa VII,16 לישועת עולם ו**שלום** עד ואין מחסור
1QHa X,6 [מבשר **ש**]**לום** לכול הוות[י
1QHa X,15 ובֿעֿלֿ / [**של**]**ום** לכול חוזי נכוחות
1QHa XV,15 {{וחיים}} ו**שלום** לאין הֿ[סר ו]לֿ[א] להשבת
1QHa XVII,11 ולא גערתה חיי ו**שלומ**י לא הזנחתה
1QHa XVII,33 ומשמר **שלומ**כה לפלט נֿפֿשי
1QHa XIX,27 ואמתכה תופיע / לכבוד עד ו**שלום** עול{ו}ם
1QHa XXI,15]∘ סוף וקצי **שלום** לאין ח[קר
1QHa XXIV,10]צו יעופפו בה כול / מלאכי **שלֿ**[**ום**
1QHa 3,3]נֿתֿיבות **שלום** ועם בשר להפליאֿ[
1Q34bis 2+1,1 (I)] מועד **שלומ**[נו
1Q36 1,2 (I)]∘[ ]לם תעודות **שלו**ֿ**ם** [
1Q51 4 (I)]למו ב**שלום** [ה]עולמ[ים
3Q5 1,2 (III) ואין **שלום** כיא מכה על מכה
3Q8 1,2 (III)]מלאך **שלו**[ם
4Q171 1-2ii8 (V) וענוים ירשו ארץ והתענגו על רוב **שלום**
4Q171 3-10iv16 (V) וראה] ישר[כיא אח]רֿ[ית לאי]שֿ **שלום**
4Q171 3-10iv17 (V)]תֿ **שלוֿ**[ם] ופושעים / נשמדו יחד
4Q177 5-6,14 (V) א]ין **שלום** אשר המה ד∘[
4Q178 1,5 (V)]הֿ**שלום** ו[
4Q200 7ii4 (XIX) וימ]וֿתֿ ב**שלום** בֿנֿ[
4Q215a 1ii6 (XXXVI)] / בא קצה**שלו**ֿ**ם** וחוקי האמת
4Q219 II,31 (XIII) הישר בני ב**שלֿ**[**ום** יחזק] / [אתכה אל ע]ליון
4Q223-224 2ii14 (XIII)]אחותי ב**שלו**ֿ**ם** ותֿשלחֿ רֿ[בקה]
4Q223-224 2iv9 (XIII) ואם] יעשו / [הֿזֿאבי]םֿ **שלםֿ** עֿםֿ הֿטֿלים
4Q223-224 2iv12 (XIII) ונכ]רֿתים בניכה ואֿי[ן לכ]הֿ **שלום**
4Q228 1i8 (XIII)]מקשי שחת ומלאך **שלומ**ו / [
4Q256 III,3 (XXVI) ולוא יהיה לכה **ש**]**לוֿ**[**ם** בפי כול אוחזי אבות
4Q257 II,6 (XXVI) ולוא יהיה לכה] **שלוֿם** [בפי כול
4Q257 V,4 (XXVI) ורו]בֿ **שלום** באו[רך ימי]םֿ
4Q266 3i2 (XVIII) עד **שלו**]**ם**ֿ [ה]קֿ[ץ] / [כמספר] ל[שנים] הֿאל[ה
4Q266 11,15 (XVIII) ואשר ידרוש **שלומ**ו {{והמשתלח}}
4Q269 4ii4 (XVIII) וגר ולדרוש] / אֿ[י]ש ב**שֿלֿ**[**ום** אחיהו
4Q280 2,4 (XXIX) ולוא יהיה לכה **שלו**[ם] בפי כול אוחזי אבוֿ[ת
4Q284 2ii6 (XXXV)] / מועֿדֿי **שלוֿ**[ם] לֿאֿומל[לים
4Q292 2,5 (XXIX)]ני המֿ[ ]∘ד [**ש**]**לום** אמן אמן
4Q364 3ii2 (XIII)] / תראה ב**שלום** [
4Q369 1i2 (XIII) מלאך]**שֿלומ**כה / [
4Q369 1ii9 (XIII)] ומלאך **שלומ**כה בעדתו
4Q386 1ii7 (XXX) כאשר יאמרו היה ה**של**[ו]**ם** והשדך

4Q**390** 7,1 (XXX)] שלו[ם
4Q**391** 58,1 (XIX)]שלומה[
4Q**401** 24,2 (XI)]◦ שלום[
4Q**403** 1i26 (XI) בשבעה ד[ברי פלא ל]שלום עולמים
4Q**404** 2,8 (XI)]ל[שלו]ם[ ]עולמים[
4Q**405** 3ii18 (XI)] / דברי פלא לש[לום
4Q**410** 1,5 (XXXVI) ואין לכה שמה שלום [ ]◦◦ / [
4Q**416** 3,1 (XXXIV)]שלומכה ובנחלתכה[
4Q**417** 1i14 (XXXIV) מבין רוש פעלתכה בזכרון הש[לום כי]בא
4Q**418** 55,7 (XXXIV)]מעש[ה]הלוא שלום והשקט [ ] / [
4Q**418** 88ii2 (XXXIV)] / בחייכה ושלומכה לרוב שני[
4Q**418** 113,2 (XXXIV)]ה ופקודת ש[לום
4Q**418** 126ii8 (XXXIV)] / בכבוד עולם ושלום עד ורוח חיים
4Q**418** 128+129,1 (XXXIV)] / שלומכה[
4Q**418** 172,7 (XXXIV)]◦בניה שלום ובהתהלכמה[
4Q**418**c 9 (XXXIV)]קץ שלום יז[ ]◦[
4Q**422** I,13 (XIII)]שלומ[
4Q**427** 3,2 (XXIX) ושלוה ב]שלומ וברכה[באהלי] / [כבוד
4Q**427** 7ii5 (XXIX) הופיע שלום שבת פחד נפתח מקור
4Q**428** 12i3 (XXIX) ואמת]כה תופיע לכבוד ֹעד ֹ ושלום עו[לם]
4Q**428** 26,3 (XXIX)] / מלאכי שלום ותי◦[
4Q**431** 2,4 (XXIX) [ונס יגון ה]ופיע שלום שבת פחד
4Q**432** 3,4 (XXIX) מבשר שלום[לכול הוות שמועתי] / [
4Q**434** 1i9 (XXIX) ויגל להם תורות שלום ואמת[
4Q**434** 7b,2 (XXIX) ויכרות להם ברית לשלום עם עוף / [הש]מים
4Q**440** 3i16 (XXIX)] ולבשר שלום ע[ול]ם / [
4Q**448** II,7 (XI) יהו שלום כלם / ועל ממלכתכ
4Q**472** 1,3 (XXXVI) [חב]ליהם לברכה [ ] ושלום ג◦[
4Q**474** 8 (XXXVI)]ל מלאכי שלום לעשו[ת
4Q**476** 1,4 (XXIX)]כולכם תהיו בשלום [
4Q**491** 11ii18 (VII) כ]מעט לבליעל וברית אל שלום [לי]שראל
4Q**502** 6-10,10 (VII)]◦ בשלום ל◦[
4Q**502** 24,5 (VII)] ימיכה בשלום ו[
4Q**502** 99,3 (VII)]שלום [
4Q**502** 302,1 (VII)]◦ים בשלו[ם
4Q**503** 1-6iii10 (VII)] אור היומם ש[לום עלי]כה ישראל
4Q**503** 7-9,5 (VII)] / אור שלום [עליכה ישראל
4Q**503** 15-16,7 (VII) ש]לום עליכה[ישראל
4Q**503** 29-32,1 (VII) ושלום [אל עליכה ישראל
4Q**503** 29-32,5 (VII) של[ו]ם[
4Q**503** 29-32,11 (VII) שלום אל[ע]ליכה ישראל
4Q**503** 33i+34,10 (VII)]של[ו]ם / [עליכה ישראל
4Q**503** 33II-36,5 (VII)] / של[ום] עליכה ישראל[
4Q**503** 37-38,22 (VII) שלום [עליכה ישראל בכול מועדי עולם
4Q**503** 39,3 (VII) דג]לי ערב ובוקר מל◦ שלומנו
(VII) שלום עליכה[ישראל
4Q**503** 42-44,3 (VII) שלו]ם עלי[כ]ה[ישרא]ל בפי כול לש[וני
4Q**503** 48-50,6 (VII)]ישו[ע]תכה שלום ע[ליכה י]שראל
4Q**503** 51-55,6a (VII) שלום על[יכה ישראל] / [
4Q**503** 51-55,10 (VII) שלום עליכה [ישראל]
4Q**503** 56i-58,12 (VII)] שלום עליכה / [ישראל
4Q**503** 89,4 (VII)] שלום [
4Q**503** 90,3 (VII)] שלום [
4Q**503** 152,1 (VII)]ושלום עלי[כה ישראל
4Q**503** 215,8 (VII)]ושלח של[ום
4Q**503** 217,4 (VII)]ו שלו[ם
4Q**504** 1-2iv13 (VII) כיאם שלום וברכה מם[
4Q**509** 3,2 (VII)]תה מועד שלומנו[
4Q**509** 284,1 (VII)]שלום [
4Q**511** 3,5 (VII)]◦◦ם ואין לכם[ש]לום [
4Q**511** 63-64ii5 (VII) ש]לומי בתורה אר◦[ ]מעשה ובכול
4Q**511** 63iii4 (VII) באשמתו להשמיע שלום / לכול אנשי ברית
4Q**512** 17,2 (VII) מ]ועדי של[ום
4Q**522** 22-25,5 (XXV) יהי שלום] בח[י]לך [ש]ל[ו]ם באר[מנותיך
4Q**522** 22-25,6 (XXV) אבקשה] שלום ל[ך
4Q**525** 11-12,1 (XXV)]ורוב שלום [ע]ם[ ] כול ברכות[עד
4Q**525** 14ii13 (XXV) [ו]ברוב שלום תת[הלך
4Q**525** 20,3 (XXV) ש]לום תקרא ולהשמ[יע
11Q**5** XXII,2 (IV) ושלום / ותוחלת ישועתך לבוא
11Q**13** II,16 (XXIII) מ]שמיע שלום מב[שר טוב משמיע ישוע]ה
11Q**17** X,3 (XXIII)]מת / [ש]ל[ו]מיו במשפטי[
11Q**17** X,4 (XXIII) ת]עודותיו / [ו]כול ברכות שלומ[ו
11Q**19** LXII,6 וקראתה אליה לשלום
11Q**19** LXII,7 והיה אם / שלום תענכה ופתחה לכה
PAM 43.675 33,2 (XXXIII)] שלום [

recompense noun שִׁלּוּם

1QM IV,12 גמול אל כוח אל שלומי אל גבורת אל
1QM XVII,1] / ושם שלומם בדלק ◦[
1QH[a] IX,17 ופקודת שלומם עם / {עם} כול נגיעיהם[
4Q**369** 2,3 (XIII)]◦ לכה בם שלומים ל[
4Q**403** 1i39 (XI) במשוב יד גבורתו למשפטי שלומים
4Q**404** 4,9 (XI) ש]לומם [
4Q**418** 126ii6 (XXXIV) נקם לבעלי̮ אוו ופקודת ש[

Solomon proper noun שְׁלוֹמֹה, שְׁלֹמֹה

3Q**15** V,6 (III) בסדק שבסככא מזר[ח] / אשיח שלומו
3Q**15** V,8 (III) מעל החריץ של שלומ / ו עד הרגם הגדול
4Q**247** 3 (XXXVI) ו]ארבע מאות שלו[מוה יבנה את המקדש
4Q**385**a 1a-bii5 (XXX)] / וישלמו ימיו וישב שלמה ◦◦◦[
4Q**385a** I,2 (XXX)] / שלמה[
4Q**398** 11-13,1 (X)]בימי שלומוה בן דויד
11Q**11** II,2 (XXIII)]ה שלומה[ ]ויקר[א

three numeral שָׁלוֹשׁ, שָׁלֹשׁ, שְׁלוֹשָׁה, שְׁלֹשָׁה

CD I,5 ובקץ חרון שנים שלוש מאות / ותשעים
CD IV,15 פשרו / שלושת מצודות בליעל
CD IV,16 ויתנם פניהם לשלושת מיני / הצדק
CD XIV,4 ובני ישראל שלשתם והגר רביע
CD XIV,6 ובני ישראל / שלושתם והגר רביע
1QS VII,6 ונענש שלושה חודשים
1QS VII,9 ואשר ידבר בפיהו דבר נבל שלושה חודשים
1QS VII,11 והנם עד שלוש פעמים על מושב אחד
1QS VIII,1 וכוהנים שלושה תמימים בכול הנגלה
1QSa I,26 (I) וקדשום שלושת ימים
1QM I,13 שלושה גורלות יחזקו בני אור לנגוף רשעה
ושלושה יתאזרו חיל בליעל למשוב גורל / [
1QM II,6 ובשלוש ושלושים שני המלחמה הנותרות
1QM III,14 אשר לשלושת השבטים / יכתובו ב◦◦[
1QM V,7 ובסגר שלושה צמידים מפותחים
1QM VI,1 ואחריהם יצאו שלושה דגלי בינים
1QM VII,14 ושלושה שוטרים מן הלויים לפני / הכוהנים
1QM VIII,4 ויצאו / שלושה דגלי בינים מן השערים
1QM VIII,6 ובעומדם שלושה סדרים
1QM VIII,14 יתקעו ה[כו]הנים לשלושת הדגלים
1QM IX,12 ומגני המגדלות יהיו ארוכים שלוש אמות
1QM IX,13 י]סבו המגדל לשלושת רוחות הפנים
1QM IX,14 לשלושת רוחות הפנים / מגנים שלוש מאות
1Q**29** 2,3 (I)]שלוש לשונות אש מ[
2Q**19** 4 (III) שלושה יובלים חיה ואר[בעה שבועי שנים

ש]לוש[	4Q**324** 2,2	(XXI)
]ושל[ושה	4Q**324**d 10,2	(XXVIII)
בעשרים ושלושה ב[ו	4Q**325** 1,5	(XXI)
בש[ל]ושה ב[ו] / [מועד היין	4Q**325** 2,1	(XXI)
בעשרי]ם ושלושה בו שבת / [פתחיה	4Q**325** 2,3	(XXI)
השני]ת מ[עד]יה [בש]לשה / [בשערים הפסח	4Q**329**a 2	(XXI)
השלשי]ת מעדיה בשלשה / [באביה הפס]ח	4Q**329**a 3	(XXI)
החמשית מעדיה / בשלשה באמ[ר הפסח	4Q**329**a 6	(XXI)
וישם דרך] / ש[לושת ימים בינו ובין יעקוב	4Q**364** 4b-eii19	(XIII)
ולבנימים נתן שלוש[מאות כסף	4Q**364** 11,2	(XIII)
]רבוע ושלוש אמות קומתו	4Q**365** 12a-bii8	(XIII)
]בין תו לתו שלוש אמות וחצי	4Q**365**a 2i10	(XIII)
עד שער דן של[וש מאות]וששים באמה	4Q**365**a 2ii2	(XIII)
] / שער נפתלי ששים ושלוש מאות באמה	4Q**365**a 2ii3	(XIII)
עד שער אשר שלוש מאו[ת וששים]		(XIII)
עד פנת מזרח{{ה}} שלוש מאות וששים באמה	4Q**365**a 2ii4	(XIII)
] / עצי ארז ופתחה שלוש אמות רוחב ה[	4Q**365**a 2ii11	(XIII)
]ל[ ]יסוד ג{{י}}רוע שלוש אמות[	4Q**365**a 3,2	(XIII)
ושלשים[יום ושלש]ת[י]מים תשב[	4Q**367** 1a-b,5	(XIII)
]ים כהנים שלושה אשר לא יתהלכו	4Q**387** 3,4	(XXX)
] / שלשה אשר ימלכ[ו	4Q**388**a 7ii8	(XXX)
ש]לושה עשר ◦ [	4Q**391** 65,6	(XIX)
בעשרים / ושלושה / בו שבת	4Q**394** 1-2i4	(XXI)
בעשרם / ושלושא / בו שבת	4Q**394** 1-2iv6	(XXI)
השנה שלוש סאת וש[שים וארבעה] / יום	4Q**394** 3-7i2	(X)
השבת השמינית בשלושה וע[שרים לחודש	4Q**403** 1ii18	(XI)
]◦◦ן שלוש[	4Q**412** 2,3	(XX)
]◦ ושלושה [	4Q**426** 4,3a	(XX)
]רים לשלושת עולמי חושך שבי[עים	4Q**440** 1,3	(XXIX)
]◦ ה[מל]חמה יעמדו שלוש מערכות	4Q**491** 1-3,11	(VII)
שלוש מערכות אורבים יהי[ו מרח]וק	4Q**491** 1-3,12	(VII)
ושלו]שה יתאזרו / [	4Q**496** 1-2,5	(VII)
ובשלו[ש ושלושים	4Q**496** 7,3	(VII)
] / לשלושת הש[בט]י[ם	4Q**496** 10,5	(VII)
] / שמות ש[לו]שת ה[שבטים	4Q**496** 10,6	(VII)
]בשל[ו]שה [עשר	4Q**503** 15-16,14	(VII)
כיא שלושה עש[ר]גורלות חושך [	4Q**503** 39,2	(VII)
] לו בשלושת / [	4Q**512** 15i-16,4	(VII)
]ן שלוש ◦[	4Q**522** 2,4	(XXV)
ועל]פי שלושה עדים [יומת	4Q**524** 14,3	(XXV)
ויכתוב תהלים / שלושת אלפים ושש מאות	11Q**5** XXVII,5	(IV)
ימי השנה ארבעה וששים ושלוש / מאות	11Q**5** XXVII,6	(IV)
בשבוע הריאשון בשלו]שה ל[שבוע]	11Q**12** 2,4	(XXIII)
]עובי שלוש[	11Q**19** V,3	
ומצדה השני שלו]שה ← מִן, זֶה	11Q**19** IX,4	
שלושה / [גביעים משוקדים בקנה האחד		
הקנים היוצאים ממנה כפתורים] שלושה / [	11Q**19** IX,8	
]◦◦נאות שלושה	11Q**19** IX,10	
ורחב הק[י]ר שלוש אמות	11Q**19** XXXI,11	
] שלוש אמות [	11Q**19** XXXII,1	
ובין התאו לתאו שלוש / [	11Q**19** XXXVIII,15	
שלושה ב[ו] שערים במזרח	11Q**19** XL,11	
ושלושה בדרום		
ושלושה / לים		
ושלושה לצפון	11Q**19** XL,12	
[מדה] שלוש מאות וששים באמה	11Q**19** XL,13	
עד / שער שמעון ששים ושלוש מאות באמה	11Q**19** XL,14	
כמדה הזואת ששים לשלוש / [מאות באמה	11Q**19** XL,15	
עד שער גד ששים ו]שלוש מאות / באמה	11Q**19** XLI,5	
עד פנת הצפון] שלוש מאות / וששים באמה	11Q**19** XLI,6	

מן הקרקע אמות שלוש	3Q**15** I,14	(III)
אמות תחת המ / דף שלוש	3Q**15** III,13	(III)
באמצען חפור אמות שלוש	3Q**15** IV,7	(III)
חפור אמות / שלוש	3Q**15** V,11	(III)
[ב]פתח הצפוני חפור / [א]מות שלוש	3Q**15** VI,4	(III)
חפור אמות שלוש עד הטור	3Q**15** VII,15	(III)
חפור אמות שלוש	3Q**15** VIII,9	(III)
משח משולו / אמות שלוש ‹עש›רא	3Q**15** IX,2	(III)
הו הפתח ככרין שלש מאות / זהב	3Q**15** X,10	(III)
של]וש לעשרת המנים[	4Q**159** 1ii10	(V)
ש]לושת העשרונים ◦[	4Q**159** 1ii14	(V)
]שלשת[	4Q**163** 39,2	(V)
]שלושת האנשי[ם	4Q**180** 2-4ii3	(V)
ושלוש בבור / החושך	4Q**186** 1ii7	(V)
וכל בשר את]שלו[שה המיני]ם הגד[ולים	4Q**216** VI,14	(XIII)
בשבוע הרישון לשלושה וא[ר]בעים היובל	4Q**219** II,35	(XIII)
]עד שלושה ע◦[	4Q**226** 6,2	(XIII)
בחודש השביעי בשלושה בשבת	4Q**252** I,8	(XXII)
לימים שלוש מאות ששים וארבעה	4Q**252** II,3	(XXII)
ו]כוהנים שלושה / [תמימים בכול הנגלה	4Q**259** II,9	(XXVI)
ונענש שלושה חודשים א[ת מחצית לחמו	4Q**265** 4i6	(XXXV)
[מן] הספר [י]נום עד שלוש פעמים	4Q**265** 4ii2	(XXXV)
ובקץ חרו]ן שנים שלו[ש מאות ותשעים]	4Q**266** 2i10	(XVIII)
והובדל] שלושה חודשי[ם	4Q**266** 10ii4	(XVIII)
ו]ה[נם] עד שלוש פע[מים על מושב] אחד	4Q**266** 10ii7	(XVIII)
בקץ] / [חרון ש]נים שלוש מאות ותשעים	4Q**268** 1,13	(XVIII)
ש]לוש פ[עמים	4Q**269** 8i3	(XVIII)
] / ממשפטי הי[חד] של[וש פעמי]ם ב[	4Q**270** 3iii19	(XVIII)
]חד שלוש פעמים	4Q**271** 2,7	(XVIII)
]שלושה מאנ[שי	4Q**279** 4,2	(XXVI)
בששה בו] / תכסה שלוש[עשרא	4Q**317** 1+1aii4	(XXVIII)
בש[לושה עשר בו] / תגלה חמש	4Q**317** 1+1aii16	(XXVIII)
] / בשלושה עשר בו תגל[ה שש	4Q**317** 1+1aii18	(XXVIII)
ב{{שנים}}‹‹שלוש››ה וע[שרים בו	4Q**317** 1+1aii30	(XXVIII)
בשלושה 4 ועשרי[ם בו תכסה שתים	4Q**317** 1+1aii32	(XXVIII)
ב]ו תכסה שלוש עשרא וכן ת[בוא ליום	4Q**317** 2,25	(XXVIII)
] בו תגלה שלוש וכן תבוא ללי[לה	4Q**317** 2,32	(XXVIII)
]בו תכסה שלו[ש עשרא וכן תבוא ליום	4Q**317** 3,30	(XXVIII)
שלו]ש עשרא וכן ת[בוא ללילה	4Q**317** 4,28	(XXVIII)
תכס]ה שלושה עשר[וכן תבוא ליום	4Q**317** 9,8	(XXVIII)
[בשל]ושה ב[ו	4Q**317** 11,1	(XXVIII)
בו]תכסה שלוש [עשרא	4Q**317** 12,9	(XXVIII)
] / בשלו[שה	4Q**317** 14,7	(XXVIII)
] / [ב]שלשה ע[שר בו	4Q**317** 17,2	(XXVIII)
] / בשלוש[ה	4Q**317** 20,2	(XXVIII)
]שלוש [	4Q**317** 29,3	(XXVIII)
]◦◦◦ שלו[ש	4Q**317** 67,3	(XXVIII)
בשלושה ביקים בא[ר]בעה ועשרים בתשיעי	4Q**321** I,2	(XXI)
בחמשה באמר בשלושה וע[ש]רים בעש[ירי	4Q**321** I,3	(XXI)
ו[דוק]ה שנית בשלושה ב[חזיר	4Q**321** II,5	(XXI)
ב]שנים בפתחיה בש[לושה עשר בעשירי]	4Q**321** II,6	(XXI)
ודוקה בשנים בפתחיה] בשלושה	4Q**321** IV,2	(XXI)
בשלושה ביויריב בחמשה בשמיני	4Q**321** IV,3	(XXI)
בששה בי]שו[ע ב]שלושה בעשירי	4Q**321** IV,5	(XXI)
ודוקה בשל[ושה באמר בת]שעה עשר בוא	4Q**321** IV,6	(XXI)
בשלו]שה במו[עזיה] בוא / [הפסח	4Q**321** IV,8	(XXI)
בשלושה במלכיה בש[לושים ואחד בוא	4Q**321a** V,4	(XXI)
בשנים בקוץ בשלושה עשר בעשירי	4Q**321a** V,5	(XXI)
בשלושה באלישיב ב[שנים עשר בעשתי	4Q**321a** V,6	(XXI)
בעשרים ושלו]שה בה ביאת יקים	4Q**322** 1,3	(XXI)

עד / שער דן שלוש מאות וששים באמה		11Q19 XLI,8
עד / שער נפתלי ששים ושלוש מאות באמה		11Q19 XLI,9
עד שער אשר שלוש מאות וששים באמה		11Q19 XLI,10
{{של?}} המזרח שלוש מאות וששים באמה		11Q19 XLI,11
במרחק מן המקדש דרך שלושת / ימים		11Q19 XLIII,12
עד אשר [יש]לים שלושת ימים		11Q19 XLV,8
המקדש אשר אשכין שמי בה שלושת ימים		11Q19 XLV,12
רחוק / מן העיר שלושת אלפים אמה		11Q19 XLVI,16
ועשיתה / שלושה מקומות למזרח העיר		11Q19 XLVI,17
שעריכה קרוב למקדשי דרך שלושת ימים		11Q19 LII,14
או על פי שלושה עדים יקום דבר		11Q19 LXI,7
ועל פי שלושה עדים / יומת		11Q19 LXIV,8
אשר אשכין שמי בה שלוש]ת ימי{{ן}}<<ם>>	(XXIII)	11Q20 XII,5
רחוק מן העיר ש]ל[ושת] / [אלפים אמה	(XXIII)	11Q20 XII,26

thirty numeral שְׁלוֹשִׁים, שְׁלֹשִׁים

מבן שלושים שנה ועד בן ששים		CD XIV,7
מבן שלשים שנה [ע]ד בן חמשים שנה		CD XIV,9
וישן במושב הרבים שלושים ימים		1QS VII,10
ואם יז{{◦}}קפו / ונפטר ונענש שלושים יום		1QS VII,12
ירוק אל תוכ מושב הרבים ונענש שלושים יום		1QS VII,13
ונראתה ערותו ונענש שלושים יום		1QS VII,14
להשמיע קולו ונענש שלושים / יום		
ובן שלושים שנה יגש לריב ריב / ומ[ש]פט	(I)	1QSa I,13
ובשלוש ושלושים שני המלחמה הנותרות		1QM II,6
בחמש ושלושים שני העבודה תערך המלחמה		1QM II,9
ש]לושים באמה אשר יעמודו שם אנש[י] / [		1QM V,17
מבן שלושים שנה עד בן חמש וארבעים		1QM VI,14
מבן חמש ועשרים שנה ועד בן שלושים		1QM VII,3
] / ללכת עבדים והנה המה שלושי[ם	(V)	4Q158 1-2,17
כס]ף שלוש[ים	(V)	4Q158 10-12,1
ומקץ שלוש[ים ואחד ימים משלח את היונ]ה	(XXII)	4Q252 I,20
וחמ[שים אמה] / רוחבה ושלשים[	(XXII)	4Q254a 1-2,3
ואם יזקפו ונפטר] / ונענש שלושים יום	(XXVI)	4Q259 I,9
אל תוך מושב] / הרבים ו[נענש שלוש]ים יום	(XXVI)	4Q259 I,11
להשמיע] / קולו ונענש שלשים י[ום	(XXVI)	4Q259 I,14
ונפטר ממושב ? ונענש ש]לוש[ים י]ום	(XXVI)	4Q261 5a-c,5
] / [והבדילהו] שלושים יום	(XXXV)	4Q265 4i4
אשר יצ[חה את רעהו ונענש] / שלושים יום	(XXXV)	4Q265 4i9
בדעתו בכול דבר ונענש שלושים יום	(XXXV)	4Q265 4i11
[ויש]ן במושב הרב[ים] ונענש שלוש[ים יום	(XXXV)	4Q265 4ii1
שור ושה קרוב] / [למ]קדש שלושים רס	(XXXV)	4Q265 7,6
ושל[שים ושלשת ימים תשב בדם] / טהרה	(XXXV)	4Q265 7,15
אם [שלמה הי]א נקפה / [אחת מ]של[ו]שים	(XVIII)	4Q266 6iii9
מבן] שלושים [שנה עד ב]ן [ח]משים [שנה	(XVIII)	4Q266 10i2
[והובדל]שלושים יום [ו]נענש עשרת ימים	(XVIII)	4Q266 10ii6
ונראתה ערותו והובדל שלו]שים / [יו]ם	(XVIII)	4Q266 10ii11
והובדל] / [ש]לושים ונענש חמשת [עשר]	(XVIII)	4Q266 10ii13
נק]פו אחד משלושים וכול / [	(XVIII)	4Q267 6,5
מבן שלושים שנה ועד בן ששים / [שנ]ה	(XVIII)	4Q267 9v11
מבן [ש]לושים [ש]נה / [וע]ד בן חמש[ים שנה	(XVIII)	4Q267 9v13
אם] שלמה היא נקפה[אחד] / [משלו]שים [	(XVIII)	4Q270 3ii16
שבת [בפ]תחיה בשלושים בשני	(XXI)	4Q321 III,8
בשלושה במלכיה בש[לושים ואחד בוא	(XXI)	4Q321a V,4
בש]לושי[ם בו שבת	(XXVIII)	4Q324d 2,1
]◦ שלושים / [	(XXVIII)	4Q324d 3i2
בשלושים בו שבת הקוץ	(XXI)	4Q325 1,6
באים מקיר החצר שש ושלושים באמה	(XIII)	4Q365a 2ii5
ושלשים[יום ושלש]ת[י]מים תשב[ברמ(י)	(XIII)	4Q367 1a-b,5
] / [שלו]שים ושש שנה לגלות ישראל	(XXX)	4Q389 1,6
בשל[ושי]ם / [בו שבת]	(XXI)	4Q394 1-2i6
[בש]לושים / [בו שבת]	(XXI)	4Q394 1-2iv8
ולים הכפורים שלושים שיר	(IV)	11Q5 XXVII,8
באים מקיר החצר שש ושלושים באמה		11Q19 XLI,13
תואכלנה רחוק ממקדשי / סביב שלושים רס		11Q19 LII,18

to send, allow verb שלח

יהיה / בליעל משולח בישראל		CD IV,13
אל ישלח את בן הנכר		CD XI,2
אל ישלח / איש למזבח עולה		CD XI,18
אל ישלח את ידו לשפוך דם		CD XII,6
בהופע מעשיו ישלח מעדה		CD XX,3
הכוהן ישלח ידו לרשונה להברך		1QS VI,5
הכוהן ישלח ידו לרשונה / להברכ		
ואיש ברבים ילכ רכיל לשלח הואה מאתם		1QS VII,16
והאיש אשר ילון על יסוד היחד ישלחהו		1QS VII,17
והיה משפטו כמוהו לשל[חו		1QS VII,25
ביד רמה או ברמיה ישלחהו מעצת היחד		1QS VIII,22
לאנשי / מטה שולחי אצבע ומדברי און		1QS XI,2
ואח[ר יש]לח משיח ישראל ידיו / בלחם	(I)	1QSa II,20
וישלח עזר עולמים לגורל [פ]דותו		1QM XVII,6
ואנשי הבינים ישלחו ידם בחיל / הכתיים		1QM XVII,13
טרם יפריחו ושורשיהם ליוב[ל] ישלחו		1QH[a] XVI,7
ואל יובל לא ישלחו שורש		1QH[a] XVI,10
ואין לשלוח פעם ולא מצעד לקול רגלי		1QH[a] XVI,34
]ך אסיר עד קצ רצונכה / ולשלו[ח		1QH[a] XXIV,13
]ברש<ע>תם ולשלחם גוי ב[		1QH[a] 45,4
] / דברי יהוה אשר ש[לח]ו	(V)	4Q158 1-2,15
אם לוא ילח ידו במלאכ[ת	(V)	4Q158 10-12,9
ונענש שני מנים / ושלח כול ימיו	(V)	4Q159 2-4,10
אשר שלח אליהם [בפי] / עבדיו הנביאים	(V)	4Q166 II,4
אשר ישלח ידו להכות באפרים / [	(V)	4Q167 2,3
רשעי אפרים ומנשה אשר יבקשו לשלוח יד	(V)	4Q171 1-2ii17
והתורה / אשר שלח אליו ואל לוא יע[זבנו]	(V)	4Q171 3-10iv9
ואמור לו שלחני	(XIX)	4Q200 4,3
אשר תשלחני והלכתי אל אבי	(XIX)	4Q200 4,5
ואני אשלח מלאכים אל טובי אב[יכ]ה	(XIX)	4Q200 4,7
וילך בשבי וישלח לבן ויפרקהו	(XXII)	4Q215 1-3,2
ואשלחה אל[יהם] עדים ל[העיד בהם	(XIII)	4Q216 II,12
וישלחו א[לו אנשי חברון	(XIII)	4Q221 5,7
ל]וא אלך כי אם י[שלחני אז אלך	(XIII)	4Q222 2,2
ותשלח ר[בקה] ותקרא[את] / [עישאו	(XIII)	4Q223-224 2ii14
וישלח[יעקוב אל בניו	(XIII)	4Q223-224 2iv31
וישלח את היונה לראות הקלו המים	(XXII)	4Q252 I,14
ויוסף לשלחה ותבוא אליו	(XXII)	4Q252 I,16
וישלח / אברהם את ידו	(XXII)	4Q252 III,6
ה]כוהן יש[לח ידו לראשונה לברך	(XXVI)	4Q258 II,9
[ו]אי[ש] / [ברבים ילך רכיל ו]שלחוהומא[ת]ם	(XXVI)	4Q261 6a-e,3
ילון על יסו]ד היחד לשלח ולא[ישוב עוד	(XXVI)	4Q261 6a-e,4
אל המים / [ביום] השבת ישלח לו את בגדו	(XXXV)	4Q265 6,7
יהיה בליעל מ]שו[לח] / [בישראל	(XVIII)	4Q266 3i6
במרד מלפני / הרבים ישתלח	(XVIII)	4Q266 11,8
ואנו הקימונו ויצא המשתלח	(XVIII)	4Q266 11,14
ואשר ידרוש שלומו {{והמשתלח}}	(XVIII)	4Q266 11,15
] יעבוד או ישל◦[	(XVIII)	4Q270 2i9
טרם ישלחו [הכוה]נים את ידם / [לבר]ך	(XVIII)	4Q271 2,4
אל [יש]לח / [איש למזבח עולה ומנחה	(XVIII)	4Q271 5i12
אל ישלח איש את ידו לשפוך [	(XVIII)	4Q271 5i21
יש]לחנו אל ◦[	(XXVI)	4Q279 2,1
מנחה היא]של[ו]חה לא[דוני לעישאו]	(XIII)	4Q364 6,2

4Q364 5bii9 (XIII) ויואמר] / לוא אשלחכה כי [אם ברכתני
4Q365 2,7 (XIII) ואמרתה אליו]כוה אמר יהוה שלח את עמי
4Q365 2,8 (XIII) [אינכה משלח את עמי הנני]מֹשלח בכה
4Q368 1,5 (XXVIII) ואתה לא הודעתני]אֹת אשר תֹשלח עמי
4Q371 6,3 (XXVIII)]ם תשלח ידכ[ה
4Q381 29,2 (XI)]וישלח מלאכיו וי◦◦[
4Q381 29,4 (XI)]אלהי תשלח ידך [
4Q381 33+35,4 (XI) ואתה אלהי תשלח רֹוֹ[ח]ךְ
4Q382 11,1 (XIII) כי] יהוה שלחני עד[יריחו
4Q384 17,1 (XIX)]ת ישלחני וֹ[
4Q385a 16a-b,5 (XXX) והשלחת]יֹ החיה בכן ה◦◦[
4Q387 3,8 (XXX) ושלחתי רעב בֹ[אר]ץֹ
4Q390 1,6 (XXX) ואדברה בהמה ואשלחה אליהם מצוה
4Q390 2ii7 (XXX)] / ידעו ואשלחֹ[ה
4Q412 2,4 (XX) מ]שלח מֹדנים ◦[
4Q415 11,8 (XXXIV)] / [ ]שלחֹ[נֹגפו וחרה אפו בכ]
4Q416 2iii4 (XXXIV)]◦ים פֹּוֹקד לכה / אל תשלח ידכה בו
4Q417 2ii+23,1 (XXXIV) [א]ם תאֹיֹץ ידכה לבלתי שלֹ[וח
4Q418 33,3 (XXXIV) א]ל ת[ש]לח ידך[ ] / [
4Q418 96,3 (XXXIV) א]ל תשלח ידכה עלֹ / [
4Q418 96,5 (XXXIV)]ה ישלחֹ [
4Q418 243,3 (XXXIV) אל]תשלח שרש רעֹ מֹכֹ[
4Q422 III,4 (XIII) א]ותם / [ו]ישלח להמה את מו[שה
4Q422 III,6 (XIII)]◦◦◦ חברֹ[ ]מרֹ / וישלחם אל פרעוה[
4Q422 III,7 (XIII) ויביאו דֹבֹרו / אל פרעוה לשלח אֹ[ת עמם
4Q422 III,11 (XIII) ויחֹ[זק]אל את לב [פרעו]הֹ לבלתֹ[י ש]לח[ם
4Q423 12,2 (XXXIV) נ]חלתו ואחר תשלח [ידכה
4Q424 1,6 (XXXVI) ואל תשלח דבר[ ] / לקח
4Q424 3,3 (XXXVI) איש שוע עינים אל תשלח לחזות לישרים
4Q424 3,4 (XXXVI)] / כבד אזן אל תשלח לדרוש משפט
4Q424 3,6 (XXXVI) איש שמן לב אל תשלח לכרות מחשבות
4Q426 5,5 (XX)]א מֹי משולח לוֹאֹ[
4Q434 1i11 (XXIX) כי ערבו את רוחם שלחֹ ויסך בעדה
4Q436 1a+bi9 (XXIX) ובידכה החזקתה בימיני ותשלחני בֹיֹשֹ[ר
4Q436 1ii2 (XXIX) ע]ורף קשה שלחתה ממני ותשמו ענוה
4Q465 2 (XXXVI)]◦ ◦◦גֹ ישלחֹ[
4Q470 2,2 (XIX) א]שלחה נותן אֹ[
4Q493 8 (VII)]וֹהֹ[ח]לֹ[ו] / לשלוח יד בֹמלחמה
4Q503 215,8 (VII)]ושלח שלֹ[ום
4Q504 1-2iii13 (VII) ועבדיכה / הנביאים אשֹ[ר ש]לחתה ל[קר]תנו
4Q504 1-2vi8 (VII) צרת {{ת}}‹‹נ››פֵּישנו אֲשר השלחתה בנו
4Q509 131-132i14 (VII)]שלחתנו / [
4Q517 18,1 (VII)]שלח ◦◦◦[
11Q5 XXVIII,8 (IV) שלח נביאו למושחני את שמואל / לגדלני
11Q5 XXVIII,10 (IV) וישלח ויקחני / מאחר הצואן
11Q15 2,3 (XXIII)] לשלחֹ[
11Q19 XXVI,12 ושלחו / לעזאזל המדבר ביד איש עתי
11Q19 LVIII,4 ושלח על שרי האלפים
11Q19 LVIII,5 ושלחו עמו מעשר העם
11Q19 LVIII,6 ושלחו / עמו חמישית אנשי המלחמה
11Q19 LVIII,8 ושלחו עמו שלישית אנשי המלחמה
11Q19 LVIII,10 ושלחו לו מחצית העם את אנשי / הצבא
11Q19 LXV,4 שלח תשלח את האם ואת הבנים / תקח לכה
שלח תשלח את האם ואת הבנים / תקח לכה
11Q19 LXVI,11 תחת אשר ענה לוא יוכל לשלחה כול ימיו
PAM 43.676 51,2 (XXXIII)]רי מי שלחֹ[
PAM 43.682 21,1 (XXXIII)]שלחה [

שָׁלְחָן ← שׁוּלְחָן

to domineer verb שלט
11Q5 XIX,15 (IV) אל תשלט בי שטן ורוח טמאה

weapon noun שֶׁלֶט
1QM VI,2 ועל השלט השני יכתובו / זיקי דם

ruler adjective שַׁלִּיט
4Q252 V,1 (XXII) לו]אֹ יסור שליט משבט יהודה

שָׁלֵים ← שָׁלֵם-1

measure, vessel noun שָׁלִישׁ-1
4Q472a 3 (XXXV)]לֹ שליש עֹלֹ פֹי נשֹ[

officer noun שָׁלִישׁ-3
1QM XI,10 וכשלישי מרכבותיו בים סו[ף]
4Q302 1b,6 (XX)]◦ ושלישיו להביא[

third adjective שְׁלִישִׁי, שְׁלִשִׁי
CD IV,17 השנית ההין השלישית / טמא המקדש
1QS II,21 וכול העם יעבורו בשלישית בסרכ
1QS VI,7 ישקודו ביחד את שלישית כול לילות השנה
1QM II,10 ובשלישית / ילחמו בשאר בני ארם
1QM IV,9 על השלישית / שבטי אל
1QM VI,3 ועל הזרק השלישי יכתובו שלהובת חרב
1QM XVII,16 ובגורל השלֹ[י]שֹ[י
1Q30 1,3 (I) ב]שלישית את כולֹ[
3Q15 II,4 (III) בדיבר / השלִישִי עשתות זהב ששין וחמש
4Q159 1ii8 (V) לשלישית מחצית הככר[
4Q216 I,5 (XIII) בחוד]שׁ השל[ישי בששה עשר לחודש ה]זה
4Q216 VI,4 (XIII) עשה {עשה} ביום השל[ישי]
4Q220 11 (XIII) ולא יותר ליום השׁ[לֹ]ישי
4Q226 7,4 (XIII) ויעקב הוליד את] / לוי דור של[ישי
4Q252 I,7 (XXII) יום עשרים וששה בחודש / השלישי
4Q266 11,17 (XVIII) [יושבי] המחנות יקהלו בחודש השלישי
4Q267 9v8 (XVIII) והלויים] שנים וֹבני יֹשראֹל / [ש]לשים
4Q267 9v9 (XVIII) [והלויים שנים ובני]ישראל שלֵישִים
4Q269 16,15 (XXXVI) יושבי המחנות יקהלו בחודש השליש[יֹ
4Q270 7ii11 (XVIII) יושבי המחנות יקהלו ב]חֹדש השלישי
4Q275 1,3 (XXVI)] בחודש השליש[י
4Q278 6 (XXXV) יום ? השׁ[לישי בנוגעוֹ / [
4Q319 IV,12 (XXI) [אות שכניה בשלי]שׁיֹת
4Q319 IV,14 (XXI) או]תֹ גמול בשל[י]שׁיֹת
4Q319 IV,18 (XXI)]הֹ שכ[נ]יה בשנה השלישית
4Q319 V,4 (XXI) אות] / [שכניה בשלי]שית
4Q319 V,5 (XXI) אות סוף] / היובל השי{{נ}}לשי ← שֵׁנִי
4Q319 V,8 (XXI) אות / [ג]מול בשלישית
4Q319 V,10 (XXI)]שכניה בשלישית
4Q319 VI,3 (XXI) אות שכניה] בשלישית
4Q319 VI,6 (XXI) ב]שלישיתֹ אות[שכניה בש]לישית
4Q319 VI,15 (XXI) אות] / גמולֹ[בשלישי]תֹ
4Q319 VI,19 (XXI) בידעיה ה]שֹנֹ[י]במימֹ[ן השלישי
4Q319 9,3 (XXI) השלישית [מימין שכניה] / [בלגה
4Q320 1i8 (XXI) באלי]שיב ל29 ב29 בשלשי
4Q320 3ii13 (XXI) השלשי 1[3 הקוין]
4Q320 4iv6 (XXI) השלישית מועדיה
4Q321 I,8 (XXI) בחמשה בחופה בתשעה] עשר בֹשלישי
4Q321 II,8 (XXI) השלישית בֹ[ששה בקוץ
4Q321 V,8 (XXI) ה]שלישית הראש[ו]ן בֹ[מימי]ן
4Q321 V,9 (XXI) השלישי בבלגא

הש]לישׁ[י בפתחיה	(XXI)	4Q321 VI,4
השלישי בׄ[דליה	(XXI)	4Q321 VI,8
[הפסח יום שלי]שׁי	(XXI)	4Q325 1,1
רוש החודש / [[ ] [ ]] השלישי אחר שבת	(XXI)	4Q325 1,7
השלישית [שכניה דליה יקי]ם יויריׄב	(XXI)	4Q329 2a-b,2
ב]שלישי הׄ[קוץ אביה ישוע]	(XXI)	4Q329 2a-b,5
השלשי]ת מעׄדיה בׄשׄלשה / [באביה הפס]חׄ	(XXI)	4Q329a 3
את השני (ו)גם א]תׄ השׁ[לישי]	(XIII)	4Q364 6,3
[וביום השליש]יׄ פרים עשתי עשׂר[	(XIII)	4Q366 3,6
השלי]שי בכוהני רוש מ֯ב֯ר[ך	(XI)	4Q401 13,3
תהלת רומם בלשון] / השלישי לנשיאי רוש	(XI)	4Q403 1i1
הׄשׁ[לישי] / [בנשיאי רוש יברך בשם] רום	(XI)	4Q403 1i13
ולשון משניו תגבר] / שבעמשׄלׄישי ל[ו	(XI)	4Q403 1ii28
ולש]ון השׁלׄ[ישי ת]גׄבר שבע[ה מרביעי לו	(XI)	
ולשו]ןׄ / משניו תגבׄר משלישי לו	(XI)	4Q405 11,3
[ו]לשון שלישי תגבר [שבעה מרביעי לו	(XI)	
] / לראשון לשלישי ולש[ביעי	(XXXV)	4Q414 2ii-4,2
ושבו וע[מדו על מעמדמה / והשׁ[לישית	(VII)	4Q491 1-3,17
]הׄשלישית לר◦[	(VII)	4Q503 40ii-41,4
והלילה לנו]שׁלׄישׁיׄ בׄמׄוׄ[עדי שמ]חתנו	(VII)	4Q503 48-50,5
] שלישׁיׄ [	(VII)	4Q503 84,4
וביום השלישׁיׄ [	(VII)	4Q512 1-6,1
והסאה / [שלושת העש]רנים ושלׄוׄשת ה[עשרון	(VII)	4Q513 1-2i5
בעשרים ואחד לחדש] השלישי	(XXIII)	11Q17 VII,9
שני] / [עשרונים] בשלישית [ההין		11Q19 XIV,4
ויין לנסך תקריבו] / שׁלׄ[ישית] ההין		11Q19 XIV,16
מכול מטות ישראל / שׁ[לישית] ההיןׄ		11Q19 XIX,15
וביום השלישי יעשה / את עולת ראובן		11Q19 XXIV,13
תעשו את העולה] / [ה]זואת בשלישי[ת] היוׄם		11Q19 XXV,8
וׄביום השלישי / [פׄ]רים עׄשתי עשר		11Q19 XXVIII,6
ועשיתה חצר שליש[י]ת [		11Q19 XL,5
לתוך הפרור השני ולשלישי / ולגג		11Q19 XLII,8
כתחתונות / שניות ושלישיות כמדת התחתונות		11Q19 XLII,10
ועל גג השלישית / תעשה עמודים		
וביום השלישי יכבׄס בגדיו ו֯רחץ֯		11Q19 XLV,9
וביום השלישי יזו עליהמה מי נדה		11Q19 XLIX,18
וביום השלישי יזה ויכבס בגדיו		11Q19 L,14
ושלחו עמו שלישית אנשי המלחמה		11Q19 LVIII,8
מכול מטות] ישראל שלישית ההין על / [המטה	(XXIII)	11Q20 IV,3

to throw, fling, cast verb שלךְ

הרגל הראישון ישליך אׄל / מערכת האויב		1QM VI,1
עד כלותם להשליך שבע / פעמים		1QM VIII,1
עד השליכם למערכת / [[ ]] האויב		1QM VIII,12
[לשאת כול]פׄשע ולהשליך כול ע[וונותיה]ם		1QH[a] IV,15
] / מצוותיו השליכו אחרי גום	(V)	4Q166 II,4
והשלכתי עליך שקוצים [ונ]בלתיך	(V)	4Q169 3-4iii1
דרוך אבי קשתכה והשל]ךׄ חצכה	(XIII)	4Q223-224 2iv16
אז דרך יעקוב את קש]תׄוׄ והשליךׄ[את החץ	(XIII)	4Q223-224 2iv18
והשל]יך חץ שנׄ[י והכה את אדורים	(XIII)	4Q223-224 2iv19
והשליך אׄתׄ הׄארז / [ואת האזוב	(XXXV)	4Q276 5
ואשליך את [עפרו אל הנחל היורד מן ההר	(XIII)	4Q364 26bii+e,1
וׄיׄשׄלׄך אלׄ[המי]םׄ וימתוקו המים	(XIII)	4Q365 6aii+6c,11
בׄעׄתׄ[ה] / ישליכנה [	(XXX)	4Q386 1iii2
]שלך לבטחׄ[	(XXXIV)	4Q418b 1,5
]לׄחיים ושלך המלאך הריׄשׁ[ו]ןׄ / [	(XXXVI)	4Q458 1,8
] / השליכו[	(XXII)	4Q480 1ii6
] ולהשליך כול פגרׄ[יהמה	(VII)	4Q491 14-15,9
◦[ותשלי]ךׄ מׄ[ע]לׄיׄנׄו כול פשעׄיׄנׄ[ו]	(VII)	4Q504 1-2vi2

cormorant noun שָׁלָךְ

] / ואת השלׄך[ואת הינשוף	(XIII)	4Q365 15a-b,2

to spoil, plunder verb שלל-2

כׄי אתה שלותה גוים רביׄם		1QpHab VIII,15
וישלוכה כול יתר עמים		
כי אתה שלותה גוים רבים		1QpHab IX,3
וישלוכה כול / יתר עמים		
וכול מפשיטי החללים ושוללי השלל		1QM VII,2
אל גדול ונורא לשול את כול / אויבינו		1QM X,1
ושול / שללכה עושי חיל		1QM XII,10
וש]וׄל שללכה עושי חיל		1QM XIX,3
שול [שללכה עושי חיל		4Q492 1,3

plunder noun שָׁלָל

להיות אלמׄ[נו]ת שללם / ואת יתומים ירצחו		CD VI,16
ויוסיפו את הונם עם כול שללם / כדגת הים		1QpHab VI,1
אשר יקבוצו הון ובצע משלל העמים		1QpHab IX,5
ינתן הונם עם שללם ביד / חיל הכתיאים		1QpHab IX,6
ושוללי השלל ומטהרי הארץ ושומרי הכלים		1QM VII,2
שבה שביכה איש כבוד ושול / שללכה עושי חיל		1QM XII,11
וש]וׄל שללכה עושי חיל		1QM XIX,3
]יׄם וׄשׄלׄלׄכׄה [		1QH[a] 2i2
]ותטר לשׁלׄלׄ[	(XIX)	4Q200 9,2
וכל] הנמצא בה ושלל֯י֯ה֯ / וטפ֯י֯ה֯ ושאר ◦[	(XXII)	4Q252 III,5
להיות אלמנ]וׄתׄ שלל[ם ואת יתומים] / [ירצח]וׄ	(XVIII)	4Q266 3ii22
ואת כול שללה תקבוץ אל תוך / רחובה		11Q19 LV,8
ואת כול שללה כליל ליהוה / אלוהיכה		11Q19 LV,9
ונשא את שללמה ונתנו / ממנו למלך		11Q19 LVIII,12
וכול אשר יחרימו ומכס השלל והבזׄ		11Q19 LX,5
והמכס מן / השלל ומן הבז ומן הציד		11Q19 LX,8
וכול אשר יהיה בעיר כול שללה תבוז / לכה		11Q19 LXII,10
ואכלת֯ה֯ את שלל אויביכה אשר אנוכי נותן לכה		11Q19 LXII,11

barefoot adjective שֵׁלָל

]אויביו שלל וע[רום	(I)	1Q14 11,2

שָׁלֵם ← שָׁלוֹם

to be complete, be sound, pay, make peace verb שלם

לסור את / דעתם עד לא ישלימו את ימיהם		CD X,10
כלה ביד כול משלמי / גמולים		1QS II,6
ושלמו {{ב◦◦◦◦◦}} / ברושו		1QS VII,6
ואם לוא תשיג ידו לשלמו ונענש ֯ששים יום֯		1QS VII,8
ובתקופת מועדיהם בהשלם חוק / תכונם		1QS X,6
והואה ישלם לאיש גמולו		1QS X,18
על הכוהן הרשע לשלם לו את / גמולו		1QpHab XII,2
בהמלא צבאם להשלים מ֯ער֯כת פנים		1QM V,3
לשלם גמול רעתם לכול גוי הבל		1QM VI,6
ברוח אשר נתתה [בי] להשלים / חׄסׄדיך		1QH[a] VIII,20
נבחן אד]ם כדרכו / אנוש כמׄ[עשיו י]שׁתׄלׄםׄ	(XVI)	4Q88 VIII,5
חג חגיך נדׄ[ר]יׄך שלם כי אין / בקרׄבך בׄליעל	(XVI)	4Q88 X,9
]הבור ישׁׄ[לם	(V)	4Q158 10-12,2
]חמור עד שה חיים אחד שנים ישלם	(V)	4Q158 10-12,6
מיט֯ב֯ שדהו ומיטב כרמו י[שלם	(V)	4Q158 10-12,7
ש]לם ישלם המבער את הבערה	(V)	4Q158 10-12,8
ש]לם ישלם המבער את הבערה	(V)	
ולקח בעליו ולוא יש[לם	(V)	4Q158 10-12,12
לוה רשע ולוא ישלם / וצדיק חונן ונותן	(V)	4Q171 1+3-4iii8
ירשיענו ב]הׄשפטו ול[ו י]שלם[אל ג]מולו	(V)	4Q171 3-10iv9

4Q200 4,1 (XIX) [וכאשר] שלמו להמה ארבע[ת] עשר ימי [החתנה]
4Q251 12,1 (XXXV) ו]כשב ועז אשר לא שלמו [שבעת ימים
4Q251 13,3 (XXXV)]◦[ ]נפש[ו]◦ שלם [ישלם
4Q256 XIX,5 (XXVI) ובתקופ]ת מועדים בהשלם חוק תכונם
4Q258 IX,4 (XXVI) ובתקו[פת מועדיהם בהש]לם חוק / תכונם
4Q258 X,8 (XXVI) והוא] / ישלם[לאיש גמולו
4Q260 IV,6 (XXVI) הוא ישלם לא[יש גמו]לו
4Q266 8ii5 (XVIII) ושלם ה[אונס אם לו] דבר / אמת
4Q270 3ii21 (XVIII) לפני] השלמו לישראל אל [י]רם איש
4Q270 6iii14 (XVIII) ו]שלם האונס אם לא דבר א[מת
4Q270 6iv19 (XVIII) עד אשר לא [ישלי]מו א[ת ימ]יהם
4Q282f 1i5 (XXXVI)]שלמו / [
4Q299 4,5 (XX)]אינה לשלם[
4Q299 18,1 (XX)]ישלים פשע[
4Q299 30,2 (XX)]א בשלמו[
4Q300 4,2 (XX)]ת ישלם[
4Q366 1,4 (XIII) או מכרו חמשה]בקר ישלם / [תחת השור
4Q366 1,6 (XIII) אם זרחה השמש עליו] דמים לו שלם ישלם
(XIII) אם זרחה השמש עליו] דמים לו שלם ישלם
4Q366 1,12 (XIII) גדיש או הקמה או השדה ש]ל[ם ישלם]
4Q379 19,1 (XXII)]משלם ל◦◦ל ישעי[
4Q381 38,3 (XI)] שלמתי[
4Q385 2,3 (XXX) וא]לה מתי יהיו והיככה ישתלמו חסדם
4Q385a 1a-bii5 (XXX)] / וישלמו ימיו וישב שלמה ◦◦◦[
4Q385a 11i3 (XXX)]וכהשלם / [
4Q386 1i2 (XXX) ואלה מתי יהיו ו]הכה ישתלמו חסדם
4Q388 7,5 (XXX) ואלה מתי יהי]ו וא[י]ככה ישתלמו חסד[ם
4Q389 8ii5 (XXX) הסתרתי / פני מ[הם עד] אשר ישלימו עונם
(XXX) וזה להם האות בשלם / עונם
4Q416 1,13 (XXXIV) וכל עולה תתם עוד ושלם קץ האמ[ת
4Q416 2ii4 (XXXIV) מהר]שלם ואתה תשוה בו
4Q417 2ii+23,6 (XXXIV)]◦ מהר שלם ואתה[
4Q418 2+2a-c,5 (XXXIV) וכול עולה תתם עד ישלם [קץ האמת
4Q418 172,9 (XXXIV)]◦בער בשדה אחר ישל[ם
4Q499 1,3 (VII)]◦◦ור [ ]לשלמ◦[[כגב◦[
4Q503 1-6iii16 (VII)] / ישלם כב[ודו
11Q5 XXII,10 (IV) כדרכו א{{נ}}יש כמעשיו ישתלם
11Q11 V,3 (XXIII) ר]פאל שלמ[ם אמן אמן סלה]
11Q19 XXXIX,8 וילד עד יום / אשר ישלים חוק[
11Q19 XLV,8 עד אשר [יש]לים שלושת ימים
11Q19 LIII,11 וכי אם תדור נדר לוא תאחר לשלמו
11Q19 LXII,8 ואם לוא תשלים עמכה
11Q19 LXIV,7 איש רכיל בעמו ומשלים את עמו לגוי נכר
PAM 43.679 8,3 (XXXIII)]שלמת[י ?

peace offering noun שֶׁלֶם

4Q158 7-8,7 (V) את עולותיכמה ואת שלמיכמה את צואניכמה[
4Q220 3 (XIII) [ואם תז]בח עלה זב[ח] שלמים לרצון ת[ז]בחנו
4Q220 6 (XIII) [ואת חלב] / [זבח הש]ל[מ]ים תקטיר
4Q365 23,7 (XIII)]◦ם לפסחים ולשלמים ולתודות ולנדבות
4Q365 Q,1 (XIII) ש]למים משנ[
4Q394 3-7i13 (X) [ואף על מנחת זבח] / השל[מים]
4Q527 2 (XXV)] לו שלמים כן [
11Q19 XX,1 ויקריבו לזבח השל]מים[?
11Q19 XXXVII,5] / [א]ת זבחי שלמי בני ישראל
11Q19 XXXVII,11 ולזבחי שלמיהמה אשר יהיו זובחים
11Q19 XXXVII,12 ולוא [י]תע[רבו] זבחי / שלמי בני ישראל
11Q19 LII,15 לעשות אותו עולה או זבח שלמים ואכלתה
11Q19 LXIII,15 וזבח שלמים לוא תואכל
11Q20 X,3 (XXIII) ולוא יתע]רבו זבחי שלמי בני יש[ראל]
PAM 43.678 69,1 (XXXIII)]שלמים וכפר [ ]]

whole, completed perfect adjective שָׁלֵם-1, שָׁלֵים

CD I,10 כי בלב שלם דרשוהו
CD IV,8 עד שלים / הקץ השנים האלה
CD IX,20 וניתפש לפני / אחד שלם משפטו
1QH[a] VIII,16 ול[עובד]ך באמת ולב שלם
1QH[a] VIII,26]שבים אליך באמונה ולב שלם [
4Q215a 1ii4 (XXXVI) כיא שלם קצהרשע וכול עולה ת[עבו]ר
4Q266 11,16 (XVIII) על פני המבקר כחרת ושל{{י}}ם משפטו
4Q270 3ii15 (XVIII) [ופרי תבואתו אם] שלמה היא נקפה[אחד]
4Q382 36,1 (XIII)]שלמה[
4Q394 3-7i2 (X) ושלמה השנה שלוש סאת וש[שים וארבעה]
4Q396 1-2iv3 (X) שכול עצם ש[היא חסרה] / ושלמה
11Q5 XXIV,14 (IV) כן שאלתי מלפניכה שלמה

(indeterminate) שלם

4Q382 38,3 (XIII)]◦ שלם פיכה ולעשות [
PAM 43.691 11,1 (XXXIII)]רה שלם[

שְׁלֹמֹה ← שְׁלוֹמֹה

completion, retribution noun שלמות

4Q387 2ii3 (XXX)]עד שלמות עשרה / יבלי שנים
4Q391 62ii2 (XIX)] / שלמות כבוד ופ◦ [

rewards noun שַׁלְמֹנִים

4Q504 5i1 (VII)]שלמניכה / [

Salome, Shelamzion proper noun שְׁלַמְצִיּוֹן

4Q331 1ii7 (XXXVI)] / שלמצי[ו]ן
4Q332 2,4 (XXXVI)]ביסוד באה שלמציון ◦[

fallow field noun שֶׁלֶף

3Q15 VIII,10 (III) בשלף של השוא הצופא / מערב בדרום

שָׁלֹשׁ ← שָׁלוֹשׁ

(indeterminate) שלש

4Q515 20,1 (VII)] ושלש[

time past, day before yesterday adverb שִׁלְשׁוֹם

4Q366 1,2 (XIII)]מתמול שלשום / [ולא ישמרנו בעליו

שְׁלִשִׁי ← שְׁלִישִׁי

Shalishi (?) proper noun שלשי

3Q15 I,5 (III) בנפש בן רבה השלשי עשתות / זהב 100

שְׁלֹשִׁים ← שְׁלוֹשִׁים

chain noun שַׁלְשֶׁלֶת

11Q19 XXXIV,15 ועשיתה שלשלות יורדות מן מקרת

there adverb שָׁם

1QS VI,3 ובכול מקום אשר יהיה שם עשרה אנשים
1QS VI,6 ואל ימש במקום אשר יהיו שם העשרה איש
1QS VIII,13 ללכת למדבר לפנות שם את דרכ הואהא
1QpHab X,4 בתוך עמים רבים ומשם יעלנו למשפט
1QM I,3 ואחר המלחמה יעלו משם / ◦◦[

Text	Vol.	Reference
]וברך שם[את אל ישראל	(VII)	4Q**512** 29-32,5
וב]רך שם / [את אל ישראל	(VII)	4Q**512** 15i-16,11
לבו]א[לצי]ון להשכין שם את אהל מו[עד	(XXV)	4Q**522** 9ii2
ויורש משם את כל האמורי מיר[ושלם	(XXV)	4Q**522** 9ii4
וצדוק הכוהן] / יכהן שם ראישון	(XXV)	4Q**522** 9ii7
ועתה האמורי שם והכנענ[י	(XXV)	4Q**522** 9ii9
להודות לשם יה]וה כי שם [ישבו]	(XXV)	4Q**522** 22-25,3
]וינוס משם אל מלך מואב[	(III)	6Q**9** 33,3
שמה ישר[ופו אותו על ראושו		11Q**19** XVI,12
ושרפו כולו שמה לבד מחלבו		11Q**19** XVI,13
[אשר] יהיו מניחים [ש]ם עליהמה		11Q**19** XXXII,10
אשר יהיו מבשלים שמה את זבחיהמה		11Q**19** XXXVII,14
◦◦◦◦◦ שמה יהיו אוכלים [את התבואות/החטאות ?		11Q**19** XXXVIII,10
אשר יהיו עולים / ויושבים שמה		11Q**19** XLII,16
ולוא תהיה שמה / תערובת		11Q**19** XLV,6
אשר יהיו יוצאים שמה / לחוץ לצפון המערב		11Q**19** XLVI,13
וזבחו שמה / וזרקו את דמו על יסוד מזבח		11Q**19** LII,20
וזבחתה שמה לפני כאשר הקדשתה		11Q**19** LIII,10
אל הכוהן העומד שמה לשרת לפני		11Q**19** LVI,9
הגואים אשר סביבותי / שם תשים עליכה מלך		11Q**19** LVI,14
ועבדו שמה אלוהים מעשי ידי אדם		11Q**19** LIX,3
מכול ישראל אשר / הוא גר שמה		11Q**19** LX,13
ככול אחיו הלויים ישרת העומדים שמה לפני		11Q**19** LX,14
וערפו שמה את העגלה		11Q**19** LXIII,2
הכוהנ]ים ישתו שמה ריאשונים	(XXIII)	11Q**20** V,8

name noun **1-שֵׁם**

Text	Vol.	Reference
ובכולם הקים לו קריאי שם		CD II,11
וחוזי / אמת ובפרוש שמו שמותיהם		CD II,13
וחוזי / אמת ובפרוש שמו שמותיהם		
ובני צדוק הם בחירי / ישראל קריאי השם		CD IV,4
הנה פרוש / שמותיהם לתולדותם		CD IV,5
יפקדו כלם בשמותיהם הכהנים לראשונה		CD XIV,3
ויכתבו בשמותיהם / איש אחר אחיהו		CD XIV,4
ישבע ועבר וחלל את השם		CD XV,3
ליראי אל ולחושבי / שמו		CD XX,20
וראו בישועתו כי חסו בשם קדשו		CD XX,34
וא]שר יזכיר דבר בשם הנכבד		1QS VI,27
אברכ שמו בראשית צאת ובוא		1QS X,13
אלה / אנושי השם קיראי מועד	(I)	1QSa II,2
להתיצב [ב]תוך עדת א[נ]ושי השם	(I)	1QSa II,8
[זה מו]שב אנשי השם [קריאי]מועד	(I)	1QSa II,11
הכוהנים [קריאי]מועד אנושי השם	(I)	1QSa II,13
כיא [אתה תק]דש לו ותכבד שמו וקודשיו	(I)	1QSb IV,28
ובשם קודשו יגברכה / והייתה כא[ריה	(I)	1QSb V,28
] שמכה [	(I)	1QSb 15,1
] את ש[ם] קודשו		1QpHab II,4
אשר / נקרא על שם האמת בתחלת עומדו		1QpHab VIII,9
הנותרות יהיו אנשי השם / קריאי המועד		1QM II,6
ועל חצוצרות אנשי / השם {{יכתובו}}		1QM III,4
יכתובו עם אל ואת שם ישראל / ואהרון		1QM III,13
ושמות שנים עשר ש[בטי ישרא]ל כתולדותם		1QM III,14
השבט יכתובו נס אל ואת שם נשי הש[בט		1QM III,15
]◦ שם הנשיא הרבוא ואת שמות ש◦[		1QM III,16
]◦ שם הנשיא הרבוא ואת שמות ש◦[		
יכתובו תרומת אל ואת שם נשי מררי		1QM IV,1
ואת שמות שרי אלפיו		
ואת שם שר האלף ואת שמות שרי מאיותיו		1QM IV,2
ואת שם שר האלף ואת שמות שרי מאיותיו		
ואת שם שר המאה ואת שמות שרי עשרותיו		1QM IV,3
אשר יעמודו שם אנש[י] / [		1QM V,17
וזעמו / שם את ב[לי]על ואת כול רוחי גורלו		1QM XIII,2
אל מקום עומדם אשר סדרו שם המערכה		1QM XIV,3
וברכו שם / כולם את אל ישראל		
וסדר שם / את כול המערכות ככ◦[		1QM XV,5
] הסרך וברכו שם את אל ישראל		1QM XVIII,6
]נפלו שם בחרב אל		1QM XIX,11
ונגש שם כוהן הרו[אש]◦הו ◦[		
וה]ללו שם [א]ת אל[		1QM XIX,13
ושם למשפט / יסדתני		1QH[a] XIII,8
]◦בעפר / אל אשר לקח משם		1QH[a] XX,27
המ]ה עוברים / את [הי]רדן שמה [לרש]תה	(I)	1Q**22** 1i10
ודעה תמלא תבל ואין שם לע[ד] אולת	(I)	1Q**27** 1i7
חפור אמות שלוש / שם שני דודין	(III)	3Q**15** IV,8
חפור / [א]מות שלוש שם קלל / בו ספר	(III)	3Q**15** VI,4
] וי[ותר י]עק[וב ל]בדו שמה ויאבק[	(V)	4Q**158** 1-2,3
ויבר]ך אותו שם ויאמר לו יפרכה יה[וה	(V)	4Q**158** 1-2,7
וילך לדרכו בברכו אותו שם	(V)	4Q**158** 1-2,10
]יצאו שמה פשר הדבר[	(V)	4Q**159** 5,5
אשר הלך ארי לביא שם גור ארי	(V)	4Q**169** 3-4i1
הואה הבית אשר לוא יבוא שמה / [	(V)	4Q**174** 1-2i3
כיא קדושי שם / י◦[ ]ה[	(V)	4Q**174** 1-2i4
]◦◦ד[ ]◦[ ]ל◦תמה שמה[	(V)	4Q**177** 1-4,4
ויקום משמה ללכת[	(V)	4Q**177** 1-4,13
ושמה ספר[ו את גודלו ורוממו]	(XIX)	4Q**200** 6,8
לארץ[הר]שעיר וישב / שמ[ה	(XIII)	4Q**223-224** 2iii13
וישמע בליעל] / אלשר צום שם[	(XIII)	4Q**226** 7,7
ואם לוא ימצא שם[	(XXII)	4Q**252** III,5
ובכל מקום אשר יהיה ש]ם עשרה[אנשים]	(XXVI)	4Q**261** 2a-c,2
[ובכל]מ[ק]ום אשר יהיה שם[עשרה אנשים	(XXVI)	4Q**263** 4
]◦◦א שמה / [	(XX)	4Q**299** 3c,4
ויברך אותו ש]ם ויואמ[ר לו	(XIII)	4Q**364** 5bii13
[והביא]תה שם מ[בית לפרכת את ארון	(XIII)	4Q**364** 17,1
נסעו] מבארות בני יעקן מש[מה נסעו ויחנו	(XIII)	4Q**364** 27,3
משמה[נסעו ויחנו בעברונה	(XIII)	4Q**364** 27,4
הארץ אשר אתמ עברי[ם]שמה / [לרשתה	(XIII)	4Q**364** 30,6
שמה שם לו חוק ו[משפט	(XIII)	4Q**365** 6aii+6c,11
[אשר ישכון ש]מה הענן יחנו בני[ישראל]	(XIII)	4Q**365** 31a-c,6
ושמה אחימון וששי ותלמי ילידי הענק	(XIII)	4Q**365** 32,11
[ויכרתו מש]ם זמורה ואשכול ענבים אחד	(XIII)	4Q**365** 32,13
פלגתה נחלתו לשכן שמכה שמה[	(XIII)	4Q**369** 1ii1
עינכה עליאה וכבודכה יראה שם ל[	(XIII)	4Q**369** 1ii3
]אליכם שמה לעשות א[ת	(XXXVI)	4Q**408** 3+3a,2
ואין לכה שמה שלום [ ]◦◦ / [	(XXXVI)	4Q**410** 1,5
לכול הולכי אדם ומשם תפקוד טרפכה ו[	(XXXIV)	4Q**418** 81+81a,16
]שם עם כול צמחי אדמה	(XXXIV)	4Q**418** 107,5
] / דעת עבודתכה ומשמה ת[	(XXXIV)	4Q**418** 148ii5
] שמה ו[	(XXXIV)	4Q**418** 182,1
] בי מנותם משם ממד[בר ל]פתח תקוה	(XXIX)	4Q**434** 7b,2
]שם במד[בר	(XXIX)	4Q**454** 6
] / יהיה שם יכלון מי ה[	(XIX)	4Q**464** 5ii3
ועברו שמה לפני[	(VII)	4Q**491** 1-3,9
[כול הו]דות המלחמה יספרו שמה	(VII)	4Q**491** 8-10i17
]שמה לסרך / [	(VII)	
מקום המערכה אשר נפלו שם גבורי כת[י]ים	(VII)	4Q**492** 1,9
אשר נפלו שם בחר[ב]אל[	(VII)	4Q**492** 1,10
להיות[שמכ]ה שם לעולם	(VII)	4Q**504** 1-2iv4
אשר הדחתם שמה להשיב / אל לבבם	(VII)	4Q**504** 1-2v12
הקרובות והרחוקות א[שר הדחתם] / שם	(VII)	4Q**504** 1-2vi14
] ושמה[	(VII)	4Q**509** 183,2

Text	Vol.	Reference
ואת שם שר המאה ואת **שמות** שרי עשרותיו		1QM IV,3
ואת **שם** שר החמשים ואת שמות שרי עושרותיו		1QM IV,4
ואת שם שר החמשים ואת **שמות** שרי עושרותיו		
ואת **שם** שר העשרה		1QM IV,5
ואת **שמות** תשעת אנשי תעודתו		
ואחריהם כול סרך פרוש **שמותם**		1QM IV,6
ואחריהם כול פרוש **שמותם**		1QM IV,7
תשבוחת אל כבוד אל עם כול פרוש **שמותם**		1QM IV,8
ופרוש **שמותם** יכתובו עם כול סרכם		1QM IV,11
ואת כול פרוש / **שמותם** יכתובו עליהם		1QM IV,13
יכתבו **שמו**[ו]שם ישראל ולוי ואהרון		1QM V,1
יכתבו שמו[ו]**שם** ישראל ולוי ואהרון		
ושמות שנים עשר שבטי ישראל כתולדותם		
ושמות שנים עשר שרי שבטיהם		1QM V,2
כיא בטח **בשמכה** הגדול ולוא בחרב		1QM XI,2
הכנ[י]ע פעמים רבות **בשם** קודשכה		1QM XI,3
ולעשות לכה **שם** עולם בעם / [		1QM XI,14
]◦פר **שמות** כול צבאם אתכה במעון קודשכה		1QM XII,2
וא[ת]ה אל אבותינו **שמכה** נברכה לעולמים		1QM XIII,7
ורוממו **שמו** ביחד שמחה		1QM XIV,4
ברוך] **שמכה** אל החסדים		1QM XIV,8
במעשי אמתכה נהללה **שמכה**		1QM XIV,12
וענו ואמרו ברוך **שמכה** אל [אלי]ם		1QM XVIII,6
ואתה אל הצדק עשיתה למען **שמכה**		1QM XVIII,8
לפניך כול הימים **ושם**[		1QH^a IV,14
אתה הצדקה **ולשמך** הברכה לעול[ם		1QH^a IV,20
ולהלל **שמכה** / בפה כול יודעיכה		1QH^a IX,30
מקהלם אברכה **שמכה**		1QH^a X,30
להלל **שמכה** ביחד רנה		1QH^a XI,23
] **שמכה** בהפלא מ◦◦[		1QH^a XVII,39
אברכה **שמכה** ואספרה כבודכה		1QH^a XIX,6
בפי כולם יהולל / **שמכה** לעולמי עד		1QH^a XIX,25
ואהללה **שמכה** בתוך יראיכה		1QH^a XX,3
] **לשמכה** ויתגבר בכבו[דכה]		1QH^a XXIII,8
ושמכה אברכה תמיד		1QH^a 4,17
] **לשמך** תב[ ] בעדת ק[ודש		1QH^a 11,10
] / **שמכה** ◦[	(I)	1Q25 2,2
]◦ בכולם **שמכה** [	(I)	1Q29 3-4,4
ואנו נודה **לשמך** לעולם / [	(I)	1Q34bis 3i6
ויהללו את / **שם** יהוה[	(XVI)	4Q88 IX,5
ויאמר לו מה **שמכה** [ויגד] לו[	(V)	4Q158 1-2,5
כי יוצו איש **שם** רע על בתולת ישראל	(V)	4Q159 2-4,8
]עמו יצא אחד מכוהני **השם** ובידו בגדי[	(V)	4Q161 8-10,24
בקרבו] יקדיש[ו **ש**]**מי** וה[קדישו	(V)	4Q163 18-19,6
אשר ידבר הנבי **בשמי** אנוכי / אדרוש מעמו	(V)	4Q175 7
]כבעלך עושיך •••• / [צבאות] **שמו**	(V)	4Q176 8-11,7
]במספר **שמות**[	(V)	4Q177 1-4,8
]מפורשים **בשמות** לאיש ואיש ◦[	(V)	4Q177 1-4,11
ויתן את **שמה** זלפה בשם העיר	(XXII)	4Q215 1-3,3
בשם העיר אשר נשבה אל[יה	(XXII)	
ותקרא חנה את **שמה** בלהה	(XXII)	4Q215 1-3,4
ואבד **שמכה** וזכרכה מכו[ל הארץ]	(XIII)	4Q219 II,27
ו]אבד **שמך**[ו]זכרך מכול הארץ[	(XIII)	4Q221 1,4
ויקרא את **שמו** יסחק	(XIII)	4Q225 2i9
וחוזי אמת] / בפרוש **שמותי**[הם	(XVIII)	4Q266 2ii13
המחזי]קים **בשם** קוד[שו ה]מ / [	(XVIII)	4Q266 5i9
אשר הפ{{י}}ל **שמו** מן האמת	(XVIII)	4Q266 5ii10
] **בשם** / [	(XVIII)	4Q267 4,6
כ]ול המ[ח]נות יפקדו [כו]ל[ם] **בשמ**[**ות**]יהם	(XVIII)	4Q267 9v6
וכול אשה אשר עליה **ש**[**ם** רע בבתולי[ה]	(XVIII)	4Q269 9,6
איש אחר אחיהו] / **בשמ**[**ותיהם**	(XXXVI)	4Q269 10ii10
]והר[והו]ת או אשר יחלל את **השם** / [	(XVIII)	4Q270 2i11
] / **בשמותם** לטמא את רוח קודשו	(XVIII)	4Q270 2ii11
[וכל אשר] עליה **שם** רע [בבתוליה	(XVIII)	4Q270 5,20
וכול / [אשר עליה **ש**]**ם** רע בבתוליה	(XVIII)	4Q271 3,13
בה כל פרוש **הש**]**ם** / [ואם	(XVIII)	4Q271 4i6
בחירי ישרא]ל קריאי **השם**[	(XXVI)	4Q275 1,2
]ם למען **שמכה** ומ◦[	(XXXVI)	4Q285 1,2
יברכו בי]חד כולמה את **שם** קודשכה / [	(XI)	4Q286 2,4
[ולבר]ך את **שם** כבודכה בכול [קצי עו]ל[מים]	(XI)	4Q286 7i7
]ל**שם** כבוד[כה	(XI)	4Q286 11,1
וברכו]את **שם** כבוד אלוהותכ[ה	(XI)	4Q287 2,8
ויברכו את **שם** קודשכה בברכות[	(XI)	4Q287 3,1
] לאמת אל ולברך **שמו** והו[	(XI)	4Q289 1,3
]ל◦לברך **שם** אל ◦◦ עליו[ן	(XXIX)	4Q291 1,3
]הוא **בשמו** יתהללו כל / [	(XXIX)	4Q291 3,3
המרה את דבר עושו ימחה **שמו** מפי כול[	(XX)	4Q299 3aii-b,8
] / הו[אה מק]דם עולם הואה **שמו** ולע[ולם	(XX)	4Q299 3aii-b,12
מאור]ות כוכבים לז[כר]ון **שמ**[ו	(XX)	4Q299 5,1
]◦ר ואין **שם** למועד	(XX)	4Q299 53,4
] **שמו** כי[מ]ה היא חכמה / נכחדת[	(XX)	4Q300 1aii-b,4
]ל**שם** ••••[	(XXXVI)	4Q306 3,5
אלה הנתינ[ים] / אשר כונו **בש**[**מותיהם**]	(XIX)	4Q340 2
ויואמר אליו מה] / [**ש**]**מכה**	(XIII)	4Q364 5bii10
ויואמר הגידה נא]לי מה **שמכה**[	(XIII)	4Q364 5bii12
הנה קראתי **בשם** לבצלאל / [בן אורי בן חור	(XIII)	4Q365 10,3
והאבנים על **שמות** בני ישר[אל]	(XIII)	4Q365 12biii12
]איש על **שמו** לשנים העשר בני יש[ר]א[ל	(XIII)	4Q365 12biii13
לבית אבות]ם במספר כתב **שמות** לגולגלותם	(XIII)	4Q365 26a-b,6
]במספר **שמות** כול זכר מבן חודש ולמעל[ה	(XIII)	4Q365 27,4
לשקר וחללת א]ת **שם** אלהיך[אני יהוה	(XIII)	4Q367 2a-b,11
כי]יהוה קנא **שמו** אלקנא / [הוא	(XXVIII)	4Q368 2,6
שמכה פלגתה נחלתו לשכן שמכה שמה[	(XIII)	4Q369 1ii1
שמכה פלגתה נחלתו לשכן **שמכה** שמה[	(XIII)	
ויברכו את **שמ** [קדש]ו	(XIX)	4Q370 1i2
[כי **ש**]**ם** יהוה נקרא עליה	(XI)	4Q380 1i5
מי ימלל את **שם** / יהוה וישמעו כל תהלת[ו]	(XI)	4Q380 1i7
]כי **בשמך** אלהי נקרא	(XI)	4Q381 15,9
] / **שמך** ישעי סלעי ומצודתי	(XI)	4Q381 24a+b,7
]ו **בשמכה** ◦◦◦◦[	(XIII)	4Q382 110,1
] **שמו** וימ◦[	(XIII)	4Q382 135,2
ראיתי רבים מישראל אשר אהבו את **שמך**	(XXX)	4Q385 2,2
ק]ריאי **השם** ◦[	(XXX)	4Q385a 3a-c,3
[וי]חלל[ו **ש**]**ם** אלהים ל[טמא]	(XXX)	4Q385a 18ia-b,11
ראיתי רבים מישראל אשר אהב]ו את **שמך**	(XXX)	4Q386 1i1
על **שם** אלהי ישראל יקראו	(XXX)	4Q387 3,5
במעלם אשר[מעלו] לחלל את **ש**[**ם** קדשי	(XXX)	4Q387 A,1
[ראיתי רבים מי]שראל אשר אהבו את **ש**[**מך**	(XXX)	4Q388 7,4
]קללי **שמ**◦[	(XIX)	4Q391 38,4
] / קרא **בשמך** ◦◦◦◦[	(XIX)	4Q391 62ii3
לנשיאי ר[וש יברך]**בשם** כ[בו]ד אלוהים	(XI)	4Q403 1i10
יברך **בש**[**ם**] הו[ד המ]לך	(XI)	4Q403 1i17
יברך **בשם** [הוד]נפלאותיו	(XI)	4Q403 1i19
יברך **בשם**[גבורות] אלים	(XI)	4Q403 1i21
יברך **בשם** קודשו	(XI)	4Q403 1i24
קדו]שים מברכ[יו ומצדי]קי[ו] / **בשם** כבודו	(XI)	4Q403 1i29
יברך **בשם** גבורו[ת] אל[ים	(XI)	4Q404 2,2
יברך **בשם** ה[וד המלך	(XI)	4Q405 3ii6
יברך **בשם**[נפלאותו	(XI)	4Q405 13,3
יברך **בשם** גב[ורות אלים	(XI)	4Q405 13,5

4Q**408** 3+3a,9 (XXXVI)] / לעבדתם לברך את **שמ** קדשך
4Q**409** 1i7 (XXIX) בר]ך את **שם** קודשו
4Q**412** 1,8 (XX)] / תן הדות **לשמו**[
4Q**414** 2ii-4,10 (XXXV) ואני] / אהלל **שמכה** כ[
4Q**416** 2iii11 (XXXIV) למכבדיכה תן הדר / **ושמו** הלל תמיד
4Q**416** 3,5 (XXXIV) **ש]מכה** הלל מאד[
4Q**417** 1ii6 (XXXIV)] / ◦ברך **שמו** [
4Q**417** 4ii3 (XXXIV)] / **שמכה** יפרח לעו[לם
4Q**417** 13,2 (XXXIV)] / קרא **שמם** ב[
4Q**417** 14,4 (XXXIV) **]שמות** פרש אל ליו[
4Q**418** 9+9a-c,11 (XXXIV) למכבדכה}} / תן ה[ד]ר **ושמו** הלל תמיד
4Q**418** 81+81a,12 (XXXIV) וכול הנקרא **לשמו** קודש◦[
4Q**418** 126ii10 (XXXIV) תמיד יהללו **שמו** וה[
4Q**427** 1,6 (XXIX) בפ]י כולמה [יהו]לל **שמכ**[ה לעולמי עד
4Q**427** 3,3 (XXIX) וא[ה]ללה **שמכ**[ה בתוך יר]איכה
4Q**427** 7i16 (XXIX) [הקדי]שו **שמו** בשפתי עוז ולשון נצח
4Q**428** 12i1 (XXIX)] / **שמכ**[ה לעולמי עד
4Q**434** 1i1 (XXIX) וברוך **שמו** כי הציל נפש אביון
4Q**434** 2,10 (XXIX)]ברוך **שם** עליו[ן
4Q**434** 4,1 (XXIX) אברך **ש]מך** בחיי אשר[הצלתני
4Q**437** 2i4 (XXIX) על כול זו]את אברך **שמך** בחיי אשר הצלתני
4Q**438** 6,2 (XXIX)]עליון **ובשם** קודשו חסו תו◦[
4Q**448** II,9 (XI) ועל ממלכתכ / יתברכ **שמכ**
4Q**448** III,5 (XI)] / על **שמכ** שנקרא[
4Q**451** 1 (XXIX) **ש]מכה** [ה]גדול ואל יחל[
4Q**460** 7,4 (XXXVI)]ד ויקרא את **שמו** ◦[
4Q**491** 8-10i6 (VII) בר]וך **שמך** אל ה[ח]סדים המ[פ]ליא חסדיך
4Q**491** 19,4 (VII) קרי]אי **השם** אנ[שי
4Q**496** 10,6 (VII)] / **שמות** ש[לו]שת ה[שבטים
4Q**497** 28,2 (VII)] **בשמי** [
4Q**502** 6-10,3 (VII) ק]ץ שמחה להלל **שמו** / [
4Q**502** 6-10,8 (VII) כולנו / [מברכי]ם **שם** אל ישראל
4Q**502** 98,4 (VII)]ברכת **שם**[
4Q**502** 144,1 (VII)]**בשם** [
4Q**503** 14,2 (VII) ברוך **ש]מכה** אל ישראל
4Q**503** 15-16,3 (VII) **ש]ם** קודשו [
4Q**503** 29-32,9 (VII)] / [מהל]לים **שמכה** אל אור[י]ם
4Q**503** 40ii-41,3 (VII)] / {{ג}}‹‹**ש**››**ם** אל [ישראל ← גַּם
4Q**503** 40ii-41,6 (VII) ומהולל **שם**[קודשכה
4Q**503** 66,2 (VII) ברוך **ש]מכה** אל ישרא[ל
4Q**504** 1-2ii12 (VII) כיא נקרא **שמכה** עלינו
4Q**504** 1-2iii4 (VII) רק **בשמכה**[הז]כרנו ולכבודכה ברתנו
4Q**504** 1-2iv9 (VII) **ולשמכה** / הגדול ויביאו מנחתם כסף וזהב
4Q**504** 1-2vii5 (VII) ברכו] / את **שם** קודשו תמיד בש[
4Q**504** 4,16 (VII) ברוך]אדוני **שם** קודשכ[ה
4Q**504** 5i3 (VII)]**שם** עולם ולרא[ו]ת / [
4Q**508** 1,2 (VII) ואנו נודה ל[**ש]מכ**[ה לעולם ועד
4Q**509** 146,3 (VII)]ך **שמכה** [
4Q**509** 191,3 (VII)] **שמכה**[
4Q**509** 219,2 (VII)] / **שם** [
4Q**511** 2i8 (VII) **בשמו** ת[ש]בוחת / [
4Q**511** 35,6 (VII) לרומם **שם** דבר[תי לפחד] / בגבורתו
4Q**511** 63-64ii2 (VII)]◦חם אברכה **שמכה**
4Q**511** 63iv2 (VII) וברוך **שמכה** / לעולמי עד אמן אמן
4Q**511** 95,1 (VII)]◦בו **שם**[
4Q**512** 39ii1 (VII)]ואני אה[ל]לה **ש[מכה**
4Q**512** 24-25,3 (VII)]◦ **שמכה** בשמחה[
4Q**512** 183,1 (VII)]**בשם** ◦◦[
4Q**519** 4,2 (VII)]**שמכה**[
4Q**521** 2ii+4,5 (XXV) כי אדני חסידים יבקר וצדיקים **בשם** יקרא

6Q**10** 1ii6 (III)] / **שמי**[
8Q**5** 1,1 (III)] **בשמכה**[ג]בור אני מירא ומע[
11Q**5** XIX,6 (IV) שמע / יהוה בקול אוהבי **שמו**
11Q**5** XIX,8 (IV) שאגה נפשי להלל את **שמכה**
11Q**5** XIX,12 (IV) גם אני את / **שמכה** אהבתי ובצלכה חסיתי
11Q**11** II,8 (XXIII) על]**שמך** נשען וקר[א] / [
11Q**11** V,4 (XXIII) ל]חש **בשם** יהו[ה קרא בכו]ל עת
11Q**12** 1,5 (XXIII)]ותלד לו בן ויקרא את **שמ**[ו שת]
11Q**14** 1ii2 (XXIII)]וברכם **בשם** [אל] / [י]שראל
11Q**14** 1ii4 (XXIII) ברוכים א[תם] / **בשם** אל עליון ◦[
(XXIII)] וברוך **שם** קודש[ו] / לעולמי עד
11Q**14** 1ii15 (XXIII) **ושם** קודשו נקרא עליכם
11Q**15** 1,4 (XXIII)]בחדריכה **בשמותם** ב[
11Q**19** III,4 בי]ת לשום **שמי** עליו כ[ול
11Q**19** XXI,6 אנשי ה?]**שם** ואחריהמה כול העם
11Q**19** XXIX,4] בבית אשר א[שכין] / **שמי** עליו
11Q**19** XXXIX,11 וה]יו **שמ[ות** הש]ערים אשר ל[ח]צר הזואת
על **שמ[ות]** / בני יש[ר]אל שמעון לוי ויהודה
11Q**19** XLV,12 אשר אשכין **שמי** בה שלושת ימים
11Q**19** XLVII,4 והעיר / אשר אקדיש לשכין **שמי** ומקד[שי
11Q**19** XLVII,11 את העיר אשר / אנוכי משכן את **שמי** ומקדשי
11Q**19** LII,16 במקום אשר אבחר לשום **שמי** עליו
11Q**19** LII,20 אשר אנוכי מקדש / לשום **שמי** בתוכה
11Q**19** LIII,10 ובאתה אל המקום אשר אשכין / **שמי** עליו
11Q**19** LVI,5 מן המקום אשר אבחר לשכין **שמי** עליו
11Q**19** LX,11 ולברך **בשמי** הוא וכול בניו
11Q**19** LX,14 אל המקום אשר אבחר לשכן / **שמי**
11Q**19** LXI,1 הנביא אשר יזיד] / לד[בר דבר] **בש[מי**
11Q**19** LXI,3 ואשר ידבר הנביא **בשם** יהוה
11Q**19** LXIII,3 ולברך **בשמי** / ועל פיהמה יהיה כול ריב
11Q**19** LXV,8 והוציא עליה **שם** רע
11Q**19** LXV,15 כי הוציא **שם** רע על בתולת ישראל
PAM 43.696 29,2 (XXXIII)]**שמו** שת[
PAM 43.696 85,2 (XXXIII)] **כשמו** [

Shem proper noun **שֵׁם-2**

4Q**252** II,7 (XXII) כי ברך אל את בני נוח ובאהלי **שם** ישכון

שם ← בֵּית שֵׁם

(indeterminate) שם

4Q**391** 19,1 (XIX)]◦ אשר **שמ** [
4Q**496** 57,3 (VII)]◦ **ושם** [
4Q**502** 104,1 (VII)]◦ים **שם**[
5Q**17** 4,3 (III)]◦ **שם** א[

to destroy verb **שמד**

1QS IV,19 ובמועד / פקודה **ישמידנה** לעד
1QS V,19 וכול מנאצי דברו **ישמיד** מתבל
1QM I,4 ואפו **להשמיד** ולהכרית את קרן / ◦[
1QM IX,5 כול אלה ירדופו **להשמיד** אויב במלחמת אל
1QM XIII,15 **ולהשמיד** באשמה להשפיל חושך
1QH[a] VI,16 וכול עולה / [ו]רשע **תשמיד** לעד
1Q**22** 1i11 (I) והשיגום ע[ד] אובדם ועד / **הש[מד]ם**
4Q**171** 1+3-4iii12 (V) ר]שעי ישראל אשר יכרתו **ונשמד[ו]** / לעולם
4Q**171** 3-10iv1 (V)] / מש[פט עולים לעו]לם **נשמדו**
4Q**171** 3-10iv18 (V) ופושעים / **נשמדו** יחד
4Q**221** 2i3 (XIII) כן **ישמדו** כול [עובדי] / [
4Q**258** I,11 (XXVI) וכל מנאצ]י דברו **להשמיד** מתבל
4Q**266** 1a-b,3 (XVIII) **ישמי]ד** אל את כול מעשיה

Reference	Vol.	Text
4Q368 2,2	(XXVIII)	והשמי]דך מ[הר]
4Q371 1a-b,2	(XXVIII)	ישר]אל ישמידו א[ותם מארץ] / [
4Q372 1,6	(XXVIII)	] / ישראל וישמד אתם מארץ[ ]ץ[
4Q372 1,22	(XXVIII)	] / עת תשמידם מכל תבל
4Q372 3,10	(XXVIII)	] / [י]שראל כלה להשמידו ביד גוים
4Q381 69,3	(XI)	נ]ועץ אל לבו להשמידם מעליה
4Q418 69ii8	(XXXIV)	ואז] / ישמדו כול אוילי לב
4Q473 2,5	(XXII)	ורעה] / יב[יא]עליכה והשמידכה [
4Q504 1-2ii8	(VII)	ותתאנף בם להשמידם
5Q14 4	(III)	]ישמידוך מכול החול[

desolation, horror noun **שַׁמָּה-1, שומה**

Reference	Vol.	Text
4Q461 1,4	(XXXVI)	ויתנם לש{{ו}}מה ו[
11Q19 LIX,2		והיו[ל]ש[מה]למשל ולשנניה
11Q19 LIX,4		ובכול זה יהיו עריהמה לשומה ולשרקה

Samuel proper noun **שְׁמוּאֵל**

Reference	Vol.	Text
4Q160 1,2	(V)	]שמע שמוא[ל א]ת דב[רי
4Q160 1,3	(V)	]שמואל שכב לפני עלי
4Q160 1,7	(V)	]שמואל ◦[
4Q389 5,3	(XXX)	שמוא]ל[בן א]לקנה לד[
6Q10 16,1	(III)	ש]מואל ◦[
11Q5 XXVIII,8	(IV)	שלח נביאו למושחני את שמואל / לגדלני

שְׁמוֹנָא ← שְׁמוֹנֶה

eight numeral **שְׁמוֹנֶה, שְׁמֹנֶה, שְׁמוֹנֶא, שְׁמוֹנָה, שְׁמוֹנָא**

Reference	Vol.	Text
1QM VI,15		ורמח ארוך שמונה אמ[ות
1QM IX,4		שמונה ועשרים אלף / אנשי מלחמה
1QM IX,12		ורמחיהם א[רו]ך שמונה אמות
3Q15 IX,5	(III)	חפור אמות שמונא / דמ<ע> הצא
4Q176 17,5	(V)	] שמונה ש[
4Q186 1iii6	(V)	ש]מונה ואחת מבית האור
4Q186 2i7	(V)	]עמוד השני שמונה וא[חת
4Q200 7ii5	(XIX)	והו]א בן שמונה וחמש[ים
4Q317 1+1aii7	(XXVIII)	בשמנה בו ת[משול אורה ליום
4Q317 1+1aii21	(XXVIII)	בש[שה עשר בו תגלה] / שמונה
4Q317 1+1aii24	(XXVIII)	ב{{ש}}<<ת>>ש[ע]ה ע[שר בו תגלה
4Q317 7ii18	(XXVIII)	] / [בשמ]נה בו תגלה ע[שר
4Q317 21,4	(XXVIII)	] / בשמנה עשר[
4Q320 6,4	(XXI)	]אלפים ושמנ[ה מאות
4Q321 II,8	(XXI)	ודוק[ה]שבת[ב]מימין בשמונה ועשרים [בו]א
4Q321 III,7	(XXI)	ודו]קה בארבעה באביה בשמונה עשר בוא
4Q321 IV,7	(XXI)	ודוקה בארב[עה ביחזק]אל בשמונה עש[ר]
4Q321a I,6	(XXI)	בשלושה בבלגא בשמו]נה ועשרים ברביעי
4Q324a 1ii2	(XXI)	ושמונא בוא ביאת מלכ[יה]
4Q324d 7ii1	(XXVIII)	] / ושמו[נה
4Q324e 4b,3	(XXVIII)	ש]מונה[
4Q324e 6,1	(XXVIII)	]בשמ[ונה
4Q325 1,1	(XXI)	בשמונה עשר בו שבת ע[ל יויריב
4Q334 3,1	(XXI)	[ש]מונה ו[ד]ברי תשבו[חות] / [
4Q334 4,4	(XXI)	]בלילה שירות שמונה
4Q365 28,2	(XIII)	פקודיהם שמונת אלפים וחמש מאות וששים
4Q365a 2ii6	(XIII)	וגובהמה שמונה ועשרים באמה
4Q377 1i4	(XXVIII)	]שמונת [
4Q394 1-2ii4	(XXI)	[ב]עשרים / ושמונה / ב[ו] שבת
4Q394 1-2iii4	(XXI)	בשסונה / עשר בו שבת
4Q503 29-32,22	(VII)	] / בש[מונה עשר לחודש בערב י]ברכו
4Q503 56i-58,7	(VII)	]שמונת / [ימים
4Q503 79,3	(VII)	ביום שמו]נה ו[עשרים
11Q19 V,5		בשמונה ועשר[ים באמה
11Q19 VI,3		]◦ם ש[מונה ועשרי]ם באמ[ה
11Q19 XXXVI,9		וגובהמה / שמונה ו[ע]שרים באמה
11Q19 XXXVIII,14		וגובה שמונ[ה] / ועשרים באמה
11Q19 XXXIX,15		והשער / שמונה ועשרים באמה
11Q19 XXXIX,16		והשער שמונה ועשרים באמה
11Q19 XLI,15		וגובהמה / שמונה ועשרים באמה
11Q19 XLII,6		וחדריהמה / שמונה[עשר
11Q19 XLII,12		מקום לסוכות גבהים שמונה אמות
11Q19 XLIV,6		תח[לק] / שמונה ומאה נשכה וחדריהמה

eighty numeral **שְׁמוֹנִים, שְׁמֹנִים**

Reference	Vol.	Text
4Q223-224 2iii11	(XIII)	וי[מות בן מאה שנה]ושמ֯ו֯נ֯י[ם שנה
4Q252 I,1	(XXII)	[ב]שנת ארבע מאות ושמונים לחיי נוח
4Q322a 2,6	(XXVIII)	]◦שני שמנים[
4Q464 4,3	(XIX)	]לשמונים שנה [
11Q19 VII,5		]◦◦ שמונים לו[
11Q19 XXXVIII,13		ואורך לרוח הקדם שמונים וארבע מאות באמה

report noun **שְׁמוּעָה**

Reference	Vol.	Text
1QH[a] XXIII,6		ש]מועות פלאכה להופיע / לעיני כול
1Q35 1,11	(I)	]◦ לבכה ולשמועת[ ] / [
1Q40 1,1	(I)	]◦בי שמוע[
3Q5 1,3	(III)	ושמועה רעה על שמועה[רעה
	(III)	ושמועה רעה על שמועה[רעה

to let drop, release verb **שמט**

Reference	Vol.	Text
1Q22 1iii4	(I)	ושמטתה [ידכה בש]נה הזא[ת]
1Q22 1iii5	(I)	ו[אשר יהיה לו את אחיו] יש[מיט ידו בר]עהו
11Q13 II,3	(XXIII)	וז]ה / [דבר השמטה] שמוט כול בעל משה יד

remission noun **שְׁמִטָּה**

Reference	Vol.	Text
1QM II,6		כול אלה יסרוכו במועד שנת השמטה
1QM II,8		ובשני השמטים לוא יחלוצו לצאת לצבא
4Q319 IV,13	(XXI)	או]ת שכניה אחר השמטה
4Q319 IV,15	(XXI)	אות גמו[ל אחר השמט]ה
4Q319 IV,16	(XXI)	אות גמול בשמטה
4Q319 IV,17	(XXI)	] אתות 17 מזה בשמטה אתות[3
4Q319 IV,19	(XXI)	אות שכניה אחר הש[מטה
4Q319 V,3	(XXI)	אות גמול] / [אחר השמט]ה
4Q319 V,5	(XXI)	השלישי 17 אתו]ת מזה בשמטה / אתות 2
4Q319 V,7	(XXI)	אות שכניה / אחר השמטה
	(XXI)	אות] שכיה בשמטה
4Q319 V,9	(XXI)	]השמטה אות שכיה / ברביעית
4Q319 V,12	(XXI)	אות שכניה / אחר השמטה
4Q319 V,13	(XXI)	הרב]יעי אתות 17 / [מז]ה בשמטה אותות 2
4Q319 V,14	(XXI)	אות שכניה / [בש]מטה
4Q319 V,18	(XXI)	אות שכניה] / [אחר ה]שמטה
4Q319 VI,2	(XXI)	א]ות גמ[ול אחר השמ]טה
4Q319 VI,3	(XXI)	אות גמול ב[שמ]טה[
4Q319 VI,5	(XXI)	אות שכניה אחר [ה]ש[מטה
4Q319 VI,6	(XXI)	אות שכניה בשמ[טה
4Q319 VI,11	(XXI)	אות גמול אחר] / השמט[ה
	(XXI)	אות גמ[ול ב]שמט[ה]
4Q319 VI,14	(XXI)	אות שכניה[אחר] / השמט[ה
	(XXI)	אות שכניה בש[מטה
4Q319 VI,17	(XXI)	ה]שביעי אתות 16 מזה בש[מ]טה / [אתות 2
4Q320 4ii12	(XXI)	לחדשים / [ול]שנים ולשמטים / וליובלות
4Q330 2,3	(XXI)	מימ]ין ש[מי]טה[
4Q496 7,3	(VII)	שנת הש]מ[טה] ובשלו[ש ושלושים

Reference	Vol.	Text
4Q513 18,3	(VII)	יק]ד̇יש השמטה[ה
11Q13 II,3	(XXIII)	כיא קרא]שמטה / ל̇א̇[ל

שָׁמַיִם, שָׁמַם noun **heavens, sky**

Reference	Vol.	Text
CD II,18		בשרירות / לבם נפלו עידי השמים
1QS IV,22		להבין ישרים בדעת עליון וחכמת בני שמים
1QS XI,8		ועם בני שמים חבר סודם לעצת יחד
1QSb I,4	(I)	יפתח לכה מן השמ̇[ים
1QM X,8		מיא כמוכה אל ישראל בש[מי]ם̇ ובארץ
1QM XI,17		]כ̇יא תלחם בם מן השמ̇[ים]◦
1QM XII,1		] / כיא רוב קדושים [א]ל̇ה בשמים
1QM XII,5		ועם בחירי שמים נו̇צ̇[חים
1QM XII,18		]ם̇ על השמים אדוני[
1QH[a] VIII,3		]ת̇ו בשמים ובארץ̇ / [
1QH[a] VIII,12		] מלוא ה[שמ]ים [וה]ארץ[
1QH[a] IX,9		ואתה נטיתה שמים / לכבודכה כול [צבאותם
1QH[a] XI,22		ולבוא ביחד̇ עם עדת בני שמים
1QH[a] XI,35		וצבא השמים יתנו בקולם
1QH[a] XI,36		ומלחמת גבורי / שמים תשוט בתבל
1QH[a] XVI,17		ולא יכזב לפתוח / השמ̇ים לא ימושו
1QH[a] XXII,1		במעון קו]דש אשר בשמים / [
1QH[a] 2i10		ב]נ̇י̇ אלים להחיד עם בני שמים / [
1Q19 13-14,3	(I)	]◦ יכבד בתוך [בני ש]מ̇ים ו[
1Q19bis 2,1	(I)	קדוש]י̇ ה̇ש[מים
1Q22 1i5	(I)	ו[העידותה ב]ם את̇ [ה]שמים ואת [הארץ
1Q22 1ii10	(I)	[ו]עצר את השמים̇ [ממ]ע̇ל̇ה̇
1Q30 3,3	(I)	]◦ השמים האמ̇[ר
1Q34bis 3i4	(I)	ל]ד̇שן בעד̇י שמים ותנובת̇ ארץ לח̇[י]ת / [
3Q14 3,3	(III)	] השמים [
4Q88 IX,8	(XVI)	ונתנו]שמ̇[י]ם טלם / ואין שרפ̇[ון בג]ב̇ליהם
4Q88 X,5	(XVI)	אז יהל̇לו שמ̇ים וארץ / יחד
4Q158 7-8,6	(V)	] / ראיתמה כי מן השמים דברתי עמכמה
4Q160 3-4ii3	(V)	והעלהו / [אל ה]ש̇מים הוא̇ה [
4Q165 1-2,4	(V)	מי מדד בשעלו מים] / ושמים ב[זרת תכן
4Q169 1-2,2	(V)	ה̇[סופות והשערו]ת ר[קי]עי שמיו וארצו
4Q181 1,2	(V)	לפי מ̇ר̇ד̇א̇תם מסוד בני ש̇[מים] וארץ
4Q216 V,4	(XIII)	ביום הראשון ברא את השמ]י̇ם̇ העליונים
4Q216 VII,5	(XIII)	כל] / אשר בשמים ובארץ [ובימים ובתהומות
4Q219 II,11	(XIII)	ועלה ריחם אל] ה̇שמים
4Q219 II,27	(XIII)	[ואת זרעכה מ]תחת השמים
4Q219 II,31	(XIII)	[ושמכה מתח]ת̇ השמים בכול היימים
4Q221 1,3	(XIII)	[והכריתך מהארץ]ואת זרעך [מתח]ת השמים
4Q221 7,7	(XIII)	כי משפט מות הושם] / [עלו בשמי]ם̇[
4Q227 2,5	(XIII)	]ש̇מ̇ים ואת דרכי צבאם ואת̇[
4Q252 I,5	(XXII)	כול מעינות תהום רבה וארבות השמים נפתחו
4Q252 III,7	(XXII)	הש]מים / ויומר אליו עת̇[ה ידעתי
4Q252 IV,3	(XXII)	תמחה אתזכר עמלק / מתחת השמים
4Q262 B,5	(XXVI)	כ]ש̇מ̇י טוהר ב̇[
4Q266 11,4	(XVIII)	כתוב̇ אלכה לי / אל קצ̇י [ה]שמים
4Q270 1i3	(XVIII)	עירי הש]מ̇ים בת̇ נ̇א̇[חזו
4Q270 7i18	(XVIII)	כתוב אלכה לי אל קצה הש[מים
4Q282g 3	(XXXVI)	]◦ מ̇נשמים ש̇בע̇ה / [
4Q285 8,5	(XXXVI)	ויפתח] / [לכם את אוצרו ה]טוב̇ [אש]ר ב̇שמים
4Q299 8,10	(XX)	]ש̇מים ממעל לשמים ◦[
	(XX)	]ש̇מים ממעל לשמים ◦[
4Q299 53,9	(XX)	א]ל ובשמים מדור[ו
4Q299 64,1	(XX)	]ה̇שמים ל[
4Q300 1aii-b,2	(XX)	ותע̇ודות ה̇שמ̇[ים
4Q302 1i11	(XX)	]◦◦◦[ ]ת̇ בשמים / [
4Q302 2ii3	(XX)	ו̇י̇גבה עד לשמים[ ]ל̇[
4Q302 3ii9	(XX)	]◦ אלהים בשמ̇ים משבו
4Q303 4	(XX)	]ל̇אור עולם ושמי טוה[ר
4Q320 1i2	(XXI)	]ל̇[א]ו̇ר̇ת̇ [ב]מחצית השמים
4Q364 29,1	(XIII)	] / [אלוהיכה ככוכבי השמי]ם̇ ל̇[רוב
4Q364 BB,2	(XIII)	] / השמ̇[ים
4Q368 10i4	(XXVIII)	]◦ ◦ת בשמ̇י̇ם̇ מתהלכות ב̇י̇ן̇ כ̇[וכבים
4Q369 1ii8	(XIII)	] / ע̇[טרת]ש̇מים וכבוד שחקים
4Q370 1i4	(XIX)	כל ארבות השמים נפ̇תחו
4Q370 1i5	(XIX)	וארבות השמים ה̇[רי]קו מטר̇[
4Q372 2,2	(XXVIII)	] יהוה ב̇שמים [
4Q372 3,1	(XXVIII)	]◦◦ת השמי[ם] י[
4Q372 14,2	(XXVIII)	]ה̇שמים ושמי ה̇[שמים
	(XXVIII)	]ה̇שמים ושמי ה̇[שמים
4Q372 16,1	(XXVIII)	]ע̇ד̇ הש̇[מים
4Q377 1i2	(XXVIII)	] ע̇צ̇ם̇ השמ̇י̇ם̇ [ ]ו̇ת̇ ה̇[
4Q377 2ii7	(XXVIII)	הראנו באש בעורה ממעלה [מ]שמים
4Q381 1,3	(XI)	] / נפלאות הוא ביומי עשה שמים וארץ
4Q381 14+5,3	(XI)	ארבע ר̇וחות ב̇ש̇[מים
4Q381 33+35,2	(XI)	על שמי]ם̇ ר̇ומה יהוה ואלה̇[י
4Q381 69,5a	(XI)	]◦כם מן ש̇מ̇ים ירד וידברעמכם
4Q381 76-77,16	(XI)	שמ]י̇ם וארץ ולעליון על כל גוי הארץ
4Q382 9,4	(XIII)	]ים ועובדים לצב̇א השמים̇[
4Q385 2,7	(XXX)	ויאמ̇ר שוב אנבא על ארבע רוחות השמים
4Q385a 6,3	(XXX)	]מ̇שמ̇ים ומעל ח̇ו[
4Q386 1ii9	(XXX)	ע̇[ל]יהם חמ[ה] / מ̇[אר]בע רחות השמי[ם
4Q388a 1,3	(XXX)	]י̇ם שמים̇[
4Q388a G,3	(XXX)	]שמי̇ם̇ ◦ש̇[ ] [
4Q392 1,3	(XXIX)	כי אדו]נ̇י̇ אלהי̇[ם ב]שמים / ממעל
4Q400 2,4	(XI)	] / שמי מלכותו
4Q401 14i6	(XI)	]ש̇מי מלכות כב[וד]כה / להלל כבודכה
4Q411 1ii13	(XX)	] / יהוה ברא ש̇[מים
4Q416 1,7	(XXXIV)	וצבא השמים הכ̇ין ע̇[ל
4Q416 1,10	(XXXIV)	] / מ̇ש̇מים ישפוט על עבודת רשעה
4Q416 1,11	(XXXIV)	כי שמים י̇רא̇ו̇[
4Q416 1,12	(XXXIV)	ובני השמי̇[ם
4Q418 2+2a-c,2	(XXXIV)	מ]שמים [ישפו]ט על [עבודת רש]ע̇ה
4Q418 2+2a-c,3	(XXXIV)	[וי]ר̇עו כול אשר הת̇[גללו] בה כי שמים ירא̇[
4Q418 2+2a-c,4	(XXXIV)	כול רוח ב]שר ובני השמי[ם
4Q418 55,8	(XXXIV)	כיא מלאכי קודש̇[ ]ל[ו] בשמים / [
4Q418 69ii13	(XXXIV)	ו̇ב̇[ני] / שמים אשר חיים עולם נחלתם
4Q418 81+81a,14	(XXXIV)	ב̇ו̇ יתהלכו כול נוחלי ארץ כי בשמ[ים
4Q418 86,3	(XXXIV)	]שמים ול◦[
4Q418a 6,4	(XXXIV)	ל]מ̇ע̇ל̇ה̇ שמים ה̇[
4Q422 II,6	(XIII)	]א̇ר̇ו̇ב̇ות השמי̇[ם]נפ̇[ת]ח̇ו ח◦[
4Q422 II,7	(XIII)	]קו על הארצ̇ / תחת כול ה̇שמ[ים
4Q422 II,10	(XIII)	ויא̇ר על [ה]שמ̇[ים
4Q422 II,12	(XIII)	מאורות להאיר ע]ל̇ ש̇מ̇ים̇ וא̇ר̇[צ
4Q423 20,1	(XXXIV)	]ה̇ שמים̇[
4Q427 4,3	(XXIX)	ש]מים כיא̇[
4Q427 7ii18	(XXIX)	ולבוא ביחד עם] / בני שמים
4Q427 7ii23	(XXIX)	ברוך אל הדעות הנוטה] / שמים בכוחו
4Q433a 2,5	(XXIX)	וכפותיו עלמשענת רום הש̇מים
4Q434 2,3	(XXIX)	]חדש / מעשי ש̇מ̇ים וארץ ויגילו
4Q434 2,8	(XXIX)	והיה ב̇ו̇ צב̇[א השמ]י̇ם ו̇[א]ר̇צם חמדה / [
4Q434 7b,3	(XXIX)	עם עוף / [הש]מ̇ם וחית הארץ
4Q448 II,6	(XI)	אשר בא̇ר̇ב̇ע / רוחות שמים
4Q457b II,3	(XXIX)	] / יעשה עליון בשמים [
4Q460 6,2	(XXXVI)	]כ̇י̇א בשמים י̇[
4Q470 3,3	(XIX)	א]נקתם אל השמים [
4Q480 1ii3	(XXII)	] / [ ]לשמי̇[ם

to be desolate, appalled verb שׁמם

CD II,1 ויחר אף / אל בעדתם להשם את כל המונם
CD III,10 וגיבוריהם בו / אבדו וארצם בו שממה
1QH[a] XV,3 אוזני משמוע דמים השם לבבי ממחשבת רוע
1QH[a] XXI,5]◦◦ השם [ל]בבי
1QH[a] 5,5] / ◦◦ לוא יהיו עוד ותשם מקום ר[
1Q**19** 3,2 (I)]◦תׄ השתמׄ[מו
2Q**23** 2,3 (III)]דׄ שומׄמים / [
4Q**166** II,17 (V) והשמותי [גפנה] / [ותאנתה]
4Q**174** 1-2i5 (V) ולוא ישמוהו עוד זרים
(V) כאשר השמו בראישונה / את מקדׄ[ש י]שראל
4Q**179** 1i10 (V) הוׄיׄ כל ארמונותיה שממו / [
4Q**179** 1ii5 (V)] / עלומיה שוממו בני ◦[
4Q**179** 2,5 (V)]◦יםׄ שרתי כל לאומׄ[ים] שוממה כעזׄוׄבׄהׄ
4Q**269** 2,4 (XVIII) ובני[ה]םׄ בו אבדו וארצם בו שממה
4Q**365** 25a-c,14 (XIII) והש]מׄותי את במותיכם והכרתי אתׄ[חמניכם]
4Q**365** 25a-c,16 (XIII) והשמותי אניׄ[את הארץ] / [
4Q**372** 1,11 (XXVIII) כל הריהם שממים מׄהם ◦◦[
4Q**387** 1,7 (XXX) ואשמהׄ[ ]את[ארצכם] / [
4Q**387** 1,8 (XXX) והארץ]רׄצׄתה את ש[ב]תׄוׄ[תי]ה בהשמה[
4Q**387** 2iii3 (XXX) [והש]מותי א[ת]הׄ[א]רׄץ ורחקתי את האדׄםׄ[
4Q**388**a 7ii6 (XXX) ו]עׄזבתי את הארץ בה[שמה
4Q**389** 6,1 (XXX) ואתנכם ב]יׄדׄ איביכם ואשמה[את ארצכם
4Q**389** 6,2 (XXX) והארץ רצתה את שבתותי]ה בהשמה[
4Q**501** 2 (VII) זכור בני בריתכה השוממים / [
4Q**504** 1-2v4 (VII) וׄגם ארצם / שממה על אויביהמה
4Q**508** 4,1 (VII)]הׄ[ ]בנותיה השוממותׄ[
4Q**510** 1,6 (VII) ולהשם לבבם ונׄ◦◦תם בקץ ממשל[ת] / רשעה
11Q**5** XIX,17 (IV) ישמׄחו אחי עמי ובית אבי השוממים בחונכה
11Q**19** LIX,5 והיו / אויביהמה שוממים במה

desolate adjective שָׁמֵם

4Q**177** 12-13i8 (V)]ולפזר[ם] באׄרׄץ ציה ושממה

desolation noun שְׁמָמָה

1QH[a] XX,17]מׄוׄעדי שממה
4Q**173** 5,5 (V) מר]חׄיבי שמות וחריבׄ[ות

fat, rich adjective שָׁמֵן

1QpHab V,15 ויקטר למכמרתו כיא בהם] שׁׄמׄןׄ חלקו
1QpHab VI,5 כיא בהם שמן חלקו ומאכלו ברי
4Q**365** 32,8 (XIII) [ומ]הׄ הארץ השמנה אם רזה
4Q**388** 2,2 (XXX)]שמנה[

oil, fat noun שֶׁמֶן

CD XII,16 יגואלו בטמאת האדם לגאולי שמן
1QM IX,8 [לו]אׄ יחלו שמן משיחת כהונתם
4Q**220** 4 (XIII)]עׄמׄ סולת מנחתו בלולה בׄ[ש]מׄ[ן]
4Q**302** 2ii4 (XX) וׄעׄשהׄ פרי שמן ◦◦◦ ◦◦ / יורה ומלקוש ◦ׄ◦◦[
4Q**365** 9bii2 (XIII) ומן שמׄ[ן ה]מׄשוחׄ[ה והזיתה על אהרון
4Q**365** 12a-bii6 (XIII) [וי]עׄשׂוׄ אׄת שמן המשוחה קודש
4Q**375** 1i9 (XIX) המׄשיח אשר יוצׄק עׄל רׄ[ו]אשו שמן המשיחה
4Q**382** 15,1 (XIII)]ב◦ והשמן [
4Q**382** 30,1 (XIII)]◦[ ]שמ[ן
4Q**382** 30,2 (XIII)]תׄ ◦[ ]שמן[
4Q**394** 1-2v6 (XXI) בעשרים / ושנים / בו מועד / השמן
4Q**424** 3,6 (XXXVI) איש שמן לב אל תשלח לכרות מחשבות
4Q**458** 2ii6 (XXXVI)] / משיח בשמן מלכות ה[
4Q**481**d 1ii4 (XXII)] / שמנה הׄ[
4Q**493** 5 (VII) ולוא יחללו שמן כהונתׄםׄ[ברם הח]לליׄ[ם]

4Q**482** 2,2 (VII)]שׁמׄיםׄ[
4Q**482** 6,1 (VII)] שמיםׄ[
4Q**491** 11i13 (VII)]הׄ בשמיׄם ואין / [
4Q**503** 1-6iii1 (VII)]רקיע השמ[י]ם יברכו
4Q**503** 27,2 (VII)] שמים וׄ[
4Q**504** 1-2vii7 (VII)] / לשמים הארץ וכול מחשבׄיׄה[
4Q**504** 5i6 (VII)]לׄיׄכה בשמיׄ[ם ובא]רׄץׄ / [
4Q**511** 3,7 (VII) שמי]ם וארץ ירועו מׄ[
4Q**511** 10,12 (VII) ברום שמים תוכחתו
4Q**511** 30,2 (VII) ויעמקו[השמים ושמי ה]שׁמׄיׄם
4Q**511** 122,3 (VII)]◦ ◦שׁמׄים ו◦[
4Q**511** 135,2 (VII)]שמים[
4Q**521** 2ii+4,1 (XXV) [כי הש]מׄים והארץ ישמעו למשיחו
4Q**521** 7+5ii14 (XXV)] / וקדמו שמים[
4Q**522** 9ii8 (XXV) ויברך ?] / [בכו]לׄ [מ]עׄון מן השמיׄ[ם
5Q**25** 2,1 (III)]שׁמׄים בעזרי וב◦[
8Q**5** 1,4 (III)]למׄ[ז]לוׄת השמׄ[ים
11Q**5** XXVI,14 (IV) בתבונתו נטה שמים
11Q**11** II,10 (XXIII) אשר עשה] את השמים / [ואת הארץ
11Q**11** III,6 (XXIII) ויעיד א]ת / [כול השׁ]מׄים וׄ[את כול] הארׄץׄ[
11Q**11** IV,3 (XXIII)] השמים וׄ[
11Q**11** V,5 (XXIII) יהו[ה קרא בכו]לׄ עת / אל הׄשמׄ[ים
11Q**14** 1ii8 (XXIII) אשר בשמים להוריד על ארצכםה
11Q**19** LV,18 לשמש או לירח או לכול צבא השמים
PAM 43.678 62,1 (XXXIII)]הׄשמיםׄ [
PAM 43.692 55,1 (XXXIII)]שׁמׄיׄםׄ[

eighth adjective שְׁמִינִי

1QM II,12 בשנה השמינית ילחמו בבני / עילם
1QM IV,11 על השמינית צבאות אל
4Q**177** 5-6,13 (V)]המה העונה השמינית[
4Q**266** 6ii4 (XVIII) עד בו השמש ביום הׄשמיני
4Q**270** 4,20 (XVIII) הש]מיני[
4Q**320** 1i13 (XXI) באביה לׄ30] ב25 בשמיני
4Q**320** 2,10 (XXI) בחופא לׄ30 בׄ5 בׄשׁמׄיׄנׄיׄ
4Q**321** IV,3 (XXI) בשלושה ביויריב בחׄמשה בשמינׄי
4Q**321** V,2 (XXI) השמיני [בשעורים]
4Q**321** VI,2 (XXI) הׄשׁׄ[מיני ביקים
4Q**321** VI,6 (XXI) השמיני באמרׄ[
4Q**321** VI,9 (XXI) השמינׄיׄ בׄיׄחזקאל
4Q**322** 1,1 (XXI) בשמינ]י בתשעׄ[ה בה
4Q**367** 1a-b,4 (XIII) וביום השמׄ[יני ימול בשר ער]לׄ[תו
4Q**396** 1-2iv1 (X) עד בוא השמש ביום השמיני
4Q**397** 6-13,10 (X) עד בוא השמש ביום ה]שמי[ני
4Q**403** 1ii18 (XI) למשכיל שיר עולת השׁבת השמינית
4Q**405** 8-9,1 (XI) למשכיל שיר עולת ה]שבת השמינׄ[ית
4Q**503** 67,2 (VII)]דגל שמיני[
4Q**511** 42,4 (VII) ובשמיני אפצהׄ[פי
11Q**17** II,4 (XXIII) [למשכיל שיר עולת השבת ה]שמׄיׄנׄיׄ[ת
11Q**19** XLV,5 וזה יׄוצא ליום השמיני

thorn noun 1-שָׁמִיר

1QH[a] XVI,25 ופלגיו / יעל קוץ ודרדר לשמיר ושית ◦[
4Q**162** I,3 (V)]דׄ ואשר אמר יעלה שמיר / [ושית
4Q**163** 4-7i13 (V) כאש רשע]ה שמיר [ושית ת]אכל
4Q**368** 10ii5 (XXVIII)] / ולשׁמׄ[יר ול]שית ואין להשב יגע

שָׁמַם ← שָׁמַיִם

Text	Reference	Vol.
[י]שראל **ושמע**	1Q22 1ii1	(I)
] **לשמיע** ◦	1Q25 5,3	(I)
] / **שמעו** מלכי עמ[ים	1Q27 9-10,3	(I)
◦] **נשמע** ב[	3Q5 3,1	(III)
] / אשר לוא **ישמע** [א]ל דבר[י	4Q158 6,7	(V)
]**שמע** שמוא[ל א]ת דב[רי	4Q160 1,2	(V)
לקול] / זעקכה **כשמ[עתו** ענך	4Q163 23ii16	(V)
ואוזניכה **תש[מענה** דבר מאחריכה	4Q163 23ii18	(V)
ולמתעיהם **שמעו** ויכבדום [	4Q166 II,5	(V)
]הו ולוא **שמעו**[	4Q167 2,7	(V)
ולא י[**שמע** עוד קול מלאככה	4Q169 3-4ii10	(V)
אשר לא **ישמע** קולם עוד בגוים	4Q169 3-4ii1	(V)
ולוא **שמ[עו]** למליץ דעת	4Q171 1-2i19	(V)
לאמור **שמעת** את קול דברי / העם הזה	4Q175 1	(V)
והיה האיש / אשר לוא **ישמע** אל דברי	4Q175 7	(V)
נואם **שומע** אמרי אל וידע דעת עליון	4Q175 10	(V)
ואין לאל ידנו כי לוא **שמענ[ו**	4Q179 1i2	(V)
]שמ[ח]ה לוא **נשמ{{ש}}עה** בה ודורש / [	4Q179 1i13	(V)
] ועתה **שמעו** נא עמי והשכילו / לי	4Q185 1-2i13	(V)
שמעתי בני יצל תמרו דברי יהוה	4Q185 1-2ii3	(V)
לוא עוד] / **אשמע** ולוא ישמע [אבי	4Q200 1ii4	(XIX)
לוא עוד] / אשמע ולוא **ישמע** [אבי		(XIX)
וישמע בליעל א[ש]ר המשטמה	4Q225 2ii14	(XIII)
ל]**שמוע**[	4Q249n 1,1	(XXXVI)
להשמע הכול איש לרעה[ו	4Q258 II,3	(XXVI)
ויש[מעו הקטן] / לגדול למלאכה ולה[ון	4Q258 II,6	(XXVI)
ולוא **ישמע** בפי / נבלות וכחש עוון	4Q260 V,2	(XXVI)
[**וישמ]ע** הקטן לגדול למלכאה ולה[ון	4Q263 3	(XXVI)
וא]וזנם פתחו **וישמעו** עמוקות	4Q266 2i5	(XVIII)
]ועתה **שמעו** כול יודעי / [צ]דק	4Q266 2i6	(XVIII)
ועתה **שמ[עו]** אלי כול באי ברית	4Q266 2ii2	(XVIII)
ומישראל [ח]כמים **וישמ[יעם**	4Q266 3ii10	(XVIII)
[ב]**שמעם** [אותם	4Q266 4,7	(XVIII)
ו]לא פצל דברו **להשמיע** [קולו	4Q266 5ii2	(XVIII)
ומישראל חכמים ו[**ישמ]יעם**	4Q267 2,8	(XVIII)
ועתה **שמעו** לי כול יודעי צדק	4Q268 1,9	(XVIII)
ועתה **שמעו** לי כל יודעי צדק	4Q270 2ii19	(XVIII)
והסוח[ק בסכלות להרים]**שמיע**[קולו	4Q270 7i4	(XVIII)
ש[מע]ו למלי בכול / [מ]וצא שפת[י	4Q298 1-2i2	(XX)
ועתה / האזינ[ו חכמים] וידעים **שמעו**	4Q298 3-4ii4	(XX)
] / {{ }} **שמעו** תומכי ◦	4Q299 3aii-b,9	(XX)
◦] **שמעו** כי מה / [היא חכמה	4Q299 3c,3	(XX)
יתבונן גב[ר] בלוא ידע ולוא **שמע** [	4Q299 8,5	(XX)
ברוב שכל גלה אוזננו **ונש[מעה**	4Q299 8,6	(XX)
]יתם **לשמע** ◦◦ם[	4Q299 15,3	(XX)
]יכם **אשמיע**[	4Q299 53,11	(XX)
]**שמעו** ו◦◦[	4Q299 63,1	(XX)
]מבינים **שמעו** ו◦[	4Q303 1	(XX)
במשפט כקטן כגדול **תשמ[עון**	4Q364 21a-k,1	(XIII)
תקריבו]ן אלי ו[**שמ[ע]תיו**	4Q364 21a-k,3	(XIII)
וישמע יהוה אלי גם בפעם ההיא	4Q364 28a-b,1	(XIII)
ולוא **שמע** אליהמה כאשר דבר יהוה	4Q365 2,5	(XIII)
אם **ש[מ]ו[ע** תש]מע [לק]ול יהוה אלוהיכה	4Q365 6aii+6c,12	(XIII)
אם ש[מ]וע **תשמע** [לק]ול יהוה אלוהיכה		(XIII)
]ת וחרשים **מש[מוע**	4Q372 8,2	(XXVIII)
]עליהם לא **ישמעו**[	4Q372 8,5	(XXVIII)
וי]אמר **שמ[עי**]עדת יהוה והקשב כול הקהל	4Q377 2ii3	(XXVIII)
] / [ו]**שמענו** למושה כ[ן	4Q378 3ii+4,5	(XXII)
] / **ישמע** ולוא [	4Q378 3ii+4,9	(XXII)
מי ימלל את שם / יהוה **וישמעו** כל תהלת[ו	4Q380 1i8	(XI)

Text	Reference	Vol.
]◦◦ וב[ש]**מן** [	4Q513 12,1	(VII)
מגו]אלים **בשמן** ◦[	4Q513 13,4	(VII)
וימשחני **בשמן** הקודש	11Q5 XXVIII,11	(IV)
וחלת] / לחם **שמן** אחת ורק[יק אחד	11Q19 XV,10	
והקרבתמה **שמן** חדש	11Q19 XXI,14	
מחצית ההין אחד מן המטה **שמן** חדש כתית	11Q19 XXI,15	
ויסוכו מן **השמן** החדש ומן הזתים	11Q19 XXII,15	
[ויתנו עליו את ? מנ]חת **שמנו** ונסך [יינו	11Q19 XXIV,5	
למועד יום הקרב **שמן** חדש על המזבח	11Q19 XLIII,10	
ולקחו בו דגן / ויין **ושמן** ובקר וצאון	11Q19 XLIII,15	
וכול אשר יבוא לה יהיה טהור יין **ושמן**	11Q19 XLVII,6	
יהיו מביאים את יינמה ואת **שמנמה**	11Q19 XLVII,12	
מכול / תגאולת **שמן** ויין ולחת מים	11Q19 XLIX,12	
וחלת לחם **שמן** אחת ורקיק[אחד	11Q20 I,17	(XXIII)
]מן **השמן** / [	11Q20 II,3	(XXIII)
שלישית הה]ין **שמן** לאיל על הנסך הזה	11Q20 IV,6	(XXIII)
סולת בלול]ה **בשמן** הזה מחצית ההין / [	11Q20 V,20	(XXIII)
]**השמן** הזה יבעירו בנרות / [בה	11Q20 V,22	(XXIII)

שְׁמֹנֶה ← שְׁמוֹנֶה

שְׁמֹנִים ← שְׁמוֹנִים

to hear, obey verb *שמע*

Reference	Vol.	Text
CD I,1		ועתה **שמעו** כל יודעי צדק
CD II,2		ועתה **שמעו** אלי כל באי ברית
CD II,14		ועתה בנים **שמעו** לי ואגלה עיניכם
CD III,7		ולא **שמעו** / לקול עשיהם מצות יוריהם
CD VI,3		**וישמיעם** ויחפורו את הבאר
CD IX,12		**והשומע** אם יודע הוא ולא יגיד ואשם
CD XX,19		ויקשב / אל אל דבריהם **וישמע**
CD XX,28		**וישמעו** לקול מורה ויתודו לפני אל
CD XX,33		ולא ישיבו / את חקי הצדק **בשמעם** אתם
1QS I,22		**ומשמיעים** כול חסדי רחמים על ישראל
1QS II,13		והיה / **בשמעו** את דברי הברית הזות
1QS V,23		לפי שכלו ומעשיו **להשמע** הכול
1QS VI,2		**וישמעו** הקטן לגדול למלאכה ולממון
1QS VII,14		ואשר ישחק בסכלות **להשמיע** קולו
1QS X,21		ולוא **ישמע** בפי / נבלות וכחש עוון
1QSb V,19	(I)	וישם] / [א]ל פחדכה [על] כול **שומעי** שמעכה
1QpHab II,7		לוא יאמינוא / **בשומעם** את כול הבא[ות
1QM VI,13		ובעולים **לשמוע** [ק]ולות
1QM X,3		ודבר אל העם / לאמור **שמעה** ישראל
1QM X,10		◦] **ושומעי** קול נכבד ורואי / מלאכי קודש
1QM X,11		מגולי אוזן **ושומעי** עמוקות [
1QM XVI,15		כיא מאז **שמעתם** / ברזי אל [
1QH^a IX,23		מה אדבר בלא נודע **ואשמיעה** בלא סופר
1QH^a IX,34		**שמעו** / חכמים ושחי דעת ונמהרים
1QH^a X,5		]**ומשמיעי** שמחה לאבל יג[וני]
1QH^a XI,17		עם מצעדם לתהום **ישמיעו** קולם
1QH^a XII,24		**וישומעוני** ההולכים בדרך לבכה
1QH^a XIII,12		ושועתי **שמעתה** במרורי נפשי
1QH^a XV,3		שעו עיני מראות / רע אוזני **משמוע** דמים
1QH^a XVIII,34		ואפחדה **בשומעי** משפטיכה עם גבורי / כוח
1QH^a XIX,25		וענו]ם **ישמיעו** יחד / בקול רנה
1QH^a XX,12		ונאמנה **שמעתי** לסוד פלאכה ברוח קודשכה
1QH^a XXI,4		**ואשמעה** / [בלוא גליתה אוזני
1QH^a XXIII,7		להופיע / לעיני כול **שומעי[כה**
1QH^a XXIII,11		לה]**שמיע** ליצר מבינתו ולמליץ באלה
1QH^a 10,6		] לאין השבת ◦◦◦ לקץ **ישמיעו**

Reference	Vol.	Text
4Q381 16,2	(XI)	]◦◦◦ [ ]◦ לשמוע[
4Q381 31,4	(XI)	מ]לך יהודה שמע אל[הי
4Q381 76-77,10	(XI)	]לשמיע מי בכם ישיב דבר
4Q381 84,2	(XI)	]◦ ותשמ[ע
4Q382 29,2	(XIII)	]שמע[
4Q383 2,2	(XXX)	ולא שמ]עו לדברי ירמי[ה
4Q391 68,1	(XIX)	]שמעו[
4Q394 8iv2	(X)	[וא]ף על החרשים שלוא שמעו חוק [ומ]שפט
4Q394 8iv3	(X)	ולא / [ש]מעו משפטי ישראל
	(X)	כי שלוא ראה ולוא שמע לוא / [י]דע לעשות
4Q396 1-2ii3	(X)	ואפ על החר[שים שלוא]שמעו חוק / ומשפט
4Q396 1-2ii4	(X)	ולא שמעו מש[פטי] ישראל
4Q396 1-2ii5	(X)	כי שלוא ראה ולוא שמע לוא י[דע]לעשות
4Q401 14ii7	(XI)	] / השמיעו נסתרות [
4Q401 16,2	(XI)	י]שמיעו בדממת / [
4Q402 9,3	(XI)	י]שמיעו ברמ[מת
4Q403 1ii12	(XI)	] / וקול הברך {{נשמע}} נכבד
4Q405 6,11	(XI)	]ישמיעו / [
4Q405 15ii-16,6	(XI)	] / עבריהם ישמיעו [
4Q405 23i9	(XI)	מבואי ושערי מוצא משמיעים כבוד המלך
4Q405 91,1	(XI)	] / ישמיע[ו
4Q418 55,8	(XXXIV)	אם לא שמעתמה כיא מלאכי קודש[ ]ל[ו]
4Q418 80,2	(XXXIV)	ש]מעה [
4Q418 202,2	(XXXIV)	] שמע[
4Q418 222,2	(XXXIV)	שמ]עה רוחו ומזל שפתו
4Q418 303,1	(XXXIV)	]ה שמע[
4Q418c 6	(XXXIV)	ש]מעו מע[שיו
4Q420 1aii-b,1	(XX)	לוא ישיב בטרם ישמ[ע]
4Q421 1aii-b,13	(XX)	לוא ישיב בטרם יש]מע
4Q424 3,5	(XXXVI)	כן דובר לאזן אשר איננה שומעת
4Q427 7i17	(XXIX)	השמיעו הגידנה הביעו בשמחות עולמים
4Q427 7ii7	(XXIX)	ה]שמיעו ואמ[ו]רו גדול אל ע[ושה פלא]
4Q427 7ii20a	(XXIX)	] / שמע נפלאות{{יכה}}[
4Q427 7ii22	(XXIX)	השמי[עו ואמורו ברוך אל הדעות
4Q427 8i8	(XXIX)	מקצ לקצ י]שמיעו ומועד למועד י[בר]כו
4Q428 12i2	(XXIX)	ובכול]קצים / ישמיעו [י]חד[ב]ק[ו]ל רנה
4Q428 21,1	(XXIX)	ונעצור]כוח לשמוע / [נפלאות כאלה
4Q431 2,6	(XXIX)	השמיעו ואמורו גדול אל עושה / [פלא
4Q434 1i2	(XXIX)	ושועת יתומים שמע
4Q434 1i3	(XXIX)	ואזנ[י]הם לשמוע / למודו
4Q435 1,1	(XXIX)	לשמ[וע למודיו וימול עורלות לבם
4Q437 2i8	(XXIX)	בצר לי שמעתה קולי
4Q446 1,3	(XXIX)	]מעשי כבודו ומשמיע[
4Q448 I,6	(XI)	בקהל] / רבים השמי[עו תפארתו
4Q458 3,1	(XXXVI)	]לים שמע[י]ם / [
4Q461 1,6	(XXXVI)	]לשמוע ומשכיל וה[
4Q463 1,4	(XIX)	ואוזניהמה פתח וישמעו ע[מקות
4Q468k 1	(XXXVI)	]ה שמע◦[
4Q468l 2	(XXXVI)	אז]ן משמוע מה ש[היה
4Q485 1,3	(VII)	]◦ליו ושמעת[
4Q491 1-3,13	(VII)	וחצוצרות התר[ועה יש]מיעו
4Q491 11i21	(VII)	ה]שמיעו בהגיא רנה [
4Q491 11ii13	(VII)	כיא מאז שמעתם ברז[י אל
4Q498 11,1	(VII)	]שמעו ל◦[
4Q499 7,3	(VII)	]בו אם לשמ[ו]ע בקולכ[ה
4Q504 1-2v13	(VII)	לשוב עודך ולשמוע בקולכה
4Q504 3ii8	(VII)	]א ודברי קודשך שמענ[ו
4Q509 131-132i10	(VII)	]◦ לשמוע / [
4Q510 1,4	(VII)	ואני משכיל משמיע הוד תפארתו
4Q511 1,4	(VII)	ישמיעו[ ]י תפארת / כולם
4Q511 22,3	(VII)	מענה כול לש]ון ישמע ומזל / [כול שפתים
4Q511 63iii4	(VII)	להשמיע שלום / לכול אנשי ברית
4Q521 1ii2	(XXV)	] / [ו]שמעת[ם ?
4Q521 2ii+4,1	(XXV)	[כי הש]מים והארץ ישמעו למשיחו
4Q525 2ii+3,12	(XXV)	ו]עתה בנים ש[מעו מוסר ?
4Q525 5,7	(XXV)	שמ]עו אל ת[דר]שוה בלב מרמה ובח[וקי
4Q525 13,6	(XXV)	ועתה ש]מעו לי כ[ו]ל[בני
4Q525 14ii18	(XXV)	ועתה מבין שמעה לי ושים לבכה
4Q525 14ii22	(XXV)	] / ולפי שומעכה ענה כמוהו
4Q525 14ii23	(XXV)	ואל] / תשפוך שיח טרם תשמע את מליהם
4Q525 14ii24	(XXV)	לפנים שמע אמרם ואחר תשיב ב[דברי
4Q525 20,3	(XXV)	ש]לום תקרא ולהשמ[יע
4Q525 21,3	(XXV)	ר]שעים תשמ[יע]ם[
4Q525 31,1	(XXV)	ש]מעו מלי [
4Q577 8,2	(XXV)	]לי/וכה ונשמע[
6Q9 21,1	(III)	לשמו]ע בקולו ול[שמור
11Q5 XVIII,10	(IV)	מפתחי צדיקים נשמע קולה
11Q5 XIX,5	(IV)	שמע / יהוה בקול אוהבי שמו
11Q5 XXIV,9	(IV)	וישמעו רבים מעשיכה
11Q5 XXVIII,8	(IV)	הכול הוא שמע והוא האזין
11Q13 II,16	(XXIII)	רגל[י] מבש[ר מ]שמיע שלום מב[שר טוב
11Q13 II,19	(XXIII)	ומבשר] / טוב משמי[ע ישועה
11Q17 I,6	(XXIII)	ישמ]יעו תהלי[
11Q17 V,5	(XXIII)	עבריהם] / [י]שמיעו [
11Q17 V,7	(XXIII)	]ם ישמעו◦[
11Q17 VIII,6	(XXIII)	ישמ[י]עו מקול משא אלוהים[
11Q19 LIII,17		ושמע אביה את נדרה או / את האסר
11Q19 LIII,20		ביום שומעו כול נדריה ואסריה
11Q19 LIV,1		ואנוכי אסלח לה כי הניאה / ש[ומעו
		ואם הפר אותמה אחרי] יו[ם] שו[מעו
11Q19 LIV,3		ואישה [י]פרנו ביום שומעו
11Q19 LIV,11		לוא / תשמע אל דבר הנביא ההוא
11Q19 LIV,14		ואותו תיראו ובקולו תשמעון / ובו תדבקון
11Q19 LV,2		אם תשמע באח[ת עריכה
11Q19 LV,13		אם תשמע בקולי לשמור כול מצוותי
11Q19 LV,19		ושמעתה את הדבר הזה
11Q19 LVI,8		והאיש אשר לוא ישמע ויעש בזדון
11Q19 LVI,9		ויעש בזדון לבלתי / שמוע אל הכוהן
11Q19 LVI,11		וכול / העם ישמעו ויראו ולוא יזידו עוד
11Q19 LVIII,3		וה{{◦}}יה כי ישמע המלך על כול גוי
11Q19 LIX,6		ולוא אשמע וזעקו ולוא אענה / אותמה
11Q19 LXI,11		והנשארים ישמעו ויראו ולוא יוסיפו עוד
11Q19 LXI,15		ואמר אליהמה שמע ישראל אתמה קרבים
11Q19 LXIV,2		איננו שומע בקול אביו ובקול אמו
11Q19 LXIV,3		ויסרו אותו ולוא[י]שמע אליהמה
11Q19 LXIV,5		ואננו שומע בקולנו זולל וסבא
11Q19 LXIV,6		וכול בני ישראל ישמעו ויראו
PAM 43.674 49,2	(XXXIII)	]שמעו ◦[
PAM 43.678 20,2	(XXXIII)	ולא שמעו[
PAM 43.686 7,2	(XXXIII)	]שמעתי ו[
PAM 43.698 48,1	(XXXIII)	ה]שמיע[ו
PAM 43.698 71,1	(XXXIII)	]ושמעת[

report, hearing noun שֵׁמַע

Reference	Vol.	Text
1QSb V,19	(I)	פחדכה [על] כול שומעי שמעכה
1Q27 1i9	(I)	הלוא מפי כול לאומים שמע האמת

Simeon proper noun שִׁמְעוֹן

Reference	Vol.	Text
3Q7 3,1	(III)	]◦שמ[
4Q348 5	(XXVII)	]◦◦◦◦◦ ושמעון ◦◦◦◦◦◦ל◦[

Text	Vol.	Reference
בר י]הוסף מתתיה בר שמעון אלעזר [בר	(XXVII)	4Q348 14
בר] חֿנן אלעזר בר שמעון בר חוני◦ [	(XXVII)	4Q348 15
]שמעון משוק הקורות ◦◦ח◦ ◦◦[	(XXVII)	4Q348 18
ראו]בֿן ושמעון וב]יום הרבֿ]יעי	(XIII)	4Q365 23,11
]ואת שמֿ[עון	(XXII)	4Q379 2,1
ואת חנניה בן שמ[עון הוכיחו	(XXXVI)	4Q477 2ii9
יהוד]הֿ ושמע[ו]ן [את ההר ו]את הֿנֿג]ב	(XXV)	4Q522 8,1
עולת ראובן לבד ואת עולת שמעון לבד		11Q19 XXIV,14
בני יש[ר]אל שמעון לוי ויהודה בקדם מזרח		11Q19 XXXIX,12
עד שער שמעון תשע ותשעים באמה		11Q19 XXXIX,14
ומשער {{שמעון}} הזה עד שער {{◦◦◦◦◦}} לוי		11Q19 XXXIX,15
עד / שער שמעון ששים ושלוש מאות באמה		11Q19 XL,14
ומשער שמעון עד שער לוי / כמדה הזֿאת		
משער] / [שמעו]ן עד שער יהודה		11Q19 XLIV,4
ולבני שמעון משער שמעון עד הפנה / השנית		11Q19 XLIV,9
ולבני שמעון משער שמעון עד הפנה / השנית		

to keep, watch, preserve verb **שמר**

Text	Vol.	Reference
אשר לא שמרו מצות אל		CD II,18
ולא שמרו את מצות עשיהם		CD II,21
ויע[ל או]הב בשמֿרו מצות אל		CD III,2
וישמרו ויכתבו אוהבים / לאל		CD III,3
אשר שמרו את משמרת מקדשי		CD IV,1
אם לא ישמרו לעשות כפרוש התורה		CD VI,14
ולשמור אתֿ יום השבת כפרושה		CD VI,18
ומשמרו את השבועה		CD VIII,15
אם לא נמצא לה בעלים הם ישמרו		CD IX,16
על השׁ[ב]תֿ לשמרה כמשפטה		CD X,14
כי הוא אשר אמר שמור את / יום השבת		CD X,16
ואם ירפא ממנה ושמרוהו עד שבע שנים		CD XII,5
ואשר אמר מוצא שפתיך / תשמור להקים		CD XVI,7
לחיותם לאלפֿי דורות ככ שומר הברית		CD XIX,1
לאהב ולשמרי מצותי לאלף דור		CD XIX,2
והשומרים אותו הם עניי הצאן		CD XIX,9
מאהבתו את אבותיך ומשמרו את השבועה		CD XIX,28
ושבי פשע יֿעֿקֿב שמרו ברית אל		CD XX,17
לֿאהֿביו / ולשמריו לאלף דור		CD XX,22
יברככה בכול / טוב וישמורכה מכול רע		1QS II,3
על פי בני צדוק הכוהנים שומרי הברית		1QS V,2
לבני צדוק הכוהנים שומרי הברית		1QS V,9
איש אמ רעהו / לשמור אמונה בארצ		1QS VIII,3
ובליעל לוא אשמור בלבבי		1QS X,21
אשוכ בֿעֿדֿה גבול סמוכ לשמור אמונים		1QS X,25
המה אנושי עצתו אשר שמרו בריתו	(I)	1QSa I,3
עושי את] רֿצֿונֿו שֿוֿמֿרי מצוותיו	(I)	1QSb I,1
אשר שמרו את מצותו / בצר למו		1QpHab V,5
ומטהרי הארץ ושומרי הכלים		1QM VII,2
ולהשמר מכול ערות דבר רע		1QM X,1
ברוך אל ישראל השומר חסד לבריתו		1QM XIV,4
ברוך] שמכה אל החסדים השומר ברית		1QM XIV,8
שמרֿתה נפש פדותכה		1QM XIV,10
ובריתכה שמרתה לנו מאז		1QM XVIII,7
ומרחם הכינותו למועד רצון להשמר בבריתך		1QHa VII,15
אשר בח[ר]תֿה לאוהביך ולשומרי מֿ[צ]וותי[ך]		1QHa VIII,22
] ושומרי מצו[ותיך]שבים אליך באמונה		1QHa VIII,26
ותגלה לב עפר להשמר / [		1QHa XXI,9
]תֿקומם לפני נגעי ולהשמר / [		1QHa XXII,6
]אשמר ביצר עפר מהתפרר		1QHa 3,5
]וישמורהו לרזי חפצו		1QHa 3,7
וי]שתמר חוקות עמרי]	(I)	1Q14 17-19,3
]◦ הכירו בֿ◦◦◦◦◦[ ]שמרו[	(I)	1Q16 3-7,2
וש]מרתה חוקי] ועדוותי [ומצוותי	(I)	1Q22 1ii1
הש]מרו מא]דה לנפשותיכם [לעשו]תֿ [אותם	(I)	1Q22 1ii9
מא]דה להש]מר	(I)	1Q22 43,2
השמר לכה למה תכבדכה ממני	(I)	1Q26 1,5
בני י]ש[רא]ל שמורו את הדברים האלה [	(I)	1Q29 5-7,4
שור או שה או כול בהמה לשמֿוֿרֿ[	(V)	4Q158 10-12,11
קר]א משעיר שומר מה מלֿ[ילה	(V)	4Q165 5,3
קוה אל י]הוה ושמור דרכֿו	(V)	4Q171 3-10iv10
לירא אותי ולשמור את כול / מצותי	(V)	4Q175 3
כי שמר אמרתכה ובריתך ינצר	(V)	4Q175 17
]◦ר על אוהבו ועל שומרי מצ[ותו	(V)	4Q176 16,4
[ל]מֿ[ע]ן [ישמר]וֿ / [בני ישראל]את היֿום	(XIII)	4Q218 3
שמֿ[ור] / [את המצוה הזאות	(XIII)	4Q219 II,11
השֿ[מר לכה פן תלך] / [בדרכיהמה	(XIII)	4Q219 II,24
וֿ[שמ]וֿר משמ[רת אל] / [עליון	(XIII)	4Q219 II,28
ושמור משמרֿ[ת אל]עֿליון[	(XIII)	4Q221 1,5
{[מכול תועבתם וש[מור משמרת אל עליון]	(XIII)	4Q221 1,6
כי שומֿר יֿעֿ[קו]ב גדול וגבור / [ונכבד	(XIII)	4Q223-224 2ii11
כ]ן כול שומרי עישאו לֿ[פֿ]נֿ[י]	(XIII)	4Q223-224 2ii12
עד דורות עולם אשר / שמר ◦[	(XXII)	4Q252 V,5
]שֿוֿמרי מצות אל[	(XXII)	4Q254 4,3
ובליעל לוא אשמור בלבֿבֿי	(XXVI)	4Q260 V,2
[אם] לא יש]מרו לעשות כפרוש התורה	(XVIII)	4Q266 3ii20
תשמור להקים כול שבֿ[ועת אסר	(XVIII)	4Q271 4ii8
ואם ירפא ממנה ושמרוהו עדֿ [שבע] / [שנים	(XVIII)	4Q271 5i20
]◦◦◦רֿ ואתו ישמר / [	(XX)	4Q302 2ii6
ושמרת]ה משמרתו[?	(XIII)	4Q364 29,2
וֿשמרתמ אתכול מֿצֿוֿתֿ[	(XIII)	4Q364 30,4
ושמר]תֿם אֿ[תם את חוקותי ואת משפטי	(XIII)	4Q365 22a-b,1
שמונת אלפים] / [ושש מאות שומר]ֿי משמרת	(XIII)	4Q365 27,5
]השמר לך פן תכרות / [ברית ליושב הארץ	(XXVIII)	4Q368 2,3
חג המצות תש]מֿרו שבעת הֿ[ימים	(XXVIII)	4Q368 2,9
ושמרֿתה / [את כול החו]קים האלה	(XIX)	4Q375 1i1
]וֿאתה תשמור וֿעֿ[שיתה כו]ל [אשר]יֿדֿבֿרֿ	(XIX)	4Q376 1ii3
אֿדֿוֿר האיש אשר לוא יעמוד וישמור ויעֿ[שה	(XXVIII)	4Q377 2ii4
]אלוה דֿבריך אשמור כי ◦[	(XXII)	4Q379 18,5
] / כי הוא זה שמרו אמֿ[	(XI)	4Q380 1ii2
]ושמרו את ברית אלהי אבותיהם בארץ	(XXX)	4Q385a 18ia-b,9
את חקותי ואת מצותי שמֿ[רו	(XXX)	4Q385a 18ii8
[בֿיום שמור ויום ◦]	(XXX)	4Q387 A,5
[האלוהי]םֿ האל הנאמן שומֿר [ה]ברית	(XXIX)	4Q393 3,2
הכוֿ[הנ]יֿם ראוי[להש]מֿ[ר בכול הד]בֿרֿיֿםֿ[	(X)	4Q394 3-7ii13
וֿברזיכה השמר / [לנפש]כֿה	(XXXIV)	4Q416 2ii8
וספר זכרון כתוב לפניו / לשמרי דברו	(XXXIV)	4Q417 1i16
וספר לאל זכרון כתוב לפֿ[ניו לשוֿמֿרי דב[רו	(XXXIV)	4Q418 43-45i12
וברחֿמים על כול שומרי דברו	(XXXIV)	4Q418 81+81a,8
] / השמר לכה למה תערב רֿמֿ[	(XXXIV)	4Q418 88ii3
]לֿהֿשמר[	(XXXIV)	4Q418 122i8
] / [ ]◦ פֿוֿקד לכה השמר מאד מֿ[	(XXXIV)	4Q418 123ii7
]הֿ השמר מא[ד	(XXXIV)	4Q418 177,7
]◦ איש ושומרֿ[	(XX)	4Q421 3,2
]◦ יֿשמור / [	(XX)	4Q421 4,1
ובו המשילכה לעבדו ולשמרו	(XXXIV)	4Q423 1-2i2
לכה השֿמֿרֿ[לֿ]כֿ[ה למה]תֿכבדכה	(XXXIV)	4Q423 4,1
]השמר לכה פן תשיֿב ללויֿ כוה[ן] / [	(XXXIV)	4Q423 5,1a
שוֿ[מרי כול מצוותיו וזרע רשעים / [	(XX)	4Q426 1i2
אי]כה אשמר ביצר עפר מה[ת]פרד	(XXIX)	4Q428 13,8
ות]שם שומ[רי אמת נגד עוני	(XXIX)	4Q432 3,2
וֿיֿחן מלאכו סבי[ב] שֿמֿרֿםֿ[ ]ל פן ישחיתם[	(XXIX)	4Q434 1i12

וחסדיך לי צ]נה סביב ו**תשמ[ור** נפשי (XXIX) 4Q**434** 4,2
וחסדיך לי צנה סביב ו**תשמור** נפשי בגוים (XXIX) 4Q**437** 2i5
ל]עשות רצונו ו**לשמור** חקיו ו◦[(XXXVI) 4Q**461** 1,8
ל]**שמר** עדוות בריתנו[(XXXVI) 4Q**471** 2,2
ברוך א[ל]י[שראל ה]**שומר** חסד [לבריתו (VII) 4Q**491** 8-10i2
]ק **לשמור** ◦[(VII) 4Q**502** 98,5
]א **שמר** ותקם עליו לבלתי ס[ור (VII) 4Q**504** 8,8
]**שמורים** זכ◦[(VII) 4Q**505** 125,1
]תם **להשמר** ב[(VII) 4Q**509** 7,7
] / [**שומ]רי** דרך אלוהים ומסל[ת ק]ודשו (VII) 4Q**511** 2i6
]**ישמרו** ברי[ת (XXV) 4Q**521** 10,2
ענה כמוהו היוצא בו **השמ[ר** (לכה) (XXV) 4Q**525** 14ii22
ומתקל לשון **השמר** מואדה בגו[(XXV) 4Q**525** 14ii26
למ]ען **ישמו[ר** (XXV) 4Q**525** 43,2
]**שמר** ו◦[(III) 5Q**25** 9,2
]ואמרתה הגפן הנטעת **אשמ[ר** (III) 6Q**11** 6
ויהוה ע]מכה ויש[**מ]רכה** מכול רע] (XXIII) 11Q**12** 9,5
הש]מר לכה פן תכרות בר[ית ליושב הארץ] 11Q**19** II,4
השמר פן תכרות[ברית ליושב הארץ] 11Q**19** II,12
מוצא שפתיכה **תשמור** כאשר נדרתה 11Q**19** LIII,13
אנוכי מצוכה ^אותמה^ היום **תשמור** לעשות 11Q**19** LIV,6
אם תשמע בקולי **לשמור** כול מצוותי 11Q**19** LV,13
ושמרתה לעשות / ככול אשר יורוכה 11Q**19** LVI,5
אשר יהיו **שומרים** אותו מכול דבר חט 11Q**19** LVII,10
ושתי הידות יהיו **שומרים** / את עריהמה 11Q**19** LVIII,8
ונשמרו מכול דבר טמאה 11Q**19** LVIII,17
ואת מצוותי **ישמור** ויעש / הישר והטוב 11Q**19** LIX,16
]◦ת **לשמרה** ◦◦◦[(XXIII) 11Q**25** 4,2

שֹׁמְרוֹן ← שׁוֹמְרוֹן

sun, sunlight; hanging shield noun **שֶׁמֶשׁ**

יהיה גלגל **השמש** / רחוק מן השער מלואו CD X,15
]ארץ **השמש** לבוא ביום ההואה 1QM XVIII,5
ומטע / עציהם על משקלת **השמש** לא[1QH[a] XVI,22
את חדרי הבית כחדודי **השמש** [(I) 1Q**19** 3,5
והצדק יגלה **כשמש** תכון / תבל (I) 1Q**27** 1i6
] / לו **השמש** כאשר עבר את פנוא[ל (V) 4Q**158** 1-2,11
אם זרחה **השמש** עליו דמים[(V) 4Q**158** 10-12,5
ושמתי כדכד] / כול **שמשותיך** (V) 4Q**164** 1,4
כשמש{{ל}} בכול אורו (V) 4Q**164** 1,6
עשה יהוה את **הש]מש** ואת הירח (XIII) 4Q**216** VI,5
עד בו **השמש** ביום השמיני (XVIII) 4Q**266** 6ii4
ש]מש /] (XVIII) 4Q**270** 2i9
בבוא] / **שמש** היום השביעי [(XXXV) 4Q**284** 2ii4
]◦ בבוא **שמש** היום הש[ביעי (XXXV) 4Q**284** 3,2
]**שמש** /] (XXXV) 4Q**284** 6,2
והצדק יגל[ה] **כש[מש** (XX) 4Q**300** 3,6
ובבוא **השמש** יכלה כול אורה[להכסות (XXVIII) 4Q**317** 2,28
ובבוא **השמ[ש** יכלה כול אורה להכסות] (XXVIII) 4Q**317** 3,33
ובבוא **הש]מש** יכל[ה כול אורה (XXVIII) 4Q**317** 22,4
ובבו]א **השמ[ש** יכלה כול אורה (XXVIII) 4Q**317** 24,4
הבדילם לא[ור] יומם **ובשמש** (XXIX) 4Q**392** 1,6
להערי[בו]ת **השמש** להיות טהורימ (X) 4Q**394** 3-7i18
עד בוא **השמש** ביום השמיני (X) 4Q**396** 1-2iv1
]◦ **כשמש** /] (XXXIV) 4Q**417** 29i5
]**שמש** ה[ ]בה ⟦ ⟧[(XXXIV) 4Q**418** 77,1
שמ]ש בצאתה מזבול◦[(XXXVI) 4Q**468**b 4
[ובצאת] **השמש** להאיר על האר[ץ יברכו (VII) 4Q**503** 10,1
]**השמש** צ[(VII) 4Q**503** 18,2
ובצ[א]ת **השמש** על ה[ארץ יברכו (VII) 4Q**503** 33II-36,1
[ובצאת **הש]מש** על ה[ארץ יברכו (VII) 4Q**503** 33II-36,10
ש]מש ברוך אל [ישראל (VII) 4Q**503** 65,4
] / ואחר [בוא ה]**שמש** היום ח[(VII) 4Q**512** 48-50,5
חכם ואור כאור **השמש** ^וסופר^ / ונבון (IV) 11Q**5** XXVII,2
ולוא[יאיר לך ה]**שמש** (XXIII) 11Q**11** V,10
[ולוא תבוא עליו] **השמש** 11Q**19** XX,13
ובאה **השמש** אחר / יבוא אל המקדש 11Q**19** XLV,9
וטהר[ו לע]רב כבוא **השמש** 11Q**19** L,4
ורחץ ובאה **השמש** / וטהר 11Q**19** L,15
ורחץ [במים ובאה] **השמש** וטהר 11Q**19** LI,3
ורחץ במים ובאה **השמש** אחר יטהר 11Q**19** LI,5
והשתחוה להמה / או **לשמש** או לירח 11Q**19** LV,18
ולוא תבו]א ע[ל]י[ו ה]**שמש** (XXIII) 11Q**20** IV,23
ורחץ במים] / ובאה **השמ[ש** אחר יטהר (XXIII) 11Q**20** XV,1

Samson proper noun **שִׁמְשׁוֹן**

ש]משון אליו ◦[(XXXVI) 4Q**465** 4

tooth, rocky crag noun **1-שֵׁן**

לצים יחרוקו **שנים** 1QH[a] X,11
ותסגור פי כפירים אשר / כחרב **שניהם** 1QH[a] XIII,10
ואתה אלי סגרתה בעד {{ל}}**ש**{{ו}}**ניהם** ← לָשׁוֹן 1QH[a] XIII,14
שתחת החומא מן המזרח / **בשן** הסלע (III) 3Q**15** II,11
]**ושניו** רומות לאבר (V) 4Q**186** 1iii3
ובת קולו עניה **ושניו** / דקות (V) 4Q**186** 2i2
נפש] / [ב]נפ עי{{ל}} בע[ין]**שן** בשן[יד ביד (XIII) 4Q**365** 38,2
נפש] / [ב]נפ עי{{ל}} בע[ין]שן **בשן**[יד ביד (XIII)
והייתה למאכל **שן** ולחומי רשף נגד מו[(XXXIV) 4Q**418** 127,3
נפש בנפש עין בעין **שן** בשן יד ביד 11Q**19** LXI,12
נפש בנפש עין בעין שן **בשן** יד ביד

שָׁן ← **בֵּית שָׁן**

channel (?) noun **שנאב**

כאש אוכלת בכול **שנאביהם** להתם כול עץ 1QH[a] XI,29

to change, pervert verb **1-שנה**

ימלאו פעולתם ואין **להשנות** 1QS III,16
סרך **לשנות** סדר דגלי המלחמה 1QM IX,10
וכול יודעיך לא **ישנו** דבריך 1QH[a] VI,15
ואיכה יוכל כול **להשנות** את דבריכה 1QH[a] VII,14
כרזי פשע **משנים** מעשי אל באשמתם 1QH[a] XIII,36
] ורזי פשע **להשנות** / בשר ב[1QH[a] XXIV,8
להביל בפחז והולכי ישר **להשנות** ח[וק] (V) 4Q**184** 1,15
רק אל יגע בטהרה עד אשר **ישנה** (XXXV) 4Q**274** 2i3
]כול שכל מעולם הוא לוא **ישנה**[(XX) 4Q**299** 8,8
כרזי פש]ע **משנים**[מעשי אל באשמתם (XXIX) 4Q**429** 3,10
ותשנה בזיוה ועדה ובגדיה[(XIX) 4Q**462** 1,16

to repeat verb **2-שנה**

ולוא **שנית**]י כי שב[רו יהוה אלהינו (XXVIII) 4Q**372** 19,4
ולוא **שניתי** כי שברו יהוה אלהינו (XXVIII) 4Q**373** 1a+b,6
ואין **נשניתי** והוריה לוא תדמה / [בהוריתי (VII) 4Q**491** 11i16

year noun **שָׁנָה**

ובקץ חרון **שנים** שלוש מאות / ותשעים CD I,5
כעורים וכימגששים דרך / **שנים** עשרים CD I,10
וידע את **שני** מעמד ומספר ופרוש קציהם CD II,9
מה יבוא בקציהם לכל **שני** עולם CD II,10

מבן ארבעים **שנה** ועד בן חמשים		1QM VI,14
מבן ארבעים **שנה** ועד בן חמשים		1QM VII,1
מבן {{◦◦}}חמ{{◦}}ש֯ים **שנה**		
מבן ארבעים **שנה** ועד בן חמשים		1QM VII,2
מבן חמש ועשרים **שנה** ועד בן שלושים		1QM VII,3
]מועדי קודש ותקופות **שנים** וקצי / עד		1QM X,15
למספר דורות עולם / ולכול **שני** נצח [		1QH[a] IX,19
ותקופות מספר **שני** עולם בכול מועדיהם		1QH[a] IX,24
]ב֯מדה לכול **שני** ע֯ו[לם		1QH[a] 11,2
[בארבעים] **השנה** לצ֯א֯[ת בני י]ש֯ר֯[אל	(I)	1Q**22** 1i1
[מקץ שבע **ש**]**נ֯ים** את שב֯ת [הארץ תעשה	(I)	1Q**22** 1iii1
ושמטתה [ידכה **בש**]**נ֯ה** הזא֯[ת]	(I)	1Q**22** 1iii4
כי **בשנ**[ה] / [הזאת יברככם אלו]הי֯ם֯	(I)	1Q**22** 1iii6
]ה **בשנה** [	(I)	1Q**22** 1iii8
]י֯ם **לשנה** [	(I)	1Q**22** 1iv7
] **ובשנה** ה֯[	(I)	1Q**22** 1iv10
כ]ו֯ל **שנ**[ה	(I)	1Q**22** 42,3
]◦ות **השנים**[	(I)	1Q**36** 11,2
עשרה]שבו[עי] **שנים** כ[ול ימי חיי יוסף]	(III)	2Q**20** 1,1
לסוף / ארבעים **השנה** אשר יתמו	(V)	4Q**171** 1-2ii7
ש]**נ֯ותיהם** וקץ מעמדם י[	(V)	4Q**177** 1-4,11
אכול **השנה** שפ[יח פשר הדב]ר השפיח הו[אה	(V)	4Q**177** 5-6,2
] / **השנים** [	(XIII)	4Q**217** 1,2
]לכל **ש֯**[**ני**]העולם מ֯ן הבריא֯[ה	(XIII)	4Q**217** 2,2
היאה]ה֯**שנה** אשר מת בה אברהם	(XIII)	4Q**219** II,36
א֯ם֯[תקרבנה **שנ**]י֯ לשני חי[יך]	(XIII)	4Q**223-224** 2i46
א֯ם֯[תקרבנה שנ]י֯ **לשני** חי[יך]	(XIII)	4Q**223-224** 2i46
חמשה וע]שרים שבועי **שנים** [וחמש]ש֯נים	(XIII)	4Q**223-224** 2iii11
חמשה וע]שרים שבועי שנים [וחמש]**ש֯נים**	(XIII)	
יש]ב֯ בחרן עשר[י]ם [**ש**]**נה**	(XIII)	4Q**225** 2i2
]◦י **שנים** עשית מ֯ן השבוע֯[	(XIII)	4Q**226** 1,5
]◦כו **שנ֯י֯**[	(XIII)	4Q**227** 1,5
]ששה יובלי **שנים** / [	(XIII)	4Q**227** 2,2
]ע֯שר **ש֯נ֯י֯**[ם	(XXXVI)	4Q**249**e 1i-3,6a
וב֯ן **ש֯נ֯א֯**[יעבר על הפק]ו֯ד֯י֯ם֯	(XXXVI)	4Q**249**e 1i-3,6
]י֯ש **שנה**[	(XXXVI)	4Q**249**r 1,2
והר]מ֯ו֯ן והזית **בשנה** ה֯רביעי֯ת	(XXXV)	4Q**251** 10,8
[ב]**ש֯נת** ארבע מאות ושמונים לחיי נוח	(XXII)	4Q**252** I,1
ויחתכו ימיהם מאה ועשרים / **שנה**	(XXII)	4Q**252** I,3
היו על הארץ 〚 〛 **בשנת** שש מאות	(XXII)	
שש מאות **שנה** / לחיי נוח	(XXII)	
באחת ושש מאות **שנה** לחיי נוח	(XXII)	4Q**252** II,1
יצא נוח מן התבה לקץ **שנה** / תמימה	(XXII)	4Q**252** II,2
〚 〛 נוח מן התבה למועד **שנה** / תמימה	(XXII)	4Q**252** II,4
בן מאה וא֯ר֯[ב]ע֯י֯ם **שנה** תרח	(XXII)	4Q**252** II,8
ויבוא ח֯רן ואב֯[רם ש]ב֯ע֯ים **שנה**	(XXII)	4Q**252** II,9
וחמש **שנים** ישב / אברם בחרן	(XXII)	
ובמולאת]ל֯[ו]**שנה** תמימה ישא[לו הרבים	(XXVI)	4Q**256** XI,13
ו]מ֯ו֯[ע]ד֯ דשא מועד֯י **ש֯**[**נים** לשבועיהם	(XXVI)	4Q**256** XIX,6
ומעשיהם / בתורה **שנה** בשנה	(XXVI)	4Q**258** II,4
ומעשיהם / בתורה שנה **בשנה**	(XXVI)	
בהכין אלה בי]סוד היחד **שנתים** ימים	(XXVI)	4Q**258** VI,4
ומן העצה ומן המשפט **שנת**[**ים** ימי]ם֯	(XXVI)	4Q**258** VII,1
ע֯ד מלאות לו **שנתים**	(XXVI)	4Q**258** VII,2
כי על שגגה אחת יענש **שנתים**	(XXVI)	
אך / **שנתים**[י]מים יבחן לתמים דרכו	(XXVI)	4Q**258** VII,3
בראשי **שנים** ובתקו[פת מועדיהם	(XXVI)	4Q**258** IX,4
מועד֯י **ש**[**ני**]**ם** לשבעיה[ם ובראש ש]ב֯ע֯יה֯ם֯	(XXVI)	4Q**258** IX,6
[ונענש]**ש֯נה** א[חת	(XXVI)	4Q**261** 4a-b,5
[והבדילוהו **ש**]**נ֯ה֯**[א]ח֯ת֯ מ֯ט֯ה֯[רת הרבים	(XXVI)	4Q**261** 6a-e,2
מעמדם ומספר צרותיהם **ושני** / התגוררם		CD IV,5
עד שלים / הקץ **השנים** האלה		CD IV,9
ובשלום הקץ למספר **השנים** / האלה		CD IV,10
ובכל **השנים** האלה יהיה / בליעל משולח		CD IV,12
מבני חמשה / ועשרים **שנה** עד בני ששים שנה		CD X,7
מבני חמשה / ועשרים שנה עד בני ששים **שנה**		
ואל יתיצב עוד מבן / ששים **שנה** ומעלה		CD X,8
ושמרוהו עד שבע **שנים** ואחר / יבו֯א		CD XII,5
מבן שלושים **שנה** ו֯ע֯ד בן ששים		CD XIV,7
מ֯ב֯ן שלשים **שנה** [ע]ד֯ בן חמשים שנה		CD XIV,9
מ֯ב֯ן שלשים שנה [ע]ד֯ בן חמשים **שנה**		
ויל֯[מ]ד֯ / ע֯ד **שנ֯ה֯** ת֯מ֯ימ֯ה֯		CD XV,15
א֯שר שבו / ע֯ם איש הכזב **כשנ֯י֯ם** ארבעים		CD XX,15
ככה יעשו **שנה** בשנה כול יומי ממשלת בליעל		1QS II,19
ככה יעשו שנה **בשנה** כול יומי ממשלת בליעל		
פוקדם את רוחם ומעשיהם **שנה** בשנה		1QS V,24
פוקדם את רוחם ומעשיהם שנה **בשנה**		
את שלישית כול לילות **השנה**		1QS VI,7
עד מו֯ל֯את לו **שנה** תמימה		1QS VI,17
ובמולאת לו **שנה** בתוכ היחד ישאלו הרבים		1QS VI,18
עד / מולאת לו **שנה** שנית בתוך אנשי היחד		1QS VI,21
ובמולאת לו **השנה** השנית יפקודהו		
ויבדילהו מתוכ טהרת רבים **שנה** אחת		1QS VI,25
ונ{{א֯}}נעש **שנה** אח֯[ת ומובדל		1QS VI,27
ונענש **שנה** / אחת ומובדל על נפשו		1QS VII,2
ונענש **שנה** אחת / ומובדל		1QS VII,4
ונענש {{ששה חודשים}} **שנה** אחת		1QS VII,8
והבדילהו **שנה** אחת מטהרת הרבים		1QS VII,16
אמ ישוב ונענש שתי **שנים**		1QS VII,19
ובמלואת / לו **שנתים** ימים ישאלו הרבים		1QS VII,21
על מלואת עשר **שנים** / 〚 〛		1QS VII,22
בהכון אלה ביסוד היחד **שנתים** ימים		1QS VIII,10
ולוא ישאל על כול עצה **שנתים** ימים		1QS VIII,25
עד מולאת לו **שנתים** / ימים		1QS VIII,26
כיא על {{◦◦}} שגגה אחת יענש **שנתים**		1QS IX,1
אכ השוגג / יבחן **שנתים** ימים		1QS IX,2
בראשי {{◦}} **שנים** ובתקופת מועדיהם		1QS X,6
למועד דשא מועדי **שנים** לשבועיהם		1QS X,7
עשר **שנים**[ ]בוא בטב	(I)	1QSa I,8
וב֯[ן] עשרים **שנ**[**ה** יעבר] / [על] הפקודים	(I)	
מילואת לו עש[רי]ם֯ **שנה** בדעתו֯[טוב] / ורע	(I)	1QSa I,10
ובן חמשועשרים **שנה** יבוא להת[יצ]ב ביסודות	(I)	1QSa I,12
ובן שלושים **שנה** יגש לריב ריב / ומ֯[ש]פ֯ט	(I)	1QSa I,13
וברובות **שני** איש לפי כוחו יתנו משאו	(I)	1QSa I,19
מאכלם על כול העמים **שנה** בשנה		1QpHab VI,7
מאכלם על כול העמים שנה **בשנה**		
ולכול ימי **השנה** מבן חמשים שנה ומעלה		1QM II,4
ולכול ימי השנה מבן חמשים **שנה** ומעלה		
את כול אלה יסרוכו במועד **שנת** השמטה		1QM II,6
ובשלוש ושלושים **שני** המלחמה הנותרות		
כפי תעודות המלחמה **שנה** בשנה		1QM II,8
כפי תעודות המלחמה שנה **בשנה**		
ובשני השמטים לוא יחלוצו לצאת לצבא		
בחמש ושלושים **שני** העבודה		1QM II,9
תערך המלחמה שש **שנים**		
בשנה הראישונה ילחמו בארם נהרים		1QM II,10
בשנה השמינית ילחמו בבני / עילם		1QM II,12
ובעשר **השנים** אשר אחריהם תחלק המלחמה		1QM II,13
ובעשר **השנים** הנותרות תחלק המלחמה		1QM II,14
מבן שלושים **שנה** עד בן חמש וארבעים		1QM VI,14

] אלוהים **בשנת**ׄ[	(XIII)	**4Q382** 15,6
הנ[נ]ׄי גודד / את הימים ואת **השני**[ם	(XXX)	**4Q385** 4,5
י]שראל **שנתים** ׄי[מים	(XXX)	**4Q385a** 12,5
]ם בארצ[ות] איביׄ[כ]ם[ ]עד **שנת**[	(XXX)	**4Q387** 1,9
]עד שלמות עשרה / יבלי **שנים**	(XXX)	**4Q387** 2ii4
]ל[ ]מׄלכי הצפון **שנים**ׄ[	(XXX)	**4Q387** 4i2
ארב]עים **שנה** ויה[י	(XXX)	**4Q388a** 2,3
]שבתות **השׄ[נים**	(XXX)	**4Q388a** 4,2
] / [שלו]שים ושש **שנה** לגלות ישראל	(XXX)	**4Q389** 1,6
]ארבעים **שנה** ויהי [	(XXX)	**4Q389** 2,8
]שבעים **שנה** [	(XXX)	**4Q390** 1,2
להסגירם לחרב שבוע **שנים**ׄ[	(XXX)	**4Q390** 2i4
וי[ח]ל[ו] להריב אלה באלה **שנים** שבעים	(XXX)	**4Q390** 2i6
ושלםה **השנה** שלוש מאת וׄש[שים וארבעה]	(X)	**4Q394** 3-7i2
ובינו **בׄשני** ד[ור ו]דור כאשר גלה אל	(XX)	**4Q413** 1-2,4
כי אל אמת הוא ומקדם **שני**ׄ עולם	(XXXIV)	**4Q416** 1,14
] / ולא עׄיף בכול {{נ}}**שני** עולם	(XXXIV)	**4Q418** 69ii12
ושלומכה לרוב **שני**ׄ[	(XXXIV)	**4Q418** 88ii2
] / למבוא **שנים** ומוצא קצים [	(XXXIV)	**4Q418** 123ii2
]בׄכול מרעיתמה {{למה}} **שנה** [	(XXXIV)	**4Q418** 172,11
אשר עשיתה **בשני** קדם שני דור ודור	(XXIX)	**4Q436** 1a+bi3
אשר עשיתה בשני קדם **שני** דור ודור	(XXIX)	
]לׄשמונים **שנה** [	(XIX)	**4Q464** 4,3
]◦ **שנה** יעקו[ב	(XIX)	**4Q464** 7,7
]◦ **שנים** [	(XIX)	**4Q464** 8,2
מב]ן עשרים [**ש]נה** [ו]מעלה להׄ[	(VII)	**4Q491** 4,2
] **שנה** יחל[ו	(VII)	**4Q491** 20,3
תערוך המלחמה שש **שנ]ים**ׄ ׄי[ערוכוה	(VII)	**4Q496** 5-6,1
]**שנת**ׄי תמׄ[	(VII)	**4Q499** 47,3
ותרב{{רנו}} [ ] אותנו **בשני** דורותינו / [	(VII)	**4Q504** 1-2iii7
]הם תכן למועדי **שנה** [ומ]משלת יחד	(VII)	**4Q511** 2i9
]בׄפׄיהו **ושנת**[	(VII)	**4Q513** 17,2
ש]בׄועׄי **שׄנׄתׄ**[	(VII)	**4Q519** 21,3
]**בשנה** תׄצוהו להזדׄ[	(III)	**5Q13** 1,12
]ה ואחר **שני** / [	(III)	**5Q13** 2,10
ה]אׄלה יעשו **שנה** בשנה כׄ[ול ימי	(III)	**5Q13** 4,4
ה]אׄלה יעשו שנה **בשנה** כׄ[ול ימי	(III)	
] **שנה** בשנה [	(III)	**5Q13** 28,4
] שנה **בשנה** [	(III)	**5Q13** 28,4
]**שנה** [	(III)	**5Q25** 11,1
לכול ימי **השנה** ארבעה וששים ושלוש / מאות	(IV)	**11Q5** XXVII,6
ותלד לו ב]ן **בשׄ[נה]** / [השלישית	(XXIII)	**11Q12** 2,1
כיא] אלף הׄ[**שׄ]נׄים** יום אחד בתעודת השמים	(XXIII)	**11Q12** 5,2
על כן] / [לא כלה את]**שׄני** היום[הזה	(XXIII)	**11Q12** 5,4
וׄאשר אמר **בשנת** היובל [הזואת	(XXIII)	**11Q13** II,2
כיא / הואה הקׄץׄ **לשנת** הרצון למלכי צדׄק	(XXIII)	**11Q13** II,9
כבשים בני **ש[נה** / תמימים		**11Q19** XIII,10
חודש בחודשו] / לחודשי **השנה** ◦◦[		**11Q19** XIV,8
ראישון הוא לכמה לחודשי] / **השנה**		**11Q19** XIV,10
] / **שנה** שבעה וש[עיר עזים לחטאת		**11Q19** XV,2
מׄבׄן עׄשרי[ם] **שנה** ומעלה יעשו אותו		**11Q19** XVII,8
ואיל וכבשים בני **שנה** שבעה / תמימים		**11Q19** XVII,13
יין חדש על מזבח יהוה **שנה** בשנ[ה]		**11Q19** XXI,10
יין חדש על מזבח יהוה שנה **בשנ[ה]**		
חוקות עולם לדורותיהמה **שנה** בשנה		**11Q19** XXII,14
חוקות עולם לדורותיהמה שנה **בשנה**		
לפני יהוה פעם אחת **בשנה**		**11Q19** XXII,16
כבשי]ם בׄ[ני] **שנׄה** שבעׄ[ה תמימים		**11Q19** XXV,5
כבשים בני **שנה** שבעה		**11Q19** XXV,13
פׄעם אחת **בשנה** יהיה היום הזה להמה		**11Q19** XXVII,5

ודרשהׄ **שנהׄ** [אחת	(XXXV)	**4Q265** 4ii4
[עד] עוד **שנה** תמימה	(XXXV)	**4Q265** 4ii7
[ובמלא]ת לו **שנת** [יקרבו את הונו	(XXXV)	
ובקץ חרו]ן **שנים** שלוׄ[ש מאות ותשעים]	(XVIII)	**4Q266** 2i10
כעוורים וכמגששים דרך] **שנׄ[י]םׄ** עשׄר[ים]	(XVIII)	**4Q266** 2i13
ובשלום הקץ **השניׄ[ם** [הא]ל[ה] / [אין עוד	(XVIII)	**4Q266** 3i4
ו◦[ ]טע איש **בשנה** הרבׄיׄעית	(XVIII)	**4Q266** 6iv4
ל[ו יוכ]לׄ / [כי]קׄדשו **בשׄנה** הזואת	(XVIII)	**4Q266** 6iv5
וילמד / עד **שנה** תמימה	(XVIII)	**4Q266** 8i6
מב]ני חמש [ו]עׄשרים [שנה ועד] בן ששים **שנה**	(XVIII)	**4Q266** 8iii6
[והו]בׄדל **שנה** אחת ונע[נ]ש / ש[שה חודשים]	(XVIII)	**4Q266** 10ii2
]שׄבע **שׄ[נים**	(XVIII)	**4Q266** 12,8
]**שנים** אחר / [	(XVIII)	**4Q266** 17,2
]ש **שׄנׄים**[	(XVIII)	**4Q266** 63,2
מׄבׄן שלושים **שנה** ועדׄ בׄן ששים / [שנ]ה	(XVIII)	**4Q267** 9v11
מׄבׄן שלושים שנה ועדׄ בׄן ששים / **[שנ]הׄ**	(XVIII)	**4Q267** 9v12
מבן [ש]לׄושׄים **[שׄנה** / [וע]ד בן חׄמשׄ[ים שנה	(XVIII)	**4Q267** 9v13
בקץ] / [חרון **ש]נים** שלוש מאות ותשעׄיםׄ	(XVIII)	**4Q268** 1,13
ל]הרים אחת **בשנה**	(XVIII)	**4Q270** 3ii20
מ]עׄטׄו **שׄניׄ** האדׄ[ם	(XVIII)	**4Q270** 6ii10
[מבן ח]מׄש וׄעשרים **שנה** ועׄ[ד בן ששים] שנה	(XVIII)	**4Q270** 6iv17
[מבן ח]מׄש וׄעשרים שנה ועׄ[ד בן ששים] **שנה**	(XVIII)	
ולאׄ יׄתׄיצב עוד מבן ששים **שנה** [ומעלה	(XVIII)	**4Q270** 6iv18
והבדילוה]ׄ מן הטהרה **שׄנׄ[ה** אחת	(XVIII)	**4Q270** 7i6
לה[שיב לו] והגיש[ה]**שׄנת** הׄ[יובל] / [	(XVIII)	**4Q271** 3,2
וארבעת מו]עׄדי **השנה** בימי / [	(XXXV)	**4Q284** 1,5
]**שנה** וכׄוׄ[ל	(XXXVI)	**4Q285** 9,1
] / [ראשי **שנ]יׄםׄ** בתקופותמה	(XI)	**4Q286** 1ii10
] **שנה** בשנה בסׄוׄ[ך	(XI)	**4Q287** 4,1
] שנה **בשנׄה** בסׄוׄ[ך	(XI)	
א]חת **בשנהׄ**[	(XX)	**4Q299** 69,1
]הׄ שכ[נ]יה **בשנה** השלישית	(XXI)	**4Q319** IV,18
]**בשנה** הרביעית	(XXI)	**4Q319** V,13
אות **שנה** בששית סוׄף[גמול] / בשׄ[נית	(XXI)	**4Q319** VI,15
]אות הי[ו]ב[לים **[שׄ]נת** יובלים לימׄי[קדש]	(XXI)	**4Q319** VI,18
]**שנה** השׄ[	(XXI)	**4Q319** 92,3
לחודש הרישון **בשנה** / [הרישו]נׄה	(XXI)	**4Q320** 1i4
השנה השנית	(XXI)	**4Q320** 1ii4
גמו]לׄ רׄ[ו]ש כל **השנים** / [	(XXI)	**4Q320** 3i12
לחדשים / [ול]**שׄנים** ולשמטים / וליובלות	(XXI)	**4Q320** 4ii12
השנה הרישונה מועדיה	(XXI)	**4Q320** 4iii1
בששית הפצין אלה רשי **השנים**	(XXI)	**4Q328** 1
] / בשבוע ששי **שנׄהׄ**[	(XXI)	**4Q330** 1ii2
] / **שנה** שניׄה	(XXI)	**4Q330** 1ii3
בׄשׄנׄה החׄ[משית] ישבאב בׄ[	(XXI)	
ויהי ישחק בן ארבעים] / **[שנ]הׄ** בקחתו	(XIII)	**4Q364** 1a-b,4
] / [ארבע]ה עשרה **ש[נה** ?	(XIII)	**4Q364** 4b-eii3
ויהיו י]מׄיׄ ישחק מאת **שנה**	(XIII)	**4Q364** 8i2
ואהׄ[רון בן] / [שלוש ועשרים ומאת] **שנהׄ**	(XIII)	**4Q364** 19a-b,8
? שבת]וׄת **השנים**[תשע וארבעים]שׄנה	(XIII)	**4Q365** 24,3
? שבת]וׄת השנים[תשע וארבעים]**שׄנה**	(XIII)	
עד **שנת** היובל יעבד עמׄ[ך	(XIII)	**4Q366** 2,5
כבשים בני **שנ]הׄ** שבעה תמימם	(XIII)	**4Q366** 4i5
תביא[כבש בן] / **שנתו** לעלה	(XIII)	**4Q367** 1a-b,9
]לׄ המאסף מבן עשרים **שנה** / [	(XXVIII)	**4Q377** 2i6
ותסג]רׄמרים מעינו [ ] **שׄני** / [	(XXVIII)	**4Q377** 2i9
בׄחדש / [הרא]שון **בשנת** הא[חד	(XXII)	**4Q379** 12,4
ו]אׄרׄבעים **שנה** לצאתם מארׄ[ץ] / מׄצׄרים	(XXII)	
היׄא **השנה** ליובלים לתחלת בואתם לארץ	(XXII)	**4Q379** 12,5
]אתה **לשנהׄ**[	(XI)	**4Q381** 94,2

כבשים בני **שנה** ארבעה עשר		11Q**19** XXVIII,10
הסוכות / נעשות עליהמה בכול **שנה** ושנה		11Q**19** XLII,13
הסוכות / נעשות עליהמה בכול שנה **ושנה**		
אשר / לחג הסוכות **שנה** בשנה		11Q**19** XLII,17
אשר / לחג הסוכות שנה **בשנה**		
ולוא יניֹ[חו] / ממנו **שנה** לשנה אחרת		11Q**19** XLIII,5
ולוא יניֹ[חו] / ממנו שנה **לשנה** אחרת		
עד **השנה** השנית עד יום חג הבכורים		11Q**19** XLIII,7
עד **השנה** השנית עד יום מועד / התירוש		11Q**19** XLIII,8
עד **השנה** השנית / למועד יום הקרב שמן		11Q**19** XLIII,9
לפני תואכלנו **שנה** כשנה במקום אשר אבחר		11Q**19** LII,9
לפני תואכלנו שנה **כשנה** במקום אשר אבחר		
מבן / עשרים **שנה** ועד בן ששים שנה		11Q**19** LVII,3
מבן / עשרים שנה ועד בן ששים **שנה**		
ולוא תגע לכה בטהרה עד / שבע **שנים**		11Q**19** LXIII,15
לוא תואכל עד יעבורו שבע **שנים**		
איל אחד וכבש]ים בני **שנה** שבעה	(XXIII)	11Q**20** IV,7
]אֹ וכבשים [בני] **שנה** ארבעה / [עשר	(XXIII)	11Q**20** IV,12
יין חדש על מזבח יהוה] **שנה** בשנה	(XXIII)	11Q**20** V,13
יין חדש על מזבח יהוה] שנה **בשנה**	(XXIII)	
אם] / [ישוב ונענש שתי **שני**]םׄ בראֹ[שונה	(XXIII)	11Q**29** 3
] **הׄשנים** [	(XXXIII)	PAM 43.685 68,1
]**שנה**[	(XXXIII)	PAM 43.696 47,2
בשנת שתים לׄ◦ [	(XXXVI)	KhQ**1** 1

sleep noun שֵׁנָה

ביו]םׄ הזה שמח ויׄשן **שׁׄ[נת** עולמים]	(XIII)	4Q**223-224** 2iii10

scarlet noun שָׁנִי

תכלת / וארגמן ותולעת **שני** וצורת ריקמה		1QM VII,11
תכלת וארגמן ותו]לעת **שנ[י**]ושש מושזר	(XIII)	4Q**365** 8a-b,3
תכלת וארגמן ותולעת **שנ]יֹ** וׄשיש מעשהׄ / [	(XIII)	4Q**365** 12ai4
תכלת וארגמן ו]תׄולעת **שני** ושש משזר	(XIII)	4Q**365** 12biii3
ובתוך התולעת **הׄשני**ֻ{{ש}} ← **שֵׁשׁ-3**	(XIII)	4Q**365** 12biii4
תכלת וארגמן ותולעת **שני** ושש משזר	(XIII)	4Q**365** 12biii6
תכל[ת] / ארׄגמן ותולעת **שני** ושש משוזר	(XIII)	4Q**365** 12biii8
בׄתוך כבוד מראיׄ **שׁני** צבעי אור רוח קודׄש	(XI)	4Q**405** 23ii8
ותולעת] / **שני** עם כול בגדי [	(XXV)	4Q**525** 2iii6

second adjective שֵׁנִי

הראשונה היא הזנות **השנית** ההין השלישית		CD IV,17
הׄכהׄנׄיׄם לׄרׄאׄשׄוׄנׄהׄ / וׄהׄלוים **שנים**		CD XIV,4
הכהנים לראשונה והלוים **שנים**		CD XIV,5
ישבו לרשונה והזקנים **בשנית**		1QS VI,8
עד / מולאת לו שנה **שנית** בתוך אנשי היחד		1QS VI,21
ובמולאת לו השנה **השנית** יפקודהו		
ובשנית לוא יגע {{בטהרת}} ֻמשקתֻ הרבים		1QS VII,20
ובשנית בבני לוד		1QM II,10
על אות **השנית** מחני אל		1QM IV,9
ועל השלט **השני** יכתובו / זיקי דם		1QM VI,2
והדגל **השני** מחזיקי מגן וכידן		1QM VI,5
ושבע מאות לעבר **השני**		1QM VI,9
ותקעו להם הכוהנים תרועה **שנית** קול נוח		1QM VIII,7
ותקעו להם / הכוהנים תרועה **שניׄתׄ**[		1QM XVI,6
וׄתׄקעו הכוהנים בחצוצרות תרועה **שנית**		1QM XVII,11
והאצרה שבע ומעסר / **שני**	(III)	3Q**15** I,11
בתכׄלת **השני** גב צריח הצופא / מזרח	(III)	3Q**15** IX,4
בעליאה **השנית** ירידתו / מלמעלא	(III)	3Q**15** X,1
]◦[הו]אה ספר התורה **שנית** אשׄר[	(V)	4Q**177** 1-4,14
והואה מן העמוד **השני**	(V)	4Q**186** 1ii6
]עׄמוד **השני** שמונה וא[חת	(V)	4Q**186** 2i7
[כ]תׄ[וב] **שניתׄ**[ארור שוכב עם אשת]אׄבׄיׄהׄו	(XIII)	4Q**221** 4,1
והשל]יך חץ **שנ[י** והכה את אדורים הא]רמי	(XIII)	4Q**223-224** 2iv19
בחודש **השני** באחד בשבת בשבעה עשׄר	(XXII)	4Q**252** I,4
ובשבעה עשר יום לחודש **הׄשני**	(XXII)	4Q**252** II,1
]**שניתׄ** / [	(XVIII)	4Q**266** 6biii3
הׄכוהנים [לרא]ׄשׄ[ונה והלויים] **שניים**	(XVIII)	4Q**267** 9v7
אות גמול **בשני]תׄ**	(XXI)	4Q**319** V,2
אות סוף] / הׄיובל **השי**{{נ}}**לשי** ← **שְׁלִישִׁי**	(XXI)	4Q**319** V,5
שכניׄה[בשנה **הש]נׄיׄ[ת**	(XXI)	4Q**319** V,6
אות ג]מׄול **בשנית**	(XXI)	4Q**319** V,8
אות גמול] / **בשנׄיׄת**	(XXI)	4Q**319** V,15
אות] / [גמול ב]**שׁׄנית**	(XXI)	4Q**319** VI,2
אׄו[ת שכניה] / [ב]**שׁׄנית**	(XXI)	4Q**319** VI,13
אות שנה בששית סוׄף[גמול] / **בשׁׄ[נית**	(XXI)	4Q**319** VI,16
הראשון בידעיה ה]**שׁׄנׄ[י**]במׄיׄמׄן	(XXI)	4Q**319** VI,19
ב5 ביחזקאל הפסח]**הׄשׄני**	(XXI)	4Q**319** 13,1
ה]קוץ ל30 ב30 **בשני**	(XXI)	4Q**320** 1i7
השנה **השנית**	(XXI)	4Q**320** 1ii4
בישוע ל30 ב20 **בשני**	(XXI)	4Q**320** 1ii6
]◦ **שני** הקדש / [	(XXI)	4Q**320** 3i9
את]וׄתׄ היובל **השני** / [	(XXI)	4Q**320** 3i13
השני 30 [ידעיה]	(XXI)	4Q**320** 3ii12
השנית מועׄדיׄהׄ	(XXI)	4Q**320** 4iii11
ב[5 בא]מר הפסח **השני**	(XXI)	4Q**320** 4v3
[ב]5 ביחזקאל הפסח **השני**	(XXI)	4Q**320** 4v12
השנה ה]**שׁׄנׄ[ית]** הרׄאׄשון בשנׄיׄם במלׄאׄכיה	(XXI)	4Q**321** I,6
בארבׄ[ע]הׄ בישועׄ [ב]עׄשׄרים **בשני**	(XXI)	4Q**321** I,7
וׄ[דוק]הׄ **שנית** בשלושה בׄ[חזיר	(XXI)	4Q**321** II,5
שבת [בפ]תחיה בשלושים **בשני**	(XXI)	4Q**321** III,8
⟦ ⟧] / **השנית**	(XXI)	4Q**321** V,4
השׁׄני במ[ימין	(XXI)	
באביה] / בׄוׄאׄ הפסח **השני**	(XXI)	4Q**321** V,5
הׄשׁׄ[ני] בשכׄניה	(XXI)	4Q**321** V,9
בׄיׄקׄיׄםׄ בוא הפסח **[הש]ני**	(XXI)	
השׁׄ[ני בפצין]	(XXI)	4Q**321** VI,7
בׄיׄחזקאל בוא / הפסׄחׄ **[ה]שׁׄנׄיׄ**	(XXI)	4Q**321** VI,8
] / **השניׄ[ת** החודש הראשון בשנים	(XXI)	4Q**321a** II,8
בארבעה ביכין] / ב[עשרים **בש]נׄי**	(XXI)	4Q**321a** IV,8
יו]םׄ **שני** בחׄפׄהׄ שהו[א שנים בתשיעי	(XXI)	4Q**322** 1,3a
] / יום **הש[ני**	(XXVIII)	4Q**324**d 7ii2
רוש החודש ה]**שׁׄ[ני**	(XXI)	4Q**325** 1,3
בשני בוׄאׄ[שבת	(XXI)	4Q**326** 5
ב]**שנית** [יׄ]דעיה בלגה ש[עו]רׄים ח[זיר]	(XXI)	4Q**328** 3
השני]ת מׄ[עד]יה [בש]לשה / [בשערים הפסח	(XXI)	4Q**329**a 2
] / שנה **שניהׄ** ֻבשנׄה החׄ[משית] ֻישבאב בׄ[	(XXI)	4Q**330** 1ii3
והטור **השׁׄני** נפך ספיר ויהׄ[לום	(XIII)	4Q**365** 12biii10
ויאמר **שנית** הנבא ויעלו עליהם גדים	(XXX)	4Q**385** 2,6
]ךׄ **שני** וׄ◦[	(XIX)	4Q**391** 9,1
וׄ[יו]םׄ **השנׄ[י]** / [ויום נוסף]	(XXI)	4Q**394** 1-2ii8
שו]בׄוע **שני** יהלׄלׄ שבעה לׄ[	(XI)	4Q**401** 13,2
כול קדושי] / עולמים **שניים** בכוהני קורב	(XI)	4Q**403** 1ii19
סוד **שני** במעון פלׄאׄ בשבעׄ[	(XI)	
סו]דׄ / **שני** במעוני פׄלא ב[שבע	(XI)	4Q**405** 8-9,3
]◦ **שנית** על עמדו	(XXXV)	4Q**414** 13,8
]תׄ **שניתׄ**[	(XXXV)	4Q**414** 25,2
]**הׄשנית** / [	(XXXVI)	4Q**458** 2i3
]והנה נתנו במצרים **שנית** בקץ ממלכה	(XIX)	4Q**462** 1,13
הר]אׄישׁׄוׄנׄה ת[צא למלחמה]**והשנית** עוׄמׄ[דת	(VII)	4Q**491** 1-3,15
] / **הׄשנ[ית**]◦[ ]בׄעׄרׄוׄךׄ המלחמה	(VII)	

ומלאה המ[ע]רכה **השנית** את עונתה	(VII)	4Q**491** 1-3,16
יתקעו הכוהנים לסדר מלחמה **שנית**	(VII)	4Q**491** 11ii19
יתקעו הכוהנים תרועה **שנית**	(VII)	4Q**491** 11ii20
ויצאה המערכה **השנית** וככול הסרך הזה	(VII)	4Q**493** 9
ילח]מו בארם נ[הרים ו]**בשנית** / [	(VII)	4Q**496** 5-6,3
]◦[ ]**השנית** [	(VII)	4Q**496** 32,2
למשכיל ש]יר **שני** לפחד מיראיו[	(VII)	4Q**511** 8,4
וית]קע נפש **שניה**[	(III)	6Q**9** 57,3
החדש ה]**שני** בו 30 / [יום	(III)	6Q**17** 1
ומז]ה הקצה **השני** פורשים כנפים[		11Q**19** VII,11
ויקח הפר **השני** אשר לעם ויכפר בו[		11Q**19** XVI,14
וביום **השני** יעשה עולת בנימין לראישונה		11Q**19** XXIV,12
וביום] / **השני** פרים שנים עשר		11Q**19** XXVIII,3
ומפנת השער עד המקצוע **השני** לחצר		11Q**19** XXXVI,12
ועשיתה [ח]צר **שנית** סב[י]ב ל[חצר הפנ]ימית		11Q**19** XXXVIII,12
עולים מסבות לתוך הפרור **השני** ולשלישי		11Q**19** XLII,8
ופרוריהמה כתחתונות / **שניות** ושלישיות		11Q**19** XLII,10
יהיו אוכלים את הדגן / עד השנה **השנית**		11Q**19** XLIII,7
והיין מיום מועד התירוש עד השנה **השנית**		11Q**19** XLIII,8
והיצהר מיום מועדו עד השנה **השנית**		11Q**19** XLIII,9
משער שמעון עד הפנה / **השנית**		11Q**19** XLIV,10
ויצאו ? ה]**שני** יהיה בא לשמאול[		11Q**19** XLV,3
וביום השביעי / יזו **שנית** וירחצו ויכבסו		11Q**19** XLIX,20
]◦ה עד אשר יזו את **הש[נית]** / ביום השביעי		11Q**19** L,3
וביום השביעי יזה **שנית** וכבס בגדיו		11Q**19** L,15

Shenibazzar proper noun שניבצר

] / [**ש]ניבצר** לי◦[	(III)	6Q**13** 7

two numeral שְׁנַיִם, שְׁתַּיִם

הם ניתפשים **בשתים** בזנות		CD IV,20
לקחת / **שתי** נשים בחייהם		CD IV,21
ובאי התבה **שנים** שנים באו אל התבה		CD V,1
ובאי התבה שנים **שנים** באו אל התבה		
בהפרד **שני** בתי ישראל		CD VII,12
ואם **שנים** הם והם מעידים על / דבר אחר		CD IX,20
ועל ההון יקבלו **שני** / עידים נאמנים		CD IX,22
שכר / **שני** ימים לכל חדש לממעט		CD XIV,13
וישם לו **שתי** רוחות להתהלכ בם		1QS III,18
ונענש **שתי** שנים		1QS VII,19
] / בעצת היחד **שנים** עשר איש		1QS VIII,1
] / אבות העדה **שנים** וחמשים		1QM II,1
ראשים **שנים** עשר להיות משרתים / בתמיד		
לשרת תמיד **שנים** עשר אחד / לשבט		1QM II,2
ושמות **שנים** עשר ש[בטי ישרא]ל כתולדותם		1QM III,14
]**שתים** עשרה אמה		1QM IV,16
ושמות **שנים** עשר שבטי ישראל כתולדותם		1QM V,1
ושמות **שנים** עשר שרי שבטיהם		1QM V,2
שבולת / זהב טהור חוברת בו **לשני** עבריו		1QM V,12
וספות ישר אל הראוש **שתים** מזה ושתים מזה		
וספות ישר אל הראוש שתים מזה **ושתים** מזה		
ואחריהם יצאו **שני** דגלי בינים		1QM VI,4
ועמדו בין **שתי** המערכות		
ותקעו הכוהנים **בשתי** חצוצרות המקר[א		1QM VII,15
[ועמ]דו בין **שתי** המערכות ו◦◦[		1QM VII,18
ושערים **שנים** למגדל אחד ל[ימין ו]אחד לשמאול		1QM IX,14
]מן **שני** הש[עירים	(I)	1Q**22** 1iv11
בין **שני** הבינין שבעמק עכון	(III)	3Q**15** IV,6
חפור אמות שלוש / שם **שני** דודין מלאין כסף	(III)	3Q**15** IV,8
[ב]מערת העמוד של **שני** / [ה]פתחין צופא מזרח	(III)	3Q**15** VI,1
חפר אמות / **שתים** עסרה ככ 27	(III)	3Q**15** VI,13
עד הטור / ככ 60 זהב ככרין **שתים**	(III)	3Q**15** VII,16
משח משולו / אמות שלוש <עש>רא **שתין** חפור	(III)	3Q**15** IX,2
כסף / ככרין ששין **ושנין**	(III)	3Q**15** X,7
אבן שהזדוגא בעזת **שתין**	(III)	3Q**15** X,9
חפור רגמות **שתין** עסרה / ככ 80	(III)	3Q**15** X,13
] / על **שתי** כפות הירדן עד ה[יום הזה	(V)	4Q**158** 1-2,13
] / למספר **שנים** עשר שבטי[ישראל	(V)	4Q**158** 4,3
]חמור עד שה חיים אחד **שנים** ישלם	(V)	4Q**158** 10-12,6
עד יהוה יבוא דבר **שניהמה**[	(V)	4Q**158** 10-12,10
עשר]ה אנשים / וכוהנים **שנים**	(V)	4Q**159** 2-4,4
ונשפטו לפני **שנים** העשר האלה ◦[	(V)	
ונענש **שני** מנים / ושלח כול ימיו	(V)	4Q**159** 2-4,9
פשרו על **שנים** עשר[	(V)	4Q**164** 1,4
]◦מ◦[לה]יות **שניהמה** כלי חמס	(V)	4Q**175** 25
]דרך **שני** ימים ◦[	(V)	4Q**180** 5-6,3
את חנה אם אמי ואת **שתי** בנותיה[	(XXII)	4Q**215** 1-3,8
וש<נ>ים ועשרים מ[יני מעשה נעשו	(XIII)	4Q**216** VII,15
והנא אני בן **שתים**[ושבעים ומאת שנה	(XIII)	4Q**219** I,13
בטרם ישלימו **שני]ם** יובלים	(XIII)	4Q**221** 3,3
פרעוה חל]ם **ש[ני** חלומות בלילה] / א[חד	(XIII)	4Q**223-224** 2v18
חסרו המים **שני** ימים	(XXII)	4Q**252** I,9
]**שנים** / עשר אנשים[	(XXII)	4Q**252** III,1
]**שני** בני היצהר אשר[	(XXII)	4Q**254** 4,2
שכר] **שני** [ימים לממוע]ט	(XVIII)	4Q**266** 10i6
לפני] עדים **ש[נים** ?	(XVIII)	4Q**266** 12,2
[יקבלו **ש]ני** עדים נאמנ[ים]	(XVIII)	4Q**270** 6iv12
]האיפה והבת{{ב}} תכון אחד **שניה**[ן	(XVIII)	4Q**271** 2,2
ורחוק מן / הטהרה **שתים** עשרה באמה	(XXXV)	4Q**274** 1i2
]◦ם **בשנים** [	(XXXVI)	4Q**282**n 2
השנה ו]**שנים** עשר חודשיה / [	(XXXV)	4Q**284** 1,4
] וכול תנופות תבל בחדשים **שנ[ים** עשר	(XI)	4Q**286** 5,7
בשנים עשר בו תגל[ה ארבע	(XXVIII)	4Q**317** 1+1aii15
ב{{**שנים**}}<<שלוש>>ה וע[שרים בו	(XXVIII)	4Q**317** 1+1aii30
ב]**שנים**[	(XXVIII)	4Q**317** 2,22
] בו תגלה **שתים** וכ[ן] תבוא לל[ילה	(XXVIII)	4Q**317** 2,31
]◦ בו תכסה **שתי[ם** עשרא וכן תבוא ליום	(XXVIII)	4Q**317** 3,29
שתי]ם עשרא וכן[תבוא ללילה	(XXVIII)	4Q**317** 4,27
◦◦◦◦◦ **בשתים** ◦ב[ו תגלה ארבע	(XXVIII)	4Q**317** 7ii12
[בע]שרה בו תגלה **ש[תים** עשרא	(XXVIII)	4Q**317** 7ii20
תכסה]**שתים** עשר וכן[תבוא ליום	(XXVIII)	4Q**317** 9,7
]◦ם בו תכסה **ש[תים** עשרא	(XXVIII)	4Q**317** 12,8
] / **בשני[ם**	(XXVIII)	4Q**317** 14,6
]**בשנים** [	(XXVIII)	4Q**317** 40,2
ביריב ל30 ב22 **בשנים** עשר החדש	(XXI)	4Q**320** 1ii3
ב2 [במימ]ן ל30 ביום **שנים**	(XXI)	4Q**320** 2,14
בשנים עשר החדש	(XXI)	
[באחד בידעיה **בשני]ם** עשר בוא	(XXI)	4Q**321** I,1
בשנים באבי[ה בחמישה] ועש[רים בשמיני	(XXI)	
ב[ש]שה ביחזקאל **בשנים** ועשרים	(XXI)	4Q**321** I,4
באחד ביויריב **בשנ[י]ם** ועשרים	(XXI)	4Q**321** I,5
בשנים עשר החודש	(XXI)	
ו[דוקה **בשני]ם** בדליה / [בתשעה בוא	(XXI)	
השנה ה]שנ[ית] הראשון **בשנים** במלאכיה	(XXI)	4Q**321** I,6
ודו]קה שבת באביה **בשנים** בוא	(XXI)	4Q**321** II,4
ב]**שנים** בפתחיה בש[לושה עשר בעשירי]	(XXI)	4Q**321** II,6
ב[שלושה בדלי]ה **בשנים** עשר	(XXI)	4Q**321** II,7
בחמשה בחרים] / **בש[ני]ם**[ ]עשר	(XXI)	4Q**321** II,8
בשנים עשר החודש	(XXI)	
ודוקה בארבעה באלישיב **בשנים** ועש[רים	(XXI)	4Q**321** III,4

4Q321 III,6 (XXI) שבת בידעיה **בשנים** בעשתי עשר החודש
4Q321 V,3 (XXI) **שנים** עשר החודש בגמול
4Q321 V,8 (XXI) [**שני**]**ם** עשר הח[וד]ש [בידעיה
4Q321a I,5 (XXI) ודוקו] **בשנים** בישוע ב[ששה] / [עשר בוא
4Q321a II,6 (XXI) בשנים] / ועשרים **בשנים** עש[ר החודש
4Q321a III,7 (XXI) ודוקו בארבעה בא]ל[ישי]ב **בשנים** ועשר[ים
4Q321a V,2 (XXI) ודוקו] / [בחמשה באמר **בש**]**נים** בוא
4Q321a V,3 (XXI) ודוקו] / [שבת ביכי]ן **בשנים** בוא
4Q321a V,5 (XXI) דוקו שנית] / **בשנים** בקוץ
4Q321a V,8 (XXI) **בשנים** עשר החודש
4Q322 1,2a (XXI)] **בשנים** ביקים ו[ה
4Q324a Ci1 (XXI)]**שנים** / [
4Q324c 2,2 (XXI) **ש**]**נים** ו[
4Q325 1,4 (XXI) **בשנים** בו שבת חרים
4Q325 2,6 (XXI) בעשרים ו]**שנים** / [בו מועד השמן
4Q334 3,3 (XXI) **שנ**]**ים** וארבע[ים] / [
4Q364 3ii4 (XIII) למה אשכל גם ?] / **שניכם**
4Q364 26bi8 (XIII) ואתפ]שה **בשני** / [הלוחות
4Q364 26bii+e,3 (XIII) ויואמר יהוה אלי פסלכה **שני**[לוחות אבנים
4Q365 12biii5 (XIII)]כתפות עשו לוא חוברות אל **שני** קצותיו
4Q365 12biii12 (XIII) **ש**[**תים** עשרה על שמותם פתוחי] / חות[ם
4Q365 12biii13 (XIII)]איש על שמו **לשנים** העשר בני יש[ר]א[ל
4Q365 12biii14 (XIII) ויעשו **שתי** משב]צות זהב ושתי טבעות זהב
4Q365 13,1 (XIII) הזהב על] **שתי** טבעות על קצוות[החושן
4Q365 23,9 (XIII) יקריבו את העצים **שנים** [
4Q365 32,13 (XIII) וישאו במוט **בשני**[**ם**] / [ומן הרמונים
4Q365a 2ii9 (XIII) ורחב הקיר **שתים** אמות
4Q365a 2ii10 (XIII) והקיר **שתים** אמות רוחבו ∘[
4Q366 3,3 (XIII) [וביום השני]פרים **שנים** ע[שר אילם שנים
4Q366 4i1 (XIII) [וביום השביעי פרים שבעה אילם **ש**[**נ**]**י**[**ם**
4Q367 1a-b,12 (XIII) ולקחה **שתי** ת[רים או שני בני יונה
4Q367 3,4 (XIII)]ת[ו]עבה [ע]שו **שנ**[יהם
4Q372 1,10 (XXVIII)] / להיות יחד עם **שני** אחיו
4Q373 1a+b,3 (XXVIII)] / אמות וחצי רמו **ושתים** [אמות רחבו
4Q379 1,1 (XXII)]ותשמחהו **בשנים**[עשר
4Q379 1,5 (XXII)]**שנים** עשר מט[ו]ת [ישראל
4Q379 22ii11 (XXII)]ו להיות **שניהם** כלי חמס
4Q385 6,7 (XXX) על **שתים** תלך החיה האחת
(XXX) **ושתי** רג[ל]יה
4Q385 6,11 (XXX) **ומשני** עברי הא[ו]פנים שבלי אש]
4Q388a F,1 (XXX) א]ת **שני** המ[
4Q394 1-2iii9 (XXI) **בשנים** / בחמ[שי] / [ש]ב[ת]
4Q394 1-2v4 (XXI) בעשרים / **ושנים** / בו מועד / השמן
4Q405 15ii-16,5 (XI)] / כבוד **משני** עבריהם[
4Q405 20ii-22,6 (XI)]למש[כיל שיר עולת]ה[ש]בת **שתים** עשרא[
4Q422 III,2 (XIII)] / [**ש**]**תי** המיל[דות
4Q458 4,3 (XXXVI) **שנ**]**ים** עשר וי[
4Q471 1,5 (XXXVI) ומן ה]לוים **שנים** / [עשר אחד לכול שבט
4Q473 2,3 (XXII) **ש**[**תי**]דרכים אחת טוב[ה ואחת רעה
4Q503 11,2 (VII) **ובשני**]**ם** עשר לחודש בערם [יברכו
4Q503 17,3 (VII) **ש**[**נים** עשר[
4Q503 15-16,15 (VII)]**שנים** עשר[
4Q503 33II-36,6 (VII)] / [ביום **שני**]**ם** וע[שרים]ל[חודש
4Q511 2i7 (VII) שם [י]שראל [**בש**[**נים** עשר מחנות
4Q522 9i+10,10 (XXV) ב?]גליל **ושנים** שב[שפל]ת השרון
11Q5 XXVII,7 (IV) ולקורבן השבתות **שנים** וחמשים שיר
11Q19 IV,11 **ש**[**תים** עשרה באמה וג]ובה ?
11Q19 V,9 ורוחב]השער **שתים** עשרה[באמה
11Q19 VII,10 **ושנים** כרובים [תעשה משני קצות הכפורת]
11Q19 VIII,8 **שני**[עשרונים יהיה] / [החלה האחת
11Q19 VIII,9 ונתת]ה על **שתי** המערכות[לבונה] / [זכה
11Q19 IX,3 וששה קנים יוצאים] **משני** צדיה
11Q19 XIII,11 כבשים בני ש]נה / תמימים **ש**[**נים**
11Q19 XIII,17 ובימי הש[בתות] תקריבו **שני** [כבשים בני שנה
11Q19 XVII,13 פרים **שנים** ואיל וכבשים בני שנה שבעה
11Q19 XVIII,14 **שתים** / [עשרה ? חלות שני]עשרונים סולת
11Q19 XIX,3 ומנחתמה ונסכמה כמשפט ?]**שנים** עש[ר
11Q19 XXIII,4 ש]עירי עזים **שנ**[**ים**
11Q19 XXIII,7 לכול ? מ]טה ומטה [**ש**]**נים** עשר בני יעקו[ב
11Q19 XXV,16 תקריבו / אלים **שנים** לעולה
11Q19 XXVIII,3 וביום] / השני פרים **שנים** עשר [אלים שנים
11Q19 XXVIII,7 אלים **שנים** כבשים [א]רבעה עשר
11Q19 XXVIII,10 אלים **שנים** כבשים בני שנה ארבעה עשר
11Q19 XXX,9 ממקצוע אל מקצוע / **שתים** עשר[ה באמה]
11Q19 XXXIII,10 **ושנים** שערים לו מצפונו ומדרומו
11Q19 XXXIII,12 **שתי** אמות רוחבמה בשתי אמות
שתי אמות רוחבמה **בשתי** אמות
11Q19 XXXIV,15 יורדות מן מקרת **שני** עשר העמודים
11Q19 XXXVII,7 ה]ש[ע]רים **משני** [עברי] השער
11Q19 XLIV,6 **ושתי** סוכותיהמה / אשר מעל הגג
11Q19 XLIV,12 עד שער ראובן / **שתים** וחמשים נשכות
11Q19 XLVI,6 **ושתים** / עשרה מעלה תעשה לו
11Q19 LVII,6 להיות עמו **שנים** עשר אלף איש מלחמה
11Q19 LVII,11 **ושנים** עשר / נשיי עמו עמו
11Q19 LVII,12 ומן הכוהנים **שנים** עשר
11Q19 LVII,13 ומן הלויים / **שנים** עשר
11Q19 LVIII,8 **ושתי** הידות יהיו שומרים / את עריהמה
11Q19 LXI,6 על פי **שנים** / עדים או על פי שלושה עדים
11Q19 LXI,8 ועמדו **שני** האנשים אשר להמה הריב
11Q19 LXIV,8 על פי **שנים** עדים ועל פי שלושה עדים
11Q20 I,15 (XXIII) [החלב המכסה את הקרב ואת **ש**[**תי** הכליות
11Q20 IV,4 (XXIII) ביום הזה עולה]ליהוה **שנים** [ע]שר אילים
11Q20 IV,5 (XXIII) **שנים** / [עשרונים סולת בלולה בשמן
11Q20 V,18 (XXIII)]ם אילים **שנים** / [
11Q20 VI,17 (XXIII) שעירי] / עזים **שנים** ל[
KhQ1 1 (XXXVI) בשנת **שתים** ל∘ [

שְׁנִינָה ← **שְׁנִנָה**

to sharpen verb **שנן-1**
1QM XVII,1 **ושנן** כלי מלחמתה
1QHa XIII,13 במעון אריות אשר **שננו** כחרב לשונם
4Q184 1,1 (V)]א תועות תשחר תמיד[ל]**שנן** דברי[ה
4Q436 1a+bi5 (XXIX) וכליותי **שננתה** בל ישכחו חוקיכה
4Q440a 5 (XXXVI)]דברי **שננתה** כחר[ב

to repeat verb **שנן-2**
1QHa XII,10 להמיר תורתכה אשר **שננתה** בלבבי

taunt noun **שְׁנִנָה**
11Q19 LIX,2 והיו[ל]ש[מה]למשל **ולשנינה**

rock noun **שעה**
3Q15 IX,2 (III) חפור וגב **שעת** שבע / בדרין אסתרין ארבע

mixed material noun **שַׁעַטְנֵז, שַׁטְנֵז**
4Q396 1-2iv7 (X) ועל לבוש[ו כתוב שלוא] / יהיה **שעטנז**
4Q397 6-13,13 (X) ועל לבושו שלוא יהיה] **שעטנז**
4Q524 14,5 (XXV) לוא]תלבוש **שטנז** צ[מר ופשתים יחדו

כי לא יבוא זר ב֯[**שע**]**ר֯יה**		1QHa XIV,27
ושערי עולם להוציא כלי מלחמות		1QHa XIV,31
[כי באה עד יהודה נגע ע]ד֯ **שער** עמי	(I)	1Q14 11,3
]**שער** ה[	(I)	1Q47 1,2
בבור שנגד **השער** המזרחי	(III)	3Q15 II,7
זה] **השער** לאל צדי֯[קים יבאו בו	(V)	4Q173 5,4
שעריה שערי מות בפתח ביתה תצעד	(V)	4Q184 1,10
שעריה **שערי** מות בפתח ביתה תצעד	(V)	
ובשערי קריות תתיצב	(V)	4Q184 1,12
ותסגור] / [א]ת **שער**] הבית	(XIII)	4Q221 7,11
] / לו **שערי** המרום כאש[ר	(XXII)	4Q253 2,5
ולימין **השער** הזה / [	(XIII)	4Q365a 2i5
ומשער זבולון עד שער גד	(XIII)	4Q365a 2ii1
ומשער זבולון עד **שער** גד	(XIII)	
]**ומש[ער** ג]ד֯ ע֯[ד	(XIII)	
ומן הפנה הזואת עד **שער** דן	(XIII)	4Q365a 2ii2
] / **שער** נפתלי ששים ושלוש מאות באמה	(XIII)	4Q365a 2ii3
ומשער נפתלי עד שער אשר	(XIII)	
ומשער נפתלי עד **שער** אשר	(XIII)	
ומשער אשר עד פנת מזרח{{ה}}	(XIII)	4Q365a 2ii4
ורוחב פתחי **השערי֯[ם**	(XIII)	4Q365a 2ii5
ובין **שער** לשער תעשה[	(XIII)	4Q365a 2ii7
ובין שער **לשער** תעשה[	(XIII)	
]**שערי** מצרים[	(XXX)	4Q385a 13a-b,3
ו]ערב יפולו **בשער[י**]מצרים	(XXX)	4Q385b 1,5
] ויביאם **בשער** כב◦[	(XXX)	4Q389 A,3
] / **בשערי** מרומי רום[	(XI)	4Q400 1i4
ובכול מהפכיהם **שערי֯** ◦[	(XI)	4Q403 1i4
ומהללים **שעריו** / בקול רנה	(XI)	4Q405 23i7
ושערי מוצא משמיעים כבוד המלך	(XI)	4Q405 23i9
בצאת ובמבוא **בשע[ר]י** קודש	(XI)	4Q405 23i10
ואל יבא **בשער** חצרו ובשע[ר	(XX)	4Q421 12,3
ואל יבא בשער חצרו **ובשע[ר**	(XX)	
פתחי] / **שעריך** תמיד	(VII)	4Q492 1,6
יפתחו א[ת] **הש[ערי]ם** לאנשי / הבנים	(VII)	4Q493 2
בחצו[צ]רות המש[ו]ב / לבוא **השערים**	(VII)	4Q493 9
] **לשער** מרום הקודש [	(VII)	4Q500 1,4
בח]משה עשר **שער[י** אור	(VII)	4Q503 1-6iii14
]◦ בששה **שערי** או[ר	(VII)	4Q503 7-9,2
ע]שר **שערי** אור [	(VII)	4Q503 19,2
ששה] / [עשר]**שערי** אור	(VII)	4Q503 29-32,10
] / [בשנים וע]שרים **ש[ערי** אור	(VII)	4Q503 33II-36,12
חמשה] / [ו]עשרים **שער[י** אור	(VII)	4Q503 37-38,20
]עשר **שערי** כבו[ד	(VII)	4Q503 51-55,5
]**שערי** [	(XXIII)	11Q17 26a,2
]◦כה וארבעה **שערים** [לעליה		11Q19 V,8
ורוחב]**השער** שתים עשרה[באמה		11Q19 V,9
וארבע]ה **שערים** לעליה לארבע [רוחותיה		11Q19 VI,6
]**שער**[		11Q19 X,8
ועשי]תמה מעל **השער** / [		11Q19 X,9
] / לו **שער** כ[שער הראשון ?		11Q19 XIII,7
] **השער** / [		11Q19 XXI,2
תעשה **שע]ר** פתוח לגג ההיכל		11Q19 XXI,6
ודרך עשוי / **בשער** הזה		11Q19 XXI,7
צפו זהב קירותיו **ושעריו** וגגו		11Q19 XXI,8
]**ושערים** עשו לה מהמזרח ומהצפון		11Q19 XXI,12
ור]וחב **השערים** ארבע אמות וגובהמה שבע		11Q19 XXI,13
ושנים **שערים** לו מצפונו ומדרומו		11Q19 XXXIII,10
כמדת **שער[י** בית / הכיור		
]**שערים** ומאה [		11Q19 XXXVI,2

שַׁעַל ← שׁוּעַל

to lean, depend on verb **שׁען**

וישענו על אל בקץ מעל ישראל		CD XX,23
ונשענת ברוב חסדו ורוח דעת		1QS IV,4
ולוא **ישען** איש הקודש על כול מעשי / הבל		1QS V,18
ועל חסדיו **אשען** כול היום		1QS X,16
כי **נשענ[תי**] בחסדיכה והמון רחמיכה		1QHa XII,36
]◦ **נשענתי** להרים לב[י] / ולהעיז בכוח		1QHa XV,16
ואני **נשענתי** ברו[ב רחמיכה		1QHa XV,18
כי **נשענתי** באמתכה [		1QHa XVIII,17
וביגוני נחמתני כיא **נש<ע>נתי** ברחמיכה		1QHa XIX,32
ואני יצר החמר **נשענתי** / ◦◦◦[		1QHa XXII,8
]**להשען** על טובכה		1QHa 4,13
ופליטת] / בית יעקוב **להש[ען** על מכהו	(V)	4Q163 4-7ii11
לעיני הגואים אשר **נשענו** עליהם	(V)	4Q166 II,13
ולא **ישענו** על [כל מע]שי ההבל	(XXVI)	4Q258 I,10
ועל חסדיו] / **אשע[ן** כל היום	(XXVI)	4Q258 X,5
] לדרך **ואשענה** עליך ואת[	(XXII)	4Q379 18,3
] / ובלי **נשע[נו**	(XXX)	4Q385a 11ii3
] / **השען** במעשה צ[דק	(XXXIV)	4Q418 159ii4
על [שמך **נשען** וקר[א] / [	(XXIII)	11Q11 II,8

to be blind verb **שׁעע-1**

שעו עיני מראות / רע		1QHa XV,2
איש **שוע** עינים אל תשלח לחזות לישרים	(XXXVI)	4Q424 3,3
]◦◦◦ איש בלי[על] איש **שוע** עינים[	(XX)	4Q425 1+3,7
]לאחרון **ותשע[** עיניהמה] / [	(VII)	4Q504 18,4
י]**שועו** עיני[	(VII)	4Q509 157,2

to delight verb **שׁעע-2**

ובכול] / [נמו]לים **ישעשעכה** ויחונכ[ה	(I)	1QSb II,23
]**וכשעשע** עולול בחיק / אומניו		1QHa XV,21
מקץ / לקץ **תשת[ע]שע** נפשי בהמון רחמיכה		1QHa XVII,8
ובצוקותי נחמתני ובסליחות **אשתעשע**		1QHa XVII,13
ובאמת נכון סמכתני וברוח קודשכה **תשעשעני**		1QHa XVII,32
ואני]**אשתעשעה** בס[ליחותיכה]		1QHa XVIII,16
ואמתכה / **תשעשע** נפשי		1QHa XVIII,31
וברוב טובכה / **תשתעשע** נפשי		1QHa XIX,7
הלוא באמת **ישעשע** לעד	(XXXIV)	4Q418 69ii12

to act horribly verb **שׁער-1**

בני יעק[ב **ישעי[רו** ב]דברי פ[יה]מה	(XXVIII)	4Q371 1a-b,12
] / בני יעקב **וישעירו** בדברי פיהם	(XXVIII)	4Q372 1,13

gate noun **שַׁעַר-1**

יהיה גלגל השמש / רחוק מן **השער** מלואו		CD X,16
להתיצב תמיד **בשערי** המקדש		1QM II,3
בהפתח **שערי** המלחמה לצאת אנשי הבנים		1QM III,1
בהפתח **שערי** המלחמה לצאת למערכת האויב		1QM III,7
ויצאו מן **השער** התיכון אל בין המערכות		1QM VII,9
וחמשים אנשי בינים יצאו מן **השער** האחד ו[		1QM VII,16
אנשי]ב֯ינים מן **השערים**		1QM VII,17
ויצאו / שלושה דגלי בינים מן **השערים**		1QM VIII,4
ושערים שנים למגדל אחד ל[ימין		1QM IX,14
כול ערי יהודה פתחי / **שער[י]ך** תמיד		1QM XII,14
ופתחו **שערי** המ[לחמה		1QM XVI,4
ושערי ישועות פתחתה לנו פעמים רבות		1QM XVIII,7
ויפתחו **שערי[** שאול לכול] מעשי אפעה		1QHa XI,17
ונפ[ש תגיע]עד **שערי** מות		1QHa XIV,24

] / [עד פנ]ת השׁע[ר עשרים ומאה באמה	11Q19 XXXVI,4
ו]השער רחב ארבעים / [באמה]	
והש[ע]רים הבאים במה / וה[יו]צאים במה	11Q19 XXXVI,7
רוחב השער ארבע [עש]רה באמה	11Q19 XXXVI,8
ומפנת השער עד המקצוע השני	11Q19 XXXVI,12
וככה תהיה מדת כול השערים האלה	11Q19 XXXVI,13
והשערים באים פנימה אל תוך החצר	11Q19 XXXVI,14
ה]שׁ[ע]רים משני [עברי] השער	11Q19 XXXVII,7
ה]שׁ[ע]רים משני [עברי] השער	
] / אוכלים אצל שער המערב [	11Q19 XXXVIII,6
ולימ[ין ה]שער הזה ◦◦◦◦[	11Q19 XXXVIII,9
וה]יו שמ[ות הש]ערים אשר לח]צר הזואת	11Q19 XXXIX,11
ובין שער לשער / מדה מן פנה למזרח צפון	11Q19 XXXIX,13
ובין שער לשער / מדה מן פנה למזרח צפון	
עד שער שמעון תשע ותשעים באמה	11Q19 XXXIX,14
והשער / שמונה ועשרים באמה	
ומשער {{שמעון}} הזה עד שער {{◦◦◦◦◦}} לוי	11Q19 XXXIX,15
ומשער {{שמעון}} הזה עד שער {{◦◦◦◦◦}} לוי	
והשער שמונה ועשרים באמה	11Q19 XXXIX,16
ומשער לוי עד שער יהודה	
ומשער לוי עד שער יהודה	
ותאים [ע]שוים בין לשעריו מחוץ	11Q19 XL,10
שלושה ב[ו] שערים במזרח ושלושה בדרום	11Q19 XL,11
ורוחב השערים חמשים באמה	11Q19 XL,12
ובין שער לשער [מדה] שלוש מאות וששים	11Q19 XL,13
ובין שער לשער [מדה] שלוש מאות וששים	
מן הפנה עד / שער שמעון	11Q19 XL,14
ומשער שמעון עד שער לוי / כמדה הזואת	
ומשער שמעון עד שער לוי / כמדה הזואת	
ומשע[ר] לוי עד שער יהודה כמדה הזואת	11Q19 XL,15
משע[ר] לוי עד שער יהודה כמדה הזואת	
וככה מן הפנה] הזואת / עד שׁ[ער יששכר	11Q19 XLI,3
ומשער / יששכר[עד שער זבולון	
ומשער זב[ולון עד שער גד	11Q19 XLI,5
ומשׁ[ער גד עד פנת הצפון]	11Q19 XLI,6
ו]מן הפנה הזואת עד / שער דן	11Q19 XLI,8
וככה משער דן עד / שער נפתלי	
וככה משער דן עד / שער נפתלי	11Q19 XLI,9
ומשער נפתלי / עד שער אשר	
ומשער נפתלי / עד שער אשר	11Q19 XLI,10
ומשער / אשר עד פנת {{של?}} המזרח	
ויוצאים השערים מקיר החצר לחוץ	11Q19 XLI,12
ורוחב פתחי השערים ארבע עשרה באמה	11Q19 XLI,14
ובין {{ע}} שער לשער תעשה פנימה נשכות	11Q19 XLI,17
ובין {{ע}} שער לשער תעשה פנימה נשכות	
ובין שער / לשער [תעשה שמונה] עשרה נשכה	11Q19 XLII,4
ובין שער / לשער [תעשה שמונה] עשרה נשכה	11Q19 XLII,5
ובית מעלות תעשה אצל קירות השערים	11Q19 XLII,7
בין שער לשער יהיו	11Q19 XLII,17
בין שער לשער יהיו	
משער] / [שמעו]ן עד שער יהודה	11Q19 XLIV,4
וכ[ו]ל ימין שער לוי ושמאולו לבני אהרון	11Q19 XLIV,5
ולבני יהודה משער יהודה עד / הפנה	11Q19 XLIV,7
ולבני שמעון משער שמעון עד הפנה / השנית	11Q19 XLIV,9
המקצוע אשר אצל בני יהודה עד שער ראובן	11Q19 XLIV,11
ומשער / ראובן עד שער יוסף לבני יוסף	11Q19 XLIV,12
ומשער / ראובן עד שער יוסף לבני יוסף	11Q19 XLIV,13
ומשער יוסף עד שער בנימין לבני קהת	11Q19 XLIV,14
ומשער יוסף עד שער בנימין לבני קהת	
ומשער בנימין עד פנת המערב לבני בנימין	11Q19 XLIV,15
מן הפנה / הזואת עד שער יששכר לבני יששכר	11Q19 XLIV,16
ומשער / [יששכר עד שער זבולון לבני זבולון	
ומש[ער אשר עד פנת המזרח לבני אשר	11Q19 XLV,1
ועל] גגי השערים [אשר] / לחצר החיצונה	11Q19 XLVI,2
על פי פתחי השערים כולמה	11Q19 XLVI,6
ושוטרים תתן לכה בכול שעריכה	11Q19 LI,11
בשעריכה / תואכלנו הטמא והטהור	11Q19 LII,10
ועז טהורים / בכול שעריכה קרוב למקדשי	11Q19 LII,14
אשר יש בה מום בשעריכה תואכלנה	11Q19 LII,17
ואכלתה בשעריכה והטהור והטמא בכה יחדיו	11Q19 LIII,4
בקרבכה באחד שעריכה אשר / אנוכי נותן לכה	11Q19 LV,15
וכי יבוא הלוי מאחד שעריכה מכול ישראל	11Q19 LX,12
אל / זקני עירו ואל שער {{◦◦◦◦}} מקומו	11Q19 LXIV,4
והוציאו / את בתול הנערה אל הזקנים השער	11Q19 LXV,10
מן הפנה הז]ואת עד שׁ[ער] / [דן לבני דן (XXIII)	11Q20 XI,16
על פי]פתחי השערי[ם כולמה] (XXIII)	11Q20 XII,19

horrible adjective **שַׁעֲרוּר**

א]נשׁישׁערור[ה (XIII)	4Q382 53,2

horrible adjective **שַׁעֲרוּרִי**

שערוריות מחלים / רעים עשו בו	1QpHab IX,1
[ורעה גדלה]בישראל ושערוריה באפרים (V)	4Q175 27
ר]ש{{ה}}עה גדלה בישראל ושערוריה באפרים[(XXII)	4Q379 22ii13
]למהומה בישראל ולשערוריה באפרים / [(XXXVI)	4Q460 9i3

delight noun **שַׁעֲשֻׁעִים**

] / לשעשׁ[וע(ים) (XX)	4Q411 1ii16
] / נטע שעשועים נטע בעד[נ]ן (XXIX)	4Q433a 2,3
]◦כפות שעשועיכה ◦[(VII)	4Q500 1,6

to point, taper (?) verb **שפד**

זהב טהור בתוך הלהב ושפוד אל / הראש	1QM V,10

to be smooth, flat verb **שפה**

] / או הספחת בשפה ע◦[(XVIII)	4Q273 4ii6

שִׁפְחָה ← שופחה

to judge, rule verb **שפט**

אשר לא לפנים השפטים או מאמרם	CD IX,10
ואל יקובל / עוד לשופטים להמית על פיהו	CD X,1
וזה סרך לשפטי העדה	CD X,4
מבן / ששים שנה ומעלה לשפוט את העדה	CD X,8
אל ישפוטו על הון ובצע	CD X,18
כמשפט האוב והידעוני ישפט	CD XII,3
והשופטים / ממנו יתנו בעד [יתו]מים	CD XIV,13
באלות הברית ישביעוהו / השפטים	CD XV,4
] / לשופט[	CD XVI,19
אשר שבו / עם אנשי הלצון ישפטו	CD XX,11
ואין שר ואין שופט ואין / מוכיח בצדק	CD XX,16
לפי רוחו ישפטו בעצת / הקדש	CD XX,24
◦אשר / נשפטו בם אנשי היחיד	CD XX,32
ואלה המשפטים אשר ישפטו בם במדרש	1QS VI,24
ודרשו המשפט / אשר לוא ישפוט איש	1QS VIII,25
ונשפטו במשפטים הרשונים	1QS IX,10
באשר / יורני וארצה כאשר ישופטני	1QS X,13
בצדקת אמתו שפטני	1QS XI,14
[שרי] עשרות שופטים ושוטרים לשבטיהם (I)	1QSa I,15
[א]בות העדה לשרים ולשופטים ו[לשוטרים] (I)	1QSa I,24

Text	Reference	Vol.
וכול שופטיהם ושוטריהם ושרי האלפים	1QSa I,29	(I)
ובמעשייכה יש[פוט כו]ל נדיבים	1QSb III,27	(I)
ובתוכם ירשיענו ובאש גופרית ישפטנו	1QpHab X,5	
אשר ישופטנו אל לכלה	1QpHab XII,5	
]לשפוט בם [	$1QH^a$ V,13	
לשפו]ט תבל ולנחול בכול ◦[	$1QH^a$ VI,6	
כי אתה אל תענה להם לשופטם / בגבורתכה[	$1QH^a$ XII,18	
ולא]כאשמתי / שפטתני	$1QH^a$ XIII,6	
באמתכה ובחסדיך תשפטם בהמון רחמים	$1QH^a$ XIV,9	
ומי יצדק לפניכה בהשפטו	$1QH^a$ XV,28	
רוב סליחות והמון [רח]מים בהשפטכה בי	$1QH^a$ XVII,34	
]שפוט במרום / [	$1QH^a$ 46i4	
]◦ה בהשפטכה / [	1Q35 1,2	(I)
כ]י בא לשפט את / כל מע[ש]ה	4Q88 IX,5	(XVI)
ונשפטו לפני שנים העשר האלה	4Q159 2-4,4	(V)
ושפט [בצדק דלים והוכיח] / [במישור	4Q161 8-10,14	(V)
] / [כו]ל העמים תשפוט חרבו	4Q161 8-10,21	(V)
]וכאשר יורוהו כן ישפוט ועל פיהם[	4Q161 8-10,23	(V)
ולוא י]רשיענו בהשפטו	4Q171 3-10iv7	(V)
ולוא[ירשיענו ב]השפטו	4Q171 3-10iv9	(V)
]שפטו[	4Q176 27,1	(V)
כי כאש / להבה ישפט[ו	4Q185 1-2i9	(V)
ואל]תשפט[	4Q200 9,1	(XIX)
]ונשפטו במ[שפטים הראשונים	4Q258 VII,9	(XXVI)
[ואלה המשפטים א]שר ישפטו על פי[הדברים	4Q261 3,2	(XXVI)
בצדקת]אמתו שפטני וברוב טו[בו] / [יכפר	4Q264 1	(XXVI)
{{להמשפט}} [לשופטים][ ] / לשפוט צד[ק	4Q266 8ii4	(XVIII)
[מבן ששים שנה ומע]לה לשפוט את [העדה	4Q266 8iii7	(XVIII)
והשופטי<<ם>> / [ממנו ית]נו בעד פצ[ועים	4Q266 10i6	(XVIII)
וזה פרוש / [המשפטים אשר יש]פטו בם	4Q266 10i12	(XVIII)
לשופ]טים לשפוט [ ]ק [	4Q270 6iii13	(XVIII)
לשופ]טים לשפוט [ ]ק [		(XVIII)
ואל יקובל ע]ד לשופט[ים ל]המית על פיהו	4Q270 6iv13	(XVIII)
וזה סרך לשופטי העדה	4Q270 6iv15	(XVIII)
מבן ששים שנה [ומעלה לשפו]ט את העדה	4Q270 6iv18	(XVIII)
השופט]ים / [	4Q271 4i7	(XVIII)
כ[משפט] / [האוב והידעוני י]שפט	4Q271 5i19	(XVIII)
] צמח דויד ונשפטו את / [	4Q285 7,3	(XXXVI)
]ושופטים לכול לא[ומים	4Q299 10,5	(XX)
]ל[ ]◦ ושופטים בין אביו[ן	4Q299 10,7	(XX)
]שופטם במשפטי[	4Q299 56,2	(XX)
]◦ ישפוט ש[	4Q299 81,2	(XX)
]שרי הש[בטים ו]כול[ש]פטיהם / [	4Q368 5,2	(XXVIII)
וישפטם יהוה כ[כ]ל דרכיהם	4Q370 1i3	(XIX)
וזקניכה ושופטיכה / [א]ל המקום אשר יבחר	4Q375 1i7	(XIX)
]◦ ו[שפט]תי ב[י]ן איש לרעהו	4Q377 1i6	(XXVIII)
] ושפט אמת ועד נאמן	4Q381 76-77,9	(XI)
] כי רבים שפטיכם ואין מספר לעדיכם	4Q381 76-77,11	(XI)
]◦י יהוה ישב במשפטכם לשפט אמת	4Q381 76-77,12	(XI)
ל]א ישפט עולה כי נדחתי ◦◦◦[	4Q381 79,4	(XI)
]שופט[	4Q382 145,1	(XIII)
] / שופט את[	4Q384 13,4	(XIX)
בשופ]טכה הנה בעונותינו נסכנ[ו	4Q393 1ii-2,3	(XXIX)
] / ישפט[	4Q402 3ii5	(XI)
ושופט בגבורתו לכול רוחי בין	4Q403 1i37	(XI)
לוא ישפוט במושבי אפ כבודו	4Q405 23i12	(XI)
] / משמים ישפוט על עבודת רשעה	4Q416 1,10	(XXXIV)
] / [הש]פטה וכל עולה תתם עוד	4Q416 1,13	(XXXIV)
[ישפו]ט על [עבודת רש]עה	4Q418 2+2a-c,2	(XXXIV)
] / [יגילו ביום השפ]טה	4Q418 2+2a-c,5	(XXXIV)
] / עול תשפוט ובכוח ידיכה ת[	4Q418 88ii4	(XXXIV)
שפ]וט עוון [	4Q418 123ii8	(XXXIV)
פ]ן ישפ[	4Q418 189,1	(XXXIV)
]מה שופ[ט	4Q418a 23,2	(XXXIV)
וישפו]ט כולם באמת	4Q423 5,4	(XXXIV)
]שופט צדק אל לכל[	4Q423 6,4	(XXXIV)
]לא יעשה פעלתו איש שופט בטרם ידרוש	4Q424 3,1	(XXXVI)
אל ?]ישפט ביום [	4Q425 6,3	(XX)
]ולהק[ים פל]אות כבוד השופט באפ כלה / [	4Q427 7i21	(XXIX)
כיא בצבא המרום] / תשפוט במרום	4Q428 18,3	(XXIX)
וגם] / בשאול תחתי[ה] תשפו[ט	4Q428 18,4	(XXIX)
ועם רשעים לא שפטם ועברתו לא ה[ו]קד	4Q434 1i5	(XXIX)
ובאש קנאת לא שפטם	4Q434 1i6	(XXIX)
[ ] / שפטם ברוב רחמו משפטי עונו	4Q434 1i7	(XXIX)
] / אדם הצילם שפעת גוים לא שפטם	4Q434 1i8	(XXIX)
ה]נה כול שופטי נמצאו אוי[ל]ים	4Q439 1i+2,6	(XXIX)
]ם ועמד ושפ[ט	4Q464a 2	(XIX)
שופ]ט עמו בצדק ול[	4Q471c 1,3	(XIX)
]◦ בהשפט[	4Q487 2,9	(VII)
ושופט בצד[ק מ]הויי עד / [ע]ד נהיי	4Q511 10,10	(VII)
בסוד אילים ואנשים ישפוט	4Q511 10,11	(VII)
ושופטי אמונה בכול פשעי / אשמתי	4Q511 18ii9	(VII)
כיא אלוהים שופטי וביד זר לוא	4Q511 18ii10	(VII)
שו]פטי / [	4Q511 22,1	(VII)
מקים קרן מיע]קוב ושופט / [	11Q5 XVIII,16	(IV)
יהוה / אל תשפטני כחטאתי	11Q5 XXIV,7	(IV)
[נ]צב בע[דת אל]בקרוב אלוהים ישפוט	11Q13 II,10	(XXIII)
ואשר א[מר עד מתי ת]שפוטו עוול	11Q13 II,11	(XXIII)
שופטים ושוטרים תתן לכה בכול שעריכה	11Q19 LI,11	
ושפטו את העם / משפט צדק		
[א]ו אל ה[ש]ו[פטים אשר יהיו בימים ההמה]	11Q19 LVI,1	
או אל / השופט וימת האיש ההוא	11Q19 LVI,10	
ולפני / השופטים אשר יהיו בימים ההמה	11Q19 LXI,9	
ודרשו השופטים והנה עד שקר העיד שקר		
והוסיפו ה]שו[פטים] / לדבר אל העם	11Q19 LXII,2	
ויהי ככלות השופטים / לדבר אל העם	11Q19 LXII,4	
שופטים ושוטרים[תתן לכה בכול שעריכה	11Q20 XV,4	(XXIII)
]השפטך [ ][	PAM 43.685 31,1	(XXXIII)

judgment noun שֶׁפֶט

Text	Reference	Vol.
לעשות בם {{מ}}שפטים / גדולים ← מִשְׁפָּט	1QS V,12	
ע]שותכה שפטים בגוג ובכול קהלו	1QM XI,16	
]◦ך הכינותם לעשות בם שפטים גדולים	$1QH^a$ VII,19	
] / עם כול שפטי[	1Q27 9-10,4	(I)
]ה[צ]דק בה שפטכ[ה	4Q382 49,7	(XIII)
]בשפטכה[	5Q13 8,3	(III)

Shaphat proper noun שָׁפָט

Text	Reference	Vol.
אלי]שע בן ש[פט	4Q382 30,4	(XIII)

(indeterminate) שפט

Text	Reference	Vol.
]שפט ו[	4Q509 288,1	(VII)
]שפט◦[	4Q511 76,1	(VII)
]שפט[	4Q511 174,2	(VII)
] כשפט [	PAM 43.691 19,1	(XXXIII)

viper noun שְׁפִיפֹן

Text	Reference	Vol.
ויהי דן נח[ש עלי דרך שפי]פון עלי או[רח	4Q254 5-6,4	(XXII)

to pour out, attack verb שָׁפַךְ

Reference	Vol.	Text
CD VIII,3		היו שרי יהודה אשר תשפוך עליהם העברה
CD XII,6		אל ישלח את ידו לשפוך דם לאיש מן הגוים
CD XII,14		כי אם נקרעו / חיים ונש[פ]ך דמם
CD XIX,16		כמשיגי / גבול עליהם אשפך כמים עברה
1QM VI,17		]ל ולשפוך דם חללי אשמתם
1QH[a] X,33		אשר חשבו להתם דמו / לשפוך על עבודתכה
1Q22 1iv2	(I)	[ו]ל[קח] מן [דמו וי]שפך בארץ [
	(I)	]◦ ונש[פך
4Q219 II,18	(XIII)	על כול דם]אדם אשר ישפך[חנם
4Q266 9i16	(XVIII)	אל ישלח את ידו לשפ]וך דם / [לאיש
4Q271 5i21	(XVIII)	אל ישלח איש את ידו לשפוך [דם לאיש
4Q370 1i1	(XIX)	[ו]יעטר הרים תנו[בה ו]שפך אכל על פניהם
4Q379 22ii13	(XXII)	ושפ[כו דם}}] / [ועשו חנופה] בארץ
4Q389 A,2	(XXX)	]כדמן אשר נשפ[ך על פני השדה
4Q450 1,3	(XXIX)	] שפכת לארצ ב[
4Q491 14-15,9	(VII)	]ולשפוך[דממה
4Q504 1-2iii10	(VII)	עלכן שפכתה אלינו את חמתכה
4Q504 1-2v4	(VII)	כיא[נש]פכה חמתך / וחרוני אפ{{ו}}<<כ>>ה
4Q504 8,14	(VII)	למלוא את ה]ארץ [ח]מס ולשפו[ך דם נקי
4Q509 1-2,4	(VII)	לפניכ]ה נשפוך ש[יחנו
4Q525 13,3	(XXV)	]יטורו לשפוך דם ב◦[
4Q525 14ii23	(XXV)	ואל] / תשפוך שיח טרם תשמע את מליהם
6Q10 1ii4	(III)	] / לשפוך ח[מתי עליכם
11Q19 XXXII,14		אשר / יהיו המים נשפכים והולכים אליה
11Q19 LII,12		לוא תואכל / על הארץ תשופכנו כמים
11Q19 LIII,5		לבלתי אכול הדם על הארץ תשופכנו כמים
11Q19 LXIII,6		וענו ואמרו ידינו / לוא שפכו את הדם הזה
11Q20 I,26	(XXIII)	]◦ ישפוכו סביב על ארבע פנות עזרת ה[מזבח
11Q20 IX,4	(XXIII)	אשר יהיו ה]מים נש[פכים והולכים אליה

penis noun שָׁפְכָה

Reference	Vol.	Text
4Q396 1-2i5	(X)	וכרו]ת השפכת שהם באים / [בקהל

to be low, abased verb שָׁפֵל

Reference	Vol.	Text
1QS II,23		ולוא ישפל איש מבית מעמדו
1QS IV,9		ולרוח עולה רחוב נפש ושפול ידים
1QM XI,13		וביד כורעי עפר להשפיל גבורי עמים
1QM XIII,15		ולהשמיד באשמה להשפיל חושך ולהגביר אור
1QM XIV,15		]לה[רי]ם לכה מעפר / ולהשפיל מאלים
1QM XVII,5		להכניע ולהשפיל שר ממשלת / רשעה
1QH[a] XXVI,2		קוי דעות ולהש]פיל נועדות רומ גא[ם עולם]
1Q38 4,3	(I)	]השפלתני ◦[
4Q161 7,2	(V)	]שפל ◦[
4Q169 3-4iv3	(V)	לקץ האחרון אשר תשפל מלכותו ביש[ראל
4Q176 1-2i8	(V)	[וכול הר וגב]עה ישפלו והיה העקוב ל[מי]שור[
4Q269 7,10	(XVIII)	ואם שפ]ל השת או [הספחת
4Q272 1i9	(XVIII)	] ואם שפל השאת או הס[פחת
4Q273 4ii5	(XVIII)	וא]ם ישפל [השאת
4Q405 23i12	(XI)	לוא ירומו ממשלוחתו / לוא ישפל[ו]
4Q416 2ii15	(XXXIV)	וגם אל תשפל נפשכה לאשר לא ישוה בכה
4Q427 7i20	(XXIX)	[לש]ב לכת קוי דעות ולהשפיל נועדות
4Q427 7ii8	(XXIX)	כיא השפיל גבהות רוח לאין שרית
4Q433 1,4	(XXIX)	]לנצח והמלכ[ים]אתה משפיל וא[ת]ה[
4Q433 1,5	(XXIX)	] תשפיל מש[לי כל]תבל תהשח[ית
4Q471a 4	(XXXVI)	]◦יכם ישפלו ולוא ידעו כיא מאס / [

low adjective שָׁפָל

Reference	Vol.	Text
4Q282k 1i5	(XXXVI)	]שפלים ל[מרום] / [

low noun שִׁפְלָה

Reference	Vol.	Text
1QH[a] IV,1		] משפלת מרה מ◦[

lowland, Shephelah noun שְׁפֵלָה

Reference	Vol.	Text
1Q25 4,7	(I)	י]שחו והשפלה [
4Q522 9i+10,10	(XXV)	ב?]גליל ושנים שב[שפל]ת השרון

mass noun שִׁפְעָה

Reference	Vol.	Text
4Q434 1i8	(XXIX)	] / אדם הצילם שפעת גיים לא שפטם

to please verb שפר

Reference	Vol.	Text
4Q221 11,2	(XIII)	]◦ משפר נג[ד
4Q299 71,4	(XX)	] / וישפר ל[

beauty noun 1-שֶׁפֶר

Reference	Vol.	Text
4Q252 VI,2	(XXII)	] / שפר ע◦[

outburst noun שֶׁצֶף

Reference	Vol.	Text
4Q176 8-11,9	(V)	בשצף קצף ◦◦[

to watch, care for verb שקד

Reference	Vol.	Text
CD XIII,9		וישקוד לכל מדהובם כרועה עדרו
1QS VI,7		והרבים ישקודו ביחד את שלישית כול לילות
4Q159 2-4,1	(V)	]גדאו שוקד משפח[ת
4Q163 18-19,3	(V)	וכלה לץ ונכרתו] / [כול] שוקדי און
4Q258 II,10	(XXVI)	והרבים יש]קד[ו ביחד את שלישית כל לילות
4Q405 51,2	(XI)	]◦ר משקד[
4Q416 2ii14	(XXXIV)	ואל תשקוד ממדהבכה / [
4Q418 55,9	(XXXIV)	וירדפו אחר כול שורשי בינה וישקדו על / [
4Q418 69ii10	(XXXIV)	]משח[רי בינה ו]שוקד[ים] / על כול דעה
4Q418 69ii11	(XXXIV)	יגענו בבינה ושקדנו לרדוף דעת ◦[
4Q418 118,2	(XXXIV)	]◦עת וישק◦◦[
4Q418 169+170,5	(XXXIV)	]שקדכ◦[
4Q418 225,2	(XXXIV)	] שוקד [

vigilance noun שקד

Reference	Vol.	Text
4Q418 55,4	(XXXIV)	]ושקד יהיה בלבבנו [בכול
4Q418 55,7	(XXXIV)	]שקד בא[

(indeterminate) שקד

Reference	Vol.	Text
4Q418 277,2	(XXXIV)	] שקד[

to provide drink, irrigate verb שקה

Reference	Vol.	Text
1QpHab XI,2		הוי משקה רעיהו מספח / חמתו אף
1QM XII,10		וכזרם רביבים להשקות משפט לכול צאצאיה
1QM XIX,2		וכזרם רביבים להשקות משפט לכ[ול
1QH[a] XII,11		ולצמאם ישקום חומץ למע<ן> הבט אל / תעותם
1Q31 1,2	(I)	] / פיהם ישקו כול ◦◦[
4Q270 3i21	(XVIII)	]אשר ישקו א[ת
4Q270 4,6	(XVIII)	והשקה את / [האשה את מי המרים
4Q299 6i5	(XX)	מי]ם ובמשורה ישקו / [

drink adjective שִׁקּוּי

Reference	Vol.	Text
1QH[a] XIII,34		ואוכלה בלחם אנחה / ושקוי בדמעות אין כלה
1QH[a] XIII,35		ויהפך לי לחמי לריב ושקוי לבעל מדנים
4Q429 3,7	(XXIX)	ואוכלה] / [ב]לחם אנחה ושקוי בדמעות[
4Q429 3,9	(XXIX)	ויהפך לי לחמי] / [לריב ו]שק[וי]י לבעל מ[דנים
4Q432 11,1	(XXIX)	ואוכלה בלחם אנח]תי וש[קוי בדמעות אין כלה]

abomination noun שִׁקּוּץ

1QS X,22		ופרי קודש בלשוני **ושקוצים** / לוא ימצא בה
4Q**169** 3-4iii1	(V)	**ש]קוצי** תועבותיהם
	(V)	והשלכתי עליך **שקוצים** [ונ]בלתיך
4Q**260** V,4	(XXVI)	**ושקוצים** לוא ימצא / בה
4Q**409** 3,2	(XXIX)	]**בשקוצי**[
4Q**426** 5,2	(XX)	]◦פ **שקוצים**[
4Q**435** 4,4	(XXIX)	] / **כשקוצ**[
4Q**525** 18,2	(XXV)	]**בשקוצי**[

to be quiet verb שקט

4Q**163** 23ii4	(V)	תושעון] / [**בהש]קט** ובטח תהיה גבורתכמה
4Q**405** 20ii-22,13	(XI)	קול גילות רנה **השקיט** ודממ[ת] ברך אלוהים
4Q**416** 3,3	(XXXIV)	]אל **תשקוט** עד תום רשעה
4Q**418** 116,2	(XXXIV)	] אם **ישקוט**[
4Q**475** 6	(XXXVI)	ו]**שקטה** הארץ לעולמים

quiet noun שֶׁקֶט

1QH[a] XX,2		ב]**ש{{◦}}קט** ושלוה / [עם רוחות עולם
4Q**381** 50,4	(XI)	וירה **ובשקטה** במקום [אלהים למשפט
4Q**400** 1ii11	(XI)	] / למשפטי **שקט** ב[
4Q**405** 19,7	(XI)	קול דממת **שקט** אל[והי]ם מברכים / [
4Q**418** 55,7	(XXXIV)	]הלוא שלום **והשקט** [ ] / [
4Q**418** 69ii5	(XXXIV)	ומה] **השקט** ללוא היה
4Q**427** 3,2	(XXIX)	[ואשבה לב]טח במעון **שק[ט** ושלוה
4Q**503** 69,1	(VII)	] שלות **שק[ט**
PAM 43.674 63,2	(XXXIII)	]**שקט** כא[

to weigh out verb שקל

CD VIII,13		כי / **שוקל** רוח ומטיף כזב הטיף להם
CD XIX,25		כי הולך רוח **ושקל** {{ספת}} סופות
1QS IX,14		להבדיל **ולשקול** בני הצדוק לפי רוחום
4Q**165** 1-2,4	(V)	וכל בשלש עפר] הארץ **שקל** [בפלס הרים
4Q**259** III,10	(XXVI)	להבדיל ול]**שקול** את בני הצדק לפי ר[ו]חמה
4Q**418** 123ii6	(XXXIV)	] / [ ]דה **שקול** מעשיכה עם קצ[
4Q**418** 127,6	(XXXIV)	כ]י במוזני צדק **שקל** כול תכונם
4Q**511** 30,5	(VII)	**וישק[ו]ל** בפלס[ ]הרים וגבעות במוזנ[ים

shekel noun שֶׁקֶל

4Q**159** 1ii7	(V)	עשרים גרה **השקל** ב[שקל הקודש]
4Q**159** 1ii9	(V)	מחצית המ[נ]ה [עשרים ו]חמשה **שקל**
4Q**159** 1ii12	(V)	**שק]ל** הקודש
4Q**513** 1-2i2	(VII)	] / [השקל גרה עש]רים **בשק[ל** הקודש
11Q**19** XXXIX,8		מחצית **השקל** חוק עולם / לזכרון
11Q**19** XXXIX,9		לזכרון במושבותיהמה עשרים גרה **השקל**
11Q**19** XXXIX,10		ישאו ממנו את מחצית **הש[ק]ל** לי
PAM 43.682 23,2	(XXXIII)	] **שקל** ◦[
PAM 43.683 22,1	(XXXIII)	]**שקל**[

to look verb שקף

4Q**364** 2,3	(XIII)	] / **וישקפ** אב[ימלך ?

to detest verb שקץ

CD VII,3		ולא **ישקץ** / איש את רוח קדשיו
CD XII,11		אל **ישקץ** איש את נפשו / בכל החיה
11Q**19** II,10		[והייתה]חרם כמוהו **שקץ** תשק[צנו
		[והייתה]חרם כמוהו שקץ **תשק[צנו**
11Q**19** LI,8		והיו קדושים ולוא **ישקצו** / את נפשותמה

detestable thing noun שֶׁקֶץ

4Q**365** 15a-b,6	(XIII)	אשר לו] / [ארבע]רגלים[**ש]קץ** הא[ו לכמה
4Q**365** 17a-c,3	(XIII)	לוא] תוכ[לו]ם[כי **ש]קץ**[הם

to rush verb שקק

4Q**418** 162,5	(XXXIV)	] **שוקקה** וח◦[

to lie, betray verb שקר

CD XIV,20		] ◦א[ש]ר **ישקר** בממון והוא נודע ו◦[
1QS VI,24		אם ימצא בם איש אשר **ישקר** / בהון
4Q**249**q 3	(XXXVI)	]**ושקר** לו[
4Q**367** 2a-b,10	(XIII)	ולא תכח]שו ולא **תש[קרו** איש בעמיתו
4Q**471**a 2	(XXXVI)	]◦ם **ותשקרו** בבריתו / [

lie, falsehood noun שֶׁקֶר

CD VI,1		וינבאו **שקר** להשיב את ישראל מאחר / אל
1QS IV,9		ושפול ידים בעבודת צדק רשע **ושקר** גוה
1QS IV,21		מכול תועבות **שקר** והתגולל / ברוח נדה
1QS V,15		כיא כן כתוב מכול דבר **שקר** תרחק
1QpHab X,10		ולקים עדה **בשקר** / בעבור כבודה
1QpHab X,12		ולהרותם / במ[ע]שי **שקר** להיות עמלם לריק
1QpHab XII,11		כיא פסל יצרו / מסיכה ומרי **שקר**
1QH[a] XIII,27		[ודברי]בליעל פתחו / לשון **שקר**
1QH[a] XV,12		כי תאלמנה שפתי / {שפתי} **שקר**
4Q**158** 7-8,2	(V)	] / [ברע]כה עד **שקר**
4Q**169** 3-4ii2	(V)	אשר בכחש **ושקר[ים** י]תהלכו
4Q**169** 3-4ii8	(V)	אשר בתלמוד **שקרם** ולשון כזביהם
4Q**171** 1-2i19	(V)	אשר התעה רבים באמרי / **שקר**
4Q**172** 6,2	(V)	]**שקר** ומ[
4Q**200** 2,5	(XIX)	] / [בדרכ]י **שקר**
4Q**249** 11a,2	(XXXV)	]**שקר**[
4Q**267** 2,6	(XVIII)	וינבאו **שקר** לה[ש]יב את / [ישר]אל מאחרי אל
4Q**300** 2ii2	(XX)	] / **שקר** מה פחד[לאדם
4Q**371** 1a-b,13	(XXVIII)	] דברי[ ]**שקר** וכול אמרי כזב
4Q**381** 45a+b,5	(XI)	] / מתיעצים עלי פתחו לשן **שק[ר**
4Q**390** 8,2	(XXX)	]**שקר** ופש[ע
4Q**397** 14-21,9	(X)	שלוא] / [י]מצא בידנו מעל **ושקר** ורעה
4Q**425** 1+3,4	(XX)	]**שקר** קטן כ◦[
4Q**435** 2i5	(XXIX)	ורום עינים התנשית] לי רוח **שקר** אבדת
4Q**455** 3	(XXXVI)	]**משקר** ירחק מהזכירו[
4Q**501** 4	(VII)	סבבונו חילכיא עמכה בלשון **שקר**מה
11Q**5** XXII,6	(IV)	טהר חמס מגוך **שקר** / ועול נכרתו ממך
11Q**19** LXI,9		והנה עד **שקר** העיד שקר / ענה באחיהו
		והנה עד שקר העיד **שקר** / ענה באחיהו

trough noun שֶׁקֶת

3Q**15** X,16	(III)	בית בית חמים שלוחי לתחת / **השקת** ככ 17

שֵׁר ← שְׁאֵר

to let loose verb שרה

4Q**511** 132,2	(VII)	]◦ **שרו** [
4Q**525** 16,2	(XXV)	] / **השריתה** [

Sharon proper noun שָׁרוֹן

4Q**522** 9i+10,10	(XXV)	ב?]גליל ושנים שב[שפל]ת **השרון**
PAM 43.686 66,1	(XXXIII)	] **שרון**[

Sharhasi (name?) noun שרחסי

4Q**341** 4	(XXXVI)	]ק / **שרחסי** מגנס מלכיה מניס

muscle noun **שָׁרִיר**

PAM 43.679 1,3 (XXXIII)]שריר ולא מי◦[ ]◦עופ◦◦ בנף [

stubbornness noun **שְׁרִירוּת, שְׁרִרוּת**

CD II,17 בלכתם בשרירות / לבם
CD III,5 ובניהם במצרים הלכו בשרירות לבם
CD III,11 ויתורו אחרי שרירות / לבם
CD VIII,8 ויבחרו איש בשרירות לבו ולא נזרו מעם
CD VIII,19 ויעזבם ויפנו בשרירות לבם
CD XIX,20 ויבחרו איש בשרירות לבו ולא נזרו מעם
CD XIX,33 ויעזבם ויפנו בשרירות לבם
CD XX,9 וילכו בשרירות / לבם
1QS I,6 ולוא ללכת עוד בשרירות לב אשמה
1QS II,14 כיא בשרירות לבי אלכ
1QS II,26 לבוא / [בברית א]ל ללכת בשרירות לבו
1QS III,3 ולוא יצדק במתור שרירות לבו
1QS V,4 אשר לוא ילכ איש בשרירות לבו
1QS VII,19 לבגוד באמת / וללכת בשרירות לבו
1QS VII,24 ללכת בשרירות לבו
1QS IX,10 לוא יצאו ללכת / בכול שרירות לבם
1QH[a] XII,15 ועם שרירות לבם יתורו וידרשוכה בגלולים
2Q28 2,4 (III)]שרירות {{ליש}} לבם[
4Q257 III,4 (XXVI) [ו]לוא יצדק במתו[ר]שרירות / לבו
4Q258 I,4 (XXVI) [אשר]לא ילך איש בשרירות לבו לתעות
4Q266 5ii11 (XVIII) הלך ?] / בשרירות לבו לאכול מן הקודש[
4Q390 1,12 (XXX) ויתהלכו בשר[ירות לבם
4Q393 3,3 (XXIX) ואל ללכת איש בשרירות לבו / [הר]ע
4Q393 3,5 (XXIX) ואל ללכת איש / בשררו[ת] לבו הרע
4Q487 1ii3 (VII)] / יתר בשרירות[לבו
5Q13 23,3 (III)]◦ ללכת בשר[ירות לב

שֵׁרִית ← שְׁאֵרִית

to swarm verb **שׁרץ**

4Q511 115,2 (VII)] / השורץ[

swarming thing noun **שֶׁרֶץ**

4Q274 2ii5 (XXXV)] / שרץ טמ[א
4Q365 15a-b,3 (XIII) וכול שרץ ה[עוף ההולך על ארבע
11Q19 XLVIII,4 אלה משרץ העוף תואכלו ההולכים על ארבע
11Q19 L,20 כול שרץ הארץ תטמאו החולד והעכבר

hissing noun **שְׁרֵקָה**

11Q19 LIX,4 יהיו עריהמה לשומה ולשרקה ולחורבה

שְׁרִרוּת ← שְׁרִירוּת

to take root, uproot verb **שׁרשׁ**

1QH[a] XVI,7 להשריש טרם יפריחו ושורשיהם ליוב[ל]

שֹׁרֶשׁ ← שׁוֹרֶשׁ

שֵׁרֶת ← שְׁאֵרִית

to minister, serve verb **שׁרת**

CD II,4 לפניו / ערמה ודעת הם ישרתוהו
1QSb IV,25 (I) ות]היה סביב משרת בהיכל / מלכות
1QM II,1 להיות משרתים / בתמיד לפני אל
1QM II,2 המשמרות ששה ועשרים במשמרותם ישרתו
ואחריהם ראשי הלויים לשרת תמיד
1QM II,3 וראשי משמרותם איש במעמדו ישרתו
1QM XII,14 אליך חיל גואים ומלכיהם ישרתוך
1QM XIII,3 וב[ר]וכים / כול משרתיו בצדק
1QM XIX,6]חיל גוים ומלכיהם ישרתוך
1QH[a] VII,24 כי בם בחרתה מכול / ולעד הם ישרתוך
1QH[a] XIII,21 וגבורי פלא משר{{י}}תיכה
1QH[a] XX,23 ולפי ממשלתם ישרתוכה למפלג[יהם
1QH[a] 8,5] / משרתים [
4Q250 4 (XXXVI)]המשרתים[
4Q276 1 (XXXV) בגדים]אשר לוא שרת בם בקודש / [
4Q286 12,2 (XI) מ]שרתיכה בתפא[רת
4Q287 2,9 (XI)]מה וכול משרתי ק[ודש
4Q287 2,12 (XI)]כול משרת[יכה בתפארת]הדרמה
4Q364 14,5 (XIII) ויקום מושה ויהושוע] / משרת[ו
4Q378 22i2 (XXII) ביד ישוע משרת עבדך משה / [
4Q381 1,11 (XI)] ◦לעבד לאדם ולשרתו וה[
4Q382 9,3 (XIII)]◦ב◦ ומתניה המש[ר]תים [
4Q392 1,9 (XXIX) וברקים [מלאכיו ומ]שרתי דבי[ר
4Q400 1i4 (XI)] משרתי פנים ברביר כבודו
4Q400 1i8 (XI)]כוה[ני] קורב משרתי פני מלך קודש
4Q401 15,3 (XI)] קורב מש[רתי
4Q405 20ii-22,2 (XI)] / בח[וק ית]כלכלו לש[רת
4Q405 23i3 (XI) וכול עדת משרתי / [
4Q405 23ii2 (XI)] / קרבו מלכ בשרתם לפ[ני
4Q405 23ii10 (XI) אלה ראשי לבושי פלא לשרת[
4Q418 69ii12 (XXXIV) ודעה [לנצח]תשרתנו
4Q438 10,3 (XXIX) מש]רתי אמונתכה
4Q471 1,3 (XXXVI) יסרוכ]ו והיו עמו תמיד וש[רתו] / [לפניו
4Q471 1,6 (XXXVI) וישר[תו לפני]ו תמיד כ[ו]ל / [הימים
4Q476a 2,1 (XXIX) משר]תי אל[
4Q492 1,6 (VII) ומלכיהם ישרתוך ו[השתחוו לך כול מעניך
4Q494 5 (VII) ששה] / [וע]שרים במשמרותם [י]ש[רתו
4Q502 27,2 (VII) משרתי]ם לכה תמיד [ע]רב ובוקר
4Q503 20,2 (VII) מ]שרתים [
4Q503 56i-58,8 (VII)]במשרתי◦[
4Q511 2i10 (VII) ו]לשרתו בגורל עם כסאו
4Q511 35,4 (VII) עם צדקו צבאו ומשרתים מלאכי כבודו
11Q17 VII,4 (XXIII)]◦ם בחוק יתכל[כ]לו לשרת ל◦[
11Q19 XXXII,12] / בבואם לשרת בקודש
11Q19 XL,2]ה להיות משרת[ים
11Q19 LVI,9 הכוהן העומד שמה לשרת לפני
11Q19 LX,11 לעמוד לפני ולשרת ולברך בשמי
11Q19 LX,14 ככול אחיו הלויים ישרת העומדים שמה לפני
11Q19 LXIII,3 כי בהמה בחרתי לשרת לפני ולברך בשמי
PAM 43.678 1,2 (XXXIII)]א ישרתה ◦[

six numeral **שֵׁשׁ-1, שִׁשָּׁה**

CD X,6 ומישראל / ששה מבוננים בספר ההגו
CD XIV,21 ונ]ענש ימים ששה
1QS VII,3 ואם בשגגה דבר ונענש ששה חודשים
1QS VII,4 ואשר יכחס במדעו / ונענש ששה חודשים
1QS VII,5 יעשה רמיה במדעו ונענש ששה חודשים
1QS VII,8 ונענש {{ששה חודשים}} שנה אחת
1QS VII,12 ערום ולוא היה אנוש ונענש ששה חודשים
1QS VII,18 ילון / אשר לוא במשפט ונענש ששה חודשים
1QM II,2 וראשי המשמרות ששה ועשרים
1QM II,9 תערך המלחמה שש שנים
1QM VI,10 הכול שש מאות וארבעת אלפים
1QM VI,11 אנשי הסרך ששת אלפים חמש מאות לשבט
1QM VII,12 וביד הששה יהיו / חצוצרות המקרא

Reference	Vol.	Text
1QM VIII,8		והכוהנים ירִיעו בשש חצוצרות / החללים
1QM IX,4		ועמדו ששה דגלים והדגל המתקרב
1QM IX,5		והרוכבים ששת אלפים
1QM XVI,7		בכלי / מלחמתו וששת[
3Q15 I,12	(III)	מן הצפון / אמות שש עד ניקרת הטבילה
3Q15 II,11	(III)	בשן הסלע בדין של כסף שש
3Q15 III,4	(III)	מנקיאות / קסאות כל שש מאות ותשעה
3Q15 III,6	(III)	חפר אמות שש עסרה
3Q15 VII,9	(III)	חפר אמות שש
3Q15 VII,10	(III)	בדין של כסף שש
3Q15 IX,8	(III)	חפור אמות שש עסרה
3Q15 XII,7	(III)	וכסף הכל ככרין שש מאות
4Q159 1ii8	(V)	לשש מא[ו]ת האלף מאת ככר
4Q186 1ii7	(V)	רוח לו בבית האור שש ושלוש בבור / החושך
4Q**216** VII,7	(XIII)	] / עשים ששת ימים [
4Q**227** 2,2	(XIII)	]ששה יובלי שנים / [
4Q**252** I,3	(XXII)	בשנת שש מאות שנה / לחיי נוח
4Q**252** I,6	(XXII)	עד יום עשרים וששה בחודש / השלישי
4Q**252** II,1	(XXII)	ושש מאות שנה לחיי נוח
4Q**252** II,4	(XXII)	⟦ ⟧ אחת ושש ⟦ ⟧
4Q**259** I,10	(XXVI)	ולוא] / היה אנוש[ונע]נש [ש]שה חו[דשים
4Q**261** 6a-e,5	(XXVI)	[ילון אשר לא במשפט ונענש]ש[ש]ה חד[שים
4Q**265** 4i12	(XXXV)	ו]הבדילהו ששה חודשים
4Q**266** 10ii3	(XVIII)	[והו]בדל שנה אחת ונע[נ]ש / ש[שה חודשים]
4Q**266** 10ii10	(XVIII)	והובדל ששה [חודשים
4Q**269** 11i8	(XXXVI)	והובדל שנה אחת ונענש שש[ה ח[ד]שים]
4Q**317** 1+1aii20	(XXVIII)	בש[שה עשר בו תגלה] / שמונה
4Q**317** 7ii16	(XXVIII)	] / בשש[ה] בו תגלה[שמנה
4Q**317** 11,4	(XXVIII)	בש[שה] בו
4Q**317** 17,5	(XXVIII)	] / [בש]שה[עשר בו
4Q**317** 21,2	(XXVIII)	] / בש◦שה[
4Q**320** 6,3	(XXI)	]עת אלפים וש[ש] מאות
4Q**321** I,4	(XXI)	ב[ש]שה ביחזקאל בשנים ועשרים
4Q**321** I,8	(XXI)	ודוק[ה]בששה[בא]ל[ישי]ב ב[ש]שה[בוא
	(XXI)	ודוק[ה]בששה[בא]ל[ישי]ב ב[ש]שה[בוא
4Q**321** II,4	(XXI)	בששה בשכניה בחמשה[עשר בשמיני
4Q**321** II,7	(XXI)	ודו]קה בששה יויר[יב בת]שעה ועשרים ב[וא
4Q**321a** II,4	(XXI)	בששה ב[יחזקאל בשנים ועשרים
4Q**321a** V,2	(XXI)	בש]שה בגמו[ל בחמשה עשר בשמיני
4Q**321a** V,7	(XXI)	ודוקו] / בששה בחופהא בתשעה [עשרים
4Q**321a** V,9	(XXI)	הש[שי]ת ב[ש]שה בפתחיה בעשרים[בראשון
4Q**325** 1,3	(XXI)	] / [מוע]ד שעורים בעשרים וששה בו
4Q**325** 1,5	(XXI)	]בששה עשר בו שבת מלכיה
4Q**332** 1,2	(XXXVI)	[בארבעה עשר בו ביא]ת ידעיה בששה עש[ר
4Q**334** 3,2	(XXI)	]ששה עש[ר] / [
4Q**334** 6,1	(XXI)	בששה ע]שר בו
4Q**365** 5,2	(XIII)	] / אלפים סוס ושש מאות [רכ]ב[
4Q**365a** 2ii5	(XIII)	באים מקיר החצר שש ושלושים באמה
4Q**389** 1,6	(XXX)	] / [שלו]שים ושש שנה לגלות ישראל
4Q**394** 1-2iv3	(XXI)	[ב]שש אשר / בו שבת
4Q**403** 1i30	(XI)	שיר עולת השבת השביעית בשש עשר לחודש
4Q**503** 1-6iii18	(VII)	] / ובששה לחו[דש בערב יברכו
4Q**503** 7-9,2	(VII)	]◦ בששה שערי או[ר
4Q**503** 29-32,2	(VII)	] / בששה[עשר לחודש בערב יברכו
4Q**503** 37-38,23	(VII)	] / וביום ששה ו[עשרים לחודש בערב יברכו
11Q5 XXVII,5	(IV)	ויכתוב תהלים / שלושת אלפים ושש מאות
11Q5 XXVII,9	(IV)	השיר אשר דבר ששה ואבעים וארבע מאות
11Q19 XI,12		ובמועד היצהר ובששת ימי / [קורבן העצים
11Q19 XXXVI,6		ורוח[ב ת[אין] שש / ועשרים באמה
11Q19 XL,8		באורך כאלף ושש [מאות ב]אמה מפנה לפנה
11Q19 XLI,13		באים מקיר החצר שש ושלושים באמה
11Q19 XLIII,1		]ה לשש[

linen noun **שֵׁשׁ-3, שֵׁישׁ**

Reference	Vol.	Text
1QM VII,10		לובשים בגדי שש לבן כתונת בד ומכנסי בד
		וחוגרים באבנט בד שש משוזר תכלת / וארגמן
4Q**365** 8a-b,3	(XIII)	ותו]לעת שנ[י]ושש מושזר מע[שה רוקם
4Q**365** 12ai4	(XIII)	תכלת וארגמן ותולעת שנ]י ושיש מעשה / [
4Q**365** 12biii3	(XIII)	תכלת וארגמן ו]תולעת שני ושש משזר
4Q**365** 12biii4	(XIII)	ובתוך התולעת השני{{ש}} ←שני
4Q**365** 12biii6	(XIII)	תכלת וארגמן ותולעת שני ושש משזר
4Q**365** 12biii8	(XIII)	ותולעת שני ושש משוזר מעשה חושב
4Q**525** 26,5	(XXV)	]אבנט ש[ש

Sheshai proper noun **שֵׁשַׁי**

Reference	Vol.	Text
4Q**365** 32,11	(XIII)	ושמה אחימון וששי ותלמי ילידי הענק

sixth adjective **שִׁשִּׁי, שִׁישִּׁי**

Reference	Vol.	Text
CD X,15		אל יעש איש ביום / {{ממ}} השישי מלאכה
1QM II,12		בששית ובשביעית ילחמו בכול בני אשור
1QM IV,10		על הששית קהל אל
1Q50 2,1	(I)	]ששי ◦[
4Q**216** VII,1	(XIII)	[וביו]ם הששי את כל חי[ת הארץ
4Q**251** 1-2,7	(XXXV)	] ב[ו]ם הששי בשר ער[וה]
4Q**252** I,10	(XXII)	ויום / הששי נחה התבה על הרי הוררט
4Q**271** 2,2	(XVIII)	ומן[החטים ש]שית / [האיפה לחמר
4Q**319** IV,12	(XXI)	א[ות גמו]ל בששית
4Q**319** V,4	(XXI)	אות גמול בש[שית
4Q**319** V,11	(XXI)	אות גמול / בששית
4Q**319** V,17	(XXI)	אות גמול] / בשש[ית
4Q**319** VI,4	(XXI)	אות גמול בששית
4Q**319** VI,7	(XXI)	אות [שכניה בש]שית סוף אות [הי]ו[בל הששי
4Q**319** VI,12	(XXI)	אות] גמול בששית
4Q**319** VI,15	(XXI)	אות שנה בששית סוף[גמול] / בש[נית
4Q**319** 73,5	(XXI)	⟦ ⟧ ששי[
4Q**320** 1i11	(XXI)	בדליה] ל30 ב27 בששי
4Q**320** 4vi5	(XXI)	⟦ ⟧ / הששית מועדיה
4Q**321** VI,8	(XXI)	הש[שי ביקים
4Q**321a** V,9	(XXI)	הש[שי]ת ב[ש]שה בפתחיה בעשרים[בראשון
4Q**324** 1,2	(XXI)	אחד ביקים זה אח]ד בש[שי
4Q**325** 2,4	(XXI)	רוש ה]חודש הששי / [אחר שבת על יחזקאל
4Q**328** 1	(XXI)	[ישב]אב בששית הפצץ אלה רשי השנים
4Q**328** 6	(XXI)	בש[שית הפצץ]
4Q**330** 1ii2	(XXI)	] / בשבוע ששי שנה[
4Q**403** 1i5	(XI)	[תהלת]רנן / בלשון הששי לאל [ה]טוב
4Q**403** 1i21	(XI)	הששי בנשיאי רוש יברך בשם[גבורות]
4Q**403** 1ii29	(XI)	ולשון החמישי תגבר שבעה בלשון] / הששי
4Q**405** 3ii11	(XI)	] / הוד להודי פלא הששי[
4Q**405** 11,4	(XI)	ולשון הששי / תגב[ר] שבעה בלשון ה[שב]יעי
4Q**405** 13,4	(XI)	הששי במשני / [נשי]אי פלא יברך בשם
4Q**405** 28,2	(XI)	]לשש[י]שבע[
4Q**496** 31,4	(VII)	] השש[
4Q**502** 124,2	(VII)	]ע ששי ל◦[
4Q**502** 306,1	(VII)	]◦ל ששי[
4Q**503** 33II-36,20	(VII)	יו]ם ששי / [
4Q**503** 216,2	(VII)	]◦ הששי ומ[
11Q19 IV,5		]ין הששי רובד ◦[
11Q19 XXIV,16		וביום הששי / [יעשה עולת דן לבד

sixty numeral **שִׁשִּׁים, שִׁשִּׁין**

CD X,7		מבני חמשה / ועשרים שנה עד בני **ששים** שנה
CD X,8		ואל יתיצב עוד מבן / **ששים** שנה ומעלה
CD XIV,7		ועד בן **ששים** מבונן בספר / ההגי
1QS VII,8		ואם לוא תשיג ידו לשלמו ונענש **ששים** יום
1QM VII,1		{{◦◦}}חמ{{◦}}שים שנה ועד בן {{◦◦}}**ששים**
3Q**15** II,4	(III)	בדיבר / השלישי עשתות זהב **ששין** וחמש
3Q**15** V,10	(III)	עד הרגם הגדול / אמות **ששין**
3Q**15** X,7	(III)	לסמול רגמות עסר כסף / ככרין **ששין** ושנין
3Q**15** XII,1	(III)	ככרין **ששין** ביאתו מן המ‹ע›רב
4Q**252** II,3	(XXII)	לימים שלוש מאות **ששים** וארבעה
4Q**252** II,10	(XXII)	]ארץ כנען **ששי**[ם
4Q**259** I,13	(XXVI)	ונראתה ערותו] / ונענש **ששים** יום
4Q**266** 8iii6	(XVIII)	מב]ני חמש [ו]עשרים [שנה ועד] בן **ששים** שנה
4Q**267** 9v11	(XVIII)	מבן שלושים שנה ועד בן **ששים** / [שנ]ה
4Q**269** 11i5	(XXXVI)	]מן הטהרה / [שנה אחת ונענש] **ששי**[ם יום
4Q**270** 6iv18	(XVIII)	ולא יתיצב עוד מבן **ששים** שנה [ומעלה
4Q**270** 7i9	(XVIII)	[ו]הו[בדל שתי שנים]רש [ונ]ענש **ששים** [יום
4Q**365** 28,2	(XIII)	פקודיהם שמונת אלפים וחמש מאות **וששים**
4Q**365**a 2ii1	(XIII)	עד שער גד **ששים**[ושלוש מאות באמה
4Q**365**a 2ii2	(XIII)	] / **וששים** באמה
	(XIII)	עד שער דן של[וש מאות]**וששים** באמה
4Q**365**a 2ii3	(XIII)	] / שער נפתלי **ששים** ושלוש מאות באמה
4Q**365**a 2ii4	(XIII)	עד פנת מזרח{{ה}} שלוש מאות **וששים** באמה
4Q**367** 1a-b,7	(XIII)	**וששים**[יום וששת ימים תשב
4Q**394** 3-7i2	(X)	השנה שלוש סאת **וש**[**שים** וארבעה] / יום
11Q**5** XXVII,6	(IV)	ימי השנה ארבעה **וששים** ושלוש / מאות
11Q**19** IV,10		]◦ וגובה **ששים** באמ[ה
11Q**19** XL,7		לחצר התיכונה **ש**[**שים** וחמש מאות באמה ?]
11Q**19** XL,13		לשער [מדה] שלוש מאות **וששים** באמה
11Q**19** XL,14		עד / שער שמעון **ששים** ושלוש מאות באמה
11Q**19** XL,15		כמדה הזואת **ששים** לשלוש / [מאות באמה
11Q**19** XLI,7		עד פנת הצפון] שלוש מאות / **וששים** באמה
11Q**19** XLI,8		עד / שער דן שלוש מאות **וששים** באמה
11Q**19** XLI,9		עד / שער נפתלי **ששים** ושלוש מאות באמה
11Q**19** XLI,10		עד שער אשר שלוש מאות **וששים** באמה
11Q**19** XLI,11		פנת {{של?}} המזרח שלוש מאות **וששים** באמה
11Q**19** LVII,3		מבן / עשרים שנה ועד בן **ששים** שנה

שִׁשִּׁין ← שִׁשִּׁים

Seth proper noun **שֵׁת-2**

PAM 43.696 29,2	(XXXIII)	]שמו **שת**[

שֵׁת-3 ← שֵׁית

to drink verb **שתה**

CD X,23		ואל יאכל ואל **ישתה** כי אם היה במחנה
CD XI,1		וירד לרחוץ **ישתה** על עומדו
1QS V,16		ולוא **ישתה** ולוא יקח מידם כול מאומה
1QS VI,5		או התירוש / **לשתות** הכוהן ישלח ידו
		או התירוש **לשתות** הכוהן ישלח ידו
1QSa II,18	(I)	[ומסוך ה]תירוש **לשתות**[
1QpHab XI,9		שבעתה / קלון מכבוד **שתה** גם אתה והרעל
1QH[a] XI,30		ותשוט בשביבי להוב עד אפס כול **שותיהם**
1QH[a] XIII,7		אריות שוברי עצם אדירים **ושותי** ד[ם] גבורים
1QH[a] XVI,13		ועם עצי עולם / לא **ישתה** מי קודש
1Q**14** 17-19,3	(I)	[ולא תסוך שמן ותירוש ול]א **תשת** ה[י]ין
1Q**35** 2,2	(I)	עם] עצי ע[ו]לם לוא **ישתה**
4Q**249**f 1-3,9	(XXXVI)	ומסוך התירוש **לשתו**]ת
4Q**262** B,1	(XXVI)	]תחת דליתו **ישתו** עד[
4Q**264**a 1,8	(XXXV)	אך ידבר לאכול ול**ש**[**תות**
4Q**364** 26bi11	(XIII)	לחם לוא אכלתי ומים לוא]**שתיתי**
4Q**365** 6aii+6c,9	(XIII)	[ולוא י]כולו **לשתות** מים ממרה
4Q**365** 6aii+6c,10	(XIII)	וילון העם העם ע[ל מושה ל]אמור מה **נשתה**
4Q**416** 2ii19	(XXXIV)	אל **תשת** יין ואין אכל
4Q**417** 2ii+23,24	(XXXIV)	אל **תשת** יין ואין א[כל
4Q**421** 11,2	(XX)	ב]טוח לאכול **ולשתות** ממנו כול ◦[
4Q**512** 7-9,3	(VII)	ט]הרת ישר[אל] / ולאכול ול**ש**[**תות**
4Q**514** 1i10	(VII)	ואל י[**ש**]**תה** עמ כול א[ש]אשר יערוך / [
4Q**522** 4,1	(XXV)	]◦ו **וישתו** [
4Q**525** 24ii3	(XXV)	אשר] / הכינותי **ושתו** מי[בור/מקור ?
4Q**525** 24ii8	(XXV)	] / שרף וכול **שות**◦[
11Q**5** XVIII,11	(IV)	ועל **שתות**מה בחבר / יחדיו
11Q**19** XXXVIII,3		]יהיו אוכלים **ושותים**[
11Q**20** V,8	(XXIII)	הכוהנ]ים **ישתו** שמה ריאשונים / [והלויים
11Q**20** V,10	(XXIII)	מגדול ו]עד קטן יחלו **לשתות** יין חדש

שְׁתַּיִם ← שְׁנַיִם

שְׁתֵם ← שהתם

ת

taw, twenty-second letter of the alphabet ת

KhQ**3** 1	(XXXVI)	ש] **ת** ש ש / ל ם ן ס ע

chamber noun תָּא, תָּאו, תָּו

4Q**365a** 2i10	(XIII)	]בֿין **תו** לתו שלוש אמ֯ות וחצי
	(XIII)	]בֿין תו ל**תו** שלוש אמ֯ות וחצי
4Q**365a** 3,5	(XIII)	]ה**תא** ב֯[
11Q**19** XXXVI,6		ורוח]ב **ת֯**[איו] שש / ו֯ע֯ש֯ר֯י֯ם֯ באמה
11Q**19** XXXVIII,15		ו**תאים** עשוים לקיר בחוץ
		ובין ה**תאו** לתאו שלוש
		ובין התאו ל**תאו** שלוש
11Q**19** XL,10		ו**ת**֯**אים** [ע]שוים בי֯ן לשעריו מחוץ

תָּאו ← תָּא

desire noun תַּאֲוָה

4Q**491** 11i14	(VII)	לוא כבשר **תאו֯**[ת֯י

to bear twins verb תאם

4Q**502** 31,3	(VII)	מו]**ת֯אמות**[

fig noun תְּאֵנָה

4Q**169** 3-4iv9	(V)	כול מבצריך] / **תא֯נ֯י֯ם** עם[בכורים
4Q**284a** 1,4	(XXXV)	ואת ה**תאנים֯** {{ו֯א֯ת ה֯ר֯מ֯נ֯א֯י֯ם֯}}
4Q**365** 32,14	(XIII)	[ומן הרמונים ומן ה]**ת֯אנים** למקום ההואה
4Q**365a** 2i3	(XIII)	]מה[ ]ה֯**ת֯אנים** והרמוני֯מ֯ / [
KhQ**1** 7	(XXXVI)	] / וה**תאנים** הזי֯[תים

תֹּאַר ← תֹּואַר

cypress tree noun תְּאַשּׁוּר

1QH[a] XVI,5		נט]ע֯ת֯ה מטע ברוש ותדהר עם **תאשור** יחד

תְּבֻאָה ← תְּבוּאָה

ark noun תֵּבָה

CD V,1		ובאי ה**תבה** שנים שנים באו אל התבה
		ובאי התבה שנים שנים באו אל ה**תבה**
4Q**252** I,10	(XXII)	ויום / הששי נחה ה**תבה** על הרי הורר֯ט
4Q**252** I,13	(XXII)	ויפ]ת֯ח נוח את חלון ה**תבה**
4Q**252** I,15	(XXII)	ותבוא אליו [אל]ה֯**תבה**
4Q**252** I,21	(XXII)	ו]יסר נוח את מכסה ה**תבה֯**[ ]
4Q**252** II,2	(XXII)	ביום ההוא יצא נוח מן ה**תבה**
4Q**252** II,4	(XXII)	]] נוח מן ה**תבה** למועד שנה / תמימה
4Q**253** 1,3	(XXII)	] מן ה**תבה֯**[
4Q**254a** 1-2,2	(XXII)	שלוש מאות אמה אור]ך ה**תבה**
4Q**254a** 1-2,4	(XXII)	] / ומ֯ד֯ת ה**תבה** ◦◦◦ה◦◦[
4Q**254a** 3,2	(XXII)	]◦◦ נוח יצא מן ה**תבה** למועד ימים ימימה
4Q**422** 7,2	(XIII)	]אל ה**תב**[ה

produce, harvest noun תְּבוּאָה, תְּבֻאָה

1Q**22** 1ii11	(I)	ל]תת לכם את / [ה**תבו**]**א֯ה֯**
1Q**26** 1,3	(I)	] **ת֯בואת**כה הנ֯[
1Q**26** 1,6	(I)	]◦ ונארותה בכול **תבואת**כה
1Q**26** 2,2	(I)	] כול **תבואת**כה [
4Q**88** IX,11	(XVI)	[תתן]בעתה ולוא / תכחש [**תבו**]**אותיה**
4Q**88** IX,13	(XVI)	ולוא / יכח֯[ש **תבוא**]**ת֯יה**
4Q**158** 10-12,7	(V)	וכי יבעה[--] / [**כת**]**בואתו**
4Q**251** 10,7	(XXXV)	הו]א כבכור ו**תבואת** עץ֯
4Q**266** 6iii8	(XVIII)	ובנק[וף] / [הזית ופר]י֯ **תבואותו**
4Q**266** 6iv8	(XVIII)	] / [להו]סיף לו **ת֯**[**בו**]**אתו**
4Q**270** 3iii13	(XVIII)	] / [**תבו**]**א֯ת** [
4Q**285** 8,9	(XXXVI)	שדפון וירקון] / לוא יראה֯ ב**תבוא֯**[**תיה**
4Q**286** 5,6	(XI)	דגן ת]י֯ר֯ו֯ש ו֯י֯צהר֯ וכול **ת֯בֿנ֯ו֯א֯בות**[
4Q**299** 6ii14	(XX)	] / לפי **תבאות** ומה ב֯◦[
4Q**365** 24,1	(XIII)	אשר בארצכה תהיה כול] **תבואת֯ה֯** ל֯א֯[כו]ל֯
4Q**381** 1,6	(XI)	] / עץ֯ וכל פר֯[י כר]ם֯ וכל **תבואות** שדה
4Q**387a** 9,3	(XXX)	]ם זורע לחם לפי **תבא**[**תו**
4Q**418** 103ii8	(XXXIV)	]ו֯גם **תבואת**כה ת֯ה֯[יה לכה כ]ז֯ורע כלאים
	(XXXIV)	הזרע והמלאה֯ ו**תבוא֯**[**ת**] / ה֯[כרם] י֯קד֯[ש
4Q**419** 8ii6	(XXXVI)	] / **ת֯בואות** לכול ק֯צ֯י֯ ע֯ולם ◦◦[
4Q**423** 3,2	(XXXIV)	וכן התהלך֯ ו֯כ֯[ל]**ת֯**[**בו**]**את**כה
4Q**423** 4,2	(XXXIV)	ונארותה בכ[ל **תבואת**]כה
4Q**423** 5,5	(XXXIV)	ואסוף **תבוא֯ת**כה בעתה
4Q**423** 5,6	(XXXIV)	ה]ת֯בונן בכל **תבואת**כה
4Q**423** 12,3	(XXXIV)	]◦ בימ֯[י **ת֯**[**בוא**]**ת֯**כ֯ה֯ ה֯[
4Q**468c** 6	(XXXVI)	] / ופרי **תבוא֯ה֯**[
4Q**504** 6,4	(VII)	]שר **תבו֯א֯ת֯**ה֯ להתבו֯[נן
4Q**508** 22-23,3	(VII)	**ת**]**ב֯ו֯את** ארצנו לתנו֯[פה
4Q**509** 17,4	(VII)	] ל**תבואת** [
11Q**14** 1ii12	(XXIII)	מוחלה שדפון וירקון לוא יראה ב**תבואתיה**

understanding noun תְּבוּנָה

4Q**365** 10,4	(XIII)	ואמלא אותו רוח אלו]הים בחכמה וב**תבונה**
4Q**372** 18,1	(XXVIII)	]כי ב**תבונות֯**[
4Q**411** 1ii9	(XX)	] / ו**תבונתו** מי [
4Q**446** 2,3	(XXIX)	מש]כ֯י֯ל֯י֯ **ת֯בו֯נה** המה רואים[
11Q**5** XXVI,14	(IV)	ב**תבונתו** נטה שמים

world, earth noun תֵּבֵל

CD II,12		ולמלא / פני **תבל** מזרעם
CD XX,34		ויתגברו / ע֯ל כל בני **תבל**
1QS III,18		והואה ברא אנוש לממשלת / **תבל**
1QS IV,2		ואלה דרכיהן ב**תבל** להאיר בלבב איש
1QS IV,6		אלה סודי רוח לבני אמ֯ת **תבל**
1QS IV,19		ואז תצא לנצח אמת **תבל**
1QS V,19		וכול מנאצי דברו ישמיד מ**תבל**
1QS X,15		ידי להרשן בעדני תנובת **תבל**
1QSb III,19	(I)	] כול הון **תבל** להכ֯[י]רכה ממקור / [עולם
1QSb IV,27	(I)	ולמאור [גדול לאור] ל**תבל** בדעת
1QM I,8		ו֯[בני צ]ד֯ק יאירו לכול קצוות **תבל**
1QH[a] VI,6		לשפו]ט **תבל** ולנחול בכול ◦[
1QH[a] IX,15		לרוח אדם אשר יצרת ב**תבל** לכ֯ו֯ל ימי עולם
1QH[a] XI,33		וארץ / תצרח על ההווה הנ֯ה֯יה ב**תבל**
1QH[a] XI,36		ומלחמת גבורי / שמים תשוט ב**תבל**
1QH[a] XIV,15		ויצל צל על כול **ת֯ב֯**[**ל**
1QH[a] XIV,17		ו◦◦◦ י֯ז֯ר֯ו֯[ ]על **תבל** לאין אפס
1QH[a] 28,2		]◦ נהיה ב**תבל** [
1Q**27** 1i7	(I)	והצדק יגלה כשמש תכון / **תבל**
	(I)	ודעה תמלא **תבל** ואין שם לע֯ו֯[ד] אולת
1Q**34bis** 3ii3	(I)	]◦ וממשלתם בכל **תבל**
4Q**88** VIII,9	(XVI)	באף תשבוחתך ציון מעל כל / **ת֯בל**
4Q**169** 1-2,9	(V)	] / [ ]◦ל֯ יושבי **תבל**
4Q**177** 1-4,7	(V)	ו]היו כאש לכול **תבל**
4Q**181** 1,3	(V)	הגיש מבני **תבל** להתחשב עמ֯ו֯

4Q258 I,11 (XXVI) וכל מנאצ]י דברו להשמיד מתבל
4Q286 5,7 (XI)] וכול תנופות תבל בחדשים שנ[ים עשר
4Q298 3-4i5 (XX)]בכול תבל / [
4Q369 1ii2 (XIII)] / היאה צבי תבל ארצכה
4Q369 1ii7 (XIII) לשר ומושל בכול תבל ארצכה [
4Q372 1,11 (XXVIII)] / בגוי נאכר ובכל תבל מפצפצים
4Q372 1,18 (XXVIII)]גדולה וחזקה מכל אשר בתבל
4Q372 1,22 (XXVIII)] / עת תשמידם מכל תבל ויתנו[
4Q378 12,2 (XXII)] כל תבל בתום [
4Q379 13,2 (XXII)]אין לכם מנו◦ה בתבל
4Q379 30,2 (XXII)]אמת לכל תבל [
4Q418 81+81a,4 (XXXIV) כאשר שמכה לקדוש קודשים[לכול]תבל
4Q418 81+81a,14 (XXXIV)] / ◦ה תבל בו יתהלכו כול נוחלי ארץ
4Q418 130,1 (XXXIV)] / תופיע תבל ◦[
4Q418 159ii7 (XXXIV)] / תכון תבל [ ]◦◦[
4Q418 265,2 (XXXIV)]ת תבל[
4Q426 1i9 (XX)]כול תור בתבל / [
4Q428 8,3 (XXIX) ויצל צל על כול]תבל[
4Q428 8,5 (XXIX) ל[אין חקר והתאזרו]על תבל
4Q433 1,5 (XXIX)] תשפיל מש[לי כל]תבל תהשח[ית
4Q443 5,2 (XXIX)]ו על כול תבל וב◦[
4Q461 1,7 (XXXVI) מ]וסדות תבל עד נ[
4Q475 4 (XXXVI) כ]ול תבל ולוא יהיה עוד אשמות בארץ
4Q475 5 (XXXVI) והיתה כול תבל כעש
4Q476 3ii3 (XXIX)] / בכול תב[ל
4Q496 76,2 (VII)]תבל [
4Q499 48,2 (VII)] / בכול תבל א◦[
4Q502 16,4 (VII) תב]ל[ופקו]דת כול[
11Q5 XXII,12 (IV) ערבה באף תשבחתך ציון / מעלה לכול תבל
11Q5 XXVI,14 (IV) ברוך עושה / ארץ בכוחו מכין תבל בחוכמתו
PAM 43.686 13,3 (XXXIII)]◦ ותבל ◦[

perversion noun **תֶּבֶל**

4Q219 II,24 (XIII) וכול] / [מעשיהמה טומאה ונאצ]ה ותבל

straw noun **תֶּבֶן**

PAM 43.668 10,2 (XXXIII)]תבן ל◦[

pattern, form, structure noun **תַּבְנִית**

1QM X,14 מעשי חיה ובני כנף תבנית אדם
4Q286 1ii6 (XI) סוד חוכמא ותבנית דעה ומקור {{מ}}בינה
4Q287 2,2 (XI) תב]ניות הדרמה [
4Q301 2b,5 (XX)]◦ תבנית זכר ללוא היה[
4Q403 1i44 (XI)]וקירותו כ[ו]ל / [מבנ]יתו מעשי תבנ[יתו
4Q403 1ii3 (XI)] / מראי תבנית כבוד לראשי ממלכות רוח[י
4Q403 1ii16 (XI)] / ראשי תבנית אלוהים
4Q404 5,8 (XI)] תבני[ת
4Q404 6,5 (XI)] תבני[ת
4Q405 20ii-22,8 (XI) תבנית כסא מרכבה מברכים ממעל לרקיע
4Q417 1i17 (XXXIV) כ[י]א / כתבנית קדושים יצרו
11Q17 VIII,3 (XXIII)]כול תבנית רוחי פל[א] / [
11Q17 IX,6 (XXIII)]◦ פלא ותבנית חשני / [

Taberah proper noun **תַּבְעֵרָה**

4Q364 26aii1 (XIII) ובתב[ערה ובמסה ובקברות התאוה

תבר ?

4Q281a 1 (XXXVI)]לטו תמה ע◦◦לם לתבר ולוא טהרה ◦◦[

pollution noun **תְּגְאֹלֶת**

11Q19 XLIX,12 יכבדו את הבית מכול / תגאולת שמן

elm noun **תִּדְהָר**

1QHa XVI,5 נט]עתה מטע ברוש ותדהר עם תאשור

תה ?

4Q432 22,1 (XXIX)] תה [
PAM 43.698 47,2 (XXXIII)]אל תה ה[

formless, empty, chaos noun **תֹּהוּ, תהוו, תוֹהוּ, תוֹהוּה**

CD I,15 ויתעם בתוהו לא דרך להשח גבהות עולם
1QM XVII,4] המה לתהו ולבהו תשוקתם
1QHa XV,32 ומה הוא איש תהו ובעל הבל
4Q266 2i18 (XVIII) ויתעם בתהו / ולוא דרך להשח גבהו[ת עולם
4Q266 11,10 (XVIII) ותתעם בתהו ולו / {ולו} דרך
4Q286 5,4 (XI)]◦ ותוהוה ואושי מבניתה איים ו[
4Q303 5 (XX) או]ר במקום תהוב[הו
4Q504 1-2iii3 (VII) כא]ין נגרכה[כ]תהוו ואפס נחשב[ו] לפניכה
PAM 43.698 23,2 (XXXIII)] / תהו[ם] ? ← תְּהוֹם

תהוו ← תֹּהוּ

deep noun **תְּהוֹם, תְּהֹם**

1QM X,13 ומקוי נהרות ומבקע תהומות / מעשי חיה
1QHa V,15 ובתהומות [כ]כול מחשבותך
1QHa IX,14 בראתה ארץ בכוחכה / ימים ותהומות ◦[
1QHa XI,15 ימים ברתוח תהומות על נבוכי מים
1QHa XI,17 חצי שחת / עם מצעדם לתהום ישמיעו קולם
1QHa XI,31 ותאוכל עד תהום / רבה
1QHa XI,32 ויהמו מחשבי תהום בהמון גורשי רפש
1QHa XIII,38]כלאי עם תהום נחשב לאין[
1QHa XIV,16] / עד שחקי[ם] ושרשיו עד תהום
1QHa XIV,24 ויהם תהום לאנחתי
1QHa XVIII,33 ונהמתי עד תהום תבוא
1Q27 13,3 (I)]ם רזי תהום וחקר[י
4Q200 6,6 (XIX) והואה מעלה מתהו[ם]
4Q216 V,9 (XIII) ובכל את התהו[מות] / מאפלה ושחר ו[אור
4Q216 VI,11 (XIII) התנינים הגדו]לים בת[ווך תהומ]ות המ[ים
4Q252 I,5 (XXII) ביום ההוא / נבקעו כול מעינות תהום רבה
4Q286 5,9 (XI)] ומצור ימים מעיני תהום[
4Q298 2ii2 (XX)] / בתהום מת[חת
4Q370 1i4 (XIX) ומ]ים נבקעו מתהמות
(XIX) ופצו כל תהמו[ת מ]מים אדרים
4Q372 1,30 (XXVIII) וגם במעמקי תהום הוד ו[הדר
4Q372 2,3 (XXVIII)] בתהמות ובכל אבדו[ן
4Q416 1,12 (XXXIV)] / [י]מים ותהמות פחדו
4Q418 2+2a-c,4 (XXXIV) ימים] ותהום פחדו ויתר[
4Q418b 1,3 (XXXIV) וירדו תהמו[ת נפשם
4Q418c 1 (XXXIV)]ה תהומות[
4Q429 4ii4 (XXIX) ויהם ת[הום לאנחתי
4Q432 5,3 (XXIX) [בר]תוח תהו[מות על נבו]כי [מי]ם
4Q502 6-10,7 (VII) ומי תהומיה כולנו / [מברכי]ם שם אל ישראל
4Q509 7,2 (VII) ו]בתהומות ובכול ◦[
4Q511 30,2 (VII) השמים ושמי ה]שמים ותהומות ומח[שכי ארץ
4Q511 37,6 (VII)]ה תהום [
4Q521 7+5ii12 (XXV)] / וגשר תה[ומ(ות)
4Q579 1,4 (XXV)]תהום ממ{{ש}}יטה ◦[
6Q20 5 (III)] / התהמות [
11Q11 II,5 (XXIII)]ל תהו[ם]ך / [

11Q11 III,1 (XXIII)]התהומ[ות
11Q11 IV,7 (XXIII) יורידו[ך לתהום רבה / [ולשאול] התחתיה
PAM 43.698 23,2 (XXXIII)] / תהו[(ם) ? ← תֹּהוּ

praise, psalm noun **תְּהִלָּה**

1QS X,8 בלשוני לפרי **תהלה** ומנת שפתי
1QM IV,14 שמחת אל הודות אל **תהלת** אל שלום אל
1QM XIV,2 לבוא המחנה ירננו כולם את **תהלת** המשוב
1QH[a] XIX,5 ובלשוני / [**תהל**]ה ומזל שפתי במכון רנה
1QH[a] XIX,23]לה וחליל **תהלה** לאין / השבת
4Q160 3-4ii3 (V) כיא **תהלתכה** / בארצות ובימים[
4Q175 21 (V) כלה ישוע להלל ולהודות **בתהלותיהו**
4Q200 6,4 (XIX)] בכן דבר טובי וכתוב **תהלה** בתשבוחת
4Q200 7ii1 (XIX)] / ירושלים **תהלת**[שמחה ישירו
4Q215a 1ii5 (XXXVI) ומלאה הארץ דעה **ותהלת** אל בו◦[
4Q222 1,5 (XIII) ותתן לו] / [**תו**]דות **ותהלה**
4Q258 IX,7 (XXVI) ב[לשוני לפרי]**תהלה** ומ[נת]שפתי
4Q286 7i3 (XI)] וכול [י]דעיהמה **בתהלי** / [
4Q377 5-6,2 (XXVIII)]**תהלה** לישראל[
4Q379 22ii7 (XXII) ישו[ ]ע ל]ה[לל ולה]וד[ו]ת **בתהלות**[יו
4Q380 1i8 (XI) ימלל את שם / יהוה וישמעו כל **תהלת**[ו
4Q380 1ii8 (XI) ⟦ ⟧ / **תהלה** לעבדיה ⟦ ⟧ א◦◦◦[
4Q380 4,1 (XI) ⟦ ⟧ **תהלה** ל[
4Q381 24a+b,4 (XI)] / **תהלה** לאיש האל[הי]ם יהוה אלהים[
4Q400 2,4 (XI) ובכול מרומי רום **תהלי** פלא לפי כול[
4Q403 1i2 (XI) **תהלת** שבח בלשון הרבי[עי]
4Q403 1i3 (XI) **תה**[**לת** ה]ודות בלשון החמיש[י]
4Q403 1i6 (XI) **תהלת** זמר בל[שון השביעי
4Q403 1i7 (XI) שב]ע **תה**[**לי** ברכותיו
4Q403 1i8 (XI) שב]ע / [**תהל**]י גדל[צדקו
(XI) שבע]**תהלי**[תשבחות כבודו
(XI) שב]ע **ת**[**הלי** הודות] / [נפלאותיו
4Q403 1ii13 (XI) וכול מחשבי הדביר יחושו **בתהלי** פלא
4Q403 1ii31 (XI)] / **בתהלי** פלא בדב[רי פ]לא[
4Q403 1ii37 (XI) **ת**[**הלת** הודות ב]ל[שון החמישי
4Q403 1ii39 (XI)] / **תה**[**לת**
4Q403 2,3 (XI)]ש **ותהלי** פלא ◦[
4Q404 1,1 (XI) **תהל**]**ת** זמר בל[שון
4Q404 1,3 (XI) **ת**]**הלי** ג[דל
4Q405 12,4 (XI)] / **תהלת** ◦[
4Q405 18,5 (XI) **ת**]**הלי** פלא בדממת ק[ול
4Q405 64+67,3 (XI)]שבע **תהלי** גד[ל
4Q415 2ii8 (XXXIV)] / **תהלה** [ ]◦ כול אנשים [
4Q491 17,4 (VII)]◦ספר **התהלים** ואח[
4Q491 24,4 (VII)] **ובתהל**[ה] יחד עם בני אלים[
4Q503 51-55,9 (VII) הוד]עתנו **בתהלי** כבודכה [
4Q504 Verso 2vii10 (VII)]ל **תהליהמה** / [
4Q510 1,1 (VII) דברי הודות **בתהלי** / [
4Q510 1,9 (VII) רננו צדיקים באלוהי פלא / ולישרים **תהלי**
4Q511 10,7 (VII) ולישרים **תהלי** כבודו / [
4Q511 63iii2 (VII) ובשפתי שמחה מקור / **תהלה**
11Q5 XIX,9 (IV) להגיד אמונתכה **לתהלתכה** אין חקר
11Q5 XXVII,4 (IV) ויכתוב **תהלים** / שלושת אלפים ושש מאות
11Q17 I,6 (XXIII) ישמ]עו **תהלי**[
11Q17 III,5 (XXIII) שבע **תהלי** בר[כות כבוד אדון כול אלים
(XXIII) שב]ע **תה**[**לי** גדל] / [צדקו
11Q17 III,6 (XXIII) שבע]**תהלי** רו[ם מלכותו
11Q17 30,5 (XXIII) **ת**]**הלי** ברכות כבוד ה[

procession noun **תַּהֲלוּכָה**

4Q491 14-15,2 (VII)]◦עזה **ותהלוכ**[ה

תְּהֹם ← תְּהוֹם

תָּו ← תָּא, תָּיו

form noun **תֹּאַר, תּוֹר, תֹּאַר, תֹּר**

4Q416 2iii10 (XXXIV) כי יגיה אל **תאר**[הו בכול דרכיכה
4Q418 9+9a-c,9 (XXXIV) כי יגיה אל **ת**[**אר**הו בכו]ל דרכיכה
4Q418 9+9a-c,10 (XXXIV) כי יגיה אל **ת**[**אר**הו ב]כול דרכיכה
4Q426 1i9 (XX)]כול **תור** בתבל / [
4Q525 2iii4 (XXV)] / ידמ[ה] **בתאר** פניהו[
4Q525 14i12 (XXV)]**תוארכה** / [
11Q5 XXI,11 (IV) באה לי **בתרה** ועד / סופה אדורשנה
11Q5 XXVIII,9 (IV) יצאו אחי לקראתו יפי **התור** ויפי המראה
11Q19 LXIII,11 וראיתה בשביה אשה יפת **תואר**
PAM 43.695 72,1 (XXXIII)]**תוא**[ר

Togar proper noun **תוגר**

1QM II,11 וחול **תוגר** ומשא אשר בעבר פורת

thanksgiving, sacrifice noun **תּוֹדָה**

CD IX,13 **והתודה** המישב לכהן / והיה לו לבד
4Q222 1,5 (XIII) ותתן לו] / [**תו**]**דות** ותהלה
4Q365 23,7 (XIII) לפסחים ולשלמים **ולתודות** ולנדבות
4Q381 31,9 (XI)]נני שיר **ותוד**[ה
4Q511 63-64ii5 (VII) ש]לומי **בתודה** אר◦[ ]מעשה
11Q6 4-5,3 (XXIII) כי] לוא רמה **תודה** לכ[ה

to mark verb **תוה-1**

CD XIX,12 {{**והתוי**}} **להתות** התיו על מצחות
{{והתוי}} **להתות** התיו על מצחות

תּוֹהוּ ← תֹּהוּ

תּוֹהוּה ← תֹּהוּ

hope, expectation noun **תוחלה**

1QH[a] XVII,14 יש מקוה ב[ח]סדיכה **ותוחלה** ברוב כוחכה

hope, expectation noun **תּוֹחֶלֶת**

1QpHab I,2 **תו**]**חלת** דור / [
4Q88 VII,17 (XVI) [ושלום **ותו**]**חל**[**ת** ישועתך לבוא
4Q509 87,2 (VII)]**תוחלתו**[
11Q5 XXII,3 (IV) ושלום / **ותוחלת** ישועתך לבוא
11Q5 XXII,9 (IV) לוא תובד תקותך / ציון ולוא תשכח **תוחלתך**

תוחת ← תַּחַת-1

to unite verb **תוך**

4Q394 8iii14 (X) ואין **לה**[**תיכם** [ו]לעשותם / [עצם אחת
4Q394 8iii17 (X) **מתוכ**]**כים** / [כי לכול בני ישראל ראוי
4Q396 1-2iv10 (X) [והם]**מתוככים** ומטמא[ם]את זרע[הקודש
4Q397 5,4 (X) וא]ין **להתיכמה** ולעש[ותמה עצם אחת

midst noun **תָּוֶךְ**

CD XX,3 הוא האיש הנתך **בתוך** כור
CD XX,4 כמי שלא נפל גורלו **בתוך** למודי אל
CD XX,6 {{אשר אין}} / {{גורלו **בתוך** א}}

1QS II,16		ונכרת מתוכ כול בני אור
1QS II,17		יתן גורלו בתוך ארורי עולמים
1QS VI,10		אל ידבר איש בתוכ דברי רעהו
1QS VI,18		ובמולאת לו שנה בתוכ היחד
1QS VI,21		עד / מולאת לו שנה שנית בתוך אנשי היחד
1QS VI,22		יכתובהו בסרך תכונו בתוכ אחיו לתורה
1QS VI,25		ויבדילהו מתוכ טהרת רבים שנה אחת
1QS VII,9		ולמדבר בתוכ דברי רעהו / עשרת ימים
1QS VII,13		ואיש אשר ירוק אל תוכ מושב הרבים
1QS VIII,11		ֻיבדלו ֻקודש בתוכ עצת אנשי היחד
1QS VIII,13		יבדלו מתוך מושב הנשי העול
1QS IX,17		ולסתר את עצת התורה בתוכ אנשי העול
1QS IX,18		להשכילם ברזי פלא ואמת בתוך / אנשי היחד
1QSa I,3	(I)	אשר שמרו בריתו בתוך רשעה
1QSa I,9	(I)	לבוא בגורל בתוך משפ[ח]תו
1QSa I,18	(I)	עבודת מעשו בתוך אחיו[
1QSa II,1	(I)	ולעשרות והלויים בתו[ך מחל]קת עבודתו
1QSa II,5	(I)	לבלתי / החזיק מעמד בתוך העדה
1QSa II,7	(I)	לבלתי התחזק בתוך העדה
1QSa II,8	(I)	להתיצב [ב]תוך עדת א[נ]שי השם
1QSa II,10	(I)	ואל תוך[העדה ל]א יבוא האיש
1QSb III,23	(I)	ולב]חון כול משפטיו בתוך עמו
1QSb III,25	(I)	וישימכה מכלול הדר בתוך / קדושים
1QpHab V,12		אשר מאס את / התורה בתוך כול עצתם
1QpHab X,4		אשר יתן אל את / משפטו בתוך עמים רבים
1QpHab X,5		ומשם יעלנו למשפט / ובתוכם ירשיענו
1QM V,10		ושבולת זהב טהור בתוך הלהב
1QM IX,3		כול אנשי הבינים מתוך / מערכות הפנים
1QM IX,8		ולוא יבואו / אל תוך החללים
1QM XII,7		ועדת קדושיכה בתוכנו לעזר עולמי[ם
1QH[a] XIII,6		]◦◦ בתוך / לביאים מועדים לבני אשמה
1QH[a] XIV,11		אנשי עצתכה בתוך בני אדם
1QH[a] XVI,6		מחובאים בתוך כול עצי מים
1QH[a] XIX,6		ואספרה כבודכה בתוך בני אדם
1QH[a] XX,3		ואהללה שמכה בתוך יראיכה
1QH[a] XX,13		[פ]תחתה לתוכי דעת ברז שכלכה
1QH[a] 3,5		]אשמר ביצר עפר מהתפרר ומתוך דונג
1QH[a] 10,9		הודע[תה ע]ם בני איש בתו[ך בני]אדם[
1Q19 13-14,3	(I)	]◦ יכבד בתוך [בני ש]מים ו[
3Q15 II,5	(III)	ובתכו / בור ב[ו] כלין
3Q15 VIII,4	(III)	בגי החיצונא בתך חרה / על האבן
4Q164 1,3	(V)	כאבן הספיר בתוך האבנים[
4Q169 3-4iii5	(V)	ידודו פתאי אפרים מתוך קהלם
4Q171 1+3-4iii6	(V)	] / צון בתוך עדריהם
4Q171 3-10iv19	(V)	]יובדו ונכרתו / מתוך עדת היחד
4Q176 27,3	(V)	]תוכה[
4Q184 1,7	(V)	ותשכון באהלי דומה בתוך מוקדי עולם
	(V)	ואין נחלתה בתוך בכול / מאזרי {{◦}}נוגה
4Q186 1iv2	(V)	]יהיה תוך / [
4Q216 II,9	(XIII)	אשר הקדישו לי בת[וכם ואת משכני
4Q216 II,17	(XIII)	ואחרי כן ישובו] אלי מתוך הגוי[ם בכל לבם]
4Q216 V,12	(XIII)	וביו[ם השני עשה את הרקיע בתוו]ך ה[מי]ם
4Q216 VI,11	(XIII)	התנינים הגדו]לים בת[וך תהומ]ות המ[ים
4Q216 VII,10	(XIII)	הנה אני מבדיל לי] / עם בתווך עממי
4Q226 1,2	(XIII)	]בלהבת אש מת[ו]ך[
4Q227 2,3	(XIII)	א]רץ אל תוך בני האדם
4Q249e 1i-3,7	(XXXVI)	] / [לבוא בגו]רל בתו[ך משפחתו
4Q249g 3-7,6	(XXXVI)	לבלתי] / [התחזק בתו]ך ה[עדה
4Q249g 3-7,7	(XXXVI)	[להתיצב] בת[וך עדת אנושי השם
4Q251 3,2	(XXXV)	]הכרת עליו מתוך[עמו
4Q258 VIII,2	(XXVI)	ולסתר עצתו בתוך אנשי העול
4Q258 VIII,3	(XXVI)	להשכילם ברזי פלא ואמת בתוך אנשי היחד
4Q259 III,1	(XXVI)	יבדלו] לקודש בתוך עצת אנ[שי] / [היחד
4Q265 7,14	(XXXV)	וכול האב אשר בתוכו קודש
4Q266 8i9	(XVIII)	א[ל יבו] איש / [מ]אלה אל תוך העדה
4Q266 10ii4	(XVIII)	ואשר י]דבר בתוך דב[רי רעהו ו]פרע
4Q270 7i14	(XVIII)	כי אין לאמ[ו]ת רוקמה בתוך / [העדה
4Q274 3ii6	(XXXV)	ואם ל[וא יאכל יתנהו] / בתוך המים
4Q274 3ii11	(XXXV)	יפ[ו]ל [שרץ לתוכו יטמא] / אשר בתוכו [
4Q276 6	(XXXV)	ואת שני ה]תולע אל תוך שרפתה
4Q280 2,1	(XXIX)	[ויבדילהו אל]לרעה מתוך בני הא[ור
4Q285 10,2	(XXXVI)	]מתוך [ה]עדה[
4Q286 7i5	(XI)	]כה והנשא מלכותכה בתוך ע[מי]ם / [
4Q289 1,5	(XI)	מלאכי]הקודש בתוך כול [עדתם
4Q317 2,28a	(XXVIII)	ב]תוך ו[
4Q317 4,30	(XXVIII)	]◦◦◦ם בתוך [הרקיע ממעל]
4Q364 8ii1	(XIII)	] / אלמים בתוך ה[שדה
4Q364 15,1	(XIII)	ויבוא]מושה [ב]ת[ו]ך[הענן]
4Q364 24a-c,12	(XIII)	]וה[עיר] אשר בתוך ה[נחל
4Q365 12biii4	(XIII)	לעשות בתו]ך ֻ[הת]כ[ל]ת ֻובתוך הארגמן
	(XIII)	לעשות בתו]ך ֻ[הת]כ[ל]ת ֻובתוך הארגמן
	(XIII)	ובתוך התולעת השני ֻ{{ש}}
	(XIII)	ובתוך / [השש מעשה חושב
4Q368 9,3	(XXVIII)	]תוכם וא[ת]לבם כבוד ועצ[
4Q385 6,12	(XXX)	והיה בתוך גחלים חיות כגחלי אש[
4Q396 1-2iv4	(X)	ועל הזונות הנעסה בתוך העם
4Q397 6-13,12	(X)	ועל הזונות הנע[ס]ה בתוכ הע[ם
4Q404 6,1	(XI)	]מתוך ◦[
4Q405 14-15i6	(XI)	ב]תוך רוחי הדר מעשי רוקמות פלא
4Q405 23ii8	(XI)	בתוך כבוד מראי שני צבעי אור
4Q405 23ii9	(XI)	] / [מ]לכ רוחי צבעי[טוהר]בתוך מראי חור
4Q418 81+81a,3	(XXXIV)	והוא חלקכה ונחלתכה בתוך בני אדם[
4Q424 2,3	(XXXVI)	חנ]ף אל תערבהו בתוך ענו[י
4Q427 8i11	(XXIX)	]הודעתה עמ בני איש בתוכ בני אדם / [
4Q428 12ii2	(XXIX)	ואהללה שמכה] / בתוך ירא[יכה
4Q434 1i8	(XXIX)	ובתוך לאומים לא[ ]ם ויסתירם ב[
4Q462 1,11	(XIX)	כי בתוכנו היה עם החביב יעק[וב
4Q475 3	(XXXVI)	] / [והוא שלח ? י]רים בתוכם
4Q487 11,2	(VII)	]ו תוך ◦◦[
4Q502 2,4	(VII)	]לה שכל ובינה בתוך[
4Q502 6-10,9	(VII)	] בתוך אשישי צדק / [
4Q502 6-10,12	(VII)	מב]רכים בתוכנו / [
4Q502 21,3	(VII)	] / יחד בתוך [
4Q502 24,3	(VII)	הר]בות חייך בתוך עם עולמי[ם
4Q502 24,6	(VII)	ב]תוך זק[נים
4Q502 110,2	(VII)	]ר בתוך ק[
4Q504 1-2iv9	(VII)	אש{{ב}}ר נקרשתה בתוך עמכה ישראל
4Q504 6,11	(VII)	וכבודכה בתוכ[נו
4Q504 10,2	(VII)	] ובתוכנו עו[מד
4Q506 126,3	(VII)	בתו]כנו[
4Q508 2,1	(VII)	]◦ ושכנתה בתוכנו[
4Q511 11,6	(VII)	]ם מתוך מ◦[
4Q511 86,1	(VII)	]מתוך[
4Q512 34,14	(VII)	]תוך עמו [
4Q521 10,4	(XXV)	]ה בתוכם / [
4Q525 2ii+3,10	(XXV)	ובתו]ך/ובסו]ד אחים יפרי[ד ← סוד
4Q525 14ii25	(XXV)	וענה נכון בתוך שרים ובש[
11Q19 XXVII,7		ו[נ]כרתו מתוך / עממה
11Q19 XXX,8		ותוכו ממקצוע אל מקצוע / שתים עשר[ה
11Q19 XXX,9		ועמוד בתוך באמצע מרובע

generations noun תּוֹלְדוֹת

הנה פרוש / שמותיהם לתולדותם CD IV,5
וללמד את כול בני אור בתולדות כול בני איש 1QS III,13
במעון אור תולדות האמת 1QS III,19
וממקור חושך תולדות העול
באלה תולדות כול בני איש 1QS IV,15
ושמות שנים עשר ש[בטי ישרא]ל כתולדותם 1QM III,14
ושמות שנים עשר שבטי ישראל כתולדותם 1QM V,1
] / ותולדת[4Q282l 1 (XXXVI)
מ]חזיק ותולדות המ[4Q299 32,3 (XX)
]בתולדות 4Q369 4,3 (XIII)
]תולדות א◦[4Q401 20,1 (XI)
ת[ולדות ראשי רו]ם [יברכו] / [שבעה 4Q403 1i9 (XI)
] / ותולד[ו]ת 4Q409 2,1 (XXIX)
וקח תולדות[א]דם וראה בכוש[ר 4Q418 77,2 (XXXIV)
]תולדות ה[4Q503 17,2 (VII)
] בתולד[ות 11Q30 12,1 (XXIII)

worm, crimson noun תּוֹלָע-1

]ש◦ תולע[י]ם ה◦[2Q28 2,3 (III)
וחפץ אין בו האמונים עלי תול[ע 4Q179 1ii10 (V)
ואת שני ה]תולע אל תוך שרפתה 4Q276 6 (XXXV)
]◦ף הולך תולע / [11Q19 X,10
א]רגמן ? ותול[ע 11Q19 X,14

worm noun תּוֹלֵעָה

ולוא תספר חסדכה תולעה 11Q5 XIX,1 (IV)

worm, crimson noun תּוֹלַעַת

שש משזר תכלת / וארגמן ותולעת שני 1QM VII,11
ותולעת מתים נשאו נס לה◦◦[1QHa XIV,34
להרים מעפר תולעת מתים לסוד ע[ולם] 1QHa XIX,12
]לתולעת ול◦[1Q53 1 (I)
תכלת וארגמן ותו]לעת שנ[י]ושש מושזר 4Q365 8a-b,3 (XIII)
תכלת וארגמן ו]תולעת שני ושש משזר 4Q365 12biii3 (XIII)
ובתוך הארגמן ובתוך התולעת השני{{ש}} 4Q365 12biii4 (XIII)
תכלת וארגמן ותולעת שני ושש משזר 4Q365 12biii6 (XIII)
תכל[ת] / ארגמן ותולעת שני ושש משזר 4Q365 12biii8 (XIII)

Thummim proper noun תּוּמִּים, תֻּמִּים

]תומים[4Q163 14,1 (V)
כמשפט האורים והתומים[4Q164 1,5 (V)
א]ורים והתומים לאיש[4Q174 6-7,7 (V)
הבו ללוי תמיך ואורך לאיש חסידך 4Q175 14 (V)
אור]ים ותומים[4Q299 69,2 (XX)
במשפט האורים / והתומים 11Q19 LVIII,19
ישאל במשפט האורים / והתומים 11Q19 LVIII,21

abomination noun תּוֹעֵבָה, תֹּעֵבָה, תעובה

לאמר לא נכונו ותועבה / הם מדברים בם CD V,12
כי כתוב זבח / רשעים תועבה CD XI,21
וקנאת זדון מעשי תועבה ברוח זנות 1QS IV,10
תועבת אמת עלילות עולה 1QS IV,17
ותועבת עולה כול דרכי אמת
רוח אמת כמי נדה מכול תועבות שקר 1QS IV,21
ודרכי / תו[ע]בות פעל בכול נדת טמאה 1QpHab VIII,13
פעל בה הכוהן הרשע מעשי תועבות 1QpHab XII,8
להתקדש / לכה מכול תועבות נדה 1QHa XIX,11
בשקוצי ה]גו[י]ם ותו[עבותיהם [וגל]וליהם 1Q22 1i7 (I)
ואל ילבש כתונת אשה כיא [ת]ועבה הוא 4Q159 2-4,7 (V)

ובתוכוהמה [חלונים ? 11Q19 XXXII,9
[ופוש]טת אל תוך הארץ 11Q19 XXXII,13
והולכים אליה ואובדים בתוך הארץ 11Q19 XXXII,14
והשערים באים פנימה אל תוך החצר 11Q19 XXXVI,14
אצל קירות השערים בתוך / הפרור 11Q19 XLII,7
עולים מסבות לתוך הפרור השני 11Q19 XLII,8
]אשר בתוך העיר למ[זרח ? 11Q19 XLIV,2
את העיר אשר אני שוכן / בתוכה 11Q19 XLV,14
כי אני יהוה שוכן בתוך בני ישראל
לוא יוכל ? ל]היות בתוך מקדשי לעו[לם] 11Q19 XLVI,3
כול הימים אשר א[ני שוכ]ן בתוכם 11Q19 XLVI,4
ולוא יהיו באים בלע אל תוך / מקדשי 11Q19 XLVI,10
ממקדשי / אשר אנוכי שוכן בתוכמה 11Q19 XLVI,12
לעיר בתים ומקורים ובורות בתוכמה 11Q19 XLVI,14
אשר תהיה הצואה יורדת אל תוכמה 11Q19 XLVI,15
כול אשר בתוכה יהיה / טהור 11Q19 XLVII,5
בהמה טהורה אשר יזבחו / בתוך עריהמה 11Q19 XLVII,8
אנוכי משכן את שמי ומקדשי בתוכה 11Q19 XLVII,11
אשר יזבחו בתוך ארצמה 11Q19 XLVII,14
ולוא תטהרו עיר / מתוך עריכמה 11Q19 XLVII,15
אשר אנוכי שוכן בתוכה 11Q19 XLVII,18
וגם בתוך בתיהמה המה קוברים 11Q19 XLVIII,12
כי אם מקומות / תבדילו בתוך ארצכמה 11Q19 XLVIII,13
אשר לוא יטמאו בתוכם / בנדת טמאתם 11Q19 XLVIII,16
כול הימים אשר / הוא בתוכה מת 11Q19 L,11
ואם / לתוך הבית יבוא עמה 11Q19 L,13
כי אני יהוה שוכן / בתוך בני ישראל 11Q19 LI,8
כי אם בתוך / מקדשי תזבחנו 11Q19 LII,14
לוא תואכל בשר שור ושה ועז בתוך עירי 11Q19 LII,19
אנוכי מקדש / לשום שמי בתוכה 11Q19 LII,20
אשר לוא יבוא לתוך מקדשי
ואת כול שללה תקבוץ אל תוך / רחובה 11Q19 LV,8
אשר לוא יבוא גדוד אל תוך ארצמה 11Q19 LVIII,9
והביאותה אל תוך ביתכה 11Q19 LXIII,12
ויברח אל / תוך הגואים 11Q19 LXIV,10
ואספתו אל תוך ביתכה 11Q19 LXIV,15
את העיר אשר אני]שוכן בתוכה 11Q20 XII,6 (XXIII)
לעיר בתים ומקו[ר]ים ובירות בתוכ[מה] 11Q20 XII,25 (XXIII)
כלי חרש אשר יפול מהמה אל]תוכ[ו] 11Q20 XIV,21 (XXIII)
]בתוך [PAM 43.670 59,1 (XXXIII)
בת[ו]ך בני יש[ראל PAM 43.691 43,2 (XXXIII)

reproof noun תּוֹכַחַת, תֹּכַחַת

אשר לוא בתוכחת לפני עדים 1QS VI,1
ובתוכחתם / יאשמו כל רשעי עמו 1QpHab V,4
אשר נדמו בתוכחת מורה הצדק 1QpHab V,10
ידבר / בי ומה[ישיב ע]ל ת{{ו}}כחתי 1QpHab VI,14
ואין / להשיב על תוכחתכה כול צבי רוח 1QHa XV,29
ולמשתוחיחי בי תוכחת 1QHa XVII,9
ותהי תוכחתכה לי לשמחה וששון 1QHa XVII,24
ותוכחת צדקכה עם ◦◦◦ותי 1QHa XVII,33
] / לתוכחתכה ולטובכה יצפו 1QHa XX,21
ואין להשיב / על תוכחתכה 1QHa XX,31
ותהי לי תכחתך ל[שמחת] / עלם ולרממך 4Q381 33+35,3 (XI)
ת]וכחתכה[4Q382 126,1 (XIII)
] / ותוכחתו ספר מהר 4Q417 2i4 (XXXIV)
י]וכח תוכחת / משכיל איש ◦[4Q421 1aii-b,11 (XX)
ואנשים ישפוט / ברום שמים תוכחתו 4Q511 10,12 (VII)
] / חוקיה ובתוכחותיה לוא ימאסו 4Q525 5,10 (XXV)

4Q169 3-4iii1 (V) ש]קוצי תועבותיהם
4Q219 II,28 (XIII) מכול מ]עשיהמה ומכול תועבותיהמה
4Q221 1,5 (XIII) מכול] / [מעשיהם ומכול תו]עבתם
4Q221 1,6 (XIII) {ו}מכול תועבתם וש]מור משמרת אל עליון]
4Q251 16,4 (XXXV)]◦◦[ ]לאכול כי תועבה /]היא
4Q257 V,8 (XXVI) וקנ]את זדון מעשי תו]עבה ברוח זנות]
4Q271 3,4 (XVIII) על איש ואשה] כאחת כי תועבה היא
4Q271 5i14 (XVIII) כי] כתוב זבח רשעים תועבה
4Q286 7ii8 (XI) ובכול זמות תוע]בה ועצת רשע]תכה
4Q299 53,1 (XX)]תועבות[
4Q365 22a-b,3 (XIII) כול התועבו]ת האלה[עש]ו[אנשי הארץ
4Q367 3,4 (XIII)]ת[ו]עבה [ע]שו שנ[יהם
4Q381 45a+b,2 (XI) ואפחד ממך ואטהר / מתעבות הכרתי
4Q385a 12,3 (XXX)]קאה את תע[בות
4Q387 2ii8 (XXX) ועשה תעבות וקרעתי / [את] ממלכ[תו
4Q387 2iii7 (XXX) ולעשות] / [כתע]בות ה]גוים
4Q388a 7ii7 (XXX) ולעשו]ת כתועבות[הגוים
4Q397 14-21,6 (X) שלו]א תביא תועבה א[ל ביתכה
4Q397 14-21,7 (X) כי] התועבה שנואה היאה
4Q418 81+81a,2 (XXXIV) והנזר מכול תעבות נפש[
4Q418 102a+b,5 (XXXIV) מ]עוון תועבה תנקה
4Q419 1,11 (XXXVI)] / תשחרו ותועבת נדה ב◦[
4Q423 8,1 (XXXIV) והנזר מכול תעבו]ת נפש
4Q424 2,2 (XXXVI) ט]הרהו מעוון משפט א[ל] ומתו[עבות
4Q425 1+3,1 (XX)]ל מוסר תועבה דב[ר]מב
4Q444 1-4i+5,11 (XXIX)]רת תועב[ה
4Q511 3,2 (VII) תוע[בותיכם ⟦ ⟧ ואח[ר
4Q511 43,7 (VII)] / לבבם כנדת תוע[בותיהם
4Q524 15-22,4 (XXV) כי]תועבה היאה[
4Q524 15-22,6 (XXV) כי]תועב[ה היאה
4Q525 14ii28 (XXV)] / דברי תופלה א[שר תועבו]ת ממני
11Q19 XLVIII,6 וכול תועבה לוא / תואכלו
11Q19 LII,4 כול מום רע כי תועבה המה / לי
11Q19 LII,5 ושה ועז והמה מלאות כי תועבה המה לי
11Q19 LV,6 נעשתה התועבה הזואת בישראל
11Q19 LV,20 נעשתה התועבה הזואת בישראל
11Q19 LX,17 לוא תלמד לעשות / כתועבות הגויים ההמה
11Q19 LX,19 כי תועבה המה לפני כול עושה / אלה
11Q19 LX,20 ובגלל התועבות האלה אנוכי מורישם
11Q19 LXII,16 ילמדוכה לעשות ככול התועבות
11Q19 LXVI,14 את אחותו בת אביהו או בת אמו תועבה היא
11Q19 LXVI,17 בת אחיהו או בת אחותו כי תועבה היא

error noun **תּוֹעָה**

CD XX,11 כי דברו תועה על חקי הצדק
1QHa IX,22 ומבנה החטאה רוח התועה ונעוה בלא / בינה
4Q163 26,3 (V) לעשות חנף ולדבר אל] / [יהוה תו]עה[
4Q165 6,4 (V) ולדבר] / [א]ל[ ] תועה
4Q184 1,1 (V)]א תועות תשחר תמיד[ל]שנן דבר[י]ה
4Q270 2ii14 (XVIII) ו]תועה ב[חוזי אמתו בהמרותו] / את פי אל
4Q427 2,1 (XXIX) רוח התוע]ה ונעוה בדעת לב[י

abundance, height noun **תּוֹעָפוֹת**

4Q184 1,4 (V) רוב פשעים בכנפיה [ ]ה תועפות לילה

timbrel noun **תֹּף**

4Q162 II,3 (V) והיה כנור ונבל ותוף וחליל יין משתיהם
4Q163 25,2 (V)]בתופים ובכנו[רות

insolence noun **תּוֹפְלָה**

4Q525 14ii28 (XXV)] / דברי תופלה א[שר תועבו]ת ממני

ends, outgoing, origin noun **תּוֹצָאוֹת**

1Q27 1i12 (I)]◦◦◦הו ותוצאות ית◦[
4Q299 1,7 (XX)]ל[תו]צאותם / [
4Q417 1i13 (XXXIV) והתבונן] בכו]ל / תוצאותמה
4Q420 1aii-b,4 (XX) ובמחקר צדק / ימצא תוצ[אותיה
4Q421 1aii-b,15 (XX) ובמחקר צ]דק ימצא / תוצאותיה
4Q421 3,1 (XX)]ר על תוצ[אות
4Q426 7,1 (XX)]◦ ותוצאת[

תּוֹר ← תֹּאַר

to spy, follow verb **תור**

← מָתוֹר
CD II,16 ולא לתור במחשבות יצר אשמה ועני זנות
CD III,11 ויבחרו ברצונם ויתורו אחרי שרירות / לבם
1QHa XII,15 ועם שרירות לבם יתורו וידרשוכה בגלולים
4Q269 2,6 (XVIII) אל ויבחרו] ברצונם ו[י]תורו אחר[י] / [
4Q364 21a-k,25 (XIII) ההולך לפניכם בדרך] / ל[ת]ור לכמ[ה מקום
4Q365 32,3 (XIII) אשר שלח] / [מושה לת]ו[ר את הארץ
4Q365 32,4 (XIII) וישלח אותם] / [מושה]ל[תור את ארץ כנען
4Q365 32,10 (XIII) וי]תורו את הארץ ממדבר צין
4Q417 1i27 (XXXIV)] / לוא תתרו אחר[י] לבבכמ[ה
4Q504 5ii5 (VII)] / בפשעינו ולתור בש]

תּוֹר-1 ← תֹּר

turtledove noun **תּוֹר-2**

4Q367 1a-b,9 (XIII) וב[ן י]ונה או ת[ר לחטאת]
4Q367 1a-b,12 (XIII) ולקחה שתי ת[רים או שני בני יונה
4Q378 6ii8 (XXII)] / ולא כתור[כה
4Q445 1,2 (XXIX)]בעלת תור [
11Q19 XXXV,15 והעוף על המזבח יעשה התורים
11Q19 XXXVIII,10] העוף ולתורים לבני היונה [

(indeterminate) תור

4Q378 6ii8 (XXII)] / ולא כתור[כה

law, instruction noun **תּוֹרָה, תֹּרָה, תּוֹר**

CD IV,8 לעשות כפרוש התורה אשר התוסרו בו
CD V,2 ודויד לא קרא בספר התורה החתום
CD V,7 אשר אין הם / מבדיל כתורה
CD VI,4 הבאר היא התורה וחופריה הם / שבי ישראל
CD VI,7 והמחוקק הוא דורש התורה
CD VI,14 לא ישמרו לעשות כפרוש התורה לקץ הרשע
CD VII,7 והולידו בנים והתהלכו על פי התורה ⟦ ⟧
CD VII,8 וכמשפט / היסורים כסרך התורה
CD VII,15 ספרי התורה הם סוכת / המלך
CD VII,18 והכוכב הוא דורש התורה / הבא דמשק
CD IX,17 כל דבר אשר ימעל / איש בתורה
CD XIII,5 ואם / משפט לתורת נגע יהיה באיש
CD XIII,6 והבינו / המבקר בפרוש התורה
CD XIV,8 ובכל משפטי התורה לדברם כמשפטם
CD XV,2 ואת תורת משה אל יזכור כי ◦◦◦◦◦◦◦
CD XV,9 לש[וב א]ל תורת משה בכל לב
CD XV,12 לשוב אל תורת משה בכל לב
CD XV,13 וכל אשר נגלה מן התורה לרוב / המחנה
CD XVI,2 לשוב אל / תורת משה

]·ת התורה עושי היחד ס·[	(V)	4Q**177** 5-6,16
]המה דורש התורה כיא אין / [	(V)	4Q**177** 10-11,5
]תורה מכ[והן ועצה מחכם	(V)	4Q**177** 12-13i1
]תורה ינדפ[	(V)	4Q**178** 2,4
]בכה ובתור[ה	(V)	4Q**184** 2,2
את שני לוחות]האבן התור[ה] / [והמצוה	(XIII)	4Q**216** I,6
את מ]חלקות [הע]תים לתור[ה] / [ולתעודה	(XIII)	4Q**216** I,11
ואת מבקשי [ה]תורה ירדופ[ו	(XIII)	4Q**216** II,13
[וישכחו כל חקותי וכל מצותי]וכל תורותי	(XIII)	4Q**216** II,16
בכל מחלקות העתים לתור]ה ולתעו[דה]	(XIII)	4Q**216** IV,4
וזאת התעודה והתורה הראש[ונה	(XIII)	4Q**216** VII,17
]מחלקות העתים לתורה ול[תעודה	(XIII)	4Q**217** 2,1
]התורה עם אנשי היחד	(XXII)	4Q**252** V,5
על פי הרבים לכול דבר לתורה[ולהון	(XXVI)	4Q**256** IX,3
לשוב אל תורת משה בכול לב	(XXVI)	4Q**256** IX,7
על פיהם] / לכול תורה ומשפט	(XXVI)	4Q**256** IX,10
מדרש למשכיל על אנשי התורה	(XXVI)	4Q**258** I,1
ולהיות יחד בתור[ה] ובהון	(XXVI)	4Q**258** I,2
על פי הרבים לכל דבר / לתורה ולהון	(XXVI)	4Q**258** I,3
ל[שוב א]ל [ת]ורת מש[ה]בכל לב	(XXVI)	4Q**258** I,6
כל הנגלה מן / הת[ורה	(XXVI)	4Q**258** I,7
ואת מעשיהם בתורה על פי בני אהרון	(XXVI)	4Q**258** II,1
לפי שכלו / ומעשיו בתורה	(XXVI)	4Q**258** II,3
ומעשיהם / בתורה שנה בשנה	(XXVI)	4Q**258** II,4
היא מדרש התור]ה אשר צוה בי[ד משה	(XXVI)	4Q**258** VI,7
ולסתיר את ע[צת] / התורה[בתוך אנשי העול	(XXVI)	4Q**259** III,15
ומעשו בתור[ה] / [להשמע] הקטן[לגדול	(XXVI)	4Q**261** 1a-b,3
המבקר על היחד ב[מעשי] התורה	(XXXV)	4Q**265** 4ii6
הבאר היא הת[ורה	(XVIII)	4Q**266** 3ii11
והכוכב] הוא דור[ש ה]תורה	(XVIII)	4Q**266** 3iii19
מדרש ה]תורה האחרון	(XVIII)	4Q**266** 5i17
זה משפט [תור]ת הצרעת לבני אהרון	(XVIII)	4Q**266** 6i13
] את המוא[ס בת]ורה [	(XVIII)	4Q**266** 7iii5
וכא[שר] / יקים עלו לשוב אל תורת מוש[ה	(XVIII)	4Q**266** 8i3
וכול אשר נגלה מן התורה לרוב המחנה	(XVIII)	4Q**266** 8i4
פי כול החוקים הנמצאים בתורת מושה	(XVIII)	4Q**266** 11,6
הנוטה ימין / [ושמאול מן ה]תורה	(XVIII)	4Q**266** 11,18
הנה הכו]ל[ע]ל [מ]דר[ש] התורה / [האחרון	(XVIII)	4Q**266** 11,20
הבאר [הי]אה התור[ה	(XVIII)	4Q**267** 2,11
[והמחוקק הוא דורש] התו[רה	(XVIII)	4Q**267** 2,15
והבינו המבקר]בפרוש התו[רה	(XVIII)	4Q**267** 9iv2
ובכול משפטי התורה לדברם / [כ]משפטם	(XVIII)	4Q**267** 9v12
ו[שימו] תור[ת אל בלבבכם	(XVIII)	4Q**270** 2ii19
[וכל אשר נגלה מן התור]ה לרוב המח[נה	(XVIII)	4Q**270** 6ii6
[לשוב א]ל תור[ת מושה	(XVIII)	4Q**270** 6ii18
הכול כ[תוב] / על מדרש [ה]תורה האחרון	(XVIII)	4Q**270** 7ii15
לשוב א[ל] תורת מושה	(XVIII)	4Q**271** 4ii4
לש[וב אל תור]ת מושה[	(XVIII)	4Q**271** 4ii6
לעשות / דבר מן התורה עד מחיר מות	(XVIII)	4Q**271** 4ii9
לסור / את התורה עד מחיר מות	(XVIII)	4Q**271** 4ii10
מאלה]לא ‹י›קרא בספר התו[רה	(XVIII)	4Q**273** 2,1
]לא בעצת התורה ה[	(XVIII)	4Q**273** 6,1
א]שר נכתבו בת[ורה	(XXXV)	4Q**277** 2,3
]ותור[ה	(XXXVI)	4Q**285** 9,4
[וי]בקשו את התורה וא[ת] המ[צוה	(XXXVI)	4Q**306** 2,3
] / עינים התורה הולכת ומר·[	(XXXVI)	4Q**306** 2,5
התורה והמצוא אשר כתבתי להורותם	(XIII)	4Q**364** 14,4
ה[ו]אל{{ה}} מ[ושה] / באר את התורה הזואת	(XIII)	4Q**364** 20a-c,8
[ז]את תורת הי[לדת לזכר או לנקבה	(XIII)	4Q**367** 1a-b,11
ולכל עזביך תור[תך	(XXVIII)	4Q**372** 1,27
לשוב / אל תורת משה		CD XVI,5
לעשות דבר מן התורה עד מחיר מות		CD XVI,8
ל[ס]ור [מן התו]רה עד מחיר מות		CD XVI,9
ולקחו נשים כמנהג התורה והולידו בנים		CD XIX,3
והולידו בנים / ויתהלכו על פי התורה		CD XIX,4
וכמשפט היסודים כסרך התורה		
ובהופע מעשיו כפי מדרש התורה		CD XX,6
אין להם חלק בבית התורה		CD XX,10
ולמשפחותיהם חלק בבית התור		CD XX,13
וכל אשר פרצו את גבול התורה		CD XX,25
לצאת / ולבוא על פי התורה		CD XX,28
להיות ליחד בתורה ובהון		1QS V,2
לכול דבר לתורה ולהון		1QS V,3
לשוב אל תורת מושה ככול אשר צוה		1QS V,8
על פיהם לכול תורה ומשפט		1QS V,16
לפי שכלו ומעשיו בתורה על פי בני אהרון		1QS V,21
העשרה איש דורש בתורה יומם ולילה		1QS VI,6
על דבריו לפי שכלו ומעשיו בתורה		1QS VI,18
בסרך תכונו בתוכ אחיו לתורה ולמשפט		1QS VI,22
בכול הנגלה מכול / התורה לעשות אמת		1QS VIII,2
היאה מדרש התורה א[ש]ר צוה ביד מושה		1QS VIII,15
אשר יעבר דבר מתורת מושה ביד רמה		1QS VIII,22
ומכול עצת התורה לוא יצאו ללכת		1QS IX,9
ולסתר את עצת התורה בתוכ אנשי העול		1QS IX,17
להעיד עליו משפטות התורא	(I)	1QSa I,11
]על כן תפוג תורה		1QpHab I,10
פשרו]אשר מאשו בתורת אל / [		1QpHab I,11
אשר מאס את / התורה בתוך כול עצתם		1QpHab V,12
פשרו על אנשי האמת / עושי התורה		1QpHab VII,11
פשרו על כול עושי התורה בבית יהודה		1QpHab VIII,1
והבהמות המה פתאי יהודה עושה / התורה		1QpHab XII,5
זממו עלי בליעל להמיר תורתכה		1QH[a] XII,10
ותורתכה חבתה ב[י]עד קץ / הגלות ישעכה		1QH[a] XIII,11
ולמענכה עשי[תה] לגדל תורה ו[אמת]		1QH[a] XIV,10
וציותה [א]ת בני / ישרא[ל ד]ברי הת[ו]רה	(I)	1Q**22** 1i4
[את] כול דברי הת[ורה] האלה	(I)	1Q**22** 1ii9
]··ה מתורה ע·[	(I)	1Q**27** 5,2
]תורת ·[	(I)	1Q**29** 16,1
ד]רוש התורה בצוקה ו·[	(V)	4Q**159** 5,6
ה]תורה[	(V)	4Q**161** 8-10,18
הם אשר מאסו את תורת יהוה	(V)	4Q**162** II,7
]ע[ ]ם התרה היא רצין רע[ו	(V)	4Q**163** 2-3,4
] / בתורה ולוא יה[ ]··[	(V)	4Q**163** 23ii12
] / התורה מאסו[	(V)	4Q**163** 23ii14**a**
] גלה את תורת הצ[דק	(V)	4Q**165** 1-2,3
]· את התורה[ ]שר·[	(V)	4Q**165** 6,7
פשרו על כול השבים / לתורה	(V)	4Q**171** 1-2ii3
אשר / יזומו לכלות את עושי התורה	(V)	4Q**171** 1-2ii14
פשרו על] / עושה התורה אשר לוא י[	(V)	4Q**171** 1-2ii22
]התורה צדיקי[ם ירשו ארץ	(V)	4Q**171** 3-10iv2
]ת והתורה / אשר שלח אליו	(V)	4Q**171** 3-10iv8
לשוב יחד לתורה ב[	(V)	4Q**171** 11,1
מקטירים בוא לוא / לפניו מעשי תורה	(V)	4Q**174** 1-2i7
צמח דויד העומד עם דורש התורה	(V)	4Q**174** 1-2i11
ועשו את כול התורה[	(V)	4Q**174** 1-3ii2
ויאירו משפטיך ליעקוב / תורתכה לישראל	(V)	4Q**175** 18
ע]שו התורה ו[	(V)	4Q**176** 17,7
]התורה[	(V)	4Q**176** 17,8
]·[הו]אה ספר התורה שנית אשר[	(V)	4Q**177** 1-4,14
בספר י[הנב]יא תורת ההו[	(V)	4Q**177** 5-6,5

4Q381 69,5 (XI) נתן ח]קים **תורות** ומצות
4Q382 15,7 (XIII)] **תורת** אלוהים ∘∘[
4Q387 3,8 (XXX) להלחם א[י]ש ברעהו / על **התורה** ו֯על הברית
4Q389 8ii4 (XXX) יען ביען חקתי מאסו **ותרתי** געלה נפשם
4Q398 11-13,7 (X) **התו]רה** היה מצו֯ל[ ]מצרות
(X) והם מ֯ב֯[ק]שי **תורה**
4Q398 14-17ii3 (X) כתבנו א֯ליך / מקצת מעשי **התורה**
4Q398 14-17ii4 (X) שר֯[א]י֯נ֯ו֯ / עמך ערמה ומדע **תורה**
4Q410 1,10 (XXXVI) ו֯ה[וא]ה֯פר **ת[ורת** אל
4Q433 2,2 (XXIX) נ]ס֯תרי **תורתך** ו֯∘∘[
4Q434 1i9 (XXIX) ויגל להם֯ **ת֯ו֯ר֯ות** שלום ואמת]
4Q434 2,12 (XXIX)]**לתורה** הכינותה / [
4Q436 1a+bi4 (XXIX) ותנצור **תור֯תכה** לפני ובריתכה אמנתה לי
4Q436 1a+bi6 (XXIX) [על לבי פקד]תה **תורתכה**
4Q470 1,4 (XIX) ולהעשות את כל **התורה** / [
4Q470 2,1 (XIX)]∘ **ה֯תורה** הז]את
4Q485 5,2 (VII)]ו֯ **בתור֯**[
4Q487 2,5 (VII)]∘ צרוף **בתורת֯**[
4Q504 1-2ii13 (VII) ובכול נפש ולטעת **תורתכה** בלבנו
4Q504 4,8 (VII)]ק֯יכ֯ה **תורה֯** אשר צו֯[יתה
4Q513 3-4,5 (VII)]ולא **מתורת** משה[
4Q525 2ii+3,4 (XXV) ויתהלך / **בתורת** עליון ויכן לדרכיה לבו
6Q9 21,3 (III) הכתובים בס]פר **התור[ה**
11Q5 XVIII,12 (IV) שיחתם **בתורת** עליון אמריהמה להודיע עוזו
11Q5 XXIV,8 (IV) הבינני יהוה **בתורתכה** ואת משפטיכה למדני
11Q13 III,6 (XXIII)] / **התור֯ה֯**[ע]ל֯י֯ה֯מ֯ה֯[
11Q19 XXIX,4 עולות [דבר יום] ביומו **כתורת** המשפט הזה
11Q19 L,7 ואם לוא יטהר כמשפט **התורה** הזואת
11Q19 L,17 וכול / מעשה עזים כמשפט **התורה** הזואת
11Q19 LVI,3 ועשיתה על פי **התורה** אשר יגידו לכה
11Q19 LVI,4 אשר יואמרו לכה מספר **התורה**
11Q19 LVI,7 לוא תסור מן **התורה** אשר יגידו לכה
11Q19 LVI,21 וכתבו / לו את **התורה** הזואת על ספר
11Q19 LVII,1 ו֯זואת **התור֯ה֯** [אשר יכתובו לו
11Q19 LVII,14 אשר יהיו יושבים עמו יחד למשפט / **ולתורה**
11Q19 LIX,9 אשר הפרו בריתי / ואת **תורתי** געלה נפשמה
11Q19 LIX,10 ובכול נפשמה ככול דברי **התורה** הזואת
11Q25 4,1 (XXIII)]ת֯ **התורה** ואש֯[

תושבוחה ← **תִּשְׁבּוֹחָה**

wisdom, success noun **תּוּשִׁיָּה, תּוּשִׁיָּה**
CD II,3 חכמה **ותושיה** הציב לפניו
1QS X,24 בעצת **תושיה** אספ֯{{ת}}ר דעת
1QS XI,6 בהו֯יא עולם / הביטה עיני **תושיה** אשר נסתרה
4Q215a 1ii11 (XXXVI) ערמה **ותושיה** נבחנו במחש[בת]ק֯[ו]ד֯ש[ו

תוּשִׁיָּה ← **תּוּשִׁיָּה**

bee noun **תזיז**
4Q386 1ii5 (XXX) ומנצפה לא יהיה תירוש **ותזיז** לא יעשה דבש [

boundary, border noun **תְּחוּם**
KhQ1 6 (XXXVI)] / וא<ת> **תחומ֯י** הבית ו[

beginning noun **תְּחִלָּה**
1QpHab VIII,9 אשר / נקרא על שם האמת **בתחלת** עומדו
4Q165 9,1 (V)]ו∘תי **תחלת֯**[
4Q268 1,2 (XVIII)]ה֯ איזה **תחלתו** ואיזה סופו וה֯[
4Q379 12,5 (XXII) השנה ליובלים **לתחלת** בואתם לארץ / כ֯נ֯ע֯ן
11Q5 XXVIII,13 (IV) **תחלת** גב[ו]רה ל[דוי]ד משמשחו נביא אלוהים

תַּחֲלוּאִים ← **תַּחֲלוּאִיים**

diseases noun **תַּחֲלוּאִיים**
1QH[a] 3,16]מ֯ע֯שי נדה **לתחלויים** ומשפטי נגע וכלה[

supplication noun **תְּחִנָּה-1**
1QH[a] XVII,11 ותתן / **תחנה** בפי עבדכה
1QH[a] XIX,34] / **ותחנה** ומענה לשון
4Q427 7i22 (XXIX)] בחסד צדקה וברוב רחמימ֯ **ת֯ח֯נה** / [

supplication noun **תַּחֲנוּן**
4Q274 1i1 (XXXV) /] יחל להפיל את **תחנ֯ו֯נו**
4Q437 2i7 (XXIX) ולו]א֯ הסתרתה פניך מן **תחנוני**

תַּחְפַּנְחֵס ← **תַּחְפַּנֵס**

Tahpanhes proper noun **תַּחְפַּנֵס**
4Q384 7,2 (XIX)]א֯ל **תחפנ[ס**
4Q385a 18ii1 (XXX) **בתחפנס** א[שר בארץ מצרים
4Q385a 18ii6 (XXX) ויהי דבר יהוה אל֯] / ירמיה בארץ **תחפנס**

under, instead of preposition **תַּחַת-1, תוחת**
1QS VII,13 ואשר יוציא ידו **מתוחת** בגדו
1QH[a] IV,13 ואש [יקד]ה בשאול **תחתיה**
1QH[a] VII,3] / **תחת** [
1QH[a] 51,4] **תחתיה**[ ]ש֯[
1Q14 1-5,3 (I) ונמסו ההרי]ם֯ **תח֯[תיו** והעמקים ית]ב֯ק֯ע֯[ו]
1Q19bis 2,3 (I)]ולא **תחתך** [
3Q15 I,1 (III) בחריבה שבעמק עכור **תחת** / המעלות
3Q15 II,1 (III) בבור המלה **שתחת** המעלות
3Q15 II,10 (III) בבור **ש֯תחת** החומא
3Q15 II,12 (III) ב֯יאתו **תחת** הספ הגדול
3Q15 III,1 (III) בחצ֯[ר]∘יאט **תחת** הפנא הדרו / מית
3Q15 III,5 (III) **תחת** הפנא האחרת המזרחת / ית
3Q15 III,10 (III) ביאתא / **תחת** הפנא המערבית
3Q15 III,12 (III) ממזרחו / בצפון אמות **תחת** המ / ד֯ף
3Q15 V,2 (III)] / סככא מן הצפון **תח֯[ת** האבן] / הגדולא
3Q15 VI,5 (III) שם קלל / בו ספר אחד **תחתו**
3Q15 VII,11 (III) ברוק **תחת** פנת המשמרה / המזרחית
3Q15 VIII,6 (III) חפור אמות שבע / עסרא **תחתיה** כספ / וזהב
3Q15 X,12 (III) **תחת** יד אבשלום מן הצד / המערבי
3Q15 X,15 (III) בי֯ת֯ בית חמים שלוחי **לתחת** / השקת
3Q15 XI,2 (III) **מתחת** פנת האסטאן הדרומית
3Q15 XI,3 (III) בקבר צדוק **תחת** עמוד האכסדרן
3Q15 XI,6 (III) נגד נגת צדוק **תחת** המסמא ה / גדולא
3Q15 XI,8 (III) שבשילוחי חרם {ב} / בקבר **שתחת** הסב֯ין
3Q15 XII,2 (III) **תחת** האבן השחורא
(III) בידן **תחת** ספ / הבור
3Q15 XII,4 (III) בהר גריזין **תחת** המעלהא של השית העליונא
4Q158 9,6 (V)] **ת֯חת֯**[
4Q176 4-5,1 (V) וא]ת֯ן אדם **תח[תיך** ולאמים תחת נפשך]
4Q219 II,27 (XIII) מן הארץ] / [ואת זרעכה מ]**תחת** השמים
4Q219 II,31 (XIII) ישבו֯ת֯[שמי] / [ושמכה **מתח]ת֯** השמים
4Q221 1,3 (XIII) מהארץ]ואת זרעך [**מתח]ת** השמים
4Q226 6,5 (XIII)]∘ את אלה **תחת** ∘[
4Q249 2,7 (XXXV) מת]**חת** היר֯[קרק
4Q252 IV,3 (XXII) תמחה אתזכר עמלק / **מתחת** השמים
4Q258 V,1 (XXVI) ואשר יוציא]ידו **מת[וחת** בגדו

ו֯[איש אשר יוציא] / את ̇יד֯ו֯[מתח]ת֯ בגד[ו]	(XXVI)	4Q**259** I,12
ואשר יוציא את ידו מת]ח֯ת בגד֯ו	(XXVI)	4Q**261** 5a-c,8
]ת֯חת דליתו ישתו ע֯ד֯[	(XXVI)	4Q**262** B,1
כי כעשב / הוא אשר [י]ש֯ ה֯רחש תחתו	(XVIII)	4Q**266** 6i8
ואשר] / [יו]צא את ידו מתחת בג֯ד֯[ו	(XVIII)	4Q**266** 10ii11
]◦ עומק ותחת כב֯[וד	(XVIII)	4Q**266** 15,4
[ואשר יוציא את] ידו מתח֯ת בגדו	(XVIII)	4Q**270** 7i3
]◦ מתחת השע֯ר / [והפך מראהו לדק	(XVIII)	4Q**272** 1i15
] / בתהום מת֯[חת	(XX)	4Q**298** 2ii2
מת]ח֯ת שם / [	(XX)	4Q**298** 3-4i7
כל אש[ר יעבר ⟦ ⟧]ת֯ח֯ת השבט	(XIII)	4Q**367** 3,9
]ל֯וא ימוש מתחתיו ת֯[ ]ל֯[ ] ◦ד	(XXII)	4Q**378** 15i3
]תחת דוני / שמח את נפשי	(XXX)	4Q**385** 4,1
מתחת לד֯[בירי] הפלא קול דממת שקט֯	(XI)	4Q**405** 19,7
רקיע האור ירננו {{מ}}מתחת מושב כבודו	(XI)	4Q**405** 20ii-22,9
]◦הו מתחת כבודו [ ]ל֯[	(XI)	4Q**405** 46,3
]קו על הארצ֯ / תחת כול ה֯שמ[ים	(XIII)	4Q**422** II,7
ו]֯פחת֯[ו שערי] / [עו]ל֯[ם תח]ת֯ מעש֯[י אפעה	(XXIX)	4Q**432** 5,6
] ותשם [לב ט]הור תח֯תיו	(XXIX)	4Q**435** 2i1
ג]ערתה ממני ותשם לב טהור תחתיו	(XXIX)	4Q**436** 1a+bi10
]מ֯תחתנו֯[	(XXII)	4Q**481**d 4,3
ולו תהיה לא]שה֯ תח֯[ת אשר ענה]	(XXV)	4Q**524** 15-22,1
שת לנו יהוה זרע ב]ארץ אחר תחת הבל	(XXIII)	11Q**12** 1,6
לל֯[בו]ש את הבגדים֯ ת֯ח֯ת֯ א֯בי[הו		11Q**19** XV,16
תחת אשר ענה לוא יוכל לשלחה כול ימיו		11Q**19** LXVI,11
]ת֯חתיו֯[	(XXXIII)	PAM 43.664 18,1

lower adjective תַּחְתּוֹן

את]בית חורון התחת֯[ו]ן֯ והעל֯[יון]א֯ת / [	(XXV)	4Q**522** 9i+10,15
א]ת֯ גולת עליונה [וא]ת֯ התח֯[תונ]ה֯ / [	(XXV)	4Q**522** 9i+10,16
התח]ת֯ון והכול מצופה [זהב טהור		11Q**19** V,11
]התחתון וה֯כול [מצופה] / [זהב טהור		11Q**19** VI,8
] פ֯נ֯ות ? הפרור ה֯תחתון ע֯ש֯ו֯י֯ם֯ ◦◦◦◦		11Q**19** XXXVII,6
כתחתונות / שניות ושלישיות כמדת התחתונות		11Q**19** XLII,9
כתחתונות / שניות ושלישיות כמדת התחתונות		11Q**19** XLII,10

lower adjective תַּחְתִּי

תחת]י֯ו֯ת המלאה שעירים / [	(III)	2Q**23** 1,7
בתח]תית / [	(V)	4Q**158** 5,1
והוא]ה֯ מרחם מוריד עד שאולה תחתיה	(XIX)	4Q**200** 6,6
ויתיצבו ?] / בתחתית֯ ההר ⟦ ⟧[	(XIII)	4Q**364** 14,2
] ויו◦[ ]◦ בשאול תחת֯יה וא[	(XI)	4Q**381** 10-11,5
וגם] / בשאו֯ל תחתי[ה] ת֯ש֯פ֯ו֯[ט	(XXIX)	4Q**428** 18,4
לתהום רבה / [ולשאול] התחתיה	(XXIII)	11Q**11** IV,8
הצ֯ב֯ה יהוה [יוריד]ך / [לשאו]ל תחתית	(XXIII)	11Q**11** V,9

mark noun תָּיו

להתות התיו על מצחות נאנחים ונאנקים		CD XIX,12

middle adjective תִּיכוֹן

ויצאו מן השער התיכון אל בין המערכות		1QM VII,9
רו]חב סביב לחצר התיכונה ש֯[שים וחמש מאות		11Q**19** XL,7

south noun 1-תֵּימָן

המשכ]ן֯ ת֯ימ֯נ֯ה֯[?	(XIII)	4Q**365** 8a-b,2

new wine noun תִּירוֹשׁ

יערוכו השולחן לאכול או התירוש / לשתות		1QS VI,4
להברך בראשית הלחם או התירוש לשתות		1QS VI,5
להברכ בראשית הלחם והתירוש		1QS VI,6
לשתות הת]ירוש וערוך השולחן / היחד	(I)	1QSa II,17
[ומסוך ה]תירוש לשתות֯[	(I)	1QSa II,18
מ]ברך את רשית הלחם / והתירו[ש	(I)	1QSa II,20
וב]ר֯וב דגן תירוש ויצהר		1QH[a] XVIII,24
ולקחתי דגני בעתו ותירושי [במועדו]	(V)	4Q**166** II,8
לשתות הת]י֯רוש [וערוך השולחן] / [היחד	(XXXVI)	4Q**249**f 1-3,8
[אל יאכל איש דגן ותיר]וש ויצהר	(XXXV)	4Q**251** 9,1
[יערכו השלחן לאכול או הת]ירוש[לשתות	(XXVI)	4Q**258** II,9
לברך בראשית הלחם] / והתירוש[	(XXVI)	4Q**258** II,10
דגן ת]י֯ר֯ו֯ש ו֯יצה֯ר וכול ת֯ב֯נ֯ו֯א֯בות[	(XI)	4Q**286** 5,6
ומנצפה לא יהיה תירוש	(XXX)	4Q**386** 1ii5
]נ֯ו תירוש אז֯ ישמח אל [	(XXIX)	4Q**433**a 1,6
]֯קב ת֯ירושכה [ב]נ֯ו֯י֯ באבנ֯י[	(VII)	4Q**500** 1,3
]◦◦ ד֯[גן ו]ת֯ירוש ויצהר / [	(VII)	4Q**508** 13,3
ורשי֯[ת דגנ]ם תירושם ו֯[צהרם	(XXV)	4Q**524** 6-13,6
ולתת לכם פר֯[י] / ת֯נובות דגן תירוש ויצהר	(XXIII)	11Q**14** 1ii10
[ביום הזה יכפרו על ה]תירוש		11Q**19** XXI,8
ובימי הבכורים] לדגן לתירוש ול֯[יצהר		11Q**19** XXXVIII,4
]ובימי הבכורים לדגן לת[ירוש וליצהר]		11Q**19** XLIII,3
והיין מיום / מועד התירוש עד השנה השנית		11Q**19** XLIII,8
השנה השנית עד יום מועד / התירוש		11Q**19** XLIII,9
וללויים מעשר הדגן והתירוש והיצהר		11Q**19** LX,6
ביו]ם֯ הזה יכפ֯ר֯ו על התירוש	(XXIII)	11Q**20** V,11

Tirkos (?) proper noun תירקוס

]א◦ס◦◦ס◦◦ס◦ / תירקו֯ס [ ]א בי[ ]ק֯	(XXXVI)	4Q**341** 3

rank, plan, arrangement, measure, precept noun תְּכוּן

על פיהם יצא תכון הגורל לכול דבר		1QS V,3
ואלה תכון דרכיהם על כול החוקים האלה		1QS V,7
ואיש כתכונו ישבו לפניו		1QS VI,4
הסרך למושב הרבים איש בתכונו		1QS VI,8
ושאר / כול העם ישבו איש בתכונו		1QS VI,9
וגם אל ידבר לפני תכונו הכתוב / לפניו		1QS VI,10
יכתובהו בסרך תכונו בתוך אחיו		1QS VI,22
ונכתב בתכונו ואחר ישאל אל המשפט		1QS VII,21
ב{{◦}}מדת האמת ובתכון העת		1QS VIII,4
ובהיות אלה ̮ליחד ̮בישראל / ̮בתכונים האלה̮		1QS VIII,13
ואחר יכת{{◦}}ב̮ בתכונו		1QS VIII,19
ואחר יכתוב בתכונו ליחד קודש		1QS IX,2
בהיות אלה בישראל ככול התכונים האלה		1QS IX,3
והגורל לכול תכון אנשי היחד		1QS IX,7
להתהלכ בם עם כול חי לתכון עת		1QS IX,12
לב֯יחרי / דרכ איש כרוחו כתכון העת		1QS IX,18
ואלה תכוני הדרכ למשכיל בעתים האלה		1QS IX,21
וימי קודש בתכונם לזכרון במועדיהם		1QS X,5
בהשלם חוק / תכונם יום משפטו זה לזה		1QS X,7
לכבוד אל וכנור נבלי לתכון קודשו		1QS X,9
כיא / כול קיצי אל יבואו לתכונם		1QpHab VII,13
וארוכי רוח ומלאים בתכון ימיהם		1QM VI,12
למלחמה מלומדי רכב ותכון / ימיהם		1QM VI,13
]בתקופות יום לתכונו לחוקות מאור גדול		1QH[a] XX,5
ותקופת מועדים בתכונם באותותם		1QH[a] XX,8
באותותם לכול / ממשלתם בתכון נאמנה		1QH[a] XX,9
והצדק יגלה כשמש תכון / תבל	(I)	1Q**27** 1i6
]האי̮פה והבת תכון א֯[חד	(V)	4Q**159** 1ii13
איש כרוחו וכ]ת֯כ֯ון העת	(XXVI)	4Q**256** XVIII,1
בהשלם חוק תכונם יום מ֯[שפטו זה לזה]	(XXVI)	4Q**256** XIX,5
ואי]ש כתכונו יש[בו לפניו	(XXVI)	4Q**258** II,8
ונכתב בתכונו ליחד קודש	(XXVI)	4Q**258** VII,3

4Q258 VII,4	(XXVI)	[בהיו]ת אלה בישראל ליחד כתכונים האלה
4Q258 VIII,2	(XXVI)	איש כרוחו וכתכון / העת ל[הנחות]ם ברעה
4Q258 VIII,5	(XXVI)	ואלה תכוני הדרך למשכיל בעת[ים] / [האלה
4Q258 IX,3	(XXVI)	וימי / קודש בתכונם לזכרון במועדי[הם
4Q258 IX,5	(XXVI)	בהש]לם חוק / תכונם יום משפטו זה לזה
4Q258 IX,8	(XXVI)	ו]אכה נבל[י] לתכון[קודשו
4Q259 II,4	(XXVI)	ואם יקרבהו ונכתב בת]כונ[הו]
4Q259 II,13	(XXVI)	עם כול / [במדת] האמת ובתכון[העת
4Q259 III,7	(XXVI)	להתהלך בה]ם עם כול חי לתכון עת [לעת]
4Q259 III,16	(XXVI)	איש]כרוחו וכתכונו העת להנחותם / ברעה[
4Q259 IV,2	(XXVI)	ואלה תכוני[הדר]ך למשכיל[בעתים האלה
4Q261 2a-c,3	(XXVI)	ואיש] כתכו[נו ישבו] / [לפניו
4Q263 5	(XXVI)	ואי]ש בת[כונו ישבו לפניו
4Q271 2,2	(XVIII)	]האיפה והבת{{ב}} תכון אחד שניהן
4Q286 1ii9	(XI)	ושבועי קודש בתכונמה ודגלי חודשים [
4Q298 3-4i6	(XX)	] מדד תכונם / [
4Q298 3-4i8	(XX)	ת]כונם להתהלך / [
4Q298 3-4ii3	(XX)	]ך לבלתי רום / מת[כונה
4Q299 20,1	(XX)	]חוק תכונם כיא אם[
4Q299 20,2	(XX)	]משקל לתכון ∘∘∘[
4Q299 39,2	(XX)	]לתכונם ∘[
4Q405 23i13	(XI)	]לכול משלחותו בתכון 〚 〛 א[מ]תו
4Q415 9,6	(XXXIV)	] / בה הכינה כיא היאה תכון[
4Q418 127,6	(XXXIV)	כ]י במוזני צדק שקל כול תכונם
4Q513 1-2i4	(VII)	[האיפה וה]בת [מ]המה הטמ[אה] תכון אחד

תִּכַחַת ← תּוֹכַחַת

meted out adjective תכין

4Q415 11,9	(XXXIV)	] / עם משקל תכינה רוחם בש[

extreme, limit, abundance noun תַּכְלִית

4Q298 5i8	(XX)	] תכלית / [
4Q299 6ii15	(XX)	] / מודה או תכלית י[

blue noun תְּכֵלֶת

1QM VII,10		שש משוזר תכלת / וארגמן ותולעת שני
2Q18 2,11	(III)	ומוסרתיה פתיל תכ]לת
4Q179 1ii12	(V)	] / ימשו תכלת ידי קמה מפ[ני
4Q299 75,1	(XX)	]∘∘ל תכלת[
4Q365 12biii4	(XIII)	לעשות בתו]ך [הת]כ[ל]ת ובתוך הארגמן
4Q365 12biii6	(XIII)	כמעשהו זהב תכלת וארגמן ותולעת שני
4Q365 12biii7	(XIII)	כמעשה אפוד <<ז>>ה{{ז}}ב תכל[ת] / ארגמן
11Q19 III,2		]∘ תכלת וארגמן[

Techeleth proper noun תְּכֵלֶת

3Q15 IX,4	(III)	בתכלת השני גב צריח הצופא / מזרח

filth, bowels, inner self noun תְּכָמִים

1QS IV,20		איש להתם כול רוח עולה מתכמי / בשרו
1QH[a] IV,25		ממש]לתם בתכמי כי רוח בשר[ל]עבדך
1QH[a] XIII,28		ונגע נמאר בתכמי עבדכה להכשיל[רוח]
1QH[a] XV,4		ועצמי יתפרדו ותכמי עלי כאוניה בזעף
1Q36 14,2	(I)	]∘אים בתכמי בש[ר
4Q428 10,8	(XXIX)	בלוא] / דעת הכאתה מתכמי וכבו[ד לב
4Q444 1-4i+5,3	(XXIX)	ב]תכמי בשר ורוח דעת ובינה אמת
4Q511 28-29,4	(VII)	]ה [ ]∘∘ות ועולה בתכמי בשרי / [
4Q511 48-49+51,3	(VII)	כיא בתכמי / בשרי יסוד ד∘[
4Q525 13,4	(XXV)	]גאוה תנחל ובתכמיה[
4Q525 23,1	(XXV)	] / אחזו תכמי מלפני אלו[הים

to weigh, regulate, put right, apportion verb תכן

1QS I,12		באמת חוקי אל וכוחם לתכן / כתם דרכיו
1QH[a] IX,10		תכ]נתה לרצונכה ורוחות עוז לחוקיהם
1QH[a] IX,15		וכול אשר בם / תכ[נ]תה לרצונכ[ה
1QH[a] 16,4		]ה ומי מתכן [
1QH[a] 16,5		] ומי מתכן גבורי[ם
4Q181 2,8	(V)	] / תכנם באמתו ו[
4Q299 10,8	(XX)	]אתם לתכן כול עבודת[
4Q415 11,5	(XXXIV)	]מבינים כי לפיא רוחות ית[כנו
4Q416 1,2	(XXXIV)	] / ולתכן חפצו [
4Q417 19,5	(XXXIV)	]∘תכן לחמה [ו]תחמל על תנוב[תה
4Q418 126ii3	(XXXIV)	ומשקל צדק תכן אל כול מ[
4Q418 127,5	(XXXIV)	כי אל עשה כול חפצי אוט ויתכנם באמת[
4Q418 167a+b,6	(XXXIV)	] / [ ]תכנתה ביחד רוחמ[ה
4Q424 1,11	(XXXVI)	] / יתכן שארכה לחפצך ∘[
4Q434 1i10	(XXIX)	מליהם במשקל תכן וישרם כחלילים
4Q511 2i9	(VII)	]הם תכן למועדי שנה [ומ]משלת יחד
4Q511 30,6	(VII)	ואיכה]יוכל איש לתכן את רוח[אלוהים]

quantity noun תֹּכֶן-1

3Q15 V,7	(III)	אשיח שלומו כאלין של / דמע ובתכן אצלם
3Q15 XI,1	(III)	בארבעת / מקצועות זהב כלי דמע בתכן אצלם
3Q15 XI,4	(III)	כלי דמע סוח דמע סנה ותכן אצלם
3Q15 XI,11	(III)	דמע א<ר>ז דמע סוח / 〚 〛 בתכן אצלן
3Q15 XI,15	(III)	כלי דמע לאה דמ<ע> סירא / בתכן אצלם

mound, rubble heap noun תֵּל

3Q15 I,9	(III)	בתל של כחלת כלי דמע בלגין ואפודת
11Q19 LV,10		והיתה לתל עולם לוא תבנה עוד

to hang verb תלה

4Q169 3-4i7	(V)	נק]מות בדורשי החלקות אשר יתלה אנשים חיים / [
4Q169 3-4i8	(V)	כי לתלוי חי על העץ [יק]רא הנני אלי[כה]
4Q200 1ii3	(XIX)	] / עלי אין כשר לה[תלות
4Q385a 15i3	(XXX)	]תלוי על העץ ועוף / [השמים
11Q19 LXIV,8		ותליתמה אותו על העץ וימת
11Q19 LXIV,9		והמה יתלו אותו העץ
11Q19 LXIV,10		ותליתמה גם אותו על העץ / וימות
11Q19 LXIV,12		כי / מקוללי אלוהים ואנשים תלוי על העץ

grumbling noun תְּלוּנָּה

1QS V,25		ידבר אלוהיהי באפ או בתלונה
1QH[a] XIII,23		ורגן ותלונה לכול נועדי
1QH[a] XIII,30		ובנגינות יחד תלונתם עם שאה ומשואה
4Q258 II,5	(XXVI)	ואל ידבר איש אל רעהו באף או בתלונה
4Q424 1,7	(XXXVI)	איש תלונה אל תאמ[ר ממנו] / לקחת הון

furrow noun תֶּלֶם

4Q420 2,8	(XX)	]ובתלמיה יחרוש ותמיד[

teaching noun תַּלְמוּד

4Q169 3-4ii8	(V)	פשר[ו ע]ל מתעי אפרים אשר בתלמוד שקרם
4Q525 14ii15	(XXV)	] / ובתלמודכה יתהלכו יחד כול יודעיכה

Talmai proper noun תַּלְמַי

4Q365 32,11	(XIII)	ושמה אחימון וששי ותלמי ילידי הענק

תְּלֻנָּה ← תְּלוּנָּה

to tear, uproot verb תלשׁ

4Q**238** 1 (XXVIII)] **מתלש** נתכת מא◦[

integrity, perfection noun תֹּם

1QS I,13 וכוחם לתכן / **כתם** דרכיו

1QS V,24 להעלות איש לפי שכלו **ותום** דרכו

1QS XI,2 לאל משפטי ובידו **תום** דרכי עמ ישור לבבי

1QS XI,11 לאל המשפט ומידו / **תום** הדרכ

1QSa I,17 (I) ולפי שכלו עם **תום** דרכו יחזק מתנו

1QH[a] XII,30 לאנוש צדקה ולוא לבן אדם **תום** / דרך

4Q**525** 10,4 (XXV) ויושר ולחטאת ולת[ום

(indeterminate) תם

4Q**377** 3,1 (XXVIII)]◦ **תם** ◦ [

תָּמִד ← תָּמִיד

to be astounded, marvel verb תמה

4Q**200** 6,2 (XIX) והיו המה {{**תומהים**}} מברכים

4Q**200** 6,3 (XIX) **ותומהים** איכה נראה [להמה מלאך] / [אלהים

4Q**299** 28,2 (XX)]**תמהו** כן ילוד[

confusion noun תִּמָּהוֹן, תִּמָּהֹן

4Q**166** I,8 (V)]ובעורון **ובתמהון** / [

4Q**387** 2ii4 (XXX) והתה[ל]כתם בש[געון]ובעורון **ותמהן** / הלבב

4Q**504** 1-2ii14 (VII) תרפאנו משגעון ועורון **ותמהון** / [לבב

תִּמָּהֹן ← תִּמָּהוֹן

previously, yesterday adverb תְּמוֹל

4Q**366** 1,2 (XIII)]מ**תמול** שלשום / [ולא ישמרנו בעליו

exchange noun תְּמוּרָה

4Q**367** 3,11 (XIII) **ותמורתו** / [יהיה קדש לא יגאל

death noun תְּמוּתָה

4Q**521** 7+5ii8 (XXV)] / בנ[י תמ]ותה ופתח[קברות

continually, daily offering adverb, noun תָּמִיד, תָּמִד

1QS VI,7 איש דורש בתורה יומם ולילה / **תמיד**

1QS IX,25 אשר לוא צוה למשפט אל יצפה **תמיד** / [

1QS X,23 וצדקות אל תספר לשוני **תמיד**

1QpHab VI,8 על כן יריק חרבו **תמיד** / להרוג גוים

1QM II,2 להיות משרתים / **בתמיד** לפני אל

לשרת **תמיד** שנים עשר אחד / לשבט

1QM II,3 להתיצב **תמיד** בשערי המקדש

1QM II,5 ולהדשן לפניו **תמיד** / בשולחן כבוד

1QM XII,14 והגלנה כול ערי יהודה פתחי / שער[י]ך **תמיד**

1QH[a] XIX,6 ובגבורתכה אשוחחה כול / היום **תמיד**

1QH[a] XX,4 ותפלה להתנפל והתחנן **תמיד** מקצ לקצ

1QH[a] XX,7 **תמיד** בכול / מולדי עת יסודי קצ

1QH[a] 2i6]ה **תמיד** עד פלט ומליצי דעת

1QH[a] 4,17 ושמכה אברכה **תמיד**

4Q**174** 1-2i5 (V)]עולם **תמיד** עליו יראה

4Q**177** 12-13i9 (V)]**תמד** ידוד הצ[די]ק ויד אל הגדולה עמהמה

4Q**184** 1,1 (V)]א תועות תשחר **תמיד**[ל]שנן דברי[ה

4Q**184** 3,2 (V)]**תמיד** הבר אליו ◦[

4Q**219** I,14 (XIII) ובכול ימי חיי זכרתי] / **תמי**[ד את א]לוהינו

4Q**258** VIII,9 (XXVI) ולמשפ]ט אל יצפה ת[מיד]

4Q**260** V,6 (XXVI) ו]צדקות אלתס[פר] / לשוני תמ[יד

4Q**291** 3,2 (XXIX) יו]רוך **תמיד** יהל[ל]וך ועוד / [

4Q**307** 1,4 (XXXVI)]מו **תמיד** לכול[

4Q**307** 3,3 (XXXVI)]**תמיד**[

4Q**366** 3,2 (XIII)]מלבד עולת הת[מיד (ו)מנחתה ונסכה

4Q**366** 3,5 (XIII) [מלבד עולת התמי]ד מנחתה ונסכה

4Q**366** 4i6 (XIII) ח]טאת אחד מלבד עולת **התמיד** מנחתה

4Q**381** 46a+b,6 (XI) מ]עלילם ויראיך לפניך **תמיד**

4Q**382** 106,2 (XIII)]גם **תמיד** ◦[

4Q**393** 1ii-2,8 (XXIX) **ותמיד** על סל[יחתך בטח]ו / גוים

4Q**398** 11-13,5 (X) הימים שישובו בישראל / לת[מיד

4Q**403** 1i22 (XI) ל[ת]מיד עם כול הויי / [עול]מ[י]ם

4Q**405** 3ii14 (XI)] / **לתמיד** עם כול [

4Q**405** 13,6 (XI) לת]מיד עם כול הויי עולמים

4Q**405** 20ii-22,11 (XI) רוחות [א]לוהים חיים מתהלכים **תמיד**

4Q**414** 1ii-2i5 (XXXV) להיות]טהורים לפניכה / תמ[י]ד[

4Q**416** 2iii11 (XXXIV) למכבדיכה תן הדר / ושמו הלל **תמיד**

4Q**416** 2iii12 (XXXIV) רצונו שחר **תמיד**

4Q**417** 1i6 (XXXIV) ולילה הגה ברז נ]היה {{ו}}דורש **תמיד**

4Q**417** 1i12 (XXXIV) אלה שחר **תמיד** והתבונן[בכו]ל / תוצאותמה

4Q**417** 1i23 (XXXIV)] / ות[ת]חזק **תמיד** אל תוגע בעולה[

4Q**418** 9+9a-c,11 (XXXIV) למכבדכה}} / תן ה[ד]ר ושמו הלל **תמיד**

4Q**418** 9+9a-c,12 (XXXIV) ובנחלת כבוד המשילכה רצ[ונו ש]חר **תמיד**

4Q**418** 81+81a,6 (XXXIV) טובי ובאמונתי הלך **תמיד**[

4Q**418** 126ii10 (XXXIV) ובאמונתו ישיחו כול היום **תמיד** יהללו שמו

4Q**418** 198,1 (XXXIV)] / **תמיד** בכול [

4Q**418**a 11,4 (XXXIV)] / **תמיד** אל ת[

4Q**420** 2,8 (XX)]ובתלמיה יחרוש **ותמיד**[

4Q**423** 1-2i6 (XXXIV)]ם **תמיד** לא / [

4Q**471** 1,3 (XXXVI) והיו עמו **תמיד** וש[רתו] / [לפניו

4Q**471** 1,6 (XXXVI) וישר[תו לפני]ו **תמיד** כ[ו]ל / [הימים

4Q**492** 1,6 (VII) פתחי] / שעריך **תמיד** להביא אל[יך] חיל גוים

4Q**493** 14 (VII) למנחת] **התמיד** ולעולות כתוב תבו[

4Q**502** 27,2 (VII)][משרתי]ם לכה **תמיד**[ע]רב ובוקר ע◦[

4Q**504** 1-2vii5 (VII) ברכו] / את שם קודשו **תמיד** בש[

4Q**504** 1-2vii9 (VII)] / כול בריאותיו **תמיד** לעולמ[י עד אמן אמן]

4Q**504** 6,5 (VII)]◦ור ◦א[ ]ת בעלילותיכה **תמיד**

4Q**511** 1,3 (VII) **תמיד** יב[רכו]הו בקציהם / הימים

4Q**511** 63iv2 (VII) יברכו כול מעשיכה / **תמיד**

4Q**525** 2ii+3,4 (XXV) ביסוריה ובנגועיה ירצה תמ[י]ד

4Q**525** 2ii+3,6 (XXV)]כי בה יהגה **תמיד** ובצרתו ישוחח[בה

11Q**5** XXVII,6 (IV) לפני המזבח על עולת / **התמיד** לכול יום ויום

11Q**17** VI,8 (XXIII) מהל]לים **תמיד** כ[ו]ל[

11Q**19** IX,14 תמי]ד חוקות עול[ם לדורו]תמה

11Q**19** XXIII,8 היו?]ם על ה[מ]זבח אחר עולת הת[מיד ונסכה]

11Q**19** XXV,7 [ליהוה לבד מעול]ת **התמיד** [ועו]לת החודש

11Q**19** XXVIII,1 [ולשעיר מלבד עולת התמי]ד ומנח[תה ונסכה

11Q**19** XXIX,5 כתורת המשפט הזה / **תמיד** מאת בני ישראל

11Q**19** LVII,9 והיו עמו **תמיד** / יומם ולילה

11Q**20** VII,23 (XXIII) עו]לת **התמיד** ⟦ ⟧

11Q**21** 1,5 (XXIII) ת]מיד מאת[בני ישראל

blameless, perfect adjective תָּמִים

CD I,21 על נפש צדיק ובכל הולכי / **תמים** תעבה נפשם

CD II,15 להתהלך **תמים** / בכל דרכיו ולא לתור

CD VII,5 כל המתהלכים / באלה **בתמים** קדש

CD XV,15 ויל[מ]ד / עד שנה **תמימה**

CD XX,2 המשפט / לכל באי עדת אנשי **תמים** הקדש

CD XX,5 לעמד במעמד אנשי **תמים** קדש

CD XX,7 התורה אשר יתהלכו / בו אנשי **תמים** הקדש

1QS I,8 ולהתהלכ לפניו **תמים** כול / הנגלות

לכול הולכים]תמים בכול דרכי (XXV) 4Q525 11-12,3
]∘אנשי תמים[(XXV) 4Q525 27,4
] ותמימיך תואל התמים בכול מ[ל]אכ[ה (XXV) 4Q528 4
] ותמימיך תואל התמים בכול מ[ל]אכ[ה (XXV)
ולתמימים לפאר עליון (IV) 11Q5 XVIII,1
לישועתך ויתאבלו עליך תמיך (IV) 11Q5 XXII,8
ונבון ותמים בכול דרכיו (IV) 11Q5 XXVII,3
כבשים בני ש]נה / תמימים ש[נים ליום 11Q19 XIII,11
וכבשים בני שנה שבעה / תמימים 11Q19 XVII,14
וספרתה / [לכמה] שבע שבתות תמימות 11Q19 XVIII,11
שבע שבתות תמימות / [תהיינה 11Q19 XIX,12
שבע שבתות תמימות תהיינה 11Q19 XXI,13
תמים תהיה עם יהוה אלוהיכה 11Q19 LX,21
שנים עשר כבשים בני שנה]ת[מי]מים (XXIII) 11Q20 III,22

תָּמִים ← תּוֹמִים

to hold, support verb **תמך**

להצדיק איש את אחיו לתמך צעדם CD XX,18
כי עריצים בקשו נפשי בתומכי / בבריתךה 1QHa X,21
ואני בתומכי בכה אתעודדה 1QHa XII,22
העמדתני / לבריתכה ואתמוכה באמתכה 1QHa XV,20
ואני בקצי אתמוכה / בברי]תכה 1QHa XXII,10
וכול תומכי רזי פלא אינמה עוד (I) 1Q27 1i7
] בעול נגעלי הוה תמכו שוח (V) 4Q184 1,3
ושדדה לכ[ול] / תומכי בה (V) 4Q184 1,9
] / {{ }} שמעו תומכי ∘[(XX) 4Q299 3aii-b,9
] / נסתרה מכול תומכ[י (XX) 4Q299 6ii4
]תומכי ר[זי (XX) 4Q299 43,2
]לה אתכם תומכי רזים א[(XX) 4Q300 8,5
וחוקרי שורשי בינה עם תומכי ר[זי פלא (XX) 4Q301 1,2
] מדבריך ולתמוך בבריתכה (XIII) 4Q382 104,1
]תמכו וע[(XIII) 4Q422 III,5
ואני בתומ[כי בבריתכה (XXIX) 4Q432 7,4
אשרי תומכי חוקיה (XXV) 4Q525 2ii+3,1
ולוא יתמוכו / בדרכי עולה (XXV)
עם]מדת הדר לכ[ו]ל תומכי בי [(XXV) 4Q525 11-12,2

to end, be complete verb **תמם**

פניו מן הארץ / מי עד תומם CD II,9
עד תם כל אנשי המלחמה CD XX,14
יזקק לו מבני איש להתם כול רוח עולה 1QS IV,20
אמ תתם דרכו / במושב במדרש 1QS VIII,25
לוא אנחם בנכאים עד תום דרכם 1QS X,21
ומעל אנשים עד תום / פשעם 1QS X,23
כיא מבלעדיכה לוא תתם דרכ 1QS XI,17
הלוך ואור עד תום כול מועדי חושך 1QM I,8
לוא נהיתה כמוה מחושה עד תומה 1QM I,12
ובתמימי דרך יתמו כול גויי רשעה 1QM XIV,7
] / עד תום כול מקוד[1QM XVI,1
ו]תמו רשעים ואני הבינותי 1QHa IV,21
חשבו להתם דמו / לשפוך על עבודתכה 1QHa X,32
אוכלת בכול שנאביהם להתם כול עץ לח 1QHa XI,29
ברוח יצר אל לו / להתם דרך לבני אדם 1QHa XII,32
להכשיל[רוח] ולהתם / כוח 1QHa XIII,28
עם תום כול חר[בות] / מלחמות רשעה 1QHa XIV,28
וכול בני אמתו יעורו להתם[בני] / רשעה 1QHa XIV,29
עד ימימיה תואכל שלבתה / להתם כוח 1QHa XVI,31
]∘ו בעול ותמו כול יצר רמיה 1QHa 3,9
וכתום כעשן וא[ינג]ו עוד (I) 1Q27 1i6

ההולכים תמים בכול דרכיו 1QS II,2
בעין תמימים / לוא יתחשב 1QS III,3
ויהכין פעמיו להלכת תמים / בכול דרכי אל 1QS III,9
וחכמת בני שמים להשכיל תמימי דרכ 1QS IV,22
ומעשו עד מ[ו]לאת לו שנה תמימה 1QS VI,17
שנים עשר איש וכוהנים שלושה תמימים 1QS VIII,1
ולקריב רי[ח] ניחוח ובית תמים ואמת בישראל 1QS VIII,9
ולחרוץ משפט רשעה {{בתמים דרך}} 1QS VIII,10
ביסוד היחד שנתים ימים בתמים דרך
מכול עול להלכ בתמים דרכ 1QS VIII,18
המשפטים אשר ילכו בם אנשי התמים קודש 1QS VIII,20
בעצת הקודש ההולכים בתמים דרכ 1QS VIII,21
אכ השוגג / יבחן שנתים ימים לתמים דרכו 1QS IX,2
כניחוח צדק ותמים דרכ 1QS IX,5
ובית יחד לישראל ההולכים בתמים 1QS IX,6
והון אנשי הקודש ההולכים בתמים 1QS IX,8
להבדל מעול וללכת בתמים דרכ 1QS IX,9
לה{{∘}}לכ תמים איש את רעהו 1QS IX,19
והנבונים והידעים תמימי הדרך (I) 1QSa I,28
והולכים תמים [בכול דרכי אמ]תו (I) 1QSb I,2
ולהתהלך לפניו תמים בכול דרכי [(I) 1QSb V,22
אנשי נדבת מלחמה ותמימי רוח ובשר 1QM VII,5
ובתמימי דרך יתמו כול גויי רשעה 1QM XIV,7
וכול תמימי דרך החזיק[ו 1QHa IX,36
כי תמ[ימה] / [וישרה הייתה בכול דרכיה (XIII) 4Q223-224 2iii18
שנה / תמימה לימים שלוש מאות ששים וארבעה (XXII) 4Q252 II,3
⟦ ⟧ נוח מן התבה למועד שנה / תמימה (XXII) 4Q252 II,5
ופ[עמיו יהכין] / להלכ תמים בכול דרכי אל (XXVI) 4Q255 2,5
ובמולאת]ל[ו]שנה תמימה ישא[לו הרבים (XXVI) 4Q256 XI,13
להלך תמים איש את רעהו בכול / [הנגלה (XXVI) 4Q256 XVIII,2
בעין תמימים לוא יתח[שב] (XXVI) 4Q257 III,5
ויהכין פעמיו להלך תמ]ים בכול[דרכי אל (XXVI) 4Q257 III,13
אך / שנתים[י]מים יבחן לתמים דרכו (XXVI) 4Q258 VII,3
[ויחד ליש]ראל ההלכים בתמ[י]ם (XXVI) 4Q258 VII,7
והו[ן אנשי הקודש] / [ההלכ]ים בתמים (XXVI) 4Q258 VII,8
להלך תמים איש את / [רעהו (XXVI) 4Q258 VIII,3
ו]ל[ק]ר[יב]ניחוח ובית / תמים ואמת (XXVI) 4Q259 II,18
במשקה הרבים] / [עד] עוד שנה תמימה (XXXV) 4Q265 4ii7
לדור]שי מצוותו ולה[ו]לכים בתמים דרך (XVIII) 4Q266 2i4
להתהלך] / [ת]מים [ב]כול [דרכיו (XVIII) 4Q266 2ii16
[כול המתהלכים באלה ב]תמים [קודש (XVIII) 4Q266 3iii6
]בדרכו להתהלך תמ[ים (XVIII) 4Q266 5i19
וילמד / עד שנה תמימה (XVIII) 4Q266 8i6
]בתמים מעשיה[מה (XI) 4Q287 2,10
איל אחד כבשים בני שנ]ה שבעה תמימם (XIII) 4Q366 4i5
וברך לכול תמימי דרך ב[ש]בעה דברי פלא (XI) 4Q403 1i22
וברך לכול תמימ[י] דרך בשבע[ה (XI) 4Q404 2,3
[וב]רך לכול תמימי דרך בשבעה דברי פלא (XI) 4Q405 13,6
]כיו בהתהלכו תמים / ב[ ]∘∘∘יכה ∘[(XXXIV) 4Q415 2i+1ii3
עם התהלכו[ת]מים[בכול מ]עשיו (XXXIV) 4Q417 1i12
] / התהלך תמ[ים (XXXIV) 4Q417 1ii5
]בתמים דרך עם קין [(XXXIV) 4Q418 172,4
]רגלי תמימות[(XXIX) 4Q445 4,3
ולתמימים [לפאר עליון (XI) 4Q448 I,7
ובתמימ[י] דרך יתם כול גואי רשעה (VII) 4Q491 8-10i5
]תמימי / [(VII) 4Q491 11i11
י]רוממו[ה]ו כ[ו]ל תמימי דרך (VII) 4Q510 1,9
י]רוממוהו כול תמימי דרך (VII) 4Q511 10,8
ומולות פעולות / תמימי דרך (VII) 4Q511 63iii3
] / הולכי תמים ישו עולה (XXV) 4Q525 5,11

1Q27 1i6 (I) וא[יננ]ו עוד כן יתם הרשע לעד
1Q29 1,3 (I)]תמו בלשונות אש [
4Q169 1-2,5a (V) מוש]ליהם אשר תתם ממשלתם [
4Q171 1-2ii7 (V) לסוף / ארבעים השנה אשר יתמו
4Q174 1-3ii1 (V) י]הודה להתם[
4Q185 1-2i14 (V) ◦תמו מן [ח]בורת אלהים
4Q200 7ii4 (XIX)] / ותמ[ו דברי תודת טובי
4Q259 III,17 (XXVI) ואם תיתם דרך סוד / היחד
4Q260 V,1 (XXVI) לוא אנחם בנכוחים עד תום / ד[רכ]ם
4Q260 V,6 (XXVI) ומעל]אנשים ע[ד ת]ום פשעם[רקים]
4Q266 1a-b,2 (XVIII)]עד תום המועד פקודה ב[רוח עולה] / [
4Q281a 1 (XXXVI)]לט[תמה ע◦◦לם לתבר ולוא טהרה ◦◦[
4Q286 7ii6 (XI) בכול עונות מעמדמה עד תוממה [לעד
4Q288 1,3 (XI) לה]תם מעשיו מכול [חטא
4Q290 2 (XI)]◦ תמו כול [י]ומ[י ממשלת בליעל
4Q365 25a-c,3 (XIII) ותם לריק כוחכמה
4Q378 12,2 (XXII)] כל תבל בתום [
4Q381 31,8 (XI) ו]מפחדי יתמו [ו]צררי יכלו
4Q387 2ii5 (XXX) ומתם הדור[ ]ההוא א[קרע]את הממלכה
4Q390 1,7 (XXX) ומתום הדור ההוא ביובל השביעי
4Q416 1,13 (XXXIV) וכל עולה תתם עוד ושלם קץ האמ[ת
4Q416 3,3 (XXXIV)]אל תשקוט עד תום רשעה
4Q418 2+2a-c,5 (XXXIV) וכול עולה תתם עד ישלם [קץ האמת
4Q418 103ii9 (XXXIV)]חייכה יתמו יחד ובחייכה לוא תמצא
4Q418 113,1 (XXXIV)] עד תום עו[לה
4Q423 3,1 (XXXIV) ות]ם לריק כו[חכה
4Q427 7i21 (XXIX) [להת]ם רזי ה[וד]ולהק[ים פל]אות כבוד
4Q428 5,5 (XXIX) בכ[ול שנאביהם] / [לה]תם [כול עין] לה[
4Q429 2,12 (XXIX) להכשיל רוח ולהתם / [כוח
4Q429 4ii12 (XXIX) עד תום כל ה[צי מלחמות רשעה]
4Q431 2,1 (XXIX) [ ] ותמה רשעה [
4Q432 6,5 (XXIX) ב[כול שנאביהם] / להתם[כול עין]ל[ח
4Q433 2,1 (XXIX)]כתומם ממך וצ[
4Q444 1-4i+5,7 (XXIX)]ה עד תום ממשלתה / [
4Q463 2,2 (XIX)]תום היוב[ל
4Q491 8-10i5 (VII) ובתמימ[י] דרך יתם כול גואי רשעה
4Q511 121,2 (VII)] תעניית ועד תום[
4Q525 2ii+3,8 (XXV)]ה יחד ויתם לבו אליה [
5Q13 1,8 (III)]◦ק התמותה ות◦[
11Q13 III,7 (XXIII)] / יתממ[ו] בליעל באש[

תִּמְנָה ← תִּמְנוֹ

Timno (Timnah) proper noun **תִּמְנוֹ**

4Q522 9i+10,13 (XXV) את]גזר ואת תמנו ואת גמזון ואת / [

Timna proper noun **תִּמְנָע**

4Q252 IV,1 (XXII)] / תמנע היתה פילגש לאליפז בן עשיו

תָּמָר ← בֵּית תָּמָר

fruit, produce noun **תְּנוּבָה**

1QS X,15 ארים ידי להדשן בעדני תנובת תבל
1Q34bis 3i4 (I) ל]דשן בעדי שמים ותנובת ארץ
4Q256 XX,3 (XXVI) ארים ידי]להדשן בעדני תנובת / [תבל
4Q258 X,3 (XXVI) ארים ידי להדשן] / בעדני תנ[ובת תבל
4Q370 1i1 (XIX) [ו]עטר הרים תנו[בה ו]שפך אכל על פניהם
4Q417 19,5 (XXXIV)]◦תכן לחמה [ו]תחמל על תנוב[תה
4Q423 1-2i1 (XXXIV)]וכל פרי תנובה {{וכל}} וכל עץ נעים
4Q425 1+3,3 (XX)]◦תנובה לוא ימר◦[
11Q5 XXVI,13 (IV) מעטר הרים תנובות
11Q14 1ii10 (XXIII) ולתת לכם פר[י] / תנובות דגן תירוש ויצהר

lobe noun **תְּנוּךְ**

4Q365 9bii1 (XIII) ועל תנוך אוזן בניו הימנית

slumber noun **תְּנוּמָה**

4Q416 2ii9 (XXXIV) וא]ל תנומה לעיניכה עד עשותכה / מצו[תיו

wave offering noun **תְּנוּפָה**

4Q286 5,7 (XI)] וכול תנופות תבל בחדשים שנ[ים עשר
4Q508 22-23,3 (VII) ת]בואת ארצנו לתנו[פה
4Q509 8,4 (VII) תבואת אר]צנו לתנופ[ה
11Q19 XV,12 ואת סלי הלחם ת[נופה לפני יהוה
11Q19 XX,16 עצם השכם ויניפו אותמה תנופה
11Q19 XXII,9 שוק הימין ואת חזי התנופה
11Q19 LX,2 וכול תנופותמה
11Q20 VI,3 (XXIII) שוק הימין ואת חזו] / התנופה

consolation noun **תַּנְחוּם**

4Q176 1-2i4 (V) ומן ספר ישעיה תנחומים[
4Q176 8-11,13 (V) עד דברי תנחומים וכבוד רב
4Q420 2,5 (XX)]וזרעם על תנחומ[ים

serpent, dragon, monster noun **תַּנִּין**

CD VIII,9 חמת תנינים יינם / וראש פתנים אכזר
CD VIII,10 התנינים הם מלכי העמים
CD XIX,22 חמת תנינים יינם וראש פתנים אכזר
התנינים / מלכי העמים
1QH[a] XIII,10 חמת תנינים כול מזומותם לחתוף
1QH[a] XIII,27 כחמת תנינים פורחת לקצים
4Q381 26,1 (XI)]פתנים ותנ[ינים / [
4Q429 2,9 (XXIX) כחמת תנינים פורחת לקצים
4Q525 15,4 (XXV) ארורות נצח וחמת תנינים[
4Q525 17,4 (XXV) ח]מת תנין המס(ת)ה
11Q11 I,5 (XXIII)]תנין [
PAM 43.692 47,2 (XXXIII)]כתנים ◦[

chameleon noun **תִּנְשֶׁמֶת**

11Q19 L,21 והכח והחמט והתנשמת

cycle noun **תְּסוּבָה**

4Q503 1-6iii9 (VII)]תסובות כלי אור[

to abhor verb **תעב**

CD I,21 ובכל הולכי / תמים תעבה נפשם
CD II,6 ומתעבי חק לאין שאירית / ופליטה למו
CD II,8 ויתעב את דורות [ע]מדם
CD XIX,31 ושונא ומתעב אל את בוני החיץ
1QS IV,1 אחת תעב סודה וכול דרכיה שנא
1QS IV,5 וטהרת כבוד מתעב כול גלולי נדה
1QS IV,25 בגורל עול ירשע בו וכן / יתעב אמת
1QH[a] VI,10 ולתעב את כול אשר / [שנאתה
1QH[a] VI,21 וכרחקך אותו כן אתעבנו
1QH[a] VI,26] ולתעב כול דרך עולה
1QH[a] VII,18 וימאסו בבריתך[ואמת]ך תעבה נפשם
1QH[a] VII,25 כיא / אל אמת אתה וכול עולה ת[תעב
1QH[a] VIII,19 ונפש עבדך ת[עב]ה כול / מעשה עולה
1QH[a] XVIII,29]נפש עבדכה תעבה הון / ובצע
1QH[a] 2i17]ל◦◦◦ל עול יצר נתעב / [

תְּעוּדָה, תְּעֻדָה noun **ordained time, confirmation, testimony**

1QS I,9 כול / הנגלות למועדי **תעודותם**
1QS III,10 כאשר צוה למועדי **תעודתיו**
1QS III,16 ובהיותם **לתעודותם** כמחשבת כבודו
1QSa I,25 (I) ואם **תעודה** תהיה לכול הקהל למשפט
1QSa I,26 (I) או / לעצת יחד או **לתעודת** מלחמה
1QM II,8 לצאת לצבא כפי **תעודות** המלחמה
1QM III,4 יכתובו **תעודות** אל לעצת קודש
1QM IV,5 ואת שמות תשעת אנשי **תעודתו**
1QM XI,8 וביד משיחיכה / חוזי **תעודות**
1QM XIII,8 ובכול **תעודות** כבודכה היה זכר [
1QM XIV,4 השומר חסד לבריתו **ותעודות** / ישועה לעם
1QM XIV,13]עתים ומועדי **תעודות** עולמים
1QH^a IX,19 ובחכמת דעתכה הכ[י]נותה **תע[ו]דתם**
1QH^a X,37]מו חוקים **ובתעודות** נ̇תנו לאזנים / [
1QH^a XIV,19 והמה נצמדי **תעודתי** פותו במ◦[
1QH^a XX,9 **ותעודת** הויה והיאה תהיה
1QH^a 5,11] / לבכה וקצ **תעודה** השכלתה לב◦[
1Q36 1,2 (I)][ ]לם **תעודות** שלוס [
4Q215a 1ii6 (XXXVI) קצהשלוס וחוקי האמת **ותעודת** [ה]צדק
4Q216 II,5 (XIII) וענתה ה[תעודה אל] / **התעודה** הזאת
4Q216 IV,4 (XIII) בכל מחלקות העתים לתור[ה **ולתעו]דה]**
4Q216 VII,17 (XIII) ווזאת **התעודה** והתורה הראש[ונה
4Q249b 1 (XXXVI) או לעצת יחד או **]לת[עודת]** / [מלחמה
4Q249e 1ii5 (XXXVI) או לעצת יחד או] / **[לת]עודת** מלחמה
4Q255 2,6 (XXVI) כאש[ר צוה] / למועדי **תעדתו**
4Q286 1ii10 (XI) בתקופותמה ומועדי כבוד **בתעודות[מה**
4Q298 3-4ii8 (XX) והו[סיפו ד]עת[י]מי **תעודה**
4Q300 1aii-b,2 (XX) ואז תדעו אם הבטתם / **ותעודות** השמ[ים
4Q369 1i7 (XIII)]בכול **תעודות** עד / [
4Q401 5,6 (XI)] / **בתעודו[ת**
4Q402 1,3 (XI)] יחד לכול **תעודותכ[ה]** / [
4Q403 1i27 (XI) ב[שם קודשו ב[כול / שבועי **ת[עודותם**
4Q404 2,9 (XI) ב[כול שבועי **תעודו[תם**
4Q428 18,2 (XXIX) וקץ **תעודה** השכלתה[לבשר
4Q491 8-10i11 (VII) בכול עתי]ם ומועדי **תעודות** עולמים
4Q502 6-10,9 (VII) ◦] [ש **תעודת** הה[ודות
4Q502 6-10,16 (VII) שמ]חנו **בתעו[דת**
4Q502 14,3 (VII) **]תעודו[ת]** וג[ם
4Q502 43,1 (VII) **ת]עודת**
4Q502 159,3 (VII) **ת]עודו[ת**
4Q504 1-2ii17 (VII)]◦ת ולהבינינו **לתעודות** / [
4Q510 1,7 (VII) בקץ ממשל[ת] / רשעה **ותעודות** תעניות
4Q511 42,3 (VII)]◦י **תעודתי** פלגתה לי◦א[
4Q511 63-64ii2 (VII) ובמועדי **תעודותי** אספרה / נפלאותיכה
4Q525 30,2 (XXV)] / **התעודה**[
11Q17 X,3 (XXIII) **ת]עודותיו** / [ו]כול ברכות שלומ[ו

תְּעוּת, תְּעוּאת noun **error, aberration**

1QS III,21 ובמלאך חושך **תעות** / כול בני צדק
1QH^a X,14 ואהיה איש ריב למליצי **תעות**
1QH^a XII,12 למע<ן> הבט אל / **תעותם** להתהולל
1QH^a XII,16 לדורשכה מפי נביאי כזב מפותי **תעות**
1QH^a XII,20 וחוזי **תעות** לא ימצאו עוד
4Q171 1-2ii9 (V) האביונים אשר יקבלו את מועד **התעות**
4Q171 1+3-4iii3 (V) יחים ברעב במועד **ה[תע]ות**
4Q216 II,11 (XIII) וישתחוו לכ[ל מע]שי **תעות[ם**
4Q223-224 2ii8 (XIII) אחר טומאת הג[ש]ים ואחר **תעות** הנ[שים
4Q266 14f,2 (XVIII) **]תעות** / [
4Q381 79,5 (XI)]◦ת **תעואת** להשכיל ל[

1QH^a 2i18 י]צר **נתעב** / [
1QH^a 45,2 **נת]עב** לשחת בעת עוונו◦[
4Q257 V,2 (XXVI) וטהר]ת כבוד **מתעבת** כול גלולי / [נדה
4Q381 69,1 (XI)]לם בראותו כי **התעיבו** עמי [הא]רץ / [
4Q426 10,3 (XX) **י]תעב** כול עובדי[
4Q511 43,5 (VII)] / **תעב** קדוש א◦[
4Q512 1-6,14 (VII)]◦[ ]תם **ותתעבם** לכ[

תֵּעָבָה ← תּוֹעֵבָה

תעה verb **to err, wander**

CD I,15 **ויתעם** בתוהו לא דרך
CD II,13 ואת אשר שנא **התעה**
CD II,17 כי רבים / **תעו** בם וגבורי חיל נכשלו בם
CD III,1 בה **תעי** בני נח ומשפחותיהם בה הם נכרתים
CD III,4 בני יעקב **תעו** בם ויענשו לפני / משגותם
CD III,14 לגלות / להם נסתרות אשר **תעו** בם
CD IV,1 **בתעות** בני ישראל / מעליהם
CD V,20 עמדו מסיגי הגבול **ויתעו** את ישראל
CD XII,3 וכל אשר **יתעה** / לחלל את השבת
1QS V,4 ילכ איש בשרירות לבו **לתעות** אחר לבבו
1QS V,11 לדעת הנסתרות אשר **תעו** / בם לאשמה
1QS XI,1 להודיע] / **לתועי** רוח בינה
1QpHab X,9 אשר **התעה** רבים / לבנות עיר שוו בדמים
1QH^a XII,7 ומליצי רמיה **התעום** וילבטו בלא בינה
1QH^a XII,25 ולא **תתעם** ביד חלכאים
1Q14 11,1 (I) כוהני ירו]ש[ל]ם אשר **יתע[ו**
4Q166 II,5 (V) **ולמתעיהם** שמעו ויכבדום [
4Q169 3-4ii8 (V) פשר[ו ע]ל **מתעי** אפרים
(V) ושפת מרמה **יתעו** רבים / מלכים שרים
4Q169 3-4iii5 (V) ועזבו את **מתעיהם** ונלוו על ישראל
4Q169 3-4iii7 (V) ולא יוסיפו עוד **לתעות** [ה]קהל
4Q171 1-2i15 (V)]אוהבי פרע **ומתעים** / [
4Q171 1-2i18 (V) איש הכזב אשר **התעה** רבים באמרי / שקר
4Q183 1ii6 (V)] / **תועי** רוח ובלשון האמת ◦[
4Q258 I,4 (XXVI)]ל̇א ילך איש בשרירות לבו **לתעות**
4Q266 1a-b,4 (XVIII) להבי כל[ה] / **בת[ועי** רוח
4Q266 2i18 (XVIII) **ויתעם** בתהו / ולו[א דרך
4Q266 11,10 (XVIII) **ותתעם** בתהו ולו / {ולו} דרך
4Q267 2,4 (XVIII) **ויתעו** את יש[ראל] / [ותשם ה]א[ר]ץ
4Q270 1i1 (XVIII) ועו[יני] זנות [כי רבים] **תעו** בם / [
4Q271 5i19 (XVIII) וכול אשר **יתעה** לחלל את השבת
4Q468k 2 (XXXVI)]ל **תתעו**[
4Q501 3 (VII) כ]ה המנודבים **תועים** ואין משיב שבורים
4Q504 5i8 (VII) **]תועים** / [
4Q509 12i-13,1 (VII)] / המנודחים **התועים** מבל[י] משיב
4Q510 1,6 (VII)] / והפוגעים פתע פתאום **לתעות** רוח בינה
4Q511 8,5 (VII) **]תעותו** בתעניות ולוא לכל[ת עולם
4Q511 10,2 (VII) והפוגעים פתע פתאום ל]**תעות** רוח / [בינה
4Q513 3-4,4 (VII)]ל **תעות** עורון ה[
4Q525 6ii2 (XXV)] / לבלתי הבן מרוח **מתע[ת**/תעת ? ← תעע
4Q525 16,3 (XXV)] / בה **תעו** נבונים[
6Q15 3,3 (III) ו]**יתעו** את ישראל ות[שם הארץ
11Q5 XXI,11 (IV) אני נער בטרם **תעיתי** ובקשתיה

תְּעֻדָה ← תְּעוּדָה

תָּעוּאת ← תְּעוּת

תעובה ← תּוֹעֵבָה

4Q430 4 (XXIX) מפי נביא] כזב מפותי **תעות**

conduit noun תְּעָלָה-1

11Q19 XXXII,12 [ו]עשיתה **תעלה** סביב לכיור אצל ביתו
וה**תעל**[ה] / הולכת [מבית] הכיור למחלה

תַּעֲנֻג ← תַּעֲנוּג

delight noun תַּעֲנוּג, תַּעֲנֻג

1QSb IV,2 (I) א]נוש וב**תענוג**[ות בני אדם
2Q18 2,9 (III) ונהפך לך לת]ענג
4Q171 1-2ii10 (V)]י הארץ והתדשנו בכול **תענוג** / בשר
4Q264a 2-3,1 (XXXV)]**תענוג** ב]יום השבת
4Q416 2ii19 (XXXIV) אל תדרוש **תענוג** ואתה / ⟦ ⟧ חסר לחם
4Q503 24-25,5 (VII)]ן למו]עד]מנוח ו**תענוג**[

fasting, humiliation noun תַּעֲנִית

CD VI,19 ואת יום ה**תענית** כמצאת באי הברית החדשה
4Q417 3,4 (XXXIV)]בשר עם **תענית** [
4Q508 2,3 (VII)] ותקימהום עלינו מועד **תענית** חוק עו[לם
4Q509 16,3 (VII)]רחמהם על **תעניתם** / [
4Q510 1,7 (VII) ותעודות **תעניות** בני או[ר]
4Q510 1,8 (VII) לכלת עולם / [כי א]ם לקץ **תעניות** פשע[
4Q511 8,5 (VII)]תעותו ב**תענייות** ולוא לכל[ת עולם
4Q511 121,2 (VII)] **תעניות** ו]עד תום[
11Q11 IV,12 (XXIII) ב]חושך בכ[ול] / [תעודות]**תעניות** [

to mock verb תעע

1QpHab IV,3 ושרים **יתעתעו** וקלסו בעם רב
4Q450 1,2 (XXIX)] ונערימ **תעתעו** ◦[
4Q509 16,5 (VII)]נערים **תעתעו** בם / [
4Q525 6ii2 (XXV)] / לבלתי הבן מרוח **מתע**[ת/**תעת** ? ← תעה

razor, sheath noun תַּעַר

1QHa XIII,15 כחרב אל **תערה** בלי ה[כו]תה נפש עבדכה

mixture; defilement noun תַּעֲרֹבֶת

4Q394 8iii18 (X) ראוי להזהר מכול **ת**[**ערובת** [ה]גבר
4Q394 8iii20 (X) ו**תערובת** / [א]שמ אינם רואימ
4Q396 1-2ii2 (X) שאינם / רואים להזהר מכל **תערו**[**בת**
4Q397 5,6 (X) להזהר]מכול **ת**[**ערובת** הגבר
4Q398 4,2 (X)]ל **תע**[**רובת**
4Q398 5,3 (X)]**תערובת**[
11Q19 XLV,7 ולוא תהיה שמה / **תערובת** ⟦ ⟧
11Q19 L,2 ת]**ערובת** המת [

תֹּף ← תוף

glory, beauty noun תִּפְאֶרֶת

1QS X,12 וגבורת כול ל**תפארת** עולם
1QS XI,15 לאל צדקו ולעליון **תפארתו**
1Q16 3-7,4 (I)]◦ה לן [**ת**]**פארת**[
1Q19 13-14,2 (I) י]נשא בהדר כבוד ו**תפארת**[
2Q18 2,12 (III) ועטר]ת **תפארת** תעטרנה
4Q160 3-4ii4 (V) ובזעם שונאי עמכה תגביר **תפארת**
4Q179 1i6 (V) ◦ **תפארתנו** וניחוח אין בו במ◦[
4Q286 1ii4 (XI) ומק[ור ז]והר ורום **תפארת** פ[לא] / [הוד]ות
4Q286 12,2 (XI) מ]שרתיכה ב**תפא**[**רת**
4Q378 12,1 (XXII) **ת**]**פארת** [
4Q381 15,7 (XI) כי אתה]**תפארת** הדו ואני משיחך אתבננתי / [
4Q381 46a+b,3 (XI) כ]סילים חקיך והודך ו**תפארת**[ך
4Q382 43,2 (XIII) ע]טרת **תפארת**[
4Q400 1ii3 (XI)] / **תפארת** מלכותכה[
4Q405 15ii-16,3 (XI) **ת**]**פארת** בפרוכת דביר המלך ◦◦[
4Q405 17,5 (XI) נפל]אות מלאכי **תפארת** ורוחי / [
4Q405 23ii1 (XI)]ם **תפארת** לפתוחי [
4Q434 2,9 (XXIX)]עד **תפאר**[ת]ש[
4Q472 2,7 (XXXVI)] / לכליל **ת**[**פארת**
4Q504 1-2iv12 (VII) ואת / ציון עיר קודשכה ובית **תפארתכה**
4Q510 1,2 (VII)] לאלוהי דעות **תפארת** ג[בור]ות אל אלים
4Q510 1,4 (VII) ואני משכיל משמיע הוד **תפארתו** לפחד
4Q511 1,4 (VII) ישמיעו[ ]י **תפארת** / כולם
6Q18 20,1 (III)]ה ו**תפארת** [
11Q5 XVIII,2 (IV) ואל תתעצלו להודיע עוזו ו**תפארתו**
11Q5 XVIII,7 (IV) ו**תפארתו** על כול מעשיו
11Q5 XXII,4 (IV) ודורות חסידים / **תפארתך**
11Q5 XXII,5 (IV) זיז / כבודך יינקו וברחובות **תפארתך** יעכסו
11Q17 IX,7 (XXIII) פ]תילי **תפארת**[

תַּפּוּחַ ← בֵּית תַּפּוּחַ

dull, stupid, insane adjective תָּפֵל-1

5Q14 3 (III)]תיכם תפלו בכול **תפל**[

whitewash, whitewash adjective תָּפֵל-2

CD VIII,12 לא הבינו בוני החיץ וטחי ה**תפל**
CD XIX,25 לא הבינו בוני / החיץ וטחי **תפל**
1QHa XIV,36]ל[ ] ל**תפל** וככפים לא[
4Q424 1,3 (XXXVI)] חיץ יבחר לבניתה ו**תפל** טח קירו

prayer noun תְּפִלָּה

CD XI,21 ו**תפלת** צדקם כמנחת רצון
1QM XV,5 וקרא באוזניהם / את **תפלת** מועד המלח[מה
1QHa XX,4 [למשכיל ה]ודות ו**תפלה** להתנפל והתחנן תמיד
1Q25 2,3 (I)] / **תפלה** [
1Q34bis 2+1,6 (I)] / **תפלה** ליום כפורים
4Q184 3,3 (V) פ]רוש אליו כפיכה ב**תפ**[**לה**
4Q378 6i4 (XXII)]א **תפלה** על חטאתינו / [
4Q381 33+35,8 (XI) **תפלה** למנשה מלך יהודה בכלו אתו
4Q382 46,4 (XIII)] דברי **תפלה** נתח◦[
4Q385a 18ii4 (XXX) ושאת בעדם / רנה ו**תפלה**
4Q509 10ii-11,8 (VII) **תפ**[**לה** למועד[
4Q512 65,3 (VII)] / **תפלה** עד ◦◦[

to beat the timbrel verb תפף

1Q16 8,1 (I) בתוך עולמות **תופפו**[ת במקהלות

to seize verb תפשׂ

CD IV,16 אשר הוא **תפש** בהם בישראל
CD IV,18 העולה מזה **יתפש** בזה
והניצל מזה **יתפש** / בזה
CD IV,20 הם **ניתפשים** בשתים
CD IX,19 אם ישוב ו**ניתפש** לפני / אחד שלם משפטו
1QS X,19 לוא א{{טור}}**תפוש** {{באפ לשבי}} ← נטר
1QpHab IV,7 ובעם רב יקיפום ל**תפושם**
1QHa XII,12 להתהולל במועדיהמ ל**התפש** במצודותם
1QHa XII,19 למען **יתפשו** במחשבותם
2Q22 I,3 (III) מ]לחמה ל**תפש** ערי מבצרים
2Q23 5,2 (III)]ל**ת**[**פ**]**שׂ**[
4Q167 16,2 (V) ו]**יתפושו** איש[

Reference	Col.	Text
4Q248 7	(XXXVI)	ותפשה עם כ֯ל אוצרותיה]
4Q260 IV,8	(XXVI)	ור֯]ב אנשי] / שׂחת ל֯[ו]א אתפוש
4Q270 2ii21	(XVIII)	ובמוקשי שחת] / אל תתפשו
4Q364 26bi8	(XIII)	ואתפ]שה בשני / [הלוחות ואשליכם
4Q504 4,22	(VII)	]◦ם לתפ֯ש֯ ב◦[
6Q15 1,2	(III)	הם נת]פשים [בשתים
11Q19 LVII,7		לוא יעוזבוהו לבדו ויתפש ביד הגואים
11Q19 LVII,11		ומן גוי נכר אשר לוא יתפש בידמה
11Q19 LVIII,14		וחצו מחצית השאר בין תופשי המלחמה
11Q19 LXIV,3		ולוא[י]שמע אליהמה ותפשו בו אביהו

hope noun תִּקְוָה-2

Reference	Col.	Text
1QM XI,9		ולב נמס לפתח תקוה
1QHa XI,27		ויפ֯רו לאין תקוה בנפול קו על משפט
1QHa XIV,32		ואין]תקוה ברוב ◦◦◦
1QHa XVII,12		ולא עזבתה / תקותי ולפני נגע העמדתה רוחי
4Q88 VII,16	(XVI)	ג]דולה תק[ותך ציון]
4Q221 2i1	(XIII)	אין לה]ם תקוה בארץ / [החיים
4Q365 6aii+6c,4	(XIII)	] / אבד֯ה֯ תקות שונה ונש[כח/ונש]בת
4Q379 28,3	(XXII)	]◦שע תקוה בארץ ו֯◦[
4Q384 17,3	(XIX)	]תקוה כיא ר֯[
4Q418 198,3	(XXXIV)	] / אבדה תקו֯[ת שונא
4Q432 6,2	(XXIX)	ויורו לאין] / ת֯קוה בנפול קו על משפ֯[ט
4Q434 7b,2	(XXIX)	] ב֯י֯ מנותם משם ממד[בר ל]פתח תקוה
11Q5 XXII,2	(IV)	גדולה תקותך ציון
11Q5 XXII,8	(IV)	לוא תובד תקותך / ציון

turn, circuit noun תְּקוּפָה

Reference	Col.	Text
1QS X,1		ברשית ממשלת אור עמ תקופתו
1QS X,2		וישתהו עלת ובתקופתו עם האספו מפני אור
1QS X,3		יחד תקופתם עם / מסרותם זה לזה
1QS X,6		בראשי {{◦}} שנים ובתקופת מועדיהם
1QM X,15		]מועדי קודש ותקופות שנים וקצי / עד
1QHa IX,24		לכול קצי נצח ותקופות מספר שני עולם
1QHa XX,5		]בתקופות יום לתכונו לחוקות מאור גדול
1QHa XX,6		בתקופתו לפ֯נות בוקר ובקצ האספו
1QHa XX,8		ותקופת מועדים בתכונם באותותם
1Q34bis 2+1,2	(I)	כאשר ענינו נפ]שותינו לתקופ֯[
4Q216 VI,8	(XIII)	וליובי]לים ולכל תק[ופות השנים]
4Q256 XIX,2	(XXVI)	יחד / תקופו֯ת֯יהמה עם מסרו֯[ת]ם זה לזה
4Q256 XIX,5	(XXVI)	[בראשי שנים ובתקופ]ת מועדים
4Q258 VIII,11	(XXVI)	בראשית ממשלת אור ע]ם ת[קופתו בה]אספו
4Q258 IX,4	(XXVI)	בראשי שנים ובתק[ו]פת מועדיהם
4Q260 II,1	(XXVI)	יחד] תקופתו / עם האספו מ[פני אור
4Q274 3ii9	(XXXV)	בכול מודו ל֯תקופת [טהרתו
4Q286 1ii10	(XI)	] / [ראשי שנ]ים בתקופותמה
4Q324d 3ii3	(XXVIII)	י֯]ום הרב[יעי]ת֯קופ֯[ה
4Q324d 4,2	(XXVIII)	] תקופ֯[ה
4Q324d 9,2	(XXVIII)	]י֯ תקופה[
4Q423 5,5	(XXXIV)	ותקופת / [הקציר למועדו
4Q427 8ii14	(XXIX)	ותקופות מועדים [בתכונם באותותם
4Q503 215,9	(VII)	שלום עליכה] / [ישראל] עם תק[ופת השנה

strong adjective תַּקִּיף

Reference	Col.	Text
11Q11 IV,2	(XXIII)	]תקיף ור֯[
11Q11 IV,5	(XXIII)	ובחרון אפו֯ / ישלח]עליך מלאך תקיף[

to straighten, order verb תקן

Reference	Col.	Text
4Q398 14-17ii4	(X)	ובקש מלפניו שי֯ת֯ק֯ן֯ / את עצתך

to blow horn verb תקע

Reference	Col.	Text
1QM VII,15		ותקעו הכוהנים בשתי חצוצרות המק֯ר֯[א
1QM VIII,2		ואחר יתקעו להם הכוהנים בחצוצרות המשוב
1QM VIII,3		ותקעו הכוהנים בחצוצרות המקרא ויצאו
1QM VIII,5		ותקעו הכוהנים בחצוצרות קול מרודד ידי
1QM VIII,7		ותקעו להם הכוהנים תרועה שנית קול נוח
1QM VIII,13		ואחר יתקעו להם הכוהנים בחצוצרות המשוב
1QM VIII,14		כסרך הזה יתקעו ה֯[כו]ה֯נים לשלושת הדגלים
1QM IX,3		ובהנגפם לפניהם יתקעו הכוהנים בחצוצרות
1QM IX,6		ותקעו להמה הכוהנים בחצוצרות המרדוף
1QM XVI,3		ואחר יתקעו להמה הכוהנים בחצוצרות
1QM XVI,4		ותקעו להם הכוהנים / תרועה סדר
1QM XVI,5		ותקעו להם / הכוהנים תרועה שנ֯ית֯[
1QM XVI,12		והכ[ו]הנים יתק֯[עו] ב֯חצ֯[ו]צ֯ר֯ות המקרא
1QM XVI,13		ולמתקרב֯[י]ם במ[ל]ח֯מ֯ה֯ י֯תקעו לשוב
1QM XVII,10		ואחר הדברים האלה יתקעו֯ ה֯כוהנים֯
1QM XVII,11		ו֯ת֯קעו הכוהנים בחצוצרות תרועה שנית
4Q177 1-4,13	(V)	]ת֯קע֯ו֯ שופר בגבעה השופר הואה ספר[
4Q409 1ii9	(XXIX)	] / בתקו֯ע֯[
4Q491 11ii4	(VII)	והכו]הנים יתקעו[להמה תרועה שנית
4Q491 11ii10	(VII)	והכוהנים] / [י]ת֯קעו ל֯צ֯את מערכה אחרת
4Q491 11ii11	(VII)	ולמתקרבים במלחמה] / [י]תקעו לשוב
4Q491 11ii19	(VII)	ואחר הד֯ב֯ר֯[י]ם האלה יתקעו הכוהנים לסדר
4Q491 11ii20	(VII)	ובעומדם איש] / על מצבו י֯תקעו הכוהנים
4Q491 13,3	(VII)	ואחר הד]ב֯רים האלה יתקע֯ו֯ הכוהנים לסדר
4Q491 18,3	(VII)	וא]ח֯ר י֯תק֯ע֯ו֯ [
4Q493 6	(VII)	ותקע֯ו֯ בקול ח֯ד֯ ל֯צ֯א֯ת֯ א֯נ֯[שי] / המלחמה
4Q493 8	(VII)	ובמלא עונותם יתקעו להם בח֯צ֯ו֯[צ]ר֯ות
4Q493 10	(VII)	בצאתם֯ י֯תקע֯[ו]להם בח֯[צוצרות המקרא]
4Q493 11	(VII)	וב]שובם יתק[עו להם בחצוצרות] / ה֯מ֯א֯[סף
4Q493 12	(VII)	]כמש[פט הזה]י֯תקעו ל֯כ֯[ול המ]ערכות
6Q9 57,3	(III)	ית]קע נפש שניה[

to be strong, seize hold of verb תקף

Reference	Col.	Text
2Q18 1,1	(III)	] / [אוהב אמונה אוהב] ת[קוף
11Q5 XIX,12	(IV)	בזוכרי עוזכה יתקף / לבי

sequence, turn noun תֹּר

Reference	Col.	Text
CD XIV,11		פיהו יבאו באי העדה / איש בתרו
1QS VI,11		האיש הנשאל ידבר בתרו

תֹּר ← תּוֹאַר

increase noun תַּרְבּוּת

Reference	Col.	Text
4Q172 3,2	(V)	]ת֯ר֯בות מלכותו[

interest noun תַּרְבִּית

Reference	Col.	Text
4Q267 4,10	(XVIII)	ואת אוכ]ל֯ו֯ בתרבית אל ית[ן] / [
4Q525 31,3	(XXV)	כ]ל֯א תרבית֯[
5Q16 3,3	(III)	] ובתרביות֯[

interpreter noun תרגמן

Reference	Col.	Text
4Q254 16,2	(XXII)	]ת֯רגמן הואה אשר היה כ֯◦[

deep sleep noun תַּרְדֵּמָה

Reference	Col.	Text
4Q163 15-16,1	(V)	] / [עליכ]מה י֯ה֯ו֯ה֯ [רוח ת]ר֯דמה
4Q425 4ii2	(XX)	]תרדמ֯ה מ[ ]◦◦[

תָּרָה ← תּוֹרָה

praise-offering noun **תרום**

4Q**405** 32,3	(XI)	]◦ **תרום**[

offering, contribution noun **תְּרוּמָה**

1QS IX,4		**ותרומת** / שפתים למשפט כניחוח צדק
1QS X,6		במועדיהם / {{◦◦}} **תרומת** שפתים הברכנו
1QS X,14		ואברכנו **תרומת** מוצא שפתי ממערכת אנשים
1QM IV,1		ועל אות מררי יכתובו **תרומת** אל
4Q**251** 10,9	(XXXV)	הילולים כ]**תרומה** כל חרם לכוה[ן
4Q**256** XIX,4	(XXVI)	במועדיהם **תרומת** שפתים אברכנו
4Q**258** VII,5	(XXVI)	וחלבי זבחים **ותרומות** ונדבת שפתים
4Q**266** 1a-b,15	(XVIII)	] / **בתרומ**[ת
4Q**267** 6,3	(XVIII)	א]שר זרעה אין בה **תרומה** / [
4Q**270** 3ii14	(XVIII)	אין בה **תרו**[**מה** ופרט אין בה]
4Q**270** 3ii18	(XVIII)	ביום אחד **תרומה** בה עשרון / [אחד
4Q**270** 3ii19	(XVIII)	על שתי] חלות **התרומה** לכל בתי ישראל
4Q**400** 2,7	(XI)	[מה] **תרומת** לשון עפרנו בדעת אל[ים
4Q**403** 1ii26	(XI)	**ותרומת** לשוניהם ◦◦[
4Q**405** 23ii12	(XI)	בראשי **תרומות** לשוני דעת[
4Q**491** 19,3	(VII)	]◦ו **תרומה** זכר[
4Q**496** 16,4	(VII)	י]כתובו **תרומת**[אל
4Q**508** 17,1	(VII)	]נו **ותרו**[**מ**]**ותינו**
4Q**511** 63-64ii4	(VII)	מחשבת לבב / דעת **ותרומת** מזל שפתי צדק
4Q**513** 2ii3	(VII)	]לו להאכילם מכול **תרומת** הש◦[
4Q**524** 6-13,9	(XXV)	ו]מכס **תרומ**[**תמה** לעוף ולחיה ולדגים
11Q**19** XV,11		עם שוק **התרומה** אש[ר לימין
11Q**19** XX,14		וירימו ליהוה **תרומה** / [מן האי]לם
11Q**19** LX,4		ומכס **תרומתמה** לעוף ולחיה ולדגים
11Q**20** I,18	(XXIII)	עם שוק **התרו**[**מ**]**ה** אשר לימין
11Q**20** V,1	(XXIII)	ולכוהנים י]היה שוק **התרומה** וחזה / [התנופה

shout, sound, alarm noun **תְּרוּעָה**

1QM I,11		המון גדול **ותרועת** אלים ואנשים ליום הווה
1QM II,16		]◦ת **התרועה** לכול עבודתם ל[
1QM III,1		וחצוצרות **תרועות** החללים
1QM VII,13		וחצוצרות **התרועה** וחצוצרות המרדף
1QM VIII,7		ותקעו להם הכוהנים **תרועה** שנית
1QM VIII,10		יריעו / קול אחד **תרועת** מלחמה גדולה
		ועם קול **התרועה** יצאו / זרקות המלחמה
1QM VIII,15		]רות קול **תרועה** / גדולה לנצח מל[חמה
1QM IX,1		וכול העם יחשו מקול **התרועה**
1QM XVI,5		ותקעו להם הכוהנים / **תרועה** סדר
1QM XVI,6		ותקעו להם / הכוהנים **תרועה** שנית[
1QM XVI,9		וכול / העם יחשו קול **התרועה**
1QM XVII,11		ותקעו הכוהנים בחצוצרות **תרועה** שנית
1QM XVII,13		וכו]ל עם השופרות יריעו **תרועת** מלחמה
1QM XVII,14		[ועם צאת קו]ל **הת**[**רו**]**עה** יחלו להפיל
		וכול העם יניח[ו] קול **התרועה**
1QM XVIII,2		] **ותרועת** קדושים ברדף אשור
4Q**365** 24,4	(XIII)	ביום הכפורים תע[בירו] שופר **תרועה**
4Q**402** 8,2	(XI)	מרי]מים **תרוע**[**ה**
4Q**409** 1i5	(XXIX)	הלל וברך] ביום זכרון **תרועה** / [בשופר
4Q**491** 1-3,13	(VII)	וחצוצרות **התר**[**ועה** יש]מיעו
4Q**491** 11ii3	(VII)	ותקעו להמה הכוהנים **תרו**]**עות** סד[ר
4Q**491** 11ii20	(VII)	יתקעו הכוהנים **תרועה** שנית על ידי התקרב
4Q**491** 11ii23	(VII)	יחלו להפ]יל בחללי האשמה **תרועת** ה[
4Q**493** 11	(VII)	ובמל]אם [בחצוצרות **התרועה**
6Q**18** 1,5	(III)	] / **תרוע**[**ה**
11Q**19** XXV,3		שבתון זכ]רון **תרועה** מ[קרא קודש]

Terah proper noun **1-תֶּרַח**

4Q**252** II,8	(XXII)	בן מאה וא̇ר[ב]עים שנה **תרח** בצאתו / מאור
11Q**12** 9,4	(XXIII)	ויאמר] לו **תרח** א[ביו לך בשלום] / [אל

deceit noun **תָּרְמָה**

1QH^{a} IV,7		]**בתרמה** ב◦[

signal post noun **תֹּרֶן**

1QH^{a} XIV,34		ושוכבי עפר הרימו **תרן**
4Q**163** 23ii7	(V)	עד אם נותרתמה **כתרן** על רואש הר

cock, rooster noun **תַּרְנְגוֹל**

11Q**21** 3,3	(XXIII)	] / **תרנגול** לוא תגד[לו

reeling noun **תַּרְעֵלָה**

4Q**176** 6-7,2	(V)	לקחתי מידך את] / [כוס **התר**]**עלה**[

beryl noun **2-תַּרְשִׁישׁ**

4Q**365** 12biii11	(XIII)	והטור הרביעי **תרשיש**◦ שהם וישפה[

glorification, praise noun **תִּשְׁבּוֹחָה, תִּשְׁבָּחָה, תושבוחה**

1QM IV,8		על אותותם רומם אל גדל אל **תשבוחת** אל
4Q**88** VIII,8	(XVI)	ערבה / באף **תשבוחתך** ציון מעל כל / תבל
4Q**200** 6,4	(XIX)	וכתוב תהלה **בתשבוחת** וא[מור]
4Q**286** 1ii5	(XI)	ומקוה גבורות הדר **תשבוחות** וגדול נוראות
4Q**334** 1,2	(XXI)	[וד]ברי **תשב**[**וחו**]**ת**] / [שי]רות [
4Q**334** 3,1	(XXI)	] / [ש]מונה ו[ד]ברי **תשבו**[**חות**] / [
4Q**334** 4,5	(XXI)	שירות שמונה / [ודברי **ת**]**שבוחות** עשר[י]ם
4Q**400** 1i21	(XXI)	]ל[**תש**[**ב**]**וחות** / [
4Q**400** 2,1	(XI)	**ותשבוחות** מלכותכה בקדושי ק[דושים]
4Q**403** 1i3	(XI)	בשבע[ה ד]ברי **תשב**[**ח**]**ות** פלא
4Q**403** 1i28	(XI)	ה]כול מעלה לכול ברכה **ות**[**שבחות**
4Q**403** 1i31	(XI)	ראשי **תושבחות** / כול אלוהים
4Q**403** 1i32	(XI)	שבחו לאלוה[י **ת**]**שבחות** הוד
	(XI)	כי בהדר **תשבחות** כבוד מלכותו
	(XI)	בה **תשבחות** כול / אלוהים
4Q**403** 1ii25	(XI)	] / **ותשבחות** רומם למלך הכבוד
4Q**403** 1ii36	(XI)	] / **תשבחות**[ב]לשון הרביע[י
4Q**405** 20ii-22,13	(XI)	בכול מחני אלוהים [ו]קול **תשבו**[**ח**]**ות**] / [
4Q**414** 26,2	(XXXV)	]**תשבוחו**[**ת**
4Q**433a** 1,5	(XXIX)	]◦ק **ותשבוחות** בפי עצו[ם
4Q**510** 1,1	(VII)	] **תשבוחות** בר[כות למ]לך הכבוד
4Q**511** 2i8	(VII)	בשמו **ת**[**ש**]**בוחת** / [
6Q**18** 2,8	(III)	]**בתשב**[**ו**]**חות** ע[ולמים
11Q**5** XXII,11	(IV)	ערבה באף **תשבחתך** ציון / מעלה לכול תבל
11Q**17** IV,7	(XXIII)	]לחות / בהוד **תשב**[**וחות**
	(XXIII)	**תשבו**]**חות** / אלוהים ◦[
11Q**17** IV,8	(XXIII)	]**תשבוחות** / [ ]ל[
11Q**17** X,5	(XXIII)	ובהדר / **תשבוחותו** בכול רק[יעי

תִּשְׁבָּחָה ← תִּשְׁבּוֹחָה

return, response, repentance noun **תְּשׁוּבָה**

CD XIX,16		כי באו {{באו}} בברית **תשובה**
1QH^{a} XVIII,4		חמר] / קורץ ולעפר **תשובתו**
1QH^{a} XIX,20		בדעתי יצרי גבר **ותשובת** אנוש א[תבוננה
1QH^{a} XX,26		**ותשובת** עפר ליצר חמר בקץ ע◦◦[
1QH^{a} 2i11		ע]ולם ואין **תשובת** חושך
4Q**417** 5,3	(XXXIV)	] / עולם **תשובת**[כמה
4Q**418** 69ii6	(XXXIV)	ולשחת עולם **תשובתכם** כי תק[י]ץ ◦◦[

]◦י **תשובת** כו[ל	(XXXIV)	4Q**418**a 12,3
בדעתי יצרי ג]בר ות[**שובת**]אנוש אתבוננה	(XXIX)	4Q**427** 1,3

salvation noun **תְּשׁוּעָה**

ו**ת**[**שוע**]**ת**[צדיקים מיהוה	(V)	4Q**171** 3-10iv19
]קויך ל**תשועה** / [	(XXV)	4Q**521** 2i+3,9

desire noun **תְּשׁוּקָה**

והואה מצירוק / חמר קורצ ולעפר **תשוקת**ו		1QS XI,22
בחוקי חושך יתהלכו ואליו [**תש**]**וקת**מה יחד		1QM XIII,12
ובחושך כול מעשיהם / ואליו **תשוק**[תמה		1QM XV,10
] המה לתהו ולבהו **תשוקת**ם ומשענתם בלוא ה[		1QM XVII,4
ת]**שוקת** אב[	(XXXIV)	4Q**418** 168,3
]ל[ ]ר **תשוקת**נו ע[	(XXIX)	4Q**446** 3,1
אל ח]ושך **תשוקת**נ[ו	(III)	6Q**18** 2,4

ninth adjective **תְּשִׁיעִי**

ב**תשיעית** ילחמו בבני ישמעאל וקטורה		1QM II,13
[ב3 ביקים 9]2 ב24 ב**תשיעי**	(XXI)	4Q**320** 1i14
בחזיר ל29 ב4 ב**תשיעי**	(XXI)	4Q**320** 2,11
[שבת בבלגא] / בארבעה עשר ב**תשיעי**	(XXI)	4Q**321** II,5
[באחד בחופה באחד] ב**תשיעי**	(XXI)	
בארבעה בחזיר בארבעה ב**תשיעי**	(XXI)	4Q**321** III,5
באר]בעה במלאכיה בארבעה ב**תשיעי**	(XXI)	4Q**321** IV,4
ה**תשיעי** בישוע	(XXI)	4Q**321** V,3
]ה**תשיעי** ב[יכין	(XXI)	4Q**321** VI,6
ה**תשיעי** ביויר[יב]	(XXI)	4Q**321** VI,9

nine adjective **תֵּשַׁע, תִּשְׁעָה**

ומלחמת המחלקות ב{{ע}}**תש** ועשרים הנותרות		1QM II,10
ואת שמות **תשעת** אנשי תעודתו		1QM IV,5
]◦ה **תשע** אמות / [		1QM IV,16
בחליא / נגד הפתח העליון ככרין **תשע** מאת	(III)	3Q**15** I,8
תחת הפנא הדרו / מית אמות **תשע**	(III)	3Q**15** III,2
מנקיאות / קסאות כל שש מאות ו**תשעה**	(III)	3Q**15** III,4
חפר בפתח / אמות **תשע**	(III)	3Q**15** VI,10
חפור [אמות] / **תשע**	(III)	3Q**15** VII,2
טיף על מ[כסף ככ] **תשע** מאות	(III)	3Q**15** XI,17
]**תשעה** וא[	(XIII)	4Q**226** 3,2
ב{{ש}}‹‹**ת**››**ש**[**ע**]**ה** ע[שר בו תגלה	(XXVIII)	4Q**317** 1+1aii24
] / ב**תשעה** 20 עשר[בו תגלה	(XXVIII)	4Q**317** 1+1aii25
בו]תכסה **ת**[**שע** וכן תבוא ליום	(XXVIII)	4Q**317** 3,26
בת]**שעה** ב[ו	(XXVIII)	4Q**317** 6,2
] / [בשבע]ה בו תגלה **ת**[**שע**	(XXVIII)	4Q**317** 7ii17
] / [**בתש**]**עה** בו תגל[ה עשתי עשרא	(XXVIII)	4Q**317** 7ii19
תכ]סה **ת**[**שע** וכן]תבו[א ליום	(XXVIII)	4Q**317** 9,4
ודוקה בארבע[ה בי]כין ב**תשעה** ועש[רים	(XXI)	4Q**321** II,6
ודו]קה בששה יויר[יב **בת**]**שעה** ועשרים ב[וא	(XXI)	4Q**321** II,7
[ודוקה באחד במעוזיה **בתשע**]ה עשר בוא	(XXI)	4Q**321** III,6
ודוקה באחד ביקים ב**תשעה** עשר ב[וא]	(XXI)	4Q**321** IV,5
ודוקה בשל[ושה באמר **בת**]**שעה** עשר בוא	(XXI)	4Q**321** IV,6
ודוקו] / בששה בחופהא ב**תשעה** ועשרים	(XXI)	4Q**321a** V,7
בשמינ]י ב**תשע**[ה בה	(XXI)	4Q**322** 1,1
] **תשע**[ה	(XXVIII)	4Q**322**a 3,6
ב**תשעה** בו שבת / [שעורים	(XXI)	4Q**325** 1,4
ב]**תשעה** בו שבת חזיר	(XXI)	4Q**325** 2,2
בת]**שעה** לשבט זה[	(XXXVI)	4Q**332** 2,2
ת]**שעה** וארבעים גורלות אור	(XXIX)	4Q**440** 1,2
ומלחמת המחלקו]ת ב**תשע** וע[שרים	(VII)	4Q**496** 5-6,2
]היומם **תשעה** [	(VII)	4Q**503** 10,3
היובל הראישון אחר **תש**[**עה** ה]יובלים	(XXIII)	11Q**13** II,7
שבע פעמים **תשעה** / וארבעים יום		11Q**19** XXI,12
עד שער שמעון **תשע** ותשעים באמה		11Q**19** XXXIX,14
עד שער {{◦◦◦◦◦}} לוי **תשע** ותשעים / באמה		11Q**19** XXXIX,15
וגובה **תשע** / ורבעים באמה		11Q**19** XL,9

ninety numeral **תִּשְׁעִים**

שנים שלוש מאות / ו**תשעים** לתיתו אותם		CD I,6
ש]נים שלוש מאות ו**תשעים** [לתתו] א[ותם	(XVIII)	4Q**268** 1,13
עד שער שמעון תשע ו**תשעים** באמה		11Q**19** XXXIX,14
עד שער {{◦◦◦◦◦}} לוי תשע ו**תשעים** / באמה		11Q**19** XXXIX,15

ARAMAIC CONCORDANCE

in, at preposition **א**

4Q197 4i16 (XIX) הא אנה ואמר לה **א**בׄיתׄ[רעואל נבית]

the article **אָ, הָ**

1Q20 1i3 (3), 7 (2), 8; 1ii8; 2,5; I,1, 2, 3, 19, 25, 27 (2), 28 (2), 29; II,1, 2, 4 (2), 5 (2), 10 (2), 14 (3), 15 (3), 19, 20 (2), 21, 22 (2); III,2, 9, 10, 11, 12, 17; IV,3, 12 (2); V,2, 11, 13, 17, 21, 23; VI,2 (2), 4 (2), 6, 8, 9 (2), 11, 12 (2), 13 (3), 15 (2), 16, 19 (2), 24, 25, 26 (4); VII,1 (3), 2 (5), 7 (3), 8, 19, 20; VIII,4; X,1 (2), 2, 3, 10, 11, 12 (2), 13, 14 (4), 15 (3), 16 (2), 17 (2), 18; XI,1 (2), 5, 9 (3), 11, 12, 13 (2), 14 (4), 15, 16, 17 (4); XII,1, 2, 8, 9 (3), 10 (2), 13 (2), 14 (5), 15 (3), 16, 17 (4); XIII,8 (2), 9 (4), 10 (4), 11 (3), 12, 13 (2), 14, 15, 16 (2), 17; XIV,9, 11 (4), 14, 15 (2), 16, 17 (2), 18, 19, 27; XV,10 (4), 11, 12 (2), 15, 18, 20, 21, 23; XVI,9 (2), 10, 11 (3), 14 (2), 15, 16, 17 (4), 20; XVII,7 (3), 8 (3), 9 (2), 10 (4), 11 (4), 12 (3), 13 (4), 15, 16 (2), 17 (3), 18; XIX,8 (2), 9, 10 (4), 11 (2), 12 (2), 15 (2), 16 (4), 17, 18 (2), 19 (2), 21, 23, 25 (3), 26, 27; XX,7 (2), 8, 10, 11, 12, 13 (2), 14, 15, 16 (2), 18 (2), 19, 20 (4), 22, 23 (2), 24 (3), 25, 26 (3), 28 (2), 29 (2), 30 (2), 31; XXI,1 (2), 2 (2), 3 (4), 4, 5 (2), 7, 8 (3), 9 (4), 10 (2), 11 (4), 12 (2), 13, 14, 15 (3), 16 (7), 17 (4), 18 (5), 19, 21 (2), 23, 25 (2), 26, 28 (4), 29 (3), 31, 32, 33; XXII,2, 4 (4), 8, 9, 12 (2), 13, 14 (3), 15, 16 (2), 17, 18, 19 (3), 21 (3), 23, 24, 25 (2), 27 (3), 32

1Q21 1,2 (2); 3,1; 26,1; 31,1; 32,1; 37,3; 45,1; 51,1; 59,2

1Q23 9+14+15,3; 25,5; 31,3

1Q24 1,3, 4, 6, 7; 4,1; 5,4; 7,2

1Q32 14,3

1Q64 2

2Q24 3,3; 4,3, 5, 9, 10, 12, 13, 14 (2), 15 (2), 16; 5-6,2, 5; 7,2; 8,2, 3, 4, 7

2Q26 1, 2 (2), 3 (3)

3Q12 1,3

3Q13 1,2

4Q156 1,3, 4, 6 (3), 7; 2,2, 4 (2), 5, 6

4Q157 1i2; 1ii4

4Q196 1,1; 2,6, 9, 11 (2); 6,7 (2); 8,2; 13,1 (2), 2, 3; 14i10, 12; 17ii3 (2), 8, 9, 15; 18,5 (2), 6, 11; 27,1; 31,1; 32,1

4Q197 1,3; 2,1; 4i5, 7, 10, 11, 12, 14, 15, 16, 17, 19; 4ii2, 3 (2), 4, 6, 9, 13; 4iii2, 5, 9 (2); 5,11

4Q198 1,1, 3, 5, 6, 9, 10

4Q201 1i4, 5, 6, 7; 1ii1, 2, 3, 4 (2), 8 (2), 9, 10, 11; 1iii2, 13, 17, 18, 19, 21 (2); 1iv5, 7, 8, 9 (2), 19; 1v4

4Q202 1ii7, 19, 27 (2), 28; 1iii6 (3), 8, 11, 14 (2), 15, 16; 1iv5, 6, 11 (3)

4Q203 4,4, 5; 7a,7 (2); 7bii2, 3; 8,3 (2), 4, 5, 8, 9, 11, 13 (2); 9,3; 11ii2

4Q204 1i16, 20, 26, 27 (3), 28, 29, 30; 1v1 (2), 4, 19; 1vi8, 10 (2), 11, 19, 26; 1vii2; 1xii24 (3), 25 (2), 27, 28, 29; 1xiii26, 28; 4,3 (3), 4 (2), 5, 7 (2), 8 (3); 5ii20 (2), 21, 22 (3), 23, 27, 28 (5), 30

4Q205 1xi1, 2 (2), 5; 2i28 (2), 29; 2ii29; 2iii29

4Q206 1xxi2; 1xxii1 (2), 2, 3 (2), 4, 5 (2), 6; 1xxvi19 (2), 20, 21; 1xxvii10; 2,3; 3i5; 4i11, 13 (2), 15 (2), 17, 18, 19, 20 (3), 21; 4ii2, 4, 12, 15, 16, 17; 4iii13, 14, 15, 16, 18, 21

4Q207 5

4Q208 1,3; 3,2; 9,2; 10a,1, 2, 4, 6, 7 (2), 8, 9; 11,2, 3; 15,3 (2), 4; 16,2, 3; 17,3, 6; 19+21,4; 24i1, 3 (2); 24ii2; 25,4; 27,1; 33,2; 36,2

4Q209 1i4; 2ii3, 5, 8, 9, 10, 11; 3,3, 6, 7; 4,2; 5,5, 6; 6,4, 6, 8 (2), 9; 7ii2, 4, 5 (2), 7 (2), 8 (3), 10 (4), 11, 13 (2); 7iii1, 2 (3), 3 (2), 4, 5 (2), 6 (4), 7, 8; 8,2; 9,1, 2; 10,1; 14,3; 15,2; 16,2 (2), 4; 20,2; 23,2, 3 (3), 4 (4), 5 (2), 6 (2), 7, 8 (2), 9, 10; 25,1; 26,2 (2), 3, 5 (2); 27,1; 31,1; 33,2; 34,2; 35,1; 37,2

4Q210 1ii2, 3, 4 (2), 5 (2), 7 (2), 8, 9, 15 (2), 16 (2), 17; 1iii3, 6, 7 (3), 8

4Q211 1i2, 3 (2), 4; 1ii4, 5 (3), 6; 1iii5

4Q212 1ii13, 20, 21, 23, 24 (2), 25; 1iii16, 17, 20, 22 (2), 24, 25 (2); 1iv13, 14 (2), 18 (2), 20, 21, 22, 23 (3), 24, 26; 1v16, 18, 21

4Q213 1i7 (2), 13, 17; 1-2ii3, 5, 12; 3,1, 2 (2), 4; 4,3, 5

4Q213a 1,8, 13 (2); 2,16, 18; 3-4,2, 6, 7 (2); 5i3

4Q213b 5, 6

4Q214 2,3, 4, 5 (2), 6, 7, 9; 3,3; 4,4

4Q214a 1,1, 2; 2-3i3, 4, 6; 2-3ii1

4Q214b 2-6,3, 4 (2), 5 (4), 6, 7, 8; 8,2

4Q242 1-3,1, 2 (3), 6, 7 (2), 8 (3)

4Q243 3,2; 4,1; 7,2; 10,2; 12,3; 16,2, 4; 17i2; 24,1, 3, 4, 5; 34,1; 35,2; 40,3

4Q244 1-3,1 (2), 4; 8,2; 9,2; 12,2, 4

4Q245 2,2, 5, 6

4Q246 1i1, 2 (2), 3 (2), 4, 5, 7, 8, 9; 1ii1, 2, 3 (2), 4, 6 (3), 7 (2)

4Q318 IV,9; VII,1 (2), 2 (3), 3, 4, 5 (2), 6 (2), 7 (2), 8 (2), 9 (2); VIII,1 (2), 2 (2), 3, 4, 5, 6, 7 (3), 8, 9 (2)

4Q339 1

4Q347 5

4Q529 1,1 (2), 2, 4 (2), 5 (2), 6, 7, 8 (2), 11, 12, 13 (2), 15 (2), 16; 2,1

4Q530 1i7, 8; 2i+3,2, 4, 5; 2ii+6-12,2 (2), 3, 6 (2), 10 (3), 11, 12 (2), 13, 14 (2), 15 (2), 16 (3), 17 (2), 19 (2), 20 (2), 21, 22 (2), 23 (2), 24; 7ii3, 5 (2), 8; 14,2

4Q531 1,8; 2+3,1, 2, 3 (2), 5 (3), 6 (3), 7, 8, 9, 10; 6,3; 7,4 (2); 13,4; 17,5; 18,5; 19,2; 20,1; 22,1 (2), 6 (2), 8 (2), 10, 11; 23,2, 4; 24,3 (2); 27,3; 31,3; 32,2; 45,4

4Q532 2,1, 5, 11, 12, 13

4Q533 4,1, 3 (2)

4Q534 1i1, 5, 8 (3), 9, 10; 1ii+2,2, 16, 19

4Q535 2,2; 3,2, 4 (2), 5

4Q536 1,1, 2, 3; 2i+3,1, 6, 7, 11, 12, 13 (2); 2ii11 (2)

4Q537 1+2+3,1, 3 (2), 4, 5; 5,1; 10,1 (2); 12,2 (3), 3; 14,1, 3; 15,1; 24,3

4Q539 1,1; 2-3,4, 6, 7; 4,5 (2); 5,2

4Q540 1,1 (2), 2, 3 (2), 4, 5; 3,1

4Q541 1ii1; 2i9; 4i5; 4ii1; 7,3 (2); 8,3; 9i4 (3), 5 (3), 7; 10,3, 4; 19,2; 24ii4, 5, 6

4Q542 1i1, 2 (2), 3, 4 (2), 9 (2), 12 (3), 13 (3); 1ii2, 3, 7 (3), 8; 2,7, 13; 3ii11, 12

4Q543 1a-c,3; 2a-b,5; 5-9,6; 16,5; 17,1, 2; 18,3; 23,2; 24,1; 37,2

4Q544 1,3, 4, 9, 10 (2), 13; 2,14, 15, 16 (3); 3,1

4Q545 1ai3, 5, 8, 9, 18; 1a-bii11, 16, 17; 2,2; 4,15; 6,2

4Q546 5,2; 11,3; 15ii2; 18,2; 20,2; 22,1

4Q547 3,2 (2), 5, 6; 4i4; 6,4; 8,4; 9,5, 6, 8

4Q548 1ii-2,2, 4, 5, 9 (2), 10, 11, 13 (3), 14 (3), 15, 16

4Q550 1,2, 3 (2), 4, 5, 6 (4), 7

4Q550a 1, 2, 3, 5

4Q550b 2, 3 (2)

4Q550c 1i3, 4 (2); 1ii1, 2, 3, 4, 6, 7; 1iii1 (2), 3, 4, 5

4Q550d 1,1

4Q550e 1 (2), 4

4Q551 4 (3)

4Q552 1,5, 7, 8, 9; 2ii1 (2), 2, 3, 4, 6, 7, 10 (2), 11

4Q553 2ii1, 2; 4,2; 5,1; 6ii2, 5 (2); 9,1 (2); 14,1

4Q554 1,1; 2i11 (2), 13 (3), 14, 15, 16, 17 (2), 20 (2), 21, 22; 2ii3, 7, 8, 9 (3), 10 (2), 12 (4), 13, 14, 15, 16 (2), 17 (2), 18 (2), 20, 22, 23 (2); 2iii13 (2), 14, 15, 16 (5), 17 (2), 18, 19, 20 (3); 3i17; 3ii13, 20, 21, 22 (2); 3iii16, 19

4Q554a 1ii1, 3, 4, 5, 8, 9 (2), 13 (2)

4Q**555** 2,2, 3 (2)
4Q**556** 1,4 (2), 6 (2), 7, 8; 3,4 (2), 6; 14,1, 8, 10, 11, 12
4Q**557** 5, 8
4Q**558** 1,2; 2,1; 4,3; 9,1; 10,1; 16,1; 18,1; 29,1; 34,1; 36,2; 37ii2, 4; 39,2; 40,1; 48,1; 54ii3, 5; 56,1; 61,2; 63,2
4Q**560** 1i2, 3 (3), 5 (2); 1ii6, 7 (2)
4Q**561** 3,2, 11; 4-6i15
4Q**562** 1,2; 2,2, 3, 4 (2); 4,2; 6,1; 7,1 (2), 2; 8,3
4Q**563** 1,1
4Q**565** 5
4Q**566** 1,3; 2,3
4Q**568** 1
4Q**569** 2,5, 7
4Q**570** 1bii5; 4,6; 10,2; 30,4
4Q**571** 2 (3)
4Q**572** 1, 2
4Q**574** 2, 3
4Q**580** 1i6, 11, 13, 14; 1ii9, 14, 15, 16; 2,3, 4; 3,3; 4,4; 5,2; 7,2; 8,3; 10,4
4Q**581** 4,2
4Q**582** 5
5Q**15** 1i1, 3 (4), 5, 8, 9, 12 (2), 13 (2), 16, 17 (2), 18 (4), 19; 1ii2 (4), 4, 5, 6, 7 (3), 8, 9, 10 (2), 12 (2); 2,2, 3 (2), 4; 3,2; 9,2
6Q**8** 1,3; 2,3; 26,2
6Q**19** 2
6Q**23** 1,1; 2,3
6Q**31** 1,1
11Q**10** I,6; III,5, 8; IV,5, 8; V,2, 4; VI,1; VIII,2, 3; IX,1, 4, 7, 8; X,3, 8; XI,1, 7 (2), 8 (2), 9; XII,3; XIII,1, 2, 5, 6, 10; XIV,6; XVI,6; XIX,3; XXI,5; XXII,5, 6 (2); XXIV,1, 2, 3, 4, 6, 7; XXV,6; XXVI,4, 6 (2), 8; XXVII,2, 6; XXVIII,2 (2), 3; XXIX,4, 5, 6, 8; XXX,2, 3, 5, 6 (2); XXXI,1, 2, 3, 4, 5, 6 (2), 8, 10; XXXII,1, 4 (2); XXXIII,5, 6, 7, 8, 9 (2); XXXIV,2 (2), 4; XXXV,2, 8; XXXVI,4, 9; XXXVII,3 (2); XXXVIII,2 (2), 3, 7, 9
11Q**18** 6,2, 3, 4; 8,3 (2); 9,1, 5, 6; 10i3; 11,2, 7; 12i1, 2 (2), 3 (2), 6; 13,1, 3, 4 (2), 5, 6, 7, 8; 14ii2, 3 (2), 4, 5 (2); 15,1, 5; 16ii+17i2; 18,2; 19,1 (2), 2 (2), 3 (2); 20,2, 5 (2), 6; 21,3, 6; 22,5; 24,1, 4; 25,3; 26,1; 27,3, 4; 30,2; 31ii4, 6; 32,1, 3, 6; 33,2, 3; 37,3

father noun **אַב**

1Q**20** II,19		אנה למך רתת על מתושלח אבי וכולא לה
1Q**20** II,20		חנוך] / אבוהי וכולא מנה ביצבא
1Q**20** II,22		פתגמיא אלן] / רט לחנוך אבוהי למנדע מנה
1Q**20** II,24		[ו]אמר לחנוך אבוהי יא אבי ויא מרי
		[ו]אמר לחנוך אבוהי יא אבי ויא מרי די אנה
1Q**20** III,3		ביומי ירד אבי / °°°°°°°°°°°°°°°°°°°°°°°°°°°°°ין בני
1Q**20** XVII,15		לה ויהב לה נוח אבוהי
1Q**21** 29,1	(I)	יעק]ב אבי[
1Q**23** 20,2	(XXXVI)	]אבוהן באדי[ן
4Q**196** 2,9	(XIX)	בר אחי הוה ומן בית אבי ומן משפחתי
4Q**196** 14i6	(XIX)	חי]י אבי ואמי / [
4Q**196** 14i8	(XIX)	הלא תדכר לפק]ודי אבוך די פקדך / [
4Q**196** 14ii11	(XIX)	[ואמר טוביה די] אבי הוא
4Q**197** 4i17	(XIX)	רעואל נבית] / [וג]ברא מן בית אבונא הוא
4Q**197** 4ii1	(XIX)	ותקיפ]א ושפירא לחדא ואבוה רחם[לה וכל
4Q**197** 4ii2	(XIX)	[ול]ך [גזיר למירת ל]אבוהא ועליך דין קשטא
4Q**197** 4ii10	(XIX)	לא]בי ולאמי / [לקברא
4Q**197** 4iii8	(XIX)	לה של[ם ואמ]ר [טו]ביה / די אבי הוא
4Q**197** 5,6	(XIX)	אוב]יל עמך לבית א[בוך
4Q**197** 5,7	(XIX)	]ברי אנה אבוך ועדנא א[מך
4Q**204** 5ii17		די] ביומי ירד א[בי] / עברו [מלת מריא מן
4Q**213**a 2,12	(XXII)	] / על אבי יעקוב וכד[י
4Q**213**a 3-4,3	(XXII)	]אנתה ותחלל שמה ושם אבוה / [
4Q**213**a 3-4,5	(XXII)	]לה זי חבלת שמה ושם אבהתה ואבהתת
4Q**213**a 3-4,6	(XXII)	]אבוה° ולא מתמחא שם חסיה
4Q**213**b 4	(XXII)	ברכני אדין כ]די הוה יעקוב אבי מעשר / [
4Q**534** 1i7	(XXXI)	ובאבוהי וב[א]בהתוהי ר[ז]י[ ]אחין
	(XXXI)	ובאבוהי וב[א]בהתוהי ר[ז]י[ ]אחין
4Q**539** 2-3,3	(XXXI)	לי למצרין והוא]מאספד אבי י[עקוב
4Q**541** 24ii5	(XXXI)	אל תקרוב בה ותקים לאבוכה שם חדוא
4Q**542** 1i5	(XXXI)	לכון / ודי יהבו לכון אבהתכון
4Q**542** 1i8	(XXXI)	יעקוב / אבוכון ואתקפו בדיני אברהם
4Q**542** 1i12	(XXXI)	ירות[תא]די שבקו לכון אבהתכון קושטא
4Q**542** 1ii11	(XXXI)	אבהתנא ?] / ויהבו ללוי אבי ולוי אבי לי
	(XXXI)	יהבו ללוי אבי ולוי אבי לי י[הב
4Q**544** 1,3	(XXXI)	עובע ולה בנו קבריא די אבהתהון[
4Q**545** 1ai12	(XXXI)	]ד אבוהי / [
4Q**545** 1a-bii12	(XXXI)	] / למקבר אבהתנא
4Q**545** 1a-bii17	(XXXI)	ולא ב[נו קב]ריא די אבה[ת]הון ושבקו[ני
4Q**546** 2,3	(XXXI)	ולא בנו קבריא די] / אב[התהו]ן ושבקוני
	(XXXI)	די] / אב[התהו]ן ושבקוני אבי קה[ת ואנתי
4Q**550** 1		[ומש]תמעין לפתריזא אבוך °[
4Q**550** 4		ס]פרי אב[ו]הי התקריו קדמוהי ובין / ספריא
4Q**550** 5		חתמי[ן] שבעה בעזקתה די דריוש אבוהי
4Q**550**a 7		] / התכול ותקבל עבידת אבוך [
4Q**550**b 3		] פתריזא אב[וך]מן יומא די קם על
4Q**550**c 1i1		]י ובחובי אבהתי / די חטו קדמיך ו[
4Q**571** 3		] / בר לאבוהי אמר די נהיתא עד ימ°°א הוא
6Q**8** 1,4	(XXXVI)	מהוי] / [ואמר לאוהי]א ברקאל אבי עמיהוה
11Q**10** XV,5	(XXIII)	] / [אבה]תהון מלמהוא עם כלבי ע[ני
11Q**10** XXXI,5	(XXIII)	האיתי למטרא אב או מן / ילד [ע]נני טלא

to perish, destroy verb **אבד**

1Q**20** XI,13		ודי אעדי ואבד מנהא / כול עבדי חמסא
4Q**196** 6,12	(XIX)	לה אנתה כבר אב[דו]מני שבע[ת גברין]
4Q**201** 5,2	(XXXVI)	]בד [
4Q**202** 1iv10		די] / יבדון בניהון ויח[זון לאבד]ן [חביביהון
4Q**204** 1v2		ובק[דינא די]אדין יאבדון לכו[ל דריא
4Q**212** 1ii21		] / [ע]ל די אבד לסוף אבדנא[כל די הלך
4Q**531** 18,4	(XXXI)	] ואנה מחבל ויב[דון
4Q**532** 2,8	(XXXI)	]סף ואבד ומית
4Q**539** 4,1	(XXXI)	]מובד / [
4Q**550**a 2		] / ולא יבד שמה טבא [ו]הימנו[תה
4Q**553** 6i5		]קין למחדה יבדו ארו
4Q**556** 1,7		]° על דנה אבד נביאא די יח°[
4Q**556** 3,5		]°° נהובד אנון [
4Q**556** 6,5		] ואבד מן [
4Q**558** 20,2		] / שרשין אבד [
4Q**558** 22,2		א]בד לנשר [
4Q**558** 58,5		]°א מתאבד [
4Q**565** 5		] יאבד קשטא מן[
6Q**14** 1,5	(III)	]ה יבדה ע[
11Q**10** XIV,7	(XXIII)	ברכת א[בד
11Q**10** XXVII,7	(XXIII)	ישמ]עון בחרבא יפלון / ויאבדון מן מ[נדעא

אֲבַדּוֹן ← אֲבַדָּן

destruction, place of destruction noun **אֲבַדָּן, אֲבַדּוֹן**

1Q**20** XII,17		לקדישא רבא די פלטנא מן אבדנא / [
4Q**201** 1ii15	(XXXVI)	ושנ]י אבדנכן יסגין בל[וט ע]ל[מין ורח]מין
4Q**201** 1vi17	(XXXVI)	די] / [חביביהן יחזון ועל א]בד[נה די בניהן

4Q202 1iv6 בני אנשא וב]קֿרב **אבדן** [שלח להון ו]אֿרֿ[כת
4Q202 1iv10] / יבדון בניהון ויחֿ[זון **לאבד**]ן֯ [חביביהון
4Q202 1vi8 [ודי קדמיהון תחזון] די **לאבד**ֿ[נא להוון כול
4Q203 8,12 (XXXVI) ארו **אבד**ֿ[נא
4Q204 1vi17 לכון וקודמיכון יפלון על חרב] / **אבדן**
4Q210 1ii10 [**ואב**]**ד**ֿ**ן**֯ ⟦ ⟧][
4Q212 1ii21 לסוף **אבדנא**ֿ[כל די הלך בארח עולתא
4Q531 18,2 (XXXI)]מֿאוֿר חרבן **אבדן** [
4Q548 1ii-2,4 (XXXI) יפלטון] אנון מן מותא ומן **א**[**בדנא**
4Q548 1ii-2,14 (XXXI) לחשוכא למותא] / ו**לאבדנא** יֿהכון
4Q580 1i12]כֿל סופה **אבדן** חשוך / [
11Q10 XVIII,5 (XXIII) הי]אֿ עד / **אבדון** תֿ[אכל

to wish, desire verb **אבה**

1Q23 18,2 (XXXVI)]**תֿאבֿה** ◦[
11Q10 XXXII,8 (XXIII) **היבא** ראמֿ[א ל]מפלחך אֿ[ו]היבית

Abishua proper noun **אֲבִישׁוּעַ**

4Q243 28,2 (XXII) פינח]ס **אביש**[**וע**

Abiathar proper noun **אֶבְיָתָר**

4Q245 1i7 (XXII) צדו]קֿ **אבֿיֿתר** / [

to mourn verb **אבל**

4Q204 1vi6 כנישין כחדֿה ויתבין **וא**[**בלין** באבל מיא
4Q531 17,3 (XXXI)]**למאבל** כול עדני[
4Q541 24ii2 (XXXI)] / [א]לֿ **תֿתאבל** בֿשֿקֿ[י]ןֿ[על
11Q10 XV,3 (XXIII)]בראש חילה וכגבר די **א**[**בלין** ינחם]

Abel Mayin proper noun **אָבֵל מַיִן**

4Q213a 2,13 (XXII)] / מן **אבל מין** אדין[

mourning noun **אבל**

6Q14 2,3 (III) **א**[**בֿל** ובכי [

stone noun **אֶבֶן**

1Q20 XIII,9 וכספיא] **אֿבֿניא** וחספֿיא הווא קצין ונסבין
2Q24 8,3 (III)] כותליאֿ◦ **אבן** חוֿ[ר
4Q196 18,9 (XIX)]יֿןֿ **ובאבן** די ◦ֿ[
4Q242 1-3,8 (XXII) ודהבא [נחשא פרזלא] / אעא **אבנא** חספא
4Q542 3ii11 (XXXI)]בה יקרו **אֿבֿניא** אֿ◦[
4Q547 8,3 (XXXI) א]מרת לכה על מדבחֿ[א]דֿי **אבנ**ֿיֿ[א
5Q15 1i6 (III) [שוק]יֿ[אוקריתא ר]צֿיפין **באבן** חור / [
5Q15 1i9 (III) ותרֿע דשין תרין די **אבֿןֿ** פותיהֿ[ד]ין דשיֿאֿ
11Q10 XXX,4 (XXIII) מא אשיה אתֿ[ע]דון או מן הקים **אבן** חזיתה
11Q10 XXXI,7 (XXIII) **כא**[**בן**] מֿ[ין התקרמו מנה ואנפי ◦◦לֿ[
11Q10 XXXVI,9 (XXIII) ולבֿ[בה]◦◦[ ]ֿר **כאבֿןֿ** וֿ[
11Q18 10i5 (XXIII)]ֿבן כול **אבניהון** / [
11Q18 18,2 (XXIII) ועליא שבעא דודין תפין על **אֿבֿנ**ֿיֿ[
11Q18 32,6a (XXIII)]ֿיֿד **אבן** דמא◦[

wing, limb noun **אֵבֶר**

4Q214b 2-6,9 (XXII) ושרי לאסקה **א**[**בֿ**[**ריא**] מֿ[ל]חֿ[ן ראֿ[שא
4Q561 4-6i4 [ו]לא שגיא **אברוהי** / [מ]מחקי[ן]
11Q10 V,4 (XXIII) ו]הוא רמיא מדין **אבר**ֿ[והי

Abraham proper noun **אַבְרָהָם**

4Q196 19,1 (XIX) בארע **אברה**[**ם** בֿתֿ[
4Q214b 2-6,2 (XXII)]כדן חזית **לאברהם**ֿ / [אבי מזהרה
4Q542 1i8 (XXXI) ואתקפו בדיני **אברהם** וֿבֿצדקת לוי
4Q542 1i11 (XXXI) ודיאצ לישחק ותשבוחא **לאברהם** די נטרתון

Abram proper noun **אַבְרָם**

1Q20 XIX,14 וחלמת אנה **אברם** חלם בלילה מעלי לארֿעֿ
1Q20 XX,10 ושביקת אנה **אברם** בדילהא ולא קטילת
1Q20 XX,11 ובכית אנה / **אברם** בכי תקיף אנה ולוט
1Q20 XX,22 ואמר לה לוט לא יֿכוֿל **אברם** דדי לצליא על
1Q20 XX,25 מרֿיֿ מלכא בדיל שרי אנתת **אברם**
 יֿתיבו נה לשרי **לאֿבֿרם** בעלה / ויתוך מֿנכה
1Q20 XX,33 ואזלת אנה **אברם** בנכסין שגיאין לחדא ואף
1Q20 XXI,15 ואזלת אנה **אברם** למסחר ולמחזה ארעא
1Q20 XXII,1 בֿר אחוי / די **אברם** די הוא יתב בסודם
1Q20 XXII,2 רעה / ענה די יהב **אברם** ללוט די פלט מֿן
 מֿן שביא על **אברם** ואברם באדין הוא
 מֿן שביא על אברם **ואברם** באדין הוא
1Q20 XXII,5 ובכא **אברם** על לוט בר אחוהי ואתחלם
 על לוט בר אחוהי ואתחלם **אברם** וקם
1Q20 XXII,12 סודם די אתיב **אברם** כול שביתא / וכול
1Q20 XXII,13 היא ירושלם **ואברם** שרא בעמק
1Q20 XXII,15 דשלם אנפק / מאכל ומשתה **לאברם** ולכול
1Q20 XXII,16 וברך / ל[**א**]**ברם** ואמר בריך אברם
 ל[א]ברם ואמר בריך **אברם** לאל עליון מרה
1Q20 XXII,18 ואמר **לאברם** מרי אברם / הב לי
 ואמר לאברם מרי **אברם** / הב לי נפשא
1Q20 XXII,20 אדין אמר **אברם** למלך סודם מרים אנה
1Q20 XXII,23 עתרה דֿיֿ / **אֿברם** ברא מן די אכלו כבר
1Q20 XXII,24 ואתיב **אברם** כול נכסיא וכול / שביתא
1Q20 XXII,27 אלן אתחזיֿ{{ו}} אלהא **לאברם** בחזוא
1Q20 XXII,32 ואמר **אברם** מרי אלהא שגי לי

fissure noun **אָגוֹג**

11Q10 XXXV,2 (XXIII) ירדנא גאפה יֿתרחץ די יקבלנה **אגֿוֿגֿאֿ**

wages noun **אֲגַר**

1Q20 VII,5]◦קֿרֿ **ואֿגֿרֿיֿ** אנה משלם לך ◦◦ / [
4Q196 16,1 (XIX) הוה עמ]ךֿ ונתן לה **אגרהֿ**[
4Q243 35,1 (XXII)]בֿ◦[ ]◦ן **אגרה** [

אִגְּרָה ← אִיגְּרָה

Edom proper noun **אֱדוֹם**

4Q554 3iii18] / עמהון **אדום** ומואב בני עמון[

then adverb **אֱדַיִן**

1Q20 II,1 הא **באדין** חשֿבֿתֿ בֿלֿבֿי די מן עירין
1Q20 II,3 **באדין** אנה למך אתבהלת ועלת על בתאנוש
1Q20 II,8] / **אדין** בתֿאנוש אנתֿתֿי בחלץ תקיף עמֿי
1Q20 II,11]◦◦ שגי עלי **אדין** אשתני
1Q20 II,13] / **בֿאדין** אנסֿתֿ רֿוֿחֿהֿאֿ ועמי תמלל
1Q20 II,19] / **באדין** אנֿה למך רֿטֿתֿ על מתושלח אבי
1Q20 V,9] **אֿדֿיֿןֿ** בקושט ◦◦◦◦[
1Q20 V,16] / הא **באדין** אשתבשון וֿאתֿכֿלוֿןֿ[
1Q20 VI,6] / **בֿאֿ**[**ד**]**יֿןֿ** הוית אנה נוח גבר
1Q20 VI,8]**בֿאֿדֿיֿןֿ** לבני נשין נסבת מן בנת
1Q20 VI,10]◦◦א יובלין עשרה **באדין** שלם לבני למֿסֿבֿ
1Q20 VI,18 **ובאדין** מסתם יֿ◦◦◦◦[
1Q20 X,1 **באדין** בֿ◦◦לֿתֿ כֿוֿלֿאֿ דֿיֿ בֿני מֿןֿ
1Q20 X,11 **באדין** ◦◦א על אֿרֿעֿאֿ ◦◦◦◦◦ וֿנסֿבֿ
1Q20 X,18 **באדין** עליֿאֿ ◦◦◦◦◦◦◦◦לֿ◦
1Q20 XI,12 **אדין** ברכת למֿרֿהֿ / [שמיא די] שֿבֿחֿ

1Q20 XX,21 באדין אתה עלי חרקנוש ובעא מני
1Q20 XXII,2 שביא על אברם ואברם באדין הוא / יתב
1Q20 XXII,18 באדין קרב מלכא די סודם ואמר
1Q20 XXII,20 אדין אמר אברם למלך סודם מרים אנה
1Q21 11,1 (I)]◦ ה אדין יהוא[
1Q21 27,1 (I)]אדין [
1Q23 1+6+22,5 (XXXVI)]באדין [
1Q23 20,2 (XXXVI)]אבוהן באדי[ן
4Q201 1ii14 (XXXVI) אדין יומיכן תלוט[ון ו]שני / [חייכן
4Q201 1vi6 (XXXVI) ובאדי]ן א[פתח
4Q203 7a,5 (XXXVI)] / באד[ין אמר]אוהיה להחי[ה
4Q203 7bi3 (XXXVI) ב]אדין ענו ילדו / [
4Q203 12,3 (XXXVI)] / אד[י]ן[
4Q203 13,2 (XXXVI) אד]ין אמר לה[
4Q204 1xiii24 באד[ין
4Q204 1xiii30 בכול עדן] / באדין אבר[ך למרא רבותא
4Q206 4ii19 ב[אדי]ן [שריו אמריא לזעקה על טליהון
4Q207 2 הא באדין חזי[ת תוריא אלן רברביא] / [
4Q208 5,2 (XXXVI) ובא[דינ נ]פק[ושלט בשאר יממא]
4Q208 8,2 (XXXVI)]ובאדי[נ] ערב וע[ל
4Q208 10a,3 (XXXVI)]שביע ובאדינ / [
4Q208 11,1 (XXXVI)] ובאדינ ע[רב ועל
4Q208 13,2 (XXXVI) וב]אדינ נפ[ק
4Q208 16,5 (XXXVI) ו]באדינ [
4Q208 19+21,3 (XXXVI) שביעינ] / חמשא ובאדינ [ער]ב[
4Q208 22,3 (XXXVI)] ובאדינ[
4Q208 24i7 (XXXVI)]חמשא ובאדינ עלת / [
4Q208 25,2 (XXXVI) ובאדינ / [נפק ואניר בשאר ליליא
4Q208 28,2 (XXXVI)]א ובא[דינ
4Q208 29,2 (XXXVI) ובא]דינ[
4Q209 1i1 (XXXVI) וב]אדין ער[ב ועל לתרעא רביעיא]
4Q209 2ii10 (XXXVI) ובאדין נפק ואניר [ש]אר ליליא ד[ן
4Q209 5,2 (XXXVI) ובאדין [נפק ואניר שאר ליליא דן
4Q209 5,3 (XXXVI) ובאדין ע[רב ועל
4Q209 6,6 (XXXVI) ובאדין ער[ב] / [ועל
4Q209 6,8 (XXXVI) ובאדין ערב ועל / [לתרעא
4Q209 7ii4 (XXXVI) וב]אדין נפק ואניר בשאר ליליא
4Q209 7ii5 (XXXVI) ובאדין ערב ועל
4Q209 7ii7 (XXXVI) ובאדין נפק ואניר בשאר ליליא
4Q209 7ii8 (XXXVI) ובאדין ערב [ו]על לתרעא תנינא
4Q209 7ii10 (XXXVI) ובאדין נפק מן תרעא תנינא ואניר
4Q209 7ii11 (XXXVI) ובאדין ערב ועל
4Q209 7iii1 (XXXVI) ובאדין ערב ועל
4Q209 7iii5 (XXXVI) ובאדין ערב ועל
4Q209 7iii6 (XXXVI) ובאדין [שה]רא ערב ועל לתרעא
4Q209 9,1 (XXXVI) ו]באדין ערב ועל
4Q209 9,2 (XXXVI) ובאדין נפק ושלט בשאר יממא
4Q209 9,3 (XXXVI) ובאדין ערב ועל
4Q209 9,4 (XXXVI) ובאדין[נפק
4Q209 17,1 (XXXVI)]חד ובאד[ין
4Q209 33,3 (XXXVI) ובאדין נפק
4Q213 5,2 (XXII)]באיכן אדין ירי[
4Q213a 2,11 (XXII)] / באדין נגדת ב[
4Q213a 2,13 (XXII)] / מן אבל מין אדין[
4Q213a 2,15 (XXII) אדין חזיון אחזית[
4Q213b 2 (XXII) ו]אנה אתעירת מן שנתי אדין / [אמרת חזוה
4Q214b 2-6,2 (XXII) מן תולעא ובאדי]ן[אסק] אנו[ן
4Q245 2,4 (XXII) א]לן אדין יקומון / [
4Q530 2ii+6-12,3 (XXXI) באדין חלמו תריהון חלמין / ונדת שנת[
4Q530 2ii+6-12,15 (XXXI) באדי[ן ע]נה הווא אחוהי אוהיה ואמר
4Q534 1i6 (XXXI) [ב]אדין יערם וידע שב[ילי חכ]מין חזין
4Q534 1ii+2,9 (XXXI)] / בא[ד]ין[
4Q537 19,2 (XXXI)]אדין בש[
4Q538 1-2,1 (XXXI) א]דין חשל ע[ל]א[חוהי
4Q538 1-2,4 (XXXI) אדין ידע די לא אית[י בלבבהון
4Q541 7,4 (XXXI)] / אדין יתפתחו[ן] ספרי חכמ[תא
4Q541 9i4 (XXXI) ועל חשוכא תניר אדין יעדה חשוכא
4Q543 16,3 (XXXI) אדין כאלין / [
4Q543 35,2 (XXXI)]באד[ין
4Q545 1ai7 (XXXI) אדין כדי אשתציו / [י]ומי משתותא שלח
4Q546 11,5 (XXXI)]לה[ ]ידיה[ון]בא[די]ן[
4Q550c 1ii7 אדין על[ב]גסרו לד[ר]ת מלכא ש◦[
4Q551 2 א]דין גבר שב[
4Q556 3,9]אדין ירדף חד א[לף
4Q556 5,2] אדין [
4Q565 6]◦ ובאדי[ן]◦[
11Q10 XIII,8 (XXIII) באדין[
11Q10 XX,6 (XXIII)] / אדין רגז[אליהוא בר ברכאל בוזאה מן]

human noun **אָדָם**

4Q544 1,12 (XXXI) [כן ש]ליטין ושליטין על כול בני אדם
4Q558 65,2] אדם די י◦[ ] א◦◦[

Admah proper noun **אַדְמָא**

1Q20 XXI,24 ועם שנאב מלך אדמא / ועם שמיאבד מלך
1Q20 XXI,31 ומ]לך אדמא ומלך צבואין ומלך בלע ◦◦◦

ear noun **אֶדֶן**

4Q235 a+b,1 (XXVII)]◦ באדני◦[
11Q10 XIII,3 (XXIII)] / באדנינא שמענא ש[מעה
11Q10 XIV,5 (XXIII)] / [ת]שמע אדן שבחתני ועין ח[זת
11Q10 XXII,2 (XXIII) הך אמרת באדני וק[ל
11Q10 XXVII,4 (XXIII) ויגלא / אדניהון למוסר וא[מר להון
11Q10 XXVII,9 (XXIII)] די אדניהון
11Q10 XXXVII,7 (XXIII) למשמע אדן שמעתך וכען עיני / חזתך

myrtle noun **אֲדַס**

4Q214b 2-6,5 (XXII) ועעא משחא ע]רא אדסא ועעי / [רקתא

Adar (12th month) proper noun **אֲדָר**

4Q318 VIII,1 (XXXVI)] / אדר בו1 ובו2 דכרא

Ehud proper noun **אֵהוּד**

4Q559 4,9 שנ[ין 18] / [אה]וד בר גרא שנין 80 שמ[גר

Aaron proper noun **אַהֲרוֹן, אַהֲרֹן**

4Q156 2,5 (VI) ויסמך אהרן ת[רתין ידו]ה[י ע]ל / [ראשא
4Q545 1ai8 (XXXI) קרא לאהרון לברה כ[מ]א בר שנין
4Q545 4,15 (XXXI) על א[הרון וכהונתא (רבתא)] / [א]חוה לכה
4Q545 11,1 (XXXI) וא]הרון בני[עמרם
4Q546 8,2 (XXXI)]אהרון ארו אנ[
4Q546 11,3 (XXXI)]עתיד חטרא דן לא[הרון
4Q546 12,3 (XXXI) עליה בשלם ו[ד]בק לאה[ר]ון להוה ◦[
4Q549 2,10 (XXXI) ואולד מנה לאור ואהרו[ן נסב לה לאנתתה
4Q559 3,9 (XXXI) אולד] ית אהרון ואהר[ו]ן נפק ממצ[רין
(XXXI) אולד] ית אהרון ואהר[ו]ן נפק ממצ[רין

אַהֲרֹן ← אַהֲרוֹן

or conjunction אוֹ

4Q197 4i13	(XIX)	[ת]אתנה קדם גבר או אנתא נגיעי שד או רוח[
	(XIX)	ה קדם גבר או אנתא נגיעי שד או רוח[באישא
4Q212 1v17		יחשב מחשבתה] / או מנו הוא כול אנוש
4Q212 1v20		או מנו הוא [מן כול בני א]נוש
4Q212 1v21		ופתיה די ארעא כולה או [מנו הוא
4Q541 24ii3	(XXXI)	] / [מ]פריקן או שגיא[ן]מס[תרן]כ[מה
11Q10 IX,1	(XXIII)	התכ]פפו כיבלא יתקפצון א[ו
11Q10 IX,6	(XXIII)	] או על מן לא תקום [
11Q10 XXVI,2	(XXIII)	הן זכי]ת מא / תתן לה או מא מידך יקבל[
11Q10 XXX,3	(XXIII)	או / על מא אשיה אתידון
11Q10 XXX,4	(XXIII)	על מא אשיה אתידון או מן הקים אבן חזיתה
11Q10 XXXI,5	(XXIII)	האיתי למטרא אב או מן / ילד [ע]נני טלא
11Q10 XXXI,8	(XXIII)	]כימא או סיג נפילא ת[פתח]
11Q10 XXXII,8	(XXIII)	ראמ[א ל]מפלחך א[ו]היבית על / אוריך
11Q10 XXXIII,8	(XXIII)	או על מאמרך יתגבה נשרא / ועוזא
11Q10 XXXIV,4	(XXIII)	או / הא דרע כאלה איתי לך
11Q10 XXXIV,5	(XXIII)	הא דרע כאלה איתי לך או בקל כותה תרעם
11Q10 XXXV,4	(XXIII)	התגד / תנין בחכא או בחבל תחרז לשנה
11Q10 XXXV,6	(XXIII)	הימלל / עמך בניח או ימלל עמך בהתחננה

to desire (?) verb אוה

11Q10 A15,2	(XXIII)	]ב אוית[

Ohiah proper noun אוֹהְיָה

1Q23 29,1	(XXXVI)	לא]והיא ב[רקאל
4Q203 4,3	(XXXVI)	]◦ אמר אוהיה לה[היה
4Q203 7a,5	(XXXVI)	] / באד[ין אמר]אוהיה לההי[ה
4Q530 2ii+6-12,1	(XXXI)	כל חברוהי ו[או]היה אחוי אנון ז{{מ}}א זי
4Q530 2ii+6-12,15	(XXXI)	ה הווא אחוהי אוהיה ואמר קדם גבריא אף
4Q530 15,2	(XXXI)	]אוהיה [
4Q531 22,9	(XXXI)	]וכדן אמר לה ⟦ ⟧ אוהיה חלמי אנסנ[י
4Q531 46,1	(XXXI)	[?]ואנה או[היה ?
6Q8 1,2	(XXXVI)	ענ]ה אוהיא ואמר למהוי ◦[
6Q8 1,4	(XXXVI)	וענה מהוי] / [ואמר לאוהי]א ברקאל אבי

enigma, riddle noun אוֹחִידָה

4Q541 2i7	(XXXI)	ומ]ללת עלוהי באוחידואן / [
4Q541 4i4	(XXXI)	מ]לל אוחידואן / [

אוחרי ← אָחֳרִי

אוחרן ← אָחֳרָן

chastisement noun אוֹכָחָה, הוכחה

4Q204 1vi5		חזיון דרגוז או[כחה ואתה קל
11Q10 VIIA,5	(XXIII)	ופמ]י אמלא הוכחה

oppression, force noun אוֹנֶס, אנוס

1Q20 XX,11		בליליא כדי דבירת מני שרי באונס
4Q550 7		ידיע להוא לכון די כול אנוס ושקר

Ur proper noun אור

4Q549 2,10	(XXXI)	] / ואולד מנה לאור ואהרו[ן נסב לה

to shine verb אור

4Q209 26,4	(XXXVI)	חזי דמי כדי נהורה בה הא[ר
4Q243 36,2	(XXII)	]נאור[

light (?) noun אור

4Q243 38,1	(XXII)	[אוֹר ◦◦[

אוֹרַח ← אֹרַח

manger noun אוּרִי

11Q10 XXXII,9	(XXIII)	ל]מפלחך א[ו]היבית על / אוריך

light-colored (?) adjective אורי

4Q561 4-6i2		עינוה[י] / בין אורין לאכומן אפה נגיד

אוֹרֶךְ ← אֹרֶךְ

length noun אוֹרְכוּ

4Q204 1vi2		די תהוא להון / [סליחה ואורכ]ו ⟦ ⟧

Ushai proper noun אושי

4Q550a 5		] / אושי מלכא די תמ[ר] ותתיהב [
4Q550b 2		] א[ו]שי מלכא די תמר לשרהתא א[
4Q550b 5		]◦א ואמר אושי [

to give warmth, heat verb אזה

4Q541 9i4	(XXXI)	ויתזה נורהא בכול קצוי ארעא

to go verb אזל

1Q20 II,23		ואזל לארקבת לפרוין ותמן אשכחה
1Q20 III,12		]ארעא ◦◦◦ ◦◦◦ וכען אזל / [
1Q20 V,10		] / אזל אמר ללמך ברך [
1Q20 VI,3		ולאזהרותני מן ◦◦ב שקר די אזלן לחשוך
1Q20 XII,16		ולבנתהון ואתכנשנא כחדא ואזלנא / [
1Q20 XVI,17		מלחא רבא ואזל תחומא דן כעין מן לשנא
1Q20 XVII,10		תורא דן ועבר חולקא ואזל מערבא עד דבק
1Q20 XIX,9		ונגדת / ל◦◦◦ והוית אזל לדרומא ◦◦◦
1Q20 XX,23		וכען אזל אמר למלכא וישלח אנתתה
1Q20 XX,24		וכדי שמע חרקנוש מלי לוט אזל אמר למלכא
1Q20 XX,27		הא אנתתך דברה אזל ועדי לך
1Q20 XX,33		ואזלת אנה אברם בנכסין שגיאין לחדא ואף
1Q20 XXI,5		ואזל ויתב לה בבקעת ירדנא
1Q20 XXI,13		קום הלך ואזל / וחזי כמן ארכהא וכמן
1Q20 XXI,15		ואזלת אנה אברם למסחר ולמחזה
1Q20 XXI,16		רבא דן די מלחא ואזלת ליד טור תורא
1Q20 XXI,19		אנשי שלם ואזלת ויתבת באלוני ממרה די
1Q20 XXII,4		ובזין ומחין וקטלין ואזלין / למדינת דרמשק
1Q20 XXII,24		חולק תלתת גבריא די / אזלו עמי אנון שליטין
1Q23 13,3	(XXXVI)	]◦ אזל[
4Q196 2,12	(XIX)	לטו]ביה ברי ברי אזל דבר לכל מן [די
4Q196 2,13	(XIX)	]◦◦ ברי אזל דבר ואתהייתה ויכל [כחדא
4Q196 13,1	(XIX)	מל[יתה שאר]ית{{י}}א א[זלו תריהון] / [
4Q197 4i11	(XIX)	] / [שארית]א אזלין תריה[ו]ן [כ]חדא
4Q197 4iii2	(XIX)	רעואל אחונא ודברה ואזל[ו לבית] / רעואל
4Q201 1v5	(XXXVI)	[ולרפאל אמ]ר א[זל נא רפאל
4Q202 1iv5		ולגבריאל אמר מ]ריא אז[ל נא על ממזריא
4Q204 1vi2		וה[וית אז]ל[ויתב על מי דן די בארע
4Q204 5ii29		וכען אזל נא עד למך [בר]ך [ואחויה
4Q206 1xxvi4		[מן תמן] אזלת באת[ר אוחרן די במדברא
4Q206 4iii16		וע[נא נגדו מן] / [מיא אלן ואזל]ו צדיותא
4Q209 23,6	(XXXVI)	וסחרין כל ערבי שמיא ואזלין למדנחי שמיא
4Q209 25,3	(XXXVI)	ח]שבון אחרן אחזית לה די אזל ◦[
4Q530 2ii+6-12,22	(XXXI)	ואמרו לה אזל[עלוהי די]א[רחת]אתרא
4Q531 7,5	(XXXI)	]◦ הלא כול אלין אזלו בחרבכה[
4Q533 8,2	(XXXI)	]◦א ואזל[

4Q537 24,2 (XXXI)]ן לעמק רמת חצור **ואזל** / [
4Q541 10,4 (XXXI)]◦ **ואזלא** רוחהא לכור ד◦[
4Q542 1i9 (XXXI) ער]ברוב ואחדין בקושטא **ואזלין** בישירותא
4Q546 12,3 (XXXI) **אז]ל** עליה בשלם ו[ר]בק לאת[ר]ן
4Q550c 1ii1 ו]תנ[יני]א **אזלו[**
4Q550c 1ii2 ל]מכת[ב ות]ל[י]תיא **אזל[ו**
4Q550c 1ii3 וחמ[י]שיא **אזל[ו**
4Q550c 1ii4 וש]תיתיא **אזלו** אכ[
4Q553 10,1] / **אזל** באר[ע
11Q10 XXIX,2 (XXIII) והוא אמר ישמעון לה **ואזלין** לעבדיהון

brother noun **אַח**

1Q20 II,9] / ואמרת יא **אחי** ויא מרי דכרלך
1Q20 II,13 תאמר יא מרי ויא **אחי** [דכרלך] / עדינתי
1Q20 VI,8 לבני נשין נסבת מן בנת **אחי** ובנתי לבני **אחי**
אחי ובנתי לבני **אחי** יהבת כדת חוק עלמא
1Q20 XIX,20 [נהך לה אמרי] עלי די **אחי** הוא
1Q20 XX,10 ואמרת שרי / למלכא **דאחי** הוא כדי הוית
1Q20 XX,11 אברם בכי תקיף אנה ולוט בר **אחי** עמי
1Q20 XX,34 וסלקת מן [מצרי]ן [ולוט] / בר **אחי** עמי
1Q20 XXI,7 ובאש עלי די פרש לוט בר **אחי** מן לואתי
1Q20 XXI,21 ולערנם ולאשכול תלתת **אחיא** אמוראא רחמי
1Q20 XXI,34 לוט בר **אחוי** / די אברם די הוא יתב בסודם
1Q20 XXII,3 וחויה די שבי לוט בר **אחוהי** וכול נכסוהי
1Q20 XXII,5 אברם על לוט בר **אחוהי** ואתחלם אברם
1Q20 XXII,11 ואף ללוט בר **אחוהי** פצא וכול נכסוהי וכול
4Q196 2,5 (XIX) והוא]אשלט לאחיקר בר ענאל **אחי** על כל
4Q196 2,7 (XIX) ארי ואחי]קר **אחי** הוה רב שקה ורב עזקן
4Q196 2,9 (XIX) ואשלטה אסרחדון תנין לה ארי / בר **אחי** הוה
4Q196 2,12 (XIX) דבר לכל מן[די ת]השכח **באח[ינא]** / [
4Q196 6,11 (XIX) די ירתנ[ה] **ואח** לה וקריב ל[א איתי] ל[ה
4Q196 13,2 (XIX) [עזריה] **אחי** אמ[ר לי] / [
4Q196 14i9 (XIX) וכע[ן שמע לי **אחי** אל / [
4Q196 14ii5 (XIX)] / עזריה **אח[י**
4Q197 4i12 (XIX) [וא]מר לה עזריה **אחי** מה סם בלבב נונא
4Q197 4i16 (XIX)] / [לעלי]מא ט[ו]ביה **אחי** ואמר[ ]לה הא אנה
4Q197 4ii7 (XIX) ענה טוביה ואמר לרפ]אל עזריה **אחי** שמעת / [
4Q197 4iii2 (XIX) קשיטא לבית רעואל **אחונא** ודברה ואזל[ן
4Q197 4iii4 (XIX) לשלם אתיתון ועלו בשל[ם] **אחי** ואעל אנון
4Q197 4iii5 (XIX) ואמרת להון מנאן אנתון **אחי** / ואמרו לה
4Q197 4iii6 (XIX) להון ידעין אנתון לטובי **אחונ[א]** / ואמרין
4Q197 5,9 (XIX) עזריה **אחי** דבר עמך מן תנא אר[בעת
4Q213a 3-4,5 (XXII) ושם אבהתה ואבהתת לכל **אחיה** / [
4Q343 Recto 6 (XXVII)] / **אחי** הוא מן שמרי[
4Q530 5,1 (XXXI) (◦)ש]לט **אחוהי** על[
4Q530 2ii+6-12,15 (XXXI) בארי[ן ע]נה הווא **אחוהי** אוהיה ואמר
4Q534 1i7 (XXXI) וב[א]בהתוהי ר[ז]י[ ]**אחין** יזקונה עמה להוון
4Q538 1-2,1 (XXXI) א]דין חשל ע[ל]**א[חוהי**
4Q538 1-2,5 (XXXI) ושר[י] רבה איתי על **אחוהי** / [אדין יוסף
4Q538 1-2,7 (XXXI) וכול **א[חוהי**
4Q539 2-3,6 (XXXI) לאבהתה ל[**אחי** למבשר[די אנה הוא עבד
4Q541 24ii5 (XXXI) חדוא ולכול **אחיכה** יסוד מבחן / ת{{צ}}עא
4Q543 1a-c,5 (XXXI) וקרא לעוזיאל **א[חוהי** זעיר[א ואסב] / לה
4Q543 32,2 (XXXI) ל[בי]תי **אח[י**
4Q545 1ai5 (XXXI) (ושלח[) / וקרא לעוזיאל **אחוהי** זעירא[
4Q545 1ai9 (XXXI) לי ברי למלאכיה **אחיכון** מן בית / [אבונא ?
4Q546 10,3 (XXXI) **א]חוהי** מוש[ה
4Q549 2,4 (XXXI)] / בנוהי ובני **אחוה[י**
4Q551 5 אמ]ר להון **אחי** אל תבאש[ו
11Q10 VI,5 (XXIII) **א]חיך** מגן / [
11Q10 XXXVIII,5 (XXIII) כל רחמוהי וכל **אחוהי** וכל ידעוהי
11Q18 15,3 (XXIII)]**אחיהון** עללין חלפהון ארבע מאה צ[

Ahab proper noun **אַחְאָב**

4Q339 5 (XIX) [צד]קיה בן כ[נ]ענה / [**אחא]ב** בן ק[ול]יה

to hold, seize, close verb **אחד**

1Q20 VI,6 הוית אנה נוח גבר **ואחדת** בקושטא ואתקפת
4Q531 14,3 (XXXI)]**אחדת** ואנה נפלת על אנפי
4Q542 1i7 (XXXI) להן **אחדו** בממר יעקוב / אבוכון ואתקפו
4Q542 1i9 (XXXI) מן כול[ער]ברוב **ואחדין** בקושטא ואזלין
4Q544 1,5 (XXXI)] / **ואחידו** ג[בולי] מצרין ולא איתי אפשר[
4Q544 1,11 (XXXI) דילוהי] / **ואחדין** עלי תגר רב
4Q547 1-2iii10 (XXXI)]דילוהי **ואחדין** / [עלי תגר רב
4Q550c 1ii8] / **ואחדה** בי[דה
4Q556 1,5]יפו **ויחדנה**[ ][
4Q558 58,2 **א]חד** במאנה[
11Q10 IV,5 (XXIII)] / ותמהא **אחד** לי
11Q10 XI,10 (XXIII) ש]כב ולא **איתחד** / [
11Q10 XVI,8 (XXIII) בסגיא]חיל **יאחדון** לבו[שי] / [כפם כתוני
11Q10 XIX,6 (XXIII)]ברגז / **ואחדת** א[
11Q10 XXII,4 (XXIII) הן עולין השכח **אחד** לי ה[יך
11Q10 XXVII,2 (XXIII) עם אסירין ב[זיקין **א]חידין** בחבלי מסכניא
11Q10 XXX,4 (XXIII) על מא אשיה **אתאחדון** או מן הקים אבן חזיתה

sister noun **אָחָה**

1Q20 XX,27 [שר]י ותאמר / לי די **אחתי** היא והיא הואת
4Q197 4i3 (XIX) אל תדחלי ואל תצפי לה **אחתי** / [
4Q197 4ii19 (XIX) טוביה מלי רפא[ל די היא ל]ה **אחא** ומן
4Q197 4iii13 (XIX) די ינתן לי שרה] / **אחתי** ושמע [רעואל

Ahaziah proper noun **אֲחַזְיָה**

4Q245 1i12 (XXII)]**אחזי[ה** יוא[ש / [

Ahikar proper noun **אֲחִיקָר**

4Q196 2,5 (XIX) והוא]אשלט **לאחיקר** בר ענאל אחי על כל
4Q196 2,6 (XIX) ובעה **אחיקר** עלי / [
4Q196 2,7 (XIX) ארי **ואחי]קר** אחי הוה רב שקה ורב

Ahiram proper noun **אֲחִירָם**

4Q531 7,1 (XXXI)]**ולאחירם** ו[

Ecbatana proper noun **אַחְמְתָא**

4Q197 4iii1 (XIX) וכדי עלו לגוא **אחמ[תא** אמר] / לה טוביה

inheritance noun **אַחְסָנוּ**

4Q542 1i5 (XXXI) **ואחס**{{ן לכון}}<<**נותכון**>> / לכילאין

to delay (?) verb **אחר**

4Q530 1i7 (XXXI)]**אחרת** לשכני חזותא
4Q531 15,3 (XXXI)]**ואוחרת** [

after preposition **אַחַר, אַחֲרֵי**

1Q20 2,2]◦◦ ומתמהין מן **אחרהון** ◦◦◦◦◦[
1Q20 XXI,14 לך ולזרעך אנתננה **אחריך** עד כול עלמיא
4Q531 2+3,7 (XXXI) **ואחרי** כול[
4Q547 9,6 (XXXI) כהן מן כול בני עלמא **באח[רי/והי**
6Q23 1,2 (III)] / **ואחר[**

later adjective **אַחֵר**
4Q**212** 1ii24] / בֿנֿוֿ[הי ו]לדריא **אחריא** לכול י[תבי

latter part noun **אַחֲרִי**
4Q**563** 1,4]ךֿ וֿמן **אחריתך** ⟦ ⟧
11Q**10** XXXVIII,9 (XXIII) ואלהא ברךֿ ית אֿ[יו]ב **באחֿ**[רי

אַחֲרִי ← אַחֵר

another, f. adjective **אָחֳרִי, אוחרי**
1Q**20** XIV,15 חזיתה ל∘∘א לחלפתא **אחֿרֿ[ית]**א ∘∘∘∘ ∘∘ [
2Q**24** 4,16 (III) **ואחריתא**[י]היבת לתנינה
2Q**24** 8,7 (III)]עֿזרתא [ו]אחזינ[י]∘[**]אוחרי** בר מן[
4Q**544** 1,8 (XXXI) [ו]אנה אנתה **אחֿ[רי** לי לא] נסבֿתֿ
4Q**547** 1-2iii7 (XXXI) (ו)אנה א]נֿתֿה {{לי}} **אחרי** / [(לי) לא
4Q**554** 3iii17] / **אחרין** שגיאן ודשין עמהון מ[

another, m. adjective **אָחֳרָן, אוחרן**
2Q**24** 8,4 (III)]ה **אחרניא** מן בר עשר[י]ן[
4Q**196** 6,11 (XIX)] / [ולא]בֿר לה **אחרן** די יֿרֿתֿנֿ[ה] וֿאח לה
4Q**197** 4ii11 (XIX) ובר **א]חרן** לא / [איתי להון די יקבר אנון
4Q**201** 1ii2 (XXXVI) בעבדתֶ / [מן קדמיה **לא]חֿרנה** דֿמֿ[נ]דֿ[עם לא
4Q**204** 1xii26 ואחזיא]תֿ [טורי]ן **אֿחֿרנין** ואף בהון חזית אילנין
4Q**205** 1xi3 אובלת לאתר **אֿ]חרן** למערב סיאפי ארעא
4Q**205** 1xii6 ולמערבא]לֿהֿ [ט]וֿרֿ **אֿוֿ[חרן** שפל מנה
4Q**206** 1xxvi17 [אחז]ית טורין **אחרנין** / [מלאין נ]רד טב
4Q**209** 25,3 (XXXVI) ח]שבון **אחרן** אחזית לה די אזל ∘[
4Q**540** 1,4 (XXXI) בה מנה יפו[ק]ומדור **אחר[ן**
4Q**543** 5-9,6 (XXXI) **ואחרנא** חזית וה[א
4Q**553** 6ii5 שליט בפרס וחזית א]לנא **אחרנא** ושאלתה
4Q**554** 2iii16 לגוא אספא והא אסוף **אחרן** ותרעה ליד כתלא
5Q**15** 1i18 (III) ל]גֿוא אספֿאֿ [והא] אסף **אוחרן** ותרעא
5Q**15** 1ii7 (III) ש]בעה מן זו[י]תא עד תרעא **אחרנא** פותאהון
11Q**10** XXV,1 (XXIII) ר]ברבין די לא סוף ויקים **א[חרנין]** / ∘[

to close verb **אטם**
5Q**15** 1ii11 (III) וחרה] עשרה כוין **אטימן** עלא מֿ[ן ערשין]

island noun **אִי**
1Q**20** XVII,13 ומישריא די בינֿיהון **ואיא** די בגו לשֿנֿאֿ ∘∘∘∘∘∘∘[

letter noun **אִיגְּרָה**
4Q**203** 8,3 (XXXVI)] / פרשגן לוחא תנ[י]נֿא די **אי[גרתא**

Job proper noun **אִיּוֹב**
11Q**10** III,3 (XXIII) [ענא צפר נעמתיא ואמר **לאיו]ב** לכן לבבי י[
11Q**10** VIIA,1 (XXIII) ענא **איוב** ואמֿ[ר] / [אף יומא דן] מן
11Q**10** XX,4 (XXIII)] / הוא **איוב** זכֿ[י
11Q**10** XXI,3 (XXIII) וארו לא איתי מנכון **לא[יוב**
11Q**10** XXIX,5 (XXIII) הצת דא **איוב** וקום הסתכל בגבורת אלהא
11Q**10** XXXIV,2 (XXIII) ענא אלהא **לאיוב** ועננֿאֿ ואמר לה
11Q**10** XXXVII,3 (XXIII) ענא **איוב** ואמר קדם אלהא
11Q**10** XXXVIII,2 (XXIII) ושמע א[ל]הא בקלה די **איוב** ושבֿקֿ / להון
11Q**10** XXXVIII,3 (XXIII) ותב אלהא **לֶאיובֶ** ברחמין / ויהב לה חד
11Q**10** XXXVIII,5 (XXIII) ואתין לות / **איוב** כל רחמוהי וכל אחוהי
11Q**10** XXXVIII,9 (XXIII) ואלהא ברךֿ ית **אֿ[יו]ב** באחֿ[רי

how, as adverb **אֵיךְ**
← היך
4Q**345** Recto 6 (XXVII)] / ישוע אמֿר **אֿיֿךֿ** ∘∘נ[
4Q**552** 1,9]∘נך **איך** כלא עביד הוו קאמין / [

strength, help noun **אֱיָל**
4Q**246** 1ii7 (XXII) אל רבא **באילה** / הוא

El proper noun **אֵיל**
1Q**20** XXI,29 גבל עד דבקו **לאיל** / פרן די במדברה

ram noun **אַיִל**
2Q**24** 4,18 (III)]ל דֿי **איל** ען חד לכול גבר וגבר[
11Q**18** 33,2 (XXIII)]∘יא **ואיליא** ג[

tree noun **אִילָן**
1Q**20** XIII,10] ∘∘ פרזלא **ולאילניא** כֿולהון קצֿין וֿנסבין
4Q**201** 1ii4 (XXXVI) חֿזו דכל **איל[ניה]** כֿלהן מיבישין / [ומנפילין
4Q**201** 1ii5 (XXXVI)] מן ארבעת עסר **אילֿנֿי[ן]** דֿעֿליהן מתקימיןֶ
4Q**201** 1ii9 (XXXVI) ודעו בכל **אֿ[י]לֿניה** כלהן יֿתֿנֿיֿצֿ[ון] עֿליהן בהן
4Q**204** 1i28 ודעו] בכול **אילניא** כולהון יֿתֿנֿ[יצון עליהון
4Q**204** 1v7 וכול **אילנין** / [דארעא די יבעון יתנצבון בה
4Q**204** 1xii26 בהון חזית **אילנין** די נֿפֿקֿ / [מנהון דמעא
4Q**204** 1xii28 סיאפי ארעא ו]כֿול **אֿילֿנֿיא** דֿ[בה מ]לֿ[י]ןֿ [
4Q**205** 1xii2 אתר מתברך] די [בה] **אֿילֿ[נין** די ענפיהון
4Q**206** 1xxvi15]∘ו **באיל[ניא** אלן שדה מנהון בשם] / [ריח
4Q**211** 1i4 כל **אילניא** / [מתיבשין ומתנפלין ברא מן
4Q**211** 1i5 ברא מן ארבעת]עשר **אילנין** די לא חזה
4Q**531** 2+3,5 (XXXI) אֿרֿעא וכול דגנא וכול **אילניאֿ**[
4Q**552** 2ii1 נוגהא קאם וארבעה **אילניאֿ**[
4Q**552** 2ii2 לה] וקאם **אילנא** ורחקו מנה ואמר[
4Q**552** 2ii4 ב[ה וחזית] / **אילנא** די ⟦ ⟧ אשים ב∘[
4Q**552** 2ii6 הוא די שליט בפרס ו[חזית **אי]לנא** / [
4Q**552** 2ii11] / **אילנא** תליתי[א ו]אֿמרֿתֿ לֿ[ה
4Q**553** 6ii2]ן לה וקמו **אלניא** / ורחקו[מנה
4Q**553** 6ii5 הוא דֿ[י שליט בפרס וחזית **א]לנא** אחרנא
4Q**553** 10,2] / לה רב **איל[ניא**
4Q**553** 10,3] / **וֿאיל[נא**

fear noun **אֵימָה**
1Q**20** XI,17 כול דם לא תאכלון **אימתכון** ודֿחֿלתֿכֿון
4Q**550**a 4] / נפלת עלוהי **אימת** בית ספ[רא
11Q**10** XXXIII,2 (XXIII)] / בס{{∘}}רוהי **אימה** ודחלה

Emim proper noun **אימי**
1Q**20** XXI,29 די בעמן **ולאימיֿאֿ** דֿ[י ב]שֿוֿה הקריות ולחוריא

man noun **אִישׁ**
4Q**531** 22,8 (XXXI) די חזות ברא אתה **ואיש** ברא קרין / [נקמתהון
4Q**573** 5]ימות **ואיש** / [

there is, are particle of existence **אִיתַי**
1Q**20** XXII,19 הב לי נפשא די **אִיתַי** לי די שביא עמך
1Q**20** XXII,22 מן כול די **איתי** לך דלֶמֶא תהוה אמר ⟦ ⟧
1Q**20** XXII,29 ומני כול די **איתי** לך וחזי כמן כפלין שגיו
4Q**197** 4i17 (XIX) גֿ]בֿרֿא מן בית אבונא הוא **ואיתי** לה ברא
4Q**197** 4i18 (XIX)] / [לא] **איתי** לה להֿ[ן] שרֿהֿ[ב]לֿ[חודי]ה
4Q**203** 13,3 (XXXVI) לא]**איתי** לכה שֿ[לם
4Q**204** 1viii27 כֿרסֿא **א[יתי** בספיר
4Q**205** 1xi5 ואמרת מה הוא די לא **אי]תֿיֿ** לֿהֿ כֿל שליאֿוֿ[
4Q**212** 1iv26 [די לא] **איתי** סוף לכול מֿ[נינהון לעלם
4Q**213** 1-2ii4 (XXII)] / ולא **איתי** [כ]לֿ מחיר נגדה ∘[
4Q**213** 1-2ii17 (XXII) יק]רֿ ולא **איתי** סוף

4Q**214**b 8,1 (XXII)] **אִיתַי** כּוֹל מֹ[חיר
4Q**243** 3,1 (XXII)]**איתי**[
4Q**538** 1-2,2 (XXXI) ע]לי ואן **איתי** בל[ב]בהון עלי[רוח באישה
4Q**538** 1-2,4 (XXXI) ידע די לא **אית**[י בלבבהון ר]וח באישה
4Q**542** 3ii13 (XXXI)] / לחדה די לא **אי תאי** לה כול כ[
4Q**544** 1,5 (XXXI)] / ואחידו ג[בולי] מצרין ולא **איתי** אפשר[
4Q**550**a 1 אנש להן יד[ע] מלכא הן **איתי** [
4Q**550**a 3] / מלכא **איתי** לפתריזא בר י◦[
4Q**550**c 1ii5]ין די [**אי**]**תי** לבגושי בכפל[
4Q**550**c 1iii2 ית]קטל בדיל די לא **אית**[י] כ[
4Q**580** 3,3]נהורא **איתי** [
11Q**10** VI,4 (XXIII) ל]א **איתי** / [
11Q**10** IX,5 (XXIII) ה**איתי** רחצן להש[
11Q**10** XXI,3 (XXIII)] / וארו לא **איתי** מנכון לא[יוב
11Q**10** XXIII,10 (XXIII) [הן **א**]**יתי** מ[לין
11Q**10** XXXI,5 (XXIII) ה**איתי** למטרא אב או מן / ילד
11Q**10** XXXIV,5 (XXIII) הא דרע כאלה **איתי** לך או בקל כותה

only, but adverb **אַךְ**

4Q**211** 1iii5] / **אך**[ב]ליליא דן מן ל[

black adjective **אֻכּוּם**

4Q**205** 2i26 אולד חזי]ר **אכום** ודכר די ען / [חור וחזירא
4Q**561** 4-6i2 עינוה[י] / בין אורין ל**אכומן** אפה נגיד

to eat verb **אכל**

1Q**20** XI,17 ולבניך כולא ל**מאכל** בירקא ועשבא
די ארעא ברם כול דם לא **תאכלון** אימתכון
1Q**20** XXI,20 **ואכלת** ואשתית תמן / אנה וכול אנש
1Q**20** XXI,21 אמוראא רחמי **ואכלו** כחדא / עמי ואשתיו
1Q**20** XXII,23 די / אברם ברא מן די **אכלו** כבר עולימי
4Q**196** 2,11 (XIX) ל[י] / שרו טבה ורבעת ל[**מאכ**]ל
4Q**196** 2,13 (XIX) ברי אזל דבר ואתהייתה **ויכל** [כחדא
4Q**196** 13,1 (XIX) נונא **ואכ**]ל ואף לאורחא שוה מל[יחה
4Q**197** 4i10 (XIX) מן נ]ונא **ואכל** ואף[
4Q**197** 4iii12 (XIX)] / **למאכל** ולמשתה [
4Q**199** 1,1 (XIX) ואמר טו]ביה די לא **אכול** תנא ול[א אשתה
4Q**201** 1iii21 (XXXVI) ב]שמיה [נני ימה ו**למכל** בשר[הן אלין לאלין
4Q**202** 1ii21 [ודי ה]ווא [ו]**אכלין** / [עמל כול בני אנשא
4Q**531** 1,6 (XXXI)] ובעין **למאכל** שגיא מל[
4Q**532** 2,10 (XXXI) די לא] שפק להן **למא**[כל
4Q**537** 5,1 (XXXI) ב]ארעא **ותכלון** פריה וכל טבתה ותוחון[
4Q**537** 12,2 (XXXI) [להוון בכ]ל[אר]עא **אכלין** מן קצת דבחיהון
4Q**545** 1ai7 (XXXI) משתותה שבעה[יומ]ין / **ואכל** ואשתי
4Q**549** 2,1 (XXXI) [ח]ור **ואכל** הוא ובנוה[י
4Q**556** 14,8 י]**אכלון** בשר חזירא / [
4Q**563** 1,4 תשתלם באתרך [ל]חם לחיך **יא**[כל
4Q**570** 3,2] **אכלו**[
11Q**10** V,6 (XXIII) ל]א **אכל** כחדה על [
11Q**10** XV,8 (XXIII) די **אכל**[ו
11Q**10** XVIII,1 (XXIII)] / **יאכ**[ל
11Q**10** XVIII,5 (XXIII) הי]א עד / אבדון **ת**[אכל
11Q**10** XXXVIII,5 (XXIII) אחוהי וכל ידעוהי **ואכלו** / עמה לחם בביתה
11Q**18** 7,2 (XXIII)]◦ די להוון **אכלין**[
11Q**18** 25,6 (XXIII)]ן **ויכלון** ויש[תון

pressure, load noun **אֶכֶף**

11Q**10** XV,6 (XXIII)]לא הוא לי צבין **ובאכפי**[הון

not negative particle **אַל**

1Q**20** II,25]ואמר לך ד**אל** תרגז עלי די להכא אתית
1Q**20** XI,15 עמי ולי אמר **אל** תדחל יא נוח עמך אנה
1Q**20** XV,19]**אל** תתמה עליה למא◦ן ואל
]אל תתמה עליה למא◦ן **ואל** ◦◦ ירבה[
1Q**20** XIX,16 תמרתא ואמרת **אל** תקוצו ל[א]רזא
1Q**20** XX,15 **ואל** ישלט בליליא דן לטמיא
1Q**20** XXII,30 וכען **אל** תדחל אנה עמך ואהוה לך
4Q**196** 14i9 (XIX) וכע]ן שמע לי אחי **אל** / [
4Q**197** 4i1 (XIX)]**אל** ידבק [בכס]ף ברי וכא◦[
4Q**197** 4i2 (XIX) ו]אמר לה **אל** תדחלי בשלם יהך ברי / [
4Q**197** 4i3 (XIX) בש]לם **אל** תדחלי ואל תצפי לה אחתי
(XIX) בש]לם אל תדחלי **ואל** תצפי לה אחתי
4Q**197** 4ii17 (XIX) **וא**]**ל** תדחל[די ל]ך היא חליקא ולך[
4Q**213** 1i13 (XXII)]**אל** תמחלו חכמתא למאלף
4Q**213**a 1,17 (XXII) ו]**אל** תשלט בי כל שטן / [
4Q**214** 2,4 (XXII)] / [חפי תרב]א **ואל** יתחזי [לה דם נכסת
4Q**530** 2i+3,6 (XXXI) **א**]**ל** תחדון ואל תל[
(XXXI) א]ל תחדון **ואל** תל[
4Q**530** 5,3 (XXXI)]◦ן **אל** יד[עו
4Q**531** 14,2 (XXXI)]הי לא בהיל על כול מלך **ואל**[
4Q**541** 24ii2 (XXXI)] / [**א**]**ל** תתאבל בשק[י]ן[על
(XXXI)]**ואל** ת[עבד שגיאן די לא להוין]
4Q**541** 24ii4 (XXXI) **ואל** תמחולהי ביד שחפא ותליא
4Q**541** 24ii5 (XXXI) כ[די]ן[אל תדין] / וצצא **אל** תקרוב בה
4Q**542** 1i5 (XXXI) **ואל** תתנו ירותתכון לנכראין
4Q**546** 14,3 (XXXI)] / **אל** פתח ביתכ ע[לי]הון[
4Q**551** 5 אמ]ר להון אחי **אל** תבאש[ו
4Q**561** 4-6ii2 **א**]**ל** [י]תמלי ית[
4Q**569** 1,4] / **ואל** תשתפל [

pillar noun **אַל**

2Q**24** 10,1 (III)] **אלוה**[י

God proper noun **אֵל**

1Q**20** XII,17 למרה שמיא ל**אל** עליון לקדישא רבא
1Q**20** XX,12 נחתן בריך אנתה **אל** עליון מרי לכול
1Q**20** XX,16 בליליא דן שלח לה **אל** עליון רוח מכדש
1Q**20** XXI,2 עלואן ומנחה ל**אל** עליון וקרית תמן בשם מרה
1Q**20** XXI,20 ואסקת עלוה[י] עלא ומנחא ל**אל** עליון
1Q**20** XXII,15 והוא הוא כהן ל**אל** עליון
1Q**20** XXII,16 ל[א]ברם ואמר בריך אברם ל**אל** עליון מרה
וארעא ובריך **אל** עליון / די סגר שנאיך
1Q**20** XXII,21 אנה / ידי יומא דן ל**אל** עליון מרה שמיא
4Q**213**b 6 (XXII) ומלי ידי והוית כהן ל**א**]**ל** עלמיא[
4Q**246** 1ii1 (XXII) ברה די **אל** יתאמר ובר עליון יקרונה
4Q**246** 1ii4 (XXII) עד יקו/ים עם **אל** וכלא ינו/יח מן חרב
4Q**246** 1ii7 (XXII) **אל** רבא באילה / הוא ועבד
4Q**538** 3,3 (XXXI)] / הוא **אל** טב [
4Q**540** 1,5 (XXXI) ויבנה (כ)]שמש **א**[ל בנכ]סוהי מקדשא[מן ד]◦
4Q**541** 1ii4 (XXXI)] / **אל** נטר[
4Q**541** 2ii2 (XXXI)] / מן קודם **אל**[
4Q**541** 9i3 (XXXI) שמין ואלפונה כרעות **אל** שמש עלמה תניר
4Q**541** 24ii3 (XXXI)]כ[מה די להוי]ן שגיאן מגליאן **וא**[**ל**] צ[דיקא
4Q**542** 1i1 (XXXI) **ואל** אלין לכול עלמין ויְנהר נהירה
(XXXI) ואל **אלין** לכול עלמין ויְנהר נהירה
4Q**543** 2a-b,4 (XXXI) בחיר] **אל** תהוה ומלאך אל תתקרה [
(XXXI) בחיר] אל תהוה ומלאך **אל** תתקרה [
4Q**545** 1ai17 (XXXI) בחיר אל תהוה ומ]לאך **אל** / [תתקרה
4Q**547** 6,3 (XXXI) קוד]ם **אל** [וח]טאין י[שבקון
4Q**552** 3,10]◦ן **אל** עליון לא [

4Q**570** 1a,1] / אלי ל[
11Q**18** 20,1 (XXIII) כו]ל יום שביעי קודם אל דכר[נא
11Q**18** 30,4 (XXIII)]◦◦ מן מועדי אל[

אֵל ← בֵּית אֵל

(indeterminate) אל

4Q**530** 5,4 (XXXI)]ואל[
4Q**569** 1,3] / אל [
4Q**570** 4,5]שׁ◦ אל וי◦◦◦◦◦◦◦[

but (?) conjunction **אלא**

1Q**20** V,6] / אלא[

God noun **אֱלָה**

1Q**20** XIX,7 ב[שם]א[להא] ואמרת אנתה הוא / אל[הי
1Q**20** XIX,8] ואמרת אנתה הוא / אל[הי א]ל[ה ע]ל[מיא]
אנתה הוא / אל[הי א]ל[ה ע]ל[מיא]
1Q**20** XXI,2 והללת לשם אלהא וברכת / אלהא
1Q**20** XXI,3 והללת לשם אלהא וברכת / אלהא
ואודית תמן קודם אלהא על כול נכסיא
1Q**20** XXI,8 ואתחזי לי אלהא בחזוא די ליליא
1Q**20** XXII,27 בתר פתגמיא אלן אתחזי{{ו}} אלהא לאברם
1Q**20** XXII,32 ואמר אברם מרי אלהא שגי לי עתר ונכסין
4Q**157** 1ii2 (VI)] / האנש מא[לה
4Q**196** 11,1 (XIX) •••• א]להן[
4Q**198** 1,1 (XIX) והוסף למדחל לאלהא ולה[ודיה רבותה
4Q**198** 1,3 (XIX)] / אלהא די מל]ל בנינוה
4Q**198** 1,6 (XIX)] / בכל די אמר אלה]א כל]א יתאית[א
4Q**204** 4,11 עד די דמך] אמ[רא] דן די אל[וה]
4Q**242** 1-3,2 (XXII) בשחנא באישא בפתגם א[לה]א בתימן] אנה
4Q**242** 1-3,3 (XXII) הוית שנין שבע ומן [די] שוי א[להא עלי
4Q**242** 1-3,5 (XXII) למעבד יקר ור[בו] לשם א[להא עליא וכן
4Q**242** 1-3,7 (XXII) מצלא הוי[ת קדם] אלהי כספא ודהבא [נחשא
4Q**242** 1-3,8 (XXII) חספא מן די [הוית סב]ר די אלהין ה[מון
4Q**243** 1,2 (XXII)] / אלהכה ומני[◦]ל[
4Q**243** 32,1 (XXII) א]להין[
4Q**533** 4,3 (XXXI) א]ל[ה]א מבול על ארעא[
4Q**534** 1i10 (XXXI) יסופו(ן) ? ח]שבונוהי בדי בחיר אלהא הוא
4Q**542** 1i2 (XXXI) די הוא אלה עלמיה ומרא כול מעבדיא
4Q**551** 4]אלהא ויאמרו / [
4Q**556** 3,2]והמין בא[להא
4Q**562** 4,2 א]להא ובדיל דן[
11Q**10** IV,8 (XXIII)] / אלהא עליהו[ן
11Q**10** V,2 (XXIII) [ארו מא]צבו לאלהא בביתה ו[
11Q**10** V,3 (XXIII) הלא[להא
11Q**10** VI,1 (XXIII) לא[להא / [
11Q**10** VII,3 (XXIII)] / לנא אלה[א
11Q**10** VIII,2 (XXIII)] / תקבל אלהא[
11Q**10** IX,4 (XXIII)] / [ארו ש]לטן ורבו עם אלהא ע[בד שלם]
11Q**10** IX,7 (XXIII)]אלהא ומא יצדק[
11Q**10** X,8 (XXIII) חי אלהא[
11Q**10** XI,1 (XXIII) בי]ד אלהא ועבד
11Q**10** XIX,3 (XXIII) כד]בת / לאלהא מעל[א
11Q**10** XXI,5 (XXIII)] / להן אלהא חיבנא ולא א[נש
11Q**10** XXII,6 (XXIII)] / ארו רב אלהא מן אנשא[
11Q**10** XXII,8 (XXIII) [א]רו בחדא ימלל אלה[א
11Q**10** XXIV,3 (XXIII) ב]תר אלהא ⟦ ⟧
11Q**10** XXIV,4 (XXIII)]חס לאלהא מן שקר / ומן לחבל{{ה}}א
11Q**10** XXIV,6 (XXIII) הכען צדא אלהא / ישקר ומרא[
11Q**10** XXVI,4 (XXIII) ולא אמר[ין אן הוא]אלהא / די עבדנה
11Q**10** XXVIII,3 (XXIII) הא אלהא רב הוא ויומוהי / סגיא[
11Q**10** XXIX,5 (XXIII) דא איוב וקום הסתכל בגבורת אלהא
11Q**10** XXIX,6 (XXIII) מא שויא אלהא עליהו[ן ו[הו]פע נהור עננה
11Q**10** XXX,5 (XXIII) צפר ויזעק[ו]ן כחדה כל מלאכי אלהא
11Q**10** XXXIV,2 (XXIII) ענא אלהא לאיוב ועננא ואמר
11Q**10** XXXIV,5 (XXIII) או / הא דרע כאלה איתי לך או בקל
11Q**10** XXXVII,3 (XXIII) ענא איוב ואמר קדם אלהא
11Q**10** XXXVIII,2 (XXIII) אמר להון] / אלהא ושמע א[ל]הא בקלה
(XXIII) להון] / אלהא ושמע א[ל]הא בקלה די איוב
11Q**10** XXXVIII,3 (XXIII) ותב אלהא לאיוב ברחמין / ויהב
11Q**10** XXXVIII,7 (XXIII) על כל באישתה די / היתי אלהא עלוהי
11Q**10** XXXVIII,9 (XXIII) ואלהא ברך ית א[יו]ב באח[רי

these adjective **אֵלֶּה**

4Q**536** 2ii12 (XXXI) מן יכתוב מלי אלה בכתב די לא יבלא ומאמרי

אֱלֹהִים ← אלוהין

behold interjection **אֱלוּ, הֲלוּ**

4Q**531** 1,3 (XXXI) די עירין] אולדו ואלו כג[ברין ?
6Q**26** 1,3 (III)] / הלו ק[

God, gods noun **אלוהין, אֱלֹהִים**

4Q**244** 5ii5 (XXII)] / [ ]אלוה[ין
4Q**244** 12,2 (XXII) ל]שידי טעותא ורגז עליהון אלוהין וא[מר
4Q**570** 5,6]ואליהם [

Elul (6th month) proper noun **אֱלוּל**

4Q**345** Recto 1 (XXVII) ב◦◦◦ באלול ש[נת

oak, Elon noun **אֵלוֹן**

1Q**20** XXI,19 ויתבת באלוני ממרה די בחברון / כלמדנח

Elijah proper noun **אֵלִיָּה**

4Q**558** 54ii4] / לכן אשלח לאליה קש[יטא

idol noun **אֱלִיל**

4Q**198** 1,13 (XIX) בקשטא]וידמון כל אליל[יהן

אִלֵּין ← אִלֵּן

Eliezer proper noun **אֱלִיעֶזֶר**

1Q**20** XXII,34 וחד מן בני ביתי ירתנני / אליעזר בר[

Elishua proper noun **אֱלִישׁוּעַ**

4Q**342** 4 (XXVII)]ח◦ידע לאלישוע די◦[

those adjective **אִלֵּךְ**

4Q**570** 1bii7] / אלך ולא יה[

these adjective **אִלֵּן, אִלֵּין**

1Q**20** XIX,23 ולסוף חמש שניא אלן / [
1Q**20** XX,25 כול מכתשיא ונגדיא / אלן די מתכתש
1Q**20** XXI,23 יומיא אלן אתה כדרלעומר מלך עילם
1Q**20** XXI,25 כול אלן אזדמנו כחדא לקרב לעמקא
1Q**20** XXII,27 בתר פתגמיא אלן אתחזי{{ו}} אלהא
1Q**20** XXII,33 ולמא לי / כול אלן ואנה כדי אמות
1Q**21** 38,1 (I)]אלן[
1Q**23** 27,1 (XXXVI)]◦אלן א[

4Q201 1ii10	(XXXVI)	ו]אֿתֿבוננו בכל עבדיה אֿלין / [ואשכילו
4Q201 1ii11	(XXXVI)	לעלם דעלמין עבד כל עבדיה אלין
4Q201 1iii5	(XXXVI)	ואלין [שמהת רבניהן ⟦ ⟧] / שמיחזה דֿ[י
4Q201 1iii13	(XXXVI)	אלין אנון רבני רב[נ]◦ עס[ר]תֿאֿ
4Q202 1ii17		אלין [אנו]ן רֿבני עשֿ[רתא]
4Q204 1ii24		[ו]אֿלן שמהֿתֿ [רבניהו]ן שֿ[מיחזה די הוה
4Q204 1xii27		[ול]הֿלא מן טוריא אלן אחזיאת טור / [אוחרן
4Q204 1xii29		מֿנֿ[הון בש]ם ריֿחֿ כדי מדקין קליפיא אֿלן
4Q205 1xii1		כאלן לקשיטין ו]אֿלֿ[ן ברא ואמר למנתן להון
4Q205 2i24		למנכת ו]לֿמֿדבר אלן / [לאלן ותורא חורא
4Q206 1xxii1		והאֿ אֿלן אנון פתחיא לבית עגנון
4Q206 1xxvi17		ולהלא] מן / [טוריא] אלן כלצפון מדנחהון
4Q206 1xxvi19		[למד]נח כל טוריא אלן רחיק מנהון למדנח
4Q206 4ii11		ולמדבר אלן] / לאלן [ותורא חורא הולד
4Q209 28,5	(XXXVI)	וא]לֿןֿ שמהתֿ[
4Q214a 1,1	(XXII)	[ר]קֿתֿאֿ אלן אֿ[נון די אמר לי די חזין
4Q214b 2-6,4	(XXII)	ואלֿן שמֿהֿ[תהון ארזא ודפ]רנא
4Q214b 2-6,6	(XXII)	]אֿלן אֿנוֿן די אֿ[מר לי די חזין
4Q214b 2-6,7	(XXII)	וכדי אסקת מן עעי]אֿ אלֿןֿ לֿמדבֿחֿ[א ונורא
4Q245 2,3	(XXII)	]אֿלן בעור וטער / [
4Q245 2,4	(XXII)	א]לֿןֿ אדין יקומון / [
4Q318 VIII,8	(XXXVI)	ולערביא [ ]א כפן ולהוון בזזין אלן בא[לן
	(XXXVI)	]א כפן ולהוון בזזין אלן בא[לן
4Q530 2i+3,5	(XXXI)	שב]עת ? יומיא אלן במטרהוֿ[ן
4Q531 4,3	(XXXI)	]עבדתה כול אֿ[לין
4Q531 7,4	(XXXI)	ול]כֿול אלין גבריא
4Q531 7,5	(XXXI)	]◦ הלא כול אלין אזלו בחרבכהֿ[
4Q534 1ii+2,13	(XXXI)	כול אלן יהכוֿ[ן] / מין יסופון[
4Q543 16,3	(XXXI)	אדין כאלין / [
4Q547 7,3	(XXXI)	]אֿלן די [
4Q555 2,4		]◦יא אלין ושתה[
4Q556 3,7		]ממר הא אלין [
4Q559 3,10		]אלן 11 לף 536 [
4Q568 1		א]לין דינין בעדניהן ויהך ויתעשק
11Q10 XX,3	(XXIII)	] / אלין מלהתבֿ[ה פתגם
11Q10 A14,1	(XXIII)	]אלין [
11Q18 6,2	(XXIII)	א]לֿןֿ פרזיא ליד שורֿ[א
11Q18 12i1	(XXIII)	]◦ מן אלן וערבליא די / [
11Q18 34,1	(XXIII)	]◦ אלן [

Eleazar proper noun אֶלְעָזָר

4Q342 3	(XXVII)	]◦[ ]◦ יהודה ואלעזר [
4Q344 2	(XXVII)	]עמי אנה אלעזר בר הסף[
4Q344 6	(XXVII)	אלעזר בר יהוסף על נפשה כתֿבֿ[ה]

to learn, teach verb אלף

1Q66 2,1	(I)	] מלף וא◦[
4Q201 1iii15	(XXXVI)	] / ולאלפה אנין חרשה ו[כשפה ומקטע
4Q201 1iv1	(XXXVI)	שמיחזה אלף חברֿ[ו ומקטע שרשין חרמני
4Q201 1iv4	(XXXVI)	[שמ]שיאל אלף נחשי שמֿ[ש שהריאל אלף
4Q202 1ii26		עֿשֿאֿ[ל] א[ל]ף [לאנשא ל]מֿעבד חרבן
4Q202 1iii1		שמיחז]הֿ אל[ף חברו] / [ומקטע שרשין
4Q202 1iii2		חרמני א]לֿףֿ חרש למ[שרא כשפו וחרטמו
		]אלףֿ[נחשי] / [ברקין כוכבאל א]לף נחשי
4Q202 1iii3		א]לף נחשי כוכבֿ[ין זיקיאל אלף נחשי זיקין
4Q202 1iii4		ארע]תֿקף אלף נחש[י] ארעֿ[שמשיאל אלף
4Q213 1i10	(XXII)	די אלף חכמה יקר / [הוא לה ודי
4Q213 1i13	(XXII)	]אֿל תמחלו חכמתא למאלף
4Q213 1i14	(XXII)	כ]ל◦ין◦גֿבֿרֿ די אלף חכמה כל / [
4Q531 14,4	(XXXI)	ל]אֿ יתב בין בני אנש ולא אלף מנהון[
4Q542 1ii1	(XXXI)	די פקדת‹כ›ון וככול די / אלפתכון בקושט
4Q561 3,14		]לה למאל[פה ו]יֿרשמ[
4Q561 3,15		]ולמא[לפה
4Q569 1,9		] / אלף בניכה[

thousand numeral אֲלַף

1Q20 I,19		]אלפא ◦◦ן / [
1Q23 1+6+22,4	(XXXVI)	] / ברא מן כֿל חיהֿ ואֿלפין מן עֿ[נב
4Q204 1v5		[חיין עד די יולידון אל]פֿיֿן וכול יומי / [
4Q204 1v9		יעבד לכול חדה וחדה סאה א]לֿףֿ / [
4Q530 2ii+6-12,17	(XXXI)	מ]אין לה משמשין אלף אלפין לה / [סגדין
	(XXXI)	מא מ]אין לה משמשין אלף אלפין לה / [
4Q531 14,1	(XXXI)	]רֿתה אלף אלפין לֿהֿ[משמשין
	(XXXI)	]רֿתה אלף אלפין לֿהֿ[משמשין
4Q537 13,2	(XXXI)	א]רבעא אֿלֿ[פין ?
4Q554 3ii15		דהב ומגדליה אלף / [וארבע מא]ה ותֿלתין
4Q556 3,9		]אדין ירדף חד אֿ[לף
4Q559 3,10		]אלן 11 לף 536 [
4Q570 4,5		]ומנהן יעבד אלף[
11Q18 18,3	(XXIII)	[וכ]ולהון תלתין ותרין אלפין ותשע מאה[

teaching noun אלפון, אלפן

4Q213a 3-4,8	(XXII)	]מֿעשר קודש קרבן לאלפֿן / [
4Q536 2i+3,4	(XXXI)	]אלפוֿנֿה כולה זי / [
4Q541 7,6	(XXXI)	] / [א]לפוֿ[נא/ה
4Q541 9i3	(XXXI)	כמאמר שמין ואלפונה כרעות אל שמש

mother noun אֵם

1Q20 VI,1		וכֿדיֿ נפקתֿ מן מעֿי אמי לקושט נציֿבֿת
4Q196 14i6	(XIX)	חי]◦ אבי ואמי / [
4Q197 4ii10	(XIX)	לא]בי ולאמי / [לקברא
4Q197 5,7	(XIX)	]בֿרי אנה אבוך ועדנא אֿ[מך
4Q206 1xxvii10		אבוך רבא] / [ו]אמך רבתא וידֿ[עו מנדע
4Q558 70,6		]אמכון ויאמֿ[ר

if conjunction אִם

4Q318 VIII,9	(XXXVI)	]⟦ ⟧ / אם בתאומיא ◦רעם דחלה

(indeterminate) אם

1Q20 XI,18		אימתכון ודֿחֿלתֿכון / ◦◦◦◦◦ לעלמים אם◦◦◦◦

cubit noun אַמָּה

1Q32 15,2	(I)	א]מֿיֿן תלתֿ ◦◦[
2Q24 2,1	(III)	]ר אמי[ן
4Q554 2ii13		מרבעהה ס[חר סחור] אמין 35 / 7 ולכל
4Q554 2ii15		שוק קנין / תלתה אמין 21 וכדן אחזיני
4Q554 2ii16		שוק פתה קנין שתה [אמי]ן 42 ושקיא
4Q554 2ii17		קנין] עשרה פתי שוקא אמין / 72 מנהון
4Q554 2ii19		ש[מא]ל מקדשא משח / קנין אמין 18
		א]מין 6[2]1 ופתי / שוקיא די נפקין
4Q554 2ii21		מנהון] קנין 9 / ואמין 4 לשוק חד לאמי[ן 67
		4 לשוק חד לאמי[ן 67 ומציעא די במצ]יעת
4Q554 2iii13		]יא משחתא אמין[4
4Q554 2iii14		פות[יה די כל א]ספא / קני[ן] ת[רין א]מין 14
		ת[רין א]מין 14 וית טלולה אמה חדה
4Q554 2iii15		ומשח בגוא אספא ארכה א‹מין› 13 ופתיה
		ארכה א‹מין› 13 ופתיה אמין עשר[ ]
4Q554 2iii17		פתיה אמין ארבע רומה אמין 7 ודשין
		אמין ארבע רומה אמין 7 ודשין לה תרין
4Q554 2iii18		קנה חד אמין שבע וארכה עלל קנין תרין

4Q**554** 2iii18 — עלל קנין תרין **א**[מין] / 14 ורומה קנין
4Q**554** 2iii19 — א[מין] / 14 ורומה קנין תרין **א**<מין> 14
4Q**554** 2iii21 — חדה קנין תרין בתרין **אמין** ארבע עשרא
4Q**554** 3i15 —]א **ואמין** / [
4Q**554** 3ii13 — פ[תיה] קנין תרין **א**[מי]ן / ארבע ע[ש]רא
4Q**554** 3ii14 — קנין שבעה **אמין** ארבעין ותשע וכלה / בניה
4Q**554** 3ii20 —]תרעיא **אמין** / [
4Q**554**a 1ii1 — **א**]**מא** חדא[
]ודרגא די [סלק] פתיה **אמין** ארבע וסחר / [
4Q**554**a 1ii5 — ו]רומהון קנין תרין **אמין** 14 ותרעהון במצעתא
4Q**554**a 1ii6 — אמין] ארבע ארכ ורום קנה חד **אמין** שבע
4Q**554**a 1ii7 — עשרא]ארכהון ופתיהון **אמין** 12 בית / [ערשין
4Q**554**a 1ii8 — מן ערשין ו]לידה **אמה** בריתא / [ומשח פתי
4Q**554**a 1ii9 — ועובי פתי כות]לא קדמיתא **אמין** / [
4Q**554**a 1ii10 — ארכהון אמין תשע עש]רא ופתיהון **אמין** / [
4Q**554**a 1ii11 —]קנין תרין **אמין** ארבע / [עשרה ופתיהון אמין
4Q**554**a 1ii12 — **א**]**מה** חדה ופלג ורומה בגו
5Q**15** 1i1 (III) — [סחור **א**]**מין** [תלת מאה ו]חמשין ושבע לכל
(III) — בריה שוק[קנין תלתה **א**]**מין** עשרין / [וחדה]
5Q**15** 1i2 (III) — שוק] פתה קנין שת[ה] **אמין** ארבעין ותרתין
5Q**15** 1i4 (III) — קנין תמנית עש[ר] פותי **אמין** מא[ה ועשרי]ן
5Q**15** 1i5 (III) —] קנין תש[ע]ה **ואמין** א[ר]בע לשוק חד אמי[ן]
(III) — ואמין א[ר]בע לשוק חד **אמי**[ן] שתין ושבע
5Q**15** 1i6 (III) — קנ[ין תל]תת עשר **ואמה** חדה לאמין
(III) — עשר ואמה חדה **לאמין** תשע[י]ן ות[רתין]
5Q**15** 1i10 (III) — פותי תרעיהון קנין תלתה **אמי**[ן] עשרין וחדה
5Q**15** 1i11 (III) — דשי[א] קנא חד ופלג **אמי**[ן] ע[שר ופלג [
5Q**15** 1i14 (III) — חמשה בחמשה **ואמ**[י]ן חמש ל[אמין א]רבעין
5Q**15** 1i15 (III) — פתיהון]קנין תרין **אמין** ארב[ע] עש[רה ופו]ת[י
5Q**15** 1i16 (III) — די כל א]ספא קנין תרין **אמין** ארבע עשרה
5Q**15** 1i17 (III) — ומשח בגוא א[ס]פא אורכה **אמין** [תלת עשרה
5Q**15** 1i19 (III) —] / [בריא פותיה **אמ**[י]ן ארבע רומ[ה אמין]
5Q**15** 1ii1 (III) — וא[ור]כה עלל קנין תרין **אמין** א[ר]בע
(III) — עשרה ורומה קנין תרין **אמין** ארבע ע[שרה
5Q**15** 1ii3 (III) — חדה קנין תרין בתר[י]ן **אמין** ארבע עשרה
5Q**15** 1ii5 (III) — פתיה **אמין** ארבע וסחר [וס]ל[ק]רום ק[נין
5Q**15** 1ii8 (III) — ופתיהון] / [קני]ן תרין **אמין** ארבע עשרה
(III) — [ורומהון קנין ת]רין **א**[**מי**]**ן** ארבע ע[שרה
5Q**15** 1ii9 (III) — פות]י קנין ת[רי]ן **אמין** ארבע עש[רה
5Q**15** 1ii10 (III) — משחת בתי]מכלא דכא **אמין** תשע ע[שרה
5Q**15** 1ii12 (III) —] ◦◦◦ כותא רומה [**אמ**]**ין** תרתין [פתיה
5Q**15** 1ii15 (III) — עשרה ופותיהון **אמ**]**ין** תל[ת] וארכין [ע]שר[
5Q**15** 2,4 (III) — ע]מודיא **אמין** תרתי עשרה [
5Q**15** 7,2 (III) — **אמ**[י]**ן** תרתין ◦[
5Q**15** 12,1 (III) —]**אמין** [
5Q**15** 14,1 (III) — **א**]**מין** ◦[
11Q**18** 6,1 (XXIII) —] מאתין ותמנין **אמ**[ין
11Q**18** 8,2 (XXIII) — פ]ותיה **אמה** ותרתי עשר[ה
11Q**18** 9,2 (XXIII) —]**אמין** עמודין שבעה ת[
11Q**18** 9,3 (XXIII) — אורכיהון ופו]תיהון **אמין** שת בשת [
11Q**18** 11,1 (XXIII) —]תוהי ארבעא רמין **אמין** א[רבע
11Q**18** 11,3 (XXIII) — פותיה **אמי**]**ן** תרתין ורומה אמין תרתי[ן
(XXIII) — פותיה אמי]ן תרתין ורומה **אמין** תרתי[ן

maidservant noun אֲמָה

11Q**10** II,4 (XXIII) —] / ביתי **אמתי** לנכר[י

Amorite proper noun אֱמוֹרָי

1Q**20** XXI,21 — אחיא **אמוראא** רחמי ואכלו כחדא / עמי

Emzara proper noun אמזרע

1Q**20** VI,7 —] / ◦◦תי אל◦ ו**לאמזרע** ברתה לי לאנתה נסבת

Amana proper noun אמנא

1Q**20** XVII,14 — לבני גומר ◦◦◦◦◦ **ואמנא** עד דבק לפו[רת]

to say verb אמר

1Q**20** II,9 —] / **ואמרת** יא אחי ויא מרי
1Q**20** II,13 — ועמי תמלל ולי **תאמר** יא מרי ויא אחי
1Q**20** II,24 — [ו]**אמר** לחנוך אבוהי יא אבי
1Q**20** II,25 —]**ואמר** לך דאל תרגז עלי
1Q**20** V,9 —] / וכען לכ{{א}} אנה **אמר** ברי ולך אנה
1Q**20** V,10 —] / אזל **אמר** ללמך ברך [
1Q**20** VI,15 — רבא לי קל אשמע לך **אמרין** יא נוח / [
1Q**20** XI,15 — עמי ולי **אמר** אל תדחל יא נוח עמך אנה
1Q**20** XIX,7 — תמן ב[שם]אל[הא] **ואמרת** אנתה הוא / אל[הי
1Q**20** XIX,16 — תמרתא **ואמרת** אל תקוצו ל[א]רזא ארי תרינא
1Q**20** XIX,17 — מן שנתי **ואמרת** לשרי אנתתי חלם / חלמת [אנה
1Q**20** XIX,18 — **ואמרת** לי אשתעי לי חלמך
1Q**20** XIX,19 — ל[ה פשר] חלמא [דן ו]**אמ**[**רת**] ◦◦◦ די יבעון
1Q**20** XX,9 — ובעא למקטלני **ואמרת** שרי / למלכא דאחי
1Q**20** XX,12 — דן צלית ובעית ואתחננת **ואמרת** באתעצבא
1Q**20** XX,22 — **ואמר** לה לוט לא יכול אברם דדי
1Q**20** XX,23 — וכען אזל **אמר** למלכא וישלח אנתתה
1Q**20** XX,24 — מלי לוט אזל **אמר** למלכא כול מכתשיא
1Q**20** XX,26 — וקרא [מ]ל[כ]א לי **ואמר** לי מא עבדתה לי
לי בדיל [שר]י **ותאמר** / לי די אחתי היא
1Q**20** XXI,8 — בחזוא די ליליא **ואמר** לי סלק לך לרמת
1Q**20** XXI,12 — **ואמר** לי לזרעך אנתן כול
1Q**20** XXII,16 — ל[א]ברם **ואמר** בריך אברם לאל עליון
1Q**20** XXII,18 — מלכא די סודם **ואמר** לאברם מרי אברם
1Q**20** XXII,20 — אדין **אמר** אברם למלך סודם מרים
1Q**20** XXII,22 — לך דלמא תהוה **אמר** ⟦ ⟧ דימן נכסי כול
1Q**20** XXII,27 — בחזוא **ואמר** לה הא עשר שנין / שלמא
1Q**20** XXII,32 — **ואמר** אברם מרי אלהא שגי לי
1Q**20** XXII,34 — **ואמר** לה לא ירתנך דן להן
1Q**63** 4 (I) —]◦ **ואמר** [
4Q**196** 2,12 (XIX) — קרבו / עלוהי שגיאין **ואמר**[**ת** לטו]ביה ברי
4Q**196** 6,8 (XIX) — **אמר** לאפטרותני מן ע[ל ארעא]
4Q**196** 13,2 (XIX) — למל[אכא]⟦ ⟧[עזריה] אחי **אמ**[**ר** לי] / [
4Q**196** 14ii9 (XIX) —] / **ואמר**[**ו** לה מן בני נפתלי] די שבי[ן
4Q**196** 14ii10 (XIX) —] / **וא**[**מרין** לה די]ידעין אנח[נא לה
4Q**196** 18,16 (XIX) — ושבע]ת בנוהי ובקדה **ואמ**[**ר** ברי
4Q**197** 3,4 (XIX) — **ואמר** לה[
4Q**197** 4i2 (XIX) — ו]**אמר** לה אל תדחלי בשלם יהך
4Q**197** 4i8 (XIX) — נונא ואנפ]קה ליבשא **וא**[**מר** לה מלאכא
4Q**197** 4i12 (XIX) — [**וא**]**מר** לה עזריה אחי מה סם
4Q**197** 4i16 (XIX) — [לעלי]מא ט[ו]ביה אחי **ואמר**[ ]לה הא אנה
(XIX) — אנה **ואמר** לה אבית[רעואל נבית] / [וג]ברא
4Q**197** 4iii3 (XIX) — ושאלו שלמה לקדמין **ואמר** להון
4Q**197** 4iii4 (XIX) — **ואמר** לעדנא אנתתה כמא / דמה עלימא
4Q**197** 4iii5 (XIX) — עדנא **ואמרת** להון מנאן אנתון אחי / ואמרו
4Q**197** 4iii6 (XIX) — להון מנאן אנתון אחי / **ואמרו** לה מן בני
(XIX) — **ואמרא** להון ידעין אנתון לטובי אחונ[א]
4Q**197** 4iii7 (XIX) — לטובי אחונ[א] / **ואמרין** לה די ידעין אנ[ח]נא
(XIX) — **ואמרו** לה של[ם ואמ]ר [טו]ביה /
(XIX) — ואמרו לה של[ם **ואמ**]**ר** [טו]ביה / די אבי הוא
4Q**198** 1,2 (XIX) — ושבעת] / בנוהי ופקדה **ואמר** ל[ה
4Q**198** 1,6 (XIX) —] / בכל די **אמר** אלה[א כל]א יתאיית[א
4Q**201** 1i2 (XXXVI) —] מתלוה[י **וא**]**מר** [חנוך גבר קשטה די חזו

ואמרו לה כלהן נמ[א מומא כלנה	4Q201 1iii1	(XXXVI)
ארבעתה עללו] / ואמרו קדמ[יהן ד]קלה	4Q201 1iv9	(XXXVI)
די קבלן [נפשת בני אנשא] וא[מרן	4Q201 1iv11	(XXXVI)
[ולרפאל אמ]ר א[זל נא רפאל ואסר לעסאל	4Q201 1v5	(XXXVI)
וענו] ואמר[ו לה כולהון] / נמא [מומא כלנא	4Q202 1ii6	
]◦ אמר אוהיה לה[היה	4Q203 4,3	(XXXVI)
אד]ין אמר לה[	4Q203 13,2	(XXXVI)
למרא רבות]א ואמרת להוה בריך דין	4Q205 1xi2	
וענה]לי א[מר הא דה היא] / [רוחא	4Q206 1xxii7	
וחד] אמר נת[ר מן דביא ערק ואזל	4Q206 4ii20	
אמר [על חשבון בני קשטא ועל	4Q212 1iii19	
חנוך מתלה ואמר אנ[ה הוא חנוך]שביע	4Q212 1iii23	
וכען לכון אנה אמר בני [רחמו לקשטא והלכו	4Q212 1v24	
]אמרת מרי אנתה / [	4Q213a 1,10	(XXII)
]אמרת מא / [	4Q213a 6,1	(XXII)
] / אנה די תמרון לי ד̊י̊ ה[	4Q214 3,2	(XXII)
ע]שר עעין א[מ]ר לי[די חזין ל]אסקא מנהון	4Q214b 2-6,3	(XXII)
]אלן אנון די א[מר לי די חזין לאסקא מנהון	4Q214b 2-6,6	(XXII)
שאיל דניאל לממר בד[י]ל [	4Q243 1,1	(XXII)
וחכ[מי]ן ויא[מר	4Q243 11ii1	(XXII)
]אמר [ ]דניאל[	4Q244 4,2	(XXII)
טעותא ורגז עליהון אלוהין וא[מר	4Q244 12,2	(XXII)
ברה די אל יתאמר ובר עליון יקרונה	4Q246 1ii1	(XXII)
] / ישוע אמר איך ◦◦נ[	4Q345 Recto 6	(XXVII)
כתבא די אמר מיכאל למלאכיא ע[ל חזוא	4Q529 1,1	(XXXI)
] / אמר די גדודי נורא תמה השכח[ת	4Q529 1,2	(XXXI)
חזוא וההזיתה חזוה ואמר לי ד[י	4Q529 1,5	(XXXI)
ולהוא אמר לה הא דן הו[א	4Q529 1,14	(XXXI)
]ואמר ל◦[	4Q529 2,2	(XXXI)
ו[או]היה אחוי אנון ז{{מ}}א זי אמר לה	4Q530 2ii+6-12,1	(XXXI)
וח[ו]בבס אפחא ומתאמר[ד]ין על נפשה	4Q530 2ii+6-12,2	(XXXI)
אוהיה ואמר קדם גבריא אף / אנה חזית	4Q530 2ii+6-12,15	(XXXI)
וארו[? ספ]רין פתיחו ודין אמיר ודין / [רבא	4Q530 2ii+6-12,18	(XXXI)
על חנוך / [וחש]בו ואמרו לה אזל[עלוהי	4Q530 2ii+6-12,22	(XXXI)
שמעתא קלה ואמר לה די יחוא[ל]כה פ[ש]ר	4Q530 2ii+6-12,23	(XXXI)
חזה[י]חנוך וזעקה ואמר לה מהוי מה[לכה	4Q530 7ii6	(XXXI)
א]מר לה די אנה ידע עד ד[י	4Q531 5,3	(XXXI)
] ואמר[	4Q531 16,2	(XXXI)
]וכדן אמר לה ⟦ ⟧ אוהיה חלמי	4Q531 22,9	(XXXI)
[ואדין ג]לגמיש אמר [ח]למכה[ ]של[ם ?	4Q531 22,12	(XXXI)
אמ]רו כדן [	4Q531 28,3	(XXXI)
]אמרת[	4Q531 28,5	(XXXI)
]אמר[	4Q533 7,1	(XXXI)
]אמרו עלוהי ⟦ ⟧[	4Q534 1ii+2,18	(XXXI)
להו[ה]עמ[יק ח]זוה ⟦ ⟧ ואמרת פריא	4Q541 2i9	(XXXI)
מלין עלוהי יאמרון ושגה / [כדב]ין ובדיאן	4Q541 9i5	(XXXI)
]אמר[	4Q541 15,1	(XXXI)
]אמ[ר	4Q541 17,3	(XXXI)
ו]אמרת[	4Q543 12,1	(XXXI)
]אמר ל[	4Q543 21,1	(XXXI)
וא]מרו / [	4Q543 33,1	(XXXI)
והא תרין דאנין עלי ואמרין[	4Q544 1,10	(XXXI)
ואמרו לי במן מננא אנת[ה	4Q544 1,12	(XXXI)
ואמר לי הדן מ[תקרא בתלתה	4Q544 2,12	(XXXI)
ואמרת מראי מא של[טן לעירא	4Q544 2,13	(XXXI)
והוא ענה וא]מר לי תלתה שמה[ן די לי	4Q544 3,2	(XXXI)
רעות[ה ית]קרה ויתאמר[בחיר אל די]	4Q545 4,18	(XXXI)
ואמרת בדן אנה רבה [ ] / למרגז	4Q545 7,1	(XXXI)
וע]נה ואמר ל[י	4Q546 4,1	(XXXI)
]◦◦]ושאלתה [ו]אמרת לה מא א[	4Q546 4,3	(XXXI)
]לממר לה מ[	4Q546 16,1	(XXXI)
ואמ]רין לי אנחנא / [	4Q547 1-2iii11	(XXXI)
די א]מרת לכה על מדבח[א]די אבני[א	4Q547 8,3	(XXXI)
והוא לי כדי אמר[לי מלאכא	4Q547 9,9	(XXXI)
]◦א ואמר אושי [	4Q550b 5	
ענה ואמר ב[גס]רו בגסרו מן [	4Q550c 1ii8	
]כול אנש די ימר מלה[באי]שא על בגסרו נ[	4Q550c 1iii2	
ואמר מלכא יכת[ב	4Q550c 1iii3	
]אמרין[	4Q550c 2,1	
]קדם מלכא אמ[ר	4Q550d 1,1	
אנש קרתא על ביתא וימרון לה הנפק[	4Q551 4	
]אלהא ויאמרו / [		
אמ]ר להון אחי אל תבאש[ו	4Q551 5	
ואמר לי מלכא בדיל כדן	4Q552 1,8	
]אמר להון ומפקא להון בפרוש	4Q552 1,10	
אילנא ורחקו מנה ואמר[	4Q552 2ii2	
ואמרת אן אחזא ואתב[ונ]ן ב[ה וחזית]	4Q552 2ii3	
ושאלתה מן שמך ואמר לי בבל[ואמרת לה]	4Q552 2ii5	
] ואמר / למש◦[ ]ושאלתה מן שמ[ך	4Q552 2ii7	
]ל / ואמרת לה אנתה הוא ד[י שליט	4Q552 2ii9	
] / אילנא תליתי[א ו]אמרת ל[ה מן שמך	4Q552 2ii11	
]◦חי ואמרת לה היא דא מן ◦[	4Q552 2iii1	
]◦א ואמר לי במלכות / [	4Q553 6i4	
ואמרת אן אחזה ואתבונן / בה וחזית	4Q553 6ii3	
]ושאלתה מן שמך ואמר לי בבל ואמרת לה	4Q553 6ii4	
לי בבל ואמרת לה אנתה / הוא ד[י שליט		
אחרנא ושאלתה ואמרת לה מן / שמך [	4Q553 6ii5	
לה מן / שמך [וא]מר לי ◦[	4Q553 6ii6	
]ממר הא אלין [	4Q556 3,7	
]ואמרו לי ◦[	4Q558 4,1	
]חרה בחורב ואמר [	4Q558 33,5	
]חזה ואמ[ר	4Q558 50,1	
]אמכון ויאמ[ר	4Q558 70,6	
ויהך ויתעשק ויאמר אהך לי עד סיאפי ארעא	4Q568 1	
] / בר לאבוהי אמר די נהיתא עד	4Q571 3	
מ]לכא ואמר לה [	4Q572 2	
א]מר מרי [	4Q581 3,2	
ענ]ה אוהיא ואמר למהוי ◦[	6Q8 1,2	(XXXVI)
] ימרון ◦[	6Q8 8,1	(XXXVI)
ואמרת / [	11Q10 VI,7	(XXIII)
] / אמרין ל[אלהא	11Q10 VII,2	(XXIII)
ענא איוב ואמ[ר] / [אף יומא דן] מן טלל	11Q10 VIIA,1	(XXIII)
]ואסתכל מא יאמר לי / [	11Q10 VIIA,6	(XXIII)
] / קבל למא[מר	11Q10 VIII,6	(XXIII)
[ענא איוב ואמ]ר	11Q10 IX,10	(XXIII)
]ואמר	11Q10 X,8	(XXIII)
ואמר לבני[אנשא	11Q10 XIII,9	(XXIII)
די למה תאמרון[	11Q10 XXI,4	(XXIII)
הך אמרת באדני וק[ל	11Q10 XXII,2	(XXIII)
ויאמר פצהי מן חב[לא	11Q10 XXIII,1	(XXIII)
וכעבד / כפוהי ישלם לה ויאמ[ר	11Q10 XXIII,5	(XXIII)
ארו אמר לא / ישנא גבר מי[	11Q10 XXIV,2	(XXIII)
ולא אמר[ין אן הוא]אלהא / די עבדנה	11Q10 XXVI,4	(XXIII)
הן תאמר[	11Q10 XXVI,9	(XXIII)
אדניהון למוסר וא[מר להון]הן יתובון	11Q10 XXVII,4	(XXIII)
והוא אמר ישמעון לה ואזלין לעבדיהון	11Q10 XXIX,2	(XXIII)
ואמרת עד תנא / ולא תוסף[	11Q10 XXX,8	(XXIII)
ולקל קרנא יאמר האח ומן / רחיק יריח	11Q10 XXXIII,5	(XXIII)
אלהא לאיוב ועננא ואמר לה	11Q10 XXXIV,2	(XXIII)
ענא איוב ואמר קדם אלהא	11Q10 XXXVII,3	(XXIII)

11Q18 15,4 (XXIII)]א ואמר לי לעשרין ושת ◦
11Q18 18,5 (XXIII)]אמר לי חזא אנתה ד[י

lamb noun אִמַּר
4Q204 4,4 אורחא די אחזית ל]הון ואמרה לא ידע בהון
4Q204 4,8 באדין] אתיב אמרא דן לכול ענא טעיתא
4Q204 4,10 בחלמא דן עד די א]מר[א]ד[ן אתהפך והוא
4Q204 4,11 וחזית עד די דמך] אמ[רא] ד[ן די אלו[ה]
4Q205 2i29 ודבר דכרא] ל[ח]ד עשר אמריא כולהון
4Q206 4ii14 שגיאין ודכרא הולד] / אמר[י]ן ת[רי עשר
4Q543 25,2 (XXXI) א]מר שמן]
4Q553 13,2]ועגלין ואִמרין / [

ewe lamb noun אִמְּרָה
11Q10 XXXVIII,7 (XXIII) לה גבר אמרה חדה / וגבר קדש חד

Amraphel proper noun אַמְרָפֶל
1Q20 XXI,23 מלך עילם אמרפל מלך בבל אריוך מלך

truth noun אֱמֶת
1Q20 VI,2 והוית מהלך בשבילי אמת עלמא ועמי
1Q20 XIV,10]אמת חלפא די נפקא מנה וראמא

when adverb אֵמָתַי
11Q10 I,5 (XXIII) עד אמת]י תשוא סוף למלא[

where? adverb אָן
4Q537 12,3 (XXXI) שוריהא ואן להוון מש[תפכין מין
4Q552 2ii3] / צורתא ואמרת אן אחזא ואתב[ונ]ן ב[ה
4Q553 6ii3 ואמרת אן אחזה ואתבונן / בה וחזית
4Q543 15,3 (XXXI)]בכל שנאין אן ד[י
11Q10 XXX,2 (XXIII) אן הוית במעבדי ארעא החויני

if conjunction אִן
1Q20 XXII,21 וארעא אן מן חוט עד ערקא דמסאן / אן
1Q20 XXII,22 עד ערקא דמסאן / אן אסב מן כול
4Q538 1-2,2 (XXXI) ע]לי ואן איתי בל[ב]בהון עלי[ן רוח
4Q539 2-3,5 (XXXI) ואסכמו] / [על מנין זבנ]ותהון אן תס[בר

אֲנָא ← אֲנָה

fruit noun אנב
1Q20 XI,12]◦◦◦עליהא עדן בעליהון ובאנבהון וארעא
1Q20 XIII,17 ואתרת מן עלוהי ומן אנבה ובדרתה לרוחיא

? noun אנדר
4Q529 1,8 (XXXI)] / כדי כשבין דמעא מן אנדרא {מן ◦[}

to oppress verb אנה
1Q20 1i4 (I)]וכען הא אניתי אסירין / [

I, myself pronoun אֲנָה, אֲנָא
1Q20 II,3 באדין אנה למך אתבהלת ועלת על בתאנוש
1Q20 II,4 אנתתי [ואמרת] / [הא] אנה מועד בעליא
1Q20 II,10 י לגו נדנהא ואנה בקושט כולא אחוינך [
1Q20 II,14 יאמיא אנה לך בקדישא רבא
1Q20 II,19] / באדין אנה למך רטת על מתושלח אבי
1Q20 II,24 אבי ויא מרי די אנה לך את[ית
1Q20 V,3 הא כדי אנה חזינך [
1Q20 V,9] / וכען לכ{{א}} אנה אמר ברי ולך אנה

אנה אמר ברי ולך אנה מחוה [
1Q20 V,20] / וכען לך אנה [מ]חוה ברז◦◦◦◦[
1Q20 V,26] / וכדי אנה למך ◦◦ [ ]◦ [
1Q20 VI,6] / בא[ד]י[ן] הוית אנה נוח גבר ואחדת
1Q20 VI,23 ואש]כחת אנה נוח חן רבו וקושט ◦◦◦[
1Q20 VII,5]◦קר ואגרי אנה משלם לך ◦◦ / [
1Q20 XI,1] אנה נוח הוית בתרע תיבותא באריא
1Q20 XI,11 ◦ ארבע [ ] / [אדין]אנה נוח נפקת
1Q20 XI,15 אל תדחל יא נוח עמך אנה ועם בניך
1Q20 XI,16 והא אנה / [י]הב לך ולבניך
1Q20 XI,19] אנה לך [די] ישנין בניך [
1Q20 XII,8 כן נחתת לשפולי טורא דן אנה ובני ובני בני
1Q20 XII,13 [ו]שרית אנה ובני כולהון למפלח
1Q20 XV,22]◦ת אנה ל◦◦◦ בדי זכי◦ לא[
1Q20 XIX,14 וחלמת אנה אברם חלם בלילה מעלי לארע
1Q20 XX,10 ושביקת אנה אברם בדילהא ולא קטילת
ובכית אנה / אברם בכי תקיף אנה ולוט בר
1Q20 XX,11 אנה / אברם בכי תקיף אנה ולוט בר אחי
1Q20 XX,33 ואזלת אנה אברם בנכסין שגיאין לחדא
1Q20 XXI,6 ואף אנה אוספת לה על דילה
1Q20 XXI,7 בסודם בי / ויתב בה ואנה הוית יתב
1Q20 XXI,10 וחזי כול / ארעא דא די אנה יהב לך
1Q20 XXI,15 ואזלת אנה אברם למסחר ולמחזה ארעא
1Q20 XXI,21 ואכלת ואשתית תמן / אנה וכול אנש ביתי
1Q20 XXII,20 למלך סודם מרים אנה / ידי יומא דן לאל
1Q20 XXII,30 וכען אל תדחל אנה עמך ואהוה לך / סעד
1Q20 XXII,31 ואנה מגן עליך ואספרך לך
1Q20 XXII,33 ואנה כדי אמות ערטלי אהך די לא בנין
1Q21 8,1 (I)]ושלם [ ] ואנה[
1Q21 8,3 (I)]ן אנה ל[
4Q157 1ii8 (VI)] / ואנה חזית דרשע מ[ו]עה ולטת ל◦[
4Q196 2,1 (XIX) למלכ]א עלי ד]י אנה קב[ר אנון ו]אחוית
4Q196 2,13 (XIX)]עמי והא אנה / [
4Q196 6,9 (XIX) י]דע ד[י]דכיה אנה בגרמי מ[ן כ]ל טמאת[
4Q196 6,10 (XIX) שבינא[יחי]דא אנה[לאבי] / [ולא]בר לה
4Q196 17i3 (XIX) הא אנ]ה סלק / [
4Q197 3,3 (XIX)]אנה עזר[יה בר
4Q197 4i16 (XIX) אחי ואמר[ ]לה הא אנה ואמר לה אבית[
4Q197 4ii4 (XIX) לה]משתותא וידע אנה די לא יכול
4Q197 4ii9 (XIX) וכען ד]חל אנה [מ]ן שדא די / [רחמה
4Q197 4ii18 (XIX) ו]מרמה אנה די להוון לך [מנה בנין
4Q197 5,7 (XIX)]ברי אנה אבוך ועדנא א[מך
4Q201 1i4 (XXXVI) להד]ן דרה להן לד[ר ר]חיק אנה ממ[לל
4Q201 1vi5 (XXXVI)] / [טמא ועוד לא אש]גר אנה [עליהן מן
4Q203 1,4 (XXXVI)] / אנה קאם[
4Q204 1vi10 א רב]א בחלמא די אנה [חלמת ובחזיתא
4Q204 1vi19 כול מלה] / מן כתבא די אנה כתבת [
4Q204 5ii26 בי[ו]מי[הון בד]י ידע אנה ברזי [מריא די]
4Q206 4i18 הבעה ולמעל עליה ו]אנה הוית חזה עד
4Q209 26,6 (XXXVI) וכען מחוה אנה לך ברי [ ]]
4Q212 1iii20 ב]ני אנא הוא / חנוך אחז[י]ת אנה כלא
4Q212 1iii22 עירין וקדשין / אנה כלא ידעת [ובלוחת
4Q212 1iii23 נסב חנוך מתלה ואמר א[נ]ה הוא חנוך
4Q212 1v24 וכען לכון אנה אמר בני [רחמו לקשטא
4Q213 1i5 (XXII) ו]אנה לכן / [מפקד בני ואנה
4Q213a 1,6 (XXII)]אנה / [
4Q213a 2,14 (XXII)] / שכבת ויתבת אנה ע[ל
4Q213b 2 (XXII) ונגדו שבעתון מן לותי ו]אנה אתעירת מן
4Q214 3,2 (XXII)] / אנה די תמרון לי ד[י] ה[
4Q343 Recto 2 (XXVII)] / ◦◦◦ אנה[

4Q**344** 2	(XXVII)	]עמי **אנה** אלעזר בר הסף[
4Q**530** 1i2	(XXXI)	ל]לוט ולצער **אנה** די ידי
4Q**530** 2ii+6-12,16	(XXXI)	קדם גבריא אף / **אנה** חזית בחלמי בליליא
4Q**531** 5,3	(XXXI)	א]מר לה די **אנה** ידע עד ד[י
4Q**531** 14,3	(XXXI)	]אחדת **ואנה** נפלת על אנפי קלה שמ[עת
4Q**531** 18,4	(XXXI)	] **ואנה** מחבל ויב[דון
4Q**531** 22,5	(XXXI)	ברם לא / [תקפת ולא]משכח **אנה** עמן
4Q**531** 22,10	(XXXI)	ארו ידע **אנה** די על / [חזוה לא א]רמוך
4Q**531** 46,1	(XXXI)	[?]**ואנה** או[היה ?
4Q**541** 3,2	(XXXI)	נס]ב **אנה** לכה מתל[י
4Q**542** 1ii9	(XXXI)	ברי **אנא** מפק[ד ירותתא די מהשלמא (לי)
4Q**542** 1ii10	(XXXI)	ו{{ל}}בניהון **אנא** מפקד[
4Q**542** 2,13	(XXXI)	] / **ואנא** רוזנא[
4Q**543** 10,1	(XXXI)	] **אנה** שליט[על
4Q**543** 16,4	(XXXI)	] עדבך **א**[נ]**ה** ברי / [
4Q**543** 17,3	(XXXI)	]◦תי **אנה** ו◦◦[
4Q**543** 20,1	(XXXI)	]**אנה** ברי דב[
4Q**544** 1,8	(XXXI)	[ו]**אנה** אנתה אח[רי לי לא] נסבת
4Q**544** 2,15	(XXXI)	על כול חשוכה **ואנה**[דבר כול הוי]
4Q**544** 2,16	(XXXI)	מן מ]צליא עד ארעיא **אנה** שליט על כול
4Q**545** 1ai11	(XXXI)	מפ]קד **אנה** / [
4Q**545** 7,1	(XXXI)	ואמרת בדן **אנה** רבה [ ] / למרגז עלי
4Q**546** 4,2	(XXXI)	]ה **ואנה** שליט לא◦◦◦[
4Q**546** 13,2	(XXXI)	]**אנה** בל◦[
4Q**546** 14,1	(XXXI)	וכען ברי **א**[**נה**
4Q**547** 9,8	(XXXI)	] **ואנה** אתעירת מן שנת עיני וחזוא
4Q**548** 1ii-2,9	(XXXI)	] / **אנה** מ[חו]ה לכ[ון ארח]א {{י}}צבתא
	(XXXI)	ארח]א {{י}}צבתא **אנה** מודע לכ[ון קשטא
4Q**550**c 1iii3		]טה **אנה** ל[ע]לם ◦[
4Q**556** 11,1		]רא **אנה** ה◦[
4Q**558** 27,1		] **אנה** [
4Q**560** 1ii5		] / **ואנה** רוח מומה[
11Q**10** XIV,6	(XXIII)	] / [א]רו **אנה** שיזבת לענא מן ◦[
11Q**10** XXI,1	(XXIII)	מלי אף **אנה**
11Q**10** XXI,9	(XXIII)	[וא]חוה מלי אף **א**[**נה**
11Q**10** XXII,3	(XXIII)	[זכ]י **אנה** ולא חטא לי ונקא[
11Q**10** XXV,9	(XXIII)	תב]חר ולא **אנה** [
11Q**10** XXXVII,6	(XXIII)	שמע נא **ואנה** אמלל אשאלנך / והתיבני

they, those, m. pronoun **אִנּוּן**

1Q**20** I,8		]**אנון** / [
1Q**20** VI,17		]קל יצלחון ובחר◦ **אנון** ◦◦◦◦◦◦◦◦◦◦◦◦◦◦
1Q**20** XXII,7		דבק לדן ואשכח **אנון** / שרין בבקעת דן
1Q**20** XXII,9		בליליא ותבר **אנון** והוא רדף להון וכולהון
1Q**20** XXII,24		די / אזלו עמי **אנון** שליטין בחולקהון
1Q**23** 2,1	(XXXVI)	]◦ **אנון**[
1Q**67** 5,3	(I)	]ו **אנון** [
4Q**196** 2,4	(XIX)	תרי בנו]הי **ואנון** ערקו לטורי אררט ומלך
4Q**197** 4iii4	(XIX)	ועלו בשל[ם] אחי ואעל **אנון** לביתה
4Q**197** 4iii5	(XIX)	ושאלת **אנון** עדנא ואמרת להון מנאן אנתון
4Q**201** 1iii13	(XXXVI)	אלין **אנון** רבני רב[נ]י עס[ר]תא
	(XXXVI)	**אנ**[**ון** ור]בניה[ן כלהן נסבו להן]
4Q**202** 1ii17		אלין [**אנו**]**ן** רבני עש[רתא]
4Q**203** 5,2	(XXXVI)	]חמס **אנו**[**ן**
4Q**203** 8,8	(XXXVI)	גבריא] / **אנון** [ו]בני[הון ונ]שיא ד[י
4Q**206** 1xxii1		והא אלן **אנון** פתחיא לבית עגנון / לכדן
4Q**206** 1xxvi16		] / [ריח כדי] מדקק קלפוהי **א**[**נון** על כל
4Q**212** 1v18		או עמודי] / זויא די **אנ**[**ון**]ע[ליהו]ן יתנח[ון
4Q**212** 1v23		והיכה **אנון** סמכי[ן וכמה רב מנין כוכבין]
4Q**213** 1i3	(XXII)	ושרית לפקדה]**אנון** / [ית כל
4Q**213** 1-2ii9	(XXII)	]תרתון **אנון** / י◦[
4Q**214**a 1,1	(XXII)	[ר]קתא אלן **א**[**נון** די אמר לי די חזין להסקה
4Q**214**b 2-6,2	(XXII)	אסק] **אנו**[**ן** ארי]כדן חזית לאברהם / [
4Q**214**b 2-6,6	(XXII)	]אלן **אנון** די א[מר לי די חזין לאסקא
4Q**243** 13,3	(XXII)	] למנתן **אנון** ביד נב[כדנצר
4Q**243** 14,3	(XXII)	]**אנון** בגו ע[ממיא
4Q**243** 16,2	(XXII)	בי]דה רבתא ויושע **אנ**[**ון**
4Q**244** 13,1	(XXII)	] ובדר **אנון**[
4Q**530** 2ii+6-12,1	(XXXI)	ו[או]היה אחוי **אנון** ז{{מ}}א זי אמר לה /
4Q**531** 22,6	(XXXI)	דבשמי]א יתבין ובקדשיא **אנון** שרין ולא / [
4Q**531** 22,7	(XXXI)	אנון שרין ולא / [אתמחו ד**אנו**]**ן** תקיפין מני
4Q**531** 25,5	(XXXI)	]◦ **אנון** מאתי[ן ◦ [
4Q**531** 42,2	(XXXI)	]**אנון**
4Q**543** 1a-c,2	(XXXI)	לבנוהי ודי פקד **אנון** ב[יום מותה בשנת מאה]
4Q**543** 5-9,1	(XXXI)	ושאלת **אנו**]**ן** אנת[ון מן די כדן משלטין עלי]
4Q**544** 1,11	(XXXI)	ושאלת **אנון** אנתון מן די כדן מש[לטין עלי
4Q**545** 1ai2	(XXXI)	ל]בנ[והי ודי פקד]**אנון** ביום מות[ה]בשנת
4Q**548** 1ii-2,3	(XXXI)	ירחקון]**אנון** מן אסיאנהון [
4Q**548** 1ii-2,4	(XXXI)	(לא) יפלטו]ן **אנון** מן מותא ומן א[בדנא
4Q**550**c 1iii4		]**ואנון** בדרת בית מלכ[א]רבתא[
4Q**556** 3,5		]◦◦ נהובד **אנון** [
4Q**556** 14,4		] מרא **אנון** / [
4Q**558** 48,1		]**אנון** עמא [
4Q**561** 4-6ii6		] / **ואנון** קטי<נ>ין ו[

אנוס ← אוֹנֶס

אנוש ← אֱנָשׁ

we pronoun **אֲנַחְנָא, אֲנַחְנָה**

1Q**20** XIX,12		]כען **אנחנא** ◦◦◦ ארענא
4Q**196** 14ii10	(XIX)	] / וא[מרין לה די]ידעין **אנח**[**נא** לה
4Q**197** 4iii7	(XIX)	אחונ[א] / ואמרין לה די ידעין **אנ**[**ח**]**נא** לה
4Q**204** 4,2		ביניהון לא יכלין **אנחנא** למק[ם] לקובל [
4Q**531** 18,3	(XXXI)	]◦א **אנחנא** די חטי[נא
4Q**531** 19,3	(XXXI)	די]ל[א] גרמין **אנחנא** ולא בשר / [
4Q**533** 2,4	(XXXI)	]**אנחנא**[
4Q**543** 5-9,2	(XXXI)	לי]**אנח**[**נא** כן שליטין] / [ושליטי]ן על[
4Q**544** 1,4	(XXXI)	ועמרנא בחברון] / עד **אנחנא** בנין
4Q**545** 1a-bii19	(XXXI)	עד] / **אנחנה** בנין וקר[בא הוא בין]פלשת
4Q**547** 1-2iii11	(XXXI)	ואמ]רין לי **אנחנא** / [
4Q**581** 2,4		]א **ואנח**[**נא**

אֲנַחְנָה ← אֲנַחְנָא

lamentation noun **אנין**

4Q**206** 1xxii4		רוח / אנש מת קבלה [ו]**אנינה** ע[ד] שמיא

they, those, f. pronoun **אִנִּין**

4Q**201** 1iii15	(XXXVI)	] / ולאלפה **אנין** חרשה ו[כשפה ומקטע

to trouble verb **אנס**

1Q**20** II,13		] / באדין **אנסת** רוחהא ועמי תמלל ולי
4Q**531** 22,9	(XXXI)	לה ⟦ ⟧ אוהיה חלמי **אנסנ**[י

אנף ← אַף

face noun **אַנְפִּין**

1Q**20** II,12		בתאנוש אנתתי די אשתני **אנפי** עלי ◦◦◦[
1Q**20** II,17		למא צלם] / **אנפיך** כדנא עליך שנא ושחת

Reference	Vol.	Text
1Q**20** IV,12		]ל **אנפי** ארעא / [
1Q**20** V,12		[בני שמין]◦◦פל וה◦◦ / ל**אנפוהי** נסבא בי
1Q**20** XX,2		לה צלם **אנפיהא** וכמא / [נ]עים וכמא
1Q**20** XX,4		וכול נץ / **אנפיהא** ◦◦◦ כמא יאא לה חדיה
4Q**196** 6,8	(XIX)	[וכען פנית ע]ליך **אנפי** ועינ[י נ]טלת
4Q**198** 2,2	(XIX)	] / **אנפין** ל[ה
4Q**203** 1,3	(XXXVI)	] / **אנפי** עוד[
4Q**243** 13,1	(XXII)	ב]חרו בני ישראל **אנפיה**[ון
4Q**244** 12,1	(XXII)	]בחרו בני ישראל **אנפיהון** מן [
4Q**531** 14,3	(XXXI)	]אחדת ואנה נפלת על **אנפי** קלה שמ[עת
4Q**543** 5-9,7	(XXXI)	בחזוה ו**א**]**נפיהי** חעכון ומכסה ב[לבוש
4Q**543** 41,2	(XXXI)	**אנ**]**פוה**[י
4Q**544** 1,9	(XXXI)	אתוב למצרין בשלם ואחזה **אנפי** אנתתי [
4Q**544** 1,14	(XXXI)	] בחזוה ו**אנפיוה** העכן ו[מכסה בלבוש
4Q**550**d 1,3		ע]ל **אנפיכ**[ון
4Q**556** 1,3		]משרית[א י]שוא **אנפוהי**[
4Q**561** 4-6i7		]די **אפין** ◦◦ין [
4Q**565** 2		]חציף **אנפין**[
4Q**573** 6		]על **אנפי** / [
11Q**10** III,8	(XXIII)	[תסוק לשמיא גאותה ו**אנ**]**פה** לעננא[
11Q**10** VI,8	(XXIII)	**א**]**נפוהי** / [
11Q**10** XXIII,4	(XXIII)	ו]ישמענה / ויחזא **אנפוהי** באסיא[
11Q**10** XXV,5	(XXIII)	ויסת]ר **אנפוהי** מן יתיבנה על עם / [
11Q**10** XXIX,1	(XXIII)	על **אנפי** מין
11Q**10** XXIX,3	(XXIII)	על כל די ברא יפקדנון על **אנפי** תבל
11Q**10** XXXI,7	(XXIII)	כא[בן] מין התקרמו מנה ו**אנפי** ◦◦ל[
11Q**10** XXXIII,3	(XXIII)	ויחדא / ובחיל ינפק ל**אנפי** חרב
11Q**10** XXXIII,4	(XXIII)	ולא / יזוע ולא יתוב מן **אנפי** חרב

man noun **אֱנָשׁ, אנוש**

Reference	Vol.	Text
1Q**20** I,28		לא יד]עין מא למעבד **אנשא** לארעא / [
1Q**20** VI,9		]ה עליא לבני **אנשא**
1Q**20** VI,12		דן בלבבי ולכול **אנוש** לא אחויתה
1Q**20** VI,20		] קדישין די עם בנת **אנו**[**שא**
1Q**20** VI,26		]◦◦◦ ל**אנשא** ולבעירא ולחיותא
1Q**20** XIX,15		]וב[ני] **אנוש** אתו ובעון למקץ ולמעקר
1Q**20** XX,16		למכתשה ולכול **אנש** ביתה רוח / באישא
1Q**20** XX,17		והואת כתשא לה ולכול **אנש** ביתה
1Q**20** XX,18		מכתשיא ונגדיא ועל כול **אנש** ביתה
1Q**20** XX,19		לאסיותה מן מכתשה דן ול**אנש** / ביתה
1Q**20** XX,32		ומני עמי **אנוש** די ינפקונני ול◦◦◦ מן מצרין
1Q**20** XXI,13		ארעא די לא ישכח כול בר **אנוש** לממניה
1Q**20** XXI,19		לביתי בשלם ואשכחת כול **אנשי** שלם ואזלת
1Q**20** XXI,21		ואכלת ואשתית תמן / אנה וכול **אנש** ביתי
1Q**20** XXII,15		ומשתה לאברם ולכול **אנשא** די עמה
1Q**21** 8,2	(I)	]שלם וכל **אנש**[
4Q**157** 1ii2	(VI)	] / ה**אנש** מא[לה
4Q**197** 4ii5	(XXXVI)	ברתה מן כל **אנ**[**ש** ארי ה]וא יד[ע] די הן
4Q**201** 1iii18	(XXXVI)	הוו אכלין] / עמל כל בני **אנשא** ולא י[כילו
4Q**201** 1iii19	(XXXVI)	וקשרין לקטלה ל**אנשא** ו[למכל אנון
4Q**204** 4,10		אתהפך והוא **אנוש** ועבד מ[שכן] / [למרא ענא
4Q**206** 1xxii1		[נפש]ת כל בני **אנשא**
4Q**206** 1xxii4		חזית רוח / **אנש** מת קבלה [ו]אנינה ע[ד]
4Q**209** 23,8	(XXXVI)	מנהון למדבר בה בני **אנשא** וחד מנהון[
4Q**209** 26,5	(XXXVI)	]קצת דמי חזוא דן כדמות **אנש**[ ]ובימֿמא מן[
4Q**212** 1ii23		ספר פרשא] / [וח]כים **אנושא** ובחי[ר]בני [
4Q**212** 1v17		מחשבתה] / או מנו הוא כול **אנוש** די [יכל
4Q**212** 1v20		או מנו הוא [מן כול בני **א**]**נוש** די יכל [וינדע
4Q**212** 1v22		הוא כול **אנוש** די יכ[ל ינדע מה ארך
4Q**212** 1v26		ולבני] / **א**[**נושא**
4Q**213**b 3	(XXII)	דן בלבבי ולכל **אנש** לא / [גליתה
4Q**531** 2+3,9	(XXXI)	]דכר ונקבה וב**אנשא** ל[
4Q**531** 14,4	(XXXI)	ל]א יתב בין בני **אנש** ולא אלף מנהון[
4Q**531** 18,5	(XXXI)	**אנ**]**שא** חב[
4Q**534** 1i4	(XXXI)	להוה כלטיש [וכ**א**]**נוש** די לא ידע מדעם עד
4Q**534** 1i8	(XXXI)	[ו]ידע רזי **אנשא** וחוכמתה לכול עממיא
4Q**536** 2i+3,5	(XXXI)	ח]כמת **אנש** וכול חכימ[ין] / [
4Q**536** 2i+3,7	(XXXI)	]תזיע **אנשא** ועד / [
4Q**536** 2ii9	(XXXI)	די אנתה יצף מנה לכול **אנש** ◦[
4Q**536** 2ii10	(XXXI)	לכול **א**[**נש**(א) די מוסר חוכמה (מ)אלף
4Q**539** 2-3,7	(XXXI)	**א**]**נושא**[
4Q**539** 5,2	(XXXI)	במאמר פ]ומה אתצאד רוח **אנושא**[
4Q**542** 2,7	(XXXI)	]◦ ב**אנושא** ובחי[
4Q**545** 4,18	(XXXI)	וידיד אל] / שביעי ב**אנוש** רעות[ה ית]קרה
4Q**550**a 1		] / **אנש** להן יד[ע] מלכא הן איתי [
4Q**550**c 1iii2		]כול **אנש** די ימר מלה[באי]שא על בגסרו נ[
4Q**551** 4		] ויתכנשון כל **אנש** קרתא על ביתא וימרון
4Q**567** 2		כ]ל רשיעי **אנו**[**שא**
4Q**580** 4,4		] / כדי **אנושא** מדמין ◦[
6Q**26** 2,1	(III)	**אנ**]**שי** בית[
11Q**10** II,8	(XXIII)	] / כל **אנש** די[
11Q**10** IX,9	(XXIII)	] / [רמתא וב]ר **אנש** תולע[תא
11Q**10** XI,3	(XXIII)	]**אנש** רשיעין / [
11Q**10** XII,9	(XXIII)	**אנ**]**ש**
11Q**10** XIX,7	(XXIII)	**א**]**נש** / ביתי מ[ן
11Q**10** XXI,5	(XXIII)	] / להן אלהא חיבנא ולא **א**[**נש**
11Q**10** XXII,6	(XXIII)	] / ארו רב אלהא מן **אנשא**[
11Q**10** XXIV,4	(XXIII)	כען **אנש**[
11Q**10** XXIV,5	(XXIII)	]**אנש** ישלם לה / {{ }}[
11Q**10** XXV,6	(XXIII)	]ך **אנש** רשיעיא התקלו
11Q**10** XXVI,3	(XXIII)	כות]ך חטיך / ולבר **אנש** צדקתך
11Q**10** XXVIII,2	(XXIII)	ו]כל **אנשא** עלוהי חזין ובני אנשא
	(XXIII)	חזין ובני **אנשא** / מרחיק[עלוה]י יבקון
11Q**10** XXXI,4	(XXIII)	להנחתה על ארע / מדבר די לא **אנש** בה
11Q**18** 16ii+17i4	(XXIII)	ל◦[ו]ל[א] / עלל לה כול **א**[**נש**
11Q**18** 26,1	(XXIII)	]וכול **אנשא** די יח[

you, m. sg. pronoun **אַנְתָּה**

Reference	Vol.	Text
1Q**20** XIV,9		] אצ[ת] ושמע **אנתה** הוא ארזא רב◦◦◦ ◦◦◦◦◦א
1Q**20** XIX,7		**אנתה** הוא / אל[הי א]ל[ה ע]ל[מיא] ◦◦◦[
1Q**20** XX,12		נחתן בריך **אנתה** אל עליון מרי לכול
1Q**20** XX,13		די **אנתה** מרה ושליט על כולא ובכול
		מלכי ארעא **אנתה** שליט למעבד בכולהון דין
1Q**20** XX,15		מני ויגדעוך מרי די **אנתה** מרה לכול מלכי
1Q**20** XXI,9		די על שמאל / ביתאל אתר די **אנתה** יתב
1Q**21** 7i1	(I)	]נתא עד **אנתה** / [
4Q**197** 4i18	(XIX)	שרה[ב]ל[חודי]ה ו**אנתה** ק[רי]ב לה [על
4Q**213**a 1,10	(XXII)	]אמרת מרי **אנתה** / [
4Q**213**a 1,11	(XXII)	**א**]**נתה** בלחודיך ידע / [
4Q**213**a 3-4,3	(XXII)	]**אנתה** ותחלל שמה ושם אבוה
4Q**242** 4,4	(XXII)	]כמה דמא **אנתה** ל ◦ [
4Q**536** 2ii9	(XXXI)	] / די **אנתה** יצף מנה לכול אנש ◦[
4Q**544** 1,12	(XXXI)	ואמרו לי במן מננא **אנת**[**ה** בעה לאשתלטה
4Q**544** 2,15	(XXXI)	הויא דיניא עד ארעיא כדי **אנ**]**תה** חזה
4Q**546** 8,5	(XXXI)	ואמרת]מרי **א**[**נתה**
4Q**547** 1-2iii12	(XXXI)	לי במן מננא **אנ**]**תה** בעה / [לאשתלטה
4Q**550**c 1i1		ארו ידע **אנתה**[
4Q**550**c 1i4		מה אעבד לכה ו**אנתה** ידע[
4Q**550**c 1i5		לגבר]כותך קאם באתר די **אנתה** קאם [
4Q**550**c 1i6		מה די **אנתה** צ[ב]א פקדני וכדי [תמ]ות

Reference		Text
4Q552 2ii6		בבל[ואמרת לה] / [אנ]תֿה הוא די שליט
4Q552 2ii9		]ל / ואמרת לה אנתה הוא ד[י שליט
4Q553 6ii4		ואמרת̣ לה אנתה / הוא ד[י שליט בפרס
4Q558 3,1		א]נתה ∘[
4Q569 3,4		]ה אנת[ה
4Q570 31,3		] אנת[ה
11Q18 18,5	(XXIII)	]אמר לי חזא אנתה ד[י

woman, wife noun **אִנְתָּה**

Reference		Text
1Q20 II,3		ועלת על בתאנוש אנתתי [ואמרת] / [הא]
1Q20 II,8		אדין בתאנוש אנתתי בחלץ תקיף עמי מללת
1Q20 II,12		וכדי חזת בתאנוש אנתתי די אשתני אנפי עלי
1Q20 VI,7		ולאמזרע ברתה לי לאנתה נסבת והרת מני
1Q20 VI,8		]באדין לבני נשין נסבת מן בנת אחי ובנתי
1Q20 VI,10		לבני למסב להון נשין לאנתו / [
1Q20 VIII,1		אנתתה בתרה ח∘∘[
1Q20 XII,16		ולבני בני ולנשי כולנא ולבנתהון
1Q20 XIX,17		לשרי אנתתי חלם / חלמת [אנה וא]דחל [מן]
1Q20 XIX,24		פרע[ו] צע[ן] על מל[י] ועל אנתתי
1Q20 XX,7		ועל כול / נשין שופר שפרה ועליא שפרהא
1Q20 XX,9		שפרהא ונסבהא לה לאנתא
1Q20 XX,14		צען מלך מצרין די דברת אנתתי מני בתוקף
1Q20 XX,15		בליליא דן לטמיא אנתתי מני ויגדעוך מרי
1Q20 XX,23		לצליא על / מלכא ושרי אנתתה עמה
		אמר למלכא וישלח אנתתה מנה לבעלהא
1Q20 XX,25		ומתנגד מרי מלכא בדיל שרי אנתת אברם
1Q20 XX,27		די אחתי היא והיא הואת אנתתך ונסבתהא לי
		אנתתך ונסבתהא לי לאנתה
		הא אנתתך דברה אזל ועדי לך
1Q20 XX,34		לה אנתה מן בנת [מצרין] והוית ש[רא עמה]
4Q196 2,3	(XIX)	]ל[הן חנ]ה אנתתי וטוביה ברי
4Q196 2,10	(XIX)	ביתי ואתבת לי חנה אנתתי וטוביה ברי ביום
4Q196 6,12	(XIX)	ד[י אחו]ה לה אנתה כבר אב[דו]מני שבעת
4Q197 4i13	(XIX)	קדם גבר או אנתא נגיעי שד או רוח[באישא
4Q197 4i19	(XIX)	לאבוה סבה]לך ל[אנת]א[ו]דינא ל[ך
4Q197 4ii3	(XIX)	תקימנה ותסבנה לך לאנת[ה
4Q197 4iii4	(XIX)	לעדנא אנתתה כמא / דמה עלימא דן לטובי
4Q201 1iii14	(XXXVI)	ור]בניה[ן כלהן נסבו להן] / נשין מן כל
4Q201 1iv5	(XXXVI)	וכלהן שריו] / [לגלי]ה רזין לנשיהן
4Q202 1ii18		כולהון נסבו להון] נשין מן כו[ל די בחרו
4Q203 8,8	(XXXVI)	גבריא] / אנון [ו]בני[הון ונ]שיא ד[י
4Q204 5i27		מתושלח לה אנ]תה והיא / [הות בטנה מנה
4Q214 3,3	(XXII)	יקירין מן נשיא[
4Q544 1,7	(XXXI)	ו[בכו]ל דן [יוכבד]אנ[תתי הות רחיקה מני
4Q544 1,8	(XXXI)	[ו]אנה אנתה אח[רי לי לא] נסבת
	(XXXI)	ונש[ין
4Q544 1,9	(XXXI)	למצרין בשלם ואחזה אנפי אנתתי [
4Q545 1ai6	(XXXI)	לה למר[י]ם ברתה / לאנתה ברת תלתין שנין
4Q546 1,4	(XXXI)	ל]אנתה ב[רת] ת[ל]תי[ן שנין
4Q547 1-2iii7	(XXXI)	(ו)אנה א]נתה {{לי}} אחרי / [(לי) לא נסבת
4Q550b 2		אנ]תה נד[ת
11Q10 II,6	(XXIII)	רוח המכת לאנתתי[
11Q10 XVIII,2	(XXIII)	פ]תיא / לבי בא[נתא
11Q10 XXXVI,2	(XXIII)	אנתה / לחברתה חענן ולא יתפ[ר]שן

wifehood noun **אִנְתּוּ**

Reference		Text
1Q20 VI,10		לבני למסב להון נשין לאנתו / [

you, m. plur. pronoun **אַנְתּוּן, אַנְתֶּן, אַתּוּן, אנתם**

Reference		Text
3Q14 5,3	(III)	]אתון ∘ל∘[ ]ה[
4Q197 4iii5	(XIX)	ואמרת להון מנאן אנתון אחי / ואמרו לה
4Q197 4iii6	(XIX)	להון ידעין אנתון לטובי אחונ[א] / ואמרין
4Q201 1ii7	(XXXVI)	כוי]ה ושלקה ואנתן טלל ומסתרין בעין מן
4Q201 1ii12	(XXXVI)	ואנתן שניתן עבדכן / [ולא תעבדון ממרה
4Q204 1vi18		על נפשתכון ותהוון] / אנתון בעין ומתחננ[ין
4Q204 5i22		די אנ]תון תהוון / [מדברין להון ואנתון
4Q212 1ii25		אל תה]ון בבהשתא את[ון ורוחכון על חשבון
4Q531 21,1	(XXXI)	] ואנתון / [
4Q531 42,1	(XXXI)	א]נתון / [
4Q537 9,2	(XXXI)	וא]נתון תהוון ממרין ומקשין לקובלה
4Q543 5-9,1	(XXXI)	ושאלת אנו]ן אנת[ון מן די כדן משלטין עלי]
4Q544 1,11	(XXXI)	ושאלת אנון אנתון מן די כדן מש[לטין עלי
4Q550c 1iii1		]עליא די אנתון דחלין ו[פ]לחין הו שליט ב[כול
4Q567 1		]∘ די אנת[ו]ן ע[
4Q570 7,3		]א אנתם ∘[

אנתם ← אַנְתּוּן

אַנְתֶּן ← אַנְתּוּן

to heal verb **אסה**

Reference		Text
1Q20 XX,19		מצרין הן יכולון לאסיותה מן מכתשה דן
1Q20 XX,20		וכול חכימיא למקם לאסיותה ארי הוא
4Q196 7,1	(XIX)	לאסיא ה[דריא
11Q10 XXIII,4	(XXIII)	ו[ישמענה / ויחזא אנפוהי באסיא[

healer noun **אָסֵה**

Reference		Text
1Q20 XX,19		עם כול אסי מצרין הן יכולון לאסיותה
1Q20 XX,20		ולא יכלו כול אסיא ואשפיא וכול

healing, cure noun **אָסוּ**

Reference		Text
4Q548 1ii-2,2	(XXXI)	לא תהוה אס]ותא להון וכל ארחת[
4Q548 3,3	(XXXI)	] / אסות[א

אָסוּף ← אָסַף

band noun **אֱסוּר**

Reference		Text
1Q20 I,22		]∘∘∘נין אסור תקוף / [
4Q532 2,14	(XXXI)	]מו אסור תקי[ף

healer noun **אָסְיָן**

Reference		Text
4Q548 1ii-2,3	(XXXI)	ירחקון]אנון מן אסיאנהון [
4Q569 1,2		] / יקנא אסין[

prisoner noun **אֲסִיר**

Reference		Text
1Q20 1i4	(I)	]וכען הא אנתי אסירין / [
4Q203 8,14	(XXXVI)	וכען שרוא אסירכון מה[
11Q10 XXVII,2	(XXIII)	ואף עם אסירין ב[זיקין א]חידין בחבלי

atrium noun **אֲסַף, אֲסוּף**

Reference		Text
4Q554 2iii13		] פות[יה די כל א]ספא / קני[ן] ת[רין
4Q554 2iii15		ומשח בגוא אספא ארכה א<מין> 13 ופתיה
4Q554 2iii16		ועלני לגוא אספא והא אסוף אחרן ותרעה
		עלני לגוא אספא והא אסוף אחרן ותרעה
4Q554 2iii18		לה תרין וקו[דם] / ת[ר]ע דן אסף עללה
5Q15 1i16	(III)	ומשח פות[יה די כל א]ספא קנין תרין אמין
5Q15 1i17	(III)	[ומשח על כל] אספא ית ד[שין ל]ה ומשח
	(III)	ד[שין ל]ה ומשח בגוא א[ס]פא אורכה אמין [
5Q15 1i18	(III)	ואע]לנ[י ל]גוא אספא [והא] אסף אוחרן ותרעא
	(III)	ואע]לנ[י ל]גוא אספא [והא] אסף אוחרן ותרעא

תר]עֹ֯א כולה **ואספיא** פת[יהון (III) 5Q**15** 2,3

buckler noun **אספרך**

ואנה מגן עליך **ואספרך** לך לתקיף ברא מנך 1Q**20** XXII,31

to bind verb **אסר**

[ ]ל֯◦[ ]◦א וחצי **אסרת** בחזין קושטא וחכמתא 1Q**20** VI,4
]**אֹ֯סר** ונתל֯[קח ? (XXXI) 4Q**531** 24,2
] / **אסר** נא כגבר חלצ֯[י]ךׄ[ואש]אלנך (XXIII) 11Q**10** XXX,1
אסר / נא כגבר חלציך אשאלנך (XXIII) 11Q**10** XXXIV,2

Esarhaddon proper noun **אֵסַרְחַדּוֹן**

לטורי אררט ומלך {ומ[לך} **אסרחדו]ן֯** / [(XIX) 4Q**196** 2,4
מלך אתור ואשלטה **אסרחדון** תנין לה (XIX) 4Q**196** 2,8
וביומי **אסרחדון** [מל]כא כדי תבת / לב֯י֯ת֯י (XIX) 4Q**196** 2,9

Sennacherib [sic] proper noun **אסרחריב**

והמ֯ר֯כ֯ל / [ו]ש֯יזפן קדם **אסרחריב** מלך אתור (XIX) 4Q**196** 2,8

wood noun **אָע**

← **עע**

בגדם ארז֯א ◦ל◦ ◦◦◦◦◦◦◦◦◦◦ **ואעא** מנה ◦◦[1Q**20** XIV,11
ודהבא [נחשא פרזלא] / **אעא** אבנא חספא מן (XXII) 4Q**242** 1-3,8

nose noun **אַף, אנף**

ומא רגג הוא לה **אנפ**הא וכול נץ / אנפיהא ◦◦◦ 1Q**20** XX,3
עינוה[י] / בין אורין לאכומן **אפה** נגיד 4Q**561** 4-6i2
ב]**א֯פי** (XXIII) 11Q**10** X,10
עינוהי יכלנה כבחכה יזיב **אפה** (XXIII) 11Q**10** XXXV,3
התשוא / זמם **באפה** ובחרתך תקוב לסתה (XXIII) 11Q**10** XXXV,5

also conjunction **אַף**

]להון עבד **ואף** לכול בשרא 1Q**20** I,29
למקרב בהא **ואף** לא ידעהא והוא עמה 1Q**20** XX,17
] / קודמיהא **ואף** להגר 1Q**20** XX,32
בנכסין שגיאין לחדא **ואף** בכסף ודהב 1Q**20** XX,33
ואף לוט קנה לה נכסין שגיאין ונסב 1Q**20** XX,34
ואף אנה אוספת לה על דילה 1Q**20** XXI,6
כול בר אנוש לממניה **ואף** זרעך לא יתמנה 1Q**20** XXI,13
ואף ללוט בר אחוהי פצא וכול 1Q**20** XXII,11
ואכ]ל **ואף** לאורחא שוה מ֯ל[יחה (XIX) 4Q**196** 13,1
מן נ]ו֯נא ואכל **ואף֯**[(XIX) 4Q**197** 4i10
ואחזיא]ת֯ [טורי]ן֯ א֯חרנין **ואף** בהון חזית 4Q**204** 1xii26
ואף מזרח בדי מא֯[י]ן֯ זרחין֯ (XXXVI) 4Q**209** 23,7
]**א֯ף** בספריא / קר֯[ית (XXII) 4Q**213** 1-2ii12
]**א֯ף** כהנין ומלכין / ת[(XXII) 4Q**213** 1-2ii15
לי כל חזוה וטמר]ת֯ **אף** דן בלבבי ולכל (XXII) 4Q**213**b 3
ואף / [(XXXI) 4Q**530** 1i7
ואמר קדם גבריא **אף** / אנה חזית בחלמי (XXXI) 4Q**530** 2ii+6-12,15
ואף / [(XXXI) 4Q**536** 2i+3,10
ו֯**א֯ף** עבר עלו֯[הי (ושלח)] / ו֯קרא (XXXI) 4Q**545** 1ai4
ואף על א֯[הרון וכהונתא (רבתא)] (XXXI) 4Q**545** 4,15
]**וא֯ף֯**[(XXXI) 4Q**545** 9,1
]**א֯ף֯** ק֯שיטיא ◦[(XXXI) 4Q**546** 5,2
]מלכותה **ואף** / [4Q**556** 14,9
]א֯ **ואף** בה / [4Q**564** 1i1
ואף ע֯[ל (XXIII) 11Q**10** XX,8
מלי **אף** אנה (XXIII) 11Q**10** XXI,1
[וא]חוה מלי **אף** א[נה (XXIII) 11Q**10** XXI,9
ואף עם אסירין ב֯[זיקין א]ח֯ידין בחבלי (XXIII) 11Q**10** XXVII,2
אף בהון ימרק ענ֯נ֯[ין] וינפק מן (XXIII) 11Q**10** XXIX,1
האף / תעדא דינה ותחיבנני על (XXIII) 11Q**10** XXXIV,3

then adverb **אֱפוֹ**

ומא **אפו** א֯[(XXIII) 11Q**10** I,1
] / ארו **אפו** לא ת[קצר רוחי (XXIII) 11Q**10** IV,3
מ]ן **אפו** יתיבנני פתגם ויש֯[וא (XXIII) 11Q**10** IX,2

to pervert verb **אפך**

י֯מללון דרה באיש **יאפיך** / [די דחה]להוה (XXXI) 4Q**541** 9i6

אֲפֵק ← בֵּית אֲפֵק

possible adjective **אֶפְשַׁר**

ג[בולי] מצרין ולא איתי **אפשר**[לאנתתי (XXXI) 4Q**544** 1,5
מה **אפש**[ר] / לגבר כותי֯ להתבה[לגבר 4Q**550**c 1i4
אפשר די תע[ל] ית עבידתי ק[דמיך 4Q**550**c 1i7

finger, toe noun **אֶצְבַּע**

ומא אריכן וקטינן כול **אצבעת** ידיהא 1Q**20** XX,5
ה שבעה זמנין מ]ן דמא **באצבעת**ה (VI) 4Q**156** 1,7
]**ואצבעת** כפי וידי / [(XXII) 4Q**213**a 1,9

ambush noun **אֲרַב**

ב֯יצבא הן איתיו בה **ארבא**֯[(ביניהון) ?]⟦ ⟧ (XXXI) 4Q**530** 2ii+6-12,24

four numeral **אַרְבַּע, אַרְבְּעָה, אַרְבְּעָא**

]◦ **אר֯ב֯ע֯** ⟦ ⟧ / [אדין]א֯נ֯ה֯ נ֯ו֯ח֯ נפקת והלכת 1Q**20** XI,10
ומשוך ותירו֯ש ובנן נ֯קב֯ן **ארבע** 1Q**20** XII,12
בלובר טורא ולשנין **ארבע** עבד לי חמר֯ 1Q**20** XII,13
]ן ב֯הון שור **ארבעא** מלא֯כ֯ין֯ ◦◦◦◦[1Q**20** XV,14
]ל[ו]ל֯ת֯י֯ר֯ו֯ש֯◦◦◦◦[**א]ר֯ב֯ע֯א֯** ◦◦◦◦◦◦◦◦◦◦◦◦ל֯◦ לשן 1Q**20** XVII,18
ובשנת **ארבע** עשרה דבר מלך עילם 1Q**20** XXI,27
ורמה עליהון בליליא מן **ארבע** רוחיהון 1Q**20** XXII,8
]◦**ארב[ע** (XXXVI) 1Q**23** 13,1
] / שבי֯א֯ ד֯י בהון **וארבעת** עשר כה[נין (III) 2Q**24** 4,13
ע]ש֯רא שורא **ארב֯[עא** (III) 2Q**24** 8,2
אחי דבר עמך מן תנא **אר֯[בעת** עבדין (XIX) 4Q**197** 5,9
כל עליהן ברא] מן **ארבעת** עסר א֯י֯ל֯נ֯י֯[ן] (XXXVI) 4Q**201** 1ii5
תלתת עסר [לה ש]ת֯ו֯א֯ל֯ [**אר]בעת** עסר לה (XXXVI) 4Q**201** 1iii10
ב֯ר֯א מן **ארבע{א}‹ת›** [עשר אילנין] די / [4Q**204** 1i24
סתו֯א֯[ל] / **ארבעת֯** [עשר לה] 4Q**204** 1ii28
וחד מן **אר]ב֯עתא** ע֯ל על חד מן תוריא 4Q**206** 4i13
וקו]י֯ בימּמא דן שביעין **ארבעה** (XXXVI) 4Q**209** 1i4
וקוי בימּמא דן שבי]עין **ארבעה** ופלג (XXXVI) 4Q**209** 1i6
בלילא **ארבעת** עשר בה כל ליל֯[יא דן (XXXVI) 4Q**209** 2ii6
ועשרין בה כסה שבי]עין **ארבעה** [ו]פלג֯ (XXXVI) 4Q**209** 4,3
ועשרי]ן֯ ב֯ה כסה שביעין **ארבעה** ופלג (XXXVI) 4Q**209** 7ii3
בלילא תמניה ב]ה֯ [ש]ב֯[יעין] **א֯ר֯ב֯ע֯ה** (XXXVI) 4Q**209** 7iii1
וקוי בימּמא דן שביעין **ארבעה** ו֯[פלג (XXXVI) 4Q**209** 7iii3
בלילא תשעה ב֯[ה שביעין] / **ארבעה** ופלג (XXXVI) 4Q**209** 7iii5
אר֯[בעת (XXXVI) 4Q**209** 28,2
שביעי]ן **א֯ר֯בעה** ו֯[(XXXVI) 4Q**209** 29,2
ושלט בשאר ימּמא דן שביעין **ארב]ע֯ה** (XXXVI) 4Q**209** 33,1
ושלמו תרי עשר תרעי **ארבע** רוחי שמ֯[יא 4Q**210** 1ii14
עד יום **ארבעת** עשר ומש[למין] / [בה 4Q**210** 1iii4
שנין **אר]ב֯ע֯** מאה ומן / [(XXII) 4Q**243** 12,1
א]ר֯בעא א֯ל֯[פין ? (XXXI) 4Q**537** 13,2
ואולד] / מנה **ארבעא֯**/ן? בנין ← **אַרְבְּעִין** (XXXI) 4Q**549** 2,11
נוגהא קאם **וארבעה** אילניא֯[4Q**552** 2ii1

4Q**553** 6ii2		עלוה[י נוגהא קאם]〚 〛 **וארב[עא** אלניא
4Q**554** 2iii17		פתיה אמין **ארבע** רומה אמין 7 ודשין לה
4Q**554** 2iii21		תרין בתרין אמין **ארבע** עשרא ות[רעין
4Q**554** 3ii14		פ[תיה] קנין תרין א[מי]ן / **ארבע** ע[ש]רא
4Q**554**a 1ii1		די [סלק] פתיה אמין **ארבע** וסחר / [
4Q**554**a 1ii6		אמין] **ארבע** ארכ ורום קנה חד אמין שבע
4Q**554**a 1ii11		]קנין תרין אמין **ארבע** / [עשרה ופתיהון
4Q**565** 4		]**בארבע** זויתה למ[
4Q**575** 7		]°°ה היא וכל **ארב[ע**
5Q**15** 1i5	(III)	] קנין תש[ע]ה ואמין **א[ר]בע** לשוק חד
5Q**15** 1i15	(III)	]קנין תרין אמין **ארב[ע]** עש[רה ופו]ת[י
5Q**15** 1i16	(III)	א]ספא קנין תרין אמין **ארבע** עשרה [וית
5Q**15** 1i19	(III)	] / [בריא פותיה אמ]ין **ארבע** רומ[ה אמין]
5Q**15** 1ii1	(III)	עלל קנין תרין אמין **א[ר]בע** עשרה
	(III)	ורומה קנין תרין אמין **ארבע** ע[שרה
5Q**15** 1ii3	(III)	חדה קנין תרין בתר[י]ן אמין **ארבע** עשרה
5Q**15** 1ii5	(III)	לידה פתיה אמין **ארבע** וסחר [וס]ל[ק]רום
5Q**15** 1ii8	(III)	ופתיהון] / [קני]ן תרין אמין **ארבע** עשרה
	(III)	[ורומהון קנין ת]רין א[מי]ן **ארבע** ע[שרה
5Q**15** 1ii9	(III)	פות]י קנין ת[רי]ן אמין **ארבע** עש[רה
11Q**18** 8,1	(XXIII)	דהב]טב כולה **ארבע** רגלוה[י
11Q**18** 10ii1	(XXIII)	] / **ארב[עה**
11Q**18** 11,1	(XXIII)	]תוהי **ארבעא** רמין אמין א[רבע
	(XXIII)	]תוהי ארבעא רמין אמין **א[רבע**
11Q**18** 13,1	(XXIII)	]**בארבע** רגלוהי ונשט תורא °[
11Q**18** 15,3	(XXIII)	]אחיהון עללין חלפהון **ארבע** מאה צ[
11Q**18** 20,3	(XXIII)	עד די פ]ליג לתמנין **וארבעה** כהנין ש[
11Q**18** 20,4	(XXIII)	שביא די בה]ון **וארבעת** עשר כה[נין
11Q**18** 22,1	(XXIII)	]°על **ארבע** קרנת מדבח[א] / [
11Q**18** 24,3	(XXIII)	]°א די **ארבעת**[
11Q**18** 32,5	(XXIII)	]על **ארבע** ש[
11Q**18** 32,8	(XXIII)	]**לארבע** / [

forty numeral **אַרְבְּעִין**

2Q**24** 1,4	(III)	קנין שתא אמין] **ארבעין** ותרתין
4Q**196** 2,3	(XIX)	ולא הוה יומין **א[רבעין]** / [
4Q**544** 1,6	(XXXI)	] / שנין **ארבעין** וחדא
4Q**549** 2,11	(XXXI)	ואולד] / מנה **ארבעא/ן**? בנין ← **אַרְבַּע**
4Q**554** 3ii14		ורומה קנין שבעה אמין **ארבעין** ותשע
5Q**15** 1i2	(III)	] פתה קנין שת[ה] אמין **ארבעין** ותרתין
5Q**15** 1i14	(III)	ואמ]ין חמש ל[אמין **א]רבעין** בכל רוח

purple noun **אַרְגְּוָן**

1Q**20** XX,31		שגיא ולבוש שגי די בוץ **וארגואן** ו[
4Q**550**b 6		]נה **ארג[ונא**

behold interjection **אֲרוּ**

1Q**20** III,3		לאורכא / °°°°°°°°°°°°°°°°°°°° **ארו** ביומי ירד
1Q**20** X,12		משכח **ארו** ב°°°°°°°°ט°°°°°
1Q**20** XII,9		] **ארו** צדיתא הואת שגיא בארעא
1Q**20** XIII,13		ואתפנית למחזה זיתא **וארו** הא זיתא גבר
1Q**20** XIII,14		הוית בזיתא דן **וארו** הא משגית עלוהי
1Q**23** 7,2	(XXXVI)	] **וארו**[
4Q**203** 8,12	(XXXVI)	**ארו** אבד[נא
4Q**204** 1v19		למלך עלמיא ו]**ארו** ע[י]רא / [וקדישא רבא
4Q**213** 4,4	(XXII)	עלי ועליכן בני **ארו** ידעונה / [
4Q**214** 3,1	(XXII)	] / **ארו** מן יקר בא°[
4Q**530** 2ii+6-12,18	(XXXI)	]דמוהי הוא קאמין **וארו**[? ספ]רין פתיחו
4Q**531** 22,10	(XXXI)	**ארו** ידע אנה די על / [חזוה לא
4Q**541** 2ii1	(XXXI)	]תלה **ארו**[
4Q**541** 2ii6	(XXXI)	] / **ארו** חכים ד[י
4Q**541** 3,5	(XXXI)	]ה למבלע 〚 〛 **ארו** שגי תחד[ה
4Q**543** 40,1	(XXXI)	] **ארו** יד[ע
4Q**546** 8,2	(XXXI)	]אהרון **ארו** אנ[
4Q**548** 1ii-2,10	(XXXI)	]חשוכא חשיכין להוון **א[רו** בני נהורא
4Q**548** 1ii-2,12	(XXXI)	] / **ארו** כל סכל ורש[יע חשי]ך וכל[
4Q**548** 1ii-2,15	(XXXI)	]ון מן חשוכא **ארו** כל [בני נהורא
4Q**550**c 1i1		**ארו** ידע אנתה[
4Q**550**e 1		]**ארו** מן צפונא אתיה באישתא °[
4Q**553** 6i5		]קין למהדה יבדו **ארו**
4Q**556** 1,8		]א מן קדם זונא **ארו** להוא[
4Q**556** 4,4		]**ארו** מן[
4Q**570** 12,4		]יהן **ארו**[
4Q**574** 3		]°° די שמיא **ארו** / [
6Q**8** 1,6	(XXXVI)	ואמר ל]ה **ארו** תמהין שמעת הן ילדת
11Q**10** III,6	(XXIII)	**ארו** מבע רשיע[ין] / [
11Q**10** IV,3	(XXIII)	] / **ארו** אפו לא ת[קצר רוחי
11Q**10** V,7	(XXIII)	**ארו** ידעת[
11Q**10** VIIA,8	(XXIII)	**ארו** קשט ודת[
11Q**10** XIII,1	(XXIII)	] / אתר ערימותא **א[רו**
11Q**10** XIII,4	(XXIII)	] / בה **ארו** הוא יצ[
11Q**10** XIV,6	(XXIII)	] / **[א]רו** אנה שיזבת לענא מן °[
11Q**10** XVIII,7	(XXIII)	**ארו** / עבד[ני
11Q**10** XXI,1	(XXIII)	מלי אף אנה **ארו** סברת[
11Q**10** XXI,3	(XXIII)	] / **וארו** לא איתי מנכון לא[יוב
11Q**10** XXII,6	(XXIII)	] / **ארו** רב אלהא מן אנשא[
11Q**10** XXII,7	(XXIII)	] / רבברן תמלל **ארו** בכל פ[תגמוהי
11Q**10** XXII,8	(XXIII)	**[א]רו** בחדא ימלל אלה[א
11Q**10** XXIV,2	(XXIII)	**ארו** אמר לא / ישנא גבר מי[
11Q**10** XXV,8	(XXIII)	**ארו** מ°[
11Q**10** XXVI,8	(XXIII)	**ארו** שוא יש[מע אלהא ומרא ה]בלא
11Q**10** XXVI,10	(XXIII)	**א[רו**
11Q**10** XXVII,3	(XXIII)	להון עבדיהו[ן ועוית]הון **ארו** התרוממו
11Q**10** XXVIII,1	(XXIII)	ד]כר **ארו** רברבין עבדוהי די / חזו המ[ון
11Q**10** XXVIII,4	(XXIII)	**ארו** / ענני[מין ימנא] וזיקי מטר יהכן
11Q**10** XXVIII,8	(XXIII)	**ארו** {{°}}בהון ידין ע[ממין] / [
11Q**10** XXIX,8	(XXIII)	**ארו** הוא ידע מדע[א
11Q**10** A17,3	(XXIII)	]**ארו**[

ארוך ← אֹרֶךְ

cedar noun **אֲרַז**

1Q**20** XIV,9		] אצ[ת] ושמע אנתה הוא **ארזא** רב°°° °°°°א
1Q**20** XIV,11		קדמיתא דבקא בגדם **ארזא** °ל° °°°°°°°°°°°
1Q**20** XIV,27		] **לארזא** [
1Q**20** XIX,14		בחלמי [וה]א **ארז** חד ותמרא / חדא °°°[
1Q**20** XIX,15		למקץ ולמעקר ל[**א**]**רזא** ולמשבק תמרתא
1Q**20** XIX,16		ואמרת אל תקוצו ל[**א**]**רזא** ארי תרינא מן
		ושביק **ארזא** בטלל תמרתא / ולא [אתקץ]
4Q**558** 9,1		]° **ארזא** [

way, road noun **אֹרַח, אוֹרַח**

1Q**20** XXI,28		חברוהי וסלקו **ארחא** די מדברא
1Q**20** XXII,4		קטיל ודי / נגדו מלכיא **ארחא** חלתא
4Q**196** 13,1	(XIX)	ואף **לאורחא** שוה מל[יחה שאר]ית{{י}}א
4Q**197** 4i4	(XIX)	]ה **אר[חה**
4Q**205** 2iii30		לה ושרי למהך לא] / **בארח** 〚 〛[
4Q**212** 1ii18		לכון כל] / **ארחת** קשט[א וכל ארחת חמסא
4Q**212** 1iv22		ויחזון אנושא]כלהון / **לארח** קשט עלמא
4Q**212** 1v25		והלכו בה בדיל די] / **ארחת** קשט[א חזין

4Q213 4,5 (XXII) א]רחת קשטא תשבק[ו]ן מכל שבילי / [
4Q213a 1,12 (XXII)]ארחת קשט
4Q243 7,3 (XXII)]אורחת ק[ושטא
4Q243 33,1 (XXII) ש]בקו אור[חת
4Q246 1ii5 (XXII) מלכותה מלכות עלם וכל ארחתה בקשוט
4Q530 2ii+6-12,22 (XXXI) אזל[עלוהי די]א[רחת]אתרא דמיתא
4Q537 5,2 (XXXI) ולמטעא ולמהך בארחת טעו זין[
4Q548 1ii-2,2 (XXXI) תהוה אס]ותא להון וכל ארחת[
11Q10 VI,2 (XXIII)]ארחך
11Q10 XV,2 (XXIII) בחרת ארחי והוית ר[אש
11Q10 XXIII,6 (XXIII)]ולא / כארחי השתלמת
11Q10 XXV,3 (XXIII) אר]חה ובכל שבילוהי לא
11Q10 XXXI,3 (XXIII) מן שויא / למטרא זמן וארח לעננין

behold interjection אֲרֵי

1Q20 XIX,16 אל תקוצו ל[א]רזא ארי תרינא מן שרש
1Q20 XX,20 חכימיא למקם לאסיותה ארי הוא רוחא
1Q20 XX,22 ואסמוך ידי עלוהי ויחה ארי ב[ח]לם חז[ני]
1Q20 XXI,14 ארי לך ולזרעך אנתננה
1Q21 23,1 (I)]ארי ש[
4Q196 2,8 (XIX) אסרחדון תנין לה ארי / בר אחי הוה ומן
4Q536 2ii13 (XXXI) ארי וערן רשיעין ידעך לעלמין

lion, Leo noun אֲרִי

4Q318 VII,1 (XXXVI) ב15 וב16 אריא ב17 וב[8]1 / בתולתא
4Q318 VII,6 (XXXVI) ב12[וב]13 וב14 אריא [ב15 וב16 בתולתא]
4Q318 VIII,2 (XXXVI) סרטנא [ב10 וב11 א]ריא ב12 ו[ב13 וב14]

Arioch proper noun אַרְיוֹךְ

1Q20 XXI,23 אמרפל מלך בבל אריוך מלך כפתוך

long adjective אֲרִיךְ

1Q20 XX,5 כמא יאין כפיהא ומא אריכן וקטינן
4Q554a 1ii4 ארך בתיא קנין תלתה ארכין 21 ופתיהון / [קנין
4Q561 4-6ii3 ל]א אריך ◦◦[
5Q15 1ii15 (III) עשרה ופותיהון אמ]ין תל[ת] וארכין [ע]שר[

to be long verb ארך

4Q550 4 בה בשתא / ארכת רוחה די מלכא א◦[

length noun אֹרֶךְ, אוֹרֶךְ, ארוך

1Q20 III,2 ◦◦◦◦◦◦◦◦◦◦◦◦◦◦◦◦◦ל ◦◦◦ן ולא לאורכא / ארו ביומי
1Q20 XI,11 נפקת והלכת בארעא לאורכהא ולפותיהא [
1Q20 XXI,14 קום הלך ואזל / וחזי כמן ארכהא וכמן פתיהא
4Q212 1v21 יכל [וינדע וימשח מה הוא] / אורכה ופתיה
4Q554 2ii12 קריתא ומ[שח פר]זיתא [חד]א אורכא ופתיא קנין
4Q554 2iii15 ומשח בגוא אספא ארכה א‹מין› 13 ופתיה אמין
4Q554 2iii18 פתיה קנה חד אמין שבע וארכה עלל קנין תרין
4Q554 2iii21 דרג סח[ר וס]לק פ[תיה] / וארכה משחה חדה
4Q554 3ii16 ותלתין ותרין ופתיהון וארכהון משחה חדה / [
4Q554a 1ii4 עד תרעא אחרנא פתי]הנ ארך בתיא קנין תלתה
4Q554a 1ii6] ארבע ארכ ורום קנה חד אמין שבע / [ואחזיני
4Q554a 1ii7 בתיא דכא אמין תשע עשרא]ארכהון ופתיהון אמין
4Q558 58,1]מ◦ה וארך עלי[
5Q15 1i12 (III) פותיהון ואורכהון [משחה חדה קנין
5Q15 1i17 (III) ומשח בגוא א[ס]פא אורכה אמין [תלת עשרה
5Q15 1ii1 (III) פתיה קנה חד אמין] / שבע וא[ור]כה עלל קנין
5Q15 1ii3 (III) דרג] / סחר[וסלק] פותיה ואורכה משחה חדה
5Q15 1ii4 (III) ו]סל[ק] עלוהי פתיה ואו[רכה אמין שת בשת]
5Q15 1ii7 (III) ארוך בתי[א קנין תלתה אמין] עשרי[ן וחדה

knee noun אַרְכוּבָה

4Q534 1i1 (XXXI) די ידא[ו]תרתין א[ר]כובתה[ועל
4Q534 1i6 (XXXI) חכ]מין חזין למאתה לה על ארכובתה

extension noun אַרְכָּה

4Q202 1iv6 וב]קרב אבדן [שלח להון ו]אר[כת יומין
4Q530 7ii3 (XXXI)] / בעות ארכת גבריא [

Aram proper noun אֲרָם

1Q20 XII,11 ואש]ור ארפכשד לוד וארם ובנן נקבן חמש
1Q20 XVII,9 ובתרה / לארם ארעא די בין תרין נהריא
4Q570 4,4]ארם עד ל◦ש◦◦ל על מצרים ◦◦◦◦◦◦תנה וי◦[

widow noun אַרְמְלָה

11Q10 XI,6 (XXIII)]ן וארמלתה לא / [
11Q10 XIV,8 (XXIII)] / [בפ]ם ארמלה הוית לצלו[

earth noun אֲרַע

1Q20 1ii6 (I)] / ארע◦ת◦◦◦◦ע ל[
1Q20 I,27]לארעא ולמחת להא ◦
1Q20 I,28 יד]עין מא למעבד אנשא לארעא / [
1Q20 III,9]◦◦◦◦על ארעא כולהא / [
1Q20 III,10]◦◦◦◦◦◦◦◦◦◦◦◦◦ארעי לימא דן / [
1Q20 III,11]◦◦מן ◦◦◦◦◦ל◦◦◦ ◦◦◦◦ישים ארעא / [
1Q20 III,12]ארעא ◦◦◦ ◦◦◦ וכען אזל / [
1Q20 III,17]פלג כול ארעא ◦◦ם ◦◦◦◦ן / [
1Q20 IV,12]ל אנפי ארעא / [
1Q20 V,11] / ורמוהי בארעא וכול עובד [בני שמין]◦◦פל
1Q20 VI,16 ◦רמו וחשבת ◦◦ כול לכת בני ארעא ידעת
1Q20 VII,1]◦ עליהון ארעא וכול די עליהא בימיא
1Q20 X,11 באדין ◦◦א על ארעא ◦◦◦◦◦ ונסב מן
1Q20 X,13]ועל כול ארעא כולהא כפרת וראיש ◦תה
1Q20 XI,11 []אנה נוח נפקת והלכת בארעא לאורכהא
1Q20 XI,12 ובאנבהון וארעא כולהא מליא דתא ועש[ב]
1Q20 XI,13 ותבת וברכת די רחם על ארעא ודי אעדי
1Q20 XI,16 לעלמים / ◦◦◦◦◦◦◦◦◦◦◦◦ל◦ ארעא ושלט בכולהון
1Q20 XI,17 ועשבא די ארעא ברם כול דם לא תאכלון
1Q20 XII,2]◦◦◦ [א]רעא / [
1Q20 XII,9] ארו צדיתא הואת שגיא בארעא ויל[ידו]ל[
1Q20 XII,13 ובני כולהון למפלח בארעא ונצבת כרם רב
1Q20 XIII,11 עד די אסיפוהי שרין ארעא ושרין מיא וסף
1Q20 XIV,17] ◦◦◦◦ מן [א]רעא ◦◦◦ לשמאל ◦◦◦ ודי
1Q20 XIV,18 נוף קדימיתא / ◦◦◦◦◦◦◦◦◦◦◦◦◦◦◦◦◦ יהבין בארעה[
1Q20 XV,10 חזיתה / לגברא אתה מן ימין ארעא מגלא
1Q20 XV,11 ◦◦◦◦◦◦◦◦◦◦◦◦בותא הוא די יתה מן ימין ארעא [
1Q20 XV,15]ה להון שור מן כול ◦◦◦א ארעא די ◦◦◦◦◦ של◦◦[
1Q20 XVI,10] / כול ארע צפונא כולהא עד די דבק
1Q20 XVII,9 ובתרה / לארם ארעא די בין תרין נהריא
1Q20 XVII,12 תחומ]א די פנה לדרומא כול ארעא די משקה
1Q20 XVII,18] בארעא ולמשך ים ◦◦◦[
1Q20 XIX,10 והוא כפנא בארעא דא כולא ושמעת
1Q20 XIX,11 במצרין ונגדת / ל[מעל] לארע מצרין [
1Q20 XIX,12]כען אנחנא ◦◦◦ ארענא
1Q20 XIX,13]א כען חלפנא ארענא ועלנא לארע בני חם
כען חלפנא ארענא ועלנא לארע בני חם
ועלנא לארע בני חם לארע מצרין
1Q20 XIX,14 בלילה מעלי לארע מצרין וחזית בחלמי
1Q20 XX,13 מלכי ארעא אנתה שליט למעבד בכולהון
1Q20 XX,16 מרי די אנתה מרה לכול מלכי / ארעא

עמי טב ודי אתיבני / לארעא דא בשלם		1Q20 XXI,4
וחזי כול / ארעא דא די אנה יהב לך		1Q20 XXI,10
כן לרמת חצור וחזית ארעא מן / רמתא דא		
עד חורן וכול ארע גבל עד קדש וכול מדברא		1Q20 XXI,11
לי לזרעך אנתן כול ארעא דא וירתונה לכול		1Q20 XXI,12
זרעך כעפר ארעא די לא ישכח כול בר		1Q20 XXI,13
אנה אברם למסחר ולמחזה ארעא ושרית		1Q20 XXI,15
למדנחא לפותי ארעא / עד די דבקת		1Q20 XXI,16
עליון מרה שמיא וארעא ובריך אל עליון		1Q20 XXII,16
לאל עליון מרה שמיא וארעא אן מן		1Q20 XXII,21
שביא די הואת עמה מן ארעה דא שבק		1Q20 XXII,25
]◦ ארעא[	(I)	1Q21 26,1
]◦ה רבה בארעא[	(XXXVI)	1Q23 9+14+15,3
] באר[עא	(XXXVI)	1Q23 19,1
]לארעא[	(XXXVI)	1Q23 25,5
]על אר[עא	(XXXVI)	1Q24 2,2
] / שמיא וארעא[	(III)	3Q12 1,3
ש[מי ושם אב]◦ בכל ארעת שבינא[יחי]דא	(XIX)	4Q196 6,10
]◦ ארע[א	(XIX)	4Q196 26,1
ואחינא] / יתבין בארע ישראל כלהו[ן	(XIX)	4Q198 1,7
] / [בכל קצו]ת ארעה ויזו[ען כ]ל קצו[ת	(XXXVI)	4Q201 1i7
ה[זו] לארעה וא[תבו]ננו בעבדה[מן	(XXXVI)	4Q201 1ii1
ובדגלי שתוא ד[כל] ארעא / [תתמלא מין	(XXXVI)	4Q201 1ii3
אלפין אמה די] / הוו מתילדין על ארעה [	(XXXVI)	4Q201 1iii17
] / קובל כל כנף ו[חיו]ת ארע[ה ורחשיה	(XXXVI)	4Q201 1iii20
מעבר ק[צת אנשא] מן ארעא ו[לה] / סלק	(XXXVI)	4Q201 1iv5
[אנתן חרבנה רבה א]חרבת[ן] לא[רעא	(XXXVI)	4Q201 1vi15
ארעא]תקף אלף נחש[י] ארע[שמשיאל אלף		4Q202 1iii4
מבד] / [קצת אנשא מן אר]עא וקלא [		4Q202 1iii6
דם שגיא שפי]ך [ע]ל ארעא [וכול ארעא		4Q202 1iii8
] / [בחרב]ות ב[ני] אר[עא סלק]ין עד תרע[י		4Q202 1iii10
] שבעין ד[רין בחולי] / ארעא עד יומא רבא[		4Q202 1iv11
]◦ מן עלוי ארעא וש◦[	(XXXVI)	4Q203 4,4
אר]עא [ ] כ[די	(XXXVI)	4Q203 4,5
] / בזנותכון בארעא והות[ע]ליכ[ון קאמה	(XXXVI)	4Q203 8,9
חזוא לכון ל[א]רעא ואתבוננא בעובד[ה מן		4Q204 1i20
בע]ין / [מן קדמיה על אנפי אר]עא כוותא		4Q204 1i27
אלין פקדהון מריא] בבני ארע[א] / [למקרא		4Q204 5i21
[ולהו]א [רוגזא רבא על אר]עא [ומבולא		4Q204 5ii20
בנוה]◦ יפ[לטון כדי ימותון די על] ארעא		4Q204 5ii21
תנוח] / [ותתדכ]א ארעא [מן] חבלא [ר]בא		4Q204 5ii22
יכלא מן ארעא וע[ד די טבן יאתן בארעא]		4Q204 5ii28
[למ]ציע א[רעא וחזית אתר מתברך] די [בה]		4Q205 1xii2
אלן רחיק מנהון למדנח ארעא ואחלפ[ת]		4Q206 1xxvi19
חררין פתיחו בגוא ארעא ושריו / [להבעה		4Q206 4i17
ו]אנה הוית חזה עד ארעא חפית מין		4Q206 4i18
וערבא] / תקנת [ע]ל ארעא [ועדה		4Q206 4ii4
]ת ארעא חד מנהון למדבר בה	(XXXVI)	4Q209 23,8
רוחיא די] / להין לרפיא ארעא ולאחיתה		4Q210 1ii2
טל]ומטר מחתין [ע]ל ארעא וזרע / [		4Q211 1i2
]עשב ארעא ועא		4Q211 1i3
] / ותנוח אר[עא מן חרב		4Q212 1ii16
]תגלא / לכול בני ארעא כלה וכול עב[די		4Q212 1iv20
עב[די רשעיא יעברו]ן מן כול / ארעא כולה		4Q212 1iv21
הוא] / אורכה ופתיה די ארעא כולה או[מנו		4Q212 1v21
] / שלטן באר[עא	(XXII)	4Q243 11ii3
]ותתמלא א[רעא	(XXII)	4Q243 25,3
ד]◦ ארעא [	(XXII)	4Q243 35,2
ב]כל ולאחרבא ארע[ן] מנהון מן די [	(XXII)	4Q244 12,3
ר]ברבין עקה תתא על ארעא	(XXII)	4Q246 1i4

] רב להוה על ארעא / [	(XXII)	4Q246 1i7
שני[ן] ימלכון על / ארעא וכלא ידשון עם	(XXII)	4Q246 1ii3
ידי[ן] / ארעא בקשט וכלא יעבד	(XXII)	4Q246 1ii6
חרב מן ארעא יסף / וכל מדינתא לה	(XXII)	4Q246 1ii6
ושרשוהי ב[ארעא כ[די היא ? הות] / [	(XXXI)	4Q530 2ii+6-12,11
דן גברוא [ ]הא שלטן שמיא לארעא נחת	(XXXI)	4Q530 2ii+6-12,16
וכל נפילי ארעא הן הובל [פשרא די תרין	(XXXI)	4Q530 7ii8
כול די]ארעא עבדת[	(XXXI)	4Q531 2+3,2
ועם]עשב זרע ארעא וכול דגנא וכול	(XXXI)	4Q531 2+3,5
וכו]ל שרצארעא	(XXXI)	4Q531 2+3,7
]וכול שרץ א[רעא	(XXXI)	4Q531 4,2
דם שגיא שפיך]כנהרין רברבין על א[רעא	(XXXI)	4Q531 7,6
אר]עא[	(XXXI)	4Q532 2,1
]ארעא תר[	(XXXI)	4Q532 2,5
]חבל רב חנבלו בא[רעא	(XXXI)	4Q532 2,9
]◦ ארעא ועד ל◦[	(XXXI)	4Q532 2,11
]בארעא בכל ב[	(XXXI)	4Q532 2,12
לש]קרה[על]ארעא כל ד[	(XXXI)	4Q533 4,1
א]ל[ה]א מבול על ארעא[	(XXXI)	4Q533 4,3
ב]ארעא ותכלון פריה וכל	(XXXI)	4Q537 5,1
וה[יך כל יו]ם להוון בכ]ל[אר]עא אכלין	(XXXI)	4Q537 12,2
] קדמי ארע רבעין תרין וא[רע	(XXXI)	4Q537 12,5
] קדמי ארע רבעין תרין וא[רע	(XXXI)	
]כל ארע[א	(XXXI)	4Q537 17,1
]די על א[רעא	(XXXI)	4Q537 25,1
[ו]ארעא[	(XXXI)	4Q541 4ii1
ויתזה נורהא בכול קצוי ארעא ועל חשוכא	(XXXI)	4Q541 9i4
יעדה חשוכא / [מ]ן ארעא וערפלא מן	(XXXI)	4Q541 9i5
] / ובארעא ובתהו{{ }}מיא ובכול	(XXXI)	4Q542 1ii7
] תעבד בארעא דא ודין חסין ת[	(XXXI)	4Q543 2a-b,5
ולמסב להון] / [כל צרכיהון]מן ארע[כנען	(XXXI)	4Q543 3,2
אר]עא וחד[	(XXXI)	4Q543 23,2
] / בארעא דא וסלקת למ[קם ב(ארע)	(XXXI)	4Q545 1a-bii11
מבהלה תאב[ה חבו]רתנא לארעא מ[צרין	(XXXI)	4Q545 1a-bii16
לה[ון כו]ל[צרכיהון מ]ן ארע כנע[ן	(XXXI)	4Q545 1a-bii18
]כתב בארעא לה מושה	(XXXI)	4Q545 4,15
למסב להון כל צרכיהון מן א[רע כנען	(XXXI)	4Q546 2,4
] / מהילכין לא[רע כנען	(XXXI)	4Q546 9,6
מן קודם נחתת]מן ארעכנען	(XXXI)	4Q547 9,9
מלכא לעבדי שלטנא די ב[א]רעא שלם		4Q550 6
דחלין ו[פ]לחין הו שליט ב[כול אר]עא		4Q550c 1iii1
] / אזל באר[ע		4Q553 10,1
] / די בבל ארעא כלה די לא ישר[		4Q554 3iii19
] לאר[ע]צדותא / [		4Q556 14,11
]◦ה ארעא [		4Q558 10,1
] / ומלאו כן לארעא[		4Q558 37ii4
לש]לחותה לארע מצרי[ן [		4Q558 65,3
5[בא[רע		4Q559 1,2
] / [די] לארע א בעננ[א		4Q560 1ii7
]ל[אר]עא הוא השכחנא די / [		4Q562 2,3
ויאמר אהך לי עד סיאפי ארעא ועל◦[		4Q568 1
] / מתחזה לכל יתבי ארעא ודי במדינתא		4Q571 2
] / לקצוי ארעא י◦[	(XXIII)	11Q10 XIII,5
הוא ארעא עבד / וקשט תב[ל	(XXIII)	11Q10 XXIV,7
הן למכתש / הן לארעא הן לכפן וחסרנה	(XXIII)	11Q10 XXIX,4
הוית במעבדי ארעא החויני הן ידעת	(XXIII)	11Q10 XXX,2
]כנפי [ארע[א	(XXIII)	11Q10 XXX,10
ותשוב קדמוהי על ארעא	(XXIII)	11Q10 XXXI,2
להנחתה על ארע / מדבר די לא אנש בה	(XXIII)	11Q10 XXXI,3
]ארעא[	(XXIII)	11Q10 XXXI,10

11Q**10** XXXII,5	(XXIII)	דחשת ביתה ומדרה ב**אֲרָע** מליחה
11Q**10** XXXV,9	(XXIII)	]תין ויׄפׄלגון יתה **בארע**[

bottom, lower noun אַרְעִי

4Q**544** 2,16	(XXXI)	מ]צליא עד **ארעיא** אנה שליט על כול
11Q**18** 1,2	(XXIII)	] **ארׄעיׄ** [

Arathakiph proper noun ארעתקף

4Q**201** 1iii6	(XXXVI)	שמיחזה דׄ[י הוה ראשהן **ארעתק]ף** תנין לה
4Q**202** 1iii4		**ארע]תׄקף** אלף נחש[י] ארעׄ[שמשיאל אלף
4Q**531** 8,1	(XXXI)	]אל ול**אׄ[רעתקף**

Arpachshad proper noun אַרְפַּכְשַׁד

1Q**20** XII,10		לה בר לקדמין **ארפכשד** תרתין שנין בתר
1Q**20** XII,11		כולהון / [עילם ואש]ור **ארׄפׄכשד** לוד
1Q**20** XVII,11		ליׄד יׄמׄא דׄן **לארפׄכׄשד** ◦◦◦◦◦◦◦◦◦◦◦◦ / ל[תחומ]אׄ

highest heaven (?) noun ארקבת

1Q**20** II,23		ואזל **לארקבׄת** לפרוין ותמן אשכחה לחנׄוׄך

to curse verb ארר

4Q**196** 17ii15	(XIX)	**ארי[רין** כ]ל [די] בׄזין וְכֻל די עלי[כי]
4Q**196** 17ii16	(XIX)	בׄזין וְכֻל די עלי[כי] / [ו]**אׄרירין** כׄ[ל שנאי]כׄי
	(XIX)	שנאי]כׄי וְכֻל[ממ]לׄ[לין ע]לׄיׄכי **אׄרׄיׄרׄיׄ[ן**

אֲרָרַט ← הורדט

foundation noun אֻשׁ

2Q**24** 9,2	(III)	]**אשי** כול [
4Q**204** 1vi24		הוו] / [די תלג ומתבנא ד]יׄ תלג **אשׄ[ן**
4Q**205** 1xi6		טורין די נור ד]לקׄ **אׄשׄן** בינתׄ[הון] / [
4Q**212** 1iv14		ולהון עקרין **אשי** חמסא ועבד שקרא בה
11Q**10** XXX,4	(XXIII)	על מא **אשיה** אתְּעֲדון או מן הקים אבן

to pour out verb אשד

1Q**20** VI,19		] מעיו◦ דמא די **אשדו** נפיליא שפית
1Q**20** X,15		דמהון לאֲיסוד מדבחׄאׄ **אׄשׄדׄ[ת** ו]כול
11Q**10** XVI,5	(XXIII)	עלי **תתאשד** / [נפשי יאחדונני י]ומי

fire noun אֶשָּׁה

4Q**560** 1i4		]רא עואן ופשע **אשא** ועריה ואשת לבב / [
		עואן ופשע אשא ועריה **ואשת** לבב / [
11Q**10** XXIII,2	(XXIII)	]תׄ / **אשה** ישנקנה ויתמלין [גרמוהי מוח
11Q**10** XXXVI,5	(XXIII)	מן פמה לפידין / יפקון בלשני **אשה** ירטון

offering by fire noun אִשֶּׁה

4Q**565** 3		]מׄש **אשׄה** ניחוחי[

Ashur proper noun אַשּׁוּר

1Q**20** XII,11		כולהון / [עילם **ואש]ור** ארׄפׄכשד לוד
1Q**20** XVII,8		בצפונא וסחׄ[ר] למערבא **לאשור** עד

Eshcol proper noun אֶשְׁכּוֹל

1Q**20** XXI,21		ולערנם **ולאשכול** תְלָתת אחיא
1Q**20** XXII,7		וערׄנם / **ואשכול** וממרה נגדו עמה

conjurer noun אָשַׁף

1Q**20** XX,19		חׄכׄיׄמׄ[י] מצרין ולכול **אשפיא** עם כול
1Q**20** XX,20		ולׄאׄ יׄכׄלוׄ כׄול אׄסׄיׄאׄ **ואשפיא** וכול
4Q**570** 1bii6		] / **וׄאשפי** צרׄ[

Asher proper noun אָשֵׁר

4Q**554** 2ii10		לה תרע 〚 〛 **אשר** ומש[ח מן תר]עׄא דן עד

Assyrian proper noun אֲשֻׁרָי

4Q**244** 1-3,1	(XXII)	קודם רברְבני מלכא **ואשׄריׄא** ע◦[

rebellion, resistance noun אֶשְׁתַּדּוּר

11Q**10** XXXI,1	(XXIII)	ל]עׄדׄן עׄ[קת]אׄ ליום קרב **ואשתדׄרׄ** [ ]
11Q**10** XXXIII,6	(XXIII)	ולנקשת זין וזעקת **אשתדור** / יחדה {{ }}

sign noun אָת

1Q**20** XII,1		]◦◦◦ וׄהׄוׄאׄת ליׄ **לאת** בעננה ולמ◦◦◦ / [
4Q**535** 2,4	(XXXI)	] **אתוהיׄ**[
4Q**546** 10,2	(XXXI)	(ת)עבדו(ן) **אתי]ן** ומפתין קׄ[דם פרעה
4Q**580** 1ii12		] / **אתוהי** מׄיׄ[

direct object marker (?) particle אֵת

4Q**211** 1iii4		] ו**באותה** בימׄ[מא

to come, bring verb אתה

1Q**20** II,24		ויא מרי די אנה לך **אׄתׄ[ית**
1Q**20** II,25		דאל תרגז עלי די להכא **אתית** ל◦◦◦ך[
1Q**20** X,14		◦◦◦◦ / [שעיר]אׄ לקדׄמׄין וׄבׄתׄרׄהׄ **אתה** ל◦ ◦[
1Q**20** XV,10		ודי חׄזׄיׄתׄהׄ / לגׄבׄרׄאׄ **אׄתׄהׄ** מן ימין ארעא
1Q**20** XV,11		◦◦◦◦◦◦◦◦◦◦◦◦◦בׄוׄתׄא הוא די **יתה** מן ימין ארעׄאׄ [
1Q**20** XV,13		] / **ויתׄהׄ** בין לקׄ◦[
1Q**20** XIX,9		אזל לדרומׄאׄ ◦◦◦ **ואׄתׄיׄתׄ** עד די דבׄקׄתׄ לחבׄרון
1Q**20** XIX,15		]ובׄ[ני] אנוש **אתו** ובעון למקׄץ ולמׄעקר
1Q**20** XX,21		באדין **אתה** עלי חרקנוש ובעא מני
		חרקנוש ובעא מני די **אתה** ואצלה על
1Q**20** XXI,15		מן גׄיׄחון נהרא **ואתית** ליד ימא עד
1Q**20** XXI,17		שמוקא למדנחא והוית **אתה** לי ליד
1Q**20** XXI,19		ותבת **ואתית** לי לביתי בשלם
1Q**20** XXI,23		יומיא אלן **אתה** כדרלעומר מלך עילם
1Q**20** XXII,1		**ואתה** חד מן רעה / ענה די יהב
1Q**20** XXII,13		**ואתה** לשלם היא ירושלם ואברם שרא
4Q**196** 2,13	(XIX)	]◦◦ בׄרי אזל דבר **ואתהייתה** ויכל [כחדא
4Q**196** 14ii7	(XIX)	ואמר] / להוןׄ לשלׄם **אׄתיתׄון** ועלׄ[ו ב]שלם[
4Q**197** 4iii4	(XIX)	ואמר לׄהון / לשלם **אתיתון** ועלו בשלׄ[ם] אׄחי
4Q**197** 5,10	(XIX)	ו]**תׄאתה** בי<ת> גׄבׄ[א]ל וׄהׄב לה כתב
4Q**198** 1,6	(XIX)	כל די אמר אלה[א כל]א **יתאיׄתׄ[א**
4Q**204** 4,5		מן ראש כפא] דׄןׄ **ואתה** על עׄנׄאׄ ואשכח כול
4Q**204** 5ii25		וב]אׄתׄ[רהון **יא]תׄה** רׄשׄ[ע] תׄקיׄף [מן דן
4Q**209** 7iii2	(XXXVI)	קדמיא ומשרה למתב **למתה** ולמפק
4Q**209** 7iii5	(XXXVI)	שׄרׄי שמשא למתב **ולמתא** בחרתׄ[יה
4Q**209** 8,4	(XXXVI)	]לׄמתב **ולמתא** בׄחׄרׄ[תיה
4Q**213** 4,7	(XXII)	]◦די חׄ[ש]וׄכה **תתא** עליכׄןׄ[
4Q**243** 12,2	(XXII)	]סׄהון **ויתון** מן גוא / [
4Q**244** 5ii4	(XXII)	] / **ואתׄוׄא** עׄדׄ[
4Q**246** 1i2	(XXII)	מ]לכא ͺ{{ל}}<<מ>>עלמא **אתה** רגז ושניך
4Q**246** 1i3	(XXII)	]רׄא חזוך וכלא **אתה** עד עלמא
4Q**246** 1i4	(XXII)	ר]בׄרבין עקה **תתא** על ארעא
4Q**530** 2ii+6-12,5	(XXXI)	וקמוׄ[}} ופ]תׄחׄו עיניהון / **ואתו** על[
4Q**530** 2ii+6-12,21	(XXXI)	ו]קׄרׄו מהוי **ואתה** לכׄ[נ]שׄתׄ[נפיליא ?
4Q**530** 2ii+6-12,24	(XXXI)	[ע]םׄ כׄפׄנוהיׄ ביׄצבא הן **איתיו** בה ארבאׄ[
4Q**531** 12,1	(XXXI)	]**אׄיתי** כׄולׄ[
4Q**531** 22,8	(XXXI)	גע]רׄה די חיות ברא **אתה** ואיׄש ברא קריןׄ[
4Q**534** 1i6	(XXXI)	שבׄ[ילי חכ]מׄיׄן חזין **למאתה** לה עׄל ארכובתׄהׄ
4Q**534** 1ii+2,4	(XXXI)	]**לׄמאתה**[

4Q**537** 1+2+3,4 (XXXI) וכל די יתא על[י כל מאה וארבעין ושב]ע
4Q**537** 14,2 (XXXI) בי]תאל ◦[ ]◦◦[א]תה באר זית על מי / [
4Q**538** 1-2,5 (XXXI) ושר]ו רבה איתי על אחוהי / [אדין יוסף
4Q**539** 4,2 (XXXI)] אתה / [
4Q**540** 1,1 (XXXI)] תובא תתה עקא עלוהי ויחסר נכסין זעירא
4Q**540** 1,2 (XXXI) שבועי]ן 52 ◦◦◦ ? תובא יתה לה חסרנן ויחסר
4Q**541** 3,4 (XXXI) חכ]מה יאתה לעליכה די נסיבת [
4Q**541** 17,2 (XXXI) למש]אל ותתה ומרעא[
4Q**542** 1ii2 (XXXI) קושטא י{{א}}{{י}}{{<<א>>}}תא עליכ[ון
4Q**547** 1-2iii4 (XXXI) לאנתתי יוכבד די]תאתא / [מן מצרין
4Q**549** 2,2 (XXXI) אנתתה כדי] / [א]תת להא שנת עלמה[
4Q**550**e 1]ארו מן צפונא אתיה באישתא ◦[
4Q**555** 3,2]למתא ל◦[
4Q**571** 3] / בר לאבוהי אמר די נהיתא עד
6Q**8** 2,2 (XXXVI) חזי] / הוית עד די אתו[
11Q**10** II,2 (XXIII) כחדה] / [י]תון חתפוהי וכבשו[
11Q**10** XVI,1 (XXIII) לס]תרי יתון ופצא לא / [איתי להון
11Q**10** XVI,2 (XXIII) וכע]ן בתקף שחני יתון / [תחות]באישה
11Q**10** XXXIV,10 (XXIII)]ה[ ]א אייתי
11Q**10** XXXVIII,4 (XXIII) ואתין לות / איוב כל רחמוהי וכל
11Q**10** XXXVIII,7 (XXIII) על כל באישתה די / היתי אלהא עלוהי
11Q**18** 13,3 (XXIII) ו]שויה על נורא ואיתי קמח סולת[

אַתּוּן ← אַנְתּוּן

Assyria proper noun **אַתּוּר**

4Q**196** 2,8 (XIX) [ו]שיזפן קדם אסרחריב מלך אתור ואשלטה
4Q**246** 1i6 (XXII)]מלך אתור[ומ]צרין / [
4Q**550**e 4 עלוהי כריפו בין מדי לפרס ואתור ולימא / [

place noun **אֲתַר**

← בָּתַר
1Q**20** XIX,20 טבותא / [די תעבדין עמי] בכול אתר די [
1Q**20** XXI,1 [ב]כל אתר משריאתי עד די דבקת לבית
עד די דבקת לבית אל לאתרא די בנית
1Q**20** XXI,9 די על שמאל / ביתאל אתר די אנתה יתב
4Q**205** 1xi3 ומן תמן אובלת לאתר א[חרן למערב
4Q**206** 1xxvi4 [מן תמן] אזלת באת[ר אוחרן
4Q**206** 4iii16 ואזל]ו צדיותא אתר זי [לא איתי בה]
4Q**209** 39,1 (XXXVI)]כלהון באתרי ◦◦[
4Q**343** Recto 8 (XXVII)] / ביתה ואתרה בא[
4Q**530** 2ii+6-12,22 (XXXI) אזל[עלוהי די]א[רחת]אתרא דמיתא
4Q**537** 24,3 (XXXI)] כל דנה אתרא אחזיני די / [
4Q**541** 4i6 (XXXI) ו]שגי אתר
4Q**550**c 1i5 [לגבר]כותך קאם באתר די אנתה קאם [
4Q**553** 8i3]◦רא אתר די / [
4Q**553** 13,1 א]תר מלא / [
4Q**553** 13,3 א]תר[
4Q**562** 7,3]◦◦לה◦◦ תמן אתר בית קבורה
11Q**10** I,8 (XXIII)] מן את[רה
11Q**10** VIIA,4 (XXIII) אנדע ואשכ[חנה] / [ואתא עד]אתר מדרה
11Q**10** XII,2 (XXIII) את]רי / ספירא[
11Q**10** XIII,1 (XXIII)] / אתר עריםותא
11Q**10** XXV,2 (XXIII) וירמא המון באת[ר]

noise noun **אִתְרְגוֹשָׁה**

11Q**10** XXVIII,7 (XXIII) מן פרס / ע[נניא די אתרגו]שתה מן טלל

ב

in, at, with preposition **בּ**

1Q**20** I,26; II,1 (2), 3, 4 (3), 5, 6, 7 (3), 8, 10 (2), 13, 14 (2), 18, 19, 20 (2), 22; III,3, 13 (2); V,8, 9, 11, 12 (2), 16, 20, 21, 22, 25; VI,1, 2, 3, 4 (2), 6 (3), 8, 9, 10, 11 (2), 12, 13 (2), 14, 18; VII,1 (2); VIII,9; X,1, 2, 3, 11, 16, 17, 18; XI,1, 11, 12 (2), 16 (5), 17; XII,1, 8, 9, 13 (2), 14 (2), 15, 16; XIII,13, 14 (3), 15, 16 (2); XIV,9, 11, 12, 14, 16, 17, 18; XV,10, 14, 20, 22; XVI,9 (2), 12; XVII,7, 8, 11, 13, 16, 18 (2); XIX,7, 10 (2), 14 (2), 17, 20, 21, 23, 26, 27 (2); XX,11 (2), 12 (2), 13 (2), 14, 15 (3), 16, 17, 21, 22, 30 (2), 33 (2); XXI,1, 2, 4, 5, 6, 7 (2), 8, 10, 19 (3), 27 (3), 28, 29 (2), 30 (2), 32, 33; XXII,1, 2, 3, 8 (2), 9 (2), 13, 17, 18, 24, 27, 28, 30
1Q**21** 25,2; 53,2
1Q**23** 1+6+22,5; 9+14+15,3; 17,2; 19,1; 20,2; 21,2
1Q**32** 3,2
1Q**63** 2
1Q**64** 2
1Q**67** 1,2
2Q**24** 4,13, 20; 8,5
3Q**14** 4,5, 6
4Q**156** 1,7
4Q**157** 1ii3, 4, 6
4Q**196** 2,1, 9, 10, 12; 4,1; 5,1; 6,5, 9, 10; 9,1; 17i16; 17ii2, 7, 14; 18,2, 9, 11, 12, 14 (2); 19,1
4Q**197** 3,5; 4i2, 12 (2); 4ii3 (2); 4iii1, 4, 6
4Q**198** 1,6, 7, 9, 11
4Q**201** 1i6; 1ii1 (2), 3, 9, 10, 13 (2), 15; 1iii4; 1ii9
4Q**202** 1ii25
4Q**203** 7a,5; 8,4, 9 (2), 11, 13 (2)
4Q**204** 1i18, 19, 20, 26, 28; 1i2, 6, 7, 8; 1vi8, 10, 13, 14, 16, 21; 1viii29; 1xii26; 1xiii24, 30; 4,4; 5i21; 5ii17, 22, 25, 26 (2), 27 (2), 30 (2)
4Q**205** 1xi1, 4; 2iii27, 30
4Q**206** 1xxvi4, 15; 1xxvii20; 3i6, 7; 4i14, 17; 4ii3, 19
4Q**207** 2, 5
4Q**208** 1,1; 2,1; 5,1, 2, 3, 5; 6,1; 7,2; 8,2; 10a,3, 7; 11,1, 2; 12,2; 13,1; 15,1, 4; 16,5; 17,4; 18,1; 19+21,3, 5; 20,1, 2; 22,3; 24i7, 8; 25,2; 26,2; 28,2
4Q**209** 1i3 (2), 4 (2), 5 (2), 6, 7 (2), 11, 12; 2ii2, 3, 4, 6 (2), 7 (2), 8, 9, 10; 3,3 (2); 5,2, 3, 4 (2); 6,4, 5, 6, 7, 8 (2); 7ii3, 4, 5, 6 (2), 7 (3), 8, 9 (2), 10 (3), 11 (2), 12, 13; 7iii1 (2), 2 (2), 3, 4 (3), 5 (3), 6 (2), 7 (2); 8,1, 2, 3 (2), 4; 9,1, 2 (2), 3, 4; 10,3; 12,1, 3; 13,1; 15,2; 16,3; 17,1; 19,2; 22,1, 2; 23,3, 4, 5, 6 (2), 7 (2), 8; 26,2 (2), 4 (2), 5; 28,4; 33,3; 34,2; 39,1; 41,1
4Q**210** 1ii3, 4 (2), 5, 7, 15 (2), 18; 1iii3, 4, 5, 6, 7
4Q**211** 1ii4, 5, 6 (2); 1iii4 (3)
4Q**212** 1ii20, 25; 1iii25; 1ii11, 14, 15, 17 (2), 18, 24; 1i15
4Q**213** 1i2, 16 (2), 17 (2); 1-2ii12, 19; 4,6; 5,2, 3
4Q**213**a 1,17; 2,11, 16
4Q**213**b 3
4Q**214** 2,10
4Q**214**a 2-3i5
4Q**235** a+b,1
4Q**242** 1-3,2 (3), 6 (2)
4Q**243** 6,2; 10,3; 11ii2, 3; 13,3; 14,3; 15,1
4Q**245** 2,3
4Q**246** 1i5, 9; 1ii5, 6, 7, 8
4Q**318** IV,5, 6 (2), 7 (2), 9; VII,1 (6), 2 (6), 3 (5), 4 (5), 5 (4), 6 (2), 7 (5), 8

(5), 9 (2); VIII,1 (5), 2 (3), 3 (3), 4 (3), 5 (2), 7 (2), 8, 9; 1,1; 2,1; 4,1, 2; 5,1

4Q**339** 1
4Q**343** Recto 3, 8, 9
4Q**345** Recto 1, 5
4Q**529** 1,6, 13
4Q**530** 2i+3,3, 4, 5; 4,2; 2ii+6-12,3, 5, 6, 10 (2), 15, 16 (2), 19, 24 (2); 7ii4; 17,1
4Q**531** 1,4; 2+3,9; 6,4; 7,5; 13,5; 19,2; 22,3 (2), 6; 28,2; 32,2; 47,1
4Q**532** 1ii6; 2,2, 9, 12 (2)
4Q**534** 1i3, 4, 7 (2), 10; 1ii+2,5, 9
4Q**535** 1,1; 3,2, 5
4Q**536** 2i+3,6, 9, 11, 13; 2ii10, 11 (2), 12
4Q**537** 1+2+3,5, 6; 5,2; 7,2
4Q**538** 1-2,2, 3
4Q**539** 2-3,4
4Q**540** 1,4
4Q**541** 2i7; 3,3; 4ii5; 8,3; 9i4, 7; 10,2, 3 (2); 12,2 (2); 24ii2, 4, 5, 6
4Q**542** 1i3 (3), 4, 6, 7, 8 (2), 9 (4), 10 (2); 1ii1, 7 (3), 8, 12 (2), 13 (2); 2,7 (2)
4Q**543** 1a-c,2; 2a-b,5; 4,2; 5-9,3, 7; 15,3; 35,2
4Q**544** 1,9, 10, 12, 14; 2,14
4Q**545** 1ai2 (2), 3, 7; 1a-bii11; 2,2; 3,3; 4,15, 17, 18; 7,1; 8,2; 10,1; 12,1
4Q**546** 2,1; 10,1; 11,5; 12,3; 13,3; 20,2
4Q**547** 1-2iii6, 9; 3,4; 9,4, 6, 7
4Q**548** 1ii-2,7, 11
4Q**550** 2, 3 (2), 5, 6 (2)
4Q**550**c 1i1, 5, 7; 1ii2, 5, 6, 8; 1iii1 (2), 3, 4, 5
4Q**550**d 1,2
4Q**550**e 2
4Q**552** 1,10; 2ii3, 6
4Q**553** 6i4; 6ii4; 8i5; 9,1; 10,1
4Q**554** 1,1 (2); 2i11; 2ii13; 2iii15, 21; 3ii15; 3iii15, 16 (2), 21, 22
4Q**554**a 1ii3, 5, 12
4Q**555** 1,2; 2,3
4Q**556** 3,2; 14,6
4Q**558** 22,3; 25,1; 28,1; 33,4, 5; 39,2; 42,1; 58,2; 63,2; 66,3
4Q**559** 1,2; 4,4
4Q**560** 1i3, 5; 1ii7
4Q**561** 3,9, 13
4Q**562** 1,1 (2); 7,2 (2)
4Q**563** 1,2, 5
4Q**564** 1i1
4Q**565** 4, 6
4Q**568** 1
4Q**569** 1,8; 3,7
4Q**570** 4,2
4Q**571** 2
4Q**580** 1ii15; 8,2
4Q**581** 4,2
4Q**582** 5
5Q**15** 1i6, 13 (2), 14, 17; 1ii3, 4, 6 (2); 2,2; 3,3
6Q**8** 7,1
11Q**10** V,1, 2, 5; VII,1; VIII,4, 5, 8; X,3; XIII,3, 4, 6, 7 (2), 8; XIV,1 (2); XV,3, 4, 6; XVI,2; XVIII,2, 6; XIX,5; XXII,2, 5, 7, 8, 9; XXIII,4, 7; XXIV,10; XXV,2, 3; XXVI,1, 6; XXVII,2 (2), 5, 6 (2), 8; XXVIII,8; XXIX,1, 5; XXX,2, 4, 6 (2), 7, 9; XXXI,4; XXXII,5, 9, 10; XXXIII,1, 2 (2), 3; XXXIV,5, 9 (2); XXXV,3 (2), 4 (2), 5 (2), 6 (2), 8 (2), 9; XXXVI,5, 7; XXXVIII,2, 3, 4, 6, 9

באדין ← אֲדַיִן

evil adjective **בְּאִישׁ**

1Q**20** IV,3		] **בׄאׄישׁתׄא**
1Q**20** XX,17		אנש ביתה רוח / **באישא** והואת כתשא לה
1Q**20** XX,28		ותתגער מננה רוחא דא **באישׁתׄא**
1Q**20** XX,29		מכתשא ואתגערת [מנה רוחא] **בׄאישתא** וחי
4Q**197** 1,3	(XIX)	שרא **באי]שׁא** קטלׄ[אנון
4Q**203** 8,14	(XXXVI)	יהוה] / עליכון **לׄבאיש**
4Q**213**a 1,13	(XXII)	**ב]אישׁא֯** וזנותא דחא / [
4Q**242** 1-3,2	(XXII)	הוא] / בשחנא **באישא** בפתגם אׄ[לה]א
4Q**242** 1-3,6	(XXII)	] / כתיש הוית בשחנא **ב[אישא]** בתימן [
4Q**343** Verso 12	(XXVII)	] / **ובאׄיש** עׄבידׄ[
4Q**529** 1,10	(XXXI)	בדי] / יתעבד כׄל די **באיש** קודם רבי
4Q**534** 1ii+2,2	(XXXI)	**באיש** טלופחא עׄל גׄבׄרׄ[(א)
4Q**538** 1-2,4	(XXXI)	איתׄ[י בלבבהון ר]וח **באישה** ולא יכל עוד
4Q**541** 9i6	(XXXI)	גנואין עלוהי יׄמללון דרה **באיש** יאפיך / [
4Q**550**c 1iii2		]כׄול אנש די ימר מלהׄ[**באי]שא** על
4Q**550**c 1iii6		**ב]אישׁאׄ** בׄאישתה תאבה עלׄ[ריש]ה כ[ול
4Q**556** 1,4		] נׄורא **באישה** [
4Q**558** 11,1		]**באיש**[
4Q**558** 54ii1		] **באישיׄןׄ** / [
4Q**560** 1i2		] ילדתה מרדות ילדן פקר **באיש** שׁ[
11Q**10** III,1	(XXIII)	]**בׄאיש** ⟦ ⟧[
11Q**10** XI,11	(XXIII)	]כׄמיׄןׄ **באישׁ**[
11Q**10** XV,8	(XXIII)	]**בׄאישה**
11Q**10** XXVI,8	(XXIII)	יזעקון ולאׄ[יענא מן קדם ג]אות / **[ב]אישין**
11Q**10** A17,2	(XXIII)	]**בׄאיש**[

evil, distress noun **בְּאִישָׁה**

1Q**20** 1ii8	(I)	] / **ובישתאׄ** לׄמׄקׄ◦◦ ◦[
4Q**204** 5ii28		[עד די יקומון] / דרי קושׄטׄא **ובאישת**ה
4Q**537** 5,3	(XXXI)	]**ובאישת**כון עד[די]תהוון קדמוהי לׄ◦[
4Q**550**c 1iii6		ב]אישאׄ **באישת**ה תאבה עלׄ[ריש]ה כ[ול
4Q**550**e 1		]אׄרׄו מן צפונא אתיה **באישתא** ◦[
11Q**10** VIII,8	(XXIII)	] / **בבאישׁ[ת**הון
11Q**10** XVI,3	(XXIII)	בתקף שחני יתון / [תחות]**בׄאישה**
11Q**10** XIX,4	(XXIII)	ה]ללת / על **באישת**הׄ[
11Q**10** XXVII,4	(XXIII)	וא[מר להון]הן יתו֯בון מן **באישת**הון
11Q**10** XXXVIII,6	(XXIII)	ונחמוהי על כל **באישת**ה די / היתי

well (?) noun **בְּאֵר**

1Q**21** 53,2	(I)	]◦ **בׄאר** בה[

Be'er Zaith proper noun **בְּאֵר זַיִת**

4Q**537** 14,2	(XXXI)	בי]תׄאלׄ ◦[ ]◦◦[א]תׄהׄ **באר זית** על מי / [

to be bad verb **באשׁ**

1Q**20** XXI,7		**ובאש** עלי די פרש לוט בר אחי
4Q**204** 5ii27		די [ד]רׄ מן דר **יבאש** בכדׄן ובאש להואׄ [עד
		דר יבאש בכדׄן **ובאש** להואׄ [עד די יקומון]
4Q**551** 5		אמ]ר להון אחי אל **תבאש**[ו
4Q**554** 3iii20		] / **ויבאשון** לזרעך עד עדן די י◦[

(indeterminate) **באשׁ**

1Q**21** 43,1	(I)	]**באש** ◦[

באשושה ← בשושה

באתר ← בָּתַר, אֲתַר

pupil of the eye noun **בָּבָה**

4Q562 7,2 —]ה בקרב **בבבתא** דעינה בדיל כן יתמסון

Babylon proper noun **בָּבֶל**

1Q20 XXI,23 — מלך **בבל** אריוך מלך כפתוך תדעל
4Q242 1-3,1 (XXII) — צ[ל]תא די צלי נבני מלך [**בב]ל** מלכ[א
4Q244 12,3 (XXII) — **ב]בל** ולאחרבא ארעהון מנהון
4Q552 2ii5 — מן שמך ואמר לי **בבל**[ואמרת לה] / [
4Q553 6ii4 — ואמר לי **בבל** ואמרת לה אנתה / הוא ד[י
4Q554 3iii19 —] / די **בבל** ארעא כלה די לא ישר[

Bagoshi proper noun **בגושי**

4Q550c 1ii5 —]ן די [אי]תי **לבגושי** בכפל[
4Q550c 1ii7 —] / **בגושׁ[י** ת]ב ל[
4Q550c 2,2 —] **לבגוש[י**
4Q550c 2,4 —]א **בגוש[י**
4Q550c 4,4 —]שתה די **בגו[שי**

to reproach (?) verb **בגל**

4Q204 4,9 — לדיריהון אמרא] דן לא[י ל]**בגלא** ולבגעה

Bagasraw proper noun **בגסרו**

4Q550c 1ii6 —]◦ על בש[ל]ם **בגסרו** לדרת מלכא ◦[
4Q550c 1ii7 — אדין על[**ב]גסרו** לד[ר]ת מלכא ש◦[
4Q550c 1ii8 — ענה ואמר **ב[גס]רו** בגסרו מן [
ענה ואמר ב[גס]רו **בגסרו** מן [
4Q550c 1iii2 —]כול אנש די ימר מלה[באי]שא על **בגסרו** נ[
4Q550c 1iii5 — י]קומ[ו]ן בתר **בגסר[ו]** קרין בכתבא דנ[ה
4Q550c 2,3 — **ב]גסרו** ער[
4Q550d 1,4 — **ב]גסרו** כד[

to slay (?) verb **בגע**

4Q204 4,9 —] דן לא[י ל]בגלא **ולבגעה** ולאעקה ימא ע[ל[

to invent verb **בדה**

4Q531 27,3 (XXXI) —]עפרא **בדא** / [
4Q541 9i6 (XXXI) — ובדיאן עלוהי **יבדון** וכול גנואין עלוהי

fable noun **בְּדָיָה**

4Q541 9i6 (XXXI) — ושגה / [כדב]ין **ובדיאן** עלוהי יבדון

because preposition **בְּדִיל**

1Q20 XI,14 — לגבר צדיקא ל◦◦◦◦◦◦◦◦ לכול קנה **בדילה**
1Q20 XIX,20 — ואחי בטליכי ותפלט נפשי **בדיליכי** / [
1Q20 XX,10 — ושביקת אנה אברם **בדילהא** ולא קטילת
1Q20 XX,25 — ומתנגד מרי מלכא **בדיל** שרי אנתת אברם
1Q20 XX,26 — לי מא עבדתה לי **בדיל** [שר]י ותאמר
4Q197 4ii4 (XIX) — רעואל למכליה מנך **בדיל** די הוא ידע / [
4Q209 23,3 (XXXVI) — לדרומא דרום **בדיל** לתמן דאר רבא וב[ה]
4Q210 1ii16 — על[לין וכולהון] כוכביא **בדיל** כ[ן קרין
4Q243 1,1 (XXII) — שאיל דניאל לממר **בד[י]ל** [
4Q550c 1iii2 — ית]קטל **בדיל** די לא אית[י] כ[
4Q552 1,8 — ואמר לי מלכא **בדיל** כדן / [
4Q553 5,1 — מלכא **בד[יל**
4Q555 1,1 — **ב]דיל** די ד[
4Q558 43,2 — **ב]דיל** כדן [
4Q562 4,2 — א]להא **ובדיל** ד[י
4Q562 7,2 — בקרב בבבתא דעינה **בדיל** כן יתמסון / [
4Q562 10,3 —] **בדיל** די ◦◦◦שיהו[
4Q581 2,2 —]**בדיל** כדן מלל[

11Q10 XXIX,7 (XXIII) — **ב]דיל** די לבושך / [
11Q10 XXXVIII,3 (XXIII) — איוב ושבק / להון חטאיהון **בדילה**

to examine, test verb **בדק**

1Q65 1 (I) —]**בדקו** ועלו[

to scatter verb **בדר**

1Q20 XIII,17 — עלוהי ומן אנבה **ובדרתה** לרוחיא ובתרה
4Q244 13,1 (XXII) —] **ובדר** אנון[
4Q566 2,3 —] / **מבדריא** ו◦א[

to alarm verb **בהל**

1Q20 II,3 — אנה למך **אתבהלת** ועלת על בתאנוש אנתתי
4Q531 14,2 (XXXI) —]והי לא **בהיל** על כול מלך ואל[
4Q531 45,3 (XXXI) —]ין נפקו **מבהלין** ◦[
4Q545 1a-bii16 (XXXI) —] / שמועת קרב **מבהלה** תאב[ה חבו]רתנא

to be ashamed verb **בהת**

4Q213a 3-4,5 (XXII) — שמה ושם אבהתה **ואבהתת** לכל אחיה / [
4Q562 8,1 — י]**בהת** ◦◦◦[

shame noun **בַּהֲתָה**

4Q212 1ii25 — אל תה]ון **בבהשתא** את[ון ורוחכון על חשבון
4Q213a 3-4,4 (XXII) —]ז◦ **בהתא** וכל / [

to mock verb **בוז**

4Q196 17ii15 (XIX) — ארי[רין כ]ל [די] **בזין** וכל די עלי[כי]

to exult verb **בוע**

4Q196 18,2 (XIX) — אדין]חדי **ובועי** בב[ני קשיטיא

fine linen noun **בּוּץ**

1Q20 XX,31 — וד]הב שגיא ולבוש שגי די **בוץ** וארגואן ו[
11Q18 16i2 (XXIII) —]ל **בוצ** / [

Bukki proper noun **בּוּקִּי**

4Q245 1i6 (XXII) —]**בוקי** עוזי / [

pit noun **בּוֹר**

4Q212 1iv21 — וירמון **לבור**[עלם ויחזון אנושא]כלהון

plunder noun **בִּזָּה**

1Q20 XXII,13 — אתיב אברם כול שביתא / וכול **בזתא**

to plunder verb **בזז**

1Q20 XXI,28 — די מדברא והווא מחין **ובזין** מן פורת נהרא
1Q20 XXI,33 —]◦◦◦ **ובז** מלך עילם כול נכסיא די סודם
1Q20 XXII,4 — למדיתון ושבין **ובזין** ומחין וקטלין ואזלין
1Q20 XXII,11 — כול די שבוא / וכול די **בזו** וכול טבתהון
4Q318 VIII,8 (XXXVI) — ולערביא [ ]א כפן ולהוון **בזזין** אלן בא[לן

to dig verb **בזע**

11Q10 XII,7 (XXIII) — ט◦]פין / **בז[ע**

chosen adjective **בְּחִיר**

1Q20 XXII,6 — ובחר מן עבדוהי גברין **בחירין** לקרב
4Q201 1i1 (XXXVI) — בה]ן חנוך **לבח[ירין** קשיטין די להוון
4Q212 1ii23 — פרשא] / [וח]כים אנושא **ובחי[ר**]בני [
4Q212 1iv12 — י]תבחרון **ב[חירי]ן** לשהדי קשט מן נ[צבת
4Q534 1i10 (XXXI) — ? ח]שבונוהי בדי **בחיר** אלהא הוא

4Q558 54ii3		] / תמניא **לבחיר** והא א◦[
4Q580 1i10		]די **בחיר** לקשט / [
4Q580 2,2		די] הוא הוא **בחירה** [

to test verb **בחן**

4Q541 24ii5	(XXXI)	אחיכה יסוד **מ֯בחן** / ת{{צ֯}}ו֯ע֯א ותחזה

to choose verb **בחר**

1Q20 VI,17		] ◦◦◦◦◦◦◦◦◦◦◦◦◦[ ]קל י֯צלחון **ו֯ב֯ח֯ר**◦ א֯נ֯ון
1Q20 XXII,6		וקם / **ובחר** מן עבדוהי גברין בחירין
4Q196 44,1	(XIX)	]**בחר**[
4Q201 1iii14	(XXXVI)	נסבו להן] / נשין מן כל די **בחרו** ו[שריו
4Q212 1iv12		[ועם סופה י]**תבחרון** ב֯[חירי]ן ל֯שהדי֯ קשט
4Q243 13,1	(XXII)	ב]**ח֯רו** בני ישראל אנפיה֯[ון
4Q244 12,1	(XXII)	]**ב֯ח֯רו** בני ישראל אנפיה֯ון מ֯ן [
4Q545 4,19	(XXXI)	אל די] / **יתבחר** לכהן עלמין[ ][ ][
6Q8 26,3	(XXXVI)	] / **ו֯בחר** ש[
11Q10 XV,2	(XXIII)	**בחרת** ארחי והוית ר֯[אש
11Q10 XXV,9	(XXIII)	**תב]ח֯ר** ולא אנה [
11Q10 XXXII,7	(XXIII)	**ויבחר** לה טורין֯ לר֯ע֯[יה ו]בתר

to become pregnant verb **בטן**

4Q201 1iii16	(XXXVI)	והויה **בטנן** מנהן וילדה גברין רמין כתלתת

womb noun **בטן**

11Q10 XXXI,6	(XXIII)	ומן **בטן** מן נפק גלידא ושיק֯[ע שמיא]

house noun **בַּי**

← בַּיִת -

1Q20 XX,15		רבתא / בה ובכול **ביתה**
1Q20 XX,16		למכתשה ולכול אנש **ביתה** רוח / באישא
1Q20 XX,17		כתשא לה ולכול אנש **ביתה**
1Q20 XX,18		ונגדיא על כול אנש **ביתה**
1Q20 XX,20		מן מכתשה דן ולאנש / **ביתה**
1Q20 XX,28		וכען צ֯לי ע֯לי ו֯על **ביתי** ותתגער מננה רוחא
1Q20 XXI,6		סודם ו֯ז֯בן לה בסודם **בי** / ויתב בה ואנה
1Q20 XXI,19		ותבת ואתית ל֯י **לביתי** בשלם ואשכחת כול
1Q20 XXI,21		ואשתית תמן / אנה וכול אנש **ביתי**
1Q20 XXII,14		שוא והוא עמק מלכא בקעת **בית** כרמא
1Q20 XXII,33		די לא בנין וחד מן בני **ביתי** ירתנני
4Q156 2,4	(VI)	]ה ע֯ל **בית** קדשא [ועל] משכן זמנא
4Q196 2,9	(XIX)	ארי / ב֯ר֯ א֯חי הוה ומן **בית** אבי ומן משפחתי
4Q196 2,10	(XIX)	אסרחדון [מל]כא כדי תבת / **ל֯ב֯י֯ת֯י** ואתבת
4Q196 6,2	(XIX)	ובכת וסלק]ת֯ לעלית **בית֯** [אבוה
4Q197 4i16	(XIX)	ואמר לה **א֯בית֯**[רעואל נבית] / [וג]ב֯ר֯א
4Q197 4i17	(XIX)	א֯בית֯[רעואל נבית] / [וג]ב֯ר֯א מן **בית** אבונא
4Q197 4iii2	(XIX)	אחי ד]ב֯רני קשטא **לבית** רעואל אחונא
4Q197 4iii4	(XIX)	בשל[ם] א֯חי ואעל אנון **לביתה**
4Q197 5,6	(XIX)	אוב]י֯ל עמך **לבית** א֯[בוך
4Q197 5,10	(XIX)	ו]ת֯אתה **בי<ת>** גב֯[א]ל ו֯ה֯ב לה כתב ו֯ס֯[ב
4Q204 1vi23		נורא אלן] / [עד ד]י֯ אדבקת **לביא** ר[ב
4Q206 1xxii1		והא֯ א֯לן אנון פחתיא **לבית** עגנון
4Q343 Recto 8	(XXVII)	] / **ב֯י֯ת֯ה** ואתרה בא[
4Q347 4	(XXVII)	]◦ חד מ֯ן **ב֯י֯ת֯ה**֯ו֯סחר֯[
4Q530 1i3	(XXXI)	]ן֯ וכל **בית** פלטא די אהך לה / [
4Q531 22,1	(XXXI)	שמאל]א֯ ו֯ימינא[(ו)אתבעי]כ֯ול **בית** וצד֯[ק
4Q535 2,2		]מ֯וריא **בית** [
4Q540 1,4	(XXXI)	]**ביתא** די יתילד בה מנה
4Q543 32,2	(XXXI)	]ל֯[**בי]ת֯י** אח֯[
4Q545 1ai9	(XXXI)	ב֯רי למלאכיה אחיכ֯ו֯ן מן **בית** / [אבונא ?
4Q546 14,3	(XXXI)	] / א֯ל֯ פ֯תח **ב֯י֯ת֯כ** ע[ל֯י֯]ה֯ון֯[
4Q549 2,6	(XXXI)	] / פטר **לבית** עלמה[כדי (את)]כ֯תב֯[
4Q550a 4		] / נפלת עלוהי אימת **בית** ספ[רא
4Q550a 6		] / **ביתי** ו֯נ֯כסי לכול מה
4Q550c 1iii4		]ואנון בדרת **בית** מלכ֯[א]ר֯בתא֯[
4Q551 4		כל אנש ק֯רתא֯ על **ביתא** וימרון לה הנפק֯[
4Q554 2iii20		דן אחזיני **בית** דרג סח[ר וס]לק פ[תיה]
4Q554a 1ii4		תרעא אחרנא פתי]הנ ארך **בתיא** קנין
4Q554a 1ii7		]א֯רכהון ופתיהון אמין 12 **בית** / [ערשין
4Q562 7,3		]◦◦לה◦◦ ת֯מ֯ן֯ אתר **בית** קבורה
5Q15 1ii6	(III)	ואחזיאני בה **באתין** מן תרע לתר֯[ע
5Q15 1ii7	(III)	ארוך **בת֯י֯**[א קנין תלתה אמין] עשרי֯[ן וחדה
5Q15 1ii9	(III)	ומשח פותי מצי]עת **ביתא** וגוהון די ת֯[וניא
5Q15 1ii11	(III)	**בית** [ע]שרין ות֯[ר]תין ערש֯[ין וחדה] עשרה
5Q15 2,2	(III)	] כל **בתיא** די בגוא ◦[
6Q26 2,1	(III)	אנ]ש֯י **ב֯י֯ת֯**[
11Q10 II,4	(XXIII)	] / **ביתי** אמתי לנכר֯[י
11Q10 IV,7	(XXIII)	**בתיהון**[
11Q10 V,2	(XXIII)	[ארו מא]צ֯בו לאלהא **בביתה** ו֯[
11Q10 XIX,8	(XXIII)	א]נש / **ביתי** מ֯[ן
11Q10 XXXII,5	(XXIII)	די שוית רחשת **ביתה** ומדרה בא֯ר֯ע֯ מליחה
11Q10 XXXVIII,6	(XXIII)	ידעוהי ואכלו / עמה לחם **בביתה** ונחמוהי
11Q18 18,6	(XXIII)	] **לבתי** חדוא ול֯[

to understand, consider verb **בין**

1Q20 XIII,14		**מתבונן** הוית בזיתא דן וארו
4Q201 1ii1	(XXXVI)	ה֯[זו] ל֯א֯ר֯ע֯ה֯ ו֯א֯[**תבו**]**ננו** בעבדת֯ / [מן קדמיה
4Q201 1ii10	(XXXVI)	לה]דר תשבחתה [הל]ל֯[ו ו]**א֯ת֯בוננו** בכל
4Q204 1i20		חזוא לכון ל[א]רעא **ואתבוננא** בעובד[ה מן
4Q212 1iii22		שמיא אנה כל[א קר]ית **ואתבוננ**[ת
4Q541 3,3	(XXXI)	]א֯ **ומתבונן** בעמיק[י]ן וממלל֯[
4Q541 7,2	(XXXI)	] / די לא **מתבונן** וכ֯ת֯ב֯/י֯[ב
4Q552 2ii3		ואמרת אן אחזוא **ואתב[ונ]ן** ב[ה וחזית
4Q553 6ii3		ואמר֯ת֯ אן אחזה **ואתבונן** / בה וחזית [אלנא]

between preposition **בֵּין**

1Q20 XV,13		] / ויתה֯ **בין** לכ֯◦[
1Q20 XV,18		]**בין** כול עממיא וכולהון להון
1Q20 XVI,9		]לשנה די מן **ביניהן** ראי֯ש בעי֯ן עד
1Q20 XVI,21		] **ב֯י֯ן** [
1Q20 XVII,7		[ו]ש֯ם ב֯ר֯י֯ [ח]ל֯קה **בין** בנו֯הי ונפל
1Q20 XVII,9		ו֯ב֯ת֯ר֯ה֯ / לארם ארעא די **ב֯י֯ן** תרין נה֯ר֯י֯א֯
1Q20 XVII,13		כול בקעאתא ומישריא די **ב֯י֯נ֯יהון** וא֯יא די בגו
1Q20 XVII,16		[ו]י֯פ֯ת פל֯ג֯ **ב֯י֯ן** בנו֯הי לגמר יהב לקדמין
1Q20 XVII,17		נ֯גאותא די ל֯י֯ד֯ לוד ו֯**ב֯י֯ן** לשנא [די]
1Q20 XXI,24		תדעל מלך גוים די / הוא **בין** נהרין
4Q204 4,2		די הוה תנינה]ד֯י֯ הוה **ביניהון** לא יכל֯י֯[ן
4Q205 1xi6		טורין די נור ד]ל֯ק֯ א֯ש֯ן֯ **ב֯י֯נ֯ת֯**[הון] / [
4Q205 1xii5		טור אוחרן רם] מ֯נה **ובינ֯י֯הון** חלה
4Q205 1xii7		ויבישה תחתוהי ו]**ב֯י֯נ֯ת֯הון** ו֯ת֯[לה
4Q207 2		א רברביא ואכל ורעה] **ביניהון**
4Q531 14,4	(XXXI)	ל֯[א] יתב **בין** בני אנש ולא אלף מנהון[
4Q537 4,3	(XXXI)	] / **ב֯י֯ן** [
4Q542 1ii10	(XXXI)	ותנתנון ל֯י **ביניכון** שם טב וחדוא / ללוי
4Q543 18,3	(XXXI)	בש]ל֯ם **בין** חי֯א֯[
4Q544 1,4	(XXXI)	וקרבא הוא **בין**[פלשת למצרין ונצחו פלשת
4Q544 1,7	(XXXI)	קרבא] / **בין** מצרין לכנען ולפלשת
4Q545 6,3	(XXXI)	] על נפשה תכמון **בין** [תרתיהון
4Q547 3,3	(XXXI)	על]נ֯פשה תכמון **בין** תרתיהון[
4Q550 4		ה֯תקריו קדמוהי **ובין** / ספריא אשתכח

4Q550e 4]◦מו עלוהי כריפו **בין** מדי לפרס ואתור
4Q553 8ii3] / מ**ביניהון** [
4Q554 2ii15 מש]ח[ת פרזיא כלהן **בין** פרזא לפרזא
4Q561 4-6i2 מערבין ולא שגיא עינוה[י] / **בין** אורין
4Q561 4-6i5 אברוהי / [מ]מחקין[ו**ב**ין מג]רמין לעבי[ן] / [
4Q561 4-6ii5] / להוון **בין** עבין ל[
4Q562 11,2] / **בין** לו◦[
4Q580 1ii13] / עברה נפל **בין** חד ל[חד
11Q10 XXXVI,2 (XXIII) לחרה ידבקן ורוח ל[א י]נעול **בינה**{{ו}}ן
11Q10 XXXVI,4 (XXIII) עטישתה תדלק / נורא **בין** עינוהי כממח פרא

to spend the night verb **בית**
11Q10 XIX,9 (XXIII)] / לא י[**בית**
11Q10 XXXII,8 (XXIII) ראמ[א ל]מפלחך א[ו]ה**יבית** על / אוריך
11Q10 XXXVI,7 (XXIII) בצורה **יבית** תקפה וקדמוהי / תרוט עלימו

Beth Aphek proper noun **בֵּית אֲפֵק**
4Q235 a+b,2 (XXVII)]ת **בית אפק** / [

Bethel proper noun **בֵּית אֵל**
1Q20 XXI,1 רבקת ל**בית אל** לאתרא די בנית תמן בה
1Q20 XXI,7 הוית יתב בטורא די **בית אל**
1Q20 XXI,9 לרמת חצור די על שמאל / **ביתאל** אתר
4Q339 3 (XIX) [בן] בעור / [ה]זקן מ**ביתאל** / [צר]קיה
4Q537 14,2 (XXXI) **בי]תאל** ◦[ ]◦◦[א]תה באר זית על מי

to weep verb **בכה**
1Q20 XIX,21 ו**בכת** שרי על מלי בליליא
1Q20 XX,10 ו**בכית** אנה / אברם בכי תקיף אנה
1Q20 XX,16 ו**בכית** וחשית
1Q20 XXII,5 ו**בכא** אברם על לוט בר אחוהי ואתחלם
4Q197 4i4 (XIX) ושתק[ה עוד ולא **בכת**
4Q197 4iii8 (XIX) ושור רעואל נשקה ו**בכ[ה**
4Q203 4,6 (XXXVI)]שויו ו**בכו** קוד[ם
4Q538 1-2,6 (XXXI) ונ]פ[ל ע]ל צורי ועפקני **בכ[ה** שגיא
4Q539 2-3,1 (XXXI) בשנה חד]ה יעקוב **ב[כה** על יוסף
4Q543 17,2 (XXXI)]כלא ל**מבכין** [
4Q543 19,1 (XXXI)]**בכה** וא[

weeping noun **בְּכִי**
1Q20 XX,11 אנה / אברם **בכי** תקיף אנה ולוט בר אחי
6Q14 2,3 (III) א]בל ו**בכי** [

indeed (?) particle **בַּל**
4Q204 5ii17 ענית אנה חנוך אמר] / **בל** ית[דת מריא

Bildad proper noun **בִּלְדַּד**
11Q10 I,4 (XXIII) ענ]א **בלדד** שוחא[ה
11Q10 IX,3 (XXIII) ענא **בלד[ד** שוחאה ואמר] / [ארו ש]לטן

to wear out verb **בלה**
4Q536 2ii12 (XXXI) אלה בכתב די לא **יבלא** ומאמרי ד[ן
4Q562 2,1]**תבלון** ◦◦◦[◦[

by...self adverb **בִּלְחוֹדִי**
1Q20 XIX,15 ל[א]רזא ולמשבק תמרתא **בלחודיהה**
4Q197 4i18 (XIX)] / [לא] איתי לה לה[ן] שרה[**ב[ל]חודי[**ה
4Q209 26,6 (XXXVI) נהור]ה **בלחודהי**
4Q213a 1,11 (XXII) א]נתה **בלחודיך** ידע / [
4Q550c 1ii4]**בלחודוהי** ר[

4Q553 8i1] **בלחדוהי** / [
11Q10 XXV,7 (XXIII) **בלחודוהי** / [

without adverb **בְּלִי**
4Q157 1ii5 (VI)] / ומן **בלי** מני[ח

Balachros proper noun **בלכרוס**
4Q243 21,2 (XXII)]א[ן **בלכרוס** / [

to muzzle (?) verb **בלם**
4Q542 1ii7 (XXXI) ובתהו{{ן}}מיא ובכול חלליא ל**בלמ**[

to swallow verb **בלע**
4Q197 4i7 (XIX) נו]ן חד רב מן / [מיא ל**מב]לע** רגל עלימ[א
4Q541 3,5 (XXXI)]ה ל**מבלע** ⟦ ⟧ ארו שני תחד[ה

Bela proper noun **בֶּלַע**
1Q20 XXI,25 עם שמיאבד מלך צבוין ועם מלך **בלע**
1Q20 XXI,31 ומ]לך אדמא ומלך צבואין ומלך **בלע** ◦◦◦

Balaam proper noun **בִּלְעָם**
4Q339 2 (XIX) [ש]קרא די קמו ב[ישראל] / **בלעם** [בן]

Belshazzar proper noun **בֵּלְשַׁאצַּר**
4Q243 2,2 (XXII)]**בלשצר**

height noun **בָּמָה**
4Q534 1ii+2,13 (XXXI)]מן **במן** יחרבן

בן ← בַּר-2

to build verb **בנה**
1Q20 VII,19]להעדיתני ול**מבנה** / [
1Q20 XIX,9 ול[ה זמנא] **אתבנ]ת** חברון ויתבת / [
1Q20 XXI,1 לבית אל לאתרא די **בנית** תמן בה
בנית תמן בה מדבחא ו**בניתה** תניאני
1Q20 XXI,20 ו**בנית** תמן מדבח ואסקת עלוה[י] עלא
4Q196 17ii10 (XIX) **יתבנ]ה** לכ[י
4Q196 18,7 (XIX)] / [תרעי ירושלם ברקת ו]ספיר **תתבנין** [
4Q196 18,8 (XIX) מגדלי ירושלם ד]הב **תתבנין** ועע[יתא
4Q212 1iv18 נכסין בקשוט / **ויתבנא** היכל [מ]ל[כ]ות
4Q529 1,9 (XXXI)] / והא **מתבניה** קריה לשמה די רבי
4Q534 1ii+2,15 (XXXI)]ה וכל[אי]ן **יתבנון** כעירין עובדה / [
4Q544 1,1 (XXXI) ולמעמרא ול**מב[נא** קבריא
4Q544 1,3 (XXXI)] / לעובע ולה **בנו** קבריא די אבהתהון[
4Q544 1,4 (XXXI) ועמרנא בחברון] / עד אנחנא **בנין**
4Q545 1a-bii13 (XXXI) למקם ולעמרה ול**מבנא** ק[בריא
4Q545 1a-bii17 (XXXI) למקבר להון] / לעובע ולא **ב[נו** קב]ריא
4Q545 1a-bii18 (XXXI) למקם] / ול**מבנה** ולמסב לה[ו]ן כו[ל] צרכיהון
4Q545 1a-bii19 (XXXI) עד] / אנחנה **בנין** וקר[בא הוא בין]פלשת
4Q547 9,3 (XXXI) ומוש]ה **בנה** [מדבח
4Q550e 2 ◦◦]◦**בנה** ציון ובה יסתתרון כל ענוי
4Q554 3ii15 וכלה / **בניה** בחש[מל] וספיר וכרכוד
11Q18 9,4 (XXIII)]בא ו**בנא** בנין עלוי עמ[

building noun **בִּנְיָן**
4Q243 10,3 (XXII) ל]בקרה ב**בנין** [
4Q537 12,1 (XXXI)]א והיך להוא **בנינ]א**
4Q566 1,2] / **בניאנה** בניאן [
] / בניאנה **בניאן** [

11Q**18** 9,4 (XXIII)]בא ובנא **בנין** עלוי עמ[
11Q**18** 9,5 (XXIII)]בא וכול **בנינא** דן [

to be angry verb **בנס**
4Q**536** 2ii13 (XXXI) די לעבדיך **לבנס**[מאלף יאבד לעלמין]

to despise verb **בסר**
4Q**542** 1i6 (XXXI) בעיניהון **ויבסרון** עליכון די / להון

בסר ← בְּשַׂר

disdain noun **בסרון**
4Q**213** 1i11 (XXII) ודי שאט חכמתא **לב]סרון** ולשיטו מתיהב

to seek, request verb **בעה**
1Q**20** XIX,15]ב[ני] אנוש אתו **ובעון** למקץ ולמעקר
1Q**20** XIX,19 חלמא [דן ו]אמ[רת] ◦◦◦ די **יבעון** למקטלני
1Q**20** XX,9 **ובעא** למקטלני ואמרת שרי / למלכא
1Q**20** XX,12 בליליא דן צלית **ובעית** ואתחננת ואמרת
1Q**20** XX,21 באדין אתה עלי חרקנוש **ובעא** מני די אתה
1Q**21** 7i3 (I)]ם **בעא** / לא[
1Q**21** 11,2 (I)]◦ **בעא** ◦[
1Q**21** 30,3 (I)]בי לה **בעא** צ[
4Q**196** 2,6 (XIX) **ובעה** אחיקר עלי / [
4Q**201** 1ii7 (XXXVI) ואנתן טלל ומסתרין **בעין** מן קדמיה
4Q**204** 1i26 ושלקה [ואנתון טלל ומסתרין **בע]ין** / [מ
4Q**204** 1vi18 על נפשתכון ותהוון] / אנתון **בעין** ומתחנ[ין
4Q**213** 1-2ii5 (XXII)] / **בעא** חכמה[חכ]מתה י[
4Q**213** 1-2ii7 (XXII)]ן כל **בעי[ה**
4Q**531** 1,6 (XXXI)] **ובעין** למאכל שגיא מל[
4Q**533** 3,2 (XXXI) {{[א כתיב}} וכל **יבעונכון** על[
4Q**537** 21,1 (XXXI)]**בעו** ל◦[
4Q**540** 1,1 (XXXI) עלוהי ויחסר נכסין זעירא **ויב[עה** ?
4Q**541** 2ii8 (XXXI)] / רדפ לה **ובעה**[
4Q**541** 15,2 (XXXI)]**ויבעון** מ[ן
4Q**541** 24ii4 (XXXI) וא[ל] צ[דיקא יבריככה] / בקר **ובעי** ודע מא
(XXXI) ובעי ודע מא יונא **בעה**
4Q**547** 1-2iii12 (XXXI) לי במן מננא אנ]תה **בעה** / [לאשתלטה
4Q**550**c 1i3 לה קאם לקבלה **וב[עא**[

request, petition noun **בָּעוּ**
4Q**202** 1iv7 [וכול] **ב[עו]** ל[א איתי לאבהתהון עליהון
4Q**204** 1vi13 לי[את]חזית כלקובל די **בעו[תכון** לא
4Q**204** 1vi17 כלקובל די **ב[עותכ]ון** על[יהון לא תתעבד
4Q**530** 7ii3 (XXXI)] / **בעות** ארכת גבריא [
4Q**546** 9,5 (XXXI)] / עדען די **בעות** צ[לות(י)

Beor proper noun **בְּעוֹר**
4Q**339** 2 (XIX) [ש]קרא די קמו ב[ישראל] / בלעם [בן] **בעור**

grazing animal, cattle noun **בְּעִיר**
1Q**20** VI,26]◦◦◦ לאנשא **ולבעירא** ולחיותא לעופא
4Q**531** 2+3,6 (XXXI) ועם]ענא **בעירא** {{דמו}}דקדקא עם[
11Q**10** I,6 (XXIII) **לב]עירא** דמינא[
11Q**10** XXVI,6 (XXIII) די פרשנא מן **בע[ירי** ארעא ומן] צפריא

husband, master noun **בְּעֵל**
1Q**20** XX,23 אנתתה מנה **לבעלהא** ויצלה עלוהי ויחה
1Q**20** XX,25 יתיבו נה לשרי לאברם **בעלה** / ויתוך
4Q**531** 22,5 (XXXI)]משכח אנה עמן לאשתררה **דבעלי** דיני / [

to hurry verb **בעע**
4Q**531** 22,11 (XXXI) על / [חזוה לא א]רמוך ולא **אבע** לה[ון

to diminish, subtract verb **בצר**
4Q**208** 15,2 (XXXVI) **וב]ציר** מנ נהורה לש[ביעינ
4Q**209** 2ii7 (XXXVI) עשר בה כסה פלג שביע **ובצ[יר** מנהורה
4Q**209** 4,3 (XXXVI) שבי]עין ארבעה [ו]פלג **ובציר** [מנהורה
4Q**209** 6,5 (XXXVI) שתה ו[**בצ]יר** מנ[ה]ורה / [שביעין שתה
4Q**209** 6,7 (XXXVI) שתה ופלג **ובציר** מנה[ורה] / [שביעין שתה
4Q**209** 7ii3 (XXXVI) ארבעה ופלג **ובציר** מנהורה / [שביעין
4Q**209** 7ii6 (XXXVI) בה כסה שביעין חמשה **ובציר** מנהורה שביעין
4Q**209** 7ii9 (XXXVI) חמשה ופלג **ובציר** מנהורה שביעין חמשה
4Q**209** 7ii12 (XXXVI) כסה שביעין שתה **ובציר** מ[נ]הורה שב[יעין
4Q**209** 14,2 (XXXVI) **ו]בציר** מנ[הורה
11Q**10** XXXVII,4 (XXIII) כלא / תכול למעבד ולא **יתבצר** מנך

to search, investigate verb **בקה**
4Q**157** 1ii7 (VI)] / **תבקה**
11Q**10** XXVIII,3 (XXIII) ובני אנשא / מרחיק[עלוה]י **יבקון**

בְּקִי ← בּוּקִי

valley, plain noun **בִּקְעָה**
1Q**20** XVII,13] / ◦◦◦ כול **בקעאתא** ומישריא די ביניהון
1Q**20** XXI,5 ויתב לה **בבקעת** ירדנא וכול נכסוהי
1Q**20** XXII,8 לדן ואשכח אנון / שרין **בבקעת** דן
1Q**20** XXII,14 שוא והוא עמק מלכא **בקעת** בית כרמא
11Q**10** XXXII,9 (XXIII) ב]צוריה וילג[ן] **בבקעה** / בתריך ות◦[
11Q**10** XXXIII,2 (XXIII) וחפר **בבקע** וירוט ויחדא / ובחיל

to search verb **בקר**
1Q**20** XXII,29 וכען **בקר** ומני כול די איתי לך
4Q**243** 10,3 (XXII) ל]**בקרה** בבנין [
4Q**530** 5,2 (XXXI) לא יכ]הל **יבק[ר**
4Q**541** 24ii4 (XXXI) מגליאן וא[ל] צ[דיקא יבריככה] / **בקר** ובעי

cattle noun **בְּקַר**
4Q**547** 9,5 (XXXI) (י/ת)דב]ח[**לבק]רכה** רבא על מדבח נחש[א

field noun **בָּר-1**
1Q**20** XIII,8 וחיות **ברא** ◦◦◦◦◦◦◦◦◦◦◦◦ ורחש יבישתא חלפין
4Q**531** 22,8 (XXXI) [ארו קל גע]רה די חיות **ברא** אתה◦
(XXXI) די חיות ברא אתה ואיש **ברא** קרין / [
6Q**14** 1,6 (III)] כול חות **ב[רא**

son noun **בַּר-2, בן**
1Q**20** II,5]◦ **בני** שמין עד כולא בקושטא
1Q**20** II,16 מן כול עירין ולא מן כול **בני** שמ[ין
1Q**20** III,4 אבי / ◦◦◦◦◦◦◦◦◦◦◦◦◦◦◦◦◦◦◦◦◦◦◦◦◦ין **בני** / [
1Q**20** V,2] / ⟦ ⟧ ולך מתושלח **ב[רי**
1Q**20** V,3 ולא]מן **בני** / שמין להן מן למך ברך [
1Q**20** V,4 ולא]מן בני / שמין להן מן למך **ברך** [
1Q**20** V,7 מן] / חזוה דחל למך **ברך**[
1Q**20** V,9] / וכען לכ{{א}} אנה אמר **ברי** ולך
1Q**20** V,10] / אזל אמר ללמך **ברך** [
1Q**20** V,21 למך] / **ברך** אחוי ברזא דנא ◦◦◦[
1Q**20** V,25] / ועם למך **ברה** ברז מלל [
1Q**20** VI,7 והרת מני וילדת לי **בנין** ת[לת]ה[
1Q**20** VI,8]באדין **לבני** נשין נסבת מן בנת אחי
בנת אחי ובנתי **לבני** אחי יהבת כדת

Reference		Text
1Q**20** VI,9		]ה עליא ל**בני** אנשא
1Q**20** VI,10		]◦◦א יובלין עשרה באדין שלם ל**בני** למסב
1Q**20** VI,11		חזית ואחואת ואודעת בעובד **בני** שמין
1Q**20** VI,16		] ◦רמו וחשבת ◦◦ כול לכת **בני** ארעא ידעת
1Q**20** X,1		באדין ב◦◦ל◦ת כולא די **בני** מן ◦◦◦◦ל ושלם
1Q**20** X,15		מדבחא אקטרת ותליתי ל**בני** שפניא / [ ]ן
1Q**20** XI,15		יא נוח עמך אנה ועם **בניך** די להון
1Q**20** XI,17		אנה / [י]הב לך ול**בניך** כולא למאכל
1Q**20** XI,19		] אנה לך [די] ישנין **בניך** [
1Q**20** XII,8		לשפולי טורא דן אנה ו**בני** ובני בני / [
		טורא דן אנה ובני ו**בני** בני / [
		דן אנה ובני ובני **בני** / [
1Q**20** XII,10		ברי]רבא יליד לה **בר** לקדמין ארפכשד
		[והוו]א כול **בני** שם כולהון / [עילם ואש]ור
1Q**20** XII,12		ו**בנ[י]** יפת גומר ומגוג ומדי ויואן
1Q**20** XII,13		[ו]שרית אנה ו**בני** כולהון למפלח בארעא
1Q**20** XII,16		]◦◦◦ ביומא דן קרית ל**בני** ולבני בני ולנשי
		דן קרית לבני ול**בני** בני ולנשי כולנא
		קרית לבני ולבני **בני** ולנשי כולנא
1Q**20** XIV,10		מנה וראמא עד רמה תלתת **ב[ני]ן** ◦◦◦◦◦◦◦◦◦ל◦◦כי
1Q**20** XIV,16		בגו נוף קדמיתא תרין **ב[ני]ן** ◦◦◦◦◦◦◦◦◦◦◦◦◦◦◦◦◦◦
1Q**20** XVI,12		חלק בעדב ליפת ול**בנוהי** למירת
1Q**20** XVI,14		תניאנא למירת לה ול**בנוהי** [ירותת
1Q**20** XVII,7		]◦◦◦◦◦◦◦◦◦◦◦◦◦◦ ⟦ ⟧ / [ו]שם **ברי** [ח]לקה
		[ו]שם ברי [ח]לקה בין **בנוהי** ונפל
1Q**20** XVII,14		] / ◦◦◦◦◦◦◦ ל**בני** גומר ◦◦◦◦◦ ואמנא עד
1Q**20** XVII,16		[ו]יפת פלג בין **בנוהי** לגמר יהב לקדמין
1Q**20** XVII,19		בגו / [ימא די ליד ח]לק **בני** חם ◦◦◦[
1Q**20** XIX,13		ארענא ועלנא לארע **בני** חם לארע מצרין
1Q**20** XIX,15		]ו**ב[ני]** אנוש אתו ובעון למקץ ולמעקר
1Q**20** XX,11		אנה / אברם בכי תקיף אנה ולוט **בר** אחי
1Q**20** XX,34		וסלקת מן [מצרי]ן [ולוט] / **בר** אחי עמי
1Q**20** XXI,7		ובאש עלי די פרש לוט **בר** אחי מן לואתי
1Q**20** XXI,13		כעפר ארעא די לא ישכח כול **בר** אנוש
1Q**20** XXI,34		]◦◦◦ ושבו לוט **בר** אחוי / די אברם
1Q**20** XXII,3		בחברון וחויה די שבי לוט **בר** אחוהי
1Q**20** XXII,5		ובכא אברם על לוט **בר** אחוהי ואתחלם
1Q**20** XXII,11		ואף ללוט **בר** אחוהי פצא וכול נכסוהי
1Q**20** XXII,33		כדי אמות ערטלי אהך די לא **בנין** וחד מן
		די לא בנין וחד מן **בני** ביתי ירתנני
1Q**20** XXII,34		מן בני ביתי ירתנני / אליעזר **בר**[
1Q**23** 20,4	(XXXVI)	]כל **בני**[
1Q**23** 28,1	(XXXVI)	]ה **ברה**[
4Q**196** 2,1	(XIX)	[חד מ]ן **בני** נינוה והחוי למלכ[א עלי
4Q**196** 2,3	(XIX)	]ל[הן חנ]ה אנתתי וטוביה **ברי**
4Q**196** 2,5	(XIX)	והוא]אשלט לאחיקר **בר** ענאל אחי על
4Q**196** 2,9	(XIX)	אסרחדון תנין לה ארי / **בר** אחי הוה
4Q**196** 2,10	(XIX)	לי חנה אנתתי וטוביה **ברי** ביום חג
4Q**196** 2,12	(XIX)	שגיאין ואמר[ת לטו]ביה **ברי** ברי אזל
	(XIX)	שגיאין ואמר[ת לטו]ביה ברי **ברי** אזל
4Q**196** 2,13	(XIX)	]◦◦ **ברי** אזל דבר ואתהייתה ויכל
4Q**196** 6,1	(XIX)	]בתרהון ול[א] נחזי לכי **בר** [או ברה
4Q**196** 6,11	(XIX)	יחי]דא אנה[לאבי] / [ולא]**בר** לה
4Q**196** 6,12	(XIX)	ל[ה די] / [אנטר נ]פשי ל**בר** ד[י אהו]ה
4Q**196** 10,1	(XIX)	כארך]ודך **ברי** הוי ע[בד צדקתא
4Q**196** 18,2	(XIX)	אדין]חדי ובועי בב[**ני** קשיטיא
4Q**196** 18,12	(XIX)	מלי תודת טו]בי ומית בשלם **ב[ר** שנין
4Q**196** 18,16	(XIX)	קרא] / [לטוביה ברה ושבע]ת **בנוהי**
4Q**196** 31,1	(XIX)	]ו**ברא** לע◦[
4Q**197** 4i1	(XIX)	]אל ידבק [בכס]ף **ברי** וכא◦[
4Q**197** 4i2	(XIX)	לה אל תדחלי בשלם יהך **ברי** / [
4Q**197** 4iii5	(XIX)	כמא / דמה עלימא דן לטובי **בר** דדי
4Q**197** 4iii6	(XIX)	אחי / ואמרו לה מן **בני** נפתלי [די] שבין
4Q**197** 4iii9	(XIX)	טבא על[יך ברי אנתה] **ב[ר**]גברא קשיט[א
4Q**197** 5,7	(XIX)	]**ברי** אנה אבוך ועדנא א[מך
4Q**197** 5,8	(XIX)	] / [אל ת]דחל **ברי**
4Q**198** 1,2	(XIX)	וקרא לטוביה ברה ושבעת] / **בנוהי** ופקדה
4Q**201** 1iii18	(XXXVI)	] / עמל כל **בני** אנשא ולא י[כילו אנשא
4Q**202** 1iii10		[בחרב]ות **ב[ני]** אר[עא סלק]ין עד תרע[י
4Q**202** 1iv6		ממזריא ובני זנותא ואובד] / [**בנ]י** עיריא [
4Q**202** 1iv10		די] / יבדון **בניהון** ויח[זון לאבד]ן [חביביהון
4Q**202** 1vi9		כול חביביכון וכול] / [**ב]ניהון** [וב]קנינ[יא
4Q**203** 8,8	(XXXVI)	גבריא] / אנון [ו]**בני**[הון ונ]שיא ד[י
4Q**203** 8,10	(XXXVI)	וקבלה עליכון [וע]ל עובד **בניכון**[
4Q**204** 1vi11		] / [ד]י יה[ב] רבא ל**בני** [אנשא] למל[לה
4Q**204** 1vi16		לאבדנא להוון כול חביביכון וכול] / **בניהון**
4Q**204** 5i21		אלין פקדהון מריא] ב**בני** ארע[א] / [
4Q**204** 5ii30		[ואחויה לה] / די עלימא דן **ברה** הואה
4Q**206** 1xxii1		[נפש]ת כל **בני** אנשא
4Q**209** 23,8	(XXXVI)	חד מנהון למדבר בה **בני** אנשא וחד מנהון[
4Q**209** 26,6	(XXXVI)	וכען מחוה אנה לך **ברי** ⟦ ⟧[
4Q**212** 1ii23		פרשא] / [וח]כים אנושא ובחי[ר]**בני** [ארעא
4Q**212** 1ii24		כתב לבני] / **בנו**[הי ו]לדריא אחריא
4Q**212** 1iii20		ואודע לכון ב]**ני** אנא הוא / חנוך אחז[ת
4Q**212** 1iv20		בה]יתגלא / לכול **בני** ארעא כלה
4Q**212** 1v24		וכען לכון אנה אמר **בני** [רחמו לקשטא
4Q**213** 1i4	(XXII)	ענית ואמרת]ל**בני** / [שמעו למאמר
4Q**213** 1i11	(XXII)	חזו לכן **בני** / [ליוסף אחי מאלף הוא
4Q**213** 4,4	(XXII)	]הלא עלי ועליכן **בני** ארו ידעונה / [
4Q**213**a 2,10	(XXII)	] / ל**בר** עבדך מן ק[דם
4Q**213**b 5	(XXII)	בראש כהנות]ה ולי מן **בנוהי** יהב / [
4Q**214**a 2-3ii5	(XXII)	] / וכען **בני** ספר ו[
4Q**243** 7,2	(XXII)	]כשדיא הא **בני**[
4Q**243** 12,4	(XXII)	]ו**בניהון** [
4Q**243** 13,1	(XXII)	ב]חרו **בני** ישראל אנפיה[ון
4Q**243** 13,2	(XXII)	דב]חין ל**בניהון** לשידי [
4Q**243** 17i4	(XXII)	]◦◦א ו**בני** / [
4Q**243** 20,1	(XXII)	]ס **בר** מלכ[
4Q**243** 22,1	(XXII)	**ב]ר** ושמה ת[
4Q**243** 27,1	(XXII)	מן **בני**[
4Q**244** 12,1	(XXII)	]בחרו **בני** ישראל אנפיהון מן [
4Q**244** 12,4	(XXII)	]◦◦אשתא[ ]◦ **בני** גלותא ◦[
4Q**246** 1ii1	(XXII)	**ברה** די אל יתאמר ובר עליון
	(XXII)	ברה די אל יתאמר ו**בר** עליון יקרונה
4Q**339** 4	(XIX)	[ה]זקן מביתאל / [צד]קיה **בן** כ[נ]ענה
4Q**339** 5	(XIX)	כ[נ]ענה / [אחא]ב **בן** ק[ול]יה / [צד]קיה
4Q**339** 6	(XIX)	ק[ול]יה / [צד]קיה **בן** מ[ע]שיה / [שמעיה
4Q**344** 2	(XXVII)	]עמי אנה אלעזר **בר** הסף[
4Q**344** 6	(XXVII)	אלעזר **בר** יהוסף על נפשה כתב[ה] / [
4Q**345** Verso 20	(XXVII)	] / ה[ו]שעיה **בר**[ ]◦◦ על נפש[ה כתבה]
4Q**345** Verso 21	(XXVII)	כתבה] / ישמעאל **בר** ש[מ]עון ממרה/א
4Q**359** a,1	(XXVII)	]מתת **בר** חזק[
4Q**529** 1,7	(XXXI)	בין] / **בני** חם לבני שם
	(XXXI)	בין] / בני חם ל**בני** שם
4Q**531** 1,5	(XXXI)	די לא שפק להון ול**ב[ניהון**
4Q**531** 14,4	(XXXI)	ל]א יתב בין **בני** אנש ולא אלף מנהון[
4Q**531** 26,2	(XXXI)	]מפלת **בניכון** ו[
4Q**539** 2-3,2	(XXXI)	[וכען ש]מעו **בני**[למאמר יוסף אבוכון
4Q**539** 2-3,3	(XXXI)	[ואנה קושטא לכון אמר] / [כדי]**בני** דדי
4Q**541** 4ii2	(XXXI)	] / ל**בר** יו◦[

4Q**541** 9i1 (XXXI) ו]לבנוהי עם מתל [
4Q**541** 9i2 (XXXI) להו]ן[ח]כמתה ויכפר על כול בני דרה
(XXXI) וישתלח לכול בני / [ע]מה מאמרה
4Q**541** 9ii6 (XXXI)] / קצת בנוהי יהכון[
4Q**542** 1i3 (XXXI) חדוא ושמחא לבניכון בדרי / קוש{{ו}}טא
4Q**542** 1i4 (XXXI) וכען בני אזדהרו בירותתא די מ{{א}}השלמא
4Q**542** 1ii8 (XXXI) ויעדון כול בני רשע[א מן ארעא
4Q**542** 1ii9 (XXXI) וכען לכה עמרם ברי אנא מפק[ד ירותתא
4Q**542** 1ii10 (XXXI) אנתה] / ו[ב]ניכ{{א}}<<ה>> ו{{ל}}בניהון
(XXXI)] / ו[ב]ניכ{{א}}<<ה>> ו{{ל}}בניהון אנא
4Q**542** 2,6 (XXXI)]לו בנוהי[
4Q**543** 1a-c,1 (XXXI) מלי חזות עמרם בר[קהת בר לוי כול די]
4Q**543** 1a-c,2 (XXXI) כול די] / אחוי לבנוהי ודי פקד אנון ב[יום
4Q**543** 16,4 (XXXI)] עדבך א[נ]ה ברי / [
4Q**543** 20,1 (XXXI)]אנה ברי דב[
4Q**544** 1,12 (XXXI)] / [כן ש]ליטין ושליטין על כול בני אדם
4Q**545** 1ai1 (XXXI) פרשג[ן כתב מלי חזו]ת עמרם בר קהת
(XXXI) מלי חזו]ת עמרם בר קהת בר לוי כו[ל]
4Q**545** 1ai2 (XXXI) קהת בר לוי כו[ל] / די[אחוי ל]בנ[והי
4Q**545** 1ai8 (XXXI) לאהרון לברה כ[מ]א בר שנין / [עשרי]ן[
(XXXI) לאהרון לברה כ[מ]א בר שנין / [עשרי]ן[
4Q**545** 1ai9 (XXXI) ואמר]לה קרי לי ברי למלאכיה אחיכון מן
4Q**545** 1a-bii14 (XXXI) וסלקו עמנא גברין] / שגיאין מן בני דדי
4Q**545** 9,4 (XXXI)]לברה עליה[ון
4Q**545** 11,1 (XXXI) וא]הרון בני[עמרם
4Q**546** 3,4 (XXXI)]◦◦[ ]◦ בני עמה [
4Q**546** 11,4 (XXXI) לכ]ל בני[ן ק]רא שמהן באתר[
4Q**546** 12,1 (XXXI)]◦ בנין ע[ד]עלם לה [ ]◦[ ]◦◦[
4Q**546** 14,1 (XXXI) וכען ברי א[נה
4Q**546** 14,4 (XXXI)] / וכען בני שמעו די [אנה מפקד לכון
4Q**547** 8,2 (XXXI)]כ[ו]ל די קרב לוי ברה ע[ל מדבחא
4Q**547** 9,6 (XXXI) ו(בר)ב]רה יתרם כהן מן כול בני עלמא
(XXXI) ו(בר)ב]רה יתרם כהן מן כול בני עלמא
4Q**547** 9,7 (XXXI) להוה מש]יח ובנוהי בתרה לכול דרי עלמין
4Q**548** 1ii-2,5 (XXXI) שלמא להוה ע]ליכון בני ברכתא וש[מחא
4Q**548** 1ii-2,7 (XXXI) מר]אי חרא בי די בני צ[דקתא לא מהלכין
4Q**548** 1ii-2,8 (XXXI) אף] / תתק[רון כלכון בש]מכון בני שקר
(XXXI) בש]מכון בני שקר ולא בנ[י קשט
4Q**548** 1ii-2,11 (XXXI) מנדעהון [צדיקין ל]הוון ובני חשוכא יתעדון [
4Q**548** 1ii-2,13 (XXXI) ב]דינ[א רבא יהכו]ן וכל בני חש[וכא
4Q**548** 1ii-2,16 (XXXI) וכל] / בני[חשוכה
(XXXI)]וכל בני נהורא[
4Q**549** 2,1 (XXXI) [ח]ור ואכל הוא ובנוה[י
4Q**549** 2,4 (XXXI)] / בנוהי ובני אחוה[י
(XXXI)] / בנוהי ובני אחוה[י
4Q**549** 2,5 (XXXI)] / ותבו בר שעתהון[
4Q**549** 2,11 (XXXI) אלישבע ואולד] / מנה ארבעא ? בנין [
4Q**550**a 3] / מלכא איתי לפתריזא בר י◦[
4Q**551** 3] בר יהונתן בר [יהו]שוע בר ישמעאל בר[
] בר יהונתן בר [יהו]שוע בר ישמעאל בר[
] בר יהונתן בר [יהו]שוע בר ישמעאל בר[
] בר יהונתן בר [יהו]שוע בר ישמעאל בר[
4Q**554** 3iii18] / עמהון אדום ומואב בני עמון[
4Q**556** 1,4]◦ ויקד בנו[הי
4Q**559** 2,3 [ויש]חק ב[ר שנין
4Q**559** 4,7 שני]ן 8 עתניאל ב[ר קנז
4Q**559** 4,9 שנ[ין 18] / [אה]וד בר גרא שנין 80
4Q**569** 1,9] / אלף בניכה[
4Q**571** 3] / בר לאבוהי אמר די נהיתא עד
4Q**580** 8,2]י בה ברי [
4Q**581** 1,3]יתשרא ברה[
6Q**8** 26,4 (XXXVI)] / [ ]בני ◦◦[
6Q**19** 1 (XXXVI) ארעא] / די בני חם[
11Q**10** IX,9 (XXIII)] / [רמתא וב]ר אנש תולע[תא
11Q**10** XIII,9 (XXIII) ואמר לבני[אנשא
11Q**10** XXVI,3 (XXIII) לגבר כות]ך חטיך / ולבר אנש צדקתך
11Q**10** XXVIII,2 (XXIII) ו]כל אנשא עלוהי חזין ובני אנשא
11Q**10** XXXI,9 (XXIII)]◦◦◦א על בניה תיאש
11Q**10** XXXII,2 (XXIII) ילדן בניהן ויפלטן / וחבליהן תושר
11Q**10** XXXII,3 (XXIII) יקשן בניהן ויפק{{ }}ן נפקו ולא תבוא
11Q**18** 7,1 (XXIII)] על כול זרע בני [

except, outside adverb **בַּר**

2Q**24** 8,4 (III)]ה אחרניא מן בר עשר[י]ן[
2Q**24** 8,7 (III)]עזרתא [ו]אחזינ[י]◦[ ]אוחרי בר מן[
4Q**242** 4,1 (XXII)]לבר המון אחלמת / [

to create verb **ברא**

4Q**204** 1vi12 מנדע ליא חלק ועבד וברא לא[וכחה
11Q**10** XXIX,3 (XXIII) לעבדיהון / על כל די ברא יפקדנון

outside of, besides adverb **בַּרָא**

1Q**20** XXII,23 עתרה די / אברם ברא מן די אכלו כבר
כבר עולימי די עמי וברא מן חולק
1Q**20** XXII,31 עליך ואספרך לך לתקיף ברא מנך
1Q**23** 1+6+22,4 (XXXVI)] / ברא מן כל חיה ואלפין מן ע[נב
4Q**204** 1i24 כול עלי]הון ברא מן ארבע{א}<ת> [
11Q**18** 20,2 (XXIII) לחמא ויסבון לחמא]לברא מן היכלא לימין

daughter noun **בְּרָה**

1Q**20** VI,7] / ◦◦תי אל◦ ולאמזרע ברתה לי לאנתה
1Q**20** VI,8]באדין לבני נשין נסבת מן בנת אחי
נשין נסבת מן בנת אחי ובנתי לבני אחי
1Q**20** VI,20] קדישין די עם בנת אנו[שא
1Q**20** XII,9 ב]נן מן בתר מבולא
1Q**20** XII,11 ואש]ור ארפכשד לוד וארם ובנן נקבן חמש
ומצרי]ן ופוט וכנען ובנן / נקבן שבע
1Q**20** XII,12 ותובל ומשוך ותירס ובנן נקבן ארבע
1Q**20** XII,16 כולנא ולבנתהון ואתכנשנא כחדא ואזלנא
1Q**20** XX,34 ונסב לה אנתה מן בנת [מצרין] והוית
4Q**197** 4i17 (XIX) אבונא הוא ואיתי לה ברא שפירה [
4Q**197** 4ii5 (XIX)]ולמסב ברתה מן כל אנ[ש ארי ה]וא יד[ע]
4Q**543** 26,1 (XXXI)]ברת[
4Q**545** 1ai5 (XXXI) [ואס]ב לה למר[י]ם ברתה / לאנתה
4Q**545** 1ai6 (XXXI) למר[י]ם ברתה / לאנתה ברת תלתין
4Q**546** 1,4 (XXXI) ל]אנתה ב[רת] ת[ל]תי[ן שנין
11Q**10** XVII,6 (XXIII) לבנ]ת יענה
11Q**10** XXXV,8 (XXIII) ותקטרנה בחוטא לבנתך

cypress noun **בְּרוֹת**

4Q**214**b 2-6,5 (XXII) אטולא ושוחא ואורנא] ברותא ותככה[ועעא

to flee verb **ברח**

4Q**243** 23,2 (XXII)]ברח כ◦[

free adjective **בַּרְחֹרִין**

11Q**10** XXXII,4 (XXIII) מן שלח פראה ברחרין וחנקי ערדא מן / שרא

outer adjective **בָּרִי**

1Q**20** XI,1 אנה נוח הוית בתרע תיבותא בארי א

1Q20 XI,5]◦◦◦א ◦◦◦◦ בריא ◦◦◦◦◦◦◦◦◦◦◦◦הון◦◦◦◦◦◦◦[
4Q554 2ii14 סחר סחו[ר] לפרזיתא ברית שוק קנין / תלתה
4Q554 2iii14 [ומשח תרע]א ב[ריא לאספא] / ות[רין] דש[י]ן
4Q554 2iii17 ליד ימינא / כמש[ח]ת תרעא בריא
4Q554 2iii20 לגוא פרזית[א] / כמשחת תרעא בריא
4Q554a 1ii8 מן ערשין ו]לידה אמה בריתא / [ומשח פתי
5Q15 1i1 (III) סחור לפרזיתא ברית שוק קנין תלתה א]מין
5Q15 1ii2 (III) לגוא פרזיתא כמשחת תרעא בריא

creation noun בְּרִיָה
4Q529 1,11 (XXXI) ידכר רבי מרא עלמא לבריתה ◦[

to bless verb ברך
1Q20 V,23] / מברך למרה כולא ה◦[
1Q20 XI,12 ארין ברכת למרה / [שמיא די] שבח עבד
1Q20 XI,13 ותבת וברכת די רחם על ארעא ודי
1Q20 XII,17 והוית מברך למרה שמיא לאל עליון
1Q20 XX,12 ודמעי נחתן בריך אנתה אל עליון
1Q20 XXI,2 והללת לשם אלהא וברכת / אלהא
1Q20 XXII,15 וברך / לא[א]ברם ואמר בריך אברם לאל
1Q20 XXII,16 וברך / לא[א]ברם ואמר בריך אברם
מרה שמיא וארעא ובריך אל עליון
1Q21 50,1 (I)]◦ין ברך[
4Q196 6,7 (XIX) וי]קירא לכל ע[למין ו]יברכ[ונך כל
4Q196 17ii3 (XIX) בכל פמכון / וברכו למרה]קושטא
4Q196 18,11 (XIX) עלם]עלמיא דביכי יברכון ש[מה
4Q196 43,1 (XIX)]בריך[
4Q203 9,3 (XXXVI) מב]רך די כול רזיא יד[ע אנתה
4Q204 1xiii30 בכול עדן] / באדין אברך למרא רבותא
4Q205 1xi2 רבות]א ואמרת להוה בריך דין קושט[א
4Q205 1xii9 די ארעא דה מת[ב]רכה [וכ]ל[ה מלאה
4Q213 1i8 (XXII) תעלון עללה ברי]כה
4Q213 6,1 (XXII) כמברך אל[
4Q213a 2,6 (XXII)] / מרי ב[רכת
4Q541 2ii4 (XXXI)] / ואבריכ{{כה}} <<עלת>>[
4Q558 5,1 ב]ריכין דה[
11Q10 XXXVIII,9 (XXIII) ואלהא ברך ית א[יו]ב באח[רי
11Q18 23ii4 (XXIII)] / ומברכין ב◦[

blessing noun בְּרָכָה
1Q20 X,8 ◦◦◦◦◦◦ן והללו ושבחו ◦◦◦ ◦◦◦ך ברכא
4Q204 1v7 וכולה תתנצ[ב אילנין ותתמלא] ברכה
4Q542 1ii3 (XXXI)] / ברכת עלמא ישכונן עליכון ולהו]ין
4Q548 1ii-2,5 (XXXI) שלמא להוה ע[ליכון בני ברכתא וש[מחא
4Q562 6,1]ברכתא די ל[
11Q10 XIV,7 (XXIII) לא עדר להון ברכת א[בד
11Q18 16ii+17i1 (XXIII)] / ברכה תניני[

but conjunction בְּרַם
1Q20 XI,17 בירקא ועשבא די ארעא ברם כול דם לא
1Q20 XIX,19 [ב]רם דא כול טבותא / [די תעבדין עמי
4Q531 22,4 (XXXI) עמהון קרב ברם לא / [תקפת ולא]
4Q550c 1i6 ב[ר]ם מה די אנתה צ[ב]א פקדני וכדי

Bera proper noun בֶּרַע
1Q20 XXI,24 ועבדו קרב עם ברע מלך סודם ועם

to shine verb ברק
4Q546 8,1 (XXXI)]ב/פרקתה שמה[← פרק

lightning noun בְּרַק
1Q24 1,7 (XXXVI)]א ולברקיא[
4Q204 1vi20 לי זעקין וזיקין וב[רקין לי מבהלין
4Q558 54ii5] / ת[ס]ף {{◦}} ברקא וזי[קיא

Barakel proper noun ברקאל
1Q23 29,1 (XXXVI) לא]והיא ב[רקאל
4Q201 1iii8 (XXXVI) זיקיאל תמי]ני לה ברקאל תשיע[י לה]
4Q203 1,2 (XXXVI)] / ברקאל [
4Q531 7,2 (XXXI) ול]ענאל ולברקא[ל ולנ]פיליו [
6Q8 1,4 (XXXVI) וענה מהוי / [ואמר לאוהי]א ברקאל אבי

Birsha proper noun בִּרְשַׁע
1Q20 XXI,24 ברע מלך סודם ועם ברשע מלך עומרם

spice noun בְּשָׂם
4Q204 1xii24 דב]ה קניא טביא די בשמא די / [רמין
4Q204 1xii25 נחליא אלן חזי]ת קונם בשמא ⟦ ⟧
4Q204 1xii29 אלן]שרא מנ[הון בש]ם ריח כדי מדקין

to announce verb בשׂר
4Q539 2-3,5 (XXXI)]◦ מבשר שלי]חא
4Q539 2-3,6 (XXXI) לאבהתה ל]אחי למבשר[די אנה הוא עבד]
4Q541 13,2 (XXXI)]בשיר מ◦[

flesh noun בְּשַׂר, בסר
1Q20 I,25]◦◦◦א◦◦ ולקלל לכול בשרא / [
1Q20 I,29]להון עבד ואף לכול בשרא
1Q20 X,15 אשר]ת ו]כול בשרהון על מדבחא אקטרת
2Q24 4,1 (III)] / בשרהון [
4Q201 1iii21 (XXXVI) [ננני ימה ולמכל בשר[הן אלין לאלין
4Q204 1i16] / [ויוכח לכול ב]שרא על עובד[י רשעהון
4Q213b 1 (XXII)]כה רעיתך מן כל בשר[א
4Q214b 7,1 (XXII) מן כול בשר[א
4Q530 2ii+6-12,19 (XXXI) רבא]על כל חיא ובסרא ועל / [כל
4Q531 17,5 (XXXI)]בשרא ולב[
4Q531 19,3 (XXXI) די ל[א] גרמין אנחנא ולא בשר / [
4Q531 19,4 (XXXI) ב]שר ונתמחה מן צורתנא / [
4Q531 22,4 (XXXI) גברותי / [וסלקת על כ]ל בשר ועבדת
4Q532 1i10 (XXXI) כ]ל בשר / [
4Q532 2,2 (XXXI)]בבשר
4Q546 10,1 (XXXI)] מצרין בכל בש[ר
4Q556 14,8 י]אכלון בשר חזירא / [
4Q560 1i3] עלל בבשרא לחלח<ל>יא דכרא
11Q10 XXXVI,8 (XXIII) קפלי בשרה דבקין נסיכי[ן בה] / כפרזלא
11Q18 13,6 (XXIII)]א ובשרא מתערב כחדא
11Q18 25,4 (XXIII)]◦בי בשרה די◦[

rue (a plant) noun בשושה
11Q10 XX,2 (XXIII)] / באשושה ספ[ו

Bithenosh proper noun בתאנוש
1Q20 II,3 על בתאנוש אנתתי [ואמרת] / [הא]
1Q20 II,8] / אדין בתאנוש אנתתי בחלץ תקיף עמי
1Q20 II,12 וכדי חזת בתאנוש אנתתי די אשתני אנפי עלי

virgin, Virgo noun בְּתוּלָה
1Q20 XX,6 וכל בתולן וכלאן די יעלן לגנון לא
4Q318 VII,2 (XXXVI) אריא ב17 וב[8]1 / בתולתא ב[9]1
4Q318 VIII,3 (XXXVI) ב12 ו[ב13 וב]14 / בתול[ת]א ב15

4Q534 1ii+2,12 (XXXI)]מ[ ]ובת[ו]לן יתבן די לא[ ] / ויחרבון

after, behind preposition **בָּתַר, באתר**

1Q20 VIII,1 אנתתה **בתרה** ח∘∘[
1Q20 X,14 [שעיר]א לקדמין ו**בתרה** אתה ל∘ ∘[
1Q20 XII,8]∘∘∘ בטורי הורדט ומן **בתר** כן נחתת
1Q20 XII,9 ב]נן מן **בתר** מבולא
1Q20 XII,10 לקדמין ארפכשד תרתין שנין **בתר** מבולא
1Q20 XIII,17 ובדרתה לרוחיא ו**בתרה** ∘∘∘∘∘∘ /]
1Q20 XVII,8 דבק לחדקל ∘∘∘∘∘∘∘∘∘∘ ו**בתרה** / לארם ארעא
1Q20 XVII,16 לטינה נהרא ו**בתרה** למגוג ובתרה למדי / למדי
נהרא ובתרה למגוג ו**בתרה** / למדי
1Q20 XVII,17 למגוג ובתרה / למדי ו**בתרה** ליואן
1Q20 XXI,5 **בתר** יומא דן פרש לוט מן לואתי
1Q20 XXII,7 וממרה נגדו עמה והוא רדף **בתרהון** עד
1Q20 XXII,27 **בתר** פתגמיא אלן אתחזי{{ו}} אלהא לאברם
4Q196 6,1 (XIX) אזלי]**בתרהון** ול[א] נחזי לכי בר
4Q204 5ii25 וב]**את**[רהון יא]תה רש[ע] תקיף [מן דן
4Q210 1ii1 ותלתת די **בתריהון** על שמאל
4Q210 1ii9 [ו]**בתרה** נפק רוחא ג[ריביתא
4Q212 1iv15 [דין] / ומן **בתרה** יקום שבוע תמיני <ד>
4Q212 1iv19 ומן **בתרה** שבוע תשעי וק[שוט ו]ד[ין
4Q214 2,5 (XXII) ובתרוהי] / [צור]א ו**בתרהן** ידיא[ובתרהן
4Q214 2,6 (XXII) ניעא עם בן דפנא] / [ו**בת**]רהן ירכתא
4Q214 2,8 (XXII) וב[**תר** דנא נשיפא בליל במשחא] / [ו]בתר
4Q214 2,9 (XXII) דנא נשיפא בליל במשחא] / [ו]**בתר** כלא
4Q244 8,2 (XXII)]מן **בתר** מבולא [
4Q346 g,1 (XXVII)] **בתר** צ[
4Q535 3,6 (XXXI) נזחה לה מנה[ו]לב[**תר** שנ]יא תמנה
4Q536 1,3 (XXXI) נוחה] לה מנה ול[ב]**תר** שנ[י]א ת[מנה
4Q538 3,4 (XXXI) תק]פונא **באתר** מות[
4Q546 9,4 (XXXI)] / הוית[ ]**בתרה**[
4Q546 11,4 (XXXI) לכ]ל בני[ן ק]רא שמהן **באתר**[
4Q546 14,2 (XXXI)] / לעמך [ו]תנד[ע **בתר**]
4Q547 4ii2 (XXXI)] / **בת**[ר
4Q547 5,3 (XXXI) וב(א)]**תרה** נוח / [
4Q547 9,7 (XXXI) להוה מש]ח ובנוהי **בתרה** לכול דרי
4Q547 9,10 (XXXI)]מרים ומן **באת**[רה]לקחת עשר[
4Q550 7 מלכא / [למלכין די י]מלכון **בתרי** ולעבדי
4Q550c 1iii5 י]קומ[ו]ן **בתר** בנסר[ו] קרין בכתבא דנ[ה
4Q551 3] **באתר** דנה / [
4Q554 3iii15] / **באתרה** ומלכות מ[
4Q554 3iii16] / כתיא **באתרה** כלהון בסוף כלהון[
4Q561 3,6] / עלוהי למהך **באתר**[
4Q563 1,4 תשתלם **באתרך** [ל]חם לחיך יא[כל
11Q10 XXIV,3 (XXIII) ב]**תר** אלהא
11Q10 XXXII,7 (XXIII) לה טורין לרעי[ה ו]**בתר** כל ירוק / ירדף
11Q10 XXXII,10 (XXIII) ב]צוריה וילג[ן] בבקעה / **בתריך** ות∘[

ג

haughty adjective **גֵּאֶה**

11Q10 XXXIV,7 (XXIII) נא חמת רגזך וחזא כל **גאה** והשפלה

גֵּאוָה ← גֵּוָה

river bank noun **גְּאַף**

11Q10 XXXV,2 (XXIII)] / ירדנא **גאפה** י[תרחץ די יקבלנה

back noun **גַּב**

11Q10 XXXVI,1 (XXIII)] / **גבוה**[י] ∘ [

Gabael proper noun **גבאל**

4Q197 5,10 (XIX) ו]תאתה בי<ת> **גב**[**א**]**ל** ו[הב לה כתב ו[ס]ב

to be high verb **גבה**

11Q10 XXXIII,8 (XXIII) על מאמרך **יתגבה** נשרא / ועוזא ירים

height noun **גֹּבַהּ**

6Q14 1,3 (III)]פה לגב[ה] כפיל[

border, boundary noun **גְּבוּל**

4Q544 1,5 (XXXI)] / ואחידו ג[**בולי**] מצרין ולא איתי

power noun **גְּבוּרָה**

4Q196 17ii4 (XIX) לה / ומת[וה אנה לג]**בורתה** ורבו[תה
4Q201 1i6 (XXXVI) חילה ר]בה ויופע ב[תקף] **גבור**[תה מן
4Q213a 1,14 (XXII) ח]כמה ומנדע ו**גבורה** / [
11Q10 XXIX,5 (XXIII) הצת דא איוב וקום הסתכל ב**גבורת** אלהא
11Q10 XXIX,7 (XXIII) התנ]דע להלבש{{ו}}א עננה **גבורה** [

Gebal proper noun **גְּבַל**

1Q20 XXI,11 עד חורן וכול ארע **גבל** עד קדש
1Q20 XXI,29 די בטורי **גבל** עד דבקו לאיל

Gibeon proper noun **גִּבְעוֹן**

4Q339 9 (XIX) [חנניה בן עז]ור / [נביאה די מן **גב**]**עון**

to be strong, overpower verb **גבר**

1Q20 XIII,13 זיתא וארו הא זיתא **גבר** ברומה
1Q20 XX,18 ולסוף תרתין שנין תקפו ו**גברו** עלוהי
4Q197 4i7 (XIX) א]תקף נ[ונא וג]**בר** עלימא / [לנונא
4Q531 22,3 (XXXI) [כדי אנה **מת**]**גבר** ובתקוף חיל דרעי

man noun **גְּבַר**

1Q20 VI,6] / בא[ד]ין הוית אנה נוח **גבר** ואחדת
1Q20 XI,14 ורשעא ושקרא ופלט ל**גבר** צדיקא
1Q20 XV,10 רשיעין ודי חזיתה / ל**גברא** אתה מן
1Q20 XIX,24 אתו] תלתת **גברין** מן רברבי מצרי[ן
1Q20 XXII,6 ובחר מן עבדוהי **גברין** בחירין לקרב
1Q20 XXII,23 וברא מן חולק תלתת **גבריא**
2Q24 4,18 (III)]ל די איל ען חד לכול **גבר** וגבר[
(III) איל ען חד לכול גבר ו**גבר**]
4Q197 4i13 (XIX) [ת]אתנה קדם **גבר** או אנתא נגיעי
4Q197 4i17 (XIX) אבי[ת] רעואל נבית / [וג]**ברא** מן בית
4Q197 4ii5 (XIX) ה]וא יד[ע] די הן ינתננה ל**גבר** / [אחרן

4Q197 4iii9 (XIX) א עֿל[יך ברי אנתה] בֿ[ר]גברא קשיט[א
4Q213 1i14 (XXII) כ]ל°ן°גֿבֿרֿ די אלף חכמה כל / [
4Q213a 3-4,2 (XXII)]°ומס° [ ]הֿ גבריא / [
4Q214 4,2 (XXII)]וגברי[
4Q243 8,2 (XXII) מן י]שראל גברין / [
4Q529 1,13 (XXXI) די] / במדינתא רחיקתא להוא גבר לֿ[
4Q534 1ii+2,2 (XXXI) באיש טלופחא עֿל גֿבֿרֿ[א]
4Q534 7,6 (XXXI)] / גֿבֿרֿ[די לעבדיך לבנס מאלף יאבד
4Q536 2ii13 (XXXI) גבר די לעבדיך לבנסֿ[מאלף
4Q540 1,3 (XXXI) די] לא ידמֿה לכול גבר כסר נכסין להן
4Q544 1,2 (XXXI) כול] / גבר ומן עבדתנא שגי לחדא עד
4Q550c 1i2]יֿ גבר / יהודי מן רברבני מֿ[לכותא
4Q550c 1i4]רא טב[א] / גברא טבא עבד [
4Q550c 1i5 מה אפש[ר] / לגבר כותי להתבה[
4Q551 2 א]דֿין גבר שבֿ[
11Q10 XIV,2 (XXIII) [ו]חזוני עלומין תשו וגברין ח°[
11Q10 XV,3 (XXIII)]בראש חילה וכגבר די א[בלין ינחם]
11Q10 XXIII,7 (XXIII) ג]בר / זמן תרין תלתה
11Q10 XXIV,3 (XXIII) ארו אמר לא / ישנא גבר מ°[
11Q10 XXV,10 (XXIII) מ]לֿין וגֿבֿ[ר
11Q10 XXX,1 (XXIII) אסר נא כֿגֿבר חלצֿ[י]ךֿ [ואש]אלנך והתיבני
11Q10 XXXIV,3 (XXIII) אסר / נא כגבר חלציך אשאלנך והתיבני
11Q10 XXXVIII,7 (XXIII) אלהא עלוהי ויהבו לה גבר אמרה חדה
11Q10 XXXVIII,8 (XXIII) גבר אמרה חדה / וגבר קדש חד די דהב

giant noun גִּבָּר

1Q23 9+14+15,5 (XXXVI)]גברין מאֿהֿ [כ]ל די[
1Q23 11,2 (XXXVI)]°° גב[ריא/ן
4Q203 7a,7 (XXXVI)] / גבריא ונֿ[ידי]אֿ יתֿנשון
4Q530 1i8 (XXXI)]על לכנשת גבריא
4Q530 2ii+6-12,3 (XXXI) לרוזניא / וחדו עלוהי[ ] גבריא
4Q530 2ii+6-12,13 (XXXI) ולא]השכחו גבריא לחויא לה
4Q530 2ii+6-12,15 (XXXI) ואמר קדם גבריא אף / אנה
4Q530 2ii+6-12,20 (XXXI) וארו]דֿחלו כל גבריא / [ונפיליא
4Q530 2ii+6-12,21 (XXXI) לכֿ[נ]שֿתֿ[נפיליא ? (ו)]גֿבריא ושלחוהי
4Q530 7ii3 (XXXI)] / בעות ארכת גבריא [
4Q530 14,2 (XXXI)]° גֿבריא [
4Q531 1,2 (XXXI)]גֿברין ונפילין °[
4Q531 1,3 (XXXI) די עירין] אולדו ואלו כֿגֿ[ברין ?
4Q531 1,5 (XXXI) גבר]ין די לא שפק להון ולבֿ[ניהון
4Q531 7,4 (XXXI) ול]כֿול אלין גבריא

great deed, might noun גְּבָרוּ

4Q530 2ii+6-12,16 (XXXI) בליליא דן גברוא [ ]הֿא שלטן שמיא
4Q531 22,3 (XXXI) ובתקוף חיל דרעי ובחסן גברותֿ / [

Gabriel proper noun גַּבְרִיאֵל

4Q201 1iv6 (XXXVI) ו]רפאל וגֿבֿריֿ[אל] / מן קדשֿ[י שמיה
4Q202 1iii7 אדיק]מֿיכאל ושריא[ל ורפאל וג]בֿריֿ[אל מן
4Q529 1,4 (XXXI) תמה חזית לגבריאל מלאכאֿ[
4Q557 2] גבריאל מל[אכא

troop noun גְּדוּד

4Q529 1,2 (XXXI)] / אמר די גדודי נורא תמה השכח[ת

kid, Capricorn noun גְּדִי

4Q318 IV,9 (XXXVI) ובֿ5 וב6 וב]7 גדיא ב8
4Q318 VII,8 (XXXVI) קֿשתא ב24 וב25 גדיא בֿ[2]6[ב]27 וב28
4Q318 VIII,4 (XXXVI) קשתֿ[א ב22 וב23 ג]דיא [ב24 וב25]

stump noun גְּדַם

1Q20 XIV,11 לחלפתא קדֿמֿיתא דבקא בגדֿם ארזֿאֿ
1Q20 XIV,14 ודי חזיתא לֿחלפֿתא דבקא ב[גד]םֿ [

גו ← גוא

midst noun גוא, גַּו

1Q20 II,10 חֿום עֿנֿתֿאֿ ונֿשֿמֿתֿי לגו נדנהא ואנה
1Q20 XIV,16 °אל° מן קצת נֿופֿחֿן עֿלל בגֿוֿ נוף
1Q20 XIV,17 חזית מן קצת נופחן עלל בגו נוף
1Q20 XVII,13 בֿניֿהון ואֿיא די בגו לשֿנֿאֿ °°°°°°[
1Q20 XVII,18 °°°°°°°°°°°לֿ° לשֿן בגו / [ימא די ליד ח]לֿקֿ
1Q32 2,2 (I)]וגוא[
4Q197 4i15 (XIX) וכֿ[ד]יֿ עֿלו לגו מדי וכבר הוא מֿ[דבק
4Q197 4iii1 (XIX) וכדי עלו לגוא אחמֿ[תא אמר] / לֿה
4Q206 4i14 לה ערב חדה ויתב בגוה / [ותלתת
4Q206 4i17 והא חדרין פתיחו בגוא ארעא ושריו / [
4Q206 4ii3 ומיא משרין] / ונֿחֿתין בגוהון עד ספוֿ [
4Q243 12,2 (XXII)]סֿהון ויתון מן גוא / [
4Q243 14,3 (XXII)]אנון בגו ע[ממיא
4Q554 2ii12 25 ⟦ ⟧ / ואעלני לגוא קריתא ומ[שח
4Q554 2iii15 ומשח בגוא אספא ארכה א<מין> 13 ופתיה
4Q554 2iii16 ואֿעלני לגוא אספא והא אסוף אחרן ותרעה
4Q554 2iii19 תרע לקבל תרעא פתיח לגֿוֿאֿ פרזית[א]
4Q554a 1ii12 חדה ופלג ורומה בגו / [
4Q558 25,1]בגו עממין הא מלֿוֿ[
4Q558 39,2]סֿא בגוא כסלא [
5Q15 1i13 (III) די סלק ליד]תֿרעא בגוא על [ימי]ן
5Q15 1i17 (III) ית דֿ[שין לֿ]הֿ ומשח בגוא אֿ[ס]פֿא
5Q15 1i18 (III) [⟦ ⟧ ואע]לֿנֿי לֿ[גוא אספאֿ [והא]
5Q15 1ii2 (III)] / לֿ[קבל תר]עֿ פתיח לגוא פרזיתא
5Q15 1ii4 (III) ועמוד בגוא גוא די דרגא סח[ר ו]סל[ק]
(III) ועמוד בגוא גוא די דרגא סח[ר ו]סל[ק]
5Q15 1ii9 (III) פותי מצי]עת ביתא וגוהון די תֿ[וניא
5Q15 2,2 (III)] כל בתיא די בגוא °[
11Q18 13,5 (XXIII) רו]בֿע סתא ונסך לגוא מורכֿ[ו]תא
11Q18 14ii3 (XXIII)] / גוא כפרה וכלילא שתיתיֿ[א

pride noun גֵּוָה, גַּאֲוָה

11Q10 XXVI,7 (XXIII) תמה יזעקון ולאֿ[יענא מן קדם ג]אות
11Q10 XXXIV,6 (XXIII) העדי נא גוה ורם רוח וזוי והדר

to gush verb גוח

11Q10 XXX,6 (XXIII) בדשין ימא ב[הנ]גחותה מן רחם תהומא

inner adjective גַּוָּי

4Q554 2iii16 ותרעה ליד כתלא גויא די ליד ימינא
5Q15 1i18 (III) ליד כותלא גויהֿ [די ליד ימינא כמשחת

Goiim proper noun גּוֹיִם

1Q20 XXI,23 תדעל מלך גוים די / הוא בין נהרין

Gomer proper noun גּוֹמֶר, גֹּמֶר

1Q20 XII,12 ובנ[י] יפת גומר ומגוג ומדי ויואן ותֿוֿבל
1Q20 XVII,14] / °°°°°° לבֿנֿיֿ גֿוֿמֿר °°°°° ואמנאֿ עֿד
1Q20 XVII,16 [ו]יֿפֿתֿ פלג בֿין בנוהי לגמר יהב

to die (?) verb גוע

4Q534 4,2 (XXXI)]גועֿ[

deposit noun גועלון
4Q**541** 6,4 (XXXI)]לא גועלונכה ? וכול [

decision noun גְּזֵירוּ
4Q**204** 1vi14 ודין להוא בחליקוא] / וּבגזירוֹאֹ[עלי]כון

to decree, decide verb גזר
4Q**197** 4ii2 (XIX) גזר למֹ[סבה וכען שמע לי]
4Q**202** 1vi7 ארעא די]ן גזֹ[יר למאסרכו]ן [עד כול
11Q**10** V,3 (XXIII) מני]ן ירחוהי גזירין

diviner noun גָּזַר
4Q**242** 1-3,4 (XXII) לי] / וחטאי שבק לה גזר והוא יהודי
4Q**532** 1i8 (XXXI)]גֹזריה נפֹק / [

decree noun גְּזֵרָה
4Q**550c** 1ii1]שא גזרת ◦[

document noun גֵּט
4Q**534** 1ii+2,19 (XXXI)] גֹטֹאֹ[ו]עֹד מותֹ[הון יסו]פֹון / [

sinew noun גִּיד
4Q**546** 13,5 (XXXI) בקר(ו) מה]דֹמה לגיד קֹ[דם

Gihon proper noun גִּיחוֹן
1Q**20** XXI,15 ושרית למסחר מן גיֹחון נהרא ואתית
1Q**20** XXI,18 וסחרת לדרומא עד די דבקת גחון

wave noun גַּל
11Q**10** XXX,9 (XXIII) ג]לליֹ[ך

wheel noun גַּלְגַּל
1Q**32** 14,2 (I)]◦◦ גלגלֹ[א
1Q**32** 14,3 (I)] כֹיא גלגלא [
4Q**209** 6,9 (XXXVI) כל שאר נהורה ונפק גלגלה ריקן מן

Gilgal proper noun גלגלא
4Q**559** 4,4]34ֹ בגִלְגִלא 10[

Gilgamesh proper noun גלגמיש, גלגמיס
4Q**530** 2ii+6-12,2 (XXXI) זֹ אמר לה / גלגמיסֹ וֹחֹ[ו]בֹבס
4Q**531** 22,12 (XXXI) [ואדין ג]לגמישׁ אמר [ח]למכה[

to uncover, reveal verb גלה
4Q**201** 1iv5 (XXXVI) וכלהן שריו / [לגלי]ה רזין לנשיהן
4Q**202** 1iii5 שהר] וכולהון שריוֹ לגליה [רזין לנשיהון
4Q**212** 1iv19 וק[שוט ו]דֹ[ין קשוט בה]יֹתגלא / לכול
4Q**534** 1i12 (XXXI)]לֹ[ ]לֹ[י]תֹגלון / [
4Q**534** 3,1 (XXXI) י]תֹגלוֹן[
4Q**536** 2i+3,3 (XXXI)]לה יתגלון נהירֹ[יא] / [
4Q**536** 2i+3,8 (XXXI)]יגלא רזין כעליונין / [
4Q**541** 7,1 (XXXI) הֹגלוֹ מֹ[סת]ר עמי[קתא
4Q**541** 24ii3 (XXXI)]כֹ[מה די להוי]ן שגיאן מגליאן וא[ל
4Q**546** 9,2 (XXXI) די א]תֹגלֹה לי כוֹ[ל
11Q**10** XXVII,3 (XXIII) ויגלא / אדניהון למוסר וא[מר להון

captivity noun גָּלוּ
4Q**244** 12,4 (XXII)]◦◦אֹשׁתֹאֹ[ ]◦ בני גלותא ◦[
4Q**543** 1a-c,4 (XXXI)] / וחמשין וֹתֹרתין לגֹ[לות י]שֹ[ר]אל
4Q**545** 1ai4 (XXXI) וֹחמשין ותרתין לגלו[תֹ י]שראל

ice noun גְּלִיד
11Q**10** XXXI,6 (XXIII) ומן בטן מן נפק גלידא ושיקו[ע

finished, perfect adjective גְּמִיר
1Q**24** 7,2 (XXXVI)] כולא גמיריֹ[ן
4Q**546** 16,2 (XXXI)]גמיר לֹ[

גֹּמֶר ← גּוֹמֶר

coal noun גֻּמְרָה
4Q**156** 1,1 (VI)] גֹמֹ[רי
11Q**10** XXXVI,6 (XXIII) נפשה גמֹרין תגסא וזיקין / יפקן

shame noun גְּנוּי
4Q**541** 9i6 (XXXI) ובדיאן עלוהי יבדון וכול גנואין עלוהי

bride-chamber noun גְּנוּן
1Q**20** XX,6 וכלאן די יעלן לגנון לא ישפרן מנהא

gardener noun גַּנָּן
4Q**530** 2ii+6-12,7 (XXXI) ו]לֹ[ה]הֹוא גֹננין והוא משקין / [כל עע
4Q**530** 7ii11 (XXXI) [ואמר (לה) על גנ]נין די מן שמין נ[חתו
4Q**530** 13,2 (XXXI)] / גננין [
6Q**8** 5,1 (XXXVI)]ן כל גננין[

to spew, vomit verb גסה
11Q**10** XXXVI,6 (XXIII) נפשה גמֹרין תגסא וזיקין / יפקן מן פמה

to be soiled, impure verb געל
4Q**196** 6,10 (XIX) [ולא ג]עֹלת שֹ[מי ושם אב]יֹ בכל

to banish verb גער
1Q**20** XX,28 עֹליֹ וֹעֹל ביתי ותתגער מננה רוחא
1Q**20** XX,29 ואתפלי מנה מכתשא ואתגערת [מנה

roar noun גְּעָרָה
4Q**531** 22,8 (XXXI) [ארו קל גע]רה די חיות ברא אתה

גֵּף ← גַּאף

grape-vine noun גֶּפֶן
11Q**18** 14ii1 (XXIII)] / גפן כדי פרש מן לולביֹ[א

Gera proper noun גֵּרָא
4Q**559** 4,9 שנ[ין 18] / [אה]וד בר גרא שנין 80

north, northern noun גַּרְבָה, גריבי
4Q**210** 1ii6 רוח] / קדים גרֹבה די קריב לרוח גריֹ[בי
] / קדים גרֹבה די קריב לרוח גריֹ[בי קרירו
4Q**210** 1ii9 [ו]בֹתרה נפק רוחא גֹ[ריביתא

גריבי ← גַּרְבָה

to be stripped of flesh (?) verb גרם
4Q**561** 4-6i5 [מ]מחקי[ן] וֹבֹ[ין מג]רמין לעבי[ן]

bone noun גְּרַם
4Q**196** 6,9 (XIX) י]דע דֹ[י]דכיה אנה בגרמי מֹ[ן כ]לֹ טֹמֹאֹתֹ[
4Q**531** 19,3 (XXXI) די לֹ[א] גרמין אנחנא וֹלא בשר / [
11Q**10** V,5 (XXIII)]ן גרמוהי

11Q**10** XVI,7 (XXIII) בלילא] גרמי יקרון ועדק[י]

body noun גְּשֵׁם

4Q**531** 40,1 (XXXI)]די גשׁ[מ

ד

who, which relative pronoun דְּ

1Q**20** II,25]ואמר לך דאל תרגז עלי די להכא
1Q**20** XI,9] ∘∘∘∘א לטוריא ודמדבריא
1Q**20** XVII,7 לי̇ד מי חדקל נ̇ה̇ר̇א̇ עד דדבק
1Q**20** XVII,11 צ]פ̇ו̇נ̇א די מחען לשנא דן דעל
1Q**20** XX,4 וכמא שפיר לה כול לבנהא דדרעיהא
1Q**20** XX,7 דן חכמא שגיא עמהא ודלידיהא / יאא
1Q**20** XX,10 ואמרת שרי / למלכא דאחי הוא כדי הוית
1Q**20** XXI,29 ומחו לרפאיא די בעשתרא / דקרנין
1Q**20** XXII,14 מלכא דשלם אנפק / מאכל ומשתה ל
1Q**20** XXII,21 אן מן חוט עד ערקא דמסאן / אן
4Q**157** 1ii4 (VI)] / ד̇בעפרא [
4Q**157** 1ii8 (VI)] / ואנה חזית ד̇ר̇שׁ̇ע מ̇[ו]עה ולטת ל̇∘[
4Q**196** 18,11 (XIX) בריך עד עלם]עלמיא דביכי יברכון
4Q**201** 1ii2 (XXXVI) בעבדה̮ / [מן קדמיה לא]חרנה ד̇מ̇[נ]ד̇[עם
4Q**201** 1ii3 (XXXVI)] עליה ו̇בדג̇לי̇ שתו̇א ד̇[כל] ארעא / [
4Q**201** 1ii4 (XXXVI) חזו דכל איל[ניה] כ̇להן מיבישין / [
4Q**201** 1ii5 (XXXVI)] מן ארבעת עסר אי̇ל̇נ̇י̇[ן] ד̇עליהן
4Q**201** 1ii6 (XXXVI) [ולא מחדתין עליהן עד] ד̇תרתין
4Q**201** 1ii11 (XXXVI) חי] הוא לעלם דעלמין עבד כל̇
4Q**201** 6,1 (XXXVI)]ד̇ר̇ג̇[ז
4Q**204** 1i25 די / [עליהון מתקימין ע]ד̇ דתרת̮ין
[עליהון מתקימין ע]ד̇ דתרת̮ין ודתלת שנין [
4Q**204** 1vi5] / וחזית חזיון דרגוז או[כחה ואתה קל
4Q**204** 1xii28 סיאפי ארעא ו]כ̇ו̇ל אי̇ל̇נ̇יא ד̇[בה מ]ל̇[י]ן̇ [
4Q**206** 1xxii6 קבלת]א דמן היא דכ̇ד̇[ן אנינה] / [
רוחא קבלת]א דמן היא דכ̇ד̇[ן אנינה] / [
4Q**209** 23,5 (XXXVI) וכלהון כוכבין ובדכן קרין מערבא
4Q**212** 1iv15 יקום שבוע תמיני ‹ד› קשוט דבה
שבוע תמיני ‹ד› קשוט דבה תתיה̇[ב
4Q**213** 1i8 (XXII) דזרע טב טב מעל / [ודי זרע
4Q**213**a 1,16 (XXII)]ד̇שפיר ודטב קדמיך
(XXII)]ד̇שפיר ודטב קדמיך
4Q**213**a 2,7 (XXII)] / זרע דק[שט
4Q**531** 20,3 (XXXI)]ד̇חטין ול[
4Q**531** 22,5 (XXXI) עמן לאשתררה דבעלי דיני / [מלאכיא
4Q**531** 43,2 (XXXI)]ד̇ל̇י̇ [
4Q**552** 1,7 מ]דינתא דימין הוא דן / [
4Q**562** 5,2]∘א דעכור ∘[
4Q**562** 7,2]ה̇ בקרב בבבתא דעינה בדיל כן יתמסון / [
4Q**562** 11,3] / דישר[
4Q**563** 1,2] תתקרא בכל דלך [ ]עבידתך[
11Q**18** 16ii+17i3 (XXIII) כ]ה̇ניא מקבלין / מן ידהון דפ̇שׁ[טו
11Q**18** 23ii2 (XXIII)] / ו̇דשלם ∘[

this, f. adjective דָּא

1Q**20** II,6 ת̇ח̇ו̇י̇נ̇נ̇י̇ ולא בכדבין הדא ∘∘∘[
1Q**20** XIX,10 כפנא בארעא ד̇א כ̇ולא̇ ושמעת
1Q**20** XIX,19 [ב]ר̇ם דא כול טבותא / [די תעבדין
1Q**20** XX,28 ביתי ותתגער מננה רוחא דא באישתא
1Q**20** XXI,4 ודי אתיבני / לא̇רעא דא בשלם
1Q**20** XXI,10 וחזי כול / ארעא דא די אנה יהב לך
1Q**20** XXI,11 וחזית ארעא מן / רמתא דא מן נהר
1Q**20** XXI,12 לזרעך אנתן כול ארעא דא וירתונה
1Q**20** XXII,25 די הואת עמה מן ארעה דא שבק

Reference		Text
4Q196 45,1	(XIX)	]דא [
4Q197 4ii3	(XIX)	] / [אחי]תמלל בעל[מ]תא דא בליליא
4Q197 4ii6	(XIX)	]מושה וכען[נמלל בעלי]מת[א]דא ליליא
4Q543 2a-b,5	(XXXI)	] תעבר בארעא דא ודין חסין ת[
4Q545 1ai18	(XXXI)	תעבר בארע]א דא / [ודין חסין
4Q545 1a-bii11	(XXXI)	] / בארעא דא וסלקת למ[קם ב(ארע)
4Q552 2iii1		]חי ואמרת לה היא דא מן ◦[
4Q554 2i17		וחמשה ו]מן [ ] זויתא דא למערבא / [
4Q554 2i22		ראסין 25 ו]מן דא זויתא משח עד / [תרעא
4Q558 6,1		]לה הי דא מן[
4Q558 69,1		]◦ערא ערעין ודא[
4Q566 2,2		] / דא שמעון ◦[
11Q10 XXIII,9	(XXIII)	הצת דא [
11Q10 XXIX,5	(XXIII)	הצת דא איוב וקום הסתכל

wolf noun דֵּב

Reference		Text
4Q206 4ii17		עמה] / לות דבי אוהת[שגאו והתעבדו
4Q206 4iii14		חזה עד כל ד]בי[א רדפין לענ[א דן אבדו

enmity, hostility noun דְּבָב

Reference		Text
4Q560 1i1		בעל]דבב ונ[

to sacrifice verb דבח

Reference		Text
4Q243 13,2	(XXII)	דב]חין לבניהון לשידי [
4Q547 9,5	(XXXI)	(י/ת)דב]ח[לבק]רכה רבא על מדבח
11Q18 30,2	(XXIII)	]ן עוד לויא דבח[ין

sacrifice noun דְּבַח

Reference		Text
4Q360a g+h,1	(XXVII)	]◦ ◦◦א◦ דבחי[
4Q537 12,2	(XXXI)	]ידיהון והיך להוון]מסקין דבחיא
	(XXXI)	אכלין מן קצת דבחיהון /]והיך להוון

to adhere, reach verb דבק

Reference		Text
1Q20 XIV,11		]חזיתה לחלפתא קדמיתא דבקא בגדם
1Q20 XIV,14		ודי חזיתא לחלפתא דבקא ב[גד]ם [
1Q20 XVI,10		עד די דבק ל◦◦◦◦◦◦◦◦◦◦◦◦◦◦◦◦◦◦◦◦◦◦◦◦◦
1Q20 XVI,11		מי ימא רבא עד די דבק לא◦◦א ◦◦◦ל
1Q20 XVI,19		] ◦◦ עד די דבק לע◦◦◦◦ ל◦◦◦◦◦◦◦ן / ◦◦◦◦[
1Q20 XVII,7		ליד מי חדקל נהרא עד דדבק לי◦ ימא
1Q20 XVII,8		וסח[ר] למערבא לאשור עד דבק לחדקל
1Q20 XVII,9		די בין תרין נהריא עד די דבק לראיש
1Q20 XVII,10		ואזל מערבא עד דבק למגוג ול◦◦◦◦◦◦◦◦◦
1Q20 XVII,14		לבני גומר ◦◦◦◦◦ ואמנא עד דבק לפו[רת]
1Q20 XVII,16		יהב לקדמין בצפונא עד די דבק לטינה
1Q20 XIX,8		]◦◦◦ עד כען לא דבקתה לטורא קדישא
1Q20 XIX,9		לדרומא ◦◦◦ ואתית עד די דבקת לחברון
1Q20 XIX,11		עד די דבק]ת לכרמונא נהרא חד מן
1Q20 XXI,1		[ב]כל אתר משריאתי עד די דבקת לבית
1Q20 XXI,6		והוא רעה נכסוהי ודבק עד סודם
1Q20 XXI,16		ליד ימא עד די / דבקת לטור תורא
1Q20 XXI,17		לפותי ארעא / עד די דבקת לפורת נהרא
		וסחרת ליד פורת עד די דבקת לימא
1Q20 XXI,18		ליד / ימא שמוקא עד די דבקת ללשן ים
		לדרומא עד די דבקת גחון / נהרא
1Q20 XXI,29		די בטורי גבל עד דבקו לאיל / פרן
1Q20 XXII,7		בתרהון עד דבק לדן ואשכח אנון / שרין
1Q20 XXII,10		ערקין מן קודמוהי / עד דבקו לחלבון
4Q197 4i1	(XIX)	]אל ידבק [בכס]ף ברי וכא◦[
4Q197 4i15	(XIX)	עלו לגו מדי וכבר הוא מ[דבק לאחמתא
4Q197 4iii1	(XIX)	אבוהי ש]גיא רחמה ולבה <דבק> בה [לחדא
4Q204 1vi23		אלן] / [עד ד]◦ אדבקת לביא ד[ב מתבנא
4Q213a 2,17	(XXII)	] / תחותי רם עד דבק לשמי[א
4Q539 5,3	(XXXI)	] תדבק ותשלט טובהא ? [
4Q546 12,3	(XXXI)	אז]ל עליה בשלם ו[ד]בק לאת[ר]ין להוה ◦[
11Q10 XIV,4	(XXIII)	קל סגנין הטמרו לחנך דב[ק
11Q10 XXXVI,2	(XXIII)	חדה] / לחדה ידבקן ורוח ל[א י]נעול
11Q10 XXXVI,8	(XXIII)	קפלי בשרה דבקין נסיכי[ן בה] / כפרזלא

to lead verb דבר

Reference		Text
1Q20 VI,2		וקושטא כול יומי דברת והוית מהלך
1Q20 XX,9		שגי רחמה ושלח / לעובע דברהא
1Q20 XX,11		אחי עמי בליליא כדי דבירת מני שרי
1Q20 XX,14		צען מלך מצרין די דברת אנתתי מני בתוקף
1Q20 XX,27		הא אנתתך דברה אזל ועדי לך מן
1Q20 XXI,27		ובשנת ארבע עשרה דבר מלך עילם
4Q196 2,12	(XIX)	ברי אזל דבר לכל מן [די ת]השכח באח[ינא]
4Q196 2,13	(XIX)	]◦◦ ברי אזל דבר ואתהיתה ויכל [כחדא
4Q197 4iii2	(XIX)	] / לה טוביה עז[ריה אחי ד]ברני קשיטא
	(XIX)	לבית רעואל אחונא ודברה ואזל[ו לבית]
4Q197 5,9	(XIX)	עזריה אחי דבר עמך מן תנא
4Q205 2i24		ושריו למנכת ו]למדבר אלן / [לאלן
4Q206 4ii16		ודבר דכרא ל[חד עשר אמריא
4Q209 23,8	(XXXVI)	]ת ארעא חד מנהון למדבר בה בני
4Q210 1iii6		]ודבר ירחיא בפלגי שביעין
4Q531 6,2	(XXXI)	]◦ דברין ◦[ ]◦[ ]◦[ ]◦[ ]◦◦[
4Q542 3ii12	(XXXI)	] / [(ו)ד]בר[י]ן להון מנ זנותא שני מן
4Q544 2,14	(XXXI)	עבדה ח[ש]ך ובחשוכה הוא ד[בר כול
4Q547 3,1	(XXXI)	]◦ שד תדבר וכדי תופע[
11Q10 XXXV,7	(XXIII)	היקים / קים עמך ותדברנה לעבד עלם
11Q18 28,1	(XXIII)	]להוון דברין ב[

course noun דְּבַר

Reference		Text
4Q209 26,3	(XXXVI)	ומחסר מן דבר שמשא[

cause noun דִּבְרָה

Reference		Text
11Q10 I,7	(XXIII)	] העל דב[רתך
11Q10 XXXIV,4	(XXIII)	תעדא דינה ותחיבנני על דברת די תזכא

current, flow noun דִּבְרוֹן

Reference		Text
4Q205 1xi4		ודי לא ישלא] ולא ישרי בדב[רונה ביומא

honey noun דְּבַשׁ

Reference		Text
4Q558 29,1		]דבשא[

sign noun דֶּגֶל

Reference		Text
1Q63 2	(I)	] בדגליהון [
4Q201 1ii2	(XXXVI)	חזו לדגלי / [קיטה
4Q201 1ii3	(XXXVI)	]◦◦◦◦◦◦◦[ ] עליה ובדגלי שתוא
4Q201 1ii6	(XXXVI)	חזו לכן לדגלי / [קיטה דשמשה בהן
4Q205 1xi5		וענה לי רעואל דן ד]גלה ונורא
4Q209 28,1	(XXXVI)	ל]מעדיהון לחדשיהון לדגליהון

grain noun דְּגַן

Reference		Text
4Q531 2+3,5	(XXXI)	ועם]עשב זרע ארעא וכול דגנא וכול

uncle noun דָּד

Reference		Text
1Q20 XX,22		לוט לא יכול אברם דדי לצליא על / מלכא
4Q197 4iii5	(XIX)	דמה עלימא דן לטובי בר דדי
4Q539 2-3,3	(XXXI)	לכון אמר] / [כדי]בני דדי ישמעא[ל
4Q545 1a-bii14	(XXXI)	גברין] / שגיאין מן בני דדי כחד[א

gold noun **דְּהַב**

1Q**20** XIII,9		חזה הוית ל**דהביא** ולכס[פי]א / [
1Q**20** XX,31		לה מלכא [כסף ו**ד]הב** שגיא ולבוש שגי
1Q**20** XX,33		שגיאין לחדא ואף בכסף **ודהב**
4Q**196** 18,8	(XIX)	ירושלם **ד]הב** תתבנין ועע[יתא
4Q**202** 1ii27		[מא י]עבדון **ד[הבא** למ]עבדה [ ]מכונא
4Q**242** 1-3,7	(XXII)	הוי[ת קדם] אלהי כספא **ודהבא** [נחשא
4Q**529** 1,15	(XXXI)	] / לי כספא **ודהבא** ד[ ]◦י אר[
4Q**550**c 1ii3		]כליל **דה[ב** על רי]שה
4Q**550**c 1ii5		כל כ]סף ו[כ]ל **דהב]**
4Q**554** 3ii15		וספיר וכדכוד ועעיתה **דהב** ומגדליה
11Q**10** XXXVIII,8	(XXIII)	אמרה חדה / וגבר קדש חד די **דהב**
11Q**18** 10i2	(XXIII)	]ורא דן **דהב** טב / [
11Q**18** 10i6	(XXIII)	]◦וך חפא **דהב** / [
11Q**18** 11,4	(XXIII)	]נאמה וכולה **דהב** טב די[

cauldron, pot noun **דּוּד**

11Q**18** 18,2	(XXIII)	] / ◦י ועליא שבעא **דודין** תפין על אבני[

דָּוִד ← דָּוִיד

to drench verb **דוח**

2Q**26** 1	(XXXVI)	]**הדיחו** לוחא למ[חק

David proper noun **דָּוִיד, דָּוִד**

4Q**245** 1i11	(XXII)	]**ודויד** שלומה / [

platform noun **דּוּכָן**

5Q**15** 1ii13	(III)	ת]ח[ו]מי **דוכנ[יא** אורכהון אמין] תשע

bucket, Aquarius noun **דְּוַל**

4Q**318** VII,4	(XXXVI)	גדי]א ב[9]2 / וב30 **דול[א**
4Q**318** VII,9	(XXXVI)	ב[6]2[ב]27 וב28 / **דולא** ב[9]2
4Q**318** VIII,5	(XXXVI)	ג]דיא [ב24 וב25] / **דולא** ב26

to look verb **דוק**

4Q**201** 1iv6	(XXXVI)	אדין] **אדיק** מיכאל [ושריאל ו]רפאל וגבריא[ל]

to dwell verb **דור**

4Q**209** 23,3	(XXXVI)	לדרומא דרום בדיל לתמן **דאר** רבא

to trample verb **דוש**

4Q**246** 1ii3	(XXII)	על / ארעא וכלא **ידשון** עם לעם ידוש
	(XXII)	וכלא ידשון עם לעם **ידוש** ומדינה למדי[נ]ה

to push verb **דחה**

4Q**213**a 1,13	(XXII)	ב]אישא וזנותא **דחא** / [

fearful adjective **דְּחִיל**

1Q**20** II,26		] / **דחיל** לעליך ◦◦◦[
4Q**205** 2ii29		וחזיה תקיף ורב **וד[חיל** וכול] / [ענא

to fear verb **דחל**

1Q**20** V,7		מן] / חזוה **דחל** למך ברך[
1Q**20** XI,15		עמי ולי אמר אל **תדחל** יא נוח
1Q**20** XIX,18		חלם / חלמת [אנה **וא]דחל** [מן] חלמא
1Q**20** XXII,30		וכען אל **תדחל** אנה עמך ואהוה לך
4Q**196** 2,2	(XIX)	[ולי בעה למקט]ל ◦**דחלת** וערקת[
4Q**197** 4i2	(XIX)	ו]אמר לה אל **תדחלי** בשלם יהך ברי
4Q**197** 4i3	(XIX)	בש]לם אל **תדחלי** ואל תצפי לה אחתי
4Q**197** 4ii9	(XIX)	וכען **ד]חל** אנה [מ]ן שדא די / [רחמה
4Q**197** 4ii17	(XIX)	וא]ל **תדחל[** די ל]ך היא חליקא ולך[
4Q**197** 5,8	(XIX)	] / [אל **ת]דחל** ברי
4Q**198** 1,1	(XIX)	צדקה והוסף **למדחל** לאלהא
4Q**204** 4,1		] וכולהון הווא **ד[ח]ל[י]ן** [ורעדין
4Q**205** 2ii30		וכולהון הווא רע]דין **ודחל[ין** מן
4Q**530** 2ii+6-12,20	(XXXI)	וארו]**דחלו** כל גבריא / [ונפיליא
4Q**538** 1-2,6	(XXXI)	בכ[ה שגיא כולקבל די הוית]**דחל** / [די
4Q**545** 7,2	(XXXI)	] / למרגז עלי **ולדחלות[**ני
4Q**550**c 1iii1		]עליא די אנתון **דחלין** ו[פ]לחין הו
4Q**563** 1,3		]◦◦◦ין[ ]◦◦◦ ⟦ ⟧ **דחל** מנהון ⟦ ⟧ על די[

fear noun **דַּחֲלָה**

1Q**20** XI,17		אימתכון **ודחלתכון** / ◦◦◦◦◦ לעלמים אם◦◦◦◦
4Q**318** VIII,9	(XXXVI)	בתאומיא ירעם **דחלה** ומרע מנכריא ומ[
11Q**10** XXXIII,2	(XXIII)	] / בס{{◦}}רוהי אימה **ודחלה**
11Q**10** XXXIII,3	(XXIII)	יחאך על **דחלא** ולא / יזוע

steppe noun **דחשת**

11Q**10** XV,7	(XXIII)	כ]פן רעין הוא ירק **ד[חשת**
11Q**10** XXXII,5	(XXIII)	די שוית **דחשת** ביתה ומדרה בארע

who, which relative pronoun **דִּי**

1Q**20** 1ii7	(I)	] / עזבוג **די** ◦◦◦◦[
1Q**20** 4,2		]א **די** א◦◦רנ ◦[
1Q**20** I,2		]◦◦אף רז רשעא **די**
1Q**20** I,3		]ן ורזא **די** / [
1Q**20** II,1		הא באדין חשבת בלבי **די** מן עירין
1Q**20** II,12		וכדי חזת בתאנוש אנתתי **די** אשתני
1Q**20** II,15		] / **די** מנך זרעא דן ומנך
1Q**20** II,20		מנה ביצבא ינדע ב**די** הוא רחים
1Q**20** II,24		יא אבי ויא מרי **די** אנה לך את[ית
1Q**20** II,25		לך דאל תרגז עלי **די** להכא אתית
1Q**20** III,13		]◦הוא בקשוט **די** לא בכדבין / [
1Q**20** V,8		] / בקושט מהימן **די** ◦◦◦◦
1Q**20** V,18		] / עבדין חמס שגיא יעבדון עד **די**[
1Q**20** V,27		] / חזי **די** מני אנפיק מ◦◦ [
1Q**20** VI,3		ולאזהרותני מן ◦◦יב שקר **די** אזלן לחשוך
1Q**20** VI,9		וביומי כדי שלמו לי לחשבון **די** חשבת / [
1Q**20** VI,19		] מעיו◦ דמא **די** אשדו נפיליא שפית וקוית עד
		אשדו נפיליא שפית וקוית עד **די** ק[
1Q**20** VI,20		] קדישין **די** עם בנת אנו[שא
1Q**20** VII,1		]◦ עליהון ארעא וכול **די** עליהא בימיא
1Q**20** X,1		באדין ב◦◦ל◦ת כולא **די** בני מן ◦◦◦ל
1Q**20** X,9		◦◦◦ ◦◦◦ **ודי** כול ◦◦ה ◦◦◦ ושקוט
1Q**20** XI,13		ותבת וברכת **די** רחם על ארעא
		וברכת די רחם על ארעא **ודי** אעדי
1Q**20** XI,15		עמך אנה ועם בניך **די** להון כואתך
1Q**20** XI,16		ובטוריהא ובכול **די** בהון
1Q**20** XI,17		בירקא ועשבא **די** ארעא ברם
1Q**20** XII,14		ביום חד לרגלא קדמיא **די** בחודשא
1Q**20** XII,15		]◦◦◦ **די** כרמי כומרא דן פתחת ושרית
1Q**20** XII,17		לאל עליון לקדישא רבא **די** פלטנא
1Q**20** XIII,11		חזה הוית עד **די** אסיפוהי שרין
1Q**20** XIV,10		]אמת חלפא **די** נפקא מנה וראמא עד רמה
1Q**20** XIV,14		קאם לעלמים **ודי** חזיתא לחלפתא
1Q**20** XIV,17		[א]רעא ◦◦◦ לשמאל ◦◦◦ **ודי** חזית מן
1Q**20** XV,9		] **ודי** חזיתא כולהון [ ]ן יסורון משגיתהון
		משגיתהון להון רשיעין **ודי** חזיתה / לגברא
1Q**20** XV,11		ארציץ ◦ול / ◦◦◦◦◦◦◦◦◦◦◦◦◦בותא הוא **די** יתה

] ו**די** חזיתה עיק◦◦[1Q20 XV,13
להון שור מן כול ◦◦◦א ארעא **די** ◦◦◦◦◦ של◦◦[1Q20 XV,15
]◦ת אנה ל◦◦◦ ב**די** זכי◦ לא[1Q20 XV,22
]לשנה **די** מן ביניהן ראיש בעין עד 1Q20 XVI,9
כול ארע צפונא כולהא עד **די** דבק 1Q20 XVI,10
דן מי ימא רבא עד **די** דבק לא◦◦א 1Q20 XVI,11
]א◦◦◦◦◦◦◦◦◦◦◦◦◦◦◦◦◦◦◦◦◦ **די** פנה למערב 1Q20 XVI,18
] ◦◦ עד **די** דבק לע◦◦◦◦◦ ל◦◦◦◦◦◦◦ון 1Q20 XVI,19
ימא / ש[מו]קא לראישה **די** בצפונא 1Q20 XVII,8
ובתרה / לארם ארעא **די** בין תרין 1Q20 XVII,9
ארעא די בין תרין נהריא עד **די** דבק
מדנחא / ב[צ]פונא **די** מחען לשנא דן 1Q20 XVII,11
ל[תחומ]א **די** פנה לדרומא כול ארעא 1Q20 XVII,12
פנה לדרומא כול ארעא **די** משקה פורת
◦◦◦ כול בקעאתא ומישריא **די** ביניהון 1Q20 XVII,13
ומישריא די ביניהון ואיא **די** בגו לשנא
] ◦קא / ◦◦◦◦חולקא **די** פלג לה ויהב לה 1Q20 XVII,15
בצפונא עד **די** דבק לטינה נהרא ובתרה 1Q20 XVII,16
ובתרה ליואן כול נגאותא **די** ליד לוד 1Q20 XVII,17
לדרומא ◦◦◦ ואתית עד **די** דבקת לחברון 1Q20 XIX,9
בארעא דא כולא ושמעת **די** ע[בו]רא ה[וא] 1Q20 XIX,10
[וח]לפת שבעת ראשי נהרא דן **די** / ◦◦◦[1Q20 XIX,12
פשר] חלמא [דן ו]אמ[רת] ◦◦◦ **די** יבעון 1Q20 XIX,19
עמי] בכול אתר **די** [נהך לה אמרי] עלי 1Q20 XIX,20
די [נהך לה אמרי] עלי **די** אחי הוא
י והסתמרת י]תירא בנפשה **די** לא יחזנה 1Q20 XIX,23
] **די** פרע[ו] צע[ן] על מל[י] ועל 1Q20 XIX,24
] בכפנא **די** [1Q20 XIX,26
]◦◦◦ ולא ◦◦◦ין למקם עד **די** ◦◦◦ מלי / [
וכל בתולן וכלאן **די** יעלן לגנון לא ישפרן 1Q20 XX,6
מלי חרקנוש ומלי תרין חברוהי **די** פם חד 1Q20 XX,8
דאחי הוא כדי הוית מתגר על **די**לה 1Q20 XX,10
די אנתה מרה ושליט על כולא 1Q20 XX,13
מרי על פרעו צען מלך מצרין **די** דברת 1Q20 XX,14
מני ויגדעוך מרי **די** אנתה מרה לכול 1Q20 XX,15
ובעא מני **די** אתה ואצלה על / מלכא 1Q20 XX,21
כול מכתשיא ונגדיא / אלן **די** מתכתש 1Q20 XX,25
לי בדיל [שר]י ותאמר / לי **די** אחתי היא 1Q20 XX,27
וצלית על [**ד**]י [ית]רפא / הו וסמכת ידי על 1Q20 XX,28
וימא לי מלכא במומה **די** לא ◦◦◦[1Q20 XX,30
[כסף וד]הב שגיא ולבוש שגי **די** בוץ וארגואן ו[1Q20 XX,31
לי ומני עמי אנוש **די** ינפקוננׄי ול◦◦◦ מן מצרין 1Q20 XX,32
[ב]כל אתר משריאתי עד **די** דבקת 1Q20 XXI,1
דבקת לבית אל לאתרא **די** בנית תמן
על כול נכסיא וטבתא **די** יהב לי ודי 1Q20 XXI,3
וטבתא די יהב לי ו**די** עבד עמי טב ודי
ודי עבד עמי טב ו**די** אתיבני / לארעא
ואף אנה אוספת לה על **די**לה שגי 1Q20 XXI,6
ואנה הוית יתב בטורא **די** בית אל 1Q20 XXI,7
ובאש עלי **די** פרש לוט בר אחי מן לואתי
לי אלהא בחזוא **די** ליליא ואמר לי סלק 1Q20 XXI,8
לך לרמת חצור **די** על שמאל / ביתאל
על שמאל / ביתאל אתר **די** אנתה יתב 1Q20 XXI,9
וחזי כול / ארעא דא **די** אנה יהב 1Q20 XXI,10
וכול מדברא / רבא **די** מדנח חורן 1Q20 XXI,12
זרעך כעפר ארעא **די** לא ישכח כול 1Q20 XXI,13
ואתית ליד ימא עד **די** / דבקת 1Q20 XXI,15
לי[ד]ימא רבא דן **די** מלחא ואזלת 1Q20 XXI,16
למדנחא לפותי ארעא / עד **די** דבקת 1Q20 XXI,17
וסחרת ליד פורת עד **די** דבקת לימא
ליד / ימא שמוקא עד **די** דבקת ללשן 1Q20 XXI,18
עד די דבקת ללשן ים סוף **די** נפק מן
שמוקא וסחרת לדרומא עד **די** דבקת
ויתבת באלוני ממרה **די** בחברון 1Q20 XXI,19
תדעל מלך גוים **די** / הוא בין נהרין 1Q20 XXI,23
אזדמנו כחדא לקרב לעמקא **די** סדיא 1Q20 XXI,25
ותקף מלך / עילם ומלכיא **די** עמה 1Q20 XXI,26
חברוהי וסלקו ארחא **די** מדברא 1Q20 XXI,28
ומחו לרפאיא **די** בעשתרא / דקרנין
בעשתרא / דקרנין ולזומזמיא **די** בעמן 1Q20 XXI,29
די בעמן ולאימיא **ד**[י ב]שוה הקריות
ב]שוה הקריות ולחוריא **די** בטורי גבל
גבל עד דבקו לאיל / פרן **די** במדברה 1Q20 XXI,30
בלע ◦◦◦ קרבא / בעמקא **ד**[י סדיא] 1Q20 XXI,32
כדרל[עומר מלך עילם ומלכיא] **די** עמה
ובז מלך עילם כול נכסיא **די** סודם ודי 1Q20 XXI,33
עילם כול נכסיא די סודם ו**די** / [עו]מר[ם
]◦◦◦ ושבו לוט בר אחוי / **די** אברם די הוא 1Q20 XXII,1
ושבו לוט בר אחוי / די אברם **די** הוא
ואתה חד מן רעה / ענה **די** יהב 1Q20 XXII,2
ענה די יהב אברם ללוט **די** פלט
יתב בחברון וחויה **די** שבי לוט בר 1Q20 XXII,3
וכול נכסוהי ולא קטיל ו**די** / נגדו
דבקו לחלבון **די** שימא על שמאל דרמשק 1Q20 XXII,10
ואצל מנהון כול **די** שבוא / וכול די בזו
מנהון כול די שבוא / וכול **די** בזו וכול 1Q20 XXII,11
וכול נכסוהי וכול / שביתא **די** שבאו אתיב 1Q20 XXII,12
מלך סודם **די** אתיב אברם כול שביתא
לאברם ולכול אנשא **די** עמה 1Q20 XXII,15
וארעא ובריך אל עליון / **די** סגר שנאיך 1Q20 XXII,17
מעשר מן כול נכסיא **די** מלך עילם וחברוהי
קרב מלכא **די** סודם ואמר לאברם מרי 1Q20 XXII,18
מרי אברם / הב לי נפשא **די** איתי לי 1Q20 XXII,19
לי נפשא די איתי לי **די** שביא עמך
לי די שביא עמך **די** אצלתה מן מלך
דמסאן / אן אסב מן כול **די** איתי לך 1Q20 XXII,22
לך דלמא תהוה אמר ⟦ ⟧ **די**מן נכסי
נכסי כול עתרה **די** / אברם ברא מן
עתרה די / אברם ברא מן **די** אכלו כבר 1Q20 XXII,23
ברא מן די אכלו כבר עולימי **די** עמי
מן חולק תלתת גבריא **די** / אזלו
וכול שביא **די** הואת עמה מן ארעה דא 1Q20 XXII,25
הא עשר שנין / שלמא מן יום **די** נפקתה 1Q20 XXII,28
במצרין וחדא / מן **די** תבת מן מצרין 1Q20 XXII,29
וכען בקר ומני כול **די** איתי לך וחזי
וחזי כמן כפלין שגיו מן / כול **די** נפקו 1Q20 XXII,30
ואנה כדי אמות ערטלי אהך **די** לא 1Q20 XXII,33
לה לא ירתנך דן להן **די** יפוק 1Q20 XXII,34
]מן **די** להוין תליתין [1Q21 1,1 (I)
]תמלך עם **די** / [1Q21 7i2 (I)
]**די** להוין[1Q21 10,1 (I)
]◦ד בהון **די** ◦[1Q21 25,2 (I)
]◦ת **די** הוא[1Q21 55,2 (I)
]**די** כדן מן ◦[1Q21 56,1 (I)
]גברין מאה [כ]ל **די**[1Q23 9+14+15,5 (XXXVI)
]**די** / [1Q23 12,2 (XXXVI)
]תמכין בכל **די**[1Q23 21,2 (XXXVI)
ע]ליהון **די**[1Q24 7,3 (XXXVI)
]**די** לא ◦◦[1Q32 15,3 (I)
פתו]רא **די** קודמוהי ל[מרא 2Q24 3,3 (III)

ואשכילו די אלהא חי]א **די** לכול עלם [	4Q**204** 1i30	
וכול **די** חד[יר ויעדי מן כען עמהון	4Q**204** 1v1	
דן די לימין חרמונ]ן **די** למ[ערבהון] / [	4Q**204** 1vi2	
נחתו וחזיון עלי נפל]ן עד **ד**[י נטלת]	4Q**204** 1vi3	
[קדישא רב]א בחלמא **די** אנה [חלמת	4Q**204** 1vi10	
בנשמת פומי] / [**ד**]**י** יה[ב] רבא לבני	4Q**204** 1vi11	
ובחזיה לי] את]חזית כלקובל **די** בעו[תכון	4Q**204** 1vi13	
די עוד מן כ[ען לשמיא לא	4Q**204** 1vi14	
] / בניהון ובק[ניאניא]**די** חביביכ[ון	4Q**204** 1vi16	
כלקובל **די** ב[עותכ]ון על[יהון לא	4Q**204** 1vi17	
כול מלה] / מן כתבא **די** אנה כתבת	4Q**204** 1vi19	
נורא אלן] / [עד **ד**]**י** ארבקת לביא ר[ב	4Q**204** 1vi23	
הוו] / [די תלג ומתבנא **ד**]**י** תלג אש[ן	4Q**204** 1vi24	
ומן תחות כרסיא נפקין] שבלין **ד**[י] / [נור	4Q**204** 1vii1	
דב]ה קניא טביא **די** בשמא די / [רמין	4Q**204** 1xii24	
קניא טביא די בשמא **די** / [רמין לצפר		
ואף בהון חזית אילנין **די** נפק / [מנהון	4Q**204** 1xii26	
לאמרא די הוה תנינה]**די** הוה	4Q**204** 4,2	
וחזית עד די דמך] אמ[רא] דן **די** אל[וה]	4Q**204** 4,11	
ודן עלימא] / **די** יליד [לכו]ן [ותלתת	4Q**204** 5ii21	
די ישתלם] / בי[ו]מי[הון ב**ד**]**י** ידע אנה	4Q**204** 5ii26	
וחזית כתיב בהון **די** [ד]ר מן דר יבאש	4Q**204** 5ii27	
[בר]ך [ואחויה לה] / **די** עלימא דן	4Q**204** 5ii30	
[קאם] לקובלה **די** מכ[ין לאנשא	4Q**205** 1xii1	
מתברך] **די** [בה] איל[נין די ענפיהון	4Q**205** 1xii2	
חורא אולד חזי]ר אכום ודכר **די** ען / [חור	4Q**205** 2i26	
אתפתחו חזה] / לדכרא **די** ענ[א דן	4Q**205** 2iii29	
עגנון / לכדן עב[י]דו עד יום **די** יתדינן	4Q**206** 1xxii2	
יתדינן ועד זמן יום קצא **ד**[י] / דינא		
קצא ד[י] / דינא רבא **די** מנהון יתעבד	4Q**206** 1xxii3	
לרפא]ל לעירא וקדישא **ד**[י עמי	4Q**206** 1xxii5	
עיניהון ואתבוננו] / **די** ערטליין ◦[	4Q**206** 1xxvii11	
שמשא למהך כל חרתיה **די** בתרעא	4Q**209** 7iii2	(XXXVI)
רוח {{מא}}מערבא ב**די** תמן / [	4Q**209** 23,4	(XXXVI)
[ולצפונא צפון] ב**די** בה צפנין	4Q**209** 23,6	(XXXVI)
[ולמדנחא מד]נח ב**די** מן תמן	4Q**209** 23,7	(XXXVI)
ואף מזרח ב**די** מא[י]ן זרחין		(XXXVI)
ח]שבון אחרן אחזית לה **די** אזל ◦[	4Q**209** 25,3	(XXXVI)
]ן ראשין **ד**[י]ל[	4Q**209** 28,3	(XXXVI)
ותלתת **די** בתריהון על שמאל	4Q**210** 1ii1	
ארעא] / ומיא וכל מה **די** בהן די רבין	4Q**210** 1ii3	
וכל מה די בהן **די** רבין וצמחין ורחש[ין		
קדמיא נפקא רוח קדים **די** ב[מדנחא	4Q**210** 1ii4	
רוח] / קדים גרבה **די** קריב לרוח	4Q**210** 1ii6	
דרום] / **די** קרין לה נגבה טל [ומטר	4Q**210** 1ii8	
לקדימא קדים] / ב**די** הוא קדמיא	4Q**210** 1ii15	
וקרין לדרומא דרום ב**ד**[י לתמן		
בדיל] / **די** מנאין {{ש}}‹‹ד››רחין ירחין	4Q**210** 1ii18	
ארבעת]עשר אילנין **די** לא חזה להון / [	4Q**211** 1i5	
לכון כלקובל] / **די** תדעון מה[יתע]ב[ד	4Q**212** 1ii19	
] / [ע]ל **די** אבד לסוף אבדנא[כל	4Q**212** 1ii21	
ומן בתרי יקום שבוע] / תנין **די** בה	4Q**212** 1iii25	
נ[צבת] / קשט על[מ]א **די** שבעה פ[עמי]ן	4Q**212** 1iv13	
אנוש] / [**ד**]**י** יכל ישמע מלי קדשא[	4Q**212** 1v16	
] / או מנו הוא כול אנוש **די** [יכל יחזה	4Q**212** 1v17	
או עמודי] / זויא **די** אנ[ון]ע[ליהו]ן	4Q**212** 1v18	
או מנו הוא [מן כול בני א]נוש **די** יכל [	4Q**212** 1v20	
מה הוא] / אורכה ופתיה **די** ארעא	4Q**212** 1v21	
ומנו הוא כול אנוש **די** יכ[ל ינדע	4Q**212** 1v22	
די אלף חכמה יקר / [הוא לה ודי	4Q**213** 1i10	(XXII)

] / וחזית עד **די** ◦ל[	2Q**24** 4,11	(III)
] / שביא **די** בהון וארבעת עשר כה[נין	2Q**24** 4,13	(III)
תרתי לחמא **די** הי[	2Q**24** 4,14	(III)
ואחריתא[י]היבת לתנינה **די** קאם פנבד [	2Q**24** 4,16	(III)
חזי הוית עד **די** יהיב לכ[ול כהניא	2Q**24** 4,17	(III)
]ל **די** איל ען חד לכול גבר וגבר[	2Q**24** 4,18	(III)
]עד עדן **די** יתבו [	2Q**24** 4,19	(III)
לוחא מן מיא לוחא **די**[	2Q**26** 3	(XXXVI)
] / **די** סדום ו[	3Q**14** 8,2	(III)
]שורא **די** נינוה[	4Q**196** 1,1	(XIX)
והחוי למלכ[א עלי **ד**]**י** אנה קב[ר	4Q**196** 2,1	(XIX)
כ]ל **ד**[י]הוה לי ולא שביק {{פ}}	4Q**196** 2,2	(XIX)
לקודמי וחזית נפתניא **די** קרבו	4Q**196** 2,11	(XIX)
אנתה •••• י]דע **ד**[י]דכיה אנה	4Q**196** 6,9	(XIX)
] / [ולא]בר לה אחרן **די** ירתנ[ה]	4Q**196** 6,11	(XIX)
ל[ה די] / [אנטר נ]פשי לבר **ד**[י אהו]ה	4Q**196** 6,12	(XIX)
דחל אנה מן שדא דן] **די** ר[ח]ם לה / [	4Q**196** 14i4	(XIX)
לא איתי להון בר אחרן]**די** יקבר / [אנון	4Q**196** 14i7	(XIX)
הלא תדכר לפק]ודי אבוך **די** פקדך / [	4Q**196** 14i8	(XIX)
ואמר[ו לה מן בני נפתלי] **די** שבי[ן בנינוה	4Q**196** 14ii9	(XIX)
ארי[רין כ]ל [די] ביזין וכל **די** עלי[כי]	4Q**196** 17ii15	(XIX)
ע]ל [כ]ל מכתשיכי **ד**[י	4Q**196** 18,4	(XIX)
ד[י	4Q**196** 18,5	(XIX)
]ין ובאבן **די** י[	4Q**196** 18,9	(XIX)
מ]ן **די** למ[חזה	4Q**197** 1,1	(XIX)
]משתותא וידע אנה **די** לא יכול רעואל	4Q**197** 4ii4	(XIX)
רעואל למכליה מנך בדיל **די** הוא ידע		(XIX)
אנ[ש ארי ה]וא יד[ע] **די** הן ינתננה לגבר	4Q**197** 4ii5	(XIX)
וכען ד]חל אנה [מ]ן שדא **די** / [רחמה	4Q**197** 4ii9	(XIX)
לפקודי אבוך]**די** פקדך / [	4Q**197** 4ii12	(XIX)
ו]מדמה אנה **די** להוון לך [מנה בנין	4Q**197** 4ii18	(XIX)
אחונ[א] / ואמרין לה **די** ידעין אנ[ח]נא	4Q**197** 4iii7	(XIX)
לה של[ם ואמ]ר [טו]ביה / **די** אבי הוא	4Q**197** 4iii8	(XIX)
דכר **די** ען טב[ח	4Q**197** 4iii11	(XIX)
ופקד לעבדוהי **ד**]**י** יטממו[ן פחתא	4Q**197** 5,2	(XIX)
] / אלהא **די** מל[ל בנינוה	4Q**198** 1,3	(XIX)
] / בכל **די** אמר אלה[א כל]א יתאיית[א	4Q**198** 1,6	(XIX)
די יתיב ב[רחמין אלהא אנון	4Q**198** 1,9	(XIX)
ואמר טו]ביה **די** לא אכול תנא ול[א אשתה	4Q**199** 1,1	(XIX)
וקרו לטורה חרמון בדיל] / **די** ימו ואחרמ[ו	4Q**201** 1iii5	(XXXVI)
רבניהן ⟦ ⟧] / שמיחזה **ד**[י הוה ראשהן	4Q**201** 1iii6	(XXXVI)
כלהן נסבו להן] / נשין מן כל **די** בחרו	4Q**201** 1iii14	(XXXVI)
] / אתמלית ר[שעה ו]חמסה **די** [את]חטי	4Q**201** 1iv8	(XXXVI)
אנתן קדישי שמיה] / **די** קבלן [נפשת	4Q**201** 1iv11	(XXXVI)
[לאנשא ל]מעבד חרבן **די** פרזל	4Q**202** 1ii26	
ל]מעבד חרבן די פרזל ושר[ינין **ד**]**י** נח[ש		
יקרך לכל {ל}דר דריא **די** מן עלמ[א	4Q**202** 1iii15	
לשמ[יחז]א ולכ[ול חברו]הי **די** אתחברו	4Q**202** 1iv9	
[ודי קדמיהון תחזון] **די** לאבד[נא להוון	4Q**202** 1vi8	
] / פרשגן לוחא תנ[י]נא **די** אי[גרתא	4Q**203** 8,3	(XXXVI)
] / ידיע להוא לכון **ד**[י]ל[	4Q**203** 8,6	(XXXVI)
] / ועובדכון ו**די** נש◦◦◦◦[ ]	4Q**203** 8,7	(XXXVI)
אנון [ו]בני[הון ונ]שיא **ד**[י	4Q**203** 8,8	(XXXVI)
] / חבלא **די** חבלתון בה ⟦ ⟧[	4Q**203** 8,11	(XXXVI)
בשמיא ובארעא] / ו**די** במדבריא ו**ד**[י] בימיא	4Q**203** 8,13	(XXXVI)
] / ודי במדבריא ו**ד**[י] בימיא ופשר צבות[א		(XXXVI)
מב]רך **די** כול רזיא יד[ע אנתה	4Q**203** 9,3	(XXXVI)
] / במסורת [נה]וריהון **די** כולה[ון ד]נ[חין	4Q**204** 1i19	
ואתבוננא] / [בדגלי שתו]א **די** כו[ל ארעא	4Q**204** 1i22	
ארבע{א}‹ת› [עשר אילנין] **די** / [עליהון	4Q**204** 1i24	

כ]ל◦ין◦גבר די אלף חכמה כל / [	(XXII)	4Q**213** 1i14
ל]ה לכל מת ומדינה די יהך לה / [אח	(XXII)	4Q**213** 1i15
י]הבין לה בה יקר בדי כלא צבין / [למאלף	(XXII)	4Q**213** 1i17
]ספר ומוסר / ח[כ]מה די אל[	(XXII)	4Q**213** 1-2ii9
]◦די ח[ש]וכה תתא עליכן[	(XXII)	4Q**213** 4,7
] / אנה די תמרון לי די ה[	(XXII)	4Q**214** 3,2
] / אנה די תמרון לי די ה[	(XXII)	
]◦די ◦◦כול◦◦[	(XXII)	4Q**214**b 1,3
]אלן אנון די א[מר לי די חזין לאסקא	(XXII)	4Q**214**b 2-6,6
מלי צ[ל]תא די צלי נבני מלך [בב]ל	(XXII)	4Q**242** 1-3,1
אעא אבנא חספא מן די [הוית סב]ר	(XXII)	4Q**242** 1-3,8
חספא מן די [הוית סב]ר די אלהין ה[מון	(XXII)	
]דניאל די י◦[	(XXII)	4Q**243** 6,3
]די לא לשניה / [	(XXII)	4Q**243** 8,3
]די מל[ ]ל[	(XXII)	4Q**243** 20,3
]די לא מנין [	(XXII)	4Q**243** 26,2
ד]י ארעא [	(XXII)	4Q**243** 35,2
]די מל[כא	(XXII)	4Q**244** 1-3,1
]די י[	(XXII)	4Q**244** 6,1
די ר[	(XXII)	4Q**244** 11,1
ולאחרבא ארעהן מנהון מן די [	(XXII)	4Q**244** 12,3
]◦◦ ומה די / [	(XXII)	4Q**245** 1i2
]כתב די יהיב / [	(XXII)	4Q**245** 1i4
] / די[	(XXII)	4Q**245** 1ii9
ברה די אל יתאמר ובר עליון יקרונה	(XXII)	4Q**246** 1ii1
כזיקיא / די חזותא כן מלכותהן תהוה	(XXII)	4Q**246** 1ii2
נביאי [ש]קרא די קמו ב[ישראל]	(XIX)	4Q**339** 1
]◦בי כל מה די עב[ד	(XXVII)	4Q**342** 2
תשלמתא מן נ]כסי ודי אקנה לקבל<ר>ך	(XXVII)	4Q**344** 5
למעבד] / [בה כל]די יצבה ◦[	(XXVII)	4Q**346** a,2
מן נכסי] / ודי אקנה מ[ן יומא דנה ועד	(XXVII)	4Q**346** a,4
מלי כתבא די אמר מיכאל למלאכיא ע[ל	(XXXI)	4Q**529** 1,1
] / אמר די גדודי נורא תמה השכח[ת	(XXXI)	4Q**529** 1,2
והחזיתה חזוה ואמר לי ד[י	(XXXI)	4Q**529** 1,5
] / בספרי די רבי מרא עלמא כתיב הא[	(XXXI)	4Q**529** 1,6
והא מתבניה קריה לשמה די רבי מ[רא	(XXXI)	4Q**529** 1,9
בדי] / יתעבד כל די באיש קודם	(XXXI)	4Q**529** 1,10
ל]לוט ולצער אנה די ידי / [	(XXXI)	4Q**530** 1i2
]ן וכל בית פלטא די אהך לה / [	(XXXI)	4Q**530** 1i3
חזא]הוית עד די לשנין די נור מן	(XXXI)	4Q**530** 2ii+6-12,9
חזא]הוית עד די לשנין די נור מן / [	(XXXI)	
]א[רחת]אתרא דמיתא לכה די / קדמ[י]	(XXXI)	4Q**530** 2ii+6-12,22
לה די יחוא[ל]כה פ[ש]ר חלמיא ודי	(XXXI)	4Q**530** 2ii+6-12,23
פ[ש]ר חלמיא ודי כלא מנח / [ע]ם	(XXXI)	
(לה) על גנ]נין די מן שמין נ[חתו	(XXXI)	4Q**530** 7ii11
גבר]ין די לא שפק להון ולב[ניהון	(XXXI)	4Q**531** 1,5
]וכול עוף שמים עם כול די פרא[	(XXXI)	4Q**531** 2+3,4
א]מר לה די אנה ידע עד ד[י	(XXXI)	4Q**531** 5,3
א]מר לה די אנה ידע עד ד[י	(XXXI)	
]◦ה וכול די עליכה ט[	(XXXI)	4Q**531** 5,4
מה חט[י]א לכה די קטל[תה	(XXXI)	4Q**531** 7,4
]ר וכשביבין ד[י נור	(XXXI)	4Q**531** 12,3
]די נהור ◦[	(XXXI)	4Q**531** 13,6
]די מ[ ]◦ד◦[ ]מאן תרין[	(XXXI)	4Q**531** 14,6
]◦א אנחנא די חטי[נא	(XXXI)	4Q**531** 18,3
[ארו קל גע]רה די חיות ברא אתה ואיש	(XXXI)	4Q**531** 22,8
ארו ידע אנה די על / [חזוה לא א]רמוך	(XXXI)	4Q**531** 22,10
]◦ די עביד ב◦[	(XXXI)	4Q**531** 25,2
]די נשתרא [	(XXXI)	4Q**531** 30,3
]די גש[מ	(XXXI)	4Q**531** 40,1

] / די[	(XXXI)	4Q**532** 1ii10
]די מן עירין עלו[	(XXXI)	4Q**532** 2,7
] / די ◦[	(XXXI)	4Q**533** 1ii3
] / די ידא[ו]תרתין א[ר]כובתה[ועל	(XXXI)	4Q**534** 1i1
להוה כלטיש [וכא]נוש די לא ידע	(XXXI)	4Q**534** 1i4
די לא ידע מדעם עד עדן די / [י]נדע	(XXXI)	
תהוא / [(ו)יסופו(ן) ? ח]שבונוהי בדי בחיר	(XXXI)	4Q**534** 1i10
]◦[ ]◦[ ]יא די ל[הוון	(XXXI)	4Q**534** 1i12
מ[ו]ל[ד]ה די טב[ב]מה נפל לקדמין ועם	(XXXI)	4Q**534** 1ii+2,1
]מ[ ]ובת[ו]לן יתבן די לא[ ] / ויחרבון תש[	(XXXI)	4Q**534** 1ii+2,12
]די חדוה[	(XXXI)	4Q**534** 1ii+2,18
] / ד[י] מתל[/ק[ל	(XXXI)	4Q**535** 1,2
]◦והי ד[י]◦[ ]א	(XXXI)	4Q**536** 2i+3,10
רז]א/מנדע]א די מסר לי במנין שארא[	(XXXI)	4Q**536** 2i+3,13
] / די אנתה יצף מנה לכול אנש	(XXXI)	4Q**536** 2ii9
וי לכה סכלא די פמך ירמנכה ב[אבדנא	(XXXI)	4Q**536** 2ii11
מן יכתוב מלי אלה בכתב די לא יבלא	(XXXI)	4Q**536** 2ii12
גבר די לעבדיך לבנס[מאלף יאבד	(XXXI)	4Q**536** 2ii13
חסרני] / וכל עקתי וכל די יתא על[י	(XXXI)	4Q**537** 1+2+3,4
כולא]וחזית כתיב בה די[לא יתבנה	(XXXI)	4Q**537** 1+2+3,5
]והי די[ ]◦[	(XXXI)	4Q**537** 9,1
[והיך להוון שתין מיא]די להוון	(XXXI)	4Q**537** 12,3
] כל דנה אתרא אחזיני די / [	(XXXI)	4Q**537** 24,3
]די על א[רעא	(XXXI)	4Q**537** 25,1
אדין ידע די לא אית[י בלבבהון	(XXXI)	4Q**538** 1-2,4
]א די ת[ר]שעון [	(XXXI)	4Q**538** 4,1
]ביתא די יתילד בה מנה יפו[ק]ומדור	(XXXI)	4Q**540** 1,4
א[ל בנכ]סוהי מקדשא[מן ד]י יחרב[ונה ?	(XXXI)	4Q**540** 1,5
] / ארו חכים ד[י	(XXXI)	4Q**541** 2ii6
חכ]מה יאתה לעליכה די נסיבת [	(XXXI)	4Q**541** 3,4
] נגדי מכאוביכה ד[י	(XXXI)	4Q**541** 6,3
] / די לא מתבונן וכתב/י[ב	(XXXI)	4Q**541** 7,2
יאפיך / [די רחה]להוה ודי שקר וחמס	(XXXI)	4Q**541** 9i7
] / ◦[ד]י חזה חרה[	(XXXI)	4Q**541** 9ii4
ואזלא רוחהא לכור ד[י	(XXXI)	4Q**541** 10,4
די הוא אלה עלסיה ומרא כול	(XXXI)	4Q**542** 1i2
אזדהרו בירותתא די מ{{א}}השלמא	(XXXI)	4Q**542** 1i4
די מ{{א}}השלמא לכון / ודי יהבו	(XXXI)	4Q**542** 1i5
די / להון תו<<ה>>{{<<ב>>}}{{ת}}בין	(XXXI)	4Q**542** 1i6
בדיני אברהם ובצדקת לוי ודילי והוא	(XXXI)	4Q**542** 1i8
ותשבוחא לאברהם די נטרתון	(XXXI)	4Q**542** 1i11
והילכתון ירות[תא]די שבקו לכון	(XXXI)	4Q**542** 1i12
וכה[ו]נתא ככול די פקדת<כ>ון	(XXXI)	4Q**542** 1i13
פקדת<כ>ון וככול די / אלפתכון	(XXXI)	
] / כול כתבי בשהדו די תזדהרון	(XXXI)	4Q**542** 1ii12
ד]בר[י]ן להון מנ זנותא שגי מן די [	(XXXI)	4Q**542** 3ii12
] / לחדה די לא אי תאי לה כול כ[	(XXXI)	4Q**542** 3ii13
כול די] / אחוי לבנוהי ודי פקד אנון	(XXXI)	4Q**543** 1a-c,2
ותלתין ושת היא שנתא די[מותה בשנת	(XXXI)	4Q**543** 1a-c,3
]בכל שנאין אן ד[י	(XXXI)	4Q**543** 15,3
]◦לם די[	(XXXI)	4Q**543** 21,2
]א די[	(XXXI)	4Q**543** 27,2
לעובע ולה בנו קבריא די אבהתהון[	(XXXI)	4Q**544** 1,3
] / כולא די אתוב למצרין בשלם ואחזה	(XXXI)	4Q**544** 1,9
די חזית] / בחזוי חזוה די חלמא	(XXXI)	4Q**544** 1,10
ושאלת אנון אנתון מן די כדן מש[לטין עלי	(XXXI)	4Q**544** 1,11
בר קהת בר לוי כו[ל] / די[אחוי ל]בנ[והי	(XXXI)	4Q**545** 1ai2
ותלתין ושת הי[א]שנתא די מותה	(XXXI)	4Q**545** 1ai3
לעובע ולא ב[נו קב]ריא די אבה[ת]הון	(XXXI)	4Q**545** 1a-bii17
]רו די תכשר[	(XXXI)	4Q**546** 7,3

] / עֹרעדן **דִּ֯י** בעות צ֯[לות(י)	(XXXI)	4Q**546** 9,5
] / וכען בני שמעו **די֯** [אנה מפקד לכון	(XXXI)	4Q**546** 14,4
כולא **ד**]י֯ אתוב למצרין / [בשלם ואחזה	(XXXI)	4Q**547** 1-2iii8
]**די**לוהי ואחרין֯ / [עלי תגר	(XXXI)	4Q**547** 1-2iii10
]א֯לן **די** [	(XXXI)	4Q**547** 7,3
]כ֯[ו]ל **די** קרב לוי ברה ע֯[ל מדבחא	(XXXI)	4Q**547** 8,2
די א]מרת לכה על מדבח֯[א]**ד֯י** אבנ֯[א	(XXXI)	4Q**547** 8,3
קנאת מר]א֯ חר֯א בי **די** בני צ֯[דקתא לא	(XXXI)	4Q**548** 1ii-2,7
ל]מ֯עבד / עבידת מלכא ככול **די** קב[לת		4Q**550** 3
בה בשתא / ארכת רוחה **די** מלכא א◦[		4Q**550** 4
חתי]מה חתמי֯[ן] שבעה בעזקתה **די** דריוש		4Q**550** 5
לעבדי שלטנא֯ **ד**ִי ב֯[א]רעא֯ שלם		4Q**550** 6
ידיע להוא לכון **די** כול אנוס ושקר		4Q**550** 7
] / אושי מלכא֯ **די** תמ֯[ר] ותתיהב [		4Q**550**a 5
י ו֯נ֯כסי לכול מה **די** ית[		4Q**550**a 6
] א֯[ו]שי֯ מלכא **די** תמר לשרה֯ת֯א א֯[		4Q**550**b 2
אב֯[וך]מן יומא **די** קם ע֯ל עבידת[ה		4Q**550**b 3
]י֯ ובחובי אבהתי / **די** חטו קדמיך ו[		4Q**550**c 1i2
לגבר]כו֯תך קאם באתר **די** אנתה קאם [		4Q**550**c 1i5
ב֯[ר]ם מה **ד֯י** אנתה צ֯[ב]א פקדני		4Q**550**c 1i6
אפשר **די** תע[ל] ית עבידתי		4Q**550**c 1i7
תע[ל] ית עבידתי ק[דמיך כ]ו֯ל **די**[		
]ו֯ן **די** [אי]תי לבגושי בכפ֯ל֯[		4Q**550**c 1ii5
]עליא **די** אנתון דחלין ו֯[פ]לחין הו		4Q**550**c 1iii1
כול **די** יצבא קרוב בי֯ק֯ר ל[ ]◦[		
]כול אנש **די** ימר מלה֯[באי]שא		4Q**550**c 1iii2
ית]קטל בדיל **די** לא אית[י] כ֯[		
]◦ **די** תזה֯ ב֯[		4Q**550**c 1iii3
]שתה **די** בגו[שי		4Q**550**c 4,4
] מלאכיא **די** הוו		4Q**552** 1,5
וחזית] / אילנא **די** ⟦ ⟧ אשים ב◦[		4Q**552** 2ii4
[ואמרת לה] / [אנ]ת֯ה֯ הוא **די** שליט		4Q**552** 2ii6
]ל / ואמרת לה אנתה הוא **ד**[י שליט		4Q**552** 2ii9
]קא **די** עליהון ית[		4Q**552** 3,11
]◦◦א **די** כול מותבה דינין [		4Q**552** 3,12
]א **די** יפלט		4Q**552** 4,12
]◦ **די** אהך / [		4Q**553** 6i3
] / **די** עלוה[י נוגהא קאם]⟦ ⟧		4Q**553** 6ii2
ואמרת֯ לה אנתה / הוא **ד֯**[י שליט		4Q**553** 6ii5
]◦רא אתר **די** / [		4Q**553** 8i3
]ה בשמה **די** [		4Q**553** 8i5
אבנין]עשרין **די**[		4Q**554** 1,3
מן זוית]מדנחא **די** בצפונא / [משח		4Q**554** 2i11
ו]שם תרעא דן **די** [קר]ין לה תרע / [		4Q**554** 2i14
ושם תרעא] דן **די** קרין לה תרע		4Q**554** 2ii3
מן תר]ע֯א דן עד זוית **די** מדנחא		4Q**554** 2ii10
ושקיא רברביא **די** נפקין / מן		4Q**554** 2ii16
מנהון ות[לי]תיא ⟦ ⟧ **די** על		4Q**554** 2ii18
שוקיא **די** נפקין מן דרו[מא		4Q**554** 2ii20
ותרעה ליד כתלא גויא **די** ליד ימינא		4Q**554** 2iii16
] / **די** בבל ארעא כלה די לא		4Q**554** 3iii19
] / די בבל ארעא כלה **די** לא ישר[		
ויבאשון לזרעך עד עדן **די** י[		4Q**554** 3iii20
] **די** ◦ל[		4Q**554** 3iii21
]ודרגא **די** [סלק] פתיה אמין ארבע וסחר		4Q**554**a 1ii1
ורום כותא ית֯ טלולא **די** עליהון / [		4Q**554**a 1ii13
ב]דיל **די** ד[		4Q**555** 1,1
]ר֯ומא֯ **ד**[י] לעל֯א ו֯לא֯[		4Q**555** 2,2
]מ֯דינתא חרתא **די** שבה		4Q**556** 1,6
כל **די** הוא ב[		
]◦ על דנה אבד נביאא **די** יח◦[		4Q**556** 1,7
] **די** ◦[		4Q**556** 2,1
]עמ֯מין **די** ספר [		4Q**556** 3,3
] **די** הוא֯ פתכר וישרון / [		4Q**556** 14,2
]ו֯ן **די** משתארין / [		4Q**556** 14,7
]◦מ֯י֯א **די** כ[		4Q**558** 4,3
]◦א **די** ח◦[		4Q**558** 7,1
]◦ניא **די** מני֯ו֯ מ[		4Q**558** 36,2
]הן **די** מ[		4Q**558** 54ii2
] ו**די** [		4Q**558** 55,1
]**די** הוא ◦[		4Q**558** 59,2
]יד **די**[		4Q**558** 64,3
] אדם **די** י◦[ ] א◦◦[		4Q**558** 65,2
•]••• **די** [		4Q**558** 70,3
] שנין 20 ומן **די** מית֯[		4Q**559** 4,5
]**די** אפ֯י֯ן ◦◦ין [		4Q**561** 4-6i7
]◦ ר֯שיעין **די** בחרב ובקר֯ב֯[		4Q**562** 1,1
]ל[אר]עא הוא השכחנא **די** / [		4Q**562** 2,3
]א **די** / [		4Q**562** 3,1
א]להא ובדיל **ד**[י		4Q**562** 4,2
]ב֯רכתא **די** ל֯[		4Q**562** 6,1
מלת]א֯ **די** מלל נביא֯ה ◦◦◦[ ]ו֯[		4Q**562** 7,1
] בדיל **די** ◦◦◦שיה֯ן֯[		4Q**562** 10,3
]◦◦◦[ ]י֯עבד ◦◦ **די** ש◦◦◦יא ◦◦ דינ◦◦[		4Q**563** 1,1
דחל מנהון ⟦ ⟧ על **ד**י֯[		4Q**563** 1,3
]**די** [		4Q**563** 3,1
]◦ **די** אנת֯[ו]ן֯ ע֯[		4Q**567** 1
] **די** / [		4Q**570** 1bi2
] **די** פ֯[		4Q**570** 6,2
] **די** [		4Q**570** 17,4
מתחזה לכל יתבי ארעא ו**די** במדינתא		4Q**571** 2
] / בר לאבוהי אמר **די** נהית֯א עד ימ		4Q**571** 3
]◦◦ **ד֯י** שמיא / [		4Q**574** 2
]◦◦ **ד֯י** שמיא א֯רו / [		4Q**574** 3
]**ד֯י** בחיר לקשט / [		4Q**580** 1i10
]**ד֯י** תהוה֯[		4Q**580** 2,5
] / ש֯גיאן֯[ ]◦◦[ ]**ד֯י** ר◦[		4Q**580** 4,6
] / כל **ד**י֯[		4Q**580** 9,3
ו֯פ֯ו֯[תי שוקיא] **די** נפקין מן	(III)	5Q**15** 1i4
ד֯שין תרין **די** אב֯ן֯ פותיה֯ ד֯י[	(III)	5Q**15** 1i9
אב֯ן֯ פותיה֯ **ד**י֯[דשי]א֯ קנ֯ה֯[חד אמין	(III)	
ועמוד בגוא ג֯וא **די** דרגא סח[ר ו]סל[ק]	(III)	5Q**15** 1ii4
ו֯ד֯רגא **די** סלק לידה פתיה אמין	(III)	5Q**15** 1ii5
מצי]עת ביתא וגוהון **די** ת֯[וניא אמין] / [	(III)	5Q**15** 1ii9
] כל בתיא **די** בגוא ◦[	(III)	5Q**15** 2,2
תר]ע֯יא **די** [	(III)	5Q**15** 9,2
ד]י לי֯[ד	(III)	5Q**15** 16,2
לא]ש֯תעיה מה **די**[אחזי ברקאל לה]	(XXXVI)	6Q**8** 1,5
חזי] / הוי֯ת֯ עד **די** אתו[	(XXXVI)	6Q**8** 2,2
] **די**ל֯[	(XXXVI)	6Q**8** 21,1
]◦ **די** מ֯◦[	(XXXVI)	6Q**8** 30,2
]מן **די** ◦[	(XXXVI)	6Q**14** 1,2
]עד **די** כ֯[	(XXXVI)	6Q**14** 2,2
ארעא] / **די** בני חם[	(XXXVI)	6Q**19** 1
] / כל אנש **ד**י֯[	(XXIII)	11Q**10** II,8
יד]עת מן עלמא מן **ד֯**[י] / [	(XXIII)	11Q**10** III,5
] / **די** מיתו ב֯[לא	(XXIII)	11Q**10** VII,1
יומא דן] מן טלל שעותי **די** / [	(XXIII)	11Q**10** VIIA,2
] / [**ד**]י֯ לא עדר להן֯	(XXIII)	11Q**10** XIV,7
]בראש חילה וכגבר **די** א[בלין ינחם]	(XXIII)	11Q**10** XV,3

11Q10 XV,8 (XXIII) די אכל]ו
11Q10 XXV,1 (XXIII) ר]ברבין די לא סוף ויקים א[חרנין] / ◦[
11Q10 XXVI,5 (XXIII) ולא אמר[ין אן הוא]אלהא / די עבדנה
(XXIII) הוא]אלהא / די עבדנה ודי חלק לנא לֹ[
11Q10 XXVI,6 (XXIII) די פרשנא מן בעֹ[ירי ארעא ומן]
11Q10 XXVII,9 (XXIII)] דיֹ ארניהון
11Q10 XXVIII,1 (XXIII) ד]כֹרֹ אֹרו רברבין עבדוהי דיֹ / חזו
11Q10 XXVIII,4 (XXIII) סגיא[לא נג]דע ומנין שנוהי די לא סוף
11Q10 XXIX,3 (XXIII) ואזלין לעבדיהון / על כל די ברא
11Q10 XXIX,7 (XXIII) ב]דיל די לבושך / [
11Q10 XXXI,1 (XXIII)] / דֹ[י מנעת ל]עֹרֹן עֹ[קת]א ליום
11Q10 XXXI,4 (XXIII) להנחתה על ארע / מדבר די לא אנש בה
11Q10 XXXII,5 (XXIII) די שוית דחשת ביתה ומדרה
11Q10 XXXIV,4 (XXIII) דינה ותחיבנני על דברת די תזכא
11Q10 XXXV,2 (XXIII)] / ירדנא גאפה יֹתרחץ די יקבלנה אנֹוֹנֹאֹ
11Q10 XXXV,10 (XXIII)]גֹן די נוניֹן
11Q10 XXXVII,3 (XXIII) ידעת די כלא / תכול למעבד
11Q10 XXXVIII,2 (XXIII) ושמע א[ל]הא בקלה די איוב ושבֹק
11Q10 XXXVIII,4 (XXIII) יהב לה חד תרין בכל די הוא לה
11Q10 XXXVIII,6 (XXIII) ונחמוהי על כל באישתה די / היתי
11Q10 XXXVIII,8 (XXIII) אמרה חדה / וגבר קדש חד די דהב
11Q18 7,2 (XXIII)]◦א די להוון אכלין]
11Q18 11,2 (XXIII)]נֹא ליד כותלא די סחר ל◦[
11Q18 11,4 (XXIII)]נֹאמה וכולה דהב טב דיֹ[
11Q18 11,6 (XXIII) דֹ]י עמודין סחר מן תרע לתֹ[רע
11Q18 12i1 (XXIII)]◦ מן אלן וערבליא די / [
11Q18 12i2 (XXIII)]◦א פרישא ודי מעשריא / [
11Q18 12ii8 (XXIII)] / דיֹ ◦[
11Q18 15,1 (XXIII)]משרתא עוד להן די להוה[
11Q18 15,2 (XXIII)]א וכול די להוון משצין שבעתיהוֹ[ן
11Q18 18,5 (XXIII)]אֹמר לי חזא אנתה דֹ[י
11Q18 19,1 (XXIII)]ה תרעיא די לקובל היכלא לֹ[
11Q18 20,5 (XXIII) כהניא תרתי לחמ]א די הות
11Q18 24,3 (XXIII)]◦א די ארבעת[
11Q18 24,7 (XXIII)]כֹול די לֹ[
11Q18 25,4 (XXIII)]◦בי בשרה די◦[
11Q18 26,1 (XXIII)]וכול אנשא די יתֹ[
11Q18 30,5 (XXIII)]ן מא די ל[

דיאץ ← דִּיָּץ

די־למה ← דִּלְמָא

to judge verb דין

4Q204 1v2 ה]וֹן ובקץֹ [דינא די]אֹדין יאבדון
4Q206 1xxii2 עב[י]דו עד יום די יתדֹינֹן ועד
4Q244 11,2 (XXII)] / דאניֹ[ן
4Q246 1ii5 (XXII) ידיֹ[ן] / ארעא בקשט וכלא
4Q542 1ii5 (XXXI)] / מן יסודכון ותקומון למדן דין עֹ[ל
4Q544 1,10 (XXXI) והא תרין דאנין עלי ואמֹרין[
4Q556 6,4]ולא ידֹון [
11Q10 V,4 (XXIII)] / [מנדע ו]הוא רמיא מדין
11Q10 XXVIII,8 (XXIII) ארו {{◦}}בהון ידין עֹ[ממין] / [

judgment noun דִּין

1Q20 IV,11] / חזית למעבד דין ◦◦[
1Q20 XX,13 אנתה שליט למעבד בכולהון דין
1Q20 XX,14 עבד לי דין מנה ואחזי ידך רבתא
4Q197 4i19 (XIX) סבה]לךֹ ל[אנת]אֹ ו]דינא לךֹ[
4Q197 4ii2 (XIX) למירת ל]אבוהא ועליך דין קשטא
4Q202 1vi5 לכול יומי עלמא ודי]ן להֹ[וא בחליקו
4Q202 1vi7 כול] / [עלמין ובאסירי ארעא די]ן גז[יר
4Q205 1xi1 לה]ן לֹא יֹתנזקון ביום דינֹא מֹן [תנה
4Q205 1xi2 ואמרת להוה בריך דין קושטֹ[א ולהוה
4Q206 1xxii3 ועד זמן יום קצא ד[י] / דינא רבא
4Q212 1iv16] / לכול קשיטין למעבד דין קשוט מן
4Q212 1iv19 וק[שוט ו]דֹ[ין קשוט בה]יֹתגלא / לכול
4Q212 1iv23 שבוע עשרי דבשבי]עֹה / דין עלמא וקץ
דין עלמא וקץ דינא רבאֹ[יתנקם
4Q213a 2,9 (XXII)] / דין קשט לכֹ[ל
4Q530 2ii+6-12,2 (XXXI) ואֹ[ו]כֹבס אפחא ומתאמר[ד]יֹן על נפשה
4Q530 2ii+6-12,18 (XXXI) קאמין וארו[? ספ]רֹין פתיחו ודין אמיר
(XXXI) ודין / [רבא בכתב כ]תיב וברושם
4Q531 22,5 (XXXI) אנה עמן לאשתרדה דבעלי דיני / [
4Q541 6,2 (XXXI) ד]יֹנכה ולא תהוה חיֹ[ב
4Q541 12,2 (XXXI) מ]אֹמר בדין ענו ב◦[
4Q541 24ii4 (XXXI) ביד שחפא וֹתֹליא כ[די]ןֹ[אל תדין
4Q542 1i8 (XXXI) יעקֹב / אבוכון ואתקפו בדיני אברהם
4Q542 1ii5 (XXXI) מן יסודכון ותקומון למדן דין עֹ[ל
4Q543 2a-b,5 (XXXI)] תעבד בארעא דא ודין חֹסין תֹ[
4Q546 7,1 (XXXI)] ? מי די]נא
4Q546 11,7 (XXXI)]ת לך ◦◦◦ עֹמֹין דיֹן[
4Q548 1ii-2,13 (XXXI) <<נעֹימתֹא>>[ולשלמא ב]דינֹ[א רבא
4Q568 1 א]לין דינין בעדניהן ויהך ויתעשק
11Q10 XVIII,6 (XXIII) הֹן אתקצרת / בדין עבֹ[די
11Q10 XXXIV,4 (XXIII) האף / תעדא דינה ותחיבנני על דברת
11Q18 24,2 (XXIII)]ה דין מן כול ש◦[

judge noun דַּיָּן

4Q552 3,12]◦◦א די כול מותבה דינין [

denar noun דִּינָר

4Q345 Recto 5 (XXVII)] / בכסף ד/ר30 [← רְבַע

rejoicing noun דִּיָּץ

4Q542 1i11 (XXXI) ושמח<א> לי[ע]קוב ודיאצ לישחק ותשבוחא

sheepfold noun דִּיר

4Q204 4,6 ולמֹהֹ[וא] צבין למֹ[ת]בֹ לדירהון
4Q204 4,8 לכול ענא טעיתא לדיריהֹ[ון] / [
4Q207 3 מרעיהו]ן ודיריהון [וע]גֹלֹ[י]הֹ[ון חלפו

that adjective דֵּךְ

4Q344 5 (XXVII) מן נ]כֹסי ודי אקנה לקבל<ד>ך
4Q556 14,12] סיני ומלכא דך / [

place noun דְּכָא

5Q15 1ii10 (III) משחת בתי]מֹכֹלא דכא אמין

to be clean, pure verb דכה

4Q156 2,3 (VI) ש]בֹעֹה [זמני]ן [ויד]כֹנה ויקדשנה [מן
4Q204 5ii22 [באדין תנוח] / [ותתד]כֹא ארעא [מן]

purity noun דְּכוּ

4Q542 1i13 (XXXI) ותמימותא ודכֹ[ותא וק]ודשא וכהֹ[ו]נֹתא

clean, pure adjective דְּכֵי

4Q196 6,9 (XIX) אנתה ◦◦◦◦ י]דע ד]י]דכיה אנה בגרמי מֹ[ן
4Q542 1i8 (XXXI) והוא קד[י]שין ודכין / מן כול[ער]ברוב
4Q542 1i10 (XXXI) ולבב / להן בלבבֹ דכא וברוח קשיטה

to remember verb **דכר**

1Q20 II,9 — יא אחי ויא מרי **דכרלך** על עדׄינתי
4Q529 1,11 (XXXI) —] / **וידכר** רבי מרא עלמא לבריתה
4Q536 2i+3,2 (XXXI) — ק]דישין **ידכר** [
4Q569 1,8 —] / **דכור** עני בד[
11Q10 XXVIII,1 (XXIII) — **ד]כׄרׄ** ארו רברבין עבדוהי די׳ / חזו המׄ[ון

ram, Aries noun **דְּכַר**

4Q197 4iii11 (XIX) — **דכר** די ען טבׄ[ח
4Q205 2i26 — אולד חזי]ׄ אׄכום וׄ**דׄכר** די ען / [חור
4Q205 2iii29 — עינוהי אתפתחו חזה] / **לדכרא** די שבק ארחה
4Q206 4ii16 — ודבר **דכרא** ל[חד עשר אמריא
4Q318 VIII,1 (XXXVI) — אדר ב1 וב2 **דכרא** ב3 וב4 תורא
4Q318 VIII,6 (XXXVI) — נו[ניא ב29 וב30] / **דכרא**
4Q541 9ii5 (XXXI) —] / **דכרין** שבעא חזי[
4Q543 16,1 (XXXI) —]ךׄ **לדכר** / [
4Q561 3,12 — **]דכרין** ויחזא[

male noun **דְּכַר**

4Q531 2+3,9 (XXXI) — **]דכר** ונקבה ובאנשא ל[
4Q560 1i3 — בבשרא לחלח<ל>יא **דכרא** וחלחלית
4Q560 1i5 —]ה בשנא פרך **דכר** ופכית נקבתא

record noun **דִּכְרוֹן**

4Q550d 2,2 —] **דכרון** ◦[

record noun **דָּכְרָן**

4Q531 6,3 (XXXI) —]וׄהבתה לה **דׄכׄרׄנא** דנה בׄאׄ[
11Q18 20,1 (XXIII) — כו]ל יום שביעי קודם אל **דכר**[נא

to diminish verb **דלל**

1Q20 1i3 (I) —]תיא וכביא וש◦ליא **דאלין** ו◦◦◦ין / [
4Q560 2,2 —]נין שנין **תדול** ות[

lest adverb **דִּלְמָא, די־למה**

1Q20 XXII,22 — כול די איתי לך **דלמא** תהוה אמר ⟦ ⟧
11Q10 XXI,4 (XXIII) — **די למה** תאמרון[

to burn verb **דלק**

4Q205 1xi6 — טורין די נור **ד]לׄק** אׄשׄן בינתׄ[הון] / [
4Q214a 1,3 (XXII) — מדבח הו נורה ישרא] / לׄ[ה]**דׄלׄ[קה**
4Q530 2ii+6-12,10 (XXXI) — בׄכל מיא ונורא **דלק** בכלׄ / [עעי
11Q10 XXXVI,3 (XXIII) — עטישתה **תדלק** / נורא בין עינוהי

blood noun **דָּם**

1Q20 VI,19 —] מעיו◦ **דמא** די אשדו נפיליא
1Q20 X,15 — ◦◦◦ ◦ל◦◦לון **דמהון** לאׄיׄסוד מדבחׄאׄ
1Q20 XI,17 — ועשבא די ארעא ברם כול **דם** לא
4Q156 1,7 (VI) —]ידה שבעה זמנין מן[**דמא** באצבעתה
4Q201 1iv7 (XXXVI) — שמיה על ארעא וחז]ׄו **דם** סגי שפׄ[יך
4Q202 1ii25a — אלין לאלין והווא] שתין **דמ[א**
4Q206 3i6 (XXXVI) —]◦ בה **דׄם** הוה שׄפׄיׄך / [
4Q531 1,4 (XXXI) — **]בׄדמה** ועל יד מהׄ[ומת(א)
4Q531 28,2 (XXXI) —] **בדמהׄ[ון** ?
4Q531 32,2 (XXXI) —]ׄכען **בדמא**[
4Q541 4ii4 (XXXI) —] / **דמכה**[
6Q8 12,2 (XXXVI) — **ד]ׄם** שג[יא

to be like, to imagine verb **דמה**

1Q20 V,5 —] / **וׄמׄדׄמא** לא הוׄאׄ ◦◦ [
4Q196 14ii8 (XIX) — אנתתה] / כמה **דׄ[מה** עלימא דן
4Q197 4ii18 (XIX) — ו]**מדמה** אנה די להוון לך [מנה
4Q197 4iii5 (XIX) — אנתתה כמא / **דמה** עלימא דן
4Q204 1vi29 — די לא א]כׄל **לאדׄמה** לכוׄ[ן על
4Q204 1xii28 —] וׄהוא **דמא** לקלפי לׄ[וז
4Q206 1xxvii20 — כתב לי שמהתהון] **בׄהׄדׄמׄיה** למזׄמׄנׄ[הון]
4Q209 26,4 (XXXVI) — כדמות חזׄי **דמי** כדי נהורה בה האׄ[ר
4Q209 26,5 (XXXVI) — בליליא מן]קׄצת **דמי** חזוא דן כדמות
4Q213 1i16 (XXII) —]◦ בה ולא **דמא** בה לנכרי ולא / [דמה
4Q242 4,4 (XXII) —]כׄמה **דמא** אנתה ל ◦ [
4Q530 2ii+6-12,22 (XXXI) — אׄ]רחת]אתרׄא **דמיתא** לכה די / קדׄמׄ[י]
4Q531 2+3,6 (XXXI) — ועם]עׄנא בעירא {{**דמו**}}דקדקא עמׄ[
4Q531 31,2 (XXXI) —]וׄהי **וכמדמא**[
4Q540 1,3 (XXXI) — די] לא **ידמׄה** לכול גבר כסר נכסין
4Q546 13,5 (XXXI) — בקר(ו) מה]**דׄמׄה** לגיד קׄ[דם תאכל(ון) בשר
4Q580 4,4 —] / כדי אנושא **מדמין** ◦[
11Q10 I,6 (XXIII) — לב]עירא **דמינא**[

likeness, image noun **דְּמוּ**

4Q209 26,4 (XXXVI) — **כדמות** חזׄי דמי כדי נהורה בה
4Q209 26,5 (XXXVI) — מן]קׄצת דמי חזוא דן **כדמות** אנשׄ]וׄבימנא
4Q531 13,5 (XXXI) —] **בדמותה** [
11Q18 14ii4 (XXIII) —] / שביעיא **כדמות** נצ ורד[

to sleep verb **דמך**

4Q530 1i6 (XXXI) — ק]צׄף שגיא ואהוה **דמך** ולחם / [
4Q531 22,11 (XXXI) — ידע אנה די עלׄ / [חזוה לא **א]דמוך**
4Q535 3,4 (XXXI) — יו]מׄיא **דמׄך** עד מפלג יתׄ[י]וׄמׄיא שׄ[
4Q536 1,1 (XXXI) — יומי]א **דמך** עד מפלג יומה[◦

tear, exudate noun **דְּמַע**

1Q20 XX,12 — באתעצבא **ודמעי** נחתן בריך אנתה אל
4Q529 1,8 (XXXI) —] / כדי כשבין **דמעא** מן אנדרא {מׄןׄ ◦}

to exude verb **דמע**

4Q206 1xxvi6 — ברא די] / [אנון **מד]מׄעׄי[ן** בשמי לבונה

דַּמֶּשֶׂק ← דרמשק

this, m. adjective **דֵּן**

← כדן

1Q20 II,15 —] / די מנך זרעא **דן** ומנך הריונ א דן ומנך
זרעא דן ומנך הריונ א **דן** ומנך נצבת
1Q20 III,10 —]◦◦◦◦◦◦◦◦◦◦◦◦◦◦ארׄעׄ לימׄאׄ **דׄןׄ** / [
1Q20 V,3 —]לדו עולׄימׄאׄ / **דׄן**
1Q20 V,13 —] / עׄוׄלׄימׄא **דׄן** נור וׄהׄוׄא ל◦◦◦[
1Q20 VI,12 —]◦ שׄמׄיׄא וטמרׄת רׄזׄאׄ **דן** בלבבי ולכול
1Q20 XII,8 — בתר כן נחתת לשפׄוׄלׄי טׄוׄרא **דן** אנה ובני
1Q20 XII,15 —]◦◦◦ די כרמי כׄומרא **דן** פתחת ושרית
1Q20 XII,16 —]◦◦◦ בׄיׄומא **דן** קרית לבני ולבני
1Q20 XIII,14 — מתבונן הוית בזיתא **דן** וארו הׄא משגׄית
1Q20 XIII,15 — והוית תׄמׄהׄ על זׄיׄתׄאׄ **דׄןׄ** וׄעׄלׄוהי שגי
1Q20 XIII,16 — וחׄבׄלׄא בזיתא **דן** ומענפׄן לה ויתברן לה
1Q20 XVI,11 — [וׄ]עׄבׄרׄ תחומא **דן** מי ימא רבא עד דׄיׄ
1Q20 XVI,17 — מלחא רבא ואזל תחומא **דן** כעין מן
תחומא דן כעין מן לשׄנׄאׄ **דׄןׄ** דׄ]
1Q20 XVII,10 — נפל טור תורא **דן** ועבר חולקא וׄאׄזׄל
1Q20 XVII,11 — בׄ[צ]פׄוׄנׄא די מחען לשנא **דן** דעל ראיש
ליׄד יׄמׄאׄ **דׄן** לארפׄכשד ◦◦◦◦◦◦◦◦◦◦◦
1Q20 XIX,12 — [וח]לפת שבעת ראשי נהרא **דן** די ◦◦◦[

חלמת [אנה וא]דחל [מן] חלמא **דן** 1Q**20** XIX,18
לאשתעיא לה חלמא **דן** / [וחוית] ל[ה
שרי על מלי בליליא **דן** / [1Q**20** XIX,21
ועם כול שפרא **דן** חכמא שגיא 1Q**20** XX,7
בליליא **דן** צלית ובעית ואתחננת 1Q**20** XX,12
ואל ישלט בליליא **דן** לטמיא אנתתי 1Q**20** XX,15
בליליא **דן** שלח לה אל עליון רוח מכדש 1Q**20** XX,16
יכולון לאסיותה מן מכתשה **דן** ולאנש 1Q**20** XX,19
בעלה / ויתוך מנכה מכתשא **דן** ורוח 1Q**20** XX,26
בתר יומא **דן** פרש לוט מן לואתי מן 1Q**20** XXI,5
מן לי[ד]ומא רבא **דן** די מלחא ואזלת 1Q**20** XXI,16
מרים אנה / ידי יומא **דן** לאל עליון 1Q**20** XXII,21
ואמר לה לא ירתנך **דן** להן די יפוק 1Q**20** XXII,34
]**דן** ת[(I) 1Q**21** 36,1
]**דן** בק◦[(I) 1Q**21** 40,1
]◦א מן **דן** / [ומן דן (III) 2Q**24** 5-6,4
בלי]ליא **דן** / [(XIX) 4Q**196** 14i10
בעל[מ]תא דא בליליא **דן** תקימנה (XIX) 4Q**197** 4ii3
בעלי]מת[א]רא ליליא **דן** ונקימנה (XIX) 4Q**197** 4ii6
ש]רא **דן** וסבה / [(XIX) 4Q**197** 4ii13
כמא / דמה עלימא **דן** לטובי בר (XIX) 4Q**197** 4iii5
] / נתוב כלנה מן מלכה **ד**[ן עד (XXXVI) 4Q**201** 1iii2
כולנא מן מ]לכא **ד**[ן עד די] / נעבד [4Q**202** 1ii7
[לקודמי וביא אוחרן די] מן **דן** רב 4Q**204** 1vi28
ולהלא] / מן **דן** נ[קרא 4Q**204** 1viii30
כפא **דן** וענא שריוא לאתס[מיה] / [4Q**204** 4,3
ונחת מן ראש כפא] **דן** ואתה על 4Q**204** 4,5
באדין] אתיב אמרא **דן** לכול ענא 4Q**204** 4,8
טעיתא לדיריהון אמרא] **דן** לא[4Q**204** 4,9
בחלמא דן עד די א]מר[א]**דן** אתהפך 4Q**204** 4,10
עד די דמך] אמ[רא] **דן** די אל[וה] 4Q**204** 4,11
[ואחויה לה] / די עלימא **דן** ברה 4Q**204** 5ii30
ושלט בשאר י]ממא **דנ**[(XXXVI) 4Q**208** 3,2
ימ]מא **דנ** חד[(XXXVI) 4Q**208** 9,2
ד]**נ** שב[יעינ (XXXVI) 4Q**208** 10b,1
] / **דנ** שב[יעינ (XXXVI) 4Q**208** 14ii3
]וקוי בימימא **ד**[**נ** שביעינ (XXXVI) 4Q**208** 15,4
י]ממא **דנ** / [(XXXVI) 4Q**208** 17,3
בימ]מא **דנ** (XXXVI) 4Q**208** 17,6
ו]אניר[בלילא] {{**דנ**}} / [(XXXVI) 4Q**208** 18,2
נפק ושלט] / שאר יממ **דנ** [שביעינ (XXXVI) 4Q**208** 19+21,2
] / ליליה **דנ** שביעינ תרינ ו[קוי בימממא (XXXVI) 4Q**208** 19+21,4
]א **דנ** שבי[ע (XXXVI) 4Q**208** 33,1
וקו]י בימממא **דן** שביעין ארבעה (XXXVI) 4Q**209** 1i4
וקוי בימממא] **דן** שביעין חמשה (XXXVI) 4Q**209** 1i8
[וקוי בימ]מא **דן** שביעין שתה ופלג (XXXVI) 4Q**209** 2ii3
ועל וקבל שאר] / [ליליא] **דן** פלג שביע (XXXVI) 4Q**209** 2ii5
וקוי כל יממא **דן** כלה [(XXXVI)
נפק ואניר] / שאר ל[י]ל[יא **ד**]**ן** שביעין (XXXVI) 4Q**209** 2ii8
וכסה שאר] / יממא **דן** שביעין שתה ופלג (XXXVI) 4Q**209** 2ii9
ואניר [ש]אר ליליא **ד**[**ן** שביעין שתה (XXXVI) 4Q**209** 2ii10
וכסה שאר יממא **דן** שבי[עין חמשה (XXXVI) 4Q**209** 2ii11
נפק] / [ושלט בשאר ימ]מא **דן** [שביעין (XXXVI) 4Q**209** 3,6
נפק ואניר בשאר ליליא]**דן** [ש]בי[עין (XXXVI) 4Q**209** 4,1
וכסה שאר יממ]א **דן** שביעי[ן תרין (XXXVI) 4Q**209** 4,2
נפק ואניר בשאר ליליא]**דן** שביעי[ן (XXXVI) 4Q**209** 4,4
וקוי בימממא] / **דן** שביעין תרין (XXXVI) 4Q**209** 5,3
] / נפק ואניר שאר ליליא **דן** שביעין [(XXXVI) 4Q**209** 5,5
[וכסה ש]אר יממא **דן** שביע[ין ארבעה (XXXVI) 4Q**209** 5,6
וקוי בימממא **דן** שביע[ין שתה (XXXVI) 4Q**209** 6,4
וקוי בימ]מא **דן** שביעין שתה ופלג (XXXVI) 4Q**209** 6,6
נפק ואניר]שאר ליליא **דן** פלג שביע חד (XXXVI) 4Q**209** 6,8
וקוי בימממא **דן** כלה (XXXVI)
וכסה שאר ימ]מא **דן** כלה ולקיח כל (XXXVI) 4Q**209** 6,9
וכסה שאר] יממא **דן** שביעין / [תרין (XXXVI) 4Q**209** 7ii2
נפק ואניר בשאר ליליא **דן** שביעין (XXXVI) 4Q**209** 7ii4
וקוי / [בי]ממא **דן** שביעין חמשה (XXXVI) 4Q**209** 7ii5
וכסה שאר יממא **דן** שביעין תרין (XXXVI)
נפק ואניר בשאר ליליא **דן** שביעין (XXXVI) 4Q**209** 7ii7
וקוי בימממא **דן** שביעין חמשה ופלג (XXXVI)
וכסה שאר יממא **דן** שביע חד ופלג (XXXVI) 4Q**209** 7ii8
תנינא ואניר בשאר ליליא **דן** שביע (XXXVI) 4Q**209** 7ii10
וקוי בימממא / **דן** שביעין שתה (XXXVI) 4Q**209** 7ii11
וכסה שאר יממא **דן** שביע חד (XXXVI)
נפק ואניר] / [שא]ר ליליא **דן** שביע חד (XXXVI) 4Q**209** 7ii13
וקוי בימממא **דן** [שביעין שתה ופלג (XXXVI)
בליליא **דן** אשל[מת] / שמשא למהך (XXXVI) 4Q**209** 7iii1
וקבל שאר ליליא **דן** שביעין תלתה (XXXVI) 4Q**209** 7iii3
וקוי בימממא **דן** שביעין ארבעה ו[פלג (XXXVI)
נפק ושלט בשאר יממא **דן** שביעין תרין (XXXVI) 4Q**209** 7iii4
בליליא **דן** שרי שמשא למתב ולמתא (XXXVI) 4Q**209** 7iii5
וקבל שאר ליליא **דן** שבי[עין תרין] / ופלג (XXXVI) 4Q**209** 7iii6
וקוי בימממא **ד**[**ן** שביעין]חמשה (XXXVI) 4Q**209** 7iii7
] / **דן** ושוי בה כל נ[(XXXVI) 4Q**209** 8,1
ארבעת עשר] / בה כל ליליא **דן** כלה [(XXXVI) 4Q**209** 8,2
וקבל ש[אר ליל]יא **דן** [שבי]עין[(XXXVI) 4Q**209** 9,1
נפק ושלט בשאר יממא **דן** שב[יעין (XXXVI) 4Q**209** 9,2
ליליא **ד**]**ן** פלג שביע / [(XXXVI) 4Q**209** 11,1
ימ]מא **דן** שביע[ין (XXXVI) 4Q**209** 14,3
בימ]מא **דן** שב[יעין (XXXVI) 4Q**209** 20,2
נפק ושלט בשאר יממא] **דן** שב[יעין ארבעה] (XXXVI) 4Q**209** 22,3
מן]קצת דמי חזוא **דן** כדמות אנש[ ]ובימממא (XXXVI) 4Q**209** 26,5
י]ממא **דן** [(XXXVI) 4Q**209** 31,1
וקבל שאר]ליליא **דן** שביעין / [ארבעה (XXXVI) 4Q**209** 33,2
דן מן משחתה◦[4Q**211** 1ii2
] / אף[ב]ליליא **דן** מן ל[4Q**211** 1iii5
יתחזא עוד מ]ן יומא / **ד**[**ן** ועד כול דרי 4Q**212** 1iii18
לי כל חזוה וטמר]ת אף **דן** בלבבי ולכל (XXII) 4Q**213**b 3
ולהוא אמר לה הא **דן** הו[א (XXXI) 4Q**529** 1,14
ב]חלמי הוית חזא בליליא **דן** (XXXI) 4Q**530** 2ii+6-12,6
ואמר לעזזאל ? חל]מא **דן** תנתן [לחנו]ך (XXXI) 4Q**530** 2ii+6-12,14
בחלמי בליליא **דן** גברוא [ ]הא שלטן (XXXI) 4Q**530** 2ii+6-12,16
על ירכתה ו[שער]ין שנין דן מן דן ודעה (XXXI) 4Q**534** 1i3
ירכתה ו[שער]ין שנין דן מן **דן** ודעה בלבה (XXXI)
לא יבלא ומאמרי] / **דן** ינטור [במגלה (XXXI) 4Q**534** 7,4
יבלא ומאמרי **ד**[**ן** ינטור במגלה די לא] (XXXI) 4Q**536** 2ii12
מן ידי[?] / [(ו)א]נסב **דן** לוחא (XXXI) 4Q**537** 1+2+3,5
[חזו בני עובד]א **דן** מא אס[בל (XXXI) 4Q**539** 2-3,6
ובכל **דן**[יוכבד אנתתי הות (XXXI) 4Q**543** 4,2
ו[בכו]ל **דן** [יוכבד]אנ[תתי הות (XXXI) 4Q**544** 1,7
וענית ואמרת לה עירא] **דן** מן הוא (XXXI) 4Q**544** 2,12
ואמר לי הדן מ[תקרא בתלתה שמהן] (XXXI)
ואמרת ב**דן** אנה רבה [ ] / למרגז עלי (XXXI) 4Q**545** 7,1
]עתיד חטרא **דן** לא[הרון (XXXI) 4Q**546** 11,3
עי]רא **דן** [(XXXI) 4Q**546** 22,1
ו]בכול **דן** יוכבד / [אנתתי הות רחיקה מני (XXXI) 4Q**547** 1-2iii6
מ]דינתא דימין הוא **דן** / [4Q**552** 1,7
]תה וכלהון מכונין **דן** / [לדן 4Q**554** 2i10
תרע]שמעון ומן תרעא **דן** ע[ד] תרעא 4Q**554** 2i13
וחמשה ו]שם תרעא **דן** די [קר]ין לה 4Q**554** 2i14

4Q**554** 2i16		ומן]תרעא דן משח עד זוית / [מדנחא
4Q**554** 2i20		תרע בנימין ומן ת]רעא דן משח עד
4Q**554** 2i21		ו[מן תר]עא דן / [משח עד זוית
4Q**554** 2ii3		וחמשה ושם תרעא] דן די קרין
4Q**554** 2ii7		תרע דן] ומן תרעא דן [משח עד
4Q**554** 2ii8		רסין[25 ושם תרעא] דן ק[רי]ן לה
		נפתלי [ו]מן דן / תרעא משח
4Q**554** 2ii9		25 ושם תרעא דן קרין / לה
4Q**554** 2ii10		ומש[ח מן תר]עא דן עד זוית
4Q**554** 2iii18		תרין וקו[דם] / ת[ר]עא דן אסף
4Q**554** 2iii20		ועל שמאל מעלה דן אחזיני בית דרג
4Q**580** 1i11		]◦מרי דן ועבדי קשטא / [
4Q**580** 5,2		]◦ותא דן[
4Q**581** 2,2		]בדיל כדן מלל[
5Q**15** 1i19	(III)	וקודם [ת]רעא דן [אסף עללה
5Q**15** 1ii2	(III)	ועל שמאל מעלה דן אחזיא[ני
6Q**8** 2,3	(XXXVI)	] / פרדסא דן כלה מ[
6Q**8** 29,1	(XXXVI)	]ך דן[
11Q**10** V,5	(XXIII)	דן ימות בנפ[ש
11Q**18** 9,5	(XXIII)	]בא וכול בנינא דן [
11Q**18** 10i2	(XXIII)	]ורא דן דהב טב / [

Dan proper noun דָּן

1Q**20** XXII,7	רדף בתרהון עד דבק לדן ואשכח אנון
1Q**20** XXII,8	לדן ואשכח אנון / שרין בבקעת דן

(indeterminate) דן

1Q**23** 8,2	(XXXVI)	]דן / [
4Q**208** 4,1	(XXXVI)	]א דנ[
4Q**213**a 1,5	(XXII)	]דן / [
4Q**556** 6,2		]דן◦[

דְּנָא ← דְּנָה

this, m. adjective דְּנָה, דְּנָא

1Q**20** II,2		לבי עלי משתני על עולימא דנא
1Q**20** II,17		למא צלם] / אנפיך כדנא עליך שנא
1Q**20** V,21		למך] / ברך אחוי ברזא דנא ◦◦◦[
1Q**20** VII,8		]ת על דנה / [
1Q**20** XX,30		לי מלכא ב[יומא] דנא מנתנ[ן] שגיאן
4Q**214** 4,3	(XXII)	]ה דנה ה[
4Q**243** 14,1	(XXII)	בתר]דנה יתעב[ד
4Q**243** 24,2	(XXII)	בתר]דנה יתכנשון קריא[ן
4Q**531** 6,3	(XXXI)	]והבתה לה דכרנא דנה בא[
4Q**537** 24,3	(XXXI)	] כל דנה אתרא אחזיני די / [
4Q**541** 8,3	(XXXI)	]◦ ביומא ד[נא
4Q**541** 10,3	(XXXI)	]ובה בזמנא דנא מ[
4Q**550**c 1iii5		י]קומ[ו]ן בתר בגסר[ו] קרין בכתבא דנ[ה
4Q**551** 3		] באתר דנה / [
4Q**551** 8		]ל דנה
4Q**556** 1,7		]◦ על דנה אבד נביאא די יח◦[
4Q**559** 4,3		] דנא[
4Q**562** 10,2		] כדנא לה [
4Q**570** 30,2		]◦ דנה ◦◦◦[
11Q**10** XVIII,3	(XXIII)	ד]נא רגז / והוא חטא[

to rise, shine verb דנח

1Q**20** V,12		לאנפוהי נסבא בי ודנחא עינוהי בשמ[שא
4Q**204** 1i19		[נה]וריהון די כולה[ון ד]נ[חין וערכין
4Q**209** 23,7	(XXXVI)	למדנחא מד]נח בדי מן תמן דנחין
4Q**212** 1iv25		] שמיא / צ[הר]ין ודנחין לכול עלמי[ן
4Q**529** 2,1	(XXXI)	]הא דנח שמשא[
11Q**10** X,4	(XXIII)	הד]נח חללת ידה תנין ערק
11Q**10** XIX,1	(XXIII)	דנח ולס[הרא
11Q**18** 26,3	(XXIII)	]א עד תדנח שמ[שא
11Q**18** 27,4	(XXIII)	עד ת]דנח שמשא וכו[ל

Daniel proper noun דָּנִיֵּאל

4Q**201** 1iii8	(XXXVI)	רעמא[ל שתיתי לה] / דניאל שבי[עי לה
4Q**204** 1ii26		לה] / [ד]נ[אל] ש[ביעי לה]
4Q**243** 1,1	(XXII)	שאיל דניאל לממר בד[י]ל [
4Q**243** 2,1	(XXII)	]דניאל קוד[ם
4Q**243** 5,1	(XXII)	]דניאל[
4Q**243** 6,3	(XXII)	]דניאל די ◦י[
4Q**244** 4,2	(XXII)	]אמר [ ]דניאל[
4Q**245** 1i3	(XXII)	] דניאל / [

knowledge noun דְּעָה

4Q**534** 1i3	(XXXI)	ו[שער]ין שנין ךן מן דן ודעה בלבה תה[וא]

to be extinguished verb דעך

4Q**536** 2ii13	(XXXI)	ארי ועדן רשיעין ידעך לעלמין

juniper noun דַּפְרָן

4Q**214**b 2-6,4	(XXII)	ואלן שמה[תהון ארזא ודפ]רנא וסיגדה / [

thin adjective דַּק

4Q**561** 4-6i4	ודקנה / דק להוה [ו]לא שגיא אברוהי / [

young, small adjective דַּקְדַּק

4Q**531** 2+3,6	(XXXI)	ועם]ענא בעירא {{דמו}}דקדקא עם[

Tigris proper noun דִּקְלַת

4Q**197** 4i6	(XIX)	וסדר להון / [לילה והכו ע]ד דקלת

beard noun דְּקַן

4Q**561** 4-6i3	ושנוהי שוין ודקנה / דק להוה [ו]לא
4Q**561** 4-6ii4	]שער דקנה ש[גיא

to crush verb דקק

4Q**204** 1xii29	בש]ם ריח כדי מדקין קליפיא אלן
4Q**206** 1xxvi16	בשם] / [ריח כדי] מדקק קלפוהי א[נון

generation noun דָּר

4Q**196** 17ii14	(XIX)	מן ד]רין לדרין ינתנון בכי[
	(XIX)	מן ד]רין לדרין ינתנון בכי[
4Q**196** 17ii15	(XIX)	[ו]שם רב[להוה לד]רי עלמא
4Q**201** 1i4	(XXXVI)	] / [אנה לא להד]ן דרה להן לד[ר
	(XXXVI)	לא להד]ן דרה להן לד[ר ר]חיק
4Q**202** 1iii15		[וכורס]א יקרך ךלכל {ל}דר דריא
		כורס]א יקרך ךלכל {ל}דר דריא
4Q**202** 1iv10		ואסרהון על] שבעין ד[רין בחולי]
4Q**204** 5ii27		וחזית כתיב בהון די [ד]ר מן דר יבאש בכדן
		וחזית כתיב בהון די [ד]ר מן דר יבאש בכדן
4Q**204** 5ii28		ובאש להוא [עד די יקומון] / דרי קושטא
4Q**212** 1ii17		עד] / כל דרי עלמי[ן
4Q**212** 1ii24		לבני] / בנו[הי ו]לדריא אחריא לכול י[תבי
4Q**212** 1iv18		רבא ברבות זוה לכול דרי עלמין
4Q**213** 1-2ii19	(XXII)	ולא]תעבר מנכן עד כל / ד[ריא
4Q**213**a 3-4,7	(XXII)	]ל◦ש לכל דרי עלמא ומ[

4Q**539** 4,5 (XXXI)]ת מנהון **דרא** קדמיא
4Q**541** 9i2 (XXXI) ויכפר על כול בני **דרה** וישתלח
4Q**541** 9i6 (XXXI) וכול גנואין עלוהי ימללון **דרה** באיש
4Q**542** 1i3 (XXXI) חדוא ושמחא לבניכון **בדרי** / קוש{{ו}}טא
4Q**542** 1ii4 (XXXI)] / קאם לכול **דרי**עלמין ולאעוד תפ[
4Q**542** 1ii8 (XXXI)] / ב[**ד**]**רי** קושטא ויעדון כול בני רשע[א
4Q**543** 2a-b,2 (XXXI)]**דרי** עלמין ונתן לך חכמה[
4Q**543** 2a-b,7 (XXXI)]כל **דרי** עלמ[ין
4Q**545** 4,17 (XXXI) לה כל זרעה בכול **דרי** ע[למין
4Q**546** 15ii2 (XXXI) עד] / [על]מא וכול **דרין** ב[
4Q**547** 9,7 (XXXI) ובנוהי בתרה לכול **דרי** עלמין בקו[שט(א)
4Q**548** 1ii-2,6 (XXXI) ל]כל **דרי** ישראל לכל[עלמין

step, stairs noun דְּרַג
4Q**554** 2iii20 שמאל מעלה דן אחזיני בית **דרג** סח[ר
4Q**554**a 1ii1]**ודרגא** די [סלק] פתיה אמין ארבע
5Q**15** 1ii4 (III) ועמוד בגוא גוא די **דרגא** סח[ר ו]סל[ק]
5Q**15** 1ii5 (III) **ודרגא** די סלק לידה פתיה
11Q**18** 21,6 (XXIII)]◦ **דרגא**

courtyard noun דָּרָה
4Q**196** 14ii6 (XIX) יתב ק[דם תרע] **דרת**[ה ושאלו שלמה
4Q**197** 4iii3 (XIX) ואשכח[ו ל]רעוא[ל י]תב קדם תרע **דרתה**
4Q**318** VIII,7 (XXXVI)]עמל למדינתא וחרב [**בד**]**רת** מלכא
4Q**550**c 1ii6]◦ על בש[ל]ם בגסרו **לדרת** מלכא ◦[
4Q**550**c 1ii7 אדין על[ב]גסרו **לד**[**ר**]**ת** מלכא ש◦[
4Q**550**c 1iii4]ואנון **בדרת** בית מלכ[א]רבתא[

south noun דָּרוֹם
1Q**20** XVII,12 ל[תחומ]א די פנה **לדרומא** כול ארעא
1Q**20** XIX,9 ל◦◦◦ והוית אזל **לדרומא** ◦◦◦ ואתית
1Q**20** XXI,9 למדנחא ולמערבא **ולדרומא** ולצפונא
1Q**20** XXI,18 וסחרת **לדרומא** עד די דבקת גחון
4Q**204** 1xiii25 מן תמן אובלת **לדרום** ס[יאפי ארעא
4Q**204** 1xiii26 תלתתהון פתיחין] / לרוח **דרומא** לטל
4Q**209** 23,3 (XXXVI) וקרין **לדרומא** דרום בדיל לתמן
(XXXVI)]קדמיה וקרין לדרומא **דרום** בדיל
4Q**210** 1ii15 די הוא קדמיא וקרין **לדרומא** דרום בד[י
קדמיא וקרין לדרומא **דרום** בד[י לתמן
4Q**529** 1,4 (XXXI) ותרין לצפונא ותרין] / [**לדר**]**ומא**
4Q**554** 1,1 תלת]א במדנחא ותלתא **בדר**[**ומא**
4Q**554** 2i15 דן משח עד תרעא די]**דרומא** ראסין
4Q**554** 2ii20 שוקיא די נפקין מן **דרו**[**מא** לצפונא
5Q**15** 1i4 (III) שוקיא] די נפקין מן **דרומ**[**א**] / [
11Q**18** 6,3 (XXIII)] **דרומא** ופלג[

to shine verb דרח
4Q**210** 1ii18] / די מנאין {{ש}}‹‹ד››**רחין** ירחין

Darius proper noun דָּרְיָוֶשׁ
4Q**550** 5] שבעה בעזקתה די **דריוש** אבוהי
4Q**550** 6 ענינה / [ ]◦◦[**דר**]**יוש** מלכא
השתכח כתיב בה **דריוש** מלכא / [

to tread verb דרך
4Q**201** 1ii8 (XXXVI) כויתה ולמ]**דרך** על עפרה ו[ע]ל [כפ]יה
4Q**204** 1i27 אר]עא כויתא **ולמדרך** ע[ל עפרא
11Q**10** XII,4 (XXIII) לא **הד**]**רכה** / תנין[

Damascus proper noun דרמשק
1Q**20** XXII,5 ומחין וקטלין ואזלין / למדינת **דרמשק**
1Q**20** XXII,10 דבקו לחלבון די שימא על שמאל **דרמשק**

arm noun דְּרָע
1Q**20** XX,4 שפיר לה כול לבנהא **דדרעיהא** מא שפירן
4Q**531** 22,3 (XXXI) [כדי אנה מת]גבר ובתקוף חיל **דרעי**
11Q**10** XXXIV,5 (XXIII) או / הא **דרע** כאלה איתי לך או בקל

entrance, doorway noun דַּשׁ
4Q**554** 2iii15 ב[ריא לאספא] / ות[רין] **דש**[**י**]**ן** לה
4Q**554** 2iii17 ארבע רומה אמין 7 **ודשין** לה תרין
4Q**554** 3iii17] / אחרין שגיאן **ודשין** עמהון מ[
5Q**15** 1i9 (III) ע]ל כל תרע ותרע **דשין** תרין
5Q**15** 1i11 (III) דשין תר]ין פותי **דשי**[**א**] קנא חד ופלג
5Q**15** 1i17 (III) [ומשח על כל] אספא ית **ד**[**שין** ל]ה
5Q**15** 1i19 (III) רומ[ה אמין] שבע **ודשין** לה תרין
11Q**10** XXX,6 (XXIII) התסוג **בדשין** ימא ב[הנ]גחותה מן רחם

law noun דָּת
1Q**20** VI,8 ובנתי לבני אחי יהבת **כדת** חוק עלמא / [די
11Q**10** VIIA,8 (XXIII) ארו קשט **ודת**[
11Q**10** XXX,8 (XXIII) ותשוה / לה תחומין **ודת**[לימא נגר]ין ו[תר]עין

grass noun דֶּתֶא
1Q**20** XI,12 ובאנבהון וארעא כולהא מליא **דתא** ועש[ב]
11Q**10** XXXI,5 (XXIII) שיתא ושביקה / ולהנפקה צמחי **דתאה**

ה

הּ ← א

interrogative particle הֲ

1Q20 II,6		] תתיׄנני ולא בכרבין הדא °°°[
4Q157 1ii2	(VI)	] / האנש מא[לה
4Q157 1ii7	(VI)	הלא סכל יקׄ[טל
4Q197 4iii7	(XIX)	לה די ידעין אנ[ח]נׄא לה השלם הוא
4Q213 4,2	(XXII)	]א הלא קבל[ ]°ךׄ ° / [
4Q213 4,4	(XXII)	]הׄלא עלי ועליכן בנׄי
4Q531 7,5	(XXXI)	]° הלא כול אלין אזלו בחרבכׄהׄ[
4Q531 15,2	(XXXI)	]° הלא[
4Q556 3,8		]ה החׄרא היא חפ[
11Q10 I,2	(XXIII)	]הׄעמי לשאול ת[נחתון] / [או כחדה
11Q10 I,7	(XXIII)	] העל דבׄ[רתך
11Q10 V,3	(XXIII)	הלאׄ[להא
11Q10 IX,5	(XXIII)	האיתי רחצן להש[
11Q10 IX,10	(XXIII)	הערׄ[רת
11Q10 XXIV,6	(XXIII)	הכען צדא אלהא / ישקר ומראׄ[
11Q10 XXIV,10	(XXIII)	הבׄשקרׄ[
11Q10 XXX,6	(XXIII)	התסוג בדשין ימא ב[הנ]גחותה
11Q10 XXX,9	(XXIII)	הביומיך מנית / [
11Q10 XXXI,5	(XXIII)	האיתי למטרא אב או מן
11Q10 XXXII,8	(XXIII)	היבא ראמׄ[א ל]מפלחך אׄ[ו
	(XXIII)	היבא ראמׄ[א ל]מפלחך אׄ[ו]היבית על
11Q10 XXXII,9	(XXIII)	התקטרׄ[ראמא ב]צׄוריה וילגׄ[ן]
11Q10 XXXIII,1	(XXIII)	התזיענה בתקׄ[ף
11Q10 XXXIII,7	(XXIII)	המן חכמתך יסתער נצא ויפרוס
11Q10 XXXIV,3	(XXIII)	האף / תעדא דינה ותחיבנני
11Q10 XXXV,3	(XXIII)	התגד / תנין בחכא או בחבל
11Q10 XXXV,4	(XXIII)	התשוא / זמם באפה ובחרתך
11Q10 XXXV,5	(XXIII)	הימלל / עמך בניח או ימלל
11Q10 XXXV,6	(XXIII)	היקים / קים עמך ותדברנה
11Q10 XXXV,7	(XXIII)	התחאך / בה כצׄפר ותקטרנה

behold! interjection הָא

1Q20 1i4	(I)	]וכען הא אנׄתׄי אסירין / [
1Q20 II,1		הא באדין חשׄבׄת בׄלבׄי
1Q20 V,3		הא כדי אנה חׄנוׄךׄ [
1Q20 V,16		] / הא באדין אשתבשון ואׄתכׄלׄוׄן[
1Q20 V,22		] / ביוׄמׄוׄהׄי °ת עׄובד וׄהׄא °°[
1Q20 XI,16		והא אנה / [י]הׄבׄ לך ולבׄנׄיׄך
1Q20 XIII,13		אׄתפנית למחזה זיתא וארׄוׄ הא זיתא גבר
1Q20 XIII,14		הוית בזיתא דן וארו הׄאׄ משגׄיׄת עלׄוׄהׄי
1Q20 XIX,14		מׄצׄרׄין וחזית בחלמׄי [וה]א ארז חד
1Q20 XX,27		הא אנתתך דׄבׄרׄהׄ אזל ועדי
1Q20 XXII,27		ואמר לה הא עשר שנין / שלמא
4Q196 2,13	(XIX)	]עׄמׄי וׄהׄא אׄנׄהׄ
4Q197 4i16	(XIX)	טׄ[ו]בׄיׄה אׄחי ואמר[ ]לׄה הא אנה
4Q206 1xxii1		והא אׄלן אנון פתחיא לבית עננון
4Q206 2,3	(XXXVI)	]°[ ]ר הׄא רבאׄ[
4Q206 4i16		] חזה והא מרזבין שבעה שפכין / [
4Q206 4i17		והא חדרין פתיחו בגוא ארעא ושריו
4Q207 2		הא באדין חזׄ[ת תוריא אלן רברביא[
4Q207 4		]והא כוכבין שׄגׄיׄאׄ[ין נחתין ומתרמין
4Q243 7,2	(XXII)	]כשריא הׄאׄ בׄנׄי[
4Q529 1,6	(XXXI)	די רבי מרא עלמא כתיב האׄ[
4Q529 1,7	(XXXI)	והא רבי מרא עלמא[
4Q529 1,9	(XXXI)	] / והא מתבניה קריה לשמה
4Q529 1,14	(XXXI)	ולהוא אמר לה הא דן הוׄ[א
4Q529 2,1	(XXXI)	]הׄאׄ דׄנח שמשׄאׄ[
4Q530 2ii+6-12,16	(XXXI)	בליליא דן גברוׄא [ ]הׄא שלטן שמיא
4Q543 5-9,6	(XXXI)	ואחרנא חזית וה[א
4Q544 1,10	(XXXI)	והא תרין דאנין עלי ואׄמׄרין[
4Q544 1,14	(XXXI)	]ואחרנא חזית]וׄהׄאׄ °[ ]לׄ[
4Q554 2iii16		אׄעלני לגוא אספא והא אסוף אחרן
4Q556 3,7		]ממר הא אלין [
4Q556 4,6		]הא[
4Q558 25,1		]בנו עממין הא מלוׄ[
4Q558 54ii3		] / תמיניא לבחיר והא א°[
11Q10 XXIII,7	(XXIII)	הא כׄ[ל
11Q10 XXVIII,3	(XXIII)	הא אלהא רב הוא ויומוהי
11Q10 XXXIV,5	(XXIII)	או / הא דׄרׄעׄ כאלה איתי לך או

aha! interjection הָאָח

11Q10 XXXIII,5	(XXIII)	קרנא יאמר האח ומן / רחיק יריח

vanity, breath noun הֲבֵל

11Q10 XXVI,8	(XXIII)	יש[מע אלהא ומרא ה]בׄלא / [לא]

to think, meditate verb הגה

4Q531 39,1	(XXXI)	ל]מהגאׄ[
4Q541 1ii1	(XXXI)	כולאׄ הׄגׄי עׄ[ל
4Q541 2i6	(XXXI)	יש/ה]גה לי עוד כתב / [← שׂגה

Hagar proper noun הָגָר

1Q20 XX,32		] / קודמיהא ואף להגר

this, m. adjective הָדֵן

4Q201 1i4	(XXXVI)	] / [אנה לא להדׄ]ן דרה להן לדׄ[ר ר]חיק
4Q544 2,12	(XXXI)	ואמר לי הדן מ[תקרא בתלתה שמהן]

majesty noun הֲדַר

4Q201 1ii10	(XXXVI)	לה]דׄר תשבחׄהׄ [הלׄ]לׄ[ו ו]אׄתבׄוננו בכל
4Q203 9,2	(XXXVI)	ר]עׄלין מן קודם הדר יקׄ[רכה
4Q204 1i29		וכול פריהון] לׄ[ה]דׄר תשבחה הלׄ[לו
11Q10 XXXIV,6	(XXIII)	גוה ורם רוח וזוי והדר ויקר תלבש

Hahiah proper noun ההיה

4Q203 4,3	(XXXVI)	]° אמר אוהיה לה[היה
4Q203 7a,5	(XXXVI)	] / באדׄ[ין אמר]אוהיה לההיׄ[ה

הו ← הוא

he, it pronoun הוא, הו, הואה

1Q20 1i1	(I)	רגוז תתי°ך וׄתׄתׄקׄ°°ם ומן הוא / [
1Q20 I,26		ובמשלהן לכון שלה הוא / [
1Q20 II,20		מנה ביצבא ינדע בדי הוא רחים ורעׄי[
1Q20 V,13		] / עׄוׄלׄימׄא דן נור וׄהׄוׄא ל°°°[
1Q20 XI,13		די שבׄחׄ עׄבׄד לעלם הוא ולה תשׄבׄחׄתׄא
1Q20 XIV,9		] אצׄ[ת] וׄשמע אנתה הוׄא ארזׄא רׄבׄ°°°
1Q20 XIX,7		ואמרת אׄנתה הוא / אׄלׄ[הי א]לׄ[ה
1Q20 XIX,10		די עׄ[בו]רׄא הׄ[וא] במצרין ונגדת
1Q20 XIX,20		לה אמרי] עלי די אחי הוא
1Q20 XX,3		לה עיניהא ומא רגג הוא לה אנפהא
1Q20 XX,10		למלכא דאחי הוא כדי הוית

1Q20 XX,29 — וצלית על [ד]י [ית]רפא / **הו** וסמכת
1Q20 XXI,24 — תדעל מלך גוים די / **הוא** בין נהרין
1Q20 XXII,14 — בעמק / שוא ו**הוא** עמק מלכא
1Q20 XXII,15 — ו**הוא** הוא כהן לאל עליון
1Q21 55,2 (I) —]ת די **הוא**[
4Q196 14ii11 (XIX) — [ואמר טוביה די] אבי **הוא**
4Q196 17i14 (XIX) — הוא מראכ]ן ו**הוא** / [
4Q197 4i15 (XIX) — וכ[ד]י עלו לגו מדי וכבר **הוא** מ[דבק
4Q197 4i17 (XIX) — [וג]ברא מן בית אבונא **הוא** ואיתי לה
4Q197 4ii4 (XIX) — למכליה מנך בדיל די **הוא** ידע / [
4Q197 4ii5 (XIX) — ברתה מן כל אנ[ש ארי ה]**וא** יד[ע]
4Q197 4iii7 (XIX) — די ידעין אנ[ח]נא לה השלם **הוא**
4Q197 4iii8 (XIX) — של[ם ואמ]ר [טו]ביה / די אבי **הוא**
4Q201 1ii11 (XXXVI) — דאלהה די חי] **הוא** לעלם דעלמין עבד
4Q202 1ii28 — ל[נשיא] / [לנשיא אחזיא **הו**]**א** על כוחלא
4Q202 1iii14 — [אנתה הוא] מרנא רבא [**הו**]**א** מרא עלמא [
4Q204 1xii28 —] ו**הוא** דמא לקלפי ל[וז]
4Q204 5ii24 — לכון לפלטה בדי] יפלט **הוא**[ובנוהי מן
4Q204 5ii30 —] / די עלימא דן ברה **הואה** בקשוט
4Q205 1xi5 — רעואל דן ד]גלה ונורא **הוא** / [די
4Q206 1xxi2 —]בא **הוא** / [
4Q210 1ii15 — וקרין לקדימא קדים] / בדי **הוא** קדמיא
4Q212 1iii20 — ואודע לכון ב]ני אנא **הוא** / חנוך אחז[ת
4Q212 1v17 — יכל יחשב מחשבתה] / או מנו **הוא** כול
4Q212 1v20 — או מנו **הוא** [מן כול בני א]נוש די יכל [
4Q212 1v22 — ומנו **הוא** כול אנוש די יכ[ל ינדע מה
4Q212 1v23 — ומה] / **הוא** רומהון והיכה אנון סמכי[ן
4Q242 1-3,4 (XXII) — חטאי שבק לה גזר ו**הוא** יהודי מ[ן בני
4Q246 1ii8 (XXII) — אל רבא באילה / **הוא** יעבד לה קרב
4Q529 1,14 (XXXI) — מה] / **הוא**
(XXXI) — ולהוא אמר לה הא דן **הו**[**א**
4Q530 18,3 (XXXI) —]**הוא** [
4Q534 1i10 (XXXI) — ח]שבונוהי בדי בחיר אלהא **הוא**
4Q538 3,3 (XXXI) —] / **הוא** אל טב [
4Q542 1i2 (XXXI) — די **הוא** אלה עלמיה ומרא כול מעבדיא
4Q544 2,12 (XXXI) — ואמרת לה עירא] ד[ן מן **הוא**
4Q544 2,14 (XXXI) — ח[ש]ך ובחשוכה **הוא** ד[בר כול הוי] / [
4Q544 2,15 (XXXI) — ו**הוא** משלט על כול חשוכה ואנה[
4Q545 4,16 (XXXI) — עובדה כהן קדיש **הוא**[לאל עליון ארו]
4Q546 12,2 (XXXI) —]עלמין] מן [כען [מ]קרב **הוא** ע[ל
4Q546 18,1 (XXXI) —]**הוא** אח[
4Q546 19,2 (XXXI) —]**הוא** הו]ה
4Q549 2,1 (XXXI) — [ח]ור ואכל **הוא** ובנוה[י
4Q550c 1iii1 —]עליא די אנתון דחלין ו[פ]לחין **הו** שליט
4Q551 2 —]מא **הוא** מן [
4Q552 1,7 — מ]דינתא דימין **הוא** דן / [
4Q552 2ii6 — ואמרת לה] / [אנ]תה **הוא** די שליט בפרס
4Q552 2ii9 —]ל / ואמרת לה אנתה **הוא** ד[י שליט
4Q553 6ii5 — ואמרת לה אנתה / **הוא** ד[י שליט בפרס
4Q553 12,2 —]**הוא** [
4Q555 3,1 —]**הוא** [
4Q556 1,6 — כל די **הוא** ב[
4Q556 14,2 —] די **הוא** פתכר וישרון / [
4Q558 59,2 —]די **הוא** ◦[
4Q562 2,2 —]ש◦◦◦א שביעיתא **הוא** יכנש[
4Q562 2,3 —]ל[אר]עא **הוא** השכחנא די / [
4Q570 7,2 —]**הוא** לעלמ[
4Q571 3 — לאבוהי אמר די נחיתא עד ימ◦◦א **הוא** ◦ל◦ ◦[
4Q575 6 —]◦◦ חזה **הוא**[
4Q580 1i5 —]**הוא** / [
4Q580 1i8 —]◦ן **הוא** / [
4Q580 2,2 — די] **הוא** הוא בחירה [
4Q580 12,2 —]**הוא** מ[
11Q10 V,4 (XXIII) —] / [מנדע ו]**הוא** רמיא מדין
11Q10 XIII,4 (XXIII) —] / בה ארו **הוא** יצ[
11Q10 XVIII,4 (XXIII) — ד]נא רגז / ו**הוא** חטא[
11Q10 XXIV,7 (XXIII) — **הוא** ארעא עבד / וקשט תב[ל
11Q10 XXVIII,3 (XXIII) — אלהא רב **הוא** ויומוהי / סגיא[לא נג]דע
11Q10 XXIX,2 (XXIII) — ו**הוא** אמר ישמעון לה ואזלין לעבדיהון
11Q10 XXIX,8 (XXIII) — ארו **הוא** ידע מדע[א
11Q10 XXXVII,2 (XXIII) —] / ו**הוא** מלך על כל רחש
11Q18 19,3 (XXIII) — ק]דיש **הוא** היכלא ויקרא רב[א

הואה ← **הוא**

kind of stone (?), ebony (?) noun **הובן**

11Q18 12i7 (XXIII) —]בן **הובן** / [
11Q18 16i1 (XXIII) —]◦ני **הובן** כולהון / [

to be, become verb **הוה**

1Q20 V,5 —] / ומדמא לא **הווא** ◦◦ [
1Q20 VI,2 — כול יומי דברת ו**הוית** מהלך בשבילי
1Q20 VI,6 —] / בא[ד]ין **הוית** אנה נוח גבר ואחדת
1Q20 VIII,1 —]ן ◦רה ו**הואת** / [
1Q20 X,17 — בכלהון מלחא **הוית** יהב ורח מקטורתי
1Q20 XI,1 —] אנה נוח **הוית** בתרע תבותא באריא
1Q20 XI,15 — אנה ועם בניך די **להון** כואתך לעלמים
1Q20 XII,1 —]◦◦◦ ו**הואת** לי לאת בעננה
1Q20 XII,9 —] ארו צדיתא **הואת** שגיא בארעא ויל[ידו]ל[
1Q20 XII,10 — [ו**הוו**]**א** כול בני שם כולהון / [עילם ואש]ור
1Q20 XII,17 — ו**הוית** מברך למרה שמיא לאל
1Q20 XIII,9 — וכספיא] אבניא וחספיא **הווא** קצין ונסבין
חזה **הוית** לדהביא ולכס[פי]א
1Q20 XIII,10 — חזה **הוית** לשמשא ולשהרא
1Q20 XIII,11 — חזה **הוית** עד די אסיפוהי שרין ארעא
1Q20 XIII,14 — מתבונן **הוית** בזיתא דן וארו הא
1Q20 XIII,15 — ו**הוית** תמה על זיתא דן ועלוהי
1Q20 XV,9 — [ ]ן יסורון משגיתהון **להון** רשיעין ודי
1Q20 XV,11 — ◦◦◦◦◦◦◦◦◦◦◦בותא **הוא** די יתה מן ימין ארעא
1Q20 XV,18 —]בין כול עממיא וכולהון **להון** פלחין
1Q20 XIX,9 — קדישא ונגדת / ל◦◦◦ ו**הוית** אזל לדרומא
1Q20 XIX,10 — ו**הוא** כפנא בארעא דא כולא
1Q20 XIX,24 — ו**הווא** יהבין / [לי מתן שגיאן ובעו]
1Q20 XX,10 — מלכא דאחי הוא כדי **הוית** מתגר על דילהא
1Q20 XX,17 — אנש ביתה רוח / באישא ו**הואת** כתשא לה
ואף לא ידעהא ו**הוא** עמה / תרתין שנין
1Q20 XX,20 — לאסיותה ארי **הוא** רוחא כתש לכולהון
1Q20 XX,27 — אחתי היא והיא **הואת** אנתתך ונסבתהא לי
1Q20 XX,34 — לה אנתה מן בנת [מצרין] ו**הוית** ש[רא
1Q20 XXI,6 — לה על דילה שני ו**הוא** רעה נכסוהי
1Q20 XXI,7 — בי / ויתב בה ואנה **הוית** יתב בטורא
1Q20 XXI,17 — למדנחא ו**הוית** אתה לי ליד / ימא
1Q20 XXI,26 — מרא תרתי עשרה שנין **הווא** / יהבין
1Q20 XXI,28 — ארחא די מדברא ו**הווא** מחין ובזין מן פורת
1Q20 XXII,1 — בר אחוי / די אברם די **הוא** יתב בסודם
1Q20 XXII,2 — על אברם ואברם באדין **הוא** / יתב בחברון
1Q20 XXII,7 — וממרה נגדו עמה ו**הוא** רדף בתרהון עד
1Q20 XXII,8 — מן ארבע רוחיהון ו**הווא** קטל / בהון
1Q20 XXII,9 — ותבר אנון ו**הוא** רדף להון וכולהון הווא
והוא רדף להון וכולהון **הווא** ערקין מן

Text	Vol.	Reference
והוא הוא כהן לאל עליון		1Q20 XXII,15
כול די איתי לך דלמא תהוה אמר ⟦ ⟧		1Q20 XXII,22
שביא די הואת עמה מן ארעה דא		1Q20 XXII,25
וכען אל תדחל אנה עמך ואהוה לך		1Q20 XXII,30
]מן די להוין תליתין [	(I)	1Q21 1,1
]הוין ◦[	(I)	1Q21 9,2
]די להוין[	(I)	1Q21 10,1
]הוו מ◦[	(I)	1Q21 22,2
]הוו ◦[	(I)	1Q21 55,1
]◦ הוה רחם[	(I)	1Q21 57,2
] והוית [	(XXXVI)	1Q23 3,2
]והות[	(I)	1Q68 2,1
חזי] / הוית עד חדא מן תרתי לחמא	(III)	2Q24 4,15
חזי הוית עד די יהיב לכ[ול כהניא	(III)	2Q24 4,17
]בל◦[ ] ולהיון מכפרין בה עלו[הי	(III)	2Q24 8,5
כ]ל ד[י]הוה לי ולא שביק {{פ}} לי	(XIX)	4Q196 2,2
ולא הוה יומין א[רבעין] / [	(XIX)	4Q196 2,3
ארי ואחי]קר אחי הוה רב שקה ורב	(XIX)	4Q196 2,7
תנין לה ארי / בר אחי הוה ומן בית	(XIX)	4Q196 2,9
] / [אנטר נ]פשי לבר ד[י אהו]ה לה	(XIX)	4Q196 6,12
כארך]ידך ברי הוי ע[בד צדקתא	(XIX)	4Q196 10,1
כדי ה]וית עמכון / [	(XIX)	4Q196 17i1
והוו / [מברכין	(XIX)	4Q196 17i4
ומיתו כ]די עללין עליה הוו / [	(XIX)	4Q197 4ii8
אנה די להוון לך [מנה בנין ול]הוון	(XIX)	4Q197 4ii18
להוון לך [מנה בנין ול]הוון / [	(XIX)	
אנתה] / [ידע די מנה]להו[ה אבי	(XIX)	4Q197 5,11
והויה בטנן מנהן ויל[דה גברין רמין	(XXXVI)	4Q201 1iii16
כתלתת אלפין אמה די] / הוו מתילדין	(XXXVI)	4Q201 1iii17
⟦ ⟧] / והויא כד[י שגיאו בני אנשא		4Q202 1ii2
[ודי ה]ווא [ו]אכלין / [עמל כול בני		4Q202 1ii21
[והוה רשעא רבא והוו]א פח[זין וטעין		4Q202 1iii1
עלמא ודי]ן לה[וא בחליקו ובגזירו] / [		4Q202 1vi5
]הוה לנא [	(XXXVI)	4Q203 6,2
] / ידיע להוא לכון ד[י]ל[	(XXXVI)	4Q203 8,6
בזנותכון בארעא והות[ע]ליכ[ון קאמה	(XXXVI)	4Q203 8,9
]ל◦ הוה [	(XXXVI)	4Q203 13,4
נ]צבת קושטא ותהו[א ברכה ועובדי		4Q204 1v4
כול קש]טין יפלטון ולהון [חיין עד		4Q204 1v5
וה[וית אז]ל[ויתב על מי דן		4Q204 1vi2
] וכולהון הווא ד[ח]ל[י]ן [ורעדין מן		4Q204 4,1
די הוה תנינה]די הוה ביניהון לא		4Q204 4,2
למדחל מן ק]דמוהי ולמה[וא] צבין		4Q204 4,6
א]מר[א]דן אתהפך והוא אנוש ועבד		4Q204 4,10
עליה די אנ]תון תהוון / [מדברין להון		4Q204 5i22
[ולהו]א [רוגזא רבא על אר]עא		4Q204 5ii20
] / [ומן רשעי ארעא די] להוא ביומ[והי		4Q204 5ii25
ובאש להוא [עד די יקומון] / דרי		4Q204 5ii27
ברכת למרא רבות]א ואמרת להוה בריך		4Q205 1xi2
]◦ בה דם הוה שפיך / [	(XXXVI)	4Q206 3i6
]הוו מ[ ]◦[ ]◦ין בה[כ]ל	(XXXVI)	4Q206 3i7
ולמעל עליה ו]אנה הוית חזה עד ארעא		4Q206 4i18
]הוא[	(XXXVI)	4Q208 34,2
]ת ושתוא הוה		4Q211 1i4
אל תה]ון בבהשתא את[ון ורוחכון		4Q212 1ii25
ולהון עקרין אשי חמסא ועבד שקרא		4Q212 1iv14
]◦[ ]ן מלכותכן / תהוי[	(XXII)	4Q213 1-2ii17
]נא ועל מן תהוא חובתא / [	(XXII)	4Q213 4,3
]כען זמ[נין] תהוון לשפלין / [	(XXII)	4Q213 4,8
ע]לי מרי וקרבני למהוא לכה	(XXII)	4Q213a 1,18
אדין כ]די הוה יעקוב אבי מעשר / [כל	(XXII)	4Q213b 4
עליהן לבונה] / [ו]הוא עבדך בס[רך	(XXII)	4Q214 2,10
נבני בשחנא באישא / כתיש הוית שנין	(XXII)	4Q242 1-3,3
וכן כתבת אנה] / כתיש הוית בשחנא	(XXII)	4Q242 1-3,6
עליא] / שנין שבע מצלא הוי[ת קדם]	(XXII)	4Q242 1-3,7
]עממיא ולהוה מן יום [	(XXII)	4Q243 24,3
] רב להוה על ארעא / [	(XXII)	4Q246 1i7
כזיקיא / די חזותא כן מלכותהן תהוה	(XXII)	4Q246 1ii2
] / להוא	(XXXVI)	4Q318 VIII,8
ולערביא [ ]א כפן ולהוון בזזין אלן בא[לן	(XXXVI)	
] / אחי הוא מן שמרי[	(XXVII)	4Q343 Recto 6
] / ואהוא מחשד לכון במ[	(XXVII)	4Q343 Recto 9
די] / במדינתא רחיקתא להוא גבר ל[	(XXXI)	4Q529 1,13
ולהוא אמר לה הא דן הו[א	(XXXI)	4Q529 1,14
ק]צף שגיא ואהוה דמך ולחם / [	(XXXI)	4Q530 1i6
גברוא אנה ב]חלמי הוית חזא בליליא דן	(XXXI)	4Q530 2ii+6-12,6
ו]ל[ה]הוא גננין והוא משקין / [כל	(XXXI)	4Q530 2ii+6-12,7
עעין ו]ל[ה]הוא גננין והוא משקין / [כל	(XXXI)	
חזא]הוית עד די לשנין די נור מן / [שמין	(XXXI)	4Q530 2ii+6-12,9
באדין[ע]נה הווא אחוהי אוהיה ואמר	(XXXI)	4Q530 2ii+6-12,15
[סגדין כ]ל[ק]דמוהי הוא קאמין וארו[	(XXXI)	4Q530 2ii+6-12,18
לתנא ולכה תנינות למהו{{י}}ך פש[רא	(XXXI)	4Q530 7ii7
] / להוין [	(XXXI)	4Q532 1ii11
]א הוו קאמ[ין	(XXXI)	4Q532 2,4
]הוו [ ]עשיתין ל[	(XXXI)	4Q532 2,6
דם]הוה משתפך וכדבין הוו מ[מללין	(XXXI)	4Q533 4,2
דם]הוה משתפך וכדבין הוו מ[מללין	(XXXI)	
מן דן ודעה בלבה תה[וא]	(XXXI)	4Q534 1i3
בעלימותה להוה כלטיש [וכא]נוש די לא	(XXXI)	4Q534 1i4
ר[ז]י[ ]אחין יזקונה עמה להוון מלכה	(XXXI)	4Q534 1i7
ומסרת כול חייא שגיא תהוא / [(ו)יסופו(ן)	(XXXI)	4Q534 1i9
יחדון ארעא ? וח]שבונוהי להוון לעלמין	(XXXI)	4Q534 1i11
]◦[ ]◦[ ]א די ל[הוון	(XXXI)	4Q534 1i12
ומדינן תה[וא	(XXXI)	4Q534 1ii+2,12
עד (די) (ל)הו]ה מתילד והוין מרמש	(XXXI)	4Q535 3,1
עד (די) (ל)הו]ה מתילד והוין מרמש	(XXXI)	
תשי]עיא תהוא[	(XXXI)	4Q536 2i+3,1
]במתתא ורב להוא	(XXXI)	4Q536 2i+3,6
[תמניה קרבניכון לא להוו]ן ריקין מן	(XXXI)	4Q537 1+2+3,6
]ובאישתכון עד[די]תהוון קדמוהי ל◦[	(XXXI)	4Q537 5,3
וא]נתון תהוון ממרין ומקשין לקובלה	(XXXI)	4Q537 9,2
]רה והיך ל[הוא/ון	(XXXI)	4Q537 11,2
]א והיך להוא בנינ[א	(XXXI)	4Q537 12,1
והיך כהנ]יהון להוון לבשין וטהירן / [	(XXXI)	
[והיך להוון שתין מיא]די להוון נפקין	(XXXI)	4Q537 12,3
ומן תחות שוריהא ואן להוון מש[תפכין	(XXXI)	
די ל]א להו[ה]עמ[יק ח]זוה ⟦ ⟧ ואמרת	(XXXI)	4Q541 2i9
ד]ינכה ולא תהוה חי[ב	(XXXI)	4Q541 6,2
דרה באיש יאפיך / [די דחה]להוה ודי	(XXXI)	4Q541 9i7
]ולהוה[	(XXXI)	4Q541 16,2
]כ[מה די להוי]ן שגיאן מגליאן וא[ל]	(XXXI)	4Q541 24ii3
ותחדה בנהיר עלמא ולא תהוה מן	(XXXI)	4Q541 24ii6
לכילאין ותהון לשפלו{{ת}} ולנבלו	(XXXI)	4Q542 1i6
להון תו<<ה>>{{<<ב>>}}{{ת}}בין לכון	(XXXI)	4Q542 1i7
לכון ולהון עליכון ראשין	(XXXI)	
לוי ודילי והוא קד[י]שין ודכין / מן	(XXXI)	4Q542 1i8
ברכת עלמא ישכונן עליכון ולהו[ין לכון	(XXXI)	4Q542 1ii3
] / [(ו)ד]בר[י]ן להון מנ זנותא שגי	(XXXI)	4Q542 3ii12
בחיר] אל תהוה ומלאך אל תתקרה [	(XXXI)	4Q543 2a-b,4
] לכלהון[ו]להוא[	(XXXI)	4Q543 15,2

4Q544 1,4 (XXXI) וקרבא הוא בין[פלשת למצרין ונצחו
4Q544 1,6 (XXXI) ולא הוינה יכלין לׄ[מתב למצרין
4Q544 1,8 (XXXI) די עמי] / לא הות
4Q545 4,17 (XXXI) הואׄ[לאל עליון ארו] / קדׄ[י]ש להוה לה
4Q545 6,1 (XXXI)]◦[ ] ◦ ולא תהוה / [
4Q545 6,2 (XXXI) לתניאניתא ?]ו̇עם קׄדמיתא תהא / [
4Q546 6,1 (XXXI) לכל]הו̇ן וׄלהוא[
4Q546 9,4 (XXXI)] / הׄויתׄ[ ]בׄתרהׄ[
4Q546 12,3 (XXXI) עליה בשלם ו[ר]בׄקׄ לאׄהׄ[ר]ןׄ להוה ◦[
4Q546 13,4 (XXXI)]ה יהוון פׄתגמׄ[יא אלן
4Q546 15ii4 (XXXI)] / [די] הוה מזׄמננׄהׄ[
4Q546 19,2 (XXXI)]הוא הוׄ[ה
4Q547 6,1 (XXXI)]לׄהוא קׄ[דיש
4Q547 8,4a (XXXI)]לׄהוא[
4Q547 9,9 (XXXI) והוא לי כדי אמרׄ[לי מלאכא
4Q547 9,11 (XXXI)]הויתה [
4Q548 1ii-2,10 (XXXI)] / נהירין לׄהוון[וכל בני]חׄשוׄכא חשיכין
(XXXI) לׄ [וכל בני]חׄשוׄכא חשיכין להוון אׄ[רו
4Q548 1ii-2,11 (XXXI) מנדעהון [צדיקין ל]הׄוון ובׄנׄי חשוכא יתעׄדׄון [
4Q550 7 ידיע להוא לכון די כול אנוס ושקר
4Q550b 4]ה עמׄ[ה ו]הׄ[ו]הׄ עבד מן קשוט ומׄן היׄ[מנו
4Q552 1,5] מלאכיא די הוו / [
4Q552 1,6 ל]הון להוא כולה / [
4Q552 1,9]◦נך איך כלא עביד הוו קאמין / [
4Q556 1,8]אׄ מן קדם זונא ארו להוא[
4Q558 53,1]ע הואׄ[
4Q561 4-6i4 דק להוה [ו]לא שגיא אברוהי
4Q561 4-6i15] להוון עלׄ[
4Q561 4-6ii1]להוה קלׄ[ה
4Q561 4-6ii5] / להוון בין עבין לׄ[
4Q561 10,3]ררי וסגלגל לה[וה
4Q562 5,1 ל]הׄון ותהו[ה
ל]הׄון ותהו[ה
4Q563 1,5 בק]ריביך זהיר הויא בזרע[ך]
4Q564 1ii2] / והוינא עוׄירׄין ◦◦◦[
4Q566 1,4]◦א הויא ראיׄש ◦[
4Q569 1,5] / והוית כנׄסׄי[
4Q569 2,7]◦א לׄהוא [
4Q570 5,2]ודׄן להואׄ[
4Q570 5,5] להוא מלך[
4Q575 5]ת◦ הוית [
4Q580 1ii7] / יהוין ◦[
4Q580 2,2 די] הוא הוא בחירה [
4Q580 2,5]דׄי תהוהׄ[
6Q8 1,4 (XXXVI) לאוהי]אׄ ברקאל אבי עמיהוה
6Q8 2,2 (XXXVI) חזי] / הויׄתׄ עד די אתו[
11Q10 XIV,8 (XXIII)] / [בפ]ם ארמלה הוית לצלוׄ[
11Q10 XV,2 (XXIII) בחרת ארחי והוית רׄ[אש
11Q10 XV,5 (XXIII)] / [אבה]תׄהון מלמהוא עם כלבי ע[ני
11Q10 XV,6 (XXIII)] / [ידיהון]לׄא הוא לי צבין ובאכפׄי[הון
11Q10 XV,7 (XXIII) כ]פׄן רעין הוא ירק דׄ[חשת
11Q10 XX,4 (XXIII)] / הוא איוב זכׄ[י
11Q10 XXIX,4 (XXIII) וחסרנה והן פתגם חׄוב להוא / עליה
11Q10 XXX,2 (XXIII) אן הוית במעבדי ארעא החויני
11Q10 XXXVII,8 (XXIII) אתנסך ואתמׄהֶׄא {{אׄ}}ואהוא לעׄפר
11Q10 XXXVIII,4 (XXIII) לה חד תרין בכל די הוא לה
11Q18 7,2 (XXIII)]◦א די להוון אכליׄן[
11Q18 14ii5 (XXIII)] / להוה לבש כהנא רבא[
11Q18 15,1 (XXIII)]משרתא עוד להן די להוהׄ[
11Q18 15,2 (XXIII)]א וכול די להוון משצין שבעתיהוׄ[ן
11Q18 20,5 (XXIII) כהניא תרתי לחמ]א די הות לבונתא [
11Q18 26,6 (XXIII)]להוון שב[
11Q18 26,7 (XXIII)] להוׄ[ון
11Q18 28,1 (XXIII)]לׄהׄוון דברין בׄ[
11Q18 30,3 (XXIII)] ולהוה להון ◦[

to go verb הוך
1Q20 XXII,33 ואנה כדי אמותׄ ערטלי אהך די לא בנין
4Q197 4i2 (XIX) ו]אמר לה אלׄ תדׄחלי בשלם יהך ברי / [
4Q197 4i5 (XIX) ומלא]כׄא עמה וׄ[ה]ךׄ [כלבא
4Q209 7iii2 (XXXVI) דן אשלׄ[מת] / שמשא למהך כל חרתיה
4Q212 1ii20 ובחרו בשביליׄ] / קושטא למהך בהון וׄ[
4Q213 1i15 (XXII) ל]הׄ לכל מת ומדינה די יהך לה / [אח
4Q213 4,6 (XXII)]תׄמחלון ותהכון בהׄ ◦◦[ ]שׄ[ ]◦ / [
4Q530 1i3 (XXXI)]ןׄ וכל בית פלטא די אהך לה / [
4Q534 1i8 (XXXI) וחוכמתה לכול עׄממיא תהך וידעׄ רזי
4Q534 1ii+2,13 (XXXI) כול אלן יהכוׄ[ן] / מין יסופון[
4Q537 5,2 (XXXI) ל]משׄטא ולמטעא וׄלׄמׄהך בארחת טעו זיׄוׄ[
4Q541 9ii6 (XXXI)] / קצת בנוהי יהכוןׄ[
4Q548 1ii-2,13 (XXXI) ולשלמא ב]דׄינׄ[א רבא יהכו]ןׄ וכל בני
4Q548 1ii-2,14 (XXXI) למותא] / ולאבדנא יׄהכון
4Q553 6i3]◦ די אהך / [
4Q561 3,4] ויהכון[
4Q561 3,6] / עלוהי למהך באתרׄ[
4Q561 3,9] / ותהך [ו]תטשא בלבׄ[ב
4Q568 1 א]לין דינין בעדניהן ויהך ויתעשק
ויהך ויתעשק ויאמר אהך לי עד

הוכחה ← אוֹכָחָה

הורא ?
1Q21 24,1 (I) לׄהורא אׄ[

mother noun הורה
1Q20 VI,1 מן עׄוׄל ובכורׄ הׄורׄתי יעׄית לקושט וכׄדיׄ

Ararat/Urartu proper noun הוררט, אֲרָרַט
1Q20 X,12]תׄבותא נחת חד מן טורי הוררט ונׄורׄ עׄלׄמׄאׄ
1Q20 XII,8]◦◦◦ בטורי הוררט ומן בתר כן נחתת לשפׄוׄליׄ
4Q196 2,4 (XIX) בנו]הׄי ואנון ערקו לטורי אררט ומלך {ומׄ[לך}

Hoshaiah proper noun הוֹשַׁעְיָה
4Q345 Verso 20 (XXVII)] / הׄ[ו]שעיה בר[ ]◦◦ על נפש[ה כתבה]

which? interrogative pronoun הַי
4Q558 6,1]◦לה הי דא מׄןׄ[

she, it pronoun הִיא
1Q20 XX,27 ותאמר / לי די אחתי היא והיא הואת
לי די אחתי היא והיא הואת אנתתך
1Q20 XXII,13 ואתה לשלם היא ירושלם ואברם שרא
1Q68 9,2 (I)]◦מי היא[
4Q197 4ii17 (XIX) וא]ל תדחלׄ[די ל]ךׄ היא חליקא ולך[
4Q204 5i27 מתושלח לה אנ]תה והיא / [הות בטנה מנה
4Q206 1xxii6 דה רוחא קבלת]א דמן היא דכׄרׄ[ן
4Q209 6,10 (XXXVI) והיׄא ◦[
4Q243 16,4 (XXII)]הׄיא מלכותא קדׄ[ישתא
4Q543 1a-c,3 (XXXI) בשנת מאה] / וׄתלתין ושת היא שׄנׄתׄא די[
4Q545 1ai3 (XXXI)]בׄשנת / מאה ותלתין ושת היׄא]שנתא
4Q552 2iii1]◦חי ואמרת לה היא דא מן ◦[

4Q**556** 3,8		]ה החדרא **היא** חפ[
4Q**575** 7		]◦◦ה **היא** וכל ארב[ע
11Q**10** XVIII,4	(XXIII)	**הי]א** עד / אבדון ת[אכל

as, how adverb **הֵיךְ, הֵךְ**

4Q**537** 11,2	(XXXI)	]רה **והיך** ל[הוא/ון
4Q**537** 12,1	(XXXI)	]א **והיך** להוא בנינ]א
4Q**537** 12,2	(XXXI)	למדבחא **וה[יך** כל יו]ם[להוון בכ]ל[
11Q**10** IV,5	(XXIII)	**ה[יך**
11Q**10** VII,6	(XXIII)	**היך** לא [
11Q**10** XXII,2	(XXIII)	**הך** אמרת בארני וק[ל
11Q**10** XXII,4	(XXIII)	הן עולין השכח אחד לי **ה[יך**

how adverb **הֵיכָא, היכה**

4Q**212** 1v23		הוא רומהון **והיכה** אנון סמכי[ן וכמה רב
11Q**10** XXXI,2	(XXIII)	**היכא** יפק ⟦ ⟧ ותשוב קדמוהי

temple, palace noun **הֵיכַל**

2Q**24** 4,3	(III)	[וי]עלון **להיכלא**[
4Q**204** 1vi4		נטלת] / לשכני עיני לתרעי **ה[יכל** שמיא
4Q**212** 1iv18		נכסין בקשוט / ויתבנא **היכל** [מ]ל[כ]ות
4Q**541** 4ii6	(XXXI)	] / מן **הי**[
11Q**18** 19,1	(XXIII)	]ה תרעיא די לקובל **היכלא** ל[
11Q**18** 19,3	(XXIII)	ק]דיש הוא **היכלא** ויקרא רב[א
11Q**18** 20,2	(XXIII)	]לברא מן **היכלא** לימין מערבה[ויתפלג
11Q**18** 31ii6	(XXIII)	] / **היכלא**[
11Q**18** 32,3	(XXIII)	]א **היכלא** ומן דמ[
11Q**18** 32,6	(XXIII)	]ן מן **היכלא** / [

to believe verb **הימן**

1Q**20** V,8		] / בקושט **מהימן** די ◦◦◦◦
4Q**196** 12,2	(XIX)	] / **מהי[מן**
4Q**556** 3,2		]**והמין** בא[להא
11Q**10** XV,1	(XXIII)	אחאך להון ולא **יה[ימנון**

faithfulness noun **הֵימָנו**

4Q**550**a 2		לא יבד שמה טבא [ו]**הימנו**[תה
4Q**550**b 4		ו]ה[ו]ה עבד מן קשוט ומן **הי[מנו** ק]דמוהי [

הֵךְ ← הֵיךְ

הָכָא ← הָכָה

here adverb **הָכָה, הָכָא**

1Q**20** II,25		דאל תרגז עלי די **להכא** אתית ל◦◦◦ך[
4Q**213**b 1	(XXII)	**ה]כה** רעיתך מן כל בשר[א

beyond adverb **הָלָא**

4Q**204** 1xii23		**ולהל]א** מנהון ארחקת / [למדנח שגיא
4Q**204** 1xii25		**ולהלא** מן נחל[י]א / [אלן ארחקת
4Q**204** 1xii27		[ול]**הלא** מן טוריא אלן אחזיאת טור / [

הֲלוּ ← אֲלוּ

to walk verb **הלך**

1Q**20** VI,2		יומי דברת והוית **מהלך** בשבילי אמת עלמא
1Q**20** XI,11		[ארין]אנה נוח נפקת **והלכת** בארעא
1Q**20** XXI,13		קום **הלך** ואזל / וחזי כמן ארכהא
4Q**212** 1ii14		חכמתא תהוא] / [קאמ]ה **והלכ[ה**
4Q**530** 17,2	(XXXI)	]**אתהלך** עמה[ון
4Q**542** 1i12	(XXXI)	נטרתון / **והילכתון** ירות[תא]די שבקו
4Q**542** 1ii13	(XXXI)	בה«ון» זכו רבה **באתהילכותה**«ון»
4Q**546** 9,6	(XXXI)	] / **מהילכין** לא[רע כנען
4Q**550**d 1,2		]**הלך** בקוריא[
11Q**10** XVII,4	(XXIII)	קדרת ו]**הלכת** / [מן שמשא]קמת[

to praise verb **הלל**

1Q**20** X,8		**והללו** ושבחו ◦◦◦ ◦◦◦ך ברכא
1Q**20** XXI,2		עלמיא **והללת** לשם אלהא וברכת / אלהא
4Q**196** 18,10	(XIX)	י]מ[ל]לו **להל[לויה**
4Q**201** 1ii10	(XXXVI)	לה]דר תשבחה **[הל]ל[ו** ו]אתבוננו
4Q**204** 1i29		] ל[ה]דר תשבחה **הל[לו** ואתבוננוא
11Q**10** XIX,3	(XXIII)	**ה]ללת** / על באישתה[

them pronoun **הִמּוֹן**

4Q**242** 1-3,8	(XXII)	חספא מן די [הוית סב]ר די אלהין **ה[מון**
4Q**242** 4,1	(XXII)	]לבר **המון** אחלמת / [
11Q**10** XXV,2	(XXIII)	וירמא **המון** באת[ר]
11Q**10** XXVIII,2	(XXIII)	ד]כר ארו רברבין עבדוהי די / חזו **המ[ון**
11Q**10** XXXIV,9	(XXIII)	וטמר / [**ה]מון** בעפר {{ }} כח[דא אנפי]הון

accountant noun **הֲמַרְכָּל**

4Q**196** 2,7	(XIX)	הוה רב שקה ורב עזקן **והמרכל** / [ו]שיזפן

treasury account noun **הֲמַרְכְּלוּ**

4Q**196** 2,6	(XIX)	ולה הוה ש]לטן על[כ]ל **המרכלות** מלכא

if conjunction **הֵן**

1Q**20** II,5		כולא בקושטא תחוינני **הן**[
1Q**20** XX,19		עם כול אסי מצרין **הן** יכולון לאסיותה מן
4Q**197** 4ii5	(XIX)	ארי ה]וא יד[ע] די **הן** ינתננה לגבר / [אחרן
4Q**197** 5,11	(XIX)	מנה]להו[ה אבי יו]מיא **והן**[
4Q**203** 10,2	(XXXVI)	]◦ שגית **והן** ◦[
4Q**530** 2ii+6-12,24	(XXXI)	מנח / [ע]ם כפנוהי ביצבא **הן** איתיו
4Q**530** 7ii1	(XXXI)	] / **הן** ◦[
4Q**530** 7ii8	(XXXI)	מליך וכל נפילי ארעא **הן** הובל [פשרא
4Q**543** 2a-b,6	(XXXI)	]**והן** לה שמך לכל מע[
4Q**550**a 1		אנש להן יד[ע] מלכא **הן** איתי [
4Q**569** 1,6		] / **הן** מרך רחם[
6Q**8** 1,6	(XXXVI)	ל]ה ארו תמהין שמעת **הן** ילדת סרי[קה
6Q**26** 1,1	(XXXVI)	**הן** על[
11Q**10** VIIA,9	(XXIII)	**הן** לקד[ם
11Q**10** X,9	(XXIII)	**הן** לכמ[א
11Q**10** X,10	(XXIII)	**הן** ימל[לן
11Q**10** XI,4	(XXIII)	מן]קדמוהי ינסון **הן**
11Q**10** XVIII,5	(XXIII)	**הן** אתקצרת / ברין עב[די
11Q**10** XVIII,8	(XXIII)	**הן** / אמ[נע
11Q**10** XXII,1	(XXIII)	**הן** חרגתי לא תסר[דנך
11Q**10** XXII,4	(XXIII)	**הן** עולין השכח אחד לי ה[יך
11Q**10** XXVI,9	(XXIII)	**הן** תאמר[
11Q**10** XXVII,4	(XXIII)	למוסר וא[מר להון]**הן** יתובון מן באישתהון
11Q**10** XXVII,5	(XXIII)	**הן** ישמעון ויעבד[ון ישלמון]בטב ימהון
11Q**10** XXVIII,6	(XXIII)	**הן** ⟦ ⟧ מן פרס / ע[נניא
11Q**10** XXIX,3	(XXIII)	**הן** למכתש / הן לארעא הן
11Q**10** XXIX,4	(XXIII)	הן למכתש / **הן** לארעא הן לכפן
	(XXIII)	הן למכתש / הן לארעא **הן** לכפן
	(XXIII)	הן לכפן וחסרנה **והן** פתגם חוב להוא
11Q**10** XXX,2	(XXIII)	במעבדי ארעא החויני **הן** ידעת חכמה
11Q**10** XXX,3	(XXIII)	מן שם משחתה **הן** תנדע מן נגד עליה
11Q**18** 23ii6	(XXIII)	] / **הן** כולה[

הסף ← יוֹסֵף

to change, exchange verb **הפך**

4Q**204** 4,10 — **אתהפך** והוא אנוש ועבד מ[שכן] / [למרא

הקריות ← שָׁוֵה הקריות

mountain noun **הַר**

4Q**547** 9,4 — (XXXI)]**בהר** סיני

to conceive verb **הרה**

1Q**20** VI,7 — לי לאנתה נסבת ו**הרת** מני וילדת לי בנין

conception noun **הָרְיָה**

1Q**20** II,1 — חשבת בלבי די מן עירין **הריאתא** ומן קדישין מן עירין הריאתא ומן קדישין **הריא** ולנפיל[ין]

11Q**10** IV,9 — (XXIII)] / **הריתהון** פל[טת

pregnancy noun **הֶרָיוֹן**

1Q**20** II,15 — מנך זרעא דן ומנך **הריונ** א דן ומנך נצבת פריא[

ו

and conjunction **ו**

1Q**20** 1i1 (2), 3 (3), 4; 1ii8, 9; 2,2, 4; 3,2; I,1, 3, 25, 26, 27, 29; II,1 (2), 2, 3, 6, 7, 8, 9 (2), 10 (2), 12, 13 (3), 15 (2), 16 (3), 17 (2), 19, 20 (2), 21 (2), 23 (2), 24, 25; III,2, 12, 24; IV,2, 12; V,1, 2, 5, 9 (2), 11 (3), 12, 13, 16, 19 (2), 20, 22, 24, 25, 26; VI,1 (2), 2 (3), 3 (2), 4 (2), 6 (2), 7 (3), 8, 9, 11 (3), 12 (2), 13 (2), 14 (2), 16 (2), 17, 18, 19, 21, 23, 26 (3); VII,1 (2), 2 (2), 3, 5, 7 (2), 19 (2), 23; VIII,1, 9; X,1, 8 (2), 9 (2), 10, 11, 12, 13 (2), 14 (3), 15, 17; XI,9 (2), 11 (2), 12 (4), 13 (5), 14 (3), 15 (2), 16 (5), 17 (3); XII,1 (2), 8 (3), 9, 11 (6), 12 (8), 13 (3), 14, 15, 16 (5), 17; XIII,8 (2), 9 (3), 10 (3), 11 (3), 12, 13 (3), 14 (2), 15 (3), 16 (3), 17 (5), 18; XIV,9, 10, 11, 12, 14, 17, 18; XV,8 (2), 9 (2), 10, 12, 13 (2), 16 (2), 18 (2), 19, 20, 21; XVI,9, 12, 14, 17, 18; XVII,7, 8 (2), 10 (3), 12, 13 (2), 14, 15, 16 (2), 17 (2), 18; XIX,7 (2), 8, 9 (4), 10 (3), 13, 14 (3), 15 (4), 16 (3), 17 (3), 18 (3), 19, 20 (2), 21 (2), 22, 23, 24 (2), 25 (3), 26, 27; XX,2 (2), 3 (3), 4 (2), 5 (3), 6 (4), 7 (3), 8 (3), 9 (5), 10 (3), 11, 12 (4), 13 (3), 14, 15 (3), 16 (3), 17 (5), 18 (5), 19 (2), 20 (3), 21 (3), 22 (3), 23 (5), 24 (2), 25, 26 (5), 27 (3), 28 (4), 29 (6), 30 (2), 31 (4), 32 (4), 33 (4), 34 (3); XXI,1, 2 (4), 3 (4), 5 (3), 6 (4), 7 (3), 8 (2), 9 (6), 10 (3), 11 (4), 12 (3), 13 (3), 14 (3), 15 (4), 16 (2), 17 (2), 18, 19 (5), 20 (5), 21 (5), 22, 24 (3), 25 (3), 26 (3), 27 (2), 28 (4), 29 (3), 30 (2), 31 (4), 32 (3), 33 (2), 34; XXII,1 (2), 2, 3 (4), 4 (5), 5 (3), 6 (3), 7 (4), 8 (2), 9 (3), 10, 11 (5), 12, 13 (4), 14 (2), 15 (4), 16 (3), 17 (2), 18, 19, 21, 23, 24 (2), 25 (2), 26, 27, 28 (2), 29 (3), 30 (2), 31 (4), 32 (3), 33 (2), 34

1Q**21** 3,2; 6,1; 8,1 (2), 2; 14,2

1Q**23** 1+6+22,4; 3,2, 3; 7,2; 9+14+15,2, 4; 16,2; 17,1, 3

1Q**24** 1,2 (2), 3, 4 (2), 5, 6, 7; 5,2, 3, 4 (2)

1Q**32** 2,2; 16,2

1Q**63** 4

1Q**65** 1

1Q**66** 2,1

1Q**68** 2,1; 3,1 (2); 12,1

2Q**24** 1,1, 2, 3, 4; 4,5, 9, 10, 11, 13, 16, 18; 5-6,6; 7,1, 2; 8,5, 6, 8

2Q**26** 2, 3

3Q**12** 1,2, 3

3Q**14** 7,1; 8,2

4Q**156** 1,3, 5, 6, 7; 2,1, 3, 4, 5

4Q**157** 1ii3, 5, 6, 8 (2), 9

4Q**196** 2,1 (2), 2 (2), 3 (2), 4 (3), 6, 7 (2), 8, 9 (3), 10 (2), 11 (3), 12, 13 (3); 6,1, 5, 8, 11 (2); 8,1; 9,2; 13,1, 3; 14i6, 12; 14ii6, 7, 8, 9, 10, 11; 15,1; 16,1; 17i4, 13, 14; 17ii1, 2, 3 (2), 4 (2), 15, 16; 18,1, 2, 3, 8, 9, 12, 13, 14, 15, 16 (2); 20,4; 21,1; 27,2; 30,1; 31,1

4Q**197** 3,4; 4i1, 3, 4, 5 (2), 6, 8 (2), 9 (3), 10 (3), 12, 14, 15 (3), 16 (2), 17, 18; 4ii1 (2), 2, 3, 4, 5, 6 (2), 10, 13, 17, 19; 4iii1 (2), 2 (2), 3 (3), 4 (3), 5 (2), 6 (2), 7 (2), 8 (2), 12, 13; 5,1, 7, 10 (2), 11; 6,2

4Q**198** 1,1 (2), 2 (2), 8, 13; 2,3

4Q**199** 1,1

4Q**201** 1i3 (2), 6, 7, 8; 1ii1 (2), 2, 3, 6, 7 (3), 8, 9, 12, 13, 17; 1iii1, 3, 5 (2), 14, 15 (2), 16 (2), 18, 19 (2), 20, 21 (2); 1iv2 (2), 5 (2), 6, 7, 9 (2), 11, 19; 1vi3, 4; 8,3

4Q**202** 1ii2, 3, 4, 6, 18, 19, 21, 26, 27 (2), 28; 1iii5, 6, 7, 13, 16; 1iv9, 10; 1vi6

4Q**203** 3,3, 4; 4,4, 6; 7a,3, 6, 7; 7bi5; 7bii3; 8,5 (2), 7 (2), 9, 10, 13 (3), 14, 15; 9,1, 4, 5; 10,2, 3; 11ii2 (2); 12,1

4Q**204** 1i17, 20, 25, 26, 27; 1ii27; 1v1 (2), 2, 3, 4, 5 (2), 7 (2); 1vi1, 2, 5,

6 (3), 7, 8 (2), 12 (2), 13, 14, 16, 18, 20 (2), 21 (2), 26, 27, 28; 1viii28; 1xii25, 26, 28; 1xiii26; 4,1, 3 (2), 4 (2), 5 (2), 6, 7 (2), 9 (2), 10 (2); 5i27; 5ii18, 26, 27 (2), 28 (4), 29, 30

4Q**205** 1xi2, 3, 4, 5; 1xii5, 7; 2i25, 26, 28; 2ii27, 29 (3), 30

4Q**206** 1xxii1, 2, 4 (2), 5; 1xxvi18 (3), 19, 20 (2), 21; 1xxvii1, 3, 10, 19, 21; 2,1; 4i12 (2), 14, 15 (2), 16, 17 (2), 19 (2), 20 (2), 21; 4ii2, 3, 12, 15, 16, 17; 4iii15, 17, 18, 19, 21

4Q**207** 3, 4

4Q**208** 1,1, 2, 3; 2,1; 5,1, 2, 3; 8,2 (2); 10a,3, 10; 11,1, 3; 14i1, 2; 15,1, 3, 4; 16,4 (2), 6 (2); 19+21,1, 3, 4, 5 (2), 6; 20,1; 22,1, 3; 23,1, 3; 24i1, 2, 5, 7; 24ii2; 25,2, 3; 28,2; 30,2; 32,2, 3; 33,2, 3

4Q**209** 1i3, 4, 5, 6 (2), 12; 2ii3 (2), 4, 5, 6, 7, 8 (2), 9 (2), 10 (2), 11; 3,3 (2), 4, 8 (2); 4,3; 5,1, 2, 3, 4, 5; 6,4, 5, 6 (2), 7 (3), 8 (3), 9 (2), 10; 7ii3 (2), 4 (3), 5 (3), 6 (3), 7 (4), 8 (3), 9 (4), 10 (5), 11 (4), 12, 13; 7iii1 (2), 2 (2), 3 (4), 4 (3), 5 (4), 6 (3), 7 (3); 8,1, 3, 4; 9,1 (2), 2 (2), 3 (4), 4; 11,2; 12,2; 13,1; 15,1; 16,4, 5; 17,1; 19,1, 2; 22,2; 23,1, 2, 3 (2), 4, 5 (3), 6 (3), 7, 8, 9; 26,3, 5, 6; 28,1; 29,2; 33,3; 35,1; 36,2

4Q**210** 1ii1, 2 (2), 3 (4), 5, 14 (2), 15, 16, 17 (4), 19; 1iii4 (2), 5, 6, 7

4Q**211** 1i2 (2), 3 (3), 4 (2); 1ii4, 5; 1iii4, 5, 6

4Q**212** 1ii14, 15, 16, 20, 22, 23; 1iii21, 22, 23, 24, 25; 1iv13, 14 (2), 15, 17 (2), 18, 19 (2), 20, 21, 22, 23 (2), 24, 25; 1v21, 22 (2), 23, 24

4Q**213** 1i7, 9 (3), 11, 12 (2), 15, 16 (2), 18, 20, 21; 1-2ii1 (2), 2, 4, 7, 8 (2), 13, 14, 15, 17; 3,2; 4,3, 4, 6, 7

4Q**213**a 1,7, 9 (2), 13, 14 (2), 16, 18; 2,12, 14, 16, 18; 3-4,2, 3 (2), 4, 5 (2), 6, 7, 8

4Q**213**b 3, 5

4Q**214** 2,4, 5, 6, 7, 8; 4,2

4Q**214**a 1,2; 2-3i4; 2-3ii1, 5 (2)

4Q**214**b 2-6,4 (2), 5 (2), 8

4Q**242** 1-3,3, 4 (2), 5 (2), 7

4Q**243** 1,2; 6,2; 10,2; 11ii1 (2); 12,1, 2, 4; 16,2, 3; 17i4; 18ii2, 3; 22,1; 24,3, 4; 25,3; 28,1

4Q**244** 1-3,1, 3 (2); 5ii1, 4; 7,1; 12,2 (2), 3; 13,1

4Q**245** 1i2, 9, 11; 2,3, 5; 3,2

4Q**246** 1i2, 3, 5, 8, 9; 1ii1, 3 (2), 4, 5, 6, 7, 8 (2), 9

4Q**318** IV,5, 6 (2), 7; VII,1 (4), 2 (3), 3 (3), 4 (2), 5, 6, 7, 8 (3), 9; VIII,1 (2), 2, 3, 4 (2), 5, 7 (2), 8 (2), 9 (2); 1,1; 2,1; 5,1

4Q**342** 3

4Q**343** Recto 4, 5, 7, 8, 9; Verso 12, 13 (2)

4Q**344** 1,3, 5

4Q**345** Recto 2, 18

4Q**346** a,4, 5, 6; d,1

4Q**359** b,1

4Q**360**a a,1

4Q**488** 3,1; 6,1

4Q**489** 1,1, 2; 4,2; 6,1

4Q**490** 1,2; 7,1

4Q**520** 38,2

4Q**529** 1,5 (2), 7, 9, 11, 12, 14, 15; 2,2

4Q**530** 1i2, 3, 4, 5 (2), 6 (2), 7; 2i+3,6; 5,4; 2ii+6-12,1, 2 (3), 3 (3), 4 (3), 5, 7, 10, 14, 15, 17 (2), 18 (3), 19 (4), 21 (2), 22, 23 (2); 7ii4, 5, 6 (3), 7, 8, 9; 16,2

4Q**531** 1,2, 3, 4, 5, 6; 2+3,4, 5 (2), 7, 8, 9 (2), 10; 4,2; 5,4; 7,1 (2), 2, 3 (3); 8,1; 11,2; 12,3; 13,1; 14,2, 3, 4; 15,3; 16,1, 2; 17,1, 5; 18,4 (2); 19,3, 4; 20,3; 21,1; 22,1, 3 (2), 4, 6 (2), 8, 9, 11; 23,3; 24,2; 25,3; 26,1, 2; 30,2; 31,2; 32,2; 34,2; 44,3; 46,1, 2

4Q**532** 1i13; 1ii7, 8, 12; 2,3, 8 (3), 11, 13

4Q**533** 2,3; 3,2; 4,2; 8,2

4Q**534** 1i3 (3), 6, 7 (3), 8 (2), 9, 10; 1ii+2,1, 2, 7, 12 (2), 13, 15 (2), 16, 17

4Q**535** 1,1; 3,1, 2, 3

4Q**536** 1,3; 2i+3,5, 6, 7, 9, 10, 13; 2ii11, 12, 13

4Q**537** 1+2+3,1 (2), 2, 3 (2), 4 (2), 5, 6; 5,1 (3), 2 (2), 3; 6,1 (2); 7,1; 9,2 (2); 10,1, 2; 11,2; 12,1 (2), 2, 3 (2), 5; 14,1, 3; 18,1; 24,2, 4

4Q**538** 1-2,2 (2), 3, 4, 5, 6, 7 (2)

4Q**539** 2-3,4; 4,3, 6; 5,3

4Q**540** 1,1 (2), 2 (2), 4

4Q**541** 1i2; 1ii3, 5; 2i5, 8, 9; 2ii1, 4, 5, 8; 3,3 (2); 4i5; 6,1, 2, 4; 7,2, 5; 8,2; 9i2 (3), 3, 4 (2), 5 (2), 6 (2), 7 (3); 9ii7; 10,3, 4; 12,4; 15,2; 16,2; 17,2 (2); 24ii2, 3, 4 (4), 5 (3), 6 (3)

4Q**542** 1i1 (3), 2 (4), 3 (2), 4, 5 (3), 6 (3), 7, 8 (5), 9 (4), 10 (4), 11 (3), 12 (3), 13 (4); 1ii1, 3, 4, 5, 6, 7 (3), 8, 9, 10 (2), 11 (2); 2,5, 7, 10, 11 (2), 12, 13

4Q**543** 1a-c,2, 3 (2), 4 (2), 5; 2a-b,1, 2, 4, 5, 6; 3,1; 4,2; 5-9,4 (2), 5, 6 (2), 7; 10,2; 14,1; 16,2; 17,3; 18,1; 19,1, 2; 23,2; 32,1 (2)

4Q**544** 1,1 (2), 2, 3, 4, 5 (2), 6 (2), 7 (2), 8, 9, 10 (2), 11 (2), 12 (2), 13, 14 (3); 2,12, 13 (2), 14 (2), 15 (2), 16; 3,1

4Q**545** 1ai3 (2), 4 (3), 5, 6, 7 (3); 1a-bii9, 11, 12, 13 (2), 17 (2), 18 (2), 19 (2); 3,2; 4,14, 15, 18; 5,5; 6,1, 2; 7,1, 2; 9,1, 2, 3, 5; 10,2

4Q**546** 1,2; 2,2, 3, 4; 4,1, 2, 3; 5,1; 6,1, 2; 9,7; 10,2; 11,6; 12,3, 4; 14,1, 4; 15ii2; 17,2

4Q**547** 1-2iii10, 13; 3,1, 4, 5; 6,4, 5; 9,7, 8 (2), 9, 10

4Q**548** 1ii-2,1, 2, 4, 5, 8, 11 (2), 12 (3), 13, 14 (2), 15, 16

4Q**549** 1,1; 2,1 (2), 3, 4, 5, 7, 8, 9 (2), 10 (2)

4Q**550** 2, 4, 7 (2)

4Q**550**a 2, 5, 6, 7

4Q**550**b 4, 5

4Q**550**c 1i1, 2 (2), 3, 4, 6; 1ii3, 5, 6, 8 (3); 1iii1, 3, 4; 3,4

4Q**550**e 2, 4 (2)

4Q**551** 4 (3)

4Q**552** 1,8, 10, 11; 2ii1, 2 (3), 3 (2), 5 (2), 6, 7, 8, 9, 10; 2iii1, 2

4Q**553** 2ii3; 6i4; 6ii1, 2 (2), 3 (3), 4 (4), 5 (2); 8ii1; 10,3; 12,3; 13,2 (2)

4Q**554** 1,1; 2i10, 12 (2), 13, 15, 19, 21; 2ii3, 7 (2), 9, 10, 12 (3), 14 (2), 15, 16, 18, 19, 21, 23 (2); 2iii13, 14, 15 (3), 16 (3), 17 (2), 18, 19 (2), 20, 21 (2), 22; 3i15; 3ii14 (3), 15 (4), 16 (4), 17, 22; 3iii15, 17, 18, 20, 22

4Q**554**a 1ii1 (2), 4, 5, 6, 7, 10, 12 (2), 13

4Q**555** 2,2, 3, 4

4Q**556** 1,4, 5 (3); 3,2, 4; 6,4, 5; 12,4; 14,2, 9, 12

4Q**557** 3

4Q**558** 1,1; 3,3; 4,1, 2; 14,1; 22,4; 33,5; 36,1; 37ii1, 4; 42,1; 46,1; 50,1; 54ii3, 5, 6; 55,1; 58,1; 60,1; 62,2; 63,2; 67,3; 69,1; 70,6

4Q**559** 3,8, 9; 4,5

4Q**560** 1i1, 3, 4 (3), 5; 1ii3, 4, 5; 2,2

4Q**561** 1,3; 3,3, 4 (2), 5, 7, 9, 12, 13, 15; 4-6i1, 3 (2), 5, 8, 16; 4-6ii6 (2); 10,3

4Q**562** 1,1; 2,4; 4,2; 5,1; 9-10,4

4Q**563** 1,4, 5

4Q**564** 1i1, 2; 1ii2

4Q**565** 6

4Q**566** 2,3

4Q**568** 1 (4)

4Q**569** 1,4, 5; 2,8

4Q**570** 1a,2, 3; 1bii5, 6, 7; 2,3; 4,2, 3, 4, 5 (2), 6; 5,6; 9,3; 13,3; 23,1; 24,1; 30,3

4Q**571** 1, 2

4Q**572** 2

4Q**573** 5

4Q**575** 7

4Q**580** 1i11, 13, 14; 1ii4, 14, 15; 2,3; 4,3, 5 (2); 6ii3; 7,3; 10,3; 11,2

4Q**581** 2,4

5Q**15** 1i1 (2), 2 (2), 3, 4, 5 (2), 6 (3), 7 (2), 9, 11 (2), 12 (2), 17, 18, 19 (2); 1ii1 (2), 2, 3 (2), 4 (2), 5 (2), 6 (2), 8, 9, 11, 12, 13, 14, 15; 2,3; 3,5;

4,2; 6,1; 8,1; 10,2; 11,1
6Q**8** 1,2, 3; 4,2, 4; 9,1; 14,1; 26,3
6Q**14** 2,3
6Q**23** 1,2; 2,3
11Q**10** I,1; II,1, 2, 3, 5; III,4; IV,5, 6; V,1, 2; VI,7; VII,4, 5 (2); 7A,1, 3, 5, 6, 8; VIII,5 (2), 7; IX,2, 4, 7, 8; X,2, 3, 8; XI,1, 5, 6, 10; XII,2, 8; XIII,9, 10; XIV,2, 3, 5, 9; XV,1, 2, 3, 6; XVI,1, 4 (2), 5, 7; XVII,3; XVIII,4; XIX,1, 2, 5, 6; XX,8; XXI,3, 5, 6, 7 (2), 8; XXII,2, 3 (2), 5; XXIII,1, 2, 3, 4 (2), 5 (2); XXIV,1, 5, 7, 8, 9; XXV,1, 2, 3, 4, 9, 10; XXVI,1, 3, 4, 5, 7; XXVII,2, 3 (2), 4, 5 (2), 6, 7, 8, 9; XXVIII,2, 3, 4, 5 (2), 7; XXIX,1, 2 (2), 4 (2), 5, 6; XXX,1, 5, 7 (2), 8 (3), 9; XXXI,1, 2, 3, 4, 5, 6 (2), 7; XXXII,1, 2 (2), 3 (3), 4, 5, 6 (2), 7, 9, 10; XXXIII,2 (4), 3 (2), 4, 5 (4), 6 (2), 7, 9 (2); XXXIV,2 (2), 3, 4, 6 (4), 7 (3), 8 (2); XXXV,5, 7, 8 (2), 9; XXXVI,2, 3, 6 (2), 7, 9 (2); XXXVII,2, 3, 4 (2), 5 (3), 6, 7 (2), 8 (2), 9; XXXVIII,2 (2), 3, 4 (2), 5 (3), 6, 7, 8, 9; A11,2; A18,2
11Q**18** 6,1, 3; 7,4; 8,2, 3, 4; 9,4, 5, 6; 10i7; 10ii4, 7, 8; 11,3, 4; 12i1, 2, 3; 12ii7; 13,1, 2 (2), 3, 4, 5, 6, 9; 14ii2, 3, 6; 15,2, 4 (2), 5; 16ii+17i1, 2; 17ii1, 2, 4; 18,1, 2, 3 (2), 6; 19,2, 3; 20,3, 4; 21,2, 5; 23i1; 23ii2, 4; 25,2, 3, 5, 6 (2), 7; 26,1; 27,2, 4; 28,6; 29,4; 30,3; 31ii5, 7; 32,2, 3, 6a, 7, 9; 33,2
XQ**6** 2

woe, oh! interjection וַי

4Q**534** 7,2 (XXXI) וי לכה סׄ[כלא די פמך
4Q**536** 2ii11 (XXXI) וי לכה סכלא די פמך

rose noun וְרַד

11Q**18** 14ii4 (XXIII)] / שביעיא כדמות נצ ורד[

ז

this, f. (?) adjective זָא

4Q**530** 2ii+6-12,1 (XXXI) וׄ[או]היה אחוי אנון ז{{מ}}א זׄי אמר

to present verb זבד

1Q**66** 1,2 (I)] זבדתון [

Zebulun proper noun זְבוּלוּן

4Q**554** 2ii3] דן די קרין לה תרע זבולון ומן תרעא / [

to buy verb זבן

1Q**20** XXI,6 ודבק עד סודם וזׄבן לה בסודם בי / ויתב

sale, selling noun זַבָּנוּ

4Q**539** 2-3,5 (XXXI) ואסכמו] / [על מנין זבנ]ותהון אן תס[בר

to shine verb זהר

11Q**10** XXX,4 (XXIII) במזהר / כחדא כוכבי צפר ויזעק[ו]ן

to take care, warn verb זהר

1Q**20** VI,3 ולאׄזׄהׄרׄותני מן ◦◦יב שקר די אׄזלן לחשׄוׄךׄ
4Q**542** 1i4 (XXXI) בני אזדהרו בירותתא די מ{{א}}הׄשלמא
4Q**542** 1ii12 (XXXI)] / כול כתבי בשהדו די תזדהרון בהוׄן[
4Q**547** 7,1 (XXXI) תח]מׄרׄ מׄזדׄ[הר מן
4Q**563** 1,5 בק]ריביך זהיר הויא בזרע[ך] ת[ ]ך

countenance, splendor noun זִו, זִיו

4Q**212** 1iv18 [מ]לׄ[כ]ות רבא ברבות זׄוׄה לכול דׄרי עלמין
4Q**212** 1v18 עמודי] / זויא די אנ[ון]עׄ[ליהו]ןׄ יׄתנחׄ[ון ודי
4Q**531** 13,4 (XXXI)] מן זיוא ר[
4Q**537** 5,2 (XXXI) ולמטעא וׄלׄמהך בארחת טעו זׄיׄוׄ[
11Q**10** XXXIV,6 (XXIII) העדי נא גוה ורם רוח וזוי והדר ויקר

to flow verb זוב

11Q**10** XXXV,3 (XXIII) עינוהי יכלנה כבחכה יזיב אפה

money noun זוז

11Q**10** XI,7 (XXIII)]זוׄזיא כטינא יסגא / [

corner noun זָוִי

4Q**554** 2i16 ומן]תרעא דן משח עד זוית / [מדנחא
4Q**554** 2i17 וחמשה ו]מן 〚 〛 זויתא דא למערבא / [
4Q**554** 2i22 ראסין 25 ו]מן דא זויתא משח עד / [
4Q**554** 2ii10 ומש[ח מן תר]עׄא דן עד זוית די מדנחא
4Q**554**a 1ii3 עשר תמניה בחדה רוח עד זויתא / [ושבע
4Q**565** 4]בׄארבע זוׄיׄתה למׄמׄ[
5Q**15** 1ii7 (III)] / [וש]בעה מן ז[ו]יתא עד תרעא

Zumzammim proper noun זומזמי

1Q**20** XXI,29 די בעשׄתׄרׄאׄ / דׄקרנין ולׄזוׄמׄזׄמיא די בעמן

food (?) noun זון

4Q**556** 1,8]אׄ מן קדם זונא ארו להוא[

to tremble verb זוע

4Q**201** 1i7 (XXXVI)] / [בכל קצו]תׄ ארעה ויׄזו[ען כ]ל

4Q**536** 2i+3,7 (XXXI)]**תזיע** אנשא ועד / [
11Q**10** X,2 (XXIII) י]**ז̇יע** ויתמהון מן / [
11Q**10** XXXIII,1 (XXIII) **התזיענה** בתׄקׄף[
11Q**10** XXXIII,4 (XXIII) יחאך על דחלא ולא / **יזוע** ולא יתוב

זועיר ← זְעֵיר

which relative pronoun זִי
4Q**206** 4ii13 ודכר] / **זי** עׄ[ן חור וחזירא הולד חזירין
4Q**206** 4iii16 ואזל]ו̇ צדיותא אתר **זי̇** [לא איתי בה] / [
4Q**213**a 3-4,5 (XXII)]לׄה **זי** חבלת שמה ושׄם אׄבהתהׄ
4Q**530** 2ii+6-12,1 (XXXI) ו̇[או]היה אחוי אנון ז{{מ}}א **ז̇י** אמר לה
4Q**536** 2i+3,4 (XXXI)]אלפוֻנֻה כולה **זי** / [

זִיו ← זִו

weapon noun זַיִן
11Q**10** XXXIII,6 (XXIII) קרבה ולנקשת **זין** וזעקת אשתדור

shooting star noun זִיק
4Q**204** 1vi20 ושחקין ?] / לי זעקין **וזיקין** וב[רקין לי
4Q**246** 1ii1 (XXII) **כזיקיא** / די חזותא כן מלכותהן
4Q**558** 54ii5] / תו̇[ס]ף {{◦}} ברקא **וזי**[**קיא**
11Q**10** XXVIII,5 (XXIII) ארו / עננ̇י̇[מין ימנא] **וזיקי** מטר יהכן
11Q**10** XXXVI,6 (XXIII) נפשה גמׄרין תגסא **וזיקין** / יפקן מן פמה

זיקאל ← זיקיאל

Zekial proper noun זיקיאל, זיקאל
4Q**201** 1iv3 (XXXVI) אלף] / [נ]חׄשי כוכבין **זיקא**[**ל** אלף
4Q**204** 1ii26] / [ד]נ̇י̇[אל] שׄ[ביעי לה] **זיקיאל** תמׄינ̇י̇ [לה

olive, olive tree noun זַיִת
1Q**20** XIII,13 ו̇אתפנית למחזה **זיתא** וארׄו הׄא זיתא גבר
למחזה זיתא וארׄו הׄא **זיתא** גבר ברומה
1Q**20** XIII,14 מתבונן הוית **בזיתא** דן וארו ֻהאֻ מׄשגׄית
1Q**20** XIII,15 והוית תׄמהׄ עׄל **זיתׄא** דׄן ו̇עׄלוהי שגי לחדא
1Q**20** XIII,16 שמׄיא נשבן בתקוף וחׄבׄלא **בזיתא** דן

זַיִת ← בְּאֵר זַיִת

to be just, innocent verb זכה
11Q**10** XXVI,1 (XXIII) הן **זכי**]**ת** מא / תתן לה או מא מידך
11Q**10** XXXIV,4 (XXIII) דינה ותחיבנני על דברת די **תזכא**

merit noun זָכוּ
4Q**542** 1ii13 (XXXI) בה<<ון>> **זכו** רבה באתהילכותה<<ון>>

pure, innocent adjective זַכַּי
11Q**10** IX,8 (XXIII)]**זכי** וכוכביא לאׄ[
11Q**10** XX,4 (XXIII)] / הוא איוב **זכׄ**[**י**
11Q**10** XXII,3 (XXIII) [**זכ**]**י** אנה ולא חטא לי ונקאׄ[

muzzle, rein noun זְמָם
11Q**10** XXXV,5 (XXIII) התשוא / **זמם** באפה ובחרתך

to conspire verb זמן
1Q**20** XXI,25 כול אלן **אזדמנו** כחדא לקרב לעמקא
4Q**546** 15ii4 (XXXI)] / [די] הוה **מזמנה̇**[

time noun זְמָן
1Q**21** 3,2 (I) וזמנין תכתן וזמנין] / תׄעמל **וזמנין** תנׄ[וח
4Q**156** 2,3 (VI) דמא] / [באצבעתה ש]בׄעׄה [**זמני**]ן̇ [ויד]כׄנה
4Q**156** 2,4 (VI) עׄלׄ בית קדשא [ועל] משכן **זמנא** ו̇[על] / [
4Q**198** 1,5 (XIX)] / כלא יתעבד **לזמׄ**[**ניהון**
4Q**206** 1xxii2 עד יום די יתדׄינן ועד **זמן** יום קצא ד[י]
4Q**213** 4,8 (XXII)]כׄען **זמׄ**[**נין**] תהוון לשפלין
4Q**531** 23,1 (XXXI) למחה **לזמן** יומין̇[
4Q**535** 2,1 (XXXI) רש]מׄת **זמן** מול[דה
4Q**541** 10,3 (XXXI)]ה [ ]ובה **בזמנא** דנא מ[
11Q**10** XXIII,8 (XXIII) ג]בר / **זמן** תרין תלתה
11Q**10** XXXI,3 (XXIII) מן שויא / למטרא **זמן** וארח לעננין קלילין

kind noun זַן
4Q**539** 2-3,4 (XXXI) ושלם]תמנין **בזני** [תקלין די דהב

fornication noun זְנוּ
4Q**203** 8,9 (XXXVI)] / **בזנותכׄון** בׄארׄעׄא והות[ע]לׄי̇כׄ[ון
4Q**213**a 1,13 (XXII) ב]אישֻׁאֻ **וזנותא** דחא / [
4Q**542** 3ii12 (XXXI)] / [(ו)ד]בׄרׄ[י]ן להון מנ **זנותא** שגי מן די [

little adjective זְעֵיר, זועיר
4Q**534** 1i3 (XXXI) ושומן **זועירן** על ירכתה ו̇[שער]ין̇ שנין ֻדןֻ
4Q**540** 1,1 (XXXI) עלוהי ויחסר נכסין **זעירא** ויבׄ[עה ?
4Q**543** 1a-c,5 (XXXI) וקרא לעוזיאל א]חוהי **זעירׄ**[**א** ואסב] / לה
4Q**545** 1ai5 (XXXI) ו̇קרא לעוזיאל אחוהי **זעירא**[ואס]ב לה
11Q**10** XV,4 (XXIII) [וכען ח]אכו עלי **זערין** מני ביומין[

to cry out verb זעק
4Q**204** 1vi20 לי ושחקין ?] / לי **זעקין** וזיקין וב[רקין לי
4Q**206** 1xxii4 [ו]אנינה ע[ד] שמיא סלק **ומזעׄק** וקבׄ[ל]
4Q**530** 1i4 (XXXI) נפשת קטי]לין קבלן על קטליהון **ומזעקן** / [
4Q**530** 7ii6 (XXXI) קשטא] / וחׄזה[י]חנוך **וזעקה** ואמר לה
11Q**10** XVII,5 (XXIII) ו]**אׄזעקת**
11Q**10** XXVI,3 (XXIII) מן סגיא [עשוקיא **יז**]**עקון** יצוחון / מן
11Q**10** XXVI,7 (XXIII) תמה **יזעקון** ולאׄ[יענא מן קדם ג]אות / [
11Q**10** XXX,5 (XXIII) כחדא כוכבי צפר **ויזעק**[**ו**]**ן** כחדה כל

cry noun זַעֲקָה
4Q**201** 1iv9 (XXXVI) קדמׄ[יהן ד]קׄלה ו̇[**זעק**]**תׄה** בחׄ[רבות
11Q**10** XXXIII,6 (XXIII) קרבה ולנקשת זין **וזעקת** אשתדור

old adjective זָקֵן
4Q**339** 3 (XIX) בׄלעם [בן] בעור / [ה]**ז̇קן** מׄביתאל / [

to raise verb זקף
1Q**65** 2 (I) [מׄין **זקפין** ◦[

stranger, foreigner noun זָר
1Q**20** II,16] / ולא מן כול **זר** ולא מן כול עירין

to shine verb זרח
4Q**209** 23,7 (XXXVI) ואף מזרח בדי מאׄ[י]ן̇ **זרחי̇ן̇**

to sow verb זרע
4Q**213** 1i8 (XXII) **דזרע** טב טב מעׄל / [ודי זרע ביש

seed noun זְרַע
1Q**20** II,15] / די מנך **זרעא** דן ומנך הריונ א
1Q**20** XIV,12 יומוהי לא יפרש מנך **ובזרעה** יתקרה

1Q**20** XXI,10 — די אנה יהב לך ול**זרעך** {{ב}}‹‹ל››כול
1Q**20** XXI,12 — ואמר לי ל**זרעך** אנתן כול ארעא דא
1Q**20** XXI,13 — ואשגה **זרעך** כעפר ארעא די לא
בר אנוש לממניה ואף **זרעך** לא יתמנה
1Q**20** XXI,14 — ארי לך ול**זרעך** אנתננה אחריך עד כול
1Q**21** 28,1 (I) —]◦מן **זרעׄ**[
4Q**196** 18,6 (XIX) — שארי]תׄא מן **זרעי** ל[מחזה
4Q**211** 1i2 —]וׄמטר מחתין [ע]ל ארעא ו**זרע** / [
4Q**213**a 2,7 (XXII) —] / **זרע** דק[שט
4Q**531** 2+3,5 (XXXI) — ועם]עׄשב **זרע** אׄרׄעא וכול דגנא וכול
4Q**531** 22,2 (XXXI) — בין עקר **זר]עׄ**הון
4Q**537** 1+2+3,1 (XXXI) — יברכך אל אלין אנתה ובני] / **זרעך**
4Q**545** 4,17 (XXXI) —] / קדׄ[י]ש להוה לה כל **זרעה** בכול דרי
4Q**550**c 1iii7 — **זר]עׄ**ה ⟦ ⟧
4Q**554** 3iii20 —] / ויבאשון ל**זרעך** עד עדן די י[
4Q**558** 34,2 —]**זרעׄ**[ ]◦◦◦[
4Q**563** 1,5 — בק]ריביך זהיר הויא ב**זרע**[ך] ת[ ]ך ות[י]יׄן
4Q**580** 1ii8 —] / **זרע** תרׄ[
11Q**10** IV,6 (XXIII) — **זרעׄ**[הון
11Q**10** XX,7 (XXIII) — בר ברכאל בוזאה מן] / **זרע** רומאׄ[ה
11Q**18** 7,1 (XXIII) —] על כול **זרע** בנׄי [
11Q**18** 24,4 (XXIII) —]על כול **זרעאׄ**[

to sprinkle verb **זרק**

4Q**214** 2,1 (XXII) — [למזר]קׄ [דמא על כתלי מדבחא

ח

to laugh verb **חאך**

← **חעך**
11Q**10** VII,5 (XXIII) —] / **ויחאכון** וׄ[
11Q**10** XV,1 (XXIII) —] **אׄחאך** להון ולא יה[ימנון
11Q**10** XV,4 (XXIII) — [וכען **ח]אכו** עלי זערין מני ביומין[
11Q**10** XXXII,6 (XXIII) — **וחאך** על מהמא תקף קרׄיׄאׄ ונגשת שליט
11Q**10** XXXIII,3 (XXIII) — **יחאך** על דחלא ולא / יזוע
11Q**10** XXXV,7 (XXIII) — **התחאך** / בה כצׄפר ותׄקטרנה

to hide (?) verb **חבה**

4Q**196** 2,1 (XIX) — קב[ר אנון ו]**אׄחוית** וכדי ידעת [די] ידע בי

company, party noun **חֲבוּרָה**

4Q**545** 1a-bii16 (XXXI) — קרב מׄבהלה תאבׄ[ה **חבו]רׄ**תנא לארעא

to strike verb **חבט**

1Q**20** XIII,17 — ◦◦◦◦◦ / ◦◦◦◦◦◦ מערב **וחבטתה** ואתרת מן

beloved noun **חַבִּיב**

4Q**204** 1vi16 — ובק[ניאניא]די **חביבׄיׄ**כׄ[ון ודי [בניהון
4Q**539** 2-3,2 (XXXI) — יוסף אבוכון ואצי]תו לי **חביבי** [ואנה

to destroy verb **חבל**

1Q**20** XIII,16 —]רׄוחי שמיא נשבן בתקוף **וחׄבׄלא** בזיתא דן
4Q**203** 8,11 (XXXVI) —] / חבלא די **חבלתון** בה ⟦ ⟧[
4Q**213**a 3-4,5 (XXII) —]לׄהׄ זי **חבלת** שמה ושׄם אׄבהתהׄ ואבׄהׄתתׄ
4Q**531** 18,4 (XXXI) —] וׄאׄנה **מחבל** ויבׄ[דון
4Q**532** 2,9 (XXXI) —]חׄבל רב **חנבלו** באׄ[רעא
4Q**570** 1bii8 —] / **מחבלין** בן
11Q**10** XXIV,5 (XXIII) — לאלהא מן שקר / ומן **לחבל**{{הׄ}}**א** מׄ[רא

harm noun **חֲבָל**

4Q**203** 8,11 (XXXVI) —] / **חבלא** די חבלתון בה ⟦ ⟧[
4Q**204** 5ii22 — תנוח] / [ותתד]כׄא ארעא [מן] **חבלא** [ר]בא
4Q**532** 2,9 (XXXI) —]**חׄבל** רב חנבלו באׄ[רעא
11Q**10** XXIII,1 (XXIII) — וׄיׄאמר פצהי מן **חב[לא**

rope noun **חֲבַל**

11Q**10** XXVII,2 (XXIII) — עם אסירין בׄ[זיקין א]חׄידין **בחבלי** מסכניא
11Q**10** XXXV,4 (XXIII) — התגד / תנין בחכא או **בחבל** תחרז לשנה

birth pangs noun **חֲבֵל**

11Q**10** XXXII,1 (XXIII) — יעלי כפא **וחׄב[ל]**יׄ[
11Q**10** XXXII,3 (XXIII) — ילדן בניהן ויפלטן / **וחבליהן** תושר

to join verb **חבר**

4Q**202** 1iv9 — שמׄ[יחז]א ולכ[ול חברו]הׄי די **אתחבׄרו** לׄ[נשיא
11Q**10** XXIV,1 (XXIII) — **ומתחבר** / לעבדי שקראׄ[

companion noun **חֲבַר**

1Q**20** XX,8 — ומלי תרין **חברוהי** די פם חד תלתהון ממללין
1Q**20** XXI,26 — עמה למלך סודם ולכול **חברוהי** ושויו עליהון
1Q**20** XXI,28 — דבר מלך עילם לכול / **חברוהי** וסלקו
1Q**20** XXII,17 — כול גׅכׅסיא די מלך עילם **וחברוהי**
4Q**201** 1iv21 (XXXVI) — שלטנה יהבת למ]לׄך לכל **ח[ברוהי**]

] / חברוה [(XXXVI) 4Q**203** 3,2
גבריא ועירי]א יתנשון כול חב[ריהון על (XXXVI) 4Q**203** 7a,7
קדישא לשמיחזה ולכול ח[ברוהי (XXXVI) 4Q**203** 8,5
[וע]לו כל חברוהי ו[או]היה אחוי אנון ז{{מ}}א (XXXI) 4Q**530** 2ii+6-12,1
]חלמיהון אשתעין בכנשת ח[בריהון] / נפיליא[(XXXI) 4Q**530** 2ii+6-12,5

sorcerer noun חַבָּר
]החילה חברא ורבר[ב (XXXI) 4Q**547** 3,5
]◦ו חברא להן ◦[(XXXI) 4Q**547** 3,6

female companion noun חַבְרָה
אנתה / לחברתה חענן ולא יתפ[ר]שן (XXIII) 11Q**10** XXXVI,3

sorcery noun חַבָּרוּ
אלף חבר[ו ומקטע שרשין חרמני אלף (XXXVI) 4Q**201** 1iv1

Hebron proper noun חֶבְרוֹן
◦◦◦ ואתית עד די דבקת לחברון 1Q**20** XIX,9
ול[ה זמנא] אתב[נ]יאת חברון ויתבת / [
ויתבת באלוני ממרה די בחברון 1Q**20** XXI,19
ממרה די בחברון / כלמדנח צפון חברון 1Q**20** XXI,20
באדין הוא / יתב בחברון וחויה די שבי 1Q**20** XXII,3

festival noun חַג
וטוביה ברי ביום חג שבו[עיא הות] ל[י] (XIX) 4Q**196** 2,10

lame adjective חֲגִיר
ו]רגלין לחגיר [(XXIII) 11Q**10** XIV,10

one numeral חַד, חֲדָה, חֲדָא
]לחד שפירא / שמיא לחדא וקצי[1Q**20** VII,18
]תבותא נחת חד מן טורי הוררט 1Q**20** X,12
◦◦◦ רגלא קדמיא ביום חד לרגלא 1Q**20** XII,14
ושרית למשתיה ביום חד לשתא חמישיתא 1Q**20** XII,15
די דבק]ת לכרמונא נהרא חד מן 1Q**20** XIX,11
בחלמי [וה]א ארז חד ותמרא / חדא ◦◦◦[1Q**20** XIX,14
בחלמי [וה]א ארז חד ותמרא / חדא ◦◦◦[1Q**20** XIX,15
ומלי תרין חברוהי די פם חד תלתהון 1Q**20** XX,8
ואתה חד מן רעה / ענה די יהב אברם 1Q**20** XXII,1
ושבע במצרין וחדא / מן די תבת מן מצרין 1Q**20** XXII,28
אהך די לא בנין וחד מן בני ביתי ירתנני 1Q**20** XXII,33
]בחד[(I) 1Q**32** 3,2
]חד ע◦◦[(I) 1Q**32** 22,1
וחד ב]חמשין וח[ד מרבעה סחור] / [(III) 2Q**24** 1,1
]חד[(III) 2Q**24** 3,1
חזי] / הוית עד חדא מן תרתי לחמא (III) 2Q**24** 4,15
]ל די איל ען חד לכול גבר וגבר[(III) 2Q**24** 4,18
ח]ד בכול [(III) 2Q**24** 4,20
אורכה ופו]תיה משחא חדא / [(III) 2Q**24** 5-6,2
חסדי]ן מן חדה[(XIX) 4Q**197** 1,2
ושור נו]ן חד רב מן / [מיא למב]לע רגל (XIX) 4Q**197** 4i6
על כול נ[פשת]הון לכול חד וחד [מן 4Q**204** 1vi1
כול נ[פשת]הון לכול חד וחד [מן
ודבר דכרא] ל[ח]ד עשר אמריא כולהון 4Q**205** 2i29
סלק לראש כף] חד ראם ו[מרא ענא 4Q**205** 2ii27
]חד ◦[כלצפון מערבה מן 4Q**206** 1xxvi3
וחד מן אר]בעתא על על חד מן תוריא / [4Q**206** 4i13
לה וע]בד לה ערב חדה ויתב בגוה / [4Q**206** 4i14
ס]לק לר[אש כ]ף חד רם ומ[רא] / [ענא 4Q**206** 4iii19
שמיא]מן עלה [והא] כוכב ח[ד נפל 4Q**207** 1
]ה חד ש[ביע (XXXVI) 4Q**208** 7,3
ימ]מא דנ חד[(XXXVI) 4Q**208** 9,2
[חד ופלג ואניר בלילא ח]ד עשר ב[ה (XXXVI) 4Q**208** 20,2
ואניר בליל]א חד עשר בה [שביעין (XXXVI) 4Q**209** 1i11
חד ובציר מנהורה] / [ש]ביע חד (XXXVI) 4Q**209** 2ii10
אניר בלילא] תרי[ן בה שב]יע חד (XXXVI) 4Q**209** 3,2
וקוי]בימטא ש[ביע]חד ופלג (XXXVI) 4Q**209** 3,3
ואניר]שאר ליליא דן פלג שביע חד (XXXVI) 4Q**209** 6,8
וכסה שאר יממא דן שביע חד ופלג (XXXVI) 4Q**209** 7ii8
ואניר בשאר ליליא דן שביע חד ופלג (XXXVI) 4Q**209** 7ii10
וכסה שאר יממא דן שביע חד (XXXVI) 4Q**209** 7ii11
ואניר] / [שא]ר ליליא דן שביע חד (XXXVI) 4Q**209** 7ii13
]חד ובאד[ין (XXXVI) 4Q**209** 17,1
]ת ארעא חד מנהון למדבר (XXXVI) 4Q**209** 23,8
למדבר בה בני אנשא וחד מנהון[(XXXVI)
שביע]חד וב[(XXXVI) 4Q**209** 36,2
וחד מנהן [4Q**210** 1ii19
וביומא תנינא חד מן תל[תת] / [4Q**210** 1iii7
וביומא רב]יעיא חד מן חד 4Q**210** 1iii8
רב]יעיא חד מן חד עש[יריא ⟦ ⟧] / [
] / מעשר תשיע ח[ד 4Q**211** 1ii3
] / תשיע חד 4Q**211** 1ii4
[חד] מעשר[בשתי]ת חד ותניניא חד 4Q**211** 1ii5
מעשר[בשתי]ת חד ותניניא חד מן
מן חמשת / עשר בשתית ח[ד ו]תלתיא 4Q**211** 1ii6
ח[ד ו]תלתיא ח[ד מ]ן תלתין בשתית
מ]ן תלתין בשתית חד ⟦ ⟧ / [
לי תרעי שמיא ומלאך חד[(XXII) 4Q**213**a 2,18
]◦ חד מן ביתהיסהר[(XXVII) 4Q**347** 4
]◦א קודם חד[(ת) ? (XXXI) 4Q**531** 13,2
בשנה חד]ה יעקוב ב[כה על יוסף (XXXI) 4Q**539** 2-3,1
] / ◦[ד]י חזה חדה[(XXXI) 4Q**541** 9ii4
והא]נטלת עיני וחזית וחד מ[נהון (XXXI) 4Q**543** 5-9,4
אר]עא וחד[(XXXI) 4Q**543** 23,2
] / שנין ארבעין וחדא (XXXI) 4Q**544** 1,6
ובין / ספריא אשתכח מגלה ח[דה 4Q**550** 5
]מראיהון ו◦◦ חד מנהון 4Q**552** 1,11
ומ[שח פר]זיתא [חד]א אורכא ופתיא 4Q**554** 2ii12
ואמין 4 לשוק חד לאמי[ן 67 ומציעא 4Q**554** 2ii21
א]מין 14 וית טלולה אמה חדה 4Q**554** 2iii14
דן אסף עללה פתיה קנה חד אמין 4Q**554** 2iii18
פ[תיה] / וארכה משחה חדה קנין תרין 4Q**554** 2iii21
ופתיהון וארכהון משחה חדה / [4Q**554** 3ii16
א]מא חדא[4Q**554**a 1ii1
] לתרע חמשת עשר תמניה בחדה רוח 4Q**554**a 1ii3
אמין] ארבע ארכ ורום קנה חד אמין שבע 4Q**554**a 1ii6
א]מה חדה ופלג ורומה בגו 4Q**554**a 1ii12
]ה החדא היא חפ[4Q**556** 3,8
]ארין ירדף חד א[לף 4Q**556** 3,9
]חדה ר[4Q**569** 3,5
] / עבדה נפל בין חד ל[חד 4Q**580** 1ii13
° ואמין אר[בע לשוק חד אמי[ן] שתין (III) 5Q**15** 1i5
קנ[ין תל]תת עשר ואמה חדה לאמין (III) 5Q**15** 1i6
דשין תר]ין פותי דשי[א] קנא חד ופלג (III) 5Q**15** 1i11
תרי מגד]לין חד מ[ן י]מינא וחד מן (III) 5Q**15** 1i12
תרי מגד]לין חד מ[ן י]מינא וחד מן (III)
ואורכה משחה חדה קנין תרין בתר[י]ן (III) 5Q**15** 1ii3
עשר תמני]ה בחד[ה רוח עד זויתא] (III) 5Q**15** 1ii6
ח]ד (XXIII) 11Q**10** XVIII,8
[א]רו בחדא ימלל אלה[א (XXIII) 11Q**10** XXII,8

11Q**10** XXXVI,2 (XXIII) חדה] / **לחדה** ידבקן ורוח לֹ[א י]נעול
11Q**10** XXXVII,5 (XXIII) **חדה** מללת ולא אתיב ותרתין ועליהן
11Q**10** XXXVIII,4 (XXIII) לֿאיובֿ ברחמין / ויהב לה **חד** תרין
11Q**10** XXXVIII,7 (XXIII) ויהבו לה גבר אמרה **חדה** / וגבר
11Q**10** XXXVIII,8 (XXIII) אמרה חדה / וגבר קדש **חד** די דהב
11Q**18** 21,4 (XXIII)]∘ןֿ[ק]נא **חד** פותי /]

to rejoice verb חדה
1Q**20** VII,7] ∘∘∘ קֿדֿישא רבא **וחדית** למלי מרה שמיא
4Q**196** 18,2 (XIX) אדין]**חדי** ובועי בב[ני קשיטיא
4Q**201** 1vi16 (XXXVI) ודי עלי]הן **חֿדיֿ**[ן אנון על בניהן לקטלנה
4Q**530** 2i+3,6 (XXXI) א]לֿ **תֿחדון** ואל תֿלֿ[
4Q**530** 2ii+6-12,3 (XXXI) וֿחיֿבא לט לרוזניא / **וחדו** עלוהי[ ] גבריא
4Q**541** 2ii5 (XXXI)] / רוחך **ותחדהֿ**[
4Q**541** 3,5 (XXXI)]ה למבלע ⟦ ⟧ ארו שגי **תחדֿ**[ה
4Q**541** 4i3 (XXXI)]∘[ ]**חדי** /]
4Q**541** 6,5 (XXXI) **חד]יתֿ** לֿבֿכֿהֿ מן קֿ[
4Q**541** 24ii6 (XXXI) ת{{צֿ}}וֿעֿאֿ ותחזה **וֿתחדה** בנהיר עלמא
4Q545 1ai7 (xxxi) ydjw htwtCmb ytCaw lka
4Q552 4,9] / NwdjØy[
4Q553 6i5 wra »wd|by hd|jml Ny|q[
4Q564 1ii1]\\ |M|dq Nm hdj / [
11Q10 xxxiii,2 (xxiii) brj ypnal qpny lyjbw / adjyw fwryw
11Q10 xxxiii,7 (xxiii) {{ }} hdjy / rwdtCa tqozw Nyz tCqnlw

joy noun חֶדְוָה
4Q**197** 5,1 (XIX) חייהון לרחמי]ן **ולחדוֿהֿ**[
4Q**534** 1ii+2,18 (XXXI)]רֿיֿ **חֿדוהֿ**[
4Q**541** 24ii5 (XXXI) בֿה ותקים לאבוכה שם **חדוא** ולכול
4Q**542** 1i3 (XXXI) ויעבד לכון **חדוא** ושמחא לבניכון בדרי
4Q**542** 1i10 (XXXI) לי ביניכון שם טב **וחדוא** / ללוי
4Q**543** 16,2 (XXXI)]תעבד לעמך **וחדוה** /]
4Q**546** 15ii3 (XXXI) [ו]**חֿדוא** תֿחֿותיהון]
4Q**558** 66,3] **בחדוה** ⟦ ⟧[
11Q**18** 18,6 (XXIII)] לבתי **חדוא** ול[

breast noun חֲדִי
1Q**20** XX,4 ∘∘∘ כמא יאא לה **חדיה** וכמא שפיר לה כול

delusion (?) noun חדיד
11Q**10** XXII,9 (XXIII) [ב]חֿלמין **בחדידי** ליליֿ[א

Tigris proper noun חִדֶּקֶל
1Q**20** XVII,7 לֿ[עי]לֿ[ם] בצֿפֿונֿא ליֿד מֿי **חֿדֿקל** נֿהֿרֿאֿ עד
1Q**20** XVII,8 לאשור עד דֿבֿק **לחדקל** ∘∘∘∘∘∘∘∘∘∘ וֿבֿתֿרֿהֿ

chamber noun חֲדַר
4Q**206** 4i17 והא **חדרין** פתיחו בגוא ארעא ושריו
4Q**206** 4ii2 דן] / [ובקיעי] **חדריא** שכירו וֿ[חדרין

new moon noun חֹדֶשׁ
1Q**20** XII,14 לרגלא קדמיא די **בֿחודשא** /]
4Q**209** 25,4 (XXXVI)]**חֿדֿשין** עֿ[
4Q**209** 28,1 (XXXVI) ל]מעדיהון **לחדשיהון** לדגליהון
4Q**558** 63,2]∘טֿן **ובחדשא** ∘[
4Q**580** 1ii9] / **לחדשא**]
11Q**18** 19,2 (XXIII)]בֿיומא שביעיא וביום ראשי **ח[דשא**

to renew, restore verb חדת
4Q**204** 5ii17 אמר] / בל **יחֿ[דת** מריא לדתה על ארעא

to be guilty verb חוב
11Q**10** XXI,5 (XXIII)] / להן אלהא **חיבנא** ולא אֿ[נש
11Q**10** XXXIV,4 (XXIII) תעדא דינה **ותחיבנני** על דברת די תזכא

debt noun חוֹב
4Q**534** 1ii+2,16 (XXXI) יסודה עלוהי יסרון חטאה **וחוביא** / חלֿףֿ
4Q**537** 6,1 (XXXI) כל ח]טֿאיכון וכל **חוביכון** וכל פֿ[שעיכון
4Q**550**c 1i1]יֿ **ובחובי** אבהתי / די חטו קדמיך וֿ[
11Q**10** XXIX,4 (XXIII) לכפן וחסרנה והן פתגם **חֿוֿב** להוא / עליה

Hobabish proper noun חובבס, חובבשׁ
4Q**203** 3,3 (XXXVI)] / **חובבש** ואדכֿ∘[
4Q**530** 2ii+6-12,2 (XXXI) זֿי אמר לה / גלגמיֿס **וֿחֿ[ו]בֿבֿס** אפחא

חובבשׁ ← חובבס

obligation noun חוֹבָה
4Q**213** 4,3 (XXII)]נא ועל מן תהוא **חֿובתֿא** /]
4Q**534** 7,3 (XXXI) באבדנא ודי עליכה תהוא] / **חובה** למֿמֿ[ת
4Q**536** 2ii12 (XXXI) בֿ[אבדנא ודי עליכה תהוא] / **חובה** למֿמֿת
4Q**542** 1ii6 (XXXI)] / ולמחזיא **חובת** כול חיבי עלמין הב∘[

to declare verb חוה
1Q**20** II,5 שמין עד כולא בקושטא **תחוינני** הן[
1Q**20** II,6] **תֿחֿוֿיֿנֿנֿי** ולא בכדבין הדא
1Q**20** II,10 נדנהא ואנה בקושט כולֿאֿ **אֿחֿוֿיֿנֿךֿ**]
1Q**20** II,19 אבי וכולא לה **חֿוֿ[ית**
1Q**20** II,21 קֿדֿישיא] / עדבה פליג ולה **מחוין** כולא
1Q**20** V,9 אמֿרֿ ברי ולך אנֿהֿ **מֿחֿוֿהֿ**]
1Q**20** V,20] / וכען לך אנֿהֿ **[מ]חֿוה** בֿרֿז ∘∘∘∘[
1Q**20** V,21 למֿךֿ] / ברך **אחֿוי** ברֿזא דֿנֿאֿ ∘∘∘[
1Q**20** VI,11 בֿחֿזיון חֿזֿיֿתֿ **וֿאֿחֿוֿאֿתֿ** ואודעת בעובד בני
1Q**20** VI,12 בלבבי ולכול אנוש לא **אֿחֿויֿתֿהֿ**
1Q**20** VI,16 כֿוֿל לכת בני ארֿעֿא יֿדֿעת **וחוֿיֿת** כול[
1Q**20** XIV,19] / **חוֿיֿת**[ה] לרֿזא עֿדֿ ∘∘∘∘∘∘]
1Q**20** XV,20]כולא בקושט **אחוינך** וֿכֿן כֿתֿיֿבֿ עליֿךֿ[
1Q**20** XXII,3 הוא / יתב בחברון **וחויה** די שבי לוט
4Q**196** 2,1 (XIX) בֿנֿיֿ נינוה **והחוי** למלכֿ[א עלי ד]יֿ אנֿה
4Q**196** 17ii4 (XIX)] שביא מהודה לה / **ומחֿ[וה** אנה לג]בֿורתה
4Q**204** 5ii26 ברזֿיֿ [מריא די] קדישין **אחויוני** ואחזיוני [ודי
4Q**206** 1xxvii19 אוריאל חד מן]עֿירין **ואֿ[חוינֿי]** / [וכתב לי
4Q**206** 2,2 (XXXVI) **אתח]וית** לחנוך סֿ[פר פרשא
4Q**209** 26,6 (XXXVI) וכען **מחוה** אנה לך ברי ⟦ ⟧[
4Q**209** 26,7 (XXXVI)]חֿשבון **אחֿ[ו]יֿנֿ[**∘
4Q**242** 1-3,5 (XXII) ואמר] / **החויֿ** וכתב למעבד יקר ורֿ[בו]
4Q**530** 2ii+6-12,1 (XXXI) וֿ[או]היה **אחוי** אנון ז{{מ}}א זֿי אמר
4Q**530** 2ii+6-12,13 (XXXI) ולא]השכחו גבריא **לחויא** לה / [ח]לֿמֿ[א
4Q**530** 2ii+6-12,23 (XXXI) ואמר לה די **יחוֿאֿ**[ל]כֿה פֿ[ש]רֿ חלמיא ודי
4Q**533** 5,2 (XXXI) **א]חֿוֿיֿ**[
4Q**541** 11,3 (XXXI)]**חויאן**]
4Q**543** 1a-c,2 (XXXI) ברֿ[קהת בר לוי כול די] / **אחוי** לבנוהי
4Q**545** 4,14 (XXXI)] / [די תשמ]עֿ **ואחוהֿ** לכה שמֿהֿ[ת]ךֿ[
4Q**545** 4,16 (XXXI) וכהונתא (רבתא)] / **[א]חֿוה** לכה רז
4Q**548** 1ii-2,9 (XXXI)] / אנה **מֿ[חו]הֿ** לֿכֿ[ון ארח]אֿ {{י}}צבתא אנה
4Q**548** 1ii-2,14 (XXXI) תנה]רֿ לעמא נהֿירֿותא **ואחוֿיֿ** לֿ[הון
4Q**558** 69,2]ר **תחוה** לנא מה [די
11Q**10** XXI,9 (XXIII) [**וא]חֿוה** מלי אף א[נה
11Q**10** XXVII,3 (XXIII) **ויחוא** להֿןֿ עבדיהוֿ[ן ועוית]הֿון
11Q**10** XXX,2 (XXIII) אן הוית במעבדי ארעא **החוינֿי** הן ידעת

thread noun **חוט**

1Q**20** XXII,21		אן מן **חוט** עד ערקא דמסאן / אן אסב
11Q**10** XXX,3	(XXIII)	משחתה הן תנדע מן נגד עליה **חוטא**
11Q**10** XXXV,8	(XXIII)	ה כצׄפר ותׄקטרנה ב**חוטא** לבנתך

serpent (?) noun **חויא**

4Q**558** 37i7		]◦ **חויׄא** / [

חוֹכְמָה ← חָכְמָה

to be forgiving (?) verb **חול**

4Q**547** 3,5	(XXXI)	]**הׄתֽילׄה** חברא ורברׄ[ב

portion, share noun **חוּלָק**

1Q**20** XVII,10		תורא דן ועבר **חולקא** וׄאזׄל מערבא
1Q**20** XVII,11		לשנא דן דעל ראישׁ תלתׄת **חולקיא** ליׄד
1Q**20** XVII,15		] ◦קׄאׄ / ◦◦◦◦◦**חׄולקא** די פלג לה ויהב
1Q**20** XVII,19		בׄגו / [ימא די ליד **ח]לׄק** בני חם ◦◦◦[
1Q**20** XXII,23		וברא מן **חולק** תלתת גבריא די / אזלו עמי
1Q**20** XXII,24		די / אזלו עמי אנון שליטין ב**חולק**הון

heat noun **חוֹם**

1Q**20** II,10		] / **בׄחׄום** עׄנׄתׄאׄ וׄנׄשׄמׄתׄי לגו

Onias proper noun **חוניה**

4Q**245** 1i9	(XXII)	]◦[ ] **וׄחוניׄה** / [

statute noun **חוֹק**

1Q**20** VI,8		לבני אחׄיׄ יׄהׄבׄת כדת **חוק** עלמא / [די

Hur proper noun **חוּר**

4Q**549** 2,1	(XXXI)	] / **[ח]וׄר** ואכל הוא ובנוׄהׄ[י
4Q**549** 2,9	(XXXI)	ונסב **חור** [לאנתתה

white adjective **חִוָּר**

2Q**24** 8,3	(III)	] כותליׄא◦ אבן **חׄוׄ[ר**
5Q**15** 1i6	(III)	[שוק]ׄיׄ[אוקריתא ר]צׄיפין באבן **חור** / [

destruction (?) noun **חורב**

4Q**537** 18,1	(XXXI)	י/ת]עׄלון למ[חזה]**חורב** ואׄ[

Horeb proper noun **חוֹרֵב**

4Q**558** 33,5		]חׄרה ב**חורב** ואמר [

Horite proper noun **חורי**

1Q**20** XXI,29		דׄ[י ב]שׄוׄה הקריות ול**חוריא** די בטורי

Hauran proper noun **חַוְרָן**

1Q**20** XXI,11		ומן ימא רבא עד **חורן** וכול ארע גבלׄ
1Q**20** XXI,12		רבא די מדנח **חורן** ושניר עד פורת

calculation, account noun **חוּשְׁבָּן**

← **חשבון**

4Q**539** 4,4	(XXXI)	ת]שלׄטׄת [**ח]וׄשבׄנׄה** רׄשׄיׄמׄת[ ] / [

wrapper noun **חוֹתָל**

11Q**10** XXX,7	(XXIII)	בשוית ענניׄן [לבו]שה וׄערׄפליׄן **חותלוהי**

to see verb **חזה**

1Q**20** II,12		וכדי **חזת** בתאנוש אנתתי די אשתני אנפי
1Q**20** IV,11		] / **חזית** למׄעבד דין ◦◦[
1Q**20** V,27		] / **חׄזׄיׄ** די מני אנׄפׄיק מׄ◦◦ [
1Q**20** VI,11		בׄחזיון **חׄזׄיׄתׄ** וׄאׄחׄוׄאׄתׄ ואודעת בעובד בני
1Q**20** XII,3		]◦◦◦ **אׄתחזׄיׄאת** לי / [
1Q**20** XIII,9		**חזה** הׄוית לדׄהׄבׄיׄאׄ וׄלכׄסׄ[פי]אׄ
1Q**20** XIII,10		**חׄזה** הוית לשמשא ולשהרא
1Q**20** XIII,11		**חזה** הוית עד די אסיׄפוׄהׄיׄ שׄרׄין ארעא
1Q**20** XIII,13		וׄאתפנית ל**מחזה** זיתא וארׄוׄ הׄא זיתא
1Q**20** XIII,14		שגיאן ◦◦◦◦◦ / אׄנׄ◦◦◦ בׄרׄבׄבׄ◦◦◦◦רׄ **ומתחזה** בהן
1Q**20** XIV,11		ודי]**חׄזׄיׄתׄהׄ** לחלפתא קדׄמׄיׄתא דבקא בגדׄם
1Q**20** XIV,14		קׄאׄם לעלמים ודי **חזיתא** לׄחׄלׄפׄתׄאׄ
1Q**20** XIV,15		] ◦◦◦◦◦◦◦◦◦◦◦◦◦ודי **חזיתה** ל◦◦א לחלפתא
1Q**20** XIV,17		[א]רעא ◦◦◦ לשׄמׄאׄל ◦◦◦ וׄדׄיׄ **חזית** מן קצת
1Q**20** XV,9		] ודי **חזיתאׄ** כׄולׄהון [ ]ןׄ יסורון משגׄיׄתהון
		להון רשיעין ודי **חׄזׄיׄתׄהׄ** / לגׄבׄרׄאׄ
1Q**20** XV,13		] ודי **חזיתה** עיׄקׄ◦◦[
1Q**20** XIX,14		מעליׄ לארׄעׄ מׄצׄרׄיׄן **וחזית** בחלמׄיׄ [וה]א
1Q**20** XIX,23		י]תׄירא בנפשה די לא **יחזנה** כול [אנש
1Q**20** XX,9		**וחזהא** ואתמה על כול שפרהא
1Q**20** XX,14		לי דין מנה **ואחזי** ידך רבתא / בה
1Q**20** XX,22		עלוהי ויחה ארי ב[ח]לם **חׄז[ני]**
1Q**20** XXI,8		**ואתחזי** לי אלהא בחזוא
1Q**20** XXI,9		אנתה יתב ושקול עיניך **וחזי** למדנחא
		וחזי כול / ארעא דא די אנה יהב
1Q**20** XXI,10		למחרתי כן לרמת חצור **וחזית** ארעא
1Q**20** XXI,14		קום הלך ואזל / **וחזי** כמן ארכהא
1Q**20** XXI,15		אזלת אנה אברם למסחר ו**למחזה** ארעא
1Q**20** XXII,27		בתר פתגמיא אלן **אתחזי**{{ו}} אלהא
1Q**20** XXII,29		ומני כול די איתי לך **וחזי** כמן כפלין
1Q**21** 54,1	(I)	]**חזה** להון לבׄ[
2Q**24** 1,3	(III)	וכדן **אח[זי]**נׄ[י]כול משחת / [פרזיתא
2Q**24** 4,11	(III)	] / **וחזית** עד דׄיׄ ◦לׄ[
2Q**24** 4,17	(III)	**חזי** הוית עד די יהיב לכ[ול כהניא
2Q**24** 8,7	(III)	]עׄזרתא [ו]**אחזינ**[י]◦[ ]אוחרי בר מן[
4Q**157** 1ii8	(VI)	] / ואנׄה **חזׄיׄת** דׄרׄשׄעׄ מׄ[ו]עה ולטת לׄ◦[
4Q**196** 2,11	(XIX)	פׄתׄ[ו]רׄא לקודמי **וחזית** נפׄתׄניא
4Q**196** 6,1	(XIX)	אזליׄ]בתרהון וׄלׄ[א] **נׄחזי** לכי בר [
4Q**197** 1,1	(XIX)	מ]ןׄ די ל**מ**[**חזה**
4Q**201** 1ii1	(XXXVI)	[ובמעדיהן **מתחזי**]ןׄ ולׄא מעׄבׄ[רין]בׄסׄרכן
	(XXXVI)	**חׄ[זו]** לׄאׄרׄעׄהׄ וׄאׄ[תבו]ננו בעבדׄהׄ
4Q**201** 1ii2	(XXXVI)	דׄמׄ[נ]דׄ[עם לא ל]אׄשניׄהׄ וׄכׄלׄ **מׄתׄחׄ[ז]אׄ** [לכן]
	(XXXVI)	**חזו** לדגלי / [קיטה
4Q**201** 1ii4	(XXXVI)	**חׄזו** דכל איל[ניה] כׄלהן מיבישין
4Q**201** 1ii6	(XXXVI)	**חׄזו** לכן לדגלי / [קיטה דשמשה
4Q**201** 1iv7	(XXXVI)	על ארעא **וחז]וׄ** דם סגי שפ[יך על ארע]אׄ
4Q**202** 1iv10		די] / יבדון בניהון **ויחׄ[זון** לאבד]ןׄ [
4Q**204** 1i18		אתבוננא] / בכול עׄוׄ[בד **וחז]וׄא** לכון
4Q**204** 1i20		**חזוא** לכון ל[א]רׄעא ואתבוננא
4Q**204** 1i21		] / [לא] ל[אשניה ו]כׄול **מתחזא** ל[כ]וׄןׄ
4Q**204** 1vi5		] / **וחזית** חזיון דׄרגוז או[כחה ואתה קל
4Q**204** 1vi13		] / וׄבׄחזיה ליׄ[**את]חׄזׄיׄת** כלקובל
4Q**204** 1xii25		ועל שפואת נחליא אלן **חזי]תׄ** קׄוׄנׄם בשמא
4Q**204** 1xii26		**ואחזיא]תׄ** [טורי]ןׄ אׄחׄרנין ואףׄ בהון חזית
		אׄחׄרנין ואףׄ בהון **חזית** אילנין די נׄפׄקׄ / [
4Q**204** 1xii27		[ול]הׄלׄא מן טוריא אלן **אחזיאת** טורׄ / [
4Q**204** 1xii30		אלן] כׄלצפון מדנחה[ו]ן **אחזיאת** טו[ר]יׄןׄ
4Q**204** 1xiii27		ארעא ותמן] / **אׄחׄזׄיׄת** תרעין תׄלׄ[תתהון
4Q**204** 5ii26		] קדישין אחויוני **ואחזיוני** [ודי בלוחת
4Q**204** 5ii27		**וחזית** כתיב בהון די [ד]רׄ מן דר
4Q**205** 1xi3		**וא]תׄחׄ[זית]** / [נור די הוה מדבר ודי לא

4Q**580** 4,5 —] / ולא עוד **יחזא** צער ו[
5Q**15** 1ii2 (III) — ועל שמאל מֹעֹלה דֹן **אחזיא**[ני
5Q**15** 1ii6 (III) — אעלני [לגוא] פרזיתא **ואחזיאני** בה
6Q**8** 1,3 (XXXVI) —]ולא מרתת מן **אחזיך** כלא א[
11Q**10** XI,2 (XXIII) — כ]לכון **חזיתון** למה / [
11Q**10** XIV,2 (XXIII) — [ו]**חֹזוני** עלומין טשו וגברין ח◦[
11Q**10** XIV,5 (XXIII) —] / [ת]שמע אדן שבחתני ועין **חֹ[זת**
11Q**10** XXIII,4 (XXIII) — ו]ישמענה / **ויחזא** אנפוהי באסיֹא[
11Q**10** XXIII,7 (XXIII) —]הֹ / בנהור **תחזא**
11Q**10** XXVIII,2 (XXIII) — רברבין עבדוהי דֹי / **חזו** המֹ[ון
(XXIII) — ו]כֹל אנשא עלוהי **חזין** ובני אנשא
11Q**10** XXXIV,7 (XXIII) — העדי נא חמת רגזך **וחזא** כל גֹאה
11Q**10** XXXVII,8 (XXIII) — אדן שמעתך וכען עיני / **חזתך**
11Q**18** 18,5 (XXIII) —]אֹמר לי **חזא** אנתה דֹ[י
11Q**18** 19,6 (XXIII) —]**מחזא** לי כתב כ[

vision, appearance noun **חֱזוּ**

1Q**20** V,7 — מן] / **חֹזוה** דחל למך בֹרֹךֹ[
1Q**20** XXI,8 — לי אלהא **בחזוא** די ליליא ואמר
1Q**20** XXII,27 — אלן אתחזי{{ו}} אלהא לאברם **בחזוא**
4Q**205** 2ii29 — לקוב]ל ענא **וחזיה** תקיף ורב ודֹ[חיל
4Q**206** 4iii21 — ענא קאם לקובל ענ]הֹ **וחֹ[זיה** תקיף
4Q**209** 26,5 (XXXVI) — בליליא מן]קֹצֹת דמי **חזוא** דן כרמות
4Q**213**a 2,16 (XXII) —] / בחזית **חזויא** וחזית שמ[יא
4Q**246** 1i3 (XXII) —]רֹא **חזוך** וכלא אתה עד עלמא
4Q**246** 1ii2 (XXII) — כזיקיא / די **חזותא** כן מלכותהן תהוה
4Q**489** 1,1 (VII) —] **וחזותה** זֹ◦[
4Q**529** 1,5 (XXXI) —] / **כחֹזוא** והחזיתה חזוה ואמר
(XXXI) —] / כחֹזוא והחזיתה **חזוה** ואמר לי ד[י
4Q**530** 1i7 (XXXI) —]אֹחרת לשכני **חזותא**
4Q**531** 22,10 (XXXI) — מני ש]נת עיני למחזא [**חז]וֹה**
4Q**541** 2i9 (XXXI) — די ל]אֹ להו[ה]עֹמ[יק **ח]זוה** ⟦ ⟧ ואמֹרת
4Q**543** 1a-c,1 (XXXI) — פרשגן כתב מלי **חזות** עֹמרם ברֹ[קהת בר
4Q**544** 1,10 (XXXI) — במלאכין די חזית] / **בחזוֹי** חזוה די חלמא
(XXXI) — במלאכין די חזית] / בחזוֹי **חזוה** די חלמא
4Q**544** 1,13 (XXXI) — עיני וחזית] / [וחד] מנהון **חזוה** חֹשֹלֹ[כפ]תן
4Q**544** 1,14 (XXXI) —] **בחזוה** ואנפיוה העכן וֹ[מכסה
4Q**545** 1ai1 (XXXI) — פרשגֹ[ן כתב מלי **חזו]תֹ** עמרם ברֹ קהֹתֹ
4Q**546** 14,5 (XXXI) — ודי] / חזית[**בחזו]ה/ת**[
4Q**547** 1-2iii9 (XXXI) — במלאכין די]חֹזית **בחזות** / [ראשי חזוה
4Q**547** 9,8 (XXXI) — אתעירת מן שנת עיני **וחזוא** כתבֹ[ת
4Q**552** 4,10 —] **חזוה** / [
4Q**580** 5,1 —]**לחזויהון**[

mirror noun **חזי**

4Q**209** 26,4 (XXXVI) — כדמות **חזי** דמי כדי נהורה בה האֹ[ר

vision noun **חזיה**

4Q**204** 1vi8 — למללה] / בֹמֹלי קושטא **וחזיה** ומוכח
4Q**204** 1vi13 — אנתון עיריא] / וֹ**בֹחזיה** ליֹ[את]חזֹית
4Q**213**a 2,16 (XXII) —] / **בחזית** חזויא וחזית שמ[יא

vision noun **חִזָּיוֹן**

1Q**20** VI,4 — [ ]ל◦[ ]◦א וחצי אסרת **בחזֹין** קושטא
1Q**20** VI,11 — **בֹחֹזֹיון** חֹזֹיֹתֹ ואחֹואֹתֹ ואודעת בעובד
1Q**20** VI,14 —] ◦◦◦◦ **וֹבֹחֹזֹיון** עֹמֹי מֹלל וֹלקובלי
4Q**204** 1vi5 —] / וחזית **חזיון** דֹרגוז או[כחה ואתה
4Q**213**a 2,15 (XXII) —] / ⟦ ⟧ אדין **חזיון** אחזית[

4Q**206** 1xxii3 — תמן **חזית** רוח / אנש מת קבלה [ו]אנינה
4Q**206** 1xxvi17 — כלצפון מדנחהון [**אחז]ית** טורין אחרנין
4Q**206** 1xxvii1 —] / **ואחזית** מֹ[ן רחיק לאילניא דבה
4Q**206** 1xxvii21 — סיאפי ארעא] **ואחזית** עבדין רֹבֹרֹ[בין]
4Q**206** 4i16 — והוית] **חֹזה** והא מרזבין שבעה שפכין
4Q**206** 4i18 — ולמעל עליה ו]אֹנה הוית **חזה** עד
4Q**207** 2 — הא באדין **חזֹ[ת** תוריא אלן רברביא]
4Q**209** 23,2 (XXXVI) —]שמיא שלמהון ופרשהון **אחֹ[זית** לך ברי
4Q**209** 25,3 (XXXVI) — ח]שֹבון אחרן **אחזית** לה די אזל ◦[
4Q**210** 1ii18 — בכל יום וי]וֹםֹ **לאתחזיא** עֹ[ל ארעא
4Q**210** 1iii3 — נהורה אנ]יֹרֹ בֹשמיא **לאתֹחֹ[זיא** על
4Q**211** 1i5 — ארבעת]עֹשר אילנין די לא **חזה** להון / [
4Q**212** 1iii21 — לכון ב]נֹי אנא הוא / חנוך **אחזֹ[ת** אנה
4Q**213** 1i11 (XXII) — **חזו** לכן בניֹ / [ליוסף אחי
4Q**213** 1-2ii3 (XXII) — ולא] / **יחזון** שימֹתה שימתה ◦[ ]דֹ◦[
4Q**213**a 2,15 (XXII) —] / ⟦ ⟧ אדין חזיון **אחזית**[
4Q**213**a 2,16 (XXII) —] / בחזית חזויא **וחזית** שמ[יא
4Q**214** 2,4 (XXII) —] / [חפי תרב]אֹ ואל **יתחזי** [לה דם נכסת
4Q**214**a 2-3ii6 (XXII) —] / **חֹזית** ת◦◦חו[
4Q**214**b 2-6,2 (XXII) — ובאדי]ן[אסק] אֹנוֹ[ן ארי]כדן **חזית** לאברהםֹ
4Q**489** 1,2 (VII) —] **וֹחזוֹתה** מֹ[
4Q**529** 1,4 (XXXI) — תמה **חזית** לגבריאל מלאכאֹ[
4Q**529** 1,5 (XXXI) —] / כחֹזוא **והחזיתה** חזוה ואמר לי
4Q**530** 2ii+6-12,6 (XXXI) — אנה ב]חלמי הוֹיֹת **חזא** בליליא דן
4Q**530** 2ii+6-12,16 (XXXI) — ואמר קדם גבריא אף / אנה **חזית** בחלמי
4Q**530** 7ii6 (XXXI) — מנהון ליד פרדס קשטא] / **וחֹזה**[י]חנוך
4Q**531** 11,2 (XXXI) — **חזי]תֹ** כורסיה ו◦[
4Q**531** 22,10 (XXXI) — נדת מני ש]נת עיני **למחזא** [חז]וֹה
4Q**531** 29,3 (XXXI) —]**למחזא** [חזוא ?
4Q**534** 1i6 (XXXI) — שבֹ[ילי חכ]מֹין **חזין** למאתה לה עֹל
4Q**534** 1ii+2,20 (XXXI) —]**חֹזה** / [
4Q**537** 1+2+3,5 (XXXI) — וקרית לוחא כולא]**וחזית** כתיב בה דֹיֹ[
4Q**537** 18,1 (XXXI) — י/ת]עֹלון **למ[חזה**]חורב ואֹ[
4Q**537** 24,3 (XXXI) —] כל דנה אתרא **אחזיני** די / [
4Q**541** 9ii4 (XXXI) —] / ◦[ד]יֹ **חזה** חדה[
4Q**541** 9ii5 (XXXI) —] / דכרין שבעא **חזיןֹ**[
4Q**541** 14,2 (XXXI) —]**מ/תחזיאןֹ**[
4Q**541** 24ii6 (XXXI) — יסוד מֹבֹחן / ת{{צֹ}}וֹעֹאֹ **ותחזה** וֹתחדה
4Q**542** 1ii6 (XXXI) —] / **ולמחזיא** חובת כול חיבי עלמין הב◦[
4Q**543** 5-9,4 (XXXI) — והא]נֹטלת עיני **וחזית** וחד מ[נהון חזוה
4Q**543** 5-9,6 (XXXI) — ואחרנא **חזית** וה[א
4Q**544** 1,9 (XXXI) — די אתוב למצרין בשלם **ואחזה** אנפי
4Q**544** 2,15 (XXXI) — דיניא עד ארעיא כדי אנ]תה **חזה**
4Q**546** 3,3 (XXXI) — (כ)ד[י **חזית** עֹמֹהֹ ◦[
4Q**546** 14,5 (XXXI) — ודי] / **חזית**[בחזו]ה/ת[
4Q**547** 1-2iii9 (XXXI) — הוית במלאכין די]**חֹזית** בחזות / [ראשי
4Q**550**c 1iii3 —]◦ די **תֹזֹהֹ** בֹ[
4Q**552** 2ii3 —] / צורתא ואמרת אן **אחזא** ואתב[ונ]ן ב[ה
4Q**552** 2ii7 —]**חזֹית** למערבא ל[
4Q**552** 2iii2 —]ת **וחזי[ת**
4Q**553** 6ii1 —]⟦ ⟧ **וחזית**[
4Q**553** 6ii3 — ואמֹרֹתֹ אן **אחזה** ואתבונן / בה וחזית [
4Q**553** 6ii4 — אן אחזה ואתבונן / בה **וחזית** [אלנא]
4Q**554** 2ii15 — תלתה אמין 21 וכדן **אחזיני** מש[ח]ת
4Q**554** 2iii20 — ועל שמאל מעלה דן **אחזיני** בית דרג
4Q**558** 50,1 —]**חֹזה** ואמ[ר
4Q**558** 68,1 —] **חזית** כען[
4Q**561** 3,12 —]דכרין **ויחזא**[
4Q**571** 2 —] / **מתחזה** לכל יתבי ארעא ודי
4Q**575** 6 —]◦◦ **חֹזה** הואֹ[

pig noun חֲזִיר

4Q**205** 2i26 — תורא חורא אולד חזי]ר אכום ודכר די ען
4Q**205** 2iii28 — לחזיריא ואובד] / חזירין שגיא[ן
4Q**556** 14,8 — י]אכלון בשר חזירא / [

rough, unfinished side noun חֲזִית

11Q**10** XXX,4 (XXIII) — אשיה אתי̮דון או מן הקים אבן חזיתה

Hazak proper noun חזק

4Q**359** a,1 (XXVII) —]מתת בר חזק[

to sin verb חטא

4Q**196** 9,2 (XIX) — ואל תצבי ל]מחטא ולמשטה [מאמרה
4Q**201** 1iv8 (XXXVI) — אתמלית ר[שעה ו]חמסה די [את]חטי עליה
4Q**204** 5ii18 — וארו חטי]ן ועב[רין
4Q**531** 18,3 (XXXI) —]◦א אנחנא די חטי[נא
4Q**531** 20,3 (XXXI) —]רחטין ול[
4Q**531** 35,2 (XXXI) —]חטין ◦[
4Q**550**c 1i2 —]י ובחובי אבהתי / די חטו קדמיך ו[
4Q**553** 3ii3 —] / מחטה בן]ל[
11Q**10** VIII,7 (XXIII) —] / ויחטא
11Q**10** XIX,6 (XXIII) — למחט]א / חכי למש[אל

sin noun חֲטָא

4Q**196** 17i15 (XIX) — על כל חט]איכון / [
4Q**242** 1-3,4 (XXII) — אנפוהי ואסא לי] / וחטאי שבק לה
4Q**531** 7,4 (XXXI) — מה חט[י]א לכה די קטל[תה
4Q**534** 1ii+2,16 (XXXI) —] יסודה עלוהי יסרון חטאה וחוביא
4Q**537** 6,1 (XXXI) — כל ח]טאיכון וכל חוביכון וכל
4Q**547** 6,3 (XXXI) — קוד]ם אל [וח]טאין י[שבקון
11Q**10** XVIII,4 (XXIII) — ד]נא רגז / והוא חטא[
11Q**10** XXII,3 (XXIII) — [זכ]י אנה ולא חטא לי ונקא[
11Q**10** XXIV,1 (XXIII) — מן חטא
(XXIII) —]א חטיא
11Q**10** XXVI,2 (XXIII) — לגבר כות]ך חטיך / ולבר אנש צדקתך
11Q**10** XXXVIII,3 (XXIII) — בקלה די איוב ושבק / להון חטאיהון בדילה

sinner noun חַטָּא

4Q**196** 17ii4 (XIX) — קדם עם חט]אין על לבבכון / קו[שטא

wheat noun חִטָּה, חִנְטָה

4Q**351** 1i2 (XXVII) —]חנטין ק 4
11Q**10** XX,1 (XXIII) — תחות חטא[

rod, staff noun חֹטֶר

4Q**546** 11,3 (XXXI) —]עתיד חטרא דן לא[הרון

living adjective חַי

4Q**156** 2,5 (VI) — ויקרב] צפיר[א] חיא
4Q**156** 2,6 (VI) — ידו]ה[י ע]ל / [ראשא די צ]פיר[א ח]יא
4Q**530** 2ii+6-12,19 (XXXI) — רשים ו[מלך רבא]על כל חיא ובסרא
4Q**534** 1i8 (XXXI) — עממיא תהך וידע רזי כול חייא
4Q**534** 1i9 (XXXI) — יסופו ומסרת כול חייא שגיא תהוא
4Q**542** 2,7 (XXXI) —]◦ו באנושא ובחי[
4Q**543** 18,3 (XXXI) — בש]לם בין חייא[
4Q**580** 1i14 —]ן חייא ולי[ ] / [
11Q**10** X,8 (XXIII) —]ואמר חי אלהא[
11Q**18** 10i1 (XXIII) —]י מין חיין / [

guilty adjective חַיָּב

4Q**530** 2ii+6-12,2 (XXXI) — וחיבא לט לרוזניא / וחדו
4Q**541** 6,2 (XXXI) — ד]ינכה ולא תהוה חי[ב
4Q**542** 1ii6 (XXXI) —] / ולמחזיא חובת כול חיבי עלמין
4Q**558** 64,2 —]ל חיביהון פ[

to live verb חיה

1Q**20** XIX,20 — ואחי בטליכי ותפלט נפשי בדיליכי
1Q**20** XX,22 — ואסמוך ידי עלוהי ויחה ארי ב[ח]לם חז[ני]
1Q**20** XX,23 — לבעלהא ויצלה עלוהו ויחה
1Q**20** XX,29 — [מנה רוחא] באישתא וחי
4Q**196** 18,14 (XIX) — חזות ע]ינוהי חי בטב ובכ[ל עבד
4Q**197** 4i15 (XIX) —] / [ ]◦[ ]חרריא ויחין
4Q**202** 1iv7 — עליהון די משכן למח]יא חיי[עלם
4Q**210** 1ii2 — הין לרפיא ארעא ולאחיתה
4Q**489** 2,1 (VII) —] / יחא [
4Q**531** 44,3 (XXXI) —]מחה וקוש[ט(א) ← מחה

animal noun חַיָּה

1Q**23** 1+6+22,4 (XXXVI) —] / ברא מן כל חיה ואלפין מן ע[נב

beast noun חֵיוָה

1Q**20** VI,26 — לאנשא ולבעירא ולחיותא לעופא ו[
1Q**20** XIII,8 — ◦◦◦◦א וחיות ברא ◦◦◦◦◦◦◦◦◦◦◦◦ ורחש יבישתא
4Q**201** 1iii20 (XXXVI) — מן] / קובל כל כנף ו[חיו]ת ארע[ה
4Q**531** 22,8 (XXXI) — [ארו קל גע]רה די חיות ברא אתה
6Q**14** 1,6 (III) —] כול חות ב[רא

life noun חַיִּין

4Q**196** 6,5 (XIX) — ולא אשמע ח]סד עוד בחיי ו[
4Q**196** 14i6 (XIX) — חי]י אבי ואמי / [
4Q**197** 2,1 (XIX) — ח]יי מסכנא[
4Q**202** 1iv7 — למח]יא חיי[עלם ודי יחיא] / [כול חד וחד
4Q**537** 1+2+3,4 (XXXI) — כל מאה וארבעין ושב]ע שני חיי[
4Q**563** 1,4 — תשתלם באתרך [ל]חם לחיך יא[כל
4Q**563** 1,5 — זהיר הויא בזרע[ך] ת[ ]ך וח[י]ין ר◦◦◦[
11Q**10** XXIII,9 (XXIII) — בנהו]ר / חיין

army, strength noun חַיִל

4Q**531** 22,3 (XXXI) — [כדי אנה מת]גבר ובתקוף חיל דרעי
4Q**543** 24,1 (XXXI) —]חיליא[
4Q**552** 2iii4 —]◦ חיל◦[
4Q**553** 8ii2 —] / תקיף חיל[
11Q**10** XV,3 (XXIII) —]בראש חילה וכגבר די א[בלין ינחם]
11Q**10** XVI,8 (XXIII) — בסגיא]חיל יאחדון לבו[שי] / [כפם כתוני
11Q**10** XXXIII,3 (XXIII) — ויחדא / ובחיל ינפק לאנפי חרב

חך ← חֲנֵךְ

fish hook noun חַכָּה

11Q**10** XXXV,3 (XXIII) — מטל עינוהי יכלנה כבחכה יזיב אפה
11Q**10** XXXV,4 (XXIII) — התגד / תנין בחכא או בחבל

wise adjective חַכִּים

1Q**20** XX,19 — ושלח / קרא לכול חכימ[י] מצרין
1Q**20** XX,20 — אסיא ואשפיא וכול חכימיא למקם
4Q**212** 1ii23 — פרשא] / [וח]כים אנושא ובחי[ר]בני [ארעא
4Q**243** 11ii1 (XXII) —] / וחכ[מי]ן ויא[מר
4Q**534** 1i6 (XXXI) — [ב]אדין יערם וידע שב[ילי חכ]מין חזין
4Q**536** 2i+3,5 (XXXI) — ח]כמת אנש וכול חכימ[ין] / [

Reference	Period	Text
4Q541 2ii6	(XXXI)	] / ארו חכים די[
4Q541 7,5	(XXXI)	] / מאמרה ומש[ת]משין חכ[ימיא/ן
4Q548 1ii-2,12	(XXXI)	ורש[יע חשי]ך וכל[חכי]ם וקשיט נהיר[
4Q558 26,1		] חכים[

to be wise, learned verb חכם

Reference	Period	Text
4Q570 2,3		]חכם וד[
11Q10 XXV,2	(XXIII)	יחכ]ם עבדהון
11Q10 XXVI,7	(XXIII)	בע[ירי ארעא ומן] צפריא / חכמנה

wisdom noun חָכְמָה, חוּכְמָה

Reference	Period	Text
1Q20 VI,4		וחצי אסרת בחזין קושטא וחכמתא במעול
1Q20 XIX,25		ל[י] ל[אודעא] טבתא וחכמתא וקושטא
1Q20 XX,7		ועם כול שפרא דן חכמא שגיא עמהא
4Q157 1ii6	(VI)	] / ימותון ולא ב[חכ]מ[ה
4Q212 1iv13		די שבעה פ[עמי]ן חכמה ומדע תתיה[ב
4Q213 1i9	(XXII)	ספר ומוסר וחכמה / [אלפו לבניכן
4Q213 1i10	(XXII)	די אלף חכמה יקר / [הוא לה ודי שאט
4Q213 1i12	(XXII)	אחי מאלף הוא ספר ומוס]ר חכמה ליקר
4Q213 1i13	(XXII)	]אל תמחלו חכמתא למאלף
4Q213 1i14	(XXII)	כ]ל[י]ן גבר די אלף חכמה כל / [
4Q213 1i19	(XXII)	יקר לה מותבי]ן למשמע מלי חכמתה
4Q213 1-2ii5	(XXII)	] / בעא חכמה[חכ]מתה י[
	(XXII)	] / בעא חכמה[חכ]מתה י[
4Q213 1-2ii9	(XXII)	]ספר ומוסר / ח[כ]מה די אל[
4Q213a 1,14	(XXII)	ח]כמה ומנדע וגבורה / [
4Q531 2+3,10	(XXXI)	]מדעא[ ]חכמה ורח[
4Q534 1i8	(XXXI)	[ו]ידע רזי אנשא וחוכמתה לכול
4Q536 2i+3,5	(XXXI)	ח]כמת אנש וכול חכימ[ין] / [
4Q541 3,4	(XXXI)	חכ]מה יאתה לעליכה די נסיבת [
4Q541 7,4	(XXXI)	] / אדין יתפתחו[ן] ספרי חכמ[תא
4Q541 9i2	(XXXI)	]וימסר[להו]ן[ח]כמתה ויכפר על כול
4Q543 2a-b,2	(XXXI)	]דרי עלמין ונתן לך חכמה[
11Q10 XXX,2	(XXIII)	במעבדי ארעא החויני הן ידעת חכמה
11Q10 XXXIII,7	(XXIII)	המן חכמתך יסתער נצא ויפרוס / כנפוהי
11Q10 XXXVII,4	(XXIII)	ולא יתבצר מנך תקף וחכמה

Helbon proper noun חֶלְבּוֹן

Reference	Period	Text
1Q20 XXII,10		עד דבקו לחלבון די שימא על שמאל

galbanum noun חֶלְבְּנָה

Reference	Period	Text
4Q204 1xii27		[מנהון דמעא די מתקרא צרו וחלבנ]ה

inhabited earth noun חֶלֶד

Reference	Period	Text
4Q530 7ii5	(XXXI)	ועבר עלא מן] / חלד וחלף לשהוין

valley noun חִלָּה

Reference	Period	Text
1Q20 XXII,4		ארחא חלתא רבתא למדיתון ושבין
4Q205 1xii5		אוחרן רם] מנה וביניהון חלה ע[מיקה
4Q205 1xii7		ויבישה תחתוהי ו]ביניתהון וח[לה אוחרי
4Q537 14,3	(XXXI)	מ]ן קשוט לחלת קרבא ונפק לרמון / [

to be wasted verb חלחל

Reference	Period	Text
4Q560 1i3		] עלל בבשרא לחלח<ל>יא דכרא
		לחלח<ל>יא דכרא וחלחלית נקבתא / [

to profane verb חלל

Reference	Period	Text
4Q213a 3-4,3	(XXII)	]אנתה ותחלל שמה ושם אבוה / [

to pierce verb חלל

Reference	Period	Text
11Q10 X,4	(XXIII)	הר]נה חללת ידה תנין ערק

cavern noun חֲלָל

Reference	Period	Text
4Q542 1ii7	(XXXI)	ובתהו{{ין}}מיא ובכול חלליא לבלמ[

to dream verb חלם

Reference	Period	Text
1Q20 XIX,14		וחלמת אנה אברם חלם בלילה מעלי
1Q20 XIX,18		חלם / חלמת [אנה וא]דחל [מן] חלמא דן
4Q530 2ii+6-12,3	(XXXI)	באדין חלמו תריהון חלמין / ונדת

dream noun חֵלֶם

Reference	Period	Text
1Q20 XIV,9		רב◦◦◦ ◦◦◦◦◦א קאם לקובלך בחלם על ראיש
1Q20 XIX,14		וחלמת אנה אברם חלם בלילה מעלי
		מעלי לארע מצרין וחזית בחלמי [וה]א
1Q20 XIX,17		אנתתי חלם / חלמת [אנה וא]דחל [מן]
1Q20 XIX,18		חלם / חלמת [אנה וא]דחל [מן] חלמא דן
		ואמרת לי אשתעי לי חלמך ואנדע
		ושרית לאשתעיא לה חלמא דן / [
1Q20 XIX,19		[וחוית] ל[ה פשר] חלמא [דן ו]אמ[רת] ◦◦◦
1Q20 XX,22		ידי עלוהי ויחה ארי ב[ח]לם חז[ני]
4Q204 1vi10		די פקד] / [קדישא רב]א בחלמא די אנה [
4Q206 4ii1		[ועוד חזית בחל]מי עד מ[רזביא אלן
4Q530 2ii+6-12,3	(XXXI)	תריהון חלמין / ונדת שנת[ ]עיניהון מנהון
4Q530 2ii+6-12,5	(XXXI)	ובאדין]חלמיהון אשתעין בכנשת
4Q530 2ii+6-12,6	(XXXI)	ואמר ההיה גברוא אנה ב]חלמי הוית חזא
4Q530 2ii+6-12,12	(XXXI)	עד כא סוף חלמא
4Q530 2ii+6-12,14	(XXXI)	]השכחו גבריא לחויא לה / [ח]למ[א
	(XXXI)	? חל]מא דן תנתן [לחנו]ך לספר
4Q530 2ii+6-12,15	(XXXI)	לספר פרשא ויפשור לנא / חלמא
4Q530 2ii+6-12,16	(XXXI)	קדם גבריא אף / אנה חזית בחלמי בליליא
4Q530 2ii+6-12,20	(XXXI)	עד כה סוף חלמא[
4Q530 2ii+6-12,23	(XXXI)	לה די יחוא[ל]כה פ[ש]ר חלמיא ודי
4Q531 22,9	(XXXI)	]וכדן אמר לה ⟦ ⟧ אוהיה חלמי אנסנ[י
4Q531 22,12	(XXXI)	[ואדין ג]לגמיש אמר [ח]למכה[ ]שלם ?
4Q544 1,10	(XXXI)	חזית] / בחזוי חזוה די חלמא
11Q10 XXII,9	(XXIII)	[ב]חלמין בחדידי ליל[א

to be well verb חלם

Reference	Period	Text
1Q20 XXII,5		אברם על לוט בר אחוהי ואתחלם אברם
4Q242 4,1	(XXII)	]לבר המון אחלמת / [

to pass verb חלף

Reference	Period	Text
1Q20 XIII,8		ורחש יבישתא חלפין ◦◦◦◦◦◦ן / [דהביא
1Q20 XIX,12		[וח]לפת שבעת ראשי נהרא דן די / ◦◦◦[
1Q20 XIX,13		]א כען חלפנא ארענא ועלנא לארע בני
4Q206 1xxvi19		מנהון למדנח ארעא ואחלפ[ת] / [על]א
4Q206 1xxvi21		ואחלפת ליד פרדס קשט[א]
4Q242 4,2	(XXII)	]מנה אח[ל]ף שלם של[ותי יתוב עלי] / [
4Q530 7ii5	(XXXI)	ארעא ועבר עלא מן] / חלד וחלף לשהוין
4Q558 39,3		] למחלפ◦[
4Q561 3,8		] / [ח]לפה כרגי ◦◦◦[
11Q10 XII,2	(XXIII)	] / וחליף[

instead, in place of preposition חֲלָף

Reference	Period	Text
4Q534 1ii+2,17	(XXXI)	עלוהי יסרון חטאה וחוביא / חלף קללה ◦[
11Q18 15,3	(XXIII)	]אחיהון עללין חלפהון ארבע מאה צ[

willow noun חִלָּפָה

Reference	Period	Text
1Q20 XIV,10		]אמת חלפא די נפקא מנה וראמא עד

1Q**20** XIV,11 — ודי]חׄזׄיׄתׄה ל**חלפתא** קדמיתא דבקא בגדם

1Q**20** XIV,14 — קׄאׄם לעלמים ודי חזיתא ל**חלפתׄא** דבקא

1Q**20** XIV,15 — חזיתה ל◦◦א ל**חלפתא** אחׄרׄ[ית]א ◦◦◦ ◦◦]

passion (?) noun חלץ

1Q**20** II,8 —] / אדין בתאׄנוש אנתתׄי **בחלץ** תקיף

loins noun חַלְצַיִן

11Q**10** XXX,1 (XXIII) — אסר נא כגבר **חלצׄ[י]ךׄ**[ואש]אלנך

11Q**10** XXXIV,3 (XXIII) — אסר / נא כגבר **חלציך** אשאלנך

to distribute verb חלק

1Q**20** XVI,12 — דׄיׄ דבׄקׄ לא◦◦א ◦◦◦ל / **חׄלׄק** בׄעׄרׄב ליפת

1Q**20** XVII,7 — ⟦ ⟧ / [ו]שׄם בׄרׄיׄ [ח]לׄקה בין בנוהי ונפל

4Q**197** 4ii17 (XIX) — וא]ל תדחלׄ[די ל]ךׄ היא **חליקא** ולך[דינא

4Q**204** 1vi12 —] / [מל]יׄ מנדע לׄיׄא **חלק** ועׄבד וברא

11Q**10** XXVI,5 (XXIII) —]אלהא / די עבדנה ודי **חלק** לנא לׄ[

Hilkiah proper noun חִלְקִיָּה

4Q**245** 1i8 (XXII) —]**חׄ[ל]קיה** /]

Ham proper noun חָם

1Q**20** XVII,19 — [ימא די ליד ח]לׄקׄ בני **חם** ◦◦◦]

1Q**20** XIX,13 — אׄרׄענא ועלנא לארע בנׄי **חם** לארע מצרין

4Q**529** 1,7 (XXXI) — בין] / בני **חם** לבני שם

6Q**19** 1 (III) — ארעא] / די בני **חם**[

to desire verb חמד

4Q**547** 7,1 (XXXI) — **תח]מׄדׄ** מׄזוׄ[הר מן

rage noun חֵמָה

1Q**20** 1i2 (I) —]ם **חמת** רגזך / ⟦ ⟧][

11Q**10** V,1 (XXIII) — ע]יׄנׄוׄהי במפלתה ומחׄ[**מת** מרא ישתא]

11Q**10** XXXIV,7 (XXIII) — העדי נא **חמת** רגזך וחזא כל גׄאה והשפלה

alluring adjective חַמִּיד

1Q**20** XX,5 — וידיהא כמא / כלילן ו**חמיד** כול מחזה

fifth adjective חֲמִישַׁי

1Q**20** XII,15 — למשתיָהָ ביום חד לשתא **חמׄישׄיׄתׄא**

4Q**201** 1iii7 (XXXVI) — **חמ]ישי** לה רעמא[ל שתיתי לה] / דניאל

4Q**208** 25,1 (XXXVI) — ובליל]א **חמשׄיׄת** / [עשר בה כסה

4Q**209** 7iii6 (XXXVI) — [שה]רׄאׄ ערׄב ועל לתרעא **חמישיא**

4Q**209** 7iii8 (XXXVI) —] / מן תׄרעא [**ח]מׄיׄ[שיא** ושלט בשאר

4Q**550**c 1ii3 — ו**חמ[י]שיׄא** אזל[ו

11Q**18** 14ii2 (XXIII) —] / מנצבהון וכלילא **חמי[שיא**

violence noun חֲמַס

1Q**20** V,18 —] / עׄבדין **חמס** שגיׄא יׄעבדון עד דיׄ[

1Q**20** VI,5 —] / [ ]לׄ[ ]◦◦כול שבילי **חמסׄ**

1Q**20** XI,14 — כׄוׄל עׄבׄדׄיׄ **חׄמסא** ורשעא ושקרא

4Q**201** 1iv8 (XXXVI) — רׄ[שעה ו]**חמסה** די [את]חׄטי עׄליהׄ

4Q**201** 7,1 (XXXVI) —]**חמס**[

4Q**203** 5,2 (XXXVI) —]**חׄמס** אנוׄ[ן

4Q**204** 5ii28 — ורשעה יסוף ו**חמסא** יכלא מן ארעא

4Q**212** 1iii25 — תנין די בה שקרא ו**חמסא** יצמחׄ[

4Q**212** 1iv14 — ולהון עקרין אשי **חמסא** ועבד שקרא בה

4Q**531** 19,2 (XXXI) — ע(ו)ב]דׄי **חמס** שגיא בׄיׄבשתא /]

4Q**541** 9i7 (XXXI) — [די דחה]להוה ודי שקר ו**חמס** מקמה

wine noun חֲמַר

1Q**20** XII,13 — ולשנין ארבע עבד לי **חמרׄ** / ◦◦◦ כׄול ◦◦◦

1Q**20** XIX,27 —]במאכל שגי ובמשתה[ ]**חמרא** /]

4Q**214** 2,9 (XXII) — במשחא] / [ו]בׄתרׄ כלא **חמר** [נסך

11Q**18** 29,4 (XXIII) —]משח ו**חמ[ר**

donkey noun חֲמָר

1Q**23** 1+6+22,2 (XXXVI) —] / **חׄמׄרׄין** מׄאתׄין ערדׄין מאתׄ[ין

1Q**24** 1,4 (XXXVI) —]יׄאׄ ו**לחמריא** ולׄ[

five numeral חֲמֵשׁ, חֲמִשָּׁה, חֲמִשָּׁא

1Q**20** XII,11 — אׄרׄפׄכשד לוד ואׄרׄם ובנן נקבן **חמש**

1Q**20** XIX,23 — ולסוף **חמש** שניא אלן /]

4Q**202** 1ii15 — [שמשיאל **חמ]שת** / [עשרי לה שהריאל

4Q**208** 1,2 (XXXVI) — חד עשר בה] / שביעינׄ **חׄמׄשא** ופלׄ[ג

4Q**208** 5,3 (XXXVI) — בשאר יממא] / [דנ שביעינ **ח]מׄשׄאׄ**

4Q**208** 19+21,1 (XXXVI) —] / **חׄמש[א**]ושוי[בה נהור שביעינ חמשא

4Q**208** 19+21,3 (XXXVI) — עשרא בה שביעינ] / **חמשא** ובאדינ [ער]בׄ[

4Q**208** 24i5 (XXXVI) — **חמ]שׄא** ופלג /]

4Q**208** 24i7 (XXXVI) —]**חׄמשא** ובאדינ עלת /]

4Q**208** 26,1 (XXXVI) —]שביעינ **חמש[א**

4Q**209** 1i8 (XXXVI) — וקוי בימׄמא] דׄן שביעין **חמשה**

4Q**209** 2ii7 (XXXVI) — [ו]בׄלׄ[יל]אׄ **חמשת** עשר בה כסה פלג

4Q**209** 3,4 (XXXVI) — בשאר] / [יממא דן שב]יעין **חמשה** ופלגׄ

4Q**209** 3,5 (XXXVI) —] / [שאר ליליא דן]שׄביעין **חמש[ה** ופלג

4Q**209** 5,1 (XXXVI) — [שביעין **חמ]שׄה** ופלג[ובלילא תמנת עשר

4Q**209** 7ii5 (XXXVI) — וקוי / [בי]מׄמא דן שביעין **חמשה**

4Q**209** 7ii6 (XXXVI) — ובלילא **חמשה** ועשרין בה כסה

(XXXVI) — בה כסה שביעין **חמשהׄ** ובציר מנהורה

(XXXVI) — חמשהׄ ובציר מנהורה שביעין **חמשה**

4Q**209** 7ii7 (XXXVI) — וקוי בימׄמא דן שביעין **חמשה** ופלג

4Q**209** 7ii9 (XXXVI) — שתה ועשרין בה כסה שביעין **חמשהׄ** ופלג

(XXXVI) — ופלג ובציר מנהורה שביעין **חמשה** / ופלג

4Q**209** 7iii7 (XXXVI) — וקוי בימׄמא דׄ[ן שביעין]**חׄמשה**

(XXXVI) — ושוי בׄהׄ נהוׄ[ר] שביעין **חמשה** שלׄםׄ[

4Q**209** 8,3 (XXXVI) —] / ובלילׄא **חמשת** עׄשר בה[

4Q**209** 13,2 (XXXVI) — **חמ]שׄהׄ**[ופ]לגׄ[

4Q**209** 22,1 (XXXVI) — בלילא **ח]מׄשׄה** בׄה [שביעין תרין] /]

4Q**209** 38,1 (XXXVI) — בליל]אׄ **חמשׄ**[

4Q**210** 1iii5 — עד יום] **חמשת** עשר ומשלמין בה

4Q**211** 1ii5 — ותניניָאָ חד מן **חמשת** / עשר בשתית

4Q**211** 1iii4 — בׄ[יום **חמ]שׄתׄ** עׄ[שר]◦[

4Q**211** 1iii5 — ת]לת תשיע ו**חׄמשׄ[ת**

4Q**245** 3,2 (XXII) —]◦ תלתין ו**חׄמׄשׄ[ה**

4Q**531** 11,3 (XXXI) — **ח]משה** קודמוהׄ[י

4Q**535** 3,2 (XXXI) — והוא בשעה **חמ]ש** בליליא מתילד ונפק

4Q**554** 2i12 — די צפונא]ראסין תלתין ו**חמשה** ושם

4Q**554** 2i15 — ראסין תלתין ו**חמשה** / [ושם תרעא

4Q**554**a 1ii3 — מן תרע] לתרע **חמשת** עשר תמניה בחדה

4Q**558** 14,1 —]◦ין ו**חמׄשׄ**[

5Q**15** 1i14 (III) — בחמשה ואמ]יׄןׄ **חׄמׄשׄ** ל[אמין א]רׄבׄעין בׄכׄל

fifty numeral חַמְשִׁין

2Q**24** 1,1 (III) — ⟦ ⟧ וחד ב]**חמשין** וׄחׄ[ד מרבעה סחור] /]

3Q**14** 7,2 (III) —]**חׄמשין**[

4Q**196** 18,13 (XIX) — בר]שנין **חמשין** ותמ[נה הוה

4Q**535** 3,3 (XXXI) —]תׄקל תקלין תלת מאה ו**חמ[שין** (וחד)

4Q**543** 1a-c,4 (XXXI) — בשנת מאה] / ו**חמשין** וׄתׄרתין לגׄ[לות

4Q**545** 1ai4 (XXXI) — מותהׄ בׄשׄנׄת מאהׄ / וׄ**חמשין** ותרתין

4Q**546** 1,2 (XXXI) —] / [מאה]ו**חמׄשין** [ותר]תי[ן

5Q15 1i1 (III) [סחור א]מין [תלת מאה ו]חמשין ושבע
11Q18 7,4 (XXIII)]ת מאה וחמש[ין

grace, favor noun חֵן
1Q20 VI,23 ואש]כחת אנה נוח חן רבו וקושט ◦◦◦[
4Q545 5,5 (XXXI)]וחן[

Hannah proper noun חַנָּה
4Q196 2,3 (XIX)]ל[הן חנ]ה אנתתי וטוביה ברי
4Q196 2,10 (XIX) לביתי ואתבת לי חנה אנתתי וטוביה ברי

Enoch proper noun חֲנוֹךְ
1Q20 II,22 פתגמיא אלן] / רט לחנוך אבוהי למנדע
1Q20 II,23 לפרוין ותמן אשכחה לחנוך [אבוהי
1Q20 II,24 [ו]אמר לחנוך אבוהי יא אבי ויא
1Q20 V,3 הא כדי אנה חנוך [
1Q20 XIX,25 וקרית קודמיהון ל[כתב] מלי חנוך / [
4Q201 1i1 (XXXVI) די ברך בה]ן חנוך לבח[ירין קשיטין
4Q203 8,4 (XXXVI)] / בכ[ת]ב יד חנוך ספר פרשא [
4Q206 2,2 (XXXVI) אתח]ית לחנוך ס[פר פרשא
4Q212 1iii18 וכדי יהב אגרתה נסב ח]נוך מתלה
4Q212 1iii21 אנא הוא / חנוך אחזי[ת אנה כלא
4Q212 1iii23 ות[ב] / נסב חנוך מתלה ואמר אנ[ה הוא
4Q243 9,1 (XXII)] לחנוך[
4Q530 2ii+6-12,14 (XXXI) ? חל]מא דן תנתן [לחנו]ך לספר פרשא
4Q530 2ii+6-12,21 (XXXI) (ו)]גבריא ושלחוהי על חנוך / [וחש]בו
4Q530 7ii6 (XXXI) קשטא] / וחזה[י]חנוך וזעקה ואמר לה
4Q531 44,2 (XXXI)]א לחנוך ל[
4Q559 2,5]חנו[ך

חִנְטָה ← חִטָּה

palate noun חֲנֵךְ, חך
11Q10 XIV,4 (XXIII) קל סגנין הטמרו לחנך דב[ק
11Q10 XIX,7 (XXIII) למחט]א / חכי למש[אל

to pray for mercy verb חנן
1Q20 XX,12 ליליא דן צלית ובעית ואתחננת ואמרת
4Q204 1vi18 נפשתכון ותהוון] / אנתון בעין ומתחנ[ין
11Q10 XXXV,6 (XXIII) בניח או ימלל עמך בהתחננה לך

to choke verb חנק
4Q196 3,1 (XIX) את]חנק [

choker, leash noun חֲנָק
11Q10 XXXII,4 (XXIII) פראה ברחרין וחנקי ערדא מן / שרא

far be it interjection חָס
11Q10 XXIV,4 (XXIII)]חס לאלהא מן שקר / ומן

shame noun חֲסֵד
4Q196 6,5 (XIX) ולא אשמע ח]סד עוד בחיי ו[
4Q197 1,2 (XIX) חסדי]ן מן חרה[

limit (?) noun חסוך
11Q10 X,1 (XXIII)] על[סי]פי חסוך / [

pious noun חֲסִי
4Q213a 3-4,6 (XXII)]אבוה◦ ולא מתמחא שם חסיה מן כול
4Q543 2a-b,5 (XXXI) תעבד בארעא דא ודין חסין ת[

strong adjective חַסִּין
4Q243 16,3 (XXII)]חסינין ומלכות עממ[יא
4Q558 20,3] / מלכותה חס[ינה

wanting adjective חַסִּיר
4Q213 1-2ii7 (XXII)] / ולא חס[י]ר[
4Q581 1,2] חסיר מנדע[

power noun חֲסֵן
4Q531 22,3 (XXXI) דרעי ובחסן גברותי / [וסלקת על כ]ול

clay noun חֲסַף
1Q20 XIII,9] אבניא וחספיא הווא קצין ונסבין להון
4Q242 1-3,8 (XXII)] / אעא אבנא חספא מן די [הוית סב]ר

to lack, decrease verb חסר
4Q209 26,3 (XXXVI) ומחסר מן דבר שמשא[
4Q540 1,1 (XXXI) תובא תתה עקא עלוהי ויחסר נכסין
4Q540 1,2 (XXXI) תובא יתה לה חסרןן ויחסר נכסין ו[
4Q540 1,3 (XXXI) די] לא ידמה לכול גבר כסר נכסין

want, loss noun חֶסְרוֹן, חסרן
4Q540 1,2 (XXXI) ◦◦◦ ? תובא יתה לה חסרןן ויחסר נכסין ו[
11Q10 XXIX,4 (XXIII) הן לכפן וחסרנה והן פתגם חוב להוא

to smile, laugh verb חעך
← חאך
1Q67 1,1 (I)] מחעך / [
4Q543 5-9,7 (XXXI) בחזוה וא]נפיהי חעכון ומכסה ב[לבוש
4Q544 1,14 (XXXI)] בחזוה ואנפיוה העכן ו[מכסה בלבוש

to embrace verb חען
1Q20 XVII,11 ב[צ]פונא די מחען לשנא דן דעל ראיש
11Q10 XXXVI,3 (XXIII) אנתה / לחברתה חענן ולא יתפ[ר]שן

to cover verb חפה
4Q201 1ii9 (XXXVI) ירוקין וחפין / [אילניה וכל פריהן לה]דר
4Q206 4i15 לערבא וערבא חפית וכסית / [מן עליהון
4Q206 4i18 ו]אנה הוית חזה עד ארעא חפית מין
4Q206 4iii15 אבדו] / [שקעין וטבעין ו]מיא חפו עליהון
11Q18 10i6 (XXIII)]◦ך חפא דהב / [

handful noun חפן
4Q156 1,2 (VI)] / [יהוה ומלא] חפנוה[י] כש[

חפץ ?
3Q14 7,1 (III)]וחפץ[

to dig verb חפר
4Q202 1ii27] / להון מא ית[חפר והיך] [מא י]עבדון
11Q10 XXXIII,2 (XXIII) וחפר בבקע וירוט ויחדא / ובחיל

loin noun חַץ
← חלצין
1Q20 VI,4 ול◦◦◦◦◦◦◦◦א◦ / [ ]ל◦[ ]א◦ וחצי אסרת בחזין

to pick out verb חצה
11Q10 XXXIII,10 (XXIII) מן ת[מה י]חצא מאכל[א

חָצוֹר ← רָמַת חָצוֹר

audacious adjective **חֲצִיף**

4Q565 2 —]**חציף** אנפין[

Hazazon-tamar proper noun **חֲצְצוֹן תָּמָר**

1Q20 XXI,30 —] **בחצצן תמר** ⟦ ⟧

חֹק ← חוֹק

to search verb **חקר**

11Q10 XXI,2 (XXIII) —] / תסיפון עד **תחקרון** סוף[

to be waste verb **חרב**

4Q201 1vi15 (XXXVI) —] / [אנתן חרבנה רבה א]**חרבת**[ן] לא[רעא
4Q244 12,3 (XXII) — ב]בל ו**לאחרבא** ארעהן מנהון מן די [
4Q534 1ii+2,13 (XXXI) —]ובת[ו]לן יתבן די לא[ ] / **ויחרבון** תש[
(XXXI) —]מן במן **יחרבן**
4Q540 1,5 (XXXI) — בנכ]סוהי מקדשא[מן ד]י **יחרב**[ונה ?

חָרֵב ← חוֹרֵב

sword noun **חֶרֶב**

1Q21 3,1 (I) — [ולמלכות ח]**רבא** [פגשא לקרבא ונחשירותא
4Q202 1ii26 — א[ל]ף [לאנשא ל]מעבד **חרבן** די פרזל
4Q246 1ii4 (XXII) — עם אל וכלא ינו/יח מן **חרב**
4Q246 1ii6 (XXII) — **חרב** מן ארעא יסף / וכל מדינתא
4Q318 VIII,7 (XXXVI) — [ו]עמל למדינתא ו**חרב** [בר]ת מלכא
4Q531 7,5 (XXXI) —]◦ הלא כול אלין אזלו **בחרבכה**[
4Q562 1,1 —]◦ רשיעין די **בחרב** ובקרב[
11Q10 XI,5 (XXIII) — **חר]ב** יפצון ולא ישבעון / [
11Q10 XXVII,6 (XXIII) — ישמ]עון **בחרבא** יפלון / ויאבדון מן
11Q10 XXXIII,3 (XXIII) — ויחדא / ובחיל ינפק לאנפי **חרב**
11Q10 XXXIII,4 (XXIII) — ולא / יזוע ולא יתוב מן אנפי **חרב**

destruction noun **חָרְבוּ**

4Q201 1iv9 (XXXVI) — ו[עק]תה **בח**[רבות בני ארעא סלקין
4Q202 1iii10 — וזעקתא] / [**בחרב**]**ות** ב[נ]י אר[עא

destruction noun **חָרְבָּן**

4Q210 1ii14 —] / **וחרבן**
4Q531 18,2 (XXXI) —]מאור **חרבן** אבדן [

terror noun **חַרְגָה**

11Q10 XXII,1 (XXIII) — הן **חרגתי** לא תסר[דנך

to thread, string verb **חרז**

11Q10 XXXV,4 (XXIII) — התגד / תנין בחכא או בחבל **תחרז** לשנה

sorcery noun **חַרְטֹמוּ**

4Q201 1iv2 (XXXVI) — למשרא] / [כ]שפו ו**חרטמו** ותוש[ין

free (?) adjective **חרי**

4Q556 1,6 —]מדינתא **חרתא** די שבה

to bind, declare verb **חרם**

4Q201 1iii3 (XXXVI) — ימו / כלהן כחדה ו**אחרמ**[ו חד לחד
4Q201 1iii5 (XXXVI) — בדיל] / די ימו ו**אחרמו**[ו חד לחד ב]ה

Hermon proper noun **חֶרְמוֹן**

4Q201 1iii4 (XXXVI) —] / ביומי ירד על [ראש **חרמון**] [טורה

Hermonin proper noun **חרמונין**

4Q204 1vi2 — דן די לימין **חרמונ**[י]ן די למ[ערבהון]

Hermoni proper noun **חרמני**

4Q204 1ii27 — עשא[ל עשירי לה] / **וחרמני** [חד] עשר

Haran proper noun **חָרָן**

1Q20 XXII,28 — מן יום די נפקתה מן **חרן** תרתין עבדתה
1Q20 XXII,30 — עמך ביום מפקך מן **חרן**

blade noun **חֲרַף**

11Q10 XXXIII,5 (XXIII) — עלוהי יתלה שלט / שנן ונזך ו**חרף** סיף

Hirkanos proper noun **חרקנוש**

1Q20 XX,8 — מלכא מלי **חרקנוש** ומלי תרין חברוהי
1Q20 XX,21 — באדין אתה עלי **חרקנוש** ובעא מני
1Q20 XX,24 — וכדי שמע **חרקנוש** מלי לוט אזל אמר

to burn verb **חרר**

4Q204 1v1 — וכול די **חר**[יר ויעדי מן כען עמהון יתאסרון
4Q548 1ii-2,7 (XXXI) — קנאת מר]אי **חרא** בי די בני צ[דקתא לא

white scale noun **חֲרָרָה**

4Q196 7,1 (XIX) — לא]סיא **ח**[רריא
4Q197 4i15 (XIX) —] / [ ]◦[ ]**חרריא** ו[חין

sorcery noun **חֲרַשׁ**

4Q202 1iii2 — חרמני א]לף **חרש** למ[שרא כשפו וחרטמו

sorcery noun **חַרְשָׁה**

4Q201 1iii15 (XXXVI) —] / ולאלפה אנין **חרשה** ו[כשפה
4Q202 1ii19 — בהן ולאלפה אנין **לחר]שתא** ולכש[פתא

groove, course noun **חרת**

4Q209 7iii2 (XXXVI) — למהך כל **חרתיה** די בתרעא קדמיא
(XXXVI) — למתב למתה ולמפק **בחרתיה**[
4Q209 7iii5 (XXXVI) — שמשא למתב ולמתא **בחרת**[יה ולמערב]
4Q209 8,4 (XXXVI) —]למתב ולמתא **בחר**[תיה

needle (?) noun **חרת**

11Q10 XXXV,5 (XXIII) — התשוא / זמם באפה ו**בחרתך** תקוב לסתה

to think, reckon verb **חשב**

1Q20 II,1 — הא באדין **חשבת** בלבי די מן עירין הריאתא
1Q20 VI,9 — כדי שלמו לי לחשבון די **חשבת** / [
1Q20 VI,16 —]◦רמו ו**חשבת** ◦◦ כול לכת בני ארעא ידעת
4Q530 2i+3,4 (XXXI) —]ה **יתחשבו** בחשבן שניא למן / [די
4Q530 4,2 (XXXI) — **ית]חשבו** ב[
4Q530 2ii+6-12,22 (XXXI) — ושלחוהי על חנוך / [**וחש]בו** ואמרו לה
11Q10 II,1 (XXIII) — [ותק]ף עלי רגזה **וח]שבני**

calculation, reckoning noun **חֶשְׁבּוֹן, חשבן**

1Q20 VI,9 — וביומי כדי שלמו לי **לחשבון** די חשבת
4Q204 1xiii24 —] / **חשבוניהון** ⟦ ⟧ באד[ין
4Q209 25,3 (XXXVI) — **ח]שבון** אחרן אחזית לה די אזל ◦[
4Q209 26,7 (XXXVI) —]**חשבון** אח[ו]נ[ן
4Q209 27,3 (XXXVI) —]**חשבון** סוף[
4Q346a 1 (XXVII) — **חשבן**/ון/רן/בי/וי/רי עלה◦◦קת ◦◦◦ [
4Q530 2i+3,4 (XXXI) —]ה יתחשבו **בחשבן** שניא למן / [די
4Q534 1i9 (XXXI) — [וכ]ול **חשבוניהון** עלוהי יסופו ומסרת כול

4Q**534** 1i10 (XXXI) [(ו)יסופו(ן) ? ח]שבונוהי בדי בחיר

4Q**534** 1i11 (XXXI) [להוון יחדון ארעא ? וח]שבונוהי להוון

4Q**534** 1i13 (XXXI)]ת̇ חשבון / [

4Q**547** 3,4 (XXXI)]◦[ו]הי ̣להן̣ בחשבוניה ו̇א̇[

חשבן ← חֶשְׁבּוֹן

to suspect verb **חשד**

4Q**343** Recto 9 (XXVII)] / ואהוא מחשד לכון במ̇[

to be silent verb **חשה**

1Q**20** XX,16 ובכית וחשית

11Q**10** XIV,3 (XXIII) [ו]רברב̣ין̣ חשו מללא וכף ישון[

11Q**10** XXI,7 (XXIII)] / והחשיו ונטרת מנהון ◦[

darkness noun **חֲשׁוֹךְ**

1Q**20** VI,3 ולא̇זה̇רותני מן ◦◦יב שקר די א̇זלן לח̇שוך̇

4Q**206** 1xxvi21 ואעברת ע̇ל̇[א] / מ̇ן̇ חשוכא רח[י]ק מנה

4Q**212** 1iii16 וחטיא יאבד בח]ש̇וכא / [לעלם

4Q**541** 9i4 (XXXI) ארעא ועל חשו̇כא תניר אדין יעדה חשוכא

(XXXI) תניר אדין יעדה חשוכא / [מ]ן̇ ארעא

4Q**542** 2,11 (XXXI)] / ח̇שוכ {{וממ[ ]}} <<ולח]>>שוכ(א)

(XXXI)] / ח̇שוכ {{וממ[ ]}} <<ולח]>>שוכ(א)

4Q**543** 5-9,5 (XXXI) ו]כ̇ל לב[ושה צב]ענין וחשיך חשוך[אנפוהי

4Q**544** 1,13 (XXXI) [וכול]ל̇[ב]ו̇שה צבענין וחשיך חשוך̇[אנפוהי

4Q**544** 2,14 (XXXI) ח[ש]יך ובחשוכה הוא ד[בר כול הוי] / [

4Q**544** 2,15 (XXXI) על כול חשוכה ואנה[דבר כול הוי] / [עדבי

4Q**548** 1ii-2,10 (XXXI) ל̇הוון[וכל בני]ח̇שו̇כא חשיכין להוון

4Q**548** 1ii-2,11 (XXXI) [צדיקין ל]ה̇וון וב̇נ̇י̇ חשוכא יתע̇ד̇ון [

4Q**548** 1ii-2,13 (XXXI) יהכו]ן̇ וכל בני חש[וכא לחשוכא למותא]

4Q**548** 1ii-2,15 (XXXI)]ו̇ן מן חשוכא ארו כל [בני נהורא

4Q**580** 1i12]כ̇ל סופה אבדן חשוך / [

4Q**580** 1i15] חשוך[

darkness noun **חֲשׁוֹכָה**

4Q**213** 4,7 (XXII)]◦די ח̇[ש]וכ̇ה תתא עליכ̇ו̇[

dark adjective **חֲשִׁיךְ**

4Q**543** 5-9,5 (XXXI) ו]כ̇ל לב[ושה צב]ענין וחשיך חשוך[אנפוהי

4Q**544** 1,13 (XXXI) [וכול]ל̇[ב]ו̇שה צבענין וחשיך חשוך̇[

4Q**544** 2,14 (XXXI) הוא חשוכא וכול ארחה חש]יכה וכל

(XXXI) וכל עבדה ח[ש]יך ובחשוכה הוא ד[בר כול

4Q**547** 1-2iii13 (XXXI) כפתן וכול לבושה צבענין]ו̇ח̇שיך

4Q**548** 1ii-2,10 (XXXI) [וכל בני]ח̇שו̇כא חשיכין להוון א̇[רו

4Q**548** 1ii-2,12 (XXXI)] / ארו כל סכל ורש̇[יע חשי]ך̇ וכל̇[

to darken verb **חשך**

4Q**213** 4,1 (XXII)]כ̇ן תחשכו̇ן[

11Q**10** A11,2 (XXIII)]ואתחשך מ̇[

to plan, design verb **חשל**

4Q**538** 1-2,1 (XXXI) א]דין חשל ע[ל]א[חוהי

to destroy (?) verb **חשל**

4Q**544** 1,13 (XXXI) [וחד] מנהון חזוה ח̇של̇[כפ]תן [וכול

electrum noun **חַשְׁמָל**

4Q**554** 3ii15 ותשע וכלה / בניה בחש[מל] וספיר

to seal verb **חתם**

4Q**196** 15,1 (XIX)]וחתם[

4Q**550** 5 ח[דה חתי]מה חתמי̇[ן] שבעה בעזקתה

seal noun **חָתַם**

4Q**550** 5 חתי]מה חתמי̇[ן] שבעה בעזקתה די דריוש

to seize, rob verb **חתף**

11Q**10** II,2 (XXIII) כחדה] / [י]ת̇ון חתפוהי וכבשו̇[

to break in verb **חתר**

11Q**10** VIII,7 (XXIII) ח̇[תר ח̇]תר

ט

good adjective **טָב**

1Q**20** XXI,3		לי ודי עבד עמי **טב** ודי אתיבני / לארעא
4Q**196** 2,11	(XIX)	הות] ל[י] / שרו **טבה** ורבעת ל[מאכ]ל
4Q**196** 18,14	(XIX)	חזות ע]ינוהי חי **בטב** ובכ[ל עבד
4Q**197** 4iii9	(XIX)	] / **טבא** על[יך ברי אנתה] ב[ר
4Q**204** 1xii24		דב]ה קניא **טביא** די בשמא די / [דמין
4Q**206** 1xxvi18		טורין אחרנין / [מלאין נ]רד **טב** וצפר
4Q**213** 1i8	(XXII)	דזרע **טב** טב מעל / [ודי זרע ביש עלוהי
	(XXII)	דזרע טב **טב** מעל / [ודי זרע ביש עלוהי
4Q**213** 1i20	(XXII)	ל]ידעיה ושימה **טבה** / [לכל קניה
4Q**213**a 1,16	(XXII)	]רשפיר **ודטב** קדמיך
4Q**214**a 2-3ii3	(XXII)	] / **טב∘ה** א[
4Q**347** 5	(XXVII)	פ]לגות **טבא**[
4Q**530** 4,1	(XXXI)	]ן **ט[ב]ן**[
4Q**534** 1ii+2,1	(XXXI)	מ[ו]ל[ד]ה די **טב**[ב]מה נפל לקדמין
4Q**537** 10,1	(XXXI)	קשי]טיא **טביא** ו[ל]∘∘[
4Q**538** 3,2	(XXXI)	] / **טבא**[
4Q**538** 3,3	(XXXI)	] / הוא אל **טב** [
4Q**541** 4ii5	(XXXI)	] / ב<<ט>>{{ש}}בי מ[
4Q**542** 1i10	(XXXI)	בלבב דכא וברוח קשיטה **וטבה**
	(XXXI)	לי ביניכון שם **טב** וחדוא / ללוי
4Q**550**a 2		] / ולא יבד שמה **טבא** [ו]הימנו[תה
4Q**550**c 1i3		]רא **טב**[א] / גברא טבא עבד [
4Q**550**c 1i4		]רא טב[א] / גברא **טבא** עבד [
4Q**557** 9		]ם **לטב** [
4Q**570** 4,7		]**לטב** ∘∘[
4Q**580** 10,4		]ט∘וף **טביא** / [
11Q**10** XXVII,5	(XXIII)	ישמעון ויעבד[ון ישלמון]**בטב** ימהון
11Q**18** 8,1	(XXIII)	דהב]**טב** כולה ארבע רגלוה[י
11Q**18** 10i2	(XXIII)	]ורא דן דהב **טב** / [
11Q**18** 11,4	(XXIII)	]נאמה וכולה דהב **טב** די[

goodness, pl. goods noun **טָבָה**

1Q**20** XIX,25		] ל[י] ל[אודעא] **טבתא** וחכמתא וקושטא
1Q**20** XXI,3		על כול נכסיא **וטבתא** די יהב לי ודי
1Q**20** XXII,11		שבוא / וכול די בזו וכול **טבתהון**
4Q**537** 5,1	(XXXI)	ב]ארעא ותכלון פריה וכל **טבתה** ותוחון [
11Q**10** XVI,4	(XXIII)	[עלי ונדת כ]רוח **טבתי** ורבותי וכענן

favor noun **טָבוּ**

1Q**20** XIX,19		[ב]רם דא כול **טבותא** / [די תעבדין

to slaughter verb **טבח**

4Q**197** 4iii11	(XIX)	דכר די ען **טב[ח**

to sink verb **טבע**

4Q**206** 4i19		שקעין **וטבעין** / [ואבדין במיא אלן]
4Q**546** 6,2	(XXXI)	]ן **ותטבע**[

טָהוֹר ← **טהר**

to be pure verb **טהר**

4Q**537** 12,1	(XXXI)	והיך כהנ]יהון להוון לבשין **וטהירן** / [

pure adjective **טָהֹר**

4Q**561** 3,10		] / [**ט]הרין** [ו]שפנין טה[ר
		] / [ט]הרין [ו]שפנין **טה[ר**

goodness noun **טוּב**

4Q**196** 18,3	(XIX)	טובי כ]ל רחמיכי **וטוב**[י כל
4Q**536** 2ii10	(XXXI)	**טובוהי** לכול א[נש(א) די מוסר
4Q**539** 5,3	(XXXI)	] תדבק ותשלט **טובהא** ? [

Tobit proper noun **טוֹבִי**

4Q**196** 18,12	(XIX)	[וספו מלי תודת **טו]בי** ומית בשלם ב[ר
4Q**197** 4iii5	(XIX)	כמא / דמה עלימא דן **לטובי** בר דדי
4Q**197** 4iii6	(XIX)	ידעין אנתון **לטובי** אחונ[א] / ואמרין לה

Tobiah proper noun **טוֹבִיָּה**

4Q**196** 2,3	(XIX)	]ל[הן חנ]ה אנתתי **וטוביה** ברי
4Q**196** 2,10	(XIX)	אנתתי **וטוביה** ברי ביום חג שבו[עיא
4Q**196** 2,12	(XIX)	ואמר[ת **לטו]ביה** ברי ברי אזל דבר לכל
4Q**197** 4i16	(XIX)	אמר רפאל] / [לעלי]מא **ט[ו]ביה** אחי
4Q**197** 4ii19	(XIX)	וכדי ש]מע **טוביה** מלי רפא[ל די היא ל]ה
4Q**197** 4iii2	(XIX)	אחמ[תא אמר] / לה **טוביה** עז[ריה אחי
4Q**197** 4iii7	(XIX)	ואמרו לה של[ם ואמ]ר **[טו]ביה** / די אבי הוא
4Q**197** 4iii10	(XIX)	] / צור **טוביה**[בר אחוהי ובכה
4Q**199** 1,1	(XIX)	ואמר **טו]ביה** די לא אכול תנא ול[א

burden, bag noun **טוּעַן**

4Q**538** 1-2,3	(XXXI)	אקר]בו כחדא עלי **ט[וענ]**יהון ב[מתנתהון

mountain noun **טוּר**

1Q**20** VII,1		עליהא בימיא **ובטוריא** / [
1Q**20** X,12		]תבותא נחת חד מן **טורי** הוררט
1Q**20** XI,9		] ∘∘∘∘א **לטוריא** ודמדבריא לע∘בריא
1Q**20** XI,16		∘∘∘יהא ובמדבריהא **ובטוריהא** ובכול
1Q**20** XII,8		**בטורי** הוררט ומן בתר כן נחתת לשפולי
		ומן בתר כן נחתת לשפולי **טורא** דן אנה
1Q**20** XII,13		ונצבת כרם רב בלובר **טורא** ולשנין
1Q**20** XIV,9		לקובלך בחלם על ראיש **טורים** / [
1Q**20** XVII,9		נהריא עד די דבק לראיש **ט[ור** אשור
1Q**20** XVII,10		ארדה ל∘∘ט / נפל **טור** תורא דן ועבר
1Q**20** XIX,8		]∘∘∘ עד כען לא דבקתה **לטורא** קדישא
1Q**20** XXI,7		בה ואנה הוית יתב **בטורא** די בית אל
1Q**20** XXI,16		ליד ימא עד די / דבקת **לטור** תורא
		די מלחא ואזלת ליד **טור** תורא
1Q**20** XXI,29		הקריות ולחוריא די **בטורי** גבל עד
4Q**196** 2,4	(XIX)	ואנון ערקו **לטורי** אררט ומלך
4Q**204** 1xii26		ואחזיא]ת **[טורי]ן** אחרנין ואף בהון
4Q**204** 1xii27		[ול]הלא מן **טוריא** אלן אחזיאת
		[אלן אחזיאת **טור** / [אוחרן למדנח
4Q**204** 1xii30		] כלצפון מדנחה[ו]ן אחזיאת **טו[ר]ין**
4Q**205** 1xii6		ולמערבא]לה **[ט]ור** או[חרן שפל
4Q**205** 1xii8		ות]מהת על **טור**[יא ותמהת
4Q**206** 1xxvi17		[אחז]ית **טורין** אחרנין / [מלאין נ]רד
4Q**206** 1xxvi19		ומן תמן הובלת / [למדר]נח כל **טוריא**
4Q**209** 23,10	(XXXVI)	טוריא רמין מן כ]ל **ט[ורין** די על תב]ל[
4Q**210** 1ii20		וחזית שב]עת **ט[וריא**
4Q**529** 1,3	(XXXI)	] / [חזית]תשעה **טורין** תרין למדנ[חא
4Q**531** 39,2	(XXXI)	]**לטור** [
4Q**553** 14,1		]**לטורא**[
4Q**556** 1,2		]**לטור** סיני [
4Q**556** 1,9		]∘∘ מן יפוא עד **טור**[

11Q**10** XXXII,7 (XXIII) ויבחר לה **טורין** לרע[יה ו]בתר כל ירוק

Turiel proper noun **טוריאל**

4Q**201** 1iii12 (XXXVI) שבעת [עסר לה] / **טוריאל** תמנית עס[ר]
4Q**202** 1ii16 שב[ע]ת עשר[י לה] [ט]**וריא[ל]** [{י}מאל}

to grind verb **טחן**

11Q**10** XVIII,3 (XXIII) **תטחן** ל[

clay noun **טִין**

11Q**10** XI,7 (XXIII)]זוזיא **כטינא** יסגא / [

Tina proper noun **טִינָה**

1Q**20** XVI,9 ראיש בעין עד **טינה** [נ]הרא ו◦◦◦ בעין [
1Q**20** XVI,15 ע]ל[מים] / [ ]◦◦◦ נ[פ]ק מי **טינה** נהרא
1Q**20** XVI,16] / עד **טינה** נהרא ◦◦◦◦◦◦◦◦◦◦◦◦ל ◦◦◦◦ם
1Q**20** XVII,16 בצפונא עד די דבק **לטינה** נהרא

channel noun **טִיף**

11Q**10** XII,6 (XXIII) **טי]פין** / בז[ע

drop noun **טִיף**

11Q**10** XXVIII,6 (XXIII) ועננוהי יַנֲחתון / **ט[יפי** מין על]עם סגיא

dew noun **טַל**

1Q**24** 5,4 (XXXVI)]ולמטרא **ולטל[א**
4Q**203** 11ii2 (XXXVI)] / **וטלא** ומט[רא
4Q**204** 1xiii26 פתיחין] / לרוח דרומא **לטל** ומט[ר
4Q**210** 1ii8] / די קרין לה נגבה **טל** [ומטר ושלם
11Q**10** XXXI,6 (XXIII) למטרא אב או מן / ילד [ע]נני **טלא**

lintel noun **טלול**

4Q**554** 2iii14 ת[רין א]מין 14 וית **טלולה** אמה חדה
4Q**554**a 1ii13]ין ורום כותא ית **טלולא** די עליהון / [

mole, lentil noun **טְלוּפַח**

4Q**534** 1i2 (XXXI) שמקמק[י]ן / שערת[ה ו]**טלופחין** על [
4Q**534** 1ii+2,2 (XXXI) באיש **טלופחא** על גבר[(א)

shade noun **טְלָל**

4Q**201** 1ii7 (XXXVI) בהן כוי]ה ושלקה ואנתן **טלל** ומסתרין
11Q**10** XXVIII,7 (XXIII) פרס / ע[נניא די אתרגו]שתה מן **טלל**

because of preposition **טְלַל**

1Q**20** XIX,16 ושביק ארזא **בטלל** תמרתא / ולא [אתקץ]
1Q**20** XIX,20 ואחי **בטליכי** ותפלט נפשי בדיליכי
11Q**10** VIIA,2 (XXIII) ואמ[ר] / [אף יומא דן] מן **טלל** שעותי די / [

uncleanness noun **טֻמְאָה, טֻמָה**

4Q**156** 2,3 (VI) [מן ט]**מאת**[הו]ן [די בני] / [ישראל
4Q**196** 6,9 (XIX) אנה בגרמי מ[ן כ]ל **טמאת**[גבר]
4Q**201** 1ii13 (XXXVI) וקשין {ביום} <בפום> **טמתכן** / [
4Q**531** 6,4 (XXXI) א]{{ת}}טמיו עליכו[ן] **ט[מאה** רב]א

to be unclean verb **טמה**

1Q**20** XX,15 בליליא דן **לטמיא** אנתתי מני וינדעוך
4Q**531** 1,1 (XXXI) עירי]ן **אטמיו** [
4Q**531** 6,4 (XXXI) **א]{{ת}}טמיו** עליכו[ן] ט[מאה רב]א
4Q**557** 5] **אטמיתון** כלא ל◦[

טֻמָה ← **טֻמְאָה**

to stop up verb **טמם**

4Q**197** 5,2 (XIX) ופקד לעבדוהי ד]י **יטממו[ן** פחתא

to hide verb **טמר**

1Q**20** VI,12]◦ שמיא **וטמרת** רזא דן בלבבי ולכול
4Q**209** 6,9 (XXXVI) גלגלה ריקן מן כל נהור **מטמר** עם ש[משא]
4Q**213** 1-2ii6 (XXII)] / **מטמרה** מנה[
4Q**213**b 3 (XXII) לי כל חזוה **וטמר]ת** אף דן בלבבי ולכל
4Q**214**b 8,2 (XXII) **מ]טמריא** מנה פ[
4Q**553** 3ii2 שמ **טמרו** כול שלי[ט
11Q**10** XIV,4 קל סגנין **הטמרו** לחנך דב[ק
11Q**10** XXXIV,8 (XXIII) **וטמר** / [ה]מון בעפר {{ }} כח[דא

to stray, err verb **טעה**

4Q**204** 4,7 וש[ח]ט כול **טעיתא** ושריו למר[עד] / [
4Q**204** 4,8 דן לכול ענא **טעיתא** לדיריה[ון] / [וכדי
4Q**243** 24,1 (XXII) בני רש]עא **אטעו** [
4Q**537** 5,2 (XXXI) ל]משטא **ולמטעא** ולמהך בארחת
4Q**541** 9i7 (XXXI) ודי שקר וחמס מקמה [ו]**יטעה** עמא
4Q**580** 10,2]◦ **תטע[ון]** / [

error, idol noun **טָעוּ**

1Q**21** 31,1 (I)]י **טעותא**[
4Q**212** 1iv11 וכול עבד]והי **בט[עותא]**
4Q**244** 12,2 (XXII) ל]שידי **טעותא** ורגז עליהון אלוהין
4Q**245** 2,3 (XXII)]אלן בעור **וטעו** / [
4Q**537** 5,2 (XXXI) ולמטעא ולמהך בארחת **טעו** זיו[
4Q**541** 1ii2 (XXXI)] / **טעואן** יפילון[

decree, sense, taste noun **טְעֵם**

4Q**212** 1v15 אנוש] / [די יכ]ל ינדע מה **בטעם** [אלהא
4Q**536** 2i+3,9 (XXXI)]◦ין **ובטעם** רזי / [
4Q**545** 2,2 (XXXI) ש]מר **ט[ע]מא** בקשט לעלם[

to die out, extinguish verb **טפה**

4Q**537** 20,2 (XXXI)]טן **הט[פי** ?
11Q**10** XXXIV,8 (XXIII) וכל / רמת רוח תתבר **והטפי** ר[שיעין

fingernail noun **טְפַר**

4Q**561** 4-6ii7] / כעבין **טפרוה**[י

to hide verb **טשה**

4Q**561** 3,9] / ותהך [ו]**תטשא** בלב[ב
11Q**10** XIV,2 (XXIII) [ו]חזוני עלומין **טשו** וגברין ח◦[

י

vocative particle יָא

1Q20 II,9] / ואמרת יא אחי ויא מרי דכרלך
] / ואמרת יא אחי ויא מרי דכרלך על
1Q20 II,13 ועמי תמלל ולי תאמר יא מרי ויא אחי
ולי תאמר יא מרי ויא אחי [דכרלך]
1Q20 II,24 [ו]אמר לחנוך אבוהי יא אבי ויא מרי
לחנוך אבוהי יא אבי ויא מרי די אנה לך
1Q20 VI,15 לי קל אשמע לך אמרין יא נוח / [
1Q20 XI,15 עמי ולי אמר אל תדחל יא נוח עמך

lovely adjective יָאֵי

1Q20 XX,3 ראישה כמא יאין להון לה עיניהא ומא
1Q20 XX,4 אנפיהא ◦◦◦ כמא יאא לה חדיה וכמא
1Q20 XX,5 מחזה יד[י]הא כמא יאין כפיהא ומא
1Q20 XX,8 עמהא ודלידיהא / יאא

to relax verb יאשׁ

11Q10 XXXI,9 (XXIII)]◦◦◦א על בניה תיאש

to bring verb יבל

4Q197 5,6 (XIX) אוב]יל עמך לבית א[בוך
4Q204 1vi21] / לעלא ואובלוני ואע[לו]ני ב[שמיא
4Q204 1xiii25 מן תמן אובלת לדרום ס[יאפי ארעא
4Q205 1xi3 ומן תמן אובלת לאתר א[חרן למערב
4Q206 1xxvi18 ומן תמן הובלת / [למד]נח כל טוריא
4Q530 7ii8 (XXXI) מליך וכל נפילי ארעא הן הובל [פשרא
4Q538 1-2,2 (XXXI) כדי או[בי]לת ואעלת / [קדמוהי אקר]בו
4Q543 41,1 (XXXI)]שת יוב[ל(ו)

cynodon grass noun יְבַל

11Q10 IX,1 (XXIII) התכ]פפו כיבלא יתקפצון א[ו

to be dry, wither verb יבשׁ

4Q201 1ii4 (XXXVI) חזו דכל איל[ניה] כלהן מיבישין / [

dry adjective יָבֵשׁ

4Q558 64,1] {{◦}} יבש[

dry land noun יַבֶּשָׁה

1Q20 XIII,8 וחיות ברא ◦◦◦◦◦◦◦◦◦◦◦◦ ורחש יבישתא חלפין
4Q197 4i8 (XIX) [לנונא ואנפ]קה ליבשא וא[מר לה מלאכא
4Q531 19,2 (XXXI) ע(ו)ב]די חמס שגיא ביבשתא / [
4Q541 9i5 (XXXI) [מ]ן ארעא וערפלא מן יבישתא שגיאן מלין

hand noun יַד

1Q20 XV,10 מגלא בידה ונורא עמה ארציץ
1Q20 XVII,7 לקדמין ל[עי]ל[ם] בצפונא ליד מי חדקל
1Q20 XVII,11 דעל ראיש תלתת חולקיא ליד ימא דן
1Q20 XVII,17 ליואן כול נגאותא די ליד לוד ובין
לוד ובין לשנא [די] ליד ל[ו]ד
1Q20 XX,4 מא שפירן וידיהא כמא / כלילן וחמיד
1Q20 XX,5 וחמיד כול מחזה יד[י]הא כמא יאין כפיהא
כול אצבעת ידיהא רגליהא / כמא שפירן
1Q20 XX,7 חכמא שגיא עמהא ודלידיהא / יאא
1Q20 XX,14 לי דין מנה ואחזי ידך רבתא / בה ובכול
1Q20 XX,22 ואצלה על / מלכא ואסמוך ידי עלוהי
1Q20 XX,29 [ד]י [ית]רפא / הו וסמכת ידי על [ראי]שה
1Q20 XXI,15 מן גיחון נהרא ואתית ליד ימא עד
1Q20 XXI,16 וסחרת מן לי[ד]ימא רבא דן די מלחא
ואזלת ליד טור תורא למדנחא לפותי
1Q20 XXI,17 וסחרת ליד פורת עד די דבקת לימא
למדנחא והוית אתה לי ליד / ימא
1Q20 XXII,17 אל עליון / די סגר שנאיך בידך
1Q20 XXII,21 סודם מרים אנה / ידי יומא דן לאל עליון
1Q23 17,2 (XXXVI)] / בידיהון ◦[
4Q196 10,1 (XIX) כארך]ידך ברי הוי ע[בד צדקתא
4Q197 4i9 (XIX) ולבב]ה / [וכבדה שים ב]ידך ומעוה[י
4Q203 8,4 (XXXVI)] / בכ[ת]ב יד חנוך ספר פרשא [
4Q206 1xxvi21 ואחלפת ליד פרדס קשט[א]
4Q206 4i12 אסר ל]כלהון ידין ורגלין ורמא / [להון
4Q212 1iv17 קשוט מן כול רשעין / ויתיהבון בידהון
4Q213a 1,9 (XXII)]ואצבעת כפי וידי / [
4Q214 2,5 (XXII)] / [צור]א ובתרהן ידיא[ובתרהן ניעא עם
4Q243 11ii2 (XXII)] / מצרין ביד ◦[
4Q243 13,3 (XXII)] למנתן אנון ביד נב[כדנצר
4Q243 16,2 (XXII) בי]דה רבתא ויושע אנ[ון
4Q246 1ii8 (XXII) ועבד לה קרב עממין ינתן בידה וכלהן
4Q343 Recto 7 (XXVII)] / לא ויעבר לידיך הו[
4Q530 1i2 (XXXI) ל]לוט ולצער אנה די ידי / [
4Q530 7ii4 (XXXI)] / כעלעולין ופרח בידוהי {{כעל}}
4Q531 1,4 (XXXI)]בדמה ועל יד מה[ומת(א)
4Q531 24,3 (XXXI)]יד רביא שניא[
4Q534 1i1 (XXXI) די ידא[ו]תרתין א[ר]כובתה[ועל
4Q537 1+2+3,4 (XXXI) אמר לי סב] לוחא מן ידי[?] / [(ו)א]נסב
4Q537 1+2+3,5 (XXXI) [(ו)א]נסב דן לוחא מן ידוה[י וקרית לוחא
4Q537 7,2 (XXXI) תמ]טנכון ביד פשעי[כון
4Q541 24ii4 (XXXI) ואל תמחולהי ביד שחפא ותליא כ[די]ן[
4Q546 11,5 (XXXI)]לה[ ]ידיה[ון]בא[די]ן[
4Q550c 1ii8] / ואחדה בי[דה
4Q553 6i2]◦◦◦נא ידי / [
4Q554 2iii16 אחרן ותרעה ליד כתלא גויא די ליד
ליד כתלא גויא די ליד ימינא / כמש[ח]ת
4Q554a 1ii8 עלא מן ערשין ו]לידה אמה בריתא / [
4Q558 58,4]רב ידוהי ל◦[
4Q562 1,2] לא ימלון ידיהן לכהנה ע[
4Q570 1bi3] ◦◦◦◦ יד
5Q15 1i18 (III) ליד כותלא גויה [די ליד
5Q15 1ii5 (III) ודרגא די סלק לידה פתיה אמין
5Q15 16,2 (III) ד]י לי[ד
11Q10 IV,4 (XXIII)] / סימו ידיכון על [פם
11Q10 X,4 (XXIII) הד]נח חללת ידה תנין ערק
11Q10 XI,1 (XXIII) בי]ד אלהא ועבד / [
11Q10 XIX,2 (XXIII) ל]בי / ונשקת ידי לפ[מי
11Q10 XXVI,2 (XXIII) מא / תתן לה או מא מידך יקבל[
11Q18 6,2 (XXIII) א]לן פרזיא ליד שור[א
11Q18 11,2 (XXIII)]ינא ליד כותלא די סחר ל◦[
11Q18 13,8 (XXIII)]מרפסתא ליד יס◦[
11Q18 16ii+17i3 (XXIII) כ]הניא מקבלין / מן ידהון דפש[טו
11Q18 16ii+17i5 (XXIII)] / ידוהי כול ◦[
11Q18 31ii4 (XXIII)] / ידא ח◦[

to give thanks, acknowledge verb ידה

1Q20 XXI,3 ואודית תמן קודם אלהא על כול נכסיא
4Q156 2,6 (VI) [ויהוד]א עלוהי כל[
4Q196 17ii3 (XIX) אנה בארעת] שביא מהודה לה / ומח[וה

ידיע להוא לכון די כול אנוס ושקר		4Q550 7
אנש להן ידׄ[ע] מלכא הֿן איׄתי [		4Q550a 1
ארו ידע אנתהֿ[		4Q550c 1i1
מה אעבד לכה ואנתה ידעׄ[		4Q550c 1i4
ידׄ]עׄ מנדע שגׄיׄ[א		4Q580 3,2
הֿרחקו וידעי בׄ◦[	(XXIII)	11Q10 II,3
ידׄ]עת מן עלמא מן דׄ[יׄ] / [	(XXIII)	11Q10 III,5
ארו ידעתֿ[	(XXIII)	11Q10 V,7
מלוא אנדע ואשכׄ[חנה] / [ואתא עד]	(XXIII)	11Q10 VIIA,3
ואנדע / [	(XXIII)	11Q10 VIIA,5
לׄ[אׄ ידׄעׄ]ת	(XXIII)	11Q10 XIV,11
ויומוהי / סגיא[לא ננ]דע ומנין	(XXIII)	11Q10 XXVIII,4
[התׄ]נדע מא שויא אלהא עליהֻן	(XXIII)	11Q10 XXIX,6
[התנ]דע להלבש{{ו}}א עננה	(XXIII)	11Q10 XXIX,7
ארו הוא ידע מדעׄ[א	(XXIII)	11Q10 XXIX,8
ינדעׄ]	(XXIII)	11Q10 XXIX,9
במעבדי ארעא החוני הן ידעת חכמה	(XXIII)	11Q10 XXX,2
מן שם משחתה הן תנדע מן נגד עליה חוטא	(XXIII)	11Q10 XXX,3
תמנ]הֿ [יׄ]רׄחׄיׄןׄ / שלמין ותנדע עדן	(XXIII)	11Q10 XXXII,2
ידעת די כלא / תכול למעבד	(XXIII)	11Q10 XXXVII,3
וכל אחוהי וכל ידעוהי ואכלו / עמה	(XXIII)	11Q10 XXXVIII,5

to give verb **יהב**

] / עלמא יהבׄין בשׄ◦◦◦[		1Q20 V,17
ובנׄתי לבני אחׄי יׄהׄבׄת כדת חוק		1Q20 VI,8
עליׄהׄ יהׄבׄת סׄולת נׄשׄיׄפׄא פילא במשח		1Q20 X,16
בׄכׄלהׄו]ן מלחא הוית יהב ורח		1Q20 X,17
והא אנה [י]הׄבׄ לך ולבׄניׄך כׄולׄאׄ		1Q20 XI,17
קדימיתא / ◦◦◦◦◦◦◦◦◦◦◦◦◦◦◦◦ יׄהׄבין בארׄעׄהׄ[		1Q20 XIV,18
חׄולקא די פלג לה ויהב לה נוח אבוהי		1Q20 XVII,15
]יׄפׄת פלג בׄין בנוהי לגמר יהב לקדמין		1Q20 XVII,16
והווא יהבין / [לי מתן שגיאן ובעו] לׄ[יׄ]		1Q20 XIX,24
וׄקׄם ויׄהב / לׄיׄ מלכא בׄ[יומא]		1Q20 XX,29
לשׄרי ויהב לה מלכׄא [כסף וד]הב		1Q20 XX,31
נכסיא וטבתא די יהב לי ודי עבד עמי		1Q20 XXI,3
כול / ארעא דא די אנה יהב לך ולזרעך		1Q20 XXI,10
תרתי עשרה שנין הווׄא / יהבין מדתהון		1Q20 XXI,27
ענה די יהב אברם ללוט די פלט מֿן		1Q20 XXII,2
ויהב לה מעשר מן כול ֻנכסיא		1Q20 XXII,17
מרי אברם / הב לי נפשא די אִיַתי לי		1Q20 XXII,19
נכסיא וכול / שביתא ויהב למלך סודם		1Q20 XXII,25
]יהיב ◦[	(I)	1Q21 34,2
מן תרתי לחמא יהיבת [לׄ]כׄ[הן ראשא	(III)	2Q24 4,15
עמה [ ] ואחריתא[י]היבת לתנינה	(III)	2Q24 4,16
חזי הוית עד די יהיב לכ[ול כהניא	(III)	2Q24 4,17
ו]תׄאתה בי<ת> גׄבׄ[א]ל וׄהׄב לה כתב	(XIX)	4Q197 5,10
] / [ד]יׄ יהׄ[ב] רבא לבני [אנשא] לׄמׄלׄ[לה		4Q204 1vi11
מנהון לערדיא] / וערׄדיא יהבׄ[ו] אמרא דן		4Q206 4ii15
רעא] להון ויהב להׄ[ון] מׄיא [למש]תׄ[א] / [		4Q206 4iii18
[די כת]ב ויהב למתׄ[ושלח ברה ולכל		4Q212 1ii22
] / [בדיל די קדישא רבא יׄהבׄ[זמניא		4Q212 1ii26
שבעה פׄ[עמי]ן חכמׄהׄ ומדע תתיהׄ[ב להון]		4Q212 1iv13
קשוט דבה תתיהׄ[ב חרב] / לכול קשיטין		4Q212 1iv15
קשוט מן כול רשיׄעין / ויתיהבון בידהון		4Q212 1iv17
חכמתא לבׄ[פרון ולשיטו מתיהב	(XXII)	4Q213 1i11
די כלהון י]הׄבין לה בה יקר בדי	(XXII)	4Q213 1i17
כהנותׄ[ה ולי מן בנוהי יהב / [קרבן	(XXII)	4Q213b 5
] / יהב רׄ◦[	(XXII)	4Q243 27,2
]כתב די יהיב / [	(XXII)	4Q245 1i4
] / והבו עם שמׄעׄ[ו]ן וׄ[	(XXVII)	4Q343 Verso 13

בקו]שטא הודׄ[י	(XIX)	4Q196 17ii9
לברכה לׄ]◦◦◦◦ ולהודיה רבׄ[ותה	(XIX)	4Q196 18,15
למדחל לאלהא ולה[ודיה רבותה	(XIX)	4Q198 1,1

to know verb **ידע**

]◦שתון לא תדעוןׄ / [		1Q20 I,4
לא ידׄ]עין מא למׄעׄבׄד אנשא לארעא		1Q20 I,28
וכולא מנה ביצבא ינדע בדי הוא רחים		1Q20 II,20
אלןׄ / רׄטׄ לחנוך אבוהי למנדע מנה		1Q20 II,22
בׄחׄזׄיׄןׄ חׄזׄיׄת ואׄחׄוׄאׄתׄ ואודעת בעובד		1Q20 VI,11
לכׄת בני ארׄעׄא יׄדׄעת וחזׄיׄת כול[		1Q20 VI,16
] ◦◦◦◦ ◦נא ידעין הׄ◦ / [		1Q20 XIV,7
לי אשתעי לי חלמך ואנדע		1Q20 XIX,18
לטמיא אנתתי מני ויׄנׄדעוך מרי		1Q20 XX,15
למקרב בהא ואף לא ידעהא והוא		1Q20 XX,17
]וידעו רׄ[	(XXXVI)	1Q23 9+14+15,2
ו]אחוית וכדי ידעת [די] ידע בי / [ולי	(XIX)	4Q196 2,1
ו]אחוית וכדי ידעת [די] ידע בי / [ולי	(XIX)	
◦◦◦◦ י]דע דׄ[י]דכיה אנה בגרמי מׄ[ן	(XIX)	4Q196 6,9
] / ואׄ[מרין לה די]יׄדׄעין אנחׄ[נא לה	(XIX)	4Q196 14ii10
קׄ[ו]שטא עבדו]קׄדמוהׄ[י מן] יׄדׄ[ע הן תהוה	(XIX)	4Q196 17ii5
]למנדע ◦[	(XIX)	4Q197 3,2
]למנדע בקׄ[ושטא	(XIX)	4Q197 3,5
לה]משׄתׄוׄתא וידע אנה די לא יכול	(XIX)	4Q197 4ii4
למכליה מנך בדיל דׄיׄ הוא ידע / [	(XIX)	
ארי ה]וא ידׄ[ע] די הן ינתננה לגבר / [	(XIX)	4Q197 4ii5
ואמרא להון ידעין אנתון לטובי	(XIX)	4Q197 4iii6
אחונ[א] / ואמרין לה די ידעין אנׄ[ח]נׄא	(XIX)	4Q197 4iii7
אזל נא מיכאל ו]אׄודׄ[ע] / לׄשׄמׄ[יחז]א		4Q202 1iv8
] / ידיע להוא לכׄון דׄ[י]לׄ[	(XXXVI)	4Q203 8,6
מב]רך די כול רזיא ידׄ[ע אנתה	(XXXVI)	4Q203 9,3
אחזית לׄ]הׄון ואמרה לא ידע בהון		4Q204 4,4
] / בׄי[ו]מׄיׄ[הון בד]יׄ ידע אנה ברזׄיׄ [מריא		4Q204 5ii26
[ו]אמׄך רבתא וידׄ[עו מנדע ואתפתחו		4Q206 1xxvii10
אחזא לכון כלקובל] / די תדעון מׄהׄ[		4Q212 1ii19
עׄיׄרׄיןׄ וׄקדשין / אנה כלא ידעת [ובלוחת		4Q212 1iii22
מן כול אנוש] / [די יכׄ[ל ינדע מה		4Q212 1v15
חכמתה לׄ[ידעיה ושימה טׄבה / [לכל	(XXII)	4Q213 1i20
]ׄין ראשין ושפטׄין / ידעׄ[	(XXII)	4Q213 1-2ii14
עלי ועליכן בנׄיׄ ארו ידעונה / [	(XXII)	4Q213 4,4
א]נתה בלחודיך ידע / [	(XXII)	4Q213a 1,11
]◦ין אל ידׄ[עו	(XXXI)	4Q530 5,3
על / [דברת די נ]דע מנך פשרהׄ[ו]ןׄ[	(XXXI)	4Q530 7ii10
א]מר לה דׄיׄ אנה ידע עד דׄ[י	(XXXI)	4Q531 5,3
ארו ידע אנה די עלׄ / [חזוה לא א]רמוׄך	(XXXI)	4Q531 22,10
]ׄן וידע / [	(XXXI)	4Q532 1i13
[וכא]נׄוׄש די לא ידע מדעׄם עׄדׄ עדן	(XXXI)	4Q534 1i4
מדעׄם עׄדׄ עדן דׄיׄ / [י]נדע תלתת ספריׄא	(XXXI)	4Q534 1i5
[ב]אדין יערם וידע שבׄ[ילי חכ]מׄ[ין	(XXXI)	4Q534 1i6
ו]ידעׄ רׄזי אנשא וחוכמתה לכול	(XXXI)	4Q534 1i8
וחוכמתה לכול עממיא תהך וידעׄ רזי	(XXXI)	
אדין ידע די לא איתׄ[י בלבבהון ר]וח	(XXXI)	4Q538 1-2,4
בקר ובעי ודע מא יונא בעה	(XXXI)	4Q541 24ii4
נהירה עליכון ויודענכון שמה רבא	(XXXI)	4Q542 1i1
שמה רבא / ותנדעונה {{ותנדעונה}}	(XXXI)	4Q542 1i2
שמה רבא / ותנדעונה {{ותנדעונה}}	(XXXI)	
] אׄרׄו ידׄעׄ	(XXXI)	4Q543 40,1
] / לעמך [ו]תׄנדׄ[ע]בׄתׄרׄ	(XXXI)	4Q546 14,2
לכׄ[ון ארח]א {{י}}צבתא אנה מודע לכׄ[ון	(XXXI)	4Q548 1ii-2,9
] / ואׄ[ו]דׄעו]	(XXXI)	4Q548 1ii-2,15

Text	Reference	Vol.
]יהבתה לה דכרנא דנה בא[	4Q531 6,3	(XXXI)
]א יהב / [	4Q532 1i11	(XXXI)
מ{{א}}השלמא לכון / ודי יהבו לכון	4Q542 1i5	(XXXI)
די כתבו אבהתנא ?] / ויהבו ללוי אבי	4Q542 1ii11	(XXXI)
אבי ולוי אבי לי י[הב		(XXXI)
]ן הבו[	4Q543 46,2	(XXXI)
]יתהב[	4Q543 46,3	(XXXI)
] / אושי מלכא די תמ[ר] ותתיהב [	4Q550a 5	
י]הב כ◦ה[	4Q558 51,1	
ברחמין / ויהב לה חד תרין בכל	11Q10 XXXVIII,4	(XXIII)
די / היתי אלהא עלוהי ויהבו לה	11Q10 XXXVIII,7	(XXIII)
מן תרתי לחמא י]היבת לכהנא ר[בא	11Q18 20,6	(XXIII)

Jehadiel proper noun יהדיאל

Text	Reference	Vol.
תשעת עשר]י לה יהדי[אל ע]שרין [לה]	4Q202 1ii17	

Jehoash proper noun יְהוֹאָשׁ

Text	Reference	Vol.
]אחזי[ה יוא]ש / [	4Q245 1i12	(XXII)

Judah proper noun יְהוּדָה

Text	Reference	Vol.
]◦[ ]◦ יהודה ואלעזר [	4Q342 3	(XXVII)
י]הודה ◦◦[	4Q558 22,1	
]◦ל ליהודה וי◦◦[	4Q570 4,6	

Jew proper noun יְהוּדִי

Text	Reference	Vol.
גזר והוא יהודי מ[ן בני גלותא על לי	4Q242 1-3,4	(XXII)
]ך גבר / יהודי מן רברבני מ[לכותא	4Q550c 1i3	

Jehohanan proper noun יְהוֹחָנָן

Text	Reference	Vol.
י]הוחנ◦[?]	4Q351 1i1	(XXVII)

Jonathan proper noun יְהוֹנָתָן

Text	Reference	Vol.
יונ]תן שמעון / [	4Q245 1i10	(XXII)
] בר יהונתן בר [יהו]שוע בר ישמעאל בר[	4Q551 3	

יהוֹסֵף ← יוֹסֵף

Joshua proper noun יְהוֹשֻׁעַ

Text	Reference	Vol.
] בר יהונתן בר [יהו]שוע בר ישמעאל בר[	4Q551 3	

onyx noun יָהֲלֹם

Text	Reference	Vol.
] שש ויהלם	5Q15 1i7	(III)

Greece, Javan proper noun יָוָן

Text	Reference	Vol.
ומגוג ומדי ויואן ותובל ומשוך ותירס ובנן	1Q20 XII,12	
למדי ובתרה ליואן כול נגאותא די ליד	1Q20 XVII,17	
] / יואן ◦◦[	4Q541 2ii7	(XXXI)

river noun יוּבַל

Text	Reference	Vol.
] מעברהון ירדנא יובל[א	4Q243 12,3	(XXII)

jubilee noun יוֹבֵל

Text	Reference	Vol.
] ◦◦[ ]◦◦א יובלין עשרה בארין שלם לבני	1Q20 VI,10	

Jochebed proper noun יוֹכֶבֶד

Text	Reference	Vol.
ו]בכול דן יוכבד / [אנתתי הות רחיקה	4Q547 1-2iii6	(XXXI)

day noun יוֹם

Text	Reference	Vol.
] / יום ◦[	1Q20 1ii3	(I)
ארו ביומי ירד אבי	1Q20 III,3	
] / ביומוהי ◦ת עובד והא ◦◦[	1Q20 V,22	
נציבת / וקושטא כול יומי דברת	1Q20 VI,2	
וביומי כדי שלמו לי לחשבון	1Q20 VI,9	
]עליא יום ק◦ל[	1Q20 VI,24	
וכדי ◦◦◦ רגלא קדמיא ביום חד	1Q20 XII,14	
פתחת ושרית למשתיה ביום חד	1Q20 XII,15	
]◦◦◦ ביומא דן קרית לבני ולבני	1Q20 XII,16	
] / [ ]◦◦◦◦◦◦◦◦◦◦◦ך כול יומוהי לא יפרש	1Q20 XIV,12	
בתר יומא דן פרש לוט מן לואתי	1Q20 XXI,5	
קדמת יומיא אלן אתה כדרלעומר	1Q20 XXI,23	
מרים אנה / ידי יומא דן לאל עליון	1Q20 XXII,21	
שנין / שלמא מן יום די נפקתה מן חרן	1Q20 XXII,28	
מן / כול די נפקו עמך ביום מפקך	1Q20 XXII,30	
]◦ יום קן[	1Q24 7,1	(XXXVI)
כול יום[ויו]ם[	2Q24 8,6	(III)
כול יום[ויו]ם[		(III)
ל◦[ ]יומ[	3Q12 1,1	(III)
ביו]מי שנה / [	4Q157 1i3	(VI)
ולא הוה יומין א[רבעין] / [	4Q196 2,3	(XIX)
וביומי אסרחדון [מל]כא כדי תבת / לביתי	4Q196 2,9	(XIX)
ברי ביום חג שבו[עיא הות] ל[י] / שרו	4Q196 2,10	(XIX)
ו]ביומך ◦[	4Q196 9,1	(XIX)
]כל יומ[י חיי] / [	4Q196 17ii6	(XIX)
] / [ידע די מנה]להו[ה אבי יו]מיא והן[	4Q197 5,11	(XIX)
עלוהי רברבן וקשין {ביום} <בפום>	4Q201 1ii13	(XXXVI)
אדין יומיכן תלוט[ון ו]שני / [חייכן יבדן	4Q201 1ii14	(XXXVI)
מאתין די נחתו] / ביומי ירד על [ראש	4Q201 1iii4	(XXXVI)
[כו]ל [י]ומי [חייהון ⟦ ⟧] / והויא כד[י	4Q202 1ii1	
] / ארעא עד יומא רבא[די דינהון	4Q202 1iv11	
אל]פין וכול יומי / [ילדותכון ו]שיבתכון	4Q204 1v5	
דין] / [גזיר למאסר]כון עד כול יומי ע[למא	4Q204 1vi15	
לך ברי די] ביומי ירד א[בי] / עברו [מלת	4Q204 5ii17	
מן רשעי ארעא די] להוא ביומ[והי	4Q204 5ii25	
[מן דן די ישתלם] / בי[ו]מי[הון בד]י ידע	4Q204 5ii26	
לה]ן לא יתנזקון ביום דינא מ[ן [תנה	4Q205 1xi1	
לכדן עב[י]דו עד יום די יתדינן ועד זמן	4Q206 1xxii2	
יתדינן ועד זמן יום קצא ד[י] / דינא רבא		
שבעין חמש ועשרין וי]ומין תרין	4Q209 26,3	(XXXVI)
מפ]רשין בי[ומין	4Q209 28,4	(XXXVI)
בכל יום וי]ום לאתחזיא ע[ל ארעא	4Q210 1ii18	
ומשל]מין בכל יום ויום עד יום	4Q210 1iii4	
ומשל]מין בכל יום ויום עד יום		
יום ויום עד יום ארבעת עשר ומש[למין]		
עשי]ריא וביומא תנינא חד מן תל[תת] / [	4Q210 1iii7	
ביומא קדמיא [חד] מעשר[בשתי]ת	4Q211 1ii5	
ולא יתחזא עוד מ]ן יומא / ד[ן ועד	4Q212 1iii17	
]עממיא ולהוה מן יום [	4Q243 24,3	(XXII)
]עבדין עד יומא[דנה	4Q243 24,5	(XXII)
שב]עת ? יומיא אלן במטרהו[ן	4Q530 2i+3,5	(XXXI)
למחה לזמן יומין[	4Q531 23,1	(XXXI)
יו]מיא דמך עד מפלג ית[י]ומיא	4Q535 3,4	(XXXI)
יו]מיא דמך עד מפלג ית[י]ומיא ש[		(XXXI)
יומי]א דמך עד מפלג יומוה[י	4Q536 1,1	(XXXI)
לבנוהי] / ולא ימות ביומי רשעא	4Q536 2ii11	(XXXI)
וביום [תמניה קרבניכון לא להון] ריקין מן	4Q537 1+2+3,6	(XXXI)
למדבחא וה[יך כל יו]ם[להוון בכ]ל[	4Q537 12,2	(XXXI)
]◦ ביומא ד[נא	4Q541 8,3	(XXXI)
מקמה [ו]יטעה עמא ביומוהי וישתבשון	4Q541 9i7	(XXXI)
פקד]אנון ביום מות[ה]בשנת / מאה	4Q545 1ai2	(XXXI)
ועבד משתותה שבעה[יומ]ין / ואכל	4Q545 1ai6	(XXXI)

4Q**545** 1ai8 (XXXI) כדי אשתציו / [י]ומי משתותא שלח

4Q**545** 10,1 (XXXI)] / ביום[

4Q**548** 3,2 (XXXI)] / ליום מועד[

4Q**550**b 3] פתריזא אבו[ך]מן יומא די קם על

4Q**555** 2,3] פתורא וביומא שב[יעיא

4Q**580** 1ii14] / [ע]ד יום עשרתא וב[

11Q**10** XV,4 (XXIII) ח]אכו עלי זערין מני ביומין[

11Q**10** XVI,6 (XXIII) [נפשי יאחדונני י]ומי תשברא יאקפוני

11Q**10** XVII,4 (XXIII) רת]חו ולא / [דמו קד]מוני יומי עמ[לא

11Q**10** XXIII,3 (XXIII)]מן / עולים ותב ליומי עלימ[ותה

11Q**10** XXVII,5 (XXIII) ויעבד[ון ישלמון]בטב ימהון ושניהון

11Q**10** XXVIII,3 (XXIII) רב הוא ויומוהי / סגיא[לא נג]דע ומנין

11Q**10** XXX,9 (XXIII) הביומיך מנית / [

11Q**10** XXXI,1 (XXIII) ד[י מנעת ל]עדן ע[קת]א ליום קרב

11Q**18** 19,2 (XXIII)]ביומא שביעיא וביום ראשי

(XXIII)]ביומא שביעיא וביום ראשי ח[דשא

11Q**18** 20,1 (XXIII) כו]ל יום שביעי קודם אל דכר[נא

by day adverb יוֹמָם

4Q**208** 10a,9 (XXXVI)]°° שמשא יוממ / [

יָוָן ← יָוָאן

dove (?) noun יוֹנָה

4Q**541** 24ii4 (XXXI) יבריככה] / בקר ובעי ודע מא יונא בעה

Joseph proper noun יוֹסֵף, יהוֹסֵף, הסף

4Q**344** 2 (XXVII)]עמי אנה אלעזר בר הסף[

4Q**344** 6 (XXVII) אלעזר בר יהוסף על נפשה כתב[ה] / [

4Q**344** 7 (XXVII)]יהוס[ף

4Q**538** 1-2,3 (XXXI) ב]רא[שי]הון וקדם יוסף / [נפלו כלהון

4Q**538** 1-2,7 (XXXI) אבי ימות ולא יכל יחזה ע]וד יוסף

4Q**554** 2i18 דן די] קרין לה תרע יוסף / [ומן תרעא

to lend verb יזף

4Q**558** 59,4]ל תזף[

to hurry, hasten verb יחה

1Q**20** VI,3]א° / במסלי אוחת קושט ולאזהרותני

4Q**537** 5,1 (XXXI) פריה וכל טבתה ותוחון [

to arrange, prepare verb יחט

4Q**530** 2ii+6-12,17 (XXXI) וכרסון יחיטו וקדישא רבא ית[ב

single, alone adjective יָחִיד

4Q**196** 6,10 (XIX) שבינא[יחי]דא אנה[לאבי] / [ולא]בר

to wait verb יחל

11Q**10** XXV,7 (XXIII)]תו לה איחל

to be good, pleasing verb יטב

4Q**541** 8,1 (XXXI)]יטב[

LORD, Yahweh proper noun ••••

4Q**196** 17i5 (XIX) אתחזי להון מל]אך ••••[•] / [

4Q**196** 18,15 (XIX) לברכה ל]•••• ולהודיה רב[ותה

4Q**558** 70,3]•[•••• די [

to reprove, reprimand verb יכח

4Q**204** 1vi8 במלי קושטא וחזיה ומוכח לעירי

4Q**204** 1vi12 ליא חלק ועבד וברא לא[וכחה לעיריא

to be able verb יכל

1Q**20** XX,17 ולא יכל למקרב בהא ואף לא

1Q**20** XX,19 כול אסי מצרין הן יכולון לאסיותה

1Q**20** XX,20 ולא יכלו כול אסיא ואשפיא וכול

1Q**20** XX,22 ואמר לה לוט לא יכול אברם דדי

4Q**197** 4ii4 (XIX) אנה די לא יכול רעואל למכליה מנך

4Q**201** 1iii18 (XXXVI) עמל כל בני אנשא ולא י[כילו אנשא

4Q**204** 1vi29 [וברבו כלקובל די לא א]כל לאדמה

4Q**204** 4,2]די הוה ביניהון לא יכלין אנחנא

4Q**212** 1v15 מן כול אנוש] / [די יכ]ל ינדע מה

4Q**212** 1v16 בני אנוש] / [ד]י יכל ישמע מלי קדשא[

4Q**212** 1v20 מנו הוא [מן כול בני א]נוש די יכל [וינדע

4Q**212** 1v22 כול אנוש די יכ[ל ינדע מה ארך שמיא ומה]

4Q**242** 4,3 (XXII)] ° [ ]נו רחמי לא יכלת [

4Q**538** 1-2,4 (XXXI) ר]ות באישה ולא יכל עוד / [חשד באיש

4Q**538** 1-2,5 (XXXI) בלב]ב[הו]ן מנה ולא עוד יכל לא[תאפקה

4Q**544** 1,6 (XXXI) ולא הוינה יכלין ל[מתב למצרין

4Q**547** 4ii1 (XXXI)] / נוכ[ל

4Q**550**a 7] / התכול ותקבל עבידת אבוך [

11Q**10** XXXV,3 (XXIII) עינוהי יכלנה כבחכה יזיב אפה

11Q**10** XXXVII,4 (XXIII) ידעת די כלא / תכול למעבד

to bear, beget verb ילד

1Q**20** VI,7 והרת מני וילדת לי בנין ת[לת]ה[

1Q**20** XII,9 צדיתא הואת שגיא בארעא ויל[ידו]ל[

1Q**20** XII,10 [לשם ברי]רבא יליד לה בר לקדמין

4Q**201** 1iii16 (XXXVI) והויה בטנן מנהן ויל[דה גברין

4Q**201** 1iii17 (XXXVI) די] / הוו מתילדין על ארעה [כילדותהן

4Q**203** 7bi3 (XXXVI) ב]אדין ענו ילדו / [

4Q**204** 5ii21] / די יליד [לכו]ן [ותלתת בנוה]י יפ[לטון

4Q**204** 5ii23 [וניח קרי דן] / [עלי]מא [די י]לי[ד ונוח קר]י

4Q**212** 1iii23 חנוך]שביע א[תילדת בשבוע] / קדמי

4Q**531** 1,3 (XXXI) די עירין] אולדו ואלו כג[ברין ?

4Q**535** 3,1 (XXXI) עד (די) (ל)הו]ה מתילד והוין מרמש

4Q**535** 3,2 (XXXI) בשעה חמ]ש בליליא מתילד ונפק של[ם

4Q**540** 1,4 (XXXI)]ביתא די יתילד בה מנה יפו[ק]ומדור

4Q**549** 2,8 (XXXI)] / עשרא ואולד מן מריאם עמא[בנין

4Q**549** 2,10 (XXXI)] / ואולד מנה לאור ואהרו[ן נסב

4Q**559** 3,7]4 א[ולד

4Q**559** 3,8]5 אולד ית עמ[ר]ם ועמ[רם בר שנין] / [

4Q**560** 1i2] ילדתה מרדות ילדן פקר באיש ש[

6Q**8** 1,6 (XXXVI) ואמר ל]ה ארו תמהין שמעת הן ילדת סרי[קה

11Q**10** XXXI,6 (XXIII) האיתי למטרא אב או מן / ילד [ע]נני טלא

11Q**10** XXXII,2 (XXIII) ילדן בניהן ויפלטן / וחבליהן

child noun יְלַד

4Q**533** 3,1 (XXXI)] צלו ילדין מן קדמוה [

midwife (?) noun יַלָּדָה

4Q**560** 1i2] ילדתה מרדות ילדן פקר באיש ש[

youth noun יַלְדוּ

4Q**202** 1ii21 על ארעא כי]לדות[הון ומתרבין כרביותהון]

sea noun יַם

1Q**20** III,10]°°°°°°°°°°°°°ארעי לימא דן / [

1Q**20** VII,1 ארעא וכול די עליהא בימיא ובטוריא / [

1Q**20** XVI,11 [ו]עבר תחומא דן מי ימא רבא עד די דבק

נהרא עד דדבק לי∘ ימא / ש[מו]קא 1Q20 XVII,7
תלתת חולקיא ליד ימא דן לארפכשד 1Q20 XVII,11
] בארעא ולמשך ים ∘∘∘[1Q20 XVII,18
מצרין עד לבנן ושניר ומן ימא רבא 1Q20 XXI,11
ואתית ליד ימא עד די / דבקת לטור תורא 1Q20 XXI,15
וסחרת מן לי[ד]ימא רבא דן די מלחא 1Q20 XXI,16
ליד פורת עד די דבקת לימא שמוקא 1Q20 XXI,17
והוית אתה לי ליד / ימא שמוקא עד 1Q20 XXI,18
די דבקת ללשן ים סוף די נפק מן ימא
די נפק מן ימא שמוקא וסחרת לדרומא
ובמיה] / [וב]שמיה [ו]נני ימת ולמכל (XXXVI) 4Q201 1iii21
די במדבריא ו[ד]י בימיא ופשר צבותא (XXXVI) 4Q203 8,13
ואחלפ[ת] / [על]א מן י[מא] שמוקא 4Q206 1xxvi20
לכול גבר כסר נכסין להן כימא רבא[(XXXI) 4Q540 1,3
] / ישתמק ימא רבא מנה[(XXXI) 4Q541 7,3
מדי לפרס ואתור ולימא / [4Q550e 4
ועל] / תקפי ימא ועל מחוזא [4Q552 2ii10
]ימא ובמנדעה קטל / [(XXIII) 11Q10 X,3
התסוג בדשין ימא ב[הנ]נחותה (XXIII) 11Q10 XXX,6

to swear verb **ימה**

יאמיא אנה לך בקדישא רבא 1Q20 II,14
ב[יומא] דנא מנתנ[ן] שגיאן וימא לי מלכא 1Q20 XX,30
לה כלהן נמ[א מומא כלנה ונחרם כלנה (XXXVI) 4Q201 1iii1
בדיל] / די ימו ואחרמ[ו] חד לחד ב[ה (XXXVI) 4Q201 1iii5
וענו] ואמר[ו לה כולהון] / נמא [מומא 4Q202 1ii7
ל[בנלא ולבנעה ולאעקה ימא ע[ל] / [שם 4Q204 4,9
די תרין חלמיא די כל] / מן ימ[ו במומ]תהון (XXXI) 4Q530 7ii9
]ימא [(XXXI) 4Q531 41,2
] / ואנה רוח מומה[4Q560 1ii5
] / אומיתכ רוחא[4Q560 1ii6

Jomiel proper noun **ימיאל**

תמנית עס[ר] לה ימי[א]ל תשעת לה (XXXVI) 4Q201 1iii12
[ט]וריא[ל] [{י}מאל} / [תמנית עשרי לה 4Q202 1ii16
ימא[ל [תשעת עשר לה] / [יהריאל עשרין לה 4Q204 1ii29

right hand, south noun **יְמִין**

לגברא אתה מן ימין ארעא מגלא בידה 1Q20 XV,10
בותא הוא די יתה מן ימין ארעא [1Q20 XV,11
על יד שמאל[א וימינא[(ו)אתבעי]כול (XXXI) 4Q531 22,1
מ]דינתא דימין הוא דן / [4Q552 1,7
גויא די ליד ימינא / כמש[ח]ת תרעא בריא 4Q554 2iii16
] ימין תל[4Q558 56,2
מגד[לין חד מן י[מי]נא וחד מן שמ[אל]א (III) 5Q15 1i12
ליד]תרעא בגוא על [ימי]ן מגדליא (III) 5Q15 1i13
]בימין / [(XXIII) 11Q18 12i8
]לברא מן היכלא לימין מערבה[ויתפלג (XXIII) 11Q18 20,2

daytime, daylight noun **יְמָם**

ושלט בשאר י]ממא ד[נ] (XXXVI) 4Q208 3,2
]וקוי בימ[מ]א דנ שביעינ תרינ (XXXVI) 4Q208 5,1
וק]וי בימ[מ]א דנ שביעינ תרינ ופלג[(XXXVI) 4Q208 5,5
וקוי] בי[ממא דנ (XXXVI) 4Q208 6,1
ימ]מא דנ חד[(XXXVI) 4Q208 9,2
]∘∘ כל יממא / [(XXXVI) 4Q208 10a,4
]∘ ימימא שביע פלג ∘∘ / [(XXXVI) 4Q208 10a,8
וק]וי בימ[מא] דנ (XXXVI) 4Q208 11,2
] / ימ]מא (XXXVI) 4Q208 14ii1
]וקוי בימימא ד[נ שביעינ (XXXVI) 4Q208 15,4
וכסה]שאר יממ[א דנ שביעינ] (XXXVI) 4Q208 15,5
י]ממא דנ / [(XXXVI) 4Q208 17,3
בימ]מא דנ (XXXVI) 4Q208 17,6
נפק ושלט] / שאר יממ דנ [שביעינ תרינ (XXXVI) 4Q208 19+21,2
ובארינ ערב ועל וכסה ש]אר י[ממ]א (XXXVI) 4Q208 25,4
וקו]י בימ[מא דן שביעין ארבעה (XXXVI) 4Q209 1i4
[וקוי בימ]מא דן שביעין שתה ופלג (XXXVI) 4Q209 2ii3
וקוי כל יממא דן כלה [(XXXVI) 4Q209 2ii5
וקוי בימ[מא] דן שביע חד (XXXVI) 4Q209 2ii8
וכסה שאר] / יממא דן שביעין שתה (XXXVI) 4Q209 2ii9
וכסה שאר יממא דן שבי[עין חמשה ופלג (XXXVI) 4Q209 2ii11
וקוי]בימ[מא ש[ביע]חד ופלג (XXXVI) 4Q209 3,3
ובאדין נפק] / [ושלט בשאר ימ]מא דן [(XXXVI) 4Q209 3,6
[וכסה ש]אר יממא ד[ן שביע]ין ארבעה ופלג (XXXVI) 4Q209 5,6
וקוי בימ[מא דן שביע[ין שתה (XXXVI) 4Q209 6,4
וקוי בימ]מא דן שביעין שתה ופלג (XXXVI) 4Q209 6,6
וקוי בימ[מא דן כלה (XXXVI) 4Q209 6,8
וכסה שאר ימ]מא דן כלה ולקיח כל (XXXVI) 4Q209 6,9
וכסה שאר] יממא דן שביעין / [תרין ופלג (XXXVI) 4Q209 7ii2
וקוי / [בי]ממא דן שביעין חמשה (XXXVI) 4Q209 7ii5
וכסה שאר יממא דן שביעין תרין (XXXVI)
וקוי בימ[מא דן שביעין חמשה ופלג (XXXVI) 4Q209 7ii7
וכסה שאר יממא דן שביע חד ופלג (XXXVI) 4Q209 7ii8
וקוי ביממא / דן שביעין שתה (XXXVI) 4Q209 7ii10
וכסה שאר יממא דן שביע חד (XXXVI) 4Q209 7ii11
וקוי ביממא ד[ן [שביעין שתה ופלג (XXXVI) 4Q209 7ii13
וקוי ביממא דן שביעין ארבעה ו[פלג (XXXVI) 4Q209 7iii3
] / נפק ושלט בשאר יממא דן שביעין תרין (XXXVI) 4Q209 7iii4
וקוי ביממא ד[ן שביעין]חמשה (XXXVI) 4Q209 7iii7
נפק ושלט בשאר יממא דן שב[יעין (XXXVI) 4Q209 9,2
] / בימ[מ]א דן (XXXVI) 4Q209 12,3
ימ]מא דן שביע[ין (XXXVI) 4Q209 14,3
ו]קוי ביממ[א] דן (XXXVI) 4Q209 15,2
בימ]מא דן שב[יעין (XXXVI) 4Q209 20,2
חזוא דן כדמות אנש[ ]ביממא מן[קצת (XXXVI) 4Q209 26,5
י]ממא דן [(XXXVI) 4Q209 31,1
] ובאותה בימ[מ]א 4Q211 1iii4
] ביממא עד משלם ש[נין תמנה (XXXI) 4Q535 3,5
ב]יממא עד משלם שנין ת[מ]נ[ה (XXXI) 4Q536 1,2

to suckle verb **ינק**

] ומונק[4Q558 46,1

to establish verb **יסד**

ויתוס[ד ע[ל] מנדע וחכמה די ספר פרשא (XXXI) 4Q530 7ii9

foundation noun **יְסוֹד**

∘∘∘∘ / ∘∘∘ ∘∘ל∘∘∘לון דמהון ל[א]יסוד מדבחא 1Q20 X,15
] יסודה עלוהי יסרון חטאה וחוביא (XXXI) 4Q534 1ii+2,16
ל]הון יסוד שלמכ[ה (XXXI) 4Q541 3,1
ולכול אחיכה יסוד מבחן / ת[{צ}]ועא (XXXI) 4Q541 24ii5
ולא תזדעזעון] / מן יסודכון ותקומון (XXXI) 4Q542 1ii5
]ליסוד לה[ן][(XXXI) 4Q545 8,1
] [ ]ן ∘∘∘ן ∘∘תא יסודה פ[תיה] קנין 4Q554 3ii13
]∘ין ויסוד (XXIII) 11Q18 32,9

to add verb **יסף**

ואף אנה אוספת לה על דילה שגי 1Q20 XXI,6
צדקה והוסף למדחל לאלהא ולה[ו]דיה (XIX) 4Q198 1,1

4Q**541** 9ii7 (XXXI)] / **ויתוספון** על על[יונין ?
4Q**543** 2a-b,3 (XXXI)]◦[מ/י]**הוסף** לך̊[
4Q**545** 1ai16 (XXXI)]**הו̊סף** / [לכה
4Q**558** 54ii5] / **תו̊[ס]ף** {{◦}} ברקא וזי[קיא
11Q**10** XXV,8 (XXIII)]לא **אוסף**
11Q**10** XXX,9 (XXIII) ואמרת עד תנא / ולא **תוסף̊**[
11Q**10** XXXIV,1 (XXIII) [לא] **א̊סו̇ף** ⟦ ⟧ מן ר̊[וחא
11Q**10** XXXVII,6 (XXIII) אתיב ותרתין ועליהן לא / **אוסף**

to rebuke, instruct verb **יסר**
4Q**534** 1ii+2,16 (XXXI)] יסודה עלוהי **יסרון** חטאה

to declare verb **יעד**
1Q**20** II,4 [ואמרת] / [הא] א̊נ̇ה **מ̇ועד** בעליא

to grow verb **יעה**
1Q**20** VI,1 מן ע̇ול ובכו̇ר הו̇רתי **יעי̇ת** לקושט וכ̇די̇
4Q**157** 1ii8 (VI)] / ואנ̇ה חזי̇ת ד̊ר̊שׂע **מ̊[ו]עה** ולטת ל̇◦[
4Q**541** 24ii6 (XXXI) יסוד מ̊ב̊חן / **ת{{צ̊}}ו̇ע̇א** ותחזה ותחדה

to counsel verb **יעט**
11Q**10** V,8 (XXIII)]̊י **התעיטו{{ו̊}}תו̇ן**[

wild goat noun **יְעֵל**
11Q**10** XXXII,1 (XXIII)] / **יעלי** כפא וח̇ב[ל]̊י[

ostrich noun **יַעֲנָה**
11Q**10** XVII,6 (XXIII) לבנ]ת̊ **יענה**

יַעֲקֹב ← יַעֲקוֹב

Jacob proper noun **יַעֲקוֹב, יַעֲקֹב**
1Q**21** 4,1 (I) אבי **יע]קב** מעשר[
1Q**21** 19,1 (I) י]**עקב̇**[
1Q**21** 29,1 (I) **יעק]ב̊** אב̇י[
4Q**213**a 2,12 (XXII)] / על אבי **יעקוב** וכד[י
4Q**213**b 4 (XXII) כ]די ה̇וה **יעקוב** אבי מעשר / [כל מה
4Q**539** 2-3,1 (XXXI) בשנה חד]ה **יעקוב** ב[כה על יוסף
4Q**539** 2-3,3 (XXXI) למצרין והוא]מאספד אבי **י[עקוב**
4Q**542** 1i7 (XXXI) אחדו בממר **יעקו̇ב** / אבוכון
4Q**542** 1i11 (XXXI) ללוי ושמח<א> ל̊י[**ע]קוב** ודיאצ לישחק
4Q**559** 1,1 י]שחק **יעק[ב**

Jaffa proper noun **יָפוֹ**
4Q**556** 1,9]◦◦ מן **יפוא** עד טור[

to appear verb **יפע**
4Q**201** 1i6 (XXXVI)] / [עם חילה ר]ב̊ה **ויופ̊ע̊** ב̊[תקף]
4Q**547** 3,1 (XXXI)]◦ שד תדבר וכדי **תופע̊**[
11Q**10** XXIX,6 (XXIII) עליה̇ן ו̊[**הו]פ̊ע̊** נהור עננה

Japheth proper noun **יֶפֶת**
1Q**20** XII,12 ובנ[י] **י̊פת** גו̇מר ומ̇גוג ומדי ויואן
1Q**20** XVI,12 ב̇ע̇ד̇ב̇ **ל̇יפת** ולבנוהי למ̇ירת̊ י̊ר̊ותת
1Q**20** XVII,16 [ו]**י̊פ̊ת̊** פלג ב̇ין בנוהי לגמר יהב

certain adjective **יַצִּב**
1Q**20** II,20 הי וכולא מנה **ביצבא** ינדע בדי
4Q**212** 1iii20 די סלק]ו מן נצבת / **יצבתא** [וקושטא
4Q**530** 2ii+6-12,24 (XXXI) כלא מנח / [ע]ם̊ כ̊פנוה̊י **ב̇יצבא** הן

4Q**547** 9,4 (XXXI) **יצ̊[יבא**
4Q**548** 1ii-2,9 (XXXI) מ̊[חו]ה̇ ל̇כ̊[ון ארח]א̊ {{י}}**צבתא** אנה מו̇דע

יִצְחָק ← יִשְׂחָק

יַצִּיב ← יַצִּב

to be anxious verb **יצף**
4Q**197** 4i3 (XIX) בש]ל̊ם̊ א̊ל תדחלי ואל **תצפי** לה אחתי
4Q**536** 2ii9 (XXXI)] / די אנתה **יצף** מנה לכול אנשׁ ◦[

to burn verb **יקד**
4Q**556** 1,4]◦ **ויקד** בנו[הי
11Q**10** XVI,7 (XXIII) בלילא] גרמי **יקדון** ועדק[י] / [לא
11Q**10** XXXVI,6 (XXIII) יפק תנן / לכוש **יקד** ומגמר

noble, difficult adjective **יַקִּיר**
4Q**196** 6,7 (XIX) ובריך]ש̊מ̊ך קדישא̊[וי]**קירא** ל̊כל ע̊[למין
4Q**214** 3,3 (XXII)] / **יקירין** מן נ̊שיא[
4Q**531** 13,3 (XXXI)]ה̊י **יקירין**[

to honor verb **יקר**
4Q**542** 3ii11 (XXXI)]בה **יקרו** א̇ב̇ניא א◦[
11Q**10** XXII,2 (XXIII) לא] / [**יי]ק̇ר**

honor noun **יְקָר**
4Q**198** 1,11 (XIX) [ויבנון]לירושלם̊ **בי[קר**
4Q**202** 1iii15] / [וכורס]א̊ **יקרך** ל̇כל̇ {ל}דר דריא
4Q**203** 9,2 (XXXVI) ר]ע̊לין מן קודם הדר **יק̇[רכה**
4Q**213** 1i10 (XXII) ותהוה חכמתא עמכן]**ליקר** עלם
(XXII) די אלף חכמה **יקר** / [הוא לה ודי
4Q**213** 1i12 (XXII) הוא ספר ומוס]ר̊ חכמה **ליקר** ולרבו
4Q**213** 1i17 (XXII) לה בה **יקר** בדי כלא צבין / [למאלף
4Q**213** 1-2ii11 (XXII) **י]ק̊ר** ⟦ ⟧ / א̊◦[
4Q**213** 1-2ii17 (XXII) **יק]ר̊** ולא איתי סוף / לע̊[לם
4Q**213** 1-2ii19 (XXII)]◦ **ב̊יקר** רב
4Q**214** 3,1 (XXII) ארו מן **יקר** בא̊◦[
4Q**242** 1-3,5 (XXII) החוי̊ וכתב למעבד **יקר** ור̊[בו] לשם
4Q**545** 8,2 (XXXI)] / [תתק]ר̊א במלי **יק[ר**
4Q**550**c 1iii1 כול די יצבא קרוב **ב̊י̊ק̊ר** ל[ ]◦[
4Q**558** 6,2] **יקר** [
11Q**10** XXVII,6 (XXIII)]בטב ימהון ושניהון / **ביקר** ועדנין [
11Q**10** XXXIV,6 (XXIII) ורם רוח וזוי והדר **ויקר** תלבש
11Q**18** 19,3 (XXIII) ק]דיש הוא היכלא **ויקרא** רב̇[א
11Q**18** 25,3 (XXIII)]ריתא **ויקרא**[

Jered proper noun **יֶרֶד**
1Q**20** III,3 ביומי **ירד** אבי / ◦◦◦◦◦◦◦◦◦◦◦◦◦◦◦◦◦◦◦◦◦◦◦◦◦◦◦◦◦ין̊
4Q**201** 1iii4 (XXXVI) די נחתו] / ביומי **ירד** ע̊ל [ראש
4Q**204** 5ii17 לך ברי די] ב̊יומי **ירד** א̊[בי]
6Q**8** 18,1 (XXXVI)]ל̊**ירד̇** ◦[

Jordan proper noun **יַרְדֵּן**
1Q**20** XXI,5 ויתב לה בבקעת **ירדנא** וכול נכסוהי
4Q**243** 12,3 (XXII)] מעברהון **ירדנא** יובל[א
11Q**10** XXXV,2 (XXIII)] / **ירדנא** גאפה י̇ת̇רחץ די יקבלנה

to penetrate (?) verb **ירה**
4Q**206** 4i21 ערדיא וגמליא] ופיליא **ירו** מ̊י̊[ן]⟦ ⟧

green noun יָרוֹק
4Q**201** 1ii9 (XXXVI) עְלִיהן בהן **ירוקין** וחפין / [אילניה
11Q**10** XXXII,7 (XXIII) טורין לרעְ[יה ו]בתר כל **ירוק** / ירדף

Jerusalem proper noun יְרוּשְׁלֶם
1Q**20** XXII,13 היא **ירושלם** ואברם שרא בעמק / שוא
4Q**198** 1,11 (XIX) [ויבנון]**לירושלם** בי[קר

inheritance noun יְרוּתָּה
1Q**20** XVI,12 לִיפת ולבנוהִי למיִרתْ **יْרْותת** עלמִיםْ
4Q**542** 1i4 (XXXI) אזדהרו **בירותתא** די מ{{א}}הֲשלמא לכון
4Q**542** 1i5 (XXXI) ואל תתנו **ירותתכון** לנכראין
4Q**542** 1i12 (XXXI) והילכתון **ירותْ[תא**]דْי שבקו לכון

month noun יְרַח
4Q**210** 1ii18 מנֲאין {{ש}}<<ר>>רחין **ירחין** בהשתْלْ[מותהון
4Q**210** 1iii6]ודבר **ירחיא** בפלגי שביעין
11Q**10** V,3 (XXIII) מני]ן **ירחוהי** גזירין
11Q**10** XXXII,1 (XXIII) תמנ]הْ [**י]רחْיְהין** / שלמין ותנדע עדן

thigh noun יַרְכָה
4Q**214** 2,6 (XXII)] / [ובת]רْהן **ירכתא** ושדרתْ[חרצא ובתר
4Q**534** 1i3 (XXXI) ושומן זעירן על **ירכתה** וْ[שער]ין

Jeremiah proper noun יִרְמְיָהוּ
4Q**570** 30,3 **י]רמיהْוْ** ו∘∘[

herb noun יְרַק
1Q**20** XI,17 ולבניך כוْלْאْ למْאْכל **בירקא** ועשבْא
11Q**10** XV,7 (XXIII) כ]פْן רעין הוא **ירק** דْ[חשת

to inherit verb ירת
1Q**20** XVI,12 לִיפת ולבנוהִי **למיִרתْ** יْרْותת עלמִיםْ
1Q**20** XVI,14 עדבא תנֹאנא **למירתْ** לה ולבנוהִי [
1Q**20** XXI,12 כול ארעא דא **וירתונה** לכול עלמים
1Q**20** XXII,33 מן בני ביתי **ירתנני** / אליעזר בר[
1Q**20** XXII,34]לד [**י]רתני**
ואמר לה לא **ירתנך** דן להן די יפוק
4Q**196** 6,11 (XIX) [ולא]בْר לה אחרן די **יْרْתْנْ[ה]** וْאח
4Q**213** 1-2ii9 (XXII)]**תْרתון** אנון / י∘[
4Q**572** 3]יْת **ירתי** הקמْ[
4Q**572** 4]**יْרת** [

Isaac proper noun יִשְׂחָק, יִצְחָק
1Q**21** 5,1 (I)]**יצחק**[
4Q**542** 1i11 (XXXI) ודיאצ **לישחק** ותשבוחא לאברהם
4Q**559** 1,1 **י]שחק** יעק[ב
4Q**559** 2,3 [**ויש]חק** ב[ר שנין

Israel proper noun יִשְׂרָאֵל
1Q**21** 58,1 (I) **י]שראל**[
1Q**65** 3 (I) **י]שראל** [
4Q**198** 1,7 (XIX) ואחינא] / יתבין בארע **ישראל** כלהْוْ[ן
4Q**198** 1,8 (XIX)] / [**י]שْראל** צْויה ושמْ[רין וירושלם
4Q**243** 8,2 (XXII) מן **י]שראל** גברין / [
4Q**243** 13,1 (XXII) ב]חْרו בני **ישראל** אנפיהْ[ון
4Q**243** 26,3 (XXII) **יש]רْאל**[
4Q**244** 12,1 (XXII)]בْחْרו בני **ישראל** אנפיהْון מْן [
4Q**543** 1a-c,4 (XXXI) וْתْרתין לגْ[לות **י]שْ[ר]אל** למْ[צרי]ןْ[
4Q**543** 25,1 (XXXI) **יש]רْאל** ∘[
4Q**545** 1ai4 (XXXI) ותרתין לגל[ו]תْ[**י]שראל** למצרין
4Q**548** 1ii-2,6 (XXXI) ל]כْל דרי **ישראל** לכל[עלמין
4Q**562** 10,4]**יْשראל** ⟦ ⟧ ודי[ ]∘∘ר∘[
11Q**18** 23ii7 (XXIII)] / [**י]שראל**[
11Q**18** 25,1 (XXIII)]מן קודשי **ישראל**[
11Q**18** 27,1 (XXIII) כו]ל **ישראל** הْ[

Jeshua proper noun יֵשׁוּעַ
4Q**345** Recto 6 (XXVII)] / **ישוע** אמْרْ איْך ∘∘נ[

just, right adjective יַשִּׁיר
4Q**537** 1+2+3,1 (XXXI) וישתארון כל צדיקיא **וישירْ[א**

integrity noun יַשִּׁירוּ
4Q**542** 1i9 בקושטא ואזלין **בישירותא** {{בל}}<<ולא>>
4Q**542** 1i12 (XXXI) קושטא וצדקתא **וישירותא** / ותמימותא

Ishmael proper noun יִשְׁמָעֵאל
4Q**345** Verso 21 (XXVII) נפש[ה כתבה] / **ישמעאל** בר ש[מ]עْון
4Q**539** 2-3,3 (XXXI) אמר] / [כדי]בני דרי **ישמעא[ל** זבנו לי
4Q**551** 3] בר יהונתן בר [יהו]שוע בר **ישמעאל** ברْ[

to deliver, save verb ישע
4Q**243** 16,2 (XXII) בי]דْה רבתא **ויושע** אנ[ון

to send verb ישר
11Q**10** XXXII,3 (XXIII) בניהן ויפלטן / וחבליהן **תושר**

object marker particle יָת
4Q**201** 1v5 (XXXVI) לעסאל ידין ורגלין ורמא]**יתהْ** ל[חשוכה]
4Q**535** 3,4 (XXXI) יו]מْיא דמך עד מפלג **יתْ**[י]וْמْיא שْ[
4Q**550**c 1i7 די תע[ל] **ית** עבידתי ק[דמיך כ]וْל די[
4Q**554** 2iii14 קני[ן] ת[רין א]מין 14 **וית** טלולה אמה
4Q**554**a 1ii13]ין ורום כותא **יתْ** טלולא די עליהון / [
4Q**559** 3,8]5 אולד **ית** עמ[ר]ם ועמ[רם בר שנין] / [
4Q**559** 3,9 אולד] **ית** אהרון ואהר[ו]ן נפק ממצ[רין
5Q**15** 1i1 (III) [ומשח על כל] אْספْאْ **ית** דْ[שין ל]הْ
11Q**10** XXXV,9 (XXIII)]תין ויْפْלגון **יתה** בארע[
11Q**10** XXXVIII,9 (XXIII) ואלהא בْרْך **יתْ** אْ[יו]ב באחْ[רי

to sit, dwell verb יתב
1Q**20** XIX,9 אחْבْ[נ]יאת חברון **ויתבת** / [תרתין שנין
1Q**20** XXI,5 ואזל **ויתב** לה בבקעת ירדנא וכול
1Q**20** XXI,7 וْבْנْ לה בסודם בי / **ויתב** בה ואנה
ויתב בה ואנה הוית **יתב** בטורא די בית אל
1Q**20** XXI,9 ביתאל אתר די אנתה **יתב** ושקול עיניך
1Q**20** XXI,19 כול אנשי שלם ואזלת **ויתבת** באלוני
1Q**20** XXII,1 די אברם די הוא **יתב** בסודם כחדא עמהון
1Q**20** XXII,3 על אברם ואברם באדין הוא / **יתב** בחברון
2Q**24** 4,19 (III)]עד עדן די **יתבו** [
4Q**196** 14ii6 (XIX)] / וה[ש]כْחו לרْעואל **יתב** קْ[דם
4Q**197** 4iii3 (XIX) ואשכחْ[ו ל]רْעْוْאْ[ל **י]תْב** קדם תרע
4Q**198** 1,7 (XIX) ואחינא] / **יתבין** בארע ישראל כלהْוْ[ן
4Q**204** 1vi6 כנישין כחדْה **ויתבין** וא[בלין באבל מיא
4Q**206** 4i14 וע]בْדْ לה ערב חדה **ויתב** בגוה / [
4Q**212** 1ii24 לכול **י[תבי** יבשתא די יעבדון טב] / [
4Q**213** 1i19 (XXII) יקר לה **מותבי**]ןْ[למשמע מלי חכْמْתْהْ
4Q**213**a 2,14 (XXII)] / שכבת **ויתבת** אנה ע[ל
4Q**530** 2i+3,1 (XXXI)]**יْותבה** / [
4Q**530** 2ii+6-12,17 (XXXI) וקדישא רבא **יתْ[ב** מאה מ]אין לה

ל]אׄ **יתב** בין בני אנש ולא אלף מנהון[	(XXXI)	4Q**531** 14,4
דבשמי]א **יתבין** ובקדשיא אנון שרין	(XXXI)	4Q**531** 22,6
]מ[ ]וׄבתׄ[ו]לן **יתבׄן** די לאׄ[ ] / ויחרבון	(XXXI)	4Q**534** 1ii+2,12
] / מתחזה לכל **יתבי** ארעא ודי במדינתא		4Q**571** 2
למלכין **יתביׄ** עׄ[ל כרסיהון וכל ר]חׄיׄמׄוהי	(XXIII)	11Q**10** XXVII,1

exceeding adjective **יַתִּיר**

[עמי והסתמרת י]**תׄירא** בנפשה די לא		1Q**20** XIX,23

to remain verb **יתר**

] **יתותר** במלכות עוזיה[		4Q**558** 33,4

כ

as, like preposition **כ**

1Q**20** II,17 (2); VI,8; XVI,17; XXI,13
1Q**21** 56,1
2Q**24** 1,3
4Q**197** 4i1
4Q**198** 1,10
4Q**204** 1xii30
4Q**206** 1xxvi17
4Q**209** 26,4, 5
4Q**213** 6,1
4Q**214**b 2-6,2
4Q**246** 1ii1
4Q**529** 1,5
4Q**530** 7ii4 (3)
4Q**531** 1,3; 7,6; 12,3; 22,9; 28,3; 31,2
4Q**534** 1i4; 1ii+2,15; 5,1
4Q**536** 2i+3,8
4Q**540** 1,3
4Q**541** 2i5; 9i3 (2); 24ii3, 4
4Q**542** 1i3, 13 (2)
4Q**543** 16,3
4Q**544** 1,11
4Q**547** 5,2
4Q**550** 3
4Q**552** 1,8
4Q**554** 2ii15; 2iii17, 20, 22
4Q**558** 43,2
4Q**561** 4-6ii7
4Q**562** 9-10,2
4Q**569** 1,5
4Q**581** 2,2
5Q**15** 1i2; 1ii2, 4, 8
6Q**8** 6,1
11Q**10** IX,1; XI,7, 9, 11; XIV,9; XV,3; XVI,4; XXIII,4, 6; XXX,1; XXXI,7; XXXIV,3, 5; XXXV,3, 8; XXXVI,4, 9 (2)

כָּא ← כָּה

now adverb **כָּאן**

]ה מן **כׄאן** / [ומן כאן	(III)	2Q**24** 5-6,3
]ופותיהון מן **כאׄ**[ן ומן כאן	(III)	2Q**24** 7,1

liver noun **כְּבֵד**

מה סם ב]לבׄבׄ נונא **וכבׄדׄ**ה[	(XIX)	4Q**196** 13,3
הוא מררתה ולבב]הׄ **וכבדה**	(XIX)	4Q**197** 4i9
סם בלבב נונא ובכׄ[**בדה** ובמררתה	(XIX)	4Q**197** 4i12

to extinguish verb **כבה**

]תׄיא **וכביא** וש◦ליא דאלין ו◦◦◦ין	(I)	1Q**20** 1i3

already adverb **כְּבָר**

ברא מן די אכלו **כבר** עולימי די עמי		1Q**20** XXII,23
ד[י אהו]ה לה אנתה **כבר** אׄבׄ[דו]מני	(XIX)	4Q**196** 6,12
לגו מדי **וכבר** הוא מׄ[דבק לאחמתא	(XIX)	4Q**197** 4i15
קדמי ועד עלי קשטא **כבׄ**[**ר** הוה מתקים		4Q**212** 1iii24

to subdue verb **כבש**

4Q**213** 1-2ii2 (XXII) ולא] / ישכחון למכבש שוריה ◦[ ]ולא[
11Q**10** II,2 (XXIII) כחדה] / [י]תון חתפוהי וכבשו[

to lie verb **כדב**

11Q**10** XIX,2 (XXIII) כד]בת / לאלהא מעל[א

falsehood, lie noun **כְּדַב**

1Q**20** II,6] תחוינני ולא בכדבין הדא ◦◦◦[
1Q**20** II,7 בקושט עמי תמללין ולא בכדבין [
1Q**20** III,13]◦הואא בקשוט די לא בכדבין / [
4Q**204** 5ii30 ברה הואה בקשוט ולא בכדבין [
4Q**533** 4,2 (XXXI) דם]הוה משתפך וכדבין הוו מ[מללין
4Q**541** 8,2 (XXXI)] ומן כול כד[ב
4Q**541** 9i6 (XXXI) ושגה / [כדב]ין ובדיאן עלוהי יבדון

when conjunction **כְּדִי**

1Q**20** II,12 וכדי חזת בתאנוש אנתתי די אשתני אנפי
1Q**20** II,21 וכדי שמע מתושל[ח פתגמיא אלן]
1Q**20** V,3 הא כדי אנה חנוך [
1Q**20** V,24] / וכדי שמע מתושלח ל[
1Q**20** V,26] / וכדי אנה למך ◦◦[ ]◦[ ]
1Q**20** VI,1 יעית לקושט וכדי נפקת מן מעי אמי
1Q**20** VI,9 וביומי כדי שלמו לי לחשבון די חשבת
1Q**20** XII,14 וכדי ◦◦◦ רגלא קדמיא ביום
1Q**20** XX,8 וכדי שמע מלכא מלי חרקנוש ומלי
1Q**20** XX,10 למלכא דאחי הוא כדי הוית מתגר
1Q**20** XX,11 אחי עמי בליליא כדי דבירת מני
1Q**20** XX,24 וכדי שמע חרקנוש מלי לוט אזל
1Q**20** XXII,33 ואנה כדי אמות ערטלי אהך
1Q**21** 6,1 (I)]וכדי[
4Q**156** 2,4 (VI)]כד[י
4Q**196** 2,1 (XIX) ו]אחוית וכדי ידעת [די] ידע בי
4Q**196** 2,9 (XIX) וביומי אסרחדון [מל]כא כדי תבת
4Q**196** 14i1 (XIX) ו]כדי נת[וב מן
4Q**196** 23,1 (XIX)]כד[י
4Q**196** 29,2 (XIX)]כדי יפלג◦[
4Q**197** 4i15 (XIX) וכ[ד]י עלו לגו מדי וכבר הוא
4Q**197** 4ii8 (XIX) ומיתו כ]די עללין עליה הוו / [
4Q**197** 4iii1 (XIX) וכדי עלו לגוא אחמ[תא אמר] / לה
4Q**197** 6,1 (XIX) ו]כדי מפיגין[
4Q**202** 1ii2 [י]ומי [חייהון ⟦ ⟧] / והויא כד[י שגיאו
4Q**203** 1,1 (XXXVI)] / כדי אקר[ב
4Q**203** 4,5 (XXXVI) אר]עא ⟦ ⟧ כ[די
4Q**204** 1xii29 אלן]שרא מנ[הון בש]ם ריח כדי מדקין
4Q**209** 26,4 (XXXVI) כדמות חזי דמי כדי נהורה בה הא[ר
4Q**213**a 2,12 (XXII)] / על אבי יעקוב וכד[י
4Q**213**b 4 (XXII) ברכני אדין כ]די הוה יעקוב אבי
4Q**214**a 1,2 (XXII)] / על מדבחא ⟦ ⟧ וכ[די הסקת מן
4Q**214**a 2-3i1 (XXII)]ה כדי / [
4Q**529** 1,8 (XXXI)] / כדי כשבין דמעא מן אנדרא {מן}
4Q**530** 2ii+6-12,11 (XXXI) בעעא ושרשוהי ב]ארעא כ[די היא
4Q**532** 1ii3 (XXXI)] / כד[י
4Q**533** 1i4 (XXXI)]כדי
4Q**538** 1-2,2 (XXXI) כדי או[בי]לת ואעלת / [קדמוהי
4Q**545** 1ai7 (XXXI) אדין כדי אשתציו / [י]ומי משתותא
4Q**546** 3,3 (XXXI) (כ)ד]י חזית עמה ◦[
4Q**546** 17,2 (XXXI) ע]ליה וכד[י
4Q**547** 3,1 (XXXI)]◦ שר תדבר וכדי תופע[
4Q**547** 9,9 (XXXI) והוא לי כדי אמר[לי מלאכא
4Q**550**c 1i6 צ[ב]א פקדני וכדי [תמ]ות אקברנך ◦[
4Q**562** 2,6]א כדי ל[
4Q**580** 4,4] / כדי אנושא מדמין ◦[
11Q**10** XVIII,7 (XXIII) מא אעבד / כדי יק[ום אלהא
11Q**18** 14ii1 (XXIII)] / גפן כדי פרש מן לולבי[א
11Q**18** 27,2 (XXIII) וכדי יש◦[

chalcedony noun **כַּדְכּוֹד**

4Q**554** 3ii15 בניה בחש[מל] וספיר וכדכוד ועעיתה

jug noun **כַּדָּן**

1Q**21** 59,2 (I)]כדניא[

thus adverb **כְּדֵן**

1Q**20** II,17 שנא ושחת ורוחך כדן עליבא ◦[
1Q**21** 56,1 (I)]די כדן מן ◦[
2Q**24** 1,3 (III) וכדן אח[זי]נ[י]כול משחת / [פרזיתא
4Q**204** 5ii27 מן דר יבאש בכדן ובאש להוא [עד
4Q**206** 1xxii2 פחתיא לבית עגנון / לכדן עב[י]רו עד
4Q**206** 1xxii6 קבלת]א דמן היא דכד[ן אנינה] / [סלק
4Q**214**b 2-6,2 (XXII) [אסק] אנו[ן ארי]כדן חזית לאברהם / [
4Q**531** 22,9 (XXXI)]וכדן אמר לה ⟦ ⟧ אוהיה חלמי
4Q**531** 28,3 (XXXI) אמ]רו כדן [
4Q**544** 1,11 (XXXI) ושאלת אנון אנתון מן די כדן
4Q**547** 5,2 (XXXI) די (ת/מ)]קרב כדן / [
4Q**552** 1,8 ואמר לי מלכא בדיל כדן / [
4Q**554** 2ii15 קנין / תלתה אמין 21 וכדן אחזיני
4Q**558** 43,2 ב]דיל כדן [
5Q**15** 1i2 (III) וכדן [אחזיאני מ]שחת פר[זיא כלהן
5Q**15** 1ii8 (III) וכדן כל תוניא [ורומהון קנין
11Q**18** 21,5 (XXIII)]א ⟦ ⟧ וכדן / [

Chedorlaomer proper noun **כְּדָרְלָעוֹמֶר**

1Q**20** XXI,23 אלן אתה כדרלעומר מלך עילם
1Q**20** XXI,32] לקובלי כדרל[עומר מלך עילם

כְּדָרְלָעֹמֶר ← כְּדָרְלָעוֹמֶר

here adverb **כָּה, כָּא**

4Q**530** 2ii+6-12,12 (XXXI) עד כא סוף חלמא
4Q**530** 2ii+6-12,20 (XXXI) עד כה סוף חלמא[

priesthood noun **כְּהוּנָה**

4Q**542** 1i13 (XXXI) ודכ[ותא וק]ודשא וכה[ו]נתא ככול

to be able verb **כהל**

4Q**530** 5,2 (XXXI) לא יכ]הל יבק[ר

to serve as priest verb **כהן**

4Q**562** 1,2] לא ימלון ידיהן לכהנה ע[

priest noun **כָּהֵן**

1Q**20** XXII,15 והוא הוא כהן לאל עליון
2Q**24** 4,13 (III) א די בהון וארבעת עשר כה[נין
2Q**24** 4,14 (III)] / כהניא
2Q**24** 4,15 (III) חדא מן תרתי לחמא יהיבת [ל]כ[הן ראשא
4Q**213** 1-2ii15 (XXII)]אף כהנין ומלכין / ת[
4Q**537** 12,1 (XXXI) והיך כהנ]יהון להוון לבשין וטהירן / [
4Q**545** 4,16 (XXXI) רז עובדה כהן קדיש הוא[לאל עליון
4Q**545** 4,19 (XXXI) אל די] / יתבחר לכהן עלמין[⟧ ⟦ ⟧⟦

4Q546 18,2 (XXXI)]כהנא קֿ[רישא
4Q547 9,6 (XXXI) ו(בר)ב[ר]ה יתרם כהן מן כול בני
4Q562 2,4]כֿהניא וכל שביא / [
11Q18 14ii5 (XXIII)] / להוה לבש כהנא רבא[
11Q18 16ii+17i2 (XXIII) כ]הֿניא מקבלין / מן ידהון דפֿשֿ[טו
11Q18 20,3 (XXIII) עד די פ]ליג לתמנין וארבעה כהנין שֿ[
11Q18 20,4 (XXIII) שביא די בה]ון וארבעת עשר כה[נין
11Q18 20,6 (XXIII) חדא מן תרתי לחמא י]היבת לכהנא רֿ[בא

priesthood noun כָּהֲנוּ

1Q21 1,2 (I)]בֿיך מלכות כהנותא רבא מן מלכות[
4Q213a 5i3 (XXII)]כֿהנות עלמא

to burn verb כוה

4Q201 1ii7 (XXXVI) [קיטה דשמשה בהן כוי]הֿ ושלקה
4Q204 1i26 בֿהון כויה ושלקהֿ [ואנתון טלל ומסתרין
4Q204 1i27 על אנפי אר]עֿא כֿוֿיֿתא ולמדרך עֿ[ל עפרא

window noun כַּוָּה

4Q554a 1ii13]ין ורום כותא יֿתֿ טלולא די עליהון
5Q15 1ii11 (III) ות[ר]תין ערשֿ[ין וחדה] עשרה כוין אטימן
5Q15 1ii12 (III) ומשח] ◦◦ כותא רומה [אמ]ין תרתין [פתיה
5Q15 2,1 (III)]◦אֿ כוין [

antimony noun כּוֹחַל

4Q202 1ii28 אחזיא הו]א על כוחלא ועל צדידֿ[א

star noun כּוֹכָב

1Q20 VII,2 שמיא שמשא שהרא וכֿוֿכֿבֿיֿא
1Q20 XIII,11 לשמשא ולשהרא / [ו]לכוכביא קצין
4Q201 1iv3 (XXXVI)] / [נ]חשי כוכבין זיקא[ל אלף נחשי זיקין
4Q202 1iii3 כוכבאל א]לף נחשי כוכבֿ[ין זיקיאל
4Q206 4i11 מן שמיא די כול כ]וֿכביא שגיאיא / [די
4Q207 1]מֿן עֿלֿהֿ [והא] כוכֿבֿ חֿ[ד נפל מן שמיא
4Q207 4 והדקת שמיא]והא כוכבין שגֿיֿאֿ[ין נחתין
4Q209 23,5 (XXXVI) [אתין כו]כֿבי שמיא מאין ערבין ומאין
(XXXVI) ערבין ומאין עללין וכלהון כוכבין ובדכן
4Q210 1ii16 עֿלֿ[לין וכולהון] כֿוכביא בדיל כֿ[ן
4Q211 1ii4 וכוכ[בין] נזהו בֿ[תרעי] שמיֿא קד[מיא
4Q213 3,2 (XXII) ש]הֿרא וֿכוכביא / [
11Q10 IX,8 (XXIII)]זכי וכוכביא לאֿ[
11Q10 XXX,5 (XXIII) כחדא כוכבי צפר ויזעק[ו]ן כחדה כל

Cochabel proper noun כוכבאל

4Q201 1iii7 (XXXVI) רמטֿ[אל תליתי] / לה כוכבא[ל רביעי לה
4Q204 1ii25 רמעאל] / תליתי לה כוכבאל רביעי לה [

all noun כּוֹל, כֹּל

1Q20 1i8 (I)]◦◦ודיא כול / [
1Q20 1ii4 (I)] / כול ◦◦◦ין ◦[
1Q20 I,25]◦◦◦א◦ ולקלל לכול בֿשרא / [
1Q20 I,29]להון עבד ואף לכול בשרא
1Q20 II,4 בעליא במרה רבותא במלך כול עֿ[למים
1Q20 II,5 ◦] בני שמין עד כולא בקושטא תחוינני הן[
1Q20 II,7] / במלך כול עלמֿים עד בקושט עמי
1Q20 II,10 לגו נדנהא ואנה בקושט כולאֿ אחוֿינֿךֿ [
1Q20 II,16] / ולא מן כול זר ולא מן כול עירין
לא מן כול זר ולא מן כול עירין
ולא מן כול עירין ולא מן כול בני שמֿ[ין
1Q20 II,19 למך רֿטתֿ על מתושלח אבי וכולא לה חֿ[ו]יֿת

1Q20 II,20 חנוך] / אבוהי וכולא מנה ביצבא ינדע
1Q20 II,21 ערבה פליג ולה מחוין כולא
1Q20 II,22 לחנוך אבוהי למנדע מנה כולא בקושטא
1Q20 III,9]◦◦◦◦על ארעא כולהֿא / [
1Q20 III,17]פלג כֿול ארעא ◦◦ם ◦◦◦◦ן / [
1Q20 IV,3 ◦]ר לכול עלמים [
1Q20 V,11 בארעא וכול עוֿבֿד [בני שמין]◦◦פל וה◦◦
1Q20 V,19] / וֿסלקין וכול שבֿילֿי [
1Q20 V,23] / מברך למרה כולא הֿ◦[
1Q20 VI,2 לקושט נציֿבֿת / וקושטא כול יומי דברֿת
1Q20 VI,5] / [ ]לֿ[ ]◦◦כול שבילי חמס
1Q20 VI,12 רֿזֿא דן בלבבי ולכול אנוש לא אחוֿיֿתהֿ
1Q20 VI,16 וֿחשבתֿ ◦◦ כֿול לכת בני ארֿעֿא יֿדֿעת וחוֿית
לכת בני ארֿעֿא יֿדֿעת וחוֿית כול[
1Q20 VII,1 ◦] עֿלֿיהון ארעא וכול די עליהא
1Q20 VII,2] ◦◦◦ ◦◦דא כול מזלת שמיא שמשא שהראֿ
1Q20 VII,8] ◦◦◦ ◦◦◦ לֿכולא [
1Q20 VII,21]תֿ כול ע◦◦◦ / [
1Q20 VII,22]כול / [
1Q20 VIII,9] / ובכול משֿ[
1Q20 X,1 רבא [ ] באדין בֿ◦◦ל◦ת כֿוֿלֿאֿ דֿי בני מֿןֿ
1Q20 X,9 ודֿי כֿול ◦◦ה ◦◦◦ וֿשֿקֿוֿט ◦◦◦◦◦◦◦◦◦◦◦◦◦◦◦◦◦◦
וֿשֿקוֿט ◦◦◦◦◦◦◦◦◦ כולכון למרכון
1Q20 X,10 ◦◦◦◦ / לֿמֿלך כוֿל עלמֿיֿא לעלם ולעד
עלמֿיֿא לעלם ולעד עד כֿוֿל עֿלמים
1Q20 X,13]ועל כול ארעא כולהא כפרת וֿראיש
]ועל כול ארעא כולהא כפרת וֿראיש
1Q20 X,15 מדבחֿאֿ אשֿדֿ[ת ו]כול בשרהון על מדבחֿא
1Q20 X,17 למֿנֿחֿאֿ / [ ]ןֿ מֿ◦◦◦◦◦◦◦◦◦ם בֿכֿלֿהֿון מלחא הוֿית
1Q20 XI,12 וארעא כוֿלהא מליא דתא ועשֿ[ב] ועבור
1Q20 XI,14 ודי אעדי ואבֿדֿ מנהא / כֿוֿל עֿבֿדֿיֿ חמסא
ופֿלֿט לֿנֿבֿרֿ צֿדֿיֿקא לֿ◦◦◦◦◦◦◦ לכֿוֿל קנֿהֿ בדילה
1Q20 XI,16 ◦◦◦◦◦◦◦◦◦◦◦◦ל◦ ארעא ושלט בכולהון ◦◦◦יהא
ובמדבריהא ובטוריהא ובכול די בהון
1Q20 XI,17 [◦]הֿבֿ לך ולבֿנֿיֿךֿ כֿוֿלֿאֿ למֿאֿכֿלֿ בירקא ועשבא
ועשבא די ארעא ברם כול דם לא תאכלון
1Q20 XII,10 [והוו]אֿ כול בני שם כולהון / [עילם ואש]ור
כול בני שם כולהון / [עילם ואש]ור
1Q20 XII,13 [ו]שרית אנה ובני כולהון למפלח
1Q20 XII,14 ארבע עבד לי חמרֿ / ◦◦◦ כֿוֿל ◦◦◦
1Q20 XII,16 ולבני בני ולנשי כולנא ולבנתהון
1Q20 XIII,10 ולאילניא כולהון קצֿין ונסבין להֿון מֿנֿהֿ
1Q20 XIV,12] / [ ]◦◦◦◦◦◦◦◦◦◦ךֿ כוֿל יומוהי לא יפרש
1Q20 XIV,13]◦◦◦א יֿפוק לנצבת קושֿטֿ לכוֿל ◦◦◦◦לֿ[
1Q20 XV,9] ודי חזיתאֿ כולהון [ ]ןֿ יסורון משגיתהון
1Q20 XV,12 יֿרמי על נורא כֿוֿל פשֿ[
1Q20 XV,15]ה להון שוֿדֿ מן כול ◦◦◦א ארעא די ◦◦◦◦◦
1Q20 XV,18]בין כול עממיא וכולהון להון פלחין
]בין כול עממיא וכולהון להון פלחין
1Q20 XV,20]כולא בקושט אחוינך וֿכֿן
1Q20 XVI,10] / כול ארע צפונא כולהא עד
כול ארע צפונא כולהא עד די דבק
1Q20 XVII,12 די פנה לדרומא כול ארעא די משֿקֿהֿ
כול ארעא די משֿקֿהֿ פורת וכול ◦◦◦◦◦[
1Q20 XVII,13] / ◦◦◦ כול בקעאתא ומישריא די בֿיֿנֿיהון
1Q20 XVII,17 למֿדֿיֿ ובֿתרה ליואן כול נֿגֿאותא די לֿיֿדֿ לוד
1Q20 XIX,10 והוא כפנא בארעא דֿא כֿוֿלֿאֿ ושמעת
1Q20 XIX,19 [ב]רם דא כול טבותא / [די תעבדין
1Q20 XIX,20 [די תעבדין עמי] בכול אֿתֿרֿ די [נהך
1Q20 XIX,23 בנפשה די לא יחזנה כול [אנש חמש שני]ן

Text	Reference	Vol.
וכול שביא די הואת עמה מן ארעה	1Q20 XXII,25	
מן ארעה דא שבק / ושלח כולהון	1Q20 XXII,26	
וכען בקר ומני כול די איתי לך וחזי כמן	1Q20 XXII,29	
כמן כפלין שגיו מן / כול די נפקו עמך	1Q20 XXII,30	
עתר ונכסין ולמא לי / כול אׄלן	1Q20 XXII,33	
]שלם וכול אנש[	1Q21 8,2	(I)
]כל משחה לׄ[	1Q21 37,2	(I)
]◦ כל תלא◦[	1Q21 39,1	(I)
] / ברא מן כׄל חׄיה ואלפין מן עׄ[נב	1Q23 1+6+22,4	(XXXVI)
]גברין מאׄהׄ [כ]ל די[	1Q23 9+14+15,5	(XXXVI)
]כׄל בני[	1Q23 20,4	(XXXVI)
]תׄמכין בכל די[	1Q23 21,2	(XXXVI)
]◦ ⟦ ⟧ ולכולׄ[	1Q24 1,5	(XXXVI)
]לכול חׄשׄ[	1Q24 3,3	(XXXVI)
]◦ריהון ולכול [	1Q24 5,3	(XXXVI)
]לׄכׄולׄ [	1Q24 6,1	(XXXVI)
] כולא גמירׄ[ן	1Q24 7,2	(XXXVI)
]◦ כול ◦[	1Q32 14,1	(I)
וכדן אח[זי]נ[י]כול משחת / [פריזתא	2Q24 1,3	(III)
חזי הוית עד די יהיב לכ[ול כהניא	2Q24 4,17	(III)
]ל דׄי איל ען חד לכול גבר וגבר[	2Q24 4,18	(III)
ח]ד בכול [	2Q24 4,20	(III)
]לׄכׄ[ו]ל / [רוח	2Q24 5-6,7	(III)
]וכול מדבחא[	2Q24 7,2	(III)
כול יום[ויו]םׄ[	2Q24 8,6	(III)
]אשי כול [	2Q24 9,2	(III)
]◦הׄרׄ◦[ ]להׄן כׄוׄלׄ◦[	2Q26 4	(XXXVI)
] / בׄכול[	3Q14 4,5	(III)
] / בכול י◦[	3Q14 4,6	(III)
[ויהוד]א עלוהי כל[	4Q156 2,6	(VI)
] לכׄ[ל חטאי]הׄוׄ[ן	4Q156 2,7	(VI)
כ]לׄ דׄ[י]הוה לי ולא שביק	4Q196 2,2	(XIX)
לי ולא שביק {{פ}} לי כל מנדׄ[עם] / [		(XIX)
לאחיקר בר ענאל אחי על כל שׄ[יזפנו]תׄ	4Q196 2,5	(XIX)
ולה הוה ש]לׄטׄ[ן] עׄל[כ]ל הׄמרכלות מלכא	4Q196 2,6	(XIX)
ברי ברי אזל דבר לכל מׄ[ן ד]י ת]השכח	4Q196 2,12	(XIX)
]שׄמׄךׄ קדישאׄ[ו]יקירא לׄכל עׄ[למין	4Q196 6,7	(XIX)
ד[י]דכיה אנה בגרמי מׄ[ן כ]לׄ טׄמׄאׄתׄ[גבר]	4Q196 6,9	(XIX)
אב]יׄ בכׄל ארעת שבינאׄ[יחי]דׄא אנה[לאבי]	4Q196 6,10	(XIX)
ע]לוהי בכל	4Q196 17i16	(XIX)
והודו]לה בכל פמכון / ובר[כו	4Q196 17ii2	(XIX)
]כל יומׄיׄ חייׄ[/]	4Q196 17ii6	(XIX)
וכ]ל[	4Q196 17ii7	(XIX)
ארי[רין כ]לׄ [די]בׄזין וׄכׄל די עלי[כי]	4Q196 17ii15	(XIX)
ארי[רין כ]לׄ [די]בׄזין וׄכׄל די עלי[כי]		(XIX)
וׄכׄל די עלי[כי] / [ו]אׄרירין [כׄ]ל שנאי[כׄי	4Q196 17ii16	(XIX)
[ו]אׄרירין כׄ[ל שנאי]כׄי וׄכׄל[ממ]לׄ[לין ע]לׄיׄכי		(XIX)
שורי]כׄיׄ וכל ממגדׄ[ל]ן מגדליכי	4Q196 18,1	(XIX)
טובי כׄלׄ רׄחמיכי וטוב]יׄ כל	4Q196 18,3	(XIX)
ע]ל [כ]לׄ מכתשיכי ד[י	4Q196 18,4	(XIX)
ע]לׄוהי חי בטב ובכׄ[ל עבד	4Q196 18,14	(XIX)
]אׄ וׄכׄלׄ[ן	4Q196 27,2	(XIX)
]◦[ ]לׄכׄלהון[	4Q197 2,2	(XIX)
]ולמסב ברתה מן כל אנ[ש ארי ה]וא	4Q197 4ii5	(XIX)
]כׄלהו[ן	4Q197 7,1	(XIX)
] / כלא יתעבד לזמ[ניהון	4Q198 1,5	(XIX)
] / בכל די אמר אלה[א כל]א יתאייתׄ[א	4Q198 1,6	(XIX)
ואחינא] / יתבין בארע ישראל כלהׄוׄ[ן	4Q198 1,7	(XIX)
בקשטא]וירמון כׄל אליׄ[הן	4Q198 1,13	(XIX)
לי] ומן מלׄיׄ [עירין] וקדישין כלה [שמעת אנה	4Q201 1i3	(XXXVI)

רגז הוא לה אנפהא וכול נץ / אנפיהא	1Q20 XX,3
שפיר לה כול לבנהא דדרעיהא מא שפירן	1Q20 XX,4
כמא / כלילן וחמיד כול מחזה ידׄ[י]הא	1Q20 XX,5
ומא אריכן וקטינן כול אצבעת ידיהא	
וכל בתולן וכלאן די יעלן לגנון	1Q20 XX,6
ועל כול / נשין שופר שפרׄהׄ ועליא	
ועליא שפרהא לעלא מן כולהן	1Q20 XX,7
ועם כול שפרא דן חכמא שגיא עמהא	
ואתמה על כול שפרהא ונסבהא לה	1Q20 XX,9
אנתה אל עליון מרי לכול / עלמים	1Q20 XX,12
די אנתה מרה ושליט על כולא ובכול	1Q20 XX,13
ושליט על כולא ובכול מלכי ארעא אנתה	
ארעא אנתה שליט למעבד בכולהון דין	
ידך רבתא / בה ובכול ביתה	1Q20 XX,15
מרי די אנתה מרה לכול מלכי / ארעא	
רוח מכדש למכתשה ולכול אנש ביתה	1Q20 XX,16
והואת כתשא לה ולכול אנש ביתה	1Q20 XX,17
מכתשיא ונגדיא ועל כול אנש ביתה	1Q20 XX,18
ושלח / קרא לכול חׄכׄיׄמׄ[י] מצרין	1Q20 XX,19
לכול חׄכׄיׄמׄ[י] מצרין ולכול אשפיא עם	
ולכול אשפיא עם כול אסי מצרין הן	
ולאׄ יׄכלוׄ כׄול אסׄיׄאׄ ואשפיא וכול	1Q20 XX,20
כׄול אסׄיׄאׄ ואשפיא וכול חכימיא	
ארי הוא רוחא כתש לכולהון / וערקו	
אזל אמר למלכא כול מכתשיא ונגדיא	1Q20 XX,24
אזל ועדי לך מן / כול מדינת מצרין	1Q20 XX,28
[ב]כל אתר משריאתי עד די דבקת לבית	1Q20 XXI,1
ואודית תמן קודם אלהא על כול נכסיא	1Q20 XXI,3
לה בבקעת ירדנא וכול נכסוהי / עמה	1Q20 XXI,5
וחזי כול / ארעא דא די אנה יהב לך	1Q20 XXI,9
לך ולזרעך {{ב}}<<ל>>כול עלמים	1Q20 XXI,10
ימא רבא עד חורן וכול ארע גבלׄ עד קדש	1Q20 XXI,11
ארע גבלׄ עד קדש וכול מדברא / רבא	
ואמר לי לזרעך אנתן כול ארעא דא	1Q20 XXI,12
ארעא דא וירתונה לכול עלמים	
כעפר ארעא די לא ישכח כול בר אנוש	1Q20 XXI,13
ולזרעך אנתננה אחריך עד כול עלמיא	1Q20 XXI,14
לביתי בשלם ואשכחת כול אנשי שלם	1Q20 XXI,19
ואכלת ואשתית תמן / אנה וכול אנש ביתי	1Q20 XXI,21
כול אלן אזדמנו כחדא לקרב לעמקא	1Q20 XXI,25
למלך סודם ולכול חברוהי ושויו עליהון	1Q20 XXI,26
מלך עילם לכול / חברוהי וסלקו ארחא	1Q20 XXI,27
]◦◦◦ וׄבׄזׄ מׄלך עילם כול נכסיא די סודׄםׄ	1Q20 XXI,33
יתב בסודם כחדׄא עמהון וכול נכסוהי	1Q20 XXII,1
די שבי לוט בר אחוהי וכול נכסוהי	1Q20 XXII,3
והוא רדף להון וכולהון הווא ערקין מן	1Q20 XXII,9
ואצל מנהון כול די שבוא / וכול די בזו	1Q20 XXII,10
ואצל מנהון כול די שבוא / וכול די בזו	1Q20 XXII,11
די שבוא / וכול די בזו וכול טבתהון	
אחוהי פצא וכול נכסוהי וכׄוׄל / שביתא	
אחוהי פצא וכול נכסוהי וכׄוׄל / שביתא	
מלך סודם די אתיב אברם כול שביתא	1Q20 XXII,12
אתיב אברם כול שביתא / וכול בזתא	1Q20 XXII,13
מאכל ומשתה לאברם ולכול אנשׄא די עמה	1Q20 XXII,15
ויהב לה מעשר מן כול נׄכסיא די מלך	1Q20 XXII,17
מלך עילם ונכסיא / כולהון שביקין לך	1Q20 XXII,20
דמסאן / אן אסב מן כול די איתי לך	1Q20 XXII,22
⟦ ⟧ דימן נכסי כול עתרה דׄיׄ / אׄברם	
אברם כול נכסיא וכול / שביתא ויהב	1Q20 XXII,24
ואתיב אברם כול נכסיא וכול / שביתא	

[בכל קצו]ת ארעה ויזו[עו כ]ל קצו[ת ארעה	(XXXVI)	4Q**201** 1i7
דמ[נ]ד[עם לא ל]אשניה וכל מתח[ז]א [לכן]	(XXXVI)	4Q**201** 1ii2
חזו דכל איל[ניה] כלהן מיבישין / [ומנפילין	(XXXVI)	4Q**201** 1ii4
חזו דכל איל[ניה] כלהן מיבישין / [ומנפילין	(XXXVI)	
חזו ודעו בכל א]ילניה כלהן יתניצ[ון]	(XXXVI)	4Q**201** 1ii9
תשבחה [הל]ל[ו ו]אתבוננו בכל עבדיה	(XXXVI)	4Q**201** 1ii10
חי] הוא לעלם דעלמין עבד כל עבדיה	(XXXVI)	4Q**201** 1ii11
[ושנה לא ישניון עבדהן ו]כלהן עבדין	(XXXVI)	4Q**201** 1ii12
ורשיעין בכן ימון] ולכל [חטאין	(XXXVI)	4Q**201** 1ii17
ואמרו לה כלהן נמ[א מומא כלנה ונחרם	(XXXVI)	4Q**201** 1iii1
לחד בה די לא] / נתוב כלנה מן מלכה	(XXXVI)	4Q**201** 1iii2
אדין ימו] / כלהן כחדה ואחרמ[ו חד לחד	(XXXVI)	4Q**201** 1iii3
כלהן נסבו להן] / נשין מן כל די בחרו	(XXXVI)	4Q**201** 1iii14
ודי הוו אכלין] / עמל כל בני אנשא	(XXXVI)	4Q**201** 1iii18
מן] / קובל כל כנף ו[חיו]ת ארע[ה ורחשיה	(XXXVI)	4Q**201** 1iii20
דם סגי שפ[יך על ארע]א וכל [ארעא]	(XXXVI)	4Q**201** 1iv7
לה שלטנה יהבת למ]לך לכל ח[ברוהי]	(XXXVI)	4Q**201** 1iv21
] עם כל עבדי / [	(XXXVI)	4Q**201** 2,3
]◦ה וכל ◦◦◦[	(XXXVI)	4Q**201** 8,3
] / [כו]ל [י]ומי [חייהון ⟦ ⟧] / והויא		4Q**202** 1ii1
כולהון נסבו להון] נשין מן כו[ל די בחרו]		4Q**202** 1ii18
] / [אלף נחשי שהר] וכולהון שריו		4Q**202** 1iii5
[וכורס]א יקרך ‸לכל‸ {ל}דר דריא די מן		4Q**202** 1iii15
מק]דשתא ו ◦◦◦תא עד כו[ל עלמיא		4Q**202** 1iii16
לשמ[יחז]א ולכ[ול חברו]הי די אתחברו		4Q**202** 1iv9
גבריא וע[ירי]א יתנשון כול חב[ריהון על	(XXXVI)	4Q**203** 7a,7
וקדישא לשמיחזה ולכול ח[ברוהי	(XXXVI)	4Q**203** 8,5
]◦ל◦ וכול [	(XXXVI)	4Q**203** 9,1
מב]רך די כול רזיא יד[ע אנתה	(XXXVI)	4Q**203** 9,3
]וכול צבו לא תקפתכה [	(XXXVI)	4Q**203** 9,4
אתבוננא] / בכול עו[בד וחז]וא לכון לעובד		4Q**204** 1i18
] / במסורת [נה]וריהון די כולה[ון ד]נ[חין ו		4Q**204** 1i19
] / [לא] ל[אשניה ו]כול מתחזא ל[כ]ון		4Q**204** 1i21
] / [בדגלי שתו]א די כו[ל ארעא תתמלא		4Q**204** 1i22
חזוא ודעו] בכול אילניא כולהון יתנ[יצון		4Q**204** 1i28
חזוא ודעו] בכול אילניא כולהון יתנ[יצון		
די אלהא חי]א די לכול עלם [דעלמין חי		4Q**204** 1i30
וכול די חר[יר ויעדי מן כען עמהון		4Q**204** 1v1
ובקץ [דינא די]אדין יאבדון לכו[ל דריא		4Q**204** 1v2
די יולידון אל]פין וכול יומי / [ילדותכון		4Q**204** 1v5
תתעבד כל ארעא]בקושט וכולה תתנצ[ב		4Q**204** 1v7
וכול אילנין / [דארעא די יבעון יתנצבון		
עם[כול תחנ]ניהון על כול נ[פשת]הון		4Q**204** 1vi1
תחנ]ניהון על כול נ[פשת]הון לכול חד		
נגדת] / עליהון וכולהון כנישין כחדה ויתבין		4Q**204** 1vi6
ומללת קודמיהון כול [חזיון די חזית בחלמיא		4Q**204** 1vi7
ארעא דין] / [גזיר למאסר]כון עד כול יומי		4Q**204** 1vi15
[ונור דלק סחר ל]כול כתליהו[ן סחור		4Q**204** 1vi25
נורא וקריר כ]תלגא וכול [תענוג חיין לא		4Q**204** 1vi26
וביא אוחרן די] מן דן רב וכולה [מתבנא		4Q**204** 1vi28
[אוחרן למדנח סיאפי ארעא ו]כול אילניא		4Q**204** 1xii28
] וכולהון הווא ד[ח]ל[י]ן [ורעדין מן		4Q**204** 4,1
ואתה על ענא ואשכח כול שגאהין		4Q**204** 4,5
ואתה ע]ל ענא וש[ח]טו כול טעיתא ושריו		4Q**204** 4,7
באדין] אתיב אמרא דן לכול ענא טעיתא		4Q**204** 4,8
ויחדון בהון ו]ישמחון כ[ול] / [קשיטיא		4Q**204** 5i20
ל]כון כול / [שלמא חדו לכון יא בני		4Q**204** 5i23
והדיר וכדי פתח עינוהי אניר כו]ל / [ביתא		4Q**204** 5i29
מה הוא די לא אי]תי לה כל שליא[		4Q**205** 1xi5
ארעא דה מת]ברכה [וכ]ול[ה מלאה אילנין		4Q**205** 1xii9
דכרא] ל[ח]ד עשר אמריא כולהון		4Q**205** 2i29
[נפש]ת כל בני אנשא		4Q**206** 1xxii1
ומן תמן הובלת / [למדר]נח כל טוריא אלן		4Q**206** 1xxvi19
]ין וכל[	(XXXVI)	4Q**206** 2,1
ארע]א כל[	(XXXVI)	4Q**206** 3i5
]הוו מ[ ]◦[ ]◦ין בה[כ]ל	(XXXVI)	4Q**206** 3i7
אסר ל]כלהון ידין ורגלין ורמא / [להון		4Q**206** 4i12
פרחה עלא מן מיא וכל תוריא / [וערדיא		4Q**206** 4i20
שלח לה לות ענא וכ]ל[הון ק]מו מן [רחיק		4Q**206** 4iii20
]◦◦◦ כל יממא / [	(XXXVI)	4Q**208** 10a,4
וקוי כל יממא דן כלה [	(XXXVI)	4Q**209** 2ii5
וקוי כל יממא דן כלה [	(XXXVI)	
בלילא ארבעת עשר בה כל ליל[יא דן כלה	(XXXVI)	4Q**209** 2ii6
וקוי בימֿמא דן כלה	(XXXVI)	4Q**209** 6,8
שאר ימ]מא דן כלה ולקיח כל שאר נהורה	(XXXVI)	4Q**209** 6,9
ימ]מא דן כלה ולקיח כל שאר נהורה	(XXXVI)	
נהורה ונפק גלגלה ריקן מן כל נהור מטמר	(XXXVI)	
אשל[מת] / שמשא למהך כל חרתיה	(XXXVI)	4Q**209** 7iii2
דן ושוי בה כל נ[	(XXXVI)	4Q**209** 8,1
ארבעת עשר] / בה כל ליליא דן כלה [	(XXXVI)	4Q**209** 8,2
עשר] / בה כל ליליא דן כלה [	(XXXVI)	
ערבין ומאין עללין וכלהון כוכבין ובדכן	(XXXVI)	4Q**209** 23,5
בה צפנין ומתכנסין וסחרין כל ערבי שמיא	(XXXVI)	4Q**209** 23,6
[וחזית שבעת טוריא רמין מן כ]ל ט[ורין	(XXXVI)	4Q**209** 23,10
וכש]לטנהון לכל מסרתהון	(XXXVI)	4Q**209** 28,2
]כלהון באתרי ◦◦[	(XXXVI)	4Q**209** 39,1
] / ומיא וכל מה די בהן די רבין וצמחין		4Q**210** 1ii3
ומתכ<נ>סין וסחרין {{ו}}כל ערבי [שמיא		4Q**210** 1ii17
ומשל]מין בכל יום ויום עד יום ארבעת עשר		4Q**210** 1iii4
יום] חמשת עשר ומשלמין בה כל נהורה / [		4Q**210** 1iii5
ועלי כל אילניא / [מתיבשין ומתנפלין ברא		4Q**211** 1i4
עד] / כל דרי עלמי[ן		4Q**212** 1ii17
ו]לדריא אחריא לכול י[תבי יבשתא		4Q**212** 1ii24
ומן] ממר עירין וקדישין / אנה כלא ידעת [		4Q**212** 1iii22
דבה תתיה[ב חרב] / לכול קשיטין למעבד		4Q**212** 1iv16
כול קשיטין למעבד דין קשוט מן כול רשיעין		
רבא ברבות זוה לכול דרי עלמין		4Q**212** 1iv18
ו]ד[ין קשוט בה]יתגלא / לכול בני ארעא		4Q**212** 1iv20
בה]יתגלא / לכול בני ארעא כלה וכול		
כול בני ארעא כלה וכול עב[די רשעיא		
עב[די רשעיא יעברו]ן מן כול / ארעא כולה		
יעברו]ן מן כול / ארעא כולה וירמון לבור[		4Q**212** 1iv21
לבור[עלם ויחזון אנושא]כלהון / לארח		
שלטני] שמיא / צ[הר]ין ודנחין לכול עלמי[ן		4Q**212** 1iv25
שגי / [די לא] איתי סוף לכול מ[נינהון		4Q**212** 1iv26
] / או מנו הוא כול אנוש די [יכל יחזה כול		4Q**212** 1v17
ה ופתיה די ארעא כולה או [מנו הוא		4Q**212** 1v21
ומנו הוא כול אנוש די יכ[ל ינדע מה ארך		4Q**212** 1v22
רא]ש כל עבדכן / [יהוה קשטא ועד	(XXII)	4Q**213** 1i6
כ]ל◦ין◦גבר די אלף חכמה כל	(XXII)	4Q**213** 1i14
כ]ל◦ין◦גבר די אלף חכמה כל / [	(XXII)	
ל]ה לכל מת ומדינה די יהך לה	(XXII)	4Q**213** 1i15
בה יקר בדי כלא צבין / [למאלף חכמתה	(XXII)	4Q**213** 1i17
] / ולא איתי [כ]ל מחיר נגדה ◦[	(XXII)	4Q**213** 1-2ii4
]ן כל בעי[ה	(XXII)	4Q**213** 1-2ii7
ולא]תעבר מנכן עד כל	(XXII)	4Q**213** 1-2ii18
ל[ ]א כל עממיא / [	(XXII)	4Q**213** 3,1
א]רחת קשטא תשבק[ו]ן מכל שבילי / [	(XXII)	4Q**213** 4,5
]◦שנון בכן מן כל מ[	(XXII)	4Q**213** 5,3
אתרחע]ת וכל / [	(XXII)	4Q**213**a 1,7

]בארעא בכל ב[	(XXXI)	4Q**532** 2,12
{{א כתיב}} וכל יבעונכון על[	(XXXI)	4Q**533** 3,2
לש]קרה[על]ארעא כל ד[	(XXXI)	4Q**533** 4,1
]ם על כל[	(XXXI)	4Q**533** 8,3
רזי אנשא וחוכמתה לכול עממיא	(XXXI)	4Q**534** 1i8
לכול עממיא תהך וידע רזי כול חייא	(XXXI)	
[וכ]ול חשבוניהון עלוהי יסופו ומסרת	(XXXI)	4Q**534** 1i9
יסופו ומסרת כול חייא שגיא תהוא / [	(XXXI)	
כול אלן יהכו[ן] / מין יסופון[	(XXXI)	4Q**534** 1ii+2,13
]כו[ל	(XXXI)	4Q**534** 6,1
]אלפונה כולה זי / [	(XXXI)	4Q**536** 2i+3,4
ח]כמת אנש וכול חכימ[ין] / [	(XXXI)	4Q**536** 2i+3,5
] / די אנתה יצף מנה לכול אנש ◦[	(XXXI)	4Q**536** 2ii9
טובוהי לכול א[נש(א)] די מוסר	(XXXI)	4Q**536** 2ii10
וישתארון כל צדיקיא וישרי[א	(XXXI)	4Q**537** 1+2+3,1
כל] / עול וכל שקר לא ישתכח[	(XXXI)	4Q**537** 1+2+3,2
וכען סב לוחיא וקריא כולא[די כתיב בהון	(XXXI)	4Q**537** 1+2+3,3
חסרני] / וכל עקתי וכל די יתא על[	(XXXI)	4Q**537** 1+2+3,4
חסרני] / וכל עקתי וכל די יתא על[	(XXXI)	
ב]ארעא ותכלון פריה וכל טבתה ותוחו[ן	(XXXI)	4Q**537** 5,1
כל ח]טאיכון וכל חוביכון וכל פ[שעיכון	(XXXI)	4Q**537** 6,1
ח]טאיכון וכל חוביכון וכל פ[שעיכון	(XXXI)	
ות[רך כל יו]ם להוון בכ[ל] אר]עא	(XXXI)	4Q**537** 12,2
]כל עמא עלל[	(XXXI)	4Q**537** 15,1
]כל ארע[א	(XXXI)	4Q**537** 17,1
] כל דנה אתרא אחזיני די / [	(XXXI)	4Q**537** 24,3
וכול א[חוהי	(XXXI)	4Q**538** 1-2,7
די] לא ידמה לכול גבר כסר נכסין להן כימא	(XXXI)	4Q**540** 1,3
] / כולא הגי ע[ל	(XXXI)	4Q**541** 1ii1
] / וכול נשמיה[ון	(XXXI)	4Q**541** 1ii3
]לא גועלונכה ? וכול [	(XXXI)	4Q**541** 6,4
] ומן כול כד[ב	(XXXI)	4Q**541** 8,2
להו]ן[ח]כמתה ויכפר על כול בני דרה	(XXXI)	4Q**541** 9i2
כול בני דרה וישתלח לכול בני / [ע]מה	(XXXI)	
ויתזה נורהא בכול קצוי ארעא ועל חשוכא	(XXXI)	4Q**541** 9i4
ובדיאן עלוהי יבדון וכול גנואין עלוהי	(XXXI)	4Q**541** 9i6
]שה כו[ל	(XXXI)	4Q**541** 11,1
חדוא ולכול אחיכה יסוד מבחן / ת{{צ}}ועא	(XXXI)	4Q**541** 24ii5
ואל אלין לכול עלמין ויגהר נהירה עליכון	(XXXI)	4Q**542** 1i1
עלסיה ומרא כול סעבדיא ושליט / בכולא	(XXXI)	4Q**542** 1i2
ומרא כול סעבדיא ושליט / בכולא למעבד	(XXXI)	4Q**542** 1i3
והוא קד[י]שין ודכין / מן כול[ער]ברוב	(XXXI)	4Q**542** 1i9
וק]ודשא וכה[ו]נתא ככול די פקדת<כ>ון	(XXXI)	4Q**542** 1i13
ככול די פקדת<כ>ון וככול די / אלפתכון	(XXXI)	
מן כען ועד כול[	(XXXI)	4Q**542** 1ii1
] / כול ממר קושטא י{{א}}{{י}}{{<<א>>}}תא	(XXXI)	4Q**542** 1ii2
] / קאם לכול דריעלמין ולא[עוד תפ[	(XXXI)	4Q**542** 1ii4
] / ולמחזיא חובת כול חיבי עלמין הב◦[	(XXXI)	4Q**542** 1ii6
בארעא ובתהו{{ן}}מיא ובכול חלליא לבלמ[	(XXXI)	4Q**542** 1ii7
] / בד[ר]י קושטא ויעדון כול בני רשע[א מן	(XXXI)	4Q**542** 1ii8
לכה ברי ולבניכה] / כול כתבי בשהדו	(XXXI)	4Q**542** 1ii12
כ]ול שורשה	(XXXI)	4Q**542** 3i lftmg,1
] / לחדה די לא אי תאי לה כול כ[	(XXXI)	4Q**542** 3ii13
]והן לה שמך לכל מע[ ]◦[	(XXXI)	4Q**543** 2a-b,6
]כל דרי עלמ[ין	(XXXI)	4Q**543** 2a-b,7
ובכל דן[יוכבד אנתתי הות רחיקה מני	(XXXI)	4Q**543** 4,2
חזוה חשל] / [כפתן ו]כל לב[ושה צב]ענין	(XXXI)	4Q**543** 5-9,5
] לכלהון[ו]להוא	(XXXI)	4Q**543** 15,2
]בכל שנאין א[ף ד[י	(XXXI)	4Q**543** 15,3
]כלא למבכין [	(XXXI)	4Q**543** 17,2

ו]אל תשלט בי כל שטן / [	(XXII)	4Q**213a** 1,17
] / דין קשט לכ[ל	(XXII)	4Q**213a** 2,9
]י◦ בהתא וכל / [	(XXII)	4Q**213a** 3-4,4
ושם אבהתה ואבהתת לכל אחיה / [	(XXII)	4Q**213a** 3-4,5
ולא מתמחא שם חסיה מן כול עמה{{א}}	(XXII)	4Q**213a** 3-4,6
]ל◦ש לכל דרי עלמא ומ[	(XXII)	4Q**213a** 3-4,7
]כה רעיתך מן כל בשר[א	(XXII)	4Q**213b** 1
אף דן בלבבי ולכל אנש לא / [גליתה	(XXII)	4Q**213b** 3
ולכלה[ן מליחין במלח כדי חזי] / [לה][	(XXII)	4Q**214** 2,7
] / [ו]בתר כלא חמר [נסך והקטר עליהן	(XXII)	4Q**214** 2,9
]כול לביך [	(XXII)	4Q**214b** 1,2
]◦די ◦◦כול◦◦[	(XXII)	4Q**214b** 1,3
מן כול בשר[א	(XXII)	4Q**214b** 7,1
] איתי כול מ[חיר	(XXII)	4Q**214b** 8,1
]כול שלדיהו[ן [	(XXII)	4Q**243** 25,4
]רא חזוך וכלא אתה עד עלמא	(XXII)	4Q**246** 1i3
י]עבדון וכלא ישמשון / [	(XXII)	4Q**246** 1i8
על / ארעא וכלא ידשון עם לעם ידוש	(XXII)	4Q**246** 1ii3
עד יקום עם אל וכלא ינו/יח מן חרב	(XXII)	4Q**246** 1ii4
מלכותה מלכות עלם וכל ארחתה בקשוט	(XXII)	4Q**246** 1ii5
ידי[ן] / ארעא בקשט וכלא יעבד שלם	(XXII)	4Q**246** 1ii6
מן ארעא יסף / וכל מדינתא לה יסגדון	(XXII)	4Q**246** 1ii7
קרב עממין ינתן בידה וכלהן / ירמה	(XXII)	4Q**246** 1ii8
שלטנה שלטן עלם וכל תהומי	(XXII)	4Q**246** 1ii9
]◦בי כל מה די עב[ד	(XXVII)	4Q**342** 2
] שמען מן כל [	(XXVII)	4Q**346** a,3
]ך וכל ◦[	(XXVII)	4Q**346** d,1
ברי] / יתעבד כל די באיש קודם	(XXXI)	4Q**529** 1,10
]ן וכל בית פלטא די אחך לה / [	(XXXI)	4Q**530** 1i3
] יתמנון בכל / [	(XXXI)	4Q**530** 2i+3,3
[וע]לו כל חברוהי ו[או]היה אחוי	(XXXI)	4Q**530** 2ii+6-12,1
הוית עד די אתכסי עפ]רא בכל מיא	(XXXI)	4Q**530** 2ii+6-12,10
מיא ונורא דלק בכל / [עעי פרדסא	(XXXI)	
אלפין לה / [סגדין כ]ל[ק]דמוהי	(XXXI)	4Q**530** 2ii+6-12,18
ו]מלך רבא]על כל חיא ובסרא ועל	(XXXI)	4Q**530** 2ii+6-12,19
וארו]דחלו כל גבריא / [ונפיליא ו]קרו	(XXXI)	4Q**530** 2ii+6-12,20
ל]כה פ[ש]ר חלמיא ודי כלא מנח / [	(XXXI)	4Q**530** 2ii+6-12,23
] / למליך וכל נפילי ארעא הן הובל [	(XXXI)	4Q**530** 7ii8
]וכול עוף שמים עם כול די פרא[	(XXXI)	4Q**531** 2+3,4
]וכול עוף שמים עם כול די פרא[	(XXXI)	
ועם]עשב זרע ארעא וכול דגנא וכול	(XXXI)	4Q**531** 2+3,5
ארעא וכול דגנא וכול אילניא[	(XXXI)	
וכו]ל שרצארעא	(XXXI)	4Q**531** 2+3,7
ואחרי כול[	(XXXI)	
כו]ל עובר קשה וממרא מן[	(XXXI)	4Q**531** 2+3,8
]וכול שרץ א[רעא	(XXXI)	4Q**531** 4,2
]עברתה כול א[לין	(XXXI)	4Q**531** 4,3
]◦ה וכול די עליכה ט[	(XXXI)	4Q**531** 5,4
ול]כול אלין גבריא	(XXXI)	4Q**531** 7,4
]◦ הלא כול אלין אזלו בחרבכה[	(XXXI)	4Q**531** 7,5
ס]תר מן כ[ול ?	(XXXI)	4Q**531** 11,1
]איתי כול[	(XXXI)	4Q**531** 12,1
]והי לא בהיל על כול מלך ואל[	(XXXI)	4Q**531** 14,2
]למאבל כול עדני[	(XXXI)	4Q**531** 17,3
[(ו)אתבעי]כול בית[וצד]יק לא [אשתכח	(XXXI)	4Q**531** 22,1
[וסלקת על כ]ול בשר ועבדת עמהון	(XXXI)	4Q**531** 22,4
] / כול רשיעיא מ[	(XXXI)	4Q**531** 23,2
]כולא יש[ציא	(XXXI)	4Q**531** 23,4
]לא יסוף כול[	(XXXI)	4Q**531** 25,4
כ]ל בשר / [	(XXXI)	4Q**532** 1i10

] / בכל עמ∘[ ]מלכות	**4Q554** 3iii21	
] / כלה[ו]ן	**4Q554a** 1ii1	
כל די הוא ב[	**4Q556** 1,6	
]ה ושאר כול [	**4Q557** 3	
] אטמו̇תון כלא ל∘[	**4Q557** 5	
]כ̇הניא וכל שביא / [	**4Q562** 2,4	
] תתקרא בכל דלך [ ]ע̇בידתך[	**4Q563** 1,2	
כ]ל רשיעי אנ[ו]שא	**4Q567** 2	
] / לכל מ[	**4Q570** 1bii9	
] / מתחזה לכל יתבי ארעא ודי במדינתא	**4Q571** 2	
]ית לה כ̇ל	**4Q573**	
]∘ה היא וכל ארב̇[ע	**4Q575** 7	
]כ̇ל סופה אבדן חשוך / [	**4Q580** 1i12	
]ר̇שעא ומן כל שבילי / [	**4Q580** 1i13	
]∘ן כלא[	**4Q580** 7,2	
] / כל ד̇י[	**4Q580** 9,3	
[תלת מאה ו]ח̇משין ושבע לכל [רו]ח	**5Q15** 1i1	(III)
ו̇כל [שוק]י̇[א]וקריתא ר]צ̇יפין באבן	**5Q15** 1i6	(III)
ע[ל כ̇ל ת̇רע ות̇רע ד̇שין תרין די אב̇[ן	**5Q15** 1i9	(III)
ח̇מ̇ש ל[אמין א]ר̇ב̇עין ב̇כ̇ל רוח תרע[א	**5Q15** 1i14	(III)
וכדן כל תוניא [ורומהון קנין ת]רין	**5Q15** 1ii8	(III)
] כל בתיא די בגוא ∘[	**5Q15** 2,2	(III)
תר]ע̇א כולה ואספיא פת[יהון	**5Q15** 2,3	(III)
]כל ת∘∘[	**5Q15** 5,2	(III)
]ולא מרתת מן אחויך כלא א[	**6Q8** 1,3	(XXXVI)
] / פרדסא דן כלה מ̇[	**6Q8** 2,3	(XXXVI)
]ן כל גננ[ין	**6Q8** 5,1	(XXXVI)
]ה כל̇[	**6Q8** 15,1	(XXXVI)
] כול חות ב̇[רא	**6Q14** 1,6	(XXXVI)
] / כל אנש ד̇[י	**11Q10** II,8	(XXIII)
כ]לכון חזיתון למה / [	**11Q10** XI,2	(XXIII)
בסרא רגלי וסכר כ[ל	**11Q10** XXII,5	(XXIII)
] / ר̇בברבן תמלל ארו בכל פ[תגמוהי	**11Q10** XXII,7	(XXIII)
הא כ[ל	**11Q10** XXIII,7	(XXIII)
אר]ח̇ה ובכל שבילוהי לא הסתכ̇[לו	**11Q10** XXV,3	(XXIII)
ו]כל אנשא עלוהי חזין ובני	**11Q10** XXVIII,2	(XXIII)
לעבדיהון / על כל די ברא יפקדנון על	**11Q10** XXIX,3	(XXIII)
צפר ויזעק[ו]ן כחדה כל מלאכי אלהא	**11Q10** XXX,5	(XXIII)
לה טורין לר̇ע[י]ה ו]בתר כל ירוק / ירדף	**11Q10** XXXII,7	(XXIII)
העדי נא חמת רגזך וחזא כל גאה והשפלה	**11Q10** XXXIV,7	(XXIII)
וכל / רמת רוח תתבר והטפי ר̇[שיעין		(XXIII)
] / והוא מלך על כל רחש	**11Q10** XXXVII,2	(XXIII)
ידעת די כלא / תכול למעבד ולא יתבצר	**11Q10** XXXVII,3	(XXIII)
ויהב לה חד תרין בכל די הוא לה	**11Q10** XXXVIII,4	(XXIII)
ואתין לות / איוב כל רחמוהי וכל אחוהי	**11Q10** XXXVIII,5	(XXIII)
ואתין לות / איוב כל רחמוהי וכל אחוהי		(XXIII)
רחמוהי וכל אחוהי וכל ידעוהי ואכלו		(XXIII)
ונחמוהי על כל באישתה די / היתי אלהא	**11Q10** XXXVIII,6	(XXIII)
] על כול זרע בנ̇י [	**11Q18** 7,1	(XXIII)
דהב]טב כולה ארבע רגלוה̇[י	**11Q18** 8,1	(XXIII)
]ב̇א וכול בנינא דן [	**11Q18** 9,5	(XXIII)
]∘בן כול אבניהון / [	**11Q18** 10i5	(XXIII)
]נ̇אמה וכולה דהב טב ד̇[י	**11Q18** 11,4	(XXIII)
]כ̇ול רוח מערב / [	**11Q18** 12i5	(XXIII)
רגלוהי וקרבוהי ומלח כולה[	**11Q18** 13,2	(XXIII)
]ס̣תא̣ ואסקה למדבחא כולה[	**11Q18** 13,4	(XXIII)
]י̇ם ו̇ב̇כול ע̇ל[	**11Q18** 14ii6	(XXIII)
]ל̇כול ע̇[	**11Q18** 14ii7	(XXIII)
]א וכול די להון משצין שבעתיהו̇[ן	**11Q18** 15,2	(XXIII)
]∘ני הובן כולהון / [	**11Q18** 16i1	(XXIII)

מ]ן̇ כל	**4Q543** 27,3	(XXXI)
]לכל עמ̇[ין/א	**4Q543** 29,2	(XXXI)
ו[בכו]ל דן [יוכבד]א̇נ[תתי הות רחיקה מני	**4Q544** 1,7	(XXXI)
] / כולא די אתוב למצרין בשלם	**4Q544** 1,9	(XXXI)
] / [כן ש]ל̇יטין ושליטין על כ̇ול בנ̇י אדם	**4Q544** 1,12	(XXXI)
וכול ארחה חש[וכה וכל עבדה ח[ש]י̇ך	**4Q544** 2,14	(XXXI)
והוא משלט על כול חשוכה ואנה[דבר	**4Q544** 2,15	(XXXI)
ארעיא אנה שליט על כול נהורא וכו[ל	**4Q544** 2,16	(XXXI)
אנה שליט על כול נהורא וכו[ל ארחי בנהורא]		(XXXI)
בר̇ קה̇ת̇ בר לוי כו̇[ל] / ד̇י[אחוי ל]בנ̇[והי ודי	**4Q545** 1ai1	(XXXI)
והן ל]ה̇ שמך ל[כו]ל	**4Q545** 1ai19	(XXXI)
למבנה ולמסב לה̇[ון כו̇ל̇[צרכיהון מ]ן̇	**4Q545** 1a-bii18	(XXXI)
] / וכול [	**4Q545** 3,2	(XXXI)
ארו] / קד̇[י]ש להוה לה כל זרעה̇ בכול	**4Q545** 4,17	(XXXI)
להוה לה כל זרעה̇ בכול דרי ע̇[למין		(XXXI)
]ת̇ ולכול שנ̇י∘[	**4Q545** 9,3	(XXXI)
ולמבנה] / ולמסב להון כל צרכיהון מן	**4Q546** 2,4	(XXXI)
מ/ת/י/א]שתעא לכ[ל	**4Q546** 6,3	(XXXI)
די א]ת̇גל̇ה לי כו[ל	**4Q546** 9,2	(XXXI)
] מצרין בכל בש̇[ר	**4Q546** 10,1	(XXXI)
לכ[ל̇ בנ̇י[ן ק]ר̇א ש̇מהן ב̇אתר[	**4Q546** 11,4	(XXXI)
]וכ[ל]∘[ ]∘∘∘[	**4Q546** 11,6	(XXXI)
עד] / [על]מ̇א וכול ד̇רין ב[	**4Q546** 15ii2	(XXXI)
ו]ב̇כול דן יוכבד / [אנתתי הות רחיקה מני	**4Q547** 1-2iii6	(XXXI)
]כ̇[ו]ל די קרב לוי ברה ע̇[ל מדבחא	**4Q547** 8,2	(XXXI)
כ]ו̇ל קורבנ̇א[	**4Q547** 8,4	(XXXI)
ו(בר)ב]ר̇ה יתרם כהן מן כול בני עלמא	**4Q547** 9,6	(XXXI)
מש]יח ובנוהי בתרה לכול דרי עלמין	**4Q547** 9,7	(XXXI)
לא תהוה אס]תא להון וכל ארחת̇[	**4Q548** 1ii-2,2	(XXXI)
ל]כ̇ל דרי ישראל לכל[עלמין	**4Q548** 1ii-2,6	(XXXI)
ל]כ̇ל דרי ישראל לכל[עלמין		(XXXI)
ובכל מנדעהון [צדיקין ל]הוון ובנ̇י חשוכא	**4Q548** 1ii-2,11	(XXXI)
] / ארו כל סכל ורש̇[יע חשי]ך̇ וכל[חכי]ם	**4Q548** 1ii-2,12	(XXXI)
סכל ורש̇[יע חשי]ך̇ וכל̇[חכי]ם וקשיט נהיר]		(XXXI)
ב]ד̇י̇נ̇[א רבא יהכון] וכל בני חש[וכא	**4Q548** 1ii-2,13	(XXXI)
]ו̇[מן חשוכא ארו כל [בני נהורא	**4Q548** 1ii-2,15	(XXXI)
]וכל בני נהורא[	**4Q548** 1ii-2,16	(XXXI)
]∘[ל]מ̇עבד / עבידת מלכא ככול די קב[לת	**4Q550** 3	
ידיע להוא לכון די כול אנוס ושקר	**4Q550** 7	
] / ביתי ו̇נ̇כסי לכול מה די ית[	**4Q550a** 6	
] / עמר בכול	**4Q550c** 1i7	
די תע[ל] ית עבידתי ק[דמיך כ]ו̇ל די[		
כל כ]סף ו̇[כ]ל̇ ד̇הב[	**4Q550c** 1ii5	
כול די יצבא קרוב ב̇ע̇קר ל[ ]∘[	**4Q550c** 1iii1	
]כ̇ול אנש די ימר מלה[באי]שא על ב̇נסרו	**4Q550c** 1iii2	
ב]אישא באישתה תאבה על[ריש]ה כ[ול	**4Q550c** 1iii6	
בנה ציון ובה יסתתרון כל ענ̇יי עמ[ה] / [	**4Q550e** 2	
] ויתכנשון כל אנש ק̣רתא̣ על ביתא וימרון	**4Q551** 4	
ל]הון להוא כולה / [	**4Q552** 1,6	
]∘ך איך כלא עביד הוו קאמין / [	**4Q552** 1,9	
]∘∘א די כול מותבה דינין [	**4Q552** 3,12	
שמ טמרו כול שלי]ט	**4Q553** 3ii2	
]ת̇ה וכלהון מכונין דן / [לדן	**4Q554** 2i10	
] אמין 35 / 7 ולכל רוח ושבק סחר	**4Q554** 2ii14	
מש[ח]ת פרזיא כלהן בין פרוא לפרזא	**4Q554** 2ii15	
ולאמין 4 +]52 / וכל שוקא וקריתא [	**4Q554** 2ii23	
קנין שבעה אמין ארבעין ותשע וכלה	**4Q554** 3ii14	
] / כתיא באתרה כלהון בסוף כלהון	**4Q554** 3iii16	
באתרה כלהון בסוף כלהו[ן		
] / די בבל ארעא כלה די לא ישר[	**4Q554** 3iii19	

11Q**18** 16ii+17i4 (XXIII)]תֿא ל◦[ו]לֿ[א] / עלל לה **כול** א[נש
11Q**18** 16ii+17i5 (XXIII)] / ידוהי **כול** ◦[
11Q**18** 17ii3 (XXIII)] / **לכול** תרי עשר תרעין֯[
11Q**18** 18,3 (XXIII) [**וכו]ל**הון תלתין ותרין אלפין ותשע
11Q**18** 19,4 (XXIII)]**לכול** עלמין ⟦ ⟧[
11Q**18** 20,1 (XXIII) **כו]ל** יום שביעי קודם אל דכרֿ[נא
11Q**18** 20,3a (XXIII)]מן **כול** שבעת פלוגת פתורי / [
11Q**18** 22,2 (XXIII)]ין֯ מנה **כול** תרבה / [
11Q**18** 23ii5 (XXIII)] / **כולה** סגי֯[
11Q**18** 23ii6 (XXIII)] / הֿן **כולה**ֿ[
11Q**18** 24,2 (XXIII)]ה דין מן **כול** ש◦[
11Q**18** 24,4 (XXIII)]על **כול** זרעא֯[
11Q**18** 24,5 (XXIII)]**בכול** שנא לֿ[
11Q**18** 24,7 (XXIII)]**כ֯ול** די ל[
11Q**18** 26,1 (XXIII)]**וכול** אנשא די יה֯[
11Q**18** 27,1 (XXIII) **כו]ל** ישראל הֿ[
11Q**18** 27,4 (XXIII) עד ת]ד֯נח שמשא **וכו֯[ל**
11Q**18** 30,1 (XXIII)]◦[ ]ין֯ **ככול** ד◦[
11Q**18** 35,1 (XXIII)]א מן **כול֯**[

kidney noun **כּוּלְיָה**
11Q**18** 22,3 (XXIII)]◦ תרתין **כוליתה** / [

fermentation vat for grapes noun **כומר**
1Q**20** XII,15]◦◦◦ די כרמי **כ֯ומרא** דן פתחת ושרית

to establish, prepare, turn verb **כּוּן**
4Q**205** 1xii1 [קאם] לקֿ֯ובלה די **מכ֯[ין** לאנשא כאלן
4Q**554** 2i10]תֿה וכלהון **מכונין** דן / [לדן
11Q**10** XXVIII,5 (XXIII) ארו / עננ֯[מין ימנא] וזיקי מטר **יהכן**

furnace noun **כּוּר**
1Q**20** VI,1 מן עֿול **ובכור** הֿורתי יעיֿת לקושט וכֿדי
4Q**541** 10,4 (XXXI)]◦ ואזלא רוחהֿא **לכור** ד֯[י

כורסא ← כָּרְסֵא

Cush Rishathaim proper noun **כּוּשׁ רִשְׁעָתַיִם**
4Q**559** 4,6]**כוש רשעתים** מלך [ארם נהרין

like, in agreement with preposition **כְּוָת**
1Q**20** XI,15 ועם בניך די להון **כואתך** לעלמים
4Q**550**c 1i5 מה אפש[ר] / לגבר **כותי֯** להתבה[
[לגבר]**כ֯ותך** קאם באתר די אנתה
11Q**10** XXXIV,5 (XXIII) כאלה איתי לך או בקל **כותה** תרעם

wall noun **כּוֹתַל, כֹּתַל**
1Q**32** 7,1 (I)] **כותל**[א
2Q**24** 3,4 (III)]◦**כתול** תֿ[
2Q**24** 8,3 (III)] **כותליא◦** אבן ח֯ו[ר
4Q**204** 1vi25 [ונור דלק סחר ל]כ֯ול **כתליה**ו[ן סחור
4Q**214**b 2-6,8 (XXII) למזרק דמא]ע֯ל **כותלי** מדבחֿא
4Q**554** 2iii16 אסוף אחרן ותרעה ליד **כתלא** גויא
4Q**554**a 1ii9 חדה ועובי פתי **כות]לא** קדמיתא אמין / [
5Q**15** 1i18 (III) ליד **כותלא** גויהֿ [די ליד ימינא
5Q**15** 1ii12 (III) תרתין֯ [פתיה אמין]ו֯עובי פותי **כותלא**[
11Q**18** 11,2 (XXIII)]֯נא ליד **כותלא** די סחר ל◦[
11Q**18** 17ii4 (XXIII)] / תרת֯ין ועובי פותי **כות[לא**

together adverb **כַּחֲדָא**
1Q**20** XII,16 ולבנתהון ואתכנשנא **כחדא** ואזלנא / [
1Q**20** XXI,21 אמוראא רחמי ואכלו **כחדא** / עמי ואשתיו
1Q**20** XXI,25 כול אלן אזדמנו **כחדא** לקרב לעמקא
1Q**20** XXII,1 הוא יתב בסודם **כחֿדא** עמהון וכול נכסוהי
4Q**197** 4i5 (XIX) ואזלו]**כ֯חדא** וסדר להון / [לילה והכו
4Q**197** 4i11 (XIX) תריהֿ[ו]ן **[כ]חדא** [עד] ק֯[רבו ל]הֿון למדי
4Q**201** 1iii3 (XXXVI) אדין ימו] / כלהן **כחדה** ואחרמ[ו חד לחד
4Q**204** 1vi6 וכולהון כנישין **כחד֯ה** ויתבין וא[בלין
4Q**205** 1xi4 ביומא ובליליא **כח]ד֯ה** לבך֯
4Q**205** 2i25 אולד ערד ועגל חור **כח]ד֯ה** ו֯ערדין / [
4Q**530** 1i5 (XXXI)]◦תא ונמות **כחדא**
4Q**535** 3,1 (XXXI) עד (די) (ל)הו]ה֯ מֿתילד והוין מרמֿש **כחדה** [
4Q**538** 1-2,3 (XXXI) ואעלת / [קדמוהי אקר]בו **כחדא** עלי
4Q**545** 1a-bii14 (XXXI) עמנא גברין] / שגיא֯ן מן בני דדי֯ **כחד[א**
11Q**10** V,6 (XXIII) **כחדה** על [
11Q**10** XXX,5 (XXIII) במזהר / **כחדא** כוכבי צפר ויזעק[ו]ן֯
(XXIII) כוכבי צפר ויזעק[ו]ן֯ **כחדה** כל מלאכי
11Q**10** XXXIV,9 (XXIII) בעפר {{ }} **כח֯[דא** אנפי]הֿון בקטֿם תכסה
11Q**18** 13,6 (XXIII)]א ובשרא מתערב **כחדא**[
11Q**18** 26,4 (XXIII)]הי **כחדא** ⟦ ⟧[

to paint eyes verb **כחל**
4Q**197** 4i14 (XIX) ומררתא **למכחל** עי֯[ני אנש

that, because conjunction **כִּי**
1Q**32** 14,3 (I)] **כ֯יא** גלגלא [

basin (?), paneling (?) noun **כִּיּוּר**
11Q**18** 11,8 (XXIII)]לֿ[ ]ן **בכ֯יור** ◦[ ]◦[

mixed kinds noun **כִּילְאַיִן**
4Q**542** 1i6 (XXXI) ואחס{{ן לכון}}<<נותכון>> / **לכילאין** ותהון

Pleiades proper noun **כִּימָה**
11Q**10** XXXI,8 (XXIII)]**כימא** או סיג נפילא ת[פתח]

כֹּל ← כּוֹל

enclosure (?) noun **כלא**
4Q**534** 1ii+2,15 (XXXI)]ה֯ **וכלֿ[אי]ן֯** יתבנון כעירֿין עובדה / [

dog noun **כְּלֵב**
11Q**10** XV,5 (XXIII)] / [אבה]תֿהון מלמהוא עם **כלבי** ע[ני

to cease, hold back verb **כלה**
1Q**20** V,16] / הא באדין אשתבשון **ו֯אתֿכֿלון**[
2Q**24** 8,6 (III)]◦ ולא **יתכלא** עוד
4Q**197** 4ii4 (XIX) וידע אנה די לא יכול רעואל **למכליה** מנך
4Q**204** 5ii28 ורשעה יסוף וחמסא **יכלא** מן ארעא וע֯[ד
4Q**557** 4]**למכלא** מלי֯ פמנא מ[ן
11Q**10** XII,7 (XXIII) **כ]לא** / ו֯[
11Q**10** XXIV,8 (XXIII) נשמ]תה עלוהי **יכלא**

to cry out verb **כלה**
1Q**20** XIX,16 **ואכליאת** תמרתא ואמרת אל תקוצו֯
4Q**546** 7,6 (XXXI)] **[א]כליא֯[ת**

bride noun **כַּלָּה**
1Q**20** XX,6 בתולן **וכלאן** די יעלן לגנון לא ישפרן

crown noun כְּלִיל
4Q550c 1ii3]כליל דה[ב על רי]שה
11Q18 14ii2 (XXIII)] / מנצבהון וכלילא חמי[שיא
11Q18 14ii3 (XXIII)] / גוא כפרה וכלילא שתיתי[א

entire, perfect adjective כַּלִיל
1Q20 XX,5 כמא / כלילן וחמיד כול מחזה יד[י]הא

כָּלְקֳבֵל ← כָּלקוֹבֵל

because conjunction כָּלקוֹבֵל
4Q204 1vi13 את]חזית כלקובל די בעו[תכון לא תתעבד
4Q204 1vi17 כלקובל די ב[עותכ]ון על[יהון לא תתעבד

how much adverb כְּמָה, כמא
1Q20 XX,2] כמה ◦◦◦ ושפיר לה צלם אנפיהא
לה צלם אנפיהא וכמא / [נ]עים וכמא
1Q20 XX,3 צלם אנפיהא וכמא / [נ]עים וכמא רקיק
וכמא רקיק לה שער ראישה כמא יאין
1Q20 XX,4 וכול נץ / אנפיהא ◦◦◦ כמא יאא לה חדיה
יאא לה חדיה וכמא שפיר לה כול לבנהא
מא שפירן וידיהא כמא / כלילן וחמיד כול
1Q20 XX,5 יד[י]הא כמא יאין כפיהא ומא אריכן וקטינן
1Q20 XX,6 רגליהא / כמא שפירן וכמא שלמא להן לה
כמא שפירן וכמא שלמא להן לה שקיהא
4Q196 14ii8 (XIX) ואמר לעדנא אנתתה] / כמה ד[מה עלימא
4Q197 4iii4 (XIX) ואמר לעדנא אנתתה כמא / דמה עלימא
4Q242 4,4 (XXII)]כמה דמא אנתה ל ◦ [
4Q244 1-3,3 (XXII)]וכמה ו◦◦[
4Q545 1ai8 (XXXI) לברה כ[מ]א בר שנין / [עשרי]ן[ואמר]לה
4Q556 6,3]◦◦◦◦ כמא [
11Q10 X,9 (XXIII) הן לכמ[א
11Q10 XXI,6 (XXIII)] / מלין וכמא לא יתיבנה[

to lie in wait verb כמן
4Q545 6,3 (XXXI)] על נפשה תכמון בין [תרתיהון
4Q547 3,3 (XXXI) על]נפשה תכמון בין תרתיהון[

how much adverb כְּמָן
1Q20 XXI,14 קום הלך ואזל / וחזי כמן ארכהא וכמן
ואזל / וחזי כמן ארכהא וכמן פתיהא
1Q20 XXII,29 כול די איתי לך וחזי כמן כפלין שגיו מן

pagan priest noun כּמַר
4Q539 4,6 (XXXI)]ל[ ]ופנטפ[ר]כמר[(א)

thus adverb כֵּן
1Q20 XII,8 הורדט ומן בתר כן נחתת לשפולי טורא דן
1Q20 XV,20]כולא בקושט אחוינך וכן כתיב עליך[
1Q20 XXI,10 וסלקת למחרתי כן לרמת חצור וחזית ארעא
4Q209 23,5 (XXXVI) וכלהון כוכבין ובדכן קרין מערבא
4Q210 1ii16 וכולהון] כוכביא בדיל כן קרין מערבא
4Q246 1ii2 (XXII) כזיקיא / די חזותא כן מלכותהן תהוה
4Q543 4,1 (XXXI) אל כן ל[א
4Q558 37ii4] / ומלאר כן לארעא[
4Q562 7,2 בבבתא דעינה בדיל כן יתמסון / [
11Q10 XXXVII,8 (XXIII) על כן אתנסך ואתמהא {{א}}ואהוא לעפר

to name verb כנה
4Q246 1i9 (XXII) ר]בא יתקרא ובשמה יתכנה

4Q537 10,2 (XXXI) י]תכנון לרחצן עלמין ויתו◦[

gathering noun כְּנֵישָׁה, כנשה
1Q20 VII,23]◦צ◦איין וכנישת
4Q530 1i8 (XXXI)]על לכנשת גבריא
4Q530 2ii+6-12,5 (XXXI)]חלמיהון אשתעין בכנשת ח[בריהון]
4Q530 2ii+6-12,21 (XXXI) ו]קרו מהוי ואתה לכ[נ]שת[נפיליא ?
4Q531 22,11 (XXXI) א]דמוך ולא אבע לה[ון דין כנש]תא[

to gather verb כנס
4Q209 23,6 (XXXVI) צפון] בדי בה צפנין ומתכנסין וסחרין
4Q210 1ii17 בה צפנין] / ומתכ<נ>סין וסחרין

Canaan proper noun כְּנַעַן
1Q20 XII,11 ומצרי]ן ופוט וכנען ובנן / נקבן שבע
4Q544 1,7 (XXXI) קרבא] / בין מצרין לכנען ולפלשת
4Q545 1a-bii18 (XXXI) לה[ון כו]ל[צרכיהון מ]ן ארע כנען[
4Q547 9,9 (XXXI) מן קודם נחתת]מן ארעכנען

Chenaanah proper noun כְּנַעֲנָה
4Q339 4 (XIX) מביתאל / [צד]קיה בן כ[נ]ענה / [אחא]ב

wing noun כְּנַף
4Q201 1iii20 (XXXVI)] / קובל כל כנף ו[חיו]ת ארע[ה ורחשיה
11Q10 XXX,10 (XXIII)]כנפ[י]ארע[א]
11Q10 XXXIII,8 (XXIII) יסתער נצא ויפרוס / כנפוהי לרוחין

to gather verb כנשׁ
1Q20 XII,16 כולנא ולבנתהון ואתכנשנא כחדא ואזלנא
4Q204 1vi6] / עליהון וכולהון כנישין כחדה ויתבין
4Q243 24,2 (XXII) בתר]דנה יתכנשון קריא◦[ן
4Q551 4] ויתכנשון כל אנש קרתא על ביתא
4Q562 2,2]ש◦◦◦א שביעיתא הוא יכנש[

כנשה ← כְּנֵישָׁה

cup noun כָּס
11Q18 18,1 (XXIII) כסין שבעה וספלין למרח שתה[

to cover verb כסה
4Q156 1,4 (VI) על נורא] / [לקדם יהוה ו]יכסה עננא [
4Q206 4i15 לערבא וערבא חפית וכסית / [מן עליהון
4Q208 8,3 (XXXVI) בה] כס[ה
4Q208 13,1 (XXXVI)]בה כס[ה
4Q208 15,6 (XXXVI) ב]ה כס[ה שביעי̇ן
4Q209 1ii7 (XXXVI) כ[סה
4Q209 2ii7 (XXXVI) [ו]בל[יל]א חמשת עשר בה כסה פלג שביע
4Q209 2ii11 (XXXVI) וכסה שאר יממא דן שבי[עין חמשה ופלג
4Q209 5,4 (XXXVI) ובלילא תשעת עשר בה כ[סה שביעין תרין
4Q209 6,5 (XXXVI) שבעה ועשר]ין בה כסה שביעין שתה
4Q209 6,7 (XXXVI)]תמניה ועשרין בה כסה שביעין שתה ופלג
4Q209 7ii3 (XXXVI) ארבעה ועשרי]ן בה כסה שביעין ארבעה
4Q209 7ii5 (XXXVI) וכסה שאר יממא דן שביעין תרין
4Q209 7ii6 (XXXVI) חמשה ועשרין בה כסה שביעין חמשה ובציר
4Q209 7ii8 (XXXVI) וכסה שאר יממא דן שביע חד ופלג
4Q209 7ii9 (XXXVI) שתה ועשרין בה כסה שביעין חמשה ופלג
4Q209 7ii11 (XXXVI) וכסה שאר יממא דן שביע חד
4Q209 7ii12 (XXXVI) ובלילא שבעה / [ועש]רין בה כסה שביעין
4Q209 16,3 (XXXVI) וע]שרין בה כסה[שביעין
4Q209 18,1 (XXXVI) כסה ש[ביעין

4Q209 19,1	(XXXVI)	ערב ו]על וכסה ◦[
4Q209 37,1	(XXXVI)	]◦ה כסה[
4Q537 14,1	(XXXI)	]מֿכסיא ונפקשוֿהֿ[
4Q543 5-9,7	(XXXI)	בחזוה וא]נֿפּיהי חעכון ומכסה ב[לבוש
11Q10 XXVIII,8	(XXIII)	כ]סי
11Q10 XXXIV,9	(XXIII)	{{ }} כחֿ[דא אנפי]הֿון בקטֿם תכסה / [

covering, clothing noun כְּסוּ

4Q536 2ii10	(XXXI)	(מן) תחות] / כסוֿתה בסוֿף מחסניך אתקף

cover noun כְּסָי

4Q156 1,6	(VI)	[וידה באצבעתה ע]ל כֿסיא
	(VI)	וקדם כסיא למֿדנחאֿ / [ידה שבעה

loins (?), ignorance (?) noun כסל

4Q558 39,2		]סֿא בגוא כסלא [

silver, money noun כְּסַף

1Q20 XIII,9		חזה הֿוית לדהֿבֿיאֿ ולֿכֿסֿ[פי]אֿ / [
1Q20 XX,33		בנכסין שגיאין לחדא ואף בכסף ודהֿב
4Q196 8,2	(XIX)	ע]ל כסֿפֿא[דן
4Q197 4i1	(XIX)	]אל ידבק [בכס]ף ברי וכא◦[
4Q202 1ii27		[ ]מֿכֿונא ועל {ו}כספא למעבדה לצמידין[
4Q242 1-3,7	(XXII)	הוי[ת קדם] אֿלֿהֿיֿ כספא ודהבא [נחשא
4Q345 Recto 5	(XXVII)	] / בכסף ד/ר30 [
4Q529 1,15	(XXXI)	] / לי כספא ודהבא דֿ[ ]◦ֿ אר[
4Q550c 1ii5		כל כ]סף ו[כ]ל דֿהב[

now adverb כְּעַן

1Q20 1i4	(I)	]וכען הא אנֿתֿי אסירין / [
1Q20 III,12		]ארעא ◦◦◦ ◦◦◦ וכען אזל / [
1Q20 V,9		] / וכען לכ{{א}} אנה אמר ברי ולך
1Q20 V,20		] / וכען לך אנֿה [מ]חוה ברֿז ◦◦◦◦[
1Q20 XIX,8		]◦◦◦ עד כען לאֿ דֿבֿקתה לטורא קדישא
1Q20 XIX,12		]כען אנחנא ◦◦◦ אֿרֿעֿנֿאֿ
1Q20 XIX,13		]א כען חלפנא אֿרענא ועלנא לארע
1Q20 XX,13		וכען / קבלתך מרי על פרעו צען
1Q20 XX,23		וכען אזל אמר למלכא וישלח
1Q20 XX,28		וכען צֿלי עֿליֿ וֿעֿל ביתי
1Q20 XXII,29		וכען בקר ומני כול די איתי לך
1Q20 XXII,30		וכען אל תדחל אנה עמך ואהוה
4Q196 14i9	(XIX)	וכע]ן שמע לי אחי אֿל / [
4Q197 4ii6	(XIX)	ספר]מֿושה וכען[נמלל בעלי]מֿתֿ[א]דא
4Q203 7bii3	(XXXVI)	] / ותנינא עד כען לא קרֿיֿ[א
4Q203 8,14	(XXXVI)	וכען שֿרוֿאֿ אסירכון מהֿ[
4Q203 9,5	(XXXVI)	וכען קֿ[
4Q203 10,1	(XXXVI)	ו]כען מריֿ[
4Q204 1vi14		די עוד מן כֿ[ען לשמיא לא תתובון
4Q204 5ii29		וכען אזל נא עדֿ למךֿ [בר]ךֿ [ואחויה
4Q209 26,6	(XXXVI)	וכען מחוה אנה לך ברי ‖
4Q212 1v24		וכען לכון אנה אמר בנֿיֿ [רחמו לקשטא
4Q213 1i9	(XXII)	וכען ספר ומוסר וחכמה / [אלפו לבניכן
4Q213 4,8	(XXII)	]כֿען זמֿ[נין] תהוון לשפלין / [
4Q214a 2-3ii5	(XXII)	] / וכֿעֿןֿ בנֿיֿ סֿפרֿ ו[
4Q531 28,4	(XXXI)	]כען לכאֿ[
4Q531 32,2	(XXXI)	]וֿכֿען בדמא[
4Q532 2,13	(XXXI)	וכען לא שֿ[
4Q533 2,2	(XXXI)	ו]כען ב[
4Q537 1+2+3,3	(XXXI)	] / וכען סב לוחיא וקריא כולא[
4Q542 1i4	(XXXI)	וכען בני אזדהרו בירותתא
4Q542 1ii1	(XXXI)	וככול די / אלפתכון בקושט מן כען ועד
4Q542 1ii9	(XXXI)	וֿכֿען לכה עמרם ברי אנא מפקֿ[ד
4Q546 12,2	(XXXI)	]עלמין[מן]כֿעֿןֿ [מ]קֿרֿב הוא עֿ[ל
4Q546 14,1	(XXXI)	וכען ברי אֿ[נה
4Q546 14,4	(XXXI)	] / וכען בני שמעו דיֿ [אנה מפקד לכון
4Q558 68,1		] חזית כעןֿ[
4Q580 10,3		]הֿ וכען / [
11Q10 XVI,2	(XXIII)	וכע]ן בתקף שחני יתון / [תחות]בֿאישה
11Q10 XVI,5	(XXIII)	וכען עלי תתאשד / [נפשי יאחדונני
11Q10 XXIV,4	(XXIII)	כען אנשֿ[
11Q10 XXIV,6	(XXIII)	הכען צדא אלהא / ישקר ומראֿ[
11Q10 XXXVII,7	(XXIII)	למשמע אדן שמעתך וכען עיני

כער ?

1Q23 26,2	(XXXVI)	]◦◦ מ◦ כֿעֿרֿ [

palm, sole noun כַּף

1Q20 XX,5		מחזה ידֿ[י]הא כמא יאין כפיהא ומא אריכן
4Q213a 1,9	(XXII)	]ואצבעת כפי וידי / [
4Q561 4-6i9		] / לעבין [ו]כף רגל[והי
11Q10 XIV,3	(XXIII)	[ו]רברבין חשו מללא וכף ישוןֿ[
11Q10 XXIII,5	(XXIII)	וכעבד / כפוהי ישלם לה ויאמ[ר

rock noun כֵּף

4Q201 1ii8	(XXXVI)	על עפרה וֿ[ע]לֿ [כפ]יֿהֿ לא תשכחון
4Q204 4,3		לראש כפא דן וענא שריואֿ לאתֿסֿ[מיה]
4Q206 4iii19		ס]לק לרֿ[אש כ]ףֿ חד רם ומֿ[רא] / [
11Q10 XXXII,1	(XXIII)	יעלי כפא וחֿב[ל]יֿ[
11Q10 XXXIII,9	(XXIII)	ב]כֿפא ישכון ויקנןֿ[ ]◦ ◦[

to double verb כפל

1Q20 XXII,29		לך וחזי כמן כפלין שגיו מן / כול
6Q14 1,3	(III)	]פֿה לגב[ה] כפילֿ[

double noun כפל

4Q550c 1ii5		]יֿן די [אי]תי לבגושי בכפֿלֿ[

to be hungry verb כפן

4Q530 2ii+6-12,24	(XXXI)	ודי כלא מנח / [ע]םֿ כֿפֿנוהֿיֿ ביֿצבא הן

hunger noun כְּפַן

1Q20 XIX,10		והוא כפנא בארעא דֿא כֿולֿאֿ
1Q20 XIX,26		] בכפנא די [
4Q318 VIII,8	(XXXVI)	ולערביא [ ]א כפן ולהוון בזזין אלן בא[לן
11Q10 XV,7	(XXIII)	כ]פֿן רעין הוא ירק דֿ[חשת
11Q10 XXIX,4	(XXIII)	למכתש / הן לארעא הן לכפן וחסרנה

to bend verb כפף

11Q10 IX,1	(XXIII)	התכ]פֿפו כיבלא יתקפֿצון אֿ[ו
11Q10 XVI,3	(XXIII)	בתקף שחני יתון / [תחות]בֿאישה אתכפפת
	(XXIII)	התכפפת / [עלי ונדת כ]רֿוח טבתי

to make atonement verb כפר

1Q20 X,13		]ועל כול ארעא כולהא כפרת וֿרֿאיש ◦תֿהֿ
2Q24 8,5	(III)	]בל◦[ ] ולהיֿון מכפרין בה עלו[הי
4Q541 9i2	(XXXI)	]ויֿמֿסֿרֿ[להו]ןֿ[ח]כֿמתה ויכפר על כול
4Q558 30,1		]◦ יכפרוֿ[ן

cypress flower noun כְּפַר

11Q18 14ii3	(XXIII)	] / גוא כפרה וכלילא שתיתֿיֿ[א

Cappadocia proper noun **כפתוך**

1Q20 XXI,23 אריוך מלך **כפתוך** תדעל מלך גוים

kor (unit of dry measure) noun **כֹּר**

4Q352 a,2 (XXVII)]**כ** 4[
4Q352 a,3 (XXVII)]**כ** 2[
4Q352 a,4 (XXVII)] / 1 **כ** [2
4Q352 a,5 (XXVII)] / 1 **כ** 1[+1
4Q352 a,6 (XXVII)] / 1 **כ** 1[+1
4Q352 a,7 (XXVII)] / 1 **כ** 1[+1
4Q352 a,8 (XXVII)] / 1 **כ** [2
4Q352 a,9 (XXVII)] / 1 **כ** [2
4Q352 b,1 (XXVII)]**כ** 1[
4Q352 b,2 (XXVII)] / 1 **כ** 1[
4Q352 b,3 (XXVII)] / 1 **כ** [

tax noun **כרג**

4Q561 3,8] / [ח]לפה **כרגי** ∘∘∘[

cherub noun **כְּרוּב**

4Q204 1vii1 שמשא מנירא וגדנפוהי **כ]רובי[ן**

Cherem proper noun **כֶּרֶם**

1Q20 XXII,14 והוא עמק מלכא בקעת בית **כרמא**

vineyard noun **כֶּרֶם**

1Q20 XII,13 למפלח בארעא ונצבת **כרם** רב
1Q20 XII,15]∘∘∘ די **כרמי** כומרא דן פתחת ושרית

Carmon proper noun **כרמון**

1Q20 XIX,11 עד די דבק]ת **לכרמונא** נהרא חד

throne noun **כָּרְסֵא, כורסא**

4Q202 1iii15] / [**וכורס]א** יקרך לכל {ל}דר דריא
4Q204 1viii27 **כרסא** א[יתי בספיר
4Q243 8,1 (XXII) **כר]סא** / [
4Q243 10,4 (XXII) **כ]רסא[**
4Q246 1i1 (XXII) ע]לוהי שרת נפל קדם **כרסיא**
4Q530 2ii+6-12,17 (XXXI) לארעא נחת / **וכרסון** יחיטו וקדישא
4Q531 11,2 (XXXI) חזי]ת **כורסיה** ו∘[
4Q545 5,3 (XXXI) ע]ל **כרסא** / [
4Q572 1]ה מלכא מן **כור[סא**
11Q18 31ii2 (XXIII)] / **כורסי]א**
11Q18 32,1 (XXIII)]**כורסיא** [

? verb **כרף**

4Q550e 4]∘מו עלוהי **כריפו** בין מדי לפרס

to cut off, destroy verb **כרת**

4Q204 1v3 **ואכרת** עולה מן[אנפי ארעא וכול

to flow, go out (?) verb **כשב**

4Q529 1,8 (XXXI)] / כדי **כשבין** דמעא מן אנדרא

Chaldean proper noun **כַּשְׂדָּי**

4Q243 7,2 (XXII)]**כשדיא** הא בני[

to stumble verb **כשל**

XQ6 2 (XXXVI)]' **כשלו** וכשל[
(XXXVI)]' כשלו **וכשל[**

spell-binding noun **כשפה**

4Q202 1ii19 ולאלפה אנין לחר]שתא **ולכש[פתא**

magic noun **כַּשָּׁפוּ**

4Q201 1iv2 (XXXVI) חרש למשרא] / [**כ]שפו** וחרטמו

to be right, fit verb **כשר**

4Q543 2a-b,9 (XXXI)]**תכשר** [
4Q546 7,3 (XXXI)]רו די **תכשר[**

kind of incense noun **כשת**

4Q156 1,2 (VI)] / [יהוה ומלא] חפנוה[י] **כשת**

to write verb **כתב**

1Q20 V,1] / **וכתב** ∘∘ל[
1Q20 XV,20]כולא בקושט אחוינך וכן **כתיב** עליך[
4Q204 1vi19 כול מלה] / מן כתבא די אנה **כתבת** [
4Q204 5ii27 וחזית **כתיב** בהון די [ד]ר מן דר יבאש
4Q212 1ii22 [די **כת]ב** ויהב למת[ושלח ברה ולכל
4Q242 1-3,5 (XXII) על לי ואמר] / החוי **וכתב** למעבד יקר
4Q243 6,2 (XXII)]ובה **כתיב**∘[
4Q243 6,4 (XXII)]∘[א]שתכח **כתי[ב**
4Q344 6 (XXVII) אלעזר בר יהוסף על נפשה **כתב[ה]** / [
4Q529 1,6 (XXXI) ספרי די רבי מרא עלמא **כתיב** הא[
4Q530 2ii+6-12,19 (XXXI) ודין / [רבא בכתב **כ]תיב** וברושם
4Q533 3,2 (XXXI) {[}א **כתיב**}} וכל יבעונכון על[
4Q533 3,3 (XXXI)]**כתיב** על[י]כון פתגם ל[מאמר
4Q536 2ii12 (XXXI) מן **יכתוב** מלי אלה בכתב די לא יבלא
4Q537 1+2+3,5 (XXXI) כולא]וחזית **כתיב** בה די[לא יתבנה
4Q541 7,2 (XXXI)] / די לא מתבונן **וכתב/י[ב**
4Q545 4,15 (XXXI)]**כתב** בארעא לה מושה
4Q547 9,8 (XXXI) מן שנת עיני וחזוא **כתב[ת** בכתב
4Q549 2,6 (XXXI) עלמה] כדי **(את)]כתב[** בכתב מלי חזותא[
4Q550 6 קרית השתכח **כתיב** בה דריוש מלכא / [
4Q550c 1ii2 **ל]מכת[ב** ות]ל[י]תיא אזל[ו
4Q550c 1iii3 ואמר מלכא **יכת[ב**
4Q558 13,2]**כתב** את[

writing noun **כְּתָב**

1Q20 V,29] / [פרשגן] **כתב** מלי נוח [
4Q197 5,10 (XIX) בי<ת> גב[א]ל והב לה **כתב** וס[ב כספא
4Q203 8,4 (XXXVI)] / **בכ[ת]ב** יד חנוך ספר פרשא [
4Q204 1vi19 ממללין כול מלה] / מן **כתבא** די אנה
4Q245 1i4 (XXII)]**כתב** די יהיב / [
4Q529 1,1 (XXXI) מלי **כתבא** די אמר מיכאל למלאכיא
4Q531 37,1 (XXXI) **כ]תבה[**
4Q536 2ii12 (XXXI) מן יכתוב מלי אלה **בכתב** די לא יבלא
4Q541 2i6 (XXXI) יש/ה]גה לי עוד **כתב** / [
4Q541 14,3 (XXXI)]**כתב[**
4Q542 1ii12 (XXXI) ברי ולבניכה] / כול **כתבי** בשהדו
4Q543 1a-c,1 (XXXI) פרשגן **כתב** מלי חזות עמרם בר[קהת
4Q550c 1iii5 י]קומו[ן בתר בגסר[ו] קרין **בכתבא** דנ[ה
11Q18 19,5 (XXIII)]שרי למקרא לי **בכת[ב**
11Q18 19,6 (XXIII)]מחזא לי **כתב** כ[

tunic noun **כִּתּוּן**

11Q10 XIV,9 (XXIII)] / [לבש]תני **וככתון** לבשת [

Kittian proper noun **כִּתִּי**

4Q554 3iii16] / **כתיא** באתרה כלהון בסוף

כֹּתַל ← כּוֹתַל

shoulder noun **כְּתַף**

4Q**561** 4-6i14		] **כתפה** [

shoulder piece noun **כִּתְפָּה**

4Q**531** 13,1	(XXXI)	]**כׄתׄפתה** ואשרׄיׄ[
11Q**18** 16i3	(XXIII)	**כ]תׄפׄן** / [

to hit, strike verb **כתש**

1Q**20** XX,16		רוח מכדש **למכתשה** ולכול אנש ביתה
1Q**20** XX,17		רוח / באישא והואת **כתשא** לה ולכול
1Q**20** XX,20		ארי הוא רוחא **כתש** לכולהון / וערקו
1Q**20** XX,25		ונגדיא / אלן די **מתכתש** ומתנגד מרׄיׄ
4Q**196** 17ii8	(XIX)	ירושלם]קׄרׄית קדשא יׄ[**כת]שׁנׄכׄ**[י על
4Q**242** 1-3,3	(XXII)	אנה נבני בשחנא באישא / **כתיש** הוית
4Q**242** 1-3,6	(XXII)	וכן כתבת אנה] / **כתיש** הוית בשחנא

to preposition **ל**

1Q**20** 1ii8; I,25 (2), 26, 27 (3), 28 (2), 29 (2); II,1, 9, 10, 13, 14, 19, 21, 22 (2), 23 (3), 24 (2), 25 (2), 26; III,2, 7, 10; IV,3, 11; V,2, 9 (2), 10, 12, 20, 23, 24; VI,1 (2), 3 (2), 7 (4), 8 (2), 9 (3), 10 (4), 12, 14, 15 (2), 26 (4); VII,5, 7, 8, 18, 19 (2); X,2, 9, 10 (3), 13, 15 (2), 16, 17; XI,1, 9 (2), 11 (2), 12, 13 (2), 14 (2), 15 (3), 17 (3), 18, 19; XII,1 (3), 3, 8, 10, 13 (3), 14, 15 (2), 16 (4), 17 (3); XIII,9 (3), 10 (4), 11 (2), 13, 16 (2), 17; XIV,9, 11, 13 (2), 14 (2), 15, 17, 19, 27; XV,10, 13, 15, 19; XVI,12 (3), 14 (4), 18, 19, 20; XVII,7 (3), 8 (4), 9 (2), 10, 11 (2), 12 (2), 14 (2), 15 (2), 16 (3), 17 (6), 18; XIX,8, 9 (4), 11 (3), 13 (2), 14, 15 (4), 16, 17, 18 (4), 19 (4), 21 (2), 22 (2), 23, 25 (3), 26; XX,2, 3 (4), 4 (2), 6 (3), 7 (2), 9 (4), 10 (2), 12, 13, 14, 15 (2), 16 (3), 17 (3), 18, 19 (4), 20 (3), 22 (2), 23 (2), 24, 25 (2), 26 (3), 27 (4), 30 (3), 31 (2), 32 (2), 34 (2); XXI,1 (2), 2 (2), 3, 4, 5, 6 (3), 8 (4), 9 (4), 10 (5), 12 (3), 13, 14 (2), 15 (4), 16 (5), 17 (6), 18 (2), 19 (2), 20, 21 (3), 25 (2), 26 (2), 27 (2), 28, 29 (4), 30, 32; XXII,2, 4, 5, 6, 7, 9, 10, 11, 13, 15 (3), 16 (2), 17, 18, 19 (2), 20 (2), 21, 22, 24 (2), 25, 27 (2), 29, 30, 31 (2), 32 (2), 34

1Q**21** 9,3; 12,1; 24,1; 30,3; 54,1; 57,1

1Q**23** 9+14+15,4; 25,5

1Q**24** 1,3, 4, 5, 6, 7; 3,3; 5,3, 4 (2); 6,1; 8,2

1Q**32** 1,2; 4,2

1Q**66** 1,3

1Q**68** 1,2; 3,1; 15,1

2Q**24** 3,3; 4,2, 3, 16, 17, 18; 5-6,7

2Q**26** 1, 4

3Q**12** 1,2

3Q**14** 4,4

4Q**156** 1,6; 2,7

4Q**196** 2,1, 2 (2), 4, 5, 8, 10 (3), 11 (2), 12; 6,1, 2, 6, 7, 8, 11 (3), 12 (2); 9,2; 11,2; 13,1, 2; 14i4, 5, 9, 13; 14ii6, 7 (2); 16,1; 17ii1, 2, 3, 6, 10, 14; 18,5, 6, 10, 15; 20,2; 24,1; 31,1; 34,1; 39,1

4Q**197** 1,1; 2,2; 3,1, 2, 4, 5; 4i2, 3, 5, 8, 11, 12, 14 (2), 15, 16 (2), 17, 18 (2), 19 (3); 4ii2, 3 (2), 4, 5 (2), 10, 17, 18; 4iii1, 2 (2), 3, 4 (3), 5 (2), 6 (3), 7 (3), 12 (2); 5,1, 6, 10

4Q**198** 1,1 (3), 2, 5, 11; 2,2, 4

4Q**201** 1i1, 4; 1ii1, 2, 6 (2), 11, 14, 16 (2), 17; 1iii1, 6, 7 (2), 8, 9, 10, 11 (2), 12 (2), 15, 19 (2), 21, 23; 1ii5 (2), 21, 22; 1i3, 5; 1vi15

4Q**202** 1ii15, 17, 19, 27 (4); 1iii2, 5, 15 (2); 1ii9 (3); 1vi8

4Q**203** 3,4; 4,3; 6,2; 7a,5, 6 (3); 7bi5; 7bii1, 2; 8,5 (2), 6, 14; 13,2, 3

4Q**204** 1i18 (2), 20 (2), 21 (2), 27, 29, 30; 1ii25 (2), 26, 27 (2), 28; 1i1, 2; 1vi1, 2, 4 (2), 8, 11 (2), 12 (2), 13, 20, 21, 23, 29 (2); 1xii25, 28, 30; 1xiii25, 26 (2); 4,2 (2), 3 (2), 6 (3), 7, 8 (2), 9 (2); 5ii18

4Q**205** 1xi3, 5; 1xii1, 6; 2i24, 28, 29; 2iii29

4Q**206** 1xi1; 1xxii1, 2, 5, 7; 1xxvi5, 17, 19, 21; 1xxvii20; 2,2; 4i14, 15; 4ii10, 11, 16, 18 (2); 4iii14, 18 (2), 19

4Q**208** 15,2; 23,2; 36,2

4Q**209** 3,7; 7ii8; 7iii2 (4), 5 (2), 6; 8,4 (2); 23,3 (2), 4, 6, 8, 9 (3); 25,3; 26,6; 28,1 (2), 2

4Q**210** 1ii2 (3), 6, 8, 15, 17, 18; 1iii3

4Q**211** 1i5

4Q**212** 1ii15, 20, 21, 22, 24 (2); 1iii12, 14, 16 (2), 18, 20, 21, 22, 25, 26; 1i19 (2), 24

4Q**213** 1i4, 5, 10, 11 (2), 12 (3), 13, 15 (2), 16, 17, 19; 1-2ii2, 18; 3,4; 4,8

4Q**213a** 1,8, 18 (2); 2,5, 9, 10, 17, 18; 3-4,5, 6, 7, 8

4Q**213**b 3, 5
4Q**214** 1,6; 3,2; 5,5
4Q**214**a 1,3
4Q**214**b 2-6,2, 3 (2), 6, 7
4Q**242** 1-3,4, 5 (2); 4,1
4Q**243** 1,1; 8,3; 9,1; 13,2 (2), 3; 17ii2, 3; 22,2; 37,2
4Q**244** 7,1; 12,3
4Q**245** 2,2
4Q**246** 1i2; 1ii3 (2), 7, 8
4Q**318** VIII,7, 8
4Q**342** 4
4Q**343** Recto 7, 9
4Q**344** 5
4Q**346** a,6
4Q**529** 1,1, 3, 4, 5, 7, 9, 11, 12 (2), 14, 15; 2,2
4Q**530** 1i2, 3, 7, 8; 1ii6; 2i+3,4; 2ii+6-12,1, 2, 7, 13 (2), 14 (2), 16, 17 (2), 21, 22 (2), 23; 7ii5, 6, 7 (3), 8; 16,1
4Q**531** 1,5 (2), 6; 5,3; 6,3; 7,1, 2, 3 (3), 4; 8,1, 2; 14,1; 17,2, 3; 19,5; 22,5, 9, 10, 11; 23,1 (2); 27,2; 28,4; 29,3; 36,1; 39,2; 41,1; 43,2; 44,2; 46,2
4Q**532** 1i7; 1ii5, 7; 2,6, 10 (2)
4Q**533** 1ii2; 3,3
4Q**534** 1i6 (2), 8, 11; 1ii+2,4, 8; 7,2, 3
4Q**535** 2,3; 3,6 (2)
4Q**536** 1,3 (2); 2i+3,3, 13; 2ii9, 10, 11, 12, 13 (3)
4Q**537** 5,2 (2); 9,2; 10,2; 12,2; 14,3 (2); 18,1; 21,1; 24,2
4Q**538** 1-2,5; 4,2
4Q**539** 2-3,2, 6
4Q**540** 1,2, 3
4Q**541** 2i6, 8; 2ii8; 3,2, 4, 5; 4ii2; 5,1; 9i1, 2; 10,4; 15,3; 24ii5 (2)
4Q**542** 1i1, 3 (3), 4 (2), 5 (3), 6 (3), 7, 8, 10, 11 (4), 12; 1ii4, 5, 6, 7, 9, 10, 11 (2), 13; 2,11; 3ii13
4Q**543** 1a-c,2, 4 (2), 6 (2); 2a-b,1, 2, 3, 6 (2); 3,3; 5-9,3; 15,1, 2; 16,1, 2; 17,2; 18,1, 2; 29,2; 32,2
4Q**544** 1,1 (3), 3, 6, 7 (2), 9, 12; 2,12; 3,2
4Q**545** 1ai4 (2), 5 (3), 6, 8 (2), 9 (3), 10 (2), 19; 1a-bii11, 12, 13 (3), 16, 17, 18 (3), 19; 2,2; 4,14, 15, 16, 17, 19; 7,2 (2); 8,1 (2); 9,3, 4
4Q**546** 2,2, 4 (2); 4,1, 2, 3; 6,3; 8,3, 4; 9,2, 6; 11,3, 5, 7; 12,1, 3, 4; 13,5; 14,2; 16,1 (2), 2; 21,1, 3; 25,1
4Q**547** 1-2iii5, 7, 8, 10, 11; 3,2, 6; 8,3; 9,7, 9
4Q**548** 1ii-2,2, 6, 9 (2), 13 (2), 14 (3); 3,2
4Q**549** 1,2; 2,2, 6, 9, 10
4Q**550** 1, 6, 7 (2)
4Q**550**a 3, 6
4Q**550**b 2, 7
4Q**550**c 1i2, 3 (2), 4, 5 (2); 1ii5 (2), 6, 7 (2); 1iii3; 2,2
4Q**550**e 4 (2)
4Q**551** 4, 5, 6
4Q**552** 1,8, 10 (2); 2ii5, 7, 8, 9, 11; 2iii1, 2
4Q**553** 2ii2; 6i4, 5; 6ii2, 4 (2), 5, 6; 8i4; 8ii4; 9,1; 10,2; 12,3; 14,1
4Q**554** 2i14, 17, 18; 2ii3, 8, 10, 12, 14 (2), 15, 17, 21 (2); 2iii15, 16 (3), 17, 19 (2); 3ii21; 3iii14, 20
4Q**554**a 1ii3, 8
4Q**555** 2,2; 3,2 (2)
4Q**556** 1,2; 14,11
4Q**557** 4, 6, 9
4Q**558** 1,1; 4,1; 12,1; 22,2; 23,2; 24,2; 37ii4; 39,3; 54ii3, 4 (2); 59,3; 62,2; 65,3; 67,2 (2), 3 (2); 69,2; 70,1
4Q**560** 1i3; 1ii7
4Q**561** 3,6, 7, 14, 15; 4-6i2, 5, 9, 10, 14; 4-6ii8; 10,2, 4
4Q**562** 1,2; 2,3; 8,3; 9-10,2; 11,4
4Q**563** 1,2, 4
4Q**565** 4
4Q**568** 1
4Q**569** 1,7; 3,1
4Q**570** 1bii9; 4,6, 7; 5,1; 7,2; 18,2; 28,2; 30,4; 31,2
4Q**571** 2, 3
4Q**572** 2
4Q**574** 5
4Q**580** 1i10, 14; 1ii9, 13; 5,1
5Q**15** 1i1 (2), 5, 6, 14, 18, 19; 1ii2 (2), 5, 6; 2,5; 16,2
6Q**8** 1,2; 3,2; 6,1; 18,1; 21,1; 22,2; 26,2
6Q**14** 1,3
6Q**26** 4,2
11Q**10** I,2, 5; II,4, 5, 6; III,8; IV,1, 5, 7; V,2, 3; VII,2, 3; 7A,6, 9; VIII,3, 4, 6, 9; IX,5; X,9 (2); XIII,5, 6, 9; XIV,4, 6, 7, 8, 10; XV,1, 5, 6; XVIII,3; XIX,1, 2, 3, 7; XX,3; XXI,3, 4; XXII,3, 4; XXIII,3, 5, 8; XXIV,2, 4, 5 (2); XXV,4, 7; XXVI,2, 3, 5 (2), 10; XXVII,1 (2), 3, 4, 7; XXIX,2 (2), 3, 4 (2), 7; XXX,7, 8; XXXI,1, 3 (3), 4, 5 (2); XXXII,7 (2); XXXIII,3, 5, 6, 8; XXXIV,2 (2), 5; XXXV,6, 7, 8; XXXVI,2, 3; XXXVII,4, 7, 8; XXXVIII,3 (2), 4 (2), 7
11Q**18** 6,2; 7,3, 5; 9,1; 11,2, 6, 7; 13,4, 5, 8; 14ii7; 15,4 (2); 16ii+17i4; 17ii3; 18,1, 5, 6; 19,1, 4, 5 (2), 6; 20,2 (2), 3, 6; 21,3; 22,5; 27,6; 29,3; 30,3; 32,8; 33,1

not negative **לָא**

Reference		Text
1Q**20** I,4		]◦שתון **לא** תדעון̊ / [
1Q**20** II,6		] ת̊ח̊ו̊י̊נ̊נ̇י̇ ו**לא** בכדבין הדא ◦◦◦[
1Q**20** II,7		עד בקושט עמי תמללין ו**לא** בכדבין [
1Q**20** II,16		] / ו**לא** מן כול זר ולא מן כול
		] / ולא מן כול זר ו**לא** מן כול עירין
		ולא מן כול עירין ו**לא** מן כול בני שמ̇[ין
1Q**20** III,2		◦◦◦◦◦◦◦◦◦◦◦◦◦◦◦◦◦◦ל ◦◦◦ן̇ ו**לא** לאורכא
1Q**20** III,13		]◦ה̇ו̇אא בקשוט די **לא̇** ב̇כ̇ד̇ב̇י̇ן̇ / [
1Q**20** V,5		] / ו̇מ̇ד̇מא **לא** ה̇ו̇ו̇א̇ ◦◦ [
1Q**20** VI,12		בלבבי ולכול אנוש **לא** א̇ח̇ו̇י̇ת̇ה̇
1Q**20** XI,9		]◦◦◦◦◦◦ה̇ **לא̇** / [ ]◦◦[
1Q**20** XI,17		ארעא ברם כול דם **לא** תאכלון אימתכון
1Q**20** XIV,12		] / [ ]◦◦◦◦◦◦◦◦◦◦◦◦ך כ̇ו̇ל יומוהי **לא** יפרש מנך
1Q**20** XIV,18		] ו**לא** ◦◦◦◦◦ [
1Q**20** XIX,8		]◦◦◦ עד כען **לא̇** ד̇ב̇קתה לטורא קדישא
1Q**20** XIX,17		ושביק ארזא בטלל תמרתא / ו**לא** [אתקץ]
1Q**20** XIX,23		י]ת̇ירא בנפשה די **לא** יחזנה כול [אנש חמש
1Q**20** XIX,26		]◦◦◦ ו**לא** ◦◦◦ין למקם עד די ◦◦◦ מלי
1Q**20** XX,6		בתולן וכלאן די יעלן לגנון **לא** ישפרן מנהא
1Q**20** XX,10		ושביקת אנה אברם בדילהא ו**לא** קטילת
1Q**20** XX,17		ו**לא** יכל למקרב בהא ואף
		בהא ואף **לא** ידעהא והוא עמה / תרתין
1Q**20** XX,20		ו**ל̇א̇** י̇כ̇ל̇ו̇ כ̇ו̇ל א̇ס̇י̇א̇ ואשפיא
1Q**20** XX,22		ואמ̇ר̇ לה לו̇ט **לא** י̇כ̇ו̇ל אברם דדי
1Q**20** XX,30		לי מלכא במומה די **לא̇** ◦◦◦[
1Q**20** XXI,13		זרעך כעפר ארעא ד̇י **לא** ישכח כול בר
		לממניה ואף זרעך **לא** יתמנה
1Q**20** XXII,3		וכול נכסוהי ו**לא** קטיל ודי / נגדו מלכיא
1Q**20** XXII,33		ואנה כדי אמות̇ ערטלי אהך די **לא** בנין
1Q**20** XXII,34		ואמר לה **לא** ירתנך דן להן די יפוק
1Q**21** 30,2	(I)	]**לא** לזנו◦◦[
1Q**23** 24,1	(XXXVI)	] / **ל̇א̇**[
1Q**23** 29,2	(XXXVI)	]**לא** שיצי̇[
1Q**24** 8,2	(XXXVI)	]**לא** שלם לכון[
1Q**32** 15,3	(I)	]די **לא̇** ◦◦[

]◦ **ולא** יתכלא עוד	(III)	2Q**24** 8,6
] / [על שהדותא ו]**לׄא** ימות̇ [ ]	(VI)	4Q**156** 1,5
] / ימ̇ות̇ון **ולא** בׄ[חכ]מׄ[ה	(VI)	4Q**157** 1ii6
הלא סכל יקׄ[טל	(VI)	4Q**157** 1ii7
כ]לׄ דׄ[י]הוה לי **ולא** שביק {{פ}} לי כל	(XIX)	4Q**196** 2,2
ולא הוה יומין אׄ[רבעין] / [	(XIX)	4Q**196** 2,3
אזלי]בתרהון וׄלׄ[**א**] נׄחזי לכי בר [או ברה	(XIX)	4Q**196** 6,1
לה וׄקׄרׄיׄבׄ **ל**[**א** איתי] ל[ה די] / [אנטר	(XIX)	4Q**196** 6,11
מו]ת ולמא **לא**[אקרא לטוביה	(XIX)	4Q**196** 8,1
]◦[ו]**ל**[**א**] יסחרו[	(XIX)	4Q**196** 13,4
ל]**א** אשתית̇ / [	(XIX)	4Q**196** 17i2
י]תׄפנה עליכון / **ולא** [יסתר אנפו]ה̇י	(XIX)	4Q**196** 17ii2
ושתק]ה̇ עוד **ולא** בכת	(XIX)	4Q**197** 4i4
וידע אׄנה די **לא** יכול רעואל למכליה מנך	(XIX)	4Q**197** 4ii4
ובר א]ח̇רן **לא** / [איתי להון די יקבר אנון	(XIX)	4Q**197** 4ii11
[ו]**לׄא** כקד[ם עד] עדנא [די	(XIX)	4Q**198** 1,10
] / **לא** [	(XIX)	4Q**198** 2,1
ואמר טו]בׄיה די **לא** אכול תנא וׄל[א אשתה	(XIX)	4Q**199** 1,1
ואמר טו]בׄיה די לא אכול תנא וׄ**ל**[**א** אשתה	(XIX)	
[ובמעדיהן מתחזי]ןׄ **ולׄא** מעׄבׄ[רין]בׄסׄרכן	(XXXVI)	4Q**201** 1ii1
על עפרה וׄ[ע]לׄ [כפ]יׄה̇ **לא** תשכחון מן / [	(XXXVI)	4Q**201** 1ii8
] / עׄמל כל בני אנשׄא **ולא** י[כילו אנשא	(XXXVI)	4Q**201** 1iii18
[וכול] בׄ[עו] **ל**ׄ[**א** איתי לאבהתהון עליהון		4Q**202** 1iv7
] / ותנינא עד כען **לא** קרׄיׄ[א	(XXXVI)	4Q**203** 7bii3
]וכול צׄבׄו **לא** תקפתכה [	(XXXVI)	4Q**203** 9,4
]דׄיׄ הוה ביניהון **לא** יכליןׄ אנׄחׄנא לׄמׄקׄ[ם]		4Q**204** 4,2
די אחזית ל]הׄון ואמרה **לא** ידע בהון		4Q**204** 4,4
דן ברה הואה בקשוט **ולא** בכ̥ד̥בין [		4Q**204** 5ii30
לה]ןׄ **לׄא** יׄתׄנזקון ביום דינׄא מׄן [תנה		4Q**205** 1xi1
הוה מדבר ודי לא ישלא] וׄ**לׄאׄ** יׄשׄרׄיׄ		4Q**205** 1xi4
]עׄשר אילנין די **לא** חזה להון / [		4Q**211** 1i5
]◦ בה **ולא** דמא בה לנכרי	(XXII)	4Q**213** 1i16
ולא דמא בה לנכרי **ולא** / [דמה בה	(XXII)	
מׄטמוריה **ולא** יעלון תרעיה̇ ולא [	(XXII)	4Q**213** 1-2ii1
ה ולא יעלון תרעיה̇ **ולא** [	(XXII)	
ישכחון למכבש שוריה ◦[ ]**ולא**[	(XXII)	4Q**213** 1-2ii2
] / **ולא** איתי [כ]לׄ מחיר נגדה ◦[	(XXII)	4Q**213** 1-2ii4
] / **ולא** חס[י]רׄ[	(XXII)	4Q**213** 1-2ii7
יק]רׄ **ולא** איתי סוף / לעׄ[לם	(XXII)	4Q**213** 1-2ii17
]א **הלא** קבלׄ[ ]◦◦ךׄ ◦ / [	(XXII)	4Q**213** 4,2
]הׄ**לא** עלי ועליכן בנׄיׄ	(XXII)	4Q**213** 4,4
]אׄבוה◦ **ולא** מתׄמחא שׄם חׄסיה מן	(XXII)	4Q**213**a 3-4,6
בלבבי ולכל אנש **לא** / [גליתה	(XXII)	4Q**213**b 3
] / **לא** ישכׄחו[	(XXII)	4Q**214**a 2-3ii2
] ◦ [ ]נו רחמי **לא** יכלת [	(XXII)	4Q**242** 4,3
]די **לא** לשניה / [	(XXII)	4Q**243** 8,3
]די **לא** מנין [	(XXII)	4Q**243** 26,2
] / **לא** ויעבׄר ליׄדיך הוׄ[	(XXVII)	4Q**343** Recto 7
גבר]ין די **לא** שפק להון ולׄבׄ[ניהון	(XXXI)	4Q**531** 1,5
]◦ **הלא** כול אלין אזלו בחרבכׄה̇[	(XXXI)	4Q**531** 7,5
]והי **לׄא** בהיל על כול מׄלׄךׄ ואלׄ[	(XXXI)	4Q**531** 14,2
ל]**אׄ** יתב בין בני אנש ולא אלף	(XXXI)	4Q**531** 14,4
ל]אׄ יתב בין בני אנש **ולא** אלף מנהון[	(XXXI)	
]◦ **הלא**[	(XXXI)	4Q**531** 15,2
די]**ל**ׄ[**א**] גרמין אנחנא וׄלא בשר / [	(XXXI)	4Q**531** 19,3
די]לׄ[א] גרמין אנחנא וׄ**לא** בשר / [	(XXXI)	
]כׄול בית[וצד]יׄק **לא** [אשתכח	(XXXI)	4Q**531** 22,1
ועבדת עמהון קרב ברם **לא** / [תקפת	(XXXI)	4Q**531** 22,4
אנון שרין **ולא** / [אתמחו דאנו]ן תקׄיפין	(XXXI)	4Q**531** 22,6
עלׄ / [חזוה לא א]דמוׄך **ולא** אׄבעׄ לה̇[ון	(XXXI)	4Q**531** 22,11
]**לא** יסוף כול[	(XXXI)	4Q**531** 25,4
]רׄ **ולא** ת◦[	(XXXI)	4Q**531** 30,2
] **לׄא** [	(XXXI)	4Q**531** 43,1
וכען **לא** שׄ[	(XXXI)	4Q**532** 2,13
[וכא]נׄוׄש די **לא** ידע מדעׄם עׄדׄ עדן דׄיׄ / [	(XXXI)	4Q**534** 1i4
]מ[ ]וׄבת̇[ו]לן יתבׄן די **לׄא**[ ] / ויחרבון	(XXXI)	4Q**534** 1ii+2,12
חוכמה (מ)אלף לבנוהי] / **ולא** ימות̇	(XXXI)	4Q**536** 2ii11
מליׄ אלה בכתב די **לא** יבלא ומאמרי ד[ן י	(XXXI)	4Q**536** 2ii12
] / עול וכל שקר **לא** עוד ישתכח[	(XXXI)	4Q**537** 1+2+3,2
אדין ידע די **לא** איתׄ[י בלבבהון ר]וח	(XXXI)	4Q**538** 1-2,4
ר]וח באישה **ולא** יכל עוד / [חשד באיש	(XXXI)	
בלב]ב[הו]ן מנה **ולא** עוד יכל לא[תאפקה	(XXXI)	4Q**538** 1-2,5
]**ולא** / [	(XXXI)	4Q**538** 1-2,7
די] **לא** ידמׄה̇ לכול גבר כסר נכסין להן	(XXXI)	4Q**540** 1,3
די **ל**]**אׄ** להו[ה]עׄמ[יק ח]זוה ⟦ ⟧ וׄאמרׄת	(XXXI)	4Q**541** 2i9
ד]יׄנכה **ולא** תהוה חיׄ[ב	(XXXI)	4Q**541** 6,2
]**לא** גוע לונכה ? וכול [	(XXXI)	4Q**541** 6,4
] / די **לא** מתבונן וכתׄבׄ/יׄ[ב	(XXXI)	4Q**541** 7,2
בנהיר עלמא **ולא** תהוה מן שנאא ⟦ ⟧	(XXXI)	4Q**541** 24ii6
בישירותא {{בל}}‹‹**ולא**››בלבב ולבב	(XXXI)	4Q**542** 1i9
] / קאם לכול דריעלמין ו**ל**̥**א**̥עוד תפׄ[	(XXXI)	4Q**542** 1ii4
] / לחדה די **לא** אי תאי לה כול כׄ[	(XXXI)	4Q**542** 3ii13
אל כן **ל**ׄ[**א**	(XXXI)	4Q**543** 4,1
]**לא** [	(XXXI)	4Q**543** 36,2
למקבר להון] / לעובע **ולה** בנו קבריא	(XXXI)	4Q**544** 1,3
ג[בולי] מצרין **ולא** איתי אפשר[לאנתתי	(XXXI)	4Q**544** 1,5
ולא הוינה יכלין לׄ[מתב למצרין	(XXXI)	4Q**544** 1,6
די עמי] / **לא** הות	(XXXI)	4Q**544** 1,8
] / לעובע **ולא** ב[נו קב]ריא דׄי אׄבׄה̇ׄ[ת]ה̇ון	(XXXI)	4Q**545** 1a-bii17
]◦[ ] ◦ **ולא** תהוה̇ / [	(XXXI)	4Q**545** 6,1
כלכון בש]מׄכון בני שקר **ולא** בנׄ[י קשט	(XXXI)	4Q**548** 1ii-2,8
] / **ולא** יבד שמׄה טבא [ו]הימנו[תה		4Q**550**a 2
ית]קטל בדיל די **לא** אית[י] כׄ[		4Q**550**c 1iii2
]◦ן אל עליון **לא** [		4Q**552** 3,10
די בבל ארעא כלה די **לא** ישר[		4Q**554** 3iii19
]רׄומׄא ד[י] לעלׄא וׄ**לׄאׄ**[		4Q**555** 2,2
]**לא** ישבקון[		4Q**556** 3,10
]**ולא** ידׄון [		4Q**556** 6,4
]ית בתגמא **לׄא** / [		4Q**556** 14,6
]◦[ ]**לא** / [		4Q**558** 37i6
]הי מערבין **ולא** שגיא עינוה[י] / בין אורין		4Q**561** 4-6i1
ודקנה / דק להוה [ו]**לא** שגיא אברוהי		4Q**561** 4-6i4
] **ולא** רב [		4Q**561** 4-6i16
ל]**א** אריך ◦◦[		4Q**561** 4-6ii3
] **לא** ימלון ידיהן לכהנה עׄ[		4Q**562** 1,2
]◦ **ולא** / [		4Q**564** 1i2
] / אלך **ולא** יח[		4Q**570** 1bii7
ודי במדינתא רחיקתא **ל**[**א**		4Q**571** 2
] / **ולא** עוד יחזא צער ו[		4Q**580** 4,5
]**ולא** מרתת מן אחזיך כלא א[	(XXXVI)	6Q**8** 1,3
ו]**לׄאׄ**[ש]יצי ◦ מהויׄ[לא]שׄתעיה מה	(XXXVI)	6Q**8** 1,5
] / ◦◦◦ **ולׄא**◦[	(XXXVI)	6Q**8** 4,4
לעבדי קרית **ולא** עׄ[נא	(XXIII)	11Q**10** II,5
] / ארו אפו **לא** ת[קצר רוחי	(XXIII)	11Q**10** IV,3
ל]**אׄ** אכל	(XXIII)	11Q**10** V,6
ל]**א** איתי / [	(XXIII)	11Q**10** VI,4
]צהא **לא** / [	(XXIII)	11Q**10** VI,6
היך **לא** [	(XXIII)	11Q**10** VII,6
] או על מן **לא** תקוׄם [	(XXIII)	11Q**10** IX,6
]זכי וכוכביא **לאׄ**[	(XXIII)	11Q**10** IX,8

חר]ב יפצון ולא ישבעון / [	11Q10 XI,5	(XXIII)
]ֹן וארמלתה לא / [	11Q10 XI,6	(XXIII)
ש]כב ולא איתחד / [	11Q10 XI,10	(XXIII)
] / לא ֹ[	11Q10 XII,4	(XXIII)
] / [ד]ֹי לא עדר להֻן	11Q10 XIV,7	(XXIII)
ל]ֹא ֹידעֹ[ת	11Q10 XIV,11	(XXIII)
אֹחאך להון ולא יה[ימנון	11Q10 XV,1	(XXIII)
] / [ידיהון]לֹא הוא לי צבין ובאכפֹי[הון	11Q10 XV,6	(XXIII)
לס]תֹרי יתון ופצא לא / [איתי להון	11Q10 XVI,1	(XXIII)
מעיני רת]חֹו ולא / [דמו קד]מֹוני יומי	11Q10 XVII,3	(XXIII)
]לֹא	11Q10 XVII,9	(XXIII)
] / לא ֹ[בית	11Q10 XIX,9	(XXIII)
] / וארו לא איתי מנכון לֹא[יוב	11Q10 XXI,3	(XXIII)
] / להן אלהא חיבנא ולא אֹ[נש	11Q10 XXI,5	(XXIII)
] / מלין וכמא לא יתיבנהֹ[	11Q10 XXI,6	(XXIII)
[ו]קֹמו ולא ימללון עודֹ[	11Q10 XXI,8	(XXIII)
הן חרגתי לא תסרֹ[דנך	11Q10 XXII,1	(XXIII)
[זכ]ֹי אנה ולא חטא לי ונקֹא[	11Q10 XXII,3	(XXIII)
]ולא / כארחי השֹתלמת	11Q10 XXIII,5	(XXIII)
ארו אמר לא / ישנא גבר מֹי[	11Q10 XXIV,2	(XXIII)
ר]בֹרבין די לא סוף ויקים א[חרנין]	11Q10 XXV,1	(XXIII)
אר]חֹה ובכל שבילוהי לא הסתכֹ[לו]	11Q10 XXV,3	(XXIII)
]לא אוסף	11Q10 XXV,8	(XXIII)
תב]חֹר ולא אנה [	11Q10 XXV,9	(XXIII)
ולא אמר[ין אן הוא]אלהא / די עבדנה	11Q10 XXVI,4	(XXIII)
ולאֹ[יענא מן קדם ג]אות / [ב]אישין	11Q10 XXVI,7	(XXIII)
]לֹאֹ[	11Q10 XXVII,10	(XXIII)
לא ננ]דע ומנין שנוהי די לא סוף	11Q10 XXVIII,4	(XXIII)
ואמרת עד תנא / ולא תוסף[	11Q10 XXX,9	(XXIII)
להנחתה על ארע / מדבר די לא אנש בה	11Q10 XXXI,4	(XXIII)
ויפק{{ }}ן נפקו ולא תבוא / עליהן	11Q10 XXXII,3	(XXIII)
תקף קרֹיֹא ונגשת שליט לא / ישמע	11Q10 XXXII,6	(XXIII)
יחאך על דחלא ולא / יזוע ולא יתוב	11Q10 XXXIII,3	(XXIII)
יחאך על דחלא ולא / יזוע ולא יתוב	11Q10 XXXIII,4	(XXIII)
] / לחדה ידבקן ורוח לֹ[א י]נעול	11Q10 XXXVI,2	(XXIII)
אנתה / לחברתה חענן ולא יתפֹ[ר]שן	11Q10 XXXVI,3	(XXIII)
די כלא / תכול למעבד ולא יתבצר	11Q10 XXXVII,4	(XXIII)
חדה מללת ולא אתיב ותרתין ועליהן לא	11Q10 XXXVII,5	(XXIII)
ולא אתיב ותרתין ועליהן לא / אוסף		(XXIII)
]תֹא ל◦[ו]ל[א] / עלל לה כול א[נש	11Q18 16ii+17i3	(XXIII)
]לֹא לרויו ◦[	11Q18 27,6	(XXIII)

to labor verb **לאה**

לדירֹיהון אמרא] דן לא[י ל]בֹגלֹא ולבגעה	4Q204 4,9	

heart, mind noun **לֵב**

חשֹבֹת בֹלבֹי די מן עירין הֹריאתא ומן	1Q20 II,1	
קדישין הריא ולנפיל[ין] / ולבי עלי	1Q20 II,2	
]◦◦◦ שגי לבי עלי אדין אשתני	1Q20 II,11	
ע]לֹוהי בכל / לבכון ו[בכל נ]פֹשכון	4Q196 17ii1	(XIX)
זרע אבוהי ש]גֹיא רחמה ולבהֹ <דבק>	4Q197 4iii1	(XIX)
]כֹול לביך [	4Q214b 1,2	(XXII)
שנין דֻןֻ מן דן ודעהֹ בֹלבֹה תֹהֹ[וא]	4Q534 1i3	(XXXI)
חד]ותֹ לֹבֹכהֹ מן קֹ[	4Q541 6,5	(XXXI)
פ]תֹיֹא / לבי בא[נתא	11Q10 XVIII,2	(XXIII)
ל]בֹֹי / ונשקת ידי לפֹ[מי	11Q10 XIX,1	(XXIII)

heart, mind noun **לְבַב**

וטמרֹת רֹזֹא דן בלבבי ולכול אנוש לא	1Q20 VI,12	
מה סם ב]לֹבֹב נונא וכבֹדֹה[	4Q196 13,3	(XIX)
ס]ב מן לבב / [נונא	4Q196 14i11	(XIX)
קדם עם חט]אין על לבבכֹוןֹ / קֹוֹ[שטא	4Q196 17ii4	(XIX)
] / [מררתה ול]בֹבֹהֹ וֹ[כבדה	4Q197 4i10	(XIX)
עזריה אחי מה סם בלבב נונא ובכֹ[בדה	4Q197 4i12	(XIX)
טמתכן / [על רבותה הא קשי לב]בֹן לת	4Q201 1ii14	(XXXVI)
וטמר]תֹ אף דן בלבבי ולכל אנש לא / [	4Q213b 3	(XXII)
ע]לי ואן איתי בל[ב]בהון עלי[רוח באישה	4Q538 1-2,2	(XXXI)
ולא יכל עוד / [חשד באיש בלב[ב[הו]ן	4Q538 1-2,5	(XXXI)
בישירותא {{בל}}‹‹ולא››בלבב ולבב	4Q542 1i9	(XXXI)
{{בל}}‹‹ולא››בלבב ולבב / להן בלבבֹ		(XXXI)
{{בל}}‹‹ולא››בלבב ולבב / להן בלבבֹ		(XXXI)
ולבב / להן בלבבֹ דכא וברוח קשיטה	4Q542 1i10	(XXXI)
]◦ לך לבב מבֹ[	4Q543 18,2	(XXXI)
ופשע אשא ועריה ואשת לבב / [	4Q560 1i4	
] / ותהך [ו]תטשא בלבֹ[ב	4Q561 3,9	
לכן לבבי י[	11Q10 III,3	(XXIII)
ל]בבהון לרגז / עליהון	11Q10 XXVII,7	(XXIII)
ולבֹ[בה]◦◦[ ]דֹ כאבֹן ו[	11Q10 XXXVI,9	(XXIII)

incense noun **לְבוֹנָה**

נֹשֹיפֹא פילא במשח עם לבונא למֹנֹחֹא	1Q20 X,16	
לחמ]א די הות לבונתא [עליהון	11Q18 20,5	(XXIII)

clothing noun **לְבוּשׁ**

מלכֹא [כסף וד]הב שֹגיא ולבוש שגי	1Q20 XX,31	
א]פיל לבושהֹ[	4Q531 12,2	(XXXI)
] / [כפתן ו]כֹל לב[ושה צב]עֹנין	4Q543 5-9,5	(XXXI)
חֹשלֹ[כפ]תן [וכול]ל[ב]וֹשה צבענין	4Q544 1,13	(XXXI)
] / ֻ[ ]ןֹ וֹבעבדי לבוש מלכותא בֹ[ ]לֹ[	4Q550 2	
]◦ בלבושֹ[	4Q550c 1ii2	
בסגיא]חיל יאחדון לבוֹ[שי] / [כפם	11Q10 XVI,8	(XXIII)
ב]דיל די לבושך / [	11Q10 XXIX,7	(XXIII)
בשוית עננֹין [לבו]שה וֹערֹפלין חותלוהי	11Q10 XXX,7	(XXIII)

to hold fast verb **לבך**

ביומא ובליליא כח]דֹה לבךֹ	4Q205 1xi4	

whiteness noun **לבן**

וכמא שפיר לה כול לבנהא דדרעיהא	1Q20 XX,4	

Lebanon proper noun **לִבְנָן**

נהר מצרין עד לבנן ושניר ומן ימא רבא	1Q20 XXI,11	

to wear verb **לבשׁ**

והיך כהנ]יהון להוון לבשין וטהירן / [	4Q537 12,1	(XXXI)
] / [לבש]תני וככתון לבשת [	11Q10 XIV,9	(XXIII)
] / [לבש]תני וככתון לבשת [		(XXIII)
[התנ]דֹע להלבש{{ו}}א ענוה גבורה [	11Q10 XXIX,7	(XXIII)
רוח וזוי והדר ויקר תלבש	11Q10 XXXIV,6	(XXIII)
] / להוה לבש כהנא רבא[	11Q18 14ii5	(XXIII)

to till, plow verb **לגן**

[ראמא ב]צוריה וילֹגֹ[ן] בֹבקעה / בֹתֹרֹיך	11Q10 XXXII,9	(XXIII)

therefore conjunction **לָהֵן-1**

לה]ןֹ לֹאֹ ֹתנזקון ביום דינֹא מֹן	4Q205 1xi1	
להן אחדו בממר יעֹקֻבֻ / אבוכון	4Q542 1i7	(XXXI)

but, rather conjunction **לָהֵן-2**

]מֹן בני / שמין להן מן למךֹ בֹרֹךֹ [	1Q20 V,4	

1Q20 XXII,34 — ואמר לה לא ירתנך דן להן די יפוק
4Q196 2,3 (XIX)]ל[הן חנ]ה אנתתי וטוביה ברי
4Q197 4i18 (XIX) ואחרן] / [לא] איתי לה לה[ן] שרה[
4Q201 1i4 (XXXVI)] / [אנה לא להד]ן דרה להן לד[ר
4Q540 1,3 (XXXI) ידמה לכול גבר כסר נכסין להן כימא
4Q541 2i8 (XXXI)]ה/וקריב לעלי להן רחיק מני / [
4Q542 1i10 (XXXI) בלבב ולבב / להן בלבב דכא וברוח
4Q550a 1 — אנש להן יד[ע] מלכא הן איתי [
11Q10 XXI,5 (XXIII)] / להן אלהא חיבנא ולא א[נש
11Q18 15,1 (XXIII)]משרתא עוד להן די להוה[

(indeterminate) להן

4Q542 2,12 (XXXI)] / ונהיר להן [
4Q547 3,4 (XXXI)]◦[ו]הי להן בחשבוניה וא[
4Q558 60,2 —]א להן ◦מ[
6Q8 17,1 (XXXVI)] להן[

לואת ← לְוָת

Lubar proper noun **לובר**

1Q20 XII,13 — ונצבת כרם רב בלובר טורא ולשנין
4Q244 8,3 (XXII)]נוח מן לובר [טורא
6Q8 26,1 (XXXVI)] / לובר ע◦[

Lud proper noun **לוד**

1Q20 XII,11 — [עילם ואש]ור ארפכשד לוד וארם
1Q20 XVII,17 — ליואן כול נגאותא די ליד לוד וב[ין
ובין לשנא [די] ליד לו[ו]ד ללש[נא

almond noun **לוז**

4Q204 1xii28 —] והוא דמא לקלפי ל[וז]

tablet noun **לוּחַ**

1Q23 16,1 (XXXVI)] / לוח[א/יא
1Q23 31,3 (XXXVI)] לוחא ◦[
2Q26 1 (XXXVI)]הדיחו לוחא למ[מ]חק
2Q26 2 (XXXVI)]וסלקו מיא עלא מן [לו]חא[
2Q26 3 (XXXVI)]◦◦ ונטלו לוחא מן מיא לוחא די[
(XXXVI) ונטלו לוחא מן מיא לוחא די[
4Q203 7bii2 (XXXVI)] / לתרי לוחיא[
4Q203 8,3 (XXXVI)] / פרשגן לוחא תנ[י]נא די א[נרתא
4Q537 1+2+3,3 (XXXI)] / וכען סב לוחיא וקריא כולא[די כתיב
4Q537 1+2+3,4 (XXXI) תובא אמר לי סב] לוחא מן ידי[?]
4Q537 1+2+3,5 (XXXI) ידי[?] / [(ו)א]נסב דן לוחא מן ידוה[י
4Q546 20,2 (XXXI)] בלוחא[

to curse verb **לוט**

4Q157 1ii8 (VI) ואנה חזית דרשע מ[ו]עה ולטת ל◦[
4Q201 1ii14 (XXXVI) אדין יומיכן תלוט[ון ו]שני / [חייכן יבדן
4Q530 2ii+6-12,2 (XXXI) וחבא לט לרוזניא / וחדו עלוהי[
4Q530 2ii+6-12,3 (XXXI) ותב ואתל[ט וקב]ל עלוהי

Lot proper noun **לוט**

1Q20 XX,11 — אברם בכי תקיף אנה ולוט בר אחי עמי
1Q20 XX,22 — ואמר לה לוט לא יכול אברם דדי לצליא
1Q20 XX,24 — וכדי שמע חרקנוש מלי לוט אזל אמר
1Q20 XX,34 — ואף לוט קנה לה נכסין שגיאין ונסב
1Q20 XXI,5 — בתר יומא דן פרש לוט מן לואתי מן עובד
1Q20 XXI,7 — ובאש עלי די פרש לוט בר אחי מן לואתי
1Q20 XXI,34 —]◦◦◦ ושבו לוט בר אחוי / די אברם די הוא
1Q20 XXII,2 — ענה די יהב אברם ללוט די פלט מן שביא
1Q20 XXII,3 — בחברון וחויה די שבי לוט בר אחוהי
1Q20 XXII,5 — ובכא אברם על לוט בר אחוהי ואתחלם
1Q20 XXII,11 — ואף ללוט בר אחוהי פצא וכול נכסוהי

curse noun **לְוָט**

1Q21 12,1 (I)]◦◦ יא ללוט[
4Q201 1ii15 (XXXVI) אבדנכן יסגין בלו[ט ע]ל[מין ורח]מין / [
4Q201 1ii16 (XXXVI) אדין להוון שמהתכ]ן ללוט עלם ל[כל
4Q530 1i2 (XXXI) ל]לוט ולצער אנה די ידי
11Q10 XIX,5 (XXIII)]◦א / לוטי וישמע[

Levi, Levite proper noun **לֵוִי**

4Q245 1i5 (XXII) לו]י קהת / [
4Q542 1i8 (XXXI) בדיני אברהם ובצדקת לוי ודילי והוא
4Q542 1i11 (XXXI) ביניכון שם טב וחדוא / ללוי ושמח<א>
4Q542 1ii11 (XXXI) אבהתנא ?] / ויהבו ללוי אבי ולוי אבי
(XXXI) ויהבו ללוי אבי ולוי אבי לי י[הב
4Q545 1ai1 (XXXI) חזו]ת עמרם בר קהת בר לוי כו[ל] / די[
4Q547 8,2 (XXXI)]כ[ו]ל די קרב לוי ברה על[מדבחא

Levite proper noun **לֵוָי**

11Q18 30,2 (XXIII)]ן עוד לויא דבח[ין

sprout, palm branch noun **לוּלָב**

4Q558 34,3 —]לולבין ◦◦[
11Q18 14ii1 (XXIII) גפן כדי פרש מן לולבי[א

at preposition **לְוָת, לואת**

1Q20 XXI,5 — דן פרש לוט מן לואתי מן עובד רעותנא
1Q20 XXI,7 — די פרש לוט בר אחי מן לואתי
4Q206 4ii17 — ולמרעא עמה] / לות דבי אוחת[שגאו
11Q10 XXXVIII,4 (XXIII) ואתין לות / איוב כל רחמוהי וכל אחוהי

very much adverb **לַחֲדָא**

1Q20 VII,19 —]לחד שפירא / שמיא לחדא וקצי[
1Q20 XIII,15 — שגי לחדא תמהת ◦◦◦◦ / [ארבע]רוחי
1Q20 XX,33 — אברם בנכסין שגיאין לחדא ואף בכסף
1Q20 XXII,32 — עתרך ונכסיך / ישגון לחדא
4Q197 4ii1 (XIX) ותקיפ]א ושפירא לחדא ואבוה רחם] לה
4Q197 4iii1 (XIX) רחמה ולבה <דבק> בה [לחד]א
4Q542 3ii13 (XXXI)] / לחדה די לא אי תאי לה כול כ[
4Q543 5-9,8 (XXXI)]לחדה[ומן ע]ל עינוהי[
4Q544 1,2 (XXXI)] / גבר ומן עבדתנא שגי לחדא עד
4Q545 1a-bii15 (XXXI) ומן] / עבידתנא[ש]גיאין לח[דא עד

bread, food noun **לְחֵם**

1Q68 3,1 (I)]להון ולחם וק◦[
2Q24 4,5 (III)] / ויטלון לחמא ◦[
2Q24 4,8 (III)] / תרי סדרי לח[מא
2Q24 4,9 (III)] / לחמא
(III) ויסבון לחמ[א
2Q24 4,14 (III) תרתי לחמא די הי[
2Q24 4,15 (III) עד חדא מן תרתי לחמא יהיבת [ל]כ[ה]ן
4Q530 1i6 (XXXI) ק]צף שגיא ואהוה דמך ולחם / [
4Q530 16,2 (XXXI)]לחם י/ות[
4Q541 12,4 (XXXI)]לחם ופ[רי
4Q563 1,4 — תשתלם באתרך [ל]חם לחיך יא[כל
11Q10 VI,7 (XXIII) ל]חם
11Q10 XV,9 (XXIII) [ועיקרי רתמ]ין לחמהו[ן

11Q**10** XXXVIII,6	(XXIII)	ואכלו / עמה **לחם** בביתה ונחמוהי
11Q**18** 8,3	(XXIII)	פתו]רא ועלוי **לחמא** שויּ֯ן[

to oppress verb **לחץ**

4Q**206** 4ii18		ודביא] / שׂריו **למלחץ** לענ֯[א עד רמו

to sharpen verb **לטש**

4Q**534** 1i4	(XXXI)	בעלימותה להוה֗ **כלטיש** [וכא]נ֯ו֯ש די לא

night noun **לֵילֵי**

1Q**20** X,2		לנוח ◦◦ **ב֯ל֯ילי֯א** ◦◦
1Q**20** X,3		◦◦◦◦◦◦◦◦◦◦◦◦◦ ל֯ל֯◦◦ ◦◦◦ ⟦ ? ⟧ / **ב֯ל֯ילי֯א** ל֯◦◦
1Q**20** XIX,14		אנה אברם חלם **בלילה** מעלי לארע֯ מ֯צ֯ר֯י֯ן
1Q**20** XIX,17		ואת֯עירת **בליליא** מן שנתי ואמרת לשרי
1Q**20** XIX,21		ובכת שרי ע֯ל מ֯לי **בליליא** דן / [
1Q**20** XX,11		ולוט בר אחי עמי **בליליא** כדי דבירת
1Q**20** XX,12		**בליליא** דן צלית ובעית ואתחננת
1Q**20** XX,15		ואל ישלט **בליליא** דן לטמיא אנתתי מני
1Q**20** XX,16		**בליליא** דן שלח לה אל עליון
1Q**20** XXI,8		לי אלהא בחזוא די **ליליא** ואמר לי סלק
1Q**20** XXII,8		ורמה עליהון **בליליא** מן ארבע רוחיהון
1Q**20** XXII,9		רוחיהון והווא קטל / בהון **בליליא** ותבר
4Q**196** 14i10	(XIX)	**בלי]ל֯י֯א** ד֯ן / [
4Q**197** 4ii3	(XIX)	ב֯ע֯ל֯[מ]תא דא **בליליא** דן ת֯קימנה ותסבנה
4Q**197** 4ii6	(XIX)	בעלי]מ֯ת֯[א]דא **ליליא** דן ונקי֯מנה / [לך
4Q**208** 10a,7	(XXXVI)	]ל֯א֯ **ב֯ל֯י֯ליה** קדמיא / [
4Q**208** 15,1	(XXXVI)	ופ]ל֯ג **ובליל֯א֯**[
4Q**208** 19+21,4	(XXXVI)	] / **ליליה** דנ שביעינ תרינ ו[קוי בימּמא
4Q**208** 23,3	(XXXVI)	]ו֯אניר שאר **לי֯[ליא** דנ
4Q**208** 24i4	(XXXVI)	**בלי]לא** תלתא / [
4Q**208** 25,1	(XXXVI)	**ובליל]א** חמשׁ֯ת / [עשר בה כסה פלג
4Q**208** 27,1	(XXXVI)	**לי]ל֯יא֯**[
4Q**209** 1i3	(XXXVI)	ואניר]**ב֯ל֯ילא**[ש]ב֯ע֯ה֯ ב֯ה֯ ש֯ביעין
4Q**209** 1i5	(XXXVI)	**בלילא** תמניה בה שביעין / [ארבעה
4Q**209** 1i7	(XXXVI)	ו]א֯ניר **בלילא** תשעה בה שביעין / [
4Q**209** 1i11	(XXXVI)	ואניר **בליל]א֯** חד עשר ב֯ה֯ [שביעין
4Q**209** 2ii4	(XXXVI)	ואניר **בלילא** תלת֯[ת עשר בה שביעין
4Q**209** 2ii6	(XXXVI)	ואניר **בלילא** ארבעת עשר בה כל לי֯ל֯[יא
	(XXXVI)	בלילא ארבעת עשר בה כל **לי֯ל֯[יא** דן כלה
4Q**209** 2ii7	(XXXVI)	[ו]ב֯ל֯[יל]**א֯** חמשת עשר בה כסה פלג שביע
4Q**209** 2ii8	(XXXVI)	נפק ואניר] / שאר **ל֯[י]ל֯[יא** ד]ן שביעין
4Q**209** 2ii9	(XXXVI)	**וב֯ל֯[ילא** שתת עשר בה כסה שביע חד
4Q**209** 2ii10	(XXXVI)	ובאדין נפק ואניר [ש]א֯ר **ליליא** ד֯[ן
4Q**209** 5,4	(XXXVI)	**ובלילא** תשעת עשר בה כ[סה שביעין
4Q**209** 5,5	(XXXVI)	] / נפק ואניר שאר **ליליא** דן שביעין [
4Q**209** 6,8	(XXXVI)	נפק ואניר]ש֯אר **ליליא** דן פלג שביע חד
4Q**209** 7ii4	(XXXVI)	וב]א֯דין נפק ואניר בשא֯ר **ליליא** דן שביעין
4Q**209** 7ii6	(XXXVI)	**ובלילא** חמשה ועשרין בה כסה שביעין
4Q**209** 7ii7	(XXXVI)	באדין נפק ואניר בשאר **ליליא** דן שביעין
4Q**209** 7ii9	(XXXVI)	**ובלילא** שתה ועשרין בה כסה שביעין
4Q**209** 7ii10	(XXXVI)	תרעא תנינא ואניר בשאר **ליליא** דן שביע
4Q**209** 7ii11	(XXXVI)	**ובלילא** שבעה / [ועש]ר֯י֯ן בה כסה שביעין
4Q**209** 7ii13	(XXXVI)	נפק ואניר] / [שא]ר֯ **ליליא** דן שביע חד
4Q**209** 7iii1	(XXXVI)	**בליליא** דן אשל֯[מת] / שמשא למהך
4Q**209** 7iii3	(XXXVI)	וקבל שאר **ליליא** דן שביעין תלתה
4Q**209** 7iii4	(XXXVI)	**בלילא** תשעה ב֯[ה שביעין] / ארבעה ופלג
4Q**209** 7iii5	(XXXVI)	**בליליא** דן ש֯ר֯י שמשא למתב
4Q**209** 7iii6	(XXXVI)	שאר **ליליא** דן שבי[עין תרין] / ופלג
4Q**209** 8,2	(XXXVI)	בלילא ארבעת עשר] / בה כל **ליליא** דן
4Q**209** 8,3	(XXXVI)	] / **ובלילא** חמשת ע֯שר בה[
4Q**209** 9,1	(XXXVI)	וקבל ש֯[אר **ליל]י֯א** ד֯ן֯ [שבי]עין[
4Q**209** 9,3	(XXXVI)	וקבל שא[ר **]ל[י]ל֯[יא** דן
4Q**209** 10,1	(XXXVI)	**לי]ליא** / [דן
4Q**209** 10,3	(XXXVI)	]ב֯שא֯[ר]**ליל[יא**]
4Q**209** 13,1	(XXXVI)	] ואניר **בליל֯א֯**[
4Q**209** 19,2	(XXXVI)	שביעי]ן֯ ש֯ת֯ה֯ **וב֯ל֯[ילא**
4Q**209** 20,1	(XXXVI)	**בלי]ל֯א** ש֯[
4Q**209** 33,2	(XXXVI)	וקבל שאר]**ליליא** דן שביעין / [ארבעה
4Q**209** 35,2	(XXXVI)	]**ל֯[י]ל֯**[
4Q**209** 37,2	(XXXVI)	]**ל֯[י]ל֯יא֯**[דן
4Q**209** 38,1	(XXXVI)	**בליל]א֯** חמש֯[
4Q**209** 41,1	(XXXVI)	]א **בלילי֯**[
4Q**211** 1iii5		] / אר֯[ב]**ל֯י֯ל֯י֯א** דן מן ל֯[
4Q**530** 2ii+6-12,6	(XXXI)	אנה ב]חלמ֯י ה֯ו֯י֯ת֯ חזא **בליליא** דן
4Q**530** 2ii+6-12,16	(XXXI)	בחלמ֯י **בליליא** דן גברו֯א []ה֯א שלטן שמיא
4Q**535** 3,2	(XXXI)	והוא בשעה חמ]ש **בליליא** מתילד ונפק
4Q**541** 19,2	(XXXI)	]**ליליא֯**[
11Q**10** VIII,5	(XXIII)	] / ומסכן **ובלי[ליא**
11Q**10** XXII,9	(XXIII)	[ב]ח֯למין בחדידי **לילי֯[א**
11Q**10** XXVI,6	(XXIII)	]◦ לנצבתנא / **בליליא**
11Q**18** 25,2	(XXIII)	]ור **ובלילה** ה֯[

there is not negative **לַיִת**

4Q**201** 1ii14	(XXXVI)	[על רבותה הא קשי לב]ב֯ן **לת** שלם

here (?) adverb **לְכָא**

4Q**541** 4ii3	(XXXI)	] / **לכא** מ◦[

burning pot noun **לְכוּשׁ**

11Q**10** XXXVI,6	(XXIII)	מ֯ן֯ נחירוה יפק תנן / **לכוש** יקד ומגמר

indeed adverb **לָכֵן**

11Q**10** III,3	(XXIII)	**לכן** לבבי י֯[

behavior (?) noun **לכת**

1Q**20** VI,16		ו֯ח֯שׁבת֯ ◦◦ כ֯ול **לכ֯ת** בני אר֯ע֯א י֯ד֯עת וחוי֯ת

why? interrogative **לְמָה**

1Q**20** XXII,32		שגי לי עתר ונכסין **ולמא** לי / כול א֯לן
4Q**196** 8,1	(XIX)	מו]ת **ולמא** לא[אקרא לטוביה
11Q**10** XI,2	(XXIII)	כ]לכון חזיתון **למה** / [

Lamech proper noun **לֶמֶךְ**

1Q**20** II,3		אנה **למך** אתבהלת ועלת על בתאנוש
1Q**20** II,19		א֯נ֯ה **למך** ר֯טת֯ על מתושלח אבי וכולא
1Q**20** V,4		ולא]מ֯ן בני / שמ֯ין להן מן **למ֯ך֯** ב֯ר֯ך֯ [
1Q**20** V,7		מן] / ח֯זוה דחל **למך** ב֯ר֯ך֯[
1Q**20** V,10		] / א֯ז֯ל א֯מ֯ר **לל֯מ֯ך** ברך [
1Q**20** V,25		] / ועם **למך** ברה ברז מ֯ל֯ל֯ [
1Q**20** V,26		] / ו֯כ֯ד֯י א֯נ֯ה **למך** ◦◦[ ]◦ [
4Q**204** 5i26		וקרית] שמה **למ[ך]** / [למאמר לו מך
4Q**204** 5ii29		וכען אזל נא ע֯ד֯ **ל֯מ֯ך֯** [בר]ך֯ [ואחויה לה]
4Q**556** 8,1		]ן֯ **למ֯ך֯**[

jaw noun **לְסַת**

11Q**10** XXXV,5	(XXIII)	באפה ובחרתך תקוב **לסתה**

לעבע ← לעובע

quickly adverb **לעובע, לעבע**

1Q20 **XX**,9 רחמה ושלח / **לעובע** דברהא
4Q**544** 1,3 (XXXI)] / **לעובע** ולה בנו קבריא די אׄבהתהון[
4Q**545** 1a-bii17 (XXXI)] / **לעובע** ולא ב[נו קב]ריא די אׄבהׄ[ת]הׄון
11Q**10** III,7 (XXIII)]**לעבע** תערא [

toward preposition **לְעוֹרַע**

1Q20 XXI,31 ונפק מלך סודם **לעורעה**ון ומלך [עומרם
1Q20 XXII,13 שביתא / וכול בזתא וסלק **לעורעה**

torch noun **לַפִּיד**

11Q10 XXXVI,4 (XXIII) מן פמה **לפידין** / יפקון בלשני אשה ירתון

first of all adverb **לְקַדְמִין**

1Q20 X,14 וׄראיש ◦תׄה ◦◦◦◦ / [שעיר]א **לקדמין** וׄבתרׄה
1Q20 XII,10 יליד לה בר **לקדמין** ארפכשד תרתין שנין
1Q20 XIII,16 **לקדמין** ◦◦◦◦◦ / ◦◦◦◦◦◦ מערב וחבטתה ואתרת
1Q20 XIV,22] **לׄקׄדמין** שלׄח ◦◦ ◦◦◦◦◦ ◦◦◦ [
1Q20 XVII,7 [ח]לקה בין בנוהי ונפל **לקׄדׄמין** ל[עי]ל[ם]
1Q20 XVII,16 פלג בׄין בנוהי לגמר יהב **לקדמין** בצפונא
2Q24 4,6 (III) מן] / **לקדמין** על מד[בחא
4Q197 4iii3 (XIX) ושאלו שלמה **לקדמין** ואמר להון / לשלם
4Q210 1ii7 די על דרום שמיא] / נפק **לקדמין** בתרעא
4Q214 2,3 (XXII) ראשא [ל]**קׄ[דמין]** הוי מסק ועלוהי] / [חפי
4Q**534** 1ii+2,1 (XXXI) מׄ[ו]לׄ[ד]ה די טבׄ[ב]מׄה נפל **לקדמין** וׄעׄם
4Q**536** 2i+3,12 (XXXI)]**לקדמין** הׄ[
4Q**561** 3,3] / ומתקף **לקדמין** ל◦[
4Q**580** 2,4]תא **לקדמין** [
11Q**18** 22,6 (XXIII)]**לקדמין** / [

to take verb **לקח**

4Q209 6,9 (XXXVI) שאר ימ]מׄא דן כלה **ולקיח** כל שאר נהורה
4Q531 24,2 (XXXI)]אסר **ונתלׄ[קח** ?
4Q547 9,10 (XXXI)]מׄרים ומן באת[רה]**לׄקׄחת** עשׄר[

to pluck, gather verb **לקט**

4Q558 58,3 ל]**מלקטה** [

tongue noun **לִשָּׁן**

1Q20 XVI,9 [ ]**לשׄנה** די מן ביניהן ראיש בעׄין
1Q20 XVI,17 ואזל תחומא דן כעין מן **לשׄנׄא** דׄן דׄ[
1Q20 XVII,11 בׄ[צ]פׄונׄא די מחען **לשנא** דן דעל ראיש
1Q20 XVII,13 בׄינׄיהון ואׄיא די בגו **לשׄנׄא** ◦◦◦◦◦◦◦[
1Q20 XVII,17 נגׄאותא די ליׄד לוד וׄבׄין **לשנא** [די] ליׄד לׄ[ו]ד
[די] ליׄד לׄ[ו]ד **לׄלשׄ[נא** ת]נׄיׄאנׄא לתׄובל ◦◦עׄבׄר
1Q20 XVII,18 א]רׄבׄעׄא ◦◦◦◦◦◦◦◦◦◦◦◦◦לׄ◦ **לׄשׄן** בׄגו / [ימא די ליד
1Q20 XXI,18 א שמוקא עד די דבקת **ללשן** ים סוף די נפק
4Q204 1vi22 מתבנא אבני ברד] / [**ולשנׄ**]יׄ נור סחרין
4Q206 1xxi3 בל]**שׄני** נור / [
4Q530 2ii+6-12,9 (XXXI) חזא]הׄוׄית עד דׄי **לשנין** די נור מן / [שמין
11Q10 XXXV,4 (XXIII) תנין בחכא או בחבל תחרז **לשנה**
11Q10 XXXVI,5 (XXIII) לפידין / יפקון **בלשני** אשה ירתון

מ

what? pronoun **מָא, מָה**

1Q20 I,28 לא יד]עין **מא** למׄעׄבׄד אנשא לארעא
1Q20 VI,11 ואודעת בעובד בני שמין **ומׄא** ◦◦ל / [
1Q20 XX,3 להׄן לה עיניהא **ומא** רגג הוא לה אנפהא
1Q20 XX,4 לבנהא דדרעיהא **מא** שפירן וידיהא כמא
1Q20 XX,5 ידׄ[י]הא כמא יאין כפיהא **ומא** אריכן וקטינן
1Q20 XX,26 [מ]ל[כ]א לי ואמר לי **מׄא** עבדתה לי בדיל [
4Q197 4i12 (XIX) [וא]מר לה עזריה אחי **מה** סם בלבב
4Q202 1ii25**b** על רשיעין על כול] **מׄא** / [
4Q202 1ii27 ושׄ[ינין ד]יׄ נחׄ[ש ואחזיא] / להׄוׄ[ן **מא** יתׄ[חפר
] / להׄוׄן מא יתׄ[חפר והיך]]**מא** יׄ[עבדון
4Q203 3,4 (XXXVI)] / **ומה** תתנוׄנׄני לקׄ[טלה
4Q203 8,14 (XXXVI) וכען שרׄוא אסירכון **מׄהׄ**[
4Q210 1ii3 ארעא] / ומיא וכל **מה** די בהן די רבין
4Q212 1ii19 לכון כלקובל] / די תדעון **מהׄ**[יתע]בׄ[ד
4Q212 1v15 כול אנוש] / [די יכ]לׄ ינדע **מה** בׄטׄעׄם [אלהא
4Q213a 6,1 (XXII)]אמרת **מא** / [
4Q245 1i2 (XXII)]◦◦ **ומה** די / [
4Q342 2 (XXVII)]◦בׄי כל **מה** די עב[ד
4Q530 7ii6 (XXXI) וזעקה ואמר לה מהוׄי **מׄהׄ**[לכה
4Q531 7,4 (XXXI) **מה** חטׄ[י]אׄ לכה די קטל[תה
4Q534 1ii+2,1 (XXXI) מׄ[ו]לׄ[ד]ה די טבׄ[ב]**מׄה** נפל לקדמין וׄעׄם
4Q539 2-3,6 (XXXI) [חזו בני עובד]א דן **מא** אס[בל די לא
4Q541 24ii4 (XXXI) יבריככה] / בקר ובעי ודע **מא** יונא בעה
4Q544 2,13 (XXXI) ואמרת מראי **מא** שׄלׄ[טן לעירא דן
4Q546 4,3 (XXXI)]וׄשׄאׄלׄתׄה [ו]אמרת לה **מא** אׄ[
4Q550a 6 ביתי וׄנכסי לכול **מה** די ית[
4Q550c 1i4 **מה** אעבד לכה ואנתה ידעׄ[
4Q550c 1i6 בׄ[ר]ם **מה** דׄי אנתה צׄ[ב]א פקדני וכדי
4Q558 69,2]ד תחוה לנא **מה** [די
6Q8 1,5 (XXXVI) ◦ מהוי[לא]שתעיה **מה** די[אחזי ברקאל
11Q10 I,1 (XXIII) **ומא** אפו אׄ[
11Q10 VIIA,6 (XXIII)]ואסתכל **מא** יאמר לׄי / [
11Q10 IX,7 (XXIII)]אׄלהא **ומא** יצדקׄ[
11Q10 X,5 (XXIII) שבילו]הי **מא** עטר מלא נשׄ[מע] / [
11Q10 XVIII,6 (XXIII) **מׄא** אעבד / כדי יק[ום אלהא
11Q10 XXVI,1 (XXIII) [בׄ]ךׄ ובסגיא עויתך **מא** תׄ[עבד לך
(XXIII) הן זכי]תׄ **מא** / תתן לה או מא מידך
11Q10 XXVI,2 (XXIII) הן זכי]תׄ מא / תתן לה או **מא** מידך
11Q10 XXIX,6 (XXIII) [הת]נדע **מא** שויא אלהא עליהׄן וׄ[הו]פׄעׄ
11Q10 XXX,4 (XXIII) או / על **מא** אשיה אתׄחׄדון או מן הקים
11Q18 30,5 (XXIII)]ן **מא** די ל[

hundred numeral **מְאָה**

1Q20 XXII,6 בחירין לקרב תלת **מאא** ותמניאת עשר
1Q23 1+6+22,2 (XXXVI)] / חׄמׄרׄין **מאתׄין** ערדׄין מאתׄ[ין
(XXXVI)] / חׄמׄרׄין מאתין ערדׄין **מאתׄ[ין**
1Q23 1+6+22,3 (XXXVI)] / ען **מאתין** תישין מאתׄ[י]ן
(XXXVI)] / ען מאתין תישין **מאתׄ[י]ן**
1Q23 9+14+15,5 (XXXVI)]גברין **מאׄהׄ** [כ]ל די[
2Q24 8,8 (III) ◦] **מאה** ועשר[
4Q209 23,5 (XXXVI) [אתין כו]כׄבי שמיא **מאין** ערבין ומאין
(XXXVI) כו]כׄבי שמיא מאין ערבין **ומאין** עללין
4Q209 23,7 (XXXVI) ואף מזרח בדי **מאׄ[י]ן** זרחין[
4Q243 12,1 (XXII) שנין אר]בׄעׄ **מאה** ומן / [

Text	Reference	Period
]◦ **מאה** מלכ[ין	4Q**243** 14,2	(XXII)
רבא ית[ב מאה **מ]אין** לה משמשין	4Q**530** 2ii+6-12,17	(XXXI)
]◦ אנון **מאתין** ◦ [	4Q**531** 25,5	(XXXI)
]תקל תקלין תלת **מאה** וחמ[שין (וחד)	4Q**535** 3,3	(XXXI)
]אנון ביום מות[ה]בשנת / **מאה** ותלתין	4Q**545** 1ai3	(XXXI)
די מותה בשנת **מאה** / וחמשין ותרתין		(XXXI)
בשנ]ת **מאה**[	4Q**546** 1,1	(XXXI)
אלף / [וארבע **מא]ה** ותלתין ותרין	4Q**554** 3ii16	
תמנית עש[ר] פותי אמין **מא**[ה ועשרי]ן [	5Q**15** 1i4	(III)
] **מאתין** ותמנין אמ[ין	11Q**18** 6,1	(XXIII)
]ת **מאה** וחמש[ין	11Q**18** 7,4	(XXIII)
]אחיהון עללין חלפהון ארבע **מאה** צ[	11Q**18** 15,3	(XXIII)
] / קדמה[ן קנין **מאה**[	11Q**18** 17ii5	(XXIII)
כ]ולהון תלתין ותרין אלפין ותשע **מאה**[	11Q**18** 18,3	(XXIII)

light noun מָאוֹר

Text	Reference	Period
]**מאור** חרבן אבדן [	4Q**531** 18,2	(XXXI)

food, meal noun מַאֲכָל

Text	Reference	Period
]**במאכל** שגי ובמשתה[	1Q**20** XIX,27	
דשלם אנפק / **מאכל** ומשתה לאברם	1Q**20** XXII,15	
משחת בתי]**מכלא** דכא אמין תשע ע[שרה	5Q**15** 1ii10	(III)
מן ת[מה י]חצא **מאכל**[א	11Q**10** XXXIII,10	(XXIII)

word, command noun מֵאמַר, מֵמַר

Text	Reference	Period
ישניון עבדהן ו]כלהן עבדין **ממרה**	4Q**201** 1ii12	(XXXVI)
שמין ומן] **ממר** עירין וקדשין / אנה	4Q**212** 1iii21	
כתבה] / ישמעאל בר ש[מ]עון **ממרה/א**	4Q**345** Verso 21	(XXVII)
כו]ל עובד קשה **וממרא** מן[	4Q**531** 2+3,8	(XXXI)
כ]**מאמר** / [	4Q**534** 1ii+2,17	(XXXI)
אלה בכתב די לא יבלא **ומאמרי** ד[ן	4Q**536** 2ii12	(XXXI)
] / **מאמרה** ומש[ת]משין חכ[ימיא/ן	4Q**541** 7,5	(XXXI)
לכול בני / [ע]מה **מאמרה** כמאמר שמין	4Q**541** 9i3	(XXXI)
בני / [ע]מה מאמרה **כמאמר** שמין ואלפונה		(XXXI)
מ]אמר בדין ענו ב◦[	4Q**541** 12,2	(XXXI)
להן אחדו **בממר** יעקוב / אבוכון	4Q**542** 1i7	(XXXI)
כול **ממר** קושטא י{{א}}{{י}}{{‹‹א››}}תא	4Q**542** 1ii2	(XXXI)
] **ממרך** ונתן לך ◦[	4Q**543** 2a-b,1	(XXXI)
]**ממרכה** / [ונתן לכה	4Q**545** 1ai14	(XXXI)
על **מאמרה** מ[	11Q**10** XXVIII,9	(XXIII)
או על **מאמרך** יתגבה נשרא / ועוזא	11Q**10** XXXIII,8	(XXIII)

vessel noun מָאן

Text	Reference	Period
מד]נח בדי מן תמן דנחין **מאני** שמיא	4Q**209** 23,7	(XXXVI)
א]חד **במאנה**[	4Q**558** 58,2	

flood noun מַבּוּל

Text	Reference	Period
ב]נן מן בתר **מבולא**	1Q**20** XII,9	
ארפכשד תרתין שנין בתר **מבולא**	1Q**20** XII,10	
]מן בתר **מבולא** [	4Q**244** 8,2	(XXII)
א]ל[ה]א **מבול** על ארעא[	4Q**533** 4,3	(XXXI)

spring noun מַבּוּעַ

Text	Reference	Period
ו]**מבועי**[	4Q**531** 4,1	(XXXI)
]**מב[ו]עי** תא[נת] / [שלה	4Q**537** 24,1	(XXXI)

rejoicing noun מַבַּע

Text	Reference	Period
ארו **מבע** רשיע[ין] / [	11Q**10** III,6	(XXIII)

tower noun מִגְדַּל

Text	Reference	Period
ע]ל **מגדלא** ושלח[	4Q**243** 10,2	(XXII)
]א **מגדלא** רו[מה	4Q**244** 9,2	(XXII)
דהב **ומגדליה** אלף / [וארבע מא]ה	4Q**554** 3ii15	
רו]חיא תלת תלת **ומגדליא** נפקין	4Q**554** 3ii22	
[וליד כל תרע תרי **מגד]לין** חד מ[ן	5Q**15** 1i12	(III)
]תרעא בגוא על [ימי]ן **מגדליא** ברום	5Q**15** 1i13	(III)
[ימי]ן מגדליא ברום **מג[דליא** פתיה אמין		(III)

Magog proper noun מָגוֹג

Text	Reference	Period
ובנ[י] יפת גומר **ומגוג** ומדי ויואן ותובל	1Q**20** XII,12	
עד דבק **למגוג** ול◦◦◦◦◦◦◦◦◦◦◦ל◦◦◦ים	1Q**20** XVII,10	
ובתרה **למגוג** ובתרה / למדי ובתרה	1Q**20** XVII,16	

sickle noun מַגָּל

Text	Reference	Period
גברא אתה מן ימין ארעא **מגלא** בידה	1Q**20** XV,10	

scroll noun מְגִלָּה

Text	Reference	Period
ספריא אשתכח **מגלה** ח[דה חתי]מה	4Q**550** 5	

incense burner noun מגמר

Text	Reference	Period
נחירוה יפק תנן / לכוש יקד **ומגמר**	11Q**10** XXXVI,6	(XXIII)

shield noun מָגֵן

Text	Reference	Period
ואנה **מגן** עליך ואספרך לך לתקיף	1Q**20** XXII,31	

for nothing noun מַגָּן

Text	Reference	Period
א]חיך **מגן** / [	11Q**10** VI,5	(XXIII)

to overthrow verb מגר

Text	Reference	Period
שורי]כי וכל **ממגרי**[ן מגדליכי	4Q**196** 18,1	(XIX)

altar noun מַדְבַּח

Text	Reference	Period
דמהון לאיסוד **מדבחא** אשד[ת ו]כול	1Q**20** X,15	
אשד[ת ו]כול בשרהון על **מדבחא** אקטרת		
לבני שפניניא / [ ]ן על **מדבחא** קרבנא	1Q**20** X,16	
די בנית תמן בה **מדבחא** ובניתה תניאני	1Q**20** XXI,1	
ובנית תמן **מדבח** ואסקת עלוה[י] עלא	1Q**20** XXI,20	
מן] / לקדמין על **מד[בחא**	2Q**24** 4,6	(III)
]וכול **מדבחא**[	2Q**24** 7,2	(III)
] / [וישוה על] קרנ[י] **מ[ד]ב[ח]א** סח[ור	4Q**156** 2,2	(VI)
]**מדבח**[	4Q**214** 1,5	(XXII)
ל(תח)ות עלתא] / על **מדבחא** ⟦ ⟧ וכ[די	4Q**214**a 1,2	(XXII)
ל]אסקא מנהון **למדבחא** / [די ריח תננהון	4Q**214**b 2-6,3	(XXII)
וכדי אסקת מן עעי]א אלן **למדבח**[א ונורא	4Q**214**b 2-6,7	(XXII)
תשרא למזרק דמא]על כותלי **מדבחא**	4Q**214**b 2-6,8	(XXII)
]מסקין דבחיא **למדבחא** וה[יך כל יו]ם[	4Q**537** 12,2	(XXXI)
די א]מרת לכה על **מדבח**[א]די אבני[א	4Q**547** 8,3	(XXXI)
(י/ת)דב]ח[לבק]רכה רבא על **מדבח** נחש[א	4Q**547** 9,5	(XXXI)
ר]ובע סתא ואסקה **למדבחא** כולה[	11Q**18** 13,4	(XXIII)
]◦על ארבע קרנת **מדבח**[א] / [	11Q**18** 22,1	(XXIII)
מד]בחא לריח / [	11Q**18** 22,5	(XXIII)
]ן קודם **מד[בחא**	11Q**18** 29,1	(XXIII)

desert, wilderness noun מַדְבַּר

Text	Reference	Period
לטוריא **ודמדבריא** לע◦בריא ודא◦◦◦◦◦ל◦ [	1Q**20** XI,9	
בכולהון ◦◦◦יהא **ובמדבריהא** ובטוריהא	1Q**20** XI,16	
גבל עד קדש וכול **מדברא** / רבא	1Q**20** XXI,11	
וסלקו ארחא די **מדברא** והווא מחין ובזין	1Q**20** XXI,28	
עד דבקו לאיל / פרן די **במדברה**	1Q**20** XXI,30	

ובארעא] / ודי **במדבריא** ו̇ד̇[ ] ב̇ימיא (XXXVI) 4Q**203** 8,13
מנהון] **למדברין** ולש̇[ב]ע̇[ו]ל̇[פרד]ס̇ (XXXVI) 4Q**209** 23,9
מן] / חלד וחלף לשהוין **מדברא** רבא̇ [(XXXI) 4Q**530** 7ii5
להנחתה על ארע / **מדבר** די לא אנש בה (XXIII) 11Q**10** XXXI,4

tribute noun **מִדָּה**

מדא תרתי עשרה שנין הווא / יהבין 1Q**20** XXI,26
עשרה שנין הווא / יהבין **מדתהון** למלך 1Q**20** XXI,27

dwelling noun **מְדוֹר**

← מדר
ינפק קדיש[ה ר]בה מן **מ̇[דורה** (XXXVI) 4Q**201** 1i5
יתילד בה מנה יפו[ק]**ו̇מדור** אחר[ן (XXXI) 4Q**540** 1,4

Media proper noun **מָדַי**

ובנ[י] י̇פת גומר ומגוג **ומדי** ויואן ות̇ובל 1Q**20** XII,12
ובתרה למגוג ובתרה / **למדי** ו̇בתרה ליואן 1Q**20** XVII,17
תרית̇[ו]ן [כ]חדא [עד] ק̇[רבו ל]ה̇ון **למדי** (XIX) 4Q**197** 4i11
וכ̇[ד]י̇ ע̇לו לגו **מדי** וכבר הוא מ̇[דבק (XIX) 4Q**197** 4i15
]◦מו עלוהי כריפו בין **מדי** לפרס ואתור 4Q**550e** 4

Median adjective **מָדַי**

]ש̇[נ]ין **למדיא** ◦[4Q**562** 8,3

province, land, city noun **מְדִינָה**

אזל ועדי לך מן / כול **מדינת** מצרין 1Q**20** XX,28
ארחא חלתא רבתא **למדיתון** ושבין 1Q**20** XXII,4
ומחין וקטלין ואזלין / **למדינת** דרמשק 1Q**20** XXII,5
ל]ה̇ לכל מת **ומדינה** די יהך לה / [אח (XXII) 4Q**213** 1i15
] / **ו̇מדית̇א̇** [(XXII) 4Q**214a** 2-3ii1
]ונחשירין רב ב̇**מדינתא** / [(XXII) 4Q**246** 1i5
ידשון עם לעם ידוש **ומדינה** למדי[נ]ה (XXII) 4Q**246** 1ii3
עם לעם ידוש ומדינה **למדי[נ]ה** (XXII)
חרב מן ארעא יסף / וכל **מדינתא** לה (XXII) 4Q**246** 1ii7
ו]ע̇מל **למדינתא** וחרב̇ [בר]ת מלכא (XXXVI) 4Q**318** VIII,7
וחרב̇ [בר]ת מלכא **ובמדינתא** ב[(XXXVI)
די] / **במדינתא** רחיקתא להוא גבר ל̇[(XXXI) 4Q**529** 1,13
ומדינ[ן ת̇ה[וא (XXXI) 4Q**534** 1ii+2,12
מ]דינתא דימין הוא דן / [4Q**552** 1,7
]**מ̇דינתא** חרתא די שבה 4Q**556** 1,6
לכל יתבי ארעא ודי **במדינתא** רחיקתא 4Q**571** 2
מ]דינתהון בממתין (XXIII) 11Q**10** XXVII,8

east noun **מַדְנַח**

]◦◦◦◦◦◦◦◦◦◦◦◦◦ ◦◦◦◦ [ ] **למדנחא** 1Q**20** XVI,20
ול◦◦◦◦◦◦◦◦◦◦ול◦◦◦ים **מדנחא** / ב̇[צ]פ̇ונ̇א 1Q**20** XVII,10
ושקול עיניך וחזי **למדנחא** ולמערבא 1Q**20** XXI,9
וכול מדברא / רבא די **מדנח** חורן ושניר 1Q**20** XXI,12
ואזלת ליד טור תורא **למדנחא** לפותי 1Q**20** XXI,16
שמוקא **למדנחא** והוית אתה לי ליד 1Q**20** XXI,17
ממרה די בחברון / **כלמדנח** צפון חברון 1Q**20** XXI,20
וקדם כסיא **למ̇דנחא̇** / [ידה שבעה זמנין (VI) 4Q**156** 1,6
מדנ[ח (VI) 4Q**157** 1i5
] כ̇לצפון **מדנחה[ו]ן** אחזיאת טו[ר]י̇ן 4Q**204** 1xii30
במדברא וארחקת] / [שגיא] ל̇[**מדנ]ח** פא[תא 4Q**206** 1xxvi5
[טוריא] אלן כלצפון **מדנחהון** [אחז]ית 4Q**206** 1xxvi17
הובלת / [**למד]נח** כל טוריא אלן רחיק 4Q**206** 1xxvi19
רחיק מנהון **למדנח** ארעא ואחלפ̇[ת] / [על]א
כל ערבי שמיא ואזלין **למדנחי** ש̇מיא (XXXVI) 4Q**209** 23,6
[ולמדנחא **מד]נח** בדי מן ת̇מן דנחין מאני (XXXVI) 4Q**209** 23,7
{{ו}}כל ערבי [שמיא ואזלין] **ל̇מדנח** שמיא 4Q**210** 1ii17
] / [חזית]תשעה טורין תרין **למדנ]חא** ותרין (XXXI) 4Q**529** 1,3
תרעיא תלת[א **במדנחא** ותלתא בדר̇[רומא 4Q**554** 1,1
מן זוית]**מדנחא** די בצפונא / [משח עד 4Q**554** 2i11
מן תר]ע̇א דן עד זוית די **מדנחא** רסין 4Q**554** 2ii10
רברביא די נפקין / מן **מדנחא** למערב̇[א 4Q**554** 2ii17
[די] נפק̇[ן] מן **מדנחא̇** [למערבא] ק̇נין (III) 5Q**15** 1i3

מדע ← **מַנְדַּע**

מדעם ← **מִנְדַּעַם**

dwelling noun **מדר**

← **מדור**
ואשכ̇[חנה] / [ואתא עד]אתר **מדרה** (XXIII) 11Q**10** VIIA,4
די שוית דחשת ביתה **ומדרה** באר̇ע̇ (XXIII) 11Q**10** XXXII,5

מָה ← **מָא**

to dissolve verb **מהה**

על כן אתנסך **ואתמהא** {{א̇}}ואהוא (XXIII) 11Q**10** XXXVII,8

Mahawai proper noun **מהוי**

]**מהוי** [(XXXVI) 1Q**23** 27,2
וענ]ה̇ **מהו[י** (XXXVI) 4Q**203** 2,4
[ונפיליא ו]ק̇רו **מהוי** ואתה לכ̇[נ]ש̇ת̇[(XXXI) 4Q**530** 2ii+6-12,21
וזעקה ואמר לה **מהוי** מ̇ה̇[לכה (XXXI) 4Q**530** 7ii6
מה]ו̇י עבורי ולמ̇[(XXXI) 4Q**531** 25,3
ענ]ה̇ אוהיא ואמר **למהו̇י** ◦[(XXXVI) 6Q**8** 1,2
ו]ל̇א̇ ש[יצי ◦ **מהוי**[לא]ש̇תעיה מה די[(XXXVI) 6Q**8** 1,5

מְהוּמָה ← **מְהֻמָה**

tumult, destruction noun **מְהֻמָה**

]ב̇רמה ועל יד **מה̇[ומת(א)** (XXXI) 4Q**531** 1,4
והאך על **מהמא** תקף קר̇י̇א̇ ונגשת שליט (XXIII) 11Q**10** XXXII,6

Moab proper noun **מוֹאָב**

] / עמהון אדום **ומואב** בני עמון[4Q**554** 3iii18
[שנין 80]עגלון מלך **מואב** שנ[ין 18] / [4Q**559** 4,8

Moabite proper noun **מוֹאָבִי**

]יא **ומואביא** ע̇מלק[יא 4Q**556** 3,4

balances, Libra noun **מוֹזְנַיִן**

ב[9]1 וב20 וב21 **מוזניא** ב22 ו̇ב̇[2[3 (XXXVI) 4Q**318** VII,2
בתולתא] / ב17 וב18 **מוזניא** ב19 ב[20 (XXXVI) 4Q**318** VII,7

birth noun **מוֹלַד**

מולדה ורוח נשמוהי / [להוון יחדון (XXXI) 4Q**534** 1i10
מ̇[ו]ל̇[ד]ה די ט̇ב̇[ב]מ̇ה נפל לקדמין (XXXI) 4Q**534** 1ii+2,1
טלופחין] / ו̇[שע]ר̇י̇ן **מ̇[ו]ל̇[ד]ה** א/י]ת̇מנא (XXXI) 4Q**534** 1ii+2,2
] / **מ̇ול̇[ד]ה** [(XXXI) 4Q**534** 1ii+2,6
רש]מ̇ת זמן **מול[דה** (XXXI) 4Q**535** 2,1
[י]ר̇ת̇ה̇ין / שלמין ותנדע עדן **מולדהי̇ן** (XXIII) 11Q**10** XXXII,2

oath, curse noun **מוֹמָה**

ו̇י̇מא לי מלכא **במומה** די לא̇ ◦◦◦[1Q**20** XX,30
]◦ **מ̇ומ̇ת̇[ת** (XIX) 4Q**197** 5,12
חלמיא די כל] / מן ימ[ו **במומ]תהון** (XXXI) 4Q**530** 7ii9

discipline noun **מוּסָר**

4Q**213** 1i9 (XXII) וכען ספר **ומוסר** וחכמה / [אלפו לבניכן
4Q**213** 1i12 (XXII) הוא ספר **ומוס]ר** חכמה ליקר ולרבו
4Q**213** 1-2ii8 (XXII)]ספר **ומוסר** / ח[כ]מה די אל[
4Q**534** 7,1 (XXXI) אנש(א)] / [די]**מו[סר** חוכמה (מ)אלף
11Q**10** XXVII,4 (XXIII) אדניהון **למוסר** וא[מר להון]הן יתובון

period, appointed time noun **מוֹעֵד**

4Q**209** 28,1 (XXXVI) ל]**מעדיהון** לחדשיהון לדגליהון
4Q**546** 7,5 (XXXI)]יאל **מוע[דא**
4Q**548** 3,2 (XXXI)] / ליום **מוע[ד**
11Q**18** 30,4 (XXIII)]°° מן **מועדי** אל[

מוֹפֵת ← מֹפֵת

to mock verb **מוק**

11Q**10** IV,2 (XXIII)] / מנדעי **תמיק[ון**

trough noun **מורכי**

11Q**18** 13,5 (XXIII) רו]בע סתא ונסך לגוא **מורכי[ותא**

Moses proper noun **מֹשֶׁה**

4Q**197** 4ii6 (XIX) ספר]**מושה** וכען[נמלל בעלי]מת[א]דא
4Q**545** 4,15 (XXXI)]כתב בארעא לה **מושה**
4Q**546** 9,3 (XXXI) ו]קר[את]שמה **מ[ושה**
4Q**546** 10,3 (XXXI) א]חוהי **מוש[ה**
4Q**547** 9,3 (XXXI) **ומוש]ה** בנה [מדבח
4Q**553** 8i2]מן **מושה** / [

to die verb **מות**

1Q**20** XXII,33 ואנה כדי **אמות** ערטלי אהך די לא בנין
4Q**156** 1,5 (VI)] / [על שהדותא ו]לא **ימות** [ ]
4Q**157** 1ii6 (VI)] / **ימותון** ולא ב[חכ]מ[ה
4Q**196** 18,12 (XIX) טו]בי **ומית** בשלם ב[ר שנין מאה
4Q**213** 1i2 (XXII) לחיי היא שתא די]**מית** בה / [יוסף אחי
4Q**530** 1i5 (XXXI)]°תא **ונמות** כחדא
4Q**531** 23,3 (XXXI)] / אתקטל **ואמות** °[
4Q**531** 38,1 (XXXI)]**מית**[
4Q**532** 2,8 (XXXI)]סף ואבד **ומית**
4Q**534** 7,3 (XXXI) ודי עליכה תהוא] / חובה **לממ[ת**
4Q**536** 2ii11 (XXXI) (מ)אלף לבנוהי] / ולא **ימות** ביומי רשעא
4Q**536** 2ii12 (XXXI) ודי עליכה תהוא] / חובה **לממת**
4Q**550**c 1i6 צ[ב]א פקדני וכדי [**תמ]ות** אקברנך °[
4Q**559** 4,5] שנין 20 ומן די **מית**[
4Q**573** 5]**ימות** ואיש / [
11Q**10** V,5 (XXIII) דן **ימות** בנפ[ש
11Q**10** VII,1 (XXIII) די **מיתו** ב[לא
11Q**10** XXIV,9 (XXIII) **וימות** [
11Q**10** XXVII,8 (XXIII) מ]דינתהון **בממתין**

death noun **מוֹת**

4Q**196** 8,1 (XIX) **מו]ת** ולמא לא[אקרא לטוביה
4Q**530** 2ii+6-12,1 (XXXI) על **מות** נפשנא [וע]לו כל חברוהי
4Q**534** 1ii+2,19 (XXXI)] גטטא[ו]עד **מות**[הון יסו]פון / [
4Q**538** 3,4 (XXXI) תק]פונא באתר **מות**[
4Q**545** 1ai2 (XXXI) ל]בנ[והי ודי פקד]אנון ביום **מות[ה**]בשנת
4Q**545** 1ai3 (XXXI) הי[א]שנתא די **מותה** בשנת מאה / וחמשין
4Q**548** 1ii-2,4 (XXXI) (לא) יפלטו]ן אנון מן **מותא** ומן א[בדנא

seat, throne noun **מוֹתַב**

4Q**552** 3,12]°°א די כול **מותבה** דינין [

constellation noun **מַזָּל**

1Q**20** VII,2 כול **מזלת** שמיא שמשא שהרא וכוכביא

time (?) noun **מזמן**

4Q**206** 1xxvii20 לי שמהתהון] בהרמיה **למזמני**[הון]

east noun **מִזְרָח**

4Q**209** 23,7 (XXXVI) ואף **מזרח** בדי מא[י]ן זרחין

to strike, wipe out verb **מחה**

1Q**20** 2,2]°° **ומתמחין** מן אחרהון °°°°°[
1Q**20** XXI,28 מדברא והווא **מחין** ובזין מן פורת נהרא
ומחו לרפאיא די בעשתרא / דקרנין
1Q**20** XXI,30 ותבו **ומחו** ל°°°[
1Q**20** XXII,4 ובזין **ומחין** וקטלין ואזלין / למדינת
4Q**213**a 3-4,6 (XXII)]אבוה° ולא **מתמחא** שם חסיה מן כול
4Q**531** 19,4 (XXXI) ב]שר **ונתמחה** מן צורתנא / [
4Q**531** 23,1 (XXXI) **למחה** לזמן יומין[
4Q**531** 44,3 (XXXI)]**מחה** וקוש[ט(א) ← חיה

port noun **מָחוֹז**

4Q**552** 2ii10 ועל] / תקפי ימא ועל **מחוזא** [

appearance noun **מֶחֱזֵה**

1Q**20** XX,5 כלילן וחמיד כול **מחזה** יד[י]הא כמא
4Q**553** 8ii1] / **מחזוהי** וע[ל

retreat noun **מַחְזוֹרִי**

3Q**14** 5,1 (III)]**מחזורית[א**

mirror noun **מחזיה**

11Q**10** XXIX,9 (XXIII) ת]נפח ערפלא / [תקיף **כמח]זיה** עקה

price noun **מְחִיר**

4Q**213** 1-2ii4 (XXII)] / ולא איתי [כ]ל **מחיר** נגדה °[
4Q**214**b 8,1 (XXII)] איתי כול **מ[חיר**

to forego, renounce verb **מחל**

4Q**213** 1i13 (XXII)]אל **תמחלו** חכמתא למאלף
4Q**213** 4,6 (XXII)]**תמחלון** ותהכון בה °°[ ]ש[ ]°
4Q**541** 24ii4 (XXXI) ואל **תמחולהי** ביד שחפא ותליא כ[די]ן[

fortress (?) noun **מחסן**

4Q**536** 2ii10 (XXXI) (מן) תחות] / כסותה בסיף **מחסניך** אתקף

to wash off, smooth verb **מחק**

2Q**26** 1 (XXXVI)]הדיחו לוחא **לממ[חק**
4Q**561** 4-6i5 אברוהי / [**מ]מחקי[ן**] ובי[ן מג]רמין

next day noun **מָחֳרָת**

1Q**20** XXI,10 וסלקת **למחרתי** כן לרמת חצור וחזית
3Q**12** 1,2 (III)] / בת **ולמחרת**[

penetration noun **מַחְתּוֹרִי**

4Q**560** 1i5 פרכ דכר ופכית נקבתא **מחתורי** / [

to reach verb **מטה**

4Q**203** 8,12 (XXXVI)] / עד רפאל **מטה**
4Q**537** 7,2 (XXXI) **תמ**]**ט**נכון ביד פשעי[כון
4Q**537** 8,1 (XXXI)]א **תמטנכון**[

booth noun **מְטַלָּה**

4Q**558** 37ii1]שלם / **ומטלין** [

hiding place noun **מַטְמוֹר**

4Q**213** 1-2ii1 (XXII)] / **מטמוריה** ולא יעלון תרעיה

rain noun **מְטַר**

1Q**24** 5,4 (XXXVI)]**ולמטרא** ולטל[א
4Q**201** 1ii4 (XXXVI) ארעא / [תתמלא מין ו]ענגה **מטרה** שפכין
4Q**203** 11ii2 (XXXVI)] / וטלא **ומט**[רא
4Q**204** 1xiii26 לרוח דרומא לטל **ומט**[ר
4Q**211** 1i2 טל]**ומטר** מחתין [ע]ל ארעא וזרע / [
11Q**10** XXVIII,5 (XXIII) ארו / עננ[מין ימנא] וזיקי **מטר** יהכן
11Q**10** XXXI,3 (XXIII) מן שויא / **למטרא** זמן וארח לעננין קלילין
11Q**10** XXXI,5 (XXIII) האיתי **למטרא** אב או מן / ילד [ע]נני טלא

Matarel proper noun **מטראל**

4Q**201** 1iii9 (XXXVI) חדעסר]א לה **מטראל** תריעס[ר לה]
4Q**204** 1ii27 [חד] עשר לה **מטר**[**אל** תרי עשר לה

watch, protection noun **מַטְּרָה**

4Q**543** 4,3 (XXXI)] / **מטרת**[

Michael proper noun **מִיכָאֵל**

4Q**201** 1iv6 (XXXVI) אדין] אדיק **מיכאל** [ושריאל ו]רפאל
4Q**202** 1iii7 [אדין אדיק]**מיכאל** ושריא[ל ורפאל
4Q**202** 1iii13 [ועללין ר]פאל **ומיכ**[**אל** עיריא וקדישיא
4Q**529** 1,1 (XXXI) מלי כתבא די אמר **מיכאל** למלאכיא ע[ל

water noun **מַיִן**

1Q**20** XIII,11 ארעא ושרין **מיא** וסף / מיא וסף
1Q**20** XIII,12 ארעא ושרין מיא וסף / **מיא** וסף
1Q**20** XVI,11 [ו]עבר תחומא דן **מי** ימא רבא עד די
1Q**20** XVI,15 ע]ל[מים] / [ ]◦◦◦ נ[פ]ק **מי** טינה נהרא
1Q**20** XVII,7 ל[עי]ל[ם] בצפונא ליד **מי** חדקל נהרא
1Q**23** 24,3 (XXXVI)] / **מין**[
1Q**24** 4,1 (XXXVI)]**מיא** ה◦[
1Q**32** 19,1 (I)]◦◦◦ **מין**[
2Q**26** 2 (XXXVI)]וסלקו **מיא** עלא מן [לו]חא[
2Q**26** 3 (XXXVI)]◦◦ ונטלו לוחא מן **מיא** לוחא די[
4Q**196** 27,1 (XIX)]ג **מייא**[
4Q**206** 4i18 ו]אנה הוית חזה עד ארעא חפית **מין**
4Q**206** 4i20 פרחה עלא מן **מיא** וכל תוריא / [ועררדיא
4Q**206** 4i21 וגמליא] ופיליא ירו **מי**[ן]⟦ ⟧
4Q**206** 4ii19 ביבלא רבא] / [די י]שקע **מין** ב[אדי]ן [
4Q**206** 4iii13]**מיא**[וסלקו עד כסי דביא]
4Q**206** 4iii15 אבדו] / [שקעין וטבעין ו]**מיא** חפו עליהון
4Q**206** 4iii18] להון ויהב לה[ון] **מיא** [למש]ת[א] / [
4Q**210** 1ii3 להין למבד כל ארעא] / **ומיא** וכל מה
4Q**530** 2ii+6-12,10 (XXXI) אתכסי עפ]רא בכל **מיא** ונורא דלק בכל
4Q**534** 1ii+2,14 (XXXI) כול אלן יהכו[ן] / **מין** יסופון[
4Q**537** 14,2 (XXXI) בי]תאל ◦[ ]◦◦[א]תה באר זית על **מי** / [
4Q**546** 7,1 (XXXI)] ? **מי** די[נא
4Q**558** 16,1] **מיא**[
11Q**10** XI,11 (XXIII)]**כמין** באיש[

11Q**10** XXIX,1 (XXIII) על אנפי **מין**
11Q**10** XXXI,7 (XXIII) כא[בן] **מין** התקרמו מנה ואנפי ◦◦ל[
11Q**18** 10i1 (XXIII)]◦ **מין** חיין / [
11Q**18** 10i3 (XXIII)]ן **מיא** מן / [

מַיִן ← אֲבַל מַיִן

plain, valley noun **מֵישַׁר**

1Q**20** XVII,13 כול בקעאתא **ומישריא** די ביניהון ואיא

מַכְאוֹב ← מַכְאָב

wound noun **מַכְאָב, מַכְאוֹב**

4Q**541** 2ii3 (XXXI) אל ?] / תסב **מכאב**[י]ך[
4Q**541** 6,1 (XXXI)] **ומכאבין** עלמ[
4Q**541** 6,3 (XXXI)] נגדי **מכאוביכה** ד[י

suitable (?) adjective **מכון**

4Q**202** 1ii27 למ]עבדת [ ]**מכונא** ועל {ו}כספא למעבדת

measure noun **מְכִילָה**

11Q**10** XIII,7 (XXIII)] / **במכילה**

to lower verb **מכך**

11Q**10** II,6 (XXIII) רוח **המכת** לאנתתי[

wound, plague noun **מַכְתַּשׁ**

1Q**20** XX,16 לה אל עליון רוח **מכדש** למכתשה ולכול
1Q**20** XX,18 תקפו וגברו עלוהי **מכתשיא** ונגדיא ועל
1Q**20** XX,19 יכולון לאסיותה מן **מכתשה** דן ולאנש
1Q**20** XX,24 אמר למלכא כול **מכתשיא** ונגדיא / אלן
1Q**20** XX,26 בעלה / ויתוך מנכה **מכתשא** דן ורוח
1Q**20** XX,29 ואתפלי מנה **מכתשא** ואתגערת [מנה רוחא]
4Q**196** 18,4 (XIX) ע]ל [כ]ל **מכתשיכי** ד[י
11Q**10** XXIX,3 (XXIII) הן **למכתש** / הן לארעא הן לכפן

to fill verb **מלא**

4Q**201** 1iv8 (XXXVI) וכל [ארעא] / **אתמלית** ר[שעה ו]חמסה
4Q**204** 1v6 [ילדותכון ו]שיבתכון בשלם **ית**[**מליון**
4Q**243** 25,3 (XXII)]**ותתמלא** א[רעא
4Q**558** 37ii4] / **ומלאו** כן לארעא[
4Q**561** 4-6ii2 א]ל [י]**תמלי** ית[
4Q**562** 1,2] לא **ימלון** ידיהן לכהנה ע[
11Q**10** VIIA,5 (XXIII) ופמ[י **אמלא** הוכחה
11Q**10** XXIII,2 (XXIII) אשה ישנקנה **ויתמלין** [גרמוהי מוח

full adjective **מְלֵא**

1Q**20** XI,12 וארעא כולהא **מליא** דתא ועש[ב] ועבור
4Q**204** 1xii28 ו]כול אילניא ד[בה מ]ל[י]ן [
4Q**206** 1xxvi14 דב]ה **מ**[**לאין** דמע והוא דמה לקלפי] / [
4Q**553** 13,1 א]תר **מלא** / [
4Q**558** 9,2]ני **מלא** [

angel noun **מַלְאַךְ**

1Q**20** XV,14]ן בהון שור ארבעא **מלאכין** ◦◦◦◦[
4Q**157** 1ii3 (VI)] / **ובמלאכו**[הי
4Q**196** 13,2 (XIX) עולימא **למל**[**אכא**]⟦ עזריה] אחי אמ[ר
4Q**196** 17i5 (XIX) אתחזי להון **מל**[**אך** ◦◦◦[◦] / [
4Q**197** 4i5 (XIX) **ומלא**]**כא** עמה ו[ה]ך [כלבא
4Q**213**a 2,18 (XXII)] / לי תרעי שמיא **ומלאך** חדר

4Q**529** 1,1	(XXXI)	מלי כתבא די אמר מיכאל למׄלאכיא עׄ[ל
4Q**529** 1,4	(XXXI)	תמה חזית לגבריאל מלאכׄא[
4Q**531** 36,2	(XXXI)	מ]לׄאכׄ[
4Q**531** 47,1	(XXXI)	ספרין פ]תׄיחין במׄ[לאך ?
4Q**543** 2a-b,4	(XXXI)	בחיר] אל תהוה ומלאך אל תתקרה [
4Q**545** 1ai9	(XXXI)	לׄי בׄרי למלאכיה אחיׄכׄוׄן מן בית / [
4Q**545** 1ai17	(XXXI)	בחיר אל תהוה ומ]לאך אל / [תתקרה
4Q**552** 1,5		] מלאכיא די הוו / [
4Q**553** 2ii1		] / מלאכיא קד[ישיא
4Q**553** 2ii2		] / לי מלאכא ◦◦[
4Q**557** 2		] גבריאל מל[אכא
4Q**558** 1,2		]ת מלאכיא א[
4Q**558** 2,1		] מלאכא ◦[
11Q**10** XXX,5	(XXIII)	צפר ויזעק[ו]ן כחדה כל מלאכי אלהא

word noun מִלָּה

1Q**20** V,29		] / [פרשגן] כתב מלי נוׄח [
1Q**20** VII,7		קׄדׄישא רבא וחדית למלי מרה שמיא
1Q**20** XIX,21		ובכת שרי עׄל מׄלי בליליא דן / [
1Q**20** XIX,24		] די פרע[ו] צע[ן] על מל[י] ועל אנתתי
1Q**20** XIX,25		וקרית קודמיהון ל[כתב] מלי חנוך / [
1Q**20** XIX,26		ולא ◦◦◦◦ין למקם עד די ◦◦◦ מלי / [
1Q**20** XX,8		וכדי שמע מלכא מלי חרקנוש ומלי
		מלכא מלי חרקנוש ומלי תרין חברוהי
1Q**20** XX,24		וׄכׄדי שמע חרקנוש מלי לוט אזל אמר
4Q**197** 4ii19	(XIX)	וכדי ש]מע טוביה מלי רפא[ל די היא
4Q**201** 1i3	(XXXVI)	ושמיה] / [אתחזית לי] ומן מׄלׄי [עירין]
4Q**204** 1vi8		ושרית למללה] / בׄמׄלי קושטא וחזיה
4Q**204** 1vi9		ספר מלי קושט[א ואוכחות עיריא
4Q**204** 1vi12		אנשא למבינות] / [מל]ׄי מנדע לׄיׄא חלק
4Q**212** 1v16		בני אנוש] / [ד]י יכל ישמע מׄלׄי קדשׄא[
4Q**213** 1i19	(XXII)	די יקר לה מותבי]ׄן למשמע מלי חכׄמׄתׄה
4Q**242** 1-3,1	(XXII)	] / מלי צ[ל]תא די צלי נׄבׄני מלך [בב]ל
4Q**529** 1,1	(XXXI)	] / מלי כתבא די אמר מיכאל למׄלאכיא
4Q**530** 7ii8	(XXXI)	לתרין חלמיא ונשמע] / לׄמׄליך וכל נפילי
4Q**531** 40,2	(XXXI)	מ]לתה[
4Q**536** 2ii12	(XXXI)	מן יכתוב מלי אלה בכתב די לא יבלא
4Q**541** 2i5	(XXXI)	מ]לין ׄ[מל]ׄל וכרעות / [
4Q**541** 9i5	(XXXI)	וערפלא מן יבישתא שגיאן מלין עלוהי
4Q**543** 1a-c,1	(XXXI)	פרשגן כתב מלי חזות עׄמרם ברׄ[קהת
4Q**545** 8,2	(XXXI)	] / [תתק]רׄא במלי יק[ר
4Q**546** 20,1	(XXXI)	]מׄלׄה מׄ[
4Q**550**c 1iii2		]כׄול אנש די ימר מלה[באי]שא על
4Q**557** 4		]למכלא מלׄי פמנא מ[ן
11Q**10** I,5	(XXIII)	עד אמת]ׄי תשוא סוף למלאׄ[
11Q**10** X,5	(XXIII)	שבילו]הי מא עטר מלא נש[מע] / [
11Q**10** XX,9	(XXIII)	] / מליׄ[ן
11Q**10** XXI,1	(XXIII)	] / מלי אף אנה
11Q**10** XXI,4	(XXIII)	] / למלוהי
11Q**10** XXI,6	(XXIII)	] / מלין וכמא לא יתיבנה[
11Q**10** XXI,9	(XXIII)	[וא]חוה מלי אף א[נה
11Q**10** XXIII,10	(XXIII)	[הן א]ׄתׄי מ[לין
11Q**10** XXIV,10	(XXIII)	מ]לׄי
11Q**10** XXV,10	(XXIII)	מ]ליׄן וׄגׄבׄ[ר

if only interjection מָלוּא

11Q**10** VIIA,3	(XXIII)	מלוא אנדע ואשכׄ[חנה] / [ואתא עד
11Q**10** VIIA,7	(XXIII)	ינ]עׄול עמי מלוא עדׄ[

to salt verb מלח

4Q**196** 13,1	(XIX)	לאורחא שוה מׄל[יחה שאר]ית{{י}}א
4Q**214** 2,3	(XXII)	דמא ושרי לאסקה אבריא / [מליח]ׄין
4Q**214**b 2-6,9	(XXII)	ושרי לאסקה א]ב[ריא] מׄ[ל]ׄיׄחׄן רׄא[שא
11Q**10** XXXII,5	(XXIII)	ביתה ומדרה בארע מליחה
11Q**18** 13,2	(XXIII)	ר]חׄע רגלוהי וקרבוהי ומלח כולה[

salt noun מְלַח

1Q**20** X,17		בׄכׄלהוׄן מׄלׄחא הׄוית יהב ורח מקטורתי
1Q**20** XVI,17		◦◦◦◦ם ◦◦◦◦◦◦◦◦◦◦◦◦◦◦ / [ל]ׄים מלחא רבא
1Q**20** XXI,16		לׄיׄ[ד]ׄמא רבא דן דׄי מלחא ואזלת

to reign verb מלך-1

1Q**21** 7i2	(I)	]תׄמלך עם די / [
4Q**196** 2,4	(XIX)	לטורי אררט ומלך {ומ[לך} אסרחדו]ׄן / [
	(XIX)	אררט ומלך {ומ[לך} אסרחדו]ׄן / [
4Q**243** 21,1	(XXII)	י]מׄלׄך שניׄן ◦[
4Q**246** 1ii2	(XXII)	שני[ן] ימלכון על / ארעא וכלא ידשון
4Q**550** 7		[למלכין די י]מלכון בתרי ולעבדי שלטנא

to counsel verb מלך-2

4Q**541** 3,3	(XXXI)	]אׄ ומתבונן בעמיק[י]ן וממׄלׄכׄ[

king noun מֶלֶךְ

1Q**20** II,4		בעליא במרה רבותא במלך כול עׄ[למים
1Q**20** II,7		] / בׄמלך כול עׄלמׄיׄם עד בקושט עמי
1Q**20** II,14		לך בקדישא רבא במלך שמ[י]א ◦◦◦[
1Q**20** X,10		כׄולכון למרכון ◦◦◦◦ / לׄמׄלׄך כׄול עלמׄיׄא
1Q**20** XX,8		וכדי שמע מלכא מלי חרקנוש ומלי תרין
1Q**20** XX,10		למקטלני ואמרת שרי / למלכא דאחי הוא
1Q**20** XX,13		ובכול מלכי ארעא אנתה שליט למעבד
1Q**20** XX,14		קבלתך מרי על פרעו צען מלך מצרין
1Q**20** XX,15		מרי די אנתה מרה לכול מלכי / ארעא
1Q**20** XX,22		אתה ואצלה על / מלכׄא וׄאסמׄוך ידׄי עלוהי
1Q**20** XX,23		יׄכׄוׄל אברם דדי לצליׄא על / מלכא ושרי
		וכען אזל אמר למלכא וישלח אנתתה מנה
1Q**20** XX,24		מלי לוט אזל אמר למלכא כול מכתשיא
1Q**20** XX,25		אלן די מתכתש ומתנגד מרׄי מלכא בדיל
1Q**20** XX,26		וקרא [מ]ל[כ]א לׄי וׄאמר לי
1Q**20** XX,30		וׄקׄם וׄיׄהב / לׄיׄ מלכא ב[יומא] דׄנׄא מנתנ[ן]
		דׄנׄא מנתנ[ן] שגיאׄן וׄיׄמׄא לי מלכא במומה
1Q**20** XX,31		ויהב לה מלכׄא [כסף וד]הב שגיׄא ולבוש
1Q**20** XXI,23		אתה כדרלעומר מלך עילם אמרפל מלך בבל
		כדרלעומר מלך עילם אמרפל מלך בבל
		אריוך מלך כפתוך תדׄעל מלך גוים
		אריוך מלך כפתוך תדׄעל מלך גוים
1Q**20** XXI,24		ועבדו קרב עם ברע מלך סודם ועם ברשע
		ברע מלך סודם ועם ברשע מלך עומרם
		מלך עומרם ועם שנאב מלך אדמא / ועם
1Q**20** XXI,25		שנב מלך אדמא / ועם שמיאבד מלך צבוין
		ועם שמיאבד מלך צבוין ועם מלך בלע
		וׄתקף מלך / עׄילם ומלכיא די עמה
1Q**20** XXI,26		וׄתקף מלך / עׄילם ומלכיא די עמה
		ומלכיא די עמה למלך סודם ולכול
1Q**20** XXI,27		עשרה שנין הׄוׄאׄ / יהבין מדתהון למלך עילם
		ובשנת ארבע עשרה דבר מלך עילם
1Q**20** XXI,31		וׄנפק מלך סודם לעורעהׄוׄן ומלׄך [עומרם
		וׄנפק מלך סודם לעורעהׄוׄן ומלׄך [עומרם
		ומ]לך אדמא ומלך צׄבׄוׄאׄין ומלך בלׄע
		ומ]לך אדמא ומלך צׄבׄוׄאׄין ומלך בלׄע

Reference	Ms.	Text
1Q**20** XXI,31		**ומ]לך** אדמא ומלך צבואין **ומלך** בלע
1Q**20** XXI,32		ואתבר **מלך** סודום וערק ומלך
		מלך סודום וערק **ומלך** עומרים / נפל
1Q**20** XXI,33		]◦◦◦ ובז **מלך** עילם כול נכסיא די סודם
1Q**20** XXII,4		ולא קטיל ודי / נגדו **מלכיא** ארחא חלתא
1Q**20** XXII,12		ושמע **מלך** סודם די אתיב אברם כול
1Q**20** XXII,14		בעמק / שוא והוא עמק **מלכא** בקעת בית
		ומלכיצדק **מלכא** דשלם אנפק / מאכל
1Q**20** XXII,17		לה מעשר מן כול נכסיא די **מלך** עילם
1Q**20** XXII,18		באדין קרב **מלכא** די סודם ואמר לאברם
1Q**20** XXII,19		די אצלתה מן **מלך** עילם ונכסיא / כולהון
1Q**20** XXII,20		אברם **למלך** סודם מרים אנה / ידי יומא
1Q**20** XXII,25		וכול / שביתא ויהב **למלך** סודם
4Q**196** 2,1	(XIX)	[חד מ]ן בני נינוה והחוי **למלכ[א** עלי ד]י
4Q**196** 2,6	(XIX)	ולה הוה ש]לטן על[כ]ל המרכלות **מלכא**
4Q**196** 2,8	(XIX)	אסרחריב **מלך** אתור ואשלטה אסרחדון
4Q**196** 2,9	(XIX)	וביומי אסרחדון **[מל]כא** כדי תבת / לביתי
4Q**196** 17ii6	(XIX)	] / [מרומם אנה ונ]פשי **למ[לך** שמיא
4Q**196** 18,5	(XIX)	ברכי ל◦◦◦◦] **למלכא** רבא
4Q**201** 1iv21	(XXXVI)	לה שלטנה יהבת **למ]לך** לכל ח[ברוהי]
4Q**213** 1i12	(XXII)	ליקר ולרבו **ולמלכין** / [
4Q**213** 1-2ii15	(XXII)	]אף כהנין **ומלכין** / ת[
4Q**242** 1-3,1	(XXII)	מלי צ[ל]תא די צלי נבני **מלך** [בב]ל
	(XXII)	נבני מלך [בב]ל **מלכ[א** רבא כדי כתיש
4Q**243** 3,2	(XXII)	**]מלכא** [
4Q**243** 4,1	(XXII)	**מ]ל[כ]א** יתרמה ל[
4Q**243** 14,2	(XXII)	]◦ מאה **מלכ[ין**
4Q**243** 18ii2	(XXII)	**ומלכי**[
4Q**243** 18ii3	(XXII)	] / **ומל[כי**
4Q**243** 20,1	(XXII)	]ס בר **מלכ**[
4Q**243** 24,4	(XXII)	]שין **ומלכי** עממיא[
4Q**244** 1-3,1	(XXII)	קודם רברבני **מלכא** ואשריא ע◦[
	(XXII)	]די **מל[כא**
4Q**244** 1-3,4	(XXII)	**]מלכא** מס◦[
4Q**246** 1i2	(XXII)	**מ]לכא** {{ל}}‹‹מ››עלמא אתה רגז
4Q**246** 1i6	(XXII)	**]מלך** אתור[ומ]צרין / [
4Q**318** VIII,7	(XXXVI)	למדינתא וחרב [בד]רת **מלכא** ובמדינתא ב[
4Q**543** 16,5	(XXXI)	**]מלכא**[ ]◦ל[ ]
4Q**550** 3		]◦[ל]מעבד / עבידת **מלכא** ככול די קב[לת
4Q**550** 4		בשתא / ארכת רוחה די **מלכא** א◦[
4Q**550** 6		[ ]◦◦[דר]יוש **מלכא** לעבדי שלטנא די
		השתכח כתיב בה דריוש **מלכא** / [למלכין
4Q**550**a 1		אנש להן יד[ע] **מלכא** הן איתי [
4Q**550**a 3		] / **מלכא** איתי לפתריזא בר י◦[
4Q**550**a 5		] / אושי **מלכא** די תמ[ר] ותתיהב [
4Q**550**b 2		] א[ו]שי **מלכא** די תמר לשרהתא א[
4Q**550**b 3		די קם על עבידת[ה מן]קדם **מלכא** ◦[
4Q**550**c 1ii6		]◦ על בש[ל]ם בגסרו לדרת **מלכא** ◦[
4Q**550**c 1ii7		אדין על[ב]גסרו לד[ר]ת **מלכא** ש◦[
4Q**550**c 1iii3		ואמר **מלכא** יכת[ב
4Q**550**c 1iii4		]ואנון בדרת בית **מלכ[א**]רבתא[
4Q**550**d 1,1		]קדם **מלכא** אמ[ר
4Q**552** 1,8		ואמר לי **מלכא** בדיל כדן / [
4Q**553** 5,1		] / **מלכא** בד[יל
4Q**556** 14,3		] **מלך** מצרים / [
4Q**556** 14,12		] סיני **ומלכא** דך / [
4Q**559** 4,6		]כוש רשעתים **מלך** [ארם נהרין
4Q**559** 4,8		] / [שנין 80]עגלון **מלך** מואב שנ[ין
4Q**570** 1bii4		] / **מלך** מן ◦[
4Q**570** 5,5		] להוא **מלך**[
4Q**570** 12,3		**]מלך** יתמ[
4Q**570** 22,3		]ל **מלך**[
4Q**572** 1		]ה **מלכא** מן כור[סא
4Q**572** 2		**מ]לכא** ואמר לה [
11Q**10** XXVII,1	(XXIII)	] / **למלכין** יתבי ע[ל כרסיהון וכל ר]חימוהי
11Q**10** XXXVII,2	(XXIII)	] / והוא **מלך** על כל רחש

counsel noun מְלַךְ

Reference	Ms.	Text
4Q**201** 1iii2	(XXXVI)	בה די לא] / נתוב כלנה מן **מלכה** ד[ן עד
4Q**202** 1ii7		בה די לא נתוב כולנא מן **מ]לכא** ד[ן עד די]
4Q**531** 14,2	(XXXI)	]והי לא בהיל על כול **מלך** ואל[
4Q**531** 26,1	(XXXI)	]מלל עליך **מלך** ו[
4Q**534** 1i7	(XXXI)	יזקונה עמה להוון **מלכה** וערמומ[תה]

kingdom noun מַלְכוּ

Reference	Ms.	Text
1Q**21** 1,2	(I)	]ביך **מלכות** כהנותא רבא מן מלכות[
	(I)	]ביך מלכות כהנותא רבא מן **מלכות**[
4Q**203** 9,6	(XXXVI)	**]מלכות** רבותכה לש[
4Q**212** 1iv18		ויתבנא היכל **[מ]ל[כ]ות** רבא ברבות
4Q**213** 1-2ii16	(XXII)	]◦[ ]ן **מלכותכן** / תהוי[
4Q**243** 16,3	(XXII)	]חסינין **ומלכות** עממ[יא
4Q**243** 16,4	(XXII)	]היא **מלכותא** קד[ישתא
4Q**243** 17i2	(XXII)	] **מלכותא** / [
4Q**246** 1ii2	(XXII)	כזיקיא / די חזותא כן **מלכותהן** תהוה
4Q**246** 1ii5	(XXII)	**מלכותה** מלכות עלם וכל ארחתה
	(XXII)	מלכותה **מלכות** עלם וכל ארחתה בקשוט
4Q**550** 2		] / [ ]ן ובעבדי לבוש **מלכותא** ב[ ]ל[
4Q**550**c 1i3		]יך גבר / יהודי מן רברבני **מ[לכותא**
4Q**553** 6i4		]◦א ואמר לי **במלכות** / [
4Q**554** 3iii15		] / באתרה **ומלכות** מ[
4Q**554** 3iii21		] / בכל עמ◦[**]מלכות**[
4Q**556** 14,9		**]מלכותה** ואף / [
4Q**558** 20,3		] / **מלכותה** חס[ינה
4Q**558** 22,3		שלי]טין **במלכות**[
4Q**558** 33,4		] יתותר **במלכות** עוזיה[

Melchizedek proper noun מַלְכִּי צֶדֶק

Reference	Ms.	Text
1Q**20** XXII,14		**ומלכיצדק** מלכא דשלם אנפק / מאכל

Malkiresha proper noun מַלְכִּי רֶשַׁע

Reference	Ms.	Text
4Q**544** 2,13	(XXXI)	שמהתה בליעל ושר חשוכה **]ומלכי רשע**

to speak verb מלל

Reference	Ms.	Text
1Q**20** II,7		עד בקושט עמי **תמללין** ולא בכדבין [
1Q**20** II,8		אנתתי בחלץ תקיף עמי **מללת** וב◦◦◦[
1Q**20** II,13		אדין אנסת רוחהא ועמי **תמלל** ולי תאמר
1Q**20** II,18		ארי אנה] / בקושט **ממללא** עמך
1Q**20** V,25		ועם למך ברה ברז **מלל** [
1Q**20** VI,14		] ◦◦◦◦ ובחזיון עמי **מלל** ולקובלי קם
1Q**20** VII,10		**]מללת**[
1Q**20** XI,15		] לי ◦◦◦◦◦◦ שמיא **מלל** עמי ולי אמר אל
1Q**20** XX,8		חברוהי די פם חד תלתהון **ממללין** שגי
4Q**196** 17ii7	(XIX)	**ימללון** בתהלי[ן
4Q**196** 17ii16	(XIX)	כ[ל שנאי]כי וכל[**ממ]ל[לין** ע]ליכי
4Q**196** 18,10	(XIX)	**י]מ[ל]לו** להל[לויה
4Q**197** 4ii3	(XIX)	שמע לי] / [אחי **]תמלל** בעל[מ]תא
4Q**198** 1,3	(XIX)	] / אלהא די **מל[ל** בנינוה
4Q**198** 1,4	(XIX)	] / נינ[וה די **מ]ל[לו** נביאי ישראל
4Q**198** 1,12	(XIX)	**]מללו** [נב]יא[י ישראל
4Q**201** 1i4	(XXXVI)	דרה להן לד[ר ר]חיק אנה **אמ[לל**

4Q**202** 1ii4 — שמיא ואתחמדו עליהן] / **ואתמ[ללו** חד
4Q**204** 1vi7 — **ומללת** קודמיהון כול [חזיון די חזית
4Q**204** 1vi11 — רבא לבני [אנשא] **למל[לה** בהון ולאתבוננה
4Q**243** 19,4 (XXII) —]**ימללון** [
4Q**243** 22,3 (XXII) —]**מלל**[
4Q**531** 26,1 (XXXI) —]**מלל** עליך מלך ו[
4Q**533** 4,2 (XXXI) — דם]הוה משתפך וכדבין הוו **מ[מללין**
4Q**538** 4,2 (XXXI) —]**למללה** מן ◦[
4Q**541** 2i5 (XXXI) — מ]לין **י[מל]ל** וכרעות / [
4Q**541** 2i7 (XXXI) — **ומ]ללת** עלוהי באוחידואן / [
4Q**541** 4i4 (XXXI) — **מ]לל** אוחידואן / [
4Q**541** 9i6 (XXXI) — וכול גנואין עלוהי **ימללון** דרה באיש
4Q**543** 37,2 (XXXI) — **מ]מללא**[
4Q**552** 4,11 —]הם **מללתא**
4Q**556** 2,2 —]◦ **מלל**[
4Q**562** 7,1 — מלת]א די **מלל** נביאה ◦◦◦[ ]ן[
4Q**581** 2,2 —]בדיל כדן **מלל**[
11Q**10** VIIA,4 (XXIII) — **אמלל** קדמ[והי] / [
11Q**10** X,10 (XXIII) — הן **ימל[לן**
11Q**10** XIV,3 (XXIII) — [ו]רברבין חשו **מללא** וכף ישון[
11Q**10** XXI,8 (XXIII) — [ו]קמו ולא **ימללון** עוד[
11Q**10** XXII,7 (XXIII) —] / רבברן **תמלל** ארו בכל פ[תגמוהי
11Q**10** XXII,8 (XXIII) — [א]רו בחדא **ימלל** אלה[א
11Q**10** XXIII,9 (XXIII) — **אמ]לל**
11Q**10** XXXV,5 (XXIII) — **הימלל** / עמך בניח או ימלל עמך
11Q**10** XXXV,6 (XXIII) — הימלל / עמך בניח או **ימלל** עמך בהתחננה
11Q**10** XXXVII,5 (XXIII) — חדה **מללת** ולא אתיב ותרתין ועליהן
11Q**10** XXXVII,6 (XXIII) — שמע נא ואנה **אמלל** אשאלנך / והתיבני

money noun **מָמוֹן**

11Q**10** XI,8 (XXIII) — **מ]מ[ונ]ה** קשיטה יפלג

ממח ← מצמח

מֵמָר ← מֵאמָר

Mamre proper noun **מַמְרֵה**

1Q**20** XXI,19 — באלוני **ממרה** די בחברון / כלמדנח
1Q**20** XXI,21 — קרית **לממרה** ולערנם ולאשכול תלתת
1Q**20** XXII,7 — וערנם / ואשכול **וממרה** נגדו עמה

from preposition **מִן**

1Q**20** 2,2 —]◦◦ ומתמהין **מן** אחרהון ◦◦◦◦◦[
1Q**20** I,11 — **]מן** קצת / [
1Q**20** II,1 — חשבת בלבי די **מן** עירין הריאתא ומן
בלבי די מן עירין הריאתא **ומן** קדישין
1Q**20** II,15 —] / די **מנך** זרעא דן ומנך
די מנך זרעא דן **ומנך** הריונ א דן ומנך
ומנך הריונ א דן **ומנך** נצבת פריא[דן
1Q**20** II,16 —] / ולא **מן** כול זר ולא מן כול עירין
ולא מן כול זר ולא **מן** כול עירין
ולא מן כול עירין ולא **מן** כול בני שמ[ין
1Q**20** II,20 — חנוך] / אבוהי וכולא **מנה** ביצבא ינדע בדי
1Q**20** II,22 — אבוהי למנדע **מנה** כולא בקושטא ◦◦◦[
1Q**20** V,3 — ולא **]מן** בני / שמין להן מן למך ברך
1Q**20** V,4 — ולא]מן בני / שמין להן **מן** למך ברך [
1Q**20** V,27 —] / חזי די **מני** אנפיק מ◦◦ [
1Q**20** VI,1 —] / **מן** עול ובכור הורתי יעית
לקושט וכדי נפקת **מן** מעי אמי לקושט
1Q**20** VI,3 — קושט ולאזהרותני **מן** ◦◦ב שקר די אזלן
1Q**20** VI,7 — לי לאנתה נסבת והרת **מני** וילדת לי
1Q**20** VI,8 —]באדין לבני נשין נסבת **מן** בנת אחי
1Q**20** X,1 — כולא די בני **מן** ◦◦◦ל ושלם ◦◦◦◦◦◦◦◦◦◦◦◦◦◦◦◦◦◦
1Q**20** X,11 — ונסב **מן** ◦◦◦◦◦◦◦◦◦◦◦◦◦◦◦◦◦◦◦◦◦◦◦◦◦◦◦◦◦◦◦ / משכח
1Q**20** X,12 — נחת חד **מן** טורי הוררט ונור עלמא / [
1Q**20** XI,13 — ארעא ודי אעדי ואבד **מנהא** / כול עבדי
1Q**20** XII,8 — בטורי הוררט **ומן** בתר כן נחתת לשפולי
1Q**20** XII,9 — ב]נן **מן** בתר מבולא
1Q**20** XII,17 — רבא די פלטנא **מן** אבדנא / [
1Q**20** XIII,9 — וחספיא הווא קצין ונסבין להון **מנה**
1Q**20** XIII,10 — כולהון קצין ונסבין להון **מנה**
1Q**20** XIII,11 —]לכוכביא קצין ונסבין להון **מנה**
1Q**20** XIII,17 — ◦◦◦◦◦◦ מערב וחבטתה ואתרת **מן** עלוהי
ואתרת מן עלוהי **ומן** אנבה ובדרתה לרוחיא
1Q**20** XIII,18 —] **ומן** אנ◦◦א ◦◦◦[
1Q**20** XIV,10 — די נפקא **מנה** וראמא עד רמה תלתת
1Q**20** XIV,11 — ארזא ◦ל◦ ◦◦◦◦◦◦◦◦◦◦ ואעא **מנה** ◦◦[
1Q**20** XIV,12 — כול יומוהי לא יפרש **מנך** ובזרעה יתקרה
1Q**20** XIV,16 —] / ⟦ ⟧ ◦אל◦ **מן** קצת נופהן עלל בגו נוף
1Q**20** XIV,17 —] ◦◦◦◦ **מן** [א]רעא ◦◦◦ לשמאל ◦◦◦ ודי
ודי חזית **מן** קצת נופהן עלל בגו נוף
1Q**20** XV,10 — ודי חזיתה / לגברא אתה **מן** ימין ארעא
1Q**20** XV,11 — ◦◦◦◦◦◦◦◦◦◦◦◦◦בותא הוא די יתה **מן** ימין ארעא
1Q**20** XV,15 —]ה להון שור **מן** כול ◦◦◦א ארעא
1Q**20** XV,21 — [ואתעירת אנה] נוח **מן** שנתי ושמשא ◦◦◦◦
1Q**20** XVI,9 — [ ]לשנה די **מן** ביניהן ראיש בעין עד טינה
1Q**20** XVI,17 — ואזל תחומא דן כעין **מן** לשנא דן ד[
1Q**20** XIX,11 — לכרמונא נהרא חד **מן** / ראשי נהרא ◦◦◦[
1Q**20** XIX,16 — תקוצו ל[א]רזא ארי תרינא **מן** שרש ◦◦◦
1Q**20** XIX,17 — ואתעירת בליליא **מן** שנתי ואמרת לשרי
1Q**20** XIX,21 — יבעון] לאע[ד]יותכי **מני** ולמקטלני
1Q**20** XIX,24 — אתו] תלתת גברין **מן** רברבי מצרי[ן
1Q**20** XX,6 — וכלאן די יעלן לגנון לא ישפרן **מנהא**
1Q**20** XX,7 — ועליא שפרהא לעלא **מן** כולהן
1Q**20** XX,11 — עמי בליליא כדי דבירת **מני** שרי באונס
1Q**20** XX,14 — מלך מצרין די דברת אנתתי **מני** בתוקף
עבד לי דין **מנה** ואחזי ידך רבתא
1Q**20** XX,15 — בליליא דן לטמיא אנתתי **מני** ויגדעוך מרי
1Q**20** XX,19 — יכולון לאסיותה **מן** מכתשה דן ולאנש
1Q**20** XX,21 — חרקנוש ובעא **מני** די אתה ואצלה על
1Q**20** XX,23 — למלכא וישלח אנתתה **מנה** לבעלהא ויצלה
1Q**20** XX,26 — לאברם בעלה / ויתוך **מנכה** מכתשא דן
1Q**20** XX,27 — דברה אזל ועדי לך **מן** / כול מדינת מצרין
1Q**20** XX,28 — עלי ועל ביתי ותתגער **מננה** רוחא דא
1Q**20** XX,29 — ואתפלי **מנה** מכתשא ואתגערת [מנה
1Q**20** XX,32 — עמי אנוש די ינפקוננ[י ול◦◦◦ **מן** מצרין
1Q**20** XX,33 — וסלקת **מן** [מצרי]ן [ולוט] / בר אחי עמי
1Q**20** XX,34 — ונסב לה אנתה **מן** בנת [מצרין] והוית
1Q**20** XXI,5 — דן פרש לוט **מן** לואתי מן עובד רעותנא
יומא דן פרש לוט מן לואתי **מן** עובד
1Q**20** XXI,7 — עלי די פרש לוט בר אחי **מן** לואתי
1Q**20** XXI,10 — וחזית ארעא **מן** / רמתא דא מן נהר מצרין
1Q**20** XXI,11 — וחזית ארעא מן / רמתא דא **מן** נהר מצרין
נהר מצרין עד לבנן ושניר **ומן** ימא רבא
1Q**20** XXI,15 — ולמחזה ארעא ושרית למסחר **מן** גיחון
1Q**20** XXI,16 — וסחרת **מן** לי[ד]ימא רבא דן
1Q**20** XXI,18 — ללשן ים סוף די נפק **מן** ימא שמוקא
1Q**20** XXI,28 — מדברא והווא מחין ובזין **מן** פורת נהרא
1Q**20** XXII,1 — ואתה חד **מן** רעה / ענה די יהב אברם ללוט
1Q**20** XXII,2 — די יהב אברם ללוט די פלט **מן** שביא

Text	Vol.	Ref.
ואתחלם אברם וקם / ובחר **מן** עבדוהי		1Q**20** XXII,6
ורמה עליהון בליליא **מן** ארבע רוחיהון		1Q**20** XXII,8
וכולהון הווא ערקין **מן** קודמוהי / עד		1Q**20** XXII,9
ואצל **מנ**הון כול די שבוא / וכול		1Q**20** XXII,10
ויהב לה מעשר **מן** כול נכסיא די מלך		1Q**20** XXII,17
די שביא עמך די אצלתה **מן** מלך עילם		1Q**20** XXII,19
מרה שמיא וארעא אן **מן** חוט עד ערקא		1Q**20** XXII,21
חוט עד ערקא דמסאן / אן אסב **מן** כול		1Q**20** XXII,22
תהוה אמר ⟦ ⟧ די**מן** נכסי כול עתרה די		
עתרה די / אברם ברא **מן** די אכלו כבר		1Q**20** XXII,23
וברא **מן** חולק תלתת גבריא די / אזלו		
וכול שביא די הואת עמה **מן** ארעה דא		1Q**20** XXII,25
הא עשר שנין / שלמא **מן** יום די נפקתה		1Q**20** XXII,28
שלמא מן יום די נפקתה **מן** חרן תרתין		
במצרין וחדא / **מן** די תבת מן מצרין		1Q**20** XXII,29
במצרין וחדא / מן די תבת **מן** מצרין		
לך וחזי כמן כפלין שגיו **מן** / כול		
נפקו עמך ביום מפקך **מן** חרן		1Q**20** XXII,30
ואספרך לך לתקיף ברא **מנ**ך		1Q**20** XXII,31
אהך די לא בנין וחד **מן** בני ביתי ירתנני		1Q**20** XXII,33
]**מן** די להוין תליתין [	(I)	1Q**21** 1,1
]ביך מלכות כהנותא רבא **מן** מלכות[	(I)	1Q**21** 1,2
]◦**מן** זרע[	(I)	1Q**21** 28,1
]◦**מן** קרבא[	(I)	1Q**21** 51,1
]די כדן **מן** ◦[	(I)	1Q**21** 56,1
] / ברא **מן** כל חיה ואלפין מן ע[נב	(XXXVI)	1Q**23** 1+6+22,4
] / ברא מן כל חיה ואלפין **מן** ע[נב	(XXXVI)	
]◦ל **מנ**ה[	(XXXVI)	1Q**23** 3,1
] / הוית עד חדא **מן** תרתי לחמא יהיבת [	(III)	2Q**24** 4,15
]ה **מן** כאן / [ומן כאן	(III)	2Q**24** 5-6,3
]◦א **מן** דן / [ומן דן	(III)	2Q**24** 5-6,4
]ופותיהון **מן** כא[ן ומן כאן	(III)	2Q**24** 7,1
]ה אחרניא **מן** בר עשר[י]ן[	(III)	2Q**24** 8,4
ו]אחזינ[י]◦[ ]אוחרי בר **מן**[	(III)	2Q**24** 8,7
]וסלקו מיא עלא **מן** [לו]חא[	(XXXVI)	2Q**26** 2
]◦◦ ונטלו לוחא **מן** מיא לוחא די[	(XXXVI)	2Q**26** 3
ויסב **מ**[ן דם תורא] / [וידה באצבעתה	(VI)	4Q**156** 1,5
למדנחא / [ידה שבעה זמנין **מ**]ן דמא	(VI)	4Q**156** 1,7
] / האנש **מ**א[לה	(VI)	4Q**157** 1ii2
] / ו**מן** בלי מני[ח	(VI)	4Q**157** 1ii5
[חד **מ**]ן בני נינוה והחוי למלכ[א	(XIX)	4Q**196** 2,1
לה ארי / בר אחי הוה ו**מן** בית אבי ומ[ן	(XIX)	4Q**196** 2,9
הוה ומן בית אבי ו**מ**[ן משפחתי	(XIX)	
אמר לאפטרותני **מן** ע[ל ארעא] / [	(XIX)	4Q**196** 6,8
]דכיה אנה בגרמי **מ**[ן כ]ל טמאת[גבר]	(XIX)	4Q**196** 6,9
אנתה כבר אב[דו]**מנ**י שבע[ת גברין] / [	(XIX)	4Q**196** 6,12
ס]ב **מן** לבב / [נונא	(XIX)	4Q**196** 14i11
עליכון / ולא [יסתר אנפו]הי **מנ**כון ע[וד	(XIX)	4Q**196** 17ii2
שארי]תא **מן** זרעי ל[מחזה	(XIX)	4Q**196** 18,6
מ]ן די למ[חזה	(XIX)	4Q**197** 1,1
חסדי]ן **מן** חדה[	(XIX)	4Q**197** 1,2
ושור נו]ן חד רב **מן** / [מיא למב]לע רגל	(XIX)	4Q**197** 4i6
נבית] / [וג]ברא **מן** בית אבונא הוא ואיתי	(XIX)	4Q**197** 4i17
די לא יכול רעואל למכליה **מנ**ך בדיל די	(XIX)	4Q**197** 4ii4
]ולמסב ברתה **מן** כל אנ[ש ארי ה]וא	(XIX)	4Q**197** 4ii5
וכען ד]חל אנה [**מ**]ן שדא די / [רחמה	(XIX)	4Q**197** 4ii9
רפא[ל די היא ל]ה אחא ו**מן**	(XIX)	4Q**197** 4ii19
אנתון אחי / ואמרו לה **מן** בני נפתלי [די]	(XIX)	4Q**197** 4iii6
עזריה אחי דבר עמך **מן** תנא אר[בעת עבדין	(XIX)	4Q**197** 5,9
ושמיה] / [אתחזית לי] ו**מן** מלי [עירין]	(XXXVI)	4Q**201** 1i3
ינפק קדיש[ה ר]בה **מן** מ[דורה	(XXXVI)	4Q**201** 1i5
ברא] **מן** ארבעת עסר אילני[ן] דעליהן	(XXXVI)	4Q**201** 1ii5
ואנתן טלל ומסתרין בעין **מן** קדמיה / [על	(XXXVI)	4Q**201** 1ii7
ו[ע]ל [כפ]יה לא תשכחון **מן** / [חמתה	(XXXVI)	4Q**201** 1ii8
] / נתוב כלנה **מן** מלכה ד[ן עד	(XXXVI)	4Q**201** 1iii2
נסבו להן] / נשין **מן** כל די בחרו ו[שריו	(XXXVI)	4Q**201** 1iii14
והויה בטנן **מנ**הן ויל[דה גברין רמין	(XXXVI)	4Q**201** 1iii16
מעבד ק[צת אנשא] **מן** ארעא וק[לה]	(XXXVI)	4Q**201** 1iv5
ו]רפאל וגברי[אל] / **מן** קדש[י שמיה על	(XXXVI)	4Q**201** 1iv7
[ולמפלט] עד [עלמה ו]**מנ**ה[תתנצב	(XXXVI)	4Q**201** 1v4
נסבו להון] נשין **מן** כו[ל די בחרו]		4Q**202** 1ii18
לכל {ל}דר דריא די **מן** עלמ[א ושמך		4Q**202** 1iii15
]◦ **מן** עלוי ארעא וש◦[	(XXXVI)	4Q**203** 4,4
ר]עלין **מן** קודם הדר יק[רכה	(XXXVI)	4Q**203** 9,2
ושו]יו **מן** ◦◦[	(XXXVI)	4Q**203** 13,1
כול עלי]הון ברא **מן** ארבע{א}<ת> [עשר		4Q**204** 1i24
ואכרת עולה **מ**[ן אנפי ארעא וכול עובד		4Q**204** 1v3
די עוד **מן** כ[ען לשמיא לא תתובון		4Q**204** 1vi14
ממללין כול מלה] / **מן** כתבא די אנה		4Q**204** 1vi19
] / [לקודמי וביא אוחרן די] **מן** דן רב		4Q**204** 1vi28
ולהלא] / **מן** דן נ[קרא		4Q**204** 1viii30
ולהל]א **מנ**הון ארחקת / [למדנח שגיא		4Q**204** 1xii23
בשמא ⟦ ⟧ ולהלא **מן** נחל[י]א / [אלן		4Q**204** 1xii25
[ול]הלא **מן** טוריא אלן אחזיאת טור / [		4Q**204** 1xii27
אלן]שרא **מנ**[הון בש]ם ריח כדי מדקין		4Q**204** 1xii29
מן תמן אובלת לדרום ס[יאפי ארעא		4Q**204** 1xiii25
כתיב בהון די [ד]ר **מן** דר יבאש בכדן		4Q**204** 5ii27
ורשעה יסוף וחמסא יכלא **מן** ארעא		4Q**204** 5ii28
לה]ן לא יתנזקון ביום דינא **מ**[ן [תנה		4Q**205** 1xi1
דינא מ[ן [תנה ולא יתקימו]ן **מן** תנה		
ו**מ**[ן תמן אובלת לאתר א[חרן למערב		4Q**205** 1xi3
טור חד קדיש ונפקי]ן **מן** תחתוהי [די		4Q**205** 1xii3
למדנחא טור אוחרן רם] **מנ**ה וביניהון		4Q**205** 1xii5
אלן יהבו אמר חד **מ**]נהון לערדיא וערדיא		4Q**205** 2i28
קצא ד[י] / דינא רבא די **מנ**הון יתעבד		4Q**206** 1xxii3
ולהלא] **מן** / [טוריא] אלן כלצפון		4Q**206** 1xxvi16
ו**מן** תמן הובלת / [למד]נח כל טוריא		4Q**206** 1xxvi18
[למד]נח כל טוריא אלן רחיק **מנ**הון למדנח		4Q**206** 1xxvi19
ואחלפ[ת] / [על]א **מן** י[מא] שמוקא		4Q**206** 1xxvi20
י[מא] שמוקא וארחקת שגיא **מנ**ה ואעברת		
שגיא מנה ואעברת על[א] / **מ**[ן חשוכא		4Q**206** 1xxvi21
ואעברת על[א] / מ[ן חשוכא רח[י]ק **מנ**ה		
ואחזית **מ**[ן רחיק לאילניא דבה		4Q**206** 1xxvii1
והא לחד **מ**]ן / [ארבעתא די נפקו		4Q**206** 4i10
אר]בעתא על על חד **מן** תוריא / [חוריא		4Q**206** 4i13
וערבה פרחה עלא **מן** מיא וכל תוריא / [		4Q**206** 4i20
לות ענא וכ]ל[הון ק]מו **מן** [רחיק		4Q**206** 4iii20
וחזית שמיא]**מ**[ן עלה [והא] כוכב ח[ד		4Q**207** 1
וב]ציר **מנ** נהורה לש[ביעינ	(XXXVI)	4Q**208** 15,2
שתה ו[בצ]יר **מנ**[ה]ורה / [שביעין שתה	(XXXVI)	4Q**209** 6,5
שתה ופלג ובציר **מנ**ה[ורה] / [שביעין	(XXXVI)	4Q**209** 6,7
ריקן **מן** כל נהור מטמר עם ש[משא] / [	(XXXVI)	4Q**209** 6,9
ארבעה ופלג ובציר **מנ**הורה / [שביעין	(XXXVI)	4Q**209** 7ii3
שביעין חמשה ובציר **מנ**הורה שביעין חמשה	(XXXVI)	4Q**209** 7ii6
חמשה ופלג ובציר **מנ**הורה שביעין	(XXXVI)	4Q**209** 7ii9
ובאדין נפק **מן** תרעא תנינא ואניר בשאר	(XXXVI)	4Q**209** 7ii10
בה כסה שביעין שתה ובציר **מ**[נ]הורה	(XXXVI)	4Q**209** 7ii12
נפק] / **מן** תרעא [ח]מי[שיא ושלט בשאר	(XXXVI)	4Q**209** 7iii8
ו]בציר **מנ**[הורה	(XXXVI)	4Q**209** 14,2
מ]ן עלמא	(XXXVI)	4Q**209** 23,4

Text	Vol.	Ref.
[ולמדנחא מד]נח בדרי מן תמן דנחין	(XXXVI)	**4Q209** 23,7
]ת ארעא חד מנהון למדבר	(XXXVI)	**4Q209** 23,8
בה בני אנשא וחד מנהון[	(XXXVI)	
ומחסר מן דבר שמשא[	(XXXVI)	**4Q209** 26,3
כדמות אנש[ ]ובימומא מן[קצת	(XXXVI)	**4Q209** 26,5
וחד מנהן [		**4Q210** 1ii19
וביומא תנינא חד מן תל[תת] / [עשיריא ⟦ ⟧		**4Q210** 1iii7
וביומא רב]יעיא חד מן חד עש[יריא ⟦ ⟧] / [		**4Q210** 1iii8
דן מן משחתה◦[		**4Q211** 1ii2
ותנינא חד מן חמשת / עשר בשתית ח[ד		**4Q211** 1ii5
ו]תלתיא ח[ד מ]ן תלתין בשתית חד ⟦ ⟧		**4Q211** 1ii6
] / אף[ב]ליליא דן מן ל[		**4Q211** 1iii5
◦] מן		**4Q212** 1i18
ולא יתחזא עוד מ]ן[יומא / ד]ן ועד		**4Q212** 1iii17
עלמא די סלק]ו מן נצבת / יצבתא [		**4Q212** 1iii19
ב]חירי[ ]לשהדי[קשט מן נ]צבת] / קשט		**4Q212** 1iv12
בה למעבד [דין] / ומן בתרה יקום שבוע		**4Q212** 1iv15
דין קשוט מן כול רשיעין / ויתיהבון		**4Q212** 1iv16
ומן בתרה שבוע תשעי וק[שוט ו]ד[ין		**4Q212** 1iv19
עב[די רשעיא יעברו]ן מן כול / ארעא		**4Q212** 1iv20
ומן [בתרה שבוע עשרי דבשבי]עה		**4Q212** 1iv22
] / מטמרה מנה[	(XXII)	**4Q213** 1-2ii6
ולא]תעבר מנכן עד כל / ד]ריא	(XXII)	**4Q213** 1-2ii18
]מן	(XXII)	**4Q213** 3,3
א]רחת קשטא תשבק[ו]ן מכל שבילי / [	(XXII)	**4Q213** 4,5
◦]שנון בכן מן כל מ[	(XXII)	**4Q213** 5,3
] / לבר עבדך מן ק[דם	(XXII)	**4Q213a** 2,10
] / מן אבל מין אדין[	(XXII)	**4Q213a** 2,13
מתמחא שם חסיה מן כול עמה{{א}}	(XXII)	**4Q213a** 3-4,6
]ת◦קדישי[ן מן עמ א◦◦ / [	(XXII)	**4Q213a** 3-4,7
]כה רעיתך מן כל בשר]א	(XXII)	**4Q213b** 1
ו]אנה אתעירת מן שנתי אדין / [אמרת	(XXII)	**4Q213b** 2
בראש כהנות]ה ולי מן בנוהי יהב / [קרבן	(XXII)	**4Q213b** 5
] / [ידיך ור]גליך מ[ן דמא ושרי לאסקה	(XXII)	**4Q214** 2,2
ארו מן יקר בא◦[	(XXII)	**4Q214** 3,1
] / יקירין מן נשיא[	(XXII)	**4Q214** 3,3
] / מנה פל[	(XXII)	**4Q214a** 2-3ii4
]מין מן כי[	(XXII)	**4Q214b** 1,1
לי[די חזין ל]אסקא מנהון למדבחא / [	(XXII)	**4Q214b** 2-6,3
] / מ[ן כול בשר]א	(XXII)	**4Q214b** 7,1
מ]טמריא מנה פ[	(XXII)	**4Q214b** 8,2
כתיש הוית שנין שבע ומן [די] שוי א	(XXII)	**4Q242** 1-3,3
גזר והוא יהודי מ[ן בני גלותא על לי ואמר]	(XXII)	**4Q242** 1-3,4
] / אעא אבנא חספא מן די [הוית סב]ר	(XXII)	**4Q242** 1-3,8
]מנה אח[ל]ף שלם של[ותי יתוב עלי]	(XXII)	**4Q242** 4,2
שנין אר]בע מאה ומן / [	(XXII)	**4Q243** 12,1
]פהון ויתון מן גוא / [	(XXII)	**4Q243** 12,2
ארעה][ן מנה[ון	(XXII)	**4Q243** 13,4
]עממיא ולהוה מן יום [	(XXII)	**4Q243** 24,3
] / מן בני[	(XXII)	**4Q243** 27,1
]ם מן	(XXII)	**4Q243** 30,2
]מן משכנא[	(XXII)	**4Q243** 34,1
]מן בתר מבולא [	(XXII)	**4Q244** 8,2
]נוח מן לובר [טורא	(XXII)	**4Q244** 8,3
] קמוא מן[	(XXII)	**4Q244** 10,1
]בחרו בני ישראל אנפיהון מן[	(XXII)	**4Q244** 12,1
ב]בל ולאחרבא ארעהון מנהון מן די [	(XXII)	**4Q244** 12,3
ולאחרבא ארעהון מנהון מן די [	(XXII)	
מ]לכא {{ל}}<<מ>>עלמא אתה רגז ושניך	(XXII)	**4Q246** 1i2
יקום עם אל וכלא ינו/יח מן חרב	(XXII)	**4Q246** 1ii4
חרב מן ארעא יסף / וכול מדינתא	(XXII)	**4Q246** 1ii6
בתאומיא ירעם דחלה ומרע מנכריא ומ[	(XXXVI)	**4Q318** VIII,9
בלעם [בן] בעור / [ה]זקן מביתאל / [	(XIX)	**4Q339** 3
]מנה ◦[	(XXVII)	**4Q343** Recto 2
] / אחי הוא מן שמרי[	(XXVII)	**4Q343** Recto 6
] / מן ◦◦◦ן ש◦◦◦◦◦◦[ ]◦[?	(XXVII)	**4Q343** Verso 11
] / מן ◦◦◦◦[	(XXVII)	**4Q345** Recto 12
]◦ מן ◦[	(XXVII)	**4Q346** a,1
] שמען מן כל [	(XXVII)	**4Q346** a,3
מן נכסי] / ודי אקנה מן[יומא דנה	(XXVII)	**4Q346** a,4
]תה מן ◦[	(XXVII)	**4Q346** e,1
]◦ חד מן ביתה◦סהר[	(XXVII)	**4Q347** 4
] / כדי כשבין דמעא מן אנדרא {מן ◦[}	(XXXI)	**4Q529** 1,8
כדי כשבין דמעא מן אנדרא {מן ◦[}	(XXXI)	
ונדת שנת[ ]עיניהון מנהון וק[מו {{שנת [	(XXXI)	**4Q530** 2ii+6-12,4
וק[מו {{שנת]עיניהון מנהון וקמו]}}	(XXXI)	
ושר]שין רברבין נפקו מן עקרה[ו]ן / [	(XXXI)	**4Q530** 2ii+6-12,8
חזא]הוית עד די לשנין די נור מן / [	(XXXI)	**4Q530** 2ii+6-12,9
על] / [דברת די נ]דע מנך פשרה[ו]ן	(XXXI)	**4Q530** 7ii10
[ואמר (לה) על גנ]ין די מן שמין נ]חתו	(XXXI)	**4Q530** 7ii11
כו]ל עובד קשה וממרא מן[	(XXXI)	**4Q531** 2+3,8
ס]תר מן כ[ול ?	(XXXI)	**4Q531** 11,1
] מן זיוא ד[	(XXXI)	**4Q531** 13,4
יתב בין בני אנש ולא אלף מנהון[	(XXXI)	**4Q531** 14,4
ב]שר ונתמחה מן צורתנא / [	(XXXI)	**4Q531** 19,4
שרין ולא / [אתמחו דאנו]ן תקיפין מני	(XXXI)	**4Q531** 22,7
]די מן עירין עלו[	(XXXI)	**4Q532** 2,7
] צלו ילדין מן קדמוה [	(XXXI)	**4Q533** 3,1
ירכתה ו[שער]ין שנין דן מן דן ודעה	(XXXI)	**4Q534** 1i3
]מן במן יחרבן	(XXXI)	**4Q534** 1ii+2,13
] נזחה לה מנה[ו]לב[תר שניא תמנה	(XXXI)	**4Q535** 3,6
נזחה] לה מנה ול[ב]תר שנ[י]א ת]מנה	(XXXI)	**4Q536** 1,3
מן ה[	(XXXI)	**4Q536** 2ii7
] / די אנתה יצף מנה לכול אנש ◦[	(XXXI)	**4Q536** 2ii9
תובא אמר לי סב] לוחא מן ידי[ן ?] / [	(XXXI)	**4Q537** 1+2+3,4
[(ו)א]נסב דן לוחא מן ידוה[י וקרית	(XXXI)	**4Q537** 1+2+3,5
דן למקדש / [ודי]תפקון מנה וביום [	(XXXI)	**4Q537** 1+2+3,6
קרבניכון לא להוו[ן ר]יקין מן קודם[אל	(XXXI)	
יו]ם[להוון בכ]ל[אר]עא אכלין מן קצת	(XXXI)	**4Q537** 12,2
להוון שתין מיא]די להוון נפקין מן קריתא	(XXXI)	**4Q537** 12,3
מן קריתא ומן תחות שוריהא ואן להוון	(XXXI)	
מ]ן[קשוט לתלת קרבא ונפק	(XXXI)	**4Q537** 14,3
מ]ן[רבנות[	(XXXI)	**4Q537** 19,1
באיש בלב[ב[הו]ן מנה ולא עוד יכל	(XXXI)	**4Q538** 1-2,5
]למללה מן ◦[	(XXXI)	**4Q538** 4,2
]ת מנהון דרא קדמיא / [	(XXXI)	**4Q539** 4,5
]ביתא די יתילד בה מנה יפו[ק]ומדור אחר[ן	(XXXI)	**4Q540** 1,4
]ה/וקריב לעלי להן רחיק מני / [	(XXXI)	**4Q541** 2i8
] / מן[קודם אל[	(XXXI)	**4Q541** 2ii2
] / מן הי[	(XXXI)	**4Q541** 4ii6
חד]ת לבכה מן ק[	(XXXI)	**4Q541** 6,5
] / ישתמק ימא רבא מנה[	(XXXI)	**4Q541** 7,3
] ומן כול כד]ב	(XXXI)	**4Q541** 8,2
אדין יעדה חשוכא / [מ]ן[ארעא וערפלא	(XXXI)	**4Q541** 9i5
[מ]ן ארעא וערפלא מן יבישתא שגיאן מלין	(XXXI)	
]ייבעון מ[ן	(XXXI)	**4Q541** 15,2
בנהיר עלמא ולא תהוה מן שנאא ⟦ ⟧	(XXXI)	**4Q541** 24ii6
והוא קד[ ]שין ודכין / מן כול[ער]ברוב	(XXXI)	**4Q542** 1i9
וכבול די / אלפתכון בקושוט מן כען ועד	(XXXI)	**4Q542** 1ii1
ולא תזדעזעון / מן יסוד[כון ותקומון למרן	(XXXI)	**4Q542** 1ii5

Text	Reference	Vol.
] / [(ו)ד]בׄרׄ[י]ן להון מנ זנותא שגי מן די [	4Q**542** 3ii12	(XXXI)
[(ו)ד]בׄרׄ[י]ן להון מנ זנותא שגי מן די [		(XXXI)
ולמסב להון] / [כל צרכיהון]מן ארעׄ[כנען	4Q**543** 3,2	(XXXI)
]נׄטלת עיני וחזית וחד מ[נהון חזוה חשל] / [	4Q**543** 5-9,4	(XXXI)
]◦ מׄנׄה וש[	4Q**543** 10,2	(XXXI)
מ]ןׄ כל[	4Q**543** 27,3	(XXXI)
] מןׄ[	4Q**543** 30,1	(XXXI)
]לׄ מן[	4Q**543** 30,2	(XXXI)
כול] / גבר ומן עבדתנא שגי לחדאׄ עד	4Q**544** 1,2	(XXXI)
ואמרו לי במן מננאׄ אנׄתׄ[ה בעה לאשתלטה	4Q**544** 1,12	(XXXI)
נטלת עיני וחזית] / [וחד] מנהון חזוה חׄשׄלׄ[	4Q**544** 1,13	(XXXI)
בׄרי למלאכיה אחיׄכׄוןׄ מן בית / [אבונא ?	4Q**545** 1ai9	(XXXI)
]מן / [	4Q**545** 1ai13	(XXXI)
וסלקו עמנא גברין] / שגיאׄין מן בני דדיׄ	4Q**545** 1a-bii14	(XXXI)
ולמסב להׄ[ון כו]לׄ[צרכיהון מ]ןׄ ארע כנעׄן[	4Q**545** 1a-bii18	(XXXI)
]וׄמן רוחהׄ[	4Q**545** 9,2	(XXXI)
למסב להון כל צרכיהון מן אׄ[רע כנען	4Q**546** 2,4	(XXXI)
]◦רב מׄןׄ[	4Q**546** 25,2	(XXXI)
] מןׄ קדמׄ[ת	4Q**546** 25,3	(XXXI)
מ]ןׄ קדמיתא לתניאניתא [ועם	4Q**547** 3,2	(XXXI)
ו(בר)ב]רׄה יתרם כהן מן כול בני עלמא	4Q**547** 9,6	(XXXI)
] ואנה אתעירת מן שנת עיני וחזוא כתבׄ[ת	4Q**547** 9,8	(XXXI)
מן קודם נחתת]מן ארעכנען	4Q**547** 9,9	(XXXI)
]מׄרים ומׄן באת[רה]לקחת עשרׄ[	4Q**547** 9,10	(XXXI)
ירחקון]אנון מן אסיאנהון [	4Q**548** 1ii-2,3	(XXXI)
(לא) יפלטו]ן אנון מן מותא ומן א[בדנא	4Q**548** 1ii-2,4	(XXXI)
(לא) יפלטו]ן אנון מן מותא ומן א[בדנא		(XXXI)
]וׄן מן חשוכא ארו כל [בני נהורא	4Q**548** 1ii-2,15	(XXXI)
ומ[ן משתותה די עוזיאל הווא חודשין]	4Q**549** 2,7	(XXXI)
ואולד מן מריאם עמׄאׄ[בנין תלתא	4Q**549** 2,8	(XXXI)
] / ואולד מנה לאור ואהרׄוׄ[ן נסב לה	4Q**549** 2,10	(XXXI)
אלישבע ואולד] / מנה ארבעאׄ ? בנין [	4Q**549** 2,11	(XXXI)
] פתריׄזא אבׄ[וך]מן יומא די קם עׄל	4Q**550**b 3	
]ה עמׄ[ה ו]הׄ[ו]הׄ עבד מן קשוט ומׄן היׄ[מנו	4Q**550**b 4	
עמׄ[ה ו]הׄ[ו]הׄ עבד מן קשוט ומׄןׄ היׄ[מנו		
]יׄך גבר / יהודי מן רברבני מׄ[לכותא	4Q**550**c 1i3	
]אׄרׄו מן צפונא אתיה באישתא ◦[	4Q**550**e 1	
]מא הוא מן / [	4Q**551** 2	
]מראיהון ו◦◦ חד מנהון	4Q**552** 1,11	
לה] / וקאם אילנא ורחקו מנה ואמר[	4Q**552** 2ii2	
]◦חי ואמרת לה היא דא מן ◦[	4Q**552** 2iii1	
]מן מושה / [	4Q**553** 8i2	
] / מביניהון [	4Q**553** 8ii3	
]שמעון ומן תרעא דן עׄ[ד] תׄרעא מציעא	4Q**554** 2i13	
תלתין וחמשה ו]מן ⟦ ⟧ זויתא דא למערבא	4Q**554** 2i17	
דרומא ראסין 25 ו]מן דא זויתא משח	4Q**554** 2i22	
זבולון ומן תרעא / [דן משח עד תרעא	4Q**554** 2ii3	
די קרין לה תרע דן] ומן תרעא דן [משח	4Q**554** 2ii7	
ק[רי]ןׄ לה תרע נפתלי [ו]מן דׄןׄ / תרעא	4Q**554** 2ii8	
ושקיא רברביא די נפקין / מן מדנחא	4Q**554** 2ii17	
קנין] עשרה פתי שוקא אמין / 72 מנהון	4Q**554** 2ii18	
1[2]6 ופתי / שוקיא די נפקין מן דרו[מא	4Q**554** 2ii20	
]אׄ מן קדם זונא ארו להוא[	4Q**556** 1,8	
]◦◦ מן יפוא עד טור[	4Q**556** 1,9	
]ארו מן[	4Q**556** 4,4	
] ואבד מן [	4Q**556** 6,5	
]ן מן מצרים מ[	4Q**556** 11,2	
] מן קודם רשעיא	4Q**556** 14,10	
]למכלא מליׄ פמנא מ[ן	4Q**557** 4	
]רׄחמין מׄןׄ קדם ◦[	4Q**557** 7	
]◦לה הי דא מׄןׄ[	4Q**558** 6,1	
]שנו מן [ע]שׄב[א	4Q**558** 66,2	
אולד] יׄת אהרון ואהר[ו]ן נפק ממצ[רין	4Q**559** 3,9	
] שנין 20 ומן די מיתׄ[	4Q**559** 4,5	
] / [מ]נהון ומתקף להון[	4Q**561** 3,7	
] מן תרי[	4Q**562** 2,5	
]ן מן עמׄ[	4Q**562** 12,2	
]◦◦◦יןׄ[ ]◦◦◦ ⟦ ⟧ דחל מנהון ⟦ ⟧ על דיׄ[	4Q**563** 1,3	
]ךׄ וׄמן אחריתך	4Q**563** 1,4	
חדה מן קדׄםׄ ◦◦[	4Q**564** 1ii1	
] יאבד קשׄטא מןׄ[	4Q**565** 5	
] / מלך מׄןׄ ◦[	4Q**570** 1bii4	
]ומׄנׄהׄן יעבד אלף[	4Q**570** 4,5	
]מן [	4Q**570** 35,2	
]הׄ מלכא מן כורׄ[סא	4Q**572** 1	
]רׄשעא ומן כל שביליׄ / [	4Q**580** 1i13	
]וׄמנהון	4Q**580** 6ii3	
]ח◦◦ מן ב◦[	4Q**581** 3,3	
רברביא [די] נפקיׄ[ן] מן מדנחאׄ [	5Q**15** 1i3	(III)
פׄותׄ[י שוקא אמין] שב[עין תרי]ןׄ מנהון		(III)
] די נפקין מן דרומׄ[א] / [לצפונא תרי]ן	5Q**15** 1i4	(III)
מן דרומׄ[א] / [לצפונא תרי]ן מׄ[נהון]	5Q**15** 1i5	(III)
תרי מגד]ליׄן חׄדׄ מׄ[ן י]מׄיׄנא וחד מן שמׄ[אל]אׄ	5Q**15** 1i12	(III)
מגד]ליׄן חׄדׄ מׄ[ן י]מׄיׄנא וחד מן שמׄ[אל]אׄ		(III)
ואחזיאני בה באתין מן תרע לתרׄ[ע	5Q**15** 1ii6	(III)
עד זויתא] / [וש]בעה מן ז[ו]יתא עד	5Q**15** 1ii7	(III)
] עשרה כוין אטימן עלא מׄ[ן ערשין]	5Q**15** 1ii11	(III)
]מן די ◦[	6Q**14** 1,2	(III)
]יא יפוק מן א◦[	6Q**14** 1,4	(III)
]עמׄיׄן מן ◦[	6Q**14** 1,7	(III)
] מן את[רה	11Q**10** I,8	(XXIII)
יד]עת מן עלמא מן דׄ[י] / [	11Q**10** III,5	(XXIII)
יד]עת מן עלמא מן דׄ[י] / [		(XXIII)
ע]יׄנׄוׄהי במפלתה ומחׄ[מת מרא ישתא]	11Q**10** V,1	(XXIII)
ואמׄ[ר] / [אף יומא דן] מן טלל שעותי	11Q**10** VIIA,2	(XXIII)
מן קריהוׄן [	11Q**10** VIII,1	(XXIII)
י]זׄיע ויתמהון מן / [	11Q**10** X,2	(XXIII)
] / [א]רו אנה שׄיׄזׄבת לענא מן ◦[	11Q**10** XIV,6	(XXIII)
[וכען ח]אכו עלי זערין מני ביומין[	11Q**10** XV,4	(XXIII)
] / [אבה]תׄהון מלמהוא עם כלבי ע[ני	11Q**10** XV,5	(XXIII)
]ןׄ מן / [	11Q**10** XVII,7	(XXIII)
כד]בׄת / לאלהא מעלׄ[א	11Q**10** XIX,3	(XXIII)
] / אלין מלהתבׄ[ה פתגם	11Q**10** XX,3	(XXIII)
] / וארו לא איתי מנכון לאׄ[יוב	11Q**10** XXI,3	(XXIII)
] / והחשיו ונטרת מנהון ◦[	11Q**10** XXI,7	(XXIII)
] / ארו רב אלהא מן אנשאׄ[	11Q**10** XXII,6	(XXIII)
ויׄאמר פצהי מן חב[לא	11Q**10** XXIII,1	(XXIII)
]מן / עולים ותב ליומי עלימׄ[ותה	11Q**10** XXIII,2	(XXIII)
] / מן חטא	11Q**10** XXIV,1	(XXIII)
]חׄס לאלהא מן שקר / ומן לחבל{{הׄ}}א	11Q**10** XXIV,4	(XXIII)
]חׄס לאלהא מן שקר / ומן לחבל{{הׄ}}א	11Q**10** XXIV,5	(XXIII)
זכי]תׄ מא / תתן לה או מא מידך יקבל[	11Q**10** XXVI,2	(XXIII)
מן סגיא [עשוקיא יז]עקון יצוחון / מן קדם	11Q**10** XXVI,3	(XXIII)
מן סגיא [עשוקיא יז]עקון יצוחון / מן קדם	11Q**10** XXVI,4	(XXIII)
די פרשנא מן בעׄ[ירי ארעא ומן] צפריא	11Q**10** XXVI,6	(XXIII)
וא[מר להון]הן יתוׄבון מן באישתהון	11Q**10** XXVII,4	(XXIII)
בחרבא יפלון / ויאבדון מן מׄ[נדעא	11Q**10** XXVII,7	(XXIII)
חזין ובני אנשא / מרחיקׄ[עלוה]יׄ יבקון	11Q**10** XXVIII,3	(XXIII)
מן פרסׄ / ע[נניא די אתרגו]שׄתה מן טלל	11Q**10** XXVIII,7	(XXIII)
אף בהון ימרק ענׄנׄ[ין] וינפק מן / ענן נורה	11Q**10** XXIX,1	(XXIII)

Reference	Group	Text
11Q10 XXX,6	(XXIII)	ימא ב[הנ]גחותה **מן** רחם תהומא / למפק
11Q10 XXXI,6	(XXIII)	ו**מן** בטן מן נפק גלידא ושיקו[ע
11Q10 XXXI,7	(XXIII)	כא[בן] מין התקרמו **מנה** ואנפי ◦◦ל̊[
11Q10 XXXIII,4	(XXIII)	דחלא ולא / יזוע ולא יתוב **מן** אנפי חרב
11Q10 XXXIII,5	(XXIII)	ולקל קרנא יאמר האח ו**מן** / רחיק ירחי
11Q10 XXXIII,7	(XXIII)	ה**מן** חכמתך יסתער נצא ויפרוס
11Q10 XXXIII,10	(XXIII)	**מ̊ן** ת̇[מה י]ח̊צ̊א מ̊אכ̊ל[א
11Q10 XXXIV,1	(XXIII)	[לא] א̊סוף ⟦ ⟧ **מן** ר̊[וחא
11Q10 XXXVI,4	(XXIII)	**מן** פמה לפידין / יפקון בלשני אשה
11Q10 XXXVI,5	(XXIII)	**מ̊ן** נחירוה יפק תנן / לכוש יקד ומגמר
11Q10 XXXVI,7	(XXIII)	נפשה גמרין תגסא וזיקין / יפקן **מן** פמה
11Q10 XXXVII,4	(XXIII)	למעבד ולא יתבצר **מנך** תקף וחכמה
11Q18 10i3	(XXIII)	]ין מיא **מן** / [
11Q18 11,6	(XXIII)	ד]י עמודין סחר **מן** תרע לת̊[רע
11Q18 11,7	(XXIII)	]**מן** תרע לתרע בשורתא̊[
11Q18 12i1	(XXIII)	]◦ **מן** אלן וערבליא די / [
11Q18 14ii1	(XXIII)	גפן כדי פרש **מן** לולבי̊[א
11Q18 16ii+17i3	(XXIII)	כ]ה̊ניא מקבלין / **מן** ידהון דפ̊ש[טו
11Q18 20,2	(XXIII)	לחמא]לברא **מן** היכלא לימין מערבה̇[
11Q18 20,3a	(XXIII)	]**מן** כול שבעת פלוגת פתורי / [
11Q18 22,2	(XXIII)	]ין **מנה** כול תרבה / [
11Q18 23i1	(XXIII)	]◦ין ו**מן** / [
11Q18 24,2	(XXIII)	]ה דין **מן** כול ש◦[
11Q18 25,1	(XXIII)	]**מן** קודשי ישראל[
11Q18 25,5	(XXIII)	]◦לון עמה ו**מן**[
11Q18 30,4	(XXIII)	]◦◦ **מן** מועדי אל[
11Q18 31ii3	(XXIII)	] / **מנה** ב̇◦[
11Q18 32,3	(XXIII)	]א היכלא ו**מן** דמ̊[
11Q18 32,6	(XXIII)	]ן **מן** היכלא / [
11Q18 35,1	(XXIII)	]א **מן** כול̊[

who? pronoun מַן

Reference	Group	Text
1Q20 1i1	(I)	]ם̇ רגזך תת◦ך ותתק◦◦ם ו**מן** הוא / [
4Q196 2,12	(XIX)	ברי ברי אזל דבר לכל **מ̊ן** [די ת]השכח
4Q206 1xxii6		לה דה רוחא קבלת]א ד**מן** היא דכ̊[ן
4Q213 4,3	(XXII)	]נא ועל **מן** תהוא ח̊ובתא̊ / [
4Q530 2i+3,4	(XXXI)	]ה̊ יתחשבו בחשבן שניא ל**מ̊ן** / [די
4Q530 7ii9	(XXXI)	[פשרא די תרין חלמיא די כל] / **מן** ימ[ו
4Q536 2ii12	(XXXI)	**מן** יכתוב מלי אלה בכתב די לא
4Q543 5-9,3	(XXXI)	ואמרו]ל̊י ב**מ̇**[ן מננא אנתה בעה]
4Q544 1,11	(XXXI)	ושאלת אנון אנתון **מן** די כדן מש[לטין עלי
4Q544 1,12	(XXXI)	ואמרו לי ב**מן** מננא̊ א̊נ̊ת̇[ה בעה
4Q544 2,12	(XXXI)	ואמרת לה עירא] ד̇ן **מן** הוא
4Q552 2ii5		] / ושאלתה **מן** שמך ואמר לי בבל[
4Q552 2ii8		ואמר / למש◦[ ]ושאלתה **מן** שמ[ך ואמר לי
4Q553 6ii4		וחזית [אלנא]ושאלתה **מן** שמך ואמר לי
4Q553 6ii5		ושאלתה ואמרת לה **מן** / שמך [וא]מר לי
6Q8 1,3	(XXXVI)	]ולא מרתת **מן** אחזיך כלא א[
11Q10 IX,2	(XXIII)	**מ**]ן אפו יתיבנני פתגם ויש̊[וא
11Q10 IX,6	(XXIII)	] או על **מן** לא תקוׄם [
11Q10 XIX,8	(XXIII)	א]נש / ביתי **מ**[ן
11Q10 XXIV,1	(XXIII)	] / מן חטא **מן**[
11Q10 XXV,5	(XXIII)	ויסת]ר̊ אנפוהי **מן** יתיבנה על עם̇ / [
11Q10 XXVIII,6	(XXIII)	הן ⟦ ⟧ **מן** פרס̇ / ע[נניא די אתרגו]ש̊תה
11Q10 XXX,3	(XXIII)	**מן** שם משחתה הן תנדע מן נ̇גד
	(XXIII)	מן שם משחתה הן תנדע **מן** נ̇גד עליה
11Q10 XXX,4	(XXIII)	או / על מא אשיה אתי̮דון או **מן** הקים
11Q10 XXXI,2	(XXIII)	**מן** שויא / למטרא זמן וארח
11Q10 XXXI,5	(XXIII)	האיתי למטרא אב או **מן** / ילד̇ [ע]נני טלא
11Q10 XXXI,6	(XXIII)	ומן בטן **מן** נפק גלידא ושיקו[ע שמיא]
11Q10 XXXI,7	(XXIII)	נפק גלידא ושיקו[ע שמיא] / **מ̊**[ן ילד]ה̇
11Q10 XXXII,4	(XXIII)	**מן** שלח פראה ברחרין וחנקי ערדא
	(XXIII)	פראה ברחרין וחנקי ערדא **מן** / שרא

(indeterminate) מן

Reference	Group	Text
1Q20 VII,3		] **מן** [
4Q550c 1ii8		ענה ואמר ב̇[גס]רו בגסרו **מן** [
4Q552 2i1		]◦ **מן** / [
4Q558 36,1		]ת̊◦ף̊ ו**מן** ◦◦[
4Q558 37i8		]◦ **מן** / [
4Q569 1,3		] **מן**[
6Q31 3,1	(III)	]◦ **מ̊ן**[

mina noun מְנֵא

Reference	Group	Text
4Q539 2-3,4	(XXXI)	] / [לשלמה]ת[מ]נין **מניא** ועבד[א

מְנָאַן ← מְנָאן

whence? adverb מְנָאן, מְנָאַין

Reference	Group	Text
4Q197 4iii5	(XIX)	ואמרת להון **מנאן** אנתון אחי / ואמרו לה
4Q210 1ii16		] / שמיא **מ̮נ̮א**{{י}}**אי̮ן** ערבין ומ{{י}}נ̮אן
		מנ̮א{{י}}אי̮ן ערבין ומ{{י}}**נ̮אן** על̊[לין
4Q210 1ii18		מזרח בדיל] / די **מנ̮אין** {{ש}}‹‹ד››רחין

knowledge noun מַנְדַע, מדע

Reference	Group	Text
4Q204 1vi12		למבינות] / [מל]י̊ **מנדע** ל̊י̊א חלק ועׄבד
4Q212 1iv13		שבעה פ̇[עמי]ן חכמ̊ה ו**מדע** תתיה̊[ב
4Q213a 1,14	(XXII)	ח]כמה ו**מנדע** וגבורה / [
4Q531 2+3,10	(XXXI)	]**מ̊ד̊ע̊א̊**[ ]◦ח̊כ̊מה ורח̊[
4Q548 1ii-2,11	(XXXI)	?] / ובכל **מנדע**הון [צדיקין ל]ה̊וון ובנ̊י
4Q580 3,2		יד]ע̇ **מנדע** שג̊י[א
4Q581 1,2		] חסיר **מנדע**[
4Q581 3,4		]**מ̇נדע** מ◦[
11Q10 IV,2	(XXIII)	] / **מ̇נדעי** תמיק[ון
11Q10 X,3	(XXIII)	]ימא וב**מנדעה** קטל / [
11Q10 XXVII,7	(XXIII)	יפלון / ויאבדון מן **מ̇[נדעא**
11Q10 XXIX,8	(XXIII)	א̇רו הוא ידע **מדע̊**[א

something noun מִנְדַּעַם, מדעם

Reference	Group	Text
4Q196 2,2	(XIX)	ולא שביק {{פ}} לי כל **מנד̊[עם]** / [
4Q201 1ii2	(XXXVI)	לא]ח̊רנה ד**מ̇[נ]ד̊[עם** לא ל]א̊שניה̊
4Q534 1i4	(XXXI)	די לא ידע **מדעם̊** ע̊ד̊ עדן ד̊י̊

to appoint, number verb מנה

Reference	Group	Text
1Q20 XX,32		וא[ש]למה לי ו**מני** עמי אנוש די ינפקו̊נני̊
1Q20 XXI,13		לא ישכח כול בר אנוש ל**ממניה**
		לממניה ואף זרעך לא **יתמנה**
1Q20 XXII,29		וכען בקר ו**מני** כול די איתי לך וחזי
4Q530 2i+3,3	(XXXI)	] **יתמנו̊ן** בכל / [
4Q534 1ii+2,2	(XXXI)	] / ו̊[שע]ר̊י̊ן̊ מ[ו]ל̊[דה **א/י]ת̊מ̇נא**
4Q545 9,5	(XXXI)	]ו̊**מני** עדניהו̊ן[
4Q558 4,2		] ו**מני** [
4Q558 36,2		]◦ניא די **מני̊ו̊** מ[
11Q10 XXX,9	(XXIII)	הביומיך **מנית** / [
11Q10 XXXII,1	(XXIII)	**תמנ]ה̊** [י]רחי̮הין / שלמין ותנדע
11Q18 26,2	(XXIII)	]**יתמנון** עלוהי[

portion, share noun מְנָה

Reference	Group	Text
4Q536 2i+3,13	(XXXI)	]**ומנתה**

who? pronoun מַנוּ

4Q**212** 1v17] / או מנו הוא כול אנוש די [יכל יחזה

4Q**212** 1v20 או מנו הוא [מן כול בני א]נוש די יכל

4Q**212** 1v22 ומנו הוא כול אנוש די יכ[ל ינדע מה

offering noun מִנְחָה

1Q**20** X,16 נשיפא פילא במשח עם לבונא למנחא

1Q**20** XXI,2 [ו]אקרבת עלוהי עלואן ומנחה לאל

1Q**20** XXI,20 מדבח ואסקת עלוה[י] עלא ומנחא לאל

number noun מִנְיָן

4Q**212** 1iv26 [די לא] איתי סוף לכול מ[נינהון לעלם

4Q**243** 1,2 (XXII)] / אלהכה ומנין ◦[ ]ל[

4Q**243** 26,1 (XXII)]◦וף מניניהו[ן

4Q**243** 26,2 (XXII)]די לא מנין [

4Q**536** 2i+3,13 (XXXI) רז]א/מנדע]א די מסר לי במנין שארא[

11Q**10** V,3 (XXIII) מני]ן ירחוהי גזירין

11Q**10** XXVIII,4 (XXIII) ויומוהי / סגיא[לא נג]דע ומנין שנוהי

מנל ?

1Q**21** 42,1 (I)]ל מנל ◦[

to withhold verb מנע

4Q**543** 22,3 (XXXI)] / מנע[

11Q**10** XVIII,9 (XXIII) הן / אמ[נע

plant noun מנצב

11Q**18** 14ii2 (XXIII)] / מנצבהון וכלילא חמי[שיא

Manasseh proper noun מְנַשֶּׁה

4Q**346** a,6 (XXVII)] / למנשה ו/כש◦[

gift noun מַנְתְּנָה

1Q**20** XX,30 ב[יומא] דנא מנתנ[ן] שגיאן ויומא לי מלכא

shoe noun מְסָאן

1Q**20** XXII,21 אן מן חוט עד ערקא דמסאן / אן אסב מן

siege (?) noun מסבת

4Q**318** VIII,6 (XXXVI) אם בתורא] ירעם מסבת על[

to melt verb מסה

4Q**562** 7,2 בבבתא דעינה בדיל כן יתמסון / [

position noun מסורה, מסרה

4Q**204** 1i19 ארחתהון] / במסורת [נה]וריהון

4Q**209** 28,2 (XXXVI) וכש]לטנהון לכל מסרתהון

4Q**534** 1i9 (XXXI) חשבוניהון עלוהי יסופו ומסרת כול

poor person noun מִסְכֵּן

4Q**197** 2,1 (XIX) ח]יי מסכנא[

11Q**10** VIII,5 (XXIII)] / ומסכן ובלי[ליא

11Q**10** XXV,4 (XXIII) ל[היתיה עלוהי קבילת]מסכנין וקבילת

11Q**10** XXVII,2 (XXIII) עם אסירין ב[זיקין א]חידין בחבלי מסכניא

11Q**10** XXVII,9 (XXIII) ויפרק מ[סכנא

track (?) noun מסל

1Q**20** VI,3]◦א / במסלי אוחת קושט ולאזהרותני

to pass on verb מסר

4Q**536** 2i+3,13 (XXXI) רז]א/מנדע]א די מסר לי במנין שארא[

4Q**541** 9i2 (XXXI)] / [יאמר]ויםסר[להו]ן[ח]כמתה

מסרה ← מסורה

in accordance with noun מִסַּת

4Q**214** 2,8 (XXII) במלח כדי חזי] / [לה]ו[ן כ]מסתן ⟦ ⟧

6Q**8** 6,1 (XXXVI)]להון כמסת[

hidden place, shelter noun מִסְתָּר

4Q**201** 1ii7 (XXXVI) ושלקה ואנתן טלל ומסתרין בעין מן

4Q**541** 7,1 (XXXI) הגלו מ[סת]ר עמי[קתא

deed noun מַעֲבָד

4Q**201** 1iv5 (XXXVI) ולקבל מעבד ק[צת אנשא] מן ארעא

4Q**542** 1i2 (XXXI) אלה עלסיה ומרא כול מעבדיא ושליט

bowels noun מְעַיִן

1Q**20** VI,1 וכדי נפקת מן מעי אמי לקושט נציבת

4Q**197** 4i9 (XIX) ב]ידך ומעוה[י טרד סם הוא מררתה

entrance, setting (of sun) noun מֶעָל

4Q**554** 2iii20 ועל שמאל מעלה דן אחזיני בית דרג סח[ר

5Q**15** 1ii2 (III) ועל שמאל מעלה דן אחזיא[ני בית דרג] / סחר[

11Q**18** 24,1 (XXIII) מע]ל שמשא אר[

11Q**18** 28,3 (XXIII)]א עד מעל ש[משא

above preposition מֵעַל

1Q**32** 1,2 (I) ממע]ל לעמוד[א

(indeterminate) מעל

3Q**14** 5,2 (III)]◦רו◦[ ]מעל [

4Q**243** 23,3 (XXII)]מעל[

west noun מַעֲרָב

1Q**20** XIII,17 לקדמין ◦◦◦◦◦ / ◦◦◦◦◦◦ מערב וחבטתה ואתרת

1Q**20** XVI,18]א◦◦◦◦◦◦◦◦◦◦◦◦◦◦◦◦◦◦◦◦◦◦ די פנה למערב ועבר ◦[

1Q**20** XVII,8 די בצפונא וסח[ר] למערבא לאשור עד

1Q**20** XVII,10 דן ועבר חולקא ואזל מערבא עד דבק

1Q**20** XXI,9 וחזי למדנחא ולמערבא ולדרומא ולצפונא

2Q**24** 4,10 (III) מן] / מערבה ויתפלג[ון

4Q**204** 1vi2 דן די לימין חרמונ]ין די למ[ערבהון] / [

4Q**209** 23,4 (XXXVI) ולרוחא רבא רוח {{מא}}מערבא בדי

4Q**209** 23,5 (XXXVI) וכלהון כוכבין ובדכן קרין מערבא

4Q**552** 2ii7]חזית למערבא ל[

4Q**554** 2i17 ו]מן ⟦ ⟧ זויתא דא למערבא / [משח עד

4Q**554** 2ii17 די נפקין / מן מדנחא למערב[א משח

11Q**18** 12i5 (XXIII)]כול רוח מערב / [

11Q**18** 20,2 (XXIII)]לברא מן היכלא לימין מערבה[

cave noun מְעָרָה

4Q**558** 56,1 מ]ערתא ◦[

Maaseiah proper noun מַעֲשֵׂיָה

4Q**339** 6 (XIX) [אחא]ב בן ק[ול]יה / [צד]קיה בן מ[ע]שיה

tithe noun מַעֲשֵׂר

1Q**20** XXII,17 ויהב לה מעשר מן כול נכסיא די מלך עילם

1Q**21** 4,1 (I) אבי יע]קב מעשר[

4Q211 1ii3] / **מעשר** תשיע ח֯[ד
4Q211 1ii5 ביומא קדמיא [חד] **מעשר֯**[בשתי]ת חד
4Q211 1iii6] / **ומעשר** תשיע ⟦ ⟧[
4Q213a 3-4,8 (XXII)]**מ֯עשר** קודש קרבן לאלפ֯ן
11Q18 12i2 (XXIII)]י֯א פרישא ודי **מעשריא** / [

Memphis proper noun **מֹף**

4Q539 1,2 (XXXI)]**מפ** פ֯צ֯[י]ת

ruin noun **מַפְּלָה**

4Q531 26,2 (XXXI)]**מפלת** בניכון ו[
11Q10 V,1 (XXIII) ע]י֯נ֯והי **במפלתה** ומח֯[מת מרא

miracle, wonder noun **מֹפֵת**

4Q546 10,2 (XXXI) (ת)עבדו(ן) אתי]ן **ומפתין** ק֯[דם פרעה

chaff (?) noun **מֹץ**

4Q553 2ii3] / **מץ** נעיצין ו֯ר֯[

middle, midst noun **מְצִיעַ**

4Q205 1xii2] / [אובלת **למ֯[צ֯יע** א֯]רעא וחזית אתר
4Q206 4ii10 והתילד] / **למצ֯[יעהון** תור חד חור
4Q207 5 קדמיא והתהפכו תו]ר֯יא **ב֯מ֯צ֯[יע** עגליא אלן
4Q554 2i13 ומן תרעא דן ע֯[ד] ת֯רעא **מציעא** / [משח
5Q15 1i5 (III)] שתין ושבע [ו]**מ֯צ֯[יעא** די במצ]י֯עת

middle, midst noun **מְצִיעָה, מצעה**

4Q554 2ii21 ומציעא די **במצ[יעת** / קריתא משח
4Q554a 1ii5 ותרעהון **במצעתא** / [פתי קנין תרין
5Q15 1i5 (III) [ו]מצ֯[יעא די **במצ]יעת** קריתא / [משח
5Q15 1ii9 (III) ומשח פותי **מצי]עת** ביתא וגוהון

middle adjective **מְצִיעָי**

4Q554 2ii8 [משח עד תרעא] / **מציעיא** רסין[25 ושם

shining (?) noun **מצמח**

11Q10 XXXVI,4 (XXIII) תדלק / נורא בין עינוהי **כמצמח** פר֯א

מצעה ← **מְצִיעָה**

מִצְרַיִם ← **מִצְרַיִן**

Egypt proper noun **מִצְרַיִן, מִצְרַיִם**

1Q20 XII,11 ו]בני חם כוש **ומצרי[ן** ו֯פוט וכנען
1Q20 XIX,10 ע[בו]ר֯א ה֯[וא] **במצרין** ונגדת / ל֯[מעל]
1Q20 XIX,11 במצרין ונגדת / ל֯[מעל] לארע֯ **מצרין** [
1Q20 XIX,13 ועלנא לארע בני חם לארע **מצרין**
1Q20 XIX,14 חלם בלילה מעלי לארע֯ **מ֯צ֯ר֯י֯ן** וחזית
1Q20 XIX,24 אתו] תלתת גברין מן רברבי **מצרי[ן**
1Q20 XX,14 מרי על פרעו צען מלך **מצרין** די דברת
1Q20 XX,19 ושלח / קרא לכול ח֯כ֯י֯מ֯[י] **מצרין** ולכול
ולכול אשפיא עם כול אסי **מצרין** הן יכולון
1Q20 XX,28 ועדי לך מן / כול מדינת **מצרין**
1Q20 XX,32 אנוש די ינפקנ֯נ֯י ול◦◦◦ מן **מ֯צ֯ר֯י֯ן**
1Q20 XX,33 וסלקת מן **[מצרי]ן** [ולוט] / ב֯ר אחי עמי
1Q20 XXI,11 מן / רמתא דא מן נהר **מצרין** עד
1Q20 XXII,28 תנה ושבע **במצרין** וחדא / מן די תבת מן
1Q20 XXII,29 במצרין וחדא / מן די תבת מן **מצרין**
4Q243 11ii2 (XXII)] / **מצרין** ביד ◦[
4Q246 1i6 (XXII)]מלך אתור[**ומ]צרין** / [

4Q543 1a-c,4 (XXXI) חמשין ו֯תרתין לג֯[לות י]ש֯[ר]אל **למ֯[צרי]ן֯**[
4Q543 3,3 (XXXI) וקרבא] / [הוה בין פלשת ו֯ל֯[מ]**צ֯ר֯[ין** ונצח
4Q543 11,1 (XXXI)]**מצר[ין**
4Q544 1,5 (XXXI)] / ואחידו ג֯[בולי] **מצרין** ולא איתי אפשר[
4Q544 1,7 (XXXI) קרבא] / בין **מצרין** לכנען ולפלשת
4Q544 1,9 (XXXI)] / כולא די אתוב **למצרין** בשלם ואחזה
4Q545 1ai4 (XXXI) חמשין ותרתין לגל[ו]ת֯[י]שראל **למצרין**
4Q545 1a-bii16 (XXXI) תאב[ה חבו]ר֯תנא לארעא **מ[צרין** וסלקת
4Q545 1a-bii19 (XXXI) וקר֯[בא הוא בין]פלשת **למצרין** ונצח֯[
4Q546 2,2 (XXXI) תאבה חבורתנא] / [לארע **מצרי]ן֯** וסלקת
4Q546 10,1 (XXXI)] **מצרין** בכל בש֯[ר
4Q547 1-2iii5 (XXXI) ולא הוינה יכלין ל[מ֯תב **למצרין**
4Q547 1-2iii8 (XXXI) כולא ד]י֯ אתוב **למצרי[ן** / [בשלם
4Q549 1,2 (XXXI)] **למצרין֯**[
4Q556 11,2]ן מן **מצרים** מ[
4Q556 12,1]◦◦ **מצ[רים**
4Q556 14,3] מלך **מצרים**
4Q558 38,1] **מצ֯ר֯[ין**
4Q558 65,3 לש]לחותה לארע **מ֯צ֯ר֯י֯ן֯** [
4Q559 3,9 אולד] ית אהרון ואהר[ו]ן נפק **ממצ[רין**
4Q570 4,4]א֯רם עד ל֯ש֯◦ל ע֯ל **מ֯צ֯ר֯י֯ם֯** ◦◦◦◦◦◦ת֯נ֯ה֯ וי◦[

sanctuary, temple noun **מִקְדָּשׁ**

4Q540 1,5 (XXXI) (כ)]שמש א[ל בנכ]סוהי **מקדשא֯**[מן ד]◦
4Q554 2ii18 די על ש[מא]ל **מקדשא** משח / קנין אמין
5Q15 1i4 (III) [די על ש֯[מא]ל **מק֯[דשא** מ]שח קנין תמנית
11Q18 9,6 (XXIII)]**מ֯ק֯ד֯ש֯א** ו֯ל֯◦ל֯[

burnt-offering noun **מקטורה**

1Q20 X,17 הו֯ית יהב ורח **מקטורתי** ל[ש]מ֯י֯א סלק ⟦ ⟧

standing, position noun **מְקָם**

4Q531 18,1 (XXXI)]קדיש רים **מקם**[
4Q541 9i1 (XXXI)]**מ֯ק֯מ֯י֯ה֯[ו]ן**
4Q541 9i7 (XXXI)]להוה ודי שקר וחמס **מקמה** [ו]יטעה עמא

lord, Lord noun **מָרֵא, מָרֵה**

1Q20 2,5 ◦] קודם **מרה** עלמא
1Q20 II,4 [הא] א֯נ֯ה֯ מועד בעליא **במרה** רבותא במלך
1Q20 II,9 ואמרת יא אחי ויא **מרי** דכרלך על ע֯דינתי
1Q20 II,13 תמלל ולי תאמר יא **מרי** ויא אחי [דכרלך]
1Q20 II,24 אבוהי יא אבי ויא **מרי** די אנה לך א֯ת֯[י]ת
1Q20 V,23] / מברך **למרה** כולא ה֯◦[
1Q20 VII,7 ק֯ד֯י֯שא רבא וחדית למלי **מרה** שמיא
1Q20 X,9 כ֯ולכון **למרכון** ◦◦◦◦ / ל֯מ֯לך כ֯ול עלמ֯י֯א֯
1Q20 XI,12 אדין ברכת **למ֯ר֯ה֯** / [שמיא די] ש֯ב֯ח֯ ע֯ב֯ד֯
1Q20 XII,17 והו֯י֯ת מ֯ב֯ר֯ך **למרה** שמיא לאל עליון
1Q20 XX,12 נחתן בריך אנתה אל עליון **מרי** לכול
1Q20 XX,13 די אנתה **מרה** ושליט על כולא ובכול
1Q20 XX,14 וכען / קבלתך **מרי** על פרעו צען מלך
1Q20 XX,15 אנתתי מני ויג֯דעוך **מרי** די אנתה מרה
ויג֯דעוך מרי די אנתה **מרה** לכול מלכי
1Q20 XX,25 אלן די מתכתש ומתנגד **מר֯י֯** מלכא
1Q20 XXI,2 וקרית תמן בשם **מרה** עלמיא והללת לשם
1Q20 XXII,16 ואמר בריך אברם לאל עליון **מרה** שמיא
1Q20 XXII,18 די סודם ואמר לאברם **מרי** אברם / הב
1Q20 XXII,21 י יומא דן לאל עליון **מרה** שמיא וארעא
1Q20 XXII,32 ואמר אברם **מרי** אלהא שגי לי עתר
4Q202 1iii14] / [אנתה הוא] **מרנא** רב֯א [הו]א מרא
[אנתה הוא] מרנא רב֯א [הו]א **מרא** עלמא [

4Q202 1iv5 [כול עו]ת[א ולגבריאל אמר מ]ריא אז[ל
4Q203 10,1 (XXXVI) ו]כען מרי[
4Q204 4,4 ומרא ענא רגז על [ענא רגוז]
4Q206 4ii21 אנן ומזעק תקיפ]ית עד נחת מ[רא ענא
4Q206 4iii19 ס]לק לר[אש כ]ף חד רם ומ[רא] / [ענא
4Q213a 1,10 (XXII)]אמרת מרי אנתה / [
4Q213a 1,18 (XXII) ע]לי מרי וקרבני למהוא לכה
4Q213a 2,6 (XXII)] / מרי ב[רכת
4Q214 4,4 (XXII)]מריה כ◦[
4Q529 1,6 (XXXI)] / בספרי די רבי מרא עלמא כתיב הא[
4Q529 1,7 (XXXI) והא רבי מרא עלמא[
4Q529 1,9 (XXXI) קריה לשמה די רבי מ[רא עלמא
4Q529 1,10 (XXXI) כל די באיש קודם רבי מר[א עלמא
4Q529 1,11 (XXXI)] / וידכר רבי מרא עלמא לבריתה ◦[
4Q529 1,12 (XXXI) ויעבד] / רבי מרא עלמא לה רחמין ולה
4Q542 1i2 (XXXI) די הוא אלה עלמיה ומרא כול מעבדיא
4Q544 2,13 (XXXI) ואמרת מראי מא של[טן לעירא דן
4Q546 8,5 (XXXI) ואמרת]מרי א[נתה
4Q548 1ii-2,7 (XXXI) קנאת מר]אי חרא בי די בני צ[דקתא
4Q552 1,11]מראיהון ו◦◦ חד מנהון
4Q552 3,9]מרא[
4Q556 14,4] מרא אנון / [
4Q569 1,6] / הן מרך רחם[
4Q573 7]מרא / [
4Q581 3,2 א]מר מרי [
11Q10 XXIV,5 (XXIII) לאלהא מן שקר / ומן לחבל{{ה}}א מ[רא
11Q10 XXIV,7 (XXIII) הכען צדא אלהא / ישקר ומרא[

square noun **מְרַבַּע**
4Q554 2ii13 מרבעהה ס[וחר סחור] אמין 35 / 7
5Q15 1ii5 (III) ואו[רכה אמין שת בשת] / מרבע

to rebel verb **מרד**
1Q20 XXI,27 למלך עילם ובשנת תלת עשרה מרדו בה

chastisement, discipline noun **מַרְדּוּ**
4Q560 1i2] ילדתה מרדות ילדן פקר באיש ש[

מָרֵה ← מָרֵא

height noun **מְרוֹם**
11Q10 IX,5 (XXIII) ורבו עם אלהא ע[בד שלם] / [במרו]מה

sluice noun **מרזב**
4Q206 4i16 והוית] חזה והא מרזבין שבעה שפכין / [על
4Q206 4ii1 [ועוד חזית בחל]מי עד מ[רזביא אלן התכלאו

Miriam proper noun **מִרְיָם**
4Q543 1a-c,6 (XXXI) זעיר[א ואסב] / לה למרים [ברתה לאנתה
4Q545 1ai5 (XXXI) זעירא[ואס]ב לה למר[י]ם ברתה / לאנתה
4Q546 12,4 (XXXI)]ה ורז מרים עבד לה[(ון)
4Q547 9,10 (XXXI)]מרים ומן באת[רה]לקחת עשר[
4Q549 2,8 (XXXI) עשרא ואולד מן מריאם עמא[בנין תלתא

sickness noun **מְרַע**
4Q318 VIII,9 (XXXVI) אם בתאומיא ירעם דחלה ומרע מנכריא ומ[
4Q531 9,1 (XXXI)]מרע[?

gallery noun **מרפסה**
11Q18 13,8 (XXIII)]מרפסתא ליד יס◦[

to cleanse verb **מרק**
11Q10 XXIX,1 (XXIII) אף בהון ימרק ענג[ין] וינפק מן / ענן נורה

to be bitter verb **מרר**
4Q537 9,2 (XXXI) וא]נתון תהוון ממרין ומקשין לקובלה ול[

gall noun **מְרָרָה**
4Q197 4i14 (XIX) ומררתא למכחל עי[ני אנש

large number noun **מַשְׂגִּי**
1Q20 XIII,14 בזיתא דן וארו הא משגית עלוהי ◦◦◦◦◦◦◦
1Q20 XV,9 חזיתא כולהון [ ]ן יסורון משגיתהון להון

מְשׁוֹךְ ← מֶשֶׁךְ

מֹשֶׁה ← מוֹשֶׁה

to measure verb **משח**
2Q24 3,2 (III) ו]משח עד תרע ספי[רא
4Q554 2i16 ומן]תרעא דן משח עד זוית / [מדנחא
4Q554 2i20 תרע בנימין ומן ת]רעא דן משח עד
4Q554 2i22 ראסין 25 ו]מן דא זויתא משח עד / [
4Q554 2ii6 ומן זויתא דא למדנחא] משח [עד תרעא
4Q554 2ii9 תרע נפתלי [ו]מן דן / תרעא משח עד
4Q554 2ii10 לה תרע 〚 〛 אשר ומש[ח מן תר]עא
4Q554 2ii12 אעלני לגוא קריתא ומ[שח פר]זיתא [
4Q554 2ii18 די על ש[מא]ל מקדשא משח / קנין אמין
4Q554 2ii22 די במצ]יעת / קריתא משח פתיה קני[ן
4Q554 2iii15 ומשח בגוא אספא ארכה א<מין>
5Q15 1i4 (III) ותליתיא על] ש[מא]ל מק[דשא מ]שח קנין
5Q15 1i17 (III) אספא ית ד[שין ל]ה ומשח בגוא א[ס]פא
5Q15 10,2 (III)] ומשח / [
5Q15 13,1 (III)]מש[ח

oil noun **מְשַׁח**
1Q20 X,16 יהבת סולת נשיפא פילא במשח עם לבונא
4Q555 1,2] במשח רבות[א
11Q18 29,4 (XXIII)]משח וחמ[ר

measurement noun **מִשְׁחָה**
1Q21 37,2 (I)]כל משחה ל[
1Q32 2,3 (I)]משח[ה
2Q24 1,3 (III) וכדן אח[זי]נ[י]כול משחת / [פרזיתא
2Q24 5-6,2 (III) אורכה ופו]תיה משחא חדא / [
4Q211 1ii2 דן מן משחתה◦[
4Q554 2ii15 אמין 21 וכדן אחזיני מש[ח]ת פרזיא כלהן
4Q554 2iii13]יא משחתא אמין[4
4Q554 2iii17 גויא די ליד ימינא / כמש[ח]ת תרעא בריא
4Q554 2iii20 פתיח לגוא פרזית[א] / כמשחת תרעא בריא
4Q554 2iii21 וס]לק פ[תיה] / וארכה משחה חדה קנין
4Q554 2iii22 עשרא ות[רעין לקבל תרעין] / כמשחה
4Q554 3i16]◦◦ משחת / [
4Q554 3ii16 ותרין ופתיהון וארכהון משחה חדה / [
5Q15 1i2 (III) וכדן [אחזיאני מ]שחת פר[זיא כלהן
5Q15 1ii2 (III) תר]ע פתיח לגוא פרזיתא כמשחת תרעא
5Q15 1ii3 (III) וסלק] פותיה ואורכה משחה חדה קנין תרין
5Q15 1ii4 (III) ותר[עין לקבל] / תרעין כמשחה
5Q15 4,3 (III) מש]חה קנין [
11Q10 XXX,3 (XXIII) מן שם משחתה הן תנדע מן נגד עליה

anointed, messiah noun **מְשִׁיח**

4Q**547** 9,7 (XXXI) להוה **מש]יח** ובנוהי בתרה לכול

to pull verb **משך**

6Q**8** 4,3 (XXXVI)] / **תמשכון**[

Meshech proper noun **מֶשֶׁךְ, מֹשׁוֹךְ**

1Q**20** XII,12 ומדי ויואן ותובל **ומשוך** ותירס ובנן נקבן

1Q**20** XVII,18] בארעא **ולמשך** ים ∘∘∘[

bed noun **מִשְׁכָּב**

11Q**10** XXII,10 (XXIII)] / [במנ]מה על **משכבה**[

dwelling noun **מִשְׁכָּן**

4Q**156** 2,4 (VI) קדשא [ועל] **משכן** זמנא ו[על] / [מדבחא

4Q**204** 4,10]רן אתהפך והוא אנוש ועבד **מ[שכן]** / [

4Q**243** 34,1 (XXII)]מן **משכנא**[

messenger noun **מִשְׁלַחַת**

1Q**20** VI,13 רבא עלי בציר **ובמשלחת** קדישא ∘∘∘∘∘∘ / [

1Q**20** VI,15 **מ]שלחת** קדישא רבא לי קל

hearing, rumor noun **מַשְׁמַע**

11Q**10** XXXVII,7 (XXIII) **למשמע** אדן שמעתך וכען עיני

clan noun **מִשְׁפָּחָה**

4Q**196** 2,9 (XIX) ומן בית אבי ומן **משפחתי**

camp noun **מַשְׁרִי**

1Q**20** XXI,1 [ב]כל אתר **משריאתי** עד די דבקת לבית

4Q**556** 1,3]**משרית**[א י]שוא אנפוהי[

4Q**558** 42,1] **ובמשרי** כ[

? noun **משרתא**

11Q**18** 15,1 (XXIII)]**משרתא** עוד להן די להוה[

drink noun **מִשְׁתֵּה**

1Q**20** XIX,27]במאכל שגי **ובמשתה**[ ]חמרא / [

1Q**20** XXII,15 דשלם אנפק / מאכל **ומשתה** לאברם

feast noun **מִשְׁתּוּ**

4Q**197** 4ii4 (XIX)] / [נעבד לה]**משתותא** וידע אנה

4Q**543** 1a-c,7 (XXXI) ש[בעה יומין ואכל ואשתי **במ]שתותה**[וחדי

4Q**545** 1ai6 (XXXI) ועבד **משתותה** שבעה[יומ]ין / ואכל ו

4Q**545** 1ai7 (XXXI) שבעה[יומ]ין / ואכל ואשתי **במשתותה**

4Q**545** 1ai8 (XXXI) אשתציו / [י]ומי **משתותא** שלח קרא

town noun **מָת**

4Q**213** 1i15 (XXII) ל]ה לכל **מת** ומדינה די יהך לה / [אח

4Q**536** 2i+3,6 (XXXI)]**במתתא** ורב להוא / [

4Q**570** 1bii5] / **מתא** ומחמ[

dead adjective **מֵת**

4Q**206** 1xxii4 רוח / אנש **מת** קבלה [ו]אנינה ע[ד] שמיא

4Q**545** 1a-bii15 (XXXI) עבידתנא[ש]גיאין לה[דא עד יתקב]רון **מתין**

Methuselah proper noun **מְתוּשֶׁלַח**

1Q**20** II,19 אנה למך רטת על **מתושלח** אבי וכולא לה

1Q**20** II,21 וכדי שמע **מתושל[ח** פתגמיא אלן] / רט

1Q**20** V,2] / ⟦ ⟧ ולך **מתושלח** ב[רי

1Q**20** V,24] / וכדי שמע **מתושלח** ל[

4Q**212** 1ii22 [די כת]ב ויהב **למת[ושלח** ברה ולכל אחוהי

to compare noun **מתל**

4Q**535** 1,2 (XXXI)] / ד[י] **מתל**[/ק]ל ← מְתַל, מַתְקַל

parable noun **מְתַל**

4Q**201** 1i2 (XXXVI) ונסב] **מתלוה**[י וא]מר [חנוך גבר קשטה

4Q**212** 1iii18 וכדי יהב אגרתה נסב ח]נוך **מתלה**

4Q**212** 1iii23 ות[ב] / נסב חנוך **מתלה** ואמר אנ[ה הוא

4Q**535** 1,2 (XXXI)] / ד[י] **מתל**[/ק]ל ← מתל, מַתְקַל

4Q**541** 3,2 (XXXI) נס]ב אנה לכה **מתל**[י

4Q**541** 9i1 (XXXI) ו]לבנוהי עם **מתל** [

מתנה ← מנתנה

weight noun **מַתְקַל**

4Q**535** 1,2 (XXXI)] / ד[י] **מתל**[/ק]ל ← מתל, מְתַל

Mattat proper noun **מתת**

4Q**359** a,1 (XXVII)]**מתת** בר חזק[

נ

please, now particle **נָא, נָה**

1Q**20** XX,25 יְתִיבו נה לשרי לאבֿרם בעלה / ויתוך
4Q**204** 5ii29 וכען אזל נא עדֿ למֿךֿ [בר]ךֿ [ואחויה
11Q**10** XXX,1 (XXIII) אסר נא כגֽבר חלצֿ[י]ךֿ[ואש]אלנךֿ
11Q**10** XXXIV,3 (XXIII) אסר / נא כגבר חלציך אשאלנך והתיבני
11Q**10** XXXIV,6 (XXIII) העדי נא גוה ורם רוח וזוי והדר
11Q**10** XXXIV,7 (XXIII) העדי נא חמת רגזך וחזא כל גאה
11Q**10** XXXVII,6 (XXIII) שמע נא ואנה אמלל אשאלנך / והתיבני

Nebuchadnezzar proper noun **נְבוּכַדְנֶאצַּר**

4Q**243** 13,3 (XXII)] למנתן אנון ביד נבֿ[כדנצר

prophet noun **נְבִיא**

4Q**198** 1,12 (XIX)]מללו [נב]יֿאֿ[י ישראל
4Q**339** 1 (XIX)] / נבֿיאֿי [ש]קרא די קמו בֿ[ישראל] / בֿלעם
4Q**556** 1,7]◦ על דנה אבד נביאא די יח◦[
4Q**562** 7,1 מלת]אֿ די מלל נֿביאֿה ◦◦◦[ ]ןֿ[
4Q**570** 30,4 נבי]אֿא לי א◦[

shamelessness noun **נַבְלוּ**

4Q**542** 1i6 (XXXI) כילאין ותהון לשפלו{{ת}} ולנבלו בעיניהון

Nabonidus proper noun **נבני**

4Q**242** 1-3,1 (XXII) מלי צ[ל]תא די צלי נֿבֿני מלך [בב]ל מלכֿ[א

south noun **נֶגֶב**

4Q**210** 1ii8 נפק רוח דרום] / די קרין לה נגבה טל [ומטר

to travel, stretch verb **נגד⁻1**

1Q**20** XIX,8 דֿבֿקתה לטורא קדישא ונגדת / ל◦◦◦ והוית
1Q**20** XIX,10 די ע[בו]רֿא הֿ[וא] במצרין ונגדת / לֿ[מעל]
1Q**20** XXII,4 נכסוהי ולא קטיל ודי / נגדו מלכיא
1Q**20** XXII,7 וערֿנם / ואשכול וממרה נגדו עמה
4Q**213**a 2,11 (XXII)] / באדין נגדת ב[
4Q**547** 6,5 (XXXI) ב?]שֿלם ונגד שֿ[פי]לֿ[(יא/ן)
4Q**550**c 1i2] ונגדת ◦[
4Q**561** 4-6i2] / בין אורין לאכומן אפה נגיד / [ו]שֿפיר
4Q**561** 4-6i10] / נג[יד
11Q**10** XXX,3 (XXIII) מן שם משחתה הן תנדע מן נֿגד עליה חוטא
11Q**10** XXXV,3 (XXIII) התגד / תנין בחכא או בחבל תחרז

to wound verb **נגד⁻2**

1Q**20** XX,25 ונגדיא / אלן די מתכתש ומתנגד מרֿיֿ

wound, blow noun **נְגֵד**

1Q**20** XX,18 וגברו עלוהי מכתשיא ונגדיא ועל כול
1Q**20** XX,24 למלכא כול מכתשיא ונגדיא / אלן
4Q**541** 6,3 (XXXI)] נגדי מכאוביכה דֿ[◦

toward preposition **נֶגֶד**

4Q**213** 1-2ii4 (XXII)] / ולא איתי [כ]לֿ מחיר נגדה ◦[

dawn noun **נֹגַהּ, נוֹגַהּ**

4Q**552** 2ii1] / נוגהא קאם וארבעה אילניאֿ[
4Q**580** 1ii15 / [בע]דֿני נגהא ובנג[הא

4Q**580** 1ii15] / [בע]דֿני נגהא ובנג[הא

island noun **נְגוּ**

1Q**20** XVII,17 מֿדֿיֿ ובֿתרה ליֿואן כול נגֿאותא די ליֿדֿ

to strike, afflict verb **נגע**

4Q**197** 4i13 (XIX)] / [ת]אֿתנה קדם גבר או אֿנתא נגיעי שד

door-bolt noun **נְגַר**

11Q**10** XXX,8 (XXIII) לה תחומין ודתֿ[לימא נגר]יֿן וֿ[תר]עֿיֿן

prodding noun **נגשה**

11Q**10** XXXII,6 (XXIII) מהמא תקף קרֿיֿאֿ ונגשת שליט לא / ישמע

to flee, wander verb **נדד**

4Q**530** 2ii+6-12,4 (XXXI) באדין חלמו תריהון חלמין / ונדת שנת[ ]
4Q**550**b 2 אנ]תֿה נד[ת

sheath noun **נְדָן**

1Q**20** II,10 עֿנֿתֿאֿ וֿנֿשֿמֿתֿי לגו נדנהא ואנה בקושט כולאֿ

Nadin proper noun **נדן**

4Q**199** 2,1 (XIX) ע]וֿבדי נדן[

נָה ← נָא

light noun **נְהוֹר**

4Q**204** 1i19 משניין ארחתהון] / במסורת [נה]וֿריהון
4Q**208** 15,2 (XXXVI) וב]צֿיר מנ נהורה לשֿ[ביעינ
4Q**208** 16,2 (XXXVI) מנ נהו]רהה [
4Q**208** 19+21,5 (XXXVI) חמשא] / ופלג ושוי בה נה[ור
4Q**208** 23,2 (XXXVI) נ]הורה לשביֿ[עינ
4Q**208** 26,2 (XXXVI) וש]וֿיֿ בה נה[ור
4Q**209** 1i2 (XXXVI) ושוי בה] נהור שביעין תלת[ה ופל]גֿ
4Q**209** 1i6 (XXXVI) ושוי בה נהור / [שביעין ארבעה ופלג
4Q**209** 1i12 (XXXVI) ושוי בה נהור ש[ביעין]
4Q**209** 5,7 (XXXVI) [תרין ופלג ובציר מנה]וֿרה שביעיןֿ[תרין
4Q**209** 6,5 (XXXVI) שתֿה וֿ[בצ]יֿר מנ[ה]ורה / [שביעין שתה
4Q**209** 6,7 (XXXVI) שביעין שתה ופלג ובציר מנהֿ[ורה] / [
4Q**209** 6,9 (XXXVI) דן כלה ולקיח כל שאר נהורה ונפק גלגלה
(XXXVI) ריקן מן כֿל נהור מטמר עם ש[משא] / [
4Q**209** 7ii3 (XXXVI) שביעין ארבעה ופלג ובציר מנהורה / [
4Q**209** 7ii6 (XXXVI) שביעין חמשהֿ ובציר מנהורה שביעין חמשה
4Q**209** 7ii9 (XXXVI) שביעין חמשהֿ ופלג ובציר מנהורה שביעין
4Q**209** 7ii12 (XXXVI) שביעין שתה ובציר מ[נ]הֿוֿרֿה שבֿ[יעין שתה
4Q**209** 7iii7 (XXXVI) ושוי בֿהֿ נֿהוֿ[ר] שביעין חמשה שלֿםֿ[
4Q**209** 14,2 (XXXVI) ו]בציר מנ[הורה
4Q**209** 26,4 (XXXVI) כדמות חזֿי דמי כדי נהורה בה האֿיֿ[ר
4Q**210** 1iii5 חמשת עשר ומשלמין בה כל נהורהֿ / [
4Q**531** 13,6 (XXXI)]דֿיֿ נֿהוֿרֿ ◦[
4Q**544** 2,16 (XXXI) אנה שליט על כול נהורא וכו[ל ארחי
4Q**544** 3,1 (XXXI) נהורא ואנה על כול בני נהו]רא אשלטת
4Q**548** 1ii-2,13 (XXXI) נהורא] / לנהורא לֿ{{תמימותא}} <<נֿעֿיֿמֿתֿאֿ>>
4Q**548** 1ii-2,16 (XXXI)]וכל בני נהורא[
4Q**580** 3,3]נהֿוֿרא איתי [
4Q**580** 9,1] / נהוֿ[רא
11Q**10** XXIII,7 (XXIII)]הֿ / בנהור תחזא
11Q**10** XXIII,8 (XXIII) בנהו]רֿ / חיין
11Q**10** XXVIII,7 (XXIII) ופרס נהֿ[ורה] / [
11Q**10** XXIX,6 (XXIII) שויא אלהא עליהֽן וֿ[הו]פֿעֿ נהור עננה

light noun נְהִיר
4Q536 2i+3,3 (XXXI)]לה יתגלון נהיר[יא] / [
4Q541 24ii6 (XXXI) ת{{צ}}יעא ותחזה ותחדה בנהיר עלמא
4Q542 1i1 (XXXI) אל אלין לכול עלמין ויֿנהר נהירה עליכון

bright adjective נַהִיר
4Q542 2,12 (XXXI)] / ונהיר להן [
4Q548 1ii-2,10 (XXXI)] / נהירין להוון[וכל בני]חשׂוכא חשיכין
4Q548 1ii-2,12 (XXXI) ורש[יע חשי]ך וכל[חכי]ם וקשיט נהיר]

illumination noun נַהִירוּ
4Q548 1ii-2,14 (XXXI) דנה תנה]ך לעמא נהירותא ואחוי ל[הון

to shine verb נהר
4Q542 1i1 (XXXI) ואל אלין לכול עלמין ויֿנהר נהירה עליכון
4Q548 1ii-2,14 (XXXI) [ביומא דנה תנה]ך לעמא נהירותא ואחוי

river noun נְהַר
1Q20 XVI,9 ראיש בעין עד טינה [נ]הרא ו∘∘∘ בעין [
1Q20 XVI,15 [ירותת ע]ל[מים] / [ ]∘∘∘ נ[פ]ק מי טינה נהרא
1Q20 XVI,16] / עד טינה נהרא ∘∘∘∘∘∘∘∘∘∘∘∘ל ∘∘∘∘ם
1Q20 XVII,7 בצפונא ליד מי חדקל נהרא עד דדבק
1Q20 XVII,9 לארם ארעא די בין תרין נהריא עד
1Q20 XVII,16 בצפונא עד די דבק לטינה נהרא ובתרה
1Q20 XIX,11 לכרמונא נהרא חד מן / ראשי נהרא ∘∘∘]
1Q20 XIX,12 לכרמונא נהרא חד מן / ראשי נהרא ∘∘∘]
[וח]לפת שבעת ראשי נהרא דן די / ∘∘∘]
1Q20 XXI,11 ארעא מן / רמתא דא מן נהר מצרין עד
1Q20 XXI,15 ארעא ושרית למסחר מן גיחון נהרא ואתית
1Q20 XXI,17 ארעא / עד די דבקת לפורת נהרא
1Q20 XXI,19 לדרומא עד די דבקת גחון / נהרא
1Q20 XXI,24 תדעל מלך גוים די / הוא בין נהרין ועבדו
1Q20 XXI,28 והווא מחין ובזין מן פורת נהרא
1Q23 13,2 (XXXVI) ע]תק נהר[א
1Q24 1,3 (XXXVI)]ל[ ]יא ולנהרא [
4Q531 7,6 (XXXI) דם שגיא שפיך]כנהרין רברבין

light (?) noun נהרה
4Q196 7,2 (XIX) נהר]ת ש]מיא

נוֹגַהּ ← נְגַהּ

to rest verb נוח
1Q21 3,2 (I) תכתן וזמנין] / תעמל וזמנין תנ[וח וזמנין
4Q157 1ii5 (VI)] / ומן בלי מני[ח
4Q212 1ii16] / ותנוח אר[עא מן חרב
4Q212 1v18] / זויא די אנ[ון ש]ליהו]ן יתנח[ון ודי יחזא
4Q246 1ii4 (XXII) עד יקום עם אל וכלא ינו/יח מן חרב
4Q530 2ii+6-12,23 (XXXI) פ[ש]ר חלמיא ודי כלא מנח / [ע]ל כפנוהי

Noah proper noun נוֹח
1Q20 V,29] / [פרשגן] כתב מלי נוח [
1Q20 VI,6 בא[ר]ין הוית אנה נוח גבר ואחדת בקושטא
1Q20 VI,15 לי קל אשמע לך אמרין יא נוח / [
1Q20 VI,23 ואש]כחת אנה נוח חן רבו וקושט ∘∘∘]
1Q20 X,2 ∘∘∘ל ושלם ∘∘∘∘∘∘∘∘∘∘∘∘∘∘∘ / לנוח ∘∘ בליליא
1Q20 XI,1] אנה נוח הוית בתרע תיבותא באריא
1Q20 XI,11 ארבע [ ] / [אדין]אנה נוח נפקת והלכת
1Q20 XI,15 ולי אמר אל תדחל יא נוח עמך אנה ועם
1Q20 XV,21 [ואתעירת אנה] נוח מן שנתי ושמשא ∘∘∘∘
1Q20 XVII,15 פלג לה ויהב לה נוח אבוהי
4Q244 8,3 (XXII)]נוח מן לובר [טורא
4Q547 5,3 (XXXI) וב(א)]תרה נוח / [

to frighten verb נוט
4Q543 31,3 (XXXI)]תניט ∘[

to sleep verb נום
11Q10 XXII,10 (XXIII)] / [במנ]מה על משכבה[

fish noun נון
4Q196 13,3 (XIX) מה סם ב]לבב נונא וכבדה[
4Q197 4i6 (XIX) ושור נו]ן חד רב מן / [מיא למב]לע
4Q197 4i7 (XIX) א]חך נ]ונא וג]בר עלימא / [לנונא
4Q197 4i10 (XIX) מן נ]ונא ואכל ואך[
4Q197 4i12 (XIX) עזריה אחי מה סם בלבב נונא ובכ[בדה
4Q201 1iii21 (XXXVI) ובמיה] / [וב]שמיה [ו]נוני ימה [ו]למכל בשר[הן
4Q318 VII,9 (XXXVI) דולא ב[9]2 וב30 נוניא
4Q318 VIII,5 (XXXVI) ב26 וב[7]2[וב28] נו]ניא ב29 וב[30
4Q531 2+3,3 (XXXI) ש[מ]י[ן] וכול]נוניא רבר[בי]א ∘∘∘]
11Q10 XXXV,10 (XXIII)]נון די נונין]

branch of tree noun נוף
1Q20 XIV,16] / [ ] ∘אל∘ מן קצת נופהן עלל בגו נוף
מן קצת נופהן עלל בגו נוף קדמיתא תרין
1Q20 XIV,17 ודי חזית מן קצת נופהן עלל בגו נוף
מן קצת נופהן עלל בגו נוף קדימיתא

to shine verb נור
4Q208 1,1 (XXXVI) ואניר ב[לילא חד עשר בה] / שביעי[ן
4Q208 5,3 (XXXVI) ואניר ב[לילא ארבעה בה שביעין] / [תרין
4Q208 8,1 (XXXVI) ואנ]יר [
4Q208 15,3 (XXXVI) ואניר] בשאר ליליא דנ] / [שביעי[ן
4Q208 18,2 (XXXVI) ו]אניר[בלילא] {{דנ}} / [ ]
4Q208 23,3 (XXXVI)]ואניר שאר לי[ליא דנ
4Q209 1i5 (XXXVI) ואניר בלילא תמניה בה שביעין / [ארבעה
4Q209 1i7 (XXXVI) ו]אניר בלילא תשעה בה שביעין / [ארבעה
4Q209 2ii4 (XXXVI) ואניר בלילא תלת[ת עשר בה שביעין
4Q209 2ii6 (XXXVI) ואניר בלילא ארבעת עשר בה כל
4Q209 2ii10 (XXXVI) ובאדין נפק ואניר [ש]אר ליליא ד[ן שביעין
4Q209 5,5 (XXXVI)] / נפק ואניר שאר ליליא דן שביעין [חמשה
4Q209 7ii4 (XXXVI) וב]אדין נפק ואניר בשאר ליליא דן שביעין
4Q209 7ii7 (XXXVI) ובאדין נפק ואניר בשאר ליליא דן שביעין
4Q209 7ii10 (XXXVI) נפק מן תרעא תנינא ואניר בשאר ליליא דן
4Q209 7iii4 (XXXVI) ואניר בלילא תשעה ב[ה שביעין] / ארבעה
4Q209 12,2 (XXXVI)] / ואניר]
4Q209 13,1 (XXXVI)] ואניר בליל[א
4Q209 16,4 (XXXVI) ונפק מן תרעא]תליתיא ואנ[יר בשאר
4Q210 1iii3 שהרא פלג שביע חד די נהורה אנ]יר בשמיא
4Q541 9i3 (XXXI) כרעות אל שמש עלמה תניר / ויתזה נורהא
4Q541 9i4 (XXXI) קצוי ארעא ועל חשׂוכא תניר אדין יעדה
4Q545 3,3 (XXXI)] / יניר ב[

fire noun נור
1Q20 V,13] / עולימא דן נור והוא ל∘∘∘]
1Q20 X,12]תבותא נחת חד מן טורי הוררט ונור עלמא
1Q20 X,14 ותרבא על נורא אקטרת ותניאנא ∘∘∘∘
1Q20 XV,10 ארעא מגלא בידה ונורא עמה ארצין
1Q20 XV,12 ירמי על נורא כול פש]
4Q204 1vi22 מתבנא אבני ברד] / [ולשנ]י נור סחרין

Text		Reference
לי רעואל דן ד]גלה ונורא הוא / [די		4Q205 1xi5
בל]שׂני נור / [		4Q206 1xxi3
] / אמר די גדודי נורא תמה השכח[ת	(XXXI)	4Q529 1,2
חזא]הֿוית עד די לשנין די נור מן / [	(XXXI)	4Q530 2ii+6-12,9
עפ]רֿאֿ בכל מיא ונורא דלק בכלֿ / [	(XXXI)	4Q530 2ii+6-12,10
עלמה תניר / ויתזה נורהא בכול קצוי	(XXXI)	4Q541 9i4
] נורא באישה [		4Q556 1,4
]לֿ[ ]בֿנור עלֿמֿאֿ		4Q582 5
] / קדמוהי לנורהֿ[	(XXIII)	11Q10 VIII,3
בהון ימרק עננֿ[ין] וינפק מן / ענן נורה	(XXIII)	11Q10 XXIX,2
עטישתה תדלק / נורא בין עינוהי כממח	(XXIII)	11Q10 XXXVI,4
ו]שויה על נורא ואיתי קמח סולת[	(XXIII)	11Q18 13,3

to move verb נזח

Text		Reference
וכוכ[בין] נזחו בֿ[תרעי] שמיֿא קד[מיא		4Q211 1ii4
] נזחה לה מנה[ו]לבֿ[תר	(XXXI)	4Q535 3,6

lance noun נַיזָך

Text		Reference
עלוהי יתלה שלט / שנן ונזך וחרף סיף	(XXIII)	11Q10 XXXIII,5

to be damaged verb נזק

Text		Reference
לה]ן לֿאֿ יֿתנזקון ביום דינֿא מֿן [תנה		4Q205 1xi1
ובֿ[א]בֿהתהוהי רֿ[ז]יֿ[ ]אֿחין יזקונה עמה להוֿןֿ[	(XXXI)	4Q534 1i7

נַח ← נוח

nostril noun נְחִיר

Text		Reference
מֿןֿ נחירוה יפק תנן / לכוש יקד ומגמר	(XXIII)	11Q10 XXXVI,5

valley noun נְחַל

Text		Reference
בשמא [ ] ולהלא מן נחלֿ[י]אֿ / [אלן		4Q204 1xii25

Nehelemite proper noun נֶחֱלָמִי

Text		Reference
מֿ[ע]שיה / [שמעיה הנ]חֿלֿמי / [חנניה בן	(XIX)	4Q339 7

to comfort verb נחם

Text		Reference
עמה לחם בביתה ונחמוהי על כל	(XXIII)	11Q10 XXXVIII,6

divination noun נַחַשׁ

Text		Reference
אלף כוכבאל אלף / [נ]חֿשי כוכבין	(XXXVI)	4Q201 1iv3
[שמ]שיאל אלף נחשי שמֿ[ש שהריאל	(XXXVI)	4Q201 1iv4
] / [ברקין כוכבאל א]לֿף נחשי כוכבֿ[ין		4Q202 1iii3
ארע]תֿקף אלף נחשֿ[י] ארעֿ[שמשיאל אלף		4Q202 1iii4

bronze noun נְחָשׁ

Text		Reference
ושרֿ[ינין ד]יֿ נחֿ[ש ואחזיא] / להוֿןֿ מא		4Q202 1ii26
לבק]רֿכה רבא על מדבח נחש[א	(XXXI)	4Q547 9,5

destruction, slaughter noun נַחְשִׁיר

Text		Reference
]ונחשירין רב בֿמֿדינתא / [	(XXII)	4Q246 1i5

to descend verb נחת

Text		Reference
]לֿארעא ולמחֿתֿ להא ∘ מ∘∘ עֿמֿאֿ / [		1Q20 I,27
]תבותא נחת חד מן טורי הורדט ונֿורֿ עלֿמֿאֿ		1Q20 X,12
בטורי הורדט ומן בתר כן נחתת לשֿפֿולֿיֿ		1Q20 XII,8
ואמרת באתעצבא ודמעי נחתן בריך		1Q20 XX,12
ונחת עלימֿ[א	(XIX)	4Q197 4i6
ומיא משרין] / וֿנֿחתין בגוהון עד		4Q206 4ii3
[ענא אנן ומזעק תקיפ]יֿת עד נחת מֿ[רא		4Q206 4ii21
די על תבֿ]לֿ א ונ]חת עליהון תלגֿאֿ[	(XXXVI)	4Q209 23,10
טל]וּמטר מחתין [ע]לֿ ארעא וזרע / [		4Q211 1i2
[ ]הֿא שלטן שמיא לארעא נחת / וכרסון	(XXXI)	4Q530 2ii+6-12,16
(לה) על גנ]ין די מן שמין נ]חתו אנון	(XXXI)	4Q530 7ii11
]הֿעמי לשאול תֿ[נחתון] / [או כחרדה	(XXIII)	11Q10 I,2
אחתוני [לטינא] / [	(XXIII)	11Q10 XVI,9
ועננוהי יַנֿחתון / טֿ[יפי מין על]עֿם סגיא	(XXIII)	11Q10 XXVIII,5
להנחתה על ארע / מדבר די לא אנש בה	(XXIII)	11Q10 XXXI,3

to lift verb נטל

Text		Reference
] / ויטלון לחמא ∘[	(III)	2Q24 4,5
]∘∘ וֿנֿטלו לוחא מן מיא לוחא	(XXXVI)	2Q26 3
ע]ליך אנפי ועינ[י נ]טלת	(XIX)	4Q196 6,8
]נטלת לשמיא / [	(XXII)	4Q213a 1,8
והא]נֿטלת עיני וחזית וחד מ[נהון	(XXXI)	4Q543 5-9,4
במטל עינוהי יכלנה כבחכה	(XXIII)	11Q10 XXXV,3

to keep verb נטר

Text		Reference
שב]עת ? יומיא אלן במטרהוֿ[ן	(XXXI)	4Q530 2i+3,5
לא יבלא ומאמרי] / דן ינטור [במגלה	(XXXI)	4Q534 7,4
] / אל נטרֿ[	(XXXI)	4Q541 1ii4
ותשבוחֿא לאברהם די נטרתון / והילכתון	(XXXI)	4Q542 1i11
]לה לה למנטר[		4Q558 67,2
]נֿטר עמא[	(III)	6Q31 1,1
] / והחשיו ונטרת מנהון ∘[	(XXIII)	11Q10 XXI,7
]נטרֿת / [	(XXIII)	11Q10 A12,2

rest noun נְיָח

Text		Reference
הימלל / עמך בניח או ימלל עמך	(XXIII)	11Q10 XXXV,6

offering noun נִיחוֹחַ

Text		Reference
]מֿש אשה ניחוחי[		4Q565 3
רי]ח ניחֿ[וח	(XXIII)	11Q18 29,6
]לֿריח ניחוח[	(XXIII)	11Q18 33,1

Nineveh proper noun נִינְוֵה

Text		Reference
]שורא די נֿינוהֿ[	(XIX)	4Q196 1,1
[חד מ]ן בני נינוה והחוי למלכֿ[א עלי	(XIX)	4Q196 2,1
מן בני נפתלי [די] שבין בנינוה	(XIX)	4Q197 4iii6
] / נֿינֿ[וה די מ]לֿ[לו נביאי ישראל	(XIX)	4Q198 1,4

to blossom verb ניץ

Text		Reference
בכל א]ילניה כלהן יֿתֿניֿצֿ[ון] עֿליהן בהן	(XXXVI)	4Q201 1ii9
] בכול אילניא כולהון יֿתֿנֿ[יצון עליהון		4Q204 1i28

to strike verb נכה

Text		Reference
]בֿהֿ[ ]מֿכאֿה ה∘[	(XXXI)	4Q546 15ii1

to slaughter verb נכס

Text		Reference
ויכֿס / [	(VI)	4Q156 1,7

property noun נִכְסִין

Text		Reference
ואזלת אנה אברם בנכסין שגיאין לחדא		1Q20 XX,33
ואף לוט קנה לה נכסין שגיאין ונסב		1Q20 XX,34
קודם אלהא על כול נכסיא וטבתא		1Q20 XXI,3
לה בבקעת ירדנא וכול נכסוהי / עמה		1Q20 XXI,5
דילה שגי והוא רעה נכסוהי ודבק עד		1Q20 XXI,6
]∘∘∘ ובֿזֿ מֿלך עילם כול נכסיא די סודם		1Q20 XXI,33
בסודם כחדא עמהון וכול נכסוהי		1Q20 XXII,1
שבי לוט בר אחוהי וכול נכסוהי		1Q20 XXII,3
אחוהי פצא וכול נכסוהי וכוֿלֿ / שביתא		1Q20 XXII,11

ויהב לה מעשר מן כול **נכסיא** די מלך — 1Q20 XXII,17
די אצלתה מן מלך עילם **ונכסיא** / כולהון — 1Q20 XXII,19
דלמא תהוה אמר [ ] דימן **נכסי** כול עתרה — 1Q20 XXII,22
ואתיב אברם כול **נכסיא** וכול / שביתא — 1Q20 XXII,24
עתרך **ונכסיך** / ישגון לחדא — 1Q20 XXII,31
אלהא שגי לי עתר **ונכסין** ולמא לי / כול — 1Q20 XXII,32
ועם סופה יקנון **נכסין** בקשוט / ויתבנא — 4Q212 1iv17
תשלמתא מן **נ]כסי** ודי אקנה לקבל<ד>ך (XXVII) — 4Q344 5
תתה עקא עלוהי ויחסר **נכסין** זעירא (XXXI) — 4Q540 1,1
תובא יתה לה חסרן ויחסר **נכסין** ו[(XXXI) — 4Q540 1,2
די] לא ידמה לכול גבר כסר **נכסין** להן (XXXI) — 4Q540 1,3
ויבנה (כ)]שמש א]ל **בנכ]ס**וחי מקדשא[(XXXI) — 4Q540 1,5
] / ביתי **ונכסי** לכול מה די ית[— 4Q550a 6
] / והסגיו **נכסין** (XXIII) — 11Q10 IV,6
] / **נכסיהון** [(XXIII) — 11Q18 23ii3

to recognize verb **נכר**

] / **אנ]כיר** ? (VI) — 4Q157 1ii1

stranger, gentile noun **נָכְרִי**

בה ולא דמא בה **לנכרי** ולא / [דמה (XXII) — 4Q213 1i16
ירעם דחלה ומרע **מנכריא** ומ[(XXXVI) — 4Q318 VIII,9
ירותתכון **לנכראין** ואחס{{ן לכון}}<<נותכון>> (XXXI) — 4Q542 1i5
] / ביתי אמתי **לנכר]י** (XXIII) — 11Q10 II,4

to take verb **נסב**

]◦◦פל וה◦◦ / לאנפוהי **נסבא** בי ודנחא — 1Q20 V,12
ולאמזרע ברתה לי לאנתה **נסבת** והרת מני — 1Q20 VI,7
]באדין לבני נשין **נסבת** מן בנת אחי ובנתי — 1Q20 VI,8
שלם לבני **למסב** להון נשין לאנתו / [— 1Q20 VI,10
ארעא ◦◦◦◦◦ **ונסב** מן ◦◦◦◦◦◦◦◦◦◦◦◦◦◦◦◦◦◦◦◦◦◦◦◦◦◦◦◦◦◦ — 1Q20 X,11
אבניא וחספיא הווא קצין **ונסבין** להון מנה — 1Q20 XIII,9
ולאילניא כולהון קצין **ונסבין** להון מנה — 1Q20 XIII,10
ולשהרא / [ו]לכוכביא קצין **ונסבין** להון — 1Q20 XIII,11
ואתמה על כול שפרהא **ונסבהא** לה לאנתא — 1Q20 XX,9
היא והיא הואת אנתתך **ונסבתהא** לי לאנתה — 1Q20 XX,27
קנה לה נכסין שגיאין **ונסב** לה אנתה מן — 1Q20 XX,34
ערקא דמסאן / אן **אסב** מן כול די איתי לך — 1Q20 XXII,22
ויסבון לחמ[א (III) — 2Q24 4,9
ויסב מן [דם תורא] / [וידה (VI) — 4Q156 1,5
ו[**יס]ב** [מן דם תורא ומן דם (VI) — 4Q156 2,1
ס]ב מן לבב / [נונא (XIX) — 4Q196 14i11
גזר **למ]סבה** וכען שמע לי] / [אחי (XIX) — 4Q197 4ii2
בליליא דן תקימנה **ותסבנה** לך לאנת[ה (XIX) — 4Q197 4ii3
]**ולמסב** ברתה מן כל אנ[ש ארי ה]וא (XIX) — 4Q197 4ii5
ש]דא דן **וסבה** / [(XIX) — 4Q197 4ii13
גב[א]ל והב לה כתב **וס]ב** כספא (XIX) — 4Q197 5,10
ות[ב] / **נסב** חנוך מתלה ואמר אנ[ה הוא — 4Q212 1iii23
] / וכען **סב** לוחיא וקריא כולא[(XXXI) — 4Q537 1+2+3,3
לוחא מן ידי] ?] / [(ו)א]**נסב** דן לוחא מן (XXXI) — 4Q537 1+2+3,5
אל ?] / **תסב** מכאב[י]ן (XXXI) — 4Q541 2ii3
נס]ב אנה לכה מתל[(XXXI) — 4Q541 3,2
חכ]מה יאתה לעליכה די **נסיבת** [(XXXI) — 4Q541 3,4
ואנה אנתה אחרי לי לא] / **נסבת** [ונשין (XXXI) — 4Q543 4,4
[ו]אנה אנתה אח[רי לי לא] **נסבת** (XXXI) — 4Q544 1,8
אחוהי זעירא] **ואס]ב** לה למר[י]ם ברתה (XXXI) — 4Q545 1ai5
] / ולמבנה **ולמסב** לה[ון כו]ל צרכיהון (XXXI) — 4Q545 1a-bii18
ולמבנה] **ולמסב** להון כל צרכיהון (XXXI) — 4Q546 2,4
ונסב חור [לאנתתה (XXXI) — 4Q549 2,9

נסה ← נשׂא

prince noun **נְסִי**

] / והוית **כנסי**[— 4Q569 1,5

to pour out verb **נסך**

קפלי בשרה דבקין **נסיכ]ין** בה] / כפרזלא (XXIII) — 11Q10 XXXVI,8
על כן **אתנסך** ואתמה{{א}}ואהוא לעפר (XXIII) — 11Q10 XXXVII,8
רו]בע סתא **ונסך** לגוא מורכ]ותא (XXIII) — 11Q18 13,5

pleasant adjective **נְעִים**

לה צלם אנפיהא וכמא / [נ]**עים** וכמא — 1Q20 XX,3

sweetness noun **נְעִימָה**

] / לנהורא ל{{תמימותא}} <<**נעימתא**>> (XXXI) — 4Q548 1ii-2,13

Naamel proper noun **נעמאל**

]ל **ולנעמאל** ולד[זאל] ולעמיאל[(XXXI) — 4Q531 7,3

to insert verb **נעץ**

] / מן **נעיצין** וד[— 4Q553 2ii3

to blow verb **נפח**

העמה **ת]נפח** ערפלא / [תקיף כמח]זיה (XXIII) — 11Q10 XXIX,8

giant noun **נְפִיל**

ומן קדישין הריא **ולנפיל]ין** / ולבי עלי — 1Q20 II,1
] מעיו◦ דמא די אשדו **נפיליא** שפית וקוית ‸ — 1Q20 VI,19
אשתעי‸ בכנשת ח[בריהון] / **נפיליא**[(XXXI) — 4Q530 2ii+6-12,6
ונשמע] / למליך וכל **נפילי** ארעא הן (XXXI) — 4Q530 7ii8
]גברין **ונפילין** ◦[(XXXI) — 4Q531 1,2
פ]תחוה **נפיליא** [(XXXI) — 4Q531 1,8
ול]ענאל ולברקא[ל ולנ]**פילין** [(XXXI) — 4Q531 7,2
]**ונפיל]ין**/א (XXXI) — 4Q532 2,3
]כימא או סיג **נפילא** ת[פתח] (XXIII) — 11Q10 XXXI,8

to fall verb **נפל**

ברי [ח]לקה בין בנוהי **ונפל** לקדמין — 1Q20 XVII,7
◦ ל◦ט / **נפל** טור תורא דן ועבר חולקא — 1Q20 XVII,10
וערק ומלך עומרים / **נפל** בעגיאין [די — 1Q20 XXI,33
] **למפלה** [(I) — 1Q66 1,3
]**למפל** (I) — 1Q68 15,1
ונדן] / **נפל** לפח [מותא ואובדה (XIX) — 4Q198 2,4
] / [לכון ו]ל[דמיכו]ן **יפ]לון** על[חרב — 4Q202 1vi10
נחתו וחזיון עלי **נפל]ו** עד ד[י נטלת — 4Q204 1vi3
[והוית מזדעזע ורע]ד **ונפלת** [על אנפי — 4Q204 1vi27
ע]לוהי שרת **נפל** קדם כרסיא (XXII) — 4Q246 1i1
א]פיל לבושה[(XXXI) — 4Q531 12,2
]אחדת ואנה **נפלת** על אנפי קלה שמ]עת (XXXI) — 4Q531 14,3
מ[ו]ל[ד]ה די טב[ב]מה **נפל** לקדמין (XXXI) — 4Q534 1ii+2,1
ונ]**פ]ל** ע]ל צורי ועפקני בכ[ה (XXXI) — 4Q538 1-2,6
טעואן **יפילון**[(XXXI) — 4Q541 1ii2
] / **נפלת** עלוהי אימת בית ספ[רא — 4Q550a 4
נפלו עמי[— 4Q558 41,2
]לת **יפל**[— 4Q561 4-6i11
] / עבדה **נפל** בין חד ל[חד — 4Q580 1ii13
ישמ]עון בחרבא **יפלון** / ויאבדון מן (XXIII) — 11Q10 XXVII,6

to go out verb **נפק**

] / חזו די מני **אנפיק** מ◦◦ [— 1Q20 V,27

Text	Vol.	Reference
הֹו֯רתי יעית לקושט וכדי **נפקת** מן מעי אמי		**1Q20** VI,1
[אדין]א֯נ֯ה נ֯ו֯ח **נפקת** והלכת בארעא		**1Q20** XI,11
]א֯מ֯ת ח֯לפא די **נפקא** מנה וראמא עד		**1Q20** XIV,10
] °°°א **יפו֯ק** לנצבת קוש֯ט לכול °°°°ל֯[		**1Q20** XIV,13
[ו]לש֯ם **נפק** ערבא תנ֯יאנא למי֯ר֯ת֯ לה		**1Q20** XVI,14
ולבנו֯ה֯י֯ [ירותת ע]ל֯[מים] / [ ]°°° **נ֯[פ]ק** מ֯י		**1Q20** XVI,15
ומני עמי אנוש די **ינפקו֯נ֯נ֯י** ול°°° מן מ֯צ֯רי֯ן֯		**1Q20** XX,32
די דבקת ללשן ים סוף די **נפק** מן ימא		**1Q20** XXI,18
ו֯**נפק** מלך סודם לעורעה֯ו֯ן ומלך [עומרם		**1Q20** XXI,31
מלכא דשלם **אנפק** / מאכל ומשתה		**1Q20** XXII,14
שנין / שלמא מן יום די **נפקתה** מן חרן		**1Q20** XXII,28
כמן כפלין שגיו מן / כול די **נפקו** עמך		**1Q20** XXII,30
די נפקו עמך ביום **מפקך** מן חרן		
לה לא ירתנך דן להן די **יפוק**		**1Q20** XXII,34
וג]ב֯ר עלימא / [לנונא **ואנפ]ק֯**ה ליבשא	(XIX)	**4Q197** 4i8
פר]ק֯הי **ואנפק֯**[למררתה ולבב]ה֯ / [	(XIX)	
מתלי ואמרת] / [ ]⟦ ⟧ **ינפק** קדיש[ה ר	(XXXVI)	**4Q201** 1i5
ואף בהון חזית אילנין די **נ֯פ֯ק֯** / [מנהון		**4Q204** 1xii26
] / שמ֯[י]א [**נ֯פ֯ק֯ין**] מן כול חד וחד מנהון		**4Q204** 1xiii28
ונפקי]ן מן תחתוהי֯ [די טורא מין		**4Q205** 1xii3
ובא֯[דין נ]**פ֯ק֯** ושלט בשאר יממא] / [דנ	(XXXVI)	**4Q208** 5,2
וב]אדין **נפ֯[ק**	(XXXVI)	**4Q208** 13,2
ובאדין **נפק** ואניר [ש]א֯ר ליליא ד֯[ן	(XXXVI)	**4Q209** 2ii10
ובאדין] / **נפק** ואניר שאר ליליא דן	(XXXVI)	**4Q209** 5,5
ולקיה כל שאר נהורה **ונפק** גלגלה	(XXXVI)	**4Q209** 6,9
וב]א֯דין **נפק** ואניר בשא֯ר ליליא דן	(XXXVI)	**4Q209** 7ii4
ובאדין **נפק** ואניר בשאר ליליא דן	(XXXVI)	**4Q209** 7ii7
ובאדין **נפק** מן תרעא תנינא ואניר	(XXXVI)	**4Q209** 7ii10
ומשרה למתב למתה ול**מפק** בחרתיה]	(XXXVI)	**4Q209** 7iii2
ובאדין] / **נפק** ושלט בשאר יממא דן	(XXXVI)	**4Q209** 7iii4
ובאדין **נפק** ושלט בשאר יממא דן	(XXXVI)	**4Q209** 9,2
]**נ֯פ֯ק֯** ו֯[ש]ל֯[ט]	(XXXVI)	**4Q209** 11,2
שביעין]תלתה **ו֯נפ֯[ק**	(XXXVI)	**4Q209** 15,1
ובאדין **נפק**	(XXXVI)	**4Q209** 33,3
ולקדמין] / בתרעא קדמיא **נפקא** רוח קדים		**4Q210** 1ii4
ובתרעא תנינא **נפק֯א** רוח קד֯ים קד[ימה		**4Q210** 1ii5
תרעיא די על דרום שמיא] / **נפק** לקדמין		**4Q210** 1ii7
[ו]ב֯תרה **נפק** רוחא ג֯[ריביתא		**4Q210** 1ii9
ונפ֯ק ועל / [שמשא		**4Q211** 1i3
שמי֯א קד[מיא ובאדין] **נ֯פ֯קו**		**4Q211** 1ii4
ושר]ש֯י֯ן רברבין **נפ֯קו** מן עקרה֯[ו]ן֯ / [	(XXXI)	**4Q530** 2ii+6-12,8
]ין֯ **נפקו** מבהלין °[	(XXXI)	**4Q531** 45,3
]ג֯זריה **נפ֯ק֯** / [	(XXXI)	**4Q532** 1i8
בשעה חמ]ש בליליא מתילד **ונפק** של֯[ם	(XXXI)	**4Q535** 3,2
ודי]**תפקון** מנה וביום [תמניה קרבניכון	(XXXI)	**4Q537** 1+2+3,6
להוון שתין מיא]די להוון **נפקין** מן קריתא	(XXXI)	**4Q537** 12,3
]מ֯כסיא **ונפקשו֯ה֯**[	(XXXI)	**4Q537** 14,1
מ]ן֯ קשוט לתלת קרבא **ונפק** לרמון / [	(XXXI)	**4Q537** 14,3
]ביתא די יתילד בה מנה **יפו֯[ק** ו֯מדור	(XXXI)	**4Q540** 1,4
]**ו֯יפק** / [	(XXXI)	**4Q541** 1i2
]ה **יפו֯[ק**	(XXXI)	**4Q543** 28,1
על ביתא וימרון לה **הנפק֯**[		**4Q551** 4
]אמר להו֯ן **ומפקא** להון בפרוש / [		**4Q552** 1,10
רברביא די **נפקין** / מן מדנחא למערב֯[א		**4Q554** 2ii16
ופתי / שוקיא די **נפקין** מן דרו[מא לצפונא		**4Q554** 2ii20
רו]חיא תלת תלת ומגדליא **נפקין**		**4Q554** 3ii22
אולד] ית אהרון ואהר[ו]ן֯ **נפק** ממצ[רין		**4Q559** 3,9
]ק֯ד֯שא **ומפק** רו֯ח֯[		**4Q580** 2,3
[ושוק]י֯א רברביא [די] **נפק֯י֯[ן]** מן מדנח֯א [	(III)	**5Q15** 1i3
ו֯פ֯ו֯[תי שוקיא] די **נפקין** מן דרומ֯[א] / [	(III)	**5Q15** 1i4
]א **יפוק** מן א°[	(III)	**6Q14** 1,4
אף בהון ימרק ע֯נ֯נ֯[ין] **וינפק** מן / ענן נורה	(XXIII)	**11Q10** XXIX,1
ב[הנ]גחותה מן רחם תהומא / **למפק**	(XXIII)	**11Q10** XXX,7
היכא **יפק** ⟦ ⟧ ותשוב קדמוהי על	(XXIII)	**11Q10** XXXI,2
ושביקה / **ולהנפקה** צמחי דתאה	(XXIII)	**11Q10** XXXI,5
ומן בטן מן **נפק** גלידא ושיקו֯[ע שמיא	(XXIII)	**11Q10** XXXI,6
יקשן בניהן **ויפק**{{ }}**ן** נפקו ולא תבוא	(XXIII)	**11Q10** XXXII,3
יקשן בניהן ויפק{{ }}ן **נפקו** ולא תבוא	(XXIII)	
וירוט ויחדא / ובחיל **ינפק** לאנפי חרב	(XXIII)	**11Q10** XXXIII,3
מן פמה לפידין / **יפקון** בלשני אשה	(XXIII)	**11Q10** XXXVI,5
מ֯ן נחירוהי **יפק** תנן / לכוש יקד ומגמר	(XXIII)	
נפשה גמ֯רין תגסא וזיקין / **יפקן** מן פמה	(XXIII)	**11Q10** XXXVI,7

soul, person noun **נְפַשׁ**

Text	Vol.	Reference
ואחי בטליכי ותפלט **נפשי** בדיליכי / [		**1Q20** XIX,20
י]תירא **בנפשה** די לא יחזנה כול [אנש		**1Q20** XIX,23
לאברם מרי אברם / הב לי **נפשא** די א֯י֯ת֯י		**1Q20** XXII,19
]°תן לה **נפש֯**[	(I)	**1Q68** 1,2
די] / [אנטר נ]**פ֯שי** לבר ד[י אהו]ה לה	(XIX)	**4Q196** 6,12
ו[בכל נ]**פ֯ש**כון ל[מעבד קושטא אדין י]ת֯פנה	(XIX)	**4Q196** 17ii1
ולאלהי] / [מרומם אנה ונ]**פ֯שי** למ[לך שמיא	(XIX)	**4Q196** 17ii6
] / [קדישי שמ]י֯א [די קב]ל֯ן **נ֯פ֯ש֯[ת** בני אנשא		**4Q202** 1iii11
עמ֯[כול תחנ]ניהון על כול **נ֯[פשת]**ה֯ון לכול		**4Q204** 1vi1
] / **[נפש]ת** כל בני אנשא		**4Q206** 1xxii1
אלעזר בר יהוסף על **נפשה** כ֯ת֯ב֯[ה] / [	(XXVII)	**4Q344** 6
על **נפש**[ה כתבה] / ישמעאל בר ש[מ]ע֯ו֯ן	(XXVII)	**4Q345** Verso 20
על מות **נפשנא** [וע]ל֯ כל חברוהי ו֯[או]היה	(XXXI)	**4Q530** 2ii+6-12,1
ו֯ה֯[ו]ב֯בס אפחא ומתאמר[ד]י֯[ן על **נפשה**	(XXXI)	**4Q530** 2ii+6-12,2
] על **נפשה** תכמון בין [תרתיהון	(XXXI)	**4Q545** 6,3
על]**נ֯פשה** תכמון בין תרתיהון]	(XXXI)	**4Q547** 3,3
]**נ֯פש** למ[		**4Q570** 5,1
]**נ֯פ֯ש֯ך֯** °[	(III)	**6Q26** 3,2
]ש ל֯**נ֯פ֯ש֯**[	(III)	**6Q26** 4,2
דן ימות **בנפ֯[ש**	(XXIII)	**11Q10** V,5
]ל֯**נפשי**	(XXIII)	**11Q10** X,9
נפשה גמ֯רין תגסא וזיקין / יפקן מן	(XXIII)	**11Q10** XXXVI,6

Naphtali proper noun **נַפְתָּלִי**

Text	Vol.	Reference
ואמרו לה מן בני **נפתלי** [די] שבין בנינוה	(XIX)	**4Q197** 4iii6
תרעא] דן ק[רי]ן֯ לה תרע **נפתלי** [ו]מן ד֯[ן		**4Q554** 2ii8

delicacy noun **נְפְתָּן**

Text	Vol.	Reference
וחזית **נפתניא** די קרבו / עלוהי שגיאין	(XIX)	**4Q196** 2,11

blossom, glow noun **נֵץ**

Text	Vol.	Reference
אנפהא וכול **נץ** / אנפיהא °°° כמא יאא לה		**1Q20** XX,3
] / שביעיא כדמות **נצ** ורד[	(XXIII)	**11Q18** 14ii4

hawk noun **נֵץ**

Text	Vol.	Reference
המן חכמתך יסתער **נצא** ויפרוס / כנפוהי	(XXIII)	**11Q10** XXXIII,7

to plant verb **נצב**

Text	Vol.	Reference
נ֯פ֯ק֯ת֯ מן מעי אמי לקושט **נצי֯ב֯ת** / וקושטא		**1Q20** VI,1
כולהון למפלה בארעא **ונצבת** כרם רב		**1Q20** XII,13
ועובדי קושטא לעלם בחדוה **יתנצבו֯[ן**		**4Q204** 1v4
]בקושט ו֯כ֯ולה **תתנצ֯[ב** אילנין ותתמלא]		**4Q204** 1v7
בה גנין וכול גנתא די] **ת֯תנצב** בה / [יעבדון		**4Q204** 1v8

strength noun **נִצְבָּה**

Text	Vol.	Reference
]° **לנצבתנא** / בליליא	(XXIII)	**11Q10** XXVI,5

plant noun **נִצְבָּה**

1Q**20** II,15		הריונ א דן ומנך **נצבת** פריאֿ[
1Q**20** XIV,13		] ◦◦◦א יפוק **לנצבת** קושט לכול ◦◦◦◦ל[
4Q**204** 1v4		ותתחזא **נ]צבת** קושטא ותהוֿ[א ברכה
4Q**212** 1iii19		די סלק]ו מן **נצבת** / יצבתא [וקושטא
4Q**212** 1iv12		בֿ[חירי]ןֿ לֿשהדיֿ קשט מן **נֿ[צבת]** / קשֿט
4Q**537** 13,1	(XXXI)	**נ]צֿבֿת** קוֿ[שטא

to triumph verb **נצח**

4Q**545** 1a-bii19	(XXXI)	הוא בין]פלשת למצרין **ונצחֿ[ו** פלשת

to deliver verb **נצל**

1Q**20** XXII,10		**ואצל** מנהון כול די שבוא / וכול
1Q**20** XXII,19		לי די שביא עמך די **אצלתה** מן מלך
4Q**201** 1v3	(XXXVI)	למך לנפשה לחיין] **לנצ[לה]** / [ולמפלט]
4Q**544** 2,16	(XXXI)	וכול עדבי נהיר מן **מ]צליא** עד ארעיא

pure adjective **נְקֵא**

11Q**10** XXII,3	(XXIII)	אנה ולא חטא לי **ונקאֿ**[

to pierce verb **נקב**

11Q**10** XXXV,5	(XXIII)	באפה ובחרתך **תקוב** לסתה

female noun **נְקֵבָה**

1Q**20** I,1		]◦◦◦א נחו◦ן ועֿם **נקֿבֿתא** / [
1Q**20** XII,11		ארֿפכשד לוד וארֿם ובנן **נקבן** חמש
1Q**20** XII,12		ומצרי]ןֿ ופֿוט וכנען ובנן / **נֿקֿבֿן** שבע
		ותֿוֿבל ומשוך ותירֿס ובנן **נקֿבֿן** ארבע
4Q**531** 2+3,9	(XXXI)	]דכר **ונקבהֿ** ובאנשא ל[
4Q**532** 1i9	(XXXI)	**]נֿקבן** עבד / [
4Q**560** 1i3		לחלח<ל>יא דכרא וחלחלית **נקבתא** / [
4Q**560** 1i5		פרכ דכר ופכית **נקבתא** מחתוֿרי / [

to surround verb **נקף**

11Q**10** XVI,6	(XXIII)	[נפשי יאחדונני י]ומי תשברֿאֿ **יאקפוני** / [

abyss noun **נְקַר**

4Q**204** 1viii30		ולהלא] / מן דן **נ[קרא**

clash noun **נְקָשָׁה**

11Q**10** XXXIII,6	(XXIII)	**ולנקשת** זין וזעקת אשתדור / יחדה {{ }}

nard noun **נֵרְדְּ**

4Q**206** 1xxvi18		טורין אחרנין / [מלאין **נ]רד** טב וצפר

to lift, carry, take verb **נשׂא, נסה**

4Q**203** 7a,7	(XXXVI)	ועֿ[ירי]אֿ **יתֿנשון** כול חבֿ[ריהון על
11Q**10** XI,4	(XXIII)	מן]קֿדמוהי **ינסון**

to blow verb **נשב**

1Q**20** XIII,16		]רֿוחי שמיא **נשבן** בתקוף וחֿבֿלא בזיתא
11Q**10** XXXI,2	(XXIII)	היכא יפק 〚 〛 **ותשוב** קדמוהי על ארעא

to flay, strip verb **נשט**

11Q**18** 13,1	(XXIII)	]בארבע רגלוהי **ונשט** תורא ◦[

fine (flour) adjective **נְשִׁיף**

1Q**20** X,16		יהֿבֿת סולת **נֿשֿיפֿא** פילא במשח עם
11Q**18** 22,4	(XXIII)	**נ]שיפה** פיל / [

breath noun **נשם**

4Q**534** 1i10	(XXXI)	ורוח **נשמוהי** / [להוון יחדון ארעא
4Q**534** 1ii+2,7	(XXXI)	] / ורוח **נֿשמֿ[והי**
4Q**541** 1ii3	(XXXI)	] / וכול **נשמיהֿ[ון**

breath noun **נִשְׁמָה**

1Q**20** II,10		] / בֿחֿום עֿנֿתֿאֿ **וֿנֿשֿמֿתֿי** לגו נדנהא ואנה
11Q**10** XXIV,8	(XXIII)	**נשמ]תה** עלוהי יכלא

to kiss verb **נשק**

4Q**197** 4iii8	(XIX)	ושור רעואל **נשקה** ובכֿ[ה
4Q**550**c 1ii8		]הֿ **ונשקה**
11Q**10** XIX,2	(XXIII)	ל]בֿיֿ / **ונשקת** ידי לפֿ[מי

eagle noun **נְשַׁר**

4Q**530** 7ii4	(XXXI)	בידוהי {{כעל}} **כנש[ר** למדנח ארעא
4Q**558** 22,2		א]בד **לנשר** [
11Q**10** XXXIII,8	(XXIII)	או על מאמרך יתגבהֿ **נֿשֿרא** / ועוזאֿ

to give verb **נתן**

1Q**20** XXI,12		ואמר לי לזרעך **אנתן** כול ארעא דא
1Q**20** XXI,14		ארי לך ולזרעך **אנתננה** אחריך עד כול
1Q**20** XXII,24		עמי אנון שליטין בחולקהון **למנתן** לך
4Q**196** 16,1	(XIX)	[די הוה עמ]ךֿ **ונתן** לה אגרהֿ[
4Q**196** 17ii14	(XIX)	מן ד]ריֿןֿ לדרין **ינתנון** בכֿיֿ[
4Q**197** 4ii5	(XIX)	כל אנ[ש ארי ה]וא יֿדֿ[ע] די הן **ינתננה** לגבר
4Q**203** 3,4	(XXXVI)	] / ומה **תתנוֿנֿני** לקֿ[טלה
4Q**213** 1-2ii10	(XXII)	]רבה **תתנון** / [
4Q**243** 13,3	(XXII)	] **למנתן** אנון ביד נבֿ[כדנצר
4Q**246** 1ii8	(XXII)	הוא וֿעבד לה קרב עממין **ינתן** בידה
4Q**343** Recto 5	(XXVII)	] / **ותנתנון** ◦[
4Q**530** 1i5	(XXXI)	**ונתן** שיציא / [
4Q**530** 2ii+6-12,14	(XXXI)	ואמר לעזאל ? חל]מא דֿן **תֿנתן** [לחנו]ךֿ
4Q**541** 5,1	(XXXI)	**]נֿתֿןֿ** לֿ מאֿ[
4Q**542** 1i5	(XXXI)	ואל **תתנו** ירותתכון לנכראין
4Q**542** 1i10	(XXXI)	**ותנתנון** לי ביניכון שם טב וחדוא
4Q**543** 2a-b,1	(XXXI)	] ממרך **ונתן** לך ◦[
4Q**543** 2a-b,2	(XXXI)	]דֿרֿיֿ עלמין **ונתן** לך חכמה[
11Q**10** XXVI,2	(XXIII)	הן זכי]תֿ מא / **תתן** לה או מא מידך

to fall off verb **נתר**

1Q**20** XIII,17		וחבטתה **ואתרת** מן עֿלוֿהֿיֿ וֿמֿןֿ אֿנֿבֿהֿ
4Q**206** 4ii20		] אמר **נתֿ[ר** מן דביא ערק ואזל לעדריא

ס

ס ← סתא

to be defiled verb **סאב**

4Q**201** 1iv22 (XXXVI) ושכבו עמהן בנקבן] לׄ[**א**]סׄ[**תאבה**]

סְאָה ← סתא

סָב ← שָׂב

to bear verb **סבל**

4Q**530** 18,2 (XXXI)]**יׄסבׄוׄ**[**ל**(ו)

4Q**539** 2-3,6 (XXXI) עובד]א דן מא **אס**[**בל** די לא לאבהתה

סבע ← שׂבע

to think, suppose verb **סבר**

4Q**242** 1-3,8 (XXII) מן די [הוית **סב**]**ר** די אלהין ה[מון

4Q**539** 2-3,5 (XXXI) ואסכמו] / [על מנין זבנ]ותהון אן **תס**[**בר**

11Q**10** XXI,1 (XXIII) ארו **סברת**[

to worship verb **סגד**

4Q**244** 5i3 (XXII)]**סגד** / [

4Q**246** 1ii7 (XXII) וכל מדינתא לה **יסגדון** אל רבא באילה

4Q**538** 1-2,4 (XXXI) יוסף / [נפלו כלהון ולה]**סגדו**

סגה ← שׂגה

סַגִּי ← שַׂגִּיא

סַגִּיא ← שַׂגִּיא

round adjective **סְגַלְגַל**

4Q**561** 10,3]ררי **וסגלגל** לה[וה

prefect noun **סְגַן**

11Q**10** XIV,4 (XXIII) קׄל **סגנין** הטמרו לחנך דבׄ[ק

to afflict verb **סגף**

11Q**10** II,7 (XXIII)] / רשיעין **יסגפׄ**[**ונני**

to shut verb **סגר**

1Q**20** XXII,17 אל עליון / דׄי **סגר** שׂנׄאיך בידך

blocks, torturing stocks noun **סַד**

11Q**10** XXII,5 (XXIII) [י]שוא **בסדא** רגלי וסכר כ[ל

Siddim proper noun **סִדִּין**

1Q**20** XXI,25 כחדא לקרב לעמקא די **סׄדׄיא**

סְדֹם ← סודם

to follow in order verb **סדר**

4Q**197** 4i5 (XIX) ואזלו]כׄחדא **וסדר** להון / [לילה והכו ע]דׄ

order, row noun **סְדַר**

2Q**24** 4,7 (III)] / **סדרין** על פת[ורא

2Q**24** 4,8 (III)] / תרי **סדרי** לח[מא

סַהַר ← שַׂהַר

to fence in, mark off verb **סוג**

11Q**10** XXX,6 (XXIII) **התסוג** בדשין ימא ב[הנ]גחותה

Sodom proper noun **סודם**

1Q**20** XXI,6 נכסוהי ודבק עד **סודם** וזׄבן לה בסודם בי

וזׄבן לה **בסודם** בי / ויתב בה ואנה

1Q**20** XXI,24 קרב עם ברע מלך **סודם** ועם ברשע

1Q**20** XXI,26 ומלכיא די עמה למלך **סודם** ולכול

1Q**20** XXI,31 ונׄפק מלך **סודם** לעורעהׄון ומלך [עומרם

1Q**20** XXI,32 ואׄתבר מלך **סודום** וערק ומלך עומרׄיׄםׄ

1Q**20** XXI,33 עילם כול נכסיא די **סודׄםׄ** ודיׄ / [עו]מׄרׄ[ם

1Q**20** XXII,1 אברם די הוא יתב **בסודם** כחדׄא עמהון

1Q**20** XXII,12 ושמע מלך **סודם** די אתיב אברם כול

1Q**20** XXII,18 באדין קרב מלכא די **סודם** ואמר

1Q**20** XXII,20 אמר אברם למלך **סודם** מרים אנה / ידי

1Q**20** XXII,25 וכול / שביתא ויהב למלך **סודם**

3Q**14** 8,2 (III)] / די **סדום** וׄ[

fine flour noun **סוֹלֶת**

1Q**20** X,16 עליׄהׄ יהבׄת **סׄולת** נׄשׄיׄפׄא פׄילא במשח עם

2Q**24** 4,4 (III)] / תמנא סאין **סול**[**תא**

11Q**18** 13,3 (XXIII) ו]שׄויה על נורא ואיתי קמח **סולת**[

to end verb **סוף**

1Q**20** XIII,11 חזה הוית עד די **אסׄיׄפׄוׄ**הׄיׄ שׄרׄין ארעא

ארעא ושרין מׄיׄא **וׄסׄף** / מׄיׄא וסף

1Q**20** XIII,12 מׄיׄא וׄסׄף / מׄיׄא **וסף**

4Q**204** 5ii28 קושׄטׄא ובאישתה ורשעה **יסוף** וחמסא

4Q**206** 4ii3 וׄנׄחׄתין בגוהון עד **ספוׄ** [מיא מן עלא ארעא

4Q**245** 2,2 (XXII)]**לׄמסף** רשׄעׄא / [

4Q**246** 1ii6 (XXII) חרב מן ארעא **יׄסף** / וכל מדינתא לה

4Q**531** 25,4 (XXXI)]לא **יסוף** כול[

4Q**532** 2,8 (XXXI)]**סׄף** ואבד ומית

4Q**534** 1i9 (XXXI) חׄשבוניהון עלוהי **יסופו** ומסרת כול חייא

4Q**534** 1ii+2,14 (XXXI) כול אלן יהכוׄ[ן] / מין **יסופון**[

4Q**534** 1ii+2,19 (XXXI)] גׄטׄטׄאׄ[ו]עׄד מותׄ[הון **יסו**]**פׄון** / [

4Q**561** 4-6i12 ל]**מסף** [

11Q**10** XVIII,9 (XXIII)]**סׄיפת** / [

11Q**10** XX,2 (XXIII)] / באשושה **ספׄ**[**ו**

11Q**10** XXI,2 (XXIII)] / **תסיפון** עד תחקרון סוף[

reeds, Suph noun **סוּף**

1Q**20** XXI,18 עד די דבקת ללשן ים **סוף** די נפק מן

end noun **סוֹף**

1Q**20** XIX,23 **ולסוף** חמש שניא אלן / [

1Q**20** XX,18 **ולסוף** תרתין שנין תקפו וגברו עלוהי

4Q**209** 27,1 (XXXVI)]**סׄופא** ה[

4Q**209** 27,3 (XXXVI)]חשבון **סׄוׄףׄ**[

4Q**212** 1ii21] / [ע]ל דׄיׄ אבד **לסוף** אבדנׄאׄ[כל

4Q**212** 1iv17 ועם **סופה** יקנון נכסין בׄקשוט / ויתבנא

4Q**212** 1iv26 [די לא] איתי **סוף** לכול מׄ[נינהון לעלם

4Q**213** 1-2ii17 (XXII) יק]רׄ ולא איתי **סוף** / לעׄ[לם

4Q**530** 2ii+6-12,12 (XXXI) עד כא **סוף** חלמׄאׄ

4Q530 2ii+6-12,20 (XXXI) עד כה **סוף** חלמא]
4Q554 3iii16 א באתרה כלהון ב**סוף** כלהון]
4Q580 1i12]כל **סופה** אבדן חשוך / [
11Q10 I,5 (XXIII) עד אמת]ׄ תשוא **סוף** למלא]
11Q10 XXI,2 (XXIII)] / תסיפון עד תחקרון **סוף**]
11Q10 XXV,1 (XXIII) ר]ברבין די לא **סוף** ויקים א[חרנין] /]◦
11Q10 XXVIII,4 (XXIII) נג]רע ומנין שנוהי די לא **סוף**

to pass verb **סור**
1Q20 XV,9 כולהון [ ]ן **יסורון** משגיתהון להון

around adverb **סְחוֹר־סְחוֹר**
2Q24 1,2 (III) ושבק **סחור סח[ור** /]לפרזיתא ברית
4Q156 2,2 (VI) על] קרנ[י] מ[ד]ב[ח]א **סח[ור סחור**
4Q204 1vi22 [ולשנ]ׄ נור סחרין **סחור סחׄ[ור** להון
4Q554 2ii13 קנין / 51 בׄ51 מרבעהה **ס[וחר סחור]** אמין
4Q554 2ii14 ולכל רוח ושבק **סחר סחו[ר]** לפרזיתא
5Q15 1i1 (III) ושבק **סוחר סחור** לפרוֻזׄתא בׄרית
11Q18 7,3 (XXIII)]ב להון **סחור [סחור**
11Q18 9,1 (XXIII) **סחור] סחור** לעליתא ד[

to go around verb **סחר**
1Q20 XVII,8 לראישה די בצפונא **וסחׄ[ר]** למערבא
1Q20 XXI,15 ואזלת אנה אברם **למסחר** ולמחזה ארעא
ולמחזה ארעא ושרית **למסחר** מן גׄיחון
1Q20 XXI,16 **וסחרת** מן לׄי[ד]ׄמא רבא
1Q20 XXI,17 **וסחרת** ליד פורת עד די דבקת לימא
1Q20 XXI,18 נפק מן ימא שמוקא **וסחרת** לדרומא
4Q196 13,4 (XIX)]◦[ו]ל[א] **יסחרו**[
4Q197 4i14 (XIX)] / [לא]**יׄסחרון** סחרתהו[ן] לעלם
4Q204 1vi22 [ולשנ]ׄ נור **סחרין** סחור סחׄ[ור להון
4Q206 1xx1] **סחרין** לה[
4Q209 23,6 (XXXVI) ומתכנסין **וסחרין** כל ערבי שמיא ואזלין
4Q210 1ii17 ומתכ‹נ›סין **וסחרין** {{ו}}כל ערבי [שמיא
4Q531 37,2 (XXXI)] **סחרׄ**[
4Q531 38,2 (XXXI)]ׄך **סחר**[
4Q554 2iii20 בית דרג **סח[ר** וס]לק פ[תיה] / וארכה
4Q554a 1ii1 די [סלק] פתיה אמין ארבע **וסחר** / [וסלק
5Q15 1ii3 (III) מׄעׄלה דׄן אחזיא[ני בית דרג] / **סחרׄ[** וסלק
5Q15 1ii4 (III) ועמוד בגוא גוא די דרגא **סח[ר** ו]סׄלק[
5Q15 1ii5 (III) לידה פתיה אמין ארבע **וסחרׄ** [וס]ל[ק]דׄום
11Q18 11,2 (XXIII)]ׄנא ליד כותלא די **סחר** לׄ◦[
11Q18 11,6 (XXIII) ד]ׄי עמודין **סחר** מן תרע לתׄ[רע

snort (?) noun **סחר**
11Q10 XXXIII,2 (XXIII)] / **בס**{{◦}}**רוהי** אימה ודחלה

surroundings noun **סַחְרָה**
4Q197 4i14 (XIX)] / [לא]יׄסחרון **סחרתהו**[ן] לעלם

סטה ← **שׂטה**

סים ← **שׂים**

end noun **סְיָאף, סְיָף**
4Q204 1xiii25 מן תמן אובלת לדרום סׄ[**יאפי** ארעא ותמן
4Q558 34,1 ◦] **סיאפא** [
4Q568 1 ויתעשק ויאמר אהך לי עד **סיאפי** ארעא
11Q10 X,1 (XXIII)] על]ׄ **סי[פי** חסוך / [

fence noun **סְיָג**
11Q10 XXXI,8 (XXIII)]כימא או **סיג** נפילא ת[פתח]

almond noun **סיגר**
4Q214b 2-6,4 (XXII) ארזא ודפ]רנא **וסיגדׄהׄ** / [ואטולא

Sinai proper noun **סִינַי**
4Q547 9,4 (XXXI)]בהר **סיני** יׄצׄ[יבא
4Q556 1,2]לטור **סיני** [
4Q556 14,12] **סיני** ומלכא דך / [

סְיָף ← **סְיָאף**

sword noun **סַיִף**
4Q536 2ii10 (XXXI) (מן) תחות] / כסותה ב**סיׄף** מחסניך אתקף
11Q10 XXXIII,5 (XXIII) יתלה שלט / שנן ונזך וחרף **סיף**

to understand verb **סכל**
11Q10 VII,7 (XXIII) **הסתכל**[
11Q10 VIIA,6 (XXIII)]**ואסתכׄל** מא יאמר לׄי / [
11Q10 X,6 (XXIII)]**יסתכל** [ ] / [
11Q10 XXV,3 (XXIII) אר]חה ובכל שבילוהי לא **הסתכׄ[לו**
11Q10 XXIX,5 (XXIII) הצת דא איוב וקום **הסתכל** בגבורת

foolish, fool adjective **סָכַל**
4Q157 1ii7 (VI) הלא **סכל** יקׄ[טל
4Q534 7,2 (XXXI) וי לכה סׄ[**כלא** די פמך ירמנכה באבדנא
4Q536 2ii11 (XXXI) וי לכה **סכלא** די פמך ירמנכה בׄ[אבדנא
4Q548 1ii-2,12 (XXXI) כל **סכל** ורשׄ[יע חשי]ׄך וכלׄ[חכי]ם וקשיט

storehouse (?) noun **סכנה**
11Q18 12i3 (XXIII)]הון פרישא **וסכנתא** / [

סכר ← **שׂכר**

forgiveness noun **סְלִיחָה**
4Q196 17ii5 (XIX) מן] יׄדׄ[ע הן תהוה **ס[ליחא]** לכון

to come up verb **סלק**
1Q20 V,19] / **וׄסלקׄין** וכול שׄבׄילׄי [
1Q20 X,17 ורח מקטורתי לׄ[ש]מׄיא **סלק** [ ]
1Q20 XX,33 **וסלקׄת** מן [מצרי]ן [ולוט] / בׄר אחי
1Q20 XXI,8 די ליליא ואמר לי **סלק** לך לרׄמׄתׄ חצור
1Q20 XXI,10 **וסלקת** למחרתי כן לרמת חצור
1Q20 XXI,20 ובנית תמן מדבח **ואסקת** עלוה[י] עלא
1Q20 XXI,28 מלך עילם לכול / חברוהי **וסלקו** ארחא
1Q20 XXII,13 שביתא / וכול בזתא **וסלק** לעורעה
2Q26 2 (XXXVI)]**וסלקו** מיא עלא מן [לו]חׄא[
4Q196 6,2 (XIX) ובכת **וסלק[ת** לעלית ביתׄ [אבוה
4Q196 17i3 (XIX) הא אנ]ה **סלקׄ** / [
4Q201 1iv6 (XXXVI) אנשא] מן ארעא וׄקׄ[לה] / **סלקׄ** קׄ[דם
4Q202 1iii10] / [בחרב]ׄת בׄ[ני] אר[עא **סלק]ין** עד
4Q204 4,3 דבר להון ב]תׄנינא **וסלק** לראש כפא
4Q206 1xxii4 קבלה [ו]אנינה ע[ד] שמיא **סלק** ומזעׄק
4Q206 4iii19 ואמרא **ס[לק** לר]אש כׄ[ף חד רם ומׄ[רא]
4Q212 1iii19 קשטא ועל בחירי עלמא די **סלק[ו** מן
4Q214 1,6 (XXII)]**לׄאסקׄ**[
4Q214b 2-6,3 (XXII) ◦ ל]ׄי[די חזין לׄ[**אׄסקא** מנהון למדבחׄא / [
4Q214b 2-6,4 (XXII) למדבחׄא / [די ריח תנגהון בשים]**סׄלׄקׄ**
4Q531 46,2 (XXXI)] / [?]**סלקת** ועלת לׄשׄ[מיא

4Q**536** 2i+3,12 (XXXI) ס]לק רזא / [
4Q**537** 12,2 (XXXI) [ידיהון והיך להוון]מסקין דבחיא
4Q**545** 1a-bii11 (XXXI)] / בארעא דא וסלקת למ[קם ב(ארע) כנען
4Q**545** 1a-bii12 (XXXI) וסלקת[לחברון ליד
4Q**546** 2,2 (XXXI) חבורתנא] / [לארע מצרי]ן וסלקת למקב[ר
4Q**554** 2iii20 דן אחזיני בית דרג סח[ר וס]לק פ[תיה]
5Q**15** 1ii4 (III) בגוא גוא די דרגא סח[ר ו]סל[ק] עלוהי
5Q**15** 1ii5 (III) ודרגא די סלק לידה פתיה אמין ארבע
(III) פתיה אמין ארבע וסחר [וס]ל[ק]רום
11Q**18** 13,4 (XXIII) ר]ובע סתא ואסקה למדבחא כולה[

medicine noun סַם
4Q**197** 4i12 (XIX) א]מר לה עזריה אחי מה סם בלבב

to be blind verb סמה
4Q**204** 4,3 דן וענא שריוא לאתס[מיה] / [ולמטעא
4Q**204** 4,5 ואשכח כול שגאהין מת[סמין] / [וטעין

to support, lay hands on verb סמך
1Q**20** XX,22 ואצלה על / מלכא ואסמוך ידי עלוהי ויחה
1Q**20** XX,29 [ד]י [ית]רפא / הו וסמכת ידי על [ראי]שה
4Q**156** 2,5 (VI) ויסמך אהרן ת[רתין ידו]הי ע]ל / [ראשא
4Q**212** 1v23 והיכה אנון סמכי[ן וכמה רב מנין כוכבין]

סנא ← שׂנא

to gird verb סנף
11Q**10** XVI,9 (XXIII) יאחדון לבו[שי] / [כפם כתוני יסנ]פונני

support noun סְעַד
1Q**20** XXII,31 אנה עמך ואהוה לך / סעד ותקף

to stir up verb סער
11Q**10** XXXIII,7 (XXIII) המן חכמתך יסתער נצא ויפרוס

to lament verb ספד
4Q**539** 2-3,3 (XXXI) זבנו לי למצרין והוא]מאספד אבי

sapphire noun סַפִּיר
2Q**24** 3,2 (III) ו]משח עד תרע ספי[רא
4Q**196** 18,7 (XIX)] / [תרעי ירושלם ברקת ו]ספיר תתבנין [
4Q**554** 3ii15 וכלה / בניה בחש[מל] וספיר וכדכוד
11Q**10** XII,3 (XXIII) את]רי / ספירא[

bowl noun סְפֵל
11Q**18** 18,1 (XXIII) כסין שבעה וספלין למרח שתה[

scribe noun סָפַר
4Q**203** 8,4 (XXXVI)] / בכ[ת]ב יד חנוך ספר פרשא [
4Q**206** 2,2 (XXXVI) אתח]ית לחנוך ס[פר פרשא
4Q**530** 2ii+6-12,14 (XXXI) דן תנתן [לחנו]ך לספר פרשא ויפשור

book noun סְפַר
4Q**203** 8,1 (XXXVI)] / ספ[ר
4Q**204** 1vi9 ספר מלי קושט[א ואוכחות עיריא
4Q**213** 1i9 (XXII) וכען ספר ומוסר וחכמה / [אלפו לבניכן
4Q**213** 1-2ii8 (XXII)]ספר ומוסר / ח[כ]מה די אל[
4Q**213** 1-2ii12 (XXII)]אף בספריא / קר[ית
4Q**214**a 2-3ii5 (XXII)] / וכען בני ספר ו[
4Q**529** 1,6 (XXXI)] / בספרי די רבי מרא עלמא
4Q**530** 2ii+6-12,18 (XXXI) הוא קאמין וארו[? ספ]רין פתיחו ודין
4Q**534** 1i5 (XXXI) ידע מדעם עד עדן די / [י]נדע תלתת ספריא
4Q**541** 7,4 (XXXI)] / ארין יתפתחו[ן] ספרי חכמ[תא
4Q**550** 4 ס]פרי אב[ו]הי התקריו קדמוהי ובין
4Q**550** 5 קדמוהי ובין / ספריא אשתכח מגלה
4Q**556** 3,3]עממין די ספר [

Saphra (?) proper noun ספרא
4Q**550**a 4] / נפלת עלוהי אימת בית ספ[רא

to terrify verb סרד
11Q**10** XXII,1 (XXIII) הן חרגתי לא תסר[דנך

crab, Cancer noun סַרְטָן
4Q**318** VII,1 (XXXVI) וב13 וב[4]1 סרטנא ב15 וב16 אריא
4Q**318** VII,6 (XXXVI) תאומיא] ב10 / [וב11] סרטנא ב12[
4Q**318** VIII,2 (XXXVI) וב7 תאומיא] / ב8 ב9 סרטנא [ב10

barren, empty adjective סָרֵיק
6Q**8** 1,6 (XXXVI) ל]ה ארו תמהין שמעת הן ילדת סרי[קה

order noun סְרַךְ
4Q**201** 1ii1 (XXXVI) במעדיהן מתחזי]ן ולא מעב[רין]בסרכן
4Q**214** 2,10 (XXII) עליהן לבונה] / [ו]הוא עבדך בס[רך

measure noun סתא, סְאָה
2Q**24** 4,4 (III)] / תמנא סאין סול[תא
6Q**26** 2,2 (III)]1 ס3[
6Q**26** 2,3 (III)]1 ס10[
11Q**18** 13,4 (XXIII) ר]ובע סתא ואסקה למדבחא
11Q**18** 13,5 (XXIII) רו]בע סתא ונסך לגוא מורכי[ותא

to seal verb סתם
1Q**20** VI,18 ובאדין מסתם י°°°[

to hide verb סתר-1
4Q**531** 11,1 (XXXI) ס]תר מן כ[ול ?
4Q**541** 24ii3 (XXXI) [מ]פריקן או שגיא[ן]מס[תרן]כ[מה די להוי]ן
4Q**550**e 2 °בנה ציון ובה יסתתרון כל ענוי עמ[ה] / [
11Q**10** XIII,2 (XXIII)] / צפרי שמיא אסת[תרת
11Q**10** XXV,5 (XXIII) ויסת]ר אנפוהי מן יתיבנה על עם

ruin noun סְתָר
3Q**14** 6,1 (III)] סתרין [
11Q**10** XVI,1 (XXIII) לס]תרי יתון ופצא לא / [איתי להון

Sithri proper noun סִתְרִי
4Q**549** 2,9 (XXXI) למישאל ולאליצפן] / ולסתרי

ע

to make, do verb **עבד**

Reference	Vol.	Text
1Q**20** I,28		לא יד]עין מא **למעבד** אנשא לארעא / [
1Q**20** I,29		]להון **עבד** ואף לכול בשרא
1Q**20** IV,11		] / חזית **למעבד** דין ∘∘[
1Q**20** V,18		] / **עבדין** חמס שגיא יעבדון עד די[
		] / עבדין חמס שגיא **יעבדון** עד די[
1Q**20** XI,13		/ [שמיא די] שבח **עבד** לעלם הוא
1Q**20** XI,14		ודי אעדי ואבד מנהא / כול **עבדי** חמסא
1Q**20** XII,13		טורא ולשנין ארבע **עבד** לי חמר
1Q**20** XX,13		אנתה שליט **למעבד** בכולהון דין
1Q**20** XX,14		**עבד** לי דין מנה ואחזי
1Q**20** XX,26		לי ואמר לי מא **עבדתה** לי בדיל [שר]י
1Q**20** XXI,3		וטבתא די יהב לי ודי **עבד** עמי טב ודי
1Q**20** XXI,24		די / הוא בין נהרין **ועבדו** קרב עם ברע
1Q**20** XXII,28		די נפקתה מן חרן תרתין **עבדתה** תנה ושבע
4Q**196** 5,1	(XIX)	ל]**מעבד** בי [
4Q**196** 10,1	(XIX)	כארך]ידך ברי הוי **ע[בד** צדקתא
4Q**196** 11,2	(XIX)	כול די פקד]ת לי **אעבד**[
4Q**198** 1,5	(XIX)	] / כלא **יתעבד** לזמ[ניהון
4Q**201** 1ii11	(XXXVI)	די חי] הוא לעלם דעלמין **עבד** כל עבדיה
4Q**201** 1ii12	(XXXVI)	לא ישניון עבדהן ו]כלהן **עבדין** ממרה
4Q**201** 1iv20	(XXXVI)	די בשמיה די ל]הן **יעב[דון** ידעי] / [בני
4Q**202** 1ii8		מן מ]לכא ד[ן עד די] / **נעבד** [עובדא דן
4Q**202** 1ii25		בשמיא ונוני ימא] בה **מתעבד**
4Q**202** 1ii26		עשא[ל] אל[ף [לאנשא ל]**מעבד** חרבן
4Q**202** 1ii27		להון מא ית[חפר והיך] [מא י]**עבדון** ד[הבא
		] [מא י]עבדון ד[הבא **למ]עבדה** [ ]מכונא
		[על {ו}כספא **למעבדה** לצמידין[ולתצבין]
4Q**203** 7a,6	(XXXVI)	לנא [ ]ה לעזא[ז]ל **ועבד** ל[ה
4Q**204** 1vi12		[מל]י מנדע לא חלק **ועבד** וברא לא[וכחה
4Q**204** 4,10		א]מר[א]דן אתהפך והוא אנוש **ועבד** מ[שכן]
4Q**206** 1xxii2		פחתיא לבית עגנון / לכדן **עב[י]דו** עד יום
4Q**206** 1xxii3		דינא רבא די מנהון **יתעבד**
4Q**206** 4i14		[חוריא ואלף לה וע]**בד** לה ערב חדה ויתב
4Q**212** 1ii19		לכון כלקובל] / די תדעון מה[**יתע]בד**
4Q**212** 1iv14		ועבד שקרא בה **למעבד** [דין] / ומן בתרה
4Q**212** 1iv16		[חרב] / לכול קשיטין **למעבד** דין קשוט מן
4Q**212** 1iv20		וכול **עב[די** רשעיא יעברו]ן מן כול
		עב[די רשעיא **יעברו**]ן מן כול / ארעא
4Q**212** 1iv26		דבהון טבא וקש]טא **יעבדון**
4Q**242** 1-3,5	(XXII)	ואמר] / החוי וכתב **למעבד** יקר ור[בו]
4Q**243** 14,1	(XXII)	בתר]דנה **יתעב[ד**
4Q**246** 1i8	(XXII)	י]**עבדון** וכלא ישמשון
4Q**246** 1ii6	(XXII)	ארעא בקשט וכלא **יעבד** שלם
4Q**246** 1ii8	(XXII)	רבא באילה / הוא **ועבד** לה קרב עממין
4Q**342** 2	(XXVII)	]∘בי כל מה די **עב[ד**
4Q**343** Verso 12	(XXVII)	] / ובאיש **עביד**[
4Q**529** 1,10	(XXXI)	בדי] / **יתעבד** כל די באיש קודם רבי
4Q**531** 2+3,2	(XXXI)	כול די]ארעא **עבדת**[
4Q**531** 4,3	(XXXI)	]**עבדתה** כול א[לין
4Q**531** 17,2	(XXXI)	] עלם לי **עבדתה**[
4Q**531** 22,4	(XXXI)	[וסלקת על כ]ול בשר **ועבדת** עמהון קרב
4Q**531** 25,2	(XXXI)	]∘ די **עביד** ב∘[
4Q**531** 34,2	(XXXI)	**ע]בדתה** ועל[
4Q**532** 1i9	(XXXI)	]נקבן **עבד** / [
4Q**536** 2ii8	(XXXI)	] / **עבד** ⟦ ⟧[
4Q**541** 16,1	(XXXI)	]**ת[ע]בד**[
4Q**541** 24ii2	(XXXI)	]ואל **ת[עבד** שגיאן די לא להוין] / [
4Q**542** 1i3	(XXXI)	סעבדיא ושליט / בכולא **למעבד** בהון
	(XXXI)	**ויעבד** לכון חדוא ושמחא לבניכון
4Q**543** 2a-b,5	(XXXI)	] **תעבד** בארעא דא ודין חסין
4Q**543** 2a-b,8	(XXXI)	]בה **תעבד**[
4Q**543** 16,2	(XXXI)	]**תעבד** לעמך וחדוה / [
4Q**545** 1ai6	(XXXI)	**ועבד** משתותה שבעה[יומ]ין / ואכל ואשתי
4Q**545** 4,13	(XXXI)	**א/ת]עבד**[
4Q**546** 12,4	(XXXI)	]ה ורז מרים **עבד** לה[(ון)
4Q**550** 2		]∘[ל]**מעבד** / עבידת מלכא ככול די קב[לת
4Q**550** 6		[ ]∘∘[דר]יוש מלכא **לעבדי** שלטנא די
4Q**550** 7		מלכין די י]מלכון בתרי **ולעבדי** שלטנא
4Q**550**b 4		]ה עמ[ה ו]ה[ו]ה **עבד** מן קשוט ומן הי[מנו
4Q**550**c 1i4		]רא טב[א] / גברא טבא **עבד** [
		מה **אעבד** לכה ואנתה ידע[
4Q**552** 1,9		]∘נך איך כלא **עביד** הוו קאמין / [
4Q**554** 3iii22		] / **ויעב[דון]** בהון עממין[
4Q**563** 1,1		]∘∘∘[ ]**יעבד** ∘∘ די ש∘∘∘∘יא ∘∘ דינ∘∘[
4Q**570** 4,5		]ומנהן **יעבד** אלף[
4Q**580** 1i11		]∘מרי דן **ועבדי** קשטא / [
11Q**10** IX,4	(XXIII)	ש]לטן ורבו עם אלהא **ע[בד** שלם] / [
11Q**10** XIII,6	(XXIII)	**במעבדה** לרוחא[
11Q**10** XIII,7	(XXIII)	**במעבד**[ה למטרא דת וארח
11Q**10** XVIII,6	(XXIII)	מא **אעבד** / כדי יק[ום אלהא
11Q**10** XVIII,8	(XXIII)	ארו / **עבד**[ני
11Q**10** XXIV,2	(XXIII)	ומתחבר / **לעבדי** שקרא[
11Q**10** XXIV,7	(XXIII)	הוא ארעא **עבד** / וקשט תב[ל
11Q**10** XXVI,1	(XXIII)	]ך ובסגיא עויתך מא **ת[עבד** לך
11Q**10** XXVI,5	(XXIII)	אמר[ין אן הוא]אלהא / די **עבדנה** ודי
11Q**10** XXVII,5	(XXIII)	הן ישמעון **ויעבד[ון** ישלמון]בטב ימהון
11Q**10** XXVIII,1	(XXIII)	] / **עב[דת** עולה
11Q**10** XXX,2	(XXIII)	אן הוית **במעבדי** ארעא החויני הן ידעת
11Q**10** XXXVII,4	(XXIII)	ידעת די כלא / תכול **למעבד** ולא יתבצר
11Q**10** XXXVIII,1	(XXIII)	נעמתיא ו]**עבדו**[כדי אמר להון] / אלהא

servant noun **עֲבֵד**

Reference	Vol.	Text
1Q**20** XXII,6		ובחר מן **עבדוהי** גברין בחירין לקרב
4Q**213** 1-2ii14	(XXII)	]ב **ועבדין** / [
4Q**213**a 2,8	(XXII)	] / צלות **עב[דך**
4Q**213**a 2,10	(XXII)	] / לבר **עבדך** מן ק[דם
4Q**243** 24,5	(XXII)	]**עבדין** עד יומא[דנה
4Q**539** 2-3,4	(XXXI)	] / [לשלמה]ת[מ]נין מניא **ועבד[א** לאקרבה
4Q**546** 8,3	(XXXI)	ביד (מושה) **ע]בדה** יתוב[ו]ל[(ארע) כנען
4Q**550** 2		] / [ ]ן **ובעבדי** לבוש מלכותא ב[ ]ל[
11Q**10** II,5	(XXIII)	**לעבדי** קרית ולא ע[נא
11Q**10** XVIII,6	(XXIII)	הן אתקצרת / ברין **עב[די**
11Q**10** XXXV,7	(XXIII)	קים עמך ותדברנה **לעבד** עלם

deed noun **עֲבָד, עוֹבָד**

Reference	Vol.	Text
1Q**20** V,11		בארעא וכול **עובד** [בני שמין]∘∘פל וה∘∘
1Q**20** V,22		] / ביומוהי ∘ת **עובד** והא ∘∘[
1Q**20** VI,11		בחזיון חזית ואחואת ואודעת **בעובד** בני
1Q**20** XXI,5		דן פרש לוט מן לואתי מן **עובד** רעותנא
4Q**199** 2,1	(XIX)	**ע]ובדי** נדן[
4Q**201** 1ii1	(XXXVI)	° וא[תבו]ננו **בעבדה** / [מן קדמיה לא]חרנה
4Q**201** 1ii10	(XXXVI)	° [הל]ל[ו ו]אתבוננו בכל **עבדיה** אלין / [
4Q**201** 1ii11	(XXXVI)	הוא לעלם דעלמין עבד כל **עבדיה** אלין
4Q**201** 1ii12	(XXXVI)	ואנתן שניתן **עבדכן** / [ולא תעבדון ממרה

4Q201 2,3 (XXXVI)] עם כל עבדי / [
4Q203 8,7 (XXXVI)] / ועובדכון ודי נש◦◦◦◦[ ]
4Q203 8,10 (XXXVI)] / וקבלה עליכון [וע]ל עובד בניכון[
4Q204 1i16 [ויוכח לכול ב]שרא על עובד[י רשעהון
4Q204 1i18] / בכול עו[בד וחז]וא לכון לעובד
כול עו[בד וחז]וא לכון לעובד ש[מיא
4Q204 1i20 ל[א]רעא ואתבוננא בעובד[ה מן קדמיא
4Q206 1xxvii21 לצפון סיאפי ארעא] ואחזית עבדין רבר[בין]
4Q212 1iv11 וכול עבד]והי בט[עותא]
4Q212 1iv14 ולהון עקרין אשי חמסא ועבד שקרא בה
4Q213 1i6 (XXII) רא]ש כל עבדכן / [יהוה קשטא ועד עלם
4Q214 2,10 (XXII) והקטר עליהן לבונה] / [ו]הוא עבדך בס[רך
4Q531 2+3,8 (XXXI) כו]ל עובד קשה וממרא מן[
4Q531 19,2 (XXXI) ע(ו)ב]די חמס שגיא ביבשתא
4Q534 1ii+2,15 (XXXI)]ה וכל[אי]ן יתבנון כעירין עובדה / [
4Q536 2ii13 (XXXI) גבר די לעבדיך לבנס[מאלף יאבד לעלמין]
4Q544 2,14 (XXXI) וכול ארחה חש]יכה וכל עבדה ח[ש]יך
4Q545 4,16 (XXXI)] / [א]חוה לכה רז עובדה כהן קדיש הוא[
11Q10 XI,1 (XXIII) בי]ד אלהא ועבד / [
11Q10 XXIII,4 (XXIII) וכעבד / כפוהי ישלם לה ויאמ[ר
11Q10 XXV,2 (XXIII) יחכ]ם עבדהון
11Q10 XXVII,3 (XXIII) להן עבדיהו[ן ועוית]הון ארו התרוממו
11Q10 XXVIII,1 (XXIII) ד]כר ארו רברבין עבדוהי די / חזו המ[ון
11Q10 XXIX,2 (XXIII) אמר ישמעון לה ואזלין לעבדיהון / על

(indeterminate) עבד

1Q68 12,1 (I)]ועבד[
4Q550d 2,1]עבד ע[

passer-by (?) noun עָבוֹר

4Q531 25,3 (XXXI) מה]◦◦ עבורי ולמ[

produce noun עְבוּר

1Q20 XI,12 כולהא מליא דתא ועש[ב] ועבור
1Q20 XIX,10 כולא ושמעת די ע[בו]רא ה[וא] במצרין

thick adjective עֲבֵי

4Q561 4-6i5 אברוהי / [מ]מחקי[ן] וב[ין מג]רמין לעבי[ן] / [
4Q561 4-6i9] / לעבין [ו]כף רגל[והי
4Q561 4-6ii5] / להוון בין עבין ל[
4Q561 4-6ii7] / כעבין טפרוה[י

work, service noun עֲבִידָה

4Q544 1,2 (XXXI)] / גבר ומן עבדתנא שגי לחדא עד ◦[תקברון
4Q545 1ai10 (XXXI) עבי]דתה לעליה[ו]קרא לה
4Q545 1a-bii15 (XXXI)] / עבידתנא[ש]גיאין לח[דא עד יתקב]רון
4Q550 3]◦[ל]מעבד / עבידת מלכא ככול
4Q550a 7] / התכול ותקבל עבידת אבוך [
4Q550b 3]מן יומא די קם על עבידת[ה מן]קדם
4Q550c 1i7 אפשר די תע[ל] ית עבידתי ק[דמיך כ]ול
4Q563 1,2 תתקרא בכל דלך [ ]עבידתך[

עבע ← לעובע

to pass over, transgress verb עבר

1Q20 XVI,11 [ו]עבר תחומא דן מי ימא רבא
1Q20 XVI,18 די פנה למערב ועבר ◦[
1Q20 XVII,10 ל◦◦ט / נפל טור תורא דן ועבר חולקא
1Q20 XVII,17 ללש[נא ת]ניאנא לתובל ◦◦עבר / [
4Q201 1ii1 (XXXVI) [ובמעדיהן מתחזי]ן ולא מעב[רין]בסרכן
4Q201 1ii13 (XXXVI) [ולא תעברון ממרה ותע]ברון עלוהי רברבן
4Q204 5ii18 די] ביומי ירד א[בי] / עברו [מלת מריא
וארו חטי]ן ועב[רין
4Q206 1xxvi20 שגיא מנה ואעברת על[א] / מן חשוכא
4Q212 1iv24]ושמין / קדמין בה יעברון ושמ[ין חדתין
4Q213 1-2ii18 (XXII) ולא]תעבר מנכן עד כל / ד[ריא
4Q243 12,3 (XXII)] מעברהון ירדנא יובל[א
4Q343 Recto 7 (XXVII)] / לא ויעבר לידיך הו[
4Q545 1ai4 (XXXI) ואף עבר עלו[הי (ושלח)] / וקרא לעוזיאל

(indeterminate) עבר

4Q540 2,2 (XXXI)]עבר [

pit (?) noun עגי

1Q20 XXI,33 וערק ומלך עומרים / נפל בעגיאין [די

calf noun עֲגַל

4Q206 4ii12 ועגלא [חורא די התילד מן תורא
4Q207 3 מרעיהו]ן ודיריהון [וע]גל[י]ה[ון חלפו
4Q553 13,2]ועגלין ואימרין / [

Eglon proper noun עֶגְלוֹן

4Q559 4,8 80]עגלון מלך מואב שנ[ין 18] / [

to imprison verb עגן

4Q203 7bi5 (XXXVI)]◦לה עגננא ותקף לכ[ה

prison noun עֲגָן

4Q206 1xxii1 והא אלן אנון פחתיא לבית עגנון / לכדן

eternity noun עֵד

1Q20 X,10 כול עלמיא לעלם ולעד עד כול עלמים

until preposition עַד

1Q20 I,6]א עד / [
1Q20 II,5]◦ בני שמין עד כולא בקושטא תחוינני
1Q20 II,7] / במלך כול עלמים עד בקושט עמי
1Q20 V,18] / עבדין חמס שגיא יעבדון עד די[
1Q20 VI,19 די אשדו נפיליא שפית וקוית עד די ק[
1Q20 VI,25]עד תרעי שמיא◦◦ [
1Q20 X,10 עלמיא לעלם ולעד עד כול עלמים
1Q20 XIII,11 חזה הוית עד די אסיפוהי שרין ארעא
1Q20 XIV,10 חלפא די נפקא מנה וראמא עד רמה
1Q20 XIV,19] / חוית[ה] לרזא עד ◦◦◦◦◦◦ [
1Q20 XVI,9 די מן ביניהן ראיש בעין עד טינה [נ]הרא
1Q20 XVI,10] / כול ארע צפונא כולהא עד די דבק
1Q20 XVI,11 תחומא דן מי ימא רבא עד די דבק
1Q20 XVI,16] / עד טינה נהרא ◦◦◦◦◦◦◦◦◦◦◦◦ל ◦◦◦◦ם
1Q20 XVI,19] ◦◦ עד די דבק לע◦◦◦◦◦ ל◦◦◦◦◦◦◦◦ון / ◦◦◦◦[
1Q20 XVII,7 ליד מי חדקל נהרא עד דדבק לי◦ ימא
1Q20 XVII,8 וסח[ר] למערבא לאשור עד דבק לחדקל
1Q20 XVII,9 בין תרין נהריא עד די דבק לראיש ט[ור
1Q20 XVII,10 חולקא ואזל מערבא עד דבק למגוג
1Q20 XVII,14 לבני גומר ◦◦◦◦◦ ואמנא עד דבק לפו[רת]
1Q20 XVII,16 לגמר יהב לקדמין בצפונא עד די דבק
1Q20 XIX,8]◦◦◦ עד כען לא דבקתה לטורא
1Q20 XIX,9 אזל לדרומא ◦◦◦ ואתית עד די דבקת
1Q20 XIX,26]◦◦◦ ולא ◦◦◦ין למקם עד די ◦◦◦ מלי / [
1Q20 XXI,1 [ב]כל אתר משריאתי עד די דבקת לבית
1Q20 XXI,6 נכסוהי ודבק עד סודם וזבן לה בסודם

מן / רמתא דא מן נהר מצרין **עד** לבנן	1Q**20** XXI,11	
ושניר ומן ימא רבא **עד** חורן וכול ארע		
עד חורן וכול ארע גבל **עד** קדש וכול		
רבא די מדנח חורן ושניר **עד** פורת	1Q**20** XXI,12	
ולזרעך אנתננה אחריך **עד** כול עלמיא	1Q**20** XXI,14	
נהרא ואתית ליד ימא **עד** די / דבקת	1Q**20** XXI,15	
למדנחא לפותי ארעא / **עד** די דבקת	1Q**20** XXI,17	
וסחרת ליד פורת **עד** די דבקת לימא		
לי ליד / ימא שמוקא **עד** די דבקת ללשן	1Q**20** XXI,18	
שמוקא וסחרת לדרומא **עד** די דבקת		
די בטורי גבל **עד** דבקו לאיל / פרן	1Q**20** XXI,29	
עמה והוא רדף בתרהון **עד** דבק לדן	1Q**20** XXII,7	
ערקין מן קודמוהי / **עד** דבקו לחלבון די	1Q**20** XXII,10	
וארעא אן מן חוט **עד** ערקא דמסאן / אן	1Q**20** XXII,21	
]נֿתא **עד** אנתה / [	1Q**21** 7i1	(I)
]ד֯ לי **עד**[	1Q**21** 9,3	(I)
] **עד** [	1Q**23** 27,4	(XXXVI)
ו]משח **עד** תרע ספי[רא	2Q**24** 3,2	(III)
] / וחזית **עד** די ◦ל[	2Q**24** 4,11	(III)
חזי] / הוית **עד** חדא מן תרתי לחמא יהיבת	2Q**24** 4,15	(III)
חזי הוית **עד** די יהיב לכ[ול כהניא	2Q**24** 4,17	(III)
]**עד** עדן די יתבו [	2Q**24** 4,19	(III)
]א **עד** ד◦[	4Q**196** 33,1	(XIX)
וסדר להון / [לילה והכו **ע]ד֯** דקלת	4Q**197** 4i6	(XIX)
] לנצ[לה] / [ולמפלט] **עד** [עלמה ו]מ֯נה[	4Q**201** 1v4	(XXXVI)
] / [בחרב]ו֯ת ב[ני] אר[עא סלק]ין **עד** ת֯רע[י	4Q**202** 1iii10	
מק]ד֯ש֯ת֯א֯ ו֯ ◦◦◦ת֯א֯ **ע֯ד֯** כ֯ו֯[ל עלמיא	4Q**202** 1iii16	
] שבעין ד֯[רין בחולי] / ארעא **עד** יומא	4Q**202** 1iv11	
] / ותנינא **עד** כען לא קר֯י֯[א	4Q**203** 7bii3	(XXXVI)
] / **עד** רפאל מטה	4Q**203** 8,12	(XXXVI)
] / **ועד** [	4Q**203** 12,1	(XXXVI)
] די / [עליהון מתקימין **ע]ד֯** דתרתין ודתלת	4Q**204** 1i25	
עלי נפל]ו֯ **עד** ד֯[י נטלת] / לשכני עיני	4Q**204** 1vi3	
] / [גזיר למאסר]כון **עד** כול יומי ע[למא	4Q**204** 1vi15	
מן ארעא **וע֯[ד** די טבן יאתן בארעא]	4Q**204** 5ii28	
אזל נא **ע֯ד֯** למ֯ך֯ [בר]ך֯ [ואחויה לה]	4Q**204** 5ii29	
לבית עגנו֯ן / לכדן עב[י]ד֯ו **עד** יום די יתד֯י֯נן	4Q**206** 1xxii2	
כדן עב[י]ד֯ו עד יום די יתד֯י֯נן **ועד** זמן יום		
רוח / אנש מת קבלה [ו]אנינה **ע[ד]** שמיא	4Q**206** 1xxii4	
ולמעל עליה ו]א֯נה הוית חזה **עד** ארעא	4Q**206** 4i18	
[ועוד חזית בחל]מי **עד** מ֯[רזביא אלן	4Q**206** 4ii1	
ומיא משרין] / ו֯נ֯ח֯תין בגוהון **עד** ספו֯ [	4Q**206** 4ii3	
אנן ומזעק תקיפ]ו֯ת **עד** נחת מ֯[רא ענא	4Q**206** 4ii21	
בכל יום ויום **עד** יום ארבעת עשר	4Q**210** 1iii4	
א֯[תילדת בשבוע] / קדמי **ועד** עלי	4Q**212** 1iii24	
ולא]ת֯עבר מנכן **עד** כל / ד֯[ריא	4Q**213** 1-2ii18	(XXII)
] / תחותי רם **עד** דבק לשמי[א	4Q**213**a 2,17	(XXII)
]ע֯בדין **עד** יומא[דנה	4Q**243** 24,5	(XXII)
]ל֯הו **עד** יש[	4Q**243** 25,2	(XXII)
] / ואת֯וא **ע֯ד֯**[	4Q**244** 5ii4	(XXII)
]ר֯א חזוך וכלא אתה **עד** עלמא	4Q**246** 1i3	(XXII)
עד יקו/ים עם אל וכלא ינוח	4Q**246** 1ii4	(XXII)
חזא]ה֯וית **עד** די לשנין די נור מן / [שמין	4Q**530** 2ii+6-12,9	(XXXI)
עד כא סוף חלמא	4Q**530** 2ii+6-12,12	(XXXI)
עד כה סוף חלמא[	4Q**530** 2ii+6-12,20	(XXXI)
א]מר לה ד֯י֯ אנה ידע **עד** ד֯[י	4Q**531** 5,3	(XXXI)
]**עד** ת[	4Q**531** 35,1	(XXXI)
]א **עד** שמיא[	4Q**531** 45,4	(XXXI)
]◦י ארעא **ועד** ל֯◦[	4Q**532** 2,11	(XXXI)
די לא ידע מרעם֯ **ע֯ד֯** עדן ד֯י֯ / [י]נדע	4Q**534** 1i4	(XXXI)
] גשטא[ו]**ע֯ד** מות֯[הון יסו]פון / [	4Q**534** 1ii+2,19	(XXXI)
יו]מ֯יא דמך֯ **עד** מפלג ית֯[י]ו֯מ֯יא ש[	4Q**535** 3,4	(XXXI)
] בימםא **ע֯ד** משלם ש[נין תמנה	4Q**535** 3,5	(XXXI)
יומי]א דמך **עד** מפלג יומו֯ה[י	4Q**536** 1,1	(XXXI)
ב]י֯ממא **ע֯ד** משלם שנין ת֯[מ]נ֯[ה	4Q**536** 1,2	(XXXI)
]תזיע אנשא **ועד** / [	4Q**536** 2i+3,7	(XXXI)
]ובאישתכון **עד**[די]תהוון קדמוהי ל֯◦[	4Q**537** 5,3	(XXXI)
]ת֯ענש **ע֯ד֯**[?] / [	4Q**537** 23,2	(XXXI)
אלפתכון בקושט מן כען **ועד**	4Q**542** 1ii1	(XXXI)
]◦יא **עד֯**[	4Q**543** 13,1	(XXXI)
גבר ומן עבדתנא שגי לחדא **עד** י֯[תקברון	4Q**544** 1,2	(XXXI)
ועמרנא בחברון] / **עד** אנחנא בנין	4Q**544** 1,4	(XXXI)
ערבי נהיר מן מ]צליא **עד** ארעיא אנה	4Q**544** 2,16	(XXXI)
] / **ע֯דע֯דן** ד֯י֯ בעות צ֯[לות(י)	4Q**546** 9,5	(XXXI)
]◦ ב֯נ֯ין **ע֯[ד**]ע֯ל֯ם לח֯ [ ]◦[ ]◦◦[	4Q**546** 12,1	(XXXI)
מן] עלמא **ו֯עד** ע[למא	4Q**547** 6,4	(XXXI)
]שמעון ומן תרעא דן **ע֯[ד]** ת֯רעא	4Q**554** 2i13	
יהודה ומן]תרעא דן משח **עד** זוית / [	4Q**554** 2i16	
ומן ת]ר֯עא דן משח **עד** תרעא / [די מערבא	4Q**554** 2i20	
25 ו]מן דא זויתא משח **עד** / [תרעא	4Q**554** 2i22	
נפתלי [ו]מן ד֯ן֯ / תרעא משח **ע֯ד** תרעא[	4Q**554** 2ii9	
ומש[ח מן תר]ע֯א דן **עד** זוית די מדנחא	4Q**554** 2ii10	
] / ויבאשון לזרעך **עד** עדן די י[	4Q**554** 3iii20	
עשר תמניה בחדה רוח **עד** זויתא / [	4Q**554**a 1ii3	
]◦◦ מן יפוא **עד** טור[	4Q**556** 1,9	
ויתעשק ויאמר אהך לי **עד** סיאפי ארעא	4Q**568** 1	
]א֯רם **עד** ל◦ש֯◦◦ל ע֯ל מצ֯ר֯ים ◦◦◦◦◦◦ת֯נה֯ וי◦[	4Q**570** 4,4	
בר לאבוהי אמר די נהיתא **עד** ימ◦◦א ה֯וא	4Q**571** 3	
] / **[ע]ד֯** יום עשרתא וב֯[	4Q**580** 1ii14	
]**עד** / [	4Q**580** 6ii1	
וסחר֯ [וס]ל[ק]ר֯ום ק֯[נין תרי]ן֯ **עד**[	5Q**15** 1ii5	(III)
זויתא] / [וש]בעה מן ז[ו]יתא **עד** תרעא	5Q**15** 1ii7	(III)
חזי] / הוית֯ **עד** די אתו[	6Q**8** 2,2	(XXXVI)
]**עד** די כ֯[	6Q**14** 2,2	(XXXVI)
ינ]עו֯ל עמי מלוא **עד֯**[	11Q**10** VIIA,7	(XXIII)
הי]א֯ **עד** / אבדון ת[אכל	11Q**10** XVIII,4	(XXIII)
] / תסיפון **עד** תחקרון סוף[	11Q**10** XXI,2	(XXIII)
ואמרת **עד** תנא / ולא תוסף֯[	11Q**10** XXX,8	(XXIII)
] **ע֯ד֯** [	11Q**18** 4,4	(XXIII)
]א **עד** תדנח שמ֯[שא	11Q**18** 26,3	(XXIII)
]א֯ **עד** מעל ש[משא	11Q**18** 28,3	(XXIII)

lot, share noun **עֲדַב**

ורעי[אלהא ועם קדישיא] / **עדבה** פליג	1Q**20** II,21	
ד֯י֯ דב֯ק֯ לא֯◦◦א ◦◦◦ל / ח֯לק֯ **ב֯ע֯ד֯ב֯** ליפת	1Q**20** XVI,12	
[ו]לשם֯ נפק **עדבא** תני֯אנא למ֯י֯ר֯ת֯ לה	1Q**20** XVI,14	
] **עדבך** א֯[נ]ה֯ ברי / [	4Q**543** 16,4	(XXXI)
] / **עבדה** נפל ב֯י֯ן חד ל[חד	4Q**580** 1ii13	

to pass away verb **עדה**

]**להעדיתני** ולמבנה / [	1Q**20** VII,19	
ע֯ל א֯ר֯ע֯א ודי **אעדי** ואבד֯ מנהא / כ֯ו֯ל֯	1Q**20** XI,13	
יבעון] **לאע[ד]יותכי** מני ולמקטלני	1Q**20** XIX,21	
הא אנתתך ד֯ב֯ר֯ה֯ אזל **ועדי** לך מן / כול	1Q**20** XX,27	
ומאמרי ד[ן ינטור במגלה די לא] / **תעדה**	4Q**536** 2ii13	(XXXI)
חשו֯כא תניר אדין **יעדה** חשוכא / [מ]ן֯	4Q**541** 9i4	(XXXI)
] / ב֯[ד]ר֯י קושטא **ויעדון** כול בני רשע[א	4Q**542** 1ii8	(XXXI)
מנדעהון [צדיקין ל]ה֯וון ובנ֯י֯ חשוכא **יתע֯ד֯ון** [	4Q**548** 1ii-2,11	(XXXI)
]לעבע **תעדא** [	11Q**10** III,7	(XXIII)
האף / **תעדא** דינה ותחיבנני על דברת	11Q**10** XXXIV,4	(XXIII)

11Q10 XXXIV,6 (XXIII) העדי נא גוה ורם רוח וזוי
11Q10 XXXIV,7 (XXIII) העדי נא חמת רגזך וחזא כל

pleasure noun עדינה
1Q20 II,9 ויא מרי דכרלך על עדינתי א◦◦◦[
1Q20 II,14 ויא אחי [דכרלך] / עדינתי יׄאמׄיׄא אׄנׄה לך

pleasure noun עֵדֶן
1Q20 XI,12] ◦◦ ל◦◦◦◦◦◦◦◦ן / [ ]◦◦עליהא עדן בעליהון
4Q561 3,11] / [◦]שכ◦ה עדנא תמ[
11Q10 XXVII,6 (XXIII) ימהון ושניהון / ביקר ועדנין [

time noun עִדָּן
2Q24 4,19 (III)]עד עדן די יתבו [
3Q14 4,4 (III)] / לעדני[א
4Q196 4,1 (XIX) לעי]לם בעד[נא דן
4Q198 1,9 (XIX) עד] / עׄדׄנא
4Q198 1,10 (XIX) [ו]לא כקד[ם עד] עדנא [די
4Q531 17,3 (XXXI)]למאבל כול עדני[
4Q534 1i4 (XXXI) די לא ידע מדעם עׄדׄ עדן דׄיׄ / [◦]נדע
4Q536 2ii13 (XXXI) אׄרי ועדן רשיעין ידעך לעלמין
4Q545 9,5 (XXXI)]זׄמני עדניהון[
4Q545 12,1 (XXXI)] בעדן[
4Q546 9,5 (XXXI)] / עׄדעדׄן דׄיׄ בעות צׄ[לות(◦)
4Q554 3iii20] / ויבאשון לזרעך עד עדן די ◦[
4Q558 28,1] בעדן קץ זנ◦◦ין עם שרשׄ[
4Q558 33,2] עדן ⟦ ⟧[
4Q558 35,1] עדן [
4Q568 1 א]לין דינין בעדניהן ויהך ויתעשק ויאמר
4Q580 1ii15] / [בע]דׄני נגהא ובנג[הא
11Q10 XXXI,1 (XXIII) דׄ]יׄ מנעת ל[עׄדׄן ע]קת[א ליום קרב ואשתדׄר
11Q10 XXXII,2 (XXIII) [◦]רחׄמׄיׄן / שלמין ותנדע עדן מולדהין

Edna proper noun עֶדְנָא
4Q197 4iii4 (XIX) ואמר לעדנא אנתתה כמא / דמה עלימא
4Q197 4iii5 (XIX) אנון עדנא ואמרת להון מנאן אנתון אחי
4Q197 5,7 (XIX)]ברי אנה אבוך ועדנא אׄ[מך

tendon noun ערק
11Q10 XVI,7 (XXIII) בלילא] גרמי יקדון וערק[◦]

to help verb עדר
11Q10 IX,10 (XXIII) העד[רת
11Q10 XIV,7 (XXIII)] / [ד]יׄ לא עדר להׄן[

עוֹבָד ← עֲבַד

thickness noun עוֹבִי
5Q15 1ii12 (III) תרתין [פתיה אמין]ועובי פותי כותלא[
11Q18 17ii4 (XXIII)] / תרתׄין ועובי פותי כות[לא

עובע ← לעובע

still adverb עוֹד
2Q24 8,6 (III) ◦] ולא יתכלא עוד
4Q196 6,5 (XIX) ולא אשמע ח]סד עוד בחיי ו[
4Q196 17ii2 (XIX) ולא [יסתר אנפו]הי מנכון עׄ[וד
4Q197 4i4 (XIX) ושתק[ה עוד ולא בכת
4Q203 1,3 (XXXVI)] / אנפי עׄוׄדׄ[
4Q204 1vi14 די עוד מן כׄ[ען לשמיא לא תתובון
4Q530 7ii2 (XXXI)] / עוד[ ]קׄ[
4Q537 1+2+3,2 (XXXI) כל] / עול וכל שקר לא עוד ישתכח[
4Q538 1-2,4 (XXXI) ר]וח באישה ולא יכל עוד / [חשד באיש
4Q538 1-2,5 (XXXI) בלב]ב[הו]ן מנה ולא עוד יכל לא[תאפקה
4Q538 1-2,7 (XXXI) אבי ימות ולא יכל יחזה ע[וד יוסף
4Q541 2i6 (XXXI) יש/ה]נה לי עוד כתב / [
4Q542 1ii4 (XXXI) קאם לכול דריעלמין ולאׄ[עוד תפׄ[
4Q546 9,7 (XXXI)] / ועוד לׄ[
4Q558 54ii7]עוד אלׄ[
4Q580 4,5] / ולא עוד יחזא צער ו[
11Q10 XXI,8 (XXIII) [ו]קׄמו ולא ימללון עודׄ[
11Q18 15,1 (XXIII)]משרתא עוד להן די להוה[
11Q18 30,2 (XXIII)]ן עוד לויא דבחׄ[ין

bird of prey noun עוז
11Q10 XXXIII,9 (XXIII) מאמרך יתגבה נׄשרא / ועוזא יׄרׄים קנ[ה

Uzzi proper noun עוּזִי
4Q245 1i6 (XXII)]בׄוקי עוזׄי

Uzziel noun עוּזִּיאֵל
4Q545 1ai5 (XXXI)] / וקרא לעוזיאל אחוהי זעירא[ואס]ב

Uzziah noun עוּזִּיָּה
4Q558 33,4] יתותר במלכות עוזיה[

iniquity noun עֲוָיָה
4Q202 1iv5 [כול עו]ית[א ולגבריאל אמר מ]ריא
11Q10 XXVI,1 (XXIII) [ב]ךׄ ובסגיא עויתך מא תׄ[עבד לך

blind adjective עֲוִיר
4Q564 1ii2] / והוינא עוׄירין ◦◦◦[

iniquity noun עֲוֶל
1Q20 VI,1 מן עׄול ובכוׄר הׄורׄתי יעׄת לקושט
4Q537 1+2+3,2 (XXXI) ולא עוד יתעבד כל] / עול וכל שקר
11Q10 XXII,4 (XXIII) הן עולין השכח אחד לי הׄ[יך

iniquity noun עַוְלָה
4Q204 1v3 ואכרת עולה מן[אנפי ארעא וכול עובד

youth (m) noun עוּלֵים, עלים
1Q20 II,2 ולבי עלי משתני על עולימא דנא
1Q20 V,2]לדו עוליׄמׄא / דׄן
1Q20 V,13] / עׄוליׄמא דן נור והוא ל◦◦◦[
1Q20 XXII,23 ברא מן די אכלו כבר עולימי די עמי
4Q196 13,2 (XIX) שׄ]אל עולימא למׄ[אכא ⟦ ⟧ עזריה]
4Q197 4i6 (XIX) ונחת עלימׄ[א
4Q197 4i7 (XIX) רב מן / [מיא למב]לע רגל עלימ[א
(XIX) א]תׄקׄף נׄ[ונא וג]בׄר עלימא / [לנונא
4Q197 4i16 (XIX) אמר רפאל] / [לעלי]מׄא טׄ[ו]בׄיה אחי
4Q197 4iii5 (XIX) כמא / דמה עלימא דן לטובי בר דדי
4Q204 5ii23 הוא] בקשוט [וניח קרי דן] / [עלי]מא [די
4Q204 5ii30 [בר]ךׄ [ואחויה לה] / די עלימא דן ברה
11Q10 XIV,2 (XXIII) [ו]חׄזוני עלומין טשו וגברין ח◦[
11Q10 XXIII,3 (XXIII)]מן / עולים ותב ליומי עלימ[ותה

youth (f) noun עוּלֵימָה, עלימא
4Q197 4ii3 (XIX)] / [אחי]תׄמלל בעׄלׄ[מ]תא דא בליליא דן
4Q197 4ii6 (XIX) ספר]מׄושה וכען[נמלל בעלי]מׄתׄא[ ]דא

4Q356 2 (XXVII)]מן עלימא ר 13 [

iniquity noun עואן

4Q560 1i4]רא **עואן** ופשע אשא ועריה ואשת

depth noun עוֹמַק

4Q547 4i4 (XXXI) עו]מקא / [

Gomorrah proper noun עומרם

1Q20 XXI,24 מלך **עומרם** ועם שנאב מלך אדמא / ועם
1Q20 XXI,32 סודום וערק ומלך **עומרים** / נפל
1Q20 XXI,34 כול נכסיא די סודם ודי / [**עו**]**מר**[**ם**]◦◦◦[

עֲוָן ← עואן

birds noun עוֹף

1Q20 VI,26 ולבעירא ולחיותא **לעופא** ו[
4Q531 2+3,4 (XXXI)]וכול **עוף** שמים עם כול די פרא[
4Q541 4i5 (XXXI)]קנה **ועופא** / [

foliage noun עוֹפִי

1Q20 XIII,13 ברומה ושען שגיאן בזוי **עופיאן** שגיאן

to punish verb עוק

4Q204 4,9 ל]בגלא ולבגעה **ולאעקה** ימא ע[ל] / [שם

to wake up verb עור

1Q20 XIX,17 **ואתעירת** בליליא מן שנתי ואמרת
4Q197 4ii16 (XIX) למהוה ע]מה **עו**[**רו** מן
4Q213b 2 (XXII) שבעתון מן לותי ו]אנה **אתעירת** מן שנתי
4Q547 9,8 (XXXI)] ואנה **אתעירת** מן שנת עיני וחזוא

blindness noun עֲוָר

4Q245 2,3 (XXII)]אלן **בעור** וטעו / [

Azazel proper noun עֲזָאזֵל

4Q203 7a,6 (XXXVI)] / לנא [ ]ה **לעזא**[ז]**ל** ועבד ל[ה

עזבוג ?

1Q20 1ii7 (I)] / **עזבוג** די ◦◦◦◦[

Azzur proper noun עַזּוּר

4Q339 8 (XIX) [שמעיה הנ]חלמי / [חנניה בן **עז**]**ור** / [נביאה

עֻזִּי ← עוּזִּי

עֻזִּיאֵל ← עוּזִּיאֵל

עֻזִּיָּה ← עוּזִּיָּה

signet ring noun עִזְקָה

4Q196 2,7 (XIX) ורב **עזקן** והמרכל / [ו]שיזפן קדם
4Q550 5 חתי]מה חתמי[ן] שבעה **בעזקתה** די דריוש אבוהי

court, enclosure noun עֲזָרָה

2Q24 8,7 (III)]**עזרתא** [ו]אחזינ[ ]◦[ ]אוחרי

Azariah proper noun עֲזַרְיָה

4Q196 14ii5 (XIX)] / **עזריה** אח[
4Q197 3,3 (XIX)]אנה **עזר**[**יה** בר
4Q197 4i12 (XIX) [וא]מר לה **עזריה** אחי מה סם
4Q197 4ii7 (XIX) טוביה ואמר לרפ]אל **עזריה** אחי שמעת
4Q197 4iii2 (XIX) אחמ[תא אמר] / לה טוביה **עז**[**ריה** אחי
4Q197 5,9 (XIX) **עזריה** אחי דבר עמך מן תנא

counsel noun עֵטָה

11Q10 VII,4 (XXIII)] / **ועטת** רש[יעין

sneezing noun עֲטִישָׁה

11Q10 XXXVI,3 (XXIII) **עטישת**ה תדלק / נורא בין עינוהי

vapor noun עֲטַר

11Q10 X,5 (XXIII) שבילו]הי מא **עטר** מלא נש[מע] / [

pain, suffering noun עיב

4Q534 1ii+2,17 (XXXI)]י קדיש **ועיבי**[

Elam proper noun עֵילָם

1Q20 XVII,7 ונפל לקדמין ל[**עי**]**ל**[**ם**] בצפונא ליד מי
1Q20 XXI,23 אתה כדרלעומר מלך **עילם** אמרפל
1Q20 XXI,26 ותקף מלך / **עילם** ומלכיא די עמה
1Q20 XXI,27 / יהבין מדתהון למלך **עילם** ובשנת תלת
ארבע עשרה דבר מלך **עילם** לכול
1Q20 XXI,33]◦◦◦ ובז מלך **עילם** כול נכסיא די סודם ודי
1Q20 XXII,17 מעשר מן כול נכסיא די מלך **עילם** וחברוהי
1Q20 XXII,19 די אצלתה מן מלך **עילם** ונכסיא / כולהון
4Q196 4,1 (XIX) ל**עי**]**לם** בעד[נא דן

eye noun עַיִן

1Q20 V,12 אנפוהי נסבא בי ודנחא **עינוהי** בשמ[שא
1Q20 XVI,9]לשנה די מן ביניהן ראיש **בעין** עד טינה
עד טינה [נ]הרא ו◦◦◦ **בעין** [
1Q20 XVI,17 רבא ואזל תחומא דן **כעין** מן לשנא דן ד[
1Q20 XX,3 ראישה כמא יאין להון לה **עיניהא** ומא
1Q20 XXI,9 אל אתר די אנתה יתב ושקול **עיניך** וחזי
4Q196 6,8 (XIX) כען פנית ע]ליך אנפי **ועינ**[י נ]טלת
4Q196 18,14 (XIX) חזות **ע**]**ינו**הי חי בטב ובכ[ל
4Q197 4i14 (XIX) ומררתא למכחל **עי**[**ני** אנש
4Q204 1vi4 נפל]ו עד ד[י נטלת] / לשכני **עיני** לתרעי
4Q206 4iii17 בה] / [מין ועשבי]ן **ועיניהון** התפתח[ו וחזו
4Q235 a+b,3 (XXVII)]**עיני** א◦[
4Q530 2ii+6-12,4 (XXXI) שנת[ ]**עיניהון** מנהון וק[מו {{שנת]**עיניהון**
(XXXI)]עיניהון מנהון וק[מו {{שנת]**עיניהון**
(XXXI)]עיניהון מנהון וקמו[}} ופ]תחו **עיניהון**
4Q531 22,10 (XXXI) [ונדת מני ש]נת **עיני** למחזא [חז]וה
4Q534 1ii+2,5 (XXXI)]שומן **בע**[**ינוהי** ?
4Q542 1i6 (XXXI) ותהון לשפלו{{ת}} ולנבלו **בעיניהון**
4Q543 5-9,4 (XXXI) והא]נטלת **עיני** וחזית וחד מ[נהון
4Q543 5-9,8 (XXXI)]לחדה[ומן ע]ל **עינוהי**[
4Q547 9,8 (XXXI)] ואנה אתעירת מן שנת **עיני** וחזוא
4Q561 4-6i1 ולא שגיא **עינוה**[י] / בין אורין לאכומן
4Q562 7,2]ה בקרב בבבתא **דעינה** בדיל כן
11Q10 IV,7 (XXIII)] / **לעיניהון**
11Q10 V,1 (XXIII) **ע**]**ינוהי** במפלתה ומח[מת
11Q10 XIV,5 (XXIII)] / [ת]שמע ארן שבחתני **ועין** ח[זת
11Q10 XXXV,3 (XXIII) במטל **עינוהי** יכלנה כבחכה יזיב
11Q10 XXXVI,4 (XXIII) עטישתה תדלק / נורא בין **עינוהי** כממח
11Q10 XXXVII,7 (XXIII) למשמע ארן שמעתך וכען **עיני** / חזתך

torture noun עָיָק

Text	Vol.	Reference
[ולע]ױקא ול[חבוש ענן ע]למא		4Q204 1v1

watcher noun עִיר

Text	Vol.	Reference
חשבת בלבי די מן עירין הריאתא ומן		1Q20 II,1
מן כול זר ולא מן כול עירין ולא מן		1Q20 II,16
]∘∘ עלי ועירא רבא עלי בציר		1Q20 VI,13
ועירא / [		1Q20 VII,2
זנותא ואובד] / [בנ]י עיריא [מן בני		4Q202 1iv6
] / גבריא וע[ירי]א יתנשון כול חב[ריהון	(XXXVI)	4Q203 7a,7
מן]עירין / [	(XXXVI)	4Q203 7bi4
למלך עלמיא ו]ארו ע[י]רא / [וקדישא רבא		4Q204 1v19
קושטא וחזיה ומוכח לעירי שמ[יא		4Q204 1vi8
שאלת לרפא]ל לעירא וקדישא ד[י		4Q206 1xxii5
אוריאל חד מן]עירין וא[חויני] / [וכתב		4Q206 1xxvii19
שמין ומן] ממר עירין וקדשין / אנה כלא		4Q212 1iii21
עירי]ן אטמיו [	(XXXI)	4Q531 1,1
]∘ לעי[רין/א ?	(XXXI)	4Q531 36,1
]די מן עירין עלו[	(XXXI)	4Q532 2,7
]ה וכל[אי]ן יתבנון כעירין עובדה / [	(XXXI)	4Q534 1ii+2,15
עי]רא דן [	(XXXI)	4Q546 22,1

Achor proper noun עָכוֹר

Text	Vol.	Reference
]∘א דעכור ∘[		4Q562 5,2

upon, over, above preposition עַל

Text	Vol.	Reference
ולנפיל[ין] / ולבי עלי משתני על עולימא		1Q20 II,2
ולנפיל[ין] / ולבי עלי משתני על עולימא		
באדין אנה למך אתבהלת ועלת על בתאנוש		1Q20 II,3
ויא מרי דכרלך על עדינתי א∘∘∘[		1Q20 II,9
]∘∘∘ שגי לבי עלי אדין אשתני		1Q20 II,11
בתאנוש אנתתי די אשתני אנפי עלי ∘∘∘[		1Q20 II,12
למא צלם] / אנפיך כדנא עליך שנא		1Q20 II,17
] / באדין אנה למך רטת על מתושלח		1Q20 II,19
]ואמר לך דאל תרגז עלי די להכא אתית		1Q20 II,25
] / דחיל לעליך ∘∘∘[		1Q20 II,26
]∘∘∘∘על ארעא כולהא / [		1Q20 III,9
] עליהון [		1Q20 IV,14
]∘∘ עלי ועירא רבא עלי		1Q20 VI,13
עלי ועירא רבא עלי בציר ובמשלחת קדישא		
]∘ עליהון ארעא וכול די עליהא		1Q20 VII,1
עליהון ארעא וכול די עליהא בימיא		
]עליהון[		1Q20 VII,4
]ת על דנה / [		1Q20 VII,8
באדין ∘∘א על ארעא ∘∘∘∘∘ ונסב מן		1Q20 X,11
]ועל כול ארעא כולהא כפרת וראיש		1Q20 X,13
] ∘∘ ותרבא על נורא אקטרת ותניאנא		1Q20 X,14
מדבחא אשד[ת ו]כול בשרהון על מדבחא		1Q20 X,15
שפניא / [ ]ן על מדבחא קרבנא ∘∘∘∘∘∘∘הון		1Q20 X,16
קרבנא ∘∘∘∘∘∘∘הון עליה יהבת סולת נשיפא		
] ∘∘ ל∘∘∘∘∘∘∘∘ן / [ ]∘∘∘עליהא עדן בעליהון		1Q20 XI,12
ותבת וברכת די רחם על ארעא ודי אעדי		1Q20 XI,13
והוית תמה על זיתא דן ועלוהי שגי		1Q20 XIII,15
קאם לקובלך בחלם על ראיש טוריא		1Q20 XIV,9
ירמי על נורא כול פש[		1Q20 XV,12
]אל תתמה עליה למא∘ן ואל ∘∘ ירבה[		1Q20 XV,19
בקושט אחוינך וכן כתיב עליך[		1Q20 XV,20
די מהען לשנא דן דעל ראיש תלתת		1Q20 XVII,11
בכול אתר די [נהך לה אמרי] עלי די אחי		1Q20 XIX,20
ובכת שרי על מלי בליליא דן / [		1Q20 XIX,21
] די פרעו[צען] על מל[י] ועל אנתתי		1Q20 XIX,24
די פרעו[צען] על מל[י] ועל אנתתי		
ועל כול / נשין שופר שפרה ועליא		1Q20 XX,6
וחזהא ואתמה על כול שפרהא ונסבהא לה		1Q20 XX,9
דאחי הוא כדי הוית מתגר על דילהא		1Q20 XX,10
אנתה מרה ושליט על כולא ובכול מלכי		1Q20 XX,13
וכען / קבלתך מרי על פרעו צען מלך		1Q20 XX,14
תרתין שנין תקפו וגברו עלוהי מכתשיא		1Q20 XX,18
עלוהי מכתשיא ונגדיא ועל כול אנש ביתה		
באדין אתה עלי חרקנוש ובעא מני		1Q20 XX,21
מני די אתה ואצלה על / מלכא ואסמוך		
על / מלכא ואסמוך ידי עלוהי ויחה ארי		1Q20 XX,22
לא יכול אברם דדי לצליא על / מלכא		
מנה לבעלהא ויצלה עלוהו ויחה		1Q20 XX,23
וכען צלי עלי ועל ביתי ותתגער		1Q20 XX,28
וכען צלי עלי ועל ביתי ותתגער מננה		
וצליתْ על [ד]י [ית]רפא / הו וסמכת ידי		
[ד]י [ית]רפא / הו וסמכת ידי על [ראי]שה		1Q20 XX,29
[ו]אקרבת עלוהי עלואן ומנחה לאל עליון		1Q20 XXI,2
ואודית תמן קודם אלהא על כול נכסיא		1Q20 XXI,3
ואף אנה אוספת לה על דילה שגי והוא		1Q20 XXI,6
ובאש עלי די פרש לוט בר אחי		1Q20 XXI,7
לך לרמת חצור די על שמאל / ביתאל		1Q20 XXI,8
ובנית תמן מדבח ואסקת עלוה[י] עלא		1Q20 XXI,20
ולכול חברוהי ושויו עליהון		1Q20 XXI,26
אברם ללוט די פלט מן שביא על אברם		1Q20 XXII,2
ובכא אברם על לוט בר אחוהי ואתחלם		1Q20 XXII,5
ורמה עליהון בליליא מן ארבע רוחיהון		1Q20 XXII,8
עד דבקו לחלבון די שימא על שמאל		1Q20 XXII,10
ואנה מגן עליך ואספרך לך לתקיף		1Q20 XXII,31
]על אר[עא	(XXXVI)	1Q24 2,2
ע]ליהון די[	(XXXVI)	1Q24 7,3
מן] / לקדמין על מד[בחא	(III)	2Q24 4,6
] / סדרין על פת[ורא	(III)	2Q24 4,7
]בל∘[ ] ולהון מכפרין בה עלו[הי	(III)	2Q24 8,5
תורא] / [וידה באצבעתה ע]ל כסיא	(VI)	4Q156 1,6
]ה על בית קדשא [ועל] משכן זמנא	(VI)	4Q156 2,4
אהרן ת[רתין ידו]ה[י ע]ל / [ראשא	(VI)	4Q156 2,5
[ויהוד]א עלוהי כל[	(VI)	4Q156 2,6
]אשלט לאחיקר בר ענאל אחי על כל	(XIX)	4Q196 2,5
ולה הוה ש]לטן על[כ]ל המרכלות מלכא	(XIX)	4Q196 2,6
ובעה אחיקר עלי / [	(XIX)	
נפתניא די קרבו / עלוהי שגיאין ואמר[ת	(XIX)	4Q196 2,12
[וכען פנית ע]ליך אנפי ועינ[י נ]טלת	(XIX)	4Q196 6,8
אמר לאפטרותני מן ע[ל ארעא] / [	(XIX)	
ע]ל כספא[דן	(XIX)	4Q196 8,2
]עלוהי ∘[	(XIX)	4Q196 13,3
ע]לוהי בכל	(XIX)	4Q196 17i16
י]תפנה עליכון / ולא [יסתר אנפו]הי מנכון	(XIX)	4Q196 17ii1
ורבו[תה קדם עם חט]אין על לבבכון	(XIX)	4Q196 17ii4
ארי[רין כ]ל [די] בזין וכל די עלי[כי] / [	(XIX)	4Q196 17ii15
כ]ל שנאי]כי וכל[ממ]ל[לין ע]ליכי א[רירי]ן	(XIX)	4Q196 17ii16
ע]ל [כ]ל מכתשיכי ד[י	(XIX)	4Q196 18,4
[גזיר למירת ל]אבוהא ועליך דין קשטא	(XIX)	4Q197 4ii2
ומיתו כ]די עללין עליה הוו / [	(XIX)	4Q197 4ii8
] / טבא על[יך ברי אנתה] ב[ר]גברא	(XIX)	4Q197 4iii9
]∘∘∘∘∘∘י∘∘∘∘[ ] עליה ובדגלי שתוא ד[כל]	(XXXVI)	4Q201 1ii3
ארעה כויתה ולמ]דרך על עפרה ו[ע]ל [	(XXXVI)	4Q201 1ii8
על עפרה ו[ע]ל [כפ]יה לא תשכחון	(XXXVI)	
ממרה ותע]ברון עלוהי רברבן וקשין	(XXXVI)	4Q201 1ii13

Text	Vol.	Reference
די נחתו] / ביומי ירד עֹל [ראש חרמו]ן̊ [	(XXXVI)	4Q**201** 1iii4
אמה די] / הוו מתילדין על ארעה̊ [כילדותהן	(XXXVI)	4Q**201** 1iii17
ר̊[שעה ו]חמסה די [את]ח̊טי ע̊ליה̊	(XXXVI)	4Q**201** 1iv8
למ]עבדה̥ [ ]מ̊כונא ו̥על̥ {ו}כספא ל̥מעבדה̥		4Q**202** 1ii27
ל̊[נשיא] / [לנשיא אחזיא הו]א על כוחלא		4Q**202** 1ii28
נשיא אחזיא הו]א על כוחלא ועל צדיד̊[א		
[וחזוא דם שגיא שפי]ך̊ [ע]ל א̊ר̊ע̊א̊ [וכול		4Q**202** 1iii8
] / [לכון ו]ק̊[דמיכו]ן̊ [יפ]לון̥ על̊[חרב אבדן		4Q**202** 1vi10
] / עליהון̊[	(XXXVI)	4Q**203** 2,2
זנותכון בא̊ר̊עא והות[ע]ל̊י̊כ̊[ון קאמה	(XXXVI)	4Q**203** 8,9
ומזעקה] / וקבלה עליכון [וע]ל עובד בניכון[	(XXXVI)	4Q**203** 8,10
ומזעקה] / וקבלה עליכון [וע]ל עובד בניכון[	(XXXVI)	
יהוה] / עליכון לבאיש	(XXXVI)	4Q**203** 8,14
רשיעין] / [ויוכח לכול ב]שרא על עו̊בד̊[י		4Q**204** 1i16
אר]ע̊א̊ כ̊ו̊י̊ת̊א ולמדרך ע̊[ל עפרא ועל כפיא		4Q**204** 1i27
ע̊ם[כול תחנ]ניהון על כול נ̊[פשת]ה̊ון לכול		4Q**204** 1vi1
וכדי אתעירת נגדת] / עליהון וכולהון		4Q**204** 1vi6
כלקובל די ב[עותכ]ו̊ן̊ על[יהון לא תתעבד		4Q**204** 1vi17
ומרא ענא ר̊גז על [ענא רגוז] / [רב וידע		4Q**204** 4,4
מן ראש כפא] ד̊ן̊ ואתה על ע̊נ̊א̊ ואשכח כול		4Q**204** 4,5
עמה אמרין אחרנין ואתה ע]ל̊ ע̊נ̊א̊ ו̊ש̊[ח]ט̊ו̊		4Q**204** 4,7
ולבגעה ול̊א̊עקה ימא ע̊[ל] / [שם עגלא		4Q**204** 4,9
וע̊[ד די טבן יאתן בארעא] / עליהון		4Q**204** 5ii29
ות]מהת על ט̊ו̊ר̊[יא ותמהת על חליא		4Q**205** 1xii8
וחד מן אר]ב̊עתא ע̊ל על חד מן תוריא / [		4Q**206** 4i13
חשוך ושחק ? והוו] ק̊אמין עליה		4Q**206** 4i19
והתגליאת וערבא] / תקנת [ע]ל א̊רעא [		4Q**206** 4ii4
[שקעין וטבעין ו]מ̊יא חפו עליהון		4Q**206** 4iii15
ט̊[ורין די על תב]ל̊[א ונ]חת עליהון תלגא̊[	(XXXVI)	4Q**209** 23,10
ותלתת די ב̇תריהון על שמאל		4Q**210** 1ii1
בכל יום וי]ו̊ם̊ לאתחזיא ע̊[ל ארעא		4Q**210** 1ii18
טל]ו̊מטר מחתין [ע]ל ארעא וזרע / [		4Q**211** 1i2
]ל̊◦[ע]ל[יהו]ן̊ מתקימין		4Q**211** 1i6
] / [ע]ל ד̊י̊ אבד לסוף אבדנא̊[כל		4Q**212** 1ii21
א̊[תילדת בשבוע] / קדמי ועד עלי קשטא		4Q**212** 1iii24
] / זויא די אנ[ון]ע̊[ליהו]ן̊ י̊תנח̊[ון ודי		4Q**212** 1v18
]נא ועל מן תהוא ח̊ובתא̊ / [	(XXII)	4Q**213** 4,3
]ה̊לא עלי ועליכן בנ̊י̊ ארו	(XXII)	4Q**213** 4,4
]ה̊לא עלי ועליכן בנ̊י̊ ארו ידעונה / [	(XXII)	
]◦די ה̊[ש]ו̊כה תתא עליכ̊ן̊[	(XXII)	4Q**213** 4,7
ע]ל̊י̊ מ̊ר̊י וקרבני למהוא	(XXII)	4Q**213**a 1,18
] / על אבי יעקוב וכד[י	(XXII)	4Q**213**a 2,12
] / שכבת ויתבת אנה ע[ל	(XXII)	4Q**213**a 2,14
ל(תח)ות עלתא] / על מדבחא ⟦ ⟧ ו̊כ̊[די	(XXII)	4Q**214**a 1,2
]ע̊לוהי / [בשנת ארבעין לחיי	(XXII)	4Q**214**a 2-3i2
באדין תשרא למזרק דמא]ע̊ל כותלי	(XXII)	4Q**214**b 2-6,8
ע]ל מגדלא ושלח̊[	(XXII)	4Q**243** 10,2
ל]ש̊ידי טעותא ורגז עליהון אלוהי̊ן וא[מר	(XXII)	4Q**244** 12,2
ע]לוהי שרת נפל קדם כרסיא	(XXII)	4Q**246** 1i1
ר]ב̊רבין עקה תתא על ארעא	(XXII)	4Q**246** 1i4
] רב להוה על א̊רעא / [	(XXII)	4Q**246** 1i7
שני[ן] ימלכון על / ארעא וכלא ידשון עם	(XXII)	4Q**246** 1ii2
אם בתורא] ירעם מסבת על[	(XXXVI)	4Q**318** VIII,6
אלעזר בר יהוסף על נפשה כ̇ת̇ב̇[ה] / [	(XXVII)	4Q**344** 6
] / ה̇[ו]שעיה בר[ ]◦◦ על נפש[ה כתבה]	(XXVII)	4Q**345** Verso 20
כתבא די אמר מיכאל למלאכיא ע̊[ל חזוא	(XXXI)	4Q**529** 1,1
נפשת קטי]לין קבלן על קטליהון ומזעקן	(XXXI)	4Q**530** 1i4
(י)ש[ל̊ט אח̇והי̊ ע̊[ל	(XXXI)	4Q**530** 5,1
] / על מות נפשנא [וע]ל̊ו כל חברוהי	(XXXI)	4Q**530** 2ii+6-12,1
ו̊ה̊[ו]ב̊בס אפחא ומתאמר[ד]י̊ן̊ על נפשה	(XXXI)	4Q**530** 2ii+6-12,2
ו̊חיבא לט לרוזניא / וחדו עלוהי[ ] גבריא	(XXXI)	4Q**530** 2ii+6-12,3
ותב ואת̊ל̊[ט וקב]ל עלוהי	(XXXI)	
ופ]ת̊חו עיניהון / ואתו על[שמיחזה	(XXXI)	4Q**530** 2ii+6-12,5
וברושם רשים ו̊[מלך רבא]ע̊ל כל חיא	(XXXI)	4Q**530** 2ii+6-12,19
כל חיא ו̊בסרא ועל / [כל די שלי]ט̊ין	(XXXI)	
(ו)]גבריא ושלחוהי על חנוך / [וחש]ב̊ו̊	(XXXI)	4Q**530** 2ii+6-12,21
ויתוס[ד ע]ל̊[מנדע וחכמה די ספר פרשא	(XXXI)	4Q**530** 7ii9
]ב̊רמה ועל יד מה̇[ומת(א)	(XXXI)	4Q**531** 1,4
]◦ה וכול די עליכה ט̊[	(XXXI)	4Q**531** 5,4
א]{{ת}}ט̊מ̊י̊ו̊ ע̊ל̊י̊כ̊ו[ן] ט̊[מאה רב]א̊ ב̊א̊[	(XXXI)	4Q**531** 6,4
דם שגיא שפיך]כ̇נהרין רברבין על א̇[רעא	(XXXI)	4Q**531** 7,6
]ע̊ליכה ע̊[שאל	(XXXI)	4Q**531** 7,7
]והי ל̊א̊ בהיל על כול מ̊ל̊ך̊ ואל̊[	(XXXI)	4Q**531** 14,2
]אחדת ואנה נ̊פ̊לת על אנפי קלה שמ[עת	(XXXI)	4Q**531** 14,3
ארו ידע אנה די על̊ / [חזוה לא א]רמו̇ך	(XXXI)	4Q**531** 22,10
]מ̊ל̊ל̊ ע̊ליך מלך̊ ו̊[	(XXXI)	4Q**531** 26,1
]ן̊ עלי̊[	(XXXI)	4Q**531** 33,2
ע]בדתה ועל̊[	(XXXI)	4Q**531** 34,2
{{]א כתיב}} ו̊כ̊ל יבע̊ונכ̇ון ע̊ל̊[	(XXXI)	4Q**533** 3,2
]כ̇תיב על[י]כון פתגם ל̊[מאמר	(XXXI)	4Q**533** 3,3
א]ל̊[ה]א̊ מ̊בול על א̊ר̊ע̊א̊[	(XXXI)	4Q**533** 4,3
]◦ם על כ̊ל̊[	(XXXI)	4Q**533** 8,3
שערת̇[ה ו]טלופחין על [אנפוהי ?]⟦ ⟧	(XXXI)	4Q**534** 1i2
ושומן זעירן על ירכתה ו̊[שער]י̊ן שנין ד̥ן̥ מן	(XXXI)	4Q**534** 1i3
שב̇[ילי חכ]מ̊ין חזין למאתה לה̇ ע̊ל ארכובתה̇	(XXXI)	4Q**534** 1i6
[וכ]ו̊ל ח̊שבוניהון עלוהי יסופו ומסרת	(XXXI)	4Q**534** 1i9
באיש טלופחא ע̊ל ג̇ב̇ר̇[(א)	(XXXI)	4Q**534** 1ii+2,2
] יסודה עלוהי יסרון חטאה וחוביא	(XXXI)	4Q**534** 1ii+2,16
]א̊מרו עלוהי	(XXXI)	4Q**534** 1ii+2,18
]ע̊ל̊[	(XXXI)	4Q**534** 6,2
כל עקתי וכל די יתא על[י כל מאה	(XXXI)	4Q**537** 1+2+3,4
בי]ת̇אל̇ ◦[ ]◦◦[א]ת̊ה̊ באר זית על מי / [	(XXXI)	4Q**537** 14,2
]די על א̇[רעא	(XXXI)	4Q**537** 25,1
א]דין חשל ע[ל]א[חוהי	(XXXI)	4Q**538** 1-2,1
ע]לי ואן איתי בל[ב]בהון	(XXXI)	4Q**538** 1-2,2
ע]לי ואן איתי בל[ב]בהון עלי̊[רוח באישה	(XXXI)	
[קדמוהי אקר]בו כחדא עלי ט[וענ]יהון	(XXXI)	4Q**538** 1-2,3
ושר]ו רבה איתי על אחוהי / [אדין יוסף	(XXXI)	4Q**538** 1-2,5
ונ]פ[ל ע]ל צורי ועפקני בכ[ה שגיא	(XXXI)	4Q**538** 1-2,6
] תובא תתה עקא עלוהי ויחסר נכסין זעירא	(XXXI)	4Q**540** 1,1
כולא̊ ה̇גי ע̊[ל	(XXXI)	4Q**541** 1ii1
ומ]ל̊לת עלוהי באוחידואן / [	(XXXI)	4Q**541** 2i7
]ה̊/ו̊קריב לע̊לי להן רחיק מני / [	(XXXI)	4Q**541** 2i8
חכ]מ̊ה יאתה לעליכה די נסיבת [	(XXXI)	4Q**541** 3,4
◦[להו]ן̊[ח]כ̊מתה ויכפר על כול בני דרה̇	(XXXI)	4Q**541** 9i2
נורהא בכול קצוי ארעא ועל חשו̊כא תניר	(XXXI)	4Q**541** 9i4
שגיאן מלין עלוהי יאמרון ושגה / [כדב]ין	(XXXI)	4Q**541** 9i5
ושגה / [כדב]ין ובדיאן עלוהי יבדון	(XXXI)	4Q**541** 9i6
יבדון וכול גנואין עלוהי י̊מללון דרה	(XXXI)	
] / ויתוספון על על[יונין ?	(XXXI)	4Q**541** 9ii7
ו]הי על[	(XXXI)	4Q**541** 11,2
לכול עלמין וי̥נ̥הר נהירה עליכון ויודענכון	(XXXI)	4Q**542** 1i1
ויבסרון עליכון ד̇י / להון	(XXXI)	4Q**542** 1i6
לכון ולהון עליכון ראשין	(XXXI)	4Q**542** 1i7
קושטא י{{א}}̥{{י}}̥{{<<א>>}}תא עליכ[ון	(XXXI)	4Q**542** 1ii2
] / ברכת עלמא ישכונן עליכון ולהו[ין	(XXXI)	4Q**542** 1ii3
יסוד̊כון ותקומון למדן דין ע̊[ל	(XXXI)	4Q**542** 1ii5
על]יהון וע̊[ל ?	(XXXI)	4Q**542** 2,10
על]יהון וע̊[ל ?	(XXXI)	
ואף̇ עבר] / עלוהי ושל̊[ח וקרא לעוזיאל	(XXXI)	4Q**543** 1a-c,5

Reference	Vol.	Text
4Q543 4,1	(XXXI)	] / אל כן ל[א
4Q543 5-9,3	(XXXI)	כן שליטין] / [ושליטי]ן על[כל בני אדם
4Q543 5-9,8	(XXXI)	]לחדה[ומן ע]ל עינוהי[
4Q543 32,1	(XXXI)	ע]לי וענו ו[אמרו לי
4Q544 1,10	(XXXI)	והא תרין דאנין עלי ואמרין[
4Q544 1,11	(XXXI)	דילוהי] / ואחדין עלי תגר רב
4Q544 1,12	(XXXI)	] / [כן ש]ליטין ושליטין על כול בני אדם
4Q544 2,11	(XXXI)	מ]שלט עליך[
4Q544 2,15	(XXXI)	והוא משלט על כול חשוכה ואנה[דבר כול
4Q544 2,16	(XXXI)	מ]צליא עד ארעיא אנה שליט על כול
4Q545 1ai4	(XXXI)	ואף עבר עלו[הי (ושלח)] / וקרא לעוזיאל
4Q545 1ai10	(XXXI)	עבי]דתה לעליה[ו]קרא לה / [
4Q545 4,15	(XXXI)	ואף על א[הרון וכהונתא (רבתא)] / [א]חוה
4Q545 5,3	(XXXI)	]על כרסא / [
4Q545 6,3	(XXXI)	] על נפשה תכמון בין [תרתיהון
4Q545 7,2	(XXXI)	ברן אנה רבה [ ] / למרגז עלי ולדחלות[ני
4Q545 9,4	(XXXI)	]לברה עליה[ון
4Q546 1,3	(XXXI)	ואף עבר]עלוה[י ו]שלח[
4Q546 12,2	(XXXI)	]עלמין[מן]כען [מ]קרב הוא ע[ל
4Q546 12,3	(XXXI)	אז]ל עליה בשלם ו[ד]בק לאה[ר]ון
4Q546 14,3	(XXXI)	] / אל פתח ביתכ ע[לי]הו[
4Q546 17,2	(XXXI)	ע]ליה וכד[י
4Q547 6,2	(XXXI)	] אקטר{{ין}} ע[ל
4Q547 8,2	(XXXI)	]כ[ו]ל די קרב לוי ברה ע[ל מדבחא
4Q547 8,3	(XXXI)	די א]מרת לכה על מדבח[א]די אבני[א
4Q547 9,5	(XXXI)	(י/ת)דב]ח[לבק]רכה רבא על מדבח נחש[א
4Q548 1ii-2,5	(XXXI)	שלמא להוה ע]ליכון בני ברכתא וש[מחא
4Q549 2,3	(XXXI)	אתו] / עלוהי ואשכחוה[י
4Q550a 4		] / נפלת עלוהי אימת בית ספ[רא
4Q550b 3		אב[וך]מן יומא די קם על עבידת[ה מן]קדם
4Q550c 1ii8		] על ריש[ה
4Q550c 1iii2		]כול אנש די ימר מלה[באי]שא על בגסרו נ[
4Q550c 1iii6		ב]אישא באישתה תאבה על[ריש]ה כ[ול
4Q550d 1,3		ע]ל אנפיכ[ון
4Q550e 4		]◦מו עלוהי כריפו בין מדי לפרס ואתור
4Q551 4		] ויתכנשון כל אנש קרתא על ביתא וימרון
4Q551 6		ע]ל[ ]◦שלם [
4Q552 2ii10		ועל] / תקפי ימא ועל מחוזא [
4Q552 3,11		]קא די עליהון ית[
4Q553 6ii2		] / די עלוה[י נוגהא קאם][ ]] וארב[עא
4Q553 6ii6		אנתה הוא די שליט ע]ל[
		וע]ל תק[פי ימא]
4Q553 8ii1		מחזוהי וע[ל
4Q554 2ii18		ות[לי]תיא [[ ]] די על ש[מא]ל מקדשא
4Q554 2iii20		ועל שמאל מעלה דן אחזיני בית
4Q554a 1ii13		ורום כותא ית טלולא די עליהון / [
4Q555 1,3		]לה על פתור[א
4Q556 1,7		]◦ על דנה אבד נביאא די יח◦[
4Q556 2,4		]◦תר על ע◦[
4Q558 49,1		]ל על [
4Q561 3,6		] / עלוהי למהך באתר[
4Q561 4-6i15		] להון על[
4Q563 1,3		דחל מנהון [[ ]] על די[
4Q563 2,3		] על [
4Q570 4,4		]ארם עד ל◦ש◦◦ל על מצרים ◦◦◦◦◦◦תנה וי◦[
4Q573 6		]על אנפי / [
4Q581 1,4		]דך על ש[
5Q15 1i9	(III)	ע]ל כל תרע ותרע דשין תרין
5Q15 1i13	(III)	סלק ליד]תרעא בגוא על [ימי]ן מגדליא
5Q15 1ii2	(III)	ועל שמאל מעלה דן אחזיא[ני בית
5Q15 1ii4	(III)	גוא די דרגא סח[ר ו]סל[ק] עלוהי פתיה
5Q24 3	(III)	]עליכון [
6Q26 1,1	(III)	הן על[
11Q10 I,7	(XXIII)	] העל דב[רתך
11Q10 II,1	(XXIII)	[ותק]ף עלי רגזה וח[שבני
11Q10 IV,4	(XXIII)	] / סימו ידיכון על [פם
11Q10 IV,8	(XXIII)	] / אלהא עליהו[ן
11Q10 V,6	(XXIII)	כחדה על [
11Q10 V,7	(XXIII)	ע]ליהון
11Q10 IX,6	(XXIII)	] או על מן לא תקום [
11Q10 X,1	(XXIII)	] על[סי]פי חסוך / [
11Q10 XV,4	(XXIII)	[וכען ח]אכו עלי זערין מני ביומין[
11Q10 XVI,5	(XXIII)	וכען עלי תתאשד / [נפשי יאחדונני י]ומי
11Q10 XVI,10	(XXIII)	ע]ליך ◦[
11Q10 XIX,4	(XXIII)	ה]ללת / על באישתה[
11Q10 XX,8	(XXIII)	ואף ע[ל
11Q10 XXII,10	(XXIII)	] / [במנ]מה על משכבה[
11Q10 XXIV,8	(XXIII)	נשמ]תה עלוהי יכלא
11Q10 XXV,5	(XXIII)	ויסת]ר אנפוהי מן יתיבנה על עם / [
11Q10 XXVII,1	(XXIII)	למלכין יתבי ע[ל כרסיהון וכל ר]חימוהי
11Q10 XXVII,8	(XXIII)	ל]בבהון לרגז / עליהון
11Q10 XXVIII,2	(XXIII)	ו]כל אנשא עלוהי חזין ובני אנשא / מרחיק[
11Q10 XXVIII,9	(XXIII)	על מאמרה מ[
11Q10 XXVIII,10	(XXIII)	י]שית על[והי
11Q10 XXIX,1	(XXIII)	] / על אנפי מין
11Q10 XXIX,3	(XXIII)	ואזלין לעבדיהון / על כל די ברא יפקדנון
	(XXIII)	על כל די ברא יפקדנון על אנפי תבל
11Q10 XXIX,5	(XXIII)	וחסרנה והן פתגם חוב להוא / עליה
11Q10 XXIX,6	(XXIII)	[הת]נדע מא שויא אלהא עליהון ו[הו]פע
11Q10 XXX,3	(XXIII)	שם משחתה הן תנדע מן נגד עליה חוטא
11Q10 XXX,4	(XXIII)	או / על מא אשיה אתידון או מן הקים
11Q10 XXXI,2	(XXIII)	יפק [[ ]] ותשוב קדמוהי על ארעא
11Q10 XXXI,3	(XXIII)	להנחתה על ארע / מדבר די לא אנש בה
11Q10 XXXI,9	(XXIII)	]◦◦◦א על בניה תיאש
11Q10 XXXII,4	(XXIII)	בניהן ויפק{{ }}ן נפקו ולא תבוא / עליהן
11Q10 XXXII,6	(XXIII)	וחאך על מהמא תקף קריא ונגשת שליט לא
11Q10 XXXII,8	(XXIII)	ראמ[א ל]מפלחך א[ו]היבית על / אוריך
11Q10 XXXIII,3	(XXIII)	יחאך על דחלא ולא / יזוע ולא יתוב
11Q10 XXXIII,4	(XXIII)	עלוהי יתלה שלט / שנן ונזך וחרף
11Q10 XXXIII,8	(XXIII)	או על מאמרך יתגבה נשרא / ועוזא
11Q10 XXXIV,4	(XXIII)	האף / תעדא דינה ותחיבנני על דברת
11Q10 XXXVII,2	(XXIII)	] / והוא מלך על כל רחש
11Q10 XXXVII,5	(XXIII)	מללת ולא אתיב ותרתין ועליהן לא
11Q10 XXXVII,8	(XXIII)	על כן אתנסך ואתמהא {{א}}ואהוא
11Q10 XXXVIII,6	(XXIII)	בביתה ונחמוהי על כל באישתה די / היתי
11Q10 XXXVIII,7	(XXIII)	כל באישתה די / היתי אלהא עלוהי ויהבו
11Q18 7,1	(XXIII)	] על כול זרע בני [
11Q18 7,5	(XXIII)	]לעל[
11Q18 13,3	(XXIII)	ו]שויה על נורא ואיתי קמח סולת[
11Q18 18,2	(XXIII)	◦י ועליא שבעא דודין תפין על אבני[
11Q18 22,1	(XXIII)	]◦על ארבע קרנת מדבח[א] / [
11Q18 23ii1	(XXIII)	] / עליהון ל[
11Q18 24,4	(XXIII)	]על כול זרעא[
11Q18 26,2	(XXIII)	]יתמנון עלוהי[
11Q18 31ii5	(XXIII)	] / ועל ש◦[
11Q18 32,5	(XXIII)	]על ארבע ש[
11Q18 32,7	(XXIII)	]ויקדשנה [[ ]] עליה[

(indeterminate) על

Reference	Text
1Q20 I,12	]◦◦◦ על / [

Text	Vol.	Reference
משכח ארו ב°°°°°°°°ט°°°°° על °°°[		1Q20 X,12
] / על °°ג̇ [	(XXXVI)	1Q23 1+6+22,5
] / על̇]	(XXXI)	4Q530 13,1
] על̇]	(XXXI)	4Q533 5,1
]על °]	(XXXI)	4Q543 39,1

over, above adverb **עֲלָא**

Text	Vol.	Reference
שפרה ועליא שפרהא לעלא מן כולהן		1Q20 XX,7
]וסלקו מיא עלא מן [לו]ח̇א[	(XXXVI)	2Q26 2
ונטלוני] / לעלא ואובלוני ואע̇[לו]ני ב̇[שמיא		4Q204 1vi21
למדנח ארעא ואחלפ̇[ת] / [על]א מן י̇[מא]		4Q206 1xxvi20
מנה ואעברת ע̇ל̇[א] / מ̇ן̇ חשוכא רח[י]ק		
וערבה פרחה עלא מן מיא וכל תוריא		4Q206 4i20
וחזית שמיא]מ̇ן ע̇ל̇ה̇ [והא] כוכב̇ ח̇[ד		4Q207 1
]רומא̇ ד[י] לעל̇א ו̇לא̇[		4Q555 2,2
וחדה] עשרה כוין אטימן עלא מ̇[ן ערשין]	(III)	5Q15 1ii11
כד]ב̇ת / לאלהא מעל̇[א	(XXIII)	11Q10 XIX,3
] / ועלא̇[	(XXIII)	11Q18 12ii7

leaf, foliage noun **עָלֶה**

Text	Vol.	Reference
[ ]°°°עליה̇א עדן ב̇עליהון ובאנ̇בהון וארעא		1Q20 XI,12
בזיתא דן וארו ה̇א̇ מ̇שגי̇ת עלו̇ה̇י̇ °°°°°°°		1Q20 XIII,14
והוית ת̇מה̇ ע̇ל זיתא̇ ד̇ן ו̇עלוהי שגי לחדא		1Q20 XIII,15
°°°°°° מערב וחבטתה ואתרת מן ע̇לו̇ה̇י̇		1Q20 XIII,17
ארבעת עסר אי̇לנ̇י̇[ן] ד̇עליהן מתקימי̇ן̇ / [	(XXXVI)	4Q201 1ii5
י̇ת̇נ̇י̇צ̇[ון] ע̇ליהן בהן ירוקין וח̇פין / [אילניה	(XXXVI)	4Q201 1ii9
ועלי כל אילניא / [מתיבשין ומתנפלין ברא		4Q211 1i4

burnt offering noun **עֲלָה**

Text	Vol.	Reference
[ו]א̇קרבת עלוהי עלואן ומנחה לאל עליון		1Q20 XXI,2
תמן מדבח ואסקת עלוה[י] עלא ומנחא		1Q20 XXI,20
חזין לאסקא מנהון]ל̇ת̇ח̇ו̇ת̇ ע̇לת̇א̇ / [על	(XXII)	4Q214b 2-6,6
] / וא̇בריכ{{כה}} <<עלת>>[	(XXXI)	4Q541 2ii4

upon, over, above preposition **עִלָּוֵי**

Text	Vol.	Reference
]° מ̇ן עלוי א̇רעא וש°[	(XXXVI)	4Q203 4,4
פתו]רא ועלוי לחמא שוי̇[	(XXIII)	11Q18 8,3
]בא ובנא בנין עלוי עמ[	(XXIII)	11Q18 9,4

most high, supreme adjective **עִלָּי**

Text	Vol.	Reference
[ואמרת] / [הא] א̇נ̇ה̇ מ̇ועד בעליא במרה		1Q20 II,4
]ה עלי̇א̇ לבני אנשא		1Q20 VI,9
]ע̇ל̇י̇א̇ יום ק°ל[		1Q20 VI,24
ל[ש]מ̇י̇א סלק ⟦ ⟧ / באדי̇ן עלי̇א̇ °°°°°°°°°ל°		1Q20 X,18
כול / נשין שופר שפר̇ה ועליא שפרהא		1Q20 XX,7
]עליא די אנתון דחלין ו̇[פ]לחין הו		4Q550c 1iii1
] / °י̇ ועליא שבעא דודין תפין על אב̇נ̇י̇[	(XXIII)	11Q18 18,2

upper chamber noun **עִלִּי**

Text	Vol.	Reference
ובכת וסלק]ת̇ לע̇לית בית̇ [אבוה	(XIX)	4Q196 6,2
]מ̇°ה̇ וארך עלי̇[		4Q558 58,1
] סחור לעליתא ד[	(XXIII)	11Q18 9,1
]ד לתרתי עליתא / [	(XXIII)	11Q18 21,3

depressed adjective **עֲלִיב**

Text	Vol.	Reference
ושחת ורוחך כדן עליבא °[		1Q20 II,17

Most High adjective **עֶלְיוֹן**

Text	Vol.	Reference
שמיא לאל עליון לקדישא רבא די פלטנא		1Q20 XII,17
בריך אנתה אל עליון מרי לכול / עלמים		1Q20 XX,12
בליליא דן שלח לה אל עליון רוח מכדש		1Q20 XX,16
עלואן ומנחה לאל עליון וקרית תמן בשם		1Q20 XXI,2
עלוה[י] עלא ומנחא לאל עליון		1Q20 XXI,20
והוא הוא כהן לאל עליון		1Q20 XXII,15
בריך אברם לאל עליון מרה שמיא וארעא		1Q20 XXII,16
שמיא וארעא ובריך אל עליון / די̇ סגר		
ידי יומא דן לאל עליון מרה שמיא וארעא		1Q20 XXII,21
ברה די אל יתאמר ובר עליון יקרונה	(XXII)	4Q246 1ii1
]יגלא רזין כעליונין / [	(XXXI)	4Q536 2i+3,8
] / ויתוספון על על[יונין ?	(XXXI)	4Q541 9ii7
] / עליון[	(XXXI)	4Q543 22,2
]°ן אל עליון לא [		4Q552 3,10

עלים ← עוּלֵים

עלימא ← עוּלֵימָה

youth noun **עֲלִימוּ**

Text	Vol.	Reference
בעלימותה להוה̇ כלטיש [וכא]נ̇וש	(XXXI)	4Q534 1i4
]מן / עולים ותב ליומי עלימ[ותה	(XXIII)	11Q10 XXIII,3
יבית תקפה וקדמוהי / תרוט עלימו	(XXIII)	11Q10 XXXVI,8

to go in verb **עלל-2**

Text	Vol.	Reference
אנה למך אתבהלת ועלת על בתאנוש		1Q20 II,3
בחזי̇ן קושטא וחכמתא ב̇מ̇עו̇ל °°°א		1Q20 VI,4
°אל° מן קצת נ̇ו̇פ̇ה̇ן̇ ע̇לל בג̇ו̇ נוף קדמיתא		1Q20 XIV,16
ו̇ד̇י̇ חזית מן קצת נופהן עלל בגו נוף		1Q20 XIV,17
]א כען חלפנא א̇רענא ועלנא לארע בנ̇י חם		1Q20 XIX,13
וחלמת אנה אברם חלם בלילה מעלי לאר̇ע̇		1Q20 XIX,14
וכל בתולן וכלאן די יעלן לגנון לא ישפרן		1Q20 XX,6
] / ועל̇ו̇[ ] [	(XXXVI)	1Q23 17,1
]ב̇דקו ועלו[	(I)	1Q65 1
[וי]עלון להיכלא[	(III)	2Q24 4,3
ואמר] / להון̇ לשל̇ם̇ א̇תיתון ועל̇[ו ב]שלם[	(XIX)	4Q196 14ii7
ו̇כ̇[ד]י̇ ע̇לו לגו מדי וכבר הוא מ̇[דבק	(XIX)	4Q197 4i15
ומיתו כ]ד̇י̇ על̇ל̇י̇ן̇ עליה הוו / [	(XIX)	4Q197 4ii8
וכדי עלו לגוא אח̇מ̇[תא אמר] / לה טוביה	(XIX)	4Q197 4iii1
ואמר ל̇הון / לשלם אתיתון ועלו בשל̇[ם]	(XIX)	4Q197 4iii4
ועלו בשל̇[ם] א̇חי ואעל אנון לביתה	(XIX)	
] / לעלא ואובלוני ואע̇[לו]ני ב̇[שמיא		4Q204 1vi21
ה]ו̇ן̇ שניו למע̇[ל] / [על נשין ועמהן למחטא		4Q204 5ii18
וחד מן אר]ב̇עתא ע̇ל על חד מן תוריא / [		4Q206 4i13
בגוה / [ותלתת תוריא על]ו עמה לערבא		4Q206 4i15
]ו̇באדי[נ] ערב וע̇[ל	(XXXVI)	4Q208 8,2
] / חמשא ובאדינ [ער]ב̇[ו]ע̇ל̇ [לתרעא	(XXXVI)	4Q208 19+21,3
]ח̇משא ובאדינ עלת / [	(XXXVI)	4Q208 24i7
ער]ב ועל̇[	(XXXVI)	4Q208 32,2
ובאדין] / [ערב ו]על וכסה שאר יממא דן	(XXXVI)	4Q209 2ii11
ובאדין] / [ערב ו]ע̇ל ל̇ת̇רעא תלית̇[יא	(XXXVI)	4Q209 3,7
ובאדין] / [ערב וע]ל [וכסה ש]אר יממא ד̇ן	(XXXVI)	4Q209 5,6
ובאדין ערב ועל / [לתרעא	(XXXVI)	4Q209 6,8
ובאדין ערב ועל וכסה שאר יממא דן	(XXXVI)	4Q209 7ii5
ובאדין ערב [ו]ע̇ל לת̇רעא תנינא	(XXXVI)	4Q209 7ii8
ובאדין ערב ועל וכסה שאר יממא דן	(XXXVI)	4Q209 7ii11
ובאדין ערב ועל	(XXXVI)	4Q209 7iii1
ושהרא] / ערב ועל	(XXXVI)	4Q209 7iii3
ובאדין ערב ועל	(XXXVI)	4Q209 7iii5
ובאדין [שה]ר̇א̇ ער̇ב ועל לתרעא חמישיא	(XXXVI)	4Q209 7iii6
ו]באדין ערב ועל	(XXXVI)	4Q209 9,1
ובאדין ערב ועל	(XXXVI)	4Q209 9,3

Text	Vol.	Reference
והך יהבנא לך] / [רבות ש]לם עׄלׄ[מא	(I)	1Q21 3,3
]◦ עלמין ◦[	(XXXVI)	1Q23 20,3
קדישׄא[וי]קירא לׄכל עׄ[למין ו]יברכׄ[ונך כל	(XIX)	4Q196 6,7
[ו]שם רב[להוה לד]רי עלמא	(XIX)	4Q196 17ii15
בריך עד עלם]עלמיא דביכי יברכון שׄ[מה	(XIX)	4Q196 18,11
]עׄלמיא ◦[	(XIX)	4Q196 32,1
] / [לא]◦סחרון סחרתהוׄ[ן] לעלם	(XIX)	4Q197 4i14
די חי] הוא לעלם דעלמין עבד כל עבדיה	(XXXVI)	4Q201 1ii11
די חי] הוא לעלם דעלמין עבד כל עבדיה	(XXXVI)	
אברנכן יסגין בל[וט ע]לׄ[מין ורח]מׄין / [ושלם	(XXXVI)	4Q201 1ii15
להוון שמהתכ]ן ללוט עלם לׄ[כל קשיטין	(XXXVI)	4Q201 1ii16
[תתנצב נצבה ותתקים כל דרי על]מׄ[י]ה	(XXXVI)	4Q201 1v4
הוא] מרנא רבאׄ [הו]א מרא עלמא [אנתה		4Q202 1iii14
לכל {ל}דר דריא די מן עלמ[א ושמך		4Q202 1iii15
חי]אׄ די לכול עלם [דעלמין חי הוא עבד		4Q204 1i30
לע]ׄיקא ול[חבוש עגן ע]למא		4Q204 1v1
[גזיר למאסר]כון עד כול יומי ע[למא		4Q204 1vi15
מן[עלמא	(XXXVI)	4Q209 23,4
עד] / כל דרי עלמי[ן		4Q212 1ii17
◦ קשט מן נׄ[צבת] / קשט עלׄ[מ]אׄ די שבעה		4Q212 1iv13
ברבות זוה לכול דׄרי עלמין		4Q212 1iv18
אנושא]כלהון / לארח קשט עלמא		4Q212 1iv22
שבוע עשרי דבשבי]עׄה / דין עלמא וקץ		4Q212 1iv23
צׄ[הר]ין ודנחין לכול עלמין שבעה		4Q212 1iv25
ותהוה חכמתא עמכן]ליקר עלם	(XXII)	4Q213 1i10
יק]ׄר ולא איתי סוף / לעׄ[לם	(XXII)	4Q213 1-2ii18
חׄסיה מן כול עמה{{א}} לעלם / [	(XXII)	4Q213a 3-4,6
]לׄ◦שׄ לכל דרי עלמׄא ומׄ[	(XXII)	4Q213a 3-4,7
]כׄהנות עלמא	(XXII)	4Q213a 5i3
ידי והוית כהן לא]לׄ עׄלׄמׄיׄאׄ[	(XXII)	4Q213b 6
מ]לכא {{ל}}<<מ>>עלמא אתה רגז	(XXII)	4Q246 1i2
חזוך וכלא אתה עד עלמא	(XXII)	4Q246 1i3
מלכותה מלכות עלם וכל ארחתה בקשוט	(XXII)	4Q246 1ii5
שלטנה שלטן עלם וכל תהומי	(XXII)	4Q246 1ii9
בספרי די רבי מרא עלמא כתיב האׄ[	(XXXI)	4Q529 1,6
והא רבי מרא עלמא[	(XXXI)	4Q529 1,7
] / וידכר רבי מרא עלמא לבריתה ◦[	(XXXI)	4Q529 1,11
ויעבד] / רׄבי מרא עלמא לה רחמין ולה	(XXXI)	4Q529 1,12
] עלם לי עבדתהׄ[	(XXXI)	4Q531 17,2
ת]קׄנתעלמין	(XXXI)	4Q531 21,2
]◦ עלם / [	(XXXI)	4Q532 1i12
ארעא ? וח]שבונוהי להוון לעלמין	(XXXI)	4Q534 1i11
וחשבונוהי להוון] / לעלמין ⟦ ⟧[	(XXXI)	4Q534 1ii+2,8
אׄרי ועדן רשיעין ידעך לעלמין	(XXXI)	4Q536 2ii13
◦]תׄכנוׄן לרחצן עלמין ויתׄ◦[	(XXXI)	4Q537 10,2
] ומכאבין עלמׄ[	(XXXI)	4Q541 6,1
כרעות אל שמש עלמה תניר / ויתזה נורהא	(XXXI)	4Q541 9i3
ותחזה ותחדה בנהיר עלמא ולא תהוה מן	(XXXI)	4Q541 24ii6
ואל אלין לכול עלמין ויֹנהר נהירה עליכון	(XXXI)	4Q542 1i1
די הוא אלה עלמיה ומרא כול מעבדיא	(XXXI)	4Q542 1i2
לבניכון בדרי / קוש{{ו}}טא לעלמין	(XXXI)	4Q542 1i4
] / ברכת עלמא ישכונן עליכון ולהו[ן לכון	(XXXI)	4Q542 1ii3
] / קאם לכול דריעלמין ולאֿעוד תפׄ[	(XXXI)	4Q542 1ii4
] / ולמחזיא חובת כול חיבי עלמין הב◦[	(XXXI)	4Q542 1ii6
]דׄרׄיׄ עלמין ונתן לך חכמה[	(XXXI)	4Q543 2a-b,2
]כל דרי עלמ[ין	(XXXI)	4Q543 2a-b,7
דרי על]מׄין / [ונתן לכה חכמה	(XXXI)	4Q545 1ai15
ש]מׄו טׄ[ע]מא בקשט לעלמׄ[	(XXXI)	4Q545 2,2
לה כל זרעה בכול דרי עׄ[למין	(XXXI)	4Q545 4,17
[בחיר אל דין] / יתבחר לכׄהן עלמין[⟧[⟧	(XXXI)	4Q545 4,19

Text	Vol.	Reference
ערב ו]על וכסה ◦[	(XXXVI)	4Q209 19,1
כו]כבי שמיא מאין ערבין ומאין עללין וכלהון	(XXXVI)	4Q209 23,5
]◦ ועׄלת שמשא[	(XXXVI)	4Q209 35,1
ערבין ומ{{י}}ׄגאן עלׄ[לין וכולהון]		4Q210 1ii16
ונפק ועל / [שמשא		4Q211 1i3
דורע טב טב מעל / [ודי זרע ביש עלוהי	(XXII)	4Q213 1i8
מטמוריה ולא יעלון תרעיה ולא [	(XXII)	4Q213 1-2ii1
]על לכנשת גבריא	(XXXI)	4Q530 1i8
על מות נפשנא [וע]לׄו כל חברוהי וׄ[או]היה	(XXXI)	4Q530 2ii+6-12,1
] / [?]סלקת ועלת לׄשׄ[מיא	(XXXI)	4Q531 46,2
]דׄי מן עידין עלוׄ[	(XXXI)	4Q532 2,7
]כל עמא עלל[	(XXXI)	4Q537 15,1
י/ת]עׄלון למ[חזה]חורב ואׄ[	(XXXI)	4Q537 18,1
כדי או[בי]לת ואעלת / [קדמוהי אקר]בו	(XXXI)	4Q538 1-2,2
אפשר די תע[ל] ית עבידתי ק[דמיך כ]ׄל		4Q550c 1i7
]◦ על בש[ל]ם בגׄסרו לדרת מלכא		4Q550c 1ii6
אדין עלׄ[ב]גׄסרו לד[ר]ת מלכא ש◦[		4Q550c 1ii7
25 ⟦ ⟧ / ואעלנׄי לגוא קריתא ומ[שח		4Q554 2ii12
ואׄעלני לגוא אספא והא		4Q554 2iii16
] עלל בבשרא לחלח<ל>יא דכרא		4Q560 1i3
⟦ ⟧ ואע]לנׄי ל[גוא אספאׄ [והא]	(III)	5Q15 1i18
ואעלני [לגוא] פרזיתא ואחזיאני	(III)	5Q15 1ii6
י]נׄעל עמך / [	(XXIII)	11Q10 VI,3
ינ]עׄול עמי מלוא ערׄ[	(XXIII)	11Q10 VIIA,7
] / לחדה ידבקון ורוח לׄ[א י]נעול בינה{{ו}}[	(XXIII)	11Q10 XXXVI,2
]אחיהון עללין חלפהון ארבע מאהׄ צׄ[	(XXIII)	11Q18 15,3
ע]לל[י]ןׄ עׄ[	(XXIII)	11Q18 15,6
]תׄא ל◦[ו]לׄ[א] / עלל לה כול א[נש	(XXIII)	11Q18 16ii+17i4
]כה עללין [	(XXIII)	11Q18 24,6

entrance noun **עֲלָל**

Text	Vol.	Reference
וקו[דם] / ת[ר]עא דן אסף עללה פתיה		4Q554 2iii18
קנה חד אמין שבע וארכה עלל קנין תרין		
קנה חד אמין] / שבע וא[ור]כה עלל קנין	(III)	5Q15 1ii1

eternity, world noun **עָלַם**

Text	Reference
]◦ קודם מרה עלמא	1Q20 2,5
במרה רבותא במלך כול ע[למים	1Q20 II,4
] / במלך כול עלמׄיׄם עד בקושט עמי	1Q20 II,7
]◦ד לכול עלמים [	1Q20 IV,3
] / עלמא יהבׄין בשׄ◦◦◦[	1Q20 V,17
מהלך בשבילי אׄמׄת עלמא ועמׄי קׄדׄיׄשׄ[	1Q20 VI,2
לבני אחׄי יׄהׄבת כדת חוק עלמא / [די	1Q20 VI,8
] / עלמא[	1Q20 VIII,4
למרכון ◦◦◦◦ / לׄמׄלך כׄול עלמׄיׄא לעלם	1Q20 X,10
כׄול עלמׄיׄא לעלם ולעד עד כׄול עׄלמים	
לעלם ולעד עד כׄול עׄלמים	
נחת חד מן טורי הוררט ונׄוׄר עׄלׄמׄאׄ / [ ]	1Q20 X,12
למׄרׄהׄ / [שמיא די] שׄבׄחׄ עׄבׄד לעלם הוא	1Q20 XI,13
בניך די להון כואתך לעלמים	1Q20 XI,15
אימתכון ודׄחׄלׄתׄכׄון / ◦◦◦◦◦ לעלמים	1Q20 XI,18
] ◦◦ קׄוׄם קׄאׄם לעלמים ודי חזיתא	1Q20 XIV,14
ולבנוהׄי למוׄרׄתׄ יׄרׄוׄתת עׄלׄמׄיׄם	1Q20 XVI,12
לה ולבנוׄהׄי [ירותת ע]לׄ[מים] / [ ]◦◦◦	1Q20 XVI,14
הוא / אׄלׄ[הי א]ל[ה ע]ל[מיא] ◦◦◦[	1Q20 XIX,8
אנתה אל עליון מרי לכול / עלמים	1Q20 XX,13
עליון וקרית תמן בשם מרה עלמיא והללת	1Q20 XXI,2
ולזרעך {{ב}}<<ל>>כול עלמים	1Q20 XXI,10
ארעא דא וירתונה לכול עלמים	1Q20 XXI,12
ולזרעך אנתננה אחריך עד כול עלמיא	1Q20 XXI,14

Text	Vol.	Reference
]עמין מן ◦[	(III)	6Q**14** 1,7
] / [ע]ממיא[	(III)	6Q**19** 2
]נטר עמא[	(III)	6Q**31** 1,1
ויסת]ר אנפוהי מן יתיבנה על עם / [	(XXIII)	11Q**10** XXV,5
ועננוהי יגחתון / ט]יפי מין על]עם סגיא	(XXIII)	11Q**10** XXVIII,6
ארו {{◦}}בהון ידין ע[ממין] / [	(XXIII)	11Q**10** XXVIII,8

with preposition עִם

Text	Vol.	Reference
]◦◦◦א נחו◦ן ועם נקבתא / [		1Q**20** I,1
במלך כול עלמים עד בקושט עמי תמללין		1Q**20** II,7
אדין בתאנוש אנתתי בחלץ תקיף עמי מללת		1Q**20** II,8
] / באדין אנסת רוחהא ועמי תמלל ולי		1Q**20** II,13
ארי אנה] / בקושט ממללא עמך		1Q**20** II,18
] / ועם למך ברה ברז מלל [		1Q**20** V,25
מהלך בשבילי אמת עלמא ועמי קדיש[		1Q**20** VI,2
] ◦◦◦◦ ובחזיון עמי מלל ולקובלי קם		1Q**20** VI,14
] קדישין די עם בנת אנו[שא		1Q**20** VI,20
יהבת סולת נשיפא פילא במשח עם לבונא		1Q**20** X,16
אתחזי] לי ◦◦◦◦◦◦ שמיא מלל עמי ולי אמר		1Q**20** XI,15
ולי אמר אל תדחל יא נוח עמך אנה ועם		
תדחל יא נוח עמך אנה ועם בניך		
מגלא בידה ונורא עמה ארציץ ◦ול		1Q**20** XV,10
ועם כול שפרא דן חכמא שגיא עמהא		1Q**20** XX,7
ועם כול שפרא דן חכמא שגיא עמהא		
תקיף אנה ולוט בר אחי עמי בליליא כדי		1Q**20** XX,11
ואף לא ידעהא והוא עמה / תרתין שנין		1Q**20** XX,17
מצרין ולכול אשפיא עם כול אסי מצרין		1Q**20** XX,19
על / מלכא ושרי אנתתה עמה		1Q**20** XX,23
וא[ש]למה לי ומני עמי אנוש די ינפקוננ		1Q**20** XX,32
מן [מצרי]ן [ולוט] / בר אחי עמי		1Q**20** XX,34
די יהב לי ודי עבד עמי טב ודי אתיבני		1Q**20** XXI,3
בבקעת ירדנא וכול נכסוהי / עמה		1Q**20** XXI,6
אמוראא רחמי ואכלו כחדא / עמי ואשתיו		1Q**20** XXI,22
ואכלו כחדא / עמי ואשתיו עמי		
קרב עם ברע מלך סודם ועם ברשע		1Q**20** XXI,24
עם ברע מלך סודם ועם ברשע מלך		
ועם ברשע מלך עומרם ועם שנאב		
ועם שנאב מלך אדמא / ועם שמיאבד		1Q**20** XXI,25
אדמא / ועם שמיאבד מלך צבוין ועם מלך		
ותקף מלך / עילם ומלכיא די עמה למלך		1Q**20** XXI,26
כדרל[עומר מלך עילם ומלכיא] די עמה		1Q**20** XXI,32
יתב בסודם כחדא עמהון וכול נכסוהי		1Q**20** XXII,1
וערנם / ואשכול וממרה נגדו עמה והוא		1Q**20** XXII,7
לאברם ולכול אנשא די עמה		1Q**20** XXII,15
די איתי לי די שביא עמך די אצלתה מן		1Q**20** XXII,19
די אכלו כבר עולימי די עמי וברא מן חולק		1Q**20** XXII,23
מן חולק תלתת גבריא די / אזלו עמי אנון		1Q**20** XXII,24
וכול שביא די הואת עמה מן ארעה דא		1Q**20** XXII,25
שגיו מן / כול די נפקו עמך ביום מפקך		1Q**20** XXII,30
וכען אל תדחל אנה עמך ואהוה לך		
]תמלך עם די / [	(I)	1Q**21** 7i2
] / עמה 〚 〛 ואחריתא[י]היבת	(III)	2Q**24** 4,16
]עמי והא אנה	(XIX)	4Q**196** 2,13
כדי ה]וית עמכון / [	(XIX)	4Q**196** 17i1
ומלא]כא עמה ו[ה]ך [כלבא	(XIX)	4Q**197** 4i5
למהוה ע]מה עו[רו מן	(XIX)	4Q**197** 4ii16
אוב]יל עמך לבית א[בוך	(XIX)	4Q**197** 5,6
עזריה אחי דבר עמך מן תנא אר[בעת עבדין	(XIX)	4Q**197** 5,9
] עם כל עבדי / [	(XXXVI)	4Q**201** 2,3
] / עם[כול תחנ]ניהון על כול נ[פשת]הון		4Q**204** 1vi1

Text	Vol.	Reference
]◦ בנין ע[ד]עלם לה [ ]◦[ ]◦◦[	(XXXI)	4Q**546** 12,1
]עלמין[מן]כען [מ]קרב הוא ע[ל	(XXXI)	4Q**546** 12,2
עד] / [על]מא וכול דרין ב[	(XXXI)	4Q**546** 15ii2
מן] עלמא ועד ע[למא	(XXXI)	4Q**547** 6,4
מן] עלמא ועד ע[למא	(XXXI)	
כהן מן כול בני עלמא באח[רי/והי	(XXXI)	4Q**547** 9,6
ובנוהי בתרה לכול דרי עלמין בקו[שט(א)	(XXXI)	4Q**547** 9,7
אנתתה כדי] / [א]תת להא שנת עלמה[	(XXXI)	4Q**549** 2,2
] / פטר לבית עלמה[כדי (את)]כתב[	(XXXI)	4Q**549** 2,6
]טה אנה ל[ע]לם ◦[		4Q**550**c 1iii3
]ת לעלמ[		4Q**552** 2iii2
]לעלם[		4Q**558** 23,2
]הוא לעלם[		4Q**570** 7,2
]ל[ ]בנור עלמא		4Q**582** 5
] / עלמא[	(III)	6Q**23** 1,1
יד]עת מן עלמא מן ד[י] / [	(XXIII)	11Q**10** III,5
עמך ותדברנה לעבד עלם	(XXIII)	11Q**10** XXXV,7
]לכול עלמין 〚 〛[	(XXIII)	11Q**18** 19,4

storm wind noun עַלְעוֹל

Text	Vol.	Reference
] / כעלעולין ופרח בידוהי {{כעל}}	(XXXI)	4Q**530** 7ii4
עלעולין ופרח בידוהי {{כעל}} כנש[ר	(XXXI)	

people noun עַם

Text	Vol.	Reference
ולמחת להא ◦ מ◦◦ עמא / [		1Q**20** I,27
]בין כול עממיא וכולהון להון פלחין		1Q**20** XV,18
הן יאתון מלכין]תקיפ[י]ן ועם [רב וחיל	(XXII)	4Q**213** 1i21
ל[ ]א כל עממיא / [	(XXII)	4Q**213** 3,1
ולא מתמחא שם חסיה מן כול עמה{{א}}	(XXII)	4Q**213**a 3-4,6
]ת◦קדישין מן עמ א◦◦ / [	(XXII)	4Q**213**a 3-4,7
]אנון בגו ע[ממיא	(XXII)	4Q**243** 14,3
]חסינין ומלכות עממ[יא	(XXII)	4Q**243** 16,3
]עממיא ולהוה מן יום [	(XXII)	4Q**243** 24,3
]שין ומלכי עממיא[	(XXII)	4Q**243** 24,4
ארעא וכלא ידשון עם לעם ידוש ומדינה	(XXII)	4Q**246** 1ii3
ידשון עם לעם ידוש ומדינה למדי[נ]ה	(XXII)	
עד יקו/ים עם אל וכלא ינו/יח מן חרב	(XXII)	4Q**246** 1ii4
באילה / הוא ועבד לה קרב עממין ינתן	(XXII)	4Q**246** 1ii8
וחוכמתה לכול עממיא תהך וידע רזי כול	(XXXI)	4Q**534** 1i8
]כל עמא עלל[	(XXXI)	4Q**537** 15,1
]עממין 〚 〛[	(XXXI)	4Q**537** 16,1
]עממא[	(XXXI)	4Q**540** 3,1
דרה וישתלח לכול בני / [ע]מה מאמרה	(XXXI)	4Q**541** 9i3
שקר וחמס מקמה [ו]יטעה עמא ביומוהי	(XXXI)	4Q**541** 9i7
] תתוב לעמך[	(XXXI)	4Q**543** 15,1
]תעבד לעמך וחדוה / [	(XXXI)	4Q**543** 16,2
]לכל עמ[ין/א	(XXXI)	4Q**543** 29,2
]ל[ ]עמך[	(XXXI)	4Q**545** 9,7
]◦◦[ ]◦ בני עמה [	(XXXI)	4Q**546** 3,4
]◦ת לך ◦◦◦ עמין דינ[	(XXXI)	4Q**546** 11,7
] / לעמך [ו]תנד[ע]בתר[	(XXXI)	4Q**546** 14,2
]ה לע[מך	(XXXI)	4Q**546** 21,3
[ביומא דנה תנה]ר לעמא נהירותא ואחוי	(XXXI)	4Q**548** 1ii-2,14
ציון ובה יסתתרון כל עניי עמ[ה] / [		4Q**550**e 2
] / בכל עמ◦[ ]מלכות[		4Q**554** 3iii21
] / ויעב[דון] בהון עממין[		4Q**554** 3iii22
]עממין די ספר [		4Q**556** 3,3
י]שמעון עממיא / [		4Q**556** 14,1
]בגו עממין הא מלו[		4Q**558** 25,1
]אנון עמא [		4Q**558** 48,1

4Q206 4i15		בגוה / [ותלתת תוריא על]ו עמה לערבא
4Q209 6,9	(XXXVI)	ריקן מן כל נהור מטמר עם ש[משא] / [
4Q212 1iv17		ועם סופה יקנון נכסין בקשוט / ויתבנא
4Q214 2,7	(XXII)	ובתר ירכתא רגלין] / [רחי]ען עם קרביא
4Q343 Verso 13	(XXVII)	] / והבו עם שמע[ו]ן ו[
4Q343 Verso 15	(XXVII)	שעדלהי / עמהון
4Q344 2	(XXVII)	]עמי אנה אלעזר בר הסף[
4Q530 2i+3,2	(XXXI)	]ן[ש]מיא עם / [
4Q530 2ii+6-12,24	(XXXI)	ודי כלא מנח / [ע]ם כפנוהי ביצבא הן
4Q530 17,2	(XXXI)	]אתהלך עמה[ון
4Q531 2+3,4	(XXXI)	]וכול עוף שמים עם כול די פרא[
4Q531 2+3,6	(XXXI)	]ענא בעירא {{דמו}}דקדקא עם[
4Q531 22,4	(XXXI)	ועבדת עמהון קרב ברם לא / [תקפת
4Q531 22,5	(XXXI)	[תקפת ולא]משכח אנה עמן לאשתררה
4Q534 1i7	(XXXI)	ר[ז]י[ ]אחין יזקונה עמה להוון מלכה
4Q541 9i1	(XXXI)	ו]לבנוהי עם מתל [
4Q542 1ii13	(XXXI)	זכו רבה באתהילכותה<<ון>> עמכון 〚 〛[
4Q545 6,2	(XXXI)	לתניאניתא ?]ועם קדמיתא תהא / [
4Q546 3,3	(XXXI)	(כ)ד]י חזית עמה ◦[
4Q550b 4		]ה עמ[ה ו]ה[ו]ה עבד מן קשוט ומן
4Q554 3iii17		] / אחרין שגיאן ודשין עמהון מ[
4Q554 3iii18		] / עמהון אדום ומואב בני עמון[
4Q558 25,2		]◦ולא מערב עמ[הן
4Q558 28,1		] בעדן קץ זנ◦יין עם שרש[
4Q558 41,2		נפלו עמי[
4Q561 3,5		] / ישתארון עמה וא[
6Q8 1,4	(XXXVI)	[ואמר לאוהי]א ברקאל אבי עמיהוה
11Q10 I,2	(XXIII)	]העמי לשאול ת[נחתון] / [או כחדה על
11Q10 VI,3	(XXIII)	י]נעל עמך / [
11Q10 VIIA,7	(XXIII)	ינ]עול עמי מלוא עד[
11Q10 IX,4	(XXIII)	ואמר] / [ארו ש]לטן ורבו עם אלהא ע[בד
11Q10 XV,5	(XXIII)	] / [אבה]תהון מלמהוא עם כלבי ע[ני
11Q10 XXVII,2	(XXIII)	ואף עם אסירין ב[זיקין א]חידין בחבלי
11Q10 XXXV,6	(XXIII)	הימלל / עמך בניח או ימלל עמך
	(XXIII)	הימלל / עמך בניח או ימלל עמך בהתחננה
11Q10 XXXV,7	(XXIII)	היקים / קים עמך ותדברנה לעבד עלם
11Q10 XXXVIII,6	(XXIII)	וכל ידעוהי ואכלו / עמה לחם בביתה
11Q18 25,5	(XXIII)	]◦לון עמה ומן[
11Q18 29,2	(XXIII)	]בון עם עו◦[

(indeterminate) עם

4Q213a 3-4,4	(XXII)	]◦◦רת עם ◦[ ]בה [
4Q213a 5i2	(XXII)	]◦ עם ◦[
4Q546 7,4	(XXXI)	]◦◦בא עמ[
4Q573 4		]◦ עמה / [

to stand verb עמד

4Q548 3,1	(XXXI)	] / עמדין ח[

aunt noun עַמָּה

4Q549 2,8	(XXXI)	] / עשרא ואולד מן מריאם עמא[בנין תלתא

pillar noun עַמּוּד

1Q32 1,1	(I)	]◦ תשוית עמוד[א
1Q32 1,2	(I)	ממע]ל לעמוד[א
1Q32 5,1a	(I)	עמו]דין תר[ין
4Q204 1viii29		די שמיא וחזית] / בה עמוד[י נורא נחתין
4Q554 2iii22		ועמוד [בגוא [גוה די דרגא
5Q15 1ii4	(III)	ועמוד בגוא גוא די דרגא סח[ר
5Q15 2,4	(III)	ע]מודיא אמין תרתי עשרה [
5Q15 2,5	(III)	]◦ עמוד לעמוד [
	(III)	]◦ עמוד לעמוד [
11Q18 9,2	(XXIII)	]אמין עמודין שבעה ת[
11Q18 11,6	(XXIII)	ד]י עמודין סחר מן תרע לת[רע

Ammon proper noun עַמּוֹן

1Q20 XXI,29		קרנין ולזומזמיא די בעמן ולאימיא ד[י
4Q554 3iii18		] / עמהון אדום ומואב בני עמון[

Ammiel proper noun עַמִּיאֵל

4Q531 7,3	(XXXI)	ולנעמאל ולר[זאל] ולעמיאל[

deep adjective עַמִּיק

4Q205 1xii5		רם] מנה ובינ̇יהון חלה ע[מיקה די לא איתי
4Q541 2i9	(XXXI)	די ל]א להו[ה]עמ[יק ח]זוה 〚 〛 ואמרת פריא
4Q541 3,3	(XXXI)	]א ומתבונן בעמיק[י]ן וממלכ[
4Q541 7,1	(XXXI)	הגלו מ[סת]ר עמי[קתא

to labor verb עמל

1Q21 3,2	(I)	וזמנין תכתן וזמנין] / תעמל וזמנין תנ[וח

labor, trouble noun עֲמַל

1Q20 III,24		]א ועמלהון
4Q201 1iii18	(XXXVI)	ודי הוו אכלין] / עמל כל בני אנשא
4Q318 VIII,7	(XXXVI)	[ו]עמל למדינתא וחרב [בד]רת
4Q537 24,4	(XXXI)	ע]מלהון ושרית / [
11Q10 XVII,4	(XXIII)	רת]חו ולא / [דמו קד]מוני יומי עמ[לא

Amalekite proper noun עֲמָלְקָי

4Q556 3,4		]יא ומואביא עמלק[יא

to darken verb עמם

4Q534 1ii+2,1	(XXXI)	די טב[ב]מה נפל לקדמין ועם שחוה[

valley noun עֲמֵק

1Q20 XXI,25		אזדמנו כחדא לקרב לעמקא די סדיא
1Q20 XXI,32		בלע ◦◦◦ קרבא / בעמקא ד[י סדיא] לקובלי
1Q20 XXII,13		ירושלם ואברם שרא בעמק / שוא והוא
1Q20 XXII,14		שרא בעמק / שוא והוא עמק מלכא
4Q537 24,2	(XXXI)	]ן לעמק רמת חצור ואזל / [

to dwell verb עמר

4Q538 1-2,8	(XXXI)	]תעמ[רון בארעא די גשן
4Q544 1,1	(XXXI)	תמן למקם ולמעמרא ולמב[נא קבריא
4Q545 1a-bii13	(XXXI)	אבי קהת תמן] / למקם ולעמרה ולמבנא
4Q550c 1i7		] / עמר בכול
4Q553 2ii4		] / מעמרין סמ◦[

Amram proper noun עַמְרָם

4Q542 1ii9	(XXXI)	וכען לכה עמרם ברי אנא מפק[ד ירותתא
4Q543 1a-c,1	(XXXI)	פרשגן כתב מלי חזות עמרם בר[קהת בר
4Q545 1ai1	(XXXI)	פרשג[ן כתב מלי חזו]ת עמרם בר קהת בר
4Q559 3,8		]5 אולד ית עמ[ר]ם ועמ[רם בר שנין] / [
		]5 אולד ית עמ[ר]ם ועמ[רם בר שנין] / [

flock noun עָן

1Q20 XXII,2		ואתה חד מן רעה / ענה די יהב אברם
1Q23 1+6+22,3	(XXXVI)	] / ען מאתין תישין מאת[י]ן[
2Q24 4,18	(III)	]ל די איל ען חד לכול גבר וגבר[
4Q197 4iii11	(XIX)	דכר די ען טב[ח

4Q**204** 4,3 לראש כפא דן וענא שריוא לאתס֯[מיה] / [
4Q**204** 4,4 ומרא ענא ר֯גז על [ענא רגוז] / [רב
4Q**204** 4,5 כפא] ד֯ן ואתה על ע֯נ֯א ואשכח כול
4Q**204** 4,7 ואתה ע]ל֯ ע֯נ֯א וש֯[ח]ט֯ו כ֯ו֯ל טעיתא ושריו
4Q**204** 4,8] אתיב֯ א֯מרא דן לכול ענא טעיתא
4Q**205** 2i26 חורא אולד חזי]ר֯ אכום ו֯ד֯כר די ען / [חור
4Q**205** 2ii29 מרא ענא קאם לקוב]ל ענא וחזיה תקיף
4Q**205** 2iii29 עינוהי אתפתחו חזה] / לדכרא די ענ[א דן
4Q**206** 4ii13 חזיר אכום ודכר] / זי ע֯[ן חור וחזירא הולד
4Q**206** 4ii18 ודביא] / שׂריו למלחץ לענ֯[א עד רמו כול
4Q**206** 4iii14 עד כל ד]ב֯יא רדפין לענ[א דן אבדו] / [
4Q**206** 4iii15 וע֯[נא נגדו מן] / [מיא אלן ואזל]ו֯
4Q**531** 2+3,6 (XXXI) ועם]ע֯נא בעירא {{דמו}}דקדקא עמ֯[
11Q**10** XV,5 (XXIII) [אבה]ת֯הון מלמהוא עם כלבי ע[ני

Anael proper noun עגאל

4Q**196** 2,5 (XIX)]א֯שלט לאחיקר בר ענאל אחי על כל
4Q**531** 7,2 (XXXI) ול]ענאל ולברקא[ל ולנ]פ֯י֯ל֯י֯ן [

grape noun עִנְבָה

1Q**23** 1+6+22,4 (XXXVI) ברא מן כ֯ל חיה ואלפין מן ע֯[נבין

to answer verb ענה

4Q**203** 2,4 (XXXVI) וענ]ה֯ מהו[י
4Q**203** 7bi3 (XXXVI) ב]אדין ע֯נו ילד֯ו֯ / [
4Q**530** 2ii+6-12,15 (XXXI) באד֯י֯[ן ע]נ֯ה הווא אחוהי אוהיה ואמר קדם
4Q**541** 12,2 (XXXI) מ]א֯מר בדין ענו֯ ב◦[
4Q**543** 18,1 (XXXI)]◦ לה ועניך[
4Q**543** 32,1 (XXXI) ע]ל֯י וענו ו֯[אמרו לי
4Q**546** 4,1 (XXXI) וע]נ֯ה֯ ו֯אמר ל֯[י
4Q**550**c 1ii8 ענה ואמר ב֯[גס]רו בגסרו מן [
6Q**8** 1,2 (XXXVI) ענ]ה֯ אוהיא ואמר למ֯הו֯י ◦[
11Q**10** I,4 (XXIII) ענ]א בלדד שוחא֯[ה
11Q**10** II,5 (XXIII) לעבדי קרית ולא ע֯[נא
11Q**10** VIIA,1 (XXIII) ענא איוב ואמ֯[ר] / [אף יומא דן]
11Q**10** IX,3 (XXIII) ענא בלד֯[ד שוחאה ואמר] / [ארו ש]לטן
11Q**10** XXXIV,2 (XXIII) ענא אלהא לאיוב וענ֯נ֯א֯
11Q**10** XXXVII,3 (XXIII) ענא איוב ואמר קדם אלהא

marital intimacy noun עֲנָה

1Q**20** II,10] / ב֯ח֯ום ע֯נ֯ת֯א֯ ו֯נ֯שׁ֯מ֯ת֯י לגו נדנהא

poor noun עֲנֵי

4Q**550**e 2 ◦בנה ציון ובה יסתתרון כל ענ֯י֯י עמ[ה] / [
4Q**569** 1,8] / דכור עני בד[
11Q**10** XIV,6 (XXIII)] / [א]רו אנה שׁ֯יזבת לענא מן ◦[
11Q**10** XXV,4 (XXIII) עלוהי קבילת]מ֯סכנין וקבילת ענין ישמע

matter noun עִנְיַן

4Q**550** 5 ענינה / [ ]◦◦[דר]יוש מלכא לעבדי

cloud noun עֲנַן

1Q**20** XII,1 ו֯ה֯ו֯א֯ת ל֯י֯ לאת בעננה ולמ◦◦◦ / [
4Q**156** 1,4 (VI) נורא] / [לקדם יהוה ו]י֯כסה֯ עננא [
4Q**157** 1i2 (VI) עלו]הי עננא / [
4Q**201** 1ii4 (XXXVI) ד֯[כל] ארעא / [תתמלא מין ו]ע֯ננה מ֯ט֯ר֯ה֯
4Q**560** 1ii7] / [די] לא֯רע א בעננ֯י֯א֯[
11Q**10** III,8 (XXIII) לשמיא גאותה ואנ]פה לעננ֯יא[
11Q**10** XVI,4 (XXIII) טבתי ור֯ב֯ו֯ת֯י וכענן / [עבר מני פורק]ני
11Q**10** XXVIII,5 (XXIII) ארו / עננ֯י֯[מין ימנא] וזיקי מטר יהכן
11Q**10** XXVIII,5 (XXIII) ועננוהי י֯ג֯חתו֯ן / ט֯[יפי מין על]ע֯ם סגיא
11Q**10** XXVIII,7 (XXIII) הן ⟦ ⟧ מן פר֯ס֯ / ע[נניא די אתרגו]שׁ֯תה מן
11Q**10** XXIX,1 (XXIII) אף֯ בהון ימרק ע֯נ֯נ֯[ין] וינפק מן / ענן נורה
11Q**10** XXIX,2 (XXIII) בהון ימרק ע֯נ֯נ֯[ין] וינפק מן / ענן נורה
11Q**10** XXIX,6 (XXIII) אלהא עליה֯ו֯ן ו֯[הו]פ֯ע֯ נהור עננה
11Q**10** XXIX,7 (XXIII) [התנ]ד֯ע להלבש{{ו}}א עננה גבורה [
11Q**10** XXX,7 (XXIII) בשוית עננ֯י֯ן [לבו]שה וערפלין חותלוהי
11Q**10** XXXI,3 (XXIII) למטרא זמן וארח לעננין קלילין
11Q**10** XXXI,6 (XXIII) למטרא אב או מן / ילד֯ [ע]נני טלא
11Q**10** XXXIV,2 (XXIII) ענא אלהא לאיוב וענ֯נ֯א֯ ו֯אמר לה

Ananel proper noun עננאל

4Q**201** 1iii10 (XXXVI) תריעס[ר לה] / עננאל תלתת עסר [לה
4Q**204** 1ii27]עננאל תלתת עשר לה

to remove branches verb ענף

1Q**20** XIII,16 וה֯ב֯ל֯א בזיתא דן ומענפ֯ן לה וי֯תברן לה

to punish, fine verb ענשׁ

4Q**537** 23,1 (XXXI)]שׁ֯◦ ◦◦◦ל?ענש֯[ ] / [
4Q**537** 23,2 (XXXI)]ת֯ע֯נש ע֯ד֯[?] / [

עסאל ← עשׂאל

עֲסִירַי ← עֲשִׂירַי

wood noun עָע

4Q**196** 18,8 (XIX) מגדל֯י ירושלם ד]הב תתבנין ועע[יתא
4Q**211** 1i3]עשב ארעא ועא
4Q**214**b 2-6,1 (XXII) עעי]ן֯ מ֯[צ]ל֯ח֯ין / [ובקר אנון לקדמין מן
4Q**214**b 2-6,3 (XXII) מן כל תרי ע]שר עעין א[מ]ר֯ ל֯י֯[די חזין
4Q**214**b 2-6,5 (XXII) משחא ע]ר֯א אדסא וע֯עי / [רקתא
4Q**554** 3ii15 בחש[מל] וספיר וכדכוד ועעיתה דהב

עֲפִי ← עוֹפִי

to embrace verb עפק

4Q**538** 1-2,6 (XXXI) ונ]פ֯[ל ע]ל צורי ועפקני בכ[ה שגיא

dust noun עֲפַר

1Q**20** XXI,13 ואשגה זרעך כעפר ארעא ד֯י לא ישכח כול
4Q**157** 1ii4 (VI)] / ד֯בעפרא [
4Q**201** 1ii8 (XXXVI) כויתה ולמ]דרך על עפרה ו֯[ע]ל֯ [כפ]י֯ה֯
4Q**530** 2ii+6-12,10 (XXXI) חזא הוית עד די אתכסי עפ]ר֯א֯ בכל מיא
4Q**531** 27,3 (XXXI)]ע֯פר֯א בד֯א֯ / [
4Q**536** 2i+3,11 (XXXI)]בעפרא / [
11Q**10** XXXIV,9 (XXIII) וטמר / [ה]מ֯ון בעפר {{ }} כח֯[דא
11Q**10** XXXVII,8 (XXIII) ואתמ֯ה֯א {{א֯}}ואהוא לע֯פר / וקטם ⟦ ⟧

to be grieved verb עצב

1Q**20** XX,12 ואתחננת ואמרת באתעצבא ודמעי נחתן

trouble, distress noun עָקָה

4Q**246** 1i4 (XXII) ר]ב֯רבין עקה תתא על ארעא
4Q**533** 1ii4 (XXXI)] / עקת֯[
4Q**537** 1+2+3,4 (XXXI) בהון כל חסרני] / וכל עקתי וכל
4Q**540** 1,1 (XXXI)] תובא תתה עקא עלוהי ויחסר נכסין זעירא
4Q**557** 8]◦ת עקתא ◦[
11Q**10** XXIX,9 (XXIII) העמה ת]נפח ערפלא / [תקיף כמח]ז֯יה עקה
11Q**10** XXXI,1 (XXIII) ד֯[י מנעת ל]ע֯ד֯ן ע֯[קת]א ליום קרב

to uproot verb **עקר**

1Q20 XIX,15 אתו ובעון למקץ ולמעקר ל[א]רזא ולמשבק
4Q212 1iv14 ולהון **עקרין** אשי חמסא ועבד שקרא
11Q10 XII,6 (XXIII) יד]ה / **עק]ר**

stump noun **עִקַּר**

4Q530 2ii+6-12,8 (XXXI) ושר]שין רברבין נפקו מן **עקרה**[ו]ן / [ומן

scorpion, Scorpio noun **עַקְרָב**

4Q318 VII,2 (XXXVI) מוזניא ב22 ובב[3]2 **עקרבא** ב24 / וב25
4Q318 VII,7 (XXXVI) ב19 ב[20 וב21 **ע]קרבא** ב22 / וב23 קשתא

laurel noun **עַר**

4Q214b 2-6,5 (XXII) ותככה[ועעא משחא **ע]רא** אדסא ועעי / [

to mix verb **ערב**

4Q558 25,2]◦ולא **מערב** עמ[הן
4Q561 4-6i1]הי **מערבין** ולא שגיא עינוה[י] / בין אורין
11Q18 13,6 (XXIII)]א ובשרא **מתערב** כחדא

to enter verb **ערב**

4Q208 8,2 (XXXVI)]ובאדי[ן] **ערב** וע[ל
4Q208 11,1 (XXXVI)] ובאדין **ע[רב** ועל
4Q208 19+21,3 (XXXVI)] / חמשא ובאדין [**ערב** ו]על [לתרעא
4Q208 32,2 (XXXVI) **ער]ב** ועל[
4Q209 1i1 (XXXVI) וב]אדין **ער[ב** ועל לתרעא רביעיא]
4Q209 5,3 (XXXVI) ובאדין **ע[רב** ועל
4Q209 6,6 (XXXVI) ובאדין **ער[ב]** / [ועל
4Q209 6,8 (XXXVI) ובאדין **ערב** ועל / [לתרעא
4Q209 7ii5 (XXXVI) ובאדין **ערב** ועל
4Q209 7ii8 (XXXVI) ובאדין **ערב** [ו]על לתרעא תנינא
4Q209 7ii11 (XXXVI) ובאדין **ערב** ועל
4Q209 7iii1 (XXXVI) ובאדין **ערב** ועל
4Q209 7iii3 (XXXVI) ושהרא] / **ערב** ועל
4Q209 7iii5 (XXXVI) ובאדין **ערב** ועל
4Q209 7iii6 (XXXVI) ובאדין [שה]רא **ערב** ועל לתרעא חמישיא
4Q209 9,1 (XXXVI) ו]באדין **ערב** ועל
4Q209 9,3 (XXXVI) ובאדין **ערב** ועל
4Q209 23,5 (XXXVI) [אתין כו]כבי שמיא מאין **ערבין** ומאין עללין
4Q209 23,6 (XXXVI) וסחרין כל **ערבי** שמיא ואזלין למדנחי שמיא
4Q210 1ii16] / שמיא מ{{י}}אן **ערבין** ומ{{י}}אן עללין
4Q210 1ii17] / ומתכ<נ>סין וסחרין {{ו}}כל **ערבי** [שמיא

ship noun **ערב**

4Q206 4i14 וע]בד לה **ערב** חדה ויתב בגוה / [ותלתת
4Q206 4i15 תלתת תוריא על]ו עמה **לערבא** וערבא
על]ו עמה לערבא **וערבא** חפית וכסית / [מן
4Q206 4i20 **וערבה** פרחה עלא מן מיא וכל

Arab proper noun **עֲרָבִי**

4Q318 VIII,8 (XXXVI) **ולערביא** [ ]א כפן ולהוון בזזין

sieve noun **עַרְבָּל**

11Q18 12i1 (XXIII)]◦ מן אלן **וערבליא** די / [

mixture noun **עֲרַבְרוּב**

4Q542 1i9 (XXXI) קד[י]שין ודכין / מן כול **ער]ברוב** ואחרין

wild donkey noun **עֲרָד**

1Q23 1+6+22,2 (XXXVI)] / חמרין מאתין **ערדין** מאת[ין
4Q205 2i25 ערד ועגל חור כח]דה **וערדין** / [אתשגאו
4Q205 2i28 יהבו אמר חד מ]נהון **לערדיא** וערדיא / [
חד מ]נהון לערדיא **וערדיא** / [יהבו אמרא
4Q206 4ii15 חד מנהון לערדיא] / **וערדיא** יהב]ו אמרא
11Q10 XXXII,4 (XXIII) מן שלח פראה ברחרין וחנקי **ערדא** מן

naked adjective **עַרְטְלַי**

1Q20 XXII,33 ואנה כדי אמות **ערטלי** אהך די לא בנין
4Q206 1xxvii11 ואתפתחו עיניהון ואתבוננו] / די **ערטליין** ◦[

chill noun **עריה**

4Q560 1i4]רא עואן ופשע אשא **ועריה** ואשת לבב / [

heap noun **עֲרֵימָה**

4Q561 3,13]◦ן **בערימן** ור◦[

wisdom noun **עֲרִימוּ**

11Q10 XIII,1 (XXIII) אתר **ערימותא**

to become prudent verb **ערם**

4Q534 1i6 (XXXI) [ב]אדין **יערם** וידע שב[ילי חכ]מין חזין

עֲרֵמָה ← עֲרֵימָה

prudence noun **ערמומה**

4Q534 1i7 (XXXI) יזקונה עמה להוון מלכה **וערמומ[תה]**

Arnem proper noun **ערנם**

1Q20 XXI,21 קרית לממרה **ולערנם** ולאשכול תלתת
1Q20 XXII,6 **וערנם** / ואשכול וממרה נגדו עמה

to meet, join verb **ערע**

4Q558 69,1]◦ערא **ערעין** ודא[
4Q558 70,2] **ערעין** [

darkness noun **עֲרָפֶל**

4Q541 9i5 (XXXI) יעדה חשוכא / [מ]ן ארעא **וערפלא** מן
11Q10 XXIX,8 (XXIII) העמה ת]נפח **ערפלא** / [תקיף כמח]זיה עקה
11Q10 XXX,7 (XXIII) בשוית עננין [לבו]שה **וערפלין** חותלוהי

to flee verb **ערק**

1Q20 XX,21 רוחא כתש לכולהון / **וערקו**
1Q20 XXI,32 ואתבר מלך סודום **וערק** ומלך עומרים
1Q20 XXII,9 וכולהון הווא **ערקין** מן קודמוהי / עד
4Q196 2,2 (XIX) לי בעה למקטל[◦דחלת **וערקת]**
4Q196 2,4 (XIX) תרי בנו]הי ואנון **ערקו** לטורי אררט ומלך
4Q196 14i12 (XIX) ויר]ה שרא ו[**ערק**] / [
4Q556 1,1 **י]ערקון[**
11Q10 X,4 (XXIII) הר]נח חללת ידה תנין **ערק**

strap noun **עַרְקָה**

1Q20 XXII,21 אן מן חוט עד **ערקא** דמסאן / אן אסב מן

bed, couch noun **עֲרַשׂ**

5Q15 1ii11 (III) בית [ע]שרין ות[ר]תין **ערש[ין** וחדה] עשרה

Asael proper noun **עשׂאל, עסאל**

4Q201 1iii9 (XXXVI) לה ברקאל תשיע]י לה[/ **עסאל** עסירי [
4Q202 1ii26 **עשׂא[ל]** אל[ף [לאנשא ל]מעבד חרבן
4Q204 1ii26 **עשׂא[ל** עשירי לה] / וחרמני [חד] עשר

]עליכה **ע[שאל** (XXXI) 4Q531 7,7

grass noun **עֲשַׂב**

וארעא כולהא מליא דתא **ועש[ב]** ועבור 1Q20 XI,12
כולא למאכל בירקא **ועשבא** די ארעא ברם 1Q20 XI,17
זי [לא איתי בה] / [מין **ועשבי]ן** ועיניהון 4Q206 4iii17
]**עשב** ארעא ועא 4Q211 1i3
ועם]**עשב** זרע ארעא וכול דגנא (XXXI) 4Q531 2+3,5
]שנו מן **[ע]שב[א** 4Q558 66,2

tenth adjective **עֲשִׂירַי, עֲסִירַי**

תשיע[י לה] / עסאל **עסירי** [לה חרמני (XXXVI) 4Q201 1iii9
ביומא קדמיא חד מן ארבעת **עשי]ריא** 4Q210 1iii7
רב]יעיא חד מן חד **עש[יריא** ⟦ ⟧] 4Q210 1iii8

to tithe verb **עשׂר**

כ]די הוה יעקוב אבי **מעשר** / [כל מה (XXII) 4Q213b 4

ten, -teen numeral **עֲשַׂר, עַשְׂרָה, עֶשְׂרֵה**

] ◦◦[ ]◦◦א יובלין **עשרה** באדין שלם לבני 1Q20 VI,10
מדא תרתי **עשרה** שנין הווא / יהבין 1Q20 XXI,26
למלך עילם ובשנת תלת **עשרה** מרדו 1Q20 XXI,27
ובשנת ארבע **עשרה** דבר מלך עילם
בחירין לקרב תלת מאא ותמניאת **עשר** 1Q20 XXII,6
בחזוא ואמר לה הא **עשר** שנין 1Q20 XXII,27
שביא די בהון וארבעת **עשר** כה[נין (III) 2Q24 4,13
ע]שרא שורא ארב[עא (III) 2Q24 8,2
]◦ מאה **ועשר[** (III) 2Q24 8,8
ברא] מן ארבעת **עסר** אילני[ן] דעליהן (XXXVI) 4Q201 1ii5
[לה חרמני **חרעסר]א** לה מטראל תריעס[ר (XXXVI) 4Q201 1iii9
חרעסר]א לה מטראל **תריעס[ר** לה] (XXXVI) 4Q201 1iii9
תריעס[ר לה] / עננאל תלתת **עסר** [לה (XXXVI) 4Q201 1iii10
[לה ש]תואל [אר]בעת **עסר** לה שמשי[אל (XXXVI)
שמשי[אל חמשת] / **עסר** לה שהריאל [(XXXVI) 4Q201 1iii11
חמשת] / עסר לה שהריאל [ש]תת **עסר** לה (XXXVI)
לה] / טוריאל תמנית **עס[ר]** לה ימי[א]ל (XXXVI) 4Q201 1iii12
אלין אנון רבני רב[נ]י **עס[ר]תא** (XXXVI) 4Q201 1iii13
ארבעת **עשר]י** לה [שמשיאל חמ]שת / [4Q202 1ii15
ת]מיאל שב[ע]ת **עשר[י** לה] [ט]וריא[ל] 4Q202 1ii16
תשעת **עשר]י** לה יהדי[אל ע]שרין [לה] 4Q202 1ii17
אלין [אנו]ן רבני **עש[רתא** 4Q202 1ii17
לה] / וחרמני [חד] **עשר** לה מטר[אל 4Q204 1ii27
]עננאל תלתת **עשר** לה
]שהריאל שתת **עש[ר]** ל[ה] / ת[מיאל שבעת 4Q204 1ii28
שגיאין ודכרא אולד אמרין תרי]**עשר** 4Q205 2i27
ודבר דכרא] ל[ח]ד **עשר** אמריא כולהון 4Q205 2i29
ופלג ואניר בלילא ח]ד **עשר** ב[ה (XXXVI) 4Q208 20,2
ואניר בליל]א חד **עשר** בה [שביעין (XXXVI) 4Q209 1i11
ואניר בלילא]תרי **עשר** בה [ש]ב[עין שתה (XXXVI) 4Q209 2ii2
ואניר בלילא ארבעת **עשר** בה כל ליל[יא (XXXVI) 4Q209 2ii6
[ו]בל[יל]א חמשת **עשר** בה כסה פלג שביע (XXXVI) 4Q209 2ii7
ובלילא תשעת **עשר** בה כ[סה שביעין תרין (XXXVI) 4Q209 5,4
] / ובלילא חמשת **עשר** בה[(XXXVI) 4Q209 8,3
ושלמו תרי **עשר** תרעי ארבע רוחי שמ[יא 4Q210 1ii14
ויום עד יום ארבעת **עשר** ומש[למין] / [4Q210 1iii4
ויום עד יום] חמשת **עשר** ומשלמין בה כל 4Q210 1iii5
ומתנפלין ברא מן ארבעת]**עשר** אילנין 4Q211 1i5
חד ותנינא חד מן חמשת / **עשר** בשתית 4Q211 1ii6
ב[יום חמ]שת **ע[שר**]◦[4Q211 1iii4
מן כל תרי **ע]שר** עין א[מ]ר לי[די חזין (XXII) 4Q214b 2-6,3
עש]רה ותמנ[יה] / [(XXXI) 4Q539 4,3
]מרים ומן באת[רה]לקחת **עשר[** (XXXI) 4Q547 9,10
עוזיאל הווא חודשין] / **עשרא** ואולד מן (XXXI) 4Q549 2,8
]שתת **עשר[**]◦◦◦[ ]מא / [4Q554 2i9
למערב[א משח קנין] **עשרה** פתי שוקא 4Q554 2ii17
ארכה א<מין> 13 ופתיה אמין **עשר[**] 4Q554 2iii15
אמין ארבע **עשרא** ות[רעין לקבל תרעין] 4Q554 2iii21
] קנין תרין א[מי]ן / ארבע **ע[ש]רא** ורומה 4Q554 3ii14
] ורמהון קנין **עשרה** / [4Q554 3ii17
בתיא מן תרע] לתרע חמשת **עשר** תמניה 4Q554a 1ii3
אמין תשע **עש]רא** ופתיהון אמין / [תרתי 4Q554a 1ii10
] / [ע]ד יום **עשרתא** וב[4Q580 1ii14
מדנחא [למערבא] קנין **עשרה** פות[י שוקא (III) 5Q15 1i3
מ]שח קנין תמנית **עש[ר]** פותי אמין מא[ה (III) 5Q15 1i4
[משח פותי]ה קנ[ין תל]תת **עשר** ואמה (III) 5Q15 1i6
]יא תרי **עשר** (III) 5Q15 1i10
דשי[א] קנא חד ופלג אמי[ן **ע]שר** ופלג [(III) 5Q15 1i11
]קנין תרין אמין ארב[ע] **עש[רה** ופו]ת[י (III) 5Q15 1i15
כל א]ספא קנין תרין אמין ארבע **עשרה** [וית (III) 5Q15 1i16
קנין תרין אמין א[ר]בע **עשרה** ורומה קנין (III) 5Q15 1ii1
ורומה קנין תרין אמין ארבע **ע[שרה** (III)
חדה קנין תרין בתר[י]ן אמין ארבע **עשרה** (III) 5Q15 1ii3
ופתיהון] / [קני]ן תרין אמין ארבע **עשרה** (III) 5Q15 1ii8
[ורומהון קנין ת]רין א[מי]ן ארבע **ע[שרה** (III)
מציעתא פות]י קנין ת[רי]ן אמין ארבע **עש[רה** (III) 5Q15 1ii9
]מכלא דכא אמין תשע **ע[שרה** ארכהון] / [(III) 5Q15 1ii10
ארכהון] / [ופתיהון אמין תר]תי **עשרה** (III) 5Q15 1ii11
ות[ר]תין ערש[ין וחדה] **עשרה** כוין אטימן (III)
אורכהון אמין] תשע **עשרה** ופות[יהון (III) 5Q15 1ii13
ופותיהון אמ]ין תל[ת] וארכין **[ע]שר[** (III) 5Q15 1ii15
ע]מודיא אמין תרתי **עשרה** [(III) 5Q15 2,4
]**עשר[** (III) 5Q15 5,3
פ]תיה אמה ותרתי **עשר[ה** (XXIII) 11Q18 8,2
]◦אה **ועש[ר]** / [(XXIII) 11Q18 10i7
] / לכול תרי **עשר** תרעין[(XXIII) 11Q18 17ii3
שביא די בה]ון וארבעת **עשר** כה[נין (XXIII) 11Q18 20,4

עַשְׂרָה ← עֲשַׂר

עֶשְׂרֵה ← עֲשַׂר

twenty adjective **עֶשְׂרִין**

]ה אחרניא מן בר **עשר[י]ן[** (III) 2Q24 8,4
תשעת עשר]י לה יהדי[אל **ע]שרין** [לה] 4Q202 1ii17
]◦א **ועש[רינ** (XXXVI) 4Q208 23,1
ובלילא שבעה **ועשר]ין** בה כסה שביעין (XXXVI) 4Q209 6,5
ובלילא]תמניה **ועשרין** בה כסה שביעין (XXXVI) 4Q209 6,7
ובלילא ארבעה **ועשרי]ן** בה כסה שביעין (XXXVI) 4Q209 7ii3
ובלילא חמשה **ועשרין** בה כסה שביעין (XXXVI) 4Q209 7ii6
ובלילא שתה **ועשרין** בה כסה שביעין (XXXVI) 4Q209 7ii9
ובלילא שבעה / **[ועש]רין** בה כסה (XXXVI) 4Q209 7ii12
וע]שרין בה כסה[שביעין (XXXVI) 4Q209 16,3
שנ]ין **עשרין[** (XXII) 4Q243 20,2
ובעשרי[ן (XXXI) 4Q535 1,1
לברה כ[מ]א בר שנין / **[עשרי]ן[** ואמר]לה (XXXI) 4Q545 1ai9
אבנין]**עשרין** די[4Q554 1,3
שוק[קנין תלתה א]מין **עשרין** / [וחדה] (III) 5Q15 1i1
עש[ר] פותי אמין מא[ה **ועשרי]ן** [ו]שת (III) 5Q15 1i4
ארוך בת[י]א קנין תלתה אמין] **עשרי[ן** וחדה (III) 5Q15 1ii7
בית **[ע]שרין** ות[ר]תין ערש[ין וחדה] עשרה (III) 5Q15 1ii11

11Q**18** 15,4 (XXIII)]אׄ ואמר לי **לעשרין** ושת ◦[

to oppress verb **עשק**

4Q**488** 1,1 (VII)]רׄ **אתׄעׄשׄקׄוׄ**[
4Q**568** 1 דינין בעדניהן ויהך **ויתעשק** ויאמר אהך

to think verb **עשת**

4Q**206** 3i5 (XXXVI)]םׄ **מתעשת** / [
4Q**532** 2,6 (XXXI)]הׄוו [ ]**עשיתין** לׄ[

Ashteroth-karnaim proper noun **עשתרא דְקַרְנַיִן**

1Q**20** XXI,28 ומׄחׄו לרפאיא די **בעשׄתׄרׄאׄ** / **דׄקרנין**

ready adjective **עֲתִיד**

4Q**546** 11,3 (XXXI)]**עׄתׄיד** חׄטרׄאׄ דׄן לׄא[הרון

Othniel proper noun **עָתְנִיאֵל**

4Q**559** 4,7 שני]ן 8 **עתניאל** ב[ר קנז

Euphrates (?) proper noun **עתק**

1Q**23** 13,2 (XXXVI) **ע]תׄק** נהר[א

wealth, plenty noun **עֹתַר**

1Q**20** XXII,22 אמר ⟦ ⟧ דימן נכסי כול **עתרה** דׄיׄ / אׄברם
1Q**20** XXII,31 **עתרך** ונכסיך / ישגון לחדא
1Q**20** XXII,32 מרי אלהא שגי לי **עתר** ונכסין ולמא לי / כול

פ

face, side noun **פֵּאָה**

4Q**206** 1xxvi5 וארחקת] / [שגיא] ל[מדנ]ח **פאׄ[תא** דה

פָּארָן ← פָּרָן

to fade verb **פוג**

4Q**197** 6,1 (XIX) ו]כׄדי **מׄפיגין**[

Put proper noun **פוט**

1Q**20** XII,11 ו[בני חם כוש ומצריי]ןׄ **וׄפׄוט** וכנען ובנן

deliverance noun **פּוּרְקָן**

11Q**10** XVI,5 (XXIII) וׄרׄבׄוׄתׄי וכענן / [עבר מני **פורק]ני**

Euphrates proper noun **פּוּרָת**

1Q**20** XVII,12 לדרומא כול ארעא די משקׄהׄ **פורת** וכול
1Q**20** XVII,14 גׄוׄמׄר ◦◦◦◦◦ ואמנא עׄדׄ דׄבׄקׄ **לׄפׄוׄ[רת]** ◦◦◦
1Q**20** XXI,12 א די מדנח חורן ושניר עד **פורת**
1Q**20** XXI,17 לפותי ארעא / עד די דבקת **לפורת** נהרא
וסחרת ליד **פורת** עד די דבקת לימא שמוקא
1Q**20** XXI,28 מדברא והווא מחׄין ובזׄין מן **פורת** נהרא

width noun **פּוּתִי, פּתִי**

1Q**20** XI,11 בארעא לאורכהא **ולפותיהׄאׄ** [
1Q**20** XXI,14 וחזי כמן ארכהא וכמן **פתיהא**
1Q**20** XXI,16 טור תורא למדנחא **לפותי** ארעא / עד
2Q**24** 5-6,2 (III) אורכה **ופו]תיה** משחא חדא / [
2Q**24** 5-6,6 (III)]מא **ופותיה** / [
2Q**24** 7,1 (III)]**ופותיהון** מן כאׄ[ן ומן כאן
4Q**212** 1v21 וימשח מה הוא] / אורכה **ופתיׄהׄ** די ארעא
4Q**554** 2ii12 ומ[שח פר]זיתא [חד]א אורכא **ופתיא** קנין
4Q**554** 2ii16 בין פרזא לפרזא / שוק **פתה** קנין שתה [
4Q**554** 2ii17 למערבׄ[א משח קנין] עשרה **פתי** שוקא
4Q**554** 2ii19 מקדשא משח / קנין אמין 18 **פתיה** [
א]מין 6[2]1 **ופתי** / שוקיא די נפקין
4Q**554** 2ii22 די במצ]יעת / קריתא משח **פתיה** קני[ן
4Q**554** 2iii13 14] / **ופתי** ת[רע
ומשח] **פות**[יה די כל א]ספא / קני[ן] ת[רין
4Q**554** 2iii15 אספא ארכה א<מין> 13 **ופתיה** אמין עשר[ ]
4Q**554** 2iii17 **פתיה** אמין ארבע רומה אמין 7
4Q**554** 2iii18] / ת[ר]עא דן אסף עללה **פתיה** קנה
4Q**554** 2iii20 בית דרג סח[ר וס]לק **פ[תיה]** / וארכה
4Q**554** 3ii13 יסודה **פׄ[תיה]** קנין תרין אׄ[מי]ן
4Q**554** 3ii16 ארבע מא]ה ותׄלתין ותרין **ופתיהון**
4Q**554**a 1ii1]ודרגא די [סלק] **פתיה** אמין ארבע
4Q**554**a 1ii4 בתיא קנין תלתה ארכין 21 **ופתיהון** / [
4Q**554**a 1ii7 תשע עשרא]אׄרכהון **ופתיהון** אמין 12
4Q**554**a 1ii10 ארכהון אמין תשע עש]רא **ופתיהון** אמין / [
5Q**15** 1i2 (III) בין פרזה לפרזה שוק] **פׄתׄהׄ** קנין שׄתׄ[ה
5Q**15** 1i3 (III)] קׄנין עשרה **פׄותׄ[י** שוקא אמין] שב[עין
5Q**15** 1i4 (III) מ]שח קנין תמנית עשׄ[ר] **פותי** אמין מאׄ[הׄ
(III) **וׄפׄוׄ[תי** שוקיׄאׄ] די נפקין מן דרוׄמׄ[א]
5Q**15** 1i8 (III) משחת שפשיא ת]מׄנׄין **פוׄתׄ[יהון** די] שפשיא
5Q**15** 1i9 (III) דׄשין תרין די אבׄןׄ **פותיׄהׄ** דׄי[דשי]אׄ קנׄהׄ[חד
5Q**15** 1i10 (III) **פותי** תרעיהון קׄנין תלתה אמי[ן עשרין וחדה

Reference	Vol.	Text
5Q15 1i11	(III)	] / [תרע ותרע דשין תר]ין פותי דשי[א] קנא חד
5Q15 1i12	(III)	פותיהון ואורכהון [משחה חדה
5Q15 1i15	(III)	פתיהון]קנין תרין אמין ארב[ע] עש[רה ופו]ת[י
5Q15 1i16	(III)	ומשח]פות[יה די כל א]ספא קנין תרין
5Q15 1ii3	(III)	דרג] / סחר[וסלק] פותיה ואורכה משחה
5Q15 1ii4	(III)	דרגא סח[ר ו]סל[ק] עלוהי פתיה ואו[רכה
5Q15 1ii5	(III)	ודרגא די סלק לידה פתיה אמין ארבע
5Q15 1ii7	(III)	ז[ו]יתא עד תרעא אחרנא פותאהון
5Q15 1ii9	(III)	] / [במציעתא פות]י קנין ת[רי]ן אמין
5Q15 1ii12	(III)	[אמ]ין תרתין [פתיה אמין]ועובי פותי כותלא[
5Q15 1ii13	(III)	אורכהון אמין] תשע עשרה ופות[יהון אמין
5Q15 2,3	(III)	תר]עא כולה ואספיא פת[יהון
5Q15 8,1	(III)	] ופותי[
5Q15 9,1	(III)	פ]ותי ◦[
11Q18 8,2	(XXIII)	פ]ותיה אמה ותרתי עשר[ה
11Q18 8,4	(XXIII)	]פותי תרע[ ]ורומ◦◦[
11Q18 9,3	(XXIII)	אורכיהון ופו]תיהון אמין שת בשת [
11Q18 17ii4	(XXIII)	] / תרתין ועובי פותי כות[לא
11Q18 21,4	(XXIII)	]◦ין ק]נא חד פותי / [

trap noun פַּח

Reference	Vol.	Text
4Q198 2,4	(XIX)	ונדן] / נפל לפח [מותא ואובדה

to open the mouth (?) verb פחא

Reference	Vol.	Text
4Q530 2ii+6-12,2	(XXXI)	לה / גלגמיס וח[ו]בבס אפחא ומתאמר[

to fear verb פחד

Reference	Vol.	Text
11Q10 XXXVI,10	(XXIII)	◦◦◦◦[ ]פח[דו

to act lewdly verb פחז

Reference	Vol.	Text
4Q202 1iii1		רשעא רבא והוו]א פח[זין וטעין בכול

pit noun פַּחַת

Reference	Vol.	Text
4Q206 1xxii1		והא אלן אנון פחתיא לבית עגנון / לכדן
11Q18 37,3	(XXIII)	]יא פחתא ל[

to separate verb פטר

Reference	Vol.	Text
4Q196 6,8	(XIX)	אמר לאפטרותני מן ע[ל ארעא] / [
4Q549 2,6	(XXXI)	דנה עמרם] / פטר לבית עלמה[כדי

elephant noun פִּיל

Reference	Vol.	Text
4Q206 4i21		[ועררדיא וגמליא] ופיליא ירו מי[ן]⟦ ⟧

soaked, permeated adjective פִּיל

Reference	Vol.	Text
1Q20 X,16		יהבת סולת נשיפא פילא במשח עם לבונא
11Q18 22,4	(XXIII)	נ]שיפה פיל / [

Phinehas proper noun פִּינְחָס

Reference	Vol.	Text
4Q243 28,2	(XXII)	פינח]ס אביש[וע

to break (?) verb פכה

Reference	Vol.	Text
4Q560 1i5		בשנא פרכ דכר ופכית נקבתא מחתורי / [

to divide verb פלג

Reference	Vol.	Text
1Q20 II,21		ועם קדישיא] / עדבה פליג ולה מחוין
1Q20 III,17		]פלג כול ארעא ◦◦ם ◦◦◦◦ן / [
1Q20 XVII,15		] ◦קא / ◦◦◦◦חולקא די פלג לה ויהב לה
1Q20 XVII,16		[ו]יפת פלג בין בנוהי לגמר יהב לקדמין
2Q24 4,10	(III)	מן] / מערבה ויתפלג[ון
4Q196 29,2	(XIX)	]כדי יפלג◦[
4Q244 5ii3	(XXII)	] / פלג נט◦[
4Q535 3,4	(XXXI)	יו]מיא דמך עד מפלג ית[י]ומיא ש[
4Q536 1,1	(XXXI)	יומי]א דמך עד מפלג יומוה[י
11Q10 XI,8	(XXIII)	מ]מ[ונ]ה קשיטה יפלג
11Q10 XXXV,9	(XXIII)	]תין ויפלגון יתה בארע[
11Q18 20,3	(XXIII)	וחזית עד די פ]ליג לתמנין וארבעה

half noun פְּלַג

Reference	Vol.	Text
4Q208 1,1	(XXXVI)	[שביע ו]פ[ל]ג
4Q208 1,2	(XXXVI)	חד עשר בה] / שביעינ חמשא ופל[ג
4Q208 2,1	(XXXVI)	]◦ פלג וב[
4Q208 10a,6	(XXXVI)	]שתא שביעיא פלג שביע / [
4Q208 10a,8	(XXXVI)	]◦ ימימא שביע פלג ◦◦ / [
4Q208 10a,10	(XXXVI)	פ]ל[ג] שביע ושוי
4Q208 10b,2	(XXXVI)	]◦רה פלג [
4Q208 14i1	(XXXVI)	ת]לתא ופלג / [
4Q208 14i2	(XXXVI)	ופ]ל[ג]וקוי
4Q208 15,1	(XXXVI)	ופ]לג ובליליא[
4Q208 16,4	(XXXVI)	] ופל{{ג}} ו[
4Q208 16,6	(XXXVI)	] ופלג ו[
4Q208 19+21,5	(XXXVI)	דנ שביעינ חמשא] / ופלג ושוי בה נה[ור
4Q208 22,1	(XXXVI)	]◦א ופל[ג
4Q208 24i2	(XXXVI)	ו]פלג ושוי / [
4Q208 24i5	(XXXVI)	חמ]שא ופלג / [
4Q208 25,3	(XXXVI)	בשאר ליליא דנ שביעינ שתא ופל]ג
4Q208 32,3	(XXXVI)	] ופלג[
4Q208 33,3	(XXXVI)	]שתא ופלג [
4Q209 1i2	(XXXVI)	ושוי בה] נהור שביעין תלת[ה ופל]ג
4Q209 1i3	(XXXVI)	]בליליא[ש]בעה בה שביעין תלתה ופלג
4Q209 1i6	(XXXVI)	בימימא דן שבי]עין ארבעה ופלג
4Q209 2ii3	(XXXVI)	בימ]מא דן שביעין שתה ופלג
4Q209 2ii5	(XXXVI)	ועל וקבל שאר] / [ליליא] דן פלג שביע
4Q209 2ii7	(XXXVI)	]בל[יל]א חמשת עשר בה כסה פלג שביע
4Q209 2ii8	(XXXVI)	שאר ל[י]ל[יא ד]ן שביעין שתה ופלג
4Q209 2ii9	(XXXVI)	שאר] / יממא דן שביעין שתה ופלג
4Q209 3,3	(XXXVI)	וקוי]בימימא ש[ביע]חד ופלג
4Q209 3,4	(XXXVI)	בשאר] / [יממא דן שב]יעין חמשה ופלג
4Q209 3,8	(XXXVI)	ושוי בה נהור] / [שביעין]תרין ופלג
4Q209 4,2	(XXXVI)	שאר יממ]א דן שביעי[ן תרין ו]פלג[
4Q209 4,3	(XXXVI)	כסה שבי]עין ארבעה [ו]פלג ובציר [מנהורה
4Q209 4,4	(XXXVI)	בשאר ליליא]דן שביעי[ן תרין ו]פלג[
4Q209 5,1	(XXXVI)	[שביעין חמ]שה ופלג[ובלילא תמנת עשר
4Q209 6,4	(XXXVI)	בשאר ליליא דן שביע חד ופ]לג
4Q209 6,6	(XXXVI)	בימ]מא דן שביעין שתה ופלג
4Q209 6,7	(XXXVI)	כסה שביעין שתה ופלג ובציר מנה[ורה] / [
4Q209 6,8	(XXXVI)	נפק ואניר]שאר ליליא דן פלג שביע חד
4Q209 7i8	(XXXVI)	ופ]לג
4Q209 7ii3	(XXXVI)	שביעין ארבעה ופלג ובציר מנהורה / [
4Q209 7ii4	(XXXVI)	בשאר ליליא דן שביעין תרין ופלג
4Q209 7ii7	(XXXVI)	בימימא דן שביעין חמשה ופלג
4Q209 7ii8	(XXXVI)	שאר יממא דן שביע חד ופלג
4Q209 7ii9	(XXXVI)	כסה שביעין חמשה ופלג ובציר מנהורה
4Q209 7ii10	(XXXVI)	ובציר מנהורה שביעין חמשה / ופלג
	(XXXVI)	בשאר ליליא דן שביע חד ופלג
4Q209 7iii4	(XXXVI)	בשאר יממא דן שביעין תרין ופלג
4Q209 7iii5	(XXXVI)	בלילא תשעה ב[ה שביעין] / ארבעה ופלג
4Q209 7iii7	(XXXVI)	שאר ליליא דן שבי[עין תרין] / ופלג
4Q209 9,2	(XXXVI)	ופ]לג
4Q209 9,3	(XXXVI)	]ופלג
4Q209 9,4	(XXXVI)	ת]ל[תה ופ]לג

4Q**209** 11,1 (XXXVI) ליליא ד]ן **פלג** שביע / [
4Q**209** 13,2 (XXXVI) חמ]שה[ו**פ**]לג[
4Q**209** 16,5 (XXXVI)]ו**פל**[ג
4Q**209** 22,2 (XXXVI) שאר ליליא דן שביעין ארבעה ו]**פלג**
4Q**209** 33,3 (XXXVI) ושוי בה נהור שביעין תלתה ו**פ**]לג
4Q**210** 1iii6]ודבר ירחיא ב**פלגי** שביעין
4Q**554**a 1ii12 א]מה חדה ו**פלג** ורומה בגו / [
5Q**15** 1i11 (III) תר]ין פותי רשי[א] קנא חד ו**פלג** אמי[ן
(III) קנא חד ופלג אמי[ן ע]שר ו**פלג** [
11Q**18** 6,3 (XXIII)] דרומא ו**פלג**[

half noun פַּלְגוּ
4Q**347** 5 (XXVII) **פ**]**לגות** טבא[

to remove verb פלה
1Q**20** XX,29 וא**תפלי** מנה מכתשא ואתגערת [מנה

separation, division noun פְּלוּגָה
11Q**18** 20,3a (XXIII)]מן כול שבעת **פלוגת** פתורי / [

to work, serve verb פלח
1Q**20** XII,13 אנה ובני כולהון ל**מפלח** בארעא ונצבת
1Q**20** XV,18 עממיא וכולהון להון **פלחין** ומשתבשין[
4Q**550**c 1iii1]עליא די אנתון דחלין ו[**פ**]**לחין** הו שליט
4Q**570** 6,4]**אהפלח**[
4Q**570** 12,2]**מפלח** ◦◦◦ין[
11Q**10** XXXII,8 (XXIII) היבא ראמ[א ל]**מפלחך** א[ו]היבית על

to escape verb פלט
1Q**20** XI,14 ורשעא ושקרא ו**פלט** לגבר צדיקא
1Q**20** XII,17 לקדישא רבא די **פלטנא** מן אבדנא / [
1Q**20** XIX,20 ואחי בטליכי ו**תפלט** נפשי בדיליכי / [
1Q**20** XXII,2 ה די יהב אברם ללוט די **פלט** מן שביא
4Q**204** 1v5 כול קש]טין **יפלטון** ולהון [חיין עד
4Q**204** 5ii21 [לכו]ן [ותלתת בנוה]י **יפ**[**לטון** כדי ימותון
4Q**204** 5ii24 לכון לפלטה בדי] **יפלט** הוא[ובנוהי מן
4Q**548** 1ii-2,4 (XXXI) (לא) **יפלטו**]ן אנון מן מותא ומן א[בדנא
4Q**552** 4,12]א די **יפלט**
11Q**10** IV,9 (XXIII)] / הריתהון **פל**[**טת**
11Q**10** XXXII,2 (XXIII) ילדן בניהן **ויפלטן** / וחבליהן תושר

deliverance noun פְּלֵטָה
4Q**530** 1i3 (XXXI)]ן וכל בית **פלטא** די אהך לה / [

pepper noun פִּלְפֵּל
4Q**206** 1xxvi18 נ]רד טב וצפר וקרדמן [ו**פ**]**לפלין**

Philistia proper noun פְּלֶשֶׁת
4Q**544** 1,7 (XXXI) קרבא] / בין מצרין לכנען ול**פלשת**
4Q**545** 1a-bii19 (XXXI) וקר[בא הוא בין]**פלשת** למצרין ונצח[ו

mouth noun פֻּם
1Q**20** XX,8 ומלי תרין חברוהי די **פם** חד תלתהון
4Q**196** 17ii2 (XIX) והודו]לה בכל **פמכון** / ובר[כו למרה [
4Q**201** 1ii13 (XXXVI) רברבן וקשין {ביום} <**בפום**> טמתכן / [
4Q**530** 1ii6 (XXXI) ·] / ל**פם**[
4Q**535** 2,3 (XXXI)]לשמעה **פמה** [
4Q**536** 2ii11 (XXXI) וי לכה סכלא די **פמך** ירמנכה ב[אבדנא ודי
4Q**539** 5,2 (XXXI) במאמר **פ**]**ומה** אתצאד רוח אנושא[
4Q**557** 4]למכלא מלי **פמנא** מ[ן
11Q**10** XIV,8 (XXIII)] / [ב**פ**]**ם** ארמלה הוית לצלו[
11Q**10** XIX,2 (XXIII) ל]בי / ונשקת ידי ל**פ**[**מי**
11Q**10** XXXVI,4 (XXIII) מן **פמה** לפידין / יפקון בלשני אשה ירטון
11Q**10** XXXVI,7 (XXIII) נפשה גמרין תגסא וזיקין / יפקן מן **פמה**

? noun פנבד
2Q**24** 4,16 (III) ואחריתא[י]היבת לתנינה די קאם **פנבד** [
11Q**18** 20,7 (XXIII) ואחריתא יהיבת לתנינה די קא]ם **פנבד** ◦[

to turn verb פנה
1Q**20** XIII,13 וא**תפנית** למחזה זיתא וארו הא
1Q**20** XVI,18]א◦◦◦◦◦◦◦◦◦◦◦◦◦◦◦◦◦◦◦◦◦◦◦◦ די **פנה** למערב ועבר ◦[
1Q**20** XVII,12 ל[תחומ]א די **פנה** לדרומא כול ארעא
1Q**20** XIX,22] שרי ל**מפנה** לצען / [עמי והסתמרת י]תירא
4Q**196** 17ii1 (XIX) קושטא אדין י]**תפנה** עליכון / ולא [יסתר
4Q**531** 45,1 (XXXI)]**אתפנית** [
4Q**558** 62,2]◦ם ל**מפנא** וד◦[

Pentephres proper noun פנטפר
4Q**539** 4,6 (XXXI)]ל[ ]ו**פנטפ**[**ר**]כמר[(א)

? פניא
6Q**31** 6,1 (III)]**פניא** / [

Passover sacrifice noun פֶּסַח
11Q**18** 16ii+17i2 (XXIII)]ל ותודתהון / ו**פסחיהון** ל◦[
11Q**18** 27,3 (XXIII)]לי **פסחיא** חפ◦[

to hew verb פסל
6Q**8** 9,2 (XXXVI)]**ופסל**[

time, step (?) noun פַּעַם
4Q**212** 1iv13 על[מ]א די שבעה **פ**[**עמי**]ן חכמה ומדע

to deliver verb פצה
1Q**20** XXII,11 בר אחוהי **פצא** וכול נכסוהי וכול
4Q**539** 1,2 (XXXI)]מפ **פצ**[**ית**
4Q**547** 9,2 (XXXI)]**פצית**[
11Q**10** XI,5 (XXIII) חר]ב **יפצון** ולא ישבעון / [
11Q**10** XVI,1 (XXIII) לס]תרי יתון ו**פצא** לא / [איתי להון
11Q**10** XXIII,1 (XXIII) ויאמר **פצהי** מן חב[לא

to order, command verb פקד
4Q**196** 11,2 (XIX) כול די **פקד**]**ת** לי אעבד[
4Q**196** 14i8 (XIX) הלא תדכר לפק]ודי אבוך די **פקדך** / [
4Q**196** 18,16 (XIX) ברה ושבע]ת בנוהי ו**בקדה** ואמ[ר ברי
4Q**197** 4ii12 (XIX) לפקודי אבוך]די **פקדך** / [
4Q**198** 1,2 (XIX) ברה ושבעת] / בנוהי ו**פקדה** ואמר ל[ה
4Q**542** 1i13 (XXXI) וכה[ו]נתא ככול די **פקדת**<כ>ון וככול
4Q**542** 1ii9 (XXXI) לכה עמרם ברי אנא **מפק**[**ד** ירותתא
4Q**542** 1ii10 (XXXI) ב ו{{ל}}בניהון אנא **מפקד**[לכון כול
4Q**543** 1a-c,2 (XXXI) די] / אחוי לבנוהי ודי **פקד** אנון ב[יום
4Q**545** 1ai11 (XXXI) **מפ**]**קד** אנה / [
4Q**550**c 1i6 ב[ר]ם מה די אנתה צ[ב]א **פקדני** וכדי [
11Q**10** XXIX,3 (XXIII) לעבדיהון / על כל די ברא **יפקדנון** על

command noun פִּקּוֹד
4Q**196** 14i8 (XIX) הלא תדכר ל**פק**]**ודי** אבוך די פקדך / [

madness noun פְּקָר

Reference	Period	Text
4Q560 1i2		] ילדתה מרדות ילדן פקר באיש ש[

wild ass noun פֶּרֶא

Reference	Period	Text
11Q10 XXXII,4	(XXIII)	מן שלח פראה ברחרין וחנקי ערדא מן

dawn (?) noun פרא

Reference	Period	Text
11Q10 XXXVI,4	(XXIII)	נורא בין עינוהי כממח פרא

garden, Paradise noun פַּרְדֵּס

Reference	Period	Text
4Q206 1xxvi21		ואחלפת ליד פרדס קשט[א]
4Q209 23,9	(XXXVI)	למדברין ולש[ב]ע[ו]ל[פרד]ס קושטא
6Q8 2,3	(XXXVI)	] / פרדסא דן כלה מ[

to bear fruit verb פרה

Reference	Period	Text
4Q531 2+3,4	(XXXI)	]וכול עוף שמים עם כול די פרא[

Parvain proper noun פַּרְוַיִן

Reference	Period	Text
1Q20 II,23		ואזל לארקבת לפרוין ותמן אשכחה לחנוך [

explanation noun פֵּרוּשׁ

Reference	Period	Text
4Q209 23,2	(XXXVI)	ארבע רוחי]שמיא שלמהון ופרשהון אח[זית
4Q552 1,10		להון ומפקא להון בפרוש / [

block noun פַּרְזֵי

Reference	Period	Text
4Q554 2ii12		קריתא ומ[שח פר]זיתא [חד]א אורכא
4Q554 2ii14		רוח ושבק סחר סחו[ר] לפרזיתא ברית שוק
4Q554 2ii15		וכדן אחזיני מש[ח]ת פרזיא כלהן בין פרזא
		מש[ח]ת פרזיא כלהן בין פרזא לפרזא / שוק
		פרזא לפרזא / שוק פתה קנין שתה [אמי]ן
4Q554 2iii19		לקבל תרעא פתיח לגוא פרזית[א] / כמשחת
5Q15 1i1	(III)	ושבק סוחר סחור לפרזיתא ברית שוק[קנין
5Q15 1i2	(III)	וכדן [אחזיאני מ]שחת פר[זיא כלהן
5Q15 1ii2	(III)	תר]ע פתיח לגוא פרזיתא כמשחת תרעא
5Q15 1ii6	(III)	ואעלני [לגוא] פרזיתא ואחזיאני בה באתין
11Q18 6,2	(XXIII)	א]לן פרזיא ליד שור[א
11Q18 6,4	(XXIII)	]פרזיא[ ]ה[

iron noun פַּרְזֶל

Reference	Period	Text
1Q20 XIII,10		] °° פרזלא ולאילניא כולהון
4Q202 1ii26		[לאנשא ל]מעבד חרבן די פרזל ושר[ינין
11Q10 XXXVI,9	(XXIII)	בשרה דבקין נסיכי[ן בה] / כפרזלא

to fly, sail verb פרח

Reference	Period	Text
4Q206 4i20		וערבה פרחה עלא מן מיא וכל תוריא
4Q530 7ii4	(XXXI)	] / כעלעולין ופרח בידוהי {{כעל}} כנש[ר

fruit noun פְּרִי

Reference	Period	Text
1Q20 II,15		הריונ א דן ומנך נצבת פריא[דן
4Q537 5,1	(XXXI)	ב]ארעא ותכלון פריה וכל טבתה ותוחו[ן
4Q541 2i9	(XXXI)	]עמ[יק ח]זוה ⟦ ⟧ ואמרת פריא
4Q541 12,4	(XXXI)	]לחם ופ[רי

to shatter, crumble verb פרך

Reference	Period	Text
4Q560 1i5		בשנא פרכ דכר ופכית נקבתא מחתורי / [

veil noun פָּרֹכָה

Reference	Period	Text
4Q156 1,3	(VI)	[ויעל מן גוא לפ]רכתא

Paran proper noun פָּרָן

Reference	Period	Text
1Q20 XXI,30		גבל עד דבקו לאיל / פרן די במדברה

Persia proper noun פָּרַס

Reference	Period	Text
4Q550e 4		]°מו עלוהי כריפו בין מדי לפרס ואתור
4Q552 2ii6		לה] / [אנ]תה הוא די שליט בפרס ו[חזית

to spread out verb פרס

Reference	Period	Text
11Q10 XXVIII,6	(XXIII)	הן ⟦ ⟧ מן פרס / ע[נניא די אתרגו]שתה מן
11Q10 XXVIII,7	(XXIII)	ופרס נה[ורה] / [
11Q10 XXXIII,7	(XXIII)	המן חכמתך יסתער נצא ויפרוס / כנפוהי

Pharaoh proper noun פַּרְעֹו

Reference	Period	Text
1Q20 XIX,22		] ופרעו צ[ען
1Q20 XIX,24		] די פרע[ו] צע[ן] על מל[י] ועל אנתתי
1Q20 XX,14		וכען / קבלתך מרי על פרעו צען מלך

to take out, rescue verb פרק

Reference	Period	Text
4Q157 1ii9	(VI)	] / [מפ]רק[ן ?] והת°°[ ]°°°[
4Q197 4i8	(XIX)	פר]קהי ואנפק[למררתה ולבב]ה
4Q541 24ii3	(XXXI)	די לא להוין] / [מ]פריקן או שגיא[ן]
4Q546 8,1	(XXXI)	]ב/פרקתה שמה[← ברק
11Q10 XXIII,6	(XXIII)	פר[ק
11Q10 XXVII,9	(XXIII)	ויפרק מ[סכנא

to separate verb פרש

Reference	Period	Text
1Q20 XIV,12		כול יומוהי לא יפרש מנך ובזרעה יתקרה
1Q20 XXI,5		בתר יומא דן פרש לוט מן לואתי מן עובד
1Q20 XXI,7		ובאש עלי די פרש לוט בר אחי מן לואתי
4Q209 28,4	(XXXVI)	מפ]רשין בי[ומין
11Q10 XXVI,6	(XXIII)	די פרשנא מן בע[ירי ארעא ומן]
11Q10 XXXVI,3	(XXIII)	אנתה / לחברתה חענן ולא יתפ[ר]שן
11Q18 12i2	(XXIII)	]יא פרישא ודי מעשריא / [
11Q18 12i3	(XXIII)	]הון פרישא וסכנתא / [
11Q18 14ii1	(XXIII)	גפן כדי פרש מן לולבי[א
11Q18 33,3	(XXIII)	]פרישא על[

noteworthy noun פרש

Reference	Period	Text
4Q203 8,4	(XXXVI)	] / בכ[ת]ב יד חנוך ספר פרשא [
4Q530 2ii+6-12,14	(XXXI)	דן תנתן [לחנו]ך לספר פרשא ויפשור לנא

copy noun פַּרְשֶׁגֶן

Reference	Period	Text
4Q203 8,3	(XXXVI)	] / פרשגן לוחא תנ[י]נא די אי[גרתא
4Q543 1a-c,1	(XXXI)	פרשגן כתב מלי חזות עמרם בר[קהת בר
4Q545 1ai1	(XXXI)	פרשג[ן כתב מלי חזו]ת עמרם בר קהת בר

פְּרָת ← פורת

to stretch out verb פשט

Reference	Period	Text
11Q18 16ii+17i3	(XXIII)	כ]הניא מקבלין / מן ידהון דפש[טו

offense noun פְּשַׁע

Reference	Period	Text
4Q537 6,1	(XXXI)	ח]טאיכון וכל חוביכון וכל פ[שעיכון
4Q537 7,2	(XXXI)	תמ]טנכון ביד פשעי[כון
4Q537 11,1	(XXXI)	]פ[ש]עי [
4Q560 1i4		]רא עואן ופשע אשא ועריה ואשת לבב / [

to interpret verb פשר

Reference	Period	Text
4Q530 2ii+6-12,14	(XXXI)	[לחנו]ך לספר פרשא ויפשור לנא / חלמא

interpretation noun **פְּשַׁר**

4Q**203** 8,13	(XXXVI)	במדבריא וּדֿ[י] בֿימֿיא ו**פשר** צבותֿ[א דא
4Q**530** 2ii+6-12,23	(XXXI)	ואמר לה די יחואֿ[ל]כֿה **פֿ[ש]רֿ** חלמיא ודי
4Q**530** 7ii7	(XXXI)	ולכה תנינות למהו{{י}}ךֿ **פשֿ[רא** לנא לתרין
4Q**530** 7ii10	(XXXI)	פרשא על] / [דברת די נ]נֿדע מנך **פשרהֿ**[ו]ןֿ[

word, matter noun **פִּתְגָם**

1Q**20** XXII,27		בתר **פתגמיא** אלן אתחזי{{ו}} אלהא לאברם
4Q**242** 1-3,2	(XXII)	] / בשחנא באישא ב**פתגם** אֿ[לה]א בתימןֿ[
4Q**533** 3,3	(XXXI)	]כֿתיב עלֿ[י]כון **פתגם** לֿ[מאמר
4Q**546** 13,4	(XXXI)	]ה יהוון **פֿתגמֿ**[יא אלן
11Q**10** IX,2	(XXIII)	מ]ן אפו יתיבנני **פתגם** וישֿ[וא
11Q**10** XXII,7	(XXIII)	] / רֿבברן תמללֿ ארו בכל **פ**[**תגמוהי**
11Q**10** XXIX,4	(XXIII)	לכפן וחסרנה והן **פתגם** חֿוב להוא / עליה
11Q**10** XXX,1	(XXIII)	ואש]אלנֿך והתיבני {{ }} **פתגם**
11Q**10** XXXIV,3	(XXIII)	חלציך אשאלנך והתיבני **פתגם**

to influence verb **פתה**

11Q**10** XVIII,1	(XXIII)	**פ**]**תֿיֿא** / לבי בא[נתא

table noun **פָּתוֹר**

2Q**24** 3,3	(III)	**פתו**]**רֿא** די קודמוהי ל[מרא
2Q**24** 4,7	(III)	] / סדרין על **פת**[**ורא**
4Q**196** 2,11	(XIX)	וֿאֿקרבוֿ **פֿתֿ**[**ו**]**רֿא** לקודמי וחזית נפֿתֿניא
4Q**555** 1,3		]לה על **פתור**[א
4Q**555** 2,3		] **פתורא** וביומא שב[יעיא
11Q**18** 8,3	(XXIII)	**פתו**]**רא** ועלוי לחמא שויֿןֿ[
11Q**18** 20,3a	(XXIII)	]מן כול שבעת פלוגת **פתורי** / [

to open verb **פתח**

1Q**20** XII,15		כרמי כֿומרא דן **פתחת** ושרית למשתֿיֿה ביום
4Q**201** 1vi6	(XXXVI)	ובאדי]ן **א**[**פתח**
4Q**204** 1xiii23		תרעין **פתֿיֿ**[**חין** בשמיא היך די חזית
4Q**206** 4i17		והא חדרין **פתיחו** בגוא ארעא ושריו / [
4Q**206** 4iii17		בה] / [מין ועשבי]ןֿ ועיניהון **התפתחֿ**[**ו** וחזו
4Q**530** 2ii+6-12,4	(XXXI)	]עֿיֿנֿיֿהוֿן מנהוֿן וקמוֿ[}} ו**פ**]**תֿחו** עיניהון
4Q**530** 2ii+6-12,18	(XXXI)	הוא קאמין וארוֿ[? ספ]רֿין **פתיחו** ודין אמיר
4Q**531** 1,8	(XXXI)	**פ**]**תחוה** נפיליא [
4Q**531** 47,1	(XXXI)	ספרין **פ**]**תֿיחין** במֿ[לאך ?
4Q**540** 2,1	(XXXI)	]ו/**יפתֿ**[**ח**
4Q**541** 7,4	(XXXI)	] / אדין **יתפתחוֿ**[**ן**] ספרי חכמֿ[תא
4Q**546** 14,3	(XXXI)	] / אלֿ **פֿתח** בֿיֿתֿכ ע[לי]הֿוןֿ[
4Q**550** 6		**פֿתיחת** קרית השתכח כתיב בה דריוש מלכא
4Q**554** 2iii19		תרע לקבל תרעא **פתיח** לגוֿאֿ פרזית[א]
5Q**15** 1ii2	(III)	ותרע] / לֿ[קבל תר]עֿ **פתיח** לגוא פרזיתא
5Q**15** 1ii14	(III)	] **פתיחן** בֿ◦[
6Q**8** 14,1	(XXXVI)	] ו**פתֿ**[**ח**
11Q**10** XXXI,8	(XXIII)	]כימא או סיג נפילא **ת**[**פתח**]

broad adjective **פתי**

4Q**561** 4-6i8		]**פתין** ושקוהי [

פְּתִי ← פּוּתִי

idol noun **פַּתְכַר**

4Q**556** 14,2		] די הוֿאֿ **פתכר** וישרון / [

adder noun **פֶּתֶן**

4Q**544** 1,13	(XXXI)	] מנהון חזוה חֿשֿלֿ[כ**פ**]**תן** [וכול]לֿ[ב]וֿשה

Pathreza proper noun **פתריזא**

4Q**550** 1	[ומש]תֿמעין ל**פתרֿיזא** אבוך ◦[
4Q**550**a 3	] / מלכא איתי ל**פתרֿיזא** בר י◦[
4Q**550**b 3	] **פֿתרֿיזא** אבֿ[וך]מן יומא די קם

צ

Zeboiim proper noun צְבֹאִין

1Q20 XXI,25 ועם שמיאבד מלך **צבוין** ועם מלך בלע
1Q20 XXI,31 ומ]לך אדמא ומלך **צבואין** ומלך בלע °°°

to desire verb צבה

4Q203 10,3 (XXXVI)]**תצבא** וכ[
4Q204 4,6 מן ק]ודמוהי ולמה]וא[**צבין** למ]ת[ב
4Q213 1i17 (XXII) בה יקר בדי כלא **צבין** / [למאלף חכמתה
4Q346 a,2 (XXVII) למעבד] / [בה כל]די **יצבה** °[
4Q550c 1i6 ב]ר[ם מה די אנתה **צ[ב]א** פקדני וכדי [
4Q550c 1iii1 כול די **יצבא** קרוב ביקר ל[ ]°[

thing, matter noun צְבוּ

4Q203 8,13 (XXXVI) וד]י[בימיא ופשר **צבות]א** דא
4Q203 9,4 (XXXVI)]וכול **צבו** לא תקפתכה [
11Q10 V,2 (XXIII)]ארו מא]**צבו** לאלהא בביתה ו[

pleasure noun צְבִין

11Q10 XV,6 (XXIII)] / [ידיהון]לא הוא לי **צבין** ובאכפי]הון

color noun צֶבַע

4Q534 1i1 (XXXI) ועל ראשה צב]ע[י/**רח]ב[י** שומה ← רְחַב

color, dyed stuff noun צִבְעָן

4Q543 5-9,5 (XXXI)] / [כפתן ו]כל לב]ושה **צב]ענין** וחשיך
4Q544 1,13 (XXXI) חשל[כפ]תן [וכול]ל[ב]ושה **צבענין** וחשיך

truly adverb צְדָא

11Q10 XXIV,6 (XXIII) הכען **צדא** אלהא / ישקר ומרא[

desolation noun צְדוּ

4Q556 14,11] לאר]ע]**צדותא** / [

Zadok proper noun צָדוֹק

4Q245 1i7 (XXII) **צדו]ק** אביתר / [

desolation noun צְדִי

1Q20 XII,9] ארו **צדיתא** הואת שגיא בארעא ויל]דו

eye-shadow noun צְדִיד

4Q202 1ii28 על כוחלא ועל **צדיד]א** ועל כול אבני

wilderness noun צְדִיוּ

4Q206 4iii16 מן] / [מיא אלן ואזל]ו **צדיותא** אתר

righteous adjective צַדִּיק

1Q20 XI,14 ושקרא ופלט לגבר **צדיקא** ל°°°°°°°°° לכול קנה
1Q20 XV,23] / **צדיקא** [
4Q529 1,16 (XXXI)] / [ב]**צדיקא**[
4Q531 22,1 (XXXI) (ו)אתבעי]כול בית[**וצד]יק** לא [אשתכח
4Q537 1+2+3,1 (XXXI) וישתארון כל **צדיקיא** וישרי]א
4Q541 24ii3 (XXXI) להוי]ן שגיאן מגליאן ואו]ל[**צ]דיקא** יבריככה[
4Q556 3,6]°°°° **צדיקיא** [

to be just verb צדק

11Q10 IX,7 (XXIII)]אלהא ומא **יצדק**[

צֶדֶק ← מַלְכִּי צֶדֶק

righteousness noun צְדָקָה

4Q198 1,1 (XIX)] / **צדקה** והוסף למדחל לאלהא
4Q213 1i7 (XXII) קאם]**צדקתא** וקשטא / [
4Q541 13,3 (XXXI)]קושט[ו]**צ[דק(ה)**
4Q542 1i8 (XXXI) ואתקפו בדיני אברהם **ובצדקת** לוי ודילי
4Q542 1i12 (XXXI) לכון אבהתכון קושטא **וצדקתא** וישירותא
4Q548 1ii-2,7 (XXXI) מר]א[חרא בי די בני **צ]דקתא** לא מהלכין
11Q10 XXVI,3 (XXIII) כות]ך חטיך / ולבר אנש **צדקתך**

Zedekiah proper noun צִדְקִיָּה

4Q339 4 (XIX) [ה]זקן מביתאל / [**צד]קיה** בן כ]נ[ענה / [
4Q339 6 (XIX) [אחא]ב בן ק]ול[יה / [**צד]קיה** בן מ]ע[שיה

thirsty adjective צְהֵי

11Q10 VI,6 (XXIII)]**צהא** לא / [

to be bright, shining verb צהר

4Q212 1iv25 שלטני] שמיא / **צ]הר[ין** ודנחין לכול

to catch verb צוד

4Q539 5,2 (XXXI) במאמר פ]ומה **אתצאד** רוח אנושא[
4Q556 1,5]קדמוה **ויציד**[
11Q10 XVIII,2 (XXIII) **צ]דת**

to be dry, dry up verb צוה

4Q546 17,1 (XXXI)]ן **צוה**[

to cry out verb צוח

1Q20 VII,7 וחדית למלי מרה שמיא **ואציחת** / [
11Q10 XXVI,3 (XXIII) מן סגיא [עשוקיא יז]עקון **יצוחון** / מן

arid adjective צְוֵי

4Q198 1,8 (XIX)] / [י]שראל **צויה** ושמ]רין וירושלם

neck noun צַוַּר

4Q197 4iii10 (XIX)] / **צור** טוביה[בר אחוהי ובכה
4Q538 1-2,6 (XXXI) ונ]פל ע]ל **צורי** ועפקני בכ]ה שגיא
11Q10 XXXII,9 (XXIII)] ראמא **ב]צוריה** וילג]ן[בבקעה
11Q10 XXXVI,7 (XXIII) **בצורה** יבית תקפה וקדמוהי

form, shape noun צוּרָה

4Q212 1v22] / **וצרתה**
4Q531 19,4 (XXXI) ב]שר ונתמחה מן **צורתנא** / [
4Q552 2ii3] / **צורתא** ואמרת אן אחזא ואתב]ו[נ[ן

to listen, obey verb צות

1Q20 XIV,9] **אצ]ת[** ושמע אנתה הוא ארזא רב°°°
4Q539 2-3,2 (XXXI)] למאמר יוסף אבוכון **ואצי]תו** לי חביבי [
11Q10 XXIII,9 (XXIII) **הצת** דא [
11Q10 XXVI,9 (XXIII) אלהא ומרא ה]בלא / [לא[**יצתנה**
11Q10 XXIX,5 (XXIII) **הצת** דא איוב וקום הסתכל בגבורת

Zion proper noun צִיּוֹן

4Q550e 2 °°[בנה **ציון** ובה יסתתרון כל ענוי

messenger noun **צִיר**

1Q**20** VI,13 ועירא רבא עלי **בציר** ובמשלחת קדישא

to pray verb **צלה**

1Q**20** XX,12 בליליא דן **צלית** ובעית ואתחננת ואמרת
1Q**20** XX,21 ובעא מני די אתה **ואצלה** על / מלכא
1Q**20** XX,22 לוט לא יכול אברם דדי **לצליא** על / מלכא
1Q**20** XX,23 אנתתה מנה לבעלהא **ויצלה** עלוהי ויחה
1Q**20** XX,28 וכען **צלי** עלי ועל ביתי ותתגער
וצלית על [ר]י [ית]רפא / הו וסמכת ידי
4Q**203** 8,15 (XXXVI)] / **וצלו** ⟦ ⟧[
4Q**242** 1-3,1 (XXII) צ[ל]תא די **צלי** נבני מלך [בב]ל מלכ[א
4Q**242** 1-3,7 (XXII) [עליא] / שנין שבע **מצלא** הוי[ת קדם]
4Q**243** 1,3 (XXII)] / **יצלה** ינ[
4Q**533** 3,1 (XXXI)] **צלו** ילדין מן קדמוה [

prayer noun **צְלוֹ**

4Q**213**a 2,8 (XXII)] / **צלות** עב[דך
4Q**242** 1-3,1 (XXII) מלי **צ[ל]תא** די צלי נבני מלך [בב]ל
4Q**546** 9,5 (XXXI)] / עדעדן די בעות **צ[לות**(י)
11Q**10** XIV,8 (XXIII)] / [בפ]ם ארמלה הוית **לצלו**[

to succeed verb **צלח**

1Q**20** VI,17]קל **יצלחון** ובחר° אנון °°°°°°°°°°°°° / [

to split wood verb **צלח**

4Q**214**b 2-6,1 (XXII) עעי]ן **מ[צ]לחין** / [ובקר אנון לקדמין מן

image noun **צְלֵם**

1Q**20** XX,2 כמה °°° ושפיר לה **צלם** אנפיהא וכמא / [
4Q**243** 31,2 (XXII)] **צלמין**[

to sprout verb **צמח**

4Q**210** 1ii3 מה די בהן די רבין **וצמחין** ורחש[ין במיא
4Q**212** 1iii25 בה שקרא וחמסא **יצמח**[

sprout, shoot noun **צְמַח**

11Q**10** XXXI,5 (XXIII) שיתא ושביקה / ולהנפקה **צמחי** דתאה

bracelet noun **צָמִיד**

4Q**202** 1ii27 {ו}כספא למעבדה **לצמידין**[ולתצבין]

Zoan proper noun **צֹעַן**

1Q**20** XIX,22] ופרעו **צ[ען**
למפנה **לצען** / [עמי והסתמרת י]תירא
1Q**20** XIX,24] די פרע[ו] **צע[ן]** על מל[י] ועל אנתתי
1Q**20** XX,14 קבלתך מרי על פרעו **צען** מלך מצרין

pain, grief noun **צַעַר**

4Q**530** 1i2 (XXXI) ל]לוט **ולצער** אנה די ידי / [
4Q**580** 4,5] / ולא עוד יחזא **צער** ו[

north noun **צְפוֹן**

1Q**20** XVI,10] / כול ארע **צפונא** כולהא עד די דבק
1Q**20** XVII,7 לקדמין ל[עי]ל[ם] **בצפונא** ליד מי חדקל
1Q**20** XVII,8 ש[מו]קא לראישה די **בצפונא** וסח[ר]
1Q**20** XVII,11 ול°°°°°°°°°°ול°°°ים מדנחא / **ב[צ]פונא** די
1Q**20** XVII,16 בנוהי לגמר יהב לקדמין **בצפונא** עד די
1Q**20** XXI,9 ולמערבא ולדרומא **ולצפונא** די מחען לשנא דן
1Q**20** XXI,20 ממרה די בחברון / כלמדנח **צפון** חברון
4Q**204** 1xii30 אלן] **כלצפון** מדנחה[ו]ן אחזיאת טו[ר]ין
4Q**206** 1xxvi17 [טוריא] אלן **כלצפון** מדנחהון [אחז]ית טורין
4Q**550**e 1]ארו מן **צפונא** אתיה באישתא °[
4Q**554** 2i11 זוית]מדנחא די **בצפונא** / [משח עד תרעא

he-goat noun **צְפִיר**

4Q**156** 2,5 (VI) ויקרב] **צפיר**[א] חיא
4Q**156** 2,6 (VI) ידו]ה[י ע]ל / [ראשא די **צ]פיר**[א

to hide verb **צפן**

4Q**209** 23,6 (XXXVI) צפון] בדי בה **צפנין** ומתכנסין וסחרין כל

mastic noun **צפר**

4Q**206** 1xxvi18 [מלאין נ]רד טב **וצפר** וקרדמן [ופ]לפלין

morning noun **צְפַר**

11Q**10** XIV,1 (XXIII) [ב]**צפרין** בתרעי קריא בשוק[א
11Q**10** XXX,5 (XXIII) במזהר / כחדא כוכבי **צפר** ויזעק[ו]ן כחדה

bird noun **צִפַּר**

11Q**10** XIII,2 (XXIII)] / **צפרי** שמיא אסת[תרת
11Q**10** XXVI,6 (XXIII) מן בע[ירי ארעא ומן] **צפריא** / חכמנה
11Q**10** XXXV,8 (XXIII) התחאך / בה **כצפר** ותקטרנה בחוטא

nail (?) noun **צַץ**

4Q**541** 24ii5 (XXXI) כ[די]ן אל תדין] / **וצצא** אל תקרוב

Tyre proper noun **צֹר**

4Q**570** 1bii6] / ואשפי **צר**[

necessary adjective **צְרִיךְ**

4Q**197** 3,1 (XIX) **צ]ריך** לך[

need, necessity noun **צֹרֶךְ**

4Q**546** 2,4 (XXXI) ולמבנה] / ולמסב להון כל **צרכיהון** מן

ק

ק ← קַב

kab (unit of measure) noun קַב

4Q**351** 1i2 (XXVII)]חנטין ק 4
4Q**351** 1ii4 (XXVII) [/ ק 2]
4Q**353** 1 (XXVII)]◦ ק 4 /]

place of burial, grave noun קְבוּרָה

4Q**562** 7,3]◦◦לה◦◦ תמן אתר בית **קבורה**

outcry, complaint noun קְבִילָה

11Q**10** XXV,4 (XXIII) קבילת]מסכנין ו**קבילת** ענין ישמע

to receive verb קבל

4Q**213** 4,2 (XXII)]א הלא **קבל**[ ]◦◦ך ◦ / [
4Q**550** 3 עבידת מלכא ככול די **קב**[לת
4Q**550**a 7] / התכול ו**תקבל** עבידת אבוך [
4Q**550**c 5,4]◦ **אקבל**
11Q**10** VII,8 (XXIII) **קבל**[
11Q**10** XXVI,2 (XXIII) לה או מא מידך **יקבל**[
11Q**10** XXXV,2 (XXIII) גאפה יתרחץ די **יקבלנה** אנונא
11Q**18** 16ii+17i2 (XXIII) כ]הניא **מקבלין** / מן ידהון דפש[טו

to complain verb קבל

1Q**20** XX,14 וכען / **קבלתך** מרי על פרעו צען מלך
4Q**201** 1iv11 (XXXVI) קדישי שמיה] / די **קבלן** [נפשת בני אנשא]
4Q**202** 1iii11] / [קדישי שמ]יא [די **קב**]**לן** נפש[ת בני
4Q**203** 8,10 (XXXVI) ומזעקה] / ו**קבלה** עליכון [וע]ל עובד
4Q**206** 1xxii4 חזית רוח / אנש מת **קבלה** [ו]אנינה
ע[ד] שמיא סלק ומזעק ו**קב**[**ל**]
4Q**530** 1i4 (XXXI) נפשת קטי]לין **קבלן** על קטליהון ומזעקן / [
4Q**530** 2ii+6-12,3 (XXXI) ותב ואתל[ט ו**קב**]**ל** עלוהי
4Q**531** 34,1 (XXXI)]יא **קב**[**ל**(**י**)**ן** ?
11Q**10** VIII,2 (XXIII)] / **תקבל** אלהא[

to be dark verb קבל

4Q**208** 1,3 (XXXVI) ו**קבל** שאר[ליליא דנ
4Q**208** 17,5 (XXXVI) ו]**קבל** שאר / [
4Q**208** 24i1 (XXXVI) ועל לתרעא רביעי]א ו**קבל** / [
4Q**208** 24ii2 (XXXVI)] / קדמיא ו**קבל**[שאר ליליא דנ
4Q**209** 7iii3 (XXXVI) ו**קבל** שאר ליליא דן שביעין תלתה
4Q**209** 7iii6 (XXXVI) ו**קבל** שאר ליליא דן שבי[עין תרין]
4Q**209** 9,1 (XXXVI) ו**קבל** ש[אר ליל]יא דן [שבי]עין[
4Q**209** 9,3 (XXXVI) ו**קבל** שא[ר]ל[י]ל[יא דן

darkness noun קְבַל

11Q**10** VIII,6 (XXIII)] / **קבל** למא[מר

קֳבֵל ← קוֹבֵל

to bury verb קבר

4Q**196** 2,1 (XIX) למלכ[א עלי ד]י אנה **קב**[**ר** אנון ו]אחוית
4Q**196** 14i7 (XIX) לא איתי להון בר אחרן]די **יקבר** / [אנון
4Q**544** 1,2 (XXXI) ומן עבדתנא שגי לחדא עד י[**תקברון** מתין
4Q**545** 1a-bii12 (XXXI)] / **למקבר** אבהתנא
4Q**545** 1a-bii15 (XXXI) [ש]גיאין לח[דא עד **יתקב**]**רון** מתין
4Q**546** 2,2 (XXXI) וסלקת **למקב**[**ר** להון לעובע ולא בנו
4Q**550**c 1i6 אנתה צ[ב]א פקדני וכדי [תמ]ות **אקברנך** ◦[

grave noun קְבַר

4Q**544** 1,3 (XXXI) להון] / לעובע ולה בנו **קבריא** די אבהתהון[
4Q**545** 1a-bii13 (XXXI) מקם ולעמרה ולמבנא **ק**[**בריא** די אבהתנא
4Q**545** 1a-bii17 (XXXI)] / לעובע ולא ב[נו **קב**]**ריא** די אבה[ת]הון

to bend, prostrate oneself verb קדד

4Q**203** 1,1 (XXXI) ו]כדי **אקד** [/ד[ש ? ← קדש, קרב

east adjective קָדִים

4Q**210** 1ii4 נפקא רוח **קדים** די ב[מדרנחא ופנה
4Q**210** 1ii5 נפקא רוח **קדים** קד[ימה די במצעתהון
נפקא רוח קדים **קד**[**ימ**ה די במצעתהון
4Q**210** 1ii6 נפקא רוח] / **קדים** גרבה די קריב לרוח
4Q**244** 4,1 (XXII)]◦ **קדים** א◦[
4Q**580** 1i9]◦◦◦◦◦◦◦◦ן **קדים** / [

holy adjective קַדִּישׁ

1Q**20** 1i7 (I)]◦◦**שא** רבא / [
1Q**20** II,1 מן עירין הריאתא ומן **קדישין** הריא
1Q**20** II,14 יאמיא אנה לך ב**קדישא** רבא במלך
1Q**20** VI,2 בשבילי אמת עלמא ועמי **קדיש**[
1Q**20** VI,13 עלי בציר ובמשלחת **קדישא** ◦◦◦◦◦◦ / [
1Q**20** VI,15 מ]שלחת **קדישא** רבא לי קל אשמע
1Q**20** VI,20] **קדישין** די עם בנת אנו[שא
1Q**20** VII,7] ◦◦◦ **קדישא** רבא וחדית למלי
1Q**20** XII,17 למרה שמיא לאל עליון ל**קדישא** רבא
1Q**20** XIX,8 כען לא דבקתה לטורא **קדישא** ונגדת
4Q**196** 6,7 (XIX) ובריך]שמך **קדישא**[וי]קירא לכל ע[למין
4Q**201** 1i3 (XXXVI) לי] ומן מלי [עירין] ו**קדישין** כלה [שמעת
4Q**201** 1i5 (XXXVI)] / [ ][ ] ינפק **קדיש**[ה ר]בה מן מ[דורה
4Q**201** 1iv10 (XXXVI) ואמרו ל**קדי**]**שי** ש[מיה כען לכן אנתן קדישי
4Q**203** 8,5 (XXXVI) עירא] / ו**קדישא** לשמיחזה ולכול ח[ברוהי
4Q**204** 1i15 [כדי יאתה עם רבו]את **קדישו**[הי למעבד
4Q**204** 5ii26 ידע אנה ברזי [מריא די] **קדישין** אחויוני
4Q**206** 1xxii5 שאלת לרפא]ל לעירא ו**קדישא** ד[י עמי
4Q**212** 1iii21] ממר עירין ו**קדשין** / אנה כלא ידעת [
4Q**213**a 3-4,7 (XXII)]ת◦**קדישין** מן עמ א◦◦ / [
4Q**243** 16,4 (XXII)]היא מלכותא **קד**[**ישתא**
4Q**245** 2,5 (XXII) ק]**דיש**[**ת**]א ויתובון / [
4Q**530** 2ii+6-12,17 (XXXI) נחת / וכרסון יחיטו ו**קדישא** רבא ית[ב
4Q**531** 18,1 (XXXI)]**קדיש** רים מקם[
4Q**531** 19,5 (XXXI) ו]שר **קדישיכה** לנא[
4Q**531** 29,4 (XXXI) ק]**דיש** ◦[
4Q**531** 47,2 (XXXI)]**קדיש** א[
4Q**534** 1ii+2,17 (XXXI)]י **קדיש** ועיבי[
4Q**536** 2i+3,2 (XXXI) ק]**דישין** ידכר [
4Q**542** 1i8 (XXXI) ודילי והוא קד[י]**שין** ודכין / מן כול[
4Q**545** 4,16 (XXXI) לכה רז עובדה כהן **קדיש** הוא[לאל
4Q**545** 4,17 (XXXI) [לאל עליון ארו] / **קד**[**י**]**ש** להוה לה
4Q**546** 18,2 (XXXI)]כהנא ק[**דישא**
4Q**547** 6,1 (XXXI)]להוא ק[**דיש**
4Q**553** 2ii1] / מלאכיא **קד**[**ישיא**
11Q**18** 15,5 (XXIII) **קד**]ישי קדישיא ולא[
(XXIII) קד]ישי **קדישיא** ולא[
11Q**18** 19,3 (XXIII) ק]**דיש** הוא היכלא ויקרא רב[א

neck, back noun קְדָל

Text	Reference	Vol.
]?ף קְדָלָא[	4Q531 20,1	(XXXI)

to be first verb קדם

Text	Reference	Vol.
רת]הו ולא / [דמו קד]מוני יומי עמ[לא	11Q10 XVII,4	(XXIII)

before preposition קֳדָם, קוֹדָם

Text	Reference	Vol.
]∘ קודם מרה עלמא	1Q20 2,5	
וקרית קודמיהון ל[כתב] מלי חנוך / [	1Q20 XIX,25	
] / קודמיהא ואף להגר	1Q20 XX,32	
ואודית תמן קודם אלהא על כול נכסיא	1Q20 XXI,3	
הווא ערקין מן קודמוהי / עד דבקו	1Q20 XXII,9	
]∘ קודם[	1Q32 22,2	(I)
פתו]רא די קודמוהי ל[מרא	2Q24 3,3	(III)
וקדם כסיא למדנחא / [ידה	4Q156 1,6	(VI)
והמרכל / [ו]שיזפן קדם אסרחריב מלך	4Q196 2,8	(XIX)
ואקרבו פתו]רא לקודמי וחזית נפשתניא	4Q196 2,11	(XIX)
] / וה[ש]כחו לרעואל יתב ק[דם תרע]	4Q196 14ii6	(XIX)
לבבכון / קו]שטא עבדו]קדמוהי[מן]	4Q196 17ii5	(XIX)
הן] / [ת]אתנה קדם גבר או אנתא נגיעי	4Q197 4i13	(XIX)
ואשכח]ו ל[רעוא]ל י]תב קדם תרע דרתה	4Q197 4iii3	(XIX)
[ו]לא כקד[ם עד] עדנא [די	4Q198 1,10	(XIX)
טלל ומסתרין בעין מן קדמיה / [על	4Q201 1ii7	(XXXVI)
מן ארעא וק[לה] / סלק ק[דם שמיה	4Q201 1iv6	(XXXVI)
עללו] / ואמרו קדמ[יהן ד]קלה	4Q201 1iv9	(XXXVI)
תתהנון] / [לכון ו]ק[דמיכו]ן [יפ]לון	4Q202 1vi10	
]שיו ובכו קוד[ם	4Q203 4,6	(XXXVI)
ר]עלין מן קודם הדר יק[רכה	4Q203 9,2	(XXXVI)
ק]ודמיכה	4Q203 9,5	(XXXVI)
ומללת קודמיהון כול [חזיון די חזית	4Q204 1vi7	
הווא ד[ח]ל[י]ן [ורעדין מן קוד]מ[והי] / [	4Q204 4,1	
שריוא למדחל מן ק[ודמוהי ולמה[וא	4Q204 4,6	
לא]שכחה רחמיך קדמיך / [	4Q213a 1,15	(XXII)
]דשפיר ודטב קדמיך	4Q213a 1,16	(XXII)
] / לבר עבדך מן ק[דם	4Q213a 2,10	(XXII)
]דניאל קוד[ם	4Q243 2,1	(XXII)
קודם רברבני מלכא ואשריא ע∘[	4Q244 1-3,1	(XXII)
ע]לוהי שרת נפל קדם כרסיא	4Q246 1i1	(XXII)
בידה וכלהן / ירמה קדמוהי	4Q246 1ii9	(XXII)
] / יתעבד כל די באיש קודם רבי מר[א	4Q529 1,10	(XXXI)
אחוהי אוהיה ואמר קדם גבריא אף	4Q530 2ii+6-12,15	(XXXI)
אלפין לה / [סגדין כ]ל[ק]דמוהי הוא	4Q530 2ii+6-12,18	(XXXI)
ח]משה קודמוה[י	4Q531 11,3	(XXXI)
]∘א קודם חד[(ת) ?	4Q531 13,2	(XXXI)
] צלו ילדין מן קדמוה [	4Q533 3,1	(XXXI)
לא להוו]ן ר[יקין מן קודם] אל עליון	4Q537 1+2+3,6	(XXXI)
]בבאישתכון עד[די]תהוון קדמוהי ל∘[	4Q537 5,3	(XXXI)
] קדמי ארע רבעין תרין וא[רע	4Q537 12,5	(XXXI)
וכספא ב[רא[שי]הון וקדם יוסף / [נפלו	4Q538 1-2,3	(XXXI)
] / מ[ן קודם אל	4Q541 2ii2	(XXXI)
(ת)עבדו(ן) אתי]ן ומפתין ק[דם פרעה	4Q546 10,2	(XXXI)
בקר(ו) מה]דמה לגיד ק[דם תאכל(ון) בשר	4Q546 13,5	(XXXI)
קוד]ם אל [וח]טאין י[שבקון	4Q547 6,3	(XXXI)
ס]פרי אבו]הי התקריו קדמוהי ובין	4Q550 4	
יומא די קם על עבידת[ה מן]קדם מלכא ∘[	4Q550b 3	
ו]ה[ו]ה עבד מן קשוט ומן ה[מנו ק]דמוהי [	4Q550b 4	
ובחובי אבהתי / די חטו קדמיך ו[	4Q550c 1i2	
די תעו[ל] ית עבידתי ק[דמיך כ]ול די[	4Q550c 1i7	
]קדם מלכא אמ[ר	4Q550d 1,1	
7 ודשין לה תרין וקו[דם]	4Q554 2iii17	
]וקדמוה ויציד	4Q556 1,5	
]א מן קדם זונא ארו להוא[	4Q556 1,8	
] מן קודם רשעיא / [	4Q556 14,10	
]רחמין מן קדם ∘[	4Q557 7	
קודמו[הי	4Q560 1ii2	
] / קודמוהי ומנ∘[	4Q560 1ii4	
חדה מן קדם ∘∘[	4Q564 1ii1	
]∘ קדמ[	4Q581 2,1	
וקודם [ת]רעא דן [אסף עללה פתיה	5Q15 1i19	(III)
אמלל קדמ[והי] / [	11Q10 VIIA,4	(XXIII)
הן לקד[ם	11Q10 VIIA,9	(XXIII)
] / קדמוהי לנורה[	11Q10 VIII,3	(XXIII)
מן]קדמוהי ינסון	11Q10 XI,4	(XXIII)
[עשוקיא יז]עקון יצוחון / מן קדם סגיאין	11Q10 XXVI,4	(XXIII)
היכא יפק [ ]] ותשוב קדמוהי על ארעא	11Q10 XXXI,2	(XXIII)
בצורה יבית תקפה וקדמוהי / תרוט	11Q10 XXXVI,7	(XXIII)
ענא איוב ואמר קדם אלהא	11Q10 XXXVII,3	(XXIII)
] / קדמה[ן קנין מאה[	11Q18 17ii5	(XXIII)
כו]ל יום שביעי קודם אל דכר[נא	11Q18 20,1	(XXIII)
]ן קודם מד[בחא	11Q18 29,1	(XXIII)
]קודמוה[י	11Q18 29,5	(XXIII)

former time noun קַדְמָה

Text	Reference	Vol.
קדמת יומיא אלן אתה כדרלעומר	1Q20 XXI,23	
] מן קדמ[ת	4Q546 25,3	(XXXI)

first adjective קַדְמָי

Text	Reference	Vol.
וכדי ∘∘∘ רגלא קדמיא ביום חד לרגלא	1Q20 XII,14	
ביום חד לרגלא קדמיא די בחודשא / [		
ודי]ח[ו]תה לחלפתא קדמיתא דבקא	1Q20 XIV,11	
נופהן עלל בגו נוף קדמיתא תרין	1Q20 XIV,16	
קצת נופהן עלל בגו נוף קדמיתא	1Q20 XIV,17	
ובאדין ערב ועל לתרעא] / קדמיא	4Q208 1,3	(XXXVI)
]לא בליליה קדמיא	4Q208 10a,7	(XXXVI)
ועל לתרעא] / קדמיא וקבל[שאר ליליא	4Q208 24ii2	(XXXVI)
די בתרעא קדמיא ומשרה למתב למתה	4Q209 7iii2	(XXXVI)
לקדימא קדים בדי הוא]קדמיה וקרין	4Q209 23,3	(XXXVI)
ולקדמין] / בתרעא קדמיא נפקא רוח	4Q210 1ii4	
] / נפק לקדמין בתרעא קדמיא [רוח	4Q210 1ii7	
לקדימא קדים] / בדי הוא קדמיא וקרין	4Q210 1ii15	
] נזחו ב[תרעי] שמיא קד[מיא ובאדין] נפקו	4Q211 1ii4	
ביומא קדמיא [חד] מעשר[בשתי]ת חד	4Q211 1ii5	
]שביע א[תילדת בשבוע] / קדמי ועד עלי	4Q212 1iii24	
]ושמין / קדמין בה יעברון ושמ[ין] חדתין	4Q212 1iv24	
]אתרא דמיתא לכה די / קדמ[י] שמעתא	4Q530 2ii+6-12,23	(XXXI)
]ת מנהון דרא קדמיא / [	4Q539 4,5	(XXXI)
לתניאניתא ?]ועם קדמיתא תהא / [	4Q545 6,2	(XXXI)
מ]ן לתניאניתא [ועם קדמיתא	4Q547 3,2	(XXXI)
חדה ועובי פתי כות]לא קדמיתא אמין / [	4Q554a 1ii9	

קַדְמִין ← לְקַדְמִין

skull, head noun קָדְקֹד

Text	Reference	Vol.
]ו קדקד[	4Q569 2,8	

to be holy verb קדש

Text	Reference	Vol.
[זמני]ן [ויד]כנה ויקדשנה [מן ט]מאת[הו]ן	4Q156 2,3	(VI)
מק]דשתא ∘ ∘∘∘תא עד כו[ל עלמיא	4Q202 1iii16	
ו]כדי אקר [/ד]ש ? ← קדר, קרב	4Q203 1,1	(XXXI)
קש]טין [{ו}]<<ה>>קדשתה[	4Q531 17,1	(XXXI)

11Q**18** 32,7 (XXIII)]ויקדשנה ⟦ ⟧ עליה[

holiness noun קֳדֶשׁ, קוֹדֶשׁ

4Q**156** 2,4 (VI)]ה על בית **קדשא** [ועל] משכן זמנא ו[על]
4Q**196** 17ii8 (XIX) ירושלם]קרית **קדשא** י[כת]שנכ[י על
4Q**201** 1iv7 (XXXVI) ו]רפאל וגברי[אל] / מן **קדש**[י שמיה על
4Q**212** 1v16] / [ד]י יכל ישמע מלי **קדשא**[ולא יתבהל
4Q**213**a 3-4,8 (XXII)]מעשר **קודש** קרבן לאלפן
4Q**531** 22,6 (XXXI) יתבין ו**בקדשיא** אנון שרין ולא / [
4Q**542** 1i13 (XXXI) ותמימותא ודכ[ותא וק]**ודשא** וכה[ו]נתא
4Q**580** 2,3]**קדשא** ומפק רוח[
11Q**18** 25,1 (XXIII)]מן **קודשי** ישראל[

ring for nose or ear noun קְדָשׁ

11Q**10** XXXVIII,8 (XXIII) לה גבר אמרה חדה / וגבר **קדש** חד די דהב

Kadesh proper noun קָדֵשׁ

1Q**20** XXI,11 וכול ארע גבל עד **קדש** וכול מדברא

(indeterminate) קדש

4Q**562** 1,3]**קדש**[

Kohath proper noun קְהָת

4Q**245** 1i5 (XXII) לו]י **קהת** / [
4Q**544** 1,1 (XXXI)] / **קהת** תמן למקם ולמעמרא ולמב[נא
4Q**545** 1ai1 (XXXI) מלי חזו]ת עמרם בר **קהת** בר לוי כו[ל]
4Q**546** 2,3 (XXXI) אב[התהו]ן ושבקוני אבי **קה**[**ת** ואנתי

in front of, against preposition קוֹבֵל, קֳבֵל

1Q**20** VI,14 עמי מלל ו**לקובלי** קם °°°°°°°°°°°°°° / [
1Q**20** XIV,9 ארזא רב°°° °°°°א קאם **לקובלך** בחלם על
1Q**20** XXI,32 בעמקא ד[י סדיא] **לקובלי** כדרל[עומר
4Q**196** 6,6 (XIX)]**לק**[**ב**]**ל**[
4Q**201** 1iii20 (XXXVI) מן] / **קובל** כל כנף ו[חיו]ת ארע[ה ורחשיה
4Q**201** 1iv5 (XXXVI) ו**לקבל** מעבד ק[צת אנשא] מן ארעא
4Q**204** 4,2 לא יכלין אנחנא למק[ם] **לקובל** [מריא]
4Q**205** 1xii1 [קאם] **לקובלה** די מכ[ין לאנשא כאלן
4Q**205** 2ii29 והא מרא ענא קאם **לקוב**]**ל** ענא וחזיה
4Q**344** 5 (XXVII) תשלמתא מן נ]כסי ודי אקנה **לקבל**‹ד›ך
4Q**537** 9,2 (XXXI) וא]נתון תהוון ממרין ומקשין **לקובלה** ול[
4Q**550**c 1i3] לה קאם **לקבלה** וב[ע]א[
4Q**554** 2iii19 ותרע **לקבל** תרעא פתיח לגוא פרזית[א]
11Q**18** 19,1 (XXIII)]ה תרעיא די **לקובל** היכלא ל[

קוֹדָם ← קֳדָם

קוֹדֶשׁ ← קֹדֶשׁ

to increase (?) verb קוה

4Q**208** 5,1 (XXXVI)]**וקוי** בימֹמ[א דנ שביעינ תרינ
4Q**208** 5,5 (XXXVI) **וק**]**וי** בימֹמ[א דנ שביעינ תרינ ופלג]
4Q**208** 11,2 (XXXVI) **וק**]**וי** בימֹמא[דנ
4Q**208** 14i2 (XXXVI) ופ]ל[ג]**וקוי** / [
4Q**208** 15,4 (XXXVI)]**וקוי** בימימא ד[נ שביעינ
4Q**208** 24ii3 (XXXVI) [ו]**ק**[**וי**
4Q**208** 25,3 (XXXVI) **וקוי** / [בימֹמא דנ שביע חד ובאדינ
4Q**209** 1i4 (XXXVI) **וקו**]**י** בימֹמא דן שביעין ארבעה
4Q**209** 2ii5 (XXXVI) **וקוי** כל ימֹמא דן כלה [
4Q**209** 2ii8 (XXXVI) **וקוי** בימֹמא[דן שביע חד
4Q**209** 6,4 (XXXVI) **וקוי** בימֹמא דן שביע[ין שתה
4Q**209** 6,8 (XXXVI) **וקוי** בימֹמא דן כלה
4Q**209** 7ii4 (XXXVI) **וקוי** / [בי]מֹמא דן שביעין חמשה
4Q**209** 7ii7 (XXXVI) **וקוי** בימֹמא דן שביעין חמשה ופלג
4Q**209** 7ii10 (XXXVI) **וקוי** בימֹמא / דן שביעין שתה
4Q**209** 7ii13 (XXXVI) **וקוי** בימֹמא דן [שביעין שתה ופלג
4Q**209** 7iii3 (XXXVI) **וקוי** בימֹמא דן שביעין ארבעה ו[פלג
4Q**209** 7iii7 (XXXVI) **וקוי** בימֹמא ד[ן שביעין]חמשה
4Q**209** 15,2 (XXXVI) ו]**קוי** בימֹמא[דן
4Q**209** 22,2 (XXXVI) **וקוי** ב[ימֹמא דן שביעין] / [תלתה

to wait verb קוה

1Q**20** VI,19 דמא די אשדו נפיליא שפית **וקוית** עד די ק[

Kolaiah proper noun קוֹלָיָה

4Q**339** 5 (XIX) כ[נ]ענה / [אחא]ב בן **ק**[**ול**]**יה** / [צד]קיה

to arise, stand verb קום

1Q**20** 1i1 (I)]ם רגזך תת°ך ו**תתק°°ם** ומן הוא / [
1Q**20** VI,14 עמי מלל ולקובלי **קם** °°°°°°°°°°°°°° / [
1Q**20** XIV,9 הוא ארזא רב°°° °°°°א **קאם** לקובלך
1Q**20** XIV,14] °° **קום** קאם לעלמים ודי חזיתא לחלפתא
] °° קום **קאם** לעלמים ודי חזיתא לחלפתא
1Q**20** XIX,26]°°° ולא °°°ין **למקם** עד די °°° מלי / [
1Q**20** XX,20 ואשפיא וכול חכימיא **למקם** לאסיותה ארי
1Q**20** XX,29 ו**קם** ויהב / לי מלכא ב[יומא]
1Q**20** XXI,13 **קום** הלך ואזל / וחזי כמן ארכהא
1Q**20** XXII,5 ואתחלם אברם **וקם** / ובחר מן עבדוהי
1Q**23** 11,1 (XXXVI)]**קם** ק°[
2Q**24** 4,16 (III) ואחריתא[י]היבת לתנינה די **קאם** פנבד [
4Q**196** 25,1 (XIX)]°ל **קום**[
4Q**197** 4ii3 (XIX) בעל[מ]תא דא בליליא דן **תקימנה** ותסבנה
4Q**197** 4ii6 (XIX) בעלי]מת[א]דא ליליא דן **ונקימנה** / [לך
4Q**201** 1ii5 (XXXVI) ארבעת עסר אילני[ן] דעליהן **מתקימין** / [
4Q**203** 1,4 (XXXVI)] / אנה **קאם**[
4Q**204** 4,2 לא יכלין אנחנא **למק**[**ם**] לקובל [מריא]
4Q**205** 1xi1 ביום דינא מן [תנה ולא **יתקימו**]ן מן תנה
4Q**206** 4i19 [וחשוך ושחק ? והוו] **קאמין** עליה
4Q**206** 4iii20 לה לות ענא וכ]ל[הון ק]**מו** מן [רחיק
4Q**211** 1i6]ל°[ע]ל[יהו]ן **מתקימין**
4Q**212** 1ii14 חכמתא תהוא] / [**קאמ**]**ה** והלכ[ה
4Q**212** 1iv15 למעבד [דין] / ומן בתרה **יקום** שבוע
4Q**244** 1-3,2 (XXII)]ר[ ]**אקימ**[
4Q**244** 10,1 (XXII)] **קמוא** מן[
4Q**245** 2,4 (XXII) א]לן אדין **יקומון** / [
4Q**246** 1ii4 (XXII) עד **יקו/ים** עם אל וכלא ינו/יח מן
4Q**339** 1 (XIX) נביאי [ש]קרא די **קמו** ב[ישראל] / בלעם [
4Q**490** 12,1]**קום** [
4Q**530** 2ii+6-12,4 (XXXI) [ ]עיניהון מנהון וק[**מו** {{שנת]עיניהון מנהון
(XXXI) {{שנת]עיניהון מנהון **וקמו**[}} ופ]תחו
4Q**530** 2ii+6-12,18 (XXXI) [סגדין כ]ל[ק]דמוהי הוא **קאמין** וארו[
4Q**532** 1ii5 (XXXI)] / **למקי**[**ם/מ**-
4Q**532** 2,4 (XXXI)]א הוו **קאמ**[**ין**
4Q**541** 24ii5 (XXXI) צצא אל תקרוב בה **ותקים** לאבוכה שם
4Q**542** 1ii4 (XXXI)] / **קאם** לכול דריעלמין ולאעוד
4Q**542** 1ii5 (XXXI) תזדעזעון] / מן יסודכון **ותקומון** למדן
4Q**544** 1,1 (XXXI) קהת תמן **למקם** ולמעמרא ולמב[נא
4Q**545** 1a-bii11 (XXXI) בארעא דא וסלקת **למ**[**קם** ב(ארע) כנען
4Q**545** 1a-bii13 (XXXI) אבי קהת תמן] / **למקם** ולעמרה ולמבנא
4Q**550**b 3 פתריזא אב[וך]מן יומא די **קם** על עבידת[ה
4Q**550**c 1i3] לה **קאם** לקבלה וב[ע]א[

כותי להתבה[לגבר]כותך **קאם** באתר — 4Q**550**c 1i5
]כותך קאם באתר די אנתה **קאם** [
י]**קומ[ו]**ן בתר בגסר[ו] קרין בכתבא דנ[ה — 4Q**550**c 1iii5
]◦נך איך כלא עביד הוו **קאמין** / [— 4Q**552** 1,9
נוגהא **קאם** וארבעה אילניא[— 4Q**552** 2ii1
לה] / **וקאם** אילנא ורחקו מנה ואמר[— 4Q**552** 2ii2
]ן לה **וקמו** אלניא / ורחקו[מנה — 4Q**553** 6ii2
]ית ירתי **הקמ**[— 4Q**572** 3
]עק **יקום** [— 6Q**14** 2,1 (III)
] או על מן לא **תקום** [— 11Q**10** IX,6 (XXIII)
קדרת ו]הלכת / [מן שמשא]**קמת**[— 11Q**10** XVII,5 (XXIII)
מא אעבד / כדי **יק[ום** אלהא — 11Q**10** XVIII,7 (XXIII)
[ו]**קמו** ולא ימללון עוד[— 11Q**10** XXI,8 (XXIII)
ר]ברבין די לא סוף **ויקים** א[חרנין] / ◦[— 11Q**10** XXV,1 (XXIII)
הצת דא איוב **וקום** הסתכל בגבורת אלהא — 11Q**10** XXIX,5 (XXIII)
מא אשיה אתידון או מן **הקים** אבן חזיתה — 11Q**10** XXX,4 (XXIII)
היקים / קים עמך ותדברנה לעבד — 11Q**10** XXXV,6 (XXIII)
ואחריתא יהיבת לתנינה די **קא**[ם פנבד ◦[— 11Q**18** 20,7 (XXIII)

stature noun **קוֹמָה**

] / **לקומתה** י[— 4Q**561** 4-6ii8

cinnamon noun **קוּנָם**

נחליא אלן חזי]ת **קונם** בשמא ⟦ ⟧ — 4Q**204** 1xii25

?? noun **קורבא**

]חי **לקורבא** קו[— **XQ6** 1,3 (XXXVI)

offering noun **קוּרְבָּן, קָרְבָּן**

[ ]ן על מדבחא **קרבנא** ◦◦◦◦◦◦◦הון עליה יהבת — 1Q**20** X,16
] / **לקורבן** רעוא[— 2Q**24** 4,2 (III)
]מעשר קודש **קרבן** לאלפן — 4Q**213**a 3-4,8 (XXII)
ק] **ורבנה** / [— 4Q**547** 5,1 (XXXI)
כ]ול **קורבנא**[— 4Q**547** 8,4 (XXXI)
]**קורבני** א[— 11Q**18** 28,4 (XXIII)

קושט ← קושט

truth, righteousness noun **קוּשְׁט, קְשֹׁט, קְשׁוֹט, קוּשׁוֹט**

]◦ בני שמין עד כולא **בקושטא** תחווינני הן[— 1Q**20** II,5
במלך כול עלמים עד **בקושט** עמי תמללין — 1Q**20** II,7
לגו נדנהא ואנה **בקושט** כולא אחוינך [— 1Q**20** II,10
ארי אנה] / **בקושט** ממללא עמך — 1Q**20** II,18
למנדע מנה כולא **בקושטא** ◦◦◦[— 1Q**20** II,22
]◦הואא **בקשוט** די לא בכדבין / [— 1Q**20** III,13
] / **בקושט** מהימן די ◦◦◦◦ — 1Q**20** V,8
] אדין **בקושט** ◦◦◦◦[— 1Q**20** V,9
ובכור הורתי יעית **לקושט** וכדי נפקת — 1Q**20** VI,1
נפקת מן מעי אמי **לקושט** נציבת
מעי אמי לקושט נציבת / **וקושטא** כול — 1Q**20** VI,2
]◦א / במסלי אוחת **קושט** ולאזהרותני מן — 1Q**20** VI,3
]ל◦[ ]◦א וחצי אסרת בחזין **קושטא** וחכמתא — 1Q**20** VI,4
נוח גבר ואחדת **בקושטא** ואתקפת ב◦◦◦ — 1Q**20** VI,6
ואש]כחת אנה נוח חן רבו **וקושט** ◦◦◦[— 1Q**20** VI,23
] ◦◦◦א יפוק לנצבת **קושט** לכול ◦◦◦◦ל[— 1Q**20** XIV,13
]כולא **בקושט** אחוינך וכן כתיב עליך[— 1Q**20** XV,20
ל[אודעא] טבתא וחכמתא **וקושטא** — 1Q**20** XIX,25
ובר[כו למרה]**קושטא** ור[וממו לה אנה — 4Q**196** 17ii3 (XIX)
על לבבכון / **קו[שטא** עבדו]קדמוה[י מן] — 4Q**196** 17ii5 (XIX)
בקו]**שטא** הוד[י — 4Q**196** 17ii9 (XIX)
]למנדע **בק[שטא** — 4Q**197** 3,5 (XIX)
ל]אבוהא ועליך דין **קשטא** — 4Q**197** 4ii2 (XIX)
אלף **ק]שט**[ה מה יעבד ובן למך לנפשה — 4Q**201** 1v3 (XXXVI)
ותתחזא נ]צבת **קושטא** ותהו[א ברכה ועובדי — 4Q**204** 1v4
[באדין תתעבד כל ארעא]**בקושט** וכולה — 4Q**204** 1v7
ושרית למללה] / במלי **קושטא** וחזיה — 4Q**204** 1vi8
ספר מלי **קושט**[א ואוכחות עיריא — 4Q**204** 1vi9
ללמך די ברך הוא] **בקשוט** [וניח קרי — 4Q**204** 5ii22
◦ [עד די יקומון] / דרי **קושטא** ובאישתה — 4Q**204** 5ii28
עלימא דן ברה הואה **בקשוט** ולא בכדבין [— 4Q**204** 5ii30
להוה בריך דין **קושט**[א ולהוה בריך מרא] — 4Q**205** 1xi2
ואחלפת ליד פרדס **קשט**[א] — 4Q**206** 1xxvi21
למדברין ולש[ב]ע[ו]ל[פרד]ס **קושטא** — 4Q**209** 23,9 (XXXVI)
בני אחוא לכון כל] / ארחת **קשט**[א וכל — 4Q**212** 1ii18
שמעו לי ובחרו בשבילי] / **קושטא** למהך — 4Q**212** 1ii20
בשבוע] / קדמי ועד עלי **קשטא** כב[ר הוה — 4Q**212** 1iii24
ב[חירי]ן לשהדי **קשט** מן נ[צבת] / קשט — 4Q**212** 1iv12
◦ קשט מן נ[צבת] / **קשט** על[מ]א — 4Q**212** 1iv13
שבוע תמיני <ד> **קשוט** דבה תתיה[ב — 4Q**212** 1iv15
] / לכול קשיטין למעבד דין **קשוט** מן — 4Q**212** 1iv16
יקנון נכסין **בקשוט** / ויתבנא היכל [— 4Q**212** 1iv17
ומן בתרה שבוע תשעי **וק[שוט** ו]ד[ין — 4Q**212** 1iv19
ויחזון אנושא]כלהון / לארח **קשט** עלמא — 4Q**212** 1iv22
לעלם דבהון טבא **וקש]טא** יעבדון — 4Q**212** 1iv26
בה בדיל די] / ארחת **קשט**[א חזין — 4Q**212** 1v25
קאם]צדקתא **וקשטא** / [— 4Q**213** 1i7 (XXII)
] / **וקשט** [— 4Q**213** 1-2ii8 (XXII)
א]רחת **קשטא** תשבק[ו]ן מכל שבילי / [— 4Q**213** 4,5 (XXII)
]ארחת **קשט** — 4Q**213**a 1,12 (XXII)
] / זרע **דק[שט** — 4Q**213**a 2,7 (XXII)
] / דין **קשט** לכ[ל — 4Q**213**a 2,9 (XXII)
]אורחת **ק[ושטא** — 4Q**243** 7,3 (XXII)
מלכות עלם וכל ארחתה **בקשוט** — 4Q**246** 1ii5 (XXII)
ידי[ן] / ארעא **בקשט** וכלא יעבד שלם — 4Q**246** 1ii6 (XXII)
]מחה **וקוש[ט(א)** — 4Q**531** 44,3 (XXXI)
נ]צבת **קו[שטא** — 4Q**537** 13,1 (XXXI)
מ]ן **קשוט** לחלת קרבא ונפק לרמון — 4Q**537** 14,3 (XXXI)
]**קושט**[ו]צ[דק(ה) — 4Q**541** 13,3 (XXXI)
לבניכון בדרי / **קוש{{ו}}טא** לעלמין — 4Q**542** 1i4 (XXXI)
מן כול[ער]ברוב ואחדין **בקושטא** ואזלין — 4Q**542** 1i9 (XXXI)
]די שבקו לכון אבהתכון **קושטא** וצדקתא — 4Q**542** 1i12 (XXXI)
וככול די / אלפתכון **בקושוט** מן כען ועד — 4Q**542** 1ii1 (XXXI)
ממר **קושטא** י{{א}}{{י}}{{<<א>>}}תא — 4Q**542** 1ii2 (XXXI)
] / ב[ד]רי **קושטא** ויעדון כול בני רשע[א — 4Q**542** 1ii8 (XXXI)
ש]מו ט[ע]מא **בקשט** לעלם[— 4Q**545** 2,2 (XXXI)
בתרה לכול דרי עלמין **בקו[שט(א)** — 4Q**547** 9,7 (XXXI)
]ה עמ[ה ו]ה[ו]ה עבד מן **קשוט** ומן הי[מנו — 4Q**550**b 4
] יאבד **קשטא** מן[— 4Q**565** 5
]**בקש[טא** — 4Q**569** 3,7
]די בחיר **לקשט** / [— 4Q**580** 1i10
]◦מרי דן ועבדי **קשטא** — 4Q**580** 1i11
]**קשטא** ◦[— 4Q**580** 8,3
ארו **קשט** ודת[— 11Q**10** VIIA,8 (XXIII)

hut (?) noun **קטו**

]◦◦ן **כקטותא** / [— 11Q**10** XI,9 (XXIII)

slender, fine adjective **קַטִּין**

ומא אריכן **וקטינן** כול אצבעת ידיהא — 1Q**20** XX,5

4Q**561** 4-6ii6 —] / ואנון קטי‹נ›ין ו[

to slay verb קטל

1Q**20** XIX,19 — [ו]אמ[רת] ◦◦◦ די יבעון למקטלני ולכי
1Q**20** XIX,21 — לאע[ד]ותכי מני ולמקטלני
1Q**20** XX,9 — ובעא למקטלני ואמרת שרי / למלכא
1Q**20** XX,10 — ושביקת אנה אברם בדילהא ולא קטילת
1Q**20** XXII,3 — אחוהי וכול נכסוהי ולא קטיל ודי / נגדו
1Q**20** XXII,4 — ושבין ובזין ומחין וקטלין ואזלין / למדינת
1Q**20** XXII,8 — מן ארבע רוחיהון והווא קטל / בהון
1Q**23** 9+14+15,4 (XXXVI) —]ה וקטלו לשגי[אין
4Q**157** 1ii7 (VI) — הלא סכל יק[טל
4Q**196** 2,2 (XIX) — בי / [ולי בעה למקט]ל ◦רחלת וערקת[
4Q**196** 14i5 (XIX) —]שה קטל להן / [
4Q**197** 1,3 (XIX) — שרא באי]שא קטל[אנון
4Q**201** 1iii19 (XXXVI) — והוו גבריא] / וקשרין לקטלה לאנשא
4Q**203** 3,4 (XXXVI) —] / ומה תתנוננני לק[טלה
4Q**203** 5,3 (XXXVI) —]קטילו ◦[
4Q**530** 1i4 (XXXI) — נפשת קטי]לין קבלן על קטליהון ומזעקן
(XXXI) — נפשת קטי]לין קבלן על קטליהון ומזעקן
4Q**531** 7,4 (XXXI) — מה חט]א לכה די קטל[תה
4Q**531** 10,2 (XXXI) — ק]טילין[
4Q**531** 23,3 (XXXI) —] / אתקטל ואמות ◦[
4Q**550c** 1ii7 — וק]טיל
4Q**550c** 1iii2 — ית]קטל בדיל די לא איתי[כ[
4Q**569** 1,7 —] / למקטלך אנ◦[
11Q**10** X,3 (XXIII) —]ימא ובמנדעה קטל / [

ash noun קְטַם

11Q**10** XXXIV,9 (XXIII) — {{ }} כה[דא אנפי]הון בקטם תכסה / [
11Q**10** XXXVII,9 (XXIII) — {{א}}ואהוא לעפר / וקטם [ ][ ][ ][

to burn (on altar) verb קטר

1Q**20** X,14 — ותרבא על נורא אקטרת ותניאנא ◦◦◦◦
1Q**20** X,15 — בשרהון על מדבחא אקטרת ותליתי לבני
4Q**547** 6,2 (XXXI) —] אקטר{{ין}} על[

to tie verb קטר

11Q**10** XXXII,9 (XXIII) — התקטר ראמא ב[צוריה וילנ[ן
11Q**10** XXXV,8 (XXIII) — התחאך / בה כצפר ותקטרנה בחוטא

covenant noun קְיָם

4Q**243** 40,3 (XXII) —]קימא [
11Q**10** XXXV,7 (XXIII) — היקים / קים עמך ותדברנה לעבד

sound noun קָל

1Q**20** VI,15 — קדישא רבא לי קל אשמע לך אמרין יא
1Q**20** VI,17 —] ◦◦◦◦◦◦◦◦◦◦◦◦◦[קל יצלחון ובחר◦ אנון
4Q**201** 1iv5 (XXXVI) — ק[צת אנשא] מן ארעא וק[לה] / סלק
4Q**201** 1iv9 (XXXVI) —] / ואמרו קדמ[יהן ד]קלה ו[עק]תה
4Q**202** 1iii6 — [קצת אנשא מן אר]עא וקלא [סלק
4Q**530** 2ii+6-12,23 (XXXI) — לכה די / קדמ[י] שמעתא קלה ואמר
4Q**531** 14,3 (XXXI) —]אחדת ואנה נפלת על אנפי קלה שמ[עת
4Q**531** 29,2 (XXXI) —]קלי [
4Q**561** 4-6ii1 —]להוה קל[ה
11Q**10** XIV,4 (XXIII) — קל סגנין הטמרו לחנך דב[ק
11Q**10** XXII,2 (XXIII) — הך אמרת באדני וק[ל
11Q**10** XXXIII,5 (XXIII) — ולקל קרנא יאמר האח ומן / רחיק
11Q**10** XXXIV,5 (XXIII) — כאלה איתי לך או בקל כותה תרעם
11Q**10** XXXVIII,2 (XXIII) — אלהא ושמע א[ל]הא בקלה די איוב

light, swift adjective קַלִּיל

11Q**10** XIII,8 (XXIII) — למטרא דת וארח לעננין] / קלילין
11Q**10** XXXI,3 (XXIII) — מטרא זמן וארח לעננין קלילין

to curse verb קלל

1Q**20** I,25 —]◦◦◦א◦◦ ולקלל לכול בשרא / [

curse noun קְלָלָה

4Q**534** 1ii+2,17 (XXXI) — יסרון חטאה וחוביא / חלף קללה ◦[
11Q**10** III,4 (XXIII) — ק]ללתי אשמע ורו[ח] / [

bark noun קְלָפָה

4Q**204** 1xii28 —] והוא דמא לקלפי ל[וז]
4Q**204** 1xii29 — בש]ם ריח כדי מדקין קליפיא אלן / [
4Q**206** 1xxvi16 —] / [ריח כדי] מדקק קלפוהי א[נון על כל

flour noun קְמַח

11Q**18** 13,3 (XXIII) — ו]שויה על נורא ואיתי קמח סולת[

nest noun קֵן

4Q**541** 4i5 (XXXI) —]קנה ועופא / [
11Q**10** XXXIII,9 (XXIII) — יתגבה נשרא / ועוזא ירים קנ[ה

קְנָאָה ← קנה

to acquire verb קנה

1Q**20** XX,34 — ואף לוט קנה לה נכסין שגיאין ונסב לה
4Q**212** 1iv17 — ועם סופה יקנון נכסין בקשוט / ויתבנא
4Q**344** 5 (XXVII) — תשלמתא מן נ]כסי ודי אקנה לקבל‹ד›ך
4Q**346** a,4 (XXVII) — מן נכסי] / ודי אקנה מ[ן יומא דנה ועד
4Q**569** 1,2 —] / יקנא אסי[ן

reed, rod (measurement) noun קְנֶה

4Q**204** 1xii24 — דב]ה קניא טביא די בשמא די
4Q**554** 2ii12 — אורכא ופתיא קנין / 51 ב51 מרבעהה
4Q**554** 2ii14 —] לפרזיתא ברית שוק קנין / תלתה אמין 21
4Q**554** 2ii16 — בין פרזא לפרזא / שוק פתה קנין שתה [
4Q**554** 2ii19 — די על ש[מא]ל מקדשא משח / קנין אמין
4Q**554** 2ii20 — לצפונא תרין מנהון] קנין 9 / ואמין 4 לשוק
4Q**554** 2ii22 — קריתא משח פתיה קנין] 13 ואמה
4Q**554** 2iii12 — פתי]ה[ו]ן [ ]קנין[2 אמין
4Q**554** 2iii14 — ומשח] פות[יה די כל א]ספא / קני[ן] ת[רין
4Q**554** 2iii18 — א דן אסף עללה פתיה קנה חד אמין
שבע וארכה עלל קנין תרין א[מין] / 14
4Q**554** 2iii19 — קנין תרין א[מין] / 14 ורומה קנין תרין
4Q**554** 2iii21 — פ[תיה] / וארכה משחה חדה קנין תרין
4Q**554** 3i14 — קני]ן תרין / [
4Q**554** 3ii13 — פ[תיה] קנין תרין א[מין] / ארבע ע[ש]רא
4Q**554** 3ii14 — ע[ש]רא ורומה קנין שבעה אמין ארבעין
4Q**554** 3ii17 —] ורמהון קנין עשרה / [
4Q**554a** 1i1 —]קנין / [
4Q**554a** 1ii4 — אחרנא פתי]הנ ארך בתיא קנין תלתה ארכין
4Q**554a** 1ii5 — ו]רומהון קנין תרין אמין 14 ותרעיהון במצעתא
4Q**554a** 1ii6 —] ארבע ארך ורום קנה חד אמין שבע / [
4Q**554a** 1ii11 —]קנין תרין אמין ארבע / [עשרה ופתיהון
5Q**15** 1i2 (III) — בין פרזה לפרזה שוק] פתה קנין שת[ה]
5Q**15** 1i3 (III) — נפק[ין] מן מדנחא [למערבא] קנין עשרה
5Q**15** 1i4 (III) — [די על ש]מא]ל מק[דשא מ]שח קנין תמנית
5Q**15** 1i5 (III) —] / [לצפונא תרי]ן מ[נהון] קנין תש[ע]ה
5Q**15** 1i6 (III) — קריתא / [משח פותי]ה קנ[ין תל]תת

5Q**15** 1i8 (III) ת]מנין פות[יהון די] שפשיא **קנין** תרין [
5Q**15** 1i9 (III) די אבן פותיה די[דשי]א **קנה**[חד אמין שבע
5Q**15** 1i10 (III) פותי תרעיהון **קנין** תלתה אמי[ן עשרין וחדה
5Q**15** 1i11 (III) תר]ין פותי דשי[א] **קנא** חד ופלג אמי[ן
5Q**15** 1i15 (III) פתיהון]**קנין** תרין אמין ארב[ע] עש[רה
5Q**15** 1i16 (III) כל א]ספא **קנין** תרין אמין ארבע עשרה [
5Q**15** 1ii1 (III)] / שבע וא[ור]כה עלל **קנין** תרין אמין
(III) א[ר]בע עשרה ורומה **קנין** תרין אמין
5Q**15** 1ii3 (III) פותיה ואורכה משחה חדה **קנין** תרין
5Q**15** 1ii5 (III) וסחר [וס]ל[ק]רום **ק[נין** תרי]ן עד[
5Q**15** 1ii8 (III) אמין] עשרי[ן וחדה ופתיהון] / [**קני]ן** תרין
5Q**15** 1ii9 (III)] / [במציעתא פות]י **קנין** ת[רי]ן אמין ארבע
5Q**15** 4,3 (III) מש]חה **קנין** [
5Q**15** 15,1 (III) ת]רין[ק]נ[ין
11Q**18** 17ii2 (XXIII)] / **קנין** תלתא ורום תרע[יא
11Q**18** 17ii5 (XXIII)] / קדמה[ן **קנין** מאה[
11Q**18** 21,4 (XXIII)]◦[ק]**נא** חד פותי
11Q**18** 32,4 (XXIII) ש]בעת **קניה** [

passion, zeal noun קנה
1Q**20** XI,14 לגבר צדיקא ל◦◦◦◦◦◦◦◦ לכול **קנה** בדילה

possession noun קִנְיָן
4Q**202** 1vi9 וכול] / [ב]ניהון [וב]**קנינ**[יא די חביביכון
4Q**204** 1vi16 וכול] / בניהון ובק[**ניאניא**]די חביביכ[ון

to build a nest verb קנן
11Q**10** XXXIII,9 (XXIII) ב]כפא ישכון **ויקנן**[ ]◦ ◦[

divination noun קְסָם
4Q**541** 15,3 (XXXI)]◦ **לקסם**[

fold noun קפל
11Q**10** XXXVI,8 (XXIII) **קפלי** בשרה דבקין נסיכי[ן בה] / כפרזלא

to shrivel verb קפץ
11Q**10** IX,1 (XXIII) התכ]פפו כיבלא **יתקפצון** א[ו

end, time noun קֵץ
1Q**20** IV,12] רבא **וקץ** [
1Q**20** VII,19]לחד שפירא / שמיא לחדא **וקצי**[
1Q**24** 7,1 (XXXVI)]◦ יום **קץ**[
4Q**204** 1v2 עד מסף] / [דרה]ון **ובקץ** [דינא די]
4Q**206** 1xxii2 יום די יתדינן ועד זמן יום **קצא** ד[י]
4Q**212** 1iv23 דבשבי]עה / דין עלמא **וקץ** דינא רבא[
4Q**541** 9i4 (XXXI) תניר / ויתזה נורהא בכול **קצוי** ארעא
4Q**558** 28,1] בעדן **קץ** זנ◦יין עם שרש[
11Q**10** XIII,5 (XXIII)] / **לקצוי** ארעא י◦[

end noun קְצָה
4Q**201** 1i7 (XXXVI)] / [בכל **קצו]ת** ארעה ויזו[ען כ]ל קצו[ת
(XXXVI) קצו]ת ארעה ויזו[ען כ]ל **קצו[ת** ארעה

wrath noun קְצַף
4Q**530** 1i6 (XXXI) ק]**צף** שגיא ואהוה דמך ולחם / [

to cut off verb קצץ
1Q**20** XIII,9] אבניא וחספיא הווא **קצין** ונסבין
1Q**20** XIII,10 פרזלא ולאילניא כולהון **קצין** ונסבין
1Q**20** XIII,11 ולשהרא / [ו]לכוכביא **קצין** ונסבין
1Q**20** XIX,15]וב[ני] אנוש אתו ובעון **למקץ** ולמעקר
1Q**20** XIX,16 ואמרת אל **תקוצו** ל[א]רזא ארי תרינא
4Q**558** 37ii3] / שיחוהי **מתקצצין** [

to be short verb קצר
11Q**10** IV,3 (XXIII)] / ארו אפו לא **ת[קצר** רוחי
11Q**10** XVIII,5 (XXIII) הן **אתקצרת** / בדין עב[די

end, part noun קְצָת
1Q**20** I,11]מן **קצת**
1Q**20** XIV,16] / ⟦ ⟧ ◦אל◦ מן **קצת** נופהן עלל בגו נוף
1Q**20** XIV,17 ◦◦◦ ודי חזית מן **קצת** נופהן עלל בגו נוף
4Q**201** 1iv5 (XXXVI) ולקבל מעבד **ק[צת** אנשא] מן ארעא וק[לה]
4Q**209** 26,5 (XXXVI) בליליא מן]**קצת** דמי חזוא דן כדמות אנש[
4Q**537** 12,2 (XXXI) בכ]ל[אר]עא אכלין מן **קצת** דבחיהון / [
4Q**541** 9ii6 (XXXI)] / **קצת** בנוהי יהכון[
4Q**573** 8]כל **קצת** / [

to approach verb קרב
1Q**20** XX,17 ולא יכל **למקרב** בהא ואף לא ידעהא
1Q**20** XXI,2 [ו]**אקרבת** עלוהי עלואן ומנחה לאל
1Q**20** XXII,18 באדין **קרב** מלכא די סודם ואמר לאברם
1Q**23** 4,2 (XXXVI)]◦**קרב**[
4Q**196** 2,11 (XIX) **ואקרבו** פת[ו]רא לקודמי וחזית
(XIX) וחזית נפתניא די **קרבו** / עלוהי שגיאין
4Q**197** 4i11 (XIX) אזלין תריה[ו]ן [כ]חדא [עד] **ק[רבו** ל]הון
4Q**203** 1,1 (XXXVI)] / כדי **אקר[ב** ← קדד, קדש
4Q**213**a 1,18 (XXII) ע]לי מרי **וקרבני** למהוא לכה
4Q**538** 1-2,3 (XXXI) ואעלת / [קדמוהי **אקר]בו** כחדא עלי
4Q**541** 24ii5 (XXXI) כ[די]ן[אל תדין] / וצצא אל **תקרוב** בה
4Q**546** 12,2 (XXXI)]עלמין[מן]כען [**מ]קרב** הוא ע[ל
4Q**547** 5,2 (XXXI) די (ת/מ)]**קרב** כדן / [
4Q**547** 8,2 (XXXI)]כ[ו]ל די **קרב** לוי ברה ע[ל מדבחא
4Q**550**c 1iii1 כול די יצבא **קרוב** ביקר ל[ ]◦[
4Q**562** 7,2]ה **בקרב** בבבתא דעינה בדיל

war noun קְרָב
1Q**20** XXI,24 ועבדו **קרב** עם ברע מלך סודם ועם ברשע
1Q**20** XXI,25 כול אלן אזדמנו כחדא **לקרב** לעמקא
1Q**20** XXI,31 צבואין ומלך בלע ◦◦◦ **קרבא** / בעמקא
1Q**20** XXII,6 עבדוהי גברין בחירין **לקרב** תלת מאא
1Q**21** 51,1 (I)]◦מן **קרבא**[
4Q**202** 1iv6 [מן בני אנשא וב]**קרב** אבדן [שלח
4Q**246** 1ii8 (XXII) באילה / הוא ועבד לה **קרב** עממין ינתן
4Q**531** 22,4 (XXXI) כ]ול בשר ועבדת עמהון **קרב** ברם לא / [
4Q**537** 14,3 (XXXI) מ]ן קשוט לחלת **קרבא** ונפק לרמון / [
4Q**544** 1,4 (XXXI) **וקרבא** הוא בין[פלשת למצרין ונצחו
4Q**545** 1a-bii16 (XXXI) כדי הות] / שמועת **קרב** מבהלה תאב[ה
4Q**545** 1a-bii19 (XXXI) [עד] / אנחנה בנין **וקר[בא** הוא בין]פלשת
4Q**547** 1-2iii1 (XXXI) כדי הות שמ]עת **קרב** / [מבהלה תאבה
4Q**562** 1,1]◦ רשיעין די בחרב **ובקרב**[
11Q**10** XXXI,1 (XXIII) ל]עדן ע[קת]א ליום **קרב** ואשתדר [ ]
11Q**10** XXXIII,6 (XXIII) ומן / רחיק יריח **קרבה** ולנקשת זין וזעקת

entrails noun קְרָבִין
4Q**214** 2,7 (XXII) ובתר ירכתא רגלין] / [רחי]ען עם **קרביא**
11Q**18** 13,2 (XXIII) ר]חע רגלוהי **וקרבוהי** ומלח כולה[

קֻרְבָּן ← קוּרְבָּן

cardamom noun קְרְדְּמָן

Text	Reference	
[מלאין נ]רד טב וצפר וקרדמן [ופ]לפלין	4Q**206** 1xxvi18	

to call, name, invite, read verb קרה

Text	Reference	
]∘∘∘ ביומא דן קרית לבני ולבני בני	1Q**20** XII,16	
יפרש מנך ובזרעה יתקרה ש∘∘ך ∘ל∘∘∘ל	1Q**20** XIV,12	
]∘ וקרית תמן ב[שם]אל[הא] ואמרת	1Q**20** XIX,7	
וקרית קודמיהון ל[כתב] מלי חנוך / [	1Q**20** XIX,25	
ושלח / קרא לכול חכימ[י] מצרין ולכול	1Q**20** XX,19	
וקרא [מ]ל[כ]א לי ואמר לי	1Q**20** XX,26	
ומנחה לאל עליון וקרית תמן בשם מרה	1Q**20** XXI,2	
ושלחת קרית לממרה ולערנם ולאשכול	1Q**20** XXI,21	
] / קרא] לי	4Q**196** 12,1	(XIX)
] / ותנינא עד כען לא קרי[א	4Q**203** 7bii3	(XXXVI)
] / [עלי]מא [די י]לי[ד ונוח קר]י שמה [	4Q**204** 5ii23	
ואחזיוני [ודי בלוחת] / שמיא קרית	4Q**204** 5ii27	
קדים בדי הוא]קדמיה וקרין לדרומא	4Q**209** 23,3	(XXXVI)
וכלהון כוכבין ובדכן קרין מערבא	4Q**209** 23,5	(XXXVI)
תנינא נפק רוח דרום] / די קרין לה	4Q**210** 1ii8	
קדים] / בדי הוא קדמיא וקרין לדרומא	4Q**210** 1ii15	
[ובלוחת שמיא אנה כל]א קר[ית ואתבוננ]ת	4Q**212** 1iii22	
]אף בספריא / קר[ית	4Q**213** 1-2ii13	(XXII)
בתר]דנה יתכנשון קריאי[ן	4Q**243** 24,2	(XXII)
ר]בא יתקרא ובשמה יתכנה	4Q**246** 1i9	(XXII)
ה די אל יתאמר וברעליון יקרונה	4Q**246** 1ii1	(XXII)
כל גבריא / [ונפיליא ו]קרו מהוי ואתה	4Q**530** 2ii+6-12,21	(XXXI)
ברא אתה ואיש ברא קרין / [נקמתהון	4Q**531** 22,8	(XXXI)
] / וכען סב לוחיא וקריא כולא[די כתיב	4Q**537** 1+2+3,3	(XXXI)
ל]מקרא ו∘[	4Q**542** 2,5	(XXXI)
בחיר] אל תהוה ומלאך אל תתקרה [	4Q**543** 2a-b,4	(XXXI)
ואמר לי הדן מ[תקרא בתלתה שמהן]	4Q**544** 2,12	(XXXI)
(ושלח)] / וקרא לעוזיאל אחוהי זעירא[	4Q**545** 1ai5	(XXXI)
אשתציו / [י]ומי משתותא שלח קרא לאהרון	4Q**545** 1ai8	(XXXI)
בר שנין / [עשרי]ן[ואמר]לה קרי לי ברי	4Q**545** 1ai9	(XXXI)
עבי]דתה לעליה[ו]קרא לה / [	4Q**545** 1ai10	(XXXI)
מא אנתה] / [מ]תק[רא	4Q**545** 3,4	(XXXI)
רעות[ה ית]קרה ויתאמר[בחיר אל די]	4Q**545** 4,18	(XXXI)
] / [תתק]רא במלי יק[ר	4Q**545** 8,2	(XXXI)
ו]תקרא לה[(שמה) מושה	4Q**546** 8,4	(XXXI)
ו]קר[את]שמה מ[ושה	4Q**546** 9,3	(XXXI)
לכ]ל בני[ן ק]רא שמהן באתר[	4Q**546** 11,4	(XXXI)
מהלכין בקשט אף] / תתק[רון כלכון	4Q**548** 1ii-2,8	(XXXI)
ס]פרי אב[ו]הי התקריו קדמוהי ובין	4Q**550** 4	
פתיחת קרית השתכח כתיב בה דריוש	4Q**550** 6	
י]קומ[ו]ן בתר בגסר[ו] קרין בכתבא דנ[ה	4Q**550**c 1iii5	
]טנה לאתקריה / [	4Q**553** 8i4	
ו]שם תרעא דן די [קר]ין לה תרע / [	4Q**554** 2i14	
תרעא דן די] קרין לה תרע יוסף / [ומן	4Q**554** 2i18	
ושם תרעא] דן די קרין לה תרע זבולון	4Q**554** 2ii3	
רסין[25 ושם תרעא] דן ק[רי]ן לה תרע	4Q**554** 2ii8	
ושם תרעא דן קרין / לה תרע 〚 〛 אשר	4Q**554** 2ii9	
] תתקרא בכל דלך [ ]עבידתך[	4Q**563** 1,2	
לעבדי קרית ולא ע[נא	11Q**10** II,5	(XXIII)
]וקרין / [	11Q**10** A18,2	(XXIII)
]שרי למקרא לי בכת[ב	11Q**18** 19,5	(XXIII)

near, related adjective קָרִיב

Text	Reference	
ואח לה וקריב ל[א איתי] ל[ה די] / [אנטר	4Q**196** 6,11	(XIX)
[ב]ל[חודי]ה ואנתה ק[רי]ב לה [על כל	4Q**197** 4i18	(XIX)
רוח] / קדים גרבה די קריב לרוח גרי[בי	4Q**210** 1ii6	
]ה/וקריב לעלי להן רחיק מני	4Q**541** 2i8	(XXXI)
בק]ריביך זהיר הויא בזרע[ך] ת[ ]ך	4Q**563** 1,5	

city noun קִרְיָה

Text	Reference	
ירושלם]קרית קדשא י[כת]שנכ[י על	4Q**196** 17ii8	(XIX)
]∘ קריה[	4Q**244** 8,4	(XXII)
] / והא מתבניה קריה לשמה די רבי מ[רא	4Q**529** 1,9	(XXXI)
]די להוון נפקין מן קריתא ומן תחות	4Q**537** 12,3	(XXXI)
]הלך בקוריא[	4Q**550**d 1,2	
] ויתכנשון כל אנש קרתא על ביתא וימרון	4Q**551** 4	
ואעלני לגוא קריתא ומ[שח פר]זיתא [חד]א	4Q**554** 2ii12	
די במצ]יעת / קריתא משח פתיה קני[ן	4Q**554** 2ii22	
52 / וכל שוקא וקריתא [רציפין	4Q**554** 2ii23	
תח]ומי קריתא	4Q**554** 3i17	
] / קריה ויתוב ∘∘∘∘[	4Q**571** 1	
[ו]מצ[יעא די במצ]יעת קריתא / [משח	5Q**15** 1i5	(III)
] / מן קריהון [	11Q**10** VIII,1	(XXIII)
[ב]צפרין בתרעי קריא בשוק[א	11Q**10** XIV,1	(XXIII)
וחאך על מהמא תקף קריא ונגשת שליט	11Q**10** XXXII,6	(XXIII)

to cover verb קרם

Text	Reference	
כא[בן] מין התקרמו מנה ואנפי ∘∘ל[	11Q**10** XXXI,7	(XXIII)

horn noun קֶרֶן

Text	Reference	
ק]רן[מדבח]א / [	2Q**24** 5-6,5	(III)
[וישוה על] קרנ[י] מ[ד]ב[ח]א סח[ור סחור	4Q**156** 2,2	(VI)
ודכרא דנ שרי לנגחה] / בקרנוהי [	4Q**205** 2iii27	
ולקל קרנא יאמר האח ומן / רחיק יריח	11Q**10** XXXIII,5	(XXIII)
]∘על ארבע קרנת מדבח[א] / [	11Q**18** 22,1	(XXIII)

קַרְנַיִן ← עשתרא דְקַרְנַיִן

to be hard, difficult verb קשה

Text	Reference	
וא]נתון תהוון ממרין ומקשין לקובלה ול[	4Q**537** 9,2	(XXXI)

hard adjective קְשֵׁה

Text	Reference	
ותע]ברון עלוהי רברבן וקשין {ביום}	4Q**201** 1ii13	(XXXVI)
[ועל כול מלין] רברבן וקשין [די מללו	4Q**204** 1i17	
כו]ל עובד קשה וממרא מן[	4Q**531** 2+3,8	(XXXI)

קְשׁוֹט ← קושט

to adorn, prepare verb קשט

Text	Reference	
[וכל בני אנשה י]תקשטון ו[להוון	4Q**201** 1vi3	(XXXVI)
הוא ארעא עבד / וקשט תב[ל	11Q**10** XXIV,8	(XXIII)

קשט ← קושט

just, righteous adjective קַשִּׁיט

Text	Reference	
עז[ריה אחי ד]ברני קשיטא לבית רעואל	4Q**197** 4iii2	(XIX)
על[יך ברי אנתה] ב[ר]גברא קשיט[א	4Q**197** 4iii9	(XIX)
[וכען כול קש]יטין יפלטון ולהון [חיין עד	4Q**204** 1v5	
חרב] / לכול קשיטין למעבד דין קשוט	4Q**212** 1iv16	
קש]יטין {{ו}}<<ה>>קדשתה[	4Q**531** 17,1	(XXXI)
קשי]טיא טביא ו[ל]∘∘[	4Q**537** 10,1	(XXXI)
להן בלבב דכא וברוח קשיטה וטבה	4Q**542** 1i10	(XXXI)
]אף קשיטיא ∘[	4Q**546** 5,2	(XXXI)
ורש[יע חשי]ך וכל[חכי]ם וקשיט נהיר[	4Q**548** 1ii-2,12	(XXXI)
] / לכן אשלח לאליה קש[יטא	4Q**558** 54ii4	

11Q**10** XI,8	(XXIII)	מ]מ[ונ]ה **קשיטה** יפלג

to conspire verb **קשר**

1Q**20** XIII,15		עלוהי ◦◦◦◦◦◦◦ / ו◦◦◦◦◦◦◦◦◦◦◦◦◦◦◦◦יאן **קשרן** בה
4Q**201** 1iii19	(XXXVI)	והוו גבריא] / **וקשרין** לקטלה לאנשא

to grow old verb **קשש**

11Q**10** XXXII,3	(XXIII)	**יקשן** בניהן ויפק{{ }}ן נפקו

archer, Sagittarius noun **קַשָּׁת**

4Q**318** VII,3	(XXXVI)	עקרבא ב24 / וב25 **קש[תא]** ב[6]2
4Q**318** VII,8	(XXXVI)	ע]קרבא ב22 / וב23 **קשתא** ב24 וב25
4Q**318** VIII,4	(XXXVI)	9[1] וב20 ‹וב21› **קשת[א** ב22 וב23

ר

Reuben proper noun **רְאוּבֵן**

4Q**554** 2i21		תרעא דן די קרין לה]תרע **ראובן**

רֵאִישׁ ← רֵאשׁ

wild ox noun **רְאֵם**

11Q**10** XXXII,8	(XXIII)	היבא **ראמ[א** ל]מפלחך או[ ]היבית

רְאס ← רְס

head noun **רֵאשׁ, רֵאִישׁ, רֵישׁ, רֵשׁ**

1Q**20** X,13		כפרת **וראיש** ◦תה ◦◦◦◦ / [שעיר]א לקדמין
1Q**20** XIV,9		קאם לקובלך בחלם על **ראיש** טורים / [
1Q**20** XVI,9		[ ]לשנה די מן ביניהן **ראיש** בעין עד טינה [
1Q**20** XVII,8		לי◦ ימא / ש[מו]קא **לראישה** די בצפונא
1Q**20** XVII,9		תרין נהריא עד די דבק **לראיש** ט[ור
1Q**20** XVII,11		די מחען לשנא דן דעל **ראיש** תלתת
1Q**20** XIX,12		לכרמונא נהרא חד מן / **ראשי** נהרא
		[וח]לפת שבעת **ראשי** נהרא דן די / ◦◦◦[
1Q**20** XX,3		[נ]עים וכמא רקיק לה שער **ראישה** כמא
1Q**20** XX,29		[ית]רפא / הו וסמכת ידי על **[ראי]שה**
1Q**21** 45,1	(I)	]◦◦ין **ראשא**[
4Q**204** 4,3		להון ב]תנינא וסלק **לראש** כפא דן וענא
4Q**206** 4iii19		ס]לק **לר[אש** כ]ף חד רם ומ[רא] / [ענא
4Q**209** 28,3	(XXXVI)	]ן **ראשין** ד[י]ל[
4Q**213** 1i6	(XXII)	**רא]ש** כל עבדכן / [יהוה קשטא ועד
4Q**213** 1-2ii13	(XXII)	]ין **ראשין** ושפטין / ידע[
4Q**214** 2,3	(XXII)	**ראשא** [ל]ק[דמין הוי מסק ועלוהי]
4Q**214**b 2-6,9	(XXII)	ושרי לאסקה א]ב[ריא] מ[ל]ותן **רא[שא**
4Q**538** 1-2,3	(XXXI)	ב[מתנתהון וכספא ב**[רא[שי]הון** וקדם
4Q**542** 1i7	(XXXI)	לכון ולהון עליכון **ראשין**
4Q**546** 2,1	(XXXI)	ב]שנת **רישי** ברשו[תי (כ)די (הות) שמועת
4Q**550**c 1ii3		]כליל דה[ב על **רי]שה**
4Q**550**c 1ii8		] על **ריש[ה**
4Q**553** 3i3		]ן **ריש**
4Q**561** 10,4		]◦ לה שער **רשה** [
4Q**566** 1,4		]◦א הויא **ראיש** ◦[
4Q**574** 4		] **ריש** ◦◦א[
11Q**10** XV,2	(XXIII)	בחרת ארחי והוית **ר[אש**
11Q**10** XV,3	(XXIII)	]**בראש** חילה וכגבר די א[בלין
11Q**18** 19,2	(XXIII)	]ביומא שביעיא וביום **ראשי** ח[דשא

great adjective **רַב**

1Q**20** 1i7	(I)	]◦◦שא **רבא** / [
1Q**20** II,14		יאמיא אנה לך בקדישא **רבא** במלך שמ[י]א
1Q**20** IV,12		] **רבא** וקץ [
1Q**20** VI,13		]◦◦ עלי ועירא **רבא** עלי בציר ובמשלחת
1Q**20** VI,15		מ]שלחת קדישא **רבא** לי קל אשמע לך
1Q**20** VII,7		] ◦◦◦ קדישא **רבא** וחדית למלי מרה שמיא
1Q**20** X,1		] / **רבא** ⟦ ⟧ באדין ב◦◦ל◦ת כולא
1Q**20** XII,10		[לשם ברי]**רבא** יליד לה בר לקדמין
1Q**20** XII,13		למפלח בארעא ונצבת כרם **רב** בלובר
1Q**20** XII,17		שמיא לאל עליון לקדישא **רבא** די פלטנא
1Q**20** XVI,11		]עבר תחומא דן מי ימא **רבא** עד די דבק
1Q**20** XVI,17		[ל]ים מלחא **רבא** ואזל תחומא דן כעין